HISTOIRE UNIVERSELLE

DE

L'ÉGLISE CATHOLIQUE

III

HISTOIRE UNIVERSELLE

DE

L'ÉGLISE CATHOLIQUE

PAR

ROHRBACHER

CONTINUÉE JUSQU'A NOS JOURS PAR M. L'ABBÉ GUILLAUME

PROFESSEUR AU GRAND SÉMINAIRE DE VERDUN

NOUVELLE ÉDITION

AVEC DES NOTES ET ÉCLAIRCISSEMENTS D'APRÈS LES DERNIERS TRAVAUX

TOME TROISIÈME

PARIS

LETOUZEY ET ANÉ, ÉDITEURS

RUE DU VIEUX-COLOMBIER, 17

HISTOIRE UNIVERSELLE DE L'ÉGLISE CATHOLIQUE.

LIVRE TRENTIÈME.

Dernier combat entre Rome idolâtre et l'Église du Christ; triomphe de l'Église.

(De l'an 285 à l'an 313 de l'ère chrétienne.)

Dans sa révélation prophétique, l'apôtre saint Jean a vu la grande prostituée assise sur une bête d'écarlate, qui avait sept têtes, et sur ces têtes des noms de blasphème. Et cette femme, vêtue de pourpre, était ivre du sang des saints et des martyrs; et elle enivrait du vin de sa prostitution les rois et les peuples; et les sept têtes de la bête, sur laquelle elle était assise, furent coupées l'une après l'autre. Et il y eut à la fin comme un chant triomphal dans le ciel (Apoc., c. 13 et 17).

Dans le langage des prophètes, la prostitution, c'est l'idolâtrie; la grande prostituée, c'est Rome idolâtre, qui sollicitait de toute manière les peuples et les rois au culte des idoles. Depuis trois siècles elle s'enivrait du sang des martyrs. La bête sur laquelle elle est assise, c'est l'empire romain, cette bête effroyable qu'avait vue Daniel, et qui, avec ses dents de fer et ses ongles d'airain, devait broyer toute la terre. A l'époque que prévoyait saint Jean, elle avait sept têtes, c'est-à-dire sept rois ou empereurs. Nous allons les voir s'élever avec leurs noms de blasphème, persécuter avec fureur l'Église, et ensuite être retranchés l'un après l'autre.

Le premier de ces empereurs et le créateur de tous les autres, fut un esclave, fils d'un esclave de Dalmatie : son nom était Dioclès. Soldat de fortune, il était parvenu au commandement d'une partie de la garde impériale, lorsque l'empereur Numérien fut assassiné par Aper, son beau-père et son préfet du prétoire. L'armée élut empereur Dioclès, qui aussitôt tira son épée et en perça Aper. C'était moins pour venger le meurtre de Numérien que pour accomplir la prédiction que lui avait faite une devineresse gauloise, qu'il serait empereur lorsqu'il aurait tué un sanglier, en latin *Aper* (Vopisc., *Numer.*). Dioclès, devenu empereur, se fit appeler *Dioclétien*, et, de plus, *seigneur et dieu*, avec le surnom de *Jovius*, c'est-à-dire Jupiter ou fils de Jupiter. Il avait un compétiteur dans l'empereur Carin, frère de Numérien, qui occupait l'Occident avec une armée puissante. Dioclétien marcha contre lui. Carin remportait la victoire, lorsqu'il fut tué par ses généraux, dont il avait débauché les femmes; car, pour la luxure et la cruauté, il ne le cédait point à Caligula. C'était en 285. Dioclétien, seul maître de l'empire, se donna pour collègue le fils d'un manouvrier de Pannonie, la Hongrie actuelle. Il s'appelait Maximien. Avec la bravoure d'un soldat barbare, il en avait aussi l'ignorance, la perfidie, la cruauté, mais surtout la brutale débauche. Son camarade Dioclès en fit un empereur romain, un souverain pontife et un dieu, avec le surnom d'*Herculius*, c'est-à-dire Hercule ou fils d'Hercule. Ils se partagèrent l'empire romain : Dioclétien eut l'Orient, Maximien l'Occident.

Dioclétien était d'une avarice insatiable; sans cesse il inventait de nouveaux impôts pour accumuler sans fin et sans mesure. L'Italie, jusque-là exempte de tributs, en fut dès lors accablée. L'avarice de l'empereur causa une cherté universelle; pour y remédier, il taxa les marchandises et les vivres, ce qui porta le mal à l'excès. Avec cela, il avait une fureur de bâtir qui ruinait les provinces, parce qu'il faisait tout faire par corvée. Ici, c'était une basilique qu'il construisait; là, un cirque; en un autre endroit, un hôtel des monnaies; ailleurs encore, un arsenal. Il fallait un palais pour sa femme, un palais pour sa fille. Pour faire place à ces nouvelles constructions, une grande partie de la ville de Nicomédie, où il faisait habituellement sa résidence et qu'il voulait égaler à Rome, est enlevée à ses habitants. Les citoyens sont obligés d'émigrer avec leurs femmes et leurs enfants, comme si leur patrie eut été prise par les ennemis. Ce n'est pas tout encore. Ces bâtiments étaient à peine achevés, à la ruine des provinces, que Dioclétien disait : Ils sont mal faits, il faut les faire autrement. Et on les démolissait pour les rebâtir sur un autre plan, et peut-être les démolir de nouveau. Une preuve de cette fastueuse manie de bâtir se voyait à Rome dans les bains publics, connus sous le nom de Thermes de Dioclétien; ils étaient si vastes, qu'Ammien Marcellin les compare à une province, et que, sans exagération, ils surpassaient bien des villes en grandeur (Amm. Marcel., l. 16). Comme Dioclétien était d'un naturel sanguinaire, son avarice et sa fureur de bâtir coûtèrent la vie à bien des gens. Partout où il voyait un champ bien cultivé, ou un bel édifice, il y avait une calomnie prête pour faire mourir le propriétaire et confisquer la propriété. Rien n'égala sa cruauté envers Antioche. Cette ville avait été surprise par un général romain, que ses soldats avaient déclaré empereur. Les habitants prirent les armes et tuèrent tous les rebelles, ainsi que leur chef. Au lieu de récompenser les habitants d'Antioche de cette courageuse fidélité, Dioclétien fit mettre à mort les principaux d'entre eux, comme complices de la révolte, et confisqua leurs biens. C'est ce que nous apprend le païen Libanius, dont le grand-père et le grand-oncle perdirent leur fortune et la vie en cette occasion. Aussi Dioclétien devint-il si odieux aux peuples de Syrie, que, même 90 ans après, ils ne pouvaient entendre son nom sans horreur. Tel est le portrait que les auteurs païens et chrétiens nous font du caractère de cet empereur (Liban., *Orat.*, 14 et 15; Lact., *De mort. persec.*). Maximien était encore plus rapace et plus cruel. Les opulentes provinces de l'Italie, de l'Afrique, de l'Espagne, lui offraient une proie plus facile. Au besoin, on accusait les plus riches d'entre les sénateurs d'avoir aspiré à l'empire. Le fisc regorgeait ainsi de sanglantes richesses. Maximien y joignit la plus effroyable luxure. Les infamies de Sodome ne lui suffisaient pas; son plaisir était de déshonorer les jeunes personnes des premières familles. Partout où il passait, dans ses voyages, les vierges étaient aussitôt enlevées à leurs parents. Il mettait son bonheur et le bonheur de son empire à ne rien refuser à ses passions (Lact., *Ibid.*).

Sous de pareils maîtres, lors même qu'il n'y avait pas de nouvel édit de persécution, les chrétiens devaient être persécutés en bien des lieux et en bien des circonstances. C'est ce que l'on voit, en effet. L'empereur Carin vivait encore, lorsque deux frères jumeaux, Marc et Marcellien, furent emprisonnés à Rome. Un chrétien, élevé dans les charges militaires, venait fréquemment les y visiter. C'était Sébastien, né à Narbonne, dans les Gaules, mais élevé à Milan, d'où sa famille était originaire. Il avait résolu d'abord de ne point entrer dans la profession des armes; mais le désir de servir ses frères dans les persécutions qu'on leur suscitait, l'emporta sur son inclination. Il accepta donc un grade, où il se fit aimer des soldats et de tout le monde. Sous l'habit militaire, il s'appliquait sans cesse à toutes les bonnes œuvres du chrétien, mais avec tout le secret possible, pour empêcher que les empereurs n'en eussent connaissance. Il ne craignait point de perdre, pour Jésus-Christ, ni sa vie ni ses biens; mais le secret lui donnait plus de moyens d'encourager les chrétiens qui succombaient sous la violence des tourments, et d'assurer à Dieu les âmes que le démon voulait lui ravir. Il visitait donc tous les jours les deux frères Marc et Marcellien, qui, en effet, souffrirent avec constance les fouets dont on les déchira, et furent condamnés à avoir la tête tranchée.

Mais les deux frères étaient d'une illustre famille de sénateurs. Avec leur père et leur mère, qui étaient vieux et encore païens, ils avaient des femmes et des enfants. La famille, les voyant condamnés à mort, obtint du préfet de Rome, nommé Chromace, un délai de trente jours pour essayer de leur faire changer de résolution. Ils furent placés sous la garde et dans la maison du premier greffier de la préfecture, nommé Nicostrate, où ils avaient les mains enchaînées. Leur père, leur mère, leurs femmes et leurs enfants encore tout petits, et leurs amis firent ce qu'ils purent pour les fléchir; déjà leurs âmes commençaient à mollir à la vue de tant de larmes, lorsque Sébastien étant survenu, releva leur courage par un discours plein de feu, dont tous les assistants furent touchés. Le saint parut environné d'une lumière divine. Dès qu'il eut cessé de parler, Zoé, femme de Nicostrate, se jeta à ses pieds, tâchant de lui faire connaître, par ses gestes, ce qu'elle souhaitait de lui; car il y avait six ans qu'une maladie lui avait fait perdre la parole. Sébastien, ayant appris son état, fit le signe de la croix sur sa bouche, demandant tout haut à Jésus-Christ qu'il lui plût de la guérir, si tout ce qu'il venait de dire était véritable. L'effet suivit la parole, et Zoé se mit à louer le saint et à déclarer qu'elle croyait tout ce qu'il avait dit. Elle avait vu un ange descendu du ciel, tenant devant les yeux de Sébastien; un livre ouvert où tout ce que celui-ci avait dit était écrit mot à mot. Nicostrate, voyant la guérison de sa femme, se jeta pareillement aux pieds du saint, demanda pardon d'avoir tenu les deux martyrs en prison, leur ôta leurs chaînes et les pria de s'en aller où il leur plairait, déclarant qu'il se tiendrait heureux d'être emprisonné et mis à mort à leur place. Marc et Marcellien louèrent une foi si parfaite, mais ils n'eurent garde d'abandonner le combat pour y exposer un autre.

La grâce ne s'arrêta point à Nicostrate et à sa femme; elle se répandit sur tous ceux qui étaient présents. Marc et Marcellien furent affermis dans leur foi, et eurent la consolation de voir ceux qui avaient fait tant d'efforts pour les arracher à Jésus-Christ, devenir eux-mêmes ses humbles disciples. Marc leur fit un discours où, s'adressant particulièrement à son père, à sa mère, à sa femme et à celle de son frère, il les exhorta à soutenir généreusement la foi qu'ils témoignaient vouloir embrasser, à ne point craindre tout ce que le démon pourrait faire pour la leur ravir, à mépriser, pour une félicité sans bornes, une vie que mille accidents peuvent nous faire perdre, et qui n'est qu'une source d'afflictions et de crimes. Tous ceux de l'assemblée fondaient en larmes, mêlant les regrets de leur infidélité passée avec les actions de grâces qu'ils rendaient à Dieu de les en avoir délivrés. Nicostrate protesta qu'il ne boirait ni ne mangerait, avant d'avoir reçu le saint baptême. Mais Sébastien lui dit qu'il devait auparavant changer de dignité, devenir officier de Jésus-Christ, d'officier qu'il était du préfet, et amener chez lui tous les prisonniers qu'il avait sous sa garde, afin qu'ils fussent catéchisés. Car si le diable, ajouta-t-il, s'efforce de ravir ceux qui sont à Jésus-Christ, nous devons tâcher, au contraire, de restituer à leur Créateur ceux que son ennemi a injustement usurpés. Il l'assura que s'il offrait ce présent à Jésus-Christ pour commencement de sa conversion, il en serait bientôt récompensé par le martyre. Nicostrate alla donc trouver le geôlier, nommé Claude, pour lui dire d'amener chez lui tous les prisonniers, sous prétexte qu'il voulait les tenir prêts pour la première séance. Sébastien leur fit une exhortation à la suite de laquelle, voyant qu'ils témoignaient le changement de leurs cœurs par leurs larmes, il leur fit ôter leurs chaînes, et puis s'en alla chercher un saint prêtre, nommé Polycarpe, qui était caché à cause de la persécution, et l'amena chez Nicostrate. Polycarpe, après avoir félicité ces nouveaux convertis et leur avoir fait espérer le pardon de la miséricorde divine, leur prescrivit de jeûner jusqu'au soir et de donner chacun leur nom : ce qu'ils firent aussitôt avec une grande joie.

Cependant Claude vint dire à Nicostrate que le préfet trouvait fort mauvais qu'il eût fait venir tous les prisonniers chez lui, et qu'il le mandait pour lui en rendre raison. Il y alla aussitôt, et satisfit le préfet en lui disant que c'était pour épouvanter davantage les chrétiens qu'il avait en sa garde, par l'exemple des supplices des autres. C'était un mensonge, mais qu'on peut excuser dans une personne encore peu instruite. En revenant, il raconta à Claude, qui l'accompagnait, tout ce qui était arrivé chez lui, particulièrement la guérison de sa femme. Claude en fut touché et alla chercher deux enfants qu'il avait, dont l'un était hydropique et l'autre incommodé de divers maux. Il les mit devant les saints, témoignant qu'il attendait d'eux la santé de ses enfants, et que, pour lui, il croyait de tout son cœur en Jésus-Christ. Les saints l'assurèrent qu'eux et tous les autres qui étaient présents seraient guéris de tous leurs maux aussitôt qu'ils seraient chrétiens. On prit en même temps les noms de ceux qui demandaient le baptême. C'étaient Tranquillin, père des deux martyrs, avec six de ses amis; ensuite Nicostrate; Castor, son frère; Claude le geôlier, avec ses deux enfants ; Marcie, femme de Tranquillin, avec les femmes et les enfants des saints Marc et Marcellien ; Symphorose, femme de Claude; Zoé, femme de Nicostrate, puis toute la famille de Nicostrate, au nombre de trente-trois personnes; et enfin les prisonniers convertis qui étaient seize : ce qui faisait en tout soixante-huit individus.

Ils furent tous baptisés par saint Polycarpe. Sébastien servit de parrain aux hommes; Béatrix, depuis martyre, et Lucine furent les marraines des personnes de leur sexe. Les deux enfants de Claude furent baptisés les premiers, et sortirent des fonts aussi sains qu'aucuns des autres, n'ayant pas seulement la moindre marque d'aucune incommodité. Tranquillin fut baptisé après eux. Il avait la goutte depuis onze ans, et il en était tellement tourmenté aux pieds et aux mains, qu'il pouvait à peine souffrir qu'on le portât. Il ne pouvait pas même porter la main à la bouche pour manger; et il éprouva de très-grandes douleurs quand il fallut le déshabiller pour le baptême. Saint Polycarpe lui demandant s'il croyait de tout son cœur que Jésus-Christ, Fils unique de Dieu, pouvait lui rendre la santé et lui pardonner tous ses péchés, il répondit tout haut qu'il reconnaissait de tout son cœur que Jésus-Christ était Fils de Dieu, et qu'il pouvait lui accorder le salut de l'âme et du corps; mais qu'il ne demandait que la rémission de ses péchés, et que, quand même il demeurerait dans ses douleurs après la sanctification du baptême, il ne pourrait pas douter de la foi de Jésus-Christ. Cette parole tira des larmes de joie de tous les assistants, et ils demandèrent à Dieu qu'il lui accordât l'effet d'une foi si pure. Polycarpe l'ayant oint du chrême, lui demanda une seconde fois s'il croyait au Père, au Fils et au Saint-Esprit. Il n'eut pas plus tôt répondu que oui, que sa goutte fut guérie en un moment, et il descendit de lui-même dans la fontaine, en s'écriant : Vous êtes le Dieu unique et véritable que ce misérable monde ne connaît point! Tous les autres furent baptisés ensuite, et, durant les dix jours qui restaient des trente accordés à Tranquillin pour ses deux fils, ces nouveaux chrétiens ne s'occupèrent qu'à louer Dieu et à se préparer au combat, désirant tous ardemment le martyre, jusqu'aux femmes et aux enfants.

Quand ces trente jours furent expirés, le préfet Chromace envoya chercher Tranquillin, qui le remercia extrêmement du délai qu'il lui avait accordé, parce qu'il avait conservé les enfants au père et rendu le père aux enfants. Chromace, ne comprenant pas ce qu'il voulait dire, lui dit qu'il fallait donc que ses enfants vinssent offrir de l'encens aux dieux. Alors Tranquillin s'expliquant plus clairement, lui déclara qu'il était chrétien, et que c'était par ce moyen qu'il se trouvait guéri de la goutte dont il était travaillé auparavant. Cela toucha Chromace, qui avait le même mal. Toutefois, ne le voulant pas encore témoigner, sans doute à cause des assistants, il fit arrêter Tranquillin pour le mener en prison, disant qu'il l'entendrait à la première séance. Mais il se le fit amener secrètement durant la nuit, et lui promit beaucoup d'argent pour apprendre le remède qui lui avait procuré la guérison. Tranquillin se moqua de l'argent qu'il lui promettait; mais il l'assura qu'il n'avait point trouvé d'autre remède que de croire en Jésus-Christ, et que s'il voulait y recourir de même, il en recevrait aussi le même soulagement. Chromace le laissa aller, en lui disant de lui amener celui qui l'avait fait chrétien, afin que si cet homme lui promettait aussi de le guérir, il pût embrasser la même religion.

Tranquillin alla trouver aussitôt saint Polycarpe, et le mena secrètement chez le préfet, qui lui promit la moitié de son bien, s'il pouvait le guérir de sa goutte. Polycarpe lui répondit que ce trafic serait criminel pour l'un et pour l'autre; mais que Jésus-Christ pouvait éclairer ses ténèbres et le guérir de ses maux, s'il croyait en lui de tout son cœur. Il le catéchisa ensuite, et lui ordonna un jeûne de trois jours, dont il s'acquitta lui-même avec Sébastien. Le troisième jour ils revinrent ensemble *trouver*

Chromace, et prirent sujet des douleurs de sa goutte pour lui parler des supplices éternels. Chromace donna aussitôt son nom et celui de Tiburce, son fils unique, pour être faits chrétiens. Mais Sébastien l'avertit de ne pas souhaiter le baptême par le désir d'être guéri, plutôt que par une véritable foi, et lui demanda que, pour marque d'une entière conversion, il leur permît d'aller briser toutes ses idoles, l'assurant qu'il ne manquerait pas d'être guéri aussitôt. Chromace voulut le faire faire par ses gens; mais le saint lui représenta que le diable pourrait leur nuire à cause de leur infidélité et de leur négligence, et que l'on dirait aussitôt que c'était en punition de ce qu'ils auraient abattu ces idoles. Sébastien y fut donc lui-même avec Polycarpe; et après s'être mis en prière, ils brisèrent plus de deux cents statues de toutes sortes de matières.

Cependant, à leur retour, ils trouvèrent que Chromace n'était pas guéri. Ils lui dirent qu'il restait assurément quelque chose à briser, ou que sa foi n'était pas encore entière. Il leur avoua qu'il avait un cabinet rempli de machines de cristal pour l'astrologie, qui avait coûté deux cents livres d'or à son père, et qu'il était bien aise de le conserver comme l'ornement de sa maison. Néanmoins les saints lui ayant fait voir la vanité de l'astrologie et de toutes les prédictions que l'on en tirait, il leur permit d'en faire ce qu'ils voudraient. Tiburce, fils de Chromace, ne put souffrir qu'on brisât une pièce si précieuse et si rare; mais ne voulant pas non plus empêcher la guérison de son père, il fit allumer deux fours, protesta que si l'on brisait ce cabinet sans que son père guérît, il y ferait jeter Sébastien et Polycarpe. Les saints acceptèrent volontiers la condition, quoique Chromace s'y opposât. Mais dans le temps même qu'ils cassaient ces machines, un jeune homme apparut à Chromace, et lui dit qu'il était envoyé de Jésus-Christ pour le guérir. Il fut guéri en effet à l'instant, et se mit à courir après ce jeune homme pour lui baiser les pieds; mais il le lui défendit, parce qu'il n'était pas encore sanctifié par le baptême. Il se jeta donc aux pieds de Sébastien, et Tiburce à ceux de Polycarpe. Sébastien lui représenta ensuite que, dans la dignité où il était, il ne pouvait pas s'exempter de se trouver aux spectacles profanes, sans parler du jugement des procès, où il est difficile qu'il ne se mêlât alors bien des choses contraires à la profession du christianisme : et c'était même devant le préfet de Rome qu'on poursuivait les chrétiens. C'est pourquoi il lui conseilla de demander un successeur, afin de se débarrasser de toutes ces occupations du monde, et de ne plus songer qu'à son salut. Chromace suivit ce conseil, et envoya dès le jour même prier ses amis qui étaient à la cour, de l'assister de leur crédit pour cet effet.

Lorsqu'il fut près d'être baptisé, Polycarpe, lui demanda parmi les autres interrogations, s'il renonçait à tous ses péchés. Il répondit que c'était un peu tard lui faire cette demande, mais qu'il aimait mieux se rhabiller et différer son baptême pour y satisfaire; qu'il voulait pardonner à tous ceux contre qui il était en colère, remettre ce qu'on lui devait, rendre tout ce qu'il pouvait avoir pris par violence; qu'il avait eu deux concubines après la mort de sa femme, et qu'il leur voulait donner une pleine liberté et leur procurer des maris. Polycarpe approuva son dessein, et lui dit que c'était pour accomplir ce renoncement, que l'on prescrivait d'ordinaire quarante jours à ceux qui demandaient le baptême. Tiburce renonça aussi au barreau, où il était près de s'engager, ayant déjà acquis beaucoup d'érudition et d'éloquence. Il reçut le baptême dès lors. Chromace ayant renoncé à toutes les affaires du monde, le reçut peu de jours après. On baptisa avec lui quatorze cents personnes de sa famille (1), auxquelles il avait dès auparavant donné la liberté, disant que ceux qui commençaient à avoir Dieu pour père, ne devaient plus être esclaves d'un homme.

Dioclétien, devenu seul maître de l'empire par la mort de Carin, vint à Rome en 285. Non-seulement il conserva Sébastien dans son grade, ainsi que tous les autres officiers, mais il le prit en affection. De sorte qu'il lui donna la charge de capitaine de la première compagnie des gardes prétoriennes, qu'il voulait laisser à Rome; et, tant qu'il demeura dans cette ville, il voulut toujours avoir le saint auprès de sa personne. Maximien en usa de même.

Cependant, comme la persécution était assez grande à l'égard des autres chrétiens, Chromace, par l'avis du Pape, qui était alors saint Caïus, retira tous chez lui, c'est-à-dire tous ceux qui avaient été convertis depuis peu; il en eut si bien soin, qu'aucun d'eux ne fut réduit à la nécessité de sacrifier. Mais comme il était difficile que son changement demeurât longtemps caché, il demanda à l'empereur la permission de se retirer en Campanie, où il avait de fort belles terres, comme pour y rétablir sa santé. On sait, par l'histoire, que les sénateurs étaient obligés de résider à Rome pour se trouver au sénat, à moins qu'ils ne fussent dispensés par leur âge ou par une grâce particulière. Chromace obtint cette permission, et offrit d'emmener avec lui, dans ses terres, tous les chrétiens qui voudraient le suivre. Une dispute s'éleva alors entre Sébastien et Polycarpe, pour savoir qui des deux resterait dans la ville ou accompagnerait les nouveaux fidèles en Campanie. Chacun voulait demeurer à Rome, pour y trouver plus aisément l'occasion du martyre. Le Pape termina cette admirable dispute, en jugeant que Polycarpe, qui exerçait si dignement le sacerdoce et qui était plein de la science de Dieu, devait aller avec ceux qui se retiraient en Campanie, pour les fortifier et les assister.

Le dimanche étant donc venu, le Pape célébra les saints mystères dans la maison de Chromace, et dit à toute l'assemblée : « Notre Seigneur Jésus-Christ, connaissant la fragilité humaine, a établi deux degrés parmi ceux qui croient en lui, les confesseurs et les martyrs, afin que ceux qui ne se croient pas assez forts pour supporter le poids du martyre, gardent la grâce de la confession, et que, laissant la principale louange aux soldats du Christ, qui vont combattre pour son nom, ils aient grand soin d'eux. Que ceux-là donc qui veulent, s'en aillent avec nos fils Chromace et Tiburce; et que ceux qui le veulent, restent avec moi dans la ville. La distance de ces terres ne sépare point ceux qu'unit la grâce du Christ; et nos yeux ne sentiront point votre absence, parce que nous vous contemplerons du regard de l'homme

(1) On voit que le mot *famille* est employé ici avec l'extension qu'il avait dans la langue de Rome. B. G.

intérieur. » Le Pape parlant de la sorte, Tiburce s'écria à haute voix : « Je vous conjure, ô Père et évêque des évêques, ne veuillez pas que je tourne le dos aux persécuteurs ; car mon bonheur et mon désir est d'être mis à mort pour Dieu, mille fois, si cela est possible, pourvu que j'obtienne la dignité de cette vie, qu'aucun successeur ne m'enlèvera, et à laquelle nul temps ne mettra fin. » Le saint Pape, pleurant de joie, demanda à Dieu que tous ceux qui demeuraient avec lui obtinssent le triomphe du martyre.

On voit ici, comme dans saint Cyprien, que l'on mettait au rang des confesseurs, non-seulement ceux qui confessaient la foi devant les tribunaux, mais encore ceux qui, pour ne pas la renier, prenaient la fuite. On y voit encore le titre d'évêque des évêques donné au Pape, comme dans le même saint Cyprien, et, avant lui, dans Tertullien. Le pape saint Caïus avait succédé, le 15 décembre 283, au pape saint Eutychien, mort le 7 du même mois, et qui lui-même avait succédé à saint Félix, martyrisé sous l'empereur Aurélien, le 22 décembre 274.

Tiburce demeura donc avec le Pape, ainsi que Sébastien, Marcellien et Marc, Tranquillin, leur père; Nicostrate, Zoé, sa femme, et Castor, son frère; Claude et son frère Victorin, avec son fils Symphorien, qui avait été guéri de l'hydropisie. Tous les autres se retirèrent avec Chromace. Le Pape fit Tranquillin prêtre, et ses enfants diacres. Les autres furent ordonnés sous-diacres, hormis Sébastien, qui, servant beaucoup les fidèles sous l'habit de capitaine, fut fait, disent les actes, défenseur de l'Église par le Pape. Ce titre marquait du temps de saint Grégoire, ceux que les Papes employaient particulièrement au secours et à l'assistance des pauvres. Les saints qui étaient demeurés à Rome, n'y trouvant pas de lieu pour y être en sûreté, se retirèrent avec le Pape dans le palais même de l'empereur, chez un nommé Castule, qui était chrétien avec toute sa famille, et d'autant plus en état de les cacher, que, demeurant dans le palais où il avait l'intendance des bains et étuves, il n'était nullement suspect.

Les saints demeuraient là, occupés jour et nuit aux larmes, aux jeûnes et à la prière, pour obtenir de Dieu la persévérance et la grâce du martyre. Ils y faisaient aussi beaucoup de miracles envers les chrétiens qui y venaient implorer leur assistance. Tiburce étant une fois sorti, rencontra un jeune homme qui, étant tombé de fort haut, s'était tellement brisé les membres, qu'on ne songeait plus qu'à l'enterrer. Tiburce demanda aux parents en pleurs, de lui laisser dire quelques paroles, pour voir s'il ne le guérirait point. On se retira à quelque distance. Il prononça sur lui l'Oraison dominicale avec le Symbole, et le jeune homme se trouva guéri comme s'il n'avait rien souffert. Tiburce s'en allait, mais le père et la mère le retinrent, en disant : Venez et prenez-le pour votre esclave, et nous vous donnerons avec lui tous nos biens; car il était notre fils unique, et, de mort qu'il était, vous nous l'avez rendu vivant. Tiburce leur répondit : Si vous voulez faire ce que je vous dirai, j'estimerai beaucoup la récompense de cette guérison. Eux lui dirent : Et si vous voulez nous avoir nous-mêmes pour esclaves, nous ne nous y opposerons pas; nous le désirons même, si vous

nous en croyez dignes. Alors, les prenant par la main, il les conduisit à l'écart de la foule, et leur apprit la vertu du nom de Jésus-Christ. Quand il les vit affermis dans la crainte de Dieu, il les conduisit à Caïus, en disant : Vénérable Pape et pontife de la loi divine, voici ceux que le Christ a gagnés aujourd'hui par moi; comme un nouvel arbuste, ma foi a produit en eux son premier fruit. Le Pape baptisa le jeune homme avec ses parents.

Il s'était passé beaucoup de choses de cette nature lorsque sainte Zoé, femme de Nicostrate, remporta la première la palme du martyre. Etant allée prier au tombeau de saint Pierre le jour de la fête des Apôtres, elle y fut prise et menée au magistrat du quartier. Il voulut la contraindre d'offrir de l'encens à une petite statue de Mars. Elle lui répondit : Vous voulez contraindre une femme de sacrifier à Mars, pour montrer que votre Mars est passionné pour les femmes. Mais, s'il a pu ravir la pudeur à l'impudique Vénus, il ne prévaudra certainement pas contre moi qui porte le trophée de la foi sur le front; car ce n'est pas moi qui lutte contre lui avec mes forces, mais, forte de la vertu de mon Seigneur Jésus-Christ, je vous méprise également et vous et votre idole. Il la mit en prison, et elle y demeura cinq jours entiers sans boire ni manger, sans voir aucune lumière et sans entendre autre chose que les menaces qu'on lui faisait de l'y laisser mourir de faim, si elle ne promettait de sacrifier. Passé six jours, on en parla au préfet, qui commanda de la pendre à un arbre par le cou et les cheveux, et d'allumer dessous un feu de fumier. Elle rendit l'âme dès qu'elle fut en cet état. On attacha son corps à une pierre et on la jeta dans le Tibre, de peur, disaient les païens, que les chrétiens n'en fissent une déesse.

La sainte apparut à Sébastien après son martyre pour lui apprendre sa mort. Sébastien l'ayant racontée aux autres, Tranquillin sortit en hâte, disant qu'il était honteux que des femmes les prévinssent, et s'en alla prier au tombeau de saint Paul, le jour de l'octave des Apôtres. Il y fut pris comme il souhaitait, et tué par le peuple à coups de pierres; son corps fut aussi jeté dans le Tibre. Nicostrate, Claude, Castor, Victorin et Symphorien furent aussi pris en cherchant les corps de ces martyrs, et menés au préfet de la ville, qui se nommait Fabien. Il tâcha inutilement, pendant dix jours, tantôt d'épouvanter les saints par ses menaces, tantôt de les gagner par ses caresses. Enfin il en parla aux empereurs, qui étaient alors à Rome. Ils ordonnèrent d'appliquer trois fois les saints à la torture; mais, aucun tourment n'étant capable de les abattre, Fabien les fit jeter dans la mer.

Un fourbe nommé Torquat, faisant semblant d'être encore chrétien, quoiqu'il eût renoncé à la foi, se joignit à la compagnie du saint pape Caïus. Mais il menait une vie bien différente des autres. Tiburce ne pouvait souffrir de le voir ajuster proprement ses cheveux sur son front, manger continuellement, boire avec excès, jouer durant les repas, avoir une démarche molle et efféminée, se faire voir trop librement aux femmes, se dispenser au contraire des jeûnes et des prières, et dormir pendant que les autres veillaient et passaient les nuits à chanter les louanges de Dieu. Il le reprenait sévèrement de ces choses, et Torquat faisait semblant de prenre ses réprimandes en bonne part. Mais il trouva moyen, par ses artifices, de le faire arrêter; et, pour mieux couvrir son jeu, il se laissa arrêter avec lui et mener devant le préfet Fabien, où, étant interrogé, il dit qu'il était chrétien; que Tiburce était son maître, et qu'il ferait tout ce qu'il lui verrait faire. Tiburce le confondit avec une vive éloquence et fit voir la fourberie au juge. Fabien lui dit : Mais vous feriez mieux de penser à votre salut en ne méprisant pas les décrets des princes. Je ne puis mieux assurer mon salut, répliqua Tiburce, qu'en méprisant vos dieux et vos déesses, et en confessant que l'unique Seigneur Jésus-Christ est mon Dieu. Fabien lui dit encore : Rendez-vous à votre famille, soyez ce que la nature vous dicte d'être; car, d'une naissance très-noble, vous vous êtes ravalé si bas, que vous êtes dans le cas d'endurer le supplice, l'infamie et la mort. Tiburce répondit : O l'homme sage et le merveilleux juge qu'ont là les Romains! Parce que je refuse d'adorer la prostituée Vénus, l'incestueux Jupiter, le fourbe Mercure, et Saturne, le meurtrier de ses enfants; je déshonore ma race et je m'imprime une marque d'infamie! Et parce que j'adore le seul Dieu véritable, vous menacez de me faire périr dans les supplices! Alors Fabien fit allumer un brasier et lui commanda de jeter de l'encens ou d'y marcher nu-pieds. Tiburce fit le signe de la croix et marcha sur ces charbons sans en ressentir aucune douleur; après quoi il défia le juge de mettre seulement la main dans de l'eau bouillante au nom de Jupiter. Qui ne sait, dit le juge confus, que votre Christ vous a appris la magie! Taisez-vous, malheureux, répliqua Tiburce, et ne me faites pas cette injure de prononcer devant moi, d'une bouche furieuse, un nom si sacré. Fabien, en colère, le condamna aussitôt à perdre la tête comme blasphémateur et coupable d'avoir proféré des injures atroces. Tiburce fut donc conduit à une lieue de la ville, où il fut exécuté, puis enterré par un chrétien qui s'y trouva; et Dieu y a fait depuis un grand nombre de miracles.

Le perfide Torquat fit encore prendre Castule, l'hôte des chrétiens. Ce saint fut interrogé et tourmenté par trois fois; et comme il persistait toujours, on le mit dans une fosse, sur laquelle on jeta un monceau de sable. Les deux frères, Marc et Marcellien, furent arrêtés ensuite et liés à un poteau, les pieds percés avec des clous. Ils passèrent un jour et une nuit dans ce supplice, et enfin y moururent, percés de lances, par ordre du juge. Ils furent enterrés à deux milles de Rome, dans un cimetière qui a porté leur nom.

Après que Sébastien eut fortifié tant de martyrs contre la crainte des supplices, et qu'il les eut animés à combattre généreusement pour la couronne de gloire, il fit enfin connaître à tout le monde ce qu'il était lui-même. Dioclétien, à qui le préfet en parla, le fit venir et lui reprocha de reconnaître bien mal les obligations qu'il lui avait. Le saint répondit que, voyant qu'il y avait de la folie à demander des faveurs et des secours à des pierres, il avait sans cesse adoré le Christ et le Dieu qui est au ciel, pour le salut du prince et de tout l'empire. Une réponse si sage ne satisfit point Dioclétien, et il mit le saint entre les mains des archers de Mauritanie, qui, par son ordre, le percèrent de flèches de tous côtés. Il fut laissé pour mort sur la place. Mais Irène, veuve de saint Castule, étant venue pour l'enterrer, le trouva encore vivant, et l'emmena chez elle, au palais même de l'empereur, où il recouvra en peu de temps une santé parfaite. Les chrétiens l'exhortaient à se retirer. Mais, après avoir invoqué Dieu, il se mit sur un escalier par où Dioclétien passait, et lui représenta avec quelle injustice ses pontifes le portaient à persécuter les chrétiens, et les accusaient d'être les ennemis de l'Etat, eux qui priaient continuellement pour l'empire et pour la prospérité des armées. Dioclétien fut surpris de le voir, le croyant mort, suivant l'ordre qu'il avait donné. Sur quoi le saint lui dit que Jésus-Christ lui avait rendu la vie, afin qu'il vînt protester devant tout le peuple, que c'était une injustice extrême de persécuter les serviteurs du Christ. Dioclétien le fit mener aussitôt dans l'hippodrome du palais, où il fut assommé à coups de bâtons. Mais de peur, disent les *Actes*, que les chrétiens n'en fissent un martyr, on jeta la nuit son corps dans un cloaque, où il demeura pendu à un croc. Le saint apparut à une dame nommée Lucine, et, lui marquant l'endroit où était son corps, lui dit d'aller l'enterrer aux catacombes, à l'entrée de la grotte des apôtres. Lucine exécuta religieusement cet ordre, et passa trente jours entiers auprès du tombeau du saint. Ceci arriva, suivant toute apparence, l'an 288 (1).

Sébastien ne fut pas le seul homme de guerre qui versa son sang pour la foi. Il y eut, à la même époque, une légion tout entière de martyrs. C'était la légion thébaine. Dioclétien la fit venir de l'Orient, la reçut à Rome, et lui donna ordre de rejoindre Maximien, qui marchait contre les Bagaudes, peuples insurgés de la Gaule-Belgique. Mais le Pape fit à cette même légion des recommandations encore plus importantes; car elle était toute composée de chrétiens. Ils eurent bientôt lieu de les mettre en pratique. Comme Maximien voulut se servir d'eux pour persécuter les chrétiens ainsi que des autres soldats, ils refusèrent d'obéir. L'empereur, pour se reposer de la fatigue du voyage, s'était arrêté dans les Alpes en un lieu nommé Octodure, aujourd'hui Martinac en Valais; la légion thébaine était tout près, à Agaune, au pied de la montagne que l'on nomme aujourd'hui le grand Saint-Bernard. Maximien, irrité de cette désobéissance, ordonna que la légion fût décimée, et réitéra ses ordres pour contraindre le reste à persécuter les chrétiens. Les soldats thébains, ayant appris ce second ordre, commencèrent à crier par tout le camp qu'ils souffriraient plutôt toutes sortes d'extrémités, que de rien faire contre la religion chrétienne. Maximien commanda qu'on les décimât une seconde fois, et que l'on fît obéir les autres. On fit donc encore mourir le dixième, suivant le sort, et les autres s'exhortaient mutuellement à persévérer.

Ils étaient principalement encouragés par trois de leurs officiers généraux, Maurice, Exupère et Candide, qui leur proposaient l'exemple de leurs camarades, que le martyre avait déjà conduits au ciel. Par leurs conseils, ils envoyèrent une remontrance à l'empereur, qui portait en substance : « Nous

(1) *Acta S. Sebast.*, 20 janv.; SS. *Marcell. et Marc.*, 18 juin; SS. *Tiburt. et Chromat.*, 11 août; etc.; apud *Acta Sanctorum* Tillemont et Baillet.

sommes vos soldats, il est vrai; mais aussi, nous le confessons librement, nous sommes les serviteurs de Dieu. Nous vous devons le service de la guerre, à lui l'innocence; nous recevons de vous la paie, il nous a donné la vie. Nous ne pouvons suivre vos ordres jusqu'à renier Dieu, notre créateur et notre maître, et aussi le vôtre, que vous le vouliez ou ne le vouliez pas. Si vous ne nous commandez rien qui l'offense, nous vous obéirons, comme nous l'avons fait jusqu'à présent; sinon, c'est à lui que nous obéirons plutôt qu'à vous. Nous vous offrons nos bras contre quelque ennemi que ce soit; mais nous tenons à crime de les tremper dans le sang innocent. Nous avons pris les armes pour nos concitoyens et non pas contre eux. Nous vous avons fait serment; mais, avant tout, nous avons fait serment à Dieu : comment pourrez-vous compter sur le second, si nous violons le premier? Vous voulez que nous recherchions les chrétiens pour le supplice. Vous n'avez pas besoin d'en chercher d'autres; nous voici, confessant Dieu le Père, créateur de toutes choses, et son fils Jésus-Christ qui est avec lui un même Dieu. Nous avons vu égorger nos compagnons sans les plaindre; nous nous sommes réjouis de la gloire qu'ils ont eue de souffrir pour leur Dieu et leur Seigneur. Ni cette extrémité, ni le désespoir ne nous ont portés à la révolte; nous avons les armes à la main et nous ne résistons pas, parce que nous aimons mieux mourir innocents que de vivre coupables. Le feu, les tourments, le glaive, nous sommes prêts à tout endurer; mais chrétiens, nous ne pouvons persécuter des chrétiens. »

Maximien, désespérant de vaincre une telle constance, ordonna de les faire tous mourir, et fit marcher des troupes pour les environner et les tailler en pièces. Ils ne firent aucune résistance, mais ils mettaient bas les armes et présentaient le cou aux persécuteurs. La terre fut couverte de leurs corps; on voyait couler des ruisseaux de sang. On croit qu'ils étaient environ six mille six cents; car c'était le nombre ordinaire des légions.

Un vétéran, nommé Victor, qui n'était point de cette légion et ne servait plus, se trouva, en passant son chemin, au milieu de ceux qui avaient fait mourir les martyrs, et qui se réjouissaient en faisant bonne chère de leurs dépouilles. Ils l'invitèrent à manger avec eux et lui contèrent avec plaisir tout ce qui s'était passé. Comme il se retirait, détestant le festin et ceux qui le faisaient, ils lui demandèrent s'il n'était point aussi chrétien. Il répondit qu'il l'était et qu'il le serait toujours : aussitôt ils se jetèrent sur lui et le tuèrent. On compte encore quelques autres soldats de la même légion, qui furent tués ailleurs (Ruinart et *Act. Sanct.*, 22 *sept.*).

On peut rapporter plusieurs autres martyres célèbres, aux voyages que Maximien fit dans les Gaules, non-seulement contre les Bagaudes, mais contre le parti de Carause. C'était un grand capitaine, qui avait eu la commission de tenir la mer libre, sur les côtes de la Belgique et de l'Armorique, contre les courses des Francs et des Saxons; et qui, enfin, étant devenu suspect, se révolta et se rendit maître de la Grande-Bretagne, où il subsista sept ans. On compte donc à Nantes, dans l'Armorique, saint Donatien et saint Rogatien. C'étaient deux frères illustres par leur naissance. Donatien était le plus jeune

mais il se convertit le premier, et, ayant reçu le baptême, il travaillait à la conversion des autres. Rogatien, son frère aîné, en fut touché; il voulut aussi être chrétien, et pria Donatien de lui faire recevoir le baptême avant la persécution, afin qu'elle ne le surprît pas païen ou catéchumène. Mais l'absence de l'évêque, qui s'était enfui, l'empêcha d'être baptisé. Cependant le gouverneur qui persécutait les chrétiens, étant venu à la ville, Donatien lui fut déféré comme détournant les autres du culte des dieux, et particulièrement son frère. Le gouverneur se le fit amener; il confessa avec une sainte fierté le nom de Jésus-Christ, et fut mis en prison les fers aux pieds. Rogatien fut aussi présenté au gouverneur, qui, d'abord lui parla doucement et s'efforça de le gagner par ses promesses; mais, le voyant aussi ferme que son frère, il le fit aussi mettre en prison. Ce qui les attristait tous les deux, c'est que Rogatien n'était point encore baptisé, et que le lendemain ils devaient être mis à mort. Donatien fit alors pour lui cette prière : Seigneur Jésus-Christ, auprès de qui les désirs sincères égalent les effets, et qui, en nous laissant le vouloir, vous êtes réservé le pouvoir, que la foi pure de Rogatien lui serve de baptême, et s'il arrive que le préfet nous fasse mourir dès demain, comme il a résolu, que le sang de votre serviteur soit pour lui une ablution et une onction sacramentelle! Ayant ainsi veillé et prié toute la nuit, ils furent amenés le lendemain devant le tribunal du préfet, et, après de longues tortures, eurent tous deux la tête tranchée (*Act. Sanct.*, 24 *mai*).

Ce fut dans la Belgique que Maximien fit le plus de séjour, et c'est aussi là que nous trouvons le plus de martyrs de son temps. A Amiens, l'évêque saint Firmin; dans la même ville, Victoire et Fucien, avec Gentien, leur hôte; à Auguste, capitale du Vermandois, ville depuis ruinée, saint Quentin; à Soissons, saint Crespin et saint Crespinien; à Tournay, saint Piat, prêtre; à Fismes, près de Reims, la vierge sainte Macre; à Louvre en Parisis, saint Just ou Justin, qui, allant à Amiens avec son père et son frère, et n'ayant pas voulu découvrir aux persécuteurs ceux qui l'accompagnaient, eut la tête coupée. On compte encore plusieurs martyrs à Trèves, sous Rictiovare, gouverneur de la Gaule-Belgique, à qui l'on attribue aussi la plupart des précédents. Dans la Grande-Bretagne, on marque entre autres saint Alban, qui, ayant reçu chez lui un ecclésiastique qui fuyait la persécution, se livra lui-même pour le sauver.

En Aquitaine, saint Caprais, évêque d'Agen, se cacha par la crainte de la persécution; mais ensuite il se montra et souffrit le martyre, excité par l'exemple de sainte Foi, vierge, près d'Agde; Tibère, Modeste et Florence à Vienne. Ferréol, tribun militaire, et un de ses soldats, nommé Julien, furent décapités à Brioude en Auvergne. A Embrun, Vincent, Oronce et Victor. A Arles, Genès, greffier encore jeune et catéchumène, entendant lire devant le tribunal l'ordre pour persécuter les chrétiens, et ne pouvant se résoudre à l'écrire, jeta devant les pieds du juge les tablettes cirées sur lesquelles il écrivait, s'enfuit et se cacha. Le juge ordonna de le prendre, et, comme on ne put le trouver, il le condamna à perdre la tête, sitôt qu'on l'aurait découvert. Cependant le martyr fit demander à l'évêque, par des personnes fidèles, de le baptiser. L'évêque, soit qu'il n'en pût trouver le temps, soit qu'il se défiât de sa jeunesse, lui fit dire qu'il serait suffisamment baptisé dans son sang. Enfin, Dieu permit qu'il fût découvert. Il voulut encore s'échapper en passant le Rhône à la nage; mais il fut pris de l'autre côté et eut la tête tranchée. On ne sait point le temps de son martyre; toutefois il est trop mémorable pour l'omettre, faute d'en savoir la place (Ruinart et *Acta Sanct.*).

Quelque temps après le massacre de la légion thébaine, Maximien Hercule vint à Marseille. Ce massacre l'avait rendu terrible aux chrétiens. Ceux de Marseille étaient dans de grandes alarmes. Un homme de guerre, les visitant la nuit de maison en maison, les encourageait au mépris d'une mort passagère et au désir d'une vie éternelle : son nom était Victor. Il fut pris et conduit devant les préfets, qui l'exhortèrent à ne point mépriser le culte des dieux, et à ne point refuser les honneurs de la milice et l'amitié de César, pour le culte d'un certain mort. Victor prouva que les dieux étaient d'impurs démons; il répondit que soldat du Christ, il ne voulait nullement, à l'affront de son roi, avoir ni récompenses militaires ni l'amitié de l'empereur; il confessa d'une voix ferme, que le Seigneur Jésus-Christ, très-haut Fils de Dieu, pour l'amour de la restauration humaine, a été vraiment homme mortel, mis volontairement à mort par des impies; mais que, par la puissance de sa vertu divine, il est ressuscité le troisième jour et monté au ciel, et qu'il a reçu de Dieu le Père une éternelle royauté sur toutes choses. A ces mots de Victor, tous les assistants poussent des cris et lui disent des injures. Mais comme c'était un personnage considérable, les préfets le renvoyèrent à l'empereur même. A ce nouveau tribunal, il ne fit pas voir moins de sagesse et de constance, et démontra sans réplique que les idoles n'étaient rien, mais que Jésus-Christ est vrai Dieu. L'empereur, irrité, commanda qu'on le traînât par toute la ville. On le lia par les bras et par les pieds, et on le traîna de la sorte, exposé aux coups et aux injures de la populace, dont chacun eût pensé faire un crime en ne lui insultant pas. Il fut ramené tout déchiré et tout sanglant au tribunal des préfets, qui le croyant abattu par cet affront, se plaignirent plus que jamais de l'injure qu'il faisait à César et à la république, et le pressèrent de reconnaître enfin la puissance des dieux et de préférer l'amitié de César à une mort cruelle, endurée pour un homme qui, lui-même, avait vécu dans l'indigence et était mort dans le supplice. Le martyr, au contraire, encouragé par ce commencement de victoire, répondit avec une sagesse vraiment inspirée : S'il s'agit de l'injure de César et de la république, jamais je n'ai manqué à César, jamais à la république; je n'ai lésé en rien l'honneur de l'empire ni refusé de le défendre. Chaque jour je sacrifie religieusement pour le salut de César et de l'empire entier, chaque jour j'immole devant Dieu des hosties spirituelles pour la prospérité de la république. Mais tout le monde, je crois, tiendra pour le comble de la démence, d'aimer une chose tellement, qu'on la préfère à une autre cent fois meilleure. Que sera-ce encore si on ne peut avoir la première comme on voudrait; si on ne peut en jouir sans crainte quand on l'a, ni la retenir, quelque soin que l'on en prenne? Au contraire, on a le centuple dès qu'on veut; quand on l'a, on en jouit avec sécurité, et ni le temps ni la violence ne peuvent vous le faire perdre. Or, au jugement de la saine raison et de tous les sages, la familiarité des princes, les plaisirs et les honneurs de ce monde, la santé, la vie même, sont de ces choses qu'on ne saurait ni acquérir à son gré, ni posséder avec sécurité, ni surtout prolonger tant soit peu. Il faut donc les mettre bien après les joies ineffables de la vie éternelle, et les embrassements du souverain auteur de toutes choses. Pour lui, dès qu'on l'aime, on l'a; dès qu'on l'a, on possède avec lui tous les biens.

Victor continue avec cette maturité de la raison chrétienne; il réfute admirablement le paganisme, et parle non moins admirablement de Jésus-Christ. « Avec quel amour et quelle vénération ne doit-on pas adorer celui qui, lorsque nous étions ennemis, nous a aimés le premier; qui nous a dévoilé les fraudes des dieux infâmes, et qui, pour nous arracher à eux, s'est fait homme, non en diminuant sa divinité, mais en revêtant notre humanité et demeurant Dieu parmi nous! O combien est riche cette pauvreté que vous nous reprochez; qui, quand il lui plaît, remplit des barques de poissons et nourrit cinq mille hommes avec cinq pains! combien est forte cette faiblesse qui guérit toutes nos infirmités ! combien est vivifiante la mort qui a vivifié tant de morts! En doutez-vous? Voyez toutes ces choses prédites dès le commencement et confirmées par des miracles sans nombre. Oh! si vous considériez combien est grand celui à qui obéit le monde entier! Quoi de plus saint que sa vie? de plus droit que sa doctrine? de plus utile que ses promesses? de plus terrible que ses menaces? de plus sûr que son patronage? de plus louable que son amitié? de plus ravissant que sa gloire? Qui des dieux lui est semblable ? Tous les dieux des nations sont des démons; mais notre Dieu à nous a fait les cieux. C'est pourquoi ceux-là sont et seront condamnés à un éternel incendie avec leurs adorateurs. De celui-ci, au contraire, un saint prophète a dit : Notre Dieu est par-dessus tous les dieux; tout ce qu'il a voulu, il l'a fait au ciel, sur la terre, dans la mer et dans tous les abîmes. C'est pourquoi, très-illustres et très-doctes personnages, usez de la pénétration de votre esprit, écartez un instant la haine et la contention, examinez de sang-froid la chose de part et d'autre, et ne vous abandonnez plus à d'impurs démons qui vous haïssent et qui vous damnent avec eux, et ne prostituez plus l'honneur de la ressemblance divine, qui est en vous, à leur infâme turpitude; mais obéissez au très-saint, très-beau, très-juste, très-clément et tout-puissant Créateur, votre ami, dont l'humilité vous élèvera, dont la pauvreté vous enrichira, dont la mort vous vivifiera, dont les avertissements salutaires vous appellent maintenant, dont les récompenses vous invitent, afin que vous puissiez être reçus bientôt dans son éternelle gloire et vous réjouir de son amitié à jamais. »

Après que le martyr eut ainsi parlé, les préfets lui dirent : Victor, ne cesseras-tu point de philosopher? Choisis de deux choses l'une, ou d'apaiser les dieux ou de périr misérablement. Puisque vous me le proposez, dit-il, ce que j'ai enseigné par la parole, il faut le confirmer par l'exemple. Je méprise les dieux; je confesse le Christ. Faites-moi souffrir tous les tourments que vous pourrez. Les préfets, irrités, voulant le tourmenter l'un plus que l'autre, se divisèrent. L'un d'eux, nommé Euticius, se retira : la charge de faire tourmenter le martyr demeura à Astérius. Il le fit attacher aussitôt et tourmenter longtemps et cruellement. Le martyr tenait les yeux au ciel, demandant la patience à celui de qui elle est le don. Jésus-Christ lui apparut, tenant sa croix entre les mains, et lui dit : « La paix soit avec toi, Victor! Je suis Jésus qui souffre dans mes saints; prends courage, je t'assiste dans le combat pour te couronner après la victoire. » Ces paroles firent évanouir la douleur et les tourments. Le martyr commença à louer Dieu d'un visage gai. Les bourreaux, déjà fatigués, virent qu'ils n'avançaient rien, et le préfet ordonna de le détacher du chevalet et de le mettre dans une prison très-obscure.

Au milieu de la nuit, Jésus-Christ l'envoya visiter par des anges; la prison fut ouverte et remplie d'une lumière plus claire que le jour : le martyr chantait avec les anges les louanges de Dieu. Trois soldats qui le gardaient, voyant cette lumière, se jettent aux pieds du saint, le prient de leur pardonner, demandent le baptême. Le martyr les instruisit soigneusement, selon que le temps lui permettait; et, ayant fait venir des prêtres la même nuit, il les mena à la mer, où, ayant été baptisés, il les releva de l'eau de ses propres mains, c'est-à-dire qu'il fut leur parrain. Leurs noms étaient Alexandre, Longin et Félicien. Le lendemain matin, leur conversion ayant été divulguée, l'empereur envoya des appariteurs, qui les prirent avec Victor et les amenèrent à la place publique, où toute la ville accourut. Les trois soldats, que Victor avait encouragés par un très-beau discours, persévérèrent fidèlement dans la confession; et aussitôt, par ordre de l'empereur, ils eurent la tête tranchée. Victor priait Dieu avec larmes qu'il pût être compagnon de leur martyre. Il fut encore frappé, suspendu et battu cruellement à coups de bâtons et de nerfs de bœuf. On le remit en prison, où il demeura trois jours en prières, recommandant à Dieu son martyre avec une grande contrition de cœur et des larmes abondantes. Ensuite l'empereur se le fit encore amener, et, après l'avoir interrogé et menacé, fit apporter un autel de Jupiter, auprès duquel était le sacrificateur tout prêt. Alors l'empereur dit à Victor : Mets de l'encens, apaise Jupiter et sois notre ami. Le martyr s'approcha comme pour sacrifier, et, prenant l'autel de la main du sacrificateur, le renversa par terre d'un coup de pied. L'empereur lui fit couper le pied sur-le-champ. Ensuite il le fit mettre sous la meule d'un moulin à bras, que les bourreaux firent tourner, commençant ainsi à l'écraser et à lui briser même les os. Mais la machine se rompit; et comme il semblait respirer encore un peu, on lui coupa la tête. On entendit d'en haut une voix céleste, qui dit : Tu as vaincu, bienheureux Victor, tu as vaincu. L'empereur fit jeter dans la mer les corps des martyrs; mais ils vinrent à bord et furent ensevelis par les chrétiens dans une grotte taillée dans le roc, et il s'y fit ensuite un grand nombre de miracles (Ruinart et *Acta Sanct.*, 21 jul.; *Hist. de l'Egl. gall.*).

On trouve également des martyrs en Orient, dès la première année de Dioclétien. A Egée en Lycie, Claude, Astérius et Néon furent déférés au magistrat municipal par leur belle-mère, comme chrétiens et ennemis des dieux. Domnine et Théonille furent accusées du même crime, et on les mit tous en prison, jusqu'à l'arrivée du proconsul Lysias. Nous avons les actes authentiques de leur martyre. Lysias y dit entre autres aux trois frères : « Les empereurs ont ordonné que les chrétiens sacrifient aux dieux, qu'on punisse ceux qui refuseront, et qu'on promette des honneurs et des récompenses à ceux qui obéiront. » Après d'horribles tortures, les trois frères sont crucifiés à la fois. Domnine et Théonille expirent au milieu des supplices. « Pour ne point tomber dans le feu éternel et dans des tourments qui n'ont point de fin, disait la première, j'adore Dieu et son Christ, qui a fait le ciel et la terre, et tout ce qu'ils renferment. » Ces saints souffrirent le 23 août 285 (Ruinart et *Acta Sanct.*). Les illustres martyrs saint Côme et saint Damien, frères et médecins, souffrirent dans la même ville d'Egée, sous le même Lysias, et on lui attribue un grand nombre d'autres martyrs.

Cependant l'an 292, Dioclétien, autrefois esclave et fils d'esclave, fit deux nouveaux souverains sous le nom de Césars. Ce fut un Thrace, nommé Constance Chlore, qui occupait un des premiers commandements militaires ; ce fut un Dace, nommé Galérius, qui, de fils de pâtre et de pâtre lui-même, était devenu général romain. Dioclétien l'adopta pour son fils et lui communiqua son surnom de Jupiter; Maximien adopta Constance, et lui communiqua son surnom d'Hercule. Par l'ordre de leurs pères adoptifs, Galérius répudia une femme qu'il avait, pour épouser Valérie, fille de Dioclétien; Constance répudia Hélène, dont il avait déjà Constantin, qui fut depuis empereur, pour épouser Théodora, belle-fille de Maximien. Ces quatre hommes se partagèrent l'empire. Ils avaient chacun plus de troupes que l'empire entier n'en entretenait auparavant; et, pour les entretenir, ils firent des impositions extraordinaires; en sorte que les terres demeurèrent désertes. Ils divisèrent les provinces et multiplièrent les gouvernements et les officiers. Les juges manquant d'affaires civiles, faisaient plusieurs concussions et plusieurs procès criminels, sous de légers prétextes. Constance eut pour son partage tout ce qui était en deçà des Alpes, sous l'obéissance des Romains, c'est-à-dire les Gaules et la Grande-Bretagne. Maximien eut l'Afrique et l'Italie ; Galérius, l'Illyrie, et le reste jusqu'au Pont-Euxin ; Dioclétien garda l'Asie et l'Egypte.

Le césar Constance était le meilleur des quatre, et on ne lui reprochait aucun vice ; mais le césar Galérius était le pire. C'était une bête féroce, qui tenait plus du Barbare que du Romain : aussi sa mère était-elle venue d'au delà du Danube. Il était grand et gros à faire peur. Le regard, le geste, la voix, les discours, tout en était terrible. Son beau-père Dioclétien, naturellement timide, le craignait horriblement. Tels étaient ceux qui gouvernaient alors l'empire (Lact., *De mort. persecut.*).

Ils laissèrent d'abord les chrétiens en liberté : ce qui n'empêcha pas que Maximien, suivant son humeur brutale et inégale, ne les persécutât quelquefois, comme nous avons vu dans les Gaules. Les autres leur furent même favorables, jusqu'à leur confier des gouvernements de provinces et leur donner des charges dans leurs palais, souffrant qu'à leur vue ils parlassent librement de la vraie religion et l'exerçassent avec leurs femmes, leurs enfants et leurs domestiques. Ils les distinguaient et les chérissaient plus que leurs autres serviteurs. Tels étaient à Nicomédie, auprès de Dioclétien, Dorothée, le plus cher et le plus fidèle de ses officiers, à qui les gouverneurs et les magistrats rendaient de grands honneurs, et Gorgonius, aussi fort célèbre, ainsi que saint Pierre.

Cette piété que Dieu répandit dans le lieu qui en paraissait le moins susceptible, fut apparemment une effusion de la grâce qu'il avait donnée d'abord à Lucien, grand-chambellan, pour qui nous avons une fort belle instruction de saint Théonas, qui gouverna l'église d'Alexandrie, après la mort de saint Maxime, depuis 288 jusqu'en 300. Cette instruction confirme, et qu'il y eut d'abord quelque persécution sous Dioclétien, et qu'il devint ensuite très-favorable aux chrétiens, puisqu'on y lit que la bonté du prince avait déjà accordé la paix aux églises. Elle nous apprend encore que Lucien, qui était fort considéré de son prince, avait converti beaucoup d'officiers du palais, comme ceux qui avaient la garde des ornements impériaux, des pierreries, des autres meubles de l'empereur, ou de son trésor particulier. Et au lieu que d'autres princes avaient regardé les chrétiens comme des gens dangereux et souillés de toute sorte de crimes, celui sous qui servait Lucien, crut que lui et ses compagnons lui seraient plus fidèles que d'autres, parce qu'ils étaient chrétiens; de sorte qu'il leur confia le soin de sa personne et de sa vie même.

Théonas recommande donc à tous ces officiers de s'acquitter de leurs emplois, et par la crainte de Dieu, et par l'amour du prince, avec une fidélité et une exactitude entières, afin que le nom de Jésus-Christ soit loué et glorifié aussi bien dans les petites choses que dans les grandes. Comme c'était un honneur à l'Eglise qu'un prince païen leur confiât sa vie et sa personne, il les prie de ménager beaucoup cet avantage, et de s'acquitter d'un soin si important avec toute la vigilance et la prudence possible, pour honorer la foi dont ils faisaient profession, et pour la répandre de plus en plus. Il les exhorte à se rendre agréables au prince par leur promptitude et leur gaîté, particulièrement ceux qui étaient chargés du soin de sa personne; en sorte que le prince, fatigué des grandes affaires de l'Etat, trouve sa joie et son repos dans la douceur, dans la patience, dans le visage ouvert et dans l'exacte obéissance de ses domestiques; car il veut qu'ils regardent ses ordres, lorsqu'ils ne sont point contre Dieu, comme s'ils venaient de Dieu même.

Il leur demande de la propreté pour leur personne et pour leurs habits; mais sans affectation et sans superfluité, en sorte que rien ne blesse la modestie chrétienne. Il permet de même quelque enjouement à ceux qui approchent le plus près du prince, mais avec la même condition. « Car il faut, dit-il, que le prince sache sur toutes choses votre modestie, et qu'il sache qu'elle vient de ce que vous êtes chrétiens. » Il la leur recommande surtout en la présence de l'impératrice et des dames de sa suite.

Il veut qu'ils soient entièrement incapables de se laisser porter, soit par argent, soit par prières, à donner au prince aucun mauvais conseil, de vendre leur crédit, de rien faire généralement qui ressente l'avarice et qui puisse donner occasion de blasphémer celui qu'ils adoraient. « Ne faites peine à qui que ce soit, dit-il; que personne n'ait sujet d'être mécontent de vous. Si l'on vous fait tort, regardez Jésus-Christ, et pardonnez comme vous voulez qu'il vous pardonne : c'est le vrai moyen de vaincre l'envie. » Il leur défend toute duplicité, toute bouffonnerie, toute parole peu honnête. Il veut même qu'ils parlent peu, toujours avec modestie et avec un sel de piété. Il veut de même que la modestie, la civilité, l'affabilité, l'amour de la justice paraissent dans toute leur conduite, afin que le nom de Jésus-Christ soit toujours glorifié en eux.

Il leur recommande d'éviter beaucoup entre eux-mêmes toute envie et toute dispute; ce qui eût ruiné tout le fruit qu'on pouvait attendre de leur piété, et eût fait tort à la gloire de Jésus-Christ et à la réputation de l'empereur. Il veut, par la même raison, que leurs serviteurs soient extrêmement réglés, et il leur recommande de les instruire dans la vraie doctrine avec charité et avec beaucoup de patience; ou de les éloigner d'eux, s'ils ne profitaient pas de leurs instructions, de peur que le dérèglement des domestiques ne retombe sur les maîtres.

Il finit sa lettre en les avertissant de ne pas passer un seul jour sans prendre du temps pour lire et pour méditer l'Ecriture sainte. « Rien, dit-il, ne nourrit tant l'âme et ne lui donne tant de force. Mais le principal fruit que vous devez en retirer, c'est de vous acquitter de vos emplois avec patience, avec justice, avec piété, c'est-à-dire dans la charité de Jésus-Christ, et de mépriser toutes les choses passagères par l'espérance des biens éternels et incompréhensibles qui nous sont promis. »

Il ne dit rien de particulier à Lucien, sinon qu'étant éclairé comme il est, il doit supporter avec plaisir ceux qui le sont moins que lui, afin qu'ils puissent participer à ses lumières, et qu'il ne doit point s'élever de ce que plusieurs personnes avaient connu la vérité par son moyen, mais en rendre grâces à Dieu, qui l'avait rendu un instrument fidèle de sa miséricorde, et qui lui avait concilié la faveur du prince, afin qu'il répandît davantage la bonne odeur du christianisme, pour la gloire de Jésus-Christ et le salut de plusieurs.

Le bibliothécaire de l'empereur n'était pas encore chrétien. En cas qu'il le devînt, Théonas ne veut pas qu'il néglige les lettres humaines, mais qu'il s'y occupe autant qu'il sera nécessaire pour la satisfaction du prince. Qu'il témoigne, devant lui, estimer les poètes, les orateurs, les historiens, les philosophes, pour les choses qui méritent quelque estime, comme la grandeur du génie, la subtilité de l'invention, la propriété et la beauté de l'expression, et parce qu'ils nous apprennent diverses choses de l'antiquité propres à régler les mœurs. Qu'il sache fort bien les livres qui peuvent être les plus utiles au prince; qu'il les loue devant lui, et lui fasse connaître l'estime qu'en font les autres, afin de le porter, autant qu'il pourra, sans blesser le respect, à lire ou à se faire lire ceux qui peuvent lui apprendre ses devoirs, plutôt que ceux qui ne servent qu'à le divertir. Qu'il cherche aussi l'occasion de lui parler quelquefois de l'Ecriture sainte en des termes avantageux, lui représentant avec quel soin Ptolé-

LIVRE XXX. — TRIOMPHE DE L'ÉGLISE SUR L'IDOLATRIE.

mée-Philadelphe l'avait fait traduire en grec. Qu'il relève l'Evangile et les écrits des Apôtres comme des oracles divins, pour pouvoir ensuite venir insensiblement à parler de Jésus-Christ et à faire voir qu'il n'y a point d'autre Dieu que lui. « Tout cela, ajoute-t-il, peut réussir avec le secours de Dieu. » Il étend son soin jusqu'à dire que le bibliothécaire doit prendre garde que les livres qu'il fera copier soient bien corrects et reliés avec propreté, mais sans dépense extraordinaire, à moins que l'empereur ne le veuille expressément, parce qu'il faut faire avec soin tout ce qu'il souhaite. « Je demande, conclut-il, des choses grandes et difficiles ; mais le prix de notre combat est une couronne incorruptible (D'Acher., *Spicileg.*, t. III).

L'impératrice Prisca, que Théonas paraît supposer encore païenne, se convertit depuis avec Valérie, sa fille, comme on peut le juger par Lactance. Il y a aussi grand sujet de croire que Constantin, qui fut élevé dans le palais de Dioclétien, y apprit à aimer la piété chrétienne, dont il fit depuis profession.

A cette époque, les assemblées chrétiennes étaient si nombreuses que, les anciens bâtiments ne suffisant plus, il fallut en faire partout de nouveaux dès les fondements, personne n'empêchait ces grands ouvrages. « Cette prospérité nous fit tomber, dit Eusèbe, dans le relâchement et la paresse. On était envieux les uns des autres ; on se déchirait par des injures et des médisances. Les peuples étaient divisés contre les peuples, les chefs contre les chefs. L'hypocrisie et la dissimulation étaient grandes. Dieu, qui châtie ceux qu'il aime, ne voulant pas laisser ces fautes impunies, permit que la persécution se formât et s'élevât peu à peu ; et quoiqu'elle n'allât pas jusqu'à empêcher les fidèles de tenir les assemblées, elle se faisait néanmoins sentir dans les armées, où l'on commença à persécuter les soldats chrétiens (Euseb., l. 8, c. 1). »

Galérius fut l'auteur de cette persécution, à laquelle les autres princes ne prenaient point encore de part, quoique les ordres que Galérius donnait pour cela, portassent peut-être aussi leurs noms. Ce prince était naturellement superstitieux et cruel ; et il avait une mère qui, étant aussi très-superstitieuse et fort carnassière [1], sacrifiait presque tous les jours, pour avoir sujet de faire des festins avec ceux de son village. Les païens y venaient fort volontiers ; mais les chrétiens aimaient mieux passer ce temps en prières et en jeûnes. Cela les lui fit haïr, et elle nourrit son fils dans la même haine, ne rougissant pas de le presser même de leur ôter la vie, quand il en eut le pouvoir. Il commença donc par les officiers de sa maison, et passa ensuite aux soldats, qu'il s'efforça de pervertir, en privant les uns des dignités qu'ils possédaient dans la milice, faisant toutes sortes d'outrages aux autres, et en punissant même quelques-uns du dernier supplice. Il attaqua ainsi d'abord les officiers et les soldats, dans la persuasion qu'après les avoir vaincus, il viendrait aisément à bout des autres.

De récents exploits donnaient à Galérius beaucoup de crédit et d'audace. Dioclétien l'avait envoyé, vers l'an 294, contre Narsès, roi de Perse, qui, à l'exemple de Sapor, son aïeul, avait fait de grands préparatifs

[1] Rappelons-nous qu'il s'agit d'une femme barbare, presque sauvage. L. G.

pour envahir les provinces orientales de l'empire romain. Dioclétien, craignant l'exemple de Valérien, aima mieux y envoyer un autre que d'y aller en personne : pour lui, il marcha contre Achillée, qui, depuis cinq ou six ans, régnait en Egypte, et le défit complètement. Galérius ne fut pas heureux dans la première campagne. Par suite de sa présomption, il fut battu trois fois, et obligé de prendre la fuite. Quand il reparut devant Dioclétien, ce fier empereur le laissa marcher à pied à côté de son char, durant l'espace d'un mille, tout orné de la pourpre qu'il était. Galérius profita de la leçon. Ayant obtenu avec peine de recommencer la guerre, il usa de précaution, et remporta sur l'ennemi une victoire décisive. Le roi de Perse, vaincu et blessé, ne se sauva qu'avec peine par la fuite ; son camp fut pris et pillé ; toute sa famille resta prisonnière au pouvoir du vainqueur, ses femmes, ses enfants, ses sœurs ; un grand nombre d'illustres Persans eurent le même sort ; tous les bagages, toutes les richesses de l'armée devinrent la proie des Romains ; le désastre fut si complet, que Narsès, retiré aux extrémités de ses Etats, n'eut d'autre ressource que de demander humblement la paix. Une si grande victoire rendit Galérius insolent et terrible à Dioclétien. Ayant reçu de lui une lettre, où il lui donnait à l'ordinaire le titre de César, il s'écria avec un ton et un regard farouches : Quoi ! toujours César ? Il prit les titres fastueux de Persique, d'Arméniaque, d'Adiabénique, de Médique. Il voulait passer pour le fils de Mars, sans se mettre en peine de l'honneur de sa mère Romula (Lact., *De mort. persecut.*).

Par suite de cette persécution contre les gens de guerre, une jeune recrue, du nom de Maximilien, souffrit le martyre à Tebeste en Numidie. Amené devant le proconsul pour être inscrit, mesuré et recevoir la marque militaire, il résistait, disant entre autres : Je ne recevrai point la marque : J'ai déjà la marque de Jésus-Christ, mon Dieu. Le proconsul : Je t'enverrai tout à l'heure à ton Christ. Je voudrais, répondit le jeune homme, que vous le fissiez tout à l'heure : c'est ma gloire. Le proconsul, après l'avoir pressé encore plusieurs fois, lui dit : A la suite de nos maîtres Dioclétien et Maximilien, Constance et Maxime, il y a des soldats chrétiens qui font le service. Maximilien dit : Ils savent ce qui leur convient : pour moi, je suis chrétien, et je ne puis faire de mal. Quel mal font ceux qui servent, dit le proconsul ? Maximilien répondit : Vous le savez assez. Le proconsul voyant qu'il ne pouvait le persuader, dit enfin : Qu'on efface son nom ; puis il ajouta : Parce que tu as refusé le service par un esprit de révolte, tu seras condamné comme tu mérites, pour donner exemple aux autres. Et il récita la sentence sur la tablette : Parce que Maximilien a refusé le serment militaire par un esprit de révolte, il est ordonné qu'il sera puni par le glaive. Maximilien répondit : Dieu soit loué ! Il était âgé de 21 ans 3 mois et 18 jours. Comme on le menait au supplice, il dit : Mes chers frères, hâtez-vous de toutes vos forces et avec tout l'empressement possible d'aller voir le Seigneur et d'obtenir de lui une couronne pareille. Il dit à son père, Fabius Victor, qui était là : Donnez à cet exécuteur l'habit neuf que vous m'aviez préparé pour la guerre : ainsi puissions-nous être ensemble dans la gloire avec le Seigneur ! Aussitôt il fut exécuté. Une dame nommée Pompéienne, obtint son corps du juge, le mit dans sa litière, le conduisit à Carthage et l'enterra sous une petite montagne, près de saint Cyprien. Elle mourut 13 jours après, et y fut enterrée elle-même. Victor, père du martyr, retourna chez lui avec une grande joie, rendant grâces à Dieu, à qui il avait envoyé devant un tel présent, qu'il suivit bientôt après (Ruinart et *Act. Sanct., 12 Mart.*).

A Tingi ou Tanger en Mauritanie, le jour de la naissance de l'empereur étant venu, pendant que tout le monde était occupé aux festins et aux sacrifices, Marcel, centurion dans la légion trajane, tenant pour profanes ces festins, ôta la ceinture militaire devant les enseignes de la légion, et dit à haute voix : Je suis soldat de Jésus-Christ, le Roi éternel! Il jeta aussi son sarment de vigne et ses armes, et ajouta : Je ne veux plus servir dans les troupes de vos empereurs, ni à vos dieux de bois et de pierre, qui sont des idoles sourdes et muettes. Si la condition des gens de guerre est telle qu'ils soient obligés de sacrifier aux dieux et aux empereurs, je laisse le sarment de vigne et le baudrier, et je renonce au service. On voit ici manifestement la cause qui obligeait les chrétiens à déserter : c'est qu'on les forçait de prendre part à l'idolâtrie. Au reste, la ceinture où pendait l'épée était la marque de la milice, et le sarment de vigne était la marque des centurions ; car ils s'en servaient pour châtier les soldats, et ne les frappaient point autrement.

Les soldats furent surpris d'entendre Marcel parler ainsi ; ils l'arrêtèrent et en donnèrent avis à Fortunat, président de la légion, qui le fit mettre en prison. Quand les festins furent finis, comme il était assis dans son consistoire, il commanda qu'on fît entrer le centurion Marcel. On l'amena, et Fortunat lui dit : De quoi vous êtes-vous avisé de jeter le baudrier et le sarment de vigne, contre la discipline militaire ? Marcel dit : Dès le 12e jour des calendes d'août (21 juillet), lorsque vous célébriez la fête des empereurs, je répondis tout haut devant tout le monde et devant les enseignes de cette légion, que j'étais chrétien, et que, dorénavant, je ne pouvais plus servir que Jésus-Christ, Fils de Dieu le Père tout-puissant. Fortunat dit : Je ne puis dissimuler votre témérité, ainsi j'en donnerai avis aux empereurs et au césar. Vous serez conduit sain et sauf à mon seigneur Agricolaüs, vicaire des préfets du prétoire. Agricolaüs, l'ayant entendu confirmer tout ceci, prononça contre lui cette sentence : « Il est dit que Marcel, qui était centurion ordinaire, qui s'est déshonoré en renonçant publiquement à son serment et qui a proféré, en présence du tribun, d'autres paroles pleines de fureur, sera exécuté à mort. » On lui coupa la tête, et il mourut ainsi pour le nom de Jésus-Christ.

Le greffier qui devait écrire cette sentence, s'appelait Cassien. Il avait écrit le commencement de l'interrogatoire ; mais, voyant la constance de Marcel, il témoigna à haute voix que cette condamnation lui faisait horreur, et jeta à terre les tables et le stylet dont il se servait pour écrire. Tous les officiers furent surpris. Marcel riait. Le juge se leva de son siège, tout ému, et lui demanda pourquoi il avait jeté les tables avec dédain. Cassien répondit : Parce que vous avez dicté une sentence injuste. Il le fit aussitôt prendre et mettre en prison. Marcel, qui avait ri de joie, prévoyant que Cassien serait compagnon de son martyre, fut exécuté le même jour, 30 octobre. Comme on le menait au supplice, il dit au juge Agricola : Dieu vous fasse du bien ! après quoi il eut la tête tranchée. Un mois après, et le 3 décembre, Cassien fut ramené au même lieu où Marcel avait été interrogé ; il fit à peu près les mêmes réponses, et obtint aussi la couronne du martyre (Ruinart).

On peut rapporter à la même époque le martyre de quarante soldats chrétiens, qui souffrirent de grands tourments à Lauriac dans la Norique, ville à présent ruinée, qui était sur la rivière d'Ems, près de l'endroit où elle se jette dans le Danube. Florien, leur compagnon, se joignit à eux, et le préfet Aquilin le fit battre à coups de bâton et jeter ensuite dans la rivière d'Ems.

Après avoir indiqué cette persécution contre les soldats chrétiens, qui était comme un avertissement de la persécution générale, Eusèbe ajoute ces réflexions : « Mais devenus comme insensibles, nous ne pensâmes pas même à apaiser la Divinité. Au contraire, semblables à des impies qui ne croiraient point à la Providence, nous commettions crimes sur crimes. Ceux qui paraissaient nos pasteurs, oubliant la loi de Dieu, ne connaissaient que les jalousies, les haines, les menaces, ambitionnant les charges ecclésiastiques comme des dominations temporelles. Alors Dieu répandit sur l'Eglise les maux et les opprobres dont il menaça autrefois l'infidèle Jérusalem. Alors nous vîmes de nos yeux les maisons de prière rasées jusqu'aux fondements, et les saintes Ecritures livrées aux flammes au milieu des places publiques. Nous vîmes les pasteurs des églises, les uns se cachant honteusement ici et là, les autres ignominieusement arrêtés et exposés aux outrages de leurs ennemis. Mais ce n'est point à nous de rapporter les tristes calamités qui leur arrivèrent à la fin, ni même les querelles qu'ils avaient entre eux avant la persécution. Nous ne voulons transmettre, par l'histoire, que ce qu'il faut pour justifier le jugement de Dieu. C'est pourquoi nous ne ferons aucune mention de ceux qui ont été ébranlés dans la persécution, ni de ceux qui ont fait complètement naufrage ; nous ne relaterons dans cette histoire générale que ce qui peut être utile, d'abord à nous-mêmes, et ensuite à la postérité (Euseb., l. 8, c. 1 et 2). »

Voilà des paroles bien étranges pour un historien ; car c'est dire que ce n'est point une histoire qu'on écrit, mais un panégyrique : c'est manquer à son premier devoir ; c'est outrager l'Eglise de Dieu en supposant qu'elle a besoin du mensonge de l'homme. Mais combien étrange n'est-ce pas, dans la bouche d'un chrétien, de représenter comme une honte la nécessité où se trouvaient des évêques de se cacher dans un temps de persécution, et comme une ignominie, d'être pris et insultés pour la foi ? N'est-ce pas au contraire un mérite et une gloire ? Il y a quelque mystère d'iniquité dans ce langage d'Eusèbe de Césarée.

Il y revient encore un peu plus loin en ces termes : « Ce qui arriva dans ces temps aux prélats des églises : comment des pasteurs des brebis raisonnables du Christ, qu'ils avaient mal gouvernées, la justice divine les réduisit à être, comme ils en étaient dignes, les gardiens d'animaux brutes, les gardiens des chameaux et des chevaux de l'empereur : quelles injures, quels outrages, quels tourments, les mêmes eurent à souffrir de la part des officiers du prince, à cause des vases sacrés et des trésors de l'Eglise : l'ambition de plusieurs, les ordinations téméraires et illégitimes : les dissensions entre les confesseurs mêmes : les innovations continuelles des plus jeunes, qui accumulaient les maux sur les maux : tout cela, nous croyons devoir l'omettre, pour ne rapporter que ce qu'il y a de glorieux à la religion (*De mart. Palest.*, c. 12). »

Certainement, ce langage d'Eusèbe est difficile à comprendre. Comment! il regarde comme honteuses à la religion, les souffrances que des évêques endurent pour la religion? Il leur insulte avec un amer orgueil? Voici qui expliquera ce mystère. Eusèbe lui-même fut emprisonné dans cette persécution. Un compagnon de ses chaînes, saint Potamon, évêque d'Egypte, eut un œil crevé ; Eusèbe en sortit sain et sauf. Potamon lui demanda un jour, en plein concile, comment lui seul avait pu ainsi s'en tirer, sans rien faire contre sa conscience. Eusèbe, pour toute réponse, sortit de l'assemblée (Epiph., *Hæres.*, 61 ; S.- Athan., *Apol.*, p. 7). On conçoit dès lors qu'il n'ait pas voulu parler de la chute de certains évêques ; il aurait été obligé de parler de la sienne ; il aurait été obligé de parler de celle de l'évêque Mélèce, cher aux ariens. On conçoit qu'il n'ait pas voulu parler des innovations des uns, de l'ambition des autres ; il aurait été obligé de parler de la grande innovation d'Arius, de l'ambition d'Eusèbe de Nicomédie, et des fourberies des ariens contre saint Athanase; affaires importantes, s'il en fut jamais, dont il ne dit mot dans son histoire. Mais revenons à l'origine de la dernière persécution générale.

C'était vers la fin de l'année 302. L'empereur Dioclétien et le césar Galérius se consultaient en secret pendant tout l'hiver. On croyait que dans ces délibérations mystérieuses il s'agissait de l'intérêt capital de l'empire. Ce n'était pas tout à fait cela. Il s'agissait de reprendre le dessein de Néron, d'exterminer le christianisme. Galérius insista pour une persécution prompte et sanglante. Le vieil empereur résista longtemps, faisant voir combien il était dangereux de troubler le repos du monde et de verser tant de sang ; que les chrétiens ne demandaient qu'à mourir ; que ce serait assez de défendre cette religion aux officiers du palais et aux gens de guerre.

Toutefois, n'ayant pu fléchir l'emportement de Galérius, il résolut de consulter leurs amis. Car il avait cette malice, de ne consulter personne quand il voulait faire quelque bien, afin d'en avoir seul tout l'honneur, mais de consulter un grand nombre, quand il voulait faire du mal, afin d'en rejeter le blâme sur d'autres. On fit donc entrer un conseil quelque peu d'officiers de justice et de guerre, et on leur demanda leur avis suivant leur dignité. Quelques-uns, par haine personnelle contre les chrétiens, dirent qu'il fallait exterminer les ennemis des dieux et des religions publiques : ceux qui pensaient différemment, ayant compris ce que voulait l'homme, témoignèrent être du même avis, soit par crainte, soit pour faire leur cour. Dioclétien ne se rendit point encore; il dit qu'il fallait surtout consulter les dieux, et envoya un aruspice à Apollon de Milet. Apollon répondit, non par la prêtresse, mais du fond d'un antre obscur, que les justes, qui étaient sur la terre, l'empêchaient de dire la vérité, et que c'était la raison pourquoi les oracles qu'il rendait du trépied étaient faux. La prêtresse, cheveux épars et se lamentant du malheur de l'humanité, disait la même chose. Dioclétien demanda à ses officiers qui étaient ces justes. Un de ceux qui servaient aux sacrifices répondit : Ce sont les chrétiens, sans doute. L'empereur l'écouta avec plaisir et résolut la persécution, ne pouvant résister, disait-il, à ses amis, au césar et à Apollon. Un événement semblable l'avait porté précédemment à persécuter les gens de guerre. Il voulait toutefois garder la modération de ne point répandre de sang, au lieu que Galérius voulait que l'on brûlât vifs ceux qui refuseraient de sacrifier.

On choisit pour l'exécution un jour qui parut d'un augure favorable : la fête des Terminales, le dernier jour de l'ancienne année romaine, qui était le 23 de février. On pensait mettre en ce jour comme un terme à la religion chrétienne. Beaucoup d'autres se sont flattés de voir ce terme; mais, non plus que Dioclétien et Galérius, ils n'ont vu que le terme de leur puissance et de leur vie. Ce jour étant donc venu en 303, dès le grand matin, un préfet, avec des généraux et d'autres officiers, vint à l'église de Nicomédie; car c'est en cette ville que tout cela se passait. On rompt les portes, on cherche quelque figure du Dieu que les chrétiens adoraient. Les Ecritures que l'on trouve sont livrées aux flammes; tout est au pillage, on prend, on court de tous côtés. Dioclétien et Galérius étaient à leur fenêtre, d'où l'on découvrait l'église bâtie dans un lieu élevé. Ils discutèrent longtemps s'il ne valait pas mieux la brûler. Dioclétien fut d'avis que non, et l'emporta. Il craignait que cet incendie, une fois allumé, ne brûlât une partie de la ville, car l'église était environnée de toutes parts de grandes maisons. On envoya donc des prétoriens, qui, marchant en bataille, avec des haches et d'autres machines de fer, entourèrent l'édifice, et, quoiqu'il fût très-élevé, le rasèrent en peu d'heures.

Le lendemain, on publia un édit portant que toutes les églises seraient rasées et les Ecritures brûlées; que tous ceux de cette religion seraient privés de tout honneur et dignité; qu'ils seraient sujets à la torture, de quelque ordre et de quelque rang qu'ils fussent; que l'on aurait action contre eux et qu'ils n'en auraient contre personne, non pas même pour redemander ce qu'on leur aurait enlevé, pour se plaindre d'une injure ou d'un adultère ; en un mot, qu'ils n'auraient plus ni voix ni liberté. Il y eut un chrétien, d'une qualité distinguée, qui, poussé d'un zèle excessif, eut la hardiesse d'arracher publiquement cet édit et de le déchirer, se moquant des victoires des Goths et des Sarmates dont il faisait mention. Ce chrétien fut pris aussitôt, torturé et brûlé à petit feu : ce qu'il souffrit avec une patience admirable. Cet édit fut bientôt suivi d'un autre qui ordonnait de prendre partout les évêques, de les mettre aux fers, et ensuite de les contraindre à sacrifier par toutes sortes de moyens. On écrivit à l'empereur Maximien Hercule et au césar Constance de faire la même chose de leur côté, quoiqu'on n'eût pas attendu leur avis pour une affaire de cette importance.

Le césar Galérius, non content de ces édits, et

voulant pousser Dioclétien à une persécution plus cruelle, fit mettre le feu secrètement au palais; et quelque partie ayant été brûlée, on en accusait les chrétiens comme des ennemis publics. On disait qu'ils avaient comploté, avec les eunuques, de faire périr les deux empereurs, qui avaient failli être brûlés vifs dans leur propre maison. Dioclétien, tout fin qu'il croyait être, ne soupçonna rien de cet artifice, mais, enflammé de colère, il se mit aussitôt à tourmenter cruellement tous les siens. Il était assis lui-même, faisant griller ces innocents. Tous les juges et tous les chefs des offices du palais faisaient pareillement donner la question de le pouvoir qu'il leur avait attribué. C'était à qui découvrirait le premier quelque chose; mais on ne trouvait rien, parce qu'on ne mettait point à la question les serviteurs de Galérius, parmi lesquels étaient les vrais coupables. Il était présent et fort empressé, pour ne pas laisser ralentir la furie du vieil empereur. Quinze jours après, il fit mettre le feu une seconde fois; mais on s'en aperçut aussitôt, sans toutefois découvrir l'auteur. Galérius, qui avait préparé son voyage, partit le même jour, quoique ce fût encore au fort de l'hiver, disant hautement qu'il s'enfuyait pour n'être pas brûlé tout vif (Lact., *De mort. persecut.*).

Dioclétien étendait sa colère, non plus seulement contre ses domestiques, mais contre tous. Il contraignit sa fille Valérie, toute la première, et sa femme Prisca, de sacrifier. Il fit mourir des eunuques, autrefois très-puissants, qui avaient soutenu et le palais et lui-même. Il ne voyait pas, l'habile politique qu'il se flattait d'être, qu'en se privant ainsi de ses plus fidèles appuis, il se mettait à la discrétion de Galérius, qui s'ennuyait depuis longtemps de n'être que césar. Dorothée, le premier des eunuques, avec Gorgonius et plusieurs autres qui étaient sous ses ordres, furent étranglés après de longs tourments. Pierre, ayant refusé de sacrifier, fut élevé nu en l'air et fouetté par tout le corps. Comme on l'avait déchiré jusqu'à lui découvrir les os, sans ébranler sa constance, on mit du sel et du vinaigre dans ses plaies; on apporta un gril et du feu, et on le fit rôtir comme les viandes que l'on veut manger, lui déclarant qu'il ne sortirait point de là s'il ne voulait obéir. Il demeura ferme et mourut dans ce tourment. On compte encore, parmi ces martyrs de la maison de l'empereur, l'eunuque Indes, Mygdonius et Mardonius (*Apud Lact.*; Ruinart et *Acta Sanct.*, 9 sept.).

On prit les prêtres et les diacres; et, sans autre examen, sur leur confession seule, on les menait au supplice avec tous les leurs. Anthime, évêque de Nicomédie, eut la tête coupée; plusieurs autres furent égorgés; un grand nombre, de tout âge et de tout sexe, furent brûlés, non pas un à un, mais par troupes, autour desquelles on mettait le feu. On dit qu'il y eut des hommes et des femmes qui, par un excès de zèle, sautèrent d'eux-mêmes dans le bûcher. D'autres, liés par les bourreaux en grande quantité, furent mis dans des barques et jetés en mer avec de grosses pierres au cou (Lact.; Euseb., l. 8, c. 6).

La persécution s'étendit surtout le peuple de Nicomédie. Le juges, dispersés par tous les temples, contraignaient tout le monde à sacrifier; les prisons étaient pleines. On inventait des tourments inouïs. Et, de peur de se méprendre en rendant justice à des chrétiens, il y avait des autels devant les tribunaux et dans les cabinets des juges, pour faire sacrifier les parties avant de plaider leurs causes. On vit, dans la même province de Bithynie, un gouverneur transporté de joie, comme s'il eût vaincu un peuple barbare, parce qu'un chrétien, qui avait résisté pendant deux ans avec une grande force, parut à la fin céder (Lact., *Instit.*, l. 5, c. 2).

Il y avait deux siècles, le gouverneur de ce pays, le philosophe Pline, tout en reconnaissant l'innocence des chrétiens, les condamnait à la torture et à la mort, parce qu'ils ne voulaient point adorer les idoles de Jupiter et des autres faux dieux, non plus que celle de l'empereur Trajan. Deux siècles après Pline, et dans la même province, Dioclétien, autrefois esclave, maintenant empereur et dieu, et surnommé *Jovius* ou *Jupiter*, condamnait les chrétiens à la torture et à la mort, parce qu'ils ne voulaient pas plus adorer les autres idoles que la sienne.

Il se trouva deux philosophes qui eurent le courage de profiter de cette occasion pour écrire contre les chrétiens. L'un d'eux était professeur de philosophie à Nicomédie même. Mais ce qu'il professait en parole, il le démentait par sa conduite : en public, il recommandait la modération, la frugalité, la pauvreté; mais il aimait l'argent, le plaisir et la dépense, et faisait meilleure chère chez lui qu'au palais. Il cachait ses vices par la longueur de ses cheveux et l'ampleur de son manteau, mais surtout par ses grandes richesses et par le crédit qu'il s'était accaparé auprès des magistrats, dont il vendait les jugements; par là, il intimidait ses voisins, qui n'osaient se plaindre des maisons et des terres qu'il avait usurpées sur eux. Ce parleur de sagesse publia donc trois livres contre la religion chrétienne. Il disait d'abord qu'il était du devoir d'un philosophe de remédier aux erreurs des hommes, les ramenant au vrai chemin, c'est-à-dire au culte des dieux qui gouvernaient le monde, et de ne pas souffrir que les gens simples demeurassent en proie à la malice des séducteurs; qu'il voulait montrer la lumière de la sagesse à ceux qui ne la voyaient pas, et les guérir de cette obstination qui leur faisait souffrir inutilement tant de tourments. Afin qu'on ne pût douter du motif qui le faisait écrire, il s'étendait sur les louanges des princes, dont la piété et la prudence, disait-il, se signalaient surtout à protéger les religions des dieux, en réprimant une superstition impie et puérile. Mais quand il voulut réfuter la religion contre laquelle il écrivait, il parut inepte et ridicule : non-seulement il ne savait pas ce qu'il attaquait, il ne savait pas même ce qu'il disait. Les chrétiens qui l'entendirent, se moquèrent de lui au fond du cœur. Les païens eux-mêmes trouvaient mauvais qu'il eût choisi pour une pareille œuvre le moment de la plus cruelle persécution. Finalement, au lieu de la gloire et de la faveur, il ne recueillit que le mépris et le blâme. Tel est le portrait que nous trace de ce philosophe un témoin oculaire, Lactance (*Instit.*, l. 5, c. 2). On voit qu'il ressemble de tout point à ceux que Platon et Lucien nous dépeignent dans leurs dialogues.

L'autre s'y prit avec plus d'astuce. C'était Hiéroclès, depuis gouverneur de Bithynie, et ensuite de l'Egypte. Il était alors du nombre des juges, et un des principaux moteurs de la persécution. Non content de persécuter par le glaive, il persécuta par la plume. Il écrivit deux livres, non pas contre les chrétiens, mais aux chrétiens mêmes, pour ne pas avoir l'air de les attaquer, mais de leur donner de salutaires conseils. Il voulait faire tout ensemble et le bourreau et le philanthrope. Il intitula son ouvrage *Philaléthès*, c'est-à-dire, l'ami de la vérité ; comme Celse, réfuté par Origène, avait intitulé le sien *Discours de vérité*. Il s'efforçait de montrer de la contradiction dans les Ecritures saintes, et en paraissait si bien instruit, qu'il semblait avoir été chrétien. Il attaquait principalement saint Pierre et saint Paul, qu'il accusait d'imposture ; les reconnaissant toutefois pour des pêcheurs grossiers et ignorants ; sans considérer combien il était impossible que des ignorants fussent d'habiles trompeurs. Du reste, il disait peu de chose de son propre fonds. La plupart de ses idées, et de ses expressions, il les avait pillées dans Celse et quelques autres. Une seule chose lui appartenait. Ne pouvant nier, non plus que Celse, les miracles de Jésus-Christ et des apôtres, il leur opposa les prodiges d'Apollonius de Tyane, dont il n'alléguait d'autre garant que l'insipide roman de Philostrate, composé un siècle après l'événement, et rempli de contes puérils. En un mot, il opposait des prodiges sans témoin et sans résultat, à des miracles que les ennemis mêmes ne trouvaient pas moyen de contester ; à des miracles dont les témoins oculaires se sont laissé égorger en preuve de leur témoignage ; à des miracles qui, malgré les philosophes et les empereurs, ont changé l'univers. C'est la substance des réflexions que firent à ce sujet deux contemporains d'Hiéroclès : Lactance et Eusèbe. A tous les sophismes, ils opposent plus ou moins formellement ce fait unique dans l'histoire humaine, ce miracle qui renferme tous les miracles : *Le Christ est un Juif, crucifié et l'univers est chrétien* (Euseb., *In Hierocl.*; Lact., *Instit.*, l. 7).

Un incident vint seconder les vœux des deux philosophes, et étendre la persécution de la Bithynie aux autres provinces. A Séleucie, sur l'Oronte, non loin d'Antioche, cinq cents soldats travaillaient à creuser le port, qui n'avait point assez de profondeur. On les traitait un peu plus mal que des forçats. Poussés à bout, ils forcèrent leur commandant à se déclarer empereur. Il résista d'abord ; mais quand ils l'eurent menacé de le tuer, il consentit à prendre la pourpre, et marcha avec eux sur Antioche, qu'il surprit à l'improviste. Le lendemain, comme nous l'avons mentionné plus haut, les habitants de la ville, revenus de leur surprise, attaquèrent cet empereur d'un jour, et le tuèrent avec toute sa troupe. Dioclétien leur devait des remerciments. Pour toute récompense, il fit couper la tête aux principaux habitants d'Antioche et de Séleucie (1).

Ce mouvement, ainsi qu'un autre pareil à Mélitine en Arménie, fut l'occasion d'un nouvel édit contre les chrétiens, portant que tous ceux qui gouvernaient les églises fussent mis aux fers ; en sorte que c'était un spectacle pitoyable. On voyait partout les prisons remplies, non plus d'homicides et de scélérats, mais d'évêques, de prêtres, de diacres, de lec-

(1) Ce fait qui caractérise l'âme de Dioclétien, Gibbon le passe sous silence. Ce silence de Gibbon suffit pour juger son histoire.

teurs et d'exorcistes ; il n'y restait plus de place pour les malfaiteurs. Bientôt il vint d'autres lettres, portant que les prisonniers qui sacrifieraient seraient mis en liberté, et que ceux qui persévéreraient seraient tourmentés en toutes manières. Ce qui produisit une multitude innombrable de martyrs dans chaque province ; principalement en Afrique, en Mauritanie, en Thébaïde et en Egypte, dont plusieurs passèrent d'une ville et d'une province à l'autre. Un d'eux, nommé Donat, à qui Lactance adresse son écrit *De la mort des persécuteurs*, fut tourmenté jusqu'à neuf fois par différents juges : par Flaccus, préfet de Bithynie ; par Hiéroclès, un de ceux qui avaient conseillé la persécution ; et enfin par Priscillien, son successeur.

Le premier qui souffrit le martyre, en Palestine, fut Procope. Il était né à Jérusalem, mais demeurait à Scythopolis, où il faisait trois fonctions dans l'église : de lecteur, d'interprète et d'exorciste. Les lectures publiques de l'Ecriture se faisaient en grec, et il l'expliquait au peuple en syriaque, qui était la langue vulgaire. Envoyé de Scythopolis à Césarée avec quelques autres, il fut arrêté à la porte de la ville, et mené au gouverneur, qui lui ordonna de sacrifier aux dieux. Il répondit qu'il n'en connaissait qu'un ; le Créateur de l'univers. On le pressa de sacrifier du moins aux quatre empereurs. Il répondit par un vers d'Homère, qu'il n'est pas bon d'avoir plusieurs maîtres, et qu'il n'en fallait qu'un seul. On lui coupa la tête (Euseb., *De martyr. Palestin.*; Ruinart).

Plus tard, dans la même ville, la plupart des évêques du pays souffrirent avec courage de grands tourments ; mais d'autres cédèrent lâchement à la première attaque. Parmi le reste, chacun souffrit des tortures différentes. L'un était déchiré par des coups de fouet ; l'autre par des ongles de fer, un autre accablé de chaînes, au point que plusieurs avaient les mains disloquées. A celui-ci, on tenait les mains, en l'approchant de l'autel des idoles, et on lui jetait dedans du sacrifice profane, puis on le renvoyait comme s'il avait sacrifié. Celui-là, qui n'avait pas touché l'encens du bout des doigts, mais que l'on disait avoir sacrifié, s'en allait sans rien dire. Un autre, emporté demi-mort, était jeté comme s'il avait déjà rendu l'âme ; on le relâchait et le comptait entre ceux qui avaient sacrifié. Un autre criait et protestait qu'il n'obéirait pas ; mais on le frappait au visage, plusieurs mains lui fermaient la bouche, et on le repoussait de force, quoiqu'il n'eût pas sacrifié. Les païens comptaient pour beaucoup de paraître réussir dans leur dessein. Deux seuls d'entre tous ceux-là reçurent la couronne du martyre, Alphée et Zachée, dont le dernier était diacre de l'église de Gadare. Après avoir été fouettés, déchirés et tourmentés en plusieurs manières, ils eurent enfin la tête tranchée (*Apud Euseb.*; et Evodo Assemani, *Act. mart. Orient.*; t. II).

Un étranger venait d'arriver à Antioche, dans le temps qu'on abattait les églises. Déjà plusieurs chrétiens étaient tombés ; d'autres, hommes, femmes, enfants, s'approchaient des idoles. L'étranger ne put supporter ce spectacle. Il s'avança et leur fit des reproches à haute voix. Aussitôt on l'arrêta. Il s'appelait R main, et était diacre de l'église de Césarée en Palestine. Le juge Asclépiade le fit tourmenter cruellement; mais il ne laissait pas, au milieu des tourments, de montrer la vanité de l'idolâtrie et l'excellence du christianisme. Enfin, il proposa au juge d'interroger un petit enfant pour voir ce qu'il en dirait.

On en prit un d'environ sept ans, nommé Barulas ou Barallaha, c'est-à-dire enfant de Dieu. Romain lui demanda lequel il valait mieux adorer, Jésus-Christ, et par lui le Père, ou la multitude des dieux. L'enfant répondit : Il n'y a qu'un Dieu, et Jésus-Christ est vrai Dieu. Le juge fit approcher la mère, en présence de laquelle il le fit fouetter si cruellement, que le sang coulait de tous côtés. Tous les assistants et les bourreaux mêmes ne pouvaient retenir leurs larmes : la mère l'encourageait, et le reprit comme d'une faiblesse, de ce qu'il avait demandé à boire. L'enfant fut mis en prison, et on recommença à tourmenter Romain, qui fut enfin condamné au feu, et l'enfant à perdre la tête. La mère le porta entre ses bras jusqu'au lieu du supplice, et le donna au bourreau sans pleurer ; seulement elle le baisa et se recommanda à ses prières. Elle étendit son manteau pour recevoir son sang et la tête, qu'elle emporta dans son sein.

Cependant on amena Romain au même endroit ; on l'attacha au pieu et on l'entoura de bois qu'on allait allumer. On attendait seulement l'ordre de Dioclétien, qui était présent à Antioche. Il y avait des Juifs qui disaient : Chez nous, les trois enfants furent sauvés de la fournaise; mais ceux-ci brûlent. Aussitôt le ciel se couvrit, et il vint une si grande pluie, qu'on ne put pas même allumer le feu. Le martyr s'écriait : Où donc est ce feu ? L'empereur le fit délivrer ; mais le juge le condamna à avoir la langue coupée. Un médecin, nommé Ariston, qui, par faiblesse, avait renié la foi, se trouva présent. Comme il avait sur lui les instruments nécessaires pour cette opération, on le contraignit malgré lui à couper la langue du martyr; mais il la garda comme une relique précieuse. Le martyr fut envoyé en prison. En entrant, le geôlier lui demanda son nom. Il le dit, et parla encore depuis à toute occasion, prononçant mieux qu'il ne faisait avant qu'on lui eût coupé la langue, car naturellement il bégayait. Le juge et l'empereur l'ayant appris, ils soupçonnèrent le médecin, comme chrétien, de l'avoir épargné. On le fit venir; il montra la langue qu'il avait gardée et dit : Qu'on fasse venir un homme qui ne soit point assisté de Dieu, qu'on lui coupe autant de sa langue ; s'il peut vivre après, accusez-moi d'artifice. On prit un condamné, on lui en coupa autant, et aussitôt il mourut. Cependant Romain était aux fers, où il demeura longtemps, les deux pieds étendus jusqu'au cinquième trou. Enfin la fête de la 20ᵉ année du règne de Dioclétien étant proche, comme on délivrait tous les prisonniers, on le laissa seul en prison, et on l'y étrangla sans le tirer de ses entraves. C'était le 17 novembre, le même jour que les saints Alphée et Zachée endurèrent le martyre à Césarée.

A Tyr, plusieurs martyrs, après avoir souffert d'innombrables coups de fouet avec une admirable constance, furent exposés à des léopards, des ours et des sangliers que l'on excitait par le fer et le feu. Ces bêtes venaient avec des cris terribles ; les martyrs les attendaient sans bouger ; mais elles n'osaient en approcher, et se retournaient contre les païens qui les excitaient. Il n'y avait que les martyrs qu'elles épargnaient, quoiqu'ils fussent nus et qu'ils remuassent les mains pour les attirer ; car on leur commandait de le faire. Quelquefois les bêtes s'élançaient contre eux ; mais il semblait qu'une force divine les repoussât en arrière. Une première bête n'ayant rien fait, on en faisait venir une seconde et une troisième contre le même martyr. Un d'eux, qui n'avait pas vingt ans, se tenait debout, les mains étendues en forme de croix, et priait tranquillement, sans faire aucun mouvement, au milieu de ces bêtes qui semblaient l'aller dévorer, et qui, par une vertu secrète, retournaient en arrière. Cinq autres, qui étaient Egyptiens, furent exposés à un taureau furieux : il jetait en l'air, avec ses cornes, les païens qui s'approchaient de lui, et les laissait demi-morts; mais, venant en furie contre les martyrs, il ne pouvait s'approcher d'eux et retournait en arrière, trépignant des pieds et donnant des cornes de côté et d'autre. On leur présenta encore d'autres bêtes, et enfin on leur coupa la tête à tous et on les jeta dans la mer. Eusèbe, depuis évêque de Césarée, raconte ces faits pour les avoir vus de ses yeux (Euseb., l. 8, c. 2).

En Egypte, une infinité d'hommes, de femmes et d'enfants moururent de diverses manières ; et, toutefois, les païens mêmes en sauvèrent plusieurs, cachant ceux qui avaient recours à eux, et s'exposant à la perte de leurs biens et à la prison, plutôt que de les trahir. Saint Athanase disait depuis l'avoir appris de ses pères. Quant aux martyrs, les uns, après avoir souffert les dents de fer, les fouets et les autres tortures, furent brûlés, les autres noyés dans la mer ; d'autres eurent la tête tranchée, d'autres moururent dans les tourments, d'autres moururent de faim ; d'autres furent crucifiés, les uns à l'ordinaire, comme les malfaiteurs, les autres cloués la tête en bas ; et on les gardait jusqu'à ce qu'ils mourussent de faim sur leurs poteaux. En Thébaïde, on exerça des cruautés incroyables. Au lieu d'ongles de fer, on se servait de morceaux de pots cassés pour déchirer les martyrs par tout le corps, jusqu'à ce qu'ils expirassent. On attachait des femmes par un pied et on les élevait ainsi en l'air avec des machines, en sorte qu'elles demeuraient pendues la tête en bas, entièrement nues, présentant un spectacle également honteux et cruel. Il y avait des hommes qu'on liait par les jambes à de grosses branches de deux arbres, que l'on avait approchées avec des machines, puis on les lâchait pour reprendre leur situation naturelle, et, en se redressant, elles démembraient les martyrs.

Ces cruautés ne durèrent pas peu de temps ; mais pendant des années entières, on en faisait mourir par jour tantôt dix, tantôt vingt, tantôt trente, tantôt soixante, tantôt cent, avec leurs femmes et leurs enfants tout petits. Eusèbe dit avoir appris sur les lieux qu'en un jour on avait coupé tant de têtes, que le fer en était émoussé et se cassait même quelquefois, et que les bourreaux étaient si las de tuer, qu'ils se relayaient les uns les autres. Il dit avoir vu lui-même, sitôt que des chrétiens étaient condamnés, d'autres accourir de toutes parts autour du tribunal, en se confessant chrétiens, et recevoir leur condamnation de mort avec joie, en riant et en chantant des cantiques d'actions de grâce jusqu'au dernier soupir. Il y en avait parmi eux de distingués par leur naissance, par leur réputation, par la science et la philosophie (Euseb., l. 8, c. 8; Athanas., *Ad Solit.*).

Tel était Philorome, qui exerçait une charge considérable à Alexandrie, celle de tribun militaire, et qui, tous les jours, rendait la justice entouré de gardes, suivant l'usage des magistrats romains. Tel était aussi Philéas, évêque de Thmoüis. Il s'était acquitté dignement des charges publiques de son pays, et était célèbre pour la philosophie. Ces deux hommes étaient sollicités par une infinité de personnes, parents et amis, par les magistrats, par le juge même, de s'épargner et d'avoir pitié de leurs femmes et de leurs enfants; mais ils demeurèrent fermes et eurent tous deux la tête coupée. Quelque temps auparavant, Philéas étant à Alexandrie, avait écrit à son peuple de Thmoüis une lettre où il disait, en parlant des martyrs : « Qui pourrait faire le dénombrement des exemples de vertu qu'ils ont donnés ? Car, comme il était permis, à qui voulait, de les maltraiter, on se servait de tout pour les frapper : de gros bâtons, de baguettes, de fouets, de lanières et de cordes. On liait à quelques-uns les mains derrière le dos, puis on les attachait au poteau et on les étendait avec des machines; ensuite on leur déchirait, avec les ongles de fer, non-seulement les côtés, comme aux meurtriers, mais le ventre, les jambes et les joues. D'autres étaient pendus par une main dans la galerie, souffrant une douleur excessive par l'extension des jointures. D'autres étaient liés à des colonnes, contre le visage, sans que leurs pieds portassent à terre, afin que le poids du corps tirât leurs liens. Ils demeuraient en cet état, non-seulement tandis que le gouverneur leur parlait, mais presque tout le jour; car il passait à d'autres, il laissait des officiers pour observer les premiers et pour voir s'il n'y en aurait pas quelqu'un qui cédât à la force des tourments. Il ordonnait de serrer les liens sans miséricorde, et, quand ils seraient près de rendre l'âme, de les détacher et de les traîner par terre; car ils ne nous comptaient pour rien, non plus que si nous n'étions pas.

» Il y en avait qu'après les tourments on mettait aux entraves, étendus au quatrième trou, en sorte qu'ils étaient contraints de demeurer couchés sur le dos, ne pouvant plus se soutenir. D'autres, jetés sur le pavé, faisaient plus de pitié à voir que dans l'action de la torture, à cause de la multitude des plaies dont ils étaient couverts. Les uns sont morts dans les tourments mêmes; d'autres, étant mis en prison à demi-morts, ont fini peu de jours après par les douleurs; les autres, ayant été pansés, sont encore devenus plus courageux par le temps et par le séjour de la prison. De sorte que, quand on leur a donné le choix de demeurer libres en s'approchant des sacrifices profanes, ou d'être condamnés à mort, ils ont choisi la mort sans hésiter, car ils savaient ce qui est marqué dans les divines Écritures : *Celui qui sacrifie à des dieux étrangers sera exterminé*, et encore : *Tu n'auras point d'autres dieux que moi.* » C'est ainsi que, peu avant sa mort, et du fond de sa prison, le martyr Philéas écrivait à son troupeau.

Ce que Philéas disait dans sa lettre, il le confirma par son exemple. Traduit au tribunal de Culcien, gouverneur d'Alexandrie, il confessa Jésus-Christ avec la plus généreuse constance. Sa femme et ses enfants étaient là, qui cherchaient à l'attendrir; les avocats, parmi lesquels son frère, se joignaient à sa femme et à ses enfants; le gouverneur se joignit aux avocats, le pressant d'offrir du moins un sacrifice sanglant au seul Dieu qu'il reconnaissait. Philéas fut inébranlable, et répondit que les sacrifices que Dieu demandait, étaient la pureté de cœur et des sens et la vérité dans les paroles. Quant à sa femme et à ses enfants il dit que ce n'étaient pas seulement les chrétiens qui agissaient comme lui, et cita l'exemple de Socrate, que la présence de sa femme et de ses enfants, au moment qu'on le conduisait à la mort, ne fit point revenir. Culcien demanda : Jésus-Christ était-il Dieu ? Oui, répondit Philéas. Comment, reprit Culcien, t'es-tu persuadé qu'il était Dieu ? — C'est qu'il a fait voir les aveugles et entendre les sourds; il a purifié les lépreux, ressuscité des morts, rendu la parole à des muets, guéri grand nombre de maladies et fait plusieurs autres miracles. Culcien insista : Un crucifié est-il Dieu ? Philéas répondit : Il a été crucifié pour notre salut : il savait qu'il devait l'être et souffrir des affronts, et il s'est livré à toutes ces souffrances pour nous. Car tout cela avait été prédit de lui par les saintes Écritures, que les Juifs croient comprendre et ne comprennent pas. Vienne qui voudra, voir s'il n'en est pas ainsi. L'interrogatoire s'étant prolongé, les avocats voulurent faire croire que Philéas demandait un délai; et se jetèrent à ses pieds, avec tous ses officiers et tous ses parents, qui étaient des plus illustres, le priant d'avoir égard à sa femme et de prendre soin de ses enfants. Il demeura ferme comme un rocher battu par la tempête, disant qu'il devait tenir pour ses parents, les saints martyrs et les apôtres.

Philorome, ce tribun militaire dont nous avons déjà parlé, se trouvait présent. Voyant la fermeté de Philéas, il s'écria : « Pourquoi faites-vous de vains efforts contre la constance de cet homme ? pourquoi voulez-vous le rendre infidèle à Dieu ? Ne voyez-vous pas qu'il ne vous voit ni ne vous entend, et qu'il est tout occupé de la gloire céleste ? » Ces paroles tournèrent la colère de tout le monde contre Philorome : ils demandèrent qu'il fût condamné comme Philéas, par le même jugement. Le juge y consentit volontiers, et ordonna que tous deux eussent là tête tranchée. Comme on les menait au lieu ordinaire de l'exécution, le frère de Philéas, qui était un des avocats, se mit à crier : Philéas demande abolition. Culcien le rappela et lui dit : As-tu appelé ? Je n'ai point appelé, répondit Philéas, Dieu m'en garde! ne faites point attention à ce malheureux; pour moi, je rends de grandes actions de grâces aux empereurs et à vous, d'être devenu cohéritier de Jésus-Christ. Quand ils furent arrivés au lieu de l'exécution, Philéas étendit les mains vers l'Orient, et dit à haute voix : « Mes chers enfants, vous qui cherchez Dieu, veillez sur vos cœurs; car l'ennemi, comme un lion rugissant, cherche à vous abattre : nous n'avons pas encore souffert; nous commençons à souffrir et à être disciples de Jésus-Christ. Mes chers enfants, attachez-vous à ses préceptes. Invoquons celui qui est sans tache, incompréhensible, assis sur les chérubins, auteur de toutes choses, le commencement et la fin : à lui la gloire dans les siècles des siècles, amen ! » Quand il eut ainsi parlé, les bourreaux leur coupèrent la tête à tous deux (Ruinart et Eusèbe).

Il y eut à Alexandrie plusieurs martyrs à qui on coupa le nez, les oreilles et les mains; puis on mettait en pièces le reste du corps. A Antioche, on en grilla plusieurs pour les faire souffrir longtemps; d'autres aimèrent mieux laisser brûler leur main droite, que de toucher aux sacrifices profanes; d'autres, fuyant la tentation avant que de tomber entre les mains des persécuteurs, se précipitèrent du haut des toits. Ce qui, comme l'observe saint Augustin, doit être attribué à une inspiration particulière du Saint-Esprit, sans être tiré à conséquence (Aug., *De civ.*, l. 1, c. 26). Il y eut deux sœurs vierges, à Antioche même, d'une noblesse, d'une beauté, d'une piété singulières, que les persécuteurs firent jeter dans la mer. Dans la même ville, on compte encore pour martyrs, Basilisse, Antoine, prêtre, Anastase et plusieurs autres ecclésiastiques; Marcionille, un enfant nommé Celse, sept frères et plusieurs autres. Dans la haute Syrie, Sergius et Bacchus, depuis très-illustres par leurs miracles.

En Mésopotamie, plusieurs furent pendus par les pieds, et étouffés par un petit feu allumé au-dessous. En Arabie, on les tuait à coups de cognées. En Cappadoce, on leur brisait les jambes. Dans le Pont, on leur enfonçait sous les ongles des roseaux pointus; à d'autres on répandait le plomb fondu sur le dos, et on leur faisait souffrir des tourments si infâmes, qu'il n'est pas même possible de les exprimer. Les juges s'étudiaient à trouver des inventions nouvelles de supplices, comme s'ils eussent combattu pour gagner un prix. En Phrygie, il se trouva une petite ville dont le gouverneur, le trésorier, tous les officiers et tout le peuple confessèrent qu'ils étaient chrétiens, et refusèrent d'obéir à ceux qui voulaient les faire idolâtrer. On envoya des gens de guerre, qui entourèrent la ville, y mirent le feu et la brûlèrent avec les hommes, les femmes et les enfants qui invoquaient Jésus-Christ Dieu souverain. Celui de cette ville qui se signala le plus, fut un officier romain, nommé Adaucus, d'une noblesse considérable en Italie, qui avait passé par toutes les charges, même par celle de catholique, ou trésorier général (Ruinart).

Un martyr non moins illustre et encore plus étonnant, fut Théodote d'Ancyre en Galatie. Sa vie et sa mort ont été décrites par un témoin oculaire. Enfant, il avait été élevé par une pieuse vierge nommée Técuse. Devenu grand, il se maria, prit une hôtellerie et se mit à vendre du vin. L'état de cabaretier ne l'empêcha point de pratiquer toutes les vertus. A la fleur de l'âge, il méprisait tous les biens du monde. Le jeûne, la prière et l'aumône faisaient ses délices. Non-seulement il soulageait les pauvres dans leurs besoins, mais il portait encore les pécheurs à la pénitence; il persuadait la continence aux impudiques, la tempérance aux ivrognes, la charité aux avares. Par ses exhortations, il gagna à l'Eglise un grand nombre de païens et de juifs. Son cabaret fut comme la demeure d'un évêque. Parmi ceux qu'il convertit, il y eut plusieurs martyrs. Il guérit même des malades incurables, par l'imposition des mains. Tel était le cabaretier Théodote, quand la dernière persécution éclata.

La Galatie eut pour gouverneur un nommé Théotecne, homme violent et cruel, qui avait promis à l'empereur d'y exterminer le christianisme. C'était un apostat. Le seul bruit de son arrivée répandit la terreur. Un grand nombre de fidèles s'enfuirent dans les montagnes et les déserts. Dès courriers le précédaient coup sur coup, chargés de menaces plus terribles les unes que les autres, et enfin des édits qui ordonnaient la démolition des églises et le reste de la persécution. Parmi les païens, ce n'étaient que festins et réjouissances. Ils couraient aux maisons des chrétiens, enlevaient tout ce qui s'y rencontrait, sans que personne osât faire la moindre résistance. Si quelqu'un avait la hardiesse de leur résister seulement d'une parole, il était aussitôt accusé de désordre et de sédition. Aucun chrétien ne paraissait plus en public : les principaux, dépouillés de leurs biens, étaient jetés en prison et chargés de fers; les femmes de condition étaient traînées dans les rues par des hommes insolents; la plupart se retiraient dans les déserts, où ils se cachaient dans des cavernes, réduits à vivre d'herbes et de racines. Etant accoutumés à une vie plus commode, ils succombaient à cette misère; les uns mouraient de faim, les autres revenaient se faire prendre.

Théodote assistait les confesseurs prisonniers, et enterrait les corps des martyrs, quoique cela fût défendu sous peine de mort. C'était encore lui qui fournissait du pain et du vin pour le saint sacrifice; car on ne pouvait en acheter, parce que le gouverneur avait fait offrir aux idoles tous les vivres qu'on trouvait en public. Mais Théodote avait fait ses provisions, et son métier lui donnait occasion de donner à manger et même de loger plusieurs personnes, en sorte que son hôtellerie devint l'église où on célébrait les mystères, l'hospice des étrangers et le refuge de tous les chrétiens. Les persécuteurs ne soupçonnaient pas tant de vertus dans un cabaret.

Victor, un de ses amis, fut arrêté vers le même temps. Les prêtres de Diane l'accusaient d'avoir dit qu'Apollon avait corrompu sa propre sœur, et que c'était une honte pour les Grecs d'avoir un pareil dieu. Des païens le pressaient d'obéir au gouverneur, lui promettant d'un côté des richesses, des honneurs et l'amitié des empereurs; tandis que, s'il était opiniâtre, il devait s'attendre à de cruels supplices et à la mort la plus douloureuse. Ses biens seraient confisqués, toute sa famille périrait, son corps même serait dévoré par les chiens. Théodote, instruit du danger que courait son ami, pénétra de nuit dans sa prison, et l'exhorta vivement à mépriser toutes les promesses et les menaces des impies. Qu'ont valu à Judas les trente pièces d'argent qu'il reçut des Juifs? rien, si ce n'est une corde pour se pendre. Victor, fortifié par cette exhortation, se sentit animé d'un nouveau courage, et il souffrit patiemment les supplices tant qu'il se souvint des instructions de Théodote. Déjà il touchait au bout de sa carrière; mais sa fermeté l'abandonna tout à coup. Il demanda du temps pour délibérer : on le reconduisit en prison, où il mourut de ses plaies, sans s'être expliqué autrement; de manière qu'il laissa tout le monde en doute sur son sort.

Il y avait, à quarante milles environ d'Ancyre, un bourg nommé Malos. Théodote, par une disposition particulière de la Providence, y arriva au moment où l'on allait jeter dans la rivière d'Halys les restes du martyr Valens, qui, après diverses tortures, avait été condamné à être brûlé vif. Il emporta ses reliques. A quelque distance du bourg, il rencontra plusieurs personnes qui lui rendirent grâces, comme au bienfaiteur commun de tous les affligés. C'étaient des chrétiens que leurs propres parents avaient livrés aux persécuteurs, pour avoir renversé un autel de Diane, et auxquels le saint avait fait recouvrer la liberté avec beaucoup de peines et de dépenses. Charmé de les voir, il les pria de manger avec lui, pour continuer ensuite leur voyage; et ils s'assirent ensemble sur l'herbe, près d'une caverne, au bord du fleuve, en un lieu orné de toutes sortes de fleurs et environné de beaux arbres, d'où les cigales, les rossignols et d'autres oiseaux faisaient entendre leurs concerts au lever du soleil. Théodote envoya au bourg inviter le prêtre à venir manger avec eux et leur faire les prières ordinaires des voyageurs; car, autant qu'il pouvait, il ne mangeait point sans la bénédiction du prêtre. Ceux qui étaient envoyés trouvèrent le prêtre qui sortait de l'église, après la prière de l'heure de sexte. Des chiens s'étant mis à les harceler, il courut à leur aide, leur demanda s'ils étaient chrétiens, et les pria d'entrer chez lui. Puis il ajouta en souriant : Cela m'étonne! Cette nuit, j'ai vu en songe deux hommes qui vous ressemblaient, et qui m'ont dit qu'ils apportaient un trésor à ce pays. Remettez-moi donc ce trésor! Il est vrai, dirent-ils, nous avons un trésor incomparable, qui est Théodote, homme d'une piété singulière, que vous pourrez voir si vous voulez. Mais, mon père, montrez-nous le prêtre de ce bourg. C'est moi-même, dit Fronton, car il se nommait ainsi. Mais il vaut mieux l'amener ici; car il ne convient pas de demeurer dans le bois, en un lieu où il y a des chrétiens. Il alla donc trouver le saint, lui donna le baiser, ainsi qu'aux frères, et les pria de venir tous ensemble dans sa maison. Théodote s'en excusa, parce qu'il était pressé de s'en retourner à Ancyre, pour secourir les chrétiens. Quand ils eurent mangé, Théodote dit au prêtre en souriant : Ce lieu me paraît bien propre à mettre des reliques. Le prêtre dit : Il faut en avoir avant que de songer à bâtir. C'est mon affaire, répondit Théodote, ou plutôt celle de Dieu, de vous fournir des reliques. Vous, mon père, ayez soin seulement de bâtir l'église; et n'y perdez point de temps; les reliques viendront bientôt. En disant cela, il tira son anneau de son doigt et le donna au prêtre, en prenant Dieu à témoin de sa promesse. Puis il vint à la ville, où tout était renversé par la persécution, comme en un tremblement de terre.

Il y avait sept vierges qui, dès leur première jeunesse, avaient pratiqué la vie ascétique, et estimaient sur toutes choses la continence et la crainte de Dieu. Le gouverneur, les voyant inébranlables dans les tourments, les avait livrées à de jeunes libertins pour les outrager. Elles levaient les mains et les yeux au ciel, invoquant Jésus-Christ, protecteur de la pureté. Le plus impudent de la bande ayant tiré à part Técuse, la plus âgée de toutes, elle lui prit les pieds en pleurant et lui dit : Mon fils, que cherchez-vous avec des personnes consumées, comme vous voyez, de vieillesse, de jeûnes, de maladies et de tourments? J'ai plus de soixante-dix ans, et les autres sont du même âge. Il vous serait bien honteux de vous approcher d'un corps qui, pour ainsi dire, est déjà cadavre, et que vous verrez bientôt déchirer par les chiens et les oiseaux; car le gouverneur a défendu qu'on nous donne la sépulture. En disant ces paroles, elle ôtait son voile pour lui montrer ses cheveux blancs, et ajoutait : Vous avez peut-être une mère de cet âge; qu'elle devienne notre avocate auprès de vous! Malheureuses que nous sommes, laissez-nous nos larmes, et prenez pour vous l'espérance de la récompense que vous recevrez de Jésus-Christ. A ce discours, les jeunes gens oublièrent leur folie impure; ils pleurèrent eux-mêmes de compassion et se retirèrent.

Théotecne ayant appris qu'elles avaient conservé leur pureté, se servit d'un autre moyen pour vaincre leur constance : c'était de les faire prêtresses de Diane et de Minerve. Les païens d'Ancyre avaient coutume d'aller tous les ans laver, dans un étang voisin, les images de leurs déesses. Cette fête se rencontrait alors. Le gouverneur voulut que Técuse et ses compagnes fussent à la tête. Elles furent donc placées toutes les sept dans des chariots découverts, pour être conduites à l'étang et y être lavées de la même manière que les statues de Minerve et de Diane. Elles étaient debout, toutes nues, pour être plus exposées à l'insolence de la populace. Venaient ensuite les idoles, que suivaient des musiciens avec des flûtes et des cymbales, et des femmes qui dansaient les cheveux épars comme des bacchantes. L'impie Théotecne fermait la marche. Une multitude considérable de peuple était accourue de toutes parts, les uns pour voir le spectacle, la plupart pour voir les souffrances des vierges; ceux-ci avaient pitié de leur vieillesse, quelques-uns admiraient leur constance; ceux-là louaient leur modestie, mais tous, en voyant leurs plaies, versaient des larmes.

Cependant Théodote priait pour les vierges exposées, craignant la faiblesse du sexe. Il s'était enfermé dans une petite maison appartenant à un pauvre homme, nommé Théocharis, près de l'église des Patriarches, avec Polychronius, neveu de la vierge Técuse, et quelques autres chrétiens. Ils étaient demeurés prosternés en oraison, depuis le grand matin jusqu'à l'heure de sexte, quand la femme de Théocharis vint leur dire que les vierges avaient été noyées dans l'étang. Alors Théodote, se levant de dessus le pavé, mais encore à genoux, étendit les mains au ciel, fondant en larmes, et dit : Seigneur, je vous rends grâces de n'avoir pas voulu que mes pleurs fussent inutiles. Puis il demanda à la femme les détails de ce qui s'était passé. Elle, qui avait été présente à tout avec quelques autres, dit : Toutes les promesses du gouverneur ont été inutiles; les prêtresses de Diane et de Minerve, qui présentaient aux vierges la couronne et l'habit blanc, pour marques du sacerdoce, ont été de même repoussées avec mépris; enfin, le gouverneur a commandé qu'on leur attachât des pierres au cou, qu'on les mit dans de petites barques et qu'on les portât au plus profond de l'étang. Elles y ont donc été noyées environ à deux cents pieds du bord.

Théodote demeura au même lieu, examinant avec Polychronius et Théocharis, comment ils pourraient tirer les corps de l'étang. Sur le soir, un jeune homme nommé Glycérius, qui était aussi chrétien, vint leur dire que le gouverneur avait mis des soldats près de l'étang pour garder les corps. Théodote en fut très-affligé : l'entreprise n'était point aisée, et à cause des soldats, et à cause de la grosseur énorme des pierres. Il quitta les autres pour aller à l'église des Patriarches; mais les païens en avaient muré la porte. Il se prosterna donc en dehors, près de la conque où était l'autel, et y demeura quelque temps en prière. De là, il se rendit à l'église des Pères, qu'il trouva également murée; il y pria de même. Ayant entendu derrière lui un grand bruit, il crut qu'on le poursuivait et revint chez Théocharis, où il s'endormit. Alors la vierge Técuse lui apparut et lui dit : « Tu dors, mon fils Théodote, sans te soucier de nous! Ne te souviens-tu pas des instructions que je t'ai données et ta jeunesse pour te conduire à la vertu contre l'attente de tes parents? Tu m'honorais comme ta mère, et tu m'oublies après ma mort! Ne laisse pas nos corps en proie aux poissons. Un grand combat t'attend dans deux jours : lève-toi, va à l'étang; mais garde-toi d'un traître. »

Il se leva, raconta sa vision aux frères, qui tous se mirent en prière avec lui, pour demander à Dieu les moyens d'enlever les corps. Le jour étant venu, ils envoyèrent Glycérius et Théocharis reconnaître plus exactement la garde, espérant que les soldats s'étaient retirés à cause de la fête de Diane; mais ils étaient demeurés. Les chrétiens laissèrent donc passer encore ce jour-là. Le soir ils sortirent, étant à jeun, et portant des serpes tranchantes pour couper les cordes qui tenaient les pierres. La nuit était obscure, sans lune et sans étoiles. Au milieu de ces ténèbres, ils arrivèrent au lieu où l'on exécutait les criminels, et où personne n'osait passer après le coucher du soleil. Ce lieu était plein de têtes coupées, fichées sur des pieux, et de restes hideux de corps brûlés. Ils furent saisis d'horreur; mais ils entendirent une voix qui leur dit : Approche hardiment, Théodote. Epouvantés, ils firent chacun sur leur front le signe de la croix, et aussitôt ils virent une croix lumineuse vers l'orient. Remplis de crainte et de joie, ils se mirent à genoux et adorèrent vers ce côté. Ils continuèrent à marcher dans une telle obscurité, qu'ils ne se voyaient pas l'un l'autre. Il tombait une grande pluie, et la boue était telle, qu'à peine ils pouvaient se soutenir. Ils s'arrêtèrent encore à prier : soudain il leur apparut un feu qui leur montrait le chemin, et deux hommes revêtus d'habits éclatants, avec la barbe et les cheveux blancs, qui leur dirent : « Courage, Théodote; le Seigneur Jésus a écrit ton nom entre les martyrs, il a exaucé la prière que tu lui as faite avec larmes pour recouvrer les corps, il nous a envoyés pour te recevoir : c'est nous qu'on appelle les Pères. Tu trouveras sur l'étang saint Sosandre, qui épouvante les gardes; mais tu ne devais pas amener un traître avec toi. »

En effet, le martyr Sosandre apparut aux gardes, armé d'une cuirasse, d'un casque, d'un bouclier et d'une lance, qui jetait le feu de toutes parts; en même temps la pluie et le vent se déchaînaient avec violence, accompagnés de tonnerres et d'éclairs. Les gardes, épouvantés, s'enfuirent dans les cabanes du voisinage. Le vent était si grand, qu'en chassant l'eau vers les bords, il découvrit le fond où étaient les corps des vierges. Ainsi, Théodote et les siens coupèrent les cordes, tirèrent les corps, les mirent sur des chevaux et les apportèrent à l'église des Patriarches, auprès de laquelle ils les enterrèrent. Les noms de ces sept vierges étaient : Técuse, Alexandrie, Phaïna, Claudia, Euphrasie, Matrone et Juliette.

Les trois premières avaient renoncé à tout pour mener la vie apostolique.

Le lendemain, le bruit s'étant répandu que ces corps avaient été enlevés, toute la ville fut en rumeur. Dès qu'un chrétien paraissait, on le traînait à la question. Théodote ayant su qu'on en avait ainsi pris plusieurs, voulait se livrer lui-même, mais les frères l'en empêchèrent. Polychronius, voulant savoir tout ce qu'il en était, se déguisa en paysan et s'en alla sur la place; mais il fut pris et mené au gouverneur, où, après avoir été battu, se voyant menacé de mort, il avoua que Théodote avait enlevé les reliques des vierges, et indiqua le lieu où il les avait cachées. Elles en furent tirées et brûlées. Ainsi les chrétiens reconnurent que c'était le traître dont ils avaient été avertis. On l'apprit à Théodote, qui dès lors dit adieu aux frères, les exhorta à prier pour lui constamment, et se prépara au combat. Il pria longtemps avec eux, et demanda à Dieu la fin de la persécution et le repos de l'Eglise; il les embrassa avec beaucoup de larmes de part et d'autre, et leur recommanda, quand le pape Fronton (1) viendrait de Malos, avec son anneau, de lui donner ses reliques s'il pouvait les dérober. En disant cela, il fit le signe de la croix sur tout son corps et marcha hardiment au lieu du combat.

Il rencontra deux citoyens de ses amis, qui voulurent lui persuader de se sauver pendant qu'il était encore temps; mais il leur dit : Si vous voulez me faire plaisir, allez plutôt dire aux magistrats : Voici Théodote, que les prêtres de Minerve et de Diane accusent avec toute la ville; il est à la porte. Aussitôt il prit les devants et se présenta de lui-même aux accusateurs. En entrant au tribunal, il regardait en souriant le feu, les chaudières bouillantes, depuis les roues et plusieurs autres instruments de supplice que l'on avait préparés. Le gouverneur lui apprit qu'il n'aurait à souffrir aucune de ces tortures. Il lui offrit, au contraire, son amitié avec la faveur des empereurs. Ils te feront, dit-il, l'honneur de t'écrire et de recevoir tes lettres. Tu seras sacrificateur du puissant Apollon, avec pouvoir sur toute la ville; tu ordonneras les autres sacrificateurs. Tu représenteras aux magistrats les besoins du pays, et tu enverras des députations aux empereurs pour les causes communes. Seulement, renonce à ce Jésus que Pilate a crucifié dans la Judée, et détourne les autres chrétiens de leur folie. Que si tu désires des richesses, je suis prêt à les répandre sur toi à pleines mains. A ces mots, la multitude poussa des acclamations, félicitant Théodote et le pressant d'accepter ces offres.

Le saint répondit au gouverneur : Avant tout; je demande à mon Seigneur Jésus-Christ, que vous avez traité de pur homme, la grâce de réfuter votre erreur touchant les dieux, et ensuite d'exposer brièvement ses miracles et son incarnation. Pour ce que vos dieux ont fait, il est honteux de le dire; je le dirai néanmoins à votre honte. Celui que vous appelez le plus grand de vos dieux, Jupiter, peu content de ses adultères, corrompait les jeunes gens. Votre poète Orphée dit qu'il tua son propre père Saturne, qu'il eut pour femme sa propre mère Rhéa,

(1) Suivant l'opinion la plus commune, c'est vers le commencement du VIe siècle que le nom de *pape* a été réservé au pontife romain. **R. Q**

qui le rendit père de Proserpine, avec laquelle il commit un autre inceste. Apollon en fit autant à sa sœur Diane, à Délos, devant l'autel. Mars en usa de même avec Vénus, Vulcain avec Minerve, frères avec sœurs. Vos lois punissent ces actions dans les hommes, et vous vous en glorifiez dans vos dieux! car vos poètes le racontent avec enthousiasme. Quant à notre Seigneur Jésus-Christ, les prophètes avaient prédit fort au long, dans un langage clair et chaste, son incarnation, ses miracles, ses souffrances, sa mort, sa résurrection. Les sages mêmes de la Perse, les mages, en sont témoins. Instruits par le mouvement des étoiles, ils connurent sa naissance selon la chair, et les premiers l'ayant reconnu Dieu, ils lui offrirent les premiers leurs dons comme à Dieu. Il fit en effet des prodiges sans nombre, changea l'eau en vin, rassasia cinq mille hommes avec cinq pains et deux poissons, guérit les malades, rendit la vue à des aveugles-nés, ressuscita des morts enterrés depuis quatre jours, et tout cela par une parole. Enfin, qui pourrait énumérer tous ces miracles qui démontrent qu'il est Dieu et non pas un pur homme?

A ce discours, la multitude des idolâtres entra en fureur : les sacrificateurs déchiraient leurs habits et leurs couronnes; le peuple criait pour exciter le gouverneur. Il fit donc attacher Théodote au chevalet, et plusieurs bourreaux, l'un après l'autre, le déchirèrent longtemps avec des ongles de fer. On jeta du vinaigre sur ses plaies, et on y mit le feu. Le martyr, sentant l'odeur de sa chair brûlée, détourna un peu le visage, et le gouverneur crut qu'il commençait à céder aux tourments. Non, dit Théodote, mais fais-toi mieux obéir : tes ministres se relâchent. Invente de nouveaux tourments pour m'éprouver, ou plutôt reconnais le courage que me donne Jésus-Christ, et qui fait que je te méprise comme un vil esclave, aussi bien que tes impies empereurs. Le gouverneur lui fit battre les mâchoires avec des pierres pour lui casser les dents. Le martyr dit : Quand tu me ferais couper la langue, Dieu exauce les chrétiens sans qu'ils parlent. Les bourreaux étant fatigués, le gouverneur l'envoya en prison; mais, en passant sur la place, il montrait à tout le monde son corps déchiré, comme une preuve de la puissance de Jésus-Christ, Dieu de l'univers, et de la force qu'il donne aux siens, de quelque condition qu'ils soient, sans distinction de personnes.

Au bout de cinq jours, le gouverneur se fit amener Théodote, et, après avoir fait rouvrir ses plaies comme si on l'eût déchiré de nouveau, et l'avoir mis sur des tessons brûlants qui lui firent une extrême douleur, le voyant invincible, il le condamna à perdre la tête, et ordonna que le corps fût brûlé, de peur que les chrétiens ne l'ensevelissent. Le martyr étant arrivé au lieu de l'exécution, pria en ces termes : Seigneur Jésus-Christ, créateur du ciel et de la terre, qui ne délaissez point ceux qui espèrent en vous, je vous rends grâces de ce que vous avez daigné me faire citoyen de votre céleste cité et participant de votre royaume; je vous rends grâces de ce que vous avez daigné me faire vaincre le serpent et lui écraser la tête. Donnez la paix à vos serviteurs, arrêtez en moi la violence des ennemis; donnez la paix à votre Eglise, en la délivrant de la tyrannie du diable. Ayant dit Amen, il vit ses frères qui pleuraient, et leur dit : Ne pleurez point, mes frères, mais glorifiez notre Seigneur Jésus-Christ, qui m'a fait achever ma course et vaincre l'ennemi : désormais je prierai Dieu pour vous dans le ciel avec confiance. Cela dit, il reçut le coup avec joie. On mit le corps sur un grand bûcher; mais il parut une si grande lumière, que personne n'osa en approcher pour l'allumer. Le gouverneur l'ayant appris, désigna des soldats pour garder la tête et le corps au même lieu.

Cependant le prêtre Fronton vint à Ancyre, portant l'anneau de Théodote, et espérant emporter des reliques, comme il lui avait promis. Il menait une ânesse chargée de vin vieux, d'une vigne qu'il cultivait lui-même. Il n'arriva qu'au commencement de la nuit. Son ânesse, épuisée de fatigue, s'abattit auprès du bûcher, par un effet de la Providence. Les soldats qui étaient de garde, invitèrent Fronton à demeurer avec eux, l'assurant qu'il serait mieux que dans toute autre hôtellerie. Ils avaient fait une hutte avec des branches de saule et des roseaux, et avaient allumé du feu auprès. Comme leur souper était prêt, ils proposèrent à Fronton de boire avec eux. Il accepta la proposition, et leur fit goûter de son vin, qu'ils trouvèrent excellent. L'un d'eux lui demanda une bonne rasade, afin d'oublier les coups qu'il avait reçus, pour avoir mal gardé des femmes qu'on avait jetées dans l'étang. Jamais tous les chrétiens ensemble n'avaient tant souffert. Prends garde, lui dit un autre, que cette rasade ne t'expose à plus de coups encore, si tu ne gardes pas mieux l'homme de bronze qui a dérobé ces femmes. J'ai un grand tort, dit alors Fronton, de n'avoir pas amené avec moi un interprète, pour m'expliquer vos discours; car, jusqu'à présent, je n'y comprends rien. Quelles sont ces femmes dérobées du lac? quel est cet homme de bronze que vous dites garder? est-ce peut-être une statue? ou parlez-vous en énigme, pour vous amuser de ma rusticité? Un troisième lui apprit alors en détail ce qui était arrivé aux sept vierges, et de quelle manière leurs corps avaient été retirés de l'étang par Théodote, citoyen d'Ancyre; que ce chrétien avait souffert les plus affreux tourments avec une insensibilité qui les portait à lui donner le titre d'*homme de bronze*; que le gouverneur l'avait condamné à être décapité et brûlé, et qu'eux étaient chargés de garder son cadavre, à cause des chrétiens; en même temps il le lui montra, couvert d'herbes et de feuilles. Fronton bénit Dieu au fond de son cœur, et implora son secours. Il versa de nouveau à boire aux gardes, jusqu'à ce qu'il les vit profondément endormis. Alors il prit le corps du martyr, lui mit son anneau au doigt, le chargea sur son ânesse, et remit les feuilles et les herbes, afin que les gardes ne s'aperçussent de rien. L'ânesse retourna au bourg de Malos, et s'arrêta en un lieu où depuis fut bâtie une église en l'honneur de saint Théodote.

L'auteur des actes de son martyre, les termine par ces mots : « Moi, humble Nil, je vous ai transmis toutes ces choses, mes très-chers frères, avec toute l'exactitude possible; j'ai été avec lui en prison, je connais en détail ce que je vous écris, m'étant partout appliqué à la vérité, afin que vous-mêmes, écoutant ces choses avec foi et certitude, vous ayez part avec le saint et glorieux martyr Théodote, et avec tous les saints qui ont combattu pour la piété, en notre Seigneur Jésus-Christ, à qui la gloire et la puissance, conjointement avec le Père et le Saint-Esprit, dans tous les siècles. Amen (Ruinart et *Acta Sanct.*, 18 maii). »

La persécution sévissait aussi en Occident, depuis que Maximien Hercule et Constance Chlore avaient reçu les lettres de leurs collègues d'Orient. Constance avait, comme les autres empereurs, un grand nombre de chrétiens parmi ses officiers et dans son palais. Il leur proposa le choix ou de demeurer dans leurs charges, s'ils sacrifiaient aux idoles ; ou, s'ils le refusaient, d'être bannis de sa présence et de perdre ses bonnes grâces. Plusieurs préférèrent l'intérêt temporel à la religion, plusieurs demeurèrent fermes ; mais ils furent tous bien étonnés, quand Constance déclara qu'il tenait les apostats pour des lâches, et que, n'espérant pas qu'ils lui fussent plus fidèles qu'à Dieu, il les éloignait pour jamais de son service ; au contraire, ceux qui s'étaient montrés vrais serviteurs de Dieu, il les retint auprès de lui, leur confia la garde de sa personne et de son État, et les compta au nombre de ses meilleurs amis. Voilà du moins ce que rapporte Eusèbe, dans sa vie ou plutôt son panégyrique de Constantin. Il ajoute que Constance n'imita pas plus ses collègues dans la destruction des églises. Mais en cela il est contredit par Lactance, suivant lequel il laissa abattre les églises matérielles, considérant qu'elles pouvaient être rebâties ; mais il ne fit mourir personne, et il n'y eut point alors de sang répandu dans les Gaules (Euseb., *De vit. Const.*, l. 1, c. 16 ; Lact., *De mart. pers.*, n. 15).

En Italie, le vieux Maximien, qui de lui-même était cruel, obéit volontiers aux ordres de Dioclétien. On a trouvé les actes de saint Sabin, évêque d'Assise, qui souffrit alors le martyre avec Volusien, gouverneur de Toscane, qui l'interrogea d'abord et lui fit couper les deux mains, et finit par se convertir et par verser son sang le premier. En Afrique, on abattit les églises, et on rechercha les livres sacrés. A Cirthe en Numidie, actuellement Constantine, dans l'Algérie, le sous-diacre Sylvain, par ordre de l'évêque Paul, livra aux persécuteurs les livres et les meubles de l'Église ; ce qui ne l'empêcha pas d'être élu évêque plus tard, par brigue et par simonie. Félix, évêque de la petite ville de Tibiure, donna un exemple bien différent. Traduit successivement devant le magistrat de Carthage, devant le proconsul d'Afrique, devant le préfet du prétoire en Italie, et sommé de livrer les Écritures, il répondit constamment : « Je les ai, mais je ne les donnerai pas. » Le préfet l'ayant condamné à mourir par le glaive, il éleva les yeux au ciel, et dit tout haut : Je vous rends grâces, mon Dieu ; j'ai vécu cinquante-six ans en ce monde. J'ai gardé la virginité, j'ai conservé l'Évangile, j'ai prêché la foi et la vérité. Seigneur Jésus-Christ, Dieu du ciel et de la terre, je baisse la tête pour vous être immolé, à vous qui demeurez éternellement. A vous la gloire et la puissance aux siècles des siècles. Amen. »

Dans une autre ville de l'Afrique proconsulaire, nommée Abitine, quarante-neuf chrétiens donnèrent le même exemple de constance. On les arrêta au moment qu'ils célébraient les mystères du Seigneur dans la maison d'un d'entre eux. Ils étaient trente-deux hommes et dix-sept femmes. On les conduisit sur la place publique, entourés de soldats. Ils y allèrent gaiement, ayant à leur tête un sénateur nommé Datif, et le prêtre Saturnin avec ses quatre enfants, Saturnin le jeune et Félix, lecteurs ; Marie, religieuse, et Hilarien encore petit. Ils confessèrent Jésus-Christ tous les quarante, et réparèrent ainsi le scandale qu'avait donné, sur la même place, l'évêque Fundanus, en livrant les Écritures. Ils furent chargés de chaînes et conduits à Carthage. Pendant la route, ils témoignaient leur joie par le chant des hymnes et des cantiques. A Carthage, le proconsul en fit tourmenter plusieurs, principalement le sénateur Datif et le prêtre Saturnin. Les édits de la persécution, en ordonnant de brûler les Écritures, défendaient les assemblées. Interrogés pourquoi ils s'étaient assemblés malgré la défense des empereurs, le prêtre Saturnin et le confesseur Thélien répondirent : C'est qu'on ne peut manquer au mystère du Seigneur. Ainsi l'ordonne, ainsi l'enseigne la loi. Je ne m'inquiète que de la loi de Dieu que j'ai apprise : C'est elle que je garde, pour elle que je meurs ; il n'y en a point d'autre. Au milieu des tourments, ils faisaient cette prière entre autres : Seigneur Jésus-Christ, nous sommes chrétiens, vous êtes notre espérance ; Dieu très-saint, Dieu très-haut, Dieu tout-puissant, nous vous rendons nos actions de grâces. C'est ainsi que les martyrs proclamaient la divinité du Christ. Le jeune Saturnin, ainsi que d'autres, interrogés s'ils avaient les Écritures, répondirent : Oui, je les ai, mais dans mon cœur. Ces quarante martyrs demeurèrent longtemps en prison, et y moururent la plupart de faim, les uns après les autres (Ruinart).

L'évêque de Carthage était alors Mensurius, qui avait succédé à Lucien, successeur de saint Cyprien. Craignant que les persécuteurs ne trouvassent les livres sacrés, il les emporta et les serra, laissant dans la basilique neuve tout ce qu'il avait d'écrits réprouvés d'hérétiques. Les persécuteurs les trouvèrent, les emportèrent et ne lui demandèrent pas davantage. Quelques sénateurs de Carthage donnèrent avis au proconsul qu'on avait trompé ceux qui avaient eu charge d'emporter et de brûler les Écritures des chrétiens ; qu'ils n'avaient laissé que des écrits qui ne les regardaient point, et que leurs vraies Écritures étaient dans la maison de l'évêque ; d'où il fallait les tirer pour les brûler ; mais le proconsul ne le voulut pas. Mensurius écrivit tout cela à Second, évêque de Tigise, et alors primat de Numidie. Dans la même lettre, il blâmait ceux qui, sans être pris, s'offraient aux persécuteurs, et disaient d'eux-mêmes, sans qu'on leur demandât, qu'ils avaient des Écritures, mais qu'ils ne les donneraient pas. Cette conduite déplaisait à Mensurius, et il défendit que ces téméraires fussent honorés comme martyrs. Il se plaignait aussi, dans cette lettre, de quelques-uns qui, étant chargés de crimes et de dettes envers le fisc, se faisaient prendre à l'occasion de la persécution, pour se délivrer de la misère par une mort honorable, ou pour expier leurs crimes à ce qu'ils croyaient, ou pour gagner de l'argent et faire bonne chère dans la prison, en abusant de la charité des chrétiens. Second de Tigise répondit à Mensurius, et lui raconta ce que les persécuteurs avaient fait en Numidie ; comme plusieurs avaient été pris, pour n'avoir point voulu livrer les saintes Écritures ; combien ils avaient souffert, et comment, après plusieurs grands tourments, on les avait fait mourir. Il disait qu'on devait les honorer comme martyrs, et les louait par l'exemple de cette femme de Jéricho, qui ne voulut pas livrer les espions de Josué à ceux qui les poursuivaient. Il ajoutait que, quant à lui-même, le magistrat de Tigise lui avait envoyé un centurion pour lui ordonner de livrer les livres saints; mais qu'il avait répondu qu'il était chrétien et évêque, et non traditeur; et que comme on voulait lui faire donner au moins quelques méchants papiers, il l'avait refusé constamment, à l'exemple d'Éléazar, qui ne voulut pas faire semblant de manger des viandes défendues, de peur de donner aux autres un mauvais exemple; mais il ne disait pas comment il était demeuré libre et sans rien souffrir après ce refus, quoiqu'il y allât de la vie pour tous les autres (Aug., *Brev. collat. die* 3, c. 13). On lui fera cette objection dans un concile, sans qu'il y réponde un mot. Après avoir fait jusque-là le sévère, il recevra tout à coup à sa communion un grand nombre d'évêques traditeurs. Et, toutefois, c'est lui qui autorisera le schisme des donatistes à Carthage, sous le faux prétexte qu'un évêque traditeur avait consacré Cécilien, successeur de Mensurius. Tels étaient donc bien des évêques d'Afrique au commencement du IVe siècle, une quarantaine d'années après la mort de saint Cyprien.

En ce temps écrivait Arnobe. C'était un fameux professeur de rhétorique, qui, entre autres, eut pour disciple le célèbre Lactance. Comme rhéteur, il avait célébré souvent les dieux du paganisme et déclamé contre la religion chrétienne. A la fin, pressé par des songes, il demanda à se faire chrétien. L'évêque de Sicca, sa patrie, dans l'Afrique proconsulaire, eut de la peine à le croire. Avant de l'admettre parmi les catéchumènes, il exigea un témoignage public de sa sincérité. Arnobe écrivit alors, entre autres ouvrages, sept livres contre l'idolâtrie et les idolâtres. « Depuis qu'il y a des chrétiens dans l'univers, disaient les païens, l'univers a péri. » Arnobe leur demande en quoi la nature aurait changé : « Le soleil, la lune, les étoiles ne se lèvent-ils pas à leur ordinaire? la terre a-t-elle cessé de produire ses fruits? parmi les hommes, a-t-on cessé de voir des familles, des royaumes, des empires? — Ce sont les chrétiens, dites-vous, qui attirent les pestes et les famines. Ce sont eux! D'où vient donc que le nom de ces fléaux est si ancien?, d'où vient que les anciennes histoires en sont pleines? — Ce sont les chrétiens qui occasionnent tant de guerres! Mais les guerres des Assyriens, sous Ninus, mais la guerre de Troie, mais la guerre de Xerxès en Grèce, mais les guerres de ce jeune homme de Macédoine, qui subjugua l'Orient, mais les guerres des Romains pour asservir l'univers, est-ce encore nous qui en avons été cause? Le fait est que, depuis qu'il y a des chrétiens dans le monde, il y a moins de guerres et des guerres moins cruelles. Vous demandez d'où viennent ces maux. Mais, peut-être, ne sont-ce pas des maux véritables. Platon, le plus sublime des philosophes, ne dit-il pas que la ruine du monde en sera la régénération?

» Nous introduisons une religion impie, dites-vous. — Quoi! c'est une impiété d'adorer le Dieu suprême, le souverain Seigneur de toutes choses? Voilà ce qui vous met en colère?, voilà pourquoi vous nous dépouillez de nos biens, nous expulsez de notre patrie, nous torturez, nous déchirez, nous brûlez, nous livrez à la dent des bêtes? Dans les plus grandes cités, on rend un culte à d'anciennes prostituées, ailleurs on élève des temples magnifiques à des chats, à des scarabées qui fouillent l'ordure, et vos dieux ne s'en fâchent pas. Mais ils se fâchent, dites-vous, parce que nous adorons le Dieu souverain, le Père universel, par qui tout existe, et eux-mêmes, si pourtant ils existent!

» Mais, dira quelque furieux, ce Dieu lui-même existe-t-il? — Quant aux hommes, s'il en est, qui nient ou qui doutent qu'il y ait une divinité quelconque, nous ne nous occupons pas d'eux, car les sages disent que de réfuter des extravagances est d'une extravagance plus grande. Nous ne parlons que de ceux qui reconnaissent la divinité en général. Vouloir prouver à ceux-là qu'il est un Dieu suprême, c'est presque aussi téméraire que de le nier; car est-il un seul homme qui ne soit né avec la notion de ce Dieu souverain? en est-il un seul à qui il ne soit pas inné, dès le sein de sa mère, qu'il est un Roi et un Seigneur qui gouverne toutes choses? Les animaux, les pierres mêmes, si elles pouvaient parler, le proclameraient. Vous-mêmes, ô païens! vous reconnaissez, dites-vous, ce grand Dieu dans votre Jupiter : en quoi vous confondez des choses inconciliables. D'après le sentiment commun et unanime de tous les mortels, le Dieu tout-puissant ni n'a été engendré lorsqu'il n'était point, ni n'a commencé avec le temps; car lui-même est la source des choses, l'auteur des temps et des siècles. Mais votre Jupiter, comme vous le rapportez, a un père, une mère, des grands-pères, des grand'mères, des frères; il est né en la manière commune à tous. Comment donc peut-il être le Dieu éternel? — Mais enfin, supposé que les deux soient le même, pourquoi donc alors et vous et vos dieux nous persécutez-vous?

» Vous répondez : Les dieux ne vous en veulent point parce que vous adorez le Dieu tout-puissant, mais parce que, d'un homme né comme les autres, et, ce qui est plus indigne, d'un homme mort du supplice de la croix, vous faites un Dieu; vous soutenez qu'il vit encore, et vous l'adorez tous les jours. — Mais quels sont donc ces dieux qui nous en veulent? Ne sont-ils pas nés comme tous les mortels? Mais vous, qui nous reprochez d'adorer un homme, n'en adorez-vous aucun? adorez-vous même autre chose que des hommes? Les histoires que vous en contez n'en sont-elles pas la preuve?

» Mais accordons pour un instant que le Christ soit un d'entre nous. N'est-il pas digne d'être appelé Dieu et adoré comme tel à cause de ses bienfaits? Si vous faites un dieu de Bacchus, parce qu'il a trouvé l'usage du vin; une déesse de Cérès, parce qu'elle a trouvé l'usage du pain, et ainsi des autres, quels honneurs ne méritera point celui qui nous a ramenés de l'erreur à la vérité? celui qui nous a fait connaître ce qu'il y a de plus salutaire à savoir au genre humain : ce que c'est que Dieu, le monde et nous-mêmes? celui qui nous a détachés d'idoles inertes pour nous élever jusqu'au ciel et nous mettre en communication avec le souverain Seigneur de toutes choses. Oui, naguère moi-même j'adorais des idoles de terre qu'on venait de cuire dans le four, des dieux fabriqués sur l'enclume et sous le marteau, des ossements d'éléphants; quand j'apercevais des bandelettes coloriées dans le creux d'un arbre, ou des pierres arrosées d'huile, je les adorais, je les suppliais, comme si elles renfermaient quelque vertu, et je demandais des grâces à un tronc insensible. Maintenant je sais ce qu'il en est. Et le Christ, qui m'a éclairé, je ne le regarderais pas comme un Dieu ?

» Mais il a péri sur un gibet. — Qu'est-ce que cela fait à la chose ? Pythagore a été brûlé vif, Socrate a été condamné à boire de la ciguë, Régulus a péri par le plus cruel supplice : ont-ils été jugés infâmes pour cela ? Ce n'est pas la peine, c'est le crime qui fait l'infamie. Vous riez de nous, parce que nous adorons un homme mort d'une mort ignominieuse ; et vous-mêmes, vous adorez Bacchus et Romulus, qui ont été mis en pièces, Esculape frappé de la foudre, Hercule périssant sur le bûcher ? Moquez-vous donc d'abord de vous-mêmes.

» Le Christ ne fût-il donc qu'un homme, il faudrait encore l'appeler Dieu pour ses bienfaits ; mais puisqu'il est Dieu réellement et sans aucun doute, combien plus ne doit-il pas être adoré souverainement ? — Quoi ! s'écriera quelqu'un en colère, ce Christ est Dieu ? Oui, répondrons-nous, il est Dieu, envoyé par le souverain Roi, pour la plus importante de toutes les affaires (l. 1, n. 15). Oui, dussiez-vous en rire aux éclats comme vous faites, le Christ est Dieu, et Dieu par-dessus toutes choses, et Dieu par la racine même de son être (l. 1, n. 19). Encore une fois, malgré que vous en ayez, et dussiez-vous en avoir les oreilles rompues, le Christ est Dieu, il est Dieu parlant sous la forme de l'homme (l. 2, n. 25). Et il l'a prouvé par des miracles que vous ne contestez pas. Un des plus étonnants de ces miracles, c'est qu'il a donné à des ignorants le pouvoir d'en faire. Doutez-vous de ces faits ? Mais il est des témoins oculaires qui les ont crus et les ont persuadés par de bonnes preuves à d'autres. Et quels sont-ils ? Les peuples, les nations, le genre humain incrédule qui jamais n'aurait cru ces choses, s'il ne les avait vues plus claires que le soleil (l. 1, n. 15, 20). Une seule considération devrait vous porter à croire vous-mêmes. Voyez en combien peu de temps cette religion s'est répandue par toute la terre. Y a-t-il nation si barbare qu'elle n'ait adoucie et civilisée ? Voyez d'autre part cette foule d'hommes de génie, orateurs, grammairiens, rhéteurs, jurisconsultes, médecins, philosophes, qui sollicitent ses enseignements et méprisent les opinions où ils mettaient un peu auparavant leur confiance. Des esclaves se laissent torturer par leurs maîtres, des époux bannir de l'union conjugale, des enfants déshériter par leurs parents, plutôt que de rompre la foi chrétienne. Ajoutez-y que, plus vous multipliez vos menaces et vos supplices contre cette religion, plus cette religion augmente. Vous employez les bourreaux et les ongles de fer pour empêcher de croire ; et vos bourreaux et vos ongles de fer sont un nouvel attrait pour croire au Christ et préférer son amitié à tous les biens du monde. Y a-t-il à tout ceci une autre cause que Dieu ?

» Vous nous raillez sur notre croyance. Mais les affaires de ce monde ne commencent-elles pas toutes par la foi ? Vous voyagez par terre et par mer ; n'est-ce pas parce que vous croyez au retour ? Vous ensemencez vos champs ; n'est-ce pas parce que vous croyez à la récolte à venir ? Si vous honorez vos dieux, c'est sans doute que vous croyez qu'ils existent. Et dans l'ordre intellectuel, pourquoi vous attachez-vous à tel philosophe plutôt qu'à tel autre ? N'est-ce pas parce que vous y avez plus de foi ? Eh bien ! nous, nous avons foi au Christ, qui a prouvé par ses miracles qu'il mérite d'en être cru, attendu qu'il est Dieu. Mais vos philosophes, quels miracles ont-ils faits ? Quel est celui d'entre eux qui ait jamais pu, par une seule parole, je ne dis pas calmer les tempêtes, rendre la vue aux aveugles, ressusciter des morts, mais simplement vous tirer une épine du pied (l. 2, n. 3, 4, 5 et 6) ? »

Ces idées et d'autres, Arnobe les développe avec assez de diffusion. Son style sent encore trop le rhéteur. Il s'attache principalement à réfuter le paganisme. Il a, sur les divinités païennes, des détails curieux et piquants. Mais on voit qu'il ne connaissait point aussi bien les détails de la doctrine chrétienne ; qu'il n'avait pas encore lu les livres saints ; qu'il ignorait même l'histoire de la création. Aussi n'est-il pas étonnant qu'il se trouve dans son ouvrage plusieurs inexactitudes. La clarté avec laquelle il professe la divinité de Jésus-Christ, est d'autant plus remarquable. Cela fait voir combien la croyance des chrétiens sur ce point était expresse et notoire. On voit en quel temps il écrivait. Il compte environ mille cinquante ans depuis la fondation de Rome, et pas encore quatre cents depuis qu'il y avait des chrétiens. Il se plaint qu'on ait brûlé les livres sacrés et abattu les églises, où l'on priait le Dieu souverain pour les magistrats, les armées, les rois, les amis, les ennemis, les vivants et les morts, et où l'on n'entendait rien qui ne tendît à rendre humain, doux, modeste et charitable. Il fallait brûler les livres des poètes et démolir les théâtres, où les dieux mêmes servaient de jouets (l. 4, n. 18). Mais les païens en étaient bien loin. Ils parlaient, au contraire, de brûler les livres de Cicéron, parce que les chrétiens en profitaient pour combattre l'idolâtrie (l. 3, n. 4).

Dans cette persécution, l'Espagne eut aussi ses martyrs. Il y en eut entre autres dix-huit à Sarragosse. La vierge Encratide y fut tellement tourmentée, qu'elle eut tout le corps déchiré, une mamelle coupée et une partie du foie arrachée. En cet état elle fut mise en prison, vivant encore, et ne mourut que de la corruption de ses plaies. Mais rien n'égale les souffrances ni la gloire de saint Vincent, diacre, célèbre à la fois et par le poète Prudence, et par saint Augustin, ainsi que par d'autres Pères.

Il était d'une famille illustre : son aïeul paternel avait été consul. Jeune et d'un extérieur distingué, il avait fait, de plus, d'excellentes études, et l'évêque de Sarragosse, après l'avoir instruit de la science divine, l'avait ordonné son archidiacre, avec charge d'instruire les autres à sa place, parce que lui-même ne parlait pas facilement. L'évêque, nommé Valère, était également d'une famille distinguée, qui avait déjà fourni plusieurs évêques. Le gouverneur Dacien fit arrêter l'un et l'autre. On les tourmenta d'abord à Sarragosse ; puis on les transféra à Valence, où ils furent jetés dans une horrible prison. Dacien les y garda longtemps, chargés de chaînes et privés de la nourriture nécessaire. Il espérait que le poids des chaînes et la douleur de la faim leur abattraient le corps et l'âme. Se les étant fait amener, il fut bien surpris de leur voir tout ensemble et le corps vigoureux et l'âme inébranlable. Il réprimanda les gardes, comme s'ils n'avaient pas exécuté ses ordres à l'égard des prisonniers; puis il essaya de gagner ceux-ci par les promesses et les menaces. Comme Valère, à cause de sa difficulté de parler, ne répondait point, Vincent lui dit : Mon Père, si vous l'ordonnez, je parlerai. Mon cher fils, dit Valère, comme je vous ai confié la parole de Dieu, je vous charge aussi de répondre pour la foi, que nous soutenons ici. Alors Vincent déclara qu'ils étaient chrétiens et prêts à tout souffrir pour le seul et vrai Dieu, le Père et son Christ. Dacien, en colère, condamna l'évêque à l'exil, et fit mettre Vincent à la question.

Il le fit lier d'abord sur le chevalet, et commanda aux bourreaux de lui lier les pieds et les mains avec des cordes; ce qu'ils exécutèrent avec tant de violence, que ses os en furent disloqués. A cette torture, on ajouta celle des ongles de fer. Vincent disait tranquillement au gouverneur : Voilà ce que j'ai toujours désiré; voilà le but de tous mes vœux. Personne ne m'a jamais témoigné autant d'amitié que toi. Il raillait même les bourreaux, et leur reprochait de manquer de force et de cœur. Il eut quelques moments de relâche, tandis qu'on les battait par l'ordre de Dacien, qui les soupçonnait de l'épargner. Mais ceux-ci revinrent bientôt, résolus de satisfaire pleinement la barbarie de leur maître, qui les excitait par tous les moyens imaginables. Deux fois ils interrompirent les tortures, afin de se reposer et de rendre plus vives les douleurs du martyr, en laissant refroidir ses plaies. Ensuite, animés d'une nouvelle fureur, ils le reprirent, déchirèrent toutes les parties de son corps avec tant d'inhumanité, qu'en plusieurs endroits on lui voyait les os et les entrailles. Dacien manifestait sa rage par les agitations violentes de son corps, par des yeux étincelants, par une voix entrecoupée. Le martyr lui dit en souriant : C'est ici ce qu'on lit ailleurs : *Ceux qui voient ne verront pas, ceux qui entendent n'entendront pas;* car je confesse le Christ Seigneur, Fils du Très-Haut, le Père; unique Fils d'un Père unique; et je confesse qu'il est un seul et même Dieu, avec le Père et le Saint-Esprit. Je confesse la vérité, et tu m'assures que je la nie. Sans doute, tu devrais me tourmenter si je mentais, si j'appelais dieux tes princes. Mais tourmente-moi plus longtemps encore, ne cesse point, afin que tu puisses au moins, de cette manière, avec ton esprit, tout sacrilége qu'il est, respirer la vérité ainsi éprouvée, et m'en reconnaître l'invincible confesseur. Pour les dieux que tu veux que je confesse, ce sont des idoles de bois et de pierre. Deviens toi-même, si tu veux, leur martyr, deviens le pontife mort de divinités mortes; pour moi, je sacrifie au seul Dieu vivant, qui est béni dans tous les siècles.

Dacien s'avoua vaincu; sa rage parut un peu ralentie. Il fit cesser les tourments, dans l'espérance que les voies de douceur réussiraient peut-être à la fin. Aie pitié de toi-même, dit-il à Vincent; sacrifie aux dieux, ou au moins livre-moi les Ecritures des chrétiens, conformément aux derniers édits qui ordonnent de les brûler. Toute la réponse du martyr fut qu'il craignait beaucoup moins les tourments qu'une fausse compassion. Dacien, plus furieux que jamais, le condamna à la question du feu, la plus cruelle de toutes. Vincent, insatiable de souffrances, monta sans effroi sur l'instrument de ce supplice. C'était un lit de fer, dont les barres, faites en forme de scie et garnies de pointes très-aiguës, étaient po-

sées sur un brasier ardent. On étendit et on lia le saint sur cette machine. Toutes les parties de son corps qui n'étaient pas tournées du côté du feu, furent déchirées à coups de fouet et brûlées avec des lames toutes rouges. On jetait du sel sur ses plaies, et les pointes de ce sel, aidées par l'activité du feu, entraient fort avant dans sa chair. On tourmenta successivement de la sorte les différentes parties de son corps, et cela à diverses reprises. Sa graisse, qui fondait de tous côtés, servait d'aliment aux flammes et en augmentait la violence. Ce supplice, dont la seule pensée saisit d'horreur, semblait ranimer sans cesse le courage de Vincent; car plus il souffrait, plus il paraissait gai et content. Cependant le juge, couvert de confusion et outré de rage, n'était plus maître de lui-même. Il demandait continuellement aux ministres de sa cruauté ce que faisait, ce que disait Vincent : Il est toujours le même, répondaient-ils; il persiste toujours dans sa première résolution; on dirait que les tourments ne font qu'accroître et affermir sa constance. Effectivement, le martyr invincible ne perdait rien de sa tranquillité. Il se contentait de lever les yeux au ciel et de s'entretenir intérieurement avec Dieu par une prière continuelle.

Le gouverneur, au désespoir, le fit mettre dans un noir cachot semé de pots cassés, pour renouveler ses plaies; il y fut enfermé et laissé seul, ayant les pieds étendus dans les entraves. Il s'y endormit; et, à son réveil, il trouva le cachot éclairé d'une lumière céleste, les entraves rompues et les têts changés en fleurs; il vit une troupe d'anges qui venaient le consoler, et commença à chanter avec eux les louanges de Dieu. Les gardes, entendant ces voix si douces, regardèrent par les fentes de la porte, et virent le martyr qui se promenait en chantant. A ce miracle, ils se convertirent, et le martyr les confirma par ses discours.

Dacien l'ayant appris, et voulant lui ôter la gloire de mourir dans les tourments, le fit mettre sur un lit mollet, pour le laisser reposer et ensuite le tourmenter de nouveau. Les fidèles de la ville y accoururent; ils baisaient ses plaies et les essuyaient avec des linges, pour garder son sang chez eux, comme la bénédiction de leurs familles. Le martyr mourut aussitôt qu'il fut sur ce lit. Dacien fit jeter le corps dans un champ, pour être mangé des bêtes; mais un corbeau le garda contre les autres oiseaux, et chassa même un loup qui voulait en approcher. Dacien le fit jeter en haute mer, cousu dans un sac et attaché à une meule. Le dessein du gouverneur échoua encore : le sac fut poussé sur le rivage. Le martyr apparut à un saint homme, lui déclara qu'il était arrivé à terre, et lui marqua l'endroit. Comme celui-ci hésitait, doutant de la vérité de sa vision, une sainte veuve fut aussi avertie en songe du lieu où le corps était caché dans le sable; elle le dit à plusieurs chrétiens, et, les ayant menés avec elle, trouvèrent le saint corps et le portèrent à une petite église où ils l'enterrèrent (Ruinart et *Acta Sanct.*, 22 *januar.*).

Dacien se trouvait à Mérida, capitale de la Lusitanie, mais dont il ne reste maintenant que des ruines. Il était sur son tribunal, lorsqu'une jeune vierge s'y présenta en criant : Vous cherchez les chrétiens, me voici! Je méprise les idoles, parce qu'elles ne sont rien, et Maximien, parce qu'il les adore. Elle s'appelait Eulalie, était d'une famille noble; et n'avait que douze ans. Dès l'enfance elle avait témoigné son amour pour la virginité, en méprisant les parures et montrant une gravité au-dessus de son âge. A l'annonce de la persécution, elle manifesta une telle ardeur pour le martyre, que ses parents la tenaient cachée loin de la ville, dans une maison de campagne. Mais elle s'échappa de nuit toute seule, vint à la ville, à pied, à travers champs, et se présenta subitement au gouverneur. Celui-ci employa d'abord les caresses, et lui représenta le tort qu'elle se ferait à elle-même, et la douleur qu'elle causerait à ses parents, si elle persistait dans sa désobéissance. Ces moyens étant inutiles, il eut recours aux menaces; et, après avoir fait exposer à ses yeux les instruments destinés à la tourmenter, il lui dit qu'elle ne subirait aucune torture, si elle voulait prendre seulement du bout du doigt un peu de sel et d'encens. Eulalie lui cracha contre les yeux, renversa les idoles et foula aux pieds le gâteau qu'on leur offrait. A l'instant deux bourreaux, avec des crocs de fer, lui déchirèrent les côtés jusqu'aux os. Elle comptait les coups, et disait que c'était une écriture qui gravait en elle la victoire de Jésus-Christ. Elle ne jetait ni larmes ni gémissements, et paraissait insensible. On lui appliqua les torches ardentes; le feu prit à ses cheveux, dont elle se couvrait le sein par modestie, et la flamme étant montée à la tête, elle ouvrit la bouche pour la recevoir et en fut étouffée. On vit pencher sa tête mourante, et en même temps une colombe blanche comme neige parut sortir de sa bouche et s'élever au ciel, représentant son âme pure : les bourreaux mêmes virent ce prodige. C'était au mois de décembre; aussitôt il tomba sur la place beaucoup de neige, qui couvrit le corps de la martyre et parut l'ensevelir. La vierge Léocadie était en prison à Tolède : ayant appris les tourments de sainte Eulalie et des autres martyrs; elle se mit à genoux, et rendit l'esprit en priant Dieu (Ruinart; Prudent., *hymn.* 3).

A Complute, où Dacien venait d'arriver, l'alarme était grande parmi les chrétiens. Deux jeunes frères, Just et Pasteur, se trouvaient à l'école; l'un avait treize ans et l'autre sept. Dès qu'ils apprirent l'arrivée du persécuteur, ils jetèrent leurs livres et coururent sur la place, examinant avec attention ce qu'il allait faire. On les lui fit remarquer, et on lui dit qu'ils étaient chrétiens et d'une famille chrétienne, et que même ils étaient venus dans le dessein de se livrer eux-mêmes, si sa clémence devait commencer des perquisitions. Dacien aussitôt les fit prendre, et, sans les interroger, ordonna de les fouetter cruellement. Les deux enfants s'encourageaient l'un l'autre à tout souffrir pour Jésus-Christ. Les spectateurs ne pouvaient se lasser d'admirer leur modeste constance, leur patience et leur tranquillité dans les tourments. Dacien, pour couvrir sa honte, leur fit couper la tête hors de la ville.

A Catane en Sicile, on arrêta le diacre Euplius pendant qu'il lisait l'Evangile au peuple. Je suis chrétien, s'écria-t-il en arrivant auprès du gouverneur, je désire mourir pour le nom du Christ. Le gouverneur, qui était le consulaire Calvisien, le fit entrer dans son cabinet, portant les Evangiles. Un des amis de Calvisien, nommé Maxime, dit : Il ne doit pas tenir de ces papiers, contre l'ordonnance impériale. Calvisien lui demanda d'où ces papiers lui venaient et s'ils étaient sortis de sa maison. Je n'ai point de maison, répondit Euplius, mon Seigneur Jésus-Christ le sait. Est-ce toi qui les as apportés ici, reprit Calvisien? C'est moi-même, dit Euplius, on m'en a trouvé saisi. Lis-les, dit Calvisien. Euplius les ouvrit et lut : *Bienheureux ceux qui souffrent persécution pour la justice, parce que le royaume du ciel est à eux.* Et en un autre endroit : *Que celui qui veut venir après moi porte sa croix et qu'il me suive.* Que veut dire cela? interrompit Calvisien. C'est la loi de mon Seigneur, qui m'a été confiée, répondit Euplius. — Par qui? — Par Jésus-Christ, Fils du Dieu vivant. Calvisien prononça cet arrêt : Puisque sa confession est évidente, qu'il soit interrogé à la question, qu'on le livre aux bourreaux.

Pendant qu'il était à la torture, Calvisien lui demanda : Eh bien ! que dis-tu maintenant de ce que tu as confessé aujourd'hui? Euplius fit sur son front le signe de la croix avec la main qu'il avait libre, et dit : Je confesse encore ce que j'ai dit déjà; que je suis chrétien et que je lis les divines Ecritures. Calvisien : Pourquoi as-tu gardé ces écritures, que les empereurs ont défendues, au lieu de les livrer ? Euplius : C'est que je suis chrétien, et qu'il ne m'était pas permis de les livrer; il vaut mieux mourir. La vie éternelle y est : celui qui les livre, perd la vie éternelle; pour ne pas la perdre, je donne ma vie. Calvisien le fit donc tourmenter pour avoir lu les Ecritures au peuple, au lieu de les livrer, suivant l'édit des princes. Euplius disait au milieu de ces tourments : Je vous rends grâces, ô Jésus-Christ; conservez-moi, car c'est pour vous que je souffre. Calvisien dit au contraire : Quitte cette folie; adore nos dieux et on te délivrera. Euplius répondit : J'adore Jésus-Christ, je déteste les démons; faites ce qu'il vous plaira, je suis chrétien. Il y a longtemps que je désire ceci; faites ce qu'il vous plaira, ajoutez d'autres tourments, je suis chrétien. Après que les bourreaux l'eurent tourmenté longtemps, Calvisien les fit cesser et lui dit : Misérable! adore les dieux, adore Mars, Apollon et Esculape. Euplius fit cette réponse : J'adore le Père, et le Fils, et le Saint-Esprit; j'adore la sainte Trinité, hors de laquelle il n'y a point de Dieu. Périssent les dieux, qui n'ont pas fait le ciel, la terre et ce qu'ils contiennent ! je suis chrétien. Sacrifie, dit Calvisien, si tu veux être délivré. Euplius dit : Je me sacrifie maintenant au Christ, mon Dieu, je ne puis faire davantage; vous faites de vains efforts, je suis chrétien. Le gouverneur commanda de le torturer plus rudement encore. Euplius disait cependant : Jésus-Christ, je vous rends grâces; Jésus-Christ, secourez-moi; Jésus-Christ, c'est pour vous que je souffre. Il le répéta plusieurs fois. Comme les forces lui manquaient, il disait encore ces paroles, ou d'autres semblables, des lèvres seulement, sans voix.

Calvisien prononça enfin la sentence : J'ordonne qu'on punisse par le glaive Euplius, chrétien, pour avoir méprisé les édits des princes et blasphémé contre les dieux sans avoir voulu s'en repentir; conduisez-le. Alors on lui pendit au cou l'Evangile dont on l'avait trouvé saisi, et un crieur disait : Euplius, chrétien, ennemi des dieux et des empereurs ! Euplius, joyeux, disait toujours : Je rends grâces à Jésus-Christ, qui est Dieu. Quand il fut arrivé au lieu du supplice, il pria longtemps à genoux, et, rendant encore grâces, il présenta son cou au glaive du bourreau. Les chrétiens enlevèrent son corps, l'embaumèrent et l'ensevelirent (Ruinart, *Acta Sanct.* et Surius).

Dans la même persécution, à Syracuse, souffrit Luce ou Lucie, vierge et martyre illustre, dont le nom a été inséré dans le canon de la messe. Elle sortait d'une famille noble et riche. Elle était encore enfant lorsque son père mourut. Sa mère l'éleva dans la piété. Lucie n'eut de goût que pour la vertu, et elle promit à Dieu, dans un âge encore tendre, de garder une virginité perpétuelle. Sa mère, qui n'en savait rien, lui proposa de se marier. Lucie cherchait le moyen d'empêcher l'exécution de ce projet, lorsque sa mère tomba malade et fut attaquée d'un flux de sang qui la fit beaucoup souffrir et qui dura quatre ans. Inutilement les médecins employèrent toutes les ressources de leur art pour la guérir. Sa fille, extrêmement affligée de la voir dans ce triste état, lui persuada d'aller à Catane pour y demander sa guérison au Seigneur, sur le tombeau de sainte Agathe. Elle l'y accompagna; toutes deux unirent ensemble leurs prières, et elles furent exaucées. Alors notre sainte découvrit à sa mère le vœu qu'elle avait fait, et lui demanda la permission d'y rester fidèle. Elle l'obtint. Mais le jeune homme auquel Lucie avait été destinée était idolâtre. Lorsqu'il apprit qu'elle voulait rester vierge et qu'elle vendait ses biens pour les distribuer aux pauvres, il entra dans une grande fureur et l'accusa d'être chrétienne devant le gouverneur Paschase. Le juge condamna la sainte à être exposée dans un lieu de prostitution; mais Dieu veilla sur sa pudeur, et personne n'osa y porter atteinte. Les tourments qu'on employa pour vaincre sa constance furent également sans succès. On la remit en prison toute couverte de plaies, et elle y mourut vers l'an 304 (Surius, 13 déc.).

En la même année il y eut plusieurs martyrs à Rome, entre autres la vierge Sotère, d'une noble famille; elle comptait des préfets et des consuls parmi ses ancêtres. On lui commanda de sacrifier: elle refusa; le persécuteur lui fit donner des soufflets: elle ôta son voile et découvrit volontiers, pour le martyre, son visage qu'elle avait coutume de cacher avec soin, car elle était d'une rare beauté. Elle souffrait constamment la honte et la douleur des coups, qui la défiguraient, sans tourner le visage, sans jeter ni larme ni soupir; enfin elle mourut par le glaive qu'elle désirait. Nous devons ces détails à saint Ambroise, qui était de la famille de cette sainte (Ruinart et *Act. Sanct.*)

Le même Père et beaucoup d'autres avec lui célèbrent, dans leurs écrits, une autre vierge romaine. C'est sainte Agnès. Elle n'avait que douze ou treize ans lorsqu'elle endura le martyre. Elle revenait de l'école quand le fils du préfet de Rome fut épris de sa beauté. S'étant informé de ses parents, il lui offrit les plus magnifiques parures, les plus précieuses pierreries, en promettant plus encore, des richesses, des maisons, toutes les délices du monde, si elle voulait consentir à l'épouser. Agnès rejeta les présents avec mépris, et elle dit au jeune homme que déjà elle était fiancée à un époux, et à un époux beaucoup plus noble que lui, et qui lui avait fait des présents bien plus magnifiques. Le jeune homme, éperdu, tomba malade. Les médecins découvrirent la cause de son mal et en avertirent son père; le préfet Symphronius, qui fit renouveler à la jeune vierge les offres et les instances que lui avait déjà faites son fils. Elle répondit qu'elle ne manquerait jamais aux engagements de son premier époux. Le préfet trouva fort étrange qu'on lui préférât quelqu'un, et il cherchait qui ce pouvait être. Un de ses parasites lui dit alors que la jeune personne était chrétienne depuis son enfance, et qu'ensorcelée par des arts magiques, elle appelait le Christ son époux. Joyeux de cette découverte, le préfet la fit amener à son tribunal avec grand appareil. Elle fut également insensible et à ses caresses et à ses menaces. Il appela ses parents, et, ne pouvant leur faire violence parce qu'ils étaient nobles, il mit en avant l'accusation de christianisme. Le lendemain donc, après de nouveaux et inutiles efforts pour la persuader, il lui dit: C'est la superstition des chrétiens, dont tu te vantes de connaître les arts magiques, qui t'empêche de suivre de bons conseils. Il faut donc que tu ailles bien vite à la déesse Vesta, afin que, si la virginité perpétuelle te plaît, tu aies soin nuit et jour de ses augustes sacrifices. La sainte répondit: Que si, pour l'amour du Christ, j'ai refusé votre fils, qui, quoique tourmenté d'un amour déréglé, est cependant un homme vivant, capable de raison et de sentiment, comment pourrais-je, outrageant le Dieu suprême, adorer des idoles muettes, sourdes, insensibles, inanimées, d'inutiles pierres? Le préfet lui dit enfin: Choisis, de deux choses l'une; ou tu sacrifieras à la déesse Vesta avec ses vierges; ou bien tu te prostitueras, dans un mauvais lieu, avec les filles de mauvaise vie. Agnès lui répondit avec assurance: Si vous saviez quel est mon Dieu, vous ne tiendriez point ce langage. Moi qui connais la puissance de mon Seigneur Jésus-Christ; je méprise vos menaces, assurée que je ne serai pas plus souillée des impuretés d'autrui que je ne sacrifierai à vos idoles; car j'ai avec moi, pour gardien de mon corps, l'ange du Seigneur. En effet, ayant été traînée à un lieu de prostitution; elle y trouva l'ange du Seigneur, qui l'environna d'une lumière si éclatante que personne ne pouvait plus l'y voir. S'étant mise en prière, elle aperçut devant elle une robe blanche dont elle se revêtit en bénissant Dieu; car le préfet l'avait fait dépouiller de ses vêtements. Le lieu d'infamie devint ainsi un lieu de prière et de piété. Quiconque y entrait, se sentait frappé d'un respect religieux à la vue de cette lumière inattendue, et sortait plus pur qu'il n'était venu. Le fils du préfet, traitant les autres de lâches, se jeta au milieu de cette lumière, mais il tomba aveugle, et même, au dire des actes, sans vie. Un de ses compagnons l'ayant trouvé mort, se mit à crier: Au secours! une prostituée, par des opérations magiques, a tué le fils du préfet! Le peuple s'attroupa au théâtre, poussant des cris divers: C'est une magicienne! Elle est innocente! C'est un sacrilège! Le préfet, apprenant que son fils était mort, accourut en grand tumulte et en grande affliction, disant à la sainte qu'elle était la plus cruelle de toutes les femmes, et lui demandant par quelle opération magique elle avait tué son fils. Elle répondit qu'il avait été étouffé par le démon impur dont il cherchait à faire les œuvres. La preuve en était manifeste, en ce que tous ceux qui avaient respecté la présence lumineuse de l'ange, étaient sortis sains et saufs. Le préfet dit qu'il la croirait si elle priait l'ange de lui rendre son fils. Bien que votre foi ne le mérite pas, répondit-elle, cependant, comme il est temps que la puissance de mon Seigneur Jésus-Christ se déclare, sortez tous, afin que je lui offre la prière accoutumée. Quand ils furent sortis, elle se prosterna la face contre terre, et pria le Seigneur avec larmes de ressusciter le jeune homme. L'ange parut et le ressuscita. Le jeune homme se mit à crier à haute voix : Il n'y a qu'un Dieu au ciel et sur la terre; c'est le Dieu des chrétiens!

A ces mots, tous les aruspices et les pontifes des temples s'agitent; ils poussent le peuple à la sédition. Tous s'écrient d'une voix : A bas la magicienne, qui change les esprits et tourne les sens! Le préfet, voyant de si grandes merveilles, était stupéfait. Mais il craignait la proscription, s'il agissait contre les pontifes et défendait Agnès contre sa propre sentence. Il laissa donc son vicaire ou lieutenant pour apaiser la sédition et s'en alla triste. Le vicaire, nommé Aspase, ayant fait allumer un grand feu, y fit jeter la sainte. Mais les flammes, s'écartant d'elle de part et d'autre, brûlèrent plus d'un séditieux spectateur. Agnès, les bras étendus, bénissait Dieu de ses merveilles, lorsque le feu s'éteignit tout à fait. Les païens criaient encore plus fort à la sorcellerie. Le vicaire, ne trouvant pas d'autre moyen d'apaiser la sédition, fit mourir la sainte par le glaive (*Acta Sanct.*, 21 *jan.*).

Dans la même persécution fut pris, à Rome, un exorciste nommé Pierre. Jeté en prison, après avoir souffert plusieurs tourments, il convertit son geôlier Arthème, avec sa femme Candide et sa fille Pauline, en délivrant celle-ci du démon. Les trois néophytes souffrirent bientôt le martyre. Le prêtre Marcellin, qui les avait baptisés, fut décapité avec Pierre dans une forêt, par ordre du juge, afin que personne ne connût le lieu de leur sépulture. Ils nettoyèrent la place de leurs propres mains, et, après qu'ils furent exécutés, leurs corps demeurèrent dans une caverne, d'où une sainte femme, nommée Lucille, les retira, en ayant été avertie par eux-mêmes dans une révélation. Le bourreau, qui se convertit sous le pape Jules, raconta lui-même le détail de leur mort à Damase, alors enfant et ensuite pape, qui en a conservé la mémoire dans ses vers (Ruinart et *Acta Sanct.*, 2 *jun.*).

On compte un grand nombre de martyrs dans le reste de l'Italie. A Bologne, Agricola fut pris avec Vital, son esclave : l'esclave fut mis en croix et exécuté le premier pour épouvanter le maître. On les enterra tous deux dans le cimetière des Juifs, d'où saint Ambroise les retira dans la suite. A Milan, Nazaire et Celse, Nabor et Félix, Gervais et Protais, dont le même saint Ambroise découvrit les reliques. A Aquilée, Cantius et Cantien, frères, et Cantianille, leur sœur, qui étaient de la famille consulaire des Anicie. Ils avaient quitté Rome après avoir distribué leurs biens aux pauvres, et s'étaient retirés dans leurs domaines d'Aquilée, persuadés que la persécution y était moins violente. Ils y trouvèrent les prisons remplies de chrétiens, furent arrêtés eux-mêmes et mis à mort avec Protus, leur gouverneur (*Acta Sanct.*, 31 *maii*).

Un saint évêque, Narcisse était son nom, contraint de s'enfuir de son pays, vint à Auguste dans la Rhétie, actuellement Augsbourg en Bavière. Accompagné de son diacre, Félix, il entra chez une personne nommée Afre, sans savoir que c'était une courtisane. Elle crut qu'il venait dans les mêmes intentions que tant d'autres, et lui prépara à souper. Quand il vint pour se mettre à table, il commença par prier et par réciter des psaumes avec son diacre. Afre, qui n'avait jamais rien vu de semblable, se mit à demander qui il était. Quand elle apprit que c'était un évêque, elle se jeta aussitôt à ses pieds, disant : Seigneur, je suis une indigne, et il n'y en a pas de plus misérable dans toute la ville! Narcisse répondit : Mon Sauveur, touché par une femme très-impure, n'en a pas été souillé; il la purifia au contraire. Vous de même, recevez la lumière de la foi, et vous serez purifiée de tous vos péchés. Comment, dit Afre, moi qui ai commis plus de péchés que je n'ai de cheveux sur la tête, comment pourrai-je être purifiée de tant d'immondices? Croyez seulement, répondit Narcisse, et recevez le baptême, et vous serez sauvée. Alors, convoquant les trois filles qui la servaient, leurs noms étaient Digne, Eunomie et Eutropie, elle leur dit : Cet homme qui est venu chez nous, est un évêque des chrétiens, et il m'a dit : Si tu crois au Christ et que tu reçoives le baptême, tu pourras être purifiée de tout péché. Que vous en semble? Elles lui répondirent : Vous êtes notre maîtresse; nous vous avons suivi dans le mal, comment ne vous suivrions-nous pas pour en obtenir le pardon? L'évêque, avec son diacre, passa la nuit en prière et à chanter des psaumes : Afre et ses compagnes y assistaient et répondaient *amen*.

Le lendemain on vint pour arrêter les deux hôtes. Afre les cacha, et parla aux envoyés de la police de manière à leur donner le change. Un d'eux lui ayant dit : Mais ceux qui sont venus chez vous au soir, sont des chrétiens; je l'ai reconnu, en ce qu'à toute heure ils faisaient sur leur front le signe de la croix, sur laquelle leur Christ a souffert, elle lui répliqua : S'ils étaient chrétiens, seraient-ils entrés chez une prostituée? Il ne vient chez moi que des gens qui me ressemblent. Quand les agents de la police se furent retirés, elle alla chez sa mère Hilarie, lui raconta tout ce qui s'était passé, et comment l'évêque lui avait promis de la rendre chrétienne, et que tous ses péchés lui seraient remis. La mère s'écria, pleine de joie : Dieu veuille qu'il m'en arrive autant! L'évêque passa chez elle au soir : elle le reçut avec la plus profonde vénération, et lui exposa naïvement quel avait été jusqu'alors son culte religieux. Mes parents, originaires de Chypre, ont apporté ici le culte de Vénus, à qui j'ai consacré ma fille. Comme cette déesse ne peut être honorée que par des personnes qui se prostituent, j'ai permis à ma fille de demeurer dans un lieu de prostitution, persuadée que la déesse me serait d'autant plus favorable, que ma fille s'appliquerait davantage à l'imiter. L'évêque ne put s'empêcher de gémir à ce récit jusqu'à verser des larmes. Il prescrivit aux catéchumènes plusieurs jours de jeûne, et, après les avoir suffisamment instruits, il baptisa Hilarie avec sa fille, ses domestiques ainsi que ses parents et amis. Après être demeuré neuf mois à Augsbourg, Narcisse partit pour Girone en Espagne, où, dans l'espace de trois ans, il gagna un grand peuple à Dieu. A la fin, une troupe d'infidèles, qui depuis longtemps lui dressaient des embûches, le surprirent dans l'église au moment qu'il se disposait à célébrer les saints mystères, et le tuèrent avec son diacre Félix. D'ailleurs l'Espagne, après avoir été sous la domination de Maximien Hercule, passa sous celle de Sévère et de Maxence, qui furent également persécuteurs.

Cependant la persécution se faisait sentir à Augsbourg même. On arrêtait les chrétiens et on les faisait périr par divers supplices. Afre fut de ce nombre. Le juge, nommé Gaïus, devant qui elle fut amenée, ayant su quel métier elle avait fait, lui dit : Sacrifie aux dieux, car il t'est plus avantageux de vivre que de mourir dans les tourments. Afre répondit : J'ai assez de péchés que j'ai commis pendant que j'ignorais Dieu ; mais ce que vous m'ordonnez de faire, je ne le ferai jamais. Gaïus : Va sacrifier au capitole. Afre : Mon capitole est le Christ que j'ai devant les yeux. Je lui confesse tous les jours mes péchés. Et parce que je suis indigne de lui offrir un sacrifice, je désire être sacrifiée moi-même pour son nom, afin que le corps par lequel j'ai péché soit purifié par les tourments. Gaïus : A ce que j'apprends, tu es une femme publique ; sacrifie donc, puisque tu es étrangère au Dieu des chrétiens. Afre : Mon Seigneur Jésus-Christ a dit qu'il était descendu du ciel pour les pécheurs. Ses Évangiles témoignent qu'une femme perdue lui arrosa les pieds de ses larmes et reçut le pardon, et qu'il n'a jamais méprisé ni ces femmes ni les publicains, à qui même il a permis de manger avec lui. Gaïus : Sacrifie, afin que tes amants continuent à t'aimer et à t'enrichir. Afre : Jamais je ne recevrai plus de cet argent exécrable. Ce que j'en avais, je l'ai jeté comme des ordures, parce qu'il n'était pas acquis en bonne conscience. Mes frères, les pauvres, n'en voulaient point ; mais je les ai obligés par mes prières à le recevoir, afin qu'ils priassent pour mes péchés. Gaïus : Le Christ ne veut point de toi. C'est en vain que tu veux le reconnaître pour ton Dieu ; une prostituée ne peut être nommée chrétienne. Afre : Je ne mérite pas le nom de chrétienne, il est vrai ; mais la miséricorde de Dieu, qui juge, non d'après le mérite, mais d'après sa bonté, a bien voulu m'admettre à ce nom. Gaïus : Comment le sais-tu ? Afre : Je connais que Dieu ne m'a point rejetée de devant sa face, en ce qu'il me permet de venir à la glorieuse confession de son saint nom, par laquelle j'espère recevoir le pardon de tous mes crimes. Gaïus : Ce sont des contes. Sacrifie plutôt aux dieux qui te sauveront. Afre : Mon Sauveur est le Christ, qui, pendu à la croix, promit les biens du paradis au larron qui le confessait. Gaïus : Sacrifie, ou je te ferai dépouiller et fouetter en présence de tes amants. Afre : Je n'ai de la confusion que de mes péchés. Gaïus : Sacrifie aux dieux : ce m'est une honte de disputer si longtemps avec toi ; sinon tu mourras. Afre : C'est ce que je désire, si pourtant je ne suis pas indigne de trouver le repos par cette confession. Gaïus : Sacrifie ; autrement je te ferai tourmenter et ensuite brûler vive. Afre : Que ce corps dans lequel j'ai péché reçoive divers tourments ; pour mon âme, je ne la souillerai point par les sacrifices des démons.

Alors le juge dicta cette sentence : Nous ordonnons qu'Afre, femme publique, qui s'est déclarée chrétienne, et qui n'a pas voulu participer aux sacrifices, soit brûlée vive. Aussitôt les exécuteurs l'enlevèrent et la menèrent dans une île du Lech, où ils la dépouillèrent et la lièrent à un poteau. Elle leva les yeux au ciel et pria avec larmes, disant : « Seigneur, Dieu tout-puissant, Jésus-Christ, qui n'êtes pas venu appeler les justes, mais les pécheurs à la pénitence, et qui avez promis, par votre parole inviolable, qu'à quelque heure que le pécheur se convertisse vous oublierez ses péchés, recevez à cette heure la pénitence de mes souffrances, et, par le feu temporel préparé à mon corps, délivrez-moi du feu éternel, qui brûle l'âme et le corps. » Ensuite, on l'environna de sarments et on y mit le feu. On l'entendit qui disait : « Je vous rends grâces, Seigneur Jésus-Christ, de l'honneur que vous me faites de me recevoir en victime pour votre nom, vous qui avez été offert en la croix, victime unique pour tout le monde, juste pour les injustes, exempt de péché pour les pécheurs. Je vous offre mon sacrifice, à vous, mon Dieu, qui régnez avec le Père et le Saint-Esprit, dans les siècles des siècles. Amen. » Et, en disant cela, elle rendit l'esprit.

Cependant Digne, Euménie et Eutropie, qui avaient été ses esclaves, pécheresses comme elle, et baptisées avec elle par le saint évêque Narcisse, étaient sur le bord du fleuve. Elles se firent passer dans l'île et trouvèrent le corps de sainte Afre tout entier. Un garçon qui était avec elles repassa le fleuve à la nage, et en porta la nouvelle à Hilarie, mère de la martyre. Elle vint la nuit avec les prêtres de Dieu, enleva son corps et le mit à deux mille pas de la ville, dans un sépulcre qu'elle avait bâti pour elle et pour les siens. Gaïus l'ayant appris, y envoya, avec ordre de leur persuader de sacrifier, s'il était possible ; sinon de les brûler dans le sépulcre même. Les soldats, après avoir employé en vain les promesses et les menaces, les voyant fermes à refuser de sacrifier, emplirent le sépulcre de sarments et d'épines sèches, le fermèrent sur elles, y mirent le feu et se retirèrent. Ainsi, le même jour sainte Afre avait été ensevelie, sa mère et ses trois servantes souffrirent aussi le martyre. Les sépulcres des anciens étaient des bâtiments élevés, souvent assez grands pour contenir des logements (Ruinart et *Acta Sanct.*, 5 *aug.*).

Nous avons des actes authentiques de plusieurs autres martyrs, qui souffrirent dans les contrées voisines. A Sirmium, ville célèbre dans la Pannonie ou la Hongrie actuelle, le gouverneur Probus commença la persécution par le clergé. Il prit Montan, prêtre de la ville de Singidon, et le fit mourir. Irénée, évêque de Sirmium, fut également arrêté, et, comme il refusait constamment de sacrifier aux idoles, Probus le fit tourmenter cruellement. Son père et sa mère, le voyant dans les tortures, le priaient de se laisser fléchir. Ses enfants, encore petits, le prenaient par les pieds, en disant : Mon père, ayez pitié de vous et de nous ! des femmes éplorées s'efforçaient aussi de le toucher ; tous ses parents, ses domestiques, ses voisins et ses amis l'exhortaient, en pleurant, d'avoir pitié de sa jeunesse. Irénée répondait : Mon Seigneur Jésus-Christ a dit : *Qui aime son père, ou sa mère, ou sa femme, ou ses enfants, ou ses frères, ou ses parents plus que moi, n'est pas digne de moi.* Et en disant cela, il levait les yeux au ciel, comme pour dire qu'il ne connaissait plus personne sur la terre. Il fut décapité sur le pont de la ville, et son corps jeté dans la Save. Ensuite, le gouverneur Probus vint à Cibale, autre ville de Pannonie, dont il ne reste plus aujourd'hui de vestige, quoique ce fût alors une ville épiscopale. Il y fit mourir par le feu saint Pollion, le premier des lecteurs de cette église. Trois autres martyrs finirent par le même supplice à Andrinople. C'était Philippe, vieillard vénérable, évêque d'Héraclée, métropole de Thrace; Sévère, prêtre, et Hermès, diacre. Après avoir été emprisonnés à Héraclée, ils furent transférés à Andrinople, où ils consommèrent leur sacrifice. A Thessalonique, trois saintes femmes, Agape, Chionie, Irène, furent pareillement condamnées au feu. On compte encore plusieurs autres martyrs dans la même ville, nommément la vierge Anysie et saint Démétrius (Ruinart et *Acta Sanct.*).

Parmi les actes sincères des martyrs, il n'y en a peut-être pas de plus remarquables que ceux des saints Taraque, Probus et Andronique. On y distingue quatre parties. Les trois premières contiennent le procès-verbal des interrogatoires qu'ils subirent à Tarse, Mopsueste et Anazarbe, villes de Cilicie. C'est une copie authentique des registres proconsulaires que les chrétiens achetèrent deux cents deniers, environ cent francs, des notaires publics, comme onze d'entre eux l'attestent dans une lettre aux chrétiens d'Icône, en leur envoyant ces actes. La quatrième partie est de trois chrétiens qui furent témoins oculaires, qui enlevèrent secrètement les corps des saints martyrs et les enterrèrent, avec la résolution de passer le reste de leur vie auprès de leur sépulcre. Voilà de quoi conviennent tous les savants. Ces actes peuvent donc servir de règle pour juger des autres et réformer plus d'une fois les décisions arbitraires des critiques modernes. C'est pour cela que nous les donnons dans leur entier.

« Le 25 mars, le gouverneur Maxime étant sur son tribunal, à Tarse, le centurion Démétrius lui dit : Mon seigneur, voici devant votre illustre tribunal ceux qui ont été présentés à Votre Grandeur, à Pompéiopolis, par les lanciers Eutolmius et Pallade, comme étant de la religion impie des chrétiens, rebelles aux ordonnances des empereurs. Le gouverneur Maxime dit à Taraque : Comment t'appelles-tu ? car tu dois répondre le premier, puisque tu es le premier par le rang et par l'âge. Taraque dit : Je suis chrétien ! Maxime : Laisse ce mot impie, quel est ton nom ? dis-le. Taraque : Je suis chrétien ! Maxime : Frappez-le sur la bouche et dites-lui : Ne réponds pas l'un pour l'autre. Taraque : Je dis le nom que j'ai ; que, si vous demandez mon nom d'usage, j'ai été nommé Taraque par mes parents, et, quand je portais les armes, on me nommait Victor. Maxime : De quelle condition es-tu ? Taraque : Ma condition est militaire, ma famille romaine; je suis né à Claudiopolis en Isaurie, et, parce que je suis chrétien, j'ai maintenant quitté le service. Maxime : C'est qu'il ne t'était pas permis de servir à cause de ton impiété; qui donc t'a donné ton congé ? Taraque : J'ai prié le tribun Fulvion, et il m'a libéré. Maxime : Et moi aussi, en considération de tes cheveux blancs, je veux te favoriser, te procurer des honneurs avec l'amitié des empereurs, pourvu que tu m'obéisses. Approche donc et sacrifie aux dieux, comme font les empereurs eux-mêmes, pour toute la terre. Taraque : Ils se trompent eux-mêmes, entraînés par la grande erreur de Satan. Maxime : Cassez-lui les mâchoires, pour avoir dit que les empereurs se trompent. Taraque : Je l'ai dit et je le dis toujours, qu'ils se trompent comme hommes. Maxime insista : Sacrifie, te dis-je, aux dieux de nos pères, et quitte ta fantaisie. Taraque : Je sers le Dieu de mes pères, non par des sacrifices sanglants, mais par la pureté de cœur; car Dieu n'a pas besoin de ces sacrifices-là. Maxime : J'ai encore pitié de ta vieillesse, et je te conseille de quitter cette folie, d'honorer les empereurs, d'avoir du respect pour nous et d'observer la loi de nos pères. Taraque : Je ne m'éloigne point de la loi de mes pères. Maxime : Approche donc et sacrifie. Taraque : Je ne puis faire une impiété ; j'ai dit que j'honore la loi de mes pères. Maxime : Quelle autre loi y a-t-il donc, misérable ? Taraque : Oui, il y en a une, et vous la violez en adorant des pierres, du bois, des inventions humaines. Maxime : Frappez-le sur le cou en lui disant : Quitte ta folie. Taraque : Je ne quitte point cette folie qui me sauve. Maxime : Je te la ferai bien quitter et je te rendrai sage. Taraque : Faites ce que vous voudrez, mon corps est en votre puissance. Maxime : Otez-lui sa tunique et battez-le de verges. Taraque : C'est maintenant que vous m'avez rendu vraiment sage, en me fortifiant par les coups, pour me donner plus de confiance au nom de Dieu et de son Christ. Maxime : Impie et maudit, comment nies-tu les dieux, toi qui confesses que tu sers deux dieux ? Taraque : Moi, je confesse le Dieu qui est réellement. Maxime : Tu as encore nommé Dieu un certain Christ. Taraque : Il est ainsi; car le Christ est le Fils du Dieu vivant : c'est l'espérance des chrétiens, c'est lui qui nous sauve par les souffrances mêmes. Maxime : Quitte ces vains discours, approche et sacrifie. Taraque : Je ne suis point un discoureur, j'ai désormais 60 ans, j'ai été ainsi élevé et je ne quitte point la vérité. Le centurion Démétrius dit alors : Mon ami, épargne-toi; crois-moi, sacrifie. Taraque répondit : Retire-toi; prends pour toi tes conseils, ministre de Satan ! Maxime dit : Qu'on le mette aux grands fers et qu'on le remène en prison. Amenez celui qui est le second en âge.

» Le centurion Démétrius dit aussitôt : Le voilà, seigneur. Le gouverneur Maxime : Laisse à part le langage inutile, dis, comment t'appelles-tu ? Probus répondit : Premièrement et principalement, je m'appelle chrétien ; ensuite, parmi les hommes, on m'appelle Probus. — De quelle condition es-tu ? — Mon père était de Thrace, je suis né à Side en Pamphylie, je suis du peuple et chrétien. Maxime : Ce nom ne sert de rien; crois-moi, sacrifie aux dieux, afin que tu sois honoré par les empereurs et que tu aies notre amitié : Probus : Je n'ai pas besoin de l'honneur des empereurs et ne me soucie pas de votre amitié. J'ai méprisé des biens qui n'étaient pas peu considérables, pour servir le Dieu vivant par le Christ. Maxime : Otez-lui son manteau, ceignez-le, étendez-le et le frappez de nerfs de bœuf. Le centurion Démétrius dit : Epargne-toi, mon ami, tu vois ton sang couler par terre. Probus répondit : Je vous abandonne mon corps; vos tourments me sont une huile de parfums. Maxime : Ne quitteras-tu pas enfin ta folie ? qu'attends-tu, misérable ? Probus : Je ne suis point fou, je suis plus sage que vous, puisque je n'adore point les démons. Maxime : Tournez-le et frappez-le sur le ventre. Probus dit : Seigneur, as-

LIVRE XXX. — TRIOMPHE DE L'ÉGLISE SUR L'IDOLÂTRIE.

sistez votre serviteur. Maxime : Dites-lui, en le frappant, où est celui qui t'assiste? Probus : Il m'assiste et m'assistera; car je méprise si bien vos tourments que je ne vous obéis pas. Maxime : Regarde ton corps, misérable; la terre est remplie de ton sang. Probus : Sachez que plus mon corps souffre pour le Christ, plus mon âme est vigoureuse. Maxime dit : Mettez-le aux fers; étendez-le au quatrième trou, et ne souffrez pas que personne le panse. Amenez l'autre au milieu du tribunal.

» Démétrius, centurion, dit : Le voici, seigneur. Maxime : Comment t'appelles-tu? Andronic répondit : Je suis chrétien; car c'est ce que vous voulez savoir : je vous le dis donc, je suis chrétien. Maxime : Puisque ce nom n'a servi de rien à ceux qui ont passé avant toi, dis-moi en un mot ton nom, que je te demande. Andronic : Si vous demandez mon nom vulgaire parmi les hommes, on m'appelle Andronic. — De quelle naissance es-tu? — Je suis noble et fils des premiers de la ville d'Éphèse. Maxime : Laisse tous ces discours recherchés; je te parle en père; crois-moi; ceux qui ont passé avant toi ont voulu faire les insensés, ils n'y ont rien gagné. Honore les empereurs et sacrifie à nos dieux paternels, et on te fera du bien. Andronic : Vous les nommez très-justement vos dieux paternels, puisque vous avez pour père Satan, et que vous êtes devenus des démons; car vous faites ses œuvres. Maxime : Ta jeunesse te rend insolent. Andronic : Je vous parais jeune par l'âge; mais mon esprit est avancé et préparé à tout. Maxime : Laisse tous ces discours et sacrifie pour éviter les tourments. Andronic : Croyez-vous qu'à mon âge je n'ai pas de sens, et que j'aie moins de courage que les autres? je suis prêt à tout. Maxime dit alors : Otez-lui ses vêtements, ceignez-le et le suspendez. Démétrius, centurion, dit de son côté : Obéis, misérable, avant que ton corps soit perdu. Andronic : Il vaut mieux perdre mon corps que mon âme; fais ce que tu voudras. Maxime : Obéis et sacrifie, avant que je commence à te faire périr. Andronic : Je n'ai jamais sacrifié aux démons, pas même dans mon enfance; je ne commencerai point à présent. Maxime : Qu'on le frappe. Athanase, greffier, dit : Obéis au gouverneur; par l'âge tu es son père, et je le le conseille. Retire-toi, dit Andronic, corrige-toi toi-même; car, pour être vieux, tu n'en es pas plus sage, puisque tu me conseilles de sacrifier à des pierres et à des démons. Maxime : Misérable, es-tu insensible aux tourments, pour n'avoir pas pitié de toi et ne pas quitter cette folie? Andronic : Cette folie nous est nécessaire, à nous qui espérons dans le Christ; mais la sagesse temporelle attire à ceux qui l'ont la mort éternelle. Maxime : Qui t'a appris cette folie? Andronic : Le Verbe Sauveur, pour qui nous vivons et vivrons, ayant dans le ciel Dieu même pour garant de la résurrection. Maxime : Quitte cette folie, avant que je te fasse périr par des tourments plus rigoureux. Andronique : Mon corps est devant vous; vous avez le pouvoir, faites ce que vous voudrez. Maxime : Déchirez-lui les jambes bien fort. Andronic : Que Dieu le voie et te juge promptement! car, sans que j'aie fait de mal, vous me tourmentez comme un meurtrier. Maxime : Tu es impie envers les dieux et envers les augustes, tu méprises mon tribunal, et tu dis que tu ne fais point de mal? Andronic : Je combats pour la piété envers le vrai Dieu. Maxime : Si tu avais de la piété, tu honorerais les dieux que les empereurs eux-mêmes honorent. Andronic : C'est impiété cela, et non piété, de laisser le Dieu vivant pour adorer du bois et des pierres. Maxime : Les empereurs sont donc impies, bourreau que tu es? Andronic : Oui, à mon avis, ils le sont. Vous-même, si vous voulez raisonner droit, vous voyez bien que c'est une impiété de sacrifier aux démons. Maxime : Retournez-le et piquez-lui les côtés. Andronic : Je suis devant vous; faites souffrir à mon corps tout ce qu'il vous plaira. Maxime : Mettez-y du sel et frottez-lui les côtés avec des tessons. Andronic : Vous avez fortifié mon corps par les plaies. Maxime : Je le ferai périr petit à petit. Andronic : Je ne crains point vos menaces; ma résolution est plus forte que toutes vos inventions et toute votre malice; c'est pourquoi je méprise vos tourments. Le gouverneur dit enfin : Mettez-lui les fers au cou et aux pieds, et renfermez-le dans la prison.

» Le second interrogatoire se fit à Mopsueste. Le gouverneur Maxime dit : Faites venir les sectateurs de la religion impie des chrétiens. Les voilà, seigneur, dit le centurion Démétrius. Le gouverneur s'adressant à Taraque : Il me semble que la plupart des hommes honorent la vieillesse, à cause qu'elle est accompagnée de bon sens. Prends donc de toi-même un bon conseil, et ne suis pas aujourd'hui tes premiers sentiments; sacrifie aux dieux, et tu recevras la louange que mérite la piété. Taraque répondit : Je suis chrétien; pour cette louange que vous dites, je souhaite que vous et vos empereurs sortiez de votre aveuglement, pour prendre des pensées plus raisonnables, afin que le vrai Dieu vous fortifie et vous donne la vie. Maxime : Frappez-lui la bouche à coups de pierre, et dites : Quitte cette folie. Taraque : Si je n'étais sage, je serais fou comme vous. Maxime : Regarde tes dents ébranlées, et prends pitié de toi, misérable. Taraque : Vous ne m'affligeriez point, quand vous me feriez couper tous les membres l'un après l'autre; mais je demeurerai ferme en celui qui me donne la force, qui est le Christ. Maxime : Crois-moi, car c'est ton intérêt, approche et sacrifie. Taraque : Si je savais qu'il me fût plus avantageux, je ne souffrirais pas tout ceci. Et comme Taraque ne parlait plus, Maxime dit : Frappez-lui la bouche, et dites-lui qu'il crie. Taraque : Mes dents sont tombées, et j'ai les mâchoires brisées, je ne puis crier. Maxime : Et en cet état même, tu n'obéis pas, impie? approche des autels, et sacrifie aux dieux. Taraque : Si vous m'avez ôté le libre usage de la parole, du moins vous ne me ferez pas changer de sentiment; au contraire, vous avez encore accru ma fermeté par vos supplices. Maxime : Je saurai bien t'ôter cette fermeté, scélérat. Taraque : Je suis prêt à soutenir tous vos assauts; mais je vous surmonte, au nom de Dieu qui me fortifie. Maxime : Ouvrez-lui les mains, et mettez-y du feu. Taraque : Je ne crains point votre feu temporel; je crains seulement d'être condamné au feu éternel, si je vous obéissais. Maxime : Voilà tes mains toutes perdues par le feu; quitteras-tu enfin ta folie, insensé, et sacrifieras-tu? Taraque : Vous me parlez comme si je refusais vos cruelles inventions; apprenez maintenant, du moins, que je suis ferme contre toutes vos attaques. Maxime : Liez-le par les pieds, suspendez-le en haut, et mettez sous son visage une fumée piquante. Taraque : Je me suis moqué de votre feu ; comment craindrai-je votre fumée? Maxime : Tandis que tu es suspendu, consens à sacrifier. Taraque : Sacrifiez vous-même, proconsul, comme vous avez accoutumé de sacrifier à des hommes; pour moi, Dieu me garde de le faire. Maxime : Mettez de fort vinaigre avec du sel, et versez-le-lui dans les narines. Taraque : Ton vinaigre est doux et ton sel est insipide pour moi. Maxime : Mêlez de la moutarde au vinaigre, et le lui mettez dans le nez. Taraque : Tes ministres te trompent, Maxime, ils m'ont donné du miel pour de la moutarde. Maxime : Je chercherai pour toi de nouveaux tourments à la prochaine séance, et je te rendrai sage. Taraque : Et moi je viendrai plus préparé contre tes inventions. Maxime dit enfin : Détachez-le, mettez-le aux fers et le livrez au geôlier. Appelez le suivant.

» Démétrius, centurion, dit : Le voici, seigneur. Maxime : Dis-moi, Probus, as-tu résolu de te délivrer des tourments, ou n'as-tu pas encore renoncé à ta folie? Je te conseille d'approcher et de sacrifier aux dieux, comme les empereurs font, pour le commun salut des hommes. Probus : Je viens devant vous aujourd'hui mieux préparé et fortifié par les questions que j'ai déjà souffertes. Eprouvez-moi donc par toutes vos inventions; car ni vous, ni vos empereurs, ni les démons que vous servez, ni votre père Satan, ne me persuaderont jamais cette impiété, d'adorer des dieux que je ne connais point. J'ai mon Dieu, le Dieu vivant qui est au ciel; c'est celui-là que j'adore et que je sers. Maxime : Et ceux-ci ne sont pas des dieux vivants, scélérat que tu es ? Probus : Ceux qui sont dans des pierres et dans du bois, dans les ouvrages des hommes, comment peuvent-ils être des dieux vivants? vous vous trompez, proconsul, c'est une grande ignorance de les servir. Maxime : Tu crois donc, tête scélérate, que je me trompe, quand je t'avertis, et que je sers les dieux! Probus : Périssent les dieux qui n'ont point fait le ciel et la terre, et tous ceux qui les servent! car quiconque sacrifie à des dieux autres, sera exterminé. C'est au Seigneur du ciel et de la terre qu'il faut sacrifier, non pas du sang, mais la louange d'un cœur pur et qui a de lui une connaissance véritable. Maxime : Laisse-là ta malveillante prudence; sacrifie aux dieux, Probus, et te sauve. Probus : Je ne sers point plusieurs dieux; mais je sers et j'adore le Dieu que je sais vraiment être. Maxime : Eh bien ! approche de l'autel de Jupiter et sacrifie, afin de ne pas servir plusieurs dieux, comme tu dis. Probus : J'ai un Dieu dans le ciel, c'est celui-là que je crains; mais je ne sers point ceux que vous appelez dieux. Maxime : Je te l'ai déjà dit, et je le répète, sacrifie à Jupiter le grand, l'invincible, qui voit tout. Probus : Au mari de sa propre sœur, à cet adultère, à cet impudique, à ce profane, comme tous les poètes le témoignent, pour ne pas dire le reste de ses infamies : vous êtes assez impie et injuste pour m'obliger à lui sacrifier? Maxime : Frappez-le sur la bouche, et dites-lui : Ne blasphème pas. Probus : Pourquoi me maltraitez-vous ? je vous ai dit ce qu'en disent ceux qui les adorent; je ne mens donc pas, je dis la vérité, vous le savez bien. Maxime : J'entretiens ta folie, en ne te punissant pas. Faites rougir des fers, et mettez-le dessus. Probus : Votre feu est froid et ne me touche pas. Maxime : Rougissez-les plus fort, et mettez-le dessus, en le tenant des deux côtés. Probus : Votre feu est devenu froid; vos ministres se moquent de vous. Maxime : Liez-le, étendez-le, et déchirez-lui le dos avec des nerfs crus, en lui disant : Sacrifie, et ne sois pas fou. Probus : Je n'ai pas craint votre feu, et je ne me soucie point de vos tourments. Si vous avez inventé quelque autre supplice, montrez-le, afin que je montre la puissance de Dieu, qui est en moi. Maxime : Rasez-lui la tête, et mettez-y des charbons ardents. Probus : Vous m'avez brûlé les pieds et la tête, et vous voyez que je suis serviteur de Dieu et que je souffre vos menaces. Maxime : Si tu étais serviteur des dieux, tu leur sacrifierais et serais pieux. Probus : Je suis serviteur de Dieu, et non des dieux, qui perdent ceux qui les craignent. Maxime : Tous ceux donc qui les honorent, trois fois maudit que tu es, ne sont-ils pas autour de mon tribunal, honorés des dieux et des empereurs? ils vous regardent avec mépris vous autres, que l'on punit pour votre impiété. Probus : Croyez-moi, ils sont perdus, s'ils ne se repentent et s'ils ne servent le Dieu vivant. Maxime : Brisez-lui le visage, afin qu'il ne dise pas le Dieu, mais les dieux. Probus : Vous me faites frapper, ô juge très-injuste, parce que je dis la vérité. Maxime : Non-seulement j'ordonne de te frapper la bouche, mais encore de te couper ta langue blasphématoire, afin que tu cesses tes sots discours et que tu sacrifies. Probus : Et quand même vous me couperiez l'organe de la parole, j'ai au dedans une langue immortelle, avec laquelle je vous répondrai. Maxime : Qu'on le remette en prison, et appelez Andronic.

» Le voilà, seigneur, dit le centurion Démétrius. Le gouverneur Maxime dit : Ceux qui ont été interrogés avant toi, misérable, ont souffert inutilement plusieurs tourments; mais après mille supplices, ils se sont enfin laissé persuader d'honorer les dieux, et ont maintenant à recevoir des empereurs des honneurs extraordinaires. Toi donc, persuade-toi ainsi toi-même avant la torture, épargne-toi les tourments, sacrifie aux dieux et tu recevras les honneurs convenables. Sinon, je te jure par les dieux et par les empereurs invincibles, que je punirai extraordinairement ta désobéissance. Andronic : N'accuse pas d'une telle faiblesse ceux qui t'ont répondu avant moi, et ne crois pas me tromper par tes artifices, ni faire que je t'obéisse; je ne serai pas si lâche. Je demeure ferme, armé de la foi que j'ai en mon Seigneur, et je ne crains ni toi ni ton tribunal. Déploie donc toutes tes menaces et tous tes tourments. Maxime : Etendez-le aux pieux, et fouettez-le avec des nerfs crus. Andronic : Tu ne me fais pas grand'chose, après ce grand serment par tes dieux et tes empereurs. Voilà toutes tes menaces? Le greffier Athanase dit : Tout ton corps n'est qu'une plaie, et tu trouves que ce n'est rien, misérable! Andronic : Ceux qui aiment le Dieu vivant, ne s'inquiètent point de cela. Maxime : Frottez-lui le dos avec du sel. Andronic : Fais-moi saler davantage, afin que je sois incorruptible et que je résiste mieux à ta malice. Maxime : Tournez-le et frappez-le sur le ventre, afin d'aigrir ses premières plaies et que la douleur pénètre jusqu'aux moëlles. Andronic : Je suis entièrement guéri des plaies que

LIVRE XXX. — TRIOMPHE DE L'ÉGLISE SUR L'IDOLATRIE.

m'avaient faites vos premiers tourments, comme vous l'avez vu, quand on m'a présenté à votre tribunal. Celui qui m'a guéri alors me guérira encore. Méchants soldats, dit aussitôt Maxime, n'avais-je pas défendu que personne les pansât, afin qu'ils fussent réduits par leurs plaies à nous obéir? Par Votre Grandeur, répondit le geôlier Pégase, aucun d'eux n'a été pansé, et personne n'est entré à eux; on les a gardés enchaînés dans le plus profond de la prison. Si vous trouvez que je mens, j'ai une tête, vous avez le pouvoir. Comment donc, demanda Maxime, leurs plaies ont-elles disparu? Par votre vertu, répliqua le geôlier, je ne sais comment ils ont été guéris. Insensé, dit Andronic, notre Sauveur et notre médecin est grand. Il guérit ceux qui espèrent en lui, non par l'application des médicaments, mais par sa parole. Quoiqu'il habite les cieux, il nous est présent partout; mais tu ne le connais pas, insensé que tu es. Maxime dit : Ces sots discours ne te serviront de rien; mais approche et sacrifie aux dieux, de peur que je ne te fasse un méchant parti. Andronic : Je n'ai rien à répondre, que ce que je vous ai dit une et deux fois; car je ne suis pas un enfant, pour me laisser amuser par des flatteries. Maxime : Vous ne me vaincrez pas, vous autres, et ne mépriserez pas mon tribunal. Andronic : Nous ne nous laisserons pas vaincre non plus par vos menaces; vous nous trouverez vaillants athlètes de Dieu, qui nous fortifie par le Christ. Peut-être que dès maintenant, ô proconsul! vous connaissez en partie que nous ne craignons ni vous ni vos tourments. Le gouverneur Maxime dit : Qu'on me prépare divers supplices pour la prochaine séance; qu'on mette celui-ci en prison avec des chaînes de fer, et qu'on ne le laisse voir à personne dans le cachot.

» Le troisième interrogatoire se fit à Anazarbe. Le gouverneur Maxime dit : Appelez les sectateurs de la religion impie des chrétiens. Les voilà, seigneur, dit le centurion Démétrius. Maxime s'adressant à Taraque : Veux-tu, du moins à présent, céder aux coups, quitter ta confession impudente et sacrifier aux dieux par qui toutes choses subsistent? Taraque répondit : Malheur à toi et à eux, si le monde est gouverné par ceux qui sont destinés au feu et à des tourments éternels; et non-seulement malheur à eux, mais à tous ceux qui font leur volonté. Maxime : Cesseras-tu de blasphémer, scélérat? penses-tu l'emporter par ton impudence, et m'obliger à te couper la tête pour me défaire de toi? Taraque : Si je devais mourir promptement, ce ne serait pas un grand combat; prolonge-le donc, et fais ce que tu voudras, afin que ma couronne augmente devant le Seigneur. Maxime : Les autres prisonniers, que les lois punissent, en souffrent autant. Taraque : C'est en quoi est votre erreur et votre grand aveuglement, de ne pas voir que ceux qui font des crimes méritent ce qu'on leur fait souffrir; mais ceux qui souffrent pour le Christ, recevront de lui leur récompense. Maxime : Impie et maudit que tu es, quelle récompense attends-tu après une si misérable mort? Taraque : Il ne t'est pas permis de t'en informer, ni de savoir quelle est la récompense qui nous est réservée; c'est pourquoi nous souffrirons l'insolence de tes menaces. Maxime : Tu me parles, scélérat, comme si tu étais mon égal. Taraque : Je ne suis pas ton égal ni ne désire de l'être; mais je parle librement, et personne ne peut m'en empêcher, parce que Dieu me fortifie par le Christ. Maxime : Je t'ôterai bien cette liberté, scélérat. Taraque : Personne ne peut m'ôter la liberté de parler, ni toi, ni tes empereurs, ni ton père Satan, ni les démons que tu adores dans ton égarement. Maxime : Parce que je te parle, impie, je te rends insolent. Taraque : Ne t'en prends qu'à toi-même; pour moi, Dieu le sait, lui que je sers, ton visage même me fait horreur, bien loin que j'aime à te répondre. Maxime : Enfin, songe à ne pas te faire tourmenter davantage, et viens sacrifier. Taraque : Dans ma première confession, à Tarse, et dans la seconde, à Mopsueste, j'ai confessé que je suis chrétien; je suis encore ici le même. Crois-moi et apprends la vérité. Maxime : Quand je t'aurai perdu de tourments, à quoi te servira de te repentir, misérable? Taraque : Si je me repentais, j'aurais craint ces tourments la première ou la seconde fois, et j'aurais fait ta volonté; maintenant je suis ferme, et, par la grâce de Dieu, je ne m'inquiète point de toi. Fais ce que tu voudras, impudent. Maxime : J'ai accru ton impudence en ne te punissant pas. Taraque : Je l'ai dit et je le dis encore : mon corps est en ton pouvoir, fais ce que tu voudras. Maxime : Liez-le et le suspendez, afin qu'il cesse d'être fou. Taraque : Si j'étais fou, je serais semblable à toi et je partagerais ton impiété. Maxime : Tandis que tu es suspendu, obéis, avant de souffrir les peines que tu mérites. Taraque : Quoiqu'il ne te soit pas permis de me faire souffrir toutes sortes de peines, à cause de ma condition militaire, je ne refuse pourtant pas tes inventions. Fais ce que tu voudras. Maxime : Un soldat qui honore avec piété les dieux et les empereurs, reçoit des dons et avance dans les honneurs; pour toi, tu n'es qu'un impie, et tu as été cassé honteusement; c'est pourquoi je te ferai souffrir des tourments plus grands. Taraque : Uses-en comme il te plaira. Je t'en ai prié plusieurs fois; que diffères-tu? Maxime : Ne pense pas, comme j'ai dit, que je veuille t'ôter promptement la vie. Je te punirai peu à peu, et, ce qui restera de ton corps, je le donnerai aux bêtes. Taraque : Ne te contente pas de promettre; fais au plus tôt ce que tu as à faire. Maxime : Tu te flattes, scélérat, qu'après ta mort quelques femmelettes vont embaumer ton corps avec des parfums; mais j'aurai soin d'en dissiper les restes. Taraque : Et maintenant et après ma mort, fais de mon corps ce que tu voudras. Maxime : Approche, te dis-je, et sacrifie aux dieux. Taraque : Je te l'ai dit déjà plusieurs fois, stupide que tu es, que je ne sacrifie point à tes dieux et n'adore point tes abominations. Maxime : Frappez-lui les joues et déchirez-lui les lèvres. Taraque : Tu as défiguré mon visage, mais tu as renouvelé mon âme. Maxime : Tu me forces, misérable, à te traiter autrement que je n'ai fait. Taraque : Ne crois pas m'épouvanter par des paroles, je suis prêt à tout, portant les armes de Dieu. Maxime : Quelles armes portes-tu, trois fois maudit que tu es, tout nu et tout couvert de plaies? Taraque : Tu ignores cela, car, étant aveugle, tu ne peux voir l'armure complète que j'ai. Maxime : Je supporte ta folie; tes réponses ne m'aigriront pas jusqu'à te faire mourir promptement. Taraque : Quel mal ai-je fait, de dire que tu ne peux voir mes armes, n'ayant point le cœur pur, mais étant impie et ennemi des serviteurs de Dieu? Maxime : Je te soupçonne d'avoir mal vécu dès auparavant et d'avoir été, comme on dit, un enchanteur avant de venir à mon tribunal. Taraque : Je n'ai point été tel ni ne le suis, car je ne sers point les démons comme vous autres, mais je sers Dieu, qui me donne la patience et me suggère les paroles que je dois dire. Maxime : Ces raisonnements ne te serviront de rien; sacrifie pour te délivrer de ces souffrances. Taraque : Tu me crois bien fou et bien insensé, de quitter mon Dieu qui me fera vivre éternellement, pour m'attacher à toi, qui peux soulager mon corps pour un moment, en tuant mon âme pour l'éternité. Maxime : Faites rougir des broches et appliquez-les-lui sur les mamelles. Taraque : Quand tu ferais encore pis, tu ne persuaderas point à un serviteur de Dieu de te céder ni d'adorer les images des démons. Maxime : Apportez un rasoir et coupez-lui les oreilles. Taraque : Tu m'as coupé les oreilles du corps, mais les oreilles du cœur sont solides et fermes. Maxime : Rasez-lui la tête; puis, avec le rasoir, ôtez-lui tout autour la peau de la tête, et mettez des charbons ardents dessus. Taraque : Quand tu m'écorcherais tout le corps, je ne m'éloignerai point de mon Dieu, qui me donne la force d'endurer toutes les inventions de ta méchanceté. Maxime : Prenez les broches toutes rouges, et mettez-les-lui sous les aisselles. Taraque : Que Dieu voie et qu'il te juge aujourd'hui! Maxime : Quel Dieu invoques-tu, trois fois maudit? dis-le-moi. Taraque : Celui que tu ne connais pas, quoiqu'il nous soit présent, et qui rendra à chacun selon ses œuvres. Maxime : Je t'ai déjà dit, je ne te ferai pas périr de manière que les femmes enveloppent tes reliques dans du linge et les adorent après les avoir embaumées avec des parfums, mais je te ferai brûler, malheureux, et jeter tes cendres au vent. Taraque : Il y a longtemps que je te l'ai dit, et je te le dis encore : fais ce que tu voudras; tu as reçu la puissance en ce monde. Maxime : Qu'on le remette en prison et qu'on le garde pour l'exposer demain aux bêtes. Amenez-en un autre.

» Démétrius, centurion, dit : Seigneur, voilà Probus. Le gouverneur Maxime dit : Pense à toi, Probus, de peur de retomber dans les maux que tu as déjà soufferts, ainsi que l'autre malheureux. Je suis persuadé que tu es devenu sage et que tu veux sacrifier, afin d'être honoré de nous, comme pieux envers les dieux. Approche donc et fais-le. Probus : Notre sentiment est toujours le même, ô proconsul! car nous servons le seul vrai Dieu. N'espérez pas entendre de moi autre chose que ce que vous avez déjà entendu. Ni vos flatteries ni vos menaces ne serviront de rien; vos vains discours n'amolliront point mon courage; aujourd'hui, je me présente à vous plus hardi encore; je méprise votre orgueil insensé. Qu'attendez-vous donc? est-ce que vous ne comprenez pas? que ne déployez-vous votre fureur? Maxime : Vous avez tous concerté de renoncer aux dieux avec la même malice. Probus : Tu dis vrai; et pour le coup tu ne mens pas, quoique tu mentes toujours. Oui, nous sommes d'accord pour la piété, le combat et la confession. C'est pourquoi nous avons, dans le Seigneur, résisté à ta malice. Maxime : Avant que tu ne souffres de moi quelque chose de plus déshonorant encore, quitte sagement cette folie; aie pitié de toi-même, écoute-moi comme un père, en témoignant de la piété envers les dieux. Probus : Je te vois toujours incrédule, ô proconsul! mais crois-en le serment que je fais par ma bonne confession pour Dieu. Ni toi, ni les démons que tu sers aveuglément, ni ton père Satan, ni ceux qui t'ont donné le pouvoir contre nous, ne pourront subvertir notre foi et notre amour envers Dieu. Maxime : Liez-le et suspendez-le par les pieds. Probus : Tu ne cesses point, impie tyran, de combattre pour les démons tes semblables. Maxime : Crois-moi, épargne ton corps, avant d'être tourmenté; tu vois les maux qu'on te prépare. Probus : Tout ce que tu me feras sera utile à mon âme. Ainsi fais ce que tu voudras. Maxime : Rougissez les broches et appliquez-les-lui sur les côtés, afin qu'il cesse d'être fou. Probus : Plus je te parais fou, plus je suis sage devant mon Dieu. Maxime : Rougissez davantage les broches et brûlez-lui le dos. Probus : Mon corps est en ton pouvoir; que Dieu voie du ciel mon abaissement et mes souffrances, et qu'il juge entre toi et moi! Maxime : Celui que tu invoques, misérable, c'est celui qui t'a livré, comme tu mérites, pour souffrir ceci. Probus : Mon Dieu est bon, il ne veut de mal à aucun des hommes; mais chacun sait ce qui lui est avantageux, étant libre et maître de sa raison. Maxime : Versez-lui du vin des autels et mettez-lui de la chair dans la bouche. Probus : Seigneur Jésus-Christ, Fils du Dieu vivant, voyez d'en haut la violence qu'on me fait, et jugez ma cause! Maxime : Après avoir tant souffert, misérable, tu as enfin goûté du sacrifice; que feras-tu maintenant? Probus : Tu n'as rien fait de merveilleux, de me faire prendre par force de tes sacrifices impurs; Dieu connaît ma résolution. Maxime : Tu en as bu et mangé, stupide; promets de le faire de toi-même pour être tiré de tes liens. Probus : Malheur t'arrive, méchant, plutôt que tu surmontes ma résolution et que tu profanes ma confession. Mais sache que, quand tu m'aurais fait avaler tous les sacrifices immondes, tu ne me ferais point de mal : car Dieu voit du ciel la violence que je souffre. Maxime : Chauffez les broches et brûlez-lui le gras des jambes. Probus : Ni ton feu, ni tes tourments, ni ton père Satan, ainsi que je l'ai dit bien des fois, ne persuaderont au serviteur de Dieu de se départir de sa confession au Dieu véritable. Maxime : Tu n'as plus de partie saine dans ton corps et tu persistes dans ta folie, misérable! Probus : Je t'ai abandonné mon corps, afin que mon âme demeure saine et sans tache. Maxime : Faites rougir des clous pointus et percez-lui en les mains. Probus : Je vous rends grâces, Seigneur Jésus-Christ, de ce que vous avez bien voulu que mes mains soient percées de clous pour votre nom. Maxime : Le grand nombre des tourments t'a rendu encore plus fou. Probus : Ta grande puissance et ta malice sans bornes t'ont rendu non-seulement fou, mais encore aveugle, car tu ne sais ce que tu fais. Maxime : Impie! oses-tu nommer fou et aveugle celui qui combat pour la piété des dieux? Probus : Plût à Dieu que tu fusses aveugle des yeux et non pas du cœur; mais maintenant, croyant voir, tu es dans les ténèbres. Maxime : Estropié de tout le corps, tu m'accuses, parce que tu t'ai laissé encore les yeux sains. Probus : Lors même que, par ta cruauté, je n'aurais plus mes yeux du corps, ceux de mon cœur ne sauraient être aveuglés par les hommes. Maxime : Eh bien! je t'arracherai les yeux pour te punir, insensé. Probus : Ne te con-

LIVRE XXX. — TRIOMPHE DE L'ÉGLISE SUR L'IDOLATRIE.

tente pas de me le promettre en paroles, car tu n'intimideras point le serviteur de Dieu. Et quand même tu en viendrais à l'effet, tu ne m'affligeras point, car tu ne pourras point endommager mon œil invisible. Maxime : Piquez-lui les yeux, afin que tout vivant, il soit privé de la lumière petit à petit. Probus : Tu m'as ôté les yeux du corps; mais que jamais tu n'aies la satisfaction, cruel tyran, de me priver de l'œil vivant ! Maxime : Tu es tout entier dans les ténèbres, misérable, et tu parles ? Probus : Si tu connaissais les ténèbres qui sont en toi, impie, tu m'estimerais heureux. Maxime : Tu es mort de tout le corps, et tu ne cesses de bavarder, malheureux ! Probus : Tant que mon esprit demeure en moi, je ne cesserai point de parler en Dieu, qui me fortifie par le Christ. Maxime : Après tous ces tourments, espères-tu encore vivre ? et ne vois-tu pas que je ne te laisserai point la liberté de mourir ? Probus : C'est pour cela que je combats, maudit, afin que ma confession soit parfaite, de quelque manière que tu me fasses mourir, impitoyable et ennemi de l'humanité. Maxime : Je te ferai mourir peu à peu sous les coups, comme tu mérites. Probus : Tu as la puissance, orgueilleux ministre de tyrans. Maxime : Emportez-le, mettez-le dans les fers, gardez-le dans la prison; ne permettez pas qu'aucun de leurs compagnons approche d'eux et les félicite de ce qu'ils sont demeurés dans leur impiété. Bien entendu qu'au premier combat des bêtes on les exposera. Appelez l'impie Andronic.

« Démétrius, centurion, dit : Le voici, seigneur. Le gouverneur Maxime dit : A présent, au moins as-tu pitié de ta jeunesse, Andronic, et as-tu pris la sage résolution d'honorer les dieux, ou bien persistes-tu dans ta première folie, qui ne peut te servir de rien ? Si tu ne veux pas m'écouter, sacrifier aux dieux et rendre aux empereurs l'honneur qui leur est dû, tu ne trouveras en moi aucune miséricorde. Approche donc, sacrifie et sauve-toi. Andronic : Malheur à toi, ennemi de toute vérité, tyran plus impudent que les bêtes ! J'ai enduré toutes tes menaces, et maintenant tu penses me persuader de mal faire ? Non, tu ne rompras pas ma confession; je suis prêt à soutenir, par le Seigneur, toutes les attaques, et à te montrer la vigueur de ma jeunesse et la fermeté de mon âme. Maxime : Il me semble que tu es en furie et possédé du démon. Andronic : Si j'étais possédé du démon, je t'obéirais; mais, comme je n'ai point de démon, je n'obéis point. Pour toi, tu es tout entier démon et en fais tes œuvres. Maxime : Ceux qui ont passé avant toi ont dit ce qu'ils ont voulu avant les tourments, mais la cruauté des peines les a persuadés d'être pieux envers les dieux et soumis aux empereurs; ils ont sacrifié et se sont sauvés. Andronic : Quand tu mens, tu ne fais rien qui ne s'accorde avec tes mauvaises maximes; car ceux que tu adores en aveugle ne sont point demeurés dans la vérité. Tu es menteur comme ton père; c'est pourquoi Dieu te jugera promptement, ministre de Satan et de tous les démons. Maxime : Si je ne te traite en impie et si je n'abaisse ta suffisance, je ne gagnerai rien. Andronic : Je ne crains ni toi ni tes menaces au nom de mon Dieu. Maxime : Faites des paquets de papier et mettez-lui le feu sur le ventre. Andronic : Quand tu me brûlerais tout entier, tant que je respire, tu ne me vaincras pas; maudit tyran; le Dieu que je sers m'assiste et me donne des forces. Maxime : Tu résistes encore, insensé, demande du moins à mourir, pour ton intérêt ! Andronic : Tant que je suis en vie, je surmonte ta méchanceté, et je prétends que tu me fasses mourir tout entier; car c'est là ma gloire devant Dieu. Maxime : Chauffez les broches et mettez-les-lui toutes rouges entre les doigts. Andronic : Insensé, ennemi de Dieu, tout rempli des pensées de Satan, tu vois mon corps brûlé par tes tourments, et tu penses que je craigne tes inventions ? Dieu est en moi, lui que je sers par Jésus-Christ : je te méprise. Maxime : Ne sais-tu pas, insensé, que celui que tu invoques est un certain malfaiteur, qui fut mis en croix par l'autorité d'un gouverneur nommé Pilate, et que nous en avons les actes ? Andronic : Tais-toi, maudit; il ne t'est pas permis de dire cela; car tu n'es pas digne de parler de lui, impie. Si tu en étais digne, tu ne persécuterais pas les serviteurs de Dieu. Mais, n'ayant point de part à son espérance, non-seulement tu te perds, mais encore tu violentes les siens, juge inique que tu es. Maxime : Et toi, insensé, quel profit trouves-tu à croire et à espérer en ce malfaiteur que tu appelles Christ ? Andronic : J'y trouve un grand profit, et j'aurai une grande récompense pour tout ce que je souffre. Maxime : Je ne veux pas te faire mourir tout d'un coup; mais, livré aux bêtes, tu verras dévorer chacun de tes membres. Andronic : N'es-tu pas plus féroce que toutes les bêtes, plus cruel que tous les homicides, puisque tu punis comme des meurtriers des gens qui ne sont ni coupables ni même accusés d'aucune injustice ? C'est pourquoi je sers mon Dieu dans le Christ, et ne m'inquiète point de tes menaces. Emploie donc ce que tu regardes comme le plus cruel tourment, et tu verras mon courage. Maxime : Ouvrez-lui la bouche, mettez-y des viandes de dessus l'autel et versez-y du vin. Andronic : Seigneur, mon Dieu, voyez la violence que l'on me fait. Maxime : Que fais-tu maintenant, mauvais démon ? ceux à qui tu n'as pas voulu sacrifier, tu goûtes de leur autel. Andronic : Tyran insensé, aveugle et stupide, tu m'en as fait verser par force. Dieu le sait, lui qui sonde les pensées et qui peut me délivrer de Satan et de ses ministres. Maxime : Jusqu'à quand extravagueras-tu et débiteras-tu des balivernes qui ne te serviront de rien ? Andronic : Je souffre ces choses, parce que j'en attends la récompense de Dieu; mais toi tu ne sais pas les motifs de ma patience. Maxime : Jusqu'à quand extravagueras-tu ? Je te ferai couper la langue, pour t'empêcher de tant parler. J'ai tort de te souffrir, je te rends plus insensé. Andronic : Je t'en prie, fais-moi couper les lèvres et la langue, où tu crois que j'ai reçu tes abominations. Maxime : Quoi donc, insensé, jusqu'à quand te laisseras-tu tourmenter ? vu que tu en as goûté, comme j'ai dit. Andronic : Infâme tyran, que jamais il ne t'arrive la satisfaction, non plus qu'à ceux qui t'ont donné cette puissance, que je me souille de ces sacrifices impies ! Tu verras ce que tu as fait contre le serviteur de Dieu. Maxime : Méchant, tu oses outrager les empereurs, qui ont procuré au monde une si profonde paix ? Andronic : J'ai méprisé et je mépriserai ces pestes et ces buveurs de sang qui renversent le monde. Que Dieu, par son bras immortel, le leur rende sans délai, de telle sorte qu'ils puissent reconnaître ce qu'ils font à ses serviteurs ! Maxime : Mettez un fer dans sa bouche, détachez-lui les dents et coupez sa langue blasphématoire, afin qu'il apprenne à ne pas blasphémer les empereurs. Emportez ses dents et sa langue, brûlez-les et réduisez-les en cendres, que vous jetterez au vent, de peur que quelqu'un de cette religion ou quelque femmelette ne les recueille pour les emporter et les garder comme quelque chose de précieux et de saint; pour lui, remettez-le en prison, et gardez-l'y pour être exposé aux bêtes avec ses compagnons, au premier combat. »

» Tels sont les trois interrogatoires tirés des greffes du proconsul. Dans la lettre où ils les envoient aux chrétiens d'Icône, les onze chrétiens d'Anazarbe ajoutent ainsi la suite et la fin. « Après que les martyrs eurent été ainsi interrogés pour la troisième fois, l'impie Maxime appela Térentien, pontife de Cilicie, et lui ordonna de donner, le lendemain, un spectacle de bêtes à tout le peuple de la ville. Aussitôt Térentien donna ordre à ceux qui gouvernaient les bêtes, de se tenir prêts. Dès le grand matin, toute la ville, jusqu'aux femmes et aux enfants, sortit pour aller à l'amphithéâtre, qui était environ à un mille. Quand il fut rempli de peuple, l'impie Maxime y vint et assista aux spectacles. Après que les jeux eurent duré une partie du jour, comme il y avait déjà plusieurs hommes par terre, tués ou par les gladiateurs ou par les bêtes, et que nous, disent les chrétiens, nous observions tout secrètement, le scélérat Maxime envoya tout d'un coup des soldats pour amener les martyrs, qu'ils firent porter à l'amphithéâtre; car ils étaient incapables de marcher, tant ils étaient ruinés par le feu et les autres tourments. Quand donc nous les vîmes apporter par les soldats, nous nous approchâmes un peu plus de dessus la montagne voisine, et, nous étant assis entre des rochers, nous priions avec larmes et gémissements. Lorsque les saints eurent été amenés au milieu de l'amphithéâtre, il s'éleva un grand murmure parmi le peuple. Plusieurs étaient indignés de leur condamnation injuste; plusieurs, pour ne point voir ce spectacle, se retirèrent en disant des injures à Maxime. Il donna ordre de marquer ceux qui s'en allaient, et de les citer devant lui le lendemain pour les condamner.

» On lâcha plusieurs bêtes, qui ne touchèrent point aux corps des saints. Maxime s'en mit fort en colère. Il fit venir le gouverneur, le fit fouetter, et lui dit avec de grandes menaces, s'il avait quelque bête bien furieuse, de la lâcher promptement contre ces criminels. Celui-ci, tout tremblant, lâcha une ourse terrible, qui avait déjà tué trois hommes ce même jour. Quand elle fut proche, elle passa par-dessus les autres, et courut au saint Andronic, et, s'étant assise auprès de lui, elle léchait ses plaies, suivant ce qui est dit dans l'Ecriture : *Les bêtes sauvages deviendront pacifiques pour toi.* Saint Andronic mettait sa tête sur elle et s'efforçait de l'irriter, pour sortir plus tôt de la vie; mais l'ourse demeura couchée auprès du saint. Maxime, en colère, la fit tuer, et elle fut égorgée aux pieds d'Andronic. Le pontife de Cilicie, craignant que Maxime ne s'en prît à lui-même, commanda de lâcher une lionne qu'Hérode, pontife d'Antioche, lui avait envoyée. Quand elle parut, elle fit trembler les spectateurs par son rugissement et le grincement de ses dents; voyant les saints étendus par terre, elle vint au bienheureux Taraque, se baissa et se prosterna à ses pieds. Saint Taraque étendit la main, et, la prenant par les crins et les oreilles, l'attirait à lui. Elle se laissait tirer comme une brebis, sans résister; puis elle secoua la main de Taraque et retourna vers la porte, sans s'arrêter à saint Probus ni à saint Andronic. Maxime défendit qu'on lui ouvrît; et la lionne, prenant les planches avec ses dents, s'efforçait de les rompre, en sorte que le peuple épouvanté cria qu'on lui ouvrît. Maxime, indigné, s'en prenait à Térentien, et commanda qu'on fît entrer des gladiateurs pour égorger les martyrs : ce qui fut exécuté. Sortant du spectacle, Maxime laissa dix soldats avec ordre de garder les corps des saints martyrs, que l'on avait jetés pêle-mêle avec les corps des criminels; car il était déjà nuit.

» Alors nous descendîmes de la montagne peu à peu, nous nous mîmes à genoux et priâmes le Très-Haut qu'il nous fît la grâce de pouvoir retirer les reliques de ces saints martyrs. Après avoir ainsi prié, nous descendîmes encore un peu, et nous vîmes les gardes qui faisaient bonne chère, avec un grand feu allumé auprès des corps. Nous nous retirâmes un peu en arrière, nous nous mîmes encore à genoux et priâmes tous d'une voix Dieu et son Christ de nous accorder son secours pour délivrer ces saints corps d'entre les corps profanes et immondes. Aussitôt la terre trembla, l'air fut agité de tonnerres et d'éclairs, il vint une pluie épouvantable, et la nuit était fort noire. Un peu après, le temps s'étant apaisé, nous priâmes de nouveau et nous approchâmes des corps; nous trouvâmes que la pluie avait éteint le feu et que les gardes s'étaient retirés. Voyant cela, nous approchâmes plus hardiment; mais comme nous ne pouvions discerner les corps saints, nous étendîmes les mains au ciel et priâmes Dieu de nous les faire connaître. Soudain ce Dieu de toute miséricorde nous envoya du ciel une étoile brillante qui nous marqua les corps de ses serviteurs, en s'arrêtant sur chacun d'eux. Nous les emportâmes avec joie, et retournâmes à la montagne voisine, en priant Dieu qui nous favorisait. Ayant passé une grande partie de la montagne, nous nous déchargeâmes pour nous reposer un peu, et nous priâmes Dieu d'achever notre ouvrage et de nous faire connaître le lieu où nous devions mettre les reliques des saints. Il nous exauça et nous envoya de nouveau l'étoile pour nous conduire. Elle nous quitta dans un endroit où nous vîmes une roche creuse; nous y cachâmes les corps avec un grand soin, et revînmes à la ville, voir ce qui se passait; car nous craignions les recherches que ferait faire Maxime. Trois jours après, Maxime étant parti après avoir fait punir les gardes d'avoir laissé enlever les corps, nous chantâmes une hymne pour remercier Dieu de la grâce qu'il nous avait faite par le Christ. Moi Marcion, Félix et Barbas, nous demeurâmes au lieu où étaient les saintes reliques, afin de nous en assurer mieux, résolus d'y passer notre vie, et espérant y être enterrés auprès d'eux (Ruinart et *Acta Sanct.*, 11 *octob.*). »

Tels sont ces fameux actes, que, d'une voix unanime, tous les critiques modernes reconnaissent pour originaux. Ces mêmes critiques ont révoqué en doute les actes de plusieurs autres martyrs, parce qu'ils leur ont paru ou trop longs, ou remplis soit de trop de discours, soit de tourments trop extraordinaires, soit de trop de miracles, soit de paroles trop dures envers les juges. Or, les actes de ces trois saints réunissent à la fois tous ces caractères; ils sont très-longs, renferment beaucoup de discours, des tourments inouïs, plusieurs miracles, avec des mots très-durs envers le gouverneur : de plus, les dates y sont fautives. Et cependant personne ne doute de leur authenticité. Cela montre que les règles imaginées par les critiques, ou du moins les applications qu'ils en ont faites, présentent beaucoup d'arbitraire et qu'il est très-permis de revenir sur leurs jugements.

Dans la même province de Cilicie, à Tarse, qui en était la métropole, Julitte souffrit le martyre avec son enfant. Elle était de Lycaonie, et de race royale, à ce qu'on rapporte. Craignant la persécution qui y sévissait cruellement sous le gouverneur Domitien, elle abandonna ses biens qui étaient considérables, et s'enfuit avec deux servantes et son fils Cyr ou Cyrique, âgé seulement de trois ans. Elle arriva à Séleucie en Isaurie, où elle trouva la persécution encore plus violente sous le gouverneur Alexandre, pire que Domitien. Elle passa donc à Tarse; mais Alexandre y arriva en même temps, comme de concert. Elle fut prise, tenant son enfant entre ses bras : les servantes l'abandonnèrent et regardaient ce qu'elle deviendrait. On la présenta au tribunal : Alexandre lui demanda son nom, sa condition, son pays; elle répondit : Je suis chrétienne. Alexandre lui fit ôter son enfant, qui résistait de tout son pouvoir et ne quittait point les yeux de dessus elle; mais les bourreaux le portèrent au gouverneur, qui ordonna d'étendre la mère et de la battre cruellement avec des nerfs de bœuf. Elle ne répondait qu'une chose : qu'elle était chrétienne et ne sacrifierait jamais aux démons. Cependant Alexandre tenait l'enfant sur ses genoux, le flattait de la main, tâchait de le baiser et de l'empêcher de pleurer. Mais l'enfant, ayant toujours les yeux sur sa mère, s'éloignait du gouverneur autant qu'il pouvait, détournait la tête, le repoussait des mains et des pieds, dont il lui donnait des coups dans les côtés, lui égratignait le visage avec ses petits ongles, et disait comme sa mère : Je suis chrétien! Le gouverneur irrité, le prit par le pied et le jeta à terre, du haut de son tribunal. La tête de l'enfant se brisa; sa cervelle fut répandue sur les coins des degrés, et toute la place d'alentour arrosée de son sang. Sa mère le vit, et dit : Je vous rends grâces, Seigneur, de ce que vous avez bien voulu que mon fils reçût avant moi la couronne immortelle. Mais le juge, affligé de ce qu'il venait de faire, s'en prit à elle, lui fit déchirer les côtés et répandre sur ses pieds de la poix bouillante, que l'on apporta dans une chaudière. En même temps il lui faisait dire par un crieur : Julitte, prends pitié de toi, sacrifie aux dieux, délivre-toi des tourments, pour ne pas mourir misérablement comme ton fils. Elle répondit au crieur : Je ne sacrifie point à des statues sourdes et muettes, c'est-à-dire aux démons; mais j'adore le Christ, Fils unique de Dieu, par qui le Père a tout fait, et je me presse de rejoindre mon fils dans le royaume des cieux. Le juge ordonna qu'elle eût la tête coupée, et que le corps de son fils fût jeté au lieu des suppliciés. Les bourreaux lui ayant mis un bâillon dans la bouche, la menèrent au lieu ordinaire des exécutions, où, après qu'elle eut fait sa prière à Jésus-Christ, elle eut la tête tranchée : son corps fut jeté hors de la ville, avec celui de son fils; c'était le seizième jour de juillet. Le lendemain ses deux servantes enlevèrent les corps de nuit et les enterrèrent. Une d'elles vécut jusqu'au temps de Constantin et de la liberté de l'Église; elle découvrit le lieu aux fidèles, et les saintes reliques furent honorées. Telle est la tradition que des personnages considérables, qui comptaient la sainte parmi leurs ancêtres, attestèrent sous l'empire de Justinien, devant l'évêque d'Icône (Ruinart et *Acta Sanct.*, 16 *junii*).

La persécution redoublait en Palestine, suivant le témoignage d'Eusèbe, qui rapporte les noms de plusieurs martyrs. En Egypte, à Alexandrie, souffrit la vierge Théodore. Elle était d'une illustre famille. Le juge la condamna aux lieux infâmes. Un chrétien la tira de là par un stratagème. Y étant entré, déguisé en soldat, il lui fit prendre ses vêtements militaires, avec lesquels elle sortit sans être reconnue. Ce chrétien, nommé Didyme, fut condamné à mort. Au moment qu'il allait être exécuté, la vierge Théodore accourut, en disant que c'était à elle à mourir. Ils furent martyrisés tous les deux (*Act. Sanct.*, 28 *april.*).

C'est ainsi que, par tout l'univers romain, l'esclave Dioclès, devenu l'empereur Dioclétien-Jupiter; le manœuvrier de la Pannonie, devenu l'empereur Maximien-Hercule; le pâtre de la Dacie, devenu le césar Galérius, fils de Jupiter, persécutaient les serviteurs de Dieu et de son Christ, et s'enivraient de leur sang. Ils croyaient en avoir triomphé à jamais; témoin cette inscription trouvée en Espagne : « Dioclétien-Jupiter, Maximien-Hercule, césars-augustes, après avoir étendu l'empire romain en Orient et en Occident, et avoir aboli le nom des chrétiens, qui renversaient l'État. » Et cette autre : « Dioclétien, césar-auguste, après avoir adopté Galérius en Orient, avoir aboli partout la superstition du Christ, et étendu le culte des dieux (*Apud Gruter*, p. 280). » Mais pendant qu'ils applaudissaient à la ruine du christianisme, leur ruine à eux-mêmes s'approchait.

L'an 303, Dioclétien était venu à Rome pour célébrer la vingtième année du règne de Maximien-Hercule, et en même temps triompher des Perses. Pendant les réjouissances qui se firent à cette occasion, un comédien joua les cérémonies du baptême devant l'empereur et tout le peuple. S'étant couché sur le théâtre, il feignit d'être malade, et s'écria : Ah! mes amis, je me sens bien pesant, je voudrais être soulagé. Les autres répondirent : Comment t'ôterons-nous cette pesanteur? Veux-tu qu'on te passe au rabot pour te rendre plus léger? Que vous avez peu d'intelligence, dit Genès, ainsi se nommait l'histrion, je veux mourir chrétien. Pourquoi? demandèrent-ils. Afin qu'en ce jour-là Dieu me reçoive comme un fugitif. On fit venir un prêtre et un exorciste, c'est-à-dire des comédiens qui en faisaient le personnage. S'étant assis près de son lit, ils lui dirent : Mon enfant, pourquoi nous as-tu envoyé chercher? Genès, changé tout à coup par inspiration divine, leur répondit sérieusement : Parce que je veux recevoir la grâce du Christ, et renaître pour être délivré de mes péchés. Ils accomplirent les cérémonies du baptême; et, quand on l'eut revêtu d'habits blancs, des soldats le prirent, en continuant le jeu, et le présentèrent à l'empereur pour être interrogé comme martyr.

Alors il parla ainsi, du lieu élevé où il était : « Écoutez, empereur et toute la cour, les sages et le peuple de cette ville. Toutes les fois que j'ai seulement entendu nommer un chrétien, j'en ai eu horreur, et j'ai insulté à ceux qui persévéraient dans la confession de ce nom. J'ai détesté mes parents mêmes et mes alliés, à cause du nom chrétien. Je me moquais tellement de cette religion, que je me suis informé exactement de ses mystères pour vous en divertir. Mais quand l'eau m'a touché à nu, et qu'étant interrogé, j'ai répondu que je croyais, j'ai vu une main qui venait du ciel et des anges resplendissants au-dessus de moi; ils ont lu dans un livre tous les péchés que j'ai commis depuis mon enfance, les ont lavés dans la même eau dont j'ai été arrosé en votre présence, et m'ont ensuite montré le livre plus blanc que la neige. Vous donc maintenant, illustre empereur, et vous peuple, qui avez ri de ces mystères, croyez avec moi que le Christ est le véritable Seigneur, qu'il est la lumière et la vérité, et que c'est par lui que vous pouvez obtenir le pardon. » L'empereur Dioclétien, extrêmement irrité de ces paroles, le fit battre cruellement à coups de bâton, et on le mit entre les mains du préfet Plautien pour le contraindre de sacrifier. Le préfet le fit étendre sur le chevalet, où il fut longtemps déchiré avec les ongles de fer et brûlé avec des torches ardentes; mais il disait constamment : « Il n'y a point d'autre roi que celui que j'ai vu; je l'adore et je le sers, et, quand on me tuerait mille fois pour son service, je serai toujours à lui; les tourments ne m'ôteront le Christ ni de la bouche ni du cœur. J'ai grand regret de mon égarement, de l'horreur que j'ai eue de son saint nom et d'être venu si tard à l'adorer. » Enfin il eut la tête tranchée le 25 août (Ruinart et *Acta Sanct.*, 26 *aug*.).

Ainsi s'amusaient Dioclétien et le peuple de Rome, mais le peuple de Rome s'amusa aussi de Dioclétien. Comme cet esclave devenu empereur affectait le faste oriental des rois de Perse, et que, d'un autre côté, son avarice le portait quelquefois à la mesquinerie, les Romains se permirent de plaisanter. Il ne put souffrir cette liberté. Dans sa mauvaise humeur, il quitta brusquement Rome, à l'approche du 1er janvier, où il devait inaugurer son neuvième consulat. Il n'eut pas la patience d'attendre encore treize jours, pour faire cette cérémonie à Rome plutôt qu'à Ravenne. Mais parti au milieu de l'hiver, incommodé par la rigueur du froid et par les pluies, il contracta une maladie de langueur qui ne le quitta plus. Souffrant par toute la route, il était le plus souvent porté en litière. Ayant ainsi passé l'été, il vint à Nicomédie, mais grièvement malade. Il ne laissa pas de se montrer pour faire la dédicace d'un cirque qu'il avait fait bâtir. Sa maladie augmenta tellement, qu'on suppliait tous les dieux pour sa vie, jusqu'à ce que, le 13 décembre, on remarqua tout d'un coup dans le palais des signes de deuil, la tristesse, les larmes, ainsi que les alarmes et le silence des juges. Déjà l'on disait dans toute la ville, non-seulement qu'il était mort, mais même enseveli, lorsque le bruit se répandit le lendemain qu'il vivait, et que les visages de ses domestiques et des juges reprenaient de la joie. Il y en eut toutefois qui soupçonnèrent que l'on cachait sa mort jusqu'à l'arrivée du césar, de peur que les troupes n'entreprissent quelque chose. Ces soupçons devinrent si forts, que personne ne l'aurait cru vivant, s'il ne s'était montré le 1er de mars; il était à peine reconnaissable, tant la maladie l'avait défait depuis un an. C'est que le 13 décembre, il avait effectivement paru mort. L'esprit lui était revenu, mais non pas tout entier, car il eut dès lors, avec des intermittences régulières, des heures de bon sens et des heures de démence.

Peu de jours après, son fils adoptif, le césar Galérius, arriva, non pas précisément pour féliciter son père d'avoir échappé à la mort, mais pour le contraindre de quitter l'empire. Déjà il avait bataillé avec le vieux Maximien, et l'avait effrayé par la crainte d'une guerre civile. Il entreprit donc Dioclétien; d'abord avec des formes douces et amicales, disant qu'il était déjà vieux, qu'il n'avait plus assez de forces, qu'il n'était plus en état de gouverner la chose publique, qu'il devait se reposer après ses travaux. Il lui alléguait l'exemple de Nerva, qui avait cédé l'empire à Trajan. Dioclétien disait qu'il serait honteux, après l'éclat d'une si haute élévation, de tomber dans l'obscurité d'une vie basse, et que cela ne serait pas même trop sûr, vu la multitude d'ennemis qu'il s'était faits dans un si long règne; que Nerva n'avait régné qu'un an lorsqu'il revint à la vie privée dans laquelle il avait vieilli; que si Galérius désirait le nom d'empereur, rien n'empêchait qu'on ne les appelât tous augustes.

L'autre, qui avait déjà envahi l'univers en espoir et qui voulait quelque chose de plus qu'un nom, répondit : Il faut toujours garder l'ordre que vous avez établi, que l'empire ait deux chefs souverains et deux moindres pour les aider. La concorde peut aisément se maintenir entre deux, mais nullement entre quatre égaux. Si vous ne voulez pas céder, je prendrai mes mesures pour n'être pas davantage au dernier rang. Il y a quinze ans déjà que je suis relégué en Illyrie ou sur les bords du Danube, à combattre avec des nations barbares; tandis que les autres règnent à leur aise dans des pays plus libres et plus paisibles. Le languissant vieillard; l'entendant ainsi parler, dit en pleurant : Soit! si vous le voulez. Il avait déjà reçu des lettres du vieux Maximien, qui lui mandait ce que Galérius avait dit; il avait également appris que Galérius augmentait ses troupes. Après avoir arrêté que Dioclétien et Maximien se retireraient, et que Constance et Galère, de césars deviendraient augustes, c'est-à-dire empereurs, il restait à choisir deux césars pour remplir leur place. Il semblait qu'on dût choisir leurs fils. Maximien en avait un nommé Maxence, gendre de Galérius. Constance avait un fils nommé Constantin. Maxence était méchant et de mauvais naturel, et si superbe, qu'il n'adorait ni son père ni son beau-père. Aussi le haïssaient-ils tous deux. Constantin était un jeune homme bien fait de corps et d'esprit, de bonnes mœurs, qui avait du génie pour la guerre et une politesse singulière; en sorte qu'il était aimé des soldats et désiré par le peuple. Il y avait longtemps déjà que Dioclétien l'avait fait tribun du premier rang; et il était alors présent à Nicomédie. Mais Galérius craignait de n'être pas assez maître, s'il faisait césar un homme de ce mérite et si agréable à tout le monde; il voulut avoir des gens qui dépendissent entièrement de lui. Qui ferons-nous donc césar? demanda Dioclétien. Sévère, répondit Galérius. Quoi? reprit Dioclétien, ce danseur, cet ivrogne, qui fait de la nuit le jour et du jour la nuit? Il en est digne, dit Galérius; il a fidèlement commandé les troupes, et je l'ai envoyé à Maximien, pour recevoir de lui la pourpre. Soit! ajouta Dioclétien. Quel autre nous donnerez-vous? Celui-ci, dit Galérius, montrant son neveu; fils de sa sœur nommé Daïa ou Daza, jeune homme à demi-barbare, à qui Galérius avait donné le nom de Maximin. Dioclétien dit en soupirant : Ce ne sont pas là des gens capables de soutenir la chose publique. Mais c'est désormais votre affaire : j'ai assez travaillé; s'il arrive quelque malheur, ce ne sera pas ma faute.

Les choses étant ainsi résolues, ils parurent le premier jour de mai, l'an 305. A trois milles de la ville était une éminence, au haut de laquelle Galérius lui-même avait reçu la pourpre; on y avait érigé une colonne, avec une statue de Jupiter. Ils y allèrent, et y assemblèrent les troupes pour les haranguer. Le vieil empereur dit en pleurant qu'il était infirme et demandait du repos après ses travaux; qu'il laissait l'empire à d'autres plus vigoureux, et substituait d'autres césars. On était dans une grande attente : tout le monde jetait les yeux sur Constantin, qui était sur le tribunal : on n'avait pas le moindre doute. Tout à coup Dioclétien proclame césars Sévère et Maximin. Grande fut la surprise. On se demandait l'un à l'autre si Constantin avait changé de nom, lorsque Galérius, étendant la main, le repousse, tire Daïa, qui était derrière, lui ôte son habit ordinaire et le met en présence. Tout le monde demandait ce qu'il était et d'où il était venu? mais ils étaient si surpris que personne n'osa parler. Dioclétien ôta sa pourpre, la jeta sur ce jeune homme, et redevint ainsi Dioclès. Ils descendirent alors du tribunal. L'empereur fut transporté sur un chariot à travers la ville, et renvoyé dans sa patrie, à Dioclée en Dalmatie, pour s'y laisser mourir de faim quelques années après, après avoir vu ses propres statues renversées par Constantin, en Italie, et sa propre fille, veuve de Galérius, reléguée dans les déserts de Syrie, par le pâtre Daïa, qu'il avait fait césar. Il y avait peu que le césar improvisé avait été tiré des forêts, où il gardait les bêtes : il fut aussitôt écuyer, bientôt garde du corps, puis tribun ou général, et le lendemain césar. Il reçut l'Orient à gouverner, ou plutôt à fouler aux pieds; car il ne savait ni la guerre ni les affaires; ce fut un pâtre de troupes, au lieu d'un pâtre de troupeaux.

Son oncle Galérius, après avoir mis de côté les deux vieillards, se regardait dès lors comme le seul maître du monde. Car quoiqu'il fallût nommer Constance le premier, il le méprisait à cause de son naturel doux et paisible, et de l'impuissance où le réduisait la maladie. Il espérait même le voir mourir bientôt; et, au cas qu'il ne mourût point assez vite, il lui semblait facile de le dépouiller forcément; car que pouvait-il seul contre trois? Pour lui, il avait un ami qu'il consultait sur toute sa conduite, ayant contracté avec lui une liaison fort étroite dès le commencement qu'il avait porté les armes : c'était Licinius. Mais il n'avait pas voulu le faire césar, pour ne pas le nommer son fils ; il se réservait de le nommer auguste et frère, à la place de Constance. Alors, après avoir célébré la vingtième année de son règne, il ferait césar son bâtard Candidien, qui n'avait que neuf ans, et ensuite abdiquerait lui-même, mais pour garder la souveraine autorité sur les quatre autres, savoir, sur Licinius et Sévère, augustes, Maximin et Candidien, césars, en sorte qu'ils ne fussent que les remparts de sa puissance, et qu'à cet abri, il passât tranquillement sa vieillesse. Tels étaient ses projets; mais Dieu les renversa de fond en comble. Nous verrons périr misérablement l'un après l'autre, et Galérius, et sa femme Valérie, et son fils Candidien, et Sévère, et Maximin, et Licinius.

En attendant, ce faiseur d'empereurs et de césars se mit à tyranniser le monde qu'il s'était ouvert. Depuis qu'il avait vaincu les Perses, il louait hautement leur gouvernement despotique et leur coutume de traiter leurs sujets comme des esclaves. Il entreprit d'introduire cet usage sur la terre des Romains. Ne pouvant leur commander ouvertement, il leur enlevait la liberté par le fait. Il commença par méconnaître les priviléges. Non-seulement des décurions, mais les principaux des villes, les personnages les plus honorables, étaient mis à la torture. Dans des causes légères, pour des matières purement civiles, lui paraissaient-ils dignes de mort? il y avait des croix pour les pendre; lui paraissaient-ils moins coupables? c'étaient les fers. Des mères de familles, des femmes libres et même nobles, étaient enlevées de force pour son sérail. Quelqu'un devait-il être battu? il y avait sur le lieu de l'exécution quatre poteaux dressés, où précédemment on n'attachait pas même les esclaves. Que dire de ses amusements? Il avait des ours, choisis depuis le commencement de son règne, qui lui ressemblaient beaucoup pour la férocité et la grandeur, et à chacun desquels il avait donné un nom propre. Quand il voulait se divertir, il en faisait venir tel ou tel, et leur donnait à dévorer des hommes, et, quand il leur en voyait briser les membres palpitants, il riait avec délices. Jamais il ne soupait sans faire verser devant lui du sang humain; ce qui, de sa part, ne doit pas même paraître étrange, car Sénèque déjà nous apprend que les Romains de son siècle, à la fin de leurs soupers, faisaient entrer des gladiateurs, qui s'égorgeaient devant la table du festin pour égayer les convives. Quant aux personnes qui n'étaient pas dans les dignités, la seule peine que Galérius connût pour elles, était le feu.

C'était pour les chrétiens qu'il avait inventé ce supplice. Après les avoir attachés à un poteau, on leur mettait un feu lent sous la plante des pieds, jusqu'à ce que les chairs torréfiées se détachassent des os. Alors, avec des torches allumées, mais non flamboyantes, on leur rôtissait successivement chacun des membres, en sorte que, dans tout le corps, il ne restât pas un endroit intact. Pendant ce temps, on leur arrosait la tête avec de l'eau fraîche, on leur humectait la bouche, de peur qu'ils n'expirassent trop tôt. Cela n'arrivait que quand, après des journées entières, le feu, ayant consumé le dehors, pénétrait jusqu'aux entrailles. Après quoi on les brûlait sur le bûcher, on réduisait leurs os en poudre et on les jetait dans le fleuve ou dans la mer.

Ayant appris à tourmenter ainsi les chrétiens, il traita de même tous les autres. Avec lui, il n'y avait pas de punitions légères; on n'était plus condamné à l'exil, à la prison, aux mines. Le feu, la croix, les bêtes féroces, tel était chez lui l'ordinaire de chaque jour. Il corrigeait avec la lance ses domestiques et ses officiers. Dans une cause capitale, mourir par le glaive était une faveur qu'il accordait à très-peu de monde; il fallait d'anciens services pour obtenir cette bonne mort. A côté de cela c'était peu que du reste, savoir, l'éloquence éteinte, les avocats supprimés, les jurisconsultes bannis ou tués. Les lettres étaient comptées parmi les arts criminels; ceux qui les étudiaient se voyaient opprimés et détestés comme des ennemis. Les juges qu'il envoyait dans les provinces étaient des soldats grossiers et ignorants; ils n'avaient point d'assesseurs, et il leur donnait toute sorte de licence, sans respect pour les lois.

Mais, ce qui rendit la calamité universelle, ce furent ses exactions. Il ordonna un recensement général des biens et des personnes. Des commissaires bouleversèrent tout; c'était partout l'image d'une invasion et de la captivité. On arpentait les terres, on comptait les pieds d'arbres et les ceps de vigne, on inscrivait les animaux de toute espèce, on enregistrait les têtes d'hommes. On rassemblait les populations dans les villes; chacun était obligé de se présenter avec ses enfants et ses esclaves; on entendait le bruit des fouets et autres instruments de supplice. Les enfants étaient mis à la torture pour faire des déclarations contre leurs pères, les esclaves contre leurs maîtres, les femmes contre leurs maris. Ces ressources manquaient-elles? les propriétaires étaient torturés eux-mêmes contre eux-mêmes. Vaincus par la douleur, ils déclaraient même ce qu'ils n'avaient pas, et on l'enregistrait. Ni l'âge ni la mauvaise santé n'était une excuse; on imposait les malades et les estropiés. On estimait à la vue l'âge de chacun; on ajoutait des années aux enfants, on en ôtait aux vieillards, afin de les rendre imposables les uns et les autres. Tout était rempli de deuil et de tristesse. Ce que les anciens avaient fait à ceux qu'ils avaient vaincus à la guerre, il osa le faire aux Romains et à leurs sujets, parce que les Daces, ses ancêtres, avaient été assujétis au cens, lorsque Trajan voulut les punir de leurs fréquentes révoltes. On paya donc pour sa tête, on paya pour sa vie. Cependant il ne se fiait point aux premiers commissaires; il en envoya d'autres, et puis d'autres encore, comme pour trouver davantage; et toujours on doublait le cens, non pas qu'ils en eussent trouvé des motifs, mais parce qu'ils ajoutaient à leur gré, pour ne paraître pas avoir été envoyés inutilement. Cependant les animaux périssaient, les hommes mouraient; on n'en payait pas moins pour les morts; il n'était plus permis ni de vivre ni de mourir gratis; il n'y avait que les mendiants dont on ne pût rien exiger, et que leur misère exemptât des vexations. Cet homme débonnaire eut compassion d'eux, au point de les tirer de leur indigence. Il ordonna de les rassembler tous, de les embarquer sur de petits navires et de les noyer dans la mer. Telle fut la miséricorde de Galérius. On peut en juger par ce qu'il fut pour les chrétiens là où il était entièrement le maître, c'est-à-dire en Orient, où il était dignement secondé par son neveu Maximin (Lact., *De mort. persec.*).

Cependant le jugement de Dieu sur Galérius approchait, et ses affaires commencèrent bientôt d'aller en décadence. Occupé à ramasser de l'argent par ses exactions, il ne s'était point encore appliqué à renverser Constance, mais attendait sa mort. Il ne croyait cependant pas qu'il mourrait si tôt. Constance, grièvement malade, lui avait écrit plusieurs fois de lui envoyer son fils Constantin pour le voir. Mais Galérius ne voulait rien moins que cela. Souvent même il avait dressé des embûches au jeune homme; car il n'osait l'attaquer ouvertement, de peur d'exciter contre lui-même une guerre civile, et principalement de s'attirer la haine des troupes, ce qu'il craignait le plus. Il l'avait donc exposé plus d'une fois aux bêtes et à d'autres périls, sous prétexte de jeux et d'exercices; mais en vain : Dieu protégeait le jeune homme et le tira de ses mains dans le moment critique. En effet, ne pouvant plus lui refuser son congé, un soir Galérius lui donna une lettre et lui dit de partir le lendemain matin après avoir reçu ses ordres, se promettant de le retenir sous quelque prétexte ou d'écrire auparavant à Sévère de l'arrêter. Constantin le prévit bien, et, après le souper, quand Galérius fut endormi, il partit en diligence et enleva les chevaux publics de plusieurs journées. Le lendemain Galérius dormit exprès jusqu'à midi, puis il demanda Constantin. On lui dit qu'aussitôt après le souper il était parti. Il se mit à s'emporter et à frémir. Il demanda les chevaux publics pour le faire ramener. On lui dit qu'ils étaient enlevés par toutes les postes. A peine put-il retenir ses larmes. Mais Constantin, faisant une diligence incroyable, arriva à Boulogne des Gaules au moment même où son père s'y embarquait pour l'Angleterre. Constance, victorieux des Pictes, mourut peu après à York, le 25 juillet 306, après avoir recommandé son fils aux soldats et lui avoir remis l'empire. Constantin, reconnu empereur, fit une première ordonnance : ce fut de rendre les chrétiens à leur culte et à leur Dieu.

Peu de jours après, son image, couronnée de laurier suivant la coutume, fut portée à Galérius en Orient. Le despote cruel délibéra longtemps s'il la recevrait. Il pensa la livrer aux flammes, ainsi que celui qui l'avait apportée; mais ses amis le détournèrent de cet excès, en lui représentant le péril : c'est que tous les soldats, malgré lesquels il avait fait des césars inconnus, se joindraient avec enthousiasme à Constantin, dès qu'il viendrait en armes. Il reçut donc son image à contre-cœur, et lui envoya à lui-même ensuite la pourpre, pour faire croire qu'il l'associait volontairement à l'empire. Dès lors tous ses projets se trouvaient dérangés; au delà du nombre de quatre, il ne pouvait plus en nommer un autre comme il avait voulu. Il imagina ceci : ce fut de donner le titre d'auguste à Sévère, qui était plus âgé, et qu'il avait déjà fait césar. Ainsi les deux augustes étaient Galérius lui-même et Sévère, les deux césars, Maximin et Constantin, lequel se trouvait réduit au quatrième rang, au lieu du second que l'armée lui avait donné.

Galérius croyait avoir arrangé les choses, quand tout à coup il lui vint de nouvelles alarmes : son gendre Maxence avait été fait empereur à Rome. Voici quelle fut la cause de cette révolution. Galérius ayant entrepris de ravager le monde par ses recensements, il ne voulut pas même exempter de cette captivité le peuple romain. Déjà il avait expédié des commissaires à Rome, pour enregistrer le peuple. Il venait en même temps de supprimer le camp des prétoriens. Le peu de soldats qui y restaient en garnison, trouvant l'occasion favorable, tuèrent certains magistrats et revêtirent Maxence de la pourpre; le peuple, déjà porté à l'émeute, le vit sans aucune peine. A cette nouvelle, Galérius fut déconcerté quelque peu; cependant il ne s'effraya pas trop. Il haïssait l'individu, et ne pouvait pas faire trois césars. Il lui semblait assez d'en avoir fait un contre son gré. Il appelle donc Sévère, l'exhorte à recouvrer l'empire; car l'Italie était son partage. Il l'envoie avec l'armée du vieux Maximien, pour perdre son fils Maxence; il l'envoie contre Rome, où ces mêmes soldats avaient été accueillis souvent au milieu des délices, et qu'ils souhaitaient non-seulement de voir saine et sauve, mais d'habiter toujours. Quoique Maxence, qui avait tramé toute cette révolution, pût gagner, comme par un droit d'hérédité, les anciens soldats de son père, il craignit cependant que son beau-père Galérius laissant Sévère en Illyrie, ne s'avisât de venir lui-même avec son armée. Pour se prémunir contre ce péril, il envoie la pourpre à son propre père, qui depuis son abdication demeurait en Campanie, et le nomme auguste pour la seconde fois. Le vieux Maximien, qui aimait les nouveautés et qui avait quitté l'empire malgré lui, le reprit volontiers. Sévère s'avançait cependant, et vint sous les murs de Rome. Aussitôt les soldats emportent les enseignes et passent à celui-là même contre lequel on les avait fait marcher. Que restait-il à Sévère dans cet abandon, si ce n'est de prendre la fuite? Il faillit même se voir couper la retraite par le vieux Maximien, qui avait déjà repris l'empire. Il n'eut que le temps de se renfermer à Ravenne, avec quelque peu de soldats. Bientôt, voyant qu'on allait le livrer à Maximien, qui l'assiégeait, il se rendit lui-même, et lui remit la pourpre qu'il en avait reçue deux ans auparavant. Il n'y gagna que de mourir d'une mort plus douce; car, peu de jours après, on lui fit ouvrir les veines. Ainsi finit Sévère, vers le mois de février 307. Il laissait un fils, nommé Sévérien, que nous verrons mis à mort par Licinius.

Maximien, qui connaissait la fureur de Galérius, ne douta point qu'à la nouvelle de la mort de Sévère, il ne vînt avec une armée en Italie. Peut-être même qu'il s'adjoindrait Maximin, en sorte qu'il n'y aurait pas moyen de résister à leurs forces réunies. C'est pourquoi, ayant mis Rome en état de défense, il alla dans les Gaules trouver Constantin, pour l'attirer à son parti en lui faisant épouser Fausta, sa fille cadette. Constantin avait déjà eu une femme nommée Minerve, dont il avait un fils nommé Crispe. En faveur de son mariage avec Fausta, il reçut le nom d'auguste, le dernier mars de cette année 307. Cependant Galérius vint en Italie avec une armée, et marcha droit à Rome, résolu d'abolir le sénat et de massacrer le peuple. Il trouva tout fermé et fortifié. Nul espoir de l'emporter d'assaut; le siége était difficile : il n'avait point assez de troupes pour environner les murs; car jamais il n'avait vu Rome, et ne la croyait pas beaucoup plus grande que les villes qu'il connaissait. Quelques légions l'abandonnèrent, irritées de ce qu'il les faisait marcher contre son beau-père et contre Rome; le reste branlait. Craignant alors la fin de Sévère, il se réduisit aux prières et aux soumissions, prosterné aux pieds des soldats, jusqu'à ce qu'il eût ramené leurs esprits par les plus grandes promesses, et donné le signal de la retraite. Si quelqu'un, même avec peu de monde, avait voulu le poursuivre dans sa fuite, il aurait pu l'écraser facilement. Lui-même en avait peur. Aussi permit-il à ses soldats de se disperser au loin et de tout ravager, afin que si quelqu'un avait voulu le suivre, il ne trouvât point de subsistances. Partout donc où passa cette troupe funeste, elle saccagea l'Italie, violant les femmes et les vierges, mettant à la torture les parents et les maris, pour les forcer à livrer leurs filles, leurs épouses et leurs richesses. On emmenait des troupeaux de bétail, comme d'une terre barbare. Voilà comment se retira le dévastateur de l'Italie. Il n'y avait pas de quoi s'en étonner. Dès qu'il eut le nom d'empereur, il se montra l'ennemi du nom de Rome; car il voulait que l'empire fût appelé, non plus romain, mais dacique, de son pays natal (Lact., De mort. persec.).

Pendant que les différentes têtes de l'empire idolâtre de Rome s'élevaient et disparaissaient ainsi l'une après l'autre, l'Eglise du Christ, le royaume de Dieu parmi les hommes, continuait son œuvre de régénération. En Orient, elle ne cessait d'envoyer au ciel des martyrs; en Egypte, elle peuplait les déserts de saints; plus tranquille en Occident, elle travaillait à cicatriser ses plaies. Car, dans ces premiers temps non plus que dans le nôtre, n'était pas parfait. A côté des martyrs et des confesseurs, il y avait des chrétiens faibles, indifférents, pleins de l'esprit du monde, livrés à des passions honteuses, scandaleux, apostats même. Car, après tout, les chrétiens sont encore hommes. L'Eglise ne se bornait point à honorer les martyrs; elle s'appliquait surtout à relever ce qui était tombé, à ramener ce qui était égaré, à remettre ce qui était brisé, à guérir ce qui était malade, à ranimer ce qui était mort. Elle prenait pour cela, ou plutôt ses évêques prenaient des moyens divers, suivant les temps et les pays.

En Egypte, saint Pierre, évêque d'Alexandrie, donna là-dessus des règles d'une discrétion compatissante. C'était vers la quatrième Pâque, depuis le commencement de la persécution. Parmi ceux qui étaient tombés, les uns avaient souffert la prison et la torture, et n'étaient tombés que par faiblesse; quelques-uns en étaient dans le deuil depuis trois ans. Le bon pasteur déclare qu'il suffit de leur ordonner encore quarante jours de jeûne. D'autres, ayant souffert la prison, s'étaient laissé vaincre sans combat; une année de pénitence leur suffira, outre le temps qu'ils ont déjà fait. Ceux qui, sans avoir rien souffert, ont été entraînés par la crainte et viennent à la pénitence, il faut leur proposer la parabole du figuier stérile; et s'ils montrent de dignes fruits de pénitence pendant un an, ils pourront être secourus. Quant aux impénitents désespérés, il faut leur rappeler l'histoire du figuier maudit. D'autres, pour ne pas sacrifier eux-mêmes aux idoles, avaient envoyé des païens à leur place, donné ou pris des billets (1), ou bien employé d'autres stratagèmes; ils ajouteront six mois à la pénitence qu'ils ont déjà faite. D'autres avaient envoyé à leur place des esclaves chrétiens : les esclaves feront un an, et les maîtres trois ans de pénitence. Ceux qui, après leur chute, sont revenus au combat, se déclarant chrétiens, et ont souffert la prison et les tourments, il est juste de les consoler et de communiquer avec eux en tout,

---

(1) Ces billets, délivrés aux chrétiens par les magistrats ou écrits par les chrétiens mêmes, portaient que ceux-ci avaient sacrifié aux idoles. Il y avait donc là une double faute contre la vérité et contre la profession extérieure de la foi. s. g.

et pour la paix, et pour la participation du corps et du sang ; car si tous ceux qui sont tombés avaient fait de même, ils auraient témoigné d'une parfaite conversion. Quant à ceux qui se sont présentés en étourdis au combat, quoiqu'ils n'aient pas observé les règles de la prudence, dès qu'ils ne sont pas tombés, il ne faut pas laisser de communiquer avec eux. Les clercs qui ont quitté leur poste pour aller se présenter eux-mêmes, dès qu'ils sont tombés, ne doivent pas rentrer dans leur ministère : la communion leur suffit. Les fidèles qui, dans la première chaleur de la persécution, en voyant la constance des martyrs, la chute de quelques-uns, se sont déclarés eux-mêmes, et ont faibli après de longs tourments, sont plus dignes de compassion. Ceux qui ont donné de l'argent pour se délivrer tout à fait de la vexation des méchants, sont exempts de reproche. Ils ont souffert la perte de leurs biens pour éviter la perte de leur âme : ce que d'autres plus intéressés n'ont pas fait. On ne peut accuser non plus ceux qui se sont retirés, en quittant tout, comme si les autres avaient été pris pour eux. Si on a fait violence à quelques-uns; si on leur a mis un bâillon dans la bouche; s'ils ont souffert constamment qu'on leur brûlât les mains, en les traînant aux sacrifices profanes, comme m'ont écrit de leur prison les bienheureux martyrs qui sont en Libye, et d'autres de nos coopérateurs, ils doivent être comptés parmi les confesseurs et même parmi les ministres sacrés, puisqu'ils ne pouvaient plus parler ni se remuer, pour résister à la violence, et qu'ils n'ont point consenti aux crimes des persécuteurs. Tels sont les canons ou règles de saint Pierre d'Alexandrie : ce qu'il y prescrit même de plus sévère, il l'adoucit par des sentiments et des paroles de charité (Labbe, t. I).

Dans le concile d'Elvire, que tinrent, avant le commencement de la persécution, dix-neuf évêques d'Espagne, on voit prédominer un esprit différent, celui de la sévérité. Ces évêques parmi lesquels on remarque Valère de Sarragosse, et Osius de Cordoue, l'un et l'autre confesseurs, y spécifient plus d'une douzaine de cas où ils refusent, même à la fin de la vie, non pas la pénitence, mais la communion, savoir, au chrétien qui a volontairement apostasié ; à celui qui, après son baptême, prend la charge de *flamine* ou prêtre d'idoles et leur sacrifie ; au délateur qui aura fait proscrire ou mettre à mort quelqu'un ; à celui qui en aura fait mourir un autre par malice ; à celui qui aura porté un faux témoignage contre un évêque, un prêtre ou un diacre ; à celui qui, après avoir fait pénitence d'un adultère, retombe dans la fornication ; au mari complice de l'adultère de sa femme ; à la femme qui, devenue enceinte d'un adultère, fait périr son fruit ; à celle qui quitte son mari pour en épouser un autre ; à la mère qui prostituerait sa fille ; à ceux qui commettraient le péché de sodomie ; à celui qui épouserait la fille de sa femme ; à ceux qui marieraient leurs filles à des prêtres d'idoles ; à l'évêque, au prêtre, au diacre, que l'on découvrirait avoir commis un adultère depuis son ordination ; aux vierges consacrées à Dieu, qui auront trahi leur vœu et vécu dans la débauche. Si elles ne sont tombées qu'une fois par séduction et par faiblesse, et qu'elles aient fait pénitence toute leur vie, on leur donnera la communion à la fin.

Comme dans les 81 canons de ce concile, il n'y en a pas un qui parle de ceux qui étaient tombés dans la persécution ; soit par la crainte de l'exil ou de la mort, soit par la violence des tourments, il est clair qu'à l'époque où le concile dressait ces règlements, la persécution n'était pas encore commencée. Ce qui le confirme, c'est le grand commerce qu'on y voit entre les chrétiens et les idolâtres. Des chrétiens, soit fidèles, soit catéchumènes, prenaient ou gardaient les charges de flamines ou sacrificateurs des idoles, à cause de la dignité temporelle qui y était jointe. Et ce qui est plus étonnant, le concile ne les oblige pas de les quitter ; il détermine seulement les peines pour les divers actes d'idolâtrie qu'ils pouvaient y commettre. S'ils sacrifient aux idoles, ils sont privés de la communion, même à la mort ; s'ils n'ont fait que donner le spectacle, on leur accorde la communion à la fin, après une pénitence légitime. S'ils sont catéchumènes et qu'ils se soient abstenus des sacrifices, après trois ans ils seront admis au baptême. Ceux de ces flamines qui n'auront fait que se couronner de fleurs, sans sacrifier ni contribuer aux frais du culte des idoles, seront reçus à la communion après deux ans. Le *duumvir* ou magistrat municipal, pendant l'année de sa magistrature, devait s'abstenir d'entrer dans l'église, parce qu'il ne pouvait s'exempter d'assister au moins à quelque cérémonie païenne. Il est défendu aux femmes de donner leurs habits pour l'ornement d'une pompe séculière ou idolâtre, sous peine d'être privées de la communion pendant trois ans. Il est défendu aux propriétaires des terres de passer en compte ce qui aura été employé pour une idole, sous peine de cinq ans d'excommunication. On exhorte les fidèles à ne point souffrir d'idoles dans leurs maisons, autant qu'il sera possible ; s'ils craignent la violence de leurs esclaves, qu'au moins ils se conservent purs eux-mêmes. Si cependant quelqu'un brise des idoles et est tué sur la place, il ne sera point reçu au nombre des martyrs, parce que cela n'est point écrit dans l'Evangile, et qu'on ne trouve point de semblable pratique sous les apôtres.

Les lois païennes donnaient aux maîtres tout pouvoir sur leurs esclaves ; ils pouvaient les tuer sans que personne s'en inquiétât. Les évêques commencent une autre législation. Une maîtresse qui, par jalousie, aura fouetté si cruellement sa servante qu'elle en soit morte ; s'il paraît qu'elle l'a tuée volontairement, fera sept ans de pénitence, et cinq, si c'est involontairement. La loi civile autorisait le divorce ; les évêques le défendent sous peine de n'avoir pas même la communion à la mort. Ils règlent également plusieurs cas relatifs au mariage et aux fiançailles.

Touchant les ordinations et la vie cléricale : Il est défendu d'ordonner dans une province ceux qui auront été baptisés dans une autre, parce que leur vie n'est pas connue. On ne doit pas promouvoir à la cléricature ceux qui reviennent d'une hérésie quelconque, non plus que les affranchis dont les patrons sont dans le siècle, c'est-à-dire païens. C'est à cause des devoirs des affranchis, qui formaient un reste de servitude. On ne doit point ordonner sous-diacres ceux qui ont commis un adultère dans leur jeunesse, de peur qu'ensuite ils n'arrivent, par subreption, à un degré plus élevé ; si on en a ordonné, qu'on les déposé. Il est ordonné généralement aux évêques, aux prêtres, aux diacres et à tous les clercs qui sont dans le ministère, de s'abstenir de leurs femmes, sous peine d'être privés de l'honneur de la cléricature. L'évêque ou tout autre clerc n'aura avec lui que sa sœur ou sa fille, qui soit vierge ou consacrée à Dieu; mais point d'étrangère. Si on découvre que quelqu'un des clercs a exercé l'usure, il sera dégradé et excommunié. Si un laïque en est convaincu, et qu'il se corrige, on lui pardonnera; s'il persévère dans cette iniquité, on le chassera de l'église. Les évêques, les prêtres et les diacres ne quitteront point leurs places pour trafiquer, ne voyageront point par les provinces pour fréquenter les foires et les marchés. Toutefois, ils pourront envoyer leur fils, leur affranchi ou quelque autre personne, pour se procurer la subsistance; et, s'ils veulent trafiquer, ils trafiqueront dans la province. Cette tolérance s'explique par la pauvreté des clercs; mais elle n'en avait pas moins d'inconvénients.

Dans d'autres règlements il est défendu aux femmes de passer la nuit en veilles dans les cimetières, parce que souvent il se commettait des crimes en secret sous prétexte de prières. Il ne devait pas y avoir de peintures dans les églises, de peur que ce qui est servi et adoré ne fût peint sur les murailles. Peut-être craignait-on que ces peintures, ne pouvant être enlevées dans le temps de la persécution, ne fussent profanées par les infidèles ou ne leur servissent de prétexte à des calomnies. Il est défendu aux clercs et à tous les fidèles de manger avec les Juifs, sous peine d'excommunication. Si un fidèle joue de l'argent aux dés, il sera excommunié; s'il se corrige, il pourra être réconcilié après un an (Labbe, t. I).

Des règlements de cette nature dénotent un temps où la persécution n'avait pas encore commencé. Elle venait de finir; mais les églises n'étaient point encore rebâties lorsqu'un autre concile se tint en Afrique, à Cirthe [actuellement Constantine, dans l'Algérie]. Onze ou douze évêques de Numidie s'y assemblèrent pour élire un successeur à Paul, évêque de cette ville, qui était mort. Ils s'assemblèrent donc dans la maison d'un particulier. Le primat de Numidie, qui était alors Second, évêque de Tigise, s'assit et dit: Eprouvons-nous d'abord nous-mêmes, afin que nous puissions ordonner ici un évêque; puis, s'adressant à Donat de Masculite: On dit que vous avez livré les Ecritures. Donat répondit: Vous savez, mon frère, combien Florus m'a cherché pour m'obliger à offrir de l'encens. Dieu n'a pas permis que je sois tombé entre ses mains; puis donc que Dieu m'a pardonné, réservez-moi à Dieu. Second insista: Que ferons-nous donc des martyrs qui ont été couronnés pour ne les avoir pas livrées? Donat répondit: Renvoyez-moi à Dieu, je lui en rendrai compte. Second lui dit: Passez d'un côté. Puis, s'adressant à Marin de Tibilite: On dit que vous aussi vous les avez livrées. J'ai donné de petits papiers à Pollus, répondit Marin, mais j'ai gardé mes livres. Passez de ce côté, lui dit Second. Ensuite, s'adressant à Donat de Calame: On dit que vous avez livré les Ecritures. Donat répondit: J'ai donné des livres de médecine. Passez à côté, lui dit Second. Ensuite, à Victor de Russicade: On dit que vous avez livré les quatre Evangiles. Victor répondit: C'est Valentin, le curateur; c'est lui qui m'a forcé à les jeter au feu; je savais bien qu'il fallait les perdre. Pardonnez-moi ce péché, et Dieu me le pardonnera. Passez à côté, lui dit Second. Ensuite, à Purpurius de Limate: On dit que vous avez fait mourir les deux enfants de votre sœur à Milée. Purpurius répondit: Pensez-vous m'épouvanter comme les autres? Et vous, qu'avez-vous fait, lorsque le curateur et le sénat vous ont arrêté pour vous faire livrer les Ecritures? comment vous êtes-vous tiré de leurs mains, sinon en donnant ou en faisant donner tout ce que vous aviez? Ils ne vous laissaient pas aller aisément. Pour moi, j'ai tué et je tue ceux qui sont contre moi; ne m'obligez pas d'en dire davantage, vous savez que je ne me soucie de personne. Second le jeune dit à son oncle Second: Entendez-vous ce qu'il dit contre vous? il est prêt à se retirer et à faire schisme, non-seulement lui, mais tous ceux que vous accusez; je sais qu'ils doivent vous quitter et donner une sentence contre vous; vous demeurerez seul comme un hérétique. Que vous importe ce que chacun d'eux a fait? ils en rendront compte à Dieu. L'évêque Second dit à Félix de Rotaria et à Victor de Garbe: Que vous en semble? Ils répondirent: Ils ont à en rendre compte à Dieu. Second dit alors: Vous le savez et Dieu aussi; asseyez-vous. Ils répondirent tous: *Deo gratias* (Labbé, t. I).

Après ce préliminaire, ces évêques, traditeurs par leur propre confession, ne laissèrent pas de procéder à l'élection d'un évêque de Cirthe, capitale de Numidie. Et ils élurent Silvain, ce sous-diacre même qui avait livré les Ecritures. Et ces mêmes évêques commenceront à Carthage le schisme des donatistes, sous prétexte que l'évêque de cette ville avait été ordonné par des traditeurs; schisme qui désolera l'Afrique jusqu'à ce qu'elle soit dévastée par les Vandales et enfin par les Sarrasins. Cependant ce concile se tenait l'an 305, le 4e de mars, et en Afrique, terre modèle de canons et de conciles. Voilà des choses que ne devraient pas oublier les écrivains qui se plaisent à louer les premiers siècles aux dépens de ceux qui suivent. La vérité historique est, que dans tous les siècles de l'Eglise, on voit et les misères de l'homme, et les miséricordes de Dieu.

Il y avait à Rome une femme puissante, nommée Aglaé, fille d'Acace, qui avait été proconsul, de famille sénatoriale. Elle avait donné trois fois les jeux publics à ses dépens à Rome. Elle avait soixante-treize intendants pour gouverner ses domaines, et un au-dessus de tous, nommé Boniface, avec qui elle entretenait un commerce criminel. Il était adonné au vin et à toutes sortes de débauches; mais il avait trois bonnes qualités: l'hospitalité, la libéralité, la compassion. Quand il voyait un étranger ou un voyageur, il le servait avec toute sorte d'affection; la nuit, il allait par les places et par les rues, et donnait aux pauvres ce dont ils avaient besoin.

Après bien du temps, Aglaé, touchée de la grâce de Dieu, l'appela un jour, et lui dit: Mon frère Boniface, tu vois en combien de crimes nous sommes plongés, sans réfléchir qu'il faudra nous présenter devant Dieu et lui rendre compte de ce que nous avons fait de mal en ce monde. J'ai entendu dire à des chrétiens, que si quelqu'un sert les saints qui combattent pour le Christ, il aura part avec eux au jour du terrible jugement. Je viens aussi d'apprendre que les serviteurs du Christ combattent en Orient contre le démon, et livrent leurs corps aux tourments pour ne point nier le Christ. Va donc, et apporte-nous des reliques des saints martyrs, afin qu'en les servant et leur bâtissant des oratoires dignes d'eux, nous soyons sauvés par leur moyen, nous et plusieurs autres.

Boniface prit quantité d'or pour acheter les reliques et pour donner aux pauvres, avec douze chevaux, trois litières et divers parfums pour honorer les saints martyrs. En partant il dit à sa maîtresse, par plaisanterie : Madame, si je trouve des reliques de martyrs, je les apporterai; mais si mes propres reliques vous arrivent, recevez-les comme celles d'un martyr. Aglaé lui dit : Laisse-là ton ivresse et tes extravagances, et songe que tu dois porter les reliques des saints. Pour moi, pauvre pécheresse, je t'attends sous peu. Cependant, que le Seigneur Dieu de l'univers, qui a pris pour nous la forme d'esclave et répandu son sang pour le salut du genre humain, daigne envoyer son ange devant toi, conduire tes pas dans sa miséricorde et accomplir mon désir, sans considérer mes péchés. Boniface partit, et par le chemin il disait en lui-même : Il est juste que je ne mange point de chair et que je ne boive point de vin, puisque, tout indigne et tout pécheur que je suis, je dois porter les reliques des saints martyrs, et, levant les yeux au ciel, il dit : Seigneur Dieu tout-puissant, Père de votre Fils unique, venez à mon secours et conduisez mon voyage, afin que votre nom soit glorifié dans tous les siècles. Amen.

Déjà, du temps d'Origène, on voyait des chrétiens dans l'Eglise, qui avaient beaucoup de zèle pour les œuvres extérieures de piété et de charité, sans avoir encore la force de renoncer à de mauvaises habitudes. Aglaé et Boniface étaient de ce nombre.

L'Église d'Occident jouissait alors d'une paix profonde. Maxence même, qui avait pris à Rome le titre d'empereur en 306, fit d'abord semblant d'embrasser la foi chrétienne, pour flatter le peuple romain. Il commanda à ses sujets de cesser la persécution, et voulut paraître beaucoup plus doux et plus humain que ses prédécesseurs. On trouve, vers ce même temps, que Melchiade ou Miltiade, alors prêtre de l'Eglise romaine et depuis pape, envoya le diacre Straton avec des lettres de l'empereur Maxence et du préfet du prétoire, au préfet de Rome, pour rentrer dans les lieux que l'on avait ôtés aux chrétiens pendant la persécution (Euseb., l. 8, c. 14; Aug., *Brev.*, die 3).

Les choses ne se passaient pas de même en Orient. La persécution y était plus cruelle que jamais, sous l'empire de Galérius et de Maximin Daïa, surtout dans la Cilicie, qui avait Simplicius pour gouverneur. Boniface, après quelques jours de chemin, arriva dans la ville de Tarse, capitale de cette province. Apprenant que dans ce moment-là même il y avait des martyrs qui combattaient, il dit à ses compagnons de voyage : Mes frères, allez chercher une hôtellerie et faites reposer les bêtes : moi, je m'en vais voir ceux que je désire le plus. Etant arrivé au lieu du combat, il vit les martyrs dans les tortures. L'un était pendu par un pied, et avait du feu sous la tête; un autre était attaché à des pieux extrêmement écartés; les bourreaux en sciaient un troisième; un quatrième avait les mains coupées; un cinquième avait un pieu fiché dans la gorge, et était ainsi cloué à terre, un autre avait les pieds et les mains renversés et attachés par derrière, et les bourreaux le frappaient à coups de bâton. Leurs tourments glaçaient d'effroi les spectateurs. Boniface s'approcha des martyrs, qui étaient au nombre de vingt, et les baisait, en criant : Qu'il est grand, le Dieu des chrétiens! qu'il est grand, le Dieu des saints martyrs! De grâce, serviteurs du Christ, priez pour moi, afin que j'entre en part avec vous au combat contre le démon! il s'assit à leurs pieds et embrassait leurs liens, les baisant et disant : Combattez, athlètes et martyrs du Christ, foulez aux pieds le démon; un peu de patience; le travail est petit et la récompense est grande.

Le gouverneur, jetant les yeux sur le peuple, l'aperçut et dit : Qui est celui-là qui se moque ainsi de moi et des dieux ? qu'on l'amène à mon tribunal. Puis, s'adressant à lui-même : Dis-moi, qui es-tu, toi qui méprises la splendeur de mon siège? Boniface répondit : Je suis chrétien; et, comme j'ai le Christ pour maître, je vous méprise, vous et votre tribunal. Le gouverneur reprit : Comment t'appelles-tu ? Boniface répondit : Je vous l'ai déjà dit : je suis chrétien; mais, si vous voulez savoir mon nom vulgaire, on m'appelle Boniface. Le gouverneur dit : Avant que je te touche les côtés, approche et sacrifie. Boniface répondit : Je vous ai déjà dit plusieurs fois que je suis chrétien et que je ne sacrifie point aux démons. Si vous voulez faire quelque chose, faites : voilà mon corps devant vous. Le gouverneur, en colère, le fit suspendre et déchirer avec des ongles de fer; les bourreaux le déchirèrent tellement, qu'on lui voyait les os. Le bienheureux ne répondait rien, mais fixait les yeux sur les saints martyrs. Le gouverneur, lui ayant fait donner quelque relâche, lui dit une heure après : Misérable! sacrifie et prends pitié de toi. Trois fois misérable, lui répondit le bienheureux, vous ne rougissez pas de me répéter sans cesse : Sacrifie, à moi qui ne veux pas seulement entendre parler de vos simulacres de néant? Le gouverneur ordonna d'aiguiser des roseaux et de les lui enfoncer sous les ongles des mains. Le saint regardait le ciel et souffrait sans rien dire. Le gouverneur, le voyant insensible aux tourments, commanda qu'on lui ouvrît la bouche et qu'on y versât du plomb bouillant. Avant qu'on exécutât cet ordre, le bienheureux, regardant au ciel, fit cette prière : Je vous rends grâces, Seigneur Jésus-Christ, Fils de Dieu; venez au secours de votre serviteur, soulagez-moi dans ces peines et ne permettez pas que je sois vaincu par cet impur gouverneur; vous savez que c'est pour votre nom que je souffre. Ayant achevé sa prière, il cria aux autres martyrs : Je vous supplie, serviteurs du Christ, priez pour votre serviteur! Les saints dirent tous d'une voix : Notre Seigneur Jésus-Christ lui-même enverra son ange pour vous délivrer de ce méchant; il achèvera dans peu votre course et placera votre nom entre les premiers-nés. Après qu'ils eurent achevé leur prière et dit amen, le peuple se mit à pleurer et cria à haute voix : Il est grand, le Dieu des chrétiens! il est grand, le Dieu des martyrs! Jésus-Christ, Fils de Dieu, sauvez-nous! nous croyons tous en vous et nous avons recours à vous.

Anathème aux idoles des nations! Alors tout le peuple courut renverser l'autel, et jeter des pierres au gouverneur, qui se leva et se retira, effrayé de ce tumulte.

Le jour suivant, de grand matin, il s'assit sur son tribunal, fit amener le saint et lui dit : Misérable, d'où te vient cette fureur, de mettre tes espérances en un homme, et un homme qui a été crucifié comme un malfaiteur? Le martyr lui répondit : Tais-toi, n'ouvre pas tes lèvres impures pour nommer Notre Seigneur Jésus-Christ. Serpent à l'intelligence ténébreuse, qui as vieilli en de mauvais jours, anathème à toi! car Jésus-Christ, mon maître, a souffert pour sauver le genre humain. Le gouverneur, irrité, commanda que l'on emplît une chaudière de poix; et que quand elle serait bouillante, on y jetât le saint la tête la première. Le martyr ayant fait le signe de la croix, y fut jeté. Mais un ange descendit du ciel et toucha la chaudière, qui fondit aussitôt comme la cire devant le feu. Elle ne fit point de mal au saint, mais elle brûla plusieurs des ministres. Le gouverneur, épouvanté de la puissance du Christ et de la patience du martyr, commanda qu'on lui coupât la tête avec l'épée, disant : Nous ordonnons que celui qui n'obéit point aux lois des empereurs, subisse la peine capitale. Les soldats le tirèrent promptement du tribunal. Le martyr, ayant fait le signe de la croix, supplia les bourreaux de lui donner un peu de temps pour prier; et, se tenant debout vers l'orient, il dit : Seigneur, Dieu tout-puissant, Père de Notre Seigneur Jésus-Christ, venez au secours de votre serviteur, envoyez votre ange et recevez mon âme en paix, afin que le dragon meurtrier ne puisse lui faire de mal. Mettez-moi en repos avec le chœur de vos saints martyrs, et délivrez votre peuple de cette oppression des impies. Car à vous appartient l'honneur et la puissance, avec votre Fils unique et le Saint-Esprit, dans les siècles des siècles, amen. Ayant achevé sa prière, il fut exécuté; et il se fit un grand tremblement de terre, en sorte que tous s'écrièrent : Il est grand, le Dieu des chrétiens! Et plusieurs crurent en Jésus-Christ.

Cependant les compagnons de Boniface le cherchaient partout : ne le trouvant point, ils commencèrent à se dire l'un à l'autre : Il sera dans un lieu de débauche ou dans un cabaret à se réjouir, tandis que nous nous tourmentons à le chercher. En discourant ainsi, ils rencontrèrent le frère du geôlier, et lui dirent : N'avez-vous pas vu ici un étranger venu de Rome? Il leur dit : Hier, il y eut un étranger qui fut martyrisé pour le Christ, et il eut la tête coupée. Et où est-il? demandèrent les autres. Il répondit : Dans l'arène, et ajouta : Comment est-il fait? Ils dirent : C'est un homme carré, épais, blond, qui porte un manteau d'écarlate. Il répliqua : Celui que vous cherchez souffrit hier le martyre. Eux répondirent : Celui que nous cherchons est un ivrogne et un débauché qui n'a rien de commun avec le martyre. L'autre repartit : Que vous coûtera-t-il de venir jusqu'à l'arène et de le voir? Ils le suivirent donc, et il leur montra son corps étendu. Ils le prièrent de leur montrer aussi sa tête; il l'alla chercher et l'apporta. Le visage du martyr, étant présenté à ses compagnons, leur parut miraculeusement sourire. Eux, l'ayant reconnu, pleurèrent amèrement en disant : Ne vous souvenez pas de notre péché et du mal que nous avons dit de vous, serviteur du Christ! Et ils dirent à l'officier : Voilà celui que nous cherchons; nous vous prions de nous le donner. Il refusa de le leur donner gratuitement; et ils lui payèrent cinq cents sous d'or, plus de dix mille de nos francs, et l'emportèrent. Ils l'embaumèrent et l'enveloppèrent de linge précieux, le mirent dans une des litières et reprirent leur chemin avec joie, louant Dieu de l'heureuse fin du saint martyr.

Cependant un ange apparut à Aglaé, et lui dit : Celui qui était votre esclave est à présent notre frère; recevez-le comme votre Seigneur, et le placez dignement; car, par son intercession, tous vos péchés vous seront remis. Elle se leva promptement, prit avec elle des ecclésiastiques pieux, avec des cierges, et des parfums et, faisant ainsi des prières, ils allèrent au devant des saintes reliques. Déjà, un demi-siècle auparavant, et dans le fort même de la persécution, nous avons vu les reliques de saint Cyprien transportées ainsi avec des cierges et des flambeaux. Celles de saint Boniface furent placées à cinquante stades de Rome, et Aglaé y fit bâtir un oratoire digne du saint martyr. Il s'y opéra plusieurs miracles : les démons y étaient chassés et les malades guéris. Aglaé renonça au monde, donna tout son bien aux pauvres et affranchit tous ses esclaves, ne retenant que quelques filles, qui renoncèrent au monde avec elle. Elle se consacra ainsi au service de Jésus-Christ, et lui devint si agréable, qu'elle chassait les démons et guérissait toutes sortes de maladies par ses prières. Elle vécut encore dans les exercices de la piété treize ans, après lesquels elle s'endormit en paix, et fut enterrée auprès de saint Boniface (Ruinart et *Acta Sanct.*, 14 *maii*).

La persécution ne fut peut-être pas moins cruelle en Cappadoce qu'en Cilicie. Plusieurs martyrs y combattirent jusqu'à la mort; plusieurs, en ayant été fort proche, furent conservés pour servir d'exemple aux autres. Il y en eut qui s'enfuirent, entre autres le père et la mère de Basile, père du grand saint Basile, depuis évêque de Césarée. Ils savaient la règle du martyre, qui était de ne point aller au combat volontairement, pour épargner et les persécuteurs et les chrétiens faibles, mais de ne pas reculer quand on était en présence. Ils se retirèrent donc dans les forêts du Pont avec très-peu de domestiques, et y menèrent une vie très-rude pendant sept ans, c'est-à-dire depuis l'an 306 jusqu'à l'an 313 et la fin de la persécution. Ils étaient riches et accoutumés à une vie différente de celle qu'ils passaient dans ces bois inhabités, loin de leurs amis, exposés aux injures du temps et réduits à une nourriture très-chétive. Ils prièrent Dieu de les soulager, comme il avait secouru son peuple dans le désert; et aussitôt il leur envoya quantité de cerfs, dont ils prirent autant qu'ils voulurent (Greg. Naz., *Orat.* 20).

Un jeune homme d'une illustre naissance, nommé Théodore, originaire de l'Orient, venait d'être enrôlé dans une légion qui tenait son quartier d'hiver à Amasée, métropole du Pont. C'était peu après que Galérius et Maximin eurent publié leurs édits pour continuer la persécution de Dioclétien. Le jeune soldat, bien loin de dissimuler sa foi, la portait comme écrite sur le front. Il fut présenté au tribun de la légion et au gouverneur de la province, qui lui demandèrent pourquoi il n'adorait pas les dieux, suivant les ordres des empereurs. Il répondit : Je suis soldat de Jésus-Christ, mon roi. Je ne connais point les dieux. Mon Dieu est Jésus-Christ, le Fils unique de Dieu. Les dieux que vous voulez que j'adore ne sont pas des dieux, mais des démons; quiconque leur attribue des honneurs divins est dans l'erreur. Voilà quelle est ma religion, quelle est la foi pour laquelle je suis prêt à tout souffrir. Si mes paroles vous choquent, frappez, déchirez, brûlez-moi, coupez-moi la langue. Il est juste que tous mes membres souffrent pour leur Créateur.

Les juges, embarrassés d'une réponse aussi hardie, délibéraient sur ce qu'ils avaient à faire, lorsqu'un officier, voulant railler le saint, se mit à lui dire : Quoi donc, Théodore, ton Dieu a-t-il un fils ? Est-il sujet à l'amour et aux passions comme les hommes ? Non, répondit-il, mon Dieu n'est point sujet aux passions. Toutefois il a un Fils, mais un Fils né d'une manière digne de Dieu, et bien au-dessus de vos idées basses et charnelles ; car ce Fils est la parole de vérité, par laquelle il a fait toutes choses. Mais est-ce là ce qu'on enseigne parmi vous? Ne rougissez-vous pas d'adorer des dieux mâles et femelles, sans parler de tout le reste que je n'ose dire ? Le tribun lui demanda : Pouvons-nous connaître ce Fils de Dieu ? Il répondit : Je voudrais bien que Dieu vous eût donné assez de lumière pour cela. Mais, reprit l'autre officier, quand nous l'aurions connu, nous ne pourrions pas abandonner notre empereur pour nous donner à votre Dieu. Si vous le connaissiez, répondit Théodore, vous seriez bientôt sortis de vos ténèbres, et, au lieu de mettre une confiance fragile dans votre très-fragile prince de la terre, vous vous attacheriez comme moi au Dieu vivant, le Roi, le Seigneur éternel, et vous combattriez comme moi sous ses enseignes.

Les juges, après s'être consultés, témoignèrent avoir pitié de lui et ne le pressèrent pas davantage. Laissons-le là pour quelques jours, dit le tribun ; il changera, il viendra de lui-même et il fera ce qui lui est plus avantageux. On le renvoya donc, mais en lui prescrivant un temps pour se résoudre à sacrifier. Le saint ne le perdit pas en de vaines délibérations : il l'employa à prier sans cesse et à louer le Seigneur. Cependant les persécuteurs recherchèrent les chrétiens parmi les habitants d'Amasée et en firent conduire quelques-uns en prison. Théodore les suivait, les exhortant à demeurer fermes et fidèles à Jésus-Christ, et marquait en toute rencontre le zèle qu'il avait pour son service. Il y avait au milieu de la ville, sur le bord de la rivière d'Iris, un temple de Cybèle, que les fables appelaient la mère des dieux. Théodore, trouvant l'occasion favorable, y mit le feu durant la nuit et le réduisit en cendres avec l'idole. Ce que saint Grégoire de Nysse (*In Theod.*) rapporte comme une générosité louable, quoique le concile particulier d'Elvire paraisse blâmer des actions de ce genre. Théodore ne s'en cacha point ; il s'en vantait même publiquement, lorsqu'il fut dénoncé par quelques personnes. Il parut devant le tribunal du gouverneur avec une telle assurance, qu'on l'aurait plutôt pris pour le juge que pour l'accusé. Il avoua le fait qu'on lui imputait. Le juge lui demanda pourquoi il avait brûlé la déesse au lieu de l'adorer. Le saint répondit qu'il avait allumé le bois pour mettre cette déesse à l'épreuve; que le feu l'avait attaquée et brûlée, parce que toute sa vertu s'était trouvée de pierre comme sa matière. Le juge, en colère, le fit fouetter et le menaça d'autres supplices bien plus rigoureux s'il n'obéissait aux ordres des empereurs. Le saint répondit que les supplices les plus terribles ne le feraient point obéir à des hommes contre ce que Dieu lui commandait, et que l'espérance qu'il avait des biens du ciel lui ôtait toute crainte des maux de la terre dont on le menaçait. Le gouverneur, le voyant insensible à ses menaces, tâcha de le gagner par de magnifiques promesses, lui faisant espérer des honneurs, des dignités et le pontificat même. Théodore se moqua de toutes ses promesses, et, pour revenir à ses menaces, dont l'effet était bien plus proche, il l'assura, en faisant le signe de la croix sur tout son corps, que, quand il le ferait fondre dans le feu, quand il le mettrait en pièces, il ne cesserait de confesser Jésus-Christ jusqu'au dernier soupir.

Le juge, renonçant alors aux moyens de douceur, fit mettre le saint sur le chevalet et ordonna qu'on lui déchirât les côtés avec des ongles de fer. Ce que les bourreaux exécutèrent avec tant de cruauté, que les os en furent tout découverts. Le saint cependant demeura aussi ferme que si on avait tourmenté un autre. Il ne dit rien au juge, mais il chantait ce verset du psaume : *Je bénirai le Seigneur en tout temps; toujours sa louange sera dans ma bouche.* Le juge, étonné d'une si rare patience, lui dit : N'as-tu pas honte, misérable que tu es, de mettre ta confiance en cet homme que tu appelles Christ et qu'on a fait mourir comme un malheureux ? n'as-tu pas honte de t'exposer inconsidérément pour lui aux tourments et aux supplices ? Cette honte-là, répondit le saint, est pour moi et pour tous ceux qui invoquent le nom de Jésus-Christ un sujet de gloire et de joie.

Après les tourments de la question, il fut mis dans la prison, où Dieu fit paraître les merveilles de sa puissance. Car, suivant ce que rapporte saint Grégoire de Nysse, on entendit durant la nuit la voix d'une multitude de personnes qui chantaient, et l'on vit une lumière comme de plusieurs lampes allumées. Le geôlier, surpris de ce double prodige, entra dans le cachot et n'y vit autre chose que le saint qui reposait avec d'autres prisonniers. Le juge se le fit amener de nouveau pour le remettre à de nouvelles épreuves ; mais, le trouvant invincible, il lui prononça la sentence de mort et le condamna à être brûlé tout vif : ce qui fut exécuté sur-le-champ (Greg. Nyss., Ruinart, Surius, Tillemont, Baillet).

A Antioche, il y avait une jeune vierge nommée Pélagie, âgée d'environ quinze ans. La persécution ayant redoublé, elle se renferma chez elle. Mais elle se vit tout à coup assiégée par des soldats, qui la sommèrent de paraître devant le juge qui cherchait à lui ravir sa foi ou sa chasteté. Elle était alors toute seule, n'ayant avec elle, ni père, ni mère, ni sœurs, ni nourrice, ni servante, ni voisine, ni amie. Elle était préparée à toutes sortes de tourments et de supplices. Cependant la crainte de perdre la couronne de sa chasteté la fit résoudre à ne point comparaître et à prévenir les bourreaux par un autre moyen. Elle demanda aux soldats d'attendre qu'elle eût changé de vêtements. Entrée aussitôt dans sa chambre, elle pria Dieu longtemps de lui faire la grâce de paraître devant lui pure et sans tache. Elle se para ensuite,

LIVRE XXX. — TRIOMPHE DE L'ÉGLISE SUR L'IDOLATRIE.

monta sur le toit de la maison, se jeta du haut en bas et mourut de sa chute (Ruinart et *Acta Sanct.*, 9 *jun.*).

Dans la même ville, il y avait une dame fort considérée pour la noblesse de son sang et la grandeur de ses richesses, pour les rares qualités du corps et de l'esprit dont elle était douée; mais plus relevée encore par sa vertu, qui lui avait acquis une réputation merveilleuse parmi ses concitoyens. Son nom était Domnine. Elle avait deux filles d'une beauté extraordinaire, encore jeunes, nommées Prosdoce et Bérénice, qu'elle avait élevées dans la piété chrétienne avec beaucoup de soin et de succès. Pour éviter la persécution, elle s'enfuit avec elles jusqu'à Edesse, souffrant toutes les incommodités d'un voyage qu'elle faisait sans secours et chargée de la garde de ses filles. Mais comme l'édit de persécution portait que les parents et les proches seraient obligés de découvrir les chrétiens, le mari de sainte Domnine vint à Edesse avec des soldats, et l'ayant trouvée, l'emmena avec ses filles et la fit conduire à Hiéraple de Syrie. Dans le chemin, se rencontrait une rivière; pendant que les soldats dînaient, sainte Domnine prit ses deux filles, et, les tenant toutes deux par les mains, couvertes modestement de leurs habits, elle entra avec elles dans la rivière, où elles se noyèrent toutes trois, pour éviter non-seulement les tourments, mais les outrages dont leur pudeur était menacée. L'histoire de ces trois saintes, ainsi que celle de sainte Pélagie, nous la tenons de deux Pères de l'Eglise, saint Ambroise et saint Chrysostôme, qui ont fait leur panégyrique, et regardent comme indubitable qu'elles agissaient par une inspiration particulière de Dieu (Act., 4 *octob.*).

En Palestine, sous les gouverneurs Urbain et Firmilien, il y eut un grand nombre de martyrs, dont Eusèbe, témoin oculaire, décrit les divers tourments. Il y avait encore un plus grand nombre de confesseurs, qui, après avoir souffert beaucoup, étaient condamnés aux mines de la Palestine et de l'Egypte. On les comptait par centaines et par milliers. A la plupart d'entre eux, les persécuteurs avaient crevé un œil et coupé un jarret. La persécution dura huit ans dans ce pays. Toutefois, en 308, il y eut quelque relâche, et les confesseurs qui travaillaient aux mines de la Thébaïde furent mis en liberté. Les chrétiens espéraient du repos, mais tout d'un coup, on ne sait comment, la persécution se ralluma plus violente que jamais. Maximin envoya contre eux des lettres dans toutes les provinces, et les gouverneurs, par leurs édits, ordonnèrent à tous les magistrats des villes et à tous les commandants des places de faire exécuter les ordres de l'empereur; que les temples des idoles, qui étaient ruinés, fussent relevés et réparés au plus tôt; que tous, hommes, femmes, esclaves, et jusqu'aux enfants à la mamelle, offrissent des sacrifices et des libations, et en goûtassent réellement; que tous les vivres exposés dans les marchés fussent profanés par ces libations; qu'aux portes des bains, il y eut des gardes pour obliger tous ceux qui en sortiraient à sacrifier. Les païens eux-mêmes étaient fatigués de ces nouvelles vexations, et s'en plaignaient hautement.

Les deux plus illustres martyrs de ces contrées furent saint Pamphile, prêtre de Césarée, et saint Méthodius, évêque de Tyr.

Pamphile était né à Béryte en Phénicie, d'une famille considérable. Il y passa les premières années de sa jeunesse, appliqué à l'étude des sciences, où il se rendit très-habile. Il exerça même dans cette ville les premiers emplois de la magistrature; mais enfin il quitta tout pour s'appliquer uniquement à l'étude des Ecritures saintes. Il fit pour cela le voyage d'Alexandrie, où il prit les leçons du prêtre Piérius, grand philosophe, grand théologien, qui, pour son érudition universelle, fut appelé le jeune Origène. Revenu à Césarée en Palestine, Pamphile y fut ordonné prêtre. Bientôt on le considéra comme le principal ornement de cette église, autant pour sa sainteté que pour sa doctrine. Sa vie se passait dans la pratique de toutes les vertus chrétiennes, principalement de l'humilité, qui lui faisait cacher les autres, de la charité à distribuer ses biens aux pauvres, de la générosité à servir son prochain. Il avait une ardeur si grande pour les sciences et les livres, qu'il monta dans Césarée une bibliothèque des meilleurs ouvrages des anciens. On y compta près de trente mille volumes. Il en faisait venir de tous les côtés. Entre ceux qu'il recherchait avec le plus de soin, étaient ceux d'Origène. Il en transcrivit la plus grande partie de sa main. Outre les dépenses qu'il faisait pour sa bibliothèque, il achetait encore des exemplaires de l'Ecriture sainte en grande quantité, et il en faisait des présents à tous ceux qu'il voyait portés à la lecture. Il s'appliquait surtout à ce que le texte de la Bible fût extrêmement correct. Au milieu de ces travaux, il tenait encore une école publique de théologie chrétienne.

Plus d'un martyr sortit de cette école, entre autres deux frères, Apphien et Edèse. Le premier, après avoir souffert d'horribles tortures à Césarée, fut jeté dans la mer à demi mort. Aussitôt il s'éleva une si grande tempête, non-seulement sur la mer, mais dans l'air, que la terre et toute la ville en fut ébranlée; et la mer, comme ne pouvant porter le corps du martyr, le jeta devant les portes de la ville. Tous ceux qui étaient alors à Césarée furent témoins de cette merveille, entre autres Eusèbe, qui la raconte. Edèse endura une mort semblable en Egypte. Urbain était alors gouverneur de la Palestine. Dans la multitude des chrétiens qu'il condamna aux fers, aux mines, aux tourments, à la mutilation, à la mort, il fit surtout arrêter le prêtre Pamphile. Il espérait que la chute de cet homme célèbre entraînerait beaucoup d'autres. Il n'omit donc rien pour le porter à sacrifier aux dieux. Le voyant également insensible à ses promesses et à ses menaces, il eut recours aux tourments et lui en fit souffrir des plus cruels. La patience du martyr irrita encore la cruauté du juge. Enfin, après lui avoir fait déchirer les côtés avec des ongles de fer, longtemps et à diverses reprises, et l'avoir mis à deux doigts de la mort par la perte de son sang, il le fit porter dans la prison pour tâcher de prolonger son martyre. Son dessein était de le torturer de nouveau, lorsque ses plaies seraient fermées. Il n'en eut pas le temps. Dans une seule nuit il perdit toute la faveur qu'il avait auprès du césar Maximin, dont il avait été jusqu'alors l'ami, le compagnon et le principal ministre. Par un ordre venu tout à coup, il se vit dépouillé en un instant de toutes ses dignités, abandonné de ses gardes, chassé honteusement de son palais, traîné dans les rues avec mille indignités; et, après avoir été exposé, pendant quelque temps au mépris et aux insultes de la populace, à qui ses violences et ses débauches l'avaient rendu odieux et devant laquelle il s'humiliait alors bassement, il eut la tête coupée au milieu de la ville même où il avait exercé tant de cruautés. Son successeur, Firmilien, n'en fut pas moins cruel et aura le même sort (Eusèbe, Ruinart, *Acta Sanct.*, Tillemont).

Saint Pamphile resta deux ans en prison. Un de ses disciples, l'historien Eusèbe, y était enfermé avec lui. Ils composèrent dans cet intervalle l'apologie d'Origène, contre ceux qui combattaient la doctrine de ce grand homme par malignité ou par ignorance, et qui condamnaient ses écrits sans les avoir lus ou compris. L'ouvrage était divisé en cinq livres, auxquels Eusèbe ajouta plus tard un sixième. Il était dédié aux confesseurs qui travaillaient dans les carrières de la Palestine, et dont plusieurs s'étaient laissé prévenir contre Origène et ses amis. Les six livres se voyaient encore en leur entier du temps de Photius, au IXe siècle; il ne nous est parvenu que le premier, de la version latine de Rufin. Nous en avons résumé la substance, lorsque nous avons parlé de la doctrine d'Origène.

Dès son vivant, cet homme extraordinaire avait eu des saints pour lui et des saints contre lui. La même chose lui arrive après sa mort. Tandis que le martyr Pamphile écrit pour le justifier, un autre martyr écrit pour le réfuter. C'était saint Méthodius, évêque de Tyr.

D'abord évêque de la ville d'Olympe en Lycie, et probablement aussi de Patare, qui pouvait être unie à Olympe, il fut transféré à Tyr, et succéda, d'après ce qu'on croit, à saint Tyrannion, qui souffrit le martyre sous Dioclétien. Méthodius fut d'abord grand admirateur d'Origène; mais quand il vit les conséquences impies que quelques-uns tiraient de certains de ses principes sur la résurrection, il écrivit un ouvrage à ce sujet, pour réfuter et les principes et les conséquences. Et il faut convenir que l'article sur lequel Origène est le plus faiblement justifié dans l'apologie de saint Pamphile, est celui de la résurrection de la chair. L'ouvrage de saint Méthodius n'est point venu jusqu'à nous; mais saint Epiphane nous en a conservé un très-long fragment qui justifie pleinement les éloges que les anciens ont donnés à la beauté de son esprit et à l'élégance de son style.

C'était une idée d'Origène ou des origénistes, que nos corps sont une prison, où notre âme a été enchaînée pour avoir péché dans une vie précédente; que ce sont les tuniques de peau dont Dieu revêtit nos premiers parents après leur chute, et qu'il faut déposer par la mort pour être délivrés du péché et retourner à la première vie bienheureuse. Saint Méthodius fait voir, avec beaucoup de finesse et de sagacité, que ces idées sont contraires, non-seulement à l'Ecriture, mais encore à elles-mêmes. « Si Adam et Eve, encore innocents, n'avaient point de corps, comment le premier dit-il de la seconde : Voici l'os de mes os, et la chair de ma chair? Si Adam et Eve ont péché avant d'avoir un corps, comment pouvez-vous dire que le corps est la cause de tous les maux, et supposer que par elle-même l'âme est impeccable? La prison est-elle cause de la scélératesse des criminels qu'on y renferme? n'en-est-elle pas plutôt la punition, le remède, l'obstacle? Si notre corps est ainsi la prison de notre âme, il méritera, non pas d'être privé de la résurrection, mais d'y avoir la part principale. Si l'homme ressuscité ne doit pas avoir un corps de chair, comment le Christ ressuscité dit-il à ses Apôtres : Palpez-moi, et voyez; car un esprit n'a pas de chair et d'os, comme vous voyez que j'en ai? La vérité est que l'homme n'est pas l'âme seule, mais un composé de l'âme et du corps; que le corps est un instrument de bien et de mal, suivant le libre arbitre de l'âme, qui en est la vraie cause. Le péché originel est comme un arbrisseau vivace qui a implanté ses racines entre les pierres d'un temple : on a beau couper les rejetons, la racine cachée entre les pierres repousse toujours; pour en délivrer le temple tout à fait, il faut le démolir pierre par pierre, et le reconstruire à neuf. C'est que Dieu fait par la mort et la résurrection. Le péché originel est encore comme une dégradation faite à une belle statue de bronze : que le statuaire y mette une pièce, le défaut paraîtra toujours; pour le faire disparaître, il brise la statue et la refond à neuf, sur le dessin primitif. La résurrection est cette refonte (*Apud Epiph. Hæres.*, 64).

Outre son *Traité de la Résurrection*, Méthodius écrivit encore contre les origénistes un *Traité du libre Arbitre* et un autre *Des Créatures*. Il ne nous en reste que des fragments. Le saint évêque y démontre que la matière n'est point coéternelle à Dieu, qu'elle n'est point la cause du mal, mais que le mal vient de la libre volonté de la créature. Comme l'historien Eusèbe était grand partisan d'Origène, il ne dit pas un mot dans son histoire ni de Méthodius ni de ses écrits; ce n'est pas le seul exemple de sa partialité. Le saint évêque a pareillement été oublié par Fleury et ses copistes. Il écrivit encore deux livres contre Porphyre, ainsi qu'un autre *De la Pythonisse*, et un autre *Des Martyrs*. Mais de tous ces ouvrages, nous n'en avons qu'un seul en entier : c'est son *Banquet des Vierges*. Par sa forme de dialogue, l'élévation des pensées et une certaine poésie de style, il peut être comparé aux plus beaux dialogues de Platon.

Ce sont dix vierges, convives d'Arété ou la Vertu, qui parlent l'une après l'autre de l'excellence de la virginité et des moyens de la conserver pure. La virginité est la fleur de l'Eglise, elle en est les prémices. Il faut pour cela des naturels généreux, et qui, marchant sur la terre, s'élèvent jusqu'au ciel. Aussi la virginité ne fut-elle point révélée à l'enfance du monde. Les patriarches pouvaient avoir plusieurs femmes. Salomon, au livre de la *Sagesse*, fait l'éloge de la chasteté volontaire, mais il ne se trouve ni juste ni prophète qui ait loué et choisi la virginité. La promulgation de cette doctrine était réservée au Seigneur, qui devait être le prince des vierges, comme il est le prince des prêtres, des prophètes et des anges. Tel nous le montre saint Jean dans son Apocalypse, au milieu de cent quarante-quatre mille, qui ont été rachetés de la terre. Cependant la prééminence de la virginité n'ôte rien à la sainteté du mariage. La lune, quoique plus brillante, n'éclipse pas pour cela les étoiles. De ce que le miel est plus doux, il ne s'ensuit pas que le reste soit amer. Avec les fleurs de la virginité, l'Eglise se

LIVRE XXX. — TRIOMPHE DE L'ÉGLISE SUR L'IDOLATRIE.

couronne encore des fleurs de la chasteté conjugale. Ainsi la vierge qui se marie fait bien; mais celle qui ne se marie pas fait mieux. Elle est, sous la loi nouvelle, ce que le nazaréen était sous la loi ancienne. Le nazaréen s'abstenait de toute liqueur enivrante; la vierge s'abstient plus encore de toute passion enivrante. Ce serait peu pour elle de conserver la pureté de son corps, si elle laisse vaincre son cœur à la légèreté et à la parure. Elle est dans l'Eglise ce que l'autel des parfums était dans le tabernacle du témoignage : autel de bois incorruptible, revêtu d'or, placé devant l'arche sainte, où le pontife n'offrait à Dieu ni chair ni sang, mais le parfum des plus précieux aromates. Dans la parabole des dix vierges, il y en a cinq qui sont appelées folles, pour avoir négligé de rendre leur virginité parfaite; car il y a une certaine virginité de la vue, de l'ouïe ainsi que des autres sens. Que dirons-nous encore? Le Verbe de Dieu lui-même ne fait-il pas l'éloge de la virginité dans le *Cantique des cantiques?* N'est-ce pas d'elle qu'il dit : *Comme un lis entre les épines, telle est ma bien-aimée entre les filles d'Adam?* Il la compare ainsi à cause de sa pureté, de son parfum, de sa douceur, de son éclat. C'est elle cette épouse unique, à laquelle il s'unit de l'union la plus intime. La mère qui enfante les vierges, c'est l'Eglise, cette femme revêtue du soleil, ayant la lune sous ses pieds, et sur la tête une couronne de douze étoiles. Les filles doivent apprendre de leur mère à fuir les embûches du dragon, ou à lui écraser la tête. La fête des Tabernacles était une image de la résurrection. Les enfants d'Israël y habitaient sous des tentes de feuillages, où ils se livraient à la joie et aux festins. A la résurrection, Dieu même relèvera nos tentes, c'est-à-dire nos corps. Les rameaux de verdure qui doivent les orner, ce sont les vertus chrétiennes, parmi lesquelles la virginité resplendira par-dessus toutes les autres. C'est en habitant sous des tentes que les enfants d'Israël sont entrés dans la terre promise; c'est avec les tentes ressuscitées de nos corps, que nous-mêmes nous entrerons dans le ciel.

Après que les convives d'Arété eurent développé ces pensées, ainsi que d'autres, Arété elle-même conclut que beaucoup faisaient profession de pureté, mais que peu la gardaient d'une manière parfaite. Car pour être parfaitement vierge, ce n'est pas tout de conserver la pureté du corps, il faut encore conserver son âme pure de toute passion, entre autres, de la vaine gloire, de l'ambition, de l'avarice; il faut joindre à la virginité ses autres compagnes : la charité et la miséricorde. Tout l'entretien se termine par un cantique admirable sur l'excellence de la pureté et sur les justes qui en ont donné l'exemple, parmi lesquels Judith et Suzanne (Combefis, *Auctuar; Opera S. Method.*).

Méthodius souffrit le martyre vers la fin de la persécution, l'an 312 ou 313. Pamphile eut la même gloire dès l'an 309, avec douze autres. Le gouverneur Firmilien, qui présidait à leurs supplices, fit mourir un de ses propres officiers, nommé Théodule; qu'il considérait le plus, tant à cause de sa fidélité inviolable, qu'à cause de son grand âge; car il était bisaïeul et voyait la troisième génération de ses enfants. Son crime, comme celui de quelques autres, était d'avoir témoigné de l'amitié aux martyrs; mais Firmilien en fut plus irrité, parce qu'il était de sa famille, et il le fit mettre en croix, tandis que la plupart des autres finirent par le glaive.

Le césar Maximin Daïa présidait souvent lui-même à ces exécutions. A Césarée, pour célébrer sa propre naissance, il fit déchirer par une ourse, et ensuite jeter à la mer, le martyr Agapius. Ce qui le portait à persécuter ainsi les chrétiens, c'est qu'il était lui-même fort adonné à la magie; il n'osait entreprendre la moindre chose sans consulter les oracles et les devins. Il fit réparer dans toutes les villes les temples d'idoles, établit partout des sacrificateurs et un pontife dans chaque province, avec une compagnie d'officiers et de gardes, et une grande autorité dans l'Etat. Il donnait des dignités et de grands priviléges aux enchanteurs et aux magiciens, les regardant comme des hommes pieux et aimés des dieux. Il accabla les provinces où il commandait d'exactions extraordinaires, et enleva à plusieurs riches leurs anciens patrimoines. Le vin le mettait en fureur, et il donnait, étant ivre, des ordres dont il se repentait à jeun. Son exemple excitait les soldats et les gouverneurs des provinces au luxe et à la débauche. Par toutes les villes où il passait, il corrompait des femmes et enlevait des filles; mais il y eut des chrétiennes qui préférèrent la mort à cette infamie. Une femme d'Alexandrie, entre autres, lui résista courageusement. Elle était noble, riche et savante; car ce n'était point une chose extraordinaire de voir en cette ville-là des femmes instruites des lettres humaines et de la philosophie; et à ces marques, quelques-uns ont cru que c'était l'illustre sainte Catherine. Quoiqu'elle demeurât invincible aux poursuites de Maximin, il ne put se résoudre à la faire mourir; il se contenta de lui ôter tout son bien et de l'envoyer en exil (Euseb. et Lact.).

Les déserts se peuplaient ainsi de martyrs et de confesseurs. D'autres saints s'y retiraient d'eux-mêmes. C'était, ce que le paganisme n'avait jamais vu, une multitude de vrais philosophes, c'est-à-dire amateurs pratiques de la véritable sagesse. On les connaît sous le nom d'anachorètes, de moines, de cénobites. Dans le fait, ils réalisaient le portrait idéal que la philosophie grecque avait conçu du sage : être insensible aux choses de ce monde; n'être point superstitieux, ou, comme disaient les Grecs, n'avoir pas peur des démons, mais s'élever à Dieu pour lui devenir semblable par la contemplation de ses perfections infinies et l'imitation de sa providence; en un mot, être un saint, pour parler comme le philosophe de la Chine. Toute la différence qu'il y a des philosophes du paganisme aux moines du christianisme, c'est que les premiers s'appliquaient à bien dire, et les seconds faisaient encore mieux que les autres ne disaient.

Il y avait bientôt soixante ans qu'un de ces pieux solitaires menait cette vie de philosophe chrétien. Il était originaire de la basse Thébaïde, et se nommait Paul. Son père et sa mère l'avaient laissé à l'âge de quinze ans héritier d'un grand patrimoine. Il était bien instruit de la littérature grecque et égyptienne, d'un esprit doux, et plein d'un grand amour de Dieu. Il avait une sœur mariée et demeurait avec elle. La persécution de Dèce le fit retirer à l'écart dans une maison de campagne : c'était en 250; mais le mari de sa sœur se proposait de le dénoncer pour avoir son bien. Paul, l'ayant appris, se retira dans les montagnes désertes. En attendant la fin de la persécution, il s'affectionna à la solitude où il s'était engagé par nécessité. Il s'avançait peu à peu, s'arrêtait de temps en temps et recommençait souvent. Enfin il trouva une montagne de roche, au pied de laquelle était une grande caverne, fermée d'une pierre. Il l'ouvrit par curiosité, et trouva au dedans comme une grande salle, ouverte par-dessus et ombragée d'un vieux palmier qui y étendait ses branches. Une fontaine très-limpide en sortait et faisait un petit ruisseau, qui, après avoir coulé un peu dehors, rentrait aussitôt dans la terre. Paul choisit ce lieu pour sa retraite, et y demeura 90 ans; car il en avait vingt-trois, et il en vécut 113 (Hieron., *Vita S. Pauli*).

Vers le temps où Paul quitta sa famille, naquit à Côme, près d'Héraclée, dans la haute Egypte, un autre jeune homme. Sa vie a été écrite par un des plus grands génies qu'il y ait jamais eu, saint Athanase, qui le connaissait particulièrement et fut même son disciple. Le jeune homme se nommait Antoine. Ses parents, égyptiens d'origine, étaient nobles et riches; chrétiens, ils l'élevèrent chrétiennement et sous leurs yeux, de manière qu'il ne connaissait qu'eux et leur famille. Devenu adolescent, il se contenta de savoir lire et écrire sa langue maternelle, l'égyptien, et ne voulut point apprendre la littérature grecque, pour éviter la communication avec les autres jeunes gens. Tel que le patriarche Jacob, il aimait une vie paisible à la maison; obéissant à son père et à sa mère, allait avec eux à l'église, y était attentif aux lectures et en conservait le fruit dans son cœur. Quoique ses parents fussent riches, jamais il ne les importunait pour la dépense d'une nourriture plus délicate, mais se contentait de ce qu'on lui donnait.

A la mort de son père et de sa mère, il se trouva seul avec une toute petite sœur; il avait 18 ou 20 ans; il eut soin et de la sœur et de la maison. Mais six mois n'étaient pas encore passés, qu'allant suivant sa coutume à l'église, et recueillant son esprit, il réfléchissait en marchant comment les apôtres avaient abandonné toutes choses pour suivre Jésus-Christ, et comment ceux dont il est parlé dans les Actes vendaient leurs biens et en apportaient le prix aux pieds des apôtres, et quelle est l'espérance qui leur est réservée dans le ciel. Plein de ces pensées, il entra dans l'église au moment même qu'on lisait l'Evangile où le Seigneur dit à un riche : *Si tu veux être parfait, va, vends tout ce que tu as, donne-le aux pauvres, et viens et suis-moi, et tu auras un trésor dans le ciel*. Antoine regarda comme envoyé de Dieu ce ressouvenir des saints, et la lecture de l'Evangile comme faite pour lui. Aussitôt qu'il fut sorti de l'église, il distribua à ses voisins, afin qu'ils n'eussent rien à démêler avec lui ni avec sa sœur, tous les héritages qu'il avait de son patrimoine, qui étaient cent cinquante de nos arpents, très-fertiles et très-agréables. Quant à ses meubles, il les vendit tous, et, en ayant tiré une somme notable, il donna cet argent aux pauvres, à la réserve de quelque peu qu'il retint pour sa sœur.

Etant une fois entré dans l'église, et entendant le Seigneur qui dit dans l'Evangile : *Ne vous inquiétez point du lendemain*, il ne demeura pas davantage; mais, étant sorti, il donna aux pauvres ce qui lui restait et confia sa sœur à quelques vierges chrétiennes de sa connaissance, afin qu'elle fût élevée dans un parthénon ou couvent de vierges; puis, devant la maison, il embrassa la vie ascétique, veillant sur lui-même et gardant une très-grande tempérance. Car il n'y avait pas encore en Egypte de monastères nombreux comme plus tard, et aucun moine ne connaissait encore le grand désert, mais chacun d'eux s'exerçait à la vie ascétique, tout seul, non loin de son bourg.

Près de celui d'Antoine, était un vieillard qui s'exerçait à la vie solitaire depuis sa jeunesse; l'ayant vu, il fut touché d'une louable émulation et commença premièrement à demeurer aussi hors du bourg. Mais, si on lui parlait de la ferveur de quelque autre, il allait à sa découverte comme une industrieuse abeille, et il ne s'en retournait point qu'il ne l'eût vu et reçu de lui quelque provision pour s'avancer dans le chemin de la vertu. Fixé au commencement, il équilibra tellement son esprit, qu'il ne pensait plus ni aux biens de ses parents ni à ses proches, mais s'appliquait tout entier à la perfection de la vie ascétique. Il travaillait des mains, sachant qu'il est écrit : *Que celui qui ne travaille point ne doit point manger*, et, ne retenant que ce qu'il lui fallait pour vivre, il donnait le reste aux pauvres. Il priait continuellement, ayant appris qu'il faut prier sans cesse. Car il était si attentif à la lecture, que rien de ce qui était écrit ne tombait par terre; mais il retenait tout, et sa mémoire lui servait ensuite de livres.

Par cette manière de vivre, Antoine se faisait aimer de tous; il était sincèrement soumis à ces hommes de ferveur qu'il allait visiter, et remarquait en quelle vertu chacun d'eux excellait : l'humeur agréable de l'un, l'assiduité à prier dans l'autre; le calme imperturbable de celui-ci, l'humanité de celui-là; les veilles d'un tel, et dans tel autre l'amour de l'étude; il admirait la patience des uns, les jeûnes et les austérités de quelques autres qui n'avaient pour lit que la terre; il observait la douceur de celui-ci, la longanimité de celui-là, leur piété à tous pour Jésus-Christ et leur charité entre eux. Rempli de toutes ces images, il retournait dans sa solitude, où, repassant les vertus qu'il avait vues séparées en tant de personnes, il s'efforçait de les rassembler en lui seul. Il n'eut jamais aucune contestation avec ceux de son âge, si ce n'est pour ne paraître pas le second dans les exercices de la vertu, et, cela même, il le faisait de manière à ne contrister pas un, mais à leur donner de la joie à tous. Aussi tous les amis du bien qui étaient dans la bourgade, l'appelaient *le bien-aimé de Dieu*, et le saluaient, les uns du nom de *fils*, et les autres du nom de *frère*.

Mais l'ennemi du bien ne pouvant souffrir ce zèle en un jeune homme, l'attaqua par diverses tentations. D'abord il lui mit devant les yeux les biens qu'il avait quittés, le soin qu'il devait prendre de sa sœur, sa noblesse, le désir de la gloire, les plaisirs de la vie. D'un autre côté, il lui représentait d'extrêmes difficultés dans le chemin de la vertu : la faiblesse de son corps, la longueur de la vie et un nuage épais de diverses autres pensées. Antoine les ayant dissipées par sa foi et par ses prières continuelles, le démon l'attaqua violemment par des pensées et des fantômes impurs, dont il le tourmentait jour et nuit. Mais Antoine les surmonta par la foi, les prières, les jeûnes, par la considération de la noblesse que Jésus-Christ nous a donnée, de la spiritualité de l'âme et des peines de l'enfer. Finalement, le démon vaincu se présenta à lui sous la forme d'un enfant noir, en disant : J'en ai trompé un grand nombre, j'en ai renversé beaucoup; mais en m'attaquant à toi, je me suis trouvé sans force. Qui es-tu, lui demanda Antoine, pour me parler de la sorte? C'est moi, répondit l'autre d'une voix lamentable, c'est moi qui use envers les jeunes gens de chatouillements impurs; je m'appelle l'*esprit de fornication*. C'est moi qui t'ai obsédé si souvent, et que chaque fois tu as repoussé. Antoine rendit grâces à Dieu, et dit : Tu es donc bien méprisable; tu as l'esprit noir, et tu es faible comme un enfant. Aussi n'aurai-je plus aucun souci de toi; car le Seigneur est mon aide, et je mépriserai mes ennemis.

Bien loin de se relâcher après cette première victoire, Antoine augmenta ses austérités. Il veillait tellement que souvent il passait la nuit entière sans dormir. Il ne mangeait qu'une fois le jour, après le coucher du soleil; quelquefois de deux en deux jours, et souvent de quatre en quatre. Sa nourriture était du pain et du sel, et il ne buvait que de l'eau. Pour la chair et le vin, c'était déjà l'usage établi chez tous les autres solitaires de s'en abstenir. Son lit n'était qu'une natte; mais, le plus souvent, il couchait sur la terre nue. Jamais il ne s'oignait d'huile; ce qui était une grande austérité dans ce pays. Il disait que les solitaires devaient se proposer pour modèle le prophète Élie.

L'Égypte était pleine de sépulcres, qui étaient des bâtiments considérables. Antoine en choisit un des plus éloignés du bourg, où il alla s'enfermer, après avoir prié un de ses amis de lui apporter du pain de temps en temps. Le démon, accompagné d'une multitude des siens, l'y vint attaquer de nuit, et le battit de telle sorte qu'il le laissa étendu par terre, sans pouvoir parler et sentant des douleurs excessives. Le lendemain son ami vint à l'ordinaire lui apporter du pain. Ayant ouvert la porte et le voyant étendu comme mort, il le porta à l'église du bourg, où il le mit à terre; et plusieurs de ses parents et de ses voisins, le croyant mort, vinrent s'asseoir auprès de lui. Sur le minuit, Antoine s'éveilla et les vit tous endormis, hors son ami seul. Il lui fit signe d'approcher, et le pria de le reporter dans son sépulcre, sans éveiller personne; ce qu'il fit. Et Antoine, ayant refermé la porte, continua d'y demeurer seul. Ne pouvant se soutenir à cause des coups qu'il avait reçus, il priait couché et défiait le démon. Alors, il entendit un si grand vacarme que tout le bâtiment en fut ébranlé; les démons, comme ayant ouvert les quatre murailles de la chambre, parurent et entrer en foule sous diverses formes de bêtes affreuses : de lions, d'ours, de léopards, de taureaux, de loups, de scorpions, d'aspics et d'autres serpents, chacun poussant son cri et s'élançant sur lui avec furie. Antoine, bien que percé de coups, demeura ferme et continua de les mépriser. Enfin, levant les yeux, il vit le toit comme s'ouvrir et un rayon de lumière qui venait à lui; les démons disparurent, ses douleurs cessèrent et le bâtiment se trouva dans son entier. Antoine dit : Où étiez-vous, Seigneur, et pourquoi n'êtes-vous pas venu dès le commencement? Une voix répondit : J'étais ici même; mais je voulais être spectateur de ton courage : puisque tu as résisté, je t'assisterai toujours et te rendrai célèbre par toute la terre. Antoine se leva pour prier, et, sentant en lui plus de force qu'il n'en avait auparavant, il partit dès le lendemain pour aller dans le désert. Il avait environ 35 ans.

Il alla trouver le vieillard qui avait été son premier maître, et le pria de venir habiter le désert avec lui. L'autre s'excusa sur son âge et sur ce que ce n'était point encore la coutume. Antoine partit aussitôt pour la montagne. Dans le chemin, il crut voir un grand plat d'argent; il s'arrêta et dit en le regardant : D'où vient un plat en ce désert? Ce n'est point ici un chemin battu; ce plat est trop grand pour être tombé sans qu'on s'en soit aperçu et sans qu'on soit venu le chercher. C'est un artifice du démon; mais tu ne ralentiras point par là l'ardeur qui me pousse. Que ton argent périsse avec toi ! Il n'eut pas achevé ces paroles que le plat s'évanouit comme de la fumée.

Antoine, continuant son chemin, y vit répandue une grande quantité d'or, non plus imaginaire, mais réel, soit que l'ennemi le lui fît voir, ou bien un ange pour l'éprouver. Antoine passa sur cet or comme sur un feu, et, sans se retourner, prit sa course, afin de n'en remarquer pas même la place. Il arriva donc à la montagne, où ayant trouvé, au côté oriental du Nil, un vieux château abandonné depuis longtemps et plein de reptiles, il s'y arrêta et y établit sa demeure. Aussitôt tous ces animaux s'enfuirent, comme si on les en eût chassés; il ferma l'entrée et fit provision de pain pour six mois; car, en Thébaïde, on en faisait de tel, et qui durait même une année entière sans se corrompre; il y avait de l'eau dans l'intérieur de cette forteresse. Il demeura seul dans ce monastère, sans en sortir et sans voir personne de ceux qui y vinrent.

Il vécut longtemps de cette sorte, recevant seulement deux fois l'année du pain qu'on lui jetait de dessus le toit. Ceux de ses amis qui venaient le visiter, étant contraints, à cause qu'il ne les laissait pas entrer, de passer souvent au dehors les jours et les nuits, entendaient au dedans comme des troupes de gens qui murmuraient, qui faisaient grand bruit et qui criaient avec des voix lamentables : Retire-toi d'un lieu qui nous appartient; qu'as-tu à faire dans le désert? tu ne résisteras pas à nos attaques. Ses amis croyaient d'abord que c'étaient des hommes qui, étant descendus avec des échelles, disputaient contre lui; mais ayant regardé par une fente, et ne voyant personne, ils conclurent que c'étaient des démons; et, saisis de frayeur, ils appelaient Antoine, qui ne témoignait pas moins de charité pour eux que de mépris pour les démons. Ses amis venaient ainsi continuellement le voir; et, croyant le trouver mort, ils l'entendaient qui chantait ce psaume : *Que Dieu se lève et que ses ennemis soient dissipés; et que ceux qui le haïssent s'enfuient de devant sa face !*

Après qu'il eut été ainsi enfermé pendant vingt ans, plusieurs, désirant avec ardeur imiter sa manière de vivre, et ses amis voulant à toute force rompre sa porte, il sortit comme d'un sanctuaire où il s'était consacré à Dieu et rempli de son esprit, et se montra pour la première fois hors du château, à ceux qui venaient à lui. Ils furent remplis d'étonnement de voir son corps dans le même état, ni grossi, manque d'exercice, ni atténué par tant de jeûnes et de combats contre les démons; il était tel qu'ils l'avaient connu avant sa retraite. Son âme était tranquille, ni abattue de tristesse, ni dissipée par la joie; il ne fut ni troublé de voir une si grande multitude, ni réjoui des compliments qu'il recevait; mais il était égal en tout, comme gouverné par la raison, et ferme dans son état naturel. Dieu guérissait par lui plusieurs malades, délivrait plusieurs possédés, et donnait tant de grâce à ses paroles, qu'il consolait les affligés et réconciliait ceux qui étaient mal ensemble, leur disant à tous, qu'il n'y a rien dans le monde de préférable à l'amour de Jésus-Christ. Il persuada ainsi à plusieurs d'embrasser la vie solitaire : ce qui fut cause que tant de monastères s'établirent dans les montagnes, et que le désert fut peuplé de moines. Les uns demeurèrent près de lui, à l'Orient du Nil : les autres à l'Occident, vers la ville d'Arsinoé.

L'obligation de visiter ses disciples l'ayant engagé à traverser un canal qui était plein de crocodiles, il se mit en prières et le passa sans que ni lui ni aucun de ceux qui l'accompagnaient reçût le moindre mal. Etant retourné à son monastère, il continua les mêmes travaux. Ses fréquentes exhortations augmentaient la ferveur de ceux qui avaient déjà embrassé la vie monastique, et portaient plusieurs autres à l'embrasser; et ainsi, par l'attrait de ses paroles, il se fit plusieurs monastères, qu'il gouvernait tous comme leur père. Un jour, entre autres, comme ils étaient tous assemblés autour de lui, il leur fit un grand discours en sa langue égyptienne, les exhortant à ne compter pour rien leurs travaux passés, et leur découvrant les divers artifices des démons et les moyens de les vaincre. Il leur cita dans cette vue plusieurs faits qui lui étaient arrivés à lui-même, entre autres celui-ci : Un jour on frappait à ma porte. Etant sorti, j'aperçus quelqu'un d'une haute stature. Lui ayant demandé qui il était, il répondit : Je suis Satan. Qu'as-tu donc ici à faire? lui répliquai-je. Il dit : Pourquoi les moines et les autres chrétiens m'accusent-ils à tort? pourquoi me maudire à toute heure? Je lui répondis : Mais pourquoi les molestes-tu? Ce n'est pas moi qui les moleste, reprit-il, ce sont eux-mêmes. Car moi je suis devenu impuissant. N'ont-il pas lu : Les armes de l'ennemi ont défailli à jamais, vous lui avez enlevé les villes? En effet, je n'ai plus ni lieu, ni arme, ni cité. Il y a des chrétiens partout; le désert même est rempli de moines. Qu'ils prennent garde à eux, et qu'ils ne me maudissent pas sans sujet. Admirant alors la grâce du Seigneur, je dis : Tu es toujours menteur, et jamais tu ne dis la vérité; toutefois dans ce moment tu dis vrai malgré toi. Le Christ, par son avènement, t'a rendu sans force, il t'a terrassé et dépouillé. Dès qu'il entendit le nom du Sauveur, il disparut, ne pouvant supporter les tourments du feu que ce nom seul lui faisait souffrir.

Antoine concluait de ces exemples, qu'il ne fallait pas avoir peur de Satan ni des siens. Les solitaires l'écoutèrent avec joie et avec admiration, et se sentirent animés d'un nouveau courage. Il y en avait un grand nombre dans les montagnes qui passaient leur vie à chanter, à étudier, à jeûner, à prier à se réjouir dans l'espérance des biens éternels; à travailler pour pouvoir donner l'aumône, conservant entre eux la charité et l'union. C'était véritablement une région habitée par la piété et la justice. Il n'y avait là personne qui fît tort à autrui, ni qui en reçût; on n'y entendait point la voix de l'exacteur, tous n'avaient qu'un désir, de s'avancer dans la vertu. A la vue de ces monastères et de ces moines, on pouvait s'écrier de nouveau : *Que vos tabernacles sont beaux, ô Jacob! que vos tentes sont belles, ô Israël! Comme des vallons ombragés, comme un paradis sur le fleuve, comme des tentes qu'a dressées le Seigneur lui-même* (Athan., *Vita S. Ant.*).

Le palais des empereurs offrait un spectacle bien différent. A Rome, Maximien-Hercule régnait avec son fils Maxence; mais on obéissait plus volontiers au fils, qui avait été choisi empereur le premier, dans ces derniers temps, et s'était associé son père. Le vieillard en conçut une jalousie puérile contre son fils, et il ne se trouvait point assez libre avec lui. Il assembla le peuple et les soldats pour les haranguer; et, après avoir discouru longtemps sur les maux de l'Etat, il se tourna, les mains étendues, contre son fils, disant qu'il en était la cause, et lui arracha la pourpre de dessus les épaules. Maxence, ainsi dépouillé, se jeta du tribunal en bas, et fut reçu par les troupes; leurs cris et leur fureur épouvantèrent le père dénaturé, et il s'enfuit de Rome. Il retourna en Gaule, où il demeura quelque temps. Puis il passa en Pannonie, et vint à Carnonte trouver Galérius, l'ennemi de son fils, sous prétexte de traiter avec lui; mais, en effet, pour le perdre s'il le pouvait. Dioclès y était aussi; car Galérius l'avait fait venir pour donner, en sa présence, l'empire à Licinius, à la place de Sévère. La cérémonie s'en fit le dixième de novembre 307, en présence des deux vieillards, Dioclès et Hercule. Ainsi il y eut encore six empereurs à la fois : Galérius, Licinius, Maximin, Constantin, Hercule et Maxence. Hercule vit par là ses mesures rompues; il s'accommoda donc avec Galérius, et ils furent consuls ensemble l'année suivante 308.

Mais le vieil empereur ne put demeurer en repos. L'an 310 il était revenu en Gaule et avait quitté l'empire pour la seconde fois, dans le dessein de surprendre Constantin, son gendre. Les Francs étaient en armes pour entrer dans les Gaules, et Constantin pensait à les réprimer; Hercule lui persuada de ne pas faire marcher contre eux toute son armée, disant qu'un petit corps suffisait pour les défaire. Constantin, qui ne se défiait de rien, le crut, comme un vieillard expérimenté, et laissa la plus grande partie de ses troupes. Hercule attendit quelques jours; et quand il crut que Constantin était sur les terres des Barbares, tout d'un coup il reprend la pourpre, s'empare des trésors et fait des largesses aux soldats, publiant des mensonges contre Constantin, qui, ayant appris ces nouvelles, revint avec son armée et fit une diligence incroyable. Hercule fut surpris avant qu'il eût pourvu à ses affaires, et les troupes retournèrent à Constantin : c'était dans la Belgique. Hercule, se voyant le plus faible, s'enfuit à Arles, puis à Marseille, où Constantin vint l'assiéger. Hercule parut sur la muraille; Constantin s'approcha, et lui demanda sans aigreur ce qu'il voulait faire, ce qui lui manquait, et pourquoi il tenait une conduite si indigne de lui. Hercule lui répondit par des injures; mais dans le moment même on ouvrit les portes de la ville, et on y reçut les troupes de Constantin. On lui amena son beau-père; il se contenta de lui ôter la pourpre, après lui avoir reproché ses crimes, et lui donna la vie.

Cette leçon fut encore perdue pour Hercule. Il sollicita sa fille Fausta, par prières et par flatteries, d'abandonner Constantin, lui promettant un mari plus digne, et lui proposa de laisser sa chambre ouverte et mal gardée. Elle le lui promet, et aussitôt le rapporte à son mari : on prépare tout pour prendre Hercule sur le fait : un misérable eunuque est mis dans le lit et à la place de Constantin. Hercule se lève au milieu de la nuit et trouve l'occasion favorable : peu de gardes, et éloignés. Il leur dit en passant : J'ai fait un songe, que je veux conter à mon fils. Il entre armé, et, après avoir tué l'eunuque, il ressort, se vantant de ce qu'il croyait avoir fait. Constantin paraît aussitôt d'un autre côté, avec une troupe de gens armés. On tire de la chambre le corps mort; Hercule demeure sans voix et sans mouvement. Enfin on lui donna le choix du genre de mort; il choisit la corde. Ainsi périt ignominieusement Maximien-Hercule. Bientôt ce sera le tour de Galérius.

Depuis que Licinius avait été fait empereur, Maximin Daïa, en colère, ne supportait plus de n'avoir que le nom de césar et le troisième rang. Galérius lui envoie ambassadeur sur ambassadeur, le conjure de lui obéir, de respecter son arrangement, de céder à l'âge et de déférer l'honneur aux cheveux blancs. L'autre, toujours plus hardi, soutient qu'il doit être le premier, puisque le premier il avait pris la pourpre; il méprise et ses prières et ses ordres. La bête s'irrite et mugit de ce qu'après avoir fait un césar ignoble, pour le trouver obéissant, elle le trouve oublieux d'un tel bienfait et rebelle à sa volonté et à ses prières. L'autre, emporté et opiniâtre, ôte le nom de césar, se déclare lui-même et Licinius augustes, Maxence et Constantin, fils des augustes, comme ils l'étaient en effet; mais ce nom était un titre de dignité. Il écrivit ensuite à Galérius, la nouvelle qu'au dernier Champ-de-Mars, c'était une assemblée militaire, l'armée l'avait nommé auguste. Galérius reçut cette nouvelle avec tristesse et chagrin, et commanda de les nommer empereurs tous les quatre.

Il ne s'attendait guère à ce qui le menaçait lui-même. Dès les commencements de l'an 310, il s'occupait des fêtes de la 20e année de son règne, qu'il se proposait de célébrer le 1er mars de l'an 312; et comme si les réjouissances du souverain devaient être le malheur des peuples, il n'était point de violences qu'il n'exerçât sur ses sujets pour amasser des sommes immenses et se mettre ainsi en état de faire admirer la magnificence de ses vicennales. Ses exactions devinrent plus intolérables que jamais. Il n'y avait pas une grange où il n'y eût un collecteur, pas une vigne où il n'y eût un soldat de garde. On réduisait à mourir de faim et de soif les laboureurs et les vignerons, dont le travail fournit aux autres de quoi manger et boire (Lact., *De mort. persec.*).

Mais personne n'avait plus à souffrir que les chrétiens. On rapporte à cette époque le martyre de saint Quirin et de saint Sérénus. Quirin était évêque de Siscia, dans la haute Pannonie. Ayant été pris, il confessa Jésus-Christ vrai Dieu, fut mis en prison, puis jeté dans le Danube avec une meule au cou; mais, d'après le témoignage des actes, ainsi que d'Eusèbe qui écrivait dans ce temps, au lieu d'aller à fond, il demeura longtemps sur l'eau, au grand étonnement du peuple qui le regardait, assemblé en foule sur les bords. Quirin les exhortait à demeurer fermes dans la foi et à ne craindre ni les tourments ni la mort. Mais, voyant qu'il n'enfonçait point, et craignant de perdre la gloire du martyre, il pria Jésus-Christ, son Dieu, rendit l'esprit et coula à fond. Son corps fut trouvé assez proche et honoré ensuite comme il méritait. Sérénus était un vieux jardinier, à Sirmium, dans la même province. Un jour il réprimanda une femme qui était venue se promener dans son jardin à une heure indue. La femme se plaignit à son mari comme d'une insulte. Le mari, qui était dans les gardes de l'empereur, cita le jardinier devant le gouverneur. Mais, quand il sut pour quel motif il avait réprimandé sa femme, il eut honte et se tut. Le gouverneur conclut que ce jardinier devait être chrétien, il l'interrogea et lui fit couper la tête (Ruinart, Eusèbe).

Galérius, au comble de la prospérité, chef de quatre ou cinq empereurs, se disposait donc à célébrer sa propre fête avec une magnificence sans pareille, lorsque Dieu le frappa d'une plaie incurable. Il lui vint aux parties du corps que la pudeur ne permet pas de dire, un ulcère qui s'étendit assez loin. Les médecins y appliquent le fer et tâchent de guérir. La cicatrice était fermée, quand la plaie se rouvrit, et il perdit du sang jusqu'à mettre sa vie en péril. On arrêta le sang : la cicatrice se ferma et se rouvrit encore; il perdit plus de sang qu'auparavant, il devint pâle, ses forces diminuèrent. Le sang fut arrêté, mais la gangrène gagnait tout autour. On fait venir de toutes parts les médecins les plus fameux : la main de l'homme n'y peut rien. On a recours aux idoles : à Apollon, à Esculape; Apollon donne un remède qui augmente beaucoup le mal. Tout le siège et les parties inférieures s'en allaient en corruption. Les malheureux médecins, n'espérant plus vaincre le mal, cherchent au moins à l'adoucir, mais il se retire au dedans et gagne les intestins : il s'y forme des vers. Une odeur insupportable s'étend non-seulement dans le palais, mais dans toute la ville de Sardique où il était; les conduits de l'urine et des autres excréments étaient confondus. Ses douleurs intolérables lui faisaient pousser des cris horribles. On faisait cuire des animaux qu'on lui appliquait tout chauds pour attirer les vers; et, en effet, il en sortait une quantité prodigieuse. Mais la corruption, s'étendant toujours, en engendrait encore davantage. Son corps était défiguré en deux manières : le haut, jusqu'à la plaie, était si maigre et desséché, que l'on ne voyait qu'une peau livide enfoncée entre les os; le bas était enflé comme des outres, et il n'y avait plus forme de pieds.

Cette horrible maladie lui dura une année entière. Il fit mourir plusieurs médecins qui ne pouvaient apporter de remède à son mal ni en supporter la mauvaise odeur. Un d'eux, se voyant en ce péril, lui dit : Vous vous trompez, seigneur, si vous croyez que les hommes puissent vous ôter le mal que Dieu vous envoie, cette maladie n'est pas humaine ni sujette à nos remèdes. Souvenez-vous de ce que vous avez fait contre les serviteurs de Dieu et contre la sainte religion, et vous verrez où vous devez avoir recours. Je puis mourir comme les autres, mais les médecins ne vous guériront pas. Galérius commença alors à comprendre qu'il était homme; dompté par la maladie et pressé par la douleur, il s'écria qu'il rétablirait le temple de Dieu et qu'il satisferait pour son crime; enfin, n'en pouvant plus, il publia l'édit suivant :

« L'empereur César Galérius Valérius Maximien, invincible, auguste, souverain pontife, très-grand Germanique, très-grand Egyptiaque, très-grand Thébaïque, très-grand Sarmatique pour la cinquième fois, très-grand Persique, très-grand Carpique pour la seconde fois, très-grand Arméniaque pour la sixième, très-grand Médique, très-grand Adiabénique, la vingtième année de sa puissance tribunitienne, sa dix-neuvième année d'empereur, consul pour la huitième fois, père de la patrie, proconsul, aux habitants de ses provinces, salut.

» Entre les soins que nous prenons continuellement de l'utilité publique, nous avions voulu ci-devant rétablir toutes choses suivant les anciennes lois des Romains, et faire en sorte que les chrétiens, qui avaient quitté la religion de leurs ancêtres, revinssent à résipiscence; car ils étaient comme subjugués par une telle fantaisie et préoccupés par une folie si grande, qu'ils ne suivaient plus ces maximes que leurs pères eux-mêmes avaient peut-être établies d'abord, mais ils faisaient à leur gré d'autres lois pour leur servir de règle, et formaient en divers lieux diverses assemblées de peuple. Enfin, comme nous avions fait une ordonnance pour les ramener aux institutions des anciens, plusieurs ont été mis en péril et plusieurs ont péri effectivement. Et comme nous les voyons la plupart demeurer dans leurs sentiments, sans rendre aux dieux le culte qui leur est dû, ni servir le Dieu des chrétiens; ayant égard à notre très-douce clémence et à la coutume que nous avons toujours observée de faire grâce à tous les hommes, nous avons cru devoir aussi étendre notre expansive indulgence sur eux, en sorte qu'ils puissent être chrétiens comme auparavant, et rétablir les lieux de leurs assemblées, à condition qu'ils ne fassent rien contre les règles. Au reste, nous ferons savoir aux juges, par une autre lettre, ce qu'ils devront observer. Donc, suivant cette grâce que nous leur faisons, ils seront obligés de prier leur Dieu pour notre santé, pour le salut de la république et le leur, afin que la république prospère de tous côtés, et qu'ils puissent vivre en sûreté dans leurs maisons (Euseb., l. 8, c. 17). »

Tel fut l'édit que rendit Galérius, tant en son nom qu'au nom de Constantin et de ses collègues. Le nouvel Antiochus y respire encore le faste et l'orgueil; le christianisme n'est encore à ses yeux qu'une grande folie. On dirait Satan, forcé, par la douleur, de ployer le genou au nom du Christ.

Cet édit fut dressé en latin à Sardique, où était l'empereur, et ensuite publié et affiché dans les principales villes, et traduit en grec pour l'Orient. Il fut publié par toute l'Asie et les provinces voisines, et en particulier à Nicomédie, le dernier d'avril, l'an 311. Alors les prisons furent ouvertes aux chrétiens, entre autres au confesseur Donat, qui y demeurait depuis six ans, et à qui son ami Lactance adresse son admirable ouvrage *De la mort des persécuteurs*. Mais dans les provinces qui obéissaient à Maximin, c'est-à-dire la Syrie, l'Egypte et leurs dépendances, cet édit ne fut pas publié de même : il déplaisait à Maximin, ennemi capital de la religion chrétienne. Toutefois, n'osant pas s'opposer à la volonté de Galérius, il supprima l'édit et se contenta d'ordonner, de vive voix, aux officiers qui dépendaient de lui, de faire cesser la persécution, et ils s'en donnèrent avis les uns aux autres. Sabin, préfet du prétoire d'Orient, déclara la volonté de l'empereur par cette lettre, écrite en latin et depuis traduite en grec :

« Il y a longtemps que la divinité de nos maîtres, les très-sacrés empereurs, a ordonné avec une application et une dévotion particulière, de ramener tous les esprits à la manière de vie la plus sainte et la plus droite, afin que ceux mêmes que l'on voit suivre des coutumes différentes de celles des Romains, rendissent aux dieux immortels le culte qui leur est dû. Mais l'opiniâtreté et la dureté de quelques-uns ont été si excessives, que ni les justes raisons du commandement n'ont pu leur faire changer de sentiments, ni les supplices n'ont pu les épouvanter. C'est pourquoi la divinité de nos maîtres, les très-puissants empereurs, poussés par leur bonté et leur piété naturelle, et jugeant indigne de leurs maximes de laisser tant de personnes se mettre en péril, m'a ordonné de vous écrire que, si l'on trouve quelque chrétien observant la religion particulière de sa nation, vous le délivriez de tout trouble et de tout péril, et ne le teniez punissable d'aucune peine pour ce sujet, puisque l'on a reconnu, par un si long temps, qu'il n'y a aucun moyen de les persuader et de les guérir de cette opiniâtreté. Vous devez donc écrire aux trésoriers, aux gouverneurs et aux curateurs du territoire de chaque ville, afin qu'ils sachent qu'ils ne doivent pas passer plus avant dans la poursuite de cette affaire. » Telle fut la lettre de Sabin, préfet du prétoire.

Les gouverneurs et les magistrats des villes et de la campagne, croyant que c'était en effet l'intention de l'empereur, la firent connaître par écrit et commencèrent même par l'exécution. Tous les confesseurs qui étaient en prison furent délivrés, ceux qui travaillaient dans les mines furent renvoyés; il semblait que la lumière parût tout d'un coup après une nuit obscure. On voyait dans toutes les villes les églises célébrer leurs assemblées et leurs collectes (1) ordinaires. Les infidèles en étaient surpris, et, admirant ce changement si peu attendu, disaient tout haut que le Dieu des chrétiens était seul grand et le seul vrai Dieu. Les chrétiens qui avaient été fidèles dans la persécution reprenaient leur première liberté, ceux qui étaient tombés cherchaient avec empressement le remède à leurs âmes malades, priant ceux qui étaient demeurés fermes de leur tendre la main, et Dieu de leur être propice. Les confesseurs, délivrés du travail des mines, retournaient chez eux et traversaient les villes remplis d'une joie incroyable. On en voyait sur les grands chemins et dans les places publiques des troupes nombreuses, qui mar-

---

(1) Ce mot, dans la langue de l'antiquité chrétienne, a le même sens qu'assemblée, et désigne souvent le saint sacrifice de la messe. Une des oraisons de la liturgie a gardé ce nom. B.-G.

chaient en chantant à Dieu des psaumes et des cantiques ; ils achevaient ainsi leur voyage et revenaient dans leurs maisons avec des visages contents : les infidèles mêmes se réjouissaient avec eux (Euseb., l. 9, c. 1).

Maxence, de son côté, rendit aussi la liberté à l'Église, après s'être rendu maître de l'Afrique. Il y voulut faire recevoir ses images, après la mort de son père Hercule ; mais les soldats les refusèrent et demeurèrent fidèles à Galérius. Dès lors Maxence y eût passé, s'il n'eût été retenu par les devins, qui ne trouvaient pas les présages favorables, et par la crainte d'Alexandre, lieutenant du préfet du prétoire, qui commandait en Afrique. Maxence essaya de s'en défaire par artifice, mais la trahison ayant été découverte, les soldats donnèrent la pourpre à Alexandre, qui soutint mal sa révolte, étant déjà vieux et naturellement timide et paresseux. Maxence envoya contre lui des troupes ; dès le premier choc, celles d'Alexandre plièrent, lui-même fut pris et étranglé. Cette victoire fut un prétexte à Maxence pour piller le pays et pour en triompher à Rome, et ce fut apparemment alors qu'il envoya en Afrique une indulgence, c'est-à-dire des lettres d'amnistie ou de grâce, et qu'il rendit la liberté aux chrétiens.

Cependant l'empereur Galérius, se voyant à l'extrémité, recommanda à Licinius, qui était auprès de lui, sa femme Valéria, fille de Dioclétien, et son fils Candidien, âgé de quinze ans ; et, peu de jours après son édit en faveur des chrétiens, il finit misérablement, tout son corps étant consumé et corrompu. C'était la 19ᵉ année de son règne, et la 20ᵉ devait commencer le 1ᵉʳ de mars de l'année suivante (Lact., De mort. persecut. ; Euseb.).

Sitôt que Maximin eut appris la mort de Galérius, il partit d'Orient avec une extrême diligence, pour se rendre maître des provinces jusqu'au détroit de Chalcédoine, pendant l'absence de Licinius, qui s'arrêtait en Illyrie. La guerre était prête à se déclarer ; et ils étaient en armes sur les bords de l'Hellespont, chacun de leur côté ; enfin, ils s'accommodèrent et firent un traité sur le détroit même. Maximin revint après avoir mis ses affaires en sûreté, et se montra tel à tout l'Orient qu'il avait été en Syrie et en Égypte. Il résolut d'ôter aux chrétiens la liberté que le commun édit des empereurs leur accordait. D'abord il leur défendit, sous quelque prétexte, de s'assembler dans les cimetières ; ensuite, pour paraître forcé à révoquer l'édit, il s'attira sous main des députations des villes, qui demandaient qu'il fût défendu aux chrétiens de bâtir des lieux d'assemblée dans leurs enceintes. Antioche fut la première à demander en grâce qu'il ne fût permis à aucun chrétien d'y demeurer. Le chef de cette poursuite était le curateur de la ville, nommé Théotecne, homme violent et artificieux, qui avait persécuté les chrétiens de tout son pouvoir, s'appliquant à les tirer de leurs cachettes comme des voleurs, et à inventer contre eux toutes sortes de calomnies, et qui en avait fait mourir un très-grand nombre. Enfin il éleva une idole à Jupiter-Philien, c'est-à-dire président de l'amitié, et fit, pour la consacrer, des cérémonies, des sacrifices et des purifications profanes. Entre autres, il fit voir à l'empereur, pour lui plaire, un oracle par lequel ce dieu demandait que ses ennemis, les chrétiens, fussent bannis de la ville et du territoire.

Théotecne ayant ainsi commencé, tous les autres magistrats des villes soumises à Maximin firent faire des décrets semblables, y étant excités encore par les gouverneurs des provinces, qui en faisaient leur cour à l'empereur. Il répondait à leurs décrets par des lettres très-favorables, et ainsi la persécution recommença, après environ six mois d'intervalle, depuis le commencement de mai jusque vers la fin d'octobre. Maximin établit en chaque ville, pour sacrificateurs des idoles et pour pontifes au-dessus d'eux, les personnages les plus considérables et qui avaient le plus paru dans les charges. Ces pontifes étaient d'une institution nouvelle ; ils s'appliquaient avec grand soin aux cérémonies de leur fausse religion ; ils faisaient tous les jours des sacrifices à tous leurs dieux, et, avec le secours des anciens sacrificateurs, ils empêchaient les chrétiens de bâtir des églises, ainsi que de faire l'exercice de leur religion en public ou en particulier ; ils les prenaient de leur autorité, pour les faire sacrifier ou les présenter aux juges. Maximin n'en demeura pas là : il choisit dans les provinces des personnes plus élevées en dignité pour en faire des pontifes d'un ordre supérieur, et il voulut que les uns et les autres portassent des manteaux blancs. L'empressement extraordinaire du prince excitait tout le monde : les officiers et les particuliers croyaient que le meilleur moyen d'obtenir toutes les grâces qu'ils désiraient, était de crier contre les chrétiens, et d'inventer contre eux quelque malice nouvelle.

On fabriqua de faux actes de Pilate, contenant plusieurs blasphèmes contre Jésus-Christ, comme si c'eût été la procédure que Pilate avait faite ; et, par ordre de l'empereur, on les envoya partout, dans les villes et dans les campagnes, pour être exposés en public à tout le monde, et pour servir aux enfants de leçons, que les maîtres d'école leur faisaient apprendre par cœur. Un commandant, du nombre de ceux que les Romains appelaient ducs, ayant pris à Damas, sur la place, de misérables femmes débauchées, les menaça de les mettre à la question et leur fit dire qu'elles avaient été chrétiennes, qu'elles savaient les abominations des chrétiens, et qu'ils commettaient des impuretés dans les églises mêmes. Enfin, on leur fit dire tout ce qu'on voulut pour décrier la religion, et leurs dépositions furent rédigées en forme authentique, communiquées à l'empereur, et, par son ordre, envoyées et publiées dans toutes les villes et autres lieux. Ce duc se tua lui-même peu de temps après.

Ainsi donc, les enfants dans les écoles avaient à la bouche, tout le long du jour, les noms de Jésus et de Pilate ; et dans toutes les villes on voyait des décrets et des rescrits de l'empereur, gravés sur des tables d'airain. Celui qu'il envoya à la ville de Tyr contenait ce qui suit : « A la fin, la faiblesse de l'esprit humain a secoué l'obscurité de l'erreur, qui tenait auparavant les hommes, plutôt malheureux qu'impies, enveloppés des ténèbres pernicieuses de l'ignorance, et ils reconnaissent qu'ils sont gouvernés par la providence des dieux immortels. Nous ne pouvons exprimer la joie que nous avons ressentie de recevoir cette illustre marque de votre dévotion envers les dieux, quoique dès auparavant personne n'ignorât quelle était votre religion, fondée non sur une créance de paroles vaines, mais sur une suite continuelle de miracles éclatants. C'est pourquoi votre ville s'appelle, avec juste titre, le siège et l'habitation des dieux immortels, ayant tant de preuves évidentes de leur présence. Maintenant elle a négligé tous ses intérêts particuliers, et sitôt qu'elle s'est aperçue que ceux qui suivaient la maudite folie recommençaient à se glisser, et que le feu assoupi se réveillait, elle a eu recours à notre piété comme à la métropole de toutes les religions. C'est le grand Jupiter, lui qui préside à votre illustre ville, qui conserve vos dieux domestiques, vos femmes, vos enfants, vos maisons; c'est lui qui vous a inspiré cette salutaire pensée, nous montrant combien il est utile de s'approcher des saintes cérémonies avec la vénération qui leur est due. Car qui est assez insensé pour ne pas comprendre que c'est par la faveur des dieux que la terre donne ses fruits en abondance, que nous sommes exempts de guerre, de mauvais air, de tempêtes, de tremblements de terre : au lieu que ces malheurs étaient fréquents auparavant? Et tout cela arrivait à cause de la pernicieuse erreur et de l'extravagance de ces scélérats, qui couvraient presque toute la terre de confusion. Voyez la beauté des moissons et des prairies, et la sérénité du ciel. Réjouissez-vous de ce que la puissance du terrible Mars étant apaisée par vos sacrifices, vous jouissez d'une paix tranquille. Tous ceux qui, sortant de cet aveuglement, sont revenus à des sentiments raisonnables, doivent se regarder comme sauvés d'un naufrage et délivrés d'une dangereuse maladie; mais que ceux qui demeurent dans leur folie maudite, soient chassés au plus loin de votre ville et de son territoire, comme vous l'avez demandé, afin que, délivrée de toute profanation, elle puisse servir les dieux, suivant les mouvements de sa piété. Au reste, pour vous faire connaître combien cette demande nous a été agréable, nous vous permettons de nous demander telle grâce qu'il vous plaira, en considération de votre affection pour le service des dieux. Vous l'obtiendrez sans délai, comme un témoignage éternel à vous et à vos descendants, de la manière dont nous avons récompensé votre religion. »

Tel fut le rescrit de Maximin pour la ville de Tyr: par où l'on peut juger des autres, et en général des solides raisons que les païens employaient contre la religion chrétienne. Maximin fit alors par tout son empire ce qu'il avait fait en Orient. Il défendait sous prétexte de clémence, de faire mourir les chrétiens, et commandait seulement de les mutiler. Ainsi on arrachait les yeux aux confesseurs, on leur coupait les mains, les pieds, le nez ou les oreilles. Toutefois on en fit mourir plusieurs (Euseb. et Lact., *De mort. persecut.*).

De ce nombre furent Apollonius, Philémon, et le juge qui les condamna au feu. Apollonius était moine et diacre. Il fut pris et mis en prison dans la ville d'Antinoüs en Egypte : plusieurs païens venaient lui insulter et lui dire des injures, entre autres un nommé Philémon, fameux joueur de flûte, et chéri de tout le peuple. Il traitait Apollonius d'impie et de séducteur, digne de la haine publique. Apollonius lui répondit : Mon fils, Dieu veuille avoir pitié de toi et ne pas t'imputer ce discours! Philémon fut touché de ces paroles, et en sentit un effet si merveilleux dans son cœur, que tout à coup il se confessa chrétien. Il court au tribunal du juge, Arien était son nom, et s'écrie devant tout le peuple. Vous êtes injustes de punir les amis de Dieu; les chrétiens ne font ni n'enseignent rien de mauvais. Le juge, qui connaissait le personnage, crut d'abord que c'était un jeu; mais quand il vit qu'il continuait sérieusement et constamment, il dit : Tu es fou, Philémon, tu as perdu l'esprit tout à coup. Ce n'est pas moi, dit Philémon, qui suis fou, c'est toi-même; tu es un juge très-injuste et très-insensé, de faire périr tant d'hommes justes; pour moi, je suis chrétien, et il n'y a pas de meilleures gens que les chrétiens. Le juge, après avoir essayé de le ramener par la douceur, lui fit souffrir toutes sortes de tourments.

Mais sachant que ce changement de Philémon venait des discours d'Apollonius, il le fit également tourmenter, l'accusant d'être un séducteur. Apollonius dit : Plût à Dieu que vous, mon juge, et tous les assistants qui m'entendent, puissiez tous suivre ce que vous appelez mon erreur et ma déception! Le juge ayant ouï ces paroles, le condamna à être brûlé avec Philémon devant tout le peuple. Mais après qu'ils furent entrés dans le feu, Apollonius dit à haute voix : Seigneur, ne livrez pas aux bêtes ceux qui vous confessent; mais montrez-nous évidemment votre puissance. Aussitôt un nuage plein de rosée les environna et éteignit le feu. Le juge et le peuple étonnés se mirent à crier tout d'une voix : Il est grand et unique, le Dieu des chrétiens! Il est le seul immortel! Le préfet d'Alexandrie l'ayant appris, en fut extrêmement irrité : il choisit les plus cruels de ses officiers, et fit amener à Alexandrie, chargés de chaînes, le juge Arien, qui s'était converti, et ceux qui avaient attiré le miracle. Pendant le voyage, saint Apollonius commença à instruire dans la foi ceux qui les conduisaient; et il les persuada tellement, qu'ils s'offrirent au juge avec leurs prisonniers, et se confessèrent aussi chrétiens. Le préfet d'Egypte, les voyant immuables dans la foi, les fit jeter au fond de la mer, et les baptisa sans y penser. Leurs corps se trouvèrent ensuite tout entiers sur le rivage; on les mit dans un même sépulcre, et il s'y fit depuis des miracles en grand nombre. (Ruinart et *Acta Sanct.*, 8 *martii*).

Plusieurs autres souffrirent le martyre à Alexandrie : en particulier trois prêtres et quatre évêques, dont l'un fut Pierre, évêque d'Alexandrie même. D'autres souffrirent ailleurs : comme l'évêque Sylvain, à Emèse en Phénicie; saint Gordius, saint Barlaam et sainte Julitte, à Césarée en Cappadoce; le prêtre Lucien, à Antioche. C'était un homme très-austère en sa vie, très-savant et très-éloquent. Il fit une édition de l'Ecriture sainte, ou plutôt une correction des Septante, suivant les meilleurs exemplaires; en sorte qu'il y en avait trois éditions fameuses : celle d'Egypte, faite par Hésychius; celle de Palestine, par le martyr Pamphile; celle d'Antioche, par le martyr Lucien. Quelques auteurs ont entendu mal à propos de S. Lucien, prêtre et martyr, ce que saint Alexandre d'Alexandrie a dit d'un Lucien, qu'il ne nomme ni martyr ni prêtre, savoir, qu'il suivait les sentiments de Paul de Samosate, et qu'il demeura séparé de la communion sous trois évêques; car les anciens qui parlent de saint Lucien d'Antioche, tels qu'Eusèbe et saint Jérôme, n'en disent pas un mot, et, supposent, au contraire, qu'il vécut toujours dans la communion de l'Eglise et, qu'il y mourut. Il y a plus encore : nous avons de saint Lucien, prêtre et martyr, un symbole dressé contre le sabellianisme, vingt ou trente ans avant le concile de Nicée, et qui, sauf le mot de *consubstantiel*, qui ne s'y trouve pas, professe la divinité de Jésus-Christ aussi nettement que ce concile même. Il y est dit :

« Suivant la tradition de l'Evangile et des Apôtres, nous croyons en un seul Dieu, Père tout-puissant, créateur de toutes choses, et en un seul Seigneur Jésus-Christ, son Fils unique, Dieu, par qui tout a été fait; qui a été engendré du Père avant tous les siècles, Dieu de Dieu; tout de tout, seul d'un seul, parfait de parfait, Roi de roi, Seigneur de seigneur; Verbe vivant, sagesse, vie, lumière véritable, voie, vérité, résurrection, pasteur, porte, immuable et inaltérable; image parfaitement semblable de la divinité, de l'essence, de la puissance, de la volonté et de la gloire du Père; le premier-né de toute créature; qui était au commencement en Dieu, Verbe-Dieu, comme il est dit dans l'Evangile : *Et le Verbe était Dieu;* par qui toutes choses ont été faites, et en qui toutes choses subsistent; qui dans les derniers jours est descendu d'en haut, et né d'une vierge, suivant les Ecritures, et a été fait homme (Bullus et Dom Ceillier). »

Cette persécution fit sortir saint Antoine de son monastère. Il suivit à Alexandrie les martyrs que l'on y conduisait de toutes parts. Il disait : Allons aussi combattre ou voir les combattants. Quelque désir qu'il eût du martyre, il ne voulut pas se livrer lui-même ; mais il servait les confesseurs dans les mines où ils travaillaient et dans les prisons. Il prenait grand soin d'encourager devant les tribunaux ceux qui y étaient appelés, et, après qu'ils avaient confessé, il les accompagnait jusqu'à l'exécution. Le juge, voyant la fermeté d'Antoine et de ceux qui l'accompagnaient, défendit à aucun moine de paraître dans les jugements ou de séjourner dans la ville. Tous les autres se cachèrent ce jour-là ; mais Antoine méprisa tellement cette ordonnance, que, le lendemain, il se mit en un lieu élevé, ayant lavé exprès son habit de dessus, qui était blanc, afin qu'il parût davantage. Il se présenta ainsi au juge, comme il passait avec sa suite; il fut sensiblement affligé de n'avoir pas souffert le martyre; mais Dieu le réservait pour l'instruction commune des chrétiens, et particulièrement des ascètes. Après la mort de saint Pierre d'Alexandrie, le fort de la persécution étant passé, il retourna dans son monastère (*Vie de S. Antoine*, par saint Athanase).

L'empereur Maximin s'était vanté, dans ses édits de persécution, que, sous son règne, on ne voyait ni guerre, ni peste, ni famine; il en attribuait la gloire aux idoles, qu'il travaillait à défendre contre les chrétiens. Peu après il eut tout à la fois et la guerre, et la peste, et la famine. Son fanatisme pour l'idolâtrie lui fit entreprendre une guerre qui tourna à sa honte. Depuis longtemps les Arméniens étaient amis et alliés des Romains ; leurs rois recevaient ordinairement leur couronne de la main des empereurs. Mais cette nation venait tout entière d'embrasser le christianisme, avec son roi Tiridate, par les soins de saint Grégoire, surnommé l'Illuminateur et l'Apôtre de l'Arménie. Maximin Daïa en fut extrêmement irrité. Il les somma de revenir au culte des idoles; sur leur refus, il leur déclara la guerre et entra dans leur pays avec une armée formidable. Mais les Arméniens prirent les armes et le battirent honteusement. Dans les villes d'Arménie soumises aux Romains, il y eut, vers ce même temps, plusieurs martyrs. Comme nation, ces chrétiens des premiers siècles défendirent la véritable religion les armes à la main; comme particuliers, ils mouraient pour elle (Euseb., l. 9, c. 8).

Maximin et son armée eurent beaucoup à souffrir dans cette guerre. Son empire eut encore plus à souffrir de la peste et de la famine. Les pluies d'hiver, cause de la fécondité dans les pays chauds, furent beaucoup moindres qu'à l'ordinaire; de là vint une famine imprévue; et ensuite une peste avec une maladie consistant principalement en un ulcère enflammé que l'on nommait *charbon*. Ce mal s'étendait par tout le corps; mais il attaquait principalement les yeux, et fit quantité d'aveugles, hommes, femmes et enfants. En même temps la famine faisait mourir un grand nombre de personnes dans les villes, et plus encore dans les campagnes; au point que les registres du recensement, qui contenaient les noms des paysans, étaient presque tous effacés. Quelques-uns vendaient pour un peu de nourriture ce qu'ils avaient de plus cher; d'autres, après avoir vendu leurs fonds petit à petit, étaient réduits à la misère. Il y en avait qui mâchaient quelques poignées de foin et de mauvaises herbes qui leur ruinaient la santé. Les femmes les plus nobles étaient réduites à mendier dans les places des villes; la honte qui paraissait sur leurs visages et la propreté de leurs vêtements faisaient voir leur qualité. Les uns, desséchés et semblables à des fantômes, allaient chancelant de côté et d'autre, et tombaient enfin de faiblesse dans les rues; puis, couchés contre terre, ils demandaient un petit morceau de pain; et, prêts à rendre le dernier soupir, ils criaient qu'ils mouraient de faim, n'ayant plus de force que pour cette parole. Ceux qui paraissaient les plus opulents, étonnés de la multitude de ceux qui demandaient, après avoir beaucoup donné, devenaient durs et insensibles, crainte de tomber dans le même besoin. En sorte que l'on voyait, au milieu des rues et des places, des cadavres tout nus, qui demeuraient plusieurs jours sans sépulture. Quelques-uns furent mangés des chiens; ce qui fit que les vivants se mirent à tuer ces animaux; de peur qu'ils ne devinssent enragés et ne les attaquassent eux-mêmes.

La peste ne faisait pas moins de ravage, principalement sur ceux qui étaient à couvert de la famine. Il y eut un grand nombre de personnes constituées en dignité, de magistrats et de gouverneurs de provinces, que la violence du mal emporta en peu de temps, comme si la famine les avait tout exprès gardés à la peste. Tout était plein de gémissements dans les places et dans les rues. On ne voyait que des enterrements; souvent on portait ensemble deux ou trois corps, et les familles entières périssaient. Il n'y eut que les chrétiens qui montrèrent de l'humanité en cette occasion et s'appliquèrent à secourir les malheureux. On les voyait occupés tout le jour, les uns à ensevelir les morts, dont personne ne prenait soin et qui tombaient par myriades, les autres à rassembler les pauvres affamés et à leur distribuer du pain; en sorte que tout le monde en parlait, et louait le Dieu des chrétiens, et confessait qu'eux seuls connaissaient la piété véritable.

L'empereur Maximin n'en était ni moins avare ni moins débauché pour tous ces malheurs. Les impositions extraordinaires qu'il faisait, enlevaient tout ce que Dioclès et Maximien avaient laissé. On fermait les greniers des particuliers, on scellait leurs magasins, on exigeait par avance les tributs des années suivantes; on enlevait des troupeaux de bétail pour la subsistance des soldats, qui prodiguaient les vivres, et pour les sacrifices qu'il offrait chaque jour dans son palais : rien ne paraissait sur sa table qu'il n'eût été offert aux idoles. Tout cela ne contribua pas peu à la cherté et à la famine. Sa passion pour les femmes était encore plus intolérable; il y avait des eunuques et d'autres ministres infâmes qui cherchaient partout. Sitôt que l'on trouvait un beau visage, c'était aux maris et aux pères à se retirer. On dépouillait les femmes et les filles de qualité pour les visiter, et si quelqu'une en faisait difficulté, on la faisait périr dans l'eau. Sous cet adultère, la pudeur était comme un crime de lèse-majesté. Il y eut des maris qui se tuèrent eux-mêmes, ne pouvant se consoler qu'il eût abusé de leurs femmes, qu'ils aimaient pour leur fidélité; souvent il les leur renvoyait après les avoir déshonorées, et c'étaient les premiers du sénat qu'il traitait de la sorte. Sophronie, femme du préfet de Rome, étant abandonnée par son mari à cet infâme empereur, demanda un peu de temps pour se parer; mais quand elle fut seule dans sa chambre, elle se perça d'une épée, et ne laissa que son cadavre à ceux qui l'attendaient pour l'emmener. Maximin avait établi que nul n'épouserait de femme sans sa permission, se réservant ainsi le droit de prélibation sur toutes. Il faisait épouser à ses esclaves les filles nées libres dont il avait abusé. Ses officiers suivaient son exemple; ils enlevaient à leur gré les filles de médiocre condition, et ils demandaient à l'empereur les plus considérables, que personne n'osait leur refuser, quand ils avaient une requête souscrite de sa main. Ses gardes et la plupart de sa suite étaient des Barbares, principalement des Goths, qui, chassés par les leurs, s'étaient donnés à Galérius.

Maximin n'épargna pas même l'impératrice qu'il venait d'appeler sa mère, Valérie, fille de Dioclès, veuve de Galérius. Elle avait passé dans ses terres, croyant y être plus en sûreté, vu principalement qu'il était marié. Mais elle n'avait pas encore achevé son deuil qu'il lui envoya faire des propositions de mariage, prêt à répudier sa femme, si Valérie consentait à l'épouser. Valérie répondit qu'elle ne pouvait penser à des noces dans l'état de deuil où elle était; que, s'il répudiait une femme dont il était content, il pourrait lui en faire autant à elle-même; enfin, qu'il était sans exemple qu'une femme de son rang se fût remariée. Ayant reçu cette réponse, il entre en furie, la proscrit, lui ôte son bien, ses officiers, fait mourir ses eunuques dans les tourments, l'envoie elle-même en exil avec sa mère, les faisant souvent changer de place comme pour s'en jouer. Il condamna à mort ses amis, qui étaient des plus illustres familles; il les fit accuser d'adultère par un Juif qui avait mérité la peine capitale, mais auquel il promit l'impunité pour salaire. Ce misérable, ayant été mis en croix malgré toutes ces promesses, révéla du haut de son gibet tout le mystère et les déclara innocentes. L'impératrice Valérie, étant ainsi reléguée dans les déserts de Syrie, trouva moyen d'en donner avis secrètement à Dioclès son père. Il envoya prier Maximin de la lui renvoyer; mais, malgré plusieurs ambassades réitérées, il ne put l'obtenir (Lact., Euseb.).

Maxence, qui commandait à Rome, ressemblait tellement à Maximin par ses vices, qu'on eût pu les prendre pour deux frères. Il n'était ni moins impie ni moins infâme. Il venait de déclarer la guerre à Constantin, sous prétexte de venger la mort de son père Hercule. Constantin, de son côté, avait fait abattre les images du même Hercule, ainsi que celles de Dioclétien; car, dans la plupart des peintures, ils étaient joints ensemble. Cela n'était jamais arrivé à un empereur, de voir de son vivant ses images abattues; aussi Dioclétien en conçut un chagrin tel, qu'il résolut de mourir. Il allait de côté et d'autre, agité de continuelles inquiétudes, sans prendre ni nourriture ni repos. Il ne faisait que gémir et répandre des larmes; il se tournait et retournait sans cesse, tantôt dans son lit, tantôt à terre. Enfin cet empereur, qui en avait fait tant d'autres et qui avait régné vingt ans avec tant de bonheur, tombé depuis sept ans dans une vie obscure, méprisé et maltraité, réduit à haïr la vie, voyant sa fille et sa femme persécutées et exilées par celui-là même qu'il avait fait césar, se laissa mourir de faim et d'affliction le 3 décembre 312 (Lact., *De mort. persec.*).

Un mois auparavant, Maxence finit par une mort non moins funeste. Il se tenait enfermé à Rome, lorsqu'il lui vint une ambassade de Maximin. Ce dernier avait de la jalousie contre Licinius, que Galérius lui avait préféré. Ainsi, nonobstant le traité qu'ils venaient de conclure ensemble sur l'Hellespont, quand il sut que Constantin avait promis sa sœur à Licinius, la liaison de ces deux empereurs lui parut une conjuration contre lui. Il envoya donc secrètement à Rome, pour demander à Maxence son alliance et son amitié. Ce secours parut à Maxence comme venu du ciel : il reçut bien les ambassadeurs, on fit le traité, on mit ensemble les images des deux empereurs Maximin et Maxence. Celui-ci se tenait enfermé dans Rome, à cause d'un oracle qui le menaçait de mort, s'il sortait hors des portes. Il ne laissait pas de faire la guerre par de bons capitaines; et il était le plus fort. Outre l'armée de son père, dont il avait dépouillé Sévère, il en avait une autre de Maures et d'Italiens, qui lui était particulière. Il y eut quelques combats où les troupes de Maxence eurent l'avantage; enfin Constantin, se servant de tout son courage et résolu à tout événement, approcha de Rome avec toutes ses troupes, et campa vis-à-vis du pont Milvius, appelé présentement Ponte-Mole.

Comme ses forces étaient moindres que celles de Maxence, il crut avoir besoin d'un secours supérieur, et pensa à quelle divinité il s'adresserait. Il considéra que les empereurs qui, de son temps, avaient été zélés pour l'idolâtrie et la multitude des dieux, avaient péri misérablement; et que son père Constance, qui avait honoré toute sa vie le seul Dieu souverain, en avait reçu des marques sensibles de protection. Il résolut donc de s'attacher à ce grand Dieu, et se mit à le prier instamment de se faire connaître à lui et d'étendre sur lui sa main favorable. Il priait ainsi de toute son affection, quand, vers midi, le soleil commençant à baisser, comme il marchait par la campagne, à la tête d'un corps de troupes, il vit dans le ciel, au-dessus du soleil, une croix de lumière et une inscription qui disait : *Tu vaincras par ce signe*. Il fut étrangement surpris de cette apparition, et les troupes qui l'accompagnaient et qui virent la même chose, ne furent pas moins étonnées. Longtemps après, en présence d'Eusèbe, évêque de Césarée, qui en a écrit l'histoire, l'empereur racontait ce prodige et assurait avec serment l'avoir vu de ses yeux (Euseb., *Vit. Const.*, l. 1, c. 27 et seqq.).

Constantin en fut occupé le reste du jour, pensant à ce qu'il pouvait signifier. La nuit comme il dormait, Jésus-Christ lui apparut avec le même signe qu'il avait vu dans le ciel, et lui ordonna d'en faire une image et de s'en servir contre ses ennemis dans les combats. L'empereur, se levant avant le jour, déclara le secret à ses amis ; puis il fit venir des orfèvres et des joailliers, et, s'étant assis au milieu d'eux, leur expliqua la figure de l'enseigne qu'il voulait faire. C'est le fameux *Labarum*. C'était comme le bois d'une longue pique couvert d'or, ayant en haut une traverse en forme de croix, des bras de laquelle pendait un drapeau tissu d'or et de pierreries. Au-dessus brillait une riche couronne d'or et de pierres précieuses, au milieu de laquelle était le monogramme de Christ, formé des deux initiales grecques de ce nom, dont la première présente naturellement une croix. L'empereur en fit faire de semblables pour toutes ses légions. Lui-même, comme on le voit encore par ses médailles, portait sur son casque la croix ou le monogramme de Christ ; ses soldats le portaient sur leurs boucliers. Il choisit enfin cinquante de ses gardes, des plus braves et des plus pieux, pour porter cet étendard devant lui dans toutes les batailles.

Cependant il fit venir des évêques, et leur demanda quel était ce Dieu qui lui avait apparu, et que signifiait ce signe. Ils lui dirent : Ce Dieu est le Fils unique du seul Dieu ; le signe que vous avez vu est le trophée de la victoire qu'il a remportée sur la mort quand il est venu sur la terre. Là-dessus ils lui expliquèrent la cause de son avènement et le mystère de l'Incarnation. L'empereur écoutait ces discours, et, toujours plus frappé de ce qu'il avait vu, les recevait comme des instructions divines. Dès lors il voulut lire les Ecritures saintes, avoir toujours des évêques auprès de lui, et honorer en toutes manières le Dieu qui lui avait apparu.

Maxence, enfermé dans Rome, s'y abandonnait à toutes sortes de crimes. Un jour, sur un sujet assez léger, il fit massacrer une grande multitude de peuple par les soldats prétoriens ; sous divers prétextes, il fit mourir plusieurs sénateurs l'un après l'autre pour avoir leurs biens ; il réduisait le peuple à une extrême famine. Excessivement superstitieux, il cherchait à s'attirer la victoire par des opérations magiques, il faisait immoler des lions et offrait des sacrifices exécrables, jusqu'à faire ouvrir des femmes enceintes et fouiller dans les entrailles des petits enfants. Effrayé de quelque mauvais augure, il quitta le palais avec sa femme et son fils, et se retira dans une maison particulière.

La 5e année de son règne finissait le 28 octobre de cette même année 312, et il célébrait la fête de son avènement à l'empire. Ce jour-là même, Constantin, encouragé par la vision céleste, mit ses troupes en bataille et s'approcha de Rome. Maxence fit sortir les siennes, sans sortir lui-même ; elles passèrent le pont : les deux armées se rencontrèrent et se battirent avec acharnement. Cependant il y eut une sédition dans Rome, et le peuple disait tout haut que Maxence abandonnait la cause publique. Comme il donnait les jeux du cirque pour sa fête, le peuple s'écria que Constantin était invincible. Consterné par ce cri, il s'enfuit du cirque, appela quelques sénateurs et fit consulter les livres des sibylles. On trouva que ce jour-là l'ennemi des Romains devait périr misérablement : il crut la victoire assurée pour lui. Il sort et vient à l'armée ; suivant le récit du païen Zosime, une infinité de chouettes vinrent aussitôt se reposer sur les murailles (Zosime, l. 2). A la vue de Maxence, le combat se ralluma ; mais ses gens commençaient à plier, il prend la fuite ; et, poussé par la foule, il regagne le pont qu'il avait fait faire avec des bateaux ; mais de telle manière que le milieu pouvait se rompre en ôtant des chevilles de fer qui le tenaient. Il avait cru par là tendre un piège à ses ennemis, il y fut pris lui-même. Le pont se trouva rompu, les bateaux s'enfoncèrent avec les hommes qui étaient dessus, Maxence tout le premier tomba dans le Tibre, ensuite ses gardes : et telle fut la fin de ce tyran. Son corps fut trouvé ; on lui coupa la tête et on la porta dans Rome sur une pique.

Cette ville ouvrit aussitôt ses portes à Constantin, et il y entra victorieux. Le sénat et tout ce qu'il y avait de grand, le peuple romain, et jusqu'aux femmes et aux enfants, le reçurent comme leur libérateur, avec une joie qui paraissait à leurs regards et à leurs cris. Une grande multitude accourut de toute l'Italie à cette heureuse nouvelle. Constantin triompha : la pompe fut ornée par les sénateurs délivrés des prisons où les retenait Maxence, dont la tête fut portée dans le triomphe, et ensuite envoyée en Afrique. Le sénat fit ériger en l'honneur de Constantin un arc-de-triomphe qui se voit encore à Rome, avec cette inscription : « A l'empereur César Flavius Constantin, grand, heureux, auguste, le sénat et le peuple romain ont dédié cet arc-de-triomphe parce que, poussé par la divinité et par sa grandeur d'âme, accompagné de son armée, il a vengé la république et du tyran et de toute sa faction, par ses justes armes. » Rome lui éleva encore une statue, où il voulut paraître avec une longue croix à la main au lieu de lance, avec cette inscription sur la base : « Par ce signe salutaire, vraie marque de courage, j'ai délivré votre cité du joug de la tyrannie, et j'ai rétabli le sénat et le peuple en son ancienne splendeur. » L'Italie dédia au vainqueur un bouclier et une couronne d'or ; Rome une statue d'or, comme d'un dieu. Il demeura dans cette ville le reste de l'année (Euseb., Lact., Tillémont, etc.).

Le pape saint Melchiade ou Miltiade gouvernait alors l'Eglise romaine. Il était successeur de saint Eusèbe, qui l'était de saint Marcel, qui l'était de saint Marcellin, qui l'était de saint Caïus, qui l'était de saint Eutychien, qui l'était de saint Félix, qui l'était de saint Denys, dont nous avons vu plusieurs lettres à des évêques d'Orient. Presque tous ces

Papes ont été martyrs. Quant à la prétendue chute du pape saint Marcellin, tous les critiques conviennent aujourd'hui que c'est une fable inventée par les donatistes, et trop légèrement adoptée par quelques catholiques.

Constantin était encore à Rome, lorsque, de concert avec Licinius, il donna un édit de tolérance universelle, qui permettait aux chrétiens comme à toutes les autres sectes, de tenir publiquement leurs assemblées et de bâtir des églises. Les deux princes envoyèrent cet édit à Maximin, en lui mandant les merveilles que Dieu avait faites en leur faveur et la défaite de Maxence. Rien ne pouvait lui arriver de plus mortifiant. N'osant pas résister ouvertement à ses deux collègues, ne voulant pas non plus avoir l'air de céder, il rendit comme de lui-même, une ordonnance hypocrite, adressée à Sabin, son préfet du prétoire. Dioclétien et Galérius, qu'il y nomme ses seigneurs et ses pères, voyant presque tous les hommes passer à la religion des chrétiens et abandonner le culte des dieux, avaient voulu les y ramener par les supplices. Mais lui, considérant qu'on privait ainsi l'État d'un grand nombre de sujets qui pouvaient le servir utilement, avait prescrit pour règle de ne point les molester, mais de les ramener par les caresses et la douceur. Aussi, dans les provinces de l'Orient, personne n'avait souffert d'exil ni de mauvais traitement; mais plusieurs, attirés par cette clémence, étaient revenus au culte des dieux. Son intention était donc qu'à l'avenir on en usât de même. Comme on voit, cet édit n'était que mensonge; d'ailleurs il ne parle ni de tenir les assemblées ni de rétablir les églises. Aussi les chrétiens n'osèrent-ils se hasarder à le faire; et même, comme ils connaissaient la duplicité de Maximin, ils n'osaient encore paraître publiquement. Et de fait, il en fit jeter secrètement plusieurs à la mer (Euseb., l. 9, c. 9).

Constantin partit de Rome le 18 janvier 313, et se rendit à Milan pour y marier sa sœur Constancie à Licinius. Les deux empereurs y publièrent un nouvel édit accordant la liberté de conscience, comme le premier, non-seulement aux chrétiens, mais à tous ceux qui faisaient profession de quelque religion que ce pût être. Ils y ajoutèrent toutefois, en faveur des chrétiens, un article important : c'était de rentrer, de plein droit et sans rien payer, en possession de leurs églises et autres immeubles dont on les avait dépouillés; et comme ces lieux avaient passé, par vente ou par donation, entre les mains de divers particuliers, l'édit charge le fisc d'indemniser les propriétaires qui se trouveraient dépossédés (Lact., *De mort. persec.*).

Maximin, apprenant que Constantin et Licinius étaient occupés à célébrer des noces, partit de Syrie, fit marcher ses troupes dans la plus grande rigueur de l'hiver, et, doublant ses journées, se rendit en Bithynie avec une armée fatiguée. Il perdit par les pluies, les neiges, les boues, le froid et le travail, des chevaux et des bêtes de toutes sortes; les chemins en étaient couverts et semblaient montrer une défaite. Il ne s'en tint pas là : il passa le détroit et vint en armes aux portes de Byzance, où Licinius avait laissé une garnison en cas d'événement. Il usa de prières et de menaces, consuma là onze jours, pendant lesquels on envoya des lettres et des courriers à Licinius. La garnison de Byzance, étant trop faible, se rendit. Maximin passa à Héraclée, où il perdit encore quelques jours. Licinius, étant accouru à grandes journées, était déjà à Andrinople, et Maximin, ayant pris Périnthe à composition, ils se trouvèrent à deux journées l'un de l'autre. Licinius songeait plutôt à amuser son ennemi qu'à le combattre; car à peine avait-il pu ramasser trente mille hommes, et Maximin en avait soixante-dix mille; mais les armées étaient si proches, que l'on attendait de jour en jour une bataille. Alors Maximin fit vœu à Jupiter, dont il tirait son surnom de Jovius, que, s'il remportait la victoire, il abolirait entièrement le nom des chrétiens.

La nuit suivante, comme Licinius dormait, un ange lui apparut et l'avertit de se lever promptement et de prier le Dieu souverain avec toute son armée, lui promettant la victoire s'il le faisait. A ces mots, il crut qu'il s'était levé, et, qu'étant debout avec celui qui l'avertissait, il apprenait de lui la forme et les paroles de la prière. S'étant éveillé, il fit appeler un secrétaire et lui dicta les paroles qu'il avait entendues, en cette sorte : « Grand Dieu, nous te prions. Dieu saint, nous te prions, nous te recommandons toute justice, nous te recommandons notre salut, nous te recommandons notre empire. C'est par toi que nous vivons; c'est par toi que nous sommes victorieux et heureux. Dieu grand et saint, exauce nos prières : nous te tendons les bras! Dieu saint et grand, exauce-nous! » On en fit plusieurs copies, que l'on distribua aux commandants, afin que chacun l'enseignât à ses soldats. Tous sentirent croître leur courage, persuadés que le ciel leur promettait la victoire.

Licinius marqua le jour de la bataille au 1er mai de cette année 313, où finissait la huitième année depuis que Maximin avait été déclaré césar, Licinius voulant le vaincre le jour de son avénement à l'empire, comme Maxence avait été vaincu le jour du sien. Maximin voulut anticiper, et mit ses troupes en bataille le matin du dernier avril, afin de célébrer le lendemain sa fête après la victoire. La nouvelle vint au camp de Licinius que Maximin s'était avancé; on prend les armes, on marche à sa rencontre. Il n'y avait entre eux qu'une plaine stérile. Déjà les deux armées étaient en présence, quand les soldats de Licinius ôtèrent leurs boucliers et leurs casques, levèrent les mains au ciel et firent la prière qu'ils avaient apprise, et que leurs chefs et l'empereur prononçaient les premiers. L'autre armée entendit avec étonnement le bruit confus de leurs voix. Après avoir dit trois fois la prière, pleins d'un nouveau courage, ils reprirent leurs casques et leurs boucliers.

Les empereurs s'avancèrent et eurent une conférence; mais il fut impossible de porter Maximin à la paix. Il méprisait Licinius, et croyait que ses soldats allaient l'abandonner, parce que Licinius était ménager et lui prodigue; et il avait entrepris la guerre sur cette espérance que, prenant l'armée de Licinius sans combat, il doublerait ses forces pour attaquer Constantin. On s'approche donc, on sonne des trompettes, on déploie les enseignes. Les gens de Licinius fondent vigoureusement sur leurs ennemis. Ceux-ci, épouvantés, ne purent ni tirer leurs épées, ni lancer leurs traits. Maximin tournait autour des bataillons et sollicitait les troupes de son rival, tantôt par des prières, tantôt par des promesses; personne ne l'écoutait. On le charge, il fuit vers les siens, qui se laissaient tuer sans résistance; et ce grand nombre de légions tombe comme une moisson sous les mains d'un petit nombre. Ils semblaient tous avoir oublié leur nom, leur courage, leurs anciennes récompenses, et n'être pas venus pour combattre, mais pour se faire égorger comme des victimes dévouées à la mort par l'ordre de Dieu. Il en était déjà tombé une grande multitude quand Maximin, voyant tourner la chose autrement qu'il ne pensait, quitta la pourpre, prit un habit d'esclave et repassa le détroit. Après lui, personne n'eut honte de s'enfuir. Il demeura sur la place la moitié de son armée; le reste se rendit ou prit la fuite. Il arriva à Nicomédie la nuit d'après le premier jour de mai, ayant fait soixante milles en un jour et deux nuits; il prit à la hâte sa femme, ses enfants et quelque peu d'officiers de son palais, et marcha vers l'Orient; mais il s'arrêta en Cappadoce, ayant rassemblé quelques fuyards et quelques troupes d'Orient, et ce fut là qu'il reprit la pourpre. Licinius ayant reçu une partie de l'armée de Maximin, qui se rendit à lui et qu'il distribua dans ses troupes, fit passer son armée en Bithynie peu de jours après la bataille. Il entra à Nicomédie, et rendit grâces à Dieu, qui lui avait donné la victoire; puis, le treizième de juin, il y fit publier l'édit donné en faveur des chrétiens à Milan, et les exhorta de vive voix à rétablir les églises en leur premier état. Il y avait environ dix ans et quatre mois que Dioclétien et Galérius avaient abattu la grande église de Nicomédie (Lact., Euseb.)

Maximin lui-même, qui venait de promettre à Jupiter d'exterminer le nom des chrétiens, commençait à tenir un autre langage. Irrité contre les prêtres des idoles et les devins qui lui avaient fait entreprendre cette guerre, il les punit de mort comme des imposteurs et des traîtres. En même temps il publia un édit bien plus favorable que le premier; car il y accordait expressément aux chrétiens le pouvoir de bâtir des églises, avec la restitution des maisons et des terres qui leur avaient appartenu, et qui avaient été confisquées. Il prit prétexte de faire ce nouvel édit, sur ce que quelques juges n'ayant pas, dit-il, bien compris ses intentions exprimées dans le premier, avaient donné sujet de douter aux autres et de n'oser embrasser la religion qu'ils voulaient. Ce changement forcé de langage ne désarma point la vengeance du ciel (Euseb., l. 9, c. 10).

Licinius, avec son armée victorieuse, suivit Maximin, qui s'enfuit et se retira dans les défilés du mont Taurus, dont il ferma les passages par quelques retranchements; et comme les vainqueurs perçaient tout du côté droit, il se retira enfin à Tarse. Là, se trouvant en péril par mer et par terre, et ne voyant plus de refuge, la crainte et le chagrin le firent recourir à la mort comme au remède le plus assuré. Il se remplit de vin et de viandes, comme ceux qui en prennent pour la dernière fois, puis il avala du poison; mais comme il avait l'estomac plein, l'effet actuel n'en fut pas grand, et il produisit une langueur qui le tourmenta plus longtemps. Il sentait brûler ses entrailles avec des douleurs si excessives, qu'il en vint jusqu'à la fureur, et que, pendant quatre jours, il prenait de la terre à pleines mains pour la manger, comme pressé d'une faim extrême; puis il se battait la tête contre les murailles, de sorte que ses yeux lui sortirent de la tête. Alors ayant perdu la vue, il commença à voir Dieu qui le jugeait environné de ministres vêtus de blanc. Il criait comme ceux qui sont à la torture, et disait : « Ce n'est pas moi qui l'ai fait, ce sont les autres. » Ensuite il avouait, comme vaincu par les tourments; et, de temps en temps, il priait Jésus-Christ en pleurant d'avoir pitié de lui. Il rendit l'esprit avec les gémissements d'un homme qui se sent brûler; et telle fut la fin de Maximin Daïa, le plus cruel de tous les persécuteurs.

Toute leur race périt de même. Licinius fit mourir Candidien, fils de Galérius et d'une concubine, mais que sa femme Valérie avait adopté, parce qu'elle était stérile. Licinius fit aussi punir de mort Sévérien, fils de Sévère, qui avait suivi Maximin dans sa fuite, en l'accusant d'avoir voulu prendre la pourpre après la mort de Maximin. Il fit mourir encore le fils aîné de Maximin, âgé de huit ans, sa fille âgée de sept ans, fiancée à Candidien, après avoir fait précipiter leur mère dans le fleuve Oronte, qui passe à Antioche, où elle avait fait souvent noyer des femmes vertueuses. Valérie, veuve de Galérius et fille de Dioclétien, après avoir erré pendant quinze mois en diverses provinces, vêtue pauvrement, fut enfin reconnue et arrêtée à Thessalonique avec sa mère. Leur supplice fut un grand spectacle, et attira la compassion du peuple, qui considérait d'où elles étaient tombées. On leur coupa la tête et on jeta leurs cadavres dans la mer. Tout cela fut écrit dans le temps même, par Lactance, en son *Traité de la mort des persécuteurs*.

Ainsi se termina ce combat de trois siècles entre l'Eglise du Christ et Rome idolâtre. Pendant trois siècles, Rome idolâtre persécute l'Eglise par ses empereurs et pour ses idoles, et pendant trois siècles l'Eglise souffre et meurt dans ses martyrs. Et, à la fin de ces trois siècles, Rome idolâtre voit périr à la fois et ses idoles et ses empereurs, avec toute leur race, tandis que l'Eglise, leur survivant à tous, en voit un autre qui arbore sur son casque et dans ses étendards, le signe jusque-là ignominieux du Christ, la croix, qui sera désormais le glorieux étendard de l'humanité régénérée.

LIVRE TRENTE ET UNIÈME.

Après avoir combattu pour l'unité de Dieu, l'Église combat pour la divinité du Christ et pour sa propre unité. — Premier concile œcuménique.

(De l'an 313 à l'an 326 de l'ère chrétienne.)

Ces combats de l'Eglise, David les avait annoncés dix siècles d'avance : *Pourquoi les nations ont-elles frémi, et les peuples ont-ils formé de vains projets ? Les rois de la terre se sont soulevés, et les princes se sont ligués contre Jéhova et son Christ. Rompons leurs liens, ont-ils dit, et rejetons leur joug loin de nous. Celui qui habite dans les cieux se rira, Adonaï se moquera d'eux. Alors il leur parlera dans sa colère, et il les consternera dans sa fureur. Pour moi, j'ai été par lui sacré roi sur Sion, sa montagne sainte, et j'en publierai le décret. Jéhova m'a dit : Tu es mon Fils ; je t'ai engendré aujourd'hui. Demande-moi, et je te donnerai les nations pour ton héritage, et pour ta possession les extrémités de la terre. Tu les gouverneras avec un sceptre de fer et tu les briseras comme le vase du potier. Maintenant donc comprenez, ô rois ; instruisez-vous, juges de la terre. Servez Jéhova dans la crainte, et réjouissez-vous dans le tremblement. Adorez le Fils par un baiser d'hommage, de peur qu'il ne se mette en colère et que votre route politique ne vous perde, pour peu que sa colère s'allume. Heureux tous ceux qui espèrent en lui* (Ps. 2).

On voit ici l'histoire abrégée de l'Eglise. Les nations de la gentilité et les peuples d'Israël se sont émus avec tumulte ; les rois et les princes, Hérode et Pilate, Néron et Domitien, Dioclès et Maximien-Hercule, Galérius et Maximin Daïa, se sont insurgés et ligués contre l'Eternel et contre son Christ, pour en repousser la loi et en empêcher l'empire. Mais l'Eternel s'est ri d'eux. Nous les avons vu briser l'un après l'autre comme des vases d'argile. Galérius et Daïa ont entrevu avec terreur la main qui les frappait. Constantin et Licinius commencent à comprendre. La guerre contre l'Eternel a cessé.

Etonnés de ces merveilles, les païens eux-mêmes confessaient que le vrai Dieu pouvait seul en être l'auteur. C'est ce que nous apprend un témoin oculaire, Eusèbe. Suivant le même témoin, les chrétiens, au comble de la joie, chantaient les hymnes prophétiques de David, qui annonçaient depuis quatorze siècles cette conversion du monde. *Chantez à l'Eternel un cantique nouveau ; chantez à l'Eternel, habitants de toute la terre. Annoncez sa gloire parmi les nations, et ses merveilles au milieu de tous les peuples. Venez, peuples différents, venez rendre hommage à l'Eternel et reconnaître sa puissance ; dites parmi les nations : Jéhova règne ! oui, Jéhova règne ! Que la terre tressaille de joie et que les îles sans nombre s'en réjouissent ! Chantez à l'Eternel un cantique nouveau, parce qu'il a fait des prodiges. L'Eternel a fait connaître son Sauveur, il a manifesté sa justice aux yeux des nations. Il s'est souvenu de sa miséricorde et des promesses de vérité qu'il avait faites à la maison d'Israël ; toutes les extrémités de la terre ont vu le Sauveur de notre Dieu* (Ps. 95, 96, 97).

Une occasion solennelle de se livrer à cette sainte allégresse, était la dédicace des églises. Abattues au commencement de la persécution, on les relevait plus grandes et plus magnifiques. Pour en faire la dédicace, les évêques et les peuples s'y assemblaient de toutes parts. Les parents, les amis se revoyaient avec une joie incroyable : c'était comme une résurrection universelle. Cette multitude si diverse chantait, comme d'une seule voix, les psaumes et les prophéties dont l'accomplissement frappait tous les yeux. Les évêques en faisaient l'application dans leurs discours. Ainsi, à la dédicace de la nouvelle église de Tyr, l'historien Eusèbe, dès lors évêque de Césarée en Palestine, prononça un panégyrique que nous avons encore, et où il fait voir, entre autres, l'accomplissement de ces paroles d'Isaïe à la nouvelle Sion, l'Eglise du Christ : *Lève-toi ! lève-toi ! revêts ta force et ta gloire ! secoue la poussière et lève-toi. Lève tes yeux tout alentour, et regarde : tous ceux-ci se sont assemblés et viennent à toi. Aussi vrai que je vis, dit l'Eternel, tu seras revêtue de tous ceux-ci comme d'un ornement, tu en seras parée comme une épouse. Tes déserts, tes solitudes, la terre de tes ruines seront trop étroits pour tes habitants ; ceux qui te dévoraient seront chassés au loin. Les enfants que tu auras après ceux que tu as perdus diront encore à tes oreilles : Le lieu m'est trop étroit, fais-moi de l'espace, afin que j'y puisse habiter. Et tu diras dans ton cœur : Qui donc m'a engendré ceux-ci, moi sans enfants et délaissée, moi captive et exilée ? Et ceux-là, qui donc les a nourris ? J'étais demeurée seule : où étaient donc ceux-ci ? Ainsi parle Adonaï Jéhova : Voici que j'étendrai ma main vers les nations et j'élèverai mon étendard vers les peuples ; et ils t'apporteront les fils entre leurs bras, et ils t'amèneront tes filles sur leurs épaules. Et les rois seront tes nourriciers, et leurs reines tes nourrices, et ils baiseront la poussière de tes pieds* (Isaï., 45 et 52 ; Euseb Hist., l. 10, c. 1-4).

Constantin et Licinius commençaient à vérifier la dernière partie de la prédiction. Le premier surtout faisait de grandes libéralités pour la construction et l'ornement des églises, le soulagement des pauvres, en particulier des veuves et des orphelins. Il exemptait les clercs de toutes les charges publiques, afin que rien ne les détournât du service de la religion. Il admettait les évêques à sa table, et fournissait à tous les frais de leurs voyages. Nous verrons sa mère, l'impératrice sainte Hélène, montrer plus de piété encore (Euseb., l. 10, c. 5-7).

Les idoles, qui tombaient déjà malgré les empereurs idolâtres, tombèrent encore bien plus avec eux. Les sciences et les lettres chrétiennes en achevaient la chute. Lactance, dans un latin de Cicéron, écrivait son *Traité de la mort des persécuteurs*, où il retrace la fin tragique de ces ennemis de l'Éternel et de son Christ. Il écrivait son *Traité de l'ouvrage de Dieu ou de la formation de l'homme*, où il prouve contre les épicuriens la Providence divine par la seule inspection du corps humain. Il commence par développer cette idée : Dieu, qui est intelligence, a créé l'homme intelligent. Cette intelligence donnée à l'homme, supplée tous les avantages naturels donnés à certains animaux. Au dire des épicuriens, la nature est pour l'homme une marâtre bien plus qu'une mère : les animaux sont mieux partagés. Quelques-uns, peut-être : les oiseaux, non. Ils bâtissent, couvent, nourrissent avec autant de sollicitude que l'homme. Ce qui a été départi à divers animaux, l'homme se le procure lui-même par son intelligence, et c'est ce qui l'a développé. Créé sans besoin, impassible, immortel, il eut vécu en brute, insocial, muet, cruel; sa fragilité, ses besoins, sa mortalité lui font trouver les plus grands biens. Il est d'ailleurs immortel, quant à son âme.

Lactance écrivait son *Traité de la colère de Dieu*, où il montre que Dieu n'est point apathique, insensible, indifférent au bien et au mal, comme prétendaient les stoïciens; mais qu'il y a en lui cette espèce de colère qui consiste à réprimer le mal ou à le punir. Il écrivait surtout son grand ouvrage des *Institutions divines*, divisé en sept livres, comme celui d'Arnobe, son maître. Dans le premier, intitulé : *De la fausse religion*, il part de ce fait : Tous les hommes, hormis quelques épicuriens réfutés d'ailleurs par les autres philosophes, admettent une providence divine. Mais cette providence est-elle d'un Dieu ou de plusieurs? Après quelques raisonnements, il prouve l'unité de Dieu par le témoignage des Prophètes, dont tout le monde voyait s'accomplir les prédictions; par le témoignage des poètes et des philosophes; enfin par le témoignage d'Hermès Trismégiste, des sibylles et des oracles, dont l'autorité était reconnue des païens. Quant aux divinités païennes, il fait voir que ce n'étaient que des hommes, dont la plupart ne s'étaient distingués que par des crimes.

Dans le second livre, intitulé : *De l'origine de l'erreur*, il se propose ce problème : « D'où vient que le Dieu vivant et véritable, créateur du ciel et de la terre, que seul on devrait adorer, est celui qu'on adore le moins, et qu'on lui préfère des hommes morts et enterrés ? Ceux qui agissent de la sorte seraient encore pardonnables, si cette erreur ne venait que de leur ignorance; mais comme nous voyons souvent les adorateurs mêmes de Dieu confesser et proclamer le Dieu souverain, quel pardon peuvent-ils espérer, s'ils n'adorent pas celui qu'ils ne peuvent ignorer tout à fait ? Car qu'ils fassent un serment, qu'ils forment des souhaits ou qu'ils rendent grâces à quelqu'un, ce n'est point Jupiter ni plusieurs dieux qu'ils attestent, mais Dieu seul, tant il est vrai que la nature fait jaillir la vérité du fond des cœurs malgré qu'on en ait. Du reste, s'ils agissent de la sorte, ce n'est pas quand ils sont dans la prospérité; car jamais ils n'oublient Dieu plus complètement que lorsque, comblés de ses bienfaits, ils devraient bénir davantage sa divine miséricorde ; mais, sont-ils frappés de quelque grand malheur, aussitôt ils se souviennent de Dieu ; mais la guerre, mais la peste, mais une longue sécheresse, mais une horrible tempête; mais la grêle les jette-t-elle dans l'épouvante, aussitôt ils recourent à Dieu ; ils implorent le secours de Dieu, ils conjurent Dieu de venir à leur aide. Est-on exposé à faire naufrage ou à quelque danger semblable, c'est lui qu'on invoque; c'est lui qu'on réclame; quelqu'un, tombe dans la dernière misère, est-il réduit à mendier son pain, c'est pour l'amour de Dieu et de Dieu seul qu'il demande l'aumône; c'est par son nom divin et unique qu'il implore la compassion des hommes. Ils ne se souviennent donc jamais de Dieu que quand ils sont dans la peine : dès qu'ils n'ont plus rien à craindre, dès qu'ils sont hors de danger, ils courent tout joyeux aux temples de leurs dieux; c'est à ceux-là qu'ils offrent des libations, des sacrifices et des couronnes. Quant à Dieu, qu'ils avaient imploré dans leur malheur, ils ne lui adressent pas seulement une parole de reconnaissance, tant il est vrai que la prospérité engendre la dissolution, et la dissolution l'impiété envers Dieu, aussi bien que les autres crimes (Lact., *Instit. divin.*, l. 2; n. 1).

Lactance se demande quelle peut être la cause de cet effroyable désordre, et il dit qu'il n'y en a point d'autre que la puissance ennemie, Satan et ses démons. C'est de là qu'il dérive l'origine de l'idolâtrie et tout ce qui s'y rattache. Toutefois le vrai culte lui est de beaucoup antérieur. Sous les divers noms des idoles, c'étaient les démons qui se faisaient adorer; comme ils étaient forcés d'en convenir, lorsqu'ils étaient conjurés par les chrétiens.

Le troisième livre est intitulé : *De la fausse Sagesse*. Suivant la définition de Lactance, la sagesse est la science jointe à la vertu. Les philosophes n'en avaient qu'une fausse et incomplète : témoin leurs contradictions. La raison indiquée dans le second livre est développée dans le troisième, la voici : Voir ce qui est faux, est de la sagesse humaine; savoir ce qui est vrai, est de la sagesse divine. Dans le quatrième livre : *De la vraie Sagesse*, il enseigne que la source en est Dieu et son Verbe, son Fils, engendré selon l'esprit avant tous les siècles, et dans le temps selon la chair; Créateur du ciel et de la terre; Dieu de Dieu, Dieu et homme, auteur des deux Testaments, qui, au fond, ne sont qu'un. Il prouve, contre les Juifs par les Prophètes, que le Christ devait naître d'une vierge, vivre et mourir comme il a fait; contre les païens, qu'il convenait que le Christ souffrit, afin de présenter aux hommes le modèle parfait et irrécusable de toutes les vertus. Les miracles que ce Dieu-Homme opérait sur les corps, figuraient de plus grands miracles qu'il allait opérer sur les âmes; pareillement, les souffrances qu'il endure dans sa personne, figurent celles que nous devons endurer nous-mêmes pour établir et dans nous et dans les autres le règne de la vérité et de la vertu. L'instrument de son supplice, la croix, est la preuve de sa puissance; elle met en fuite les démons, et rend muets leurs oracles. Cela est si vrai, que les empereurs nous ont persécutés à cause de cela.

« Quelqu'un demandera peut-être comment il se fait, que, tout en disant que nous adorons un seul Dieu, nous assurons cependant qu'il y en a deux, Dieu le Père, et Dieu le Fils, assertion qui a fait tomber la plupart dans une très-grande erreur. Trouvant probable ce que nous disons, nous croient inconséquents en ce seul point, que nous confessons encore un autre Dieu, et un Dieu mortel. Quant à la mortalité, nous en avons parlé précédemment ; expliquons maintenant ce qui regarde l'unité. Quant nous disons Dieu le Père et Dieu le Fils, nous ne disons pas un Dieu différent, ni ne séparons l'un de l'autre, parce que le Père ne peut être séparé du Fils, ni le Fils du Père, attendu que le Père ne peut être nommé sans le Fils, ni le Fils être engendré sans le Père. Comme c'est donc le Père qui fait le Fils, et le Fils le Père, ils n'ont tous deux qu'une intelligence, qu'un esprit et qu'une substance. Mais l'un est comme la fontaine qui jaillit, l'autre comme le ruisseau qui en découle; l'un comme le soleil, l'autre comme le rayon qui en émane. Cher et fidèle au Père souverain, il n'en est pas séparé; non plus que le ruisseau n'est séparé de la fontaine, ni le rayon du soleil; car, et l'eau de la fontaine est dans le ruisseau, et la lumière du soleil dans le rayon. C'est pourquoi, comme l'intelligence et la volonté de l'un est dans l'autre, ou plutôt qu'elle est la même dans tous les deux, l'un et l'autre est appelé avec raison un seul Dieu, parce que tout ce qui est dans le Père s'épanche dans le Fils, et tout ce qui est dans le Fils descend du Père. »

C'est avec cette précision que Lactance, quoique plus littérateur que théologien, s'exprime sur la divinité et la consubstantialité du Verbe. Il en tire cette conséquence : « Le Dieu souverain et unique ne peut donc être adoré que par le Fils : qui s'imagine adorer le Père seul, celui-là, n'adorant pas le Fils, n'adore pas même le Père. Mais celui qui reçoit le Fils et en porte le nom, celui-là, avec le Fils véritable, adore en même temps le Père, parce que le Fils est l'envoyé et le pontife du Père souverain. C'est lui l'entrée du grand temple, lui la voie de la lumière, lui le guide du salut, lui la porte de la vie (l. 4, n. 29). »

Mais comme il s'est élevé beaucoup d'hérésies et que le peuple de Dieu a été divisé par l'instigation des démons, il nous faut signaler brièvement la vérité, et la placer dans son propre domicile, afin que si quelqu'un veut puiser l'eau de la vie, il ne se détourne point à des citernes rompues, qui n'ont point la source, mais qu'il connaisse l'inépuisable fontaine de Dieu, et que, s'y étant abreuvé, il jouisse de la lumière éternelle. Il faut donc savoir avant tout, et que le Christ et que ses apôtres ont prédit qu'il y aurait plusieurs sectes et hérésies qui rompraient la concorde de la sainte corporation, et qu'ils nous ont avertis de prendre bien garde à ne pas tomber dans les pièges de cet adversaire, contre lequel Dieu veut que nous combattions. Tous ceux donc qui se sont laissé prendre à ses ruses diaboliques, ont perdu le nom et le culte divins ; car en s'appelant montanistes, novatiens, valentiniens, marcionites, ils ont cessé d'être chrétiens, puisqu'en perdant le nom du Christ, ils ont pris des noms d'hommes. Il n'y a donc que la seule Église catholique qui retienne le culte véritable. C'est là la fontaine de la vérité, le domicile de la foi, le temple de Dieu : qui n'entre pas là, ou qui en sort, est étranger à l'espérance de la vie et du salut éternel (l. 4, n. 30).

Le cinquième livre est : *De la Justice*. Suivant les poètes, la justice régnait sur la terre au temps de Saturne, c'est-à-dire au temps où l'on n'adorait pas encore d'idoles, mais Dieu seul. Depuis, elle a quitté la terre pour se retirer au ciel. Le christianisme la ramènerait, si tout le monde obéissait au christianisme. Dans le paganisme, la piété même était cruelle. Ainsi, dans le tendre Virgile, le pieux Enée immole huit jeunes captifs sur la tombe de son ami. Par là, qu'on juge du reste. Les adorateurs des dieux ne pouvaient pas être bons et justes. Comment, en effet, s'abstenir du sang lorsqu'on adore des dieux sanguinaires, Mars et Bellone ? comment honorer son père, lorsqu'on adore Jupiter qui a chassé le sien ? comment aimer ses enfants, lorsqu'on adore Saturne ? Comment garder la pudeur, lorsqu'on adore une déesse nue, adultère, et comme la prostituée des dieux ? comment s'abstiendra-t-on de tromper, lorsqu'on révère les vols de Mercure ? comment réprimera-t-on ses passions, quand on adore Jupiter, Hercule, Bacchus, Apollon et autres, dont les adultères et les infamies ne sont pas seulement connus des savants, mais représentés encore et chantés sur les théâtres, afin que personne n'en ignore ? comment des hommes, même naturellement bons, pourraient-ils être justes au milieu de tout cela ?

Comparez les chrétiens. Lorsque Platon et Cicéron après lui ont tracé le portrait du juste méconnu, calomnié, persécuté, mis à mort, c'est le portrait des chrétiens qu'ils ont fait. Notre croyance en un Dieu unique, rémunérateur de la vertu et vengeur du crime, tend à éloigner les hommes du mal, à les porter au bien et à les unir tous dans la même concorde. Or, c'est pour cela même qu'on nous hait, qu'on nous persécute, qu'on nous emprisonne, qu'on nous torture, qu'on nous brûle, qu'on nous met à mort. Et les chrétiens, enfants et femmes, lassent leurs bourreaux ; le feu même ne peut leur arracher un gémissement. Vous appelez quelquefois notre religion une folle superstition de femmelettes. Mais si les femmes s'égarent par la faiblesse de leur sexe, les hommes seront sages. Si les jeunes gens sont étourdis, les vieillards jugeront avec maturité. Si une cité devient folle, les autres, étant sans nombre, ne sauraient l'être. Si une province, une nation manque de prudence, toutes les autres en auront. Puis donc que la loi divine est reçue depuis l'Orient jusqu'à l'Occident, que tout sexe, tout âge, tout pays, toute nation sert Dieu avec le même zèle, que partout c'est la même patience, le même mépris de la mort, ne devrait-on pas comprendre qu'il y a un motif pour persévérer avec une invincible constance, qu'il y a une cause pour laquelle cette religion, au lieu de périr par les mauvais traitements, en devient toujours plus considérable et plus ferme ? Rome, par exemple, se glorifie d'un Mutius Scévola ou d'un Régulus. Voici que le sexe le plus faible et l'âge le plus tendre se laissent déchirer, se laissent brûler par tout le corps, non par nécessité, car s'ils voulaient, ils pourraient éviter tout cela, mais volontairement, parce qu'ils croient en Dieu. C'est là la véritable vertu que les philosophes exaltent en paroles, sans la montrer jamais en effet, quand ils disent que le sage ne se laisse détourner de son devoir par aucun supplice.

Le sixième livre traite *Du vrai culte*, qui comprend deux choses : la piété envers Dieu, la charité et la miséricorde envers les hommes. Les païens ne connaissaient point la véritable piété ; la leur ne s'occupait que des dehors : offrir dans le temple un lambeau de victime, brûler devant l'idole un grain d'encens, tout se bornait là. Les philosophes détruisaient la charité et l'humanité ; car ils rangeaient la compassion et la miséricorde parmi les vices dont le sage doit se corriger, et la vengeance parmi les vertus. Les chrétiens, au contraire, pour obéir à Dieu que seul ils adorent, exercent l'hospitalité, nourrissent les pauvres, rachètent les captifs, protégent la veuve et l'orphelin, soulagent les malades, donnent la sépulture aux morts. Le septième livre, intitulé *De la vie bienheureuse*, est comme la conclusion des six premiers. Lactance y établit l'immortalité de l'âme, la résurrection des corps, le jugement dernier, l'éternité des récompenses et des punitions dans l'autre vie (V. Le Nourry, *Apparat.*, t. II).

De ce grand ouvrage, il fit un abrégé que nous avons également. Le style de Lactance est d'une grande beauté ; il a été surnommé justement le Cicéron chrétien. On ne sait point au juste de quel pays il était originaire ; on le croit communément d'Afrique. Il enseigna la rhétorique à Nicomédie, sous Dioclétien. Etant déjà vieux, il fut appelé par Constantin dans les Gaules, pour présider à l'éducation de son fils aîné, le césar Crispus. Malgré ce poste éminent, Lactance vécut et mourut pauvre. Il eut la douleur de survivre à son digne élève, qui fut mis à mort par son père, sur une accusation calomnieuse de Fausta, sa marâtre. Constantin ayant reconnu plus tard l'innocence de son fils, lui fit élever une statue d'argent doré.

Dans le temps même que Lactance écrivait en latin, Eusèbe de Césarée publiait en grec son grand ouvrage *De la Préparation et de la Démonstration évangéliques*. Dans la première partie, il prépare l'esprit à croire l'Evangile ; dans la seconde, il en démontre la vérité. La *Préparation* a quinze livres ; en voici la substance.

Comment, disaient les païens, vous qui êtes Hellènes d'origine comme nous, avez-vous abandonné la religion de nos pères pour embrasser, par une foi aveugle et sans examen, la religion d'un peuple méprisable et barbare, les Juifs ? Comment, disaient les Juifs de leur côté, vous qui êtes étrangers à notre nation, osez-vous envahir nos écritures, vous emparer de nos prophéties, sans vouloir observer notre loi ? Y a-t-il rien de plus absurde ? Eusèbe répond d'abord sommairement que, si les chrétiens commencent par la foi, il n'y a rien là d'étrange ; car la vie entière dépend de la foi et de l'espérance. Leur foi, d'ailleurs, est fondée sur les raisons les plus puissantes et les plus incontestables : l'accomplissement visible des prophéties dans le Christ, ainsi que de ses prophéties à lui-même ; la merveilleuse propagation de son Evangile, malgré tous les obstacles ; le prodigieux changement de l'univers, même des peuples barbares. Après quoi, avec une érudition immense, il passe en revue la mythologie et la philosophie païennes, et fait voir que les chrétiens les abandonnaient avec raison pour s'attacher à la doctrine des Hébreux.

Sur l'origine du monde et de l'homme, il rapporte, en de longs extraits, les cosmogonies discordantes et contradictoires des anciens philosophes, entre autres les paroles de Socrate, qui se moque d'eux et les traite de fous, et il conclut que les chrétiens pensent comme Socrate (Euseb., *Præparat. evangel.*). Il rapporte de même les théogonies fabuleuses des Phéniciens, des Egyptiens, des Grecs ; mais il cite aussi les paroles de Platon, qui bannit de sa république toute la mythologie, même la mythologie allégorisée, et il conclut que les chrétiens faisaient comme Platon (l. 2). Il montre ensuite l'inanité des peines que se donnaient les philosophes pour allégoriser la mythologie des poètes, dont les dieux n'étaient au fond que des hommes mortels. Les explications de Plutarque ne sont pas seulement différentes les unes des autres, mais contradictoires et d'ailleurs purement matérielles ; rien n'en sort d'intellectuel ni de divin. Les allégories égyptiennes ne s'élèvent pas au-dessus de l'animal. Porphyre, après une exorde emphatique, ne s'élève pas plus haut. Enfin, toutes les tentatives des philosophes en ce genre, n'ont abouti qu'à d'irrémédiables contradictions. Bon gré mal gré, ils en revenaient à un Dieu invisible et souverain ; ce qui ruinait de fond en comble la mythologie entière (l. 3).

Après avoir ainsi réfuté, dans les trois premiers livres, la théogonie fabuleuse des poètes et la théogonie physique ou allégorique des philosophes, il réfute, dans les trois suivants, la théogonie politique ou légale des villes et des provinces. Elle reposait sur la foi des oracles et l'art de la divination. Le philosophe Porphyre s'en était fait l'apologiste. Eusèbe montre, par les paroles mêmes de Porphyre, que ces prétendus oracles n'étaient la plupart que des impostures ; que, s'il y avait quelque chose de plus, c'était l'œuvre des mauvais génies ou des démons, comme on le voyait par les sacrifices humains qu'ils exigèrent par plusieurs de leurs oracles ; qu'enfin, de l'aveu de tout le monde, et ces oracles et ces sacrifices cruels avaient cessé depuis l'avénement du Sauveur. Il met surtout Porphyre en contradiction avec lui-même. Ce philosophe disait, dans un de ses écrits, que, pour procéder avec une inébranlable certitude, il s'attachait fidèlement aux oracles des dieux ; en conséquence, il en citait un grand nombre, surtout d'Apollon, qui prescrivaient la manière dont chaque dieu devait être honoré, le sang de quels animaux il fallait leur offrir en sacrifice. Puis ce même philosophe, dans son livre *De l'abstinence des choses animées*, enseignait, comme un dogme capital, qu'il ne fallait ni brûler d'encens, ni immoler rien de vivant, ni en l'honneur du Dieu souverain, ni en l'honneur des dieux secondaires ; car, disait-il, puisque de verser le sang de ce qui a vie est une impiété exécrable, il est impossible que cela plaise à aucun dieu. D'où il suivait naturellement que, ni son dieu Apollon qui prescrivait des sacrifices sanglants et même des sacrifices humains, ni la foule des dieux qui les acceptaient, n'étaient vraiment des dieux, mais d'impurs et exécrables démons. Les chrétiens faisaient donc bien d'y renoncer.

Ayant ainsi montré pourquoi les chrétiens avaient quitté le paganisme, il fait voir pourquoi ils avaient embrassé la doctrine des Hébreux, dont il fait ressortir l'incomparable prééminence sur celle des autres nations. Eusèbe désigne sous le nom d'Hébreux les patriarches et les anciens fidèles, depuis Adam jusqu'à Moïse; et sous le nom de Juifs, le peuple particulier que Moïse constitua dans le désert pour habiter la Palestine. C'est le Verbe de Dieu qui apparaît aux patriarches et à Moïse, et qui les instruit; c'est lui, et non pas des éléments inertes, le principe de la création. Vient ensuite l'excellence de la loi de Moïse: l'histoire de la version des livres hébreux sous Ptolémée-Philadelphe; grand nombre d'écrivains grecs qui ont fait mention des Juifs; antiquité des Hébreux: les Grecs ont tout emprunté à ceux qu'ils appelaient Barbares, même leur alphabet; la philosophie grecque, plus récente que l'histoire entière des Juifs; la philosophie de Platon, conforme, dans les choses principales, à la doctrine des Hébreux: où Platon est d'accord avec les Hébreux, les chrétiens l'y suivent; où Platon se trompe, les chrétiens lui préfèrent les Hébreux: Platon n'est point conséquent avec lui-même et adore, avec Socrate, la déesse du Pirée; imperfection de ses lois, comparées à celles de Moïse; les Hébreux, d'accord en tout; les philosophes, dans une perpétuelle discordance: Porphyre lui-même en convient et ajoute que les Grecs se sont égarés de la vraie religion, et qu'elle se trouve chez les Barbares, entre autres chez les Hébreux. Comment donc peut-il blâmer les chrétiens de l'avoir cherchée où elle est (l. 14, c. 10)?

Restaient les plaintes des Juifs: Pourquoi les chrétiens, s'emparant de nos Ecritures et de nos prophéties, n'observent-ils pas notre loi? Eusèbe répondit à ses plaintes dans les vingt livres de la *Démonstration évangélique*, dont il ne nous est parvenu que les dix premiers. Les chrétiens, qui sont de tous les pays et de tous les peuples, n'observent pas la loi de Moïse, parce que cette loi n'était faite que pour un seul peuple, habitant un même pays, ayant un seul et même temple, faisant les semailles, la moisson, les vendanges aux mêmes époques, pouvant aller à Jérusalem trois fois l'année; choses impossibles, non-seulement à la multitude des nations que devait convertir le Messie, mais aux Juifs mêmes dès qu'ils étaient hors de la Judée. Aussi Moïse leur annonçait-il un autre prophète, un autre législateur, le Christ, qui serait l'attente des nations et en qui toutes les nations seraient bénies. Que si les chrétiens n'observaient pas la loi nationale des Juifs, ils observaient la loi beaucoup plus ancienne des patriarches, tels que Noé, Abraham, Melchisédech, Job, à qui le Christ apparaissait dès lors et servait de maître, et que, pour cette raison, Dieu même appelle ses christs. Le christianisme est donc à la fois et plus ancien et plus nouveau que le judaïsme: plus ancien dans les patriarches, plus nouveau dans le Christ, qui l'a renouvelé par toute la terre (Euseb., *Demonstrat. evangel.*, l. 1).

Mais si les chrétiens ont la même religion que les patriarches, pourquoi donc ne s'appliquent-ils pas comme eux à laisser une postérité nombreuse, et n'offrent-ils point de sacrifices sanglants? La raison de cette différence est que les patriarches vivaient dans les premiers temps du monde, où la propagation du genre humain était plus nécessaire que de nos temps, où l'univers est peuplé; vivant dans une position plus tranquille et plus indépendante, ils pouvaient s'appliquer plus facilement à leurs devoirs religieux avec toute leur famille; que les chrétiens, qui se voient continuellement traversés par mille embarras; enfin, dans la corruption qui régnait alors chez tous les peuples, ils cherchaient à propager, par leurs enfants, la succession de la vraie piété; aujourd'hui que la multitude des nations reviennent à Dieu, la même raison n'existe plus. Il y a donc parmi les chrétiens deux manières de vie: les uns demeurent dans la vie commune, dans le mariage, le soin des enfants et d'une famille; portant les armes, labourant, trafiquant, faisant toutes les fonctions de la vie civile, mais sans négliger la piété, ayant des temps réglés pour s'y exercer et pour s'en instruire. Les autres, plus parfaits, renoncent au mariage, aux enfants, à la possession des biens temporels; pour se consacrer entièrement à Dieu et lui offrir continuellement pour tous les autres, les sacrifices de leurs prières et de toutes sortes de vertus. Cet état de continence est l'état propre de ceux qui sont consacrés au sacerdoce et occupés de ce qui est du culte divin (l. 2, c. 8 et 9). Les patriarches offraient pour la rémission de leurs péchés des sacrifices d'animaux, comme ce que la terre présentait de plus relevé à la place d'eux-mêmes, et en attendant la victime sainte et divine, qu'ils savaient, comme prophètes, devoir s'offrir un jour. Cette victime adorable, qui est le Christ, l'Agneau de Dieu, étant venue, s'étant immolée sur la croix, et nous en ayant laissé le mémorial dans l'auguste sacrifice de nos autels, il n'y a plus de motif pour offrir encore le sang des animaux. Partout on voit ce que Malachie avait annoncé. « Depuis le lever du soleil jusqu'à son couchant, le nom du Seigneur est grand parmi les nations, et en tout lieu on lui offre une oblation pure (l. 1, c. 10). » Enfin, si nous nous approprions les prophéties de l'Ancien Testament, c'est qu'elles nous appartiennent beaucoup plus qu'aux Juifs; car c'est de nous qu'elles parlent, c'est à nous qu'elles annoncent les plus grands biens, lorsqu'elles prédisent la conversion générale des nations, tandis que pour les Juifs, elles annoncent la réprobation de la masse et la conversion seulement du petit nombre (l. 2). Ce qu'Eusèbe fait voir très au long.

L'objet principal des prophéties est le Christ, que les nations adorent et que les Juifs ont rejeté. C'est lui ce prophète comme Moïse, qu'il faut écouter sous peine d'être retranché de son peuple et dévoué à la vengeance du ciel. Il est comme Moïse, mais il l'est beaucoup plus. Moïse a été le chef, le législateur, le libérateur d'un seul peuple; Jésus-Christ l'est de tous les peuples. C'est lui dont il est écrit: *Etablissez, Seigneur, un législateur sur les nations, afin qu'elles se reconnaissent hommes* (hommes, et non pas bêtes; hommes, et non pas dieux). C'est lui ce descendant de Juda qui, selon Jacob, devait être l'attente des peuples; lui ce rejeton de David, en qui, selon Isaïe, les nations devaient se réconcilier et mettre leur confiance; lui ce dominateur en Israël, qui devait naître à Bethléhem d'Ephrata. Et de fait, tout le monde confesse que Jésus, le Christ, est né à Bethléhem, et que les habitants y montrent la caverne de la Nativité aux pèlerins, qui affluent de toutes parts (l. 3, c. 1).

Quelqu'un dira-t-il que c'est un imposteur? qu'il nous montre dans l'histoire un imposteur pareil, qui enseigne toutes les vertus, proscrit non-seulement tous les crimes, mais la pensée même d'en commettre ; qui persuade une morale aussi parfaite, non-seulement à quelques disciples choisis, mais à la multitude des nations ; qui, des ténèbres de l'idolâtrie, élève leur intelligence au-dessus de toutes les choses créées, et jusqu'au Créateur invisible ; qui leur apprend à honorer Dieu, non par le sang des bœufs, mais par l'imitation de ses infinies perfections : *Soyez parfaits comme votre Père céleste est parfait*. Peut-on aimer la vérité sans conclure que c'est là, non pas un imposteur, mais un envoyé de Dieu (c. 2, n. 3) ?

Quelqu'un soutiendra-t-il qu'il n'y a rien de vrai dans les miracles que les disciples rapportent de leur maître ? que celui-là donc nous dise pourquoi et de quoi l'un a été maître et les autres disciples. Il leur enseignait : *Ne possédez ni or ni argent dans vos ceintures, pas même de sac pour le voyage*, et ainsi du reste ; il leur prescrivait une morale plus parfaite que celle de Moïse. Or, des hommes devenus disciples et prédicateurs à leur tour d'une pareille doctrine, quelle raison y a-t-il de soupçonner qu'ils ont menti dans tout ce qu'ils ont attesté de leur maître ? Ils étaient douze principaux et soixante-dix autres ; quelle probabilité qu'ils aient tous menti de concert ? Comment ne pas croire cette multitude d'hommes qui abandonnent ce qu'ils ont de plus cher, pour rendre à leur maître un témoignage unanime ?

Mais supposons un instant que le maître leur ait enseigné une doctrine toute contraire : l'impiété, l'immoralité, l'injustice, l'hypocrisie; que les disciples se soient exercés à ces crimes et à de plus grands encore ; qu'enfin ils se soient mis à exalter leur maître par les mensonges les plus impudents, et qu'ils lui aient attribué faussement toutes sortes de miracles, afin qu'on les admirât eux-mêmes et qu'on les félicitât d'avoir été les disciples d'un pareil personnage. Cette supposition ne se détruit-elle pas de soi-même ? On dit en proverbe : Il n'y a point d'amitié entre un méchant et un méchant, ni même entre un méchant et un bon. Comment donc, dans une si grande multitude, un tel accord de méchanceté ? une telle unanimité de témoignage en toutes choses ? et une telle unanimité jusqu'à la mort ? Qui jamais se fût attaché un seul instant à un imposteur qui eut enseigné de pareilles abominations ? Direz-vous que les disciples n'étaient pas moins fourbes que le maître ? Mais n'avaient-ils pas vu sa fin ? Hé quoi ! c'est après son infâme supplice qu'ils en font un dieu ! sans que rien puisse les détourner de leur entreprise ! Qu'espéraient-ils donc ? de périr du même supplice ? et cela sans aucun espoir (l. 3).

Eusèbe pousse ces raisonnements avec beaucoup de force et d'éloquence, et fait voir plus clair que le jour, dans tout son troisième livre, qu'on ne peut suspecter le récit des apôtres sans admettre les plus absurdes contradictions, et que si leur témoignage n'est pas reçu, il n'y a aucun témoignage au monde qui puisse l'être.

Dans les livres suivants, il expose ce qu'est le Christ et prouve sa divinité. Sur ce dernier point, Eusèbe avait personnellement des idées bien défectueuses. Par exemple, l'Ecriture compare Dieu le Père à la lumière éternelle, et le Fils à la splendeur, au rayon de cette lumière. Nous avons vu tous les Pères de l'Eglise développer ainsi cette belle comparaison : Comme le rayon émane de la lumière, qu'il est de même nature et de même âge, qu'il en est distinct, mais inséparable, ainsi le Fils procède du Père. Eusèbe emploie aussi cette comparaison, mais en ajoutant qu'elle n'était pas tout à fait exacte, parce que le rayon coexiste à la lumière, que là lumière le produit nécessairement, et qu'il en est inséparable ; tandis qu'il en est autrement du Père et du Fils. Cela prouve seulement qu'Eusèbe, plus disert que pénétrant, plus érudit que théologien, avait là-dessus des idées bien confuses et ne comprenait pas trop ce qu'il disait. On le voit encore mieux dans la suite de son ouvrage. Il applique à Jésus-Christ, dans les six derniers livres, une foule incroyable de passages du Pentateuque, des Psaumes, des Prophètes, et fait voir qu'il y est appelé peut-être plus de cinq cents fois Seigneur Dieu, tout-puissant, éternel, sans commencement ni fin ; et cependant il voudrait conclure qu'il n'est ni égal ni coéternel au Père, et il a peur de l'appeler Dieu. Cette confusion d'idées nous explique d'avance la part malheureuse qu'il prendra aux erreurs d'Arius ; mais il n'en est qu'un plus irrécusable témoin de la croyance de l'Eglise et de l'application qu'elle faisait à Jésus-Christ de tant de passages de l'Ecriture, où il est appelé manifestement *Dieu, Eternel, Tout-Puissant*, et *Jéhova* ou Celui qui est.

Des hommes peuvent raisonner mal pour le christianisme, des hommes peuvent raisonner mal contre le christianisme ; mais le christianisme est un fait au-dessus de tous les raisonnements, et dont tous les raisonnements doivent partir. Il remonte de nous au Christ, et du Christ, par les prophètes, par Moïse et les patriarches, jusqu'au premier homme, qui fut de Dieu. Il est dans la réalité toute l'histoire humaine ; il seul embrasse les faits de l'humanité entière et en donne le sens. Sans lui, l'humanité ne saurait ni d'où elle vient ni où elle va. Moïse lui trace l'histoire de son origine avec des aperçus sur son avenir ; les prophètes lui dévoilent le but providentiel des empires terrestres, ainsi que la future histoire de l'empire de Dieu ; les Pères de l'Eglise nous font voir tous les siècles et tous les empires aboutissant à cet empire divin et éternel, comme au but final de leur existence. Justin de Palestine, Clément d'Alexandrie, Tatien de Babylone, Théophile d'Antioche, Jules l'Africain, avaient commencé à faire ressortir ce magnifique ensemble. Eusèbe, profitant de leurs travaux et y ajoutant lui-même d'immenses recherches, compose sa *Chronique* ou ses *Tables d'histoire universelle* depuis le commencement du monde, année par année, jusqu'à son temps. Des moines arméniens-catholiques en ont retrouvé, de nos jours, la première partie, qui était perdue depuis des siècles. Eusèbe y ajoutera son *Histoire de l'Eglise*, où l'on commence à découvrir les merveilleux résultats de la providence de Dieu sur l'humanité. L'histoire ecclésiastique d'Eusèbe, ainsi que la plupart de ses autres écrits, est moins un ouvrage achevé, une histoire proprement dite, qu'une collection de pièces historiques, de longs passages d'auteurs anciens, dont les ouvrages se sont perdus depuis. Son principal mérite est de nous avoir conservé tant de précieux monuments.

Ainsi le christianisme, à peine établi dans le monde, s'y montrait aussi ancien que le monde, s'y montrait avec une histoire où les causes, les moyens et les effets se révèlent avec des proportions toujours plus grandes, toujours plus dignes de Dieu et plus honorables pour l'homme. Rien de pareil ni dans la philosophie ni dans le paganisme; la philosophie et l'idolâtrie n'ont pas même d'histoire. Témoin l'Inde, où les philosophes règnent depuis des siècles, et qui n'a pas une ombre d'histoire soit universelle, soit nationale. Témoin la philosophie et l'idolâtrie de la Grèce et de Rome, qui, dans une lutte de trois siècles contre le christianisme, ne surent pas produire un ensemble historique et raisonné pour leur propre défense. Lactance leur en portait le défi solennel (*Inst. div.*, l. 5, n. 19). Le philosophe Hiéroclès, s'étant mis à l'œuvre, ne trouva rien de mieux que l'insipide roman de Philostrate sur Apollonius de Tyane, qui, après tout, comme le remarque Eusèbe dans la réfutation qu'il en a faite, ne tient à rien et n'aboutit à rien, tandis que le christianisme se montrait à la fois en possession du passé, du présent et de l'avenir.

Les savants soutenaient ainsi la religion par leur doctrine et leur éloquence; mais il y avait certains ignorants qui la soutenaient encore mieux par leurs vertus et leurs miracles, souvent même par une sagesse qui confondait les sages. Le principal était saint Antoine. Revenu d'Alexandrie après la persécution de Maximin, il était rentré dans son monastère avec la résolution de n'en plus sortir et de n'y laisser entrer personne; mais on ne l'y laissa point tranquille. Un commandant de troupes, nommé Martinien, dont la fille était tourmentée du démon, ne cessa un jour de frapper à sa porte, en lui criant de venir et de prier pour elle. Antoine, sans ouvrir, mais regardant par le haut, lui dit : O homme! pourquoi criez-vous à moi ? je suis un homme comme vous. Si vous croyez, priez Dieu, et il vous sera fait. L'autre crut aussitôt, pria le Christ et trouva sa fille guérie. Beaucoup d'autres malades vinrent l'importuner et furent guéris de même. Craignant de succomber à la vaine gloire ou d'être trop estimé, il voulut se retirer dans la haute Thébaïde pour y vivre inconnu. Mais une voix d'en haut lui apprit qu'il y aurait encore plus de peines, et que, pour trouver le repos, il devait aller au fond du désert. Et qui m'enseignera le chemin, demanda-t-il? Aussitôt la voix lui montra des Sarrasins qui allaient de ce côté-là; il les joignit et les pria de lui permettre d'aller en leur compagnie dans le désert; ils le lui accordèrent volontiers.

Ayant marché avec eux trois jours et trois nuits, il vint à une montagne très-haute, au bas de laquelle coulait une eau douce, limpide et très-fraiche; autour était une plaine avec quelques palmiers négligés. Il prit ce lieu en affection, et, ayant accepté quelques pains de ses compagnons de voyage, il y demeura seul, le regardant comme sa maison. Les Sarrasins y repassaient exprès et lui apportaient avec plaisir du pain; il recevait encore quelque petit soulagement des palmiers. Cette montagne, nommée Colzim ou le mont Saint-Antoine, est à une journée de la mer Rouge. Les frères ayant appris le lieu de sa retraite, eurent soin de lui envoyer du pain. Pour leur épargner cette peine, il les pria de lui apporter une bêche et une hache avec un peu de blé. Il laboura un petit terrain autour de la montagne, et, l'arrosant au moyen de sa fontaine, il l'ensemença. Il recueillit ainsi tous les ans de quoi faire son pain, avec la satisfaction de n'être à charge à personne; il planta même des légumes, pour servir de rafraîchissement à ceux qui venaient le visiter. Au commencement, les bêtes du désert, habituées à venir boire, lui dérangeaient ses semailles. Il en saisit une avec douceur, et leur dit à toutes : « Pourquoi me faites-vous du dommage, moi qui ne vous en fais point? Allez-vous-en, et, au nom du Seigneur, n'approchez plus d'ici. » Et, comme effrayées par ce commandement, elles n'approchèrent plus. Comme il devenait vieux, les frères lui demandèrent la permission de lui apporter tous les mois des olives, des légumes et de l'huile. Il leur donnait, en récompense, des corbeilles qu'il travaillait lui-même. Eux entendaient souvent un grand tumulte de voix et comme un bruit d'armes, et voyaient la nuit la montagne pleine de bêtes farouches, tandis qu'il était en prière. Car il soutint dans ce désert de terribles tentations.

Étant prié un jour par les moines de descendre de la montagne pour les aller voir, il partit avec eux, faisant porter sur un chameau de l'eau et du pain. Car tout ce désert est sec, et il n'y a de l'eau potable que dans cette montagne seule où était son monastère. L'eau leur manqua dans la route, par une chaleur extrême; ils en cherchèrent de toutes parts, jusqu'à ce qu'enfin, ne pouvant plus marcher, ils se couchèrent par terre, laissant aller le chameau à l'aventure. Le saint vieillard, pénétré de douleur de les voir en ce péril, s'écarta un peu en soupirant, et se mit à prier à genoux et les mains étendues. Aussitôt le Seigneur fit sortir de l'eau de l'endroit où il s'était mis en prière; ils en burent tous et reprirent haleine, remplirent leurs outres, cherchèrent le chameau et le trouvèrent attaché à une pierre, où sa corde s'était accrochée par hasard : ils achevèrent ainsi heureusement leur voyage. Antoine étant arrivé aux monastères de Pisper, il y fut reçu comme un père, et sentit une grande joie de voir la ferveur des moines, et sa sœur qui avait vieilli dans la virginité et conduisait d'autres vierges. Après quelques jours, il retourna à la montagne, où plusieurs continuaient de l'aller trouver, pour recevoir ses instructions ou la guérison de leurs maladies.

Parmi ces visiteurs, se trouvèrent un jour deux philosophes païens. Antoine s'avança, et, leur parlant par interprète, il leur dit : Pourquoi, ô philosophes! vous fatiguez-vous tant à chercher un insensé ? Eux, ayant répondu qu'ils ne le croyaient point insensé, mais au contraire très-sage, il leur répliqua : Si vous venez chercher un insensé, votre peine est inutile; et si vous me croyez sage, devenez comme moi. Car si j'étais allé vous trouver, je vous imiterais; or, je suis chrétien. Ils se retirèrent tout étonnés. D'autres, croyant se moquer de ce qu'il n'avait pas étudié, il leur dit : Que vous en semble? lequel est le premier, le bon sens ou les lettres; lequel est la cause de l'autre? C'est, dirent-ils, le bon sens qui est le premier et qui a trouvé les lettres. Donc, reprit Antoine, les lettres ne sont pas nécessaires à qui a le sens droit. Ils s'en allèrent surpris de la sagesse de cet ignorant; car il n'était point agreste pour avoir vieilli dans la montagne, mais agréable et civil, et ses discours étaient assaisonnés d'un sel tout divin.

D'autres philosophes étant venus lui demander raison de notre foi au Christ et de notre vénération pour sa croix, afin d'en faire des risées, Antoine eut pitié de leur ignorance, et, après avoir réfléchi un moment, leur dit par son interprète : Lequel est le plus beau, ou de confesser la croix ou d'attribuer des adultères et des sodomies à vos dieux? Ce que nous disons est une marque de courage et une preuve du mépris de la mort; ce que vous dites, sont des passions d'ignominie. Après avoir développé ces idées et d'autres avec beaucoup de grâce et de force : Comment, dit-il, vous moquant de la croix, n'admirez-vous pas la résurrection? car ceux qui ont parlé de l'une ont écrit de l'autre. Pourquoi, parlant sans cesse de la croix, ne dites-vous mot ni des morts qui ressuscitent, ni des aveugles qui recouvrent la vue, ni des paralytiques et des lépreux qui sont guéris, ni de tant d'autres miracles qui nous démontrent le Christ, non plus seulement homme, mais Dieu ? Vous me semblez tout à fait injustes envers vous-mêmes, de n'avoir pas mieux lu nos Ecritures. Lisez-les, et vous verrez que les choses opérées par le Christ démontrent qu'il est Dieu, venu en ce monde pour le salut des hommes. Mais vous-mêmes, dites-nous seulement ce qui vous regarde. Que direz-vous de ces bêtes brutes, si ce n'est des choses brutales et cruelles? Que si vous me répondez que ce sont là des mythes, et que, par vos allégories, vous fassiez de Proserpine la terre, de Vulcain le feu, de Junon l'air, d'Apollon le soleil, de Diane la lune, de Neptune la mer, vous n'en adorez pas plus pour cela Dieu même, vous n'en servez pas moins la créature au lieu du Créateur. Que si la création vous paraît belle, vous deviez vous en tenir à l'admiration et non pas la déifier, pour ne point transporter à l'ouvrage l'honneur de l'ouvrier. Que répondez-vous donc à cela, pour que nous puissions voir si la croix est digne de risée?

Ces philosophes ne sachant que répliquer, et se tournant de côté et d'autre, Antoine se mit à sourire et leur dit : Ces choses sont si claires, que, pour en être convaincu, il suffit de les voir. Mais vous voulez des démonstrations. Eh bien donc ! dites-moi, qu'est-ce qui nous donnera une connaissance plus certaine de Dieu ? Une démonstration en paroles, ou la foi qui se démontre elle-même par ses œuvres? Ils répondirent que c'était une pareille foi. C'est bien répondre, dit le saint; or, voyez maintenant la différence : nous nous appuyons sur la foi au Christ, vous sur des logomachies sophistiques. Eh bien ! vos idoles croulent, et notre foi s'étend partout. Avec tous vos syllogismes, vous ne persuadez pas une âme de passer du christianisme à l'hellénisme; et nous, en prêchant la foi au Christ, nous ruinons toute votre superstition, tout le monde reconnaissant que le Christ est Dieu et Fils de Dieu. Avec tout votre savoir-faire, vous ne pouvez empêcher la doctrine du Christ; et nous, au seul nom de ce Crucifié; nous mettons en fuite les démons, que vous craignez comme des dieux : où l'on fait le signe de la croix, la magie perd toute sa force, et le venin son pouvoir de nuire. Dites-moi, s'il vous plaît, où sont maintenant vos oracles? où sont ces charmes des Egyptiens? où sont ces spectres de vos enchanteurs? Quand est-ce que toutes ces choses ont cessé et perdu leur force, sinon quand la croix du Christ a paru? Est-ce donc elle qui est digne de risée, ou plutôt les choses qu'elle abolit et dont elle fait voir la faiblesse?

Voici qui n'est pas moins admirable. On n'a jamais persécuté votre religion : les hommes, au contraire, l'honorent dans toutes les villes; mais on persécute les chrétiens. Et cependant notre religion ne laisse pas de fleurir et de croître aux dépens de la vôtre. Malgré les acclamations des peuples, qui lui font comme un rempart, la vôtre s'en va en ruine; tandis que la foi et la doctrine du Christ, tournées en dérision par vous, et souvent persécutées par les rois, ont rempli l'univers. Quand jamais a-t-on vu resplendir à ce point et la connaissance de Dieu, et la pratique de la tempérance, et la virginité, et le mépris de la mort, sinon depuis que la croix du Christ a paru? Nul n'en doutera, s'il regarde dans l'Eglise tant de martyrs méprisant la mort pour l'amour du Christ, tant de vierges qui, pour l'amour du Christ, conservent leurs corps purs et sans tache. Voilà certes des preuves suffisantes que la foi chrétienne est la seule religion véritable.

Mais pourquoi tant de paroles? Voici des personnes tourmentées des démons. Guérissez-les par vos syllogismes ou par tel autre moyen que vous voudrez, ou même par la magie, en invoquant vos idoles. Que si vous ne pouvez pas, cessez de nous combattre, et vous verrez la puissance de la croix du Christ. Ayant ainsi parlé, il invoqua le Christ sur les possédés, les marqua du signe de la croix deux et trois fois. Aussitôt ces hommes se levèrent avec un sens rassis et rendant grâces. Les philosophes restèrent stupéfaits et de la sagesse du vieillard et du miracle qu'il venait de faire. Sur quoi lui dit : Pourquoi vous étonnez-vous? Ce n'est pas nous qui l'avons fait, mais le Christ, qui opère ces choses par ceux qui croient en lui. Croyez-y vous-mêmes et vous le verrez. Ils l'admirèrent encore en ceci, et, l'ayant salué, ils se retirèrent, en confessant qu'ils avaient beaucoup profité de l'avoir vu (Athan., *Vita Anton.*).

D'autres solitudes se peuplaient d'autres saints. Un jeune homme de 22 ans, nommé Ammon, d'une famille noble et riche, fut obligé par ses parents de se marier. Mais le jour même de ses noces, il lut à sa femme l'éloge que fait saint Paul de la virginité, et lui persuada de vivre avec lui dans une continence perpétuelle. Après avoir ainsi vécu ensemble dix-huit ans, ses parents étant morts, il quitta sa maison où sa femme réunit dès lors un grand nombre de vierges ferventes, qui, sous sa conduite, retraçaient les vertus et les austérités des plus célèbres anachorètes. Pour Ammon, il se retira sur la montagne de Nitrie, où il passa 22 ans, et où, par les conseils de son ami, saint Antoine, il fonda un grand nombre de monastères.

Un autre jeune homme, de parents idolâtres, avait été enrôlé de force pendant les guerres de Maxence et de Constantin, et débarquait avec d'autres conscrits à Thèbes en Egypte. Ils étaient tenus comme en prison et traités assez mal. Tout à coup des hommes de la ville s'approchent, les saluent comme leurs enfants, et leur procurent tous les secours qui étaient en leur pouvoir. Un des conscrits, il se nommait Pacôme, demanda qui étaient ces hommes si charitables. On lui dit que c'étaient des chrétiens, et qu'ils étaient ainsi charitables envers tout le monde, mais principalement envers les étrangers. Il demanda alors ce que voulait dire ce nom de chrétiens. On lui dit que c'étaient des hommes pieux, qui croyaient en Jésus-Christ, Fils unique de Dieu, et faisaient, autant qu'ils pouvaient, du bien à tout le monde, dans l'espoir d'une récompense à venir. Pacôme, frappé d'admiration, se retira un peu à l'écart et leva les mains au ciel, en disant : Dieu tout-puissant, qui avez fait le ciel et la terre, si vous regardez favorablement la prière que je vous fais, si vous m'accordez une connaissance parfaite de votre saint nom et que vous me délivriez de ces fâcheuses entraves, je me consacrerai à votre service tous les jours de ma vie, et, méprisant le siècle, je m'attacherai éternellement à vous. Cette prière finie, chaque fois que Pacôme ressentait des tentations impures, il les repoussait par le souvenir de ses promesses.

Ayant eu son congé, il accomplit son vœu, reçut le baptême et alla trouver un ancien solitaire, nommé Palémon, pour recevoir de lui l'habit monastique. Palémon, entr'ouvrant la porte de sa cellule, lui dit : Vous ne pouvez pas devenir moine ici ; car ce n'est pas chose facile d'être un moine véritable ; beaucoup y sont déjà venus, mais n'ont point persévéré. Cela peut être, dit Pacôme, mais tous ne sont pas de même. Le vieillard répliqua : Je vous l'ai déjà dit, vous ne pouvez devenir moine ici ; allez vous essayer ailleurs, vous viendrez après. Car je mène une vie passablement frugale : du pain et du sel font toute ma nourriture. Je passe la moitié de la nuit à chanter les psaumes ou à méditer les saintes Ecritures. Quelquefois il m'arrive d'être la nuit entière sans dormir. Pacôme eut peur ; cependant, fortifié par la grâce de Dieu, il répondit : J'espère de Notre Seigneur Jésus-Christ que, soutenu de vos prières, je persévérerai jusqu'à la mort dans ce genre de vie. Et il tint parole. Après un noviciat de plusieurs années, ayant eu une révélation, il se rendit avec Palémon dans le vaste désert de Tabenne, au diocèse de Tentyra ou Dendérah, et y bâtit plusieurs monastères, auxquels il donna une règle, et où il vit, avant sa mort, jusqu'à sept mille religieux.

Un troisième jeune homme, d'auprès de Gaze en Palestine, étudiait les lettres à Alexandrie. Il se faisait admirer par ses talents et aimer par ses vertus. Il fit plus encore : païen, comme sa famille, il se convertit et reçut le baptême. Il s'appelait Hilarion. Ayant entendu parler de saint Antoine, il alla le trouver dans son désert. Touché de ses exemples, il changea de vêtement et se mit à imiter son genre de vie. Mais, après deux mois, cette solitude ne lui parut point assez solitaire. Il y affluait sans cesse une multitude de personnes qui venaient chercher auprès d'Antoine la guérison de leurs maladies. Hilarion dit qu'il n'était pas venu pour voir dans le désert autant de monde que dans les villes, et qu'il devait commencer par une solitude plus entière, comme avait fait Antoine lui-même dans sa jeunesse. Il prit donc congé du saint vieillard et, accompagné de quelques solitaires, s'en retourna dans son pays, la Palestine. C'était vers l'an 307. A son arrivée, il trouva que son père et sa mère étaient morts. Il donna une partie de son bien à ses frères, et le reste aux pauvres, sans se réserver quoi que ce fût pour lui-même. Après quoi il se retira dans un désert, qu'on lui dit infesté de voleurs et de meurtriers ; il répondit qu'il ne craignait que la mort éternelle. Il n'avait encore que quinze ans ; sa complexion était très-délicate et excessivement sensible au froid et au chaud. Cependant tous ses habits consistaient en un sac, avec une tunique de peau que lui avait donnée saint Antoine, et un petit manteau de paysan. Il se retrancha d'abord le pain, et ne mangea, pendant six ans, que quinze figues sèches par jour, qu'il prenait après le soleil couché. Lorsqu'il sentait quelque tentation de volupté, il diminuait cette nourriture et passait quelquefois trois ou quatre jours sans manger. La solitude où il demeurait était fort vaste, mais enfermée entre la mer et un marais. Personne n'avait lui ne s'y était fixé. Cependant il changeait souvent de place à cause des voleurs, quoiqu'il fit profession de ne pas les craindre. Il s'occupait à labourer la terre, et, pour diversifier son travail, il faisait aussi des corbeilles de jonc comme les solitaires d'Egypte, pour en tirer de quoi pourvoir à sa subsistance.

Depuis l'âge de 16 ans jusqu'à 20, il n'eut point d'autre abri contre les chaleurs et les pluies, qu'une cabane qu'il avait faite avec du jonc et quelques autres herbes marécageuses. Depuis il se bâtit une petite cellule qui se voyait encore du temps de saint Jérôme : elle était large de quatre pieds, haute de cinq, et ainsi plus basse que lui, mais un peu plus longue qu'il ne fallait pour son corps, de sorte qu'elle ressemblait à un tombeau plus qu'à la demeure d'un homme vivant. Il coucha jusqu'à la mort sur la terre dure ou sur une natte de jonc. Il ne se coupait les cheveux qu'à Pâques. Jamais il ne lavait le sac dont il était revêtu, disant qu'il était superflu de chercher de la propreté dans un cilice ; il ne quittait sa tunique que quand elle était tout à fait usée. Il augmenta encore ses austérités avec l'âge ; cependant il vécut jusqu'à quatre-vingts ans. Hilarion fut ainsi le patriarche de la vie solitaire dans la Palestine, comme saint Pacôme dans la Thébaïde et saint Antoine en Egypte. Pacôme et Hilarion eurent, comme Antoine, de grands combats à soutenir contre les démons, et firent comme lui un grand nombre de miracles. Quand il venait au saint vieillard des malades du côté de la Syrie : Pourquoi, leur disait-il, vous êtes-vous fatigués à venir si loin, puisque vous avez là mon fils Hilarion (1) ?

On voit en tout ceci l'accomplissement de ce qu'avait dit Isaïe : *Alors se réjouira le désert, la région impraticable, alors la solitude tressaillera et fleurira comme un lis : elle fleurira et fructifiera de toutes parts ; elle tressaillera de joie et de louanges. La gloire du Liban lui sera donnée, la beauté du Carmel et du Saron, ils verront la gloire de Jéhova, la beauté de notre Dieu. Fortifiez les mains languissantes et soutenez les genoux tremblants. Dites aux pusillanimes : Prenez courage, ne craignez point ; voici votre Dieu qui vient, vous venger et rendre à vos ennemis ce qu'ils méritent. Dieu viendra lui-même, et il vous sauvera. Alors s'ouvriront les yeux des aveugles, et les oreilles des sourds se débouche-*

(1) V. ces Vies dans S. Jérôme, et *Vitæ Patr.*, de Roswelde.

ront. *Alors le boiteux bondira comme un cerf, et la langue du muet éclatera en louange, parce que les eaux ont jailli dans le désert et des torrents dans la solitude ; le lieu de la sécheresse sera un étang, et les régions de la soif des sources d'eau vive. Dans la demeure des dragons, là où ils se couchaient autrefois, se verront des joncs et des roseaux verts. Et il y aura là une chaussée, et une voie qui sera appelée la voie sainte ; celui qui est impur ne la traversera point, il y aura des guides qui marcheront devant, en sorte que les insensés mêmes ne s'y égareront pas. Il n'y aura point là de lion, il n'y montera point de bête farouche, ni ne s'y en trouvera ; les rachetés y marcheront. Les affranchis de Jéhova retourneront et viendront en Sion, chantant des louanges : une allégresse éternelle sera sur leur tête comme une couronne, ils posséderont la joie et le bonheur, la douleur et les gémissements fuiront loin d'eux* (Isaïe, 35).

Une région, jusque-là non moins âpre que les déserts de l'Égypte, l'univers politique, commençait à s'humaniser sous l'influence du christianisme. L'empereur Constantin, sans être proprement chrétien, sans en avoir contracté les obligations par le baptême qu'il ne recevra que peu de jours avant sa mort, s'était déclaré pour la cause chrétienne et la favorisait. Son beau-frère Licinius fit d'abord de même, mais il ne persévéra point. Dès 314, les deux empereurs se firent la guerre pour des brouilleries de famille : Licinius ayant été battu deux fois, ils se raccommodèrent en 315, furent consuls ensemble et créèrent trois césars, le jeune Licinius et deux fils de Constantin, Crispus et Constantin le jeune, mais la bonne intelligence ne dura guère. Licinius recommença bientôt à brouiller les affaires et à persécuter les chrétiens en haine de Constantin. Pour trouver des prétextes de calomnie contre les évêques, il leur défendit d'aller dans les maisons des païens, de peur qu'ils ne les convertissent ; d'avoir aucune communication les uns avec les autres, de visiter les églises voisines, et de tenir des conciles. Ensuite il chassa tout d'un coup de son palais tous les chrétiens, envoya en exil ses serviteurs les plus fidèles, donna comme esclaves ceux qu'il avait honorés pour leurs grands services, confisqua leurs biens et les menaça même de mort. C'était l'an 319, sous le cinquième consulat de Constantin avec Licinius le jeune. Licinius le père fit une seconde loi, par laquelle, sous prétexte d'honnêteté, il défendait aux femmes de se trouver avec les hommes aux prières communes ou aux instructions dans les églises, et aux évêques de les instruire. Il voulait qu'elles fussent instruites par d'autres femmes. Mais comme tout le monde se moquait de sa réglementation, il s'avisa d'un autre moyen pour détruire les églises. Il voulut que les assemblées se fissent hors des villes, en pleine campagne, attendu que l'air y était meilleur. Licinius fut ainsi le premier empereur sacristain.

Comme il vit que cette dernière ordonnance n'était pas mieux observée que l'autre, il commença de persécuter ouvertement, et commanda qu'en chaque ville les officiers des gouverneurs fussent cassés s'ils ne sacrifiaient aux idoles : plusieurs perdirent ainsi leurs charges. La persécution se fit principalement contre les évêques, qu'il regardait comme ses plus grands ennemis, à cause de l'affection que Constan-

tin leur témoignait. On compte entre les autres saint Basile, évêque d'Amasée dans le Pont. Ce fut dans cette ville et les autres de la même province que l'on exerça les plus grandes cruautés. On abattit quelques églises de fond en comble ; on ferma les autres. On fit mourir plusieurs évêques, et il y en eut dont les corps furent mis en pièces comme la chair à la boucherie, puis jetés à la mer pour être la pâture des poissons. Les fidèles recommencèrent à s'enfuir, comme dans les persécutions précédentes, et à se retirer dans les montagnes et les solitudes. Cependant Licinius ne voulait pas qu'on parlât de persécution, et la désavouait en paroles, tandis qu'il l'exerçait si cruellement en effet. Saint Blaise, évêque de Sébaste en Arménie, souffrit le martyre à cette époque. Après avoir eu les côtés déchirés avec des peignes de fer et avoir enduré plusieurs autres tourments, il eut la tête tranchée, et deux jeunes enfants avec lui. On fit aussi mourir sept femmes, qui furent reconnues chrétiennes, parce qu'elles recueillaient les gouttes de son sang (Euseb., *Vita Const.*, c. 49-56).

Dans la même ville de Sébaste, il y eut quarante autres martyrs, illustrés par les panégyriques des Pères de l'Église : c'étaient quarante soldats. Ayant confessé courageusement la foi chrétienne devant leur général ainsi que devant le gouverneur de la province, ils furent exposés nus sur un étang glacé par le froid de l'hiver. « Une mauvaise nuit nous vaudra l'éternité, » se disaient-ils les uns aux autres. Ils firent tous ensemble cette prière : « Seigneur, nous sommes entrés quarante au combat, ne permettez pas qu'il y en ait moins de quarante de couronnés ; qu'il n'en manque pas un du nombre que vous n'avez point limité sans dessein. » Cependant, à côté se trouvait un bain chaud pour celui qui voudrait se retirer en renonçant à Jésus-Christ. Un garde veillait auprès. Tout à coup il vit des anges descendre du ciel et distribuer des couronnes, mais il n'y en avait que trente-neuf. Comme il se demandait pourquoi en il manquait une, il vit un des quarante entrer au bain et expirer. Frappé de cette vision céleste, le garde appela le commandant du poste, se déclara chrétien, ôta ses vêtements et se joignit aux trente-neuf martyrs pour obtenir la quarantième couronne. Le lendemain, on mit les corps des martyrs sur un chariot pour les brûler dans un bûcher. Un d'eux, le plus jeune, respirait encore. Les bourreaux le laissèrent, dans l'espérance qu'on pourrait le faire changer. Mais sa mère le prit entre ses bras et le plaça elle-même sur la voiture, en disant : Va, va, mon fils, achever cet heureux voyage avec tes camarades, afin que tu ne te présentes pas à Dieu le dernier. C'était une femme, et une femme du petit peuple (Ruinart ; *Acta Mart.*, et *Acta Sanct.*, 10 mart.).1

Cette persécution, jointe à quelques incidents politiques, occasionna une seconde guerre entre Constantin et Licinius. Ce dernier s'était encore rendu odieux par son avarice, sa cruauté, ses débauches ; il faisait mourir plusieurs personnes pour avoir leurs richesses, ou il corrompait leurs femmes. Les préparatifs de cette guerre furent considérables de part et d'autre. Constantin avait cent trente mille hommes, tant sur terre que sur mer : son fils Crispus commandait la flotte. Licinius avait environ cent soixante-dix mille hommes. Constantin, pour montrer qu'il attendait de Dieu la victoire, menait avec lui des évêques, et faisait marcher à la tête de ses troupes l'enseigne ornée de la croix, c'est-à-dire le Labarum. On le gardait dans une tente séparée loin du camp; et, la veille des jours de combat, l'empereur s'y retirait pour prier avec peu de personnes, observant une pureté particulière, et pratiquant le jeûne et la mortification.

Licinius s'en moquait, et menait avec lui des devins d'Egypte, des magiciens, des empoisonneurs, des sacrificateurs et des prophètes d'idoles auxquelles il offrait des victimes pour les interroger sur l'évènement de la guerre. Elles lui promettaient une victoire certaine, par de longs oracles composés en vers magnifiques. Les interprètes des songes, les augures et les aruspices lui faisaient les mêmes promesses. Plein de confiance, il assembla les plus familiers de ses gardes et de ses amis, dans un bois qu'ils estimaient sacré, rempli d'un grand nombre d'idoles, et, après qu'il leur eut allumé des cierges et fait les sacrifices ordinaires, il dit à ceux qui l'accompagnaient : Voilà, mes amis, les dieux de nos pères, que nous honorons comme nous avons appris d'eux : notre adversaire les a abandonnés pour je ne sais quel Dieu étranger, dont le signe infâme profane son armée; cette occasion fera voir qui de nous est dans l'erreur. Si ce Dieu étranger de Constantin, dont nous nous moquons aujourd'hui, lui donne la victoire malgré l'avantage du nombre, il faudra le reconnaître; si les nôtres l'emportent, comme il n'en faut pas douter, nous ferons la guerre aux impies qui les rejettent. Voilà ce qu'Eusèbe assure avoir appris d'un témoin oculaire (Euseb., *Vita Const.*, l. 2, c. 3-14).

Licinius, campé avantageusement sur une montagne près d'Andrinople, se confiait ainsi en ses dieux et en leurs oracles, lorsque Constantin le surprit, mit son armée en déroute et se rendit maître de son camp. C'était le 3 juillet 324. Licinius, après avoir laissé trente-quatre mille hommes sur le champ de bataille, s'était enfui et enfermé dans Byzance. Peu de temps après, Crispus ayant également défait sa flotte, il s'enfuit de Byzance à Chalcédoine. Constantin le poursuivit. Il y eut une seconde bataille près de la dernière de ces villes; Licinius y fut encore défait, et avec un tel carnage, que de cent trente mille hommes qu'il avait, à peine s'en sauva-t-il trois mille. Aussitôt Byzance et Chalcédoine ouvrirent leurs portes : Licinius se retira à Nicomédie; Constantin l'y assiégea encore. Alors, désespérant de ses affaires, il sortit en état de suppliant, lui présentant la pourpre, le reconnaissant pour son empereur et pour son maître, demandant pardon du passé, et se contentant qu'il lui sauvât la vie, en considération de sa femme Constancie, sœur de Constantin. Le vainqueur lui accorda cette grâce et l'envoya à Thessalonique.

Constantin resta donc seul maître de l'empire. Quoiqu'il ne fût pas encore chrétien ni même catéchumène, ses mœurs étaient chastes, ses ennemis mêmes ne lui font aucun reproche à cet égard. On n'en peut pas toujours dire autant de ce qui est de la douceur chrétienne. Dans ses guerres contre les Francs, il fit dévorer plus d'une fois les captifs, même des rois, par les bêtes de l'amphithéâtre. Ce spectacle rappelait les dieux sanguinaires du Capitole; et non pas le Dieu de l'Evangile. Zosime, Eutrope et saint Jérôme lui reprochent encore d'avoir fait mourir Licinius contre la foi jurée, peu après l'avoir envoyé à Thessalonique. Socrate dit pour raison que Licinius commençait à remuer et à tramer des intelligences avec les barbares (Zosime, l. 2, Eutrope, *Const.*; Jérôme, *Chron.*). Mais Eusèbe, éternel panégyriste de Constantin, n'en dit mot. Ce qui est encore plus fâcheux, c'est qu'après le père, il tua le fils, le jeune Licinius, son propre neveu, qui n'avait que onze ans. Le monde nommera ceci politique, raison d'État; le christianisme le nomme cruauté. Ce qui n'est pas moins déplorable, c'est que, l'année suivante, sur l'accusation calomnieuse de Fausta, sa seconde femme, il fit mourir l'aîné de ses propres fils, le césar Crispus, dont Eusèbe lui-même fait l'éloge et qui venait de s'illustrer par une victoire navale. Peu après, il découvrit que le jeune prince était innocent, et qu'il n'y avait de coupable que sa marâtre; il la fit étouffer dans les vapeurs d'un bain. Ces exécutions tragiques dans la maison impériale coûtèrent la vie à plusieurs amis de l'empereur même. Il courut à cette occasion un distique sanglant, qui le taxait à la fois de luxe et de cruauté : « Qui regretterait le siècle d'or de Saturne? Le nôtre est de perles, mais de perles à la Néron. » Eusèbe garde sur toutes ces exécutions le plus profond silence; ce qui dit beaucoup. Sans doute, Constantin était encore plus malheureux que coupable; sans doute que la loi romaine l'absout, cette loi de fer qui mettait la femme, les enfants, la famille entière à la discrétion de son chef, mais la loi des décemvirs n'est point la loi du Christ, ni même de l'humanité (Tillemont, *Hist. des emp.*).

A côté de ces restes barbares de son origine thrace et de la dureté romaine, on voit dans les lois de Constantin l'humanité chrétienne qui commence à poindre comme une aurore nouvelle. Durant les guerres civiles, particulièrement sous la tyrannie de Maxence, plusieurs personnes avaient perdu leur liberté. Par une loi de 314, Constantin ordonne de la leur rendre, sous les peines très-sévères, même contre ceux qui, connaissant de ces personnes injustement retenues en servitude, n'en avertiraient pas les magistrats; et il déclare que même soixante ans ne peuvent proscrire contre la liberté de l'homme. Jusque alors, on marquait sur le front ceux qui étaient condamnés à l'amphithéâtre ou aux mines : Constantin défend, en 315, de déshonorer ainsi le visage de l'homme, attendu qu'il y paraît un vestige de la majesté du ciel. La même année, il abolit le supplice ignominieux des esclaves, le supplice de la croix; depuis que le Christ en était mort, et que la croix était devenue l'étendard des braves, son ignominie tournait en gloire. Mais où l'on voit le pas immense que le christianisme avait déjà fait faire à l'humanité, c'est dans une autre loi de la même année. L'ancienne législation de Sparte et de Rome, non-seulement permettait, mais ordonnait au père de famille de faire mourir le jeune enfant qu'il ne voudrait ou ne pourrait nourrir. Constantin traite cela de parricide, et ordonne que, dès qu'un père apportera aux officiers des finances un enfant qu'il sera hors d'état de nourrir, ils prendront indifféremment ou sur le trésor public, ou sur le domaine du prince, ce qui sera nécessaire pour nourrir et habiller l'enfant; et cela sans aucun délai, attendu que la faiblesse de l'enfant n'en supporte pas. Il veut que cette loi soit publiée dans toutes les villes d'Italie, et y demeure gravée sur l'airain pour la rendre comme éternelle. En 322, il fera pour l'Afrique une loi non moins charitable, ordonnant aux proconsuls, gouverneurs et trésoriers, de venir au secours des pères de famille que l'indigence réduirait à vendre leurs enfants. Dès 315, il défendit encore, sous peine de la vie, de saisir pour dettes ni les valets, ni les animaux qui servent au labourage.

Tout le monde sait que, sous le paganisme, la masse du genre humain était esclave, et qu'il n'y avait de libre que le petit nombre. L'affranchissement n'était point aisé : selon le droit romain, il ne devait se faire que devant les préteurs et les consuls, et avec de grandes formalités; en sorte qu'il était difficile à un maître, quelque désir qu'il en eût, de rendre un esclave libre et citoyen romain. En 316, Constantin leva tous ces obstacles, en permettant à tout le monde d'affranchir ses esclaves dans l'Eglise, en présence du peuple chrétien et des évêques, n'y demandant d'autres formalités qu'une simple attestation signée des ministres de l'Eglise. Il déclara, par une autre loi, que tous ceux qui auraient été affranchis de cette manière jouiraient pleinement de tous les droits de citoyen romain. Dans une loi du mois de février 320, il défend de faire souffrir aux débiteurs du fisc, ni les prisons ordinaires, qui ne sont, dit-il, que pour les criminels, ni les fouets et les autres supplices inventés, dit-il, par l'insolence des juges; et néanmoins ordinaires en ces temps-là pour la simple question; voulant qu'on les tînt seulement arrêtés en des lieux où on eût toute liberté de les voir. La même année, il ordonne que les procès criminels s'examineront se videront avec toute la diligence possible, et que s'il faut nécessairement retenir les accusés en prison, on la leur rendra la plus douce qu'il se pourra, et qu'on ne les mettra jamais dans les cachots, mais toujours dans les lieux les plus commodes et où il y aura le plus d'air, surtout durant le jour, et il prononce peine de mort contre les geôliers qui maltraiteraient les détenus. En 325, il défend les combats des gladiateurs et veut que les criminels que l'on y condamnait auparavant soient envoyés aux mines, afin de leur conserver la vie sans laisser leurs crimes impunis. L'an 322, il ordonne que si on dispute la liberté à un homme qui en jouit, et qu'il ne se trouve personne qui veuille le défendre comme les lois romaines le demandaient, on fera des proclamations et des affiches pour exhorter et contraindre même ceux qui seraient assurés de sa liberté à le défendre; que, si après cela il est condamné faute d'avoir trouvé un défenseur et que dans la suite il en trouve un, non-seulement il sera reçu à prouver sa liberté, mais, au cas qu'il la prouve, celui qui se l'est fait adjuger comme esclave perdra, pour peine de son injuste poursuite, un autre de ses esclaves. Il fit encore l'année suivante une autre loi dans le même sens (V. le *Code théodosien*, Tillemont et Stolberg).

Le paganisme autorisant les célibataires à vivre dans le libertinage, les époux à tourner le mariage en débauche, les pères à égorger leurs nouveau-nés, la population courait grand risque de diminuer en bien des pays. Pour prévenir cet inconvénient, l'empereur Auguste avait accordé des privilèges aux époux qui avaient des enfants légitimes, et imposé des peines à ceux qui n'entraient pas dans le mariage, ou qui n'étaient point assez heureux pour devenir pères. Le christianisme qui condamne le libertinage comme un crime, qui ordonne de se marier ou de garder la continence parfaite, qui commande aux époux de n'user du mariage que dans les vues de la Providence, et d'élever avec soin tous les enfants qu'elle leur enverra; le christianisme changeait complètement l'état des choses. Plus il met la virginité en honneur, plus aussi il sanctifie l'union conjugale et favorise la population saine et légitime. Aussi, plus on voit de vierges chrétiennes dans un pays, plus on y voit les familles nombreuses : c'est une observation de saint Ambroise (*Virg.*, l. 3). Sous le christianisme, la loi d'Auguste devenant ainsi sans but, Constantin l'abolit en ce qu'elle avait d'injurieux pour la virginité et la continence (Tillemont, art. 43).

En ce qui regarde plus directement la religion, Constantin ruinait peu à peu le paganisme sans le persécuter. Aujourd'hui, il nous paraîtrait souverainement ridicule et absurde, de vouloir connaître les volontés du ciel par les entrailles des bêtes ou par leur ramage, c'est-à-dire par les auspices et les augures. Les sénateurs de Rome païenne en pensaient à peu près comme nous. Cicéron ne concevait pas comment un aruspice en pouvait regarder un autre sans rire. Cependant Cicéron était lui-même augure, et il s'en glorifie comme du plus grand honneur. C'est que ces parleurs de sagesse gouvernaient la multitude par ces ridicules superstitions. Il y a plus : dans son *Traité des lois*, où il constitue à son gré la république, il condamne à mort quiconque n'obéit point à ce que prononcera l'aruspice ou l'augure. De façon que ce philosophe législateur, qui reconnaît d'un côté que la superstition étouffe la raison de l'homme, contraint de l'autre ce même homme à se soumettre à la superstition qui l'étouffe. Voilà ce que la raison humaine pouvait attendre d'une législation purement humaine. Mais le bon sens, dont Moïse avait fait un dogme pour les Juifs, le christianisme le répandait depuis trois siècles partout, même dans l'esprit des servantes et des vieilles femmes; il ne pouvait manquer à la fin de pénétrer dans les lois publiques. On en voit déjà quelque chose dans celles que Constantin fit à ce sujet en 319 et 320. Il y traite les aruspices de superstition; mais il ne les proscrit pas encore. Seulement il y met des restrictions plus ou moins gênantes; il défend, sous des peines très-sévères, de consulter les entrailles des victimes dans les maisons particulières; il veut qu'on le fasse en public et dans les temples, et même qu'on lui en rapporte le résultat. Comme c'avait été un puissant moyen de gouvernement, peut-être que lui-même n'en était pas encore tout à fait désabusé.

Dès le temps des apôtres, le premier jour de la semaine, jour de la résurrection du Christ et de la descente du Saint-Esprit, était devenu le dimanche ou le jour du Seigneur : les chrétiens s'y réunissaient à l'église pour chanter les louanges de Dieu, écouter sa parole, avec les explications qu'en donnaient ses ministres, assister au sacrifice et participer à la communion. Ce jour devenait ainsi naturellement un jour de fête, où cessaient les travaux ordinaires. Comme c'était principalement en ce jour qu'on recevait et qu'on instruisait les catéchumènes, et que juifs et païens pouvaient assister aux instructions publiques, on sent que l'usage de fêter le dimanche dut s'introduire insensiblement parmi les païens mêmes. Constantin en fit une loi l'an 321. Les tribunaux devaient y vaquer, on devait cesser les travaux ordinaires; il en excepta les travaux d'agriculture, dans lesquels un jour est quelquefois de grande importance. Il donnait tout ce jour aux soldats chrétiens pour aller à l'église et offrir à Dieu leurs prières. Pour les autres, il les envoyait dans une belle plaine, où, les mains et les yeux élevés vers le ciel, il leur faisait réciter à tous, en latin, la prière suivante : « Nous vous reconnaissons le seul » Dieu, nous vous faisons hommage comme à notre » roi, nous vous invoquons à notre secours. C'est » par vous que nous avons remporté la victoire et » surpassé nos ennemis. Nous vous rendons grâces » des bienfaits passés, et nous en espérons de vous » pour l'avenir. Nous vous supplions de nous conser» ver longtemps, sauf et vainqueur, notre empereur » Constantin et ses bien-aimés enfants. ».

Lorsque, par la défaite de Licinius, il fut également maître de tout l'Orient, il y publia diverses proclamations, l'une en particulier adressée aux Eglises de Dieu, l'autre au peuple de chaque ville. Dans cette dernière, que nous a conservée Eusèbe, il relève d'abord la puissance de Dieu par les heureux succès qu'il lui avait accordés, et par les malheurs arrivés à ceux qui avaient persécuté les chrétiens. Il reconnaît que Dieu, voulant délivrer le monde des calamités où l'impiété des derniers persécuteurs l'avait plongé, et faire éclater partout la majesté de son nom, l'avait choisi pour exécuter ce grand dessein; et l'avait amené des extrémités de l'Occident à celles de l'Orient, en dissipant devant lui tout ce qui s'opposait à sa marche. Je ne manquerai donc jamais de reconnaître un bienfait si grand, et je crois fermement devoir employer ma vie, mon âme et tout ce que je puis avoir, pour accomplir un si grand ministère.

Il ajoute que ceux qui avaient souffert pour la foi n'avaient nul besoin de la faveur des hommes, puisqu'ils attendaient de Dieu, dans le ciel, une récompense infiniment plus grande et plus glorieuse; mais cela ne le dispensait pas, lui, d'honorer leurs mérites; car il est bien juste que ceux qui se sont exposés à toutes sortes d'ignominies et de tourments sous la tyrannie des ennemis de Dieu, reçoivent des honneurs et des récompenses de celui qui fait toute sa gloire d'être serviteur du même Dieu. Il ordonne donc que ceux qui auront été condamnés pour la foi, à l'exil, aux mines ou à quelque autre peine que ce soit, seront rétablis dans leur premier état; qu'on rendra les biens à ceux qu'on en avait dépouillés ; que ceux qui avaient été privés de quelque charge militaire, auront la liberté d'y rentrer ou de vivre avec honneur dans le repos qu'ils auront préféré à ces emplois; que, pour ceux qui étaient morts dans le martyre, leurs biens seront rendus à leurs héritiers naturels, ou, s'ils n'en ont point, à l'Eglise de Dieu; à moins que les saints n'en eussent disposé eux-mêmes; que tous ceux qui se trouveront en possession de ces biens, soit les particuliers, soit même le fisc, s'en dessaisiront au plus tôt, sous peine d'encourir son indignation; qu'on rendra aussi tout ce qui peut avoir appartenu aux églises : maisons, terres, jardins ou toute autre chose de même nature, mais particulièrement les lieux où étaient enterrés les saints martyrs; que ceux qui auraient acheté du fisc, ou reçu en don des empereurs quelque bien de ce genre, seront obligés de le rendre comme les autres, mais pourront espérer de sa bonté un dédommagement raisonnable (Euseb., *Vita*, l. 2, c. 24-42).

Non content d'avoir rendu à l'Eglise une entière liberté, Constantin envoya dans la plupart des provinces des gouverneurs chrétiens. Ceux mêmes qui ne l'étaient pas avaient ordre de ne point sacrifier aux idoles, et de ne faire aucun acte de cette nature; la même défense s'étendait à tous les grands officiers, même au préfet du prétoire. Puis il défendit par une loi, qu'il confirma souvent, de consacrer de nouvelles idoles, de consulter les devins ou faire quelque action semblable, et même généralement d'offrir aucun sacrifice. Cette loi était accompagnée d'une autre, qui ordonnait de rétablir les églises négligées durant la persécution, ou de les augmenter et les faire plus grandes, ou d'en bâtir de nouvelles, qui pussent contenir tous les habitants des lieux, puisque nous espérons, disait-il, qu'ils embrasseront tous la foi du Dieu véritable. Il voulait qu'on prît sur son domaine particulier les dépenses nécessaires pour ces bâtiments, et qu'on n'y épargnât rien. Il écrivit sur le même sujet aux évêques métropolitains, qu'il appelle ses très-chers frères. Eusèbe rapporte la lettre qu'il en reçut comme archevêque de Césarée. C'est la première que lui écrivit ce prince (*Ibid.*, c. 46).

La piété de Constantin croissant toujours, il adressa comme une proclamation pastorale à tous ses peuples d'Orient, pour les exhorter à reconnaître le Dieu suprême et son Christ, le Sauveur. Il fait ressortir les merveilles de sa providence, des événements qui venaient de se passer sous leurs yeux ; d'un côté la vie heureuse de son père Constance, et de l'autre la mort funeste des persécuteurs. Il y prie d'une manière touchante pour la conversion et le bonheur des Orientaux. Si le paganisme n'avait pas encore été trop enraciné, il aurait abattu les temples d'idoles. Avec le temps, il les ferma, défendit d'y entrer. Il y en eut dont il fit ôter les portes ; d'autres qu'il fit découvrir, en sorte qu'ils tombaient en ruine ; d'autres dont il fit enlever les statues de bronze, révérées et fameuses depuis plusieurs siècles, pour les exposer aux yeux de tout le monde dans les places publiques. Quant aux idoles d'or et d'argent, il les faisait fondre, pour les distribuer en libéralités. Il y en eut quelques-uns qu'il démolit entièrement, à cause des impuretés abominables qui s'y commettaient; tels le temple d'Aphaque sur le mont Liban, celui d'Ege en Cilicie, et celui d'Héliopolis en Phénicie. Un grand nombre de païens ouvrirent alors les yeux et reconnurent la vanité de leur religion : plusieurs devenaient chrétiens, plusieurs méprisaient au moins ce qu'ils respectaient auparavant, en voyant ce que cachait cette belle apparence des temples et des idoles. On y trouvait ou des ossements ou des têtes de morts détournées pour des opérations magiques , ou de sales haillons, ou des monceaux de foin et de paille ; car voilà ce qui remplissait le creux des idoles. On ne trouvait, dans les parties les plus secrètes des temples, ni dieu qui rendît des oracles, comme on avait cru, ni démon, ni fantôme ténébreux. Il n'y avait caverne si obscure et si profonde, ni sanctuaire si fermé, où les envoyés de l'empereur et les soldats mêmes ne pénétrassent impunément : on reconnaissait l'aveuglement qui régnait depuis tant de siècles (Euseb., *Vita*, l. 3; Soc., l. 1; Zos., l. 2).

Ce qui étonne après cela dans Constantin, c'est que, sans les prendre lui-même, il ait souffert qu'on lui appliquât les termes d'*éternité*, d'*adoration* et autres semblables introduits par l'orgueil des empereurs idolâtres et l'impie adulation des courtisans. C'était une espèce d'idolâtrie, qui tendait à faire de l'empereur même un faux dieu. L'incurable vanité des successeurs de Constantin portera les choses encore plus loin.

L'Église triomphait de l'idolâtrie, mais d'autres ennemis se présentaient à combattre : le schisme et l'hérésie ; car, plus encore que la vie de l'homme, la vie de l'Église sur la terre est un combat continuel. Ainsi que nous le verrons, l'Afrique était divisée par le schisme des donatistes, l'Égypte par celui des méléciens. Mélèce de Lycopolis en Thébaïde, ayant été convaincu de plusieurs crimes, et entre autres d'avoir sacrifié aux idoles, fut déposé dans un concile, par Pierre, évêque d'Alexandrie. Mélèce n'eut point recours à un autre concile, et ne chercha point à se justifier devant les successeurs de Pierre; car il vécut longtemps après; mais il fit un schisme, se séparant de Pierre et des autres évêques, contre lesquels il commença à publier des calomnies, pour couvrir la honte de sa déposition. Il prétendait s'être séparé de Pierre pour n'avoir pas été de même avis touchant la réconciliation des apostats, et l'accusait de trop d'indulgence. Ce schisme, commencé vers l'an 301, eut de grandes suites. Nous le verrons assoupi l'an 325, dans le concile de Nicée, qui conserva l'honneur épiscopal à Mélèce et ratifia ses ordinations.

Ce concile eut à décider une affaire beaucoup plus grave; il eut à condamner une erreur non moins funeste que l'idolâtrie, une erreur qui ramenait l'idolâtrie sous un autre nom et sapait le christianisme par sa base.

En mourant pour l'unité de Dieu, les martyrs mouraient aussi pour la divinité de son Christ; ils ne séparaient point ces deux vérités dans leur confession : les païens mêmes en sont témoins. Ce que les martyrs écrivaient avec leur sang sur les places publiques, les Pères de l'Église l'écrivaient dans leurs livres. Nous l'avons vu dans saint Ignace, saint Théophile, saint Hippolyte, Clément d'Alexandrie, Origène, saint Grégoire Thaumaturge, Denys Alexandrin et autres parmi les Grecs; dans Minutius Félix, Tertullien, saint Cyprien, Arnobe, Lactance parmi les Latins. Le mot de *consubstantiel* ou d'*homoousios* était le mot propre dont le vulgaire même des chrétiens se servait pour exprimer sa foi sur la divinité du Christ.

Un homme devait comme résumer en soi les trois premiers siècles. D'une foi profonde et inébranlable, d'une pénétration qui voyait clair dans les affaires les plus embrouillées, d'une prudence que les ennemis les plus rusés ne pourront jamais trouver en défaut, d'une dialectique qui dissipera comme une toile d'araignée les plus astucieux sophismes, d'une éloquence qui met à la portée des plus simples les questions les plus hautes, d'une fermeté que le monde entier n'ébranlera point : cet homme se nommait Athanase ; il était d'Alexandrie, à ce que l'on croit. On ne connaît rien de son enfance et de sa jeunesse. Comme le soleil, depuis sa première apparition jusqu'à son déclin, il fut toujours semblable à lui-même, grand, sublime, sans tache. Il mena d'abord la vie d'ascète sous la direction de saint Antoine, auquel il fut toujours uni d'une inaltérable amitié.

Jeune encore, il écrivit contre les païens deux livres. Son but y est de prouver, par l'œuvre même de la croix, que le crucifié est Dieu et le Fils de Dieu. En voici comme la substance : La création et la rédemption sont l'œuvre du même Verbe. Le Verbe est l'image du Père; le premier homme a été fait à l'image du Verbe; dans son âme comme dans un miroir, il voyait le Verbe, et dans le Verbe le Père. Le Verbe avait de plus imprimé son vestige dans la création ; l'homme s'en servait encore, comme d'un degré, pour s'élever à la contemplation divine. Le mal n'existait point originellement; ce n'est pas non plus une substance, c'est une défection de l'homme, qui, par son libre arbitre, préféra le non-être à l'être, la créature au Créateur. L'idolâtrie en fut comme une suite naturelle. Athanase en fait voir l'extravagance et démontré l'unité de Dieu. Pour s'élever à la connaissance de Dieu, le Père, le Verbe a donné à l'homme son âme, le spectacle de l'univers, et enfin la Loi et les Prophètes; car la Loi et les Prophètes n'étaient pas pour les Juifs seuls, mais pour tous les peuples. Comme c'est le Verbe qui a créé l'homme, c'est aussi le Verbe qui le restaure. Il s'unit un corps humain, afin que, mourant à la place de tous les hommes, et tous les hommes mourant en lui, la mort n'ait plus de droit sur aucun d'eux, mais que tous participent à sa propre résurrection. Le Christ a vaincu la mort; la preuve, c'est que tous les chrétiens la méprisent. Le Christ est ressuscité; témoin le monde entier qu'il ressuscite. Tous les faux dieux y sont reconnus hommes mortels; le Christ seul y est reconnu Dieu véritable, Dieu verbe de Dieu. Les païens mêmes admiraient ce changement; seulement ils en méconnaissaient la cause, semblables à des hommes qui, émerveillés de la lumière, mépriseraient le soleil (Athan., *Contra gentes*). Tel fut le premier essai d'Athanase. Sa vie entière sera consacrée à défendre et à développer ces grandes vérités.

Le disciple bien-aimé du Sauveur disait dans son épître : *Mes enfants, ainsi que vous l'avez entendu dire, l'antechrist vient et déjà il est dans le monde; déjà maintenant il y a eu plusieurs antechrists. Ils sont sortis d'avec nous, mais ils n'étaient pas d'entre nous. Quiconque nie que Jésus soit le Christ, celui-là est un antechrist, il nie le Père et le Fils. Quiconque ne confesse pas que Jésus-Christ est venu dans la chair, celui-là est un antechrist. Pour nous, nous savons que le Fils de Dieu est venu et nous a donné l'intelligence pour connaître le Dieu véritable, et nous sommes dans le véritable, dans son Fils Jésus-Christ; celui-ci est le vrai Dieu et la vie éternelle* (Joan., 1; 18-23 ; 5, 19 et 20). Dans ces paroles, avec la foi immuable des chrétiens, saint Jean signale aussi le caractère de l'antechrist et de ses précurseurs : c'est de nier soit l'éternelle divinité du Christ, soit la réalité de son incarnation. Tels les ébionites, qui en faisaient un pur homme; tels les docètes, qui ne lui attribuaient qu'une incarnation apparente ; telles les différentes sortes de gnostiques, qui en faisaient une espèce d'avorton de Dieu. Tous ces hérétiques se séparaient de l'Eglise. Une nouvelle hérésie, reprenant le fonds de toutes ces erreurs, voudra les implanter dans l'Eglise même. Ce sera comme l'avant-garde de l'antechrist, qui essaiera dès lors de s'asseoir dans le temple de Dieu. La guerre se fera non plus directement contre l'Eternel, ainsi que sous les persécuteurs idolâtres, mais contre son Christ. Et cette guerre durera également trois siècles, sous le nom d'*arianisme*. Voici quel en sera le fonds.

Le caractère de l'arianisme sera la séparation du monde d'avec Dieu. Il posera pour premier principe, que Dieu est trop grand pour que la créature puisse soutenir son action immédiate; trop grand pour qu'il puisse être en relation immédiate avec ce qui est fini; que d'ailleurs cela n'est pas de sa dignité. Lors donc qu'il voulut créer le monde, il créa d'abord le Verbe, afin de créer par lui le reste. Le Verbe n'est donc ni éternel, quoique antérieur au monde, ni Dieu en réalité, mais seulement de nom. Telle est la doctrine des ariens sur le Fils de Dieu; ils mettront l'Esprit-Saint encore plus bas. Et cependant ils adoreront le Père, et le Fils, et le Saint-Esprit. Ce qui était ramener le polythéisme. Ce qui supposait que le Christ, au lieu de détruire l'idolâtrie, en avait établi une nouvelle; que les Juifs avaient eu raison de le mettre à mort; que les martyrs, qui avaient versé leur sang pour lui, n'étaient pas moins idolâtres que leurs persécuteurs; que le christianisme n'était au fond qu'un paganisme travesti; que c'est à quoi aboutissaient les merveilles de la création et de la rédemption; et tout cela en vertu de ce principe, que Dieu étant trop grand pour produire lui-même la créature, en produisit d'abord une, pour produire par elle les autres : contradiction absurde; car s'il en a pu produire une, pourquoi pas les autres; si pas les autres, pourquoi une ? Lui est-il plus impossible d'être en relation immédiate avec celle-ci qu'avec celle-là ? Mais les ariens, se tenant à l'écorce, à des raisonnements superficiels, ne s'apercevront pas de la profonde déraison, de l'horrible impiété de leur doctrine (1).

Comme l'Eglise est un champ où le bon grain et l'ivraie croissent pêle-mêle jusqu'à la moisson, il ne faut pas s'étonner d'y voir en tout temps l'ivraie mêlée au bon grain; d'y voir, à côté des saints personnages, plusieurs autres qui ne le sont pas; d'y voir, même parmi les prêtres et les évêques, des esprits ambitieux, superbes, corrompus, légers, superficiels, n'ayant du christianisme que l'extérieur, et ne s'en servant que dans des vues humaines. Il y a eu de cette ivraie parmi les apôtres, il y en a eu parmi les premiers fidèles, il y en a eu dans les trois premiers siècles; il y en avait au commencement du quatrième, et il y en avait beaucoup : témoin le schisme des donatistes, que des évêques traditeurs forment en Afrique; témoin le schisme que Mélèce, autre évêque apostat, forme en Egypte; témoin surtout l'hérésie arienne.

(1) Athan., *Orat. 2. cont. Arian.*, c. 24, 25 et 28 ; Mœhler, *Vie de saint Athanase* ou *Athanase le Grand*, l. 3. Cet ouvrage est le meilleur traité sur l'arianisme qu'il y ait. Le traducteur français, faute de bien savoir la théologie, n'a pas toujours bien saisi ou rendu le sens de l'auteur.

L'homme qui donnera le nom à cette hérésie, est Arius, prêtre d'Alexandrie. Il était natif de la Libye cyrénaïque, comme Sabellius. C'était un homme d'une taille avantageuse, d'une figure imposante, d'un maintien grave qui inspirait le respect. Son abord affable et gracieux, sa conversation douce et agréable appelaient la confiance. Des mœurs austères, un air pénitent, un zèle apparent pour la religion, un rare talent pour la dialectique, des connaissances assez étendues dans les sciences profanes et ecclésiastiques, mais sans beaucoup de consistance ni de profondeur; tout cela couvrait un fonds de mélancolie, d'inquiétude, d'ambition, et un goût secret pour les nouveautés. L'apostat Mélèce ayant formé son schisme, Arius s'y jeta. S'en étant retiré depuis, saint Pierre d'Alexandrie le reçut de nouveau à la communion, l'ordonna même diacre, mais fut obligé de l'excommunier peu après, à cause de ses nouvelles liaisons avec les schismatiques. Après le martyre de saint Pierre, il implora la clémence de son successeur saint Achillas, qui non-seulement lui pardonna, mais l'ordonna prêtre, lui confia une des principales églises d'Alexandrie, et même l'enseignement public des saintes lettres. Arius ne se posséda plus de vanité. Il s'appelait lui-même l'Illustre, à qui Dieu avait communiqué, dans une mesure extraordinaire, la science et la sagesse.

Saint Achillas étant mort, on élut Alexandre vers l'an 313. Sa vie était sans reproche, sa doctrine apostolique; il était éloquent, aimé du clergé et du peuple, doux, affable, libéral et charitable envers les pauvres. Mais Arius avait compté être évêque lui-même. Il ne put supporter qu'on lui eût préféré un autre. Ne trouvant rien à reprendre aux mœurs d'Alexandre, il chercha à calomnier sa doctrine. Ainsi, comme Alexandre, suivant en tout la doctrine de l'Evangile et des apôtres, enseignait que le Fils de Dieu est égal à son Père et de la même substance, Arius se mit à soutenir que c'était là la doctrine de Sabellius; que le Fils avait été fait et créé; qu'il n'a pas toujours été; qu'il a été tiré du néant; que par son libre arbitre il a été capable de vice et de vertu. Il avait même la hardiesse de dire que le Fils était incapable de voir et de connaître parfaitement son Père et de se connaître lui-même.

Arius ne répandit d'abord sa doctrine que dans des entretiens particuliers, en sorte que le mal demeura caché quelque temps ; mais quand il se vit écouté et soutenu d'un grand nombre de sectateurs, il le prêcha publiquement. Les autres prêtres, qui gouvernaient les églises d'Alexandrie, se donnèrent aussi la liberté de prêcher des doctrines différentes, et le peuple prenait parti pour chacun d'eux. Les plus fameux étaient Colluthe, Carponas et Sarmate; mais ces deux derniers se rangeaient du côté d'Arius, qui attira un grand nombre de vierges, douze diacres, sept prêtres et même deux évêques de Libye. Saint Alexandre essaya d'abord de le ramener par des avertissements charitables, et usa d'une telle patience que quelques-uns s'en plaignirent. Colluthe en prit prétexte de se séparer, de tenir des assemblées à part, et même d'ordonner des prêtres comme s'il eût été évêque, prétendant avoir besoin de cette autorité pour résister à Arius; mais le parti de Colluthe se dissipa bientôt.

Celui d'Arius, au contraire, croissant toujours,

saint Alexandre tint avec son clergé deux conférences : Arius eut la liberté de s'y expliquer et de s'y reconnaître. Outre ces conférences publiques et particulières, le saint évêque le pressait encore, par ses lettres, de renoncer à l'impiété et de revenir à la foi catholique. Tous ces moyens ayant été inutiles, il assembla un concile de près de cent évêques et d'Egypte et de Libye; Arius, y ayant renouvelé ses blasphèmes, y fut excommunié, avec une douzaine de ses principaux adhérents, prêtres et diacres. C'était l'an 320.

Arius se retira dans la Palestine, s'y fit de nouveaux partisans, même parmi les évêques. Plusieurs le reçurent à leur communion et lui permirent de tenir des assemblées avec ses sectateurs ; beaucoup d'autres, tant de la Palestine que des provinces plus éloignées, écrivirent en sa faveur à saint Alexandre. A cette nouvelle, le saint écrivit lui-même aux évêques de Palestine, de Phénicie et de Célésyrie, pour se plaindre de ceux qui avaient reçu cet hérétique. Les évêques répondirent pour s'excuser et se justifier, les uns avec sincérité, les autres avec déguisement et hypocrisie. Il y en eut qui déclarèrent qu'ils n'avaient aucunement reçu Arius ; d'autres avouèrent qu'ils l'avaient reçu par ignorance ; d'autres dirent qu'ils ne l'avaient reçu que pour le gagner et le ramener à son devoir (1).

Mais Arius lui-même en avait gagné un, qui devint dès lors le patron de toute la secte. C'était un de ses anciens condisciples. Ils avaient eu pour maître tous les deux un certain Lucien, disciple lui-même de Paul de Samosate, et qui était resté excommunié sous trois évêques d'Antioche (Niceph., l. 8, c. 31). Ce patron était Eusèbe, évêque de Nicomédie. Il pensait comme Arius, avant Arius même. Il passait pour avoir apostasié dans la persécution ; depuis il était devenu, on ne sait comment, évêque de Béryte en Phénicie. Plus courtisan qu'autre chose, il s'insinua dans les bonnes grâces de Constancie, sœur de Constantin et femme de Licinius. L'évêché métropolitain de Nicomédie étant venu à vaquer, Eusèbe, qui mesurait la dignité épiscopale par la grandeur des villes, quitta, sans aucune autorisation canonique, la petite ville de Béryte pour la ville impériale de Nicomédie. Lorsque Licinius faisait la guerre tout à la fois et aux chrétiens et à Constantin, Eusèbe était pour Licinius ; Constantin vainqueur, il sut capter la faveur de Constantin. Nous le verrons plus tard quitter Nicomédie pour Constantinople, et devenir le précepteur de Julien l'Apostat.

Arius s'étant donc retiré d'Alexandrie, implora la protection de cet Eusèbe, et lui écrivit entre autres la lettre que voici. « Au très-désiré seigneur, à l'homme de Dieu, au fidèle, à l'orthodoxe, à Eusèbe : Arius, injustement persécuté par le pape Alexandre pour la vérité victorieuse de tout, que vous défendez vous-même ; salut dans le Seigneur. Mon père Ammonius partant pour Nicomédie, j'ai cru qu'il était de mon devoir de prendre cette occasion de vous saluer, et en même temps d'informer votre naturelle charité et l'affection que vous avez envers les frères pour Dieu et son Christ, que l'évêque nous persécute et nous extermine grandement, invoquant et remuant tout

(1) Tillemont, art. *Alexandre, Arius*, etc.; Mœhler, *Athanase le Grand*. Dans ce dernier ouvrage on trouve la citation détaillée de tous les passages dont nous donnons le résumé.

contre nous, jusqu'à nous avoir chassés de la ville, comme des impies, parce que nous ne convenons pas de ce qu'il dit publiquement : Dieu est toujours, le Fils est toujours ; le Père et le Fils sont à la fois, le Fils coexiste au Père sans être engendré ; il est toujours engendré, il est engendré et ne l'est pas. Le Père ne précède pas le Fils d'un moment, pas même de la pensée: Toujours Dieu, toujours le Fils, le Fils procède de Dieu même. Et parce qu'Eusèbe de Césarée, votre frère, Théodote, Paulin, Athanase, Grégoire, Ætius et tous les Orientaux disent que Dieu est avant son Fils sans commencement, ils ont été frappés d'anathème, excepté seulement Philogone, Hellanique et Macaire, trois hérétiques ignorants qui disent que le Fils est, les uns une expiration, les autres une projonction, les autres non-engendré comme le Père. Impiétés que nous ne pouvons seulement entendre, quand même ces hérétiques nous menaceraient de mille morts. Pour nous, ce que nous disons et ce que nous pensons, nous l'avons enseigné et nous l'enseignons encore : Que le Fils n'est point non-engendré, ni portion du non-engendré en aucune manière, ni tiré d'aucun sujet. Mais que, par la volonté et le conseil du Père, il a subsisté avant les temps et avant les siècles, pleinement Dieu, Fils unique, inaltérable, et qu'avant que d'être engendré, ou créé, ou terminé, ou fondé, il n'était pas ; car il n'était pas non-engendré. Nous sommes persécutés pour avoir dit : *Le Fils a un commencement et Dieu n'en a point*. C'est pour cela qu'on nous persécute, et pour avoir dit : *Qu'il est tiré du néant*. Ce que nous avons dit, parce qu'il n'est ni une portion de Dieu, ni tiré d'un sujet. C'est pour cela qu'on nous persécute. Vous savez le reste. Je souhaite que vous vous portiez bien dans le Seigneur, et que vous vous souveniez de nos afflictions, pieux Eusèbe collucianiste (Epiph., *Hæres.*, 69, n. 5 ; Theod., l. 1, c. 5). »

Il appelle Eusèbe *collucianiste*, parce qu'ils avaient été ensemble disciples de Lucien, disciple lui-même de Paul de Samosate, qu'il ne faut pas confondre, comme plusieurs ont fait, avec le martyr saint Lucien, prêtre d'Antioche. On voit dans cette lettre toute l'hérésie d'Arius : Que le Fils a commencé et qu'il est tiré du néant, d'où suit, par une conséquence nécessaire, qu'il n'est qu'un Dieu nominal et une pure créature. On y voit aussi la doctrine de saint Alexandre : Que le Fils procède du Père et qu'il lui est coéternel. Quant au reproche qu'Arius lui fait de dire que le Fils est à la fois engendré et non-engendré, c'est une imposture contre laquelle le saint évêque protestera hautement. Cette imposture jouait sur une équivoque. Comme nous l'avons déjà remarqué, les mots grecs *genétos* et *gennétos*, ainsi que leurs dérivés, signifiaient autrefois indifféremment, *engendré, né, produit, créé, fait*. En sorte qu'avec les mêmes mots, le catholique disait que le Fils est engendré et non créé ; et l'arien lui faisait dire que le Fils était engendré, et non-engendré. Soit ignorance, soit mauvaise foi, jamais les ariens n'ont éclairci cette équivoque.

Les évêques que, dans cette lettre, Arius donne comme ses partisans, sont Eusèbe de Césarée en Palestine, Théodote de Laodicée en Syrie, Paulin de Tyr, Athanase d'Anazarbe en Cilicie, Grégoire de Béryte, Aëtius de Lydda, autrement Diospolis.

Quand il ajoute qu'ils ont été frappés d'anathème par Alexandre, ainsi que tous les Orientaux, c'est une calomnie visible. Les trois qu'il avoue lui être contraires, sont saint Philogone d'Antioche, Hellanique de Tripoli en Phénicie, et saint Macaire de Jérusalem. Philogone fut d'abord engagé dans les affaires temporelles, et plaida devant les tribunaux; il avait été marié et avait une fille. Son mérite le fit élire évêque d'Antioche, vers l'an 318, après Vital, successeur de Tyran, qui avait tenu ce siége apostolique depuis l'an 299 jusqu'en 312. Philogone gouverna l'Eglise d'Antioche pendant cinq ans, en des temps fort difficiles. La persécution ne venait que de cesser, il en restait des suites fâcheuses et bien des abus à corriger; et il eut besoin d'une grande sagesse pour arrêter le cours de l'hérésie qui commençait à paraître. Macaire, évêque de Jérusalem, avait succédé à Hermon en 314, et saint Athanase le compte parmi les plus grands évêques de son siècle. Arius les traite tous les trois d'ignorants hérétiques, parce qu'ils ne pensaient pas comme lui : cela se comprend.

Eusèbe de Nicomédie, ayant reçu la lettre d'Arius, lui répondit entre autres ces mots : « Vos sentiments sont fort bons, et vous n'avez rien à souhaiter que de les voir embrasser par tout le monde. Car personne ne peut douter que ce qui a été fait n'était pas avant qu'il fût fait, puisqu'il faut qu'il ait commencé à être (Athan., *De Synod.*). » Ensuite il écrivit à Paulin de Tyr, louant le zèle d'Eusèbe de Césarée pour la défense de la vérité, c'est-à-dire la doctrine d'Arius, et blâmant le silence de Paulin, qu'il exhorte à écrire pour la soutenir. Lui-même explique cette doctrine. Parmi les équivoques signalées plus haut, sur les mots grecs *gennétos* et *agennétos*, il la ramène à deux points : Que le Fils n'est point engendré de la substance du Père, mais qu'il a été créé comme tout le reste. Il le presse de mettre ces idées en œuvre et de les écrire au seigneur Alexandre; « car je m'assure que vous le persuaderez. »

Ainsi que nous l'avons déjà vu, il en fut bien autrement. Alexandre se plaignit avec force des évêques qui avaient reçu Arius à leur communion. L'impression de ces lettres fut telle, que personne ne voulait plus recevoir l'hérésiarque. Il se réfugia donc chez Eusèbe de Nicomédie. Les deux serpents, pour mieux répandre leur venin dans l'Eglise, s'étudièrent à y rester malgré elle. Eusèbe écrivit et fit écrire plusieurs fois à Alexandre en faveur d'Arius. Arius lui-même, avec les prêtres et les diacres excommuniés, lui adressa, de Nicomédie, une lettre audacieusement hypocrite. Elle commençait en ces termes : « A notre bienheureux pape et évêque Alexandre, les prêtres et les diacres, salut dans le Seigneur. La foi que nous avons reçue de nos ancêtres et apprise de vous, bienheureux Pape, est telle. » Puis, dans quelques phrases entortillées, ils exposent tout le venin de leur hérésie : Que le Fils n'est point éternel ni coéternel au Père, mais une créature parfaite, produite par le Père avant le temps; protestant de nouveau, jusqu'à deux fois, avec une incroyable effronterie, que c'était de lui-même, bienheureux pape Alexandre, qu'ils avaient appris cette doctrine. Et peu auparavant, dans sa lettre à Eusèbe de Nicomédie, le même Arius reprochait au même Alexandre d'enseigner publiquement : Que le Fils procède du Père et qu'il lui est coéternel. Qu'on juge de la bonne foi de l'hérésiarque et de ses partisans!

Voici ce qui n'en révèle pas moins le caractère. Il y avait parmi les païens, une espèce de chansons bouffonnes, de chansons à boire, nommées *thalies*. Les païens qui se respectaient tant soit peu, s'en abstenaient : on ne les entendait chanter qu'à des bouffons, au milieu du vin et de la débauche. L'air, le style en étaient si mous et si efféminés; les images si licencieuses; Sotade, leur principal auteur, était tellement regardé comme un infâme, que le plus obscène des poètes latins, Martial, en rougissait. Eh bien! pendant qu'il était avec Eusèbe, Arius composa sous le même nom de Thalie, dans le même style, sur la même mesure et sur les mêmes airs, un recueil de chansons pour populariser ses blasphèmes contre le Christ. Il y en avait pour les voyageurs, pour les mariniers, et même pour ceux qui tournaient la meule. Le prologue, que nous a conservé saint Athanase, était aussi futile, aussi plein d'afféterie, que vaniteux. Il était conçu en ces termes : « Suivant les élus de Dieu, les habiles de Dieu, les enfants saints, les orthodoxes, qui ont reçu le Saint-Esprit de Dieu, moi j'ai appris ces choses de ceux qui participent à la sagesse, qui ont été finement civilisés, qui ont été enseignés de Dieu, qui sont sages en tout : j'ai marché sur leur trace d'un pas harmonique, moi l'illustre, moi qui ai beaucoup souffert pour la gloire de Dieu, moi qui ai appris de Dieu la sagesse et connu de lui la connaissance. » Après ce début précieux-ridicule, il semait ses impiétés à pleines mains.

Ses amis ne s'en cachaient pas plus, même dans les suppliques qu'ils adressaient à saint Alexandre. « Pourquoi, lui écrivait Athanase d'Anazarbe, pourquoi blâmez-vous les amis d'Arius de dire que le Fils de Dieu est une créature tirée du néant, et que c'en est une parmi toutes les autres? Car si toutes les créatures sont figurées dans les cent brebis de la parabole, le fils en est une. Si donc cette centaine ne sont point des créatures; ou bien si, outre ces cent il y a quelque chose de plus, le Fils ne sera pas non plus une créature, ni une unité de la totalité. Mais si les cent comprennent toutes les créatures, et que hors de là il n'y ait que Dieu, qu'avancent donc les ariens de si absurde, lorsqu'ils comptent le Fils parmi les cent, puisqu'il le dit de la totalité (Athan., *De Synod.*, n. 17)? » Un autre arien, nommé Georges, lui écrivit également d'Antioche : « Ne blâmez point les ariens quand ils disent : Il y a eu un temps où le Fils de Dieu n'était pas; car Isaïe était fils d'Amos, et cependant Amos était avant Isaïe, et Isaïe n'était pas d'abord; mais il exista ensuite. » Aux ariens, au contraire, il écrivait : « Pourquoi blâmez-vous le pape Alexandre, quand il dit que le Fils est du Père? Vous-mêmes ne craignez pas de le dire. Car si l'apôtre a écrit que tout est de Dieu, bien qu'il soit clair que tout a été tiré du néant, et si le Fils est une créature, on pourra bien dire qu'il est de Dieu, puisqu'on le dit de tout (*Ibid.*, n. 18). »

Dans ces extraits, on voit avec quelle incroyable légèreté, quel esprit superficiel, quelles misérables équivoques, les ariens traitaient une vérité aussi capitale. On le voit encore mieux dans la lettre qu'Eusèbe de Césarée écrivit au même saint Alexandre, en faveur d'Arius et des siens. « Vos lettres les calomnient, dit-il, en les accusant de dire que le Fils est tiré du néant, *comme* tout le reste. Ils m'ont montré la lettre qu'ils vous ont adressée ; ils y confessent en propres termes que le Fils est une créature parfaite de Dieu, et non pas une créature *comme les autres* (Labbe, t. VII, *Conc.*, 498). » Telle est la misérable subtilité où Eusèbe de Césarée se prend ou se laisse prendre, pour justifier les ariens. En vérité, nous devons à Dieu et à son Eglise de grandes actions de grâces, pour nous avoir conservé, avec la pureté de la foi, le bon sens du langage.

Alexandre, qu'on importunait ainsi de toutes parts, était extrêmement âgé. Son zèle pour la foi en péril lui redonna la vigueur de la jeunesse. Il avait d'ailleurs, pour l'aider, son diacre Athanase. Il écrivit donc à tous les évêques pour les instruire de ce qui se passait, et animer leur zèle. Saint Epiphane connaissait soixante-dix de ces lettres, la plupart circulaires. Il y en avait une en particulier au pape saint Sylvestre, qui existait encore au temps du pape Libère (*Ad Const.*, Labbe, t. II). Dans le grand nombre, il y avait un tome ou mémoire, que les évêques catholiques souscrivaient, pour étouffer l'hérésie par leur accord. De toutes ces lettres, il ne nous en reste que deux : une première à l'évêque de Byzance, qui se nommait également Alexandre. Il y dit entre autres :

« Arius et les siens ont depuis peu formé une conspiration contre l'Eglise. Ils tiennent continuellement des assemblées, s'exercent jour et nuit à inventer des calomnies contre Jésus-Christ et contre nous. Ils censurent la saine doctrine des apôtres et, imitant les Juifs, ils nient la divinité de notre Sauveur et le déclarent pareil aux autres hommes. Dans ce but impie, ils recueillent avec soin tous les textes qui parlent de son incarnation et de son abaissement, et repoussent ceux qui parlent de son éternelle divinité et de sa gloire. Pensant du Christ comme les Juifs et les païens, c'est d'eux qu'ils ambitionnent les éloges ; aussi excitent-ils tous les jours contre nous des séditions et des persécutions, soit en nous traduisant devant les tribunaux par le crédit de quelques femmes indociles qu'ils ont séduites, soit en déshonorant le christianisme par l'insolence des jeunes filles de leur parti, que l'on voit courir dans les rues. Ce n'est pas tout : la tunique indissoluble du Christ, que les bourreaux mêmes ne voulurent point partager, eux ne craignent pas de la déchirer. Ayant donc considéré leur conduite et leur entreprise impies, nous les avons chassés de l'Eglise qui adore le Christ. Eux, courant de côté et d'autre, cherchent à surprendre nos collègues, sous prétexte de leur demander la paix et l'union, mais dans la réalité, pour en entraîner quelques-uns dans leur pestilence par de belles paroles, en tirer de grandes lettres qu'ils puissent lire à leurs dupes, afin de les retenir dans l'impiété comme ayant avec eux des évêques. Mais ce qu'ils ont enseigné et fait de mal chez nous, ils le passent sous silence ou le couvrent de paroles trompeuses. Aussi, déjà quelques-uns ont souscrit à leurs lettres et les ont reçus à l'église. Ceux de nos collègues qui ont osé le faire, s'exposent à une grande flétrissure ; car ils ont agi contre le canon apostolique et enflammé l'audace diabolique des sectaires contre le Christ. »

Après quoi, saint Alexandre expose et réfute l'impiété des ariens ; il relève surtout leur mépris de la tradition. « Ils ne croient pas qu'on puisse leur comparer aucun des anciens ou de ceux qui ont été nos maîtres en notre jeunesse, ni qu'aucun des évêques qu'il y a au monde soit arrivé à une mesure passable de sagesse ; eux seuls sont sages, eux seuls parfaits, eux seuls les inventeurs des dogmes ; à eux seuls a été révélé ce qui n'est pas même venu en pensée à aucun autre sous le soleil. O l'impie arrogance ! ni la clarté des divines Ecritures ni l'accord de nos collègues n'arrêtent leur fureur. Les démons mêmes ne supporteraient pas leur impiété ; car les démons évitent avec soin de dire aucun blasphème contre le Christ. Parce que nous repoussons l'impiété des sectaires, ils nous accusent d'enseigner qu'il y a deux êtres non-engendrés, et soutiennent qu'il faut le dire, ou dire comme eux, que le Fils est tiré du néant. Ignorants et irréfléchis, ils ne voient pas la distance qu'il y a entre le Père non-engendré et les créatures qu'il a faites de rien : au milieu de ces deux extrêmes est le Fils unique, le Dieu Verbe, par qui le Père a fait tout de rien, mais que le Père a engendré de lui-même.

» Pour nous, nous croyons avec l'Eglise apostolique, en un seul Père non-engendré, qui n'a aucun principe de son être ; immuable et inaltérable, toujours le même, incapable de progrès ou de diminution ; qui a donné la Loi, les Prophètes et les Evangiles, qui est le Seigneur des patriarches, des apôtres et de tous les saints. Et en un seul Seigneur Jésus-Christ, le Fils unique de Dieu, engendré, non du néant, mais du Père qui est ; non à la manière des corps, par retranchement ou écoulement, comme veulent Sabellius et Valentin, mais d'une manière ineffable et inénarrable ; comme il est dit : *Qui racontera sa génération ?* et comme il a dit lui-même : *Personne ne connaît qui est le Père, si ce n'est le Fils ; et personne ne connaît qui est le Fils, si ce n'est le Père.* Nous avons appris qu'il est immuable et inaltérable comme le Père, qu'il n'a besoin de rien, qu'il est parfait et semblable au Père, et qu'il n'a de moins que de n'être pas non-engendré ; c'est en ce sens qu'il a dit lui-même : *Le Père est plus grand que moi.* Nous croyons aussi que le Fils procède toujours du Père ; car il est la splendeur de la gloire et le caractère de l'hypostase paternelle. Mais qu'on ne nous soupçonne pas pour cela de nier qu'il soit engendré ; car ces mots, il *était* et *toujours*, et *avant les siècles*, ne signifient pas la même chose que *non-engendré*. Ils semblent signifier comme une extension du temps ; mais ils ne peuvent exprimer dignement la divinité, et, pour ainsi dire, l'antiquité du Fils unique ; les saints les emploient pour expliquer ce mystère autant que possible, en réclamant l'indulgence de leurs auditeurs, et en disant : Autant que nous avons pu y atteindre. Il faut donc conserver au Père cette dignité propre de n'être point engendré, en disant qu'il n'a aucun principe de son être ; mais il faut aussi rendre au Fils l'honneur qui lui convient : lui attribuant d'être engendré du Père sans commencement, et reconnaissant comme la seule propriété du Père de n'être point engendré.

» Nous confessons encore un seul Saint-Esprit, qui a également sanctifié les saints de l'Ancien Testament et les divins docteurs du Nouveau ; une seule

Eglise catholique et apostolique, toujours invincible, quoique le monde entier conspire à lui faire la guerre, et victorieuse de toutes les révoltes impies des hétérodoxes, le Père de famille nous en ayant donné l'assurance, lorsqu'il s'écrie : *Ayez confiance, j'ai vaincu le monde.* Après cela nous reconnaissons la résurrection des morts, dont Notre Seigneur Jésus-Christ a été les prémices, ayant pris de Marie, mère de Dieu (*théotocos*), un corps véritable, non en apparence. Sur la fin des siècles, il a habité avec le genre humain pour détruire le péché ; il a été crucifié, il est mort, sans aucun préjudice de sa divinité ; il est ressuscité, il est monté au ciel ; et il est assis à la droite de la majesté. Voilà ce que nous enseignons, ce que nous prêchons ; voilà les dogmes apostoliques de l'Eglise, pour lesquels nous sommes prêts à souffrir la mort et les tourments.

» Arius et les autres qui combattent avec lui ces vérités, ont été chassés de l'Eglise, suivant cette parole de saint Paul : « Si quelqu'un vous annonce un » autre Evangile que celui que vous avez reçu, qu'il » soit anathème. » Qu'aucun de vous ne reçoive donc ceux que nos frères ont excommuniés ; que personne n'écoute leurs discours, ni ne lise leurs écrits : ce sont des imposteurs qui ne disent jamais la vérité ; s'ils courent de ville en ville, hypocrites et imposteurs, ce n'est que pour donner et recevoir des lettres sous prétexte d'amitié et de paix, afin d'égarer plus facilement un petit nombre de femmelettes chargées de péchés, qu'ils ont séduites. Condamnez-les avec nous, à l'exemple de nos confrères qui m'ont écrit, et qui ont souscrit au mémoire que je vous envoie avec leurs lettres. Il y en a de toute l'Egypte et de la Thébaïde ; de la Libye et de la Pentapole ; de Syrie, de Lycie, de Pamphylie, d'Asie, de Cappadoce et des provinces circonvoisines. Je m'attends à recevoir de vous des lettres semblables ; car, après plusieurs autres remèdes, j'ai cru que ce consentement des évêques achèverait de guérir ceux qu'ils ont trompés (Théodoret, l. 1, c. 3). »

Dans cette même lettre, saint Alexandre disait encore des ariens : « Ils sont échauffés par l'approbation de trois évêques de Syrie, ordonnés je ne sais comment, dont le jugement doit vous être réservé. » Ces trois évêques, qu'il ne nomme point par retenue, sont Eusèbe de Césarée en Palestine, Paulin de Tyr, et Patrophile de Scythopolis. Deux autres qui avaient fait la même chose, mais qui dépendaient de la juridiction du saint, avaient déjà été excommuniés par le concile d'Alexandrie : c'étaient Second de Ptolémaïde, dans la Pentapole, et Théonas de Marmarique.

Quant à Eusèbe de Nicomédie, lui surtout prenait hautement le parti d'Arius : fier du crédit qu'il avait à la cour, il se flattait peut-être que nul n'oserait le contredire. Le vieil évêque d'Alexandrie n'en écrivit qu'avec plus de liberté contre lui, dans une lettre adressée à tous les évêques du monde, où il dit : Qu'il avait voulu garder le silence pour étouffer le mal en la personne des apostats et ne pas souiller les oreilles des personnes simples. « Mais, ajoute-t-il, puisqu'Eusèbe, qui croit disposer des affaires de l'Eglise, parce qu'il a quitté Béryte et usurpé l'église de Nicomédie sans qu'on en ait fait justice, se met aussi à la tête de ces apostats, et écrit de tous côtés en leur faveur, je suis obligé de rompre le silence pour vous faire connaître à tous, et les personnes des apostats, et les malheureux discours de leur hérésie afin que vous ne vous arrêtiez point à ce qu'Eusèbe pourrait vous écrire ; car il fait semblant d'écrire pour eux ; mais, dans la réalité, c'est pour lui-même ; il cherche à renouveler par eux ses mauvais sentiments d'autrefois, que le temps avait fait oublier.

» Les apostats sont : Arius, Achilles, Aïthales, Carpones, un autre Arius, Sarmate, ci-devant prêtres ; Euzoïus, Lucius, Jules, Menas, Hellade et Gaïus, ci-devant diacres ; et avec eux, Second et Théonas, ci-devant évêques. Voici les inventions qu'ils débitent contrairement aux Ecritures :

» Dieu n'a pas toujours été Père, mais il y a eu un temps qu'il ne l'était pas. Le Verbe de Dieu n'a pas toujours été, mais il a été fait de rien ; ce Fils est une créature et un ouvrage ; il n'est point semblable au Père en substance, ni son Verbe véritable, ni sa vraie sagesse, mais une des choses faites et créées. On le nomme improprement *Verbe* et *Sagesse*, ayant été fait lui-même par le Verbe propre de Dieu, et par la sagesse qui est en Dieu, par laquelle Dieu a tout fait. C'est pourquoi il est changeant et altérable de sa nature, comme toutes les créatures raisonnables ; il est étranger, différent et séparé de la substance de Dieu. Le Père est ineffable pour le Fils, qui ne le connaît ni ne peut le voir parfaitement ; car le Fils ne connaît pas même sa propre substance telle qu'elle est. Il a été fait pour nous, afin d'ê... comme l'instrument par lequel Dieu nous a créés ; et il n'aurait point été, si Dieu n'avait voulu nous faire. On leur a demandé si le Verbe de Dieu peut changer, comme le diable a fait ; et ils n'ont pas eu horreur de dire : Oui, il le peut ; car il est d'une nature changeante, puisqu'il est d'une nature engendrée et créée.

» Comme Arius et ses sectateurs soutenaient tout cela avec impudence, nous les avons anathématisés, étant assemblés avec les évêques d'Egypte et de Libye, au nombre de près de cent. Eusèbe et son parti les ont reçus et s'efforcent de mêler la vérité avec le mensonge, la piété avec l'impiété. Mais ils n'y réussiront pas : la vérité demeure victorieuse ; car qui jamais a ouï rien de semblable ? ou qui peut l'entendre maintenant sans être surpris et sans se boucher les oreilles, de peur qu'elles n'en soient souillées ? Qui peut entendre dire à saint Jean : *Au commencement était le Verbe*, sans condamner ceux qui disent : Il a été un temps qu'il n'était point ? Qui peut ouïr dans l'Evangile : *Le Fils unique*, et : *Tout a été fait par lui*, sans détester ceux qui disent que le Fils est une des créatures ? Comment peut-il être l'une des choses qui ont été faites par lui ; ou comment est-il Fils unique, s'il est mis au nombre de tous les autres ? Comment est-il sorti du néant, puisque le Père dit : *Je t'ai engendré de mon sein avant l'aurore ?* Comment peut-il être dissemblable au Père en substance, lui qui est l'image parfaite et la splendeur du Père, et qui dit : *Celui qui me voit voit aussi mon Père ?* S'il est le *logos*, c'est-à-dire la raison et la sagesse du Père, comment n'a-t-il pas toujours été ? ils doivent donc dire que Dieu a été sans raison et sans sagesse ? Comment peut-il être sujet au changement, lui qui dit : *Je suis dans le Père, et le Père est en moi ?* et encore *Moi et le Père nous sommes une même chose ;* et par le Prophète : *Voyez-*

moi, parce que je suis et ne change pas? Car quoique ces paroles puissent se rapporter au Père, on les entend toutefois mieux du Verbe, parce que, devenu homme, il n'a pas changé; mais, comme dit l'Apôtre : *Jésus-Christ est le même aujourd'hui qu'hier, et dans tous les siècles.* Quelle raison ont-ils de dire qu'il a été fait pour nous, quand saint Paul écrit : *Que tout est pour lui et par lui?* Quant à ce blasphème, que le Fils ne connaît pas parfaitement le Père, il renverse cette parole du Seigneur : *Comme le Père me connaît, ainsi moi je connais le Père.* Si donc le Père ne connaît le Fils qu'imparfaitement, le Fils connaît le Père de même. Que s'il n'est pas permis de le dire, et que le Père connaisse parfaitement le Fils, il est évident que le Fils connaît de même son Père.

» C'est ainsi que nous les avons souvent réfutés par les divines Écritures; mais ils changent comme le caméléon. Ce sont les pires de tous les hérétiques, puisque, voulant détruire la divinité du Verbe, ils approchent le plus de l'antechrist. Ayant donc ouï nous-mêmes de nos oreilles leur impiété, nous les avons anathématisés et déclarés étrangers à la foi et à l'Eglise catholique; et nous en donnons avis à votre piété, nos chers et vénérables collègues, afin que, si quelqu'un d'eux a l'audace de se présenter à vous, vous ne le receviez point, et que vous n'en croyiez ni Eusèbe ni quelque autre qui pourrait vous écrire à leur sujet (Théodoret, l. 1, c. 4). »

Avant d'expédier ces lettres, Alexandre réunit son clergé, les lui lut et les lui fit souscrire. Eusèbe et son parti se trouvèrent prodigieusement offensés de la fermeté du saint vieillard. Ils conçurent dès lors une haine mortelle contre Athanase, diacre d'Alexandrie; car, s'en étant informé curieusement, ils apprirent qu'il était continuellement avec l'évêque, et qu'il en était singulièrement estimé. Ils assemblèrent donc un concile en Bithynie, et écrivirent à tous les évêques du monde de communiquer avec les ariens, comme ayant des sentiments orthodoxes, et de disposer Alexandre à communiquer avec eux. Le trouble n'en devint que plus grand. Ce n'étaient plus seulement les évêques et les prêtres qui disputaient; les peuples entiers se divisèrent. Il y avait déjà un grand nombre de lettres écrites de part et d'autre par les évêques. Arius recueillit toutes celles qui le favorisaient, saint Alexandre recueillit toutes celles qui soutenaient la doctrine catholique.

Tel était l'état des esprits et des choses, lorsque, après la défaite de Licinius, Constantin se vit maître de tout l'Orient. Il fut sensiblement affligé d'apprendre cette division; il le fut d'autant plus qu'Eusèbe de Nicomédie, où il fit quelque séjour, lui persuada que ce n'était qu'une dispute de mots; que le plus grand mal était l'aigreur des esprits, et en particulier l'aversion de l'évêque Alexandre contre Arius; et qu'il était de la piété de l'empereur d'employer son autorité pour lui imposer silence. Constantin écrivit alors une lettre, avec cette inscription : « Constantin victorieux, très-grand Auguste, à Alexandre et à Arius. » Il leur reprochait longuement à tous les deux de se diviser et de diviser le peuple chrétien pour une question frivole, et les exhortait à cesser leur oiseuse dispute (Euseb., *Vita Constantini*, l. 2, c. 69). Il ne disait pas néanmoins en quoi consistait ce débat si futile. Ce n'était rien moins que de savoir si Jésus-Christ était Dieu ou créature, et par conséquent, si tant de martyrs et d'autres saints, qui l'avaient adoré depuis la publication de l'Evangile, avaient été idolâtres en adorant une créature; ou s'ils avaient adoré deux dieux, supposé qu'étant Dieu il ne fût pas le même Dieu que le Père. Cette lettre fut portée à Alexandrie par un évêque d'Espagne, Osius de Cordoue. Il y assembla un concile nombreux, où le prêtre Colluthe, qui avait fait schisme et s'était porté pour évêque, rentra dans son état de simple prêtre; ses ordinations furent déclarées nulles, et ceux qu'il avait ordonnés redevinrent simples laïques. Mais l'affaire d'Arius fut loin d'y prendre fin. Osius et Alexandre conseillèrent à l'empereur d'assembler un concile universel.

L'empereur Constantin et le pape saint Silvestre convoquèrent donc ce concile à Nicée en Bithynie. Nous disons l'empereur Constantin et le pape saint Silvestre, parce que cela est dit en toutes lettres dans l'action 18e du sixième concile général, troisième de Constantinople (Labbe, t. VI, p. 1049). Si des historiens ont passé sous silence la coopération du Pape, le fait n'en est pas moins certain. Les évêques s'assemblèrent en conséquence à Nicée, au nombre de trois cent dix-huit, sans compter les prêtres, les diacres et les acolytes. On leur fournit à eux et à leur suite toutes les choses nécessaires, par ordre de l'empereur. Les principaux d'entre les évêques étaient Osius de Cordoue, saint Alexandre d'Alexandrie, saint Eustathe d'Antioche, saint Macaire de Jérusalem, Cécilien de Carthage; saint Paphnuce, évêque dans la haute Thébaïde, saint Potamon d'Héraclée, tous deux du nombre des confesseurs; Euphration de Balanée, dans la Syrie; saint Paul de Néocésarée, sur l'Euphrate, à qui on avait brûlé les nerfs avec un fer chaud dans la persécution de Licinius; saint Jacques de Nisibe, dans la Mésopotamie; saint Amphion d'Epiphanie, qui avait aussi confessé Jésus-Christ dans les persécutions précédentes; Léonce de Césarée en Cappadoce, saint Basile d'Amasée, saint Mélèce de Sébastopôle, Longien de Néocésarée, saint Hypace de Gangres en Paphlagonie, saint Nicolas de Myre, saint Alexandre de Byzance, Protogène de Sardique, dans la Dace, Alexandre de Thessalonique, et quelques autres dont nous lisons les éloges dans les écrits de saint Athanase, de saint Hilaire, de saint Grégoire de Nazianze, de Théodoret, de Rufin, de Gélase de Cyzique, de Socrate et de Sozomène.

Mais parmi ces grandes lumières de l'Eglise, il se trouva aussi des évêques qui appuyaient l'erreur, particulièrement les deux Eusèbes, de Nicomédie et de Césarée; Théognis de Nicée, Patrophile de Scythopolis, Maris de Chalcédoine et Narcisse de Néroniade. Enfin, outre tous ces évêques de l'Orient et de l'Occident, du Septentrion et du Midi, il y avait un évêque des Perses et un évêque des Scythes.

Jamais rien de pareil ne s'était vu ni même imaginé. On voyait l'élite de l'humanité chrétienne prête à résumer, dans un acte de foi et d'amour, la foi, l'espérance, la sagesse véritables de tous les siècles passés, présents et à venir. Jusque-là, l'élite de l'humanité païenne, les philosophes, avait beaucoup disserté sur Dieu, sur sa nature, sa providence, l'ensemble de ses œuvres; et, après des siècles de dissertations, de raisonnements et de subtilités, pas une vérité n'avait encore été définie d'un commun accord, ni mise à la portée du commun des hommes. Or, ce que n'avaient pu les philosophes grecs après dix siècles, ce que ne pourront les philosophes de l'Inde après trente et quarante, les pasteurs chrétiens le feront en peu de jours à Nicée; ils le feront malgré toutes les ruses, toutes les arguties du philosophisme arien; ils le feront en consignant dans leur *Credo* la doctrine qu'ils venaient de confesser dans les prisons, au fond des mines, devant les tyrans et les bourreaux qui leur avaient crevé les yeux, brûlé les mains, coupé le jarret; doctrine héréditaire qu'ils avaient reçue des martyrs, les martyrs des apôtres, les apôtres du Christ, le Christ de Dieu; et ce *Credo*, qui définit avec une si merveilleuse précision les vérités les plus sublimes, deviendra jusqu'à la fin du monde, et pour tout l'univers chrétien, un chant populaire de foi, d'espérance et d'amour.

Ce qui montrait de plus en plus l'Eglise comme l'humanité divinement rétablie dans l'unité, c'est que cette auguste assemblée était présidée par le vicaire de Jésus-Christ, le successeur de saint Pierre, le pape saint Silvestre, dans la personne de ses légats, Osius de Cordoue, et les prêtres Viton et Vincent, du clergé romain. Le grec Gélase de Cyzique dit en propres termes, qu'Osius d'Espagne y tenait la place de Silvestre, évêque de Rome, avec les prêtres romains Viton et Vincent. D'ailleurs, le pape saint Jules et les historiens Socrate et Sozomène nous apprennent que dès lors c'était une règle de l'Eglise, qu'on ne devait ni tenir de concile ni ordonner quoi que ce fût sans le consentement de l'évêque de Rome (Jul., *Epist.* 1; Soc., l. 2, c. 17; Sozom.). Enfin, dans les souscriptions du concile de Nicée, Osius est le premier avec les deux prêtres romains. Or, comment un simple évêque d'Espagne, qui, dans son propre pays, au conseil particulier d'Elvire, n'avait souscrit que le second, aurait-il précédé tous les évêques du monde, dans un concile œcuménique, en présence des patriarches d'Alexandrie et d'Antioche, s'il n'avait été le représentant du chef de l'Eglise. A la vérité, Osius était confesseur de la foi; mais il y en avait au concile un grand nombre d'autres et de plus illustres que lui; tels que saint Eustathe d'Antioche, saint Paul de Néocésarée, saint Potamon et saint Paphnuce, et plusieurs autres qui faisaient même des miracles.

Avant le jour de la séance publique, les évêques tinrent des conférences particulières, où ils appelèrent Arius. Il développa devant eux toutes ses erreurs, comme il avait fait devant Alexandre : Que Dieu n'avait pas toujours été Père, et qu'il y a eu un temps où le Fils n'était pas; qu'il est tiré du néant, créature et ouvrage comme le reste. Il est changeant de sa nature; c'est par son libre arbitre qu'il a voulu demeurer bon, et, quand il voudra, il pourra changer comme les autres. C'est pourquoi Dieu, prévoyant qu'il serait bon, l'a prévenu de cette gloire qu'il a eue depuis par sa vertu; en sorte qu'il est devenu tel par ses œuvres que Dieu a prévues. Il disait donc que Jésus-Christ n'était pas vrai Dieu, mais par participation, comme tous les autres à qui le nom de Dieu est attribué. Il ajoutait qu'il n'était pas le Verbe substantiel du Père ni sa propre sagesse par laquelle il a tout fait, mais qu'il a été fait lui-même par la sagesse éternelle, qu'il est étranger en tout à la substance du Père, que nous n'avons pas été faits pour lui, mais lui pour nous, quand Dieu, qui était seul auparavant, a voulu nous créer; qu'il a été fait par la volonté de Dieu, comme le reste, n'étant point auparavant; car il n'est point une production propre et naturelle du Père, mais un effet de sa grâce; il n'est point la vertu naturelle et véritable de Dieu, mais l'Ecriture lui donne le nom de *vertu*, comme elle le donne aux chenilles et aux hannetons. Il disait encore que le Père est invisible au Fils et qu'il ne peut le connaître parfaitement, mais seulement selon la mesure de son être qui a commencé; en sorte qu'il ne connaît pas sa propre substance (Athan., *Ad episc. Egypti*, n. 12 et 13).

A l'exposé de ces odieux blasphèmes, les évêques assemblés de tant de pays se bouchaient les oreilles d'horreur et rejetaient cette doctrine comme étrangère et opposée à la foi de l'Eglise. La plupart voulaient condamner sans examen toute nouveauté, pour se tenir à la foi qu'ils avaient reçue par tradition dès le commencement. D'autres, qui favorisaient l'erreur, soutenaient qu'il ne fallait pas suivre sans examen les anciennes opinions. Il y eut des discussions longues et approfondies. Les évêques orthodoxes engagèrent les autres à proposer leurs raisons, et les réfutèrent solidement. Ils les pressèrent d'abord de dire nettement ce qu'ils entendaient par ce nom de Fils; car, si le Christ n'est pas Fils de Dieu par nature, mais simplement par l'imitation des perfections divines comme tous les saints, qu'aura-t-il au-dessus des autres, et pourquoi est-il appelé le Fils unique? Il est ainsi appelé, disaient les ariens, parce que seul il a été fait par Dieu seul, tandis que tout le reste, Dieu l'a fait par le Fils. Nouveauté insensée et impie, répliquaient les orthodoxes; car c'est supposer ou que, par faiblesse, Dieu n'a pas pu faire le reste tout seul, ou que, par orgueil, il n'a pas voulu. Nouveauté d'ailleurs mensongère, car le Psalmiste nous dit que c'est *Dieu lui-même qui nous a faits*, et que *nous ne nous sommes pas faits nous-mêmes*, et saint Paul : *Il n'y a qu'un Dieu de qui sont toutes choses, et un seul Seigneur Jésus-Christ par qui sont toutes choses.*

Les ariens recouraient à cet autre subterfuge : Comme les autres créatures ne pouvaient soutenir l'action immédiate de l'Etre incréé, il a fait d'abord seul le Fils seul, et tout le reste par le Fils, comme son aide. Réponse absurde et futile, s'écriaient les orthodoxes; car, si les créatures n'ont pu soutenir la main de Dieu, et que le Fils en soit une, comment a-t-il pu être fait par Dieu seul? Si les créatures ont eu besoin d'un intermédiaire, et que le Fils soit une créature, il avait besoin d'un intermédiaire lui-même, cet autre d'un autre, et ainsi à l'infini. Que si, pour échapper à l'absurdité, vous convenez que le Fils, quoique créature, a pu être fait par l'Etre incréé, vous êtes forcés de convenir que l'Etre incréé a pu faire de même toutes les autres, et votre production du Verbe devient inutile. C'est ainsi que les évêques catholiques réfutaient les fauteurs d'Arius (Athan., *De Decret. Nic.*, etc.).

Cependant le jour de la séance publique arriva. C'était le 9 de juin, l'an 325. L'empereur était venu de Nicomédie à Nicée. Tous ceux qui devaient assister au concile se rendirent dans la grande salle du palais, où, s'étant assis sur des sièges qui leur avaient été préparés, ils attendaient en silence. Alors entrèrent quelques personnes de la suite de l'empereur, non de sa garde ordinaire ni des hommes armés, mais de ses amis et des chrétiens. Tous se levèrent au signal qui marquait l'entrée du prince; il parut au milieu de l'assemblée, vêtu de pourpre, et tout couvert d'or et de pierreries. La religion et le respect paraissaient sur son visage : il rougissait, il baissait les yeux et marchait modestement. D'ailleurs il était bien fait et d'une taille au-dessus de tous ceux qui l'environnaient; tous ces avantages rehaussaient sa modestie et sa piété. Etant arrivé au haut de la salle, il se tint debout au milieu, à la première place, devant un petit siége d'or qui lui était préparé. Il ne s'assit qu'après que les évêques l'en eurent prié par signe, et tous s'assirent après lui.

Alors l'évêque qui était assis le premier du côté droit, on croit que c'était saint Eustathe d'Antioche, se leva, et, adressant la parole à l'empereur, rendit grâces à Dieu pour lui; après quoi il se rassit, et tous demeurèrent en silence, les yeux arrêtés sur l'empereur. Il les regarda d'un visage serein, et, après s'être un peu recueilli en lui-même, il parla d'une voix douce et tranquille, leur témoignant une grande joie de les voir tous rassemblés, et un extrême désir de les voir tous parfaitement unis de sentiments. Il parla en latin; qui était sa langue naturelle et la langue de l'empire; mais on l'expliquait en grec, parce que la plupart des Pères entendaient mieux cette langue, qui était plus répandue par tout l'Orient. Ensuite l'empereur donna la parole à ceux qui présidaient au concile, et laissa aux évêques une pleine liberté d'examiner la doctrine.

On examina d'abord celle d'Arius; on l'entendit lui-même, et il avança les mêmes blasphèmes en présence de l'empereur. Les eusébiens, voulant le défendre, cherchaient à disputer, et ne disaient que les impiétés; les autres évêques, qui étaient sans comparaison le plus grand nombre, leur demandaient doucement de rendre raison de leur doctrine et d'en apporter des preuves conformes à la religion. Mais sitôt qu'ils voulaient parler, ils se combattaient eux-mêmes, demeuraient interdits à la vue des absurdités de leur hérésie, et confessaient par leur silence, à honte que leur attirait leur vanité. Il y eut plus encore : on lut en plein concile une lettre d'Eusèbe de Nicomédie, qui contenait l'hérésie manifestement et découvrait la cabale du parti. Elle excita une telle indignation qu'on la déchira devant tout le monde, et Eusèbe fut couvert de confusion. Il y disait entre autres que, si l'on reconnaissait le Fils de Dieu incréé, il faudrait aussi le reconnaître consubstantiel au Père. C'était apparemment sa lettre à Paulin de Tyr, où il dit la même chose, quoique en d'autres termes. Les ariens présentèrent aussi à l'assemblée une confession de foi qu'ils avaient dressée; mais sitôt qu'elle eut été lue, on la mit en pièces, en la nommant fausse et illégitime; il s'excita contre eux un grand tumulte, et tout le monde les accusa de trahir la vérité.

Le concile, voulant détruire les termes impies dont s'étaient servis les ariens, et employer les paroles autorisées par l'Ecriture, dit que le Fils était de Dieu. Les eusébiens, croyant que cette façon de parler favorisait leur erreur, se disaient l'un à l'autre : Accordons-le ; puisque cela nous est commun avec lui ; car il est écrit : *Il n'y a qu'un Dieu, de qui est tout ; et encore : Je fais toutes choses nouvelles, et tout est de Dieu.* Mais les évêques, voyant leur artifice, exprimèrent la même chose en des termes plus clairs, et dirent que le Fils était de la substance de Dieu, de la substance du Père, ce qui ne convient à aucune créature. Il est vrai néanmoins de dire qu'elles sont de Dieu, puisqu'il en est l'auteur; mais le Verbe seul est du Père et de la substance du Père.

Les évêques demandèrent à ce petit nombre d'ariens, s'ils diraient que le Fils est la vertu du Père, son unique sagesse, son image éternelle, qui lui est semblable en tout ; immuable, subsistant toujours en lui, enfin vrai Dieu. Les eusébiens se contenaient et n'osaient contredire ouvertement, de peur d'être convaincus. Mais on s'aperçut qu'ils se parlaient tout bas et se faisaient signe des yeux que ces termes de *semblable*, et *toujours*, et *en lui*, et le nom de *vertu*, nous étaient encore communs avec le Fils. Nous pouvons, disaient-ils, sans peine accorder ces termes. Celui de *semblable*, parce qu'il est écrit : Que l'homme est l'image et la gloire de Dieu. Celui de *toujours*, parce qu'il est écrit : Car nous qui vivons, sommes toujours. *En lui*, parce qu'il est dit : En lui nous sommes, et nous avons la vie et le mouvement. Le mot *d'immuable*, parce qu'il est écrit : Que rien ne nous sépare de la charité de Jésus-Christ. *La vertu*, parce qu'il est parlé de plusieurs vertus ; et, ailleurs, la chenille et le hanneton sont appelés vertu , et la grande vertu. Souvent, en parlant du peuple, il est dit : Que la grande puissance de Dieu sortit d'Egypte ; et il y a d'autres vertus célestes ; car il est dit : Le Seigneur des vertus est avec vous. Enfin, quand ils diront que le Fils est vrai Dieu, nous n'en serons point choqués ; car il l'est vraiment, puisqu'il l'a été fait.

Alors les évêques, voyant leur dissimulation et leur mauvaise foi, furent contraints, pour s'expliquer plus nettement, de renfermer en un seul mot le sens des Ecritures, et de dire que le Fils est *consubstantiel* au Père, (en grec *homoousios*); expression qui fait entendre que le Fils n'est pas seulement semblable au Père, mais si semblable, qu'il est une même chose, une même substance avec le Père, et qu'il en est inséparable ; en sorte que le Père et lui ne sont qu'une même chose, comme il le dit lui-même : Le Verbe est toujours dans le Père, et le Père dans le Verbe, comme la splendeur est à l'égard du soleil. Voilà pourquoi les Pères de Nicée, après en avoir délibéré longtemps, s'arrêtèrent au mot de *consubstantiel*, comme nous l'apprend saint Athanase, qui s'y trouvait présent et tenait un des rangs les plus considérables (Athan., *De Decret. Nic.*, n. 20). Ils eurent encore une autre raison d'user de ce terme; car, ayant vu par la lettre d'Eusèbe de Nicomédie, qu'on avait lue en plein concile, que cet évêque trouvait un grand inconvénient à reconnaître le Fils incréé, à cause qu'il faudrait aussi confesser qu'il est de la même substance que le Père, ils se servirent contre lui de l'épée qu'il avait tirée lui-même.

Les ariens rejetèrent avec murmure et moquerie ce terme de consubstantiel ou coessentiel, disant qu'il ne se trouvait point dans l'Ecriture, et qu'il enfermait de mauvais sens. Car, disaient-ils, ce qui est de même substance qu'un autre, en vient de trois manières, ou par division, ou par écoulement, ou par éruption. Par éruption, comme la plante de sa racine; par écoulement, comme les enfants des pères, par division, comme deux ou trois coupes d'une seule masse d'or. Les catholiques répliquèrent que quand il est question de Dieu, il faut se déprendre de toute idée basse et terrestre, écarter bien loin toute pensée corporelle, et, s'élevant au-dessus de tous les sens, concevoir avec une intelligence pure et par l'esprit seul, la véritable génération du Verbe. Qu'au reste, dans les créatures mêmes, il en était une image moins grossière : c'est la lumière et sa splendeur. Le Père est comme le soleil, le Fils en est comme le resplendissement. Or, qui osera dire que la splendeur est étrangère et dissemblable au soleil? ou plutôt, qui est-ce qui, en voyant ce qu'est la splendeur au soleil et l'identité de la lumière, ne dira pas hardiment : En vérité, la lumière et la splendeur sont une même chose, celle-ci se montre dans celle-là; et la splendeur est dans le soleil; en sorte que, qui voit le soleil, voit aussi la splendeur. Or, cette unité et cette propriété naturelle, ceux qui la croient et la voient, peuvent-ils l'appeler avec justesse, si ce n'est une génération ou production consubstantielle (*Ib.*, n. 24)?

L'empereur lui-même comprit alors la justesse de cette expression. Les ariens ne pouvaient pas la rejeter, sous prétexte qu'elle n'est pas dans l'Ecriture, eux qui employaient tant de mots qui ne sont pas dans l'Ecriture, en disant que le Fils de Dieu était tiré du néant et n'avait pas toujours été, mais surtout leur mot si équivoque *d'agennétos*, qu'ils avaient emprunté aux philosophes grecs et qui signifiait tantôt *incréé*, tantôt *non-engendré*. Que si l'expression de *consubstantiel* n'est pas dans l'Ecriture en toutes lettres, elle y est pour le sens, comme quand le Fils y dit de lui-même : *Moi et mon Père nous sommes un.* D'ailleurs, comme on peut exprimer une erreur nouvelle avec d'anciens mots, on peut aussi, par un mot nouveau, exprimer une vérité ancienne. Finalement, le mot de *consubstantiel* n'était pas nouveau, et d'illustres évêques de Rome et d'Alexandrie, c'étaient les deux saints Denys, s'en étaient servis pour condamner ceux qui disaient que le Fils était un ouvrage, et non pas consubstantiel au Père. Eusèbe de Césarée fut obligé de le reconnaître lui-même.

Après que l'on fut convenu de ce mot et des autres les plus propres à exprimer la foi catholique, Osius en dressa le formulaire, et Hermogène, depuis évêque de Césarée en Cappadoce, l'écrivit. Il fut conçu en ces termes :

« Nous croyons en un seul Dieu, Père tout-puissant, créateur de toutes choses, visibles et invisibles; et en un seul Seigneur Jésus-Christ, fils unique de Dieu, engendré du Père, c'est-à-dire de la substance du Père. Dieu de Dieu, lumière de lumière, vrai Dieu de vrai Dieu; engendré et non fait, consubstantiel au Père; par qui toutes choses ont été faites au ciel et en la terre. Qui, pour nous autres hommes et pour notre salut, est descendu des cieux, s'est incarné et fait homme; a souffert, est ressuscité le troisième jour, est monté aux cieux, et viendra juger les vivants et les morts. Nous croyons aussi au Saint-Esprit. Quant à ceux qui disent : Il y avait qu'il n'était pas (1); et : Il n'était pas avant d'être engendré; et : Il a été tiré du néant; ou qui prétendent que le Fils de Dieu est d'une autre hypostase ou d'une autre substance, ou muable, ou altérable, la sainte Eglise catholique et apostolique leur dit anathème. »

Tous les évêques approuvèrent ce Symbole et y souscrivirent, hors un petit nombre d'ariens. D'abord ils furent dix-sept qui s'y refusèrent; ensuite ils se réduisirent à cinq, Eusèbe de Nicomédie, Théognis de Nicée, Maris de Chalcédoine, Théonas et Second de Libye. Eusèbe de Césarée approuva le mot de *consubstantiel*, après l'avoir combattu le jour précédent. Des cinq, il y en eut trois qui cédèrent à la crainte d'être déposés et bannis; car la définition du concile ayant été portée à Constantin, ce prince, reconnaissant que ce consentement unanime de tant d'évêques était l'ouvrage de Dieu, il la reçut avec respect, et menaça d'exil ceux qui refuseraient d'y souscrire. Il n'y eut que Théonas et Second qui demeurèrent opiniâtrement attachés à Arius, et le concile les condamna avec lui. Les trois qui cédèrent, furent Eusèbe de Nicomédie, Théognis et Maris. Eusèbe se donna bien du mouvement pour engager l'empereur à le soutenir, lui faisant parler sous main par différentes personnes, pour se garantir d'être déposé. Mais enfin il céda aux persuasions de Constantia, sœur de l'empereur, et, ne pouvant éviter de souscrire, il distingua la profession de foi de l'anathème qui était à la fin, et souscrivit à la foi, mais non pas à l'anathème, parce, disait-il, qu'il était persuadé qu'Arius n'était pas tel que les Pères le croyaient, en ayant une connaissance particulière par ses lettres et par ses conversations (Théodoret, 1. 1; Socrat., l. 1; Sozom., l. 2, etc.; V. Tillemont).

On dit même, et c'est Philostorge, auteur arien, qui le dit (l. 2, c. 9), qu'Eusèbe et Théognis usèrent de fraude dans leurs souscriptions, et que, dans le mot *homoousios*, ils insérèrent un iota, qui faisait *homoiousios*, c'est-à-dire semblable en substance, au lieu que le premier signifie, de même substance. On voit que la fourberie et la mauvaise foi étaient inhérentes aux ariens. Leur chef, Arius, fut condamné avec ses écrits, et nommément sa *Thalie*. On condamna aussi les personnes que le concile d'Alexandrie avait condamnées avec lui, entre autres le diacre Euzoïus, depuis évêque arien d'Antioche, et Piste, depuis évêque arien d'Alexandrie.

Le concile de Nicée termina une autre question, celle de la Pâque. Depuis les conciles tenus à ce sujet sous le pape saint Victor et par son ordre, les Eglises de l'Asie avaient renoncé à leur coutume particulière pour se conformer à l'Eglise romaine. En sorte que, non-seulement tout l'Occident, l'Italie, l'Espagne, la Gaule, la Bretagne, mais encore l'Afrique, la Libye, l'Egypte, la Grèce, l'Asie et le Pont célébraient la Pâque avec Rome, le dimanche qui suivait le quatorzième de la lune de mars. Cependant les églises, ou plutôt des églises de Syrie et de Mésopotamie, suivaient encore l'usage des Juifs et célébraient la Pâque le quatorzième de la lune, sans considérer si c'était le dimanche ou non. Le concile ordonna et les Orientaux promirent de célébrer la Pâque avec les Romains.

Le concile de Nicée concilia une autre affaire, mais d'une façon qui a lieu de nous étonner, habi-

(1) Cette phrase est ainsi dans le grec, nous en verrons plus tard le mystère.

tués que nous sommes à nous représenter les premiers siècles de l'Eglise comme ceux de la plus grande sévérité. Il s'agit du schisme des mélèciens, qui depuis vingt-quatre ans désolait l'Egypte. Comme on a vu, Mélèce, évêque de Lycopolis, avait sacrifié aux idoles dans la persécution. Déposé par l'évêque d'Alexandrie, au lieu de se soumettre, il forma un schisme, ordonna des évêques, des prêtres et des diacres de son parti; et quand les ariens parurent, les mélèciens s'unirent à eux, sans partager néanmoins leur doctrine. Or, pour mettre fin à ce schisme, né de l'apostasie et fauteur de l'hérésie, le très-saint concile, tout en déclarant qu'à la rigueur Mélèce était indigne d'aucun pardon, usa néanmoins envers lui d'indulgence, et lui permit de demeurer dans la ville de Lycopolis, avec le titre et les honneurs d'évêque; mais sans aucun pouvoir, ni d'élire, ni d'ordonner, ni de paraître pour ce sujet ou à la campagne ou dans aucune autre ville. Quant à ceux qu'il avait ordonnés, il fut dit qu'ils seraient confirmés par une plus sainte imposition des mains, et admis à la communion avec l'honneur et les fonctions de leur ordre; mais à charge de céder le rang, en chaque diocèse en chaque église, à ceux qui avaient été ordonnés auparavant par l'évêque d'Alexandrie. Le concile veut encore que ceux qui ont été ordonnés par Mélèce n'aient aucun pouvoir d'élire ceux qu'il leur plaira, ou d'en proposer les noms, sans le consentement de l'évêque catholique soumis à Alexandre; ce qui était nécessaire pour empêcher qu'ils ne fortifiassent leur cabale. Au contraire, ceux qui n'avaient point pris de part au schisme, et qui étaient demeurés sans reproche dans l'Eglise catholique, on leur conserve le pouvoir d'élire et de proposer les noms de ceux qui seront dignes d'entrer dans le clergé, et généralement de faire toutes choses selon la loi ecclésiastique. Que si quelqu'un d'eux vient à mourir, on pourra faire monter à sa place quelqu'un des nouveaux admis, pourvu qu'il en soit trouvé digne, que le peuple le choisisse, et que l'évêque d'Alexandrie confirme l'élection. Tout cela fut accordé aux mélèciens; mais, pour la personne de Mélèce, on défendit de lui donner aucun pouvoir ni aucune autorité, à cause de son esprit indocile et entreprenant, de peur qu'il n'excitât de nouveaux troubles.

Pour plus de sûreté, saint Alexandre lui demanda une liste des évêques qu'il prétendait avoir en Egypte, et des prêtres et des diacres qu'il pouvait avoir à Alexandrie et dans le territoire qui en dépendait. Ce qu'il fit, de peur que Mélèce, abusant de la liberté que le concile lui avait accordée, ne vendît plusieurs titres et ne fît des faussetés en supposant tous les jours ceux qu'il voudrait. Mélèce donna la liste des évêques, au nombre de vingt-neuf, dont lui-même était le premier; et le dernier, Jean Memphis, qui, par ordre de l'empereur, devait être avec l'archevêque, apparemment afin qu'on pût l'observer de plus près; les clercs d'Alexandrie étaient quatre prêtres et cinq diacres. Mélèce, en donnant cette liste, présenta à saint Alexandre ceux qui étaient nommés; il lui rendit aussi les églises dont il avait usurpé la supériorité, et demeura à Lycopolis, où il mourut quelque temps après. Mais en mourant il nomma pour son successeur, contre l'ordonnance du concile de Nicée, un de ses disciples nommé Jean, peut-être le même Jean de Memphis. Ainsi le schisme recommença, et les mélèciens continuèrent leurs assemblées : il y en eut toutefois qui revinrent de bonne foi à l'unité de l'Eglise. Le nombre en eut été certainement beaucoup plus grand, sans les intrigues des ariens. Malgré cela, ce schisme eut des suites bien moins funestes que nous n'en verrons au schisme des donatistes (Théodoret, l. 1, c. 9; Socr., l. 1, c. 9; Tillemont).

Après avoir terminé ces trois grandes affaires, le concile dressa des canons ou règles de discipline. Nous les verrons plus loin avec celles d'Ancyre, de Néocésarée et d'Arles. Enfin il écrivit la lettre suivante:

« A l'Eglise d'Alexandrie, sainte et grande par la grâce de Dieu, et à nos bien-aimés frères de l'Egypte, de la Libye et de la Pantapole : les évêques assemblés à Nicée, et formant le grand et saint concile; salut dans le Seigneur.

» Par la grâce de Dieu, et par les soins de l'empereur bien-aimé de Dieu, Constantin, qui nous a réunis de différentes provinces et de différentes cités, le grand et saint concile s'étant formé à Nicée, il a paru nécessaire de vous écrire au nom de tout le sacré concile, afin que vous puissiez savoir ce qui y a été proposé, examiné, résolu et décidé. Avant toutes choses, l'impiété d'Arius a été examinée en présence de notre empereur bien-aimé de Dieu, Constantin, et il a été résolu d'une voix unanime de l'anathématiser, lui, sa doctrine impie, ses paroles et ses pensées de blasphème, par lesquelles il blasphémait contre le Fils de Dieu, en disant qu'il est tiré du néant, qu'il n'était point avant que d'être engendré, et qu'il y a eu un temps auquel il n'était pas; que par son libre arbitre il est capable de vice et de vertu, et qu'il est créature. Le saint concile a anathématisé tout cela, ne supportant pas même d'entendre ces paroles de blasphème, d'extravagance et d'impiété. Pour ce qui est de sa personne, vous avez appris déjà, ou vous apprendrez assez comment il a été traité. Nous ne voulons pas paraître insulter un homme qui a reçu la digne récompense de son crime (par l'exil auquel l'empereur l'a condamné). Son impiété a eu la force de perdre avec lui Théonas de Marmarique, et Second de Ptolémaïde, et ils ont été traités de même. Ainsi, par la miséricorde de Dieu, l'Egypte est délivrée de l'impiété et de la contagion de cette erreur et de ces blasphèmes, et de ces hommes inquiets qui n'ont pas craint de former des partis et des divisions dans un peuple jusque-là paisible. »

Le concile expose ensuite ce qui avait été ordonné touchant les mélèciens, comme on l'a vu plus haut, se remettant du surplus à l'évêque Alexandre, parce que tout s'est fait avec sa participation et de son autorité. Il rapporte aussi la conclusion touchant la Pâque, et ajoute : « Réjouissez-vous donc de tant d'heureux succès, de la paix et de l'union de l'Eglise, et de l'extirpation de toutes les hérésies, et recevez avec beaucoup d'honneur et d'amour notre collègue, votre évêque Alexandre, qui nous a réjouis par sa présence, et qui, dans un âge si avancé, a pris tant de peine pour vous procurer la paix. Priez aussi pour nous tous, afin que les choses qui nous paraissent bien réglées demeurent fermes par Notre Seigneur Jésus-Christ, étant faites, comme nous le croyons, suivant le bon plaisir de Dieu le Père;

dans l'Esprit-Saint, à qui la gloire dans les siècles des siècles. Amen (Théodoret, l. 1, c. 9). »

L'empereur Constantin écrivit en même temps deux lettres pour publier les ordonnances du concile et les faire connaître à ceux qui n'y avaient pas assisté. La première est adressée aux Eglises en général, et ce qu'elle explique en beaucoup de paroles, se réduit à dire que la question de la foi a été examinée et si bien éclaircie, qu'il n'y est resté aucune difficulté; qu'il a été résolu, tout d'une voix, que la Pâque serait partout célébrée le même jour, et que l'on n'aurait, sur ce point, rien de commun avec les Juifs. Il exhorte tout le monde à exécuter l'ordonnance du concile, ajoutant ces paroles remarquables : « Tout ce qui se fait dans les saints conciles des évêques doit être rapporté à la volonté de Dieu. » Il envoya des copies de cette lettre dans toutes les provinces.

La seconde est adressée en particulier à l'Eglise d'Alexandrie, et, après avoir parlé de l'union dans la foi, il ajoute : « C'est pour y parvenir que, par la volonté de Dieu, j'ai assemblé à Nicée la plupart des évêques, avec lesquels moi-même, comme un d'entre vous; car je me fais un souverain plaisir de servir le même maître, je me suis appliqué à l'examen de la vérité. On a donc discuté très-exactement tout ce qui semblait donner prétexte à la division. Et, Dieu veuille nous le pardonner, quels horribles blasphèmes a-t-on osé avancer touchant Notre Sauveur, notre espérance et notre vie, professant une créance contraire aux Ecritures divines et à notre sainte foi. Plus de trois cents évêques, très-vertueux et très-éclairés, sont convenus de la même foi, qui est en effet celle de la loi divine : Arius seul a été convaincu d'avoir, par l'opération du démon, semé cette doctrine impie, premièrement parmi vous, et ensuite ailleurs. Recevons donc la foi que le Dieu tout-puissant nous a enseignée; retournons à nos frères, dont un ministre impudent du démon nous avait séparés. Car ce que trois cents évêques ont ordonné, n'est autre chose que la sentence du Fils unique de Dieu : le Saint-Esprit a déclaré la volonté de Dieu par ces grands hommes qu'il inspirait. Donc que personne ne doute, que personne ne diffère; mais revenez tous de bon cœur dans le chemin de la vérité. »

Il publia encore une autre lettre, ou plutôt un édit, qui condamne Arius et ses écrits en ces termes : « Constantin, vainqueur, très-grand Auguste, aux évêques et aux peuples. Puisque Arius a imité les méchants, il mérite d'être noté d'infamie comme eux. Porphyre ayant composé des écrits impies contre la religion, est devenu l'opprobre de la postérité, et ses écrits ont été supprimés ; de même, qu'Arius et ses sectateurs soient nommés *porphyriens*, afin qu'ils portent le nom de ceux qu'ils ont imités ; s'il se trouve quelque écrit composé par Arius, qu'il soit jeté au feu, afin qu'il n'en reste aucun monument ; et je déclare que quiconque sera convaincu d'avoir caché quelque écrit d'Arius, au lieu de le représenter et de le brûler, celui-là sera puni de mort aussitôt qu'il sera pris. Je prie Dieu qu'il vous conserve. »

On voit ici comme l'empereur use de son autorité temporelle pour exécuter le jugement du concile. On croit qu'il donna aux ariens le nom de *porphyriens*, pour montrer qu'ils voulaient ramener l'idolâtrie ; car, disant que le Fils, qu'ils appelaient Dieu engendré, était une créature, ils adoraient la créature outre le créateur, et ne différaient des païens qu'en ce qu'ils n'en adoraient qu'une. En même temps l'empereur exila Arius et les deux évêques qui étaient demeurés les plus opiniâtres dans son parti, Second et Théonas (Labbe, t. II; Théod., l. 1, etc.).

On trouve encore, dans Gélase de Cyzique, une longue lettre de Constantin à Arius et aux ariens. Il y parle, non plus en empereur ni même en catholique prudent, mais en rhéteur ampoulé ; il y dispute contre Arius, lui dit des injures, le raille et tourne en ridicule son extérieur sévère et négligé : il le provoque avec emphase comme à un duel d'argument. « Homme à la pensée de fer, donne-moi preuve de ta résolution; si tu as confiance en toi-même, si tu es ferme sur la foi, si tu as la conscience tout à fait pure, viens à moi; viens, dis-je, à l'homme de Dieu. Sois persuadé que, par mes interrogations, je découvrirai les secrets de ton cœur, et s'il y avait en toi quelque folie, je te guérirai parfaitement de sa morsure en invoquant la grâce divine. Que si tu es trouvé avoir l'esprit sain, reconnaissant en toi la lumière de la vérité, je rendrai grâces à Dieu et je me féliciterai moi-même (Labb., t. II). » Avec son style de mauvais goût, cette lettre décèle encore une vaniteuse légèreté d'esprit.

A l'époque même où finissait le concile, commençait la vingtième année du règne de Constantin. Les empereurs étaient dans l'usage de célébrer la cinquième, la dixième, la vingtième année de leur règne. Ce fut donc une grande solennité par tout l'empire. En cette joie publique, Eusèbe de Césarée prononça un panégyrique à la louange de l'empereur, et en sa présence, au milieu des évêques, et l'empereur voulut les régaler magnifiquement avant qu'ils se retirassent dans leurs provinces. Ils se rendirent tous au palais, et c'était pour eux un spectacle bien nouveau, de passer sans crainte au milieu des gardes qui étaient à l'entrée, l'épée nue à la main. Ils entrèrent jusqu'aux appartements les plus secrets et se mirent à table, les uns avec l'empereur, les autres séparément sur des lits préparés des deux côtés. Ils croyaient voir une image du règne de Jésus-Christ, et plutôt un songe qu'une vérité. Ce prince, ayant remarqué que quelques-uns de ces évêques avaient l'œil droit arraché par la cruauté des empereurs persécuteurs, baisa leurs plaies, espérant tirer de cet attouchement une bénédiction particulière. On le dit, entre autres, de Paphnuce, qu'il faisait souvent venir dans son palais par le respect qu'il lui portait. Après le festin il leur distribua divers présents, à proportion de leur dignité, et y ajouta des lettres pour faire délivrer tous les ans, dans chaque église, une certaine quantité de blé aux vierges, aux veuves et aux clercs. Enfin, quand ils furent prêts à se séparer, il leur parla pour prendre congé d'eux et les exhorter à la paix, à l'union et à la condescendance réciproque, et conclut en se recommandant à leurs prières.

Plusieurs avaient donné lieu de leur recommander l'union et la paix. Comme la suite le fera voir, c'étaient sans doute les ariens. Dès que l'empereur fut arrivé à Nicée, ils lui présentèrent des plaintes contrès quelques-uns de leurs collègues. Constantin fixa un jour pour examiner toutes leurs requêtes. Ce jour venu, il s'assit sur son trône et fit un discours qui est célèbre dans les historiens, quoiqu'ils ne le rapportent pas tous de la même manière. « Dieu vous a faits ses pontifes, dit-il aux évêques, et vous a donné la puissance de juger nos peuples et nous-mêmes : il est donc juste que nous nous soumettions à vos jugements et non pas que nous entreprenions d'être vos juges. Dieu vous a établis pour être comme nos dieux ; et quelle apparence que des dieux fussent jugés par des hommes ! Il n'est pas même à propos que le peuple connaisse les fautes des prélats, de peur qu'il n'en prenne un sujet de scandale et un prétexte de pécher plus librement. Remettez donc tous vos différends à celui qui est le juge et le Dieu des dieux, ou plutôt oublions toutes ces plaintes. Imitons la divine bonté en nous pardonnant les uns aux autres, et unissons-nous tous ensemble par une amitié fraternelle, pour chercher, dans la paix et dans l'union des cœurs, les vérités de la foi pour lesquelles nous nous sommes assemblés (Euseb., *Vita Const.*, l. 3, c. 27). »

Il eût été à souhaiter pour Constantin qu'il se souvînt toujours de ses propres leçons et de ses propres exemples ; il n'aurait pas, peu après le concile, par une précipitation déplorable, condamné à mort l'aîné et le plus digne de ses enfants, le césar Crispus ; il n'aurait pas, un peu plus tard, par son inconstance et ses procédés iniques envers les plus saints évêques, ranimé l'hérésie et les divisions dans l'Eglise pour deux et trois siècles.

Quant au concile de Nicée, Gélase de Cyzique nous apprend que les principaux évêques furent chargés de porter dans leurs provinces et de faire connaître partout ses ordonnances. Osius, par les prêtres Viton et Vincent, les envoya à Rome, en Italie, en Espagne et à toutes les nations, jusqu'à l'Océan, c'est-à-dire en Gaule, en Germanie, en Bretagne ; Alexandre d'Alexandrie, avec Athanase, son archidiacre, à toute l'Egypte, la Libye, la Pentapole et aux provinces voisines ; Macaire de Jérusalem, avec Eusèbe de Césarée, à la Palestine, l'Arabie et la Phénicie ; Eustathe d'Antioche, à la Célésyrie, la Mésopotamie et la Cilicie ; Jean, évêque persan, à toute la Perse et aux Grandes-Indes ; Léonce de Césarée, à la Cappadoce, la Galatie, le Pont, la Paphlagonie, la grande et la petite Arménie ; Théonas de Cyzique, à l'Asie, l'Hellespont, la Lydie et la Carie ; Nunéchius de Laodicée, à la première et à la seconde Phrygie ; André de Thessalonique, à la première et à la seconde Macédoine, avec la Grèce, la Thessalie, l'Achaïe, l'Illyrie, l'une et l'autre Scythie ; Alexandre de Byzance, à toutes les îles cyclades ; Protogène de Sardique, à la Dacie, la Dardanie et les pays voisins ; Piste de Marcianople, à la Mysie et aux nations voisines ; Céliclen de Carthage, à toutes les provinces d'Afrique, de Numidie et de Mauritanie (Gélase, *Apud Labbe*, t. II).

Dans la collection des conciles, on trouve une lettre des Pères de Nicée au pape saint Silvestre pour lui demander la confirmation de leurs actes, ainsi que la réponse du Pape, qui les confirme en effet. Mais il y a dans ces deux pièces des difficultés de date et de style qui en font suspecter l'authenticité. Quoi qu'il en soit, il n'en est pas moins certain que la confirmation aura été demandée ; car, comme nous l'avons déjà vu, les historiens grecs Socrate et Sozomène nous apprennent que dès lors il y avait un canon ecclésiastique qui défendait de rien ordonner sans le consentement de l'évêque de Rome. De plus, l'an 484, un concile romain, présidé par le pape Félix III, écrit au clergé d'Orient que les trois cent dix-huit saints Pères de Nicée, suivant cette parole du Seigneur : *Tu es Pierre, et sur cette pierre je bâtirai mon Eglise*, déférèrent la confirmation et l'autorité des affaires à la sainte Eglise romaine (Labbe, t. IV).

Eusèbe de Césarée n'était pas peu embarrassé de sa propre conduite. Il s'était d'abord déclaré pour Arius et contre la consubstantialité du Verbe, et puis il avait fini par souscrire à la consubstantialité du Verbe et à la condamnation d'Arius. Il fallait se justifier auprès de son Eglise. Il lui écrivit donc une assez longue lettre pour lui apprendre au vrai comme l'affaire s'était passée. Mais, si humiliant que tout fût pour lui, il n'était pas encore devenu assez humble. Son récit n'est que déguisement : il ne relève sans cesse que l'empereur ; c'est l'empereur qui recommande la formule *de même substance*, c'est l'empereur qui l'explique et la défend, comme si l'empereur eût été le plus habile théologien, et que les théologiens eux-mêmes n'eussent pris aucune part ni aucun intérêt à la chose ; il tait combien il y avait de son côté et combien de l'autre ; il tait les fourberies et les équivoques mises en œuvre par son parti, si ce n'est par lui-même, pour tromper la bonne foi et la simplicité des évêques ; il présente cette affaire comme s'il ne s'était agi que du mot *consubstantiel*, non pas du sens, et dissimule ainsi que les ariens étaient opposés au sens ; et, par là seulement au mot. Plus érudit compilateur que savant docteur, il rougissait, ce semble, d'en avoir trouvé dans l'Eglise de plus savants et de plus profonds, et, pour pallier sa mauvaise honte, il feint d'avoir été redressé par un empereur plutôt que par ses collègues. Il dit donc qu'il avait proposé lui-même une confession de foi, mais il ne dit pas qu'elle avait été rejetée par le concile. Ce qu'il dit, c'est que le très-sage et très-pieux empereur la trouva bonne, en y ajoutant seulement un mot, celui de *consubstantiel*, afin que tout le monde fût d'accord ; que, finalement, il n'avait souscrit au symbole du concile, en particulier au *consubstantiel*, qu'après que l'empereur, par ses doctes explications, lui eut fait voir qu'il avait un bon sens (Théodoret, l. 1, c. 12). Tel est le fonds de la lettre comme du caractère d'Eusèbe : on y cherche l'évêque, on ne trouve que le courtisan.

Quant à Eusèbe de Nicomédie et Théognis de Nicée, ils firent bientôt voir que leurs souscriptions n'avaient pas été sincères. On dit qu'ils les effacèrent, ayant gagné celui qui gardait les actes du concile par l'ordre de l'empereur, et qu'ils entreprirent d'enseigner publiquement qu'il ne faut pas croire que le Fils soit consubstantiel au Père ; qu'Eusèbe en étant accusé, dit hardiment à l'empereur, en montrant l'habit qu'il portait : « Si on déchirait ce manteau en ma présence, je ne dirais jamais que les deux pièces fussent de la même substance. » Il est certain que l'empereur ayant fait venir d'Alexandrie des ariens qui brouillaient encore, Eusèbe et Théognis les reçurent, les mirent en sûreté et communiquèrent avec eux. On tint donc un concile où ils furent déposés, et d'autres évêques mis à leur place : Amphion, à Nicomédie, et Chrestus, à Nicée. Pour Eusèbe et Théognis, l'empereur irrité les envoya en exil dans les Gaules, trois mois après le concile de Nicée, et ils y demeurèrent trois ans (Théodoret, l. 2, c. 20).

Constantin écrivit en même temps à l'Eglise de Nicomédie une grande lettre, dont la première partie est un discours de théologie assez obscur sur la divinité du Verbe; le reste est une invective véhémente contre Eusèbe. Il l'accuse, comme d'une chose notoire, d'avoir été complice de la cruauté du tyran, c'est-à-dire de Licinius : « Témoin, dit-il, le massacre des évêques, mais d'évêques véritables; témoin encore la cruelle persécution des chrétiens. Je ne parlerai point des espions qu'il envoyait contre moi pendant les troubles; il ne lui a manqué que de prendre les armes pour le tyran : j'en ai des preuves par les prêtres et les diacres de sa suite que j'ai pris. Pendant le concile de Nicée, avec quel empressement et quelle impudence a-t-il soutenu, contre le témoignage de sa conscience, l'erreur convaincue de tous côtés? tantôt en m'envoyant diverses personnes pour me parler en sa faveur; tantôt en implorant ma protection, de peur qu'étant convaincu d'un si grand crime, il ne fût privé de sa dignité. Il m'a circonvenu et surpris honteusement, et a fait passer toutes choses comme il a voulu. Encore depuis peu, voyez ce qu'il a fait avec Théognis. J'avais commandé qu'on amenât d'Alexandrie quelques déserteurs de notre foi, qui allumaient la discorde; ces bons évêques, que le concile avait réservés pour faire pénitence, non-seulement les ont reçus et protégés, mais même ont communiqué avec eux. C'est pourquoi j'ai fait prendre ces ingrats et les ai envoyés au loin. » Il exhorte les peuples auxquels il écrit à s'attacher à la vraie foi et à recevoir avec joie les évêques fidèles, purs et sincères, c'est-à-dire Amphion et Chrestus, menaçant de punir sans délai ceux qui oseront encore faire mention des séducteurs et leur donner des louanges (Labbe, t. II). C'est ainsi que Constantin dépeignait Eusèbe; c'est ainsi qu'il l'accusait de l'avoir trompé honteusement. Et ce même Constantin se laissera tromper plus honteusement encore par le même Eusèbe; et cette incroyable inconsistance de Constantin sera une des principales causes des maux de l'Eglise.

Le saint vieillard Alexandre survécut peu à la gloire d'avoir terrassé l'hérésie arienne; il mourut pour ainsi dire dans son triomphe, cinq mois après son retour à Alexandrie, le 17 avril 326. Il avait puissamment servi l'Eglise pendant sa vie; il ne la servit pas moins à sa mort, en procurant, par une espèce d'inspiration divine, l'épiscopat de saint Athanase. Comme il était près de mourir, il l'appela par son nom. Prévoyant ce qui arriva, saint Athanase s'était enfui et caché. Un autre Athanase, qui était présent, répondit; mais saint Alexandre ne lui dit mot, montrant que ce n'était pas lui qu'il avait appelé. Il appela encore Athanase, et répéta ce nom plusieurs fois. Celui qui était présent se tut; on comprit de qui le saint évêque parlait, et il ajouta par esprit prophétique : « Athanase, tu penses avoir échappé par la fuite, mais tu n'échapperas pas ! » En effet, après la mort d'Alexandre, les évêques de la province s'étant assemblés avec tout le peuple catholique, la multitude s'écria tout d'une voix pour demander Athanase, témoignant que c'était un homme vertueux, pieux, véritablement chrétien, menant la vie ascétique. Ils le demandaient publiquement à Jésus-Christ et conjuraient les évêques de l'ordonner, ne sortant point de l'église pendant plusieurs jours, et ne les en laissant pas sortir. Il fut donc ordonné évêque d'Alexandrie par le plus grand nombre des évêques, à la vue de toute la ville et de toute la province. C'était le 27 décembre de cette année 326. Depuis ce jour jusqu'à celui de sa mort, le 2 mai 373, il sera le boulevard de la vérité, la terreur de l'hérésie, et comme le centre de l'histoire ecclésiastique.

De son côté, Cécilien de Carthage, le seul évêque d'Afrique qui assista au concile de Nicée, fut, lui aussi, le sujet principal de toute une histoire. Dès l'an 311, Mensurius, évêque de Carthage, étant mort, ses collègues s'assemblèrent en cette ville pour lui donner un successeur. Deux clercs ambitieux, Botrus et Céleusius, aspiraient à cette chaire : ils firent en sorte que l'on n'appelât que les évêques voisins, sans attendre ceux de Numidie, comme, en effet, il n'était pas nécessaire; car c'était la coutume que les évêques des grands sièges étaient ordonnés, non par d'autres métropolitains des provinces voisines, mais par un évêque de la même province. Ainsi, à Rome même, l'évêque d'Ostie était dès lors en possession d'ordonner le Pape. Les évêques de la province d'Afrique s'étant donc assemblés à Carthage, choisirent, par le suffrage de tout le peuple, Cécilien, diacre de la même Eglise. Félix, évêque d'Aptonge, lui imposa les mains, et il fut ordonné évêque. Quand il fut assis dans la chaire épiscopale, on lui remit le mémoire des vases d'or et d'argent que Mensurius, son prédécesseur, avait confiés à son départ aux anciens de Carthage. Le mémoire fut présenté à Cécilien en présence de témoins; on appela les anciens à qui le dépôt avait été confié. Ces braves gens avaient compté en profiter, et, plutôt que de le rendre, ils firent un parti contre Cécilien.

Botrus et Céleusius, irrités de n'avoir pas été élus, se joignirent à eux; Lucille s'y joignit aussi. C'était une femme riche, puissante et factieuse. Cécilien, n'étant encore que diacre, l'avait reprise de ce qu'avant la sainte communion, elle baisait un ossement de mort, et d'un mort inconnu, comme d'un martyr. Outrée de cette réprimande, elle s'en était allée de l'église tout en colère. Ce fut bien pis quand elle vit Cécilien évêque. Le ressentiment de cette femme turbulente, joint à l'ambition de ces deux clercs et à l'avarice de quelques fabriciens enrichis des biens de l'église, enfanteront un schisme des plus funestes, et qui désolera l'Afrique jusqu'à sa ruine. Les trois partis ne firent qu'un, qui se déclara contre Cécilien, refusant de communiquer avec lui, et voulant faire casser son ordination. Le chef de ce parti était un nommé Donat, des Cases-Noires, qui dès le temps que Cécilien était diacre, avait déjà fait un schisme. Ils envoyèrent à Second, évêque de Tigise et primat de Numidie, le priant de venir à Carthage. Avec lui vinrent Donat de Mascule, Victor de Russicade, Marin de Tibile, Donat de Calame et plusieurs autres évêques, jusqu'au nombre de soixante-dix, irrités de n'avoir pas été appelés à l'ordination de l'évêque de Carthage. Tous ceux qui s'étaient avoués traditeurs dans le concile de Cirthe, étaient de ce nombre, en particulier Purpurius de Limate, qui s'y était glorifié d'avoir tué ses deux neveux. Ces soixante-dix évêques furent reçus et logés par le parti contraire à Cécilien, et pas un d'eux n'alla à la basilique, où presque toute la ville était assemblée avec lui, où était la chaire épiscopale et l'autel sur lequel saint Cyprien, saint Lucien et les autres évêques avaient offert le sacrifice; mais ils érigèrent autel contre autel, et s'assemblèrent séparément en concile.

Ils citèrent Cécilien à comparaître devant eux; mais le peuple catholique ne l'y laissa pas aller, et lui-même ne jugea pas raisonnable de quitter l'église pour aller dans une maison particulière s'exposer à la passion de ses ennemis. Il leur manda pour réponse : « S'il y a quelque chose à prouver contre moi, que l'accusateur paraisse et qu'il le prouve. » Ils ne purent rien inventer contre la personne de Cécilien ; mais ils nommèrent quelques-uns de ses confrères comme étant traditeurs ; ce qu'ils disaient être prouvé par des actes publics, et toutefois ils ne firent point lire ces actes dans leur concile. Celui qu'ils accusaient le plus âprement était Félix d'Aptonge, ordinateur de Cécilien, et ils disaient qu'il était la cause de tout le mal. Cécilien l'ayant appris, leur manda pour réponse : « Si ceux qui m'ont ordonné sont traditeurs, s'ils croient que Félix ne m'ait rien donné par l'imposition de ses mains, qu'ils m'ordonnent eux-mêmes comme si je n'étais encore que diacre : « ce qu'il disait, non qu'il révoquât en doute son ordination, mais pour se moquer d'eux et leur ôter tout prétexte. Les schismatiques ayant reçu cette réponse, dirent leur avis chacun en particulier, commençant par Second de Tigise qui présidait l'assemblée. L'homicide Purpurius de Limate s'écria : « Qu'il vienne recevoir l'imposition de nos mains, nous lui casserons la tête pour pénitence ! »

Enfin, ils condamnèrent Cécilien et fondèrent leur jugement sur trois chefs : sur ce qu'il n'avait pas voulu se présenter à leur concile ; sur ce qu'il avait été ordonné par des traditeurs ; sur ce que l'on disait qu'étant diacre, il avait empêché de porter de la nourriture aux martyrs qui étaient en prison. Ainsi, regardant le siége de Carthage comme vacant, ils procédèrent à une nouvelle élection, et ordonnèrent un nommé Majorin, domestique de la fameuse Lucille, qui avait été lecteur dans la diaconie de Cécilien. En faveur de cette ordination, Lucille donna quatre cents bourses. On ne sait point ce que valait une bourse dans ce temps; aujourd'hui, parmi les Turcs, elle vaut quinze cents francs. Après tout, ce doit être une somme considérable. On fit courir le bruit que c'était pour les pauvres; mais aucun, ni des clercs ni des veuves et du reste du menu peuple, n'en toucha rien ; les évêques partagèrent tout entre eux. Ensuite les schismatiques écrivirent des lettres de tous côtés en Afrique pour détourner tous les fidèles de la communion de Cécilien. Quant à lui, il se crut suffisamment justifié, étant uni par lettres de communion avec toutes les Eglises, et principalement avec l'Église romaine, où a toujours été en vigueur la principauté de la chaire apostolique, et où il était prêt à plaider sa cause. Ce sont les réflexions et les expressions de saint Augustin, qui en donne cette raison plus remarquable encore, qu'il s'agissait non pas de prêtres ou de diacres, ou de clercs inférieurs, mais d'évêques, qui peuvent réserver leur cause entière au jugement d'autres collègues, principalement des Eglises apostoliques (Aug., *Epist.* 43, n. 7). Telle fut l'origine du schisme des donatistes; car on leur donna ce nom à cause de Donat des Cases-Noires et d'un autre Donat plus fameux qui succéda à Majorin dans le titre d'évêque de Carthage.

Les donatistes furent loin de suivre la règle de l'Eglise, rappelée par saint Augustin. Au lieu d'en appeler à la principauté apostolique des Papes, ils en appelèrent à la principauté politique des Césars. Le proconsul d'Afrique, Anulin, ayant reçu ordre de réprimer leur turbulence, ils lui présentèrent un mémoire cacheté et une requête ouverte, avec prière de les envoyer à la cour. Le paquet portait pour titre : *Mémoire de l'Eglise catholique touchant les crimes de Cécilien, présenté par le parti de Majorin.* La requête contenait ces mots : « Nous vous prions, ô Constantin ! très-excellent empereur, vous qui êtes d'une race juste, dont le père a été le seul, entre les empereurs, qui n'a point exercé la persécution, que, puisque la Gaule est exempte de ce crime, vous nous fassiez donner des juges de Gaule, pour les différends que nous avons en Afrique avec les autres évêques. Donné par Lucien, Dignus, Nassutius, Capiton, Fidentius et les autres évêques du parti de Majorin (Optat., l. 1). »

L'empereur ayant lu ces pièces, s'écria d'indignation : « Quoi ! vous me demandez des juges, à moi qui suis dans le siècle ; tandis que moi-même j'attends le jugement du Christ. » Toutefois, il finit par leur assigner pour juges trois évêques de Gaule, auxquels le pape Miltiade, qui les présida tous, adjoignit quinze évêques d'Italie. L'empereur fit également remettre au Pape, auquel il en écrivit, tous les mémoires et papiers que le proconsul lui avait envoyés sur ce sujet. Le concile s'assembla dans le palais de Latran, le 2 octobre 313 (Nat., Alexand., *Dissert.*). Cécilien y parut avec dix évêques catholiques, et Donat des Cases-Noires, avec dix évêques de son parti. Le premier jour les juges s'informèrent qui étaient les accusateurs et les témoins contre Cécilien. Les évêques donatistes présentèrent un mémoire, comme si tout le peuple de Carthage l'avait accusé. Mais les juges n'y eurent aucun égard, parce qu'on n'y voyait que des cris confus d'une multitude, sans accusateur certain. Ils demandaient des témoins et des personnes qui voulussent soutenir l'accusation en leur nom; ceux que produisirent les donatistes déclarèrent qu'ils n'avaient rien à dire contre Cécilien. Alors Cécilien accusa Donat lui-même d'avoir commencé le schisme à Carthage du vivant de Mensurius, d'avoir rebaptisé, d'avoir imposé de nouveau les mains à des évêques tombés dans la persécution. Enfin, dit-il, Donat et ses collègues ont soustrait les accusateurs et les témoins qu'eux-mêmes avaient amenés d'Afrique contre moi, tant leur calomnie était évidente. Donat confessa qu'il avait rebaptisé et imposé les mains aux évêques apostats, et promit de représenter les personnes nécessaires à la cause, qu'on l'accusait d'avoir soustraites. Mais après l'avoir promis deux fois, il se retira et n'osa plus lui-même se présenter au concile, craignant que les crimes qu'il avait confessés ne le fissent condamner présent, lui qui était venu de si loin pour faire condamner Cécilien.

Le second jour, quelques-uns donnèrent contre Cécilien un libelle de dénonciation. On examina les personnes qui l'avaient donné et les chefs d'accusation qu'il contenait; mais il ne se trouva rien de prouvé. Le troisième jour, on examina le concile tenu à Carthage par soixante-dix évêques, qui avaient condamné Cécilien et ses ordinateurs. C'était le grand fort de ses adversaires : ils faisaient sonner bien haut ce grand nombre d'évêques, et, qu'étant tous du pays, ils avaient jugé avec grande connaissance de cause. Mais Miltiade et les autres évêques du concile de Rome n'eurent aucun égard au concile de Carthage, parce que Cécilien y avait été condamné absent et sans avoir été entendu. Or, il rendait de bonnes raisons pour ne s'y être pas présenté. Il savait que ces évêques avaient été appelés à Carthage par ses adversaires, qu'ils logeaient chez eux et concertaient tout avec eux. Il savait les menaces de Purpurius, évêque de Limate, dont la violence était connue. Miltiade et les évêques du concile de Rome jugèrent donc que tout ce qui avait été traité en ce concile de Carthage, était encore en son entier, savoir : Si Félix d'Aptonge était traditeur ou quelque autre de ceux qui avaient ordonné Cécilien. Mais ils trouvèrent cette question difficile et inutile. Elle était difficile, parce qu'il y avait des témoins à interroger, des actes à examiner, et que Cécilien accusait ses accusateurs du même crime, d'avoir livré les saintes Écritures, à cause du concile de Cirthe où ils l'avaient confessé. D'ailleurs, il était inutile d'examiner si Félix était traditeur, puisque, quand il l'eût été, il ne s'ensuivait pas que l'ordination de Cécilien fût nulle; car la maxime était constante, qu'un évêque, tant qu'il est en place, sans être condamné ni déposé par un jugement ecclésiastique, peut légitimement faire des ordinations et toutes les autres fonctions épiscopales.

Miltiade, avec les évêques qu'il présidait, crut donc ne devoir point toucher à cette question, de peur d'exciter de nouveaux troubles dans l'Église d'Afrique au lieu de la pacifier. Il déclara Cécilien innocent et approuva son élection; mais il ne sépara point de sa communion les évêques qui avaient condamné Cécilien, ni ceux qui avaient été envoyés pour l'accuser. Donat des Cases-Noires fut le seul qu'il condamna, comme auteur de tout le mal et convaincu de grands crimes par sa propre confession. C'est ce que saint Augustin rapporte en ces termes : « Quand le bienheureux Miltiade vint à prononcer la sentence définitive, combien n'y fit-il pas paraître de douceur, d'intégrité, de sagesse, d'amour pour la paix ! Il n'eut garde de rompre la communion avec ses collègues, puisqu'on n'avait rien prouvé contre eux : se bornant à condamner Donat, qu'il avait reconnu l'auteur de tout le mal, il laissa les autres en état de rentrer, s'ils l'eussent voulu, dans la paix de l'Église. Il offrit même d'écrire des lettres de communion à ceux qui avaient été ordonnés par Majorin; en sorte que, dans tous les lieux où se trouveraient deux évêques à cause du schisme, celui qui aurait été ordonné le premier fût maintenu, et qu'on trouvât un autre évêché pour le dernier. Ô l'excellent homme ! ô le vrai enfant de la paix chrétienne ! ô le vrai père du peuple chrétien (August., *Epist.* 50) ! »

Voilà comme saint Augustin admire la sentence définitive du saint pape Miltiade. Voilà comme le saint pape Miltiade jugea définitivement l'affaire des donatistes. Voilà comme le concile de Nicée jugea définitivement l'affaire des méléciens d'Égypte. Voilà comme penseront tous les évêques d'Afrique au temps de saint Augustin. C'est dans ces grands exemples des Papes et des conciles généraux qu'on voit le véritable esprit de l'ancienne discipline, esprit qui est le même dans tous les temps.

Le pape Miltiade mourut trois mois après, le 10 janvier 314. Il avait succédé, le 2 juillet 311, au pape saint Eusèbe, qui lui-même avait succédé au pape saint Marcel au mois d'avril 310. Il eut pour successeur le pape saint Silvestre, le 31 du même mois de janvier.

Donat des Cases-Noires demanda qu'il lui fût permis de retourner en Afrique, à la charge de ne point aller à Carthage. Un nommé Philumène, qui sollicitait l'empereur pour lui, demanda aussi que, pour le bien de la paix, Cécilien fût retenu à Bresce en Italie : ce qui fut fait. Cependant on envoya en Afrique deux évêques, Eunomius et Olympius, qui demeurèrent quarante jours à Carthage, pour déclarer où était l'Église catholique; mais le parti de Donat voulait l'empêcher, et tous les jours il y avait du tumulte. Enfin Eunomius et Olympius prononcèrent que l'Église catholique était celle qui était répandue par tout le monde, et que le jugement porté à Rome par les dix-neuf évêques ne pouvait être infirmé. Ainsi ils communiquèrent avec le clergé de Cécilien, et s'en revinrent, après avoir dressé des actes de toute leur procédure. Cependant Donat vint à Carthage, contre sa parole : ce que Cécilien ayant appris, il revint aussi en diligence à son troupeau. Ainsi la division recommença de nouveau entre les deux partis.

Les donatistes en appelèrent de nouveau à l'empereur, qui de nouveau s'écria : « Quelle effronterie ! quelle fureur ! quelle rage ! ils interjettent appel, comme les païens dans leurs procès (Optat, l. 1). » Les schismatiques soutenaient toujours que Cécilien était indigne des fonctions du sacerdoce. L'empereur leur représenta que la cause avait été terminée à Rome; par des juges irréprochables; mais ils criaient qu'elle n'avait pas été entendue tout entière, et que des évêques en petit nombre s'étaient enfermés dans un lieu et avaient jugé ce qu'ils avaient voulu avec précipitation. Le prétexte pour dire que la cause n'avait pas été ouïe tout entière, était l'affaire de Félix d'Aptonge, que le concile de Rome n'avait pas voulu examiner. Pour y satisfaire, Constantin la fit examiner juridiquement par le proconsul d'Afrique. Félix fut trouvé innocent, et son principal accusateur convaincu d'avoir falsifié un acte public, pour donner quelque couleur à sa calomnie.

Cependant, fatigué par les plaintes des donatistes, qui disaient toujours que leur cause n'avait pas été entendue tout entière, Constantin leur accorda d'être jugés une seconde fois par d'autres évêques dans la ville d'Arles; « non pas, dit saint Augustin, que cela fût nécessaire, mais cédant à leurs importunités et désirant réprimer tout à fait une si grande impudence (Aug., *Epist.* 43, n. 20). » D'après sa volonté et à ses frais, des évêques s'y assemblèrent d'Italie, de Sicile, d'Afrique, des Gaules, de l'Espagne et de la Bretagne. On n'en voit qu'une trentaine dans la souscription des actes; mais il y a lieu de croire que leur nombre allait à deux cents. Le pape Silvestre y envoya quatre légats, deux prêtres et deux diacres. C'était le 1er août 314. On examina de nouveau la cause de Cécilien; qui s'y trouvait en personne. Les donatistes avançaient contre lui deux choses : la 1re, qu'étant encore diacre, durant la persécution, il était allé, par l'ordre de l'évêque Mensurius, à la porte de la prison, avec des fouets et une troupe de gens armés, pour empêcher de porter de la nourriture aux martyrs qui y étaient enfermés. L'autre chef d'accusation était, que les évêques ordinateurs de Cécilien, entre autres, Félix d'Aptonge, avaient livré les Écritures. Les évêques du concile d'Arles, non plus que ceux du concile de Rome, ne trouvèrent aucune preuve de ces accusations; ainsi Cécilien fut encore absous, et ses accusateurs condamnés. Mais avant de se séparer, les évêques du concile d'Arles firent des canons de discipline, qu'ils adressèrent au pape saint Silvestre avec une lettre synodale, qui commencé en ces termes :

« Au bien-aimé pape Silvestre : Marin, Agrécius, etc., salut éternel dans le Seigneur. Unis ensemble par le lien de la charité et par l'unité de notre mère, l'Église catholique, après avoir été amenés en la ville d'Arles par la volonté du très-pieux empereur, nous vous saluons de là, très-glorieux Pape, avec la vénération qui vous est due. Nous y avons eu à supporter des hommes emportés et pernicieux à notre loi et à la tradition. Mais l'autorité présente de notre Dieu, la tradition et la règle de la vérité les a repoussés de telle sorte, qu'il n'y avait de consistance et d'accord ni dans leurs discours, ni dans leurs accusations, ni dans leurs preuves. C'est pourquoi, par le jugement de Dieu et de l'Église, notre mère, laquelle connaît les siens et les approuve, ils ont été ou condamnés ou repoussés. Et plût à Dieu, bien-aimé frère, que vous eussiez jugé à propos d'assister à ce grand spectacle : vous-même, jugeant avec nous, leur condamnation en eût été plus sévère, et notre joie plus grande. Mais vous ne pouvez quitter ces lieux où les apôtres président chaque jour, et où leur sang rend continuellement gloire à Dieu. Nous n'avons pas cru toutefois devoir seulement traiter du sujet pour lequel nous étions assemblés : nous avons fait divers règlements, en présence du Saint-Esprit et de ses anges, et suivant ses mouvements. Nous avons cru aussi devoir vous en écrire, afin que par vous, qui présidez aux plus grands diocèses, ils soient notifiés, insinués à tous. »

Le mot *diocèse* se prend souvent pour l'intendance ou la juridiction sur plusieurs provinces. On connaît le diocèse ou la diocèse d'Orient, le diocèse ou la diocèse d'Égypte, pour désigner les patriarcats d'Antioche et d'Alexandrie. Ainsi les *grands diocèses* dont parle ici le concile, et que le pontife romain gouverne, indiquent tout l'Occident, divisé en sept ou huit de ces diocèses, dont les Gaules ne formaient qu'un.

Le concile d'Arles ne fut pas tout à fait inutile pour les donatistes, plusieurs renoncèrent au schisme pour se réunir à Cécilien; mais quelques chicaneurs opiniâtres appelèrent du jugement des évêques à l'empereur. Il en fut extrêmement irrité et envoya des tribuns et des soldats de son palais pour amener à sa cour ces séditieux, menaçant de les maltraiter, s'ils ne se soumettaient au plus tôt. Il manda également au vicaire d'Afrique d'envoyer à son palais, sous bonne garde, tous ces rebelles. Il en écrivit aux évêques d'Arles, qu'il appelle ses bien-aimés frères, se réjouissant du grand nombre de ceux que leur jugement avait ramenés à la lumière de la loi catholique. Il avait espéré le même fruit pour les plus opiniâtres. Mais ni l'équité de la décision du concile ni la grâce divine n'avait fléchi leur cœur. « Incorrigibles dans leur perversité, ils continuent de réclamer mon jugement, moi qui attends le jugement du Christ ! Je dis ce qui est vrai : le jugement des pontifes doit être regardé comme le jugement du Seigneur même; car il ne leur est permis de penser et de juger que selon ce qu'ils ont été enseignés par le Christ. Que veulent donc ces méchants, vrais suppôts du diable ? Ils invoquent le tribunal séculier en laissant le tribunal du ciel ? Faut-il d'autres preuves de leurs crimes ? Car, s'ils s'emportent avec cette fureur contre Dieu même, de quoi ne sont-ils pas capables envers les hommes ? Cependant, bien-aimés frères, vous qui marchez sur les pas du Sauveur, ayez encore patience et laissez-leur encore la liberté de choisir. Que si vous les voyez opiniâtres, alors, avec ceux que le Seigneur à jugés dignes de son culte, retournez à vos sièges et souvenez-vous de moi, afin que notre Sauveur ait toujours pitié de moi (Labbe, t. I).

Après quelques autres incidents, l'empereur, uniquement pour céder aux importunités des donatistes, pour leur fermer la bouche à jamais et pour n'omettre aucun moyen de pacifier l'Église, consentit à revoir lui-même l'affaire. Il fit donc venir devant lui Cécilien et ses accusateurs dans son consistoire [on nommait ainsi le conseil où l'empereur traitait les affaires les plus importantes et où il jugeait en personne]. Mais ce jugement fut rendu secrètement avec les seules personnes nécessaires, et cela par respect pour la religion, afin que les païens ne connussent pas les différends des évêques. L'empereur écouta tout ce que les parties voulurent proposer; il examina très-soigneusement toute l'affaire, ayant tous les actes tant ecclésiastiques que séculiers, car on lui avait tout envoyé. Enfin il donna sa sentence, par laquelle il déclara Cécilien innocent, et les évêques du parti de Donat calomniateurs. C'était le 10 novembre 316.

Les donatistes ne se rendirent pas plus au jugement de l'empereur qu'à celui des évêques. Ils se plaignirent qu'il s'était laissé gagner par l'évêque Osius, qui favorisait Cécilien. C'est pourquoi Constantin fut obligé, malgré toute sa douceur, de bannir les plus séditieux; ce qu'il fit dans ce même mois de novembre 316. Mais, au reste, il écrivit aux évêques et au peuple catholique d'attendre de Dieu le remède de ce mal; et de ne se défendre que par la patience, considérant que ceux qui seraient maltraités par les séditieux auraient la gloire du martyre. Les donatistes n'en devinrent que plus insolents. A Cirthe, nommée dès lors Constantine, ils enlevèrent aux catholiques l'église que l'empereur venait de leur faire bâtir; sommés plusieurs fois, et par l'empereur et par les juges, de la rendre, ils s'y refusèrent. Les catholiques demandèrent et obtinrent un autre emplacement pour y bâtir une autre église. Les donatistes ne gardant plus de mesure dans leur insolence et leurs vexations, Constantin finit par faire contre eux une loi très-sévère, par laquelle il leur ôtait les basiliques et confisquait tous les lieux où ils avaient coutume de s'assembler.

Le principal auteur du schisme dans la Numidie, et qui y entretenait la sédition, était Silvain, l'évêque traditeur de Cirthe. C'est lui qui enleva leur église aux catholiques. Sa violence envers un des siens lui attira une disgrâce l'an 320. Il avait déposé un nommé Nondinaire, son diacre et son élève, prétendant en avoir été offensé. Celui-ci avait essayé de l'apaiser par la médiation des autres évêques, amis de Silvain, sans avoir pu rentrer dans ses bonnes grâces. De dépit, il se rendit son dénonciateur et donna aux catholiques les preuves de ses crimes : d'avoir livré les vases sacrés dans la persécution et de s'être fait ordonner évêque par brigue et par simonie. La chose fut prouvée juridiquement au tribunal du gouverneur de la province : nous en avons encore le procès-verbal (*Apud Baluz. Miscell.*, et Labbe, t. I). Informé de tout cela par le gouverneur, Constantin envoya Silvain en exil avec quelques autres de sa faction. Mais en 321, à la requête des évêques donatistes, il le rappela de l'exil, ainsi que les autres, et leur accorda à tous la liberté de conscience. Ils n'en usèrent pas mieux qu'auparavant, car nous les verrons remplir toute l'Afrique de violences et de meurtres.

Vers le temps où se tint le concile d'Arles dans les Gaules, c'est-à-dire vers l'an 314, se tinrent aussi les conciles d'Ancyre en Galatie, et de Néocésarée dans le Pont. Ces trois conciles, ainsi que celui de Gangres en Paphlagonie, l'an 324, et celui de Nicée en 325, firent divers canons ou règles de discipline, dont les principaux se retrouvent dans le recueil connu sous le nom de *Canons apostoliques*. Nous avons différé d'en parler, afin de les présenter dans leur ensemble. Le plus important est le sixième canon de Nicée.

Pour en bien pénétrer le sens, il faut se rappeler cette parole de Jésus-Christ : *Tu es Pierre, et sur cette pierre je bâtirai mon Eglise*. Nous avons vu saint Cyprien de Carthage, nous verrons saint Optat de Milève dériver de cette parole et l'unité de l'Eglise et l'unité de son épiscopat. Nous avons entendu dire à Tertullien, nous entendrons dire à saint Optat, que « le Seigneur a laissé les clés du ciel à Pierre, et par lui à l'Eglise; que, pour le bien de l'unité, Pierre seul a reçu les clés du royaume des cieux pour les communiquer aux autres. » Or, saint Pierre avait fait comme une effusion trine de cette puissance une. Ayant fondé par lui-même l'Eglise d'Antioche, capitale de l'Orient; l'Eglise d'Alexandrie, capitale de l'Egypte, par son disciple saint Marc; mais surtout ayant fondé par lui-même l'Eglise de Rome, capitale de l'univers, où il fixa, par sa mort, la source même de sa puissance, ces trois illustres Eglises, Rome, Alexandrie, Antioche, furent comme trois grands fleuves, qui, sortis d'une même source et coulant à l'Orient et à l'Occident, se partageaient l'univers pour le féconder. C'est à cette origine que les Pères et les conciles feront remonter la prééminence de ces trois Eglises et leur dignité de patriarcales. Les Pères et les conciles diront avec saint Grégoire le Grand : « Quoiqu'il y ait eu plusieurs apôtres, il n'y a pourtant qu'un seul d'entre eux, placé en trois lieux différents, qui ait eu autorité sur les autres sièges. Saint Pierre a élevé au premier rang celui où il daigna se fixer et terminer sa carrière mortelle. C'est lui qui a illustré le siège où il envoya l'évangéliste, son disciple; c'est encore lui qui établit le siège qu'il devait abandonner après l'avoir occupé sept ans : ainsi ce n'est qu'un seul et même siège (*Epist. ad Eulog.*, l. 7, ép. 40). Les trois patriarches sont assis dans une seule et même chaire apostolique, parce qu'ils ont tous succédé au siège de Pierre à son Eglise, que Jésus-Christ a fondée dans l'unité, et à qui il a donné un chef unique pour présider aux trois sièges principaux des trois villes royales, afin que ces trois sièges, indissolublement unis, liassent étroitement les autres Eglises au chef divinement institué (1). » Or, c'est cette divine constitution de l'Eglise que rappelle le sixième canon du concile.

Parmi les privilèges dont jouissaient les patriarches d'Alexandrie et d'Antioche, et qui n'étaient qu'un rejaillissement de la primauté céleste dont Jésus-Christ honora saint Pierre, se trouvait celui d'ordonner ou de confirmer, le premier, tous les évêques d'Egypte et de Libye; le second, tous ceux de l'Orient ou de dix-sept provinces. Or, Mélèce, évêque de Lycopolis dans la Thébaïde, s'étant permis, par suite de son schisme, d'ordonner des évêques sans le consentement de l'archevêque d'Alexandrie, le concile, après avoir mis fin au schisme, fit ce canon pour en empêcher le retour. Le voici tel qu'il se lit dans plusieurs manuscrits très-anciens, et tel qu'il a été cité, dans le concile de Chalcédoine, par l'évêque Paschasin, légat du Saint-Siège. « L'Eglise romaine a toujours possédé la primauté. Que les anciennes coutumes soient donc maintenues en vigueur dans l'Egypte, la Libye et la Pentapole, en sorte que tous y soient soumis à l'évêque d'Alexandrie, parce que telle est la coutume du pontife romain. Qu'il en soit de même pour ce qui concerne l'évêque d'Antioche, et que, dans les autres provinces, les Eglises conservent également leurs privilèges; car il est manifeste que si un évêque est ordonné sans le consentement du métropolitain, le grand concile a défini que celui qui est ainsi ordonné ne doit pas être évêque. »

En méditant bien toutes les paroles de ce canon, on voit qu'il se réduit à ce raisonnement, qui comprend tout ensemble et la décision du concile et les motifs de cette décision : l'Eglise romaine possède la primauté sur toutes les autres Eglises; or, elle a statué que l'Egypte, la Libye et la Pentapole seraient soumises à l'évêque d'Alexandrie; donc on ne peut soustraire ces provinces à sa juridiction. Il conclut de même pour le patriarcat d'Antioche. Et, en conséquence, il déclare que celui qui aurait été ordonné sans le consentement du métropolitain, c'est-à-dire du patriarche, ne doit pas être évêque. Tel nous paraît le sens naturel et vrai de ce fameux canon. Le même concile confirma aussi à l'évêque de Jérusalem les honneurs dont il était en possession, mais sans préjudice de la dignité du métropolitain, c'est-à-dire du patriarche d'Antioche, métropole de tout l'Orient, et de l'évêque de Césarée, métropole de la Palestine.

---

(1) Greg. M., *Epist. ad Eulog.*, l. 13, ép. 41; *Epist. S. Leonis*, 104, *ad Anatol.*, *S. Gelas*; Labbe, t. IV, etc.

Le concile de Nicée dit encore, touchant la juridiction des évêques : « Pour ce qui regarde les excommuniés, clercs ou laïques, la sentence doit être observée par tous les évêques de chaque province, suivant le canon qui défend que les uns reçoivent ceux que les autres ont chassés. Mais il faut examiner si l'évêque ne les a point excommuniés par faiblesse, par animosité ou par quelque passion semblable. Afin qu'on puisse l'examiner dans l'ordre, il a été jugé à propos de tenir tous les ans deux conciles en chaque province, où tous les évêques traiteront en commun ces sortes de questions ; et tous déclareront légitimement excommuniés ceux qui seront reconnus avoir offensé leur évêque, jusqu'à ce qu'il plaise à l'assemblée de prononcer un jugement plus favorable pour eux. Or, ces conciles se tiendront, l'un avant le carême, afin qu'ayant banni toute animosité, on présente à Dieu une offrande pure ; le second, vers la saison de l'automne. » Le concile d'Arles avait déjà dit : « Ceux qui ont été excommuniés ne peuvent rentrer dans la communion qu'au lieu même où ils en ont été privés. »

Touchant les ordinations, les deux conciles de Nicée et d'Arles ont plusieurs règlements. Il est dit dans le quatrième de Nicée : « L'évêque doit être institué, autant qu'il se peut, par tous ceux de sa province. Mais si cela est difficile, pour une nécessité pressante ou la longueur du chemin, il faut du moins qu'il y en ait trois assemblés, qui fassent l'ordination avec le suffrage et le consentement par écrit des absents ; mais c'est au métropolitain, en chaque province, à confirmer ce qui a été fait. » Le concile d'Arles avait ordonné la même chose contre quelques évêques qui s'attribuaient l'autorité d'ordonner seuls d'autres évêques. On peut joindre à ce canon le quinzième, qui défend les translations en ces termes : « A cause des grands troubles et des séditions qui sont arrivés, il a été résolu d'abolir entièrement la coutume qui se trouve introduite en quelques lieux contre la règle, en sorte que l'on ne transfère d'une ville à l'autre, ni évêque, ni prêtre, ni diacre. Que si quelqu'un, après la définition du saint concile, entreprend rien de semblable, ou y consent, on cassera entièrement cet attentat, et il sera rendu à l'église dans laquelle il a été ordonné évêque ou prêtre. » Le seizième canon étend même cette règle à tous les clercs, en disant : « Ceux qui témérairement, sans avoir la crainte de Dieu devant les yeux, ni connaître les canons, se retirent de l'église dans laquelle ils sont prêtres, diacres, ou en quelque rang du clergé que ce soit, ceux-là ne doivent aucunement être reçus en une autre église ; mais on doit leur imposer une nécessité absolue de retourner dans leurs diocèses, ou les excommunier, s'ils demeurent. Que si quelqu'un a la hardiesse d'enlever celui qui dépend d'un autre, et de l'ordonner dans son église sans le consentement du propre évêque d'avec lequel le clerc s'est retiré, l'ordination sera sans effet. » Le concile d'Ancyre dit sur la même matière : « Ceux qui, étant ordonnés évêques, n'auront pas été reçus par le peuple auquel ils étaient destinés, et qui voudraient s'emparer d'un autre diocèse et y exciter des séditions contre l'évêque établi, seront séparés de la communion. S'ils veulent siéger parmi les prêtres où ils étaient auparavant, on leur laissera cet honneur ; mais s'ils y excitent des séditions contre les évêques, ils seront privés même de l'honneur de la prêtrise, et excommuniés (Can., 18). »

Quant à ceux qui peuvent être ordonnés ou non, le concile de Nicée exclut les néophytes en ces termes : « Parce qu'il s'est fait bien des choses contre la règle de l'Église, par nécessité ou en cédant à l'importunité ; en sorte que des hommes, à peine sortis du paganisme pour embrasser la foi, après avoir été instruits peu de temps, ont été amenés au baptême et aussitôt promus à l'épiscopat ou à la prêtrise, il a été jugé à propos que désormais on ne fasse rien de semblable. Car il faut du temps pour instruire le catéchumène, et encore plus pour l'éprouver après qu'il est baptisé. L'Apôtre dit clairement : Non pas un néophyte, de peur que l'orgueil ne le fasse tomber dans la condamnation et le piège du diable. Que si, dans la suite du temps, cette personne se trouve coupable de quelque péché animal, et en est convaincue par deux ou trois témoins, qu'elle soit privée de son ministère. Qui contreviendra à ce canon, se mettra lui-même en péril d'être déposé, ayant la hardiesse de résister au grand concile. » Sur ce dernier point, le concile de Néocésarée a des règlements semblables. « Si un prêtre confesse qu'il a commis un péché de la chair avant son ordination, il n'offrira plus, mais il gardera le reste de ses avantages à cause de ses autres bonnes qualités ; car beaucoup disent que les autres péchés sont remis par l'imposition des mains. S'il ne le confesse point et n'en est point convaincu, on laisse à sa discrétion d'en user comme il voudra. Le diacre qui se trouve dans le même cas, sera mis au rang des ministres inférieurs. On ne doit point ordonner de prêtre avant trente ans, quelque digne qu'il soit, puisque Notre Seigneur Jésus-Christ n'a commencé à enseigner qu'à cet âge, après son baptême. Celui qui a été baptisé en maladie ne peut être ordonné prêtre, parce qu'il semble n'avoir pas embrassé la foi avec une liberté entière : on pourra toutefois l'ordonner pour son mérite et pour la rareté des sujets. » Le concile de Nicée exclut encore des ordres ceux qui se sont mutilés volontairement. Il dit de plus, dans son canon neuvième : « Si quelqu'un a été ordonné prêtre sans examen, ou si, dans l'examen, il a confessé les péchés qu'il avait commis, et qu'après sa confession on n'ait pas laissé de lui imposer les mains, contre les canons, nous ne le recevrons point ; car l'Église catholique soutient la qualité d'irrépréhensible. » Le dixième canon applique cette règle en particulier à ceux qui avaient idolâtré pendant la persécution, en disant : « Ceux qui, étant tombés, ont été ordonnés par ignorance ou avec connaissance de la part des ordinateurs, ne préjudicient point à la règle ; car, étant connus, ils sont déposés. »

Pour ce qui est du célibat des clercs, la loi et la pratique en étaient dès lors si notoires, que, dans sa *Démonstration évangélique*, Eusèbe se fait cette objection : « Mais si les chrétiens ont la même religion que les patriarches, pourquoi donc ne s'appliquent-ils pas comme eux à laisser une postérité nombreuse ? » Il y répond : « Il y a parmi les chrétiens deux manières de vie : les uns demeurent dans la vie commune, dans le mariage, le soin des enfants et d'une famille ; les autres, plus parfaits, renoncent au mariage, aux enfants, à la possession des biens temporels, pour se consacrer entièrement à Dieu et lui offrir continuellement, pour tous les autres, les sacrifices de leurs prières et de toutes sortes de vertus. Cet état de continence est l'état propre de ceux qui sont consacrés au sacerdoce et occupés du culte divin, des docteurs et des prédicateurs de la parole divine, qui s'appliquent à propager une postérité divine et incorporelle, et à élever dans la sainteté, non pas un enfant ou deux, mais une multitude innombrable (Euseb., *Dém. év.*, l. 1, c. 9). »

Saint Epiphane, qui avait une quinzaine d'années lors du concile de Nicée, assure formellement que ceux qui sont honorés du sacerdoce, doivent être vierges ou au moins consacrés, pour le reste de leurs jours, à la vie monastique ou à la continence, et qu'il est nécessaire, s'ils ont été mariés, qu'ils ne l'aient été qu'une fois ; enfin, il témoigne que les lecteurs sont les seuls qui puissent jouir du commerce conjugal ; mais que les sous-diacres, les diacres, les prêtres et les évêques ne le peuvent en façon quelconque. Ce Père comprend les sous-diacres mêmes dans l'ordre sacerdotal, et il proteste qu'on ne les élit que d'entre les vierges, ou ceux qui s'abstiennent de leurs propres femmes. Voilà la discipline de l'Église universelle, et surtout de l'Église grecque, dans les lois de laquelle ce Père était beaucoup plus versé. Il dit ailleurs que Jésus-Christ est le premier instituteur de cette discipline, et que les apôtres en ont fait des canons et des lois. En conséquence, l'Église n'admet point à l'ordre de diacre, de prêtre, d'évêque ni même de sous-diacre, celui qui, étant marié, use encore du mariage, quoiqu'il n'ait épousé qu'une femme. Elle admet celui-là seulement, qui s'abstient de son unique épouse, ou qui est veuf ; cela se fait principalement dans les lieux où les canons de l'Église sont observés exactement. Car ce Père avoue qu'en certains endroits il y avait des prêtres, des diacres et des sous-diacres qui, mariés auparavant, usaient encore du mariage ; mais il répond que c'était un abus, introduit contre la règle ou le canon, par la pente qu'ont les hommes à se relâcher avec le temps, et à cause de la multitude pour laquelle on ne trouvait pas de ministres (Epiph., *Expos. fid.*, c. 21 ; *Hæres.*, 48, n. 7, et 59. n. 4).

Saint Jérôme, contemporain de Saint Épiphane, dit également que les Églises d'Orient, d'Égypte et du Siège apostolique, prenaient pour clercs des vierges et des continents, ou que, s'ils avaient des femmes, ils cessaient d'être leurs maris (*Adv. Vigilant.*). Voilà donc les trois grands patriarcats, Rome, Alexandrie et Antioche (car ce dernier est ce qu'il appelle l'Orient), c'est-à-dire, voilà l'Église universelle qui observe la loi de la continence pour les clercs.

On voit la même chose dans les conciles. Celui d'Elvire, canon 33, ordonne généralement aux évêques, aux prêtres, aux diacres et à tous les clercs qui sont dans le ministère, de s'abstenir de leurs femmes, sous peine d'être privés de l'honneur de la cléricature. Le concile de Néocésarée décrète que si un prêtre se marie, il sera déposé.

Celui de Gangres, de son côté, prononce anathème contre ceux qui soutenaient qu'on ne devait point assister au sacrifice d'un prêtre qui avait été marié : c'était, comme nous le verrons, certains hérétiques qui avaient le mariage en horreur. L'Église, comme la vérité, tient le juste milieu entre tous les excès. Si elle exige de ses ministres ce qui est plus parfait, la virginité ou la continence, elle n'enseigne pas moins la sainteté de l'union conjugale.

Quant aux ministres inférieurs au prêtre, il paraît que la discipline n'était pas fixée uniformément dans toutes les Églises particulières. On lit dans le 10º canon du concile d'Ancyre : « Les diacres, qui, à leur ordination, ont protesté qu'ils prétendaient se marier, s'ils l'ont fait ensuite, demeureront dans le ministère, puisque l'évêque le leur a permis. S'ils n'ont rien dit dans leur ordination et se marient ensuite, ils seront privés du ministère. »

On voit ici la vérité de ce que dit saint Epiphane, que la continence des clercs était la règle générale, mais qu'elle n'était pas toujours bien observée partout. Il y avait à ce manque d'uniformité plus d'une cause ; non-seulement la pente naturelle de l'homme à se relâcher, la pénurie de ministres, mais encore quelque chose de plus idéal. En tous lieux, et tous temps, l'universalité des hommes a cru que rien n'est plus agréable à la divinité que la continence, et que non-seulement toute fonction sacerdotale, mais tout sacrifice, toute prière, tout acte religieux exigeaient des préparations plus ou moins conformes à cette vertu. Aussi, en tous lieux, en tous temps, tous les sacrificateurs étaient astreints à la continence, sinon perpétuellement, du moins dans le temps de leurs fonctions. Le sacrifice chrétien étant d'une sainteté infinie, cette obligation devenait, pour les sacrificateurs chrétiens, infiniment plus sacrée. Or, le principal sacrificateur est l'évêque. Dans les premiers siècles, vu le petit nombre des fidèles, lui seul offrait le sacrifice en la ville. Les prêtres ne le faisaient qu'à son défaut, et comme ses suppléants. De plus, on n'offrait le sacrifice qu'une fois dans un jour, et pas encore tous les jours. Les diacres et sous-diacres n'y avaient qu'une participation indirecte. Telle est au fond la raison morale pour laquelle la continence des différents ordres a été dès le commencement plus ou moins rigoureuse : celle des évêques, toujours indispensable, soit en Orient, soit en Occident ; celle des prêtres de même, sauf une exception inventée et pratiquée par les Grecs. Ils conviennent de l'ancienne règle, rappelée par le concile de Néocésarée, *que nul prêtre ne peut se marier* ; mais ils admettent que, par tolérance et faute de sujets, un laïque marié peut être ordonné. Puis, par un sophisme qui trahit bien son origine grecque, au lieu d'ordonner un candidat, *quoique marié*, ils le marient *pour l'ordonner*, de manière qu'en violant la règle antique, ils la confessent expressément.

Le concile de Nicée n'a point de canon direct sur cette matière, mais un autre qui en approche, et qui est le troisième. « Le grand concile a défendu généralement, que ni évêque, ni prêtre, ni diacre, ni aucun autre clerc ne puisse avoir de femme sous-introduite, si ce n'est la mère, la sœur, la tante et les autres personnes qui sont hors de tout soupçon. » Il ne se parle pas d'épouse. On nommait femmes sous-introduites, principalement à Antioche, celles que les ecclésiastiques tenaient dans leurs maisons, par un usage que l'Église condamnait, comme il fut reproché à Paul de Samosate ; car encore que ce fût sous prétexte de charité et d'amitié spirituelle, les conséquences en étaient trop dangereuses, ne fût-ce que pour le scandale.

« On a coutume, dit le docte Père Thomassin, d'opposer au célibat des ecclésiastiques l'histoire de l'évêque. Paphnuce, qui, au dire de Socrate et de Sozomène, obligea les Pères du concile de Nicée de ne point faire de canon pour assujétir les évêques, les prêtres, les diacres et les sous-diacres à la continence avec les femmes qu'ils avaient épousées avant leur ordination, puisque l'ancienne tradition ne leur défendait que les nouveaux mariages après les ordres reçus. Mais Socrate et Sozomène ne sont pas des auteurs si irréprochables, ni de si bons garants, qu'on soit obligé de les croire sur leur parole, surtout en un point de cette conséquence. Il se peut faire que le fonds de l'histoire soit véritable, et que Socrate n'ait manqué qu'en ce qu'il a ajouté du sien. En effet, il n'est pas hors d'apparence que le nombre des prêtres et des diacres incontinents fût déjà si grand dans l'Eglise orientale, au temps même du concile de Nicée, que ces sages aimassent jugeassent plus à propos de dissimuler le mal qu'ils ne pouvaient guérir. On peut faire le même jugement des conciles d'Ancyre, de Néocésarée et de Gangres, qui n'ont point fait de règlement contre ce désordre, parce qu'ils le jugeaient irrémédiable. Mais quand Socrate dit que *l'ancienne tradition de l'Eglise* défendait seulement aux clercs supérieurs de se marier, sans leur ôter l'usage d'un mariage précédent, nous en appelons à Eusèbe, à saint Epiphane et à saint Jérôme, qui, d'ailleurs plus anciens que lui, étaient incomparablement mieux instruits des anciens usages de l'Eglise. Ainsi, Socrate a mis dans la bouche du saint évêque Paphnuce une harangue qui n'en sortit jamais. Ce saint prélat put juger avec tout le concile, et avec toute l'Eglise grecque dans les siècles suivants, qu'il valait mieux tolérer cet abus que d'exposer l'Eglise au schisme, et ces clercs à une continence plus criminelle; mais il ne put ignorer que c'était un abus et un violement des anciens canons et de la discipline plus pure établie par les Apôtres. Socrate même avoue que dans la Thessalie, la Macédoine et la Grèce, les clercs étaient excommuniés s'ils rentraient dans le commerce conjugal avec les femmes qu'ils avaient épousées avant leur ordination. Quant à ce qu'il ajoute que tous les Orientaux s'abstenaient également de leurs femmes précédentes, il est d'accord avec Eusèbe, saint Jérôme et saint Epiphane. Mais quand il dit qu'ils n'y étaient obligés par aucune loi, pas même les évêques, il est en contradiction non-seulement avec ces trois Pères, mais avec un grand nombre d'autres, et ne mérite par conséquent aucune créance. (Soc., l. 5, c. 22; Thomassin, *Discipl.*; part. 1, liv. 2, c. 60). »

Une autre raison pouvait empêcher le concile de Nicée de transformer en loi expresse la continence des clercs, déjà établie par une tradition apostolique : c'était la crainte de paraître favoriser certaines erreurs que venait de condamner le concile de Gangres. Un certain Eustathe avec ses sectateurs, sous prétexte de mener une vie plus parfaite, condamnaient le mariage et disaient qu'une femme vivant avec son mari ne pouvait être sauvée; qu'il n'y avait point d'espoir de salut pour qui mangeait de la chair. Ils enseignaient aux esclaves à mépriser leurs maîtres et à les abandonner, au lieu de les servir avec affection et respect; soutenaient qu'on ne devait pas communier de la main d'un prêtre qui avait été marié; méprisaient la maison de Dieu et les assemblées qui s'y font, pour en tenir de particulières et y faire les fonctions ecclésiastiques en la présence d'un prêtre et le consentement de l'évêque; prenaient à leur profit les oblations faites à l'église, ou en disposaient sans le consentement de l'évêque et de ceux qu'il en avait chargés; embrassaient la virginité ou la continence, non pour la beauté de la vertu, mais par horreur pour le mariage, et insultaient aux gens mariés; méprisaient les agapes ou repas de charité qui se faisaient en l'honneur de Dieu, et ne voulaient point y participer. Sous prétexte de vie ascétique, ils portaient un habit singulier et condamnaient ceux qui portaient des habits ordinaires. Sous le même prétexte, les femmes abandonnaient leurs maris; par aversion pour le mariage, et s'habillaient en hommes; les parents abandonnaient leurs enfants, sans prendre soin de leur nourriture ou de leur conversion; les enfants leurs parents, sans leur rendre l'honneur qu'ils devaient. Enfin, sous le même prétexte, ils jeûnaient le dimanche et méprisaient les jeûnes communs et traditionnels de l'Eglise, avaient en horreur les mémoires des martyrs, les assemblées qui s'y tenaient et les offices qu'on y célébrait (1).

Les Pères du concile de Gangres, parmi lesquels on lit le nom d'Osius de Cordoue, prononcent anathème contre toutes ces erreurs, et terminent par ces excellentes paroles : « Nous ordonnons ces choses, non pour séparer ceux qui veulent, suivant les Ecritures, s'exercer dans l'Eglise par ces pratiques de continence et de piété, mais contre ceux qui se servent du prétexte de ces sortes d'austérités pour s'élever avec arrogance et mépriser ceux qui mènent une vie ordinaire, et introduire des nouveautés contraires à l'Ecriture et aux lois ecclésiastiques. Nous admirons la virginité, quand elle est accompagnée d'humilité; nous louons l'abstinence qui est jointe à la piété et à la modestie; nous respectons la retraite qui se fait avec humilité, mais nous honorons aussi le mariage; nous ne blâmons pas les richesses, quand elles sont en des mains justes et bienfaisantes; nous estimons ceux qui s'habillent modestement; sans faste et sans affectation, et nous avons de l'horreur pour les habillements déshonnêtes ou voluptueux; nous honorons les maisons de Dieu, et nous approuvons les assemblées qui s'y font, comme saintes et utiles; sans toutefois renfermer la piété dans les murailles; nous louons aussi les grandes libéralités que les frères font aux pauvres par le ministère de l'Eglise. En un mot, nous souhaitons qu'on y pratique tout ce que nous avons appris par les divines Ecritures et par la tradition des apôtres. » Les évêques du concile, au nombre d'une quinzaine, envoyèrent ces canons avec leur lettre synodale aux évêques d'Arménie. Quatre-vingts ans plus tard, le pape saint Symmaque dira au sixième concile de Rome que les canons du concile de Gangres avaient

---

(1) On appelait *mémoires* et *confessions des martyrs*, soit leurs tombeaux, soit les édifices religieux, chapelles, églises, où leurs tombeaux étaient renfermés.

été dressés par l'autorité apostolique : ce qui autorise à croire qu'Osius de Cordoue y présidait en qualité de légat du Saint-Siège.

Dans ces divers conciles, il y a divers autres règlements touchant la conduite des ministres de l'Eglise. En celui d'Ancyre : Défense aux chorévèques d'ordonner des prêtres ou des diacres; et aux prêtres de la ville de rien faire en chaque diocèse sans la permission par écrit de l'évêque. Les chorévèques n'étaient, comme l'on croit, que des prêtres à qui l'évêque donnait presque toute son autorité pour la campagne. En celui de Néocésarée : Défense aux prêtres de la campagne d'offrir dans l'église de la ville, en présence de l'évêque ou des prêtres de la ville; mais, en leur absence, celui qui s'y trouvera seul, le peut : les chorévèques offrent par préférence. Comme il n'y avait qu'un sacrifice, il était nécessaire de régler qui devait y présider. Dans les conciles d'Arles et de Nicée : Défense aux diacres d'offrir, comme ils faisaient en divers lieux, ou de donner la communion aux prêtres, ou de la recevoir avant eux. Les diacres de la ville épiscopale ne doivent rien s'attribuer de ce qui appartient aux prêtres, ni le faire sans leur participation. Comme les diacres avaient alors l'administration des offrandes et de tout le temporel des églises; que c'était par leurs mains que les pauvres recevaient les aumônes, et les clercs leurs pensions et leurs honoraires, cela leur attirait une grande considération et une espèce d'autorité sur les prêtres les moins désintéressés. Défense encore à tous les clercs de prêter à usure, sous peine d'être excommuniés et déposés.

Comme en Orient on sortait de la persécution de Licinius, il y a dans ces mêmes conciles plusieurs canons touchant la réconciliation des apostats et autres pénitents. En général, les pénitences y sont beaucoup moins longues et moins sévères que dans le concile particulier d'Elvire : ce qui prouve de nouveau qu'il n'y avait point de règle bien fixe à cet égard. De plus, on y laisse une grande latitude aux évêques d'user d'indulgence suivant la ferveur des pénitents. Fleury a l'usage de répéter dans ces occasions, que dès lors on se relâchait de la rigueur de l'ancienne discipline. La vérité est, comme l'a démontré le P. Morin par les faits de l'histoire, que, pendant les trois premiers siècles, la discipline pénitentiaire était beaucoup moins sévère que dans les siècles suivants.

Il y a deux canons plus remarquables. Le troisième du concile d'Arles excommunie ceux qui, pendant la paix, ou plutôt, comme portent d'anciens manuscrits, pendant la guerre et dans la bataille, jettent leurs armes, c'est-à-dire les déserteurs. Le douzième de Nicée, au contraire, condamne ceux qui, ayant quitté les armes pour faire pénitence publique, les reprenaient après. Voici ces paroles : « Ceux qui, ayant été appelés par la grâce et ayant montré d'abord de la ferveur et quitté leur baudrier, sont retournés ensuite comme des chiens à leur vomissement, jusqu'à donner de l'argent et des présents pour rentrer dans la milice, ceux-là seront dix ans prosternés après avoir été trois ans auditeurs. Mais surtout il faut examiner leurs dispositions et le genre de leur pénitence. Car ceux qui vivent dans la crainte, les larmes, les souffrances, les bonnes œuvres, et qui montrent leur conversion, non par leur extérieur, mais par les effets; ceux-là, ayant accompli leur temps d'auditeurs, pourront participer aux prières; en outre, il sera libre à l'évêque d'user envers eux d'une plus grande indulgence. Mais ceux qui ont montré de l'indifférence et qui ont cru que l'acte extérieur d'entrer dans l'Eglise suffisait pour leur conversion, ceux-là accompliront leur temps tout entier. » Cette règle, qui défend de retourner à la milice séculière après la pénitence publique, nous la verrons interprétée et appliquée dans ce sens par les saints papes Sirice, Innocent, Léon, et invoquée encore après le XIIe siècle.

Ce n'était pas le seul cas où l'application que l'Eglise faisait de la loi divine s'étendit à des choses temporelles. Nous avons vu le concile d'Elvire, tenu vers l'an 305, défendre sévèrement aux chrétiens laïques le duumvirat, magistrature annuelle dans les colonies et les villes municipales, ordonnant que ceux qui l'accepteraient fussent séparés de l'Eglise toute l'année qu'ils seraient en charge. La paix ayant succédé aux persécutions, on se relâcha de cette première sévérité. Il fut permis aux fidèles de remplir des fonctions civiles ; mais à une condition importante, qui se trouve au septième canon du concile d'Arles. Ceux d'entre les fidèles qui étaient promus à des charges publiques devaient prendre des lettres de communion de leur évêque; ensuite, quelque part qu'ils allassent exercer leur préfecture ou leur emploi, ils étaient soumis à la surveillance de l'évêque du lieu, pour être excommuniés dès qu'ils viendraient à agir contre la discipline.

Jusqu'alors la loi romaine permettait le mariage entre beau-frère et belle-sœur. Le concile d'Elvire le défend dans son canon 61e, et condamne les coupables à cinq ans de pénitence après leur séparation. Le concile de Néocésarée est plus sévère. Il décide, en son 2e canon, qu'une femme qui aurait épousé son beau-frère serait excommuniée jusqu'à la mort; qu'on pourrait cependant la réconcilier au dernier moment, si elle promet de rompre le lien de cette union lorsqu'elle aurait recouvré la santé. Nous verrons cette règle de l'Eglise transportée dans le droit civil par les empereurs chrétiens (*Cod. Théod.*, l. 3, tit. 12). Pareillement, la loi romaine autorisait le divorce et permettait de se remarier après. Le concile d'Arles, canon 10e, rappelle aux maris chrétiens, qui surprennent leur femme en adultère, qu'il leur est défendu de se remarier à d'autres femmes, du vivant des leurs, quoique adultères. Avec le temps, nous verrons encore la loi civile se réformer ce point sur la loi de l'Eglise. Le concile d'Arles ordonne encore que les filles chrétiennes qui épousent des païens seront quelque temps séparées de la communion. En celui de Néocésarée, on voit que ceux qui se mariaient plusieurs fois étaient mis en pénitence pour un certain temps. C'est pourquoi il était défendu aux prêtres d'assister aux festins des secondes noces; quoiqu'elles fussent permises, on les regardait comme une faiblesse.

Quant à la réception des hérétiques, voici les règles qu'on trouve. Comme la coutume de rebaptiser durait encore en Afrique, le concile d'Arles ordonne que, si quelque hérétique vient à l'Eglise, on lui demande le symbole. Si l'on trouve qu'il a été baptisé au nom du Père, du Fils et du Saint-Esprit, on lui imposera seulement les mains, afin qu'il reçoive le

Saint-Esprit; s'il ne répond pas suivant la foi de la Trinité, qu'on le baptise. » Comme le prétexte du schisme des donatistes était d'accuser les catholiques de souffrir les traditeurs, le concile ordonne encore que ceux qui seront coupables d'avoir livré les Ecritures ou les vases sacrés, ou dénoncé leurs frères, soient déposés de l'ordre du clergé, pourvu qu'ils en soient convaincus par des actes publics, non par de simples paroles. Que s'ils ont ordonné quelqu'un qui soit approuvé d'ailleurs, que cette ordination ne lui nuise point. Ceci se rapporte manifestement à Cécilien. Le concile ajoute : « Et parce que plusieurs résistent à la règle de l'Église, et prétendent être admis à accuser avec des témoins corrompus par argent, qu'ils ne soient point reçus, sinon à prouver par actes publics, comme il a été dit. » Cela regarde les calomnies des donatistes. Et encore : « Ceux qui accusent leurs frères à faux, ne recevront la communion qu'à la mort. »

Le huitième canon du concile de Nicée traite des novatiens en ces termes : « Ceux qui se nomment eux-mêmes purs, en grec *cathares*, s'ils reviennent à l'Eglise catholique, le grand concile juge qu'après avoir reçu l'imposition des mains, ils doivent demeurer dans le clergé. Mais avant toutes choses, il faut qu'ils déclarent, par écrit, qu'ils approuveront et suivront les décrets de l'Église catholique et apostolique, savoir, de communiquer avec les bigames et avec ceux qui sont tombés dans la persécution, à qui l'on a réglé le temps de leur pénitence. Dans les lieux donc où il ne se trouvera point d'autres clercs, soit villes, soit villages, qu'ils gardent le rang où ils se trouvent ordonnés. Mais si quelques-uns reviennent dans un lieu où il y ait un évêque ou un prêtre catholique, il est évident que l'évêque de l'Église catholique aura la dignité épiscopale, et celui qui porte le nom d'évêque, chez les soi-disant purs, aura le nom de prêtre; si ce n'est que l'évêque catholique veuille bien lui faire part du nom d'évêque. Autrement il lui trouvera une place de chorévêque ou de prêtre, afin qu'il paraisse effectivement dans le clergé, et qu'il n'y ait pas deux évêques dans la même ville. »

Dans le désir de réunir les Eglises, l'empereur Constantin avait appelé au concile un évêque novatien nommé Acésius. Après que l'on eut écrit le décret de la foi, et que le concile y eut souscrit, l'empereur demanda à cet évêque s'il était d'accord sur la confession de foi et le décret touchant la Pâque. Il répondit : Seigneur, le concile n'a rien ordonné de nouveau ; c'est comme je l'ai appris, ce qui s'est conservé depuis le commencement et depuis les apôtres, touchant la règle de la foi et le temps de la Pâque. Pourquoi donc, reprit l'empereur, vous séparez-vous de la communion des autres? Acésius lui expliqua ce qui était arrivé sous la persécution de Décius, et la sévérité du canon qui défendait, à ce que prétendaient les novatiens, de recevoir à la participation des saints mystères ceux qui, après le baptême, avaient commis quelqu'un de ces péchés que l'Ecriture appelle dignes de mort; qu'il fallait les exciter à la pénitence, sans leur faire espérer de pardon par le ministère des prêtres, mais par la seule bonté de Dieu, qui a toute puissance de remettre les péchés. Après qu'il eut ainsi parlé, l'empereur lui dit : « Acésius, prenez une échelle et montez au ciel tout seul (Soc., l. 1, c. 10; Soz., l. 1, c. 22). »

Un autre canon du concile de Nicée, touchant certains hérétiques, est le dix-neuvième, qui porte : « Quant aux paulianistes qui reviennent à l'Eglise catholique, il est décidé qu'il faut absolument les rebaptiser. Que si quelques-uns ont été autrefois dans le clergé et sont trouvés sans reproche, étant rebaptisés, ils seront ordonnés par l'évêque de l'Eglise catholique; mais si, dans l'examen, on les trouve indignes, il faut les déposer. On gardera la même règle à l'égard des diaconesses et généralement de tous ceux qui sont comptés dans le clergé. » On parle des diaconesses que l'on trouve portant l'habit; mais comme elles n'ont reçu aucune imposition des mains, elles doivent être comptées absolument entre les laïques.

Les paulianistes étaient les sectateurs de Paul de Samosate, qui ne croyaient Jésus-Christ qu'un pur homme, et ne baptisaient point au nom du Père, et du Fils, et du Saint-Esprit. C'est pourquoi le concile ordonne de les baptiser et non pas les novatiens, qui n'erraient ni dans la foi de la Trinité ni dans la forme du baptême. Ce qui est à remarquer surtout, c'est l'esprit d'indulgence et de conciliation avec lequel le saint concile reçoit dans le clergé catholique, non-seulement les clercs novatiens, mais encore ceux des paulianistes qui en sont trouvés capables. Le saint pape Miltiade lui en avait donné l'exemple dans l'affaire des donatistes.

Le vingtième, c'est-à-dire le dernier canon de Nicée, regarde une simple cérémonie, et porte : « Parce qu'il y en a qui fléchissent les genoux le dimanche et pendant le temps pascal, afin que tout soit uniforme dans tous les diocèses, le saint concile a ordonné que l'on fera debout les prières que l'on doit à Dieu. » Outre les vingt canons authentiques, le respect de ce grand concile a fait passer sous son nom plusieurs autres règles qu'il n'avait point faites; et les chrétiens orientaux des derniers temps lui ont attribué toute l'ancienne discipline : c'est ce qu'on appelle les *canons arabiques* du concile de Nicée (1).

Aux canons de ces divers conciles, on peut ajouter certaines lois de Constantin, faites sans doute de l'avis des principaux évêques. Il avait exempté les clercs des charges publiques. Parmi ces charges, il y en avait de très-onéreuses, surtout pour les curiales ou décurions, c'est-à-dire les propriétaires aisés, membres de la curie ou corps municipal de leur cité. La loi les attachait presque comme des esclaves à leur municipe, et les obligeait d'en administrer les affaires aux dépens des leurs. Aussi cherchaient-ils à sortir de leur condition, en entrant furtivement soit dans les charges publiques, soit dans le sénat romain, soit dans l'armée. On fit des lois pour les en empêcher. Quand le clergé chrétien fut exempt de ces servitudes municipales, ils s'efforcèrent d'entrer dans le clergé. Constantin le défendit par une loi de 326. Dans la suite, les empereurs trouvèrent ce tempérament : ils permirent aux membres de cette bourgeoisie municipale d'entrer dans le clergé, mais à condition ou bien de céder à un de leurs parents les terres auxquelles les charges curiales étaient atta-

---

(1) Peut-être l'historien se prononce-t-il ici d'une manière trop absolue. Il est probable que ce n'est pas seulement un zèle outré, mais aussi une tradition légitime qui attribuait au concile de Nicée les canons dont l'authenticité n'est pas universellement admise. (Voir, sur toutes les décisions du concile, Mansi, t. II, p. 947-1064). E. G.

chées, ou bien de créer à leur place un substitut.

La même année, Constantin fit deux autres lois touchant les hérétiques. L'une est du 1er septembre, et porte : Que les privilèges accordés en considération de la religion ne doivent profiter qu'aux catholiques, non aux hérétiques et aux schismatiques, qui doivent au contraire être chargés plus que les autres. La dernière accorde aux novatiens la paisible possession des maisons de leur église et de leurs sépulcres, qu'ils avaient acquises à juste titre; non de ce qui, avant la division, avait appartenu à l'Église catholique. Parmi les sectaires de ce temps-là, les novatiens étaient les moins odieux.

Comme il est naturel de le penser, on bâtit alors un grand nombre d'églises. Le pape saint Silvestre en bâtit une à Rome, dans la maison d'un de ses prêtres nommé Equitius; dont elle porta longtemps le titre. C'est l'église actuelle de Saint-Étienne-des-Monts. Le Pape la dota d'un revenu annuel d'environ huit mille francs en fonds de terres, maisons et jardins. À son exemple et à sa persuasion, l'empereur Constantin bâtit à Rome, premièrement la basilique qui, de son nom, a toujours été nommée Constantinienne, autrement l'église du Sauveur, dans le palais de l'impératrice Fausta, sa femme, auparavant nommée la maison de Latran; où s'était déjà tenu le concile contre les donatistes. Et parce qu'il y fit aussi un baptistère, et que les baptistères avaient l'image de saint Jean-Baptiste, on nomme plus ordinairement cette église Saint-Jean-de-Latran. C'est la principale église de Rome, et les papes y ont fait leur résidence pendant plusieurs siècles. Il bâtit encore à Rome six autres églises; celle de Saint-Pierre au Vatican, à la place d'un temple d'Apollon, pour honorer le lieu du martyre et la sépulture du prince des apôtres; celle de Saint-Paul, au lieu de son martyre; celle de Sainte-Croix, en la maison de Sessorius, que l'on nomme Sainte-Croix-de-Jérusalem, à cause d'une portion de la vraie croix qu'il y mit; celle de Sainte-Agnès, avec un baptistère, à la prière de sa fille Constantia, et de sa sœur de même nom, qui furent baptisées par saint Silvestre; celle de Saint-Laurent, hors de la ville, sur le chemin de Tibur, au lieu de la sépulture de ce martyr; celle des martyrs Saint-Marcellin et Saint-Pierre, au lieu de Entre-les-Deux-Lauriers, où fut la sépulture de sainte Hélène.

On trouve, suivant les anciens mémoires de l'Église romaine, que Constantin donna à ces sept églises de Rome, en maisons et en terres, non-seulement en Italie, mais en Sicile, en Afrique, en Grèce, en Égypte et en Orient, vingt-sept mille sept cent vingt-neuf sous d'or de revenu annuel, ce qui, en prenant, comme on fait, le sou d'or à vingt francs et quelques centimes, ferait un total de plus de cinq cent cinquante-quatre mille neuf cent quatre-vingts francs; sur quoi l'église Constantinienne ou Saint-Jean-de-Latran, avec son baptistère, avait à elle seule deux cent soixante-dix-huit mille six cent quatre-vingts francs. L'église de Saint-Pierre, de son côté, avait des maisons dans Antioche et des terres aux environs, à Tarse en Cilicie, et à Tyr; elle en avait en Égypte, près d'Alexandrie et ailleurs, et dans la province de l'Euphrate, près de Cyr. Une partie de ces terres étaient destinées à fournir tous les ans une certaine quantité de nard, de baume, de storax, de canelle, de safran et d'autres substances précieuses pour les encensoirs et les lampes. Ces églises avaient de plus une rente de plus de vingt mille livres pesant, en divers aromates que les terres d'Égypte et d'Orient devaient fournir en espèces. On ne parle point des vases d'or et d'argent pour le service et l'ornement de ces mêmes églises, dont les mémoires rapportés par Anastase le Bibliothécaire font un long dénombrement. Il peut avoir confondu ce qui avait été donné par d'autres empereurs; mais les titres des immeubles doivent avoir été mieux conservés. Ce que ces derniers nous apprennent de plus curieux, c'est que Constantin donna l'île de Sardaigne, ainsi que deux autres, avec toutes leurs appartenances et leurs revenus, à l'église de Saint-Marcellin et de Saint-Pierre de Rome (Anast., Silvest.).

Il se convertissait un grand nombre de païens : les uns par la connaissance de l'inutilité de leurs anciennes superstitions et de leur peu de fondement; les autres par émulation des chrétiens qu'ils voyaient honorés et chéris de l'empereur, et pour se conformer à l'inclination du maître. D'autres, s'appliquant à considérer la doctrine chrétienne, touchés par des miracles ou des songes, ou par les entretiens des évêques ou des moines, jugeaient qu'il valait mieux être chrétiens. Depuis ce temps, on vit les villes et les peuples entiers se convertir, abattre d'eux-mêmes leurs temples et leurs idoles, et bâtir des églises. Les habitants de Majuma, qui était le port de Gaza en Palestine, auparavant très-attachés à leurs anciennes superstitions, se firent chrétiens tout d'un coup, et l'empereur, répondant à leur piété, érigea en cité ce lieu qui ne l'était pas, et la nomma Constancia, du nom de Constantius, le plus cher de ses fils. Par une raison semblable, il nomma Constantine une ville de Phénicie. Il nomma aussi Hélénople, en l'honneur de sa mère, une petite ville de Bithynie, nommée auparavant Drépane, qu'il érigea en cité, avec exemption de tributs, en l'honneur du saint martyr Lucien d'Antioche, dont les reliques y étaient.

Hors des limites de l'empire romain, le christianisme se propageait d'une manière plus admirable encore. Constantin reçut vers ce temps l'ambassade inattendue d'un peuple barbare, qui lui demandait des évêques. C'étaient les Ibériens, campés dans le voisinage du Pont-Euxin. Ils avaient été convertis par une pauvre captive, dont le nom n'est pas même venu jusqu'à nous. Ils l'avaient emmenée prisonnière dans une de leurs incursions. Captive chez eux, elle excita bientôt leur admiration par la pureté de sa vie, sa sobriété, sa fidélité, son assiduité à l'oraison, qui lui faisait veiller les nuits entières. Les Barbares, étonnés, lui demandèrent ce que cela voulait dire. Elle déclara simplement qu'elle servait ainsi le Christ, son Dieu. Ce nom leur était aussi nouveau que le reste. Mais sa persévérance excitait la curiosité naturelle des femmes, pour savoir si ce grand zèle de religion était bon à quelque chose. C'était leur coutume, quand quelque enfant était malade, que la mère le portait par les maisons pour s'informer si quelqu'un savait un remède. Une femme ayant ainsi porté son enfant partout inutilement, vint aussi trouver la captive. Elle lui dit qu'elle ne savait aucun remède humain; mais que son Dieu, Jésus-Christ, qu'elle adorait, pouvait donner la santé aux malades les plus désespérés. Ayant donc mis l'enfant sur le cilice qui lui servait de couche, et ayant fait sur lui sa prière, elle le rendit guéri à sa mère. Le bruit de ce miracle se répand et vient aux oreilles de la reine, qui était malade avec de grandes douleurs et réduite au désespoir. Elle prie qu'on lui amène la captive, qui refuse d'y aller, craignant de paraître avoir trop bonne opinion d'elle-même et de manquer à la bienséance de son sexe. La reine se fait porter à la cellule de la captive, qui la met sur son cilice, et, ayant invoqué le nom de Jésus-Christ, la fait lever aussitôt en parfaite santé. Elle lui apprend que c'est Jésus-Christ, Dieu et Fils du Dieu souverain, qui l'a guérie, et l'exhorte à l'invoquer, disant que c'est lui qui donne la puissance aux rois et la vie à tous les hommes.

La reine retourna chez elle remplie de joie ; le roi lui demanda comment elle avait été guérie si promptement ; et, l'ayant appris, il commanda qu'on portât des présents à la captive. Mais la reine lui dit : Seigneur, elle méprise tout cela ; elle ne veut ni or, ni argent ; le jeûne est sa nourriture ; la seule récompense que nous pouvons lui donner, c'est d'adorer Jésus-Christ, ce Dieu qu'elle a invoqué pour me guérir. Le roi différa pour lors et négligea de se convertir, quoique sa femme l'en pressât souvent ; mais un jour, comme il chassait dans les bois, il survint une obscurité si épaisse en plein jour, que toute sa suite s'écarta, il demeura seul, égaré, ne sachant où se tourner. Dans cet embarras, il lui vint en pensée que, si ce Christ, dont la captive avait parlé à sa femme, le délivrait de ces ténèbres, il quitterait tous les autres dieux pour l'adorer. Sitôt qu'il eut fait ce vœu de pensée, sans prononcer une parole, le jour revint, et il arriva heureusement à la ville. Il conte la chose à la reine ; on fait promptement venir la captive ; il lui déclare qu'il ne veut plus honorer d'autre Dieu que Jésus-Christ, et lui demande la manière de le servir. Elle l'explique autant qu'elle en était capable, demande que l'on bâtisse une église et en décrit la forme.

Le roi ayant rassemblé son peuple, raconte ce qui était arrivé à lui et à la reine, et l'instruit, comme il pouvait, dans la religion chrétienne : la reine, de son côté, instruit les femmes ; on s'empresse d'un commun consentement à bâtir l'église ; le ciel les seconde par de nouveaux miracles qui augmentent leur zèle. L'église achevée, comme le peuple désirait ardemment d'être instruit dans la foi, on envoie, par le conseil de la captive, une ambassade, au nom de toute la nation, à l'empereur Constantin. On lui expose la chose, et on le prie d'envoyer des évêques pour achever l'œuvre de Dieu. Il les envoya avec bonheur, et sentit plus de joie de cette conversion que d'une grande conquête. Rufin, qui rapporte cette histoire, ainsi que Socrate, Sozomène et Théodoret, dit l'avoir apprise, à Jérusalem, de Bacurius, homme très-pieux et très-sincère qui, après avoir été roi de cette nation, devint général des troupes romaines dans la Palestine, sous l'empereur Théodose (Ruf., l. 1, c. 10 ; Soc., l. 1, c. 20).

D'un autre côté, les nations des environs du Rhin, et les parties les plus reculées de la Gaule vers l'Océan, étaient déjà chrétiennes ; les Goths et les autres peuples voisins du Danube l'étaient aussi ; et la religion avait donné à toutes ces nations des mœurs plus douces et plus raisonnables. Elles avaient commencé à se convertir par les incursions qu'elles firent sous l'empereur Gallien, environ soixante ans auparavant ; les évêques captifs leur avaient inspiré l'amour de la religion par leurs vertus et par leurs miracles, et, les ayant instruits, y avaient formé des églises. Quant aux Arméniens, nous l'avons déjà vu, ils avaient reçu le christianisme depuis longtemps. Le commerce de l'Arménie l'avait fait passer en Perse, où il y avait des églises nombreuses, et où nous verrons bientôt d'innombrables et illustres martyrs. L'empereur Constantin en était bien informé. C'est pourquoi Sapor, roi de Perse, lui ayant envoyé une ambassade et des présents, pour faire un traité d'alliance, il le fit, et lui renvoya des présents plus magnifiques. En même temps il lui écrivit une grande lettre en faveur des chrétiens qui étaient dans ses Etats. Il y relève les avantages de la vraie religion, la punition des persécuteurs, particulièrement de Valérien pris par les Perses, et finit en lui recommandant les chrétiens.

Tandis que les Ibériens, d'un côté, envoyaient une ambassade à l'empereur Constantin pour lui demander des évêques, saint Athanase sacrait, d'un autre, le premier évêque et l'apôtre de l'Ethiopie. L'histoire en est merveilleuse. Un philosophe chrétien, il était de Tyr et se nommait Mérope, revenait de l'Inde, où il était allé pour étendre ses connaissances. Il menait avec lui deux enfants, ses neveux, dont il faisait l'éducation. Le vaisseau qui les portait relâcha sur les côtes d'Afrique, pour renouveler ses provisions. Les deux enfants, leurs noms étaient Edèse et Frumence, descendirent à terre, avec leurs livres, pour préparer leur leçon. Dans l'intervalle, une troupe d'Africains barbares surprennent le navire, le pillent et en égorgent tout l'équipage. Ils en usaient ainsi chaque fois qu'ils étaient en guerre avec les Romains.

En s'en retournant, couverts de sang et chargés de butin, ils rencontrèrent les deux enfants tranquillement assis sous un arbre et étudiant leur leçon. La vue de leur beauté, de leur candeur et de leur innocence les touche. Au lieu de les tuer, ils les amènent à leur roi. C'était un roi d'Ethiopie. Ce roi prit en affection ces deux enfants. Il fit Edèse son échanson. Quant à Frumence, croyant lui voir plus d'esprit et de conduite, il lui confia ses écritures et ses comptes : autrement, il le fit son ministre des finances. Depuis ce temps, ils furent fort honorés et fort aimés de ce roi. Il mourut laissant le royaume à sa femme avec un fils encore enfant, et accorda à ces deux jeunes hommes la liberté de faire ce qu'ils voudraient. Mais la reine, qui n'avait personne de plus fidèle dans le royaume, les pria instamment d'en partager le soin avec elle, jusqu'à ce que son fils fût en âge, principalement Frumence, dont la sagesse était plus profonde ; car l'autre ne montrait que de la fidélité et de la modération.

Frumence ayant ainsi le gouvernement de cet Etat, Dieu lui inspira de chercher avec soin s'il y avait des chrétiens parmi les Romains qui venaient y trafiquer, de leur donner un grand pouvoir, et de les exhorter à faire en chaque lieu des maisons d'assemblée pour y prier en commun, à la manière des Romains. Lui-même lui en donnait l'exemple, et les attirait à l'imiter par sa ferveur et par ses bienfaits. Il fournissait les places pour bâtir, et les autres choses nécessaires, s'empressant à planter et à faire fructifier le christianisme. Le jeune roi étant venu en âge de gouverner, Edèse et Frumence lui rendirent un compte fidèle de leur administration, et revinrent en leur pays, malgré les prières de la reine et du jeune roi, et les efforts que l'on fit pour les retenir. Edèse se pressa d'aller à Tyr pour revoir ses parents; mais Frumence prit le chemin d'Alexandrie, disant qu'il n'était pas raisonnable de cacher l'œuvre de Dieu. Il raconte à saint Athanase, qui en était évêque, tout ce qui s'était passé, et l'exhorte à choisir quelqu'un qui fût digne d'être envoyé pour évêque à ce grand nombre de chrétiens déjà assemblés, et à ces églises bâties dans les terres des Barbares. Saint Athanase, considérant attentivement les discours et les actions de Frumence dans une assemblée d'évêques, dit comme Pharaon à Joseph : Et quel autre pourrons-nous trouver qui ait l'esprit de Dieu comme vous, et qui puisse exécuter de si grandes choses ? Puis, l'ayant ordonné évêque, il lui commanda de retourner avec la grâce de Dieu au lieu d'où il venait. C'était Auxume en Ethiopie, où Frumence fit des miracles comme les apôtres, et convertit une infinité de Barbares. Rufin, qui rapporte cette histoire, l'avait apprise de la bouche d'Edèse, qui fut depuis ordonné prêtre à Tyr, sa patrie (Ruf., l. 1, c. 9). Toute l'Eglise honore la mémoire de saint Frumence; les Latins le 27 octobre, les Grecs le 30 novembre, et les Abyssins le reconnaissent encore pour leur apôtre.

Le christianisme faisait des prosélytes jusque parmi les chefs de la Synagogue. C'était à Tibériade que se trouvait la synagogue la plus fameuse. Là résidait le patriarche des Juifs : c'est ainsi qu'ils appelaient le chef de leur nation. Les premiers après lui, et qui formaient son conseil, portaient le nom d'apôtres. De leur nombre était un nommé Joseph, natif de Tibériade même. Le patriarche était alors Hillel, de la race du fameux Gamaliel. Hillel étant tombé malade et près de mourir, dit à Joseph de prier l'évêque voisin de Tibériade de venir le trouver : c'était pour lui donner le baptême, sous prétexte de médecine. L'évêque vint à titre de médecin, et fit préparer un bain comme un remède utile au malade, qui, de son côté, fit retirer tout le monde, comme par pudeur. Ainsi, le patriarche fut baptisé et reçut les saints mystères. Mais Joseph était à la porte, qui, regardant par des fentes, vit tout ce qui se passait au dedans, et le remarqua soigneusement. Il vit aussi que le patriarche ayant dans la main une quantité d'or considérable, le donna à l'évêque en disant : Offrez-le pour moi ; car il est écrit que ce que les prêtres de Dieu lient et délient sur la terre, est lié et délié au ciel. Ensuite on ouvrit les portes. Ceux qui étaient venus voir le patriarche, lui demandaient comment il se trouvait de son bain ; et il répondit qu'il se portait très-bien, l'entendant d'une autre manière qu'eux. Après deux ou trois jours, pendant lesquels l'évêque le visitait souvent comme médecin, il mourut heureusement, laissant son fils, qui était très-jeune, sous la conduite de Joseph et d'un autre personnage très-vertueux. Ce fils, nommé Judas, était le patriarche des Juifs ; car cette dignité passait de père en fils par succession, et pendant son bas âge, ses deux tuteurs gouvernaient tout.

Il y avait à Tibériade une chambre destinée à garder le trésor, et scellée, ce qui faisait soupçonner qu'elle renfermait de grandes richesses : Joseph eut la hardiesse de l'ouvrir en secret ; mais il n'y trouva que des livres, savoir, l'Evangile selon saint Jean et les Actes des Apôtres, l'un et l'autre traduits du grec en hébreu, et l'Evangile selon saint Matthieu en hébreu, comme il l'avait écrit. La lecture de ces livres et le souvenir de ce qui s'était passé au baptême du patriarche, donnait à Joseph de grandes inquiétudes. Cependant le jeune patriarche Judas, devenant grand, s'abandonna à la débauche jusqu'à employer la magie pour corrompre des femmes. Il attaqua aussi une femme chrétienne, qui rendit les charmes inutiles par le nom de Jésus-Christ et le signe de la croix. Cette preuve du pouvoir de Jésus-Christ toucha encore fortement Joseph, mais sans le persuader de se faire chrétien. Le Sauveur lui apparut lui-même en songe et lui dit : Je suis Jésus que tes pères ont crucifié : crois en moi. Il ne se rendit pas, et tomba dans une grande maladie dont on désespérait. Le Sauveur lui apparut encore, lui disant de croire et qu'il serait guéri. Il le promit, mais il ne tint pas sa parole et demeura dans son endurcissement. Il tomba dans une autre maladie aussi dangereuse, et, comme on crut qu'il allait mourir, un vieux docteur de la loi vint lui dire à l'oreille : Crois en Jésus-Christ, crucifié sous Ponce-Pilate, Fils de Dieu et ensuite né de Marie, qui est le Christ de Dieu, qui est ressuscité et qui doit venir juger les vivants et les morts. Saint Epiphane, qui rapporte cette histoire, témoigne que les Juifs avaient accoutumé d'en user ainsi, et qu'il avait appris d'un autre, qui était encore juif, qu'étant encore malade à la mort, on lui avait dit à l'oreille : Jésus-Christ crucifié, Fils de Dieu, te jugera. Il semble qu'ils employaient ces paroles comme un caractère pour guérir les maladies.

Joseph demeurait toujours endurci. Jésus-Christ lui apparut encore en songe et lui dit : Je te guéris ; crois quand tu seras relevé. Il releva en effet de cette maladie, mais il ne crut point. Jésus-Christ lui apparut en songe comme il était en santé, lui en fit des reproches et lui dit : « Pour te convaincre, si tu veux faire quelque miracle en mon nom, je te l'accorde. Il y avait à Tibériade un insensé qui allait tout nu par la ville et déchirait tous les habits qu'on lui donnait. Joseph, voulant faire l'expérience de sa vision, mais encore incertain et honteux, l'amena chez lui, et, ayant fermé la porte, prit de l'eau sur laquelle il avait fait le signe de la croix, et en arrosa de sa main le furieux en disant : Au nom de Jésus Nazaréen, le crucifié, sors de lui, démon, et qu'il soit guéri ! Cet homme fit un grand cri, tomba par terre, écuma, se débattit violemment, puis demeura long-temps immobile. Joseph crut qu'il était mort. Une heure après il se leva en se frottant le visage, et, voyant sa nudité, il se couvrit des mains comme il put, ne pouvant plus se souffrir ainsi. Joseph lui donna un habit ; il s'en vêtit, et, étant revenu en son bon sens, il lui rendit, à Dieu, de grandes actions de grâces, voyant qu'il était guéri par son moyen. Ce miracle fut connu par toute la ville, et les Juifs disaient : Joseph a ouvert le trésor, il a trouvé écrit le nom de Dieu, et, l'ayant lu, il fait de grands miracles. Ils disaient la même chose de Jésus-Christ, qu'il avait fait ses miracles par la vertu du nom ineffable de Dieu qu'il avait trouvé dans le temple. Joseph demeura encore endurci.

Le patriarche Judas, étant venu en âge d'homme,

lui donna, par reconnaissance, ou lui confirma la charge d'apôtre, qui était lucrative chez les Juifs. Il l'envoya en Cilicie avec ses lettres, où, étant arrivé, il faisait payer les dîmes et les prémices par les Juifs de la province. Dans une certaine ville, il se trouva logé près de l'église; ayant fait amitié avec l'évêque, il lui demanda secrètement les Evangiles et les lisait. Sa charge d'apôtre l'obligea de déposer et de changer plusieurs moindres officiers, comme des archisynagogues, des prêtres, des anciens, des azanites : c'est ainsi qu'ils nommaient ceux qui tenaient lieu de diacres ou de ministres. Joseph, voulant corriger leurs fautes et conserver la discipline, s'attira la haine de plusieurs. Pour s'en venger, ils recherchaient curieusement ses actions; si bien qu'étant entrés chez lui tout d'un coup, ils le surprirent lisant les Evangiles. Ils se saisirent du livre et de Joseph lui-même, le traînant par terre et le maltraitant avec de grands cris; ils le menèrent à la synagogue et le fouettèrent; l'évêque accourut et le tira de leurs mains. Une autre fois ils le rencontrèrent en un voyage, le jetèrent dans le fleuve Cydnus, qui passe en Cilicie, et crurent l'avoir noyé; mais il s'en sauva et reçut peu de temps après le baptême. Il alla à la cour, et fut aimé de l'empereur Constantin, à qui il raconta toute son histoire. L'empereur lui donna la dignité de comte, et lui dit de demander encore ce qu'il voudrait. Joseph demanda pour toute grâce d'avoir commission de l'empereur pour faire bâtir des églises dans les villes et bourgades des Juifs, où jamais personne n'en avait pu bâtir, parce qu'il n'y avait en ces lieux avec eux, ni païens, ni samaritains, ni chrétiens. Ils observaient principalement à Tibériade, à Diocésarée, à Séphoris, à Nazareth et à Capharnaüm, de ne souffrir aucun mélange d'étrangers.

Joseph ayant reçu ce pouvoir par des lettres de l'empereur, avec la dignité de comte, vint à Tibériade. Ses lettres lui donnaient commission de faire travailler aux dépens de l'empereur, et lui attribuaient une pension. Il commença à bâtir premièrement à Tibériade, et se servit d'un grand temple qu'il y trouva commencé et imparfait, que l'on nommait Adrianée, parce qu'il avait été commencé par l'empereur Adrien, apparemment dans le dessein de le consacrer à Jésus-Christ, comme il en fit dans toutes les villes, au rapport de Lampride. Celui de Tibériade était déjà élevé à quelque hauteur et bâti de pierres carrées de quatre coudées : les citoyens en voulaient faire un bain public. Le comte Joseph ayant entrepris d'en faire une église, fit bâtir hors de la ville sept fours à chaux; mais les Juifs en arrêtèrent le feu par des enchantements; en sorte que les ouvriers, voyant qu'avec quantité de menu bois ils ne pouvaient faire de feu, s'en plaignirent au comte. Il y accourut aussitôt, et ayant fait emplir d'eau un grand vase de cuivre, en présence d'une grande multitude de Juifs assemblés pour voir ce qu'il voulait faire, il fit de son doigt le signe de la croix sur le vase, et dit : Au nom de Jésus le Nazaréen, que mes pères et ceux de tous les assistants ont crucifié, que cette eau ait la vertu de délier tout le charme que ceux-ci ont fait, et de donner au feu son activité pour l'accomplissement de la maison du Seigneur. Il prit de l'eau avec sa main et en arrosa chaque fournaise. Le charme s'évanouit, et la flamme commença à sortir à gros bouillons devant tout le peuple, qui s'écria : Il n'y a qu'un Dieu qui assiste les chrétiens! et ils se retirèrent. Comme ils persécutaient souvent le comte Joseph, il se contenta de bâtir à Tibériade une petite église dans une partie du temple d'Adrien, et vint s'établir à Scythopolis. Il bâtit aussi et acheva des églises à Diocésarée et en quelques autres villes. Lui-même raconta toute son histoire à saint Epiphane, qui nous l'a conservée (Epiph., Hæres., 30, n. 5).

La Palestine voyait encore d'autres exemples non moins merveilleux : la veuve du persécuteur Maximien-Hercule faisant le pèlerinage des lieux saints. C'était Eutropia, dont Constantin avait épousé la fille. Elle écrivit de Palestine à son gendre, qu'auprès du chêne de Mambré, où Abraham avait exercé l'hospitalité envers les trois anges, on avait dressé des idoles et un autel, et que l'on y offrait des sacrifices impies. Ce lieu se nommait autrement le Térébinthe, à cause d'un arbre très-ancien : c'était à dix lieues de Jérusalem. On y faisait tous les ans en été une fête célèbre, et on y tenait une foire où venait un grand nombre de marchands du pays même, et des parties les plus avancées de la Palestine, de la Phénicie et de l'Arabie. Chacun célébrait la fête selon sa religion : les Juifs honoraient la mémoire de leurs patriarches; les chrétiens, l'apparition du Fils de Dieu; car c'était là croyance commune qu'il y avait paru lui-même avec deux anges. Les païens honoraient les anges mêmes, et l'on croit que les idoles qu'ils y avaient dressées étaient pour les représenter comme des dieux ou des démons favorables. Ils les invoquaient et leur offraient des libations de vin et de l'encens; d'autres immolaient un bœuf, un bouc, un mouton ou un coq. Chacun nourrissait avec soin, pendant toute l'année, ce qu'il avait de meilleur, pour en faire, avec les siens, le festin de cette fête. Ils avaient tous un tel respect pour ce lieu, ou craignaient tellement la vengeance divine, s'ils l'eussent profané, qu'ils n'osaient y commettre aucune impureté ni avoir commerce avec les femmes, quoiqu'elles y fussent plus en vue et plus parées qu'à l'ordinaire et qu'ils campassent tous pêle-mêle; car c'était un camp sans bâtiments, hors la maison qu'on disait être celle d'Abraham, auprès du chêne et du puits, où personne ne puisait pendant la fête, parce que les païens en gâtaient l'eau en y jetant du vin, des gâteaux, des pièces de monnaie, des parfums secs ou liquides, outre les lampes qu'ils allumaient sur le bord.

La belle-mère de Constantin étant donc venue en Palestine pour accomplir un vœu, et ayant vu ces superstitions qui se pratiquaient au chêne de Mambré, lui en donna avis; et il écrivit une lettre à saint Macaire et aux autres évêques de Palestine, par laquelle, après leur avoir doucement reproché leur négligence à souffrir une telle profanation, il dit qu'il a écrit au comte Acace de faire incessamment brûler les idoles qui se trouvaient en ce lieu-là, renverser l'autel et punir selon leur mérite ceux qui, au mépris de cette défense, seraient assez hardis pour y commettre quelque impiété. Il ajoute qu'il a ordonné que le même lieu soit orné d'une église, et recommande aux évêques que s'il se passe quelque chose de contraire à ses ordres, ils ne manquent pas de l'en avertir incontinent, afin que les coupables soient punis du dernier supplice. En exécution de cet ordre, on bâtit en ce lieu une église magnifique (Soc., l. 1, c. 52; Soz., l. 2, c. 4; Euseb., *Vita*, l. 3, c. 52 et 53). Il y avait plus de deux mille ans que le Seigneur y avait dit à Abraham que *toutes les nations de la terre seraient bénies en lui dans un de sa race*. Toutes les nations de la terre en présentaient et en voyaient alors l'accomplissement.

Le Seigneur avait encore dit à la nouvelle Jérusalem : *J'élèverai mon étendard vers les peuples. Et les rois seront tes nourriciers, et les reines tes nourrices. Ils t'adoreront le visage incliné vers la terre, et ils baiseront la poussière de tes pieds*. L'ancienne Jérusalem en voyait l'accomplissement pour la Jérusalem nouvelle.

Les païens s'y étaient efforcés d'abolir la mémoire de la résurrection de Jésus-Christ. Ils avaient comblé la grotte du saint sépulcre, élevé au-dessus une grande quantité de terre, pavé de pierres le haut et bâti un temple de Vénus, où ils offraient des sacrifices à cette idole, afin que les chrétiens parussent l'adorer quand ils viendraient en ce lieu pour adorer Jésus-Christ. Constantin donna ordre d'y bâtir une église magnifique, et en écrivit à l'évêque Macaire, lui recommandant que ce bâtiment surpassât en beauté, non-seulement les autres églises, mais tous les édifices des autres villes. « J'ai donné ordre, ajoute-t-il, à Dracilien, gouverneur de la province, d'employer suivant vos ordres les ouvriers nécessaires pour élever les murailles. Mandez-moi quels marbres précieux et quelles colonnes vous jugez les plus convenables, afin que je les y fasse conduire. Je serai bien aise de savoir si vous jugez à propos que la voûte de l'église soit ornée de lambris ou de quelque autre sorte d'ouvrage; si c'est du lambris, on pourra y mettre de l'or. »

Ce fut sainte Hélène, mère de l'empereur, qui se chargea elle-même de l'exécution. Elle était alors âgée de 80 ans, vivant depuis plusieurs années dans la piété et dans les œuvres de charité. L'empereur, son fils, lui fit connaître la vraie religion qu'elle ignorait auparavant, lui donna le titre d'auguste ou d'impératrice, et fit mettre son effigie sur la monnaie d'or. Elle disposait de ses trésors, mais c'était pour faire des libéralités et des aumônes. Elle était très-assidue aux églises, les parait de divers ornements, et ne négligeait pas les oratoires des moindres villes; on la voyait au milieu du peuple avec un habit simple et modeste dans les assemblées de religion.

Elle alla, nonobstant son grand âge, visiter les saints lieux et prendre soin de les orner de somptueux édifices par la libéralité de son fils. En traversant l'Orient, elle fit des largesses extraordinaires, aux gens de guerre, aux communautés et à chacun des particuliers qui s'adressaient à elle. Aux uns, elle donnait de l'argent, aux autres des habits; elle délivrait les uns des prisons, les autres du travail des mines; elle rappelait les exilés. Etant arrivée à Jérusalem, elle commença par faire abattre le temple et l'idole de Vénus qui profanaient le lieu de la croix et de la résurrection. On ôta les terres, on creusa si avant que l'on découvrit le saint sépulcre; et tout proche, on trouva trois croix enterrées. On ne savait laquelle était celle du Sauveur : l'évêque saint Macaire imagina ce moyen pour s'en éclaircir. Il fit porter les croix chez une femme de qualité malade depuis longtemps et réduite à l'extrémité : on lui appliqua chacune des croix en faisant des prières; et sitôt qu'elle eut touché la dernière, elle fut entièrement guérie. Avec la croix, on trouva aussi le titre, mais séparé, avec les clous, que sainte Hélène envoya à l'empereur, avec une partie considérable de la croix, laissant l'autre à Jérusalem. Elle la fit mettre dans une châsse d'argent, et la donna en garde à l'évêque pour la conserver à la postérité. En effet, dans le siècle suivant, on ne la montrait qu'une fois l'année, à la solennité de Pâques, c'est-à-dire le Vendredi saint. L'évêque, après l'avoir adorée le premier, l'exposait pour être adorée de tout le peuple; et de là sans doute est venue dans toutes les églises cette pieuse cérémonie. On ne montrait point à Jérusalem la vraie croix hors ce seul jour; sinon quelquefois, par grâce particulière de l'évêque, en faveur des personnes de piété qui avaient fait exprès le pèlerinage. Quant aux clous, Constantin en fit mettre une partie dans son casque, et une partie à la bride de son cheval, pour lui servir de sauvegarde dans les combats.

Cependant, par ses ordres et par les soins de sa mère, on bâtissait l'église du Saint-Sépulcre, qui ne fut achevée que six ans après. Alentour s'élevait une ville comme l'ancienne, mais non à la même place, et ce semblait être la nouvelle Jérusalem prédite par les prophètes. Près de là, sur le haut du mont des Olives, l'empereur fit aussi bâtir une église magnifique, pour honorer le lieu de l'ascension de Jésus-Christ; et une autre à Bethléhem, pour honorer la grotte sanctifiée par sa naissance. Ces édifices étaient ornés de dons précieux, de vases d'or et d'argent, de voiles de diverses couleurs, et servaient à éterniser la mémoire de l'empereur et de sa mère. Elle fit encore quelque séjour en Palestine; et, entre les autres marques de sa piété, elle rendit un grand honneur aux vierges consacrées à Dieu; car les ayant toutes assemblées et fait asseoir sur plusieurs nattes, elle les servit à table, tenant elle-même l'aiguière sur le bassin, pour leur laver les mains, apportant les viandes, versant le vin et leur présentant à boire. Enfin cette pieuse princesse étant retournée à Rome, y mourut au mois d'août cette même année 326, entre les bras de l'empereur, son fils, et de ses petits-fils, les césars; et l'empereur lui fit des funérailles royales (1). L'Église honore sa mémoire le 18 août.

Le titre de la croix, retrouvé par sainte Hélène, fut déposé dans l'église qu'elle fonda à Rome, et qui est connue sous le nom de la *Sainte-Croix-de-Jérusalem*. On le mit sur le haut d'une arcade, où il fut retrouvé en 1492, renfermé dans une boîte de plomb. L'inscription, qui est en hébreu, en grec et en latin, est sur du bois blanchi et en lettres rouges.

(1) Euseb., *Vita Const.*, l. 8; Soc., l. 1: c. 17; Soz., l. 2, c. 1. Theod. l. 1, c. 18; Ruf., l. 2, c. 8.

LIVRE TRENTE-DEUXIÈME.

L'Église, personnifiée dans saint Athanase, n'a pas moins à souffrir de la légèreté et de l'inconstance de Constantin que de la cruauté de Sapor, le roi des Perses, et trouve son salut dans la prééminence de l'évêque de Rome, le pape saint Jules.

(De l'an 326 à l'an 346 de l'ère chrétienne.)

C'était vers l'an 326. Constantin fonda à Byzance une nouvelle ville de son nom : c'est Constantinople, devenue dans la suite la source de bien des hérésies, le siége d'un schisme déplorable, et enfin la capitale de l'empire antichrétien de Mahomet. Depuis assez longtemps, la plupart des empereurs, étant Barbares d'origine, avaient comme une certaine antipathie pour Rome. Galérius ne l'avait pas même vue; Dioclétien lui préférait Nicomédie. Quoique le sénat et le peuple romain ne fussent plus qu'une ombre d'eux-mêmes, la majesté historique de l'un, les railleries satiriques de l'autre, n'accommodaient point les soldats parvenus qui aspiraient au despotisme oriental. Pour ce qui est de Constantin, né dans l'ancienne Mésie, la Servie actuelle, élevé à la cour de Nicomédie, proclamé empereur en Bretagne, Rome, où il séjourna peu, lui était pareillement comme étrangère. Ce qui l'en dégoûta, suivant le païen Zosime, ce fut que, n'ayant pas voulu participer à une fête païenne, le sénat et le peuple, encore idolâtres pour la plupart, se permirent contre lui des discours injurieux (Zos., l. 2, n. 29 et 30). D'autres motifs ont pu s'y joindre. Il venait d'y ensanglanter son palais et sa famille par la mort de son fils, le césar Crispus, et par la mort de sa femme, l'impératrice Fausta, ainsi que d'un grand nombre de leurs amis. Les discours des Romains, les regrets de sa propre conscience durent lui rendre importune la vue même de Rome. Il la quitta donc sans retour, pour se faire ailleurs une autre capitale.

Comme les Romains se disaient une colonie troyenne, Jules-César déjà avait formé le dessein de rebâtir Troie, et d'y transporter ou reporter le siége de l'empire. On attribue la même pensée à César-Auguste. Constantin l'exécuta. Entre les ruines de l'ancienne Ilion et la mer, dans les champs mêmes que les héros d'Homère avaient illustrés par leurs combats, une nouvelle cité sortait de terre. Déjà s'élevaient les murs de son enceinte et ses portes, lorsque Constantin l'abandonna pour Byzance.

Tout le monde convient que la position de Byzance, autrement Constantinople, est incomparable. Assise, ainsi que Rome, sur sept collines, mais sous un climat sain et tempéré, dans une contrée naturellement fertile; de plus, appuyée sur deux mers poissonneuses, la Propontide et le Pont-Euxin, elle domine tout ensemble les rives de l'Europe et de l'Asie. Son canal du Bosphore, qui sépare les deux continents, lui forme un port vaste et sûr, où les plus gros navires lui amènent, du Nord et du Sud, les richesses de l'univers jusqu'au pied de ses maisons. Constantin commença de bâtir cette nouvelle capitale en 326; et en fit faire solennellement la dédicace l'an 330, le 11 mai. Elle fut nommée en grec, qui était la langue du pays, *Constantinou-polis*, c'est-à-dire ville de Constantin : on la nomma aussi la *nouvelle Rome*. La dédicace s'en célébrait tous les ans comme un jour de fête, avec des jeux solennels. L'enceinte des nouveaux murs fut de quinze stades, environ trois quarts de lieue; mais elle fut augmentée par les empereurs suivants. Constantin y attira de nouveaux habitants de l'ancienne Rome et des provinces, et lui donna de grands revenus, tant pour l'entretien des bâtiments que pour la nourriture des citoyens. Il y établit un sénat, des magistrats et des ordres du peuple, semblables en tout à ceux de Rome, dont les lois y étaient observées, et la nouvelle Rome en avait tous les priviléges. Elle était divisée, comme l'ancienne, en quatorze régions ou quartiers, et ornée des mêmes sortes d'édifices publics, hormis les temples d'idoles. Il y avait plusieurs places environnées de portiques ou galeries couvertes. La principale de ces places garda le nom de Constantin, et sa statue était au milieu sur une colonne de porphyre. Il y avait deux palais pour la demeure de l'empereur; et, devant le plus grand, un cirque ou hippodrome pour la course des chevaux, des stades ou carrières pour les courses de pied, un amphithéâtre pour les combats de bêtes, des théâtres pour les autres spectacles, plusieurs portiques ou galeries pour les promenades; des bains, des aqueducs, des fontaines en grand nombre. Il y avait un capitole, où les professeurs des sciences et des arts avaient leurs salles ou auditoires; un prétoire et plusieurs autres tribunaux de différentes juridictions; plusieurs basiliques ou maisons royales, où l'on s'assemblait pour les affaires; des greniers publics et un grand nombre d'endroits pour distribuer le pain à trois sortes de personnes : aux officiers du palais, aux soldats et aux citoyens. Car Constantin accorda à tous ceux qui bâtissaient dans sa ville, une certaine quantité de pain pour eux et leurs familles, à perpétuité.

Mais ce qu'il y eut de plus considérable à Constantinople, ce fut les églises. Constantin en bannit l'idolâtrie; il n'y laissa point de temples, ou il les fit consacrer à Dieu; il n'y souffrit point d'autels où l'on brûlât des victimes, et ne laissa des idoles que dans les lieux profanes, pour y servir d'ornement. Il y fit même apporter exprès celles qui étaient les plus renommées dans chaque province, pour exposer au mépris et à la dérision publique ce qui était gardé dans les temples avec le plus de vénération. Ainsi l'on voyait d'un côté l'Apollon pythien, d'un autre côté le sminthien; le trépied de Delphes, si fameux par ses oracles, était dans l'hippodrome; les muses de l'Hélicon, dans le palais. Constantinople en était toute remplie. On y voyait aussi Rhée, la mère des dieux, apportée du mont de Dindyme, près de Cyzique, où l'on disait que les Argonautes l'avaient placée; mais Constantin la défigura en lui ôtant ses lions et en changeant la situation de ses mains, en sorte qu'elle paraissait suppliante.

La principale église fut dédiée à la Sagesse éternelle, d'où elle garde encore le nom de Sainte-Sophie. Il y en eut une en l'honneur des douze Apôtres. Elle était en forme de croix, d'une hauteur merveilleuse : incrustée en dedans de marbre de diverses couleurs, depuis le pavé jusqu'au toit, qui était revêtu d'un lambris tout doré. Le dessus était couvert de cuivre au lieu de tuiles, et doré en plusieurs endroits : en sorte qu'il réfléchissait fort loin les rayons du soleil; le dôme était environné d'une balustrade de cuivre et d'or. Cette église était au milieu d'une grande cour carrée, fermée de quatre galeries, accompagnée de bains, de grandes salles, de chambres et de divers appartements pour ceux qui avaient la garde du lieu. Constantin le destina pour sa sépulture, et y fit mettre son tombeau au milieu de douze autres qu'il avait élevés pour la mémoire des apôtres, six de chaque côté. Il le faisait par un mouvement de foi, pour participer après sa mort aux prières qui s'y célébraient en l'honneur des apôtres, persuadé de l'utilité qui en reviendrait à son âme. C'est ainsi qu'en parle Eusèbe de Césarée (*Vita Const.*, l. 4, c. 58 et 59).

Outre le grand nombre des églises, Constantin mit encore ailleurs des marques de sa religion. Sur les fontaines qui étaient au milieu des places, on voyait l'image du Bon Pasteur, et Daniel entre les lions de bronze doré (*Ibid.*, l. 3, c. 48 et seq.). Dans la principale chambre de son palais, au milieu et tout en haut, était un tableau contenant une croix de pierres précieuses enchâssées en or. Au vestibule était un autre tableau, où était représenté avec ses enfants, ayant la croix sur sa tête, et sous ses pieds un dragon percé d'un dard par le milieu du ventre, et précipité dans la mer.

Il fallait des livres pour le service des nouvelles églises de Constantinople. L'empereur s'adressa pour ce sujet à Eusèbe de Césarée, et lui écrivit une lettre par laquelle il lui marque qu'une grande multitude s'étant convertie à la foi dans cette nouvelle ville, il a jugé à propos d'y bâtir plusieurs églises, et le charge de faire écrire, en beau parchemin, par les meilleurs ouvriers, cinquante exemplaires des saintes Ecritures, lisibles et portatifs, d'une écriture belle et correcte. « J'ai écrit, ajoute-t-il, au trésorier de la province de fournir toute la dépense nécessaire : vous aurez soin que ces exemplaires soient écrits au plus tôt, et, en vertu de cette lettre, vous prendrez des voitures publiques pour me les envoyer par un des diacres de votre église. » Eusèbe ne manqua pas d'exécuter promptement cet ordre, et d'envoyer à l'empereur ces exemplaires en cahiers de trois et de quatre feuilles, magnifiquement ornés (Euseb., *Vita Const.*, l. 4, c. 56). Au reste, il avait raison de s'adresser à Eusèbe plutôt qu'à un autre pour avoir des exemplaires corrects; car, outre qu'il était connu pour très-savant, il avait hérité de la bibliothèque du martyr Pamphile.

Constantin donna à sa ville tout ce qu'il put, pour l'égaler à Rome; mais il ne put pas lui donner ce qu'il n'avait pas lui-même, la constante fermeté dans la foi. Il semble, au contraire, qu'à partir de la fondation de Constantinople, il ait dégénéré de lui-même; car on le voit dès lors, infidèle à ses paroles et à ses actes antérieurs, troubler l'Eglise par ses inconséquences : inconséquences déplorables, qui préludent à l'inconsistance plus déplorable encore de son fils Constance, et aboutiront à l'apostasie de son neveu Julien : triste image de la future histoire de Constantinople même.

Philostorge (l. 2; c. 9), auteur arien, nous apprend que, quand Eusèbe de Nicomédie et sa cabale souscrivirent au concile de Nicée, ils le firent avec des restrictions frauduleuses, et par les conseils de Constancie, sœur de Constantin. Elle était veuve de Licinius. Après la mort de sainte Hélène, leur mère commune, l'empereur, son frère, lui témoigna beaucoup d'affection. Elle en profita pour lui recommander, dans sa dernière maladie, un prêtre arien qui avait su gagner sa confiance, et lui persuader qu'Arius avait été condamné injustement. « Pour moi, disait-elle, étant prête à sortir du monde, je n'y ai plus aucun intérêt; mais je crains pour vous : je crains que les souffrances des innocents exilés n'attirent la ruine de votre Etat. » Constantin, persuadé de la bonne intention de sa sœur et de son affection pour lui, donna libre accès à ce prêtre. Celui-ci, qui agissait d'après les suggestions d'Eusèbe de Nicomédie, ayant gagné la confiance de l'empereur, lui insinua, comme il l'avait fait à sa sœur, qu'Arius ne pensait pas différemment du concile de Nicée, et qu'il souscrirait à ses décrets, s'il daignait l'admettre en sa présence. L'empereur, étonné, répondit : « Si Arius souscrit aux décrets du concile, et s'il a les mêmes sentiments, je le recevrai volontiers et le renverrai avec honneur à Alexandrie. »

Nous avons vu que déjà précédemment, dans une lettre publique, après lui avoir dit des injures, il l'avait invité avec une emphase pédantesque à venir conférer avec lui pour reconnaître ses erreurs ou se justifier. Il lui écrivit alors nommément pour lui témoigner sa surprise de ce qu'il ne s'était pas plus empressé de venir, et pour lui faire espérer sa bienveillance et le retour dans sa patrie. Arius vint donc à Constantinople, avec Euzoïus, déposé du diaconat. L'empereur leur demanda s'ils étaient d'accord en la foi, et, sur leur réponse affirmative, leur enjoignit de présenter leur profession. Ils lui en présentèrent une vague et équivoque, où, sur l'article principal, ils disent que Dieu, le Verbe, a été *produit* ou *créé* (1) du Père avant tous les siècles. Ils finissent par prier l'empereur de mettre un terme aux disputes oiseuses sur des questions purement spéculatives, afin que tous, étant unis dans l'Eglise, prient sans relâche pour le bonheur de son règne et pour toute sa famille (Socrate, l. 1, c. 26).

Ces questions, oiseuses suivant eux, étaient de sa

(1) Le mot grec peut signifier l'un ou l'autre.

voir si Jésus-Christ est Dieu ou créature, si, par conséquent, les chrétiens étaient idolâtres ou non.

Constantin fut satisfait de cette profession de foi, et les reçut tous les deux en grâce. Inconséquence déplorable qui remettait en question tout ce qui avait été décidé, et rouvrait la porte à des disputes sans fin. Un concile œcuménique avait été assemblé à grands frais; il avait terminé les controverses par une profession de foi claire et nette; tout le monde l'avait souscrite; l'empereur en avait même fait comme une loi de l'Etat. Et le voilà qui, au lieu de faire souscrire purement et simplement cette loi, tout ensemble religieuse et civile, permet à deux individus de s'en fabriquer une différente; le voilà, lui qui a protesté tant de fois qu'au lieu de juger les jugements de l'Église, il en était lui-même justiciable, le voilà qui, inconsidérément, renverse ce que l'Eglise a jugé, et, par cette imprudence, va troubler l'Eglise et l'empire pour des siècles, péchant non moins contre les règles d'une sage politique, que contre les règles de la foi chrétienne.

Eusèbe de Nicomédie et Théognis de Nicée, ayant appris dans leur exil le rappel d'Arius, envoyèrent aux principaux évêques une rétractation par écrit en ces termes : « Ayant été condamnés par votre piété sans connaissance de cause, nous devons souffrir en patience votre jugement; mais de peur de donner nous-mêmes par notre silence un prétexte aux calomnies, nous déclarons que nous convenons de la foi, et qu'ayant examiné le sens du mot de *consubstantiel*, nous sommes entièrement portés à la paix, n'ayant jamais suivi l'hérésie. Mais après avoir représenté, pour la tranquillité des Eglises, ce qui nous venait à l'esprit, et avoir persuadé ceux que nous devions satisfaire, nous avons souscrit à la profession de foi. Il est vrai que nous n'avons pas souscrit à l'anathème; non que nous trouvions à dire à la profession de foi, mais parce que nous ne croyions pas que l'accusé fût tel que vous pensiez, étant assurés du contraire par les lettres qu'il nous avait écrites et par ce qu'il nous avait dit de sa bouche. Mais si votre saint concile l'a cru coupable, nous ne nous opposons pas à votre jugement, nous y acquiesçons, et nous vous assurons par cet écrit de notre consentement. Non que nous ayons peine à porter l'exil, mais pour nous purger de tout soupçon d'hérésie; car, si vous voulez bien nous admettre en votre présence, vous nous trouverez entièrement soumis à vos jugements. Au reste, puisque vous avez usé d'indulgence envers l'accusé lui-même, jusqu'à le rappeler, il serait étrange de nous rendre suspects par notre silence, tandis que celui qui semblait coupable est rappelé et justifié. Ayez donc la bonté, comme il est digne de vous, d'en parler à l'empereur, de remettre en ses mains cette requête, et de résoudre au plus tôt ce que vous voudrez faire de nous (Soc., l. 2, c. 14; Soz., l. 2, c. 16). »

Après le rappel d'Arius, on ne pouvait guère refuser Eusèbe et Théognis. Ils furent donc rappelés après environ trois ans d'exil, c'est-à-dire l'an 328. Ils rentrèrent dans leurs Eglises, et en chassèrent ceux qui avaient été ordonnés à leur place. Nouvelle inconséquence de la part de Constantin. Dans sa proclamation aux habitants de Nicomédie, il avait accusé Eusèbe de l'avoir trompé honteusement et plusieurs fois, et leur recommandait vivement leur nouvel évêque. Et le voilà qui laisse chasser ce même évêque qu'il a tant recommandé, et protége celui qui l'a trompé honteusement, et qui le trompera plus honteusement encore.

A peine Eusèbe et Théognis se furent-ils ressaisis de leurs postes, qu'ils mirent tout en œuvre pour se venger de ceux qui avaient combattu la doctrine d'Arius avec le plus de zèle, d'habileté et de succès. Eustathe d'Antioche fut attaqué le premier. Il avait confessé la foi durant les persécutions, était docte et éloquent; il s'était déclaré des premiers contre l'hérésie arienne, et ne cessait de la combattre avec beaucoup de force pour un grand nombre d'écrits. Son exactitude l'empêcha d'admettre dans son clergé plusieurs personnes suspectes. Non content de préserver ainsi son Eglise, il envoyait dans les autres des hommes capables d'instruire et d'encourager les fidèles. Il ne craignait point de se déclarer contre Eusèbe de Césarée, Paulin de Tyr et Patrophile de Scythopolis, qui, par leur autorité, entraînaient la plupart des évêques d'Orient. Les ariens résolurent donc de le perdre.

A cette fin, Eusèbe de Nicomédie feignit un grand désir de voir Jérusalem, et en particulier l'église magnifique que l'empereur y faisait bâtir. Il le flatta si bien par ce prétexte, qu'il partit de Nicomédie avec grand honneur, l'empereur fournissant les voitures et tous les frais du voyage. Théognis de Nicée, son confident, partit avec lui. Arrivés à Antioche, ils se couvrirent du masque de l'amitié, et reçurent de saint Eustathe toutes sortes de bons traitements et toutes les marques de la charité fraternelle. Quand ils furent arrivés aux saints lieux, ils virent ceux qui étaient de leurs sentiments, entre autres Eusèbe de Césarée, leur découvrirent leur dessein et revinrent avec eux à Antioche, ceux-ci les accompagnant au retour, sous prétexte de leur faire honneur.

Tous ces évêques se trouvant ensemble à Antioche, tinrent un concile où Eustathe assista ainsi que plusieurs évêques catholiques, qui ne savaient rien du complot. Quand on eut fait sortir tout le monde, les ariens firent entrer une prostituée qu'ils avaient apostée d'avance et qui, montrant un enfant à la mamelle, criait avec impudence qu'elle l'avait eu de l'évêque Eustathe. Celui-ci demanda qu'elle produisit quelque témoin; elle dit qu'elle n'en avait point; mais les juges lui déférèrent le serment. Elle jura, et dit encore à haute voix que l'enfant était à Eustathe; et, comme s'il eût été convaincu, il fut condamné à la pluralité des voix. Les évêques qui n'étaient pas du complot réclamaient hautement contre la sentence, et défendaient à Eustathe d'y acquiescer. Ils représentaient qu'elle était contre toutes les règles, puisque la loi de Dieu dit expressément que, pour la preuve, il faut deux ou trois témoins, et saint Paul défend de recevoir autrement une accusation contre un prêtre. Toutefois, Eustathe demeura condamné et déposé, seulement on ne publia pas la cause. On dit sourdement qu'il avait été chargé d'un crime honteux, à qui l'on joignit le reproche banal de sabellianisme. Au reste, la malheureuse femme étant tombée dans une longue et fâcheuse maladie, découvrit à un grand nombre d'évêques toute l'imposture; car elle dit qu'elle avait été engagée à cette calomnie pour de l'argent; que, toutefois, son serment n'était pas entièrement faux, parce qu'elle avait eu cet enfant d'un ouvrier en cuivre nommé Eustathe (Socr., l. 1, c. 24; Soz., l. 2, c. 19). Telle était la conscience des deux Eusèbe et de leur phalange.

A la place de saint Eustathe on voulut mettre Eusèbe de Césarée. Les évêques du complot en écrivirent à l'empereur, témoignant qu'ils désiraient cette translation, et que le peuple y consentait. Mais, en effet, il n'y en avait qu'une partie; l'autre tenait ferme pour Eustathe et voulait le conserver. Cette division du peuple vint jusqu'à la sédition, et pensa renverser la ville d'Antioche; car tout le monde prit parti, même les magistrats et les soldats, et ils en seraient venus aux mains, si l'empereur n'y eut mis ordre. Eusèbe de Nicomédie et Théognis retournèrent le trouver promptement, et lui persuadèrent qu'Eustathe seul était coupable de tout le mal. Sur quoi il le fit venir et l'envoya en exil avec plusieurs prêtres et diacres. C'est ainsi que l'inconstant Constantin, faute de s'en tenir purement et simplement à la règle fixée par le concile œcuménique, se laisse entraîner jusqu'à devenir le persécuteur des saints; car les ariens chassèrent encore de même deux autres saints évêques, Asclépas de Gaze et Eutrope d'Andrinople.

Cependant Eusèbe de Césarée, qui coopérait à ces indignes manœuvres et à cause duquel Antioche avait failli périr, eut la prudence d'en refuser l'épiscopat. On y mit d'abord Paulin de Tyr, puis Eulalius, puis Euphronius, qui vécurent peu tous les trois. Enfin, Flacillus fut ordonné vers 331, et tint le siège douze ans. Tous ces évêques étaient du parti des ariens. Le peuple catholique, qu'ils nommaient eustathiens, tenait à part ses assemblées. Avant de partir pour l'exil, où il mourut, saint Eustathe l'avait réuni une dernière fois, et exhorté à demeurer ferme dans la bonne doctrine.

Après ces premiers essais, les ariens espéraient peut-être triompher dans tout l'Orient; mais il restait saint Athanase. Arius, soutenu de l'empereur, cherchait à entrer dans Alexandrie. Il éprouva un refus. Eusèbe de Nicomédie, se croyant, par son adresse, plus puissant que l'empereur, écrivit à saint Athanase, pour le prier et le presser de recevoir Arius à sa communion. Sa lettre était accompagnée de menaces verbales, que, s'il ne voulait pas y entendre, il s'en trouverait mal. Athanase répondit qu'il ne ferait rien contre le concile de Nicée. Désappointés de ce côté-là, les eusébiens se liguèrent avec les méléciens, qui remuaient toujours en Egypte. Les deux partis n'étaient nullement d'accord sur la foi; car, dans ce temps, les méléciens professaient la consubstantialité du Verbe. Mais ils se réunirent contre Athanase, leur commun adversaire. Ils l'accusèrent donc auprès de l'empereur d'être la cause de tous les troubles. Lui seul refusait la communion de l'Eglise catholique à ceux qui la demandaient, quoiqu'ils fussent tous orthodoxes. Si l'on accordait cette réunion, on finirait certainement toutes les disputes. Athanase fit connaître à l'empereur le véritable état des choses; comment les méléciens ne cessaient de violer les décrets de Nicée, et comment les autres, qui demandaient la communion de l'Eglise, étaient opposés à la foi de l'Eglise. Les eusébiens appuyèrent leurs amis de toutes leurs forces, et l'empereur envoya ordre à Athanase de ne refuser la communion de l'Eglise à personne. La lettre contenait ces paroles entre autres : « Etant donc informé de ma volonté, laissez libre l'entrée de l'Eglise à tous ceux qui veulent y venir; car si j'apprends que vous l'ayez refusée à quelqu'un de ceux qui la désirent, j'enverrai aussitôt vous déposer et même vous éloigner du pays. » Saint Athanase, sans s'étonner de ces menaces, écrivit à l'empereur, et lui fit entendre qu'une hérésie qui attaque Jésus-Christ ne peut avoir de communion avec l'Eglise catholique.

Les méléciens, par le conseil d'Eusèbe de Nicomédie, produisirent de nouvelles plaintes; ils avancèrent qu'Athanase avait imposé aux Egyptiens un nouveau tribut, savoir, des tuniques de lin pour l'église d'Alexandrie, et qu'il avait commencé par eux à l'exiger. Mais il se trouva précisément auprès de l'empereur deux prêtres d'Alexandrie, Apis et Macaire; il les interrogea et renvoya les méléciens, après avoir reconnu la fausseté de leurs accusations. Mais il fut bientôt assailli de nouvelles plaintes, et de plaintes très-graves. Athanase devait avoir pris part à une conspiration contre l'empereur, et envoyé pour cette fin un coffre rempli d'or à un certain Philumène. Constantin manda l'accusé à sa cour, mais en reconnut l'innocence et le congédia honorablement avec une lettre au peuple catholique d'Alexandrie, où, après avoir déploré la malice de ceux qui troublent et divisent l'Eglise pour satisfaire leur jalousie et leur ambition, il ajoute : « Les méchants n'ont eu aucun pouvoir contre votre évêque; croyez-moi, mes frères, toute leur application est d'abuser de notre temps et de se mettre hors d'état de se repentir en cette vie. » Et ensuite : « J'ai reçu avec joie votre évêque Athanase, je lui ai parlé comme à un homme de Dieu, et je l'ai chargé de vous saluer de ma part. Que Dieu vous garde, bien-aimés frères (Athan., *Apolog.*). »

Saint Athanase eut une autre consolation vers ce temps. Le patriarche des solitaires, saint Antoine, n'avait point reparu dans Alexandrie depuis la persécution de Maximin. Les ariens se vantaient qu'il était de leur sentiment. Alors, à la prière des évêques et de tous les fidèles, il descendit de la montagne, et, étant entré dans la ville, il excommunia les ariens, disant que c'était la dernière hérésie, celle qui précéderait l'antechrist. Il enseignait au peuple que le Fils de Dieu n'est point une créature ni fait de rien, mais éternel, de la substance du Père, son Verbe et sa sagesse. « N'ayez donc, disait-il, aucune communication avec les impies ariens. Vous êtes chrétiens : eux, qui disent que le Fils de Dieu est une créature, ne diffèrent en rien des païens, adorant la créature au lieu du Créateur. » Tout le peuple se réjouissait de l'entendre anathématiser l'hérésie; on accourait en foule pour le voir; les païens mêmes et leurs sacrificateurs venaient à l'église en disant : Nous désirons voir l'homme de Dieu, car tous le nommaient ainsi, et, par ses prières, Dieu délivra plusieurs possédés et guérit plusieurs aliénés. Beaucoup de païens demandaient au moins de toucher le saint vieillard, persuadés qu'ils étaient d'en recevoir quelque avantage; et, dans ce peu de jours, il se fit plus de chrétiens qu'il ne s'en serait fait en une année. Quelques-uns, croyant que la foule pourrait l'importuner, voulaient faire retirer tout le monde; il leur dit sans s'émouvoir : Ils ne sont pas en plus grand nombre que les démons avec

LIVRE XXXII. — SOUFFRANCES DE L'ÉGLISE SOUS CONSTANTIN.

qui nous combattons sur la montagne. Comme il s'en retournait, accompagné de plusieurs personnes et de saint Athanase lui-même, lorsqu'ils furent à la porte de la ville, une femme criait derrière : Demeurez, homme de Dieu, ma fille est cruellement tourmentée par le démon; demeurez, je vous prie; de peur que je n'expire moi-même à force de courir. On le pria d'arrêter, et il le fit volontiers. La femme s'approcha : sa fille se jetait par terre; mais Antoine ayant prié et nommé Jésus-Christ, le démon sortit et la fille se leva guérie. La mère bénissait le nom de Dieu, tous lui rendaient grâce, et Antoine partit avec joie, retournant à la montagne comme à sa maison (Athan., *Vita Anton.*).

Après l'issue humiliante de leurs premières accusations contre saint Athanase, les méléciens se tinrent en repos; mais ils furent excités de nouveau à prix d'argent par les eusébiens. Les nouvelles accusations surpassent tout ce qu'on doit attendre d'hommes sans conscience.

Dans la province de Maréote, un certain Ischyras s'était lui-même fait prêtre dans un petit hameau. Mais il n'avait ni fidèles ni église; seulement, quelques-uns de ses parents, au nombre de sept, assistaient à sa prétendue liturgie dans une chambre. Déjà, du temps qu'Osius était à Alexandrie et qu'il examinait l'affaire du prêtre Colluthe, il avait été question de l'entreprise d'Ischyras; car il avait soutenu que Colluthe lui avait conféré les ordres. Mais, outre qu'Osius déclara nulles toutes les ordinations de Colluthe, il fut encore avéré qu'Ischyras n'avait pas même reçu l'imposition des mains du prêtre schismatique. Il reçut dès lors la défense de faire le prêtre. Cependant, dans la visite ordinaire que saint Athanase fit dans la Maréote, les curés de ce canton se plaignirent qu'Ischyras continuait ses fonctions sacerdotales. Le curé, dans la paroisse duquel se trouvait le hameau d'Ischyras, ainsi que le prêtre Macaire de la suite d'Athanase, lui furent envoyés avec ordre de le ramener à l'obéissance. Ils le trouvèrent malade au lit : ils recommandèrent alors à son père de lui défendre de s'ingérer dans aucune fonction de prêtre. Ischyras passa aux méléciens, qui tournèrent cet incident à leur manière, et le contraignirent d'assurer que Macaire avait rompu son calice et renversé l'autel. Athanase devait expier la violence de son prêtre.

Une seconde accusation fut ourdie de cette sorte. Un évêque mélécien, Arsène d'Hypsèle, avait pris la fuite depuis quelque temps, à cause de certaines prévarications, et se tenait caché. On lui offrit de l'argent s'il consentait à ne plus se montrer en public. Le successeur de Mélèce, Jean et les siens répandirent là-dessus le bruit qu'Arsène avait été mis à mort par Athanase, pour en employer les restes à des opérations de magie. Ils demandaient avec des larmes feintes qu'on leur rendît au moins son corps. Pour pièces de conviction, ils colportaient partout, dans une boîte, une main coupée, comme celle du malheureux Arsène. Les deux accusations furent portées devant Constantin. Quant à la première, le calice rompu par Macaire, il n'en fit aucun état; car déjà précédemment il en avait reconnu la fausseté à Nicomédie; mais pour ce qui est de la seconde, il en confia l'enquête à un de ses oncles, le censeur Dalmace. Athanase reçut ordre de se trouver, à une époque fixée, à Antioche, pour se défendre; Eusèbe de Nicomédie, Théognis et quelques autres devaient, conjointement avec Dalmace, composer le tribunal.

Mais bientôt Ischyras, pressé par les réprimandes de ses parents et les reproches de sa conscience vint, fondant en larmes, se jeter aux pieds d'Athanase et lui demander sa communion. Il lui donna même une déclaration par écrit, signé de sa main, par laquelle il proteste que ce n'était point de son propre mouvement qu'il avait parlé contre lui, mais à la suggestion de trois évêques méléciens, qui l'avaient même frappé outrageusement pour l'y contraindre, déclarant, au surplus, que toute l'accusation était fausse, et qu'il n'y avait eu ni calice brisé, ni autel renversé. Cet écrit, que nous avons encore, est signé d'Ischyras, et fut donné en présence de six prêtres et de sept diacres, qui y sont nommés.

Quant à Arsène, Athanase eut soupçon qu'il pouvait encore être en vie, quoiqu'il ne l'eût plus vu depuis six ans. Un diacre fidèle fut envoyé dans la haute Égypte pour le trouver, s'il y avait moyen. Aussi bien tout dépendait de là. Le diacre fut assez heureux pour en découvrir les traces. Il s'était tenu caché dans un monastère. Mais Pinne, prêtre mélécien de ce monastère, avait eu soin de le faire embarquer pour la basse Égypte, sitôt qu'il eut nouvelle de l'arrivée du diacre et du but de son arrivée. Celui-ci cependant se saisit du prêtre Pinne et du moine Élie, ami d'Arsène, et les fit conduire à Alexandrie. On les présenta au duc de la province : c'était l'officier qui y commandait les troupes. Là ils avouèrent qu'Arsène vivait encore et qu'il avait été caché chez eux. Pinne donna aussitôt avis de tout ceci à Jean Arcaph, le chef des méléciens, afin qu'il ne s'opiniâtrât pas davantage à accuser saint Athanase de la mort d'Arsène, puisque toute l'Égypte savait qu'il était vivant, et la lettre tomba entre les mains de saint Athanase. Arsène lui-même fut découvert à Tyr, où il s'était enfui. Se voyant pris, il nia d'abord qu'il fût Arsène; mais il en convint quand il fut présenté juridiquement à Paul, évêque de Tyr, qui le connaissait depuis longtemps. Athanase envoya les actes de tout ceci à Constantin; car il se refusait, et pour de justes raisons, à comparaître devant Dalmace et les évêques Eusèbe et Théognis.

L'empereur révoqua le tribunal qu'il avait établi à Antioche, et écrivit à saint Athanase une lettre où il condamne avec indignation les impostures des méléciens. Il ordonne qu'elle soit lue souvent au peuple, et ajoute que, si les imposteurs continuent leurs manœuvres, il ne les traitera plus selon les lois de l'Église, mais selon les lois publiques, et prendra connaissance de l'affaire par lui-même. Les méléciens cédèrent à ce coup. Arsène lui-même écrivit à saint Athanase, au nom de tout son clergé d'Hypsèle, pour lui demander sa communion et lui témoigner l'obéissance qu'il lui devait, selon les canons, comme à son métropolitain. Jean, le chef des méléciens, demanda aussi la paix et l'amitié de saint Athanase, et en écrivit à l'empereur, qui en eut tant de joie, qu'il manda à Jean de venir le trouver par les voitures publiques pour recevoir des marques de sa bienveillance. Ainsi finit alors l'affaire d'Arsène (Athan., *Apol.*).

Par les paroles de Constantin, on voit qu'il avait

de bonnes intentions, qu'il cherchait la paix de l'Eglise. Son inconstance augmentera les troubles. Trop sensible à la flatterie, il ne se défiait point assez des évêques courtisans, en particulier d'Eusèbe de Nicomédie, dont il était vraiment la dupe. Même après tout ce qui venait de se passer, cet Eusèbe et ceux de son parti n'abandonnèrent point leur entreprise; mais, ayant gagné de nouveau quelques méléciens, ils les présentèrent à l'empereur, renouvelant contre Athanase des accusations vagues de crimes énormes. Ils firent tant qu'ils le portèrent à assembler un concile, et proposèrent la ville de Césarée en Palestine, à cause d'Eusèbe, qui en était évêque, l'un des principaux du parti. Saint Athanase ne voulut point s'y rendre, sachant qu'il n'y aurait point de liberté. Il se passa deux ans et demi, depuis l'an 331, que ce concile avait été indiqué, jusqu'à l'an 334. Enfin les eusébiens se plaignirent à l'empereur de la désobéissance d'Athanase, le traitant de superbe et de tyran. L'empereur en fut irrité et en prit de mauvaises impressions contre lui. Il changea le lieu du concile, et ordonna qu'il s'assemblerait à Tyr. Ce fut en l'année 335, la 30e du règne de Constantin. La cause de la convocation de ce concile était, disait-on, de réunir les évêques divisés et de rendre la paix à l'Eglise. L'empereur était bien aise encore d'assembler un grand nombre d'évêques en Palestine pour rendre plus solennelle la dédicace de l'Eglise de Jérusalem, qui était achevée; mais les eusébiens firent en sorte qu'il ne manda à ce concile que les évêques qu'ils lui marquèrent, et qu'il y envoya un comte pour les appuyer de son autorité, sous prétexte de maintenir l'ordre et d'empêcher le tumulte. Ce comte était Flavius Denis, auparavant consulaire de Phénicie, dont Tyr était la capitale. L'assemblée fut nombreuse. Il y eut des évêques de toutes les parties de l'Egypte, de la Libye, de l'Asie, de la Bithynie, de toutes les parties de l'Orient, de la Macédoine, de la Pannonie; mais ils étaient ariens pour la plupart. Les plus fameux étaient les deux Eusèbe, Flaccile d'Antioche, Théognis de Nicée, Maris de Chalcédoine, Narcisse de Néroniade, Théodore d'Héraclée, Patrophile de Scythopolis, Macédonius de Mopsueste, Georges de Laodicée, Ursace de Singidon, et Valens de Murse, deux villes de Pannonie : ces deux évêques étaient des premiers disciples d'Arius. Il y avait aussi quelques évêques qui n'étaient pas du parti des ariens, comme Maxime de Jérusalem, qui avait succédé à saint Macaire. Maxime avait souffert dans la persécution de Maximin : on l'avait condamné aux mines; et on lui avait crevé l'œil droit et brûlé un des jarrets, comme à plusieurs autres confesseurs. Marcel d'Ancyre et Alexandre de Thessalonique se trouvèrent aussi à ce concile. Asclépas de Gaze y vint avec quelques autres à qui l'on imputait des erreurs contre la foi. Il y avait soixante évêques sans les Egyptiens, qui ne vinrent pas d'abord, car saint Athanase refusa tant qu'il put de s'y trouver.

Il savait que Flaccile, un de ses adversaires, présidait à ce concile comme évêque d'Antioche, capitale de tout l'Orient; il savait que plusieurs magistrats séculiers y assistaient : le gouverneur de la Palestine, Archélaüs, comte d'Orient, et surtout le comte Denis, envoyé exprès de la cour pour cette commission, qui était accompagné de ministres de justice, d'appariteurs et de soldats. C'était un geôlier qui tenait la porte pour faire entrer les évêques, au lieu que les diacres devaient le faire. Le prêtre Macaire, dont Constantin avait cependant reconnu l'innocence, fut amené d'Alexandrie à ce concile, chargé de chaînes et traîné par des soldats. Comme saint Athanase tardait d'y venir, on lui envoya des lettres de l'empereur qui le menaçaient de l'y faire amener de force; et nous en voyons encore une, adressée au concile, qui menace même d'exil celui qui refusera d'y assister. Saint Athanase y vint donc enfin pour ôter à ses ennemis tout prétexte de le décrier auprès de l'empereur et de dire qu'il refusait d'obéir parce qu'il se sentait coupable. Il amena avec lui quarante-neuf évêques d'Egypte, entre autres les illustres confesseurs Paphnuce et Potamon.

Quand saint Athanase y fut entré, on le fit demeurer debout, comme un accusé devant ses juges. Potamon ne put le souffrir; il en répandit des larmes, et s'adressant à Eusèbe de Césarée, il lui dit tout haut : « Quoi ! Eusèbe, tu es assis pour juger Athanase qui est innocent? le peut-on souffrir? Dis-moi, n'étais-tu pas en prison avec moi durant la persécution? pour moi, j'y perdis un œil : te voilà sain et entier; comment en es-tu sorti sans rien faire contre ta conscience. » A cette terrible interpellation, Eusèbe se leva soudain et sortit de l'assemblée en disant : « Si vous avez la hardiesse de nous traiter ainsi en ce lieu, peut-on douter que vos accusateurs ne disent vrai? et si vous exercez ici une tyrannie pareille, que ne faites-vous point chez vous? » Eusèbe n'a jamais donné l'explication qu'on lui demandait et qu'on avait le droit de lui demander. Quant à la tyrannie, nous avons vu et nous verrons encore de quel côté elle était. Pour le saint confesseur Paphnuce, il s'adressa à Maxime de Jérusalem, et, traversant l'assemblée, il le prit par la main et lui dit : « Puisque je porte les mêmes marques que vous, et que nous avons perdu chacun un œil pour Jésus-Christ, je ne puis souffrir de vous voir assis dans l'assemblée des méchants. » Il le fit sortir, l'instruisit de toute la conspiration qu'on lui avait dissimulée, et le joignit pour toujours à la communion de saint Athanase. Les autres évêques d'Egypte persistaient aussi à ne point reconnaître pour juges de leur archevêque ceux qui étaient ouvertement déclarés contre lui. C'était invoquer un principe d'équité naturelle. Ils récusaient nommément les deux Eusèbe, Narcisse, Flaccile, Théognis, Maris, Théodore, Patrophile, Macédonius, Georges, Ursace et Valens. Ils reprochaient à Eusèbe de Césarée son apostasie, de quoi il ne s'est jamais justifié; à Grégoire de Laodicée, qu'il avait été déposé par saint Alexandre; mais on n'eut point d'égard à leurs remontrances.

Nous avons vu que saint Athanase avait été ordonné évêque d'Alexandrie par le plus grand nombre des évêques d'Egypte, à la vue de toute la ville et de toute la province. Jamais archevêque ne fut plus aimé de ses suffragants, ni de ses diocésains : témoin l'attachement héroïque que lui porteront les uns et les autres, jusqu'à la fin de sa vie. Or, on osa lui reprocher à Tyr d'avoir été ordonné en cachette par six ou sept évêques, et d'avoir tout son peuple contre lui. Par cette seule accusation, qu'on juge du reste. Que dis-je? on n'en pourrait pas même juger, car le reste surpasse toute imagination. L'accusation du calice rompu fut reproduite et amplifiée avec une incroyable impudeur. On disait donc qu'Athanase, faisant sa visite dans la Maréote, voulut interdire Ischyras, et envoya le prêtre Macaire qui arriva comme Ischyras était à l'autel et offrait le sacrifice; que Macaire entra avec violence, rompit le calice, brisa l'autel, renversa à terre les saints mystères, brûla les livres sacrés, abattit la chaire sacerdotale et démolit l'église jusqu'aux fondements. Voilà ce qu'on disait, tandis qu'il était notoire qu'Ischyras n'était pas prêtre, qu'il n'avait ni calice, ni autel, ni chaire, ni église; et que, d'après la déclaration écrite d'Ischyras même, tout cela était une manœuvre des méléciens. Les eusébiens dirent alors qu'il fallait envoyer des commissaires sur les lieux, pour faire des informations plus amples. La procédure était parfaitement inutile. Du moins les catholiques et le bon sens demandaient que les commissaires fussent choisis d'un commun consentement et parmi des personnes non suspectes. Ce fut tout le contraire : les eusébiens s'assemblèrent en secret et choisirent six des plus grands ennemis d'Athanase. Les évêques d'Egypte protestèrent contre par écrit. Les commissaires n'en partirent pas moins, avec une escorte de soldats (Athan., *Apol.*).

Cependant on continuait à Tyr de calomnier saint Athanase. Si l'on doit s'en rapporter à ce que disent Rufin, Théodoret et Sozomène, mais dont on ne trouve pas de vestige ailleurs, il fut accusé d'avoir violé une vierge consacrée à Dieu; et, en effet, les évêques étant assemblés, on fit paraître au milieu d'eux une personne qui s'écria qu'elle était bien malheureuse, qu'elle avait fait vœu de virginité, mais qu'ayant logé chez elle l'évêque Athanase, il avait abusé d'elle, malgré toute sa résistance, et lui avait fait ensuite quelque présent pour l'apaiser. Saint Athanase était averti, et avait concerté ce qu'il devait faire avec un de ses prêtres nommé Timothée. Etant entré, et sommé de répondre à cette accusation, il ne dit mot, comme si elle ne l'eût pas regardé. Mais Timothée, prenant la parole et se retournant vers la femme, dit : Quoi! vous prétendez que j'ai logé chez vous et que je vous ai déshonorée? La femme étendit la main vers Timothée, le montra du doigt et s'écria toujours plus haut : Oui, c'est vous-même qui m'avez fait cet outrage, ajoutant les circonstances du temps et du lieu avec beaucoup de paroles. La plupart des assistants ne purent s'empêcher de rire, de voir une accusation si mal concertée et si bien détruite, et ceux qui avaient fait venir cette malheureuse furent couverts d'une telle confusion, qu'ils la chassèrent promptement de l'assemblée, nonobstant l'opposition d'Athanase, qui demandait qu'elle fût arrêtée et mise à la question, s'il était besoin, pour découvrir les auteurs de la calomnie. Ils empêchèrent même que cette ridicule accusation ne fût insérée dans les actes du concile (Ruf., l. 1, c. 17; Theod., l. 1, c. 30; Sozom., l. 2, c. 25). Telle était la probité de ces juges.

Ils s'écrièrent en tumulte qu'il y avait des crimes plus importants à examiner, qu'on ne s'en justifiait point par subtilité, qu'il suffisait d'avoir des yeux pour en être convaincu. Alors ils ouvrirent leur boîte mystérieuse et firent paraître cette main desséchée, qu'ils gardaient depuis si longtemps. Athanase! dirent-ils, voilà votre accusateur! voilà la main droite de l'évêque Arsène! c'est à vous à dire comment et pourquoi vous l'avez coupée. Il s'éleva alors un bruit confus; tous s'écrièrent d'étonnement et d'indignation, les uns contre saint Athanase, croyant l'accusation véritable; les autres contre ses accusateurs, sachant combien elle était fausse. Saint Athanase ayant obtenu enfin un peu de silence, demanda si quelqu'un de la compagnie connaissait Arsène. Plusieurs se levèrent en disant qu'ils l'avaient connu particulièrement. Alors saint Athanase demanda un de ses domestiques, et lui donna ordre de quérir un homme, qu'il montra à l'assemblée, lui faisant lever la tête et disant : Est-ce là cet Arsène que j'ai tué et à qui j'ai coupé une main après sa mort, cet homme que l'on a tant cherché? Ceux qui connaissaient Arsène furent étrangement surpris de le voir, les uns parce qu'ils le croyaient mort, les autres parce qu'ils le croyaient fort éloigné; car Arsène n'avait point paru d'abord au concile de Tyr. On dit même que les eusébiens le tenaient caché dans un autre pays; mais qu'ayant su le péril où se trouvait saint Athanase à son occasion, il s'enfuit de nuit et vint le trouver en diligence. Quoi qu'il en soit, il se rendit secrètement à Tyr et vint s'offrir à saint Athanase, qui le tint caché chez lui, jusqu'au moment où il l'envoya chercher pour le produire dans le concile.

Arsène se présenta couvert de son manteau, en sorte que ses mains ne paraissaient pas. Saint Athanase en découvrit une en levant un côté du manteau. On attendait s'il montrerait l'autre, lorsqu'il tira un peu Arsène par derrière, comme pour lui dire de s'en aller; mais à l'instant il leva l'autre côté du manteau et découvrit l'autre main. Alors il s'adressa à tout le concile, et dit : Voilà Arsène avec ses deux mains; Dieu ne nous en a pas donné davantage : c'est à mes accusateurs à chercher où pouvait être placée la troisième, ou à vous à examiner d'où vient celle qu'on vous montre. Les ariens s'écrièrent qu'Athanase était un magicien qui trompait les yeux par ses prestiges. Jean de Mélécion sortit dans le tumulte et s'enfuit; les autres se jetèrent en furie sur saint Athanase, et l'auraient mis en pièces, si le comte Archélaüs et les autres officiers de l'empereur ne l'eussent arraché de leurs mains. Ils furent contraints, pour le mettre en sûreté, de l'embarquer sur un vaisseau et de le faire partir la nuit suivante (Ruf., Soc., Theod., Soz.; Athan., *Apol.*, 2). Ainsi se conduisaient les Eusèbe et les eusébiens à Tyr.

Leurs commissaires dans la Maréote se montrèrent dignes de ceux qui les envoyaient. Arrivés à Alexandrie, ils emmenèrent avec eux Philagre, préfet d'Egypte, homme de mauvaises mœurs, païen et apostat : ses soldats étaient également païens. Les commissaires menaient avec eux l'accusateur, l'indigne Ischyras, qui mangeait et logeait avec eux. Etant arrivés dans la Maréote, ils prirent sa maison pour y loger et y faire leurs informations. Quant à l'accusé, le prêtre Macaire, ils l'avaient laissé en prison à Tyr. Les prêtres et les diacres d'Alexandrie et de la Maréote leur reprochèrent l'iniquité de cette procédure, et demandèrent, puisque ni leur évêque ni l'accusé n'y étaient, qu'eux au moins y fussent présents et entendus. Non-seulement on leur refusa une demande aussi juste; on les chassa même avec injures par le moyen de Philagre. A leur place, on fit parler des parents d'Ischyras, ainsi que des ariens et des méléciens qu'on avait fait venir de toute l'Egypte; car il n'y en avait point encore dans la Maréote. On entendit même des catéchumènes, des juifs et des païens, quoiqu'il s'agît du saint sacrifice et des mystères, dont il n'y avait que les chrétiens baptisés qui fussent instruits; on n'osait même en parler devant les autres, suivant la discipline qui s'observait encore exactement dans l'Eglise. Ce qui est encore plus inconcevable, parmi ces témoins, il y en avait que l'on prétendait qu'Athanase avait fait enlever par le trésorier général d'Egypte, en sorte qu'on ne savait ce qu'ils étaient devenus; et, toutefois, ils se trouvaient présents et déposaient dans les informations. Outre que les commissaires choisissaient les témoins qu'ils voulaient, ils les intimidaient encore par leurs menaces et par la crainte de Philagre; ils leur marquaient par des signes ce qu'ils devaient répondre, et les soldats frappaient et outrageaient ceux qui faisaient résistance.

Toutefois ces informations si informes démentaient encore l'accusation. On avait publié partout que lorsque Macaire entra, Ischyras était debout à l'autel et offrait le sacrifice. Or, par les informations mêmes des commissaires, il resta établi qu'Ischyras était malade et couché dans une petite chambre quand le prêtre Macaire entra chez lui; que ce n'était pas un dimanche, seul jour où l'on offrît alors le sacrifice; et qu'enfin, il n'y avait point eu de livres brûlés. Aussi les commissaires eurent-ils grand soin de cacher les actes de leur procédure. Ils en prirent seulement une copie pour eux, et défendirent au greffier d'en donner à qui que ce fût. Depuis, ils se virent contraints de les envoyer au pape Jules, qui les envoya à saint Athanase, lequel put ainsi les lire au grand dépit des eusébiens. Et pour les rendre plus authentiques, Dieu conserva longtemps en vie celui qui avait servi de greffier dans cette information. Enfin deux des commissaires, Ursace et Valens, confesseront au même pape Jules que toute cette enquête n'était qu'une calomnie. En attendant, les prêtres et les diacres d'Alexandrie, ainsi que ceux de la Maréote, adressèrent trois protestations contre cette procédure : l'une aux commissaires, l'autre au concile de Tyr, la troisième à Philagre et à d'autres magistrats de l'Egypte. La dernière est du 7 septembre 335.

Les commissaires étant de retour à Alexandrie, les soldats qui les accompagnaient commirent des violences odieuses contre des vierges catholiques : on tira l'épée contre elles, on les déchira à coups de fouet, quelques-unes furent tellement maltraitées qu'elles en demeurèrent estropiées et boiteuses. Les artisans et la populace païenne furent soulevés contre elles et excités à les dépouiller toutes nues, à les frapper, à les menacer d'autels et de sacrifices idolâtriques. Il se trouva un homme assez insolent pour prendre par la main une de ces vierges consacrées à Dieu, et la traîner devant un autel qui se rencontra par hasard, comme s'il eût voulu renouveler la persécution; les autres vierges s'enfuyaient et se cachaient, et les païens se moquaient de la religion chrétienne. Ces violences se commettaient en la maison où les évêques étaient logés et présents, comme pour les divertir, et encore en un jour de jeûne, par des gens qui sortaient de leur table.

Quand ils revinrent à Tyr, ils n'y trouvèrent plus saint Athanase; mais après qu'ils eurent fait le rapport de leur enquête, les eusébiens firent prononcer contre lui une sentence de déposition, avec défense de demeurer à Alexandrie, de peur que sa présence n'y excitât de nouveaux troubles. La plupart des évêques souscrivirent à ce jugement; mais outre ceux d'Egypte, il y en eut qui le refusèrent constamment, entre autres Marcel d'Ancyre. Le concile, ou plutôt le conciliabule, écrivit à Constantin pour lui mander la déposition d'Athanase; ils l'écrivirent aussi à tous les évêques, les avertissant de ne pas l'admettre dans leur communion, de s'abstenir de lui écrire ou de recevoir ses lettres. Ils disaient pour motifs de sa condamnation, qu'après s'être fait attendre longtemps à Césarée, il était venu à Tyr avec une grande escorte, et y avait excité du trouble, refusant de répondre, récusant ses juges et faisant injure à plusieurs évêques; qu'il avait été convaincu d'avoir brisé un calice, par les informations faites dans la Maréote, et de plusieurs autres crimes qu'ils rapportaient succinctement. Ils ne rougirent pas même de le proclamer coupable de la mort d'Arsène. Et, dans le même temps, eux recevaient Arsène à leur communion. Il y eut quelque chose de plus prodigieux encore : le nom d'Arsène figura parmi les signataires du jugement, et celui qu'on disait mis à mort par Athanase souscrivit vivant à la déposition d'Athanase. C'est la réflexion de l'historien Socrate. Ils reçurent également à leur communion Jean le Mélécien avec tous ceux de son parti, leur conservant tous leurs honneurs, comme à des gens injustement persécutés. Ils donnèrent aussi à Ischyras le nom d'évêque, et obtinrent de l'empereur qu'on lui bâtirait une église : ce qui toutefois n'eut pas lieu. Ils étaient près d'achever leur ouvrage en recevant de même Arius, quand il leur arriva des lettres de l'empereur qui leur ordonnait de terminer cette assemblée et de se rendre en diligence à Jérusalem pour y dédier l'église qu'il avait fait bâtir (Athan., *Apol.*, 2; Soc., l. 1, c. 32; Sozom., l. 2, c. 25).

Ce qui précède était une étrange préparation à une dédicace d'église : c'est après de pareilles iniquités que les eusébiens s'approchèrent du sépulcre du Seigneur? Ils trouvèrent à Jérusalem d'autres évêques que Constantin y avait fait venir en grand nombre de tous côtés. Il y avait entre autres un évêque de Perse, que l'on croit être le martyr saint Milles. Un peuple innombrable était accouru de toutes les provinces de l'empire pour voir la cérémonie; on leur fournissait à tous les choses nécessaires aux dépens de l'empereur, qui avait envoyé des personnes considérables de sa cour pour faire les honneurs de cette fête. Ils distribuèrent de grandes sommes d'argent, et un grand nombre d'habits à une infinité de pauvres, et offrirent de riches présents pour orner la nouvelle église.

Pendant la fête de la dédicace, les évêques occupaient le peuple de divers exercices de piété. Les uns offraient des sacrifices non sanglants et des prières pour l'Eglise, pour l'empereur et pour ses enfants. Ceux qui étaient les plus savants et les plus éloquents, faisaient des discours publics, soit pour expliquer ce qu'on avait lu des saintes Ecritures et en découvrir les sens mystiques, soit pour enseigner la théologie la plus sublime, soit pour faire des par négyriques à la louange de l'empereur, et relever, par leurs discours, la magnificence de la nouvelle église. Eusèbe de Césarée s'y signala entre les autres par un très-long, très-lourd et très-fastidieux panégyrique de Constantin, qu'il a eu soin de nous conserver, et qu'il récita quelque temps après à Constantin lui-même. Cette dédicace se fit en 335, en même temps qu'on célébrait la fête de la Sainte-Croix, c'est-à-dire le 13 septembre.

Voilà ce qui paraissait au dehors, mais dans les assemblées des évêques qui composaient le concile, on traitait d'autres affaires. Arius y vint avec une lettre de l'empereur et une profession de foi qu'il lui avait présentée. C'était probablement celle dont nous avons parlé déjà, et qui lui était commune avec Euzoïus. L'empereur crut que tous les deux étaient revenus de bonne foi à la décision du concile de Nicée; il en eut de la joie, mais il ne s'attribua pas le droit de les recevoir à la communion avant le jugement de ceux qui devaient les examiner, suivant la loi de l'Eglise. Il les renvoya donc au concile de Jérusalem, auquel il écrivit d'examiner leur profession de foi et de juger en leur faveur s'ils paraissaient orthodoxes et calomniés par envie, ou s'ils s'étaient repentis après avoir été légitimement condamnés. Les eusébiens ne manquèrent pas d'embrasser cette occasion qu'ils cherchaient depuis longtemps. Ils reçurent Arius et Euzoïus avec les prêtres de leur parti et avec toute la multitude du peuple qui avait été séparé de l'Eglise à cause d'Arius. Ils en écrivirent une lettre synodale à tous les évêques du monde. Le point sur lequel ils insistent le plus, c'est que l'empereur avait reconnu l'orthodoxie d'Arius et des siens. On reconnaît à leur langage les évêques de cour. Marcel, évêque d'Ancyre, métropolitain de Galatie, ne se trouva point à ce concile, parce qu'il ne voulait avoir aucune part à la réception d'Arius. Les eusébiens le citèrent pour y comparaître, l'accusant d'avoir écrit des erreurs contre la foi. Ils poursuivaient cette affaire, lorsqu'ils furent mandés inopinément par l'empereur et obligés d'aller à Constantinople pour rendre raison du jugement qu'ils avaient rendu contre saint Athanase (Soc., l. 1, c. 33, 36; Sozom., l. 2, c. 2).

Car, s'étant sauvé de Tyr, il vint à Constantinople; et comme l'empereur entrait à cheval dans la ville, il se présenta tout à coup à lui, au milieu de la rue, accompagné de quelques autres. Constantin, qui ne s'attendait à rien moins qu'à trouver Athanase en ce lieu, en fut très-surpris; et, ne le reconnaissant pas d'abord, il demanda qui c'était; quelques-uns des siens le lui firent reconnaître et lui contèrent l'injustice qu'il avait soufferte. Saint Athanase demandait audience; mais Constantin refusait de l'écouter, ne voulant point communiquer avec un homme qu'il regardait comme condamné par un concile d'évêques, et peu s'en fallut qu'il ne le fît chasser de sa présence. Alors saint Athanase lui dit : « Le Seigneur jugera entre vous et moi, puisque vous vous joignez à ceux qui me calomnient; » et il insista hardiment, disant qu'il ne demandait aucune grâce, sinon de faire venir ceux qui l'avaient condamné, afin de pouvoir se plaindre en sa présence. Cette demande parut raisonnable à l'empereur et conforme à ses maximes; c'est pourquoi il écrivit aux évêques qui avaient été assemblés à Tyr, de venir tous à Constantinople pour lui faire une relation exacte de tout ce qui s'était passé en ce concile, où l'on disait que l'on avait procédé avec beaucoup de désordre et de tumulte. Dans sa lettre, il leur ordonne jusqu'à trois fois de venir tous. Nonobstant cet ordre, les eusébiens ne permirent pas à tous de venir : quelques-uns auraient pu avoir assez de conscience ou de courage pour dévoiler le mystère de l'iniquité. Il n'y eut que les deux Eusèbe, Théognis, Patrophile, Ursace et Valens pour faire le voyage de Constantinople. Ils connaissaient le faible de Constantin, et le secret de le faire tourner comme une girouette.

Arrivés dans la capitale, ils ne parlèrent plus d'abord ni du calice ni d'Arsène, mais ils inventèrent une nouvelle calomnie. Ils dirent qu'Athanase avait menacé d'empêcher, à l'avenir, que l'on ne transportât du blé d'Alexandrie à Constantinople. A ce discours, au lieu de réviser le jugement de Tyr, l'empereur s'enflamma de colère et fit de terribles menaces contre Athanase; car il était fort jaloux de la grandeur de sa ville de Constantinople, qui ne pouvait subsister sans les convois d'Egypte; et, sur un soupçon semblable, si l'on peut en croire Eunape, il avait fait trancher la tête au philosophe Sopater, qu'il chérissait auparavant. Athanase gémit et protesta que cette accusation n'était point vraie. Car, disait-il, comment aurais-je un tel pouvoir, moi qui ne suis qu'un simple particulier et un homme pauvre ? Mais Eusèbe de Nicomédie soutint publiquement la calomnie, et, pour la rendre vraisemblable, jura qu'Athanase était riche, puissant et capable de tout. Voyant que l'empereur en croyait ses paroles, il poussa l'impudence plus loin, ramena les vieilles accusations, entre autres celles du calice rompu, dont il donnait pour témoins Théognis, Ursace et Valens. Après cela, Constantin crut user de beaucoup d'indulgence en ne condamnant pas Athanase à mort. Il se contenta de l'exiler à Trèves, alors la capitale des Gaules. Les eusébiens firent bannir en même temps quatre prêtres de l'Eglise d'Alexandrie; et voulurent établir un autre évêque à la place de saint Athanase; mais l'empereur refusa d'y envoyer celui qu'ils avaient choisi, et comme ils insistèrent, il leur fit des menaces si rigoureuses, qu'ils abandonnèrent cette entreprise. Cela fit croire à quelques-uns qu'il exila saint Athanase moins pour le punir que pour le soustraire à la fureur de ses ennemis et procurer par son éloignement la paix à l'Eglise. Il y avait un moyen plus sûr et plus facile de conserver cette paix ou de la ramener : c'était de s'en tenir purement et simplement au concile de Nicée (Athan., *Apol.*, 2; Soc., Soz., Théod.). C'est faute de le faire, qu'avec toutes ses bonnes intentions, Constantin lui-même ramena le trouble dans l'Eglise.

Arrivé à Trèves, saint Athanase y fut très-bien reçu par Constantin le jeune, qui, à l'âge de 20 ans, y présidait aux légions, et qui pourvut libéralement à sa subsistance et lui témoigna beaucoup d'honneur. Il eut aussi la consolation d'y trouver un digne collègue : c'était saint Maximin, évêque de Trèves, illustre pour la pureté de sa foi, la sainteté de ses mœurs et ses miracles.

A Rome, le dernier jour de l'an 335, mourut saint Silvestre, après avoir tenu le Saint-Siège près de 22 ans. Son successeur fut saint Marc, qui, élu le 18 janvier 336, mourut le 7 octobre de la même année. Après sa mort, la chaire apostolique resta vacante jusqu'au 6 février 337, qu'y fut élevé saint Jules.

Cependant les eusébiens achevèrent à Constantinople ce qu'ils avaient commencé à Jérusalem contre Marcel d'Ancyre : ils le déposèrent et l'excommunièrent. Eusèbe de Césarée écrivit contre lui cinq livres. On y voit quel était le principal crime de Marcel. Il ose s'élever, dit Eusèbe, tantôt contre Astérius, tantôt contre le grand Eusèbe (celui de Nicomédie), tantôt contre Narcisse, tantôt contre Paulin, le saint homme de Dieu, tantôt contre l'autre Eusèbe (de Césarée); en un mot, il méprise tous les Pères de l'Eglise (c'est-à-dire tous les chefs des ariens) (*Adv. Marcell.*, l. 1, c. 4). Astérius était un sophiste de profession, qui avait sacrifié aux idoles et professait crûment l'arianisme dans ses écrits. Marcel écrivit un livre pour le réfuter. Il y disait entre autres : J'ai lu dans une lettre de l'évêque Narcisse de Néroniade, qu'Osius lui avait demandé un jour si, comme Eusèbe de Palestine, il reconnaissait deux essences dans la divinité. J'ai vu par cette lettre qu'il en reconnaissait aussi trois. Eusèbe de Césarée, disait encore Marcel, ose séparer de Dieu le Verbe, et l'appeler un autre Dieu, différent du Père quant à l'essence et à la puissance. Ailleurs Marcel blâme Paulin, parce qu'il disait que le Christ était un second Dieu, quelquefois même que c'était une créature, et qu'il y avait un premier Dieu et un second. Or, que fait Eusèbe? Au lieu de se justifier lui-même, il blâme Marcel de ce qu'il trouvait à blâmer ces paroles, et il en conclut qu'il était sabellien ! Comme les ariens confondaient *hypostase* et *essence*, Marcel n'admettait point trois hypostases en Dieu, mais une seule hypostase en trois personnes (μιαν ὑποστασιν τριπροσωπον). Il reprochait au sophiste Astérius de dire que le Père et le Fils étaient, non pas deux personnes distinctes, comme traduit Fleury, mais deux personnes *séparées*. Car, pour montrer l'unité d'essence entre les trois personnes divines, il fait ce raisonnement remarquable : « Le Verbe procède du Père, et il est dit du Saint-Esprit, tantôt qu'il procède du Père, tantôt qu'il procède du Verbe; par conséquent il procède à la fois de l'un et de l'autre. Or, on ne saurait concevoir qu'il procède de tous les deux, si le Père et le Fils étaient des êtres séparés ; car nécessairement il procéderait du Père à l'exclusion du Fils, ou du Fils à l'exclusion du Père; puis donc qu'il procède du Père et du Fils, ils sont tous deux une même chose. » Il conclut par ces paroles : « N'est-il donc pas clair et incontestable que, quoique d'une manière incompréhensible, l'unité s'émane en Trinité, mais sans aucunement admettre de séparation (*De Theologiâ eccl.*, l. 3, c. 4)? » Or, Eusèbe prétend que tout cela était du sabellianisme. Ce qui le prouve qu'une chose : c'est qu'Eusèbe ne comprenait point la théologie catholique, dont il se vantait d'être le défenseur (V. Mœhler, *Vie de S. Athanase*). Une chose non moins curieuse, c'est que ce même Eusèbe, le plus courtisan des évêques, fait un crime à Marcel d'avoir loué Constantin par des louanges (*Adv. Marcel.*, l. 2, *in fine*) ! Les eusébiens regardaient comme leur monopole de flatter et d'abuser les rois.

Mais leur but principal, dans ce concile de Constantinople, était le rétablissement entier d'Arius. Il était présent, et l'empereur l'avait fait venir pour rendre compte de sa conduite. Car, après qu'il eut été reçu à Jérusalem, il s'en alla à Alexandrie, espérant profiter de l'absence de saint Athanase; mais le peuple catholique ne l'y pouvait souffrir, et, comme il avait grand nombre de partisans, il s'excita des émeutes, ce qui porta l'empereur à mander Arius à Constantinople. On disait même que les eusébiens avaient sollicité cet ordre; du moins ils voulurent en profiter pour faire rentrer Arius à la communion de l'Eglise, dans la ville impériale, à la face de l'univers. Le saint évêque Alexandre de Constantinople, quoique âgé de plus de 90 ans, leur résista avec une force invincible, et, n'ayant pu détourner l'ordre de l'empereur pour faire venir Arius, il n'eut aucune complaisance pour lui quand il fut arrivé. Les eusébiens le priaient d'avoir compassion de ce prêtre et de le recevoir en esprit de paix; ils le faisaient solliciter par d'autres personnes, qui, ne s'apercevant pas de leur malice, venaient de bonne foi lui faire de grands éloges de sa douceur. Alexandre répondit : La douceur dont j'userais envers Arius serait une vraie cruauté à l'égard d'une infinité d'autres; les lois de l'Eglise ne me permettent pas de contrevenir, par une fausse compassion, à ce que j'ai moi-même ordonné avec tout le saint concile de Nicée.

Les eusébiens, voyant que l'artifice était inutile, s'emportèrent contre Alexandre et le menacèrent hautement que, s'il ne recevait Arius un certain jour qu'ils lui marquaient, ils le feraient déposer lui-même, et, qu'après l'avoir relégué bien loin, on mettrait en sa place un autre évêque qui ne manquerait pas de recevoir Arius et ses disciples. L'exemple de saint Athanase montrait quel était leur pouvoir, et l'Eglise semblait réduite à une terrible extrémité. Alors saint Jacques de Nisibe, qui se trouvait à Constantinople, conseilla aux fidèles d'avoir recours à Dieu et de faire, pendant sept jours, des jeûnes et des prières. Comme on savait qu'il avait le don des miracles et de prophétie, on suivit son conseil; Alexandre l'exécuta le premier : il renonça aux discours et aux contestations, et, pendant que les eusébiens s'agitaient par leurs intrigues, il s'enfermait seul dans l'église de la Paix. Là, se jetant au pied de l'autel, le visage contre terre, il priait avec larmes, et continuait sans interruption pendant plusieurs jours.

Les eusébiens persuadèrent à l'empereur qu'Arius tenait la doctrine de l'Eglise, et, sur ce fondement, résolurent de le faire recevoir à la communion un certain jour qui était un dimanche. Le samedi précédent, Constantin, voulant s'assurer davantage, fit venir Arius dans son palais et lui demanda s'il suivait le concile de Nicée. Arius dit que oui. Constantin lui demanda sa profession de foi par écrit. Arius la donna aussitôt. Elle était conçue avec un tel artifice, que l'hérésie n'y paraissait point, et on n'y voyait que des paroles de l'Ecriture. Constantin lui demanda s'il n'avait point d'autre croyance, et ajouta : « Si vous parlez sincèrement, vous ne devez pas craindre de prendre Dieu à témoin de la vérité; mais si vous faites un faux serment, craignez la vengeance divine. » Arius jura qu'il n'avait jamais dit ni écrit autre chose que ce qui était dans son papier, et qu'il n'avait jamais tenu les erreurs pour lesquelles on l'avait condamné à Alexandrie. Quelques-uns ont dit que le papier qu'il tenait à la main était le Symbole

LIVRE XXXII. — SOUFFRANCES DE L'ÉGLISE SOUS CONSTANTIN.

de Nicée, qu'en même temps il tenait sous le bras un autre papier où était sa véritable doctrine, et que c'était à ce dernier qu'il prétendait rapporter son serment. Quoi qu'il en soit, l'empereur, trompé par ce serment, manda l'évêque Alexandre et lui dit qu'il fallait tendre la main à un homme qui cherchait à se sauver. Alexandre s'efforça de détromper l'empereur; mais, voyant qu'il ne faisait que l'irriter par ses remontrances, il se tut et se retira.

Les eusébiens rencontrèrent comme ils accompagnaient Arius, qu'ils avaient pris à la sortie du palais, et le menaient par la ville avec pompe pour le faire voir à tout le monde. Ils voulaient le faire entrer dans l'église à l'heure même, et, comme Alexandre s'y opposait, ils renouvelèrent leurs menaces et lui dirent qu'ils avaient fait venir Arius à Constantinople malgré lui, et qu'ils sauraient bien aussi, malgré lui, le faire recevoir à la communion le jour suivant. Eusèbe de Nicomédie lui dit ces propres paroles : Si vous ne voulez pas le recevoir de gré, je le ferai entrer demain avec moi dès le point du jour; et comment l'empêcherez-vous? Alexandre, saisi de douleur, entra promptement dans l'église, accompagné de deux personnes, dont l'une était Macaire, prêtre d'Alexandrie. Là, le saint vieillard, fondant en larmes, se prosterna devant l'autel, le visage contre terre, et dit : « Seigneur, s'il faut qu'Arius soit demain reçu dans l'Eglise, retirez votre serviteur de ce monde; mais si vous avez encore pitié de votre Eglise, et je sais que vous en aurez pitié, voyez les paroles d'Eusèbe; ne permettez pas que votre héritage tombe dans le mépris; ôtez Arius de ce monde, de peur que, s'il entre dans votre Eglise, il ne semble que l'hérésie y soit entrée avec lui. » Alexandre priait ainsi le samedi, sur les trois heures après midi, et cependant les eusébiens continuaient à mener Arius par la ville comme en triomphe; et lui, se comptant déjà pour rétabli, tenait plusieurs vains discours. Il était près de la place de Constantin, où était la colonne de porphyre, lorsque, tout d'un coup, il changea de couleur. Se sentant pressé subitement de quelque nécessité naturelle, il demanda s'il n'y avait pas dans les environs quelque commodité publique. On lui en montra une, où il entra aussitôt, laissant à la porte un valet qui le suivait. Là, tombant soudain en défaillance, il vida en même temps les boyaux, les intestins, le sang, la rate et le foie, et mourut, crevé par le milieu du corps, comme Judas.

Cette nouvelle s'étant répandue par toute la ville, les fidèles accoururent à l'église pour rendre grâces à Dieu d'une protection si visible qu'il avait donnée à la vérité; car ils ne regardaient point la mort d'Arius comme un accident naturel, mais comme l'effet des prières d'Alexandre et de Jacques de Nisibe, et comparaient cette mort si hideuse à celle de Judas, dont Arius avait imité l'impiété. Constantin, voyant le doigt de Dieu dans cette prompte punition du parjure d'Arius, ne douta plus qu'il ne fût véritablement hérétique, et s'attacha plus que jamais à la foi de Nicée. Un grand nombre d'ariens se convertirent; mais ceux qui demeurèrent opiniâtres, attribuèrent cette mort à un sortilége, tant était constant qu'elle n'était pas naturelle. Le lieu où elle arriva fut regardé comme maudit; on allait le voir en foule, et on s'avertissait d'éviter le siège funeste. Cela dura jusqu'à ce qu'un arien, riche et puissant, y fit bâtir une maison, afin d'en effacer la mémoire en changeant la forme de l'édifice (Athan., Ruf., Soc., Soz., Théod.).

Les eusébiens étaient honteux et consternés d'une pareille catastrophe. Ils ne changèrent pas pour cela. Pour se tirer d'affaire, il leur restait toujours l'intrigue et la flatterie. Par ce moyen, ils tournaient l'empereur à leur gré. Le patriarche des solitaires, saint Antoine, était animé d'un esprit tout différent. Constantin lui écrivit avec ses deux fils Constance et Constant, le traitant de père et lui demandant réponse. Antoine, sans s'émouvoir quand il reçut ces lettres, appela les moines et leur dit : « Ne vous étonnez pas si un empereur nous écrit, ce n'est qu'un homme; étonnez-vous plutôt de ce que Dieu a écrit une loi pour les hommes, et nous a parlé par son propre Fils. » Il ne voulut pas même recevoir ces lettres, disant qu'il ne savait pas y répondre. Mais les moines lui ayant représenté que les empereurs étaient chrétiens, et qu'ils pourraient se scandaliser comme étant méprisés, il permit qu'on les lût et y fît réponse, donnant aux empereurs des avis salutaires : de ne pas faire grand cas des choses présentes, mais de penser plutôt au jugement futur; de considérer que Jésus-Christ est le seul roi véritable et éternel; enfin, il les priait d'être humains, d'avoir soin de la justice et des pauvres. Cette lettre fut bien reçue; mais il n'en fut pas de même de quelques autres qu'il lui écrivit pour le prier de rappeler saint Athanase, et de n'en pas croire les calomnies des méléciens. Après s'être plaint publiquement d'avoir été honteusement trompé par Eusèbe de Nicomédie, il en fut la dupe jusqu'à sa mort, qui arriva l'an 337.

Le saint évêque de Constantinople, Alexandre, était mort lui-même peu après son triomphe sur Arius. Il avait près de cent ans. On lui donna pour successeur saint Paul, que nous verrons finir par le martyre. Il était jeune d'âge et non de prudence. Mais le fameux Eusèbe, qui avait quitté Béryte pour Nicomédie, songeait à quitter Nicomédie pour Constantinople. Afin de s'aplanir les voies, il intrigua si bien, que Constantin exila saint Paul dans le Pont. Ce fut la dernière injustice que commit cet empereur contre de saints évêques.

Il allait marcher contre les Perses, quand il tomba malade, à l'âge d'environ 65 ans. Il eut d'abord recours aux bains chauds de Constantinople, puis à ceux d'Hélénople. Il ne s'en trouva pas mieux. Ce fut seulement alors que, se voyant proche de sa fin, il résolut de recevoir le baptême. Il reçut d'abord l'imposition des mains avec les premières oraisons, pour être mis au rang des catéchumènes. Puis, s'étant fait transporter près de Nicomédie, l'évêque de cette ville, le fameux Eusèbe, et les évêques qui l'accompagnaient, lui donnèrent le baptême et les autres sacrements. Dès lors il quitta la pourpre et ne porta plus que l'habit blanc des néophytes jusqu'à sa mort, qui arriva le jour même de la Pentecôte, 20 mai 337. Les Grecs l'honorent comme saint; il l'est sans doute, étant mort peu après son baptême. Il a fait du bien à l'Église; mais il lui a fait aussi du mal : il lui en a surtout préparé beaucoup par sa légèreté et ses inconséquences. Il a été beaucoup loué, il a été beaucoup blâmé; il avait d'assez grandes qualités et d'assez grands défauts pour justifier à la fois et les éloges et les blâmes.

De son vivant, il avait partagé l'empire entre ses trois fils et deux de ses neveux. Aucun de ses fils ne se trouva présent à sa mort. Constance, qu'il avait mandé comme le plus proche, n'arriva que pour les funérailles, qui furent magnifiques. Le défunt empereur fut déposé dans le tombeau qu'il s'était fait faire dans le vestibule de l'église des Apôtres. Des funérailles d'un autre genre eurent lieu dans le palais. Les soldats massacrèrent les deux frères et le beau-frère du défunt empereur, ainsi que sept de ses neveux. La plupart des auteurs, soit chrétiens, soit païens (Athan., *Ad Solit.*; Hieron., *Chron.* Julian. ad Athen.; Soz.), disent que ce fut avec le consentement et même par l'ordre de Constance, qui cependant avait épousé la fille d'une de ces victimes, et donné sa sœur à une autre. On n'épargna que deux enfants, frères de sa femme : Gallus, que dans la suite il fera césar pour le faire mourir peu après, et Julien, qui, élevé par Eusèbe de Nicomédie, deviendra Julien l'Apostat. C'est là qu'aboutit la nombreuse famille du grand Constantin!

Constance avait tous les défauts de son père, sans aucune de ses vertus. On dirait que la nature lui avait refusé une intelligence propre, et qu'il ne se mouvait que par la volonté d'autrui, tant il y aura d'inconstance et de contradiction dans ses lettres et dans ses actes. Son règne sera le règne des eunuques. Le principal était Eusèbe, préfet de la chambre ou grand chambellan, homme vain, avare, injuste et cruel. Sorti d'une très-basse origine, il gouverna tellement Constance, qu'on disait plaisamment : Il faut avouer que l'empereur a beaucoup de crédit auprès d'Eusèbe (Amm., l. 18, c. 4).

Le défunt empereur avait confié son testament à ce prêtre arien, que sa sœur lui avait recommandé en mourant. Il devait ne le remettre qu'entre les mains de son fils Constance. Cette commission lui valut une grande autorité et une grande liberté d'entrer dans le palais. Il en profita pour gagner à l'arianisme le grand chambellan et en infecter l'esprit de l'impératrice. Le nouvel empereur commença lui-même à révoquer en doute ce que l'on devait croire de cette nouvelle opinion : tout le monde en disputait dans le palais, les femmes et les eunuques, les gardes mêmes. De là ce mal se répandit dans les familles particulières, dans les autres villes et dans les provinces éloignées; car le tumulte que causaient ces questions, excitait tout le monde à en demander le sujet et à entrer en dispute. L'Illyrie, toutefois, et le reste de l'Occident n'y prirent aucune part et demeurèrent dans la foi de Nicée. Eusèbe de Nicomédie et Théognis conçurent alors de grandes espérances, et pour empêcher saint Athanase de rentrer dans Alexandrie, ils résolurent d'y mettre un évêque de leur parti.

Mais cette fois ils n'en eurent pas le temps. Athanase revenait, après deux ans et quatre mois d'exil. Le défunt empereur avait ordonné son rappel avant de mourir. Constantin le jeune, qui l'avait si bien reçu à Trèves, le renvoya, dès 338, avec une lettre très-affectueuse pour le peuple d'Alexandrie. Athanase fut donc reçu dans son église avec une joie incroyable de tout le monde. Les autres évêques qui avaient été chassés de leurs sièges furent également rétablis, entre autres Asclépas de Gaze, Marcel d'Ancyre et Paul de Constantinople.

Les ariens, désappointés, inventèrent de nouvelles calomnies contre Athanase, entre autres d'avoir vendu à son profit le blé destiné par l'ancien empereur aux veuves et aux ecclésiastiques de Libye et d'Egypte. Ils en écrivirent aux trois empereurs, Constance en Orient, Constant en Italie, Constantin le jeune dans les Gaules. Mais ces calomnies ne firent pas grand effet auprès des deux derniers, quoique les eusébiens y eussent envoyé des députés pour les soutenir; car saint Athanase y envoya aussi des ecclésiastiques avec des lettres qui le justifièrent et couvrirent ses ennemis de confusion.

Le jeune Constantin ne vécut pas longtemps après. Il était entré en différend avec Constant, touchant l'Afrique et l'Italie : Constant dissimula sa haine pendant trois ans, dans le dessein de surprendre son frère; enfin le voyant entré sur ses terres, il envoya des troupes, sous prétexte de donner du secours à Constance pour la guerre contre les Perses. Ils prirent Constantin en embuscade, et le tuèrent près d'Aquilée, l'an 340. Constant joignit à son partage celui de son malheureux frère, et tout l'empire fut réduit à deux parties, l'Orient et l'Occident.

Vers le même temps mourut Eusèbe de Césarée, avec une réputation équivoque d'homme plus érudit que profond, plus rhéteur que théologien, plus courtisan qu'évêque, plus arien qu'orthodoxe. Dans ce qu'il a écrit après le concile de Nicée, il paraît un peu moins inexact que dans ce qu'il avait écrit auparavant. Mais, avant et après, on voit que jamais son intelligence ne pénétra les profondeurs mystérieuses du christianisme, et qu'il n'en apercevait que la surface. Son caractère était encore au-dessous de son esprit, témoin la part qu'il prit aux fourberies des ariens.

Son homonyme, Eusèbe de Nicomédie, valait encore beaucoup moins. Pour celui-ci, la grande affaire était l'ambition, la grande science l'intrigue; la piété consistait dans la richesse et la grandeur des villes. Depuis que Constantinople était devenue la capitale de l'empire, il convoitait Constantinople. Son saint évêque Paul y était revenu de l'exil. Eusèbe suscita une accusation contre lui, par l'intermédiaire d'un prêtre de Constantinople, appelé Macédonius, le fit déposer dans une assemblée d'évêques, et se mit lui-même à sa place.

Son ambition satisfaite, il voulut satisfaire sa vengeance. Le principal objet de sa haine était saint Athanase. Pour le chasser de nouveau d'Alexandrie, on entreprit ce qu'on n'avait pas encore pu, d'y envoyer un évêque de la secte. C'était le moyen le plus sûr de diviser cette Eglise, d'y élever autel contre autel, et d'y causer un schisme. On choisit, à cette fin, un prêtre nommé Piste, arien opiniâtre, qui avait été excommunié nommément, non-seulement par saint Alexandre, mais encore par le concile de Nicée. On le fit ordonner par Second de Ptolémaïde, déposé et excommunié par le même concile. Eusèbe et les siens lui envoyaient publiquement des diacres et des lettres, et recevaient des siennes en signe de communion. Ils osèrent plus; ce fut de lui obtenir la communion du pape Jules. Ils envoyèrent donc une députation à Rome, avec des lettres contre Athanase,

Marcel d'Ancyre et Asclépas de Gaze, et en faveur de Piste.

Saint Athanase, de son côté, ne s'endormait point. Il assembla dans Alexandrie un concile d'environ cent évêques de l'Egypte, de la Thébaïde, de la Libye et de la Pentapole, qui tous ensemble écrivirent à tous les évêques catholiques du monde, en particulier au pape saint Jules, une lettre synodale que nous avons encore, et où ils justifient leur patriarche de toutes les calomnies inventées contre lui, et relèvent les procédures irrégulières et tyranniques des eusébiens (*Apud Athan.*, *Apol.*, 2). Cette lettre était accompagnée de pièces justificatives, savoir, les procès de ceux que le gouverneur d'Egypte avait fait punir avant le retour de saint Athanase, et que les eusébiens mettaient sur le compte du saint; la lettre que le grand Constantin avait écrite quand il sut qu'Arsène était vivant; celle d'Alexandre, évêque de Thessalonique, au comte Denys, sur l'irrégularité des procédures de Tyr; la rétractation d'Ischyras; les protestations du clergé d'Alexandrie et de la Maréote; les attestations de divers évêques d'Egypte et de Libye, que saint Athanase avait distribué fidèlement le blé des veuves; la lettre des eusébiens en faveur des ariens. Plusieurs autres évêques écrivirent également au pape Jules en faveur de saint Athanase.

Les députés du concile d'Alexandrie étant arrivés à Rome, y trouvèrent les envoyés d'Eusèbe, qui avaient remis sa lettre au Pape, avec les actes de l'information dans la Maréote. Ils travaillaient de tous leurs moyens à décréditer Athanase et à recommander Piste. Mais quand ils surent la prochaine arrivée de la députation d'Alexandrie, ils en furent tellement consternés, que le chef d'entre eux, le prêtre Macaire, se sauva de nuit tout malade, et quoique le Pape l'attendît à l'audience. Les autres députés demeurèrent : c'étaient deux diacres, nommés Martyrius et Hésychius. Ceux de saint Athanase étant arrivés, firent connaître au Pape que ce prétendu évêque Piste était un des premiers disciples d'Arius; que lui et Second de Ptolémaïde qui l'avait ordonné, avaient été excommuniés par saint Alexandre, et ensuite par le concile de Nicée; et le diacre Martyrius n'osa dire le contraire. Ils confondirent de même les eusébiens, sur tous les chefs d'accusation, dans une conférence publique en présence du Pape. Enfin les députés des eusébiens le prièrent d'assembler un concile et d'y mander Athanase et ses accusateurs : déclarant qu'ils se réserveraient d'y produire leurs preuves. Le Pape accepta la proposition, écrivit aux uns et aux autres, et manda saint Athanase en particulier.

Cette tournure des affaires n'accommodait guère les eusébiens. Ils sentirent qu'ils ne seraient pas les maîtres à Rome. Après avoir demandé un concile et un jugement au Pape, ils aimèrent mieux se rendre juges de leur propre cause. Ils s'assemblèrent à Antioche. L'occasion en était la dédicace d'une église, que le grand Constantin y avait commencée dix ans auparavant. Athanase y fut déposé, sous prétexte qu'il était remonté sur son siège sans la permission préalable d'un concile, et un autre fut élu à sa place. On abandonna Piste comme trop décrié et comme hors d'état de se soutenir à Alexandrie contre Athanase. Le choix tomba d'abord sur Eusèbe, depuis évêque d'Emèse, homme savant, originaire d'Edesse et formé à l'école d'Eusèbe de Césarée. Mais il était trop sage pour vouloir devenir évêque d'Alexandrie. Il savait combien Athanase y était aimé. Un certain Grégoire de Cappadoce accepta, et fut ordonné à Antioche.

Les évêques de ce concile publièrent successivement quatre professions de foi différentes. Comme les principaux d'entre eux étaient accusés d'hérésie, ils disaient dans la première : « Nous n'avons point été les sectateurs d'Arius, comment suivrions-nous un prêtre, étant évêques? Nous n'avons reçu aucune autre profession de foi que celle qui a été proposée dès le commencement. Mais nous avons examiné et éprouvé sa créance, et nous l'avons reçu plutôt que nous ne l'avons suivi. Vous le verrez par ce que nous allons dire. » Venait ensuite une formule conçue de telle sorte, qu'elle pouvait contenter les catholiques et les ariens. Les eusébiens eurent soin d'envoyer cette lettre à tous les évêques dans chaque ville. Mais comme ils demeurèrent longtemps à Antioche, ils proposèrent et envoyèrent une nouvelle formule, condamnant ainsi la première. C'était celle du martyr saint Lucien, que nous avons vue en son temps. Bientôt on la trouva trop longue, et par là même un peu obscure. Théophrone, évêque de Tyane, en proposa une plus courte, avec un anathème contre Marcel d'Ancyre et contre Sabellius et Paul de Samosate, dont on l'accusait de suivre les erreurs. Enfin, plus tard, Narcisse de Néroniade et Maris de Chalcédoine, avec deux autres, en envoyèrent une quatrième à l'empereur Constant ; dans les Gaules. A l'exception du mot de *consubstantiel*, les ariens s'exprimaient dans ces diverses formules comme les catholiques (Athan., *De Synod.* ; Hilar., *De Synod.*); mais ils ne croyaient pas ce qu'ils disaient, comme la suite le fera voir; ils voulaient seulement s'affermir par un air d'orthodoxie, pour répandre ensuite leurs idées.

Outre les quatre formules de foi, on attribue encore à ce concile vingt-cinq canons de discipline ; mais plusieurs sont apparemment d'autres conciles d'Antioche, tenus avant ou après : tels que ceux qui renouvellent les canons de Nicée et d'Arles, touchant la célébration de la Pâque, l'élection, l'ordination et la translation des évêques, les empiètements de juridiction, la stabilité et la subordination des clercs, la défense d'aller à la cour sans une lettre du métropolitain, la distinction entre les biens propres de l'évêque et ceux de l'Eglise, la tenue des deux conciles par an. Ceux qu'on peut croire être vraiment du concile eusébien de 341, sont les suivants : Si un évêque est condamné tout d'une voix par tous les évêques de la province, il ne pourra plus être jugé par d'autres, et ce jugement subsistera. Si un évêque déposé par un concile, ou un prêtre ou un diacre déposé par son évêque, ose s'ingérer dans le ministère comme auparavant, il n'aura plus d'espérance d'être rétabli dans un autre concile, et ses défenses ne seront plus écoutées. Même tous ceux qui communiqueront avec lui seront chassés de l'Eglise, principalement s'ils savaient la condamnation. Si un prêtre ou un diacre déposé par son évêque ou un évêque déposé, par un concile, ose importuner les oreilles de l'empereur, au lieu de se pourvoir devant un plus grand concile, il sera indigne de pardon, on n'écoutera point sa défense et il n'aura point d'espérance d'être rétabli. Ces règlements, qui semblent exclure l'appel au Pape, et que les eusébiens avaient violés d'avance, nous les verrons les tourner contre saint Athanase et ses défenseurs. Mais la primauté du Pape était dès lors si bien reconnue en Orient, que Socrate, auteur grec du même siècle, prouve l'irrégularité du concile d'Antioche, en ce que Jules, évêque de la grande Rome, n'y assista point ni n'envoya personne à sa place, bien qu'il y eût une règle ecclésiastique qui défendait aux Églises de rien régler sans le consentement de l'évêque de Rome (Soc., l. 2, c. 8).

Pendant ce temps, le cappadocien Grégoire avait commencé son intrusion à Alexandrie à main armée. Pour le soutenir, Constance, qui présidait en quelque sorte à toutes ces manœuvres, avait nommé Philagre pour la seconde fois préfet d'Égypte. Il était de Cappadoce, comme Grégoire, mais, de plus, apostat et sans mœurs. Les eusébiens en avaient déjà éprouvé le talent pour persécuter les catholiques, quand ils firent les informations dans la Maréote. D'après les ordres qu'il avait reçus, il annonça donc, par forme d'édit, que Grégoire était le nouvel évêque envoyé par la cour. Comme jusque-là on n'avait entendu parler de rien, une consternation extraordinaire s'empara de tous les esprits. Bientôt on vit le nouvel évêque entouré d'ariens. Des lamentations épouvantables remplirent toute la ville, mais particulièrement la demeure des principaux magistrats. Là, les catholiques se plaignaient que leur évêque eût été déposé sans aucun jugement canonique, que c'était pour plaire aux ariens qu'on se permettait ces procédés inouïs. S'il y avait des plaintes contre l'évêque, il fallait assembler le peuple, et, en sa présence, examiner le tout d'après les lois ecclésiastiques. L'évêque fût-il coupable, on ne pouvait pas imposer à l'Église un évêque étranger, un homme vendu, un arien. Ainsi parlait le peuple. C'était précisément le saint temps de carême, la préparation à la fête des souffrances du Sauveur; les églises étaient par conséquent très-fréquentées. Le pauvre peuple affluait encore à l'église, comme si elle ne pouvait être envahie et profanée par l'évêque intrus, tant que lui-même y serait ! Mais Grégoire s'avança avec des soldats ; des juifs et des païens furent requis par Philagre pour prendre part à l'assaut ! Ils pénétrèrent avec des armes de toute espèce : les vierges consacrées à Dieu furent dépouillées et maltraitées, les ascètes foulés aux pieds et battus à mort, les sanctuaires profanés, l'église pillée et livrée aux flammes. Il y eut des catholiques tués à coups d'épée, il y en eut d'autres confisqués et vendus comme esclaves. Grégoire, escorté du gouverneur, renouvela des horreurs pareilles dans une seconde église, le jour même du Vendredi saint. Athanase se trouvait dans une autre. Pour prévenir de plus grands malheurs et ne pas voir les mêmes abominations répétées partout, il prit la fuite. En effet, Philagre avait reçu ordre de le chercher et de lui couper la tête. Force fut alors d'abandonner les églises aux ariens.

Le peuple se vit dans la nécessité ou de communiquer avec eux, ou de se priver de la prière en commun et du culte public. Il ne lui était pas même loisible de prier chez soi ; car quiconque le faisait et n'assistait point aux assemblées ariennes, était maltraité. Jamais il n'y avait eu persécution pareille.

Précédemment, on pouvait au moins prier et recevoir le baptême en secret; mais alors la cruauté imitait les Babyloniens. Comme ceux-ci dénoncèrent Daniel, de même l'intrus Grégoire dénonçait au préfet ceux qui priaient à la maison. Il espionnait outrageusement les ministres de l'Église, en sorte que beaucoup de fidèles couraient risque de ne pas être baptisés, d'autres de n'être pas visités par les prêtres dans leurs maladies ; ce qu'ils déploraient comme un malheur plus grand que la maladie même. Ils avaient une telle horreur de l'hérésie arienne, qu'ils aimaient mieux rester exposés à tous ces périls que de se laisser toucher la tête par un arien. Grand nombre de prêtres et de laïques furent traînés devant les tribunaux et battus de verges. Dans une seule heure, Grégoire fit ainsi battre et jeter en prison 43 vierges, femmes mariées et hommes considérables. De peur que ces violences ne vinssent à être connues, il fit donner des ordres pressants aux maîtres des vaisseaux et même aux passagers de ne point parler contre lui, et, au contraire de se charger de ses lettres; quelques-uns le refusèrent et souffrirent pour ce sujet la prison, les fers et les tourments. Il fit aussi écrire, par le gouverneur apostat et idolâtre, un décret adressé à l'empereur, comme au nom du peuple, contre saint Athanase, le chargeant de calomnies si atroces, qu'il y avait de quoi le condamner, non-seulement à l'exil, mais à la mort. Ce décret fut souscrit par des païens et des gardiens d'idoles, et par les ariens avec eux.

Voilà comme Grégoire s'installa dans Alexandrie. Bientôt il entreprit la visite de la province, accompagné de Philagre. Comme les évêques ne voulaient pas reconnaître un métropolitain imposé par force, à l'élection duquel ils n'avaient pas été appelés, et qu'ils n'avaient pas ordonné comme le voulaient les canons, on les fouettait et on les mettait aux fers : Sarapammon, évêque et confesseur, fut banni; Potamon, aussi évêque et confesseur, le même qui avait assisté aux conciles de Nicée et de Tyr, fut frappé sur le cou jusqu'à ce qu'on le crut mort. A peine put-on le faire revenir au bout de quelques heures à force de remèdes : il mourut peu de temps après, avec la gloire d'un double martyre. Il y eut beaucoup d'autres évêques battus, et beaucoup de solitaires fustigés. Pendant ces exécutions, l'intrus Grégoire se tenait assis avec un officier nommé Balacius, qui portait le titre de duc. Après quoi il invitait tout le monde à communiquer avec lui, ne voyant pas la contradiction de les faire maltraiter comme des méchants, et de leur offrir sa communion comme à des saints. Il persécuta la tante de saint Athanase jusqu'à ne permettre pas qu'on l'enterrât quand elle fut morte, et elle fût demeurée sans sépulture, si ceux qui l'avaient retirée ne l'eussent portée en terre, comme leur appartenant. Voilà une partie des violences de Grégoire (Soc., l. 2, c. 8; Soz., l. 3, c. 5; Athan., etc.).

Après l'invasion de cet intrus, saint Athanase se tint caché quelque temps dans le voisinage d'Alexandrie, pour voir un peu les suites. Il écrivit alors une lettre-circulaire à tous les évêques, où il fait connaître publiquement l'histoire de l'intrusion du nouvel évêque. A la fin, il les presse de ne pas rester indifférents au grand malheur de l'Église d'Alexandrie; de ne pas laisser fouler aux pieds par les hérétiques un membre si distingué du corps de l'Eglise universelle, mais de compatir à ses souffrances; car l'apôtre dit que quand un membre souffre, tous les autres souffrent avec lui; qu'il faut pleurer avec ceux qui pleurent. Or, l'outrage d'une église devait être regardé comme l'outrage de toutes les églises; le Sauveur de toutes était blasphémé, les lois de toutes opprimées. C'est pourquoi ils ne devaient pas reconnaître Grégoire ni lui envoyer de lettres de communion, mais se prononcer contre lui, et, en compatissant aux évêques et au peuple de l'Egypte, leur donner l'assurance qu'ils n'étaient ni seuls ni abandonnés, afin qu'ils se pussent réjouir de l'unité de la foi en Jésus-Christ.

Saint Antoine avait eu révélation de ces maux de l'Eglise et les avait prédits, deux années avant qu'ils arrivassent. Quand il eut appris l'intrusion de Grégoire, il lui écrivit pour le faire rentrer en lui-même. Mais Grégoire, ne s'appuyant que sur la puissance temporelle, se tenait bien plus honoré de l'amitié des magistrats que de celle des évêques et des moines. Quand il recevait des lettres de l'empereur, d'un gouverneur ou d'un juge, il ne se possédait pas de joie, et faisait des présents à ceux qui les apportaient; mais quand le patriarche des solitaires lui écrivit de la montagne, il n'en témoigna que du mépris. Le duc Balacius imita son exemple. Car saint Antoine ayant appris les violences qu'il faisait pour servir les ariens, jusqu'à battre des vierges, dépouiller et fouetter des solitaires, il lui écrivit en ces termes : « Je vois la colère de Dieu venir sur toi. Cesse donc de persécuter les chrétiens, de peur qu'elle ne te surprenne; car elle est prête à éclater. » Balacius se mit à rire, jeta la lettre par terre et cracha dessus : il maltraita ceux qui l'avaient apportée, et les chargea de dire à Antoine pour réponse : « Puisque tu prends soin des moines, je vais aussi venir à toi. » Cinq jours n'étaient pas passés, que la vengeance divine éclata. Balacius s'en allait avec le vicaire d'Egypte, montés sur deux de ses chevaux, les plus doux de son écurie. Ces chevaux ayant commencé à se jouer ensemble, l'un se jette tout d'un coup sur Balacius, le mord et lui déchire la cuisse. On le rapporta à la ville; il mourut en trois jours; et tout le monde admira le prompt accomplissement de la prédiction de saint Antoine. Aussi les autres officiers avaient-ils un respect merveilleux pour lui. Tous les juges le priaient de descendre de la montagne, puisqu'ils ne pouvaient l'y aller trouver, à cause de ceux qui les suivaient pour leurs affaires. Ils demandaient seulement à le voir; et comme il s'en excusait, ils lui envoyaient des criminels conduits par des soldats. Ainsi forcé par la compassion qu'excitaient leurs plaintes, il venait à la montagne extérieure, et ce n'était pas sans fruit. Il conseillait aux juges de préférer la justice à toutes choses, de craindre Dieu et de se souvenir qu'ils seraient jugés comme ils auraient jugé les autres; mais rien ne lui était si cher que le séjour de la montagne (Athan., *Vita Ant.*).

Cependant saint Athanase, après avoir rempli ses obligations envers son Eglise d'Alexandrie et envers l'Eglise universelle, s'embarqua pour Rome, où il était appelé, afin de provoquer une décision finale contre les eusébiens, dans le concile qu'ils avaient eux-mêmes demandé. Le Pape était l'unique soutien du grand nombre des persécutés; car non-seulement saint Athanase, mais Marcel d'Ancyre et Asclépas de Gaze, chassés tous deux de nouveau, de plus un grand nombre d'évêques de Thrace, de Syrie, de Phénicie et de Palestine, s'étaient réfugiés auprès de lui, afin d'être tenus par le chef comme membres du corps. Socrate dit : « Quand ils eurent instruit Jules de ce qui les concernait, celui-ci, selon la prérogative de l'Eglise romaine, les munit de lettres où il s'exprimait avec une grande autorité, et les renvoya en Orient, après avoir rendu à chacun d'eux son siége, et blâmé fortement ceux qui avaient eu la témérité de les déposer. Etant donc partis de Rome, et appuyés sur les rescrits de l'évêque Jules, ils reprirent possession de leurs églises, et envoyèrent les lettres à ceux à qui elles étaient adressées (Soc., l. 2, c. 15). » Sozomène dit de son côté : « L'évêque de Rome ayant examiné la cause de chacun, et, les voyant tous d'accord en la foi du concile de Nicée, les reçut à sa communion, attendu qu'ils pensaient comme lui. Et parce que le soin de tout lui appartient en vertu de la dignité de son trône, il rendit à chacun son église (Sozom., l. 3, c. 8). » C'est ainsi que parlent ces deux historiens grecs, nés une quarantaine d'années après la conclusion de ces affaires, une dizaine après la mort de saint Athanase.

Il faut observer toutefois que ces affaires ne se terminèrent pas aussi promptement qu'ils le disent ou semblent le dire; car elles traînèrent encore plusieurs années. En attendant, saint Athanase fut reçu avec une estime particulière du pape saint Jules; car Sozomène dit : « Le primat de l'Eglise romaine, et tous les pontifes de l'Occident regardèrent ces choses, l'intrusion des siéges d'Antioche, d'Alexandrie et de Constantinople, comme une injure faite à eux-mêmes. Car ayant approuvé dès le commencement la décision de ceux qui étaient venus à Nicée, ils avaient persévéré jusqu'alors dans les mêmes sentiments. Athanase étant donc venu vers eux, ils le reçurent avec beaucoup de bienveillance, et entreprirent de lui rendre justice (*Ibid.*, c. 7). »

Jules envoya aux eusébiens les prêtres Elpide et Philoxène, afin qu'ils vinssent d'autant plus sûrement au concile qu'ils avaient eux-mêmes provoqué. Mais eux s'épouvantaient d'un jugement libre, ecclésiastique, et avaient peur d'Athanase. Ils osèrent même retenir les légats plusieurs mois; puis, en les congédiant, ils leur donnèrent pour Jules une lettre composée, dit Sozomène (*Ibid.*, c. 8), avec tous les artifices de la rhétorique et de la chicane, respirant l'ironie et la menace. Elle portait que la sollicitude de l'Eglise romaine était universellement connue; car, dès l'origine, elle a été l'école des apôtres et la métropole de la piété, quoique les docteurs de la foi lui fussent venus de l'Orient. Eux, toutefois, ne croyaient pas devoir lui céder à cause de sa grandeur et de la multitude de son peuple, attendu qu'ils lui étaient supérieurs en vertus et en sentiments. On voit ici le caractère indélébile de tous les sectaires. Ne pouvant nier la primauté de Rome, ils la tournent en dérision. Les expressions de respect sont des équivoques moqueuses. Le mot grec que nous avons rendu par *sollicitude*, signifie encore *rivalité*, *ambition*. Le mot que nous avons rendu par *école* des apôtres, est en grec le même qu'emploie Aristophane pour désigner ridiculement la maison de Socrate, et peut se rendre trivialement par *boutique-à-penser*. On voit quel esprit animait les eusébiens. Après cela, ils faisaient un crime à Jules d'avoir reçu Athanase, et s'indignaient de ce que leur concile à eux était ainsi vilipendé et leur jugement abrogé. Que cela était contraire aux lois de l'Eglise : aussi leurs prédécesseurs avaient-ils respecté la décision de l'Eglise romaine contre Novatien. Que c'était dans un esprit de partialité que Jules préférait la communion d'Athanase à la leur. Ils disaient à la fin que, quoique très-offensés, ils continueraient cependant la communion avec Jules, s'il approuvait la déposition de ceux qu'ils avaient chassés, et l'institution de ceux qu'ils avaient ordonnés à leur place. Sinon, ils lui annonçaient tout le contraire. Quant à ce qu'ils avaient fait contre les décrets du concile de Nicée, ils ne répondirent rien, si ce n'est qu'ils avaient eu des raisons pour le faire, et qu'il était inutile de les dire, puisqu'on les accusait sur tout. Pour ce qui est de venir au concile de Rome, ils ne le pouvaient pas, parce que le terme était trop court, et que, d'ailleurs, ils en étaient empêchés par la guerre des Perses. Voilà comme s'excusaient, ou plutôt comme se jouaient les eusébiens.

Jules répondit avec la véritable dignité d'un pasteur suprême, avec autant de franchise et d'énergie que de douceur chrétienne, avec la simplicité et la cordialité d'un apôtre, non moins qu'avec le zèle et l'incorruptibilité d'un protecteur de l'innocence opprimée. La lettre était écrite à la prière du concile de Rome, qui, après un soigneux examen, avait absous Athanase et Marcel. Jules disait dans l'exorde : « J'ai lu la lettre que m'ont apportée mes prêtres Elpidius et Philoxène, et je me suis étonné que, vous ayant écrit avec charité et dans la sincérité de mon cœur, vous m'ayez répondu avec un esprit de contention et non pas comme il était convenable ; car la lettre respire l'orgueil et l'arrogance : ce qui est éloigné de la foi chrétienne. A ce qui vous avait été écrit avec charité, il fallait répondre avec une charité égale, et non pas avec un esprit de dispute. Car n'était-ce pas une marque de charité d'avoir envoyé des prêtres pour compatir aux affligés et pour exhorter à venir ceux qui m'avaient écrit, afin de régler promptement toutes choses et de faire cesser les souffrances de nos frères, ainsi que les plaintes que l'on faisait contre vous ? Quand j'eus lu votre lettre, après y avoir bien réfléchi, je la gardai par-devers moi sans la faire voir, espérant toujours que quelqu'un viendrait de votre part et que je ne serais pas obligé de la publier ; car je savais combien elle affligerait beaucoup des nôtres. Comme personne ne venait et qu'il devint nécessaire de la rendre publique, je vous avoue que tout le monde en fut étonné et eut de la peine à croire que vous l'eussiez écrite ; car c'était une lettre de contention plutôt que de charité. Si celui qui en est l'auteur a cherché la gloire de l'éloquence, ce motif conviendrait mieux à d'autres. Dans les affaires ecclésiastiques, il ne s'agit pas d'ostentation de paroles, mais des canons apostoliques et de la sollicitude à ne scandaliser pas un des plus petits de l'Eglise.

» Que si la cause de votre lettre est le chagrin et l'animosité que quelques petits esprits ont conçu les uns contre les autres, il ne fallait pas que le soleil se couchât sur leur colère, ou du moins qu'elle fût poussée jusqu'à la montrer par écrit. Car enfin, quel sujet vous en ai-je donné par ma lettre ? Est-ce parce que je vous ai exhortés à vous trouver à un concile ? Vous deviez plutôt vous en réjouir. Ceux qui se tiennent assurés de leur conduite ne trouvent pas mauvais qu'elle soit examinée par d'autres, ne craignant pas que ce qu'ils ont bien jugé devienne jamais injuste. C'est pourquoi le grand concile de Nicée a permis que les décrets d'un concile fussent examinés dans un autre, afin que les juges, ayant devant les yeux le jugement qui pourra suivre, soient plus exacts dans l'examen des affaires, et que les parties ne croient pas avoir été jugées par passion. Vous ne pouvez honnêtement rejeter cette règle ; car ce qui a une fois passé en coutume dans l'Eglise, et ce qui est confirmé par les conciles, ne doit pas être aboli par un petit nombre. »

Il leur représente ensuite combien ils sont déraisonnables de se plaindre d'avoir été appelés à ce concile, puisqu'il avait été demandé par leurs propres députés, le prêtre Macaire et les diacres Martyrius et Hésychius, qui se trouvaient confondus par les députés d'Athanase. De là, il passe à une autre plainte. Chaque concile, disaient les eusébiens, doit avoir une autorité inébranlable, et c'est déshonorer le juge, que de faire examiner par d'autres son jugement : ce qu'ils disaient principalement pour soutenir leurs conciles de Tyr et de Constantinople. A quoi Jules répond ainsi : « Voyez, mes chers frères, qui sont ceux qui déshonorent un concile et qui renversent les jugements déjà prononcés ? Et, pour ne charger personne en particulier, je me borne à ce qui vient d'être fait. Les ariens, qu'Alexandre, évêque d'Alexandrie, d'heureuse mémoire, avait chassés ; qui avaient été non-seulement excommuniés dans chaque ville, mais anathématisés par tout le concile de Nicée, et dont le crime était si grand, puisqu'ils s'attaquaient, non pas à un homme, mais à Jésus-Christ même, le Fils du Dieu vivant : on dit que ces ariens rejetés par toute la terre et notés d'infamie dans toute l'Eglise, sont maintenant reçus. Je ne crois pas que vous-mêmes puissiez l'apprendre sans indignation. Qui sont donc ceux qui déshonorent les conciles ? ne sont-ce pas ceux qui comptent pour rien les suffrages des trois cents évêques, et qui préfèrent l'impiété à la piété ? Car l'hérésie des ariens a été condamnée et proscrite par tous les évêques du monde ; mais Athanase et Marcel en ont un grand nombre qui parlent et écrivent pour eux. On nous a rendu témoignage que Marcel avait résisté aux ariens dans le concile de Nicée ; qu'Athanase n'avait pas été convaincu dans le concile de Tyr, et qu'il n'était pas présent dans la Maréote, où l'on prétend avoir fait des procédures contre lui. Or, vous savez, mes bien-aimés, que ce qui se fait en l'absence d'une des parties, est nul et suspect. Nonobstant tout cela, pour connaître exactement la vérité et ne recevoir de préjugé, ni contre vous ni contre ceux qui nous ont écrit en leur faveur, nous les avons tous pressés de venir, afin de tout examiner dans un concile, et de ne pas condamner l'innocent ou absoudre le coupable. Ce n'est donc pas nous qui déshonorons aucun concile, mais ceux qui, contre la sentence des juges, reçoivent les ariens condamnés par tout le monde.

» Qu'ainsi ne soit, nous le savons par ce qui s'est passé à Alexandrie; car un certain Carpone, chassé par Alexandre à cause de l'hérésie d'Arius, accompagné de quelques autres chassés également pour la même hérésie, est venu ici, envoyé par un certain Grégoire. Nous le savons encore de vos députés; car avant l'arrivée des prêtres d'Athanase, ils nous pressaient d'envoyer des lettres à un certain Piste à Alexandrie. Mais les prêtres d'Athanase survenant, firent connaître que ce Piste était un arien, excommunié par l'évêque Alexandre et le concile de Nicée, ensuite ordonné par un certain Second, également chassé comme arien par le grand concile. Vos députés ne purent en disconvenir. Considérez maintenant qui sont ceux qui méritent le blâme, de nous, qu'on n'a pu persuader d'écrire à l'arien Piste, ou de ceux qui nous conseillaient de mépriser le grand concile et d'envoyer des lettres à des impies comme à des hommes pieux?

» Que si, comme vous l'écrivez, d'après l'exemple de Novat et de Paul de Samosate, il faut que ces décrets des conciles conservent leur force, il ne fallait pas infirmer la décision des trois cents, il ne fallait pas que le concile universel fût méprisé par un petit nombre. Car les ariens sont hérétiques aussi bien que ceux-là : les sentences qui ont condamné les uns et les autres sont semblables. Maintenant donc qu'on a osé de pareilles choses, qui sont ceux qui ont rallumé le feu de la discorde? C'est nous que vous en accusez dans vos lettres. Quoi! nous avons ramené la discorde, parce que nous avons compati à des frères qui souffrent, et que nous avons tout fait selon la règle? Ne sont-ce pas plutôt ceux qui, par contention et contrairement à la règle, ont violé les décrets des trois cents et déshonoré le concile en tout? Car, non-seulement les ariens ont été reçus, mais des évêques ont cherché à passer d'un lieu à un autre. Si vous croyez véritablement que la dignité épiscopale est égale partout, et si, comme vous dites, vous ne jugez point des évêques par la grandeur des villes, il fallait que celui à qui on en avait confié une petite y demeurât, sans passer à celle dont il n'est pas chargé, ni mépriser celle qu'il a reçue de Dieu, et Dieu même qui l'y a mis, pour rechercher la vaine gloire des hommes. »

On ne pouvait, avec plus de finesse, de ménagement et de dignité, tourner contre les eusébiens un reproche qu'ils avaient voulu faire à l'Eglise romaine. La translation d'Eusèbe, de Béryte à Nicomédie, de Nicomédie à Constantinople, était flagrante. Toute la lettre du Pape est aussi merveilleuse : c'est un chef-d'œuvre.

Les eusébiens se plaignaient de la brièveté du terme que Jules leur avait donné pour venir au concile; il leur montre que ce n'est qu'un prétexte, puisqu'ils ne se sont pas même mis en chemin, et qu'ils avaient retenu si longtemps ses prêtres : c'est donc seulement une preuve qu'ils se défiaient de leur cause. La guerre des Perses n'avait aucun rapport avec un voyage d'Italie; du moins, avant tout, elle aurait dû les empêcher de causer des schismes, des afflictions et des pleurs dans les églises. Les eusébiens se plaignaient encore qu'il n'avait écrit qu'à Eusèbe seul, et non à eux tous : il dit qu'il n'a dû répondre qu'à ceux qui lui avaient écrit. « Au reste, vous devez savoir que, si je vous ai écrit seul, ce n'est pas le sentiment de moi seul, mais encore de tous les évêques d'Italie et de ces pays-ci; je n'ai pas voulu les faire écrire tous, de peur que ce ne fût à plusieurs une charge onéreuse. Mais, encore à présent, les évêques sont venus au jour nommé et ont été du même avis, tel que je vous le marque de nouveau dans ma lettre. Ainsi, mes bien-aimés, quoique je vous écrive seul, sachez cependant que c'est le sentiment de tout le monde. »

Il vient ensuite au fond de l'affaire, et montre que ce n'est ni légèrement ni injustement qu'il a reçu à sa communion saint Athanase et Marcel d'Ancyre. « Eusèbe m'a écrit auparavant contre Athanase : vous venez vous-mêmes de m'écrire; mais la plupart des évêques d'Egypte et des autres provinces m'ont écrit pour Athanase. Or, premièrement, les lettres que vous avez écrites contre lui se contredisent, et les secondes ne s'accordent point avec les premières; en sorte qu'elles ne font point de preuve. De plus, si vous voulez qu'on croie vos lettres, on doit aussi croire celles qui sont en sa faveur, d'autant plus que vous êtes éloignés, et que ceux qui le défendent, étant sur les lieux, savent ce qui s'y est passé, connaissent sa personne, rendent témoignage à sa conduite et assurent que tout n'est que calomnie. Il avait été encore dit dans un temps, qu'un certain évêque Arsène avait été mis à mort par Athanase; mais nous avons appris qu'il est vivant, et même son ami. »

Quant à l'affaire d'Ischyras, le saint Pape la débrouille avec la même supériorité et le même calme. Il apprend aux eusébiens que, dans le concile de Rome, Athanase avait démontré, et par la déposition orale de plusieurs témoins, et par la lettre de tous les évêques d'Egypte et de Libye, et par les procès-verbaux des commissaires eusébiens dans la Maréote, et par la déclaration écrite d'Ischyras même, qu'Ischyras n'était pas prêtre, qu'il n'y avait pas eu de calice rompu et que toute cette accusation n'était encore que mensonge. « En présence de tant de témoins et de tant de preuves de son innocence, que devions-nous faire? que demandait la règle de l'Eglise, si ce n'est de ne pas condamner cet homme, mais de le recevoir et de le tenir pour évêque, ainsi que nous avons fait; car, outre tout cela, il est demeuré ici un an et six mois, attendant votre arrivée et confondant tous ses adversaires par sa présence, parce qu'il ne serait pas venu s'il n'avait eu confiance dans sa cause. En effet, il n'est pas venu de son propre mouvement, mais après avoir été appelé et avoir reçu nos lettres, pareilles à celles que nous vous avons envoyées à vous-mêmes. Et cependant, après tout cela, vous nous accusez d'avoir agi contre les canons!

» Considérez donc qui sont ceux qui ont agi contre les canons : nous, qui avons reçu un homme si bien justifié, ou ceux qui, dans Antioche, à trente-six journées de distance, ont donné le nom d'évêque à un étranger, et l'ont envoyé à Alexandrie avec une escorte de soldats. On ne l'a pas fait quand Athanase fut envoyé dans la Gaule; car on aurait dû le faire alors, s'il avait été véritablement condamné. Certainement, à son retour, il a trouvé son église vacante et préparée à le recevoir. Maintenant, je ne sais comment tout s'est fait.

» Premièrement, pour vous dire le vrai, après que nous avions écrit pour tenir un concile, il ne fallait pas que quelques-uns en prévinssent le jugement;

ensuite, il ne fallait pas introduire une telle nouveauté dans l'Eglise. Car qu'y a-t-il de semblable dans les canons ou dans la tradition apostolique? que l'Eglise étant en paix, et tant d'évêques vivant dans l'union d'Athanase, évêque d'Alexandrie, on y envoie Grégoire, étranger, qui n'y a point été baptisé, qui n'y est point connu, qui n'a été demandé ni par les prêtres, ni par les évêques, ni par le peuple; qu'il soit ordonné à Antioche et envoyé à Alexandrie, non avec des prêtres et des diacres de la ville, ni avec des évêques d'Egypte, mais avec des soldats; car c'est ce que disaient ceux qui sont venus ici, et de quoi ils se plaignaient. Quand même, après le concile, Athanase eût été trouvé coupable, l'ordination ne devait pas se faire ainsi contre les lois et les règles de l'Eglise; il fallait que les évêques de la province ordonnassent un homme de la même église, d'entre ses prêtres ou ses clercs. Si l'on avait fait la même chose contre quelqu'un de vous, ne crieriez-vous pas, ne demanderiez-vous pas justice? Mes bien-aimés, nous vous parlons en vérité comme en la présence de Dieu, cette conduite n'est ni sainte, ni légitime, ni ecclésiastique. L'entrée seule de Grégoire montre de quelle nature est son ordination; car, d'après le témoignage de ceux qui sont venus d'Alexandrie, et d'après les lettres des évêques, au milieu de ce temps de paix, il y a eu une église incendiée, des vierges mises à nu, des solitaires foulés aux pieds, des prêtres et beaucoup de personnes du peuple en butte aux outrages et aux violences, des évêques jetés en prison, un grand nombre traînés çà et là. Les saints mystères, au sujet desquels on accusait le prêtre Macaire, ont été mis en pièces par les païens et jetés à terre, et tout cela pour faire approuver à quelques-uns l'ordination de Grégoire. Tout cela montre bien qui sont ceux qui ont violé les canons; car, si l'ordination avait été légitime, on n'aurait pas employé des voies illégitimes pour forcer à obéir ceux qui lui résistaient légitimement. Cependant, avec tout cela, vous écrivez qu'une profonde paix règne dans Alexandrie et en Egypte! C'est donc que la paix a changé de nature, ou que vous donnez à tout cela le nom de paix. »

Venant à Marcel d'Ancyre, il témoigne être entièrement satisfait de sa profession de foi et la trouver conforme à celle de l'Eglise catholique. « De plus, il nous a assuré qu'il avait toujours eu les mêmes sentiments; et nos prêtres, qui ont assisté au concile de Nicée, ont rendu témoignage qu'il était orthodoxe. En étant ainsi assuré, et par ses propres paroles et par le témoignage des autres, que devions-nous faire, si ce n'est de le recevoir comme évêque? Je vous écris cela, non pour plaider leur cause, mais pour vous convaincre que j'ai agi selon la justice et les canons, et que c'est à tort que vous me cherchez querelle. De votre côté, il est juste aussi que vous fassiez tous vos efforts pour corriger ce qui a été fait contre les canons, afin que les églises jouissent de la paix et qu'on ne vous accuse plus d'être les auteurs de schisme; car, je vous l'avoue, ce qui a été fait sont des causes de division et non pas de paix.

» En effet, ce ne sont pas seulement les évêques Athanase et Marcel qui sont venus ici pour se plaindre de l'injustice qui leur avait été faite, mais encore un grand nombre d'autres évêques de la Thrace, de la Célésyrie, de la Phénicie et de la Palestine; de plus, beaucoup de prêtres, les uns d'Alexandrie, les autres d'autres provinces. Or, en présence du concile, ils se sont plaints que leurs Eglises avaient souffert les mêmes choses que celle d'Alexandrie. Des prêtres, venus récemment d'Egypte avec des lettres, se sont lamentés qu'un grand nombre d'évêques et de prêtres, qui voulaient se rendre au concile, en avaient été empêchés. Ils disaient que depuis le départ d'Athanase jusqu'à présent, des évêques confesseurs étaient assommés de coups, que d'autres étaient jetés dans les prisons; que d'anciens pontifes, qui ont passé un grand nombre d'années dans l'épiscopat, étaient condamnés aux travaux publics; que presque tous les clercs et les peuples de l'Eglise catholique étaient en butte aux pièges et aux persécutions; qu'en effet plusieurs évêques et plusieurs frères avaient été bannis, uniquement pour les contraindre à communiquer avec Grégoire et ses ariens. En outre, on nous a fait des plaintes si atroces contre quelques-uns de vous, que je ne veux pas les nommer, que je n'ai pu me résoudre à les écrire; mais peut-être les avez-vous apprises d'ailleurs. C'est même principalement pour cela que j'ai écrit et que je vous ai pressés de venir, afin de vous le dire de bouche, et que l'on pût corriger et rétablir tout. C'est ce qui doit vous exciter à venir pour ne pas vous rendre suspects de ne pouvoir vous justifier. »

Il les exhorte ensuite à corriger tous ces désordres, et finit par ces paroles : « Supposé qu'Athanase et Marcel aient été déposés de leurs sièges comme vous l'écrivez, que dire des autres, soit évêques, soit prêtres, qui sont venus ici de divers lieux? Eux encore ont protesté avoir été en butte aux mêmes violences et aux mêmes maux. O mes bien-aimés, les jugements de l'Eglise ne sont plus selon l'Evangile; ils vont désormais au bannissement et à la mort. Que si absolument, comme vous dites, ils étaient coupables en quelque chose, il fallait procéder au jugement selon la règle de l'Eglise, et non comme on a fait; il fallait nous écrire à tous, afin que ce qui est juste fût décidé par tous. Car c'étaient des évêques et des églises qui souffraient, et non pas des églises du commun, mais celles que les apôtres ont gouvernées eux-mêmes. Pourquoi ne nous écrivait-on pas principalement touchant l'Eglise d'Alexandrie? Ne savez-vous pas que c'était la coutume de nous écrire d'abord, et que d'ici devait venir la décision de ce qui est juste? Si donc il y avait des soupçons de ce genre contre l'évêque de ce lieu-là, il fallait écrire à l'église d'ici. Maintenant, sans nous avoir instruit, mais après avoir fait ce qu'on a voulu, on veut que nous y consentions sans connaissance de cause. Ce ne sont pas là les ordonnances de Paul; ce n'est pas la tradition de nos pères, c'est une nouvelle forme de conduite. Je vous prie, prenez-le en bonne part, c'est pour l'utilité publique que je vous écris : je vous déclare ce que nous avons appris du bienheureux apôtre Pierre; et je le crois si connu de tout le monde, que je ne l'aurais pas écrit sans ce qui arrive. Des évêques sont enlevés et chassés de leurs sièges; d'autres sont mis à leur place; on dresse des embûches à d'autres; en sorte que les peuples pleurent ceux qu'on leur enlève, et sont violentés pour ceux qu'on leur envoie; on ne veut pas qu'ils regrettent ceux qu'ils veulent, mais qu'ils reçoivent ceux qu'ils ne veulent pas. Je vous en prie, que cela n'arrive plus! Ecrivez plutôt contre ceux qui entreprennent de ces choses, afin que ni l'Eglise, ni évêque, ni prêtre ne soient plus exposés à des vexations et forcés d'agir contre leur conscience, de peur d'exciter la risée des païens, mais principalement la colère de Dieu; car, au jour du jugement, chacun de nous rendra compte de ses œuvres d'ici-bas. Fasse le ciel que tous viennent à penser selon Dieu, afin que les Eglises ayant récupéré leurs évêques, se réjouissent sans cesse en Jésus-Christ, Notre Seigneur, par qui est la gloire au Père dans les siècles des siècles, ainsi soit-il. Je souhaite que vous vous portiez bien dans le Seigneur, mes bien-aimés et bien-désirés frères (Coust., *Epist. Rom. PP.;* Athan., *Apol.*). »

Telle fut la lettre du pape saint Jules. Nous l'avons mise à peu près tout entière, tant elle nous paraît admirable de sagesse, de majesté, de douceur, de bon goût et de véritable éloquence. A côté de ce monument, les harangues d'Eusèbe de Césarée et les lettres de Constantin ne sont que des amplifications de mauvais goût. Rome était dès lors l'asile du bon goût comme de la vraie foi. Il faut surtout remarquer ce que dit le pape Jules, touchant les jugements ecclésiastiques et l'autorité de l'Eglise romaine. « Ne savez-vous pas que c'était la coutume de nous écrire d'abord, et que d'ici devait venir la décision de ce qui est juste? Il fallait donc écrire à l'Eglise d'ici. » Ce que deux historiens grecs, Sozomène et Nicéphore, résument en ces termes : « Il y avait une loi sacerdotale ou ecclésiastique qui déclarait nul tout ce qui se faisait sans le consentement de l'évêque de Rome (Soz., l. 3, c. 10; Niceph., l. 9, c. 10). » D'après ces témoins non suspects, il paraît évidemment que la force des jugements ecclésiastiques dépendait dès lors de l'assentiment du Pape.

Cependant le principal auteur de tous ces troubles, Eusèbe de Nicomédie, intrus de Constantinople, étant mort, les catholiques rappelèrent le légitime évêque de Constantinople, saint Paul. Mais les eusébiens, conduits par Théognis de Nicée et Théodore d'Héraclée, ordonnèrent Macédonius, depuis hérésiarque, en ce qu'il nia la divinité du Saint-Esprit. Le peuple des deux partis s'échauffa tellement, qu'il en vint à une sédition et à une espèce de guerre civile : il y avait continuellement des combats, et plusieurs personnes y périrent.

Ce désordre vint aux oreilles de l'empereur Constance, qui était encore à Antioche; et, comme il en voyait en Thrace, Hermogène, maître de la milice, il lui donna ordre, en passant, de chasser Paul. Hermogène étant arrivé à Constantinople, la mit tout en émeute, voulant exécuter cet ordre par violence. Le peuple se souleva et se mit en devoir de défendre son évêque; et comme Hermogène insistait pour l'enlever à main armée, la multitude irritée, comme il arrive en ces occasions, s'emporta contre lui avec fureur, brûla sa maison, le tua lui-même et le traîna par la ville. C'était en 342. Constance ayant appris le meurtre d'Hermogène, monta à cheval, partit d'Antioche et vint à Constantinople avec une extrême diligence, nonobstant les neiges et les pluies de l'hiver. Il ne fit mourir personne, mais se laissa fléchir aux larmes du peuple, qui vint au devant de lui, et aux prières du sénat; il se contenta, pour punir le peuple, de lui ôter la moitié du blé que l'empereur, son père, lui faisait donner gratuitement et qui venait d'Alexandrie. Mais il chassa Paul de la ville, sans toutefois confirmer l'élection de Macédonius, étant mal satisfait de ce qu'on l'avait ordonné sans son consentement, et le regardant, aussi bien que Paul, comme la cause de la sédition. Il le laissa seulement comme il était, souffrant qu'il tînt ses assemblées dans l'église où il avait été ordonné, et s'en retourna à Antioche. Quant à saint Paul, il se rendit peut-être alors à Rome, où Socrate et Sozomène assurent formellement qu'il vint trouver le pape Jules, qui le rétablit dans son siège ainsi que les autres. Mais la chose a pu arriver avant ou après; car au milieu des troubles et des bouleversements que renouvelaient sans cesse les intrigues des ariens et la manie théologique de Constance, il est difficile de retrouver la date précise pour les détails.

Les lettres et les efforts du pape Jules n'obtinrent pas de suite tout leur effet. Il leur fallut encore du temps et des négociations. D'abord il informa l'empereur Constant, qui écrivit à Constance, son frère, le priant de lui envoyer trois évêques pour rendre compte de la déposition de Paul et d'Athanase. Constance en envoya quatre, qui vinrent en Gaule comme députés du concile d'Antioche. Maximin de Trèves ne voulut point les recevoir, et eux ne voulurent point accepter de conférence avec saint Athanase, prétendant justifier leur procédé et soutenir le jugement des Orientaux. Et comme on leur demanda leur profession de foi, ils cachèrent celle qui avait été publiée à Antioche, c'est-à-dire la seconde, et présentèrent à l'empereur Constant la quatrième, composée quelques mois après. Il vit ainsi qu'ils avaient persécuté ces deux évêques sans sujet, et que ce n'était pour aucun crime, comme ils prétendaient, mais parce qu'ils ne convenaient pas avec eux de la doctrine, ce qui obligea l'empereur à les renvoyer, sans se laisser persuader à leurs discours (Soc., l. 2, c. 18; Soz., l. 3, c. 10).

Les eusébiens se voyant suspects aux Occidentaux, s'assemblèrent à Antioche l'an 345, et firent une cinquième profession de foi très-longue. Sans nommer les ariens, ils en condamnaient les principales propositions; mais ils condamnèrent en même temps Marcel d'Ancyre et son disciple Photin, évêque de Sirmium. Ce dernier se trouva vraiment condamnable. Ils envoyèrent leur longue formule à Milan, où se trouvaient assemblés plusieurs évêques, ainsi que saint Athanase, que l'empereur Constant y avait fait venir. Les Occidentaux répondirent simplement qu'ils se contentaient de la foi de Nicée, sans rien chercher au delà, et refusèrent de souscrire la nouvelle formule. Au contraire, ils pressèrent les députés orientaux de condamner nommément la doctrine d'Arius, ce qu'ils refusèrent, et se retirèrent en colère du concile de Milan : c'était l'an 346. Cependant, à la prière du pape saint Jules et d'autres évêques, l'empereur Constant avait écrit à son frère Constance, pour assembler un concile d'Orient et d'Occident, afin de réunir l'Eglise divisée, et de rétablir Athanase et Paul dans leurs sièges. On convint de part et d'autre de tenir un concile à Sardique en Illyrie, aux confins des deux empires. Il y fut convoqué par l'autorité du pape saint Jules; car Socrate nous apprend que quelques Orientaux l'accusèrent d'avoir fixé un terme trop court (Soc., l. 2, c. 16 ; Niceph., l. 9, c. 12).

Le concile s'assembla donc en 347. Il s'y trouva des évêques de plus de trente-cinq provinces, entre autres de Rome et d'Italie, d'Espagne, de Gaule, d'Afrique, de Pannonie, de Dacie, de Thrace, de Macédoine, de Thessalie, d'Achaïe, des Cyclades, de Phrygie et des autres provinces de l'Asie Mineure ; de Cappadoce, de Galatie, de Cilicie, de Syrie, de Mésopotamie, de Phénicie, de Palestine, d'Arabie, de Thébaïde, d'Egypte. Le nombre des évêques fut d'abord d'environ cent soixante-dix ; cent Occidentaux et les autres Orientaux. Mais à la fin les seuls catholiques passèrent trois cents, soit à raison de ceux qui survinrent, soit à raison des absents qui souscrivirent. Les Occidentaux arrivèrent seuls : leur père était Osius. Les Orientaux, ou plutôt les eusébiens qui les dominaient, amenaient avec eux des pédagogues et des avocats, le comte Musonien et Hésychius, général d'armée. Avec leur puissance, ils se croyaient maîtres du concile : c'est pourquoi ils y vinrent avec beaucoup d'empressement.

Mais quand ils virent que les Occidentaux n'avaient à leur tête qu'Osius et les légats du pape Jules, et que ce concile serait un jugement purement ecclésiastique, sans assistance de comte ni de soldats, ils furent surpris et troublés par les remords de leur conscience. Ils s'étaient imaginé que saint Athanase et les autres accusés n'oseraient pas même se présenter ; cependant ils les voyaient comparaître hardiment. Ils voyaient qu'il était venu contre eux-mêmes des accusateurs de diverses églises, avec les preuves en main ; que quelques-uns de ceux qu'ils avaient fait bannir, se représentaient avec les chaînes dont on les avait chargés ; que des évêques venaient parler pour d'autres qui étaient exilés ; que des parents et des amis de ceux qu'ils avaient fait mourir se présentaient ; que d'autres évêques racontaient comment, par des calomnies, ils avaient mis leur vie en péril, et avaient fait effectivement périr de leurs confrères, entre autres l'évêque Théodule, qui mourut dans sa fuite. Quelques-uns montraient les coups d'épée qu'ils avaient reçus ; d'autres se plaignaient de la faim qu'on leur avait fait souffrir. Ce n'étaient pas seulement des particuliers, mais des églises entières, dont les députés représentaient les violences des soldats et de la populace, les menaces des juges, les suppositions de lettres fausses, les vierges dépouillées, les ministres sacrés jetés en prison, les églises incendiées ; et tout cela pour contraindre les catholiques à communiquer avec les ariens. Les eusébiens voyaient encore que deux évêques orientaux, Macaire de Palestine et Astérius d'Arabie, après avoir fait le voyage avec eux, les avaient quittés pour se réunir aux Occidentaux, à qui ils avaient découvert leurs fourberies et leurs alarmes.

Voyant tout cela, ils résolurent de venir à Sardique, pour témoigner de la confiance en leur cause ; mais y étant arrivés, ils se renfermèrent dans le palais où ils étaient logés, et se dirent les uns aux autres : « Nous sommes venus pour une chose, et nous en voyons une autre ; nous avons amené des comtes, et le jugement se fait sans eux : nous serons assurément condamnés. Vous savez tous quels sont les ordres des empereurs : Athanase a les procédures de la Maréote, qui ne serviront qu'à le justifier et à nous couvrir de confusion. A quoi donc nous arrêtons-nous ? Inventons des prétextes et nous retirons : il vaut mieux fuir, quelque honte qu'il y ait, que d'être convaincus et jugés calomniateurs. Si nous fuyons, nous pouvons encore soutenir notre parti : s'ils nous condamnent en notre absence, nous avons la protection de l'empereur, qui ne nous laissera pas chasser de nos églises. » Telles étaient les pensées des eusébiens. Osius et les autres évêques leur parlaient souvent, relevant la confiance de saint Athanase et des autres accusés. « Si vous craignez le jugement, disaient-ils, pourquoi êtes-vous venus ? il ne fallait pas venir, ou ne pas reculer ensuite. Voilà Athanase et ceux que vous accusiez en leur absence : ils se présentent, afin que vous puissiez les convaincre, si vous avez de quoi le faire. Si vous en faites semblant, sans le pouvoir, vous êtes des calomniateurs manifestes ; et c'est le jugement que le concile portera de vous. »

Les Pères du concile représentèrent souvent tout cela aux Orientaux, de vive voix et par écrit ; mais le prétexte que ceux-ci prirent d'abord, pour ne pas se joindre à eux, fut qu'ils communiquaient avec Athanase, Marcel et les autres accusés ; qu'ils étaient assis et conféraient avec eux dans l'église, et qu'ils célébraient avec eux les divins mystères. Ils demandaient que les Occidentaux commençassent par les séparer de leur communion. Ceux-ci soutenaient que cela n'était ni convenable ni possible, puisqu'Athanase avait pour lui le jugement du pape Jules, rendu avec une grande connaissance de cause, et le témoignage de quatre-vingts évêques. Les Orientaux prétendaient qu'Athanase, Marcel et les autres dont ils se plaignaient, étaient jugés par les conciles, contre lesquels on ne pouvait plus revenir ; d'autant moins que la plupart des témoins, des juges et des autres personnes nécessaires ne vivaient plus. On leur répondit que le concile de Sardique était assemblé pour examiner ces prétendus jugements ; qu'Athanase se présentait pour être jugé, au lieu qu'on l'avait condamné absent, et que les procédures faites contre lui étaient rapportées.

Les Orientaux se réduisirent à dire : Puisque de six évêques, qui ont fait l'information dans la Maréote, il y en a encore cinq de vivants, que l'on envoie de chaque côté quelques évêques sur les lieux où Athanase a commis les crimes ; s'ils se trouvent faux, nous serons condamnés et non recevables à nous plaindre ni aux empereurs, ni au concile, ni à aucun évêque ; s'ils se trouvent vrais, vous serez condamnés et non recevables, vous qui avez communiqué avec Athanase depuis sa condamnation. Mais les Occidentaux refusèrent cette proposition, qui ne tendait qu'à éluder le jugement et à multiplier les procédures inutiles ; outre que Grégoire étant le maître en Egypte, les eusébiens y eussent fait ce qu'ils auraient voulu. Comme ils étaient venus trouver Osius dans l'église où il demeurait, il les invita à proposer ce qu'ils avaient à dire contre Athanase, les exhortant à parler hardiment et les assurant qu'ils ne devaient attendre qu'un jugement très équitable. Il le fit une et deux fois, ajoutant que s'ils ne voulaient pas parler devant tout le concile, ils s'expliquassent du moins à lui seul. Je vous promets, disait-il, que si Athanase se trouve coupable, nous le rejetterons absolument, et quand même il se trouverait innocent et vous convaincrait de calomnie, si vous ne pouvez vous résoudre à le recevoir, je me fais fort de l'emmener en Espagne avec moi. Saint Athanase consentait à cette proposition; mais ses ennemis se défiaient tant de leur cause qu'ils la refusèrent comme les autres.

Le concile était d'ailleurs bien informé de leur mauvaise volonté par Macaire et Astérius, qui les avaient quittés, après être venus d'Orient avec eux. Ces deux évêques racontaient que, pendant tout le voyage les eusébiens faisaient en certains lieux des assemblées où ils avaient résolu que, quand ils seraient arrivés à Sardique, ils ne se soumettraient à aucun jugement et ne s'assembleraient pas même avec le concile; mais, qu'ayant signifié leur présence par une protestation, ils se retireraient promptement. En effet, étant arrivés, ils ne permirent point à ceux qui étaient venus de l'Orient avec eux d'entrer dans le concile, ni même d'approcher de l'église où il se tenait. Car il y avait plusieurs évêques orientaux attachés à la saine doctrine qui voulaient se séparer d'eux, et qu'ils retenaient par menaces et par promesses. C'est ce que témoignaient Macaire et Astérius, se plaignant de la violence qu'ils avaient eux-mêmes soufferte.

Les eusébiens ne pouvant plus reculer, et le jour marqué pour le jugement étant expiré, ils dirent qu'ils étaient obligés de se retirer, parce que l'empereur leur avait écrit pour célébrer sa victoire sur les Perses; et ils n'eurent point de honte d'envoyer une telle excuse par Eustathe, prêtre de l'église de Sardique. Le concile ne pouvant plus douter de leur mauvaise intention, leur écrivit nettement : Ou venez vous défendre des accusations dont vous êtes chargés, particulièrement des calomnies; ou sachez que le concile vous condamnera comme coupables, et déclarera ceux qui sont avec Athanase innocents et exempts de tout reproche. Leur conscience les pressa plus que cette lettre : ils s'enfuirent en diligence et se retirèrent à Philippopolis en Thrace.

Il y avait trois choses à traiter dans le concile : la foi catholique, les causes de ceux que les eusébiens accusaient, et les plaintes formées contre les eusébiens mêmes. On proposa de composer une nouvelle profession de foi, et cette proposition fut soutenue avec chaleur, mais rejetée par le concile avec indignation. Il ordonna qu'on n'écrirait rien touchant la foi, et que l'on se contenterait du Symbole de Nicée, parce qu'il n'y manquait rien, et qu'en faisant une autre formule, il semblerait que l'on jugeât ce Symbole imparfait, et on donnerait un prétexte à ceux qui voulaient écrire souvent des confessions de foi. Ceux qui avaient fait cette proposition ne laissèrent pas de dresser une formule que quelques-uns firent passer depuis sous le nom du concile de Sardique.

On traita l'affaire de saint Athanase, et, quoique la fuite de ses adversaires le justifiât assez, on examina de nouveau leurs accusations autant qu'on le pouvait en leur absence. Quant au meurtre d'Arsène, la calomnie était évidente et grossière, puisqu'il vivait, comme tout le monde savait, et qu'il se montrait lui-même. Quant au calice brisé chez Ischyras, les propres informations faites par les adversaires dans la Maréote détruisaient leur prétention; d'ailleurs, deux prêtres, autrefois méléciens, et depuis reçus par saint Alexandre, rendaient témoignage que jamais Ischyras n'avait été prêtre, même du temps de Mélèce. Ainsi on reconnut la justice du jugement rendu à Rome par le pape Jules en faveur d'Athanase, et la vérité du témoignage que lui rendaient les quatre-vingts évêques d'Égypte. Sa cause se trouva sans aucune difficulté, et tous les évêques le reconnurent innocent et le confirmèrent dans la communion de l'Église. Ils déclarèrent encore innocents quatre prêtres d'Alexandrie, que les eusébiens avaient persécutés et obligés à fuir pour éviter la mort.

Le concile examina la cause de Marcel d'Ancyre. Et comme les eusébiens renfermaient leur accusation dans son écrit contre le sophiste Astérius, qu'ils prétendaient être plein d'hérésie, le concile fit lire cet écrit, et trouva qu'il n'avançait que par manière de question ce que l'on prétendait qu'il avait soutenu. En lisant ce qui précédait et ce qui suivait, on voyait qu'il était orthodoxe; car il ne disait point, comme eux prétendaient, que le Verbe de Dieu eût pris son commencement de la Vierge Marie, ni que son règne dût finir, mais que son règne était sans commencement et sans fin. Ainsi le concile le déclara innocent. Asclépas de Gaze rapporta les procédures faites à Antioche en présence de ses accusateurs et d'Eusèbe de Césarée, et son innocence parut par les avis de ceux qui l'avaient jugé dans le même concile, où fut déposé, sur des calomnies, saint Eustathe d'Antioche. Les Pères du concile de Sardique jugèrent donc Asclépas pleinement justifié.

Ils vinrent ensuite à la troisième question qu'ils avaient à juger, et qui, sans doute, était la plus considérable, savoir, les plaintes formées de toutes parts contre les eusébiens. La plus capitale était celle que le pape Jules avait déjà si bien relevée dans sa lettre : qu'ils communiquaient avec les ariens condamnés au concile de Nicée et notés en particulier, et que non-seulement ils les avaient reçus dans l'église, mais encore qu'ils avaient élevé les diacres au sacerdoce et les prêtres à l'épiscopat. On voyait partout leur dessein d'établir cette hérésie, car toutes les violences qu'ils avaient commises à Alexandrie et ailleurs n'étaient que contre ceux qui refusaient de communiquer avec les ariens. Ils furent convaincus de calomnie par la justification de ceux qu'ils avaient voulu perdre. Théognis, en particulier, fut convaincu d'avoir fabriqué de fausses lettres contre Athanase, Marcel et Asclépas, afin d'irriter les empereurs contre eux; les lettres furent lues dans le concile, et ceux qui avaient été alors diacres de Théognis en montrèrent la fausseté. On prouva que Valens avait voulu quitter son église de Murse pour usurper celle d'Aquilée, beaucoup plus considérable, et que, dans la sédition qui s'ensuivit, un évêque nommé Viator avait été tellement pressé et foulé aux pieds, qu'il en était mort le troisième jour à Aquilée même.

Le concile prononça donc une condamnation contre les chefs de cette faction, que l'Église avait tolérée jusque-là, savoir, Théodore d'Héraclée, Narcisse de Néroniade, Etienne d'Antioche, Georges de Laodicée, Acace de Césarée en Palestine, Ménophante d'Éphèse, Ursace de Singidon, et Valens de Murse. Ces huit furent déposés et excommuniés, c'est à dire privés non-seulement de l'épiscopat, mais de la communion des fidèles. On traita de même les trois usurpateurs des sièges de saint Athanase, de Marcel et d'Asclépas, c'est-à-dire Grégoire d'Alexandrie,

Basile d'Ancyre et Quintien de Gaze. On défend de les reconnaître pour évêques, d'avoir aucune communication avec eux, de recevoir leurs lettres et de leur écrire. Les Pères de Sardique firent ensuite quelques canons de discipline, dressèrent leurs lettres synodales, envoyèrent une ambassade à Constance, et s'en retournèrent chez eux.

Les lettres étaient adressées à l'Eglise d'Alexandrie, aux évêques de Lybie et d'Egypte, à tous les évêques de l'Eglise catholique et au pape saint Jules; car, pour des raisons très-graves, Jules n'avait pu lui-même assister au concile; il y avait seulement envoyé des légats; en son absence, Osius avait présidé. Dans les lettres à l'Eglise d'Alexandrie et aux évêques d'Egypte, les évêques disent qu'ils connaissaient déjà les intrigues des ariens avant l'arrivée de leurs lettres pour la défense d'Athanase; car il était notoire que les ariens en voulaient à la foi catholique. Ils avaient avancé des accusations très-graves contre Athanase; mais lui, toujours intrépide, les appela eux-mêmes en jugement : ce qu'ils n'osèrent accepter. « Nous vous prions donc, bien-aimés frères, continuent-ils, de conserver avant tout la foi de l'Eglise catholique; car vous avez déjà souffert bien des afflictions, l'Eglise catholique a souffert bien des outrages et des violences; mais qui persévère jusqu'à la fin sera sauvé. Que si donc on vous maltraite de nouveau, regardez cette tribulation comme une joie: car ces sortes de souffrances sont une portion du martyre : vous avez confessé et souffert, mais cela ne restera point sans récompense, vous en recevrez la couronne de Dieu. C'est pourquoi combattez pour la saine doctrine et pour l'innocence d'Athanase, votre évêque et notre collègue. Nous non plus, nous n'avons pas gardé le silence ni négligé ce qui est de votre sécurité; au contraire, nous avons fait avec grande sollicitude ce que la charité demande, car nous souffrons avec nos frères qui souffrent, et leurs douleurs sont nos douleurs. Ils mandent ensuite qu'ils ont prié les empereurs de délivrer ceux d'entre eux qui seraient en prison, de défendre aux magistrats de se mêler des affaires ecclésiastiques, afin que chacun pût, suivant le désir de son cœur, professer la foi catholique et apostolique dans la tranquillité et la paix. » Quant à l'intrus Grégoire, ils écrivent enfin de ne pas le reconnaître pour évêque, mais de recevoir avec joie leur véritable évêque Athanase. Dans la lettre-circulaire à tous les évêques de l'Eglise catholique, ils font l'histoire du concile, telle que nous l'avons racontée.

La lettre au pape Jules est moins longue que les autres. C'est que le concile lui envoyait en outre tous les actes et toutes les pièces, et qu'au surplus il s'en rapportait à la relation verbale des légats, les prêtres Archidame et Philoxène, et le diacre Léon. Mais le commencement de cette lettre est remarquable. « Ce que nous avons toujours cru, nous le pensons encore maintenant; car l'expérience prouve et confirme ce que chacun a entendu dire : c'est la vérité, que le bienheureux Paul, docteur des nations, a dit concernant lui-même : *Voulez-vous une preuve de celui qui parle en moi, du Christ?* Car, comme le Seigneur Jésus habitait en lui, il est hors de doute que l'Esprit-Saint a parlé par son âme et retenti par l'organe de son corps. Vous aussi, bien-aimé frère, séparé de corps, vous nous avez été présent en esprit et en volonté. Votre absence était juste et nécessaire, de peur que les loups schismatiques ne vinssent furtivement à ravager le troupeau, les chiens hérétiques à le troubler par leurs frénétiques aboiements, le serpent blasphémateur à l'infecter de son venin. Car il n'y a rien de meilleur ni de plus convenable, sinon que les prêtres du Seigneur rapportent tout, de chaque province, au chef, c'est-à-dire au siége de l'apôtre Pierre. »

Ceci est très-digne d'attention. Dans leurs poursuites contre Athanase, les ariens ne voyaient qu'eux-mêmes; toujours ils avaient prétendu que l'Eglise universelle devait approuver sans façon la tendance destructive d'une de ses parties, bien loin que cette partie malade cherchât la guérison dans l'universalité. Le concile de Sardique ordonne, au contraire, que les parties soient sans cesse d'accord avec le tout. Et comme le Pape, héritier de la dignité de Pierre, est le chef, la tête avec laquelle sont unis tous les membres du corps, tous les mouvements des églises particulières ne doivent non plus se produire que de concert avec ce chef. De même que, par la vertu toute-puissante du Sauveur, ce qui avait été séparé redevenait un; de même il y avait dans l'arianisme, qui niait la divinité du Sauveur, un germe de séparation, d'indépendance, de destruction, ainsi que le démontre toute son histoire. Comme donc l'Eglise catholique combattait l'arianisme, il était dans la nature des choses que, par une inspiration secrète, elle en combattît aussi la tendance séparatiste, et qu'avec le centre et le chef invisible de l'Eglise, elle en relevât aussi le centre et le chef visible. Dans la défense d'Athanase, le représentant de l'Eglise catholique combattant pour la divinité du Sauveur, ce fut donc le chef de l'Eglise visible qui fixa les regards. Tout se tient. Ceux qui défendaient la dignité du chef invisible s'attachèrent au chef visible, qui les défendit à son tour; de cette manière, ils furent rendus à leurs églises, afin de pouvoir défendre le chef invisible avec un nouveau courage. De là, au commencement de la lettre des Pères de Sardique, cette mystérieuse comparaison, où le Pape, quoique absent, est censé parler par eux, comme le Christ, quoique invisible, parlait par le Docteur des nations.

La même chose se manifeste encore dans les canons du concile. Persécutés par les ariens, les évêques catholiques avaient eu recours au Pape, comme à leur supérieur et au conservateur des canons. Ne pouvant nier cette supériorité, les ariens cherchaient à la tourner en ridicule et à entraver le droit d'appel au Pape. De là, comme nous l'avons vu, certains canons de leur conciliabule d'Antioche. Le concile de Sardique, au contraire, reconnaît formellement et explique ce droit d'appel dans les canons qui suivent.

« Osius dit : Que si un évêque, après avoir été jugé, se tient si assuré de son bon droit qu'il veuille être jugé de nouveau, honorons, si vous le trouvez bon, la mémoire de l'apôtre saint Pierre; que ceux qui ont examiné l'affaire écrivent à Jules, évêque de Rome; s'il juge à propos de renouveler le jugement, qu'il donne des juges; s'il ne croit pas qu'il y ait lieu d'y revenir, on s'en tiendra à ce qu'il aura ordonné. Cela plaît-il à tout le monde? Le concile répondit : Cela nous plaît. Gaudence, évêque de Naïsse en Mésie, dit : Il faut, si vous le trouvez bon, ajouter au décret plein de sainteté que vous venez de faire, que si un évêque a été déposé par le jugement des évêques du voisinage, et qu'il ait annoncé vouloir traiter son affaire à Rome, on n'ordonnera nullement, après l'appellation de celui qui paraîtra déposé, un autre évêque à sa place, jusqu'à ce que l'évêque de Rome ait jugé sa cause. Pour éclaircir davantage le canon précédent, Osius dit : Quand un évêque déposé par le concile de la province aura appelé et eu recours à l'évêque de Rome, s'il juge à propos que l'affaire soit examinée de nouveau, qu'il daigne écrire aux évêques de la province voisine, afin qu'ils examinent le tout avec diligence et décident selon la vérité. Que si l'appelant persuade à l'évêque de Rome d'envoyer un prêtre d'auprès de sa personne, il sera en son pouvoir de faire ce qu'il voudra et jugera le plus à propos. S'il se détermine à envoyer des commissaires, qui, chargés de son autorité, jugent avec les évêques, il en sera le maître; mais s'il croit que les évêques suffisent pour terminer l'affaire, il fera ce que sa sagesse lui suggérera (Labbe, t. II; Can., 3, 4, 5). »

Voilà comme, en 347, le concile de Sardique reconnaissait et expliquait le droit d'appellation au Pape. Il ne l'établissait pas; car nous le voyons en usage dès les premiers siècles, et il est d'ailleurs une conséquence nécessaire de la primauté de juridiction accordée par Jésus-Christ à saint Pierre et à ses successeurs. Le concile ne fait que le développer contre les efforts des ariens pour l'obscurcir. Dans ce qu'il en dit, on voit que dès lors le Pape envoyait ce qu'on a appelé depuis des légats *à latere*. Le texte grec du cinquième canon se sert même de cette dénomination-là.

Parmi les autres canons du concile (il en fit en tout vingt), les principaux défendent les translations d'évêques sous peine de n'avoir pas même la communion laïque; d'établir un évêque dans un village ou dans une ville si petite qu'un seul prêtre y peut suffire; les fréquents voyages des évêques à la cour; aux évêques, aux prêtres et aux diacres, de s'absenter plus de trois semaines de leur église (Labbe).

Comme le concile de Sardique ne fut qu'une suite et un complément de celui de Nicée, qu'il ne voulut point d'autre Symbole, qu'il ne fit que développer quelques-unes de ses règles de discipline, ses canons ont été cités quelquefois sous le nom de *canons de Nicée*. Gratus, évêque de Carthage, qui y avait assisté avec plusieurs évêques africains, en parle sous le nom de Sardique, dans le concile tenu à Carthage l'année suivante 348. Plus tard les papes Innocent et Zosime les citeront sous le nom de canons de Nicée. Mais ce qu'il y a d'étonnant, c'est que les évêques d'Afrique ne connaîtront plus alors ni le concile de Sardique, ni celui de Carthage qui l'avait cité en 348 : ce qui indique une négligence singulière dans l'épiscopat africain.

Les ariens eurent plus de zèle et de prudence. Après s'être enfuis de Sardique, sous prétexte d'aller célébrer les victoires de Constance, ils s'arrêtèrent à Philippopolis en Thrace : les victoires de Constance ne les pressaient plus. Là ils écrivirent une longue lettre à plusieurs évêques, entre autres à Donat, évêque schismatique de Carthage, qui eut bien soin de la conserver. Ils disent effrontément s'être assemblés à Sardique, et y avoir célébré leur concile.

Puis après s'être vantés d'un grand zèle pour la discipline de l'Eglise et la fermeté de ses jugements, ils s'emportent contre saint Athanase, Paul de Constantinople, Marcel d'Ancyre, Asclépas de Gaze et Lucius d'Andrinople, et, avec une incroyable impudence, leur reprochent précisément les crimes dont eux-mêmes s'étaient rendus coupables : ils n'oublient pas jusqu'au meurtre d'Arsène, par où l'on peut juger du reste. Enfin ils s'emportent jusqu'à excommunier Athanase, Marcel, Asclépas, Paul, Osius, Protogène de Sardique, Gaudence de Naïsse, Maximin de Trèves, et même le pape Jules, comme auteur de tout le mal (Labbe, t. II).

Leur conduite répondit à leur lettre. Les clercs d'Andrinople ne voulurent point communiquer avec eux quand ils y passèrent, les regardant comme des fugitifs et des coupables. Ils s'en plaignirent à l'empereur Constance, et firent couper la tête à dix laïques, employés à la fabrique des armes qui était en cette ville; et cela par le ministère de Philagre, qui avait été fait comte encore une fois. L'Eglise les honore comme martyrs. Saint Lucius, leur évêque, mourut pour la même cause. Comme il parlait contre les ariens avec une grande liberté, et réfutait leur hérésie, ils le firent charger de deux chaînes de fer qui le tenaient par le cou et par les mains, et l'envoyèrent ainsi mourir en exil; on les soupçonna même d'avoir avancé sa mort. Ils persécutèrent de même plusieurs autres évêques, en particulier les deux qui les avaient quittés à Sardique. Comme ils en voulaient principalement à saint Athanase, ils firent reléguer en Arménie deux prêtres et trois diacres d'Alexandrie; ils firent écrire de garder les ports et les entrées des villes, de peur que saint Athanase ne se servît de la permission de retourner que le concile lui donnait; ils firent même écrire aux juges d'Alexandrie que si Athanase ou quelques prêtres qu'ils nommaient, étaient trouvés dans la ville ou dans son territoire, il serait permis de leur faire couper la tête. Ils obtinrent des voitures publiques pour aller en divers lieux; et quand ils trouvaient quelqu'un qui leur reprochait leur fuite ou qui détestait leur hérésie, ils le faisaient fouetter, emprisonner ou bannir. La terreur faisait plusieurs hypocrites, et un grand nombre s'enfuyaient dans les déserts plutôt que de tomber entre leurs mains (Athan., *Hist. Arian. ad Monach.*).

La méchanceté des ariens alla si loin qu'elle se trahit elle-même. Le concile de Sardique avait envoyé deux légats à Constance : c'était Vincent de Capoue et Euphratas de Cologne. Avec les lettres du concile, ils portaient des lettres de l'empereur Constant, qui, pour rendre leur ambassade plus solennelle, leur avait adjoint un général d'armée, nommé Salien, illustre par sa vertu et sa piété. Constance les reçut favorablement; mais Etienne, évêque arien d'Antioche, pour les perdre de réputation, trama contre eux une fourberie diabolique, quoique familière aux ariens. D'après ses ordres, une troupe de libertins se mit en embuscade près du logis des deux évêques. La nuit, ayant gagné un des domestiques pour leur ouvrir la porte, ils introduisirent une prostituée jusque dans l'appartement des légats, en lui persuadant qu'un jeune homme l'y attendait. Elle fut bien surprise de trouver un vieillard qui dormait, et qu'elle reconnut être un évêque. C'était le plus âgé, Euphratas de Cologne. Celui-ci, réveillé au bruit de ses pas et entendant la voix d'une femme dans les ténèbres, crut que c'était une illusion du démon, et appela Jésus-Christ à son secours. La femme s'écria qu'on l'avait trompée. Les libertins accoururent pour lui faire crier eux que les évêques l'avaient demandée, et que c'étaient des scélérats. Cependant des domestiques fidèles fermèrent la porte de la cour, arrêtèrent sept des conjurés, et les livrèrent ainsi que la femme entre les mains de la justice. C'était aux fêtes de Pâques. Le lendemain, les deux légats accompagnés du général Salien, allèrent porter leurs plaintes au palais de l'empereur. La justice séculière interrogea les personnes arrêtées, et constata juridiquement que le tout s'était fait par ordre d'Étienne. Il fut aussitôt remis entre les mains des évêques présents, qui le déposèrent et le chassèrent de l'Église (Athan., *Hist. Arian. ad Monach.*, et Théod., l. 2, c. 9).

L'empereur Constance, frappé de cet événement, commença un peu à rentrer en lui-même. Ce que les ariens avaient fait à Euphratas, lui fit juger de leurs autres entreprises. Dès lors il ordonna le rappel des prêtres et des diacres d'Alexandrie, qui étaient exilés en Arménie, et il écrivit expressément à Alexandrie même de ne plus persécuter les clercs ni les laïques qui étaient pour saint Athanase. D'autres motifs pouvaient influer encore sur son retour à la justice : le grand nombre d'évêques qui souscrivirent au concile de Sardique (il y en eut plus de 340, parmi lesquels 15 de la Palestine, 34 des Gaules, 36 de l'Afrique et 96 de l'Égypte); la lettre de son frère Constant, qui, disent quelques historiens, le menaçait de guerre, s'il ne rendait justice aux évêques persécutés; enfin, l'intrus d'Alexandrie Grégoire venait de mourir dans une émeute populaire.

Après tout cela, Constance eut envie de voir et d'entretenir lui-même Athanase. Il lui écrivit donc une lettre très-obligeante, où il témoigne une grande compassion des maux qu'il a soufferts, éloigné de sa patrie. « J'espérais, dit-il, que vous viendriez vous-même m'en demander le remède : peut-être la crainte vous a retenu : je vous écris donc, afin que vous veniez au plus tôt, et, qu'après avoir éprouvé notre clémence, vous soyez rendu aux vôtres. Dans cette vue, j'ai prié mon seigneur et mon frère l'empereur Constant, de vous permettre de venir. » Saint Athanase ne se pressa pas, et Constance lui écrivit une seconde lettre pour l'exhorter à venir hardiment à sa cour, et lui offrit les voitures publiques. Il lui envoya même une troisième lettre par un diacre, pour le rassurer et le presser de venir incessamment. Il lui fit encore écrire par six de ses comtes, auxquels il savait qu'Athanase se fierait davantage. Ils l'assuraient que l'empereur l'attendait depuis un an entier, et qu'il n'avait jamais voulu permettre que l'on ordonnât un évêque à Alexandrie à la place de Grégoire.

Saint Athanase quitta alors Aquilée, où il séjournait après le concile de Sardique, et vint à Rome faire ses adieux au pape Jules, et lui montrer les lettres de Constance. L'Église romaine en eut une joie incroyable; car elle regardait l'empereur d'Orient comme revenu à la vraie foi, puisqu'il rappelait Athanase. Saint Jules écrivit à l'Église d'Alexandrie la lettre suivante :

« Jules, évêque, aux prêtres, aux diacres et au peuple d'Alexandrie, nos bien-aimés frères, salut dans le Seigneur. Je me conjouis avec vous, frères bien-aimés, de ce que vous voyez devant les yeux le fruit de votre foi. Car, qu'il en soit vraiment ainsi, chacun l'aperçoit sans peine dans mon frère et coévêque Athanase, que Dieu vous redonne, et à cause de la pureté de sa vie, et à cause de vos prières. Ce qui montre combien pures et pleines de charité ont été les oraisons que sans cesse vous avez offertes à Dieu. Car, vous souvenant des promesses divines et de l'amour que vous avaient inspiré pour elles les enseignements de notre frère, vous avez connu d'avance et prévu, dans votre foi vive, que celui que vous portiez dans vos saintes âmes comme toujours présent, ne pouvait vous être enlevé à toujours. Aussi, en vous écrivant, n'ai-je pas besoin de beaucoup de paroles; car tout ce que je pourrais vous dire, votre foi l'a déjà prévenu, et ce que vos vœux unanimes ont demandé, se trouve accompli par la grâce de Jésus-Christ. Je vous félicite donc, je le répète, de ce que vous avez conservé vos âmes invincibles dans la foi. Je n'en félicite pas moins mon frère Athanase de ce qu'au milieu de tant de traverses, il n'a jamais oublié ni votre charité ni votre désir de le revoir. Car, quoiqu'il parût éloigné de vous, quant au corps et pour un temps, toujours cependant il vivait en esprit au milieu de vous. Pour moi, bien-aimés, je pense que les épreuves où il a passé, n'ont pas été sans utilité et sans gloire. Par ce moyen, votre foi et la sienne ont été connues et admirées de tout le monde. Sans tout cela, qui aurait jamais cru, ou que vous eussiez une telle estime et un tel amour pour un tel évêque, ou que lui fût orné de tant de vertus dignes du ciel? Il s'est donc acquis le glorieux témoignage de la confession, et pour ce monde et pour l'autre. Exposé plus d'une fois sur terre et sur mer, il a foulé aux pieds les manœuvres de l'hérésie arienne; au milieu des embûches contre sa vie, il a méprisé la mort, protégé par le Dieu tout-puissant et par Notre Seigneur Jésus-Christ, espérant non-seulement éviter les pièges, mais vous consoler par son retour avec de plus glorieux trophées. Par là il est devenu célèbre jusqu'aux extrémités de la terre, et pour la sainteté de sa vie, et pour sa constance et sa doctrine, et pour l'immortel amour que vous lui portez. Il revient donc maintenant à vous, bien plus illustre qu'il n'en était parti. Car si les métaux précieux, l'or et l'argent, sont éprouvés et purifiés par le feu, comment parler dignement de ce grand homme, qui, après avoir surmonté tant d'afflictions et de périls, vous est enfin rendu, démontré innocent non-seulement par nous, mais par tout un concile? C'est pourquoi, bien-aimés frères, accueillez avec toute sorte de gloire et de joie selon Dieu votre évêque Athanase, ainsi que ceux qui ont partagé ses souffrances, et réjouissez-vous, au comble de vos vœux, vous qui, par vos écrits salutaires, avez comme nourri et abreuvé votre pasteur, affamé et altéré de votre piété. Car vous avez été sa consolation dans les régions étrangères; au milieu des persécutions auxquelles il était en butte, vous l'avez soutenu par votre fidélité. Pour moi, ce m'est un bonheur délicieux, quand je me représente en esprit le retour de mon frère, la joie de chacun de vous, la piété du peuple allant à sa rencontre, l'allégresse de ceux qui accourent de toutes parts : que jour ce sera pour nous ! Le passé sera fini : ce retour tant désiré unira tout le monde dans la même jubilation. La part que nous prenons d'avance à cette joie est d'autant plus grande, que Dieu nous a fait la grâce de connaître un si grand homme. » Le Pape finit par des prières, pour leur attirer les grâces qu'ils méritent (Athan., Apol.; Soc., l. 2, c. 23; Soz., l. 3, c. 10, etc.; Cousant; Labbe).

On voit ici toute l'âme de l'Église. Qu'elle était belle au milieu de tant de calamités ! quelle sainte joie dans l'Eglise entière, quand il arrivait du bien à un de ses membres ! quelle cordialité, quelle intimité bienheureuse ! Mais qui a la vraie foi, possède aussi la charité, et dans la charité est le bonheur. Le pape saint Jules ne fut pas le seul à féliciter l'Eglise d'Alexandrie. Lorsque saint Athanase traversa la Palestine, il s'y assembla tout un concile, qui envoya pareillement des lettres en Egypte et en Libye. On y lit entre autres : « Vos prières ont été vraiment exaucées par le Dieu tout-puissant, qui a soin de son Eglise, qui regarde vos larmes et vos gémissements, et écoute pour cela vos supplications. Vous étiez comme des brebis dispersées et persécutées, qui n'ont point de pasteur : aussi le vrai Pasteur, qui veille sur ses brebis, vous a visités du haut du ciel, et vous redonne celui que vous désirez si ardemment. Nous aussi nous avons tout fait pour la paix de l'Eglise; nous avons respiré avec votre charité, nous l'avons embrassé les premiers, par lui nous nous sommes mis en communion avec vous et vous saluons maintenant, afin que vous sachiez que nous sommes unis avec lui et avec vous par le lien de la paix. » Cette lettre était souscrite par saint Maxime de Jérusalem et quinze autres évêques.

Constance, qui était à Antioche, reçut saint Athanase avec bienveillance, et lui confirma de vive voix ce que déjà il lui avait mandé par lettres. Le saint se plaignit alors de ce que l'empereur avait autrefois écrit contre lui, et le pria de ne plus écouter ses ennemis en son absence. « Appelez-les, dit-il, si vous voulez : je suis content qu'ils paraissent, et je les convaincrai. » L'empereur ne le voulut pas; mais il ordonna d'effacer tout ce qui avait été écrit à son désavantage, et l'assura qu'il ne recevrait plus de calomnies contre lui. Pour montrer que cette résolution serait inébranlable, il la confirma par des serments, et en prit Dieu à témoin. Il lui dit encore plusieurs autres choses pour le consoler.

La multitude du peuple d'Antioche était catholique; cependant les ariens y étaient maîtres de toutes les églises. Après l'ignominieuse déposition d'Etienne, ils eurent encore le crédit de faire nommer à sa place un des leurs. Son nom était Léonce. Précédemment il avait été déposé de la prêtrise, parce qu'il s'était lui-même fait eunuque pour ne pas se séparer d'une jeune femme qu'on disait qu'il avait corrompue, et qu'il faisait passer pour vierge. Il était arien dans l'âme, mais profondément dissimulé. Au lieu de persécuter ouvertement la multitude des catholiques qui s'assemblaient aux tombeaux des martyrs, sous la conduite de deux moines, Diodore et Flavien, dont le dernier devint plus tard évêque d'Antioche, il les pria, avec une douceur apparente, de faire ce service dans l'église. Quoiqu'ils connussent bien sa malice, ils ne laissèrent pas de lui obéir :

mais il y avait toujours à Antioche un autre parti de catholiques, qui ne communiquaient point avec les ariens et ne reconnaissaient point d'évêques depuis saint Eustathe : aussi les nommait-on eustathiens.

Saint Athanase étant en cette ville, ne communiqua point avec Léonce, mais avec les eustathiens, qui s'assemblaient dans des maisons particulières. L'empereur lui dit un jour : Vous voyez que je suis prêt à remplir tout ce que je vous ai promis, mais j'ai aussi une grâce à vous demander : c'est que de tant d'églises qui dépendent de vous, vous en laissiez une à ceux qui ne sont pas de votre communion. Athanase répondit avec une merveilleuse prudence : Il est juste, seigneur, de vous obéir; mais puisque dans cette ville d'Antioche, il y a aussi des gens qui fuient la communion de ceux qui ne sont pas dans les mêmes sentiments, je demande pour eux la même grâce, qu'ils aient une église où ils puissent s'assembler en liberté. La proposition parut juste à l'empereur; mais les ariens ne furent pas d'avis de l'accepter. Car, disaient-ils, notre doctrine ne fera pas grand progrès à Alexandrie tant qu'Athanase y sera; au contraire, si nous souffrons que les eustathiens s'assemblent librement à Antioche, leur grand nombre paraîtra et ils entreprendront quelque chose. Il vaut donc mieux demeurer comme nous sommes. En effet, ils voyaient que, bien qu'ils fussent maîtres des églises et qu'une grande partie du peuple catholique s'y assemblât avec eux, les catholiques ne laissaient pas de témoigner la diversité de leur créance, dans la conclusion des psaumes, en disant : Gloire au Père, et au Fils, et au Saint-Esprit, et non pas, comme les ariens : Gloire au Père par le Fils. Léonce n'osait l'empêcher; mais il en voyait bien la conséquence, et disait en touchant ses cheveux blancs : Quand cette neige sera fondue, il y aura bien de la boue; pour marquer la division du peuple qui éclaterait après sa mort.

Athanase dut nécessairement faire une grande impression sur Constance; car celui-ci fit expédier plusieurs lettres trop honorables pour que le sentiment n'y eût aucune part. Aux évêques et aux prêtres de l'Eglise catholique, il adressa la circulaire suivante : « Le très-vénérable Athanase n'a pas été délaissé; par la grâce de Dieu; s'il a été soumis pour un peu de temps à des épreuves humaines, il a été justifié par la toute-puissante Providence, comme il le méritait; et par la volonté de l'Etre suprême et par mon jugement, il a récupéré sa patrie et son Eglise, dont la volonté de Dieu l'avait fait le chef. En conséquence, notre clémence a résolu de livrer à l'oubli toutes les ordonnances contre ceux qui communiquaient avec lui, d'abolir tout soupçon contre eux, et de confirmer les immunités dont ses clercs jouissaient auparavant. Notre bienveillance pour lui a cru devoir ajouter encore que tous les évêques ou clercs qui lui ont été attachés, auraient une sécurité entière. D'être uni avec lui, ce sera une preuve suffisante de la bonne disposition de chacun. Nous voulons que tous ceux qui, d'après un jugement et une inspiration meilleurs, choisiront sa communion, jouissent de notre faveur suivant la volonté divine. Que Dieu vous conserve. »

Au peuple d'Alexandrie, il écrivit de recevoir Athanase avec joie, et de s'attacher à lui de toute leur âme et de tout leur cœur; il exhorte, en outre, tout le monde à la concorde et à la paix, et menace de punir quiconque la troublerait. Enfin il ordonna aux magistrats civils de l'Egypte d'effacer, dans les archives, tout ce qui s'y trouverait contre Athanase et les siens, et de faire jouir son clergé des anciennes immunités (Athan., *Apol.*).

Saint Athanase entra en Egypte par Péluse, et, traversant le pays pour gagner Alexandrie, il exhortait en chaque ville de s'éloigner des ariens et de s'attacher à ceux qui confessaient le consubstantiel. Il fit même des ordinations en quelques églises. Enfin il arriva à Alexandrie, où il fut reçu avec une joie incroyable, non-seulement du peuple, mais des évêques d'Egypte et des deux Libyes, qui accouraient de tous côtés. Ils se réjouissaient de voir encore leur ami en vie contre toute espérance, et de se voir eux-mêmes délivrés de la tyrannie des hérétiques. L'allégresse était générale, et, dans les saintes assemblées, on s'excitait les uns les autres à la vertu. Beaucoup de filles, qui auparavant se destinaient au mariage, consacrèrent à Jésus-Christ leur virginité. Beaucoup de jeunes hommes embrassèrent la vie monastique, touchés de l'exemple des autres. Les pères y excitaient leurs enfants, ou du moins se laissaient fléchir à leurs prières pour ne les en point détourner. Les maris et les femmes se persuadaient l'un à l'autre de vaquer à la prière, suivant le conseil de l'apôtre; la charité des peuples s'appliquait à nourrir et à vêtir les orphelins et les veuves; l'émulation était telle, que chaque maison semblait être une église destinée à la prière et à la pratique des vertus. Voilà les effets que la joie publique produisait chez les fidèles d'Alexandrie et d'Egypte. Toutes les églises étaient dans une paix profonde; tous les évêques écrivaient à saint Athanase et recevaient de lui des lettres pacifiques, selon la coutume. Plusieurs rétractaient ce qu'ils avaient écrit contre lui. Plusieurs de ses ennemis se réconciliaient avec lui sincèrement. Quelques-uns venaient le trouver de nuit, et s'excusaient sur la nécessité qui les avait engagés avec les ariens, dont ils détestaient l'hérésie, et protestaient qu'ils avaient toujours communiqué avec lui de cœur.

Ce qu'il y eut de plus extraordinaire, c'est qu'Ursace et Valens, eux qui, après la mort d'Eusèbe de Nicomédie, étaient les plus violents ennemis d'Athanase, allèrent à Rome et présentèrent au Pape la rétractation suivante : « Au seigneur le bienheureux pape Jules, Valens et Ursace, salut. Parce que nous avons ci-devant écrit plusieurs choses fâcheuses touchant l'évêque Athanase, et qu'ayant été admonestés sur ce sujet par les lettres de Votre Sainteté, nous ne lui en avons pas rendu compte, nous déclarons devant Votre Sainteté, en présence de tous nos frères, les prêtres, que tout ce qui est venu jusqu'ici à vos oreilles, touchant cet évêque, a été faussement rapporté par nous et ne doit avoir aucune force; par conséquent, nous embrassons de très-bon cœur la communion du susdit Athanase, d'autant plus que Votre Sainteté a daigné, suivant la bonté qui lui est naturelle, nous pardonner notre faute. Nous déclarons encore que si les Orientaux ou Athanase lui-même voulaient nous appeler de nouveau en cause à mauvais dessein, nous ne nous y présenterons pas sans votre aveu. Nous déclarons aussi par cet écrit signé de notre main, comme nous l'avons déjà fait par notre premier écrit présenté à Milan, que nous anathématisons et maintenant et à jamais l'hérétique Arius et ses sectateurs, qui disent qu'il y avait un temps où le Fils n'était pas, qu'il est tiré du néant, qu'il n'a pas été avant les siècles. Oui, nous déclarons encore une fois que nous avons condamné à jamais l'hérésie arienne et ses auteurs. » Tout cela était écrit de la main de Valens, et au-dessous, de la main d'Ursace : « Moi Ursace, évêque, j'ai souscrit cette profession de foi (Athan., *Apol.*; Hilar., *Fragm.*; Coustant, Labbe). »

On voit que précédemment déjà, dans un concile de Milan, où l'on sait que se trouvaient des prêtres de l'Eglise romaine, ils avaient condamné l'arianisme et demandé pardon de leur faute. C'était l'an 349, quelque temps après qu'ils eurent appris le retour triomphal d'Athanase, et deux ans après un autre concile de Milan, où les Occidentaux condamnèrent l'hérésie de Photin. La lettre au pape Jules avait été écrite à Rome. Peu après, ils en écrivirent une d'Aquilée à saint Athanase lui-même; elle était conçue en ces termes : « A notre seigneur et frère Athanase, Ursace et Valens. Nous avons trouvé l'occasion de notre frère, le prêtre Moïse, qui va vers votre charité, par qui nous vous saluons très-affectueusement de la ville d'Aquilée, et nous souhaitons que cette lettre vous trouve en bonne santé. Vous nous donnerez de la confiance, si vous voulez bien nous écrire aussi de votre part. Soyez assuré par cette lettre que nous avons avec vous la paix et la communion ecclésiastiques. Que la divine bonté vous conserve, bien-aimé frère. » Ces deux lettres d'Ursace et de Valens furent envoyées à saint Athanase par Paulin, évêque de Trèves, successeur de saint Maximin. Ursace et Valens souscrivirent ensuite à des lettres pacifiques qui leur furent présentées par des prêtres de saint Athanase, quoiqu'il ne leur eût pas donné de lettres pour eux (Athan., *Apol.*; Hilar., *Fragm.*; Coustant, Labbe).

Dans le temps que saint Athanase rentrait à Alexandrie, les autres évêques exilés rentraient également dans leurs sièges, comme Asclépas à Gaze, Marcel à Ancyre, Paul à Constantinople. Ce fut alors sans doute que s'exécuta littéralement ce que disent Socrate et Sozomène, savoir, que le pape Jules, en vertu de la primauté de sa chaire, rendit leurs églises à chacun des évêques persécutés.

Tandis qu'Athanase, de retour en Egypte, renouvelait en quelque sorte tout l'Orient, il continuait d'agir sur l'Occident. Le premier, il y avait fait connaître la vie proprement monastique. Jusque alors les moines y étaient ou inconnus ou méprisés, surtout à Rome, ville de luxe et de plaisir. Mais quand Athanase vint se réfugier auprès du pape Jules, il était accompagné de deux moines distingués, Ammonius et Isidore. Le premier était si absorbé dans les choses divines, qu'il ne daigna voir aucun des superbes monuments de Rome; il ne visita que l'église de saint Pierre et de saint Paul. Le second, par sa sagesse et par une aménité toute céleste, fit une impression si grande et si générale, que des païens mêmes l'aimaient. Beaucoup de Romains imitèrent leur vie. C'est ainsi que la vie monastique vint à Rome, et se répandit bientôt, toujours par Athanase, dans les Gaules. Il entretenait avec les moines

LIVRE XXXII. — SOUFFRANCES DE L'ÉGLISE SOUS CONSTANTIN.

de ce pays un commerce assidu, et écrivit pour eux la vie de saint Antoine, dans la vue de leur donner un modèle. Ce modèle, à son tour, en engagea beaucoup à le retracer en eux-mêmes.

Quant à saint Antoine lui-même, il avait quatre-vingt-dix ans lorsqu'il lui vint en pensée que nul autre que lui n'avait encore mené dans les déserts la vie d'un solitaire parfait. La nuit suivante, comme il dormait, il lui fut révélé que, plus avant, il y en avait un autre beaucoup meilleur, et qu'il devait aller le voir. Sitôt que le jour parut, le saint vieillard commença à marcher, appuyé sur un bâton, sans savoir où il allait, mais comptant que Dieu lui ferait voir son serviteur. En effet, comme il le lui avait fait connaître, il lui fit trouver le chemin de sa demeure, et le troisième jour, de grand matin, il arriva à la caverne où saint Paul, le premier ermite, s'était retiré il y avait quatre-vingt-dix ans, à peu près à l'époque où saint Antoine était né. Celui-ci ne vit rien d'abord, tant l'entrée était obscure. Il avançait doucement, s'arrêtant de temps en temps pour écouter, marchant légèrement et retenant son haleine. Enfin, il aperçut de loin quelque lumière; cela le fit hâter : en se hâtant, il heurta des pieds contre une pierre et fit du bruit. Alors saint Paul ferma au verrou sa porte qui était ouverte. Saint Antoine se prosterna devant, et y demeura jusqu'à midi passé, le priant d'ouvrir, et lui disant : Vous savez qui je suis, d'où je viens et pourquoi. Je sais que je ne mérite pas de vous voir; toutefois je ne m'en irai pas sans vous avoir vu. Je mourrai à votre porte; au moins vous enterrerez mon corps. Paul lui répondit : On ne demande point en menaçant; vous étonnez-vous que je ne vous reçoive pas, puisque vous ne venez que pour mourir?

Alors il lui ouvrit la porte en souriant. Ils s'embrassèrent, se saluèrent par leurs noms, eux, qui n'avaient jamais ouï parler l'un de l'autre, et rendirent ensemble grâces à Dieu. Après le saint baiser, s'étant assis, Paul commença ainsi : Voici celui que vous avez cherché avec tant de peine; un corps consumé de vieillesse, couvert de cheveux blancs et négligés; un homme qui sera bientôt réduit en poudre. Mais, dites-moi, comment va le genre humain? fait-on de nouvelles maisons dans les anciennes villes? sous quel empire est le monde? y a-t-il encore des adorateurs des démons? Comme ils s'entretenaient de cette sorte, ils voient un corbeau perché sur un arbre, qui, volant doucement, vint mettre devant eux un pain tout entier, et se retira. Ah! dit Paul, voyez la bonté du Seigneur, qui nous a envoyé à dîner! Il y a soixante ans que je reçois tous les jours la moitié d'un pain; à votre arrivée, Jésus-Christ a doublé la portion. Ayant fait la prière, ils s'assirent sur le bord de la fontaine. Mais là, pour savoir qui romprait le pain, il s'éleva une dispute qui pensa durer jusqu'au soir. Paul alléguait l'hospitalité, et Antoine l'âge. Ils convinrent à la fin que chacun le tirerait de son côté. Ensuite ils burent un peu d'eau, appliquant la bouche sur la fontaine, et passèrent la nuit en veilles et en prières.

Le jour étant venu, Paul dit à Antoine : Mon frère, je savais, il y a longtemps, que vous demeuriez en ces régions, et Dieu m'avait promis que je vous verrais; mais parce que l'heure de mon repos est arrivée, il vous a envoyé pour couvrir mon corps de terre. Alors Antoine, pleurant et soupirant, le priait de ne pas l'abandonner, mais de l'emmener avec lui. Il répondit : Vous ne devez pas chercher votre avantage, mais celui des autres; il est utile aux frères d'être encore instruits par votre exemple. C'est pourquoi je vous prie, si ce n'est pas trop de peine, allez quérir, pour envelopper mon corps, le manteau que vous a donné l'évêque Athanase. Ce n'est pas que le bienheureux Paul se souciât beaucoup que son corps fût enseveli; mais il voulait épargner à son hôte l'affliction de le voir mourir. Peut-être aussi voulait-il témoigner par là qu'il mourait dans la communion de saint Athanase, alors persécuté par les ariens. Saint Antoine, étonné de ce qu'il avait dit de saint Athanase et du manteau, crut voir Jésus-Christ présent en lui et n'osa rien répliquer; mais en pleurant, il lui baisa les yeux et les mains, et retourna à son monastère avec plus de diligence que son corps épuisé de jeûnes et de vieillesse ne semblait le permettre. Deux de ses disciples, qui le servaient depuis longtemps, vinrent au devant de lui et lui dirent : Mon Père, où avez-vous tant demeuré? Il répondit : Ah! malheureux pécheur que je suis, je porte bien à faux le nom de moine! J'ai vu Élie, j'ai vu Jean dans le désert, j'ai vu Paul dans le paradis! Il n'en dit pas davantage, et, se frappant la poitrine, il tira le manteau de sa cellule. Ses disciples le priaient de s'expliquer; mais il leur dit : Il y a temps de parler et temps de se taire.

Alors il sortit, et, sans prendre aucune nourriture, il retourna par le même chemin, ayant toujours Paul dans l'esprit et devant les yeux, et craignant ce qui arriva. Le lendemain, il avait déjà marché trois heures, quand il vit, au milieu des anges, des prophètes et des apôtres, Paul monter en haut, revêtu d'une blancheur éclatante. Aussitôt il se prosterna sur le visage, jeta du sable sur sa tête, et dit en pleurant : Paul, pourquoi me quittez-vous? je ne vous ai pas dit adieu; fallait-il vous connaître si tard pour vous perdre si tôt? Il sembla voler pendant le reste du chemin. Quand il fut arrivé à la caverne, il trouva le corps à genoux, la tête levée, les mains étendues au ciel. Il crut d'abord qu'il vivait et priait encore, et se mit aussi à prier; mais ne l'entendant pas soupirer, comme il avait coutume dans la prière, il l'embrassa en pleurant, et vit qu'il ne priait plus que de la posture. Il enveloppa le corps, le tira de la caverne, et chanta des hymnes et des psaumes suivant la tradition de l'Église. Mais il était affligé de n'avoir point apporté d'instrument pour creuser la terre, et ne savait quel parti prendre, de retourner au monastère ou de demeurer, quand deux lions, les crinières flottantes, accoururent du fond du désert. D'abord il en frémit; mais la pensée de Dieu le rassura. Ils vinrent droit au corps de saint Paul, et, le flattant de leurs queues, se couchèrent à ses pieds, rugissant comme pour témoigner leur douleur. Puis ils commencèrent tout près de là à gratter la terre de leurs ongles, et, jetant le sable dehors, ils firent une fosse capable de tenir un homme. Aussitôt, comme pour demander une récompense, ils vinrent à saint Antoine, la tête basse et remuant les oreilles. Il comprit qu'ils la demandaient sa bénédiction, et dit : « Seigneur, sans la volonté duquel pas une feuille d'arbre, pas un passereau ne tombe à terre, donnez-leur ce que vous

Tome III. — 9

savez qui leur convient; » et, faisant signe de la main, il leur commanda de s'en aller. Après qu'ils furent partis, il enterra le corps et éleva de la terre dessus suivant la coutume. Le lendemain, il prit la tunique que saint Paul s'était faite lui-même de feuilles de palmier entrelacées, comme on faisait pour les corbeilles; il retourna à son monastère avec cette riche succession; et raconta tout par ordre à ses disciples. Il se revêtit toujours depuis de la tunique de saint Paul aux jours solennels de Pâques et de la Pentecôte (Hier., *Vita Pauli*).

Un autre sujet de grande consolation pour saint Antoine, étaient les nouvelles qu'il apprenait de temps en temps de saint Hilarion, son disciple, en Palestine. Il lui écrivait et recevait avec joie de ses lettres. Et quand il venait à lui des malades du côté de la Syrie : Pourquoi, disait-il, vous êtes-vous fatigués à venir si loin, puisque vous avez là mon fils Hilarion? L'exemple de ce saint ayant produit une multitude innombrable de monastères dans toute la Palestine, il les visitait à certains jours avant la vendange; car ces moines avaient des vignes qu'ils cultivaient. Tous les frères se joignaient à lui pour l'accompagner en cette visite, portant leur provision, et ils s'assemblaient quelquefois jusqu'à deux mille. Mais, avec le temps, chaque bourgade offrait de bon cœur aux moines de son voisinage des vivres pour ces saints hôtes. Hilarion ne manquait à visiter aucun de ses frères, quelque peu considérable qu'il fût, et dressait un mémoire de sa visite, marquant les lieux où il devait loger et ceux où il ne devait que passer. Dans une de ces visites, il vint à Eleuse en Idumée, le jour que tout le peuple était assemblé dans le temple de Vénus pour célébrer sa fête; car les Sarrasins adoraient cette déesse, à cause de la planète qui en porte le nom. Comme le saint avait délivré plusieurs possédés de cette nation, quand ils surent qu'il passait par là, ils vinrent au devant, par troupes, avec leurs femmes et leurs enfants; baissant la tête et criant : *Barec*, c'est-à-dire en syriaque, *Bénissez*. Il les reçut avec douceur et humilité, les conjurant d'adorer Dieu plutôt que des pierres. En même temps il regardait le ciel, fondant en larmes, et leur promettait de venir les voir souvent s'ils croyaient en Jésus-Christ. Ils ne le laissèrent point aller qu'il ne leur eût tracé le plan d'une église, et que leur sacrificateur, couronné comme il était, n'eût été fait catéchumène (Hier., *Vita Hilarion.*).

Dans la conduite du saint pape Jules, du grand saint Athanase, ainsi que de saint Antoine et de ses disciples, on voit le véritable esprit de l'Eglise; on voit cette sagesse d'en haut, sagesse qui est chaste, pacifique, modeste, docile, pleine de miséricorde et de bons fruits, sans critique et sans hypocrisie. En un mot, on y voit comme un rejaillissement de cette sagesse divine, qui atteint d'une extrémité à l'autre avec force, et dispose tout avec douceur. Dans la conduite des ariens, on voit, au contraire, la sagesse d'en bas, sagesse terrestre, animale, sagesse de démon (Jacob., c. 3, v. 15-17), avec les rivalités, les cabales, les bouleversements et toutes les œuvres mauvaises.

Il en est de même des donatistes en Afrique. Nous avons vu comme leur schisme fut enfanté par la colère d'une femme, l'ambition de deux clercs et l'hypocrisie de quelques évêques traditeurs. La suite répondit à ce commencement. Il se forma bientôt parmi eux des fanatiques d'étrange sorte. C'étaient des paysans qui abandonnaient l'agriculture, et ensuite, pour avoir de quoi vivre, couraient çà et là autour des celles ou cabanes des champs (*circum cellas*), sans avoir de demeure fixe, d'où leur vient le nom de *circoncellions*. Leur fureur était de tuer les autres et de se tuer eux-mêmes. On les voyait, quelquefois par troupes entières, se jeter du haut d'un précipice, ou dans des eaux profondes, ou dans un feu qu'ils avaient eux-mêmes allumé. Ils voulaient se faire passer pour martyrs, et la multitude des donatistes les honorait comme tels. Quelques-uns annonçaient d'avance l'époque de leur suicide; dès lors on leur apportait abondamment à manger, comme à des victimes qu'on engraisse. Mais il ne leur plaisait pas toujours de se tuer eux-mêmes : plus d'une fois ils forçaient les passants de leur rendre ce service, sous peine de le recevoir d'eux. Un jeune homme se tira de leurs mains d'une manière assez plaisante. Il rencontra un jour une troupe de ces frénétiques, qui lui présentèrent aussitôt l'épée nue, avec ordre de les en percer, s'il ne voulait qu'ils ne l'en perçassent lui-même. Le jeune homme, qui ne manquait pas de tête, ne le refusa pas; mais il leur dit que quand il aurait tué les premiers, les autres pourraient bien changer de résolution et se jeter sur lui; qu'il fallait donc qu'il les liât tous, et qu'ensuite il pourrait faire à leur désir. Ils y consentirent et se laissèrent lier; mais quand ils furent hors d'état de lui faire violence, il les fouetta comme il faut, les laissa garrottés comme ils étaient et continua son chemin. Dans le temps que les païens étaient encore les maîtres, ces forcenés allaient exprès renverser leurs temples pour se faire tuer. Plus d'une fois, aux plus grandes solennités païennes, des troupes entières se présentaient, non pas pour briser les idoles, mais uniquement pour se faire tuer par les idolâtres. La chose était si connue, que, d'avance, les jeunes gens les plus vigoureux d'entre les païens faisaient vœu à leurs idoles de leur en immoler tel ou tel nombre (Optat, l. 3; Tillem., *Donatistes*).

Les circoncellions n'étaient pas moins cruels envers les autres qu'envers eux-mêmes. Ils avaient en particulier des bâtons qu'ils nommaient *Israélites*, avec lesquels ils frappaient tous les jours. Ils ne tuaient pas sur-le-champ, mais ils brisaient tellement un homme, qu'il en mourait de douleur à la longue. Quand ils voulaient faire miséricorde à quelqu'un, c'était de lui donner un si bon coup, qu'il en mourût sur la place. Leurs chefs s'appelaient les capitaines des saints. Mais ces saints de nouvelle espèce passaient leur vie à s'enivrer pêle-mêle, hommes et femmes, dans des festins de débauche; ensuite, à courir de côté et d'autre, se livrant à toutes sortes de violences, au mépris des lois et des magistrats. Il n'y avait plus de sûreté sur les grands chemins ni dans les campagnes. Les maîtres étaient contraints de descendre de leurs voitures et de servir de coureurs à leurs esclaves, qui montaient à leur place. Quiconque leur résistait, voyait bientôt sa maison rasée ou brûlée. La justice n'osait informer contre eux. Les catholiques, et ceux qui voulaient le devenir, étaient les principaux objets de leur fureur; mais plus d'une fois ils n'épargnèrent pas même ceux de leur parti. Leurs excès allèrent si loin, que les évêques donatistes, dont ils étaient au fond le principal appui, écrivirent au comte Taurin, qu'il leur était impossible de les corriger et qu'il les réprimât lui-même. Il envoya contre eux des soldats, qui en tuèrent plusieurs, que les donatistes honorèrent depuis comme martyrs.

A l'époque où l'Orient et l'Occident accomplissaient la réunion que nous avons vue, l'empereur Constant envoya deux personnages considérables en Afrique. Ils se nommaient Paul et Macaire. Leur mission ostensible était de distribuer des aumônes et des dons aux églises. Ils apportaient pour cela de grandes richesses. Mais en même temps, sans faire aucune menace, sans intimider personne, ils exhortaient tout le monde à revenir à l'unité et à quitter le schisme. Les chefs des donatistes avaient fait courir le bruit que Paul et Macaire venaient exciter la persécution; que quand l'autel serait préparé pour le saint sacrifice, ils feraient paraître une image et la mettrait sur l'autel. Ce qui faisait dire : Quiconque participera à ce sacrifice, c'est comme s'il mangeait des viandes immolées aux idoles. Mais quand ils furent arrivés, on ne vit rien de semblable, et le saint sacrifice fut célébré à l'ordinaire, sans rien ajouter ou diminuer. Aussi y eut-il un grand nombre de donatistes qui se réunirent à l'Église catholique.

Paul et Macaire s'adressèrent à Donat, faux évêque de Carthage, lui déclarant pourquoi ils étaient venus, et comme l'empereur envoyait des ornements pour les églises et des aumônes pour les pauvres. Il est vrai qu'il n'y avait rien pour Donat en particulier. Il répondit donc en colère : Qu'a de commun l'empereur avec l'Église? et dit beaucoup d'injures à l'empereur. Il est bon de se rappeler combien de fois les mêmes donatistes en appelèrent du jugement de l'Église à l'empereur Constantin. Donat ajouta qu'il avait déjà envoyé des lettres partout pour défendre de distribuer aux pauvres ce qu'ils avaient apporté. Un autre Donat, évêque schismatique de Bagaïe, fit encore pis. Comme il sut que Paul et Macaire approchaient de sa ville, il envoya des crieurs dans les lieux circonvoisins et dans les marchés, pour appeler à son aide ces mêmes circoncellions, que les évêques donatistes avaient abandonnés précédemment. Paul et Macaire, craignant les emportements de ces furieux, demandèrent main forte au comte Silvestre, non pour faire violence, mais pour se défendre et conserver l'argent des pauvres dont ils étaient chargés.

Les schismatiques assemblèrent donc une grande multitude de leurs circoncellions, et, pour la nourrir, ils firent d'une église leur magasin de vivres. Ces forcenés avaient à leur tête Donat de Bagaïe et un nommé Marcule. Quand les fourriers du comte Silvestre arrivèrent pour marquer les logements des soldats, on refusa de les recevoir. On en tua même deux ou trois, et les autres retournèrent maltraités à leurs compagnies. Tous les militaires en furent irrités, de telle sorte que leurs officiers mêmes ne pouvaient les retenir. Il se rencontra donc des gens armés de part et d'autre, qui remplirent les villes de tumulte. Les évêques donatistes s'enfuirent avec leur clergé : quelques-uns furent tués, quelques-uns pris et relégués en des lieux éloignés. Marcule se précipita d'un rocher; Donat de Bagaïe se jeta dans un puits. Les donatistes les honorèrent comme martyrs; mais ils n'étaient martyrs que de leur propre fureur, et de la rage de voir un grand nombre de leurs dupes revenir à l'unité de l'Église (Optat, l. 3).

Les évêques catholiques n'avaient pris aucune part à la manière dont Paul et Macaire avaient rempli leur commission. Seulement, pour consolider la réunion de ce grand nombre de donatistes, ils s'assemblèrent de toutes les provinces d'Afrique à Carthage, et y tinrent un concile sous la présidence de son évêque Gratus, le même qui avait assisté au concile de Sardique. C'était l'an 348 ou 349. Gratus en fit l'ouverture en remerciant Dieu d'avoir réuni les membres de son Église, et proposa aux évêques de faire les règlements nécessaires pour conserver la discipline sans altérer l'union par une excessive dureté. Des quatorze canons que l'on y fit, le premier est pour ne point rebaptiser ceux qui l'ont été dans la foi de la Trinité. C'était l'erreur capitale des donatistes, de croire nul le baptême donné hors de leur communion. C'est aussi contre leurs abus que l'on défend, dans le canon suivant, de profaner la dignité des martyrs, en honorant comme tels ceux qui s'étaient précipités ou tués autrement par folie, et à qui l'Église n'accorde la sépulture que par compassion : à plus forte raison, ceux qui se tuent par désespoir ou par malice. Les autres canons regardent la bonne vie des clercs et du peuple : Gratus y cite, entre autres, le saint concile de Sardique (Labbe, t. II, p. 715, can. 5).

Dans l'empire des Perses, l'Église de Dieu agissait et souffrait comme dans l'empire romain. Elle s'y voyait une chrétienté nombreuse et florissante. Eugène, disciple de saint Antoine, y avait introduit la vie monastique. Dès auparavant il y avait un grand nombre de vierges consacrées à Dieu. Eugène est appelé par les Syriens *Aboum* ou *Avoum*, c'est-à-dire *Notre Père*. C'est lui que Sozomène appelle par corruption *Aones*. Ses moines achevèrent de convertir la Syrie, et, par leurs prédications, firent briller le flambeau de la vraie foi parmi les Perses et les Sarrazins (Sozom., l. 6, c. 34). Dès 325, un évêque Perse assista au concile de Nicée. Il y vint également un député de l'église de Séleucie et de Ctésiphon, sur le Tigre. Ces deux villes, capitales de la Perse, étaient sur les deux rives du fleuve, à peu près vis-à-vis l'une de l'autre. Elles ne formaient toutes deux qu'une seule église, à qui, suivant le témoignage des Orientaux, le concile de Nicée accorda la prééminence sur tous les autres sièges, après les quatre grands patriarches. Les Sarrasins ayant détruit plus tard Séleucie, bâtirent ensuite sur ses ruines la ville de Bagdad. Séleucie elle-même avait été bâtie avec les ruines de Babylone, qui n'étaient pas loin.

Lors du concile de Nicée, l'église de Séleucie et Ctésiphon avait pour évêque un nommé Papas, et pour coadjuteur saint Siméon. Papas avait été frappé de paralysie, à l'occasion que nous allons dire. Son orgueil et son arrogance lui avaient aliéné son clergé, et causé un schisme déplorable. Les évêques s'assemblèrent en concile, l'an 314, pour juger cette affaire. Mais il méprisait avec hauteur et traitait son clergé encore plus cruellement. Alors saint Millès, évêque de Suse, lui dit devant tout le monde : « Quel crime ont donc commis tes frères, pour que tu les outrages avec tant de haine? Te crois-tu donc un dieu? N'est-il pas écrit : Que le premier parmi vous, soit votre serviteur? — Insensé! répondit Papas avec colère, tu veux m'instruire de ces choses, comme si je ne les savais pas? » Alors le saint, prenant le livre des Évangiles qu'il portait avec lui, le posa sur la table; puis, s'adressant à Papas, il lui dit : « Si tu dédaignes d'apprendre ces choses de moi, qui suis mortel, ne dédaigne pas du moins de les apprendre de l'Évangile du Seigneur, que voilà. » Papas, ne se possédant plus de fureur, frappe le livre de sa main, en s'écriant : « Parle, Évangile! parle donc! » Milles, effrayé de ces paroles, embrasse l'Évangile de ses mains, le baise respectueusement et le porte à ses yeux. Ensuite, en présence de tout le peuple, il dit à haute voix à Papas : « Puisque, dans ton orgueil, tu as osé parler de la sorte contre les paroles de vie de Notre Seigneur, voici que son ange est prêt à sécher la moitié de ton corps, pour inspirer la terreur à tout le monde; cependant tu n'expireras point : la vie te sera conservée comme un prodige de punition. » À l'instant même, Papas, frappé d'en haut, sentit la moitié de son corps sans mouvement et sans vie; et, tombant sur le côté, y resta douze ans, jusqu'à sa mort, en 326, avec d'incroyables douleurs.

Saint Milles avait passé sa jeunesse à la cour de Perse, et occupé même un poste considérable dans l'armée, mais ayant embrassé le christianisme, il se retira à Élam ou Élymaïs, ainsi nommé d'Élam, fils de Sem. Cette ville n'était pas loin de Suse, où les Orientaux montrent encore le tombeau du prophète Daniel. Par ses exemples et ses exhortations, Milles y convertit un grand nombre d'infidèles. Il consentit enfin à recevoir les saints ordres, pour le service de cette église naissante. Peu après, il fut élu évêque de Suse, et sacré par saint Gadiabe, évêque de Lapéta, qui mérita depuis la couronne du martyre. Pendant trois ans, il y déploya un zèle infatigable pour détruire le culte des idoles et les superstitions des mages; mais peu en profitèrent, il fut même maltraité par les païens, qui souvent le traînèrent par les rues et par les chemins, en l'accablant de coups et en lui faisant souffrir mille indignités.

La ville de Suse était riche. Quoiqu'elle eût été pillée par Alexandre, elle était redevenue très-florissante. On y voyait encore l'ancien palais, qu'on disait avoir été bâti plusieurs siècles auparavant, et qui était un des plus vastes et des plus magnifiques qu'il y eût dans l'univers; mais les vices qui marchent à la suite des richesses s'y étaient introduits avec elles, il y régnait une corruption effroyable. Les chrétiens, quoique en petit nombre, n'observaient point les préceptes de l'Évangile et se laissaient infecter par la contagion générale. Saint Milles les trouvant incorrigibles, et ne pouvant continuer sa résidence au milieu d'eux, à cause de la fureur des persécuteurs et des tumultes d'une guerre civile, résolut d'abandonner la ville, après avoir annoncé la vengeance du ciel à ses criminels habitants. Trois mois s'étaient à peine écoulés depuis son départ, que le roi Sapor envoya une armée avec trois cents éléphants, pour punir une révolte qui s'était formée à Suze, et dans laquelle étaient entrés les Élamites. Le général avait ordre de passer les habitants au fil de l'épée, de raser les maisons et les autres édifices, d'en détruire jusqu'aux fondations, de faire passer la charrue sur le terrain, et de l'ensemencer. Cet ordre fut rigoureusement exécuté. La ville cependant se releva de ses ruines. Elle était trop avantageusement située sur les bords du fleuve Choaspes, et sur une colline qui la rendait comme imprenable. C'était là que les rois de Perse avaient coutume de passer l'hiver depuis Cyrus : pour l'été, ils le passaient à Ecbatanes, où il faisait moins chaud. Enfin, quoique l'église de Suse ne répondît pas pour le moment au zèle de son saint évêque, elle ne laissa pas d'enfanter plusieurs illustres martyrs.

Saint Milles fit le pèlerinage de Jérusalem, ne portant avec lui que le livre des Évangiles. De là il se rendit à Alexandrie, pour voir Ammonius, disciple de saint Antoine, père des *Pleureurs*. C'est ainsi que les Perses appellent les moines, à cause de l'habit noir qu'ils portent: Il y demeura deux ans, afin de visiter les moines du désert. En retournant dans sa patrie, il alla voir saint Jacques de Nisibe, qui faisait bâtir alors sa grande église. De Nisibe il passa dans l'Assyrie, où il acheta une grande quantité de soie, dont il fit présent à saint Jacques, afin de l'aider dans sa pieuse entreprise. Ce fut peu après qu'il mit fin au schisme de Séleucie, l'an 314, en la manière que nous avons vue.

S'étant ensuite retiré dans la province de Maisan, appelée Mésène par les Latins, sur l'Euphrate, il alla demeurer avec un saint ermite. Le seigneur du lieu l'ayant appris, lui envoya un serviteur pour le prier de vouloir bien venir le trouver; car il était grièvement malade depuis deux ans. Le saint répondit : Retournez, et, entré dans l'appartement de votre maître, dites à haute voix : Ainsi parle Milles : Au nom de Jésus le Nazaréen, soyez guéri, levez-vous et marchez! L'autre obéit, fut guéri à l'instant, vint trouver le saint évêque, et rendit à Dieu de grandes actions de grâces avec tous les habitants du pays. Touchés de ce miracle, un grand nombre de païens embrassèrent la religion chrétienne. D'autres miracles en convertirent d'autres encore.

Quelque temps après, il retourna dans son pays natal, la province des Razichéens. Là une noble dame, qui depuis neuf ans souffrait d'une cruelle maladie et avait perdu l'usage de presque tous ses membres, se fit porter au logis du saint. Il lui demanda si elle voulait croire en un seul Dieu et espérer de lui la guérison. Elle répondit : Oui, seigneur, je confesse que Dieu est un et unique. Alors saint Milles, ayant prié quelque temps, lui prit la main droite, et dit : Au nom de Dieu, en qui vous croyez, levez-vous, marchez et bénissez-le de votre parfait rétablissement! Aussitôt elle se trouva guérie, et retourna toute seule à la maison. Un autre miracle arriva dans le même lieu. Deux hommes vinrent trouver le saint. L'un, soupçonnant l'autre de vol, lui déférait le serment; l'autre ayant accepté la condition, saint Milles l'avertit de prendre garde d'appeler Dieu à témoin d'un mensonge et de tromper son frère. L'autre ne craignit point de faire un faux serment. Aussitôt le saint, fixant sur lui les yeux, lui dit : Si tu as appelé Dieu à témoin de la vérité, tu retourneras chez toi sain et sauf; mais si tu as fait un faux serment, tu t'en retourneras avec la lèpre de Giézi. Aussitôt le parjure fut frappé d'une lèpre horrible, au point que les habitants de la ville en furent épouvantés, et qu'un grand nombre de païens renoncèrent au culte des idoles pour se faire chrétiens. C'est ainsi que saint Milles, forcé de quitter sa propre église, devint l'apôtre de plusieurs provinces.

Dans une de ses courses apostoliques, il rencontra un diacre qui était accusé d'inceste. Le saint l'exhorta au milieu de l'église à apaiser Dieu par la pénitence, s'il était coupable, et à ne pas irriter sa justice en servant à l'autel, s'il n'était pas innocent. L'autre assura que tout n'était que mensonge et calomnie, et monta hardiment en chaire pour chanter des psaumes. Aussitôt on vit une main sortir du sanctuaire et frapper la bouche du diacre impur, qui tomba mort à l'instant. Tous les habitants furent saisis de frayeur. Un jeune homme du même lieu fut l'objet d'un miracle plus consolant. Depuis ses premières années, et il en avait alors vingt, il était tellement perclus des jambes, qu'il était réduit à se traîner sur les genoux. Le saint évêque, l'ayant pris par la main, le guérit par ces paroles : Au nom de Jésus le Nazaréen, lève-toi et marche !

Ainsi la gloire des miracles ne manqua point à l'Église de Perse : la gloire du martyre ne lui manquera pas non plus. Ce que Dioclétien et Galère ont été pour les fidèles de l'empire romain, Sapor II et ses successeurs le seront pour les fidèles de l'empire persan. Né en 310, Sapor mourut en 380, après 70 ans de règne. On dit qu'il régna même avant que d'être né, et que son père étant mort, les mages le couronnèrent avant sa naissance, en mettant le diadème sur sa mère. D'autres historiens rapportent la chose différemment. Il avait un frère nommé Hormisdas, mais d'une autre mère, lequel, après avoir été jeté bien du temps en prison, s'en échappa par l'adresse de sa femme et se réfugia auprès de Constantin le Grand. Il paraît avoir embrassé le christianisme, et servit avec distinction dans les armées romaines. Sapor envoya une ambassade à Constantin pour renouveler la paix. C'était apparemment vers le temps du concile de Nicée. Constantin ayant appris qu'il y avait beaucoup de chrétiens en Perse, écrivit à Sapor pour les lui recommander. Mais on a lieu de croire que Sapor, dans son ambassade même, ne cherchait que les moyens de se préparer à la guerre. Ce qu'il y a de certain, c'est que la 18ᵉ année de son règne, l'an 327, il s'éleva une cruelle persécution contre les chrétiens de Perse. On en a des actes authentiques, que, dans les commencements du XVIIIᵉ siècle, le pape Clément XI fit acheter au poids de l'or, dans les monastères de Nitrie en Egypte, sur une multitude innombrable de monuments du même genre, que les moines égyptiens ne voulurent céder pour aucun prix (Steph.; Assemani, *Acta Mart. Orient.*).

L'an 327, 18ᵉ de son règne, Sapor se mit donc à renverser les églises et les autels, à incendier les monastères et à persécuter cruellement tous les chrétiens. Quiconque refusait d'adorer le soleil, le feu et l'eau, était soumis à d'intolérables tortures. Il y avait deux frères, également vertueux, dans la ville de Beth-Asa ; leurs noms étaient Jonas et Brich-Jésus, c'est-à-dire Béni-Jésus. Ayant appris qu'on tourmentait les martyrs en certains lieux, ils résolurent d'y aller. Arrivés dans la ville de Hubaham, ils y trouvèrent en prison un grand nombre de fidèles, qu'ils encouragèrent par leurs exhortations ; si bien que les uns confessèrent glorieusement la foi, et que les autres remportèrent la couronne du martyre. Ces derniers furent au nombre de neuf.

Le juge ayant su la conduite des deux frères, les fit amener à son tribunal et essaya d'abord de leur persuader, par de douces paroles, d'obéir au roi des rois, c'est-à-dire au roi de Perse, et d'adorer le soleil, la lune, le feu et l'eau. Les saints répondirent : Vous devez respecter non-seulement le roi dont vous avez reçu la puissance, mais beaucoup plus encore celui qui vous a donné la sagesse et l'intelligence ; c'est pourquoi il vous faut chercher d'abord qui est ce Roi des rois, souverain Seigneur du ciel et de la terre, qui fixe les temps et les change à son gré, dont l'autorité fait les juges, et qui leur donne la puissance pour défendre la vérité. Nous vous prions donc à notre tour de décider auquel de ces rois il faut nous contraindre d'obéir, nous autres mortels, ou à celui qui est le souverain Créateur de toutes choses, ou bien à ce roi que la mort enlèvera dans peu pour le réunir à ses ancêtres ? Les princes des mages furent extrêmement irrités de leur entendre dire que le roi n'était pas immortel, mais qu'il mourrait un jour. Ils firent préparer des verges remplies d'épines, et, en attendant, séparèrent les deux frères. Ayant renfermé Birch-Jésus dans une obscure prison, ils s'efforcèrent, par les plus terribles menaces, de persuader à Jonas de sacrifier au feu, au soleil et à l'eau, suivant les ordres du roi. Tout fut inutile. Alors le chef des mages ordonna de dépouiller le martyr, de l'attacher à un pieu placé sous le nombril, et de le frapper avec les verges jusqu'à ce que les côtes fussent à nu. Tout le temps du supplice, Jonas ne dit autre chose que cette prière : Je vous rends grâces, Dieu d'Abraham, notre père, qui, en prévenant de votre miséricorde, m'avez fait sortir autrefois de ce lieu, et nous avez rendus dignes d'apprendre par lui les mystères de notre foi. Maintenant donc je vous prie, Seigneur, de nous accorder ce que l'Esprit-Saint annonçait par la bouche de David, notre père, de vous offrir un holocauste parfait. A la fin il s'écria à haute voix : Je renonce au roi idolâtre et à tous ses sectateurs, que je déclare ministres du mauvais démon. Je renie en outre le soleil, la lune, les étoiles, le feu et l'eau. Au contraire, je crois et je confesse le Père, et le Fils, et le Saint-Esprit. Les juges commandèrent de lui attacher une corde aux pieds et de le traîner dans un étang glacé, pour toute la nuit, avec des gardes pour l'empêcher d'en sortir.

Après avoir soupé et pris un peu de sommeil, les princes des mages firent comparaître Birch-Jésus, et lui dirent que son frère avait embrassé leur religion. Eh bien ! répondit le saint martyr, je louerai d'autant plus mon Dieu, le Dieu véritable, que mon frère l'a plus outragé par son apostasie, comme vous me l'apprenez : quoique je sente bien qu'en ceci encore vous avez menti et que vous cherchez à me circonvenir. Mais la vérité ne le permettra pas. Car qui serait assez aveugle pour croire avec vous qu'il y a quelque chose de divin dans des corps matériels destinés au service des hommes ? Comment, sans être insensés, pourrions-nous rendre des honneurs divins au feu, que le souverain Créateur a fait pour la commune utilité des mortels, puisque nous voyons tout le monde en user également, les pauvres aussi bien que les riches ? Le saint développa ces pensées avec tant de force et d'éloquence, que les mages, étonnés, se dirent : Ne permettons pas qu'il parle davantage en public; autrement les adorateurs mêmes du soleil abandonneront notre culte et nous traiteront d'impies. Ils résolurent donc de ne l'interroger plus que la nuit. En même temps ils lui appliquèrent sur chaque bras des lames de fer toutes rouges, en disant : Par la fortune du roi des rois, si tu fais tomber une de ces lames, nous dirons que tu as renoncé à la foi des chrétiens. Mauvais démons, ministres d'un roi impie! s'écria le bienheureux martyr; non! par Notre Seigneur Jésus-Christ, le Fils de Dieu; non! dis-je, je ne crains pas votre feu, et pas une de vos lames ne m'échappera! Pour Dieu même, je vous en conjure, réunissez vos tourments de toute espèce et hâtez-vous d'en faire en moi l'épreuve. Car qui combat pour Dieu est plein de courage. A ces mots, les juges lui firent verser du plomb fondu dans les narines et dans les yeux, après quoi on le ramena en prison, où il fut pendu par un pied.

Le lendemain, les mages s'étant fait présenter Jonas, lui dirent : Comment vous portez-vous? Peut-être que la nuit dernière vous a été pénible, l'ayant passée sur un étang glacial. — Non, répondit Jonas, je vous l'assure par le vrai Dieu que mon âme espère voir bientôt; non, depuis le jour que ma mère m'a mis au monde, je n'ai pas eu de jour plus agréable et plus délicieux : le souvenir du Christ souffrant a été pour moi une consolation ineffable. Les mages reprirent : Il faut que tu saches que ton compagnon a renoncé. — Oui, répliqua le martyr, je sais depuis longtemps qu'il a renoncé au diable et à ses anges. — Prends garde, dirent les mages, de périr misérablement, abandonné de Dieu et des hommes. — Mais vous-mêmes, répondit le saint, si vous êtes sages, comme vous vous en flattez, dites-moi s'il ne vaut pas mieux semer le blé que de le laisser dans un grenier, sous prétexte de le préserver des pluies et des orages. La vie est comme une semence que le chrétien jette sur la terre : elle produira dans le monde à venir, où le Christ la renouvellera dans une gloire immortelle. — Prends garde, dirent les mages de nouveau, prends garde que vos livres ne t'abusent; car ils ont déjà trompé bien du monde. — Il est vrai, repartit le saint, qu'ils ont détaché un grand nombre de personnes des voluptés du siècle, après leur avoir fait goûter les douleurs du Christ souffrant. Car dès qu'un chrétien s'est une fois enivré de l'amour du Christ mourant pour lui sur la croix, il oublie richesses, honneurs, or, argent. Se souciant fort peu des rois et des princes, il soupire après la vue du seul Roi véritable, dont le royaume est éternel et dont la puissance s'étend de génération en génération.

Les juges, voyant l'inébranlable constance du martyr, lui font couper les doigts des mains et des pieds, phalange par phalange, et les sèment de côté et d'autre. Puis, s'adressant au martyr : Vois-tu, dirent-ils, comme nous avons semé tes doigts ? Tu n'as qu'à attendre la moisson, pour récolter de cette semence un grand nombre de mains. — Je ne redemande pas un grand nombre de mains, répondit le bienheureux Jonas. Dieu qui m'a créé d'abord, me créera de nouveau des ailes nouvelles. Aussitôt on lui arrache la peau de la tête, on lui coupe la langue et on le jette dans une chaudière de poix bouillante. Mais la poix s'échappe tout à coup sans endommager le martyr. Alors les juges l'étendent sous une presse de bois et lui brisent les membres; puis ils le scient par morceaux et les jettent dans une citerne desséchée, avec des gardes pour empêcher qu'on ne les enlève.

Après avoir fini de cette manière avec le premier, les juges font amener son frère Birch-Jésus, et l'exhortent à avoir pitié de son corps. Il répondit : Ce n'est pas moi qui me le suis fait, ce n'est pas moi non plus qui le perdrai. Dieu qui l'a créé lui rendra la forme perdue. Mais vous, vous en serez punis pour votre cruauté, vous et votre roi insensé, qui, ignorant son Seigneur et son Créateur, s'efforce d'établir contre sa volonté des lois impies. Alors le prince des mages dit aux autres : Nos délais sont injurieux au roi. On ne gagne rien avec cette espèce d'hommes, ni par des discours ni par les tourments. Dans leur colère, ils ordonnèrent donc que le martyr serait battu avec des joncs dont la pointe était très-aiguë, qu'après cela son corps serait couvert d'éclats de roseau, que l'on ferait entrer dans la chair avec des cordes étroitement serrées; que quand il aurait été percé de toutes parts, et que son corps offrirait l'image d'un porc-épic, on le roulerait par terre. Ce ne fut pas tout. A la suite de cette horrible torture, ils lui firent verser dans la bouche de la poix bouillante et du soufre. Ce dernier supplice réunit Birch-Jésus à son frère Jonas. Un de leurs anciens amis, nommé Abtusciatas, racheta leurs corps pour cinq cents drachmes et trois vêtements de soie, après s'être engagé de plus par serment à n'en rien dire.

L'auteur des actes de ces martyrs les termine ainsi : « Ce livre, écrit sur la relation des témoins oculaires, contient les actes des saints martyrs Jonas, Birch-Jésus, Zébine, Lazare, Maruthas, Narsès, Elie, Maharis, Sabas et Scembaise, martyrs du Christ, qui, après les avoir soutenus dans le combat, leur a fait remporter la victoire et la couronne. Puisse avoir part à leurs prières, Isaïe, fils d'Adab, d'Erzeroum, des cavaliers du roi, qui a été présent aux interrogatoires des martyrs, et s'est chargé d'écrire leur triomphe (*Act. Mart. Orient.*) ! »

On voit par ce précieux monument, que cette première persécution était générale, et pour les lieux et pour les personnes: On n'y fait aucune distinction entre les prêtres et les laïques. Il est à regretter que les savants maronites Assemani, qui secondèrent si bien le zèle du pape Clément XI, n'aient pu obtenir un plus grand nombre de monuments de ce genre, sur la multitude sans nombre qui sont enfouis dans les monastères d'Egypte. Nous aurions sans doute plus de renseignements sur la première persécution de Sapor, et sur la manière dont elle s'est terminée. Tout ce que nous pouvons dire, c'est qu'elle se termina sans que saint Siméon, archevêque de Ctésiphon et Séleucie, paraisse avoir eu à souffrir.

Il était natif de Suse, et avait le surnom de Barsaboé, c'est-à-dire Fils du Foulon, du métier de son père, suivant ce qui se pratiquait chez les Orientaux. Il avait deux sœurs, qui avaient consacré leur virginité à Dieu. Son neveu et son archidiacre, saint Sciadustes ou Sadoth, avait assisté en son nom au concile de Nicée. Il était d'une figure vénérable. Sapor lui-même conçut pour lui de l'affection et le voyait avec plaisir. Ce qui, entre autres, avait pu ramener le roi à des dispositions aussi favorables, c'est que le premier seigneur de Perse, celui-là même qui l'avait élevé dès son enfance, était chrétien. Les choses changèrent bien de face en 341.

L'empereur Constantin étant mort l'an 337, dans le moment qu'il se préparait à marcher contre les Perses, qui avaient rompu la paix, Sapor en profita pour faire une irruption sur l'empire romain. L'an 338, il vint assiéger Nisibe, dont saint Jacques était évêque. L'armée des Perses était innombrable en cavalerie et en infanterie; ils avaient aussi un grand nombre d'éléphants et des machines de guerre de toute espèce. Mais, après soixante-trois jours de siège, Sapor fut obligé de se retirer ignominieusement et de retourner dans ses États. Son armée, fréquemment harcelée par l'ennemi et épuisée de fatigues, périt à la fin par la famine et par des épidémies. Ce revers dut prodigieusement humilier Sapor. Les mages et les juifs en profitèrent pour l'indisposer contre les chrétiens.

L'an 30 de son règne, 339 de l'ère chrétienne, les mages lui dirent : « Nous ne pouvons plus adorer ni le soleil et l'air, qui nous donnent les jours sereins, ni l'eau qui nous purifie, ni la terre qui nous sert d'expiation. Nous en sommes réduits là par les Nazaréens qui les méprisent et les outragent. » Sapor en fut tellement irrité qu'il renonça au voyage qu'il avait dessein de faire, et publia un édit pour arrêter les Nazaréens : c'est ainsi qu'aujourd'hui encore on appelle les chrétiens en Perse. Mahanès, Abraham et Siméon furent les premiers qu'on arrêta. Le lendemain, les mages dirent de nouveau au roi : Sapor, évêque de Beth-Nictor, et Isaac, évêque de Beth-Séleucie, bâtissent des oratoires et des églises, et séduisent le peuple par de douces paroles. J'ordonne, dit le roi, transporté de colère, qu'on recherche les coupables dans tout mon royaume, et qu'on les interroge sous trois jours. Il fit partir des cavaliers, qui, courant jour et nuit par toutes les provinces de Perse, emmenèrent surtout ceux que les mages avaient accusés. On les enferma dans la même prison que les premiers. Le lendemain Sapor, Isaac, Mahanès, Abraham et Siméon furent conduits devant le roi, qui leur dit : Ne savez-vous pas que je suis issu du sang des dieux, et que je sacrifie cependant au soleil et rends au feu des honneurs divins ? Mais vous autres, qui êtes-vous, pour désobéir à mes lois, pour outrager le soleil et mépriser le feu ? Ils lui répondirent tous d'une voix : Nous ne connaissons qu'un Dieu, et nous n'adorons que lui seul. — Mais est-il, répliqua le roi, un dieu meilleur que Hormizdate, ou plus fort qu'Haramane irrité ? Et qui d'ailleurs ignore qu'on doit adorer le soleil ? L'évêque Sapor lui répondit : Nous ne connaissons d'autre Dieu que celui-là seul qui a créé le ciel et la terre, le soleil et la lune, et tout ce qui s'aperçoit par les yeux ou par l'intelligence; nous croyons encore que Jésus le Nazaréen est son fils. Le roi ordonna de frapper l'évêque sur la bouche; ce qui fut exécuté avec tant de cruauté, qu'on lui fit sauter toutes les dents; ensuite on lui meurtrit le corps et on lui brisa les os à coups de bâton, après quoi il fut chargé de chaînes.

Isaac ayant comparu, le roi lui reprocha la hardiesse qu'il avait eue de bâtir des églises; mais il ne put ébranler sa constance. Alors il fit comparaître les principaux de la ville, et leur parla de cette sorte : Vous savez sans doute que qui conspire contre la vie du roi est coupable de lèse-majesté et mérite la mort. Comment donc avez-vous si peu ressenti mes outrages, qui cependant sont aussi les vôtres, que vous ayez comploté avec Isaac et passé dans son camp ? J'en jure par le soleil et par le feu qui ne s'éteindra point, que vous me précéderez tous dans la tombe. Aussitôt ces nobles, qui jusque-là se disaient chrétiens, sont saisis de frayeur, se jettent la face contre terre, emmènent l'évêque Isaac et le font mourir sous une grêle de pierres. Le bienheureux Sapor triompha de joie à la nouvelle de sa mort. Deux jours après, il mourut lui-même de ses plaies dans la prison. Le roi, pour s'assurer de sa mort, lui fit couper la tête et se la fit apporter. On amena les trois autres prisonniers. Pressés par le roi d'adorer le soleil et le feu, ils répondirent : Dieu nous préserve d'un pareil crime, notre résolution constante est d'adorer Jésus et de le confesser. Alors, par ordre du roi, Mahanès fut écorché depuis le haut de la tête jusqu'au nombril, et expira dans ce supplice; Abraham eut les yeux percés avec un fer rouge, et mourut deux jours après; Siméon fut enterré jusqu'à la poitrine, et tué à coups de flèches. Les chrétiens enlevèrent secrètement leurs corps, et les enterrèrent (Act. Mart. Orient.).

L'année d'après (340), la persécution devint plus violente encore. Sapor publia contre les chrétiens un décret général qui condamnait leurs personnes à l'esclavage et ruinait leurs biens par des impôts excessifs. Saint Siméon, évêque de la capitale, que le roi honorait jusque alors d'un amitié, ou sans doute suivant l'usage de l'Orient, il voulut faire exécuteur de la sentence, lui écrivit la lettre suivante : « Le Christ a racheté son Église par sa mort, il a délivré son peuple par son sang, il nous a affranchis du joug de la servitude lorsque nous gémissions sous d'iniques fardeaux; il nous a promis en outre de magnifiques récompenses dans le siècle à venir, il a élevé nos espérances; car son empire est éternel; et jamais il ne périra. Aussi tant que Jésus sera le Roi des rois, notre résolution est de ne point recevoir le joug que vous voulez nous imposer. A Dieu ne plaise que nous soyons assez coupables pour préférer à la liberté de laquelle il nous a fait don, la servitude des mortels. Le Seigneur, à qui nous sommes décidés d'obéir, est l'auteur et le modérateur de votre souveraineté. Nous n'avons pas la coutume de supporter l'empire inique de nos semblables. De plus, comme notre Dieu est l'auteur et le créateur de ce que vous adorez comme une divinité, nous regardons comme une impiété horrible d'égaler à Dieu même les choses qu'il a créées et ont qui vous sont pareilles. Vous nous demandez enfin de l'or, à nous qui n'avons ni or ni argent, et à qui le Seigneur a défendu d'avoir ni or ni argent dans leurs bourses; à nous qui avons reçu de l'apôtre ce précepte : Vous avez été achetés à un grand prix, ne devenez pas les esclaves des hommes. »

Le roi fut extrêmement irrité de cette remontrance, et fit répondre à Siméon : « Es-tu assez fou pour exposer, par cette audace, non-seulement ta propre vie, mais encore celle de ton peuple ? car ton excessive arrogance t'a persuadé de le pousser à la défection. Mais j'aurai soin de briser ce complot, d'exterminer cette peste, et de vous effacer du souvenir même des hommes. » Siméon répondit sans s'émouvoir : « Puisque Jésus est mort volontairement, et de la mort la plus cruelle, pour tout l'univers, qui suis-je, pour ne pas donner ma vie pour ce peuple, au salut duquel je me suis volontairement dévoué? Ne doutez donc pas que je ne sois résolu à vous offrir ma tête, plutôt que de trahir mon troupeau, pour que vous l'écrasiez par de cruelles exactions. Je ne désire point de vivre, puisque je ne peux vivre sans crime : non, non, pour jouir quelque peu de cette lumière, je n'irai point plonger dans les misères de l'esclavage ceux que mon Seigneur a rendus libres. Dieu me préserve de chercher ma sécurité au péril de ceux qu'il a rachetés par son sang; de vouloir acheter les aises de ma vie au prix des âmes que le Christ a honorées de sa miséricorde, ou de chercher les délices de mon corps dans les travaux excessifs des corps de ceux que Jésus a délivrés de la servitude. Je ne suis point assez lâche pour craindre de marcher sur les traces de Jésus. Ma résolution est donc de vous livrer ma tête et de mourir pour mon troupeau. Quant à la ruine dont vous menacez les fidèles de ma religion, cette ruine sera le fait de votre impiété, et non pas de mon amour pour Dieu et pour son peuple : ce sera un crime à laver dans votre sang, et non dans le mien. Pour moi et mon peuple, nous en serons innocents. »

On voit, par ces débats, quelle était la politique infernale du roi. Il voulait que le pasteur devînt le bourreau de ses ouailles, comme nous l'avons vu, et comme nous le verrons encore, ordonner aux ouailles de devenir les bourreaux de leur pasteur : c'est à ce prix qu'était sa bienveillance. Après la noble réponse de l'évêque, il ne se posséda plus de fureur. Sur-le-champ il ordonna de mettre à mort les prêtres et les diacres, de démolir les églises, et d'employer à des usages profanes tout ce qui avait servi au culte du vrai Dieu. Quant à Siméon, ajouta-t-il, Siméon, le chef de ces scélérats, qui méprise ma royale majesté, qui n'obéit qu'à César, qui n'adore que le dieu de César et se moque du mien, qu'on me l'amène et qu'on lui fasse son procès devant moi !

Les Juifs, toujours ennemis des chrétiens, saisirent cette occasion pour animer le prince encore davantage contre eux. Grand roi, lui dirent-ils, rien n'est plus juste que votre colère. Si vous écrivez à César les lettres les plus éloquentes, accompagnées des présents les plus magnifiques, il n'en fera nul cas. Mais que Siméon lui envoie la plus petite lettre, seulement quelques lignes, aussitôt il se lève, adore les misérables feuillets, les prend respectueusement dans les deux mains, et commande que tout ce qu'elles contiennent soit exécuté promptement. C'est ainsi que les Juifs calomniaient les chrétiens devant Sapor, comme leurs ancêtres avaient calomnié le Christ devant Pilate. Siméon fut donc chargé de fers, ainsi que deux des douze prêtres de son église, lesquels se nommaient Abdhaïcla (Serviteur-du-Temple) et Ananias. Quand il fut arrivé à Suse, sa patrie, il pria qu'on ne le fît point passer devant une église des chrétiens que les mages venaient de convertir en une synagogue, pour ne pas voir une telle profanation. Ses gardes ayant fait une grande diligence, il arriva en peu de temps à la ville où était le roi : c'était Lédan, capitale des Huzites, à l'orient de la Susiane.

Sapor, informé que le chef des chrétiens était arrivé, ordonna qu'il parût devant lui. Siméon ne s'étant pas prosterné suivant l'usage du pays, le roi lui demanda en colère, pourquoi il lui refusait maintenant un honneur qu'il lui rendait auparavant. C'est, répondit Siméon, que je n'ai jamais comparu devant vous chargé de fers, ni pour être forcé de renier le vrai Dieu. Les mages l'accusèrent de conspiration et conclurent qu'il méritait la mort, attendu qu'il refusait de payer les tributs oppressifs par lesquels on voulait ruiner les chrétiens. Misérables, s'écria Siméon, n'est-ce point assez pour vous d'avoir abandonné Dieu et perdu ce royaume? faut-il encore que vous cherchiez à nous rendre complices de votre crime?

Le roi, prenant alors un visage moins sévère, lui dit : Laissez là cette dispute, Siméon. Croyez-moi, je vous veux du bien. Adorez le soleil. C'est ce qu'il y a de plus avantageux et pour vous et pour les vôtres. — *Siméon* : Je ne peux pas vous adorer vous-même, ô roi, quoique vous soyez plus excellent que le soleil, puisque vous êtes doué d'esprit et de sagesse. Comment donc adorerais-je ce dieu privé de raison, qui ne sait pas plus vous récompenser, vous qui l'adorez, que me punir, moi qui lui insulte? Quant au salut de mon peuple, que vous dites assuré, si je veux, sachez que nous autres chrétiens, nous n'avons qu'un Seigneur, qui est le Christ, le Crucifié. Moi donc, le moindre de ses serviteurs, je mourrai pour lui, pour moi et pour mon peuple. Je ne suis point un enfant qu'on puisse gagner par des bagatelles; j'achèverai saintement mon œuvre comme il sied à un vieillard. — *Le roi* : Si encore tu adorais un dieu vivant, j'excuserais ta folie; mais non : tu viens de dire que ton Dieu est un homme qui a expiré sur un infâme gibet. Deviens plus sage, adore le soleil par qui l'univers subsiste. Si tu le fais, je te promets des honneurs, des richesses et les plus grandes dignités de mon royaume. — *Siméon* : Jésus est le Seigneur du soleil et le Créateur des hommes; lorsqu'il expira entre les mains de ses ennemis, le soleil s'éclipsa, comme un serviteur qui pleure la mort de son maître. Pour lui, il est ressuscité après trois jours, et monté au ciel au milieu du concert des anges. Quant aux honneurs et aux richesses que vous me promettez, c'est en vain; j'en attends de bien plus magnifiques que les vôtres, des honneurs et des richesses si grands, que vous n'en avez pas même l'idée. — *Le roi* : Épargne ta vie, épargne le sang d'une multitude innombrable que je suis déterminé à punir, si tu persistes dans ton opiniâtreté. — *Siméon* : Si vous versez le sang innocent des chrétiens, vous sentirez l'énormité de votre crime, en ce jour terrible où vos décrets et vos actes contre nous seront examinés devant tout l'univers, et où l'on vous demandera compte de toute votre vie. Les chrétiens, que vous menacez de mort, échangeront quelques jours périssables contre un royaume éternel; mais vous, leur supplice vous retombera sur la tête. Quant à moi, je ne demande pas mieux que de vous abandonner une vie caduque pour celle qui m'est réservée dans le Christ. Prenez-la donc au plus tôt. — *Le roi* : Comment? ton insolence va jusqu'à n'avoir pas pitié de toi-même? Eh bien! moi j'aurai pitié de tes sectateurs, et j'espère les guérir de cette folie par la sévérité de ton châtiment. — *Siméon* : L'expérience vous apprendra que les chrétiens ne sacrifient point la vie qui leur est réservée en Dieu, pour ce qu'ils ont à vivre avec vous ; et qu'ils ne voudraient pas échanger contre votre diadème, le nom immortel qu'ils ont reçu du Christ. — *Le roi* : Si tu refuses de m'honorer en présence des grands de mon royaume, et de m'adorer avec le soleil, divinité de tout l'Orient, je ferai demain déchirer de coups et ensanglanter ce visage si beau et ce corps d'un aspect si vénérable. — *Siméon* : Comment ? vous appelez le soleil un dieu dans le moment même que vous l'égalez à vous, qui êtes un homme ? car vous venez d'exiger le même culte. Au fond, si vous êtes sage, vous êtes plus grand que lui. Quant à la menace que vous me faites, de défigurer la beauté telle quelle de cette chair, elle a un réparateur qui la ressuscitera et lui rendra avec usure cet éclat d'une gloire d'ailleurs méprisable. C'est lui qui l'a créée de rien, et ornée. — Le roi finit par le renfermer dans une étroite prison jusqu'au lendemain, persuadé que la réflexion lui ferait changer de sentiment.

Il y avait à la porte du palais un vieil eunuque nommé Guhsciatazades, qui avait élevé Sapor et qui jouissait à la cour de la plus haute considération. Il était le premier seigneur de Perse et occupait la place d'azzabades ou de grand chambellan du roi. Il avait professé la religion chrétienne ; mais il l'avait quittée depuis quelque temps et avait adoré publiquement le soleil, craignant la violence de son maître. Ayant vu passer le saint évêque, il se mit à genoux pour le saluer. Siméon détourna les yeux, afin de lui faire sentir l'horreur qu'il avait de son apostasie. L'eunuque, touché de ce reproche secret, rentra en lui-même et détesta son crime. Malheureux que je suis ! s'écria-t-il, les yeux baignés de larmes. Si Siméon, qui m'était uni de l'amitié la plus étroite, est tellement indigné contre moi, quel ne sera pas Dieu, dont j'ai trahi la foi ? Plein de ces pensées, il court à la maison, quitte les habits précieux dont il était revêtu, en prend de couleur noire, couleur de deuil chez les Perses, et retourne aux portes du palais.

Le roi informé de ce qui se passait, envoya demander à l'eunuque les motifs de sa conduite. Il répondit : Je me reconnais coupable, j'ai mérité le dernier supplice ; faites-moi exécuter ! Cette réponse paraissant encore plus énigmatique, le roi se le fit amener. Il faut, lui dit-il en le voyant, qu'un esprit ennemi se soit emparé de vous, pour tenir un propos si funeste. L'eunuque répondit : Nul esprit mauvais ne m'inspire, je suis dans mon bon sens, je pense comme il convient à un vieillard de penser. Pourquoi donc alors, reprit le roi, ces vêtements de deuil ? pourquoi dire que vous étiez indigne de vivre ? La cause en est, dit Guhsciatazades, à la trahison que j'ai commise contre Dieu et contre vous : contre Dieu, en violant la foi que je lui avais promise et en préférant à sa vérité votre bienveillance ; contre vous-même, en feignant d'adorer le soleil quand vous me le commandâtes ; car mon cœur était loin d'y consentir. — Quoi ! s'écria le roi de colère, telle est la cause de ta douleur, vieil imbécile ? Je t'en aurai bientôt guéri, si toutefois tu persévères dans cette opinion impie. — Le confesseur répliqua : Je prends à témoin le Seigneur du ciel et de la terre, que je ne vous obéirai plus désormais et que je ne recommencerai point ce que je déplore d'avoir fait. Je suis chrétien, et je ne préférerai plus un homme perfide au Dieu véritable. — J'ai pitié de ta vieillesse, ajouta le roi, et je regrette tes longs services envers moi et envers mon père. C'est pourquoi, je te conjure, quitte l'opinion de ces scélérats ; autrement tu périras misérablement avec eux. — Sachez, ô roi ! reprit Guhsciatazades, que ni vous ni vos grands ne me persuaderez d'abandonner le Créateur pour adorer les créatures qu'il a faites. — Misérable ! insista le roi, j'adore donc des créatures qu'il a faites ? — Le saint dit tranquillement : Si c'étaient encore des créatures vivantes ! mais ce qu'il y a de plus déplorable, ce sont des créatures sans vie et sans raison que vous adorez. Le roi, outré de colère, ordonna qu'il fût mis à mort sur-le-champ.

Lorsqu'on était sur le point de le conduire au lieu du supplice, il envoya prier le roi de lui accorder une dernière grâce, pour tous les services qu'il venait de rappeler : c'était de faire publier qu'on le mettait à mort, non pour avoir commis quelque crime, mais uniquement parce qu'étant chrétien, il n'avait pas voulu renier Dieu. Son but, en faisant cette prière, était de réparer le scandale qu'il avait causé par son apostasie. Le roi lui accorda ce qu'il demandait par un motif tout contraire. Il s'imaginait que la mort d'un fidèle sujet, exécuté pour cause de christianisme, en détournerait la multitude. S'il eut mieux connu les chrétiens, il aurait vu que le repentir de ce brave officier devait les rendre plus courageux à confesser la foi. Le saint vieillard fut décapité le Jeudi saint, le 13e jour de la lune d'avril.

Siméon ayant appris aussitôt en prison le martyre de son vieil ami, en fut au comble de la joie. « Jésus, notre Dieu ! s'écria-t-il, que votre charité est grande ! que votre puissance est ineffable ! Vous, ressuscitez les morts des enfers et vous relevez ceux qui sont tombés ; vous convertissez les pécheurs et vous rendez l'espérance à ceux qui sont désespérés. Celui qui, selon mon opinion, était le dernier ; le voilà, selon mon désir, devenu le premier ! Celui qui s'était égaré est devenu ma loi et mon modèle. Et moi, pourquoi tardé-je encore ? Le voilà qui m'appelle : Siméon, vous n'avez plus à vous plaindre de moi, ni votre aspect ne me jettera plus dans le deuil. Venez participer au bonheur que vous m'avez préparé ; venez partager les joies de l'éternité, comme nous avons partagé celles du temps. O l'heureux jour, que le jour qui me conduira au supplice ! Seigneur, accordez-moi cette couronne, que vous savez que j'ai tant désirée. Et puisque toute ma vie je vous ai aimé du fond de mon âme, accordez-moi une seule chose maintenant : c'est de vous voir, c'est de jouir de vous, c'est de me reposer en vous. Prenez-moi, de peur que, retenu plus longtemps dans le siècle, je ne voie les calamités de mon peuple, la ruine de vos églises et de vos autels, la chute des faibles, l'apostasie des lâches, le triomphe insultant de vos ennemis. En attendant, Seigneur, tout mon désir est d'accomplir jusqu'au bout la charge que vous m'avez confiée, et de servir de modèle à votre peuple, qui habite l'Orient, afin que moi, qui étais assis le premier à votre table, je sois aussi le premier à mourir pour vous dans le combat. » Le saint, en parlant ainsi, avait les mains levées au ciel. Les deux prêtres qui étaient emprisonnés avec lui, regardaient avec admiration son visage, qui était comme transfiguré par l'amour et la joie. Siméon passa en prières la nuit du Jeudi-saint. « O Jésus, disait-il, exaucez-moi, tout indigne que je suis de vos miséricordes! Faites que je boive ce calice au jour et à l'heure même de votre passion. Que les siècles à venir publient que j'ai été mis à mort au jour de mon Seigneur! Que les enfants apprennent des parents que Siméon a été docile à la voix de son maître, et qu'il a été immolé de la même manière que son Dieu, le 14e jour, la 6e férie.

En effet, le jour même, le Vendredi saint, à la troisième heure du jour, il fut amené devant le tribunal. Le roi, devant lequel il ne se prosterna pas plus que la première fois, lui demanda : Eh bien! quel est le résultat des réflexions que vous avez faites cette nuit? Profitez-vous de ma bienveillance, ou persistez-vous dans votre opiniâtreté, qui vous faisait choisir la mort? Adorez le soleil seulement une fois, et je vous laisserai libre pour la suite. A cette condition, je m'engage même à me déclarer votre protecteur contre vos ennemis. — A Dieu ne plaise, répondit Siméon, que je me rende coupable d'un tel crime, ni que je donne à mes ennemis sujet de dire : Siméon, craignant la mort, a préféré à Dieu une vaine idole. — Le souvenir de notre ancienne amitié, reprit le roi, m'avait porté à faire usage des voies de douceur; mais puisqu'elles sont inutiles, les suites vous regardent. — Cessez de vouloir me séduire par vos caresses, répliqua le saint. Pourquoi différez-vous de m'immoler? L'heure du festin est venue; la table est dressée; je suis en retard.

Le roi, s'adressant aux satrapes et aux officiers qui l'entouraient, leur dit, en montrant Siméon : Voyez-vous la merveilleuse dignité de ce visage, et l'auguste majesté de tout le corps? J'ai parcouru des nations lointaines, ainsi que notre propre pays : jamais je n'ai rien vu de si gracieux et de si beau. Concevez maintenant la folie de cet homme, qui perd tout cela pour une sottise! Les grands répondirent tout d'une voix, qu'il ne fallait point s'arrêter à la beauté de son corps, mais au grand nombre de personnes qu'il avait infectées de son erreur. Il fut donc condamné à être décapité, et conduit sans délai au supplice.

Il y avait, emprisonnés dans la même ville, cent autres chrétiens. Quelques-uns étaient évêques et prêtres; le reste, diacres et autres clercs inférieurs. On les fit tous sortir au même instant. Le principal jugé leur dit qu'ils pouvaient sauver leur vie en adorant le soleil; mais ils répondirent d'une voix unanime qu'ils souffriraient toutes sortes de tourments plutôt que d'outrager le vrai Dieu par une lâche apostasie. Les bourreaux se mirent donc en devoir de les exécuter. Siméon, qu'on rendit témoin de leur supplice, dans l'espérance qu'il se laisserait peut-être ébranler, les exhortait à persévérer dans la confession de la foi et les consolait par l'espérance d'une heureuse résurrection. Lorsque les cent chrétiens eurent été décapités, Siméon reçut aussi la couronne du martyre, avec les prêtres Abdhaïcla et Hananias.

Tandis que le dernier ôtait ses habits, il fut tout à coup saisi d'un tremblement involontaire. Phusikius, créé depuis peu intendant des travaux du roi, s'en aperçut et lui dit : Rassurez-vous, Hananias; fermez les yeux, et dans un moment vous verrez la divine lumière du Christ. Aussitôt Phusikius fut amené devant le roi pour y rendre compte de ce qu'il venait de dire. Sapor lui reprocha d'être insensible à ses bienfaits et d'avoir négligé sa charge pour aller voir mourir quelques misérables. Phusikius répondit : Et moi, je voudrais pouvoir échanger ma vie contre leur mort. Je renonce donc à vos honneurs, remplis de troubles et d'inquiétudes. La grâce que je vous demande est de m'associer avec ceux dont je viens de voir le supplice. Rien ne saurait être plus heureux que la mort qu'on leur a fait souffrir. Comment! s'écria le roi, tu préfères la mort à ta dignité? Il faut donc que tu sois extravagant. — Je n'extravague pas, répliqua Phusikius, mais je suis chrétien; et voilà pourquoi la mort, jointe à une ferme espérance en Dieu, me paraît préférable à tous les honneurs. Le roi, furieux, ordonna qu'on lui fît souffrir un genre de mort extraordinaire. Les bourreaux lui percèrent le cou et lui arrachèrent la langue. Il expira dans cette horrible torture. Il avait une fille qui avait consacré à Dieu sa virginité. Elle fut également arrêtée et condamnée à mort.

Saint Siméon souffrit, ainsi que ses compagnons, le Vendredi saint, 17 avril 341. Saint Maruthas, évêque de Mésopotamie, transféra ses reliques dans sa ville épiscopale, qui prit de là le nom de Martyropolis, au lieu de celui de Tagrit qu'elle portait auparavant. Le même Maruthas a composé les actes des martyrs qui souffrirent dans la persécution de Sapor, laquelle dura quarante ans (*Act. Mart. Orient.*).

Le jour même que le saint archevêque de Perse remporta la couronne du martyre avec ses compagnons, savoir le Vendredi saint 341, Sapor publia un sanglant édit, qui condamnait à mort tous les chrétiens qui ne renonceraient pas à leur religion. On ne voyait de toutes parts que des instruments de supplices. Les fidèles, loin de trahir leur foi, volaient généreusement à la mort, et les bourreaux, fatigués, s'avouèrent plus d'une fois vaincus par la patience de leurs victimes. La croix, dit saint Maruthas, germa dans les ruisseaux de sang. La vue de ce signe salutaire fit tressaillir de joie la sainte troupe des fidèles; elle les remplit d'un nouveau courage, qu'ils inspirèrent aux autres. Enivrés des eaux fécondes du divin amour, ils enfantèrent une race spirituelle digne de leur succéder. On ne cessa de massacrer des chrétiens, depuis la sixième heure du Vendredi saint jusqu'au premier dimanche après Pâques.

La nouvelle de l'édit ne se fut pas plus tôt répandue dans les provinces éloignées, que les gouverneurs emprisonnèrent ceux qui adoraient le vrai Dieu, dans le dessein de les mettre à mort dès que les ordres du prince seraient parvenus jusqu'à eux. A peine les eurent-ils reçus que, sans autre forme de procès, tous ceux qui se dirent chrétiens furent inhumainement égorgés. Parmi les fidèles dont le sang coula pour Jésus-Christ, était un eunuque chéri du roi, et qui se nommait Azade. Sapor fut si vivement touché de sa mort, qu'il publia un autre édit, par lequel il restreignait la persécution aux évêques, aux prêtres, aux moines et aux religieuses. Il y eut en cette occasion une multitude innombrable de martyrs de tout sexe et de tout âge, dont on ne sait pas les noms. Sozomène en compte seize mille; mais un ancien écrivain persan en porte le nombre jusqu'à deux cent mille (*Act. Mart. Orient.*).

Sur ces entrefaites la reine de Perse tomba dangereusement malade. Les Juifs, qui avaient toute sa confiance, lui persuadèrent que sa maladie venait d'un sortilége employé par les sœurs du bienheureux Siméon, pour venger la mort de leur frère. On se saisit aussitôt de la vierge Tharba, nom qui signifie Crescence, et de sa sœur, qui, étant devenue veuve, s'était engagée par vœu à passer le reste de sa vie dans la continence. La servante de Tharba, qui était vierge aussi, fut également arrêtée. On les conduisit toutes les trois devant les juges, où elles furent accusées d'avoir rendu la reine malade par leurs enchantements. « A quoi bon, répondit Tharba, nous accuser de choses qui n'ont aucun rapport avec la sainteté de notre profession? car rien n'est plus éloigné de la religion chrétienne que le crime dont vous parlez. Que si vous avez soif de notre sang, contentez votre soif. Si c'est votre plaisir de mettre nos corps en pièces, comme vous faites chaque jour aux chrétiens, nous sommes chrétiennes, nous mourrons chrétiennes, et jamais nous ne cesserons de professer la religion chrétienne; car il nous est prescrit d'adorer un seul Dieu, de ne lui rien égaler de ce qu'il y a au ciel et sur la terre, et, quant aux enchanteurs, de les punir de mort par l'autorité publique. Et comme l'on disait que c'était un moyen employé par la vengeance, la sainte ajouta: Quelle raison pouvions-nous avoir d'offenser Dieu aussi grièvement, pour venger la mort de notre frère; car on ne lui a rien fait qui doive nous affliger. Vous! vous l'avez tué par haine et par envie; mais lui ne cesse pas de vivre, ayant obtenu la vie immortelle dans le royaume céleste, qui perdra le vôtre, si ferme qu'il soit, et vous renversera de votre domination. » Après cet interrogatoire, les trois saintes furent menées en prison.

Comme Tharba était d'une rare beauté, ses trois juges avaient conçu pour elle, dès le premier aspect, une passion violente. Chacun, à l'insu des autres, songeait au moyen de la gagner. Le président lui fit dire le lendemain qu'il lui obtiendrait du roi la liberté, ainsi que celle de ses sœurs, pourvu qu'elle lui promît de l'épouser. Misérable! tais-toi, répondit la vierge avec horreur : je suis l'épouse du Christ; je lui ai consacré ma virginité et je la lui garderai sans tache. Loin de craindre la mort, je la regarde comme la fin de mes maux. En me faisant disparaître de ce monde, elle me réunira à mon frère dans le repos éternel. Ses deux autres juges lui ayant fait les mêmes propositions, ils en reçurent la même réponse.

Alors ils les condamnèrent toutes les trois comme coupables de sortilége. Ils portèrent l'affaire au roi, et lui dirent que le crime était prouvé. Mais le prince n'en voulut rien croire; il ordonna même qu'on leur laissât la vie et qu'on les mît en liberté si elles consentaient à adorer le soleil. Elles s'y refusèrent en disant : Non, jamais nous ne rendrons à la créature l'honneur qui n'est dû qu'à Dieu. Les mages s'écrièrent alors tout d'une voix : Périssent ces malheureuses, dont les enchantements ont ravi la santé à la reine!

Le roi permit alors aux mages de les condamner au supplice qu'ils jugeraient à propos. Ils ordonnèrent qu'on sciât leurs corps en deux et qu'on les rangeât ensuite sur deux lignes, afin que la reine pût passer au milieu, ajoutant que par là elle recouvrerait la santé. Lorsque cette sentence eut été prononcée, le principal juge, qui avait proposé à Tharba de l'épouser, revint encore à la charge et lui fit promettre la liberté avec la vie, au cas qu'elle voulût se rendre à ses désirs. Mais la chaste vierge, saisie d'indignation, ne put s'empêcher de lui répondre : O le plus impudent des hommes! jusqu'à quand vous occuperez-vous d'une telle pensée? Mourir courageusement est pour moi une vraie vie; mais une vie achetée par l'infamie me serait mille fois plus insupportable que la mort.

Quand les saintes furent arrivées au lieu du supplice, on les attacha à deux poteaux, puis on les scia par le milieu du corps. On coupa ensuite chaque moitié en six, et l'on jeta tous les morceaux dans autant de paniers qui furent suspendus à des pieux sur deux rangs. La reine, conduite par les mages, passa au milieu de ces lambeaux sanglants; et, après elle, toute l'armée (*Act. Mart. Orient.*). C'était le 5 mai 341.

L'évêque de Suse, saint Milles, qui continuait à faire des miracles et des conversions dans son pays natal, fut lui-même arrêté par Hormisda, gouverneur de la province. Ses deux disciples, le prêtre Abrosime et le diacre Sina, eurent le même sort. On les chargea de chaînes tous trois et on les conduisit dans la capitale de la Satrapie. Ils souffrirent deux fois une cruelle flagellation, et rendirent inutiles, par leur constance, tous les moyens qu'on employa pour les faire sacrifier au soleil. Les saints confesseurs ne cessaient de louer le Seigneur dans leur prison.

Au commencement de l'année (les Chaldéens la commencent encore aujourd'hui le 1er octobre), Hormisda faisait des préparatifs pour une grande chasse de bêtes fauves. Comme il s'en réjouissait beaucoup, il se fit amener les trois martyrs enchaînés pour leur faire leur procès. Il était d'un naturel hautain et superbe. S'adressant donc à saint Milles : Qui es-tu? lui demanda-t-il en ricanant, un dieu ou un homme? quelle est ta religion, quels sont tes dogmes? Développe-nous la sagesse de ton âme, pour que nous devenions tes disciples; autrement, si tu continues à nous cacher ta secte, sois bien sûr que tu seras tué sur-le-champ comme ces bêtes. Le saint, qui ne méconnaissait pas l'intention de ces paroles, répondit tranquillement : Je suis homme et non pas dieu; du reste je ne mêlerai certainement pas à vos badinages les mystères de la vraie religion. Cependant je vous dirai avec franchise : Malheur à toi, tyran impie! malheur à toi et à tes semblables, qui repoussez la religion et Dieu! car Dieu vous jugera dans le siècle à venir, et, vous condamnant aux feux et aux ténèbres qui vous attendent, il changera votre orgueil en pleurs éternels, parce que, comblés de ses bienfaits, vous vous êtes élevés contre lui avec insolence, au lieu de vous montrer reconnaissants. A ces mots, le gouverneur s'élance de son siège et lui enfonce le poignard dans le côté; Narsès, frère d'Hormisda, lui perce aussi d'un coup de poignard le côté opposé. Le saint évêque mourut peu de temps après en leur prédisant que le lendemain ils se tueraient eux-mêmes l'un l'autre. Abrosime et Sina furent conduits sur le haut de deux collines qui se regardaient, et les soldats les lapidèrent. Le lendemain, les deux frères, qui étaient excellents chasseurs, poursuivant de deux côtés opposés un cerf qui venait d'échapper, lui décochèrent au passage leurs flèches, qui les atteignirent eux-mêmes et les tuèrent tous les deux à l'heure même où la veille ils avaient tué saint Milles. Leurs corps restèrent sur la place jusqu'à ce que les bêtes et les oiseaux de proie en eussent dévoré les chairs. Car c'est ainsi que les anciens Perses ensevelissaient leurs morts. Les Perses chrétiens enterraient les leurs comme les chrétiens des autres pays. Les corps des trois martyrs, qui souffrirent le 5 novembre, furent portés au château de Malcan et déposés dans un tombeau qu'on leur avait préparé. Les habitants du pays se crurent redevables à leur protection de ce qu'ils ne furent plus exposés dans la suite aux incursions des Arabes sabéens (*Act. Mart. Orient.*).

Vers le même temps où le saint évêque de Suse remporta la couronne du martyre, on dénonça Barsabias, abbé d'un monastère en Perse. Il était accusé de vouloir abolir la religion des mages. On l'arrêta donc, ainsi que les dix moines qu'il gouvernait. Ils furent tous chargés de chaînes et conduits dans la ville d'Astrahara, près des ruines de Persépolis, où le gouverneur faisait sa résidence. Ce juge inhumain inventa les supplices les plus cruels pour les tourmenter. Il leur fit écraser les genoux, casser les jambes, couper les bras, les côtés et les oreilles; on les frappa ensuite rudement sur les yeux et sur le visage. Enfin le gouverneur, furieux de se voir vaincu par leur courage, les condamna à être décapités. Les martyrs allèrent avec joie au lieu de l'exécution en chantant des hymnes et des psaumes à la gloire du Seigneur. Ils étaient environnés d'une troupe de soldats et de bourreaux; une multitude innombrable de peuple les suivait aussi.

Le saint abbé demandait à Dieu de voir aller dans le ciel avant lui les âmes qui avaient été confiées à ses soins, et sa prière fut exaucée. Lorsqu'on commençait l'exécution, un mage, qui passait avec sa femme, ses deux enfants et plusieurs domestiques, s'arrêta en voyant le peuple attroupé. Il fend la presse et s'avance pour être instruit de ce qui se passait. Il aperçoit le saint abbé qui paraissait rempli de joie, qui chantait les louanges de Dieu et qui prenait chacun de ses moines par la main comme pour les présenter au bourreau. Il lui semble voir une croix lumineuse sur les corps des martyrs déjà exécutés. Frappé de ce prodige et changé soudain, il descend de cheval, change d'habit avec le domestique qui l'avait suivi, puis, s'approchant de Barsabias, il lui raconte tout et le prie de le recevoir au nombre de ses disciples. L'abbé y consent; il le prend par la main, après le neuvième, et le présente au bourreau, qui lui coupe la tête sans le connaître. Barsabias, le père de tous ces martyrs, fut décapité le dernier. Les corps de ces douze saints furent abandonnés à la voracité des bêtes et des oiseaux de proie; mais on porta leurs têtes dans la ville et on les suspendit dans le temple de Nahitis ou de Vénus, car, quoique les mages eussent en horreur toutes les idoles, il y avait cependant plusieurs sectes d'idolâtres en différentes contrées de la Perse. L'exemple du mage converti toucha vivement sa famille, et elle se fit chrétienne ainsi qu'un grand nombre d'autres personnes. Ces martyrs souffrirent le 3 juin 342 (*Act. Mart. Orient.*).

Trois mois après le martyre de saint Siméon, évêque de Séleucie et de Ctésiphon, on lui donna pour successeur son neveu saint Sadoth ou plutôt Sciadust. Ce nom veut dire *ami du roi*: les Chaldéens l'appellent souvent *Jésu-Dust*, c'est-à-dire ami de Jésus. Comme nous l'avons déjà vu, ce saint avait assisté au concile de Nicée, au nom du métropolitain de Perse. La persécution était plus violente que jamais. Il se cacha d'abord avec une partie de son clergé, non par crainte de la mort, mais pour attendre que Dieu lui fît connaître sa volonté d'une manière plus spéciale. Il ne laissa pas de pourvoir secrètement aux besoins de son troupeau, et d'exhorter les fidèles à confesser généreusement Jésus-Christ. Ayant eu une vision dans le lieu de sa retraite, il assembla ses prêtres et ses diacres pour leur faire part de ce qui lui était arrivé. J'ai vu en songe, leur dit-il, une échelle tout environnée de lumière, dont le sommet touchait au ciel. Saint Siméon, brillant de gloire, y était appuyé. M'ayant aperçu, au bas de l'échelle, il m'a appelé d'un air riant : Montez, Sciadust, m'a-t-il dit, montez et ne craignez rien. Je montai hier, c'est votre tour de monter aujourd'hui; ce qui me paraît signifier que comme mon saint prédécesseur endura la mort l'année dernière, je dois la souffrir cette année. Il exhorta ensuite son clergé à pratiquer toutes sortes de bonnes œuvres et à faire un saint usage du temps, afin que, si la mort se présentait, ils pussent la recevoir en vrais disciples du Christ, et dans l'espérance d'avoir part à l'héritage céleste.

Le roi Sapor étant venu à Séleucie dans la seconde année de la persécution, le saint évêque fut arrêté avec une grande partie de son clergé, quelques ecclésiastiques de son voisinage, les moines et les religieuses de son église; ce qui faisait en tout cent vingt-huit personnes. On le conduisit en prison, où ils souffrirent des maux incroyables durant l'espace de cinq mois entiers. On les en tira trois fois pour les étendre sur le chevalet. On leur liait les jambes avec des cordes qu'on serrait si fortement, qu'on entendait craquer leurs os. Ce qu'on voulait d'eux, c'était qu'ils adorassent le soleil. Ils s'y refusèrent constamment, et marchèrent enfin au supplice en chantant des hymnes et des cantiques : ce qui arriva le 8 février 342 (*Act. Mart. Orient.*).

Deux ans après le martyre de saint Milles, le prêtre Daniel et la vierge Verda, c'est-à-dire Rose, furent arrêtés par l'ordre du gouverneur de la province des Razichéens. Ils souffrirent pendant trois mois les tortures les plus cruelles. Entre autres supplices, on leur perça les pieds, qu'on tint cinq jours de suite dans de l'eau gelée. Rien n'étant capable d'ébranler leur constance, le gouverneur les condamna à perdre la tête : ce qui fut exécuté le 21 février 344 (*Act. Mart. Orient.*).

La même année, le roi Sapor étant à Séleucie, fit arrêter, dans le voisinage, cent vingt chrétiens, parmi lesquels se trouvaient neuf vierges consacrées au Seigneur; les autres étaient prêtres, diacres et clercs de différents ordres. On les conduisit tous dans des cachots obscurs et infects, où ils restèrent jusqu'à la fin de l'hiver, c'est-à-dire durant l'espace de six mois. Une femme riche et vertueuse de la ville d'Arbèle, nommée Jazdundocte, c'est-à-dire, *Née-de-Dieu*, se chargea seule du soin de les nourrir, ne voulant partager cette bonne œuvre avec personne. Les saints prisonniers furent souvent appliqués à de cruelles tortures; mais ils confessèrent toujours généreusement Jésus-Christ. Jamais, disaient-ils, nous n'adorerons le soleil, qui n'est qu'une simple créature; nous ne soupirons qu'après le moment qui, en terminant notre vie, commencera notre bonheur.

Jazdundocte ayant appris le jour qu'ils devaient être exécutés, se rendit la veille à la prison, leur lava les pieds et leur donna à chacun une robe blanche. Elle leur fit ensuite préparer un grand festin et les servit elle-même à table. Elle les exhortait en même temps à la constance par les promesses que fait l'Evangile aux vrais disciples de Jésus-Christ. Une telle conduite surprit beaucoup les confesseurs, et ils en demandèrent inutilement la raison. Le lendemain, Jazdundocte alla les voir; mais ce fut pour leur dire que ce jour ne passerait point qu'ils ne reçussent la couronne du martyre. Elle les pria de solliciter instamment auprès de Dieu le pardon de ses péchés, afin qu'elle eût le bonheur de leur être réunie dans le royaume céleste.

Peu de temps après, le roi envoya des ordres pour qu'on exécutât les confesseurs sans délai. On les fit donc sortir de la prison. Jazdundocte les attendait à la porte; elle se jeta à leurs pieds et leur baisa respectueusement les mains. Les gardes se hâtèrent de les conduire au lieu du supplice. Là, l'officier qui présidait, demanda si quelqu'un d'entre eux voulait sauver sa vie en adorant le soleil. Ils répondirent unanimement que la mort n'avait rien d'effrayant pour eux, et qu'ils la préféraient à une criminelle apostasie. L'officier, désespérant de les séduire après une réponse aussi ferme, les condamna à être décapités, ce qui eut lieu sur-le-champ. A l'entrée de la nuit, Jazdundocte fit ensevelir leurs corps, qui furent enterrés cinq à cinq à une assez grande distance de la ville. Elle avait pris toutes ses précautions pour n'être point découverte par les mages. Ces martyrs, mis à mort le 21 avril 344, étaient de l'Adiabène, dont Arbèle était la capitale. Cette province, qui comprenait la plus grande partie de l'ancienne Assyrie, n'était guère habitée que par des chrétiens (*Act. Mart. Orient.*).

Après la mort de saint Sciadust, son frère Barbascemin, neveu comme lui de saint Siméon, par leur mère, fut élevé sur le siège métropolitain de Séleucie et de Ctésiphon. Ayant gouverné son Eglise six ans, il fut dénoncé comme l'ennemi de la religion persane. On l'arrêta avec sept personnes de son clergé. Sapor, qui ne put l'ébranler par ses menaces, le fit renfermer dans une prison d'où s'exhalait une odeur insupportable. Le saint eut à souffrir, dans cette affreuse demeure, les rigueurs de la faim et de la soif, avec tous les mauvais traitements que la cruauté des mages fut capable d'imaginer. Onze mois après, on le rappela devant le roi avec ses compagnons. Ils étaient tous horriblement défigurés. Il n'y avait aucune partie de leurs corps qui ne fût toute meurtrie de coups, et le mauvais air de la prison avait rendu leurs visages noirs et livides.

Cependant Sapor, persuadé que l'exemple de l'évêque serait imité par le clergé, fit de nouvelles tentatives pour gagner Barbascemin à la religion nationale. Il lui offrit de riches présents et lui promit une des premières dignités de l'empire s'il voulait être initié aux mystères du soleil. Le saint lui répondit constamment qu'il aimait mieux mourir que de violer la loi de Jésus-Christ, qui condamnait les apostats à des supplices éternels. Il fut décapité avec ses compagnons, le 14 janvier 346, à Lédan, dans la province des Huzites (*Act. Mart. Orient.*).

Saint Maruthas, auteur des actes de nos saints martyrs, ajoute que Sapor, pour exterminer le nom chrétien dans tout son empire, publia un nouvel édit qui ordonnait de mettre à mort tous ceux qui refuseraient d'adorer le soleil, le feu et l'eau; et de manger du sang des créatures vivantes. Les chrétiens s'en abstenaient encore, conformément à ce qui avait été décidé par les apôtres. Le siège de Séleucie resta vacant l'espace de 20 années, à cause de la persécution, dont les ravages se firent sentir dans toutes les provinces de la Perse. La multitude des martyrs fut innombrable. Saint Maruthas, qui n'avait pu connaître leurs noms, célébra leur glorieux triomphe dans un beau panégyrique, où l'on trouve les sentiments de la dévotion la plus tendre.

Nous avons cependant du même saint les actes particuliers de quelques martyrs mis à mort vers cette époque. Tels saint Jacques, prêtre d'un bourg sur l'Euphrate, et sa sœur Marie, fille de l'alliance, c'est-à-dire, dans le langage de l'Orient, vierge consacrée à Dieu. Le gouverneur Narsès Tamsapor, n'ayant pu leur persuader de manger du sang, les fit déchirer cruellement à coups de fouets. Eux, levant les mains aux ciel, priaient Dieu de les soutenir. Ce que voyant, le gouverneur fit venir un certain laïque, nommé Mahbades, homme distingué selon le monde, mais chrétien seulement de nom, puis il lui commanda de trancher la tête aux deux martyrs. Ce que le misérable exécuta le 22 mars 346 (*Act. Mart. Orient.*).

Vers le même temps, on dénonça au même gouverneur un certain Paul, prêtre d'une petite ville. Ce qui donna lieu à l'accusation furent les richesses du prêtre, que les délateurs disaient immenses. Aussitôt le gouverneur envoie des satellites qui entourent la maison, jettent le prêtre dans les fers, se livrent au pillage et emportent une grande somme d'argent trouvée dans un coffre. On arrêta par la même occasion cinq vierges consacrées à Dieu : Thècle, Marie, Marthe, une autre Marie et Ama. Elles furent enchaînées comme le prêtre, et emmenées dans une forteresse. Paul parut le premier devant le tribunal de Tamsapor, qui lui dit : Si tu fais ce que le roi ordonne, si tu adores le soleil et manges du sang, tu ne perdras rien, et tu recouvreras aussitôt l'argent qu'on t'a enlevé. Le malheureux, qui aimait son argent plus que son âme, promit aussitôt de faire tout ce l'on voudrait, et le fit encore plus promptement. Le gouverneur, qui comptait garder l'argent pour lui-même, fut très-fâché de l'apostasie de Paul. Après y avoir réfléchi quelque temps, il résolut de lui commander d'égorger de sa main les cinq vierges, persuadé que la crainte de l'infamie l'empêcherait de le faire, et qu'il fournirait ainsi un autre prétexte de ne pas lui rendre ce qu'on lui avait pris.

Les vierges furent amenées au tribunal. Le gouverneur, d'un air farouche, leur dit : Si vous n'obtempérez pas à l'édit du roi, savoir, de sacrifier au soleil et de vous marier, vous n'échapperez point à la plus cruelle torture, ni à la peine capitale. Les vierges lui répondirent à haute voix : C'est en vain, orgueilleux tyran, que tu nous épouvantes ou nous flattes. Que ne fais-tu au plus vite ce qui t'est commandé ? Jamais nous n'abandonnerons Dieu, notre Créateur, pour suivre tes conseils. Le gouverneur les fit battre à coups de verges : chacune en reçut cent coups, et avec tant de courage que, le corps tout déchiré, elles criaient tout haut : Jamais nous ne préférerons le soleil à Dieu; jamais nous ne serons assez folles pour adorer avec vous la créature au lieu du Créateur. Aussitôt le gouverneur prononce la sentence de mort, et en commet l'exécution au prêtre apostat, en ces termes : Or ça, si tu égorges ces vierges de ta main, je te promets qu'on te restituera tout.

Le nouveau Judas se montra plus cruel encore que l'ancien. Il saisit le glaive nu et s'avance contre les vierges saintes. Elles étaient ses ouailles, ses paroissiennes; elles avaient servi comme diaconesses, comme chanteuses dans son église. Quand donc elles l'aperçurent avec le glaive du bourreau, elles lui firent ces reproches : « Lâche pasteur, c'est ainsi que vous vous jetez sur votre troupeau, et que vous égorgez vos brebis? C'est ainsi que, changé en loup, homme rapace, vous ravagez le bercail? Est-ce là le sacrement qui apaise Dieu, et que naguère nous recevions de tes mains? Est-ce là le sang qui donne la vie, et que tu offrais à notre bouche? Au reste, le fer que tu as tiré contre nous va nous procurer le salut et la vie. Nous allons à Jésus, qui est notre sort et notre héritage. Mais toi, tu auras un sort différent; car cet argent, ces richesses pour lesquelles tu es si passionné, jamais tu ne les auras. La peine que tu mérites va fondre sur toi. Mets le comble à tes crimes par notre mort. Que tardes-tu? délivre-nous au plus vite, de peur que nous ne voyions le funeste spectacle à venir, lorsque, pendu à une poutre, tu lutteras en vain contre la corde, et que, dans un affreux désespoir, tu agiteras dans l'air les mains et les pieds, jusqu'à ce que tu tombes au fond de l'enfer. »

Ces paroles terribles ne firent aucune impression sur l'apostat. Au milieu d'une foule de monde, qui le traitait d'exécrable bourreau, il tire le glaive, il coupe la tête aux cinq vierges, sans aucune émotion, sans aucun tremblement, comme aurait fait le plus habile exécuteur. C'était le 6 juin 346. Il n'y gagna rien, car cette nuit-là même il fut étranglé par ordre du gouverneur, qui craignait qu'il n'en appelât au roi pour recouvrer son argent (*Acta Mart. Orient.*).

Dans la persécution de Sapor, on voit quelque chose de plus satanique que dans les persécutions des Romains : c'est de contraindre les ouailles à devenir les bourreaux des pasteurs, et les pasteurs des ouailles. Du reste, chez les Perses comme chez les Romains, le motif principal de persécuter, c'est l'idolâtrie politique. Sapor se dit issu des dieux et se fait adorer avec le soleil. L'adoration du soleil seul revenait au même. Comme le roi de Perse s'intitulait Frère du soleil, Cousin de la lune, Camarade des étoiles, adorer le soleil ou la lune, c'était adorer implicitement leur frère et cousin. On voit enfin, dans ces actes des martyrs, aussi bien que dans Xénophon, que si les Perses n'adoraient pas d'idoles proprement dites, c'est-à-dire des images taillées, ou de fonte, ils n'en étaient pas moins idolâtres, en ce qu'ils adoraient des créatures, comme le soleil, le feu, à la place du Créateur!

LIVRE TRENTE-TROISIÈME.

L'Église, persécutée par Constance et par Sapor, enfante ses plus grands docteurs.

(De l'an 346 à l'an 361 de l'ère chrétienne.)

Constance avec ses eunuques, Sapor avec ses mages, Julien avec ses philosophes, emploieront la ruse et la violence : la ruse qui trompe; la violence qui abat. Dans l'Église, les évêques seront contre les évêques, le chef même ne sera pas toujours pareil à lui-même. Cependant l'Église triomphera. Là paraît le caractère des Pères de l'Église, surtout de saint Athanase.

Vers l'an 349, l'Église, toujours tranquille en Occident, recouvra aussi la paix en Orient et en Arménie. Constance même s'y prêta. Prince médiocre en tout, il n'était ni assez bon ni assez méchant pour faire beaucoup de bien ou beaucoup de mal par lui-même : il était l'instrument d'autrui. Les remontrances et les menaces de son frère Constant l'emportèrent alors sur les intrigues des courtisans et des eunuques ariens. Mais Constant fut tué l'an 350. Orthodoxe sur la foi, vainqueur plusieurs fois des Barbares, ce jeune prince paraît avoir manqué de quelques autres qualités d'un bon souverain. Tandis qu'il passe son temps dans les forêts aux plaisirs de la chasse, plusieurs de ses ministres et de ses généraux, à la suite d'un festin, proclament empereur l'un d'entre eux, nommé Magnence. C'était le 18 janvier. Constant voulut se sauver en Espagne; mais il fut atteint dans sa fuite et massacré la 13e année de son règne et la 30e de son âge. Tout le monde l'avait abandonné, à l'exception d'un seul Franc.

Magnence était originaire d'au delà du Rhin. Emmené prisonnier dans les Gaules, rendu à la liberté par Constantin, incorporé dans la milice romaine, il devint avec le temps capitaine des gardes. Constant qui l'affectionnait, lui donna le commandement des deux premières légions. Il fit plus. Magnence étant un jour sur le point d'être massacré dans une émeute militaire, Constant le couvrit de son manteau de pourpre et lui sauva la vie. Les Gaules, l'Espagne, l'Afrique, l'Italie se déclarèrent bientôt pour le nouvel empereur. Ses médailles ont des marques de christianisme; mais il paraît qu'il n'était chrétien que sur ses médailles, car, après avoir détrôné et tué son bienfaiteur, il favorisera le paganisme et finira par se tuer lui-même avec toute sa famille.

Rome eut un empereur à elle pendant 28 jours. C'était Népotien, neveu de Constantin par sa mère Eutropie. Escorté d'une troupe de gladiateurs et autres gens de cette espèce, il s'empare de la ville le 3 juin et la remplit de sang. Vingt-huit jours après, la ville est reprise par un général de Magnence, et la tête de Népotien portée au bout d'une pique. Magnence vint jouir de sa conquête : le massacre des principaux citoyens lui tint lieu de triomphe. Tout ce qui tenait de près ou de loin à la famille impériale de Constantin le Grand fut égorgé. Sous peine de la vie, les Romains durent payer au tyran la moitié de leurs biens. En même temps, les médailles et les inscriptions lui donnaient les titres pompeux de restaurateur de Rome et de l'Empire, libérateur de la république, réparateur de la liberté, bonheur et gloire du peuple.

Mais, dès le 1er mars, les troupes d'Illyrie avaient proclamé empereur leur vieux général Vétranion. Il s'en était fait aimer par sa probité, sa douceur et une certaine rusticité soldatesque. Né dans les pays incultes de la haute Mésie (Bulgarie actuelle), il était resté dans une ignorance si barbare, qu'il lui fallut apprendre à lire quand il se vit empereur. Il ne régna pas assez longtemps pour connaître tout l'alphabet. Il envoya des députés à Constance lui protester qu'il ne se regardait que comme son lieutenant, et qu'il n'avait accepté le nom d'empereur qu'afin de profiter, contre Magnence, de l'affection des soldats; en même temps il lui demandait de l'argent et des troupes, et l'exhortait à venir lui-même repousser l'usurpateur. Constance feignit de lui savoir gré de son zèle; il approuva son élection; il lui envoya même le diadème et des sommes d'argent, et il ordonna aux légions de Pannonie de se réunir sous ses drapeaux.

Constance était en Orient, occupé contre les Perses, et, par son exemple, apprenait aux Romains à trembler et à fuir. Quand il apprit la révolution d'Occident, il revint à Antioche, puis au Danube. Vétranion et Magnence lui envoyèrent une ambassade pour lui proposer un traité d'alliance. Il avait peur : un songe le rassura. Il ne conclut de traité qu'avec Vétranion. Les deux armées se réunissent dans une plaine, autour d'un tribunal élevé, sur lequel s'asseyent les deux empereurs, sans armes et sans gardes. Ils allaient délibérer sur les mesures à prendre contre Magnence, leur ennemi commun. Constance, le premier, ayant pris la parole, déplora le meurtre de son frère, rappela aux soldats les bienfaits de son père et le serment qu'ils avaient fait de ne souffrir de diadème que sur la tête de ses enfants. Finalement, les deux armées proclamèrent Constance seul auguste, seul empereur. L'argent prodigué parmi les soldats, et les intrigues d'un capitaine des gardes de Vétranion, gagné d'avance, avaient préparé cette merveille de la harangue impériale. Vétranion, effrayé, quitte la pourpre et le diadème et se jette aux pieds de Constance, qui le rassure, le fait manger à sa table, lui vante le bonheur de la vie privée et l'envoie à Pruse en Bithynie, avec un train magnifique et de grands revenus. Il y vécut encore six ans dans les pratiques de la piété chrétienne, et si content de son sort, qu'il mandait à Constance : « Vous avez tort de ne pas prendre votre part de ce bonheur que vous savez procurer aux autres. » Il n'avait régné que dix mois.

Pour défendre les provinces de l'Orient contre les incursions éventuelles des Perses, Constance créa césar son cousin-germain Gallus, échappé, ainsi que Julien, son frère, au massacre de la famille impériale, qui inaugura le nouveau règne. Gallus avait vingt-quatre ans quand il fut fait césar, et n'était guère propre à ce poste élevé. Magnence, de son côté, créa césar son frère Décentius, et l'envoya dans les Gaules. Pour lui, il marcha de Milan contre Constance. Après plusieurs négociations et plusieurs petits combats, il y eut, le 28 septembre 351, près de Murse en Pannonie, une bataille générale et décisive. Les deux armées se battirent avec acharnement. Plus de cinquante mille hommes restèrent morts sur la place. L'avantage fut pour Constance. Magnence s'enfuit dans les Gaules, où, vaincu de nouveau et menacé par ses propres soldats, il égorge tout ce qu'il a de parents et d'amis, tue sa propre mère et se tue enfin lui-même. C'était le 11 août 353. Sept jours après, son frère Décentius, qui accourait à son secours, s'étrangla de ses propres mains. Constance, victorieux, pardonna à quelques coupables, mais fit périr un grand nombre d'innocents par sa facilité à écouter les délateurs. Le plus fameux de ces derniers était un eunuque nommé Paul, et surnommé *la chaîne*, à cause de son adresse à enchaîner les accusations et à les faire naître l'une de l'autre.

Constance ne se hasardait point dans les batailles militaires. Pendant celle de Murse, il se tenait prudemment dans une église voisine. Valens, évêque de la ville, l'accompagnait. C'était le plus fourbe des ariens. Pendant que l'empereur et ses courtisans étaient dans l'inquiétude, il vint dire que les ennemis fuyaient. L'empereur lui dit de faire entrer celui qui en avait apporté la nouvelle. Valens répondit que c'était un ange. En grec, ce mot veut dire littéralement *messager*; et Valens en avait posté sur la route pour être averti le premier. Constance crut que c'était un ange du ciel, et dit souvent depuis qu'il devait cette victoire bien plus aux mérites de Valens qu'à la bravoure de ses troupes. Cette imposture augmenta beaucoup le crédit des ariens (Tillemont, *Hist. des emp.*).

Où Constance était hardi et téméraire, c'était dans les batailles théologiques. L'une n'était pas finie, qu'il en commençait une autre. Le but de tant d'efforts était de vaincre Athanase. Il y tenait bien plus qu'à vaincre les Perses et les Barbares. La peur de Magnence occasionna une suspension d'armes. Athanase était renommé par tout l'univers : son autorité était grande, surtout en Egypte. Les émissaires de Magnence s'efforcèrent de le gagner au parti de leur maître. Constance, de son côté, lui écrivit jusqu'à trois fois pour l'assurer de son immuable faveur, l'appelant son bien-aimé père, lui recommandant de ne pas craindre les intrigues de ses adversaires, parce que sa volonté ferme était qu'il fût à jamais évêque sur son siège. Ces lettres furent apportées par des seigneurs de la cour, les plus affidés et les plus puissants, et amis d'ailleurs de saint Athanase. Le gouverneur de l'Egypte reçut ordre, en même temps, d'arrêter les poursuites qu'on avait recommencées contre le saint depuis la mort de Constant, son protecteur. Le vrai but de Constance, dans toutes ces démarches, était moins de s'assurer de sa faveur Athanase que de s'assurer de la sienne. Le saint n'avait pas besoin d'être sollicité pour demeurer sujet fidèle. En présence même de l'émissaire de Magnence, il versa des torrents de larmes sur la mort de Constant. Puis, assemblant le peuple, il dit ces mots : Prions pour le salut du très-pieux empereur Constance. Et tout le peuple répondit d'une voix : Jésus-Christ, secourez Constance! et il continua cette prière longtemps. Comment d'ailleurs Athanase, l'ami et le protégé de Constant, aurait-il pu en voir le meurtrier sans horreur?

A mesure que les dangers politiques diminuaient, la manie des conciles et des disputes reprenait le dessus dans Constance. Après qu'il eut dépouillé Vétranion de l'empire, les évêques orientaux qui le suivaient dans ses voyages s'assemblèrent en concile à Sirmium, pour condamner et déposer Photin, évêque de cette ville, déjà condamné et déposé par les Occidentaux, mais resté sur son siège par l'opposition du peuple. Les Orientaux dont les chefs étaient ariens, dressèrent une nouvelle profession de foi : c'était la sixième. Elle est suivie de vingt-sept anathèmes, et, sans nommer Photin, en condamne l'erreur, qui était de dire avec Sabellius et Paul de Samosate, que le Christ n'était pas avant Marie. Saint Hilaire, qui a fait un examen détaillé de cette profession, la trouve orthodoxe (Hil., *De Synod.*). Et, de fait, dans le premier anathème il est dit : Ceux qui disent : Le Fils de Dieu est de ce qui n'était point, ou il est d'une autre substance et non de Dieu, et il était un temps ou un siècle auquel il n'était point, la sainte Eglise catholique les tient éloignés d'elle. C'est bien là condamner le fond de l'arianisme. Les évêques lui proposèrent de le rétablir, s'il souscrivait ce formulaire. Il s'y refusa et en appela à l'empereur, qui lui accorda de disputer publiquement contre Basile d'Ancyre, en présence des évêques et de huit sénateurs. Photin ayant été vaincu, l'empereur le bannit, et il passa le reste de sa vie en exil, où il composa un ouvrage contre toutes les hérésies, qui ne tendait qu'à établir la sienne. On mit à sa place Germinius, venu de Cyzique et du parti des ariens.

Après la victoire de Constance sur Magnence, les ariens devinrent bien plus hardis. Ursace et Valens, qui avaient publiquement rétracté leurs calomnies contre saint Athanase, rétractèrent alors leur rétractation. Saint Paul de Constantinople fut enlevé une dernière fois de cette ville, déporté dans les déserts du mont Taurus, où, comme il ne mourait pas assez vite de faim, on l'étrangla dans son cachot. A sa place, on intronisa à main armée l'hérésiarque Macédonius. Il périt à cette occasion plus de trois mille personnes : les unes tuées par les soldats, les autres étouffées dans la presse. L'exécuteur de ces ordres de Constance, le préfet Philippe, reçut son châtiment avant la fin de l'année : destitué, banni à son tour, il périt misérablement.

Mais l'homme à qui les ariens en voulaient le plus était toujours saint Athanase. Ils le voyaient avec dépit, tranquille sur son siège et en communion avec le Pape, ainsi qu'avec la plus grande partie de l'Église. Leurs chefs, déposés au concile de Sardique, s'adressent à Constance, lui représentent la décadence de leur secte; le péril où ils sont, et eux et lui, d'être appelés hérétiques. Athanase d'ailleurs avait mal parlé de lui à Constant, son frère. Par une rare prudence, Athanase ne lui avait jamais parlé qu'en présence de l'évêque de la ville et du principal officier de la cour. L'accusation avait été ainsi réfutée avant d'être faite. Mais il avait été du parti de Magnence et lui avait écrit une lettre? Il avait seulement donné l'hospitalité à deux évêques des Gaules, saint Maximin de Trèves et saint Gervais de Tongres, chez le premier desquels il avait reçu lui-même la plus généreuse hospitalité pendant son exil. Une dernière accusation, c'est que, sans la participation de Constance, il avait dédié une église d'Alexandrie, bâtie aux frais de l'empereur. Si insignifiante que fût la chose, elle n'était pas vraie. Il n'avait pas dédié cette église. Seulement, à la fête de Pâques, le peuple catholique voulant à toutes forces s'assembler tout entier sous les yeux de son pasteur, et les autres églises étant bien trop petites, il fallait ou s'assembler dans les déserts ou dans l'église neuve, qui était très-vaste. Saint Athanase crut que ce dernier parti avait le moins d'inconvénients, d'autant plus que son prédécesseur, saint Alexandre, avait agi de même dans un cas pareil. Telles étaient les nouvelles accusations des ariens. Le faible Constance s'en échauffa tellement la tête, qu'il oublia et les lettres favorables qu'il avait écrites à saint Athanase, et les promesses qu'il lui avait faites de vive voix, même avec serment, de le laisser tranquille sur son siège et de n'écouter plus ses ennemis. Il résolut, au contraire, de le faire condamner par les évêques d'Occident, et de le chasser encore de son église.

Les ariens commencèrent par s'adresser au Pape : c'était Libère. Il avait succédé à Jules, qui mourut le 12 avril 352, après avoir tenu le Saint-Siège 15 ans 2 mois et 6 jours. Libère fut élu malgré lui un mois ou deux après : il était Romain, de grande naissance, et s'était acquitté avec une grande humilité de son devoir dans un ministère inférieur. Des évêques d'Orient lui écrivirent donc contre saint Athanase, pour lui persuader de lui refuser sa communion; mais il reçut en même temps une lettre de quatre-vingts évêques d'Égypte en faveur du saint. Libère assembla un concile, y lut les lettres de part et d'autre. Comme on vit un plus grand nombre d'évêques pour Athanase, on jugea contraire à la loi divine de donner gain de cause aux Orientaux. Et Libère leur répondit dans ce sens. Quelque modérée que fut cette manière d'agir, Constance en fut tellement irrité, qu'il publia un édit pour condamner tous ceux qui ne souscriraient point à la condamnation d'Athanase.

D'accord avec son concile, Libère envoya à l'empereur deux évêques de Campanie, pour le prier de faire assembler un concile à Aquilée, comme il avait résolu depuis longtemps. L'un des légats était Vincent de Capoue, le même qui avait présidé avec Osius au concile de Nicée, de la part du pape saint Silvestre. Libère comptait beaucoup sur lui; mais il ne répondit point à l'attente de Libère. L'empereur étant à Arles, les légats allèrent l'y trouver. Il s'y forma un concile, où dominaient les évêques ariens, qui suivaient partout la cour. Ceux-ci demandèrent tout d'abord la condamnation d'Athanase. Les légats voulaient qu'on traitât la cause de la foi avant la cause personnelle d'un particulier, et que l'on commençât par la condamnation de l'hérésie d'Arius. Ils allèrent même jusqu'à promettre, et par écrit, qu'à cette condition ils consentiraient à la condamnation d'Athanase. Ils croyaient, par cette concession, ramener la paix dans les églises. On s'assembla là-dessus; mais, après avoir délibéré, les Orientaux répondirent qu'ils ne pouvaient condamner la doctrine d'Arius, et qu'il fallait excommunier Athanase; car c'était la seule chose qu'ils prétendaient. Enfin, Vincent de Capoue céda à la violence et aux mauvais traitements, et consentit à la condamnation de l'évêque d'Alexandrie. Saint Paulin, évêque de Trèves, refusa constamment d'y souscrire, déclarant qu'il consentait seulement à la condamnation de Photin et de Marcel, mais non pas à celle d'Athanase. Il fut donc banni et envoyé en Phrygie parmi les montanistes : on changea de temps en temps le lieu de son exil, jusqu'à ce qu'il mourut cinq ans après, en 358.

Le pape Libère ayant appris la faiblesse de Vincent, en fut sensiblement affligé. Il en parlait ainsi dans une lettre à Osius : « J'espérais beaucoup de lui, parce qu'il savait très-bien l'affaire et qu'il en avait plusieurs fois jugé avec vous; non-seulement il n'a rien obtenu, mais il a été entraîné lui-même dans la dissimulation. J'en suis doublement affligé, et j'ai résolu de mourir pour Dieu; plutôt que d'être le dernier délateur (Coust., *Epist. rom. Pontif.*; Labbe, t. II); » il veut dire, être le calomniateur de saint Athanase. Il en écrivit aussi à Cécilien, évêque de Spolète, l'exhortant à ne pas se décourager par l'action de Vincent. Comme Libère était en cette peine, voyant qu'on pressait publiquement les autres évêques d'Italie, pour les contraindre à se soumettre au jugement des Orientaux, Lucifer vint fort à propos le trouver. Il était évêque de Cagliari, métropole de Sardaigne et des îles voisines. Son mépris pour le monde, son amour pour les saintes lettres, la pureté de sa vie et sa constance dans la foi l'avaient déjà rendu illustre dans l'Église. Il connaissait à fond toute cette affaire, et savait que le dessein des hérétiques était d'attaquer la foi, sous prétexte de la personne de saint Athanase. Il s'offrit, avec un grand zèle, d'aller à la cour et d'expliquer tout à l'empereur, pour obtenir de lui qu'on pût traiter dans un concile tout ce qui était en question.

Libère accepta cette offre et envoya avec Lucifer un prêtre nommé Pancrace ou Eutrope, et un diacre nommé Hilaire, qu'il chargea d'une lettre pour l'empereur, pleine de respect et de fermeté. Il lui témoigne son déplaisir de ce que, malgré tous ses efforts, il n'avait pu regagner ses bonnes grâces. Il souhaite avec lui une paix sincère, qui ne consiste pas en paroles trompeuses, mais qui soit conforme à l'Évangile. Il ne s'agit plus seulement d'Athanase, mais de beaucoup d'autres choses, en particulier du maintien de la foi, fondement de toute espérance. Il ne peut s'imaginer qu'on l'accuse d'avoir supprimé les lettres des Orientaux. Il a reçu des lettres de l'Orient et de l'Égypte : il les a lues toutes à l'Église, il les a lues au concile; il a répondu aux Orientaux qu'on ne pouvait, contre la loi divine, approuver leur sentiment, attendu qu'Athanase était justifié par un plus grand nombre d'évêques, savoir, quatre-vingts évêques d'Egypte. Dieu lui est témoin, ainsi que tous les membres de son Eglise, qu'il avait foulé aux pieds toutes les choses de ce monde, et que c'était malgré lui qu'il avait été élevé à cette charge; aussi voulait-il s'en acquitter sans offenser Dieu. Jamais il n'avait mis en avant ses propres décrets, mais veillé seulement au maintien et à l'observation des décrets apostoliques. Il avait suivi la coutume et l'ordre de ses prédécesseurs, ne souffrant ni qu'on ajoutât ni qu'on ôtât rien à l'épiscopat de la ville de Rome. Son vœu constant était de conserver sans tache la foi transmise par la succession de tant d'évêques, dont plusieurs martyrs. Sa sollicitude pour l'Eglise exigeait qu'il parlât ouvertement à l'empereur. Les Orientaux demandaient sa communion, sa paix. Mais la communion n'était pas possible; car, huit ans auparavant, plusieurs d'entre eux avaient refusé, à Milan, de condamner les erreurs d'Arius. Ce n'était pas chose nouvelle que, sous le nom d'Athanase, on attaquât la doctrine de l'Eglise. Beaucoup de prêtres et de diacres, déposés autrefois comme partisans d'Arius, étaient devenus évêques. Et ce serait à de pareilles gens que le reste des évêques serait obligé de se soumettre! Encore, à Arles, on s'était refusé à condamner la doctrine d'Arius pour priver Athanase de la communion. L'empereur était donc supplié d'accorder un concile pour examiner attentivement cette affaire, et conserver inviolable la foi que l'Eglise universelle avait unanimement proclamée en présence de Constantin, son père, de sainte mémoire (Lib., epist. 4).

C'est ainsi que Libère écrivit à Constance, le priant à la fin d'écouter favorablement ses légats. Il écrivit en même temps à Eusèbe, évêque de Verceil. Il était natif de Sardaigne, et de là pouvait venir sa liaison avec Lucifer de Cagliari; mais il quitta son pays et le repos dont il pouvait jouir dans sa famille. A Rome, il fut ordonné lecteur; ensuite il vint à Verceil et s'y fit estimer si fort au point que, le siège venant à vaquer, on le préféra à tous ceux du pays. Tout le peuple le demanda, les évêques l'élurent; et c'est le premier évêque de cette église que l'on connaisse. Il fut le premier dans l'Occident qui joignit la vie monastique à la vie cléricale : vivant lui-même et faisant vivre ses clercs dans la ville, à peu près comme les moines des déserts, dans les jeûnes, la prière fréquente le jour et la nuit, la lecture et le travail; séparés de la compagnie des femmes, se gardant l'un l'autre contre les tentations. Leur communauté se nommait aussi *monastère*, et de cette sainte école sortirent plusieurs illustres évêques. Saint Eusèbe profita lui-même de cette vie austère pour supporter plus facilement les persécutions qu'il eut à souffrir ensuite. Le pape Libère connaissait son zèle et son union avec Lucifer; c'est pourquoi il lui écrivit, le priant de se joindre à lui, s'il en trouvait l'occasion, pour persuader à l'empereur ce qui était de l'intérêt de la foi, pour apaiser son indignation et le porter à procurer la paix des églises. Non content de cette première lettre, il lui en écrivit une seconde après que ses légats furent partis, le priant encore de se joindre à eux pour la défense de la foi catholique et de l'absent, que l'on voulait condamner contre toutes les lois, c'est-à-dire de saint Athanase.

Eusèbe accueillit très-bien les légats, et en écrivit à Libère, qui le remercia par une troisième lettre, l'encourageant de plus en plus à travailler pour la cause de l'Eglise et à procurer le concile (Lib., epist. 3, 5, 6). Libère avait encore écrit à Fortunatien, évêque d'Aquilée, le croyant plus touché de l'espérance des biens éternels que de la crainte des hommes; le priait de s'appliquer avec eux à cette affaire, et même de les aider de sa présence s'ils le désiraient. Fortunatien était Africain de nation, et écrivit, d'un style court et rustique, des commentaires sur les Evangiles.

Sur ces entrefaites, la cour de Constance, qui se tenait d'ordinaire à Milan, éprouva une joie extrême pour un sujet assez triste. En 351, Constance avait créé césar son cousin Gallus, et lui avait donné en mariage sa sœur Constantine, avec l'Orient à gouverner. Gallus se fit remarquer d'abord par quelques vertus et par son zèle pour le christianisme. Il abolit l'oracle d'Apollon dans un faubourg d'Antioche, dompta les Juifs révoltés, et défit les Perses. Mais d'un caractère inégal et mal élevé, il manifesta bientôt des penchants cruels. Au lieu de l'adoucir, sa femme Constantine, encore plus méchante, lui fit commettre plusieurs actes de tyrannie. D'illustres citoyens d'Antioche furent mis à mort. Pour le ramener à la modération, Constance lui envoya de ses courtisans qui ne firent que le pousser à bout par leur hauteur et leur insolence. Son impérial cousin et beau-frère, qui le soupçonnait de vouloir se rendre indépendant, résolut donc sa mort. Il l'engagea, lui et sa femme, par les lettres les plus pressantes et les plus affectueuses, à se rendre auprès de lui, pour qu'il eût le bonheur de les embrasser. Constantine mourut en route. Gallus étant arrivé à Pettau, ville de Styrie, sur la Drave, fut arrêté, dépouillé de la pourpre, puis mené à Fiannone dans l'Istrie, non loin de Pole, où, vingt-huit ans auparavant, le césar Crispus avait été mis à mort par ordre de son père; là des eunuques et des courtisans de Constance lui font le procès et lui coupent la tête. Dès le moment qu'on dépouilla Gallus des marques de sa dignité, un courtisan s'était saisi de ses brodequins de pourpre; puis, prenant la poste et courant à toute bride jusqu'à crever plusieurs chevaux, il vint à Milan les jeter aux pieds de l'empereur, comme si c'eût été les dépouilles d'un roi de Perse. La nouvelle de la mort de Gallus fut reçue à la cour avec autant de joie que celle d'une victoire complète. Les courtisans s'épuisaient en adulations sur le bonheur, sur la toute-puissance de l'empereur, qui, lui-même, ne se possédant plus de vanité, se crut plus qu'un homme. Dans les écrits de sa propre main, il s'intitulait le *maître du monde* et prenait le nom d'*éternel*. Les évêques ariens, qui refusaient cette qualité au Fils de Dieu, ne rougirent plus de la donner au vaniteux et ridicule Constance (*Hist. du Bas-Emp.*, l. 8).

Ce fut dans ces conjonctures que se tint le concile de Milan. Constance l'avait accordé sans peine. Ayant déjà gagné une fois les suffrages des évêques, il ne lui semblait pas difficile d'y réussir une seconde fois. Il s'y en trouva peu de l'Orient, mais il y eut plus de trois cents Occidentaux. Eusèbe de Verceil ne prévoyait rien de bon et ne voulut point y paraître. Mais les évêques de la cour, et Constance, et les légats du pape, le prièrent de venir; les uns voyaient en lui un soutien pour Athanase, les autres voulaient autoriser leurs entreprises contre Athanase par le crédit d'un personnage aussi considéré. Il arriva. Mais il lui fallut attendre dix jours avant d'être admis au concile ; c'est que, pendant ce temps, les ariens tenaient des assemblées secrètes. Quand leurs mesures furent prises, ils le mandèrent. Il vint avec les trois légats du Pape. On le pressa d'abord de souscrire à la condamnation de saint Athanase. Il dit qu'il fallait d'abord être assuré de la foi des évêques, dont quelques-uns étaient légitimement suspects. Il proposa le Symbole de Nicée, et promit que, quand tous l'auraient signé, il ferait ce que l'on désirerait. Denys, évêque de Milan, successeur de Protais, se mit le premier en devoir de souscrire au Symbole de Nicée; mais Valens de Murse lui arracha le papier et la plume d'entre les mains, et s'écria qu'on ne ferait jamais rien par cette voie. La contestation fit tant de bruit, qu'elle vint à la connaissance du peuple, et tout le monde se mit à crier de douleur : La foi est attaquée par les évêques ! Les ariens craignant le jugement du peuple, passèrent de l'église au palais, par ordre de l'empereur, qui voulut présider à ce jugement.

Le concile étant donc transféré au palais, les ariens y proposèrent un édit ou une lettre de l'empereur, où était contenu tout le venin de leur hérésie et où ils faisaient parler ce prince comme un prophète qui avait reçu ordre en songe de faire ce qu'il faisait. Constance voulait obliger les évêques à recevoir cet édit, et, pour cet effet, il leur fit parler par des officiers en un lieu où il n'y avait qu'un rideau entre lui et eux. Il alléguait pour ses raisons qu'il voulait établir la paix dans ses Etats et ne plus souffrir la division des évêques, qu'il ne faisait rien en cela que pour plaire à Dieu, et que si sa foi, que Lucifer traitait d'arianisme, n'était pas véritablement catholique, Dieu ne l'aurait pas rendu possesseur de tout l'empire romain. Mais les légats du Pape lui répondirent que la foi de Nicée avait toujours été la foi de l'Eglise, et Lucifer déclara que, quand Constance, qui les entendait, armerait contre eux toutes les forces de son empire, il ne pourrait pas les empêcher de mépriser son édit sacrilège, et d'avoir ses blasphèmes en exécration ; que tous les serviteurs de Dieu étaient unis en ce point et qu'ils foulaient aux pieds toute son autorité ridicule. Lui et les autres légats pressèrent fort Constance afin que la secte d'Arius fût condamnée. Et comme il osa soutenir qu'elle était catholique, ils le traitèrent de précurseur de l'antechrist. Constance se plaignit qu'on lui disait des injures, contre la défense des livres sacrés, et il dit que Lucifer était un insolent, qu'il ne les avait pas pris pour ses conseillers, et que ce ne serait pas eux qui d'empêcheraient de suivre Arius si cela lui faisait plaisir. Pour faire diversion à cette dispute, les ariens répandirent au dehors la lettre de l'empereur, afin que, si le peuple la recevait favorablement, elle fût autorisée; si elle était mal reçue, que la faute en retombât sur l'empereur, en qui elle serait pardonnable, parce que, n'étant que catéchumène, il pouvait encore ignorer les mystères. Mais cette lettre ayant été lue dans l'église, le peuple la rejeta.

On revint donc à presser la condamnation de saint Athanase. L'empereur, ayant fait venir Lucifer, Eusèbe et Denys, les pressait d'y souscrire. Eux insistaient sur la rétractation d'Ursace et de Valens, qui avaient eux-mêmes reconnu son innocence. Alors l'empereur se leva brusquement et dit : C'est moi qui suis l'accusateur d'Athanase ; croyez sur ma parole ce qu'on vous dit contre lui. Ils répondirent : Et quand même vous seriez son accusateur, on ne peut le juger en son absence. Il ne s'agit pas ici d'une affaire temporelle, pour vous en croire comme empereur : c'est le jugement d'un évêque, où l'on doit agir avec une impartialité égale envers l'accusateur et l'accusé. Mais comment pouvez-vous l'accuser ? Vous êtes trop éloigné pour savoir le fait par vous-même, et, si vous dites ce que vous avez appris de ses ennemis, il est juste que vous croyiez aussi ce qu'il dit. Si vous les croyez plutôt que lui, on pourra juger qu'ils n'accusent Athanase que pour vous plaire. L'empereur se tint offensé de ce discours, et, comme il les pressait toujours de souscrire à la condamnation d'Athanase et de communiquer avec les hérétiques, ils lui dirent que ce n'était pas la règle de l'Eglise. Mais ce que je veux, dit-il, doit passer pour règle ; les évêques de Syrie trouvent bon que je parle ainsi : obéissez donc, ou vous serez exilés. Les évêques levèrent les mains au ciel et lui représentèrent hardiment que l'empire ne lui appartenait pas, mais à Dieu, de qui il l'avait reçu, et qui pouvait l'en priver ; ils le menacèrent du jour du jugement et lui conseillèrent de ne pas corrompre la discipline de l'Eglise en y mêlant la puissance. Mais il n'écouta rien et, sans les laisser parler davantage, il les menaça, il tira l'épée contre eux et commanda d'en mener quelques-uns au supplice ; puis, changeant aussitôt d'avis, il les condamna seulement au bannissement. Denys, évêque de Milan, s'était laissé persuader de souscrire la condamnation de saint Athanase, pourvu que les évêques examinassent la foi ; mais comme il demeura ferme à soutenir la foi de Nicée, sa souscription ne lui servit de rien et il fut envoyé en exil. Avant qu'on emmenât les légats du Pape, le diacre Hilaire fut fouetté sur le dos pour satisfaire Ursace et Valens, ainsi que les eunuques de leur parti, qui, pendant cette cruelle opération, lui insultaient en disant : Pourquoi n'as-tu pas résisté à Libère, pourquoi as-tu apporté ses lettres ? Lui cependant bénissait Dieu.

Les tribuns se firent un chemin au travers du peuple avec toute sorte de cruauté, et entrèrent jusque dans le sanctuaire, pour arracher les évêques de l'autel. Ils partirent pour leur exil, levant les yeux au ciel et secouant la poussière de leurs pieds. Telle fut l'issue du concile de Milan : la plupart des évêques, par surprise ou par faiblesse, souscrivirent à la condamnation de saint Athanase. On remarque entre les autres, Fortunatien, évêque d'Aquilée, qui succomba après avoir résisté courageusement. Denys, Eusèbe et Lucifer ne furent pas les seuls qui demeurèrent fermes ; il y en eut plusieurs autres qui n'abandonnèrent point saint Athanase et qui furent bannis comme eux, soit au sortir du concile de Milan, soit quelque temps après. Mais on inventa des calomnies contre chacun d'eux, afin qu'ils ne parussent pas bannis pour la cause de Dieu (Tillemont, Ceillier, Fleury).

Les ariens triomphaient ; mais leur triomphe tournait contre eux-mêmes. Les évêques exilés profitèrent de leur exil pour servir l'Eglise. En quelque lieu qu'ils allassent, ils prêchaient dans leurs fers la foi catholique, condamnaient l'hérésie arienne et publiaient l'infâme rechute d'Ursace et de Valens. Tout le monde les regardait avec respect comme des confesseurs de Jésus-Christ; on leur apportait de tous côtés, en abondance, de l'argent pour leur dépense, et presque toutes les provinces leur envoyèrent des députés; au contraire, les ariens étaient en horreur comme leurs bourreaux. En effet, leur exil fut accompagné des circonstances les plus fâcheuses, et on les envoya dans des lieux séparés, ce que Maximien et les autres persécuteurs idolâtres ne faisaient pas. Eusèbe de Verceil fut relégué en Palestine, à Scythopolis, dont l'évêque était Patrophile, l'un des chefs des ariens. Lucifer fut envoyé à Germanicie en Syrie, dont Eudoxe, autre arien fameux, était évêque, et il parle ainsi lui-même de ce qu'il souffrait, s'adressant à l'empereur : Parce que nous nous sommes séparés de votre concile d'iniquité, nous sommes exilés, nous languissons en prison, privés de la vue du soleil, gardés avec soin dans les ténèbres, et on ne laisse entrer personne pour nous voir. Saint Denys de Milan fut relégué en Cappadoce, et il obtint, par ses prières, d'y mourir promptement pour ne pas voir le trouble de son Eglise. Ses reliques furent rapportées depuis à Milan, et l'Eglise honore sa mémoire le 25 mai. A sa place on mit Auxence, arien, qui avait été fait prêtre par Grégoire, le faux évêque d'Alexandrie. L'empereur le fit venir exprès de Cappadoce à Milan, où il n'était point connu, et il ne savait pas parler latin non plus que la plupart des Grecs. C'était plutôt un habile homme d'affaires qu'un chrétien, et il fut introduit dans son église à main armée.

Le pape Libère écrivit à saint Eusèbe de Verceil et aux autres confesseurs exilés une lettre-circulaire, où il dit : « Quelle louange puis-je vous donner, partagé que je suis entre la douleur de votre absence et la joie de votre gloire? La meilleure consolation que je puisse vous offrir, c'est que vous vouliez me croire exilé avec vous. J'aurais souhaité, mes bien-aimés frères, d'être le premier immolé pour vous tous, et de vous donner l'exemple de la gloire que vous avez acquise; mais cette prérogative a été la récompense de vos mérites. Je supplie donc votre charité de me croire présent avec vous, et de penser que ma grande douleur, c'est d'être séparé de votre compagnie. Et parce que vous êtes devenus plus proches de Dieu, secourez-moi auprès de lui par vos prières, moi votre frère et son serviteur; afin que nous puissions supporter patiemment les violences dont on nous menace de jour en jour et qui en frappent des plaies d'autant plus profondes. Priez que la foi demeure inviolable, l'état de l'Eglise catholique en son entier, et que le Seigneur daigne me rendre pareil à vous. Et comme je désire savoir plus exactement tout ce qui s'est passé dans le combat, je vous prie de me marquer tout dans vos lettres, afin que votre exhortation puisse fortifier mon courage abattu par diverses maladies, et mon corps même dont les forces sont exténuées. Que Dieu vous conserve sains et saufs, messeigneurs mes frères (Lib., epist. 7).

Libère ne fut pas longtemps sans ressentir l'effet des menaces dont il parle dans sa lettre. Les ariens, sachant qu'il était non-seulement très-attaché à la foi orthodoxe, mais qu'il s'efforçait encore de retirer de leur parti tous ceux qu'il pouvait, persuadèrent à l'empereur de le gagner, espérant que s'il y réussissait, ils se rendraient bientôt maîtres de tous les autres. Constance lui-même désirait ardemment que la condamnation d'Athanase fût confirmée par l'autorité prépondérante qu'ont les évêques de la ville éternelle (Am., l. 15, c. 7). Ainsi parle Ammien Marcellin, historien païen du même temps.

L'empereur envoya donc à Libère l'eunuque Eusèbe, avec des présents pour le gagner, et des lettres menaçantes pour l'intimider. L'eunuque étant venu à Rome, exhorta Libère à souscrire contre saint Athanase et à communiquer avec les ariens, disant que c'était la volonté de l'empereur; puis, lui montrant les présents, il lui prenait les mains et lui disait : Obéissez à l'empereur et recevez ceci. Le Pape répondit : « Comment serait-il possible de condamner Athanase, après qu'il a été si bien justifié, non-seulement par un concile, mais par deux, assemblés de tous les pays du monde, et que l'Eglise romaine l'a renvoyé en paix? qui nous recevra, si nous rejetons absent celui que nous avons chéri présent? Ce n'est pas là la règle de l'Eglise ni la tradition que nous avons reçue de nos pères, qui l'avaient reçue du bienheureux apôtre saint Pierre. Mais si l'empereur prend soin de la paix de l'Eglise, s'il veut faire révoquer ce que nous avons écrit pour Athanase, que l'on casse aussi ce qui a été fait contre lui et contre tous les autres; que l'on tienne un concile vraiment ecclésiastique, loin du palais, sans que l'empereur y soit, sans comte, sans juge qui menace; mais où l'on se contente de la crainte de Dieu et de l'ordonnance des apôtres, afin qu'avant toutes choses on conserve la foi de l'Eglise, que les Pères ont déclarée dans le concile de Nicée. Que les ariens soient chassés et leur hérésie anathématisée, puis on verra l'affaire d'Athanase, et d'autres, s'il en est. On chassera les coupables, et les innocents paraîtront avec assurance. Car il n'est pas possible d'admettre au concile ceux dont la croyance est impie, ni bienséant de juger une affaire personnelle avant l'examen de la foi. Notre Seigneur Jésus-Christ ne guérissait les malades qu'après qu'ils avaient déclaré qu'ils croyaient en lui. Voilà ce que nous avons appris de nos pères : dites-le à l'empereur; car c'est ce qui lui est utile et ce qui peut édifier l'Eglise. Qu'il n'écoute point Ursace et Valens; après leur rétractation, ils ne méritent plus aucune créance. » Ainsi parlait le pape Libère.

L'eunuque, affligé, non pas tant de ce qu'il refusait de souscrire contre saint Athanase, que parce qu'il se déclarait ennemi de l'hérésie, oublia qu'il était devant un évêque, et lui fit de grandes menaces; puis il s'en alla à l'église de Saint-Pierre, où il déposa ses présents comme une offrande. Mais Libère l'ayant appris, en fut extrêmement irrité contre le gardien de l'église, qui ne l'avait pas empêché, et il fit jeter dehors cette offrande profane. L'eunuque en fut encore plus en colère, et, étant de retour, il dit à l'empereur pour l'aigrir : « Il ne faut plus se mettre en peine de ce que Libère ne veut pas souscrire, mais de ce qu'il se déclare contre notre doctrine, jusqu'à anathématiser nommément les ariens. » Il échauffa par ce discours les autres eunuques, qui étaient en grand nombre auprès de Constance et pouvaient tout sur son esprit. L'empereur écrivit donc à Léonce, qui était gouverneur de Rome, de surprendre Libère par artifice pour l'envoyer à la cour, ou de le persécuter à force ouverte. La terreur fut grande par toute la ville; on employa de grandes promesses pour exciter plusieurs personnes contre Libère. On menaça plusieurs familles; plusieurs évêques se cachèrent; plusieurs femmes de qualité se retirèrent à la campagne pour éviter les calomnies des hérétiques. On mit en fuite les personnes établies et domiciliées à Rome; on tendit des pièges aux ascètes; on garda le port et les avenues de la ville, afin qu'aucun catholique ne pût entrer pour voir Libère. Rome connut par expérience ce qu'elle ne pouvait croire, du ravage que faisaient les hérétiques dans les autres églises. Enfin Libère fut enlevé de Rome au milieu de la nuit et avec grande difficulté, par la crainte du peuple qui le chérissait ardemment (Athan., *Ad Monach.*).

Quand il fut arrivé à Milan, l'empereur lui donna audience ou plutôt l'interrogea : apparemment dans son consistoire. C'est ainsi que l'on nommait le conseil où s'examinaient les affaires les plus importantes, et les actes en étaient rédigés par des sténographes : ce qui donna moyen à des personnes pieuses de conserver cet interrogatoire pour exciter le zèle des chrétiens. L'empereur Constance dit : Parce que vous êtes chrétien et évêque de notre ville, nous avons jugé à propos de vous faire venir pour vous exhorter à renoncer à cette maudite extravagance, à la communion de l'impie Athanase : toute la terre l'a jugé ainsi et l'a retranché de la communion de l'Eglise par la sentence d'un concile. L'évêque Libère répondit : Prince, les jugements ecclésiastiques doivent se faire avec une grande équité. C'est pourquoi, si votre piété le trouve à propos, ordonnez que l'on établisse un tribunal; et si Athanase est trouvé digne de condamnation, sa sentence sera prononcée suivant l'ordre de la procédure ecclésiastique; car nous ne pouvons condamner un homme que nous n'avons pas jugé. L'empereur Constance dit : Toute la terre a condamné son impiété, et il ne cherche qu'à gagner du temps comme il a toujours fait. Libère dit : Tous ceux qui ont souscrit n'ont point vu de leurs yeux ce qui s'est passé; ils l'ont fait par le désir de la gloire ou par la crainte de l'infamie de votre part. L'empereur dit : Que veut dire la gloire, la crainte et l'infamie ? Libère dit : Tous ceux qui n'aiment pas la gloire de Dieu, préférant vos bienfaits, ont condamné, sans le juger, celui qu'ils n'ont pas vu : cela ne convient pas à des chrétiens. L'empereur dit : Toutefois il a été jugé, étant présent au concile de Tyr; et, dans le concile, tous les évêques du monde l'ont condamné. Libère répondit : Jamais il n'a été jugé en sa présence; tous ceux qui le condamnèrent alors le condamnèrent sans raison, après qu'il se fut retiré.

L'eunuque Eusèbe dit : Il a été reconnu ennemi de la foi catholique dans le concile de Nicée. Libère, sans s'arrêter à cette absurde interruption, continua ainsi de répondre à l'empereur : Il n'y en a que cinq qui l'ont jugé, savoir, ceux qui ont été envoyés dans à Maréote pour informer contre lui. De ces cinq, deux sont morts, Théognis et Théodore; les trois autres vivent, savoir, Maris, Valens et Ursace. Le concile de Sardique a prononcé sa sentence contre ces commissaires, et ils ont donné des requêtes au concile pour demander pardon des informations calomnieuses qu'ils avaient faites d'un seul parti (ex μονομερῶς) contre Athanase, dans la Maréote : nous avons maintenant leurs requêtes entre les mains. Avec qui doit-on nous persuader de communiquer ? avec ceux qui ont condamné Athanase et en ont ensuite demandé pardon, ou avec ceux qui viennent de condamner ces derniers?

L'évêque Epictète dit : Prince, ce n'est pas pour l'intérêt de la foi ou des jugements ecclésiastiques que Libère vous tient ce discours : mais pour se vanter à Rome, aux sénateurs, qu'il a confondu l'empereur. Libère ne répondit point à cette insinuation courtisanesque. Mais Constance dit à Libère : Pour combien vous comptez-vous dans le monde, de vous élever seul avec un impie pour troubler la paix de l'univers? Libère dit : Quand je serais seul, la cause de la foi ne succomberait pas pour cela. Autrefois il ne se trouva que trois personnes qui résistèrent à l'ordonnance. Il entendait les compagnons de Daniel; l'eunuque Eusèbe le comprit bien et dit : Vous faites de l'empereur un Nabuchodonosor ? Libère répondit : Non ; mais vous n'êtes pas plus raisonnable de vouloir que nous condamnions un homme que nous n'avons pas jugé. Je demande aussi, moi, que l'on commence par apporter une souscription générale qui confirme la foi de Nicée; qu'ensuite on rappelle de leur exil tous nos frères, qu'on les rétablisse dans leurs sièges, et quand on verra ceux qui troublent maintenant les Eglises se conformer à la foi apostolique, alors que tous s'assemblent à Alexandrie, où sont l'accusé et les accusateurs, et ceux qui prennent leurs intérêts, afin qu'ayant tout examiné, nous en puissions juger.

Epictète dit : Les voitures publiques ne suffiront pas pour transporter tant d'évêques. Libère répondit : L'Eglise n'a pas besoin de voitures publiques ; chaque Eglise fournira bien de quoi conduire son évêque jusqu'à la mer. L'empereur dit : Ce qui est une fois réglé ne peut être renversé : le jugement de la plupart des évêques doit l'emporter. Vous êtes le seul qui vous attachez à l'amitié de cet impie. Libère dit : Prince, nous n'avons jamais ouï dire qu'un accusé n'étant pas présent, le juge le traite d'impie, comme étant son ennemi particulier. L'empereur dit : Il a offensé généralement tout le monde, et moi plus que personne. Il ne s'est pas contenté de la perte de mon frère aîné; il n'a point cessé d'exciter Constant à me haïr, si je n'avais résisté, par ma douceur, à ses efforts et à ceux de mon frère. Je ne me saurai si bon gré de rien, non pas même de la défaite de Magnence ou de Silvain, que d'avoir éloigné ce scélérat des affaires de l'Eglise. Ce Silvain était un capitaine de la nation des Francs, nourri parmi les Romains, qu'il servit longtemps fidèlement ; mais poussé au désespoir par des calomnies dont on le noircit auprès de Constance, il se révolta et fut tué à Cologne, après avoir porté le titre d'empereur seulement vingt-huit jours. Cet événement était arrivé cette même année 355.

Libère dit : Prince, ne vous servez pas des évêques pour vous venger de vos ennemis : les mains des ecclésiastiques doivent être occupées à sanctifier et à bénir. Commandez, s'il vous plaît, que les évêques soient renvoyés chez eux ; et, s'ils s'accordent sur la foi orthodoxe de Nicée, qu'ils s'assemblent afin de pourvoir à la paix de l'univers; mais qu'il ne semble pas qu'on veuille opprimer un innocent. L'empereur dit : Il n'est question que d'une chose. Je veux vous renvoyer à Rome quand vous aurez embrassé la communion des Eglises. Cédez pour le bien de la paix; souscrivez et retournez à Rome. Libère répondit : J'ai déjà pris congé des frères de Rome; car les lois de l'Eglise sont préférables au séjour de Rome. L'empereur dit : Vous avez trois jours pour délibérer si vous voulez souscrire et retourner à Rome, ou voyez en quel lieu vous voulez être mené. Libère répliqua : L'espace de trois jours ou de trois mois ne change point ma résolution ; c'est pourquoi envoyez-moi où il vous plaira.

Deux jours après, l'empereur fit appeler Libère, et, comme il n'avait point changé de sentiment, il ordonna de le reléguer à Bérée en Thrace. Quand Libère fut sorti, l'empereur lui envoya cinq cents sous d'or pour sa dépense : c'était plus de dix mille francs de notre monnaie. Libère dit à celui qui les avait apportés : Allez, donnez-les à l'empereur, il en a besoin pour ses soldats. L'impératrice lui envoya autant. Libère dit : Rendez-les à l'empereur, il en a besoin pour la dépense de ses armées ; et si l'empereur n'en a pas besoin, qu'il les donne à Auxence ou à Epictète, ils en ont besoin. Comme il n'avait rien voulu prendre de l'empereur ni de l'impératrice, l'eunuque Eusèbe lui en offrit d'autres. Mais Libère lui dit : Tu as rendu désertes toutes les églises du monde, et tu m'offres une aumône comme à un criminel; va, commence par te faire chrétien. C'est que, dans la réalité, les ariens, qui niaient la divinité du Christ, n'en méritaient pas le nom. Libère, après avoir ainsi parlé et sans rien prendre, partit trois jours après pour aller en exil (Athan., Hist. Arian. ad Monach., n. 39; Theod., l. 2, c. 15 et 16).

Il ne se fut pas plus tôt mis en chemin, que l'empereur fit mettre un évêque de Rome à sa place. Il se servit, à cet effet, du ministère d'Epictète, jeune néophyte, hardi et violent, qu'il avait fait évêque de Centumcelles, sur la mer de Toscane, et il choisit, pour remplacer Libère, Félix, archidiacre de l'Eglise romaine. L'élection se fit d'une manière assez étrange. Trois eunuques représentèrent l'assemblée du peuple; trois évêques, indignes de ce nom, dont l'un était Acace de Césarée en Palestine, lui imposèrent les mains dans le palais de l'empereur; car le peuple romain ne permit pas qu'une ordination aussi irrégulière se fît à l'église, et de tous les habitants de Rome pas un ne voulut y entrer depuis, lorsque Félix s'y trouvait. On lui rend toutefois ce témoignage, qu'il conserva toujours la foi de Nicée et qu'il fut irrépréhensible dans sa conduite, hors l'union qu'il avait avec les ariens dès avant son ordination (Athan., Ibid.; Theod., l. 2, c. 17).

L'affectueuse vénération des Romains pour le pape Libère survivra à son exil et à sa mort. L'an 352, il avait donné le voile des vierges à la fille d'Ambroise, préfet des Gaules. C'était à la messe de Noël, en présence d'un peuple innombrable. Nous avons encore la belle allocution qu'il fit en cette solennité. Il y parle à la vierge de la dignité de son époux. C'est celui-là même qui venait de nourrir tout ce peuple, non plus avec des pains d'orge, mais avec son corps descendu du ciel; celui qui, ce jour-là même, naquit homme d'une vierge, mais avant toutes choses est engendré du Père, Dieu de Dieu. C'est lui qu'elle doit aimer; c'est lui qu'elle doit honorer par la sobriété, la modestie, le silence. Cette jeune vierge s'appelait Marcelline, et elle est honorée comme sainte. Son frère, saint Ambroise, évêque de Milan, nous a conservé cette exhortation du pape Libère, qu'il appelle de bienheureuse, de sainte mémoire; il dit à sa sœur, avec laquelle il avait coutume de s'en entretenir, qu'elle la lira avec d'autant plus de plaisir que le personnage de Libère lui avait faite était plus saint (Ambr., De Virgin., l. 3, c. 1). C'est ainsi qu'un saint parlait à une sainte, du pape Libère, quelques années après sa mort. Saint Basile, saint Epiphane, saint Sirice parlent comme saint Ambroise. Une foule de très-anciens Martyrologes placent la fête de saint Libère aux 23 et 24 septembre. Les Grecs, les Coptes, les Ethiopiens la font au 27 août. Le Ménologe des Grecs l'annonce en ces termes : « Le bienheureux Libère, défenseur de la vérité, était évêque de Rome sous l'empire de Constance. Embrasé du zèle de la foi orthodoxe, il protégea le grand Athanase, vexé par les hérétiques et chassé d'Alexandrie, parce qu'il défendait la vérité hardiment. Car tant que vécurent Constantin et Constant, la foi orthodoxe fut maintenue ; mais Constance étant resté seul maître, comme il était arien, les hérétiques prévalurent. Libère, ayant censuré avec force leur impiété, fut relégué à Bérée en Thrace. Mais les Romains, lui étant attachés par la foi et par l'affection, allèrent trouver l'empereur et le lui redemandèrent. Il fut donc renvoyé à Rome, pour cette cause, et y termina sa vie après avoir saintement gouverné son troupeau (Acta Sanct., 23 sept.). »

Après l'exil du pape Libère et de tant d'évêques, les ariens crurent encore n'avoir rien fait tant qu'Osius serait en repos. Il était regardé comme le premier des évêques, il avait été confesseur, il avait plus de soixante ans d'épiscopat. Il conduisait tous les conciles; ses lettres étaient reçues partout avec soumission ; il avait proposé le Symbole de Nicée et déclaré partout les ariens hérétiques. Ils s'adressèrent donc à l'empereur et dirent que tout le reste était inutile, si l'on ne gagnait ce vieillard. L'empereur lui écrivit et le fit venir dans le même temps qu'il écrivit à Libère. Quand il fut arrivé, l'empereur voulut lui persuader de condamner saint Athanase et de communiquer avec les ariens; mais le saint vieillard lui témoigna la peine que de tels discours lui faisaient, même à entendre ; il le reprit avec autorité, et lui persuada de le laisser retourner à son Eglise. Les ariens s'en plaignirent, et les eunuques de leur parti pressèrent tant l'empereur, qu'il écrivit encore à Osius avec menaces et d'une manière injurieuse, lui nommant les autres exilés, et lui reprochant qu'il était le seul qui lui résistât : quelquefois aussi, il le flattait et le nommait son père ; car il lui écrivit plus d'une fois. Osius demeura ferme, et répondit à l'empereur par cette lettre :

« Osius à l'empereur Constance, salut dans le Seigneur. J'ai confessé la première fois dans la persécution sous Maximien, votre aïeul. Si vous voulez aussi me persécuter, je suis encore prêt à tout souffrir, plutôt que de répandre le sang innocent et de trahir la vérité; et je renonce à votre communion, si vous écrivez et menacez de la sorte. N'écrivez donc plus ainsi, ne suivez pas la doctrine d'Arius, n'écoutez pas les Orientaux, et ne croyez pas Ursace et Valens. Ce n'est pas tant contre Athanase qu'ils parlent qu'en faveur de leur hérésie. Croyez-moi, Constance, je suis votre aïeul par l'âge. J'étais au concile de Sardique, quand vous nous assemblâtes tous, vous et votre frère Constant d'heureuse mémoire. J'invitai moi-même les ennemis d'Athanase à venir dans l'église où je logeais pour dire ce qu'ils savaient contre lui, les exhortant à ne rien craindre et à n'attendre qu'un jugement équitable. Je ne le fis pas une fois, mais deux, leur offrant, s'ils ne voulaient pas que ce fût devant tout le concile, du moins de me le dire à moi seul, et promettant, s'il se trouvait coupable, que nous le rejetterions absolument. En cas qu'il se trouve innocent, disais-je, et qu'il vous convainque de calomnie, si vous ne voulez pas le recevoir, je lui persuaderai de venir avec moi en Espagne. Athanase y consentait; mais ils n'osèrent et refusèrent également. Athanase vint ensuite à votre cour, à Antioche, quand vous l'eûtes mandé; et, comme ses ennemis y étaient, il demanda qu'on les appelât tous, ensemble ou séparément, afin qu'ils prouvassent en sa présence leurs accusations, ou qu'ils ne calomniassent plus en son absence. Vous ne l'écoutâtes point, et ils le refusèrent de leur côté.

» Pourquoi donc les écoutez-vous encore ? comment souffrez-vous Valens et Ursace, après qu'ils se sont rétractés et ont reconnu par écrit leur calomnie ? car ils ne l'ont point fait par force, comme ils prétendent; ils n'ont point été pressés par des soldats; votre frère n'y a point eu de part. On n'usait pas de son temps comme l'on fait aujourd'hui, à Dieu ne plaise! Eux-mêmes, de leur bon gré, vinrent à Rome et écrivirent en présence de l'évêque et des prêtres, ayant auparavant écrit à Athanase une lettre d'amitié et de paix. S'ils prétendent avoir souffert violence, s'ils reconnaissent que c'est un mal, si vous ne l'approuvez pas, ne le faites donc pas; n'écrivez point et n'envoyez point de comtes, rappelez les exilés pour ne pas exercer de plus grandes violences que celles dont vous vous plaignez. Car qu'est-ce que Constant a fait de semblable ? quel évêque a été exilé ? quand a-t-il assisté à un jugement ecclésiastique ? lequel de ses officiers a contraint de souscrire contre quelqu'un, pour donner prétexte à Valens de tenir ces discours ? Cessez, je vous prie, d'agir ainsi, et souvenez-vous que vous êtes un homme mortel. Craignez le jour du jugement; ne vous ingérez point dans les affaires ecclésiastiques; ne prétendez point nous donner des ordres en ces matières; apprenez-les plutôt de nous. Dieu vous a donné l'empire, à nous il a confié l'Eglise. Comme celui qui vous dérobe votre puissance contrevient à l'ordre de Dieu; ainsi craignez de vous charger d'un grand crime, en vous tirez à vous ce qui est de l'Eglise. Il est écrit : *Rendez à César ce qui est à César, et à Dieu ce qui est à Dieu.* Il ne nous est donc pas permis de dominer sur la terre; et vous n'avez pas la puissance de sacrifier. Je vous écris ceci par le soin que j'ai de votre salut. Quant à ce que vous m'avez mandé, voici mon sentiment. Je ne fraternise point avec les ariens, mais j'anathématise leur hérésie; je n'écrirai point contre Athanase, justifié par l'Eglise romaine, par tout le concile et par nous-mêmes. Vous le savez si bien, que vous l'avez rappelé et lui avez permis de retourner avec honneur dans son pays et dans son Eglise. Quel prétexte avez-vous d'un tel changement ? Il a les mêmes ennemis qu'auparavant; ce qu'ils disent tout bas, car ils n'osent le dire tout haut en sa présence, c'est ce qu'ils disaient contre lui, avant que vous l'eussiez rappelé; c'est ce qu'ils publiaient dans le concile, et dont ils ne purent donner de preuve quand je les en pressai, comme j'ai dit. S'ils en eussent eu, ils n'auraient pas fui si honteusement. Qui donc vous a persuadé, après tant de temps, d'oublier vos lettres et vos paroles ? Arrêtez-vous et n'écoutez pas les méchants, de peur de vous rendre coupable pour leurs intérêts. Vous agissez ici pour eux; mais au jour du jugement, vous vous défendrez tout seul. Ils veulent se servir de vous pour opprimer leur ennemi particulier, et vous rendre le ministre de leur méchanceté pour semer dans l'Eglise leur détestable hérésie. Il n'est pas de la prudence de se jeter dans un péril évident, pour faire plaisir à d'autres. Cessez, je vous prie, et croyez-moi, Constance; il me convient de vous écrire ceci, et à vous de ne le pas mépriser. »

Telle fut la lettre admirable d'Osius. Mais l'empereur n'en fut point touché; il ne laissa pas de le menacer et de chercher des prétextes pour le maltraiter. Et quoiqu'il n'en trouvât point, sinon qu'il encourageait les autres évêques, principalement en Espagne, à ne pas abandonner saint Athanase, Constance ne laissa pas de se le faire encore amener, et de le tenir un an à Sirmium, sans respect pour son âge; car Osius avait environ 100 ans (Athan., *Ad Monach.*, n. 44).

Cette persécution contre les catholiques fut générale. L'empereur Constance envoyait partout des officiers avec des ordres menaçants adressés aux évêques et aux juges. Aux évêques, pour écrire contre saint Athanase et communiquer avec les ariens, sous peine de bannissement pour eux, et pour les peuples qui s'assemblaient avec eux, de prison, de punition corporelle, de confiscation de biens. Les juges étaient chargés de l'exécution, et, pour les exciter, ceux qui étaient envoyés avaient avec eux des clercs d'Ursace et de Valens, qui dénonçaient à l'empereur les juges négligents. Les autres hérétiques avaient la liberté de publier leurs blasphèmes à la faveur des ariens; il n'y avait que les catholiques de persécutés. Plusieurs évêques furent donc menés devant les juges, qui leur ordonnaient de souscrire ou de se retirer de leurs Eglises. Plusieurs particuliers s'écartèrent en chaque ville, de peur d'être accusés comme amis des évêques; car on avait aussi écrit aux magistrats municipaux, avec menace d'amende, s'ils ne contraignaient chacun leur évêque à souscrire. Toutes les villes étaient pleines de crainte et de trouble. On envoyait quelques évêques à l'empereur, afin qu'ils fussent intimidés par sa présence; on inventait contre quelques-uns des calomnies pour épouvanter les autres; il y en eut plusieurs qui cédèrent et qui renoncèrent à la communion de saint Athanase. Ceux qui venaient trouver l'empereur, n'avaient pas la permission de le voir, ni même de sortir de leur logis; on ne leur donnait aucun relâche qu'ils n'eussent souscrit, et, s'ils le refusaient, ils étaient bannis. Les ariens voulaient grossir leur parti, du moins en apparence, en amassant un grand nombre de signatures. L'empereur ne relâchait point les évêques exilés pour ce sujet, quoique dans le même temps il rappelât, souvent au bout de peu de mois, des criminels bannis pour des larcins, des meurtres ou des séditions.

Quiconque était ami des ariens, quoique chargé d'ailleurs et convaincu d'une infinité de crimes, n'était point accusé, ou s'il était jugé pour la forme, il était acquitté. Il devenait célèbre parmi eux, et ami de l'empereur; il obtenait des juges tout ce qu'il voulait. Au contraire, celui qui combattait leur hérésie, quelque innocent qu'il fût, était aussitôt enlevé sous quelque prétexte, comme d'avoir mal parlé de l'empereur ou blasphémé contre Dieu; il était jugé par l'empereur et envoyé en exil. A la place d'un évêque ainsi exilé, on envoyait aussitôt quelqu'un de zélé pour l'hérésie, que l'on faisait recevoir à main armée par les peuples qui ne le connaissaient point, et l'on punissait de confiscation et des peines les plus rigoureuses ceux qui refusaient de s'y soumettre. On voulait les contraindre à haïr ceux qu'ils aimaient, qui les avaient instruits, qui étaient leurs pères spirituels, pour aimer un homme dont ils ne voulaient point; et confier leurs enfants à celui dont ils ne connaissaient ni la vie ni la conduite (Athan., *Ad Monach.*, n. 47 et seqq).

L'arianisme et Constance qui le soutenaient par la ruse et la violence, sont qualifiés de précurseurs de l'antechrist par des Pères de l'Eglise. Cela ne doit pas étonner. Le caractère propre de l'antechrist final, c'est d'être l'ennemi du Christ. Or, les ariens n'en étaient-ils pas les ennemis, en niant, en combattant sa divinité? De plus, ils précédèrent et préparèrent un premier antechrist, Julien l'Apostat : Julien était cousin de Constance. Au massacre de sa famille, il fut épargné à cause de sa jeunesse. Il courut de nouveau de grands dangers, lorsque Constance fit mourir son frère, le césar Gallus. Son caractère était un mélange de faux et de vrai, de mal et de bien : ses maîtres ne le redressèrent pas. On compte parmi eux Eusèbe de Nicomédie, le plus fourbe des ariens; Ecébole, sophiste, qui déclamait contre les idoles sous Constance, adorait les idoles sous Julien, et joua le rôle de pénitent sous Jovien; enfin Aëtius, d'abord esclave, puis chaudronnier, puis charlatan, puis médecin, puis sophiste, puis le plus impie des ariens, parce qu'il en était le plus conséquent : soutenant que le Verbe, non-seulement n'était pas égal au Père, mais qu'il ne lui était pas même semblable. Sous des maîtres pareils, le léger et superficiel Julien dut ne voir dans le christianisme qu'une œuvre d'homme, qu'un système inconséquent, qui avait détruit la vieille idolâtrie pour en introduire une nouvelle. Car les purs ariens étaient de vrais idolâtres : ils adoraient le Fils et le Saint-Esprit, qu'ils reconnaissaient cependant pour de pures créatures. Julien toutefois, d'après ce qu'il nous apprend lui-même, demeura chrétien jusqu'à l'âge de 20 ans. Il fréquentait les églises et les monastères : il entra même dans le clergé, et remplit plus d'une fois les fonctions de lecteur. A l'âge de 20 ans, il devint secrètement apostat, en attendant de se montrer tel publiquement, quand il sera empereur. Ainsi que nous l'avons déjà vu, le surnom d'*apostat*, devenu inséparable de celui de Julien, donne précisément en grec le nombre mystérieux de six cent soixante-six, que saint Jean avait prédit au nom humain du restaurateur de l'idolâtrie romaine : α (1) π (80) ο (70) στ (6) α (1) τ (300) η (8) ς (200); total, 666 (Joan., *Apocal.*, c. 13, v. 18).

Les causes de son apostasie furent nombreuses : l'instruction fautive qu'il avait reçue des ariens; le scandale de leurs intrigues et de leurs passions; la haine qu'il avait pour Constance, et qui se transforma en haine du christianisme; un esprit curieux, superficiel, et d'une prodigieuse vanité.

Parmi les hommes de science, les plus solides et les plus profonds embrassaient toute la perfection du christianisme, devenaient des Pères de l'Eglise, des hommes puissants en paroles et en œuvres. Ceux qui tenaient plus à l'élégance du langage qu'à la vérité des choses mêmes, se faisaient sophistes ou professeurs d'éloquence. Ils enseignaient à déclamer sur toutes sortes de sujets, pour ou contre, d'une manière plausible, et à séduire l'auditeur par des lieux communs et des vraisemblances populaires, sans se soucier de la vérité. Ils tenaient des écoles dans les principales villes, et se provoquaient quelquefois à qui parlerait mieux dans des séances publiques. Les disciples prenaient parti pour leur maître, et tâchaient de lui procurer le plus d'élèves qu'il se pouvait. A cet effet, ils s'emparaient des nouveaux arrivants, les initiaient dans leur société par des cérémonies moitié sérieuses, moitié burlesques, quelquefois même par un serment de ne pas quitter leur école. Parmi ces professeurs de rhétorique, il y en avait de chrétiens, comme Prohérésius, qui enseignait à Athènes, et dont Julien compare l'éloquence à celle de Périclès; comme encore Victorin d'Afrique, qui enseignait avec éclat à Rome, où il voyait, parmi ses disciples, les plus illustres sénateurs, et où il embrassa le christianisme sous l'empire de Julien même. Dans le nombre des rhéteurs que l'affection littéraire pour Homère, Platon, Aristote, bien plus que la conviction, retenait dans le paganisme, le plus illustre était Thémistius, que l'empereur Constance éleva au rang de sénateur de Constantinople, et qui se fit estimer jusque sous l'empereur Théodose, par son noble caractère; puis Libanius, originaire d'Antioche, d'un caractère et d'une éloquence plus pédantesques. Le goût des lettres forma des liaisons d'amitié entre ces rhéteurs et des Pères de l'Eglise. Ainsi, saint Grégoire de Nazianze recommande familièrement ses amis à Thémistius, qu'il appelle roi de l'éloquence. Ainsi Libanius, après avoir envoyé une de ses compositions oratoires à saint Basile, lui écrit plus tard que, puisqu'elle a mérité son suffrage, elle n'avait plus à redouter la critique.

Mais outre ces païens lettrés, pour qui le paganisme était peut-être moins une religion qu'une littérature, il y avait d'autres sophistes qui s'en faisaient une profession de sciences occultes. Ceux-là visaient plus au titre de philosophes qu'à celui d'adorateurs. Comme le christianisme avait battu en ruine la philosophie païenne ou le paganisme philosophique, les nouveaux philosophes en enveloppèrent les débris de mystères. Pour y être admis, il fallait des épreuves et des purifications. On inventa même une cérémonie nouvelle pour purifier et régénérer l'homme : c'était le taurobole (1). Le postulant descendait dans une fosse

(1) Ce fut un emprunt plutôt qu'une invention. « Il n'y a rien de plus connu dans l'antiquité, dit Joseph de Maistre, que les *tauro-*

que couvrait un plancher percé de trous, sur lequel on égorgeait un taureau ou un mouton, dont l'initié recevait le sang par les trous sur toutes les parties de son corps. Il n'y avait point de souillure dont cette expiation ne purifiât. Ces cérémonies mystérieuses avaient pour but de rendre vénérables aux initiés les superstitions surannées de l'idolâtrie, les augures, les aruspices, les oracles, l'astrologie, la magie et autres divinations; mais surtout les superstitions nouvelles de la théurgie ou l'art d'évoquer les démons et les dieux, et même de se rendre visible la divinité suprême. Telle est la philosophie que Plotin, Porphyre et Jamblique avaient propagée dans leurs écrits et parmi leurs disciples, et qui fit de Julien un apostat.

Le principal soutien de ce paganisme était alors le sophiste Edésius de Pergame, avec ses disciples Eusèbe, Chrysanthe et Maxime. Julien, qui, pendant que son frère Gallus était césar, jouissait de la liberté et de grands biens, alla trouver Edésius, qui, étant trop vieux, le renvoya à ses disciples. Eusèbe et Chrysanthe agirent ensemble de manière à exciter en lui un désir irrésistible de connaître les mystères de la théurgie. Eusèbe paraissait le mépriser. Il finissait d'ordinaire ses discours par ces paroles : « Voilà ce qu'on doit appeler des vérités solides; car pour les prodiges des prétendus thaumaturges, ce sont des illusions et des extravagances qu'il faut laisser aux insensés qui ont commerce avec les puissances matérielles. » Julien lui ayant demandé l'explication de cette espèce de refrain, Eusèbe lui répondit : « Maxime (il était alors à Ephèse) est un des plus anciens et des plus habiles disciples d'Edésius, mais il donne dans des folies. Il n'y a pas longtemps qu'il nous conduisit tous, tant que nous étions, au temple d'Hécate. Quand nous fûmes arrivés et que nous eûmes salué la déesse, il nous dit : Asseyez-vous, mes chers amis, vous verrez si je suis un homme ordinaire. Nous nous assîmes. Il purifia un grain d'encens, et récita tout bas je ne sais quel hymne. Aussitôt la statue de la déesse se mit à sourire. Nous fûmes effrayés; mais il nous dit : Ce n'est qu'une bagatelle. Les flambeaux qu'elle tient vont s'allumer. En effet, les flambeaux s'allumèrent avant qu'il eût fini de parler. Nous fûmes frappés un instant de ces prestiges; mais il n'y a rien là qui m'étonne ni qui doive vous étonner. L'essentiel est d'épurer sa raison. — Je vous laisse avec vos raisonnements, reprit brusquement Julien. Adieu, vous m'avez montré l'homme que je cherche. » Et il partit pour Ephèse. C'est le sophiste ou philosophe Eunape, disciple de Chrysanthe, qui nous apprend ces détails (Eunap., *In Maxim.*).

Julien se livra sans réserve à la conduite de Maxime; et, dès qu'il eut pris ses leçons, il brisa, dit Libanius, comme un lion en fureur, tous les liens qui l'attachaient à la religion chrétienne. Maxime, qui avait peut-être besoin d'un second, lui persuada de faire venir Chrysanthe, et ces deux philosophes, quelque habiles qu'ils fussent, ne pouvaient suffire qu'avec peine à l'avidité de leur disciple, qui croyait n'avoir rien appris tant qu'il lui restait quelque chose à apprendre. Enfin, ils l'introduisirent dans le secret de leurs mystères. On dit que le philosophe qui

boles et les *crioboles* qui tenaient au culte oriental de Mithra. » L'éminent écrivain voit avec raison, dans ces pratiques, un vestige du dogme primitif formulé par saint Paul : *Sine sanguinis effusione non fit remissio* (*Eclaircissement sur les sacrifices*). E. G.

devait l'initier (c'était sans doute Maxime), l'ayant mené dans un temple, le fit descendre dans une grotte souterraine. Quand les évocations furent achevées, on entendit tout à coup un bruit effroyable; on vit paraître des spectres de feu. Julien, encore novice, fut saisi de frayeur, et fit, par habitude, le signe de la croix. Tout disparut à l'instant; et la même chose étant arrivée jusqu'à deux fois, Julien ne put s'empêcher de dire à Maxime qu'il admirait la vertu de ce signe des chrétiens. Maxime, voyant chanceler son prosélyte, lui dit d'un air d'enthousiaste : « Quoi donc! croyez-vous avoir fait peur aux dieux? Non, prince; mais les dieux ne veulent point avoir de commerce avec un profane comme vous. » Julien se paya de cette raison, ne troubla plus la cérémonie et se laissa initier. Plus tard, il fit une autre cérémonie pour effacer son baptême : ce fut sans doute celle du taurobole (Theod., l. 3, c. 3).

Ce qu'il y a de certain, c'est que Maxime lui prédit l'empire, qu'il fit briller à ses yeux le projet d'anéantir la religion dominante pour rétablir celle de ses ancêtres, et qu'à force de prédictions, de flatteries et de prestiges, il le rendit le païen le plus fanatique qui fut jamais. Julien ne se regarda plus que comme un prince appelé par les dieux pour être le restaurateur de leurs autels. Il soupirait en voyant l'état du paganisme, il s'attendrissait jusqu'aux larmes sur la ruine et l'abandon des temples, dont les dépouilles étaient en proie aux favoris de Constance. Il disait quelquefois à ses amis que, s'il devenait empereur, le monde serait heureux, c'est-à-dire qu'il rétablirait l'idolâtrie. Dès lors il commença à régner sur les cœurs de ceux des païens qui surent son changement. Ils offraient pour lui des sacrifices en secret. Quelques-uns entreprenaient des voyages uniquement pour voir et pour entendre celui qu'ils considéraient déjà comme leur libérateur.

Les soupçons de son apostasie parvinrent jusqu'aux oreilles de son frère Gallus, qui lui envoya l'arien Aëtius pour l'affermir dans la foi qu'ils avaient héritée de leurs pères. Aëtius revint édifié de Julien. Au fond, ce que disaient les philosophes du *logos* ou Verbe divin, ne différait guère du pur arianisme. Gallus écrivit donc à son frère une lettre que nous avons encore, et où il lui témoigne combien il était satisfait d'apprendre qu'il fréquentait assidûment les maisons de prières, et ne quittait point les tombeaux des martyrs. Julien poussa plus loin son hypocrisie : il se fit raser la tête et joua la vie de moine. Lorsque son frère fut mis à mort, il se trouva en péril lui-même; mais il avait une protectrice à la cour : c'était l'impératrice Eusébie. Elle lui obtint la permission d'aller continuer ses études à Athènes.

Cependant l'empereur Constance, tout occupé à tenir des conciles et à tourmenter les évêques, négligeait la défense de l'empire. Les Gaules étaient infestées par les Barbares de la Germanie, l'Orient était insulté par les Perses. Constance avoua pour la première fois qu'il succombait sous le poids des affaires. Par le crédit de l'impératrice, Julien fut rappelé d'Athènes. On lui coupa sa barbe, on lui ôta son manteau de philosophe et on l'habilla en homme de guerre. Enfin, le 6 novembre 355, Constance le proclama césar à Milan, en présence de l'armée. Peu de jours après, il lui fit épouser sa sœur Hélène et lui confia le gouvernement des Gaules. Julien, qui avait alors vingt-quatre ans, fit un panégyrique de l'impératrice et deux de l'empereur. Il est difficile de porter plus loin l'hypocrisie et l'adulation. Il méprisait et détestait Constance au fond de son cœur, et cependant, à l'entendre, ce même Constance surpassait en vertu et en génie tous les grands hommes de l'antiquité, y compris Alexandre le Grand. Enfin, s'écrie-t-il, ôtez d'Homère les noms propres de ses héros, mettez-y celui de Constance, le poète semblera parler plus juste. Tel se montre Julien dans ses propres œuvres (*Orat.*, 2, p. 75, édit. Spanh., *Vie de Julien*, par la Bletterie; Gerdil, Jondot, Tillemont, etc.).

A Athènes, il avait vu deux hommes qu'il aurait bien voulu s'attacher : c'était saint Grégoire de Nazianze et son ami saint Basile. Ils étaient tous deux du même âge et du même pays, la Cappadoce. Il y avait trente ans que Grégoire s'appliquait à l'étude des sciences et des lettres.

Il était né, vers l'an 316, d'une mère chrétienne et d'un père encore païen, dans la petite ville de Nazianze, non loin de Césarée, capitale de la province. Sa mère, sainte Nonne, avait demandé à Dieu un fils, et le lui avait consacré d'avance; quand elle se vit exaucée, elle le lui consacra de nouveau. Il fut nommé Grégoire, comme son père. Elle eut un second fils, saint Césaire, et une fille, sainte Gorgonie. La pieuse mère éleva elle-même ses enfants dans la piété, et leur apprit à lire dans les livres saints. Elle leur donnait l'exemple de toutes les vertus. Sa charité envers les pauvres était sans bornes. S'il eût été permis, elle se serait donnée elle-même. Son respect dans les églises était si grand que non-seulement elle y gardait le silence, mais qu'elle se faisait scrupule de cracher sur le pavé et de tourner le dos à l'autel. Dès avant qu'elle fût mère, elle demandait à Dieu, par ses prières, ses jeûnes et ses larmes, la conversion de son époux. Quand Dieu lui eut donné un fils, elle y travailla avec plus de zèle encore. Grégoire le père, n'était pas proprement idolâtre, mais de la secte des hypsistaires, ainsi nommés parce qu'ils faisaient profession d'adorer le Dieu très-haut, en grec *Hypsistos*; à quoi ils mêlaient plusieurs observances légales des Juifs. Il se rendit enfin et reçut le baptême, en 325, des mains de saint Léonce, évêque de Césarée, qui passait par Nazianze pour aller au concile de Nicée. Comme, avant son baptême, il pratiquait déjà toutes les vertus morales, il fit de si grands progrès dans les vertus chrétiennes que, quatre ans après, il fut fait évêque de Nazianze. Il avait alors environ cinquante ans, ainsi que son épouse; il en vécut encore quarante-cinq, c'est-à-dire en tout près d'un siècle. Telles sont les dates qui résultent nécessairement des détails que Grégoire le fils nous donne sur sa vie et sur celle de ses parents. (*Acta Sanct.*, t. II, *maii; It.*, t. III, *sept.*; Godescard, 9 *maii;* Albérici, *Vie de S. Grég. de Naz.*).

Avec la pieuse éducation de sa mère, le jeune Grégoire reçut des grâces particulières d'en-haut. Dans cet âge où les notions de vice et de vertu commencent à se développer dans l'âme, il eut la nuit un songe. Il aperçut à ses côtés deux vierges, vêtues de blanc, d'une modestie et en même temps d'une majesté surhumaines, qui se mirent à l'embrasser avec tendresse comme leur fils. Transporté de joie, il leur demanda qui elles étaient et d'où elles venaient. Elles répondirent qu'elles se nommaient, l'une la Chasteté, l'autre la Tempérance, qu'elles assistaient au trône du roi Jésus, et se délectaient en la beauté des vierges célestes. Elles l'engagèrent à unir son âme à leur âme, afin qu'elles pussent le transporter un jour dans les cieux et le placer dans les splendeurs de l'éternelle Trinité. Après quoi, elles s'élevèrent au ciel. Cette vision le remplit d'un ardent amour pour la pureté virginale. Son plaisir n'était point aux amusements de la jeunesse, mais avec les personnes qui avaient consacré à Dieu la pureté de leur corps et de leur âme. Avec un cœur pur, il avait reçu une intelligence insatiable. Il aima les livres, il aima les savants; mais les livres et les savants qui parlaient de Dieu. S'il aima, s'il cultiva les lettres profanes, ce n'était que pour mieux servir les lettres sacrées. Lui-même nous apprend, dans ses poèmes, ces particularités de son enfance.

Quand il eut appris tout ce qu'il pouvait apprendre dans son pays natal, il se rendit à Césarée de Palestine, et son frère Césaire à Alexandrie. A Césarée se trouvait l'école fondée par Origène, et la fameuse bibliothèque de son disciple, le martyr saint Pamphile, augmentée par le savant Eusèbe.

Il y avait alors dans la même province saint Cyrille, d'abord prêtre, ensuite évêque de Jérusalem, où il était né vers l'an 315. Ordonné prêtre vers l'an 345, par saint Maxime, il fut chargé de prêcher tous les dimanches dans l'assemblée des fidèles, et en même temps d'instruire les catéchumènes. Il nous reste de lui vingt-trois catéchèses ou instructions, dont les dix-huit premières expliquent le Symbole, et les cinq autres les sacrements de baptême, de confirmation et d'eucharistie, que les néophytes recevaient le même jour. C'est un monument d'un prix inestimable, par la clarté et la suite avec laquelle la doctrine chrétienne y est exposée et défendue contre les païens et les hérétiques. Par exemple, si saint Cyrille avait eu dessein de réfuter d'avance les protestants du XVIe siècle, il n'aurait guère pu s'exprimer avec plus de force qu'il n'a fait, sur la présence réelle de Jésus-Christ dans l'eucharistie, sur le saint sacrifice de la messe et autres points de cette nature. Expliquant cet article du Symbole : « Je crois aussi la sainte Eglise catholique, » il dit qu'elle est appelée catholique ou universelle, parce qu'elle est répandue par toute la terre; parce qu'elle enseigne universellement et sans exception tout ce qui est nécessaire au salut; parce qu'elle soumet au vrai culte tout le genre humain, les souverains et les sujets, les savants et les ignorants; parce qu'elle guérit universellement tous les péchés, et possède universellement toutes les vertus. Il faut donc observer avec soin cet article du Symbole, afin d'éviter les conventicules impurs des hérétiques. Lors donc que vous arrivez dans une ville étrangère, ne demandez pas simplement : Où est la maison du Seigneur? car les hérésies s'efforcent de donner ce nom à leurs repaires. Ne demandez pas non plus simplement : Où est l'Eglise? mais : Où est l'Eglise catholique? Car tel est le nom propre de la sainte Eglise, notre mère à tous et l'épouse de Jésus-Christ. Persécutée autrefois, elle couronnait ses martyrs avec les couronnes immortelles et variées de la patience; aujourd'hui, dans la paix, elle se voit honorée par les rois, par les grands, par les hommes de toute condition. Au reste, les rois sont bornés à des nations particulières, leur puissance a des limites : il n'y a que la sainte Église catholique dont la puissance s'étende sans bornes sur toute la terre (Cyrill. Hieros., Catech., 18, n. 23-27).

Saint Maxime étant mort, le prêtre Cyrille lui succéda vers la fin de l'année 350. Le commencement de son épiscopat fut illustré par un grand prodige, dont il s'empressa de rendre compte à l'empereur Constance. Dans les cinquante jours de la Pâque à la Pentecôte, le 7 mai 351, à neuf heures du matin, une immense croix de lumière parut au-dessus du Golgotha, s'étendant jusqu'à la montagne des Olives ; elle se montra très-distinctement, non à une ou deux personnes, mais à tout le peuple de la ville. Ce ne fut point, comme on pourrait le penser, un phénomène passager : il subsista au-dessus de la terre pendant plusieurs heures, visible aux yeux et plus éclatant que le soleil, dont la lumière l'aurait effacé, si la sienne n'avait été plus forte. Aussitôt tout le peuple accourut à l'église avec une crainte mêlée de joie : les jeunes et les vieux, les hommes et les femmes, et jusqu'aux filles les plus retirées, les chrétiens du pays et les étrangers, et les païens qui y étaient venus de divers lieux. Tous, d'une voix, louaient Notre Seigneur Jésus-Christ, le Fils unique de Dieu, le faiseur de miracles, voyant par expérience la vérité de la doctrine chrétienne, à qui le ciel rendait témoignage. Dans sa lettre, que nous avons encore, saint Cyrille donne à Constance les épithètes les plus honorables : c'était sans doute pour l'affectionner davantage à la vraie foi ; car il finit par lui souhaiter de glorifier à jamais la sainte et consubstantielle Trinité. L'Église grecque célèbre le 7 mai la fête de ce miracle, qui d'ailleurs est attesté par un grand nombre d'historiens (Soc., l. 2, c. 28 ; Sozom., l. 4, c. 5).

Alexandrie, où Césaire était allé étudier, voyait à la tête de sa célèbre école un aveugle : c'était Didyme. Né vers l'an 308, dans Alexandrie même, il perdit la vue dès l'âge de quatre ou cinq ans, dans le moment qu'il commençait à apprendre ses lettres. Cet accident ne ralentit point son désir de savoir, mais l'enflamma au contraire. Il se fit graver l'alphabet sur du bois, puis apprit par le tact les lettres, et les syllabes, et les mots, et les phrases entières. Son ardeur pour l'étude n'en demeura pas là : Il allait écouter les plus célèbres professeurs, se faisait lire les meilleurs livres. Quand ses lecteurs s'endormaient, il méditait longtemps sur ce qu'il venait d'entendre, et le gravait ainsi dans sa mémoire. Il apprit de cette façon non-seulement les règles de la grammaire, tout ce qu'enseigne la rhétorique, et les plus beaux endroits des poètes et des orateurs ; il se rendit encore très-habile dans la connaissance de toutes les choses divines et humaines ; des écritures de l'Ancien et du Nouveau Testament, qu'il expliquait à mot, d'un bout à l'autre, en divers sens ; des dogmes de l'Église, qu'il développait avec autant d'exactitude que de netteté ; de la philosophie de Platon et d'Aristote ; de la géométrie, de la musique, de l'astronomie, et des différentes opinions des philosophes. Il possédait si parfaitement, qu'il répondait avec facilité à toutes les objections, et que jamais personne ne put le vaincre dans la dispute. Il joignit la prière à l'étude, et demandait continuellement à Dieu la lumière intérieure. C'était un prodige. Aussi arrivait-il à Alexandrie une foule de personnes, les uns pour l'entendre, les autres seulement pour le voir. Saint Athanase avait pour lui une estime singulière, et le chargea de la fameuse école, où il fut un des plus illustres successeurs d'Origène. C'était une faveur de la Providence pour cette ville. Didyme, en effet, y rendit un témoignage éclatant à la foi de la consubstantialité, et s'opposa avec autant de zèle que de lumières à l'impiété des ariens, renversant tous leurs sophismes et dissipant l'illusion de leurs discours. Il était estimé des plus saints moines de l'Égypte. Saint Antoine le visita quand il vint à Alexandrie pour rendre témoignage à saint Athanase. Il lui demanda s'il n'était point affligé d'être aveugle. Didyme eut honte d'abord d'avouer cette faiblesse. Comme il ne répondait rien, saint Antoine lui fit la même question une seconde fois et une troisième. Enfin Didyme confessa ingénûment qu'il en était affligé. Je m'étonne, dit saint Antoine, qu'un homme sage s'afflige d'avoir perdu ce que possèdent les fourmis et les moucherons, au lieu de se réjouir d'avoir ce qu'ont eu les saints et les apôtres. Il vaut mieux voir de l'esprit, que de ces yeux dont un seul regard peut perdre l'homme éternellement (Tillemont, D. Ceillier).

Toutes les sciences s'enseignaient à Alexandrie. Césaire les embrassa toutes : la rhétorique, la philosophie, la géométrie, l'astronomie, mais particulièrement la médecine. Il y fit des progrès si étonnants, qu'il effaça les plus célèbres médecins de son siècle. Grégoire, son frère, vint le rejoindre de Palestine, et passa quelque temps avec lui ; après quoi il s'embarqua pour Athènes, qui était toujours regardée comme la métropole des sciences et des lettres. La saison n'était pas favorable. Il y eut une furieuse tempête de vingt jours. Un moment, le navire se trouva plein d'eau, lorsque tout le monde, et marins et pilote, ceux-là mêmes qui peu auparavant ne reconnaissaient aucun dieu, invoquèrent à haute voix Jésus-Christ, et le navire fut sauvé. Mais ils manquaient d'eau douce ; les vases qui en contenaient avaient été précipités à la mer par une secousse plus violente de la tempête. Un navire marchand, de Phénicie, qu'ils rencontrèrent, eût l'humanité et le courage de leur en passer. Cependant la tempête ne diminuait point ; l'équipage perdait toute espérance. Ce qui désolait surtout Grégoire, c'est qu'ils n'avaient pas encore reçu le baptême. Sa douleur était si grande, que les matelots mêmes en avaient pitié. Il priait Dieu avec larmes, et lui consacrait de nouveau sa vie entière s'il daignait le sauver de ce péril. Sa prière fut exaucée : la tempête se calma. Il y eut plus : tous ceux qui étaient avec lui dans le même navire embrassèrent avec beaucoup de piété la foi du Christ, et arrivèrent heureusement à Athènes.

Grégoire parle de cette ville avec enthousiasme. On y voyait alors les maîtres les plus distingués, entre autres, l'orateur Anatolius, que Constance fit préfet du prétoire, le célèbre Diophante, inventeur de l'algèbre, et Prohérésius, dont nous avons déjà parlé. Précédemment, l'empereur Constant l'avait appelé dans les Gaules. En repassant par Rome, il s'y fit tellement admirer, que le sénat lui érigea une statue avec cette inscription : *Rome, la reine de l'univers, au roi de l'éloquence.*

Ce qui mit le comble au bonheur de Grégoire, ce

fut l'arrivée de son ami saint Basile. Ils se connaissaient déjà auparavant; mais alors leur amitié devint intime. Issu d'une famille où l'on comptait une suite de héros célèbres, Basile naquit à Césarée en Cappadoce, à la même époque que Grégoire, vers l'an 317. Il était le second de dix enfants, parmi lesquels il y en a quatre que l'Eglise honore comme saints : Basile même, sa sœur Macrine, qui était l'aînée, Grégoire, évêque de Nysse, et Pierre, évêque de Sébaste, qui était le plus jeune. Leur père se nommait Basile, et leur mère Emmélie, l'un et l'autre comptés au nombre des saints. Le père de sainte Emmélie avait souffert le martyre dans la persécution de Maximien Galère. Dans la même persécution, les aïeuls paternels de saint Basile, sainte Macrine et son mari, avaient subi un exil de sept ans au milieu des forêts du Pont, exposés aux intempéries du temps et aux souffrances de la faim, eux qui avaient été élevés dans les richesses. Ils prièrent Dieu de les soulager, comme il avait secouru son peuple dans le désert, et aussitôt il leur envoya une quantité de cerfs, dont ils prirent autant qu'ils voulurent. Tels étaient les ancêtres de saint Basile.

Son aïeule, sainte Macrine, était originaire de Néocésarée dans le Pont, et avait été instruite dans la foi par saint Grégoire Thaumaturge. Elle pouvait avoir soixante-six ans lorsque son petit-fils vint au monde. On le lui envoya dès son enfance. Elle lui servit comme de nourrice et fit sa première éducation. Elle l'instruisit surtout dans les dogmes de la foi, usant des mêmes termes que saint Grégoire Thaumaturge avait employés pour l'instruire elle-même. Saint Basile s'en glorifiait dans la suite comme d'un très-grand bienfait de Dieu. Son père, qui résidait habituellement dans le Pont, et qui était l'ornement de cette province, autant par sa piété que par son éloquence, voulut être lui-même son premier maître dans les lettres sacrées et profanes : il paraît même qu'il enseignait publiquement la rhétorique et la philosophie. Son fils était bien fait de corps et d'une santé robuste; cependant il fit une maladie mortelle, dont la piété de son père lui obtint la guérison. Le père continua de lui servir de professeur jusqu'à sa mort, qui arriva peu après la naissance de son dernier fils, saint Pierre de Sébaste. Le jeune Basile fut alors envoyé à Césarée de Cappadoce, ou peut-être de Palestine. Il s'y distingua au-dessus de ceux de son âge par la rapidité de ses progrès. Il s'attirait en même temps, par sa régularité et sa ferveur, l'admiration de toutes les personnes qui le connaissaient. Les plus habiles maîtres de Césarée n'ayant plus rien à lui apprendre, il vint à Constantinople, où Libanius donnait des leçons publiques avec un applaudissement universel. Avant peu, il distingua Basile parmi ses auditeurs. Il ne pouvait se lasser d'admirer en lui les plus heureuses dispositions pour les sciences, jointes à une modestie rare et à une vertu extraordinaire. Il dit dans ses épîtres qu'il se sentait comme ravi hors de lui-même, toutes les fois qu'il entendait Basile parler en public. Il entretint toujours depuis avec lui un commerce de lettres, et ne cessa de lui donner des marques de la haute estime et de la vénération profonde qu'il avait conçues pour son mérite.

Enfin, de Constantinople, Basile vint à Athènes. Sa renommée l'y avait devancé; son nom était dans la bouche de presque tout le monde, chacun tenait à honneur de faire le premier sa connaissance. Son ami Grégoire, qui s'était attiré l'estime et l'affection universelles, lui avait concilié d'avance tous les esprits. Basile, d'ailleurs, avait la gravité d'un vieillard. Il fut exempté des cérémonies burlesques auxquelles on soumettait les nouveaux arrivants. Athènes, avec tous ses avantages, ne répondit point à l'idée qu'il en avait conçue. L'amitié de Grégoire l'y retint. Ils se communiquèrent leurs pensées les plus intimes, le désir qu'ils avaient de la perfection chrétienne. Ils demeurèrent ensemble, eurent une table commune, ne fréquentaient de leurs compagnons que les plus chastes et les plus paisibles. Deux rues seulement leur étaient connues dans la ville : celle qui conduisait à l'église et aux docteurs qui y enseignaient la foi; l'autre, qui conduisait aux écoles publiques et aux maîtres qui enseignaient les sciences humaines. Ils laissaient aux autres les rues par lesquelles on allait au théâtre, aux spectacles et aux divertissements profanes. Leur sanctification faisait leur grande affaire; leur unique but était d'être appelés et d'être effectivement chrétiens. C'était en cela qu'ils faisaient consister toute leur gloire.

Les premiers pour la piété, ils n'en furent pas moins les premiers pour les sciences et les lettres. A la rhétorique, la poésie, la philosophie, la dialectique, Basile joignit l'étude de la géométrie et de l'astronomie, autant qu'il fallut pour n'être pas inférieur aux plus habiles. A cause des maladies que lui occasionna sa vie austère et mortifiée, il y ajouta l'étude de la médecine, du moins dans ce qu'elle a de plus philosophique. Enfin, qui lira ses écrits sur la création, reconnaîtra sans peine qu'il avait sur l'histoire naturelle des idées plus justes et des connaissances plus étendues qu'Aristote. Tant de science et de vertu excita l'admiration à tel point, que partout où l'on parlait d'Athènes et de ses maîtres habiles, on parlait du merveilleux couple d'amis, Basile et Grégoire, Grégoire et Basile (Voir *Acta Sanct.*, 14 *junii*).

A tant de connaissances précieuses, ils en joignaient une autre bien nécessaire, la connaissance des hommes. Lorsque Julien vint dans la même ville et qu'il étudia avec eux, non-seulement les lettres profanes, mais encore les saintes Ecritures, il eut beau s'observer et se contrefaire, ils découvrirent le dérèglement de son esprit, par sa physionomie et tout son extérieur. Il était de médiocre taille, le cou épais, les épaules larges, qu'il haussait et remuait souvent, aussi bien que la tête. Ses pieds n'étaient point fermes ni sa démarche assurée. Ses yeux étaient vifs, mais égarés et tournoyants; le regard furieux, le nez dédaigneux et insolent, la bouche grande, la lèvre d'en bas pendante, la barbe hérissée et pointue. Il faisait des grimaces ridicules et des signes de tête sans sujet, riait sans mesure et avec de grands éclats, s'arrêtait en parlant et reprenait haleine, faisait des questions impertinentes et des réponses embarrassées l'une dans l'autre, qui n'avaient rien de ferme ni de méthodique. Grégoire disait en le voyant : « Quelle peste nourrit l'empire romain ! Dieu veuille que je sois faux prophète (Greg. Naz., *Orat.*, 4) ! »

Enfin, arriva un moment pénible. Après trente ans d'études, Basile et Grégoire allaient quitter Athènes et se quitter l'un l'autre. Toute la ville s'en émut. Et professeurs et élèves entourent les deux amis et les conjurent de rester. Basile développe si éloquemment les motifs qu'il avait de retourner dans sa patrie; que, malgré soi, on le laisse partir; mais on retient Grégoire et on le force d'accepter une chaire d'éloquence. Ce ne fut pas pour longtemps; car peu après il se déroba sans bruit pour aller rejoindre son ami en Cappadoce. Il arrivait à pied à Constantinople, dans le même temps que son frère y débarquait d'Alexandrie. Césaire avait dès lors une telle réputation, que les magistrats de Constantinople, pour le retenir dans cette ville, lui offrirent un traitement avantageux, une alliance distinguée et la dignité de sénateur. A leur demande, l'empereur Constance lui donna des lettres de citoyen et le nomma son premier médecin. Cependant Grégoire sut persuader à son frère de revenir avec lui dans leur pays natal, et de lui consacrer les prémices de son art. Telles étaient les études et les mœurs de ce que nous appelons les Pères de l'Eglise.

Ce n'était pas seulement à Rome, dans la Grèce et en Orient que s'étudiaient les lettres et que se formaient les docteurs des chrétiens. Dans le fond des Gaules, à Poitiers, était né Hilaire, d'une des plus illustres familles. Il étudia avec succès les sciences profanes, et s'appliqua particulièrement à l'éloquence, imitant le style de Quintilien. Il fit plus. Il s'éleva par degrés à la connaissance parfaite de la foi chrétienne. « Je considérais, dit-il, que l'état le plus désirable, selon les sens, est le repos dans l'abondance, mais que ce bonheur nous est commun avec les bêtes. Je compris donc que le bonheur de l'homme devait être plus relevé, et je le mettais dans la pratique de la vertu et dans la connaissance de la vérité. La vie présente n'étant qu'une suite de misères, il me parut que nous l'avions reçue pour exercer la patience, la modération, la douceur, et que Dieu tout bon ne nous avait point donné la vie pour nous rendre plus misérables en nous l'ôtant. Mon âme se portait donc avec ardeur à connaître ce Dieu, auteur de tout bien; car je voyais clairement l'absurdité de tout ce que les païens enseignaient touchant la divinité, la partageant en plusieurs personnes de l'un et de l'autre sexe, l'attribuant à des animaux, à des statues et à d'autres choses insensibles. Je reconnus qu'il ne pouvait y avoir qu'un seul Dieu, éternel, tout-puissant, immuable. Plein de ces pensées, je lus avec admiration ces paroles dans les livres de Moïse : *Je suis celui qui suis*. Et dans Isaïe : *Le ciel est mon trône et la terre mon marchepied*. Et encore : *Il tient le ciel dans sa main et y renferme la terre*. Et dans les psaumes : *Où irai-je pour me dérober à votre esprit, et où m'enfuirai-je de devant votre face ?* Ces paroles me firent connaître que tout est soumis à Dieu, qu'il est au delà de tout, en tout et partout, qu'il est la source de toute beauté et la beauté infinie; en un mot, je compris que je devais le croire incompréhensible. Je portais plus loin mes désirs, et je souhaitais que ces bons sentiments, que j'avais de Dieu et les bonnes mœurs eussent une récompense éternelle. Cela me semblait juste; mais la faiblesse de mon corps et même de mon esprit me donnait de la crainte, quand les écrits des évangélistes et des apôtres me firent trouver plus que je n'eusse osé espérer, particulièrement le commencement de l'Evangile de saint Jean, où j'appris que Dieu avait un Fils coéternel et consubstantiel à son Père; que ce Fils, le Verbe de Dieu, s'était fait chair, afin que l'homme pût devenir fils de Dieu (Hil., *De Trin.*; l. 1). »

Saint Hilaire, arrivé par ces degrés à la connaissance de la vérité complète, l'embrassa avec joie et reçut le baptême. Sa femme, dont le nom et la vie nous sont inconnus, le suivit dans la foi, avec une fille unique, nommée Apre, qu'il avait eue de son mariage, et à qui il persuada de vivre dans une virginité perpétuelle. Depuis son baptême, il s'appliqua avec tant de soin à former ses mœurs sur les règles de l'Eglise, qu'il semblait, étant laïque et marié, posséder déjà les grâces du sacerdoce. Non-seulement il ne mangeait jamais avec des Juifs ou des hérétiques, mais il ne leur rendait pas même en passant les civilités ordinaires; ce qu'il ne faisait que par le zèle qu'il avait pour la foi. Mais dans la suite il se relâcha de cette sévérité, dans la vue de les gagner à Jésus-Christ. Son zèle pour la vérité l'engagea à l'annoncer partout, instruisant les uns de la foi en la Trinité, animant les autres à la vertu par les promesses du royaume des cieux. Après avoir vécu assez longtemps dans ces saints exercices, tout le peuple de Poitiers le demanda pour évêque, en la place, comme l'on croit, de Maxence, frère de saint Maximin de Trèves. C'était vers l'an 353.

Bientôt il lui vint un disciple. C'était Martin, fils d'un tribun militaire ou maréchal de camp, originaire de la Pannonie, la Hongrie actuelle. Lui-même portait les armes depuis cinq ans; il en avait vingt. Il venait d'obtenir son congé en la manière suivante. Les Germains ayant fait une irruption dans les Gaules, on assembla des troupes pour marcher contre eux. Il y eut à cette occasion une distribution de largesses aux soldats. Martin, qui depuis longtemps pensait à sa retraite, eut la délicatesse de ne pas vouloir participer à des récompenses qui supposaient une continuation de service. Il demanda donc que sa part fût donnée à un autre, et sollicita en même temps la liberté de ne plus servir que Dieu. On lui reprocha d'agir ainsi par crainte de la bataille qui devait se donner le lendemain. Il répondit avec une sainte intrépidité : « Si c'est à la lâcheté qu'on attribue ma conduite, je demande à paraître à la tête de l'armée, sans armes, sans bouclier et sans autre défense que le nom de Jésus et le signe de la croix. Je me précipiterai sans crainte au milieu des escadrons les plus épais de l'ennemi. » On le prit au mot. Mais la nuit même les Barbares demandèrent la paix, et Martin obtint sa retraite.

Cette bravoure héroïque, il l'avait déjà montrée dans la pratique de la vertu. Un jour qu'il était en marche, au milieu d'un hiver si rigoureux que plusieurs personnes mouraient de froid, il rencontra à la porte d'Amiens un pauvre tout nu, qui implorait la pitié des passants. Voyant que personne ne regardait ce malheureux, il pensa que Dieu le lui avait réservé. Mais il avait distribué tout ce qu'il possédait; il ne lui restait plus que ses armes et ses vêtements. Que faire? Il coupe son manteau en deux : il en donne la moitié au pauvre, et s'enveloppe comme il peut avec l'autre moitié. Quelques-uns de ceux qui le virent en cet état se mirent à le railler; mais, plus sensés, les autres gémirent au fond de leur âme de n'avoir rien fait de pareil. La nuit suivante, Martin vit en songe Jésus-Christ couvert de cette moitié de manteau qu'il avait donnée, et il l'entendit disant à une troupe d'anges qui l'environnaient : Martin, qui n'est encore que catéchumène, m'a couvert de ce vêtement. Cette vision lui fit promptement recevoir le baptême. Toutefois, il resta encore deux ans à l'armée, vaincu par les prières de son tribun, avec lequel il vivait dans une étroite amitié, et qui promettait de quitter le monde quand le temps de son tribunat serait fini.

Martin parut tel dès ses premières années. A l'âge de dix ans, il s'enfuit à l'église, malgré ses parents qui étaient païens, et demanda qu'on le fît catéchumène. A douze ans, il voulut se retirer dans le désert, et l'aurait fait, si la faiblesse de son âge ne l'en eût empêché; mais il avait toujours le cœur à l'église et aux monastères. Il méditait dès lors ce qu'il exécuta dans la suite. Il vint un ordre des empereurs pour enrôler les enfants des vétérans. Son père le découvrit lui-même; il fut pris, enchaîné et engagé à prêter le serment de la milice. Il se contenta d'un seul valet, encore le traitait-il d'égal; ils mangeaient ensemble, et le maître lui rendait le plus souvent jusqu'aux moindres services. Pendant qu'il porta les armes, il se préserva de tous les vices qui accompagnent d'ordinaire cette profession, et se fit aimer de tous ses camarades par une bonté, une charité, une patience, une humilité au-dessus des forces humaines.

Ayant donc quitté le service, il vint trouver saint Hilaire. Ce grand évêque ne fut pas longtemps à reconnaître le mérite extraordinaire de son disciple. Pour se l'attacher davantage, il voulut l'ordonner diacre; Martin, s'en croyant indigne, consentit seulement à se laisser ordonner exorciste. Ayant été averti en songe d'aller voir ses parents, qui étaient encore païens, il partit avec la permission d'Hilaire, qui, par ses prières et ses larmes, lui fit promettre de revenir. En passant les Alpes, il tomba entre les mains d'une bande de voleurs. Déjà l'un d'eux levait sa hache pour lui fendre la tête, quand un second lui retint le bras. Martin, les mains liées derrière le dos, fut remis à un troisième pour le dépouiller. Celui-ci l'ayant mené à l'écart, lui demanda qui il était. Je suis chrétien, fut la réponse. N'avez-vous pas peur? Non; jamais je n'ai été si tranquille : je sais que Dieu n'abandonne pas les siens dans la peine. Ce qui m'afflige, c'est que vous, par vos brigandages, vous vous rendez indigne de sa miséricorde. Enfin, il se mit à le prêcher. Le voleur se convertit, reconduisit Martin sur la route, et, ayant embrassé plus tard la vie monastique, raconta lui-même son histoire. Arrivé en Illyrie, Martin convertit sa mère et plusieurs autres personnes; mais son père demeura païen. Les ariens dominaient dans le pays : Martin les combattit avec beaucoup de courage. Il en eut à souffrir plusieurs mauvais traitements, fut battu publiquement de verges et chassé de la ville (Sulp. Sev., *Vita S. Martin.*).

Pendant que les Gaules produisaient ces deux grands hommes, Hilaire et Martin, l'Afrique en produisait deux autres, saint Optat, évêque de Milève, et Augustin, qui venait de naître à Tagaste, en 354. Ambroise, le futur évêque de Milan, qui devait un jour recevoir saint Augustin dans l'Eglise, avait alors 14 ans, et étudiait à Rome les lettres grecques et latines. Lorsqu'il voyait sa sœur Marcelline baiser la main des évêques, il lui présentait en riant la sienne, disant que lui aussi serait évêque. Il était né vers 340, dans les Gaules, où son père résidait comme préfet des Gaules et de l'Espagne. On dit que s'étant endormi un jour en plein air, un essaim d'abeilles vint se reposer sur ses lèvres, comme un présage de sa douce éloquence. Le père étant mort, la mère ramena ses trois enfants à Rome : leurs noms étaient Satyrus, Marcelline et Ambroise. Elle les éleva si chrétiennement qu'ils sont devenus trois saints. Vers le même temps, Rome vit arriver, des confins de la Dalmatie et de la Pannonie, un autre docteur futur de l'Eglise, Jérôme, né vers l'an 331, de parents riches et distingués. Il venait comme de s'identifier la langue de Virgile et de Cicéron, sous l'orateur Victorin et le grammairien Donat, célèbre commentateur de Virgile et de Térence. L'Eglise avait à soutenir de grands combats de doctrine, la Providence lui suscitait partout de grands docteurs.

En Orient, le général qui commandait en chef les troupes de Syrie (il se nommait Second) venait de mourir, laissant à Antioche une veuve âgée de 20 ans, avec un fils tout jeune. Sans penser à un nouvel établissement, elle consacra ses soins et sa vie à bien élever son fils, dont le nom était Jean, et qui fut surnommé plus tard Chrysostome, ou *bouche d'or*, à cause de son admirable éloquence. Le futur Chrysostome, né vers l'an 347, entrait dans sa neuvième année, lorsque Basile et Grégoire quittaient Athènes. Lui aussi entendra les leçons de Libanius. Plus loin, dans la Mésopotamie, à un illustre Père de l'Eglise, saint Jacques de Nisibe, succédait un autre plus illustre encore, saint Ephrem, qui réfutera les hérésies, non-seulement par les forces réunies de la dialectique et de l'éloquence, mais encore par les charmes de la poésie et de la musique. Suivant ses actes, il naquit sous le règne de Constantin, à Nisibe même. Son père y était prêtre de l'idole Abnil. Comme, dès son enfance, il témoigna de l'inclination pour la religion chrétienne et de l'horreur pour l'idolâtrie, son père le battit cruellement et enfin le chassa de la maison. Il se réfugia près de l'évêque saint Jacques, qui le prit en affection et le mit au nombre des catéchumènes. Ephrem ne profita pas moins en vertu qu'en instruction. Son humilité était si grande, qu'ayant été accusé d'un crime commis par un autre, il en supporta longtemps la confusion publique sans rien dire, et ne fit enfin connaître son innocence que par la crainte de se rendre coupable de scandale. Une vertu si héroïque lui attira la vénération de tout le monde. Saint Jacques avait pour lui une telle estime, qu'il le conduisit, malgré sa jeunesse, au concile de Nicée, pour y combattre l'erreur des ariens. Lorsqu'en 350, la ville de Nisibe fut assiégée par Sapor, roi de Perse, saint Jacques et saint Ephrem en furent les sauveurs (*Acta Sanct.*, 9 *jul.*).

Ce siège est un des plus mémorables dont il soit parlé dans l'histoire. Comme cette ville était le boulevard de l'empire romain du côté des Perses, Sapor l'assiégea dès 338, peu après la mort de Constantin. Mais après soixante-trois jours d'efforts et de combats, il fut obligé de se retirer ignominieusement, avec une armée épuisée de fatigues et périssant de faim et de maladies. Lorsque en 350, l'empereur Constance eut quitté l'Orient pour aller en Occident contre Magnence et Vétranion, Sapor revint une seconde fois, avec une armée innombrable et une multitude d'éléphants et de machines de guerre. Les rois de l'Inde l'accompagnaient avec toutes leurs forces. Il somma les habitants de se rendre, sous peine de voir leur ville détruite de fond en comble. Encouragés par leur évêque, ils se préparèrent à une vigoureuse défense. Le beau-père de Jovien, depuis empereur, commandait dans la place. Pendant 70 jours, Sapor met en œuvre toutes ses machines : une partie du fossé est comblée; on bat les murs à coups de béliers ; on creuse des souterrains ; on détourne le fleuve Mygdonius, afin de réduire les habitants par la soif. Leur courage rend tous ces travaux inutiles : les puits et les sources leur fournissent de l'eau en abondance. Sapor recourt à un moyen incroyable. Il arrête le fleuve au-dessus de la ville, par une digue entre deux montagnes. Au-dessous de la ville, il fait une seconde digue plus forte encore. La digue supérieure ayant été ouverte, les eaux s'élancent avec fureur contre les murs de la ville assiégée, et les ébranlent, mais sans les abattre. Les eaux, retenues par la digue inférieure, forment un lac et comme une mer. Les Perses s'y étaient préparés, et attaquent la ville sur une multitude de barques. Les habitants ne se déconcertent pas : celles des barques qui approchent des murs, ils les enlèvent avec des harpons; ils en brisent ou en enfoncent d'autres, en y lançant d'énormes pierres, dont quelques-unes pesaient quatre cents livres. Au milieu de cet étrange combat, la digue inférieure se rompt, les eaux entraînent les barques et ceux qui les montent, mais en même temps aussi deux pans des murailles. Voyant la ville ainsi ouverte, Sapor s'en croit déjà maître, et ordonne à son armée de revêtir ses habits de fête pour y faire son entrée le lendemain. Mais les assiégés ne perdent pas courage. Le lendemain, habitants et soldats garnissent les remparts en armes : là où les remparts étaient tombés, les plus braves forment un rempart vivant. Tous sont pleins de confiance : leur saint évêque prie pour eux à l'église. Les Perses s'avancent par un terrain humide et fangeux : on se laisse venir jusque sur le bord du fossé, qui était très-large et où le séjour des eaux avait formé une vase profonde. Là, pendant qu'ils cherchent les moyens de passer, on les assaille d'une grêle de pierres, de feux et de dards ; le désordre se met parmi eux : les uns sont renversés, les autres veulent fuir, mais ceux qui venaient derrière eux les poussent en avant : hommes, chevaux, machines, éléphants s'enfoncent et périssent dans la boue; Sapor est forcé de sonner la retraite. Il suspendit l'attaque pendant un jour pour laisser au terrain le temps de se raffermir. Quand il revint, il fut bien surpris d'apercevoir, derrière les soldats qui étaient sur la brèche, un nouveau rempart que les habitants avaient construit avec une incroyable activité. Il y eut encore plusieurs attaques, mais sans plus de succès. Un jour que l'évêque passait sur la muraille, pour encourager son peuple, Sapor le prit pour l'empereur et se mit en colère contre ceux qui lui avaient assuré que Constance était ailleurs. Tout le monde lui ayant protesté que cela était vrai, il se persuada avoir vu l'ange qui défendait la ville. De dépit, il tira une flèche contre le ciel. Il fit en même temps mourir plusieurs de ses satrapes, sous prétexte de n'avoir pas bien exécuté ses ordres. Alors saint Ephrem pria saint Jacques de monter sur la muraille, pour voir les Perses et jeter sur eux sa malédiction. Le saint évêque monta sur une tour, puis, voyant cette multitude infinie, il ne fit pas d'autre imprécation que de demander à Dieu des moucherons, pour faire éclater sa puissance par les plus petits animaux. Il en vint aussitôt fondre sur les ennemis, comme des nuées. Ils entraient dans les trompes des éléphants, dans les oreilles et les naseaux des chevaux et des autres bêtes, qui, entrant en fureur, rompaient leurs harnais, jetaient leurs hommes, troublaient les rangs, et fuyaient où elles pouvaient. Sapor, forcé de reconnaître la puissance de Dieu, leva le siège après trois mois, et se retira honteusement (*Acta Sanct.*, 11 *jul.*; *Hist. du Bas-Emp.*, l. 7).

Saint Jacques mourut quelque temps après. Son corps, enterré à Nisibe, était regardé comme le plus puissant rempart de la ville. Il avait laissé plusieurs écrits en sa langue, qui était le syriaque. Son disciple Ephrem embrassa la vie monastique dans les environs d'Edesse. Sa demeure était une caverne; il s'y appliquait à la lecture et à la méditation des livres saints. Le vieux solitaire, qui lui servait de directeur, le trouva un jour qui achevait d'écrire son commentaire sur la Genèse. L'ayant lu, il le porta, sans rien dire, aux magistrats, aux professeurs et aux prêtres d'Edesse. Ceux-ci en furent émerveillés et félicitèrent le vieillard. Il leur apprit que c'était l'ouvrage du moine Ephrem. Dès lors tout le monde voulut le voir. Après divers incidents, il s'établit dans la ville, y enseignant et y écrivant contre diverses hérésies, en particulier contre les manichéens, les ariens et les sectateurs de Bardesane. Pour populariser les erreurs de son père, Harmonius, fils de Bardesane, les avait mises en vers et en musique. Pour réfuter ces erreurs, faire connaître et aimer la doctrine catholique, Ephrem la mit en vers encore plus beaux et dans une musique encore plus belle. Lui-même apprit aux vierges chrétiennes (en syriaque, *les filles de l'alliance*) à chanter ces cantiques dans l'assemblée des fidèles. Et aujourd'hui les chrétiens de Syrie les chantent encore. A la science du docteur, à la verve du poète, Ephrem joignait la foi la plus vive et l'âme la plus sensible. Souvent, au milieu de ses prédications, il était obligé de s'interrompre pour laisser couler ses larmes et celles de son auditoire.

Au nord de la Mésopotamie, l'Arménie admirait un nouvel apôtre dans son patriarche Nersès Ier, surnommé le Grand. Il était de la royale famille des arsacides et avait été élevé dans sa jeunesse à Césarée de Cappadoce et ensuite à Constantinople, où il s'était instruit dans les lettres des Grecs. Dans la dernière de ces villes, il avait épousé la fille d'un personnage distingué, dont il eut un fils unique, qui fut dans la suite patriarche d'Arménie. Veuf après trois ans de mariage, Nersès, de retour dans sa patrie, y avait embrassé la profession des armes. Revêtu de plusieurs dignités militaires, il y joignait celle de chambellan du roi Arsace. Il était encore fort jeune, mais ses vertus éclatantes et sa valeur lui avaient concilié l'estime générale. Sa beauté, sa haute taille et son air majestueux inspiraient le respect à tous ceux qui l'approchaient. En 340, le trône patriarcal était vacant. Depuis saint Grégoire l'Illuminateur, il y avait eu quelques patriarches scandaleux : la religion en avait beaucoup souffert ; deux de leurs successeurs, avec de la vertu, n'avaient pas eu assez d'énergie pour remédier à de si grands maux : il aurait fallu un nouveau Grégoire. Une grande assemblée se tenait à ce sujet. Tout à coup le bruit se répand qu'il existe un descendant du saint patriarche, digne de son aïeul par ses vertus. On prononce le nom de Nersès : tous les suffrages s'accordent, et, avec un concert unanime de louanges, on lui décerne le sceptre patriarcal. Lui seul sera notre pasteur, s'écrie-t-on de tous côtés ; nul autre ne s'asseoira sur le trône épiscopal : Dieu le veut ! Etranger à ce grand mouvement, à tant d'honneurs, il veut s'y soustraire. Il essaie d'échapper. Le roi s'indigne, l'arrête, et, lui arrachant l'épée royale qu'il portait comme une marque distinctive de sa dignité, il ordonne de le revêtir sur-le-champ des habits pontificaux ; enfin il est proclamé patriarche au grand contentement de tous les Arméniens. Leur attente ne fut pas trompée. La foi ne tarda pas à refleurir en Arménie : les églises, les autels renversés furent rétablis ; de nouveaux temples dédiés au vrai Dieu s'élevèrent sur les débris des édifices idolâtres ; des hôpitaux, des monastères furent fondés ; les mœurs s'adoucirent ; l'instruction se répandit de toutes parts (*Hist. du Bas-Empire*, l. 10, n. 6 et 7, édit. St-Martin).

Enfin, au delà de la Mésopotamie et de l'Arménie, dans l'empire des Perses, où la persécution ne discontinuait pas, les chrétiens voyaient, à des évêques martyrisés, succéder d'autres martyrs.

Tels étaient les pasteurs et les docteurs que l'Église voyait se former ou fleurir déjà dans les différentes parties du monde. Au-dessus d'eux tous paraissait Athanase, comme leur maître et leur modèle. Tandis que l'Occident même était troublé par les ariens, que le pape Libère et les principaux évêques partaient pour l'exil, lui se voyait tranquille dans Alexandrie. C'était contre lui cependant que ces grands mouvements se tramaient, comme de vastes filets dont on le cernait de proche en proche, afin de le prendre et de le perdre plus sûrement. Sa prudence sut éviter tous les pièges. Le point principal pour les ariens était de le tirer d'Alexandrie, afin d'y pouvoir placer un des leurs. C'est pourquoi, dès 353, ils fabriquèrent sous son nom une lettre à l'empereur Constance, où il était censé lui demander la permission de venir à la cour. Constance lui envoya un officier avec une réponse qui accordait la demande avec les facilités du voyage. Athanase en fut très-surpris, mais n'y fut pas pris. Comme la lettre de l'empereur ne portait point d'ordre, mais une simple permission, et cela sur une demande supposée, il jugea devoir rester, se tenant toutefois prêt à partir, dès qu'il lui viendrait un ordre de l'empereur, et il en écrivit en ce sens à l'empereur même. Il demeura vingt-six mois sans entendre parler de rien.

Au bout de ce temps, deux secrétaires de Constance, accompagnés de plusieurs personnes de la cour, arrivèrent à Alexandrie, et sommèrent le commandant des troupes impériales en Egypte, et les troupes elles-mêmes, de faire leur devoir. Athanase devait être enlevé, et, suivant toutes les apparences, mis à mort. Les soldats parurent nécessaires pour étouffer les mouvements éventuels des Alexandrins. Le commandant des troupes, qui se nommait Syrien, donna l'ordre à Athanase de quitter Alexandrie. Celui-ci se déclara prêt et demanda seulement à voir auparavant l'ordonnance de l'empereur. Comme on le lui refusa, il pria que du moins Syrien ou le préfet d'Egypte lui donnât par écrit la substance des ordres qu'ils avaient reçus. Il avait toutes sortes de motifs pour cela. Dans ces temps de confusion, les fonctionnaires se permettaient souvent l'impossible, sûrs qu'ils étaient de la protection des courtisans, ou bien quittes à nier plus tard quand il n'y avait ni honneur ni profit à l'avouer. Athanase faisait encore valoir d'autres raisons. Je ne suis revenu, disait-il, que par ordre exprès de l'empereur : il m'en a écrit jusqu'à trois lettres, et, après la mort de son frère Constant, il m'a encore écrit de demeurer dans mon Eglise, sans m'inquiéter de rien, ni avoir égard à ceux qui voudraient m'épouvanter. Ayant donc des ordres si précis, je ne dois sortir que par des ordres semblables ; sans compter le devoir d'évêque et les règles de l'Ecriture, qui ne me permettent pas d'abandonner mon troupeau. Il y a apparence que l'empereur avait honte de se contredire d'une manière si visible, et qu'il ne permettait point à ses officiers de montrer ses ordres ; peut-être qu'il voulait aussi, au cas que l'affaire vînt à manquer, comme toujours, se réserver une petite issue et faire retomber toute la faute sur ses ministres.

Le peuple, le clergé, les principaux habitants de la ville s'interposèrent également pour Athanase ; tous demandaient qu'on leur montrât les lettres de l'empereur, ou du moins qu'on sursît à leur exécution jusqu'au retour d'une députation qu'on lui enverrait. Syrien, voyant que leur prière était raisonnable, protesta, sur la vie de l'empereur, qu'il en userait ainsi. C'était le 18 janvier 356. Tout le monde en ressentit de la joie, et le calme ordinaire reparut dans Alexandrie. On s'abandonnait sans soupçon aux promesses des magistrats. Le calme ne dura que vingt jours : c'en était assez pour dissiper les inquiétudes. On était dans l'usage, à plusieurs fêtes, de passer une partie de la nuit précédente en prière à l'église. Les vigiles d'une fête se célébraient précisément ainsi. Les fidèles étaient assemblés autour de leur évêque. Mais, à minuit, l'église est investie tout à coup par une troupe de cinq mille hommes, sous la conduite de Syrien, afin qu'Athanase ne puisse échapper. On rompt les portes, on entre en armes. Athanase faisait lire un psaume, dont le peuple devait répéter ces paroles : *Parce que sa miséricorde est éternelle*. Mais les trompettes retentissent, les flèches volent parmi les fidèles, les épées sont tirées. Athanase ne s'enfuit point, il reste sur sa chaire épiscopale ; il veut attendre que ses ouailles aient échappé comme toujours aux égorgeurs, ou bien partager leur sort. Mais quand la plus grande partie du peuple se fut retirée, on le supplie de se retirer lui-même. Il s'y refuse ; il veut demeurer jusqu'à ce que tout son troupeau ait quitté le temple. Des clercs et des moines le prennent alors de force au milieu d'eux, et l'entraînent au travers de la foule et des soldats. Il fut tellement poussé de côté et d'autre, qu'il tomba en défaillance, et qu'on l'enleva pour mort. Il échappa ainsi à ceux qui le cherchaient,

LIVRE XXXIII. — L'ÉGLISE PERSÉCUTÉE PAR CONSTANCE ET SAPOR.

et se cacha on ne sut longtemps où. Depuis cet événement, le bruit se répandit qu'il y avait en lui quelque chose de surhumain; en effet, il y fut sauvé d'une manière extraordinaire, et lui-même attribue sa délivrance à un secours particulier de Dieu (Sozom., l. 4, c. 10; Amm. Marcel., l. 15, c. 15).

La persécution qui, après cette nuit de terreur, s'étendit sur l'Eglise d'Alexandrie, surpasse de beaucoup celle qui a été décrite précédemment. Les meurtres, les flagellations, les emprisonnements, les exils se succédaient l'un à l'autre. Pour comble de tyrannie, Syrien voulait que l'Eglise lui rendît le témoignage que tout s'était passé sans le moindre trouble. Les armes que le lendemain encore on avait trouvées dans le lieu saint, et que les fidèles avaient suspendues comme un souvenir du temps, il envoya plusieurs fois le bourreau pour les enlever. Les Alexandrins adressèrent là-dessus deux protestations à l'empereur. Non-seulement il y fut indifférent; il approuva tout ce qui s'était passé. Les églises furent enlevées aux catholiques et leurs prêtres bannis. Les ariens envoyèrent à Alexandrie un nouvel évêque, Georges de Cappadoce : le sénat et le peuple reçurent même des ordres menaçants de chercher et de livrer Athanase. D'Alexandrie, la persécution s'étendit de nouveau sur toute l'Egypte; Constance ordonna qu'il n'y eût d'évêque que ceux qui se conformeraient au nouvel ordre de choses. Les meilleurs furent ainsi contraints de livrer leur troupeau à des intrus. Draconce, évêque d'Hermopolis, fut banni dans un désert. Abbé d'un monastère, on l'avait élevé à l'épiscopat bien malgré lui, et il ne s'était résigné à en faire les fonctions que sur une lettre pressante de saint Athanase, son ami. Quelques évêques, subjugués par la terreur, passèrent aux ariens (Athan., *Apol.*, etc.; *De fugâ*).

Après qu'Athanase se fut caché quelque temps à Alexandrie ou dans le voisinage, il se retira dans le désert. Là, il écrivit une Apologie, qu'il comptait présenter lui-même à l'empereur; car il aimait toujours à croire que ses intentions étaient bonnes, et que le mal se faisait à son insu. Deux lettres de Constance, qu'on lui fit voir, le désabusèrent. L'une était adressée au peuple d'Alexandrie, pour le féliciter d'avoir chassé Athanase, et pour menacer des dernières rigueurs, de la mort même, ceux qui persisteraient dans sa communion; l'autre était à deux princes d'Ethiopie, que saint Frumence, apôtre de cette nation et ordonné évêque par saint Athanase, avait convertis au christianisme. Constance leur mandait d'envoyer Frumence à Alexandrie, pour être examiné par Georges et institué de nouveau, s'il en était digne. Saint Athanase était représenté dans ces deux lettres comme un impie et un imposteur. Il comprit qu'il y aurait de la témérité d'aller trouver l'empereur dans ces circonstances; il rentra donc dans le désert, et se contenta de publier son Apologie.

Il profita de sa retraite forcée pour visiter à loisir les monastères d'Egypte et connaître ces hommes qui, s'étant séparés du monde, vivaient uniquement pour Dieu. Les uns étaient anachorètes, gardant une entière solitude, et ne parlant qu'à Dieu et à eux-mêmes; les autres, cénobites, pratiquant la loi de la charité dans une communauté, morts pour tout le reste des hommes, se tenant lieu de monde les uns aux autres, et s'excitant mutuellement à la vertu. Saint Athanase fit voir, en conversant avec eux, que l'on pouvait allier le sacerdoce à cette sainte philosophie, l'action à la tranquillité, et que la vie monastique consistait plutôt dans l'égalité des mœurs, que dans la retraite corporelle. Ils apprirent plus de lui, pour la perfection religieuse, qu'il ne profita d'eux: ses maximes étaient pour eux des lois, et ils le respectaient comme un homme d'une sainteté extraordinaire. Aussi ne craignirent-ils pas d'exposer leur vie pour lui. Les ariens envoyèrent des soldats le poursuivre jusque dans ces déserts : on le chercha partout sans le trouver; et les moines qui rencontraient ces meurtriers ne daignèrent pas leur parler; mais ils présentaient la gorge à leurs épées, comme s'exposant pour Jésus-Christ, et croyant qu'il y avait plus de mérite à souffrir pour lui en la personne d'Athanase, qu'à jeûner et à pratiquer toutes les autres austérités (Greg. Naz., *Orat.* 21). Saint Athanase, de son côté, craignant que les moines ne fussent inquiétés à son occasion, se retira plus loin et se cacha entièrement.

Il n'eut pas la consolation de voir saint Antoine. Ce patriarche des solitaires était mort dès le 17 janvier de la même année 356, à l'âge de 105 ans, aussi fervent, aussi exact et en même temps aussi bien portant que dans sa jeunesse. D'après ses ordres, deux de ses disciples l'enterrèrent dans un lieu qui n'était connu que d'eux seuls. Il avait peur qu'on n'embaumât son corps et qu'on ne le gardât dans les maisons, suivant l'ancien usage de l'Egypte, qu'il improuvait beaucoup. Il légua en mourant l'une de ses mélotes ou peaux de brebis à saint Athanase, l'autre à Sérapion, évêque de Thmouis, et son cilice à ses deux disciples. Ses dernières paroles furent : « Adieu, mes enfants, Antoine s'en va et n'est plus avec vous. » Quelques mois auparavant, il était allé, selon sa coutume, voir les moines qui étaient dans la montagne extérieure, et il leur dit : « C'est ici ma dernière visite, et je suis bien trompé si nous nous revoyons jamais en cette vie. Il est temps que je m'en aille, puisque j'ai près de 105 ans. » A ces mots ils pleuraient et embrassaient le saint vieillard, qui leur parlait avec joie, comme quittant un pays étranger pour retourner à sa patrie. Il les exhortait à ne point se décourager dans leurs pénibles exercices, mais à vivre comme devant mourir chaque jour. Il leur recommandait aussi de s'éloigner des méléciens et des ariens. « Et ne vous troublez pas, ajouta-t-il, pour voir les juges à leur tête; cette puissance mortelle et imaginaire passera bientôt (Athan., *Vita Ant.*). »

Saint Hilarion, son disciple, apprit aussitôt sa mort en Palestine par révélation. Il était alors âgé de 65 ans, et il y en avait deux qu'il vivait dans une extrême affliction. Il était accablé de la multitude qui le cherchait à cause de ses miracles, et de l'impossibilité de jouir de la solitude. En effet, tout le monde venait à lui, les évêques, les prêtres, des troupes de clercs et de moines, les dames chrétiennes, le peuple des villes et de la campagne, les juges mêmes et les personnes puissantes y accouraient pour recevoir de lui du pain ou de l'huile qu'il eût bénis. Comme les frères lui demandaient ce qu'il avait et de quoi il s'affligeait, il leur dit : « Je suis revenu dans le siècle, et j'ai reçu ma récompense en cette vie. Voilà que toute la Palestine et les provinces voisines m'estiment quelque chose, et, sous prétexte du monastère et des besoins des frères, je possède des héritages et des meubles. Les frères le gardaient donc soigneusement, et principalement Hésychius, le plus cher de ses disciples.

Un jour enfin il résolut de partir, et se fit amener un âne; car il était si exténué de jeûnes, qu'il ne pouvait presque marcher. La nouvelle s'en étant répandue, comme si la Palestine eût été menacée de sa ruine, plus de dix mille personnes, de tout âge et de tout sexe, s'assemblèrent pour le retenir. Il ne se laissait point ébranler par leurs prières, et, remuant le sable avec son bâton, il disait : Mon Dieu n'est point trompeur, je ne puis voir les églises renversées, les autels de Jésus-Christ foulés aux pieds, le sang de mes enfants répandu. Tous les assistants comprenaient que quelque secret, qu'il ne voulait pas déclarer, lui avait été révélé; et ils le gardaient toujours, de peur qu'il ne leur échappât. Il résolut donc et protesta tout haut qu'il ne boirait ni ne mangerait, si on ne le laissait aller. Après qu'il eut été sept jours sans rien prendre, ils le laissèrent enfin; il prit congé de la plupart, et partit avec une multitude infinie, qui l'accompagna jusque près de Gaze. Là il les congédia et choisit quarante moines, avec lesquels il fit le pèlerinage d'Égypte, visitant les évêques exilés, ainsi que les moines du désert, en particulier les lieux sanctifiés par l'habitation de saint Antoine. Il y arriva le jour anniversaire de sa mort, et y passa la nuit en prières. C'était une montagne de roche et très-haute, étendue d'environ mille pas; du pied sortaient des sources, dont les unes se perdaient dans le sable, les autres tombaient plus bas, et peu à peu formaient un ruisseau, sur les bords duquel croissaient une infinité de palmiers, qui rendaient le lieu très-agréable et très-commode. Hilarion s'y promenait de tous côtés avec les disciples de saint Antoine. Voici, disaient-ils, où il chantait, voici où il priait; là il travaillait, là il se reposait quand il était fatigué. Il a planté lui-même ces vignes et ces petits arbres; il a dressé ce terrain de ses propres mains; il a creusé avec un grand travail ce réservoir pour arroser son jardin; il s'est servi plusieurs années de ce hoyau pour labourer (Hieron., *Vita Hilarion.*).

Constance cependant, ou plutôt les ariens, qui le faisaient mouvoir à leur gré, s'efforçaient de faire souscrire les évêques des Gaules à l'excommunication d'Athanase. Saint Hilaire de Poitiers, qui dès lors était comme leur chef, cherchait, au contraire, à les affermir dans la fidélité de l'Église. Il profita d'une circonstance opportune pour ramener l'empereur à des dispositions plus équitables. Les Germains avaient envahi les frontières de l'empire; un soulèvement était à craindre dans les Gaules. Hilaire, au nom des évêques, rassura l'empereur à cet égard; il n'y avait ni sédition ni même de violents murmures. Les ariens seuls mettaient la confusion partout; employant, pour grossir leur secte, la contrainte, la prison, les fers, les outrages, les tortures. Les évêques conjurent donc l'empereur avec larmes, que les églises catholiques ne soient plus en butte à de si intolérables persécutions de la part de leurs frères; que les magistrats séculiers ne jugent plus les affaires ecclésiastiques, ni ne favorisent les partisans de l'hérésie; que les peuples, au lieu d'être forcés de se soumettre à ceux qui corrompent la saine doctrine, soient libres d'écouter les pasteurs de leur choix; que les évêques bannis soient rappelés dans leurs églises, entre autres Eusèbe de Verceil, Denys de Milan, Athanase d'Alexandrie, contre lequel on a violé toutes les formes de la justice. La funeste cause de tout le mal est cette peste nouvelle, l'imposture arienne, inventée récemment par les deux Eusèbe, par Narcisse de Néroniade, Théodore d'Héraclée, Étienne d'Antioche, Acace de Césarée, Ménophante d'Éphèse, et deux jeunes hommes ignares et méchants, Ursace et Valens (*Ad Const.*, l. 1, édit. Bénéd.).

C'est avec cette vigueur que parlait Hilaire. Il avait fait plus : avec la plupart de ses collègues, il s'était séparé de la communion d'Ursace, de Valens et de leur fauteur Saturnin, évêque d'Arles; accordant aux autres, qui s'étaient laissé entraîner, le pardon de leurs fautes, pourvu qu'ils s'en repentissent et que cette indulgence fût approuvée par les confesseurs exilés pour la foi. Cette fermeté lui mérita la haine des ariens, qui ne tarda pas d'éclater. Dans un concile de Béziers, Saturnin, Ursace et Valens s'efforçaient de faire adopter les décrets d'Arles et de Milan. Hilaire rendit leurs efforts inutiles. De dépit, ils l'accusèrent auprès de Constance, qui le bannit en Phrygie, avec saint Rhodune, évêque de Toulouse. Ce dernier mourut en exil. Malgré tout leur crédit, les ariens ne purent mettre un autre évêque à la place de saint Hilaire, qui continua, du fond de la Phrygie, à gouverner son Église par ses prêtres.

L'Église catholique paraissait alors sur le bord de l'abîme. Ses plus illustres pontifes, ainsi que le Pape, étaient exilés; l'arianisme disposait à son gré de l'empereur; l'empereur croyait, en renversant les hommes, pouvoir renverser la vérité : il se trompait. L'Église catholique avait d'autres espérances. La violence seule, et la violence la plus extrême, la réduisait en ce pénible état. Si nombreux que fussent les individus infectés d'arianisme, la masse des fidèles restait intacte. Dans chaque Église, dit saint Athanase, ils conservaient la foi reçue, attendaient les docteurs et fuyaient la doctrine antichrétienne comme un serpent (*Hist. Arian.*, § 42). Lors même qu'un évêque arien prêchait, il n'en résultait pas toujours autant de mal qu'on pourrait le croire. Même les plus emportés d'entre eux osaient rarement énoncer sans détour leur impiété personnelle du haut de la chaire; rusés politiques, comme ils étaient la plupart, ils parlaient du Fils de Dieu en général, avec quoi le peuple catholique se représentait ce que la foi catholique lui enseignait à penser. De pareils évêques pouvaient être personnellement très-éloignés de la vraie Église, et le peuple lui demeurer cependant fidèle. Saint Hilaire dit à ce sujet : « Cette duplicité impie à prêcher autrement qu'on ne pense est cause que, sous les évêques de l'antéchrist, le peuple du Christ ne périt point, persuadé qu'il est que les mots ont leur sens naturel. Les fidèles entendent dire que le Christ est Dieu, et ils croient qu'il est ce qu'on le nomme. Ils l'entendent appeler Fils de Dieu, et ils croient que, par là même, il est vrai Dieu. Ils entendent dire qu'il est avant tous les temps, et ils pensent que cela veut dire éternel. Les oreilles du peuple sont plus saintes que les cœurs des évêques (Hil., *Const. Auxent.*, n. 6).

De plus, tant d'évêques bannis décréditèrent dans

l'opinion publique et l'arianisme et ses fauteurs. Les premiers regardaient leur exil comme une fonction. Partout où ils passaient, villes et provinces, quoiqu'ils fussent dans les chaînes, ils prêchaient la vraie foi et anathématisaient l'hérésie arienne. Il arriva ainsi tout le contraire de ce que voulaient leurs persécuteurs. Plus le lieu du bannissement était loin, plus s'augmentait la haine contre ceux-ci. Le voyage seul des exilés était une prédication contre l'impiété des ariens. Quiconque voyait passer ceux-là, les admirait comme des confesseurs, et abhorrait ceux-ci non plus seulement comme des impies, mais comme des bourreaux et des meurtriers (Athan., *Hist. Arian.*, n. 34).

L'Eglise catholique trouva une espérance là même où il y avait pour elle le plus grand péril. Sa foi et sa constitution se tiennent. Sa constitution est divine, parce que Jésus-Christ, qui l'a constituée, est Dieu. Pour les ariens, qui niaient la divinité du Christ, son église n'était au fond qu'une institution humaine. Il lui fallait trouver parmi les hommes un chef pour la soutenir. Ce fut l'empereur qui se fit lui-même le suprême évêque de l'empire. Cet étrange pape choisissait pour les principaux sièges, et ceux-ci pour les autres, des évêques aussi étrangers que lui à l'esprit de Dieu et de son Eglise. Le péril était grand : il servit de remède à lui-même. Entrés dans la bergerie, non par la porte, mais par effraction, comme des voleurs et des larrons, les nouveaux pasteurs étaient naturellement odieux aux fidèles : aussi des évêques de cette espèce se conduisaient-ils en ennemis; forts de la protection de l'empereur, ils abusaient de leur puissance et s'aliénaient les esprits de plus en plus. Georges d'Alexandrie avait fait d'abord le métier de parasite, il devint ensuite fournisseur de chair de porc dans une compagnie de soldats; ayant malversé, il fut obligé de s'enfuir et d'errer longtemps de côté et d'autre. Grossier et ignorant, sans aucune connaissance des lettres humaines, et bien moins encore des saintes Ecritures, il conserva son même caractère étant évêque. Pour s'enrichir, il se fit fermier général de tout le salpêtre, de tous les marais salants ou des étangs où croissait le papyrus. Il spécula même sur les cercueils, dont il fit faire un certain nombre, avec obligation à tout le monde de les lui emprunter pour une certaine somme. Il accusait les citoyens auprès de l'empereur, comme peu soumis à ses ordres; et les païens eux-mêmes se plaignaient qu'en cela il oubliait sa profession, qui ne recommande que la justice et la douceur (Amm., l. 22, n. 11). Il avait même suggéré malicieusement à l'empereur, qu'il avait droit d'appliquer à son trésor les revenus de toutes les maisons d'Alexandrie, parce qu'elles avaient été construites la première fois aux dépens d'Alexandre le Grand, aux droits duquel l'empereur avait succédé. Par tous ces moyens, il se rendait étrangement odieux aux païens mêmes, et tout le monde le regardait comme un tyran.

Il l'était surtout envers les catholiques. Institué par l'empereur, il croyait lui devoir une complaisance sans bornes. Ce fut un évêque soldat. Il croyait pouvoir s'affermir par la contrainte. Lors donc que les fidèles n'assistaient point aux assemblées des ariens, mais se réunissaient hors de la ville, il faisait marcher les troupes. Leur commandant, le manichéen Sébastien, était toujours prêt. Un jour, les catholiques d'Alexandrie s'étaient assemblés près du cimetière, suivant leur coutume. Sébastien s'avança avec plus de trois mille hommes en armes, fit allumer un grand feu et en menaça ceux qui étaient encore présents, s'ils ne se déclaraient pour l'arianisme. Comme ces menaces ne les ébranlaient pas, il les fit au moins battre avec des verges hérissées de pointes. Quelques-uns furent tués et leurs corps jetés aux chiens. Ils sont honorés comme martyrs. Au milieu de ces excès, les ariens n'avaient à la bouche que le nom de l'empereur. Ce servilisme tyrannique rendit l'arianisme souverainement odieux.

A Constantinople, l'évêque hérésiarque Macédonius, intronisé par le sang et le meurtre, ne le cédait point en cruauté à Georges d'Alexandrie. Les catholiques, qui ne voulaient pas le reconnaître, furent, les uns exilés, les autres maltraités de coups; quelques-uns furent marqués sur le front avec des fers chauds, à d'autres on confisqua leurs biens. La persécution s'étendit jusque sur les novatiens, parce qu'ils s'accordaient avec les catholiques dans la doctrine de la Trinité. Ils furent maltraités de toutes les manières : on les contraignait également de participer au culte des ariens; on en jeta quelques-uns en prison et on démolit une de leurs églises à Constantinople. Leur évêque Agélius prit la fuite. Les catholiques, à qui, d'après les ordres de l'empereur, on n'avait pas laissé un seul temple, assistaient à l'office des novatiens. Macédonius finit par se rendre odieux à ceux mêmes de son parti (Soc., l. 2, c. 38; Sozom., l. 4, c. 20 et 27).

Léonce d'Antioche était assez prudent pour ne pas commettre d'iniquité trop criante, ni prêcher directement contre la foi catholique : il se tenait à des voies plus astucieuses, qui devaient la miner peu à peu; il n'admettait, dans son clergé, personne qui lui parût suspect de catholicisme; il n'ordonnait que des ariens. Sans docteurs catholiques, la foi catholique devait d'elle-même disparaître peu à peu. Le but de ces efforts n'échappa point aux catholiques; mais le mal était déjà si grand, qu'il ne leur restait plus que quelques laïques pour soutien, savoir, le moine Diodore, depuis si renommé comme évêque de Tarse, et Flavien, plus tard évêque lui-même d'Antioche. Vénérables tous deux par leur piété, très-influents par leur science et leurs lumières, ils assemblaient ceux des catholiques qui n'appartenaient point à l'église des eustathiens, dans leurs maisons, aux tombeaux des martyrs, et entretenaient ainsi la flamme de la vraie foi. Les catholiques pouvaient aussi, quand ils voulaient, assister aux assemblées des ariens; mais ils chantaient : Gloire au Père, et au Fils, et au Saint-Esprit, tandis que leurs adversaires disaient : Gloire au Père par le Fils dans le Saint-Esprit. C'est ainsi que nos pères voulaient se distinguer visiblement des ariens; car ceux-ci abusaient de la dernière doxologie pour accréditer leurs erreurs. On dit aussi que Flavien fut le premier qui introduisit à Antioche la doxologie catholique, devenue bientôt universelle. C'est ainsi que se maintint toujours vivante l'opposition de doctrine; c'est ainsi que les évêques ariens contribuèrent eux-mêmes beaucoup à rendre leurs opinions odieuses, en se rendant eux-mêmes personnellement odieux.

Enfin, ce fut dans le temps même de leur bannissement que les évêques écrivirent avec le plus de zèle et de force pour la défense de la doctrine catholique. Ce fut alors que, du fond de sa retraite, Athanase adressait au peuple d'Alexandrie, aux évêques d'Égypte, et même à des particuliers, des lettres, des traités entiers, où, avec plus de pénétration que jamais, il leur développait les erreurs de l'arianisme, la vérité de la foi catholique et le courage invincible avec lequel il fallait la défendre. Son peuple gémissait de se voir privé d'église. Dieu vous consolera, lui écrivait-il : si les ariens ont des temples, vous avez la foi des apôtres; s'ils sont dans le lieu, ils sont loin de la foi; vous, au contraire, si vous êtes hors du lieu, la foi est au dedans de vous. Lequel des deux est le plus grand, du lieu ou de la foi? C'est la foi, évidemment. Qui donc a perdu ou conservé plus, celui qui a le lieu ou celui qui a la foi? Le lieu est bon, quand la foi des apôtres y est prêchée; il est saint, quand le saint y habite (Athan., *Opera*).

La méchanceté des ariens alla si loin, qu'ils lui reprochèrent, comme une marque de lâcheté, sa fuite après l'invasion de Sébastien. Il se vit obligé de s'en justifier dans une apologie à part, et il le fait par l'exemple des prophètes, de Jésus-Christ même et de ses apôtres. Après avoir rappelé le grand nombre d'évêques que les ariens avaient maltraités et exilés, ainsi que les atrocités qu'ils avaient commises à Alexandrie, il ajoute : Et maintenant ils regrettent de ne m'avoir pas tué et me reprochent la peur, sans penser que le blâme en retombe sur eux-mêmes; car, s'il est mauvais de fuir, il est bien plus mauvais de persécuter : l'un se cache pour éviter la mort, l'autre poursuit pour la donner. S'ils blâment la fuite, qu'ils rougissent donc de la poursuite. Ils n'ont qu'à cesser leurs embûches, et on cessera de fuir. Ils ne voient pas que la fuite des persécutés est une accusation contre les persécuteurs. Personne ne fuit celui qui est doux et humain, mais celui qui est cruel et impie. Les saints nous ont enseigné, et par leurs paroles et par leur exemple, qu'il est permis de fuir; mais vous, comment prouverez-vous, par leur exemple et leur doctrine, qu'il est permis de persécuter (*De fugâ suâ*, n. 8 et seqq.)?

Saint Eusèbe de Verceil, relégué à Scythopolis, écrivait aux Églises d'Italie, qui lui avaient envoyé des députés avec des lettres et des aumônes. Il les félicitait de leur fermeté dans la foi et les exhortait à ne pas craindre les persécutions du moment. C'est un temps d'épreuve, dit-il, qui sert à découvrir les sentiments des véritables chrétiens. Si les ariens se sont appuyés du secours des hommes, c'est qu'ils n'ont pas celui de Dieu; s'ils l'avaient, ils ne se mettraient pas en peine de s'assujétir, comme ils font, les âmes des innocents par une puissance tout humaine et toute terrestre. Dans sa lettre, que nous avons encore, il raconte ce qu'il avait à souffrir des ariens. Il logea d'abord chez le comte Joseph, dont nous avons parlé ailleurs. Le comte étant venu à mourir, les ariens le transférèrent dans une autre maison, où il était comme prisonnier. Il fut visité dans son exil par saint Epiphane et par beaucoup d'autres personnes. Comme il distribuait les libéralités des églises, non-seulement aux prêtres et aux diacres bannis avec lui pour la foi, mais encore aux pauvres, les ariens entrèrent en fureur. Ils le tirèrent de son logis, tantôt en le traînant par terre, tantôt en le portant à la renverse, à demi-nu, et l'enfermèrent dans une petite chambre, où, pendant quatre jours, ils ne cessèrent de l'accabler d'injures pour l'obliger d'entrer dans leurs sentiments, disant qu'ils avaient reçu ordre de l'empereur de le traiter ainsi. Le saint, content de leur livrer son corps, ne leur répondit pas un seul mot. Ils voulurent empêcher les prêtres et les diacres de venir le voir comme auparavant, et défendre encore aux autres fidèles l'entrée de sa chambre. Sur quoi saint Eusèbe, qui ne voulait pas recevoir la nourriture de la main de ces impies, leur envoya un acte de protestation sous ce titre : *Eusèbe, serviteur de Dieu, avec ses autres serviteurs qui souffrent avec moi pour la foi; à Patrophile, le geôlier, et aux siens* : c'était l'évêque arien de Scythopolis. Après un court récit des violences qu'il venait de souffrir de leur part, il leur déclare qu'il ne mangera point de pain et ne boira point d'eau qu'ils ne lui aient tous promis, et par écrit, de ne point empêcher ses frères, qui souffrent pour la même cause, de venir le voir et lui apporter de chez eux la nourriture nécessaire; autrement, il proteste qu'ils seront coupables de sa mort, et qu'il écrira à toutes les Églises, afin que tout le monde sache ce que les ariens font souffrir aux catholiques. Après sa souscription, il ajoutait : « Je te conjure, toi qui lis cette lettre, par le Père, le Fils et le Saint-Esprit, de ne la pas supprimer, mais de la faire lire aux autres. »

Les ariens, cédant à une protestation si extraordinaire, renvoyèrent saint Eusèbe à son hospice, après l'avoir laissé quatre jours sans manger. Tout le peuple l'y conduisit avec joie, même à la vue des ariens, et entoura la maison de flambeaux et de lanternes. Le saint recommença de son côté à distribuer aux pauvres les aumônes qu'on lui avait apportées. Mais à peine jouit-il de cette liberté pendant vingt-cinq jours. Au bout de ce terme, les ariens revinrent à son logis, armés de bâtons, avec une multitude de gens perdus; et, ayant rompu la muraille d'une maison voisine, ils se jetèrent sur lui avec violence, l'enlevèrent et l'enfermèrent dans une prison très-étroite, avec un prêtre nommé Tegrin. Ils emmenèrent et enfermèrent aussi les autres prêtres et diacres qui l'accompagnaient, et, trois jours après, ils les envoyèrent en exil en divers lieux de leur autorité privée. Ils mirent dans la prison publique diverses personnes qui étaient venues le voir, et les y tinrent plusieurs jours. Ils y enfermèrent encore ceux qui le servaient, et même des religieuses : puis, revenant à sa maison, ils pillèrent tout ce qu'il avait, soit pour sa subsistance, soit pour celle des confesseurs et des pauvres. Puis, pour apaiser le peuple qui murmurait de ces excès, ils rendirent au saint évêque quelques meubles de peu de conséquence, et retinrent l'argent pour eux. Il semblait que leur dessein fût de le laisser mourir de faim dans la prison; car ils empêchèrent qu'aucun des siens ne lui apportât à manger; et comme il ne voulait rien recevoir d'eux, il demeura six jours sans prendre aucune nourriture. Mais enfin les ariens, pressés par les cris de diverses personnes, laissèrent un des siens approcher, le sixième jour, pour le secourir dans le moment qu'il était près de mourir de défaillance (V. Tillemont, Eusèbe de Verceil et Ceillier).

Plus tranquille dans son exil de Phrygie, saint Hilaire écrivait ses douze livres de la *Trinité*. Le premier à développer ces profonds mystères parmi les Occidentaux, dont le langage à cet égard n'était pas encore fixé, il a quelques locutions singulières, qu'il faut expliquer par tout l'ensemble. Lui-même déplore plus d'une fois l'indigence et l'impropriété du langage humain pour parler de Dieu. Après avoir rappelé l'incohérence et l'incertitude de la philosophie humaine, il fait voir la certitude et l'accord de la philosophie chrétienne, par l'Ancien et le Nouveau Testament. Dans le premier, Dieu lui-même se définit : Je suis Celui qui suis. Dans le second, un pêcheur de Galilée, s'élevant au-dessus de tous les sages, au-dessus même de toutes les créatures, et, pénétrant jusqu'au sein de la divinité, commence ainsi son évangile : Dans le principe était le Verbe, et le Verbe était chez Dieu, et le Verbe était Dieu. Ce que saint Hilaire développe avec sublimité et profondeur. Le but principal de tout l'ouvrage est de prouver, par les deux Testaments, la Trinité et la consubstantialité des personnes divines, et en particulier la divinité de Jésus-Christ, et de réfuter les objections de Sabellius et d'Arius. On y sent cette fontaine d'eaux vives qui jaillissent jusqu'à la vie éternelle. C'est partout comme une plénitude infinie de foi et de vigueur, qui démontre à elle seule que l'Eglise catholique n'était pas près de sa ruine. Quant à l'Ancien Testament, il pose comme une vérité incontestable, que chaque fois que Dieu y apparaît sous une figure humaine aux patriarches et aux prophètes, c'est Dieu le Verbe, qui voulait pour ainsi dire s'essayer lui-même et nous habituer d'avance à l'incarnation réelle. En quoi il est d'accord avec saint Justin, saint Irénée, Origène, Théophile d'Antioche, Clément d'Alexandrie, Tertullien, saint Cyprien, les Pères du concile d'Antioche contre Paul de Samosate, sans compter saint Ambroise, saint Léon et beaucoup d'autres. Les ariens eux-mêmes en convenaient : on le voit par Eusèbe, dans sa *Démonstration évangélique*, et par le concile de Sirmium, contre Photin, où l'on prononce anathème contre qui soutiendrait le contraire. Parmi les modernes, cette tradition a été dignement résumée et continuée par Bossuet. C'est une des vues les plus profondes et les plus lumineuses pour bien saisir l'ensemble et la merveilleuse beauté des deux alliances.

A considérer humainement l'exil des évêques, la puissance des ariens, on aurait pu désespérer de l'Eglise catholique et de la vérité. Saint Hilaire montre, par les hérésies de Sabellius et d'Arius, que l'Eglise triomphe toujours. La force de la vérité est si grande, dit-il, que ses ennemis mêmes l'éclaircissent : inébranlable de sa nature, plus elle est attaquée, plus elle s'affermit. Le propre de l'Eglise est de vaincre quand on la blesse, d'être comprise quand on l'accuse, d'acquérir quand on l'abandonne. Pour elle, elle voudrait que tous demeurassent dans son sein, et qu'elle ne fût point obligée d'en chasser plusieurs qui se rendent indignes d'y habiter. Mais quand les hérétiques en sortent, ou qu'elle les en fait sortir, si elle perd d'un côté l'occasion de leur procurer le salut, elle gagne de l'autre, en faisant voir, par l'exemple des hérétiques eux-mêmes, le bonheur qu'il y a de lui demeurer attaché. L'Eglise établie de Dieu, et fondée par les apôtres, étant une dans sa doctrine, subsiste toujours, et tout ce que l'on peut dire contre, ne sert qu'à l'éclaircir davantage ; d'où il arrive que quand les hérétiques se combattent les uns les autres et même se vainquent, la victoire est toute pour l'Eglise. Car ils se combattent tous sur des erreurs que l'Eglise rejette également. Sabellius, par exemple, voyant clairement dans l'Ecriture la divinité de Jésus-Christ, mais ne sachant pas qu'il est né et distingué du Père, prétend qu'ils ne sont qu'une même personne. Arius, au contraire, convaincu de la distinction réelle du Père et du Fils, mais ne connaissant pas la divinité du Fils, ni l'unité de sa nature avec celle du Père, veut qu'il soit créature. Ainsi Sabellius réfute l'erreur d'Arius sur la divinité du Verbe, et Arius celle de Sabellius sur la distinction des personnes en Dieu ; mais en se vainquant mutuellement, ils sont toujours vaincus sur ce qu'ils ajoutent d'eux-mêmes, et par là leur victoire est pour l'Eglise seule, dont la doctrine, fondée sur celle des Evangiles et des apôtres, fait profession de croire que Jésus-Christ est vrai Dieu (l. 7, n. 4-6).

Les ariens objectaient que le Fils n'était un avec le Père, que comme il lui a demandé que nous fussions un en lui, c'est-à-dire par l'union de volonté et non par l'unité de nature. Saint Hilaire remarque d'abord une différence : Jésus-Christ demande que nous *soyons un*, tandis qu'il dit de lui et de son Père : *Nous sommes un*. En outre, il s'élève à des considérations admirables, pour montrer que l'unité que Jésus-Christ a demandée pour nous avec lui, n'est pas seulement une conformité de vouloir, mais encore une certaine unité ou union de nature. Le Père est dans le Christ, et le Christ est en nous, et nous en lui, réellement, par l'incarnation et par l'eucharistie. Par l'incarnation, le Fils de Dieu s'est vraiment uni notre nature, il a vraiment pris notre chair ; et nous, dans le sacrement du Seigneur, nous prenons vraiment le Verbe chair, suivant sa parole : *Ma chair est vraiment viande, et mon sang est vraiment breuvage. Qui mange ma chair et boit mon sang demeure en moi et moi en lui*. Comment donc ne pas croire qu'il demeure naturellement en nous, lui qui a pris inséparablement la nature de notre chair en se faisant homme, et qui a uni la nature de sa chair à la nature divine pour nous en faire participants dans la communion ? Nous sommes donc une même chose, parce que le Père est dans le Christ, et le Christ en nous (l. 8, n. 13 et seqq.). C'est dans cette union mystérieuse, si profondément ressentie par saint Hilaire, qu'on voit la source divine de cette vie, de cette force toujours renaissante dans l'Eglise catholique.

Cependant l'empereur Constance, qui n'avait pas encore vu Rome, y fit son entrée vers la fin d'avril 357, comme triomphateur de Magnence, vaincu six ans auparavant. Il y parut avec une pompe et une gravité si affectée, qu'il fit paraître plus de vanité que de grandeur, et il admira plus Rome qu'il n'y fut admiré. On remarque, en général, que jamais, en public, il ne se moucha ni ne cracha ni ne tourna le visage d'un côté à l'autre. Seulement, il se baissait quand il traversait les portes, quoiqu'il fût de petite taille et les portes très-élevées. A la suite de l'empereur, se trouvait à Rome Eudoxe, évêque de Germanicie, sur les confins de Cappadoce. Quand on apprit la mort de Léonce d'Antioche, aussitôt Eudoxe demanda la permission de retourner à son Eglise, sous prétexte que sa présence y était nécessaire, mais, dans la réalité, pour s'emparer du siège d'Antioche par le crédit des eunuques du palais, et au nom de l'empereur qui n'en savait rien. Dès qu'il y fut intrus, il y rappela d'Egypte Aëtius et Eunomius, deux ariens déhontés, avec lesquels il enseigna sans détour, que non-seulement le Verbe n'était pas consubstantiel au Père, mais qu'il ne lui était pas même semblable en substance. C'était l'impiété d'Arius dans toute sa crudité. Elle fit horreur à beaucoup d'ariens modérés, qui se séparèrent d'eux (Soc., l. 2, c. 37; Soz., l. 4, c. 12; Theod., l. 2, c. 25). C'est ce qu'on nomma les *demi-ariens*, que les catholiques regardèrent toujours comme des frères, d'avec lesquels ils étaient moins divisés pour le sens que pour l'expression.

A Rome, cependant, le peuple ne respirait que le pape Libère, et ne pouvait supporter Félix. Les principales dames romaines prièrent donc leurs maris de demander à l'empereur le retour du Pape, exilé depuis environ deux ans. Ils répondirent qu'ils craignaient la colère de l'empereur, que peut-être il ne pardonnerait pas à des hommes, qu'il aurait plus d'égard pour elles; que s'il ne leur accordait pas ce qu'elles demandaient, du moins ne leur en arriverait-il aucun mal. Ces dames suivirent le conseil de leurs maris et se présentèrent devant l'empereur, parées avec leur magnificence ordinaire, afin que, jugeant de leur qualité par leurs habits, il eût plus de considération pour elles. Elles le supplièrent donc d'avoir pitié de cette grande ville, privée de son pasteur et exposée aux insultes des loups. Constance répondit que Rome avait un pasteur capable de la gouverner, sans qu'il en fût besoin d'autre: il entendait Félix. Les dames romaines repartirent que personne n'entrait dans l'église quand Félix y était, parce que, encore qu'il gardât la foi de Nicée, il communiquait avec ceux qui la corrompaient. L'empereur leur promit sans doute d'avoir égard à leur demande; car, quelque temps après, il envoya des lettres à Rome qui annonçaient que Libère serait rappelé et gouvernerait l'Eglise en commun avec Félix. Mais quand on lut ces lettres dans le cirque, le peuple s'écria ironiquement: Cela est juste! Comme il y a dans le cirque deux factions distinguées par leurs couleurs, chacune aura sa pasteur. Après s'être ainsi moqués des lettres impériales, ils s'écrièrent tous d'une voix: Un Dieu, un Christ, un évêque! Les choses allèrent encore plus loin. Il y eut à ce sujet des séditions à Rome, et même des meurtres. Ce qui fut cause que l'empereur consentit malgré lui, dit l'historien Socrate, à ce que Libère retournât à Rome, et y reprit son siège (Soc., l. 2, c. 37). L'admirable Libère, dit Théodoret, s'en retourna donc (Theod., l. 4, c. 15). D'autres anciens nous apprennent qu'il rentra dans Rome en vainqueur, que tout le peuple alla au devant de lui plein de joie, et expulsa Félix.

On s'étonnera sans doute que nous ne parlions pas de la chute du pape Libère, chute fameuse, que Bossuet entre autres a prouvée fort au long. Nous savons que, dans sa *Défense de la déclaration gallicane*, Bossuet met tout en œuvre pour établir que le pape Libère est tombé en souscrivant à l'arianisme; mais nous savons aussi, par le témoignage de son secrétaire, que dans une dernière révision de cet ouvrage, Bossuet *raya tout l'endroit qui regarde le pape Libère, comme ne prouvant pas bien ce qu'il veut établir en ce lieu* (*Hist. de Bossuet*, l. 6; *Pièc. just.*, p. 396, édit. de Lebel). Ce que Bossuet a cru devoir rayer de son *Traité de la puissance ecclésiastique*, nous croyons devoir le rayer de l'*Histoire de l'Eglise*; ce que Bossuet, après vingt ans de recherches et de méditations, n'a pu se démontrer à lui-même, nous croyons qu'il ne peut se démontrer par personne. On en peut voir les raisons détaillées dans la dissertation d'un docteur de Paris, publiée peu d'années après la mort de Bossuet; dans une autre plus récente du savant Zacharia; dans le docte Galland de Venise, au tome V de sa *Bibliothèque des anciens Pères*; enfin, et surtout, dans l'histoire critique du pape saint Libère, insérée au 23 septembre des *Acta Sanctorum* (1). Nous avons déjà indiqué quelques-unes de ces raisons plus haut; nous en indiquerons d'autres, à mesure que l'occasion s'en présentera, et nous tâcherons de les résumer à la mort du saint Pape. Nous remarquerons seulement ici, d'après ce que nous venons de voir, que le peuple romain ne put souffrir Félix, parce que, tout en professant la foi de Nicée, il communiquait avec les ariens; que le pape Libère rentra à Rome en vainqueur, que le peuple le reçut en triomphe et chassa Félix. Avec cette conduite du peuple romain, comment supposer que ce même pape Libère venait de se déshonorer publiquement, en condamnant saint Athanase, en souscrivant à l'arianisme, et en adressant aux principaux ariens des lettres de communion, aussi pitoyables pour le style qu'abjectes pour le sentiment?

Il n'en est pas de même d'Osius. Il n'est que trop certain qu'il se démentit à Sirmium, en souscrivant une seconde formule rédigée par les ariens en cette ville, où ils rejettent, non-seulement le terme de consubstantiel, mais encore celui de semblable en substance et de substance même, pour y substituer des expressions qui supposent le Fils d'une autre nature que le Père. Le principal auteur de la nouvelle formule était Potamius, évêque de Lisbonne. Il était d'abord catholique; mais il souhaitait avec passion une terre du domaine: l'empereur lui en fit présent; c'en fut assez pour le gagner à l'arianisme. Jamais cependant il ne jouit de sa terre, ayant été frappé d'une plaie mortelle, comme il allait s'en mettre en possession. Ce fut à son instigation que le centenaire Osius, maltraité et meurtri de coups, déshonora sa longue et sainte carrière. Sa chute fut un deuil pour toute l'Eglise; les ariens en triomphaient. Nous le voyons par un écrit que saint Phébade, évêque d'Agen, fit contre cette seconde formule de Sirmium. Après en avoir montré tout le venin, il conclut: « Je n'ignore pas qu'après que nous avons examiné toutes ces vérités et que nous les avons exposées à la lumière de l'intelligence publique, on nous oppose, comme une puissante machine, le nom

(1) *Dissert. sur le pape Libère*, dans laquelle on fait voir qu'il n'est pas tombé (par l'abbé Corgne); Paris, 1726, in-12; *Fr. Ant. Zachariæ. Dissert. de commentitio Liberii lapsu. In. Thes. théol.*, Ven., 1762, in-4°, t. II. p. 580; Galland, *Bibl. Vet. Pat.*, t. V; *Acta Sanct.*, t. VI, *septemb.*

d'Osius, le plus ancien de tous les évêques et dont la foi a toujours été si sûre ; mais je réponds en peu de mots, que l'on ne peut employer l'autorité d'un homme qui se trompe à présent, où qui s'est toujours trompé. Tout le monde sait quels ont été ses sentiments jusqu'à ce grand âge ; avec quelle fermeté il a reçu la doctrine catholique à Sardique et à Nicée, et condamné les ariens. S'il a maintenant d'autres sentiments, s'il soutient ce qu'il a condamné auparavant, et condamne ce qu'il a soutenu, je le dis encore une fois ; son autorité n'est pas recevable. Car s'il a mal cru pendant près de quatre-vingt-dix ans, je ne croirai pas qu'il croie bien après quatre-vingt-dix ans. Et s'il croit bien maintenant, que doit-on juger de ceux qu'il a baptisés dans la foi qu'il tenait alors, et qui sont sortis du monde ? Que dirait-on de lui-même, s'il fût mort avant cette assemblée ? Donc, comme j'ai dit, le préjugé de son autorité n'a aucune force, parce qu'elle se détruit elle-même. Aussi lisons-nous que la justice du juste ne le sauvera point, s'il tombe une fois dans l'erreur (*Biblioth. Pat.*, t. IV). »

On voit ici le scandale que causa la chute d'Osius, l'avantage qu'en tiraient les ariens et la manière frappante dont y répond saint Phébade. Si Libère était tombé pareillement, le scandale eût été bien plus horrible, les ariens en eussent bien plus triomphé ; saint Phébade eût été bien plus pressé d'y répondre. Le silence, de part et d'autre, est une preuve qu'il n'en fut rien.

On objectera que saint Athanase parle de la chute de Libère, et dans son *Apologie contre les ariens*, et dans son *Histoire des ariens* adressée aux solitaires ; mais tout le monde convient que l'Apologie a été écrite au plus tard en 350, c'est-à-dire deux ans avant que Libère fût pape. L'endroit où il y est parlé de sa chute est donc évidemment une addition postérieure, faite par une main étrangère et malhabile ; car bien loin de donner de la force à l'Apologie, elle la rend inepte et ridicule. L'*Histoire des ariens* a été également écrite avant l'époque où l'on suppose la chute de Libère, ou du moins avant l'époque où saint Athanase ait pu l'apprendre, non plus que celle d'Osius ; car il y est parlé plusieurs fois de Léonce d'Antioche comme encore vivant. Et nous avons vu qu'on apprit sa mort à Rome, à l'époque où les dames romaines y supplièrent Constance d'accorder le retour du Pape, qui certainement alors n'avait pas encore prévariqué. Le passage où il est parlé de sa chute est donc encore une addition faite après coup, et qui ne jure pas moins avec ce qui précède qu'avec ce qui suit (*Acta Sanct. de S. Liberio*, 23 sept., § 8). Mais par qui ces interpolations ont-elles pu se faire ? Nous avons vu que dès son vivant les ariens supposèrent une lettre de saint Athanase à Constance. Ce qu'ils ont pu pendant sa vie, ils l'ont pu encore plus aisément après sa mort. N'ont-ils pas fait passer leur conciliabule de Philippopolis pour le concile de Sardique, au point que saint Augustin lui-même y a été trompé ? Les donatistes n'ont-ils pas fabriqué, sur le compte du pape saint Marcellin, l'histoire d'une chute semblable, qui a trouvé crédit longtemps, mais dont tous les critiques reconnaissent aujourd'hui la fausseté ? D'ailleurs les ariens n'étaient pas les seuls ennemis de Libère : les lucifériens schismatiques ne chercheront pas moins à le calomnier. On voit poindre pour ainsi dire les premiers nuages de la calomnie dans ce que dit Rufin environ cinquante ans après l'époque. « Libère, évêque de Rome, était rentré du vivant de Constance ; mais je ne sais au juste si l'empereur le lui accorda ou parce qu'il avait consenti à souscrire, ou pour faire plaisir au peuple romain qui l'en avait prié à son départ (Rufin, *Hist. eccl.*, l. 8, c. 27). »

Rufin était prêtre d'Aquilée ; il avait pu connaître Libère dans sa jeunesse ; il avait certainement connu Fortunatien, évêque d'Aquilée, à qui l'on attribue la chute de Libère. Et cependant Rufin ne sait ce qu'il en est : c'est que la calomnie commençait seulement à se répandre ; car si Libère avait réellement souscrit une formule arienne, s'il avait réellement écrit les pitoyables lettres de défection qu'on lui suppose, les ariens, qui étaient tout-puissants, ne les auraient laissé ignorer à personne. Il eût été impossible à Rufin de conserver aucun doute à cet égard.

Cependant Eudoxe d'Antioche ayant assemblé un concile, proposa de rétablir Aëtius dans le diaconat, mais il ne put l'obtenir, tant était grande la haine qu'on avait pour cet arien forcené. A ce concile assistait Acace de Césarée, qui venait de déposer et de chasser saint Cyrille de Jérusalem : Acace et Eudoxe pensaient de même. Ils condamnèrent également le mot de *semblable en substance* et de *consubstantiel*, sous prétexte que les évêques d'Occident l'avaient ainsi décidé. C'était la seconde formule de Sirmium, qu'Osius avait souscrite, ce dont Eudoxe et ses partisans ne manquaient pas de se prévaloir. Ils écrivirent même une lettre de remercîment à Ursace et à Valens, pour les féliciter d'avoir ramené les Occidentaux aux bons sentiments. Mais, peu après, les ariens modérés tinrent un concile à Ancyre, où ils anathématisèrent ceux qui niaient que le Fils fût semblable au Père en substance, et envoyèrent aux Eglises une profession de foi catholique, si ce n'est qu'ils y rejetaient le terme de *consubstantiel*. Ils firent plus. Leurs députés, Basile d'Ancyre, Eustathe de Sébaste, Eleusius de Cyzique, allèrent trouver l'empereur à Sirmium, et lui présentèrent leur profession de foi, mais après en avoir retranché l'article qui condamnait le terme de *consubstantiel* ou *d'homoousios*.

En arrivant à la cour, ils trouvèrent un prêtre d'Antioche nommé Asphale, très-ardent sectateur d'Aëtius, qui, ayant fait les affaires qui l'avaient amené, s'en retournait avec des lettres de l'empereur en faveur d'Eudoxe, et était prêt à partir. Mais Basile, ayant fait connaître à l'empereur le venin de cette hérésie, lui persuada de condamner Eudoxe, de retirer d'Asphale la lettre qu'il lui avait donnée, et d'en écrire une autre toute contraire à l'Eglise d'Antioche, par laquelle il condamnait Eudoxe et disait qu'il ne l'avait pas envoyé. Il y traite Aëtius de sophiste et de charlatan pernicieux ; il recommande aux fidèles de l'éviter aussi bien qu'Eudoxe ; défendant à tous les deux d'assister aux assemblées ecclésiastiques, et les menaçant de plus grandes peines s'ils ne se corrigent. Cette lettre est une des preuves les plus sensibles de l'inconstance et de la légèreté de Constance. Ce ne fut pas tout. Il y eut un nouveau concile à Sirmium. Basile d'Ancyre et les autres demi-ariens y dominèrent. On y condamna la seconde formule, souscrite par Osius, où le *consubstantiel* et le *semblable en substance* étaient également rejetés.

Valens et Ursace l'abandonnèrent eux-mêmes, et dirent qu'ils avaient voulu supprimer l'une et l'autre expression, croyant que c'était la même chose. Belle excuse pour des évêques, que l'ignorance, après tant d'années de disputes! Le vrai motif était encore plus honteux. L'empereur ayant changé d'opinion, ils en changeaient avec l'empereur, sauf à lui en faire changer à leur tour: ce qui ne tarda guère. En attendant, Eudoxe eut ordre de sortir d'Antioche et se retira en Arménie, son pays natal; Aétius et Eunomius furent relégués en Phrygie, et soixante-dix autres ailleurs. Ainsi, le parti des anoméens ou de ceux qui disaient le Fils dissemblable au Père, paraissait entièrement dissipé (Soz., l. 4, c. 12 et 13; Theod., l. 2, c. 25; Hil., *De Syn.*).

Ce qui avait excité contre eux le zèle des ariens modérés, c'était l'exemple des évêques de Gaule. On avait appris en Orient que, demeurant inébranlables dans la foi, ils avaient rejeté la seconde formule de Sirmium, non-seulement en ne la recevant pas, mais en la condamnant dès qu'elle vint à leur connaissance. Les Orientaux eurent quelque honte d'avoir jusque-là fomenté l'hérésie, et telle fut la première impulsion qui leur fit condamner les anoméens. Constance voulut, de plus, en faire prononcer la condamnation par un concile universel. Il l'indiqua d'abord à Nicée. Mais on l'en dissuada; le souvenir du grand concile faisait peur aux ariens de toute espèce. Il désigna donc Nicomédie. Déjà quelques évêques y étaient arrivés, d'autres s'y rendaient de toutes parts, lorsque le 24 août de cette année 358, un tremblement de terre se fit sentir à cent cinquante villes du Pont, de l'Asie et même de la Macédoine. Nicomédie fut renversée de fond en comble. Deux évêques y périrent. Le tremblement ne dura que deux heures, mais il fut suivi d'un embrasement de cinquante jours; car le feu des fourneaux, des cuisines et des bains, des forges et autres lieux semblables, se communiquant, dans le renversement des maisons, aux toits et aux autres matières combustibles, gagna partout et ne fit qu'un grand bûcher de toute la ville. Ce désastre obligea d'indiquer le concile ailleurs, et on fut assez longtemps pour se décider où.

Dans l'intervalle, saint Hilaire ayant enfin reçu des lettres, et des lettres consolantes, des évêques de Gaule, de Germanie et de Bretagne, leur écrivit son livre *Des Synodes*, pour leur faire connaître, comme ils l'avaient demandé, la foi des Orientaux, et les préparer ainsi au concile qui devait se tenir. Le livre peut se diviser en trois parties. Dans la première, il félicite les évêques de la Gaule de la fermeté avec laquelle ils ont conservé la foi entière, rejeté la communion de Saturnin et de ses complices, et condamné la seconde formule de Sirmium, souscrite par le malheureux Osius; il leur apprend que leur exemple a excité les Orientaux à faire comme eux. Ensuite il rapporte, quoique à regret, le blasphème de Sirmium, c'est-à-dire cette seconde formule, afin qu'on puisse mieux comprendre les anathèmes du concile d'Ancyre, qu'il rapporte et explique de suite. Il joint à ces anathèmes trois formules de foi antérieures: celle d'Antioche, en 341; celle du faux concile de Sardique ou de Philippopolis, en 347, et celle de Sirmium contre Photin, en 351, avec les vingt-sept anathèmes, parce que les Pères d'Ancyre avaient témoigné dans leur lettre synodale les

recevoir toutes. Saint Hilaire tâche d'excuser cette multiplicité de formules; mais il loue en même temps le bonheur des Eglises des Gaules qui, s'arrêtant à la foi qu'elles avaient reçue des apôtres, n'avaient aucune formule de foi écrite sur le papier, mais seulement dans leur cœur. Dans la seconde partie, il traite des termes de *consubstantiel* et de *semblable en substance*. Il marque d'abord l'abus qu'on peut faire du premier en l'employant dans le sens de Sabellius, pour signifier que le Père et le Fils ne sont qu'une même personne, à qui l'on donne deux noms; ou en entendant par ce terme que le Fils est une partie de la substance du Père; ou enfin en s'en servant pour marquer une substance antérieure au Père et au Fils, et communiquée à tous deux. Il dit ensuite qu'il faut user de ce terme avec précaution, et ne pas le regarder comme tellement essentiel, qu'on ne puisse parler d'une manière catholique sans l'employer. On peut, dit-il, le recevoir avec piété et le supprimer avec piété. Quant au terme de *semblable en substance*, il dit qu'en le prenant dans le sens catholique, il signifie *égalité*, en sorte que le Fils soit égal en tout à son Père. Ce qu'il prouve par l'Ecriture. Dans la troisième partie, il s'adresse aux députés que le concile d'Ancyre avait envoyés vers l'empereur Constance. Il les loue de s'être opposés à l'impiété de Sirmium, et d'avoir obligé ceux qui en étaient les auteurs à se rétracter. A la fin, il s'applique avec beaucoup de charité et d'insinuation à lever tous les scrupules qu'ils avaient sur le terme de *consubstantiel*, et, rapportant le Symbole de Nicée, il montre que ce terme n'y est employé que pour condamner les vrais ariens, qui voulaient que le Fils fût une simple créature, et pour montrer qu'il est produit de la substance même du Père; qu'il ne faut pas supprimer une bonne expression à cause du mauvais sens qu'elle peut avoir, autrement il faudrait supprimer les divines Ecritures mêmes, puisque les hérétiques en abusent. Il les presse, en les appelant ses frères, de ne pas rendre suspect leur *homoiousios*, en rejetant l'*homoousios*, et de ne pas s'arrêter aux mots, puisqu'ils conviennent de la chose. Il ajoute ces paroles remarquables: Je prends à témoin le Seigneur du ciel et de la terre que, sans avoir ouï ni l'un ni l'autre, j'ai toujours cru l'un et l'autre; que, par l'*homoiousios*, il fallait entendre l'*homoousios*; que rien ne pouvait être semblable selon la nature, qui ne fût de même nature. Baptisé depuis longtemps, depuis quelque temps évêque, je n'ai ouï parler de la foi de Nicée que sur le point de mon exil; mais les Evangiles et les écrits des apôtres m'avaient donné l'intelligence de ces termes. Il les prie à la fin, en les appelant deux fois ses bien-aimés frères, de se souvenir de son exil dans leurs saintes oraisons, et les exhorte à conserver toujours leur foi inviolable et sans tache comme ils avaient fait jusqu'alors.

On peut faire là-dessus une remarque bien importante. Ceux des Orientaux que nous appelons demi-ariens, saint Hilaire assure plus d'une fois qu'ils ne sont pas ariens; il les appelle ses bien-aimés frères, et de très-saints personnages; quoiqu'ils lui laissent encore à désirer quelque chose, il est en communion de prières et de charité avec eux. Saint Athanase pensait à cet égard comme saint Hilaire. Il écrit qu'il faut agir avec Basile d'Ancyre et ses semblables, non pas comme avec des ennemis, mais comme avec des personnes qui n'étaient pas éloignées de recevoir le mot de *consubstantiel*. Nous ne les combattons pas, dit-il, comme des ariens et des ennemis des Pères; mais nous discutons avec eux comme des frères avec des frères, d'accord avec nous pour le sens, en débat pour le nom seul (Athan., *De Synod.*, n. 41, p. 755, édit. Bénéd.).

Une autre observation non moins importante, c'est qu'en discutant ainsi les diverses formules de foi des Orientaux, saint Hilaire parle bien de la chute d'Osius, qui avait souscrit la seconde de Sirmium, la seule que le saint condamne; mais il ne dit pas un mot du pape Libère. Nouvelle preuve que ce Pape n'avait rien signé, ou du moins rien d'absolument condamnable. Par conséquent, les fragments attribués au saint évêque de Poitiers, dans lesquels on lui fait dire anathème à Libère, et cela dans un temps où, après le concile de Rimini, nous verrons ce Pape soutenir la foi catholique avec beaucoup de courage; ces fragments sont évidemment supposés.

Cependant, à la persuasion de Basile d'Ancyre, Constance avait ordonné que les évêques s'assembleraient à Nicée pour le commencement de l'été 359. Entre autres choses, il avait réglé que dix députés d'Occident et dix d'Orient, choisis par le concile, viendraient à la cour lui faire le rapport de ce qui aurait été résolu, afin qu'il vît lui-même s'il était conforme aux saintes Ecritures, et qu'il pût décider ce qu'ils auraient à faire pour le mieux. Il se faisait ainsi le juge du concile universel et l'arbitre de la foi. Avec des prétentions exorbitantes de gouverner tout ensemble et l'empire et l'Eglise, il ne savait pas se gouverner lui-même, mais était le ridicule jouet de ses eunuques et de ses flatteurs. A peine avait-il décidé que, pour condamner les anoméens sans retour, il y aurait un concile universel, et que ce concile se tiendrait à Nicée, quand ces mêmes anoméens, par le crédit des eunuques, le tournèrent comme une girouette et lui firent décréter qu'il y aurait deux conciles au lieu d'un, et qu'aucun des deux ne se tiendrait dans la ville désignée. C'est que les anoméens voyaient leur condamnation inévitable, si tous les évêques s'assemblaient en un seul concile, parce que tous seraient, ou pour la foi de Nicée et le *consubstantiel*, ou pour la formule de la dédicace d'Antioche, qui contenait aussi le nom de *substance*. D'ailleurs, il était plus facile de diviser les esprits des évêques séparés, et de faire de loin de faux rapports d'un concile à l'autre. Du moins ils espéraient que, s'ils ne gagnaient pas les deux conciles, ils en gagneraient un; et que, s'ils étaient condamnés par l'un, ils ne le seraient pas par l'autre: tels étaient les motifs véritables. Quant à l'empereur, on lui fit accroire que c'était pour lui épargner la dépense, et aux évêques la fatigue d'un long voyage.

La vanité sacrilège de Constance et l'adulation idolâtrique des évêques de cour se montrèrent surtout dans une profession de foi. L'empereur et ses évêques délibéraient à Sirmium sur les lieux où s'assembleraient les deux conciles. Rimini fut désigné pour l'Occident. Quant à l'Orient, on proposa Tarse en Cilicie, et Ancyre en Galatie; mais les évêques de ces deux villes n'étaient point favorables aux anoméens. On se décida donc pour Séleucie en Isaurie. Alors Valens de Murse et ses partisans, c'est-à-dire les anoméens, firent présenter et signer une nouvelle formule de foi, avec ce titre étrange: « A été exposée la foi catholique en présence de notre seigneur, le très-pieux et victorieux empereur Constance, auguste, éternel, vénérable, sous le consulat de Flavius, Eusèbe et d'Hypatius, à Sirmium, le 11 des calendes de juin, » c'est-à-dire le 22 mai 359. Ainsi un empereur chrétien recevait, et des évêques chrétiens lui donnaient, dans une profession de foi, la qualité d'*éternel*, qu'ils y refusaient au Fils de Dieu. Qu'on juge par là du caractère et de la tendance de l'arianisme. Ce nouveau symbole, daté du jour de l'an, comme une chose qui commence et qui est sujette au temps, devait servir de règle dans les deux conciles. Le nom de l'empereur mis en tête avec son titre d'*éternel*, devait terrifier les opposants. Pour mieux préparer la voie aux anoméens, on y rejette le nom de *substance* ou plutôt essence, *ousia*, même après l'avoir employé. Car on y dit entre autres: Nous croyons aussi en un seul Fils unique de Dieu, engendré de Dieu d'une manière impassible, avant tous les siècles, avant tout commencement, avant tous les temps qui se puissent penser et avant toute substance imaginable; seul du Père seul, Dieu de Dieu. Cependant on conclut par rejeter le mot de substance nommément, comme inconnu au peuple et occasion de scandale, et comme ne se trouvant pas dans les Ecritures; enfin l'on ordonne de ne plus en faire mention en parlant de Dieu à l'avenir. La formule finissait par ces mots: Nous disons que le Fils est semblable au Père en tout, ainsi que les saintes Ecritures le disent et l'enseignent. Les évêques qui se trouvaient à la cour souscrivirent.

Mais il y eut deux signatures singulières. Celle de Valens, en ces termes: « Les assistants savent comment nous avons souscrit ceci la veille de la Pentecôte, et notre pieux empereur le sait, lui à qui j'en ai rendu témoignage de vive voix et par écrit. » Ensuite, il mit la souscription ordinaire avec cette clause: « Que le Fils est semblable au Père, sans dire, *en tout*; mais l'empereur le contraignit de l'ajouter. Au contraire, Basile d'Ancyre, se doutant du mauvais sens que l'on pouvait donner à cette formule, souscrivit ainsi: « Moi, Basile, évêque d'Ancyre, je crois comme il est écrit ci-dessus, que le Fils est semblable au Père en tout; c'est-à-dire, non-seulement quant à la volonté, mais quant à l'hypostase, la substance (ὕπαρξιν) et l'être, comme étant le Fils selon l'Ecriture: esprit d'esprit, vie de vie, lumière de lumière, Dieu de Dieu, en un mot, Fils en tout semblable au Père. Et si quelqu'un dit qu'il soit semblable seulement en quelque chose, je le tiens séparé de l'Eglise catholique, comme ne tenant pas le Fils semblable au Père, suivant les Ecritures (Epiph., *Hæres.*, 73, n. 22). On peut remarquer ici que Basile, n'osant employer le mot d'essence, *ousia*, que l'on était convenu de supprimer dans cette formule, emploie tous les mots approchants et équivalents, parce qu'il croyait, en effet, le Fils semblable en essence. Cette formule, ainsi souscrite, fut remise entre les mains de Valens, qui la porta au concile de Rimini.

Ce concile s'assembla au mois de juin, celui de Séleucie au mois de septembre de la même année 359. La convocation de l'un et de l'autre était absolument irrégulière, surtout si on veut les considérer comme un concile général. Nous avons vu, par le témoignage des historiens Socrate et Sozomène, et par les lettres du pape saint Jules, que dès lors c'était une ancienne règle dans l'Eglise, qu'on n'y fît ni concile ni canon sans le consentement de l'évêque de Rome. Or, les conciles de Rimini et de Séleucie furent convoqués, non par le Pape, mais par un homme qui n'était encore chrétien ni de fait ni de droit, puisqu'il n'était pas encore baptisé. C'est un catéchumène qui non-seulement les convoque, mais qui prescrit à chacun de quoi il s'occupera ou non, et qui envoie le préfet Taurus à Rimini et deux autres commissaires à Séleucie pour y faire exécuter ses volontés de force. Le pape Libère n'a aucune part ni à la convocation ni à la célébration, il n'y est pas même appelé. Lui-même nous l'apprend dans sa lettre aux Orientaux, où il représente le concile de Rimini comme une cabale formée par la faction arienne. Voici ses paroles : « Quoique les ariens, ces hommes impies et scélérats, soient venus à bout d'engager les évêques d'Occident à s'assembler à Rimini, à dessein de les porter, par des discours trompeurs, ou plutôt de les forcer, par l'autorité de l'empereur, ou à retrancher un terme qui avait été mis avec beaucoup de sagesse dans la profession de foi, ou à la condamner absolument, cet artifice n'a servi de rien (Coust., *Liber.*, epist. 15, n. 3). » Le successeur de Libère, le pape saint Damase, dira également : « Le nombre de ceux qui se sont trouvés à Rimini ne peut faire aucun préjudice à la bonne doctrine, parce qu'ils s'y sont assemblés sans la participation de l'évêque de Rome, qu'il fallait plutôt consulter que nul autre; sans la participation de Vincent (de Capoue), qui a joui de la dignité épiscopale durant tant d'années, et sans celle de plusieurs autres qui étaient de même sentiment que ceux-ci (Dam., *epist.* 3, n. 1).

Les paroles de ces deux Papes donnent à réfléchir. Si la chute de Libère eût été réelle, si réellement il avait souscrit à une formule arienne, condamné saint Athanase et adressé aux chefs de l'arianisme les lettres abjectes qu'on lui impute, pourquoi les ariens, tout-puissants, au lieu de le tenir éloigné de Rimini, ne l'ont-ils pas forcé d'y venir? Dira-t-on qu'il s'était rétracté? mais pas un ancien ne dit mot de cette rétractation; mais cela fût-il, un homme qui avait faibli une première fois pouvait encore faiblir une seconde. Non, la conduite des ariens à son égard est une preuve qu'ils voyaient en lui, non pas un complice, mais un redoutable adversaire. Ils ne l'appellent pas plus que Lucifer de Cagliari, saint Eusèbe de Verceil et ses compagnons, saint Athanase et les cinquante évêques exilés d'Egypte; autre irrégularité à un concile général, où doivent être invités tous les évêques catholiques.

Malgré tout cela, tant que le concile de Rimini fut libre, c'est-à-dire tant qu'il fut concile, car la liberté en est une condition essentielle, il soutint hautement la vraie foi. Il s'y trouva des évêques d'Illyrie, d'Italie, d'Afrique, d'Espagne, des Gaules, de la Grande-Bretagne. Leur nombre montait à plus de quatre cents, parmi lesquels les ariens ne comptaient qu'environ quatre-vingts. Les catholiques s'assemblèrent dans l'Eglise, les ariens dans un autre lieu que l'on avait laissé vacant exprès, et dont ils firent leur oratoire; car on ne priait plus ensemble. Quand on commença à traiter de la foi, tous les autres évêques ne se fondaient que sur les saintes Ecritures; mais Ursace, Valens et les autres chefs des ariens se présentèrent avec un papier dont ils lurent la date, demandant qu'on ne parlât pas d'autre écrit sur la foi ni d'autre concile, et soutenant qu'il ne leur fallait rien demander davantage ni examiner leurs sentiments, mais se contenter de ce seul écrit. C'était la dernière formule de Sirmium, dressée le 22 mai de cette année 359, où, rejetant les mots de *substance* et de *consubstantiel*, on disait seulement que le Fils est semblable au Père en toutes choses.

Les évêques catholiques répondirent qu'ils n'avaient pas besoin de nouvelle formule, et proposèrent de condamner nettement la doctrine d'Arius. Tous s'y accordèrent, excepté Ursace, Valens et les autres de leur faction : ainsi leur artifice fut découvert. Nous ne sommes pas assemblés, disaient les évêques catholiques, pour apprendre ce que nous devons croire, nous l'avons appris de ceux qui nous ont catéchisés et baptisés, qui nous ont ordonnés évêques, de nos pères, des martyrs et des confesseurs, à qui nous avons succédé; tant de saints qui se sont assemblés à Nicée, et dont plusieurs vivent encore : nous ne voulons point d'autre foi, et nous ne sommes venus ici que pour retrancher les nouveautés qui y sont contraires. Que veut dire cette formule datée de l'année et du jour du mois? en a-t-on jamais vu de semblable? N'y avait-il point de chrétiens avant cette date? et tant de saints qui, avant ce jour, se sont endormis au Seigneur, ou qui ont donné leur sang pour la foi, ne savaient-ils ce qu'ils devaient croire? C'est plutôt une preuve que vous laissez à la postérité de la nouveauté de votre doctrine. Les ariens voulaient soutenir leur date par l'exemple des prophètes; mais on leur répondait que les prophètes ne venaient pas poser les fondements de la religion ni enseigner une foi nouvelle : ils annonçaient seulement les promesses de Dieu, principalement touchant le Messie, et ensuite sur ce qui devait arriver aux Israélites et aux autres nations : ainsi l'observation des temps était nécessaire pour montrer quand ils avaient vécu et quand ils avaient prédit les choses futures. L'Eglise a bien accoutumé de dater les actes des conciles et les règlements pour les affaires sujettes aux changements, mais non pas les confessions de foi, où elle ne fait que déclarer ce qu'elle a toujours cru. On trouvait encore absurde, dans cette formule datée, le titre d'*éternel* que l'on donnait à l'empereur, en même temps qu'on le refusait au Fils de Dieu.

Le concile fit lire les professions de foi des autres sectes et celle du concile de Nicée; il s'en tint à cette dernière, rejeta toutes les autres, et fit un décret en ce sens, auquel souscrivirent tous les évêques catholiques sans en excepter un seul. Le décret finissait par dix anathèmes contre les erreurs d'Arius, de Photin et de Sabellius. Comme Valens, Ursace et les autres ariens ne voulaient point y consentir, les évêques catholiques les jugèrent ignorants, malicieux et hérétiques, et, comme tels, les condamnèrent et les déposèrent par un acte que nous avons encore. Tel fut le concile de Rimini, tant qu'il fut libre, c'est-à-dire tant qu'il fut concile. Il envoya dix députés à l'empereur, avec des lettres, pour l'informer de tout ce qui s'était passé, et lui demander la permission de retourner chacun dans son diocèse (Labbe, t. II).

Le concile de Séleucie se termina à peu près de la même manière. Il y vint environ 160 évêques : 19 anoméens, 105 pour le *semblable en substance*, les autres, qui étaient tous d'Egypte, pour le *consubstantiel*. Telle est la porportion que nous constate un témoin oculaire, saint Hilaire de Poitiers (*Contra Const.*, n. 12). Quoiqu'il n'y eût point d'ordre particulier pour lui, la Providence voulut que le gouverneur de la province l'obligeât d'y aller et lui fournît la voiture. Etant arrivé à Séleucie, il fut reçu très-favorablement, et attira la curiosité de tout le monde. On lui demanda d'abord la créance des Gaulois; car les ariens les avaient rendus suspects de ne reconnaître la Trinité que dans les noms, comme Sabellius. Il expliqua sa foi, conforme au symbole de Nicée, et rendit témoignage aux Occidentaux, qu'ils tenaient la même créance. Ayant ainsi levé tous les soupçons, il fut admis à la communion des évêques et reçu dans le concile.

Deux commissaires de l'empereur y assistaient. L'un devait en être le modérateur; l'autre, commandant des troupes, devait lui prêter main-forte en cas de besoin. Plusieurs séances se passèrent à disputer par où l'on commencerait, par la foi ou par les personnes; car il y avait des évêques, entre autres saint Cyrille de Jérusalem, qui se plaignaient d'avoir été injustement déposés. La variété des ordres de l'empereur échauffait la dispute, car on représentait ses lettres, qui tantôt portaient que l'on commençât par l'un, tantôt par l'autre. Cette contestation en vint jusqu'à une division déclarée, qui sépara en deux le concile de Séleucie, d'un côté les anoméens, ayant à leur tête Acace de Césarée, de l'autre, ceux qui admettaient soit le *consubstantiel*, soit le *semblable en substance*.

On s'accorda enfin à commencer par la question de la foi. Les acaciens, c'est-à-dire les anoméens, rejetaient ouvertement le Symbole de Nicée et faisaient entendre qu'il fallait dresser une nouvelle formule. Mais ceux qui reconnaissaient le Fils semblable au Père en substance, et qui étaient le plus grand nombre, recevaient le Symbole de Nicée en tout le reste, trouvant seulement à redire au terme de *consubstantiel*. Ils étaient de ceux que saint Hilaire et saint Athanase regardaient comme des frères, avec lesquels on était d'accord pour le fond, et en dispute seulement pour un mot. Les anoméens ne voulaient pas qu'on parlât de substance, et prenaient pour règle la formule composée à Sirmium le 22 mai. Ils n'avançaient que des propositions impies, disant que rien ne pouvait être semblable à la substance de Dieu, qu'il ne pouvait y avoir en Dieu de génération; que Jésus-Christ était une créature, dont la création était traitée de génération divine; qu'il était tiré du néant, et, par conséquent, ni Fils de Dieu ni semblable à Dieu. On lut publiquement les paroles suivantes, tirées d'un sermon prononcé à Antioche par l'évêque Eudoxe : « Dieu était ce qu'il est : il n'était point père, parce qu'il n'avait point de fils; car s'il avait un fils, il faudrait aussi qu'il eût une femme; » et le reste qu'on peut voir dans saint Hilaire; car c'est lui qui rapporte avec horreur ces blasphèmes, qu'il avait ouïs de ses oreilles. Aussi s'éleva-t-il un grand tumulte dans l'assemblée à cette lecture. Après que la dispute eut duré jusqu'au soir, Silvain de Tarse s'écria à haute voix qu'il ne fallait point faire de nouvelle exposition de foi, mais s'en tenir à celle du concile d'Antioche de la Dédicace. Quand il eut dit cela, les acaciens se retirèrent; ceux de l'autre parti rapportèrent la formule d'Antioche : elle fut lue, et ainsi se termina la première session du concile. Le lendemain, s'étant assemblés dans l'église de Séleucie et en ayant fermé les portes, ils confirmèrent par leurs souscriptions la formule qui avait été lue. A la place de quelques absents, souscrivirent des lecteurs et des diacres, auxquels ils en avaient donné pouvoir.

Cependant Acace et ses partisans se plaignirent de ce procédé, et présentèrent une nouvelle formule. Quelques séances encore se passèrent en disputes et en récriminations : ceux qui tenaient pour le *semblable en substance*, disaient qu'il ne fallait pas de nouvelle formule après celle d'Antioche; les anoméens répliquaient que, puisqu'on avait une fois changé le Symbole de Nicée, et plusieurs fois ensuite, rien n'empêchait d'en faire encore de même. La réplique était juste et donnait à conclure aux autres que, pour être conséquents, ils devaient s'en tenir purement et simplement au Symbole de Nicée. C'est ce qu'ils feront en effet plus tard. Enfin les anoméens, après plusieurs séances orageuses où ils professèrent leur hérésie dans toute sa crudité, refusèrent de venir davantage au concile. Les commissaires de l'empereur, bien loin de les y contraindre, les soutenaient dans leur opposition. Alors le concile, après plusieurs citations et plusieurs délais, procéda contre eux. Neuf furent déposés, parmi lesquels Acace de Césarée, Georges d'Alexandrie, Eudoxe d'Antioche, et Patrophile de Scythopolis; huit autres furent privés de la communion, jusqu'à ce qu'ils se fussent justifiés des crimes dont on les accusait. Le concile rétablit saint Cyrille à Jérusalem, et ordonna, pour Antioche, à la place d'Eudoxe, Anien, prêtre de la même église. Mais les acaciens s'étant saisis de sa personne, le livrèrent aux commissaires de l'empereur, qui le condamnèrent à l'exil. Les Pères du concile protestèrent en vain contre cet abus de la force, et puis se séparèrent (Hil., *Contra Const.*; Athan., *De Synod.*).

Telle fut la fin du concile de Séleucie. Il nous présente, ainsi que celui de Rimini, des faits importants pour apprécier le nombre respectif des ariens et de ceux qui ne l'étaient pas. Comme les premiers avaient la faveur du prince et qu'ils étaient le sujet de ces réunions, ils durent naturellement s'y rendre en plus grand nombre possible. Cependant, à Séleucie, ils ne sont que dix-neuf sur environ cent soixante, ce qui ne fait qu'un sur sept : à Rimini, environ quatre-vingts sur plus de quatre cents, ce qui ne fait qu'un sur cinq : en tout une centaine sur plus de cinq cent soixante, ce qui ne fait pas deux sur onze. Que si leur minorité a été si faible dans les deux conciles, où ils avaient toutes les raisons de se trouver en plus grand nombre, combien cette minorité ne dut-elle pas être imperceptible parmi les milliers qu'il y avait alors dans l'empire romain et au dehors? Le bruit qu'ils feront sera l'effet, non pas de leur multitude, mais de leur ruse, de leur audace et de leur violence. La preuve n'en est pas loin.

Le concile de Rimini avait envoyé dix députés à l'empereur. C'étaient des jeunes gens sans expérience; à leur tête était Restitut de Carthage. Ils avaient ordre de ne communiquer en aucune manière avec les ariens, et de n'entrer en aucun traité, mais de renvoyer tout au concile; on avait cru sans doute remédier ainsi à leur peu de capacité. Les ariens, au contraire, envoyèrent dix vieillards habiles et rusés, qui, ayant fait diligence, arrivèrent les premiers auprès de l'empereur, et le prévinrent aisément contre le concile, en lui lisant la formule qu'ils y avaient présentée. Car, comme elle avait été composée à Sirmium, en sa présence, il trouva mauvais qu'elle n'eût pas été reçue à Rimini. Il traita les ariens avec beaucoup d'honneur et de bienveillance, et ne témoigna que du mépris pour les catholiques. On prit leurs lettres sans leur donner d'audience. On les fatigua par un long séjour à la suite de la cour. Dans l'intervalle, l'empereur écrivit au concile une lettre assez froide, s'excusant sur la guerre des Perses, de ce qu'il n'avait pu entendre les députés, auxquels il avait recommandé d'attendre sa réponse à Andrinople. Jusque-là on ne devait rien terminer. Le concile répondit à cette lettre en protestant de nouveau qu'ils ne se départiraient jamais de ce que leurs pères avaient décidé touchant la foi, et le suppliant encore de les renvoyer à leurs églises avant l'hiver. Cependant les députés, circonvenus par les artifices des ariens, intimidés par les menaces de l'empereur, souscrivirent près d'Andrinople une formule de foi semblable à celle de Sirmium, qui avait été rejetée à Rimini, et encore pire, en ce qu'elle disait que *le Fils est semblable au Père, selon les Écritures*, sans ajouter *en toutes choses*. Le lieu où se fit cet accord entre les députés des deux partis, était une petite ville où l'on avait conduit les députés catholiques malgré eux. Il y avait encore en ceci une ruse des ariens : la petite ville s'appelait Nicée; ils voulurent faire passer leur nouvelle formule pour la profession de foi de Nicée en Bithynie, et tromper les simples par cette confusion de nom.

Les députés eurent alors la liberté de retourner à Rimini, et l'empereur manda en même temps au préfet Taurus de ne point souffrir que le concile se séparât, jusqu'à ce que tous les évêques eussent souscrit cette formule de Nicée en Thrace, et d'envoyer en exil les plus opiniâtres, pourvu qu'ils ne fussent pas plus de quinze. Il écrivit aussi aux évêques pour leur enjoindre de supprimer les mots de *substance* et de *consubstantiel*. Ursace et Valens, chefs de la députation arienne, revinrent donc à Rimini victorieux; leur parti prit le dessus et s'empara de l'église, dont il chassa les catholiques. Ensuite, répondant à la lettre de l'empereur, il lui en écrivit une de l'adulation la plus abjecte. Ces indignes évêques rendent à Dieu les plus grandes actions de grâces, et se félicitent eux-mêmes, comme d'un bonheur incomparable, d'avoir été éclairés par les pieuses lettres de l'empereur, et d'avoir été ainsi assurés qu'il ne fallait plus parler de *substance* ni de *consubstantiel*; ils le supplient, en conséquence, de les renvoyer à leurs églises, et de ne pas les retenir plus longtemps avec ceux qui sont infectés d'une doctrine perverse. Ils entendaient par là les évêques catholiques. Ceux-ci refusèrent d'abord de communiquer avec leurs députés après leur retour, quoiqu'ils s'excusassent sur la violence que l'empereur leur avait faite. Mais quand ils apprirent les ordres qu'il avait donnés, leur trouble fut bien plus grand, et ils ne savaient à quoi se résoudre. La plupart, vaincus peu à peu, partie par faiblesse, partie par ennui du séjour en pays étranger, cédèrent à leurs adversaires, qui avaient pris le dessus depuis le retour des députés; et les esprits étant une fois ébranlés, on courut en foule à l'autre parti, jusqu'à ce que les catholiques furent réduits à vingt, d'autant plus fermes qu'ils étaient en plus petit nombre. A leur tête était saint Phébade d'Agen et saint Servais de Tongres. Le préfet Taurus, voyant qu'ils ne cédaient point aux menaces, les attaqua par les prières, et les conjurait avec larmes de prendre un parti plus modéré. « Voilà, disait-il, le septième mois que les évêques sont enfermés dans une ville, pressés par la rigueur de l'hiver et par la pauvreté, sans espérance de retour; cela ne finira-t-il point ? Suivez l'exemple des autres et l'autorité du plus grand nombre. » Phébade déclara qu'il était prêt à souffrir l'exil et tous les supplices qu'on voudrait, mais qu'il ne recevrait jamais la formule de foi dressée par les ariens.

Après plusieurs jours de contestation, où Valens et Ursace soutinrent que leur formule avait été approuvée des Orientaux, ce qui était un mensonge, ils passèrent plus avant et dirent à Phébade et à Servais que si elle ne leur paraissait point assez ample, ils y ajoutassent ce qu'ils voudraient, promettant, de leur part, d'y consentir. Une proposition si plausible fut reçue favorablement de tout le monde, et les catholiques, qui cherchaient à finir l'affaire de quelque manière que ce fût, n'osèrent y résister. Rien ne paraissait plus convenable à des serviteurs de Dieu, que de chercher l'union. La formule de foi que l'on proposait n'avait rien d'hérétique en apparence. On n'y disait point que le Fils de Dieu fût créature, tirée du néant, ni qu'il y eût un temps où il n'était pas; au contraire, on disait « qu'il était né du Père avant tous les siècles, et Dieu de Dieu. » La raison de rejeter le mot d'*ousia* ou substance, était plausible, parce qu'il ne se trouvait point dans les Écritures et qu'il scandalisait les simples par sa nouveauté. Les évêques ne se mettaient pas en peine du mot, croyant que le sens catholique était en sûreté.

Enfin, comme il s'était répandu un bruit parmi le peuple que cette exposition de foi était frauduleuse, Valens de Murse, qui l'avait composée, déclara, en présence du préfet Taurus, qu'il n'était point arien; au contraire, qu'il était entièrement éloigné de leurs blasphèmes. Mais cette protestation, faite en particulier, ne suffisait pas pour apaiser les soupçons du peuple; c'est pourquoi, le lendemain, les évêques étant assemblés dans l'église de Rimini avec une grande foule de laïques, Musonius, évêque en Afrique, à qui tous déféraient le premier rang pour son âge, parla ainsi : « Nous ordonnons que quelqu'un de nous lise à Votre Sainteté ce qui s'est répandu dans le public et qui est venu jusqu'à nous, afin de condamner tous d'une voix ce qui est mauvais et doit être rejeté de nos oreilles et de nos cœurs. Tous les évêques répondirent : Nous le voulons. Alors Claude, évêque d'Italie, commença à lire, par l'ordre de tous, les blasphèmes que l'on attribuait à Valens. Mais Valens les désavoua et s'écria : « Si quelqu'un dit que Jésus-Christ n'est pas Dieu, Fils de Dieu, engendré du Père avant les siècles, qu'il soit anathème! Si quelqu'un dit que le Fils de Dieu n'est pas semblable au Père, selon les Ecritures, qu'il soit anathème! Si quelqu'un ne dit pas que le Fils de Dieu est éternel avec le Père, qu'il soit anathème! » Tous répondirent à chaque fois : Qu'il soit anathème! Valens ajouta, comme pour fortifier la doctrine catholique : « Si quelqu'un dit que le Fils de Dieu est créature comme sont les autres créatures, qu'il soit anathème! » Tous répondirent : Qu'il soit anathème, sans s'apercevoir du venin caché sous cette proposition; car les catholiques entendaient qu'il n'était point du tout *créature*, et Valens entendait qu'il était créature, mais plus parfaite que les autres. Valens ajouta : « Si quelqu'un dit que le Fils de Dieu est tiré du néant, et non pas de Dieu le Père, qu'il soit anathème! » Tous s'écrièrent de même. Enfin il dit : Si quelqu'un dit : Il y avait un temps auquel le Fils n'était pas, qu'il soit anathème! » Tous répondirent : Qu'il soit anathème! Cette parole de Valens fut reçue de tous les évêques et de toute l'Eglise avec un applaudissement et une joie extraordinaires, parce que ces expressions semblaient être et étaient en effet le caractère propre de l'arianisme. Ils élevaient jusqu'au ciel Valens par leurs louanges, et condamnaient se repentir les soupçons qu'ils avaient eus de lui. L'évêque Claude dit : Il y a encore quelque chose qui a échappé à mon frère Valens; nous le condamnerons, s'il vous plaît, en commun, afin qu'il ne reste aucun scrupule. « Si quelqu'un dit que le Fils de Dieu est avant tous les siècles, mais non avant tous les temps absolument, en sorte qu'il mette quelque chose avant lui, qu'il soit anathème! » Tous répondirent : Qu'il soit anathème! et Valens condamna de même plusieurs propositions qui semblaient suspectes, à mesure que Claude les prononçait. Telle fut la seconde fin du concile de Rimini, la fin du concile non plus libre, mais violenté par l'empereur. Les ariens y triomphèrent en un sens par la force, mais, en un autre, ils y furent vaincus; car, sauf une équivoque inaperçue dans le moment, jamais peut-être ils ne se virent réduits à condamner l'arianisme d'une manière plus formelle. Les évêques s'en retournèrent donc avec joie dans leurs églises, après avoir envoyé à l'empereur des députés, dont les principaux étaient Ursace et Valens, qui se rendirent à Constantinople, où ils trouvèrent ceux du concile de Séleucie (1).

Dans ce concile, les anoméens ou ariens déclarés avaient été condamnés et déposés par ceux qui tenaient pour le *semblable en substance*; mais ils surent relever de leur défaite par la fourberie et l'intrigue. Arrivés les premiers à Constantinople, ils gagnèrent les eunuques et les courtisans, et par eux, l'empereur, qu'ils indisposèrent contre le concile, en lui disant qu'on y avait rejeté la profession de foi dressée à Sirmium en sa présence. Les députés du concile étant venus, refusèrent de communier avec les anoméens déposés, et demandèrent à l'empereur qu'on examinât les blasphèmes d'Eudoxe. On les lui montra dans un écrit. Eudoxe, voyant que l'empereur en était indigné, répondit que l'écrit était pas de lui, mais d'Aëtius. Appelé de suite,

1) Voir les *Conciles de Rimini et de Séleucie*, dans Tillemont; Ullier, Athan., *De Synod*.; Hilar.; *Ad Const*.; Soc., l. 2, c. 39, etc.

Aëtius, qui ne savait rien de l'incident, crut s'attirer des louanges en s'en disant l'auteur. Mais l'empereur, frappé d'une telle impiété, le fit chasser du palais, et donna ordre de l'envoyer en exil dans la Phrygie. Eudoxe, qui pensait en tout comme Aëtius, son ami et son commensal, se trouvait dans une position critique. Sommé de condamner l'écrit d'Aëtius, il chercha longtemps à éluder; mais enfin, menacé de l'exil par l'empereur, il condamna sa propre doctrine, doctrine qu'il soutenait alors et qu'il ne cessa jamais de soutenir, savoir que le Fils est dissemblable au Père. Pour ce qui est d'Aëtius, il fut convaincu juridiquement d'impiété en présence de l'empereur.

Les anoméens ne se trouvaient point à leur aise, lorsqu'arrivèrent les derniers députés du concile de Rimini, ayant à leur tête Ursace et Valens, qui communiquèrent de suite avec eux, malgré les avertissements des députés du concile de Séleucie. Comme on leur demandait, dans une grande assemblée, pourquoi ils n'avaient pas dit aussi à Rimini que le Fils de Dieu fût créature, ils répondirent qu'on n'y avait pas dit qu'il n'était pas créature, mais qu'il n'était pas semblable aux autres créatures, en disant qu'il n'était pas créature comme les autres. Ils se sauvaient encore de la ressemblance qu'ils lui accordaient, par cette clause, *selon les Ecritures*, qui donnait lieu à plusieurs défaites. Quant à ce qu'ils avaient décidé, que le Fils est éternel avec le Père, ils expliquèrent son éternité comme celle des anges et des âmes humaines, non de ce qui précède la durée du monde, mais de l'avenir. C'est par ces impudents sophismes qu'ils éludèrent les anathèmes de Rimini. Ceux qu'ils ne pouvaient éluder, les fourbes les dissimulèrent. Tels étaient les trois suivants : « Si quelqu'un dit que le Fils de Dieu est tiré du néant et non pas de Dieu le Père, qu'il soit anathème. Si quelqu'un dit : Il y avait un temps auquel le Fils de Dieu n'était pas, qu'il soit anathème. Si quelqu'un dit que le Fils de Dieu est avant tous les siècles, mais non avant tous les temps absolument, en sorte qu'il mette quelque chose avant lui, qu'il soit anathème. »

Eudoxe, Acace et leurs partisans, réduits à condamner leur propre doctrine dans celle d'Aëtius, saisirent avidement le subterfuge que l'improbité sophistique d'Ursace et de Valens leur offrait dans la formule de Rimini, séparée de certains de ses anathèmes. Ils déclarèrent qu'ils recevaient cette formule de grand cœur. L'empereur, que l'on gagna sans peine, obligea d'y souscrire les évêques qui se trouvaient à Constantinople, même les députés de Séleucie. Il y employa tout le jour du dernier de décembre et même une partie de la nuit, quoiqu'il se préparât à la cérémonie du lendemain, où il devait commencer son dixième consulat avec l'année 360.

Les acaciens ayant ainsi prévalu, tinrent, au commencement de cette année, un concile à Constantinople, pour renverser ce qui s'était fait à Séleucie. Quoiqu'ils pensassent tout comme Aëtius, ils le condamnèrent néanmoins pour contenter l'empereur; puis ils se contentèrent eux-mêmes, en déposant un grand nombre d'évêques qui leur étaient opposés, entre autres Macédonius de Constantinople, Basile d'Ancyre, Eustathe de Sébaste, Eleusius de Cizique, saint Cyrille de Jérusalem. Les évêques déposés furent de plus envoyés en exil et remplacés par d'autres. Eudoxe se transféra lui-même d'Antioche à Constantinople. Le triomphe des anoméens paraissait complet; mais il se ruinait lui-même. Les évêques exilés révoquèrent en chemin les souscriptions à la formule de Rimini, et se déclarèrent, les uns pour le *semblable en substance*, les autres même pour le *consubstantiel*. Ils écrivirent à toutes les Eglises des lettres contre Eudoxe et contre ceux de son parti, les conjurant de fuir leur communion, comme d'hérétiques défenseurs d'une doctrine abominable, qui ne s'étaient emparés de leurs Eglises que par le désir de la vaine gloire et par la puissance temporelle; que, pour eux, ils ne pouvaient acquiescer à leur déposition.

La politique des anoméens à l'égard de saint Hilaire de Poitiers, en trahissant la peur qu'ils en avaient, hâta la ruine de leur cause en Occident. Le saint les avait suivis à Constantinople avec les députés du concile de Séleucie. Quand il vit l'extrême péril où se trouvait la foi par suite des intrigues d'Ursace et de Valens, d'Acace et d'Eudoxe, il présenta une requête à Constance pour lui demander deux choses. La première, de conférer avec l'auteur de son exil, c'est-à-dire avec Saturnin d'Arles, qui se trouvait alors à Constantinople, laissant à l'empereur le choix du lieu et de la manière que se devrait faire cette conférence. Il se fait fort de convaincre de faux son adversaire et se soumet à passer sa vie dans la pénitence au rang des laïques, si on peut prouver qu'il ait fait quelque chose d'indigne, non pas de la sainteté d'un évêque, mais de la probité d'un simple fidèle. Pour engager l'empereur à lui accorder sa demande, il lui représente qu'il n'est pas indigne de parler en sa présence. « Je suis évêque en communion avec toutes les Eglises et tous les évêques des Gaules; de l'exil même, je distribue tous les jours la communion à mon peuple par le ministère de mes prêtres. Je suis exilé, non pour aucun crime, mais par une faction. Un témoin non méprisable de mon innocence est mon seigneur Julien, votre religieux césar; car, au sujet de mon exil, il a eu à souffrir, de la part des méchants, plus d'outrages que moi d'iniquité. » La seconde chose qu'il demande dans sa requête, est que l'empereur lui accorde une audience pour traiter la matière de la foi selon les Ecritures, en présence de lui-même, devant tout le concile de Constantinople qui en disputait alors, et à la vue de tout le monde. « Reconnaissez la foi que depuis longtemps vous souhaitez entendre de la bouche de ceux-ci, et que vous n'entendez pas, parce que ceux parmi lesquels vous la cherchez, écrivant ce qui est d'eux et non pas ce qui est de Dieu, n'ont fait que colporter de côté et d'autre un cercle éternel d'erreurs et de disputes, qui tourne incessamment sur lui-même. Il aurait fallu s'en tenir modestement à la foi confessée et jurée dans le baptême, au nom du Père, et du Fils, et du Saint-Esprit. Mais la présomption de quelques-uns élude frauduleusement ou même audacieusement le sens naturel de ces paroles, en sorte que, pour eux, le Père n'est point Père, le Fils point Fils, le Saint-Esprit point Saint-Esprit. De là la coutume d'écrire sans cesse de nouvelles professions de foi. Ayant commencé à faire du nouveau plutôt qu'à conserver ce qu'on a reçu, on n'affermit pas plus la nouveauté qu'on ne garde l'antiquité. Ce n'est plus la foi des Evangiles, mais la foi des temps : les formules en sont aussi variables que les volontés : nous en décrétons une nouvelle chaque année, chaque mois; puis, à peine en avons-nous décrété une, que nous nous en repentons; nous soutenons ceux qui s'en repentent, et, après les avoir soutenus, nous leur disons anathème. Ou nous condamnons nos sentiments dans les autres, ou nous condamnons ceux d'autrui dans les nôtres; nous nous déchirons mutuellement et finirons par nous dévorer. Vous cherchez la foi, ô empereur; apprenez-la, non d'après de nouvelles feuilles de papier, mais d'après les livres de Dieu. Rappelez-vous que ce n'est pas une question de philosophie, mais la doctrine de l'Evangile. Je vous demande audience, non pas tant pour moi que pour vous et pour les Eglises de Dieu. J'ai la foi dans le cœur et n'ai pas besoin d'une profession extérieure : ce que j'ai reçu, je le garde; ce qui est de Dieu, je ne le change pas. Souvenez-vous cependant qu'il n'y a pas d'hérétique qui ne prétende s'appuyer de l'Ecriture pour prêcher ses blasphèmes. Ainsi Sabellius est sans Dieu le Père et sans Dieu le Fils, parce qu'il ne comprend pas ce que veut dire : *Moi et le Père nous sommes une même chose*. Montan, par ses femmes insensées, soutient un autre Paraclet. Manès et Marcion haïssent la loi, à cause qu'ils lisent : La lettre tue, et Satan est le prince de ce monde. Tous parlent de l'Ecriture sans intelligence de l'Ecriture, et émettent des créances sans la foi; car les Ecritures ne consistent pas dans la lecture, mais dans l'intelligence (Hil., *Ad Const.*, l. 2, édit. Bénéd.). »

Dans cette requête, en signalant les variations continuelles du parti politique dans ses professions de foi, et la déplorable confusion qui en résultait, saint Hilaire disait *nous*, comme s'il y avait eu quelque part. C'était non-seulement une figure de rhétorique, mais un trait de prudence, pour ménager la susceptibilité de l'empereur, auteur principal, si ce n'est seul, de tout le mal. Quand il vit qu'avec ces ménagements, il n'obtenait pas même une audience, et que Constance poussait son despotisme doctrinal aux derniers excès, il changea de ton, et, dans un nouvel écrit qu'il adressa, non plus à l'empereur, mais aux fidèles catholiques, il débute par ces mots:

« Il est temps de parler, puisque le temps de se taire est passé. Attendons le Christ, puisque l'antechrist domine. Que les pasteurs crient, puisque les mercenaires ont pris la fuite: Sacrifions nos vies pour nos ouailles, parce que les loups sont entrés et que le lion furieux tourne à l'entour. Allons au martyre avec ces paroles; car l'ange de Satan s'est transformé en ange de lumière. Entrons par la porte; car personne ne va au Père, si ce n'est par le Fils. Que les faux prophètes se réjouissent de leur paix : c'est dans l'hérésie et le schisme que se manifestent ceux qui sont à l'épreuve. Supportons courageusement une tribulation telle qu'il n'y en a pas eu depuis l'origine du monde; mais sachons que les jours en seront abrégés à cause des élus de Dieu. Paraissons devant les juges et les puissances pour le nom du Christ; car bienheureux qui aura persévéré jusqu'à la fin. Ne craignons pas celui qui peut tuer le corps, mais non pas l'âme; craignons celui qui peut précipiter le corps et l'âme en enfer. Soyons sans inquiétude pour nous-mêmes; car les cheveux de notre tête sont comptés. Suivons la vérité par l'Esprit-Saint, afin de ne pas croire au mensonge par l'esprit d'erreur. Mourons avec le Christ, afin de régner avec le Christ. Se taire plus longtemps est lâcheté, non plus modération; car il n'y a pas moins de péril à se taire toujours qu'à ne se taire jamais. Après l'exil des saints personnages Paulin, Eusèbe, Lucifer, Denys, il y a cinq ans; je me séparai de la communion de Saturnin, d'Ursace et de Valens; cependant nous laissâmes à leurs complices la faculté de se repentir, montrant ainsi notre inclination pour la paix, et retranchant en même temps les membres pestiférés qui tendaient à corrompre tout le corps. Exilé depuis cette époque, jamais je n'ai repoussé aucune voie honorable et plausible d'opérer la réunion; jamais je n'ai rien dit ni écrit de ce que méritait cette cabale, qui se disait alors faussement l'Eglise de Dieu, et qui, maintenant, est la synagogue de Satan. Je ne fuyais point leur commerce, et, quoique la communion ecclésiastique fût suspendue, j'entrais dans leurs oratoires, souhaitant laisser une ouverture à la paix et préparer la voie au repentir. Je ne parle donc pas inconsidérément, puisque je me suis tû si longtemps. Maintenant encore, si je parle, la seule cause en est le Christ. C'est à lui que j'ai dû de me taire jusqu'à cette heure, c'est à lui que je dois de ne pas me taire davantage.

» Oh! si le Dieu tout-puissant de l'univers, Père de Notre Seigneur Jésus-Christ, m'avait donné de le confesser, lui et son Fils unique, aux temps des Néron et des Décius! Par la miséricorde de Jésus, animé de l'Esprit-Saint, je n'aurais pas craint le chevalet, sachant qu'Isaïe a été scié en deux; je n'aurais pas redouté la fournaise ardente, me souvenant que les enfants des Hébreux y ont chanté; je n'aurais évité ni la croix ni le brisement des os, me rappelant que le larron a été transféré au paradis. Contre des ennemis avoués, j'aurais combattu avec bonheur, j'aurais su que c'étaient des persécuteurs qui contraignaient à l'apostasie par le fer et le feu. Mais maintenant, nous avons à combattre contre un persécuteur qui trompe, contre un ennemi qui flatte, contre l'antechrist Constance. Il ne déchire pas le dos, mais sollicite par le ventre; il ne proscrit point pour la vie, mais il enrichit pour la mort; il n'emprisonne point pour la liberté, mais il honore dans son palais pour la servitude; il ne torture pas les côtes, mais il occupe le cœur; il ne tranche pas la tête avec le glaive, mais il tue l'âme avec l'or; il ne menace pas publiquement du feu, mais en secret il allume l'enfer; il évite le combat de peur d'être vaincu, mais il flatte pour dominer; il confesse le Christ, mais c'est pour le nier; il s'entremet au sujet de l'unité, mais c'est pour qu'il n'y ait point de paix; il honore les pontifes afin qu'ils cessent d'être évêques; il bâtit des églises et ruine la foi.

» Les ministres de la vérité doivent dire ce qui est vrai. Si j'avance des faussetés, que mes reproches soient infâmes; mais si la vérité en est manifeste, je ne passe donc pas les bornes de la liberté et de la modération apostoliques, en parlant après un si long silence. Jean disait à Hérode : Il ne t'est pas permis de faire ceci. Les martyrs Machabées reprochent à Antiochus sa cruauté, et lui annoncent sa prochaine punition. Je dis hautement à toi, Constance, ce que j'aurais dit à Néron, ce que Décius et Maximin auraient entendu de ma bouche : Tu combats contre Dieu, tu sévis contre l'Eglise, tu persécutes les saints, tu hais les prédicateurs du Christ, tu anéantis la religion, tu te fais tyran, non pas dans les choses humaines, mais dans les choses divines. Voilà ce que je vous aurais dit en commun à toi et à eux : écoute maintenant ce qui t'est propre. Chrétien par le masque, tu es un nouvel ennemi du Christ; précurseur de l'antechrist, tu en opères le mystère d'iniquité; vivant contre la foi, tu en dresses des formules; ignorant ce qui est saint, tu enseignes ce qui est profane. Tu distribues en don des évêchés aux tiens; tu remplaces les bons par des méchants. Tu tiens en prison les évêques; tu fais avancer tes armées pour jeter la terreur dans l'Eglise. Tu assembles de force des conciles, et tu pousses les Occidentaux de la foi à l'impiété; tu les enfermes dans une même ville, tu les épouvantes par les menaces, les épuises par la faim, les accables par le froid, et les corromps par l'hypocrisie. Par tes artifices, tu nourris les dissensions des Orientaux : tu y provoques par les caresses, et tu excites par ta protection. Par un triomphe nouveau de l'astuce, tu persécutes sans faire de martyrs. Tu ne laisses pas seulement aux malheureux l'excuse de pouvoir montrer à l'éternel juge les cicatrices de leurs corps déchirés, pour faire pardonner la faiblesse par la nécessité. Le plus méchant des mortels, tu tempères les maux de la persécution de telle sorte, que tu enlèves l'indulgence à la faute et le martyre à la confession. Tu hais, mais ne veux pas qu'on t'en soupçonne; tu mens sans qu'on s'en aperçoive; tu caresses sans bonté, tu fais ce que tu veux sans te faire connaître. Avec l'or de la république tu ornes le sanctuaire de Dieu; tu lui offres ce que tu enlèves aux temples, ce que tu extorques par tes édits et tes proscriptions. Tu reçois les évêques par le même baiser que le Christ a été trahi; tu inclines la tête pour recevoir leur bénédiction, en même temps tu lèves le pied pour en écraser la foi. Tu remets les impôts comme César, pour inviter les chrétiens à l'apostasie; tu relâches ce qui est à toi, afin qu'on perde ce qui est à Dieu (Hil., *Lib. contra Const.*). »

C'est avec cette vigueur que saint Hilaire nous trace le portrait de Constance. Ce portrait n'est que fidèle : il aurait pu y ajouter des traits plus hideux encore, le meurtre de ses proches. Les prélats de cour, contrariés d'une si généreuse liberté, persuadèrent à Constance de le renvoyer dans les Gaules, comme un brouillon qui troublait l'Orient. Son retour contribua puissamment à délivrer tout l'Occident de leur imposture et de leur tyrannie.

Vers le même temps, Lucifer de Cagliari, du fond de ses exils (car on lui en fit subir quatre), écrivait avec la même liberté et la même force, quoique dans un style beaucoup moins élégant. Son premier ouvrage, adressé à l'empereur pour la défense de saint Athanase, est divisé en deux livres, et commence de cette sorte : « Tu nous contrains, Constantius, de condamner notre collègue le religieux Athanase, en son absence; mais la loi de Dieu nous le défend. Par une entreprise qui passe les bornes de ton pouvoir royal, tu pousses les prêtres du Seigneur à répandre le sang, et tu ne sais pas que c'est vouloir nous faire oublier les règles de la justice que nous avons reçues de Dieu. Car, comment peux-tu croire que Dieu permette de punir un homme absent, qui n'a pas été entendu, mais surtout un homme innocent, quand tu vois qu'Adam et Eve, les chefs de notre race, n'ont été frappés du jugement de Dieu qu'après avoir été ouïs, et que Dieu appela Adam et lui dit : *Adam, où es-tu?* » et le reste, car il met les passages tout au long. Il passe à l'exemple de Caïn, que Dieu interroge premièrement sur le meurtre de son frère, pour le juger ensuite, donnant la forme que les évêques doivent garder dans leurs jugements, sans quoi ils dégénèrent en fureur et en tyrannie, et ne méritent plus d'être appelés le jugement de Dieu. Lucifer développe fort au long ces idées dans le reste du premier livre et dans tout le second. On voit ici, ainsi que dans toute cette histoire, que les évêques catholiques défendaient contre le despotisme de l'empereur Constance, non-seulement le dépôt de la foi divine, mais encore les formes conservatrices de la justice humaine, et que, sans eux, la justice périssait avec la foi.

Le second ouvrage est intitulé : *Des rois apostats*, et tend, comme il le déclare dès le commencement, à désabuser Constance de l'avantage qu'il prétendait tirer de sa prospérité temporelle, en disant que si la foi qu'il professait n'eût été catholique, et si la persécution qu'il faisait aux défenseurs de la foi de Nicée n'eût été agréable à Dieu, il n'aurait pas joui d'un empire si florissant. Lucifer réfute cette erreur par les exemples des mauvais princes que Dieu a laissé régner même sur son peuple, sans parler des infidèles. Le titre du troisième ouvrage est : *Qu'il ne faut pas communiquer avec les hérétiques*, et le dessein est de répondre au reproche que Constance faisait aux évêques catholiques, d'être les ennemis de la paix, de l'union et de la charité fraternelles. Il prouve donc, par les autorités de l'Ecriture, la nécessité de se séparer des méchants.

Le quatrième écrit a pour titre : *Qu'il ne faut point épargner ceux qui pèchent contre Dieu*, et commence ainsi, s'adressant à l'empereur : « Te voyant surmonté en toutes manières par les serviteurs de Dieu, tu as dit qu'on te faisait injure contre la défense des Ecritures sacrées, et qu'au lieu de t'honorer nous étions des insolents. Si jamais serviteur de Dieu a épargné les apostats, tu dis vrai. Mais il n'est pas difficile de prouver que toujours ils les ont traités comme nous les traitons. Eh quoi! Moïse aura mis les armes à la main des lévites pour châtier un peuple idolâtre, qui avait abandonné le vrai Dieu pour un veau de fonte, et nous serons des insolents et des rebelles, parce que nous osons te dire : Constance, tu fais mal d'introduire l'idolâtrie dans l'Eglise. » C'est que l'arianisme, qui adorait Jésus-Christ tout en le reconnaissant créature tirée du néant, était une véritable idolâtrie. Lucifer continue de se justifier de même par tout l'Ancien et le Nouveau Testament. Sur ces paroles de saint Paul : *Veillez sur le troupeau où le Saint-Esprit vous a établis évêques....; car je sais qu'après mon départ il entrera des loups ravissants*, il dit : « Devons-nous respecter ton diadème, tes pendants d'oreilles, les bracelets et tes habits précieux au mépris du Créateur? Que tu es peu sensé de dire : Je suis traité injurieusement par Lucifer, par un misérable, moi qui suis empereur; et tu ne dis pas, par un évêque qui t'a reconnu pour un loup qu'il devait éviter! » Avant de finir, il s'objecte l'Ecriture, qui commande d'obéir aux rois et aux puissances; à quoi il répond que l'empereur aussi, puisqu'il se dit chrétien, doit écouter avec respect les corrections des évêques; car il leur est ordonné d'exhorter et de reprendre sans empire, et de ne se laisser mépriser par personne. Puis il ajoute : « Sache que nous connaissons l'obéissance que nous devons, non-seulement à toi, mais à tous ceux qui sont élevés en dignité; car l'apôtre nous apprend que nous la devons pour les bonnes œuvres, et non pas pour les mauvaises. Si donc c'est une œuvre bonne de condamner, en son absence, un homme qu'on n'a pas entendu et qu'on sait innocent; si c'est une œuvre bonne de nier le Fils unique de Dieu, d'abandonner la foi des apôtres et de recevoir l'hérésie, alors tu as raison de dire que nous agissons contre l'Ecriture. »

Le dernier traité de Lucifer a pour titre : *Qu'il faut mourir pour le Fils de Dieu;* et le dessein est de montrer à Constance qu'avec toute sa puissance temporelle, il ne peut rien gagner sur les catholiques qui sont préparés au martyre. Il lui dit entre autres : « Empereur insensé; si tu pouvais parcourir toutes les nations, tu aurais trouvé que partout les chrétiens croient comme nous, et que partout ils désirent comme nous mourir pour le Fils de Dieu. Quoique tu mettes tout en œuvre, la nouvelle religion non-seulement n'a pas encore pu franchir les limites de l'empire romain, mais quelque part qu'elle ait cherché à prendre racine, elle y dessèche; tous les serviteurs de Dieu se retirent de toi, et il ne te reste qu'un petit nombre, figuré par l'ivraie semée parmi le bon grain. »

Lucifer ne se contenta pas de composer ces écrits, il les envoya directement à l'empereur. Celui-ci, surpris d'une pareille hardiesse, lui fit écrire par un de ses courtisans en ces termes : « On a présenté un livre à l'empereur en votre nom, il a commandé de le porter à Votre Sainteté, pour savoir si vous l'avez effectivement envoyé. Vous devez donc écrire ce qui en est, et nous renvoyer le livre, afin qu'on puisse le présenter de nouveau à son éternité. » Le titre blasphématoire d'*éternité* et d'*éternel*, donné au misérable Constance, était d'autant plus absurde qu'il devait mourir peu de mois après. Lucifer répondit : « Vous devez savoir que j'ai envoyé le porteur du livre, qui, comme vous dites, a été trouver l'empereur en mon nom, et qu'après avoir considéré le livre même, je l'ai rendu à l'agent de l'empereur. Maintenant, mon très-cher fils, c'est à votre générosité de soutenir hardiment que je l'ai reconnu. Quiconque examinera les raisons qui m'ont fait écrire de la sorte, verra que, par le secours de Dieu, nous attendons avec joie la mort qu'on nous prépare (*Biblioth. Patr.*, t. IV). »

Saint Athanase ayant ouï parler des écrits de Lucifer, lui écrivit de sa retraite pour le congratuler de sa fermeté, et lui envoya un diacre pour lui demander une copie de ses ouvrages. Les ayant reçus, il lui écrivit encore, lui donnant de grandes louanges, et disant qu'il représente la fermeté des apôtres et des prophètes, qu'il est l'Elie de son temps, et que c'est le Saint-Esprit qui parle en lui. Il fit tant de cas des écrits de Lucifer, qu'il les traduisit en grec (Athan., t. II).

Quand l'évêque de Cagliari assure à Constance que toutes les nations pensaient comme les catholiques de son empire, il disait vrai. Les chrétiens de Perse continuaient à souffrir la plus horrible persécution pour l'unité de Dieu et la divinité du Verbe. On le voit par les actes de saint Barhadbesciabas, diacre de l'église d'Arbèle, qui fut martyrisé le 20 juillet 354, 15ᵉ année de la grande persécution de Sapor. Pendant qu'on le tourmentait sur le chevalet, les bourreaux ne cessaient de lui crier : Adore le feu et l'eau, et mange du sang des animaux; et de suite tu seras libre. Le saint diacre montrait, par la sérénité de son visage, que la joie intérieure dont son âme était inondée surpassait de beaucoup la violence des tourments qu'il ressentait en son corps. Il disait souvent aux juges : « Ni vos ordres, ni ceux de votre roi, ni les supplices, quels qu'ils puissent être, ne seront capables de me séparer de l'amour de Jésus. Je n'ai servi que lui depuis mon enfance, jusqu'à la vieillesse où je suis parvenu. » Il fut condamné à avoir la tête tranchée (As., *Act. Mart. Or.*, t. I, p. 129).

La nation arménienne montrait pareillement la pureté de sa foi. Vers le temps où Constance persécutait le plus les évêques catholiques, il lui vint une ambassade du roi d'Arménie, à la tête de laquelle se trouvait le patriarche Nersès. Constance entreprit de le gagner à l'arianisme. N'ayant pu y réussir, il s'emporta, dans sa colère, jusqu'à violer en lui le droit des gens, en l'exilant dans une île déserte. Des moyens aussi tyranniques prouvaient contre qui les employait (*Histoire du Bas-Empire*, l. 10, n. 9).

Saint Hilaire de Poitiers et Lucifer de Cagliari n'étaient pas seuls à écrire librement sur Constance et à dévoiler sa tyrannie d'antechrist : saint Athanase leur en donnait l'exemple. Dans sa lettre aux solitaires, écrite dès avant la mort de Léonce d'Antioche, il compare Constance à Saül, Achab, Pilate et aux Juifs. Saül égorgea trois cent cinq prêtres pour avoir donné des aliments à David ; Constance, voyant que tout le monde fuit l'hérésie et que la foi véritable est proclamée, détruit le concile des trois cents évêques, condamne les évêques à l'exil, empêche les peuples de vaquer à la piété, en défendant leurs assemblées. Saül rase la ville sacerdotale de Nobé : Constance, plus méchant encore, livre les églises aux impies. Saül préféra le calomniateur Doëg aux vrais prêtres, et persécuta David : Constance leur préfère les hérétiques, persécute ceux qui le fuient, n'a d'oreille que pour les calomnies de ses eunuques contre les orthodoxes. Il ne voit pas que tout ce qu'il fait et écrit pour les ariens est une attaque contre le Sauveur lui-même. Comment s'étonner d'ailleurs qu'il soit cruel envers les évêques, lui qui n'a pas épargné sa propre famille ? Car il a massacré ses oncles, égorgé ses cousins, il a vu souffrir sans pitié le père de sa femme et ses autres parents : toujours il a été parjure envers tout le monde. Sans intelligence à lui, il n'est mû que par ceux qui le poussent. On le voit par la contradiction de ses lettres : à peine en a-t-il écrit une, qu'il s'en repent et en a fâche, comme quelqu'un qui ne sait ce qu'il fait. Ce n'est pas un homme libre, mais l'esclave de ceux qui l'entourent et qui en font le jouet de leurs passions. Saint Athanase le compare enfin à l'antechrist, et fait voir qu'il en avait plusieurs traits (*Hist. Arian. ad Monach.*, n. 67-75).

Du fond de sa retraite, qui dura six ans, saint Athanase écrivit encore plusieurs autres traités, lettres et discours, pour réfuter les erreurs des ariens ou démasquer leurs intrigues, entre autres ses traités des décrets de Nicée, de la doctrine de saint Denys d'Alexandrie, des conciles de Rimini et de Séleucie. Dans le premier, il montre en particulier que si les termes de *substance* et de *consubstantiel* ne sont pas littéralement dans les Ecritures, ils y sont quant au sens et à la vérité qu'ils expriment; qu'ils n'ont point été inventés par les Pères de Nicée, mais qu'ils étaient en usage longtemps auparavant, et qu'on les trouve dans les écrits des anciens, nommément de Théognoste, dans le second livre *Des Hypotyposes* de Denys d'Alexandrie, dans ses livres contre Sabellius, et dans ses lettres à Denys, évêque de Rome. Celui-ci même, écrivant contre Sabellius, dit en termes précis, que le Verbe est engendré du Père, qui n'est ni fait ni créé, et Origène enseigne qu'il est éternel et de la même substance que le Père. Dans sa justification de saint Denys, il rapporte plusieurs passages où cet illustre docteur enseigne qu'il n'y a point de temps où Dieu n'ait été Père; que quoique le Fils tienne son être du Père, il lui est néanmoins coéternel, étant la splendeur de son éternelle lumière; que Jésus-Christ a toujours été, qu'il est le Verbe, la Sagesse et la Vertu de Dieu, qu'il est le Fils de Dieu, non par adoption, mais par nature; que quoique le Père et le Fils soient distingués l'un de l'autre, ils sont toutefois un en substance; que si, dans ses écrits contre Sabellius, il ne s'était pas servi du terme *consubstantiel* pour marquer l'unité de substance entre le Père et le Fils, il y a enseigné la doctrine qu'il renferme, et prouvé par plusieurs arguments que le Fils est un en substance avec le Père, que le Fils est dans le Père et le Père dans le Fils. Les ariens prétendaient que saint Denys pensait comme eux. Saint Athanase répond enfin qu'il leur permet de parler en tout comme saint Denys, pourvu qu'en même temps ils enseignent ce qu'il a enseigné touchant la consubstantialité et l'éternité du Fils. Dans son *Traité des deux conciles*, après avoir signalé les variations continuelles des ariens, il répond à une difficulté des demi-ariens. Ceux-ci ne voulaient pas se servir du terme consubstantiel, sous prétexte qu'il avait été condamné au concile d'Antioche contre Paul de Samosate. Saint Athanase, sans décider si le fait était réel ou non, à cause que, comme il le remarque lui-même, il n'avait pas sous la main les pièces nécessaires pour s'en assurer, saint Athanase fait voir que les Pères d'Antioche avaient la même foi que ceux de Nicée, et que s'ils rejetèrent le terme de *consubstantiel*, c'était dans le sens de Paul de Samosate, qui, prenant ce terme d'une manière grossière, prétendait que de ce que le Fils est consubstantiel au Père, il s'ensuivait que la substance divine est comme coupée en deux, ou même en trois parties, dont l'une est le Père, l'autre le Fils, la troisième, antérieure au Père et au Fils, d'où ils ont été coupés tous deux.

Saint Hilaire, revenant de son exil, passa quelque temps à Rome. Sans aucun doute il instruisit le Pape de l'état des affaires, de la perfidie des derniers députés du concile de Rimini, des indignes sophismes par lesquels ils éludaient les anathèmes que les évêques catholiques les y avaient forcés de prononcer contre l'hérésie arienne, de l'impudence qu'ils eurent de communiquer, à Constantinople, avec les anoméens, malgré les remontrances des députés de Séleucie. Il lui apprit sans aucun doute que ces derniers, se voyant déposés et exilés par les anoméens ou ariens emportés, avaient rétracté leur signature forcée à la formule de Rimini; et s'étaient prononcés ouvertement, soit pour le *consubstantiel*, soit pour le *semblable en substance*. Il en apportait des lettres aux évêques d'Occident, où ils dévoilaient les fourberies et l'impiété de leurs ennemis communs.

Ce qu'il y a de certain, c'est que le pape Libère cassa le concile de Rimini, à cause de l'abus qu'en faisaient les ariens par leurs sophistiques interprétations; il régla de plus que, sauf les auteurs de l'hérésie et du scandale, on recevrait à la communion tous les évêques de Rimini qui rétracteraient leur signature. Quelques esprits impitoyables ne voulaient pas qu'on les reçût comme évêques; mais le Pape, ainsi que saint Hilaire, prit un juste tempérament. Et nous verrons cette règle suivie par les conciles et par toute l'Eglise. Les évêques du concile de Rimini se montrèrent dignes de cette indulgence (*Epist. Damasi*; Théodoret, l. 2, c. 22). Dès qu'ils apprirent l'interprétation perfide que les ariens donnaient à leur conduite passée, ils accoururent près de leurs collègues, et protestaient, par le corps du Seigneur et par tout ce qu'il y a de saint dans l'Eglise, qu'ils n'avaient rien soupçonné de mauvais dans leur profession de foi. « Nous nous imaginions, disaient-ils, que le sens était d'accord avec les paroles, et nous n'avons pas craint que, dans l'Eglise de Dieu, où doivent être la simplicité et la pure confession, on dît des lèvres autre chose que ce qui était caché dans le cœur. » C'est ce que nous apprend saint Jérôme, dans l'endroit même où il vient de dire, par manière d'hyperbole, que, par suite de l'interprétation frauduleuse donnée par Ursace et Valens à leurs paroles et à leur conduite de Rimini, l'univers gémit et s'étonna d'être arien, non pas en réalité, mais d'après cette interprétation frauduleuse (Hier., *Adv. Lucif.*).

Les évêques trompés à Rimini ne s'en tinrent pas là. Ceux des Gaules se réunirent, dès l'an 360, en concile à Paris, d'où ils répondirent aux évêques d'Orient en ces termes : « Nous avons connu, par les lettres que vous avez adressées à notre bien-aimé frère et coévêque Hilaire, la ruse du démon et les artifices que les hérétiques ont mis en usage contre l'Eglise pour nous tromper, à la faveur de l'éloignement qui sépare l'Orient de l'Occident, par les faux exposés qu'ils nous font réciproquement de notre foi. Car le grand nombre de ceux qui se sont trouvés à Rimini ou à Nicée en Thrace, n'ont consenti à la suppression du terme de substance, *ousia*, que sous l'autorité de votre nom. Vous l'avez introduit ce terme, contre la furieuse hérésie des ariens; et nous l'avons reçu avec respect et conservé toujours avec soin. Car nous avons embrassé l'*homoousion* pour exprimer la vraie et légitime génération du Fils unique de Dieu, détestant l'union introduite par les blasphèmes de Sabellius, et n'entendant pas que le Fils soit une portion du Père, mais nous croyons que de Dieu tout entier, parfait et innascible, est né un Dieu, Fils unique, entier et parfait. C'est pourquoi nous le disons de la même substance que Dieu le Père, pour exclure toute idée de création, d'adoption ou de simple dénomination. Et attendu qu'il est de lui, comme le Fils est du Père, Dieu de Dieu, nous n'avons pas de peine à entendre dire qu'il est semblable au Père, puisqu'il est l'image de Dieu invisible; mais nous ne concevons pas d'autre ressemblance digne de lui, que la ressemblance d'un vrai Dieu à un vrai Dieu. C'est pourquoi, nos bien-aimés frères, connaissant par vos lettres qu'on a trompé la simplicité dans la suppression du terme de *substance*, et notre frère Hilaire, qui est un fidèle prédicateur de la foi du Seigneur, nous ayant appris que les députés de Rimini à Constantinople n'ont pu se résoudre à condamner de si grands blasphèmes; quoique vous les en eussiez pressés, ainsi que le témoigne votre lettre, nous révoquons aussi tout ce qui a été fait mal à propos et par ignorance. Nous tenons pour excommuniés Auxence, Ursace, Valens, Gaïus, Mégasius et Justin, suivant vos lettres et suivant la déclaration de notre frère Hilaire, qui a protesté qu'il n'aurait jamais de communion avec ceux qui suivraient leurs erreurs. Nous condamnons aussi tous les blasphèmes que vous avez mis à la suite de votre lettre, rejetant surtout les évêques apostats, qui, par l'ignorance ou l'impiété de quelques-uns, ont été mis en place de nos frères si indignement exilés. Nous protestons devant Dieu que, si quelqu'un dans les Gaules s'oppose à ce que nous avons ordonné, il sera privé de la communion et chassé de son siège. Celui qui ne pensera pas comme nous sur l'*homoousion* sera indigne du sacerdoce. Et comme Saturnin s'élève avec une extrême impiété contre nos salutaires ordonnances, que votre charité sache qu'il a été excommunié deux fois par tous les évêques des Gaules. Sa nouvelle impiété, qui paraît dans ses lettres téméraires, ajoutée à ses anciens crimes dissimulés si longtemps, l'a rendu indigne du nom d'évêque (Hilar., *Fragm.* 11).

En Espagne, Grégoire d'Elvire donnait l'exemple d'une invincible fermeté. Saint Eusèbe de Verceil ayant reçu une de ses lettres, lui fit réponse de la Thébaïde, son troisième exil. Il le loue d'avoir résisté au scandale d'Osius, et d'avoir refusé son consentement à ceux qui étaient tombés à Rimini et avaient communiqué avec Ursace, Valens et les autres, qu'ils avaient eux-mêmes condamnés auparavant. Il l'exhorte à s'opposer de toutes ses forces aux transgresseurs, sans craindre la puissance des rois ni celle des ariens, qui mettaient leur espérance dans la protection des hommes; au lieu que notre force, dit-il, est dans le nom du Seigneur, parce que celui qui est dans nous est plus grand que celui qui est dans le monde (*Ibid.*).

C'est ainsi qu'en Occident les évêques, trompés à Rimini, trouvèrent d'abord de la résistance et des admonitions parmi leurs collègues, et ensuite réparèrent généralement tous leur faute. Quelques écrivains supposent, d'après un endroit de Socrate, qu'il y eut en Occident une persécution générale pour faire souscrire la formule de Rimini. Mais, dans l'endroit en question, Socrate, d'ailleurs peu au fait du détail de ces événements, n'a évidemment en vue que les violences exercées à Rimini même, par Ursace et Valens, pour faire souscrire les évêques qu'on y avait retenus (Soc., l. 2, c. 37). En 560, l'Occident, où l'autorité du césar Julien s'affermissait de plus en plus, était assez tranquille : témoin les évêques du concile de Paris, qui ne craignirent pas d'excommunier les chefs de la faction qui les avait trompés.

En Orient, les vexations redoublèrent contre les évêques catholiques, du moins dans les provinces qui se trouvaient dans le voisinage de la cour. Quant aux évêques d'Egypte et de Grèce, il est certain ou qu'ils ne furent pas molestés plus qu'auparavant, ou bien qu'ils tinrent ferme; car nous les verrons tous s'accorder avec le pape Libère pour recevoir à la communion les signataires de la formule de Rimini, qui se rétracteraient : ce qui suppose évidemment qu'ils ne se trouvaient point dans ce cas. Leurs collègues de Cappadoce n'eurent pas la même fermeté. Le vieil évêque de Nazianze, Grégoire, signa comme les autres, quoique sa foi fût très-pure; il se laissa surprendre, par simplicité, aux paroles artificieuses des hérétiques. Les moines, qui faisaient la partie la plus pure de son Eglise, ne crurent pas pouvoir demeurer après cela dans sa communion; ils s'en séparèrent, et attirèrent une grande partie du peuple. Grégoire le fils, qui était auprès de lui pour le soulager dans sa vieillesse, lui demeura toujours uni, sans approuver en aucune manière l'erreur de ceux par qui le père s'était laissé séduire, et enfin il réconcilia avec lui les moines et les autres qui s'en étaient séparés sans aigreur, mais par un pur zèle pour la foi. Dianée, évêque de Césarée en Cappadoce, tomba dans la même faute et souscrivit comme les autres à la formule de Constantinople. Saint Basile en fut sensiblement affligé, aussi bien que plusieurs autres personnes pieuses du pays. Mais la douleur de saint Basile fut d'autant plus grande, qu'il l'avait été élevé dès sa tendre jeunesse dans un respect et une affection particulière pour son évêque, dont il avait reçu le baptême et l'ordre de lecteur, et que Dianée était en lui-même très-estimable par sa gravité, sa douceur, sa noble simplicité. Il est vrai qu'il n'eut pas assez de fermeté à se déclarer pour le bon parti : il assista au concile d'Antioche pour la Dédicace, en 341; dans celui de Sardique, il se joignit aux ariens, mais il répara ces fautes avant sa mort.

Constance, attiré en Orient par la guerre contre les Perses, passa l'hiver à Antioche en 360. L'année suivante, il y assembla un concile très-nombreux pour faire condamner également et le *consubstantiel* et le *dissemblable en substance*, c'est-à-dire et les catholiques et les anoméens. Les évêques demandèrent, avant toutes choses, que l'on donnât à l'Eglise d'Antioche un pasteur avec lequel on pût régler la foi; car saint Eustathe était mort, Eudoxe avait quitté Antioche pour Constantinople, et Anien, élu au concile de Séleucie, avait aussitôt été exilé. Plusieurs, même des évêques, faisaient tous leurs efforts pour occuper cette grande place, et, comme le peuple et les évêques étaient divisés dans la créance, chacun favorisait celui qu'il croyait dans son sentiment. Enfin ils s'accordèrent tous sur le choix de Mélèce, auparavant évêque de Sébaste. Il était né d'une famille illustre à Mélitine, dans la petite Arménie, il avait été nourri dans l'opulence et les délices; mais dès sa jeunesse il s'était appliqué au jeûne et à la mortification. Il était juste, sincère, simple, craignant Dieu, irrépréhensible en ses mœurs, et surtout le plus doux de tous les hommes. La tranquillité de son âme paraissait dans ses yeux; un souris agréable ornait ses lèvres; ses mains étaient toujours prêtes à embrasser et à bénir. Il fut élu évêque de Sébaste en Arménie à la place d'Eustathe; mais, ne pouvant vaincre l'indocilité de son peuple, il se retira à Bérée. Les ariens le croyaient à eux; et les principaux auteurs de sa promotion à Antioche furent Acace de Césarée et Georges de Laodicée, espérant qu'il réunirait à leur parti toute l'Eglise d'Antioche, et même les eustathiens; car Acace dès lors se rapprochait des catholiques. Eux qui connaissaient mieux la foi de Mélèce, consentirent volontiers à son élection; le décret en fut dressé, tout le monde y souscrivit, et, d'un commun accord, on le mit en dépôt entre les mains d'Eusèbe, évêque de Samosate.

L'empereur ayant donné ordre de faire venir Mélèce, tous les évêques assemblés allèrent au devant de lui avec le clergé et tout le peuple : les ariens et les eustathiens s'empressaient également de le voir, les uns sur sa réputation, les autres sur l'espérance qu'il se déclarerait pour la foi de Nicée; la curiosité attirait jusqu'aux Juifs et aux païens, et tous admirèrent sa douceur et sa modestie. Il commença à entrer en fonctions par une prédication selon la coutume, et l'empereur voulut que le sujet fût ce passage fameux des Proverbes : *Le Seigneur m'a créé le commencement de ses voies;* car c'est ainsi qu'il est dans le grec, et c'était le grand fort des ariens. L'empereur ordonna que ce que chacun dirait serait écrit en même temps par des sténographes. Georges de Laodicée commença et prêcha ouvertement l'hérésie; Acace de Césarée suivit et tint le milieu entre ces blasphèmes et la vérité catholique. Mélèce parla le troisième, et fit un discours que saint Epiphane nous a conservé, et qui est un modèle de l'éloquence chrétienne. Il commence par l'humilité et la paix, et, entrant insensiblement en matière, il parle très-dignement du Verbe, disant qu'il est le Fils de Dieu, Dieu de Dieu, un seul d'un seul, semblable au Père et son caractère parfait. Il explique le passage des Proverbes par les autres, où l'Ecriture dit nettement que le *Fils* est engendré. Elle se sert, dit-il, du mot *créer* ou de *fonder*, pour montrer qu'il subsiste par lui-même et qu'il est permanent; du mot d'*engendrer*, pour montrer son excellence au-dessus des productions tirées du néant. Il finit en réprimant la téméraire curiosité des hommes qui veulent pénétrer la profondeur de la nature divine, et en exhortant à s'en tenir à la simplicité de la foi : tout cela en un discours d'un quart d'heure, qui n'est qu'un tissu de l'Ecriture (Epiph., *Hæres.*, 73, n. 29).

Ce discours, prononcé si hardiment en présence de l'empereur, attira de grandes acclamations du peuple; mais les ariens en furent extrêmement indignés, parce que, encore que Mélèce se fût abstenu par discrétion des termes de *consubstantiel* et de *substance*, il s'était assez déclaré pour la foi catholique. Eudoxe fit tous ses efforts pour l'obliger à se rétracter, et, le trouvant inflexible, il s'adressa à l'empereur avec les autres ariens, qui se repentaient de l'élection de Mélèce, et ils l'accusèrent de sabellianisme, suivant leur style ordinaire. Ils accusèrent aussi d'avoir reçu à sa communion des prêtres déposés par Eudoxe, c'est-à-dire, apparemment des catholiques persécutés injustement. Constance les crut avec sa légèreté accoutumée, et donna ordre de le reléguer en Arménie, à Mélitine, sa patrie,[1] un mois après qu'il était entré à Antioche. Saint Mélèce avait si bien profité de ce peu de temps, qu'il avait banni l'erreur de son Eglise, et, retranchant les incorrigibles, il laissa les autres inébranlables dans la foi. Le gouverneur, l'ayant pris dans son char pour l'emmener en exil, fut poursuivi par le peuple à coups de pierres; mais saint Mélèce le couvrit de son manteau.

Cependant saint Eusèbe de Samosate s'était retiré en son église, emportant l'acte de l'élection de saint Mélèce, dont il était dépositaire. Les ariens, craignant ce témoignage de leur mauvaise foi, persuadèrent à l'empereur de le redemander. Il y envoya en poste; mais Eusèbe répondit : Je ne puis rendre un dépôt public que tous ceux de qui je l'ai reçu ne soient assemblés. » L'empereur, irrité de cette réponse, lui écrivit encore, le pressant de rendre cet acte, et ajouta que s'il ne le rendait, il avait ordonné qu'on lui coupât la main droite. Mais ce n'était que pour l'épouvanter; car il avait défendu au porteur de la lettre d'en rien faire. Eusèbe ayant lu la lettre, présenta ses deux mains, dit au porteur : « Coupez-les-moi toutes deux; car je ne rendrai point ce décret, qui est une conviction si claire de la méchanceté des ariens. » L'empereur Constance ne put s'empêcher de louer un si grand courage, et l'admira toujours depuis (Theod., l. 2, c. 32).

Pour remplir le siège d'Antioche, l'empereur fit venir d'Alexandrie Euzoïus, un des premiers disciples d'Arius, et déposé du diaconat dès le commencement par son évêque saint Alexandre. L'empereur lui fit imposer les mains par les évêques; mais cette ordination divisa de nouveau l'Eglise d'Antioche. Aucun catholique ne voulut communiquer avec Euzoïus, et tous ceux qui depuis trente ans avaient souffert tous les mauvais traitements des ariens, sous Etienne, sous Léonce et sous Eudoxe, crurent devoir enfin s'en séparer, et commencèrent à tenir leurs assemblées à part, dans une ancienne église dédiée aux apôtres. Ils voulaient se réunir aux eustathiens, c'est-à-dire à cette partie des catholiques qui, depuis l'injuste déposition de saint Eustathe, n'avaient point communiqué avec les ariens; mais les eustathiens refusèrent cette union, parce que saint Mélèce avait été élu par les ariens, et que plusieurs de ceux qui le suivaient avaient reçu d'eux le baptême. L'Eglise d'Antioche était donc divisée en trois; car outre les ariens, qui reconnaissaient Euzoïus pour leur évêque, il y avait deux partis catholiques divisés par un schisme, sans aucune diversité de créance, savoir, les eustathiens et les méléciens, qui faisaient le plus grand nombre. Ceux-ci gardèrent une telle affection pour leur saint pasteur, quoiqu'il ne les eût gouvernés qu'un mois, que l'on en voyait partout des marques. Dès qu'ils l'eurent reçu dans la ville, ils donnèrent son nom à leurs enfants; en sorte que l'on entendait partout le nom de Mélèce dans les places, dans les rues, dans la campagne. Ils portaient son image gravée dans leurs cachets ou en sculpture sur leur vaisselle, dans leurs chambres et en tous lieux. Saint Chrysostome, qui le rapporte, l'avait vu dans son enfance (Chrysost., *In Melet.*).

Quelques évêques ariens, de leur côté, en présence de l'empereur, dressèrent une nouvelle profession de foi, où ils professèrent le pur arianisme, disant que le Fils est en tout dissemblable du Père, non-seulement selon la substance, mais encore selon la volonté, et déclarant qu'il est tiré du néant, comme Arius avait dit d'abord. La nouvelle formule trouva si peu de sympathie, que ses propres auteurs l'abandonnèrent bientôt.

Pendant que l'empereur Constance était occupé à tenir des conciles, à changer les formules de foi et à recevoir de ses courtisans le titre d'*éternel*, la fin de son règne et de sa vie approchait. Il reçut tout d'un coup deux lettres de Julien, l'une officielle et ostensible, l'autre secrète. Dans la première, Julien lui annonçait qu'il avait été proclamé malgré lui empereur et auguste à Paris; dans la seconde, il lui faisait les plus sanglants reproches. Constance entra dans une étrange colère, et, après quelques incidents, se mit en marche pour aller le combattre. Mais il mourut en route, le 3 novembre 361, à l'âge de quarante-cinq ans, après avoir reçu le baptême de la main d'Euzoïus, évêque arien d'Antioche.

LIVRE TRENTE-QUATRIÈME.

Julien l'Apostat. — Preuve expérimentale que le paganisme et sa philosophie ne sont qu'inanité, et que le christianisme seul possède la vérité et la vie.

(De l'an 361 à l'an 363 de l'ère chrétienne.)

Il y avait une dizaine d'années que Julien avait renoncé en secret à la religion chrétienne; mais, joignant l'hypocrisie à l'apostasie, il continuait d'en faire profession en public. C'était pour déjouer les soupçons de Constance et se concilier le dévouement des soldats chrétiens, qui étaient en grand nombre dans son armée. Du reste, il se distingua dans les Gaules comme césar, battit plusieurs fois, et en deçà et au delà du Rhin, certains peuples de la Germanie, en particulier les Francs et les Allemands, qui faisaient effort pour s'emparer des terres de l'empire, et rétablit l'ordre et la sécurité dans les pays qui lui étaient confiés. Il lui fallait pour cela d'autant plus de tête que plusieurs de ses grands officiers lui avaient été donnés par Constance, moins pour le seconder que pour l'épier et le contrarier. Toutefois un ministre de l'empereur même lui rendait en secret le plus éminent service : c'était Ursule, ministre des finances impériales. Comme Julien avait été envoyé dans les Gaules sans argent et sans moyen de s'en procurer, Ursule ordonna secrètement au trésorier de la province de lui fournir toutes les sommes qu'il demanderait. Nous verrons bientôt de quelle manière ce service fut payé.

Les Gaules étaient tranquilles; mais l'Orient était infesté par les Perses. Constance, qui marchait contre eux, envoya demander à Julien l'élite de ses troupes pour renforcer les siennes. Au fond, il était jaloux de sa gloire et craignait qu'il n'entreprît quelque chose de plus. C'est du moins ce que l'on dit, et avec assez de vraisemblance. Julien était à Paris, ville alors peu considérable, qu'il appelle sa chère Lutèce. A l'arrivée des commissaires impériaux, il protesta de sa parfaite soumission; seulement il représenta qu'on ne pouvait, sans injustice, ni sans péril, entreprendre de faire partir les troupes auxiliaires, qui ne s'étaient données à lui qu'à condition qu'on ne leur ferait jamais passer les Alpes; il ajouta qu'en leur manquant de parole, on se privait à jamais du secours des étrangers, qui ne viendraient plus offrir leurs services. Les commissaires ayant, malgré ces raisons, fait partir un premier corps de troupes, une main inconnue fit courir, dans le quartier de deux légions qui devaient les suivre, un libelle rempli d'invectives contre Constance, de plaintes sur l'outrage qu'on faisait à Julien et sur le sort déplorable des soldats qu'on exilait, disait-on, comme des criminels, aux extrémités de la terre : « Nous allons donc abandonner à une nouvelle captivité nos enfants et nos femmes que nous avons rachetés au prix de tant de sang ! » C'est ce que rapporte Julien lui-même, ainsi que les deux païens Ammien Marcellin et Zosime (Jul., *Ad Athen.*, p. 283; Am. M., l. 20, c. 4; Zos., l. 3, c. 9). Les commissaires, effrayés, pressèrent le départ des troupes : elles devaient se rassembler à Paris. Julien alla au devant d'elles, les exhorta à se soumettre de bonne grâce aux ordres de l'empereur, qui ne manquerait pas de récompenser leur valeur. Mais le peuple les conjura de ne point abandonner un pays qu'elles avaient défendu avec tant de gloire, et les soldats, à leur tour, étaient très-disposés à rester. Julien les harangua à cette occasion et leur dit, entre autres choses, qu'il ne leur appartenait pas de délibérer lorsque l'empereur ordonnait. Les soldats se retirèrent en gardant le plus profond silence. Julien invita ensuite tous les principaux officiers à dîner, et, après leur avoir donné un magnifique repas, il leur offrit ses services et les assura de son estime et de son amitié.

Cette nuit-là même, comme le rapporte Ammien (l. 20, n. 5), il apprit à ses intimes confidents qu'un spectre, tel qu'on représentait le génie de l'empire, lui était apparu en songe et lui avait dit avec reproche : « Depuis longtemps, ô Julien, je me tiens à la porte de votre demeure, désirant augmenter votre dignité. Déjà quelquefois je m'en suis allé, repoussé par vous; si je ne suis pas reçu maintenant que le vœu de la multitude s'y accorde, je me retirerai confus et triste. Retenez cependant bien que je ne demeurerai pas plus longtemps avec vous. » Le lendemain, les troupes séjournèrent comme pour se disposer à partir. Mais, au coucher du soleil, les soldats, excités, suivant le païen Zosime (l. 3, p. 710), par des écrits que leurs officiers avaient semés parmi eux, prirent les armes et coururent en foule autour du palais en proclamant tumultuairement Julien empereur. Qui avait excité les officiers? Un mot que dit Eunape nous le laisse entrevoir. Dans son éloge du médecin Oribase, ami intime de Julien, il dit que ce prince lui devait l'empire, apparemment parce qu'Oribase fut le moteur secret de la détermination des troupes. Incertain du parti à prendre, Julien adora Jupiter, qui lui manifesta par un signe qu'il ne devait pas résister au vœu des soldats. Julien lui-même nous le dit. Eunape ajoute qu'il pratiqua certaines cérémonies avec un pontife païen, qu'il avait fait venir secrètement de la Grèce quelque temps auparavant; après quoi il entreprit de renverser la tyrannie de Constance : ce qui veut dire, dans le langage de cet écrivain, qu'il eut recours à la magie (Eunap., c. 5). Avec cela, dans son manifeste au peuple d'Athènes, Julien jure tous ses grands dieux qu'il ne soupçonnait pas même ce qui se préparait. Mais on sait ce que valent les protestations officielles dans une révolution politique. Julien même peut servir d'échantillon. Quand il eut été fait césar, il composa deux panégyriques en l'honneur de Constance, où, comme nous l'avons vu, il l'élève au-dessus de tous les héros, tandis qu'au fond du cœur il le méprisait comme le dernier des hommes. Enfin, après quelques résistances feintes ou réelles, il condescendit au vœu des soldats et prit le diadème avec le titre d'*auguste*. Après tout, avec le soupçonneux Constance, le meurtrier de sa famille, il était prudent, nécessaire même, de prendre un parti bien tranché et de ne pas rester dans une position équivoque.

Julien, qui prévoyait bien que jamais Constance n'approuverait ce qui s'était fait, lui envoya des ambassadeurs pour l'en informer et le prier d'y donner son assentiment. Ils étaient porteurs de deux lettres : l'une ostensible, contenant le récit officiel de la chose, avec des exhortations à la concorde et des conditions pour la maintenir. Il y est dit, entre autres, que les soldats n'avaient fait qu'accomplir une délibération prise depuis longtemps (1), ennuyés de consumer leur vie sous un simple césar, qui ne pouvait les récompenser de leurs travaux. La seconde, qui devait être remise en secret à Constance même, renfermait contre lui des reproches et des injures si violents qu'Ammien Marcellin la jugea indigne d'entrer dans son histoire (l. 20, n. 8). Constance, qui était en marche contre les Perses, ayant lu ces lettres, entra dans une étrange colère et renvoya les députés avec un commissaire pour intimer ses ordres à Julien. Celui-ci reçut le commissaire impérial avec honneur : c'était le comte Léonas, le même qui avait assisté au concile de Séleucie. Dans une audience particulière, Julien lut les lettres de Constance : ce dernier l'engageait entre autres à ne pas oublier les bienfaits qu'il en avait reçus, non-seulement de l'avoir honoré de la qualité de césar, mais pour l'avoir nourri et élevé dans son enfance, lorsqu'il était sans ressources. A ces mots, Julien ne put retenir son indignation : Eh! quel est donc celui, s'écria-t-il, qui m'avait enlevé toutes mes ressources? quel est celui qui m'avait rendu orphelin? N'est-il pas lui-même le meurtrier de mon père? ignore-t-il qu'en rappelant ce funeste souvenir, il rouvre une plaie cruelle dont il est l'auteur? Quant aux ordres que lui apportait Léonas, il fit cette réponse : Je renoncerai volontiers au titre d'*auguste*, si c'est la volonté des légions; rendez-vous demain à l'assemblée, et rapportez-y votre lettre. Le lendemain, monté sur un tribunal élevé, qu'entourait l'armée, ainsi que le peuple de Paris, il ordonna à Léonas de lire devant tout le monde la lettre de l'empereur. Dès qu'il en fut venu à l'endroit où Constance réduisait Julien au simple titre de *césar*, mille cris l'interrompirent et répétaient de toutes parts : Julien auguste! C'est le vœu de la province, de l'armée, de l'état même qu'il a relevé, mais qui craint encore les insultes des Barbares. Julien congédia Léonas, avec des lettres à Constance, où il ne le ménageait plus, mais lui reprochait le

(1) *Miles olim deliberatum implevit* (Amm., l. 20, n. 8).

massacre de sa famille, et le menaçait de venger la mort de tant d'innocentes victimes. Il y eut encore, de part et d'autre, plusieurs lettres et plusieurs députations ; l'empereur lui envoya entre autres un évêque des Gaules, nommé Epictète, qui lui promit de sa part la vie sauve, sans s'expliquer sur le rang qu'il tiendrait dans la suite. Julien répondit qu'il ne comptait nullement sur les serments de Constance, et qu'il était résolu de conserver le titre d'*auguste*, tant pour ne point compromettre son honneur que pour ne pas abandonner ses amis à la vengeance d'un prince sanguinaire, dont tout l'univers, disait-il, avait ressenti la cruauté (Jul., *Ad Athen.*, p. 286).

Des deux côtés on s'attendait donc à la guerre. Constance ne doutait point de la victoire; ses forces étaient bien plus considérables, et toujours il avait été heureux dans les guerres civiles. Pour ces mêmes raisons, Julien n'était pas sans inquiétude. Pour se rassurer, il consultait avec anxiété les présages, les songes, la théurgie, dont il pratiquait secrètement les mystères avec Oribase, sous la direction du pontife qu'il avait fait venir de Grèce. Ces superstitions, si peu dignes d'un philosophe, lui promettaient la mort prochaine de Constance. Une nuit, étant à demi éveillé, il vit un fantôme brillant de lumière, qui répéta plusieurs fois quatre vers grecs dont voici le sens : « Lorsque Jupiter sera à l'extrémité du Verseau, et que Saturne entrera dans le vingt-cinquième degré de la Vierge, Constance, empereur d'Asie, finira tristement ses jours. » D'après cela, Julien ne craignait plus rien de fâcheux. C'est ce que dit son panégyriste Ammien Marcellin (l. 2, n. 1 et 2), qui même fait à ce sujet une longue dissertation pour montrer qu'il n'avait pas tort. Telle était la philosophie de Julien et de ses louangeurs. Cicéron avait dit qu'il ne concevait pas qu'un aruspice pût en regarder un autre sans rire. Le philosophe Julien n'en riait pas. Avec un petit nombre d'initiés, il s'appliquait en secret à consulter les entrailles des victimes, le vol et le cri des oiseaux, ainsi qu'aux autres superstitions surannées du paganisme. En même temps, pour mieux cacher son apostasie et se concilier tout le monde, il feignait encore d'être chrétien. Ainsi, se trouvant à Vienne à la fête de l'Epiphanie, avec laquelle se célébrait en même temps alors celle de Noël, il entra publiquement dans l'église et y prit solennellement la divinité : c'est l'expression d'Ammien (*Ibid.*), que plusieurs interprètent du sacrement de l'Eucharistie, qu'en effet tous les chrétiens recevaient aux principales fêtes.

Vers le même temps, il perdit Hélène, sa femme, sœur de Constance. Il n'avait eu d'autres enfants qu'un prince, que la sage-femme, gagnée par l'impératrice Eusébie, avait fait périr en naissant. Depuis, la même impératrice ayant engagé sa belle-sœur à la venir voir à Rome, lui donna un breuvage qui l'empêcha de porter aucun enfant à terme. Cette espèce de poison lui abrégea peut-être les jours. On a peine à concevoir cette noirceur de la part d'Eusébie, l'insigne bienfaitrice de Julien; mais elle était stérile et au désespoir de l'être. Qui sait même si elle n'avait pas pour Julien plus que de l'amitié? Julien, quoique à la fleur de l'âge, ne voulut point se remarier. Ses panégyristes assurent que son lit était plus chaste que celui d'une vestale. Cependant lui-même se fait dire qu'il couchait presque toujours seul (*Mi-*

sopog.); c'est-à-dire pas toujours; et, dans un autre endroit, il parle du nourricier de ses enfants (Jul., epist. 40).

Eusébie elle-même était morte. Constance, quoique faible et malsain, se maria une troisième fois. Il épousa Faustine, dont on ignore la famille, et que dans peu il devait laisser veuve. Julien lui-même ne devait pas tarder à le suivre dans la tombe. Plus pressés que la mort, les deux cousins et beaux-frères se préparaient à s'entre-détruire. Constance faisait faire des approvisionnements considérables sur les frontières des Gaules. Il comptait y venir avec toute son armée, après en avoir fini avec le roi de Perse.

Julien ne s'oublia point. Pour commencer, il offrit à Bellone, déesse de la guerre, des sacrifices très secrets : c'est l'expression d'Ammien. Dans ces occasions, les Romains d'autrefois immolaient des victimes humaines. Comme Julien était enthousiaste des vieux usages du paganisme, il est possible qu'il en ait fait autant. Le secret extraordinaire qu'il y mit le donne à craindre. Après cela, il prit le masque, il assembla les troupes et leur fit prêter serment, non plus à Constance, mais à lui-même. Tous les soldats, se portant leurs épées à la gorge, jurèrent avec d'horribles imprécations de le suivre partout. Un seul homme résista à l'entraînement général : c'était Nébridius, préfet du prétoire. Il représenta hardiment qu'il ne pouvait prêter serment contre Constance, qui l'avait comblé de bienfaits. Les soldats voulurent le massacrer; il se jeta aux pieds de Julien, qui le couvrit de sa pourpre. Pour gage de sûreté, Nébridius demandait à lui baiser la main. Julien s'y refusa, disant : Eh ! que réserverais-je à mes amis, si je te donne ma main à toucher ? Va-t-en sans crainte, partout où tu voudras (Amm., l. 21, n. 5). Ces froids adieux à un homme si digne d'estime ne font guère d'honneur à l'empereur philosophe; son panégyriste Libanius est infâme, quand il traite d'efféminée la noble conduite de Nébridius (Liban., Orat. 5, p. 287).

Pour augmenter ses forces, Julien amnistia et incorpora dans ses troupes les vieux soldats de Magnence, qui, traités en rebelles depuis sept ans, s'étaient formés en bandes de voleurs. Puis, ayant pris par ruse un roi franc dont la fidélité lui était suspecte, il marcha en trois colonnes, à travers la forêt Noire, sur Sirmium en Pannonie, publiant sur sa route, à tort ou à raison, que Constance avait sollicité les Barbares d'envahir les Gaules. La rapidité de sa marche et la division de son armée en trois corps, ce qui lui faisait paraître plus considérable, répandirent partout la terreur. Taurus, préfet d'Italie, et Florentius, préfet d'Illyrie, prirent la fuite. Comme ils étaient l'un et l'autre consuls de cette année, Julien ordonna qu'ils fussent flétris dans les actes publics par le titre de *Consuls fugitifs* (Zosime). Onze jours après être parti des environs de Bâle, il entra triomphant à Sirmium. Le gouverneur de la province fut fait prisonnier dans son lit. Peu de jours après, Julien s'empara d'un défilé important qui lui ouvrait le chemin de la Thrace et de Constantinople. De son quartier général, il écrivit au sénat de Rome, à qui l'on permettait encore de ratifier les élections des empereurs. Comme il était maître de l'Italie, sa demande fut admise à l'unanimité. Toutefois, quand on vint à l'endroit de sa lettre où il s'emportait en invectives contre Constance, tous les sénateurs s'écrièrent d'une voix : Ah ! respectez, de grâce, l'auteur de votre fortune. La lettre n'épargnait pas non plus Constantin : Julien l'accusait, entre autres, d'avoir le premier avili les charges les plus éminentes et le consulat même, en le prodiguant à des Barbares; reproche absurde, qui devait retomber sur son auteur, comme le remarque Ammien Marcellin (l. 21, n. 10), puisque, dès l'année suivante, il nomma consul Névitta, goth de naissance, homme grossier, cruel, sans expérience, sans autre mérite que de s'être attaché à la fortune de Julien, et fort inférieur en toute manière à ceux que Constantin avait honorés de cette dignité.

Dans le même temps, il envoya des manifestes de côté et d'autre. Nous avons celui qu'il adressa au sénat et au peuple d'Athènes. Il y professe ouvertement le culte des idoles, auquel il attribue ses succès. A mesure qu'il se sentait devenir puissant, il cessait de faire l'hypocrite, et se montrait le plus superstitieux des païens. Il ouvrait les temples que Constantin et Constance avaient fermés; il les ornait d'offrandes, il immolait des victimes et exhortait les peuples à reprendre le culte des dieux de leurs pères. Lui-même, dans une lettre au philosophe Maxime, où il témoigne avoir passé de Gaule en Illyrie, dit ces paroles : « Nous servons les dieux ouvertement, et la multitude des troupes qui me suivent est pieuse. Nous sacrifions des bœufs publiquement, et nous avons offert aux dieux plusieurs hécatombes ou centaines de bœufs en actions de grâces (Jul., epist. 38). » Voilà de quoi triomphait cet empereur philosophe, écrivant à celui des philosophes qu'il estimait le plus : tuer des bœufs en l'honneur des idoles, tuer des bœufs par la plus grossière de toutes les superstitions. Quand il ajoute que la multitude des troupes était pieuse, cela veut dire que le grand nombre des soldats gaulois et germains prenaient volontiers part à la viande et au vin de ces impériales boucheries; leur dévotion à cet égard allait même ordinairement si loin, comme nous l'apprend un témoin oculaire, Ammien Marcellin (l. 22, n. 12), que les passants étaient obligés de les rapporter sur leurs épaules dans leurs logements.

Tout réussissait à Julien, quand tout à coup il se vit dans le plus grand péril. Deux légions qu'il avait trouvées à Sirmium, et que de là il envoyait dans les Gaules, s'emparèrent sur leur route de la ville importante d'Aquilée, et, de concert avec les habitants, se déclarèrent pour Constance. Cette ville était la clef de l'Italie. Julien se voyait coupé de ce côté-là. Il envoya des troupes pour l'assiéger; mais la garnison et les habitants se défendirent si bien, que jamais il ne put s'en rendre maître. D'un autre côté, l'Afrique, le grenier de l'Italie, la nourrice de Rome, restait fidèle à Constance. Enfin, Constance lui-même, débarrassé pour le moment du roi de Perse, à qui un présage avait fait abandonner son expédition dans le moment le plus favorable, s'avançait avec toute son armée. Julien avait de terribles inquiétudes, qu'il dissimulait tant bien que mal. Pour se rassurer lui-même, il observait assidûment le vol des oiseaux et les entrailles des victimes. Souvent il recevait des présages ambigus, qui le plongeaient dans des incertitudes encore plus cruelles. Enfin Aprunculus, orateur gaulois, profond dans la science des aruspices, lui fit savoir qu'il avait trouvé le foie d'une victime enveloppé d'une double graisse. C'était un signe heureux selon les règles de l'art; mais Julien doutait du fait, craignant qu'on ne voulût le flatter par un présage aussi favorable (Amm., l. 22, n. 1). En vérité, c'est un spectacle éminemment philosophique, de voir un empereur philosophe demander des conseils et des consolations au vol des étourneaux et des buses, aux croassements des corbeaux et des corneilles, aux intestins des veaux et des moutons.

Julien était dans ces perplexités, lorsqu'il vit arriver une troupe de cavaliers avec deux généraux, qui lui annoncèrent que Constance était mort, et que, dans ses derniers moments, il l'avait désigné pour son successeur. Rassuré par cette agréable nouvelle, il marcha vers la Thrace et fit son entrée à Constantinople le 11 décembre 361. Le corps de Constance y fut apporté, sous la conduite de Jovien, depuis empereur, et enseveli avec la magnificence convenable, auprès du grand Constantin, dans l'église des Apôtres. Julien assista au convoi funèbre et versa quelques larmes, réelles ou feintes, que ses panégyristes ont soigneusement recueillies.

Peu après il établit à Chalcédoine une commission militaire pour juger les ministres de son prédécesseur. Un des plus coupables était Arbétion, autrefois ennemi de Gallus et de Julien même : par ses intrigues, il avait perdu plusieurs personnages recommandables. Il fut mis à la tête de la commission, tant il avait su, en si peu de jours, gagner le nouvel empereur : le président nominal et les autres membres ne l'étaient que pour la forme. Cette commission montra plus de rigueur que de justice. Avec quelques coupables qui le méritaient, elle punit plusieurs personnes innocentes. Elle fit brûler vifs le fameux délateur Paul, surnommé la *chaîne*, et le grand chambellan Eusèbe, cet arien passionné, qui avait poussé son maître à tant de procédés tyranniques. Taurus, qui avait mérité le consulat par les violences exercées au concile de Rimini, fut exilé à Verceil. On lui fit un crime d'avoir été fidèle à Constance en quittant l'Italie, lorsqu'elle s'était déclarée pour Julien. Ce qu'il y eut de plus honteux, c'était la date des actes de son procès. Les interrogatoires, par exemple, commençaient ainsi : *Sous le consulat de Taurus et de Florentius, Taurus étant amené par les crieurs publics.* L'autre consul fut condamné à mort ; mais il se sauva et demeura caché le reste de sa vie. C'est Ammien Marcellin qui nous apprend tous ces détails. Il ajoute que la justice elle-même sembla pleurer l'exécution d'Ursule, et accuser l'empereur d'ingratitude. Ursule était ce trésorier général qui, malgré les ordres de Constance, avait fourni de l'argent à Julien dans les Gaules. Julien, se voyant maudit et abhorré par suite de ce meurtre, voulut s'en excuser en prétextant qu'Ursule avait été mis à mort à son insu, par la vengeance des soldats auxquels il avait reproché autrefois leur lâcheté. Mais Ammien lui-même reconnaît (l. 22, n. 3) que ce meurtre était inexpiable, et que de pareilles excuses trahissaient un manque d'intelligence ou de courage, pour avoir établi des juges sans les connaître, ou pour n'oser réprimer leurs excès. Le panégyriste Libanius admire comme une magnanimité incomparable de la part de Julien, d'avoir laissé à la fille unique d'Ursule une portion de l'héritage de son père (Liban., *Orat.* 10, t. II, p. 298). C'est que les biens des autres furent entièrement confisqués. Il y a plus : peu de temps après, comme plusieurs personnes tâchaient, par des fraudes charitables, de mettre à couvert les débris de la fortune de tant de malheureux, Julien condamna par une loi les receleurs à la confiscation de leurs propres biens, s'ils en avaient, et à la peine capitale, s'ils étaient pauvres (*Cod. Theod.*). Telle fut l'humanité de ce philosophe empereur.

Dans le même temps il réforma le palais. Ayant demandé un jour un barbier, il se présenta un officier magnifiquement vêtu. C'est un barbier que je demande, s'écria Julien, et non pas un ministre des finances. Toutefois il s'enquit de ce que lui valait sa charge, et trouva qu'il avait par jour vingt rations de pain et autant de fourrage pour ses chevaux, sans compter un salaire considérable et des gratifications extraordinaires. Là-dessus Julien, sans aucune exception pour ceux mêmes qui en méritaient, chassa tous les barbiers, tous les cuisiniers et les autres officiers semblables, disant qu'ils ne lui étaient pas nécessaires, et particulièrement les eunuques, parce qu'il n'avait plus de femme. Ammien lui-même convient qu'en cela il ne gardait point la modération d'un vrai philosophe (l. 2, n. 4). En effet, il semble qu'il fût incapable de garder en rien la mesure. Si Constance avait mis sa vanité dans un luxe excessif, Julien mettait la sienne dans la malpropreté, dans la longueur de ses ongles, dans l'encre dont ses mains étaient toujours tachées, dans ses cheveux mal peignés, dans l'épaisseur de sa barbe, où se promenaient de petits animaux (*Misopog.*). C'est lui-même qui nous trace avec complaisance, et même avec orgueil, ce portrait de sa personne. Enfin, à la place des barbiers, des cuisiniers, des échansons, il remplit le palais de philosophes, de magiciens, d'astrologues, de devins, de charlatans de toute espèce et de prostituées. Ammien avoue qu'on le tournait avec justice en ridicule, parce qu'il menait toujours avec lui des troupes de femmelettes et qu'il s'en faisait gloire (l. 22, n. 14). C'est un trait que ne devraient pas oublier ces modernes panégyristes.

Son philosophe de prédilection était Maxime, qui l'avait initié dans la théurgie, et auquel il croyait devoir l'empire. Il ne se vit pas plus tôt empereur, qu'il lui dépêcha une escorte honorable pour le conduire à la cour. Maxime était alors à Sardes, capitale de Lydie, avec Chrysanthe, cet autre disciple d'Édésius, dont nous avons déjà parlé. La lettre d'invitation étant commune pour l'un et pour l'autre, ils employèrent les évocations théurgiques pour savoir s'ils devaient entreprendre le voyage. Ayant procédé dans l'opération avec toute la méthode et toute la circonspection possible, ils virent les signes les plus effrayants, et ces signes étaient si clairs, dit le sophiste ou philosophe Eunape, qu'un homme de la lie du peuple les eût compris. Chrysanthe changea de visage et fut consterné. Cher ami, dit-il à Maxime, je dois non-seulement demeurer ici, mais encore me cacher dans les entrailles de la terre. Maxime se rassurant, lui répondit : Chrysanthe, je ne vous reconnais plus. Avez-vous oublié nos grands principes ? Des Hellènes parfaits, comme nous, ne doivent pas s'arrêter aux premiers signes qui se présentent. Il faut faire violence aux dieux et les forcer de vouloir ce que nous voulons. Vous êtes peut-être assez hardi pour le tenter, et assez habile pour réussir, reprit Chrysanthe. Pour moi, je trouve que leur volonté est trop marquée; je n'oserais y résister. Ayant parlé de la sorte, il quitta Maxime. Celui-ci ne se rebuta point, et s'opiniâtra à fatiguer ses dieux, jusqu'à ce qu'il crut en recevoir des réponses favorables à son ambition. Mais ces présages mendiés et extorqués ne firent aucune impression sur Chrysanthe. Il laissa partir Maxime, et, dans la suite, il demeura toujours inébranlable, malgré les instances réitérées de Julien. Ce prince, voyant que les lettres qu'il écrivait, et à Chrysanthe, et à Mélite, sa femme, étaient inutiles, ne le pressa plus; il se contenta de le faire souverain pontife de Lydie, et Mélite grande-prêtresse. Mais soit que ce philosophe eût effectivement découvert, par le moyen de la théurgie, comme le prétend son cousin Eunape (*Maxim.*), que le christianisme remonterait bientôt sur le trône, soit qu'à tout événement il crût qu'il était plus sûr de ménager les chrétiens, il ne se laissa pas entraîner au zèle fougueux de tant d'autres, qui se repentirent peu de temps après de n'avoir pas imité sa politique. Chrysanthe usa si sobrement du pouvoir que lui donnait sa dignité, que, dans la province, on ne s'aperçut presque d'aucun changement par rapport à la religion, ni pendant la vie ni après la mort de Julien.

Le départ de Maxime mit toute l'Asie en mouvement. Les magistrats et les personnes les plus qualifiées couraient avec le peuple rendre leurs hommages à ce favori. Quand il entrait dans une ville, les rues et les places étaient si remplies, qu'il avait peine à percer la foule. On lui prodiguait les applaudissements, les acclamations et tout ce qui était d'usage dans les réceptions solennelles. Tandis que les hommes complimentaient Maxime, la femme de ce philosophe recevait les visites des femmes, qui venaient lui faire leur cour par une porte dérobée. Elles la félicitaient sur son bonheur, et la conjuraient de vouloir bien se souvenir d'elles. En un mot, depuis Sardes jusqu'à Constantinople, le voyage de Maxime fut un triomphe continuel.

Julien était au sénat et y prononçait une harangue, lorsqu'on vint lui dire que Maxime était arrivé. Aussitôt, oubliant sa dignité et la bienséance, il saute de son siège et court de toutes ses forces à la rencontre du philosophe, qui était encore loin, l'embrasse avec mille démonstrations de tendresse, et l'amène au sénat, quoiqu'il ne fût pas sénateur. Ammien observe que cette ostentation intempestive de Julien venait encore moins de son affection pour Maxime, que d'un désir immodéré de vaine gloire (l. 22, n. 7). Dès ce moment ils ne se quittèrent plus l'un l'autre; tous deux ils passaient ensemble les jours et les nuits à consulter les dieux. Maxime gouvernait et l'empereur et l'empire. Mais sa prétendue philosophie ne tint pas contre la faveur. On lui vit bientôt des airs de hauteur et des habits trop recherchés. Julien seul ne s'apercevait pas d'un changement qui choquait les païens mêmes.

La suite fit voir que Chrysanthe avait pris le meilleur parti. Maxime fut inquiété sous le règne de Valens. On lui redemanda des sommes immenses qu'on l'accusait d'avoir volées. Il languit longtemps dans les prisons, où il souffrit, selon Eunape, les outrages et les tourments les plus cruels. Sa femme était témoin de ses malheurs. Il la pria un jour d'aller lui acheter du poison. Elle le fit et prépara le breuvage. Lorsque Maxime le demanda, elle en but elle-même et mourut. Maxime jugea à propos de lui survivre, et fut mis peu après en liberté. Il reparut dans le monde avec quelque crédit; mais, ayant été impliqué dans une affaire de magie, le proconsul d'Asie ne lui donna pas le temps de mourir d'une maladie dont il ne pouvait réchapper, et lui fit trancher la tête à Éphèse.

Julien ne cessait d'écrire à tous les philosophes, qu'il connaissait de réputation ou autrement, des lettres pleines de reproches obligeants sur ce qu'ils différaient à le venir joindre. Ils accouraient avec de grandes idées de fortune. L'empereur les caressait, les faisait manger avec lui, buvait à leur santé, les appelait ses camarades; mais cet accueil n'était souvent qu'une comédie. Plusieurs, lorsqu'ils s'imaginaient être au comble de la faveur, se voyaient congédiés tout à coup sans savoir de quoi se plaindre davantage, ou de leur crédulité, ou du caprice de Julien. D'autres, plus heureux, étaient mis en place ou restaient à la suite de l'empereur, qu'ils enivraient de leurs flatteries, et qui les flattait lui-même. Ils s'autorisaient de ses éloges pour ne plus tarir sur leurs propres louanges. La plupart n'avaient rien du philosophe que la barbe et l'habit, ni d'autre mérite qu'une haine implacable contre les chrétiens (Greg. Naz., *Orat.* 4).

Entouré de ses philosophes, Julien transforma le palais et ses jardins en un vaste temple d'idoles. Tous les dieux y eurent leurs statues. On trouvait un autel dans chaque bosquet. Le titre de souverain pontife ne fut pas pour lui un vain titre; il l'estimait autant et peut-être plus que celui d'empereur; il en exerçait les fonctions en personne. Le matin, il immolait une victime au soleil pour honorer son retour; le soir, il lui disait adieu par un second sacrifice. Il rendait de semblables hommages à la lune et aux étoiles pendant la nuit. Il sacrifiait encore tous les jours à quelque autre dieu : dans son palais, si les affaires ne lui permettaient pas de sortir; en public, lorsqu'on célébrait une fête. Alors rien ne l'arrêtait : il courait au lieu de la solennité. On l'y voyait se prosterner devant l'idole, lui baiser les pieds, aller et venir d'un air inquiet et empressé, fendre le bois pour l'autel, attiser le feu, le souffler avec la bouche jusqu'à perdre haleine, égorger la victime, lui fouiller dans les entrailles, y chercher l'avenir d'un œil avide, en retirer ensuite ses mains dégouttantes de sang, voulant être à la fois et le sacrificateur et les ministres (Lib., *Orat.* 10).

A ce spectacle, les païens sensés avaient peine à s'empêcher de rire. Julien prenait tout au sérieux. Il enseigne, dans un de ses écrits, qu'il faut adorer non-seulement les images des dieux, mais encore leurs temples, leurs parvis, leurs autels (Jul., *Op.*, t. I, p. 296. Spanheim). Son régime seul était un modèle achevé de superstition. Afin de plaire à Pan ou à Mercure, à Hécate ou à Isis, il se privait, à certains jours, de divers aliments qu'il croyait odieux à ces divinités tutélaires. Par ces jeûnes, il préparait ses sens et son esprit aux visites fréquentes et familières dont l'honoraient les puissances célestes. Car son panégyriste Libanius nous assure qu'il vivait dans un commerce habituel avec les dieux et les déesses; que ces divinités descendaient sur la terre pour jouir de la conversation de leur héros favori; qu'elles interrompaient doucement son sommeil en touchant ses mains ou ses cheveux; qu'elles l'avertissaient de tous les dangers dont il se trouvait menacé; que leur sagesse infaillible le guidait dans chacune des actions de sa vie, et qu'enfin il était si familiarisé avec elles, qu'il distinguait sur-le-champ la voix de Jupiter de celle de Minerve, et la figure d'Apollon des formes d'Hercule (Liban., *Legat. ad Jul.*, p. 157; *Orat. parent.*, c. 83).

Mais où la crédulité et la superstition de Julien se montrent le plus incroyables, c'est dans son discours en l'honneur de Cybèle. Vers la seconde guerre punique, les Romains, avertis, dit-on, par un oracle, envoyèrent une ambassade solennelle à Pessinonte en Phrygie, pour en apporter la statue de Cybèle. Ce n'était ni plus ni moins qu'une pierre informe. Le sénat commit l'homme le plus vertueux et la matrone la plus chaste pour la transporter du Tibre dans le Capitole. C'est ce que rapportent Tite-Live (l. 29, c. 14) et Cicéron (*De arusp. resp.*, n. 13). Plus tard les poètes embellirent ce récit. Ce n'est plus une matrone qui reçoit l'idole phrygienne, mais une vestale, dont la vertu était suspecte, et qui, pour preuve de son inviolable pureté, détache sa ceinture, et avec elle tire toute seule le navire qui portait la déesse et qui s'était arrêté immobile. Entre les diverses fables concernant Cybèle, l'une disait qu'elle aimait un berger Atys, qui ne devait aimer qu'elle; mais qu'un jour ce berger lui ayant préféré une nymphe, Cybèle, en fureur, le mutila. En mémoire de quoi les prêtres de la déesse se faisaient la même opération; les païens mêmes les regardaient comme infâmes. Or, Julien ayant fait un pèlerinage à Pessinonte, fut extrêmement scandalisé de l'indifférence que montraient les habitants pour la mère des dieux. Comme souverain pontife, il lui nomma tout de suite une prêtresse. De plus il composa un discours pour réveiller la piété publique envers la déesse oubliée, prouver la réalité de sa puissance et la sainteté de son culte. En preuve que les Romains n'avaient pas reçu un simulacre inanimé, mais une puissance céleste, il allègue, avec un long commentaire, la fable poétique de la vestale, tout en avouant qu'on s'en moquait comme d'un conte de vieilles, indigne d'un philosophe et d'un théologien; pour lui, il proteste y croire dévotement (Jul., *Op.*, t. I). Quant aux amours de Cybèle et à son atroce jalousie, il s'efforce longuement, ennuyeusement et inintelligiblement à tourner cette fable obscène en une allégorie cosmogonique. La conclusion qu'il en tire, est d'expliquer pourquoi, dans les mystères, il était permis de manger les tiges des légumes, et non pas les racines : c'est que la tige, s'élevant vers le ciel, y élève l'esprit de l'homme, et que la racine, s'enfonçant en terre, y enfonce l'esprit avec elle. Ainsi, dit-il, pour exemple, il est permis de manger la tige d'une rave, mais non pas la rave même (*Ibid.*). Par ce seul résultat du discours, on peut juger du discours entier. Pour Julien, il remercie tous les dieux, en particulier leur mère, de lui avoir communiqué des lumières aussi merveilleuses. Enfin il termine par une prière où il lui demande le pouvoir de purger l'empire romain de l'athéisme, c'est-à-dire de la religion chrétienne.

Car Julien croyait à tout, excepté au christianisme. Il croyait aux songes, et prend Jupiter à témoin que plus d'une fois Esculape lui avait indiqué des remèdes pendant le sommeil (Jul., *Op.*, t. II, Spanh.); il croyait aux paroles magiques, qui, sans être entendues, guérissent l'âme et le corps; il croyait à l'astrologie, aux aruspices, aux augures, aux oracles, aux divinations et aux superstitions de toute espèce : il croyait à toutes les fables du paganisme, à des fables incohérentes, contradictoires, obscènes, à des fables dont la plupart des païens eux-mêmes se moquaient dès le temps de Juvénal (Sat. 2, v. 152); il se vante et ses amis le vantent comme un homme en commerce avec les démons, nourri par les démons, instruit par les démons, assis avec les démons, suivant les paroles mêmes de Libanius (*Orat.* 10, tom. II, pag. 331). Mais il ne croyait point au christianisme, dont la seule existence est une preuve de sa divinité; il ne croyait point au christianisme, qui a rendu populaire un ensemble de faits et de vérités que les anciens sages pouvaient à peine entrevoir; il ne croyait point au christianisme, qui a réalisé, et bien au delà, tout ce que Socrate et Platon avaient imaginé de plus parfait pour la régénération de l'humanité; il ne croyait point au christianisme, à ce fait universel qui remonte de nous jusqu'au Christ, et du Christ, par les prophètes et les patriarches, jusqu'au premier homme, qui fut de Dieu; il ne croyait point au christianisme, qui, malgré les Néron et les Julien, devait affranchir le genre humain de la superstition de l'idolâtrie, civiliser les Barbares et réunir tous les peuples en une société de foi, d'espérance et d'amour. Il n'y croyait point, ou pour mieux dire, il n'y croyait plus. Après l'avoir professé vingt ans, il l'avait apostasié, il l'avait pris en haine et en poursuivait la ruine. Mais il ne fait qu'en accomplir les prophéties les plus mystérieuses; il ne fait que s'imprimer sur le front, comme un éternel anathème, le mystérieux nom prédit par saint Jean, et dont la valeur numérale doit donner 666; il ne fait que s'imprimer le nom à jamais infâme d'*Apostat*, en grec : α (1) π (80) ο (70) στ (6) α (1) τ (300) η (8) ς (200); total, 666.

Et quand il relèvera l'idolâtrie romaine, cette bête assise sur sept montagnes, mais qui avait été blessée à mort; quand il lui rendra inopinément la vie et la parole; quand il emploiera pour cela toute la puissance de l'empire; quand il poussera tout le monde à l'adorer, et permettra de tuer ceux qui s'y refusent; quand il cherchera à contrefaire le christianisme dans les merveilles de sa doctrine et de sa charité, mais qu'au fond il parlera comme l'enfer; quand il se glorifiera d'être en commerce avec les démons; quand il infectera avec les libations des idoles, et l'eau des fontaines, et les vivres des marchés, il ne fera que ce que saint Jean avait prédit qu'il ferait (*Apocal.* 13). Et quand, pour donner le démenti au Christ, il entreprendra de rebâtir le temple de Jérusalem, il ne fera qu'accomplir à la lettre la parole du Christ, qu'il n'y resterait pas pierre sur pierre. Enfin, tout comme le père du mensonge, il contribuera, en dépit de lui-même, au triomphe de la vérité.

Le but de ses conférences secrètes avec Maxime et les autres philosophes, était de combiner et d'exécuter son plan d'attaque contre la religion chrétienne. Ce plan comprenait deux choses : relever le paganisme de son discrédit et abattre le christianisme, moins par la violence ouverte que par la ruse, la séduction et le ridicule. Libanius (*Orat.* 12, t. III, p. 290), un de ces philosophes, nous apprend pourquoi la violence ne fut pas employée directement : c'est que l'expérience du passé faisait voir qu'on ne gagnait rien par ce moyen-là. De plus, la position des chrétiens dans l'empire romain n'était plus la même que pendant les trois premiers siècles. S'ils n'y formaient pas la société politique, ils étaient au moins, pour le nombre, la moitié de la population. Or, l'on conçoit que des individus isolés, tels que l'étaient politiquement les chrétiens des premiers siècles, se laissent égorger plutôt que de mettre en péril l'état entier par une résistance inutile ; mais est-il dit que la majorité numérique, dont la religion a commencé à passer dans les lois et les mœurs, doive se laisser égorger par la minorité, sans qu'il lui soit permis de repousser la force par la force ? Julien ne pouvait donc faire autrement que de préférer la ruse à la violence ouverte.

Rien ne fut donc omis pour relever le paganisme. Ses temples furent rouverts, ses autels redressés ; ses idoles, ses prêtres, ses devins, ses fêtes, entourés de richesses et de priviléges. Mais ce qu'il lui fallait surtout, c'était de le relever dans l'opinion publique. Depuis trois siècles, les chrétiens n'avaient cessé d'en faire voir l'absurdité ; depuis trois siècles, les chrétiens n'avaient cessé de faire voir, sous mille formes diverses, sérieuses et plaisantes, qu'il n'avait ni dogme ni morale ; que ses dieux et leurs histoires fabuleuses n'étaient que contradiction et infamie ; que la seule morale qui en résultait, c'était le meurtre et la débauche. Ces idées chrétiennes commençaient à devenir la raison publique. C'est là, surtout, que Julien et ses philosophes avaient à cœur de relever le paganisme : arts, sciences, littérature, poésie, philosophie, tout fut mis en œuvre. Le résultat fut de constater l'impuissance absolue de tout cela ; car, pour donner au paganisme seulement une apparence de morale, Julien et ses philosophes furent obligés d'emprunter cette apparence même au christianisme. Nous en voyons la preuve dans ses propres écrits :

Souverain pontife des idoles, il institua des pontifes inférieurs dans les provinces, qui devaient surveiller les sacrificateurs subalternes ; pour régler leur croyance et leur conduite, il leur écrivait des lettres pastorales. Il nous en reste deux ou trois. Dans l'une, à Arsace, pontife de Galatie, il dit : « L'hellénisme ne va pas encore comme il devrait ; c'est la faute de ceux qui le professent. De la part des dieux, tout est grand et magnifique, et, soit dit sans offenser la divine Némésis, au-dessus de tous les souhaits et de toutes les espérances. Car qui de nous eût osé se promettre, il y a quelque temps, un changement si prompt et si merveilleux ? Mais croyons-nous que tout soit fait, et ne penserons-nous jamais aux moyens par lesquels l'athéisme le plus accrédité dans le monde, je veux dire l'hospitalité, le soin d'enterrer les morts, une vie réglée en appa-

rence ? Ils jouent toutes les vertus. C'est à nous de les pratiquer véritablement.

» Il ne suffit pas que vous soyez irréprochable. Tous les prêtres de Galatie doivent l'être comme vous. Employez la persuasion ou les menaces pour les obliger à vivre en hommes de bien. Privez-les des fonctions du sacerdoce s'ils ne sont, eux, leurs femmes, leurs enfants et leurs domestiques, fidèles à servir les dieux ; s'ils souffrent dans leur famille de ces athées de Galiléens. Avertissez-les qu'un sacrificateur ne doit point aller au théâtre, boire dans un cabaret, exercer un métier vil et honteux. Témoignez de la considération à ceux qui vous obéiront, et chassez-les autres. Etablissez en chaque ville plusieurs hôpitaux pour exercer l'humanité envers les étrangers, non-seulement d'entre les nôtres, mais envers tous, dès qu'ils sont pauvres. Pour commencer de fournir les fonds nécessaires, j'ai ordonné que la Galatie vous donnât, chaque année, trente mille boisseaux de froment et soixante mille septiers de vin, dont je veux que le cinquième soit au profit des pauvres qui servent les prêtres ; et le reste sera distribué, aux étrangers et aux mendiants. Il est honteux qu'aucun Juif ne mendie, et que les impies Galiléens, outre leurs pauvres, nourrissent encore les nôtres, que nous laissons manquer de tout. Apprenez aux Hellènes à contribuer pour ces dépenses ; que leurs villages offrent aux dieux les prémices de leurs fruits ; montrez-leur que ces libéralités sont de nos anciennes maximes. » De quoi il cite en preuve ce que dit, dans Homère, le gardeur des porcs d'Ulysse, sur l'obligation d'assister les étrangers et les pauvres, comme envoyés par Jupiter, et il conclut : « Ne souffrons donc pas que d'autres nous enlèvent notre gloire, ni qu'en imitant les vertus dont nous avons parmi nous l'original et le modèle, ils couvrent d'opprobre notre négligence et notre inhumanité, ou plutôt ne trahissons pas nous-mêmes notre religion ; ne déshonorons pas le culte des dieux. Si j'apprends que vous remplissez tous ces devoirs, je serai comblé de joie.

» Voyez rarement chez eux les gouverneurs ; contentez-vous, pour l'ordinaire, de leur écrire. Quand ils feront leur entrée dans une ville, qu'aucun des prêtres n'aille au devant d'eux. Seulement, lorsqu'ils viendront aux temples des dieux, on ira les recevoir dans le vestibule. Qu'ils ne s'y fassent point accompagner de soldats, mais qu'il soit libre à qui voudra de les suivre ; car dès qu'ils mettent le pied dans le temple, ils deviennent de simples particuliers. Vous seul avez le droit de commander, puisque les dieux l'ordonnent ainsi. Ceux qui se soumettent à cette loi, font voir qu'ils ont véritablement de la religion. Les autres, qui ne veulent pas se dépouiller un moment de leur faste et de leur grandeur, sont des hommes superbes, remplis d'une sotte vanité.

» Je suis prêt à secourir les habitants de Pessinonte, pourvu qu'ils se rendent propice la mère des dieux. S'ils la négligent, non-seulement ils seront coupables, mais encore, j'ai peine à le dire, ils ressentiront mon indignation. Car, suivant Homère, c'est un crime d'avoir des égards ou de la pitié pour les ennemis des dieux immortels. Vous leur ferez donc entendre que s'ils veulent que je les assiste, ils doivent tous ensemble invoquer la mère des dieux (*Juliani Opera*, t. I, p. 429, édit. Spanh.). »

On voit, dans cette lettre, où Julien prenait les modèles de charité et de vertu pour ses prêtres : c'était chez les chrétiens. Ses dieux sans nombre ne lui en présentent pas un. On a dit avec beaucoup de justesse que les païens avaient une morale, mais que le paganisme n'en avait point. Ils en avaient une, ils la mettaient quelquefois en pratique, non pas comme païens, mais en tant qu'hommes. Le paganisme, la croyance à des dieux sans nombre, ne présentait d'autre morale que des exemples sans nombre de vices et de crimes. Pour lui donner une morale différente, il fallait lui donner une croyance différente. Julien n'en suppose encore d'autre, en cette lettre, que la croyance vulgaire des dieux. Dans un autre fragment, il montre quelque velléité de la changer, mais sans oser le dire nettement.

Ce fragment est d'une lettre adressée pareillement à un pontife, mais après la vaine entreprise pour rebâtir le temple de Jérusalem. Julien y fait cet incroyable raisonnement : « Que personne ne nous trompe par des paroles ; que nul ne nous épouvante touchant la Providence ; car les prophètes des Juifs, qui nous blâment, que diront-ils de leur temple ruiné jusqu'à trois fois et qui n'a pu être rétabli jusqu'à ce jour ? Je ne le dis pas pour leur en faire un reproche ; car moi-même, après un si long intervalle, j'ai voulu le relever en l'honneur du dieu qu'on y invoque. Je le rappelle seulement pour faire voir qu'il n'y a rien d'immortel dans les choses humaines, et que les prophètes qui ont écrit là-dessus n'ont dit que des balivernes, comme n'ayant affaire qu'à d'imbéciles femmelettes. Ce dieu-là donc peut être grand ; mais certes, il a de mauvais prophètes et de mauvais interprètes. Cela vient de ce qu'ils n'ont pas purifié leur âme par un cours de littérature, ni ouvert les yeux à la lumière. Combien nos poètes ne l'emportent-ils pas sur eux (Jul., *Op.*, t. I). »

Jamais on n'a vu raisonnement pareil. Les prophètes avaient prédit que le temple de Jérusalem serait détruit une dernière fois, et que cette dernière désolation durerait sans fin (Daniel, 9). Le Christ avait ajouté qu'il n'y resterait pas pierre sur pierre. Julien avait voulu leur donner un démenti en rebâtissant le temple. Il avoue qu'il n'a pu y réussir, et il en conclut : « Donc les prophètes sont des sots et des aveugles ! » En vérité, il ne sait ce qu'il dit. Cela est si vrai, qu'il dira dans la même lettre : « Touchant les dieux, il faut croire d'abord qu'ils existent ; ensuite, que leur providence s'étend aux choses d'ici-bas ; enfin, qu'ils ne font jamais de mal ni aux hommes ni à d'autres, et qu'ils n'ont entre eux ni envie, ni jalousie, ni guerre : ce que nos poètes ayant écrit, ils sont devenus méprisables ; tandis que les prophètes des Juifs, parlant avec suite et accord, sont en admiration aux malheureux qui s'affilient aux Galiléens (Jul., *Op.*, t. I, p. 301). » Voilà comme Julien est d'accord avec lui-même. Là, les prophètes des Juifs sont bien au-dessous des poètes, parce qu'ils ont prédit que le temple ne se rebâtirait pas, et que le temple ne s'est pas rebâti. Ici, les poètes se rendent méprisables, ainsi que leurs dieux, parce qu'ils en parlent à tort et à travers, et les prophètes sont en admiration parce qu'ils parlent d'une manière sensée.

Les autres raisonnements de Julien sont aussi curieux. Ainsi, à la même page, il blâme les poètes d'avoir attribué aux dieux des jalousies et des guerres, et il ordonne que les prêtres chantent les hymnes où les mêmes poètes disent des mêmes dieux les mêmes choses ; et il établira, par une loi, que quiconque voudrait interpréter Homère et Hésiode, devait admettre, avec les païens, tout ce qu'Homère et Hésiode disent sur la généalogie, les amours et les guerres des dieux. Ainsi il ne veut pas que les prêtres des idoles lisent des fables, surtout des fables érotiques, mais des histoires sérieuses et réelles (Jul., *Op.*, t. I, p. 301). Or, les histoires des dieux n'étaient que des fables, et des fables érotiques. Ainsi encore, il défend aux prêtres de fréquenter les spectacles (*Ibid.*, p. 304), et cependant les spectacles les plus impurs se faisaient en l'honneur des dieux ; les dieux eux-mêmes les avaient demandés, sous peine des plus terribles fléaux. Finalement, Julien ne pouvait recommander aux prêtres de ses dieux aucune modestie, aucune vertu, sans condamner par là même ces dieux.

Quant au dogme, fondement de la morale, il est encore plus vague et plus incohérent, ou plutôt il n'y en a point. Julien se contente de défendre, en général, à ses prêtres de lire Archiloque et Démonax, ainsi que tous les poètes trop mordants ou trop libres. Ils doivent étudier les philosophes, mais non pas encore sans distinction ; ils ne doivent donner accès ni au système de Pyrrhon, ni à celui d'Épicure, desquels il remercie les dieux d'avoir tellement aboli les sectes, que la plupart de leurs livres avaient disparu. Les philosophes que les prêtres peuvent lire, sont ceux qui reconnaissent les dieux pour auteurs et qui en inspirent le culte, comme Pythagore, Platon, Aristote, Chrysippe et Zénon (Jul., *Op.*, t. I, p. 300 et 301). On voit que Julien, avec ses philosophes du IVe siècle, n'était pas plus avancé que les anciens. Sous un Dieu suprême et invisible, auquel il ne rendait aucun culte, il reconnaissait une foule de dieux et de démons, qu'il adorait ou faisait semblant d'adorer avec la populace.

La lettre finit au choix des prêtres, et veut que l'on ne considère que leur affection envers les dieux et envers les hommes, sans s'arrêter aux richesses ni à la naissance. Pour les exciter à la libéralité, Julien dit : « Les impies Galiléens ayant observé que nos prêtres négligeaient les pauvres, se sont appliqués à les assister ; et comme ceux qui veulent enlever des enfants pour les vendre, les attirent en leur donnant des gâteaux, ainsi ils ont jeté les fidèles dans l'athéisme, en commençant par la charité, l'hospitalité et le service des tables ; car ils ont plusieurs noms pour ses œuvres, qu'ils pratiquent abondamment. »

Julien voulait pousser plus loin l'imitation du christianisme, et établir dans toutes les villes des écoles publiques semblables aux églises, où l'on fît des lectures et des explications, soit pour la morale, soit pour les mystères ; que l'on priât à certains jours et à certaines heures, à deux chœurs ; qu'il y eût des châtiments réglés pour les fautes, des préparations pour être initié aux cérémonies sacrées. Outre des hôpitaux, il voulait établir des monastères, c'est-à-dire des lieux de retraite, de méditation et de purification pour les hommes et pour les vierges. Il admirait entre autres l'usage des lettres ecclésiastiques que les évêques donnaient aux voyageurs, et sur lesquelles ils étaient reçus par tous les chrétiens avec toute sorte de charité (Greg. Naz., Orat., 3; Soc., l. 5, c. 16; Theod., l. 2, c. 4). Ainsi Julien, pour rendre son paganisme quelque peu respectable, ne trouvait d'autre moyen que de contrefaire le christianisme. Tertullien l'avait déjà dit : « Le diable est singe de Dieu. »

Mais avec toute sa philosophie et tous ses philosophes, Julien ne put tirer de l'idolâtrie que de l'idolâtrie, et de l'idolâtrie vulgaire. Témoin ses actes. On rendait aux empereurs et à leurs images une adoration purement civile. L'artificieux Julien en profita pour habituer les chrétiens à la vue et au culte des idoles. Il se fit représenter avec ses dieux. Dans un de ses tableaux, par exemple, on voyait Jupiter, sortant d'un nuage, lui offrir le diadème et la pourpre. Mars et Mercure regardaient le prince avec complaisance et paraissaient applaudir à son éloquence et à sa valeur. Dans des médailles, Julien lui-même paraît en divinité avec un boisseau sur la tête et avec cette inscription : « Au dieu Sérapis. » Dans d'autres, il est accolé au chien Anubis, divinité aboyante de l'Egypte (Banduri, Numism.). Les chrétiens se trouvaient ainsi dans l'alternative de paraître ou adorer les dieux ou manquer de respect pour l'empereur. Ceux qui s'apercevaient du piège et refusaient d'y donner, étaient traités de rebelles, et punis comme criminels de lèse-majesté.

Il employa des artifices semblables pour pervertir les soldats. Outre le vin et la bonne chère des hécatombes, qui les familiarisaient déjà passablement avec les fêtes païennes, il fit ôter du labarum le monogramme du Christ pour y remettre une idole; il plaça également dans les autres drapeaux la figure de quelque dieu. Pour tirer parti de ce changement, un jour qu'il devait distribuer de l'or à ses troupes, il parut assis sur son tribunal, environné de ces étendards profanes, ayant à côté de lui des charbons allumés et de l'encens. Chaque soldat venait à son tour baiser la main de l'empereur et recevoir sa libéralité; mais auparavant on l'obligeait à jeter dans le feu quelques grains d'encens. Il y en eut, selon Sozomène, qui refusèrent hautement d'acheter à ce prix les largesses qu'on voulait leur faire (Soz., l. 5, c. 17). D'autres, ayant été avertis à temps, feignirent d'être malades et s'absentèrent. La plupart, éblouis de l'éclat de l'or et interdits par la présence de l'empereur, n'eurent pas la force de reculer, et contractèrent un engagement funeste, qu'ils n'osèrent rompre depuis. Plusieurs, par un excès de simplicité, crurent de bonne foi ce que leur disaient des gens apostés : que ce feu et cet encens étaient un ancien cérémonial qu'on renouvelait, et qui ne tirait point à conséquence pour la religion.

Quelques-uns de ceux qu'on avait ainsi trompés, s'étant mis à table, invoquèrent, selon la coutume, le nom de Jésus-Christ, et firent le signe de la croix sur leurs coupes avant que de boire. Mais qu'est-ce ceci? leur demanda un de leurs camarades; vous invoquez le Christ après l'avoir renoncé! — Comment? répondirent les autres, demi-morts de surprise : que voulez-vous dire? — C'est, dit-il, que vous avez jeté l'encens dans le feu! Aussitôt, s'arrachant les cheveux et poussant de grands cris, ils coururent à la place publique, criant à haute voix : Nous sommes chrétiens dans le cœur; que tout le monde l'entende, et Dieu premièrement à qui nous vivons et pour qui nous voulons mourir! Nous ne vous avons point trompé, Sauveur Jésus! nous n'avons point renoncé à la bienheureuse confession! Si la main a failli, le cœur ne l'a point suivie. L'empereur nous a trompés; nous renonçons à l'impiété, nous voulons l'expier par notre sang.

Ils coururent jusqu'au palais, et, jetant aux pieds de l'empereur l'or qu'ils avaient reçu, ils s'écrièrent : Vous ne nous avez pas fait un présent, vous nous avez condamnés à mort : faites-nous grâce, immolez-nous à Jésus-Christ, jetez-nous dans le feu, coupez nos mains criminelles, donnez votre or à d'autres, qui le prendront sans regret. Julien fut tellement irrité de leur hardiesse, que, dans le premier mouvement, il commanda de leur couper la tête. On les mena hors de la ville, et le peuple les suivit, admirant leur courage. Quand ils furent arrivés au lieu de l'exécution, le plus âgé de tous pria le bourreau de commencer par le plus jeune, de peur que le supplice des autres ne le décourageât. Ce jeune homme, nommé Romain, s'était déjà mis à genoux, et le bourreau avait l'épée nue à la main, quand on vint annoncer la grâce et crier de loin de ne pas les exécuter. En effet, Julien y ayant fait réflexion, ne voulut pas leur donner la gloire du martyre. Le jeune soldat en fut pénétré de douleur et dit : C'est que Romain n'était pas digne de porter le nom de martyr. Julien ne leur fit grâce que de la vie, et les bannit aux extrémités de l'empire, avec défense de demeurer dans les villes (Greg. Naz., Orat. 3; Theod., l. 3, c. 12).

Comme on le pense bien, sous un prince apostat, l'apostasie conduisait à tout : elle tenait lieu de mérite; elle couvrait les fautes passées, et donnait droit d'en commettre de nouvelles. Il fit une loi pour exclure les chrétiens des gouvernements de provinces et des emplois militaires, disant qu'ils ne pouvaient, en conscience, remplir ces charges, parce que l'Evangile défend de tirer l'épée. La plupart de ceux qui étaient en place s'accommodèrent au temps. Les séductions de toute espèce démasquèrent une foule de prétendus chrétiens, qui, n'ayant embrassé le christianisme que comme on prend une mode, le quittèrent avec la même facilité. Quelques-uns, par bienséance, attendirent les premières et secondes sollicitations. D'autres, sans aucune pudeur, se firent un mérite de prévenir les volontés d'un prince dont la jeunesse semblait leur assurer une fortune brillante et solide. Ils ne prévoyaient pas qu'avant deux ans la mort frapperait leur idole et changerait leur faveur en disgrâce et leurs honneurs en infamie (Greg. Naz., Orat. 3; Lib., Or. 10; Soc., l. 3, c. 13).

Cependant, au milieu d'une prévarication si universelle, il y eut dans tous les rangs des chrétiens généreux, qui signalèrent leur courage. Jovien et Valentinien furent les plus distingués. Ils succédèrent depuis à Julien l'un après l'autre, et retrouvèrent au centuple, même dans cette vie, ce qu'ils avaient perdu pour Jésus-Christ. Le premier était alors tribun ou général. Il quitta le service sans balancer; mais Julien, qui avait besoin de cet officier, ne laissa pas de l'emmener en Perse et de lui donner de l'emploi. La disgrâce du second eut quelque chose de plus éclatant : elle paraît avoir eu lieu avant la loi dont il a été parlé. Capitaine de la première compagnie des gardes, il ne se faisait point scrupule d'accompagner Julien jusque dans les temples, attentif sans doute à ne prendre aucune part aux actes de religion. Un jour donc que l'empereur arrivait en grande cérémonie et en dansant, au temple de la Fortune, les ministres de la déesse, rangés en haie de côté et d'autre dans le vestibule, firent les aspersions ordinaires sur le prince et sur son cortége. Une goutte d'eau lustrale tomba sur le manteau de Valentinien. Aussitôt, dans sa vivacité militaire, il donne un coup de poing au ministre qui lui en avait jeté, disant qu'il l'avait souillé d'une eau impure, et arrache l'endroit de son manteau qu'elle avait touché. Le philosophe Maxime, qui marchait à côté de Julien, lui fit remarquer cette brusquerie, qu'il traitait de sacrilége. Au retour, l'empereur relégua Valentinien dans une garnison lointaine, sous prétexte de négligence de service, ne voulant pas lui procurer l'honneur d'avoir confessé Jésus-Christ (Greg. Naz., *Orat.* 3; Liban., *Or.* 10; Soc., I, 3, c. 13; Theod., l. 3, c. 16; Soz., l. 5, c. 17).

Aux séductions d'un côté, Julien joignait les vexations de l'autre. Il priva les ecclésiastiques des immunités que Constantin et ses enfants leur avaient accordées, et dépouilla les églises des revenus que ces mêmes princes avaient assignés pour la subsistance du clergé et des pauvres. Il alla plus loin : il ordonna que ceux qui avaient vécu de ces pieuses libéralités rendissent ce qu'ils avaient reçu. Ni les veuves ni les vierges n'étaient à l'abri de ces odieuses poursuites. Ceux qui avaient eu part à la destruction des temples étaient condamnés à les rétablir ou bien à en payer le prix. Une infinité de gens, évêques, clercs et laïques, se trouvaient coupables de ce crime prétendu, et, ne pouvant ni ne voulant le réparer, étaient appliqués à des tortures affreuses et jetés dans des prisons, d'où ils ne semblaient pouvoir sortir que par la mort, qu'on leur refusait, ou par l'apostasie, qui est plus terrible à un chrétien que la mort. En sorte que si cette persécution n'était pas si générale que les précédentes, elle pouvait passer pour plus cruelle à certains égards (Soc., l. 5, c. 5; Greg. Naz., *Or.* 3; La Bletterie).

On en voit un échantillon dans Marc, évêque d'Aréthuse en Syrie. Il s'était attiré la haine des infidèles en travaillant à leur conversion avec trop de vivacité, et surtout en détruisant, sous Constance, un temple des plus célèbres. Sous Julien, voyant leur haine prête à éclater, il prit la fuite; mais, ayant su qu'on avait pris à sa place quelques personnes de son troupeau, il revint et se livra aux persécuteurs. Ils le prirent; tout le peuple païen s'amassa autour de lui : ils le traînèrent par les rues, le prenant aux cheveux et partout où ils pouvaient atteindre, sans avoir pitié de sa vieillesse ni respecter sa vertu et sa doctrine. Ils le dépouillèrent premièrement et le fouettèrent par tout le corps; ensuite ils le jetèrent dans des cloaques infects, puis, l'en ayant retiré, ils l'abandonnèrent à la multitude des enfants, avec ordre de le percer sans miséricorde avec les stylets dont ils écrivaient. On lui serra les jambes jusqu'aux os avec des cordes; on lui coupa les oreilles avec du fil fort et délié; après quoi ils le frottèrent de miel et le mirent dans un panier suspendu en l'air, au fort de l'été, à midi, au plus grand soleil, pour attirer sur lui les abeilles et les guêpes. Ils le tour-

mentaient ainsi pour le contraindre à rebâtir le temple qu'il avait abattu, ou, du moins, à en payer les frais; mais il souffrit tout sans vouloir jamais rien promettre. Et comme ils crurent que sa pauvreté le mettait hors d'état de trouver une si grosse somme, ils lui en remirent la moitié, mais, loin de leur accorder rien, il les raillait encore, suspendu comme il était et percé de coups, leur disant qu'ils étaient bas et terrestres, et lui céleste et élevé. Ils se réduisirent à lui demander une petite partie de la dépense; mais il leur répondit qu'il y avait autant d'impiété à donner une obole qu'à donner tout. Enfin, vaincu par sa patience, ils le laissèrent aller; même dans la suite ils reçurent de sa bouche les instructions de la véritable religion. Le préfet d'Orient, tout païen qu'il était, ne put s'empêcher de dire à l'empereur à ce sujet : « Il nous est bien honteux d'être vaincu par un vieillard qu'il ne nous serait pas même glorieux de vaincre. Je crains que tout ceci ne tourne à notre confusion et à la gloire des chrétiens. » Julien n'adressa pas un mot de reproche aux païens d'Aréthuse. Cependant l'évêque Marc lui avait sauvé la vie dans son enfance, lorsqu'il avait failli périr dans le massacre de sa famille (Greg. Naz., *Or.* 3; Theod., l. 3, c. 7; Soz., l. 5, c. 10).

La justice de Julien égalait sa reconnaissance. La ville d'Edesse était en grande partie catholique. Des ariens y ayant molesté quelques sectateurs de Valentin, Julien écrivit la lettre suivante : « J'ai résolu d'user avec tous les Galiléens d'une telle douceur et philanthropie, qu'aucun d'eux, en quelque lieu que ce soit, ne souffre aucune violence, qu'il ne soit ni traîné au temple ni maltraité en aucune manière, contre sa propre opinion. Mais les ariens, fiers de leurs richesses, ont attaqué les valentiniens et ont commis à Edesse des excès qui n'arrivent jamais dans une ville policée. Donc, pour leur aider à pratiquer leur admirable loi et leur faciliter l'entrée du royaume des cieux, nous avons ordonné que tous les biens de l'Eglise d'Edesse lui soient ôtés : l'argent pour être distribué aux soldats, les fonds de terre pour être réunis à notre domaine, afin que, devenant pauvres, ils soient plus sages et ne soient pas privés du royaume des cieux qu'ils espèrent. Que si l'on irrite de nouveau notre philanthropie par des émeutes et des querelles, la ville entière l'expiera par le fer, l'exil et le feu; » Telle est la lettre de Julien (*Epist.* 43). Dans le langage officiel d'un empereur romain, tout le monde s'attend à de la dignité et de la gravité. On ne voit ici qu'un sophiste, mauvais plaisant, qui fait du despotisme en farces et en bouffonneries. Sous le même prétexte dérisoire de faire pratiquer aux chrétiens la pauvreté évangélique, il étendit la spoliation à toutes les églises et fit enlever généralement partout l'or, l'argent, les vases précieux et les autres richesses (Greg. Naz., *Orat.* 3, p. 86 et 94; Sozom., l. 5, c. 10). Avec la même dérision, il défendit aux chrétiens de plaider et de se défendre en justice, attendu que l'Evangile leur ordonne de supporter les injures.

On conçoit quelle licence ce langage et cette conduite durent inspirer aux païens. A Gaze et à Ascalon en Palestine, ils prirent des prêtres et des vierges, leur ouvrirent le ventre et y jetèrent de l'orge qu'ils firent manger à des pourceaux, pour les engager à leur dévorer les entrailles avec le grain qui les couvrait. Ceux de Gaze saisirent, entre autres, trois frères qui se tenaient cachés dans leurs maisons, les battirent de verges et les emprisonnèrent. Mais, peu après, s'étant réunis au théâtre, ils entrèrent dans une telle fureur, qu'ils coururent à la prison, en tirèrent les trois frères et se mirent à les traîner tantôt par le ventre, tantôt sur le dos, les déchirant contre le pavé et les frappant de pierres, de bâtons et de tout ce qu'ils rencontraient. Les femmes mêmes, quittant leurs ouvrages, les piquaient avec leurs fuseaux; les cuisiniers qui étaient dans la place publique prenaient leurs chaudières de dessus le feu et versaient sur eux l'eau bouillante ou les perçaient de leurs broches. Après les avoir mis en pièces et leur avoir cassé la tête, en sorte que la cervelle était répandue par terre, ils les traînèrent hors de la ville au lieu où l'on jetait les bêtes mortes, les y brûlèrent et mêlèrent leurs ossements avec ceux des animaux. Le gouverneur de la province, païen lui-même, ne put s'empêcher de réprimer les païens; il en mit en prison quelques-uns des plus séditieux, mais après avoir condamné à mort plusieurs chrétiens. La ville même s'attendait, de la part de l'empereur, à des châtiments plus sévères; déjà l'on disait qu'il la ferait décimer; mais c'était un faux bruit. Julien ne leur fit pas même une réprimande par lettres; au contraire, il priva de sa charge le gouverneur et l'exila, parce qu'il avait mis en prison les auteurs du massacre. Car, disait-il agréablement, est-ce une si grande affaire qu'une troupe d'Hellènes ait tué dix Galiléens (Greg. Naz., *Orat.* 3, p. 86 et 94; Soc., 3, c. 14; Soz., l. 5, c. 9)?

On le voit, Julien avait beau parler clémence et philanthropie, il avait beau rapiécer son manteau de philosophe avec des lambeaux de christianisme, sa haine et sa cruauté n'en paraissaient pas moins à travers, il n'en oubliait pas moins d'être empereur, d'être le père commun de ses sujets, pour les armer les uns contre les autres, au hasard d'ébranler tout l'empire. Afin de pouvoir mieux accabler les chrétiens, il s'efforçait de les rendre méprisables : de là le sobriquet de *galiléens,* qu'il affectait de leur donner, comme, dans le même dessein, d'autres inventèrent plus tard celui de *papistes.* Ce qui prouve bien une chose, à savoir; que le premier, se sentant embarrassé du surnom d'*apostat,* qui s'attachait à lui comme une éternelle flétrissure, et les autres du nom de *luthériens* et de *calvinistes,* ils auraient bien voulu imprimer un nom pareil à ceux que l'univers a continué de nommer purement et simplement *chrétiens* et *catholiques.*

Ce que Julien craignait le plus, ce n'était pas d'être tyran, mais de le paraître. Après sa haine contre le christianisme, sa passion dominante était d'être loué. Ammien reconnaît que cette passion était sans bornes et qu'elle le porta souvent à des choses plus dignes d'un bouffon que d'un empereur. Ajoutez-y une violente aversion pour tous les actes de son prédécesseur. Il suffisait que Constance eût fait une chose pour que Julien fît tout le contraire. Or, comme Constance avait souvent mal fait, il arrivait quelquefois à Julien de bien faire. Ainsi Constance, dominé par les ariens, ayant exilé les évêques catholiques, Julien les rappela. Mais il écrivit en même temps à l'hérésiarque Photin une lettre de félicitation, de ce qu'il niait la divinité de Jésus-Christ (Facund., l. 4).

Il écrivit également à l'hérésiarque Aëtius, surnommé l'*athée,* la lettre suivante : « Julien, à l'évêque Aëtius. J'ai remis la peine de l'exil à tous ceux qui, sous Constance, avaient été bannis pour la folie des Galiléens. Quant à vous, non-seulement je vous fais cette remise, mais, me rappelant notre ancienne connaissance, je vous engage à venir nous voir. Vous aurez à votre disposition les voitures publiques jusqu'à notre cour (Jul., *epist.* 31). » On voit, par cette dernière lettre, combien l'impiété de Julien était violente, puisque, dans une invitation amicale à un homme qu'il qualifie d'*évêque,* il ne peut s'empêcher de traiter le christianisme de folie. On entrevoit aussi son vrai dessein. Les deux hérésiarques n'étaient guère plus chrétiens que lui. Il leur écrit, il les caresse pour donner du crédit à leur impiété, augmenter la division parmi les chrétiens, les ruiner les uns par les autres, élever sur leurs débris le culte des idoles. Telles étaient, suivant son panégyriste Ammien Marcellin, ses véritables intentions. Voilà pourquoi il appelait dans son palais les évêques et les chrétiens des partis contraires, les exhortant à finir leurs discordes mutuelles et à suivre chacun sa religion sans crainte. Il le faisait exprès, dit Ammien, pour augmenter les dissensions par la licence, et n'avoir point à craindre l'union du peuple. Ecoutez-moi, s'écriait-il dans ces audiences insidieuses, écoutez-moi, les Allemands et les Francs m'ont bien écouté (Amm., l. 22, n. 5).

Le schisme écouta l'apostasie, les donatistes comprirent Julien. Leur insolence et leur fureur avaient fait bannir leurs chefs par l'empereur Constant. Dès lors la tranquillité était revenue en Afrique. Mais sitôt qu'ils virent Julien seul maître de l'empire, leurs évêques exilés lui adressèrent une requête pleine d'adulation, disant à cet apostat que la justice seule avait accès auprès de lui. Julien leur accorda facilement leur demande, persuadé que c'était le moyen le plus propre de ruiner le christianisme en Afrique. Rien n'égale, en effet, la fureur à laquelle s'abandonnèrent ces fanatiques. Ils s'emparaient des églises à main armée, ils en chassaient les évêques, brisaient les autels et les vases sacrés, égorgeaient les prêtres et les diacres, violaient les vierges consacrées à Dieu; mettaient les hommes en pièces, outrageaient les femmes, tuaient les enfants dans les entrailles de leurs mères, profanaient les saints mystères jusqu'à les jeter aux chiens. On reconnut, en un mot, la race forcenée des circoncellions. Leurs évêques prétendaient se sanctifier par tant d'horreurs, et les peuples juraient par le nom de ces prélats sacrilèges comme par celui de Dieu même (*Opt.,* l. 2).

D'un autre côté, les ariens n'ayant plus d'appui de la cour comme sous Constance, se virent abaissés et déclinèrent. Les catholiques profitèrent de la tolérance générale pour guérir les maux de l'Église. Saint Mélèce revint à Antioche, Lucifer et saint Eusèbe de Verceil partirent de la Thébaïde pour revenir en Occident. Mais saint Athanase n'osa quitter encore sa retraite, parce que Georges était toujours maître d'Alexandrie.

Du reste, la tolérance de Julien n'était qu'une grimace de philanthropie pour diviser les chrétiens de plus en plus et les ruiner les uns par les autres. Le fond de son âme se découvre dans la loi qu'il porta vers ce temps pour leur défendre, non-seulement d'enseigner, mais encore d'étudier les lettres humaines. Voici cette pièce, plus digne d'un mauvais sophiste que d'un législateur. « L'instruction véritable, à notre avis, ne consiste point dans les paroles ni dans un langage harmonieux et magnifique, mais dans la saine disposition d'un esprit sensé, qui a des croyances vraies sur le bien et sur le mal, sur ce qui est honnête et sur ce qui ne l'est pas. Ainsi, quiconque enseigne à ses disciples ce qu'il croit faux, paraît aussi peu mériter le nom de savant que celui d'honnête homme. Que sur des bagatelles, la langue ne soit pas d'accord avec la pensée, c'est toujours manquer de droiture jusqu'à un certain point; mais parler d'une façon et penser de l'autre sur les choses les plus importantes, tenir école de ce que l'on croit mauvais, louer les auteurs que l'on condamne le plus et tromper ainsi la jeunesse, n'est-ce pas faire un trafic pareil à celui de ces marchands qui, sans honneur et sans conscience, vantent une mauvaise marchandise pour trouver des acheteurs ?

» Il faut donc que tous les professeurs en général soient d'honnêtes gens et n'aient point dans le cœur des sentiments opposés aux sentiments publics; mais on le doit surtout exiger de ceux qui sont chargés de l'instruction de la jeunesse et de lui expliquer les anciens, c'est-à-dire des rhéteurs, des grammairiens et plus encore des sophistes. En effet, ces derniers s'attribuent le privilége de former leurs élèves, non-seulement pour l'éloquence, mais encore pour les mœurs et surtout pour la philosophie politique. Je n'examine point maintenant s'ils tiennent ce qu'ils promettent, et ne puis que louer leurs bonnes intentions. Mais je les louerais encore plus, si, par une duplicité honteuse, ils ne se mettaient en contradiction avec eux-mêmes et n'enseignaient le contraire de ce qu'ils pensent. Quoi donc ? Est-ce qu'Homère, Hésiode, Démosthènes, Hérodote, Thucydide, Isocrate, Lysias, ne reconnaissaient pas les dieux pour auteurs de leur savoir ? Ne se croyaient-ils pas consacrés, les uns à Mercure, les autres aux muses ? Il me semble donc qu'il est absurde d'expliquer leurs livres et de rejeter en même temps les dieux qu'ils ont adorés.

» Cependant je ne veux obliger personne à changer de sentiment. Je laisse l'alternative, ou de ne point expliquer ces écrivains si l'on condamne leur doctrine, ou, si l'on veut les expliquer, de faire voir, par sa conduite, que l'on approuve leurs sentiments, et d'apprendre à la jeunesse qu'Homère, Hésiode et leurs semblables, que l'on accusait d'erreur, d'impiété, de folie, ne sont point tels qu'on les a représentés. Ceux qui en ont une si mauvaise idée, et vivent pourtant de leurs écrits, montrent qu'ils sont eux-mêmes esclaves d'un intérêt sordide, et, pour quelques drachmes, capables de tout.

» Je conviens que, jusqu'à présent, diverses raisons empêchaient de fréquenter les temples, et que la terreur, généralement répandue, pouvait rendre excusables ceux qui cachaient la vérité dans leur cœur. Mais aujourd'hui que les dieux nous ont rendu la liberté, il me paraît absurde d'enseigner aux autres ce que l'on ne croit pas soi-même. Si l'on regarde comme sage la doctrine des anciens dont on est interprète, que l'on commence par imiter leur piété envers les dieux. Et vous qui croyez qu'ils ont été dans l'erreur, allez expliquer Matthieu et Luc dans les églises des Galiléens. Fidèles aux préceptes de vos maîtres, enseignez qu'il n'est pas permis de sacrifier. Je veux, pour me servir de vos termes, que vos oreilles et vos langues soient régénérées, qu'elles soient purifiées d'une doctrine que vous regardez comme impure, doctrine à laquelle puissé-je demeurer toujours attaché, moi et tous ceux qui pensent et agissent comme moi.

» Cette ordonnance est une loi générale pour tous les professeurs et les maîtres; car, pour les jeunes gens qui veulent fréquenter les écoles, je ne leur en interdis pas l'entrée. Il ne serait, en effet, pas raisonnable de fermer le bon chemin à des enfants incertains encore de la route qu'ils doivent tenir, ni de les contraindre, par la terreur, à suivre la religion de leurs ancêtres. Ce n'est pas qu'il y eût de l'injustice à les guérir malgré eux comme des frénétiques; mais je permets d'être malades à ceux qui voudront l'être; car je crois qu'il faut instruire les insensés et non les punir (Jul., *epist.* 42). »

Telle fut la fameuse loi de Julien. On peut y en ajouter une autre, qui porte que les professeurs doivent exceller premièrement par les mœurs, et qui ordonne qu'en chaque ville, celui qui veut enseigner soit examiné par le conseil, et que, s'il est approuvé, le décret soit envoyé à l'empereur pour le confirmer. Son panégyriste Ammien Marcellin n'a pu s'empêcher de dire jusqu'à deux fois, que c'était une tyrannie digne d'être ensevelie dans un oubli éternel, d'avoir défendu l'enseignement aux chrétiens, professeurs de rhétorique et de grammaire; autrement, d'avoir défendu aux professeurs de rhétorique et de grammaire d'enseigner les chrétiens, s'ils ne passaient au culte des dieux (Amm., l. 22, n. 10; l. 25, n. 4). La phrase latine présente les deux sens. Le dernier sort de la longue loi de Julien même; car s'il permet aux jeunes gens de fréquenter les écoles publiques, ce n'est qu'à ceux qui étaient, soit déclarés pour le paganisme, soit au moins indécis; en sorte que les chrétiens décidés en étaient naturellement exclus : le fait est d'ailleurs attesté par plusieurs auteurs contemporains.

Quand un admirateur de Julien a déclaré cette loi tyrannique et digne d'un éternel oubli, tout est dit et il n'est plus besoin d'y rien ajouter. La rédaction seule de cette loi est un opprobre : au lieu de la gravité d'un législateur romain, au lieu de la majesté d'un empereur, on y voit les tours de passe-passe d'un sophiste. Platon avait dit dans la constitution de sa *République* : « Un Dieu est essentiellement bon, parfait, immuable. Tout ce qui en donne des idées contraires est faux, impie, et ne peut que corrompre l'esprit et le cœur de la jeunesse. Hésiode et Homère sont pleins de ces fables scandaleuses. Il faut donc les bannir, ainsi que la comédie qui ne cherche qu'à faire rire. La seule poésie que nous pouvons admettre, est celle qui est propre à nous donner de la divinité une idée juste et à nous rendre solidement vertueux (Plat., *De rep.*, l. 2 et 3). » Voilà ce qu'avait dit Platon, duquel Julien se vantait d'être le fervent disciple. Or, les chrétiens étaient moins sévères que Platon, parce qu'ils étaient plus forts. Ils ne bannissaient ni Homère ni Hésiode : ils les étudiaient, ils les enseignaient de manière à les rendre non-seulement sans péril, mais utiles encore;

il admiraient et faisaient admirer la naïveté, les grâces du langage. Quant à leurs fables, ils faisaient toucher au doigt que c'étaient des fables, dont il fallait rire désormais, comme on rit des illusions du jeune âge ; qu'enfin la vérité, besoin de l'âge viril, se trouvait ailleurs. Voilà ce que faisaient les chrétiens, louant ce que louait Platon, blâmant ce qu'il blâmait. Et le sophiste Julien en conclut qu'ils étaient des fourbes et de malhonnêtes gens, qu'ils disaient d'une façon et pensaient de l'autre, qu'ils louaient de bouche ce qu'ils blâmaient dans le cœur ; qu'enfin, pour être de bonne foi et conséquents avec eux-mêmes, pour avoir le droit d'étudier et d'interpréter Homère ou Hésiode, ils devaient en admettre tous les dieux et toutes les fables. Voilà comme l'apostat raisonne. Pour savoir de quel côté était la mauvaise foi, il n'y a qu'à se rappeler ce que le même Julien dit ailleurs à un de ses pontifes, que les dieux n'avaient pas fait et n'étaient pas ce que les poètes supposent (Jul., *Op.*, t. I, p. 301).

Au fond, il ne disait pas son vrai motif. C'est qu'à son gré les chrétiens ne réalisaient que trop les vœux de Platon ; ils ne démêlaient que trop bien ce qu'il y avait de bon ou de mauvais, de vrai ou de faux dans Homère, Hésiode et les autres ; ils ne faisaient que trop bien ressortir l'absurdité, le ridicule, l'infamie de toutes les fables païennes ; ils ne montraient qu'avec trop de force et d'éloquence que la vérité complète se trouvait dans le christianisme seul. Ils nous percent de nos propres flèches, s'écriait-il de dépit, c'est armés de notre littérature qu'ils nous font la guerre (Theod., l. 3, c. 8). Il ne vit de salut pour le paganisme, que de condamner les chrétiens à l'ignorance. En quoi il oubliait une chose qu'il leur reproche ailleurs : que le christianisme a commencé à être prêché par des ignorants. Il oubliait ce qu'il lui-même au commencement de sa loi : que la science véritable ne consiste point dans les paroles, mais dans des idées justes sur la divinité et sur la morale. Faute de bonnes raisons, il se prenait aux plus pitoyables, comme quand il disait : les hellènes seuls ont le droit d'étudier l'hellénisme (Greg. Naz., *Or.* 3). Assertion ridicule, tant elle est fausse, mais bien plus fausse et bien plus ridicule encore par la misérable équivoque que Julien y mettait. Comme *les hellènes* signifiaient à la fois et *les Grecs et les païens*, il voulait en conclure que les païens seuls avaient le droit de savoir la littérature grecque.

Les sophismes et les caresses de Julien gagnèrent un sophiste : ce fut Ecébole, son professeur de rhétorique. Sous Constance, il s'était attiré la faveur en criant contre le paganisme ; sous Julien, il cria contre le christianisme. A la mort de Julien, il changea de nouveau, et, se prosternant à la porte des églises, il criait contre lui-même : Foulez-moi aux pieds comme le sel affadi (Soc., l. 3, c. 13) ! Il n'en fut pas de même de Prohérèse. Julien l'avait entendu à Athènes. Devenu empereur, il lui écrivit une lettre flatteuse, où il compare son éloquence à celle de Périclès, et où il le sollicite d'écrire l'histoire de son règne, lui offrant pour cela toutes les pièces originales (Jul., *epist.* 2). Dans la défense aux chrétiens d'enseigner les lettres humaines, il excepta Prohérèse ; mais celui-ci ne voulut point l'exception et quitta l'enseignement. Victorin d'Afrique donna le même exemple à Rome.

Il y professait l'éloquence avec éclat. Il voyait parmi ses disciples les plus illustres sénateurs ; on lui avait érigé une statue dans le Forum. Mais déjà vieux, il était encore idolâtre, ainsi que presque toute la noblesse romaine. Plus d'une fois il employa son éloquence à soutenir la cause des idoles. En même temps, il traduisit en latin quelques livres de philosophie platonicienne : ce qui le rapprocha du christianisme. Il se mit à lire avec beaucoup d'attention l'Ecriture sainte et toute la littérature chrétienne. Enfin, il dit confidemment à un chrétien de ses amis : Sachez que je suis chrétien ! L'autre répondit : Je ne vous croirai chrétien que quand je vous verrai dans l'église du Christ. Victorin le raillait en disant : Sont-ce donc les murailles qui font les chrétiens ? Ils se redirent souvent la même chose de part et d'autre ; car Victorin craignait de choquer les amis puissants qu'il avait parmi les idolâtres. A la fin, s'étant fortifié par la lecture, il eut peur que le Christ ne le renonçât devant les saints anges, s'il craignait de le confesser devant les hommes ; il vint trouver Simplicien, c'était le nom de son ami, et lui dit inopinément : Allons à l'église, je veux devenir chrétien ! L'autre, ne se possédant pas de joie, l'y conduisit aussitôt. Victorin, y ayant été reçu catéchumène, donna peu après son nom pour être baptisé, au grand étonnement de Rome, au grand contentement de l'Eglise, au grand dépit des païens. Quand ce vint à l'heure de faire la profession de foi, que l'on prononçait par cœur à Rome, d'un lieu élevé, à la vue de tous les fidèles, les prêtres offrirent à Victorin de la faire en secret ; comme on l'accordait à quelques-uns que la honte pouvait troubler ; mais il aima mieux la prononcer en public. Quand on le vit monter, il s'éleva un murmure universel, tout le monde, joyeux, se disant tout bas l'un à l'autre : Victorin ! Victorin ! Car il n'y avait personne qui ne le connût. Mais on se tut aussitôt pour l'entendre. Il professa la foi d'un ton ferme ; et, à mesure qu'il parlait, tous les assistants mettaient ses paroles dans leur cœur, tant il leur inspirait de joie et d'amour. Peu de temps après, il quitta son école à cause de l'édit de Julien. Outre une pièce de vers sur le martyre des Machabées, quelques hymnes sur la Trinité, une réfutation du manichéisme, nous avons de lui quatre livres contre les ariens, où il établit la divinité et la consubstantialité du Fils et du Saint-Esprit. Il y règne une dialectique subtile et serrée qu'il n'est pas toujours facile de suivre, d'autant plus que, pour rendre en latin les idiotismes de la philosophie grecque, il emploie une foule d'expressions qu'on suppose communément n'avoir été inventées que par les scolastiques du moyen âge. Comme on lui remarque une grande pénétration d'esprit, on regrette qu'il n'ait étudié la religion que si tard ; l'approfondissant mieux, il aurait pu, en évitant quelques locutions inexactes, y découvrir des beautés inaperçues (August., *Conf.*, l. 8, c. 2-5 ; *Bibl. Patr.*, t. IV).

Pour remplacer les poètes et les philosophes que Julien défendait aux chrétiens d'enseigner et d'étudier, les deux Apollinaire, père et fils, composèrent des ouvrages pareils. Le père était prêtre de Laodicée en Syrie, le fils en était lecteur et en devint plus tard évêque. Ils étaient alors zélés catholiques et avaient eu à souffrir des ariens. Ils étaient l'un et l'autre très-habiles dans les lettres grecques. Le père mit donc en vers héroïques les livres de Moïse; il changea également la forme de toutes les histoires de l'Ancien Testament, mit les unes en vers héroïques, les autres en vers d'une autre mesure, fit des tragédies et des comédies de quelques-unes, ne voulant pas qu'il manquât de rien de tout ce que les païens avaient inventé. Le fils, de son côté, composa des dialogues à l'imitation de Platon, dans lesquels il renferma l'Evangile et les préceptes des apôtres. Il fit encore l'histoire des Juifs jusqu'à Saül, en vingt-quatre poèmes, donnant à chacun le nom d'une lettre grecque, comme Homère a fait dans son *Iliade* et dans son *Odyssée*. Il imita Ménandre pour les comédies, Euripide pour les tragédies, et Pindare pour les vers lyriques, faisant toujours servir l'Ecriture de matière à ses poèmes. Sozomène, qui les avait lus, les égale à ceux des anciens (l. 5, c. 18). Mais Julien étant mort peu après, ils devinrent inutiles et tombèrent dans l'oubli; en sorte qu'il n'en est venu jusqu'à nous qu'une paraphrase poétique des psaumes.

Rien ne dut contrarier autant l'apostat Julien, que le génie littéraire et le zèle religieux de ses deux anciens condisciples, Basile et Grégoire, ainsi que de leurs familles. A peine Basile était-il revenu d'Athènes à Césarée en Cappadoce, qu'il fut contraint, par ses compatriotes, d'y ouvrir un cours public d'éloquence. La ville de Néocésarée, dans le Pont, lui envoya une députation de sénateurs, avec les offres les plus brillantes, s'il voulait présider à l'éducation de leur jeunesse. Un autre dessein occupait ce grand homme; c'était d'embrasser la vie monastique. Il en avait formé le projet avec son ami Grégoire; sa sœur Macrine l'y exhortait de son côté. Il vendit ses biens et en donna le prix aux pauvres. Grégoire avait promis de le suivre dans la retraite; mais, pour le moment, il en était empêché par la piété filiale : sa mère était grièvement malade. Alors, en 357, Basile se mit à visiter les monastères d'Orient et d'Egypte. Dans ce dernier pays florissait saint Pacôme, les deux Macaire et plusieurs autres. Il vit donc à Alexandrie de très-saints personnages, d'autres dans la Palestine, dans la Syrie et dans la Mésopotamie; il admira leur vie également austère et laborieuse, leur ferveur et leur application à la prière. Mais autant il eut de plaisir à voir ces saints solitaires, qui, invincibles aux nécessités de la nature, tenaient toujours leur esprit élevé vers Dieu, autant il eut de chagrin de la division qui régnait alors entre les évêques, et des maux que les ariens faisaient souffrir aux catholiques. La pureté de sa foi ne souffrit aucune altération pendant ses voyages; il prit toujours pour pères et pour guides de son âme ceux dont la foi se trouva conforme à la foi qu'il avait sucée avec le lait.

De retour à Césarée, il fut ordonné lecteur par Dianée, son évêque. Mais voulant mettre en pratique les vertus dont il avait été témoin dans ses voyages, il se retira dans le Pont, sur une montagne, au bord de la rivière d'Iris, qui, prenant sa source en Arménie, traverse toute la province du Pont. Sur l'autre rive était la maison de campagne où saint Basile avait été élevé, et le monastère de filles, bâti par sainte Emmélie, sa mère, et sainte Macrine, sa sœur. Saint Basile avait pensé choisir sa retraite à Tibérine, dans le diocèse de Nazianze, espérant que son ami y viendrait avec lui. Trompé dans son attente, il se détermina pour la solitude du Pont. Ce fut lui le premier qui introduisit dans cette province et dans la Cappadoce la vie cénobitique ou de communauté. Il y avait des anachorètes qui demeuraient seuls et s'appliquaient uniquement à la vie contemplative; d'autres ascètes demeuraient ensemble deux ou trois, dans les villages et les bourgades, menant une vie plus active et se mêlant au monde. Tels étaient les disciples d'Eustathe de Sébaste. Basile prit un milieu entre les deux, réunissant la contemplation des uns à l'action des autres, la prière et l'oraison à l'étude des saintes lettres et au travail des mains, sans pour cela quitter la retraite. On le voit par les lettres de ces deux saints. Il s'en écrivent plusieurs, les unes sérieuses, les autres badines; car leur grand génie et leur austère sainteté ne les empêchaient pas d'avoir l'esprit enjoué et agréable.

Saint Basile en décrit ainsi le site : « C'est une haute montagne couverte d'une épaisse forêt et arrosée, du côté du nord, par des eaux fraîches et limpides. A ses pieds s'étend une plaine incessamment fertilisée par l'humidité de la montagne. La forêt qui l'entoure spontanément, composée d'arbres de toute espèce, lui tient lieu de haie et de clôture; en sorte que l'île de Calypso, si vantée dans Homère, est peu de chose en comparaison; car peu s'en faut que ce ne soit une île, enfermée et défendue qu'elle est de toutes parts. En effet, de deux côtés elle est coupée comme à pic par des gouffres profonds; d'un autre, le fleuve qui, se roule du haut d'un précipice, lui est un rempart continu et difficile à franchir; les parties accessibles du vallon sont fermées par la montagne, qui, de chaque côté, se courbe en demi-lune jusqu'aux deux gouffres. Il n'y a qu'une entrée, et nous en sommes les maîtres. Quant à l'habitation, elle est assise sur un autre défilé qui se termine par une crête du haut de laquelle on contemple et l'étendue de la plaine et le fleuve qui l'entoure : spectacle non moins ravissant, à mon avis, que ne l'est, à ceux d'Amphipolis, de regarder le Strymon; car ce dernier, devenu stagnant par la lenteur de ses eaux, cesse peu à peu d'être un fleuve par sa paresse; tandis que le nôtre, le plus rapide des fleuves que je sache, devient encore plus rapide en se précipitant de la roche voisine dans un gouffre profond où il tournoie sur lui-même, charmant ainsi tous les spectateurs, moi surtout, et procurant l'abondance aux habitants du pays, par la multitude innombrable de poissons qu'il nourrit dans ses caves. A quoi bon parler après cela des émanations de la terre et des évaporations du fleuve? Un autre admirerait peut-être la multitude des fleurs ou des oiseaux qui chantent; pour moi, je n'ai pas le loisir d'y prendre garde. Le plus grand mérite de ce lieu, c'est qu'avec sa fertilité naturelle, il me produit le plus doux de tous les fruits, la tranquillité et le calme, non-seulement en ce qu'il est exempt du tumulte des villes, mais parce qu'il ne nous transmet pas même un voyageur, si vous exceptez quelques rares chasseurs. Car, outre tout le reste, il nourrit des bêtes fauves, non pas de vos loups ni de vos ours, à Dieu ne plaise, mais des troupeaux de cerfs, de chevreuils, de lièvres et autre gibier semblable.

Concevez-vous, à cette heure, le péril que je courais, moi imprudent, lorsque je voulais préférer à ce séjour votre Tibérine, la basse-fosse de toute la terre habitable? Vous me pardonnerez donc d'y être venu avec tant d'empressement (Basil., *epist.* 14). »

Saint Grégoire lui répondit entre autres : « Je vois bien pourquoi vous me raillez, c'est pour m'attirer près de vous, comme ceux qui obstruent les fleuves pour les faire couler ailleurs. Eh bien! j'admirerai votre pays de Pont, et ses brouillards, et son séjour qui vaut un exil, et les rochers qui vous pendent sur la tête, et les bêtes féroces qui mettent votre confiance à l'épreuve, et la solitude qui est aux pieds, ou plutôt la caverne de rats que vous décorez des beaux noms de *gymnase*, de *monastère* et *d'école*; et les touffes de broussailles sauvages, et cette couronne de monts escarpés par laquelle vous êtes, non pas couronnés, mais resserrés; et cet air que vous ne respirez que par mesure, et ce soleil que vous êtes réduits à souhaiter, et qui ne vous éclaire que comme par une cheminée. Il y a, dit-on, des mortels condamnés à une nuit de six mois; pour vous, vous n'êtes pas un moment sans ombre, votre vie entière est une longue nuit, une vraie ombre de la mort, pour parler avec l'Ecriture. Je louerai également ce sentier étroit et rude qui conduit, je ne sais si c'est au ciel ou à l'enfer, je souhaite pour vous que ce soit au ciel; puis, ce qui est au milieu, l'appellerai-je par un mensonge cet Eden, cette fontaine qui se divise en quatre fleuves et arrose toute la terre, ou bien, ce désert aride et sans eau, qu'un autre Moïse pourra seul adoucir, en faisant jaillir l'eau du rocher? Car, où il n'y a pas de roches, il y a des fondrières et des torrents; où il n'y a pas de fondrières, il y a des buissons d'épines, au-dessous des buissons des précipices, au-dessus des précipices un chemin escarpé, glissant de part et d'autre, où le voyageur est obligé de recueillir ses sens pour ne point faire de faux pas. Au pied, on entend grincer un fleuve qui roule des cailloux au lieu de poissons, qui s'engouffre en des abîmes, au lieu de s'épancher en lac; car il est grand et effroyable, et couvre par son bruit le chant des psaumes qu'on entonne sur la hauteur : les cataractes ne sont rien auprès, tant il vous étourdit nuit et jour. Il est si rude, qu'on ne peut le passer; si trouble, qu'on ne peut en boire; il n'a d'humain qu'en ce qu'il n'emporte pas votre habitation, lorsque les torrents et les orages l'ont rendu furieux. Voilà ce que je pense de vos îles fortunées et de leurs fortunés habitants. Chanterai-je maintenant avec Homère les richesses intérieures du palais? cette cabane sans toiture ni porte, cet âtre sans feu ni fumée, ces misérables et maigres festins auxquels nous avons été invités, du fond de la Cappadoce, comme de pauvres naufragés au banquet d'Alcinoüs. Car je me souviens et me souviendrai toujours de ce pain et de ce potage, comme on les appelait, où la dent glissait entre les morceaux pour s'en retirer comme d'un ciment. En vérité, si la grande nourrice des pauvres, je veux dire votre mère, ne nous eût tirés bien vite de ces calamités, il y a longtemps que nous serions du nombre des morts. Comment passer sous silence ces prétendus jardins sans légumes, ces monceaux de fumier dont nous les avons couverts, le tirant de la maison, comme autrefois Hercule des écuries d'Augias; et cet énorme tombereau que, moi le vigneron et vous le railleur, nous traînions par la tête et par les mains, qui en ont conservé les marques, non pour joindre les deux rives de l'Hellespont, comme jadis Xerxès, mais pour combler un précipice? Si le souvenir de ces choses ne vous fait pas de peine, il ne nous en fera pas non plus; que s'il vous en fait, combien n'ont pas dû nous en faire les choses mêmes (Greg. Naz., *epist.* 6, 7, 8)? »

Après s'être ainsi égayé dans deux ou trois lettres, Grégoire dit dans une autre : « Ce que je vous ai écrit précédemment sur le séjour dans le Pont, était pour plaisanter; ce que je vous écris à cette heure, est du sérieux et du très-sérieux. Qui me rendra ces jours d'autrefois, où mes délices étaient de souffrir avec vous? car une affliction volontaire l'emporte sur un plaisir qu'on éprouve malgré soi. Qui me rendra et ces chants de psaumes, et ces nuits passées dans les veilles, et ces pèlerinages vers Dieu par l'oraison ! et cette vie quasi immatérielle et incorporelle! et cette concorde et cette unanimité des frères, élevés au-dessus de la nature et comme édifiés par vous! Qui me donnera de revoir cette émulation pour la vertu, que nous avons assurée par des lois et des règles écrites! Qui me rendra l'étude des divins oracles et la lumière qu'on y découvre sous la conduite de l'Esprit-Saint! Ou, pour parler de choses moins grandes et moins importantes, qui me rendra les travaux successifs de la journée, de porter du bois, de tailler des pierres, de planter des arbres et de les arroser! Qui me donnera de revoir ce platane, plus précieux que le platane d'or de Xerxès, sous lequel s'asseyait, non pas un roi plongé dans les délices, mais un moine exténué de fatigue; ce platane merveilleux que moi j'ai planté, qu'Apollon, c'est-à-dire votre excellence, a arrosé, mais à qui Dieu a donné l'accroissement pour notre gloire, afin qu'il restât chez vous un monument de notre amour du travail, comme on croit qu'il reste dans l'arche la verge d'Aaron qui a fleuri! Voilà ce qu'il m'est facile de souhaiter, mais non pas d'obtenir. Aidez-moi à m'inspirer et à m'implanter la vertu : le fruit que nous avons recueilli autrefois, conservez-le par vos prières, de peur que nous ne nous évanouissions peu à peu comme une ombre au déclin du jour. Pour moi, je vous respire plus que je ne respire l'air, et je ne vis qu'autant que je suis avec vous, soit en réalité, soit en imagination (*Epist.* 9). »

Dans les règles que saint Basile, de concert avec son ami, dressa pour ses moines, il les appelle *philosophes*, et leur état *philosophie*. Saint Chrysostome et plusieurs autres tiennent le même langage. Quelque étrange que nous paraisse cette acception des mots *philosophie* et *philosophes*, elle est cependant conforme et à la philosophie humaine et à la philosophie divine. Nous avons entendu Socrate et Platon nous dire que la philosophie consiste dans la méditation de la mort, afin de détacher son ame des liens terrestres et de l'élever aux choses intellectuelles, et de celles-ci à Dieu, le souverain être, la souveraine intelligence, le souverain bien; finalement, que la vraie philosophie consiste à devenir semblable à Dieu par la pratique de la vertu, à l'aimer par-dessus toutes choses et à en être aimé. Or, voilà toute la vie chrétienne, et, plus encore, voilà toute la vie monastique. Et en cela elle a pour modèle la sagesse même; non pas une sagesse abstraite, purement idéale, mais la sagesse réelle et vivante, la sagesse éternelle et divine, revêtue de la nature humaine, pour se mettre mieux à notre portée et nous rendre plus facile la ressemblance avec Dieu. En un mot, d'après l'idée même que nous en donnent Socrate et Platon, la philosophie ou l'amour de la sagesse consiste finalement à imiter Jésus-Christ. Or, c'est ce que se proposent de faire les moines, en observant, non-seulement ses préceptes, mais encore ses conseils, et leurs vœux et leurs règles ne tendent qu'à cette fin : le vœu de pauvreté, pour les détacher de tous les biens terrestres; le vœu de chasteté, pour les détacher de leur propre corps ; le vœu d'obéissance, pour les détacher de leur propre volonté, c'est-à-dire d'eux-mêmes, afin de les attacher à Dieu seul. Les règles ne sont que pour appliquer ces lois générales au détail des circonstances de temps, de lieux et de personnes. Quant à la sagesse qui y règne, on peut en juger par ce qui est dit des enfants qu'on recevait dans les monastères.

« Comme le Seigneur dit : *Laissez venir à moi les petits enfants*, et que l'apôtre loue celui qui apprit les saintes lettres dès son enfance, et ordonne d'élever les enfants dans l'éducation et la morale du Seigneur, nous pensons qu'on peut recevoir à tout âge ceux qui se présentent : d'abord ceux qui sont privés de leur père et mère, que nous recueillons de nous-mêmes, pour devenir, à l'exemple de Job, les pères des orphelins ; ensuite ceux que leurs parents nous amènent et que nous recevons en présence de plusieurs témoins, afin de ne donner aucun prétexte à qui en cherche, mais de fermer la bouche aux calomniateurs. Après les avoir reçus de cette manière, il ne faut pas les mettre tout de suite au nombre des frères, de peur que, s'ils viennent à tourner mal, l'opprobre n'en rejaillisse sur le pieux institut même. Il faut sans doute leur donner une éducation tout à fait religieuse, comme aux enfants de la communauté, mais leur assigner une demeure et un régime à part. La fréquentation habituelle des anciens leur inspirerait pour ceux-ci une familiarité et une hardiesse excessive, tandis qu'une fréquentation plus rare les conservera dans le respect; de plus, s'ils en voyaient des plus parfaits punis quelquefois pour des négligences, ils seraient plus portés à commettre les mêmes fautes, ou bien à s'enorgueillir de s'en voir exempts, tandis que souvent de plus anciens y tombent. Car celui qui est enfant par l'intelligence ne diffère point de celui qui est enfant par l'âge; les mêmes défauts se trouvent bien souvent dans l'un et dans l'autre. Enfin il est des choses bienséantes aux vieillards, qu'il messiérait aux enfants d'imiter avant le temps : ce qui aurait lieu si les uns et les autres se trouvaient habituellement ensemble.

» Il faut donc que leurs habitations soient séparées. Par là les exercices nécessaires à la jeunesse ne troubleront point le quartier des ascètes. Quant aux prières qui se font pendant le jour, elles doivent se faire en commun. Les jeunes apprendront à se recueillir par l'exemple des anciens, et ceux-ci ne sont pas peu aidés dans la prière par les enfants. Pour ce qui est du sommeil, des veilles, du temps, de la mesure et de la qualité des aliments, il faut le régler en particulier suivant leur âge. Pour les gouverner, il faut leur donner un ancien qui surpasse les autres en expérience et qui soit connu par sa douceur, afin de pouvoir, avec des entrailles de père et le langage de la science, redresser les fautes des jeunes gens, appliquant à chacune le remède propre, de telle sorte qu'en punissant la faute, il exerce l'âme à vaincre ses passions. Par exemple, un enfant s'est-il fâché contre son camarade? qu'on l'oblige à lui faire des excuses et à lui rendre service, à proportion de son coup de tête; car les habituer à l'humilité, c'est déraciner la colère de leur âme, attendu que, le plus souvent, c'est l'orgueil qui engendre la colère. A-t-il mangé hors du temps ? qu'il jeûne une bonne partie de la journée. A-t-il mangé outre mesure ou bien d'une manière indécente? qu'à l'heure du repas, sans manger lui-même, il regarde ceux qui mangent décemment, en sorte qu'il soit puni par l'abstinence et qu'il apprenne l'honnêteté. A-t-il proféré une parole oiseuse, une injure envers le prochain? un mensonge? qu'on le corrige par la diète et le silence.

» Il faut de même que l'étude des lettres soit appropriée au but qu'on se propose. Ainsi, qu'ils se servent des mots tirés de l'Ecriture; qu'au lieu de fables, on leur raconte les histoires de ses faits merveilleux; qu'on leur fasse apprendre les sentences des proverbes; qu'on leur propose des prix de mémoire, tant pour les mots que pour les choses, afin qu'ils arrivent au but sans chagrin, sans rien qui les heurte, mais avec plaisir et comme en se récréant. Quant à l'attention de l'esprit et à l'habitude de ne pas le laisser s'égarer, les enfants bien élevés l'acquerront sans peine, si les maîtres leur demandent fréquemment où est leur esprit et à quoi ils pensent. La simplicité de leur âge, qui ne connaît point d'artifice, qui n'est pas faite au mensonge, révélera sans peine les secrets de l'âme; ajoutez-y que, pour ne pas être toujours surpris dans des choses inconvenantes, ils en fuiront la pensée, et qu'ils s'en retireront souvent eux-mêmes pour s'éviter la confusion d'une réprimande.

» Pendant que l'âme est encore tendre et que, comme une cire molle, elle reçoit facilement toutes les impressions, il faut donc l'appliquer dès le commencement à tout ce qui est bien, afin que, quand la raison et le discernement viendront, on puisse partir d'éléments posés d'avance et d'impressions religieuses déjà reçues, et fournir sa carrière, la raison suggérant ce qui est utile, et l'habitude donnant la facilité pour bien faire. Alors on peut admettre la profession de la virginité comme stable dès lors et faite par leur détermination et leur jugement propre, après le complet développement de la raison. Il faudra prendre pour témoins de cette action les prélats des églises, afin que, par eux, la consécration du corps soit comme la dédicace d'une chose sacrée, et que leur témoignage y mette comme le sceau; car, est-il dit, toute affaire se décidera par la déposition de deux ou trois témoins. De cette manière encore, la conduite des frères ne sera point exposée à la calomnie, et ceux qui, après s'être consacrés à Dieu, voudraient annuler leur profession, ne trouveront aucun prétexte à leur impudence. Quant à celui qui ne veut point vivre dans la virginité, comme se sentant incapable de s'occuper uniquement de ce qui est du Seigneur, il faut le congédier en présence des mêmes témoins. Pour celui qui, après beaucoup d'examens et de réflexions, qu'il convient de lui laisser faire en particulier pendant plusieurs jours, afin que nous n'ayons pas l'air de rien faire par surprise; pour celui qui a fait ainsi profession, il faut l'admettre au nombre des frères, dans la même demeure et au même régime que les plus anciens. » Saint Basile ajoute une circonstance qu'il allait oublier : c'est que ceux des enfants qui étaient en âge d'apprendre un art ou un métier, car on en faisait apprendre à tous, pouvaient passer la journée avec leurs maîtres; mais que, pour la nuit ainsi que les repas, ils devaient absolument se trouver avec leurs camarades (Basil., *Regul. fus. tract.* 15).

Parmi les divers arts et métiers, tels que l'architecture, l'agriculture, le tissage, saint Basile préfère généralement ceux qui, suivant les localités, dissipent le moins et rejettent le moins dans le monde, soit pour l'achat des matériaux nécessaires, soit pour la vente des ouvrages. Il donne même des règles pour se conduire d'une manière édifiante, lorsque les moines seraient obligés d'aller au loin pour vendre leurs ouvrages sur les marchés publics (*Interr.*, 39 et 40).

Outre son ami Grégoire de Nazianze, qui passait avec lui tout le temps qu'il pouvait, et avec lequel il composa *La Philocalie*, ou recueil des plus beaux endroits d'Origène, Basile fut suivi dans sa retraite par ses deux frères, Grégoire, depuis évêque de Nysse, et Pierre, depuis évêque de Sébaste. Lorsque Libanius, son ancien professeur d'éloquence, en eut appris quel genre de vie il avait embrassé, il en fut dans l'admiration et ne put s'empêcher de le féliciter ainsi que la Cappadoce : lui, d'avoir fait un si excellent choix; la Cappadoce, d'avoir donné au monde un si grand homme (Basil., *Epist.*). Julien lui-même (*Fragm.*, p. 288 et 290), qui n'aimait pas les moines, blâmera cependant les païens de ne pas les imiter en quelque chose, et mourra avec le dessein d'établir, à leur imitation, des hôpitaux et des monastères.

Césaire, frère de Grégoire, était resté à la cour comme premier médecin. Les chrétiens de Nazianze murmuraient de voir le fils de leur évêque dans une cour pleine d'idoles et à la suite d'un empereur apostat. Le père en avait tant de chagrin, que la vie lui paraissait insupportable. Quant à la mère, on lui cachait le tout avec soin, de peur qu'elle n'en fût accablée. Grégoire en écrivit à son frère une lettre touchante pour le presser de revenir d'autant plus vite, qu'il ne tarderait pas à être contraint d'opter entre la charge de premier médecin et le christianisme. En effet, Julien mit tout en œuvre pour le gagner; il eut avec lui, en présence de témoins, une dispute en forme, où il déploya tous les artifices de son éloquence; mais Césaire démêla ses sophismes les plus captieux comme des jeux d'enfants, et s'écria devant tout le monde qu'il était chrétien, et qu'il le serait toujours. Le voyant ainsi déterminé à partir, Julien, qui connaissait sa famille et particulièrement son frère Grégoire, s'écria d'admiration et de dépit : Heureux père! malheureux enfants (Greg., *epist.* 17; *Orat.* 10)!

Les deux amis, Basile et Grégoire, ne demeuraient pas toujours ensemble ni dans la solitude. Quand un plus grand bien ou un devoir plus pressant le demandait, ils se quittaient et quittaient la solitude. Ainsi le premier accompagna Basile d'Ancyre à Constantinople, en 359, à la suite du concile de Séleucie. Ainsi encore, après s'être séparé de son propre évêque, Dianée de Césarée, parce qu'il avait signé la formule de Rimini, il alla, sur sa demande, l'assister au lit de la mort en 362, et recevoir sa protestation : que, s'il avait signé la formule, il n'en connaissait pas le mal, et que dans le fond du cœur il n'avait jamais eu d'autre foi que celle de Nicée. Sans parler même de ces occasions extraordinaires, Basile parcourait souvent les villes et les campagnes du Pont, y établissait des monastères, y réveillait la foi des peuples par ses prédications et les affermissait dans la saine doctrine (Rufin, l. 2, c. 9; Sozom., l. 6, c. 17).

Dans les premiers jours de l'année 362, il vit arriver dans sa retraite son ami Grégoire, accablé de chagrin. Son père l'avait ordonné prêtre malgré lui, le jour de Noël 361, et le peuple de Nazianze avait conspiré pour cela avec son père. Il s'enfuit auprès de son ami, dans la solitude, pour y trouver quelque soulagement à sa peine. Quelque temps après, sa douleur s'étant un peu adoucie, et son père, qui avait plus de 90 ans, ne cessant de le conjurer de ne pas l'abandonner dans sa vieillesse, et le peuple joignant ses supplications à celles du père, il revint à Nazianze, prêcha le jour de Pâques un sermon, suivi de deux ou trois autres, dans lesquels il expliqua éloquemment les motifs de sa fuite, la crainte qu'il avait du sacerdoce et la grande difficulté d'en remplir dignement les fonctions. Avant la fin de l'année, Basile fut ordonné prêtre de la même manière par Eusèbe de Césarée en Cappadoce, successeur de Dianée. Il fit part de son chagrin à Grégoire, qui lui répondit en ces termes : « J'approuve le commencement de votre lettre; et pourrais-je n'approuver pas ce qui vient de vous? Vous avez donc été pris comme nous, et nous sommes tombés dans le même piège. Mais enfin on nous a contraints de devenir prêtres, quoique ce ne fût nullement notre dessein. Car si jamais il y a eu des témoins dignes de foi, nous le sommes l'un à l'autre, que nous avons toujours affectionné la philosophie la plus humble et la plus modeste. Et peut-être qu'il eût été plus avantageux pour nous qu'on ne fit pas ce qu'on a fait : du moins je n'oserais dire autre chose, jusqu'à ce que je connaisse les vues de l'Esprit sur nous. Mais puisque c'est une chose faite, je crois pour mon compte qu'il faut s'y soumettre, principalement à cause du temps où nous sommes, où les langues des hérétiques nous attaquent de tous côtés, et ne rien faire d'indigne de l'espérance que l'on a conçue de nous, ni de la vie que nous avons menée jusqu'ici (Greg., *epist.* 11). »

L'ordination de l'évêque Eusèbe eut quelque chose d'étrange, et fut l'effet d'un mouvement populaire. A la mort de Dianée, les évêques de Cappadoce s'assemblèrent pour lui donner un successeur. Les avis furent longtemps partagés. A la fin tout le peuple, aidé par une troupe de soldats, se saisit d'un des principaux de la ville, c'était Eusèbe, et le présenta aux évêques, les suppliant de l'ordonner et de le proclamer, et joignant la violence aux supplications. Les évêques hésitèrent. Eusèbe était illustre et pieux, mais encore catéchumène. Ils lui conférèrent forcément le baptême et l'épiscopat, le placèrent sur le trône et le proclamèrent archevêque de Césarée. Mais à peine se virent-ils en liberté, qu'ils résolurent de déclarer nulle son ordination, lui reprochant la violence qu'ils avaient soufferte. Le vieil évêque de Nazianze ne put être de leurs avis, et il fut aussi ferme à soutenir ce qu'il avait fait par force, que s'il l'avait fait très-librement. Il représenta à ses collègues que la violence leur avait été commune avec Eusèbe; que, s'il était inexcusable d'y avoir cédé, eux l'étaient pour le moins autant; qu'il eût bien mieux valu ne point consentir du tout à son élection, et hasarder pour cela leur vie, que de vouloir la casser après l'avoir faite, surtout dans un temps où il fallait songer à éteindre les querelles passées plutôt que d'en former de nouvelles. En effet, l'empereur n'était pas loin, plus furieux que jamais contre les chrétiens, en particulier contre ceux de Césarée, à cause qu'ils avaient renversé le temple de la Fortune. L'ordination d'Eusèbe vint encore augmenter sa colère : la ville était en grand péril. Le gouverneur de la province, ennemi personnel du nouveau pasteur, à cause des différends qu'ils avaient eus ensemble dans l'administration des affaires civiles, était ravi de pouvoir lui nuire. Il écrivit aux évêques qui l'avaient ordonné pour solliciter leurs plaintes, les y obligeant même avec menaces, comme par ordre de l'empereur. Le vieil évêque de Nazianze répondit sur-le-champ :

« Très-illustre seigneur! Nous n'avons pour roi et pour juge de ce que nous faisons que celui à qui l'on fait aujourd'hui la guerre; c'est lui qui examinera l'élection dont il s'agit, élection que nous avons faite suivant les règles et d'une manière qui lui est agréable. Si vous voulez user de violence, il vous est très-facile de le faire en toute autre chose; mais personne ne nous ôtera le pouvoir de soutenir que nous n'avons rien fait que de légitime et de juste, si ce n'est que vous prétendiez aussi nous prescrire en ceci des lois, vous qui n'avez pas le droit de regarder dans nos affaires. » Le gouverneur fut d'abord irrité de cette lettre, mais bientôt il l'admira; elle arrêta même la violence de l'empereur et garantit la ville du danger dont elle était menacée (Greg. Naz., p. 308, etc.).

Le saint vieillard signala encore son courage en défendant son église de Nazianze. Julien y envoya, comme dans les autres villes, une compagnie de soldats armés d'arcs et de flèches, pour s'emparer de l'église ou pour la ruiner; mais cet évêque, de plus de quatre-vingt-dix ans, résista avec tant de zèle, que le capitaine fut obligé d'abandonner l'entreprise et de se retirer au plus vite pour se mettre en sûreté. Ce vieillard vénérable faisait dire des prières publiques pour la délivrance de l'Eglise et la fin de la persécution; mais, en particulier, il priait durant la nuit, couchant sur la terre, nonobstant son grand âge, et arrosant le pavé de ses larmes. Ce qu'il continua près d'une année, et si secrètement, qu'il s'en serait caché même à sa famille, si son fils Grégoire ne l'eût découvert (Ibid., p. 308).

Julien avait quitté Constantinople vers le 15 mai 362. Comme il était né en cette ville, il l'affectionnait comme sa mère et sa nourrice, et fit plusieurs ouvrages pour l'embellir. Il y avait demeuré environ cinq mois, déployant pour tout une activité prodigieuse, mais souvent aussi une affectation théâtrale. Ainsi, le 1er janvier, au point du jour, les nouveaux consuls, Mamertin et Névitta, se rendirent au palais pour prévenir l'empereur. Dès qu'il les aperçut, il courut fort loin au devant d'eux, les salua respectueusement, les embrassa, fit entrer leur litière jusque dans ses appartements, leur demanda l'ordre pour partir; et comme ils refusaient de s'asseoir sur leurs chaises curules pendant que l'empereur restait debout, il les y plaça de ses propres mains, et marcha devant eux à pied et confondu dans la foule du cortége. Parmi les spectateurs, les uns applaudissaient, les autres le blâmaient comme de quelque chose d'affecté et de vil (Amm., l. 22, n. 7). Le consul Mamertin le dédommagea par son panégyrique, qu'il prononça devant lui au milieu du sénat, et dans lequel, en encensant l'empereur à toute outrance, il ne s'oublie pas lui-même.

Lorsque Julien eut fait son entrée à Constantinople, il y trouva des ambassadeurs de plusieurs nations étrangères, qui étaient venus pour Constance; il y en avait même de l'Inde et de l'île de Ceylan. Il en vint beaucoup d'autres pour lui en personne. Il leur donna audience à tous et les congédia honorablement. Seulement ceux des Goths ayant chicané sur les traités, il les menaça de la guerre. Plus tard, le roi de Perse lui-même envoya des lettres, demanda un sauf-conduit pour une ambassade, afin de terminer par une négociation les différends entre les deux empires. Julien jeta les lettres par terre, se trouvant offensé que des coupables vinssent lui parler de trève ou de paix (Liban., Orat. 8, p. 244 et 5).

Trois projets occupaient toutes ses pensées : relever l'idolâtrie, anéantir le christianisme, subjuguer les Perses. Dans sa marche de Constantinople à Antioche, il ne négligea l'autel d'aucun dieu; immolant lui-même les victimes, fouillant lui-même dans leurs entrailles; d'où son panégyriste Libanius, parlant à lui-même, tirait un présage certain de la victoire, attendu que les dieux et les déesses, attirés par la fumée des sacrifices, quittaient les Perses pour les Romains, lui apparaissaient familièrement et lui servaient à la fois de conseils, de guides et de protecteurs (Ibid., p. 245-247). En Galatie, il se détourna de la route pour faire un pèlerinage à Pessinonte, y adorer l'idole de Cybèle, dont il vit avec douleur le culte négligé. Pour expier ce scandale, il composa l'inintelligible allégorie que nous avons vue. Un jeune chrétien avait renversé naguère l'autel de la déesse, sans que les habitants s'en fussent mis en peine; Julien le fit venir, employa les promesses et les menaces pour le gagner; mais le jeune homme se moqua et des promesses, et des menaces, et des supplices. Un autre jeune chrétien, déchiré par tout le corps dans une occasion semblable, se plaignit aux bourreaux de ce qu'ils avaient épargné une de ses jambes, et la présenta de lui-même à leurs ongles de fer (Greg. Naz., Orat. 4, p. 133).

Quand Julien fit son entrée dans Ancyre, capitale de la Galatie, les prêtres païens vinrent au devant de lui, avec l'idole d'Hécate. Il leur distribua de l'argent, et célébra des jeux le lendemain. On lui amena un prêtre chrétien nommé Basile. Sous l'empire de Constance, il avait affermi les catholiques d'Ancyre contre les séductions de l'arianisme; depuis l'apostasie de Julien, il les affermissait contre le culte des idoles. Il avait eu à souffrir des ariens, il eut à souffrir des païens. Ils l'accusèrent devant le proconsul, comme décriant la religion de l'empereur. Qui es-tu, lui dit le proconsul, pour être si hardi ? — Ce qui est plus que toutes choses, répondit Basile, je suis chrétien. — Pourquoi donc, si tu es chrétien, pousses-tu la ville à la révolte, et blasphèmes-tu le souverain, comme transgesseur des bonnes lois? — Je ne basphème pas le souverain, ni sa religion. Le souverain, c'est Dieu qui habite les cieux, que nos pères, ses dignes serviteurs, adoraient partout dans un cœur pur. Quant à l'impiété que vous avez établie, il pourra la détruire dans peu. L'empereur que vous me vantez, est de terre et tombera bientôt entre les mains du Roi suprême, parce qu'il est homme. Après quelques autres réponses, il fut mis à la torture et puis jeté en prison. Julien, informé par le proconsul, pendant qu'il était encore à Constantinople, envoya devant lui deux apostats de ses officiers, avec un prêtre d'Esculape, pour gagner Basile. Mais il les confondit par ses réponses, et souffrit avec le même courage de nouvelles tortures. Julien l'ayant donc fait venir dans son palais, lui demanda : Quel est ton nom? Basile répondit : D'abord je m'appelle *chrétien*, et le nom du Christ est éternel et au-dessus de toutes les pensées humaines. Ensuite tout le monde m'appelle Basile. Si je garde sans tache le nom du Christ, je recevrai de lui, au jour du jugement, la récompense de l'immortalité. — Ne te trompe pas, Basile, reprit Julien; car je n'ignore pas vos mystères. Tu crois en celui qui a souffert la mort sous le président Pilate. — Je ne me trompe nullement, ô empereur, répondit Basile. Quant à vous, devenu apostat, vous avez abdiqué le royaume du ciel; moi, au contraire, je crois à mon Christ, que vous avez abjuré dans le temps même qu'il vous donnait l'empire; mais il vous l'enlèvera sous peu, afin que vous connaissiez quel Dieu vous avez offensé. Tu es fou, archifou, dit Julien, il n'en arrivera pas comme tu voudrais. Basile répondit : Vous ne vous souvenez pas du bien qu'il vous a fait, vous ne respectez pas l'autel à qui vous devez la vie; vous n'avez point gardé la loi que vous avez souvent annoncée vous-même. Aussi le grand empereur Jésus-Christ ne se souviendra pas non plus de vous; mais il vous enlèvera bientôt cet empire temporel, et votre corps sera privé de la sépulture après que vous aurez rendu votre âme au milieu des plus grandes douleurs. Julien, pour le punir d'avoir méprisé ses conseils et de l'avoir outragé lui-même, ordonna qu'on lui coupât, chaque jour, sept lanières dans la peau. Le saint, ayant enduré ce supplice une première fois avec courage, témoigna à l'officier chargé de l'exécution le désir de parler à l'empereur. Admis aussitôt devant Julien, qui était dans le temple d'Esculape, il lui dit : Où sont donc, ô empereur! les prêtres et les devins qui d'ordinaire vous accompagnaient? Sans doute qu'ils auront deviné pourquoi j'arrive. — Mais, dit Julien, je pense que c'est parce que tu es devenu sage, et que tu viens avec nous reconnaître les dieux. — C'est, au contraire, répliqua Basile, pour vous apprendre que vos prétendus dieux ne sont rien; car ce sont des idoles sourdes et aveugles, qui mènent en enfer ceux qui y croient. En même temps, détachant une des lanières de sa peau, il la lui jeta à la figure, disant : Reçois ceci, Julien, puisque tu aimes de pareils mets. Pour moi, mon bonheur est de vivre et de mourir pour Jésus-Christ : c'est lui mon soutien, c'est en lui que je crois, c'est pour lui que je souffre. L'officier qui vit l'empereur irrité contre lui-même, s'en vengea sur le saint, en lui faisant endurer, pendant plusieurs jours, les tortures les plus cruelles, et enfin la mort, le 29 juin. Julien était parti pour Tarse et pour Antioche (Theod., l. 3, c. 12; Ruinart).

Il arriva dans cette dernière ville vers la fin de juillet. Tout le peuple sortit à sa rencontre. Les païens le reçurent comme un dieu; la multitude l'appelait, dans ses acclamations, *l'astre propice de l'Orient*, ce qui le flatta beaucoup. Mais au milieu des cris de joie, on entendait aussi de toutes parts des hurlements lugubres : c'étaient les femmes païennes qui pleuraient la mort d'Adonis, dont on célébrait la fête en ce jour-là même (Amm., l. 22, n. 9). Cette coïncidence parut d'un fâcheux augure. Julien était ravi de voir Antioche; il avait promis de la rendre toute de marbre; il désirait encore plus la rendre idolâtre comme lui. Il visitait assidûment, non-seulement les temples de la ville, mais encore ceux des collines et des montagnes. Peu de temps après son arrivée, il gravit le mont Cassius, qui était extrêmement haut, pour aller visiter au sommet un fameux temple de Jupiter. Il en revint à la hâte pour la fête d'Apollon, qui se célébrait tous les ans au bourg de Daphné, près d'Antioche. Il s'attendait à voir la capitale de l'Orient déployer en cette solennité toute sa richesse et sa magnificence. Il se figurait une grande pompe, des victimes, des libations, des parfums, des danses, de jeunes hommes vêtus de robes blanches et superbement ornés. Quand il fut entré dans le temple, il fut bien surpris de n'y trouver ni victimes, ni encens, pas même un gâteau. Il crut que tout l'appareil était dehors, et que l'on attendait qu'il donnât le signal, comme souverain pontife. Enfin, il demanda ce que la ville devait sacrifier à cette fête. Le sacrificateur lui répondit : J'apporte de chez moi, pour le dieu, une oie, car la ville n'a rien préparé. Là-dessus Julien gourmanda le sénat d'Antioche en ces termes : « Il est étrange qu'une si grande ville témoigne plus de mépris pour les dieux que la moindre bourgade des extrémités du Pont, et que, possédant des terres immenses, aujourd'hui que la fête de son dieu arrive la première fois depuis que les dieux ont dissipé le nuage de l'athéisme, elle n'offre pas un oiseau, elle qui devrait immoler des bœufs par tribu, ou du moins un taureau en commun pour toute la ville. Il n'y a que le sacrificateur, lui qui devrait plutôt remporter chez soi ses portions de vos offrandes. Chacun de vous permet à sa femme d'emporter tout hors de chez soi pour donner aux Galiléens; et, nourrissant de vos biens les pauvres, elles inspirent à ceux-ci, qui sont partout la foule, une grande admiration pour l'athéisme. Quand il célèbre la fête de sa naissance, chacun de vous prépare deux fois le jour une table magnifique à ses amis; et à cette fête solennelle de votre dieu, personne ne lui apporte ni huile pour la lampe, ni libation, ni victime, ni encens. Un homme raisonnable ne serait pas content d'un tel procédé, bien loin qu'il puisse être agréable aux dieux (Jul., *Misopog.*). » Ainsi pérorait Julien aux pieds de l'autel et de l'idole; mais ni le sénat ni le peuple d'Antioche ne furent touchés de sa harangue : la famille même du sacrificateur ne le fut pas davantage.

La fête de Daphné durait sept jours, pendant lesquels Julien fit un festin public selon la coutume.

Le sacrificateur avait deux fils qui étaient ministres du temple et arrosaient d'eau lustrale les viandes que l'on servait à l'empereur. L'un d'eux fit cette fonction le premier jour, et aussitôt s'enfuit à Antioche en courant, et alla trouver une vertueuse diaconesse, amie de sa mère, qui l'avait souvent exhorté à se faire chrétien. Sa mère étant morte, il avait continué de la voir, et, ayant profité de ses instructions, il lui demanda enfin comment il pourrait embrasser la religion qu'elle lui enseignait. Il faut, lui dit-elle, fuir votre père, lui préférer celui qui vous a créés l'un et l'autre, et passer dans une ville où vous puissiez éviter les mains impies de l'empereur, et je vous promets d'en prendre soin. Je viendrai, répondit le jeune homme, et je remettrai mon âme entre vos mains. Ce fut donc en exécution de cette promesse qu'il s'enfuit de Daphné et vint chez la diaconesse, la priant d'accomplir sa parole. Elle se leva aussitôt et le conduisit à saint Mélèce. Il fit demeurer quelque temps le jeune homme dans une chambre haute. Cependant son père le cherchait. Après avoir fait le tour de Daphné, il vint à Antioche et parcourut toutes les rues; enfin, passant devant le logis de saint Mélèce, il vit son fils qui regardait par le treillis de sa fenêtre. Il y courut, l'en tira de force, l'emmena chez lui, et premièrement lui donna quantité de coups de fouet; puis, ayant fait rougir au feu de grandes aiguilles, il lui en perça les mains, les pieds et le dos; après quoi il l'enferma dans sa chambre, qu'il barricada par dehors, et s'en retourna à Daphné. Le jeune homme, rempli d'un zèle extraordinaire, brisa toutes les idoles de son père; puis, craignant son retour, il pria Jésus-Christ de le délivrer. Car c'est pour vous, disait-il, que j'ai souffert et que j'ai fait tout cela. Comme il parlait ainsi, les barricades tombèrent, les portes s'ouvrirent, et il courut chez la diaconesse qui l'avait instruit. Elle l'habilla en femme, le prit avec elle dans sa litière et le mena de nouveau à saint Mélèce, qui le mit entre les mains de saint Cyrille de Jérusalem, avec lequel il partit la nuit et s'en alla en Palestine. Théodoret, qui relate cette histoire, l'avait apprise de la bouche même du jeune homme, qui la lui raconta dans sa vieillesse, ajoutant qu'après la mort de Julien, il avait même converti son père le sacrificateur (Theod., l. 3, c. 14).

Julien voyant Antioche si chrétienne, la prit en aversion; mais il fut très-content des villes voisines. Car, ainsi que lui-même s'en glorifie, aussitôt qu'il eut donné ses ordres pour rétablir l'idolâtrie, elles relevèrent les temples, renversèrent les tombeaux des martyrs et persécutèrent les chrétiens au delà même de ses intentions (*Misopog.*, p. 361). Nous en avons vu des exemples à Aréthuse, à Héliopolis et à Gaze. S'il n'en fut pas de même partout, ce ne fut pas la faute de Julien. On le voit par sa lettre aux habitants de Bostre.

Cette ville était à l'entrée de l'Arabie Pétrée, près de la Palestine. Elle avait pour évêque Titus, célèbre pour sa doctrine. Comme l'empereur l'avait menacé de s'en prendre à lui et à son clergé, si le peuple faisait quelque sédition, Titus lui envoya une requête par laquelle il lui représentait qu'il travaillait au contraire à contenir le peuple dans son devoir. Au lieu de le remercier, Julien prit occasion de là d'exciter tous les peuples contre les ecclésiastiques, en particulier celui de Bostre contre son évêque. Voici la lettre :

« Julien à ceux de Bostre. Je m'imaginais que les chefs des Galiléens reconnaîtraient qu'ils m'ont plus d'obligation qu'à mon prédécesseur. Sous son règne, plusieurs d'entre eux ont été bannis, persécutés, emprisonnés. Moi, au contraire, j'ai rappelé les bannis, et rendu tous les biens confisqués. Cependant, parce qu'ils n'ont plus le pouvoir de tyranniser personne, ni d'exercer, premièrement les uns contre les autres et puis contre nous, qui servons les dieux, leurs violences accoutumées, ils sont devenus furieux; ils poussent l'extravagance et la rage jusqu'à faire tous leurs efforts pour soulever les peuples, montrant par là qu'ils n'ont ni crainte des dieux, ni respect pour nos ordonnances, qui ne respirent que la philanthropie.

» Nous ne souffrons point que l'on traîne personne aux autels, et déclarons que si quelqu'un, par son propre choix et de son bon gré, veut participer à nos cérémonies, il doit, avant toutes choses, offrir des sacrifices d'expiation et se rendre les dieux favorables : tant nous sommes éloigné d'avoir seulement la pensée d'admettre à nos saints sacrifices aucun des impies, à moins qu'il n'ait purifié son âme par de ferventes prières, et son corps par les expiations convenables. Il est donc visible que ceux que l'on appelle *clercs* trompent les peuples, et ne les excitent à la sédition que parce qu'ils ne peuvent plus eux-mêmes tourmenter les autres. Ils ont pris tellement goût au despotisme, qu'au lieu de s'estimer heureux de ce qu'on laisse impunies leurs fautes passées, ils voudraient, comme auparavant, juger, faire des testaments, s'approprier l'héritage d'autrui, tirer tout à eux; et, de dépit, ils lèvent le masque, ne gardent plus de mesure, et pour mettre le comble aux maux qu'ils ont déjà faits, ils attisent ou allument parmi les peuples le feu de la division.

« C'est pourquoi j'ai jugé à propos de publier cet édit, pour défendre à tous les peuples de prendre part aux troubles que tâcheront d'exciter les clercs, de jeter des pierres, de manquer de respect aux magistrats. Qu'ils obéissent au clergé en ce qui concerne le lieu de leurs assemblées et la forme de leurs prières; mais si, pour ses intérêts, il les porte à la sédition, qu'ils ne l'écoutent plus : autrement ils seront punis.

» J'adresse cet édit spécialement à la ville de Bostre, parce l'évêque Titus et son clergé, dans une requête qu'ils m'ont présentée, accusent leur peuple d'être prêt à se soulever, s'il n'était retenu par leurs discours. J'insère ici les propres paroles employées dans la requête : *Quoique les chrétiens soient en aussi grand nombre que les hellènes, et que nous les contenions par nos discours, de peur qu'il n'arrive quelque désordre.....* C'est ainsi que votre évêque parle de vous. Voyez comment il vous dérobe tout le mérite de votre sagesse, pour s'en faire honneur à lui seul. Il vous représente comme des séditieux capables des derniers excès, s'il ne vous tenait en bride. C'est un délateur que vous ferez bien de chasser de votre ville (Jul., epist. 52). »

Cette lettre est du 1er août 362. On y voit quel était Julien : parlant philanthropie, mais au fond d'une tracasserie haineuse et sophistique, indigne non-seulement d'un empereur, mais d'un honnête homme. Un évêque se sert de son autorité pastorale pour maintenir la tranquillité publique : le sophiste Julien abuse de ce service même que lui rend l'évêque, pour le mettre mal dans l'esprit de son peuple. S'il le bannissait, ses ordres seraient paisiblement exécutés. Mais conseiller au peuple de le chasser, n'est-ce pas avoir le dessein d'exciter une sédition, une guerre civile?

Libanius voudrait nous faire accroire que Julien portait la clémence si loin, que toute la punition qu'il infligeait aux conspirateurs, c'était de les convaincre de leur crime. Il est vrai que, pendant son séjour d'Antioche, il se contenta de réprimander quelques soldats qui, dans le vin, avaient parlé de complot. Mais Ammien Marcellin, un peu moins adulateur que Libanius, nous apprend que, pendant le même séjour, deux capitaines des gardes, convaincus de projets ambitieux, furent condamnés au bannissement; que Marcel, fils d'un général, fut décapité comme aspirant à l'empire; que Gaudence, gouverneur d'Afrique, et son lieutenant, furent amenés dans les fers et condamnés au dernier supplice, pour avoir été fidèles à Constance jusqu'à la fin (Amm., l. 22, n. 11) : conduite qui, sous un prince quelque peu magnanime, leur aurait valu son estime et son admiration, et non pas la mort. Julien fit aussi venir Artémius, duc d'Egypte, accusé par les païens d'Alexandrie de crimes atroces, comme dit Ammien, c'est-à-dire d'avoir brisé plusieurs idoles du temps de Constance, et d'avoir prêté main forte à Georges, l'évêque arien, pour dépouiller les temples de leurs ornements et de leurs richesses. L'empereur ne se contenta pas de priver Artémius de ses biens, il lui fit couper la tête. Artémius avait persécuté les catholiques sous Constance; mais il a pu expier sa faute par sa mort, car les Grecs l'honorent comme martyr, et, sur leur autorité, Baronius l'a inséré dans son Martyrologe (Bolland., t. III).

La nouvelle de la mort d'Artémius, parvenue à Alexandrie, fut le signal du massacre de Georges. Le peuple idolâtre, poussant des hurlements affreux, court l'arracher de sa maison, le traîne dans les rues, les jambes écartées, la foule aux pieds et l'assomme à coups de bâton. Il traite de même Dracontius, intendant de la monnaie, et Diodore, qui avait le rang de comte; le premier, pour avoir renversé un autel élevé depuis peu dans la monnaie; le second, parce qu'en présidant à la construction d'une église, il coupait, de son autorité privée, les cheveux des enfants, à qui les païens les laissaient croître en l'honneur de quelque divinité. La populace s'acharna sur ces trois cadavres, et ne cessa de les insulter qu'après les avoir réduits en cendres et avoir jeté les cendres dans la mer, de peur, disait-elle, que les chrétiens ne les recueillent et ne bâtissent des églises à ces nouveaux martyrs. Mais les chrétiens n'y pensaient guère; car, comme l'observe Ammien lui-même (l. 22, n. 11), ils auraient bien pu les défendre, si Georges ne s'était pas rendu odieux à tout le monde.

Julien se montra très-irrité en apprenant cette nouvelle. Il adressa aux Alexandrins une proclamation en style de rhéteur. Après y avoir parlé d'Alexandre et de Sérapis, mêlé les excuses aux reproches, il dit : « Comparez cette lettre à celle que je vous écrivais il y a peu de temps. Sentez-en la différence. Quelles louanges ne vous donnais-je pas alors ! Mais, par les dieux, quelque envie que j'eusse de vous louer aujourd'hui, l'énormité de votre crime ne le permet pas. Un peuple a la barbarie de mettre un homme en pièces, comme feraient des chiens ! Il n'en rougit pas ; il ose lever vers ses dieux des mains dégouttantes de sang ! Mais Georges méritait ce traitement, dites-vous. Je conviens qu'il en méritait peut-être un plus rigoureux. Il le méritait, ajoutez-vous, pour les maux qu'il nous a faits. D'accord; mais vous ne deviez pas être ses bourreaux. Chaque membre de la société doit aimer et respecter ses lois. Si quelqu'un les transgresse, le corps doit y demeurer attaché, y conformer sa conduite et ne se départir jamais des sages ordonnances faites dès le commencement.

» Alexandrins, vous êtes bienheureux d'avoir commis cette faute sous moi, qui conserve pour vous une tendresse de frère, tendresse dont vous êtes redevables à Sérapis et à mon oncle, qui porte mon nom, autrefois votre gouverneur et celui d'Egypte. Sous un gouvernement où il y a de la vigueur, et qui sait se faire respecter, de pareils attentats ne demeurent point impunis. On les regarde comme des maux dangereux qui demandent des remèdes violents. Toutefois, en considération des motifs que je viens de toucher, je veux bien n'employer ici que le remède le plus doux, la parole et la réprimande. Vous y acquiescerez d'autant mieux, que vous êtes Hellènes d'origine, et, qu'aujourd'hui encore, vous en montrez le noble caractère dans vos sentiments et votre conduite (Jul., *Epist.* 10). »

Ainsi, les païens d'Alexandrie avaient mis en pièces un évêque et deux magistrats; ils avaient mérité les derniers châtiments. Julien, pour atténuer le crime, ne parle pas des deux magistrats, mais seulement de l'évêque; puis, en considération de Sérapis et d'un oncle apostat, le tout finit par un compliment. Telle était l'impartialité de Julien. La seule chose qui lui tint à cœur dans toute cette affaire, c'était la bibliothèque de Georges; car il en avait une fort belle. Julien écrivit au gouverneur d'Egypte, ainsi qu'au trésorier général, de la lui envoyer à Antioche. Pour la recouvrer tout entière, il leur commande d'employer tous les moyens, entre autres de mettre à la question les esclaves des personnes qu'on soupçonnerait d'avoir détourné des livres, et même, s'il le fallait, le secrétaire de Georges (Jul., *Ibid.*, 9 et 36). Merveilleux Julien ! pour venger le meurtre atroce d'un évêque et de deux magistrats, il ne trouve, après tout, que des compliments ; mais pour s'approprier les livres d'autrui, il a des tortures.

C'était pour soutenir leurs idoles que les païens s'étaient portés à ces massacres : la Providence en tourna les suites différemment. Après la mort de l'intrus Georges, saint Athanase rentra dans Alexandrie, les catholiques dans leurs églises et la paix dans les cœurs. Ceux que les ariens avaient entraînés revenaient à l'unité en foule ; beaucoup de païens mêmes se convertissaient. Pour augmenter cette heureuse tendance à la concorde, saint Athanase tint un concile, où se trouvèrent, entre autres, saint Eusèbe de Verceil, qui revenait de son exil en la Thébaïde; saint Astère, évêque de Pétra en Arabie ; deux diacres de Lucifer de Cagliari ; deux diacres du prêtre Paulin, chef des eustathiens d'Antioche.

Ce concile, composé presque tout entier de confesseurs revenus de l'exil, transmit ses règlements aux catholiques d'Antioche, dans une lettre qui ne respire que la charité et l'indulgence. Comme un grand nombre de personnes étaient disposées à quitter l'arianisme pour se réunir à l'Eglise, le concile recommande de les y accueillir avec une affection toute paternelle, sans leur demander autre chose, sinon de professer la foi de Nicée; de condamner l'hérésie arienne, en particulier ceux qui disaient « le Saint-Esprit une créature et d'une autre substance que le Fils; » de condamner également les anciennes hérésies de Sabellius, de Paul de Samosate, de Valentin, de Basilide et de Manès. A ces conditions, les chefs mêmes des ariens seraient reçus dans l'Eglise, mais seulement à la communion laïque; les autres, avec le rang même qu'ils avaient dans le clergé. Le concile insiste pour qu'on s'en tienne là, sans soulever d'autres questions, en quoi il ne verrait que l'amour de la dispute. Il cite deux faits pour exemple.

Sur cette question : Y a-t-il en Dieu trois hypostases, ou n'y en a-t-il qu'une? Ceux qui en disaient trois, accusaient d'erreur ceux qui n'en disaient qu'une, et réciproquement. Or, le concile les ayant interrogés les uns après les autres, avait acquis la certitude qu'ils pensaient tous la même chose; que ceux qui disaient trois hypostases, entendaient trois personnes; tandis que ceux qui disaient une seule hypostase, entendaient une seule essence. En effet, le mot grec se prêtait aux deux sens. De même, ceux qui se disputaient au sujet de l'Incarnation, ayant été interrogés par le concile, se trouvèrent penser la même chose, savoir : que le Verbe n'est pas venu dans le Christ, comme il venait jadis aux prophètes, mais qu'il s'était fait homme, qu'il avait pris un corps avec une âme; qu'étant vraiment Fils de Dieu, il était devenu vraiment fils de l'homme; que le Fils de Dieu, qui était avant Abraham, n'est pas un autre que celui qui est venu après Abraham; et que celui qui a ressuscité Lazare, n'était pas un autre que celui qui demandait où on l'avait mis : c'était le même, qui demandait comme homme où il était, et qui le ressuscitait comme Dieu. Le concile engage donc les fidèles d'Antioche à ne pas condamner témérairement ceux qui expliquent ainsi leurs paroles, mais à éloigner, comme suspects, que ceux qui n'expliqueraient pas de même les leurs. Cette lettre fut souscrite par saint Athanase, par les autres évêques présents, par les deux diacres de Lucifer et les deux de Paulin. Outre les trois absents, Lucifer, Cimatius et Anatolius, la lettre était aussi adressée à Eusèbe et à Astère, quoique présents, parce qu'elle leur servait d'instruction et de commission (Athan., t. II, p. 770). Le pape Libère, qui avait déjà prescrit la même règle pour la réception de ceux qui avaient failli, la confirma de nouveau dans une lettre aux évêques d'Italie, quand il eut reçu les actes du concile d'Alexandrie et d'un autre de la Grèce. La paix et l'union se rétablissaient ainsi par toute l'Eglise (Lib., *Epist.* 13).

La précipitation de Lucifer de Cagliari fut cause qu'elle ne se rétablit pas de même à Antioche. Il revenait de son exil de la Thébaïde, avec Eusèbe de Verceil. Ils avaient été tous les deux légats du pape Libère, au concile de Milan, sous Constance. D'après une vie manuscrite de saint Eusèbe, gardée dans son église de Verceil et attribuée à son successeur saint Honorat, ils le furent encore tous les deux pour le concile d'Alexandrie. Mais Lucifer se contenta d'y envoyer à sa place un de ses diacres, approuvant d'avance tout ce que l'on y ferait. Lui-même se rendit à Antioche, pour travailler d'avance, avec deux autres confesseurs, à la réunion des deux partis catholiques de Mélèce et de Paulin. Il y eût réussi s'il avait pu trouver un évêque agréable aux uns et aux autres. Voyant que les eustathiens avaient trop de peine à reconnaître Mélèce, il consacra évêque leur chef, le prêtre Paulin. Ce remède, au lieu de mettre fin à la division, la rendit encore plus difficile à finir. Ce ne fut que dix-huit ans plus tard, en 380, dix ans après la mort de Lucifer, que Mélèce et Paulin convinrent de gouverner chacun leur troupeau durant leur vie, mais qu'à la mort de l'un d'eux le survivant gouvernerait seul toute l'Eglise d'Antioche. Ce qui réunit pour le moment tous les catholiques. Mais ceux que l'on nomma *lucifériens*, se séparèrent alors des autres, à cause qu'ils avaient reconnu Mélèce comme évêque.

Quand Eusèbe de Verceil vint à Antioche, il fut affligé de la précipitation de Lucifer. Cependant, par égard pour le mérite de ce personnage, il ne voulut point blâmer ouvertement l'ordination qu'il avait faite; mais, ne communiquant ni avec Mélèce ni avec Paulin, il promit de travailler à la réunion dans un concile. N'y ayant pu réussir, il continua son voyage vers l'Occident. Lucifer fut très-piqué de ce qu'Eusèbe n'approuvait pas sa conduite : il délibéra, il hésita (c'est le sens du grec), s'il continuerait de communiquer avec lui, et s'il ne protesterait pas contre ce qui s'était fait au concile d'Alexandrie; mais il se trouvait engagé par la signature de son diacre, que, d'après le témoignage de tous les historiens, il ne désavoua jamais. Si, plus tard, plusieurs de ses partisans firent un schisme sous le nom de *lucifériens*, lui-même s'en retourna en Sardaigne, uni de sentiment et de communion avec l'Eglise catholique; c'est ce que disent positivement Socrate (l. 3, c. 9) et Sozomène (l. 5, c. 13), à qui cependant certains critiques ont jugé à propos de faire dire tout le contraire. D'ailleurs son retour en Sardaigne n'eut pas lieu immédiatement. D'après la vie manuscrite de Verceil, il remplit encore une troisième légation, avec saint Eusèbe, auprès des Eglises orientales : ce que confirme le grec Nicétas, en disant que Lucifer et Eusèbe furent envoyés de Rome à Césarée en Cappadoce. Enfin Lucifer, que saint Jérôme qualifie de *bienheureux* et de *bon pasteur*, a toujours été honoré comme saint dans l'île de Sardaigne. Ce qui a jeté du louche sur sa mémoire, c'est qu'à son occasion il se forma, sous le nom de *lucifériens*, un schisme peu considérable, qui non-seulement blâmait l'Eglise de son indulgence à recevoir ceux qui revenaient de l'arianisme, mais encore rejetait le baptême des ariens. A leur tête était Hilaire, ce diacre de l'Eglise romaine qui avait été légat avec Lucifer au concile de Milan. Comme ces lucifériens n'avaient ni prêtre ni évêque, leur schisme dura peu et ne s'étendit guère hors de la Sardaigne (*Acta Sanct., die* 20 *maii; De sancto Lucifero, cap.* 5, *et die* 23 *sept.; De S. Liberio,* § 13).

Saint Athanase reçut à cette époque des reliques de saint Jean-Baptiste. Peu auparavant, à Sébaste en Palestine (l'ancienne Samarie), les païens avaient

LIVRE XXXIV. — JULIEN L'APOSTAT.

ouvert le sépulcre du précurseur, brûlé ses os et jeté es cendres au vent. Toutefois, des moines de Jérusalem, qui s'y trouvèrent en pèlerinage, en sauvèrent quelques ossements, et, d'après les ordres de leur abbé, ils les portèrent à l'évêque d'Alexandrie, qui les cacha dans le sanctuaire d'une église, où ils furent retrouvés plus tard.

Julien s'aperçut avec dépit que le retour d'Athanase, bien loin d'augmenter la division parmi les évêques et les peuples, occasionnait une réconciliation universelle. D'autres individus n'en étaient pas plus contents : les devins, les faiseurs d'horoscopes, les magiciens, qui, depuis que l'apostat avait rouvert les portes à toutes les abominations de l'idolâtrie, fourmillaient de toutes parts comme des reptiles qui, après un long hiver, se raniment au soleil de la faveur; ils exerçaient surtout leurs arts exécrables à Athènes et à Alexandrie, où ils égorgèrent de petits enfants, pour chercher dans leurs entrailles palpitantes la volonté des démons ou les événements de l'avenir. Enfin, de concert avec la populace païenne, ils représentèrent à l'empereur qu'Athanase rendait inutile tout leur art; qu'il corrompait la ville et toute l'Egypte, et que, s'il y demeurait, il n'y resterait pas un païen. Julien leur écrivit aussitôt en ces termes : « Il fallait au moins qu'un homme, banni par des ordres réitérés de plusieurs empereurs, attendît un nouvel ordre avant que de revenir, et ne fût pas assez téméraire pour braver insolemment les lois. J'ai permis aux Galiléens exilés par Constance, d'heureuse mémoire, de retourner dans leur patrie et non pas dans leurs églises. Toutefois, j'apprends qu'Athanase, avec son audace ordinaire, s'est mis en possession de ce qu'ils appellent le trône épiscopal, au grand déplaisir du peuple pieux d'Alexandrie. C'est pourquoi nous lui ordonnons de sortir de la ville le jour même qu'il aura reçu notre lettre, et cela sous peine des plus sévères châtiments (Jul., *pist.* 26). »

Ainsi que nous l'avons appris de Julien lui-même, était ce peuple *pieux*, qui mettait *les hommes en pièces, comme auraient pu faire des chiens*. Mais pour un empereur sophiste, qui vient dire après coup que, quand il a rappelé l'exil généralement de tous les évêques, il en exceptait tacitement Athanase, et que, s'il leur avait permis de revenir, ce n'était pas dans leurs églises, mais dans leur pays; pour un pareil empereur, une contradiction, un sophisme de plus ou de moins ne compte pas. Si réellement il pensait que la présence d'Athanase était odieuse au peuple d'Alexandrie, il dut bien vite s'en détromper; car la ville entière lui adressa une supplique pour le conserver. Cette démarche le surprit et l'irrita prodigieusement, comme on le voit par sa réponse.

« Julien, à ceux d'Alexandrie : Quand le fondateur de votre ville serait quelqu'un de ces déserteurs de leur religion, qui, pour avoir embrassé une vie contraire aux lois et répandu dans le monde une nouvelle doctrine, ont reçu le châtiment qu'ils n'avaient pas trop mérité, vous n'auriez pas raison de demander Athanase. Mais ayant pour fondateur Alexandre, pour dieu tutélaire le roi Sérapis, avec Isis, sa divine compagne, reine de toute l'Egypte, je suis surpris que vous demandiez un homme de cette espèce avec tant d'empressement. Je veux croire que la plus saine portion de la ville n'est pas écoutée, et que la partie corrompue ose s'attribuer le nom de la ville entière. Mais, par les dieux! je rougis, Alexandrins, que quelqu'un de vous se confesse Galiléen.

» Les pères des vrais Hébreux furent autrefois les esclaves des Egyptiens; et vous, Alexandrins, vous qui, dans la personne de votre fondateur, êtes les conquérants de l'Egypte, vous abandonnez votre ancienne religion pour vous asservir volontairement à ces faux Hébreux, révoltés contre la loi de leurs pères? Avez-vous donc perdu le souvenir du bonheur dont jouissait autrefois l'Egypte, lorsqu'elle était en commerce avec les dieux et comblée de leurs bienfaits ? Les prédicateurs de cette nouvelle doctrine, dites-moi, quel avantage vous ont-ils procuré ? Votre auteur, Alexandre de Macédoine, adorait les dieux. Au prix d'un Alexandre, que sont vos docteurs ? Que sont les Hébreux, qui valent pourtant beaucoup mieux que les Galiléens? Par Jupiter! j'ai tort de les comparer avec un prince dans qui Rome elle-même eût trouvé un adversaire digne d'elle. Non ; ils ne valent pas Ptolémée, fils de Lagus. Après la mort d'Alexandre, les Ptolémées eurent pour votre ville une tendresse de père; ils élevèrent cette fille chérie au point de grandeur où nous la voyons. C'est à leurs sages lois, et non aux discours de Jésus, ni aux enseignements des maudits Galiléens, qu'elle doit sa félicité.

» Enfin lorsque nous eûmes détrôné les Ptolémées, qui s'étaient rendus indignes de régner, Auguste vint en Egypte, et harangua vos ancêtres : « Alexandrins, leur dit-il, je vous pardonne par respect » pour le grand Sérapis, à cause de vous-mêmes et » de la grandeur de votre ville. Une troisième raison » me parle en votre faveur : c'est l'amitié que j'ai » pour Aréus. C'était un de vos concitoyens, l'insé» parable ami d'Auguste, un philosophe. »

» Voilà quelques-unes des faveurs particulières que vous avez reçues des dieux, je serais trop long si je voulais les rapporter toutes. Comment pouvez-vous méconnaître celles que les dieux visibles ne cessent de répandre, non sur un petit nombre d'hommes, sur une famille unique, sur une certaine ville, mais sur toute l'espèce humaine, sur toutes les parties de l'univers? Etes-vous seuls insensibles à la splendeur du soleil? Ignorez-vous seuls qu'il fait l'été et l'hiver, qu'il produit tous les animaux et toutes les plantes? Ne voyez-vous pas que c'est de lui et par lui que la lune reçoit le pouvoir de produire toutes choses et de rendre à la société des services infinis ? Cependant vous n'osez adorer aucun de ces dieux; mais ce Jésus, que vous n'avez vu, ni vous ni vos pères, vous soutenez qu'il est Dieu-Verbe; et celui que tous les hommes voient, contemplent, adorent pour leur bonheur depuis que le monde existe, le grand soleil, l'image vivante, animée, raisonnable du Père intelligible, vous l'abandonnez, vous le méprisez! Croyez-moi, réfléchissez un peu et revenez à la vérité. Ne craignez pas de vous égarer en me suivant. J'ai marché dans votre voie jusqu'à l'âge de vingt ans, et voici la douzième année que je marche dans celle-ci.

» Si vous voulez vous rendre à ces salutaires avis, ma joie sera parfaite; mais si vous aimez mieux demeurer attachés à la superstition et prêter l'oreille à ces imposteurs qui vous abusent, accordez-vous les uns avec les autres, et ne désirez plus Athanase. Il y a plusieurs de ses disciples capables de contenter, par leurs discours impies, la démangeaison de vos oreilles. Car plût au ciel que cette doctrine sacrilège fût concentrée dans Athanase seul! Mais il laisse une école nombreuse; il a d'illustres disciples, parmi lesquels vous pouvez aisément choisir. Le premier venu vous expliquera les Ecritures aussi bien que lui. Si vous le regrettez à cause de ses autres talents (je sais, en effet, que c'est un homme capable de tout), apprenez que la raison pour laquelle vous le demandez avec tant d'instances, est celle qui l'a fait bannir. Il ne serait pas naturel de laisser à la tête du peuple un homme intrigant, surtout si ce n'est pas même un homme, mais un petit être de rien, comme lui, qui tient à gloire de risquer sa tête : ce serait établir un principe de désordre. De peur qu'il n'arrive rien de semblable parmi vous, j'ai précédemment ordonné qu'Athanase sortît d'Alexandrie, et j'ordonne maintenant qu'il sorte de toute l'Egypte (Jul., *Epist.* 51). »

Ainsi, dans une première lettre, il bannit Athanase d'Alexandrie parce qu'il est odieux au peuple; et dans une seconde, il le bannit de toute l'Egypte parce qu'il est chéri du peuple. Il demande aux Alexandrins quel avantage le christianisme leur a procuré, et lui-même a répondu d'avance que les Galiléens nourrissaient non-seulement leurs pauvres, mais encore ceux des païens. Il donne aux Alexandrins pour modèle de piété leur fondateur Alexandre, et, ailleurs, il élève Socrate bien au-dessus de ce conquérant. Il demande pourquoi Jésus était regardé comme le Verbe divin : on pouvait lui répondre dès lors : Oui, si la vie et la mort de Socrate sont d'un sage, la vie et la mort de Jésus sont d'un Dieu.

Julien écrivit en même temps à Ecdicius, gouverneur d'Egypte : « Si vous ne jugiez pas à propos de me mander autre chose, vous deviez du moins m'écrire au sujet de l'ennemi des dieux, Athanase, surtout étant instruit depuis longtemps, comme vous l'êtes, de nos sages ordonnances. Je jure par le grand dieu Sérapis, que si, avant les calendes de décembre, Athanase, l'ennemi des dieux, n'est pas sorti d'Alexandrie, ou plutôt de toute la province, les troupes qui dépendent de vous paieront une amende de cent livres d'or. Vous savez que je suis lent à condamner, mais je suis lent encore à faire grâce lorsque j'ai condamné une fois. » Ce qui suit était écrit de la propre main de l'empereur. « On méprise tous les dieux. J'en suis outré. Vous ne pouvez rien faire que je voie, ou plutôt que j'apprenne avec plus de satisfaction, que de chasser Athanase de toute l'Egypte. Le scélérat! il a osé, sous mon règne, baptiser des femmes grecques d'une naissance distinguée (Jul., *Epist.* 6). »

Il fallut donc encore une fois faire marcher des troupes contre Athanase, attaquer l'Eglise et en venir aux violences. La grande église d'Alexandrie, qu'on nommait la Césarée, fut brûlée par les païens et par les Juifs; Julien avait même donné ordre de tuer le saint : tous les fidèles alarmés l'environnaient en pleurant; mais il leur dit : Ce n'est qu'un nuage qui se dissipera bientôt. Il prit congé d'eux, recommanda l'église aux plus capables d'entre ses amis, et, sachant que ceux qu'on avait envoyés contre lui étaient arrivés, il entra dans un bateau qu'il trouva sur le bord du Nil, et remonta vers la Thébaïde.

Celui qui avait ordre de le tuer, ayant appris sa fuite, le poursuivit en diligence; mais il fut prévenu, et un ami avertit saint Athanase qu'on le suivait à grande force. Ceux qui l'accompagnaient lui conseillèrent de s'enfuir dans le désert : lui, au contraire, fit tourner le bateau et redescendit promptement vers Alexandrie, pour montrer, disait-il, que Celui qui nous protège est plus grand que celui qui nous persécute. Quand ils rencontrèrent le meurtrier, il demanda si Athanase était bien loin, et où ils l'avaient laissé? Ceux qui l'accompagnaient répondirent : Il est proche, et vous le joindrez bientôt, si vous vous pressez. Le meurtrier passa outre, se pressant en vain. Saint Athanase rentra pour un temps dans Alexandrie, d'où, sur de nouvelles poursuites, il se retira dans les déserts de la Thébaïde jusqu'à la mort de Julien (Theod., l. 3, c. 9; Soc., l. 3, c. 14; Soz., l. 5, c. 15).

Si le gouverneur d'Egypte ne fut point assez heureux pour annoncer à Julien l'agréable nouvelle que l'odieux Athanase était banni ou tué, il lui en avait annoncé une autre qui ne lui fit pas moins de plaisir : c'était qu'on avait enfin réussi à trouver un bœuf Apis (Amm., l. 22, n. 14). En effet, ce n'était pas chose facile. Ce taureau devait être noir, avec une tache blanche et carrée sur le front, la figure d'un aigle sur le dos, celle de la lune sur le côté droit, et un nœud sous la langue, comme un escarbot. Etait-il trouvé? les prêtres disaient qu'une génisse l'avait conçu d'un rayon de la lune, et qu'il était animé par le dieu-soleil ou Osiris. On le gardait quatre mois dans un édifice tourné à l'Orient, ensuite on l'amenait à Héliopolis, où, pendant quatre jours, il était vénéré par les femmes d'une manière très-obscène; enfin on le transportait sur le Nil, dans un navire magnifique, à Memphis, où il avait un temple superbe et deux chapelles. Suivant qu'il choisissait l'une ou l'autre demeure, on en tirait un bon ou un mauvais augure. Il reposait sur de précieux tapis, et chaque jour il était lavé, parfumé et encensé. Tous les ans on lui amenait une vache, qui devait avoir certaines marques. Aussitôt après on la mettait à mort. On lui immolait des taureaux de couleur rousse. Il avait une cour pour prendre ses récréations. Tous les ans, lorsque le Nil commençait à monter, on célébrait, en l'honneur du taureau Apis, une fête de sept jours. Sa mort était pleurée par toute l'Egypte, jusqu'à ce qu'on eût trouvé un nouvel Apis. Avait-il vécu vingt-cinq ans, on le noyait dans un puits, ensuite on l'embaumait et on l'inhumait solennellement dans le temple de Sérapis. Tous les mouvements et toutes les actions de ce taureau étaient des présages. On voit maintenant combien un empereur philosophe avait raison de se féliciter d'une si heureuse trouvaille.

Toutefois, jamais on ne vit d'année plus calamiteuse. Il y eut des tremblements de terre dans toutes les provinces, et la plupart des villes de la Palestine, de la Libye, de la Sicile et de la Grèce, en furent presque abîmées (Amm., l. 22). Libanius assure qu'il n'y eut aucune ville d'épargnée en Libye, et qu'il n'en resta qu'une seule dans la Grèce; que Nicée et Nicomédie furent entièrement ruinées, et Constantinople fort endommagée (Lib., *Orat.* 12). La mer passa ses bornes ordinaires en plusieurs endroits, et couvrit plusieurs villes de ses eaux. Mais rien n'est plus effrayant que ce qui arriva aux environs d'Alexandrie. La mer s'étant retirée tout à coup, revint avec violence, se porta fort loin dans les terres, et monta à une telle hauteur, qu'en retournant dans son lit, elle laissa des nacelles sur les toits de plusieurs maisons (Amm., l. 23). A ces maux terribles se joignit une sécheresse universelle, qui dura tout l'hiver. Cette sécheresse causa une famine affreuse, qui fut suivie d'une peste dont les ravages ne cessèrent qu'après la mort de Julien (Amm., *Ibid.*). Cette famine semblait suivre Julien de lieu en lieu, et comme il fit un assez long séjour à Antioche, cette ville éprouva particulièrement les effets de ce fléau. Julien tâcha d'y apporter quelque remède en fixant très-bas le prix des vivres. Ce remède ne fit qu'augmenter le mal. Les marchands ne pouvant plus vendre sans se ruiner, renonçaient au commerce et transportaient leur blé ailleurs. Avant l'édit, la ville ne manquait que de pain; après l'édit, elle manqua de tout. Enfin, à la sécheresse succédèrent des pluies excessives; et Julien, dévot de théâtre, allait, au fort des plus grandes pluies, faire en plein air des sacrifices.

C'était un des préparatifs de guerre contre les Perses. Sans cesse les autels des idoles étaient arrosés de sang; plus d'une fois il leur immolait cent bœufs d'un coup, avec une infinité de menu bétail; il faisait chercher par mer et par terre des oiseaux rares, qu'il déchirait de ses propres mains; les festins de ces sacrifices donnaient occasion aux soldats de se remplir de vin et de viandes; en sorte que souvent il fallait les emporter sur les épaules, depuis les temples jusqu'à leur logis : ce qui ruinait la discipline militaire. La dépense de ces cérémonies était excessive, au jugement des païens mêmes. Avec cela, Julien faisait consulter tous les oracles : on regardait les entrailles des bêtes, on observait le chant et le vol des oiseaux, on employait avec affectation tous les moyens de rechercher l'avenir. Il y avait, au bourg de Daphné, près d'Antioche, une fontaine de Castalie, de même nom et de même vertu, à ce que l'on prétendait, que celle de Delphes. On disait que l'empereur Adrien y avait appris qu'il devait régner, et que, de peur qu'un autre n'en tirât la même connaissance, il l'avait fait boucher de grandes pierres. Julien la fit rouvrir, afin d'en consulter l'oracle.

Le temple de Daphné était environné d'un bocage, fameux par les dissolutions qui s'y permettaient les païens. Pour sanctifier ce lieu profane, le césar Gallus, frère de Julien, y avait fait apporter d'Antioche les reliques de saint Babylas, onze ans auparavant, et, depuis ce temps, l'oracle d'Apollon ne parlait plus. Pour lui rendre la parole, Julien n'épargna ni les victimes ni les libations; mais Apollon ne parla pas davantage; seulement il fit entendre qu'il fallait, avant tout, éloigner les morts qui l'empêchaient de parler. Libanius fait allusion à cet événement, quand il dit que Julien délivra Apollon du voisinage d'un certain mort qui le gênait (*Orat.* 6, p. 185). Aussitôt il s'y rendit une foule de chrétiens, qui transportèrent les reliques sur un char à Antioche. Le long du chemin, qui était de près de deux lieues, ils chantèrent des psaumes analogues à la circonstance. Les meilleurs chantres commençaient, et, à chaque verset, tout le peuple répondait par ces paroles : « Qu'ils soient confondus tous ceux qui adorent les statues et qui se glorifient en leurs idoles. L'empereur, extrêmement irrité de ces chants et de cette pompe, résolut d'en punir les chrétiens. Salluste, préfet du prétoire d'Orient; tout païen qu'il était, lui représenta qu'il n'était pas prudent de leur procurer la gloire du martyre, qu'ils ambitionnaient. Julien s'opiniâtra, et, pour lui obéir, Salluste en fit prendre plusieurs dès le lendemain. De ce nombre fut un jeune homme appelé Théodore. Il le fit tourmenter depuis le matin jusqu'au soir par plusieurs bourreaux, tour à tour, avec tant de cruauté, qu'on ne se souvenait de rien de semblable. Cependant Théodore, attaché au chevalet avec deux bourreaux à ses côtés, ne faisait que répéter, d'un visage tranquille et riant, le psaume qu'on avait chanté la veille. Salluste le remit en prison chargé de chaînes, fit son rapport à Julien, exalta la constance du jeune homme, et conclut que cette façon de persécuter les chrétiens leur vaudrait autant de gloire que de confusion à l'empereur. Rufin, qui rapporte cette histoire, dit avoir vu lui-même à Antioche ce Théodore, et, comme il lui demandait s'il avait senti la douleur, il répondit qu'il en avait eu un peu d'abord, mais qu'ensuite il voyait auprès de lui un jeune homme qui lui essuyait la sueur du visage avec un linge très-blanc, et lui donnait souvent de l'eau fraîche; que cette eau le consolait à tel point, qu'il fut plus triste quand on le détacha du chevalet (Ruf., l. 10, c. 36).

Julien reçut un pareil affront d'une veuve nommée Publie, célèbre par sa vertu. De son mariage, qui avait peu duré, elle avait un fils nommé Jean, qui fut longtemps le premier des prêtres de l'Eglise d'Antioche, et qui eut plusieurs fois les suffrages pour en être évêque; mais il évita toujours cette charge. Sa mère Publie, qui avait le rang de diaconesse, gouvernait une communauté de vierges, avec lesquelles elle chantait les louanges de Dieu. Quand l'empereur passait, elles élevaient leurs voix toutes ensemble, et chantaient principalement les psaumes qui relèvent la faiblesse des idoles, comme celui-ci : *Les idoles des nations sont or et argent, ouvrages des mains des hommes. Puissent leur ressembler et ceux qui les font et ceux qui se confient en elles!* Julien, fort irrité, commanda à ces filles de se taire dans le temps qu'il passerait. Publie, méprisant sa défense, les encouragea et leur fit chanter comme il passait une autre fois : *Que Dieu se lève, et que ses ennemis soient dissipés!* Julien, en colère, se fit amener Publie, et, sans respect pour son grand âge ni pour sa vertu, il lui fit donner, par un de ses gardes, des soufflets des deux côtés, qui lui rougirent les joues. Elle le tint à grand honneur, et, retournant à sa chambre, elle continua ses cantiques spirituels (Theod., l. 3, c. 19).

On dit que l'Apollon de Daphné recouvra la parole, mais pour dire des mensonges; qu'il avait prédit à l'oncle de l'empereur une guérison parfaite, tandis qu'il mourut misérablement peu après (Philost., l. 7, c. 12). Il y a plus : ce grand devin qui, au dire de Julien, son grand pontife, voyait ensemble le passé, le présent, l'avenir, ne devina pas quel malheur devait bientôt lui arriver à lui-même; car peu après le feu prit à son temple et consuma le toit tout entier, les ornements de son idole et l'idole elle-même, qui fut réduite en cendres depuis la tête jusqu'aux pieds. Les murailles et les colonnes restèrent si entières, qu'il semblait que ce fût une démolition faite de main d'homme plutôt qu'un effet du feu. Cet accident arriva le 11 octobre 362. Le comte Julien y courut aussitôt, quoique ce fût au milieu de la nuit. C'était l'oncle de l'empereur, apostat comme lui, qu'il avait fait comte d'Orient, et qui, en cette qualité, résidait à Antioche. Il ne put remédier à l'incendie. L'empereur l'ayant appris, entra dans une telle fureur qu'il fit mettre à la question les ministres du temple et le sacrificateur même pour savoir qui avait allumé ce feu ; car il voulait que ce fussent les chrétiens. Mais quelques tourments que l'on fît souffrir à ces idolâtres, ils dirent que ce feu n'avait pas même commencé par en bas, mais par en haut, et des paysans du voisinage assuraient avoir vu la foudre tomber du ciel. Quelques païens disaient qu'un philosophe cynique, nommé Asclépiade, étant venu de loin à Daphné pour voir Julien, avait mis devant les pieds d'Apollon une petite idole d'argent de la déesse Céleste, qu'il portait toujours avec lui, et qu'après avoir allumé des cierges suivant sa coutume, il s'était retiré ; qu'au milieu de la nuit quelques étincelles avaient volé vers le toit, dont la matière était très-sèche, et que personne ne s'étant trouvé à propos pour arrêter le feu, on n'avait pu l'éteindre ensuite (Amm., l. 22, n. 13). Ainsi, il était constant que le feu avait pris par en haut, et que les chrétiens ne l'avaient pas mis. Pour eux, ils ne doutaient point que Dieu ne l'eût envoyé à la prière du martyr saint Babylas.

Julien voulut toujours s'en prendre aux chrétiens, et prétendit que c'était une vengeance de la translation des reliques. Il fit fermer pour la seconde fois la grande église d'Antioche, après en avoir fait tirer les vases sacrés pour les porter à son trésor. Ce fut le comte Julien, son oncle, qui exécuta cet ordre avec Félix, grand trésorier, et Elpidius, intendant des domaines. Ils étaient tous trois apostats. A la vue des vases précieux que Constance et Constantin avaient donnés : « Voyez, s'écria Félix, dans quelle vaisselle est servi le Fils de Marie ! » Le comte alla plus loin : il s'assit sur les vases sacrés, et les profana aussi bien que l'autel d'une manière également indécente et impie. Euzoïus, évêque arien, qui occupait la grande église, ayant voulu l'empêcher, l'apostat lui donna un soufflet, en disant : « Qu'on voie maintenant si le Ciel se mêle des affaires des Galiléens ! » Ils se retirèrent après avoir tout enlevé et condamné les portes de l'église : leurs blasphèmes ne restèrent pas impunis. Elpidius, le moins coupable, périt misérablement en prison quelques années après. Félix mourut le soir même en vomissant le sang à gros bouillons. Le comte Julien subit un plus long supplice, ainsi que nous allons voir (Soz., l. 5, c. 8 ; Theod., l. 2, c. 12).

L'empereur avait seulement ordonné de fermer la grande église ; son oncle ferma de plus toutes les autres. Dans l'une, il saisit le prêtre Théodoret, et n'ayant pu l'obliger par les tourments à renoncer Jésus-Christ, il le condamna à perdre la tête.

Le lendemain, lorsque Julien apprit la mort du prêtre Théodoret, exécuté précisément comme chrétien, il dit à son oncle avec chaleur : « Est-ce donc ainsi que vous entrez dans mes vues ? Tandis que je travaille à ramener les Galiléens par la douceur et par la raison, vous faites des martyrs sous mon règne et sous mes yeux ! Ils vont me flétrir dans leurs écrits comme ils ont flétri leurs plus odieux persécuteurs. Je vous défends d'ôter la vie à personne pour cause de religion, et vous charge de faire savoir aux autres ma volonté. » Ces reproches furent un coup de foudre pour l'oncle, qui s'attendait à toute autre chose. Pour le consoler et en même temps lui faire expier sa faute, Julien l'invita à l'heure même à un sacrifice, et lui offrit à manger des viandes immolées aux idoles. L'oncle en mangea peu, tant il était consterné d'avoir mécontenté son neveu, lorsqu'il croyait avoir mérité plus que jamais ses bonnes grâces. Dès le soir même, il se sentit attaqué d'une colique violente et frappé bientôt après dans les entrailles d'une plaie incurable. Les chairs extérieures les plus voisines se corrompirent et engendrèrent une quantité prodigieuse de vers. Il s'en formait aussi au dedans, qui le rongeaient peu à peu malgré tous les secours de la médecine, et lui sortaient par la bouche avec les aliments, qui ne trouvaient plus d'autre issue. Pendant le cours de sa maladie, qui dura environ deux mois, le malheureux apostat traînait un reste de vie pire que la mort, dans une affreuse alternative de fureur contre les chrétiens, ou de remords désespérés. Tantôt, ébranlé par les discours de sa femme qui était chrétienne et zélée, il envoyait prier l'empereur de rouvrir les églises, en lui représentant que c'était sa complaisance pour lui qui l'avait précipité dans cet état déplorable. Mais l'empereur lui faisait un crime de son repentir. « Je n'ai point fermé les églises, répondait-il, je ne les ouvrirai pas non plus. Ce n'est point votre complaisance pour moi, c'est votre infidélité pour les dieux qui vous attire ce malheur. » Tantôt le comte ranimait ses forces et son incrédulité pour condamner au dernier supplice Bonose, Maximilien et quelques autres officiers, qui refusèrent constamment d'ôter de leurs drapeaux le monogramme de Jésus-Christ, et d'y mettre des idoles. D'autres fois, il pressait sa femme d'aller à l'assemblée des chrétiens prier pour lui et le recommander aux fidèles, afin qu'il fût délivré de ses vers et de sa puanteur. Sa femme ne l'osa, de peur, disait-elle, que la justice divine ne l'écrasât elle-même. Alors il s'écria : « Dieu des chrétiens, ayez pitié de moi ! ma femme même a oublié votre miséricorde, et ne m'écoute point. Dieu des vivants, secourez-moi et ôtez-moi promptement la vie ! » Et il expira fourmillant de vers, au moment qu'on lui faisait lecture de divers oracles qui lui promettaient qu'il n'en mourrait point. Tout Antioche, y compris Julien lui-même, regarda cette mort comme une punition visible (Soz., l. 5, c. 8 ; Theod., l. 3, c. 13).

Les morts funestes du trésorier Félix et du comte Julien parurent de mauvais augure au peuple idolâtre. Car, voyant dans les inscriptions publiques en l'honneur de l'empereur, ces trois mots latins, *Félix Julianus Augustus*, ils concluaient que l'empereur, marqué par le dernier mot, suivrait bientôt les autres. Lui-même en était épouvanté. Un présage non moins funèbre lui arriva le 1er janvier 363. Pendant qu'il montait les degrés du temple de la Fortune pour inaugurer son 4e consulat, le plus ancien des prêtres tomba mort devant lui (Amm., l. 23, n. 1).

Il n'en devenait que plus tracassier dans sa superstition. Pour tendre un piège aux chrétiens et les engager à l'idolâtrie, il avait infecté les fontaines d'Antioche en y faisant jeter quelque liqueur offerte aux idoles; il faisait également arroser de cette eau tout ce qui se vendait au marché : le pain et la viande, les fruits, les herbes, tous les vivres. Les chrétiens ne pouvaient s'empêcher d'en gémir, et ne laissaient pas d'user de ces viandes, suivant le précepte de l'apôtre : *Mangez tout ce qui se vend au marché, sans vous informer de rien*. Un jour, dans un repas, deux de ses principaux gardes, Juventin et Maximin, déplorèrent avec chaleur ces profanations, et employèrent ces paroles des compagnons de Daniel : Vous nous avez livrés à un roi apostat, le plus injuste du monde. Quelqu'un de leurs commensaux ayant rapporté ces paroles à l'empereur, il les fit venir tous les deux et leur demanda ce qu'ils avaient dit. Ils profitèrent de l'occasion et répondirent hardiment : Seigneur, ayant été nourris dans la piété et les louables maximes de Constantin et de ses enfants, nous gémissons de voir à présent tout rempli d'abomination et toutes les viandes souillées de sacrifices profanes. Nous nous en sommes plaints en particulier, et nous nous en plaignons en votre présence; c'est la seule chose qui nous fait peine sous votre règne. L'empereur, ayant ouï ce discours, les fit frapper et tourmenter jusqu'à la mort, publiant, pour cause de leur supplice, non pas la religion, mais l'insolence de leurs paroles (Theod., l. 3, c. 15).

Julien se privait ainsi des soldats les plus fidèles. En récompense, on voyait affluer de toutes parts à sa cour, des magiciens, des devins et des imposteurs de toute espèce; le palais était rempli d'artisans des métiers les plus sordides, d'esclaves fugitifs, de misérables qui, après avoir été convaincus d'empoisonnements et de maléfices, avaient langui longtemps dans les prisons ou dans le travail des mines. C'étaient tout d'un coup des hiérophantes et des pontifes vénérables. L'empereur renvoyait des gouverneurs de provinces et des magistrats pour leur donner audience, et paraissait au milieu des rues parmi une troupe d'hommes efféminés et de femmes prostituées; son cheval et ses gardes marchaient loin derrière, et ces infâmes environnaient l'empereur, éclatant de rire et tenant des discours conformes à leurs mœurs. Saint Chrysostome, qui rapportait ceci vingt ans après, voyait bien qu'on aurait peine à le croire ; mais il en prend à témoin tous ses auditeurs (Chrysost., *Orat*. 2, *in Babyl*.). Du reste, ainsi que nous l'avons déjà vu, Ammien Marcellin fait entendre la même chose en peu de mots (l. 22, n. 14).

Le même auteur nous apprend que Julien se conduisait ainsi par ostentation et pour se rendre populaire. Il ne fit que se rendre ridicule. On répandit dans la ville des vers satiriques, où l'on raillait sa personne et ses actions, en particulier sa barbe, qu'on ne disait bonne qu'à faire des cordes. Il fut extrêmement sensible à ces railleries. Il s'en vengea par une satire contre la ville d'Antioche, sous le titre de *Misopogon*, c'est-à-dire l'ennemi de la barbe. C'est une ironie perpétuelle, où, faisant semblant de se railler lui-même et de convenir de ses défauts, il se moque en effet du peuple d'Antioche, et lui reproche tous ses vices, mais ajoutant beaucoup à la vérité, comme dit Ammien lui-même. Avec un grand nombre de bonnes plaisanteries, cet écrit en présente aussi plusieurs de mauvais goût, et finit par menacer le peuple d'Antioche de ne jamais plus remettre les pieds dans leur ville. La satire impériale, bien loin d'arrêter l'humeur caustique du peuple ne fit que la rendre plus féconde et plus mordante. Ce fut un déluge de facéties, de bons mots, de sarcasmes. On s'égayait sur son air de mauvais singe, sur sa barbe de bouc, dans laquelle il dit lui-même que la vermine se promenait à son aise comme les bêtes fauves dans une forêt ; on riait de sa petite taille, de ses épaules étroites qu'il tâchait d'étendre, des grands pas qu'il faisait en marchant, comme s'il eût été le frère ou le cousin des géants d'Homère ; on lui donnait le sobriquet de *Victimaire*, au lieu de sacrificateur, à cause de son affectation à égorger les victimes et à fouiller dans leurs entrailles comme un garçon boucher. Ammien lui-même avoue que les railleurs n'avaient pas tort (Amm., l. 22, c. 14). Julien était informé de cette foule de plaisanteries; mais, contraint de dissimuler, il enrageait au dedans de lui-même.

Le peuple d'Antioche lui reprochait entre autres de faire la guerre au *Chi* et au *Kappa*, qui ne leur avaient jamais fait de mal, mais toujours du bien. Par le *Chi*, ils entendaient le Christ, dont le nom commence en grec par cette lettre ; par le *Kappa*, ils entendaient Constantin et ses enfants, dont les noms commencent par cette autre lettre grecque.

Pour se venger, Julien écrivit sa satire *des Césars*, dont la fin dernière est de ravaler Constantin. La forme en est assez ingénieuse. A la fête des Saturnales, Romulus avait convié les dieux et les empereurs romains. La table des dieux était au sommet de l'Olympe, celle des empereurs un peu au-dessous de la lune. A mesure que ces derniers arrivent, le vieux Silène fait sur le compte de chacun des réflexions bouffonnes ou mordantes. Les plus méchants sont repoussés dans le Tartare. Après le repas, Mercure annonce aux empereurs, de la part de Jupiter, qu'il y aura une couronne pour le plus digne. Alexandre de Macédoine est admis au concours. Chacun vante ses mérites et s'élève au-dessus de ses concurrents. Marc-Aurèle parle avec modestie : il s'en rapporte aux dieux, n'ayant eu d'autre ambition que de les imiter; et quand Silène lui reproche sa coupable faiblesse pour sa femme et pour son fils, il s'en excuse sur l'exemple de Jupiter même. Constantin est admis à parler aussi, mais seulement du vestibule. La pluralité des suffrages fut pour Marc-Aurèle. Jupiter, toutefois, voulant les récompenser tous, permit à chacun de choisir le dieu auprès duquel il voulait vivre désormais. Chacun fit son choix. Pour Constantin, comme il ne trouvait parmi les dieux aucun modèle de ses actions, dès qu'il eût aperçu la Mollesse, qui n'était pas loin, il courut à elle. La Mollesse le reçut d'un air bénin et le serra dans ses bras; ensuite, après l'avoir bien ajusté et paré d'un habit de femme de diverses couleurs, elle le conduisit à la Débauche. Il trouva auprès de celle-ci un de ses enfants qui s'y était établi et qui criait à tout venant : Corrupteurs, meurtriers, sacrilèges, scélérats de toute espèce, approchez hardiment. Point de souillure que n'efface à l'instant l'eau dont je vais vous laver. En cas de récidive, vous n'aurez qu'à vous frapper la poitrine, vous battre la tête, et je vous rendrai aussi purs que la première fois. Constantin se fixa donc volontiers auprès de la Débauche, ayant emmené ses autres enfants avec lui hors de l'assemblée des dieux. Mais, dans cet asile, les divinités destinées à punir l'athéisme, leur firent souffrir les supplices qu'ils méritaient pour avoir versé le sang de leurs proches, jusqu'à ce que Jupiter, en faveur de Claude et de Constance, leur accorda quelque relâche.

Voilà comme Julien traite Constantin et sa famille, en haine du christianisme; Julien, qui avait épuisé toutes les formes de l'adulation pour louer le dernier Constance et l'élever au-dessus de tous les héros. Ce n'est pas tout : s'il s'efforce d'avilir Constance et sa famille, c'est pour se louer lui-même. Et *les Césars* et une autre allégorie satirique se terminent par des compliments que Mercure adresse à Julien de la part des dieux (Jul., *Orat.* 7, p. 227). Julien avait la tête non moins de travers que le cœur. Il voulait rendre ses dieux vénérables, et sa satire *des Césars* est, au fond, une satire de ses dieux. A l'arrivée de Trajan, connu par ses infamies de Sodome, Silène dit assez haut que Jupiter devait prendre garde à son Ganymède. Marc-Aurèle s'excuse sur l'exemple de Jupiter. Les autres auraient pu en faire autant. Jules César aurait pu justifier son ambition par l'exemple de Saturne, qui, pour le plaisir de régner, mutile son père, dévore ses enfants, lesquels finissent toutefois par le détrôner. Alexandre et Trajan auraient pu justifier leur ivrognerie par l'exemple de Silène et de Bacchus; tous, enfin, tous leurs vices et tous leurs crimes, par l'exemple de tous les dieux. Cela est si vrai, que les dialogues où le philosophe Lucien fait raconter à ses dieux leurs aventures, sont pour le moins aussi libertins que les dialogues où le même philosophe fait raconter à des courtisanes leur vie de prostituées. Et c'est à ressembler à de pareils dieux que Julien fait consister la philosophie, la religion, la vertu ! Et c'est à rendre tous les hommes semblables à de pareils dieux que Julien applique tout son esprit, toute sa volonté, toutes les forces de l'empire !

Pour se venger du Christ, il entreprit de rebâtir le temple de Jérusalem et d'y rétablir le culte judaïque. Le Christ avait annoncé que ce temple serait détruit et qu'il n'y resterait pas pierre sur pierre. Auparavant déjà, les prophètes avaient dit que cette dernière désolation serait sans remède; que les Juifs ne subsisteraient plus jamais en corps de nation; qu'ils seraient errants, sans roi, sans prince, sans sacrifice, sans autel, sans prophètes, cherchant le salut et ne le trouvant point (Dan., 9; Jerem., 31, 36; Osée, 3, 4; Amos., 8, 11). Relever donc le temple et son culte, c'était démentir non-seulement le Christ, mais les prophètes; c'était ruiner l'un et l'autre Testaments et préparer le triomphe du paganisme.

Afin d'y disposer les juifs, il avait écrit à leur communauté la lettre suivante : « Sous les règnes précédents, rien n'a plus appesanti le joug de votre esclavage que les ordres surpris, en vertu desquels on vous forçait de payer au trésor public des sommes exorbitantes. J'avais été témoin de ces exactions, mais je ne les ai bien connues que par une infinité d'ordonnances que j'ai trouvées toutes dressées contre vous dans les papiers de l'Etat. On allait même vous imposer une nouvelle taxe, si je n'avais arrêté cette vexation impie qui déshonorait le gouvernement. J'ai jeté au feu toutes ces ordonnances, afin que personne ne puisse désormais vous alarmer et vous vexer en répandant des bruits fâcheux. Au reste, vous devez moins accuser de tant d'injustices mon frère Constance, de glorieuse mémoire, que certains hommes barbares et athées qu'il faisait manger à sa table. Je les ai précipités de mes propres mains dans la fosse, pour faire périr, parmi nous, jusqu'au souvenir de leur mort, et, voulant contribuer à votre bonheur, j'ai exhorté mon frère Jules, votre vénérable patriarche, à ne plus souffrir que ceux que l'on nomme *apôtres* lèvent des droits sur le peuple. Je veux que, désormais, affranchis de ces contributions injustes et goûtant sous mon règne le repos le plus profond, vous redoubliez vos vœux pour la prospérité de mon empire, auprès du grand Dieu créateur, qui m'a daigné couronner de sa main très-pure. L'inquiétude et les épreuves violentes resserrent le cœur; elles ôtent, en quelque façon, la hardiesse d'élever les mains pour prier. Mais lorsqu'une joie entière et parfaite entretient dans l'âme une douce sérénité, on se sent le zèle et la confiance d'adresser de ferventes prières à ce Dieu suprême. C'est de lui que dépend l'exécution des projets que nous avons formés pour l'avantage de l'Etat. Obtenez de sa bonté que je revienne victorieux de la guerre de Perse, pour rebâtir Jérusalem, cette ville sainte, après le rétablissement de laquelle vous soupirez depuis tant d'années, pour l'habiter avec vous, et pour y rendre gloire au Tout-Puissant (Jul., *Epist.* 25). »

Comme on le voit par ses autres écrits, Julien pensait que le Dieu des Juifs était celui-là même que les païens adoraient sous d'autres noms; d'où vient qu'il l'appelle un Dieu très-puissant et très-bon, qui gouverne le monde visible, et il fait profession de l'honorer comme le grand Dieu (*Ep.* 63 et *Fragm.*).

Il ne se contenta pas d'écrire aux Juifs une lettre aussi flatteuse, il fit venir les principaux d'entre eux et leur demanda pourquoi ils n'offraient point de sacrifices, comme leur loi l'ordonnait. Ils répondirent qu'il ne leur était pas permis de sacrifier hors de Jérusalem et du temple. Alors il leur déclara qu'en étudiant leurs livres sacrés, il avait découvert que la fin de la captivité dans laquelle ils gémissaient, était arrivée; qu'ils devaient donc retourner dans leur patrie et remettre la loi en vigueur. Puis, joignant les effets aux paroles, il envoya de toutes parts des ouvriers à Jérusalem, et ordonna à ses trésoriers de fournir l'argent nécessaire pour la construction du temple, qui devait coûter des sommes immenses. Le gouverneur de la province était chargé d'y donner ses soins. Enfin Alypius, ami intime de l'empereur, qui l'appelle son bien-aimé frère, avait la surintendance de l'ouvrage, et s'était rendu sur les lieux pour en presser l'exécution.

A cette nouvelle, les Juifs accoururent de toutes parts à Jérusalem. Ils se croient les maîtres du monde, et leur insolence menace déjà les chrétiens de les passer au fil de l'épée. Dans une conjoncture si critique, saint Cyrille, évêque de Jérusalem, fut exposé à de rudes assauts, soit de la part des infidèles, soit de celle des faibles chrétiens. Mais, au milieu des insultes des uns et des alarmes des autres, soutint toujours, sur la foi des oracles de Daniel de Jésus-Christ, que la tentative des Juifs et des [pai]ens tournerait à leur propre confusion. Toutes les [app]arences étaient contre lui. On assemblait une [qu]antité prodigieuse de matériaux; on travaillait jour [et] nuit à nettoyer l'emplacement de l'ancien temple [et] à démolir les vieux fondements. Quelques Juifs [av]aient fait faire, pour ce travail, des hoyaux, des [pel]les et des hottes d'argent. On voyait les femmes [les] plus délicates mettre la main à l'œuvre, et empor[te]r les décombres dans leurs robes les plus précieu[se]s. Elles avaient donné leurs bijoux et leurs pierre[ries] pour contribuer aux frais de l'entreprise. [La] démolition était achevée, et, sans y penser, on [av]ait accompli, dans la dernière rigueur, la parole [de] Jésus-Christ, *qu'il ne resterait pas pierre sur [pi]erre*. On voulut placer les nouveaux fondements; [ma]is il sortit de l'endroit même d'effroyables tour[bil]lons de flammes, dont les élancements redoutables [con]sumèrent les ouvriers. La même chose arriva à [di]verses reprises, et l'opiniâtreté du feu rendant la [pl]ace inaccessible, obligea d'abandonner pour toujours l'ouvrage. Ce sont les propres termes d'Am[m]ien Marcellin (l. 23, n. 1), auteur du temps, [hi]storien judicieux et fidèle, païen de religion et [att]aché au service de Julien. Les auteurs chrétiens [di]sent là même chose : saint Ambroise, saint [Ch]rysostome, saint Grégoire de Nazianze, tous trois [co]ntemporains de l'événement; Rufin, Socrate, So[zo]mène, Théodoret, qui écrivirent dans le siècle [su]ivant (1), tous en parlent comme d'un fait notoire [et] sur lequel il n'y avait pas une ombre de doute. [Seu]lement, ils y ajoutent les détails que Marcellin, [or]dinairement prolixe, néglige cette fois, peut-être [po]ur ménager l'honneur de son héros. La nuit donc [qu]i précéda le jour où, les fondements étant déjà [to]ut prêts, l'on devait commencer l'ouvrage, il s'é[le]va un grand tremblement de terre, qui non-seule[m]ent jeta à des distances considérables les pierres [qu]i étaient dans les fondements, mais qui renversa [la] plupart des édifices d'alentour. Les galeries publi[qu]es, où s'étaient retirés un grand nombre de Juifs [po]ur veiller aux ouvrages, tombèrent avec fracas et [en]sevelirent sous leurs ruines toutes les personnes [qu]i s'y trouvèrent. Des tourbillons de vent empor[tè]rent le sable, la chaux et les autres matériaux dont [il] y avait des tas immenses. Le feu consuma même [les] marteaux, les ciseaux, les scies et les autres ou[til]s que l'on avait serrés dans un édifice souterrain [au] bas du temple. Le jour venu, comme les Juifs [ét]aient accourus pour voir le désastre de la nuit, il [so]rtit de ce bâtiment un torrent de feu qui s'étendit [su]r le milieu de la place et continua de courir çà et [là] après avoir brûlé et tué les Juifs qui s'y rencon[tr]èrent. Ce feu recommença plusieurs fois pendant [to]ute la journée. La nuit suivante, ils virent tous sur [le]urs habits des croix lumineuses qu'ils ne pouvaient [eff]acer, quelque moyen qu'ils employassent; il parut [au]ssi une croix de lumière dans le ciel. Les Juifs ne [ce]ssèrent pas de revenir au travail, pressés tant par [le]ur inclination que par les ordres de l'empereur; [ma]is ils furent toujours repoussés par ce feu étrange. [Plu]sieurs d'entre eux, ainsi que plusieurs païens, [fu]rent touchés de ce prodige, et, reconnaissant la

(1) Ambr., *epist.* 40; Chryst., *In Jud.*, or. 2; Greg. Naz., or. 4; [Ru]f., l. 1, c. 37; Soc., l. 3, c. 20; Soz., l. 5, c. 21; Theod., l. 3, c. 20).

divinité de Jésus-Christ, demandèrent le baptême.

Quant à ceux des Juifs qui s'opiniâtrèrent dans le judaïsme, ils ne laissèrent pas que de consigner cet événement dans leurs mémoires. Un fameux rabbin du siècle suivant s'exprime ainsi : « Environ l'an du monde 4349, nos annales rapportent qu'il y eut un grand tremblement de terre, qui détruisit le temple que les Juifs avaient élevé à grands frais, par ordre de Julien l'Apostat. Le lendemain de ce désastre, le feu du ciel tomba sur les ouvrages, mit en fusion tout ce qui était de fer dans cet édifice, et consuma un grand nombre de Juifs (Wagenseil, Warburton).

Julien lui-même a rendu un témoignage forcé à ce prodige. Comme on lui objectait l'incendie du temple de Daphné, que son grand Dieu Apollon n'avait su ni prédire ni prévenir, il tâche d'y répondre par les paroles suivantes : « Que personne ne prétende nous en imposer par des sophismes, ni nous épouvanter par le cri de la Providence. Il est vrai que les prophètes parmi les Juifs nous ont reproché tous ces désastres; mais que diront-ils eux-mêmes de leur propre temple détruit trois fois, et qu'on n'a pu rétablir jusqu'à présent ? Ce n'est pas que je veuille insulter à leur fortune, puisque j'ai moi-même voulu rebâtir ce temple en l'honneur de la divinité qu'on y invoquait. Je ne cite cet exemple que pour faire voir qu'il n'est rien de durable dans les choses humaines, et que les prophètes, qui n'avaient d'autre occupation que d'amuser quelques imbéciles de vieilles femmes, n'ont écrit que des extravagances. Tout cela ne prouve pas à la vérité que leur dieu ne soit grand; mais il est certain qu'il n'a eu parmi les Juifs ni des prophètes ni des interprètes capables. La raison en est claire : ils ne se sont jamais appliqués à cultiver leur esprit par l'étude des sciences humaines; ils n'ont jamais tenté d'ouvrir les yeux que fermait l'ignorance, ni de dissiper les ténèbres qu'entretenait leur aveuglement. Ils sont semblables à ces hommes qui, à travers des nuages et des exhalaisons grossières, aperçoivent la lumière éclatante du firmament. Cette vue, trop peu distincte, leur fait confondre la splendeur éthérée avec le feu terrestre et impur. Aveugles qu'ils sont sur tout ce qui les environne, ils s'écrient comme des forcenés : Craignez, tremblez, habitants de la terre : le feu, la foudre, le glaive et la mort ! employant avec emphase les expressions les plus terribles, pour désigner la chose du monde la plus simple, la propriété destructive du feu. Mais il est plus convenable de ne parler qu'en particulier de toutes ces choses, qui, pour le dire en passant, font bien voir que ces prétendus maîtres de la sagesse, qui se vantent de nous donner les idées les plus saines de la divinité, sont bien inférieurs à nos poètes (Jul., *Fragm.*, p. 295). »

Quelque entortillé que soit ce verbiage, Julien y confesse qu'il avait entrepris de rebâtir le temple des Juifs; que cette entreprise avait manqué; que le feu en avait été la cause; que ce désastre avait été prédit par les prophètes. Seulement il en conclut que les prophètes ne savaient ce qu'ils disaient, attendu qu'il est dans la nature que le feu brûle. Les poètes étaient bien plus éclairés, eux qui, comme le même Julien nous l'apprend ailleurs, se sont rendus méprisables par leurs contradictions, tandis que les prophètes excitent l'admiration de tout le monde par leur concert. Telle est la logique de l'apostat. On dirait voir le père du mensonge, le serpent infernal, que transperce un trait de la vérité divine, et qui s'entortille et se recourbe en tout sens pour ne pas en convenir.

Tel est, au reste, le caractère général de Julien. Pour un homme de sens et de droiture, la controverse entre le paganisme et le christianisme était bien éclaircie. Depuis trois siècles, les Pères de l'Eglise, la plupart originairement philosophes, avaient démontré historiquement que la religion chrétienne était aussi ancienne que le monde ; que Moïse était antérieur, non-seulement aux écrivains, mais aux dieux mêmes du paganisme ; que les prophètes, venus en divers temps et en divers lieux, avaient parlé comme n'ayant qu'un esprit et qu'une langue, tandis que les philosophes, à part quelques points où ils se trouvent d'accord avec les prophètes, étaient en contradiction les uns avec les autres, et avec eux-mêmes ; que la religion chrétienne, dont la propagation, dont l'existence seule prouve la divinité, était le salut du monde par la pureté de sa doctrine et l'immensité de ses bienfaits, tandis que l'idolâtrie en est la corruption ; enfin que la seule religion chrétienne apprend avec certitude au genre humain d'où il vient, où il va et où il en est ; ce qu'il en est de Dieu, de l'homme et de leurs rapports. D'après cela, un loyal adversaire aurait essayé d'établir nettement que le paganisme et la philosophie n'avaient pas les défauts qu'on leur reprochait, ni le christianisme les avantages dont il se glorifiait. Julien surtout, qui avait quitté celui-ci pour celui-là, et qui voulait persuader ou contraindre tout le monde à faire de même, devait en donner des raisons péremptoires et nouvelles. Il l'entreprit ; il y travailla avec ses philosophes, il y travailla au milieu même des préparatifs de la guerre contre les Perses ; il y travailla et dans ses lettres aux pontifes des idoles, et dans son *Misopogon* et ses *Césars*, et dans les homélies sur le Soleil et sur Cybèle, et dans ses deux discours sur la philosophie cynique, et enfin dans un ouvrage exprès contre le christianisme. Or, le paganisme ainsi incarné dans Julien, secondé de toute la philosophie païenne, soutenu de toutes les forces de l'empire païen, n'agit plus que comme un serpent blessé à mort. Au lieu d'aller droit au but, d'aborder franchement la question, il se traîne dans le même cercle, se plie et se replie sur lui-même, rabâche des arguties déjà pulvérisées, essaie de lancer quelque venimeux sarcasme, et, pour s'empêcher de mourir, s'efforce d'emprunter un peu de vie à qui l'a blessé.

Ainsi, dans ses lettres confidentielles aux pontifes de ses idoles, Julien avoue que pour relever le paganisme, il faudrait que ses philosophes et ses poètes fussent d'accord entre eux comme les prophètes des Juifs ; que les prêtres des idoles fussent des modèles de vertu et de charité comme les prêtres du Christ ; que les païens, en un mot, ressemblassent aux chrétiens. Voilà ce qu'il dit en confidence ; mais au public il dira le contraire. Ainsi, dans ses *Objections*, réfutées d'avance par Origène et les premiers Pères, ensuite plus tard par saint Cyrille d'Alexandrie, il reprochera aux chrétiens d'avoir passé des mœurs barbares, et de n'avoir emprunté du paganisme et du judaïsme que ce que l'un et l'autre avaient de plus mauvais (Jul., *Opera*, t. II). Ainsi il dira en toutes lettres que les Hellènes ont forgé sur leur dieux, en particulier Saturne et Jupiter, des fable incroyables et monstrueuses (Jul., *Oper.*, t. II) ; e cependant il fait un crime aux chrétiens de ne pa croire à ces fables ; et cependant, pour étudier les in venteurs de ces fables, Homère, Hésiode, etc., il fau admettre tout ce qu'ils disent. Et cependant dans l même ouvrage, il prétend prouver la diversité de dieux par la diversité des nations et de leurs coutu mes. Telle nation est guerrière ou pacifique, barbar ou polie, loyale ou perfide, austère ou voluptueuse saine ou corrompue : donc ces nations diverses son gouvernées par des dieux divers, les uns guerriers les autres pacifiques ; les uns amis de la vertu, le autres voluptueux et perfides. Ce qui est ramener par un pitoyable raisonnement, toute l'absurdité de fables poétiques. Il se contredira plus grossièremen encore : il dira, dans le même ouvrage, que le Dé calogue de Moïse est admirable ; car, ôtez la défens d'adorer les idoles, il n'y a pas de nation qui n l'admette et ne commande de l'observer (*Ibid.*).

Voici un dernier échantillon de sa logique. Oubliant qu'il vient de parler contre les fables, il rappelle avec emphase que Dardanus était né de Jupiter et d'Electre, fille d'Atlas, et qu'il avait fond une colonie dans l'Asie Mineure, appelée de so nom Dardanie ; puis il demande avec fierté : Mai ce Jésus, qui a persuadé parmi vous quelques mau vais sujets, et dont on parle depuis quelque troi cents ans, qu'a-t-il donc fait de mémorable dan toute sa vie ? à moins que quelqu'un ne veuille re garder comme quelque chose d'avoir guéri les boi teux et les aveugles, et d'avoir chassé les démon (*Ibid.*). Ce raisonnement est curieux, surtout aprè dix-huit siècles. Guérir les malades, les aveugles les boiteux par une seule parole, qu'est-ce que cela apprendre aux peuples à soulager, non-seulemen leurs pauvres à eux, mais encore ceux de leurs en némis, qu'est-ce que cela ? établir cette religio sainte malgré tous les obstacles, la propager à tra vers dix-neuf siècles, qu'est-ce que cela ? Mais con duire une colonie de Toscane en Asie Mineure, o plutôt s'y enfuir pour avoir tué son frère, car tell est la fable de Dardanus, voilà qui est quelque chose voilà qui prouve sans réplique qu'il faut adorer le idoles.

Une chose non moins remarquable, c'est que le objections de l'apostat sont devenues des preuve contre les hérétiques. Il reproche, par exemple, au chrétiens d'adorer Jésus comme le Fils de Dieu e Dieu lui-même ; d'appeler sans cesse Marie *Théotocos* ou Mère de Dieu ; d'adorer même la croix, d'en for mer le signe sur leur front, de la graver sur leur portes ; d'honorer les sépulcres des morts, c'est-à dire des martyrs, et il témoigne que tout cela re montait jusqu'au temps même des apôtres. Voi sans doute un témoin non suspect de la croyance pr mitive et invariable de l'Eglise (*Ibid.*).

Une autre entreprise occupait Julien : c'était l guerre contre les Perses. Il employa tout l'hiver faire les préparatifs. Les deux empires étaient à pe près égaux en puissance et en étendue. Parmi le dix-huit grandes provinces dont se composait alor l'empire persan, et dont chacune était gouverné par un satrape et par un général de cavalerie, Am mien Marcellin nomme expressément la Sérique autrement la Chine, et la description qu'il en fait ne laisse aucun doute que cet immense pays ne fût alors une province de l'empire des Perses (Amm., l. 23, n. 5). Ajoutez-y que dès lors le connétable d'Arménie était un prince chinois, dont la famille s'y était réfugiée à la suite d'une révolution politique.

Sapor, toutefois, malgré ses titres fastueux de *roi des rois, frère du soleil et de la lune, compagnon des étoiles*, venait d'offrir à Julien de faire la paix, et le laissait maître des conditions. Julien rejeta sa lettre avec mépris, disant qu'il irait négocier en personne.

Ce qui lui inspirait cette confiance, c'étaient les oracles et les philosophes. Il avait consulté tous les oracles, entre autres ceux de Delphes, de Délos et de Dodone, et tous lui avaient promis la victoire. Il y en avait un surtout, en assez mauvais vers, où tous les dieux ensemble l'assuraient qu'ils partaient, avec Mars à leur tête, pour lui préparer des trophées près du fleuve qui porte le nom d'une bête farouche, c'est-à-dire du Tigre. Toutefois les livres de la Sibylle, qu'il avait fait consulter à Rome, lui défendaient de sortir de ses terres. Il y eut aussi un grand nombre de mauvais présages; mais les philosophes qui le gouvernaient l'emportèrent sur les aruspices, la Sibylle et les avis de plusieurs personnes expérimentées qui lui déconseillaient cette guerre. Plusieurs nations venaient lui offrir leurs services; il traitait civilement leurs ambassadeurs, mais refusait leurs offres. « Les Romains n'ont pas besoin de secours, disait-il, c'est à eux d'en donner aux autres. » Il rebuta plus durement les Sarrasins (Bédouins de nos jours) : ils étaient, comme ils sont encore, dans l'habitude de se vendre au plus offrant; ils se plaignirent qu'on leur avait retranché de leur solde. Julien leur répondit qu'un empereur belliqueux n'avait point d'or, mais du fer. Cette réponse fut cause que la plupart d'entre eux prirent parti contre les Romains et leur firent bien du mal. Quant au roi d'Arménie, Arsace, à qui Constance avait fait épouser Olympiade, fiancée précédemment à son frère l'empereur Constant, Julien lui écrivit une lettre méprisante, où, sans lui donner le nom de roi, mais simplement celui de satrape ou gouverneur, il lui intimait l'ordre d'amener ses troupes contre les Perses. « Songez, disait-il, que ce n'est plus maintenant le règne de cet efféminé de Constance, qui n'a vécu que trop longtemps, qui vous enrichissait, vous et les barbares vos pareils, des dépouilles des plus illustres personnages. L'empire appartient maintenant à Julien, souverain pontife, césar, auguste, serviteur des dieux et de Mars, le destructeur des Francs et des autres Barbares, le libérateur des Gaules et de l'Italie (*Hist. du Bas-Empire*, l. 13, n. 21, édit. Saint-Martin). »

Cependant on faisait partout des vœux pour la prospérité de ses armes. Ce qu'il promettait le plus à ses dieux, c'était d'exterminer les chrétiens à son retour. Il se hâtait de finir la guerre étrangère pour n'avoir plus que cette affaire, se proposant, entre autres choses, de placer l'idole de Vénus dans les églises, et d'élever un amphithéâtre à Jérusalem pour y exposer aux bêtes les évêques et les moines. En attendant, pour fournir aux frais de la guerre, il fit taxer tous ceux qui refuseraient de sacrifier aux idoles, et l'exécution de cet ordre fut rigoureuse (Oros., l. 7, c. 30; Soc., l. 3, c. 13).

Sur le point de quitter Antioche, il lui donna pour gouverneur un homme turbulent et cruel. « Je sais bien, disait-il, qu'un tel ne mérite pas de gouvernement; mais Antioche mérite de l'avoir pour gouverneur. » Il partit dès le cinquième de mars, reconduit par le sénat et par le peuple, qui le priaient de leur pardonner le passé, lui souhaitant un voyage heureux et un retour triomphant. Julien leur dit avec aigreur qu'ils ne le reverraient jamais, et qu'il avait résolu de passer l'hiver à Tarse. Il y vint en effet, mais il n'y vint que mort (Amm., 23, c. 2; Liban., *Vita*).

Quoique à son départ d'Antioche il n'eût pas aperçu dans les victimes de signes favorables, cependant, enivré de ses succès passés et des prédictions flatteuses du philosophe Maxime, dont il se fit accompagner dans ce voyage, il tirait d'heureux pronostics de tout ce qu'il rencontrait sur la route, et il en tenait un registre exact. Il vint le lendemain à Béroé, nommée aujourd'hui Alep, où il s'arrêta pendant un jour. Après avoir solennellement immolé à Jupiter un taureau blanc, il assembla le sénat de cette ville, et s'efforça de le porter à l'idolâtrie par un discours qui fut applaudi de tous et qui ne persuada personne. C'est lui-même qui raconte à Libanius ce peu d'effet de son éloquence (Jul., *Epist.* 27). Elle essuya un autre échec. Le chef du sénat de Béroé, irrité contre son fils de ce qu'il avait embrassé la religion du prince, l'avait publiquement déshérité et chassé de sa maison. Comme Julien approchait de la ville, le jeune homme alla se jeter à ses pieds pour lui demander justice. L'empereur lui promit de le réconcilier avec son père. Dans un repas auquel il avait invité tout ce qu'il y avait de plus distingué, il fit placer à côté de lui le père et le fils. Après quelques moments d'entretien : « Pour moi, dit-il au père, je ne puis souffrir qu'on veuille forcer la croyance des autres hommes, et exercer sur leur conscience une sorte de tyrannie. N'exigez pas de votre fils qu'il suive, malgré lui, votre religion : je ne vous oblige pas d'embrasser la mienne, quoiqu'il me soit aisé de vous y contraindre. — Quoi ! seigneur, répondit le père, vous me parlez de ce scélérat, de cet impie, qui a préféré le mensonge à la vérité ? » A cette brusque repartie, l'empereur prenant un air de douceur : « Laissons là les invectives, » lui dit-il; puis se tournant vers le jeune homme, il ajouta : « Je vous tiendrai lieu de père, puisque le vôtre vous abandonne (Theod., l. 3, c. 17). »

Il fut plus content des habitants de Batné, où il arriva après une marche de huit lieues. Cette ville, située en Syrie, dans une plaine délicieuse et peuplée de cyprès, était fort adonnée à l'idolâtrie. Julien y respira avec plaisir l'odeur de l'encens, dont la fumée s'élevait de toutes parts. Il rencontrait à chaque pas des victimes magnifiquement parées. Charmé de ce zèle, il logea dans un palais rustique, qui n'était construit que de bois et de terre (Jul., *Épist.* 27). Après des sacrifices dont les signes parurent heureux à son imagination satisfaite, il se rendit à Hiérapolis, non loin de l'Euphrate. Il y fut reçu avec de grandes acclamations; mais au moment même de son entrée, un portique s'étant écroulé tout à coup, écrasa cinquante soldats et en blessa un plus grand nombre. Peu après qu'il eut passé l'Euphrate, la chute d'une meule de paille en écrasa cinquante autres : ce qui lui fit concevoir de sinistres pressentiments sur son expédition. Laissant à gauche la ville d'Édesse, trop chrétienne pour ne pas lui être odieuse, il aima mieux aller à Carres, ville célèbre par un temple dédié à la lune, et plus encore par la défaite de Crassus. Il sacrifia dans ce temple, mais, au dire de Théodoret, avec des circonstances horribles qu'on ne découvrit qu'après sa mort. Sans cesse il était attentif à remarquer les divers présages. Un jour, comme il s'était fait amener son cheval qu'on nommait le *Babylonien*, cet animal, frappé d'une douleur soudaine, s'abattit tout à coup, et, se roulant à terre, mit son harnais en pièces. Julien s'écria plein de joie : « C'est Babylone qui tombe, dépouillée de tous ses ornements. » Ses officiers applaudirent, et on offrit des sacrifices pour confirmer cet heureux pronostic (Am., l. 23, n. 2 et 3; Theod., l. 3, c. 21).

Julien s'avançait donc, entouré de devins et de philosophes. Quand les premiers remarquaient quelque présage funeste, les seconds tâchaient d'en donner quelques raisons naturelles ou d'y trouver quelque tournure favorable. On ravageait le pays, on prenait quelques villes, les unes de composition, les autres de vive force. Julien s'exposait si témérairement, qu'il faillit plusieurs fois être tué. Son armée, dont une des trois divisions était commandée par le prince Hormisdas, frère aîné de Sapor, réfugié chez les Romains, ayant passé le Tigre à la vue de Séleucie et de Ctésiphon, gagna sur les Perses une grande bataille. En action de grâces, Julien voulut offrir à Mars vengeur un sacrifice de dix taureaux. Mais neuf de ces victimes tombèrent d'elles-mêmes avant que d'arriver au pied de l'autel. La dixième rompit ses liens et s'échappa. Elle fut ramenée avec peine, et ses entrailles ne présentèrent que des signes menaçants. A cette vue, Julien s'écria de colère, en prenant Jupiter à témoin, que jamais de sa vie il ne sacrifierait plus à Mars (Amm., l. 25, n. 6).

Sapor, soit qu'il voulût amuser Julien, soit qu'il fût réellement effrayé de ses succès, lui députa un des grands de sa cour, pour lui proposer de garder ses conquêtes et de conclure un traité de paix et d'alliance. Ce député s'adressa d'abord à Hormisdas, frère de son maître, et, jetant à ses genoux, il le supplia de porter à Julien les paroles de Sapor. Hormisdas s'en chargea volontiers, et courut vers l'empereur, croyant lui porter une bonne nouvelle; car c'était acquérir une vaste et riche province, et recueillir le plus grand fruit qu'il pût raisonnablement espérer de ses travaux. Mais Julien, séduit par des songes trompeurs et par les prédictions de Maxime, aussi vaines que ces songes, s'imaginait déjà camper dans les plaines d'Arbèles, égaler ou même surpasser la gloire d'Alexandre, dont il croyait que l'âme avait passé dans son corps : déjà même il ne parlait que de l'Hyrcanie et des fleuves de l'Inde. Il reçut froidement Hormisdas, lui commanda de garder un profond silence sur cette ambassade, et de faire courir le bruit que ce n'était qu'une visite que lui rendait un seigneur de ses parents. Il craignait que le seul nom de paix ne ralentit l'ardeur de ses troupes (Liban., *Orat.* 10, t. II; Soc., l. 3, c. 21).

Cependant il défiait au combat les habitants de Ctésiphon. Mais il eut beau les traiter de lâches, pour les attirer en rase campagne, ils lui répondirent toujours, à l'abri de leurs hautes murailles, que s'il avait envie de se battre, il pouvait aller chercher le grand roi. Piqué de cette raillerie, il voulut assiéger cette immense capitale. Mais ses généraux lui représentèrent que c'était une témérité, lorsque Sapor pouvait arriver d'un moment à l'autre avec toute l'armée des Perses. Il se contenta d'en faire ravager les alentours. Pour entreprendre quelque chose de décisif, il attendait Arsace avec les troupes d'Arménie; mais Arsace n'arrivait pas. Il attendait Procope et Sébastien avec les trente mille hommes qu'il leur avait confiés dans la Mésopotamie, pour venir le rejoindre par la Médie; mais, malgré les courriers qu'il leur dépêchait l'un sur l'autre, Procope et Sébastien n'arrivaient pas : la mésintelligence s'était mise parmi eux; quand l'un disait : Marche ! l'autre disait : Halte ! Julien eut beau se mettre en colère, il fallut songer à regagner les frontières de l'empire, sans lui avoir conquis un pouce de terrain.

Mais quel chemin prendre ? Le pays par où l'on était venu, on l'avait ravagé; l'armée y aurait péri de faim. Remonterait-on le long du Tigre, jusqu'à la Corduène (le Curdistan actuel), première province de l'empire ? Mais la flotte devenait un embarras; la flotte, composée de plus de mille vaisseaux, et qu'on avait amenée de l'Euphrate dans le Tigre par un vieux canal. Le Tigre était très rapide; il fallait une partie de l'armée pour traîner la flotte contre le courant. Julien n'avait pas voulu écouter les ambassadeurs de Sapor; il en écoutera les espions.

Pendant qu'il ne savait à quoi se résoudre, un Perse, d'une naissance distinguée, ayant formé le dessein de périr, s'il le fallait, pour le salut de sa patrie, se vient livrer entre ses mains. C'était un vieillard adroit et délié, qui amenait avec lui d'autres transfuges, propres à faire les rôles subalternes dans la fourberie qu'il méditait. Il feignait d'être tombé dans la disgrâce de son roi et de chercher un asile chez les Romains. Après s'être insinué dans l'esprit de Julien par le récit pathétique de ses malheurs prétendus, il déclara qu'il s'était adressé aux Romains avec d'autant plus de confiance, qu'il pouvait les rendre maîtres de la Perse, s'ils voulaient suivre ses conseils. Les exploits de l'empereur avaient répandu partout la terreur et le découragement; Sapor, consterné, avait pris le deuil; la Perse était à deux doigts de sa ruine. Mais pour cela, il fallait pénétrer dans l'intérieur du pays, quitter le fleuve et se débarrasser de la flotte. Le léger et crédule Julien fut ravi de ces idées. La flotte détruite, il se voyait vingt mille hommes de plus, qu'elle occupait jusque alors. Avec ce renfort, il s'imaginait pénétrer jusqu'aux Indes. Il ne se souvint pas, lui qui avait tant lu Hérodote et Plutarque, ni de la fameuse tromperie de Zopire, ni de celle des transfuges qui firent périr Crassus. Hormisdas représenta qu'il ne fallait pas aisément prendre confiance dans les gens de sa nation; qu'un Perse était capable de tout, et croyait tout légitime pour sauver sa patrie et son roi. Mais on ne l'écouta point. Julien ordonne de prendre des vivres, non pour quatre jours, comme le lui avait conseillé le vieillard, mais pour vingt, et fait mettre le feu à la flotte. A la vue des navires et des provisions en flammes, toute l'armée éclate en murmures. On se demande l'un à l'autre si l'empereur est d'intelligence avec les Perses. Lui-même entr'ouvre les yeux. Il commande qu'on éteigne le feu et qu'on applique les transfuges à la question. Le principal acteur avait disparu. Les autres avouèrent un complot formé pour perdre les Romains. Quant à la flotte, il était trop tard ; on n'en put rien sauver, sinon une douzaine de barques qu'on avait séparées d'abord, et qu'on devait transporter sur des chariots pour s'en servir au besoin (Amm., l. 24, n. 7 ; Greg. Naz., Or. 4 ; Soz., l. 6, c. 1).

Après ce beau coup, Julien s'avança dans l'intérieur du pays : il y trouvait d'abord tout en abondance, mais bientôt les Perses mirent le feu aux fourrages et aux blés, qui étaient déjà mûrs. L'embrasement des campagnes arrêta les Romains durant quelques jours. Il était difficile d'avancer, dangereux de reculer, impossible de trouver des vivres. Ceux qu'on avait apportés diminuaient à chaque instant. On ne pouvait faire un pas sans être harcelé par la cavalerie persane. L'armée tombait dans le découragement, et regrettait la flotte, qui lui aurait permis de repasser le fleuve. Julien cachait les mêmes regrets sous un air de sécurité. On délibéra si l'on retournerait sur ses pas ou si l'on gagnerait la Corduène. Il y avait des difficultés terribles de part et d'autre. Dans l'incertitude, on consulta les dieux par les entrailles des victimes. Les aruspices répondirent, dit-on, que l'un et l'autre partis seraient funestes. On résolut enfin de gagner la Corduène, faute de mieux. C'était le 16 juin.

Mais à peine était-on en marche que les troupes de Sapor commencèrent à paraître. Dès lors il fallut tout ensemble et marcher et combattre. Ce n'était pas une bataille décisive, mais des escarmouches sans cesse renaissantes. Les Romains y avaient toujours l'avantage ; mais un ennemi plus redoutable les suivait jusque dans leur camp, la faim.

C'était la nuit du 25 au 26 juin. Après quelques moments d'un sommeil inquiet et léger, Julien s'éveilla selon sa coutume pour composer ; car, même dans ces conjonctures fâcheuses, il était encore auteur. Tandis qu'il méditait profondément sur quelque idée abstraite de philosophie, dit Ammien Marcellin, le génie de l'empire qu'il avait déjà vu à Paris, avant que d'être proclamé auguste, se montra à lui une seconde fois, mais pâle et défiguré, comme Julien l'avoua lui-même à ses amis. Ce fantôme parut sortir de la tente avec un air triste, couvrant d'un voile sa tête et sa corne d'abondance. Julien est effrayé un instant, mais il se rassure ; il quitte son lit, qui était par terre, et offre des sacrifices aux dieux pour détourner leur courroux. En même temps il aperçoit un de ces météores qu'on appelle communément *étoiles tombantes*. Il frémit à l'aspect de ce phénomène ; il tremble que ce ne soit Mars lui-même qui se montre sous cette forme menaçante. Sur-le-champ, et avant l'aurore, il appelle les aruspices toscans. Ceux-ci lui font voir dans leurs livres qu'on ne devait ni combattre ni rien entreprendre lorsqu'on avait vu un brandon céleste. Malgré leur décision et malgré leur prière de différer au moins de quelques heures, il leva le camp dès qu'il fut jour. La faim l'emporta sans doute sur la superstition (Amm., l. 25, n. 2).

Les Romains marchaient par colonnes. Julien avait pris les devants pour reconnaître le pays. Il était sans armes, soit à cause de la chaleur, soit par une confiance présomptueuse ou par une folle ostentation de courage. Tout à coup on vient lui dire que son arrière-garde est attaquée. Il y court, prenant à la hâte un bouclier ; mais il oublie sa cuirasse. Aussitôt un nouvel avis le rappelle à l'avant-garde. D'un autre côté, un gros de cavalerie persane, avec quelques éléphants, tombe sur l'aile gauche et la fait plier. Tandis que Julien donne ordre à tout et qu'il vole de toutes parts, son infanterie légère, qui s'avance pour soutenir l'aile gauche, force les Perses de tourner le dos. Julien, les voyant fuir, se livre à son ardeur avec aussi peu de précaution que s'il était invulnérable. Des mains et de la voix il anime les siens à la poursuite. On lui crie de se retirer. Dans ce moment, un dard poussé par un cavalier lui effleure le bras, et, perçant les côtes, lui entre dans le foie. Il veut arracher le dard ; mais il se coupe les doigts et se laisse tomber de cheval. On vient à son secours ; on l'emporte sur un bouclier. Les médecins, et en particulier son ami Oribase, emploient les ressources de leur art. Dès qu'on eut mis l'appareil, se sentant un peu soulagé, il demandait son cheval et ses armes pour retourner à l'ennemi ; mais sa faiblesse et le sang qu'il perdait l'obligèrent de s'arrêter.

Il n'avait pas d'abord regardé sa plaie comme mortelle. Un oracle lui avait autrefois prédit qu'il finirait ses jours en Phrygie : ce que Julien entendait de la province de l'Asie Mineure qui portait ce nom. Mais ayant demandé le nom du lieu où il était, dès qu'il sut qu'on l'appelait Phrygie, il se crut frappé à mort. Ses généraux et ses amis s'étaient assemblés autour de lui dans sa tente, la tristesse dans le cœur et sur le visage. Tous versaient des larmes, jusqu'aux philosophes. Julien, étendu sur une natte couverte d'une peau de lion, leur fit une harangue qu'Ammien nous a conservée et qu'on croirait préparée de longue main, comme un rôle de théâtre, pour faire son propre éloge. Voyant tous les assistants fondre en larmes, il les reprenait d'un ton d'autorité, principalement les philosophes. Quelle bassesse, disait-il, de pleurer un prince qui va être réuni au ciel et aux astres ! Chacun se faisant violence pour retenir ses sanglots, il s'engagea dans une dispute assez métaphysique sur l'excellence de l'âme avec Priscus et Maxime. Sa plaie se rouvrit et sa respiration s'embarrassa. Il demanda de l'eau fraîche, et, dès qu'il l'eut bue, il expira sans effort un peu avant le milieu de la nuit du 26 au 27 juin 363, âgé de 32 ans 8 mois et 20 jours. Il avait régné un peu plus de sept ans et demi, à compter du jour où il fut déclaré césar, environ trois ans depuis qu'il avait pris le titre d'auguste (Amm., l. 25, n. 3; La Bletterie, Tillemont).

Tel est le récit de sa mort, d'après son panégyriste Ammien Marcellin, qui avait un commandement dans sa garde. Mais il a pu s'y rencontrer d'autres circonstances encore, mentionnées par des auteurs ecclésiastiques, quoiqu'ils ne les donnent pas pour certaines. Saint Grégoire de Nazianze dit que sa mort était différemment racontée, tant par les présents que par les absents. Les uns disaient qu'il avait été tué par un de ses propres soldats, et les Perses le reprochèrent depuis aux Romains ; d'autres, par un bouffon de l'armée des Perses ; d'autres, par un Sarrasin. Il ajoute que Julien étant blessé, fut porté sur le bord du fleuve et qu'il voulut se jeter dedans, afin de se dérober aux yeux des hommes et passer pour un dieu, comme Romulus et quelques autres; mais qu'un de ses eunuques le retint et découvrit son projet. Théodoret ajoute : On dit qu'étant blessé, il emplit aussitôt sa main de son sang et le jeta en l'air, disant : Tu as vaincu, Galiléen! Sozomène rapporte la même circonstance, mais comme un discours de peu de personnes (Greg. Naz., *Orat.* 4; Theod., l. 3, c. 20; Soz., l. 6, c. 2). D'autres disaient qu'il avait jeté son sang contre le Soleil, lui reprochant de favoriser les Perses. Si de pareils incidents ne sont pas certains, ils ne sont pas du moins invraisemblables. Car si, pour un bœuf de mauvais présage, Julien s'est emporté jusqu'à prendre Jupiter à témoin que jamais de sa vie il n'offrirait plus de sacrifice au dieu Mars, il a bien pu s'emporter à des boutades de même nature quand il se vit trompé par le Soleil, par Apollon, son dieu favori, dont tous les oracles lui avaient promis monts et merveilles.

Julien avait quelques bonnes qualités et beaucoup de travers. S'il ne fut pas plus mauvais, il le dut peut-être plus à Constance qu'à lui-même. Contraint d'abord de veiller beaucoup sur soi, pour n'avoir pas le sort de son frère, il contracta sans doute quelques bonnes habitudes et corrigea ou du moins réprima quelques défauts. Plus tard, comme il voulait en tout faire autrement que Constance, par le mépris qu'il en avait, il ne pouvait autrement que de faire quelque bien. D'ailleurs il régna trop peu, depuis qu'il se vit maître de tout l'empire, pour développer sans contrainte les vices dont ses panégyristes mêmes lui reconnaissent le germe. Ainsi, d'après Libanius, Ammien Marcellin et autres païens, outre sa légèreté d'esprit, qui lui faisait souvent commettre des fautes, il avait une telle démangeaison de parler, qu'il ne pouvait presque pas se taire; il se laissait transporter de joie aux applaudissements de la populace, et souhaitait, avec une passion excessive, d'être loué pour les moindres choses : il ne faisait rien que pour cela. Il affectait souvent de s'entretenir avec les personnes les plus viles et les plus indignes, afin de passer pour populaire. Les paroles qu'il répétait fréquemment comme les plus belles, paraissaient à d'autres fades et puériles. Aux yeux des païens mêmes, il était plutôt superstitieux que religieux. Sa justice, plus d'une fois, fut arbitraire, cruelle, injuste. Parmi les ministres de Constance, non-seulement il en punit plusieurs qui ne le méritaient pas ou plus qu'ils ne méritaient, il en punit même quelques-uns du dernier supplice qui méritaient de sa part des récompenses. Sa conduite à l'égard des chrétiens est digne d'être ensevelie dans un éternel oubli. D'une inconséquence choquante, il blâmait dans le grand Constantin ce qu'il faisait lui-même et d'une manière bien plus condamnable. Après avoir puni les ministres de Constance, il en choisissait lui-même de mauvais, auxquels il passait tout, pour ne pas paraître inconstant dans son amitié. C'est Libanius qui nous apprend cette excuse. Tout l'univers a blâmé son imprudence dans la guerre de Perse, de s'être laissé persuader par des transfuges, de brûler sa flotte et ses magasins. Voilà ce qu'en disent les païens eux-mêmes. Ce que les chrétiens y ajoutent n'en est que des conséquences (Amm., l. 22 et 25; Liban., *Orat.* 10 et 12; Eutrop., Victor, Tillemont).

Les païens triomphaient d'avance avec Julien, car ils ne doutaient pas de son triomphe. A la nouvelle de ses premiers succès, Libanius rencontrant, à Antioche, un chrétien de sa connaissance : Eh bien! lui dit-il, que fait maintenant le fils du charpentier? Un cercueil pour votre héros, répliqua l'autre (Soz., l. 6, c. 2). Toutes les villes fumaient des sacrifices qu'on offrait aux idoles; partout on vexait les chrétiens avec l'espoir de les vexer encore davantage; lorsqu'on apporta tout d'un coup la nouvelle que Julien était mort, ce fut un coup de foudre pour les idolâtres. Ceux de Carres faillirent lapider le courrier comme un blasphémateur. Libanius pensa se tuer de désespoir; il se résigna toutefois à vivre pour faire le panégyrique de ce nouveau dieu; car c'est ainsi qu'il l'appelle dans les deux panégyriques que nous avons encore, et qui sont de la plus superstitieuse adulation. Saint Jérôme, qui avait alors une vingtaine d'années, entendit ces paroles de la bouche d'un païen : « Comment les chrétiens peuvent-ils vanter la patience de leur dieu? rien n'est si prompt que sa colère. Il n'a pu suspendre pour peu de temps son indignation (Hiéron., *In Habac.*, c. 3).

Les chrétiens, de leur côté, chantaient avec transport ces paroles de l'Ecriture : *Vous avez brisé, à la grande surprise de l'univers, la tête des forts et des puissants.* La ville d'Antioche, en particulier, avait à craindre la colère de Julien. Aussi apprit-elle sa mort avec une joie extraordinaire, qu'elle témoigna par des festins et des fêtes publiques. On insultait au philosophe Maxime et aux autres magiciens qui l'avaient trompé par leurs promesses. On publiait le triomphe de la croix, non-seulement dans les églises et dans les chapelles des martyrs, mais jusque sur les théâtres; on criait partout à haute voix : « Où sont tes oracles, insensé Maxime? Dieu a vaincu et son Christ. » Ce sont les propres termes dont se servirent alors ceux d'Antioche (Theod., l. 3, *caput.*). Leur aversion pour Julien, déjà si grande, devint plus grande encore, lorsqu'après sa mort on trouva, dit-on, dans son palais, des coffres remplis de têtes et des puits pleins de cadavres. Lui-même dit, dans sa lettre aux Juifs, qu'il avait précipité de ses propres mains bien des méchants dans la fosse, pour abolir jusqu'à leur nom. Un mot de Libanius semble faire allusion à des exécutions de cette nature. Il rappelle qu'un jour, pendant qu'il haranguait Julien en faveur de la ville d'Antioche, un des courtisans le menaça de l'Oronte. Théodoret rapporte comme certain un autre fait horrible, dont il assure que les preuves existaient encore de son temps : c'est que, dans le temple de la Lune, à Carres, Julien avait fermé la porte après avoir sacrifié secrètement, on trouva une femme suspendue par les cheveux, les mains étendues et le ventre ouvert; Julien avait cherché dans ses entrailles la victoire qu'il s'imaginait remporter sur les Perses (*Ibid.*, l. 3, *capult.*). Lui-même assure que, les oracles ayant cessé, Jupiter avait donné aux hommes la théurgie, magie secrète pour entrer en commerce avec les dieux ou les démons.

La mort de Julien fut révélée le même jour à plusieurs chrétiens pieux, entre autres à saint Julien Sabas, fameux solitaire de l'Osroëne, et à Didyme l'aveugle, célèbre docteur d'Alexandrie. Ce dernier, étant chez lui très-affligé de l'égarement de l'empereur et de l'oppression des Eglises, passa la journée dans le jeûne et dans la prière, et ne voulut pas même prendre de nourriture. Lorsque la nuit fut venue, il s'endormit dans la chaire où il était assis et crut voir des chevaux blancs courir en l'air, montés par des personnages qui criaient : « Dites à Didyme : Aujourd'hui, à sept heures, Julien a été tué; lève-toi donc, mange et l'envoie dire à l'évêque Athanase. » Didyme remarqua l'heure, le jour, la semaine et le mois, et la révélation se trouva véritable; car la septième heure de la nuit est, selon nous, une heure après minuit, qui est celle où Julien mourut. Pallade dit avoir appris cette histoire de la propre bouche de Didyme (Pall., *Hist. Lausi.*, c. 4; Theod., l. 3, c. 24).

Julien fut blessé et mourut dans le pays de Babylone : Alexandre y était mort avant Julien, les rois de Perse avant Alexandre, Nabuchodonosor et ses fils avant les rois de Perse. C'était comme le lieu de l'exécution, où le Dieu du ciel jugeait et frappait les dieux de la terre. C'est là que les veillants du Très-Haut condamnèrent Nabuchodonosor à une expulsion humiliante de sept ans; c'est là qu'une main mystérieuse traça sur la muraille la sentence fatale de Baltassar et de son empire; c'est là que Daniel avait vu cette monarchie universelle, à quatre dynasties successives, devant se terminer par une dixaine de royaumes que remplacerait à jamais l'empire du Christ. Depuis mille ans, Isaïe avait prédit la ruine de Babylone alors dans toute sa splendeur; et Babylone n'était que des ruines. Et autour de ces ruines dormaient les nations anéanties, comme l'avait prédit Ezéchiel : là étaient Assur, Elam, Edom, Mizraïm, Tyr, Sidon, rangés dans leurs sépulcres. Et les Juifs, sans roi, sans temple, sans autel, sans sacrifice, sans patrie, comme leur avaient prédit leurs prophètes; et les Juifs, dispersés jusqu'aux extrémités de la terre, portaient jusqu'aux extrémités de la terre ces prophéties étonnantes, dont ils étaient eux-mêmes l'accomplissement.

Avec Julien blessé et mourant près des ruines de Babylone, se mouraient aussi l'idolâtrie et la philosophie païenne. Babylone était la ville des idoles; Babylone était la ville des astrologues, des augures, des aruspices, des devins, des horoscopes, des mages ou magiciens; en un mot, des philosophes tels que Julien et Maxime. Avec l'empire universel, cet amas de superstition passa de Babylone à Rome. Néron, Trajan se faisaient adorer avec les idoles, comme autrefois Nabuchodonosor; ceux qui s'y refusaient se voyaient condamnés à d'affreux supplices, comme les compagnons de Daniel à la fournaise ardente. Depuis bien des années, Daniel éclairait les sages de Babylone, dont il était le chef, ainsi que tout l'empire, dont il était le plus ferme soutien; et les grands et les sages ne pensent qu'à rendre Daniel suspect pour le jeter dans la fosse aux lions. Depuis quatre siècles, le christianisme éclairait le monde, dont il est la lumière et le salut; et, après quatre siècles, Julien, en qui se sont incarnés l'idolâtrie et la philosophie, ne sait encore que calomnier les chrétiens pour les détruire. Après douze ans de méditation, il ne voit rien de mieux à faire que de continuer, par une violence hypocrite, ce que Néron avait commencé par une violence ouverte, la ruine de ce qui devait sauver l'univers. Mais comme Daniel a vu dévorer par les lions ceux qui l'avaient jeté dans la fosse; ainsi le christianisme voit périr tous ceux qui ont conjuré sa perte. Babylone a péri; Rome elle-même périra; elle périra comme ville des idoles, comme héritière de Babylone, et ne se survivra que comme chrétienne, comme cité du Christ.

LIVRE TRENTE-CINQUIÈME.

Les Églises affligées de l'Orient n'attendent leur salut que de l'Occident et de Rome, et les nations barbares commencent à exécuter la justice de Dieu sur l'empire romain.

(De la mort de Julien l'Apostat [363] à la mort de l'empereur Valens [378]).

Par suite des imprudences de Julien, l'armée romaine se trouvait dans une position très-fâcheuse : au delà du Tigre, sans moyen de le repasser; au milieu d'un pays ennemi, sans provisions et sans moyen de s'en procurer; dévorée par la faim, par la soif et par les ardeurs d'un soleil brûlant; harcelée sans cesse par d'innombrables cavaliers, qui ne combattaient pas moins en fuyant que de pied ferme. La dernière bataille avait été sanglante. Avec l'empereur, on avait perdu quelques-uns des plus braves généraux; les autres s'assemblèrent pour lui trouver un successeur. Il y avait deux partis : celui de l'ancienne cour et celui de la nouvelle. Bientôt toutes les voix se réunirent sur Salluste Second, préfet du prétoire d'Orient; il avait failli périr dans la dernière bataille, sans le courageux dévouement d'un de ses aides-de-camp; il était païen, mais d'une conduite presque chrétienne. Il ne voulut point accepter l'empire, s'excusant sur sa vieillesse et sur ses infirmités (Amm., l. 25, n. 5).

Pendant qu'on délibérait à la hâte, quelques-uns proclamèrent Jovien empereur. Aussitôt on le revêtit de la pourpre et on le conduisit hors de la tente, et il fut reconnu, aux acclamations de l'armée. Il avait été capitaine des gardes, qu'on appelait alors les *domestiques*, et, comme tel, avait conduit le corps de Constance de Cilicie à Constantinople. Quoique chrétien zélé, Julien avait fait une exception pour lui et l'avait emmené à cette expédition. Il était âgé de trente-deux ans et se recommandait près des soldats par l'estime dont jouissait Varronnien, son père, qui avait commandé longtemps la première et la plus illustre des légions; d'une taille si haute, qu'on fut longtemps à trouver un vêtement impérial qui pût lui aller, il avait une corpulence proportionnée à la taille; avec cela, un esprit vif, une humeur gaie, des manières engageantes, beaucoup de goût pour les lettres. D'un naturel très-généreux, il conserva dans la pourpre l'affabilité et la modestie qui le distinguaient comme particulier. Ammien loue son caractère bienveillant et la circonspection avec laquelle il choisit les magistrats. Il lui reproche d'avoir été gourmand, adonné au vin et aux femmes; vices, ajoute-t-il, dont il se serait peut-être corrigé par respect pour la pourpre impériale (Amm., l. 25, n. 5 et 10).

L'élection ainsi faite, on consulta pour Jovien les entrailles des victimes, et les aruspices déclarèrent qu'il fallait se résoudre à partir ou à tout perdre (Amm., l. 25, n. 6). Voilà ce que racontent non-seulement Zosime, mais encore Ammien Marcellin, témoin oculaire et digne de foi. Ceci rend un peu suspect le récit de quatre historiens ecclésiastiques, dont trois auront suivi le premier, et celui-ci un bruit incertain. Théodoret en parle avec plus de détail. Il rapporte que Jovien, ayant été proclamé empereur par les soldats, leur dit sans détour qu'il était chrétien et qu'il ne voulait pas commander à des idolâtres; que, là-dessus, tous les soldats répondirent qu'eux aussi étaient chrétiens, et que le règne si court de Julien n'avait point effacé les instructions qu'ils avaient reçues au temps de Constantin et de Constance (Théod., l. 4, c. 1). Certainement, si toute l'armée avait tenu ce langage, on n'y aurait pas fait pour l'empereur un acte d'idolâtrie en consultant les entrailles des victimes. Quelques soldats, quelques légions, peut-être les gardes du corps, auront parlé ainsi. Encore faut-il se rappeler que, dans ce siècle, il y avait beaucoup d'hommes qui professaient le christianisme, mais qui différaient leur baptême pour n'être pas obligés de mener une vie chrétienne et se livrer plus librement à leurs passions, sûrs qu'ils étaient d'être purifiés de tous leurs crimes en recevant le baptême au moment de la mort. C'était surtout le cas des hommes de guerre; en effet, la plupart des généraux les plus distingués de Julien se montrèrent chrétiens plus tard. On conçoit que, dans une révolution politique, des chrétiens de cette espèce n'y regardassent pas de si près. Aussi verrons-nous des légions entières prêter serment de fidélité, au nom de Jupiter, à l'usurpateur Procope. Si donc Jovien, à qui Ammien rend le témoignage d'avoir été un chrétien zélé (l. 25, c. 10), n'a point empêché qu'on ne consultât à son sujet les entrailles des victimes, c'est qu'il n'aura point osé, à cause des préjugés dominants de la multitude d'idolâtres qui composaient l'armée.

La première tâche du nouvel empereur était de sauver cette armée; ce qui n'était pas facile. A peine se fut-elle mise en marche, qu'elle vit attaquer ses derrières par les Perses. Et ce n'étaient plus les Perses du temps de Xénophon, ne connaissant d'autre tactique que le nombre, et au travers desquels dix mille Grecs purent se tirer par leur valeur et leur discipline. Depuis ce temps, les Perses avaient appris l'art de la guerre et des Grecs et des Romains. Ensuite, ils n'étaient pas seuls : les Sarrasins, que Julien avait eu la maladresse d'irriter contre les Romains par une fierté pédantesque, les harcelaient sans cesse de toutes parts, avec la même fureur et la même rapacité qu'on leur voit encore de nos jours, sous le nom de Bédouins. Au milieu de tant d'ennemis acharnés, il y eut tel jour que l'armée ne put avancer que de cinq quarts de lieue; les deux jours suivants, elle ne put avancer d'un pas. Et il y avait une trentaine de lieues jusqu'à la Corduène, à travers des déserts ou des pays ravagés exprès par les Perses. Si on n'avait pas brûlé la flotte, on aurait encore eu quelques vivres; maintenant on se voyait réduit à mourir de faim. Si on n'avait pas brûlé la flotte, on aurait pu passer le Tigre, au bord duquel on campait. Tout à coup, s'imaginant que les terres romaines sont à l'autre rive, l'armée s'écrie d'une voix menaçante : Passons le fleuve! En vain l'empereur et les généraux en montrent l'impossibilité, le fleuve étant devenu plus profond et plus rapide par la fonte des neiges de l'Arménie, et ses rives étant occupées par l'ennemi; la multitude, incapable d'entendre raison, allait se soulever, si Jovien n'avait ordonné à cinq cents hommes d'élite d'en tenter l'essai. C'étaient des Gaulois et des Germains, habitués à traverser à la nage les fleuves de leurs pays. Ils essayèrent pendant la nuit, en vinrent à bout, trouvèrent les gardes endormis et firent un horrible carnage. Après cela, il fut impossible d'arrêter l'armée; tout ce qu'on put obtenir, c'est qu'elle attendît que les ingénieurs eussent construit un pont flottant sur des vessies et des outres. On y travailla deux jours; mais impossible de réussir, tant le fleuve était rapide. Le dernier vœu de l'armée au désespoir, fut de mourir les armes à la main.

La Providence vint à leur secours d'une manière inespérée. C'est Ammien lui-même qui le dit (l. 25, n. 7). Dès avant la mort de Julien, Sapor, qui avait marché contre le roi d'Arménie, envoya des ambassadeurs pour traiter de la paix. Ils furent reçus par Jovien. Les négociations traînèrent quatre jours. Ce furent quatre jours d'angoisse pour l'armée romaine, qui mourait de faim. Les Romains cédèrent cinq provinces au delà du Tigre, avec les villes de Singara et de Nisibe en deçà, dont les habitants se retirèrent sur les terres de l'empire. Ce traité est appelé honteux, mais nécessaire, par Eutrope, qui était de l'expédition (Eutrop., l. 10, n. 9; Amm., l 25, n. 9). Ammien dit que jamais auparavant les Romains n'avaient cédé un pouce de terrain : c'est une erreur. Adrien avait cédé de plus grandes provinces; Rome elle-même, au commencement de la république, s'était rendue au roi Porsenna, sous les conditions les plus humiliantes. Ammien dit encore que si, pendant ces quatre jours, on avait marché en avant, on aurait pu atteindre la Corduène, province de l'empire qui n'était éloignée que d'une trentaine de lieues (Ibid., n. 7). Mais lui-même nous apprend que le troisième jour avant les négociations, l'armée n'avait pu avancer que de cinq quarts de lieue, et que les deux jours suivants elle ne put même avancer d'un pas; mais, après la conclusion de la paix et lorsque cette même armée n'avait plus d'ennemi à combattre, il en périt encore une partie considérable, soit en traversant le Tigre, soit en traversant des pays déserts ou ravagés. S'il y a quelqu'un à blâmer, c'est celui qui, par sa témérité, avait mis l'armée dans un si grand péril. La paix conclue, il était de l'honneur d'un empereur romain d'en observer les conditions, autant du moins que les observerait la partie adverse : c'est ce que fit Jovien. Aussi quelque désastreux que pût paraître ce traité, il procura une assez longue paix entre les deux empires; pendant bien des années, il n'y eut plus entre eux de guerre directe : Nisibe même reviendra aux Romains.

Ammien déplore encore, comme une impiété funeste, l'engagement pris par les Romains de ne plus secourir Arsace, roi d'Arménie, leur allié toujours fidèle. Arsace était un prince versatile, peu aimé de ses sujets et peu digne de l'être. Tant qu'il fut docile aux conseils du patriarche Nersès, il fut un prince vertueux; mais le patriarche ayant été, contre le droit des gens, exilé pour son orthodoxie par l'empereur Constance; Arsace se pervertit prodigieusement. Monté sur le trône par l'abdication de son père, il fit mourir ce père; il fit mourir son neveu et en épousa la femme, appelée Pharandsem. Il était sur le point de la répudier pour épouser une fille de Sapor, dont il était l'allié contre les Romains, lorsqu'il fit mourir l'ambassadeur que Sapor lui envoyait à ce sujet. Irrités de tant de crimes, les seigneurs d'Arménie se soulevèrent. Le patriarche Nersès ménagea une réconciliation. Arsace jura l'oubli du passé, et invita les seigneurs à un festin, où il les fit égorger avec leurs femmes et leurs enfants. Constance le voyant brouillé avec le roi de Perse, voulut se l'attacher en lui faisant épouser Olympias, veuve de son frère l'empereur Constant, à qui elle avait été fiancée. A la mort de Constance, Arsace renvoya Olympias et reprit Pharandsem, dont il avait un fils, et qui finit par empoisonner sa rivale. Tel était ce fidèle allié des Romains.

Comme c'était Pharandsem principalement qui l'avait poussé à faire mourir l'ambassadeur persan, elle le poussa aussi à faire la guerre au roi de Perse, lors de l'expédition de Julien; et c'était pour le repousser que Sapor s'était avancé vers l'Arménie. Même délaissé par les Romains, Arsace aurait peut-être pu se défendre tout seul, s'il ne s'était aliéné les grands de son royaume. Il s'était avancé avec son armée sur le territoire persan, lorsqu'il reçut la nouvelle d'une défection générale. L'exemple en fut donné par une famille princière, qui descendait du fameux Sennachérib, roi d'Assyrie. Le connétable Vasag, chef de la famille chinoise de Mamgon, lui resta fidèle, ainsi que le patriarche Nersès, qui, par ses remontrances, empêcha au moins le parti de la défection de passer à l'ennemi. Au milieu de cette révolution, suscitée par ses intrigues, Sapor invita Arsace, sous les assurances les plus solennelles, à venir le trouver pour traiter de la paix; puis, au milieu d'un festin, il le fit enchaîner, lui creva les yeux et l'enferma au château de l'*Oubli*, ainsi nommé parce qu'il était défendu de prononcer le nom de ceux qui y étaient enfermés. L'Arménie fut envahie par une armée persane, commandée par deux seigneurs apostats d'Arménie. Plusieurs villes considérables furent mises à feu et à sang, entre autres Artaxate, fondée par le fameux Hannibal, pour Artaxias, roi d'Arménie, auprès duquel il était réfugié, et Schamiramakerd, c'est-à-dire la ville de Sémiramis, bâtie autrefois par cette fameuse reine d'Assyrie. Dans le nombre des maisons brûlées ou détruites, il y en avait plus de quatre-vingt mille habitées par des Juifs, qui descendaient de ceux que Tigrane le Grand ou Téglath-Phalassar, avait jadis emmenés captifs de la Palestine, et dont une partie assez considérable s'était convertie au christianisme. Sapor les envoya sans distinction, les uns dans l'Assyrie, les autres dans la Susiane; la plupart furent placés à Ispahan, et ils y formèrent le gros de la population, tellement que, pendant plusieurs siècles, cette ville cessa de porter son antique nom d'Ispahan, et n'était plus désignée que par celui de *Iehoudyah*, c'est-à-dire la *Juiverie*.

Les Arméniens d'origine ne furent pas traités si humainement. Irrité au dernier point de ce que la plupart des seigneurs d'Arménie s'étaient dérobés à ses atteintes, en cherchant un asile chez les Romains, Sapor tourna toute sa rage contre leurs femmes et leurs enfants, qui étaient tombés entre ses mains. On rassembla toutes ces innocentes victimes et on les amena, avec la foule des captifs, en présence de ce cruel despote. Il semblait qu'il voulût exterminer la nation arménienne tout entière; par ses ordres on sépare les hommes, et aussitôt on les livre à ses éléphants, qui les écrasent sous leurs pieds; les femmes et les enfants sont empalés; des milliers de malheureux expirent ainsi dans d'horribles tourments; les femmes des nobles et des dynastes fugitifs furent seules épargnées, mais, par un raffinement de cruauté, pour éprouver des traitements et des supplices plus odieux que la mort. Traînées dans un hippodrome, elles y furent exposées nues aux regards de toute l'armée persane, et Sapor lui-même se donna le lâche plaisir de courir à cheval sur le corps de ces malheureuses, qu'il livra ensuite aux insultes et à la brutalité de ses soldats. On leur laissa la vie après tant d'outrages, et on les confina dans divers châteaux forts, pour qu'elles y fussent des ôtages de leurs maris.

Ce qui irritait le plus Sapor contre les Arméniens, c'était leur attachement au christianisme. Pour la souveraineté du pays, il l'avait abandonnée aux deux seigneurs traîtres et apostats. L'un d'eux, appelé Méroujan, était devenu son beau-frère, avec la promesse d'obtenir encore le titre de roi, s'il achevait de réduire les autres dynasties arméniens, et s'il parvenait à détruire le christianisme en Arménie, en faisant fleurir à sa place la loi des Mazdezants, c'est-à-dire des serviteurs d'Ormuzd. Excité ainsi par deux passions également puissantes, l'ambition et la haine contre le christianisme qu'il avait jadis professé, l'apostat Méroujan parcourut l'Arménie, brûlant et renversant les églises, les oratoires, les hospices et tous les édifices élevés et consacrés par le christianisme. Sous divers prétextes, il s'emparait des prêtres et des évêques, et aussitôt il les faisait partir pour la Perse, comptant que l'éloignement des pasteurs faciliterait d'autant son entreprise. Son zèle destructeur ne se borna pas là : pour séparer à jamais les Arméniens des Romains, et pour porter des coups plus profonds à la religion chrétienne, il fit brûler tous les livres écrits en langue et en lettres grecques, et il défendit, sous les peines les plus sévères, d'employer d'autre caractère d'écriture que celui qui était en usage chez les Perses. Des mesures aussi tyranniques ne s'exécutaient pas sans de sanglantes persécutions; aussi l'Arménie souffrit-elle des calamités inouïes. Les princesses qui étaient retenues prisonnières furent exposées à de nouveaux outrages. Pour les deux apostats, leur fanatisme ne fut pas arrêté par la parenté qui les unissait à ces femmes infortunées. Ils voulurent les contraindre de renoncer à la religion chrétienne pour adorer le feu, à la manière des Perses. N'y réussissant point, ils commandèrent de les dépouiller nues et de les suspendre ainsi, attachées par les pieds, à des gibets placés sur de hautes tours, pour que tout le pays fût frappé d'épouvante à la vue de ces terribles supplices. Ainsi périrent misérablement une foule d'honorables princesses, parmi lesquelles la propre sœur d'un des apostats, qui avait ordonné sa mort. Par un raffinement de barbarie, elle fut livrée aux bourreaux dans la ville même où elle résidait ordinairement : c'était la capitale de sa souveraineté, la ville de Sémiramis. Malgré tant de cruauté, les deux apostats séduisirent peu de monde; l'un d'eux même vit son propre fils, par horreur de son apostasie, prendre les armes, lui déclarer la guerre et le mettre à mort.

La reine Pharandsem, assiégée dans sa forteresse, eut l'adresse de gagner les chefs des assiégeants et d'envoyer son fils Para sur les terres des Romains, d'où il revint bientôt avec une faible escorte, que grossirent les seigneurs fugitifs, et qui mit en déroute l'apostat Méroujan. Sapor, rentré en Arménie, poursuivit le jeune roi, qui se retira dans les montagnes. Sa mère Pharandsem, forcée de se rendre à Sapor, fut abandonnée à tous les outrages de la soldatesque, et ensuite empalée. Arsace périt vers ce temps dans le château de l'Oubli. Après le départ de Sapor, leur fils Para descendit des montagnes. Mouschegh, le nouveau connétable, fils du connétable Vasag, que Sapor avait fait écorcher vif lorsqu'il vint, sur sa parole, le trouver avec Arsace, réussit non-seulement à chasser les Perses de l'Arménie, mais à les attaquer chez eux. Il gagna entre autres, sur Sapor en personne, une bataille terrible, où il y eut parmi les prisonniers la femme même du monarque persan, un grand nombre d'autres princesses et beaucoup d'officiers et de généraux. Mouschegh, pour venger la mort de son père, fit écorcher vifs ces derniers, et envoya à son souverain leurs peaux garnies de paille; quant à la reine et aux autres captives, il les traita avec les plus grands égards, défendit qu'on se permît envers elles la moindre insulte, puis il leur donna la liberté et les renvoya avec honneur auprès de Sapor, qui ne fut pas moins touché de sa générosité qu'effrayé de sa valeur. La plupart de ces événements se passèrent après la mort de Jovien (*Hist. du Bas-Empire*, add. de St-Martin, l. 10, n. 2-23; l. 17, n. 3-13; n. 57-67).

En Perse même, la persécution contre les chrétiens n'avait pas cessé. L'an 362, 53e de Sapor, 23e de sa persécution, les Perses ayant fait une irruption sur les terres des Romains, emportèrent d'assaut la forteresse de Bethsade, sur le Tigre, massacrèrent la garnison et firent neuf mille prisonniers, qu'ils emmenèrent avec eux. Parmi ces prisonniers, on comptait Héliodore, évêque; Dausas et Mariabe, anciens prêtres; plusieurs autres ecclésiastiques, et un grand nombre de moines et de religieuses. Héliodore mourut sur la route, mais après avoir ordonné Dausas pour le remplacer, et après lui avoir remis l'autel qu'il portait avec lui. Les prisonniers s'as-

LIVRE XXXV. — TOLÉRANCE POLITIQUE DE JOVIEN.

semblaient tous les jours avec Dausas, qui célébrait les divins mystères. Les mages, auteurs de la persécution générale, le virent avec dépit. Ils accusèrent les prisonniers chrétiens auprès de Sapor, qui ordonna d'agir à leur égard de la manière qui suit. Un jour qu'ils étaient assemblés au nombre de trois cents auprès de l'évêque, l'archimage vint leur annoncer que le roi, touché de bienveillance, leur accordait pour demeure une montagne très-fertile du voisinage, et qu'il l'avait chargé de les y conduire. Ils se mirent en route avec joie.

Mais, arrivé au pied de la montagne, le mage perfide les arrête et leur annonce qu'ils sont coupables de lèse-majesté et condamnés à périr, dans cet endroit même, du dernier supplice; qu'un seul moyen de salut leur restait : de se laisser initier aux mystères du Soleil et de la Lune, d'abjurer la religion du césar et d'adorer les dieux de Sapor; qu'à cette condition, ils auraient en propriété la montagne qui était devant eux. L'évêque Dausas répondit à haute voix qu'il n'était pas étonnant qu'une race assez cruelle pour tremper ses mains dans le sang de ses compatriotes, eût encore soif de celui des étrangers; mais qu'après tout, comme les martyrs de Perse, ils ne demandaient qu'à sacrifier leur vie pour le vrai Dieu. Aussitôt cinquante hommes et femmes sont égorgés sous les yeux des autres; la boucherie continue : déjà deux cent septante-cinq gisent par terre; il n'en reste plus que vingt-cinq; la peur les prend et les rend apostats. Comme Judas, ils obtiennent, pour prix de leur infamie, des champs dans le voisinage. Parmi les morts, se trouvait un diacre nommé Ébediésu, qui n'était que blessé. Après le coucher du soleil, il se leva et entra dans la cabane d'un pauvre, qui lui pansa ses plaies. Le lendemain, avec l'aide de cet homme, il donna la sépulture à l'évêque et aux prêtres, et fixa sa demeure auprès des reliques des martyrs. Il y prêchait et convertissait du monde, lorsqu'il fut saisi par le gouverneur de la contrée et mis à mort (Ass., *Acta Mart. Orient.*).

Cependant, après avoir rejoint l'armée de Mésopotamie, sous le commandement de Procope et de Sébastien, et rempli ses engagements avec les Perses, l'empereur Jovien chargea Procope de conduire à Tarse en Cilicie le corps de Julien, conformément aux dernières volontés du mort. La pompe funèbre de cet apostat répondit à son caractère. Des farceurs et des comédiens accompagnaient le convoi. Au milieu des chants lugubres et des lamentations, ils jouaient d'une manière bouffonne la vie et la mort de Julien; contrefaisant sa voix, sa démarche, ses gestes, ses travers; tournant en ridicule son expédition, sa défaite, son apostasie même (Greg. Naz., *Orat.* 4, p. 119). Voilà de quelle manière il fut conduit à Tarse, et enterré dans un des faubourgs, tout à côté de Maximin Daïa, le plus féroce des persécuteurs. On dit qu'un tremblement de terre jeta son cadavre hors du sépulcre.

Vers le même temps, saint Grégoire de Nazianze prononçait ses deux discours contre Julien. Il y trace le portrait de l'apostat, dont il avait prédit les travers à Athènes; il relève l'injustice de sa persécution, l'absurdité de son entreprise d'anéantir la religion chrétienne, l'extravagance du paganisme, et conclut par cet avis aux fidèles : De ne pas se prévaloir du temps pour se venger des païens, mais de les vaincre par la douceur. « Que celui, dit-il, qui est le plus animé contre eux, les réserve au jugement de Dieu. Ne songeons ni à faire confisquer leurs biens, ni à les traîner devant les tribunaux pour être bannis ou frappés de verges, ni en un mot à leur rien attirer de ce qu'ils nous ont fait souffrir. Rendons-les, s'il est possible, plus humains par notre exemple. Si quelqu'un des vôtres a souffert, votre fils, votre père, votre parent, votre ami, laissez-lui la récompense entière de ses souffrances. Contentons-nous de voir le peuple crier publiquement contre nos persécuteurs dans les places et dans les théâtres, et eux-mêmes reconnaître enfin que leurs dieux les ont trompés (*Ibid.*, t. I, p. 130-132).

Les païens, se voyant à la discrétion d'un prince ennemi zélé de l'idolâtrie, étaient sans doute dans de vives alarmes. Jovien se hâta de les rassurer par une loi qui les maintenait dans le libre exercice de leur religion, et permettait de rouvrir les temples dans les lieux où, par voie de fait et sans l'autorité du prince, on pouvait les avoir fermés depuis la mort de Julien.

Thémistius, philosophe païen et sénateur de Constantinople, lui dit à ce sujet : « Vous avez compris qu'il est des choses auxquelles le souverain ne peut contraindre. De ce nombre sont les vertus, surtout la religion. Un prince qui ferait un édit pour enjoindre à ses sujets de l'aimer, ne serait point obéi. Doit-il se flatter de l'être, lorsqu'il leur commandera d'avoir telle ou telle persuasion religieuse. La crainte opérera sans doute des métamorphoses passagères. Mais prendrons-nous pour des hommes persuadés ces hommes, plus changeants que l'Euripe, convaincus par leurs variations d'être les adorateurs de la pourpre et non de la divinité; ces ridicules protées qui déshonorent l'espèce humaine, et que l'on voit tantôt dans les temples aux pieds des statues et des autels, tantôt à la table sacrée dans les églises des chrétiens? Aussi, loin d'user de violence, vous avez fait une loi qui permet à chacun de rendre à la divinité le culte qu'il jugera le meilleur. Image de l'Être suprême, vous imitez sa conduite. Il a mis dans le cœur de l'homme un penchant naturel qui le porte à la religion; mais il ne force point dans le choix... La sagesse de votre édit apaise nos cruelles divisions. Vous le savez mieux que personne, empereur chéri de Dieu : les Perses étaient moins formidables aux Romains que les Romains mêmes (Themist., *Orat.* 5). » Le même édit qui permettait de rouvrir les temples, ordonnait de fermer les abominables sanctuaires des prestiges et du maléfice. Il laissait subsister les sacrifices publics et le culte anciennement autorisé; mais il défendait les enchantements, la magie et tout culte visiblement fondé sur l'imposture. Quoique les lois romaines eussent toujours condamné ces pratiques, la folle superstition et la curiosité de Julien les avaient mises fort à la mode.

La tolérance politique de Jovien fut effective et sincère. Loin de chercher des prétextes pour inquiéter les païens, il ne profita point des occasions les plus naturelles. Il pouvait, sans injustice, abandonner à la sévérité des lois plusieurs prêtres des idoles, et les philosophes qui avaient abusé de la confiance de Julien. Néanmoins ce n'est pas à son règne qu'il faut rapporter ce que dit Libanius des rigueurs que l'on exerça contre eux. Il est vrai qu'après la mort de Julien, leur protecteur et leur dupe, quelques philosophes furent sévèrement recherchés au sujet des sommes immenses qu'ils avaient, à ce qu'on disait, tirées de lui. Mais ces recherches ne se firent que sous le règne de Valens. Eunape, aussi païen et aussi plaintif que Libanius, assure que Jovien continua d'honorer les philosophes qui étaient à la suite de son prédécesseur. On peut au moins conclure de cette expression qu'il eut pour eux quelques égards. Thémistius lui fait un mérite de protéger la philosophie, dans un temps où presque tout le monde se déclarait contre elle, et de l'avoir rappelée à la cour sous un habit moins disgracié. C'est que la peur en avait d'abord écarté les philosophes : ils se rassurèrent bientôt, et Jovien leur permit d'y reparaître, mais avec l'habit commun (Lib., Par., n. 148; Eunap., Max., Them., Or. 5; La Bletterie, *Vie de Jovien*).

La tolérance civile de Jovien n'était pas une indifférence religieuse. On voit par ses médailles qu'il remit dans le *labarum* le monogramme du Christ. Non content d'avoir ainsi déclaré que le christianisme était la religion de l'empereur, il enjoignit encore à tous les gouverneurs de provinces de faire en sorte que les chrétiens pussent s'assembler dans les églises : c'est qu'en divers lieux on les avait ou détruites, ou destinées à des usages profanes. Il rappela tous ceux qui avaient été bannis pour cause de religion, rendit au clergé, aux vierges, et aux veuves les priviléges accordés par les premiers empereurs chrétiens, et rétablit la distribution de blé que le domaine faisait à chaque église pour la subsistance des veuves et des orphelins. La disette, qui pour lors affligeait l'empire, le força de réduire au tiers cette pieuse libéralité de Constantin ; mais il promit de rendre le reste au premier retour de l'abondance.

Il fit aussi une loi, que nous avons encore, adressée à Salluste Second, préfet du prétoire d'Orient, portant peine de mort contre ceux qui oseraient enlever ou même solliciter au mariage les vierges consacrées à Dieu. Ces mariages scandaleux étaient devenus fréquents sous Julien. Pour y parvenir, les uns avaient employé la violence et les autres la séduction. Un officier nommé Magnus avait brûlé, de son autorité privée, l'église de Béryte en Phénicie. Peu s'en fallut que Jovien ne lui fît trancher la tête. De puissants intercesseurs obtinrent sa grâce ; mais il fut condamné à rebâtir l'église de Béryte à ses dépens (*Code Theod.*).

Aussitôt que saint Athanase eut appris la mort de Julien par la révélation de Didyme, il parut au milieu de son peuple, qui en fut agréablement surpris, et rentra dans ses fonctions ordinaires. Peu après, il reçut du nouvel empereur une lettre conçue en ces termes : « Au très-religieux ami de Dieu, Athanase, Jovien. Comme nous admirons au delà de toute expression la sainteté de votre vie, où l'on voit briller des traits de ressemblance avec le Dieu de l'univers, et votre zèle pour Jésus-Christ, notre Sauveur, nous vous prenons aujourd'hui sous notre protection, évêque très-respectable. Vous la méritez par ce courage qui vous a fait compter pour rien les plus pénibles travaux, et regarder comme un objet de mépris, les plus grands dangers, la rage des persécuteurs et les glaives menaçants. Tenant en main le gouvernail de la foi qui vous est si chère, vous ne cessez ni de combattre pour la vérité ni d'édifier le peuple chrétien, qui trouve en vous le parfait modèle de toutes les vertus : à ces causes, nous vous rappelons présentement, et nous ordonnons de revenir enseigner la doctrine du salut. Revenez donc aux églises saintes ; paissez le peuple de Dieu. Que le pasteur à la tête du troupeau fasse des vœux pour notre personne. Car nous sommes persuadé que Dieu répandra sur nous, et sur ceux qui sont chrétiens comme nous, ses faveurs les plus singulières, si vous nous accordez le secours de vos prières (Athan., t. II, p. 779). »

L'empereur lui écrivit une seconde lettre pour le prier de lui apprendre exactement la foi de l'Eglise catholique. Athanase, de concert avec les évêques qui se trouvaient à Alexandrie, répondit que l'on devait s'en tenir uniquement à la foi de Nicée, ajoutant : « Sachez, empereur chéri de Dieu, que c'est la doctrine qui a été prêchée de tout temps, et dont toutes les Eglises de l'univers conviennent : celles d'Espagne, de Bretagne, des Gaules ; celles de toute l'Italie et de la Campanie, de Dalmatie, de Mysie, de Macédoine et de toute la Grèce ; toutes celles d'Afrique, de Sardaigne, de Chypre, de Crète, de Pamphylie, de Lycie, d'Isaurie ; celles de toute l'Egypte et de la Libye, du Pont, de la Cappadoce et des pays voisins ; celles d'Orient, excepté quelques-unes qui suivent l'opinion d'Arius. Nous connaissons par les effets la foi de toutes ces Eglises, et nous en avons des lettres. Or, le petit nombre de ceux qui s'opposent à cette foi ne peut former un préjugé contre le monde entier. » Puis, après avoir mis le Symbole de Nicée tout au long, le saint docteur ajoute : « Les Pères n'ont pas séparé le Saint-Esprit du Père et du Fils ; mais ils l'ont glorifié avec le Père et le Fils, parce que la Trinité sainte n'a qu'une même divinité (*Ibid.*, p. 780). »

Jovien ne se contenta pas de cette lettre ; mais voulant connaître personnellement le saint et s'entretenir avec lui, il lui manda de venir le trouver à Antioche, où il s'était arrêté au retour de Perse. Athanase s'y rendit volontiers, d'après le conseil de ses amis. Mais il y était arrivé en même temps des clercs ariens pour l'accuser, comme aussi plusieurs fidèles de son Eglise pour le défendre. Parmi les premiers était Lucius, qui voulait devenir évêque d'Alexandrie. Ils dirent : Nous en prions votre puissance, votre empire et votre piété, écoutez-nous. L'empereur répliqua : Qui êtes-vous ? — Nous sommes chrétiens. — D'où, et de quelle ville ? — D'Alexandrie. — Que voulez-vous ? — Nous en supplions votre puissance et votre empire, donnez-nous un évêque. — J'ai déjà commandé qu'Athanase, que vous aviez auparavant, reprît le siège. — Nous en supplions votre puissance, il y a bien des années qu'il a été accusé et banni. — Alors un soldat, prenant la parole, dit à l'empereur que c'étaient des ariens, restes du cappadocien Grégoire, qui avait désolé la ville et le monde. Sur quoi l'empereur piqua son cheval et passa outre. Les ariens revinrent une autre fois, et dirent : Nous avons des accusations et des preuves contre Athanase. Il y a plus de trente ans qu'il a été banni par Constantin et Constance, d'éternelle mémoire, et par le très-aimé de Dieu, le très-philosophe et très-heureux Julien.

L'empereur répondit : Les accusations de dix, de vingt et de trente ans sont périmées. Ne me parlez point d'Athanase, je sais pourquoi il a été accusé et comment il a été banni.

Les ariens importunèrent l'empereur une troisième fois et dirent qu'ils avaient d'autres accusations contre Athanase. L'empereur répondit : Dans la foule et la confusion des voix, on ne peut connaître qui a raison ; choisissez deux personnes d'entre vous, et deux autres d'entre le peuple, car je ne puis répondre à chacun de vous en particulier. Ceux d'entre le peuple dirent alors : Ce sont les restes de l'impie Georges qui a désolé notre province et n'a pas permis que l'ordre et la paix régnassent dans nos villes. Les ariens : De grâce, qui vous voudrez, hormis Athanase. L'empereur : Je vous ai dit que ce qui regarde Athanase est déjà réglé. Et, entrant en colère, il dit à ses gardes de les chasser. Les ariens : De grâce, si vous envoyez Athanase, notre ville est perdue ; personne ne s'assemble avec lui. L'empereur : Cependant je m'en suis informé avec soin, et je sais qu'il a de bons sentiments, qu'il est orthodoxe et qu'il enseigne une bonne doctrine. Les ariens : A la vérité, il dit bien de bouche, mais il a de mauvais sentiments dans l'âme. L'empereur : Il suffit que vous lui rendiez témoignage qu'il dit bien et qu'il enseigne bien. S'il pense mal, il en rendra compte à Dieu. Nous autres hommes, nous entendons les paroles : c'est Dieu qui connaît le cœur. Les ariens : Commandez que nous puissions nous assembler. L'empereur : Et qui vous en empêche ? Les ariens : De grâce, il nous appelle hérétiques et dogmatistes. L'empereur : C'est son devoir et le devoir de ceux qui enseignent bien. Les ariens : Nous en supplions votre puissance, nous ne pouvons le supporter ; il nous a ôté les terres des églises. L'empereur : C'est donc pour vos intérêts que vous êtes venus ici, et non pour la foi. Puis il ajouta : Retirez-vous et vivez en paix. Et ensuite : Allez à l'église ; vous avez demain une assemblée, après laquelle chacun souscrira ce qu'il croit. Il y a ici des évêques ; Athanase même y est : ceux qui ne sont pas instruits dans la foi l'apprendront de lui. Vous avez demain et après, car je vais au champ (Athan., t. II, p. 782).

L'empereur fut souvent importuné au sujet d'Athanase. Chacun voulait se donner de l'importance, en taquinant ce grand homme. Ainsi un avocat cynique dit à l'empereur : Seigneur, à l'occasion de l'évêque Athanase, le trésorier m'a ôté mes maisons. L'empereur répondit : Si le trésorier t'a ôté tes maisons, qu'a cela de commun avec Athanase ? Un autre avocat dit : J'ai une accusation contre Athanase. L'empereur lui répliqua : Et toi, qui es païen, qu'as-tu de commun avec les chrétiens ? Quelques-uns du peuple d'Antioche prirent Lucius et le présentèrent à l'empereur, en disant : De grâce, seigneur, regardez quel homme ils ont voulu faire évêque. Apparemment son extérieur n'était pas avantageux. Lucius toutefois se présenta encore à l'empereur, à la porte de son palais, et le pria de l'écouter. L'empereur, qui avait l'humeur assez joviale, s'arrêta et lui dit ces paroles : Dis-moi, Lucius, comment es-tu venu ici, par mer ou par terre ? Par mer, répondit Lucius. Eh bien, répliqua plaisamment l'empereur, je te le dis, ô Lucius ! que le Dieu du monde, et le soleil chevelu, et la lune, punissent ceux qui sont venus avec toi, de ne t'avoir pas jeté dans la mer ; que le vaisseau n'ait jamais un vent favorable, et que, dans la tempête, il ne trouve point de port (Athan., t. II, p. 784) !

Les ariens, par le moyen d'Euzoïus, leur évêque d'Antioche, avaient prié les eunuques du palais de les recommander. Mais l'empereur l'ayant su, fit châtier sévèrement les eunuques, et dit : Si quelqu'un veut solliciter contre les chrétiens, qu'il soit ainsi traité !

Les semi-ariens demeuraient toujours dans une position équivoque entre les catholiques et les ariens, quelque grand nombre qu'il s'en fût déjà réuni à l'Eglise ; l'obligation dès lors expresse de confesser le Saint-Esprit, non pas une créature, mais une même divinité avec le Père et le Fils, entretenait comme une espèce d'abîme entre eux et les catholiques. Très-rapprochés de ces derniers, il leur parut qu'auprès d'un empereur catholique, il leur serait facile de l'emporter sur les ariens rigides. Ils lui présentèrent donc une requête pour qu'on leur livrât les églises des anoméens. L'empereur se contenta de répondre : Je hais les disputes, j'aime et j'honore ceux qui aiment la paix. Les ariens rigides, qui tenaient leur surnom d'Acace de Césarée, et ne suivaient au fond d'autre règle qu'une politique toute mondaine, saisirent bien vite ces paroles et passèrent à l'Eglise catholique. Ils disaient dans leur lettre à l'empereur : « Nous savons que vous aimez avant tout la paix et la concorde ; nous n'ignorons pas que vous regardez, et à bon droit, la foi véritable comme la base de cette unité. Maintenant donc, pour qu'on ne nous suppose pas de ceux qui altèrent la vérité, nous vous faisons savoir que nous approuvons et que nous tenons fermement la foi depuis longtemps exposée à Nicée. Le *consubstantiel* a été si bien expliqué par les Pères, qu'il n'est plus possible de s'y méprendre. Le mot de *substance* est contre Arius, qui a soutenu d'une manière impie que le Fils a été créé de rien, ce que les anoméens soutiennent avec plus d'impiété et d'impudence encore, pour détruire la concorde de l'Eglise. En conséquence, nous joignons à notre lettre l'exposition de la foi de Nicée, comme étant la nôtre. »

Pour rédiger ce mémoire, les acaciens s'étaient réunis à saint Mélèce d'Antioche et à saint Eusèbe de Samosate, qui le signèrent avec eux. Mais dès lors cette impudence des acaciens excita une juste horreur. On savait qu'ils faisaient cette démarche sans persuasion ni sincérité, qu'ils s'attachaient uniquement à ceux qui avaient le plus d'influence, et que, pour prévenir une réaction redoutée, ils voulaient seulement gagner Mélèce, lui qu'ils avaient banni autrefois, mais qu'ils voyaient maintenant fort considéré de l'empereur. Voilà comme un parti des ariens rigides se réunit pour un temps à l'Eglise. Toutefois, il y eut de ces évêques qui se montrèrent depuis de dignes défenseurs de la vérité (Soc., l. 3, c. 25).

Ce fut probablement à son retour d'Antioche, que saint Athanase, visitant les églises de la haute Thébaïde, arriva jusqu'à Tabenne, où était le monastère de saint Pacôme. Ce dernier vint au devant de lui avec tous ses moines, chantant des hymnes et des psaumes ; mais il resta caché dans la foule, ayant peur qu'on ne l'ordonnât prêtre. Il avait un grand nombre de disciples qu'il gouvernait d'après une règle qu'il avait reçue du ciel par le ministère d'un ange. Dans la multitude de ceux qui se rangeaient sous sa conduite, il y avait des vieillards, des enfants, des personnes de toute condition. Aussi les conduisait-il différemment, suivant leurs forces et leurs dispositions naturelles. Les uns travaillaient pour gagner de quoi vivre, les autres servaient la communauté; ils ne mangeaient pas tous en même temps, mais chacun selon son travail et sa dévotion; seulement, il les exhortait tous à l'obéissance, comme au chemin le plus court pour la perfection. Il établit, pour le soulager, des supérieurs particuliers sur chaque maison et sur chaque tribu, qui, toutes ensemble, composaient plusieurs milliers de moines. Si quelqu'un de ces supérieurs particuliers était absent, il suppléait à son défaut, comme serviteur de tous, et visitait soigneusement ces monastères.

Voyant dans son voisinage de pauvres gens occupés à nourrir du bétail, et privés de la participation des sacrements et de la lecture des saintes Ecritures, il prit la résolution, de concert avec saint Aprion, évêque de Dendera, de faire bâtir une église dans leur bourg, qui était presque désert. Et comme il n'y avait point encore de lecteurs, ni d'autres clercs ordonnés pour célébrer l'office dans cette nouvelle église, il y allait avec ses moines à l'heure des assemblées ecclésiastiques, et lisait l'Ecriture sainte avec une si grande dévotion, qu'il paraissait plutôt un ange qu'un homme. Il attira ainsi beaucoup de monde à la foi chrétienne.

Sa sœur ayant appris les merveilles de sa vie, vint à son monastère pour le voir. Il lui fit dire par le portier : Ma sœur, vous savez maintenant que je suis en vie et en santé; allez en paix, et ne vous affligez pas de ce que je ne vous vois point des yeux du corps. Si vous voulez suivre ma manière de vie, pensez-y bien; et si je vois que ce soit une résolution ferme, je vous ferai bâtir un logement où vous pourrez demeurer avec bienséance, et je ne doute point que, par votre exemple, le Seigneur n'en attire d'autres. La sœur ayant ouï ces paroles, pleura amèrement, et, touchée de componction, elle se résolut à servir Dieu. Pacôme lui fit bâtir, par ses frères, un monastère éloigné du sien, le Nil entre deux, et, en peu de temps, elle devint la mère d'une grande multitude de religieuses.

Avec le don des miracles, saint Pacôme avait le don de prophétie, et Dieu lui révéla, entre autres choses, quel serait l'état de ses monastères après sa mort. Qu'ils s'étendraient extrêmement et que quelques-uns des moines conserveraient la piété et l'abstinence; mais que plusieurs tomberaient dans le relâchement et se perdraient. Que ce mal arriverait principalement par la négligence des supérieurs, qui, manquant de confiance en Dieu et cherchant à plaire à la multitude, sèmeraient la discorde et n'auraient plus que l'habit de moine. Que les plus mauvais s'étant une fois emparés du gouvernement, il se formerait des jalousies et des querelles; on aspirerait aux charges avec ambition, et le choix ne se ferait plus par le mérite, mais par l'ancienneté; les bons n'auraient plus la liberté de parler, et, se tenant en silence et en repos, seraient encore persécutés. Saint Pacôme, extrêmement affligé de cette révélation, fut consolé par une vision céleste, où Jésus-Christ même lui apparut au milieu des anges (*Vita Pachom.*, Bolland., 14 *maii*).

Jovien était parti d'Antioche pour Constantinople. A Tyane en Cappadoce, il apprit que les Gaules avaient reconnu son autorité, mais que son beau-père Lucillien y avait péri dans une émeute militaire. Le premier janvier 364, il devait prendre le consulat avec son père Varronnien; mais son père mourut avant d'avoir vu son fils empereur. Jovien prit alors le consulat avec son propre fils, nommé Varronnien comme son père. Le jeune Varronnien était un petit enfant qui se mit à pleurer, dit-on, quand on le plaça dans la chaise curule. Cela se passait à Ancyre en Galatie. Cependant Constantinople, empressée de voir son nouvel empereur, s'en réjouissait d'avance et frappait des médailles en son honneur. Sa femme, l'impératrice Chariton, était partie de cette capitale avec un nombreux cortège, pour aller au devant de son époux. Elle était près de le rejoindre, lorsque, dans la nuit du 16 au 17 février, on le trouva mort dans son lit, au bourg de Dadastane, soit qu'il eût été étouffé par la vapeur du charbon ou frappé d'une apoplexie foudroyante, soit que les eunuques l'eussent empoisonné, comme le soupçonne Ammien Marcellin, et comme l'assure positivement saint Chrysostome (Amm., l. 25, n. 10; Chrysost., *In Phil.*, hom. 15). La joie de l'empire et de l'Eglise se changea en deuil : les païens mêmes pleurèrent. La plus affligée fut l'impératrice, qui, avec l'empire, perdait coup sur coup son père, son beau-père, son époux, et tremblait pour son fils unique, à qui une politique cruelle fit effectivement crever un œil pour l'empêcher d'être élevé sur le trône.

Après la mort de Jovien, l'empire resta dix jours sans chef. Les principaux officiers civils et militaires se réunirent à Nicée. Au dire de Zosime, on proposa de nouveau l'empire à Salluste; il s'y refusa, parce qu'il était trop vieux; il refusa son fils, parce qu'il était trop jeune (Zos., l. 3, n. 36). Après qu'on eut proposé encore quelques autres candidats, les généraux les plus estimés, tels que Salluste, Victor, Arinthée, Dagalaïphe, s'étant déclarés pour Valentinien, capitaine d'une compagnie des gardes, toute l'armée approuva ce choix. Valentinien étant arrivé d'Ancyre, fut proclamé empereur le 26 février 364. Il étendait la main pour haranguer l'armée, quand il s'éleva un murmure soudain et des cris. C'étaient les soldats qui le pressaient de se désigner un collègue, pour que l'empire ne courût pas les risques de rester sans chef, comme cela venait d'arriver deux fois. Valentinien leur dit d'une voix ferme et menaçante : « Soldats, il a dépendu de vous de me donner l'empire; mais, l'ayant une fois reçu, c'est à moi et non point à vous à juger ce qui est utile pour le bien public. Je ne refuse pas de choisir un collègue; mais ce choix devant être fait avec maturité, je prendrai le temps d'y réfléchir. » Ces paroles, prononcées avec l'accent du commandement et secondées par une taille majestueuse, calmèrent tout à coup les murmures. Les soldats, étonnés et fiers d'avoir un empereur aussi intrépide, le reconduisirent à son palais, entouré des aigles et des enseignes, avec toutes les marques d'une entière soumission (Amm., l. 26, n. 2).

Trois jours après, le nouvel empereur assembla

les chefs de l'armée pour les consulter sur le choix d'un collègue. Un des généraux les plus braves, Dagalaïphe, lui dit avec sa franchise de soldat : « Excellent empereur, si vous aimez votre famille, vous avez un frère; si vous aimez l'Etat, cherchez le plus capable. » Vivement piqué de cette réponse inattendue, Valentinien sut cependant se contenir; non-seulement il laissa Dagalaïphe dans sa charge, mais il l'éleva plus tard au consulat (Amm., l. 26, n. 4).

En passant à Nicomédie, l'empereur nomma son frère Valens connétable; puis, le 28 mars, dans un des faubourgs de Constantinople, il le déclara son collègue. Valentinien avait quarante-trois ans, son frère trente-six. Originaires de la Pannonie, la Hongrie actuelle, leur père Gratien, d'une naissance obscure, mais distingué par sa force et son adresse, s'était élevé jusqu'à la charge de tribun ou général, et même jusqu'à celle de comte d'Afrique et puis de Bretagne.

Peu après leur élévation, les deux frères tombèrent dangereusement malades. On y soupçonna du maléfice. Comme Julien et ses amis se vantaient de n'être pas moins grands magiciens que philosophes, ils avaient mis la magie fort en vogue. Dès l'année précédente, le préfet que Julien envoyait de Syrie à Rome, ayant perdu un œil en route, y avait vu un sortilége. Arrivé à Rome, il y rechercha les magiciens, en découvrit un grand nombre et les mit à mort, entre autres un cocher du cirque, convaincu d'avoir recours à la magie pour donner de la vitesse à ses chevaux et arrêter ceux de ses concurrents (Amm., l. 26, n. 3). La maladie des deux empereurs occasionna des recherches semblables à Constantinople. Les philosophes Maxime et Priscus, confidents de Julien, furent arrêtés, mais Priscus relâché aussitôt. Des personnages considérables furent accusés; mais la sagesse de Salluste, préfet du prétoire, fit si bien que tous les accusés furent acquittés, hors le seul Maxime, condamné à une grosse amende, qu'on réduisit plus tard à une petite somme. Dès que Valentinien eut été déclaré empereur, Salluste lui avait demandé la permission de se retirer; mais l'empereur lui répondit : « Eh quoi! ne m'as-tu donc chargé d'un si pesant fardeau que pour m'en laisser accablé, sans vouloir m'aider à le soutenir (Zos., l. 13)? »

Les deux frères étant arrivés à Sirmium, dans leur pays natal, se partagèrent le monde romain : Valentinien prit l'Occident et Valens eut l'Orient; le premier choisit Milan pour sa résidence, le second Constantinople. Rome, l'antique métropole de l'empire, continua d'être laissée dans l'ombre.

Dès les premiers jours de son règne, Valentinien avait accordé la liberté de religion, non-seulement à toutes les sectes chrétiennes, mais encore aux païens. Seulement il défendit à ces derniers la magie et les sacrifices nocturnes, qui donnaient lieu à des abominations de plus d'une sorte. Encore, s'il faut en croire Zosime, révoqua-t-il cette défense, à condition que dans ces mystères on n'ajoutât rien aux anciens usages. Constance avait enlevé du sénat de Rome l'idole de la Victoire; Julien l'y avait rétablie, Valentinien l'y laissa. Plus tard, il défendit aux païens d'immoler des animaux, mais il permit d'offrir de l'encens. Il fit avec cela des lois qui défendaient non-seulement aux manichéens, mais encore aux donatistes et à tous les hérétiques en général, de tenir des assemblées. Et puis, nous trouvons qu'il conserva aux prêtres païens leurs anciens priviléges; qu'il défendit de leur susciter aucun trouble; qu'il promit même des titres honorables à ceux de leur ordre qui se seraient acquittés de leurs fonctions avec sagesse. Sa tolérance était ainsi fort variable (Amm., l. 3, c. 9; Zos., l. 4, c. 3; *Cod. Theod.*).

Sozomène rapporte qu'avant le partage de l'empire, Hypatien, évêque d'Héraclée, envoyé par les évêques de la Bithynie, de l'Hellespont et d'autres, qui reconnaissaient le Fils consubstantiel au Père, ayant demandé à Valentinien la permission de s'assembler en concile pour corriger la doctrine de la foi, l'empereur lui répondit ces paroles remarquables : « Pour moi, qui suis du rang des laïques, il ne m'est pas permis de me mêler curieusement de ces choses; les évêques, que cela regarde, n'ont qu'à s'assembler où ils le jugent à propos. » Saint Ambroise cite également de lui cette parole : « Qu'il ne lui convenait pas d'être juge entre les évêques. » Ces principes si sages, il ne les suivit pas toujours (Soz., l. 6, c. 7; Ambr., *Ep.* 13).

Lorsque, dans l'automne 364, il vint à Milan, il y trouva l'Eglise divisée. Il y avait près de dix ans que les ariens lui avaient imposé pour évêque, Auxence, par la force des armes. Ordonné par Grégoire, intrus d'Alexandrie, Auxence était un archiarien, et une des colonnes du parti. Saint Hilaire de Poitiers et saint Eusèbe de Verceil, revenus de leur exil, y entretenaient les fidèles dans la vraie foi catholique. Auxence, déjà peu suivi, et à cause de ses erreurs, et parce qu'il n'entendait pas même le latin, se vit alors presque abandonné. Il sut prévenir l'empereur contre les deux saints, disant que c'étaient des séditieux et des calomniateurs qui l'accusaient d'arianisme, quoiqu'il n'enseignât que la foi catholique; il provoqua par là un édit qui défendait à qui que ce fût de troubler l'Eglise de Milan. Ce nonobstant, saint Hilaire représenta, dans une requête, qu'Auxence était blasphémateur, ennemi du Christ, et que sa croyance n'était pas telle que le pensait l'empereur et tous les autres. Valentinien ordonna une assemblée d'environ dix évêques, où, en présence du trésorier et du grand-maître de la cour, devaient comparaître Hilaire et Auxence. Après quelques chicanes, Auxence se vit serré de si près, qu'il confessa que Jésus-Christ était vrai Dieu, de même divinité et de même substance que le Père. On écrivit cette confession, et, de peur que la mémoire ne s'en perdît, saint Hilaire présenta aussitôt, par le moyen du trésorier, une relation de ce qui s'était passé. Toute l'assemblée fut d'avis qu'Auxence devait faire la même confession publiquement, et on l'obligea de l'écrire. Il adressa donc aux deux empereurs une déclaration écrite, mais bien différente de celle qu'il avait faite de vive voix. Il y donnait pour sainte la formule de Rimini, quoiqu'elle eût été improuvée par tout le monde. Après avoir dit dans la conférence que Jésus-Christ est vrai Dieu, de même divinité et de même substance que le Père, il n'en disait autre chose dans son écrit, sinon qu'il était né avant tous les temps, Dieu vrai fils, afin que, selon les ariens, le *vrai* se rapportât à *Fils* et non pas à *Dieu*. Il disait encore qu'il n'y a qu'une divinité, ne l'attribuant pas au Fils, mais au Père;

qu'il n'y a pas deux dieux, parce qu'il n'y a pas deux pères, marquant par là que la divinité appartient au Père seul. Il ajoutait avec une incroyable impudence, qu'il n'avait jamais connu ni Arius ni sa doctrine, tandis qu'il en était un des plus ardents défenseurs.

Toutefois, l'empereur se contenta de cette déclaration; ses amis répandirent qu'Auxence avait reconnu que le Christ était vrai Dieu, de même divinité et de même substance que le Père, et qu'il ne s'éloignait point de l'exposition de foi de saint Hilaire. L'empereur embrassa donc sa communion. Hilaire soutenait toujours que ce n'était que feinte, qu'on détruisait la foi, que l'on se moquait de Dieu et des hommes. Alors l'empereur lui ordonna de sortir de Milan. Il obéit; et n'ayant plus d'autre moyen de défendre la vérité, il publia un écrit adressé à tous les évêques et à tous les peuples catholiques, où il découvre toute la fraude d'Auxence. Il montre d'abord qu'il ne faut pas se laisser éblouir par le nom de paix, et que l'Eglise n'a besoin d'aucun appui temporel; ce qu'il explique en ces termes:

« Il faut gémir de la misère et de l'aveuglement de notre temps, où l'on croit que Dieu a besoin de la protection des hommes, et où l'on recherche la puissance du siècle pour défendre l'Eglise du Christ. Je vous prie, vous qui croyez être évêques, de quel appui se sont servis les Apôtres pour prêcher l'Evangile ? quelles puissances leur ont aidé à annoncer le Christ et à faire passer presque toutes les nations de l'idolâtrie au culte de Dieu ? Appelaient-ils quelque officier de la cour, quand ils chantaient les louanges de Dieu en prison, après les fers, et après les coups de fouet ? Paul formait-il l'Eglise du Christ par les édits de l'empereur, quand il était lui-même en spectacle dans le théâtre ? Il se soutenait sans doute par la protection de Néron, de Vespasien, de Décius, dont la haine a relevé l'éclat de la doctrine céleste ! Ceux-là qui se nourrissaient du travail de leurs mains, qui s'assemblaient en secret dans les cénacles, qui parcouraient les bourgades, les villes et presque toutes les nations, par mer et par terre, malgré les ordonnances du sénat et les édits des princes; ceux-là, sans doute, n'avaient pas les clés du royaume des cieux ! Au contraire, la puissance de Dieu ne s'est-elle pas déployée manifestement contre la haine des hommes, en ce que plus on défendait de prêcher le Christ, et plus il était prêché ? Maintenant hélas ! les avantages humains rendent recommandable la foi divine, et, cherchant à autoriser le nom du Christ, on fait croire qu'il est faible par lui-même. L'Eglise menace d'exils et de prisons, et veut se faire croire par ceux, celle qui-a été crue à force d'être exilée et emprisonnée. Elle attend comme une grâce que l'on communique avec elle, après s'être établie à force d'être persécutée; elle bannit des évêques, elle qui a été propagée par des évêques bannis; elle se glorifie d'être aimée du monde, elle qui n'a pu être au Christ sans être haïe du monde. Telle est l'Eglise en comparaison de celle qui nous avait été confiée, et que nous laissons perdre maintenant (Hil., *contra Auxent.*). »

Saint Hilaire mourut à Poitiers, l'an 367, peu avant son ami, saint Eusèbe de Verceil.

Valentinien publia successivement plusieurs lois concernant la religion. Il renouvela, pour la célébration du dimanche, celle de Constantin, qui défendait aux particuliers de faire ce jour-là aucune action judiciaire, et il y donna plus d'extension, en défendant à tous les fonctionnaires d'y faire aucune poursuite contre les chrétiens. Afin d'honorer la fête de Pâques, il ordonna, par une autre loi, d'y ouvrir les prisons à tous les détenus, hormis les sacriléges, les magiciens, les empoisonneurs, les adultères, les ravisseurs, les homicides et les criminels de lèse-majesté. On ne peut qu'admirer la puissance de la religion sur le caractère de Valentinien, naturellement porté à une rigueur excessive beaucoup plus qu'à la clémence. Constantin avait défendu les combats des gladiateurs; mais, faute de pouvoir ou de vouloir, les empereurs n'avaient pas complétement réprimé la fureur des Romains à se repaître de la vue du sang dans ces jeux abominables; les juges avaient recommencé à y condamner les malfaiteurs. Valentinien se contenta d'y soustraire les chrétiens. Comme les acteurs de théâtre étaient la plupart de condition servile, et que par conséquent il ne leur était pas libre de renoncer à leur profession, qui, d'un autre côté, était incompatible avec la religion chrétienne, il ordonne que les comédiens qui, étant en péril de mort, recevront le baptême et l'eucharistie, ne pourront être forcés à remonter sur le théâtre s'ils reviennent en santé. Mais il défend de leur donner les sacrements, si ce n'est en péril évident de mort. Loi impie, qui, pour favoriser le théâtre, ne permettait à ses victimes infortunées l'entrée de l'Église de Jésus-Christ que dans le cas unique d'une maladie mortelle ! Combien qui, avant d'être malades à mourir, auront pu prendre la sérieuse résolution de renoncer et au théâtre et à l'idolâtrie ? Jusque-là les filles des comédiennes étaient forcées de suivre la profession de leurs mères; Valentinien les affranchit de cette contrainte, hormis celles qui avaient embrassé le métier de courtisanes. Il réforma aussi un abus, d'après lequel, dans bien des villes, les chrétiens étaient obligés de garder les temples des païens, soit que les païens les crussent par là plus en sûreté, soit que des autorités païennes prissent plaisir à vexer les chrétiens de cette manière. Il ordonna encore que, dans les causes d'ecclésiastiques, les juges fussent de même rang que les accusés : ainsi les évêques ne devaient être jugés que par des évêques. Chronope, évêque on ne sait de quel siège, ayant été condamné et frappé par soixante-dix de ses collègues, en avait appelé à un magistrat séculier, et de celui-ci à un autre. C'était contraire aux lois. Il fut condamné à une amende pécuniaire. Valentinien ordonna qu'il la paierait, mais qu'au lieu d'être adjugée au fisc, elle serait distribuée aux pauvres, qu'on ferait de même pour les amendes des gens d'église (*Cod. Theod.*).

On voit dans l'Evangile trois espèces de fonds pour la subsistance de Jésus-Christ et des apôtres. Il est d'abord dit à ceux-ci de ne porter ni or ni argent, parce que l'ouvrier est digne de sa nourriture, signe de son salaire. Ce qui suppose, pour ceux à qui l'Evangile est prêché, l'obligation naturelle de pourvoir du nécessaire ceux qui le leur prêchent. Ensuite il est dit que de saintes femmes suivaient le Sauveur et le servaient de leurs richesses. Enfin, il y avait entre les mains d'un apôtre, un fonds de réserve, où l'on déposait les aumônes, non-seulement pour l'entretien du maître et des disciples, mais encore pour le soulagement des pauvres. Dans la primitive Eglise de Jérusalem, les fidèles vendaient leurs fonds de terre et en apportaient le prix aux pieds des apôtres, qui distribuaient à chacun ce qu'il lui fallait. On faisait des collectes régulières chaque dimanche, sans compter d'autres quêtes. Saint Paul rappelle plus d'une fois l'obligation de faire part de nos biens temporels à ceux qui nous procurent les biens spirituels. Dans la suite on donna à l'Eglise des maisons, des jardins, des fonds de terre. Les plus modérés des empereurs idolâtres, tels qu'Alexandre Sévère et Aurélien, lui en maintenaient la propriété; les tyrans persécuteurs l'en dépouillèrent; Constantin les lui fit restituer, avec la permission à chacun de donner par testament tout ce qu'on voudrait à l'Eglise catholique. Au temps de Valentinien, des clercs et des moines fréquentaient les maisons des veuves, et, par de serviles complaisances, les portaient à faire des testaments à leur avantage particulier. Cet empereur fit une loi qui les déclarait incapables de recevoir quoi que ce fût de la succession des veuves ou des religieuses, même par fidéicommis. Comme cette loi est adressée au pape Damase, qui la fit lire dans les églises de Rome, il est bien à croire qu'elle avait été sollicitée par ce Pape, et que c'était à Rome même que l'abus était le plus criant. Honteuse pour les clercs et les moines qui l'avaient rendue nécessaire, cette loi était favorable à l'Eglise même, vers qui seule elle dirigeait ainsi les pieuses libéralités des fidèles.

Constantin et son fils Constance avaient exempté les biens de l'Eglise et la personne des ecclésiastiques de toute charge extraordinaire ou sordide, telle que corvée, mais non pas des autres. Julien avait révoqué ces immunités; Valentinien les rétablit. En général, depuis Constantin jusqu'à Théodose, si les biens des églises ont été exempts des contributions extraordinaires, ils ne l'étaient pas, ou du moins ne l'ont été que très-peu de temps, des contributions ordinaires. De même, les ecclésiastiques étaient affranchis des charges personnelles, mais leurs biens soumis aux impôts publics, du moins aux impôts réguliers. Cette exemption des biens et des personnes consacrés au culte divin paraît de droit naturel, car on la trouve chez tous les peuples. Et de fait, si le Sauveur paie le tribut pour lui-même et pour Pierre, ce n'est qu'après avoir montré que naturellement ils étaient exempts l'un et l'autre, et pour ne scandaliser personne.

Dans certaines villes de l'empire, il y avait une espèce de féodalité municipale, sous le nom de *curie*. Les propriétaires de certains domaines en étaient par là même, et comme tels, obligés de contribuer de leurs biens et de leur personne à l'administration de la cité, et de remplir plus d'une fois gratuitement des fonctions onéreuses. Presque tout le monde cherchait à s'en exempter, les uns en entrant dans le sénat, les autres dans la milice, les autres dans le clergé. Valentinien ne le permit à ces derniers que sous la condition de céder à l'autorité ou à un parent, les biens auxquels étaient attachées les prérogatives ou plutôt les servitudes curiales.

Les deux empereurs établirent aussi les défenseurs des villes. C'étaient des citoyens d'une probité reconnue, choisis par tous les autres, et confirmés par le préfet du prétoire, pour défendre les plus faibles du peuple contre l'oppression des puissants, et juger même les petits différends que les citoyens pouvaient avoir entre eux. Leurs fonctions duraient cinq ans. Nul ne pouvait s'y refuser ni s'en démettre, sans l'autorisation de l'empereur, avant les cinq ans révolus. Bientôt les églises obtinrent des défenseurs de leur côté. Dès 368, il est question du défenseur de l'Eglise romaine. C'étaient des laïques chargés de soutenir les intérêts de l'Eglise devant les tribunaux séculiers (Thomas., *Discipl.*, part. 3, l. 1 et 4; *Cod. Théod.*).

Dès le commencement de leur règne, les deux empereurs révoquèrent la fameuse loi de Julien, qui avait défendu aux chrétiens l'enseignement et l'étude des lettres humaines. Mais l'instruction publique de Rome était tombée bien bas. Grand était le nombre des maîtres, parmi lesquels des hommes de beaucoup de connaissances et de talent. Très-grand était le nombre des jeunes gens inscrits en la matricule de la jeunesse studieuse; mais les écoles en étaient fréquentées aussi peu, que le théâtre, l'amphithéâtre, l'hippodrome et les courtisanes l'étaient beaucoup. Les professeurs fermaient les yeux sur les désordres des élèves et sur leur absence des classes, pourvu qu'au temps prescrit ils payassent la rétribution scolaire. Valentinien ordonna que les jeunes gens qui viendraient de la province à Rome pour leurs études, apporteraient un témoignage de leurs magistrats respectifs, indiquant leur nom, leur patrie, leur naissance; qu'ils remettraient ce certificat à l'inspecteur de l'académie, et déclareraient à quelle étude ils voulaient s'appliquer principalement. Ces inspecteurs subalternes leur assigneront des logements éloignés des lieux de débauche, veilleront sur leur conduite et les préserveront de tout mauvais commerce. Les élèves n'assisteront pas trop souvent aux spectacles, ne passeront pas non plus leur temps en festins et en parties de plaisir. Les incorrigibles seront châtiés publiquement, et puis renvoyés d'où ils sont venus. Les étudiants des provinces ne demeureront à Rome que jusqu'à l'âge de vingt ans, si ce n'est les étudiants en droit, qui peuvent rester jusqu'à l'âge de vingt-cinq. Chaque mois, on enverra à l'empereur des notes exactes sur chacun, afin qu'il puisse juger de leur progrès et les employer plus tard selon leur mérite. La loi était belle; il ne lui manquait qu'une chose, d'être constamment exécutée. Il paraît toutefois qu'elle ne fut pas sans quelque effet; car saint Augustin nous apprend que les écoles de Carthage étaient encore bien plus indisciplinées (*Ibid.*, l. 14, tit. 9; S. Aug., *Conf.*, l. 5, c. 8).

Valentinien fit encore une autre institution sage, et qui respire l'esprit du christianisme. Il choisit quatorze des plus habiles médecins de Rome, suivant les quatorze quartiers de la ville, et les établit médecins des pauvres, avec un entretien convenable sur le trésor public. Il leur permit d'accepter ce que les malades guéris leur offriraient par reconnaissance, mais non pas d'exiger ce qu'ils auraient promis par crainte avant leur guérison. Il ordonna que les places vacantes seraient données au concours, sans nul égard à la faveur ni aux plus puissantes recommandations. Les médecins déjà en fonction examinaient les récipiendaires et jugeaient de leur capacité; il fallait au moins sept suffrages pour être choisi. La confirmation en était réservée à l'empereur, et l'installation au préfet de la ville. Ces médecins, aussi bien que les professeurs publics de l'académie, étaient exempts du service militaire, du logement des soldats, et généralement de toutes charges publiques, eux et leurs femmes (*Cod. Theod.*, l. 13, t. III).

L'aversion générale pour les Juifs s'était probablement accrue par suite de la faveur dont ils avaient joui sous Julien l'Apostat, de la part qu'ils avaient prise aux persécutions contre les chrétiens, et principalement de leur entreprise avortée pour rebâtir le temple de Jérusalem. Toujours est-il que les soldats se permettaient de loger dans les synagogues. Valentinien défendit cette vexation. Il fit encore, avec son frère, dès le commencement, plusieurs lois salutaires pour remédier à l'oppression des provinces. C'est dommage qu'il se laissa trop souvent entraîner à son penchant à la cruauté, sans songer qu'une justice excessive est une coupable et odieuse injustice.

Comme on ne comptait guère sur la fidélité du roi de Perse à garder la paix, Valens se rendit de Constantinople en Syrie, afin d'en observer les mouvements. Mais à peine traversait-il la Bithynie, qu'on lui apporta la fâcheuse nouvelle que les Goths se disposaient à pénétrer dans la Thrace. Il se contenta de faire marcher des troupes sur les frontières. A Césarée en Cappadoce, on lui apporta la nouvelle plus fâcheuse encore, que, profitant de son absence, Procope s'était déclaré empereur à Constantinople. Procope était ce général qui avait été chargé de conduire à Tarse le corps de l'empereur Julien, dont il était parent. Aussitôt après la cérémonie, il avait disparu sans qu'on pût découvrir sa retraite. Depuis quelque temps, il rôdait déguisé autour de Constantinople. Valens s'était rendu odieux, moins encore par ses propres cruautés que par celles de son beau-père. De simple commandant d'une cohorte, comme qui dirait de simple chef de bataillon, devenu tout à coup patrice, première dignité de l'empire après le souverain, Pétronius, aussi mal fait de corps que d'esprit, traitait les citoyens en esclaves. Pour assouvir son insatiable avarice, il recherchait les dettes du fisc depuis le règne d'Aurélien, c'est-à-dire depuis environ un siècle, faisant valoir les titres surannés et prescrits. Un trait suffira pour peindre son caractère. On le vit pleurer plusieurs fois parce qu'il était forcé de renvoyer quelqu'un absous sans l'avoir dépouillé. Procope sut profiter du mécontentement général. Avec deux seules cohortes ou deux bataillons, lui-même, pâle et tremblant, affublé en empereur de mascarade, il s'empara de Constantinople. Le peuple, indifférent, laissait faire. A cette nouvelle, Valens perdit courage; il ne songeait qu'à déposer le diadème, tant il avait peur : ses officiers eurent toutes les peines du monde à lui persuader de se défendre. Il envoya d'abord contre le rebelle les deux légions les plus renommées. Mais au moment de la bataille, Procope les ayant conjurées d'abandonner un poltron de Pannonie pour un allié de la maison impériale, les deux légions baissèrent leurs enseignes, passèrent de son côté et lui jurèrent fidélité au nom de Jupiter. En revanche, un général de Valens, le comte Arinthée, fit une action plus mémorable encore. Procope avait mis à la tête d'un corps de troupes, un certain Hypéréchius, jusqu'alors huissier du palais. Arinthée le méprisait trop pour daigner le combattre. Il fit alors une chose dont on ne voit pas d'autre exemple. C'était l'homme de la plus haute taille et le mieux fait de son siècle; son extérieur héroïque lui donnait un air d'empire. Profitant de cet avantage, il ordonna aux soldats d'Hypéréchius de saisir eux-mêmes leur chef et de le lui amener enchaîné. Les soldats obéirent, et, traînant avec eux leur général devenu leur prisonnier, ils se rangèrent sous les enseignes d'Arinthée. La guerre dura huit mois avec cette alternative de succès et de revers. Ce qui perdit Procope, ce fut lui-même. Il se rendit bientôt plus odieux que Valens. Ses généraux le trahirent, ses troupes l'abandonnèrent, deux de ses officiers le livrèrent à Valens, qui lui fit couper la tête ainsi qu'à eux. Au dire d'Ammien Marcellin et de Zosime, Valens usa cruellement de la victoire; au dire de Thémistius et de Libanius, il en usa avec beaucoup de clémence (Amm.; l. 26, n. 6-10; Zos., l. 4; Them., *Or.* 7; Liban., *Vita et orat.* 12 et 13).

Cependant les évêques de la Bithynie, de l'Hellespont, et généralement tous les demi-ariens, s'étaient assemblés à Lampsaque, en la seconde de ces provinces. Nous avons vu la belle réponse que l'empereur Valentinien fit à leur député : « Pour moi qui suis du rang des laïques, il ne m'est pas permis de me mêler curieusement de la doctrine : les évêques, que cela regarde, n'ont qu'à s'assembler où ils le jugeront à propos. » S'étant donc assemblés à Lampsaque, en 365, ces évêques condamnèrent la formule de Rimini, ainsi que la souscription qu'on leur y avait fait faire à Constantinople, en 360, par la violence d'Eudoxe, évêque de la capitale et chef des anoméens. Ils déclarèrent qu'il fallait s'en tenir à la doctrine : que le Fils est semblable au Père en substance, et à la formule de Séleucie, autrement, de la Dédicace d'Antioche. Ils ordonnèrent le rétablissement des évêques, qui avaient été déposés pour avoir soutenu cette doctrine, et offrirent aux partisans d'Eudoxe de les recevoir dans leur communion, s'ils voulaient renoncer à leur erreur. Les anoméens s'y étant refusés, ils notifièrent leurs décrets à toutes les Églises. Dans la crainte qu'Eudoxe ne prévînt contre eux l'empereur Valens, ils envoyèrent à celui-ci des députés. Mais le mal était déjà fait. L'empereur, déjà gagné, les pressa de communiquer avec Eudoxe, et, sur leur refus, les envoya en exil et donna leurs Églises aux eudoxiens. C'est ainsi que Valens commença le rôle de persécuteur (Soc., l. 4, c. 2-4; Zos., l. 6, c. 7).

Après sa victoire sur Procope, il fit venir à Nicomédie Eleusius, évêque de Cyzique, un de ceux qui avaient assisté au concile de Lampsaque. Il le pressa d'embrasser les sentiments et la communion d'Eudoxe. Eleusius s'y refusa d'abord, mais à la vue de l'exil et de la confiscation dont on le menaçait; il céda. Aussitôt il s'en repentit, et, de retour à Cyzique, déplora sa faiblesse devant tout le peuple, se déclara indigne de l'épiscopat et recommanda l'élection d'un autre pasteur. Mais le peuple, qui lui était très-affectionné, ne voulut jamais y consentir. Eunomius étant venu, avec des lettres de l'empereur, s'emparer de l'église, le peuple en bâtit une autre hors de la ville, où il continua de s'assembler avec Eleusius. Il paraît qu'Eustathe de Sébaste en Arménie, un des chefs des demi-ariens, eut la faiblesse de céder à des violences semblables, et qu'il la déplora de même (Tillem., *Ariens*, c. 107).

Les semi-ariens se voyant ainsi persécutés par les ariens rigides, tournèrent leurs regards vers le centre de l'unité. Après s'être consultés en divers petits conciles, à Smyrne, en Pisidie, en Isaurie, en Pamphylie et en Lycie, ils tombèrent d'accord qu'il fallait, en cette extrémité, avoir recours à l'empereur Valentinien et au pape Libère, et qu'il valait mieux embrasser la foi des Occidentaux que de communiquer avec le parti d'Eudoxe. Ils envoyèrent donc Eustathe de Sébaste, Silvain de Tarse, et Théophile de Castabale en Cilicie, avec ordre de ne point disputer avec Libère sur la foi, mais de communiquer avec l'Eglise romaine et d'approuver la créance du consubstantiel. Les lettres dont ils les chargèrent s'adressaient au pape Libère et aux évêques d'Occident, comme à ceux qui, ayant conservé la foi pure depuis les apôtres, étaient plus obligés que les autres à la maintenir.

Les députés étant arrivés en Italie, n'y trouvèrent plus Valentinien et ne jugèrent pas à propos de le suivre dans les Gaules, où il était allé pour combattre les Barbares. Ils se rendirent donc directement à Rome, et présentèrent au pape Libère les lettres dont ils étaient chargés. D'abord le pape ne voulait point les recevoir, les regardant comme les ariens qui avaient aboli la foi de Nicée. Ils répondirent qu'ils étaient revenus de l'erreur, et qu'ils avaient rejeté depuis longtemps la créance des anoméens et confessé le Fils semblable au Père en toutes choses; qu'il n'y avait point de différence entre le *semblable* et le *consubstantiel*. Libère leur demanda leur confession de foi par écrit, et ils la donnèrent telle que nous l'avons encore, avec cette inscription : « Au seigneur Libère, notre frère et notre collègue, Eustathe, Silvain et Théophile, salut en notre Seigneur. »

Ils y déclarent, comme députés du concile de Lampsaque vers le pape et vers tous les évêques d'Italie et d'Occident, que l'on doit tenir inviolablement la foi du concile de Nicée; que le *consubstantiel* y a été mis saintement et religieusement contre l'erreur d'Arius; ils protestent qu'ils garderont cette foi jusqu'à leur dernier soupir. Ils condamnent Arius et sa doctrine impie, avec tous ses adhérents. Ils condamnent tous les hérétiques : les sabelliens, les patropassiens, les marcionites, les photiniens, les marcelliens et Paul de Samosate; leur doctrine et leurs adhérents ; enfin toutes les hérésies contraires à la foi de Nicée. Ils condamnent particulièrement la formule de Rimini, qui, ayant été rapportée à Constantinople, de Nicée en Thrace, fut souscrite par ceux que l'on avait séduits à force de ruses et de parjures. « Or notre foi, disent-ils, et celle des évêques dont nous sommes députés, est telle : Nous croyons en un seul Dieu, » et le reste du Symbole de Nicée, auquel ils mettent leurs souscriptions, en ajoutant : « Si quelqu'un, après cette exposition de foi, veut intenter contre nous ou contre ceux qui nous ont envoyés, quelque accusation, qu'il vienne avec des lettres de Votre Sainteté devant les évêques orthodoxes que vous aurez approuvés; qu'il soit jugé avec nous, et que celui qui sera convaincu soit puni. » L'original de cette déclaration demeura en dépôt à Rome.

Le pape Libère, ayant ainsi pris ses sûretés avec les députés des Orientaux, les reçut à sa communion et les renvoya avec une lettre conçue en ces termes :

« A nos bien-aimés frères et collègues Evehius, Cyrille, etc., et à tous les évêques orthodoxes d'Orient, Libère, évêque d'Italie, et les évêques d'Occident, salut éternel en Notre Seigneur. La joie tant désirée de la paix et de la concorde, bien-aimés frères, vos lettres, qui resplendissent des lumières de la foi et qui nous ont été rendues par nos vénérables frères les évêques Eustathe, Silvain et Théophile, nous l'ont apportée, surtout en nous assurant et en nous donnant des preuves que vous étiez dans une entière conformité de sentiments avec notre petitesse et avec tous les évêques d'Italie et d'Occident. Nous reconnaissons que c'est la foi catholique et apostolique qui est demeurée entière et inébranlable jusqu'au concile de Nicée. Vos députés en ont fait profession et l'ont exposée avec joie, non-seulement de vive voix, mais encore par écrit, dissipant par là jusqu'à l'ombre des mauvais soupçons qu'on aurait pu concevoir. Et afin de ne laisser aucune occasion aux hérétiques d'allumer de nouveau, selon leur coutume, le feu des contestations et des disputes, nous avons cru devoir mettre à la suite de notre lettre une copie de la profession de foi de vos légats. Ils nous ont encore protesté que vous avez toujours tenu et que vous tiendrez, eux et vous, jusqu'au dernier soupir, la foi qui a été confirmée à Nicée par les 318 évêques orthodoxes, qui est parfaitement conforme à la vérité, et qui renverse toutes les troupes des hérétiques. Car ce n'est pas par l'effet du hasard, mais par la volonté divine, que ces évêques se sont assemblés, contre la doctrine insensée d'Arius, en aussi grand nombre qu'étaient les soldats d'Abraham quand il défit par la foi tant de milliers d'ennemis. Cette foi étant renfermée dans le terme de *substance* et de *consubstantiel*, est comme une forteresse invincible qui ruine et rend inutiles tous les efforts de la perfidie arienne. C'est pourquoi les ariens ont eu l'adresse d'assembler les évêques d'Occident à Rimini, dans le dessein, ou de les porter par des discours trompeurs à rejeter indirectement ce terme, qui avait été mis avec beaucoup de prudence dans la formule de foi, ou plutôt à les y obliger par la puissance séculière. Mais cet artifice ne leur a point réussi ; car presque tous ceux qui s'étaient trouvés à Rimini et qui avaient été trompés par ruses où par caresses, revenus depuis à eux-mêmes, ont anathématisé la formule qu'on y avait dressée, ont souscrit à celle de Nicée, et, communiquant avec nous, détestent avec plus d'ardeur la doctrine d'Arius et de ses disciples.

» Vos députés ayant vu des preuves de ce que nous disons, vous ont compris dans la signature par laquelle ils ont anathématisé Arius et ce qui s'est fait à Rimini de contraire à la foi de Nicée, à quoi vous aviez souscrit vous-mêmes, y étant induits par des parjures. C'est ce qui nous a engagés d'écrire à votre charité, et de vous accorder vos justes demandes, puisque vous avez reconnu par la profession de foi de ceux que vous nous avez envoyés, que les évêques d'Orient sont revenus à la saine doctrine, et sont d'accord avec les orthodoxes de l'Occident. Nous vous donnons également avis que ceux qui, par surprise, avaient paru approuver les blasphèmes de Rimini, les ont anathématisés depuis, et ont embrassé unanimement la foi de Nicée. Vous devez en informer vous-mêmes tous les autres, afin que ceux qui, par violence ou par artifice, ont souffert quelque affaiblissement dans leur foi, puissent passer des ténèbres de l'hérésie à la lumière de la vérité catholique. Que si, après la célébration de ce concile, ils ne rejettent pas le poison de la doctrine corrompue, en condamnant tous les blasphèmes d'Arius, qu'ils sachent qu'ils ne seront point admis à la communion de l'Eglise, qui ne reçoit pas des enfants nés d'adultère, mais qu'ils en seront retranchés avec Arius et ses disciples, avec les sabelliens, les patropassiens et autres pestes de cette nature. » Telle fut la réponse du Pape aux évêques d'Orient (Soc., l. 4, c. 12; Soz., l. 6, c. 11).

On pourrait être surpris que Libère n'ait pas obligé Eustathe ni les autres évêques qui l'avaient envoyé à renoncer à leurs erreurs contre la divinité du Saint-Esprit. Il n'en est pas même question dans sa lettre aux Orientaux. Mais peut-être ces évêques ne s'étaient-ils pas encore expliqués sur cet article, ou ignorait-on en Occident qu'ils niassent ce dogme. Ce qu'il y a de certain, c'est que le Pape ayant, dans la suite, été informé que quelques-uns d'entre les Orientaux révoquaient en doute que le Saint-Esprit fût de même substance que le Père et le Fils, il écrivit aux Eglises d'Orient qu'elles devaient reconnaître, avec les évêques d'Occident, que les trois personnes de la Trinité n'ont qu'une même substance, et qu'elles sont égales en dignité. « La question ayant été terminée de la sorte *par le jugement de l'Eglise romaine*, ce sont les paroles d'un historien grec, on n'en parla plus, et tout le monde se tint en repos. » Sozomène, car c'est lui qui rapporte ce fait, ne dit pas sous quel Pape cela était arrivé. Mais comme il parle aussitôt après de la mort du pape Libère, rien n'empêche de dire que ce fut lui qui décida la question touchant la divinité du Saint-Esprit (*Ibid.*, c. 22; Coustant, *Epist. Rom. Pont.*).

Eustathe et les autres députés des Orientaux étant partis de Rome avec la lettre du pape Libère, s'en allèrent en Sicile et y firent assembler un concile des évêques du pays, devant lesquels ils approuvèrent la foi de Nicée et le terme de *consubstantiel*, comme ils avaient fait à Rome; et les évêques de Sicile leur donnèrent des lettres conformes à celles de Libère. Eustathe en particulier se rendit en Illyrie, et ce fut lui apparemment qui fit revenir du pur arianisme Germinius, évêque de Sirmium; car nous avons une profession de foi où il déclare qu'il croit le Fils de Dieu semblable au Père en divinité, en puissance, en gloire, en sagesse, en tout. Les autres évêques ariens d'Illyrie, dont les principaux étaient Valens, Ursace et Pallade, furent alarmés de cette rétractation de Germinius, et lui en écrivirent plusieurs lettres. Mais Germinius persista à soutenir le Fils semblable au Père en tout, hormis l'innascibilité (Soc., l. 4, c. 12; Theod., l. 4, c. 9).

De retour en Orient, les mêmes députés trouvèrent un concile assemblé à Tyane, où étaient Eusèbe de Césarée en Cappadoce, le saint vieillard Grégoire de Nazianze, et plusieurs autres qui avaient assisté au concile d'Antioche sous Jovien, en 363, où fut établie la foi du consubstantiel. On lut les lettres du pape Libère ainsi que celles des autres évêques d'Occident : tout le monde en ressentit une grande joie. Cette joie dut être surtout bien sensible pour le vieil évêque de Nazianze; car lui-même avait eu la faiblesse de souscrire à la formule de Rimini, et les moines de son église, suivis de la portion la plus recommandable du peuple, s'étaient séparés de sa communion. La réconciliation générale, opérée par les lettres du Pape, fournit le moyen à Grégoire le fils de réconcilier peu après, à Nazianze, le pasteur et le troupeau. Saint Basile dit encore qu'Eustathe avait apporté du bienheureux évêque Libère, une lettre qui le rétablissait sur son siège de Sébaste, et, qu'ayant montré cette lettre au concile de Tyane, il fut rétabli sur son siège (Basil., *Epist.* 263, n. 3, édit. Bénéd.). Nouvelle preuve de l'autorité suprême que le pontife romain exerçait dès lors, même en Orient, sur l'institution, la déposition et le rétablissement des évêques.

Après avoir ainsi confirmé ses frères dans la vraie foi, pacifié les Eglises et en Occident et en Orient, le pape Libère mourut le 24 septembre 366, réclamé de son vivant, par les Orientaux, comme le chef de ceux dont la foi avait toujours été pure; appelé depuis sa mort, par les saints Basile, Epiphane, Sirice, Ambroise, pontife de bienheureuse, de sainte, de vénérable mémoire; honoré comme saint dans les anciens Martyrologes latins, grecs et cophtes. En vérité, quand on considère tout cela, il est difficile de croire à sa chute, et l'on ne conçoit pas trop pourquoi le Martyrologe romain n'en fait pas la fête, comme les Martyrologes plus anciens. Libère avait tenu le Saint-Siège quatorze ans et quelques mois. Parmi les monuments de Rome, il fonda et dédia l'église de Sainte-Marie-Majeure, appelée aussi quelquefois *Basilique de Libère*.

A la place du Pape défunt, on élut Damase, Espagnol d'origine, mais né à Rome, où son père, nommé Antoine, avait été successivement écrivain, lecteur, diacre, et enfin prêtre du titre de Saint-Laurent. Damase servit de la même église. Lorsque Libère fut banni en 355, il était déjà diacre de l'Eglise romaine, et s'engagea, dit-on, par un serment solennel, avec le reste du clergé de Rome, à ne recevoir jamais d'autre Pape du vivant de Libère, qu'il accompagna même quelque temps à Bérée, dans son exil. Il avait plus de 60 ans quand il fut élu par le jugement de Dieu, suivant le témoignage de saint Ambroise (*Epist.* 17 *ad Valent.*, n. 10). Ses mœurs étaient si pures, que saint Jérôme l'appelle, après sa mort, Damase de sainte mémoire, vierge et docteur de l'Eglise vierge (Hier., *Epist.* 30 *ad Pam.*). Il fut ordonné dans la basilique de Lucine, autrement de Saint-Laurent, qui était son titre.

Peu de temps après, Ursin, aussi diacre de l'Eglise romaine, ne pouvant souffrir que Damase lui eût été préféré, assembla une troupe de gens séditieux dans une autre basilique, et persuada à Paul, évêque de Tibur, homme grossier et ignorant, de l'ordonner évêque, contre la règle de la tradition générale, qui voulait trois évêques pour en ordonner un, et contre l'ancienne coutume de l'Eglise romaine, dont l'évêque devait être ordonné par celui d'Ostie. Le peuple prit parti dans ce schisme et en vint à la sédition. Juventius, préfet de Rome, et Julien, préfet des vivres, envoyèrent en exil Ursin, avec les diacres Amantius et Loup, ses principaux fauteurs;

il y eut aussi sept prêtres arrêtés et chassés de la ville. Mais le peuple du parti d'Ursin les arracha aux officiers qui les emmenaient et les conduisit aussitôt à la basilique de Libère, autrement de Sicine, où Ursin avait été ordonné. Le peuple du parti de Damase s'assembla avec des épées et des bâtons et assiégea la basilique. Il y eut un si grand combat, que l'on trouva les corps de cent trente-sept personnes tuées, de l'un et l'autre sexe. L'avantage resta au parti de Damase. Le préfet Juventius ne pouvant apaiser la sédition, se retira dans une maison de campagne.

« Quand je considère la splendeur de Rome, dit à ce propos Ammien Marcellin, je ne nie pas que ceux qui désirent cette place ne doivent faire tous leurs efforts pour y arriver; car, parvenus là, ils sont sûrs de s'enrichir des offrandes des dames, de paraître en public assis sur des chars, vêtus avec magnificence, et de faire de si splendides festins, que leurs tables surpassent celles des rois. Ils pourraient être vraiment heureux, si, sans avoir égard à la grandeur de la ville, prétexte dont ils couvrent ces excès, ils suivaient l'exemple de quelques évêques de province, que l'abstinence et la frugalité de leurs repas, leurs habits grossiers et pauvres, leurs yeux toujours baissés vers la terre, la pureté de leurs mœurs et la modestie de toute leur conduite rendent agréables au Dieu éternel, et vénérables à tous ses vrais serviteurs (Amm., l. 27, n. 3). » Sans doute l'auteur païen amplifie plus ou moins les choses : c'est un peu sa manière; de plus, il voyait peut-être avec chagrin les idoles et les prêtres du paganisme tomber de plus en plus dans le mépris. Toutefois, on peut conclure de ses paroles, que les saints pontifes du IVe siècle, les Silvestre, les Jules, les Libère, les Damase, n'ont pas jugé messéant au successeur du pêcheur, au disciple de la croix, un état de maison honnête ou plutôt magnifique. Outre le témoignage d'Ammien, nous en avons encore une preuve dans ce que saint Jérôme rapporte de Prétextat, personnage célèbre dans l'histoire de ces temps par les charges qu'il occupa dans l'empire, et qui mourut désigné consul. Il avait coutume de dire à Damase, en riant : Faites-moi évêque de Rome, et je me ferai chrétien (Hier., *Epist.* 61 *ad Pam.*). Ce qui montre que d'être évêque de Rome, était dès lors, aux yeux d'un païen même et selon le monde, quelque chose de plus grand et de plus illustre que toutes les dignités de l'empire romain. Au reste, la Providence ayant destiné le successeur de saint Pierre à devenir le chef de l'univers chrétien, le père des rois et des peuples, il était dans la nature des choses qu'elle en élevât, qu'elle en glorifiât graduellement le trône et devant les peuples et devant les rois.

Prétextat fut préfet de Rome après Juventius. Par sa conduite juste et sage, il contribua beaucoup, sinon à éteindre le schisme, du moins à l'assoupir quelque peu. Les schismatiques avaient si bien intrigué à la cour impériale, qui résidait toujours dans les Gaules, qu'ils avaient obtenu un rescrit de Valentinien au même Prétextat, par lequel il lui était enjoint de permettre à Ursin et à ses complices de retourner dans la ville, mais à condition que, s'ils recommençaient à troubler la paix, ils seraient punis sans rémission. Mais avec des chefs de parti, il est rare d'obtenir quelque chose par la clémence. Quoique nous n'ayons pas une connaissance distincte de leurs nouveaux attentats contre saint Damase, nous savons toutefois, en général, qu'il fut en grand péril d'être pris dans leurs pièges. Probablement, le préfet ou le prince se laissèrent tellement circonvenir par leurs intrigues et leurs calomnies, qu'ils étaient disposés à regarder Damase comme l'auteur des désordres passés et du schisme. Quoi qu'il en soit, Ammien, parlant de l'administration de Prétextat, dit à sa louange qu'ayant connu la vérité, il apaisa le tumulte que les querelles des chrétiens avaient excité, et, qu'en ayant chassé Ursin, il rétablit dans Rome la tranquillité publique (Amm., l. 27, n. 9). Ce jugement trop peu remarqué d'un auteur et d'un magistrat païens, confirmé d'ailleurs par le témoignage de saint Jérôme et de saint Ambroise, et par le jugement des conciles de Rome et d'Aquilée, prouve à lui seul que la cause de tout le mal était l'usurpateur Ursin. Saint Jérôme attribue la gloire d'avoir délivré le pontife légitime des trames des schismatiques, à Evagre, depuis évêque d'Antioche et successeur de Paulin. Venu à la cour pour une autre affaire, il obtint de Valentinien un ordre à Prétextat de chasser de nouveau de Rome Ursin et les autres chefs de la faction; ils furent relégués en divers lieux, et l'antipape dans les Gaules.

Evagre était venu d'Orient en Italie avec le grand Eusèbe de Verceil. Pendant qu'il demeurait en cette dernière ville, le gouverneur de Ligurie vint y faire sa visite. On lui présenta un jeune homme et une femme accusés d'adultère. Ils furent appliqués tous deux à la torture. Le jeune homme, préférant une prompte mort à de longs supplices, se déclara coupable. La femme, au contraire, et dans une première question et dans une seconde beaucoup plus rude que la première, protesta toujours qu'elle était innocente, appelant Jésus-Christ à son secours, comme le témoin de son innocence. Le gouverneur la condamna toutefois à la mort, avec son adultère prétendu, qui eut aussitôt la tête tranchée. Mais quand on voulut exécuter la femme, on la frappa jusqu'à quatre fois sans qu'on pût lui faire aucune plaie considérable, et même à la quatrième, l'épée qu'on voulait lui enfoncer dans la gorge se replia enfin contre la garde. Le peuple s'émut à ce miracle, chassa le bourreau et voulut sauver la femme. Mais celui qui était chargé de l'exécution ayant représenté qu'il allait de sa vie si on la sauvait, on la ramène au lieu du supplice, où on lui donne encore trois coups, et, au troisième, elle tombe comme morte. Les ecclésiastiques chargés de ce soin l'emportent pour l'ensevelir et font une fosse pour l'enterrer. Mais dans l'intervalle, on s'aperçut qu'elle revenait; on la fit panser en cachette, et enfin elle guérit. La justice en ayant eu connaissance, fut assez injuste pour vouloir la poursuivre encore. Alors le prêtre Evagre alla trouver l'empereur, et, par ses pressantes sollicitations, en obtint à grande peine la vie et la liberté de cette femme. Saint Jérôme, ami d'Evagre, écrivit dans le temps même cette merveilleuse histoire à un de leurs amis (Hier., *Epist.* 17 *ad Innoc.*).

On voit dans ce fait une preuve de la sévérité excessive avec laquelle, soit Valentinien, soit ses ministres, exerçaient la justice. Ammien en cite plusieurs autres traits qui font horreur. La même année 367, Valentinien fit brûler vif, pour des fautes légères, Dioclès, ancien trésorier général de l'Illyrie. Peu après, un certain Diodore, qui avait été agent du prince, étant en procès avec un comte, le fit assigner à comparaître devant le vicaire d'Italie. Le comte partit pour la cour et se plaignit de cette audace. Aussitôt l'empereur, sans autre examen, condamna à la mort et Diodore et trois sergents qui s'étaient chargés de la signification. L'arrêt fut exécuté à Milan. Les chrétiens honorèrent leur mémoire, et le lieu où ils furent enterrés fut appelé *la Sépulture des innocents*. Quelque temps après, un Pannonien nommé Maxentius, qui était apparemment en faveur auprès du prince, fut condamné dans une affaire dans laquelle trois villes étaient intéressées. Le juge chargea les décurions de ces villes d'exécuter la sentence. Valentinien l'ayant appris, entra dans une violente colère; il ordonna qu'on fît mourir les décurions, et rien ne les aurait sauvés sans la noble hardiesse du questeur Eupraxius : « Arrêtez, prince, lui dit-il, écoutez un moment votre bonté naturelle, songez que les chrétiens honorent en qualité de martyrs ceux que vous condamnez à mort comme criminels. » Voilà comme le christianisme humanisait dès lors l'opinion publique (Am., l. 28, n. 5).

Une autre tache dans la mémoire de Valentinien et des Romains de son temps, c'est la perfidie, le manque de parole. Ainsi, en 367, n'ayant pu vaincre par les armes le roi d'une nation allemande, nommé Vithicabe, ils le firent assassiner par un de ses domestiques, qui se réfugia ensuite et trouva la sécurité sur les terres de l'empire (*Ibid.*, n. 10). Ainsi en 371, après avoir juré à un corps de Saxons de les laisser retourner tranquillement dans leur patrie, ils leur dressèrent des embûches et les égorgèrent en route. Et ce qui caractérise la morale païenne, l'honnête Ammien, tout en confessant que c'était une perfidie atroce, s'en fait cependant l'apologiste (*Ibid.*, l. 28, n. 5).

Valentinien fit encore, en l'année 367, une chose contraire aux lois de l'Eglise, mais qui ne l'était pas aux lois humaines. Il répudia Sévéra, sa première femme et mère de Gratien, pour épouser Justine, veuve de Magnence. Le 24 août de la même année, Gratien, qui n'avait encore que huit à neuf ans, avait été déclaré empereur par son père, qui relevait d'une maladie dangereuse, et qui, par cette nomination, voulait prévenir les dangers de l'empire.

En Orient, Valens, dominé par sa femme, qui était arienne, se fit baptiser par Eudoxe de Constantinople, chef des ariens, qui, au milieu de la cérémonie, lui fit promettre avec serment de rester toujours attaché à sa doctrine et de poursuivre partout ceux du sentiment contraire. Valens marchait contre les Goths. Après deux ans de guerre, il les réduisit à demander ou plutôt à accepter la paix en 369.

Ce fut apparemment du temps de cette expédition qu'il vint à Tomi, grande ville et capitale de la Scythie romaine, vers l'embouchure du Danube. L'évêque des Scythes y résidait. Car quoiqu'ils eussent quantité de villes, de châteaux et de bourgades, leur ancienne coutume était de n'avoir qu'un évêque pour toute la nation ; c'était alors Vétranion, catholique très-zélé. Valens étant donc arrivé à Tomi, vint à l'église et voulut, à son ordinaire, persuader à l'évêque de communiquer avec les ariens. Mais Vétranion lui résista courageusement, se déclara défenseur de la foi de Nicée, et le quitta pour passer dans une autre église. Il y fut suivi de son peuple, c'est-à-dire de presque toute la ville, qui s'était assemblée pour voir l'empereur, s'attendant aussi à quelque événement extraordinaire. L'empereur se voyant abandonné seul avec sa suite, fut piqué de cet affront. Il fit arrêter Vétranion et l'envoya en exil ; mais il le rappela peu après, craignant d'irriter les Scythes, peuples braves et nécessaires aux Romains pour la conservation de cette frontière (Sozom., l. 6, c. 21 ; Theod., l. 4, c. 35).

Au commencement de 370, Valens était à Nicomédie, se rendant à Antioche, quand il apprit la mort d'Eudoxe, évêque arien de Constantinople. Les ariens mirent à sa place Démophile, évêque de Bérée en Thrace. Les catholiques profitèrent de l'occasion pour élire et faire ordonner saint Evagre, qu'on ne connaît pas d'ailleurs. Mais Valens l'envoya aussitôt en exil et approuva l'élection de l'arien Démophile. Devenus plus insolents par la protection de l'empereur, les ariens persécutèrent plus que jamais les catholiques et firent plusieurs martyrs. Pour se plaindre de ces violences, les catholiques envoyèrent à l'empereur une députation de quatre-vingts ecclésiastiques. Quand ils lui présentèrent leur requête, il dissimula sa colère, mais donna ordre à Modeste, préfet du prétoire, de les arrêter et de les faire mourir.

Ce Modeste, au temps de Constance, avait été comte d'Orient, et, en 359, sur l'ordre de l'empereur, avait fait des enquêtes odieuses concernant un prétendu crime de haute trahison : c'était, dit Ammien, un homme très-propre à des affaires de cette nature (Amm., l. 19, n. 12). Sous Julien il avait sacrifié aux idoles, et devint préfet de Constantinople. Il flattait Valens par un zèle hypocrite pour la doctrine d'Arius, et venait d'être nommé préfet du prétoire.

Modeste craignit que l'exécution publique de quatre-vingts personnes innocentes et vénérables n'excitât du bruit, peut-être même une sédition dans la populeuse Nicomédie. Il eut recours à la ruse. Les ayant fait venir en sa présence, il leur annonça, au nom de l'empereur, qu'ils étaient exilés. Ils s'y soumirent avec joie, comme de généreux confesseurs. On les embarqua dans un navire, comme pour les mener en exil. Mais au milieu du golfe, au fond duquel se trouvait Nicomédie, les mariniers, d'après les ordres secrets de Modeste, mirent le feu au navire et se sauvèrent dans la chaloupe. En proie aux vents et aux flammes, le navire fut poussé vers une ville de Bithynie, devant laquelle il acheva de se consumer avec ses quatre-vingts martyrs (Soc., l. 4, c. 16 ; Sozom., l. 6, c. 14).

Par cet échantillon, on peut juger de ce que Valens et les évêques ariens qui l'accompagnaient toujours firent ensuite en Galatie. Ils espéraient en faire de même en Cappadoce, surtout à cause du différend survenu quelques années auparavant entre Eusèbe de Césarée et saint Basile, par suite duquel ce dernier s'était retiré dans sa solitude du Pont. Mais à la vue du péril de la foi, son ami Grégoire l'avait ramené en Cappadoce. Valens, passant à Césarée, fit tous ses efforts pour le gagner. Il le menaça, il le flatta, lui promettant sa faveur et même le gouvernement de l'Eglise. Saint Basile, au contraire, l'exhorta, lui et ceux qui l'accompagnaient, à se reconnaître, à faire pénitence et à cesser de persécuter les serviteurs de Dieu, contre lesquels leurs efforts étaient inutiles. Loin de conserver quelque ressentiment contre l'évêque Eusèbe, il s'unit avec lui pour combattre les ennemis communs. Il fit cesser tout scandale et toute division entre les catholiques; enfin il agit si puissamment, que l'empereur et ses évêques ariens furent obligés de s'en aller sans rien faire. Son ami, Grégoire de Nazianze, n'eut pas peu de part à cette victoire.

En cette même année 370, il y eut une famine extraordinaire. Saint Basile eut la gloire, non-seulement de servir les pauvres de ses propres mains, mais encore d'ouvrir par son éloquence les cœurs et les greniers des riches. Il perdit, vers le même temps, deux de ses amis, Musonius, évêque de Néocésarée dans le Pont, et Athanase d'Ancyre en Phrygie, desquels il fait le plus grand éloge. Une perte encore plus sensible à son cœur, fut celle de sa mère, sainte Emmélie. Elle mourut fort âgée, dans le monastère où elle s'était retirée avec sainte Macrine, sa fille. Elle n'avait alors auprès d'elle que deux de ses enfants, sainte Macrine, l'aînée de tous, et saint Pierre, depuis évêque de Sébaste, le dixième et le dernier. Comme ils étaient des deux côtés de son lit, elle les prit chacun d'une de ses mains, et dit : « Seigneur, je vous offre, suivant votre loi, les prémices et la dîme de mes couches. » Elle fut enterrée avec son époux, dans l'église des Quarante-Martyrs, à un quart de lieue du monastère (Voir la *Vie de S. Basile*, t. III de ses œuvres; *Acta Sanct.*, 14 *junii*; Dom Ceillier, Tillemont, etc.).

Saint Grégoire de Nazianze perdit de son côté Césaire, son frère, et Gorgonie, sa sœur, que l'Eglise compte pareillement entre les saints. Césaire avait été glorieusement rappelé à la cour par Jovien, et Valens l'avait fait questeur ou trésorier de la Bithynie, où il demeurait. Saint Grégoire, bien loin de s'en réjouir, était affligé de le voir embarrassé d'affaires temporelles, et l'exhortait à s'en dégager. Il fut déterminé par le tremblement de terre qui acheva de renverser la ville de Nicée, le 11 octobre 368. Césaire fut presque le seul homme de marque qui s'en sauva; mais il perdit une partie de son bien et demeura enveloppé sous les ruines, d'où il se retira comme par miracle avec de légères blessures. Il résolut donc de se donner entièrement à Dieu; mais il mourut peu de temps après, ayant auparavant reçu le baptême, et laissa ses biens aux pauvres, n'ayant ni femme ni enfants. Saint Grégoire fit son oraison funèbre, en présence de son père et de sa mère. Sainte Gorgonie, leur sœur, mourut aussi quelque temps après, et saint Grégoire lui fit aussi une oraison funèbre où, dépeignant ses vertus, il donne le modèle de la perfection chrétienne dans les femmes mariées. Cependant elle ne fut baptisée que vers la fin de sa vie; mais, avant que de mourir, elle eut la consolation de voir son mari, ses fils et ses petits-fils recevoir la même grâce.

Eusèbe, évêque de Césarée en Cappadoce, mourut aussi, peu après que son église eut été attaquée par Valens. Il avait combattu généreusement en cette persécution et en celle de Julien. Aussi se trouve-t-il au nombre des saints dans quelques Martyrologes, quoique mal à propos confondu avec Eusèbe de Césarée en Palestine. A sa mort, l'Eglise de Césarée en Cappadoce se trouva exposée aux mêmes troubles qu'à son élection. La foi catholique qu'elle avait toujours conservée, et l'union qui y avait toujours régné excitaient l'envie des hérétiques. C'était un des plus grands siéges de l'Orient; métropole de toute la Cappadoce, sa juridiction s'étendait encore sur toute l'Arménie, et son archevêque en confirmait le patriarche. Le clergé de Césarée écrivit selon la coutume aux évêques de la province, et ils vinrent pour procéder à l'élection.

On y vit le patriarche d'Arménie, saint Nersès; on y vit saint Eusèbe de Samosate, quoique ce dernier ne fût pas de la province : le vieux Grégoire de Nazianze, qui était malade en son lit, l'avait prié de s'y trouver pour s'opposer aux entreprises des hérétiques. Le saint vieillard, ne pouvant y aller lui-même, avait écrit au clergé, aux moines, aux magistrats, au sénat et au peuple de Césarée, pour donner son suffrage à saint Basile, comme au plus digne et au plus capable. Mais apprenant qu'il manquait une voix pour rendre son élection canonique, il se fit porter à Césarée, malgré son grand âge et sa maladie, s'estimant heureux d'achever sa vie par une si bonne œuvre. Saint Basile fut donc élu et ordonné canoniquement évêque de Césarée en Cappadoce.

Le nouvel archevêque était en relation d'amitié et de lettres avec les plus grands personnages de son temps, soit dans l'Etat, soit dans l'Eglise. Il y a de ses lettres aux généraux et comtes Trajan, Victor, Arinthée, Jovin, Térence. Ce dernier commandait l'armée romaine en Arménie et lui demandait des évêques pour ce pays. Les filles du comte Térence étaient diaconesses dans l'église de Samosate : saint Basile leur écrivit, en particulier, pour les féliciter de leur constance à professer la foi pure de la sainte Trinité, et les y affermir de plus en plus.

Mais les grands amis de saint Basile étaient les grands personnages de l'Eglise. A leur tête était saint Athanase. Dès 367, Valens avait ordonné, sous de grandes peines, à tous les gouverneurs de provinces de chasser des églises les évêques déposés sous Constance, qui avaient repris leurs siéges sous Julien. En vertu de cet ordre, les officiers qui commandaient en Egypte voulurent ôter les églises au saint évêque d'Alexandrie, et le chasser de la ville. Les chrétiens, s'étant assemblés, prièrent le préfet de ne pas chasser légèrement leur évêque, et de bien examiner les termes de l'ordonnance. L'empereur veut, disaient-ils, que l'on chasse seulement ceux qui sont revenus sous Julien, après avoir été chassés sous Constance. Athanase a véritablement été chassé sous Constance, mais il a été rappelé par Constance même. Julien, qui a rappelé tous les autres, l'a persécuté lui seul, et c'est Jovien qui l'a rappelé. Le préfet ne se rendit point à ces raisons; mais le peuple fidèle continuait de lui résister et d'empêcher qu'il ne fît violence à son évêque. Voyant donc le peuple s'amasser de toutes parts, la ville pleine de tumulte et la sédition prête à éclater, il en avertit l'empereur, et laissa cependant saint Athanase à Alexandrie.

Plusieurs jours après, comme l'émeute paraissait calmée, saint Athanase sortit secrètement le soir et se cacha dans une maison de campagne. C'était fort à propos; car, la nuit même, le préfet d'Egypte et le commandant des troupes se saisirent de l'église où le saint évêque demeurait ordinairement : ils croyaient que le peuple ne pensait plus à s'émouvoir, et, d'ailleurs, c'était l'heure où tout le monde dormait. Ils cherchèrent dans tous les coins et se retirèrent fort étonnés de ne le trouver pas. Il était caché à la campagne dans le sépulcre de son père. En Egypte, les sépulcres étaient des édifices assez considérables pour offrir des logements. Il n'y demeura que quatre mois; car Valens ordonna de le rappeler, soit qu'il craignît pour le repos d'Alexandrie, soit pour d'autres raisons (Soc., l. 4, c. 13).

La Libye avait alors pour gouverneur un homme de mœurs brutales, livré à la cruauté et à la débauche. Saint Athanase prononça contre lui l'excommunication, et en écrivit aux autres évêques, particulièrement à saint Basile, afin que tout le monde évitât de communiquer avec lui. Saint Basile lui fit réponse qu'il avait publié l'excommunication dans son église, que ce malheureux serait l'exécration de tous les fidèles, et que personne n'aurait de communication avec lui, ni de feu, ni d'eau, ni de couvert. Il ajoute qu'il a notifié cette condamnation à tous les domestiques, les amis et les hôtes du gouverneur; car il était de Cappadoce. On voit ici quelles étaient dès lors les suites de l'excommunication, même pour le commerce de la vie civile (Basil., *Epist.* 61, édit. Bénéd.).

Quelques années après, une fille ayant été enlevée dans une paroisse de Cappadoce, le prêtre de la paroisse montra peu de zèle pour punir ce scandale. Saint Basile lui écrivit en ces termes : « Je vois avec douleur que vous n'êtes pas indigné du mal qui se fait, et que vous êtes incapable de sentir que ce rapt, cet outrage fait à des personnes, est un attentat, une tyrannie contre l'humanité. Car je sais que, si vous étiez tous d'accord, rien ne vous empêcherait de bannir de notre patrie cette exécrable coutume. Prenez donc pour ceci le zèle du chrétien, et agitez-vous autant que le mérite ce crime. Partout où vous trouverez la fille, emmenez-la d'autorité et de force, et rendez-la à ses parents. Pour le ravisseur, retranchez-le de la prière et dénoncez-le excommunié. Retranchez également de la prière, pour trois ans, les complices du crime, avec toutes leurs familles. Quant à la bourgade qui a reçu et gardé la personne enlevée, et même combattu pour ne pas la rendre, retranchez-la tout entière des prières de l'Église, afin que tous apprennent à poursuivre le ravisseur comme un serpent, comme une bête féroce, comme un ennemi commun, et à secourir ceux que l'on opprime (Basil., *Epist.* 270). »

Voilà comme ces grands évêques formaient l'esprit public sur le leur; esprit de charité et de compassion pour le faible et l'opprimé, esprit de force et de courage contre l'oppresseur. Nous verrons cet esprit de l'Église prévaloir en Occident, civiliser les Barbares et devenir à la longue l'esprit général de l'Europe chrétienne. Il n'eu sera pas de même en Orient. Là prévaudra l'esprit grec, esprit de division et de chicane. Pas une hérésie n'y finira qui n'en laisse après elle deux ou trois autres. En Occident, l'empereur Constance avait eu beau employer toutes les violences et toutes les ruses pour y implanter l'arianisme, ses manœuvres à Rimini et ailleurs furent vaines. Peu après, tous les évêques, hormis deux ou trois, se trouvaient unis comme auparavant dans la profession de l'ancienne foi. La cause en était, et à quelque chose de plus franc dans le caractère occidental, et à l'action plus immédiate du centre de l'unité. Ce que l'empereur Constance avait désuni, le pape Libère le réunissait : Damase continuait l'ouvrage de Libère.

Pour éteindre le schisme d'Ursin, saint Damase s'était adressé à la terre et au ciel. Les schismatiques, quoiqu'ils n'eussent plus de clercs à leur tête, ne laissaient pas de tenir des assemblées dans les cimetières, et avaient même une église. A la requête du défenseur de l'Eglise romaine, Valentinien la leur fit ôter et la remit au Pape. Pour le retour du clergé schismatique, saint Damase fit des vœux aux saints martyrs; et, l'ayant obtenu depuis, il s'en acquitta par des vers en leur honneur(*Damasi carm.*, *Biblioth. Patr.*, t. IV, VIII et XXVII).

Dès les premiers temps de son pontificat, il assembla un concile à Rome, où furent nommément condamnés Ursace et Valens, les deux chefs du peu d'ariens qu'il y avait en Occident. On n'y parla point d'Auxence, peut-être parce que peu auparavant il avait été réduit à faire une profession de foi catholique, peut-être aussi parce qu'on voulait ménager l'empereur Valentinien, qui, par suite de cette démarche, était entré dans sa communion. Saint Athanase ayant été informé par le Pape de ce qui venait de se faire, assembla les évêques d'Egypte et de Libye, au nombre d'environ quatre-vingt-dix, et lui écrivit au nom de tous, par rapport à Auxence, s'étonnant qu'il n'eût point encore été déposé et chassé de l'Eglise, puisqu'il était non-seulement arien, mais encore coupable de plusieurs maux qu'il avait commis avec Grégoire, usurpateur du siége d'Alexandrie. Les évêques d'Egypte eurent satisfaction quelque temps après; car les évêques de Gaule et de Vénétie s'étant plaints qu'Auxence et quelques autres soutenaient la doctrine des anoméens, l'empereur même donna un rescrit pour assembler un concile à Rome, afin d'examiner la cause d'Auxence. Il s'y trouva 93 évêques de différentes nations. Auxence et ses adhérents y furent excommuniés. On confirma la loi de Nicée, et on déclara nul tout ce qui s'était fait de contraire à Rimini (Coust., *Epist. Rom. Pont.*, p. 487).

Dans la lettre que le Pape en écrivit avec le concile aux évêques catholiques d'Orient, il est dit que ce qui avait été fait à Rimini a été corrigé dès le commencement par ceux mêmes dont on y avait violenté les suffrages; qu'ils ont avoué qu'on les avait surpris par une expression nouvelle, et qu'ils n'avaient pas compris qu'elle fût contraire à la définition de Nicée. « Au reste, ajoute la lettre, le nombre de ceux qui étaient à Rimini ne peut former aucun préjugé, puisqu'il est constant que l'évêque de Rome, dont il fallait avant tout attendre la sentence (1) n'y a point donné son consentement, non plus que Vincent, qui a conservé pendant tant d'années la pureté du sacerdoce, ni les autres semblables; vu principalement, comme nous avons dit, que ceux mêmes qui avaient paru céder à la ruse, s'étant ra-

---

(1) En grec, c'est le même mot que Fleury vient de traduire par *définition*).

visés, ont protesté en avoir du déplaisir (*Conc.*, t. II; Coustant, *Ep. Rom. Pont.*).

Les évêques d'Illyrie reçurent une lettre pareille, qui à la fin les exhortait à déclarer la sincérité de leur foi. Ils tinrent en effet un concile, et firent un décret avec une confession de foi conforme à celle de Nicée, où ils disent : « Nous croyons comme les conciles tenus à Rome et dans les Gaules, une seule et même substance du Père, et du Fils, et du Saint-Esprit en trois personnes, c'est-à-dire en trois hypostases parfaites. » Ils envoyèrent ce décret aux évêques d'Asie et de Phrygie, à qui ils recommandèrent de s'informer s'il était vrai que, dans toute l'Asie, l'on enseignât que le Saint-Esprit est séparé du Père et du Fils. Ils leur recommandèrent aussi la discipline des ordinations ; de tirer les évêques du corps des prêtres, les prêtres et les diacres du corps du clergé, et non du conseil des villes ou des charges militaires. Enfin ils mettent les noms de six évêques ariens qu'ils avaient déposés. Valentinien avait en particulier ordonné ce concile, pour en employer les décrets à pacifier les troubles de l'Orient. Ce fut lui-même qui les envoya aux évêques d'Asie et de Phrygie, avec un rescrit en son nom, ainsi qu'au nom de Valens et de Gratien, où il les exhorte à confesser, avec le concile d'Illyrie, la Trinité consubstantielle du Père et du Fils et du Saint-Esprit, et à ne pas abuser de l'autorité de l'empereur, c'est-à-dire de son frère Valens, pour persécuter les serviteurs de Dieu (Theod., l. 4, c. 7, 8 et 9).

Du même concile d'Alexandrie d'où saint Athanase écrivit au pape saint Damase, il écrivit aussi aux évêques d'Afrique, c'est-à-dire de la province de Carthage, pour les fortifier contre ceux qui, sous prétexte de l'obscurité du mot *consubstantiel*, voulaient faire valoir le concile de Rimini, au préjudice du concile de Nicée. C'est pourquoi il fait voir que le concile de Rimini, tant qu'il a été libre, autrement, tant qu'il a été concile, n'a rien voulu ajouter à celui de Nicée, qu'il a même excommunié Ursace, Valens, Eudoxe et Auxence ; mais il s'applique particulièrement à relever l'autorité du concile de Nicée. Il montre que les ariens n'en ont tenu aucun qui lui soit comparable ; que celui de Nicée était composé de trois cent dix-huit évêques, assemblés de toutes les parties du monde ; que ses décrets ont été reçus partout, même chez les Indiens et chez les autres peuples barbares où se trouvent des chrétiens ; qu'il a été assemblé pour une cause légitime, savoir, pour la condamnation de l'hérésie arienne et pour fixer le jour de la Pâque ; que les évêques qui le composaient étaient recommandables par leur piété ; que, conformément aux saintes Ecritures, ils avaient confessé que le Fils est de la substance du Père ; qu'il n'en est pas de même des conciles tenus par les ariens ; qu'il ne s'y est trouvé qu'un petit nombre d'évêques ; que les décrets qui y ont été faits n'ont pas même été approuvés de leurs auteurs, puisque, dans dix synodes et plus qu'ils ont tenus, ils ont changé de sentiments et de doctrine, révoquant dans les derniers ce qu'ils avaient dit dans les premiers, changeant et ajoutant selon leur caprice à ce qu'ils avaient établi. Au reste, quoique cette lettre aux Africains soit au nom de quatre-vingt-dix évêques d'Egypte et de Libye, elle est proprement de saint Athanase, et les évêques au nom desquels il parle n'étaient pas tous présents au concile, mais ils étaient si unis de sentiments, qu'ils souscrivaient les uns pour les autres (Athan., t. II). Le même usage avait lieu en Afrique, au temps de saint Cyprien. Cette lettre eut sans doute son effet ; car l'Eglise d'Afrique demeura ferme dans la foi de la Trinité, comme tout le reste de l'Occident.

L'Egypte, les deux Libyes, l'Afrique, l'Europe à peu près tout entière, si bien unies dans la foi et dans la paix, faisaient sentir d'autant plus vivement à saint Basile l'état déplorable de l'Orient, où la division régnait partout, même entre les évêques catholiques, même entre les saints, comme entre saint Mélèce et saint Paulin d'Antioche. Saint Basile n'y voyait d'autre remède que de faire intervenir les évêques d'Occident, principalement le Pape, et pour cela d'employer auprès d'eux le crédit de saint Athanase. Il lui écrivit donc dès le commencement de son épiscopat : « Il y a longtemps que je suis persuadé que la seule voie de secourir nos Eglises, est que les évêques d'Occident se déclarent pour nous. Car s'ils veulent montrer pour nous le même zèle qu'ils ont déployé chez eux, contre une ou deux personnes, peut-être avancera-t-on quelque chose. Les puissances respecteront l'autorité d'un si grand nombre d'évêques, et les peuples les suivront sans résistance. Or, pour cela, qui de plus capable que vous ? quoi de plus vénérable à tout l'Occident que l'autorité de vos cheveux blancs ? Laissez à la postérité ce monument digne de vous, très-respectable Père. Couronnez par cette seule action les combats infinis que vous avez soutenus pour la foi. Envoyez de votre sainte Eglise des hommes puissants dans la sainte doctrine vers les évêques d'Occident, pour leur exposer les maux qui nous accablent. » Il l'excite à prendre soin par lui-même de l'Eglise d'Antioche, sans attendre le secours des Occidentaux, lui représentant que la division de cette Eglise est le mal le plus pressant, et qu'elle est comme la tête, d'où la santé se communiquera à tout le corps (*Epist.* 66). Il envoya cette lettre par Dorothée, diacre de l'Eglise d'Antioche, et, à sa prière, il en joignit une seconde, pour s'expliquer plus nettement au sujet de cette Eglise et de saint Mélèce, à qui Dorothée était attaché. Saint Basile déclare donc à saint Athanase qu'il faut réunir à saint Mélèce toutes les parties de l'Eglise d'Antioche : ce sont, dit-il, les vœux de tout l'Orient, et je le souhaite en mon particulier, comme lui étant uni en toutes manières. C'est un homme irrépréhensible dans la foi, et incomparable dans les mœurs ; et l'on trouvera quelque expédient pour contenter les autres. Au reste, vous n'ignorez pas que les Occidentaux qui vous sont le plus unis, sont du même sentiment.

Il écrivit en même temps à saint Mélèce, que le meilleur parti était d'envoyer à Rome le diacre Dorothée, afin d'en obtenir des légats pour visiter l'Orient. Car les personnages les plus puissants auprès de l'empereur, ou ne voulaient pas ou ne pouvaient lui parler en faveur des évêques exilés, en sorte qu'ils regardaient comme un bonheur pour les Eglises de ce qu'il ne leur arrivait pas pis (*Epist.* 68). Il entendait probablement les généraux Térence, Arinthée, Victor et Trajan. Pour faciliter la réunion entre saint Athanase et saint Mélèce, il écrivit encore au premier, que bien des évêques, pour embrasser sa communion, attendaient qu'il leur fît des avances, comme de leur écrire. Saint Athanase répondit qu'étant à Antioche, sous Jovien, il avait fait ces avances à Mélèce, qui, mal conseillé par ses amis, avait différé d'y répondre; qu'il regrettait qu'on l'eût laissé partir alors sans communiquer avec lui, et que jusqu'à ce moment on eût manqué aux promesses qu'on avait faites; qu'après cela il voulait bien les recevoir à sa communion, mais non pas faire les avances une seconde fois. C'est ce que saint Basile mande à Mélèce lui-même (*Epist.* 89 et 258).

Cependant saint Athanase avait renvoyé le diacre Dorothée avec un de ses prêtres nommé Pierre, pour travailler à la réunion des Eglises. Saint Basile, ayant reçu par eux sa réponse, lui envoya de nouveau Dorothée, avec une lettre où, après avoir loué son application au bien de l'Eglise universelle, il ajoute ces paroles mémorables : « Il nous a paru convenable d'écrire à l'évêque de Rome, qu'il considère ce qui se passe ici ; et puisqu'il est difficile d'envoyer dorénavant des députés en commun par l'ordonnance d'un concile, de lui conseiller d'user de son autorité dans cette affaire et de choisir des hommes capables de supporter la fatigue du voyage et de parler avec douceur et fermeté à ceux d'entre nous qui ne marchent pas droit. Il faudra qu'ils apportent avec eux tous les actes de Rimini, pour casser ce qui s'y est fait par violence. Qu'ils viennent secrètement, sans bruit et par mer, avant que les ennemis de la paix s'en aperçoivent. Quelques-uns aussi désirent, et nous le croyons nécessaire, qu'ils condamnent l'hérésie de Marcel. Car jusqu'ici ils ne cessent d'anathématiser Arius; mais on ne voit pas qu'ils se plaignent de Marcel, dont l'hérésie est diamétralement opposée. Elle attaque la subsistance même du Fils de Dieu, disant qu'il n'était pas avant que de sortir du Père, et qu'il ne subsiste plus après y être retourné, nous en avons des preuves par ses livres. Cependant les Occidentaux ne l'ont jamais blâmé, quoiqu'on puisse leur reprocher de l'avoir reçu dès le commencement à la communion ecclésiastique par ignorance de la vérité (*Ibid.*, 69). »

Les reproches que fait ici saint Basile aux Occidentaux leur étaient communs avec saint Athanase. Dans le fond, saint Athanase, et par lui les Occidentaux, connaissaient mieux que saint Basile les vrais sentiments de Marcel d'Ancyre. La même année 372, pour dissiper les soupçons qu'on cherchait à répandre sur sa personne et sur sa doctrine, Marcel, de concert avec le clergé d'Ancyre, députa le diacre Eugène, avec quelques autres de la même Eglise, au saint évêque d'Alexandrie, pour lui rendre témoignage de sa foi. Eugène était en même temps porteur des lettres de recommandation que Marcel avait obtenues des évêques d'Achaïe et de Macédoine. On a retrouvé, au XVIIIe siècle, l'acte de cette députation et l'exposition de foi que ce diacre présenta à saint Athanase, tant au nom de Marcel que de l'Eglise d'Ancyre. Elle est en forme de lettre, et commence ainsi :

« Au très-saint et très-heureux évêque Athanase, Eugène, diacre. Les clercs et les diacres qui sont assemblés à Ancyre en Galatie avec notre père Marcel, nous ont envoyés vers votre piété, munis de lettres de communion de la part des évêques de la Grèce et de la Macédoine; et parce qu'en y arrivant, nous avons appris que l'on nous accusait de tenir une doctrine étrangère, et que, selon qu'il est de justice, vous avez voulu savoir nos sentiments et ce que nous enseignons touchant Notre Seigneur Jésus-Christ, nous avons écrit ces choses à votre piété, y étant contraints par la nécessité, quoique nous le fassions aussi avec ardeur, afin qu'elle connaisse que ceux qui nous ont accusés, l'ont fait faussement, et que nous professons la foi catholique de l'Eglise. Au reste, quand nous parlons de nous, nous entendons aussi les peuples qui nous ont envoyés, et qui ne sont pas en petit, mais en grand nombre. Nous anathématisons avant tout l'hérésie arienne, et nous croyons, comme nos pères l'ont confessé au concile de Nicée, que le Fils est de la substance du Père, et qu'il lui est consubstantiel. Nous ne pensons pas, comme quelques-uns le disent calomnieusement, qu'autre est le Fils et autre le Verbe; mais que le Verbe est le Fils, la sagesse, la puissance du Père, par qui ont été créées toutes choses, et les visibles et les invisibles. Nous anathématisons nommément le très-impie Sabellius et tous ceux qui disent avec lui, que le Père est le Fils; que quand il est Fils il n'est plus Père, et que quand il est Père il n'est plus Fils. Car nous confessons que le Père est éternel, que le Fils est éternel, que le Saint-Esprit est éternel, reconnaissant trois personnes en une seule substance. » Le diacre Eugène dit encore anathème aux anoméens, qui disaient que le Fils n'était pas semblable au Père, et qui mettaient le Saint-Esprit au rang des créatures; de même qu'à ceux qui soutenaient qu'il y a eu un temps où le Fils et le Saint-Esprit n'étaient pas. « Car nous savons, dit-il, que la Trinité est éternelle, qu'elle a toujours été parfaite et de la même manière; c'est pourquoi nous regardons comme étrangers à l'Eglise catholique ceux qui croient qu'il y a eu un temps où le Fils n'était pas, et que le Saint-Esprit est fait de rien. » Après cela, il rejette l'erreur de ceux qui enseignaient que le Fils de Dieu ne s'était communiqué à l'homme de Marie que sous la forme des prophètes, et déclare qu'il croit que le Verbe s'est fait homme et qu'il est né de Marie selon la chair. Enfin, il condamne nommément l'hérésie de Paul de Samosate et de Photin, et tous ceux qui disent avec eux que le Verbe de Dieu n'est pas vivant; que ce n'est pas par lui que tout a été fait, et qu'il est semblable au verbe, c'est-à-dire à la parole que profère l'homme, de même que ceux qui disent qu'il n'était pas avant qu'il fût né de Marie.

Il finit en protestant que telle est sa croyance et celle de Marcel d'Ancyre, ainsi que des autres qui l'ont envoyé, et prie saint Athanase non-seulement de ne point ajouter foi aux calomnies dont on avait voulu les noircir, mais aussi d'écrire aux évêques orthodoxes de sa connaissance, afin de les détromper, au cas qu'on leur eût donné de fâcheuses impressions contre Marcel. Saint Athanase et les évêques qui se trouvèrent avec lui lors de cette députation, approuvèrent la profession de foi d'Eugène et y souscrivirent (Montfaucon, *Collect. Patr. græc.*, t. II, p. 1). Après une profession de foi si nette et si précise, on ne peut plus guère douter que Marcel, qui mourut quelque temps après, ne soit mort dans des sentiments orthodoxes, et très-uni à l'Eglise catholique.

Cependant le diacre Dorothée était parti pour Rome avec une lettre de saint Basile pour le pape saint Damase, qu'il appelle *très-honoré Père*. Il y parle de la nécessité de renouer l'ancienne amitié qui était entre les Eglises d'Occident et d'Orient, des maux que l'hérésie d'Arius causait dans cette partie de l'Orient, qui s'étendait depuis l'Illyrie jusqu'en Egypte, et dit que la raison pour laquelle cette hérésie commençait à dominer, était qu'on opprimait, dans chaque diocèse, les défenseurs de la bonne doctrine, qu'on inventait des calomnies pour les chasser de leurs Eglises, et qu'on donnait toute l'autorité à ceux qui séduisaient les faibles. « Il n'y a qu'un remède à tous ces maux, qui est que vous vouliez bien nous visiter. Toujours, dans le temps passé, vous nous consoliez par l'excès de votre charité, et le bruit qui s'est répandu que vous deviez venir, nous a fait prendre courage pour un peu de temps ; mais depuis que nous avons perdu cette espérance, ne sachant plus quel parti prendre, nous avons résolu de vous prier par lettres de venir à notre secours et de nous envoyer des personnes de votre part qui soient dans les mêmes sentiments que vous, et capables d'accorder ceux qui sont en dissension, de rétablir l'union dans les Eglises, ou du moins de vous faire connaître les auteurs du trouble, afin qu'à l'avenir il vous soit notoire avec qui vous devez être uni de communion. » Il témoigne que l'on gardait encore dans l'Eglise de Césarée les lettres dont le pape Denys l'avait honorée, et que l'on s'y souvenait de ce qu'il avait fait pour racheter les frères menés en captivité par les Barbares. « Mais, ajoute-t-il, l'état de nos affaires est bien plus déplorable et demande de plus grands soins. Nous ne pleurons pas le renversement de nos maisons, mais la ruine des églises; nous ne craignons pas qu'on condamne nos corps à la chaîne, mais que les chefs d'hérésie rendent nos âmes captives. Si vous ne venez présentement à notre secours, vous ne trouverez bientôt plus qui secourir : tout sera réduit sous la puissance des hérétiques. » Avec cette lettre, le diacre Dorothée avait sans doute des instructions particulières (*Epist.* 70).

Il revint de Rome la même année 372 avec le diacre Sabin, et en rapporta diverses lettres adressées apparemment à saint Athanase, qui les fit passer à saint Basile. Celui-ci les ayant lues, en eut beaucoup de joie, parce qu'en lui apprenant l'union des évêques d'Occident et l'heureux état de leurs Eglises, elles lui donnaient l'espérance que les Occidentaux viendraient au secours de l'Orient. Il répondit en particulier aux évêques d'Illyrie, de l'Italie et des Gaules; autant il se réjouit de l'union de leurs Eglises, autant il les conjure d'avoir pitié de celles de l'Orient : leur état déplorable était connu de tout le monde. Les dogmes des Pères sont méprisés, on ne tient pas compte des traditions apostoliques, les nouvelles opinions ont cours dans les églises, les hommes ne disputent plus en théologiens, ils ont recours aux ruses et aux subtilités ; la fausse sagesse du monde triomphe et foule aux pieds la gloire de la croix; on bannit les pasteurs; les loups entrent dans la bergerie et dévorent le troupeau du Seigneur; les maisons de prière sont sans prédicateurs; les solitudes sont remplies de personnes qui gémissent sur le misérable état des Eglises. Il fait une courte profession de foi, dans laquelle il donne au Saint-Esprit le même rang d'honneur qu'au Père et au Fils, et l'adore avec eux, et finit en déclarant qu'il souscrit à tout ce qui a été fait conformément aux canons dans le concile de Rome (*Epist.* 90). Il écrivit encore en particulier à quelques évêques, qui lui avaient écrit de même, entre autres à saint Valérien d'Aquilée (*Ibid.*, 91).

D'après le conseil de saint Basile, les évêques d'Orient répondirent en commun à ceux de l'Occident. On lit en tête de la lettre les noms de trente-deux évêques, dont les plus considérables sont saint Mélèce d'Antioche, saint Eusèbe de Samosate, saint Basile, saint Grégoire de Nazianze, Eustathe de Sébaste, Anthime de Tyane, Narsès ou Nersès, patriarche d'Arménie. Cette lettre est des plus pathétiques et des plus pressantes; après y avoir reconnu qu'ils méritaient les maux qu'ils souffraient, ces évêques y disent à ceux d'Occident :

« Nous vous conjurons de vous laisser attendrir et de vous abandonner, sans différer un moment, au zèle que la charité doit vous inspirer. Ne vous excusez point sur la longueur du chemin, sur vos affaires domestiques, ni sur quelque autre prétexte que ce soit. Ce n'est pas une Eglise qui est en péril ; ce n'en est pas deux ou trois qui sont exposées à cette furieuse tempête. La peste de l'hérésie exerce ses ravages, peu s'en faut, des confins de l'Illyrie jusqu'à la Thébaïde. L'infâme Arius en a jeté les funestes semences; enracinées profondément par le grand nombre de ceux qui depuis ont cultivé avec ardeur l'impiété, elles produisent maintenant leurs fruits corrupteurs. Les dogmes de la piété sont abolis, les lois de l'Eglise confondues; l'ambition de ceux qui ne craignent pas Dieu envahit les prélatures; la première place est le prix notoire de l'impiété; qui profère les plus horribles blasphèmes est jugé le plus digne d'être l'évêque d'un peuple. La gravité sacerdotale a péri ; il n'y en a plus qui paissent avec science le troupeau du Seigneur ; les ambitieux consument à leur usage, et en fastueuses largesses, le bien des pauvres. L'exactitude des canons s'est évanouie, grande est la liberté de pécher. Car ceux qui sont parvenus au gouvernement par la faveur humaine, pour en témoigner la reconnaissance, accordent aux pécheurs tout ce qui leur plaît. Plus de justice dans les jugements; chacun marche suivant la volonté de son cœur. La corruption est sans bornes, les peuples sans lois, les chefs sans autorité : car ils sont les esclaves de ceux qui les ont rendus puissants. Déjà même la défense de l'orthodoxie est devenue, pour quelques-uns, le prétexte d'une guerre des uns contre les autres; cachant des haines particulières, ils font semblant de haïr pour la vérité. D'autres, en prenant la fuite pour n'être pas convaincus des crimes les plus honteux, excitent les peuples à des discordes intestines, afin de cacher à l'ombre des malheurs publics ce qui les regarde. C'est donc une guerre implacable, les méchants craignant la paix commune, parce qu'elle dévoilerait leurs secrètes infamies. Au milieu de tout cela, les infidèles se moquent, les gens de peu de foi chancèlent, la foi est incertaine, l'ignorance se répand dans les esprits, parce que ceux qui faussent la doctrine imitent la vérité. La bouche des chrétiens pieux est muette, la langue du blasphème jubile; les choses saintes sont profanées; les populations les plus saines fuient les maisons de prière, comme des écoles d'impiété, et, dispersées dans les solitudes, élèvent leurs mains, avec gémissements et avec larmes, vers celui qui habite les cieux. Vous aurez appris sans doute ce qui se passe dans la plupart des cités. Les populations, avec les femmes, les enfants, les vieillards, retirés hors des murs, y prient en plein air, souffrant avec une incroyable patience toutes les injures de la saison, et attendant le secours du Seigneur.

» Quelle lamentation égalera ces calamités! quelles fontaines de larmes suffiront à de si grands maux! C'est pourquoi, tandis qu'il en paraît encore quelques-uns debout, tandis qu'il reste encore un vestige de ce qui fut autrefois, et avant que les églises n'éprouvent un naufrage complet, hâtez-vous, nos très-véritables frères, hâtez-vous et tendez la main à qui vous en supplie à genoux. Que vos entrailles fraternelles s'émeuvent et vous fassent répandre sur nous les larmes de la commisération. Ne permettez pas que la moitié de l'univers soit absorbée par l'erreur; ne souffrez pas que la foi s'éteigne chez qui elle a commencé à luire. Ce qu'il faut faire pour venir à notre secours, comment vous témoignerez votre compassion pour des affligés, vous n'avez aucun besoin de l'apprendre de nous; l'Esprit-Saint lui-même vous l'inspirera. Mais en tout cas, pour sauver ce qui reste, faut-il de la célérité et la présence de plusieurs frères, afin qu'arrivant ici, ils présentent la plénitude d'un concile; afin que, non-seulement la majesté de ceux qui les envoient, mais encore leur nombre même, leur donnent le poids et l'autorité nécessaires pour redresser les choses, restaurer la foi de Nicée, proscrire l'hérésie, recommander la paix aux Eglises et réunir ceux qui ont les mêmes sentiments. Car ce qu'il y a de plus déplorable, c'est que la portion même qui paraît encore saine est divisée d'avec elle-même. Et nous sommes menacés, ce semble, de calamités pareilles à celles qu'éprouva Jérusalem au siège de Vespasien. Pressés par la guerre au dehors, ils se consumaient au dedans par des séditions. Egalement chez nous, outre la guerre ouverte des hérétiques, il en est une autre entre ceux-là mêmes qui paraissent orthodoxes, et qui a réduit les Eglises à la dernière faiblesse. C'est pour cela, et pour cela principalement, que nous avons besoin de votre secours, afin que ceux qui professent la foi apostolique mettent fin à leurs divisions et se soumettent désormais à l'autorité de l'Eglise; en sorte que le corps mystique du Christ, restauré dans tous ses membres, soit parfait, et que nous ne soyons plus réduits, comme maintenant, à louer le bonheur des autres, mais que nous voyions encore nos propres Eglises reprendre l'antique gloire de l'orthodoxie. En effet, on ne peut louer assez le bonheur que le Seigneur accorde à votre piété de discerner le faux du vrai, l'alliage de ce qui est pur, et de prêcher la foi des Pères sans aucune dissimulation ni réticence; cette foi, nous l'avons reçue, nous l'avons reconnue à ses caractères apostoliques, et nous y acquiesçons, ainsi qu'à tout ce qui a été canoniquement et légitimement réglé dans votre lettre synodale (Basil., *Epist.* 92). »

Ce tableau des Eglises d'Orient est triste; la réalité était peut-être plus triste encore. Enflé de ses succès contre les Goths, Valens prétendait faire de l'arianisme une loi pour tout l'empire. Déjà il avait traversé la Bithynie et la Galatie, où tout avait plié à son gré. Il voulait effrayer d'avance Basile et le disposer à céder. En l'automne 371, vers la fête du martyr Eupsychius, qui attirait beaucoup de monde, arrivèrent à Césarée plusieurs ariens, afin d'épier les paroles et les démarches de l'archevêque, et de trouver quelque prétexte pour le faire exiler. Parmi eux était un évêque nommé Evippius, vénérable par ses cheveux blancs, renommé pour sa science et ancien ami de Basile. Malgré tout cela, Basile refusa de communiquer avec lui, et écrivit à son ami Grégoire de Nazianze de venir l'assister dans les combats qu'il avait à soutenir. En effet, pour le gagner ou le vaincre, on lui envoya plusieurs personnages de la cour, des juges, des généraux, des eunuques, en particulier l'intendant des cuisines impériales, nommé Démosthènes. Tout fut inutile; Basile renvoya le dernier au feu de ses cuisines.

Cependant l'empereur, devant venir à Césarée, avait envoyé en avant le préfet du prétoire Modeste, avec ordre d'obliger Basile de communiquer avec les ariens ou de le chasser de la ville. C'est ce même Modeste qui avait fait brûler en mer les quatre-vingts députés du clergé de Constantinople. Il fit donc amener saint Basile devant son tribunal, ayant tout l'appareil de sa dignité, la plus grande de l'empire : des licteurs avec des faisceaux de verges, les crieurs, les appariteurs. Il l'appela simplement par son nom, et lui dit : Basile, que veux-tu dire, de résister à une telle puissance et d'être le seul si téméraire? — A propos de quoi, répondit Basile, et quelle est cette témérité? — Parce, dit Modeste, que tu n'es pas de la religion de l'empereur, après que tous les autres ont cédé. Basile répondit : C'est que mon empereur ne le veut pas, et je ne puis me résoudre à adorer une créature, moi qui suis créature de Dieu, et à qui il a commandé d'être un dieu. Modeste lui dit : Et pour qui nous prends-tu? — Pour rien, répondit Basile, tant que vous commanderez ces choses. Modeste reprit : Mais ne comptes-tu pour rien d'avoir notre communion? Basile répondit : Il est vrai, vous êtes des préfets et des personnes illustres; mais vous n'êtes pas plus à respecter que Dieu. C'est beaucoup d'avoir votre communion, puisque vous êtes ses créatures; mais c'est comme d'avoir celle des gens qui vous obéissent; car ce ne sont pas les conditions, mais la foi qui caractérise les chrétiens. Le préfet Modeste se leva en colère de son siège, et dit : Quoi donc! ne crains-tu pas que je ne m'emporte, que tu ne ressentes quelqu'un des effets de ma puissance? — Qu'est-ce? dit Basile, faites-le moi connaître. Modeste répondit : La confiscation, l'exil; les tourments, la mort! Faites-moi, dit Basile, quelque autre menace, si vous pouvez; rien de tout cela ne me regarde. — Comment! dit Modeste. Parce, répondit Basile, que celui qui n'a rien est à couvert de la confiscation; si ce n'est que vous ayez besoin de ces haillons et de quelque peu de livres qui sont toute ma vie. Je ne connais point l'exil, n'étant circonscrit dans aucun lieu; car je ne regarde pas comme mien le pays que j'habite, et regarderai comme mien tout pays où je serai jeté; ou plutôt, je regarde tout pays comme à Dieu, de qui je suis l'hôte et le pèlerin. Que me feront les tourments, puisque je n'ai point de corps? à moins que vous ne parliez du premier coup; car il n'y a que celui-là qui soit en votre puissance. La mort sera une grâce, puisqu'elle m'enverra plus tôt à Dieu, pour qui je vis et travaille, et à qui, plus d'à moitié mort, je cours depuis longtemps.

Le préfet, frappé de ce discours, dit : Personne n'a encore parlé à Modeste avec tant d'audace! Basile répondit : Peut-être aussi n'avez-vous jamais rencontré d'évêque; car, en pareille occasion, il vous aurait parlé de même. En tout le reste, nous sommes les plus doux et les plus soumis de tous les hommes, parce que cela nous est commandé. Nous ne sommes pas fiers envers le moindre particulier, bien loin de l'être avec une telle puissance; mais quand il s'agit de Dieu, nous ne regardons que lui seul. Le feu, les glaives, les bêtes, les ongles de fer sont nos délices. Ainsi maltraitez-nous, menacez-nous, usez de votre puissance : l'empereur doit savoir lui-même que vous ne l'emporterez pas. Le préfet, voyant saint Basile invincible, lui parla plus honnêtement. Comptez pour quelque chose, dit-il, de voir l'empereur au milieu de votre peuple et au nombre de vos auditeurs. Il ne s'agit que d'ôter du Symbole le mot de *consubstantiel*. Basile répondit : Je compte pour un grand avantage de voir l'empereur dans l'Eglise : c'est toujours beaucoup de sauver une âme; mais pour le Symbole, loin d'en ôter ou d'y ajouter, je ne souffrirais pas même qu'on y changeât l'ordre des paroles. — Je vous donne, ajouta Modeste, la nuit pour y penser. Basile répondit : Je serai demain tel que je suis aujourd'hui (Greg. Naz., *Orat*. 20).

Le préfet Modeste renvoya saint Basile et alla en diligence trouver l'empereur, auquel il dit : Seigneur, nous sommes vaincus par cet évêque : il est au-dessus des menaces et des caresses; il n'en faut rien attendre que par force. L'empereur, admirant un si grand courage, défendit de lui faire aucune violence : ne pouvant toutefois se résoudre à embrasser sa communion, il ne laissa pas de l'accepter extérieurement, en venant dans l'église. Il y entra donc le jour de l'Epiphanie, 6 janvier 372, environné de tous ses gardes, et se mêla dans la forme au peuple catholique. Quand il entendit le chant des psaumes, qu'il vit ce peuple immense et l'ordre qui régnait dans le sanctuaire et aux environs; les ministres sacrés, plus semblables à des anges qu'à des hommes, Basile devant l'autel, le corps immobile, le regard fixe, l'esprit uni à Dieu, comme s'il ne fût arrivé rien d'extraordinaire; ceux qui l'environnaient remplis de crainte et de respect; ce fut pour lui un spectacle si nouveau, que la tête lui tourna et que sa vue s'obscurcit. On ne s'en aperçut pas d'abord ; mais quand il fallut apporter à la sainte table son offrande, qu'il avait faite lui-même, voyant que personne ne la recevait, suivant la coutume, parce qu'on ne savait si saint Basile voudrait l'accepter, il chancela de telle sorte, que, si un des ministres des autels ne lui eût tendu la main pour le soutenir, il serait tombé honteusement.

Dans une occasion semblable, le pape Libère refusa les présents de Constance : Basile accepte l'offrande de Valens. C'est que Constance voulait corrompre Libère, tandis que Valens, déjà radouci, ne voulait que donner un témoignage public de sa vénération pour le saint archevêque de Césarée.

Une autre fois l'empereur vint encore participer en quelque manière à l'assemblée des fidèles; et, par ordre ou avec la permission de saint Basile, il entra au dedans du voile de la diaconie ou sacristie, où il eut avec lui un entretien assez long, comme il le souhaitait depuis longtemps. Saint Grégoire de Nazianze y était présent et atteste que saint Basile parla d'une manière divine, au jugement de tous ceux qui l'entendirent. A la suite de l'empereur était l'intendant de ses cuisines, Démosthènes, qui, voulant faire quelque reproche à saint Basile, fit un barbarisme. Comment, dit en souriant saint Basile, un Démosthènes qui ne sait pas la grammaire! Démosthènes, irrité, lui fit des menaces; mais le saint lui dit : Mêlez-vous de bien apprêter les viandes et les sauces, c'est là votre affaire; mais pour les choses de Dieu, vous avez les oreilles trop bouchées pour les entendre. Valens fut si satisfait des discours de saint Basile, qu'il en devint plus humain envers les catholiques. Il donna même de très-belles terres qu'il avait en ces quartiers-là, pour l'usage des pauvres lépreux. Ce qui contribua particulièrement à l'adoucir, ce fut de voir le saint archevêque occupé à bâtir un grand hôpital ou maison des pauvres dans un des faubourgs de Césarée.

Mais les ariens, qui obsédaient l'empereur, reprirent bientôt le dessus. Ils lui persuadèrent de presser de nouveau saint Basile d'entrer dans leur communion, ou de le bannir, s'il le refusait. Il le refusa en effet, et tout était déjà disposé pour le faire partir, lorsque Valentinien Galate, fils unique et tout jeune de Valens, fut saisi d'une fièvre si violente, qu'on commença à désespérer de sa vie. La même nuit, l'impératrice Dominica, sa mère, fut inquiétée par les songes effroyables et tourmentée par des douleurs aiguës. Elle représenta à l'empereur que tous ces accidents étaient une punition divine. L'enfant était si mal, que les médecins n'y trouvaient point de remède : on avait recours aux prières, et l'empereur, prosterné par terre, demandait à Dieu sa conservation. Enfin il envoya les personnes qui lui étaient le plus chères prier saint Basile de venir promptement; dès qu'il fut entré au palais, le mal de l'enfant diminua notablement : on commença à bien espérer, et saint Basile promit d'obtenir sa guérison, pourvu qu'on lui permît de l'instruire de la doctrine chrétienne. L'empereur accepta la condition. Basile se mit en prière, l'enfant fut guéri. Mais ensuite Valens céda encore aux ariens; et, se souvenant du serment qu'il avait fait à son baptême entre les mains d'Eudoxe, il leur permit de baptiser son fils, qui retomba et mourut peu après (Greg. Naz., *Orat*. 20; Soz., l. 6, c. 16; Soc., l. 4, c. 26; Theod., l. 4, c. 19; Ruf., l. 11, c. 9).

Ce coup arrêta pour un temps l'exil de saint Basile; mais il ne changea point la mauvaise volonté des ariens. Ils s'adressèrent encore à Valens et lui représentèrent que leur doctrine ne pouvait faire aucun progrès tant que cet homme serait en vie. C'était demander sa mort; mais Valens se contenta de donner ordre de le bannir. On lui en apporta l'arrêt tout dressé pour le souscrire. Il prit un de ces petits roseaux dont on se servait alors; mais le roseau se rompit, comme refusant de servir à son iniquité. Il en prit un second et jusqu'à un troisième, qui se rompirent encore. Enfin, s'obstinant après tout cela à vouloir signer son arrêt impie, il sentit sa main s'agiter extraordinairement, et, saisi de frayeur, déchira le papier, révoqua l'ordre et laissa saint Basile en paix. Le préfet Modeste fut vaincu d'une autre manière. Etant tombé malade quelque temps après, il pria saint Basile de venir le voir et lui demanda le secours de ses prières avec grande humilité. Il guérit en effet, publia qu'il lui en avait l'obligation, et devint son ami (Theod., l. 4, c. 19; Greg. Naz., *Orat.* 20).

Le gouverneur de la province du Pont, nommé Eusèbe, et oncle de l'impératrice Dominica, et arien comme elle, persécuta saint Basile à l'occasion d'une veuve illustre qu'un assesseur de ce magistrat voulait épouser par force. Elle se réfugia dans l'église, à la table sacrée; le gouverneur la demanda, et saint Basile refusa de la rendre. Le gouverneur, furieux, envoya de ses officiers chercher cette femme jusque dans la chambre du saint évêque, pour lui faire affront, quoiqu'il fût si éloigné de l'y recevoir, qu'il n'eût pas même osé la regarder. Il fit plus : il ordonna qu'on lui amenât saint Basile, pour se défendre devant lui comme un criminel. Etant donc assis sur son tribunal, et saint Basile debout, il commanda qu'on lui arrachât le méchant manteau qu'il portait. Saint Basile dit : Je me dépouillerai même de ma tunique, si vous voulez. Le gouverneur commanda de le frapper et de le déchirer avec les ongles de fer. Saint Basile dit : Si vous m'arrachez le foie, vous me ferez grand bien; vous voyez combien il m'incommode. Cependant, le bruit de ce qui se passait s'étant répandu dans la ville, tous accoururent pour tirer leur évêque du péril où il était, et venger l'injure qu'on lui faisait. Ceux qui travaillaient dans les manufactures d'armes et d'étoffes étaient les plus ardents et les plus hardis. Chacun s'armait de quelque instrument de son métier, ou de ce qu'il trouvait sous la main. Les femmes prenaient pour armes leurs fuseaux. Ce peuple, animé, cherchait le gouverneur pour le déchirer et le mettre en pièces, en sorte que, dans cette extrémité, il se vit réduit à faire le suppliant, à demander humblement grâce, et ce fut saint Basile qui, par son autorité, lui sauva la vie (Greg. Naz., *Orat.* 20).

Ce que Valens et les ariens tentèrent en Cappadoce peut nous faire juger de ce qu'ils firent ailleurs, où ils ne rencontraient pas les mêmes obstacles. A Antioche, saint Mélèce, comme le principal chef des catholiques, fut banni pour la troisième fois, et envoyé en Arménie, sa patrie. Il y demeura dans une de ses terres, sur les confins de la Cappadoce, ce qui facilita ses relations avec saint Basile. Quant à Paulin, l'autre évêque catholique d'Antioche, il fut épargné, soit à cause de sa vertu, soit à cause de la petitesse de son troupeau. Mais celui de Mélèce ne resta pas sans conducteurs : les prêtres Flavien et Diodore en prirent soin, les mêmes qui, étant encore laïques, l'avaient soutenu sous Constance. Les catholiques de cette communion ayant été chassés de leurs églises, s'assemblaient au pied de la montagne voisine d'Antioche, où il y avait des cavernes dans lesquelles on disait que saint Paul s'était caché autrefois. Là, ils chantaient les louanges de Dieu et écoutaient sa parole, exposés aux pluies et aux neiges en hiver, et à d'extrêmes chaleurs en été. Toutefois, on envoya des soldats pour les en chasser, et ils s'assemblèrent au bord de l'Oronte. Chassés encore de là, ils s'assemblèrent au champ des exercices militaires, d'où on les chassa encore. Cependant Valens en fit tourmenter et mettre à mort plusieurs en différentes manières, mais principalement en les jetant dans l'Oronte.

Le palais d'Antioche était sur le bord de ce fleuve, et entre deux passait le grand chemin pour sortir à la campagne. Un jour que l'empereur Valens regardait du haut de sa galerie, il vit un vieillard vêtu d'un méchant manteau, qui se pressait de marcher malgré son grand âge. On lui dit que c'était le moine Aphraate, pour qui tout le peuple avait une vénération merveilleuse. En effet, il avait quitté la solitude pour venir au secours de l'Eglise, quoique simple laïque, et alors il allait se rendre à la place où s'assemblaient les catholiques. Où vas-tu, lui dit l'empereur? Aphraate répondit : Je vais prier pour la prospérité de votre empire. — Mais, reprit Valens, tu devais demeurer chez toi et prier en secret, suivant la règle monastique. Aphraate répondit : Vous dites fort bien, seigneur, je le devais, et j'ai continué de le faire tant que les brebis du Sauveur ont joui de la paix; mais, dans les périls où elles sont, il faut tenter tous les moyens de les sauver. Dites-moi, seigneur, si j'étais une fille enfermée dans la maison de mon père, et que je visse le feu y prendre, que devrais-je faire? Demeurer assise et la laisser brûler, ou plutôt sortir de ma chambre, courir et porter de l'eau de tous côtés pour éteindre le feu? C'est ce que je fais maintenant. Vous avez mis le feu à la maison de mon père, et nous courons pour l'éteindre. Ainsi parla Aphraate. L'empereur se tut. Mais un des eunuques de sa chambre dit des injures au saint vieillard du haut de la galerie et le menaça de mort. Quelque temps après, cet eunuque étant allé voir si le bain de l'empereur était assez chaud, la tête lui tourna et il se jeta dans la chaudière d'eau bouillante; comme il était seul, il y demeura et y périt. L'empereur envoya un autre eunuque pour l'appeler, mais il revint dire qu'il ne trouvait personne dans aucune des chambres. Plusieurs y accoururent, et, à force de chercher dans toutes les cuves, à la fin ils trouvèrent ce misérable étendu mort. Le bruit s'en répandit dans toute la ville, et tous louaient le Dieu d'Aphraate. L'empereur, épouvanté, n'osa l'envoyer en exil, comme il l'avait résolu, mais il ne laissa pas de persécuter les autres catholiques.

Saint Aphraate était Perse de naissance et d'une famille illustre. S'étant fait chrétien, il quitta son pays et vint à Edesse, où il s'enferma dans une petite maison qu'il trouva hors de la ville, et y vécut dans les exercices de la piété. De là il passa à Antioche, dès lors agitée par les hérétiques, c'est-à-dire sous Constance, et se retira dans un monastère hors de la ville. Il apprit un peu de grec, et, avec son langage demi-barbare, s'expliquait à grand'peine, il ne laissait pas d'être persuasif que les sophistes les plus fiers de leur rhétorique. Tout le monde courait à lui, les magistrats, les artisans, les soldats, les ignorants, les savants; les uns l'écoutaient en silence, les autres lui faisaient des questions. Nonobstant ce travail, il ne voulut jamais avoir personne avec lui pour le servir, ni recevoir rien de personne, que du pain d'un de ses amis; à quoi, dans son extrême vieillesse, il ajouta quelques herbes, et ne prenait sa nourriture qu'après le soleil couché.

LIVRE XXXV. — PERSÉCUTION DE VALENS.

Tel était le grand Aphraate, qui vint alors au secours de la religion et fit ensuite plusieurs autres miracles (Theod., l. 4, c. 25 et 26).

Les hérétiques firent courir le bruit que le grand Julien avait embrassé leur communion : ce fameux solitaire de l'Osroëne, qui avait connu par révélation la mort de Julien l'Apostat. On le nommait Sabas, c'est-à-dire, en syriaque, *chenu* ou *vieillard*. Dès qu'il eut été informé de ce que les ariens disaient sur son compte, il prit le chemin d'Antioche, renonçant pour un temps à la solitude. Après avoir marché deux ou trois jours dans le désert, il arriva le soir à une bourgade, où une femme riche vint se jeter à ses pieds et le supplier de loger chez elle avec sa sainte troupe. Il y consentit, quoique depuis plus de quarante ans il n'eût point vu de femmes. Pendant que celle-ci était occupée à servir ses hôtes, comme il était nuit, un fils unique qu'elle avait, âgé de sept ans, tomba dans un puits. La mère l'ayant vu, commanda à tous ses gens de se tenir en repos, ouvrit le puits et continua de servir ses hôtes. Quand ils furent à table, le saint vieillard dit qu'on appelât l'enfant pour recevoir sa bénédiction. La mère dit qu'il était malade ; mais le saint insista et pria qu'on l'apportât. Elle déclara enfin l'accident. Julien se leva de table et courut au puits. Il le fit découvrir et apporter de la lumière ; il vit l'enfant assis sur la surface de l'eau, qu'il frappait de la main en se jouant. On attacha un homme à des cordes, on le descendit dans le puits et il retira l'enfant, qui aussitôt courut aux pieds du saint vieillard, disant qu'il l'avait vu qui le soutenait sur l'eau.

Quand il fut arrivé à Antioche, le peuple accourut de tous côtés pour le voir. Logé au pied de la montagne dont il a été parlé, il guérit un grand nombre de malades de toute espèce, et s'en alla à l'assemblée des catholiques. Comme il passait devant la porte du palais, un mendiant qui se traînait sur son siège, n'ayant pas l'usage de ses jambes, étendit la main et toucha le manteau du saint vieillard. Aussitôt fut guéri, se leva en sautant et en courant ; ce qui fit assembler tout le peuple de la ville, et le champ des exercices en fut rempli : en sorte que les hérétiques furent chargés de confusion. Saint Julien guérit plusieurs autres malades qui l'attirèrent en leurs maisons, entre autres le comte d'Orient, puis il reprit le chemin de sa cellule.

Passant par la ville de Cyr, à deux journées d'Antioche, il s'arrêta dans l'église d'un martyr, où les catholiques du lieu s'assemblèrent et prièrent Julien de les délivrer du sophiste Astérius, que les hérétiques avaient fait évêque et envoyé chez eux pour séduire les simples. Prenez courage, dit le saint vieillard ; priez Dieu avec nous, et joignez à la prière le jeûne et la mortification. Ils le firent, et le sophiste Astérius, la veille de la fête où il devait parler, fut frappé d'une maladie qui l'emporta dans un jour. Théodoret, qui rapporte ces merveilles, les avait apprises d'Arcace, évêque de Bérée, disciple du saint (Theod., *Philoth*., c. 2).

Cependant la persécution continua, mais avec moins de violence. Car comme Valens était à Antioche, il fut harangué par le philosophe Thémistius, qui, bien que païen, l'adoucit un peu envers les catholiques. Il lui représenta qu'il ne fallait pas s'étonner de la diversité de sentiments qui était entre les chrétiens, puisqu'elle était petite en comparaison de la multitude et de la confusion d'opinions qui régnaient chez les Hellènes, c'est-à-dire chez les païens, qui avaient plus de trois cents opinions différentes (Soc., l. 4, c. 32 ; Soz., l. 6, c. 36). Valens se réduisit donc à bannir les ecclésiastiques, au lieu de les faire mourir. Ainsi la persécution s'adoucit, mais elle ne cessa pas. La plupart des églises étaient privées de leurs pasteurs légitimes, et livrées à des intrus hérétiques. Saint Barsès, évêque d'Édesse en Mésopotamie, fut relégué d'abord dans l'île d'Arade en Phénicie. Mais Valens ayant appris que les maladies qu'il guérissait par sa parole lui attiraient les peuples en foule, il l'envoya en Égypte, à la ville d'Oxyrinque ; et comme sa réputation y attirait encore tout le monde, il l'envoya dans la Thébaïde, à une place nommée Philo, sur la frontière des Barbares.

Édesse vit arriver un évêque arien de la part de l'empereur, mais tout le peuple sortait hors de la ville et s'assemblait dans la campagne. Valens en fut lui-même témoin lorsqu'il vint à Édesse visiter l'église fameuse de l'apôtre saint Thomas. Il en fut si irrité, qu'il frappa de sa main le préfet Modeste, parce qu'il n'avait pas eu soin d'empêcher ces assemblées, et lui commanda de ramasser les soldats qu'il avait sous ses ordres et ce qui se trouverait de troupes, pour disperser cette multitude. Modeste, quoique arien, fit secrètement avertir les catholiques de ne point s'assembler le lendemain au lieu où ils avaient accoutumé de prier, parce qu'il avait ordre de l'empereur de punir ceux qui s'y trouveraient. Il espérait par cette menace empêcher l'assemblée et apaiser l'empereur. Mais les fidèles d'Édesse n'en furent que plus excités à se réunir ; et, dès le grand matin, ils se rendirent avec plus de diligence qu'à l'ordinaire au lieu accoutumé, et le remplirent. Le préfet Modeste l'ayant appris, ne savait quel parti prendre. Toutefois, il marcha vers le lieu de l'assemblée, faisant avec sa suite un bruit extraordinaire pour épouvanter le peuple. En passant dans la ville, il vit une pauvre femme qui sortait brusquement de sa maison, sans même fermer là porte, tenant un enfant par la main, et laissant traîner son manteau négligemment, au lieu de se couvrir à la manière du pays. Elle traversa la file des soldats qui marchaient devant le préfet et passa avec un extrême empressement. Il la fit arrêter et lui demanda où elle allait si vite. Je me presse, dit-elle, d'arriver au champ où les catholiques sont assemblés. Tu es donc la seule, dit Modeste, qui ne saches pas que le préfet y marche, et qu'il fera mourir tous ceux qu'il y trouvera ! — Oui, répondit-elle, je l'ai ouï dire, et c'est pour cela même que je me presse, craignant de manquer l'occasion de souffrir le martyre. — Mais pourquoi mènes-tu cet enfant, dit le préfet ? — Afin, dit-elle, qu'il ait part à la même gloire. Modeste, étonné du courage de cette femme, retourna au palais, et en ayant entretenu l'empereur, lui persuada d'abandonner une entreprise dont le succès serait honteux ou malheureux (Theod., l. 4, c. 12 et 16 ; Ruf., l. 2, c. 5 ; Soc., l. 4, c. 18 ; Soz., l. 6, c. 18).

Valens résolut donc d'épargner le peuple, et ordonna au préfet Modeste de prendre les prêtres et les diacres, et de leur persuader de communiquer avec l'évêque arien, ou de les chasser de la ville et de les envoyer aux extrémités de l'empire. Modeste, les ayant tous assemblés, essaya de les persuader, en disant, qu'il fallait être insensé pour vouloir résister à un si grand prince. Comme ils demeuraient tous en silence, le préfet s'adressa au prêtre Euloge, qui était leur chef, et lui demanda pourquoi il ne répondait point. Euloge dit : Vous ne m'avez rien demandé. Cependant, dit le préfet, il y a longtemps que je vous parle. Euloge dit : Vous parliez à tout le monde. Si vous m'interrogez en particulier, je vous dirai ma pensée.—Eh bien donc, dit le préfet, communiquez avec l'empereur. Euloge répondit : Est-ce que l'empereur a reçu le sacerdoce avec l'empire ? Le préfet, piqué de cette réponse, reprit : Je ne dis pas cela, impertinent, je vous exhorte à communiquer avec ceux avec qui l'empereur communique. — Nous avons un pasteur, dit Euloge, et nous suivons ses ordres. Alors le préfet les envoya en Thrace, au nombre de quatre-vingts.

Les grands honneurs qu'ils reçurent pendant ce voyage excitèrent la jalousie de leurs ennemis. Car les villes et les bourgades venaient au devant d'eux les féliciter de leur victoire. Valens en ayant reçu des plaintes, les fit séparer deux à deux, ayant soin de ne pas laisser ensemble ceux qui étaient parents. Les uns continuèrent de marcher sur la Thrace, d'autres furent envoyés aux extrémités de l'Arabie, d'autres dispersés dans les petites villes de la Thébaïde. Euloge et Protogène furent envoyés à celle qui portait le nom d'Antinoüs. C'étaient les deux premiers du clergé d'Edesse, qui avaient longtemps pratiqué la vie monastique et fait de grands progrès dans la vertu. Ils trouvèrent que l'évêque d'Antinoüs était catholique, et assistèrent à ses assemblées. Mais voyant qu'elles étaient peu nombreuses, et que la plupart des habitants étaient païens, ils s'appliquèrent à les convertir. Euloge s'enferma dans une cellule, où il priait jour et nuit. Protogène, instruit dans les saintes lettres et exercé à écrire en notes, ayant trouvé un lieu commode, y établit une école, où il montrait aux enfants cette manière d'écrire, et leur faisait apprendre les psaumes de David, ainsi que les passages du Nouveau Testament les plus convenables. Un de ces enfants étant tombé malade, Protogène alla dans la maison, le prit par la main et le guérit par sa prière. Les pères des autres enfants l'ayant appris, le menaient dans leurs maisons et le priaient de secourir leurs malades; mais il refusait de prier pour eux jusqu'à ce qu'ils fussent baptisés, et le désir de la guérison les y faisait consentir. Si quelqu'un se convertissait en santé, il le menait à Euloge, frappait à sa porte et le priait de lui donner le baptême. Euloge souffrait avec peine qu'on interrompît sa prière; mais Protogène lui représentait que rien n'est préférable au salut des âmes. Tout le monde s'étonnait de voir un homme qui savait si bien instruire et qui faisait de tels miracles, céder à un autre l'honneur d'administrer le baptême. On concluait que la vertu d'Euloge était encore plus éminente. Mais peut-être Protogène ne lui déférait-il que comme au plus ancien prêtre. C'est ainsi que ces deux saints profitèrent de leur exil (Theod., l. 4, c. 17 et 18; Soz., l. 6, c. 33 et 34).

Comme il y avait beaucoup d'églises privées de pasteurs, saint Eusèbe de Samosate parcourait la Syrie, la Phénicie et la Palestine, déguisé en soldat; il ordonnait des prêtres et des diacres, et d'autres clercs aux églises qui en manquaient; et, quand il se rencontrait avec des évêques catholiques, il ordonnait même des évêques. Ce zèle le rendit insupportable aux ariens. On résolut donc de le bannir et de l'envoyer en Thrace. Celui qui en apportait l'ordre arriva sur le soir. Saint Eusèbe lui dit : Ne faites point de bruit et cachez le sujet de votre voyage; car si le peuple l'apprend, il vous jettera dans le fleuve, et on m'accusera de votre mort. Ayant ainsi parlé, il célébra à l'ordinaire l'office du soir, et, quand tout le monde fut endormi, il sortit à pied avec celui de ses domestiques auquel il se fiait le plus et qui le suivait, portant seulement un oreiller et un livre. Quand il fut arrivé au bord de l'Euphrate, qui passe au pied des murailles de la ville, il entra dans un bateau et se fit passer à Zeugma, autre ville à vingt-quatre lieues plus bas, sur l'Euphrate. Le jour venu, la consternation fut grande à Samosate; car le domestique avait dit aux amis de saint Eusèbe les ordres qu'il avait donnés touchant les personnes qui devaient le suivre et les livres qu'il fallait lui porter. Tous déploraient la perte de leur pasteur; le fleuve fut bientôt couvert de barques, et, étant descendus à Zeugma où il était encore, ils le conjuraient en soupirant et jetant des torrents de larmes, de ne pas les abandonner à la merci des loups. Pour réponse, il leur lut le passage de l'apôtre, qui ordonnait d'obéir aux puissances. Quand ils virent qu'ils ne pouvaient le persuader, ils lui offrirent, pour les besoins d'un si grand voyage, de l'or, de l'argent, des habits et des esclaves. Il se contenta de très-peu de chose, qu'il reçut de ses amis les plus particuliers, et il fortifia tous les assistants par ses instructions et ses prières, les exhortant à combattre pour la doctrine apostolique. Ensuite il prit le chemin du Danube pour aller au lieu de son exil.

Les ariens envoyèrent à Samosate, pour remplir sa place, un homme doux et modeste nommé Eunomius. Mais personne, de quelque condition que ce fût, ne venait avec lui s'assembler dans l'église; on le laissait seul, sans vouloir lui parler ni même le voir. Un jour, étant au bain, comme il vit que ses valets en avaient fermé les portes et que plusieurs personnes attendaient au dehors, il fit ouvrir et invita tout le monde à venir librement se baigner. Mais voyant encore que ceux qui étaient entrés s'arrêtaient, sans se mettre dans l'eau, il les pria d'y entrer avec lui; et comme ils demeurèrent en silence, il crut que c'était par respect, et, pour ne pas les contraindre, il se retira promptement. Alors ils firent écouler l'eau dont il s'était lavé, comme infectée de son hérésie, et s'en firent donner d'autre. Ce qu'Eunomius ayant appris, il quitta la ville, jugeant qu'il y avait de la folie à y demeurer avec une telle aversion des habitants. A sa place, les ariens envoyèrent un nommé Lucius, hardi et violent. Comme il passait dans la rue, une balle, que des enfants se jetaient en jouant, passa entre les jambes de l'âne sur lequel il était monté. Aussitôt les enfants firent un grand cri, pensant que leur balle était maudite. Lucius s'en aperçut, et commanda à un de ses gens de voir ce qu'ils feraient. Ces enfants allumèrent un feu et firent passer leur balle au travers, pour la purifier. Telle était l'aversion du peuple de Samosate pour Lucius. Il n'en fut pas touché; au contraire, il fit reléguer plusieurs ecclésiastiques, entre autres le prêtre Antiochus, neveu de saint Eusèbe et fils de son frère. Mais tout cela n'arriva pas en même temps; car Antiochus fut quelque temps avec son oncle, et saint Basile, lui écrivant, le félicite de ce que l'exil lui donne occasion de le posséder plus en repos que lorsqu'il était occupé avec lui du gouvernement de l'Eglise (Theod., l. 4, c. 13, 14, 15; Basil., *Epist.* 168).

Par l'exil de saint Eusèbe de Samosate et de saint Mélèce d'Antioche, le poids des affaires, ou plutôt des calamités ecclésiastiques de l'Orient, retombait à peu près tout entier sur saint Basile. Ces calamités, jointes à des chagrins plus personnels, non-seulement empêchèrent le rétablissement de sa santé, habituellement débile, mais lui causèrent, vers 373, une maladie très-grave. Le bruit se répandit même qu'il était mort, et les évêques de la province arrivèrent à Césarée pour célébrer ses funérailles et lui donner un successeur. Se trouvant mieux, il profita de l'occasion pour les conjurer de déployer plus de zèle, afin de ne pas livrer les églises aux hérétiques. L'Eglise si importante de Tarse, vacante par la mort de Silvain, son évêque, venait de tomber au pouvoir des ariens par la négligence des évêques catholiques des environs. Présents, ils lui promirent tout; absents, ils n'en faisaient rien. Ils lui étaient bien unis de communion, mais le cœur n'y était pas. Grégoire de Nazianze en assigne trois causes. Plusieurs ne s'accordaient avec lui sur la foi, parce qu'ils y étaient forcés par les peuples; en second lieu, ils se ressentaient encore du dépit que leur avait causé son élection; enfin, ce qu'ils lui pardonnaient le moins, c'était de se voir éclipsés par sa renommée et par sa gloire (Greg. Naz., *Orat.* 20). Il n'y eut pas jusqu'à son oncle paternel, instituteur de son enfance et évêque lui-même, qui ne lui témoignât alors de l'éloignement, scandale auquel saint Basile sut mettre fin par son humilité (Basil., *Epist.* 58, 59, 60). Grégoire, depuis évêque de Nysse, propre frère de Basile, se conduisit en cette occasion de manière à lui faire de la peine.

La division de la Cappadoce lui causa d'autres désagréments. Il s'y opposa autant qu'il put pour l'intérêt de sa ville de Césarée, qui en devait diminuer notablement. Mais sa résistance fut inutile; la Cappadoce fut partagée en deux provinces: la première, dont Césarée demeura métropole; la seconde, dont la capitale fut Tyane. Aussitôt Anthime, évêque de Tyane, prétendit que le gouvernement ecclésiastique devait suivre cette division faite par le gouvernement civil; que les évêques de la seconde Cappadoce devaient le reconnaître pour métropolitain, et que Basile n'avait plus de juridiction sur eux. Saint Basile voulait conserver les anciens usages et la division des provinces qu'il avait reçue de ses pères. Le nouveau métropolitain troublait les conciles, attirant au sien une partie des évêques, qui agissaient, à l'égard de saint Basile, comme s'ils ne l'eussent jamais connu. Anthime gagnait par ses persuasions une partie des prêtres, et changeait les autres. Comme il n'avait pas moins d'avarice que d'ambition, il pillait autant qu'il pouvait les revenus de l'église de Césarée, surtout ceux qui venaient de l'église de Saint-Oreste, dans le mont Taurus, et qui, pour arriver à Césarée, passaient par Tyane. Une fois, s'étant saisi d'un passage étroit, avec une troupe de brigands, il arrêta saint Basile qui passait et lui prit ses mulets. Pour donner un prétexte à ses violences, il accusait le saint d'errer dans la foi, et disait qu'il ne fallait pas payer le tribut aux hérétiques. Il se moquait encore de son exactitude à observer les canons, et ordonna, pour évêque d'une Eglise d'Arménie, un nommé Fauste, que saint Basile avait refusé comme indigne de l'épiscopat.

Loin de se décourager par la conduite d'Anthime, saint Basile en profita pour l'utilité de l'Eglise, en créant dans le pays plusieurs nouveaux évêchés. Il en mit un à Sasime, petite bourgade au milieu du grand chemin qui traversait la Cappadoce et aux confins des deux nouvelles provinces, et il y destina saint Grégoire de Nazianze. Lui, qui craignait l'épiscopat, refusa d'abord et rejeta bien loin cette proposition, alléguant l'incommodité du lieu, qui n'était qu'un passage habité par des gens ramassés de toutes parts, plein de bruit et de misère, sans eau, sans verdure, sans agrément, où il aurait continuellement à livrer des combats contre Anthime. Il faut, disait-il, pour une telle vie, une vertu plus grande que la mienne; puis, se servant de toute la liberté que l'amitié donne, il reprochait à saint Basile de l'avoir trompé, en l'exhortant à la retraite, pour l'engager dans les affaires.

La plupart, touchés des plaintes de saint Grégoire, blâmaient avec lui la conduite de saint Basile; mais il n'en fut point ébranlé et demeura ferme dans sa résolution. Il rapportait tout au bien spirituel, et ne considérait point les intérêts de l'amitié quand il s'agissait du service de Dieu. La haute idée qu'il avait de l'épiscopat l'empêchait de regarder aucun siège comme trop petit; il connaissait l'humilité de son ami et ne craignait point de la mettre à de trop fortes épreuves. Son père même agissait de concert avec saint Basile pour lui faire accepter l'évêché de Sasime. Il reçut donc l'ordination, soumettant, comme il dit, plutôt sa tête que son cœur, et il prononça en cette occasion, suivant la coutume, un petit discours où il traite de tyrannie la violence qu'on lui a faite, et avoue sincèrement le ressentiment qu'il a eu contre Basile; mais il condamne ses premiers mouvements et déclare qu'il est sincèrement réconcilié avec lui (Greg. Naz., *Orat.* 20, 5, 7).

Cependant, comme il ne se pressait point d'aller à Sasime, saint Basile lui fit des reproches de sa négligence. « Ma plus grande affaire, lui répondit saint Grégoire, est de n'en avoir point: c'est ma gloire; et si tout le monde faisait comme moi, l'Eglise n'aurait point d'affaires. » Il ne laissa pas de se mettre en devoir d'entrer en possession; mais Anthime s'y opposa, et, se saisissant des marais de Sasime, se moqua des menaces dont Grégoire voulut user contre lui. La dispute entre saint Basile et Anthime cessa par la multiplication des évêchés; on en mit dans chaque ville, apparemment pour conserver à la métropole de Césarée autant d'évêchés que saint Basile en avait cédé à celle de Tyane, et ce tempérament fut très-avantageux pour l'instruction des peuples. On voit cependant, par les souscriptions du second concile œcuménique, tenu en 381, que la Cappadoce n'était encore comptée pour une seule province (*Vita S. Basil.*, c. 23 et 24, t. III, édit. Bénéd.).

Une autre peine encore plus sensible au cœur de Basile, fut la rupture d'Eustathe de Sébaste. Le saint était lié d'amitié avec lui depuis longtemps, le regardant comme un homme d'une piété singulière. Depuis son épiscopat, il reçut auprès de lui plusieurs personnes de la part d'Eustathe, pour travailler avec lui. Dans la réalité, c'étaient des espions plutôt qu'autre chose. Cependant Eustathe, par ses variations dans la foi, s'était rendu suspect à plusieurs catholiques, principalement à son métropolitain, Théodote de Nicopolis, capitale de la petite Arménie, où Sébaste était située. Il ne voulait plus communiquer avec Eustathe; mais saint Basile ne pouvait se résoudre à l'abandonner, étant persuadé de son innocence, principalement depuis qu'il avait fait profession de la foi de Nicée à Rome et à Tyane. Théodote ayant appelé saint Basile à un concile qu'il devait tenir, saint Basile crut que la charité l'obligeait de s'y trouver; et, comme Sébaste était sur son chemin, il voulut, en passant, conférer avec Eustathe. Il lui proposa les chefs sur lesquels Théodote l'accusait d'hérésie, et le pria de lui dire nettement sa créance. Car, disait-il, je veux demeurer dans votre communion si vous suivez la foi de l'Eglise : sinon je suis obligé de me séparer de vous. Ils eurent sur ce sujet un long entretien, que la nuit interrompit, sans qu'ils eussent rien conclu. Ils reprirent la conversation le lendemain matin, en présence d'un prêtre de Sébaste, qui s'opposait fortement à saint Basile; mais enfin ils convinrent de tout, et vers l'heure de none, ils se levèrent pour prier ensemble et rendre grâces à Dieu. Saint Basile voyait bien qu'il fallait encore tirer d'Eustathe une confession de foi par écrit; mais il voulait, pour plus grande sûreté, la concerter avec Théodote et en recevoir de lui la formule. Cependant Théodote ayant appris que saint Basile avait été voir Eustathe, sans s'informer d'autre chose, ne jugea plus à propos de l'appeler à son concile; de sorte que saint Basile fut obligé de s'en retourner, après avoir fait la moitié du chemin, bien affligé d'avoir pris tant de peine inutilement pour la paix des églises.

Quelque temps après il vint à Gétase, terre appartenant à saint Mélèce, qui y était alors. Théodote y était aussi, et comme il se plaignait de la liaison de saint Basile avec Eustathe, saint Basile expliqua le succès de la visite qu'il lui avait rendue, et comme il l'avait trouvé entièrement d'accord avec lui sur la foi; mais, dit Théodote, il y a renoncé assurément sitôt que vous avez été parti. Il n'est point capable, dit saint Basile, d'une telle duplicité, lui qui déteste le moindre mensonge; mais pour vous en assurer, présentons-lui un écrit où la foi soit clairement exprimée : s'il le refuse, je me séparerai de sa communion. Saint Mélèce approuva la proposition : Théodote même y consentit, et pria saint Basile de venir visiter son église de Nicopolis, promettant de l'accompagner ensuite en Arménie. Il le laissa à Gétase sur cette parole. Mais quand saint Basile fut arrivé à Nicopolis, Théodote ne voulut pas même l'admettre aux prières du matin et du soir, sans en donner d'autre raison, sinon qu'il avait communiqué avec Eustathe.

Saint Basile porta patiemment cet affront, et ne s'en prit qu'à ses péchés. Il ne laissa pas de continuer son chemin de Nicopolis à Satale en Arménie. Car il était chargé, avec Théodote, d'établir des évêques dans cette province. L'empereur entrait dans cette affaire, et le comte Térence, qui était chrétien et fort estimé de saint Basile, la lui avait recommandée. Le mauvais procédé de Théodote la rendait plus difficile; car il avait dans son diocèse des hommes pieux, habiles, instruits de la langue et des mœurs de la nation. Saint Basile ne laissa pas de l'entreprendre seul. Il pacifia les évêques d'Arménie, les exhortant à sortir de l'indifférence pernicieuse où ils vivaient, et leur donna des règles pour y remédier. L'église de Satale était vacante depuis l'an 360. Tout le peuple et les magistrats ayant demandé par un décret public un évêque à saint Basile, il leur en donna un nommé Péménius. C'était un de ses parents, dont il se servait utilement pour le gouvernement de son église de Césarée, et qui lui était très-cher, ainsi qu'à tout son peuple; mais il s'en priva pour cette église, à laquelle il le crut nécessaire (Basil., *Epist*. 99).

Cependant il voyait que la foi d'Eustathe de Sébaste était toujours suspecte aux autres, quoique pour lui il ne s'en défiât point encore; que les soupçons s'étendaient sur lui-même, et que, quelque soin qu'il prît pour s'en justifier, c'était toujours à recommencer. Voyant donc cela, et se trouvant encore à Nicopolis, il se chargea de porter à Eustathe une profession de foi par écrit, qu'il dressa de concert avec Théodote, et que nous avons encore. Elle tend principalement à établir l'autorité du Symbole de Nicée, qui y est rapporté tout au long. Elle explique comment il n'admet en Dieu qu'une essence, contre les ariens, et plusieurs hypostases, contre les sabelliens. Elle prononce anathème contre ceux qui faisaient du Saint-Esprit une créature. Marcel d'Ancyre y est nommément condamné, mais pour avoir confondu *substance* et *hypostase*. Ce n'est, au fond, qu'un malentendu. Car, comme l'avait bien remarqué saint Athanase et le concile d'Alexandrie, ceux des catholiques qui disaient qu'en Dieu il n'y a qu'une hypostase, entendaient une substance; et ceux qui disaient trois hypostases, entendaient trois personnes. Eustathe souscrivit à cette profession de foi en ces termes : « Moi Eustathe, évêque, je vous ai lu et notifié ceci, à vous Basile, je l'ai approuvé et j'y ai souscrit en présence de notre frère Fronton, du chorévêque Sévère et de quelques autres clercs (*Ibid.*, *Epist*. 125). »

Saint Basile ayant après cette souscription, indiqua un concile des évêques du pays, c'est-à-dire de Cappadoce et d'Arménie, pour établir entre eux une union solide. Eustathe promit de s'y trouver et d'y amener ses disciples. Le temps et le lieu étaient marqués; le lieu appartenait à saint Basile, qui s'y rendit le premier pour recevoir ceux du voisinage, et envoya des courriers à ceux qui tardaient. Cependant personne ne venait du côté d'Eustathe; et ceux que saint Basile y envoya, rapportèrent qu'ils avaient trouvé ses partisans alarmés, murmurant de ce qu'on leur avait proposé une foi nouvelle, et protestant d'empêcher Eustathe d'aller au concile. Enfin, après avoir été longtemps attendu, il envoya un homme avec une lettre d'excuse, sans aucune mention de tout ce qui s'était passé. Les prélats qui étaient accourus avec joie auprès de saint Basile, dans l'espérance d'une bonne paix, furent obligés de se séparer confus et affligés. Ainsi il reconnut enfin l'hypocrisie d'Eustathe, et que ceux qui l'en avaient averti depuis si longtemps, le connaissaient mieux que lui ; il prit le parti de s'en humilier profondément.

Ce qui obligea Eustathe à lever le masque, c'est qu'il craignit que la communion de saint Basile et la profession de foi qu'il avait signée ne lui nuisissent auprès d'Euzoïus, évêque arien d'Antioche, et à la cour ; car il réglait sa foi sur son intérêt et s'accommodait au temps. Il commença donc à déclamer contre saint Basile dans les assemblées publiques, et à l'accuser d'erreurs dans la doctrine. Peu de temps après, il alla en Cilicie et donna à un certain Gélase une profession de foi tout arienne. Étant de retour, il écrivit à saint Basile qu'il renonçait à sa communion. Pendant trois années entières, il ne cessa d'invectiver contre son ancien ami et protecteur, qui garda un douloureux silence (Basil., *Epist.* 244).

Cependant saint Basile était lui-même suspect à plusieurs évêques, précisément à cause d'Eustathe, avec lequel il n'avait pas encore rompu ouvertement. Les évêques maritimes, que l'on croit être ceux de la province du Pont, étant refroidis à son égard, furent assez longtemps sans lui écrire ; mais il les prévint par une lettre qui est un modèle d'humilité et de charité. Il s'excuse d'abord de n'avoir point été les voir, sur sa mauvaise santé, le soin des églises et la persécution dont ceux à qui il écrivait étaient exempts. Il dit qu'il eût été convenable à leur charité de lui écrire, pour le consoler, ou le corriger, s'il a manqué. Il offre de se justifier, pourvu que ce soit en présence de ses adversaires. « Si nous sommes convaincu, dit-il, nous reconnaîtrons notre faute ; vous serez excusables devant le Seigneur de vous être retirés de notre communion, et ceux qui nous auront convaincu recevront la récompense d'avoir publié notre malice cachée. Si vous nous condamnez sans nous avoir convaincu, tout ce que nous y perdrons sera votre amitié, qui véritablement est le plus précieux de tous nos biens. » Ensuite, pour montrer la nécessité de conserver l'union, il dit : « Nous sommes les enfants de ceux qui ont établi pour loi que, par de petits caractères, les signes de communion passent d'une extrémité de la terre à l'autre. » Il parle des lettres formées ou ecclésiastiques. Il leur propose ensuite une conférence ou chez eux ou en Cappadoce, pour traiter toutes choses charitablement, et dit qu'encore qu'il écrive seul, c'est de l'avis de tous les frères de Cappadoce (*Ibid., Epist.* 203).

Il eut encore à se défendre des calomnies qui se répandaient contre lui dans Néocésarée, sa patrie. « Si mes péchés ne sont pas sans remède, suivez, dit-il, le précepte de l'apôtre, qui dit : Reprenez, blâmez, consolez ; si mon mal est incurable, qu'on le rende public pour en préserver les églises. Il y a des évêques, qu'on les appelle pour en connaître ; il y a un clergé en chaque église, qu'on assemble les plus considérables. Y parle hardiment qui voudra pourvu que ce soit un examen juridique et non pas un combat d'injures. Si ma faute regarde la foi, qu'on me montre l'écrit et qu'on examine sans prévention si ce n'est point l'ignorance de l'accusateur qui le fait paraître criminel. » Pour preuve de la pureté de sa foi, il marque la multitude des églises avec lesquelles il était uni de communion. Celles de Pisidie, de Lycaonie, d'Isaurie, de l'une et l'autre Phrygie, de l'Arménie-Citérieure, de Macédoine, d'Achaïe, d'Illyrie, de la Gaule, d'Espagne, de toute l'Italie, de Sicile, d'Afrique, de ce qui restait de catholique en Egypte et en Syrie. « Sachez donc, ajoute-t-il, que quiconque fuit notre communion se sépare de toute l'Eglise, et ne me réduisez pas à une église qui m'est si chère. Interrogez vos pères, et ils vous diront que quelque éloignées que fussent les églises par la situation des lieux, elles étaient unies pour les sentiments et gouvernées par le même esprit ; les peuples se visitaient continuellement, le clergé voyageait sans cesse ; la charité réciproque des pasteurs était si abondante, que chacun regardait son confrère comme son maître et son guide dans les choses de Dieu (Basil., *Epist.* 204). »

N'ayant pas même reçu une réponse à cette première lettre, il leur en écrivit une seconde plus véhémente, pour réfuter les vains prétextes de leur éloignement. « On nous accuse, dit-il, d'avoir des hommes qui s'exercent à la piété après avoir renoncé au monde. En vérité, je donnerais ma vie entière pour être coupable d'un tel crime. J'apprends qu'en Egypte il y a des hommes de cette vertu ; il y en a quelques-uns en Palestine, on dit qu'il y en a en Mésopotamie : nous ne sommes que des enfants en comparaison de ces hommes parfaits. S'il y a des femmes qui se conforment à l'Evangile, préférant la virginité au mariage, elles sont heureuses, en quelque endroit du monde qu'elles soient ; chez nous, il n'y a que de petits commencements de ces vertus. » On accusait aussi saint Basile d'avoir introduit la psalmodie et une forme de prière différente de l'usage de Néocésarée. A quoi il répond que la pratique de son église est conforme à toutes les autres. « Chez nous, dit-il, le peuple se lève la nuit pour aller à l'église, et, après s'être confessé à Dieu avec larmes, il se lève de la prière et s'assied pour la psalmodie ; étant divisés en deux, ils se répondent l'un à l'autre pour se soulager ; ensuite, un seul commence le chant et les autres lui répondent. Ayant ainsi passé la nuit en psalmodiant diversement et en priant de temps en temps, quand le jour est venu, ils offrent à Dieu, tout d'une voix, le psaume de la confession. Si vous nous fuyez pour cela, fuyez aussi les Egyptiens, ceux des deux Libyes, de la Thébaïde, de la Palestine, les Arabes, les Phéniciens, les Syriens, ceux qui habitent vers l'Euphrate ; en un mot, tous ceux qui estiment les veilles, les prières et la psalmodie en commun (*Ibid., Epist.* 207). »

L'aversion d'une partie de Néocésarée pour saint Basile alla si loin, qu'ayant appris qu'il était arrivé dans le voisinage, à la maison de campagne où il avait été élevé pendant sa jeunesse, et qui était habitée alors par saint Pierre, son frère, depuis évêque de Sébaste, sainte Macrine, sa sœur, et plusieurs solitaires et vierges, ils s'imaginèrent qu'il voulait venir dans leur ville pour poursuivre ses calomniateurs et s'y attirer les applaudissements et les louanges du peuple. Bientôt toute la ville fut en rumeur ; ses adversaires s'enfuirent sans que personne les poursuivît, et l'on fit venir à prix d'argent des conteurs de fables et des rêveurs, qui contrefaisaient les prophètes, assuraient avec serment, sur les imaginations qu'ils en avaient eues en songes et qui étaient causées par les fumées du vin, que Basile avait une doctrine bien dangereuse et un poison capable de tuer les âmes. De sorte que le saint était accablé d'injures dans cette ville, et le sujet ordinaire de la raillerie dans les festins publics, jusques-là qu'on ne craignait pas de l'appeler un fou et un insensé. Saint Basile écrivit une troisième lettre, adressée aux principaux de Néocésarée. Il leur fait voir que ceux qui l'ont calomnié dans leur ville n'ont agi de la sorte que pour mieux cacher leurs erreurs; que ces erreurs sont celles de Sabellius, dont ce n'est qu'un judaïsme déguisé, qui, en enseignant que le Père, le Fils et le Saint-Esprit ne sont que la même chose sous différents noms, anéantit la préexistence du Verbe, l'incarnation du Fils, sa descente aux enfers, sa résurrection, le jugement, et nie aussi, par conséquent, les opérations personnelles du Saint-Esprit. Basile reconnaît avec douleur et confusion que, parmi ces faux docteurs, il y avait de ses parents. On voit dans cette lettre pourquoi le saint, non content que l'on dît trois personnes, voulait encore que l'on dît trois hypostases ; c'est que les sabelliens reconnaissaient en Dieu trois personnes ou personnages, dans ce sens que le même Dieu avait fait successivement les personnages de Père, de Fils et de Saint-Esprit; mais ils ne voulaient pas reconnaître trois hypostases, trois personnes réellement subsistantes (Basil., *Epist.* 210).

Malgré cela, le clergé de saint Basile jouissait d'une grande renommée. On le voit par ce qui suit. Innocent était évêque d'une ville grande et célèbre, assez éloignée de Césarée, mais dans l'Orient et exposée aux tempêtes qui s'élevaient continuellement dans l'Eglise. Son grand âge le fit penser à se donner un successeur, et il s'adressa pour cet effet à saint Basile, lui protestant qu'il serait son accusateur devant Dieu, s'il négligeait de rendre ce service à l'Eglise. Mais, comme celui qu'Innocent lui avait demandé était jeune et qu'il n'avait pas toutes les qualités nécessaires pour soutenir le poids d'un grand diocèse, il lui offre, comme le plus digne de ses prêtres, un autre qui l'était depuis plusieurs années : de mœurs solides, savant dans les canons, exact dans la foi, vivant dans les exercices de la vie ascétique et ayant le corps consumé d'austérités; pauvre et sans aucun bien en ce monde; en sorte qu'il n'avait pas de pain, s'il ne le gagnait par le travail de ses mains, comme les frères qui étaient avec lui (*Ibid.*, 81).

Cependant il ne faut pas s'imaginer que tout fût parfait. Plusieurs chorévêques faisaient des ordinations à prix d'argent, croyant en cela ne pas pécher, parce qu'ils ne recevaient l'argent qu'après l'ordination faite. Saint Basile s'opposa fortement à cet abus au commencement de son épiscopat; il écrivit pour en faire connaître le rang, et menaça d'éloigner des autels ceux qui, à l'avenir, tomberaient dans la même faute (*Ibid.*, *Epist.* 53). Ces mêmes chorévêques, voulant s'attirer toute l'autorité, ne se souciaient plus d'avertir l'évêque de la promotion des clercs, et permettaient aux prêtres et aux diacres d'admettre dans le ministère ceux qu'ils voulaient. Ceux-ci y admettaient leurs parents et leurs amis sans en faire aucun examen, et par là remplissaient l'Eglise de sujets indignes. Il y en avait même beaucoup qui entraient dans le clergé pour échapper au service militaire, en sorte que l'on comptait un grand nombre de clercs dans chaque village. Toutefois, quand il fallait que les chorévêques en nommassent pour le ministère des autels, c'est-à-dire pour être ordonnés diacres ou prêtres, ils étaient contraints d'avouer qu'ils n'en trouvaient point qui en fussent dignes. Pour remédier à cet abus, saint Basile renouvela les canons des Pères, et ordonna que les chorévêques lui fourniraient le catalogue des ministres de chaque village, qu'ils en garderaient un semblable, afin qu'on pût les confronter, et qu'il ne serait permis désormais à personne de s'y inscrire à son gré. Il déclara, de plus, que l'on remettrait au rang des laïques ceux qui auraient été admis par les prêtres; qu'on les examinerait de nouveau, et que ceux qui seraient jugés dignes seraient reçus par les chorévêques, mais après lui en avoir donné avis (Basil., *Epist.* 54). Une autre fois, ayant appris par un chorévêque qu'un prêtre de la campagne nommé Parégoire, âgé de 70 ans, et qui gouvernait un peuple fort nombreux, avait chez lui une fille, c'est-à-dire une de ces vierges qui avaient voué leur virginité, il lui ordonna de s'en séparer et de la mettre hors de sa maison, lui interdisant toutes ses fonctions jusqu'à ce qu'il eût obéi ; non qu'il soupçonnât du désordre dans ce vieillard, mais à cause du scandale et du mauvais exemple que cela donnerait aux autres (*Ibid.*, *Epist.* 55).

La patience de saint Basile fut encore plus exercée par un certain Glycérius. Il était moine de profession et diacre de l'Eglise de Veneuse. Le saint l'avait ordonné dans l'intention qu'il aiderait au prêtre à pourvoir aux besoins de cette église; car il avait du talent pour les ouvrages des mains. Glycérius négligea le ministère qu'on lui avait confié, et, de sa propre autorité, il rassembla une troupe de vierges, les unes de gré, les autres de force, et se mit à leur tête, prenant le titre et l'habit de patriarche. S'étant procuré par cette industrie de quoi vivre, il se moqua du prêtre, du chorévêque, de saint Basile même, et alluma la sédition dans la ville et parmi le clergé. Saint Basile et le chorévêque essayèrent de le ramener à son devoir en le reprenant avec douceur de ses égarements. Mais pour éviter leur correction, Glycérius, accompagné de plusieurs jeunes hommes, enleva autant qu'il put de vierges, et s'enfuit de nuit avec elles. Comme la ville était remplie de monde, à cause d'une assemblée qui s'y tenait, tous virent passer cette troupe de filles qui sautaient et dansaient en suivant les jeunes gens qui marchaient les premiers. Qui faisait rire les uns et gémir les autres. Les parents de ces extravagantes les supplièrent à genoux et avec larmes de rentrer chez eux; mais Glycérius les fit accabler d'injures. Il vint avec sa troupe à Nazianze, où saint Grégoire les recueillit, afin d'empêcher, autant que possible, le déshonneur qui reviendrait à l'Eglise d'une action de cette nature. Saint Basile l'ayant su écrivit à Grégoire pour l'informer de ce que Glycérius avait fait, et le prier de le lui envoyer avec ces jeunes filles. « Si vous ne le renvoyez point, ajoute-t-il, rendez du moins ces vierges à l'Eglise qui est leur mère; si vous ne pouvez pas le faire, laissez la liberté de revenir à celles qui le voudront. Si Glycérius revient en bon ordre et avec modestie, on lui pardonnera; s'il y manque, je l'interdis de ses fonctions. » Il écrivit à peu près dans les mêmes termes à Glycérius même. Mais comme il ne revenait point et que les vierges continuaient à rester avec lui, il écrivit une seconde lettre à Grégoire pour le presser de les renvoyer ; car il avait beaucoup de peine à se résoudre à les retrancher de la communion de l'Eglise, quoiqu'il pût le faire avec justice (Basil., *Epist.* 169, 170, 171).

Lorsque des Macédoniens, qui niaient généralement la divinité du Saint-Esprit, se présentaient pour se réunir à l'Eglise, Basile usait à leur égard d'une certaine condescendance. Sans les obliger à dire expressément que le Saint-Esprit est Dieu, il leur demandait simplement de confesser la foi de Nicée, de déclarer qu'ils ne croyaient pas le Saint-Esprit une créature, et ne communiqueraient point avec ceux qui le croiraient tel. Lui-même, dans ses écrits et ses discours publics, s'abstenait de lui donner formellement le nom de Dieu, quoiqu'il usât de termes équivalents et qu'il montrât sa divinité par des preuves invincibles. La raison de cette conduite était la circonstance du temps. Il voyait que les hérétiques, avec la protection de Valens, ne cherchaient qu'un prétexte pour chasser de leurs siéges les évêques les plus zélés pour la vérité, et lui-même tout le premier ; que l'Eglise d'Orient était pleine de division et de troubles. Il pensait donc que le moyen le plus efficace pour conserver la religion, était de procurer la paix, usant à l'égard des faibles de toute la condescendance possible ; il espérait qu'après la réunion, Dieu les éclairerait davantage par le commerce des catholiques et par l'examen paisible de la vérité. C'est ainsi que saint Grégoire de Nazianze justifie la conduite de son ami, qui s'en explique lui-même en ce sens dans deux lettres aux prêtres de Tarse (*Ibid., Epist.* 113 et 114).

Saint Basile n'avait pas laissé de nommer le Saint-Esprit Dieu dans des écrits publics, lorsqu'il le croyait utile ; comme dans sa lettre à l'Eglise de Césarée, écrite vers l'an 363. Et il en usa toujours ainsi dans les entretiens particuliers, surtout avec saint Grégoire de Nazianze, à qui il protesta, comme ce saint le témoigne, qu'il voulait perdre le Saint-Esprit, s'il ne l'adorait avec le Père et le Fils comme leur étant consubstantiel. Ils étaient même convenus que, tandis que Basile userait de ces précautions, Grégoire, qui était moins exposé à la persécution, prêcherait hautement cette vérité. Dans un repas où Grégoire se trouva avec plusieurs de leurs amis communs, la conversation tomba sur saint Basile. Tous en parlaient avec admiration et le louaient, ensemble les deux amis, quand un des convives, qui était moine, s'écria : Vous êtes de grands flatteurs. Louez tout le reste, j'y consens ; mais pour le capital, qui est l'orthodoxie, ni Basile ni Grégoire ne méritent des louanges ; l'un la trahit par ses discours, l'autre par son silence. — Où l'avez-vous appris, dit Grégoire, téméraire que vous êtes ? Le moine répondit : Je viens de la fête du martyr Eupsychius, et là j'ai ouï le grand Basile parler merveilleusement bien de la divinité du Père et du Fils ; pour le Saint-Esprit, il a passé à côté. D'où vient, ajouta-t-il, regardant Grégoire, que vous-même vous parlez clairement de la divinité du Saint-Esprit, comme vous fîtes en une telle assemblée, et que Basile en parle obscurément et avec plus de politique que de piété ?

— C'est, répondit Grégoire, que je suis un homme caché et peu connu ; ainsi je parle sans conséquence. Basile est illustre par lui-même et par son Eglise ; tout ce qu'il dit est public : on lui fait une guerre acharnée ; et les hérétiques cherchent à relever quelques paroles de sa bouche afin de le chasser de l'Eglise, lui qui est presque la seule étincelle qui nous reste. Il vaut donc mieux céder un peu à cet orage et faire connaître la divinité du Saint-Esprit par d'autres paroles : la vérité consiste plus dans le sens que dans les mots. Mais quoi que pût dire saint Grégoire de Nazianze, les assistants ne goûtèrent point ces ménagements (Greg., *Epist.* 26).

Saint Athanase, au contraire, approuvait hautement cette condescendance. On le voit par deux de ses lettres, où il en parle ainsi : « Quant à ce que vous m'avez demandé touchant les moines de Césarée qui s'opposent à notre frère l'évêque Basile, ils auraient raison si sa doctrine était suspecte, mais ils sont assurés, comme nous le sommes tous, qu'il est la gloire de l'Eglise et qu'il combat pour la vérité : loin de le combattre lui-même, il faut approuver sa bonne intention. Car, suivant ce que j'ai appris, ils se chagrinent en vain ; et je suis persuadé qu'il se fait faible avec les faibles, afin de les gagner. Nos frères doivent louer Dieu d'avoir donné à la Cappadoce un tel évêque. Mandez-leur que c'est moi qui l'écris, afin qu'ils aient les sentiments qu'ils doivent pour leur père, et qu'ils conservent la paix des Eglises (Athan., t. II). »

Dans le temps même que saint Athanase défendait son ami de Césarée, il était obligé de combattre les erreurs d'un autre : c'était Apollinaire, évêque de Laodicée. Prodige de littérature, d'une vie édifiante, ayant défendu la foi contre les ariens et contre Julien l'Apostat, honoré de l'amitié et des lettres de saint Athanase, il aurait pu être une autre colonne de l'Eglise, s'il avait persévéré jusqu'à la fin dans la pureté de la doctrine. Mais, enflé de son génie, s'appuyant plus volontiers sur les raisonnements humains que sur l'Ecriture et la tradition, aimant à réfuter tout ce que disaient les autres, il lui arriva, tout en combattant les ariens, de s'approprier une de leurs erreurs jusque alors peu remarquée : c'était de dire que le Verbe de Dieu, dans son incarnation, n'avait pris de l'homme que la chair et non pas l'âme raisonnable. A cette erreur première, l'esprit inconstant et sophistique d'Apollinaire et de ses disciples ajouta des variations souvent contradictoires. Tantôt, qu'il y avait en Jésus-Christ une âme avec le corps, mais une âme purement sensitive, et que la divinité tenait lieu d'entendement ; que l'âme raisonnable étant la source du péché, le Sauveur n'avait pas dû la prendre. Tantôt, que le corps de Jésus-Christ était consubstantiel au Verbe : d'où il suivait que ce corps n'était point tiré de Marie, puisqu'il était éternel comme la divinité ou que la divinité du Verbe avait changé de nature en devenant chair. Tantôt, que le corps de Jésus-Christ était descendu du ciel, et par conséquent qu'il était d'une autre nature que la nôtre, et qu'il s'était dissipé après la résurrection ; en sorte qu'il avait été homme en apparence, plutôt qu'en effet. Tantôt, que Jésus-Christ était un homme adopté pour être Fils de Dieu et par conséquent semblable aux autres prophètes. Tantôt, que le Verbe de Dieu était un autre que le Christ, fils de Marie, qui avait souffert. Tantôt ils accusaient ceux qui reconnaissaient en Jésus-Christ deux natures entières, de le diviser en deux et d'en faire deux personnes (Tillemont, Ceillier, Fleury).

Ces erreurs se répandaient sans bruit; l'auteur ne paraissait pas. Dès 362, quelques disciples d'Apollinaire en ayant été soupçonnés, les désavouèrent au concile d'Alexandrie, et confessèrent que le Verbe étant dans la forme de Dieu, avait pris la forme de serviteur, un corps animé d'une âme raisonnable; qu'ainsi le même Christ est Fils de Dieu et Fils de l'homme, avant Abraham et après, demandant comme homme où était Lazare, et le ressuscitant comme Dieu. Vers l'an 371, d'autres personnes ayant reproduit la plupart de ces erreurs dans un concile de Corinthe, y finirent également par les désavouer, et Epictète, évêque de la ville, en rendit compte à saint Athanase. Adelphius, évêque d'Egypte et confesseur, ainsi que le philosophe Maxime, réfutèrent d'autres de ces erreurs qu'on reproduisait ailleurs, et renvoyèrent tous deux leurs écrits au saint évêque d'Alexandrie. Enfin un ami le sollicita d'en faire lui-même une réfutation. Il répondit aux trois premiers par trois lettres, et au quatrième par deux livres *De l'incarnation de Notre Seigneur Jésus-Christ*.

Dans ces ouvrages, que nous avons entiers, ainsi que dans des fragments d'autres, il expose si nettement la doctrine de l'incarnation, réfute si bien les erreurs d'Apollinaire, sans le nommer cependant, qu'il y réfute d'avance celles de Nestorius et d'Eutychès. Il fait voir qu'elles étaient contraires, non-seulement à l'Ecriture et au bon sens, mais encore à elles-mêmes, et qu'elles tombaient précisément dans les inconvénients qu'elles reprochaient à tort à la doctrine catholique. Il fait voir que l'union du Verbe avec la nature humaine s'est faite dans le sein de la Vierge, et qu'elle s'y est faite de manière que, depuis le moment de cette union, le Verbe et l'homme ne font plus qu'un seul et même Jésus-Christ, qui est Dieu parfait et homme parfait, non par le changement des perfections divines en perfections humaines, ni par la division des perfections de ces deux natures, mais à cause de leur union en une même personne. Aussi, soit dans ces écrits, soit dans les autres, donne-t-il au moins huit fois à la sainte Vierge le nom de *Théotocos*, c'est-à-dire mère de Dieu. Il enseigne que Jésus-Christ, Dieu parfait et homme parfait, est consubstantiel au Père en tant que Dieu, et consubstantiel à nous en tant qu'homme; qu'il a rempli toutes les fonctions attachées à la nature humaine, excepté le péché, attendu que le péché n'est pas de la nature de l'homme, mais l'œuvre de sa volonté, séduite par Satan. Que, comme il y a en lui deux natures, de là vient qu'il est quelquefois appelé Dieu et homme dans l'Ecriture, quoiqu'en lui Dieu et l'homme ne fassent qu'un seul Christ.

« Ce qu'il a souffert dans son corps, dit-il en particulier dans sa lettre au philosophe Maxime, il l'a magnifiquement relevé comme Dieu. Ainsi, il avait faim dans sa chair, et comme Dieu, il rassasiait ceux qui avaient faim. Comme homme, il demande où est Lazare, et comme Dieu, il le rappelle à la vie. Que nul donc ne se raille en disant qu'il a été enfant, qu'il a crû avec l'âge, qu'il a mangé, qu'il a bu, qu'il a souffert. Car s'il a été enfant dans la crèche, il s'y est fait adorer des mages; si, jeune encore, il est descendu en Egypte, il y a renversé les idoles; s'il a été crucifié dans sa chair, il a ressuscité des morts pourris depuis longtemps (Athan., t. I). » Et dans sa quatrième lettre à Sérapion : « En Jésus-Christ, les opérations divines ne se faisaient pas sans la nature humaine, ni les opérations humaines sans la nature divine; mais le même faisait tout conjointement et sans division. Quand il dit : *Mon Père, s'il est possible, que ce calice s'éloigne de moi! cependant que votre volonté soit faite et non pas la mienne; l'esprit est prompt, mais la chair est faible*, Jésus-Christ a fait voir qu'il avait deux volontés : l'une humaine, qu'il appelle la sienne, qui demande l'éloignement du calice; l'autre divine, qu'il dit être prompte, et qu'il appelle la volonté de son Père. Mais il était exempt de cupidité et de pensées humaines, toutes ses pensées et tous ses désirs dépendant de la volonté du Verbe... » C'est en ce sens que le même saint Athanase dit qu'en Jésus-Christ la volonté était de la divinité seule (Athan., t. I).

Voilà comme il prévenait dès lors la future erreur des monothélites. Il dit encore : « En Jésus-Christ, nous n'adorons pas le corps séparément du Verbe, ni le Verbe séparément du corps, mais le corps uni au Verbe et uni d'une manière indissoluble. Ainsi, pendant que son corps était dans le tombeau, son âme descendit dans les enfers pour mettre en liberté celles qui étaient détenues; mais son âme était toujours unie au Verbe ainsi que son corps. Au reste, il ne faut pas distinguer dans Jésus-Christ la gloire de Dieu d'avec la gloire de l'homme; elle est une et la même. Ainsi, quand nous adorons le Seigneur dans la chair, nous n'adorons pas la créature, mais le Créateur revêtu d'un corps, par une seule et même adoration (*Ibid.*, et Ceillier). »

Saint Athanase ne parle pas moins bien de la divinité du Saint-Esprit. Non-seulement il en prouve la divinité dans plusieurs de ses ouvrages, tels que ses *Lettres à Sérapion*, son *Traité de l'incarnation*, contre les ariens, et particulièrement son *Traité de la Trinité et du Saint-Esprit*; mais il y marque encore assez clairement qu'il le croyait procéder du Père et du Fils. Il le dit en termes formels du Père, et, ce qui fait voir qu'il pensait de même du Fils, c'est qu'il assure que le Saint-Esprit est le propre Esprit du Fils, que c'est par lui qu'il est donné et envoyé; qu'il est le souffle, la *spiration* vivante et subsistante du Fils; qu'il est tellement dans le Père qui l'envoie et dans le Fils qui le porte, qu'il ne peut en être séparé; que tout ce qu'a le Saint-Esprit, c'est du Verbe qu'il le reçoit; qu'il est du Fils et de la substance du Père; qu'il est appelé son image et qu'il l'est réellement; que ce n'est pas le Saint-Esprit qui unit le Verbe avec le Fils, mais que, c'est plutôt le Fils qui l'unit au Père; qu'enfin le Fils est, avec le Père, la source d'où le Saint-Esprit tire son origine (Athan., Ceillier).

Après quarante-six ans d'épiscopat, avant et pendant lesquels il ne cessa de combattre toutes les hérésies de son temps, et en elles les principales hérésies à venir; après avoir traversé les temps les plus difficiles et les embûches des ennemis les plus rusés, sans jamais faire une fausse démarche, et toujours intimement uni à l'Eglise romaine, le grand et saint Athanase mourut le 2 mai 373. Homme qu'on ne peut louer sans louer la vertu même, parce que toutes les vertus ont été renfermées dans son âme et ont paru avec éclat dans toute sa conduite. Père de la foi orthodoxe, évêque en qui l'on voyait l'idée parfaite de la justice et comme une règle immuable et infaillible de la vraie foi. C'est ainsi qu'en parlent saint Grégoire de Nazianze, saint Epiphane, saint Cyrille d'Alexandrie et autres Pères de l'Eglise (Greg. Naz., *Orat.* 21 ; Epiph., *Hæres.*, 69, n. 2; Cyrill. Alex., *Hom.* 8, *epist.* 1).

Avant qu'il expirât, on le pria de désigner son successeur, et il nomma Pierre, homme excellent, déjà vénérable par son âge et ses cheveux blancs, admirable pour sa piété, sa sagesse et son éloquence, fidèle compagnon de ses travaux et de ses voyages, qui ne l'avait jamais abandonné dans aucun péril. Ce choix fut confirmé par le suffrage de toute l'Eglise d'Alexandrie, du clergé, des magistrats, des nobles, de tout le peuple, qui témoigna sa joie par des acclamations publiques. Les évêques voisins s'assemblèrent en diligence pour célébrer l'élection solennelle et l'ordination; les moines quittèrent leur solitude pour y assister, et Pierre fut mis sur le trône d'Alexandrie par un consentement unanime de tous les catholiques. Il écrivit aussitôt, suivant la coutume, aux évêques des principaux sièges, et nous avons encore la réponse que lui fit saint Basile. Le pape saint Damase lui écrivit, de son côté, des lettres de communion et de consolation qu'il lui envoya par un diacre.

Autant cette ordination réjouissait les catholiques, autant elle fâchait les ariens. Ils en informèrent de suite l'empereur Valens et Euzoïus, leur faux évêque d'Antioche. Bientôt arriva l'ordre à Pallade, préfet d'Egypte, de chasser Pierre. Pallade, adorateur superstitieux des idoles, n'attendait qu'un prétexte pour persécuter la religion du Christ. Ayant ramassé une troupe de Juifs et de païens, il les conduisit à l'église de Saint-Théonas, l'investit de soldats, commanda au patriarche d'en sortir, s'en rendit maître avec son ramassis de populace, et, au lieu de psaumes, fit chanter des hymnes en l'honneur des idoles. En même temps, il proféra des paroles obscènes contre les vierges consacrées à Dieu. Quelques-uns même de son insolente troupe mirent la main sur elles, leur arrachèrent les vêtements, les traînèrent toutes nues à travers les rues de la ville, et maltraitèrent quiconque leur reprochait leur atrocité. Dans le moment même, ceux de leurs compagnons qui étaient restés à l'église, y commettaient les plus horribles abominations. Un jeune libertin, vêtu en femme, monta à l'autel, y dansa avec des gestes obscènes, que les assistants accompagnaient d'éclats de rire et de blasphèmes. Un autre, plus infâme encore et connu pour tel, monta tout nu dans la chaire, et, aux applaudissements de son hideux auditoire, prêcha l'intempérance, la débauche, l'adultère, la sodomie même. Ces affreux détails, ainsi que les suivants, nous sont attestés par une lettre du saint patriarche, que nous a conservée Théodoret (Theod., l. 4, c. 22 ; Soc., l. 4, c. 20; Soz., l. 6, c. 19).

Pierre quitta la ville, où il ne lui était plus permis d'exercer son saint ministère, et se rendit à Rome, centre sacré de l'Eglise, refuge des évêques persécutés et fidèles.

Peu après vint à Alexandrie, Lucius; que les ariens en avaient ordonné évêque. Il y vint avec Euzoïus, faux patriarche d'Antioche, qui, bien des années auparavant, dans cette même Alexandrie, avait été excommunié avec Arius. Avec eux venait le comte Magnus, le même qui, sous Julien, avait brûlé l'église de Béryte, et qui, sous Jovien, avait été obligé de la rebâtir et avait même failli avoir la tête tranchée. Il était trésorier de l'empereur Valens, et venait de sa part avec une troupe de soldats, pour soutenir l'évêque intrus, de concert avec le préfet Pallade. En même temps parut un ordre de l'empereur de bannir d'Alexandrie et de l'Egypte tous ceux que Lucius indiquerait comme tenant au Symbole de Nicée. Si l'arrivée de l'intrus fit de la peine aux catholiques, les païens, au contraire, le reçurent avec de grands applaudissements, et lui disaient en face : « Tu es le bien-venu, évêque qui ne reconnais pas le Fils : Sérapis te favorise, et c'est lui qui t'amène. » C'est qu'il y a une affinité plus réelle qu'on ne pense entre l'arianisme et l'idolâtrie : les rigides ariens ne voyaient dans le Christ qu'une créature, et cependant ils l'adoraient comme un Dieu; ce qui les constituait vraiment idolâtres.

A peine arrivé, Magnus fit prendre dix-neuf, tant prêtres que diacres, dont quelques-uns avaient plus de 80 ans, et les ayant fait amener à son tribunal, les pressa de renier la foi catholique, et, pour l'amour de l'empereur, d'acquiescer à l'opinion des ariens. Il leur promit des honneurs et des richesses, les menaça de la prison, de tortures, d'exil et du dernier supplice; il ajouta même cette lâche représentation, que, s'ils cédaient à la nécessité, Dieu ne leur en ferait point un crime. Comme ils se déclarèrent avec joie pour la foi orthodoxe, il les mit en prison, et les y retint plusieurs jours, espérant les faire changer. Ensuite il les fit fouetter et torturer en présence du peuple qui gémissait; puis, ayant fait élever son tribunal près du port, entouré de Juifs et de païens apostés pour crier contre les saints confesseurs, il les condamna au bannissement et les envoya à Héliopolis en Phénicie, dont tous les habitants étaient idolâtres et ne pouvaient même souffrir le nom de Jésus-Christ. Il les fit embarquer sur-le-champ, les pressant lui-même l'épée à la main, sans leur donner le temps de prendre les choses nécessaires, sans attendre que la mer, qui était très-agitée, devînt calme, et sans être touché des cris et des larmes de tout le peuple catholique.

Le préfet Pallade défendit, sous des peines sévères, de pleurer le sort de ces hommes. Et comme tous les catholiques pleuraient, il en fit saisir un grand nombre, tant hommes que femmes, et, après les avoir fait déchirer de coups, les condamna aux mines. Parmi eux étaient vingt-trois moines, ainsi que l'envoyé du pape saint Damase. D'autres, parmi lesquels de jeunes enfants, après avoir souffert de cruelles tortures, étaient mis à mort, et leurs cadavres gardés par des soldats, pour empêcher leurs parents ou leurs amis de leur donner la sépulture. L'inhumanité alla plus loin : si quelqu'un était convaincu d'avoir compati, ne fût-ce que la douleur d'un père, d'une mère, on lui coupait la tête.

Onze évêques d'Egypte, qui avaient passé la plus grande partie de leur vie dans la solitude et combattu pour la foi orthodoxe, furent relégués à Diocésarée de Palestine, qui n'était habitée que par des Juifs. Entre les autres évêques, qui furent bannis ailleurs, était saint Mélas de Rhinocorure. Ceux qui devaient le prendre, étant entrés à l'église pour le chercher, y trouvèrent un homme qui préparait les lampes, ceint d'un tablier gras et portant des mèches. A la question : Où est l'évêque? il les conduisit dans la maison épiscopale, leur promit que l'évêque leur parlerait; mais comme ils étaient fatigués du voyage, il les pria de se rafraîchir auparavant, leur mit lui-même là table et leur servit ce qu'il avait. Après le repas, lorsqu'il leur eut versé lui-même à laver les mains, il leur apprit que c'était lui l'évêque. Eux, stupéfaits et confus, lui avouèrent le sujet de leur voyage; mais ils lui laissèrent la liberté de se retirer, tant ils avaient conçu de respect pour sa vertu. Il leur répondit qu'il n'avait garde de se soustraire à ce que souffraient les autres évêques catholiques, et qu'il irait volontiers en exil. Il avait acquis toutes ces vertus dans la profession monastique qu'il avait exercée depuis sa jeunesse. Son frère Solon, auparavant marchand, ayant embrassé le même genre de vie, profita si bien sous sa conduite, qu'il fut après lui évêque de Rhinocorure. Ces deux frères eurent des successeurs dignes d'eux, et Sozomène témoigne que leurs saintes instructions duraient encore de son temps, et que le clergé de cette église vivait en communauté (Soz., l. 6, c. 31).

Ceux que l'intrus d'Alexandrie s'appliquait particulièrement à persécuter étaient les solitaires d'Egypte, à cause de leur attachement à la foi catholique et de leur autorité sur le peuple. Lui-même, escorté du comte Magnus et d'une troupe de soldats, alla les poursuivre dans les déserts de Nitrie, où se trouvaient les deux Macaire, Pambon, Héraclide, Isidore et plusieurs autres disciples du grand saint Antoine. On les trouvait faisant leurs exercices ordinaires, priant, guérissant des malades, chassant des démons. Les soldats allaient mettre la main dessus, quand on apporta un homme dont les membres étaient tellement desséchés, qu'il ne pouvait se tenir debout. Les solitaires l'oignirent d'huile, et dirent : « Au nom de Jésus-Christ, que Lucius persécute, lève-toi et retourne en ta maison ! » Aussitôt il se leva et fut guéri. Mais Lucius ne fut pas guéri de son endurcissement. Il en vint jusqu'à employer contre les saints moines, les fouets, les pierres et les armes. Mais eux n'étendaient pas seulement la main pour arrêter les coups, toujours prêts à présenter leurs têtes aux épées plutôt que d'abandonner la foi de Nicée. L'intrus voyant qu'il ne pouvait vaincre cette multitude de saints, conseilla au duc d'Egypte de bannir les abbés qui les conduisaient.

On prit les deux Macaire, Isidore et quelques autres, et, les ayant enlevés de nuit, on les mena dans une île environnée de marais, où il n'y avait que des païens attachés à leurs anciennes superstitions, et où jamais l'Evangile n'avait été annoncé. Il y avait un temple d'idoles dont le sacrificateur était honoré comme un dieu. Lorsque la barque qui portait les confesseurs fut près de terre, la fille du sacrificateur fut saisie du démon et courut furieuse vers le rivage où les rameurs abordaient. Comme elle courait en criant, plusieurs personnes, étonnées de ce prodige, la suivaient. Quand elle fut près du bateau, elle commença à crier à haute voix : « Oh ! que vous êtes puissants ! serviteurs du grand Dieu ! Oh ! serviteurs de Jésus-Christ, vous nous chassez partout; des villes, des villages, des montagnes, des déserts ! Nous espérions être à l'abri de vos attaques dans cette petite île; c'est notre ancienne habitation, nous n'y nuisons à personne, nous y sommes inconnus. Mais si vous la voulez encore, prenez-la ; nous nous retirerons. Nous ne pouvons résister à votre vertu. » Les démons ayant ainsi parlé, jetèrent la fille par terre et se retirèrent. Les moines la relevèrent et la remirent en parfaite santé de corps et d'esprit. Les assistants, et son père tout le premier, se jetèrent aux pieds des saints et les prièrent de les instruire, et, après les préparations nécessaires, ils reçurent le baptême et changèrent leur temple en église. Ainsi furent convertis tous les habitants de cette île. La nouvelle en étant venue à Alexandrie, le peuple en foule vint faire des reproches à Lucius, craignant que la colère de Dieu ne tombât sur eux, si on ne relâchait ces saints. Lucius eut peur d'une sédition, et ordonna secrètement que ces moines retournassent à leurs cellules (Theod., l. 4, c. 14).

L'intrus éprouva vers ce temps un échec plus humiliant encore. Les Sarrasins ou Ismaélites faisaient la guerre aux Romains, sous la conduite de la reine Mavia, déjà chrétienne. L'empereur Valens, assez pressé d'ailleurs, fit la paix avec elle. Mais elle mit parmi les conditions du traité, que l'on donnerait pour évêque à son peuple, un moine de la même nation, nommé Moïse, célèbre par ses vertus et ses miracles, qui habitait le désert aux confins de l'Egypte et de la Palestine. Les généraux de l'armée romaine accordèrent volontiers cette condition, et quand ils en eurent donné avis à Valens, il commanda que Moïse fût mené promptement à Alexandrie pour y recevoir l'imposition des mains, suivant la coutume, parce que c'était l'église la plus proche. Les généraux prirent donc Moïse dans son désert et le menèrent à Lucius. Mais Moïse lui dit en présence des magistrats et de tout le peuple assemblé : Arrêtez ! je ne suis pas digne de porter le nom d'évêque ; mais si j'y suis appelé, tout indigne que je suis, pour le bien des affaires publiques, je prends à témoin le Créateur du ciel et de la terre, que je ne recevrai point l'imposition de vos mains souillées du sang de tant de saints. Lucius lui répondit : Si vous ignorez encore quelle est ma foi, vous n'avez pas raison de vous éloigner de moi sur des calomnies ; apprenez-la donc de ma bouche, et jugez-en par vous-même. — Votre foi, répondit Moïse, me paraît très-manifeste ; les évêques, les prêtres et les diacres exilés, envoyés parmi les infidèles, condamnés aux mines, exposés aux bêtes ou consumés par le feu, sont des preuves de votre créance : les yeux sont des témoins plus fidèles que les oreilles. Moïse ayant ainsi parlé, protesta avec serment que jamais il ne recevrait l'ordination par les mains de Lucius. L'intrus l'eût volontiers fait mourir ; mais il fallait contenter la reine des Sarrasins. On mena donc Moïse, selon son désir, aux évêques catholiques relégués sur la montagne. Il reçut d'eux l'imposition des mains, et conserva toujours avec eux la communion (Soc., l. 4, c. 37; Soz., l. 6, c. 38).

Les solitaires de l'Egypte, persécutés par les ariens et vénérés des peuples, se voyaient honorés et secourus par de pieux pèlerins de l'Occident. De ce nombre était Mélanie, la plus illustre des dames romaines, petite-fille de Marcellin, consul en 341. Elle perdit en une seule année deux de ses enfants et son mari, demeurant veuve à l'âge de vingt-deux ans ; et elle souffrit ces pertes avec une foi si vive, qu'elle n'en répandit point de larmes. Se voyant libre, elle quitta le fils unique qui lui restait, encore enfant, et qui fut préteur de Rome, et s'embarqua pour passer en Egypte. Elle était accompagnée de Rufin d'Aquilée. Dans Alexandrie, elle vit le célèbre Didyme l'aveugle, qui avait alors plus de soixante ans. Elle y trouva aussi le saint prêtre Isidore, qui gouvernait l'hôpital. Il était très-connu à Rome, depuis le voyage qu'il y avait fait avec saint Athanase. Comme il avait demeuré autrefois en la montagne de Nitrie, il parla à l'illustre voyageuse des vertus de ceux qui habitaient ce désert, entre autres de saint Pambon. Elle désira d'y aller, et saint Isidore l'y conduisit. Elle fit présent à Pambon de trois cents livres romaines de vaisselle d'argent. Lui travaillait à un tissu de feuilles de palmier, et, sans se détourner de son ouvrage, il lui dit à haute voix : « Dieu vous donne votre récompense ! » Puis il dit à son économe : « Prends, et distribue-le à tous les frères qui sont en Libye et dans les îles ; car ces monastères ont plus de besoin ; mais n'en donne point à ceux d'Egypte, le pays est plus riche. » Mélanie demeurait debout, attendant qu'il lui donnât sa bénédiction, ou du moins un mot de louange pour un présent si considérable. Comme il ne lui disait rien, elle dit : « Mon père, afin que vous le sachiez, il y a trois cents livres d'argent. » Lui, sans faire le moindre signe ni regarder les étuis de cette argenterie, répondit : « Ma fille, celui à qui vous l'avez apporté n'a pas besoin que vous lui en disiez la quantité. Il pèse les montagnes et toute la terre dans sa balance. Si vous me le donniez, vous auriez raison de m'en dire le poids ; mais si vous l'offrez à Dieu, lui qui n'a pas méprisé les deux oboles de la pauvre veuve, n'oubliera pas non plus votre offrande. » Quelques années après, dans un second voyage qu'elle fit à Nitrie, comme saint Pambon achevait sa dernière corbeille, il fit appeler Mélanie, et lui dit : « Recevez cette corbeille de mes mains, afin de vous souvenir de moi ; car je n'ai pas autre chose à vous laisser. » Quand il fut mort, Mélanie l'ensevelit elle-même (Pallad., *Laus.*, c. 119, etc.).

Parmi les disciples de Pambon, on comptait quatre frères, Dioscore, Ammonius, Eusèbe et Euthymius, qui, étant de grande taille, furent nommés les grands frères ou les frères longs, et devinrent fameux dans la suite. Dioscore, qui était l'aîné, fut évêque d'Hermopolis. Ammonius avait fait le voyage de Rome avec saint Athanase : il savait toute l'Ecriture par cœur, et avait une grande lecture d'Origène, de Didyme et des autres auteurs ecclésiastiques : tous les quatre frères étaient d'une grande autorité dans ce monastère. Ils avaient trois sœurs, qui avaient fait dans le voisinage un monastère de filles. Sur le même mont de Nitrie, sainte Mélanie vit saint Or, âgé de 90 ans, et père de mille moines. Quand il en recevait un nouveau, il assemblait tous les autres, dont l'un apportait de la brique, l'autre du mortier, l'autre du bois, en sorte qu'en un jour ils lui bâtissaient une cellule ; et saint Or prenait lui-même le soin de la meubler.

Durant la persécution, Mélanie s'appliqua de tout son pouvoir à soulager les confesseurs, et y employa ses richesses qui étaient immenses. Elle en nourrit jusqu'à cinq mille pendant trois jours : elle les recevait dans leur fuite, et les accompagnait quand ils étaient pris. Elle suivit ceux qui furent relégués en Palestine, jusqu'au nombre de cent douze, leur fournissant de quoi subsister. Et comme on les gardait étroitement sans permettre de les visiter, elle prenait un habit d'esclave, et venait vers le soir leur apporter les choses nécessaires à la vie. Le gouverneur de Palestine le sut et la fit mettre en prison sans la connaître, croyant en tirer de l'argent en lui faisant peur. Elle lui envoya dire : « Je suis fille d'un tel, et autrefois femme d'un tel, et maintenant servante de Jésus-Christ. Ne pensez donc pas me mépriser, à cause que vous me voyez mal vêtue ; car je puis l'être aussi magnifiquement que je voudrai. Ne pensez pas non plus m'épouvanter par vos menaces ; car j'ai assez de crédit pour vous empêcher de me ravir la moindre partie de mon bien. J'ai bien voulu vous donner cet avis, de peur que par ignorance vous ne tombiez dans quelque faute qui vous mettrait en péril. » Le gouverneur, épouvanté à son tour, lui fit des excuses, lui rendit les honneurs qui lui étaient dus, et donna ordre qu'on la laissât approcher des exilés, autant qu'elle voudrait (Pallad., *Laus.*, 117).

Rufin, qui accompagnait Mélanie dans ce voyage, vint avec elle à Jérusalem, où ils demeurèrent vingt-cinq ans, assistant les étrangers qui y venaient de toutes parts, particulièrement les évêques, les moines et les vierges. Saint Jérôme ayant appris qu'ils y étaient, écrivit à Rufin, et adressa la lettre à un solitaire de grande réputation, nommé Florentius, qui était aussi à Jérusalem, avec lequel il avait fait connaissance par lettres. En lui parlant de Rufin, il dit : « Ne jugez pas de moi par ses vertus. Vous verrez en lui des marques évidentes de sainteté : pour moi, je ne suis que cendre et que boue (Hier., *Epist.* 5 *ad Florent.*). » Telle était alors l'amitié de Rufin et de Jérôme, qui, depuis, devinrent de véhéments adversaires.

Saint Jérôme, après avoir étudié à Rome, voyagé dans les Gaules, demeuré quelque temps à Aquilée, était venu avec le prêtre Evagre à Antioche, d'où il se retira dans un désert, sur les confins de la Syrie et de l'Arabie. Il eut pour compagnons de sa retraite deux amis, Innocent et Héliodore, et un esclave nommé Hylas. Le prêtre Evagre qui était riche, leur fournissait toutes les choses nécessaires ; il entretenait à saint Jérôme des écrivains pour le servir dans ses études, qu'il continuait toujours, et lui faisait tenir d'Antioche les lettres qui lui étaient adressées de divers endroits. Saint Jérôme perdit deux de ses compagnons : Innocent mourut, Héliodore se retira bientôt avec promesse de revenir. Lui-même fut attaqué de fréquentes maladies, et, ce qui le fatiguait encore plus, de violentes tentations d'impureté, par le souvenir des délices de Rome. Comme les jeûnes et les autres austérités corporelles ne l'en délivraient pas, il entreprit une étude pénible pour dompter son imagination : ce fut d'apprendre la langue hébraïque, sous la direction d'un Juif converti. Après la lecture de Cicéron et des meilleurs auteurs latins, il lui semblait rude de revenir à l'alphabet, et de s'exercer à des aspirations et à des prononciations difficiles. Souvent il quitta ce travail, rebuté par les difficultés; souvent il le reprit, et enfin il acquit une grande connaissance de cette langue.

Les montagnes et les déserts de Syrie étaient peuplés de solitaires. Le plus illustre d'entre eux fut saint Ephrem, qui, vers ce temps, fut inspiré de visiter saint Basile. L'ayant trouvé dans l'église de Césarée, expliquant à son peuple la parole de Dieu, il ne put s'empêcher de lui donner publiquement des louanges. Ce qui fit dire à quelques-uns de l'assemblée : « Qui est cet étranger, qui loue ainsi notre évêque? Il le flatte pour en recevoir quelque libéralité. » Mais après l'assemblée finie, saint Basile, connaissant par inspiration qui il était, le fit appeler et lui demanda par un interprète, car saint Ephrem ne savait pas le grec : Etes-vous Ephrem, qui vous êtes si bien soumis au joug du Sauveur? Il répondit : Je suis Ephrem, qui cours le dernier dans la carrière céleste. Saint Basile l'embrassa, lui donna le saint baiser, et le fit manger avec lui; mais le festin fut principalement de discours spirituels. Il lui demanda ce qui l'avait porté à le louer ainsi à haute voix. C'est, dit saint Ephrem, que je voyais sur votre épaule droite une colombe d'une blancheur merveilleuse, qui semblait vous suggérer tout ce que vous disiez au peuple (Greg. Nyss., *De Vita Ephrem*; Ceillier).

Parmi les solitaires de Palestine, le plus renommé était Hésychius, fidèle disciple de saint Hilarion, dont il avait rapporté les reliques de l'île de Chypre. Persécuté sous Julien l'Apostat, saint Hilarion s'était réfugié en Egypte, dans le désert d'Oasis, de là en Sicile, de Sicile à Modon, dans le Péloponèse, de Modon à Epidaure en Dalmatie, d'Epidaure près de Paphos en Chypre. Son but était de se cacher, non pour éviter la persécution, mais la foule qui lui attirait partout le bruit de ses miracles. A peine était-il arrivé quelque part, que les possédés découvraient sa retraite et accouraient pour être guéris. Il demeura deux ans dans l'île de Chypre, pensant toujours à s'enfuir; et enfin, par le conseil d'Hésychius, sans sortir de l'île, il se retira à douze milles de la mer, entre des montagnes très-rudes, dans un lieu assez agréable, où il y avait de l'eau et des arbres fruitiers, dont toutefois jamais il ne mangea. Il y fit encore plusieurs miracles, et les habitants gardaient avec grand soin les passages, de peur qu'il ne leur échappât. Enfin, sachant que sa mort était proche, il écrivit de sa main une petite lettre à Hésychius, qui était absent, pour lui laisser toutes ses richesses, c'est-à-dire son Evangile et ses habits, consistant en une tunique de poil rude, une cuculle et un petit manteau. Ce fut comme son testament. Plusieurs personnes pieuses vinrent de Paphos, sachant qu'il avait prédit sa mort; entre autres, une femme nommée Constantia, dont il avait guéri le gendre et la fille. Il leur fit faire serment à tous de ne pas garder son corps un moment, mais de l'enterrer tout vêtu dans le jardin où il était. Etant près d'expirer, il disait les yeux ouverts : « Sors, mon âme, sors! que crains-tu? Tu as servi Jésus-Christ près de 70 ans, et tu crains la mort? » On l'enterra aussitôt, comme il l'avait désiré. Hésychius, qui était en Palestine, l'ayant appris, revint en Chypre, et, feignant de vouloir demeurer dans ce même jardin, il déroba le corps au péril de sa vie, environ dix mois après. Constantia avait accoutumé de veiller au sépulcre de saint Hilarion et de lui parler comme s'il eût été présent, pour lui demander ses prières; mais quand elle apprit que l'on avait enlevé son corps, elle mourut à l'instant. Hésychius le porta à Majume et l'enterra dans son ancien monastère, avec un grand concours de moines et de peuple. Il s'y faisait tous les jours de grands miracles; mais il s'en faisait encore de plus grands dans le jardin qu'il avait en Chypre. C'est ce que témoigne saint Jérôme, qui vivait dans ce temps, et nous a laissé par écrit la vie du saint (S. Hier., *Vita S. Hilar.*).

Un disciple encore plus illustre de saint Hilarion, fut saint Epiphane, devenu, dès l'an 367, archevêque de Salamine, métropole de toute l'île de Chypre. Né en Palestine vers l'an 310, il savait parfaitement l'hébreu, l'égyptien, le syriaque et le grec, et passablement le latin. Instruit dans la piété par saint Hilarion, il embrassa la vie monastique, s'y exerça plusieurs années en Egypte, puis, revenu dans la Palestine, y fonda lui-même un monastère. Il continua de le gouverner et de porter l'habit de solitaire, même après qu'il fut devenu métropolitain de Chypre. Hilarion étant mort dans son île, il en fit l'éloge funèbre. Vers l'an 374, divers prêtres et laïques de Pamphylie et de Pisidie l'ayant prié de leur expliquer la doctrine de l'Eglise sur la Trinité, particulièrement sur l'article du Saint-Esprit, il composa un discours célèbre sous le nom d'*Ancora*, parce qu'il était comme une ancre propre à raffermir l'esprit agité de doutes. Il y traite amplement les mystères de la Trinité et de l'Incarnation contre les nouvelles hérésies. Il y appelle plus d'une fois la sainte Vierge *Théotocos*, ou *Mère de Dieu*. Et, ce qui est plus remarquable encore, et qu'on n'a point assez remarqué, non-seulement il y prouve la divinité et la consubstantialité du Saint-Esprit, mais il y répète au moins dix fois qu'il est de la substance du Père et du Fils, qu'il est du Père et du Fils, qu'il procède du Père et du Fils, qu'il procède du Père et reçoit du Fils, qu'il procède de l'un et de l'autre (Epiph., t. II, *edit. Petavii*).

Dans le même temps, il travaillait à l'histoire et à la réfutation générale de toutes les hérésies. Il en compte quatre-vingts jusqu'à son temps, à partir de l'origine du monde; vingt avant Jésus-Christ, et soixante après. L'idée qui lui sert de base, c'est que l'Eglise catholique est de l'éternité ou du commencement des siècles. Adam ne fut pas créé circoncis, il n'adora pas non plus d'idole; mais, étant prophète, il connut Dieu, Père, Fils et Saint-Esprit. Il n'était donc ni Juif ni idolâtre, mais montrait en lui le caractère du christianisme; autant en faut-il dire d'Abel, de Seth, d'Enos, d'Hénoch, de Mathusalem, de Noé, d'Héber, jusqu'à Abraham. Jusque alors il n'y avait de principe d'action que la piété et l'impiété, la foi et l'incrédulité : la foi avec l'image du christianisme, l'incrédulité avec le caractère de l'impiété et du crime; la foi sans aucune hérésie, sans aucune diversité de sentiments, sans aucune dénomination particulière, tous s'appelant hommes, ainsi que le premier; la même foi que professe encore aujourd'hui la sainte et catholique Eglise de Dieu, laquelle, existant dès l'origine, s'est révélée de nouveau dans la suite. Du premier homme au déluge, l'impiété s'est produite en crimes violents et barbares : première phase, que saint Epiphane appelle *barbarisme*, du déluge au temps d'Abraham, elle se produisit en mœurs sauvages et farouches, comme celles des Scythes : seconde phase, qu'il appelle *scythisme*, usant de cette distinction de saint Paul : *En Jésus-Christ il n'y a ni Barbare, ni Scythe, ni Hellènes, ni Juifs.* L'hellénisme ou l'idolâtrie commença vers le temps de Sarug, bisaïeul d'Abraham, et le judaïsme à la circoncision de ce patriarche. Abraham fut d'abord appelé avec le caractère de l'Eglise catholique et apostolique, sans être circoncis. De l'hellénisme naquirent les hérésies ou systèmes de philosophie grecque; de l'union de l'hellénisme et du judaïsme, l'hérésie des Samaritains, avec ses diverses branches; du judaïsme, les hérésies des sadducéens, des scribes, des pharisiens et autres; du christianisme, il en était sorti jusqu'alors soixante; parmi lesquelles il compte et réfute ceux qui niaient la divinité du Saint-Esprit, et les apollinaristes : prouvant, contre les premiers, que le Saint-Esprit est coéternel et consubstantiel au Père et au Fils, et qu'il procède de l'un et de l'autre; et, contre les seconds, que le Fils de Dieu, en s'incarnant, a pris réellement un corps et une âme semblables aux nôtres. Quant à la sainte Vierge, il y avait des hérétiques qui en niaient la perpétuelle virginité; d'autres, au contraire, l'adoraient comme une divinité : il établit contre ceux-là qu'elle est demeurée toujours vierge, et contre ceux-ci, qu'il faut l'honorer, mais adorer Dieu seul. Il termine tout l'ouvrage par la pensée première : que l'Eglise catholique, formée avec Adam, annoncée dans les patriarches, accréditée en Abraham, révélée par Moïse, prophétisée par Isaïe, manifestée dans le Christ et unie à lui comme son unique épouse, existe à la fois et avant et après toutes les erreurs.

Dans cet ouvrage, ainsi que dans son *Ancora*, il dit que Pierre, le prince des apôtres, malgré son reniement, est la pierre solide et immuable sur laquelle le Seigneur a bâti son Eglise dans tous les sens, et contre laquelle les portes de l'enfer, autrement les hérésies et les hérésiarques, ne prévaudront point. C'est à lui que le Seigneur, en disant : *Pais mes brebis*, a confié la garde du troupeau, troupeau qu'il gouverne comme il se doit par la vertu de son maître (t. I et t. II).

Après avoir exposé la foi de l'Eglise, il ajoute sa discipline générale. Le fondement en est la virginité que gardait un grand nombre; puis la vie solitaire, ensuite la continence, après quoi la viduité, enfin un mariage honnête, surtout s'il est unique. La couronne de cet ensemble est le sacerdoce, qui se recrute le plus souvent parmi les vierges, ou du moins parmi les moines, ou, à leur défaut, parmi ceux qui s'abstiennent de leurs femmes, ou qui sont veufs après un seul mariage. Celui qui s'est remarié ne peut être reçu dans le sacerdoce, soit dans l'ordre d'évêque, de prêtre, de diacre ou de sous-diacre. Les assemblées ordonnées par les apôtres se tenaient généralement le dimanche, le mercredi et le vendredi; ces deux derniers jours on jeûnait jusqu'à none, excepté dans le temps pascal. Il n'était pas permis de jeûner les dimanches ni la fête de Noël, quelque jour qu'elle tombât. Excepté les dimanches, on jeûnait les quarante jours avant Pâques; les six derniers on ne prenait que du pain, du sel et de l'eau, et vers le soir. Les plus fervents en passaient plusieurs, ou même tous les six sans manger. On faisait nominativement mémoire des morts dans les prières et le sacrifice. Plusieurs avaient la dévotion particulière de s'abstenir de plus ou moins de choses permises d'ailleurs. L'Eglise défendait, en général, tout ce qui était mauvais, superstitieux, inhumain, et recommandait à tous l'hospitalité, l'aumône et toutes les œuvres de charité envers tout le monde. Telle est la substance du grand ouvrage de saint Epiphane. Il l'envoya, d'après leur prière, à des prêtres et des abbés de Syrie, avec une lettre qui en contient le sommaire et qu'on a mal à propos partagée en deux.

Ainsi, malgré les persécutions de l'empereur Valens et de l'hérésie arienne, l'Esprit de Dieu animait partout son Eglise et y enfantait des saints et des docteurs. Au reste, Valens ne persécutait que les catholiques; il laissait aux autres l'exercice libre de leur religion, c'est-à-dire à tous les hérétiques, aux Juifs et aux païens même. Ils observaient en toute sûreté leurs cérémonies profanes, rétablies par Julien et abolies par Jovien (Theod., l. 4, c. 24). Pendant tout le règne de Valens, on brûla de l'encens sur les autels, on offrit aux idoles des libations et des victimes; on fit des festins publics dans les places; on célébra les fêtes de Jupiter et de Cérès; aux orgies de Bacchus, on vit des hommes et des femmes courir furieux, portant des peaux de chèvres, déchirant des chiens et faisant les autres extravagances de cette fête (*Ibid.*, l. 5, c. 21).

Comme la divination et la magie étaient une partie principale du paganisme et de la philosophie païenne, les philosophes et les païens en général s'y adonnaient beaucoup. Un accident imprévu leur attira un terrible châtiment. Un empoisonneur, nommé Palladius, et un astrologue, nommé Héliodore, accusés d'avoir aidé un commis des finances à voler le trésor, furent mis à la torture. Bientôt ils s'écrièrent qu'on avait tort de les tourmenter pour si peu de chose, que si on voulait les écouter, ils révéleraient des secrets d'une toute autre importance et qui n'allaient à rien moins qu'au renversement général de tout l'Etat. En effet, ils dévoilèrent une immense conspiration qui avait commencé par consulter deux devins pour savoir qui devait régner après Valens. Les devins, arrêtés aussitôt et mis à la question, exposèrent ainsi la chose, au rapport d'Ammien Marcellin (l. 29, n. 1 et 2). « Nous avons fait avec des branches de laurier une table à trois pieds, à l'imitation du trépied de Delphes, et, après l'avoir consacrée par des charmes secrets et de longues cérémonies, nous l'avons posée au milieu d'une maison purifiée de tous côtés par des parfums. On mit dessus un bassin rond fabriqué de divers métaux, où l'on avait gravé sur le bord les vingt-quatre lettres de l'alphabet grec, à certaine distance l'une de l'autre. Un homme s'en approcha, vêtu de lin, avec des chaussons de même et une bandelette autour de la tête, et portant de la verveine. Après avoir invoqué par certains cantiques le Dieu qui préside à la divination, c'est-à-dire Apollon, cet homme balança un anneau pendu à de petits rideaux par un fil très léger. Cet anneau avait été préparé auparavant par les mystères de l'art. Nous demandâmes qui devait succéder au règne présent, parce qu'on disait que ce devait être un homme accompli, et l'anneau, en sautant sur le bassin, marqua les quatre lettres *Théod*. Aussitôt quelqu'un des assistants s'écria que le destin marquait Théodore. On n'en chercha pas davantage, car il était assez content entre nous que c'était lui qu'on demandait. » Telle fut la confession des devins.

Ce Théodore tenait le second rang parmi les notaires de l'empereur, dignité très-considérable alors. Il était très-bien fait de sa personne, fort instruit des bonnes lettres, et accoutumé à parler à l'empereur avec une grande liberté. Il était païen : ce qui le faisait désirer pour maître aux philosophes et aux autres païens, irrités de l'accroissement du christianisme. Aussi ne faut-il pas s'étonner que l'anneau, bien manié, ait marqué les premières lettres de son nom. Théodore, informé de la consultation, répondit, par lettres, qu'il acceptait le présent des dieux, et qu'il n'attendait que l'occasion de remplir sa destinée.

L'empereur Valens, naturellement violent, ayant découvert cette conspiration, fut transporté de fureur et ne mit point de bornes à sa vengeance. Il fit mourir tous les complices, et tous ceux mêmes qui furent soupçonnés de l'être; les uns par le feu, comme magiciens, les autres par le fer. Antioche fut, pour ainsi dire, inondée de sang. On rechercha les philosophes comme magiciens. Maxime fut accusé d'avoir eu connaissance de cette opération magique, et d'avoir prédit un grand massacre, après lequel Valens périrait d'une manière extraordinaire. Il fut donc amené à Antioche, puis renvoyé en Asie, où le gouverneur Festus lui fit trancher la tête. Festus est l'auteur d'un abrégé de l'histoire romaine : il avait d'abord montré de la douceur; mais quand il vit que, pour plaire au maître, il fallait être cruel, il le fut autant que personne. L'épouvante fut si grande parmi les philosophes, que nul n'osa plus en faire profession ni en porter l'habit, et les particuliers mêmes quittèrent les manteaux à franges qui pouvaient ressembler aux leurs. On fit aussi la recherche des écrits de magie, et on brûla publiquement de grands monceaux de livres, où l'on en confondit qui ne traitaient que des lettres humaines et de jurisprudence. Enfin, s'il faut en croire l'historien Socrate, l'empereur Valens étendit la précaution jusqu'à faire mourir plusieurs personnes considérables, dont le nom commençait par les syllabes fatales *Théod*, c'est-à-dire les Théodore, les Théodose, les Théodote, les Théodule. Plusieurs changèrent de nom à cette occasion (Soc., l. 4, c. 19).

Quant à l'empoisonneur Palladius et à l'astrologue Héliodore, qui n'avaient évité le supplice qu'en dénonçant les conjurés, ils furent dès lors les amis et les confidents de l'empereur. Maîtres de la vie des plus grands seigneurs, ils les faisaient périr ou comme complices de la conjuration, ou comme coupables de magie. Ils avaient imaginé un moyen infaillible de perdre ceux dont ils convoitaient les richesses. Après les avoir accusés, lorsqu'on allait, par ordre du prince, saisir leurs papiers, ils y faisaient glisser des pièces qui emportaient une condamnation inévitable. Ce cruel artifice fut répété tant de fois, et causa la perte de tant d'innocents, que plusieurs familles brûlèrent tout ce qu'elles avaient de papiers, aimant mieux perdre leurs titres que de périr

avec eux. Héliodore étant mort quelque temps après, Valens obligea les premiers personnages de l'empire à marcher devant le convoi funèbre, la tête et les pieds nus, les bras croisés sur la poitrine. Ses officiers eurent toutes les peines du monde à le dissuader d'y présider lui-même. Vers le même temps, un tribun très-méchant, mais très-aimé du prince, avait ouvert le ventre à une femme enceinte et vivante, pour évoquer les ombres des morts et les consulter sur le successeur de Valens. Le fait était avéré par la confession même du coupable. L'empereur, qui venait de punir si rigoureusement cette curiosité dans des circonstances beaucoup moins atroces, ne permit pas de condamner le tribun, et, malgré l'indignation des juges, il le laissa dans la possession paisible de ses biens et de son rang. Tel était le caractère de Valens (*Hist. du Bas-Empire*, l. 19, n. 1-14).

Comme il soupçonnait le jeune roi d'Arménie, Para, de pencher plus pour les Perses que pour les Romains, il le manda pour conférer avec lui sur des affaires pressées et importantes. Son but était de s'assurer de sa personne et de le remplacer par un autre. Le jeune roi s'en aperçut à Tarse, s'échappa d'une manière inespérée, et rentra en Arménie, où il continua d'être fidèle aux Romains. Valens se vengea du mauvais succès d'une première perfidie, par une perfidie plus horrible encore. D'après ses ordres, le comte Trajan, qui commandait les troupes romaines sur les frontières d'Arménie, s'insinua dans la confiance de Para, l'invita à un festin, le mit à la place d'honneur, et puis l'y fit assassiner. Un de ses parents, nommé Varazdat, le remplaça sur le trône (*Ibid.*, n. 16-21).

En Occident, la politique impériale se montrait pareille. Vers le temps même où un général de Valens fit égorger le roi d'Arménie, à la suite d'un festin, un général de Valentinien fit massacrer le roi des Quades, au sortir d'un repas où il l'avait invité. La rigueur de Valentinien croissait tous les jours. Maximin, préfet des Gaules, aigrissait de plus en plus son caractère dur et impitoyable. Les accès de sa colère devenaient plus fréquents, et se marquaient dans le ton de sa voix, dans l'altération de son visage, dans le désordre de sa démarche. Ceux qui jusqu'alors avaient, par leurs sages remontrances, travaillé à modérer ses emportements, n'osaient plus ouvrir la bouche : il n'écoutait que Maximin. Il fit assommer un de ses pages pour avoir, dans une chasse, découplé un chien plus tôt qu'il ne fallait. Un chef de fabrique lui ayant présenté une cuirasse de fer très-bien travaillée, s'attendait à être récompensé : il fut mis à mort, parce que la cuirasse pesait un peu moins que Valentinien n'avait ordonné. Octavianus, qui avait été proconsul d'Afrique, encourut la disgrâce du prince. Un prêtre chrétien chez qui il se tenait caché, n'ayant pas voulu le découvrir, eut la tête tranchée à Sirmium. Enfin, ce qui passe toute croyance, à côté de son appartement, il logeait deux ourses énormes, qu'il nourrissait de cadavres humains. L'une portait le nom de *Paillette d'or*, l'autre *d'Innocence*. Après quelques années, il donna la liberté à cette dernière, et la fit lâcher dans les forêts, étant, disait-il, content de ses services (Amm., l. 29, c. 3).

La dignité de préfet des Gaules, donnée à Maximin était une récompense de la cruauté qu'il avait déployée à Rome contre ceux qu'on accusait de magie, lui qui avait d'abord exercé la magie lui-même. Il se faisait gloire de sa méchanceté, et disait insolemment : Personne ne peut se flatter d'être innocent, quand je veux qu'il soit coupable. En Afrique, il y avait un gouverneur de même caractère, nommé Romanus, qui, par ses cruautés et ses impostures, occasionna une révolte, que réprima le comte Théodose, dont nous verrons le fils empereur.

L'exécution du prêtre pour n'avoir pas voulu livrer une malheureuse victime de la colère impériale, montre assez que ce n'était pas le zèle de la religion qui poussait Valentinien. Aussi, dans le temps même qu'il faisait poursuivre les magiciens, déclara-t-il qu'il ne prétendait pas défendre pour cela l'art des aruspices; que les sacrificateurs des idoles conserveraient leurs prérogatives; et qu'on ne devait admettre les comédiens à se convertir au christianisme qu'en danger de mort.

Dans les Gaules, où il faisait habituellement son séjour, les paysans portaient publiquement leurs idoles à travers les campagnes. On y voyait des contrées où jusqu'alors il y avait très-peu ou presque point de chrétiens. Mais Dieu leur suscita un apôtre. Ce fut saint Martin (Sulp. Sev., *Vita B. Martini*, n. 10; Greg. Turon., *Hist. franc.*, l. 9, c. 39).

Le siége de Tours ayant vaqué, sa vertu et ses miracles le firent désirer pour évêque. Mais, comme on savait la difficulté de le tirer de son monastère, un des citoyens feignit que sa femme était malade, et, se jetant à genoux, lui persuada de sortir. Des troupes d'habitants qui s'étaient mis en embuscade sur le chemin se saisirent de lui et le conduisirent jusqu'à Tours, où était accourue, non-seulement du pays, mais encore des villes voisines, une multitude incroyable de peuple, pour prendre part à cette élection. Tous le jugeaient très-digne de l'épiscopat, hors un petit nombre qui s'y opposaient, même des évêques. Ils disaient que c'était une personne méprisable par sa mauvaise mine, ses cheveux mal faits, son habit malpropre. Mais le peuple se moqua de ces reproches, les comptant plutôt pour des louanges. Il fut même frappé d'une rencontre imprévue. Le lecteur qui devait lire ce jour-là, n'ayant pu percer la foule, un des assistants prit le psautier et lut le premier passage qu'il rencontra. C'était ce verset du psaume huitième : *Vous avez tiré la louange de la bouche des enfants, à cause de vos ennemis, pour détruire l'ennemi et le défenseur.* Car on lisait alors ainsi, au lieu que nous lisons à présent : *l'ennemi et le vengeur.* Or, celui qui s'opposait le plus à l'élection de saint Martin, était un évêque nommé Défenseur. Tout le peuple crut qu'il était marqué par ce mot du psaume, et que Dieu en avait permis la lecture pour faire connaître sa volonté. Il s'éleva un grand cri, et le parti contraire fut confondu.

Saint Martin continua dans l'épiscopat sa manière de vivre, conservant la même humilité dans le cœur, la même pauvreté dans ses habits, sans en avoir moins d'autorité. Il demeura quelque temps dans une cellule près de l'église. Ensuite, ne pouvant supporter la distraction des visites qu'il recevait, il se fit un monastère à deux milles environ de la ville, qui a subsisté jusqu'au dernier siècle, sous le nom de *Marmoutier.* C'était alors un désert, enfermé d'un côté par une roche haute et escarpée, de l'autre par la Loire : on n'y entrait que par un chemin fort étroit. Le saint évêque y avait une cellule de bois : plusieurs des frères en avaient de même; la plupart s'étaient logés dans des trous qu'ils avaient creusés dans le rocher; et l'on en montre encore, que l'on dit avoir été habités par saint Martin. Il avait là environ quatre-vingts disciples, dont aucun ne possédait rien en propre; il n'était permis à personne de vendre ni d'acheter, comme faisaient la plupart des moines. On n'y exerçait pas d'autre métier que d'écrire : encore n'y appliquait-on que les jeunes; les anciens s'occupaient à l'oraison. Ils sortaient rarement de leurs cellules, si ce n'est pour s'assembler dans l'oratoire. Ils mangeaient tous ensemble après l'heure du jeûne, c'est-à-dire vers le soir; ils ignoraient l'usage du vin, s'ils n'y étaient contraints par infirmité. La plupart étaient vêtus de poil de chameau, c'est-à-dire de gros camelot : c'était un crime d'être habillé délicatement. Cependant il y avait parmi eux plusieurs nobles élevés d'une manière bien différente; et plusieurs furent évêques dans la suite. Car il n'y avait point d'église qui ne désirât d'avoir un pasteur tiré du monastère de saint Martin.

Peu de temps après son ordination, il fut obligé d'aller à la cour de l'empereur Valentinien, qui résidait ordinairement à Trèves. Sachant que saint Martin venait lui demander ce qu'il ne voulait pas lui accorder, il défendit qu'on le laissât entrer dans le palais; car outre qu'il était naturellement cruel et superbe, sa femme Justine, qui était arienne, le détournait de rendre honneur au saint évêque. Martin ayant tenté vainement une et deux fois d'approcher de ce prince, eut recours à ses armes ordinaires : il se revêtit d'un cilice, se couvrit de cendre, s'abstint de boire et de manger, pria jour et nuit. Le septième jour, un ange lui apparut et lui ordonna d'aller hardiment au palais. Martin y va sur la parole de l'ange : les portes s'ouvrent, personne ne l'arrête, et il arrive jusqu'à l'empereur. Ce prince, le voyant venir de loin, demanda avec emportement pourquoi on l'avait fait entrer, et ne daigna pas se lever; mais son siége fut couvert d'un feu qui l'en chassa promptement. Reconnaissant alors qu'il avait senti une vertu divine, il l'embrassa le saint plusieurs fois, et lui accorda tout ce qu'il désirait, sans attendre qu'il le demandât. Il lui donna souvent audience, et le fit souvent manger à sa table; enfin, quand il partit, il lui offrit de grands présents, que Martin refusa pour conserver sa pauvreté (Sulp. Sev., *Dial.* 2, n. 6).

Dans le voisinage de Tours était un lieu révéré par le peuple comme la sépulture de quelque martyr; il y avait même un autel érigé par les précédents évêques. Saint Martin, qui ne croyait point à la légère, demandait aux plus anciens du clergé qu'on lui fît voir le nom du martyr ou le temps de son martyre, et, n'en trouvant point de tradition certaine, il s'abstint pendant quelque temps d'aller à ce lieu-là, pour éviter de faire tort à la religion ou d'autoriser la superstition. Un jour enfin, il y alla avec quelques-uns de ses frères, et se tenant debout sur le sépulcre, il pria Dieu de lui faire connaître qui y était enterré. Alors, se tournant à gauche, il vit près de lui une ombre sale et d'un regard farouche, à qui il commanda de parler. L'ombre dit son nom. C'était un voleur, mis à mort pour ses crimes, que le peuple honorait par erreur et qui n'avait rien de commun avec les martyrs. Saint Martin le vit seul, les autres entendaient seulement sa voix. Il fit ôter l'autel et délivra le peuple de cette superstition.

Souvent, au péril de sa vie, il ruina plusieurs temples d'idoles et abattit plusieurs arbres que les païens honoraient comme sacrés. Un jour, ayant abattu un temple très-ancien, il voulait aussi couper un pin qui était proche : le pontife et les autres païens s'y opposaient. Enfin, ils lui dirent : Si tu as tant de confiance en ton Dieu, nous couperons nous-mêmes cet arbre, pourvu que tu sois dessous quand il tombera. Il accepta la condition, il se laissa lier et mettre à leur gré du côté où l'arbre penchait. Une grande foule s'assembla à ce spectacle, les moines qui l'accompagnaient étaient saisis de crainte. L'arbre à demi coupé ayant déjà craqué et commençant à tomber sur saint Martin, il éleva la main et fit le signe de la croix. Aussitôt l'arbre, comme repoussé par un tourbillon de vent, tomba de l'autre côté et faillit écraser les paysans qui se croyaient le plus en sûreté. Il s'éleva un grand cri, et il n'y eut presque personne de cette prodigieuse multitude qui ne demandât l'imposition des mains pour être reçu catéchumène. Une autre fois, comme il abattait un temple d'Autun, une multitude de païens se jeta sur lui, en furie, et le plus hardi l'attaqua l'épée à la main. Le saint ôta son manteau et lui présenta le cou à découvert; mais le païen ayant levé le bras, tomba à la renverse, épouvanté miraculeusement, et lui demanda pardon. Un autre voulut le frapper d'un couteau, comme il abattait des idoles; mais, dans l'action, le couteau lui échappa et disparut. D'autres fois il persuadait aux païens de ruiner eux-mêmes leurs temples, et à la place il bâtissait aussitôt des églises ou des monastères.

Il continuait à faire souvent de grands miracles. Il délivra du démon un esclave de Tétradius, qui avait été proconsul. A Trèves, il guérit une fille paralytique, prête à expirer, en lui mettant dans la bouche de l'huile bénite. A Paris, entrant dans la porte de la ville, suivi d'une grande foule, il baisa un lépreux qui faisait horreur à tout le monde, et lui donna sa bénédiction; aussitôt il fut guéri, et le lendemain il vint rendre grâces à Dieu dans l'église. Les filets tirés de l'habit ou du cilice de Martin guérissaient souvent les malades, étant attachés à leurs doigts ou à leur cou. Arborius, qui avait été préfet de Rome, ayant sa fille malade d'une grosse fièvre quarte, lui appliqua sur la poitrine une lettre du saint, et la fièvre cessa aussitôt. Paulin, depuis illustre par sa sainteté, ayant une grande douleur à un œil où la cataracte commençait à se former, Martin lui appliqua un pinceau et le guérit entièrement. Voilà quelques-uns des miracles décrits par Sulpice Sévère, chantés en vers par saint Paulin, qui tous deux vivaient dans ce temps, qui tous deux virent plus d'une fois le saint, dont le premier a écrit la vie, le saint vivant encore.

Tandis que Martin renouvelait dans les Gaules les prodiges et les conversions des apôtres, l'Italie vit s'élever une autre lumière. C'était en 374. Auxence, évêque arien de Milan, venait de mourir. Il s'agissait de lui donner un successeur. Les évêques de la province en écrivirent à l'empereur Valentinien, qui était à Trèves. Voici ce que Théodoret nous a conservé de sa réponse. » Nourris des divines Ecritures, vous savez ce que doit être un pontife. Sa vie, comme sa doctrine, doit servir d'instruction à ceux qu'il gouverne : ce doit être pour eux un modèle de toutes les vertus, et sa conduite doit répondre à la sainteté de sa doctrine. Placez sur la chaire pontificale un pareil homme, afin que nous-mêmes, qui gouvernons l'empire, nous puissions lui soumettre nos têtes avec une entière confiance et recevoir ses réprehensions comme un remède salutaire; car étant hommes, il ne se peut que nous ne commettions beaucoup de fautes. » Les évêques l'ayant prié de désigner lui-même celui qu'il croyait le plus capable, il répondit : « C'est une entreprise au-dessus de mes forces; personne ne peut mieux y réussir que vous, qui êtes remplis de la grâce de Dieu et éclairés de ses lumières (Theod., l. 4, c. 6, 7). »

Les évêques s'assemblèrent donc avec le peuple de Milan pour l'élection. Le peuple se trouva divisé : les catholiques et les ariens voulaient chacun un évêque de leur créance; la sédition fermentait et la ville se voyait menacée de sa ruine. Ambroise était gouverneur de la province, en qualité de consulaire de Ligurie et d'Emilie. Probus, préfet du prétoire, témoin de son éloquence et de sa capacité, l'avait d'abord mis au rang de ses conseillers et ensuite nommé à ce gouvernement, lui disant entre autres choses : Allez, agissez, non pas en juge, mais en évêque; c'était lui dire : N'imitez pas la justice cruelle de l'empire et de son chef, mais le gouvernement paternel de l'Eglise. Ambroise ayant donc appris que la sédition était prête à éclater, vint promptement à l'Eglise pour apaiser le peuple; il parla longtemps, selon les maximes politiques, en faveur de la paix et de la tranquillité publique. Alors tout le peuple éleva la voix en le demandant lui-même pour évêque. On dit que ce fut un enfant qui commença par crier trois fois : *Ambroise évêque!* et que le peuple suivit, répétant avec joie la même acclamation. Ce qui est certain, c'est que tous les esprits furent réunis comme par miracle, et que tous, ariens et catholiques, s'accordèrent à le demander quoiqu'il ne fût encore que catéchumène.

Ambroise extrêmement surpris, sortit de l'église, fit préparer son tribunal, et, contre sa coutume, fit donner la question à quelques accusés, afin de paraître un magistrat sévère jusqu'à la cruauté. Mais le peuple n'y fut point trompé, et criait : Nous prenons sur nous ton péché! Il retourna dans sa maison et voulut faire profession de la vie philosophique; mais on l'en détourna. Alors, pour se décrier auprès du peuple, son zèle, encore peu éclairé, le porta jusqu'à faire entrer chez lui, devant tout le monde, des femmes publiques; mais le peuple criait encore plus fort : Nous prenons sur nous ton péché! Voyant donc qu'il n'avançait rien, il voulut s'enfuir. Il sortit de la ville au milieu de la nuit, pensant aller à Pavie; mais il se trouva le matin à la porte de Milan, que l'on appelait *la porte Romaine*. Le peuple l'ayant retrouvé, lui donna des gardes. On envoya à l'empereur Valentinien la relation de ce qui s'était passé, le priant de consentir à son ordination; ce qui était nécessaire à cause de la charge dont il était revêtu. L'empereur dit qu'il était ravi que celui qu'il avait envoyé juge fût demandé pour évêque, et commanda qu'il fût ordonné au plus tôt, ajoutant que cette réunion subite des esprits divisés ne pouvait venir que de Dieu. Pendant que l'on attendait la réponse de l'empereur, Ambroise s'enfuit encore et se cacha dans la terre d'un nommé Léonce, du rang des clarissimes. Mais la réponse étant venue, Léonce lui-même fut obligé de le découvrir; car le lieutenant du préfet du prétoire étant chargé de tenir la main à l'exécution de ce rescrit, fit afficher une ordonnance qui enjoignait à tout le monde de découvrir Ambroise, sous de grosses peines. Étant donc découvert et amené à Milan, il comprit que c'était la volonté de Dieu qu'il fût évêque, et qu'il ne pouvait plus s'en défendre.

Comme il n'était encore que catéchumène, il demanda d'être baptisé par un évêque catholique, craignant fort de tomber entre les mains des ariens. Étant baptisé, il fit encore tous ses efforts pour retarder son ordination, afin de ne pas violer la règle qui défend d'ordonner un néophyte. Mais comme la raison que donne saint Paul de cette règle est de peur que le néophyte ne s'enfle d'orgueil, l'humilité d'Ambroise et le besoin pressant de l'Église persuadèrent de s'en dispenser. Seulement, on lui fit exercer toutes les fonctions ecclésiastiques, et il fut ordonné évêque le 8ᵉ jour après son baptême, qui fut, comme l'on croit, le 7 décembre 374. Tout le peuple eut une extrême joie de son ordination, et tous les évêques d'Occident et d'Orient l'approuvèrent. Il pouvait alors avoir 34 ans.

Sitôt qu'il fut évêque, il donna à l'Église ou aux pauvres tout ce qu'il avait d'or et d'argent. Pour ses terres, il les donna à l'Église, en réservant l'usufruit à sa sœur Marcelline, qui demeurait à Rome, où elle avait fait vœu de virginité entre les mains du pape Libère. Comme son frère Satyre, qui lui-même avait gouverné paternellement une province, était venu le voir à Milan, leur tendre amitié ne leur permettant pas de vivre éloignés l'un de l'autre, il le chargea du gouvernement de sa maison. Ainsi dégagé de tous les soins temporels, il se donna tout entier à son ministère. Premièrement, il s'appliqua avec un travail assidu à l'étude des saintes Écritures; car, jusque-là, il n'avait guère lu que les auteurs profanes. Il employait à la lecture tous les moments qu'il pouvait dérober aux affaires, et même une partie de la nuit. Outre l'Écriture, il lisait les auteurs ecclésiastiques, entre autres Origène et saint Basile, qui fut celui de tous auquel il s'attacha le plus. Il enseignait à mesure qu'il étudiait. Il prêchait tous les dimanches et offrait tous les jours le saint sacrifice. Son application à instruire eut un tel succès, qu'il ramena toute l'Italie à la foi orthodoxe et en bannit l'arianisme. Peu de temps après son ordination, il se plaignit à l'empereur de quelque chose que les magistrats avaient fait contre les règles, et l'empereur lui répondit : Je connaissais depuis longtemps votre liberté à parler, et cela ne m'a pas empêché de consentir à votre ordination; ainsi continuez d'apporter à nos péchés les remèdes qu'ordonne la loi divine. On sent à ces paroles que si Valentinien avait toujours eu à ses côtés un saint Ambroise (1), il aurait dompté la violence de son caractère et serait devenu un prince accompli.

(1) *Vie de S. Ambr.*, par le diacre Paulin; Tillemont, Ceillier, etc.

Un des premiers soins du saint évêque fut de transférer de Cappadoce en sa ville épiscopale, le corps de saint Denys, l'un de ses prédécesseurs. Il envoya pour cet effet les plus considérables de son clergé en Cappadoce, avec des lettres pour saint Basile, par lesquelles il le priait de l'aider dans cette entreprise. Saint Basile s'y employa de grand cœur, et la chose réussit. Il chargea les clercs de Milan d'une lettre en réponse à celle de leur évêque, par laquelle il lui témoignait une extrême joie de le connaître et d'apprendre que Dieu eût confié son troupeau à un homme tiré de la ville royale, également recommandable par sa naissance, par sa sagesse, par son éloquence et par l'éclat de sa vie. Il ajoute que les clercs qu'il a envoyés pour la translation du corps de saint Denys ont fait l'éloge de tout le clergé de Milan par la gravité de leurs mœurs, et qu'il a fallu toute leur constance pour persuader à ceux qui étaient dépositaires du corps de ce saint martyr, de s'en dessaisir, parce qu'ils le regardaient comme leur protecteur; que Thérasius, prêtre très-vertueux de l'Église de Césarée, qu'il leur avait donné pour les seconder dans leur dessein, n'avait pas peu contribué à le faire réussir; que c'est lui qui a eu en garde ces reliques, après les avoir tirées de terre en présence des prêtres, des diacres et de plusieurs personnes de piété; qu'autant leur enlèvement a causé de douleur à ceux qui en étaient les gardiens, autant elles doivent donner de joie à ceux de Milan; qu'il n'y a aucun doute que ce ne soient celles du saint martyr, puisqu'il n'y avait qu'une seule châsse, que personne n'avait été enterré auprès de lui, et que son tombeau était remarquable par la vénération des fidèles, qui lui avaient rendu les honneurs d'un martyr. « Les mêmes chrétiens qui l'ont logé dans leurs maisons et l'y ont déposé de leurs propres mains, vous le portent maintenant. Ceux qui l'ont donné sont des gens de piété; ceux qui l'ont reçu ont de l'exactitude. Tout est dans la vérité et sans aucune fraude. Nous l'attestons (Basil., *Epist.* 197, édit. Bénéd.). »

Dans le même temps, l'Italie voyait fleurir deux autres illustres évêques : saint Valérien d'Aquilée, dont le clergé était comme une pépinière de saints et de savants; saint Philastre de Bresse, qui avait soutenu les catholiques de Milan contre les séductions de l'arien Auxence. On a de lui un *Traité des Hérésies*. Il établit, comme saint Épiphane, que le christianisme a commencé avec le monde et s'est perpétué par les patriarches; tandis que le paganisme n'a commencé que vers le temps d'Abraham. Il compte vingt-huit hérésies avant Jésus-Christ, et cent vingt-huit depuis. On lui souhaiterait plus d'exactitude, non-seulement pour les époques, mais encore pour qualifier les doctrines; car il taxe d'hérésies plusieurs opinions librement controversées parmi les chrétiens, et même quelques vérités certaines. En sorte qu'il faut le lire avec précaution (*Bibl. Pat.*, t. IV).

L'Espagne voyait depuis l'an 373 un exemple pareil à celui de saint Ambroise : un personnage du rang le plus considérable, devenu un saint évêque. C'était saint Pacien, évêque de Barcelone. Marié d'abord, il avait un fils nommé Dexter, qui fut dans la suite préfet du prétoire, et à qui saint Jérôme dédia son livre *des Auteurs ecclésiastiques*. Mais s'il fut grand dans le monde par sa naissance, il le fut beaucoup plus devant Dieu par sa chasteté et par la sainteté de sa vie, et parmi les savants par son éloquence et la beauté de son style. Avec une sorte de lettre pastorale sur la pénitence et un discours sur le baptême, il nous reste de lui trois lettres à un novatien de distinction, qui, sans vouloir se faire connaître, lui avait écrit d'abord comme pour le défier au combat. Il s'établit une correspondance. Le saint lui répondit une quatrième lettre, qui n'est point venue jusqu'à nous. De ces écrits divers, le style est poli et châtié, les raisonnements justes et solides, les pensées belles, le tour agréable. Pacien est plein d'onction quand il exhorte à la vertu, plein de feu et de force quand il combat le vice. Il traite ses adversaires avec politesse, mais sans les épargner, et les suit dans tous leurs mauvais détours.

Voici ce qu'il enseigne de l'Eglise. Elle est le corps de Jésus-Christ, composé de plusieurs membres unis ensemble et répandus dans tout le monde. Elle est appelée *catholique*, pour la distinguer des hérésies, qui, nées depuis les apôtres sous divers noms, se sont efforcées de la déchirer et de la diviser en plusieurs parties, et afin que le peuple attaché à la doctrine des apôtres eût, comme il était convenable, un nom qui marquât l'unité de ceux qui ne s'étaient point laissé corrompre à l'erreur, et que cette partie principale des chrétiens, qui est l'Eglise, fût appelée d'une manière qui lui fût propre. Comment, en effet, en entrant dans une ville bien peuplée, où il y aurait des marcionites, des apollinaristes, des cataphryges, des novatiens et d'autres sectes qui prennent tous le nom de *chrétiens*, reconnaîtrais-je la société de mon peuple, si elle ne s'appelait *catholique*? Sur quoi il dit ces belles paroles : « Chrétien est mon nom, et catholique mon surnom ; l'un me distingue, l'autre me désigne. C'est par ce surnom que notre peuple est distingué de ceux qui sont appelés hérétiques, dont le nombre est très-petit en comparaison des catholiques. Cette Eglise, qui est notre mère, a un très-grand soin et une affection bien tendre pour ses enfants ; elle honore les bons, elle châtie les superbes, elle guérit les malades, elle n'en abandonne aucun, elle n'en méprise aucun ; ses plus faibles productions se conservent en sûreté sous l'indulgence d'une mère si bonne et si tendre. Comme l'Eglise est une, le fondement aussi en est unique. Car quoique le Seigneur ait accordé à tous ses apôtres en commun le pouvoir de lier et de délier, néanmoins, afin de fonder l'unité sur un et par un, il commence par le donner à Pierre, en lui disant : *Et je te dis, moi, que tu es Pierre, et que sur cette pierre je bâtirai mon Eglise, et les portes de l'enfer ne prévaudront pas contre elle. Et je te donnerai les clés du royaume des cieux, et tout ce que tu lieras sur la terre sera lié dans les cieux, et tout ce que tu délieras sur la terre sera délié dans les cieux* (Ceillier, t. VI; *Bibl. Pat.*, t. IV). »

Cette belle unité de l'Eglise, saint Optat, évêque de Milève, la défendait dans le même temps en Afrique, contre les donatistes. Parménien, évêque donatiste de Carthage, venait de publier un livre où, parmi bien des calomnies contre les catholiques, il y avait néanmoins des aveux et des principes qui leur assuraient une victoire complète. Il disait, par exemple, qu'il n'y a qu'une seule Eglise, que les hérétiques en sont exclus, attendu que Pierre seul en a reçu les clés (S. Opt., l. 1, n. 10 et 12). Saint Optat lui répondit par un ouvrage en sept livres, où il traite amplement tout ce qui regarde le schisme des donatistes. Il approuve fort ce que disait Parménien, que les marques de l'Eglise ne peuvent être chez les hérétiques. « Nous savons que leurs églises sont des prostituées qui n'ont point de droit aux sacrements ; et, des étrangères que Jésus-Christ ne reconnaît point pour ses épouses. Car il est l'Epoux d'une seule Eglise, appelée dans le *Cantique des cantiques*, son unique colombe, son épouse bien-aimée, le jardin fermé, la fontaine scellée. Les hérétiques n'en ont point les clés : Pierre les a reçues. » Il approuve encore la comparaison que Parménien faisait des schismatiques avec des sarments de vigne destinés au feu ; mais il témoigne être surpris de ce qu'il joignait les schismatiques aux hérétiques, étant lui-même des premiers. « Je vois bien, lui dit-il, que vous ne savez pas que ce sont vos auteurs qui ont fait le schisme à Carthage. Remontez à l'origine de cette affaire, et vous verrez que vous vous êtes condamné vous-même en joignant les schismatiques aux hérétiques. Car ce n'est pas Cécilien qui s'est séparé de Majorin, votre aïeul ; c'est Majorin qui s'est séparé de Cécilien. Cécilien n'a pas quitté la chaire de Pierre ou de Cyprien, mais Majorin, dont vous tenez la chaire, qui n'avait point d'origine avant Majorin même. »

Dans le second livre, après avoir rappelé que l'Eglise est une, saint Optat montre qu'elle doit être catholique de fait comme de nom, c'est-à-dire répandue par toute la terre. Il presse ainsi Parménien : « Pour que l'Eglise ne puisse être que chez vous et dans le coin de l'Afrique où vous êtes, il faut qu'elle ne soit point dans l'autre partie de l'Afrique où nous sommes ; qu'elle ne soit pas non plus dans les Espagnes, dans la Gaule, dans l'Italie, dans les trois Pannonies, dans la Dace, dans la Mésie, dans la Thrace, dans l'Achaïe, dans la Macédoine et dans toute la Grèce, dans le Pont, dans la Galatie, dans la Cappadoce, dans la Pamphylie, dans la Phrygie, dans la Cilicie, dans les trois Syries, dans les deux Arménies, dans toute l'Egypte, dans la Mésopotamie et dans un nombre infini d'îles et de provinces où vous n'êtes point. Où sera donc la propriété du nom de catholique, puisque ce nom lui a été donné à cause qu'elle est répandue partout ? Où sera donc ce que le Fils de Dieu a mérité ? Où sera ce que le Père lui a donné volontiers en disant, dans le second psaume : *Je vous donnerai les nations pour votre héritage, et pour votre possession, les confins de la terre.* Pourquoi cassez-vous une telle promesse, et mettez-vous comme en prison l'étendue des royaumes ? Pourquoi prescrivez-vous des bornes à l'empire du Fils, après que son Père lui a promis toute la terre, sans qu'il excepte aucune partie ? »

Ayant ainsi montré que l'Eglise est et doit être universelle, Optat en vient aux marques qui la caractérisent et qui la distinguent de toutes les sectes. La première de ces marques, sans laquelle nulle autre n'était pas même possible, c'est la chaire épiscopale. Parménien en convenait, c'est pourquoi saint Optat ne s'applique qu'à montrer quelle chaire est la première. Et comme ce schismatique ne pouvait contester cette prérogative à celle de saint Pierre, il lui dit : « Vous ne sauriez donc nier que vous ne sachiez que dans la ville de Rome la chaire épiscopale a été donnée premièrement à Pierre, et que dans cette chaire a été assis Pierre, le chef de tous les apôtres, afin que dans cette chaire unique tous gardassent l'unité, que chaque apôtre ne prétendît point avoir la sienne, et que celui-là fût regardé comme prévaricateur et comme schismatique, qui oserait élever une autre chaire contre cette chaire unique. Pierre s'est donc assis le premier dans cette chaire unique, qui est la première marque de l'Eglise. Lin lui a succédé; à Lin, Clément; à Clément, Anaclet; puis Evariste, Télesphore, Hygin, Anicet, Pie, Soter, Eleuthère, Victor, Zéphyrin, Calixte, Urbain, Antère, Fabien, Corneille, Lucius, Etienne, Sixte, Denys, Félix, Eutychien, Caïus, Marcellin, Marcel, Eusèbe, Miltiade, Silvestre, Marc, Jules, Libère et Damase qui est aujourd'hui notre collègue et avec qui tout le monde est en communion comme nous par le commerce des lettres formées. Montrez l'origine de votre chaire, vous qui voulez avoir chez vous la sainte Eglise. Vous dites que vous avez un parti dans la ville de Rome; mais c'est une branche de votre erreur, qui vient de la souche du mensonge et non pas du tronc de la vérité. Car si on demande à Macrobe où il est assis, dira-t-il que c'est dans la chaire de Pierre ? Je ne sais même s'il l'a jamais vue, ni s'il a approché de son tombeau : réfractaire en cela au précepte de l'apôtre, qui veut que l'on communique à la mémoire des saints. L'on voit à Rome les mémoires des deux apôtres Pierre et Paul; dites s'il a pu y entrer et s'il a offert le sacrifice dans l'endroit où il est constant que sont leurs mémoires. Reste donc que votre confrère Macrobe avoue qu'il est assis où autrefois s'asseyait Encolpius; et si l'on pouvait interroger Encolpius, il dirait qu'il a succédé à Boniface de Dalles, qui aurait pu se dire successeur de Victor de Garbie, envoyé d'Afrique par les vôtres, il y a longtemps, pour être le pasteur d'un petit nombre d'errants. Que veut dire cela ? Que votre parti n'a jamais pu avoir dans Rome d'évêque qui en fût citoyen, et que ç'a toujours été des Africains et des étrangers qui ont occupé successivement la chaire que vous y avez érigée. L'imposture est manifeste. On voit l'esprit de parti qui est la mère du schisme. »

Saint Optat raconte comment, à la prière de quelques donatistes qui s'étaient établis à Rome, Victor de Garbie en envoyé pour présider à leurs assemblées. « Il fut là, dit-il, comme un fils sans père, comme un pasteur sans troupeau, comme un évêque sans peuple. Car on ne pouvait pas appeler troupeau ni peuple un nombre de personnes qui n'excédait pas quarante, qui n'avaient ni basilique ni aucun lieu où ils pussent s'assembler; en sorte qu'après l'arrivée de Victor, ils furent obligés de prendre, pour tenir leur conventicule, une caverne hors de Rome, qu'ils fermèrent de claies. Et comme cette caverne était sur une montagne, on leur donna le nom de *montagnards*. » Pour achever sa démonstration, saint Optat remarque que la chaire unique de Pierre étant chez les catholiques, il s'y trouve par là même tous les autres caractères de l'Eglise.

Dans le troisième livre, en rappelant avec quelle insolence le faux évêque Donat de Carthage avait parlé de l'empereur Constant et des aumônes qu'il envoyait en Afrique, il dit : « Dès lors, contre le précepte de l'apôtre, il s'étudiait à injurier les puissances et les rois, au lieu de prier pour eux chaque jour. En effet, voici ce que l'apôtre enseigne : *Priez pour les rois et pour les puissances, afin que nous menions une vie tranquille avec eux.* Car la république n'est pas dans l'Eglise, mais l'Eglise dans la république, c'est-à-dire dans l'empire romain; là se trouve la sainteté du sacerdoce, la pudeur, la virginité, qui ne se trouvent point chez les nations barbares, ou du moins ne s'y trouveraient pas en sûreté (S. Optat., l. 3, n. 3). »

Le sens naturel de ces paroles, c'est que les fidèles d'alors devaient prier spécialement pour l'empire romain, à cause que l'Eglise subsistait principalement dans cet empire, et qu'elle y trouvait plus de protection qu'ailleurs. Ce qui était vrai en général, mais non pas toujours ni au pied de la lettre; car l'Eglise s'étendait bien au delà des possessions romaines, et plus d'une fois des chrétiens se dérobèrent chez les Barbares aux persécutions des empereurs romains. En tout cas, dans ces paroles, il n'est pas question de la soumission due aux puissances, mais seulement du devoir de prier pour elles. Ceux-là donc qui ont appliqué ces paroles aux royaumes modernes, lesquels tous, et pour la date et pour la durée, sont renfermés dans l'Eglise; qui, de plus, les ont interprétées dans ce sens, que l'Eglise est subordonnée à l'Etat, ceux-là ont commis un double contre-sens.

Le saint docteur avait terminé son ouvrage en six livres; il y avait montré où était la véritable Eglise, il y avait montré que ceux qui avaient livré les Ecritures étaient précisément les auteurs du donatisme, il avait réfuté toutes les calomnies des donatistes. Mais alors ils dirent : Si nous sommes les enfants des traditeurs, pourquoi l'Eglise catholique nous a-t-elle tant pressés et nous presse-t-elle encore de rentrer dans son sein ? Ces difficultés et quelques autres obligèrent saint Optat d'ajouter un septième livre, où il dit :

« Que si les auteurs mêmes du schisme s'étaient présentés, l'Eglise aurait pu hésiter peut-être sur la manière de les recevoir; mais pour recevoir leurs descendants, dont le péché n'est pas le même, peut-elle avoir aucun doute ? Et si elle en avait, n'auriez-vous pas dû lui rappeler le type même de l'unité, la personne du bienheureux Pierre, en laquelle se voit la forme pour retenir l'unité ou pour la refaire ? Jésus-Christ avait promis de renier auprès de son Père quiconque le renierait lui-même. Pierre le renie. Et cependant, pour le bien de l'unité, le bienheureux Pierre, pour qui c'eût été bien assez après son reniement d'obtenir simplement son pardon, le bienheureux Pierre a mérité d'être préféré à tous les apôtres, et seul il a reçu les clés du royaume des cieux pour les communiquer aux autres. C'est à ce modèle qu'il faut faire attention. Le bienheureux Pierre voudra bien me pardonner, si je rappelle ce qu'il a pleuré et si amèrement. Le chef des apôtres aurait pu se conduire de manière à n'avoir rien à pleurer; mais dans une faute qu'il commet, il s'en trouve plusieurs, afin que l'on puisse voir que, pour le bien de l'unité, il faut tout réserver à Dieu. Je ne sais si, dans ce genre il peut y avoir une faute aussi grande. Celui qui renie le Sauveur dans une persécution, n'en a pas reçu autant de grâces, ni ne lui a fait de si grandes promesses. Lorsque Jésus demande : *Et vous, qui dites-vous que je suis?* Pierre seul le reconnaît pour le Fils de Dieu, et non pas les autres. Lorsque la veille de sa passion il dit : *Vous m'abandonnerez tous*, les autres se taisent, Pierre seul promet de ne l'abandonner pas. Le Fils de Dieu lui prédit qu'avant le chant du coq il le reniera trois fois. Pierre, comme pour aggraver sa faute, soutient que non. Et puis, dans la maison de Caïphe, Pierre seul est interrogé trois fois, et trois fois il renie, tandis que les autres ne renient pas une seule fois. Et cependant, pour le bien de l'unité, il n'est pas retranché du nombre des apôtres : par la providence du Sauveur, c'est lui qui reçoit les clés. Oui, de préférence à tant d'autres qui sont innocents, c'est le pécheur qui reçoit les clés, afin que la chose de l'unité ait un modèle. La Providence a voulu que le pécheur ouvrît la porte aux innocents, de peur que les innocents ne la fermassent aux pécheurs, ce qui eût rendu impossible l'unité, qui cependant est nécessaire. Si vous vous rappeliez ces choses, vous qui désirez la communion de l'Eglise catholique, comment vous étonneriez-vous qu'elle vous reçût avec tendresse, vous qui, notoirement, n'êtes point des traditeurs, mais seulement leurs descendants (S. Opt., l. 7, n. 3, p. 102, édit. Dupin)? »

Cette unité de l'Eglise dont on voit la doctrine dans saint Optat, on en voit l'action dans le pape saint Damase. Les donatistes d'Afrique, les lucifériens de Sardaigne avaient beau importer un fantôme d'évêque à Rome ; leurs manœuvres avortées ne prouvent qu'une chose, c'est que Rome est le centre duquel tout émane et auquel tout ressort, et que si l'on n'est pas uni au siége de Rome, on est hors de l'Eglise. Damase, quoique contrarié ici et là par les intrigues et les calomnies de la faction d'Ursin, n'en était pas moins, comme autrefois la colonne de nuée dans le désert, le fanal élevé vers lequel toutes les Eglises de l'univers tournaient leurs regards. C'est auprès de lui que s'était réfugié le successeur d'Athanase, Pierre d'Alexandrie, chassé de son siége par les ariens triomphant de la faveur de Valens ; c'est lui qui, ayant confirmé son ordination, le rétablira sur son siége. C'est à lui que députent sans cesse les divers partis qui divisaient l'Orient, et le parti de saint Paulin, et le parti de saint Mélèce, et Vital, et Apollinaire ; les uns pour lui demander la réunion des membres divisés, les autres pour se maintenir dans la communion de l'Eglise en se maintenant dans la sienne. C'est de lui particulièrement que se plaindra saint Basile, lorsque la réunion n'ira point assez vite à son gré, et qu'au contraire il verra son ami saint Mélèce soupçonné de sentiments peu orthodoxes.

La division de l'Orient ou plutôt d'Antioche, était une affaire bien délicate : de part et d'autre il y avait des saints ; mais ces saints étaient hommes ; des hommes les entouraient et les conseillaient. Il y avait des préventions de part et d'autre. Mélèce était sincèrement catholique ; mais il avait été ordonné par les ariens, mais il était soupçonné d'en retenir quelque chose, mais il n'avait pas accueilli les avances que saint Athanase lui avait faites pour la réunion, mais il n'avait pas tenu ce qu'il avait promis. Paulin, de son côté, était un si saint homme, qu'il était respecté des ariens mêmes ; mais il n'avait pour lui que la moindre partie des catholiques d'Antioche, mais les adversaires le soupçonnaient de penser comme Marcel d'Ancyre ou comme Apollinaire. Vers l'an 373, le prêtre Evagre d'Antioche revint de Rome, rapportant un écrit que les Orientaux y avaient envoyé, et dont les Occidentaux les plus exacts n'avaient pas été contents. Ils demandaient aux Orientaux une lettre qui suivît mot pour mot un écrit qu'Evagre leur apportait ; ils voulaient aussi que les Orientaux leur envoyassent une députation de plusieurs personnes considérables, afin d'avoir une occasion spécieuse de les visiter. Comme Evagre voulait travailler à la réunion de l'Eglise d'Antioche, il convint avec saint Basile, en passant à Césarée, de communiquer avec le parti de saint Mélèce. Mais quand il fut à Antioche, il changea d'avis, et ne communiqua qu'avec le parti de Paulin, auquel il demeura tellement uni qu'il fut son successeur dans l'évêché. Quelque temps après, Pierre, patriarche d'Alexandrie, et le prêtre Dorothée, envoyé de saint Basile et de saint Mélèce, eurent une contestation très-vive à Rome, devant le Pape. Dorothée manqua de respect à Pierre ; Pierre accusa d'hérésie et Mélèce d'Antioche et Eusèbe de Samosate, exilés l'un et l'autre dans ce moment.

Saint Basile en ressentit une grande peine (*Epist.* 266) : il la témoigna à Pierre lui-même, mais bien plus vivement encore à Eusèbe de Samosate : il se plaignait amèrement à lui du faste des Occidentaux. Pour moi, dit-il, je voudrais écrire à leur chef sous forme de lettre générale, et, sans entrer dans les affaires de l'Eglise, lui marquer seulement qu'ils ne savent point la vérité de ce qui se passe parmi nous, ni ne prennent le chemin de s'en instruire ; qu'il ne faut point insulter à ceux qui sont abattus par la tentation, ni prendre pour dignité l'orgueil, péché capable tout seul de nous rendre ennemis de Dieu (*Ibid.*, 239). Ce qui augmenta la peine de Basile, c'est qu'il apprit venu des lettres de Rome qui accordaient à Paulin le titre d'évêque d'Antioche et rejetaient Mélèce. Il en écrivit au comte Térence, qui était alors dans cette dernière ville. Il lui dit entre autres : Au reste, nous nous réjouissons avec ceux qui ont reçu ces lettres de Rome ; et si elles contiennent quelque témoignage avantageux, nous souhaitons qu'il soit véritable. Mais cela ne pourra jamais nous persuader de méconnaître Mélèce ou de croire que les questions qui ont été la source de cette division soient peu importantes (*Ibid.*, 214). C'était la question d'une ou de trois hypostases.

La division d'Antioche, au lieu de diminuer, vint à s'augmenter encore. Vital, prêtre de la communion de Mélèce, illustre par la pureté de ses mœurs et très-appliqué à la conduite du peuple qu'on avait confié à ses soins, se croyant méprisé de son collègue Flavien et moins aimé que lui de leur évêque, s'en sépara et vint à Rome, dans le dessein d'entrer dans la communion du pape Damase, et par là dans celle de Paulin. Damase, sachant qu'on le soupçonnait d'apollinarisme, lui demanda sa confession de foi. Vital la lui donna par écrit, en des termes qui paraissaient orthodoxes. Grégoire de Nazianze lui-même l'approuva. Cependant le Pape, ne voulant pas encore lui-même conclure cette affaire, renvoya Vital à Paulin avec une lettre par laquelle il laissait à sa sagesse et à sa prudence de l'admettre ou non à la communion. Il fit plus : Vital était déjà sur son départ, lorsque, concevant de nouveaux doutes sur sa doctrine, il écrivit à Paulin une autre lettre fort courte et par une autre voie. Ce ne fut pas tout encore : quelque temps après, il envoya une troisième lettre à Paulin, avec une confession de foi que devaient souscrire Vital et les autres qui voulaient être dans la communion de Rome. Elle est conçue en ces termes :

« Je vous avais déjà écrit par mon fils Vital, que je laissais tout à votre volonté et à votre jugement, et par le prêtre Prétrone, en peu de mots, sur quelque doute qui m'était venu au sujet de Vital, dans le moment de son départ; c'est pourquoi, afin que vous ne fassiez point de difficulté de recevoir ceux qui voudront se réunir à l'Église, nous vous envoyons notre confession de foi, non pas tant pour vous, qui la tenez comme nous, que pour ceux qui, en la souscrivant, voudront se réunir à nous par vous. Si donc mon fils Vital et ceux qui sont avec lui veulent s'unir à vous, ils doivent premièrement souscrire la foi de Nicée; ensuite, parce qu'on ne peut remédier aux maux futurs, il faut déraciner l'hérésie que l'on dit avoir paru depuis peu en Orient, et confesser que la sagesse même, le Verbe, le Fils de Dieu, a pris le corps humain, l'âme et l'entendement, c'est-à-dire Adam tout entier, tout notre vieil homme, hormis le péché; car, comme en confessant qu'il a pris un corps humain, nous ne lui attribuons pas pour cela les passions vicieuses de l'homme, ainsi, en disant qu'il en a pris l'âme et l'entendement, nous ne disons pas qu'il ait été sujet au péché qui vient des pensées. » Vient ensuite une confession de foi catholique, par forme d'anathèmes, et dans les termes suivants :

« Après le concile de Nicée, celui de Rome, composé d'évêques catholiques, ajouta ce qui regarde le Saint-Esprit. Et comme, depuis, quelques-uns ont osé dire, par une erreur sacrilège, que le Saint-Esprit a été fait par le Fils, nous anathématisons ceux qui ne proclament pas en toute franchise qu'il est de la même puissance et de la même substance que le Père et le Fils. Nous anathématisons également ceux qui, suivant l'erreur de Sabellius, disent que le Père est le même que le Fils; Arius et Eunomius, qui, avec une égale impiété, quoique différant de langage, soutiennent que le Fils et le Saint-Esprit sont des créatures; les Macédoniens, qui, issus de la souche d'Arius, ont changé, non pas la perfidie, mais le nom; Photin, qui, renouvelant l'hérésie d'Ebion, prétend que le Seigneur Jésus-Christ est seulement de Marie. Nous anathématisons ceux qui enseignent deux Fils, l'un avant les siècles, l'autre incarné de la Vierge; ceux qui disent que le Verbe de Dieu a tenu lieu d'âme raisonnable et intelligente dans la chair humaine; tandis qu'il a pris la nôtre, c'est-à-dire une âme raisonnable et intelligente sans le péché. Anathème à qui ne dira pas que le Père est toujours, que le Fils est toujours, et que le Saint-Esprit est toujours; à qui ne dira pas que le Fils est né du Père, c'est-à-dire de sa divine substance; à qui ne dira pas que le Verbe du Seigneur, le Fils de Dieu, est Dieu comme Dieu son Père, qu'il peut tout, qu'il connaît tout et qu'il est égal au Père; à qui dira que le Fils de Dieu incarné et sur la terre, n'était pas en même temps avec le Père dans le ciel; à qui dira que, dans la passion de la croix, le Fils de Dieu a souffert en tant que Dieu, et non pas en tant que revêtu de la forme de serviteur, c'est-à-dire de la chair et de l'âme; à qui ne dira pas que, dans la chair qu'il a prise, il est assis à la droite du Père, et qu'il y viendra juger les vivants et les morts. Anathème à qui ne dira pas que le Saint-Esprit est vraiment et proprement du Père, comme le Fils, qu'il est de sa divine substance et vrai Dieu, connaît tout et qu'il est partout comme le Fils et le Père; à qui dira que le Saint-Esprit est une créature, ou qu'il a été fait par le Fils; à qui ne dira pas que le Père a tout fait par le Fils et le Saint-Esprit, les choses visibles et les invisibles; à qui ne dira pas que le Père, le Fils et le Saint-Esprit ont une même divinité, une même puissance, majesté, gloire, domination, royauté, une même volonté et vérité; à qui ne dira pas que le Père, le Fils et le Saint-Esprit sont trois personnes véritables, égales, toujours vivantes, toutes-puissantes, embrassant tout, jugeant tout, vivifiant tout, faisant tout et sauvant tout ce qui sera sauvé. Anathème à qui ne dira pas que le Saint-Esprit doit être adoré de toute créature, comme le Père et le Fils (Constant, *Epist. sum. Pat.*; Théodoret, l. 5, c. 11 ; Greg. Naz., *ep.* 2 *ad Cledon.*).

Dans cette confession de foi, le Pape avait intercalé un décret de discipline. « Quant à ceux qui passent d'une ville dans une autre, nous les tenons étrangers à notre communion, jusqu'à ce qu'ils retournent dans la ville où ils étaient établis premièrement. Que si un autre a été ordonné à leur place, ils seront privés de l'honneur du sacerdoce jusqu'à la mort du remplaçant. » En ceci, le Pape ne faisait que tenir à l'observation des canons de Nicée, d'Antioche et de Sardique, comme il le fait encore ailleurs. Mais l'application de ces décrets tombait directement sur Mélèce, qui avait passé du siège de Sébaste en Arménie à celui d'Antioche. Voilà sans doute cette lettre de Rome qui fit tant de peine à son ami saint Basile; car on ne sait pas la date précise où elle a été écrite. Seulement, de ce que le Pape y appelle Vital son fils, on peut conclure que Vital ne s'était pas encore démasqué. Car on découvrit bientôt, avec saint Epiphane, qu'il avait usé d'équivoque dans sa profession de foi particulière, comme le Pape l'avait déjà soupçonné; il refusa de souscrire au formulaire que lui présenta Paulin de la part de Damase, se déclara ouvertement pour Apollinaire, qui, de son autorité privée, l'établit évêque d'Antioche. En sorte qu'il y eut quatre partis dans cette ville : celui des ariens, sous Dorothée, successeur d'Euzoïus, mort depuis peu; deux de catholiques, sous saint Mélèce et saint Paulin; un d'apollinaristes, sous Vital, qui, aussi bien que son maître, prétendait toujours être catholique. Plus tard, le Pape ayant appris la fourberie de Vital, son intrusion et son opiniâtreté, l'excommunia et anathématisa sa frauduleuse confession (Greg. Naz., *Orat.* 25; Epiph., *Hœres.* 77, n. 20, etc.).

Saint Jérôme fut inquiété de cette division d'Antioche jusque dans son désert de Syrie. On lui demandait pour qui il était, pour Vital, ou pour Mélèce, ou pour Paulin. L'évêque des ariens et les catholiques du parti de Mélèce lui demandaient s'il tenait trois hypostases dans la Trinité. Fatigué de ces questions, il écrivit au pape saint Damase en ces termes :

« Comme l'Orient, agité par ses anciennes fureurs,

déchire la robe sans couture du Seigneur, j'ai cru devoir consulter la chaire de Pierre, et cette foi louée par la bouche de l'apôtre, cherchant la nourriture de mon âme au même lieu où j'ai revêtu le Christ par le baptême. Votre grandeur m'effraie, mais votre bonté m'attire; brebis, je demande secours au pasteur. Arrière donc, envie; arrière, dignité et grandeur de Rome! je parle au successeur du pêcheur et au disciple de la croix! Ne suivant d'autre premier que le Christ, je suis uni de communion à Votre Béatitude, c'est-à-dire à la chaire de Pierre. Je sais que sur cette pierre a été bâtie l'Eglise. Quiconque mange l'agneau hors de cette maison, est profane; quiconque n'est pas dans l'arche de Noé, périt par le déluge. Ne pouvant pas toujours consulter Votre Sainteté, je m'attache aux confesseurs égyptiens, vos collègues, comme une petite barque se met à l'abri des grands vaisseaux. Je ne connais point Vital, je rejette Mélèce, j'ignore qui est Paulin. Quiconque n'amasse point avec vous, disperse; c'est-à-dire, qui n'est pas pour le Christ, est pour l'antechrist.

» On me demande si j'admets trois hypostases; je demande ce que ces mots signifient : on me répond que ce sont trois personnes subsistantes; je dis que je le crois ainsi : on dit que cela ne suffit pas, et on veut que je dise le mot. Nous disons tout haut : Si quelqu'un ne confesse pas trois hypostases, dans le sens de trois personnes subsistantes, qu'il soit anathème. Et parce que nous n'employons pas le mot sans explication, l'on nous traite d'hérétiques. Nous disons d'un autre côté : Si quelqu'un, entendant par hypostase *essence*, ne confesse pas une hypostase en trois personnes, il est étranger au Christ, et l'on nous accuse avec vous de confondre les trois personnes en une. Décidez donc, je vous en conjure; si vous l'approuvez, je ne craindrai pas de dire trois hypostases; si vous l'ordonnez, on fera un nouveau symbole après celui de Nicée, et on y professera la foi orthodoxe dans les mêmes termes à peu près que les ariens professent l'erreur. » C'est que les ariens disaient trois hypostases dans le sens d'essence, suivant l'usage des auteurs profanes; ce qui augmentait la défiance de saint Jérôme. C'est pour cela qu'il supplie de nouveau le Pape de l'autoriser par ses lettres à ne point dire ou à dire *les hypostases*. Il le prie aussi de lui marquer avec qui il devait communiquer à Antioche; car tous les partis s'y glorifiaient de la communion de Rome (Hieron., *Epist.* 14, édit. Bénéd.).

N'ayant point reçu de réponse à cette première lettre, il en écrivit une seconde, où il disait au Pape : « D'un côté les ariens exercent leur fureur, soutenus par la puissance du siècle; d'un autre côté, l'Eglise, divisée en trois partis, me veut attirer : les moines qui m'environnent usent sur moi de leur ancienne autorité. Cependant je m'écrie : Si quelqu'un est uni à la chaire de Pierre, il est des miens! Mélèce, Vital et Paulin disent qu'ils sont unis à vous. Je pourrais le croire, si un seul le disait; mais il y en a deux qui mentent et peut-être tous les trois. C'est pourquoi je conjure Votre Béatitude, par la croix du Seigneur, de me marquer, par vos lettres, avec qui je dois communiquer en Syrie. Ne méprisez pas une âme pour laquelle Jésus-Christ est mort (*Ibid., Epist.* 16). »

Dans ces temps, le pape saint Damase tint plusieurs conciles à Rome. Dans l'un, auquel assistait Pierre d'Alexandrie, il condamna le premier et déposa même Apollinaire et Timothée, son principal disciple, qui était venu à Rome pour défendre leur cause. Dans ce même concile ou dans un autre, il dressa une profession de foi adressée aux évêques d'Orient, et qui, sur la divinité du Verbe et du Saint-Esprit, ainsi que sur l'Incarnation, contenait, par manière d'exposition, la même doctrine que celle adressée à Paulin sous forme d'anathème. Plus tard, cent quarante-six évêques orientaux, ayant à leur tête saint Mélèce et saint Eusèbe de Samosate, la souscrivirent dans un concile d'Antioche (Constant, *Epist. Rom. Pont.*). Ainsi, malgré les difficultés du temps, malgré les divisions et les préventions de toute espèce, Rome était toujours le centre d'unité et d'action dans l'Eglise, et par là même dans l'univers intellectuel.

Mais avant de retrouver la paix, les Eglises d'Orient éprouvèrent un redoublement de persécution. La cause en fut la mort de l'empereur Valentinien, qui laissa son frère Valens plus libre dans ses mauvais desseins. Valentinien mourut à cette occasion. Les Quades, indignés du lâche assassinat de leur roi Gabinius, étaient entrés dans la Pannonie et l'avaient dévastée. Valentinien, ayant quitté les Gaules, les poursuivit à son tour jusque dans l'Illyrie, qu'ils habitaient, et, malgré les réclamations et les plaintes de leurs députés, il brûla leurs villes et repassa le Danube sans avoir perdu un seul homme. Les Quades lui envoyèrent de nouveaux députés pour le prier de borner là sa vengeance. C'était le 17 novembre 375. Ce jour-là même, son cheval s'étant cabré en sorte qu'il ne put le monter, il s'emporta contre son écuyer au point de commander qu'on lui coupât la main droite. Heureusement l'officier chargé de l'exécution prit sur lui de la différer. Ce terrible emportement de Valentinien, qui avait coûté la vie à tant d'autres, la lui coûta à lui-même. Ce même jour, répondant aux ambassadeurs, dans son camp, il s'abandonna tellement à la colère, qu'un vaisseau se rompit dans sa poitrine, et qu'il expira dans de violentes convulsions, à l'âge de cinquante-cinq ans. Les généraux de l'armée romaine, pour prévenir de nouvelles calamités, proclamèrent empereur le jeune Valentinien, son fils puîné, qui n'avait encore que quatre ans. (Amm., l. 30, n. 6 et 10). Ils n'attendirent pas la permission de l'empereur Gratien, son frère aîné, qui était demeuré à Trèves par ordre du père. Mais ce prince était si bon qu'il ne s'en plaignit point, et traita toujours son jeune frère comme s'il eût été son fils. Il partagea l'empire d'Occident avec lui : Valentinien eut l'Italie, l'Illyrie et l'Afrique; Gratien eut les Gaules, l'Espagne et la Bretagne; mais tant qu'il vécut, il gouverna l'Occident tout entier.

Gratien n'était âgé que de seize ans et demi à la mort de son père. Marié depuis un an à la fille de l'empereur Constance, il n'avait nul penchant à la débauche, et ne connut jamais d'autre femme que la sienne. D'un génie heureux et docile, aimant les lettres, bien fait de sa personne, habile dans tous les exercices, il ne lui manquait que d'avoir été mieux formé aux affaires de l'Etat. Il avait trouvé le palais plein d'alarmes et de terreur, il en fit un séjour aimable : on n'y entendit plus de gémissement;

on n'y vit plus d'instruments de tortures. Il rappela sa mère et un grand nombre d'exilés ; il ouvrit les prisons à ceux que la calomnie y avait enfermés; il rendit les biens confisqués injustement et fit oublier la dureté du gouvernement de son père. Naturellement pieux, il était entretenu dans cette heureuse disposition par les conseils de Gracchus, de l'illustre famille dont il portait le nom, qu'il honora de sa confiance et qu'il éleva à la dignité de préfet de Rome. Plein de zèle pour le christianisme, il profita de l'autorité que lui donnait sa charge pour affaiblir l'idolâtrie; il détruisit un grand nombre d'idoles, mais sans user de violence, et sans donner ouvertement atteinte à la liberté de culte dont les païens jouissaient encore. L'empereur fit, dès cette année et la suivante, plusieurs lois avantageuses à l'Eglise. Il ordonna que les contestations qui auraient pour objet les affaires de la religion, seraient décidées par l'évêque ou par le synode de la province, mais que les juges ordinaires demeureraient saisis des causes civiles et criminelles. La bonne volonté qu'il témoignait pour la religion, il la témoignait également pour le progrès des belles-lettres et même pour la conservation des anciens monuments de Rome (Tillemont, *Hist. des emp.; Hist. du Bas-Empire*, l. 19). Enfin toute l'Eglise de l'Occident était dans la paix et dans la joie; cette joie se communiqua à celle de l'Orient. Les nouveaux députés de saint Basile et des autres Orientaux étant revenus de Rome en 376, leur racontèrent combien l'Occident était uni et tranquille, combien tout l'Occident les aimait et cherchait à les secourir. Saint Basile écrivit aussitôt plusieurs lettres pour annoncer partout cette heureuse nouvelle (Basil., *Epist.* 253, 254, 255).

C'était le temps même où Valens, se trouvant plus libre par la mort de son frère, persécutait avec une nouvelle violence la doctrine catholique. Comme il savait que les moines en étaient un des plus puissants appuis, il fit une loi par laquelle il ordonna qu'ils fussent contraints de porter les armes. On envoya des tribuns avec des troupes dans les solitudes d'Égypte, où ils tuèrent un grand nombre de ces pieux solitaires. Ces violences s'étendirent dans les autres provinces, particulièrement en Syrie, où incontinent après Pâques de l'an 376, les persécuteurs attaquèrent leurs cellules, brûlèrent leurs travaux et les mirent eux-mêmes en fuite. Saint Basile espérait que les fugitifs viendraient chez lui, comme à un asile qui leur était préparé d'avance, et qu'il aurait ainsi la consolation de les embrasser, de participer au mérite de leurs souffrances et d'être soulagé des douleurs continuelles dont il souffrait lui-même. Se voyant trompé dans son attente, il leur écrivit deux lettres, non pas tant pour les consoler que pour les féliciter et se recommander à leurs prières, mais surtout leur recommander la paix des Eglises, qu'il ne désespérait pas de voir bientôt rétablie. Une de ces lettres leur fut portée par le prêtre Sanctissime, celui-là même qui revenait de Rome et en apportait des nouvelles si consolantes (Basile, *Epist.* 256, 257).

La persécution commença de s'apaiser et la paix de se rétablir par des moyens inattendus. La Providence chargea de cette affaire les Huns et les Goths. Ces peuples, qu'elle destinait à exécuter sa justice con- tre l'empire idolâtre de Rome, arrivaient l'un sur l'autre du fond de l'Asie, et frappaient à la porte comme le bourreau à la porte du condamné. Les Goths, poussés par les Huns, ravageaient la Thrace en 377 et couraient jusqu'aux portes de Constantinople. Alarmé de cette irruption, Valens cessa d'exiler les évêques et les solitaires orthodoxes, et partit enfin d'Antioche au commencement de 378, étant consul pour la sixième fois. Aussitôt après son départ, les catholiques reprirent courage dans toutes les villes. Pierre d'Alexandrie venait de rentrer dans la sienne, revenu de Rome avec des lettres de Damase qui confirmaient les décrets de Nicée et en même temps l'ordination de Pierre. Ce sont les paroles mêmes des deux historiens grecs Socrate et Sozomène (Soc., l. 4, c. 37; Sozom., l. 6, c. 39). Là-dessus, le peuple d'Alexandrie le remit en possession des églises et en chassa l'arien Lucius, qui se réfugia tout de suite à Constantinople pour implorer la protection de Valens, qui y arriva le 30 mai 378. Mais Valens n'eut ni le temps ni le moyen de rien faire. Cette année-là même devait être la dernière de sa vie.

D'après le résultat actuel de la science historique, les Goths, les Scythes, les Gètes, les Alains, les Massagètes, les Suèves, les Teutons, les Lombards, les Hérules, les Gépides, et par suite les Francs, les Saxons, étaient une même race de peuples, parlant divers dialectes d'une même langue, qui est l'allemand. Maîtres de l'Europe orientale et d'une grande partie de l'Asie, ils envoyèrent des colonies de toutes parts, entre autres dans la Scandinavie, d'où il en arriva sur le Danube. Les Goths proprement dits, campés à l'embouchure de ce fleuve, étaient souvent ennemis et quelquefois auxiliaires des Romains. Sous Caracalla, ils les réduisirent à leur payer des pensions considérables pour acheter la paix avec eux; ils la rompirent toutes les fois qu'ils crurent trouver plus d'avantage dans la guerre. Souvent on les vit passer le Danube et mettre à feu et à sang la Mésie et la Thrace. Ils battirent et tuèrent l'empereur Décius. Gallus leur paya tribut. Sous Valérien et sous Gallien, ils portèrent le ravage jusqu'en Asie, où ils entrèrent par le détroit de l'Hellespont, après avoir pillé l'Illyrie, la Macédoine et la Grèce; ils brûlèrent le temple d'Ephèse, ruinèrent Chalcédoine, pénétrèrent jusqu'en Cappadoce, et, dans leur retour, renversèrent en passant Ilion et Troie, qui se relevaient de leurs ruines. Ils furent battus à leur tour par Claude, par Aurélien, par Tacite. Probus les força à la soumission par la terreur de ses armes. Leur puissance était déjà rétablie sous Dioclétien. Ils servirent fidèlement Galérius dans la guerre contre les Perses : ils étaient devenus comme nécessaires aux armées romaines, et nulle expédition ne se fit alors sans leur secours. Constantin employa leur valeur contre Licinius; ils s'engagèrent avec lui, par un traité, à fournir aux Romains quarante mille hommes toutes les fois qu'ils en seraient requis. Ce traité, souvent interrompu par les guerres qui survinrent entre eux et l'empire, était toujours renouvelé au rétablissement de la paix; il subsista jusque sous Justinien, et ces troupes auxiliaires étaient nommées *les confédérés*, pour faire connaître que ce n'était pas à titre de sujets, mais d'alliés et d'amis qu'ils suivaient les armées romaines. Ils étaient divisés en deux peuples, les Ostrogoths ou Goths de l'Est, et les Visigoths ou Goths de l'Ouest. Ils avaient des princes différents, issus de deux races célèbres dans leurs annales : celle des Amales, qui régnait sur les Ostrogoths, et celle des Balthes, sur les Visigoths. Ils ne donnaient à leurs souverains que le nom de *juges*, parce que le nom de *roi* n'était, selon eux, qu'un titre de puissance et d'autorité, au lieu que celui de *juge* était un titre de vertu et de sagesse.

Les Goths se voyant méprisés par Julien, s'en vengèrent sous Valens, qui cependant, après plusieurs campagnes, les réduisit en 369 à demander la paix. Les conditions furent qu'ils ne passeraient plus le Danube, et que leur roi Athanaric recevrait une pension de l'empereur. Mais en 376, l'irruption des Huns le força de demander le passage (*Hist. du Bas-Empire*, l. 17, n. 28 et seqq. ; surtout les notes).

Les Huns, peu connus jusque alors, et dont l'histoire était restée jusqu'au XVIIIe siècle enveloppée d'épaisses ténèbres, sont connus dans les annales chinoises sous le nom de *Hioung-nou*, que les Chinois traduisent par *esclaves méprisables*. Ils étaient déjà redoutés en Chine par leurs fréquentes invasions, avant la dynastie des Hia, qui remonte à l'an 2207 avant Jésus-Christ. Ils ne cessèrent depuis de désoler la Chine par leurs courses, jusque vers le IIe siècle avant notre ère, époque à laquelle ils prirent un nouveau degré d'accroissement. Ce fut contre eux que le plus grand des empereurs chinois bâtit alors la grande muraille. Ces Huns, divisés en diverses hordes, qui avaient chacune son chef, étaient réunis sous les ordres d'un même souverain. Un de ces monarques, que les annales de la Chine appellent *Nieté*, porta vers ce temps ses conquêtes depuis la Corée et la mer du Japon jusqu'à la mer Caspienne. Il avait assujéti vingt-six royaumes. Ses successeurs régnèrent avec gloire pendant près de trois cents ans ; mais la gloire de cette nation consistait dans le succès de ses brigandages. Enfin, la discorde s'étant mise entre les Huns, ceux du Midi, soutenus par les Chinois et les Tartares orientaux, forcèrent, en 93, ceux du Nord d'abandonner leurs anciennes demeures. Les vaincus se retirèrent du côté de l'Occident, et, poussant de proche en proche, arrivèrent en 376 sur les Goths, que dominait alors avec gloire un monarque de 110 ans, Hermanaric, qui avait subjugué une douzaine de nations, et dont Athanaric et Fritigerne, le premier, roi des Ostrogoths, le second, des Visigoths, paraissent n'avoir été que des subalternes. Son empire croula sous les coups des Huns. Les Goths, acculés sur le Danube, demandèrent aux Romains de le passer pour s'établir sur les terres de l'empire. Valens y consentit, à condition qu'ils remettraient leurs armes entre les mains de ses officiers, et que les plus jeunes d'entre eux seraient transportés en Asie pour servir d'ôtages (*Hist. du Bas-Empire*, l. 19, n. 40-49; De Guignes, *Hist. des Huns*, t. I, part. 2).

Le chef de l'ambassade envoyée pour cet effet à l'empereur, était Ulfilas, évêque des Goths. Car il y avait un bon nombre de chrétiens parmi eux, surtout parmi les Visigoths. Mais comme le corps de la nation était encore idolâtre, ils en eurent souvent à souffrir, principalement sous la domination d'Athanaric. Ainsi, en 372, il y eut parmi les Goths un grand nombre de martyrs. Le plus illustre est saint Sabas, dont les reliques, accompagnées d'une lettre de l'Eglise de Gothie à l'Eglise de Cappadoce et à tous les chrétiens de l'Eglise universelle, furent envoyées à saint Basile par le gouverneur romain des frontières de la Scythie (*Acta. Sanct.*, 26 *mart.* et 12 *april.*; Basil., *Epist.* 155, 164, 165). Le christianisme s'était introduit chez les Goths par les captifs qu'ils emmenèrent de l'Asie Mineure, particulièrement de la Cappadoce, dans les courses qu'ils y firent un siècle auparavant, sous l'empire de Gallien. Théophile, leur évêque, avait assisté et souscrit au concile de Nicée.

Ulfilas, son successeur, d'origine cappadocienne, mais naturalisé parmi les Goths, y jouissait d'une grande autorité ; ses paroles étaient respectées comme des lois. Savant dans les langues, il forma principalement du grec l'alphabet gothique, et traduisit en goth les Ecritures saintes. On a retrouvé une bonne partie de sa version. Tout le fond de la langue, soit pour les mots, soit pour la grammaire, soit pour la syntaxe, est identique avec l'allemand, surtout avec les anciens dialectes teutoniques. Cette langue, qui a beaucoup de mots communs avec le persan, y présente un idiome arrivé dès lors à un haut degré de perfection sous le rapport grammatical. Aussi, dès auparavant, les Goths avaient-ils des historiens et des géographes. Leur premier alphabet paraît avoir été le *runique*, dont il reste encore quelque vestige dans celui d'Ulfilas. Sa version augmenta sans doute le zèle des études ; car les lettres de saint Jérôme nous attestent que plusieurs Goths correspondaient avec lui, dans le but de comparer les versions gothique, grecque et latine, avec la *vérité* hébraïque. Il y a plus : le saint docteur, bon juge en pareille matière, place les ouvrages des Goths bien au-dessus de ceux des Grecs. On croit qu'Ulfilas avait été secondé dans ce travail par Sélénas, qui fut après lui évêque des Goths et qui était son secrétaire. Mais si Ulfilas rendit un grand service aux Goths par sa version de la Bible, il leur en rendit un fort mauvais, en introduisant parmi eux l'arianisme, pour leur attirer plus facilement les bonnes grâces de l'empereur Valens. Nous allons voir comme la justice de Dieu en punit cet empereur par leurs mains (1).

Quand il s'agit d'exécuter le traité et de passer le Danube, les Romains se conduisirent en Barbares et les Barbares en Romains. La plupart des Goths gardèrent leurs armes. Ceux qui étaient chargés de les désarmer, songèrent bien plutôt à satisfaire leur avarice et d'autres passions encore plus honteuses. Ils enlevaient dans la jeunesse des deux sexes tout ce qui plaisait à leurs yeux ; ils ravissaient les filles à leurs mères, les femmes à leurs maris ; ils saisissaient les troupeaux et les bagages de quelque valeur. Les Goths abandonnaient tout, n'étant occupés que du soin de leurs armes ; ils achetaient même à grand prix la permission de les conserver, persuadés que leurs javelots et leurs épées leur rendraient bientôt plus qu'ils ne perdaient. On ne s'en tint pas là. Au lieu de leur fournir des subsistances, on ferma les magasins. On leur fit acheter bien cher les plus

---

(1) *Hist. du Bas-Empire*, l. 20, n. 1-6, surtout les notes ; Hier., *Epist.* 106 ; Soc., l. 5, c. 23 ; Soz., l. 7, c. 17 ; *Version gothique de la Bible*, par Ulfilas, édition de Zahn, 1805 (en allemand).

misérables nourritures ; ils furent réduits à manger des chiens ; on leur vendait un chien pour un esclave, et ces malheureux, après s'être défaits de tout ce qu'ils possédaient, furent réduits à livrer leurs propres enfants, auxquels ils ne pouvaient conserver la vie qu'au prix de leur liberté. Les principaux mêmes de la nation ne furent pas exempts de cette nécessité déplorable. Ils n'avaient plus de ressource que dans le désespoir, et il allait éclater, lorsque Lupicin, général des troupes romaines, les fit presser par ses soldats d'abandonner les bords du Danube et d'avancer dans l'intérieur du pays, où il espérait les affaiblir ou les détruire, en les séparant les uns des autres. A Marcianople, il invite leur roi Fritigerne à un festin, et pendant ce temps fait égorger sa garde. Fritigerne s'échappe l'épée à la main, rejoint son armée, livre une première bataille, où presque toute l'armée romaine périt. Valens en envoie une nouvelle sous les ordres du comte Trajan. Une seconde bataille se donne : elle dure depuis le matin jusqu'à la nuit close ; il y eut tant de morts de part et d'autre, que des années après, les plaines de la Thrace, blanchies d'ossements, présentaient l'aspect d'un vaste cimetière (Jornand, *De rebus geticis*, c. 26 ; Amm., l. 31, n. 4, etc.).

Valens, épouvanté, partit d'Antioche et arriva à Constantinople le 30 mai 378. Il y trouva le peuple dans la consternation. Les Goths, après avoir ravagé tout le pays, faisaient des courses jusqu'aux portes de la ville. L'empereur amenait avec lui un corps nombreux de cavaliers sarrasins, que Mavia, leur reine, lui avait envoyés lorsqu'il était parti d'Antioche. Mécontent du succès de la dernière bataille, il ôta à Trajan le commandement des troupes, et comme il l'accablait de reproches : « Seigneur, lui dit hardiment ce général, ce n'est pas moi qui ai été vaincu, c'est vous qui avez abandonné la victoire, en vous armant contre Dieu, et procurant aux Barbares sa protection. Ne savez-vous pas qui sont ceux que vous avez chassés des églises, et ceux à qui vous les avez livrées (Theod., l. 4, c. 33) ? » Les généraux Arinthée et Victor appuyèrent ce discours. Quelque temps auparavant, le comte Térence avait témoigné la même générosité. Comme il revenait d'Arménie, après y avoir remporté des victoires, Valens lui ordonna de demander ce qu'il voudrait. Térence lui présenta une requête où il lui demanda d'accorder une église aux catholiques. L'empereur ayant lu la requête, la déchira et dit à Térence de lui demander autre chose. Térence ramassa les pièces de sa requête, et dit : « J'ai ce que je demande, seigneur ; car Dieu juge l'intention (Theod., c. 32) ! »

Tout retentissait de murmures contre Valens à Constantinople ; on lui reprochait d'avoir introduit les Goths dans l'empire et de n'oser se montrer devant eux ni leur livrer bataille. Le 11 juin, comme il assistait aux jeux du cirque, tout le peuple s'écria : Qu'on nous donne des armes, et nous irons combattre ! L'empereur, outré de colère, partit aussitôt avec son armée, menaçant de ruiner la ville de fond en comble, à son retour, et d'y faire passer la charrue pour la punir de son insolence. Comme il sortait des portes, le moine Isaac, dont la cellule était proche, lui cria : « Où allez-vous, empereur ? vous avez fait la guerre à Dieu ; il n'est pas pour vous ! c'est lui qui a excité contre vous les Barbares. Cessez de lui faire la guerre, autrement vous n'en reviendrez pas et vous perdrez votre armée. » L'empereur, irrité, commanda qu'on le mit en prison jusqu'à son retour, et dit : Je reviendrai et te ferai mourir, en punition de ta fausse prophétie. Isaac répondit en élevant la voix : Oui, faites-moi mourir si vous me trouvez menteur (*Histoire du Bas-Empire*, l. 20, n. 7-36 ; Theod., l. 4, c. 34 ; Soz., l. 6, c. 40).

Au lieu d'un général catholique, Valens donna le commandement de l'armée au comte Sébastien, adonné au manichéisme. Quelques premiers succès élevèrent prodigieusement la confiance de l'empereur et du général. L'empereur Gratien, après avoir remporté une éclatante victoire sur les Allemands, près de Colmar, marchait au secours de son oncle et le priait de l'attendre. Les plus habiles généraux étaient de cet avis. Mais Valens et Sébastien, jaloux de la gloire du jeune vainqueur, se piquèrent de vaincre par eux seuls. Ce qui augmenta encore leur confiance, c'est que Fritigerne envoyait députation sur députation. Le rusé Barbare attendait d'un jour à l'autre une nouvelle armée de Goths, qui venait de passer le Danube : il voulait lui ménager le temps d'arriver. Enfin, le 9 août 378, cette armée parut dans le moment même que la bataille s'engageait près d'Andrinople. Depuis la bataille de Cannes, sous Hannibal, jamais les Romains n'essuyèrent une défaite plus désastreuse. Les deux tiers de leur armée restèrent sur la place, avec trente-cinq généraux, parmi lesquels le comte Trajan, qui mourut pour sauver la personne de l'empereur, qui l'avait destitué. L'empereur lui-même périt, on ne sait trop de quelle manière. L'opinion la plus généralement reçue, c'est qu'étant blessé et ne pouvant plus se tenir à cheval, on le porta dans une cabane voisine, où, tandis qu'on pansait ses blessures, une troupe de Goths, sans savoir qui était dedans, mirent le feu et le brûlèrent avec ceux qui s'y trouvaient, hormis un des gardes, qui se sauva par une fenêtre et raconta depuis la chose.

Les Goths victorieux, dont on irrita la vengeance jusqu'à la fureur, en égorgeant dans un même jour tous ceux de leurs enfants qu'on avait envoyés en Asie comme ôtages, parurent bientôt aux portes de Constantinople. Mais les cavaliers sarrasins les en repoussèrent et se montrèrent à eux encore plus terribles que les Huns. Chose remarquable ! Les Goths que l'empereur pervertissait par l'hérésie, deviennent la perte de l'empereur et de l'empire ; tandis que les Sarrasins, devenus catholiques malgré l'empereur, sont le salut de l'empire et de la capitale.

LIVRE TRENTE-SIXIÈME.

L'empereur Théodose et l'évêque de Milan, saint Ambroise. — Ce que c'est qu'un évêque.

(De l'an 378 à l'an 393 de l'ère chrétienne.)

« L'univers romain s'écroule, » disait dès lors saint Jérôme (*Epist*. 35, édit. Bénéd.). En effet, jamais il ne parut plus près de sa ruine. Les frontières du Tigre et de l'Euphrate étaient menacées par les Perses, les Ibères, les Arméniens; toute l'Illyrie et la Thrace étaient ravagées par les Goths, les Taïfales, les Huns et les Alains; les frontières du Rhin et du Danube, attaquées par les peuples de la Germanie, les Allemands, les Francs et les Suèves. Dans les plaines d'Andrinople, l'empire avait perdu ses meilleures troupes avec ses meilleurs généraux; il avait surtout perdu le courage et la confiance. Il se voyait pour empereurs un jeune homme de dix-neuf ans et un enfant de sept. Le premier, l'empereur Gratien, s'était privé peu auparavant du plus grand homme de guerre et d'État qu'il y eût alors. Sous l'empire de Valentinien I*er*, le comte Théodose, par sa valeur et sa sagesse, avait sauvé et pacifié la Grande-Bretagne; dans les commencements de Gratien, le comte Théodose, par sa valeur et sa sagesse, venait de sauver et de pacifier l'Afrique, lorsqu'il vint à Carthage un ordre du nouvel empereur pour lui trancher la tête au milieu de son triomphe. Le comte Théodose demanda seulement le temps de recevoir le baptême, et puis présenta lui-même sa tête au bourreau. Son fils, de même nom, déjà illustre par plusieurs victoires remportées contre les Sarmates, s'était dès lors retiré en Espagne, sa patrie, et y employait son activité naturelle à perfectionner l'agriculture et à servir ses compatriotes comme simple particulier.

Mais si, à l'âge de 17 ans, l'empereur Gratien, circonvenu par les intrigues de courtisans jaloux et perfides, avait commis une si grande faute, à l'âge de 19 ans, il sut la réparer avec une magnanimité qui n'a pas d'exemple dans l'histoire. Par la mort de son oncle Valens, il se voyait maître de tout l'empire romain. Aussitôt il rappelle d'Espagne le fils de celui-là même auquel il avait fait trancher la tête, et, avec le titre d'empereur et de son collègue, il lui offre et lui fait accepter tout l'Orient, auquel il ajoute encore l'Illyrie orientale, c'est-à-dire la Dacie, la Mésie, la Dardanie, la Macédoine, l'Épire, toute la Grèce et toutes les îles adjacentes : ce qui, à part l'Orient même, eût déjà été un très-grand empire.

Nous ne croyons pas que, dans les annales des peuples il y ait quelque chose de plus noble et de plus admirable. Quelle confiance ne devait pas avoir Gratien dans la probité de Théodose, lorsqu'il comptait que ce fils sensible oublierait, pour l'amour de la patrie, le meurtre de son père! Quelle opinion on manifestait de ses talents, lorsque en le nommant on plaçait en un seul homme l'espoir du salut et du rétablissement de l'empire d'Orient! Théodose monta sur le trône le 19 janvier 379, dans la 33e année de son âge. Le peuple admirait sa figure noble et sa taille majestueuse et pleine de grâce, qu'il se plaisait à comparer aux portraits et aux médailles de Trajan, tandis que les observateurs attentifs découvraient, dans son cœur et dans son esprit, une ressemblance plus précieuse avec le plus grand et le meilleur des empereurs romains.

L'avénement de Théodose annonçait à l'Église et à l'empire des jours plus heureux. Déjà Gratien avait rendu une loi pour rappeler les évêques exilés et pour restituer les églises à ceux qui communiquaient avec l'évêque de Rome, Damase. Ce sont les paroles de Théodoret (l. 5, c. 2). Quelques-uns de ces évêques, trouvant les ariens en possession de leurs Églises, consentirent qu'ils y demeurassent en embrassant la foi catholique, et cédèrent volontiers leurs chaires pour éviter le schisme. Eulalius, évêque d'Amasée dans le Pont, trouva à sa place un arien qui n'avait pas dans la ville cinquante personnes qui le reconnussent pour évêque. Eulalius ne laissa pas de lui offrir, s'il voulait se réunir à l'Église catholique, de gouverner en commun son troupeau, lui cédant même le premier rang. L'arien refusa et fut abandonné des siens mêmes, qui se réunirent aux catholiques.

L'Église d'Antioche était toujours divisée. Paulin y était demeuré pendant la persécution, et Mélèce étant revenu après la mort de Valens, fut reçu avec une extrême joie. Toute la ville alla au devant de lui : les uns lui baisaient les mains, les autres les pieds; ceux que la foule empêchait d'approcher, s'estimaient heureux d'entendre sa voix ou de voir son visage. Un général de Gratien, le duc Sapor, était alors à Antioche pour restituer les Églises à ceux qui étaient dans la communion du Pape. Paulin assurait qu'il communiquait avec Damase; Apollinaire en disait autant; Mélèce se tenait en repos. Alors Flavien, un de ses prêtres, dit à Paulin en présence de Sapor : « Si vous communiquez avec Damase, confessez, comme lui, dans la Trinité une essence et trois hypostases, et recevez les Églises d'après la loi. » Puis, s'adressant à Apollinaire : « Comment osez-vous à ce point contredire la vérité? car vous savez bien que Damase enseigne que le Verbe-Dieu a pris toute la nature humaine, tandis que vous en excluez notre âme. Que si l'accusation est fausse, renoncez du moins aujourd'hui à la nouveauté et embrassez la doctrine de Damase, ensuite recevez les saints temples. » Mélèce, qui était le plus doux de tous les hommes, disait amicalement à Paulin : « Puisque nos ouailles ont une même foi, rassemblons-les dans une même bergerie, et, si le siége épiscopal est cause de notre différend, plaçons-y le saint Évangile et asseyons-nous aux deux côtés les premiers au rang des prêtres ; celui de nous deux qui survivra, aura, après la mort de l'autre, la conduite de tout le troupeau. » Tout le parti de Mélèce approuvait cet arrangement ; mais Paulin répondit, avec les siens, qu'il ne pouvait recevoir pour collègue un homme ordonné par les ariens. C'est du moins ce que rapporte Théodoret. Mais saint Ambroise, qui vivait dans le temps même, nous atteste, avec un concile d'Italie, que ce furent les amis de Paulin, les évêques d'Occident, qui proposèrent cet accord (Labbe, t. II ; Amb., *Epist.* 13). Sapor ayant tout considéré, remit les églises à Mélèce. Après quelques autres contestations, qui faillirent dégénérer en émeute, les deux partis convinrent de cet accord : ils firent prêter serment aux six prêtres les plus dignes de l'épiscopat, et parmi eux à Flavien, que si l'un des deux évêques venait à mourir, ils reconnaîtraient le survivant pour l'unique pasteur, et ne souffriraient pas qu'on les ordonnât à sa place. Cet accord juré, les deux peuples, à part quelques lucifériens, se réunirent pour ne plus se séparer (Soc., l. 5, c. 5 ; Soz., l. 7, c. 3 ; Theod., l. 5, c. 3).

Vers le mois de septembre de la même année 379, il se tint un concile à Antioche, où saint Mélèce et saint Eusèbe de Samosate, avec cent cinquante et un évêques d'Orient, souscrivirent l'exposition de foi envoyée par le pape Damase, touchant la consubstantialité du Verbe, la divinité du Saint-Esprit et les erreurs d'Apollinaire. La souscription authentique des évêques orientaux fut envoyée à Rome et s'y gardait dans les archives. La question de la divinité du Saint-Esprit et des erreurs d'Apollinaire était dès lors irrévocablement terminée, non-seulement par la définition expresse du Siége apostolique, mais encore par le plein consentement de l'Orient et de l'Occident (Coust., *Damasi, epist.* 4).

Saint Basile n'avait vu que les commencements de cette heureuse paix de l'Église. Il était mort dès le 1er janvier 379. Avant de mourir, il imposa les mains à plusieurs de ses disciples, pour ordonner des évêques catholiques aux Églises de sa dépendance : A ses funérailles, il y eut une telle affluence de peuple, que plusieurs furent étouffés dans la presse. Chacun s'efforçait de toucher la frange de son habit, le lit sur lequel on le portait, son ombre même, croyant en retirer quelque utilité. Les gémissements étouffaient le chant des psaumes : les païens mêmes et les Juifs le regrettaient. Toute la terre le pleura comme le docteur de la vérité et le lien de la paix des Églises. Tous ceux qui avaient approché de lui, ne fût-ce que pour le servir, se faisaient honneur de rapporter jusqu'à ses actions et ses paroles les moins importantes. Plusieurs affectaient d'imiter son extérieur, sa pâleur, sa barbe, sa démarche et jusqu'à ses défauts, comme sa lenteur à parler. Car il était le plus souvent pensif et recueilli en lui-même : ce qui, étant mal imité, dégénérait en tristesse. On copiait encore son habit, son lit, sa nourriture, quoique en tout cela il eût agi naturellement et sans rien affecter. Ses écrits étaient les délices de tout le monde, même des laïques et des païens ; on les lisait non-seulement dans les églises, mais dans les autres assemblées (*Vita S. Bas.*, t. III, édit. Bénéd.).

De plusieurs panégyriques en l'honneur de saint Basile, il nous en reste quatre : de saint Grégoire de Nysse, son frère, de saint Ephrem, de saint Amphiloque et de saint Grégoire de Nazianze. Ceux de saint Grégoire de Nysse et de saint Amphiloque furent prononcés le jour de sa mort, qui fut dès lors un jour de fête. Saint Ephrem fut très-sensible à la mort de saint Basile et lui survécut peu ; pour charmer sa douleur, il composait, à la louange de son ami, des poèmes et des hymnes. Depuis longtemps Ephrem vivait dans le repos de la solitude, édifiant par ses discours ceux qui venaient l'y trouver. Mais quelque temps avant sa mort, il quitta sa cellule pour venir assister les pauvres de la ville d'Édesse durant la famine. Ne pouvant les soulager de ses biens, parce qu'il n'en possédait aucun, il excitait la compassion des autres par ses pressantes et continuelles exhortations. Les riches lui ayant donné de l'argent, il fit disposer environ trois cents lits dans les galeries publiques pour y loger les pauvres, soit de la ville, soit de la campagne. Il fournissait à leurs besoins, pansait les malades, ensevelissait les morts, n'ayant pas moins de soin de nourrir l'âme que le corps de ceux qui avaient recours à ses charités. Il passa un an dans cet exercice, jusqu'à ce que, l'abondance des grains étant revenue, il s'en retourna dans sa cellule, où il mourut au bout d'un mois, après quelques jours de maladie. En mourant, il fit un discours aux habitants d'Édesse, qui se trouvaient présents, dans lequel il leur défendit de l'ensevelir avec pompe, de lui faire les honneurs que l'on rend aux saints, de garder ses habits comme des reliques, de l'enterrer sous l'autel ni même en aucun endroit de l'église, mais dans le cimetière commun. Il leur recommanda d'un autre côté, avec grand soin, de faire pour lui des aumônes, des prières et des oblations, particulièrement au trentième jour (Soz., l. 3, c. 16 ; Pallad., *Hist. Laus.*, c. 101 ; Ceillier).

Saint Amphiloque, ami et compatriote de saint Basile et de saint Grégoire de Nazianze, d'abord professeur de rhétorique, puis avocat et juge, s'était retiré avec son père dans la solitude. Quoique très-uni à saint Basile, qui l'appelait son cher fils, il le fuyait néanmoins, dans la crainte qu'il ne l'appelât au sacré ministère. En effet, il était en si grande estime qu'on l'enleva de force pour le faire archevêque d'Icône et lui confier le gouvernement de toute la Lycaonie. Regardant Basile comme son maître, il le consultait souvent, et sur le dogme et sur la morale. Ce fut à sa prière que le saint docteur publia son livre *Du Saint-Esprit*, puis trois lettres canoniques ou sur la discipline, où il répond à plusieurs questions de morale et de conscience. On y voit un grand nombre de canons, où l'Église règle les empêchements du mariage, indépendamment et différemment de la loi civile. On peut y remarquer surtout que, pour la durée des pénitences publiques, l'Église n'avait point de règle générale, mais que cela variait d'une province à une autre, d'une époque à une autre. Ainsi, la vierge infidèle à son vœu, que le concile d'Elvire en Espagne avait condamnée à une pénitence de toute la vie, n'était condamnée en Cappadoce qu'à la pénitence d'un an. Saint Basile approuve cette indulgence ancienne pour les temps de persécution; mais il est d'avis que l'Église étant fortifiée et le nombre des vierges augmenté, on doit user de plus de rigueur, et traiter la vierge tombée comme une adultère, dont la pénitence la plus longue était de quinze ans, mais secrète (Can. 18, 58, 34). Après tout il observe à plusieurs reprises que, pour ces choses, il faut consulter l'usage, et qu'au fond la pénitence ne consiste pas dans la longueur du temps, mais dans la vivacité du repentir et la sincérité de la conversion. Si donc le pénitent se corrige et devient fervent, celui qui a reçu de Dieu le pouvoir de lier et de délier, peut, sans se rendre coupable, abréger le temps de la pénitence, et cela d'après l'exemple de Dieu même (*Ibid.*, 3, 74, 84).

Vers la fin de l'année où mourut saint Basile, son frère, saint Grégoire de Nysse, alla voir sa sœur, sainte Macrine, qu'il n'avait pas vue depuis près de huit ans, ayant été obligé de quitter son pays par la persécution des hérétiques. Étant proche du monastère qu'elle gouvernait depuis longtemps, il apprit qu'elle était malade. Quand il fut arrivé, les moines qui vivaient au même lieu sous la conduite de saint Pierre, son frère, élevé quelques années après à l'évêché de Sébaste en Arménie, vinrent au devant de lui selon la coutume; mais les vierges l'attendirent dans l'église. Après la prière, elles baissèrent la tête pour recevoir sa bénédiction, et se retirèrent modestement, sans qu'il en restât une seule. Il comprit que la supérieure n'y était pas. S'étant fait conduire au dedans, il trouva sa sœur malade d'une fièvre très-violente. Elle n'avait pour tout lit qu'une planche étendue par terre, et pour chevet une autre planche échancrée, en sorte que le cou y trouvait sa place. Ce lit, qui n'avait pour toute garniture qu'un sac, était tourné à l'orient, afin qu'elle y pût prier dans la même direction que les autres. L'entretien tomba sur leur frère saint Basile, ce qui renouvela la douleur de Grégoire. Mais Macrine, à qui la violence du mal n'ôtait rien de son grand courage, le consola par un excellent discours qu'elle lui fit sur la Providence, sur l'état de l'âme et sur la vie future. Il le retint si bien, qu'il en composa depuis un *Traité de l'Ame et de la Résurrection*, que nous avons encore.

Comme ils s'entretenaient ensemble, ils entendirent le chant des psaumes pour la prière des lampes, c'est-à-dire les vêpres. Macrine envoya son frère à l'église, et pria de son côté. Le lendemain au soir, se sentant prête à mourir, elle cessa de lui parler et se mit en prière, mais d'une voix si basse, qu'à peine pouvait-on l'entendre. Cependant elle joignait les mains et faisait le signe de la croix sur ses yeux, sur sa bouche et sur son cœur. Quand on eut apporté de la lumière, on reconnut au mouvement de ses lèvres qu'elle s'acquittait autant qu'elle pouvait de ce devoir; mais dont elle marqua encore la fin par un signe de croix qu'elle fit sur son visage. Aussitôt elle rendit l'esprit par un long soupir, et le saint évêque, son frère, lui ferma les yeux et la bouche, comme elle l'en avait prié.

Pour donner ordre aux funérailles, Grégoire retint deux des principales religieuses : une veuve de qualité, nommée Vestiane, et une diaconesse nommée Lampadie, qui, sous la sainte, conduisait la communauté. Il demanda si elles n'avaient point en réserve quelques habits précieux pour parer son corps suivant la coutume. Lampadie répondit en pleurant : Vous voyez ce qu'elle avait. Voilà son manteau, le voile qui lui couvre la tête, ses souliers usés : c'est toute sa richesse. Grégoire fut donc réduit à lui donner un de ses manteaux; car les habits des hommes et des femmes consistaient en de grandes draperies, qui pouvaient servir indifféremment aux uns et aux autres. Vestiane, accommodant la coiffure de la défunte, lui détacha le collier qu'elle portait au cou, pour le montrer à Grégoire. C'était un cordon, d'où pendait une croix de fer et un anneau de même métal, que la sainte portait toujours sur le cœur. Le saint évêque voulut partager la dépouille; il prit l'anneau pour lui et donna la croix à Vestiane, qui lui dit qu'il n'avait pas mal choisi, parce que l'anneau était creux et renfermait du bois de la vraie croix.

On passa la nuit à chanter des psaumes comme dans les fêtes des martyrs. Le jour étant venu, comme il était accouru une très-grande multitude de peuple, Grégoire les rangea en deux chœurs, les femmes avec les vierges, les hommes avec les moines. L'évêque du lieu, c'est-à-dire de la ville d'Iboré, nommé Araxe, s'y rendit avec tout son clergé. Saint Grégoire et lui prirent par devant le lit sur lequel reposait le corps, deux des premiers du clergé le prirent par derrière. Ils le portèrent ainsi très-lentement, arrêtés par la foule du peuple, qui marchait devant et s'empressait tout autour. Deux rangs de diacres et d'autres ministres marchaient devant le corps, portant des flambeaux de cire, et on chantait des psaumes tout d'une voix, depuis une extrémité de la procession jusqu'à l'autre. Quoiqu'il n'y eût qu'environ vingt minutes jusqu'au lieu de la sépulture, ils furent presque tout le jour à faire le chemin. C'était l'église des Quarante-Martyrs, à qui toute la famille de notre sainte avait une dévotion particulière. Son père Basile et sa mère Emmélie y étaient enterrés, et le village appartenait pour lors à saint Grégoire de Nysse. Y étant arrivé sur le soir, on fit les prières accoutumées. Puis Grégoire, faisant ouvrir le tombeau de sa famille, eut soin de couvrir d'un drap blanc les corps de son père et de sa mère, pour ne pas manquer au respect, en les exposant à la vue défigurés par la mort. Après quoi, aidé de l'évêque Araxe, il prit le corps de sainte Macrine de dessus le lit et le mit, comme elle l'avait toujours désiré, auprès de sainte Emmélie, sa mère, faisant une prière commune pour toutes les deux. Tout étant fini, Grégoire se prosterna sur le tombeau et en baisa la poussière. C'est ainsi que le saint frère décrit lui-même les funérailles de sa sainte sœur (Greg. Nyss., *De Vitâ S. Macr.*).

Dans la même année, un grand ami de saint Basile termina sa vie par le martyre : c'était saint Eusèbe de Samosate. Après avoir assisté au concile d'Antioche, où il souscrivit l'exposition de foi du pape saint Damase, il s'occupait, ainsi que saint Mélèce, à donner des évêques catholiques aux Églises qui n'en avaient point. Il venait d'ordonner pour la ville de Dolique en Syrie, alors infectée de l'arianisme, un nommé Maris, homme de mérite et de grandes vertus. Mais, comme il entrait lui-même dans cette ville pour l'y installer, une femme arienne lui jeta du haut du toit une tuile qui lui cassa la tête. Se voyant près d'expirer, il fit jurer aux assistants de ne point poursuivre la punition de cette femme. Et de fait, les officiers de la justice ayant voulu informer, les catholiques obtinrent qu'elle ne serait pas punie (Théodoret, l. 5, c. 4; Greg. Naz., *Orat.* 25).

Un autre ami de Basile, Grégoire de Nazianze, ressuscitait la foi catholique dans l'Eglise de Constantinople. De toutes les Eglises d'Orient, c'était la plus désolée. Depuis quarante ans elle gémissait sous la tyrannie des ariens, et le peu de catholiques qui y restaient se trouvaient sans pasteur et sans temple. La mort de Valens, l'élévation de Théodose, leur donnaient lieu de respirer. Personne ne parut plus propre à relever leur Eglise anéantie, que Grégoire de Nazianze. Sa vertu, sa doctrine et son éloquence lui avaient acquis une grande réputation. Il était évêque, mais sans évêché; car il n'avait jamais gouverné l'Eglise de Sasime, pour laquelle il avait été ordonné, et pour celle de Nazianze, il ne l'avait gouvernée que comme étranger, en attendant qu'elle eût un évêque. Il l'avait même quittée depuis six ans et vivait dans la retraite au monastère de Sainte-Thècle en Séleucie. Les catholiques de Constantinople désirèrent donc de l'avoir, pour prendre soin de leur Eglise abandonnée; les évêques entrèrent dans ce dessein, ses meilleurs amis l'en pressèrent; enfin Pierre d'Alexandrie lui écrivit une lettre par laquelle il l'établissait évêque de Constantinople, et lui envoya les marques de cette dignité (Greg. Naz., *Carm.* 1, p. 14).

Grégoire eut bien de la peine à quitter sa chère solitude, où il vivait détaché de tout et goûtait les douceurs de la contemplation céleste. Sa résistance fut telle, que tout le monde s'en plaignait. On lui reprochait d'avoir quitté Nazianze; on l'accusait de mépriser les intérêts de l'Eglise; on lui représentait qu'elle était menacée de nouvelles attaques, et on parlait d'un concile qui se devait tenir à Constantinople pour établir l'hérésie d'Apollinaire. Il céda enfin, malgré la faiblesse de son corps usé de vieillesse, d'austérités et de maladies; et il crut ne pouvoir mieux achever sa vie qu'en travaillant pour l'Eglise. Ce fut, au plus tard, en 379 qu'il vint à Constantinople.

Son extérieur n'était pas propre à lui attirer le respect des hérétiques, ni des gens du monde. Son corps était courbé de vieillesse, sa tête chauve, son visage desséché par ses larmes et ses austérités. Il était pauvre, mal vêtu, sans argent; son parler avait quelque chose de rude et d'étranger. Il sortait d'un pays éloigné, et à peine connaissait-on le lieu de sa naissance. Cependant, il osait attaquer l'hérésie triomphante depuis si longtemps dans la capitale de l'empire. Aussi fut-il d'abord très-mal reçu : les ariens, ignorant absolument la foi de l'Eglise, s'imaginèrent qu'il venait enseigner plusieurs dieux, et, passionnés pour leur évêque Démophile, ils ne purent souffrir qu'il vînt lui déclarer la guerre. Tous les hérétiques se réunirent contre Grégoire et le chargèrent de calomnies. Ils passèrent jusqu'aux effets : ils le poursuivirent à coups de pierre, dont il ne reçut aucune blessure dangereuse, et le traînèrent devant les tribunaux des préfets, dont Dieu le délivra glorieusement. Il n'opposa à tous ces outrages que sa patience, ravi de participer aux souffrances de Jésus-Christ. En arrivant à Constantinople, il fut accueilli par des parents qu'il y avait, et refusa plusieurs autres personnes qui lui offraient leurs maisons. Sa vie était si frugale, qu'il n'était guère à charge à ses hôtes; sa nourriture était, comme il dit, celle des bêtes et des oiseaux. Il sortait peu : on ne le voyait ni dans les places publiques ni dans les lieux les plus délicieux de cette grande ville. Il ne faisait point de visites, mais il demeurait la plupart du temps à son logis, méditant et s'entretenant avec Dieu. Cette conduite était nécessaire à Constantinople, où la vie peu édifiante des ecclésiastiques faisait tourner en raillerie la religion. Pour y prêcher utilement, on ne pouvait mener une vie trop sérieuse; et cette philosophie simple et sincère attira enfin à Grégoire l'affection du peuple. Quoiqu'il pût s'aider de la puissance temporelle, il ne disputa point aux hérétiques la possession des églises et des biens qui en dépendaient, dont ils s'étaient emparés au préjudice des catholiques. Il ne fut point jaloux de l'exécution des édits qu'ils méprisaient, et ne sollicita point contre eux les magistrats.

Il commença à tenir ses assemblées chez ses parents, qui exerçaient envers lui l'hospitalité; car les ariens avaient ôté aux catholiques toutes les églises, et ne leur laissaient la liberté de s'assembler en aucun lieu. Cette maison devint une église célèbre, que l'on nomma l'*Anastasie*, c'est-à-dire la résurrection, parce que saint Grégoire y avait comme ressuscité la foi catholique. Il fut bientôt l'admiration de tout le monde par sa profonde connaissance des Ecritures, son raisonnement juste et pressant, son imagination fertile et brillante, sa facilité incroyable à s'expliquer, son style exact et serré. Les catholiques accouraient comme des personnes altérées, ravies d'entendre prêcher la saine doctrine de la Trinité, dont ils étaient privés depuis si longtemps. Ceux qui l'avaient fait venir, le favorisaient comme leur ouvrage. Les hérétiques de toutes les sectes, et les païens même, voulaient goûter au moins le plaisir de son éloquence. Pour l'entendre mieux, on forçait les balustrades qui entouraient le sanctuaire où il prêchait. On l'interrompait souvent pour lui applaudir, en battant des mains ou faisant des exclamations à sa louange; plusieurs écrivaient ses discours à mesure qu'il les prononçait. La matière en était la défense de la foi et la réfutation des erreurs. Mais il ne s'y arrêtait pas de telle sorte, qu'il ne s'appliquât aussi à former les mœurs des fidèles, en les avertissant que le moyen de faire son salut n'était pas de parler des choses de la religion en tout temps et en tout lieu, mais d'observer les commandements de Dieu, de donner l'aumône, d'exercer l'hospitalité; d'assister les malades, de s'occuper du chant des psaumes, de prier, de gémir, de pleurer, de mortifier ses sens, de réprimer la colère, de veiller sur sa langue et d'assujétir le corps à l'esprit.

Les fruits de ses discours furent sensibles, et on vit bientôt son troupeau devenir très-grand et très-nombreux, de petit qu'il était auparavant. Il n'y eut presque pas de jour qu'il ne fit revenir des hérétiques à la véritable foi. Il purgea ses peuples du venin qui les corrompait depuis tant d'années; et cela avec un succès si prompt, qu'ils croyaient n'avoir commencé qu'alors à être chrétiens et à apercevoir la lumière de la vérité. Saint Jérôme vint à Constantinople pour l'entendre, et il se glorifiait depuis d'avoir appris les Ecritures sous cet homme si éloquent, quoiqu'il fût déjà lui-même alors en réputation d'en avoir l'intelligence. Il raconte que lui ayant demandé un jour l'explication d'un mot de l'Evangile assez obscur, saint Grégoire lui répondit agréablement : « Je vous le dirai tantôt dans l'église, où tout le monde m'applaudit. Il faudra bien là que vous sachiez ce que vous ne savez pas; car, si vous êtes seul sans rien dire, tout le monde vous prendra pour un stupide. » On voit par là qu'il savait la valeur des acclamations du vulgaire, qui, comme dit saint Jérôme, admire le plus ce qu'il entend le moins (Tillemont, Ceillier, Fleury).

En Occident, l'empereur Gratien, prêt à marcher au secours de son oncle Valens, avait écrit à saint Ambroise pour lui demander un traité qui établît la divinité de Jésus-Christ. Gratien fut toujours sincèrement attaché à la foi catholique; mais il voulait se munir d'un préservatif contre les mauvaises doctrines qui avaient cours en Orient. Pour le satisfaire, saint Ambroise composa les deux premiers livres De la foi. Dans le premier, il montre d'abord en quoi consiste la foi catholique, établissant l'unité de la nature divine et la trinité des personnes; il prouve la divinité de Jésus-Christ, puis il réfute les principales erreurs des ariens : que le Fils fût dissemblable au Père, qu'il eût commencé, qu'il fût créé. Il continue, dans le second, à montrer que les attributs de la divinité conviennent au Fils; il explique comment il est envoyé par le Père, comment il lui est soumis, comment il est moindre; il distingue ce qui lui convient comme Dieu et comme homme, et entre autres les deux volontés. Il finit en promettant à l'empereur la victoire sur les Goths, dont il espère que la protection de l'Eglise sera le fruit.

Il y avait à peine trois ans qu'Ambroise était évêque, et déjà on le regardait comme le principal docteur de l'Eglise latine. Sa réputation s'étendait jusque en Mauritanie et en attirait des vierges qui venaient à Milan pour recevoir le voile de ses mains. Il en venait aussi des villes voisines, de Plaisance et de Bologne, et c'était le fruit des fréquentes exhortations qu'il faisait sur cette matière. Mais elles avaient moins de succès à Milan même; ce qui lui faisait dire agréablement aux Milanais : « Vous voyez quelque chose de bien étonnant. C'est ici que je prêche, et c'est ailleurs que je persuade. S'il en est ainsi, je m'en vais prêcher ailleurs pour vous persuader ici (De Virg., l. 1, c. 10). » Plusieurs se plaignaient qu'il relevait trop la virginité, et les mères renfermaient leurs filles, de peur qu'elles n'assistassent à ses instructions, ou qu'elles n'allassent se consacrer entre ses mains. Les discours qu'il avait faits sur cette matière ayant eu tant de succès, sainte Marcelline, sa sœur, qui avait depuis longtemps fait vœu de virginité à Rome, l'en félicita par lettres, et le pria de les lui envoyer, puisqu'elle ne pouvait venir l'entendre. Ce fut donc à sa prière qu'il recueillit en trois livres, intitulés Des Vierges, les sermons qu'il avait faits sur ce sujet, dont le premier contient l'éloge de sainte Agnès, parce qu'il fut prononcé le jour de sa fête. Il y marque que les vierges de Bologne étaient au nombre de vingt; qu'elles travaillaient de leurs mains, non-seulement pour vivre, mais pour faire des aumônes, et qu'elles avaient un zèle et une industrie singulière pour attirer d'autres filles à cette sainte profession. Il exhorte les filles à se consacrer, même malgré leurs parents. Dans le troisième livre, il rapporte le discours que le pape Libère, qu'il qualifie de bienheureuse, de sainte mémoire, avait fait à sainte Marcelline en lui donnant l'habit de vierge dans l'église de Saint-Pierre le jour de Noël. Elle ne vivait pas en communauté, mais avec ses parents, comme plusieurs vierges en ce temps-là. Elles avaient à l'église leur place séparée par des planches, et on y voyait des sentences de l'Ecriture sur les murailles, pour leur instruction (De lapsu Virg., c. 6).

Le livre Des Veuves suivit peu de temps après, à l'occasion d'une femme qui, sous prétexte qu'il l'avait exhortée à quitter le deuil et à se consoler de la mort de son mari, avait voulu se remarier, ayant déjà des filles mariées et d'autres prêtes à l'être. Il y relève l'indécence de ces mariages; mais il prend grand soin de déclarer qu'il ne condamne pas les secondes noces : comme, dans les livres des Vierges, il ne manque pas d'établir la sainteté du mariage. Dans le livre Des Veuves, il parle ainsi de l'invocation des saints : « Il faut prier les anges, qui nous sont donnés pour notre garde, et les martyrs, dont les corps semblent nous être des gages de leur protection : ils sont les inspecteurs de notre vie et de nos actions. » Saint Ambroise écrivit un peu après un traité De la Virginité. Comme on lui faisait un crime d'y porter les filles par les éloges qu'il lui donnait, et de s'opposer au mariage de celles qui étaient consacrées à Dieu : « Plût à Dieu, dit-il, qu'on pût me convaincre de ce crime-là par des faits, par des exemples, et non par des paroles! Plût à Dieu encore que je pusse détourner du mariage celles mêmes qui s'y destinent, et les engager à prendre le voile des vierges plutôt que celui des femmes mariées! Quoi! ce sera une indignité, parce que je ne souffre pas qu'on arrache les vierges sacrées du pied des saints autels pour les traîner à des noces séculières! Comment! elles auront la liberté de choisir un époux, et elles n'auront pas la liberté de fixer leur choix sur un Dieu? » Il montre qu'on n'a aucun sujet de blâmer son zèle pour la virginité, puisqu'elle n'est ni mauvaise, ni nouvelle, ni inutile; qu'elle a mérité les éloges du Christ, et que saint Paul l'a préférée au mariage. « On se plaint, dit-il, que le genre humain va manquer. Je demande qui jamais a cherché une femme sans en trouver? Quelle guerre ou quel meurtre a-t-on vus pour une vierge? Ce sont là des suites du mariage, que de tuer un adultère, de faire la guerre au ravisseur. Voilà ce qui toujours a fait le malheur des Etats. Le nombre des hommes est plus grand dans les lieux où la virginité est le plus estimée. Informez-vous combien l'Eglise d'Alexandrie, celles de tout l'Orient et de toute l'Afrique ont accoutumé de consacrer de vierges tous les ans. Il y en a plus que Milan ne produit d'hommes (De Virgin., c. 5, 6, 7). »

Les ravages des Goths dans la Thrace et dans l'Illyrie s'étendirent jusqu'aux Alpes, et donnèrent matière à saint Ambroise d'exercer sa charité. Il s'appliqua à racheter les captifs, et y employa même les vases de l'Eglise, qu'il fit briser et fondre pour cet effet; mais seulement ceux qui n'étaient point encore consacrés, réservant les autres pour un plus grand besoin. Les ariens lui en firent un reproche, dont il ne se défendit qu'en soutenant qu'il était plus avantageux de consacrer à Dieu des âmes que de l'or. Car, en rachetant ces captifs, on ne sauvait pas seulement la vie aux hommes et l'honneur aux femmes, mais la foi aux enfants et aux jeunes gens, que les Barbares auraient contraints de prendre part à leur idolâtrie. Saint Ambroise dit à cette occasion : « L'Eglise a de l'or, non pour le garder, mais pour le distribuer et subvenir aux nécessités. Et ensuite : Alors on reconnaît le vase du sang du Seigneur, lorsqu'on voit la rédemption dans l'un et dans l'autre; lorsque le calice rachète de l'ennemi ceux que le sang a rachetés du péché (*De Offic.*, l. 2, c. 15 et 28). »

Vers le même temps, il perdit Satyre, son frère, sur qui il s'était déchargé de toutes ses affaires temporelles. Satyre voulut passer en Afrique pour faire payer un nommé Prosper, qui s'applaudissait, dit saint Ambroise, croyant que mon sacerdoce lui serait une occasion de ne pas me rendre ce qu'il m'avait pris. Satyre s'étant embarqué en hiver et dans un vieux bâtiment, fit naufrage et pensa périr. Il n'était pas baptisé, et pour ne pas mourir entièrement privé des saints mystères, c'est-à-dire de l'eucharistie, il la demanda à ceux qui étaient baptisés. Mais comme il n'est pas permis même de la voir à d'autres qu'aux fidèles, il la fit envelopper dans une espèce de longue écharpe, que les Romains portaient au cou dans ce temps-là. Il la prit sur lui, se jeta ainsi à la mer, sans chercher de planche pour se soutenir, comme faisaient les autres. Il arriva le premier à terre et aida ensuite à sauver ses serviteurs. Ce fut sans doute en cette rencontre qu'il fit un vœu à saint Laurent pour obtenir, par son intercession, le temps de revenir de son voyage. Échappé de ce péril, et persuadé que le sacrement qui l'avait ainsi protégé lui serait bien plus utile quand il le recevrait au dedans, il se pressa de se faire baptiser. Il fit donc venir l'évêque du lieu, et, pour s'assurer de sa foi, il lui demanda s'il communiquait avec les évêques catholiques, c'est-à-dire avec l'Eglise romaine. Ainsi parle saint Ambroise, de qui nous tenons tout ce récit. Satyre trouva que l'église de ce lieu était du schisme de Lucifer : c'était apparemment en Sardaigne. Et il aima mieux s'exposer à la mer encore une fois, que de recevoir le baptême de la main d'un schismatique, quoique ce baptême ne fût accompagné d'aucune erreur dans la foi. Ayant abordé en pays de catholiques, il reçut la grâce du baptême, et la conserva jusqu'à la mort. Il se proposa même de garder la continence; mais il en faisait un secret à son propre frère. Après avoir heureusement terminé ses affaires en Afrique, il revint par la Sicile à Rome, où le sénateur Symmaque, qui était son ami et lui tenait lieu de père, s'efforça de le retenir, par la raison que le pays de Milan était exposé aux courses des Barbares. Mais ce fut un motif de plus pour Satyre de rejoindre au plus tôt son frère, afin de ne pas le laisser seul dans ce péril. Saint Ambroise et sa sœur Marcelline eurent une extrême joie de le revoir.

Jamais on ne vit deux frères plus unis. Ils se ressemblaient si bien et pour l'âme et pour le corps, que bien des fois on venait à s'y méprendre, et que, parlant à l'un, on croyait parler à l'autre. Mais cette vie ne fut pas longue; Satyre mourut bientôt entre les bras et les baisers de son frère et de sa sœur, auxquels, sans faire de testament, il laissait tous ses biens. Ils crurent qu'il ne les en avait faits que dispensateurs, et donnèrent tout aux pauvres. Les funérailles de saint Satyre furent faites avec solennité, et saint Ambroise y prononça son oraison funèbre en présence du corps exposé à découvert. Il ne se peut rien de plus affectueux ni de plus tendre. Saint Ambroise pleurait, sainte Marcelline pleurait, tout le monde pleurait, les grands, les petits, les vieux, les jeunes, les riches, mais surtout les pauvres. A la fin, Ambroise console sa sœur, dit adieu à son frère, et, après lui avoir donné le dernier baiser, il recommande à Dieu son âme, et le conjure de lui permettre de le suivre bientôt (S. Ambr., *De excess. Satyr.*). Sept jours après, étant retourné sur la tombe avec tout le peuple, il fit un discours *De la Foi en la Résurrection.* L'Eglise honore la mémoire de saint Satyre le 17 septembre.

Tandis que le pape Damase travaillait à la paix des Eglises d'Orient, il avait lui-même à soutenir une guerre intestine de la part de l'antipape Ursin, qui, retiré à Milan, n'eut pas de honte de s'y unir aux ariens, afin de pouvoir mieux troubler la paix de l'Eglise. L'empereur Gratien ayant été averti de ses menées, l'avait relégué à Cologne dans les Gaules. Cependant ceux de sa faction subornèrent un juif nommé Isaac, qui, après avoir embrassé la religion chrétienne, était retourné à la Synagogue, et le poussèrent à attaquer le pape Damase dans ses mœurs et dans sa conduite. Le crime dont il l'accusa n'est point exprimé; mais son innocence fut reconnue par le jugement de l'empereur, et Isaac relégué dans un coin de l'Espagne, comme n'ayant pu prouver le crime dont il accusait Damase. Ce saint pape, non content d'avoir été absous par Gratien, voulut encore soumettre sa cause au jugement des évêques, et les assembla pour cet effet à Rome, de tous les endroits de l'Italie, sur la fin de l'an 378.

Outre la cause du pape Damase, il y en avait plusieurs autres à examiner dans ce concile. L'an 367, Valentinien avait porté un rescrit par lequel il ordonnait que l'évêque de Rome jugerait les causes des autres évêques, afin que ce ne fussent pas des juges profanes qui jugeassent de la religion, mais un pontife de la religion avec ses collègues. Ce prince eut, en 374, occasion de faire valoir cette loi. Florent, évêque de Pouzzoles, déposé à Rome par les évêques, s'étant adressé à lui pour se plaindre, il n'en reçut d'autre réponse, sinon que, s'il avait été condamné à Rome par le jugement des évêques, il lui était défendu de faire la moindre poursuite devant aucun tribunal. Toutefois, cet évêque étant rentré secrètement dans Pouzzoles, s'était emparé de l'Eglise et faisait tous ses efforts pour s'y maintenir. L'évêque de Parme, dont le nom n'est pas connu, faisait des tentatives semblables; quoique condamné par le concile de Rome, l'an 377 ou 378. Restitut, évêque d'Afrique, avait eu ordre de l'empereur de plaider sa cause devant les évêques; mais au lieu d'obéir, il avait assemblé une troupe de gens cruels et insolents, pour éviter le jugement. Claudien, que les donatistes avaient envoyé à Rome en qualité d'évêque de leur Eglise, y causait beaucoup de scandales, profanant, par son baptême illégitime, ceux qui n'avaient pas encore participé aux mystères, et donnant de l'argent à ceux qui étaient déjà baptisés, pour recevoir de lui un second baptême. L'empereur avait commandé qu'on le fît sortir de Rome et qu'on le renvoyât en Afrique; mais quoique en exécution de ces ordres on l'eût arrêté plusieurs fois, il n'en demeurait pas moins dans la ville, sollicitant les pauvres à prix d'argent de se laisser rebaptiser.

Les évêques s'étant donc assemblés en grand nombre de toutes les parties de l'Italie, adressèrent une lettre aux deux empereurs Gratien et Valentinien, pour leur faire des remontrances sur tous ces désordres. Ils les remercient d'abord de ce que, pour réprimer le schisme d'Ursin dès sa naissance, ils avaient ordonné que l'évêque de Rome jugerait les autres évêques; en sorte qu'ils ne seraient point sujets au tribunal des juges laïques, et que les causes ecclésiastiques seraient examinées en conscience et par la considération des mœurs des parties, non par les formalités judiciaires et les rigueurs de la question. Ils font de grands éloges de cette loi, mais se plaignent de son inexécution, et citent en preuve les faits rapportés plus haut. « Nous vous prions donc, conclurent-ils, d'ordonner que quiconque, étant condamné par Damase ou par les évêques catholiques, voudra retenir son église ou refusera de se présenter au jugement des évêques, y étant appelé, le préfet du prétoire d'Italie, ou son lieutenant, le fasse venir à Rome ou si la question est soulevée dans un pays éloigné, qu'il soit amené par les juges des lieux, pour être jugé par le métropolitain, ou s'il est métropolitain lui-même, qu'on le fasse venir sans délai à Rome, ou devant les juges que l'évêque de Rome aura donnés; que si le métropolitain ou quelque autre évêque est suspect à l'accusé, il pourra appeler à l'évêque de Rome ou à un concile de quinze évêques voisins. Qu'on impose silence à ceux qui seront ainsi exclus, et que l'on éloigne ceux qui seront déposés, du territoire de la ville où ils auront été évêques. Que notre frère Damase ne soit pas de pire condition que ceux au-dessus desquels il est élevé par la prérogative du Siège apostolique, quoiqu'il leur soit égal en fonctions, et, qu'ayant été justifié par vous-mêmes il ne soit pas soumis aux jugements criminels dont votre loi a exempté les évêques; car s'il a bien voulu se soumettre au jugement des évêques, ce ne doit pas être contre lui un prétexte de calomnie. » Ils ajoutent: « Il ne fait que suivre les exemples de ses prédécesseurs, suivant lesquels l'évêque de Rome peut se défendre dans le conseil de l'empereur, si on ne confie pas sa cause à un concile; car le pape Silvestre, étant accusé par des hommes sacrilèges, plaida sa cause devant votre père Constantin. » Les évêques le nomment père de Gratien, parce que Gratien avait épousé Constantia, fille posthume de Constantius. Au reste, ce fait du pape Silvestre est remarquable et ne se trouve point ailleurs. Les évêques finissent en priant les empereurs, que s'il arrive quelque nouveau chef d'accusation contre l'évêque de Rome, ils s'en réservent à eux-mêmes la connaissance, laissant aux juges ordinaires le soin d'examiner les faits, mais non l'autorité de prononcer, persuadés que ce sera le moyen d'ôter cours à la calomnie. Ils insistent pour que, suivant les Ecritures, on ne reçoive aucune accusation contre un évêque ni même contre un prêtre, sans témoins dignes de foi, et que l'on punisse sans miséricorde tout calomniateur.

L'empereur Gratien satisfit à cette requête du concile par un rescrit adressé à Aquilin, vicaire de Rome, qui porte aussi le nom de Valentinien, son frère, suivant le style accoutumé. Par ce rescrit, les empereurs ordonnent au vicaire de Rome d'exécuter les ordres précédents, de chasser à cent milles de Rome les séditieux marqués par les conciles des évêques, et de les chasser aussi du territoire des villes qu'ils troublent. Ils ajoutent: « Nous voulons que quiconque voudra retenir son église, étant condamné par le jugement de Damase, rendu avec le conseil de cinq ou six évêques, ou par le jugement des évêques catholiques, ou celui qui, étant cité au jugement des évêques, refusera de s'y présenter; nous voulons que, par l'autorité des préfets du prétoire de Gaule ou d'Italie, ou des proconsuls ou des vicaires, il soit renvoyé au jugement des évêques et conduit à Rome sous bonne garde; que si le rebelle est dans un pays éloigné, toute la connaissance en soit renvoyée au métropolitain; ou s'il est métropolitain lui-même, qu'il se rende à Rome sans délai, ou devant les juges donnés par l'évêque de Rome, ou au concile de quinze évêques voisins, à la charge de ne plus y revenir après ce jugement. Enfin nous voulons que les gens de mœurs notablement corrompues, ou notés comme calomniateurs, ne soient pas reçus facilement contre un évêque comme accusateurs ou comme témoins (Labbe, t. II; Coustant). « Il n'est rien dit dans ce rescrit de ce que le concile avait demandé pour le Pape en particulier, savoir, qu'il pût défendre sa cause dans le conseil de l'empereur, si on ne la confiait pas à un concile.

L'empereur Gratien, retournant d'Illyrie en Gaule, écrivit à saint Ambroise une lettre de sa main, où il le nomme son père, et le prie de venir le trouver pour l'instruire encore de la vérité dont il était déjà très-persuadé, et de lui renvoyer le traité qu'il lui avait déjà donné, y ajoutant les preuves de la divinité du Saint-Esprit. Dans sa réponse, saint Ambroise lui donne le titre du plus chrétien des princes, ajoutant qu'il ne connaissait rien de plus vrai ni de plus glorieux. S'il n'a pas été au devant de sa clémence, ce n'était pas manque de désir, c'est qu'il n'avait point osé. Du reste, non-seulement à son retour, mais dans tous ses voyages, il lui avait été présent d'une manière plus intime, par son amour et son attachement sans bornes; il l'avait suivi en esprit dans toutes ses marches et tous ses campements, nuit et jour il s'était trouvé dans son armée par la sollicitude continuelle et par l'affection de son cœur, tâchant de suppléer, par ses prières et par l'activité de son zèle, à l'impuissance de sa faiblesse. Il le remercie de sa lettre, loue sa foi, sa piété, son zèle pour la religion, son humilité; et après lui avoir promis d'aller le voir au plus tôt, et marqué qu'il lui envoyait ses deux livres sur *la Foi*, il le prie de trouver bon qu'il diffère quelque temps à lui envoyer le *Traité sur la divinité du Saint-Esprit*, afin de pouvoir traiter cette importante matière avec exactitude (Ambr. *Epist.* 1 et 2). Il y a apparence que l'empereur le prévint; car il était à Aquilée le juillet 379, et à Milan le 3 août. Il désirait que saint Ambroise traitât la matière plus au long; et les hérétiques l'accusaient d'avoir affecté d'être court pour

LIVRE XXXVI. — PROMULGATION DU CODE THÉODOSIEN.

éviter de répondre à leurs objections, parce qu'elles étaient sans réponse. C'est ce qui l'obligea d'ajouter aux deux livres *de la Foi*, trois autres livres pour en faire un tout; et ces trois derniers sont principalement employés à expliquer tous les passages de l'Ecriture, que les ariens détournaient à leur avantage. Mais il remet à un autre temps le *Traité du Saint-Esprit*.

Vers le même temps, le siège de Sirmium, capitale de l'Illyrie, vint à vaquer, et l'impératrice Justine, mère du jeune Valentinien, se donna beaucoup de mouvements pour y faire ordonner un évêque par les ariens, car elle était de leur parti. Pour s'opposer à son dessein, saint Ambroise alla lui-même à Sirmium, quoique cette ville fût hors de sa province. Il pouvait être délégué du Pape, comme nous avons vu les Orientaux demander des légats à Damase pour remédier aux maux de leurs Eglises. Il pouvait aussi avoir été appelé par les évêques de la province même. L'impératrice Justine était, ce semble, alors à Sirmium. Une multitude d'ariens, soutenus de l'autorité de cette princesse, s'efforçaient de le faire sortir de l'église; mais saint Ambroise, sans se mettre en peine de leurs efforts, demeurait sur le tribunal. C'était un lieu élevé, où étaient le siège de l'évêque et ceux des prêtres à ses côtés. Une des vierges ariennes eut l'impudence de monter sur le tribunal, et, prenant le saint évêque par ses habits, elle voulait le faire tomber du côté des femmes, afin qu'elles pussent le maltraiter et le chasser de l'église. Ambroise lui dit : « Quoique je sois indigne du sacerdoce, il ne te convient pas, ni à ta profession, de mettre la main sur un prêtre; quel qu'il soit; tu devrais craindre le jugement de Dieu. » Le lendemain on la porta en terre, et Ambroise, rendant le bien pour le mal, honora ses funérailles de sa présence. Cet accident n'épouvanta pas peu les ariens, et procura aux catholiques la liberté de choisir en paix un évêque, qui fut Anémius. Saint Ambroise revint à Milan après cette ordination; mais l'impératrice Justine conçut dès lors contre lui cette haine qui eut de si grandes suites (Paulin, *Vita Ambr.*, n. 11, 12).

Cependant Théodose, qui avait fixé sa résidence habituelle à Thessalonique, ramenait la discipline parmi les troupes romaines, relevait leur courage par des succès, et finit, dans une campagne, par chasser une partie des Barbares au delà du Danube, et par forcer les autres à la soumission. Au milieu de ces travaux, il tomba malade au point qu'on désespéra de sa vie. Lui, plus occupé du soin de son âme que de la guérison de son corps, désirait le baptême. Inviolablement attaché à la foi catholique, qu'il avait héritée de ses pères, il fit venir l'évêque et lui demanda avant toutes choses quelle était sa créance? C'était saint Aschole, qui était alors évêque de Thessalonique. Il dit à l'empereur qu'il professait la foi de Nicée, et que toute l'Illyrie était demeurée dans cette créance, sans jamais avoir été infectée de l'arianisme. Il faut entendre l'Illyrie orientale, qui comprenait la Macédoine, dont Thessalonique était la métropole. L'empereur, extrêmement réjoui de cette heureuse rencontre, reçut le baptême de la main de saint Aschole, et, peu de jours après, guérit de sa maladie (Soc., l. 5, c. 6; Soz., l. 7, c. 4).

Saint Aschole n'était pas moins recommandable par la sainteté de ses mœurs que par la pureté de sa foi. Il était né en Cappadoce. Mais le désir de servir Dieu avec une entière liberté lui avait fait abandonner ses parents et renoncer à sa patrie dès sa première jeunesse. Ayant passé dans la Grèce, il s'était arrêté dans l'Achaïe, où il avait fait profession de la vie monastique. Il y vécut quelques années, renfermé dans une cellule fort étroite, d'où il fut tiré assez jeune pour être élevé à l'épiscopat. Il fut demandé avec grande instance par les peuples de Macédoine pour remplir le siège métropolitain de Thessalonique, et tous les évêques du pays l'ordonnèrent avec beaucoup de joie. La manière dont il se conduisit justifia l'opinion qu'on en avait conçue. Il rétablit la paix dans l'Eglise de Thessalonique et y affermit la foi ébranlée par la chute de son prédécesseur Herennius, qui, cédant à la persécution de l'empereur Constance, avait renoncé à la communion de saint Athanase. L'idée qu'on s'était formée de sa vertu et de son crédit auprès de Dieu était si grande, que l'on était persuadé qu'il avait préservé plusieurs fois la ville de Thessalonique et toute la Macédoine contre les Goths, sans leur opposer d'autres armes que celles de la prière. Il était lié d'amitié avec les plus grands et les plus saints évêques de son temps, surtout avec saint Basile et avec saint Ambroise. Le pape saint Damase lui commit le gouvernement des dix provinces qui composaient l'Illyrie orientale, pour y exercer son autorité comme son légat et son vicaire. Il y ajouta même la surveillance des provinces voisines, et nommément de Constantinople (Constant, col. 595). Tel était saint Aschole, qui baptisa l'empereur Théodose.

L'empereur s'étant informé de l'état où se trouvait la religion dans les terres de son obéissance, apprit que, jusqu'à la Macédoine, elles étaient toutes unies dans la foi à la Trinité; mais que tout le reste, vers l'Orient, était divisé par un grand nombre de sectes et particulièrement Constantinople, où l'hérésie régnait plus que dans tout le reste de l'empire. Ce fut le motif de la loi célèbre *Cunctos populos*, connue par ces deux mots latins par lesquels elle commmence. La voici tout entière : « Les empereurs Gratien, Valentinien et Théodose, augustes, au peuple de la ville de Constantinople. Nous voulons que tous les peuples de notre obéissance suivent la religion que l'apôtre saint Pierre a enseignée aux Romains, comme il paraît, parce qu'elle s'y conserve encore à présent; celle que l'on voit suivre au pontife Damase, et à Pierre, évêque d'Alexandrie, homme d'une sainteté apostolique; en sorte que, selon l'instruction des apôtres et la doctrine de l'Evangile, nous croyons une seule divinité du Père, et du Fils, et du Saint-Esprit, sous une majesté égale et une sainte Trinité. Nous voulons que ceux qui suivront cette loi, prennent le nom de *chrétiens catholiques*, et que les autres, que nous jugeons insensés, portent le nom infâme d'*hérétiques*, que leurs assemblées ne prennent point le nom d'*églises*, réservant leur punition, premièrement à la vengeance divine, et ensuite au mouvement qui nous sera inspiré du ciel. » Cette loi est datée de Thessalonique, le 28 février 380.

Théodose l'adressa au peuple de Constantinople, afin que de la capitale de son empire elle se répandît plus promptement dans les provinces. Il y déclare sa foi, pour inviter ses sujets à la suivre, plutôt que pour les y contraindre, n'imposant encore aucune peine aux hérétiques et se contentant de les menacer. Il marque la foi de l'Église par la foi de l'Église romaine, reçue du prince des apôtres ; au pape Damase, il joint Pierre d'Alexandrie, comme l'évêque du second siége du monde, fondé par le disciple de saint Pierre; mais il n'y joint pas l'évêque du troisième siége, qui était Antioche, également fondé par le prince des apôtres, parce que cette place était disputée entre Mélèce et Paulin, tous deux catholiques. Il ordonne que les adorateurs de la Trinité porteront le nom de *chrétiens catholiques*, parce que les hérétiques prenaient aussi le nom de chrétiens, et quelquefois celui de catholiques même. Par une autre loi, datée du même lieu et du même jour, qui semble n'être qu'une partie de celle-ci, Théodose condamne de sacrilége ceux qui, par ignorance ou par négligence, violent la sainteté de la loi divine : ce que l'on entend des évêques qui ne s'opposaient point assez soigneusement aux hérésies. Un mois après, le 27 mars, étant encore à Thessalonique, il défend de faire, pendant tout le carême, des procédures criminelles; ce qu'il confirma neuf mois après par une seconde loi : « Les juges, dit-il, ne doivent pas punir les criminels dans un temps où ils attendent de Dieu la rémission de leurs propres crimes. » Il suspendit aussi dans la suite les procédures, même civiles, durant la quinzaine de Pâques, et tous les dimanches de l'année, pendant lesquels les spectacles furent interdits. Nous avons une loi sans date, par laquelle, à l'exemple de Valentinien, il fait grâce à tous les criminels en faveur de la fête de Pâques ; il en excepte aussi les crimes énormes, qui sont celui de lèse-majesté, l'homicide, l'adultère, le poison ou la magie, la fausse monnaie. Gratien, à l'occasion d'une pareille rémission, excepte encore le rapt et l'inceste, et il exclut de cette grâce ceux qui, après l'avoir déjà obtenue, sont retombés dans les mêmes crimes. Valentinien le jeune en fit une loi perpétuelle pour l'Occident ; mais, aux exceptions précédentes, il ajoute le sacrilége en général, et en particulier celui qui consistait à violer les sépultures (*Cod. Théod.*). En l'année 387, comme Théodose dictait l'ordonnance de l'indulgence pascale : *Plût à Dieu*, dit-il, *qu'il fût en mon pouvoir de ressusciter les morts!* Dans une autre loi faite sur le même sujet, on lit cette belle maxime : *Que c'est une perte pour l'empereur de ne trouver personne à qui pardonner.*

On voit que la semence de l'Évangile, jetée dans le cœur de Théodose, tomba dans une bonne terre et y produisit des fruits au centuple. On en voit la preuve jusque dans ses lois civiles.

La faiblesse de Valens avait laissé un libre cours à plusieurs abus. Théodose se fit un devoir de les réformer. Il se déclara ennemi des délateurs, et, pour rendre ce pernicieux métier aussi rare qu'il est infâme, il prononça la peine capitale contre tout esclave qui accuserait son maître, même avec fondement, et contre tout délateur qui aurait réussi dans trois différentes dénonciations : la mort était le prix de sa troisième victoire. Il y eut toujours de ces hommes dangereux qui abusent de leur puissance et de leur crédit pour opprimer les faibles, et toujours ils ont trouvé des magistrats intéressés ou timides qui se sont prêtés à leurs injustices. Sur une plainte non avérée, on arrêtait les accusés, on les laissait languir dans des cachots étroits et incommodes, où ils ne pouvaient dormir que debout ; là, ces misérables, souvent innocents, étaient abandonnés à l'avarice des geôliers, qui leur vendaient bien cher les nécessités de la vie, et les traitaient cruellement lorsqu'ils n'avaient pas de quoi payer : ils y mouraient souvent de faim.

Les magistrats, occupés de spectacles, de festins et d'amusements frivoles, ne trouvaient pas le temps de visiter les prisons. Théodose défendit de mettre aux fers quiconque ne serait pas convaincu ; il voulut que l'accusateur fût détenu en prison pour subir la peine du talion, s'il était reconnu calomniateur ; que le procès fût promptement instruit et jugé, afin que le coupable ne tardât pas à recevoir son châtiment, et l'innocent sa délivrance. Il interdit aux geôliers leurs exactions inhumaines, et ordonna que tous les mois le garde des registres mettrait sous les yeux du juge le rôle des prisonniers avec la note de leur âge, de la qualité des crimes dont ils étaient accusés, et du temps de leur détention ; que le juge négligent et paresseux, qui n'avait de sa charge que le titre, serait condamné à une amende de six livres d'or et à l'exil. Six ans après, pour donner aux magistrats le loisir de s'acquitter de leurs devoirs, il leur défendit d'assister aux spectacles, excepté le jour de la naissance et du couronnement des empereurs.

Jamais souverain ne prit tant de précaution pour arrêter les concussions des magistrats ; il ordonna que les juges convaincus de ce crime seraient dépouillés de leur charge, déclarés incapables d'en posséder aucune ; qu'en cas de mort, leurs héritiers seraient responsables de leurs larcins ; que, pour les malversations dans les causes des particuliers, ils seraient assujétis aux peines du péculat : il invita ceux qui se trouvaient lésés à poursuivre la vengeance, et leur promit justice et récompense. Natalis, commandant des troupes en Sardaigne, sous le règne de Valens, avait pillé la province ; Théodose l'y fit reconduire sous bonne garde, pour y être vaincu sur les lieux, et le condamna à rendre le quadruple de ce qu'il avait pris injustement. Il défendit aux officiers qu'il envoyait dans les provinces d'y faire aucune acquisition d'immeubles, d'y recevoir aucun présent ni pour eux ni pour leur famille, leurs conseillers, leurs domestiques ; il permit aux habitants de répéter en justice ce qu'ils auraient ainsi donné. Si un gouverneur ou magistrat de province employait son autorité pour tirer une promesse de mariage, soit en sa faveur, soit en faveur de qui que ce fût, il déclarait la promesse nulle ; et pour une simple tentative du magistrat, pour une simple proposition accompagnée de promesses ou de menaces, il le condamnait à payer dix livres d'or, et à perdre, après sa suggestion, toutes les prérogatives que sa charge procurait ; les personnes qu'il avait sollicitées étaient affranchies de sa juridiction, elles et leur famille, et avaient leurs causes commises pardevant d'autres juges.

Pour maintenir cet esprit de vie qui, dans un grand empire, doit animer toutes les parties, même les plus éloignées du centre, il maintint en vigueur l'ordre municipal des villes. Il nous reste de lui beaucoup de lois sur la nomination de ces officiers,

LIVRE XXXVI. — ORDINATION FRAUDULEUSE DE MAXIME.

sur les moyens de conserver leur nombre, sur leurs exemptions et leurs privilèges. Flavien, proconsul d'Asie, et un préfet d'Egypte, furent mis en prison pour avoir appliqué à la torture des officiers municipaux. Afin d'épargner aux villes les frais de nombreuses députations, il ordonna que, dans les occasions où elles auraient quelque demande à porter au prince, toutes celles d'une même province se concerteraient ensemble et se contenteraient d'envoyer trois députés pour la province entière.

Il eut encore plus de soin d'entretenir les anciens édifices que d'en construire de nouveaux; ce qui, flattant davantage la vanité des princes ou des magistrats, apporte aux villes plus de dépense et souvent moins d'utilité. Il ne permit aux gouverneurs de faire de nouveaux ouvrages publics qu'après qu'ils auraient réparé les anciens, qui tombaient en ruine, et achevé ceux que leurs prédécesseurs avaient commencés. Il voulait que les entrepreneurs fussent pendant quinze ans, eux et leurs héritiers, responsables de la solidité des constructions. Cette attention ne l'empêcha pas de travailler à l'embellissement de Constantinople. Il y fit dans la suite construire un port, un aqueduc, des bains, des portiques, des académies, un palais, une place et une colonne qui portèrent son nom. Valentinien II suivit l'exemple de Théodose, et recommanda d'entretenir dans Rome les anciens monuments, plutôt que d'en entreprendre de nouveaux.

Constantin avait ordonné que si quelqu'un trouvait un trésor, il le partagerait par moitié avec le fisc; Théodose le laissa tout entier à qui l'aurait découvert, à condition cependant que, s'il le trouvait sur le terrain d'autrui, il en céderait le quart au propriétaire du terrain. Les lois romaines avaient borné le temps du deuil au terme de dix mois; Théodose l'étendit à l'année entière : il déclara infâme la veuve qui, avant l'année révolue, convolerait à de secondes noces. Telle était déjà la disposition des anciennes lois; mais il ajouta la perte des biens que la femme tiendrait du premier mari. Quant aux veuves qui se remariaient après le terme prescrit, il les obligea de conserver aux enfants du premier lit tous les biens venus de leur père, il leur ôta la liberté de les aliéner (*Hist. du Bas-Empire*, l. 21, n. 13). Dans toutes ces lois, on respire comme une atmosphère de l'Evangile; on sent un empereur père de l'orphelin, protecteur de la veuve, vengeur de l'opprimé, alliant la justice à la miséricorde, consacrant la force à la vérité et à la vertu; en un mot, on sent un empereur chrétien.

Sa capitale avait grand besoin d'un souverain de ce caractère. Un philosophe cynique, du nom de Maxime, causait de nouveaux troubles à Constantinople. C'était un Egyptien, né à Alexandrie, d'une famille où il y avait eu des martyrs. Bien qu'il fût chrétien, il ne laissait pas de faire profession de la philosophie cynique, dont il portait l'habit, le bâton et les grands cheveux. Il avait aussi couru en divers pays, et avait été plusieurs fois repris de justice. A Corinthe, il vécut seul quelque temps avec des filles qu'il prétendait exercer à la piété; il fut fouetté publiquement en Egypte; et relégué pour des infamies dans le désert d'Oasis, où il demeura quatre ans : on l'accusait de suivre l'hérésie d'Apollinaire. Il vint enfin à Constantinople, et sut si bien feindre, qu'il en imposa d'abord à saint Grégoire de Nazianze. Il se vantait d'avoir quitté, pour le service de Dieu, la consolation de vivre avec sa mère et ses sœurs, qu'il qualifiait de vierges. Il se faisait honneur des coups de fouet qu'il avait soufferts, et de son exil, comme si c'eût été pour la religion. Ainsi saint Grégoire le reçut comme un confesseur capable d'honorer son petit troupeau; car il ne faisait que commencer à rassembler les catholiques de Constantinople dans son *Anastasie*. Maxime donnait de grandes louanges à ses discours, et déclamait fortement contre les hérétiques; il ne respirait en apparence que zèle et piété. Saint Grégoire y fut si bien trompé, qu'il le reçut dans sa maison et à sa table, lui communiquant ses études et ses desseins avec une entière confiance, et, non content de lui donner de grands éloges dans les conversations particulières, il prononça devant son Eglise, quoique malade, un discours à sa louange, que nous avons encore sous le nom d'*éloge du philosophe Héron;* mais saint Jérôme atteste que c'était la louange du philosophe Maxime, et que d'autres y avaient mis ce faux-titre. On voit dans ce discours par où cet imposteur avait surpris saint Grégoire. « Il pratique, dit-il, notre philosophie sous un habit étranger; encore peut-on le prendre pour un signe de la pureté de l'âme. » C'est que l'habit des cyniques était blanc. « Il n'a, dit-il, de cynique que de parler hardiment, de vivre au jour la journée, de veiller pour la garde des âmes, de caresser la vertu, d'aboyer contre le vice. » Car c'est ainsi que les cyniques s'appliquaient toutes les propriétés des chiens, dont on leur avait donné le nom.

Cependant Maxime avait formé le dessein de supplanter saint Grégoire et de se faire lui-même ordonner évêque de Constantinople. Dans cette vue, il se joignit à un prêtre de cette Eglise, qui avait conçu de l'aversion contre le saint évêque, sans autre sujet que la jalousie de son éloquence. Maxime, de concert avec lui, fit venir d'Egypte, d'abord sept hommes choisis entre ce qu'il y avait de plus indigne et capables de tout entreprendre pour un peu d'argent, et ensuite quelques évêques pour recevoir d'eux l'ordination. Ceux-ci furent envoyés par leur archevêque, Pierre d'Alexandrie, qui, après avoir établi saint Grégoire sur le siège de Constantinople, se déclara contre lui, sans qu'on puisse alléguer d'autre cause de cette légèreté, sinon que Maxime était Egyptien. Il fallait encore de l'argent à Maxime. Il trouva un prêtre de l'île de Thase, qui était venu à Constantinople acheter du marbre de Proconnèse pour son Eglise; il le flatta de si belles espérances, qu'il l'engagea dans son parti et se rendit maître de son argent. Il s'en servit pour gagner une partie de ceux qui avaient témoigné le plus d'affection à saint Grégoire, et le leur fit regarder comme un homme dont l'amitié était inutile, puisqu'il n'avait rien à donner. Il gagna surtout grand nombre de mariniers, pour représenter le peuple et lui prêter main-forte au besoin. Ils prirent le temps que saint Grégoire était malade, et, sans avertir personne, les Egyptiens entrèrent de nuit dans l'église avec quantité de mariniers, et commencèrent les cérémonies de l'ordination de Maxime; mais le jour les surprit avant qu'elle fût achevée. Les clercs qui logeaient aux environs de l'église, s'étant aperçus de cette entreprise, le bruit s'en répandit dans toute la ville, et tout le monde accourut aussitôt, les magistrats, les particuliers, les étrangers et jusqu'aux hérétiques. Les Egyptiens furent obligés de quitter l'église, et se retirèrent dans une maison particulière, chez un joueur de flûte, accompagnés de quelques-uns du bas peuple et de quelques excommuniés. Ce fut là qu'ils achevèrent l'ordination de Maxime, lui coupèrent ses grands cheveux qu'ils lui avaient laissés jusqu'alors, et dont tout le monde avait été scandalisé.

Tout le clergé et tout le peuple de Constantinople furent étrangement indignés de cet attentat. On publiait tous les crimes de Maxime et on le chargeait de malédiction; enfin on le chassa de la ville. Cependant les catholiques qui étaient dans l'*Anastasie* avec saint Grégoire, le gardaient avec grand soin et prenaient toutes les précautions possibles pour sa sûreté. Quant à lui, pénétré d'une vive douleur, il résolut d'abord de se retirer de Constantinople, et ne put s'empêcher de le témoigner à son peuple, en lui disant : *Adieu!* A ce mot, toute l'assemblée s'éleva contre lui; plusieurs accoururent à l'église sur le bruit qui s'en répandit, et, tous ensemble, ils le conjurèrent de demeurer et d'accepter le titre de leur évêque. Mais il résista jusqu'à répandre des larmes et à prononcer des malédictions contre lui-même s'il l'acceptait, ne croyant pas qu'il fût permis de prendre ce siège sans y avoir été placé, selon les formes, par une assemblée d'évêques. Le peuple se réduisit à le supplier de ne point les abandonner. Il demeura quelque temps interdit, ne pouvant leur fermer la bouche ni se résoudre à les contenter; le jour baissait, et ils jurèrent tous que, jusqu'à ce qu'il se fût rendu, ils ne sortiraient point de l'église, quand ils y devraient mourir. Il crut même entendre une voix qui lui reprochait de bannir avec lui de Constantinople la sainte Trinité. Enfin, il leur promit de demeurer jusqu'à l'arrivée de quelques évêques que l'on attendait dans peu de temps; mais il ne voulut point s'y engager par serment, n'en ayant fait aucun depuis son baptême. Ainsi, l'attentat de Maxime ne fit qu'augmenter l'affection du peuple envers saint Grégoire, et les hérétiques furent trompés dans l'espérance qu'ils avaient conçue d'une grande division parmi les catholiques.

Maxime étant chassé de Constantinople, alla trouver l'empereur Théodose à Thessalonique, accompagné des évêques égyptiens qui venaient de l'ordonner, et lui demanda sa protection pour être maintenu sur le siège de la capitale; mais Théodose le rejeta avec indignation. Saint Aschole et cinq autres évêques de Macédoine, à qui le pape Damase avait souvent écrit de veiller à ce qu'on n'entreprît rien contre l'Eglise de Constantinople, lui donnèrent avis de l'ordination de Maxime et de tout ce qui s'y était passé. Le Pape leur témoigna dans sa réponse qu'il était sensiblement affligé de la témérité des Egyptiens, d'avoir ordonné un homme qui ne devait pas même passer pour chrétien, portant un habit de philosophe et d'idolâtre, et surtout de longs cheveux, contre la défense expresse de saint Paul; il gémit sur les circonstances de son ordination et sur les calomnies qu'elle occasionnerait contre l'Eglise de la part des hérétiques. Il ajoute : « Au reste, puisque, comme j'ai appris, l'on doit tenir un concile à Constantinople, j'avertis Votre Sainteté de faire en sorte que l'on y élise un évêque sans reproche, afin d'établir une paix solide entre les évêques orthodoxes, et d'empêcher qu'il n'arrive plus de dissension dans l'Eglise. J'avertis encore votre charité de ne point souffrir qu'un évêque passe, par un motif d'ambition, d'une ville à une autre, ni qu'il quitte son peuple pour en gouverner un autre, contre les ordonnances de nos ancêtres; car c'est de là que naissent les contentions et les schismes. » Damase, écrivant à saint Aschole en particulier, lui recommande de nouveau de faire en sorte que l'on mette à Constantinople un évêque catholique, avec qui, Dieu aidant, on puisse avoir une paix durable. Maxime, chassé par l'empereur Théodose, s'en retourna dans Alexandrie; et, ayant gagné par argent quelques vagabonds, il pressa l'évêque Pierre de le faire jouir du siège de Constantinople, le menaçant de le chasser lui-même de celui d'Alexandrie. Mais le préfet d'Egypte, craignant les suites de cette entreprise, chassa de la ville Maxime, qui demeura quelque temps en repos. Pierre lui-même ouvrit les yeux et se réunit à saint Grégoire, qui en témoigne sa joie dans un de ses discours (Tillemont, Ceillier, Fleury, Coustant; Greg. Naz., *Orat.* 24).

L'empereur Théodose, ayant remporté de nouvelles victoires contre les Goths, entra en triomphe à Constantinople, le 24 novembre 380. Son premier soin fut de rendre la paix à l'Eglise et de réunir les esprits. Il fit donc aussitôt savoir à Démophile, évêque des ariens, que s'il voulait embrasser la foi de Nicée; il n'avait qu'à réunir le peuple et vivre en paix. Démophile s'y refusa, aimant mieux quitter les Eglises dont il était en possession et sortir de la ville, suivant l'ordre de l'empereur. Saint Grégoire de Nazianze voulut se retirer également, fatigué de tout ce qui s'était passé depuis son arrivée dans cette ville, particulièrement de l'ordination de Maxime. Mais l'empereur l'embrassa, en lui disant : « Dieu se sert de moi pour vous accorder cette Eglise. Vous auriez peine à le croire, si vous ne le voyiez. La ville est là-dessus dans une si grande émotion, et le demande avec tant de chaleur, qu'elle ne s'en départirait pas, ce semble, quelque chose qui pût lui en arriver. Elle paraît même dans la disposition de me faire violence; mais elle sait qu'il ne m'en faut pas une bien grande pour m'y faire consentir. » Ce discours remplit le saint évêque d'une joie mêlée de crainte.

L'empereur voulut lui-même le mettre en possession de cette église, qui était Sainte-Sophie, la grande église de Constantinople, de laquelle dépendaient les autres. Une multitude d'ariens s'assemblèrent à ce spectacle, animés de colère contre le saint, et tâchant de fléchir l'empereur. Grégoire marchait au milieu des soldats, à côté du prince; levant les yeux au ciel, si appliqué à Dieu et si peu attentif à tout le reste, qu'il se trouva dans l'église sans savoir comment il y avait été introduit. C'était au matin que cela se passait, et le temps était obscur, d'où les ennemis de la foi inféraient que l'entreprise n'était pas agréable à Dieu. Mais à peine l'empereur et Grégoire furent-ils entrés dans l'enceinte du chœur, et le peuple fidèle eut-il commencé à chanter les louanges de Dieu, que le nuage se dissipa et que toute l'Eglise fut remplie d'une lumière éclatante, qui répandit la joie dans le cœur et sur le visage des catholiques. Alors, prenant courage, ils demandèrent tous à Théodose qu'il leur donnât pour évêque Grégoire, protestant qu'ils préféraient cette grâce à toutes les grandeurs où il pourrait les élever. Toutes ces voix confuses d'hommes et de femmes, car les femmes le demandaient aussi en criant du haut des galeries, faisaient un bruit incroyable. Grégoire, craignant que ces clameurs n'eussent leur effet, se trouvait hors d'état de parler. Il leur fit donc dire, par un des prêtres qui étaient assis à côté de lui, qu'ils cessassent de crier de la sorte, qu'il ne s'agissait à présent que de rendre grâces à Dieu, qu'on aurait du temps pour les autres affaires. A ces paroles, le peuple battit des mains, charmé de sa modestie, et l'empereur se retira après lui avoir donné des louanges. Mais quoique le saint eût refusé ce premier jour de s'asseoir sur le trône épiscopal, il y fut ensuite placé malgré lui par le zèle du peuple, et il s'en plaignit dans un de ses discours, regardant cette action comme un violement des canons. En effet, il y en avait du concile d'Antioche, qui défendaient à un évêque vacant de s'emparer d'une église vacante, sans l'autorité d'un concile légitime, c'est-à-dire où le métropolitain fût présent. D'ailleurs, l'ordination de Maxime, toute irrégulière qu'elle était, ne laissait pas de fournir des prétextes de chicane à ses ennemis, qui portèrent leur colère jusqu'à vouloir lui ôter la vie. Mais le jeune homme qu'ils avaient choisi pour une action si noire, bourrelé de remords, se dénonça lui-même, en se jetant aux pieds du saint avec des gémissements convulsifs. Grégoire, attendri jusqu'aux larmes, dit au meurtrier : « Que Dieu te conserve ! Je dois bien te traiter humainement, puisqu'il m'a conservé moi-même. Tu es à moi par ton crime ; tâche de devenir digne de Dieu et de moi. » Cette action, s'étant divulguée, adoucit extrêmement toute la ville à l'égard du saint évêque (Ceillier, t. VII ; Tillemont ; Fleury).

Cependant le concile dont le pape saint Damase avait parlé dès l'année précédente, dans une de ses lettres à son légat, saint Aschole de Thessalonique, s'assembla effectivement à Constantinople au mois de mai 381, par ordre de l'empereur Théodose. Le Pape n'avait garde d'ignorer ni d'improuver la tenue de ce concile, puisque, dans la même lettre et dans une autre encore, il chargeait d'avance Aschole de faire en sorte qu'on y élût pour Constantinople un évêque catholique, propre à consolider la paix des églises. C'était en effet l'affaire principale. Quant à l'ordination de Maxime, le Pape, sur le rapport d'Aschole et des autres évêques de Macédoine, l'avait condamnée dans les mêmes lettres (Constant). Quant aux questions dogmatiques, le même Pape les avait déjà décidées dans une exposition de foi envoyée aux évêques d'Orient, et que ceux-ci avaient souscrite dans un concile d'Antioche, au nombre de plus de cent cinquante (*Ibid.*, et Mansi, *Conc.*, t. III). Il y a plus : ce qui regarde la divinité du Saint-Esprit, les caractères de l'Eglise, l'unité du baptême, la résurrection de la chair, la vie du siècle futur, avait été ajouté au Symbole de Nicée, depuis bien des années, par tous les évêques orthodoxes, et les catéchumènes l'apprenaient par cœur. C'est ce que saint Epiphane nous atteste dès l'an 373, à la fin de son *Ancora* (S. Epiph., t. II, édit. Petav.).

Quant au schisme d'Antioche, l'accord juré entre les deux partis avait été proposé et approuvé d'avance par les évêques d'Italie (Ambr., *epist.* 13; Labbe, t. II ; Sirmond, t. I). Ces notions sont indispensables pour juger sainement des choses et des personnes.

Le concile de Constantinople ne fut œcuménique ni dans sa convocation ni même dans son intention. Il n'y eut de convoqué que les évêques des provinces qui obéissaient à Théodose. Ceux d'Egypte et de Macédoine n'arrivèrent qu'après l'ouverture. Il y en eut en tout cent cinquante. Les principaux étaient saint Mélèce d'Antioche, accompagné de ses prêtres Flavien et Elpidius; Hellade de Césarée en Cappadoce, qui venait de succéder à saint Basile ; saint Grégoire de Nysse et saint Pierre de Sébaste, son frère ; saint Amphiloque d'Icône ; Optime d'Antioche en Pisidie ; Diodore de Tarse ; saint Pélage de Laodicée ; saint Euloge d'Edesse ; Acace de Bérée en Syrie ; Isidore de Cyr ; saint Cyrille de Jérusalem, et Gélase de Césarée en Palestine, son neveu ; Denys de Diospolis en Palestine, confesseur ; Vitus de Carrhes en Mésopotamie, célèbre par sa piété ; Abraham de Batne en Mésopotamie, confesseur ; Antiochus de Samosate, neveu et successeur de saint Eusèbe ; Bosphore de Colonie en Cappadoce ; Otrée de Mélitine en Arménie, et divers autres, cités avec honneur dans les écrits des anciens, et principalement dans les lettres de saint Basile.

Mais les autres évêques qui assistèrent à ce concile n'étaient pas d'une réputation égale à ceux que nous venons de nommer. Il paraît même que le plus grand nombre n'était pas celui des saints ; car voici le portrait que nous en fait, dans plus d'un endroit, saint Grégoire de Nazianze, qui les présida pendant quelque temps. Trafiquant de la foi, les uns, issus de quelque greffier d'impôt, ne rêvaient que calculs frauduleux ; d'autres avaient quitté soit la charrue, soit la pioche, soit la rame de matelot, soit le sabre de soldat, pour se faire évêques. Tel était tout à l'heure magistrat civil ou chef militaire. Plusieurs, naguère artisans et forgerons, n'avaient pas encore décrassé tout à fait la suie de leur corps. Des esclaves, qui n'avaient pas encore payé à leurs maîtres le prix de leur liberté, pour avoir su ameuter quelque portion de la populace, montraient le plus d'insolence, ignorants au point de ne savoir compter leurs pieds et leurs mains (Greg. Naz., t. II, *De Episcopis*). Aussi inconstants dans la doctrine que les flots de la mer, ce qu'ils savent, c'est de flatter les femmes et de flairer les tables : lions à l'égard des petits, chiens à l'égard des grands. L'un vante sa noblesse, l'autre sa faconde, celui-ci sa richesse, celui-là sa famille : plusieurs, n'ayant rien, se font un nom par leur méchanceté (*Ibid.*). En voici la cause. On dit que l'aigle, pour éprouver ses aiglons, leur fait regarder fixement le soleil ; s'ils clignotent, il les jette. Pour nous, plus faciles, nous plaçons sur le trône épiscopal les premiers venus, pourvu qu'ils veuillent, sans examiner ni leurs mœurs ni leur doctrine. Nous faisons pontifes, non pas ceux qui ont été éprouvés pendant quelque temps, mais ceux qui s'en jugent eux-mêmes dignes. Nous traitons les choses divines à coups de dé. Mettez un masque de théâtre au dernier des hommes, cela nous suffit ; le voilà tout à coup un homme pieux,

Hier parmi les histrions et dans les coulisses, aujourd'hui tu es en spectacle dans l'église. Hier avocat et vendant la justice : aujourd'hui un autre Daniel. Hier, l'épée nue, assis sur un tribunal, dont tu faisais un lieu de brigandage, tyrannisant les lois elles-mêmes : aujourd'hui modèle de mansuétude. Hier danseur efféminé et le plus habile à boire : aujourd'hui directeur de vierges et de matrones. Hier Simon le magicien : aujourd'hui saint Pierre (Greg. Naz., t. II, *De Episcopis*).

Voilà quelques-uns des traits sous lesquels saint Grégoire de Nazianze nous peint, dans deux ou trois poèmes, la plupart des évêques de son temps, au moins de ceux du concile de Constantinople. Saint Grégoire de Nysse, qui assista au même concile, dit en peu de mots les mêmes choses (Greg. Nyss., *In Cant. homil.* 13, t. II). Saint Chrysostome qui, dans ce temps, écrivit ses livres *Du Sacerdoce*, n'y parle pas différemment (l. 3, n. 15); et les persécutions qu'il souffrira de la part de ses collègues, comme autrefois saint Athanase, en disent encore plus que ses paroles.

Saint Mélèce d'Antioche présida d'abord le concile. L'affaire la plus pressante était de donner un évêque à l'Eglise de Constantinople. On la commença par examiner l'ordination de Maxime le cynique, dont il fut aisé de montrer l'irrégularité. Les Pères du concile déclarèrent qu'il n'était ni n'avait jamais été évêque; que ceux qu'il avait ordonnés en quelque rang du clergé que ce fût, n'y devaient pas être reçus, et que tout ce qu'il avait fait comme évêque était sans effet et illégitime. On fit sur cela un canon, qui est le quatrième. Il ne paraît pas qu'on ait rien ordonné contre les évêques d'Egypte ni contre Pierre d'Alexandrie, qui avaient eu part à l'ordination de Maxime. Après avoir chassé l'usurpateur du siège de Constantinople, on ne pensa qu'à trouver quelqu'un qui fût digne de le remplir. L'empereur, qui admirait l'éloquence et la vertu de Grégoire de Nazianze, n'en trouvait pas de plus capable pour occuper une place si importante, et communiqua sa persuasion à tout le concile. Grégoire résista jusqu'aux cris et aux larmes; mais enfin il se laissa vaincre, se flattant, comme il dit lui-même, que la situation de Constantinople, entre l'Orient et l'Occident, lui donnerait la facilité de réunir ces deux parties du monde, divisées depuis si longtemps à l'occasion du schisme d'Antioche (Greg. Naz., t. II). Il fut donc établi solennellement évêque de Constantinople par saint Mélèce et par les autres évêques du concile, dont plusieurs prononcèrent des discours pour honorer cette fête, nommément saint Grégoire de Nysse (*De Melet.*).

Mais cette joie fut bientôt troublée par la mort de saint Mélèce, qui, jusqu'au dernier soupir, exhorta ses amis à la paix. Son corps fut embaumé avec une grande quantité de parfums, enveloppé de draps de lin et de soie, et mis en dépôt dans l'église des Apôtres, en attendant qu'on le transportât à Antioche. Ses funérailles furent très-magnifiques par l'affluence du peuple, la quantité du luminaire, le chant des psaumes à plusieurs chœurs et en diverses langues. On appliquait sur son visage des linges que l'on partageait ensuite aux fidèles, qui les gardaient comme des préservatifs.

Les évêques s'empressèrent de raconter, dans des discours publics, ses vertus et ses combats pour la foi; on était si persuadé de sa sainteté, que Grégoire de Nysse ne craignit pas de dire dans son oraison funèbre : « Il parle à Dieu face à face, et il prie pour nous et pour les ignorances du peuple. » Les reliques de saint Mélèce furent ensuite portées à Antioche; toute la ville de Constantinople sortit des portes pour les conduire; tout le long du chemin on les accompagna en chantant des psaumes à deux chœurs; et il y eut un ordre exprès de l'empereur pour recevoir ce saint corps partout dans les villes, contre la coutume des Romains, qui ne souffraient pas de corps morts au dedans de leurs murailles. Il fut enterré auprès de saint Babylas, dans l'église qu'il avait fait bâtir lui-même en l'honneur de ce martyr.

La mort de saint Mélèce, qui aurait dû finir le schisme de l'Eglise d'Antioche, ne servit qu'à l'augmenter. On était convenu que le survivant de lui ou de Paulin gouvernerait seul cette Eglise; et pour rendre cet accord plus stable, on l'avait fait jurer à six des prêtres du parti de Mélèce qui paraissaient avoir plus de chances pour l'élection, et nommément à Flavien; tous avaient promis avec serment, non-seulement de ne point se procurer cette place, mais encore de la refuser si elle leur avait été offerte, et les Occidentaux avaient approuvé cet accord; en sorte que Paulin devait, selon toutes les apparences, être reconnu sans difficulté pour seul évêque d'Antioche. Il n'y avait plus même d'évêque arien en cette ville, et le peu qu'il y restait encore de la secte n'était conduit que par deux prêtres, qui ne purent même obtenir la communion d'Eunomius, un des chefs de l'arianisme, tant les ariens étaient divisés entre eux.

Nonobstant tous ces motifs de reconnaître Paulin, ceux des évêques qui n'aimaient pas la paix mirent en délibération au concile, qui l'on donnerait pour successeur à saint Mélèce. Cette question souleva de grands débats de part et d'autre. Saint Grégoire, qui présidait le concile depuis la mort de saint Mélèce, était d'avis qu'on laissât à Paulin seul le gouvernement de l'Eglise d'Antioche. « Vous ne considérez, disait-il, qu'une seule ville, au lieu de regarder l'Eglise universelle. Quand ce seraient deux anges qui contesteraient, il ne serait pas juste que le monde entier fût troublé par leur division. Tant que Mélèce a vécu, et que l'on ne savait pas comment il serait vu des Occidentaux irrités, c'était une chose pardonnable de les contrister jusqu'à un certain point, eux qui se donnent pour les vengeurs des lois. Maintenant que Dieu nous a donné la paix, conservons-la; laissons Paulin dans le siège qu'il occupe; il est vieux, sa mort terminera bientôt cette affaire. Il est bon quelquefois de se laisser vaincre. Et afin que l'on ne croie pas que j'en parle par intérêt, je ne vous demande point d'autre grâce que la liberté de quitter mon siège et de passer le reste de mes jours sans gloire et sans péril (*Carm.*, 1). »

Quelque sage que fût cet avis, il ne fut pas suivi, les jeunes évêques s'élevèrent avec fureur contre Grégoire, qui les compare, dans cette rencontre, à une troupe de geais qui croassaient l'un d'un côté, l'autre de l'autre, et à un essaim de guêpes qui sautaient au visage dès qu'on s'opposait à eux. Leur raison était que la religion devait suivre le soleil, puisque le Christ avait voulu naître en Orient. Au lieu de modérer la fougue des jeunes, les anciens s'y laissèrent entraîner (Greg. Nyss., *Carm.*, 1). Flavien, prêtre de l'Eglise d'Antioche, en fut établi évêque, contre l'accord qu'il avait juré lui-même. Les amis de Grégoire le pressèrent d'approuver ce choix; mais il demeura ferme, ne voulant pas d'amis pour l'engager lui-même. Au contraire, il se fortifia de plus en plus dans la résolution de quitter le siège de Constantinople. Il commença à ne plus fréquenter les assemblées, où il ne voyait que confusion, et sa mauvaise santé lui en donnait assez de prétexte. Il changea même de maison et quitta celle qui joignait l'église et où se tenait le concile. Les personnes les plus affectionnées de son peuple, voyant que c'était tout de bon qu'il voulait quitter, le conjuraient avec larmes de ne point abandonner l'ouvrage qu'il avait si bien commencé, et de donner à son Eglise ce qui lui restait de vie. Leurs larmes l'attendrirent, mais ne le fléchirent point (*Ibid.*). Un nouvel incident acheva de le déterminer.

Les évêques d'Egypte et de Macédoine, qu'on venait d'appeler au concile dans l'espérance qu'ils pourraient contribuer à la paix, arrivèrent subitement. Ceux d'Egypte avaient à leur tête Timothée, évêque d'Alexandrie, qui avait succédé depuis peu à Pierre, son frère, successeur de saint Athanase; et il était comme Pierre dans la communion immédiate des évêques d'Occident. Le plus considérable des évêques de Macédoine était saint Aschole de Thessalonique. Ils parurent d'abord, les uns et les autres, fort échauffés contre les Orientaux, qui ne l'étaient pas moins contre eux. Cette disposition donnait lieu d'espérer que les évêques d'Egypte et de Macédoine s'uniraient avec Grégoire, qui avait pris hautement le parti des Occidentaux, en prenant celui de Paulin d'Antioche. Le contraire arriva. C'étaient les Orientaux qui avaient mis Grégoire sur le siège de Constantinople. Or, ceux d'Egypte et de Macédoine avaient une telle envie de leur faire de la peine, que, sans aucune aversion pour Grégoire ni aucune intention d'en mettre un autre à sa place, ainsi qu'ils le lui disaient en particulier, ils leur reprochèrent son intronisation comme une translation contre les règles. Ce différend alla si loin que, d'après Théodoret, les Orientaux se séparèrent de ceux d'Egypte (Theod., l. 5, c. 8).

Ce qui est de vrai, c'est que Grégoire voyant les Egyptiens murmurer de son élection, saisit avec joie ce moment pour rompre les liens qui l'attachaient à Constantinople. Il entra dans l'assemblée et dit qu'il n'avait pas de plus grand désir que de contribuer à la paix et à l'union de l'Eglise. « Si mon élection cause du trouble, ajouta-t-il, je serai Jonas : jetez-moi dans la mer pour apaiser la tempête, quoique je ne l'aie point excitée. Si les autres suivaient mon exemple, tous les troubles de l'Eglise seraient bientôt apaisés. Je suis assez chargé d'années et de maladies pour me reposer : je souhaite que mon successeur ait assez de zèle pour bien défendre la foi. » Ensuite il dit adieu aux évêques, les priant de se souvenir de ses travaux, et sortit de l'assemblée. Les évêques parurent un peu surpris de sa proposition, mais ils y consentirent aisément, par divers motifs : les uns, parce qu'ils étaient envieux de son éloquence; les autres, parce qu'ils voyaient leur luxe et leur faste condamnés par la sévérité de ses mœurs; quelques-uns, et même de ses amis, parce qu'il prêchait la vérité avec plus de liberté qu'eux. Tous néanmoins ne consentirent pas à sa démission, et il y en eut qui, voyant que l'on prenait la résolution de le laisser aller, se bouchèrent les oreilles, frappèrent des mains et quittèrent le concile et la ville, pour ne pas voir un autre évêque mis en sa place.

Grégoire alla tout de suite trouver l'empereur et lui dit en présence de plusieurs personnes : « Seigneur, j'ai une grâce à vous demander, aussi bien que les autres. Ce n'est ni de l'or, ni du marbre, ni des étoffes précieuses pour orner la table sacrée, ni des charges pour mes parents : je crois mériter quelque chose de plus grand. Accordez-moi de céder à l'envie : je suis odieux à tout le monde, même à mes amis, parce que je ne puis avoir d'égard pour personne que pour Dieu. Vous savez combien c'est malgré moi que vous m'avez placé sur ce siège. » L'empereur loua ce discours, tous les assistants y applaudirent : mais Grégoire obtint son congé.

Pour consoler son clergé et son peuple, il prononça dans la grande église de Constantinople, en présence des évêques du concile, le discours célèbre qui est son adieu. Il leur rend compte de sa conduite; il représente l'état déplorable où il a trouvé cette Eglise, et l'état florissant où il la laisse; il montre la doctrine qu'il a enseignée, par une exposition sommaire du mystère de la Trinité, où, pour terminer toutes les disputes, il emploie le mot de personne (*prosôpon*), comme équivalant au mot hypostase, quand l'un et l'autre sont bien expliqués. « La sainteté de notre foi, dit-il, consiste plus dans les choses que dans les noms. » Il fait ensuite, à l'exemple de Samuel, une protestation publique de son désintéressement, et prend Dieu à témoin qu'il a conservé son sacerdoce pur et sans tache. Il demande, pour récompense de ses travaux, qu'on lui donne un successeur dont les mains soient pures et la voix éloquente, qui puisse vaquer aux ministères ecclésiastiques; et prend pour prétextes de se retirer, son grand âge, ses maladies, son épuisement, les reproches qu'on lui faisait de sa douceur, les dissensions des Eglises, la fureur que l'on montrait à Constantinople pour les spectacles, le luxe et la magnificence des équipages.

Entre les reproches qu'il dit qu'on lui faisait, il n'oublie pas celui d'être trop modeste, de ne tenir pas une table propre et magnifique, de ne se servir point d'habits pompeux, de ne paraître pas en public avec un nombreux cortège, de ne pas recevoir d'un air majestueux et plein d'arrogance ceux qui venaient le trouver. « Je ne savais pas, dit-il, que nous dussions disputer en magnificence avec les consuls, les gouverneurs, les généraux d'armées, qui ne savent où jeter leurs richesses. Je ne savais pas que nous dussions nous gorger du bien des pauvres, dissiper en superfluités ce qui leur est nécessaire, et exhaler à l'autel les fumées de la bonne chère. Je ne savais pas que nous dussions monter un cheval fier et superbe, nous étaler sur un char pompeux, flanqués d'une escorte et d'acclamations bruyantes; ni qu'à notre rencontre tout le monde dût s'écarter, comme à la rencontre des bêtes, ou que notre marche dût s'apercevoir de fort loin. Si cela vous paraît un malheur terrible, la chose est faite;

pardonnez-moi cette offense. Proposez-en un autre qui plaise à la multitude; pour moi, laissez-moi et la solitude, et la rusticité, et Dieu, à qui seul on peut plaire, même par une vie frugale et modeste. »
A la fin, il prend congé de sa chère Anastasie et des autres églises de la ville; des apôtres qui lui ont servi de guides dans ses combats, de sa chaire épiscopale, de son clergé, des moines, des vierges, des veuves, des pauvres, des orphelins, de l'empereur et de toute la cour, de la ville, de l'Orient et de l'Occident, des anges tutélaires de son Eglise et de la sainte Trinité. Il promet que si sa langue se tait, ses mains et sa plume combattront pour la vérité (Greg. Naz., *Orat.* 32).

La cession de saint Grégoire ayant été acceptée par le concile, il s'agit de lui donner un successeur. Tout le monde sait que ce fut Nectaire. Mais les historiens varient sur le mode de son élection. Il était de Tarse en Cilicie, de famille sénatoriale, et préteur de Constantinople. Il avait des mœurs douces, une figure vénérable. Il était admirable en tout point, dit Socrate (l. 5, c. 8); il était orné de toutes les vertus, dit Théodoret (l. 5, c. 8). Mais il n'était pas encore baptisé. Sozomène (l. 7, c. 10) nous apprend même qu'il avait vécu jusqu'alors dans l'incontinence. Socrate dit qu'il fut saisi par le peuple et présenté aux cent cinquante évêques du concile, qui lui conférèrent l'ordination. Théodoret dit que les évêques l'ordonnèrent, conformément aux derniers avis de Grégoire de Nazianze, qui précisément leur avait recommandé d'éviter les néophytes, les novices, pour ne pas les mettre dans le cas d'enseigner avant d'avoir appris. Sozomène dit qu'il fut désigné par Théodose, d'une manière que Sozomène (l. 7, c. 8) trouvé miraculeuse et Tillemont honteuse (t. IX, note 46).

Quoi qu'il en soit, les bons évêques, qui, suivant Sozomène (l. 7, c. 7), avaient accepté et même exigé la cession de Grégoire de Nazianze par zèle pour les lois de leurs ancêtres et pour la discipline de l'Eglise, ne se firent pas scrupule, contre la défense de saint Paul, d'ordonner à sa place un néophyte, auquel ils venaient de conférer à la hâte le baptême. Dans un cas pareil, Ambroise s'était enfui et avait mis tout en œuvre pour se soustraire à l'épiscopat. On ne dit pas que Nectaire ait fait aucune difficulté. Ambroise était renommé pour son éloquence. On ne parle pas de l'éloquence de Nectaire; seulement on rapporte d'Arsace, son frère, qui fut intrus à la place de saint Chrysostome, qu'il avait toute l'éloquence d'un poisson (Pallad., *Vita Chrys.*, t. XIII, édit. Bénéd.). Pour apprendre les fonctions épiscopales, Nectaire prit Cyriaque, évêque d'Adane en Cilicie. Saint Grégoire de Nysse lui laissa aussi Evagre du Pont, très-habile dans la controverse. En attendant, il présida le concile.

De son côté, l'empereur Théodose envoya une ambassade au pape Damase, pour obtenir de lui qu'il confirmât l'élection. Voici comme le pape saint Boniface rappelle ce fait, dans une lettre aux évêques d'Illyrie : « Le prince Théodose, de très-clémente mémoire, pensant que l'ordination de Nectaire était sans solidité parce que nous n'en avions point connaissance, nous envoya des officiers de sa cour avec des évêques, pour solliciter, conformément aux règles, une lettre fermée qui affermît le sacerdoce de Nectaire (Constant). » Nous verrons les évêques du concile faire la même demande au Pape, non-seulement pour Nectaire, mais encore pour Flavien (Theod., l. 5, c. 9). La conséquence naturelle est que, de l'aveu de l'empereur Théodose et des évêques du concile, la confirmation du Pape était nécessaire pour que l'élection de Nectaire et de Flavien, approuvée par un concile œcuménique, demeurât ferme.

L'empereur Théodose avait espéré réunir les Macédoniens ou semi-ariens à l'Eglise catholique, et dans cette vue il avait admis leurs évêques au concile jusqu'au nombre de trente-six, dont Eleusius de Cyzique était le chef. L'empereur et les évêques catholiques leur représentèrent qu'ils avaient envoyé au pape Libère une députation conduite par Eustathe de Sébaste, et que, depuis peu, ils avaient volontairement communiqué avec eux sans distinction; qu'ainsi ils ne faisaient pas bien de renverser la foi qu'ils avaient approuvée, et de quitter le bon parti qu'ils avaient pris. Mais les Macédoniens déclarèrent qu'ils aimeraient mieux confesser la doctrine des ariens que de convenir du *consubstantiel*, et se retirèrent de Constantinople; puis ils écrivirent en chaque ville, à ceux de leur parti, les exhortant à ne point consentir à la foi de Nicée. Dès lors ils furent regardés comme formellement hérétiques (Soc., l. 5, c. 8; Soz., l. 7, c. 7).

On ordonna donc que personne ne pourrait rejeter le Symbole de Nicée, mais qu'il demeurerait dans son autorité, et que l'on anathématiserait toutes les hérésies, particulièrement celle des eunomiens ou anoméens, des ariens ou eudoxiens, des semi-ariens ou ennemis du Saint-Esprit, des sabelliens, des marcelliens, des photiniens, des apollinaristes. On mit ensuite le Symbole de Nicée, mais complété dès lors par l'usage de l'Eglise; suivant le témoignage de saint Epiphane (*Ancora*, n. 119, 120 et 121), tel que nous le chantons à la messe.

Quant à la discipline, le concile de Constantinople défend aux évêques d'aller aux églises qui sont hors de leurs diocèses, ni de confondre les églises; en sorte que, suivant les canons, l'évêque d'Alexandrie ne doit gouverner que l'Egypte; les évêques d'Orient ne doivent régler que l'Orient, gardant à l'Eglise d'Antioche les priviléges marqués dans les canons de Nicée; les évêques du diocèse d'Asie ne gouverneront que l'Asie; ceux du Pont, le Pont seulement; ceux de Thrace, la Thrace seule. Les évêques ne sortiront pas du diocèse sans être appelés pour des élections ou d'autres affaires ecclésiastiques; mais les affaires de chaque province seront réglées par le concile de la province, suivant les canons de Nicée. Les Eglises qui sont chez les nations barbares seront gouvernées suivant la coutume reçue du temps des Pères. Dans les temps de persécution, les évêques avaient souvent passé dans les provinces étrangères pour y régler les affaires de l'Eglise; mais ce temps n'était plus, et il y avait lieu de craindre que, si les évêques avaient continué à se mêler des affaires dans les lieux qui n'étaient pas de leur département, la paix de l'Eglise n'en fût troublée. Ce fut le motif du second canon du concile de Constantinople. Mais en le faisant, le concile ne prétendit point déroger à celui de Sardique, qui reconnaît les appels à Rome. Il ne régla que la manière dont on devait agir de diocèse à diocèse, sans toucher aux droits des tribunaux supérieurs. On croit que ce qui lui donna lieu de resserrer dans l'Egypte l'autorité de l'évêque d'Alexandrie, fut l'entreprise de Pierre, évêque de cette ville, qui s'était donné la liberté de faire établir Maxime sur le siége de Constantinople. Par le terme de *diocèse* dont il est fait mention dans ce canon, on entend un grand gouvernement qui comprenait plusieurs provinces, dont chacune avait sa métropole; car ce que nous appelons aujourd'hui un *diocèse*, c'est-à-dire le territoire d'une cité, soumis à un seul évêque, se nommait alors *paroisse*. Les peuples barbares qu'il confirme dans leurs usages, étaient tous ceux qui ne dépendaient pas des Romains, comme les Scythes et les Goths, chez qui il n'y avait généralement qu'un seul évêque.

Mais le canon le plus célèbre fut le troisième, en ce qu'il a posé comme la première pierre de cette prétention orgueilleuse avec laquelle les évêques de Constantinople entreprirent de faire la guerre à toutes les Eglises orientales, de les soumettre à leur juridiction, et de renverser ainsi l'antique constitution, au point de s'arroger enfin le titre superbe de *patriarches œcuméniques de l'Orient*. Il fut donc ordonné, par ce canon, que l'évêque de Constantinople aurait la primauté d'honneur *après le pontife romain*, par la raison que Constantinople était la nouvelle Rome.

Comme on voit, c'était une raison purement temporelle et politique. On ne voulait d'abord qu'une primauté de rang et d'honneur; le concile de Chalcédoine essaiera d'en faire une primauté de juridiction, en attribuant à l'évêque de Constantinople l'ordination des métropolitains du Pont, de l'Asie et de la Thrace. Mais sentant bien de qui cela dépendait en dernier ressort, il écrira au pape saint Léon, ainsi que l'empereur Marcien et l'archevêque Anatolius, pour le prier de confirmer ce décret et de répandre sur l'Eglise de Constantinople un rayon de sa primauté apostolique, reconnaissant que tout dépendait de son autorité. Mais le pape Léon, gardien fidèle de la constitution de l'Eglise et de ses vénérables canons, cassa ce qu'on avait tenté de faire, répondit au troisième canon du premier concile de Constantinople, qu'on lui alléguait, que ce canon n'ayant pas été communiqué au Saint-Siége, avait été dès le commencement frappé de nullité, et que l'usage qu'on en voulait faire était aussi tardif qu'inutile; il écrivit enfin à Anatolius cette grave sentence : « Que le siége d'Alexandrie ne perde rien de la dignité qu'il doit à saint Marc, disciple de saint Pierre, et que l'Eglise d'Antioche, où naquit le nom de chrétien par la prédication du même apôtre, demeure dans l'ordre fixé par les règlements de nos Pères; et que, placée au troisième rang, elle ne descende jamais au-dessous (S. Léon, *Épist.* 104 *ad Anat.*). »

Dans le quatrième canon de Constantinople, il est parlé de l'ordination de Maxime. Dans le cinquième, le concile déclare que, suivant une lettre des évêques d'Occident, il reçoit à la communion tous ceux d'Antioche, qui confessent une seule divinité du Père, et du Fils, et du Saint-Esprit; c'est-à-dire les catholiques du parti de Paulin. D'où il semble que les difficultés touchant l'emploi divers du mot *hypostase*, s'étaient éclaircies.

Le sixième canon a pour but d'empêcher que toutes sortes de personnes ne soient admises indistinctement à accuser les évêques et les autres ecclésiastiques. S'il s'agit, dit-il, d'un intérêt particulier et d'une plainte personnelle contre l'évêque, on ne regardera ni la personne de l'accusateur ni sa religion, parce qu'il faut faire justice à tout le monde. Si c'est une affaire ecclésiastique, un évêque ne pourra être accusé ni par un hérétique ou un schismatique, ni par un laïque excommunié ou par un clerc déposé. Celui qui est accusé ne pourra accuser un évêque ou un clerc qu'après s'être purgé lui-même. Ceux qui sont sans reproche, intenteront leur accusation devant tous les évêques de la province. Si le concile de la province ne suffit pas, ils s'adresseront à un plus grand concile, à celui du diocèse ou département. L'accusation ne sera reçue qu'après que l'accusateur se sera soumis, par écrit, à la même peine en cas de calomnie. Celui qui, au mépris de ce décret, osera importuner l'empereur ou les tribunaux séculiers, ou troubler un concile œcuménique, ne sera point recevable de son accusation, mais sera rejeté comme violateur des canons et de l'ordre de l'Eglise.

Le septième et dernier canon règle la manière dont on doit recevoir les hérétiques qui reviennent à l'Eglise. Les ariens, dit-il, les macédoniens, les sabatiens, les novatiens qui se nomment eux-mêmes cathares ou aristères, les quartodécimans et les apollinaristes sont reçus, en donnant un acte d'abjuration et renonçant à toute hérésie. On leur donne premièrement le sceau ou l'onction du saint chrême au front, aux yeux, aux narines, à la bouche et aux oreilles, et, en faisant cette onction, on dit : *Le sceau du don du Saint-Esprit*. Mais, pour les eunoméens, qui sont baptisés par une seule immersion; les montanistes ou Phrygiens; les sabelliens et les autres hérétiques, principalement ceux qui viennent de Galatie, nous les recevons comme des païens. Le premier jour nous les faisons chrétiens; le second, catéchumènes; le troisième, nous les exorcisons après leur avoir soufflé trois fois sur le visage et sur les oreilles. Ainsi, nous les instruisons, nous les tenons dans l'église à écouter les Ecritures, et enfin nous les baptisons. Les sabatiens, dont il est parlé dans ce canon, étaient une secte de novatiens, qu'un prêtre nommé Sabace avait divisés d'avec les autres pour célébrer la Pâque selon les Juifs. Quant aux hérétiques que le concile ordonne de baptiser, ce sont ceux qui n'avaient point du tout reçu le baptême, ou qui ne l'avaient pas reçu selon la forme de l'Eglise. Les onctions du saint chrême qu'il prescrit sont les mêmes et avec les mêmes paroles qu'elles sont ordonnées pour le sacrement de confirmation chez les Grecs.

Les évêques écrivirent ensuite une lettre synodale à l'empereur Théodose, où, après une relation sommaire de ce qu'ils ont fait pour la foi et la discipline, ils le prient d'autoriser l'ordonnance du concile et d'y mettre le sceau. Il est à remarquer qu'ils ne s'y donnent pas le nom de *concile œcuménique*, mais simplement de *saint concile*. A la suite des canons et du symbole, dans les exemplaires latins, se trouvent les souscriptions de cent quarante-sept évêques divisés par provinces; dont les premiers sont Nectaire de Constantinople et Timothée d'Alexandrie. Mais on y voit aussi Mélèce d'Antioche, mort avant l'arrivée de Timothée; ce qui fait croire que l'on souscrivait à mesure que chaque décret était formé, et que ceux qui vinrent les derniers souscrivirent à tout ce qui avait été fait auparavant. Les canons sont datés du 9 juillet.

Le 30 du même mois, l'empereur Théodose, pour satisfaire aux désirs du concile, donna une loi par laquelle il ordonne de rendre incessamment toutes les églises dont les hérétiques étaient encore en possession, à ceux qui faisaient profession de la foi de Nicée, reconnaissant une seule divinité en trois personnes égales, et qui étaient unis dans chaque province avec certains évêques qu'il nommait. C'était Nectaire de Constantinople; Timothée d'Alexandrie, pour l'Egypte; saint Pélage de Laodicée et Diodore de Tarse, pour l'Orient; saint Amphiloque d'Icône et Optime d'Antioche en Pisidie, pour le diocèse d'Asie; Hellade de Césarée, Otrée de Mélitine et saint Grégoire de Nysse, pour celui du Pont; Térence de Tomes en Scythie et Martyrius de Marcianople, pour la Thrace. « Ceux, ajoute cette loi, qui communiqueront avec les évêques que nous venons de nommer, doivent être mis en possession des églises, et ceux qui ne conviennent pas avec eux sur la foi, doivent en être chassés comme hérétiques manifestes, sans qu'elles puissent leur être rendues à l'avenir, afin que la foi de Nicée demeure inviolable. » Socrate dit qu'on établit tous ces évêques patriarches : ce que l'on entend du pouvoir extraordinaire qui leur fut attribué dans ces grandes circonscriptions. Ce qu'il y a de remarquable, c'est que l'évêque de la grande Antioche de Syrie n'est point nommé, à cause du schisme qui y durait; car Paulin n'était pas reconnu par les Orientaux. Saint Mélèce était mort, et Flavien, élu pour lui succéder, n'était peut-être pas encore consacré évêque, ou du moins n'était pas encore reconnu de tous. Nous verrons même les évêques d'Egypte, de Chypre et d'Arabie, se prononcer contre lui avec force.

Le concile se termina par une grande fête, la translation des reliques de saint Paul, évêque de Constantinople et martyr. Théodose ayant appris quelles avaient été sa vie et sa mort, les fit rapporter d'Ancyre, où elles avaient déjà été transférées de Cucuse, et les reçut avec beaucoup d'honneur et de respect. Nectaire et tous les évêques qui se trouvaient dans la ville, allèrent à la devant du corps bien au delà de Chalcédoine, le reçurent avec le chant des psaumes et les autres solennités ordinaires, le portèrent par le milieu de la ville et le déposèrent dans l'ancienne église de la Paix, que Constantin avait fort augmentée, et où le saint avait tenu quelque temps son siège. On y passa la nuit à chanter les psaumes, et le lendemain on le porta avec la même solennité dans une église magnifique, où il fut mis dans la tombe en présence des évêques, de tout le clergé, de l'empereur Théodose et de toute la ville. Cette église, qui prit dès lors le nom de Saint-Paul, avait été bâtie par Macédonius, son persécuteur, dont il semblait ainsi triompher après la mort (Soc., l. 5, c. 9; Soz., l. 7, c. 10; Phot., p. 1428).

Tandis que les évêques employaient les armes spirituelles pour abattre l'erreur, l'empereur armait contre elle l'autorité des lois. Dès les premiers jours du mois de mai, lorsque les prélats s'assemblaient, il avait donné le signal par deux lois contre les apostats et les manichéens, qu'il déclara incapables de tester et de recevoir aucun héritage, aucune donation testamentaire. Gratien, deux ans après, suivit son exemple. Pendant la tenue du concile, il défendit aux ariens de bâtir aucune église, ni dans les villes ni dans les campagnes, sous peine de confiscation du fonds sur lequel on aurait osé en construire (*Cod. Théod.*, l. 16).

L'arianisme abattu n'osait faire éclater son ressentiment. Les vertus de Théodose rendaient impuissante la malignité naturelle à l'hérésie. Il était irréprochable; ses sujets l'aimaient avec tendresse, et jamais prince ne fut plus propre à régner sur les esprits, à la faveur de ce doux empire qu'il sut s'établir dans le cœur de ses peuples. La douceur de ses regards, celle de sa voix, la sérénité qui brillait sur son visage tempéraient en lui l'autorité souveraine. Grand observateur des lois, il savait cependant en adoucir la rigueur. Dans les trois premières années de son règne, il ne condamna personne à mort. Il ne fit usage de son pouvoir que pour rappeler les exilés, faire grâce aux coupables dont l'impunité ne tirait pas à conséquence, relever par ses libéralités les familles ruinées, remettre ce qui restait à payer des anciennes impositions. Il ne punissait pas les enfants des fautes de leurs pères par la confiscation de leurs biens; mais il ne pardonnait pas les fraudes qui tendaient à frustrer le prince des contributions légitimes : également attentif à réprimer deux excès, d'enrichir son trésor par des exactions odieuses et de le laisser appauvrir par la négligence. Ses sujets le regardaient comme leur père; ils entraient avec confiance dans son palais, comme dans un asile sacré. Ses ennemis mêmes, qui, auparavant, ne se fiaient pas aux traités, et ne se croyaient pas en sûreté à la table des empereurs, venaient sans défiance se jeter entre ses bras; et ceux qu'on n'avait pu vaincre par les armes, se rendaient volontairement à sa bonne foi.

On en vit un exemple éclatant dans la personne d'Athanaric. Ce fier monarque des Visigoths, qui avait traité d'égal à égal avec Valens, chassé par Fritigerne du territoire où il s'était longtemps maintenu contre les Huns, n'eut d'autre ressource que la générosité de Théodose. Il oublia le serment qu'il avait fait autrefois de ne jamais mettre le pied sur les terres des Romains, et envoya demander à l'empereur une retraite pour lui et pour les Goths qui lui étaient demeurés fidèles. Théodose oublia de son côté les hostilités d'Athanaric; il tint à grand honneur que son palais devînt l'asile des princes malheureux : il l'invita à venir à sa cour; il alla plusieurs milles au devant de lui, et, l'ayant embrassé avec tendresse, il le conduisit à Constantinople et lui en fit les honneurs. Athanaric, qui n'avait vu jusqu'alors que les forêts et les cabanes des Goths, ne put considérer sans étonnement la situation de cette ville, la hauteur de ses murs, la beauté de ses édifices, ce nombre infini de vaisseaux qui remplissaient le port, l'affluence de tant de nations qui venaient y aborder de toutes les contrées de la terre, la belle ordonnance des troupes rangées en haie sur son passage. Il s'écria frappé d'admiration : « Certes, l'empereur est le dieu de la terre, et quiconque ose lever le bras contre lui, court infailliblement à sa perte. » La vue de la statue de son père, érigée par

Constantin, lui tira des larmes : il se crut dans le sein de sa famille, et le traitement honorable que lui fit Théodose lui promettait les jours les plus heureux de sa vie, lorsqu'il fut frappé d'une maladie qui le conduisit au tombeau le 26 janvier 381, le quinzième jour après son arrivée. L'empereur lui fit faire de magnifiques funérailles; il y assista lui-même, marchant devant le cercueil. Les Goths qui étaient venus avec leur roi, charmés de la bonté de Théodose, lui vouèrent un attachement inviolable. Les uns s'en retournèrent dans leur pays, publiant hautement les louanges de ce prince; les autres, en plus grand nombre, s'engagèrent dans ses troupes. Ils furent employés à garder les passages du Danube contre les entreprises de leurs compatriotes, et ils s'en acquittèrent avec fidélité (*Hist. du Bas-Empire*, l. 21, n. 20 et 21).

Au mois de septembre de la même année 387, il se tint un concile à Aquilée par ordre de l'empereur Gratien. Voici à quelle occasion. Dès l'an 379, Gratien étant sur le point de retourner de Sirmium dans les Gaules, fut importuné par deux évêques de l'Illyrie, nommés Pallade et Secondien, les seuls de tout l'Occident qui soutinssent encore l'arianisme. Ils se plaignirent à l'empereur qu'on les traitait d'ariens, tandis qu'ils ne connaissaient point Arius, et ils le prièrent d'assembler un concile de tout l'empire; particulièrement des provinces de l'Orient d'où ils attendaient plus de faveur et de protection. Les évêques catholiques demandaient que Gratien fût lui-même l'arbitre de la dispute; mais il le refusa, croyant devoir la renvoyer au jugement des évêques, qu'il regardait comme les véritables interprètes des Écritures. Il marqua donc la ville d'Aquilée pour le lieu du concile, sans en prescrire le temps. Dans la suite, saint Ambroise lui remontra que pour deux hérétiques, il n'était point nécessaire de fatiguer tous les évêques de l'univers, et que lui, avec quelques autres évêques d'Italie, suffiraient pour leur répondre. Gratien se rendit à cet avis. Il dispensa même tous ceux qui seraient incommodés soit par le grand âge, soit par les infirmités, soit par la pauvreté, de venir au concile, laissant d'ailleurs la liberté d'y assister à tous ceux qui le voudraient. Le concile ne s'assembla que le 3 septembre 381. Il s'y trouva trente-trois évêques et deux prêtres. Les évêques les plus renommés étaient, avec saint Ambroise, saint Valérien d'Aquilée, saint Eusèbe de Bologne, saint Sabin de Plaisance, saint Philastre de Bresse, saint Just de Lyon, Constance d'Orange, Procule de Marseille, Domnin de Grenoble et Amance de Nice, avec deux députés d'Afrique. Saint Ambroise fut l'âme de l'assemblée. Après quelques conférences verbales, d'abord en particulier, puis en public, avec Pallade et Secondien, sans pouvoir rien conclure, on résolut de rédiger par écrit ce qui se dirait de part et d'autre : comme Secondien et Pallade se plaignaient qu'on les traitât d'ariens, tandis qu'ils ne connaissaient point Arius, on lut devant eux la lettre d'Arius à saint Alexandre d'Alexandrie, et, à chaque impiété qui s'y rencontrait, on les sommait de dire nettement s'ils l'approuvaient ou la condamnaient. Pris de cette manière, ils eurent beau recourir à tous les faux fuyants de la chicane. Comme ils ne voulurent jamais condamner aucune impiété d'Arius, ils furent convaincus par là même d'être ariens. Le concile leur dit anathème et les déposa; puis il en écrivit aux évêques de différentes provinces, et à l'empereur Gratien qu'il pria de faire exécuter la sentence.

Il écrivit une seconde lettre aux empereurs, ou plutôt à Gratien, par rapport à l'antipape Ursin. Les évêques avaient reconnu dans ce concile qu'il s'était joint aux ariens pour troubler l'Eglise de Milan, tenant des assemblées secrètes avec eux, tantôt devant les portes de la synagogue, tantôt dans les maisons des ariens, et leur donnant des instructions pour troubler la paix de l'Eglise. Les évêques prient donc l'empereur de ne plus l'écouter, et de résister avec fermeté à toutes ses importunités, non-seulement parce qu'il a favorisé les hérétiques, mais parce qu'il a voulu troubler l'Eglise romaine, chef de tout l'univers romain, d'où le droit de la communion se répand sur toutes les autres Eglises. Ce sont leurs termes (Labbe, t. II; Ambr., *epist.* 8-12).

Pendant que saint Ambroise et ses collègues achevaient de ruiner l'arianisme dans l'Illyrie, un levain impur de manichéens et de gnostiques infectait l'Espagne sous le nom de *priscillianistes*. Son premier auteur fut un nommé Marc, égyptien de Memphis et manichéen, qui, étant venu en Espagne, eut pour disciples, premièrement, une femme de quelque considération nommée Agape, et ensuite un rhéteur nommé Elpidius, attiré par cette femme. Ils instruisirent Priscillien, dont la secte prit le nom. C'était un homme noble, riche et d'un beau naturel, d'une grande facilité à parler, capable de souffrir la veille et la faim, vivant de peu, désintéressé; mais ardent, inquiet, vain et enflé des études profanes auxquelles il s'était appliqué; car il avait beaucoup de lecture et une curiosité infinie, qui l'avait porté, disait-on, jusque dans la magie. Il attira à sa doctrine plusieurs personnes nobles et plusieurs du peuple; surtout les femmes, naturellement curieuses, peu fermes dans la foi, amoureuses de nouveautés, accouraient en foule autour de lui, et il s'attirait un grand respect par son extérieur humble et son visage composé. Cette erreur avait déjà infecté la plus grande partie de l'Espagne et même quelques évêques, entre autres Instantius et Salvien, qui commençaient à former un parti pour la soutenir.

Le premier qui s'en aperçut fut Hygin, évêque de Cordoue, dont Instantius et Salvien étaient voisins. Hygin en avertit Idace, évêque de Mérida, qui entreprit avec ardeur de pousser ces hérétiques. Le fonds de leur doctrine était celle des manichéens mêlée des erreurs des gnostiques et de plusieurs autres. Ils disaient que les âmes étaient de même substance que Dieu, et qu'elles descendaient volontairement sur la terre au travers de sept cieux, et par certains degrés de principautés, pour combattre contre le mauvais principe, auteur du monde, qui les semait en divers corps de chair. Ils disaient que les hommes étaient attachés à certaines étoiles fatales, et que notre corps dépendait des douze signes du zodiaque, attribuant le bélier à la tête, le taureau au cou, les jumeaux aux épaules, et ainsi du reste, suivant les rêveries des astrologues. Ils ne confessaient la Trinité que de parole, disant, avec Sabellius, que le Père, le Fils, et le Saint-Esprit, étaient les mêmes, sans aucune distinction réelle de personnes. Ils différaient des manichéens en ce qu'ils ne rejetaient pas ouvertement l'Ancien Testament; mais ce n'était qu'artifice, car ils expliquaient tout par des allégories. Aux livres canoniques ils ajoutaient et préféraient même une foule de livres apocryphes, dont quelques-uns, pour piquer davantage la curiosité ignorante, avaient des noms baroques, comme d'*Armagil*, de *Barbilon*, d'*Abraxas*, de *Leusiboras*, qu'ils se vantaient de tirer de l'hébreu. Ils s'abstenaient de manger de la chair, comme immonde, et, en haine de la génération, séparaient les mariages, malgré la partie qui n'était pas de leur opinion, disant en général que la chair n'était pas l'ouvrage de Dieu, mais des mauvais anges. Ils s'assemblaient de nuit, hommes et femmes, priaient nus, et commettaient beaucoup d'impuretés, qu'ils couvraient d'un secret profond; car ils avaient pour maxime de tout nier quand ils étaient pressés, ce qu'ils exprimaient par un vers latin qui signifie : *Jure, parjure-toi, ne trahis pas le secret*. Ainsi, parlaient-ils à quelqu'un dont ils se défiaient? Ils ne disaient rien que de catholique, anathématisaient Priscillien même, cachant une perfidie par une autre. Ils jeûnaient le dimanche, le jour de Pâques et le jour de Noël, et se retiraient ces jours-là pour ne pas se trouver à l'église, parce qu'en haine de la chair, ils croyaient que Jésus-Christ n'était né ni ressuscité qu'en apparence. Ils recevaient dans l'église l'eucharistie comme les autres, mais ne la consommaient pas.

Idace, évêque de Mérida, attaqua avec tant de chaleur Instantius et les autres priscillianistes, que, loin de les ramener, il ne fit que les aigrir; au contraire, Hygin de Cordoue, qui les avait poursuivis le premier, se laissa honteusement corrompre et les reçut à sa communion. Enfin après plusieurs disputes, il se tint un concile à Sarragosse, où les évêques d'Aquitaine se trouvèrent avec ceux d'Espagne. Les hérétiques n'ayant osé s'exposer au jugement du concile, furent condamnés en leur absence, savoir, les évêques Instantius et Salvien, et Elpidius et Priscillien, laïques. L'évêque Ithace de Sossube, ville d'Espagne qu'on ne connaît plus, fut chargé de publier le décret du concile, et particulièrement d'excommunier Hygin de Cordoue, qui avait reçu les hérétiques après les avoir dénoncés le premier. Instantius et Salvien, loin de se soumettre au jugement du concile, ordonnèrent Priscillien évêque d'Avila, pour fortifier leur parti.

Cependant Idace et Ithace, croyant pouvoir arrêter le mal dans sa source, poussaient vivement les hérétiques, et, par un mauvais conseil, dit Sulpice Sévère, ils s'adressèrent aux juges séculiers pour les faire chasser des villes. Après plusieurs poursuites honteuses, l'empereur Gratien, à la sollicitation d'Idace, donna un rescrit par lequel il était ordonné, que tous les hérétiques seraient chassés, non-seulement des églises et des villes, mais de tout le pays. Les priscillianistes, épouvantés par cet édit, n'osèrent se défendre en justice; ceux qui portaient le titre d'évêque cédèrent d'eux-mêmes, les autres se dispersèrent. Instantius, Salvien et Priscillien allèrent à Rome pour se justifier devant le pape Damase. En passant par l'Aquitaine, ils furent reçus magnifiquement par quelques ignorants, et y semèrent leurs erreurs, principalement dans le territoire d'Eause, dont le siège a été réuni depuis à celui d'Auch; ils corrompirent par leurs mauvaises instructions ce peuple qui était bon de lui-même et affectionné à la religion. Saint Delphin, archevêque de Bordeaux, les empêcha de s'arrêter dans cette ville; mais ils demeurèrent quelque temps dans la terre d'une femme nommée Euchrocia, veuve de Delphidius, orateur et poète fameux de ce temps. Priscillien et les siens continuèrent ensuite leur chemin vers Rome, menant avec eux leurs femmes et quelques femmes étrangères, entre autres Euchrocia et sa fille Procula; que l'on accusait de s'être fait avorter, étant devenue enceinte de Priscillien. Quand ils furent arrivés à Rome, le pape saint Damase, loin de recevoir leur justification, ne voulut pas même les voir. Salvien mourut à Rome; Instantius et Priscillien revinrent à Milan, où saint Ambroise ne leur fut pas moins contraire.

Se voyant rejetés par les deux évêques dont l'autorité était alors la plus grande, ils changèrent de conduite et se tournèrent du côté de l'empereur Gratien. A force de sollicitations et de présents, ils gagnèrent Macédonius, maître des offices, et obtinrent un rescrit qui cassait celui qu'Idace avait obtenu contre eux, et ordonnait de les rétablir dans leurs Eglises. Instantius et Priscillien, appuyés de ce rescrit, revinrent en Espagne et rentrèrent dans leurs sièges sans opposition. Ce n'est pas que le courage manquât à Ithace, mais la force; car les priscillianistes avaient aussi corrompu le proconsul Volventius. Ainsi, ils poursuivirent Ithace lui-même, comme perturbateur des Eglises; et, voyant contre lui une condamnation rigoureuse, il s'enfuit épouvanté dans les Gaules et s'adressa à Grégoire, préfet du prétoire. Grégoire, instruit de ce qui s'était passé, ordonna qu'on lui amenât les auteurs des troubles, informa l'empereur de tout, afin qu'il fermât la porte aux sollicitations des hérétiques. Mais ce fut en vain; car l'avarice de quelques personnes puissantes rendait toutes choses vénales en cette cour. Ce sont les termes d'un auteur comtemporain, Sulpice Sévère. Les hérétiques donc, par leurs artifices et par une grande somme qu'ils donnèrent à Macédonius, obtinrent que l'empereur ôtât la connaissance de cette affaire au préfet des Gaules, et la renvoyât au vicaire d'Espagne, car il n'y avait plus de proconsul. Macédonius envoya des officiers pour prendre Ithace, qui était alors à Trèves, et le ramener en Espagne; mais il s'en garantit, premièrement par adresse, ensuite par la protection de Briton, évêque de Trèves. C'est ce qui se passa dans cette affaire sous le règne de Gratien. Idace écrivit un livre en forme d'apologie, où il expliquait les dogmes et les artifices des priscillianistes, et l'origine de leur secte. Il passait pour éloquent, et fut surnommé Clarus, c'est-à-dire illustre (Sulp. Sev.; l. 2, *versùs fin.*; Isid. Hisp., *De vir. ill.*, c. 2; Tillemont, t. VIII; Fleury, l. 17, c. 56-58).

Saint Ambroise et les évêques d'Italie avaient d'autant plus à cœur la pacification des Eglises d'Orient, que ces Eglises les avaient plus souvent appelés à leur secours. Dans cette vue, le concile d'Aquilée avait écrit une lettre aux trois empereurs; particulièrement à Théodose, où il disait entre autres, que Timothée d'Alexandrie et Paulin d'Antioche, qui ont toujours été dans notre communion, sont inquiétés par ceux dont la foi n'a pas toujours été ferme. Nous souhaitons de les réunir, mais sans préjudice de l'ancienne communion que nous conservons avec les autres. Il y a longtemps que nous avons reçu des lettres des deux partis, et particulièrement de ceux qui étaient divisés à Antioche, et nous avions résolu d'y envoyer quelques-uns des nôtres pour être les médiateurs de la paix; mais nous en avons été empêchés par l'irruption des ennemis et le tumulte des affaires publiques. C'est pourquoi nous vous prions d'ordonner que l'on tienne encore à Alexandrie un concile de tous les évêques catholiques, pour décider à qui il faut accorder la communion et avec qui il faut la garder (Ambr., *Epist.* 12).

Il paraît que, vers la fin du concile d'Aquilée, l'intrus de Constantinople, Maxime, y vint trouver Ambroise et ses autres collègues, et leur représenta son affaire à son avantage. Ambroise, au nom de quelques autres évêques d'Italie, écrivit successivement deux lettres là-dessus à Théodose. Il dit dans la première : « Nous avons écrit, il y a longtemps, que les deux évêques d'Antioche, Paulin et Mélèce, que nous estimons catholiques, s'accordassent entre eux, ou du moins que, si l'un mourait avant l'autre, on ne mît personne à la place du défunt. Maintenant on nous assure que, Mélèce étant mort et Paulin encore vivant, lui qui a toujours été en notre communion, on a substitué ou plutôt ajouté un évêque en la place de Mélèce, contre tout droit et tout ordre ecclésiastiques. Et l'on dit que cela s'est fait du consentement et par le conseil de Nectaire, dont nous ne voyons pas que l'ordination soit dans l'ordre. Car l'évêque Maxime nous a fait voir dernièrement, dans le concile, qu'il conserve la communion de l'Eglise d'Alexandrie, en nous lisant les lettres de Pierre, de sainte mémoire; et comme il nous a prouvé clairement qu'il avait été ordonné dans une maison particulière, par l'ordre des évêques, parce que les ariens tenaient encore les églises, nous n'avons eu sujet de douter de son épiscopat, d'autant moins qu'il protestait que la masse du peuple et du clergé lui avait fait violence pour l'ordonner. Toutefois, pour ne rien décider, par préoccupation, en l'absence des parties, vous avons cru, seigneur, devoir vous instruire, afin que vous puissiez y pourvoir selon l'intérêt de la paix; car nous avons remarqué que Grégoire ne peut s'attribuer le siége de Constantinople, suivant la tradition des Pères. »

Ils se plaignent ensuite que les Orientaux, sachant que Maxime était venu en Occident pour plaider sa cause dans un concile universel (celui d'Aquilée devait l'être primitivement), ont évité de s'y trouver et n'ont point attendu le jugement des Occidentaux; « Cependant, ajoutent-ils, quand il n'y aurait pas eu de concile indiqué, il aurait agi selon le droit et la coutume de nos ancêtres, en ayant recours au jugement de l'Eglise romaine, de l'Italie et de tout l'Occident; comme ont fait Athanase, de sainte mémoire, et, depuis, Pierre, tous deux évêques d'Alexandrie, et la plupart des Orientaux. Nous ne nous attribuons pas la prérogative de l'examen, mais nous devions avoir part au jugement. » Ils concluent qu'ils n'ont pu refuser leur communion à Maxime ni l'accorder à Nectaire, et que ce différend ne peut se terminer qu'en remettant à Constantinople celui qui a été ordonné le premier, c'est-à-dire Maxime; ou en tenant à Rome un concile d'eux et des Orientaux, sur l'ordination de l'un et de l'autre. « Car, ajoutent-ils, les Orientaux ne doivent pas refuser l'examen de l'évêque de Rome et des autres évêques du voisinage et de l'Italie, eux qui ont attendu le seul Aschole, jusqu'à le faire venir à Constantinople des parties de l'Occident. Pour nous, ayant été avertis par le prince, votre frère, de vous écrire, nous demandons que le jugement soit commun entre ceux d'une même communion. » Ce frère est l'empereur Gratien (Ambr., *Epist.* 13).

Saint Ambroise et les autres évêques, ayant reçu de Théodose des renseignements plus exacts sur les affaires de Maxime, de Nectaire et de Flavien, lui répondirent une dernière lettre, où ils disent : Que si, dans leurs lettres précédentes, ils l'ont prié et instruit touchant les affaires ecclésiastiques, c'était afin qu'il eût encore la gloire de rendre à la fois la paix aux Eglises de l'Orient et de l'Occident; car ce leur était une grande douleur de voir la communion interrompue entre les Orientaux et les Occidentaux. Que s'ils ont été trompés par quelqu'un, ils ne se repentaient pas pour cela des efforts qu'ils avaient tentés : ils les avaient tentés pour ne pas se rendre coupables; car plus d'une fois on les avait accusés de négliger la société des Orientaux et de repousser leur amitié. S'ils ont demandé les travaux d'un concile, ce n'était ni pour l'Italie, ni pour la Gaule, ni pour l'Afrique, où tous les évêques vivaient en bonne union; mais afin qu'on pût connaître ce qui troublait leur communion du côté de l'Orient, et ôter l'obstacle. Il y avait pour un concile encore d'autres motifs : c'est qu'on voulait introduire dans l'Eglise je ne sais quel dogme attribué à Apollinaire; il fallait que l'affaire fût examinée en présence des parties, afin qu'étant convaincu de nouvelle doctrine, il ne se cachât plus sous le grand nom de la foi, et fût privé du sacerdoce. On ne peut donc aucunement soupçonner d'arrière-pensée ni de facilité ceux qui ont tout réservé au concile, les parties présentes. Nous avons exposé les allégations, non pour juger la cause, mais pour l'instruire : puisque nous demandions un jugement, ce n'était pas pour le donner d'avance. On ne pouvait regarder comme une offense aux évêques, d'être priés à un concile; car bien des fois ils ont été plus présents que jamais à leurs églises, lorsqu'ils s'en sont absentés pour travailler en commun à l'utilité commune. Nous n'avons pas regardé comme une offense à nous, lorsqu'un seul prêtre de l'Eglise de Constantinople, nommé Paul, demanda que les Orientaux et les Occidentaux s'assemblassent en concile dans l'Achaïe. Vous voyez que notre demande n'était pas déraisonnable, puisque les Orientaux eux-mêmes l'avaient faite. Comme il y avait à craindre du côté de l'Illyrie, on chercha un lieu plus sûr près de la mer, c'est-à-dire Aquilée. Finalement, nous n'avons rien innové ni pour le fonds ni pour la forme; mais, gardant les règles fixées dans les conciles par Athanase, de sainte mémoire, qui a été comme une colonne de la foi, et par nos Pères de l'antique sainteté, nous n'arrachons point les bornes qu'ont posées nos Pères ni ne violons les droits de la communion héréditaire; mais, réservant à votre empire l'honneur qui lui est dû, nous nous montrons zélés pour la paix et la tranquillité (Ambr.; *Epist.* 14; p. 817).

C'était saint Ambroise et quelques autres évêques d'Italie qui écrivaient de la sorte à l'empereur Théodose, et non le pape saint Damase ni son légat d'Illyrie, saint Aschole de Thessalonique. Ils étaient l'un et l'autre bien mieux au fait des affaires de Constantinople et de l'Orient. Depuis longtemps déjà, saint Damase, sur le rapport de saint Aschole, avait condamné l'ordination de Maxime; depuis longtemps déjà il avait condamné et déposé Apollinaire. Toutefois, en conséquence de la lettre de saint Ambroise et des autres évêques du concile d'Aquilée, l'empereur Théodose convoqua un concile, non point à Alexandrie, mais à Constantinople.

Mais, dans l'intervalle, le pape saint Damase, avec les principaux évêques d'Occident, obtint des trois empereurs la convocation d'un concile général à Rome. Les lettres de convocation furent remises par Théodose aux évêques réunis en concile à Constantinople, comme ils le témoignent eux-mêmes dans la réponse qu'ils firent à ceux du concile romain (Theod., l. 5, c. 9; Coust., p. 561, n. 3). Cette réponse est adressée à Damase, Ambroise, Briton (de Trèves), Valérien d'Aquilée, Aschole de Thessalonique, Anémius de Sirmium, Basile ou plutôt Bassien de Lodi, et aux autres évêques assemblés à Rome.

Le but de la lettre est de s'excuser de venir. Ils commencent par une longue peinture de la persécution dont ils sortaient, et dont les désordres demandaient bien du temps pour être réparés, parce que, encore que les hérétiques fussent chassés des églises, leurs faux pasteurs ne laissaient pas que de les assembler dehors, d'exciter des séditions et de nuire à l'Eglise de tout leur pouvoir. « Lors donc que votre charité nous a convoqués au concile de Rome par les lettres du très-pieux empereur, afin que nous pussions partager votre bonheur, notre vœu était, s'il eût été possible, d'abandonner toutes nos Eglises pour acquiescer à ce désir ou plutôt à cette nécessité. Mais comme nos Eglises fussent demeurées sans secours, elles qui commencent à se renouveler; comme d'ailleurs ce voyage eût été absolument impossible à la plupart de nous; car nous étions venus à Constantinople suivant les lettres que vous écrivîtes l'année passée, après le concile d'Aquilée, au très-pieux empereur Théodose, nous n'étions préparés que pour ce seul voyage, nous n'apportions le consentement des évêques qui sont demeurés dans les provinces que pour ce seul concile; nous ne nous attendions pas à aller plus loin, et nous n'en avions pas même ouï parler avant que de nous assembler à Constantinople. De plus, le terme était trop court pour faire nos préparatifs ou avertir tous les évêques de notre communion, et recevoir leur consentement. Comme donc nos causes et beaucoup d'autres empêchaient le plus grand nombre de venir, ce que nous avons pu faire est de vous envoyer nos vénérables frères les évêques Cyriaque, Eusèbe et Priscien, qui vous feront connaître notre amour pour la paix et notre zèle pour la foi.

» En effet, si nous avons souffert des persécutions, c'est pour la foi de Nicée, qui nous enseigne à croire au nom du Père, et du Fils, et du Saint-Esprit, c'est-à-dire d'une seule divinité, puissance et essence, d'une égale divinité et d'un règne coéternel, en trois parfaites hypostases ou trois parfaites personnes; en sorte qu'il n'y ait pas lieu à l'erreur de Sabellius, qui confond les hypostases ou détruit les propriétés; ni à celle des eunomiens, des ariens et des ennemis du Saint-Esprit, qui divisent la substance, la nature ou la divinité, et qui introduisent une nature postérieure créée ou d'une autre substance dans la Trinité increée, consubstantielle et coéternelle. Nous conservons aussi dans sa pureté la doctrine de l'incarnation, et ne recevons point dans ce mystère une chair imparfaite, sans âme ou sans entendement; mais nous reconnaissons que le Verbe de Dieu est entièrement parfait avant les siècles, et dans les derniers jours est devenu homme parfait pour notre salut. Voilà en abrégé la foi que nous prêchons, et dont vous pourrez vous instruire plus amplement par l'écrit du concile d'Antioche et par celui du concile œcuménique qui fut tenu l'année dernière à Constantinople. »

Ils rendent compte ensuite de ce qu'ils avaient réglé touchant la discipline. « Vous savez, disent-ils, l'ancienne règle confirmée par le décret de Nicée, que les ordinations se feraient dans chaque province par ceux de la province, et en y appelant, s'ils voulaient, leurs voisins. Ainsi, pour l'Eglise de Constantinople nouvellement rétablie, nous avons ordonné évêque le vénérable Nectaire, dans le concile œcuménique, d'un commun consentement, à la vue du très-pieux empereur Théodose, du consentement de tout le clergé et de toute la ville. Pour l'église d'Antioche, les évêques de la province et du diocèse d'Orient ont élu canoniquement le vénérable Flavien, d'un commun accord de toute l'Eglise, et tout le concile a approuvé cette ordination comme légitime. Pour l'Eglise de Jérusalem, nous reconnaissons le vénérable évêque Cyrille, qui a autrefois été ordonné canoniquement par ceux de la province, et a beaucoup souffert en divers lieux de la part des ariens. Ces choses s'étant faites légitimement et canoniquement, nous prions votre piété d'y consentir, en préférant la crainte de Dieu et l'édification des Eglises à toutes les affections particulières. »

Il y a plus d'une remarque à faire sur cette lettre. D'abord les évêques ne s'y excusent pas comme d'un voyage qui ne serait d'aucune utilité, ainsi que l'assure Fleury, qui, généralement, dans toute cette affaire, est fort peu exact. Ensuite ils regardent comme équivalentes les expressions de trois hypostases ou de trois personnes : ce qui montre que les difficultés longtemps soulevées à cet égard, étaient dès lors éclaircies. En troisième lieu, ils appellent œcuménique le concile précédent de Constantinople, qui ne s'était pas donné ce titre lui-même. Comme l'Eglise romaine en avait approuvé d'avance les décisions dogmatiques, l'œcuménicité lui fut universellement reconnue avec le temps. Enfin les auteurs de la lettre dissimulent l'objet principal du concile de Rome, qui était de remédier au schisme d'Antioche. Depuis vingt ans, ce schisme fatiguait toute l'Eglise. Sous l'empire de Valens, les Orientaux en voulaient à l'Occident de ce qu'il ne venait point assez promptement à leur secours. De concert avec saint Athanase, saint Basile avait écrit au pape Damase, que l'unique remède était qu'il agît lui-même d'autorité. Le Pape et l'Occident avaient ménagé un accord entre les deux partis : cet accord avait été juré ; l'évêque survivant devait être reconnu de tous. Puis, le cas échéant, le concile de Constantinople perpétue le mal au lieu de le guérir; divise de nouveau l'Egypte, l'Arabie, l'île de Chypre d'avec le reste de l'Orient; et quand le

Pape et l'Occident invitent les évêques de ce concile à venir se consulter avec eux à Rome pour mettre un terme à ce déplorable scandale, ces évêques prient le Pape et l'Occident d'approuver le mal qu'ils ont fait! Nous doutons, avec Tillemont, qu'il y ait eu de la sincérité dans cette façon d'agir (Tillem., t. X; S. Ambr., art. 32, p. 150).

Saint Grégoire de Nazianze avait été invité nommément à ce deuxième concile de Constantinople par l'empereur Théodose; mais il s'en excusa, et en écrivit à un officier considérable nommé Procope, en ces termes : « Mon inclination, s'il faut dire la vérité, est de fuir toute assemblée d'évêques, parce que je n'ai jamais vu de concile qui ait eu bonne fin et qui n'ait augmenté les maux plutôt que de les guérir. L'amour de la dispute et l'ambition, ne soyez pas scandalisé si je parle ainsi, y règnent au delà de ce qu'on peut dire ; et celui qui veut juger les méchants, s'expose à être accusé sans les corriger. C'est pourquoi je me renferme en moi-même, et je ne compte de sûreté pour l'âme que dans le repos. J'ai même à présent une maladie qui m'autorise, me mettant hors d'état d'agir et quasi toujours à l'extrémité. Recevez donc mes excuses, et persuadez à l'empereur de ne pas m'accuser de paresse, mais de pardonner à mon infirmité, en vue de laquelle il m'a accordé de me retirer pour toute grâce. » On crut que sa maladie était un prétexte, et on réitéra les ordres par un autre grand officier nommé Icaré, et par Olympius, gouverneur de Cappadoce ; mais rien ne put vaincre sa résolution (Greg. Naz., epist. 55, 76, 83, 84 ; Carm., 11). Il témoigne encore ailleurs de son éloignement pour les conciles.

Ce qu'il y a de singulier, c'est que, dans le même temps, Sulpice Sévère nous rapporte de saint Martin, que, les seize dernières années de sa vie, instruit par l'expérience, il évita soigneusement tout concile, toute assemblée d'évêques (Sulp. Sev., Dialog. 3, n. 15). L'opinion de ces deux saints surprendra beaucoup ; elle surprendra moins, si l'on considère que jamais il n'y eut plus de conciles que sous l'empire de Constance, et que jamais l'Eglise ne se trouva dans un état plus déplorable ; que ce sont des conciles ou des assemblées d'évêques qui calomnièrent et persécutèrent saint Athanase ; que ce sont des conciles ou des assemblées d'évêques qui calomnieront et persécuteront saint Chrysostome. Tout cela, sans doute, ne prouve pas que les conciles ne puissent être bons ; mais cela prouve encore moins que les conciles soient aussi nécessaires qu'on le suppose quelquefois.

Revenu de Constantinople en Cappadoce, saint Grégoire se retira dans la terre d'Arianze, qu'il avait héritée de son père. Un jardin, une fontaine, des arbres qui lui donnaient du couvert, faisaient toutes ses délices. Au reste, il jeûnait, il priait avec abondance de larmes ; son lit était une natte, sa couverture un gros sac, son habit une seule tunique ; il allait nu-pieds, ne faisait point de feu, n'avait pour compagnie que les bêtes. Cependant, malgré ses austérités, ses maladies continuelles et son extrême vieillesse, il sentait encore des combats très-violents de la chair contre l'esprit. C'est ce qui lui fait dire, qu'encore qu'il soit vierge de corps, il ne sait pas bien s'il l'est de la pensée. Il fuyait avec grand soin la vue des femmes. On le voit par une lettre à un de ses parents, nommé Valentinien, qui, sous prétexte de jouir de sa compagnie, vint loger avec des femmes vis-à-vis de lui. Ce voisinage lui fit quitter la place, quoiqu'il l'eût cultivée par son travail et que ce fût près d'une église de martyrs. Le principal remède qu'il employait contre les tentations, était la prière et la confiance en Dieu. Il se délassait de ses austérités par la poésie. Ainsi, ayant passé un carême entier sans parler, il fit un poème pour rendre compte de son silence, et un autre à Pâques pour recommencer à parler par les louanges de Jésus-Christ.

Cependant l'amour de la solitude ne lui faisait point oublier l'intérêt des Eglises. Il trouva que celle de Nazianze avait été fort négligée pendant son absence, et même infectée de l'erreur d'Apollinaire. Il patienta d'abord. Mais voyant que les hérétiques, non contents de semer leurs erreurs, le calomniaient lui-même et prétendaient qu'il était dans leurs sentiments, parce qu'il les traitait encore en frères, il crut devoir se déclarer, et en écrivit au prêtre Clédonius, à qui il avait laissé, en son absence, le principal soin du troupeau, et qui menait depuis longtemps la vie monastique. « Les apollinaristes se vantent, dit-il, d'avoir été reçus par le concile d'Occident, qui, comme tout le monde sait, les avait auparavant condamnés. S'ils ont été reçus, qu'ils le montrent, et nous serons contents ; car ils ne l'auront été qu'en se conformant à la saine doctrine. Et ils ne peuvent le montrer que par un décret synodique ou par des lettres de communion ; car telle est la coutume des conciles. »

Entrant en matière, il dit : « Nous ne séparons point l'homme de la divinité ; nous enseignons que c'est le même qui auparavant n'était point homme, mais Dieu et Fils unique avant les siècles, sans mélange de corps ni de rien de corporel ; qui, à la fin, a pris aussi l'humanité pour notre salut ; passible par la chair, impassible par la divinité ; borné par le corps, sans bornes par l'esprit ; le même terrestre et céleste, visible et intelligible, compréhensible et incompréhensible, afin que l'homme entier, tombé dans le péché, fût réparé par celui qui est homme tout entier et Dieu. Si quelqu'un ne croit pas Marie mère de Dieu (théotocon), il est séparé de la divinité. Si quelqu'un dit qu'il a passé par la Vierge, comme par un canal, et non pas qu'il a été formé en elle d'une manière divine et humaine tout ensemble : divine, en ce que l'homme n'y a point eu de part ; humaine, en ce que les lois de la grossesse y ont été observées, il est encore impie. Si quelqu'un dit que l'homme a été formé, et que Dieu y est entré, il est condamnable. Si quelqu'un introduit deux fils, l'un de Dieu le Père, l'autre de la Mère, et ne dit pas que c'est le même, il doit déchoir de l'adoption promise aux vrais fidèles ; car il y a deux natures, Dieu et l'homme, comme l'âme et le corps ; mais il n'y a pas deux fils ni deux dieux, non plus que deux hommes, quoique saint Paul ait ainsi nommé l'intérieur et l'extérieur de l'homme. Et pour le dire en un mot, le Sauveur est composé de deux choses différentes, puisque le visible et l'invisible ne sont pas la même chose, non plus que ce qui est sujet au temps et ce qui n'y est pas sujet ; mais ce ne sont pas deux personnes, à Dieu ne plaise! Car les deux choses sont unies : Dieu est devenu homme, ou l'homme est devenu Dieu, ou comme on voudra le dire. »Voilà comme saint Grégoire de Nazianze condamnait d'avance, et de la manière la plus expresse, l'erreur de Nestorius dans celle d'Apollinaire.

Venant au point capital de l'hérésie de ce dernier, il dit : « Si quelqu'un espère en un homme sans entendement, il est sans entendement lui-même et indigne d'être sauvé; car Dieu ne guérit et ne sauve que ce qu'il a pris. Si Adam n'est tombé qu'à demi, il n'a fallu en prendre et en sauver que la moitié; s'il est tombé tout entier, qu'ils ne nous envient donc pas le salut parfait, et qu'ils ne revêtent pas seulement le Sauveur d'os, de nerfs et de la peinture d'un homme. S'il est homme sans âme (c'est ce que disent les ariens, afin d'attribuer la passion à la divinité, comme au principe des mouvements de son corps), s'il a une âme sans entendement, comment est-il homme? car l'homme n'est pas un animal sans entendement. Ce sera la figure et l'habitation d'un homme avec l'âme d'un cheval ou d'un bœuf, ou d'une autre bête. Ce sera donc là aussi ce qui est sauvé, et la vérité m'aura trompé, si je me glorifie de l'honneur qu'un autre aura reçu. » Il répond ensuite aux objections d'Apollinaire, et proteste, à la fin, que ceux qui ne profiteront pas de ses avis et continueront à diviser l'Eglise, en rendront compte au jour du jugement. Et comme Apollinaire imposait à la multitude par la quantité de ses écrits et les grâces de sa poésie, saint Grégoire promet aussi d'écrire et de faire des vers (*Orat.* 51, *epist. ad Cled.*); ce qui semble être la cause de tant de poésies qu'il a composées depuis son retour de Constantinople.

Ce fut vers ce temps-là qu'il se déchargea entièrement du soin de l'Eglise de Nazianze. Il demanda instamment aux évêques de la province d'y en établir un, et en particulier à Hellade de Césarée, qui était le métropolitain. Il l'obtint enfin, et Eulalius fut ordonné évêque de Nazianze. On croit avec raison que c'est le même dont Grégoire parle avantageusement en plusieurs endroits, qui était son parent, avait embrassé la vie monastique et s'y était distingué par sa vertu. Grégoire l'avait fait prêtre et chorévêque, et eut une grande joie quand il le vit placé sur le siège de Nazianze. Ce fut toutefois un nouveau sujet de calomnie contre lui ; les uns disaient qu'il avait méprisé cette Eglise, les autres qu'on lui avait donné un successeur malgré lui. Voici comme il en écrivit à saint Grégoire de Nysse, qui était de la province : « Que personne ne me calomnie, comme si on avait ordonné un autre évêque malgré moi. Je ne suis ni si méprisé ni si haï; mais je les en ai beaucoup priés, parce que je suis déjà comme mort et que je craignais le poids de cette Eglise négligée ; je leur ai demandé cette grâce, qui, sans être contraire aux canons, tendait à mon soulagement, et, par vos prières, on a donné à cette Eglise un pasteur digne de vous. Je le remets entre vos mains, le vénérable Eulalius, entre les mains duquel je souhaite de rendre l'esprit. Que si quelqu'un dit que, du vivant de l'évêque, on ne doit pas en ordonner un autre, il sache que cela ne fait rien contre moi; car tout le monde sait que j'ai été ordonné pour Sasime et non pour Nazianze, quoique j'en aie reçu la conduite pour un temps, comme étranger, par respect pour mon père et pour ceux qui m'en ont prié (*Epist.* 42). »

Cependant les évêques de l'Orient et de l'Occident s'assemblaient à Rome, en vertu des lettres impériales. Voilà ce que dit saint Jérôme (*Epist.* 86), d'une manière incidente, dans l'éloge de sainte Paule, illustre dame romaine. Parmi les évêques d'Orient, il nomme saint Epiphane, métropolitain de Chypre, et Paulin d'Antioche, qu'il accompagna lui-même. Saint Epiphane logea chez sainte Paule; Paulin, de son côté, la voyait très-souvent, et tous deux ils lui inspirèrent un ardent désir de la solitude. Ils passèrent l'hiver à Rome et ne retournèrent en Orient que l'année suivante. Il est bien à croire que, outre les trois députés du concile de Constantinople, Timothée d'Alexandrie y vint également avec d'autres évêques, soit de l'Egypte et d'Arabie. On y voyait, de l'Occident, Anémius de Sirmium, Aschole de Thessalonique, Ambroise de Milan, Briton de Trèves. Comme on n'a pas les actes de ce concile, on ne sait quel en fut le résultat. Sozomène dit, à la vérité, que l'ordination de Flavien ramena un très-grand trouble dans l'Eglise d'Antioche; que la plupart se séparèrent de sa communion pour s'assembler avec Paulin; que les évêques eux-mêmes étaient divisés à ce sujet; que les Egyptiens, les Arabes et les Cypriots ressentaient vivement l'injure faite à Paulin; qu'au contraire, ceux de Syrie, de Palestine, de Phénicie et la plupart de ceux d'Arménie, de Cappadoce, de Galatie et du Pont favorisaient le parti de Flavien; que l'évêque de Rome et les autres de l'Occident n'étaient pas médiocrement indignés; qu'ils continuèrent d'adresser leurs lettres synodales à Paulin, comme évêque d'Antioche, et n'écrivirent point à Flavien; que pour Diodore de Tarse et Acace de Berée qui lui avaient imposé les mains, ils les tinrent pour excommuniés, les mirent en accusation, et, pour juger toute cette affaire, convoquèrent les Orientaux en Occident, tant par leurs lettres que par celles de l'empereur Gratien, ou plutôt des trois empereurs, attendu que leurs édits étaient communs. Voilà ce que dit Sozomène (l. 7, c. 11), et dans quel ordre il le dit; mais il n'ajoute pas quelles furent les suites de ces lettres, ni le résultat de ce concile. Le ton de la lettre suivante, du pape saint Damase, nous fait croire que ce résultat fut heureux et pacifique. Suivant le témoignage de Théodoret (l. 5, c. 9), elle fut adressée généralement à tous les évêques d'Orient. Le sujet en est la condamnation d'Apollinaire et de Timothée, son disciple, qu'il avait prétendu faire évêque d'Antioche. Elle est conçue en ces termes :

« Quand votre charité rend le respect qui est dû le plus grand avantage vous en revient à vous-mêmes, mes très-honorés fils: Car quoique nous soyons obligé de tenir le gouvernail de la sainte Eglise, dans laquelle le saint apôtre a siégé et enseigné, nous nous reconnaissons néanmoins bien au-dessous de cet honneur ; c'est pourquoi nous travaillons de toutes nos forces à parvenir, s'il est possible, à la gloire de sa béatitude. Sachez donc qu'il y a déjà longtemps que nous avons condamné le profane Timothée, disciple de l'hérétique Apollinaire, avec son dogme impie, et nous espérons qu'il ne restera plus rien de la secte à l'avenir. Que si ce vieux serpent revit pour son supplice, après avoir été frappé une ou deux fois d'anathème et chassé de l'Eglise, et s'il tâche d'infecter de son venin quelques fidèles, évitez-le comme une peste, en vous souvenant toujours de la foi des apôtres, surtout de celle qui a été écrite et publiée par les Pères de Nicée ; demeurez-y fermes et immuables, et ne souffrez pas que ni votre clergé ni votre peuple prêtent l'oreille à des questions déjà résolues. Car nous avons déjà donné la formule de foi, afin que quiconque fait profession d'être chrétien, garde ce qui a été transmis par les apôtres, selon cette parole de saint Paul : Si quelqu'un vous annonce autre chose que ce que vous avez reçu, qu'il soit anathème ! Car le Christ, Fils de Dieu, Notre Seigneur, a mérité par ses souffrances le salut très-complet au genre humain, afin de délivrer l'homme tout entier du péché. Quiconque dit donc qu'il a eu une divinité ou une humanité imparfaite, celui-là, plein de l'esprit du démon, se montre fils de l'enfer. Pourquoi demandez-vous donc une seconde fois que se dépose Timothée ? puisqu'il a déjà été déposé ici avec Apollinaire, son maître, par le jugement de la chaire apostolique, en présence de Pierre, évêque d'Alexandrie, et qu'au jour du jugement il subira les tourments et les supplices qu'il mérite. Que s'il entraîne quelques hommes légers, comme s'il avait quelque espérance, lui qui a changé l'espérance véritable au Christ, quiconque résiste à la règle de l'Eglise, périra avec lui. Que Dieu vous conserve, nos fils bien-aimés (Theod., l. 5, c. 10 ; Coust., 571) ! »

Cette lettre est infiniment remarquable. Le saint pape y appelle jusqu'à deux fois les évêques d'Orient ses bien-aimés fils : ce qui marque tout ensemble et la tendresse du père, et l'affection des fils, et l'union qui régnait de part et d'autre ; ce qui marque surtout l'autorité du Père, la docilité des fils et la notoriété de l'une et de l'autre. Et de fait, que demandent les fils au père ? qu'il condamne un hérésiarque qui s'est élevé au milieu d'eux. Et que répond le père à la demande de ses fils ? que déjà il a condamné l'hérésiarque, que déjà il a donné la formule, la règle de l'Eglise, et que quiconque y résiste, périra.

Saint Ambroise et saint Aschole se connaissaient et s'aimaient depuis longtemps ; mais jamais ils ne s'étaient vus. Ils se virent pour la première fois à l'occasion du concile de Rome. Ambroise était malade : Aschole le prévint. A la première entrevue, ils se jetèrent affectueusement dans les bras l'un de l'autre, se tinrent longtemps entrelacés, s'arrosant de leurs larmes, en pleurant leurs maux de leur siècle. C'était à Rome même. Un jour Ambroise y fut invité par une dame du rang des clarissimes, à aller dans sa maison au delà du Tibre et à y offrir le sacrifice. Une baigneuse qui était au lit, paralytique, ayant appris qu'il était dans cette maison, s'y fit porter dans une chaise ; et, pendant qu'il priait et lui imposait les mains, elle toucha ses vêtements, les baisa et aussitôt fut guérie et se mit à marcher. Paulin, secrétaire d'Ambroise, qui rapporte ce miracle, dit l'avoir appris à Rome même quelques années après, par le rapport de plusieurs saints personnages. Quant à saint Aschole, étant de retour dans son Eglise, il mourut peu après. Les évêques Macédoine et le clergé de Thessalonique en écrivent à saint Ambroise, qui, dans sa réponse, fait plus affectueux panégyrique de saint Aschole, les félicite de l'élection d'Anysius, son disciple, qu'ils aient mis à sa place, et auquel il écrivit aussi, exhortant à imiter les vertus de son saint prédécesseur. Les deux lettres finissent par ces mots : « Portez-vous bien, nos frères, et aimez-nous, parce que nous vous aimons (Ambr., *Epist.* 15 et 16. » Le pape saint Damase fit Anysius son légat dans l'Illyrie orientale, comme il avait fait Aschole.

Un jour que, de retour à Milan, saint Ambroise était occupé à prêcher, deux chambellans de l'empereur Gratien, infectés de l'arianisme l'un et l'autre, lui proposèrent une question sur l'Incarnation de Notre Seigneur, et promirent de se trouver le lendemain dans la basilique Portienne, pour en attendre la solution. Le lendemain ces deux officiers, se moquant de leur promesse, et de l'évêque, et du peuple assemblé dans l'église, montèrent en voiture et sortirent de la ville pour se promener. Saint Ambroise ayant longtemps attendu, et ne pouvant plus retenir le peuple, monta sur le tribunal de l'église et commença à traiter la question, en disant : « Je désire, mes frères, payer ma dette, mais je ne trouve point mes créanciers d'hier : si ce n'est qu'ils croient nous troubler en nous surprenant ; mais la vraie foi ne se trouble jamais. Ils viendront peut-être, et en attendant arrêtons-nous à ces laboureurs que l'on vient de nous proposer, » c'est-à-dire Caïn et Abel, dont on venait de lire l'histoire. Il en prend occasion d'entrer en matière, et fait d'abord le dénombrement des hérétiques, qui erraient sur le Fils de Dieu, entre lesquels il compte ceux qui séparaient l'âme raisonnable du mystère de l'Incarnation, c'est-à-dire les apollinaristes, que toutefois il ne nomme pas ; et ajoute que peut-être ils honorent bien la Trinité, mais qu'ils ne savent pas distinguer la nature humaine de la divine. « La nature est simple, dit-il, l'homme est composé d'une âme raisonnable et d'un corps : si vous ôtez l'un des deux, vous ôtez toute la nature de l'homme. » Ensuite, entrant en matière, il prouve contre les ariens l'éternité et la divinité du Verbe ; puis il vient aux apollinaristes, et fait voir contre eux la différence de la chair et de la divinité dans Jésus-Christ, que ces hérétiques confondaient, prétendant que le Verbe avait été changé en chair ; puis il détruit leur autre erreur touchant l'âme raisonnable qu'ils refusaient à Jésus-Christ comme source du péché, et il finit là son discours.

Cependant les deux chambellans de l'empereur, continuant leur promenade, tombèrent de la voiture et se tuèrent tous deux ; on rapporta leurs corps et on les enterra. Mais saint Ambroise, loin d'insulter à leur mémoire, n'a fait dans ses ouvrages aucune mention de cet accident, même quand il rédigea par écrit le sermon qu'il avait fait dans cette circonstance. C'est ce qui compose son *Traité de l'Incarnation* (Paulin, *Vita Amb.*, n. 18).

Le pape saint Damase et saint Ambroise travaillaient de concert pour le plus grand bien de l'Eglise. On le voit entre autres par le fait suivant, qui paraît de l'année 382. Lorsque Constance vint à Rome en 357, il fit ôter du lieu où le sénat s'assemblait l'autel de la Victoire ; mais Julien le fit rétablir, et Valentinien Ier le laissa.

Gratien le fit ôter de nouveau et confisquer les terres des temples, les revenus destinés aux dépenses des sacrifices et à l'entretien des pontifes, et les pensions des vestales ; dont il abolit les privilèges ; il attribua même au fisc ce qui, à l'avenir, serait donné par testament aux temples, aux pontifes et aux vestales. Les sénateurs païens se plaignirent de cette ordonnance; ils députèrent à Gratien, Symmaque, qui passait pour l'homme le plus éloquent de son siècle, fils d'un autre Symmaque, préfet de Rome sous Valentinien Ier en 365. Les sénateurs païens députèrent Symmaque le fils, comme au nom de tout le sénat. Mais les sénateurs chrétiens, dont le nombre était très-grand, donnèrent aussi, de leur côté, une requête par laquelle ils désavouaient celle des païens, et ils protestèrent, en public et en particulier, qu'ils ne viendraient point au sénat si la prétention des païens triomphait. Le pape Damase envoya à saint Ambroise cette requête des sénateurs chrétiens, pour la remettre et la recommander à l'empereur, qui, en effet, n'eut aucun égard à celle des païens et ne voulut pas même les écouter (Amb., *Epist*. 17, n. 10).

Gratien était d'un excellent caractère; mais, comme déjà nous l'avons appris de Sulpice-Sévère, il avait un grand-maître du palais qui vendait tout à sa cour. Il se nommait Macédonius. Saint Ambroise étant obligé un jour d'aller chez lui pour lui demander la grâce d'une personne, cet homme lui fit fermer la porte, de manière qu'il ne put lui parler. Ambroise dit alors ces paroles : « Tu viendras aussi à l'église et tu n'y entreras pas, quoique les portes en soient ouvertes. » Et l'année suivante, au milieu d'une révolution politique, Macédonius voulut se sauver à l'église; mais quoique les portes en fussent ouvertes, il ne put en trouver l'entrée (Amb., *Vita*).

Un magistrat païen s'était échappé en discours injurieux contre l'empereur, et avait dit qu'il n'était pas digne de son père. Il fut traduit en justice et condamné à mort. Déjà on le conduisait au lieu de l'exécution, quand Ambroise accourut au palais pour intercéder en sa faveur. Les ennemis que cet infortuné avait à la cour, ayant bien prévu cette sollicitation, avaient engagé le prince à une partie de chasse dans son parc, et lorsque Ambroise vint demander audience, on lui répondit que l'empereur était à la chasse, et qu'il n'était permis à personne d'aller troubler ses plaisirs. L'évêque feignit de se retirer; mais il trouva moyen de s'introduire secrètement par une autre porte avec les valets qui menaient les chiens. Alors, s'étant présenté à Gratien, il se fit écouter malgré les contradictions des courtisans, et ne quitta le prince qu'après avoir obtenu la grâce du coupable (Soz., l. 7, c. 25).

Le pape saint Damase servait l'Eglise de plus d'une manière : non-seulement il la gouvernait avec sagesse; il y faisait fleurir les sciences sacrées. Saint Jérôme était venu à Rome avec Paulin d'Antioche, qui l'avait ordonné prêtre. Le Pape l'y retint, en fit son ami et son secrétaire pour lui aider à répondre aux consultations synodales de l'Orient et de l'Occident. Profondément versé dans la littérature sacrée et profane, Jérôme avait déjà fait plusieurs travaux sur l'Ecriture; Damase les lisait avidement, les transcrivait même, le pressait d'en écrire d'autres, lui proposant pour cela diverses questions. Bientôt il lui fit entreprendre une œuvre d'utilité plus générale : ce fut une édition correcte du *Psautier*. Jérôme en fit une, mais avec le moins possible de changements, à cause que les psaumes, traduits sur les Septante, étaient entre les mains et dans la mémoire de tous les fidèles, qui les chantaient dans l'église. Plus tard il en fit une autre, dans laquelle il intercala, sous des signes caractéristiques, les différences avec le grec et l'hébreu. Enfin il en fit une version littérale sur l'hébreu même.

De temps immémorial, on se servait en Occident d'une version latine du Nouveau Testament, connue sous le nom d'*Italique*, de *Latine*, de *Vulgate* ou *Vulgaire*. Il est à croire qu'elle avait été faite à Rome même, du temps des apôtres ou peu après; car près de la moitié du Nouveau Testament a été écrite à Rome ou de Rome : l'Evangile de saint Marc, les Actes des Apôtres, les deux Epîtres de saint Pierre, et sept de saint Paul. Mais comme l'invention de l'imprimerie, il fallait tout transcrire à la main, il se glissait inévitablement dans les différents exemplaires bien des fautes de copistes, que d'autres corrigeaient quelquefois par des fautes nouvelles. Quelquefois aussi l'interprète n'avait pas rendu tout à fait le sens de l'original. De plus, chaque fidèle n'avait pas toute la collection du Nouveau Testament, mais telle ou telle partie détachée, à laquelle il se permettait quelquefois d'ajouter ou d'intercaler des lambeaux d'une autre. Tout cela occasionnait des variantes, des différences plus ou moins considérables entre les divers exemplaires. Pour remédier à cet inconvénient, le Pape pressa saint Jérôme de donner une édition correcte des quatre évangiles et de tout le Nouveau Testament, d'après le texte original, qui est le grec. Il le fit, avec une table de concordance des quatre évangiles entre eux. Plus tard, il entreprit et exécuta le même travail sur tout l'Ancien Testament, qu'il traduisit sur l'hébreu. Comme les peuples étaient habitués à l'ancienne Vulgate, la version de saint Jérôme éprouva plus d'une opposition. Dans une église d'Afrique, où on la lisait, le peuple se mutina parce qu'il avait nommé *courge* et non pas *lierre*, la plante qui ombragea le prophète Jonas. Mais les oppositions les plus violentes lui vinrent de certains personnages envieux et jaloux, qui ne se croyaient pas peuple. Cependant, avec le temps, la version de saint Jérôme, que les Grecs consultaient dès son apparition, a été adoptée par toute l'Eglise latine, et le concile de Trente a fini par la déclarer authentique. En effet, jamais personne ne se trouva plus en état de bien faire ce travail. Non-seulement il profita de ce qui avait été fait, des travaux immenses d'Origène et autres; mais, avec une grande connaissance de l'hébreu, de l'égyptien, du syriaque, du chaldéen, il interrogera les docteurs de la Synagogue, visitera et étudiera avec eux les lieux mêmes dont il est parlé dans l'Ecriture.

Ce qu'il y a de plus étonnant, c'est qu'après le pontife romain, les personnes qui le pressaient le plus dans ces travaux, qui les partageaient en quelque sorte avec lui, jusqu'à apprendre l'hébreu, ce furent les premières dames de Rome, les descendantes des Scipions, des Gracques, des Paul-Emile, des Fabius, des Marcellus, des Jules; les filles, les femmes, les veuves des préfets et des consuls.

Oui, une des plus grandes occupations du saint docteur pendant ce séjour de Rome, était de répondre aux dames romaines qui le consultaient sur l'Ecriture sainte. Car quelque soin que sa modestie lui fît prendre d'éviter leur rencontre, elles avaient en-

LIVRE XXXVI. — SAINT JÉRÔME ET LES DAMES ROMAINES.

core plus d'empressement à le chercher. Sainte Marcelle, sainte Aselle, sa sœur, et leur mère Albine furent de ce nombre. Marcelle profita en peu de temps de ce que saint Jérôme avait appris par un long travail, et le consulta souvent depuis, comme on le voit par ses lettres. Étant demeurée veuve le septième mois après ses noces, elle refusa d'épouser Céréalis, homme âgé, mais très-noble et très-riche, oncle du césar Gallus, et qui, sous Constance, avait été préfet de Rome et consul, en 358. Pendant la longue viduité de Marcelle, la pureté de sa conduite ne fut jamais flétrie du moindre soupçon. Elle se retira dans une maison de campagne près de Rome, où elle pratiqua longtemps la vie monastique avec sa fille spirituelle, la vierge Principia, et leur exemple produisit à Rome un grand nombre de monastères d'hommes et de filles. Sainte Marcelle avait pris le goût de la piété et de la vie monastique, quarante ans auparavant, lorsque saint Athanase vint à Rome, sous le pape Jules, en 341. Elle apprit de lui la vie de saint Antoine, qui vivait encore, et la discipline des monastères de saint Pacôme, pour les hommes et pour les femmes.

Paule, amie de Marcelle, est la plus illustre des dames romaines qu'instruisit saint Jérôme. Elle était fille de Rogatus et de Blésilla. Le père, Grec d'origine, faisait remonter sa généalogie jusqu'à Agamemnon; la mère descendait des Scipions, des Gracques et des Paul-Émile. Paule épousa Jules Toxotius, de la famille Julia, par conséquent descendu d'Iules et d'Énée : elle en eut quatre filles et un fils. L'aînée des filles nommée Blésilla, comme son aïeule, fut mariée seulement pendant sept mois, avec sainte Marcelle, et demeura veuve à l'âge de vingt ans. Saint Jérôme lui expliqua le livre de l'*Ecclésiastique*, pour l'exciter au mépris du monde. Elle le pria de lui en laisser un petit commentaire, afin qu'elle pût l'entendre sans lui; mais comme il se préparait à cet ouvrage, elle mourut d'une fièvre qui l'emporta en peu de temps. Sainte Paule, sa mère, en fut excessivement affligée, et saint Jérôme lui en écrivit une lettre de consolation, où il marque que Blésilla parlait grec comme latin, et qu'elle avait appris l'hébreu en peu de jours, et que l'Ecriture sainte était toujours entre ses mains.

La seconde fille de sainte Paule fut Pauline, qui épousa Pammachius, cousin de sainte Marcelle, de la famille Furia, et qui comptait plusieurs consuls parmi ses ancêtres. Il était ancien ami de saint Jérôme, qui avait étudié avec lui et lui adressa depuis plusieurs de ses ouvrages. Pauline mourut avant lui, et, se trouvant veuf sans enfants, il se donna tout entier au service de Dieu et des bonnes œuvres, embrassa la vie monastique et employa tout son bien à secourir les pauvres, particulièrement les étrangers, dans un hôpital qu'il établit à Porto, près de Rome. La troisième fille de sainte Paule fut Julie Eustochium, qui ne la quitta jamais et demeura vierge; la quatrième fut Ruffine, qui épousa depuis Aléthius, du rang des clarissimes. Le fils de sainte Paule et le dernier de ses enfants fut nommé comme son père, Toxotius. Il épousa Léta, fille d'Albin, païen et pontife des idoles, mais qui se convertit en sa vieillesse, à la persuasion de sa fille et de son gendre. Du mariage de Toxotius et de Léta vint la jeune Paule, au sujet de laquelle saint Jérôme écrivit à Léta, déjà

veuve, une instruction sur la manière de l'élever chrétiennement. Telle fut la famille de sainte Paule.

Saint Jérôme nous a encore laissé les éloges de deux veuves, Léa et Fabiole, et de la vierge Aselle. Léa gouvernait un monastère de vierges, qu'elle instruisait plus par son exemple que par ses paroles : elle passait les nuits en prières; son habit et sa nourriture étaient très-pauvres, toutefois sans ostentation. Elle était si humble qu'elle paraissait la servante de toutes, elle qui avait eu autrefois un grand nombre d'esclaves. L'Église honore sa mémoire le 22 mars. Saint Jérôme apprit sa mort un matin, comme il expliquait à sainte Marcelle le psaume 72; ce qui lui donna occasion de lui envoyer son éloge. Deux jours après, il lui envoya celui de sainte Aselle, sœur de Marcelle même, qui vivait encore. Elle avait été consacrée à Dieu dès l'âge de dix ans. A douze ans, elle s'enferma dans une cellule, couchant à terre, ne vivant que de pain et d'eau, jeûnant toute l'année et passant souvent deux ou trois jours sans manger; en carême, les semaines entières. Elle avait déjà cinquante ans, et ses austérités n'avaient point altéré sa santé. Elle travaillait de ses mains, ne sortait point, si ce n'était pour aller aux églises des martyrs, mais sans être vue. Elle n'avait jamais parlé à aucun homme, et à peine sa sœur la voyait-elle. Sa vie était simple et uniforme, et elle gardait au milieu de Rome une parfaite solitude. L'Église en fait mémoire le 6 décembre. Fabiole était de l'illustre famille des Fabius. Elle avait épousé un homme de mœurs si déréglées, que, ne le pouvant souffrir, elle le quitta; mais, se trouvant encore jeune, elle usa de la liberté que lui donnaient les lois civiles et se remaria à un autre. Après la mort de ce second mari, elle rentra en elle-même, et, reconnaissant que ce mariage avait été contre la loi de l'Évangile, elle en fit pénitence publique, et, la veille de Pâques, elle se présenta à la basilique de Latran avec les pénitents, les cheveux épars; et dans le triste état des autres, tirant les larmes de l'évêque, des prêtres et de tout le peuple. Elle demeura hors de l'église jusqu'à ce que l'évêque l'y rappelât, comme il l'en avait chassée. Ensuite elle vendit tout son bien et fut la première qui établit à Rome un hôpital de malades, où elle les servait de ses propres mains. Elle faisait de grandes libéralités aux clercs, aux moines, aux vierges, non-seulement dans Rome, mais dans toute la Toscane, où il y avait déjà plusieurs monastères.

Pendant que saint Jérôme entretenait ainsi à Rome, avec l'amour de la virginité, l'amour des saintes lettres, un certain Helvidius, disciple de l'arien Auxence, y fit un livre où il prétendait prouver, par l'Ecriture, que la sainte Vierge, après la naissance de Notre Seigneur, avait eu de saint Joseph d'autres enfants, et, passant à la thèse générale, il soutenait que la virginité n'avait aucun avantage sur le mariage. Saint Jérôme méprisa quelque temps le traité d'Helvidius, tant par l'obscurité de l'auteur, qu'il ne connaissait pas, quoiqu'ils fussent tous deux à Rome, que par le peu de mérite de l'ouvrage. Enfin, il se laissa persuader d'y répondre, et montra clairement qu'il n'y a rien dans l'Ecriture qui ne favorise la créance établie dans l'Église, que Marie est toujours demeurée vierge, et que saint Joseph n'a été que le gardien de sa virginité. Il soutient même que ce saint a vécu vierge; enfin, il relève la virginité, mais sans blâmer le mariage.

Mais en relevant si haut la virginité, la viduité et le célibat religieux, saint Jérôme n'épargnait pas pour cela les personnes qui, contentes d'en faire une profession extérieure, afin d'être honorées devant les hommes, n'en prenaient l'esprit ni n'en observaient les règles, mais continuaient à vivre non-seulement dans le monde, mais comme le monde. On le voit par sa grande lettre à la vierge Eustochium, sur la manière de garder la virginité. Il y déplore la chute quotidienne de tant de vierges, de tant de veuves, qui, après leur profession, mènent une vie molle et sensuelle, aimant la bonne chère et la parure, se produisant en public pour attirer les regards des jeunes gens, et puis, pour échapper au déshonneur du crime, y ajoutant d'autres crimes et faisant périr l'enfant qui n'est pas né. Il y déplore le scandale des agapètes, la peste de ces vierges faussement dévotes, qui quittaient leurs frères pour chercher des étrangers, habitant la même maison, la même chambre et souvent la même couche, et criant à la calomnie quand on y soupçonnait quelque chose; femmes sans mariage, concubines d'un nouveau genre, prostituées à un seul homme plutôt que vierges chrétiennes.

Quant à Eustochium, il l'avertit de fuir ces hypocrites de l'un et de l'autre sexe. Parlant des clercs en particulier, il dit : « Il y en a qui briguent la prêtrise ou le diaconat pour voir plus librement les femmes. Tout leur soin est de leurs habits, d'être chaussés proprement, d'être parfumés. Ils frisent leurs cheveux avec le fer; les anneaux brillent à leurs doigts; ils marchent du bout du pied, vous les prendriez pour des fiancés plutôt que pour des clercs. Il y en a dont toute l'occupation est de savoir les noms et les demeures des femmes de qualité et de connaître leurs inclinations. J'en décrirai un qui est le maître en ce métier. Il se lève avec le soleil, l'ordre de ses visites est préparé, il cherche les chemins les plus courts, et ce vieillard importun entre presque jusque dans les chambres où elles dorment. S'il voit un oreiller, une serviette ou quelque autre meuble à son gré, il le loue, il en admire la propreté, il le tâte, il se plaint de n'en avoir point de semblable et l'arrache plutôt qu'il ne l'obtient, car chacun redoute ce courrier de la ville. Ennemi de la chasteté, ennemi du jeûne, ce qu'il approuve, c'est un bon dîner, c'est un morceau friand. » Saint Jérôme marquait encore leur avarice, en disant que ces clercs intéressés, sous prétexte de donner leur bénédiction, étendaient la main pour recevoir de l'argent, et devenaient dépendants de celles qu'ils devaient gouverner. Il se plaint ailleurs de ceux qui s'attachaient à des personnes âgées et sans enfants, et leur rendaient avec assiduité les services les plus bas et les plus indignes, pour avoir part à leur succession (Hieron., *Epist.* 18, 34).

On sent bien qu'avec un langage aussi cru et aussi sévère, saint Jérôme dut s'attirer bien des ennemis. Aussi, dans les commencements, le regardait-on comme un saint, comme un homme à la fois humble et éloquent; toute la ville l'affectionnait, le jugeait digne du souverain pontificat et lui attribuait tout ce que faisait le pape saint Damase. Mais quand il se fut permis de parler contre les vices des Romains,

c'était un fourbe, un imposteur; tels qui lui baisaient les mains, le déchiraient par derrière; on lui reprocha jusqu'à sa démarche, son rire, l'air de son visage : sa simplicité leur devint suspecte (*Epist.* 28). Pour lui, tout cela ne l'épouvantait guère, il s'en amusait. « Quoi donc! écrivait-il, je n'oserais dire ce que d'autres ne rougissent pas de faire? Et encore, qu'ai-je donc dit avec une si grande liberté? ai-je décrit les idoles sculptées sur la vaisselle des festins? ai-je rappelé qu'au milieu des repas chrétiens on offre aux regards des vierges les embrassements des satyres et des bacchantes? ai-je témoigné du chagrin que des mendiants deviennent riches? ai-je trouvé mauvais qu'on ensevelisse ceux dont on doit hériter? Parce que j'ai eu le malheur de dire un petit mot, savoir, que les vierges devraient se trouver plus souvent avec des femmes qu'avec des hommes, voilà que j'ai offensé toute la ville, voilà que tout le monde me montre au doigt. Et vous croyez que je dirai encore quelque chose (*Epist.* 25, *alias* 102). »

Il y avait, entre autres, à Rome, un individu au nez difforme et à la parole boursouflée, qui se croyait bel homme et bel esprit. Or, tout ce que saint Jérôme avait dit des vices et des travers en général, cet individu le prenait pour lui personnellement, et il s'en plaignait à tout le monde. Jérôme, après l'avoir bien raillé de se trahir ainsi lui-même, finit par lui donner ce conseil : « Fais ton nez disparaître de ton visage, et puis tiens la bouche bien close; à ce prix on pourra te croire bel homme et beau diseur (*Epist.* 26, *alias* 100). »

Cependant, dès le mois de janvier 383, l'empereur Théodose étant à Constantinople, déclara auguste et associa à l'empire son fils Arcade, âgé de six ans. Un autre soin occupait le père : c'était de lui trouver un digne précepteur. L'orateur et philosophe Thémistius désirait avec empressement cet emploi; il l'avait manifesté publiquement dans une harangue. Théodose avait en lui de la confiance; mais pour former un empereur chrétien, il fallait un sage chrétien. Théodose le demanda au pape saint Damase, et l'en pressait par l'empereur Gratien. Le Pape jeta les yeux sur un diacre de son Eglise, qui vivait à Rome dans la retraite avec une sœur. Arsène était son nom. Issu d'une des plus illustres familles, il joignait à la pureté des mœurs une connaissance parfaite des lettres et de toutes les sciences humaines. Théodose le reçut avec beaucoup d'honneur, le nomma sénateur et patrice, voulut qu'il fût le parrain de ses deux fils, et lui donna sur eux l'autorité qu'il avait lui-même. Rien ne manquait du côté du père et du précepteur.

D'après le récit de Socrate, copié par Sozomène, il y aurait eu, vers le temps de l'élévation d'Arcade, une nouvelle assemblée d'évêques à Constantinople, par l'ordre de Théodose. On rapporte à cette occasion plusieurs lettres de saint Grégoire de Nazianze à ses amis de Constantinople, Posthumien, préfet du prétoire, le consul Saturnin, les généraux Victor et Modaire (*Epist.* 71, 72, 133, 135). Ayant appris qu'il devait se tenir une nouvelle assemblée d'évêques, sans savoir ni pourquoi ni comment, il eut peur qu'elle n'eût pas une plus heureuse fin que la précédente. Il prie donc ses illustres amis de faire en sorte qu'elle produise la paix. Mais ces lettres ont pu être écrites l'année d'auparavant et à l'occasion du deuxième concile.

Quoi qu'il en soit, au dire de Socrate, Théodose aurait convoqué des évêques de toutes les religions, afin de les faire discuter ensemble et de faire cesser leur dissidence. Nectaire, effrayé de ce projet, aurait consulté l'évêque des novatiens, Angélius, qui, n'étant pas fort dans la dispute, aurait consulté son prêtre Sisinnius, lequel avait étudié avec Julien l'Apostat, sous le magicien-philosophe Maxime. D'après le conseil de Sisinnius, l'empereur, laissant de côté la discussion, aurait demandé simplement aux évêques de toutes les sectes quel état ils faisaient des anciens docteurs; et s'ils s'en rapporteraient à leur témoignage. A cette question, non-seulement ceux de diverses sectes, mais ceux de la même, se divisèrent les uns d'avec les autres. Ce que voyant, l'empereur leur commanda à tous de lui donner leur profession de foi par écrit; puis, les ayant lues, il approuva celles des catholiques et des novatiens, et déchira les autres. Socrate trouve cette conduite de Théodose admirable. Si elle était vraie, elle serait pitoyable; car elle montrerait en cet empereur la même inconséquence et la même versatilité que dans l'empereur Constance. Deux conciles œcuméniques avaient fixé la formule de la foi orthodoxe, Théodose en avait fait une loi de l'Etat; et après cela, comme unique moyen d'en finir, il aurait tout remis en question! Enfin, de quelque manière que la chose se soit passée, Socrate ajoute que, les hérétiques se trouvant plus divisés que jamais, plusieurs d'entre eux revenaient à la foi de Nicée; mais que, d'un autre côté, les évêques catholiques se divisèrent eux-mêmes au sujet de l'Eglise d'Antioche : les Egyptiens, les Arabes et les Cypriots disaient qu'il fallait en chasser Flavien; ceux de Palestine, de Phénicie et de Syrie, au contraire, se prononçaient en sa faveur (Soc., l. 1, c. 10; Soz., l. 7, c. 12).

Cependant saint Amphiloque, archevêque d'Icône, pria Théodose de défendre les assemblées des ariens. L'empereur, trouvant cela trop rude, ne voulut pas l'accorder. L'évêque se retira sans rien dire. Revenu une autre fois avec quelques-uns de ses collègues, il rendit à Théodose tous les devoirs ordinaires, sans faire attention à son fils Arcade, déclaré auguste depuis peu. L'empereur crut qu'il n'y pensait pas, et l'avertit de saluer son fils. Saint Amphiloque s'approcha, et, le caressant du bout du doigt, lui dit : « Bonjour, mon enfant ! » Il ajouta qu'il suffisait de rendre les honneurs à l'empereur lui-même. Théodose, irrité, commanda qu'on le chassât de sa chambre. On le poussait déjà dehors, lorsque, se retournant vers l'empereur, il lui dit à haute voix : « Seigneur, vous ne pouvez souffrir que l'on méprise votre fils; ne doutez pas que Dieu n'abhorre de même ceux qui refusent de rendre à son Fils unique les mêmes honneurs qu'à lui. » Théodose comprit alors et admira l'adresse du saint évêque; il le rappela, lui demanda pardon et résolut aussitôt la loi qu'il lui demandait pour défendre les assemblées des hérétiques (Theod., l. 5, c. 16; Soz., l. 7, c. 6).

En effet, nous avons une loi adressée à Posthumien, préfet du prétoire d'Occident, et datée de Constantinople le 25 juillet 383, par laquelle il est absolument défendu aux hérétiques, c'est-à-dire aux ariens, aux eunomiens, aux macédoniens, aux manichéens, de tenir des assemblées ni dans les lieux publics ni dans les maisons particulières, avec permission à tous les catholiques de les empêcher. Une autre loi du 3 septembre ajouta aux autres hérétiques les apollinaristes, leur défendant à tous de s'assembler ni dans les villes ni dans la campagne, et de faire des ordinations d'évêques. Elle confisque les maisons où ils se sont assemblés, et ordonne que leurs docteurs et leurs ministres publics seront chassés et renvoyés aux lieux de leur origine. Enfin elle menace les officiers des magistrats de répondre de leur négligence à observer cette loi. Mais elle ne fut pas rigoureusement exécutée, non plus que les autres; car, suivant la remarque de Sozomène (l. 7, c. 12), l'empereur Théodose n'ayant pour but que de réunir à l'Eglise les hérétiques, cherchait plutôt à les intimider qu'à les punir. On voit le même esprit dans une lettre de saint Grégoire de Nazianze à Olympius, gouverneur de Cappadoce. Il y avoue que, quoiqu'il connût bien l'impiété des apollinaristes, il avait cru néanmoins pouvoir les ramener par sa douceur; mais ils n'en étaient devenus que plus mauvais. Abusant de sa faiblesse, depuis peu, au mépris des constitutions impériales et des ordonnances du gouverneur, ils s'étaient fait ordonner un faux pasteur par certains évêques que le concile universel de l'Orient et de l'Occident avait déposés. Il finit par dire au gouverneur : « Si ces choses sont tolérables, tolérez-les, nous aussi nous les tolérons, comme déjà nous avons fait souvent. Que si elles sont graves, insupportables à nos excellents empereurs, veuillez les réprimer, avec moins de sévérité cependant que ne mérite une telle audace (Greg. Naz., *Epist.* 77). »

Cependant une révolution avait éclaté en Occident. L'empereur Gratien avait été tué le 25 août 383. C'était, sous bien des rapports, un excellent prince; mais il s'appliquait au plaisir de la chasse bien plus qu'au gouvernement de l'Etat. Ses ministres étant ainsi les maîtres, tout se vendait à la cour. Nous l'avons appris de Sulpice Sévère; une loi de ce temps le prouve encore mieux. Il y est défendu de discuter le jugement du prince; attendu que c'est une espèce de sacrilège de mettre en doute que celui que l'empereur a choisi pour ministre ou magistrat, en soit digne (*Cod. Just.*, l. 9, tit. 29). Comme les Barbares de la Germanie étaient d'habiles chasseurs, Gratien en attira plusieurs à son service, en particulier des Alains. Il les comblait de faveurs, les approchait de sa personne, en faisait ses favoris, au point de s'habiller comme eux. Tout cela provoqua le mécontentement et la haine des vieux soldats romains.

Maxime, commandant des troupes dans la Grande-Bretagne, fut proclamé empereur. Sans perdre de temps, il arriva par le Rhin, s'avança dans les Gaules, lorsque Gratien vint lui présenter la bataille près de Paris. Maxime ne l'ayant pas acceptée, les armées restèrent en présence plusieurs jours, au bout desquels Gratien se vit abandonné de la sienne et obligé de s'enfuir avec trois cents cavaliers qu'il croyait fidèles, et qui bientôt l'abandonnèrent encore. Toutes les villes lui fermèrent leurs portes. Alors, errant çà et là, sans secours et sans espérance, poursuivi par la cavalerie de Maxime, il quitta la robe impériale pour n'être pas reconnu. Arrivé à Lyon, il y fut trahi par un homme qui mangeait à sa table et qu'il avait honoré de gouvernements et d'emplois distingués. Le prince, invité à un festin, refusa d'abord de s'y trouver; mais il se laissa persuader par les serments que ce perfide lui fit sur les saints Évangiles. On fit reprendre à Gratien ses habits impériaux, on le traita avec honneur pendant le repas, puis, au sortir de table, on l'assassina. Il était âgé de vingt-cinq ans, et avait régné, depuis la mort de son père, sept ans, neuf mois et huit jours. Pendant qu'il succombait aux coups des assassins, il nomma plusieurs fois saint Ambroise; il avait encore son nom à la bouche lorsqu'il rendit les derniers soupirs; et le saint évêque, qui raconte le fait en versant des larmes, proteste qu'il n'oubliera jamais ce prince, et qu'il l'offrira sans cesse à Dieu dans ses prières et dans le saint sacrifice. Il fait en toute occasion l'éloge de sa piété et de ses autres vertus (Amb., *De obit. Valent.*).

Suivant l'opinion la plus probable, Maxime était Breton d'origine. Sulpice Sévère et Paul Orose s'accordent à dire que, ôté son usurpation et les violences qui l'accompagnèrent, c'était un homme de guerre et de bien, et digne d'être empereur (Oros., l. 7, c. 34; Sulp. Sev., *Dial.* 2, c. 3) Beaucoup de Bretons passèrent avec lui dans les Gaules, et s'établirent après dans la province d'Armorique, connue depuis sous le nom de Bretagne.

Justine et Valentinien attendaient à Milan la nouvelle de la défaite de Maxime, lorsqu'ils apprirent la mort funeste de Gratien. Ils en furent glacés d'effroi. L'Italie était dépourvue de troupes; Théodose était éloigné. Sans secours et presque sans conseil, que pouvaient, dans cette extrémité, une femme et un enfant de douze ans? Justine, comme impératrice, eut recours à saint Ambroise, qu'elle haïssait comme arienne. Elle déposa son fils entre ses bras, lui recommandant avec larmes ce jeune prince et le salut de l'empire. L'évêque embrassa tendrement Valentinien, et, sans considérer le péril, il entreprit d'aller au devant de l'ennemi et de s'opposer tout seul à ses progrès. Valentinien pouvait venger la mort de Gratien, son frère, sur Marcellinus, frère de Maxime, qu'il avait entre les mains; par le conseil de saint Ambroise, il le renvoya d'une manière honorable.

En passant à Mayence pour se rendre à Trèves, où résidait Maxime, saint Ambroise rencontra le comte Victor, que Maxime, de son côté, envoyait à Valentinien, pour l'engager à venir en Gaule, afin de concerter ensemble une paix solide, lui promettant du reste une entière sûreté. Arrivé à Trèves, Ambroise ne put obtenir une audience particulière. Il se présenta donc devant Maxime au milieu du conseil, quoique cette démarche dérogeât à la dignité épiscopale. Il exposa en peu de paroles l'objet de son ambassade : c'était de demander la paix à des conditions raisonnables. Maxime dit que Valentinien devait venir lui-même, comme un fils à son père. Ambroise répondit qu'on ne pouvait exiger d'un enfant et d'une mère veuve qu'ils s'exposassent à passer les Alpes par les rigueurs de l'hiver; qu'au reste, il avait commission de traiter de la paix, et non pas de l'arrivée de l'empereur. Maxime, sans vouloir s'expliquer davantage, lui dit d'attendre le retour de Victor. Ambroise passa ainsi tout l'hiver à Trèves. Il n'y montra pas moins de grandeur d'âme comme évêque, que comme ambassadeur. Il exclut Maxime de sa communion, et l'avertit de faire pénitence d'avoir versé le sang de son maître, et, ce qui était plus encore, le sang innocent. Enfin, Victor arriva, rapportant que Valentinien était prêt à accepter la paix, mais qu'il refusait d'abandonner l'Italie pour venir dans les Gaules. Il y eut encore plusieurs députations de part et d'autre, après lesquelles Valentinien consentit à reconnaître Maxime pour légitime empereur de la Gaule, de l'Espagne et de la Grande-Bretagne; et Maxime lui assura la possession tranquille du reste de l'Occident.

Saint Ambroise était venu à Trèves comme protecteur de la veuve et de l'orphelin, l'une impératrice, l'autre empereur. Par suite de la même révolution politique, saint Martin de Tours y vint pour demander la grâce de quelques personnes, pour faire délivrer des prisonniers, rappeler des bannis et rendre des biens confisqués. Mais il sollicitait ces grâces d'une manière si noble, qu'il parut plutôt commander que supplier. Plusieurs fois l'empereur Maxime le pria de manger à sa table. Il refusa longtemps, disant qu'il ne pouvait manger avec un homme qui avait ôté la vie à un empereur et les Etats à un autre. Maxime protesta qu'il n'avait pas pris l'empire volontairement, que les soldats l'y avaient contraint; que le succès incroyable qui lui avait donné la victoire semblait une marque de la volonté de Dieu, et qu'aucun de ses ennemis n'était mort que dans le combat. Saint Martin se laissa vaincre à ses raisons ou à ses prières, et consentit enfin à manger avec lui. L'empereur en eut une joie extrême, et convia à ce repas, comme à une fête extraordinaire, les personnes les plus considérables de sa cour, son frère et son oncle, tous deux comtes, et Evodius, préfet du prétoire et depuis consul. Martin fut placé à côté de l'empereur, et le prêtre qui l'accompagnait entre les deux comtes. Au milieu du repas, un officier, suivant la coutume, présenta la coupe à Maxime; il la fit donner à saint Martin, s'attendant à la recevoir de sa main; mais quand il l'eut portée à ses lèvres, il donna la coupe à son prêtre, comme au plus digne de la compagnie. L'empereur et tous les assistants en furent agréablement surpris; on en parla dans tout le palais, et on loua saint Martin d'avoir fait à la table de l'empereur ce qu'un autre évêque n'aurait osé à la table des moindres juges. Maxime s'étant ainsi concilié son indulgence, le faisait venir souvent dans son palais pour s'entretenir avec lui, et ses entretiens ne roulaient que sur la manière dont il faut passer la vie présente, sur ce que nous avons à craindre ou à espérer dans l'autre, sur la gloire des fidèles et le bonheur éternel des saints. Dans ces épanchements de l'intimité chrétienne, il ne craignit pas de prédire au nouvel empereur que, s'il passait en Italie pour faire la guerre à Valentinien, comme déjà il en avait la pensée, il remporterait d'abord la victoire, mais qu'il périrait peu après. Et cela ne manquera pas d'arriver de la sorte (Sulp. Sev., *Vita Mart.*, n. 23; Beat. Paulin, *Vita S. Martini*, l. 3).

L'impératrice, de son côté, était le jour et la nuit occupée à écouter le saint évêque, demeurant assise à ses pieds contre terre, sans pouvoir le quitter. Imitant la femme de l'Évangile, plus d'une fois elle les arrosa de ses larmes et les essuya de ses cheveux. Elle voulut à son tour lui donner à manger en particulier. Elle en pria l'empereur, et tous deux ensemble l'en pressèrent de telle sorte, qu'il ne put s'en défendre. Ce n'était pas néanmoins sans beaucoup de répugnance, parce que jamais il ne se laissait approcher d'aucune femme. Mais il avait des vues plus étendues, et il se croyait obligé de s'accommoder à la nécessité du temps et du lieu où il se trouvait. Il fallait manier l'esprit d'un prince difficile, il avait des grâces à demander pour des prisonniers d'État, il s'agissait de faire rendre la liberté et les biens confisqués à des bannis. D'ailleurs il était touché de la foi de l'impératrice; outre que son âge de soixante-dix ans lui permettait d'en user de la sorte avec quelque bienséance. L'impératrice voulut préparer elle-même tout ce qu'elle devait présenter au saint évêque. Elle ne mangea point avec lui; elle se contenta de le servir. Elle-même lui apprêta son siége, lui dressa la table, lui mit son couvert, lui donna à laver, et mit devant lui les viandes qu'elle avait fait cuire de ses propres mains. Pendant qu'il mangeait, elle se tenait éloignée, debout, immobile, les yeux baissés, dans la posture modeste d'une servante. Elle lui versait à boire et lui présentait le verre de sa main. Et quand le petit repas fut fini, elle recueillit avec soin, comme la récompense de son travail, jusqu'aux miettes du pain que le saint avait mangé, les préférant à toute la magnificence de la table impériale (Sulp. Sev., Dial. 2, n. 7).

Mais tous les évêques n'étaient pas des Martin et des Ambroise. Il en arrivait à Trèves un grand nombre de divers côtés, pour obtenir la grâce des criminels, la liberté des prisonniers, le retour des exilés et des proscrits. Mais à force de solliciter, ces prélats commencèrent à dégénérer de la sainte gravité des Pères et à s'avilir par des flatteries, des bassesses et des déférences plus dignes de courtisans que d'évêques. Tout le monde remarquait leur abjecte adulation, qui asservissait la dignité du sacerdoce à la clientèle impériale. Seul entre tous, Martin conserva l'autorité d'apôtre. Ce sont les paroles de Sulpice Sévère (Vita S. Martin., n. 23).

Quant à l'évêque Ithace, en particulier, il se rendit odieux. Il était toujours à Trèves, appliqué à poursuivre les priscillianistes. Il avait évité d'être conduit en Espagne, suivant l'ordre de l'empereur Gratien, surpris par Macédonius, et sitôt qu'il apprit que Maxime était reconnu empereur en Bretagne et qu'il allait passer en Gaule, il résolut de se tenir en repos jusqu'à son arrivée. Quand Maxime fut entré victorieux à Trèves, Ithace lui présenta une requête pleine d'accusations contre Priscillien et ses sectateurs. Maxime écrivit au préfet des Gaules et au vicaire des Espagnes, de faire conduire à Bordeaux tous ceux généralement qui se trouveraient infectés de cette erreur, pour y être jugés par un concile. Instantius et Priscillien y furent amenés; on fit parler Instantius le premier, et, comme il se défendait mal, il fut déclaré indigne de l'épiscopat. Priscillien, de peur de répondre devant les évêques, en appela à l'empereur, et ils eurent la faiblesse de le souffrir, au lieu qu'ils devaient, dit Sulpice Sévère, le condamner par contumace; ou, s'ils lui étaient suspects avec quelque fondement, réserver ce jugement à d'autres évêques, et non pas laisser à l'empereur le jugement de crimes si manifestes.

On mena donc à Trèves, devant Maxime, tous ceux qui étaient enveloppés dans cette accusation; les évêques Idace et Ithace les suivirent comme accusateurs: ce qui déplaisait aux gens de bien, voyant qu'ils agissaient plutôt par passion de réussir dans leur entreprise, que par le zèle de la justice, particulièrement Ithace, qui n'avait ni la gravité ni la sainteté d'un évêque. Il était hardi jusqu'à l'impudence, grand parleur, dépensier, adonné à la bonne chère, et traitait de priscillianistes tous ceux qu'il voyait jeûner et s'appliquer à la lecture. Saint Martin, qui se trouvait alors à Trèves, ne cessait de reprendre la conduite d'Ithace, et le pressait de se désister de son accusation; et, d'un autre côté, il priait Maxime d'épargner le sang des coupables, disant que c'était bien assez, qu'étant déclarés hérétiques par le jugement des évêques, on les chassât des églises; enfin, qu'il était sans exemple, qu'une cause ecclésiastique fût soumise à un juge séculier. Ithace, loin de profiter des avis de saint Martin, osa bien l'accuser lui-même d'hérésie, comme il en faisait le reproche à tous ceux dont la vie lui paraissait trop austère. Mais l'empereur Maxime eut tant d'égards aux remontrances du saint évêque, que, tant qu'il fut à Trèves, ce jugement fut différé; et en partant il eut le crédit d'obliger Maxime à lui promettre que l'on ne répandrait point le sang des coupables.

Mais après que saint Martin fut parti, l'empereur se laissa entraîner aux mauvais conseils des évêques Magnus et Rufus; dont le dernier est, comme l'on croit, un évêque d'Espagne, depuis déposé pour hérésie. L'empereur quitta donc les sentiments de douceur et commit la cause des priscillianistes à Evodius, préfet du prétoire, homme juste, mais ardent et sévère. Il examina deux fois Priscillien, et le convainquit de plusieurs crimes par sa propre confession; car il ne niait pas avoir étudié des doctrines honteuses, avoir tenu de nuit des assemblées avec des femmes corrompues, et avoir accoutumé de prier nu. Evodius le déclara donc coupable, et le mit en prison jusqu'à ce qu'il eût fait son rapport au prince. Les actes du procès ayant été portés devant l'empereur, il jugea que Priscillien et ses complices devaient être condamnés à mort. Alors Ithace s'aperçut combien il se rendrait odieux aux évêques, s'il assistait aux dernières procédures contre les criminels; car il fallait juger encore une fois pour prononcer la sentence définitive, et il n'en avait que trop fait, ayant même été présent quand on leur donnait la question. Ithace donc, craignant de s'attirer plus de haine, se retira, et l'empereur commit à sa place, pour accusateur, un nommé Patrice, avocat du fisc. A sa poursuite, Priscillien fut condamné à mort, et avec lui deux clercs, Félicissime et Arménius, qui avaient quitté depuis peu l'Eglise catholique pour le suivre. Latronien, laïque, et Euchrocia furent condamnés de même, et tous les cinq exécutés à mort. L'évêque Instantius, déjà condamné par les conciles de Sarragosse et de Bordeaux, fut banni dans l'île Syline, au delà de la Bretagne. On continua ensuite à faire le procès à d'autres priscillianistes. Asarin et Aurélius, diacres, furent condamnés à mort. Tibérien fut envoyé dans la même île et ses biens confisqués. Tertullus, Potamius et Jean furent seulement relégués pour un temps dans les Gaules, tant parce qu'ils étaient moins considérables, que parce qu'ils étaient plus dignes de compassion, s'étant accusés eux-mêmes et leurs complices avant la question. Ainsi furent punis les priscillianistes. En même temps, le peuple de Bordeaux assomma à coups de pierre une femme qui s'obstinait à défendre la même impiété.

Comme les priscillianistes enseignaient et pratiquaient une doctrine qui renversait directement la morale et la société, dont la morale est le fondement, le pouvoir temporel, chargé de maintenir cette société et cette morale, avait non-seulement le droit, mais le devoir de les réprimer et de les punir; mais il ne convenait pas qu'un évêque, quittant le tribunal miséricordieux de l'Église, poursuivît les coupables au tribunal sanglant de césar. Aussi l'évêque Ithace fut-il blâmé généralement par tous ses collègues; nous le verrons même déposé et banni. D'un autre côté, l'exécution de Priscillien, loin d'éteindre son hérésie, ne fit que l'étendre et la fortifier, du moins pour un temps, et en Espagne. Ses sectateurs, qui l'honoraient déjà comme saint, allèrent jusqu'à lui rendre le culte d'un martyr, et leur plus grand serment était de jurer par lui. On rapporta en Espagne son corps et ceux de ses complices, et on leur fit des funérailles solennelles. Mais avec le temps, et par les instructions de saint Ambroise et des Papes, les priscillianistes se reconnurent, et, dès l'an 400, nous en verrons un grand nombre abjurer leurs erreurs et rentrer dans l'Église.

La révolution politique qui venait de perdre Gratien, d'ébranler Valentinien, son frère, et d'élever Maxime, fit concevoir aux païens l'espérance de rétablir les privilèges de leurs idoles. Le plus éloquent d'entre eux, Symmaque, alors préfet de Rome, s'était déjà inutilement adressé à Gratien, qui n'avait pas même jugé à propos de répondre à sa requête. Il espérait mieux sous le faible gouvernement de Valentinien et de sa mère. Il fit donc faire un décret au nom du sénat, en forme de plainte, sur tous les privilèges ôtés au paganisme. Puis, comme obligé par sa charge de rendre compte de ce qui se passait dans la ville, il dressa une relation qui contenait les mêmes plaintes, et s'adressait, suivant la formule ordinaire, aux trois empereurs Valentinien. Là, Symmaque, employant tous les artifices de sa rhétorique, dit qu'il agit en deux qualités, comme préfet et comme député. Il se plaint de l'audience qui lui avait été refusée dans sa députation précédente, et se promet que l'on corrigera les désordres du règne passé. Ce qu'il demande principalement, c'est le rétablissement de l'autel de la Victoire, sur lequel les sénateurs avaient coutume d'offrir des sacrifices et de prêter leur serment de fidélité; autrement, la victoire abandonnerait l'empire, et le sénat serait ouvert aux parjures. Il insiste sur l'antiquité et la force de la coutume, et, employant la figure que les rhétoriciens appellent *prosopopée*, il fait parler Rome, qui dit : Qu'elle veut garder la religion dont elle s'est bien trouvée; qu'elle est trop âgée pour changer, et que c'est lui faire injure de vouloir la corriger dans sa vieillesse. Pour ne pas offenser les empereurs, auxquels, du reste, il prodigue les titres de *dieux* et d'*éternités*, il veut faire croire que c'est le même dieu qui est adoré sous divers noms. Il tâche de les piquer de générosité, par le peu de profit qu'apporteront à leur trésor les confiscations dont il se plaint, et de les épouvanter par les calamités publiques, qu'il attribue à ce mépris de l'ancienne religion; sur quoi il fait une description tragique de la famine dont Rome avait été affligée l'année précédente. C'est ce que le plus habile homme de ce temps-là trouvait de plus solide pour la défense du paganisme.

Saint Ambroise, ayant eu avis de cette relation, écrivit au même instant à l'empereur Valentinien, pour empêcher qu'il ne se laissât prévenir par les idolâtres. « Vos sujets, dit-il, vous servent, et vous servez Dieu. Vous devez au moins ne pas consentir que l'on serve les idoles. Ce serait leur donner du vôtre que de leur rendre ce qui est confisqué depuis longtemps. Ils se plaignent de leurs pertes, eux qui n'ont jamais épargné notre sang et qui ont renversé jusqu'aux bâtiments des églises. Ils demandent des priviléges, eux qui, sous Julien, nous ont refusé la liberté commune de parler et d'enseigner. Vous ne devez pas plus donner atteinte à ce que vos prédécesseurs ont ordonné pour la religion, qu'à ce qu'ils ont réglé pour les affaires civiles. Que personne n'abuse de votre jeunesse. Si c'est un païen qui vous donne ce conseil, qu'il vous laisse la liberté que vous lui laissez; car vous ne contraignez personne d'adorer ce qu'il ne veut pas. S'il se dit chrétien, ne vous laissez pas tromper au nom, il est païen en effet. Ce serait exciter la persécution contre les sénateurs chrétiens, que de les obliger à jurer devant cet autel et à y respirer la fumée des sacrifices profanes ; car c'est un petit nombre de païens qui abusent du nom du sénat. Je vous demande donc comme évêque, et au nom de tous les évêques qui se joindraient à moi, si cette nouvelle était moins subite et moins incroyable, de ne rien ordonner sur cette requête. Du moins, donnez-en avis à votre père l'empereur Théodose, que vous avez coutume de consulter dans les grandes affaires. Que l'on me donne copie de la relation qui vous a été envoyée, afin que je puisse y répondre plus amplement : si l'on ordonne autre chose, nous ne pourrons le dissimuler. Vous pourrez venir à l'église; mais vous n'y trouverez point d'évêque, ou vous le trouverez pour vous résister et repousser vos offrandes. » Il le conjure enfin de ne rien faire d'injurieux à la mémoire de son père et de son frère, ni surtout à l'honneur de Dieu.

Ensuite, saint Ambroise ayant reçu la copie de la relation de Symmaque, y fit une réponse par laquelle il efface toutes les couleurs de sa rhétorique. « Dans la requête de l'illustre préfet, dit-il, Rome en pleurs redemande d'une voix plaintive ses antiques cérémonies. Voilà, s'écrie-t-elle, ce qui a repoussé Annibal de mes murs et les Gaulois de mon Capitole. Voulant ainsi prôner la puissance de sa religion, il en trahit la faiblesse. Donc Annibal a longtemps insulté la religion de Rome, et malgré les dieux qui combattaient contre lui, il a poussé ses victoires jusqu'aux murs de la ville. Pourquoi donc se sont-ils laissé assiéger, ceux pour qui leurs dieux avaient pris les armes ? Que dirai-je des Gaulois, que les débris de Rome n'eussent pas empêchés de pénétrer dans l'intérieur du Capitole, si une oie ne les avait trahis par le cri de sa peur ? Voilà quels sont les protecteurs des temples romains. Où était alors Jupiter ? Est-ce qu'il parlait dans une oie ? Mais pourquoi nierais-je que le paganisme ait combattu pour les Romains ? Toutefois, Annibal adorait les mêmes dieux. Qu'ils choisissent donc ce qui leur plaira. Si le paganisme a vaincu dans les Romains, il a succombé dans les Carthaginois ; s'il a succombé dans les Carthaginois, il a été inutile aux Romains mêmes. »

Saint Ambroise réfute la prosopopée de Symmaque par une autre où il fait avouer à Rome qu'elle doit ses victoires, non point aux intestins des animaux qu'on immolait aux idoles, mais à la valeur de ses guerriers. « Pourquoi me rappeler l'exemple des anciens ? je hais le culte des Nérons. Est-ce donc une chose si nouvelle que les Barbares aient passé leurs frontières ? Etaient-ils donc chrétiens, ces deux empereurs dont l'un fut captif chez les Perses, et dont l'autre vit l'univers captif sous son règne ? N'y avait-il point alors d'autel de la Victoire ? Pour moi, je ne rougis point dans ma vieillesse de changer en mieux avec l'univers entier. La seule chose que j'avais de commun avec les Barbares, c'était d'ignorer Dieu. Votre sacrifice ne consiste qu'à répandre le sang des bêtes. Que cherchez-vous les oracles de Dieu dans des bêtes mortes ? Apprenons sur la terre la milice du ciel ; nous vivons ici-bas, mais nous combattons pour là-haut. Pour le mystère des cieux, que Dieu lui-même me l'enseigne, lui qui les a créés ; non pas l'homme, qui s'ignore lui-même ! A qui croirai-je davantage sur Dieu, si ce n'est à Dieu ? Comment puis-je vous croire, vous qui, de votre propre aveu, ne savez ce que vous adorez ? »

Sur la plainte que faisaient les païens, qu'on avait ôté à leurs idoles leurs revenus et leurs priviléges, il dit : « Voyez notre magnanimité ! Nous nous sommes accrus par les mauvais traitements, par la pauvreté, par les supplices; eux ne croient pas que leurs cérémonies puissent subsister sans être lucratives. Ils ne peuvent croire que l'on garde la virginité gratuitement. A peine a-t-il sept vestales : voilà tout le nombre que l'on oblige à garder la chasteté pendant un temps prescrit, par des ornements de tête, des habits de pourpre, la pompe de leurs litières et d'un grand nombre de serviteurs qui les suivent, de grands priviléges et de grands revenus. » Il leur oppose la multitude, ou, comme il dit, le peuple des vierges chrétiennes, dont la pauvreté, les jeûnes, la vie humble et austère semblaient plus propres à détourner de cette profession qu'à y attirer.

« Ils se plaignent, continue-t-il, que l'on ne donne pas de pensions aux sacrificateurs et aux ministres des temples, au dépens du public ; et pour nous, au contraire, des lois récentes nous privent même des successions des particuliers, dont elles ne privent pas les ministres des temples. Si un prêtre veut jouir de l'exemption des charges municipales, il faut qu'il renonce au bien de ses ancêtres, tandis qu'un décurion est exempt de ces mêmes charges. Je ne le dis pas pour m'en plaindre, mais pour montrer de quoi je ne me plains pas. Ils répondent que l'Eglise a des revenus ; que ne faisaient-ils le même usage des leurs ? Le bien de l'Eglise est l'entretien des pauvres. Qu'ils comptent les captifs que leurs temples ont rachetés, les pauvres qu'ils ont nourris, les exilés qu'ils ont secourus ! Ce qui ne tournait qu'au profit des sacrificateurs, s'emploie à l'utilité publique ; et voilà ce qu'ils allèguent pour cause des calamités ! » Ensuite il réfute la calomnie de Symmaque, qui imputait la famine au mépris de sa religion, en montrant que ces accidents sont arrivés de tout temps, et que celui de la dernière année n'avait affligé que l'Italie. Il répond aussi au malheur de Gratien par les exemples des princes idolâtres, et particulièrement de Julien, qui montrent que ce sont les vicissitudes ordinaires des choses humaines (Ambr., *Epist.* 18):

Les deux mémoires de saint Ambroise furent lus dans le consistoire ou conseil d'Etat. Néanmoins tous les conseillers, soit chrétiens, soit païens, étaient d'avis qu'il fallait acquiescer à la requête de Symmaque. Valentinien seul tint ferme contre tous, reprochant aux chrétiens leur perfidie, et disant aux païens : « Ce que mon pieux frère a ôté, comment prétendez-vous que moi je le remette ? Ce serait outrager tout ensemble et la religion et mon frère, à qui je ne veux point céder en piété. » Comme on lui opposait l'exemple de son père, il répliqua : « Vous louez mon père de ce qu'il ne vous a rien ôté : je ne vous ai rien ôté non plus. Mais mon père vous a-t-il rendu quelque chose, pour me prouver que je dois rendre ? Après tout, mon frère était aussi empereur que mon père. On leur doit le même respect à tous deux. Je les imiterai donc l'un et l'autre. Je ne vous rendrai point ce que mon père n'a pu vous rendre, parce que personne ne vous l'avait ôté, et je maintiendrai ce qu'a ordonné mon frère. Que Rome me demande toute autre grâce qu'elle voudra ; je lui dois l'affection comme à une mère, mais je dois obéir de préférence à l'auteur de notre salut (*De obit Valent.*, n. 19 et 20). »

Symmaque qui, dans sa requête, avait tant vanté la pureté des vestales, en reçut quelque temps après une terrible confusion, lui et tous les païens. Une vestale fut convaincue d'inceste. Symmaque, souverain pontife des idoles depuis que Gratien avait refusé ce titre, se vit obligé de poursuivre devant le préfet de Rome, son successeur, la punition de la vestale coupable. Elle fut enterrée vive, selon les lois anciennes, et son corrupteur puni de mort.

Au contraire, s'il se vit contrarié par saint Ambroise et par le pape saint Damase dans ses requêtes pour les idoles, il trouva en eux des défenseurs sous d'autres rapports. Il avait reçu la commission de rechercher et de poursuivre ceux qui avaient endommagé les murs de la ville. Il fut accusé près des empereurs d'avoir fait enlever à cette occasion des chrétiens du sanctuaire des églises, pour les mettre à la torture ; d'avoir mis en prison des évêques mêmes, qu'il envoyait prendre dans les provinces. Valentinien, dans un premier mouvement d'indignation, rendit contre le préfet un édit sévère, lui ordonnant d'élargir tous les prisonniers et de cesser ses poursuites injustes. Symmaque demanda au Pape et en obtint une attestation écrite de son innocence ; puis, l'envoyant aux empereurs, il dit : « Que le calomniateur, quel qu'il soit, réponde maintenant aux lettres de l'évêque Damase, qui nie qu'aucun de sa religion ait éprouvé de tort. Quant à moi, comme ce digne évêque déclare qu'aucun des siens n'est retenu en prison ou dans les fers, et que les officiers de la justice attestent la même chose, j'ignore qui sont ceux que vous voulez que je délivre. A la vérité, il y a dans les prisons plusieurs criminels ; mais, d'après la connaissance que j'en ai prise, ils sont étrangers au mystère de la loi chrétienne (Sym., l. 10, *Epist.* 34). » Ces paroles, dans la bouche d'un magistrat païen, sont un bel éloge du christianisme. En général, la noble conduite de ces grands personnages, Symmaque, Ambroise, Damase, dilate et élève le cœur.

Saint Damase mourut cette même année 384, le 11 décembre, âgé de près de quatre-vingts ans, après un long et glorieux pontificat de dix-huit ans et environ deux mois. Il avait eu dessein de se faire enterrer en un lieu où étaient les reliques de saint Sixte et de plusieurs autres martyrs; mais il en fut détourné par la crainte de troubler leurs cendres. Il fut donc enterré dans une église qu'il avait fait bâtir aux catacombes, sur le chemin d'Ardée, auprès de sa mère et de sa sœur, la vierge Irène, dont il avait fait l'épitaphe; il fit aussi la sienne, dans laquelle il proteste qu'il espère ressusciter un jour. Il avait fait rebâtir, augmenter et embellir l'église de Saint-Laurent, où il avait servi après son père, et l'avait ornée de peintures d'histoire sainte que l'on voyait encore quatre cents ans après, enrichie de quantité de vases d'argent, et augmenté considérablement ses revenus en maisons et en terres. Celle de Saint-Pierre du Vatican se sentit aussi de ses libéralités. Il y fit conduire une fontaine pour servir de fonts baptismaux, ayant rassemblé, à cet effet, les sources du Vatican, qui mouillaient les corps qui y étaient enterrés. Outre les lettres et les petits poèmes que nous avons de lui, il avait écrit plusieurs décrétales en réponse aux consultations de l'Orient et de l'Occident, qui ne sont pas venues jusqu'à nous (Anastas., Tillemont, Ceillier).

A sa place fut élu Sirice, romain de naissance, fils de Tiburce et prêtre du titre de *pasteur*, qui tint le Saint-Siège environ quinze ans. L'empereur Valentinien approuva cette élection, comme on le voit par un rescrit du 23 février 385, à Pinien, préfet de Rome, et mari de sainte Mélanie la jeune. Il porte que Sirice a été élu tout d'une voix, et Ursin rejeté par les acclamations du peuple, par où l'on voit qu'Ursin n'avait pas encore renoncé à ses prétentions (Coust., col. 639).

Himérius, qui gouvernait depuis longtemps l'Eglise de Tarragone, métropole d'une grande partie de l'Espagne, avait envoyé à Rome, vers le pape Damase, un prêtre nommé Bassien, chargé d'une consultation sur divers points de discipline ecclésiastique. Il n'arriva qu'après l'ordination de Sirice, qui dès le commencement de son pontificat, fit réponse par une lettre célèbre, la première des lettres semblables qui soient venues jusqu'à nous, et que l'on nomme *décrétales*, parce que ce sont des résolutions qui ont force de loi. Celle-ci est du 11 février 385. Elle commence en ces termes :

« Sirice à Himère, évêque de Tarragone. La lettre de Votre Fraternité, adressée à mon prédécesseur Damase, de sainte mémoire, m'a trouvé établi déjà dans son siège par la volonté du Seigneur. L'ayant lue attentivement dans l'assemblée des frères, nous y avons trouvé autant de choses à reprendre et à corriger que nous aurions voulu y en trouver à louer. Et puisqu'il ne nous était une nécessité de succéder dans les travaux et les sollicitudes à qui, par la grâce de Dieu, nous succédions dans l'honneur, après vous avoir d'abord fait part de notre promotion, comme il fallait, nous ne refusons pas une réponse compétente à chaque article de votre consultation, suivant ce que le Seigneur a daigné nous inspirer. Car, à raison de notre office, il ne nous est pas libre de dissimuler ni de garder le silence, à nous qui devons avoir un plus grand zèle que tous pour la religion chrétienne. Nous portons les fardeaux de tous ceux qui sont accablés, ou plutôt c'est l'apôtre saint Pierre qui les porte en nous, lui qui, nous en avons la confiance, nous protège et nous défend en toutes choses, nous les héritiers de son administration. » On voit, par ces paroles, que si le Pape lisait les consultations dans l'assemblée des frères ou dans un concile, l'autorité par laquelle il décide remonte au Prince des apôtres.

Sur le baptême, il défend de rebaptiser les ariens : « Suivant les décrets généraux envoyés aux provinces, par mon prédécesseur Libère, de vénérable mémoire, après qu'il eut cassé le concile de Rimini, nous les réunissons à l'assemblée des fidèles, comme les novatiens et les autres hérétiques, par la seule invocation du Saint-Esprit et l'imposition des mains de l'évêque; règle dont il ne faudra plus vous écarter, si vous ne voulez être séparé de notre communion. »

En Espagne, chacun baptisait quand il le jugeait à propos, à Noël, à l'Epiphanie, aux fêtes des apôtres et des martyrs. Le Pape veut qu'on observe l'usage de toutes les églises, et qu'on ne baptise qu'à Pâques et pendant les cinquante jours suivants jusqu'à la Pentecôte. Mais pour les enfants qui ne peuvent encore parler, et ceux qui se trouvent en quelque nécessité, comme dans un naufrage, une incursion d'ennemis, un siège ou une maladie désespérée, nous voulons, dit-il, que ceux qui demandent le baptême dans ces occasions, le reçoivent au même moment, de peur que si quelqu'un meurt sans baptême, nous ne répondions de la perte de son âme au péril de la nôtre. Comme le grand nombre de ceux que l'on baptisait alors étaient des adultes, il convenait qu'il y eût des époques rares et solennelles, afin de les y préparer mieux. Aujourd'hui qu'on ne baptise plus guère que des enfants, pour lesquels dès lors on n'observait pas d'époque, cette ancienne discipline est devenue sans objet.

Sur la pénitence : les apostats qui retournent à l'idolâtrie, sont privés des sacrements; seulement ils seront réconciliés à la mort, s'ils passent tout le reste de leur vie en pénitence. Himère avait encore consulté le Siége apostolique sur ceux qui, après avoir fait pénitence, retournent à leur vomissement soit en portant les armes, ou exerçant les charges, soit en fréquentant des spectacles, ou en contractant de nouveaux mariages, ou bien en usant de ceux qu'ils avaient contractés auparavant comme le font voir les enfants qu'ils ont eus après leur absolution. Le Pape répond que ceux-là n'ayant plus le remède de la pénitence, participeront dans l'église aux prières des fidèles et assisteront à la célébration des mystères, quoiqu'ils ne le méritent pas; mais ils seront retranchés de la table sainte. Toutefois, comme ils sont tombés par la fragilité de la chair, ils recevront le viatique à la mort. Il faut suivre la même règle pour les femmes, qui, après leur pénitence, se trouvent dans un cas semblable.

On voit par ce canon, ainsi que par plusieurs au-

LIVRE XXXVI. — PONTIFICAT DE SIRICE.

tres, que, du moins dans bien des églises de l'Occident, ceux qui embrassaient la pénitence publique étaient tenus, non-seulement dans le temps de leur pénitence, mais encore après, à renoncer à toute milice soit de robe, soit d'épée, à ne point contracter de mariage, à ne point user de celui qu'ils auraient contracté précédemment. Le pape saint Léon répondra de même, qu'il était contraire aux règles ecclésiastiques de rentrer dans la milice séculière après la pénitence; ou de se marier, si ce n'était que le pénitent fût jeune et en péril de tomber dans l'incontinence; encore ne le lui accordait-on que par indulgence (Léon, *Epist.* 92 *ad Rust.*). Le pape saint Grégoire VII dira pareillement que, pour une véritable pénitence, il faut déposer les armes, et ne les plus porter jamais, si ce n'est du conseil des évêques et pour défendre la justice (Labbe, t. X, col. 373; Morin, *De Pœnit.*, l. 5, c. 21-24).

Quant aux moines et aux religieuses qui, au mépris de leur profession, auront contracté des conjonctions sacriléges, condamnées également et par les lois civiles et par les lois ecclésiastiques, le pape saint Sirice répond qu'ils doivent être chassés de la communauté des monastères et des assemblées des églises, et enfermés dans des prisons pour y pleurer leurs péchés, et ne recevoir la communion qu'à la mort. Il est défendu d'épouser la fille fiancée à un autre; et c'est une espèce de sacrilége, de violer la bénédiction des fiançailles.

Il y avait en Espagne des prêtres et des diacres qui, longtemps après leur ordination, vivaient avec leurs femmes ou avec d'autres, en sorte qu'ils en avaient des enfants, et alléguaient pour prétexte de leur incontinence l'exemple des prêtres de l'ancienne loi. A quoi le Pape répond que ces anciens usaient du mariage, parce que les ministres de l'autel ne pouvaient être d'une autre famille; et toutefois ils se séparaient de leurs femmes dans le temps de leur service. Mais Jésus-Christ étant venu perfectionner la loi, les prêtres et les diacres sont obligés, par une loi inviolable, à garder du jour de leur ordination la sobriété et la continence, pour plaire à Dieu dans les sacrifices qu'ils offrent tous les jours. Ceux donc qui ont péché par ignorance et reconnaissent leur faute, demeureront dans l'ordre où ils sont, à la charge d'observer la continence à l'avenir; ceux qui voudront défendre leur erreur, seront privés de toute fonction ecclésiastique par l'autorité du Saint-Siége : ce qui est dit en général pour les évêques, les prêtres et les diacres. On n'examinait pas assez les ordinands, principalement sur la bigamie; c'est pourquoi le Pape donne ces règles : « Celui qui, dès son enfance, s'est dévoué au service de l'Eglise, doit être baptisé avant l'âge de puberté, et mis au rang des lecteurs. S'il a tenu jusqu'à trente ans une conduite approuvée, se contentant d'une seule femme, qu'il l'ait épousée vierge avec la bénédiction du prêtre, il doit être acolyte et sous-diacre. Ensuite il peut monter au degré du diaconat, s'il en est jugé digne, après avoir promis la continence. Quand il aura servi dignement plus de cinq ans, il pourra recevoir la prêtrise. Dix ans après, il pourra monter à la chaire épiscopale, si l'on est content de sa foi et de ses mœurs. Mais celui qui, dans un âge avancé, désire entrer dans le clergé, ne l'obtiendra qu'à condition d'être mis au rang des lecteurs ou des exorcistes, aussitôt après son baptême, pourvu qu'il n'ait eu qu'une femme et qu'il l'ait prise vierge. Deux ans après il pourra être acolyte et sous-diacre pendant cinq ans, et ainsi être élevé au diaconat, puis, avec le temps, à la prêtrise ou à l'épiscopat, s'il est choisi par le clergé et le peuple. » C'est la première ordonnance ecclésiastique où l'âge des ordinands et les interstices soient marqués si distinctement. On y voit que l'Eglise ne désapprouve pas que les laïques s'offrent d'eux-mêmes, pour entrer dans le clergé. Le clerc qui aura épousé une veuve, ou pris une seconde femme, est réduit à la communion laïque. Il est défendu aux femmes d'habiter dans les maisons des clercs, sinon celles que permet le concile de Nicée.

« Nous souhaitons, dit le Pape, que les moines qui seront trouvés dignes, soient admis dans le clergé, à la charge que, s'ils sont au-dessous de trente ans, ils soient promus aux moindres ordres par tous les degrés, et qu'ils viennent dans un âge mûr au diaconat ou à la prêtrise; mais qu'on ne les fasse pas tout d'un coup sauter à l'épiscopat. » Comme il n'est point permis aux clercs de faire pénitence publique, ainsi, il n'est pas permis d'admettre à l'honneur de la cléricature les laïques qui ont fait pénitence publique, quoique réconciliés et purifiés de leurs péchés. Le Pape use d'indulgence pour le passé à l'égard de ceux qui ont péché par ignorance contre ces règles, et qui se sont intrus dans le clergé, étant pénitents ou bigames; mais à la charge qu'ils demeureront dans leur rang, sans espérance d'être promus à un ordre supérieur. Quant aux souverains prélats de toutes les provinces, conclut-il, si à l'avenir ils se permettent encore, contrairement aux canons et à nos défenses, de promouvoir des individus de cette sorte aux ordres sacrés, qu'ils sachent d'avance, et qu'eux-mêmes et ceux qu'ils auront ainsi promus, subiront, de la part du Siége apostolique, la sentence qu'ils méritent. Enfin, après avoir félicité Himère d'avoir consulté l'Eglise romaine comme la tête de son corps, il l'exhorte à notifier ces décisions à tous les évêques, non-seulement de sa province de Tarragone, mais de celle de Carthagène, de la Bétique, de la Lusitanie, de la Galice, et des autres provinces de son voisinage; ce qui comprenait la Gaule narbonnaise (Labbe, t. II; Coustant).

A la suite de cette lettre se trouve, dans d'anciens manuscrits, un décret du même Pape, qui porte que toutes les causes qui concernent la religion et l'intérêt des églises, doivent être portées au tribunal des évêques, et non des princes de la terre (Coustant, col. 638).

Sirice, quelque temps après son élection, écrivit à l'empereur Maxime pour l'exhorter, ce semble, à suivre et à défendre la vraie foi, et l'informer d'un nommé Agrice, qui avait été fait prêtre contre l'ordre des canons. Nous n'avons plus cette lettre, mais la réponse qu'y fit l'empereur. Il y appelle le Pape *Seigneur apostolique et bien-aimé Père.* Il y proteste qu'il se sent d'autant plus d'amour pour la foi catholique, qu'il reçoit plus de faveurs de la part de Dieu, qui l'a élevé à l'empire au sortir des fonts de baptême. Il promet d'assembler tous les évêques des Gaules et des cinq provinces de la Narbonnaise pour juger l'affaire d'Agrice; il a du zèle et fait son possible pour conserver la foi catholique, maintenir l'union entre les évêques et corriger les désordres qu'il avait trouvés à son avénement à l'empire, désordres tels, que bientôt les maux étaient irrémédiables. Quant aux abominations des manichéens ou priscillianistes, découvertes récemment, non par des conjectures et des soupçons incertains, mais par la confession qu'ils en avaient faite eux-mêmes devant les juges, il aimait mieux que Sa Sainteté en prît connaissance par les actes qu'il lui envoyait, n'osant, par pudeur, dire lui-même ce qu'ils contenaient, tant les faits étaient honteux (Coust., col. 640).

Ce fut aussi dans les commencements de son pontificat que Sirice écrivit à Anysius, disciple de saint Aschole et son successeur sur le siége de Thessalonique. L'évêque Candidien fut porteur de cette lettre; mais, comme il mourut peu après, le Pape douta qu'elle fût parvenue à son adresse. Il se confirma dans ce doute, quand il apprit que les désordres qui arrivaient depuis quelque temps dans l'ordination des évêques d'Illyrie continuaient, en sorte qu'on en avait ordonné trois dans une seule église. N'ayant donc pu savoir si sa première lettre avait été rendue, il en écrivit une seconde quelques mois après. Il y presse Anysius de veiller sur les ordinations de l'Illyrie, et d'en réprimer les abus. Il veut qu'aucun évêque ne soit sacré que de sa main ou de son consentement, qu'au cas qu'il ne puisse les sacrer lui-même, il en donne la commission par écrit à quelque autre évêque capable de mettre à la place de celui qui serait mort ou déposé, un évêque catholique et de bonnes mœurs, suivant les décrets de Nicée et de l'Eglise romaine, le prenant parmi les clercs de l'Eglise vacante, s'il y en a qui le méritent (Ibid., col. 642).

Le Pape ayant assemblé un concile à Rome, près des reliques de l'apôtre saint Pierre, par lequel, dit-il, a commencé l'origine et de l'apostolat et de l'épiscopat dans le Christ, y rappela avec quel soin les évêques doivent veiller à la pureté de l'Eglise, et renouvela quelques anciens statuts qui y avaient rapport, mais que la négligence ou la paresse avait laissé abolir dans quelques églises particulières, ceux qui en étaient évêques s'étant laissé aller aux usages du monde, sans craindre les jugements du Seigneur. Ces statuts sont au nombre de huit. Le premier défend d'ordonner un évêque à l'insu du Siége apostolique. Le second ne veut pas qu'un évêque soit ordonné par un seul évêque. Il est défendu par le troisième d'admettre dans le clergé celui qui, après la rémission de ses péchés, c'est-à-dire après le baptême, aura porté le baudrier de la milice séculière. Le quatrième porte défense à un clerc d'épouser une femme veuve : dans quelques manuscrits on ne lit pas le terme de *veuve;* en sorte que le sens du canon serait qu'il n'est pas permis à un clerc de se marier. Le cinquième refuse l'entrée du clergé à un laïque qui aura épousé une veuve. Le sixième déclare qu'il n'est pas permis d'ordonner un clerc d'une autre église. Le septième, qu'on ne doit pas recevoir un clerc chassé de son église. Le huitième regarde ceux qui abandonnaient le parti des novatiens et des montagnards, c'est-à-dire des donatistes. Il y est ordonné de les recevoir par l'imposition des mains; mais on en excepte ceux qui auraient été rebaptisés; on ne les recevait plus dans le clergé ni même dans l'Eglise sans une pénitence pleine et entière.

Le Pape presse ensuite les prêtres et les diacres de vivre dans une exacte continence, comme étant obligés tous les jours de servir à l'autel, leur représentant que si l'apôtre l'ordonne aux laïques dans le temps qu'ils doivent vaquer à l'oraison, les prêtres doivent, à plus forte raison, l'observer en tout temps, n'y en ayant point où ils ne puissent se trouver dans la nécessité ou d'offrir le sacrifice, ou de conférer le baptême. Il leur fait voir que saint Paul, en voulant qu'un prêtre n'ait épousé qu'une femme, ne lui laisse pas la liberté d'en user, mais que son intention est qu'il vive dans une parfaite continence, comme il y vivait lui-même. Il déclare que ceux qui refuseront d'observer ce qui est prescrit dans sa lettre, seront séparés de sa communion et subiront les peines de l'enfer. Il recommande aux évêques d'allier la miséricorde avec la justice, et de tendre la main à ceux qui tombent, de peur qu'en les abandonnant à eux-mêmes, ils ne périssent sans ressource. La lettre est datée du 6 janvier 386.

Elle fut d'abord adressée aux évêques d'Italie, qui n'avaient pu venir au concile; puis, comme circulaire, à tous les évêques d'Afrique et probablement à tous les évêques du monde, comme nous le voyons déjà pour une lettre du pape saint Damase, adressée d'abord à l'Illyrie seule. Cette lettre de saint Sirice fut lue en 418, au concile de Zelle en Afrique, dans la province de Télepte, sous la présidence de Donatien, métropolitain de cette dernière ville. Elle y portait pour inscription : « A nos bien-aimés frères et coévêques en Afrique, Sirice. » On y modifia, ou peut-être le Pape même avait modifié le premier statut de cette manière : Que personne n'ose ordonner à l'insu du Siége apostolique, c'est-à-dire du primat (Coustant). Après tout, il est aisé de voir que la discipline actuelle, d'après laquelle aucun évêque de l'univers n'est ordonné et institué sans l'aveu et l'autorité du Pape, remplit parfaitement les vues de saint Sirice, et prévient à peu près tous les inconvénients qui occupaient sans cesse les anciens papes et les anciens conciles.

Quelque temps après, Sirice écrivit une seconde lettre, adressée comme la précédente, non-seulement aux évêques d'Italie, mais encore à ceux des diverses provinces, tant de l'Afrique que du reste du monde; car il en donne pour raison la nécessité où il est de parler, attendu qu'il a la sollicitude de toutes les Eglises. D'après les plaintes qu'on lui avait faites sur les irrégularités qui se commettaient dans les ordinations des ministres sacrés et même des évêques, il dit avec l'apôtre, qu'on ne doit imposer légèrement les mains à personne ni se rendre participant des péchés d'autrui, mais examiner auparavant la vie et les mœurs de ceux que l'on veut honorer de l'épiscopat, et les services qu'ils ont rendus à l'Eglise, afin que le mérite, et non la faveur, décide de leur promotion. Il rappelle la lettre précédente et répète à peu près ce qu'il y avait dit, qu'on ne doit point admettre dans le clergé ceux qui, après avoir exercé des emplois dans le grand monde ou dans les armées, ou qui ont été embarrassés dans le maniement des affaires séculières, employaient le crédit de leurs amis et de leurs proches, et même des personnes qui approchaient du Pape, afin de pouvoir devenir évêques. Il veut que ceux qui doivent être ordonnés se présentent à lui, quelque éloignés qu'ils soient, afin qu'il puisse juger par lui-même s'ils sont dignes de l'épiscopat et s'ils ont les suffrages du peuple. Il se plaint amèrement de la facilité avec laquelle quelques-uns ordonnaient diacres, prêtres et même évêques, des passants qui se disaient moines, ou qui l'étaient en effet, mais dont on ne connaissait ni la foi ni les mœurs, et qu'on ne savait pas même être baptisés. On aimait mieux leur donner le sacerdoce que de quoi continuer le voyage. De pareils ministres se laissaient d'abord enfler d'orgueil et tombaient dans la perfidie, n'étant point instruits des dogmes de l'Eglise ni de ses décrets. Si la nécessité a quelquefois obligé d'ordonner évêques des néophytes et des laïques, sans avoir passé auparavant par les degrés ordinaires, il ne veut pas qu'on en fasse une loi, mais qu'on s'en tienne à ce qui a été prescrit par les apôtres. Le sacerdoce est du ciel; on ne doit pas le considérer comme un emploi de la terre (Coustant).

Comme l'impératrice Justine lui avait recommandé son fils Valentinien, et que, de fait, il leur avait procuré la paix avec Maxime, saint Ambroise pouvait s'attendre à quelque reconnaissance de leur part. Ce fut précisément de cette paix que profita Justine pour persécuter le saint évêque; ce qu'elle n'avait osé ni du vivant de Valentinien, son mari, ni du vivant de Gratien. Comme la fête de Pâques approchait, en 385, elle lui fit demander, au nom de l'empereur, son fils, une église où les ariens qu'elle avait auprès d'elle pussent s'assembler. D'abord, on demanda la basilique Porcienne, qui était hors de la ville, et qui porte aujourd'hui le nom de Saint-Victor. Ensuite on demanda la basilique Neuve, plus grande et dans la ville. On envoya premièrement à saint Ambroise des conseillers d'Etat, afin qu'il donnât la basilique et qu'il empêchât que le peuple ne s'émût. Il répondit qu'un évêque ne pouvait livrer le temple de Dieu. C'était le vendredi avant le dimanche des Rameaux. Le lendemain, samedi, le préfet du prétoire vint dans l'église où saint Ambroise était avec le peuple, et s'efforça de lui persuader qu'il cédât au moins la basilique Porcienne. Le peuple se récria, et le préfet dit qu'il en ferait son rapport à l'empereur.

Le dimanche, après les lectures de l'Ecriture sainte et le sermon, saint Ambroise expliquait le Symbole à quelques catéchumènes, dans le baptistère de la basilique, quand on vint lui dire que des officiers avaient été envoyés de la cour pour attacher les panonceaux de l'empereur à la basilique Porcienne, et la déclarer ainsi du domaine impérial, et que, sur cette nouvelle, une partie du peuple y allait. Il ne laissa pas de continuer ses fonctions et de commencer la messe, c'est-à-dire l'oblation. Pendant qu'il offrait le saint sacrifice, on vint lui dire que le peuple avait pris un certain Castule, prêtre arien, comme il passait dans la rue. A cette nouvelle, saint Ambroise commença à pleurer amèrement et à demander à Dieu, dans l'action même du sacrifice, qu'il n'y eût pas de sang répandu pour la cause de l'Eglise, ou que l'on ne répandit que le sien, non-seulement pour son peuple, mais pour les hérétiques. Il envoya des prêtres et des diacres, et délivra ainsi le prêtre arien du péril où il était.

La cour traita de sédition la résistance du peuple : on décréta aussitôt de grosses amendes contre tout le corps des marchands. On en mit plusieurs aux fers pendant toute la semaine sainte, où l'on avait coutume de délivrer les prisonniers, suivant les lois des derniers empereurs, et une toute récente de Valentinien même. En trois jours on exigea de ces marchands deux cents livres pesant d'or; ils dirent qu'ils en donneraient encore autant, pourvu qu'ils conservassent la foi. Les prisons étaient pleines de marchands. On retenait tous les officiers du palais, les secrétaires, les agents de l'empereur et les menus officiers qui servaient sous divers comtes; on leur défendait de paraître en public, sous prétexte de ne pas se trouver dans la sédition. On faisait de terribles menaces aux personnes constituées en dignité, s'ils ne livraient la basilique. La persécution était si échauffée, que, pour peu qu'on y eût donné ouverture, on en pouvait attendre les derniers excès.

Les comtes et les tribuns vinrent sommer saint Ambroise de livrer promptement la basilique, disant que l'empereur usait de son droit, puisque tout était en sa puissance. Il répondit : « S'il me demandait ce qui est à moi, ma terre, mon argent, je ne les refuserais pas, quoique tout ce qui est à moi soit aux pauvres; mais les choses divines ne sont pas soumises à la puissance de l'empereur. Si on en veut à mon patrimoine, qu'on le prenne; si c'est à mon corps, j'irai au devant. Voulez-vous me mettre aux fers, me mener à la mort? j'en suis ravi; je ne me ferai point écouter du peuple pour me défendre; je n'embrasserai point les autels en demandant la vie; j'aime mieux être immolé pour les autels. » Saint Ambroise parlait ainsi, parce qu'il savait qu'on avait envoyé des gens armés pour s'emparer de la basilique; et il était saisi d'horreur quand il pensait qu'il pouvait arriver quelque massacre qui causerait la ruine de toute la ville, et peut-être de toute l'Italie. Il exposait sa vie pour détourner de l'Eglise la haine du sang qu'on allait répandre. Comme on le pressait d'apaiser le peuple, il répondit : « Il dépend de moi de ne pas l'exciter; mais il est en la main de Dieu de l'adoucir. Enfin, si vous croyez que je l'échauffe, punissez-moi, ou m'envoyez en tel désert qu'il vous plaira. » Après qu'il eut ainsi parlé, ils se retirèrent. Saint Ambroise passa toute la journée dans la vieille basilique; mais il alla coucher à sa maison, afin que si on voulait l'enlever on le trouvât prêt.

Il sortit avant le jour, et la basilique fut environnée de soldats. Mais on disait qu'ils avaient mandé à l'empereur que, s'il voulait sortir, il le pourrait, et qu'ils l'accompagneraient s'il allait à l'église des catholiques; autrement, qu'eux passeraient à celle que tiendrait Ambroise. En effet, ils étaient tous catholiques, aussi bien que les citoyens de Milan. Il n'y avait d'hérétiques que quelque peu d'officiers de l'empereur et quelques Goths, et l'impératrice menait partout avec elle ceux de sa communion. Mais alors aucun d'eux n'osait paraître. Saint Ambroise comprit, par le gémissement du peuple, que les soldats environnaient la basilique où il était. Mais pendant qu'on lisait les leçons, on l'avertit que la basilique Neuve était aussi pleine de peuple; qu'il paraissait plus nombreux que quand on était en liberté, et que l'on demandait un lecteur. Les soldat qui entouraient l'église où était saint Ambroise, ayant appris l'ordre qu'il avait donné de s'abstenir de leur communion, commencèrent à entrer dans l'assemblée. A leur vue, les femmes furent troublées, et il y en eut une qui s'enfuit. Mais les soldats dirent qu'ils étaient venus pour prier Dieu et non pour combattre. Le peuple fit quelques exclamations avec modestie et fermeté. Ils disaient, comme si l'empereur eût été présent : Nous vous prions, Auguste, nous ne combattons pas; nous ne craignons pas, mais nous prions. Ils demandaient à saint Ambroise d'aller à l'autre basilique, où l'on disait que le peuple le désirait.

Alors il commença à prêcher sur le livre de Job, qui venait d'être lu, suivant l'office du temps. Accommodant cette lecture à l'occasion présente, il loua la patience de son peuple et la compara à celle de Job. Il compara aussi les tentations qu'il souffrait à celle du saint patriarche. « Le démon, dit-il, veut m'ôter en vous mes enfants et mes richesses; et c'est peut-être parce que Dieu connaît ma faiblesse, qu'il ne lui a pas encore donné puissance sur mon corps. » Il compare à la femme de Job l'impératrice qui le pressait de livrer l'église et de blasphémer contre Dieu. Il la compare à Eve, à Jézabel, à Hérodiade. Je réponds : Il ne m'est pas permis de la livrer; et vous, empereur, il ne vous est pas avantageux de la recevoir. On soutient que tout est permis à l'empereur, que tout est à lui. Je réponds : Ne vous faites pas ce tort de croire que, comme empereur, vous ayez quelque droit sur les choses divines. On dit de la part de l'empereur : Je dois aussi avoir une basilique. J'ai répondu : Qu'avez-vous de commun avec l'adultère? c'est-à-dire avec l'église des hérétiques. »

Pendant que saint Ambroise prêchait ainsi, on l'avertit qu'on avait ôté les panonceaux de l'empereur, et que la basilique était pleine de peuple qui demandait sa présence. Il y envoya des prêtres, mais il ne voulut pas y aller lui-même, et dit : « Je me confie en Jésus-Christ, que l'empereur sera pour nous. » Aussitôt, tournant son discours sur cette nouvelle, il continua de prêcher, et dit : « Que les oracles du Saint-Esprit sont profonds! Vous vous souvenez, mes frères, avec quelle douleur nous avons répondu à ces paroles que l'on lisait ce matin : *Seigneur, les nations sont venues dans votre héritage!* Il est venu des Goths et d'autres étrangers en armes, ils ont entouré la basilique; mais ils sont venus gentils, et sont devenus chrétiens. Ils sont venus pour envahir l'héritage, ils sont devenus cohéritiers de Dieu. J'ai pour défenseurs ceux que je croyais mes ennemis. »

Il continuait de rendre grâces à Dieu de cet heureux changement, admirant comment l'empereur s'était adouci par l'affection des soldats, les instances des comtes et les prières du peuple, quand on l'avertit qu'on avait envoyé un secrétaire de l'empereur, chargé de ses ordres. Il se retira un peu à l'écart, et le secrétaire lui dit : A quoi avez-vous pensé, d'aller contre l'ordre de l'empereur? Ambroise répondit : Je ne sais quel est cet ordre ni de quoi on se plaint. L'officier dit : Pourquoi avez-vous envoyé des prêtres à la basilique? Si vous êtes un tyran, je veux le savoir, pour songer à me préparer contre vous. Ambroise répondit : Je n'ai rien fait qui donne trop à l'Eglise. Quand j'ai appris que la basilique était investie par les soldats, je me suis contenté de gémir; et comme plusieurs personnes m'exhortaient à y aller, j'ai dit : Je ne puis livrer la basilique, mais je ne dois pas combattre. Quand j'ai su qu'on avait ôté les panonceaux de l'empereur, quoique le peuple me demandât, j'y ai envoyé des prêtres, sans y aller moi-même, espérant que l'empereur serait pour nous. Si cela vous paraît une tyrannie, que tardez-vous à me frapper? mes armes sont le pouvoir de m'exposer. Dans l'ancienne loi, les prêtres donnaient les royaumes et ne les prenaient pas; et l'on dit d'ordinaire que les empereurs souhaiteraient le sacerdoce, plutôt que les prêtres ne voudraient l'empire. Maxime ne dit pas que je suis le tyran de Valentinien, lui qui se plaint que ma députation l'a empêché de passer en Italie. Il ajouta que jamais les évêques ne s'étaient érigés en tyrans, mais qu'ils en avaient souvent trouvé.

Les catholiques passèrent tout ce jour en tristesse; seulement, des enfants qui jouaient, déchirèrent les panonceaux de l'empereur. C'étaient des voiles ou banderoles qui portaient son image, pour marquer que le lieu lui appartenait. Comme la basilique était environnée de soldats, saint Ambroise ne put retourner chez lui. Il dit les psaumes avec les frères dans un oratoire enfermé dans la même enceinte que la grande église; car les églises d'alors étaient accompagnées de plusieurs bâtiments, chambres, salles, bains, galeries : ce qui fait entendre comment le peuple y passait des jours et des nuits de suite. Il y avait des lieux où l'on pouvait manger ou dormir avec bienséance.

Le lendemain, qui était le Jeudi saint, on lut, suivant la coutume, le livre de Jonas. Après qu'il fut achevé, saint Ambroise commença à prêcher en ces termes : « On a lu un livre, mes frères, qui prédit que les pécheurs reviendront à la pénitence. » Le peuple reçut ces paroles avec espérance que la chose allait arriver. Saint Ambroise continua de parler; mais on vint lui dire que l'empereur avait fait retirer les soldats de la basilique et rendre aux marchands les amendes qu'on avait exigées d'eux. A cette nouvelle, la joie du peuple éclata par des applaudissements et de grandes actions de grâces, considérant que c'était le jour où l'Eglise accordait l'absolution aux pénitents. Les soldats eux-mêmes s'empressaient à porter cette nouvelle, se jetant sur les autels et les baisant en signe de paix.

Saint Ambroise écrivit tout ce qui s'était passé en cette occasion à sa sœur, sainte Marcelline, qui était à Rome, et qui, ayant appris le commencement de la persécution, lui en écrivait souvent et avec empressement. A la fin de sa relation, il ajouta qu'il prévoit encore de plus grands mouvements. Car, dit-il, comme les comtes priaient l'empereur d'aller à l'église, il répondit : Si Ambroise vous le commande, vous me livrerez pieds et mains liés. Saint Ambroise ajoute enfin : L'eunuque Calligone, préfet de la chambre, m'a fait dire : Tu méprises Valentinien de mon vivant? Je te couperai la tête. J'ai répondu : Dieu permette que tu accomplisses ta menace! je souffrirai en évêque, et tu agiras en eunuque (Ambr., *Ep*. 20). Calligone eut bientôt après la tête tranchée, ayant été convaincu d'un crime infâme.

L'impératrice Justine, plus animée contre saint Ambroise, par la résistance du peuple, fit faire à Valentinien, son fils, une loi pour autoriser les assemblées des ariens. Le chancelier Bénévole refusa de dresser cette loi, parce qu'il était attaché dès l'enfance à la religion catholique, quoiqu'il ne fût pas encore baptisé. On lui promit une dignité plus relevée, s'il obéissait; mais il répondit généreusement : Otez-moi plutôt la charge que j'ai, et me laissez l'intégrité de la foi. En disant cela, il jeta aux pieds de l'impératrice la ceinture qui était la marque de sa dignité. Il fut disgrâcié et se retira à Bresse, sa patrie, où il avait appris la saine doctrine par les instructions de saint Philastre. Bénévole ayant reçu le baptême, fut un des principaux ornements de cette Eglise et des meilleurs amis de saint Gaudence, successeur de saint Philastre. La loi pour les ariens ne laissa pas d'être composée et publiée le 23 janvier 386. Elle était conçue en ces termes : « Nous donnons permission de s'assembler à ceux dont les sentiments sont conformes à l'exposition de foi faite sous Constance, d'heureuse mémoire, dans le concile de Rimini, par les évêques assemblés de tout l'empire romain, par ceux mêmes qui y résistent à présent, et confirmée à Constantinople. Il sera libre aussi de s'assembler à ceux à qui nous l'avons permis, c'est-à-dire aux catholiques; mais ils doivent savoir que, s'ils font quelque trouble contre notre ordonnance, ils seront punis de mort comme auteurs de sédition, perturbateurs de la paix de l'Eglise et criminels de lèse-majesté. Ceux-là seront aussi sujets au supplice, qui tenteront, par obreption ou en cachette, de se pourvoir contre la présente ordonnance. » Le véritable auteur de cette loi fut Auxence, que les ariens reconnaissaient pour évêque de Milan. Il était Scythe de nation et se nommait Mercurin; mais, s'étant décrié pour ses crimes, il prit le nom d'Auxence, agréable aux ariens, à cause du premier Auxence, prédécesseur de saint Ambroise. Comme les ariens n'avaient dans toute l'Italie ni église, ni évêque, ni peuple, la loi n'était faite que pour tout bouleverser, désaffectionner les populations et faciliter à Maxime l'invasion qu'il méditait; en un mot, elle était aussi impolitique qu'impie et atroce.

A l'approche du carême suivant, l'impératrice Justine demanda de nouveau la basilique Porcienne. Naboth, répondit saint Ambroise, ne voulut point livrer l'héritage de ses pères, et moi je livrerai l'héritage du Christ? A Dieu ne plaise que je livre l'héritage de mes pères : de saint Denys, qui est mort en exil pour la foi; de saint Eustorge, le confesseur; de saint Myrocle et de tous les saints évêques, mes prédécesseurs! »

Quelque temps après, le tribun Dalmace vint le trouver de la part de l'empereur, pour lui dire qu'il choisît des juges, comme Auxence avait fait, afin que leur cause fût jugée par l'empereur en son consistoire ou conseil d'Etat, lui déclarant que, s'il ne voulait s'y trouver, il eût à se rendre où il voudrait, c'est-à-dire à céder à Auxence le siège de Milan. Saint Ambroise consulta les évêques qui se trouvèrent dans la ville, et ils ne furent point d'avis qu'il allât au palais ni qu'il s'exposât à ce jugement, se défiant même qu'entre les juges choisis par Auxence, il n'y eût quelque païen ou quelque juif : ce qui était vrai. Il dressa donc, par leur conseil, une remontrance à l'empereur, par laquelle il s'excuse d'obéir à cet ordre, premièrement par l'exemple de Valentinien le père, qui avait souvent déclaré, et dans ses discours et par ses lois, que dans les causes de la foi ou des personnes ecclésiastiques, le juge ne devait pas être de moindre condition que les parties, c'est-à-dire que les évêques devaient être jugés par des évêques. Qui peut nier, ajoute-t-il, que dans les causes de la foi, les évêques ne jugent les empereurs chrétiens; bien loin d'être jugés par les empereurs? Ensuite, parlant des juges choisis par Auxence, il dit : Qu'ils viennent à l'église, non pour être assis comme juges, mais pour écouter avec le peuple, et afin que chacun choisisse celui qu'il doit suivre. Il s'agit de l'évêque de cette église : si le peuple écoute Auxence et croit qu'il enseigne mieux, qu'il suive sa foi, je n'en serai point jaloux. Saint Ambroise parle ainsi, parce qu'il était bien assuré de l'attachement de son peuple à la foi catholique.

Il insiste sur la loi qui venait d'être publiée, par laquelle il n'était plus libre de juger autrement qu'en faveur des ariens, puisqu'il était défendu, sous peine de mort, de présenter aucune requête au contraire. « Ce que vous avez prescrit aux autres, dit-il, vous vous l'êtes prescrit à vous-même; car l'empereur fait des lois pour les observer le premier. Voulez-vous donc que je choisisse des juges laïques, afin que, s'ils conservent la vraie foi, ils soient proscrits ou mis à mort? Voulez-vous que je les expose à la prévarication ou au supplice? Ambroise ne mérite pas qu'on abaisse pour lui le sacerdoce : la vie d'un seul homme n'est point comparable à la dignité de tous les évêques. »

Il déclare ensuite son horreur pour la seconde partie du concile de Rimini, et son attachement au Symbole de Nicée. « C'est la foi, dit-il, que suit l'empereur Théodose, votre père; c'est celle que tiennent les Gaules et les Espagnes. S'il faut prêcher, j'ai appris à prêcher dans l'Eglise, comme ont fait mes prédécesseurs. S'il faut tenir une conférence sur la foi, c'est aux évêques à la tenir, comme on a fait sous Constantin, d'auguste mémoire, qui leur a laissé la liberté de juger. On l'a fait aussi sous Constance; mais ce qui avait bien commencé, n'a pas fini de même. Car les évêques avaient d'abord consigné par écrit la vraie foi; mais, comme quelques-uns voulaient qu'on jugeât de la foi dans le palais, ils firent en sorte de changer le jugement des évêques par des formules nouvelles. Toutefois les évêques révoquèrent aussitôt la sentence dont on abusait, et il est certain qu'à Rimini le grand nombre approuva la foi du concile de Nicée et condamna les formules ariennes. » Saint Ambroise ajoute : « Je serais allé, seigneur, à votre consistoire, vous représenter ceci de bouche, si les évêques et le peuple ne m'en eussent empêché. Et plût à Dieu que vous ne m'eussiez pas fait mander d'aller où je voudrais. Je sortais tous les jours, personne ne me gardait; vous deviez alors m'envoyer où il vous plaisait; maintenant les évêques me disent : Il y a peu de différence de laisser volontairement l'autel du Christ ou de le livrer. Plût à Dieu que je fusse assuré qu'on ne livrât point l'église aux ariens, je m'offrirais volontiers à tout ce qu'il vous plairait ordonner de moi (Ambr., *Epist.* 21, édit. Bénéd.).

Après cette remontrance, saint Ambroise se retira

dans l'église, où pendant quelque temps le peuple le garda jour et nuit, craignant qu'on ne l'enlevât de vive force. En effet, l'empereur envoya des compagnies de soldats, qui gardaient l'église en dehors, y laissant entrer qui voulait, mais n'en laissant sortir personne. Saint Ambroise, ainsi enfermé avec son peuple, le consolait par ses discours, dont il nous reste un des plus considérables, prononcé le dimanche des Rameaux, comme l'évangile qui avait été lu semble le montrer. Car cette seconde persécution fut excitée dans le même temps que celle de l'année précédente, c'est-à-dire vers la fin du carême. Ce sermon commence ainsi :

« Je vous vois plus troublés qu'à l'ordinaire et plus appliqués à me garder : je m'en étonne, si ce n'est parce que vous avez vu que des tribuns m'ont ordonné, de la part de l'empereur, d'aller où je voudrais, permettant à ceux qui voudraient de me suivre; avez-vous donc craint que je vous quittasse pour me sauver? Mais vous avez pu remarquer ma réponse, qu'il ne m'est pas possible d'abandonner l'église, parce que je crains plus le Seigneur du monde que l'empereur de ce siècle; que, si on me tirait de force hors de l'église, on pourrait en chasser mon corps et non pas mon esprit; et que, s'il agissait en prince, moi je souffrirais en évêque. Pourquoi donc êtes-vous troublés? je ne vous abandonnerai jamais volontairement; mais je ne sais point résister à la violence. Je pourrai m'affliger, je pourrai pleurer et gémir; mes armes sont les pleurs, contre les armes, contre les soldats et contre les Goths. Mais aussi, je ne puis ni fuir ni quitter l'église, de peur qu'on ne croie que je le fais par la crainte d'une peine plus rigoureuse. Vous savez vous-mêmes que j'ai l'habitude de déférer aux empereurs, mais non pas de leur céder.

» On m'a proposé de livrer les vases de l'église. J'ai répondu : Que si l'on me demandait ma terre, mon or, mon argent, je l'offrirais volontiers; mais je ne puis rien ôter au temple de Dieu, ni livrer ce que je n'ai reçu que pour le garder. Si on en veut à mon corps et à ma vie, vous devez être seulement les spectateurs du combat. Si Dieu m'y a destiné, toutes vos précautions sont inutiles. Celui qui m'aime ne peut mieux le témoigner qu'en me laissant devenir la victime du Christ. Vous êtes troublés d'avoir trouvé ouverte une porte par où l'on dit qu'un aveugle s'est fait un passage pour retourner chez lui. Reconnaissez donc que la garde des hommes ne sert de rien. Ne vous souvenez-vous pas encore que l'on trouva, il y a deux jours, du côté gauche de la basilique, une entrée libre que vous croyiez bien fermée, et qui est demeurée ouverte pendant plusieurs nuits, nonobstant la vigilance des soldats. N'ayez donc plus d'inquiétude; il arrivera ce que Jésus-Christ veut, et ce qui est expédient. » Sur quoi il apporte l'exemple de saint Pierre, à qui Jésus-Christ apparut à la porte de Rome, disant qu'il allait être crucifié de nouveau. Saint Ambroise ajoute : « J'attendais quelque chose de grand, le glaive ou le feu pour le nom du Christ. Eux m'offrent des délices pour souffrances. Que personne donc ne vous trouble, en disant que l'on a préparé un chariot, ou qu'Auxence a dit des paroles dures. »

Ce que saint Ambroise dit de ce chariot, est expliqué par Paulin, dans sa vie. Un nommé Euthymius s'était pourvu d'une maison près de l'église, et y avait mis un chariot, pour enlever plus facilement Ambroise et l'emmener en exil. Il ambitionnait la charge de tribun, que Justine promettait à quiconque en viendrait à bout. Mais une année après, le même jour qu'il avait cru l'enlever, lui-même fut mis dans le même chariot et tiré de la même maison pour aller en exil, et saint Ambroise lui donna de l'argent et les autres choses nécessaires pour son voyage. Paulin rapporte encore qu'un aruspice, nommé Innocentius, monta sur le haut du toit de l'église, et y sacrifia au milieu de la nuit, pour exciter la haine du peuple contre Ambroise; mais plus il faisait de maléfices, plus le peuple s'affectionnait à la foi catholique et au saint évêque. Il envoya même des démons pour le tuer; mais ils lui rapportèrent qu'ils n'avaient pu approcher, non-seulement de sa personne, mais de la porte même de son logis, parce que toute la maison était environnée d'un feu insurmontable, qui les brûlait même de loin. Ainsi l'aruspice fut contraint de cesser ses maléfices. Lui-même raconta tout cela depuis, après la mort de l'impératrice Justine; car, étant mis à la question pour d'autres crimes, il criait que l'ange qui gardait Ambroise lui faisait souffrir de plus grands tourments, et déclara tout ce qui vient d'être dit. Un autre vint avec une épée jusqu'à la chambre de saint Ambroise, pour le tuer; mais ayant levé la main avec l'épée nue, son bras demeura étendu en l'air. Alors il confessa que Justine l'avait envoyé, et aussitôt son bras fut guéri (Paulin, *Vita Amb.*, n. 12-20).

Le discours de saint Ambroise s'accorde avec ce récit; car il continue de parler ainsi à son peuple : « La plupart disaient qu'on avait envoyé des meurtriers, que j'étais condamné à mort. Je ne crains pas, et je ne quitte point ce lieu. Car, où irais-je, où tout ne soit plein de gémissements et de larmes? puisque l'on ordonne par toutes les églises de chasser les évêques catholiques, de punir de mort ceux qui résistent, de proscrire tous les officiers des villes, s'ils n'exécutent cet ordre. Et c'est un évêque qui l'écrit de sa main et qui le dicte de sa bouche ! »

Il relève ensuite très-fortement la cruauté d'Auxence, auteur de cette loi, et insiste sur l'indignité du tribunal qu'il avait choisi pour juger la cause de la foi : l'empereur, qui n'était qu'un jeune catéchumène, et quatre ou cinq païens. Puis il ajoute : « L'année dernière, quand je fus appelé au palais, en présence des grands et du consistoire, lorsque l'empereur voulait nous ôter une basilique, fus-je ébranlé à la vue de la cour? ne conservai-je pas la fermeté sacerdotale? Ne se souvient-on pas que, quand le peuple sut que j'étais allé au palais, il accourut avec un tel effort, qu'on ne put l'arrêter, et qu'un comte militaire étant sorti avec des gens armés pour chasser cette multitude, tous s'offrirent à la mort pour la foi du Christ? Ne me pria-t-on pas de parler au peuple pour l'apaiser, et de donner parole qu'on ne prendrait point la basilique? On me demanda cet office comme une grâce; et quoique j'eusse ramené le peuple, on voulut me charger de la haine de ce concours vers le palais. On veut m'attirer encore cette haine; je crois devoir la modérer, mais sans la craindre. — Qu'avons-nous donc répondu à l'empereur, qui ne soit conforme à l'humilité? S'il demande un tribut, nous ne le refusons pas : les terres de l'Eglise paient tribut. Si l'empereur désire nos terres, il peut les prendre, aucun de nous ne s'y oppose; je ne les donne pas, mais je ne les refuse pas : la contribution du peuple est plus que suffisante pour les pauvres. On nous reproche l'or que nous leur distribuons : loin de le nier, j'en fais gloire; les prières des pauvres sont ma défense; ces aveugles, ces boiteux, ces vieillards sont plus forts que les guerriers les plus robustes. Nous rendons à César ce qui est de César, et à Dieu ce qui est de Dieu : le tribut est de César, l'Eglise est de Dieu. Personne ne peut dire que ce soit manquer de respect à l'empereur; qu'y a-t-il de plus à son honneur que de le nommer fils de l'Eglise? L'empereur est dans l'Eglise, non pas au-dessus (*Serm. cont. Aux.*).

Dieu même donna une consolation sensible à l'Eglise de Milan, en révélant à saint Ambroise les reliques de saint Gervais et de saint Protais, frères et martyrs, dont on avait oublié depuis longtemps les noms et le lieu de leur sépulture. Pendant le fort de la persécution de Justine, saint Ambroise ayant dédié la basilique, que l'on nomme encore de son nom l'*Ambrosienne*, le peuple lui demanda tout d'une voix, de la dédier comme la basilique Romaine. C'était une autre église de Milan, qu'il avait consacrée auprès de la porte Romaine, en l'honneur des Apôtres. Saint Ambroise répondit : « Je le ferai, si je trouve des reliques des martyrs; » et aussitôt il sentit une ardeur, comme d'un heureux présage. En effet, Dieu lui révéla en songe que les corps de saint Gervais et de saint Protais étaient dans la basilique de saint Félix et de saint Nabor. Malgré la crainte de son clergé, il fit ouvrir la terre devant la balustrade qui environnait les sépulcres des martyrs. Il trouva des signes convenables : peut-être quelques palmes gravées, ou quelque instrument de leur supplice. Il fit venir des possédés, pour leur imposer les mains; mais avant qu'il eût commencé, une possédée fut saisie du démon et étendue contre terre à l'endroit où reposaient les martyrs que l'on cherchait. Ayant découvert leurs sépulcres, on trouva deux hommes qui parurent plus grands que l'ordinaire, tous les os entiers, beaucoup de sang, la tête séparée du corps. On les arrangea, remettant chaque os à sa place; on les couvrit de quelques vêtements et on les mit sur des brancards. Ils furent ainsi transportés vers le soir à la basilique de Fauste, où l'on célébra les veilles toute la nuit, et plusieurs possédés reçurent l'imposition des mains. Ce jour et le suivant, il y eut un très-grand concours de peuple. Alors les vieillards se ressouvinrent d'avoir ouï autrefois les noms de ces martyrs, et d'avoir vu l'inscription de leur tombeau. Le lendemain, les reliques furent transférées à la basilique Ambrosienne.

Il y avait à Milan un aveugle nommé Sévère, connu de toute la ville, boucher de son métier avant la perte de la vue, et aveugle depuis plusieurs années. Celui-ci entendant le bruit de la joie publique, en demanda le sujet, et, l'ayant appris, il se leva promptement et se fit mener auprès des corps saints. Y étant arrivé, il obtint qu'on le laissât approcher pour toucher d'un mouchoir le brancard où ils reposaient. Aussitôt qu'il eut appliqué le mouchoir sur ses yeux, ils furent ouverts et il revint sans guide. Ce miracle se fit en présence d'une infinité de peuple, et entre autres de saint Augustin, qui était alors à Milan, et qui en rend témoignage en plusieurs endroits de ses œuvres. Sévère ayant ainsi recouvré la vue, ne voulut plus l'employer que pour Dieu, et passa le reste de ses jours à le servir dans la basilique Ambrosienne, où étaient les corps des martyrs. Il vivait encore quand Paulin écrivit la vie de saint Ambroise.

Cette translation fut accompagnée d'un grand nombre d'autres miracles; de possédés délivrés, de malades guéris en touchant de leurs mains les vêtements qui couvraient les saints; quelques-uns par leur ombre seule. On jetait quantité de mouchoirs et d'habits sur les saintes reliques, et on les gardait comme des remèdes aux maladies. C'est saint Ambroise lui-même qui le témoigne dans un de ses sermons qu'il fit à cette occasion.

Car, après que les saintes reliques furent arrivées à la basilique Ambrosienne, il parla au peuple sur cette joie publique et ces miracles. Il rend grâces à Jésus-Christ d'avoir donné à son Eglise un tel secours, dans un temps où elle en avait tant besoin; et déclare qu'il ne veut point d'autres défenseurs. Il dit ensuite : « Mettons ces victimes triomphales au même lieu où Jésus-Christ est hostie. Mais lui sur l'autel, lui qui a souffert pour tous; eux sous l'autel, eux qui ont été rachetés par ses souffrances. C'est le lieu que je m'étais destiné; car il est juste que le prêtre repose où il a coutume d'offrir; mais je cède le côté droit à ces victimes sacrées. » Il voulait sur l'heure enterrer les saintes reliques; mais le peuple demanda, par ses cris, qu'il différât jusqu'au dimanche cette cérémonie, que l'on appelait *la déposition*. Enfin, saint Ambroise obtint qu'elle se ferait le jour suivant. Il fit un second sermon, dont le principal sujet fut de répondre aux calomnies des ariens; car, encore que ces miracles arrêtassent au dehors l'effort de la persécution, la cour de Justine s'en moquait dans le palais. Ils disaient qu'Ambroise avait suborné, par argent, des hommes qui feignaient d'être possédés, et ils niaient que ces corps que l'on avait trouvés fussent de vrais martyrs. Saint Ambroise leur répond par l'évidence des faits, dont tout le peuple était témoin, et insiste principalement sur le miracle de l'aveugle. « Je demande, ajoute-t-il, ce qu'ils ne croient pas. Est-ce que les martyrs puissent secourir quelqu'un? Ce n'est pas croire à Jésus-Christ; car il a dit : *Vous ferez des choses plus grandes.* Quel est donc l'objet de leur envie? Est-ce moi? mais ce n'est pas moi qui fais les miracles. Sont-ce les martyrs? ils montrent donc que la créance des martyrs est différente de la leur : autrement ils ne seraient pas jaloux de leurs miracles. » Ce sont les paroles de saint Ambroise.

Il écrivit à sa sœur sainte Marcelline ce qui s'était passé à l'invention et à la translation de ces saints martyrs, et joignit à sa lettre les deux sermons qu'il avait faits en cette occasion (*Epist.* 22). Pour confondre davantage les ariens, un homme de la multitude fut tout à coup saisi d'un esprit immonde, et commença à crier : Que ceux-là étaient tourmentés comme lui, qui niaient les martyrs ou qui ne croyaient pas à l'unité de la Trinité qu'enseignait Ambroise. Les ariens le prirent et le noyèrent dans un canal. Un d'entre eux, des plus ardents à la dispute et des plus endurcis, rendit témoignage qu'étant dans l'église, comme saint Ambroise prêchait, il avait vu un ange qui lui parlait à l'oreille, en sorte qu'il ne semblait faire que rapporter au peuple les paroles de l'ange. L'arien qui avait eu cette vision se convertit, et commença à défendre la foi qu'il avait combattue (Paulin, *Vita*).

Ainsi, à force de miracles, les ariens furent réduits à se taire, et l'impératrice contrainte de laisser en paix saint Ambroise. La crainte de l'empereur Maxime y contribua peut-être aussi pour quelque chose. Car il écrivit une lettre à l'empereur Valentinien, pour l'exhorter à faire cesser cette persécution. Il lui représente que, s'il ne voulait conserver la paix avec lui, il ne lui donnerait pas un tel avis, puisque cette division serait utile à ses intérêts. Il lui fait voir le danger de changer la foi établie depuis tant de siècles. « Toute l'Italie, dit-il, croit ainsi, l'Afrique, la Gaule, l'Aquitaine, toute l'Espagne; Rome enfin, qui tient la principauté même en cette matière, c'est-à-dire dans la religion comme dans l'empire. Valentinien, votre père, de vénérable mémoire, a fidèlement gouverné l'empire avec cette foi. Comment donc, les évêques qui l'étaient déjà de son temps, qui continuent de croire et d'enseigner la même doctrine qu'alors, sont-ils maintenant déclarés sacrilèges, assiégés dans leurs basiliques, menacés d'amendes et de mort? Croyez-vous donc pouvoir renverser une religion enracinée dans les âmes, et que Dieu même a établie? A combien de discordes et de séditions n'est-ce pas donner lieu (Labbe, t. II; Theod., l. 5, c. 14)? » Enfin, saint Ambroise et les évêques catholiques demeurèrent en repos.

Une autre gloire fut donnée à saint Ambroise dans ce temps : ce fut de convertir et de baptiser un homme qui devait être la gloire même de l'Eglise, l'oracle du monde chrétien, et un modèle des vertus les plus pures; un homme qui dès lors était un miracle de la grâce; en un mot, saint Augustin.

Il était né le 13 novembre 354, dans la petite ville de Tagaste, près de Madaure et d'Hippone dans la Numidie (l'Algérie actuelle). Ses parents étaient de condition honnête : son père, membre du corps municipal, se nommait Patrice, sa mère Monique. Ils eurent grand soin de le faire instruire des lettres humaines, et tout le monde remarquait en lui un esprit excellent et des dispositions merveilleuses pour les sciences. Etant tombé malade en son enfance et en péril de mort, il demanda le baptême, ayant déjà été fait catéchumène par le signe de la croix et le sel. Sa mère, pieuse et fervente chrétienne, disposait tout pour la cérémonie; mais tout à coup il se porta mieux, et son baptême fut différé. Il étudia d'abord à Madaure la grammaire et la rhétorique jusqu'à l'âge de seize ans, où son père le fit revenir à Tagaste, et l'y retint un an, pendant qu'il préparait les choses nécessaires pour l'envoyer achever ses études à Carthage; car la passion de faire étudier ce fils lui faisait faire des efforts au-dessus de sa fortune, qui était médiocre. Pendant ce séjour de Tagaste, le jeune Augustin, méprisant les sages conseils de sa mère, commença de se laisser emporter aux amours déshonnêtes, invité par l'oisiveté et par la complaisance de son père, qui n'était pas encore chrétien. Mais il le fut avant sa mort, qui arriva peu de temps après. Augustin étant arrivé à Carthage se plongea de plus en plus dans la passion des femmes, qu'il fomentait par les spectacles des théâtres. Il ne laissait pas de demander à Dieu la chasteté; mais, ajoutait-il, que ce ne soit pas encore sitôt. Cependant il avançait avec grand succès dans ses études, qui avaient pour but d'arriver aux charges et aux magistratures; car l'éloquence en était alors le chemin. Parmi les ouvrages de Cicéron, qu'il étudiait, il lut l'*Hortensius*, que nous n'avons plus, et qui était une exhortation à la philosophie. Il en fut touché, et commença dès lors, à l'âge de dix-neuf ans, à mépriser les vaines espérances du monde et à désirer la sagesse et les biens immortels. Ce fut le premier mouvement de sa conversion (1).

La seule chose qui lui déplaisait dans les philosophes, c'est qu'il n'y trouvait point le nom de Jésus-Christ, qu'il avait reçu avec le lait de sa mère, et qui avait fait dans son cœur une profonde impression. Il voulut donc voir les saintes Ecritures, mais la simplicité du style l'en dégoûta, habitué qu'il était à l'élégance de Cicéron. Alors il tomba entre les mains des manichéens, qui, ne parlant que de Jésus-Christ, du Saint-Esprit et de la vérité, le séduisirent par leurs discours pompeux, lui donnèrent du goût pour leurs rêveries et de l'aversion pour l'Ancien Testament. Cependant sa mère, plus affligée que si elle l'avait vu mort, ne voulait plus manger avec lui; mais elle fut consolée par un songe. Elle se vit sur une règle de bois, et un jeune homme resplendissant qui venait à elle d'un visage riant, lui demandant la cause de sa douleur; elle répondit qu'elle pleurait la perte de son fils. Voyez, lui dit-il, il est avec vous! En effet, elle le vit auprès d'elle sur la même règle. Elle raconta ce songe à Augustin, qui lui dit : C'est que vous serez ce que je suis. Mais elle répondit sans hésiter : Non; car on ne m'a pas dit : Tu seras où il est; mais il sera où tu es. Depuis ce temps elle logea et mangea avec lui comme auparavant (*Conf.*; l. 3, c. 5, 6, 11).

Elle s'adressa à un saint évêque, et le pria de parler à son fils. L'évêque répondit : Il est encore trop indocile et trop enflé de cette hérésie qui lui est nouvelle. Laissez-le, et contentez-vous de prier pour lui; il verra, en lisant, quelle est cette erreur. Moi qui vous parle, en mon enfance, je fus livré aux manichéens par ma mère, qu'ils avaient séduite; j'ai non-seulement lu, mais transcrit presque tous leurs livres, et, de moi-même, je me suis désabusé. La mère ne se rendit point à ces paroles du saint évêque; et comme, pleurant abondamment, elle continuait à le presser de parler à son fils, l'évêque lui répondit avec quelque humeur : Allez, il est impossible que le fils de tant de larmes périsse! Ce qu'elle reçut comme un oracle du ciel. Son fils, toutefois, demeura neuf ans manichéen, depuis l'âge de dix-neuf ans jusqu'à vingt-huit (*Conf.*, l. 12, et l. 4, c. 1).

Ayant achevé ses études, il enseigna, dans sa ville de Tagaste, la grammaire et ensuite la rhétorique. Un aruspice lui offrit de lui faire gagner le prix dans une dispute de poésie, moyennant quelques sacrifices d'animaux; mais il le rejeta avec horreur, ne voulant avoir aucun commerce avec les démons. Toutefois il ne faisait point difficulté de consulter les astrologues et de lire leurs livres. Mais il en fut dé-

---

(1) Voir la *Vie de S. Augustin*, par son ami Possidius, évêque de Calame, c. 1, et ses *Confessions*, l. 1, c. 11; l. 2, c. 3; l. 3, c. 1; l. 8, c. 7; l. 3, c. 4.

tourné par un sage vieillard, nommé Vindicien, médecin fameux, qui avait reconnu, par son expérience, la vanité de cette étude. Augustin avait alors un ami intime, qu'il avait rendu manichéen ; car il s'appliquait aussi à séduire les autres. Cet ami tomba malade et demeura longtemps sans connaissance : comme on désespérait de sa vie, on le baptisa. Quand il fut revenu à lui, Augustin voulut se moquer du baptême qu'il avait reçu en cet état ; mais le malade rejeta ce discours avec horreur, et lui dit avec une liberté inattendue, que, s'il voulait être son ami, il ne devait plus lui tenir un pareil langage. Il mourut peu de jours après, fidèle à la grâce. Augustin, qui l'aimait comme un autre lui-même, fut inconsolable de sa mort. Il avait environ vingt-six ans, quand il écrivit deux ou trois livres *De la Beauté et de la Bienséance*, qui ne sont pas venus jusqu'à nous (*Conf*., l. 4, c. 3 ; l. 7, c. 6 ; l. 4, c. 4).

Il découvrit vers ce temps que, sous le masque de la piété, ceux d'entre les manichéens qu'on nommait *les saints* ou *les élus*, cachaient les mœurs les plus dépravées. Il en cite plusieurs scandales publics. En même temps il commençait à se dégoûter des fables qu'ils racontaient, principalement sur le système du monde, la nature des corps célestes et des éléments. Ces connaissances, disait-il, ne sont pas nécessaires pour la religion ; mais il est nécessaire de ne pas mentir et ne pas se vanter de savoir ce qu'on ne sait pas, principalement quand on veut passer, comme Manès, pour être conduit par le Saint-Esprit. Il goûtait beaucoup mieux les raisons que les mathématiciens et les philosophes rendaient des éclipses, des solstices et du cours des astres (*Ibid*., l. 5, c. 3).

Il y avait un évêque manichéen nommé Fauste, vanté par ceux de sa secte comme un homme merveilleux et parfaitement instruit de toutes les sciences. Après avoir été longtemps attendu, il vint enfin à Carthage, où Augustin enseignait la rhétorique. Il trouva un homme agréable et beau parleur, mais qui ne disait au fond que ce que disaient les autres manichéens ; seulement il l'expliquait avec plus de facilité et de grâce. Augustin cherchait autre chose et avait l'esprit trop solide pour se payer de l'extérieur. Toute la science de Fauste était d'avoir lu quelques oraisons de Cicéron, très-peu de Sénèque et ce qu'il y avait des livres des manichéens écrits en latin. Mais quand Augustin voulut approfondir avec lui le cours du soleil, de la lune et des autres corps célestes, Fauste lui avoua de bonne foi qu'il n'avait pas étudié ces questions. Augustin, voyant le peu de satisfaction qu'il avait tiré du plus fameux docteur des manichéens, s'en dégoûta tout à fait dès lors, à l'âge de vingt-neuf ans (*Ibid*., l. 5, c. 6).

A cette époque, on lui persuada d'aller enseigner à Rome, où les écoliers étaient plus raisonnables qu'à Carthage. Il s'embarqua malgré sa mère, qui le rompa ; sous prétexte d'aller accompagner un ami jusqu'à la mer. Arrivé à Rome, il tomba malade d'une fièvre qui le mit à l'extrémité ; mais il ne demanda point le baptême. Il était logé chez un manichéen, et il continuait de fréquenter la secte, retenu par des liaisons d'amitié ; mais il n'espérait plus trouver la vérité parmi eux, et ne s'avisait pas de la chercher dans l'Église catholique, tant il était prévenu contre sa doctrine. Il commença donc à penser que les philosophes académiciens, qui doutaient de tout, pourraient bien être les plus sages, et il reprenait son hôte de la trop grande foi qu'il ajoutait aux fables des manichéens. Cependant la ville de Milan envoya demander à Symmaque, préfet de Rome, un professeur de rhétorique, et, par le crédit des manichéens, Augustin obtint cette place, après avoir fait preuve de sa capacité par un discours. Ainsi il vint à Milan, en 384, dans sa 30e année (*Conf*., l. 5, c. 8, 9, etc.).

Saint Ambroise le reçut avec une bonté paternelle qui marquait à lui gagner le cœur. Augustin écoutait assidûment ses sermons, seulement pour la beauté du style et pour voir si son éloquence répondait à sa réputation. Il était charmé de la suavité de son langage, plus savant que celui de Fauste, mais avec moins de grâce dans le débit. Il ne faisait d'abord aucune attention aux choses que disait saint Ambroise ; mais insensiblement, et sans qu'il y prît garde, les choses entraient dans l'esprit avec les paroles, et il vit que la doctrine catholique était au moins soutenable. Il résolut tout à fait de quitter les manichéens et de demeurer, en qualité de catéchumène, comme il était, dans l'Église que ses parents lui avaient recommandée, c'est-à-dire dans l'Église catholique, jusqu'à ce que la vérité lui parût plus clairement (*Ibid*., c. 14).

Sainte Monique était venue le trouver avec une telle foi, qu'en passant la mer, elle consolait les mariniers, même dans les plus grands périls, par l'assurance que Dieu lui avait donnée qu'elle arriverait près de son fils. Quand il lui eut dit qu'il n'était plus manichéen, mais qu'il n'était pas encore catholique, elle n'en fut point surprise ; mais elle lui répondit tranquillement qu'elle s'assurait de le voir fidèle catholique avant qu'elle sortît de cette vie. Cependant elle continuait ses prières et était attachée aux discours de saint Ambroise, qu'elle aimait comme un ange de Dieu, sachant qu'il avait amené son fils à cet état de doute qui devait être la crise de son mal. Comme elle avait accoutumé, en Afrique, d'apporter aux églises des martyrs du pain, du vin et des viandes, elle voulait faire de même à Milan ; mais le portier de l'église l'en empêcha, et lui dit que l'évêque l'avait défendu. Elle obéit aussitôt, sans aucun attachement à sa coutume. Saint Ambroise, au reste, avait aboli ces repas dans les églises, parce qu'au lieu des anciennes agapes sobres et modestes, ce n'était plus que des occasions de débauche. Il aimait, de son côté, sainte Monique pour sa piété et ses bonnes œuvres, et souvent il félicitait Augustin d'avoir une telle mère ; car toute sa vie avait été vertueuse. Elle était née dans une famille chrétienne, où elle avait eu une bonne éducation. Elle avait été parfaitement soumise à son mari, souffrant ses débauches et ses emportements avec une patience qui servait d'exemple aux autres femmes, et elle le gagna à Dieu sur la fin de sa vie. Elle avait un talent particulier de réunir les personnes divisées. Depuis qu'elle fut veuve, elle se donna toute aux œuvres de piété ; elle faisait de grandes aumônes, servait les pauvres, ne manquait aucun jour à l'oblation du saint autel, et à venir deux fois à l'église, le matin et le soir, pour entendre la parole de Dieu et faire ses prières, qui étaient toute sa vie. Dieu se communiquait à elle par des visions et des révélations ; elle savait les distinguer des songes et des pensées naturelles. Telle était sainte Monique, au rapport de saint Augustin (*Conf.*, l. 6, c. 1, 2; l. 9, c. 8, 9, 13; l. 5, c. 9).

Lui estimait saint Ambroise heureux, selon le monde, voyant comme il était honoré des personnes les plus puissantes; mais il ne pouvait l'entretenir à loisir, comme il aurait voulu, pour lui faire connaître les agitations de son âme, à cause de la foule de ceux qui venaient le trouver pour diverses affaires, et il n'osait l'interrompre dans le reste du temps que le saint évêque donnait à la lecture. Souvent, dit-il, quand nous étions chez lui, car ce n'était point l'usage d'empêcher personne d'entrer ni de l'avertir, nous le voyions lisant tout bas; et, après être demeurés longtemps assis en silence, nous nous retirions, jugeant qu'il ne voulait pas être interrompu dans ce peu de temps qu'il avait pour se remettre l'esprit et la voix. Je l'entendais prêcher au peuple tous les dimanches. Je reconnaissais de plus en plus que l'on pouvait dissiper toutes les calomnies dont les imposteurs attaquaient les livres divins. Les manichéens m'avaient promis la science, et ne m'avaient donné que des fables absurdes; ne pouvant les démontrer, ils voulaient m'obliger à les croire, eux qui se moquaient de l'obligation de croire parmi les catholiques. Je commençais à sentir que la doctrine catholique n'avait pas si grand tort de commencer par la foi. Je m'aperçus que je croyais une infinité de choses que je n'avais pas vues, et que, qui ne les croirait pas, n'agirait jamais; qu'en particulier je ne savais de quels parents j'étais né, que parce que je croyais ce qu'on m'en disait. Enfin, je me persuadai qu'il y avait du mal, non pas à croire, mais à ne croire pas aux livres divins, si puissamment autorisés parmi presque toutes les nations (*Ibid.*, l. 6, c. 5).

Il avait avec lui deux amis intimes, Alypius et Nébridius. Alypius était né comme lui à Tagaste, où ses parents tenaient le premier rang. Il était plus jeune qu'Augustin, dont il avait été disciple à Tagaste et à Carthage. Il vint à Rome apprendre le droit, et fut ensuite assesseur du grand trésorier d'Italie. Augustin étant venu à Rome, Alypius le suivit à Milan, ne pouvant le quitter, et continua d'exercer, auprès d'autres magistrats, la même charge d'assesseur ou conseiller, avec une grande intégrité. Nébridius était d'auprès de Carthage, et il avait quitté son pays, sa mère et une belle terre qu'il possédait, pour venir à Milan vivre avec Augustin et chercher la vérité. C'était le plus grand désir de ces trois amis. Ils voulaient même vivre en commun, et ils se trouvaient environ dix, capables d'entrer dans ce dessein; quelques-uns étaient très-riches, principalement Romanien, autre citoyen de Tagaste et parent d'Alypius, que ses affaires avaient amené à la cour. Augustin le regardait comme son patron. Il l'avait aidé dans sa jeunesse à soutenir les frais de ses études, principalement depuis la mort de son père; il l'avait encore secouru de ses biens et de ses conseils dans toutes ses affaires. Mais ce dessein de vie commune fut rompu, parce que quelques-uns avaient déjà des femmes, d'autres comptaient en prendre. Augustin, mettant une certaine décence jusque dans ses désordres, avait pris une concubine et lui gardait la fidélité comme à une épouse légitime. Mais enfin il voulait se marier, et sa mère avait déjà trouvé une personne qui pouvait lui convenir, mais si jeune, qu'il fallait attendre environ deux ans. Cependant sa concubine l'avait quitté et s'en était retournée en Afrique, faisant vœu de continence pour le reste de ses jours, et lui laissant un fils naturel qu'elle avait eu de lui et qu'il nommait Adéodat, c'est-à-dire Dieudonné. Il n'eut pas le courage de cette pauvre femme, mais il prit une autre concubine pour le peu de temps qui restait jusqu'à son mariage, tant il était esclave de cette passion (*Conf.*, l. 4, c. 7, 10, 14, etc.).

Cependant la miséricorde divine le guérissait peu à peu. Un ouvrage de Cicéron lui avait inspiré l'amour de la sagesse : les ouvrages d'un autre philosophe lui en ouvrirent pour ainsi dire les portes. Les manichéens l'avaient accoutumé à ne concevoir Dieu que sous des images corporelles : les livres de Platon et des platoniciens, qu'il lut par hasard, lui en donnèrent des idées plus élevées et plus dignes. « J'y lus, dit-il, j'y lus, non en propres termes, mais en termes équivalents, que dans le principe était le Verbe, et que le Verbe était Dieu; que tout a été fait par lui, et que sans lui rien n'a été fait; que l'âme de l'homme, quoiqu'elle rende témoignage de la lumière, n'est cependant pas la lumière même; mais que c'est Dieu, le Verbe de Dieu, qui est la lumière véritable qui éclaire tout homme venant en ce monde. Mais je n'y lus pas qu'il est venu dans son domaine, et que les siens ne l'ont pas reçu, et qu'à tous ceux qui l'ont reçu et ont cru en son nom, il a donné le pouvoir de devenir enfants de Dieu; mais je n'y lus pas que le Verbe s'est fait chair et qu'il a habité parmi nous; mais je n'y lus pas qu'il s'est anéanti lui-même en prenant la forme d'esclave et se rendant obéissant jusqu'à la mort (*Ibid.*, l. 13, c. 12). » En un mot, il ne concevait pas encore le mystère de l'Incarnation, ne regardant Jésus-Christ que comme un homme incomparable, né miraculeusement d'une vierge, et à qui la Providence avait concilié justement une si grande autorité, pour nous apprendre à mépriser les choses temporelles, afin de mériter l'immortalité. Dès lors il saisit avidement l'Ecriture sainte, particulièrement saint Paul. Les contradictions apparentes d'autrefois avaient disparu. Il vit avec joie et avec une espèce de frayeur, que les oracles divins formaient un tout harmonique. Ce qu'il avait lu de vrai ailleurs, il le retrouvait là, mais avec la grâce, mais avec l'humilité, mais avec les larmes du repentir, mais avec la confiance en la miséricorde divine.

En cet état, il s'adressa au prêtre Simplicien, qui, depuis sa jeunesse jusqu'à un âge avancé, avait vécu dans une grande piété. Il avait instruit saint Ambroise, qui l'aimait comme son père. Augustin lui raconta tout le cours de ses erreurs et lui dit qu'il avait lu quelques livres de platoniciens, que le rhéteur Victorin avait traduits en latin. Simplicien le félicita de n'être pas tombé sur les écrits des autres philosophes, pleins de déceptions; au lieu que ceux-ci insinuaient partout Dieu et son Verbe. Il lui raconta la conversion de Victorin même, à laquelle il avait eu tant de part. Augustin en fut sensiblement ému et désirait ardemment de l'imiter, non-seulement en recevant le baptême, mais en renonçant comme lui à la profession de la rhétorique.

Un jour qu'il était à son logis avec Alypius, un de leurs concitoyens d'Afrique, nommé Pontinien, qui avait une charge considérable à la cour, vint les trouver. Quand ils se furent assis pour s'entretenir, Pontinien aperçut sur la table de jeu un livre; il l'ouvrit et trouva que c'était saint Paul. Il fut surpris de trouver là ce livre seul, au lieu de quelques livres des lettres humaines; il regarda Augustin avec un souris mêlé d'admiration et de joie; car il était chrétien et faisait souvent de longues prières, prosterné devant Dieu dans l'église. Augustin lui ayant dit qu'il s'appliquait fort à ces sortes de lectures, la conversation se tourna sur saint Antoine, dont Pontinien raconta la vie, comme très-connue aux fidèles. Augustin et Alypius n'en avaient jamais ouï parler; ils étaient surpris d'apprendre de si grandes merveilles et si récentes, et Pontinien n'était pas moins étonné qu'ils les eussent ignorées jusqu'alors. Il leur parla de la multitude des monastères qui remplissaient les déserts, et dont ils n'avaient aucune connaissance. Ils ne savaient pas même qu'à Milan, où ils étaient, il y en avait un hors des murs de la ville, sous la conduite de saint Ambroise. Enfin Pontinien leur raconta la conversion de deux officiers de l'empereur, qui, se promenant avec lui à Trèves, et ayant trouvé chez des moines la *Vie de saint Antoine*, en furent tellement touchés, qu'ils embrassèrent sur-le-champ la vie monastique.

Tandis que Pontinien parlait, un violent combat se passait dans l'âme d'Augustin. Il y avait douze ans que la lecture de l'*Hortensius* de Cicéron l'avait excité à l'étude de la sagesse. Il avait cherché la vérité, il l'avait trouvée; il ne lui manquait que de se déterminer, et il ne voyait plus d'excuse. Ravi d'admiration et d'amour pour tant de chrétiens généreux qu'on venait de lui faire connaître, il rougissait de ses désordres et de sa lâcheté; il se faisait horreur à lui-même. Pontinien s'étant retiré, Augustin se lève, et, s'adressant à Alypius, lui dit avec émotion, le visage tout changé, et d'un ton de voix extraordinaire : Qu'est ceci? que faisons-nous? des ignorants viennent ravir le ciel, et nous, avec nos sciences, insensés que nous sommes, nous voilà plongés dans la chair et le sang! Avons-nous honte de les suivre? et n'est-il pas plus honteux de ne pouvoir pas même les suivre? Alypius le regarda sans rien dire, étonné de ce changement, et le suivit pas à pas dans le jardin où l'emporta le mouvement qui l'agitait. Ils s'assirent le plus loin qu'ils purent de la maison. Augustin frémissait d'indignation et ne pouvait se résoudre à ce qui semblait ne dépendre que de sa volonté. Il s'arrachait les cheveux, il se frappait le front, il s'embrassait le genou les mains jointes. Alypius ne le quittait point, et attendait en silence l'issue de cette agitation extraordinaire. Augustin, sentant que cet orage allait se résoudre en une pluie de larmes, se leva d'auprès de lui, cherchant un lieu solitaire où pleurer à son aise. Le laissant donc où ils s'étaient assis, il alla se jeter sous un figuier, où, ne se retenant plus, il versait des torrents de larmes et criait d'une voix lamentable : « Jusqu'à quand, Seigneur! jusqu'à quand serez-vous irrité contre moi? Oubliez mes iniquités passées! Jusqu'à quand, jusqu'à quand dirai-je : A demain, à demain? Pourquoi ne serait-ce pas aujourd'hui? Pourquoi, dès ce moment, ne mettrais-je pas fin à ma turpitude? »

Au milieu de ces cris et de ces pleurs, il entendit sortir de la maison voisine une voix, comme d'un jeune garçon ou d'une fille, qui disait et répétait souvent en chantant : Prenez, lisez! Prenez, lisez! Soudain il changea de visage et se mit à penser en lui-même si les enfants avaient coutume de chanter, en certains jeux, quelque chose de semblable, et il ne se souvint point de l'avoir jamais remarqué. Alors il arrêta le cours de ses larmes et se leva, sans pouvoir penser autre chose, sinon que Dieu lui commandait d'ouvrir les épîtres de saint Paul et de lire le premier endroit qu'il trouverait; car il avait appris que saint Antoine avait été converti par une parole inattendue de l'Evangile. Il retourna donc aussitôt vers le lieu où Alypius était assis, prit le livre, l'ouvrit, et, dans le premier endroit qu'il rencontra, lut tout bas ces paroles, sur lesquelles d'abord il jeta les yeux : *Ne passez pas votre vie dans les festins et l'ivrognerie, ni dans la débauche et l'impureté, ni dans les querelles et la jalousie; mais revêtez-vous du Seigneur Jésus-Christ, et ne cherchez point à contenter la chair dans ses convoitises* (Rom., c. 13). Il n'en lut pas davantage, et aussitôt toutes ses incertitudes se dissipèrent.

Ayant fermé le livre, après avoir toutefois marqué l'endroit où était le passage, il se tourna vers Alypius avec un visage tranquille, et lui dit ce qui était arrivé. Alypius voulut voir le passage; il le lut, ainsi que ces paroles, qui viennent ensuite : *Recevez avec charité celui qui est encore faible dans la foi*, et il se les appliqua à lui-même. Ils rentrèrent tous deux et vinrent dire cette heureuse nouvelle à sainte Monique, qui fut transportée de joie. Augustin résolut en même temps de renoncer au mariage et à toutes les espérances du siècle, et premièrement de quitter son école de rhétorique. Mais il voulut le faire sans éclat; et comme il ne restait qu'environ trois semaines jusqu'aux vacances, que l'on donnait pour les vendanges, il remit à cette époque pour se déclarer. Il avait même un prétexte plausible devant le monde, parce que sa poitrine s'était échauffée cet été-là, en sorte qu'il eût été obligé de quitter sa profession, ou du moins de l'interrompre quelque temps (*Conf.*, l. 3, c. 7, 8, etc.).

Quand il fut libre, il se retira à la campagne en un lieu nommé Cassiaque, dans la maison d'un ami nommé Vérécundus, citoyen de Milan et professeur de grammaire. Augustin s'y retira avec sa mère, son frère Navigius, son fils Adéodat, Alypius et Nébridius, et deux jeunes hommes ses disciples, Trigétius et Licentius, dont le dernier était fils de Romanien. Pendant cette retraite, il composa ses premiers ouvrages, qui sont écrits très-poliment; mais ils se sentent encore, comme il le reconnaît, de l'enflure de l'école. Le premier est contre les académiciens, qui prétendaient que tout était obscur et douteux, et que le sage ne devait rien assurer comme manifeste et certain. Plusieurs, touchés de leurs arguments, désespéraient de trouver la vérité. Saint Augustin en avait été ébranlé lui-même, et il fit ce traité, principalement pour s'affermir contre cette erreur. Il remarque que, de son temps, toutes les diverses sectes des philosophes étaient réduites à une, ayant un système composé des sentiments de Platon et d'Aristote, excepté quelques cyniques que l'amour du libertinage et la licence retenaient encore dans leurs anciennes opinions. Le second ouvrage est le *Traité de la vie heureuse*, composé d'un entretien dont il régala la compagnie comme d'un festin spirituel, le jour de sa naissance, le 13 novembre, et les deux jours suivants. Le sujet est de montrer que la vie heureuse ne se trouve que dans la connaissance parfaite de Dieu. Le troisième ouvrage est le *Traité de l'ordre*, où il examine la grande question, si l'ordre de la Providence divine comprend toutes choses, bonnes ou mauvaises; mais voyant que la matière était trop élevée pour ceux à qui il parlait, il se réduisit à leur parler de l'ordre des études. Le quatrième ouvrage sont *les Soliloques*, où saint Augustin parle avec sa raison, comme si c'étaient deux personnes. Dans le premier livre, il cherche quel doit être celui qui veut acquérir la sagesse, et prouve à la fin que ce qui est véritablement, est immortel; dans le second, il traite de l'immortalité de l'âme. Mais cet ouvrage demeura imparfait. Tels sont les quatre traités que saint Augustin composa à Cassiaque, pendant sa retraite, sur la fin de l'an 386.

Les trois premiers sont le fruit des savantes conversations qu'il avait avec ses amis, et qu'il faisait en même temps écrire en notes pour y conserver ensuite ce qu'il jugerait à propos. On y voit un grand détail de la manière libre et gaie dont ils vivaient ensemble. Trigétius et Licentius, qui étaient les plus jeunes, continuaient leurs études d'humanité, et Augustin leur expliquait tous les jours, avant le souper, la moitié d'un livre de Virgile. Licentius suivait son inclination pour la poésie et faisait des vers sur la fable de Pyrame et de Thisbé, et saint Augustin travaillait à le détacher doucement de ces bagatelles. Quand le temps était beau, ils s'entretenaient assis dans une prairie; quand le temps était mauvais, ils s'enfermaient dans le bain. Dans ces conversations, ils ne se pressaient pas de répondre; mais souvent ils demeuraient longtemps à penser ce qu'ils devaient dire, et quand ils croyaient s'être trop avancés, ils revenaient de bonne foi; car ce n'étaient pas de vaines disputes, pour montrer de l'esprit, mais un examen solide de la vérité. Une fois, Trigétius s'étant mépris, voulait que ce qu'il avait avancé ne fût pas écrit. Licentius insistait à le faire écrire. Saint Augustin le reprit fortement de cette émulation puérile, et, comme Trigétius riait à son tour de la confusion de l'autre, il leur fit à tous deux une sévère réprimande, qu'il finit en leur demandant qu'ils fussent vertueux pour récompense du soin qu'il prenait de les instruire. Sainte Monique était présente à la plupart de ces conversations, entrant aisément dans tout ce qui regardait la morale et la religion, quelque relevé qu'il fût. Saint Augustin passait environ la moitié de la nuit à méditer ces importantes vérités, et le matin il faisait de longues prières accompagnées de larmes : la lecture des psaumes le touchait sensiblement.

Les vacances étant passées, il manda aux citoyens de Milan de se pourvoir d'un autre professeur d'éloquence. Il écrivit à saint Ambroise pour lui faire connaître ses égarements passés et ses dispositions présentes, le priant de lui indiquer ce qu'il devait lire des saintes Écritures pour se préparer au baptême. Saint Ambroise lui conseilla le prophète Isaïe; mais saint Augustin, n'ayant pas entendu la première lecture qu'il en fit, remit à le lire quand il serait plus exercé dans le style de l'Écriture. Le temps étant venu auquel il devait donner son nom entre les compétents pour se préparer au baptême, il quitta la campagne et retourna à Milan, c'est-à-dire vers le carême de l'an 387. Ce fut là qu'il écrivit le *Traité de l'immortalité de l'âme*, qui n'était qu'un mémoire pour achever ses *Soliloques*. Il entreprit pendant ce même temps d'écrire sur les arts libéraux, c'est-à-dire la grammaire, la dialectique, la rhétorique, la géométrie, l'arithmétique et la philosophie. Il acheva le *Traité de la Grammaire* et le perdit depuis; il composa deux livres *De la Musique*, qu'il n'acheva que deux ans après en Afrique. Il ne fit que commencer le reste, et nous n'avons plus, de tous ces traités, que celui *De la Musique*. Son dessein, dans ces ouvrages, était d'élever à Dieu ses amis appliqués à ces sortes d'études, et de les faire monter, par degrés, des choses sensibles aux spirituelles, comme l'on voit dans le sixième livre *De la Musique*; car, depuis sa conversion, il consacra toutes ses études au service de Dieu. Alypius se préparait aussi au baptême par une sincère humilité et un grand courage à dompter son corps, jusqu'à marcher nu-pieds pendant l'hiver en cette partie de l'Italie, pays froid pour des Africains (Aug., *Conf.*; Tillemont, Fleury, Ceillier).

Enfin saint Augustin fut baptisé par saint Ambroise, avec son ami Alypius et son fils Adéodat, âgé d'environ quinze ans. Ils furent baptisés la veille de Pâques, qui, cette année 387, se rencontra le 25 avril, comme saint Ambroise le décida, étant consulté par les évêques de la province d'Émilie. Ce fut, comme l'on croit, en cette occasion, que saint Ambroise fit aux nouveaux baptisés l'instruction qui compose son livre des *Mystères*, ou de ceux qui sont initiés. Il leur y explique la nature et les cérémonies des trois sacrements qu'ils venaient de recevoir : le baptême, la confirmation et l'eucharistie. Ce qu'il n'avait pu faire auparavant, parce, dit-il, que c'eût été trahir le secret des mystères, plutôt que les expliquer.

Ce qu'il dit de l'eucharistie surtout, est admirable. Les néophytes assistaient pour la première fois au saint sacrifice. Pour en faire voir l'excellence, il leur en explique les anciennes figures, le sacrifice de Melchisédech, la manne que Dieu fit tomber dans le désert, l'eau que Moïse tira de la pierre, et prouve nettement que l'eucharistie contient le corps et le sang de Jésus-Christ. « Considère, dit-il, lequel des deux l'emporte, ou le pain des anges, ou la chair du Christ, laquelle est le corps de la vie même. La première manne descendait du ciel; celle-ci est au-dessus du ciel, elle est du maître des cieux. Aux anciens, l'eau coula d'un rocher; à toi, le sang coule du Christ : l'eau les désaltéra pour quelques heures, le sang te purifie pour l'éternité. Autant la lumière l'emporte sur l'ombre, la vérité sur la figure, autant le corps du Créateur l'emporte sur la manne du ciel. Tu diras peut-être : Je vois autre chose; comment m'assurez-vous que je reçois le corps du Christ? — Moïse a changé un bâton en serpent; il a changé en sang et puis rétabli dans leur état naturel les fleuves de l'Égypte; il a fait jaillir l'eau du rocher. Que si la bénédiction d'un homme a pu changer la nature, que dirons-nous de la bénédiction divine, où les paroles du Sauveur opèrent? Car le sacrement que vous recevez a été produit par les paroles du Christ. Que si la parole d'Elie a pu faire descendre le feu du ciel, la parole du Christ ne pourra-t-elle pas changer la nature des éléments? Vous avez lu dans la création de l'univers : Il a dit, et tout a été fait. La parole du Christ aura donc pu faire de rien ce qui n'était pas; et elle ne pourra pas changer les choses qui sont en ce qu'elles n'étaient pas? Mais pourquoi des arguments? Servons-nous de l'exemple de son incarnation. Est-ce selon l'ordre naturel que le Seigneur Jésus est né de Marie? N'est-il pas évident que c'est par un prodige au-dessus de la nature qu'une vierge est devenue mère? Or, le corps que nous consacrons est le même qui est né de la Vierge. Pourquoi donc y chercher l'ordre naturel? C'est la vraie chair du Christ qui a été crucifiée et ensevelie; c'est donc vraiment aussi le sacrement de sa chair. Le Seigneur Jésus le proclame lui-même : *Ceci est mon corps*. Avant la consécration qui se fait par ces paroles célestes, on donne à cela un autre nom; mais après la consécration, le corps y est signalé. Lui-même dit que ce qui est dans le calice, *est son sang*. Avant la consécration, cela s'appelle d'un autre nom; mais après la consécration, on l'appelle sang : et vous répondez *amen*, c'est-à-dire cela est vrai. Ce que dit la bouche, que l'esprit le confesse! ce que la parole proclame, que le cœur le sente! Le Christ est dans ce sacrement, parce que c'est le corps du Christ. Ce n'est donc pas une nourriture corporelle, mais spirituelle. Car le corps de Dieu est un corps spirituel (Amb., *De Myst.*, n. 48-58). » Enfin saint Ambroise, au milieu de ses instructions, recommande aux nouveaux fidèles le secret des mystères.

Saint Augustin après son baptême, ayant examiné en quel lieu il pourrait servir Dieu plus utilement, résolut de retourner en Afrique avec sa mère, son fils, son frère et un jeune homme nommé Evodius. Il était aussi de Tagaste; étant agent de l'empereur, il se convertit, reçut le baptême avant saint Augustin, et quitta son emploi pour servir Dieu. Quand ils furent arrivés à Ostie, ils s'y reposèrent du long chemin qu'ils avaient fait depuis Milan, et se préparaient à s'embarquer. Un jour saint Augustin et sa mère, appuyés ensemble sur une fenêtre qui regardait le jardin de la maison, s'entretenaient avec une douceur extrême, oubliant tout le passé et portant leurs pensées sur l'avenir. Ils cherchaient quelle serait la vie éternelle des saints. Ils s'élevèrent au-dessus de tous les plaisirs des sens; ils parcoururent par degrés tous les corps, le ciel même et les astres. Ils vinrent jusqu'aux âmes, et, passant toutes les créatures, même spirituelles, ils arrivèrent à la Sagesse éternelle, par laquelle elles sont, et qui est toujours, sans différence de temps. Ils y atteignirent un moment de la pointe de l'esprit, et soupirèrent d'être obligés de revenir au bruit de la voix, où la parole commence et finit. Alors sa mère lui dit : « Mon fils, pour ce qui me regarde, je n'ai plus aucun plaisir en cette vie. Je ne sais ce que je fais ici encore, ni pourquoi j'y suis. La seule chose qui me faisait souhaiter d'y demeurer, était de vous voir chrétien catholique avant de mourir. Dieu m'a donné plus; je vous vois consacré à son service, ayant méprisé la félicité terrestre. »

Environ cinq jours après, elle tomba malade de la fièvre. Pendant sa maladie elle s'évanouit un jour; et comme elle fut revenue, elle regarda Augustin et son frère Navigius, et leur dit : Où étais-je? Puis, les voyant saisis de douleur, elle ajouta : Vous laisserez ici votre mère. Navigius témoignait souhaiter qu'elle mourût plutôt dans son pays. Mais elle le regarda d'un œil sévère, comme pour le reprendre, et dit à Augustin : Voyez ce qu'il dit! Enfin, s'adressant à tous deux : Mettez ce corps, dit-elle, où il vous plaira, ne vous en inquiétez point. Je vous prie seulement de vous souvenir de moi à l'autel du Seigneur, quelque part que vous soyez. Elle mourut le neuvième jour de sa maladie, dans la 56ᵉ année de son âge, et la 33ᵉ de saint Augustin; c'est-à-dire la même année de son baptême, 387.

Aussitôt qu'elle eut rendu l'esprit, Augustin lui ferma les yeux. Le jeune Adéodat poussa des cris en pleurant; mais tous les assistants le firent taire, ne voyant aucun sujet de larmes dans cette mort, et Augustin retint les siennes en se faisant beaucoup de violence. Evodius prit le psautier, et commença à chanter le psaume 100ᵉ : *Je chanterai à votre louange, ô Seigneur, la miséricorde et la justice!* Toute la maison répondait, et aussitôt il s'y assembla quantité de personnes pieuses de l'un et l'autre sexe. On porta le corps; on offrit pour la défunte le sacrifice de notre rédemption; on fit encore des prières auprès du sépulcre, selon la coutume, en présence du corps, avant de l'enterrer. Saint Augustin ne pleura point pendant toute la cérémonie; mais enfin, la nuit, il laissa couler ses larmes pour soulager sa douleur. Il pria pour sa mère, comme il faisait encore longtemps après; en écrivant toutes les circonstances de cette mort dans le livre de ses *Confessions*, il prie les lecteurs de se souvenir au saint autel de Monique, sa mère, et de son père, Patrice (*Conf.*, l. 9, c. 13).

Après la mort de sa mère, saint Augustin revint d'Ostie à Rome, où il séjourna le reste de l'année 387, et toute l'année 388. Ses premiers travaux depuis son baptême furent pour la conversion des manichéens, dont il feignit de vouloir quitter les erreurs. Il ne pouvait souffrir l'insolence avec laquelle ces imposteurs vantaient leur prétendue continence et leurs abstinences superstitieuses, pour tromper les ignorants et calomnier l'Eglise. Il composa donc deux livres : le premier, *De la Morale et des Mœurs de l'Eglise catholique*; le second, *De la Morale et des Mœurs des manichéens*. Voici la substance du premier :

L'ordre naturel pour apprendre, est que l'autorité précède la raison. Toutefois, par condescendance pour ses adversaires, il suivra la méthode inverse. Tout le monde veut être heureux. Le bonheur consiste à connaître, aimer et posséder le souverain bien. Le souverain bien du corps, est l'âme. Le souverain bien de l'âme, est ce qui la rend meilleure, c'est Dieu. Mais comment suivre qui l'on ne voit pas, comment suivre Dieu? En observant les préceptes des sages. La raison ne va que jusque-là. Mais alors se présente cette grande route, que Dieu lui-même nous a tracée, par la vocation des patriarches, par la loi de Moïse, par les oracles des prophètes, par le mystère du Fils de Dieu fait homme, par le témoignage des apôtres, par le sang des martyrs, par la conversion des peuples. La morale de l'un et l'autre Testament se résume à aimer Dieu et le prochain.

L'Eglise catholique la proportionne à l'âge, au sexe, à la condition. Elle soumet les femmes à leurs maris par une chaste et fidèle obéissance, non pour assouvir la convoitise, mais pour la propagation de l'humanité et pour former la société domestique. Elle prépose les maris à leurs femmes, non pour insulter le sexe faible, mais par les lois d'un amour sincère. Elle assujétit les enfants aux parents par une espèce de servitude libre, et établit les parents sur les enfants par une pieuse domination. Elle unit les frères aux frères par le lien de la religion, plus fort et plus étroit que celui du sang. Perfectionnant ce que la nature ou la volonté a uni déjà, elle étreint par une charité mutuelle toute espèce de parenté et d'alliance. Elle enseigne aux serviteurs à s'attacher à leurs maîtres, moins par la nécessité de leur condition que par l'amour du devoir. Par la considération du Dieu suprême, leur maître commun, elle rend les maîtres humains pour les serviteurs, et plus portés à leur faire du bien qu'à les punir. En leur rappelant nos premiers ancêtres, elle unit les citoyens aux citoyens, les nations aux nations, et généralement tous les hommes, non-seulement par la société, mais encore par une espèce de fraternité. Elle enseigne aux souverains à être une providence pour les peuples, et aux peuples à se soumettre aux souverains. Elle enseigne avec soin à qui est dû l'honneur, à qui l'affection, à qui le respect, à qui la crainte, à qui la consolation, à qui des avertissements, à qui la réprimande, à qui le supplice; montrant que tout n'est pas dû à tous, mais à tous la charité, et à nul l'injure. Voilà pourquoi, dans son sein, il y a tant de personnes hospitalières, serviables, doctes, chastes, saintes; tant de personnes tellement embrasées de l'amour de Dieu, qu'à la continence parfaite et à un incroyable mépris de ce monde, elles joignent l'amour de la solitude. Leur nombre est si grand par tout l'univers, principalement en Orient et en Egypte, qu'il est impossible d'en ignorer. Tels sont les anachorètes, les cénobites, les religieuses; un grand nombre d'évêques, de prêtres, de diacres et d'autres ministres de l'Eglise, dont la vertu paraît d'autant plus admirable, qu'elle est plus difficile à conserver au milieu de la multitude et dans une vie agitée. Que si, dans la foule des nations que renferme l'Eglise catholique, il y a des ignorants, des superstitieux, des libertins, cela devait étonner les manichéens d'autant moins que, parmi eux, malgré leur petit nombre, ils ne pouvaient pas montrer un seul de leurs prétendus saints ou élus qui observât la morale même de Manès. (*De Morib. eccl.*, t. I).

Dans le second livre, il fait voir combien cette morale de Manès était absurde et incohérente, et qu'après tout, aucun d'eux ne l'observait. Les manichéens demandaient : D'où vient le mal? Saint Augustin leur répond par une question préliminaire : Qu'est-ce que le mal? Au lieu de répondre, avec les catholiques, que c'est un défaut, une défection du bien, eux soutenaient que c'était une substance, et, par suite, qu'il y avait deux principes, l'un bon, l'autre mauvais; que, par suite du combat entre les deux, les âmes raisonnables, parcelles de la substance divine du bon principe, étaient emprisonnées dans le corps des animaux et des plantes, particulièrement dans leurs semences; que pour les manichéens parfaits ou les élus, la vertu, le mérite, la sainteté consistaient à dégager ces parcelles divines par la digestion. La conséquence naturelle était que ces élus devaient manger de tout et sans cesse, afin de délivrer par le travail de leur estomac un plus grand nombre d'âmes. Mais les manichéens faisaient à ce sujet une foule de distinctions absurdes et contradictoires. Ainsi, le vin étant le fiel du mauvais principe, ils n'en buvaient point dans son état commun; mais ils buvaient du vin cuit et mangeaient du raisin. C'était un crime de cueillir soi-même une figue, une pomme; mais c'était une vertu de la manger, cueillie par un autre. Ils permettaient le mariage à leurs auditeurs, à condition qu'ils y éviteraient la génération des enfants, de peur d'emprisonner les âmes dans la chair, c'est-à-dire qu'ils permettaient, non pas le mariage, mais la débauche. Par ce seul point, on peut juger de toute leur morale. Aussi saint Augustin proteste que, pendant les neuf ans qu'il fut parmi eux et qu'il les observa de près, il ne trouva pas un seul de leurs élus exempt de crime ou de soupçon. Entre plusieurs faits qu'il cite, il y en a un qui était connu de tout Rome.

Un de leurs auditeurs, nommé Constantius, ne pouvant souffrir les reproches qu'on lui faisait des mœurs corrompues de ces élus ou parfaits dispersés et logés misérablement dans tous les quartiers, il offrit de rassembler dans sa maison et d'entretenir à ses dépens tous ceux qui voudraient vivre dans l'abstinence qu'ils se glorifiaient de pratiquer; car il avait de grands biens et un grand zèle pour la secte. Mais il se plaignait que leurs évêques, loin de l'aider, s'opposaient à son dessein, attachés qu'ils étaient à leur vie relâchée. Un de ces évêques, qui paraissait plus propre à une vie austère, parce qu'il était rustique et grossier, étant venu à Rome, Constantius, qui l'attendait depuis longtemps, lui expliqua son dessein, que l'évêque approuva. Il logea le premier chez Constantius; on y assembla tous les élus que l'on put trouver à Rome. On leur proposa une règle de vie tirée de la lettre de Manès. Beaucoup la trouvèrent intolérable et se retirèrent; la honte en retint toutefois plusieurs. Ils commencèrent donc à vivre selon cette règle. Constantius les y excitait avec une grande ardeur, la pratiquant tout le premier.

Cependant il s'élevait des querelles fréquentes parmi ces élus; ils se reprochaient mutuellement des crimes. Constantius gémissait de les entendre, et faisait en sorte que, dans leurs disputes, ils se trahissaient imprudemment et dévoilaient des abominations inouïes. On connut alors quelles gens étaient ceux qui passaient pour les plus parfaits. Enfin, comme on voulait les contraindre à garder cette règle, ils murmurèrent et soutinrent qu'elle était insupportable : la chose en vint à une sédition ouverte. Constantius soutenait, en deux mots, qu'il fallait observer tous ces préceptes, ou bien, s'ils étaient impraticables, juger archifou celui qui les avait donnés. Le tumulte du plus grand nombre l'emporta sur les raisons; l'évêque même céda et s'enfuit honteusement. Il avait apporté, disait-on, de l'argent dans un sac bien caché, pour acheter secrètement des viandes et les manger contre la règle. Enfin tout se dispersa. Pour Constantius, il se convertit à la religion catholique (*De Morib. man.*, t. I). Saint Augustin composa encore à Rome un dialogue entre Evodius et lui, où il examine plusieurs questions touchant l'âme. D'où vient-elle? Sa patrie est Dieu; sa substance, simple. Sa qualité est d'être semblable à Dieu. Son étendue, sa grandeur n'est point corporelle. La raison est le regard de l'âme; le raisonnement est la recherche de la raison. Il y a dans l'âme comme sept degrés : elle anime le corps et le conserve; elle sent par les organes du corps et distingue les différentes qualités des choses; elle amasse dans la mémoire une infinité d'images et d'idées; pour atteindre à la vertu, elle s'élève par bien des combats au-dessus du corps et de toutes les choses de ce monde; épurée par ces combats et victorieuse de tous ces obstacles avec le secours de la souveraine justice, elle se réjouit en elle-même et n'a plus rien à craindre; tranquille alors, elle s'applique avec confiance à la contemplation de la vérité suprême, et parvient enfin à jouir du vrai et souverain bien (*De quantit. anim.*).

Ce fut aussi à Rome qu'il commença les trois livres *Du Libre arbitre*, contre les manichéens, à l'occasion de la question de l'origine du mal. Car, après l'avoir bien examiné, on trouve qu'il ne vient que du libre arbitre de la créature. Cet ouvrage est plein d'une excellente métaphysique, et l'on y voit la solution des difficultés les plus spécieuses contre la providence et la bonté du Créateur. Il est très-digne, aussi bien que le précédent, d'être lu et médité dans les cours de philosophie. Saint Augustin n'en fit que le premier livre à Rome; il acheva le second et le troisième en Afrique, étant déjà prêtre. C'est encore un dialogue entre lui et Evodius. Après avoir demeuré plus d'un an à Rome, il revint en Afrique, vers l'an 389, avec quelques-uns de ses amis et de ses compatriotes qui servaient Dieu comme lui.

Dans la même année 385, où saint Augustin se convertissait à Milan, saint Jérôme quittait Rome pour s'en retourner en Orient. Au moment de s'embarquer à Porto, il écrivit à sainte Aselle une lettre où il lui rend compte des causes de son départ : c'étaient principalement les calomnies de ses envieux. Il vit en passant Epiphane dans l'île de Chypre, Paulin à Antioche, et trouva un nouvel évêque à Alexandrie, Théophile, successeur de Timothée, qui venait de mourir. Saint Jérôme vint dans la capitale de l'Egypte pour voir un aveugle, le fameux Didyme, et s'instruire auprès de lui, quoique lui-même eût déjà les cheveux blancs et fût regardé comme un des plus savants docteurs de l'Eglise. Il lui proposa, durant un mois, ses difficultés sur toutes les écritures, et ce fut à sa prière que Didyme composa trois livres de commentaires sur Osée, et cinq sur Zacharie, pour suppléer à ce qu'Origène n'avait pas fait.

Pendant ce voyage, saint Jérôme visita les monastères d'Egypte; puis il retourna promptement en Palestine, et se retira à Bethléhem. On croyait qu'après avoir ouï Didyme, il n'avait plus rien à apprendre; mais il prit encore pour maître un Juif, qui, moyennant un certain salaire, venait l'instruire la nuit, de peur des autres Juifs. Ce fut alors que saint Jérôme entreprit d'expliquer les épîtres de saint Paul. Saint Cyrille de Jérusalem mourut vers ce temps-là, après avoir été souvent chassé de son Eglise et souvent rétabli, et l'avoir tenue huit ans sans trouble sous Théodose. Il eut pour successeur Jean, qui avait pratiqué la vie monastique.

Sainte Paule suivit de près saint Jérôme; elle quitta Rome et s'embarqua, sans écouter la tendresse maternelle, qui devait l'empêcher de quitter sa fille Ruffine, déjà nubile, et son fils Toxotius, encore enfant. Elle emmena sa fille Eustochium, avec très-peu de domestiques, et s'arrêta d'abord à l'île Pontia, aux côtes d'Italie, pour visiter les cellules où sainte Domitille avait passé son exil sous l'empereur Domitien, trois cents ans auparavant. Ensuite elle aborda en Chypre, où elle se jeta aux pieds de saint Epiphane, qui la retint dix jours pour la faire reposer. Mais elle employa ce temps à visiter les monastères du pays, et y distribua des aumônes aux solitaires que l'amour du saint évêque y avait attirés de tout le monde. De là elle passa à Antioche, où elle fut un peu arrêtée par l'évêque Paulin. Mais elle en partit au milieu de l'hiver, montée sur un âne, au lieu d'être portée par ses eunuques, comme elle avait accoutumé.

Elle traversa la Syrie et vint à Sidon, près de laquelle, à Sarepta, elle entra dans la petite tour d'Elie. A Césarée, elle vit la maison du centenier Corneille changée en église; la maison de saint Philippe, et les chambres des quatre vierges prophétesses, ses filles. Le gouverneur de Palestine, qui connaissait la famille de sainte Paule, envoya en avant des officiers pour lui préparer un palais à Jérusalem; mais elle aima mieux une pauvre cellule. Elle visita tous les saints lieux avec une telle dévotion, qu'elle ne pouvait quitter les premiers que par l'empressement de voir les autres. Prosternée devant la croix, elle y adorait le Sauveur, comme si elle l'y eût vu attaché. Entrant dans le sépulcre, elle baisait la pierre que l'ange avait ôtée pour l'ouvrir, et, encore plus, le lieu où le corps de Jésus-Christ avait reposé. Au mont de Sion, on lui montra la colonne où il avait été attaché pendant la flagellation, encore teinte de son sang, et soutenant alors la galerie d'une église. On lui montra le lieu où le Saint-Esprit descendit sur les Apôtres le jour de la Pentecôte. Après avoir distribué des aumônes à Jérusalem, elle prit le chemin de Bethléhem, et vit en passant le sépulcre de Rachel. Étant entrée dans la caverne de la Nativité, elle croyait y voir l'enfant Jésus adoré par les mages et les pasteurs. Elle visita la tour d'Ader ou du Troupeau, et tous les autres lieux célèbres de la Palestine. Elle vit entre autres, à Bethphagé, le sépulcre de Lazare et la maison de Marthe et de Marie. Sur le mont d'Ephraïm, elle révéra les sépulcres de Josué et du pontife Éléazar. A Sichar, elle entra dans l'église bâtie sur le puits de Jacob, où le Sauveur parla à la Samaritaine. Puis elle vit les sépulcres des douze patriarches, et, à Sébaste ou Samarie, ceux d'Elisée et d'Abdias, et surtout celui de saint Jean-Baptiste, où elle fut épouvantée des effets du démon sur les possédés qu'on y amenait pour être délivrés. Elle vit à Morasthi une église où avait été autrefois le sépulcre du prophète Michée. C'est saint Jérôme qui décrit ce pèlerinage de sainte Paule, et nous apprend ainsi les vestiges de l'antiquité sacrée que l'on montrait de son temps en Palestine (Hieron., *Epist.* 27).

Sainte Paule, accompagnée de sa fille Eustochium et de plusieurs autres vierges, passa ensuite en Egypte. Elle vint à Alexandrie, puis au désert de Nitrie, où l'évêque Isidore, confesseur, vint au devant d'elle avec des troupes innombrables de moines, dont plusieurs étaient prêtres ou diacres. Elle visita les plus fameux solitaires, entra dans leurs cellules, se prosterna à leurs pieds, et elle serait volontiers demeurée dans ce désert avec ses filles, si elle n'en eût été retirée par l'amour des saints lieux. Elle revint donc promptement en Palestine, et s'établit à Bethléhem, où elle demeura trois ans dans un petit logement, jusqu'à ce qu'elle fît bâtir des cellules, des monastères et des maisons d'hospitalité près du chemin pour recevoir les pèlerins. Ce fut là qu'elle passa le reste de ses jours, sous la conduite de saint Jérôme, qui y acheva aussi sa vie, appliqué à l'étude des saintes Ecritures et à l'hospitalité envers les étrangers (*Acta Sanct.*, 26 jan.).

L'Orient continuait d'admirer les vertus de l'empereur Théodose. En 385, les magistrats découvrirent une conspiration et obligèrent les coupables à confesser leur crime. Sous un autre prince, ils étaient tous perdus. Théodose voulut d'abord que ceux qui en avaient seulement eu connaissance fussent déclarés innocents. Un des magistrats qui devaient juger les autres, lui ayant dit que le premier des soins devait être d'assurer la vie de leur prince : Non, répondit Théodose; songez encore plus à ma réputation ! Les coupables furent condamnés à mort. Mais aussitôt Théodose publia un décret qui leur faisait grâce, et qu'il avait fait signer par son fils Arcade, pour lui apprendre de bonne heure la clémence. Plus tard, en 393, il défendit, par une loi, aux juges, de punir les paroles qui n'attaquent pas sa personne ou son gouvernement. Car, dit-il, si c'est par une légèreté indiscrète qu'on a mal parlé de nous, nous devons le mépriser; si c'est par une aveugle folie, nous n'en pouvons avoir que de la compassion; et si c'est par une mauvaise volonté, nous devons le pardonner. C'est pourquoi nous ordonnons que, sans user d'aucune poursuite, on nous rapporte seulement ce qu'on aura dit, afin que nous jugions des paroles par les personnes, et que nous puissions examiner, si l'on en doit faire quelque recherche ou le négliger.

Les vertus de Théodose étaient dignement secondées par l'impératrice Flaccille. Les païens mêmes ont donné des éloges à sa piété, à sa bonté, à son amour pour la justice; ils ont dit, sans craindre d'offenser son époux, qu'elle était la première à faire régner la justice dans le palais (*Themist.*, *Orat.* 18 et 19). Mais surtout elle aimait les pauvres avec tendresse; ils n'avaient besoin, auprès d'elle, d'aucune autre recommandation que de leur misère, de leurs infirmités, de leurs blessures : sans gardes, sans suite, elle les visitait dans leurs cabanes et sur leur grabat; elle passait des journées entières dans les hôpitaux des églises, servant elle-même les malades et leur rendant les plus humbles offices. Comme on lui représentait un jour que ces fonctions ne s'accordaient point avec la majesté impériale, et qu'il lui suffisait d'assister les pauvres de ses aumônes : Ce que je leur donne, dit-elle, n'est que pour le compte de l'empereur, à qui l'or et l'argent appartiennent; et ne me reste pour le service de mes mains pour m'acquitter envers Celui qui nous a donné l'empire et qui leur a transporté ses droits. Elle disait souvent à son mari : Rappelle-toi toujours ce que tu as été d'abord et ce que tu es maintenant. De cette manière, tu ne seras point ingrat envers le bienfaiteur suprême, mais tu administreras légitimement l'empire, et tu serviras Celui qui te l'a donné. Aussi quand elle mourut, au mois de septembre 385, quelque temps après la princesse Pulchérie, sa fille, et l'empereur et l'empire en furent inconsolables. Saint Grégoire de Nysse fit l'oraison funèbre ou plutôt le panégyrique et de la fille et de la mère. Les Grecs honorent l'impératrice Flaccille comme sainte, sous le nom de Placide ou Placidie, et en font la fête au 14 septembre (Théod., l. 5, c. 19; Greg. Nyss., *De Pulch. et de Plac. Men.*, 14 sept.).

En l'année 385, le peuple d'Alexandrie, assemblé au théâtre, se souleva contre les magistrats; on les accabla d'injures, sans épargner la personne même des empereurs; on porta l'audace jusqu'à demander Maxime pour maître; on l'appelait à grands cris; on souhaitait qu'il voulût accepter la souveraineté de l'Egypte. Mais cet orage passa dans le moment. Les émeutes d'Alexandrie étaient tellement passées en coutume, que le gouvernement n'y faisait aucune attention. Il n'en fut pas de même de la sédition d'Antioche.

Au mois de janvier de cette année, il y avait quatre ans révolus qu'Arcade avait reçu le nom d'auguste; Théodose voulut commencer par une fête magnifique la 5e année de l'empire de son fils. Pour y ajouter plus d'éclat, il avança d'une année ses propres décennales, c'est-à-dire la fête de la 10e année de son empire. C'était la coutume de distribuer en cette occasion de l'argent aux soldats. Pour y suffire, ainsi qu'aux frais des guerres qu'il avait à soutenir, Théodose imposa une contribution extraordinaire. Les ordres n'en étaient pas encore venus à Antioche, que déjà les esprits y étaient en fermentation. Aussi, le 27 février, à peine le gouverneur eut-il donné lecture des lettres impériales, les assistants s'écrient en tumulte que la somme est exorbitante, qu'on peut leur briser les os par les tortures, leur tirer tout le sang des veines; mais qu'en vendant et leurs biens et leurs personnes, on ne pourra trouver de quoi satisfaire cette exaction cruelle. Enfin, après quelques incidents, on se disperse par les rues en criant : Tout est perdu ! la ville est abîmée ! une imposition a détruit Antioche !

Tout ce qu'il y avait d'étrangers, de misérables, d'esclaves, grossit la foule des séditieux. Ce mélange confus ne connaît plus ni prince, ni magistrats, ni patrie. A la vue des portraits de l'empereur, qui était peint en plusieurs endroits de la ville, la rage s'allume, on l'insulte de paroles et à coups de pierres; et comme s'il respirait encore plus sensiblement dans les ouvrages de bronze, on va attaquer ses statues; on n'épargne pas celles de Flaccille, d'Arcade, d'Honorius, ni la statue équestre de Théodose le père. On leur attache des cordes au cou; chacun s'empresse de prêter son bras à ce ministère de fureur; on les arrache de leurs bases, on les brise en morceaux en les chargeant d'opprobres et d'imprécations; on en abandonne les débris aux enfants, qui les traînent par les rues de la ville. Ce dernier excès d'insolence effraya les coupables eux-mêmes. Pâles et tremblants, la plupart s'enfuient et s'enferment. Deux flèches tirées par des soldats suffisent pour dissiper le reste. Tout cela fut l'affaire d'une matinée. L'émeute avait commencé au point du jour; à midi tout était calme.

LIVRE XXXVI. — LES SUITES D'UNE SÉDITION A ANTIOCHE.

Mais ce calme n'avait rien que de sombre et de lugubre. Après cet acte de frénésie, les habitants, abattus, consternés, ne se reconnaissaient qu'avec horreur. La honte, les remords, la crainte tenaient tous les cœurs accablés. La vue des courriers qui partent pour informer l'empereur leur annonce déjà leur condamnation. Les innocents et les coupables attendent également la mort; mais personne ne veut être coupable : ils s'accusent les uns les autres. Tous, renfermés avec leurs familles qui fondent en larmes, déplorent le sort de leurs femmes et de leurs enfants, ils se pleurent eux-mêmes. Partout règne une affreuse solitude. On voit seulement errer çà et là dans les places et dans les rues des troupes d'archers, traînant aux prisons des malheureux qu'ils ont arrachés de leurs maisons.

La nuit se passe dans de mortelles inquiétudes; elle ne présente à leur esprit que des gibets, des feux, des échafauds. La plupart se déterminent à quitter leur patrie, qui ne leur paraît plus qu'un vaste sépulcre. Les riches cachent et enfouissent leurs richesses. Dès le point du jour, les rues sont remplies d'hommes, de femmes, d'enfants, de vieillards qui fuient la colère du prince comme un incendie. Les magistrats, incertains du sort de la ville, n'osent les retenir; à peine peuvent-ils, à force de menaces, arrêter les sénateurs qui se préparaient eux-mêmes à déserter Antioche. Les autres sortent en foule et se dispersent sur les montagnes et dans les forêts. Plusieurs sont massacrés par les brigands, qui profitent de cette alarme pour infester les campagnes voisines; et l'Oronte rapporte tous les jours dans la ville quelques-uns des cadavres de ces malheureux fugitifs.

Cependant les magistrats étaient assis sur le tribunal et faisaient comparaître ceux qu'on avait arrêtés à la fin de la sédition et la nuit suivante. Ils déployaient toute l'horreur des supplices. On pouvait leur reprocher de n'avoir rien fait pour empêcher le crime; cette crainte les rendait plus implacables, ils croyaient faire leur apologie en punissant avec rigueur. Les fouets armés de plomb, les chevalets, les torches ardentes, toutes les tortures redoutables à l'innocence même étaient mises en œuvre pour arracher l'aveu du crime et des complices. Tout ce qui restait de citoyens dans la ville était assemblé aux portes du prétoire dont les soldats gardaient l'entrée. Là, plongés dans un morne silence, se regardant les uns les autres avec une défiance mutuelle, les yeux et les bras levés vers le ciel, ils le conjuraient avec larmes d'avoir pitié des accusés et d'inspirer aux juges des sentiments de clémence. La voix des bourreaux, le bruit des coups, les menaces des magistrats les glacent d'effroi; ils prêtent l'oreille à toutes les interrogations, à chaque coup, à chaque gémissement qu'ils entendent, ils tremblent pour leurs parents, pour eux-mêmes. Mais rien n'égale la douleur des femmes : enveloppées de leurs voiles, se roulant à terre et se traînant aux pieds des soldats, elles les supplient en vain de leur permettre l'entrée; elles conjurent les moindres officiers qui passent devant elles de compatir au malheur de leurs proches et de leur prêter quelque secours; entendant les cris douloureux de leurs pères, de leurs fils, de leurs maris, elles y répondent par des cris lamentables; elles ressentent au fond de leurs cœurs tous les coups dont ils sont frappés, et les dehors du prétoire présentent un spectacle aussi déplorable que les rigueurs qu'on exerçait au dedans.

Ce jour affreux et funeste se passa à interroger et à convaincre les coupables. La nuit était déjà venue; on attendait au dehors, dans des transes mortelles, la décision des magistrats; on demandait à Dieu, par les vœux les plus ardents, qu'il touchât le cœur des juges, qu'ils voulussent bien accorder quelque délai et renvoyer le jugement à l'empereur, lorsque tout à coup les portes du prétoire s'ouvrirent. On vit sortir, à la lueur des flambeaux, entre deux haies de soldats, les premiers de la ville chargés de chaînes, languissants et se traînant à peine, les tortures ne leur ayant laissé de vie qu'autant qu'il en fallait pour mourir de la main des bourreaux à la vue de leurs concitoyens. On avait voulu commencer ce terrible exemple par la punition des plus nobles. On les conduisait au lieu des exécutions. Leurs mères, leurs femmes, leurs filles, plus mortes qu'elles-mêmes, veulent les suivre et manquent de force. Le désespoir les ranime; elles courent, elles voient leurs proches tomber sous le glaive, et tombent avec eux par la violence de leur douleur. On les emporte à leurs maisons. Elles en trouvent les portes scellées du sceau public; on avait déjà ordonné la confiscation de leurs biens, et ces femmes, distinguées par leur rang et leur naissance, sont réduites à mendier un asile qu'elles ne trouvent qu'avec peine, la plupart de leurs parents et de leurs amis refusant de leur donner retraite, de peur de partager leur crime en soulageant leur infortune. On continua pendant cinq jours de faire le procès aux coupables; plusieurs innocents furent enveloppés dans la condamnation, s'étant déclarés criminels dans la force des tortures. Les uns périrent par l'épée, d'autres par le feu; on en livra plusieurs aux bêtes, on ne fit pas même grâce aux enfants. Tant de supplices ne rassuraient pas ceux qui restaient; après tant de coups redoublés, la foudre semblait toujours gronder sur leurs têtes; ils craignaient les effets de la colère du prince, et, quoiqu'il ne pût encore être instruit de la sédition, on entendait sans cesse répéter dans la ville : L'empereur sait-il la nouvelle? est-il irrité? l'a-t-on fléchi? qu'a-t-il ordonné? voudra-t-il perdre Antioche? Pour effacer, s'il était possible, la mémoire du soulèvement, chacun s'empressait de payer l'impôt qui en avait été l'occasion. Loin de le trouver alors insupportable, les habitants offraient de se dépouiller de tous leurs biens et d'abandonner à l'empereur leurs maisons et leurs terres, pourvu qu'on leur laissât la vie.

Antioche était une ville de plaisir et de dissolution : on le voit en particulier par les discours de saint Jean, surnommé Chrysostome, qui y prêchait depuis deux ans comme prêtre. Sur une population de deux cent mille âmes, les chrétiens formaient un peu plus que la moitié (S. Chrys., t. VII, édit. Bénéd.). Ils applaudissaient à l'éloquence de Chrysostome, mais n'en devenaient pas beaucoup meilleurs. Plusieurs n'avaient jamais vu l'église; d'autres quittaient les assemblées saintes pour aller au théâtre voir des prostituées nues, nageant dans des étangs factices. L'adversité, cette excellente maîtresse de la philosophie chrétienne, changea la ville tout à coup : plus de jeux, plus de festins de débauches, de chansons et de danses lascives, de divertissements tumultueux; on n'y entendait plus que des prières et le chant des psaumes. Le théâtre était abandonné : on passait les journées entières dans l'église, où les cœurs les plus agités se reposent dans le sein de Dieu même. Toute la ville semblait devenue un monastère.

Depuis le vendredi 26 février, jour de la sédition, jusqu'au jeudi de la semaine suivante, le prêtre Jean demeura dans le silence. Enfin, lorsque les plus coupables furent punis, que plusieurs de ceux que la terreur avait bannis de la ville commençaient à y revenir, et qu'il ne restait plus que l'inquiétude de la vengeance du prince, il monta dans la tribune. Pendant tout le temps du carême, qui commença cette année à Antioche le 8 mars, il continua de prêcher au peuple, dont il sut calmer les craintes et essuyer les larmes, et c'est à lui principalement qu'on dut la tranquillité où la ville se maintint au milieu des diverses alarmes qui survinrent. Il prononça dans cet intervalle vingt discours, comparables à tout ce qu'Athènes et Rome ont produit de plus éloquent. L'art en est merveilleux. Incertain du parti que voudra prendre Théodose, il mêle ensemble l'espérance du pardon et le mépris de la mort, et dispose ses auditeurs à recevoir avec soumission et sans trouble les ordres de la Providence. Il entre toujours avec tendresse dans les sentiments de ses concitoyens; mais il les relève et les fortifie. Jamais il ne les arrête trop longtemps sur la vue de leurs malheurs; bientôt il les transporte de la terre au ciel. Pour les distraire de la crainte présente, il leur en inspire une autre plus vive; il les occupe du souvenir de leurs vices, les presse de s'en corriger, en particulier du blasphème, et leur montre le bras de Dieu levé sur leurs têtes, et infiniment plus redoutable que celui du prince.

Il y avait déjà huit jours que les courriers qui portaient à l'empereur la nouvelle de la sédition étaient partis d'Antioche, lorsqu'on apprit qu'ils avaient été arrêtés en route par divers accidents, et obligés de quitter les chevaux de poste pour prendre les voitures publiques. On crut qu'il était encore temps de les prévenir, et toute la ville s'adressa à l'évêque Flavien, vénérable par sa sainteté, et chéri de l'empereur. Il accepta cette pénible commission; et ni les infirmités d'une extrême vieillesse, ni la fatigue d'un long voyage dans une saison incommode et pluvieuse, ni l'état où se trouvait une sœur unique qu'il aimait tendrement et qu'il laissait au lit de la mort, ne purent arrêter son zèle. Résolu de mourir ou de fléchir la colère du prince, il part au milieu des larmes de son peuple. Tous les cœurs le suivent par leurs vœux; on espère que la bonté naturelle de l'empereur ne pourra se défendre d'un prélat si respecté.

Quoique Flavien fît une extrême diligence, il ne put atteindre les courriers. Ils arrivèrent avant lui, et leur rapport excita dans Théodose cette violente colère dont les premiers accès étaient toujours prompts et terribles. Il était moins irrité du renversement de ses propres statues que des outrages faits à celles de l'impératrice défunte et de son père. L'ingratitude d'Antioche redoublait encore son courroux : il avait distingué cette ville entre toutes celles de l'empire par des marques de sa bienveillance; il y avait ajouté de superbes édifices. On venait d'achever par ses ordres un nouveau palais dans le faubourg de Daphné, et il avait promis de venir incessamment honorer Antioche de sa présence. Son premier mouvement fut de détruire la ville et d'ensevelir les habitants sous ses ruines. Etant revenu de cet accès d'emportement, il choisit le général Hellébichus, et Césarius, maître des offices, pour l'exécution d'une vengeance plus conforme aux règles de la justice. Comme il ignorait encore la punition des principaux auteurs du désordre, il chargea ces commissaires d'informer contre les coupables, avec pouvoir de vie et de mort. Il leur donna ordre de fermer le théâtre, le cirque et les bains publics; d'ôter à la ville son territoire, ses privilèges et la qualité de métropole; de la réduire, comme avait autrefois fait l'empereur Sévère, à la condition d'un simple bourg soumis à Laodicée, son ancienne rivale, qui deviendrait par ce changement métropole de la Syrie; de retrancher aux pauvres la distribution de pain qui était établie dans Antioche comme dans Rome et dans Constantinople.

Hellébichus et Césarius étant partis avec ces ordres rigoureux, rencontrèrent Flavien et redoublèrent sa douleur. Il continua sa route avec plus d'empressement pour obtenir quelque grâce. Les deux commissaires se hâtèrent d'arriver en Syrie. La renommée, qui les devança, renouvela la terreur dans Antioche. On publiait qu'ils venaient à la tête d'une troupe de soldats qui ne respiraient que le sang et le pillage. Les habitants prononçaient eux-mêmes leur propre sentence : on égorgera le sénat, on détruira la ville de fond en comble; on la réduira en cendres avec son peuple; on y fera passer la charrue; et, pour éteindre notre race, on poursuivra, le fer et le feu à la main, jusque dans les montagnes et les déserts, ceux qui y chercheront une retraite. On attendait en tremblant le moment de leur arrivée. On se disposait de nouveau à prendre la fuite. Le gouverneur, qui était païen, vint à l'église, où une multitude innombrable s'était assemblée, comme dans un asile; il y parla au peuple, et s'efforça de le rassurer. Lorsqu'il se fut retiré, saint Jean Chrysostome reprocha aux chrétiens d'avoir eu besoin d'une voix étrangère pour affermir des cœurs que la confiance en Dieu devait rendre inébranlables. Enfin ceux qui connaissaient le caractère des deux officiers, vinrent à bout de calmer les alarmes. On commença de se persuader que le prince ne voulait pas ruiner Antioche, puisqu'il confiait sa vengeance à deux ministres si équitables et si modérés. A leur approche, une foule de peuple sortit au devant d'eux et les conduisit à leur demeure avec des acclamations mêlées de prières et de larmes. C'était le soir du 29 mars.

En effet, les deux commissaires étaient des hommes prudents et vertueux. Hellébichus était même uni d'amitié avec saint Grégoire de Nazianze; et c'est une louange pour Théodose d'avoir choisi, dans sa colère, deux ministres propres, non pas à la servir aveuglément, mais à la diriger et à la retenir dans les bornes d'une exacte justice. Ils apprirent, en arrivant, que les magistrats les avaient prévenus, et que la sédition était déjà punie par des exemples assez rigoureux. Cependant, par les ordres du prince, ils se voyaient réduits à la triste nécessité de rouvrir les plaies récentes de cette malheureuse ville et d'en faire encore couler du sang. Ils signifièrent d'abord la révocation de tous les priviléges d'Antioche.

Le lendemain ils firent comparaître tous ceux qui composaient le sénat de la ville. Ils écoutèrent et les accusations formées contre eux, et leurs réponses. L'humanité des juges adoucissait autant qu'il leur était permis la sévérité de leur ministère : ils n'employaient ni soldats ni licteurs pour imposer silence; ils permettaient aux accusés de plaindre leur sort, de verser des pleurs; ils en versaient eux-mêmes; mais ils ne leur laissaient espérer aucune grâce; ils paraissaient à la fois compatissants et inflexibles. Sur la fin du jour ils firent renfermer tous ceux qui étaient convaincus dans une grande enceinte de murailles, sans toit et sans aucune retraite qui pût les garantir des injures de l'air. C'étaient les personnes les plus considérables d'Antioche par leur naissance, par leurs emplois et par leurs richesses. Toutes les familles nobles prirent le deuil; la ville perdait avec eux tout ce qu'elle avait d'éclat et de splendeur.

Le troisième jour devait être le plus funeste : tous les habitants étaient glacés d'effroi. C'était le jour destiné au jugement et à l'exécution des coupables. Avant le lever du soleil, les commissaires sortent de leur demeure à la lueur des flambeaux. Ils montraient une contenance plus sévère que la veille, et l'on croyait déjà lire sur leur front la sentence qu'ils allaient prononcer. Comme ils traversaient la grande place, suivis d'une foule de peuple, une femme avancée en âge, la tête nue, les cheveux épars, saisit la bride du cheval d'Hellébichus, et, s'y tenant attachée, elle l'accompagna avec des cris lamentables. Elle demandait grâce pour son fils, distingué par ses emplois et par le mérite de son père. En même temps Hellébichus et Césarius se voient environnés d'une multitude inconnue, que des vêtements lugubres, des visages pâles et exténués faisaient ressembler à des fantômes plutôt qu'à des hommes. C'étaient les solitaires des environs d'Antioche, qui, dans cette conjoncture, étaient accourus d'eux-mêmes de toutes parts; et tandis que les philosophes païens, plus orgueilleux, mais aussi timides que le vulgaire, étaient allés chercher leur sûreté sur les montagnes et dans les cavernes, les moines, qui étaient alors les vrais philosophes du christianisme, et qui en portaient le nom à juste titre, avaient abandonné leurs cavernes et leurs montagnes pour venir consoler et secourir leurs concitoyens. Ils s'attroupent en grand nombre autour des commissaires; ils leur parlent avec hardiesse; ils offrent leurs têtes à la place des accusés; ils protestent qu'ils ne quitteront les juges qu'après avoir obtenu grâce. Ils demandent d'être envoyés à l'empereur : « Nous avons, disent-ils, un prince chrétien et religieux; il écoutera nos prières; nous ne vous permettrons pas de tremper vos mains dans le sang de vos frères, ou nous mourrons avec eux. » Hellébichus et Césarius tâchaient de les écarter, en leur répondant qu'ils n'étaient pas maîtres de pardonner, et qu'ils ne pouvaient désobéir au prince sans se rendre eux-mêmes aussi coupables que le peuple d'Antioche.

Ils continuaient leur marche, lorsqu'un vieillard, dont l'extérieur n'avait rien que de méprisable, s'avança à leur rencontre. Il était de petite taille, vêtu d'habits sales et déchirés. Saisissant par le manteau l'un des deux commissaires, il leur commanda à tous deux de descendre de cheval. Indignés de cette audace, ils allaient le repousser avec insulte, lorsqu'on leur dit que c'était Macédonius. Ce nom les frappa d'une vénération profonde. Macédonius vivait depuis longtemps sur le sommet des plus hautes montagnes de Syrie, occupé jour et nuit de la prière. L'austérité de sa vie lui avait fait donner le surnom de *Critophage*, parce qu'il ne se nourrissait que de farine d'orge. Quoiqu'il fût très-simple, sans aucune connaissance des choses du monde, et qu'il se fût rendu comme invisible aux autres hommes, il était célèbre dans tout l'Orient. Les commissaires s'étant jetés à ses pieds, le priaient de leur pardonner et de souffrir qu'ils exécutassent les ordres de l'empereur. Alors ce solitaire, instruit par la sagesse divine, leur parla en ces termes : « Mes amis, dites à l'empereur : Vous n'êtes pas empereur seulement, mais encore homme; ne considérez pas seulement l'empire, mais encore la nature; homme, vous commandez à qui a la même nature que vous. Or, la nature humaine a été formée à l'image et à la ressemblance de Dieu. Ne faites donc pas égorger l'image de Dieu aussi cruellement; qui détruit l'ouvrage, irrite l'ouvrier. Considérez à quelle colère vous emporte l'insulte faite à une image de bronze; combien une image vivante, animée, raisonnable, n'est-elle pas d'un plus grand prix. Qu'il considère encore qu'il nous est aisé de lui rendre vingt statues pour une; mais, après nous avoir ôté la vie, il lui sera impossible de rétablir un seul cheveu de notre tête. » Le discours de cet homme sans lettres fit une vive impression sur les commissaires. Ils promirent à Macédonius de faire part à l'empereur de ses sages remontrances.

Ils se trouvaient dans un extrême embarras et n'étaient guère moins agités au dedans d'eux-mêmes que les coupables dont ils devaient prononcer la sentence. D'un côté, les ordres de l'empereur leur faisaient craindre d'attirer sur eux toute sa colère; de l'autre, les cris et les vives instances des habitants, surtout des moines, dont les plus hardis menaçaient d'arracher les criminels des mains des bourreaux et de subir eux-mêmes le supplice, désarmaient leur sévérité. Dans cet état d'incertitude, ils arrivèrent aux portes du prétoire, où l'on avait déjà conduit ceux qui devaient être condamnés. Ils y rencontrèrent un nouvel obstacle. Les prêtres et les évêques qui se trouvaient à Antioche se présentent devant eux; ils les arrêtent et leur déclarent que, s'ils ne veulent leur passer sur le corps, il faut qu'ils leur promettent de laisser la vie aux prisonniers. Sur le refus des commissaires, ils s'obstinent à leur fermer le passage. Enfin, Césarius et Hellébichus ayant témoigné par un signe de tête qu'ils leur accordaient leur demande, les évêques et les prêtres poussent un cri de joie, ils leur baisent les mains, leur embrassent les genoux et les pieds. Le peuple et les moines se jettent en même temps dans le prétoire, et la garde ne peut arrêter cette foule impétueuse. Alors cette mère éplorée, qui n'avait pas quitté la bride du cheval d'Hellébichus, apercevant son fils chargé de chaînes, court à lui, l'entoure de ses bras, le couvre de ses cheveux, le traîne aux pieds d'Hellébichus, et, les arrosant de ses larmes, elle conjure ce général, avec des cris et des sanglots, de lui rendre l'unique soutien de sa vieillesse ou de lui arracher à elle-même la vie. Les moines redoublent leurs instances; ils supplient les juges de renvoyer le jugement à l'empereur; ils s'offrent de partir sur-le-champ et promettent d'obtenir la grâce de tant de malheureux. Les commissaires, ne pouvant retenir leurs larmes, se rendent enfin; ils consentent à surseoir l'exécution jusqu'à la décision de Théodose. Mais ils ne veulent pas exposer tant de vieillards, exténués par les austérités, aux fatigues d'un long et pénible voyage; ils leur demandent seulement une lettre; ils se chargent de la porter au prince et d'y joindre les plus pressantes sollicitations. Les solitaires composèrent une requête dans laquelle, en implorant la clémence de Théodose, ils lui mettaient devant les yeux le jugement de Dieu, et protestaient que, s'il fallait encore du sang pour apaiser son courroux, ils étaient prêts à donner leur vie pour le peuple d'Antioche.

Les deux commissaires convinrent qu'Hellébichus demeurerait dans la ville, et que Césarius irait à Constantinople. Ils firent transférer les criminels dans une prison plus commode. C'était un vaste édifice, orné de portiques et de jardins, où, sans les délivrer de leurs chaînes, on leur permit de recevoir toutes les consolations de la vie. Cette nouvelle fit renaître l'espérance, dont les effets se diversifiaient selon la différence des caractères. Les citoyens sensés bénissaient Dieu et lui rendaient des actions de grâces; ils se flattaient que l'empereur, en considération de la fête de Pâques, qui approchait, pardonnerait les offenses qu'il avait reçues. Mais une jeunesse dissolue, dont cette ville voluptueuse était remplie, s'abandonnait déjà aux excès d'une joie extravagante; elle avait en un moment oublié tous ses malheurs. Dès le lendemain du départ de Césarius, pendant que les principaux d'Antioche étaient dans les fers, et le pardon encore incertain, les bains publics étant fermés, une troupes de jeunes libertins coururent au fleuve, sautant, dansant, chantant des chansons lascives, et entraînant avec eux les femmes qu'ils rencontraient. Ces désordres n'échappèrent point aux sévères réprimandes de saint Jean Chrysostome; pour les tirer de cette folle sécurité, il fit de nouveau gronder sur leurs têtes le tonnerre de la vengeance divine et les menaces de celle du prince.

Césarius était parti dès le soir même. Une foule de peuple et surtout de femmes remplissait le chemin sur son passage, jusqu'à la distance de près de deux lieues. Mais ce sage officier, voulant éviter l'éclat des acclamations populaires, attendit que la nuit eût obligé cette multitude de se retirer. Afin de faire plus de diligence, il n'avait pris avec lui que deux domestiques; et, le soir du lendemain, il était déjà sur les frontières de la Cappadoce. Il ne s'arrêta dans sa route que pour changer de relais, et ne sortit de son chariot ni pour dormir, ni pour prendre sa nourriture; il volait avec plus d'empressement que s'il se fût agi de sa propre vie. Quoiqu'il y eût plus de trois cents lieues d'Antioche à Constantinople, il arriva dans cette ville le sixième jour après midi. Comme il était sans suite, il y entra sans être connu, et se fit sur-le-champ annoncer à l'empereur. Il lui présenta le procès-verbal qui contenait le détail de la sédition et de ses suites. Il n'y avait pas oublié la requête des moines et la remontrance de Macédonius. Il en fit la lecture par ordre du prince. Aussitôt, se jetant à ses pieds, il lui représenta le désespoir des habitants, les châtiments rigoureux qu'ils avaient déjà éprouvés, la gloire qui lui reviendrait de la clémence. Théodose versa des larmes, son cœur commençait à s'attendrir; mais la colère combattait encore ces premiers mouvements de la compassion.

Il y avait déjà sept ou huit jours que Flavien était arrivé à Constantinople; mais, soit qu'il crût l'empereur encore trop irrité, soit que ce prince l'évitât à dessein, il ne s'était point jusqu'alors présenté à Théodose. Plongé dans la douleur la plus amère, il ne s'occupait que des maux de son peuple; son absence les lui rendait plus sensibles, parce qu'il ne pouvait les soulager; ses entrailles étaient déchirées; il passait les jours et les nuits à verser des larmes devant Dieu, le priant d'amollir le cœur du prince. L'arrivée de Césarius lui rendit le courage; il alla au palais, et ce fut peut-être Césarius même qui lui procura une audience, afin d'appuyer ses prières de celles de ce saint évêque. Dès que Flavien parut devant l'empereur, il se tint éloigné, dans un morne silence, le visage baissé vers la terre, et pleurant comme s'il eût été chargé de tous les crimes de ses compatriotes. Théodose, le voyant confus et interdit, s'approcha lui-même, non pas en colère, mais pénétré de douleur et comme pour faire sa propre apologie. Rappelant en peu de mots tout ce qu'il avait fait pour Antioche, il ajoutait à chaque trait : « Est-ce donc ainsi que j'ai mérité tant d'outrages ? Après tout, quelle est donc l'injustice dont ils prétendent se venger ? Pourquoi, non contents de m'insulter, ont-ils porté leur fureur jusque sur les morts ? Si j'étais coupable à leur égard, pourquoi outrager ceux qui ne sont plus et qui ne les ont jamais offensés ? N'ai-je pas donné à leur ville des marques de préférence sur toutes les autres, même sur celle de ma naissance ! Ne désirais-je pas ardemment de la voir ? n'en faisais-je pas serment devant tout le monde ? »

A ces paroles, Flavien poussant un profond soupir et redoublant ses larmes : « Prince, dit-il, nous reconnaissons l'affection que vous avez témoignée à notre patrie; et, ce qui nous afflige le plus, c'est que les démons lui ont envié cet amour, que nous paraissons ingrats envers notre bienfaiteur, et que nous avons irrité au dernier point celui qui nous aime! Ruinez, brûlez, tuez, faites ce qu'il vous plaira, vous ne nous punirez pas encore comme nous méritons. Le mal que nous nous sommes déjà fait est pire que mille morts; car, qu'y a-t-il de plus amer que d'être reconnus à la face de toute la terre pour coupables de la dernière ingratitude ? Si les Barbares nous avaient ruinés, le mal serait moindre, votre bienveillance nous rendrait bientôt et la liberté et la patrie; mais ayant irrité le plus doux des maîtres, le plus tendre des pères, quel refuge nous reste-t-il ? Notre confusion est si grande que nous n'osons plus même regarder la lumière du soleil. Mais, seigneur, il est un remède à de si grands maux; souvent, entre particuliers, de grandes offenses sont devenues la matière d'une grande charité. Dieu même en a usé de la sorte avec la nature humaine. Il avait placé l'homme dans le paradis, le démon jaloux l'en expulsa ; mais Dieu, au lieu du paradis, nous a ouvert le ciel. Faites de même ! Les démons ont mis tout en œuvre pour priver de votre bienveillance cette ville qui vous était si chère. Si vous la ruinez, vous faites ce qu'ils désirent ; si vous lui pardonnez, vous leur ferez souffrir le supplice le plus rigoureux. Vous vous plaignez de l'outrage que vous avez reçu ! Si vous le voulez, ô le plus doux des princes ! il vous vaudra un diadème plus glorieux que celui que vous portez. Celui-ci, vous le devez en partie à la générosité d'un autre ; la couronne de la clémence, vous ne la devrez qu'à votre vertu. On a renversé vos statues ! il vous est facile d'en dresser de plus précieuses dans le cœur de vos sujets, et d'avoir autant de statues qu'il y aura jamais d'hommes sur la terre. Quiconque apprendra votre humanité, vous admirera et vous aimera. On avait jeté des pierres à l'image de Constantin ; ses courtisans, pour l'exciter à la vengeance, lui disaient qu'on l'avait blessé à la tête. Mais, portant la main au front, il répondit en souriant : Rassurez-vous, je ne suis point blessé ! On a oublié les victoires de cet empereur, mais cette parole est à jamais dans la bouche et dans le cœur de tous les hommes. Au reste, qu'est-il besoin de vous mettre sous les yeux des exemples étrangers ? Il ne faut vous montrer que vous-même. Rappelez-vous cette parole, que la clémence fit sortir de votre bouche, lorsqu'aux approches de la fête de Pâques, annonçant, par un édit, aux criminels leur pardon et aux prisonniers leur délivrance, vous ajoutâtes : Que n'ai-je aussi le pouvoir de ressusciter les morts ! Vous pouvez faire aujourd'hui ce miracle ; Antioche n'est plus qu'un sépulcre ; ses habitants ne sont plus que des cadavres ; ils sont morts avant le supplice qu'ils ont mérité : vous pouvez d'un seul mot leur rendre la vie.

» Considérez qu'il ne s'agit pas seulement ici de cette ville, mais de votre gloire ou plutôt de celle du christianisme. Et les Juifs, et les païens, et les Barbares, et l'univers entier, informés de l'événement, sont dans l'attente de ce que vous allez faire. Si vous vous montrez clément, ils se diront les uns aux autres : Voyez quelle est la force de la religion chrétienne ! elle a retenu un homme qui n'a point d'égal sur la terre, et lui a inspiré une sagesse dont un particulier ne serait pas capable. Assurément il est grand le Dieu des chrétiens, puisque des hommes il fait des anges, et qu'il les élève au-dessus de la nature. Et n'écoutez point ceux qui diront que les autres villes en seront plus insolentes. Vous pourriez le craindre si vous pardonniez par impuissance ; mais ils sont déjà morts de peur et n'attendent à tout moment que le supplice. Si vous les aviez fait égorger, ils n'auraient pas tant souffert. Plusieurs ont été la proie des bêtes farouches en fuyant dans le désert ; d'autres ont passé les jours et les nuits cachés ; non-seulement des hommes, mais de petits enfants, mais des femmes nobles et délicates. La ville est réduite à un état pire que la captivité ; tout le monde le sait, et vous ne donneriez pas un si grand exemple en la renversant de fond en comble. Laissez-la donc désormais respirer un peu. Il est facile de punir quand on est le maître ; mais, de pardonner des outrages impardonnables, le pardonner quand on est empereur, c'est là une vertu bien rare. Il vous est aisé d'en donner l'exemple aux âges futurs, et de partager, dès maintenant, le mérite de la gloire de tout ce qu'il y aura jamais d'actes d'humanité et de clémence.

» Quelle gloire pour vous, quand un jour on dira qu'une si grande ville étant coupable, tout le monde épouvanté, les gouverneurs, les juges, personne n'osant ouvrir la bouche, un seul vieillard, revêtu du sacerdoce de Dieu, s'est montré et a touché le prince par sa seule présence et par son simple discours. Car notre ville, seigneur, ne vous fait pas peu d'honneur en me chargeant de cette députation, puisqu'elle juge que vous estimez plus que tout le reste de vos sujets, les prêtres de Dieu, quelque méprisables qu'ils soient. Mais je ne viens pas seulement de la part de ce peuple, je viens avant tout de la part du maître des anges, dire à votre âme si douce et si compatissante, que si vous remettez aux hommes leurs fautes, votre Père céleste vous remettra aussi les vôtres. Souvenez-vous donc de ce jour où nous rendrons tous compte de nos actions. Songez que si vous avez à expier quelques péchés, vous le pouvez sans aucune peine, en prononçant une parole. Les autres députés vous apportent de l'or, de l'argent, des présents ; pour moi, je ne vous offre que les saintes lois, vous exhortant à imiter notre maître, qui ne laisse pas de nous combler de ses biens, quoique nous l'offensions tous les jours. Ne trompez pas mes espérances et mes promesses, et sachez que si vous pardonnez à notre ville, j'y retournerai avec confiance ; mais si vous la rejetez, non-seulement je n'y retournerai plus, je n'en verrai plus même le sol, je la renie à jamais. Eh ! comment pourrais-je tenir pour mienne une patrie à qui vous n'auriez pas voulu faire grâce, vous, le plus doux des hommes ! »

Pendant que l'évêque parlait, l'empereur eut peine à contenir son émotion. Enfin, laissant échapper ses larmes : « Qu'y a-t-il de merveilleux, dit-il, si nous pardonnons à des hommes, étant hommes nous-mêmes, puisque le maître du monde est venu sur la terre, qu'il s'est fait esclave pour nous, et, qu'étant crucifié par ceux qu'il avait comblés de grâces, il a prié son Père pour eux ? » Flavien voulait demeurer à Constantinople pour célébrer avec l'empereur la fête de Pâques : « Allez, mon père, lui dit Théodose ; hâtez-vous de vous montrer à votre peuple, rendez le calme à la ville d'Antioche : elle ne sera parfaitement rassurée, après une si violente tempête, que lorsqu'elle reverra son pilote. » L'évêque le suppliait d'envoyer son fils Arcade ; le prince, pour lui témoigner que s'il refusait cette grâce ce n'était par aucune impression de ressentiment, lui répondit : Priez Dieu qu'il me délivre des guerres dont je suis menacé, et vous me verrez bientôt moi-même. Lorsque le prélat eut passé le détroit, Théodose lui envoya encore des officiers de sa cour pour le presser de se rendre à son troupeau avant la fête de Pâques. Quoique Flavien usât de toute la diligence dont il était capable, cependant, pour ne pas dérober à son peuple quelques moments de joie, il se fit devancer par des courriers, qui portèrent la lettre de l'empereur avec une promptitude incroyable.

Depuis que Césarius était parti d'Antioche, les esprits flottaient entre l'espérance et la crainte. Les prisonniers surtout recevaient sans cesse des alarmes par les bruits publics qui se répandaient que l'empereur était inflexible ; qu'il persistait dans la résolution de ruiner la ville. Leurs parents et leurs amis gémissaient avec eux, leur disaient tous les jours le dernier adieu, et l'éloquente charité de saint Jean Chrysostome pouvait à peine les rassurer. Enfin, la lettre de Théodose arriva pendant la nuit et fut rendue à Hellébichus. Cet officier généreux sentit le premier toute la joie qu'il allait répandre dans Antioche. Il attendit le jour avec impatience, et, dès le matin, il se transporta au prétoire. L'allégresse peinte sur son visage annonçait le salut; il fut bientôt environné d'une foule de peuple qui poussait des cris de joie; et ce lieu arrosé de tant de larmes quelques jours auparavant, retentissait d'acclamations et d'éloges. Tous ceux que la crainte avait tenus jusqu'alors cachés accouraient avec transport; tous s'efforçaient d'approcher d'Hellébichus. Ayant imposé silence, il fit lui-même la lecture de la lettre; elle contenait des reproches tendres et paternels : Théodose y paraissait plus touché des insultes faites à l'impératrice défunte et à son père, que de celles qui tombaient sur lui-même. Il y censurait cet esprit de révolte et de mutinerie qui semblait faire le caractère du peuple d'Antioche; mais il ajoutait qu'il était encore plus naturel à Théodose de pardonner. Il témoignait être affligé que les magistrats eussent ôté la vie à quelques coupables, et finissait par révoquer tous les ordres qu'il avait donnés pour la punition de la ville et de ses habitants.

A ces mots, il s'élève un cri général. Tous se dispersent pour aller porter cette heureuse nouvelle à leurs femmes et à leurs enfants. La veille on accusait de lenteur et Flavien et Césarius; aujourd'hui on s'étonne qu'une affaire si importante, si difficile, ait été si promptement terminée. On ouvre les bains publics; on orne les rues et les places de festons et de guirlandes; on y dresse des tables; Antioche entière n'est plus qu'une salle de festin. La nuit suivante égale la lumière des plus beaux jours; la ville est éclairée de flambeaux; on bénit l'Etre souverain qui tient en sa main le cœur des princes; on célèbre la clémence de l'empereur; on comble de louanges Flavien, Hellébichus et Césarius; Hellébichus prend part à la réjouissance publique, il se mêle dans les jeux, dans les festins. Les jours suivants on lui dressa des statues, ainsi qu'à Césarius; et lorsqu'il fut ensuite rappelé par l'empereur, il fut conduit hors de la ville avec les vœux et les acclamations de tout le peuple. Flavien reçut à son arrivée des témoignages de reconnaissance encore plus précieux et plus dignes d'un évêque; il fut honoré comme un ange de paix, et toutes les églises retentirent d'actions de grâces. Il eut la joie de retrouver en vie sa sœur qu'il avait laissée à l'extrémité, et de célébrer la Pâque avec son troupeau. Du reste, jamais on ne put rien savoir de ce qui s'était passé entre lui et Théodose. Quand on l'interrogeait là-dessus, il répondait qu'il n'avait en rien contribué à cette affaire; que Dieu seul avait tout fait, ayant adouci le cœur du prince et apaisé sa colère avant qu'il eût ouvert la bouche pour lui parler. Ainsi il fallut apprendre par d'autres ce que sa modestie voulait cacher. C'est ce que témoigne saint Chrysostome dans son vingt et unième discours (1).

Libanius, auprès duquel Chrysostome avait pris

(1) Chrysost., t. II; Liban., t. II; Tillem., *Hist. des emp.*; Theod., t. V; Lebeau, *Hist. du Bas-Empire*, livre 23.

autrefois des leçons d'éloquence, déploya aussi sa rhétorique dans cette occasion. Ce qu'il déplorait le plus, c'était l'interruption des plaisirs et des spectacles. Il nous apprend dans sa vie, écrite par lui-même, qu'on le regardait comme la cause de ce malheur, mais que par ses douces paroles et par ses larmes il persuada aux juges d'aimer les lettres (Lib., *Vit.* t. II). Il composa une harangue, qu'il est censé faire en présence de Théodose, pour l'engager à user de clémence, et une autre pour lui rendre grâce, quand il eut pardonné. Il écrivit encore deux discours à la louange des deux commissaires. Le païen Zosime (l. 4, c. 41) rapporte que Libanius et un nommé Hilaire furent députés vers Théodose par le sénat d'Antioche, et que ce furent eux qui obtinrent le pardon de la ville. Mais il est démenti par Libanius lui-même; car il dit expressément dans sa première harangue, que la ville n'avait envoyé personne, et qu'il se présentait, lui, de son propre mouvement (*Orat.*, 12). Ensuite, dans sa vie, il ne dit pas un mot de sa députation à l'empereur; ce qu'il n'eût pas manqué de faire si elle avait été réelle, et non purement fictive : au contraire, il fait entendre assez clairement qu'il ne sortit point d'Antioche. Dans cette circonstance, comme dans beaucoup d'autres, le zèle du paganisme aveugle Zosime, et Libanius ne paraît qu'une pâle copie de Chrysostome.

Ce dernier n'avait pas encore vingt ans, que déjà Libanius félicitait son siècle de posséder un orateur aussi parfait. Il manifesta encore le même sentiment dans sa dernière maladie. Ses amis lui ayant demandé lequel de ses disciples il voudrait avoir pour successeur dans sa chaire d'éloquence : Je nommerais Jean, répondit-il, si les chrétiens ne nous l'eussent enlevé. Ce disciple de prédilection étudiait en même temps la philosophie sous Andragathius. Vers l'âge de vingt ans il plaida quelque temps avec beaucoup de succès, et fréquenta les théâtres. Un ami plus chrétien le retira de ce péril. Il renonça non seulement au théâtre, mais au barreau et à toutes les choses du monde, pour mener une vie de pénitent, uniquement appliqué à l'étude des saintes Ecritures. Saint Mélèce, qui gouvernait alors l'Eglise d'Antioche, voyant le beau naturel de ce jeune homme, lui permit d'être continuellement auprès de lui et après qu'il l'eut instruit pendant trois ans, il lui conféra le baptême et l'ordonna lecteur. Jean attira à la retraite Théodore et Maxime, qui étudiaient avec lui sous Libanius. Théodore fut depuis évêque de Mopsueste en Cilicie, et Maxime de Séleucie en Isaurie. Tous les trois s'exercèrent à la vie ascétique sous la discipline de Cartère et de Diodore, depuis évêque de Tarse.

Jean avait encore un ami plus intime, nommé Basile, le même qui l'avait retiré de la fréquentation du théâtre. Ils délibérèrent ensemble sur le genre de vie qu'ils devaient embrasser, et ils conclurent pour la vie solitaire. Basile s'y résolut sans hésiter. Jean eut plus de peine à quitter le monde, et fut retenu principalement par les prières et les larmes de sa mère, qui, pour toute récompense de sa viduité et des soins qu'elle avait pris de son éducation, lui demandait que de ne pas l'abandonner, lui laissant la liberté de vivre après sa mort comme il voudrait. Basile exhortait Jean à s'élever au-dessus de ces considérations, lorsqu'il courut un bruit qu'on voulait les faire évêques. C'était sous la persécution de Valens, et il y avait beaucoup d'Églises vacantes. Jean en fut étonné, ne comprenant pas pourquoi on pensait à lui, et craignit qu'on ne l'ordonnât par force, comme il était alors assez ordinaire. Basile vint le trouver en particulier, croyant lui apprendre cette nouvelle, et le pria d'agir de concert avec lui en cette rencontre, comme ils faisaient en toutes les affaires, car, dit-il, je prendrai le même parti que vous soit pour fuir l'épiscopat, soit pour l'accepter. Jean ne crut pas devoir faire ce tort à l'Église, de la priver des services d'un homme capable, quoique jeune, de conduire les âmes ; il dissimula donc avec lui pour la première fois de sa vie, et dit que rien ne pressait, et qu'il était d'avis de remettre cette délibération à un autre temps. Cependant il se cacha, et, peu de temps après, celui qui devait les ordonner était arrivé. Basile, qui ne se doutait de rien, fut amené sous un autre prétexte, et se laissa ordonner évêque de Baphanée en Syrie, dans la persuasion que Jean en ferait autant. On le trompa même, en lui disant que celui qui était le plus fier et le plus indocile avait cédé au jugement des évêques. Mais quand Basile sut que Jean s'était mis à couvert, il vint le trouver pour se plaindre amèrement de l'artifice dont il avait usé pour l'engager. Jean lui expliqua ses raisons, et cette conversation fut le sujet des six livres *Du Sacerdoce*, que Jean composa depuis.

Ils sont en forme de dialogue, et ont été regardés dans tous les siècles comme un chef-d'œuvre. On y voit, entre autres choses, que les élections épiscopales ne ressemblaient pas toutes à celles de son ami Basile. Après avoir exposé, dans le troisième livre, quelles doivent être les qualités d'un évêque : Allez maintenant, dit-il, à ces fêtes populaires où se font les élections ecclésiastiques. Tous les électeurs se divisent ; les prêtres mêmes ne sont pas d'accord entre eux ; chacun fait bande à part ; l'un donne sa voix à celui-ci, l'autre à celui-là. Un tel doit être élu, dit-on, parce qu'il est d'une famille illustre ; un tel, parce qu'il est riche ; l'un, parce qu'il a passé de nos adversaires à nous ; l'autre, parce qu'il est mon parent ; un autre enfin, parce qu'il sait flatter. Quant à celui qui est vraiment capable, personne n'y regarde. On allègue quelquefois des motifs plus absurdes encore. Il faut admettre ceux-ci dans le clergé, de peur qu'ils ne passent du côté de nos adversaires ; il faut y admettre ceux-là, parce qu'ils sont méchants, et que, si on les méprise, ils peuvent faire beaucoup de mal. Ce n'est pas tout : non-seulement on choisit les indignes, on repousse les capables ; un tel, parce qu'il est jeune ; un tel, parce qu'il ne sait pas flatter ; celui-ci, parce qu'il déplaît à un tel, celui-là, de peur d'offenser le patron de tel autre qu'on a rejeté ; l'un, parce qu'il est doux et honnête ; l'autre, parce qu'il est terrible à ceux qui se conduisent mal (*De Sacerd.*, l. 3, n. 15). On voit par cet échantillon que ce serait se tromper beaucoup et tromper les autres, de supposer que les élections ecclésiastiques des premiers siècles fussent sans inconvénient, parce que c'étaient des élections ou dans les premiers siècles.

Cependant Théodore avait embrassé la vie monastique et même pris des engagements. Il était illustre par sa naissance ; possédait de grands biens, avait infiniment d'esprit, écrivait et parlait avec agrément. Comme il était à la fleur de l'âge, tous ces avantages se représentèrent à son imagination d'une manière flatteuse ; il succomba à la tentation, rentra dans le monde, et songea même à se marier. Il prétendait justifier sa conduite par des exemples tirés de l'histoire, dont il avait une grande connaissance. Saint Chrysostome, qui était son ami, lui faisait des remontrances chaque fois qu'il le rencontrait, lui écrivait des lettres pour le rappeler à lui-même. Bientôt Théodore regarda sa conversion comme impossible. Mais Chrysostome lui répétait à chaque rencontre ces paroles : Ne vous abandonnez pas au désespoir. Il lui adressa même un traité assez long, où, mêlant l'autorité aux exemples, il le porte à recourir à la miséricorde du Seigneur et à renoncer une seconde fois au monde. Théodore se reconnut enfin ; il rentra dans la société de ses pieux amis, et ne s'appliqua plus avec eux qu'à la prière et à la lecture des livres saints.

Chrysostome lui-même, après avoir été ordonné lecteur, ne jugeant pas en sa conscience que les travaux qu'il pouvait faire dans la ville fussent suffisants pour dompter l'ardeur de sa jeunesse, se retira parmi les solitaires sur les montagnes voisines d'Antioche. Là, ayant trouvé un vieillard de Syrie fort appliqué à la mortification, il imita la dureté de sa vie et fut quatre ans sous sa discipline. Ensuite, il se confina seul dans une caverne, cherchant à être inconnu. Il y demeura deux ans, sans presque dormir, et sans jamais se coucher ni jour ni nuit, en sorte que le froid lui rendit comme mortes certaines parties du corps. Son occupation était d'étudier l'Écriture sainte et de composer quelques ouvrages de piété.

Cependant, vers l'an 376, l'empereur Valens, plus libre de persécuter les catholiques depuis la mort de son frère Valentinien, avait fait une loi pour enrôler tous les moines dans ses troupes. Ce fut une occasion à bien des gens du monde de se déchaîner plus que jamais contre la vie monastique ; car plusieurs en regardaient l'austérité comme excessive, et employaient les menaces et les violences pour en empêcher la propagation. Ce n'étaient pas seulement des païens, mais des chrétiens mêmes, et il y en eut un qui s'emporta jusqu'à dire : Que de voir des hommes d'une condition libre, d'une naissance illustre, et qui eussent pu vivre dans les délices, choisir un genre de vie si durs et si austère, cela seul serait capable de le faire renoncer à la foi et sacrifier aux démons. C'était le sujet ordinaire des railleries dans la place publique et dans tous les lieux où s'assemblaient les gens oisifs. L'un disait : J'ai été le premier qui a mis la main sur un tel moine, et je l'ai roué de coups : L'autre : J'ai découvert la retraite d'un tel. L'autre : J'ai bien échauffé le juge contre lui. L'autre se vantait de l'avoir traîné par la place et mis au fond d'un cachot. Là-dessus les assistants éclataient de rire. Les chrétiens en usaient ainsi, et les païens se moquaient les uns et des autres.

Informé de ces scandales, Chrysostome écrivit trois livres pour la *défense de la vie monastique*, non dans l'intérêt des moines, mais dans celui de leurs ennemis ; car les persécuteurs se nuisent à eux-mêmes et non pas aux saints qu'ils persécutent. Témoin saint Paul, accusé par Néron des mêmes choses qu'on reprochait aux moines de Syrie, témoin le pauvre Lazare, méprisé par le riche; témoin les apôtres, persécutés par les Juifs, qui en ont été punis par la ruine de leur ville et de leur temple. Et que sera-ce dans l'éternité? Ce n'est pas tout d'avoir la foi, il faut y joindre une vie sainte. Témoin le serviteur paresseux et les vierges folles. Mais, disait-on, ne peut-on pas se bien conduire dans sa maison et éviter ainsi les supplices éternels? Plût à Dieu, répond saint Chrysostome, que les monastères ne fussent point nécessaires, qu'on vécût si bien dans les cités, que nul ne fût dans le cas de se réfugier dans la solitude. Mais puisque tout est sens dessus dessous, puisque les villes où sont les tribunaux et les lois regorgent d'iniquités et de crimes, puisque la solitude abonde en fruits de sagesse, faut-il blâmer ceux qui s'efforcent d'arracher quelques-uns à ce grand naufrage pour les conduire au port? N'est-ce pas plutôt ceux qui ont rendu les villes inhabitables à la vertu? Dans le second livre, il s'adresse à un père païen qu'il suppose outré de douleur, de ce que son fils a embrassé la vie monastique. Il lui montre que tout ce que les anciens philosophes ont dit de plus beau sur la vertu et la dignité du sage, se trouve réalisé et au delà dans le solitaire chrétien; que, par conséquent, c'est la vraie philosophie. Dans le troisième, s'adressant à un père chrétien, mais aussi mal disposé, il parle de la mauvaise éducation que l'on donnait aux enfants; il parle de la corruption effroyable d'Antioche. Le péché de Sodome y était si commun, que le sexe féminin devenait bientôt superflu. Les jeunes gens s'y livraient avec tant d'impudence, qu'ils tournaient en dérision, qu'ils battaient même ceux qui osaient les reprendre. Aussi, bien des personnes s'étonnaient que le feu du ciel ne fût pas déjà tombé sur la ville. Était-il surprenant alors que plusieurs cherchassent leur salut dans la solitude? Il parle d'une mère chrétienne qui avait obtenu qu'un solitaire vînt faire l'éducation de son fils à la maison. D'autres envoyaient leurs enfants dans les monastères mêmes, pour une dizaine d'années, jusqu'à ce qu'ils fussent bien affermis dans la piété et la vertu (Chrysost., *Opera*, t. I).

Saint Chrysostome alla plus loin et fit un petit écrit très-élégant, sous ce titre: *Comparaison d'un roi et d'un moine*. Il y met, d'un côté, un roi environné de toutes les marques de sa grandeur, et de l'autre, un moine dans la simplicité de son état. Celui-là paraît, aux yeux du monde, le plus heureux des hommes; sa condition flatte et éblouit les yeux; celui-ci, au contraire, passe pour un misérable auquel on n'a nulle envie de ressembler. Pour montrer qu'il est néanmoins dans une situation plus heureuse que celle des plus puissants princes, saint Chrysostome remarque, entre autres, que la royauté finit avec la vie, et qu'après cela les rois, comme le reste des hommes, sont présentés au tribunal de Dieu pour y recevoir les châtiments dus à leurs péchés, au lieu qu'un solitaire paraît avec assurance devant ce même tribunal. Que si les princes commandent aux peuples, aux armées et au sénat, un moine commande aux passions, ce qui est un empire bien plus relevé; que les victoires que remportent les rois sur les Barbares sont bien moins éclatantes que celles qu'un homme vertueux remporte sur les démons, qui sont des ennemis bien plus redoutables; que l'un a un commerce continuel avec les prophètes et les apôtres, au lieu que les princes n'ont pour compagnie que des courtisans et des soldats; que comme l'on ressemble d'ordinaire à ceux que l'on fréquente, les solitaires règlent leur vie sur celle des apôtres et des prophètes, au lieu que les rois imitent bien souvent les mœurs corrompues de leurs officiers et de leurs généraux; que les princes sont à charge aux peuples par les tributs dont ils les accablent, tandis que le moine fait, autant qu'il le peut, du bien à tout le monde; que les rois ne peuvent donner que de l'or et de l'argent, au lieu que les moines confèrent la grâce du Saint-Esprit; que les premiers, quand ils sont bienfaisants, peuvent, il est vrai, bannir la pauvreté de leurs États, mais que les autres délivrent les âmes de la tyrannie du démon. Un homme possédé de ce malin esprit n'a garde de recourir au roi pour en être délivré; il court à la cellule d'un solitaire. Ce fut des prières d'Élie qu'Achab attendit la fin de la famine, et, à son exemple, plusieurs autres rois des Juifs eurent recours aux prophètes dans leurs disgrâces. Mais la différence d'un roi et d'un moine ne paraît jamais mieux qu'à la mort. Un moine, qui méprise tout ce qui attache les hommes à la vie, la quitte sans peine; mais la mort est terrible aux rois. Le solitaire ne sort de ce monde que pour recevoir la récompense de ses vertus; les rois, s'ils se sont mal comportés dans le gouvernement de leurs États, ne sortent de cette vie que pour être livrés dans l'autre à d'inconcevables supplices. Lors donc que vous voyez, conclut saint Chrysostome, un homme puissant, richement vêtu, monté sur un char magnifique, ne dites pas que cet homme est heureux, son bonheur n'est que passager. Mais lorsque vous rencontrez un solitaire, dont l'extérieur est humble et modeste, et dont la tranquillité d'âme se peint dans la sérénité du visage, dites que celui-là est véritablement heureux, et souhaitez de lui ressembler (Chrysot., *Opera*, t. I, édit. Bénéd.).

Lorsque plus tard les habitants d'Antioche, après leur sédition sous Théodose et dans leur plus grande affliction, virent arriver ces moines à leur secours et s'offrir généreusement à mourir pour eux, ils durent bien changer d'idée à leur égard, et regarder les écrits précédents de saint Chrysostome comme une prophétie.

Chrysostome étant tombé dangereusement malade dans sa caverne, revint à Antioche l'an 381, pour rétablir sa santé. La même année saint Mélèce l'ordonna diacre. Cinq ans après, Flavien l'éleva au sacerdoce et le fit son vicaire et son prédicateur. Il ne cessa de composer des opuscules de piété, d'écrire et de prêcher des homélies sur l'Ancien et le Nouveau Testament, des sermons contre les Juifs, contre les gentils, contre les anoméens; des panégyriques des saints dont la fête se rencontrait pendant l'année. Tel était le prêtre Jean, qui consola le peuple d'Antioche alarmé de la juste colère de l'empereur Théodose.

En Occident, l'impératrice Justine, après avoir deux fois persécuté et maltraité saint Ambroise, le pria néanmoins d'aller une seconde fois trouver l'empereur Maxime; et Ambroise accepta l'ambassade. Le sujet était de demander le corps de l'empereur Gratien, et de confirmer la paix; car on avait grand sujet de craindre que Maxime, non content de commander dans les Gaules, n'entrât en Italie pour dépouiller Valentinien. Saint Ambroise étant arrivé à Trèves, Maxime refusa de lui donner audience, sinon en public et dans son consistoire. Quoique les évêques ne fussent pas dans l'usage de s'y présenter, Ambroise aima mieux déroger à sa dignité que de manquer à sa commission. Voici comme il raconte son audience : « Quand Maxime fut assis dans le consistoire, j'entrai; il se leva pour me donner le baiser. Je restai debout parmi les conseillers d'État. Les uns m'exhortèrent à monter; lui-même m'appela. Je répondis : Pourquoi voulez-vous baiser celui que vous ne reconnaissez pas pour évêque? autrement, vous ne me verriez pas en ce lieu. — Évêque, dit-il, tu es ému. — Je suis ému, répondis-je, non pas de l'injure, mais de l'inconvenance de me trouver où je ne devrais pas être. — Mais, dit-il, tu es bien entré au consistoire dans ta première légation. — La faute n'en fut pas à moi, répliquai-je, mais à qui m'appela. — Mais alors, pourquoi es-tu entré? — Parce que je venais alors demander la paix pour un inférieur, et que je viens aujourd'hui pour un égal. — Egal, par la grâce de qui? — Par la grâce du Dieu tout-puissant, qui a conservé à Valentinien l'empire qu'il lui a donné. »

Alors Maxime s'emporta et lui reprocha de l'avoir joué, l'empêchant d'entrer en Italie, lorsque rien n'eût pu lui résister. Ambroise répondit avec beaucoup de calme : « Il est inutile de vous fâcher; il n'y a pas de quoi. Je suis venu précisément pour me justifier de ce reproche, quoiqu'il me soit glorieux de me l'être attiré pour sauver un empereur pupille; car qui devons-nous plus défendre, nous autres évêques, sinon les orphelins? Mais après tout, où me suis-je opposé à vos légions pour les empêcher d'investir l'Italie? vous ai-je fermé les Alpes avec mon corps? en quoi vous ai-je trompé? Ne rencontrai-je pas en route le général Victor, que vous envoyiez à Valentinien pour demander la paix vous-même le premier? Quand vous me dîtes que Valentinien devait venir à vous, je répondis qu'il n'était pas raisonnable qu'un enfant passât les Alpes avec sa mère, dans la rigueur de l'hiver, ni qu'on l'exposât sans sa mère aux périls d'un si long voyage; que d'ailleurs j'avais commission pour traiter de la paix et non pas de l'arrivée de Valentinien. Au reste, comparez sa conduite avec la vôtre. Voici à vos côtés votre frère, qu'il vous a envoyé vivant et avec honneur lorsqu'il pouvait venger sur lui sa douleur; rendez-lui au moins le cadavre de son frère. Ne dites pas que la vue de ces dépouilles renouvellera la douleur des troupes. Celui qu'elles ont abandonné vivant, le défendront-elles tué? J'ai tué mon ennemi, dites-vous. Il n'était pas votre ennemi, vous étiez le sien. Si quelqu'un voulait usurper aujourd'hui sur vous cette partie de l'empire, diriez-vous que vous êtes son ennemi, ou bien qu'il est le vôtre? Si je ne m'abuse, c'est l'usurpateur qui cause la guerre; l'empereur ne fait que défendre son droit. Que l'empereur Valentinien ait au moins les dépouilles de son frère pour gage de votre paix! » Maxime répondit qu'il en délibérerait. Comme saint Ambroise s'abstint de la communion des évêques qui communiquaient avec Maxime, ou qui poursuivaient la mort des priscillianistes, Maxime, irrité, lui commanda de s'en retourner incessamment; et saint Ambroise se mit volontiers en chemin, quoique Maxime l'eût menacé, et que plusieurs personnes crussent qu'il s'exposait à un péril inévitable. La seule chose qui l'affligea en partant, fut de voir emmener en exil un vieil évêque nommé Hygin, qui semblait prêt à rendre le dernier soupir. Ambroise sollicitait les amis de Maxime pour lui faire donner au moins un habit et un plumon pour le soulager; mais on le chassa lui-même. En route, il écrivit à l'empereur Valentinien pour lui rendre compte de son ambassade, craignant qu'on ne le prévint contre lui par quelque faux rapport. Il finit la lettre par ces mots : « Soyez sur vos gardes contre un homme qui couvre la guerre par une apparence de paix (Ambr., *Ep.* 24, *De obit Val.*, n. 39). »

Les évêques qui poursuivaient la mort des priscillianistes étaient Ithace et quelques autres. Maxime les soutenait et faisait, par son autorité, que personne n'osait les condamner; il n'y eut qu'un évêque nommé Théognoste, qui rendit publiquement une sentence contre eux. Ces évêques ithaciens étant assemblés à Trèves pour l'élection d'un évêque, obtinrent de l'empereur qu'il envoyât en Espagne des tribuns avec un souverain pouvoir, pour rechercher les hérétiques et leur ôter leur vie et leurs biens. On ne doutait pas que beaucoup de catholiques ne se trouvassent enveloppés dans cette recherche; car on jugeait alors des hérétiques, à la vue, sur la pâleur du visage et sur l'habit, plutôt que sur l'examen de la foi. Ayant obtenu cet ordre, ils apprirent le lendemain, lorsqu'ils s'y attendaient le moins, que saint Martin allait arriver à Trèves; car il fut obligé d'y faire plusieurs voyages pour des affaires de charité. Ils en furent alarmés, sachant que ce qu'ils venaient de faire lui déplairait, et craignant que plusieurs ne suivissent l'autorité d'un si grand homme. Ils tinrent conseil avec l'empereur; et il fut résolu d'envoyer à sa rencontre des officiers pour lui défendre d'approcher plus près de la ville, s'il ne promettait de garder la paix avec les évêques qui y étaient. Saint Martin s'en défit adroitement, en disant qu'il viendrait avec la paix de Jésus-Christ.

Étant entré de nuit, il alla à l'église seulement pour y faire sa prière, et le lendemain il se rendit au palais. Ses principales demandes étaient pour le comte Narsès et le gouverneur Leucadius, qui avaient irrité Maxime par leur attachement au parti de Gratien. Mais ce que saint Martin avait le plus à cœur, c'était d'empêcher que ces tribuns ne fussent envoyés en Espagne avec la puissance de vie et de mort, et il était en peine non-seulement pour les catholiques qui pourraient être inquiétés à cette occasion, mais pour les hérétiques mêmes, à qui il voulait sauver la vie. Les deux premiers jours, l'empereur le tint en suspens, soit pour lui faire valoir les grâces qu'il demandait, soit par la répugnance de pardonner à ses ennemis, soit par avarice, pour profiter de leur dépouille. Cependant les évêques, voyant que saint Martin s'abstenait de leur communion, vont trouver l'empereur et disent que c'était fait de leur réputation, si l'opiniâtreté de Théognoste se trouvait soutenue par l'autorité de Martin; qu'on n'aurait rien gagné à la mort de Priscillien, si Martin entreprenait sa vengeance. Enfin, prosternés devant l'empereur, avec larmes, ils le conjurèrent d'user de sa puissance contre lui.

Quelque attaché que Maxime fût à ces évêques, il n'osa user de violence contre un homme si distingué pour sa sainteté. Il le prend en particulier et lui représente avec douceur que les hérétiques avaient été justement condamnés, suivant la marche des tribunaux publics, plutôt qu'à la poursuite des évêques; qu'il n'avait point de cause pour rejeter la communion d'Ithace et de ceux de son parti; que Théognoste seul s'était séparé d'eux plutôt par haine que par raison; que même un concile, tenu peu de jours auparavant, avait déclaré Ithace innocent. Comme saint Martin n'était point touché de ces raisons, l'empereur entra en colère, le quitta et envoya aussitôt des gens pour faire mourir tous ceux dont il demandait la grâce. Saint Martin en fut averti comme il était déjà nuit; alors il courut au palais : il promet de communiquer si l'on pardonne à ces malheureux, pourvu qu'on rappelât aussi les tribuns que l'on avait envoyés en Espagne. Aussitôt Maxime lui accorda tout.

Le lendemain, comme les ithaciens devaient faire l'ordination de l'évêque Félix, saint Martin communiqua avec eux ce jour-là, aimant mieux céder pour un peu de temps, que de ne pas sauver ceux qui allaient être égorgés. Mais quelque effort que fissent les évêques pour le faire souscrire à cet acte en signe de communion, ils ne purent jamais l'y résoudre. Le lendemain il sortit promptement de Trèves, et gémissait le long de la route d'avoir trempé tant soit peu dans cette communion criminelle. Etant près d'un bourg nommé Andethanne, aujourd'hui Echternach, dans le Luxembourg, à deux lieues de Trèves, il s'arrêta un peu dans les bois, laissant marcher devant ceux de sa suite. Là, comme il examinait cette faute que la conscience lui reprochait, un ange lui apparut et lui dit : « Ton remords est bien fondé, mais tu n'as pu en sortir autrement; reprends courage, de peur de mettre en péril même ton salut. » Il prit bien garde, depuis ce temps, de communiquer avec le parti d'Ithace, et, pendant seize ans qu'il vécut encore, il ne se trouva à aucun concile et s'éloigna de toutes les assemblées d'évêques. Voilà ce que raconte, dans son troisième dialogue, saint Sulpice Sévère, qui, d'un autre côté, termine son *Histoire sacrée* par ces mots : « Par l'exécution de Priscillien, il s'est allumé parmi les nôtres une guerre perpétuelle de discordes : après quinze ans de dissensions honteuses, nul moyen de la calmer. Et maintenant que tout se voit en trouble et confusion par les discordes des évêques, et que, par haine, faveur, crainte, inconstance, envie, esprit de parti, passion, avarice, arrogance, paresse, ils ont tout dépravé, le grand nombre s'élève, par des conseils insensés et des cabales opiniâtres, contre le petit nombre qui donne des avis sages, et le peuple de Dieu, ainsi que tout homme de bien, est un objet de mépris et de dérision (Sulp. Sev., Hist. sacr., l. 2, *in fine*).

Saint Ambroise avait mandé à Valentinien, au sujet de Maxime, d'être bien en garde contre un homme qui couvrait la guerre sous une apparence de paix. Les courtisans trouvèrent que l'évêque n'avait point assez de souplesse pour un diplomate. Un d'entre eux, nommé Domninus, principal ministre de Valentinien, qu'on regardait comme un profond politique, s'offrit de renouer la négociation et de la conduire à bonne fin. Maxime le reçut à bras ouverts, le combla d'honneurs et de présents, accepta toutes ses propositions, lui offrit même un corps de troupes pour aider Valentinien contre les Barbares. Domninus, accompagné de ses auxiliaires, revenait triomphant à travers les Alpes, lorsque Maxime, qui le suivait sans bruit, parut tout à coup en Italie avec une armée formidable, dont les prétendus auxiliaires étaient l'avant-garde, et marcha sur Milan. Valentinien, surpris, n'eut que le temps de se sauver à Aquilée. Bientôt même, ne s'y croyant pas encore en sûreté, il s'embarqua avec sa mère et gagna Thessalonique pour y trouver un asile sous la protection de Théodose, auquel ils firent savoir, à Constantinople, l'extrémité où ils étaient réduits.

Théodose écrivit aussitôt à Valentinien qu'il ne devait s'étonner ni de ses malheurs ni des succès de Maxime; que le souverain légitime combattait la vérité, et que le tyran faisait gloire de la soutenir; que Dieu se déclarait contre l'ennemi de son Eglise. En même temps il partit de Constantinople, accompagné de plusieurs sénateurs. Lorsqu'il fut à Thessalonique, il tint conseil sur le parti qu'il devait prendre. Tous les avis allaient à tirer de Maxime une prompte vengeance; il ne fallait pas laisser vivre plus longtemps un meurtrier, un usurpateur qui, accumulant crime sur crime, venait d'enfreindre des traités solennels. Théodose était plus touché que personne du sort déplorable des deux empereurs, l'un cruellement massacré, l'autre chassé de ses Etats; il était bien résolu de venger son bienfaiteur et son beau-frère. Car, dès l'année précédente, suivant la *Chronique* de Marcellin, il avait épousé en secondes noces Galla, sœur de Valentinien. Mais comme l'hiver approchait et que la saison ne permettait pas de commencer la guerre, il crut qu'au lieu de la déclarer avec une précipitation inutile, il était plus à propos d'amuser Maxime par des espérances d'accommodement. Il fut donc d'avis de lui proposer de rendre à Valentinien ce qu'il venait d'usurper et de s'en tenir au traité de partage, le menaçant de la guerre la plus sanglante, s'il refusait des conditions si raisonnables.

Au sortir du conseil, Théodose tira Valentinien à part, et l'ayant tendrement embrassé : « Mon fils, lui dit-il, ce n'est pas la multitude des soldats, c'est la protection divine qui donne les succès dans la guerre. Lisez nos histoires depuis Constantin, vous y verrez souvent le nombre et la force du côté des infidèles, et la victoire du côté des princes religieux. C'est ainsi que ce pieux empereur a terrassé Licinius, et que votre père s'est rendu invincible. Valens, votre oncle, attaquait Dieu; il avait proscrit les évêques orthodoxes; il avait versé le sang des saints. Dieu a rassemblé contre lui une nuée de Barbares; il a choisi les Goths pour exécuteurs de ses vengeances; Valens a péri dans les flammes. Votre ennemi a sur vous l'avantage de suivre la vraie doctrine; c'est votre infidélité qui le rend heureux. Si nous abandonnons le Fils de Dieu, quel chef, malheureux déserteurs, quel défenseur aurons-nous dans les batailles? » Dieu parlait au cœur de Valentinien en même temps que la voix de Théodose frappait ses oreilles. Fondant en larmes, le jeune prince abjura son erreur et protesta qu'il serait toute sa vie inviolablement attaché à la foi de son père et de son bienfaiteur. Théodose le consola; il lui promit le secours du ciel et celui de ses armes. Valentinien fut fidèle à sa parole; il rompit, dès ce moment, tous les engagements qu'il avait contractés avec les ariens; il embrassa sincèrement la foi de l'Eglise; et sa mère Justine, qui mourut l'année suivante, toujours obstinée dans son erreur, n'osa pas même entreprendre d'effacer les heureuses impressions des paroles de Théodose (Theod., l. 5, c. 14 et 15; Soc., l. 5, c. 11; Soz., l. 7, c. 13; Suidas, *Valentin*.).

L'hiver se passa en négociations infructueuses. Maxime était maître de l'Italie et de l'Afrique. Les païens se déclarèrent pour lui avec empressement. Le fameux Symmaque prononça un panégyrique en son honneur. Théodose, de son côté, au milieu de ses préparatifs de guerre, fit consulter un célèbre anachorète, saint Jean d'Egypte, qui demeurait dans la haute Thébaïde, et qui était renommé par ses miracles et par le don de prophétie. Jean lui prédit qu'il serait victorieux.

De Thessalonique, l'empereur Théodose s'avança promptement en Pannonie, et y défit, en deux batailles, les troupes de Maxime, quoique plus nombreuses que les siennes. Il passe les Alpes sans obstacle et s'arrête à trois milles d'Aquilée, où ses troupes entrent sans résistance et y surprennent Maxime occupé à distribuer de l'argent aux soldats qui lui restaient, tant il était peu instruit des mouvements de Théodose. Aussitôt on le jette en bas du tribunal, on lui arrache le diadème, on le dépouille, et, les mains liées derrière le dos, on le conduit au camp du vainqueur, comme un criminel au lieu du supplice. L'empereur, après lui avoir reproché son usurpation et l'assassinat de Gratien, lui demanda sur quel fondement il avait osé publier que, dans sa révolte, il agissait de concert avec Théodose. Maxime répondit en tremblant qu'il n'avait inventé ce mensonge que pour attirer des partisans et s'autoriser d'un nom respectable. Cet aveu et l'état déplorable où il le voyait désarmèrent la colère de Théodose; déjà il penchait pour la clémence, lorsque ses officiers enlevèrent Maxime de devant ses yeux et lui firent trancher la tête hors du camp. C'était le 28 juillet 388. Maxime avait régné environ cinq ans depuis la mort de Gratien. Peu de jours après, le comte Arbogaste, envoyé en Gaule par Théodose, prit le jeune Victor, fils de Maxime, et le fit mourir. Andragathe, le principal capitaine du même parti et le meurtrier de Gratien, était cependant avec une flotte sur la mer Adriatique. Quand il apprit la défaite de Maxime, il se jeta tout armé de son vaisseau dans la mer et se noya.

Jamais victoire, après une guerre civile, ne fut moins sanglante ni plus désintéressée. Théodose pouvait regarder comme sa conquête tout l'Occident, surtout les provinces que Maxime avait enlevées à Gratien, et que le jeune Valentinien n'avait jamais possédées. La perfidie de ceux qui s'étaient livrés à l'usurpateur, et qui avaient secondé son usurpation, le mettait en droit de les punir. Il rendit à Valentinien non-seulement tout ce qu'il avait perdu; il y ajouta le reste de l'Occident, c'est-à-dire l'Espagne, la Gaule et la Grande-Bretagne. Il accorda une amnistie générale à ceux qui avaient suivi le parti de Maxime; il leur conserva leurs biens et leur liberté. S'il les dépouilla des dignités qu'ils avaient reçues de l'usurpateur, il les laissa jouir de celles qu'ils possédaient avant la révolte. Il prit soin de la mère

et des filles de Maxime, et leur assigna des pensions pour subsister avec honneur. Toutes les inimitiés cessèrent avec la guerre. Théodose oublia qu'il avait vaincu; et, ce qui est plus difficile encore, les vaincus oublièrent qu'ils avaient été ses ennemis. On vit alors ce qui, selon la remarque d'un auteur païen, ne peut être que l'effet d'une vertu rare et sublime, un prince devenu meilleur lorsqu'il n'eut plus rien à craindre, et sa bonté croître avec sa grandeur (Tillemont; Théod., *Histoire du Bas-Empire*, l. 23, n. 61, 64).

Cependant on avait répandu à Constantinople de faux bruits d'un combat où Maxime avait remporté un grand avantage : on disait même le nombre des morts. Les ariens, irrités de ce que les catholiques étaient en possession des églises, grossirent ces nouvelles; en sorte que ceux qui les avaient ouï dire, les soutenaient à ceux mêmes qui les avaient inventées. L'emportement des ariens alla jusqu'à brûler la maison de l'évêque Nectaire. Mais la sédition n'eut pas de suite. L'empereur Arcade, qui était demeuré à Constantinople, quoique offensé lui-même, intercéda pour les coupables auprès de Théodose, son père, et obtint leur pardon. Seulement Théodose fit une loi où il défend aux ariens de se prévaloir de quelque ordre qu'ils prétendaient avoir reçu en leur faveur. Ceux de Constantinople avaient pour évêque Dorothée, qui l'avait été d'Antioche. Car Démophile était mort en 386, et, pour lui succéder, on avait fait venir de Thrace un évêque de la même secte, nommé Marin; mais, ne se trouvant point assez capable, on mit Dorothée à sa place peu de temps après : ce qui, dans la suite, produisit un schisme entre eux (Ambr., *Epist*. 40; Soc., l. 5, c. 13; Soz., l. 7, c. 14; *Cod. Theod*.).

La bonté de Théodose fut, pour les sénateurs païens de Rome, un motif de faire une nouvelle tentative en faveur de l'idolâtrie. Maxime leur avait donné lieu d'espérer le rétablissement de l'autel de la Victoire. Ils députèrent à Théodose pour demander cette grâce. Ils trouvèrent encore auprès du prince un obstacle invincible dans le zèle de saint Ambroise; il s'opposa à leur requête avec son courage ordinaire, et, comme Théodose semblait flatté du désir de satisfaire le sénat de Rome, Ambroise cessa de le voir et se tint pendant quelques jours éloigné du palais. Son absence donna un nouveau poids à ses remontrances, et Théodose rejeta la demande des sénateurs. Symmaque voulut profiter de l'occasion pour se laver du reproche qu'on lui faisait d'avoir déshonoré son éloquence en faveur de Maxime. Il prononça un éloge de Théodose, dans lequel il faisait sa propre apologie, et montrait qu'il s'était personnellement ressenti des injustices de l'usurpateur; mais comme il eut la hardiesse de revenir encore sur la demande du sénat, Théodose, irrité de cette opiniâtreté importune, le fit sur-le-champ arrêter, avec ordre de le conduire à cent milles de Rome. Symmaque s'échappa et se réfugia dans une église, et le prince se laissa bientôt adoucir par les prières de plusieurs personnes distinguées. Il pardonna à Symmaque, et le traita si bien, qu'il le fit consul en 391 (Amb., *Epist*. 57; Sym., l. 2, *Epist*. 13 et 31; Soc., l. 5, c. 14; Tillem.; Théod.).

Dans la province d'Osroëne sur l'Euphrate, il y avait une petite ville nommée Callinique, où les Juifs avaient une synagogue et les valentiniens ou gnostiques un temple. Un jour que les moines chrétiens s'en allaient à l'église, en chantant des hymnes pour y célébrer la fête des Machabées, les Juifs et les valentiniens se jetèrent au milieu d'eux et les insultèrent. Irrités de cette insolence, les chrétiens et les moines brûlèrent la synagogue des Juifs et le temple des gnostiques. Le comte d'Orient en fit son rapport à Théodose, et représenta l'évêque de Callinique comme l'auteur de cet incendie. A l'instigation des courtisans, Théodose condamna l'évêque à rétablir à ses frais la synagogue, et les moines à être sévèrement punis. Saint Ambroise se trouvait dans ce moment à Aquilée. Il écrivit de suite à l'empereur une longue lettre pour obtenir la révocation de cet ordre. Il lui représente l'injustice de condamner un évêque sans l'entendre, et de le condamner à une chose qu'en conscience il ne pouvait pas faire; en sorte que, sous un empereur si pieux, on verrait un évêque dans l'alternative du martyre ou de l'apostasie. Tout récemment, les hérétiques avaient brûlé la maison de l'évêque à Constantinople, et on ne les obligeait point de la rebâtir. Sous Julien, combien d'églises les païens et les Juifs n'avaient-ils pas brûlées? deux à Damas, d'autres à Gaze, à Ascalon, à Béryte, à Alexandrie. L'Église n'est pas vengée, et on vengera la synagogue des Juifs blasphémateurs et le temple profane des valentiniens idolâtres? Que répondra Ambroise aux plaintes des évêques, qui le regardaient comme l'ami et le confident de l'empereur? Il en aura pu obtenir la grâce d'une foule de criminels politiques, et il verra un évêque et des chrétiens mis à la torture et punis du dernier supplice pour la misérable synagogue d'une bicoque? Si la lettre ne produit rien, il parlera publiquement du haut de la chaire.

En effet, saint Ambroise étant de retour à Milan, et, voyant l'empereur à l'église, il tourna son discours sur cette affaire. Après avoir rappelé ce que les prophètes disent au peuple d'Israël, en particulier à David, sur les bienfaits qu'ils avaient reçus de Dieu et sur la vive reconnaissance qu'ils lui en devaient, il s'adressa directement à l'empereur et le pressa de même de témoigner à Dieu sa reconnaissance pour des bienfaits non moins merveilleux, en aimant l'Église et en pardonnant aux coupables. Quand il descendit de chaire, l'empereur lui dit: Vous avez prêché contre nous aujourd'hui. — Non, pas contre vous, répondit Ambroise, mais pour vous! —Il est vrai, reprit l'empereur, c'était trop dur de ma part d'obliger l'évêque à réparer la synagogue; aussi cela est-il corrigé. Mais les moines commettent bien des désordres. Alors Timasius, maître de la milice, homme hautain et insolent, commença à s'emporter contre les moines. Ambroise lui dit: Je traite avec l'empereur comme il convient, parce que je sais qu'il a la crainte de Dieu; avec vous, qui parlez si durement, je traiterais d'une autre manière. Ambroise demeura quelque temps debout, et dit à l'empereur: Mettez-moi en état d'offrir pour vous; mettez-moi l'esprit en repos. L'empereur demeurait assis, lui fit quelque signe, et, le voyant encore debout, il dit qu'il corrigerait son rescrit. Ambroise le pressa de faire cesser toute la poursuite. L'empereur le promit. Ambroise lui dit par deux fois: J'agis sur votre parole. — Oui, dit l'empereur, faites sur ma parole. Alors le saint évêque s'approcha de l'autel; ce qu'il n'aurait pas fait autrement. Comme il avait écrit à sa sœur sainte Marcelline l'inquiétude que cette affaire lui avait donnée, il lui en écrivit aussi l'heureux succès (Ambr., *Epist.* 40 et 41; Paulin, *Vita*).

Pendant ce séjour que l'empereur fit à Milan, il arriva, un jour de fête, qu'étant entré à l'église et ayant apporté son offrande à l'autel, il demeura dans l'enceinte du sanctuaire. Ambroise lui demanda s'il désirait quelque chose. L'empereur répondit qu'il attendait le temps de la communion. Ambroise lui fit dire par l'archidiacre: « Seigneur, il n'est permis qu'aux ministres sacrés de demeurer dans le sanctuaire; sortez-en donc et demeurez debout avec les autres: la pourpre fait des empereurs et non pas des prêtres. L'empereur témoigna que ce n'était point par hauteur qu'il était demeuré au dedans de la balustrade, mais parce que c'était l'usage de l'Église de Constantinople. Il remercia Ambroise de cette correction. Le saint évêque lui marqua une place distinguée hors du sanctuaire, qui le mettait à la tête de tous les laïques, et cet ordre s'observa toujours depuis. Théodose étant retourné à Constantinople, vint à l'église un jour de fête, et, ayant présenté son offrande à l'autel, il sortit du sanctuaire. L'évêque Nectaire lui demanda pourquoi il n'était pas demeuré dedans. Hélas! dit l'empereur en soupirant, j'ai appris bien tard la différence d'un évêque et d'un empereur! Que de temps il m'a fallu pour trouver un homme qui osât me dire la vérité! Je ne connais qu'Ambroise qui soit digne du nom d'évêque (Théod., l. 5, c. 18; Soz., l. 7, c. 25).

De Milan, Théodose se rendit à Rome, accompagné de Valentinien et de son fils Honorius, qu'il avait fait venir de Constantinople. Il y entra en triomphe le 13 juin 389. Au milieu de cette pompe, ce qui attirait le plus tous les regards, c'était Théodose lui-même. Il descendit du char triomphal, fit à pied une partie du chemin, se laissant librement aborder, s'entretenant avec les citoyens, partageant leur joie, écoutant avec gaîté ces chansons folâtres et satiriques dont la liberté romaine avait conservé l'usage dans les triomphes. Il alla d'abord au sénat, et présenta aux sénateurs assemblés son fils Honorius; de là il se rendit à la grande place, où il se montra sur la tribune aux harangues et fit des largesses au peuple. Les jours suivants il prit plaisir à se promener dans la ville, sans gardes et sans autre escorte que la foule dont il était environné, visitant les ouvrages publics, entrant dans les maisons des particuliers, avec lesquels il conversait familièrement. Il corrigea ensuite plusieurs désordres: l'histoire en cite deux énormes.

On avait bâti depuis longtemps de vastes édifices où l'on faisait le pain qu'on distribuait au peuple; ce travail était attaché à certaines familles à titre de servitude; c'était aussi la punition des moindres crimes, que d'être condamné à tourner la meule; car alors on écrasait encore le grain à force de bras. Comme le nombre des travailleurs diminuait tous les jours, les entrepreneurs eurent recours à un expédient criminel et barbare. Ils établirent à côté de leurs boulangeries des cabarets où des femmes perdues attiraient les passants; on y avait ménagé des trappes qui communiquaient à de profonds souterrains où les moulins étaient placés. Les malheureux qui s'engageaient dans ces lieux de débauches, tombant dans ces cachots ténébreux, y étaient détenus et condamnés à tourner la meule toute leur vie, sans espérance de revoir le jour. Cette cruelle supercherie ignorée de tout autre que de ceux qui la pratiquaient s'exerçaient depuis plusieurs années, et quantité de personnes, surtout d'étrangers, avaient ainsi disparu. Enfin, un soldat de Théodose ayant donné dans ce piège, et se voyant environné de ces spectres hideux, se jeta sur eux le poignard à la main; en tua plusieurs et força les autres à le laisser sortir. L'empereur en étant informé, punit sévèrement les entrepreneurs, détruisit ces repaires de brigands, et afin de ne pas laisser manquer le service du peuple, il fit un règlement pour y attacher un nombre suffisant de travailleurs. L'autre désordre était un scandale public. Lorsqu'une femme était convaincue d'adultère, on lui imposait pour châtiment la nécessité de multiplier ses crimes. Renfermée dans une cabane de débauche, elle était obligée de se prostituer à tous venants, et de sonner une cloche toutes les fois qu'elle recevait un nouvel hôte, afin que le voisinage fût averti de ses horreurs. L'empereur abolit cette détestable coutume, fit abattre ces cabanes et condamna les femmes adultères à de rigoureuses punitions (Soc., l. 5, c. 18; Théoph., *Cod. Theod.*, l. 12, tit. 16).

Il ne montra pas moins de zèle à réprimer les abominations des manichéens. Il les chassa de Rome, et les déclara incapables de tester ni de recevoir par testament, comme étant exclus du commerce des hommes. Il ordonna qu'à leur mort leurs biens seraient saisis et distribués au peuple. Le pape Sirice, à ce qu'on rapporte, joignit à cette sévérité du prince les rigueurs de la discipline ecclésiastique. Comme plusieurs d'entre eux, pour se déguiser, se mêlaient parmi les catholiques, il défendit de recevoir à la communion aucun de ceux qui auraient jamais été infectés de cette hérésie; mais s'ils étaient véritablement convertis, il commanda de les renfermer dans des monastères pour y faire une rude pénitence, et de ne leur accorder l'Eucharistie qu'à la mort (*Lib. Pontif. in Siric.*).

Théodose fit encore plusieurs réformes utiles et dans le sénat et dans l'administration de la justice. Ce qu'il avait surtout à cœur, c'était la destruction de l'idolâtrie. Il assembla le sénat à ce sujet, exposa en peu de mots la folie du paganisme, et exhorta les sénateurs à embrasser une religion sainte, émanée de Dieu même, dont les dogmes étaient autorisés par tant de miracles, et dont la morale pure, simple, et sublime, élevait, sans recherche et sans étude, les derniers des hommes au-dessus des plus grands philosophes, supérieurs eux-mêmes aux dieux qu'ils adoraient. Il permit ensuite de parler, et il écouta les raisons de ceux qui défendaient la cause du paganisme. Ce qu'ils disaient de plus fort se réduisait à ceci : Que le culte qu'on voulait proscrire était aussi ancien que Rome; que leur ville subsistait avec gloire depuis près de douze cents ans sous la protection de leurs dieux; qu'il y aurait de l'imprudence à les abandonner pour adopter une religion nouvelle, dont les effets seraient peut-être moins heureux. En un mot, ils répétèrent ce que Symmaque avait dit précédemment dans sa requête, si bien réfutée par saint Ambroise. Théodose, les voyant obstinés, leur déclara que Valentinien, aussi bien que lui, ne regardant qu'avec horreur le culte impie dont ils étaient entêtés, on ne devait plus s'attendre à tirer du trésor public les frais nécessaires pour les sacrifices; que d'ailleurs ce fardeau devenait insupportable à l'État, qui, étant environné de Barbares, avait plus besoin de soldats que de victimes. Après ces paroles il les congédia.

Zosime et Suidas, qui le copie, rapportent que pas un sénateur ne se convertit à cette exhortation de Théodose. Le poète Prudence qui, peu d'années après, réfuta de beaux vers les arguments de Symmaque, qui vivait encore, assure, au contraire, qu'une foule de familles patriciennes embrassèrent, dans cette occasion, la religion du Christ. Mais plusieurs de ceux qu'il nomme, tels que les Anicius, les Probus, les Gracques, étaient déjà chrétiens auparavant. On ne se trompera guère en disant que l'exemple de Théodose, prince généralement admiré et aimé, dut nécessairement entraîner un bon nombre; mais que, d'un autre côté, beaucoup aussi résistèrent. Nous avons vu Cicéron déclarer qu'il n'y avait pas de salut pour le monde, tant qu'il serait accablé par la superstition comme il l'était; nous l'avons entendu dire qu'il ne concevait pas qu'un aruspice pût en regarder un autre sans rire. Et cependant, dans son *Traité des lois*, il oblige les citoyens, sous peine de mort, à croire ces superstitions abrutissantes et ridicules. Pourquoi? parce que c'était pour les patriciens un moyen de gouverner le peuple et de le mener à leur gré. Symmaque n'avait point d'autre philosophie ni d'autre politique. Il venait de condamner à mort une vestale infidèle et son séducteur, et il ne sentait pas que, par là même, il fallait condamner à mort le dieu Mars, corrupteur de la vestale Rhéa Silvia, mère de Romulus et de Rémus! Un autre motif pouvait retenir les sénateurs païens : c'est que sous le paganisme, ils pouvaient eux-mêmes avoir des temples et se faire adorer comme proconsuls et gouverneurs de provinces. Quoi qu'il en soit, d'après le témoignage de Zosime même, les sacrifices cessèrent dès que le trésor leur fut fermé; les temples furent abandonnés; les fêtes des dieux tombèrent dans l'oubli, et les idoles demeuraient délaissées sous leurs toits avec les hiboux et les chouettes. Théodose permit de conserver pour l'ornement de la ville, les statues antiques qui étaient les ouvrages des grands maîtres (Zos., l. 4, c. 59; *Prudent. cont. Sym.*, l. 1; Hier., *Epist.* 7).

Terrassée à Rome, l'idolâtrie se couvrait de honte et provoquait sa ruine à Alexandrie. Il y avait dans cette ville, un prêtre de Saturne, nommé Tyran. Chaque fois qu'il voyait aux pieds de l'idole un païen de marque dont la femme lui plaisait, il lui apprenait que Saturne avait ordonné que sa femme vînt passer la nuit dans le temple. Le mari, ravi de l'honneur que le dieu lui faisait, paraît lui-même sa femme et la conduisait au rendez-vous, chargée de riches offrandes, de peur qu'elle ne fût refusée. On l'enfermait dans le temple devant tout le monde; Tyran donnait les clés des portes et se retirait. Mais pendant la nuit, il venait, par une allée souterraine, et entrait secrètement dans les creux de l'idole. Le temple était éclairé, et la femme, attentive à sa prière, ne voyant personne, mais entendant tout d'un coup une voix sortir de l'idole, tressaillait de crainte et de joie, de se voir honorée de l'entretien d'un si grand dieu. Après que Tyran, sous le nom de Saturne, lui avait dit ce qu'il jugeait à propos pour l'étonner davantage ou la disposer à le satisfaire, il éteignait subitement toutes les lumières, au moyen de cordes disposées à cet effet. Il descendait alors, et faisait ce qu'il lui plaisait à la faveur des ténèbres. Depuis longtemps, il abusait ainsi de toutes les femmes des principaux païens; une, plus sage que les autres, eut horreur de cette action; elle écouta plus attentivement, reconnut la voix de Tyran, retourna chez elle et découvrit la fraude à son mari. Celui-ci se rendit accusateur. Tyran fut mis à la question et convaincu par ses propres aveux, qui couvrirent d'infamie un grand nombre de familles d'Alexandrie, en découvrant tant d'adultères et rendant incertaine la naissance de tant d'enfants (Rufin, l. 11, c. 25).

L'évêque Théophile acheva de couvrir de confusion tous les païens. Il y avait dans la ville un ancien temple de Bacchus, dont il ne restait d'entier que les murailles. Théophile le demanda à Théodose pour ouvrir une nouvelle église au peuple catholique, dont le nombre croissait tous les jours. Pendant qu'on travaillait à la réparation de cet édifice, on découvrit les souterrains secrets que les païens regardaient comme le sanctuaire du temple; on y trouva des figures infâmes, connues sous le nom de *Phallus*, et d'autres seulement bizarres et ridicules. Théophile les fit montrer en public et promener par la ville, pour décrier de plus en plus l'idolâtrie.

Les païens, et plus particulièrement les philosophes, irrités qu'on dévoilât leurs honteux mystères, entrèrent en fureur, ils s'animèrent à la vengeance, et, s'attroupant dans tous les quartiers de la ville, ils se jetèrent à main armée sur les chrétiens. C'étaient à chaque instant des combats; le sang ruisselait dans les rues. Les chrétiens étaient supérieurs par le nombre et la qualité des personnes; mais leur religion, ennemie de la violence et du carnage, leur inspirait la modération. Les païens avaient fait du temple de Sérapis leur fort et leur citadelle. De là, sortant avec rage, ils blessaient ou tuaient les uns, ils entraînaient les autres avec eux et les forçaient à sacrifier. Ceux qui refusaient étaient mis à mort par les plus cruels tourments; on les attachait en croix, on leur brisait les jambes, on les précipitait dans les fosses construites autrefois pour recevoir le sang des victimes et les autres immondices du temple. L'Eglise honore comme martyrs ceux qui, dans cette occasion, préférèrent la mort à l'apostasie.

Les séditieux avaient pour chef un certain Olympius, philosophe de nom et d'habit, qui faisait le prophète de Sérapis. Par les instigations de cet imposteur, ils résistèrent à toutes les remontrances des magistrats. Ceux-ci en avaient écrit à l'empereur. Quand le philosophe Olympe sut que la réponse allait arriver, il sortit secrètement du temple pendant la nuit, et, s'étant jeté dans un vaisseau, il passa en Italie, où il demeura caché. Pour justifier sa fuite, il racontait qu'étant cette nuit-là dans le temple de Sérapis, dont les portes étaient fermées, pendant que tous ses compagnons étaient endormis, il avait entendu une voix qui chantait *alleluia*, et qu'il avait jugé que les ordres de l'empereur allaient donner l'avantage aux chrétiens Le jour étant venu, les courriers arrivèrent, et les païens ayant quitté leurs armes, comme s'ils eussent espéré que le rescrit de Théodose leur serait favorable, vinrent se rendre dans la place devant le temple pour en entendre la lecture. A peine eut-on lu les premiers mots, où l'empereur marquait l'horreur qu'il avait du paganisme, que les chrétiens poussèrent un cri de joie et que les païens, glacés de frayeur, oublièrent leur fureur passée et leur Sérapis, et ne songèrent plus qu'à cacher leur honte. Quelques-uns se confondirent dans la foule des chrétiens; d'autres se dispersèrent dans la ville et dans les campagnes, où ils cherchèrent les retraites les plus secrètes. Chacun d'eux ne voyait plus que la punition qu'il avait méritée. Plusieurs abandonnèrent l'Egypte. Deux pontifes, Helladius et Ammonius, se réfugièrent à Constantinople, où, n'étant pas connus, ils ouvrirent une école de grammaire. Ammonius avait été prêtre d'un singe, adoré comme divinité par les Egyptiens. Helladius avait fait la fonction de prêtre de Jupiter : il continua toute sa vie à gémir sur les désastres de l'idolâtrie, et il se vantait à ses amis d'avoir tué de sa main neuf chrétiens dans la sédition d'Alexandrie. L'empereur, dans sa lettre, relevait le bonheur des chrétiens qui, par ce massacre impie, avaient reçu la couronne du martyre. Il déclarait que ce serait déshonorer ces glorieuses victimes que de venger leur mort; qu'il ne prétendait pas mêler avec leur sang celui de leurs meurtriers; qu'il pardonnait aux païens pour leur apprendre quelle était la douceur de ceux qu'ils égorgeaient, et pour les porter à embrasser une religion à laquelle ils seraient redevables de la vie; mais il ordonnait de détruire tous les temples d'Alexandrie, source malheureuse de forfaits et de séditions. Il commettait Théophile à l'exécution de cet ordre, et chargeait le préfet et le comte de soutenir l'évêque. Il faisait présent à l'Eglise de tous les ornements et de toutes les statues des temples, dont le prix devait être employé au soulagement des pauvres.

Théophile, armé de ce rescrit, commença par le temple de Sérapis. C'était le dieu le plus révéré de tous ceux qu'adorait Alexandrie. La statue était d'une grandeur démesurée; elle atteignait de ses deux bras les deux murs opposés du temple. Sur sa tête se voyait une espèce de boisseau; à ses pieds, un monstre à trois têtes, la première d'un lion, la seconde d'un chien, la troisième d'un loup, enlacées toutes les trois par un énorme serpent, qui posait sa tête sur la main droite de Sérapis. Le temple, situé sur une colline, était remarquable par sa beauté : sa grandeur égalait celle d'une ville. La fourberie contribuait à le rendre célèbre par de faux miracles. La statue de Sérapis était placée à l'occident; on avait pratiqué dans le mur oriental une ouverture étroite et imperceptible, par laquelle le soleil, dans un certain jour de l'année, dardait à une certaine heure ses rayons sur la bouche de l'idole. Ce jour-là on apportait dans le temple une statue du soleil pour saluer Sérapis. Le peuple, à la vue du rayon qui resplendissait sur les lèvres de la statue, applaudissait avec transport au baiser des deux divinités.

L'évêque, accompagné du gouverneur et du comte, étant entré dans le temple, commanda d'abattre la statue. Cet ordre fit pâlir d'effroi les chrétiens mêmes. C'était une opinion répandue parmi le peuple, que si quelqu'un osait mettre la main sur Sérapis, la terre s'ouvrirait aussitôt, et que toute la machine du monde s'écroulerait dans l'abîme. Théophile, qui méprisait ces rêveries, donna ordre à un soldat armé d'une hache de frapper Sérapis. Au coup qu'il porta en tremblant, tous les assistants poussèrent un grand cri; le soldat redoubla et mit en pièces le genou de l'idole, qui n'était que de bois pourri. On le jeta au feu; et les païens s'étonnèrent de le voir brûler, sans que ni le ciel ni la terre donnassent aucun signe de vengeance. On abattit la tête, dont il sortit une multitude de rats. On brisa ensuite les membres, on les arrachait avec des cordes, on les traînait par la ville, enfin on les réduisit en cendres. Le tronc fut brûlé dans l'amphithéâtre, et les païens eux-mêmes n'épargnèrent pas les railleries à cette divinité auparavant si redoutée.

On travailla ensuite à démolir le temple. Bientôt ce ne fut plus qu'un monceau de ruines; mais il fut impossible d'en détruire les fondements, construits d'énormes quartiers de pierres. On y trouva gravées des formes de croix, telles qu'on en trouve encore sur les monuments d'Egypte, et qui, dans le langage des hiéroglyphes, signifient la vie divine. Ce fut une occasion à plusieurs païens d'embrasser le christianisme; d'autant plus qu'il y avait une ancienne tradition, que leur religion prendrait fin, quand cette figure de la croix paraîtrait. De là vint que les sacrificateurs et les ministres des temples se convertissaient les premiers, comme les mieux instruits. Chaque maison d'Alexandrie avait des bustes de Sérapis contre les murailles, aux portes, aux fenêtres; on les ôta tous, sans qu'il en demeurât même de marque, ni d'aucune autre idole, et on peignit à la place la figure de la croix.

Après la destruction de l'idole et du temple, une nouvelle inquiétude se répandit dans Alexandrie. Sérapis était regardé comme le maître des eaux du Nil : c'était dans son temple qu'on mettait en dépôt le nilomètre, c'est-à-dire la mesure dont on se servait pour déterminer la hauteur du débordement. Constantin l'en avait ôtée autrefois; mais Julien l'y avait placée de nouveau. Il arriva que cette année la crue des eaux tarda plus que de coutume. Les païens en triomphaient; ils publiaient que Sérapis, irrité, avait maudit l'Egypte, et qu'il la condamnait à une éternelle stérilité. Le peuple murmurait déjà; il demandait hautement qu'on lui permit de faire au fleuve les sacrifices prescrits par le rite ancien. Le préfet, craignant une sédition ouverte, en écrivit à l'empereur. Ce prince sensé et religieux répondit qu'il valait mieux demeurer fidèle à Dieu que d'acheter par un sacrilège la fertilité de l'Egypte : Que ce fleuve tarisse plutôt, ajouta-t-il, si, pour le faire couler, il faut des enchantements et des sacrifices impies, et si ses eaux veulent être souillées du sang des victimes. Cette réponse n'était pas encore arrivée, qu'on vit croître le Nil plus rapidement qu'à l'ordinaire. Ses eaux parvinrent en peu de jours à la juste hauteur que l'Egypte désirait; et comme elles continuaient de monter, on en vint à craindre qu'Alexandrie ne fût inondée, et que l'abondance des eaux n'amenât la stérilité qu'on avait appréhendée de la sécheresse. Les païens se moquèrent publiquement de ce caprice de leur dieu; ils en firent des plaisanteries sur le théâtre, disant que le Nil était si vieux, qu'il ne pouvait plus retenir ses eaux. Mais plusieurs d'entre eux, reconnaissant enfin que ce n'était qu'un fleuve, se convertirent au christianisme. On bâtit sur l'emplacement du temple de Sérapis, une église sous l'invocation de saint Jean-Baptiste.

Théophile n'épargna aucun des temples de la ville. Il prit plaisir à faire connaître au peuple la fourberie des oracles. Les statues de bois ou de bronze étaient creuses et adossées contre les murailles : les prêtres s'y introduisaient par des conduits souterrains, et abusaient le peuple crédule. On trouva dans les caveaux de ces temples, des monceaux de crânes et d'ossements; des têtes d'enfants égorgés depuis peu, et dont les lèvres étaient dorées. C'étaient de malheureuses victimes immolées à ces farouches divinités, particulièrement à Mithra. Théophile exposa publiquement toutes ces horreurs; les païens les plus obstinés se cachaient de honte, les autres se convertissaient. On fondait les statues, suivant l'ordre de l'empereur, pour en fabriquer de la monnaie qu'on distribuait aux pauvres. Mais comme l'évêque fit employer quelque partie de la matière à faire des vases et divers ornements, sans doute pour les églises, les païens l'accusèrent, lui et les deux officiers, de s'être enrichis des dépouilles des dieux. Théophile réserva seulement une idole des plus ridicules : c'était la statue d'un singe; il la fit placer dans un lieu public, afin que, dans la suite, les païens ne pussent nier d'avoir adoré des divinités pareilles. Cette dérision les piqua vivement; ils furent aussi affligés de la conservation de cette statue, qu'ils l'avaient été de la destruction de toutes les autres. La nouvelle de ce qui s'était passé dans Alexandrie étant venue à Théodose, on dit que, levant les mains au ciel, il s'écria avec transport : Je vous rends grâces, Seigneur, de ce que vous avez aboli une erreur si funeste et si invétérée sans qu'il en ait coûté à l'empire la perte d'une si grande ville.

L'activité de Théophile ne se borna point à purifier sa ville épiscopale. Canope, une des plus fameuses de l'Egypte, n'était éloignée d'Alexandrie que de quatre lieues vers l'Orient, près d'une embouchure du Nil. Sa situation était délicieuse, ses temples beaux et nombreux; mais la débauche y régnait avec tant d'effronterie, à l'abri de la religion, qu'auprès des personnes sages et réglées, c'était un reproche d'avoir été à Canope. Sans cesse le Nil était couvert de barques où les âges et les sexes, confondus ensemble et respirant une joie dissolue, allaient célébrer dans cette ville leurs infâmes mystères. Ainsi en parlent Strabon et d'autres. On y enseignait les lettres sacrées des anciens Egyptiens, et, sous ce prétexte, on y tenait école de magie. Il y avait aussi un temple de Sérapis. Mais la divinité particulière de Canope était une idole ridicule, composée d'un gros ventre et une tête dessus, et des pieds au-dessous, sans bras ni jambes, ni autres parties. On en contait cette histoire. Les Chaldéens portaient partout le feu, qu'ils adoraient et le vantaient comme vainqueur de tous les dieux; car il n'y avait point d'idole qui pût lui résister sans être brûlée, calcinée ou fondue. Les Egyptiens avaient de grands vases de terre, percés de plusieurs trous par-dessous, pour clarifier l'eau bourbeuse du Nil. Le prêtre de Canope en prit un, qu'il enduisit de cire par-dessous, le remplit d'eau, coupa la tête d'une vieille statue et l'attacha proprement dessus. Les Chaldéens y ayant appliqué leur feu, la cire se fondit, l'eau éteignit le feu et le dieu Canope demeura vainqueur.

Théophile s'y étant transporté, fit raser le temple de cette idole, réduisit ce lieu à recevoir les immondices de la ville, détruisit les autres temples et les retraites de prostitution, purgea de ce culte impur les bourgades d'alentour et fit bâtir des églises, où les reliques des martyrs attirèrent une chaste et sainte dévotion. Pour substituer des exemples de vertu aux dissolutions qu'il bannissait, il construisit plusieurs monastères. Celui de Canope devint célèbre par la vie pénitente et retirée de ceux qui l'habitaient. Voici, toutefois, comme en parle le philosophe Eunape dans sa *Vie du philosophe Edèse*. Après avoir déploré la perte du temple de Sérapis et comparé l'évêque Théophile à Eurymédon, roi des géants qui attaquaient les dieux, il ajoute : Ensuite, on introduisit dans les lieux sacrés ceux que l'on appelle moines, qui, sous l'apparence d'hommes, mènent une vie de pourceau. On établit des moines à Canope même. Et on engagea les hommes à servir, à la place des dieux, les plus misérables esclaves. Car, ayant rassemblé les têtes salées et marinées de ceux qui avaient été exécutés en justice pour leurs crimes, ils les reconnaissaient à la place des dieux, se prosternaient devant eux et croyaient devenir meilleurs en se souillant à leurs tombeaux. On appelait martyrs et diacres ceux qui, après avoir vécu dans une misérable servitude, étaient morts sous les coups de fouets, et dont les images portaient encore les marques de leurs supplices; et la terre supporte des dieux pareils (1)!

Avec l'aménité du langage, on voit jusqu'où s'élevait la philosophie d'Eunape. Adorer une cruche avec les habitants de Canope, l'adorer par la plus infâme débauche, voilà qui est digne de l'homme, digne du sage; mais adorer un Dieu qui est l'intelligence même, la vérité même, la sagesse même, l'adorer avec les moines par une vie plus d'esprit que de corps, s'attacher plus à purifier son âme par les larmes de la pénitence qu'à laver son corps et ses vêtements dans l'eau du Nil, voilà qui est mener une vie de pourceau. Un Jupiter incestueux, une Vénus prostituée, un Antinoüs sodomite, voilà de vrais dieux; mais des hommes qui, plus éclairés et plus fermes que Socrate, confessent la vérité nettement et devant tout le monde, et meurent des plus affreux supplices plutôt que de se permettre une parole équivoque, ce sont là de misérables esclaves. Adorer à Mendès le cadavre embaumé d'un bouc, à Memphis celui d'un bœuf, à Bubaste celui d'un chat, ailleurs celui d'un singe, voilà des moyens efficaces de sanctifier le corps et l'âme; mais vénérer les reliques des martyrs, les invoquer comme les amis de Dieu, c'est se rendre plus impur qu'on n'était. Telle était au fond la philosophie d'Eunape et généralement de tous les païens de son temps.

Au signal que donnait l'évêque d'Alexandrie, les autres évêques de l'Egypte déployèrent le même zèle. Dans les villes, dans les campagnes et jusque dans les déserts, tous les temples, toutes les statues tombaient par terre, et, de ces monceaux de ruines, sortaient des églises et des monastères. L'idolâtrie tombait avec les idoles. Les idolâtres couraient en foule aux églises pour y recevoir le caractère des chrétiens.

Il fut plus difficile de purger la Syrie et les provinces voisines. Plusieurs villes résistèrent aux ordres de l'empereur. Le temple de Damas fut changé en une église; on en fit de même du fameux temple d'Héliopolis, consacré au Soleil. Les païens, après l'avoir défendu quelque temps les armes à la main, furent enfin obligés de céder. Mais les habitants de Pétra et d'Aréopolis en Arabie, et ceux de Raphia en Palestine, montrèrent une résolution si opiniâtre de conserver leurs idoles, que l'empereur ne jugea point à propos d'en venir aux extrémités. Afin d'épargner le sang des habitants de Gaza, déterminés à sacrifier leur vie pour leur dieu Marnas, il se contenta d'en faire fermer les temples. Le zèle de Marcel, évêque d'Apamée, une des principales villes de Syrie, fut couronné par le martyre. Le peuple, obstiné dans l'idolâtrie, étant instruit des ordres de Théodose, fit venir des Galiléens idolâtres et des paysans du mont Liban pour défendre les temples. Mais le comte d'Orient étant arrivé dans la ville avec deux tribuns suivis de leurs soldats, on n'osa faire de résistance, et les temples furent abattus. Il restait encore celui de Jupiter.

C'était un solide et vaste édifice, construit de grandes pierres liées ensemble avec le fer et le plomb. Le comte avec ses soldats essaya de l'abattre; mais l'entreprise lui parut au-dessus des forces humaines. Marcel, le voyant découragé, lui conseilla de passer aux autres villes, et se mit à prier Dieu de lui donner quelque moyen de ruiner cet édifice. Le lendemain matin, un homme qui n'était ni maçon ni charpentier, mais simple portefaix, se présenta de lui-même et promit d'abattre ce temple très-facilement : il ne demandait que le salaire de deux ouvriers. L'évêque le lui promit, et voici comme s'y prit ce manœuvre. Le temple était bâti sur une hauteur, ayant aux quatre côtés des portiques, dont les colonnes, aussi hautes que le temple, avaient chacune seize coudées de tour; la pierre était très-dure et donnait peu de prise aux outils. Le manœuvre creusa la terre autour de chaque colonne qu'il soutint par-dessous avec du bois d'olivier. En ayant ainsi miné trois, il mit le feu au bois; mais il ne put le faire brûler. Il parut un démon comme un fantôme noir, qui empêchait l'effet du feu. Après avoir tenté plusieurs fois inutilement de l'allumer, il en avertit Marcel, qui courut aussitôt à l'église, fit apporter de l'eau dans un vase et la mit sous l'autel; puis, se prosternant le visage sur le pavé, il pria Dieu d'arrêter la puissance du démon pour qu'il ne séduisît pas plus longtemps les infidèles. Ensuite, il fit le signe de la croix sur l'eau, et commanda à un diacre, plein de foi et de zèle, de courir promptement en arroser le bois et y mettre le feu. Le démon s'enfuit, ne pouvant souffrir la vertu de cette eau (ce sont les paroles de Théodoret), et elle servit comme d'huile pour allumer le feu, qui consuma le bois en un instant. Les trois colonnes n'étant plus soutenues, tombèrent et entraînèrent douze autres avec un côté du temple. Le bruit retentit par toute la ville et attira à ce spectacle tout le peuple, qui se mit à louer Dieu. Marcel était

---

(1) Ruf., l. 12, c. 24, 25, 26 et seqq.; Soc., l. 5, c. 16 et 17; Soz., l. 7, c. 15 et 20; Eunap., *In Ædes.*; Théodor., l. 5, c. 22; Tillem., Théod.; Théoph.; Lebeau, *Hist. du Bas-Empire*, l. 24.

LIVRE XXXVI. — CONDAMNATION D'ITHACE ET DE JOVINIEN.

persuadé que, sans ce moyen, il ne serait pas facile de convertir les idolâtres.

Ayant donc appris qu'il y avait un grand temple dans un canton du territoire d'Apamée, nommé Aulone, il s'y rendit avec des soldats et des gladiateurs. Car les païens s'y étaient retranchés pour le défendre. Y étant arrivé, Marcel se tint hors de la portée du trait; car il avait mal aux pieds et ne pouvait ni combattre, ni poursuivre, ni fuir. Tandis que les soldats et les gladiateurs s'emparaient du temple, quelques païens sortirent par l'endroit qui n'était point attaqué, et, sachant que l'évêque était seul, le surprirent, le jetèrent dans un feu et le firent mourir. On n'en sut rien d'abord; mais on le découvrit avec le temps, et les enfants de Marcel voulaient venger sa mort. Le concile de la province s'y opposa; jugea qu'il n'était pas juste de poursuivre la punition d'une mort dont il fallait plutôt rendre grâces à Dieu. L'Eglise honore saint Marcel d'Apamée, comme martyr le 14 août (Théod., l. 5, c. 21; Soz., l. 7, c. 15).

Après la défaite de l'empereur Maxime, le pape saint Sirice condamna expressément la conduite de l'évêque Ithace dans la poursuite des priscillianistes, et régla les conditions auxquelles, soit les priscillianistes, soit les ithaciens, devaient être reçus à la communion de l'Eglise. Pour ce qui est d'Ithace en personne, non-seulement il fut déposé de l'épiscopat et excommunié, mais envoyé en exil, où il mourut deux ans après (Coust., col. 700 et 701, n°. 4 et 5; Isidor., De Vir. illust., c. 2).

Le pape saint Sirice condamna vers le même temps l'hérétique Jovinien. Il avait passé les premières années de sa vie dans les austérités de la vie monastique, jeûnant, vivant de pain et d'eau, marchant nu-pieds, portant un habit noir et travaillant de ses mains. Mais il sortit de son monastère, qui était à Milan, et alla à Rome, où il commença à semer ses erreurs. Elles se réduisaient à quatre principales. Que ceux qui ont été régénérés par le baptême avec une pleine foi, ne peuvent plus être vaincus par le démon; que tous ceux qui auront conservé la grâce du baptême auront une même récompense dans le ciel; que les vierges n'ont pas plus de mérite que les veuves ou les femmes mariées, si leurs œuvres ne les distinguent d'ailleurs; enfin, qu'il n'y a point de différence entre s'abstenir des viandes et en user avec action de grâce. Il niait aussi que la sainte vierge Marie fût demeurée vierge après avoir enfanté le Christ, prétendant que, sans cela, ce serait attribuer au Christ un corps fantastique avec les manichéens.

Jovinien vivait conformément à ses principes. Il était vêtu et chaussé proprement, portait des étoffes blanches et fines, du linge et de la soie; il se frisait les cheveux, fréquentait les bains et les cabarets, aimait les jeux de hasard, les grands repas, les mets délicats et les vins exquis; aussi y paraissait-il à son frais et vermeil et à son embonpoint. Toutefois il se vantait toujours d'être moine, et garda le célibat pour éviter les suites fâcheuses du mariage. Prêchant une doctrine si commode, il ne manqua pas d'avoir à Rome beaucoup de sectateurs; plusieurs personnes de l'un et l'autre sexe, après avoir vécu longtemps dans la continence et la mortification, se mariaient et revenaient à une vie molle et relâchée.

Mais aucun évêque ne se laissa séduire par Jovinien. Il trouva même de la résistance dans des laïques, illustres par leur naissance et leur piété, parmi lesquels on nomme le sénateur Pammaque. Ils portèrent au pape Sirice un écrit dans lequel Jovinien avait publié ses erreurs, et lui demandèrent son jugement. Le Pape assembla son clergé; cette doctrine fut trouvée contraire à la loi chrétienne, et, de l'avis de tous ceux qui étaient présents, tant prêtres que diacres et autres clercs, on condamna Jovinien avec huit autres, qui sont nommés comme auteurs d'une nouvelle hérésie, et on ordonna qu'ils demeureraient séparés de l'Eglise pour toujours.

Jovinien et les autres condamnés s'en allèrent à Milan, où était l'empereur. Mais le pape Sirice y envoya trois prêtres, avec une lettre à l'Eglise de Milan, qui contenait la condamnation de ces hérétiques et la réfutation sommaire de leurs erreurs. « Nous ne méprisons pas les vœux du mariage, dit le Pape, puisque nous y assistons pour le bénir; mais nous honorons beaucoup plus les vierges que le mariage produit, et qui se consacrent à Dieu. » Aussi les hérétiques furent rejetés, à Milan, de tout le monde avec horreur, et les légats du Pape les firent chasser de la ville. Les évêques, qui se trouvèrent avec saint Ambroise, les condamnèrent conformément au jugement du pontife romain, auquel ils en écrivirent une lettre synodale. Ils y louent d'abord sa vigilance pastorale, lui témoignent la plus grande affection, et ensuite réfutent par l'Ecriture les erreurs de Jovinien, s'étendant particulièrement à prouver que la sainte Mère de Dieu est toujours demeurée vierge (Coust., col. 663-674).

Quelque temps après, informé par ses amis de Rome, saint Jérôme écrivit de Bethléhem une réfutation étendue des mêmes erreurs, dans ses deux livres contre Jovinien. Là, suivant la véhémence de son génie, il relève tellement la virginité au-dessus du mariage, et la viduité au-dessus des secondes noces, qu'il semble regarder le mariage comme un mal, plutôt toléré que permis expressément. Averti par son ami le sénateur Pammaque, des endroits dont plusieurs personnes étaient choquées, il s'en expliqua dans une apologie, où il se compare à un soldat combattant sur la brèche, réduit à vaincre ou à mourir, de qui l'on ne peut pas exiger qu'il dirige toujours si bien ses coups, que quelquefois ils ne portent trop loin. Cette règle, donnée par saint Jérôme lui-même, est très-importante pour juger sainement ses ouvrages polémiques.

Dans ce même concile de Milan, ou dans un autre qui le suivit de près et où les évêques de Gaule se trouvèrent, on confirma la condamnation d'Ithace et de ses partisans, prononcée par le Pape et par saint Ambroise dès l'année précédente. Les évêques du concile et saint Ambroise, qui le présidait, terminaient tranquillement leurs affaires, lorsqu'ils apprirent la triste nouvelle du massacre de Thessalonique, dont voici l'histoire.

Cette ville, capitale de l'Illyrie, était devenue une des plus grandes et des plus peuplées de l'empire. La licence s'y était accrue avec l'opulence et le nombre des habitants. Le peuple était passionné pour les spectacles. Les personnages qu'il aimait le plus étaient les histrions, les cochers du cirque et autres gens de cette espèce. Bothéric commandait les troupes dans cette province. Son échanson se plaignit d'un cocher du cirque qui, épris pour lui d'une passion infâme, cherchait à le corrompre. Bothéric fit mettre en prison le séducteur. Comme le jour des courses du cirque approchait, le peuple, qui croyait ce cocher nécessaire à ses plaisirs, vint demander son élargissement. Sur le refus du commandant, il se mutina. La sédition fut violente; plusieurs magistrats y perdirent la vie, et Bothéric fut assommé à coups de pierres.

A la nouvelle de cet attentat, Théodose, naturellement prompt, entra dans une furieuse colère. Il voulait d'abord mettre à feu et à sang toute la ville. Ambroise et les évêques assemblés avec lui à Milan vinrent à bout de l'apaiser. Il leur promit de procéder selon les règles de la justice. Mais ses courtisans, et surtout Rufin, maître des offices, effacèrent bientôt ces heureuses impressions. Ils firent entendre à Théodose qu'il était nécessaire de donner un exemple capable d'arrêter pour toujours les séditions, et de maintenir l'autorité du prince dans la personne de ses officiers. Il ne leur fut pas difficile de rallumer un feu mal éteint. On résolut de punir les Thessaloniciens par un massacre général. Théodose recommanda expressément de cacher à Ambroise la décision du conseil; et, après avoir expédié ses ordres, il sortit de Milan pour éviter de nouvelles remontrances, si le secret de la délibération venait à transpirer.

Les officiers chargés de cette exécution ayant reçu la lettre du prince, annoncèrent une course de char pour le lendemain. Telle était l'avidité du peuple pour ces amusements qu'il oublia pour y courir en foule tout sujet de crainte et de soupçon. Dès que l'assemblée fut complète, au lieu du signal des jeux, celui du massacre fut donné aux soldats qui environnaient secrètement le cirque. Le carnage continua pendant trois heures, sans distinction de citoyen ou d'étranger, d'âge ou de sexe, de crime ou d'innocence. Sept mille hommes y périrent; quelques auteurs en font monter le nombre jusqu'à quinze mille. Il y eut un esclave assez généreux pour s'offrir et se faire égorger à la place de son maître. Un marchand nouvellement entré dans le port, voyant ses deux fils prêts à périr, demanda en grâce de mourir à leur place, offrant, à cette condition, tout ce qu'il avait d'or et d'argent. Les soldats eurent pitié de lui et lui permirent d'en choisir un, disant qu'ils ne pouvaient pas les laisser tous les deux sans se mettre eux-mêmes en péril, à cause du nombre qui leur avait été marqué. Le malheureux père les regardait tour à tour en pleurant et en gémissant, sans pouvoir se résoudre, lorsqu'il les vit égorger l'un et l'autre à ses yeux. Théodose, touché de repentir, peu après le départ des courriers, en avait dépêché d'autres pour révoquer l'ordre; mais ceux-ci arrivèrent trop tard.

La nouvelle du massacre étant venue à Milan, les évêques qui y étaient réunis en furent profondément affligés; mais surtout saint Ambroise. Il ne voulut pas, toutefois, se présenter devant Théodose dans le premier mouvement de sa douleur, et crut aussi devoir lui donner le temps de revenir à lui-même. Ainsi, deux ou trois jours avant que l'empereur revînt à la ville, Ambroise en sortit et s'en alla à la campagne; il donnait pour motif une indisposition qui était réelle, mais qui ne l'aurait pas empêché d'attendre l'empereur dans une autre occasion. La nuit, avant son départ, il crut voir Théodose venir à l'église, et qu'il lui était impossible d'offrir le sacrifice; ce qu'il prit pour une marque que Dieu voulait que l'empereur se soumît à la pénitence. Il lui écrivit une lettre de sa main, afin que l'empereur fût assuré qu'elle n'avait été vue de personne.

D'abord il s'excuse de ne l'avoir pas attendu à Milan, sur ce qu'encore qu'il soit de sa cour et de ses anciens amis, il est le seul à qui il ne soit pas permis d'apprendre les résolutions du consistoire. « Cependant, dit-il, ma conscience demeurerait chargée par ce reproche du prophète : *Si le prêtre n'avertit point le pécheur, il mourra dans son péché, et le prêtre sera coupable de ne l'avoir pas averti.* Ecoutez, seigneur, continue-t-il, vous avez du zèle pour la foi, la crainte de Dieu, je ne puis le nier; mais vous avez une impétuosité naturelle que vous tournez promptement en compassion, si on l'adoucit, mais, si on l'excite, vous la poussez tellement que vous ne pouvez presque plus la retenir. Dieu veuille que personne ne vous échauffe, si personne ne vous apaise. Je vous abandonne volontiers à vous-même. »

Il lui représente ensuite l'atrocité de ce qui s'était passé à Thessalonique, lui en donne pour preuve sa révocation tardive, et combien les évêques assemblés à Milan en avaient été affligés. Puis il ajoute : En communiquant avec vous, je n'aurais pas justifié votre action; au contraire, je me chargerais de la haine de ce péché, si personne ne vous disait qu'il est nécessaire de vous réconcilier avec Dieu. Il lui propose ensuite les exemples des princes qui ont fait pénitence, principalement de David, et ajoute : Vous êtes homme, il vous est arrivé une tentation, surmontez-la. Le péché ne s'efface que par les larmes; il n'y a ni ange ni archange qui puisse le remettre autrement; le Seigneur lui-même ne pardonne qu'à ceux qui font pénitence. Je vous conseille, je vous prie, je vous exhorte, je vous avertis. Quelque bonheur que vous ayez eu dans les combats, quelque louange que vous méritiez dans tout le reste, la bonté a toujours été le comble de vos vertus. Le démon vous a envié cet avantage; surmontez-le, tandis que vous avez encore de quoi le faire. Je n'ai point encore à me plaindre de votre obstination; mais je crains. Je n'ose offrir le sacrifice, si vous voulez y assister. Ce qui ne serait pas permis après le sang d'un seul innocent répandu, le sera-t-il après le sang de plusieurs? Ne serais-je pas bien aise d'avoir les bonnes grâces de mon prince, en me conformant à votre volonté, si la chose le permettait! La simple oraison est un sacrifice; elle attire le pardon en montrant de l'humilité, au lieu que l'offrande attirerait l'indignation en marquant du mépris. Enfin, après lui avoir rappelé d'une manière affectueuse le souvenir de Gratien et de ses propres enfants, il conclut : Je vous aime, je vous chéris, je prie pour vous. Si vous le croyez, rendez-vous à reconnaissez la vérité de mes paroles; si vous ne l croyez pas, ne trouvez pas mauvais que je donne Dieu la préférence (Ambr., *Epist.* 51 ; Ruf., l. 12, c 18; Tillem., *Ambr.*).

Théodose ne laissa pas de vouloir aller à l'église selon sa coutume; mais Ambroise, qui était de retour de la campagne, alla au devant de lui hors d vestibule, et, pour l'empêcher d'y entrer, il lui représenta l'énormité du carnage qu'il avait fait faire. « Comment, ajouta-t-il, pourrez-vous élever vers le Seigneur des mains qui dégouttent encore du sang que vous avez répandu injustement? comment recevrez-vous sur de telles mains le corps sacré du Seigneur? comment porterez-vous à votre bouche son sang précieux, vous qui, transporté de fureur, avez fait une si horrible effusion de sang? Retirez-vous donc d'ici, et n'augmentez pas votre crime par un autre. » Comme l'empereur voulait excuser en quelque manière sa faute par l'exemple de David, coupable en même temps d'adultère et d'homicide, Ambroise lui répondit aussitôt : « Puisque vous l'avez imité dans son péché, imitez-le aussi dans sa pénitence. » Théodose se soumit en acceptant la pénitence, suivant la discipline de l'Eglise; il se retira fondant en larmes dans son palais. C'était au mois d'avril 390.

Huit mois se passèrent sans que l'empereur, affligé, osât entrer dans l'église. La fête de Noël étant venue, sa douleur fut encore bien plus sensible. Rufin, le plus familier de ses courtisans, lui en demanda la cause. L'empereur, redoublant ses pleurs et ses sanglots, lui dit : Je pleure quand je considère que le temple de Dieu est ouvert aux esclaves et aux mendiants, tandis qu'il m'est fermé, et le ciel par conséquent; car je me souviens de la parole du Seigneur: *Tout ce que vous lierez sur la terre, sera lié dans les cieux.* Rufin dit : Je courrai, si vous voulez, à l'évêque, et je le prierai tant, que je le persuaderai de vous absoudre. — Vous ne le persuaderez pas, dit l'empereur; je connais la justice de sa censure, et le respect de la puissance impériale ne lui fera rien faire contre la loi de Dieu. Rufin insista et promit de persuader Ambroise. Allez donc vite, dit l'empereur; et, se flattant de l'espérance que Rufin lui avait donnée, il le suivit peu de temps après. Ambroise, voyant Rufin, lui reprocha son extrême impudence, de vouloir intercéder pour un massacre dont il avait été l'auteur par ses mauvais conseils. Comme Rufin suppliait, disant que l'empereur était sur le point d'arriver, saint Ambroise lui dit, enflammé de zèle : Je vous avertis, Rufin, que je l'empêcherai d'entrer dans le vestibule sacré; mais s'il veut changer sa puissance en tyrannie, je me laisserai égorger avec joie. Rufin ayant ouï ce discours, l'envoya dire à l'empereur, et lui conseilla de demeurer dans le palais. L'empereur, qui était déjà dans la grande place de la ville, continua sa marche, en disant : J'irai, et je recevrai l'affront que je mérite.

Etant arrivé dans l'enceinte du lieu sacré, il n'entra pas dans l'église, mais il alla trouver l'évêque qui était assis dans la salle d'audience, et il le pria de lui donner l'absolution. Ambroise lui représenta que d'arriver de cette manière c'était s'élever contre Dieu même et fouler aux pieds ses lois. « Je les respecte, dit l'empereur, et je ne veux point entrer contre les règles dans le vestibule sacré; mais je vous prie de me délivrer de ces liens, en considérant la clémence de notre Maître commun, et de ne pas me fermer la porte, qu'il a ouverte à tous ceux qui font pénitence. — Mais, reprit Ambroise, quelle pénitence avez-vous donc faite après un tel péché? par quels remèdes avez-vous guéri les plaies de votre âme? — C'est à vous, dit l'empereur, à m'apprendre ce que je dois faire, et à moi de l'exécuter. Alors saint Ambroise lui dit que, puisqu'il n'avait écouté que sa colère dans l'affaire de Thessalonique, il devait pour toujours imposer silence à cette passion téméraire et furieuse, et ordonner par une loi que les sentences de mort et de confiscation n'auraient leur exécution que trente jours après qu'elles auraient été prononcées, pour laisser à la raison le temps de revenir à l'examen et de réformer les jugements dans lesquels elle n'aurait pas été consultée. Théodose approuva ce conseil, fit aussitôt écrire la loi et la signa de sa main. Cela fait, saint Ambroise lui donna l'absolution. Alors seulement le pieux empereur osa entrer dans le temple de Dieu. Toutefois, il ne fit pas sa prière à genoux ou debout; mais, ayant ôté tous ses ornements impériaux, il demeura prosterné sur le pavé, disant ces paroles de David : *Mon âme est attachée à la terre, donnez-moi la vie selon votre parole.* En disant cela, il s'arrachait les cheveux, se frappait le front et arrosait le pavé de ses larmes, demandant miséricorde. Le peuple, le voyant ainsi humilié, priait et pleurait avec lui. Il conserva la douleur de ce péché tout le reste de sa vie.

Voilà comme ce mémorable événement nous est rapporté par les historiens, principalement par Théodoret (l. 5, c. 17; Soz., l. 7, c. 25) qui le raconte avec le plus de détail, et qui dit clairement que, dans cette circonstance, l'empereur, absous et pénitent, présenta son offrande à la messe et y reçut la communion. Ce qui nous apprend plusieurs choses dignes de remarque : la première, que dès lors l'absolution se donnait quelquefois au pénitent avant qu'il eût accompli toute la pénitence; ensuite, que la pénitence que Théodose fit à l'église, était plutôt une pénitence en public qu'une pénitence publique et régulière, telle que la prescrivaient les canons de certaines églises particulières; que ces canons pénitentiaux de quelques églises n'étaient pas une loi de l'Eglise universelle, ou bien qu'en tout cas, l'évêque pouvait en dispenser ou la modifier comme il le jugeait à propos pour le plus grand bien du pénitent. Ce qu'il y a surtout d'admirable, c'est de voir Ambroise et Théodose, deux chrétiens, deux amis, l'un évêque, l'autre monarque absolu. L'un interdit à l'autre l'entrée de l'Eglise, parce qu'il s'est laissé entraîner une fois à oublier un instant la justice et l'humanité; il se laissera plutôt égorger que de faiblir devant celui qu'il aime plus que la vie. Et le monarque se soumet, et il pleure publiquement sa faute, et les deux amis le deviennent plus intimement encore, et leur amitié sera éternelle, comme Dieu même qui en est le principe.

Vers le même temps, deux seigneurs des plus puissants et des plus sages de Perse s'en vinrent à Milan, attirés par la grande réputation de saint Ambroise. Ils apportaient avec eux plusieurs questions pour mettre sa sagesse à l'épreuve. Ils conférèrent avec lui, par le moyen d'un interprète, depuis la première heure du jour jusqu'à la troisième heure de la nuit, et se retirèrent pleins d'admiration. Et pour montrer qu'ils n'étaient venus que pour connaître par eux-mêmes un homme qu'ils connaissaient déjà de réputation, ils prirent congé de l'empereur dès le lendemain, et s'en allèrent à Rome, où ils voulaient connaître la grandeur et la magnificence de Probus, sénateur romain, après quoi ils s'en retournèrent chez eux. Probus est le même qui, étant préfet du prétoire, dit à Ambroise, en l'envoyant gouverner la haute Italie : « Allez et agissez plutôt en évêque qu'en juge. »

Voici un autre fait qui montre quelle était la renommée du saint évêque. Un des généraux les plus distingués de l'empire, le comte Arbogaste, Franc d'origine, ayant fait la paix avec plusieurs rois des Francs qu'il venait de vaincre, ceux-ci lui demandèrent, au milieu du festin, s'il connaissait Ambroise. Arbogaste répondit que non-seulement il le connaissait, mais qu'il en était aimé, et que souvent il mangeait avec lui. Il n'est pas étonnant alors, répliquèrent les Francs, que vous remportiez des victoires, puisque vous êtes aimé d'un homme qui dit au soleil : Arrête-toi, et il s'arrête (Paulin, Vit., n. 30).

Nous avons une lettre de saint Ambroise à un évêque de Campanie, pour lui recommander un prêtre venu du fond de la Perse, et qui voulait passer le reste de sa vie dans cette province. Les relations entre les deux empires étaient alors sur un pied très-amical. Dans le même temps que Théodose était à Rome, le roi de Perse lui envoya une ambassade solennelle pour lui proposer de partager l'Arménie, afin d'éviter à l'avenir les sujets de guerre entre les Perses et les Romains. Le partage fut conclu : il y eut une Arménie persane et une Arménie romaine, ayant chacune son roi particulier.

Saint Ambroise s'appliquait soigneusement à l'administration de la pénitence, à l'égard de toutes sortes de personnes. Voici comme en parle Paulin, auteur de sa vie : « Toutes les fois que quelqu'un lui avait confessé ses péchés pour recevoir la pénitence, il répandait tant de larmes, qu'il obligeait le pénitent à pleurer; car il semblait être tombé avec lui. Mais il ne parlait des crimes qu'on lui avait confessés qu'à Dieu seul, laissant un bon exemple aux évêques à venir, d'être plutôt intercesseurs devant Dieu, qu'accusateurs devant les hommes. »

Pour bien comprendre le sens de ces dernières paroles, il est bon de savoir que la pénitence publique ne s'imposait que pour des crimes publiquement avoués par le coupable, ou publiquement prouvés par des témoins, et que les mêmes crimes, confessés en secret à l'évêque ou au prêtre, n'étaient soumis qu'à une pénitence secrète, à moins que le pénitent ne voulût la faire publique. Paulin fait sentir, par l'exemple de saint Ambroise, que l'évêque faisait mieux d'attirer les pécheurs par la confession secrète et une tendre compassion, que de chercher à les convaincre juridiquement en face de l'Eglise, comme ministre ordinaire de la pénitence publique, du moins en Occident, ainsi que Sozomène le témoigne de son temps, en particulier pour l'Eglise romaine (Soz., l. 7, c. 16).

En Orient, la discipline pénitentiaire subit, à l'époque de saint Ambroise, un changement notable, savoir, la suppression de la confession publique de certains péchés, et par une conséquence nécessaire, la suppression de la pénitence publique. Voici à quelle occasion. Il y avait dans l'église de Constantinople, ainsi que dans les autres, un prêtre pénitencier sur lequel l'évêque se déchargeait de l'examen des pénitents, et qui leur indiquait les péchés qu'ils pouvaient ou devaient confesser en public. Or, il arriva qu'une femme de qualité confessa publiquement d'avoir commis le crime avec un diacre, ce qui causa un grand scandale dans le peuple, et une grande indignation contre les ecclésiastiques, à cause de la honte qui en revenait à toute l'Eglise. L'évêque Nectaire fut embarrassé de ce qu'il devait faire en cette occasion. Il déposa le diacre, et, par le conseil d'un prêtre nommé Eudémon, natif d'Alexandrie, il supprima le prêtre pénitencier, et laissa à la liberté de chacun de participer aux mystères suivant les mouvements de sa conscience. C'est ainsi que l'historien Socrate (l. 5, c. 19) rapporte la chose, qu'il dit avoir apprise de la propre bouche d'Eudémon, et ajoute qu'il lui dit : Si votre conseil a été utile à l'Eglise ou non, Dieu le sait. Mais je vois que vous avez donné occasion aux fidèles de ne point se reprendre les uns les autres, contre le précepte de l'apôtre, qui dit : *Ne participez point aux œuvres infructueuses des ténèbres, mais reprenez-les plutôt.* Ces paroles de Socrate ne peuvent s'appliquer qu'à la confession publique de quelques péchés que le prêtre pénitencier pouvait ordonner, selon qu'il le jugeait à propos, et qui donnait occasion aux fidèles de reprendre et de corriger les pécheurs.

La plupart des Eglises d'Orient suivirent l'exemple de Constantinople, c'est-à-dire qu'elles supprimèrent le prêtre qui était préposé aux confessions et aux pénitences publiques; qu'elles abrogèrent l'ancienne coutume de confesser publiquement certains crimes que ce prêtre avait indiqués; qu'elles interdirent les impositions des mains et les prières qu'on avait coutume de faire sur les pénitents depuis le temps des apôtres; qu'elles laissèrent à la fidélité des pénitents l'accomplissement des pénitences imposées dans la confession secrète; qu'enfin il tomba dès lors en désuétude d'accuser les crimes des plus proches auprès de l'évêque, par le précepte de la correction fraternelle, et de rendre public le jugement pénitentiaire sur des crimes même secrets. Voilà ce qui suit naturellement du fait rapporté par Socrate, et ce qui, d'ailleurs, a été doctement démontré par une foule d'anciens monuments, entre autres les rituels et les liturgies des Grecs, où dès lors il n'est plus question ni de confession publique ni de pénitence publique, mais bien et très en détail de confession secrète et de pénitence secrète. Tel est le *Livre pénitentiel* de Jean le Jeûneur, un des successeurs de Nectaire dans le siége de Constantinople. On y voit tout le détail de la confession, de l'absolution et de la pénitence secrète; on y voit surtout un examen de conscience qui prouve que les grands péchés n'étaient pas moins fréquents dans ces premiers siècles que dans des siècles plus modernes (Morin, *De Pœnit.*, l. 2, c. 9, n. 5-7; l. 6, c. 22, 23; *Ibid.*, ad calcem., p. 77; *Libellus Pœnit. Joan. Jejun.*).

Le schisme d'Antioche durait toujours. La mort de l'évêque Paulin, arrivée vers l'an 389, aurait pu y mettre un terme; mais avant de mourir il s'était permis d'ordonner tout seul, pour lui succéder, le prêtre Evagre, en quoi il violait plusieurs canons. Car il était défendu à un évêque d'ordonner son successeur; tous les évêques de la province devaient être appelés à l'ordination, et trois au moins devaient y assister. Au dire de Théodoret (l. 5, c. 23), malgré toutes ces irrégularités, les Egyptiens et les Occidentaux ne laissèrent pas de reconnaître Evagre pour évêque d'Antioche, et de communiquer avec lui comme ils avaient fait avec Paulin. Mais Théodoret se trompe; car saint Ambroise, qui vivait dans le temps et sur les lieux, nous apprend, dans une lettre à Théophile d'Alexandrie, que les Egyptiens restèrent neutres entre Flavien et Evagre, et que l'Occident prit le même parti. Et de fait, il se tint un concile nombreux à Capoue pour concilier cette affaire. Saint Ambroise en était l'âme. L'empereur Théodose avait mandé à Flavien de s'y trouver en personne; mais, arrivé à Constantinople, Flavien s'excusa sur ce que l'hiver était proche, et promit de se rendre en Italie au printemps suivant. Son absence empêcha le concile de Capoue de terminer ce fâcheux différend. Evagre, qui s'était présenté en personne, en prenait avantage. Toutefois, le concile ne lui donna point gain de cause; il offrit, au contraire, la communion à tous les évêques de l'Orient qui professaient la foi catholique, sans excepter ni Diodore de Tarse, ni Acace de Bérée, les principaux auteurs de l'élection de Flavien après la mort de saint Mélèce. Quant au différend de Flavien et d'Evagre pour la chaire d'Antioche, il en commit l'examen et la décision à Théophile d'Alexandrie et aux évêques d'Egypte, comme aux plus propres à juger cette cause, ayant gardé la neutralité entre les deux partis depuis la mort de Paulin.

Cette conduite pleine d'équité et de sagesse était bien faite pour amener l'union et la concorde. Mais Flavien, qui, sous prétexte de la mauvaise saison, s'était soustrait au concile de Capoue, refusa encore de se soumettre au jugement de Théophile et des autres évêques d'Egypte. Il recourut à l'empereur pour obliger les Occidentaux à se transporter en Orient et y former un nouveau concile pour juger sa cause. Informé de ce procédé par Théophile, saint Ambroise répondit en ces termes : « Evagre n'a pas sujet de presser; et Flavien a sujet de craindre; c'est pourquoi il évite le jugement. Qu'ils pardonnent l'un et l'autre à notre juste douleur; tout le monde est agité à cause d'eux, et, toutefois, ils ne compatissent point à notre affliction et ne prennent aucunement le parti conforme à la paix du Christ. On fatiguera donc encore de vieux évêques ! Ils quitteront les saints autels pour passer les mers! ceux à qui leur pauvreté n'était point à charge seront réduits à la sentir ou à ôter les secours aux autres pauvres ! Cependant Flavien seul se croit affranchi des lois; lui seul ne vient pas lorsque nous venons tous; ni les ordres de l'empereur ni l'assemblée des évêques ne peuvent l'obliger à se présenter. Nous ne donnons pas pour cela gain de cause à notre frère Evagre; car nous voyons avec peine que chacun s'appuie sur le défaut de l'ordination de son compétiteur plutôt que sur la régularité de la sienne. Il faut donc que vous pressiez encore notre frère Flavien, afin que, s'il continue dans son refus, nous conservions la paix avec tous, sans que le concile de Capoue, sans que la fuite de l'une des parties rende son décret inutile. Au reste, nous croyons que vous devez faire part de ceci à notre saint frère de Rome, parce que nous ne doutons pas que votre jugement ne soit tel qu'il ne le puisse désapprouver; c'est le moyen d'établir une paix solide, si nous sommes tous d'accord de ce que vous aurez décidé, et cela sera lorsque nous aurons connu par vos actes que vous avez agi de manière à mériter l'approbation de l'Eglise romaine (Ambr., *Epist.* 56). »

Il est bien à présumer que saint Ambroise écrivit encore sur cette affaire à l'empereur Théodose. Ce qu'il y a de certain, c'est que le pape saint Sirice le fit et qu'il le pressa vivement d'envoyer Flavien à Rome, puisqu'il persistait à ne vouloir pas se soumettre au jugement de l'évêque d'Alexandrie. Vous abattez les tyrans qui s'élèvent contre vous, disait le Pape à l'empereur, mais non pas ceux qui s'élèvent contre la loi du Christ. Sur ces instances, Théodose manda de nouveau Flavien à Constantinople, et lui ordonna d'aller à Rome, c'est-à-dire d'accomplir la promesse qu'il avait faite de s'y rendre le printemps venu. Mais Flavien, qui ne l'avait pas promis sincèrement ou qui avait changé d'avis, répondit à l'empereur : Si l'on m'accuse d'errer dans la foi ou de mener une vie indigne du sacerdoce, je ne veux pas d'autres juges que mes accusateurs; s'il ne s'agit que de mon siège et d'une dispute de préséance, je ne me défendrai pas et je céderai la première place à qui la voudra prendre. Donnez donc à qui vous voudrez le siège d'Antioche. L'empereur, admirant cette générosité, dit Théodoret (l. 5, c. 23), le renvoya gouverner son Eglise. Mais au lieu d'offrir à la puissance temporelle une démission qu'il pouvait bien prévoir qui ne serait pas acceptée, il eût été plus généreux, plus loyal et plus simple à Flavien d'aller à Rome, suivant sa parole, ou bien d'accepter le moyen si équitable et si sage que lui avait proposé le concile de Capoue pour rétablir la paix et la concorde.

Le même concile de Capoue avait renvoyé le jugement de Bonose, évêque de Sardique, aux évêques voisins, principalement à ceux de Macédoine, avec Anysius de Thessalonique, leur métropolitain et légat du Saint-Siège. Bonose attaquait comme Jovinien la virginité perpétuelle de Marie, prétendant qu'elle avait eu d'autres enfants après la naissance de Jésus-Christ, dont il niait même la divinité, comme Photin; en sorte que les photiniens furent depuis nommés *bonosiaques*. Anysius et les évêques d'Illyrie, après avoir interdit à Bonose l'entrée de son église, écrivirent au Pape pour le prier de juger cette affaire lui-même. Saint Sirice leur répondit que le concile de Capoue les ayant établis pour en connaître, et eux ayant accepté cette commission, ils devaient d'abord juger au nom du concile qui les avait délégués; que, pour lui, comme la cause n'était plus entière, il ne lui convenait point de la juger comme par l'autorité du concile. Anysius et les autres évêques condamnèrent Bonose; mais ils résolurent qu'on recevrait ceux qu'il avait ordonnés, pourvu qu'ils condamnassent son erreur (Coust., *Siric., Epist.* 9, col. 679; Labbe, t. II, p. 1033).

Cependant l'empire et l'Eglise voyaient avec amour le jeune Valentinien croître en âge et en vertus. Depuis la mort de sa mère Justine, éclairé par les instructions et les exemples de Théodose, il se montra tout autre. Il avait persécuté saint Ambroise : il conçut pour lui une tendresse vraiment filiale; il l'appelait son père. Il était adonné aux jeux du cirque : il s'en éloigna tout à fait; il retrancha même les plus solennels, tels que ceux qui se célébraient le jour de la naissance des princes. Afin de se détacher de sa passion pour la chasse, il fit tuer en un jour toutes les bêtes de son parc. On pouvait lui reprocher d'aimer la table : il prit une telle habitude de tempérance que, dans les festins qu'il continua de donner aux seigneurs de sa cour pour entretenir leur affection, il s'abstenait de manger. Il apprit qu'il y avait à Rome une comédienne qui, par sa beauté, se faisait aimer éperdûment de la jeune noblesse. Il donna ordre qu'elle vînt à sa cour. Celui qui était chargé de l'ordre se laissa corrompre par argent et revint sans rien faire. Valentinien voulut être obéi et en envoya un autre. Mais cette femme étant venue, il ne la vit ni en public ni en particulier, et la renvoya, content d'avoir montré l'exemple aux jeunes gens. Toutefois, il n'avait encore que vingt ans et n'était pas encore marié.

Il assistait à tous les conseils et souvent y redressait les vieillards qui doutaient ou qui avaient trop d'égards pour quelque personne. Ennemi des délateurs, il s'opposait à leurs poursuites. Des personnes nobles furent accusées d'avoir conspiré contre lui. Le préfet pressait le jugement avec ardeur. Valentinien arrêta d'abord les procédures durant le saint temps de Pâques, où l'on était alors. Quelques jours après, lorsqu'on faisait la lecture de l'accusation, il s'écria le premier que c'était une calomnie. Il voulut que les accusés demeurassent en liberté jusqu'à ce qu'on eût des preuves qu'ils étaient coupables. Cette équité fit bientôt connaître leur innocence. Chéri de ses peuples, il les ménageait comme ses enfants et ne voulut jamais consentir à de nouvelles impositions. « Ils ne peuvent, disait-il, supporter les anciennes; ne serait-ce pas une dureté inhumaine de les accabler encore? » Cependant il avait trouvé le trésor épuisé, et, par une sage économie, en se retranchant les dépenses de luxe et de plaisir, il le laissa fort riche. Il aimait tendrement ses sœurs, mais il aimait encore plus la justice; il refusa de juger un procès dans lequel elles disputaient à un orphelin la possession d'une terre, et il renvoya l'affaire aux juges ordinaires. Elles se désistèrent de leur prétention, et l'on attribua cette générosité aux conseils de leur frère.

Il était en Gaule, quand le sénat de Rome députa vers lui pour lui demander encore une fois le rétablissement des privilèges que son frère Gratien avait ôtés aux temples des idoles. Mais il le refusa absolument, quelque instance que lui fissent les païens qui l'entouraient. Il apprit vers le même temps que, du côté de l'Illyrie, les Barbares menaçaient les Alpes. Il voulut donc quitter les Gaules pour secourir l'Italie, et donna les ordres nécessaires pour arriver à Milan. Le seul bruit de sa marche fit retirer les Barbares, tant ils le respectaient. Ils rendirent même les captifs, s'excusant sur ce qu'ils n'avaient pas su qu'ils fussent Italiens. Saint Ambroise avait promis au préfet et aux autres magistrats d'aller trouver l'empereur pour le prier de secourir l'Italie; mais il s'arrêta quand il apprit que l'empereur venait de lui-même. Valentinien, qui était encore à Vienne, lui envoya un officier de sa chambre et lui écrivit de venir le trouver en diligence : c'était pour une affaire très-grave.

Le plus puissant des généraux de Valentinien était le comte Arbogaste, dont nous avons déjà parlé. Il était homme de cœur, grand capitaine, désintéressé, mais féroce, hardi, ambitieux. Il eut la meilleure part à la défaite de Maxime, dont il tua le fils Victor. Depuis cette époque, il fut tout-puissant auprès de Valentinien, au point de se déclarer lui-même généralissime de ses troupes. Il parlait au jeune empereur avec une entière liberté et disposait de plusieurs choses, même malgré lui. Il donnait à des Francs toutes les charges militaires, et les charges civiles à des gens de sa faction; aucun officier de la cour n'osait exécuter les ordres de l'empereur sans l'approbation d'Arbogaste. Le jeune prince ne pouvait souffrir ce joug; il écrivait continuellement à Théodose, se plaignant des mépris d'Arbogaste, le conjurant de venir promptement à son secours, sinon qu'il irait le trouver. Un jour, étant assis sur son trône et regardant Arbogaste d'un œil menaçant, il lui mit entre les mains un écrit par lequel il le dépouillait de son autorité de général. Arbogaste n'y eut pas plutôt jeté les yeux, qu'il s'écria fièrement : Ce n'est pas de vous que je tiens cet honneur; ce n'est pas vous non plus qui me l'ôterez!... En même temps il met l'écrit en pièces et se retire. Bientôt, soupçonnant les amis de l'empereur, il osa lui en demander plusieurs pour les faire mourir. A quoi Valentinien répondit avec fermeté qu'il se garderait bien de lui livrer des innocents; qu'il se croirait digne de mort, s'il rachetait sa vie par celle de ses amis; que si Arbogaste était altéré de sang, il pouvait verser celui de son maître.

Ce fut dans ces conjonctures critiques que le jeune empereur pressa saint Ambroise de venir le trouver pour être le médiateur entre lui et le comte Arbogaste. Il y avait espérance qu'il pût réussir; car le comte, tout païen qu'il était, avait pour le saint évêque beaucoup de respect et d'amitié. Depuis que Valentinien eut envoyé vers lui, il fut dans une continuelle impatience. Pour le presser davantage, il avait ajouté qu'il voulait être baptisé de sa main avant de passer en Italie. L'officier de la chambre était parti le soir, et, dès le matin du troisième jour, il demandait s'il était revenu; mais ce jour fut le dernier de Valentinien. Car, après le dîner, comme il était seul à Vienne, se jouant sur le bord du Rhône, dans l'enceinte de son palais, et que ses gens étaient à dîner, Arbogaste le fit étrangler par quelques-uns de ses gardes, qui ensuite le pendirent avec son mouchoir pour faire croire qu'il s'était tué lui-même. C'était la veille de la Pentecôte, 15 mai 392. Valentinien, qui n'avait guère vécu que vingt ans, en avait régné dix-sept.

Un forfait si énorme fit trembler tout l'Occident sous la redoutable puissance d'Arbogaste. On n'osa rechercher ni poursuivre les ministres de son crime. Cependant, pour ne pas se déclarer coupable, il n'empêcha point qu'on rendît à l'empereur les honneurs accoutumés. Les funérailles furent célébrées dès le lendemain, jour de la Pentecôte. Le corps fut ensuite transporté à Milan pour y recevoir la sépulture. Tout le chemin était bordé d'une foule de peuple qui fondait en larmes : on pleurait la perte de tant de vertus! Les Barbares ne montraient pas moins de sensibilité que ses sujets naturels; ils regrettaient sa justice et sa fidélité dans l'observation des traités. Mais toutes les douleurs étaient réunies dans le cœur de ses deux sœurs Justa et Grata. On leur avait appris que leur frère, se voyant saisi par les assassins, n'aait proféré que cette parole : Hélas ! que vont devenir mes pauvres sœurs ! Elles ne quittèrent pas le cercueil jusqu'à Milan; et pendant les deux mois que le corps de leur frère demeura exposé sans être inhumé, elles passèrent auprès de lui, dans les gémissements et dans les larmes, les jours entiers et la plus grande partie des nuits. Théodose, qui partageait sincèrement leur affliction, se fit un devoir de le soulager par ses lettres. Il écrivit aussi à saint Ambroise, dont il connaissait le tendre attachement pour ce prince. Ambroise avait fait préparer un tombeau de porphyre; il y déposa le corps auprès de celui de Gratien, et prononça l'éloge des deux frères avec toute la tendresse et toute l'affliction d'un père. Voici comme il console leurs sœurs de ce que Valentinien n'avait pas reçu le baptême. « Dites-moi, quelle autre chose dépend de nous, que de vouloir, que de demander? Il y avait longtemps qu'il souhaitait d'être baptisé, et c'est la principale raison pour laquelle il m'avait mandé. Accordez donc, Seigneur, à votre serviteur Valentinien la grâce qu'il a désirée, qu'il a demandée en pleine santé. S'il avait différé étant attaqué de maladie, il ne serait pas entièrement exclu de votre miséricorde, parce qu'il aurait plutôt manqué de temps que de bonne volonté. » Il prie Dieu ensuite que ce prince ne soit pas séparé de son père Valentinien et de son frère Gratien, puis il ajoute : Donnez-moi les saints mystères, demandons son repos avec une tendre affection, faisons nos oblations pour cette chère âme. » Enfin, il promet de faire ainsi toute sa vie pour les deux frères Gratien et Valentinien. Leurs sœurs, Justa et Grata, demeurèrent vierges (Ambr., De obit Valent., n. 51-56, 78; Soc., l. 5, c. 25; Soz., l. 7, c. 22; Zos., l. 4, c. 53).

Arbogaste eût bien souhaité recueillir le fruit de son crime; mais, né Barbare, il n'osait encore monter sur le trône lui-même; il fallait accoutumer les Romains à lui obéir sous le nom d'un autre. Il jeta les yeux sur un homme de lettres, ancien professeur de rhétorique, puis secrétaire de l'empereur. Il se nommait Eugène, avait acquis de l'estime par son savoir et son éloquence, et comptait parmi ses amis particuliers le sénateur Symmaque. Il était chrétien comme Arbogaste était païen, c'est-à-dire que, dans le cœur, ils n'avaient d'autre Dieu l'un et l'autre que leur ambition. Il donnait surtout beaucoup de créance aux prédictions des aruspices et des astrologues. Aussitôt après la mort de Valentinien, Eugène fut donc proclamé empereur par les soldats, dont Arbogaste disposait souverainement.

Théodose avait déjà appris cette révolution quand il reçut une ambassade d'Eugène, qui lui offrait la paix, s'il voulait le reconnaître pour collègue. On ne parlait point d'Arbogaste, et il n'y avait point de lettres de sa part; seulement quelques évêques, qui étaient de cette ambassade, témoignaient qu'il était innocent de la mort de Valentinien. Théodose, après avoir retenu quelque temps les ambassadeurs, les renvoya avec des présents et des paroles honnêtes, et se laissa pas de se préparer à la guerre qu'ils allèrent partis, ne voyant ni honneur ni sûreté à négocier avec des traîtres et à laisser impunie la mort du jeune prince, son beau-frère. Parmi les préparatifs de Théodose, il y eut plusieurs actes de religion. Il envoya Eutrope, eunuque de son palais et homme de confiance, vers le fameux anachorète saint Jean d'Egypte, avec ordre de l'amener, s'il était possible, sinon de le consulter sur cette guerre, et de savoir si Théodose devait marcher contre Eugène, ou attendre qu'il vînt à lui. L'empereur s'était si bien trouvé d'avoir consulté ce saint homme sur la guerre contre Maxime, qu'il avait en lui une entière confiance.

Depuis son retour en Orient, il s'était appliqué, comme au commencement de son règne, à rendre les églises catholiques; et sans exiger rigoureusement la punition du passé, il se contentait d'ôter les obstacles à la prédication de la vérité. Il était de facile accès aux évêques, traitait familièrement avec eux, prévenait leurs demandes, et faisait de grandes libéralités pour la construction et l'ornement des églises. Mais, afin qu'on n'abusât pas du respect de la religion, il fit, cette année 392, une loi qui défend aux juges d'alléguer pour prétexte qu'un criminel leur ait été arraché par les clercs, et une autre, portant que ceux qui se réfugient dans les églises pour éviter le paiement de leurs dettes, doivent en être tirés, à moins que les évêques ne veulent se charger de payer pour eux. Il en fit une autre par laquelle il condamne à dix livres d'or par tête les hérétiques qui auront ordonné des clercs ou reçu l'ordination; le lieu où elle aura été faite sera confisqué. Si le propriétaire l'a ignoré, le locataire de condition libre paiera dix livres d'or; s'il est de race servile, il sera fustigé et banni. Une autre loi porte peine de bannissement contre ceux qui oseraient troubler le peuple, en disputant de la foi catholique, nonobstant la défense qu'il en avait déjà faite par deux autres lois. La même année, il fit encore une loi contre les païens, portant défense à toute personne, en quelque lieu que ce soit, d'immoler des victimes aux idoles, d'offrir du vin ou de l'encens aux dieux pénates ou au génie, d'allumer des lampes ou de suspendre des festons en leur honneur. Celui qui aura immolé des animaux ou consulté leurs entrailles, sera traité comme criminel de lèse-majesté. Si l'on a offert de l'encens aux idoles, ou attaché des rubans à un arbre, ou dressé des autels de gazon, la maison où la terre en laquelle on aura exercé cette superstition sera confisquée. Si quelqu'un sacrifie dans les temples publics ou dans l'héritage d'autrui, il paiera vingt-cinq livres d'or d'amende; le propriétaire sera puni de même, s'il est complice. Les juges des villes seront punis s'ils ne dénoncent les coupables, et les magistrats qui n'auront pas procédé sur leur dénonciation, paieront trente livres d'or, et leurs officiers autant (Cod. Théod.).

Quelques écrivains modernes ont appelé persécution ces lois de Théodose contre l'hérésie et contre l'idolâtrie. Ce langage n'est point exact. La persécution est une poursuite injuste et violente. On persécute la vérité, la vertu, le bien; mais on poursuit la fausseté, le crime, le mal. Dans le premier cas, il y a injustice; dans le second, c'est le contraire. Or, depuis plus de trois siècles, le christianisme total avait démontré authentiquement qu'il est la vérité, la vertu, le bien; depuis plus de trois siècles, le paganisme était notoirement convaincu d'être une fausseté, un crime, un mal. Dire alors que Théodose ne pouvait point employer la force publique pour seconder le christianisme et affaiblir le paganisme, c'est dire que la force ne doit pas être employée pour la vérité contre le mensonge, pour le bien contre le mal; c'est dire que la justice, que l'ordre est un abus. Quant à la manière dont Théodose faisait exécuter ces lois, tout le monde convient qu'il n'y mettait point de violence, mais une douceur propre à convertir les coupables plutôt qu'à les punir.

Eutrope, qu'il avait envoyé à saint Jean d'Egypte, ne put lui persuader de quitter sa solitude; mais il prédit que l'empereur serait victorieux dans cette guerre, non pas toutefois sans effusion de sang, comme dans la guerre contre Maxime; qu'il ferait mourir le tyran, et qu'après sa victoire il mourrait lui-même en Italie, laissant à son fils l'empire d'Occident (Soz., l. 7, c. 32). Eutrope ayant rapporté cette réponse, l'empereur continua de se préparer à la guerre, moins par les armes que par les œuvres de piété, par les jeûnes, les prières, les veilles. Il visitait avec les évêques et le peuple tous les lieux d'oraison; il se prosternait devant les tombeaux des martyrs et des apôtres, implorant leur intercession comme le secours le plus fidèle. Il fit aussi plusieurs lois pour le soulagement des peuples. Il ôta les tributs que Tatien, préfet du prétoire, avait imposés, et ordonna que tous les biens de ceux qu'il avait fait proscrire leur seraient rendus ou à leurs proches parents. Il défendit aux soldats de rien exiger de leurs hôtes ni de se faire payer en argent ce qui devait leur être fourni en espèce. Il réprima le zèle indiscret de ceux qui, sous prétexte de religion, entreprenaient de piller et de ruiner les synagogues des Juifs. Enfin, ce fut alors qu'il fit cette ordonnance dont nous avons déjà parlé, pour empêcher que ceux qui avaient osé médire de lui où de son gouvernement ne fussent poursuivis comme criminels de lèse-majesté. Toutes ces lois sont datées de Constantinople, en 392. Théodose y passa tout le reste de l'année et le commencement de l'année suivante, se préparant à la guerre pendant tout l'hiver.

Eugène s'y préparait de son côté, mais bien différemment; car, comme il était soutenu par les païens, il leur donnait toute liberté. On faisait à Rome quantité de sacrifices, on répandait le sang des victimes, on regardait leurs entrailles, et on y trouvait d'heureux présages, qui promettaient à Eugène une victoire assurée. Flavien, préfet du prétoire et ami de Symmaque, qui passait pour grand politique et pour fort habile en cette science de divination, était le plus empressé à pratiquer ces superstitions, et le plus hardi à faire des promesses magnifiques. Eugène s'étant rendu maître des Alpes-Juliennes, souffrit que l'on y plaçât des idoles de Jupiter, et sa principale enseigne portait celle d'Hercule. Il accorda aux païens ce que Valentinien le jeune leur avait refusé deux fois, le rétablissement de l'autel de la Victoire à Rome et la restitution du revenu de leurs temples; il l'avait refusé aussi deux fois, mais il se rendit à la troisième. Saint Ambroise, voyant Eugène ainsi livré aux païens, ne fit point de réponse à une lettre qu'il lui avait écrite dès le commencement de son règne; mais il ne laissa pas de lui écrire et de le prier pour ceux qui étaient en péril. Modèle des évêques au milieu des révolutions politiques, il montra d'un côté qu'il était incapable de flatter, même au péril de sa vie, et, de l'autre, qu'il savait honorer la puissance quand la charité le demandait. Ensuite, apprenant qu'Eugène venait en diligence à Milan, il en sortit et se retira à Bologne. Il écrivit toutefois à Eugène une lettre où il lui rend compte de sa retraite, et représente comment il s'était opposé aux demandes des païens auprès de Valentinien et de Théodose même; il réfute la mauvaise excuse dont Eugène se servait en disant qu'il n'avait pas rendu ces biens aux temples, mais qu'il les avait donnés à des gens à qui il avait obligation, c'est-à-dire à Arbogaste et à Flavien. « Votre puissance est grande, dit saint Ambroise, mais considérez celle de Dieu, qui voit tout et qui connaît le fond de votre cœur; vous ne pouvez souffrir qu'on vous trompe, et vous voulez cacher quelque chose à Dieu! Comment ferez-vous vos offrandes au Christ? comment ses prêtres pourront-ils les distribuer? On vous imputera tout ce que feront les païens. » La menace de saint Ambroise fut exécutée; l'Eglise de Milan refusa les offrandes d'Eugène et ne voulut pas même l'admettre aux prières. Ce qui irrita tellement Arbogaste et Flavien, qu'en sortant de Milan, ils promirent que quand ils reviendraient victorieux, ils feraient une écurie de la basilique, et obligeraient le clergé à porter les armes (Soz., l. 7, c. 22; Ruf., l. 12, c. 16; Ambr., *Ep.* 57; Paulin, *Vita Amb.*, n. 31).

Au sortir de Milan, saint Ambroise se rendit à Bologne, où il était invité, pour assister à la translation des saints martyrs Vital et Agricola, qui venaient d'y être découverts. De là il alla jusqu'à Florence, où il dédia une Eglise que l'on nomma la *basilique Ambrosienne*. Une sainte veuve nommée Julienne l'avait fait bâtir; et elle avait trois filles qui se consacrèrent en même temps à Dieu. Saint Ambroise demeurait à Florence dans la maison d'un citoyen très-considérable et chrétien, nommé Décentius, dont le fils, encore enfant, nommé Pansophe, était tourmenté du malin esprit. Le saint évêque le guérit en priant souvent pour lui et lui imposant les mains; mais quelques jours après, l'enfant mourut subitement. Sa mère, qui était très-pieuse, l'apporta du haut de la maison dans un appartement bas, où logeait saint Ambroise, et le coucha sur son lit pendant qu'il était dehors. Ambroise, étant de retour, fut touché de la foi de la mère, et, imitant Elisée, il se coucha sur le corps de l'enfant et obtint par ses prières qu'il ressuscitât. Il le rendit vivant à sa mère et composa depuis un petit livre, qu'il adressa à cet enfant, afin qu'il apprît un jour en le lisant, ce que son âge ne lui permettait pas encore d'apprendre. Nous n'avons plus cet ouvrage, mais nous savons qu'il n'y faisait point mention du miracle. Il revint à Milan quand il sut qu'Eugène en était parti pour marcher contre Théodose, vers le mois d'août 394, et il y attendit l'empereur avec une grande confiance que Dieu lui donnerait la victoire.

Théodose ayant passé tout l'hiver à se préparer à la guerre, et perdu Galla, sa seconde femme, qui mourut en couches, laissa à Constantinople ses deux fils, Arcade et Honorius, avec Rufin, préfet du prétoire, pour gouverner les affaires d'Orient. Il avait donné à Honorius le titre d'*auguste*, le 10 janvier 393. Il partit de Constantinople au printemps de l'année suivante 394, avec six généraux pour commander l'armée sous ses ordres : Timasius et Stilichon, qui furent mis à la tête des légions romaines; Gaïnas, Alaric, Saül et Bacurius, qui partagèrent le commandement des troupes étrangères : Gaïnas et Alaïc, étaient Goths et ariens; Saül, païen et Barbare; Bacurius, roi d'Ibérie, chrétien distingué par sa vertu et sa piété. Au sortir de Constantinople, Théodose s'arrêta dans l'Eglise qu'il avait fait bâtir en l'honneur de saint Jean-Baptiste, auquel il recommanda l'heureux succès de ses armes, l'invoquant à son secours.

Théodose étant arrivé en Italie, força le passage des Alpes. Flavien les gardait avec un corps de troupes. Persuadé qu'il ne méritait aucune grâce, il se fit tuer en combattant. En descendant des montagnes, Théodose trouva toute l'armée d'Eugène rassemblée dans la plaine près d'Aquilée. Il fit avancer d'abord les Barbares auxiliaires commandés par Gaïnas. Ils rencontrèrent une résistance invincible; Arbogaste se trouvait partout; le carnage fut affreux : dix mille Goths restèrent sur la place, et le reste, prenant la fuite, vint se réfugier dans les intervalles des Romains. Alors Théodose monta sur un roc élevé; là, se prosternant à terre, à la vue des deux armées, il s'écria d'une voix assez haute pour être entendu des siens : « Dieu tout-puissant, vous savez que je n'ai entrepris cette guerre qu'au nom du Christ, votre Fils, que pour venger un crime que je ne croyais pas pouvoir laisser impuni. Si j'ai eu tort, que votre main me punisse moi-même; mais si j'ai eu raison d'entreprendre la guerre, et si je ne l'ai fait que dans la confiance de votre protection, tendez votre main droite à vos serviteurs, afin que les nations ne disent pas : Où est leur Dieu ? » Etant ensuite descendu, il fit avancer ses troupes : le choc fut violent et soutenu avec une égale vigueur. Bacurius fit des prodiges de valeur; mais enfin, percé de coups, il tomba sur des monceaux de cadavres qu'il avait abattus à ses pieds. La nuit sépara les combattants avant que la victoire fût décidée; la plus grande perte était du côté de Théodose, et les ennemis se crurent vainqueurs.

Eugène croyait la guerre terminée, et se mit à faire des largesses à ses soldats. Toutefois, Arbogaste envoya un corps de troupes, sous la conduite du comte Arbitrion, avec ordre de tourner les montagnes pendant la nuit et de prendre Théodose en queue le lendemain, pendant qu'on le chargerait en tête pour achever sa défaite. En effet, l'armée de l'empereur était tellement affaiblie, qu'elle semblait hors d'état de hasarder une seconde bataille. Outre ceux qu'elle avait perdus dans le combat, la terreur en avait séparé un grand nombre qui s'étaient dispersés dans les défilés d'alentour. Les généraux conseillaient au prince de se retirer pour rassembler de nouvelles troupes et revenir au printemps avec des forces supérieures; mais Théodose, rejetant ce conseil : « Non, dit-il, la Croix ne fuira point devant les idoles d'Hercule; je ne déshonorerai point par une lâcheté sacrilège le signe de notre salut. »

Cependant, voyant ses soldats découragés, il se retira dans une chapelle bâtie sur le haut de la montagne où son armée était campée, et y passa toute la nuit en prières. Vers le matin, il s'endormit de lassitude, et, s'étant étendu par terre, il vit en songe deux cavaliers dont les habits et les chevaux étaient d'une blancheur éclatante. Ils lui ordonnèrent de prendre les armes dès que le jour commencerait à paraître, et de retourner au combat; qu'ils étaient envoyés pour le secourir en combattant eux-mêmes; que l'un d'eux était Jean l'Evangéliste, et l'autre l'apôtre Philippe. A ces paroles, l'empereur s'éveilla et redoubla ses prières avec plus de ferveur. Au point du jour, comme il était retourné au camp sans avoir communiqué sa vision à personne, de crainte qu'on n'y soupçonnât un stratagème, on lui amena un soldat qui avait eu le même songe. L'empereur le lui ayant fait raconter en présence de toute l'armée : « Ce n'est pas pour m'instruire, dit-il aux soldats, que votre camarade a été honoré de cette vision, c'est un témoin que Dieu m'a suscité pour vous garantir la vérité de la mienne; car j'ai vu les mêmes objets, j'ai entendu les mêmes paroles. Bannissons donc toute crainte; suivons les nouveaux chefs qui vont combattre à notre tête, et mesurons nos espérances, non pas sur le nombre de nos troupes, mais sur la puissance de ces héros célestes qui nous conduisent à la victoire. » Ces paroles ranimèrent les courages abattus. Théodose, quittant ses habits trempés des larmes qu'il avait versées dans la prière, les suspend à un arbre, comme un témoignage de ferveur propre à faire au ciel une nouvelle violence. En même temps, il endosse sa cuirasse, embrasse son bouclier, et, s'étant armé par le signe de la croix d'une défense encore plus assurée, il donne le même signal à ses soldats, qui le suivent avec confiance (Théod., l. 5, c. 24; Soz., l. 7, c. 24; Oros., l. 7, c. 35; Amb., *De obit Theod.*).

Eugène, environné de ses troupes, s'occupait alors à distribuer des récompenses à ceux qui avaient signalé leur valeur. Voyant de loin défiler les premiers rangs de l'armée ennemie qui s'étendait dans la plaine, il fait sonner l'alarme, et, étant monté sur un petit tertre pour être témoin de sa victoire : « Allez, dit-il, c'est un forcené que cherche qu'à mourir; prenez-le vivant et amenez-le ici chargé de fers. » Dans ce moment, Théodose aperçoit un nouveau péril : c'était le comte Arbitrion, posté derrière lui avec ses troupes, tout prêt à le charger en queue dès que le combat serait engagé. Prosterné à terre, il a de nouveau recours au ciel, et, dans le même instant, il en éprouve la protection. Le comte, saisi de respect à la vue de Théodose, lui envoie demander grâce et offre de se joindre à lui, s'il veut lui donner un commandement honorable. L'empereur prend aussitôt entre les mains d'un de ses officiers une de ces tablettes militaires, dont on se servait pour communiquer l'ordre; il y trace un brevet de général et l'envoie au comte, qui le rejoint aussitôt avec ses troupes. L'armée reçut avec ces secours un nouveau courage; mais, resserrée par les détroits des montagnes et embarrassée de ses bagages, elle défilait avec lenteur, tandis que la cavalerie ennemie prenait du terrain. Alors Théodose, sautant à bas de son cheval et s'avançant à la tête de ses troupes, met l'épée à la main et marche seul à l'ennemi en s'écriant : « Où est le Dieu de Théodose ? » Tous ses bataillons, effrayés du péril auquel il s'expose, s'empressent de le suivre. On était arrivé à la portée du trait, lorsque l'air se couvre d'une obscurité épaisse. Après un bruit sourd, il s'élève tout à coup un vent impétueux qui attaque directement l'armée d'Eugène, et que tous les écrivains de cette époque, païens et chrétiens, regardèrent comme un miracle. D'affreux tourbillons, qui semblent être aux ordres de Théodose, arrachent aux ennemis les armes des mains, rompent leurs rangs, enlèvent leurs boucliers ou les renversent contre leur visage; leurs traits se rebroussent sur eux-mêmes; ceux de l'armée de Théodose reçoivent de l'air une nouvelle force : ils sont poussés plus loin et ne portent jamais à faux (Claudian., *De consul. hon.*, v. 93; Zos., l. 4, c. 58; Soc., l. 5, c. 25; Théod., l. 5, c. 24; Tillemont, etc.).

Les troupes impériales profitent de ce désordre. Elles pénètrent de toutes parts. Les soldats d'Eugène n'opposent aucune résistance. Aveuglés de poussière, percés de leurs propres traits et de ceux des ennemis, ils tombent, ils fuient, ils se précipitent dans le fleuve. Les ordres, les cris, les efforts, le désespoir d'Arbogaste, tout est inutile. Ceux qui échappent au massacre mettent bas les armes, et, se prosternant devant Théodose, ils le saluent comme leur empereur, et demandent humblement la vie. Ce prince, touché de compassion, fait cesser le carnage : il leur ordonne de lui amener Eugène. Ils courent aussitôt vers l'éminence où le tyran reposait avec tant de sécurité, que, les voyant accourir hors d'haleine, il s'imagine qu'on lui apporte la nouvelle de sa victoire : « Où est Théodose, s'écria-t-il? me l'amenez-vous enchaîné comme je vous l'ai commandé? — C'est vous-même, répondent les soldats, que nous allons conduire à Théodose; Dieu, plus puissant que vous, nous l'ordonne ainsi. » En même temps ils lui arrachent la pourpre, lui lient les mains derrière le dos et le traînent aux pieds du vainqueur. Théodose lui reproche l'assassinat de Valentinien, son usurpation criminelle, la mort de tous ces braves soldats qu'il voit étendus autour de lui, son infidélité sacrilège et sa folle confiance en de vaines idoles. Il prononce son arrêt de mort; et, tandis qu'Eugène, tout tremblant, demande la vie; un de ses propres soldats lui abat la tête d'un coup d'épée. On la porte au bout d'une pique dans les deux camps. Les vaincus célèbrent eux-mêmes par des cris de joie leur propre défaite; le vainqueur pardonne à tous sans exception; et les deux armées réunies reconnaissent également dans Théodose un prince chéri du ciel, et dont les prières ont une force supérieure aux bataillons les plus nombreux et les plus aguerris. Cette mémorable victoire fut remportée le 6 septembre : elle soumit à Théodose tout l'empire d'Occident; et la tyrannie d'Eugène passa comme une ombre, sans laisser aucune trace. L'empereur alla se reposer dans Aquilée.

Arbogaste, auteur de tous ces maux, s'était sauvé dans les défilés des montagnes. Sachant qu'on le cherchait de toutes parts, il se tua lui-même de deux coups d'épée. Ce qui rendait la joie de la victoire plus sensible à Théodose, c'est qu'elle faisait triompher la croix du Christ, et qu'elle prouvait l'impuissance des dieux d'Arbogaste. Il ordonna d'abattre les statues de Jupiter placées sur les Alpes. Comme les foudres qu'elles portaient étaient d'or, les soldats, dans cette gaîté qu'inspire la victoire, lui disaient qu'ils aimeraient bien à être frappés de ces foudres. L'empereur voulut bien entendre leur plaisanterie, et leur abandonna les statues. On rapporte que cette victoire toute miraculeuse fut, par un nouveau miracle, annoncée à Constantinople le jour même qu'elle fut remportée. Un possédé, qu'on exorcisait dans l'église de Saint-Jean-Baptiste, s'écria : « Tu m'as donc enfin vaincu, et mon armée est terrassée. » A l'arrivée des courriers qui apportaient la nouvelle de la bataille, on observa que ces paroles avaient été prononcées précisément dans le temps que l'action se passait au pied des Alpes (Soz., l. 7, c. 24; S. Aug., *De civ.*, l. 5, c. 26).

Quoique cette guerre eût été plus périlleuse et plus sanglante que celle de Maxime, elle ne laissa dans le cœur de Théodose aucune impression de vengeance. On vit la même clémence à l'égard des vaincus. Loin d'étendre la punition sur les enfants de ceux qui étaient morts en combattant contre lui, il regretta les pères, et les enfants jouirent paisiblement de leurs héritages. Il leur rendit même les biens confisqués pour cause de rébellion. Le fils de Flavien fut remis en possession de la fortune de son père, et parvint lui-même, dans la suite, aux premiers honneurs. Saint Ambroise était revenu à Milan dès qu'il apprit qu'Eugène en était sorti. Aussitôt après la guerre terminée, il reçut une lettre de l'empereur qui le priait, avec les sentiments de la piété la plus affectueuse, de se joindre à lui pour rendre à Dieu des actions de grâces. Ambroise mit sur l'autel la lettre de Théodose, comme une offrande agréable à l'auteur de la victoire, il la tint à la main pendant qu'il offrait le saint sacrifice. Comme il ignorait encore les intentions de l'empereur, il lui écrivit à son tour pour le prier de pardonner à ses ennemis. Ceux qui avaient signalé leur zèle en faveur d'Eugène, s'attendant aux traitements qu'ils avaient mérités, s'étaient réfugiés dans l'église de Milan, quoiqu'ils fussent presque tous païens. L'évêque demanda grâce pour eux dans une seconde lettre, et Théodose envoya à Milan un des secrétaires d'État, nommé Jean, pour les prendre en sa sauvegarde, jusqu'à ce que l'empereur eût décidé de leur sort. Ambroise, dont la charité embrassait ceux mêmes qui étaient hors du sein de l'Église, alla trouver Théodose à Aquilée. A leur première entrevue, on eût dit que l'empereur était le suppliant; il se jeta aux pieds du saint évêque, protestant que c'était à ses prières et à ses mérites qu'il était redevable de la victoire. Comme on le pense bien, Ambroise obtint facilement les grâces qu'il demandait (*De obit Theod.*; Paul., *Vit. Ambr.*).

La santé de Théodose était affaiblie par tant de fatigues, et, selon la prédiction de saint Jean d'Égypte, il était persuadé qu'il ne lui restait pas longtemps à vivre. Voulant donc mettre ordre aux affaires de l'empire et régler sa succession entre ses deux fils, il envoya en diligence à Constantinople pour faire venir Honorius, auquel il destinait l'empire de l'Occident. Arcade reçut l'Orient; avec Rufin, pour lui aider à le conduire. Honorius vint à Milan avec Séréna, sa cousine, et de plus sa sœur adoptive, qui, depuis la mort de l'impératrice Flaccille, lui avait tenu lieu de mère. Son père, l'ayant reçu dans l'église, le présenta à saint Ambroise, jugeant qu'il ne pouvait lui donner une meilleure protection. Il le fit ensuite monter dans son char et traversa avec lui toute la ville. Le char était orné de guirlandes de laurier; les soldats, armés de toutes pièces, marchaient, enseignes déployées, en ordre de bataille; lorsqu'on fut arrivé au palais, Théodose déclara qu'il nommait ce fils empereur d'Occident, et qu'il lui donnait l'Italie, l'Afrique, l'Espagne, les îles Britanniques, les Gaules et l'Illyrie occidentale. Il chargea Stilichon, auquel il avait fait épouser Séréna, sa nièce, du commandement des armées et de la conduite des affaires. Il l'envoya de plus à Rome pour notifier l'avénement d'Honorius, et sans doute aussi pour réprimer l'idolâtrie, qui avait repris vigueur sous le gouvernement d'Eugène.

Les députés que le sénat envoya à Théodose pour le féliciter de l'élévation de son fils, le prièrent en même temps de nommer pour consuls de l'année suivante, Olybrius et Probinus, quoiqu'ils fussent encore dans la première jeunesse. Ils appartenaient tous les deux à la famille Anicia, la première des familles sénatoriales qui embrassa le christianisme. Leur père était le sénateur Probus, consul en 371, le même qui, étant préfet du prétoire, avait nommé saint Ambroise au gouvernement de l'Emilie et de la Ligurie; leur mère, Proba Falconia, illustre par sa piété, à qui saint Augustin écrivit depuis une lettre fameuse sur l'oraison. Rome chérissait cette famille de consuls et de saints, et se croyait honorée de l'éclat dont elle brillait. Théodose consentit à cette demande, et désigna consuls les deux frères; ce qui n'avait d'exemple que dans les familles impériales.

Quoique Théodose n'eût pas encore cinquante ans, il était abattu par ses travaux continuels; employé dès sa jeunesse dans les expéditions les plus pénibles, sous les ordres d'un père infatigable, toujours occupé, depuis son élévation à l'empire, soit à conduire ses armées, soit à rétablir l'ordre dans l'Etat et dans l'Eglise, il n'avait goûté de repos que pendant les deux années qu'il avait passées dans la retraite après la mort injuste de son père. Il était déjà attaqué d'hydropisie lorsqu'il manda son fils Honorius. L'arrivée de cet enfant chéri et la joie qu'il eut de le mettre en possession de l'Occident, lui firent pour quelque temps oublier ses maux; mais, se sentant affaibli de plus en plus, il s'occupa des dispositions nécessaires pour prévenir les désordres que sa mort pouvait causer. Il recommanda de nouveau ses deux fils à Stilichon; après quoi il ne fit son testament que pour laisser un dernier témoignage de sa piété et de sa tendresse pour ses sujets. Il y exhortait ses fils à servir Dieu avec zèle, leur assurant que c'était un moyen infaillible d'attirer les bénédictions du ciel sur toutes leurs entreprises. Il fit des legs en faveur des églises; il régla deux points importants sur lesquels il n'avait pas encore pu satisfaire sa bonté naturelle. Il avait de vive voix accordé le pardon à tous ceux qui avaient combattu contre lui; mais l'opposition d'une personne qu'on ne nomme pas, l'avait empêché d'en expédier un acte authentique. Il assura par son testament une amnistie générale. Il avait fait espérer la remise d'un impôt onéreux (un autre de ses courtisans avait jusqu'alors retardé l'effet de sa promesse), il chargea ses fils d'acquitter sa parole, et leur en laissa une loi toute dressée. Après ces dispositions, plus glorieuses encore que ses victoires, il sentit quelque soulagement; il assista, le matin du 16 janvier 395, à des jeux équestres qu'il donnait à Milan, pour célébrer les heureux événements de l'année précédente. Mais après son repas, le mal redoubla à tel point qu'il envoya son fils Honorius présider au spectacle en sa place; il mourut la nuit suivante, après un règne de seize ans moins deux jours. Dans le moment même qu'il rendait les derniers soupirs, il appelait saint Ambroise.

Le quarantième jour après son décès, on célébra un service solennel pour le repos de son âme. Honorius et toute l'armée y assistèrent. Saint Ambroise y prononça l'oraison funèbre. Il attribue à la foi de Théodose ses victoires, particulièrement la dernière contre Eugène. Il exhorte les soldats à garder une fidélité inviolable à ses enfants, considérant non la faiblesse de leur âge, mais les obligations qu'ils ont au père. Enfin, après avoir fait le tableau de ses vertus, particulièrement de sa clémence, il s'abandonne lui-même aux épanchements de son amitié et de sa douleur : « J'ai aimé l'homme miséricordieux et humble sur le trône ! l'homme au cœur pur et plein de mansuétude ! J'ai aimé l'homme qui aimait mieux d'être repris que d'être flatté; qui a pleuré publiquement dans l'église son péché que d'autres lui avaient fait commettre par artifice; qui l'a pleuré tous les jours de sa vie ! Que dirai-je encore ? Il venait de remporter une victoire éclatante; toutefois, parce que des ennemis sont restés sur le champ de bataille, il s'abstient de la participation aux saints mystères, jusqu'à ce que Dieu lui ait manifesté sa bienveillance par l'arrivée de ses enfants. J'ai aimé l'homme qui me demandait à son dernier soupir ! J'ai aimé l'homme qui, dans ce moment redoutable, était plus occupé de l'état des églises que de ses propres dangers ! oui, j'ai aimé cet homme, et c'est pourquoi je le pleure du fond de mes entrailles ! J'ai aimé cet homme, et c'est pour cela que je ne le quitterai point que, par mes pleurs et mes prières, je ne l'aie introduit où l'appellent ses mérites, sur la montagne sainte du Seigneur, dans la véritable terre des vivants (Ambr., *De obit Theod.*).

LIVRE TRENTE-SEPTIÈME.

Rome païenne s'en va avec le vieux monde; Rome chrétienne la remplace avec un monde nouveau, qu'éclairent à la fois saint Ambroise et saint Martin, saint Augustin et saint Jérôme, saint Paulin et Synésius, saint Chrysostome et saint Epiphane.

(De l'an 393 à l'an 410 de l'ère chrétienne.)

L'empire humain de Rome finissait son temps et sa tâche. C'était comme un moule de terre, pour aider à former un empire bien autrement merveilleux, un empire vraiment éternel, un empire spirituel et divin. Or, on brise le moule quand on veut dégager la statue. L'unité de l'empire romain avait facilité la propagation du christianisme dans l'empire même; mais elle devenait quelquefois un obstacle à sa propagation au delà. Nous avons vu Sapor, roi de Perse, persécuter les chrétiens de ses États, par la raison politique que le christianisme était la religion des césars. Comme le christianisme total ou le catholicisme devait embrasser tous les peuples et tous les siècles, il convenait que sa capitale, Rome chrétienne, n'ayant d'autre souverain que son pontife, devînt la capitale commune de tous les peuples et de tous les siècles chrétiens. De plus, l'unité de la force dans l'empire romain aurait fini, à la longue, par détruire la distinction et la nationalité des peuples, et par les fondre tous en une masse de plus en plus compacte et inerte. La vie et la beauté de l'univers demandaient la variété dans l'unité, l'activité dans l'ordre. Aussi Daniel et saint Jean avaient-ils prédit que cet empire finirait par une dizaine de royaumes. Rome elle-même, pour remplir ces nouvelles et glorieuses destinées, avait besoin d'être transformée en une autre. Tel qu'un métal précieux, elle sera donc brisée et jetée dans la fournaise, afin de s'y défaire de la rouille du paganisme, d'en sortir toute chrétienne et d'être, jusqu'à la fin du monde, la digne métropole d'un nouvel univers. Ces merveilles ne seront pas l'œuvre d'un jour. Car ce n'est pas l'homme qui les opère, mais Dieu, à qui est l'éternité.

Théodose était mort à Milan; son corps fut transporté à Constantinople et inhumé dans le tombeau ordinaire des empereurs. Avec l'empereur Théodose, il semblait qu'on eût enseveli la gloire de l'empire. Il laissait ses deux enfants sur le trône; mais ils n'y furent jamais que deux enfants. Arcade, à Constantinople, âgé de dix-huit ans, avait pour principal ministre et pour tuteur Rufin; Honorius, âgé de onze, avait pour principal ministre et pour tuteur Stilichon. Rufin était un Gascon parvenu; Stilichon était Vandale d'origine. La plupart des grands officiers de l'empire étaient d'origine barbare. Bauton, qui fut consul en 385, était un général Franc, et laissait une fille que nous verrons monter sur le trône impérial de Constantinople. Le goth Alaric était comte de l'empire. Gaïnas, un autre Goth, commandait un corps considérable de troupes. Des Barbares de tout nom, Francs, Goths, Huns, Vandales, Alains, Hérules, Suèves, Lombards, faisaient la principale force des armées romaines. Les Romains, dégénérés par le luxe et la mollesse, n'étaient plus capables ni même dignes de se défendre eux-mêmes. Les descendants d'un grand nombre d'anciennes familles sénatoriales, entourés d'esclaves et de parasites, ne connaissaient que la bonne chère, les bains, les spectacles. Leur grande occupation était de jouer aux dés; un habile joueur se regardait au-dessus des consuls. Qu'un de leurs esclaves tardât à leur apporter de l'eau chaude, il recevait trois cents coups de fouet; le même avait-il tué un homme? le maître répondait à toutes les plaintes : Si le coquin recommence, je le corrigerai! Avaient-ils voyagé un peu loin dans les campagnes, assisté à une partie de chasse, navigué sur le lac d'Averne jusqu'à Pouzzoles ou Gaëte? ils croyaient avoir égalé les expéditions d'Alexandre et de César. Un grand nombre assuraient ne croire à aucune divinité; mais avant de sortir de la maison, ou de se mettre à table ou au bain, ils consultaient soigneusement dans quelle partie du ciel était le signe de Mercure ou de l'Ecrevisse. Un autre, pour échapper aux poursuites d'un créancier, le faisait accuser d'empoisonnement par un cocher du cirque, jusqu'à ce qu'il eût rendu la créance. Tel est le tableau qu'Ammien Marcellin nous trace du sénat de Rome. Le peuple, fainéant, ne connaissait de vie que le vin, les dés, les spectacles, la débauche; son temple, sa demeure, son tout, était le grand cirque. Ce qui l'occupe, c'est de savoir quel cocher l'emportera dans la course des chars. Si ce n'est pas un tel, s'écrient les plus âgés, l'empire romain est perdu! Les Pères de l'Eglise parlent à cet égard comme l'auteur païen (Amm., l. 28, n. 4; Isid. Pel., l. 1, *Epist.* 485, 487; Salv., l. 4, 5, 7, *pass.*; Synes., *Epist.* 127). On conçoit qu'avec une génération ou plutôt une dégénération pareille, l'empire était perdu depuis longtemps, et que, soutenu par les Barbares, il tombera dès que les Barbares le voudront. Stilichon et Rufin leur donneront occasion de le vouloir.

Dominés précédemment par le génie supérieur de Théodose, ils dominaient sous ses faibles enfants. Pareils l'un à l'autre en capacité, ils vendaient les charges aux magistrats, qui s'en dédommageaient sur leurs subalternes et ceux-ci sur le peuple. Les officiers municipaux étaient autant de tyrans. Les riches faisaient retomber le poids des contributions publiques sur les pauvres : y avait-il une remise? les riches seuls en profitaient. Des pauvres se mettaient-ils sous le patronage de certains riches? ceux-ci, non contents de les dépouiller de leur petit champ, les forçaient de continuer à en payer l'impôt. D'autres malheureux abandonnaient-ils à des riches leur petit avoir pour se rendre leurs fermiers? ils se voyaient bientôt réduits à la condition d'esclaves. Rien de semblable n'avait lieu sous les Barbares. Aussi quand les Barbares arriveront, verra-t-on le pauvre peuple se réfugier sous leur domination et s'en réjouir. Rufin, non content d'être le premier ministre d'Arcade, aspirait à être son collègue; Stilichon cachait une ambition semblable sur l'empire d'Occident. Pour parvenir à leurs fins, en se rendant de plus en plus nécessaires, ils négocieront secrètement avec les Barbares, et les appelleront sur les terres de l'empire, dont ils ne sortiront plus.

Autant l'empire menaçait ruine, autant l'Eglise s'affermissait de toutes parts. Dans tous les pays, elle voyait des saints et des docteurs. En Afrique, saint Augustin continuait à combattre les hérétiques, particulièrement les manichéens. Arrivé de Rome à Carthage vers le mois de septembre 388, il logea quelque temps chez un avocat de grande vertu, qui se nommait Innocent. Celui-ci était attaqué d'une fistule, dont plusieurs opérations n'avaient pu le délivrer; on devait lui en faire une nouvelle qui était fort dangereuse. Innocent, qui regardait sa mort comme certaine, demandait instamment à Dieu d'être délivré de ce danger. Saturnin, évêque d'Uzales, Aurélius, qui fut depuis élevé sur le siège de Carthage, et plusieurs autres ecclésiastiques qui lui rendaient de fréquentes visites et qui étaient alors présents, se mirent à genoux pour prier avec lui. Saint Augustin, qui était dans la compagnie, rapporte que les chirurgiens étant venus le lendemain, trouvèrent, à leur grand étonnement, la plaie parfaitement guérie (Aug., *De civ.*, l. 22, c. 18).

De Carthage il se rendit à Tagaste, et se retira avec ses amis dans les terres qu'il avait auprès de cette ville. Il y demeura environ trois ans, dégagé de tous les soins du siècle, ne vivant que pour Dieu, s'y exerçant au jeûne, à la prière, aux bonnes œuvres, méditant nuit et jour la loi du Seigneur, et instruisant les autres par ses discours et par ses écrits. Il vendit même ses terres et en distribua l'argent aux pauvres, afin de servir Dieu dans une entière liberté. Il écrivit alors, d'un style plus simple qu'il n'avait encore fait, les deux livres *De la Genèse*, pour réfuter les calomnies des manichéens contre l'Ancien Testament. Il acheva son ouvrage *De la Musique*, pour montrer comment, de l'harmonie variable des sons et des nombres, l'esprit peut s'élever à l'harmonie immuable et éternelle de Dieu et de ses œuvres. Il composa dans ce même temps le livre *Du Maître*, qui est un dialogue avec son fils Adéodat, où il examine curieusement l'usage de la parole, et prouve qu'il n'y a point d'autre maître qui nous enseigne que la vérité éternelle, qui est Jésus-Christ. Saint Augustin prend Dieu à témoin dans ses *Confessions*, que toutes les pensées qu'il attribue à son fils dans cet ouvrage étaient effectivement de lui, quoiqu'il n'eût que seize ans, et dit qu'il a vu des effets plus merveilleux de son esprit, en sorte qu'il en était épouvanté. Mais il perdit ce fils peu de temps après.

Le dernier fruit de sa retraite fut le livre *De la vraie religion*. Il y montre qu'on ne doit pas la chercher près des philosophes païens, qui approuvent, par leurs actions, le culte populaire qu'ils condamnent par leurs discours. On ne doit pas non plus la chercher dans la confusion du paganisme, ni dans l'impureté de l'hérésie, ni dans la langueur du schisme, ni dans l'aveuglement du judaïsme; elle ne se trouve que dans l'Église catholique, qui est répandue généralement par toute la terre, et qui est appelée *catholique*, non-seulement par les siens, mais encore par tous ses ennemis, qui, parlant d'elle, soit entre eux, soit avec les étrangers, ne l'appellent pas autrement que *catholique*. Cette Eglise fait servir l'égarement des autres à son propre bien. Elle se sert des païens comme de la matière dont elle fait ses ouvrages; des hérétiques, comme d'une preuve de la pureté de sa doctrine; des schismatiques, comme d'une marque de sa fermeté, et des Juifs, pour relever son éclat et sa beauté. Elle invite les païens, elle chasse les hérétiques, elle abandonne les schismatiques, elle passe et s'élève au-dessus des Juifs, leur ouvrant néanmoins à tous l'entrée des mystères et la porte de la grâce, soit en formant la foi des premiers, ou en réformant l'erreur des seconds, ou en remettant les autres dans son sein, ou en admettant les derniers à la société de ses enfants. Le premier fondement de cette religion est l'histoire et la prophétie, qui nous découvrent la conduite de la divine Providence dans le cours des temps pour la réparation et la réformation du genre humain, et pour lui procurer la vie éternelle. Le second, sont les préceptes divins qui doivent régler notre vie et purifier notre esprit, afin de le rendre capable des choses spirituelles, c'est-à-dire de connaître qu'il n'y a qu'un Dieu en trois personnes, le Père, le Fils, et le Saint-Esprit, qui ont, sans aucun partage, créé le monde et tout ce qu'il contient, l'Incarnation et tous les mystères qui en sont la suite. Dans ses *Rétractations* (lib. 1, c. 13), il observe que la vraie religion, nommée chrétienne depuis l'avènement du Christ, existait dès l'origine du genre humain.

Pendant que saint Augustin s'occupait ainsi dans sa retraite près de Tagaste, il y avait un agent de l'empereur à Hippone, ville maritime du voisinage, qui, étant déjà de ses amis, souhaita fort de le voir et d'entendre la parole de Dieu de sa bouche. Il était déjà chrétien, et assurait même qu'il pourrait bien renoncer à toutes les vanités du siècle. Saint Augustin, espérant de le gagner entièrement à Dieu et de l'engager même à venir demeurer avec lui dans sa retraite, vint à Hippone, eut plusieurs entretiens avec lui et le pressa extrêmement d'accomplir ses promesses. Mais il ne put lui persuader de l'exécuter alors. Valère gouvernait en ce temps-là l'Eglise d'Hippone. C'était un homme de piété et plein de la crainte de Dieu, mais Grec de naissance, de sorte qu'il avait peine de s'énoncer en latin. Se voyant donc par là moins utile à son église, il demandait souvent à Dieu de lui donner un homme capable d'édifier son peuple par sa parole et par sa doctrine. Un jour il parlait à son peuple même du besoin qu'il avait d'ordonner un prêtre pour son église. Saint Augustin était présent, ne se doutant de rien; car il évitait avec soin les églises qui manquaient d'évêque, de peur qu'on ne le choisît; mais il ne savait pas qu'il manquait un prêtre dans celle d'Hippone. Le peuple, qui connaissait sa vertu et sa doctrine, et qui l'aimait, ayant appris comment il avait abandonné son bien pour se consacrer à Dieu, se saisit de lui au milieu de l'église, et le présenta à l'évêque, le priant tous unanimement et à grands cris de l'ordonner prêtre. Augustin fondait en larmes. Quelques-uns les interprétaient comme s'il eût été affligé de n'être que prêtre, et lui disaient pour le consoler : Il est vrai que vous méritiez une plus grande place, mais la prêtrise approche de l'épiscopat. Lui cependant pleurait par la considération des grands périls qui le menaçaient dans le sacerdoce. Enfin, le désir du peuple fut accompli, et saint Augustin ordonné prêtre, malgré sa résistance, vers le commencement de 391.

Il conserva toujours l'amour de la retraite, et voulut vivre à Hippone dans un monastère, comme il avait fait à Tagaste. Valère le voyant dans cette disposition, lui donna un jardin de l'église, où il rassembla diverses personnes qui avaient, comme lui, le désir de se donner entièrement à Dieu. Il y menait avec eux la même vie que les premiers chrétiens à Jérusalem, du temps des apôtres. Ceux d'entre eux qui avaient du bien, le vendaient et en distribuaient le prix aux pauvres, ne se réservant d'autre fonds que Dieu même. On met au nombre de ses disciples, Alypius, Evodius, Possidius et plusieurs autres qui furent depuis tirés de ce monastère pour être élevés à l'épiscopat. Saint Augustin y recevait aussi des enfants, des esclaves et de simples catéchumènes. La continence était observée de tous. Il fit pour les vierges la même chose qu'il avait faite pour les hommes, et établit pour elles un monastère à Hippone, dont sa sœur fut supérieure, et qu'elle gouverna longtemps et jusqu'à sa mort, servant Dieu dans une sainte viduité. Les filles de son frère et de son oncle y étaient aussi. La ville d'Hippone subsiste encore, du moins en partie : c'est Bône, dans la province de Constantine, à 325 kilom. environ d'Alger.

Cependant Valère rendit publiquement grâces à Dieu d'avoir exaucé ses prières, et donna à Augustin le pouvoir et la commission d'expliquer l'Evangile au peuple, en sa présence et à sa place. C'était contre l'usage de l'Eglise d'Afrique, où les évêques seuls avaient accoutumé de prêcher. Aussi quelques évêques le trouvaient mauvais. Mais Valère, sachant qu'il suivait l'usage des Orientaux, et cherchant l'utilité de l'Eglise, ne se mettait pas en peine de ces discours. Saint Augustin ne se rendit pas d'abord à cet ordre de son évêque; il lui demanda du temps pour s'instruire encore, et lui écrivit en ces termes : « Je vous prie de considérer avant toutes choses, qu'il n'y a rien dans la vie, principalement en ce temps, de plus facile et de plus agréable que la fonction d'évêque, de prêtre ou de diacre, si on la fait par manière d'acquit et en se rendant complaisant; mais que rien n'est devant Dieu plus misérable, plus injuste et plus condamnable. Au contraire, rien n'est plus difficile, plus laborieux et plus dangereux que ces emplois, et rien n'est plus heureux devant Dieu, si on y sert de la manière qu'il l'ordonne. Je ne l'ai pas apprise dans ma jeunesse; et quand je commençais à l'apprendre, on m'a fait violence pour me mettre à la seconde place. Je crois que Dieu a voulu me châtier de ce que j'osais reprendre les fautes des autres; et j'ai bien reconnu depuis ma témérité. Que si je n'ai vu que ce qui me manquait que pour ne pouvoir plus l'acquérir, vous voulez donc, mon père, que je périsse? où est votre charité pour moi et pour l'Eglise? » Il conclut en lui demandant un peu de temps, comme jusqu'à Pâques, pour s'instruire par la lecture et la prière, non pas des choses nécessaires au salut, car il avoue qu'il les sait, mais de la manière de les enseigner, sans chercher son utilité, mais uniquement le salut des autres (Augustin, *Epist.* 21). Il commença ensuite de prêcher, et avec un tel succès, que d'autres évêques suivirent l'exemple de Valère et firent prêcher des prêtres.

Aurélius, qui n'était que diacre de Carthage lorsque saint Augustin revint d'Italie en 388, en fut fait évêque après la mort de Généthlius, vers l'an 392. Aussitôt après son ordination, il en écrivit à saint Augustin, avec lequel il était lié d'amitié depuis longtemps; il se recommandait à ses prières, et se réjouissait de ce qu'Alypius demeurait avec lui. Saint Augustin ravi de cette lettre, où il voyait des marques d'une affection sincère, fut quelque temps sans y répondre, ne sachant comment le faire d'une manière convenable; mais enfin il s'abandonna à l'esprit de Dieu, dans l'espérance qu'il lui ferait faire une réponse digne du zèle qu'ils avaient l'un et l'autre pour le bien et l'honneur de l'Eglise.

Après l'avoir remercié, au nom d'Alypius et de tous ceux qui vivaient avec lui en communauté, de l'amitié qu'il leur témoignait, il l'exhorte à réprimer les intempérances et les ivrogneries qui se commettaient en Afrique, dans les églises, non-seulement les jours de fêtes, mais tous les jours, et cela sous prétexte d'honorer les martyrs. Il lui fait remarquer que des trois vices que saint Paul condamne dans son épître aux Romains, l'excès du manger et du boire, l'impureté et la division, il n'y avait que l'impureté que l'on punît et que l'on regardât comme indigne de la sainte table; mais que pour les autres, on les supposait tellement permises, que l'on croyait même honorer les martyrs en s'enivrant sur leurs tombeaux. Il lui dit que ces désordres n'ont jamais été dans les églises d'Italie, ni dans la plupart d'outre-mer; ou que, s'ils y ont été, les évêques vigilants les ont réformés. Il ajoute que Valère, son évêque, ne manquait ni de zèle ni de science pour les abolir dans son diocèse; mais que cette pestilence était si invétérée, qu'il n'y avait pas lieu d'espérer qu'on pût y porter remède, si ce n'est par l'autorité d'un concile; et que si quelque église particulière devait le faire, c'était à celle de Carthage de commencer. « Mais il faut, dit-il, s'y prendre doucement; car on n'ôte pas des abus de ce genre par la dureté, ni d'une manière impérieuse : c'est plutôt en enseignant qu'en commandant; plutôt en avertissant qu'en menaçant. C'est ainsi qu'on doit agir envers la multitude, au lieu qu'on peut user de sévérité contre les péchés des particuliers. Si nous faisons donc quelques menaces, que ce soit en gémissant et en employant celles de l'Ecriture, afin que ce ne soit pas nous et notre puissance, mais Dieu que l'on craigne dans nos discours. De cette manière, les spirituels ou ceux qui en approchent

LIVRE XXXVII. — SAINT AUGUSTIN ET SES LIVRES. 343

seront touchés les premiers, et ils entraineront la multitude par leur autorité. Et parce que ces ivrogneries et ces festins dissolus qui se font dans les cimetières sont regardés par le peuple grossier et ignorant, non-seulement comme honorables aux martyrs, mais comme un soulagement pour les morts, je crois que l'on pourra plus facilement les en détourner si, en le leur défendant par l'autorité des Ecritures, on prend soin en même temps que les oblations qu'on reçoit dans l'église pour les morts se fassent avec modestie et avec peu de dépense. » Saint Augustin se plaint ensuite des querelles, des animosités et des fourberies qui régnaient plus encore dans le clergé que dans le peuple. Il dit que le seul moyen de les combattre, est de tâcher d'inspirer aux ecclésiastiques la crainte de Dieu et la charité, par des exhortations fréquentes et tirées de l'Ecriture sainte. Mais il veut que celui qui l'entreprendra soit lui-même un exemple de patience et d'humilité, et qu'on voie qu'il exige toujours bien moins de respect qu'on ne veut lui en rendre (August., *Epist.* 22).

L'on ne sait pas si Aurélius vint à bout de réprimer ces désordres. Un concile tenu à Hippone, en 393, ordonna qu'on détournerait le peuple de ces festins autant qu'il serait possible : paroles qui marquent combien la chose paraissait difficile. Saint Augustin y réussit à Hippone, l'année suivante 394, pour la fête de saint Léonce, évêque de cette ville. Le peuple avait accoutumé de faire, surtout en ce jour, ce qu'il appelait la *réjouissance*. Quelque temps auparavant, on le lui défendit. Cette défense excita du murmure, qui alla toujours en augmentant jusqu'au mercredi, veille de l'Ascension, qu'on lut dans l'église cet endroit de l'Evangile : *Ne donnez pas la chose sainte aux chiens, ni ne jetez vos perles devant les pourceaux.* Saint Augustin en prit occasion de montrer combien il était honteux de faire, dans un lieu aussi saint que l'église, des excès qu'on punirait dans des maisons particulières, par la privation des choses saintes. Son discours fut bien reçu; mais comme l'assemblée n'avait pas été nombreuse, il reprit le même sujet le jour de la fête, où on lut l'Evangile qui raconte comment Jésus-Christ chassa du temple ceux qui vendaient des animaux. Il fit voir que l'ivrognerie était beaucoup plus contraire au temple de Dieu que le commerce des animaux nécessaires aux sacrifices. Il ajouta divers endroits de l'Ecriture pour montrer combien l'ivrognerie est un crime infâme et dangereux, et combien qu'on puisse faire un acte de religion, ni l'exercer dans les lieux sacrés, saint Paul ne voulait pas même qu'on y fit les repas les plus modestes. Les gémissements et les marques de douleur dont il accompagna son discours, les prières vives et réitérées qu'il adressa à son peuple, les châtiments dont il le menaça de la part de Dieu, tirèrent les larmes de ses auditeurs, et il ne put s'empêcher d'y mêler les siennes. Croyant avoir emporté ce qu'il désirait, il cessa de parler pour rendre grâces à Dieu.

En effet, dès ce jour cette mauvaise coutume fut abolie. Il arriva néanmoins le lendemain, qui était la fête de saint Léonce, que quelques-uns de ceux mêmes qui avaient assisté la veille à son sermon murmurèrent encore, et disaient : De quoi s'avise-t-on maintenant? ceux qui ont souffert cette coutume n'étaient-ils pas chrétiens ? Saint Augustin, ne sachant quelle plus grande machine employer pour les ébranler, avait résolu de lire le passage d'Ezéchiel, qui dit que la sentinelle est déchargée quand elle a annoncé le péril, ensuite de secouer ses habits et de se retirer; mais Dieu en disposa autrement. Avant qu'il montât en chaire, les mêmes qui avaient fait ces plaintes le vinrent trouver. Il les reçut d'une manière caressante, et, en peu de mots, leur fit entendre raison. Quand le temps de prêcher fut venu, il laissa la lecture qu'il avait préparée et qui n'était plus nécessaire, et pour répondre à cette objection : Pourquoi abolir à présent cette coutume? il dit : Abolissons-la du moins à présent. Mais pour n'avoir pas l'air de blâmer ceux qui l'avaient soufferte, il expliqua la nécessité qui l'avait introduite. Après les persécutions, les païens, qui se convertissaient en foule, avaient peine à renoncer aux festins qu'ils faisaient en l'honneur de leurs idoles; on eut égard à cette faiblesse, et on leur permit de faire quelque réjouissance semblable en l'honneur des martyrs, en attendant qu'ils fussent capables des joies purement spirituelles. Mais à présent, il est temps de vivre en vrais chrétiens, et de rejeter ce qui n'a été accordé à vos pères que pour les rendre chrétiens. Il leur proposa enfin l'exemple des églises d'outre-mer, c'est-à-dire d'Italie, dans lesquelles cette coutume n'avait jamais eu lieu, ou avait été abolie par les bons évêques. On objectait l'exemple de l'église de Saint-Pierre du Vatican, où ces festins se faisaient tous les jours. Saint Augustin répondit : J'ai ouï dire qu'ils ont été souvent défendus; mais le lieu est éloigné du logement de l'évêque, et, dans une si grande ville, il y a une quantité d'hommes charnels, principalement d'étrangers, qui abordent de jour en jour. Après tout, il fallait avoir moins d'égard à ce qui se pratiquait dans une église de Rome, qu'à ce que saint Pierre enseigne contre ces dérèglements dans une de ces épîtres, dont il lui un grand passage. Saint Augustin écrivit l'heureux succès de ses efforts à son ami saint Alypius, dès lors évêque de Tagaste, leur commune patrie (Aug., *Epist.* 29).

Dès auparavant il avait écrit le livre de l'*Utilité de croire*, à un autre ami nommé Honorat, qu'il avait autrefois attiré lui-même dans le manichéisme, et qui était principalement retenu par les promesses magnifiques des manichéens, de ne rien enseigner qui ne fût évident par la raison, se moquant de l'Eglise catholique, qui ordonne de croire d'abord. Saint Augustin lui rappelle qu'avec toutes ces promesses trompeuses de science, les manichéens les avaient obligés de croire et d'adorer mille fables absurdes. Qui cherche la vraie religion, doit croire avant tout que Dieu gouverne le monde par sa providence, et que nos âmes sont immortelles. Mais pour la trouver, quelle méthode suivre? Consultons la plus grande renommée. Car, supposé qu'elle nous trompe, du moins nous nous tromperons avec le genre humain, ce qui n'est pas étonnant pour des hommes. Mais, direz-vous, la vérité est à un petit nombre. Pour l'assurer, vous la connaissez donc? et cependant nous la cherchons. La vérité est peut-être à un petit nombre comme l'éloquence; peu la possèdent parfaitement, mais la multitude reconnaît qu'ils la possèdent et les en admire. Mais, insistez-vous, dans l'Eglise catholique où se trouve le grand nombre, on enseigne des absurdités. Qui l'assure? ses ennemis. Vous les avez reconnues vous-mêmes, dites-vous, en lisant les Ecritures. Cela est-il bien certain? Eh quoi! pour bien comprendre un poète, on consulte le plus habile commentateur, et ces livres divins, vénérés par tout l'univers, vous voudriez les lire et les juger sans guide? Finalement, si nous cherchons à quelle religion confier nos âmes pour les purifier et les guérir, il est incontestable qu'il faut commencer par l'Eglise catholique. Car déjà les chrétiens sont en plus grand nombre que les Juifs et les idolâtres réunis. Et parmi les chrétiens, quoiqu'il y ait plusieurs sectes, tous néanmoins veulent passer pour catholiques, tous conviennent qu'il n'y a qu'une Eglise, et que cette Eglise est catholique. Il ne s'agit plus que de voir à qui ce titre, ambitionné de tous, appartient en propre. Ce qui n'est pas malaisé, car c'est évidemment l'Eglise qui christianise les lois mêmes des hommes.

Saint Augustin ayant rappelé à son ami de quelle manière il était revenu lui-même à la religion catholique, conclut que la vraie religion ne peut bien se communiquer que par l'autorité. C'est un défaut d'être crédule, mais ce n'en est pas un de croire, surtout en religion. Peu, si encore il y en a, sont capables de commencer par comprendre. La multitude ne peut arriver à la compréhension que pas à pas. La voie commune est donc de croire d'abord. Le plus capable rampe à terre, si Dieu ne lui est en aide; et Dieu ne l'est qu'à celui qui ne se sépare point de ses semblables. L'amitié, la piété filiale, la société humaine tout entière reposent sur la croyance au témoignage d'autrui; et il serait absurde de croire en religion? Les hérétiques, qui ne voulaient que de la raison, voulaient cependant tous que l'on commençât par croire au Christ : ce qui était se contredire. De plus, comme je n'ai pas vu le Christ de mes yeux, sur l'autorité de qui y croirais-je? si ce n'est des nations et des peuples que renferme et qu'a persuadés l'Eglise catholique. Pourquoi donc la même autorité qui me fait connaître et croire le Christ, ne pourrait-elle pas me faire connaître ce que le Christ enseigne? Pour guérir l'humanité, le Christ s'est concilié l'autorité par les miracles, la foi par l'autorité, la multitude par la foi, l'ancienneté par la multitude, et par l'ancienneté il a confirmé la religion : de telle sorte que, ni la fraude des hérétiques, ni la violence des idolâtres ne peuvent l'ébranler.

En un mot, si nous croyons à la providence de Dieu, nous devons croire qu'il a établi lui-même une autorité par laquelle il veut que nous nous élevions jusqu'à lui, comme par certains degrés qui nous soutiennent. Il n'y a que l'autorité qui frappe et touche ceux qui n'ont point assez de sagesse; elle seule la leur fait embrasser; et qu'elle fait en deux manières, savoir, en nous émouvant par les miracles et par le grand nombre de ceux qui suivent sa doctrine. L'Eglise ne persuade pas moins par la pureté de ses mœurs; par l'abstinence et l'austérité d'un si grand nombre de pénitents; par la chasteté avec laquelle tant de vierges vivent dans le corps, comme si elles n'étaient qu'un pur esprit; par la patience avec laquelle tant de martyrs ont enduré les plus grands supplices; par la charité sans bornes avec laquelle tant de saints ont distribué tout leur bien aux pauvres, en préférant pour eux-mêmes la pauvreté aux richesses; par le détachement du monde et le mépris de la vie présente, qui ont éclaté dans plusieurs saints, avides d'en sortir pour aller jouir de Dieu.

On dira peut-être qu'il y a peu de personnes qui fassent des choses si extraordinaires, et qu'il y en a encore moins qui les fassent bien et avec prudence? Mais les peuples approuvent toutes ces choses; les peuples les entendent raconter avec respect; les peuples les révèrent; les peuples les aiment en ceux qui les pratiquent; les peuples accusent leur propre faiblesse, de ce qu'ils ne peuvent pas les pratiquer eux-mêmes; ce qu'ils ne font pas sans quelque élévation de leur âme vers Dieu, et sans quelques étincelles de vertu. La divine Providence a opéré ces choses par les prédictions des prophètes, par l'incarnation et la doctrine du Christ, par les voyages des apôtres, par les outrages, les croix et le sang des martyrs, par la vie admirable des saints et par des miracles dignes de tant de grandes actions et de tant de vertus, selon que les temps le demandaient. En voyant une pareille assistance de Dieu, et les fruits immenses qu'elle a produits, balancerons-nous encore à nous retirer dans le sein de cette Eglise, qui est arrivée par là au comble de l'autorité (*De util. cred.*, t. VIII, n. 13, 15, 16, 17, 19, 21, etc.).

Saint Augustin écrivit ensuite son livre *Des deux âmes*, que les manichéens disaient être dans chaque homme, l'une bonne, l'autre mauvaise; la première, parcelle de la substance divine et cause de tout ce qui se fait de bien en nous; la seconde, de la nature ou du principe des ténèbres, propre à la chair, et cause de tout le mal que nous faisons. Il prouve, en premier lieu, que l'âme, étant un esprit et une vie, ne peut avoir d'autre auteur que le souverain principe de la vie, qui est le seul et vrai Dieu. Il montre qu'il n'y a aucune nature ni aucune substance mauvaise d'elle-même, et que le défaut de notre âme ne consiste que dans l'abus que nous faisons de notre liberté.

L'année suivante, 392, il eut une conférence de deux jours avec un prêtre manichéen, nommé Fortunat, qui demeurait à Hippone depuis longtemps. Il y avait séduit un si grand nombre de personnes, que le séjour lui en était très-agréable. Les catholiques et même les donatistes prièrent Augustin d'entrer en conférence avec lui sur la doctrine de la foi. Il ne s'y refusa point, mais demanda si Fortunat le voudrait de même. Ce dernier eut peur, car il avait appris à le connaître à Carthage. Néanmoins, pressé par les siens, la honte le força à accepter. On prit jour et heure. Tout ce qui se dit de part et d'autre fut écrit par des notaires ou sténographes, comme dans des actes publics. La question était : *D'où vient le mal?* Augustin faisait voir qu'il vient du libre arbitre de la volonté humaine. Fortunat prétendait, au contraire, que la nature ou la substance du mal était coéternelle à Dieu. Mais, le second jour, il confessa devant toute l'assemblée qu'il ne savait plus que répondre aux raisons de son adversaire, et dit qu'il les examinerait avec ses supérieurs. Il eut tant de confusion de sa défaite, qu'il quitta Hippone et n'y revint plus; mais il ne se convertit pas.

Deux ans après, c'est-à-dire vers l'an 394, saint Augustin entreprit de combattre un autre manichéen, connu sous le nom d'Adimante. Il avait fait un écrit où il opposait les passages de l'Ancien et du Nouveau Testament, comme contraires l'un à l'autre. Saint Augustin montra qu'ils se conciliaient très-bien (*De duab. anim.*).

Saint Augustin enseignait en public et en particulier; il combattait toutes les hérésies, soit en composant des livres, soit en parlant sur-le-champ même. Il s'attacha surtout à réfuter et à convertir les donatistes. Leur secte, si peu raisonnable qu'elle fût, était si puissante en Afrique, lorsqu'il commença à paraître, que dans leur concile de Bagaïe, il se trouva trois cent dix évêques, outre cent autres qui suivaient un autre parti. Possidius assure qu'elle renfermait la plus grande partie de l'Afrique. Dans Hippone, les catholiques étaient en si petit nombre, et les donatistes y régnaient si absolument, que, peu avant que saint Augustin y arrivât, Faustin, leur évêque, défendait d'y cuire du pain pour les catholiques, et un maître n'avait pas le crédit de se faire obéir par ses domestiques contre cet édit d'un homme sans juridiction. Mais sitôt que le saint eut commencé à prêcher et à instruire, l'Eglise catholique, si abattue et si opprimée, commença à relever la tête et à s'accroître de jour en jour par le grand nombre de ceux qui abandonnaient le schisme. Les hérétiques aussi bien que les catholiques accouraient avec ardeur pour l'entendre, et plusieurs amenaient des écrivains en notes pour conserver ses discours : on allait les porter aux évêques donatistes. Les donatistes eux-mêmes, surtout ceux d'Hippone, y étaient les plus ardents. Quand ces évêques croyaient en avoir donné la réfutation, leurs peuples mêmes leur faisaient voir qu'ils ne répondaient point à la question principale. C'est que saint Augustin avait mis l'histoire et la réfutation du donatisme en forme de chanson populaire, avec ce refrain après chaque couplet : *O vous tous qui aimez la paix, jugez maintenant de la vérité !* Les évêques donatistes, pressés souvent d'entrer avec lui en conférence, n'osèrent jamais accepter. Ils s'emportèrent même jusqu'à dire qu'il fallait le tuer comme un loup qui anéantissait leur troupeau (Possid., c. 7-9 ; Aug., *Lit. P.*, l. 2, c. 83). Tout le monde en parlait ; sa réputation s'étendait de tous côtés et jusqu'aux églises d'outre-mer, qui s'en réjouissaient.

Ce que voyant, Valère commença à craindre qu'on ne le lui enlevât pour le faire évêque ; ce qui fût arrivé, s'il n'avait eu soin de le faire cacher un jour qu'on venait pour le prendre. Cette expérience redoubla la crainte de Valère. Se sentant accablé de vieillesse et d'infirmités, il écrivit secrètement à l'évêque de Carthage, et le conjura qu'Augustin fût ordonné évêque pour l'Eglise d'Hippone, comme son coadjuteur plutôt que comme son successeur. Ayant reçu une réponse favorable, il pria Mégalius, évêque de Calame, primat de Numidie, de venir visiter l'église d'Hippone. Quand il fut arrivé, Valère lui déclara son intention, ainsi qu'aux autres évêques qui se trouvèrent présents, à tout le clergé de la ville et au peuple. Tous reçurent généralement cette proposition avec une extrême joie, et le peuple demanda avec de grandes acclamations qu'elle fût exécutée. Saint Augustin seul et Mégalius s'y opposèrent. Celui-ci, pressé par le concile de prouver une accusation qu'il avait formée contre le saint, ne put le faire. Il en demanda même pardon, et reconnut si bien son innocence qu'il lui imposa les mains. Saint Augustin refusa d'accepter l'ordination épiscopale, soutenant qu'il était contre la coutume de l'Eglise de mettre un évêque où il y en avait encore un vivant. Mais on l'assura que c'était une chose ordinaire, et on lui en allégua plusieurs exemples, tant des églises d'Afrique que de celles d'outre-mer. Ne trouvant donc plus d'excuse et craignant de résister à l'ordre de Dieu, il consentit, malgré lui, à accepter le soin et les marques de la dignité épiscopale. On ne laissa pas de trouver à redire à cette ordination, et le saint avoua depuis, de bouche et par écrit, qu'elle était contraire au huitième canon du concile de Nicée. Mais lorsqu'il fut choisi évêque, ni lui ni Valère ne savaient point ce que le concile de Nicée avait ordonné à cet égard.

Tant qu'il ne fut que prêtre, il demeura dans le monastère de religieux qu'il avait établi à Hippone ; mais voyant qu'en qualité d'évêque, il ne pouvait se dispenser de recevoir continuellement des étrangers, il voulut avoir, avec lui dans la maison épiscopale les prêtres, les diacres et les sous-diacres qui desservaient son église. Il menait avec eux, autant qu'il lui était possible, la vie des premiers chrétiens de Jérusalem, qui avaient tout en commun ; c'était la loi à laquelle s'engageaient tous ceux qui entraient dans son clergé, et il n'ordonnait aucun clerc, qui ne consentît à demeurer avec lui, à condition de n'avoir rien en propre. Ceux qui avaient du bien étaient obligés ou de le donner aux pauvres, ou de le mettre en commun ; mais ceux qui n'apportaient rien, n'étaient point distingués de ceux qui avaient donné quelque chose à la communauté.

Quant à sa personne, il s'adonna au ministère de la prédication avec plus de ferveur encore qu'il n'avait fait étant prêtre, et il continua cette fonction de son ministère jusqu'à la mort, avec la même assiduité, la même force, la même activité et le même jugement. Il était vêtu, chaussé et meublé d'une manière fort modeste, n'ayant rien de trop beau ni de trop méprisable, et gardant en tout la médiocrité sans affectation. « Je ne veux pas, disait-il à son peuple, que votre sainteté nous offre des choses dont moi seul je pourrais me servir avec quelque décence. On m'apportera, par exemple, un vêtement de grand prix ; cela convient peut-être à un évêque, mais cela ne convient point à Augustin, qui est pauvre et né de parents pauvres. On dira bientôt que j'ai trouvé dans l'Eglise des habits plus riches que je n'eusse pu en avoir chez mon père, ou dans l'emploi que j'avais dans le siècle. Cela ne convient pas. Il faut que mes habits soient tels que je puisse les donner à mes frères, s'ils n'en ont point. Je n'en veux point d'autres que ceux que peut porter un prêtre, un diacre, un sous-diacre, parce que je reçois tout en commun avec eux. Si l'on m'en donne de plus chers, je les vendrai, comme je fais ordinairement, afin que, si ces habits ne peuvent servir à tous, l'argent qu'on en aura tiré y serve. C'est pourquoi je les vends, et j'en donne le prix aux pauvres. Que si l'on souhaite que je porte ceux que l'on me donne, que l'on m'en donne qui ne me fassent point rougir ; car, je vous l'avoue, un habit de prix me fait rougir, parce qu'il ne convient point à ma profession, à l'obligation que j'ai de prêcher, à un corps cassé de vieillesse, et à ces cheveux blancs que vous me voyez (*Serm.* 356, n. 13). »

Sa table était frugale. Outre les herbes et les légumes, on y servait quelquefois de la viande pour les étrangers et les infirmes; mais il y avait toujours du vin. Il y avait un nombre de verres réglés pour ceux qui mangeaient avec lui, et, si quelqu'un de ses clercs avait juré, il perdait un verre. On servait à sa table des cuillers d'argent; mais tout le reste des ustensiles était de terre, de bois ou de marbre : ce qu'il faisait, non point par indigence, mais par amour de la pauvreté et de la modestie. Il faisait lire pendant le repas ou examiner quelque question; et, pour empêcher la médisance, il avait fait graver sur sa table deux vers qui disaient qu'elle n'était point faite pour qui aimait à médire des absents. Il y tenait si fort, que quelquefois des évêques mêmes et de ses plus grands amis s'étant oubliés sur cet article, il les reprenait sévèrement et leur disait, ou qu'il fallait effacer ces vers, ou bien qu'il se lèverait de table et s'en irait dans sa chambre. L'auteur de sa vie, son ami Possidius, confesse qu'il se trouva lui-même dans ce cas.

Aucune femme ne logeait chez lui, pas même sa sœur, quoique veuve et fidèle servante de Dieu. La raison qu'il en donnait, c'était que, quoiqu'on ne pût concevoir de mauvais soupçons en ne voyant chez lui que sa sœur ou ses nièces, comme elles ne pouvaient se passer d'autres femmes, tout ce commerce pouvait être aux faibles un sujet de scandale, et aux ecclésiastiques qui demeuraient avec lui une occasion de tentation, ou du moins une matière de mauvais soupçons pour les méchants. Si des femmes voulaient le voir, il ne les recevait point sans se faire accompagner de quelques clercs, et ne leur parlait jamais seul à seul. Il ne visitait les monastères de femmes qu'en cas de pressante nécessité. Si des malades le demandaient pour prier Dieu sur eux et leur imposer les mains, il y allait aussitôt; hors de là, il ne visitait que les personnes affligées, comme les veuves et les orphelins.

Il confiait l'administration des biens de l'Église à ceux de ses clercs qu'il croyait les plus propres à cet emploi, et leur faisait rendre compte chaque année des recettes et des dépenses. Quoiqu'il n'eût point de trésor pour y conserver de l'argent, il avait une espèce de tronc pour recevoir les aumônes et les oblations des fidèles, dont il usait en faveur des pauvres. Quelques-uns murmuraient de ce qu'il faisait difficulté de recevoir des successions; mais il s'en mettait peu en peine; et, croyant qu'il fallait en ces rencontres user de beaucoup de discrétion, il ne recevait point les donations qui étaient peu honorables à l'Église ou qui auraient pu lui être à charge, mais seulement celles qui étaient saintes. Il exhortait même les fidèles à compter Jésus-Christ au nombre de leurs enfants, et à lui laisser une part dans leur succession.

S'il n'aimait point à faire de nouveaux édifices à cause de l'embarras qui en revient, il n'empêchait pas les autres de bâtir, à moins qu'ils ne donnassent dans l'excès. Nous lisons dans un de ses discours, qu'il commanda au prêtre Léporius de construire un hôpital pour les étrangers, de l'argent qu'on avait donné à l'Église pour cet effet, et que, du reste de cet argent, Léporius bâtit aussi, par son ordre, la basilique des Huit-Martyrs. Il donnait souvent aux pauvres du fonds même d'où il prenait sa subsistance et celle de sa communauté, et quand l'argent lui manquait, il en avertissait le peuple, afin d'avoir toujours de quoi donner aux pauvres. C'est ce qui paraît par un discours qu'il fit le jour de son ordination, et par un autre qu'il finit en ces termes : « Je suis mendiant pour les mendiants, et je veux bien l'être, afin que vous soyez vous-mêmes du nombre des enfants de Dieu (*Serm.* 356, n. 15; *Ibid.*, 339, c. 3; Possid., n. 23, 24). » Il parle dans un autre discours d'une coutume qu'il avait établie parmi son peuple, de vêtir tous les ans les pauvres. Comme on y manqua une fois pendant son absence, il en reprit aussitôt son clergé et son peuple par une lettre qu'il leur écrivit. Enfin, sa compassion pour les malheureux alla jusqu'à lui faire rompre les vases sacrés et les faire fondre, pour en assister les pauvres et les captifs (*Epist.* 122, n. 2).

Suivant exactement les règles que saint Paul prescrivait à Timothée, il reprenait publiquement ceux dont les crimes étaient publics, afin de donner de la crainte aux autres. Il y avait, néanmoins, certains vices qu'il ne combattait que comme en riant, quoiqu'ils fussent publics, de crainte de porter les pécheurs à la colère et de passer pour un novateur. Telles étaient les observations superstitieuses des jours, qui, quoique condamnées par saint Paul, étaient si communes en Afrique, qu'on les pratiquait ouvertement et sans aucun scrupule. Quant aux péchés secrets, lorsqu'ils étaient considérables, comme les homicides et les adultères, il avertissait en secret ceux qui en étaient coupables, et ne négligeait rien pour leur persuader d'en faire pénitence. Quelquefois il refusait de manger avec certains chrétiens d'une vie déréglée, afin de leur faire confusion, et de les engager par là à rentrer dans leur devoir, et, au contraire, il mangeait souvent avec des païens et des impies, en les recevant à sa table, plutôt qu'avec de mauvais catholiques, se conformant en cela au précepte de saint Paul. Il employait l'excommunication envers les pécheurs qui le méritaient, autant que la paix de l'Église le pouvait souffrir, et qu'il jugeait cette censure utile pour leur salut. Mais il n'osait en user de même à l'égard de ceux qui étaient sujets à l'ivrognerie, quoiqu'ils le méritassent, parce que, n'étant point persuadés de la grandeur de leurs fautes, ce châtiment aurait peut-être contribué à les rendre pires. Il était plus sévère envers les maris qui ne gardaient pas la foi conjugale, et avertissait ceux qui savaient que leurs désordres lui étaient connus; de s'abstenir de la communion, de peur que, s'ils s'y présentaient, il ne les fît chasser de l'autel. Il avait pour maxime, qu'un homme consacré au service de Dieu ne doit point se mêler de faire des mariages, de peur que les mariés, venant à se quereller, ne maudissent celui qui leur avait procuré un engagement où ils se trouvent malheureux; ni appuyer de ses recommandations ceux qui veulent entrer dans les offices de la cour, de crainte que, s'ils ne réussissent pas, on ne jette la faute sur celui qui les a produits; et aussi qu'il doit s'abstenir d'aller manger chez personne dans le lieu de sa demeure, parce que l'occasion s'en présentant souvent, il se mettrait en danger de s'accoutumer à passer les bornes de la tempérance (Possid., n. 27).

Saint Augustin n'était encore que prêtre, quand

LIVRE XXXVII. — LETTRE DE SAINT PAULIN A SAINT AUGUSTIN.

il reçut une lettre charmante de suavité, d'élégance, d'amitié et de louanges, de la part d'un illustre sénateur et consul romain, qui, avec sa femme, venait d'embrasser la vie monastique. La lettre était accompagnée d'un pain bénit, en signe d'union. Elle portait en tête : « Au seigneur Augustin, frère unanime et vénérable, Paulin et Thérèse, pécheurs. » C'était saint Paulin, né à Bordeaux en 353. On comptait une longue suite de sénateurs illustres dans sa famille, tant du côté paternel que du côté maternel. Son père, Pontius-Paulinus, était préfet du prétoire dans les Gaules, et le premier magistrat de l'empire d'Occident. A cette haute naissance, Paulin joignait un esprit élevé et pénétrant, un génie riche et fécond, une facilité merveilleuse à s'exprimer. Il cultiva ces dispositions dès son enfance, par une étude assidue des différentes branches de la littérature. Il eut pour maître d'éloquence et de poésie, le célèbre Ausone, qui fut consul l'an 379. On l'éleva, quoique jeune encore, aux premières dignités, et il fut déclaré consul avant Ausone, son maître. Il épousa une Espagnole nommée Thérasie ou Thérèse, qui lui apporta de grands biens et qui était surtout distinguée par son mérite personnel et par sa piété. Il se fit un grand nombre d'amis en Italie, en Espagne et dans les Gaules, où il avait déployé, durant l'espace de quinze ans, ses rares talents et sa merveilleuse capacité pour l'administration des affaires, tant publiques que particulières. Mais la mort d'un frère, les révolutions politiques qui suivirent le meurtre de l'empereur Gratien, et plus encore les entretiens qu'il eut avec saint Ambroise de Milan, avec saint Martin de Tours, avec saint Victrice de Rouen, avec saint Delphin de Bordeaux, de la main duquel il reçut le baptême vers l'an 380, lui donnèrent du goût pour la retraite et le pénétrèrent d'un désir sincère de mener une vie plus chrétienne. Enfin, encouragé par sa femme, ils se retirèrent l'un et l'autre dans une petite terre qu'ils avaient en Espagne, et s'y occupèrent uniquement de leur sanctification, depuis l'an 390 jusqu'à l'an 394. Ce fut là qu'ils perdirent le fils unique que Dieu leur avait donné. Ils l'enterrèrent à Alcala, auprès des saints martyrs Just et Pasteur. Depuis ce temps-là, ils s'engagèrent d'un consentement mutuel à vivre dans une continence perpétuelle. Bientôt après, Paulin changea d'habit, afin d'annoncer au monde qu'il n'aurait plus rien de commun avec lui; il prit aussi la résolution d'abandonner le sénat, son pays, ses biens, et d'aller s'ensevelir dans un monastère ou dans un désert. Ses biens devaient être fort considérables, puisque Ausone témoigne du regret de voir partager entre cent personnes différentes *les royaumes* de Paulin, son père.

Le saint vendit toutes ses possessions et en distribua le prix aux malheureux. Il ouvrit ses greniers et ses celliers à tout venant. Non content des pauvres de son voisinage, il en appelait de toutes parts pour les nourrir et les vêtir. Il racheta une infinité de captifs et de pauvres débiteurs réduits à l'esclavage faute d'avoir de quoi payer. Il vendit également les biens de sa femme, qui n'aspirait pas avec moins de ferveur que lui à la pratique de la pauvreté volontaire. Une telle action fut admirée et louée par tous les grands saints qui se voyaient alors dans l'Eglise. Mais les gens du siècle la traitèrent de folie. Paulin fut abandonné de tout le monde, même de ses proches et de ses esclaves, qui refusaient de lui rendre les devoirs les plus communs de l'humanité. Ausone, son maître, qui était chrétien, mais tout juste ce qu'il fallait pour n'être pas un païen, se plaignit de son changement à lui-même, par plusieurs lettres en vers. Le saint lui répondit par plusieurs petits poèmes d'une urbanité exquise, où il l'assure que sa conversion à Dieu ne fera que rendre plus intime leur ancienne amitié.

Toutefois, au milieu de ce blâme universel, il vit deux de ses amis les plus illustres se mettre en devoir de suivre son exemple. Le premier fut saint Sulpice Sévère, né en Aquitaine, aux environs de Toulouse, d'une famille également noble et riche. L'étude des lettres occupa ses premières années. Il lut si bien les bons auteurs du siècle d'Auguste, qu'on le dirait l'un d'entre eux. Après s'être distingué dans le barreau quelque temps, il épousa une femme de famille consulaire, qui lui apporta des biens considérables, mais qui lui fut bientôt enlevée par la mort. Il continua de vivre dans la plus parfaite intelligence avec sa belle-mère, qui était une chrétienne fervente, et qui l'aimait comme son fils. La perte de sa femme, les bons exemples de sa belle-mère, mais surtout l'exemple de saint Paulin, lui firent prendre la résolution de quitter le monde. Il l'exécuta vers l'an 392, étant encore à la fleur de son âge. Il employait tous ses revenus en aumônes et en d'autres bonnes œuvres ; de sorte qu'il était moins le propriétaire de son bien, que l'économe de l'Eglise et des pauvres. Ses amis du siècle le blâmèrent ; mais il n'en fut point ébranlé, et se retira dans un village d'Aquitaine, où il fixa sa demeure dans une cabane. Ses serviteurs et ses esclaves, qui l'avaient suivi, devinrent ses frères et ses disciples, et se consacrèrent avec lui au service du Seigneur. Ils couchaient tous sur la paille ou sur des cilices étendus par terre. Ils ne se nourrissaient que de pain bis, de légumes et d'herbes bouillies, qu'ils assaisonnaient seulement d'un peu de vinaigre. La retraite de Sulpice ne fut point perdue pour la littérature chrétienne. Il écrivit en deux livres une *Histoire sacrée*, autrement une histoire ecclésiastique, depuis l'origine du monde jusqu'à l'an 400 de Jésus-Christ. C'est un chef-d'œuvre de précision et d'élégance. Il écrivit de plus une *Vie de saint Martin*, dont il fut le disciple chéri, trois dialogues, dont deux sur les vertus du même saint, et l'autre sur les vertus des moines de l'Orient. Encore hommes du monde, déjà Sulpice et Paulin étaient amis intimes : devenus saints l'un et l'autre, leur amitié n'en devint que plus affectueuse, comme on le voit par quatorze lettres de Paulin, qui sont des modèles d'élégance et de piété.

Nous avons encore trois lettres de saint Paulin à un autre de ses amis qui suivit son exemple. C'est saint Aper, vulgairement saint Evre. Il s'était fait remarquer dans le monde dès sa jeunesse, non-seulement par ses richesses et sa naissance, mais encore par son esprit, son éloquence, son savoir et par l'habileté qu'il avait pour les affaires. Il épousa une femme nommée Amande, dont il eut plusieurs fils et une fille, et après avoir paru dans le barreau avec grande réputation, il exerça de même diverses magistratures, et comme assesseur et comme juge. Lorsque son ami Paulin eut émerveillé l'univers entier par son renoncement à toutes choses, il lui écrivit pour lui apprendre que lui-même aussi était changé; que Dieu avait enfin dissipé les ténèbres de son esprit, et que, convaincu de la vérité, il croyait d'une foi vive et invariable que Jésus-Christ est le Fils de Dieu et qu'il a été attaché à la croix pour le salut des hommes. Saint Paulin lui répondit aussitôt, tant pour le féliciter que pour l'affermir dans ses saintes résolutions et traiter avec lui des vrais moyens de servir Dieu. Sa femme le suivit ou plutôt le devança dans cette nouvelle voie. Ils firent profession d'une continence perpétuelle et ne vécurent plus ensemble que comme frère et sœur, et que pour veiller à l'éducation de leurs enfants. Ils avaient d'abord pris la résolution, à l'exemple de Paulin et de Thérasie, de se dépouiller entièrement de tous leurs biens, mais la considération de leurs enfants les en empêcha. Saint Aper comptait goûter les douceurs de la piété dans la retraite et l'étude des divines Ecritures, lorsqu'il en fut tiré pour recevoir la prêtrise. Afin qu'il fût plus libre de vaquer à son nouveau ministère, sa femme prit pour elle tout le soin de la famille et de ses biens. Baronius et plusieurs autres ont pensé que cet ami de saint Paulin est le même saint Aper ou saint Evre, qui fut évêque de Toul (Paulin, *Epist.* 30-32, t. VI, *Bibl. Pat.*).

Le dessein de Paulin, en renonçant au monde, était d'aller passer ses jours dans une solitude proche de Nole en Campanie, et de servir Jésus-Christ au tombeau de saint Félix, d'être le portier de son église, d'en balayer le pavé tous les matins, de veiller la nuit pour la garder, et de finir sa vie dans ce travail. Mais le peuple de Barcelone, édifié de la pureté de ses mœurs, se saisit de lui dans l'église, le jour de Noël, en 393, et demanda avec beaucoup de chaleur et d'empressement qu'il fût fait prêtre. Il s'en défendit autant qu'il fut en lui, et ne consentit à son ordination qu'à condition qu'il lui serait libre d'aller où il voudrait. C'était contraire aux règles de l'Eglise; mais on passait quelquefois par-dessus. Après Pâques de l'année suivante 394, il quitta l'Espagne pour passer en Italie. Il vit à Milan saint Ambroise, qui le reçut avec beaucoup d'honneur et l'agrégea même à son clergé. Continuant son voyage, il vint à Rome, où il fut mieux reçu du peuple que du clergé. Quelques ecclésiastiques, et le Pape même, ne voulurent point avoir de commerce avec lui. Paulin céda à l'envie et se retira; mais, écrivant à son ami Sulpice Sévère, il ne put s'empêcher de s'en plaindre. Peut-être le Pape, qui avait beaucoup de zèle pour l'observation des règles de l'Eglise, trouvait-il mauvais que, contrairement à ces règles, Paulin eût été ordonné prêtre étant néophyte et laïque, et sans être attaché de fait à aucune Eglise particulière. Quoi qu'il en soit, Paulin se hâta de quitter Rome pour se rendre à Nole, où il avait choisi sa retraite auprès du tombeau de saint Félix, qui était à quelques pas de la ville.

On avait bâti une église sur ce tombeau, et auprès de l'église était un bâtiment assez long, qui n'avait que deux étages avec une galerie divisée en cellules, dont Paulin se servait pour recevoir les ecclésiastiques qui venaient le visiter. D'un autre côté était un logement pour les personnes du monde. Il y avait aussi un petit jardin. Plusieurs personnes pieuses s'étant jointes à lui, il en forma une société qu'il appelle une compagnie de moines. Ils s'assujétirent tous à une règle, et pratiquaient différentes austérités. Chaque jour Paulin rendait à saint Félix tout l'honneur dont il était capable; mais il essayait de se surpasser le jour de sa fête. Tous les ans il célébrait ses louanges par un poème, qu'il appelle le tribut de son hommage volontaire. Nous avons encore aujourd'hui quinze de ces poèmes, dont le premier fut composé en Espagne.

Parmi les lettres de saint Paulin, il y en a six à son parrain, saint Amand, prêtre de Bordeaux et successeur de saint Delphin, et deux à saint Victrice de Rouen, qu'elles nous font connaître. Victrice servait dans les armées romaines, lorsque Julien l'Apostat entreprit d'y établir le paganisme. Pour se tirer du danger, il employa le moyen suivant. Un jour que toutes les troupes étaient assemblées, il s'avança au milieu du camp et déposa son habit militaire avec ses armes aux pieds du tribun, en lui disant qu'il ne pensait plus qu'à se revêtir intérieurement de la paix et de la justice chrétiennes. Le tribun, qui était idolâtre, ordonna qu'il fût fouetté, et le fit meurtrir de coups. Ce supplice n'abattit point le serviteur, parce qu'il était fortifié par la croix de Jésus-Christ. Ayant été conduit en prison, on le coucha nu sur de petites pierres aiguës. Ce nouveau genre de torture ne servit qu'à donner plus d'éclat à sa constance. Rien ne pouvant l'ébranler, il fut présenté au comte ou général de l'armée, qui le condamna à perdre la tête. Soutenu par les consolations que Dieu répandait dans son âme, Victrice marcha courageusement au lieu du supplice. Celui qui devait faire l'exécution l'insultait en le conduisant, et affectait de marquer avec sa main l'endroit de son cou qu'il projetait de frapper. Mais il fut puni de son insolence en perdant la vue sur-le-champ. Ce miracle fut suivi d'un autre. Le geôlier avait lié le saint si étroitement, que les chaînes étaient entrées dans la chair : Victrice pria les soldats de le desserrer tant soit peu. N'ayant pu obtenir ce qu'il demandait, il implora le secours de Jésus-Christ, et aussitôt les chaînes lui tombèrent des mains. Personne n'osa lier de nouveau celui que Dieu avait délié. Les gardes, étonnés, coururent annoncer au comte ce qui venait d'arriver. Celui-ci, frappé du double miracle, fit son rapport au prince, devint le défenseur de celui qu'il avait condamné, et lui obtint la vie avec la liberté. De soldat devenu apôtre, Victrice alla porter le flambeau de la foi dans la contrée de la Gaule-Belgique, habitée par les Morins et les Nerviens, qui fait maintenant partie de la Picardie, du Hainaut et de la Flandre. Les progrès de l'Evangile y avaient été jusque-là peu considérables; mais Victrice n'y eut pas plus tôt paru, que cette terre inculte, avec ses rivages sablonneux et ses déserts arides, devint un des plus beaux parterres des jardins de l'Epoux. Le nom de Jésus-Christ retentit de toutes parts, et il n'y eut presque personne qui ne se rangeât sous son empire. On bâtit des églises; on forma des monastères; les villes, les campagnes, les îles, les forêts se peuplèrent de saints; en un mot, les idoles tombèrent, et Jésus-Christ régna. C'est ainsi que saint Paulin parle de saint Victrice et de ses œuvres, dans une lettre qu'il écrivit à saint Victrice lui-même, en 399 (Paulin, *Epist.* 28 et 29, t. VI, *Biblioth. Pat.*).

LIVRE XXXVII. — LE POÈTE SYNÉSIUS.

C'était sans doute un spectacle merveilleux pour le monde, de voir un consul romain concierge des reliques d'un martyr, et employant la muse de Virgile pour célébrer ses louanges. La Libye cyrénaïque, ancienne colonie de Lacédémone, voyait un spectacle non moins étonnant : c'était un descendant des rois de Sparte, dont les registres publics faisaient remonter la généalogie jusqu'à Hercule, qui, devenu Platon chrétien, chantait, sur le mode de Pindare, la Trinité divine, la génération éternelle du Verbe et son incarnation parmi les hommes. Ce chrétien, philosophe et poète, se nommait Synésius. Il était de Cyrène. Il avait une si grande facilité d'esprit, qu'il imitait sans peine toute sorte d'auteurs, quelque différents que fussent leur style et leur manière d'écrire. Il s'appliqua beaucoup à l'étude de la géométrie et de l'arithmétique, qu'il regardait comme des règles assurées et infaillibles pour trouver la vérité. Souvent il veillait les nuits pour observer le lever et le cours des astres. Il fit même en argent un instrument qu'il nomme *astrolabe*, et qui paraît avoir été un globe céleste. Pour l'éloquence, il y acquit une grande réputation; ce qui le fit d'autant plus admirer, qu'elle semblait plus difficile à un homme de Libye, où le grec était très-corrompu. Cette réputation lui attira des envieux, qui ne pouvaient souffrir qu'il mît une partie de son temps à polir son style et à donner de l'agrément à ses pensées. Il répondait à ses envieux : Je voudrais bien que notre nature fût telle qu'elle pût s'élever sans cesse à la contemplation; mais puisque cela est impossible, je voudrais tantôt m'appliquer à la contemplation de ce qu'il y a de plus sublime; tantôt, retombé dans la nature, m'amuser à quelque chose, et parsemer la vie de quelque plaisir. Car je sais que je suis homme, et non pas dieu, pour être insensible à toute espèce de volupté; mais je ne suis pas non plus une bête, pour me plaire aux voluptés du corps. Il me reste donc un certain milieu, qui est de m'amuser à la littérature.

Il y avait dans ce moment à Alexandrie un prodige de science : c'était une femme nommée Hypatia. Elle était fille de l'astronome Théon, et si savante, qu'elle surpassait tous les philosophes de son temps. Elle enseignait publiquement, avec les mathématiques, la philosophie de Platon. Synésius fut du nombre de ses auditeurs. Il conserva pour elle une si haute estime, qu'il l'appelle sa mère, sa sœur, sa dame, sa bienfaitrice, et qu'il lui soumettait tous ses ouvrages. Il fit encore le voyage d'Athènes, moins pour s'y perfectionner dans les sciences, que pour n'être plus obligé, comme il dit, de me mettre à genoux devant ceux qui en viennent. « Car, dit-il, sans différer de nous autres mortels, sans mieux comprendre ni Aristote ni Platon, ils se regardent néanmoins parmi nous comme des demi-dieux parmi des mulets, parce qu'ils ont vu l'Académie, le Lycée, et le Portique de Zénon (Synes., *Epist.* 54). » Athènes ne répondit guère à son attente. Voici ce qu'il en écrivit à son frère. « Puissé-je profiter d'Athènes autant que tu le désires! Il me semble que déjà je suis devenu plus sage d'un palme et d'un pouce. Je puis même te donner un échantillon de cette divine sagesse. Voilà que je t'écris du bourg d'Anagyronte, et je viens de voir ceux de Sphette, de Thrion, de Céphise et de Phalère. Puisse-t-il périr misérablement, le malheureux pilote qui m'a amené ici! tant il est vrai que l'Athènes de nos jours n'a plus rien de vénérable que les noms des lieux autrefois célèbres. C'est comme une victime consumée, dont il ne reste que la peau, pour montrer quel avait été l'animal. Comme la philosophie en a émigré, il ne reste plus qu'à admirer en passant l'Académie, le Lycée et la galerie de peintures ou le Portique, d'où la philosophie de Chrysippe a pris son nom : galerie de peintures qui n'en est plus une, car le proconsul a enlevé les planches sur lesquelles Polygnote avait fixé les merveilles de son art. De nos jours, c'est l'Égypte qui nourrit les sciences sous les yeux d'Hypatia, leur mère. Pour Athènes, autrefois métropole des philosophes, ce qui la rend illustre maintenant, ce sont les éleveurs d'abeilles, particulièrement deux sages nommés Plutarque, qui attirent les jeunes gens dans les théâtres, non par la renommée de leur éloquence, mais par leurs pots de miel du mont Hymette (Synes., *Epist.* 135). »

Quelque attachement qu'il eût pour la philosophie et les belles-lettres, jamais il ne voulut en être l'esclave. Ce qui occupe d'ordinaire l'enfance et la jeunesse, l'avait occupé très-peu. Parvenu à l'âge viril, il ne s'inquiéta pas plus d'affaires qu'un enfant. Mais, dit-il, passant ma vie dans une fête solennelle, je conservai mon âme dans un calme inaltérable. Dieu ne me rendit pas pour cela inutile aux hommes; mais bien des fois et les particuliers et les villes se sont servis de nous quand ils en avaient besoin. Car Dieu nous a donné de pouvoir les plus grandes choses et de vouloir les meilleures. Mais rien de tout cela ne me détournait de la philosophie, ni ne troublait mon heureux loisir. Ce qui fait perdre le temps et plonge l'âme dans les inquiétudes, c'est quand on ne peut faire une chose qu'avec peine et avec effort; mais quand il suffit de parler, quand la persuasion suit la parole, qui se refuserait à dire un mot pour délivrer quelqu'un de l'infortune? Or, de persuader les hommes, il semble que Dieu m'en ait fait un don particulier jusqu'à ce jour; il semblerait qu'il me suffit d'entreprendre une affaire pour réussir. Je vivais donc au milieu du monde comme dans une enceinte sacrée, parfaitement libre et sans souci, partageant mon temps entre la prière, les livres et la chasse. Car pour que l'âme et le corps se portent bien, il faut et y travailler soi-même et le demander à Dieu par la prière.

Lorsqu'il étudiait, si c'était quelque chose de Dieu, il fallait qu'il fût seul; mais pour se divertir, il aimait fort la compagnie, et, dès qu'il n'avait plus les yeux sur les livres, il était prêt à tout ce qu'on voulait. Il dit dans une de ses lettres que Dieu s'était montré si favorable à ses prières, qu'il ne se souvenait pas de lui avoir jamais rien demandé sans l'avoir obtenu. Comme quelques-uns se moquaient de lui, de ce que, pendant que ses parents se donnaient beaucoup de mouvement pour avoir des charges, il demeurait particulier : Puisque l'état des affaires, leur répondait-il, ne souffre plus que les villes soient conduites par des philosophes, j'aime mieux voir mon âme environnée et comme gardée par une couronne de vertus, que de voir une troupe de soldats autour de mon corps. Aussi ne prétendait-il pas laisser beaucoup de biens à ses enfants; car il était marié et avait reçu sa femme de la main de l'évêque Théophile d'Alexandrie. Il avait plus de soin d'amasser des livres que d'augmenter ses fonds de terre. A la chasse, il joignait quelquefois le jardinage, s'amusant à cultiver des arbres et à bêcher la terre. Il se glorifie même de son habileté à cet égard, dans le plaisant éloge qu'il a fait d'une tête chauve; car il en avait une, et voulut montrer, par un discours très-spirituel, qu'il n'y avait point de honte, mais au contraire de la gloire. Ses hymnes sont autant de prières poétiques, où, s'élevant par degrés au-dessus de tous les ordres de créatures, il s'élance jusque dans le sein de Dieu; mais le langage humain ne saurait l'y suivre : ses éléments sont empruntés aux sphères inférieures des choses créées; dans cette indigence, il accumule des idées et des figures dont quelques-unes peuvent n'être pas tout à fait exactes; il en demande pardon à Dieu et finit toujours par solliciter pour lui et les siens tous les biens du corps et de l'âme (Dom Ceillier, t. X; Tillemont).

Dans une de ses hymnes, il parle de sa légation à Constantinople. Elle eut lieu vers l'an 397. Cyrène, sa patrie, et les autres villes de la Cyrénaïque, avaient beaucoup souffert de l'incursion de certains Barbares, auxquels se joignaient des nuées de sauterelles et des tremblements de terre. Synésius fut député par ses compatriotes vers l'empereur Arcade, pour obtenir quelque soulagement. Il passa trois ans à Constantinople, réussit dans sa légation, mais après s'être donné bien des peines. Chargé des maux de sa mère-patrie, il se fatiguait le jour pour y trouver quelque remède, et la nuit il arrosait sa couche de ses pleurs. « Je visitai, dit-il à Dieu, je visitai, ô Roi suprême! tous les peuples consacrés à vos saints mystères; là, prosterné et arrosant le pavé de mes larmes, je suppliai que mon voyage ne fût pas inutile; je suppliai tous les dieux ministériels qui président au sol fécond de la Thrace ou aux campagnes opposées de Chalcédoine, et que vous, ô Roi suprême! vous avez couronnés de la gloire des anges pour être vos ministres sacrés. Ce sont ces bienheureux qui ont aidé mes prières et mes travaux pour mon infortunée patrie, que vous, ô Roi suprême! vous avez relevée de ses douleurs, vous qui ne connaissez point de déclin (Syn., *Hymn.* 3). » Ce que Synésius appelle des dieux ministériels, c'étaient les saints et les martyrs, protecteurs de la Thrace et des pays limitrophes.

A ces instances auprès de Dieu et de ses saints, il ajoutait ses instances auprès de l'empereur et de ses ministres. Nous avons encore une éloquente et courageuse harangue sur la royauté, qu'il prononça devant Arcade au commencement de sa légation. Voici quelques-unes des pensées les plus remarquables. D'après la parole ancienne, ce qui distingue le roi du tyran, ce n'est pas la multitude des sujets, comme ce n'est pas la multitude des brebis, mais le soin qu'il en prend, qui distingue le berger du boucher. Ce que le pasteur est pour les brebis, le roi l'est pour les hommes. Qui s'engraisse du troupeau au lieu de l'engraisser, est un boucher, un tyran. La maladie propre de la royauté, c'est la tyrannie. Un roi fait de la loi ses mœurs, un tyran fait de ses mœurs la loi. Dieu, roi suprême, est le modèle des rois dignes de ce nom. Celui des attributs divins sur lequel tout le monde, et les savants et les ignorants, tombe d'accord, c'est que Dieu est bon et l'auteur de tous les biens. D'après cela, imaginons-nous un roi idéal comme une statue vivante. La religion, la piété en sont la base. Ensuite, pour être roi des autres, il faut qu'à l'exemple et par la grâce de Dieu, il le soit d'abord de lui-même et qu'il établisse la monarchie dans son âme. Car l'homme n'est pas quelque chose de simple, mais une foule d'éléments divers, que l'intelligence doit ramener à la subordination et à l'unité de gouvernement. Le principal d'un roi est donc de se régir lui-même.

Dieu se suffit à lui tout seul. Il n'en est pas de même du roi; il y supplée par des conseillers et des amis. Mais avec qui conseille, il faut encore qui exécute; savoir, des armées que le souverain doit s'affectionner en paraissant à leur tête et en partageant leurs exercices et leurs travaux. Quoi de plus indigne d'un empereur, de n'être connu des défenseurs de l'empire que par les peintres ! L'empereur est un artiste de guerres, comme le cordonnier un artiste de chaussures : ce dernier est ridicule s'il ne connaît ses outils; le premier, s'il ne connaît ses soldats. Rien n'a été si funeste à l'empire que le luxe théâtral des empereurs, entourés de nains et de bouffons, enfermés dans leurs palais, vêtus d'or et de pourpre, ayant des perles dans leurs cheveux, des perles à leurs souliers, des perles à leur ceinture, des perles en pendeloques, des perles en agrafes, des perles à leurs chaises, et ne marchant que sur des parquets parsemés de poudre d'or; ce qui, par la variété des couleurs, les rendait plus semblables à des paons qu'à des hommes. Quelle différence d'avec l'empereur Carin, que les grands-pères des assistants avaient encore pu connaître! Campé à l'extrémité de l'Arménie, il avait jeté son manteau de pourpre sur l'herbe, et mangeait pour son souper des pois cuits de la veille, avec quelques morceaux de porc salé, lorsque les ambassadeurs du roi de Perse se présentèrent. Il les reçut à l'instant sans se lever, et leur commanda d'aller annoncer le jour même à leur jeune roi que, s'il ne s'était sage, dans l'espace d'un mois ses bosquets et ses campagnes seraient encore plus nues que la tête de Carin; en même temps, il ôta son bonnet et leur montra sa tête toute chauve. Il leur permit, s'ils avaient faim, de mettre la main à la marmite, sinon, de sortir du camp à l'heure même. Cela seul jeta la terreur et le découragement parmi l'ennemi.

Synésius exhorte Arcade à ramener cette ancienne discipline; car, au degré d'indolence où l'on était arrivé, il était impossible d'aller plus loin. Tout l'empire se trouvait sur le fil d'un rasoir : sans une providence spéciale de Dieu et sans un empereur extraordinaire, c'en était fait. Il en signale même, et d'une manière bien hardie, la cause prochaine. Pour garder le troupeau, le pasteur doit employer des chiens, non pas des loups, fussent-ils apprivoisés. Les Romains, gardiens naturels de l'empire, s'exemptaient de la milice pour passer le temps dans les théâtres; à leur place, on prenait des Scythes, qui n'oubliaient jamais leur origine barbare. Les Romains étant ainsi devenus femmes et les Barbares étant restés hommes, la domination devait passer inévitablement à ces derniers, d'autant plus qu'ils remplissaient à la fois et les premières charges de l'empire, et le service domestique des familles opulentes. Il n'y voit d'autre remède que de les expulser tous de l'armée et de la magistrature pour n'y admettre que des Romains (Synes., *De regno*, p. 5-22). Ainsi parlait Synésius en présence de l'empereur et de ses généraux barbares. Nous le verrons, devenu évêque, agir comme il parle.

Il y avait cependant des Barbares qu'il admirait : c'étaient ceux qui, d'extraction illustre, renonçaient aux avantages du siècle pour se retirer dans la solitude, s'y appliquer à la contemplation, pendant les intervalles à des travaux manuels; en un mot, ceux qui embrassaient la vie monastique. Et de fait, à cette époque-là même, il y avait un Scythe, habile dans les lettres grecques et romaines, qui se rendait célèbre parmi les moines de Syrie et d'Egypte. Son nom était Jean Cassien. Après avoir passé sa jeunesse dans un monastère de Bethléhem, il conçut le désir, avec un autre moine de ses amis nommé Germain, d'aller visiter les solitaires de l'Egypte. En ayant obtenu la permission, ils employèrent sept ans, soit à visiter et à consulter les solitaires les plus illustres, soit à pratiquer, sous leur direction, le même genre de vie. De retour à Bethléhem, ils firent un second voyage dans le fameux désert de Scété. Cassien, ayant fondé plus tard des monastères à Marseille, consigna les souvenirs de son pèlerinage dans ses *Instituts* et ses *Conférences*. On y voit qu'on distinguait en Egypte trois espèces de moines : les cénobites, vivant en communauté et formant le plus grand nombre; les anachorètes qui, après s'être formés dans la communauté, passaient à une solitude plus parfaite, et se trouvaient presque aussi nombreux que les premiers; les sarabaïtes, qui étaient des vagabonds et de faux-moines, que le libertinage et l'avarice multipliaient beaucoup, surtout dans les autres pays (Cassian., *Collat.*, 18, c. 4).

La merveille de l'Egypte, sous le rapport monastique, était la ville d'Oxyrinque dans la Basse-Thébaïde. Elle était peuplée de moines au dedans et au dehors, en sorte qu'il y en avait plus que d'autres habitants. Les bâtiments publics et les temples d'idoles avaient été convertis en monastères; et on en voyait par toute la ville plus que de maisons particulières. Les moines logeaient jusque sur les portes et dans les tours. Il y avait douze églises pour les assemblées du peuple, sans compter les oratoires des monastères. Cette ville, qui était grande et peuplée, n'avait ni hérétiques ni païens, mais tous chrétiens catholiques. Elle avait vingt mille vierges et dix mille moines. On y entendait jour et nuit retentir de tous côtés les louanges de Dieu. Il y avait, par ordre des magistrats, des sentinelles aux portes pour découvrir les étrangers et les pauvres, et c'était à qui de ces retiendrait le premier pour exercer envers eux l'hospitalité (Rosweide, *Vit. Pat.*, l. 11, c. 5).

En Cappadoce, Grégoire de Nazianze avait terminé, vers l'an 389, sa longue vie de docteur, d'évêque, de moine et de poète. Il mourut dans la solitude d'Arianze, charmant sa vieillesse et ses douleurs par les pieux élans de la poésie chrétienne. Dans le grand nombre de ses poèmes, il y en a sur le principe des choses, sur la Trinité divine, sur le monde, sur la Providence, sur les anges, sur l'âme, sur l'ensemble des deux Testaments, sur l'Incarnation du Verbe, sur les miracles du Christ, sur la virginité, sur la vie monastique, sur sa propre vie, et aussi sur les vices du clergé et des peuples de son temps. On trouve encore parmi ses œuvres poétiques une tragédie intitulée : *Le Christ souffrant*; mais on n'est pas sûr qu'elle soit de lui. Le génie de Grégoire conserva jusqu'à sa mort la verve, l'imagination et les grâces du poète.

Quelques années après mourut le frère de son ami Basile, saint Grégoire de Nysse, également digne et de son frère et de son ami, par la sainteté de sa vie, le nombre de ses ouvrages, la justesse et la richesse de ses pensées, la force du raisonnement, la beauté et la pureté du style.

Saint Ambroise vivait encore. Sa renommée seule convertissait des Barbares. Une reine des Marcomans, nommée Frétigil, ayant entendu parler de lui à un chrétien venu d'Italie, crut en Jésus-Christ et envoya des ambassadeurs à Milan, avec des présents pour l'Eglise, priant saint Ambroise de l'instruire par écrit de ce qu'elle devait croire. Il lui répondit une lettre fort belle, en forme de catéchisme; il l'exhortait d'engager son mari à garder la paix avec les Romains. La reine ayant reçu la lettre, fit encore plus : elle persuada au roi de se donner aux Romains avec tout son peuple. Elle vint elle-même à Milan; mais elle eut la douleur de n'y plus trouver le saint en vie (Paulin, *Vita Amb.*, n. 36).

Une année avant sa mort, saint Ambroise découvrit dans un jardin les reliques des saints martyrs Nazaire et Celse. Paulin, son secrétaire, qui était présent, dit : Nous vîmes dans le sépulcre où reposait le corps du martyr Nazaire, son sang aussi frais que s'il avait été répandu le même jour, et sa tête coupée, si entière, avec les cheveux et la barbe, qu'il nous semblait qu'elle venait d'être lavée et enterrée. Nous fûmes aussi remplis d'une odeur si suave, que les parfums n'étaient rien auprès. Les reliques furent transportées dans la basilique des Apôtres. Là, comme saint Ambroise prêchait, un homme du peuple, rempli de l'esprit immonde, se mit à crier qu'Ambroise le tourmentait. Le saint évêque se tournant de ce côté, lui dit : « Tais-toi, démon! Ce n'est pas Ambroise qui te tourmente, mais la foi des saints et ton envie, parce que tu vois des hommes monter au lieu d'où tu as été précipité. Ambroise ne sait point s'en faire accroire. » A ces mots, le possédé se tut, se coucha par terre et ne fit plus aucun bruit (*Ibid.*, n. 32).

L'an 396, l'empereur Honorius étant consul, donna au peuple de Milan un spectacle de bêtes d'Afrique. Un criminel, nommé Crescenius, s'était réfugié à l'église; mais le peuple, assemblé à l'amphithéâtre, obtint du comte Stilichon la permission de l'enlever avec des soldats. Crescenius se réfugia à l'autel, et saint Ambroise, avec le clergé qui s'y trouva présent, l'entourèrent pour le défendre. Mais les soldats, qui étaient en grand nombre et conduits par des ariens, furent les plus forts. Ils enlevèrent Crescenius et s'en retournèrent triomphants à l'amphithéâtre. Ceux qui étaient dans l'église demeurèrent fort affligés, et saint Ambroise pleura longtemps, prosterné devant l'autel. Mais quand les soldats furent retournés et eurent fait leur rapport, deux léopards qu'on lâcha sautèrent brusquement à l'endroit où ils étaient assis, et les laissèrent considérablement blessés. Stilichon fut touché de cet incident; il se repentit de la violence qu'il avait faite à l'Eglise, en fit satisfaction à saint Ambroise pendant plusieurs jours, et délivra Cresconius. Mais comme il était coupable de grands crimes, il l'envoya en exil, dont toutefois il le rappela peu après (*Vita Amb.*, n. 34).

Un esclave de Stilichon même ayant été délivré du démon qui le tourmentait, demeurait dans la basilique Ambrosienne, et son maître, qui l'aimait, l'avait recommandé à saint Ambroise. On découvrit qu'il fabriquait de fausses lettres pour donner la charge de tribun ou général; en sorte que l'on arrêta des gens qui allaient commander en vertu de ces nominations. A la prière de saint Ambroise, Stilichon relâcha ceux qui avaient été ainsi trompés; mais il ne punit point son esclave, et se contenta d'en faire des plaintes au saint évêque. Comme cet homme sortait de la basilique, Ambroise donna ordre de le lui amener. Il l'interrogea, et, l'ayant convaincu de ce crime : « Il faut, dit-il, qu'il soit livré à Satan, pour la destruction de la chair, afin qu'à l'avenir personne n'ose rien faire de semblable. » Au même moment, et avant que le saint évêque eût achevé de parler, l'esprit immonde se saisit de l'homme et commença à le déchirer; de quoi nous fûmes tous fort épouvantés, dit Paulin, qui était présent. Il ajoute : Nous vîmes pendant ces jours-là plusieurs possédés délivrés par son commandement et par l'imposition de ses mains (*Ibid.*, n. 43).

Nicétius, auparavant général et conseiller d'Etat, avait les pieds si endoloris, qu'il ne pouvait presque paraître en public. Comme il s'approchait de l'autel pour recevoir le Saint-Sacrement, Ambroise lui marcha par hasard sur le pied et le fit crier. Aussitôt il lui dit : Allez, vous serez guéri désormais. Et de fait, au temps de la mort du saint, il témoignait avec larmes qu'il n'avait point senti de mal depuis (*Ibid.*, n. 44).

Ambroise avait un soin particulier de donner à l'Eglise de dignes ministres. On pourrait en citer plusieurs exemples d'après ses propres écrits. Il refusa constamment d'admettre dans le clergé un de ses amis, parce qu'il avait quelque chose de trop léger et d'indécent dans sa démarche. Il défendit, par la même raison, à un de ses clercs de marcher devant lui. Il était persuadé que les mouvements déréglés du corps sont un effet du dérèglement de l'âme. L'événement fit voir qu'il ne s'était pas trompé; car dans la suite ils abandonnèrent la foi l'un et l'autre. Il rapporte lui-même ces deux exemples, dans son *Traité des offices ou des devoirs*, qu'il composa pour l'instruction de son clergé, à l'imitation de Cicéron et des Grecs, que Cicéron même avait imités dans ses *Offices*. Saint Ambroise prend ce que leur morale avait de bon, l'appuyant par l'autorité de l'Ecriture, et l'élevant aux maximes de l'Evangile.

Une des dernières actions de saint Ambroise, fut l'ordination de saint Honorat, évêque de Verceil. A la mort de Liménius, son prédécesseur, le siège resta longtemps vacant par la division qui se mit dans cette Eglise. Ambroise écrivit au clergé et au peuple de Verceil une longue lettre pour réunir les esprits. Enfin, il fut obligé d'y aller lui-même. Par ses soins, on élut pour évêque Honorat, homme de grand mérite, que l'Eglise compte parmi les saints.

Quelques jours avant sa maladie, Ambroise prédit sa mort; mais il annonça qu'il vivrait jusqu'à Pâques. Il continua ses études ordinaires, et il entreprit l'explication du psaume quarante-troisième. Pendant qu'il dictait à Paulin, son secrétaire, celui-ci vit sur la tête du saint une flamme en forme de petit bouclier, et qui entrait peu à peu dans sa bouche; son visage devint blanc comme la neige, et ce ne fut que quelque temps après qu'il reparut dans son état ordinaire. « Je fus tellement effrayé, dit Paulin, que je restai sans mouvement, et qu'il ne me fut pas possible d'écrire ce qu'Ambroise me dictait, tant que la vision dura. Il répétait alors un passage de l'Ecriture, que je me rappelle bien; ce jour-là il cessa de lire et d'écrire, en sorte qu'il ne put finir d'expliquer le psaume (n. 42). » Nous avons encore cette explication, qui finit au verset vingt et unième. Le saint était déjà malade quand il la commença, puisque, au rapport de son secrétaire, il écrivait ses livres de sa propre main.

Ambroise fit encore l'ordination d'un évêque de Pavie; mais ensuite il se trouva si mal, qu'il fut obligé de garder le lit. Le comte Stilichon en fut extrêmement affligé, et dit publiquement que la mort de ce grand homme menaçait l'Italie de sa ruine prochaine. C'est pourquoi il fit venir les personnages les plus considérables de Milan, qu'il savait particulièrement aimés du saint évêque, et les obligea, partie par prières, partie par menaces, d'aller le trouver pour le conjurer de demander à Dieu qu'il lui prolongeât la vie. Comme ils étaient autour de son lit, et lui demandaient avec larmes cette grâce, il leur répondit : « Je n'ai pas vécu avec vous de manière que j'aie honte de vivre; et je ne crains pas de mourir, parce que nous avons un bon maître. » Pendant ce temps-là, quatre diacres, qui étaient à l'extrémité de la galerie où il était couché, s'entretenaient ensemble du successeur qu'on pourrait lui donner. Ils parlaient si bas, qu'à peine pouvaient-ils s'entendre. Quand ils eurent nommé Simplicien, Ambroise, quoique éloigné, s'écria par trois fois : Il est vieux, mais il est bon. Ils furent si épouvantés de l'entendre parler de la sorte, qu'ils s'enfuirent. Simplicien fut en effet son successeur. Pendant que saint Ambroise était en prières, il vit le Sauveur qui s'approchait de lui avec un visage riant. Il le dit à Bassien, évêque de Lodi, qui priait avec lui, et lui-même l'apprit à Paulin. Il mourut peu de jours après. Le jour de sa mort, il demeura en prières depuis cinq heures du soir jusqu'à l'heure qu'il expira, un peu après minuit. Il priait les mains étendues en forme de croix, remuant les lèvres, sans qu'on pût entendre ce qu'il disait. Honorat, évêque de Verceil, qui se trouvait présent, étant allé prendre un peu de repos dans une chambre haute, entendit une voix qui lui cria trois fois : Lève-toi promptement, car il va partir. Il descendit, et lui donna le corps du Seigneur. Il l'eut à peine reçu, qu'il rendit l'esprit. C'était la nuit du Vendredi au Samedi saint, le 4 avril 397, dans la 57e année de son âge. Il avait été évêque vingt-deux ans et quatre mois.

A l'heure même et avant le jour, on porta le corps à la grande église, et il y demeura la nuit suivante, qui était la veille de Pâques. Plusieurs enfants baptisés cette nuit-là le virent au sortir des fonts : les uns disaient qu'il était assis dans sa chaire, sur le tribunal de l'Eglise; les autres qu'il marchait, et ils le montraient du doigt à leurs parents, qui toutefois ne le voyaient point. Plusieurs disaient avoir vu une étoile sur son corps. Le jour de Pâques, quand le jour parut et qu'on eut célébré les saints mystères, on leva le corps pour le porter à la basilique Ambrosienne, où il fut enterré. Là une multitude de démons témoignèrent leur rage par des cris insupportables, et l'on entendit de semblables cris à sa gloire, en plusieurs provinces et pendant plusieurs années. Le peuple jetait des mouchoirs pour les faire toucher au corps. Car il se trouva à ses funérailles une multitude innombrable de toute condition, de tout sexe et de tout âge, non-seulement de chrétiens, mais de païens et de Juifs. Les nouveaux baptisés brillaient par-dessus tous les autres et tenaient le premier rang. Le même jour qu'il mourut, il apparut en Orient à quelques saints personnages, priant avec eux et leur imposant les mains. On le connut quelque temps après à Milan, par une lettre datée du jour de sa mort, qui lui était adressée comme vivant, et qui fut reçue par Simplicien, son successeur, et gardée avec grand soin. Il apparut aussi à Florence, suivant la promesse qu'il avait faite à ceux qui le priaient de les visiter souvent. On le vit plusieurs fois priant devant l'autel de la basilique Ambrosienne, qu'il y avait bâtie. C'est sur le témoignage de saint Zénon, évêque de Florence, que Paulin rapporte ce fait dans la vie de saint Ambroise, qu'il écrivit quelque temps après, à la prière de saint Augustin, sur ce qu'il avait vu lui-même, ou appris de sainte Marcelline, sœur du saint, et d'autres personnages de foi (Paulin, *Vita Amb.*).

Outre les nombreux écrits que tout le monde connaissait à saint Ambroise, le docte Galland de Venise, dans sa *Bibliothèque des anciens Pères*, lui a restitué un ouvrage en cinq livres, ayant pour titre : *Histoire de la ruine de Jérusalem*. Cette histoire, qui porte souvent le nom d'Egésippe ou d'Exiosippe, est une traduction libre de ce que l'historien Josèphe a dit sur cet événement. Saint Ambroise la fit dans ses premières années (Galland, *Bibl. veterum Patrum*, t. VII, *Venetiis*, 1770).

Quand Stilichon disait que la mort de saint Ambroise menaçait l'Italie de sa ruine prochaine, il disait vrai : lui-même y contribuera. Après la mort du grand Théodose, il prétendit avoir été établi par lui tuteur de ses deux fils; il partagea entre les deux empires les trésors de la couronne et les armées ; il se proposait de mener lui-même les troupes de l'Orient à Contantinople et d'y faire valoir ses droits. Mais Rufin, principal ministre d'Arcade, ne l'entendait point ainsi. Il aspirait à devenir le collègue de son maître. A cette fin, il entreprit de lui faire épouser sa fille. Il lui en fit donc parler secrètement par les eunuques de la chambre. Aussitôt le secret fut divulgué dans tout Constantinople. Cependant Rufin fit le voyage d'Antioche pour punir le comte d'Orient, qui, après avoir acheté de lui cette charge, la remplissait avec un désintéressement et une justice inattendus, au point d'avoir osé refuser une chose injuste à un grand-oncle de l'empereur, qui en fit des plaintes. Le nom du gouverneur était Lucien. Arrivé de nuit à Antioche, Rufin se fit amener et frapper à coups de fouet si rudement, qu'il expira au milieu de ce supplice. De retour à Constantinople, il trouve et la cour et la ville occupées à préparer les noces de l'empereur. Ni lui ni personne ne doutent qu'il ne s'agisse de sa fille. On ordonne, selon la coutume, des réjouissances publiques. Enfin, le 27 avril 395, l'eunuque Eutrope fait porter en pompe, à travers la ville, les habits que l'empereur envoyait à son épouse future. Tout le peuple, qui suivait en foule, les croyait destinés à la fille de Rufin, et les officiers mêmes qui les portaient n'avaient pas d'autre pensée. Tout à coup le cortège s'arrête devant la maison où demeure une jeune Franque, nommée Eudoxie, orpheline du consul Bauton, franc d'origine. Eutrope en avait fait connaître la beauté à l'empereur, et conclu secrètement le mariage. Il fait donc entrer là les ornements, en revêt Eudoxie, et le mariage se célèbre ce jour-là même. On peut se figurer le désappointement de Rufin. Arcade n'en fit que rire et continua de lui donner sa confiance (Zos., l. 5, c. 2 et 3; Soz., l. 8, c. 6).

Eutrope s'entendait avec Stilichon. Pour déjouer leur manœuvre et forcer l'empereur à le prendre pour collègue, Rufin invite les Barbares à se jeter sur les terres de l'empire. Aussitôt les Huns se précipitent sur l'Orient, saccagent l'Arménie, la Cappadoce, la Cilicie, la Syrie, et arrivent jusque devant Antioche. Du côté de l'Occident, le goth Alaric, comte de l'empire, sollicité par les promesses et l'argent de Rufin, ravage la Mésie, la Thrace, la Pannonie. Ses partis courent l'Illyrie entière, depuis la mer Adriatique jusqu'à Contantinople. Les Goths campaient à la vue de cette ville et désolaient les environs. Alaric se jeta ensuite dans la Grèce, y exerçant les mêmes ravages.

Cependant Stilichon, après s'être assuré des Barbares qui bordaient l'empire d'Occident, marchait en Grèce pour combattre Alaric. Son dessein secret était de s'avancer jusqu'à Constantinople, sous prétexte d'y mener les troupes d'Orient. Arrivé dans les plaines de Thessalie, il était au moment de forcer le camp des Goths, quand arriva un ordre de l'empereur Arcade aux troupes orientales de revenir sur-le-champ à Constantinople. Ces troupes, furieuses de se voir enlever la victoire, refusaient d'obéir. Toutefois, Stilichon les renvoya, sous la conduite de Gaïnas, goth de naissance, auquel il confia ses vues. Cet ordre d'Arcade avait été provoqué par Rufin, qui craignait le succès de Stilichon. Précédemment déjà, lorsque les Goths d'Alaric campaient devant Constantinople, et que tout tremblait à la cour et dans la ville, Rufin seul, prenant l'habillement des Barbares, entra dans leur camp et les engagea, à force d'argent, à s'éloigner de la capitale. Enflé de pareils succès, il attendait les troupes venues d'Occident pour décider l'empereur à le déclarer son collègue : il en avait même déjà la parole. Le matin, 27 novembre 395, le palais étant orné avec magnificence et le festin commandé pour la fête de la proclamation, Arcade se transporte au faubourg de Constantinople, où l'armée s'était rendue. Rufin marchait à côté de lui, profitant avec complaisance de l'avantage que lui donnait sa bonne mine. L'empereur, en arrivant, salue les enseignes militaires. Rufin félicite les soldats, il caresse les officiers, et, tandis que ceux-ci l'amusent par de feintes protestations de zèle et de respect, l'armée environne le prince et le ministre. Rufin, ébloui de sa gloire, n'aperçoit rien de ce qui se passe; il presse l'empereur de monter sur le tribunal et de se déclarer sur le choix qu'il fait d'un collègue. En ce moment Gaïnas donne le signal; un soldat tire son épée et la plonge dans le corps de Rufin. Tous à l'instant fondent sur lui : son corps disparaît sous les coups; on ne réserve que sa tête et sa main droite. Arcade, témoin de cette rage et teint du sang de son ministre, se retire avec effroi et s'enferme dans son palais. On plante la tête au bout d'une pique, une pierre dans la bouche pour la tenir ouverte. L'armée, chantant sa victoire, entre dans Constantinople à la suite de cette horrible enseigne, que le peuple en foule insulte à coups de pierres. Une troupe de soldats présentaient aux passants la main sanglante de Rufin, en disant : Donnez à ce misérable, qui n'eut jamais assez (Soc., l. 6, c. 1; Soz., l. 8, c. 1; Zos., l. 5, c. 7; *Hist. du Bas-Empire*, l. 26; Tillemont).

Le faible Arcade, incapable de se gouverner lui-même, avait besoin de quelqu'un qui le gouvernât. Le gascon Rufin fut remplacé par l'eunuque Eutrope. Né en Arménie dans l'esclavage, destiné dès son enfance aux plus viles fonctions, vendu cent fois, chassé dans sa vieillesse, comme un esclave inutile, de la maison du général Arinthée, dont il servait la fille, il parvint à entrer chez le consul Abundantius, qui le plaça au nombre des eunuques du palais, en 393. A force de souplesse et d'hypocrisie, il se fit remarquer de l'empereur Théodose, qui le chargea de quelques missions et lui donna de l'avancement. Il devint le successeur de Rufin dans ses crimes comme dans sa puissance. Pour s'enrichir, il perdit successivement le consul Abundantius qui l'avait tiré de la poussière, Timase, général distingué, et son fils Syagrius, qui périrent dans les sables de Libye. Ami jusque-là de Stilichon, il en fut l'ennemi dès lors. Le goth Alaric, ne rencontrant presque plus d'obstacles, avait pillé toute la Grèce, en particulier Athènes, Corinthe, Argos, Lacédémone. Stilichon avait une armée capable de le vaincre. Eutrope, pour l'en empêcher, fit nommer Alaric commandant des troupes romaines, non-seulement dans la Grèce qu'il venait de ravager, mais dans toute l'Illyrie orientale.

Ce fut dans ces conjonctures que mourut saint Ambroise. On sent combien sa mort était alors fâcheuse. En la même année 397, le maure Gildon se révolta en Afrique. Depuis douze ans il commandait les troupes romaines de ce pays en qualité de comte. Quoique allié de Théodose par le mariage de sa fille Salvina avec Nébridius, neveu de l'impératrice Flaccille, il s'était attiré l'indignation de ce prince en lui refusant tout secours contre Eugène. La mort du vainqueur avait sauvé ce perfide du châtiment qu'il méritait, et l'impunité ne l'avait rendu que plus audacieux. Comme il méprisait la jeunesse et l'incapacité des deux princes, il résolut de secouer le joug de l'empire. L'exemple de Firmus, son frère, qui avait succombé dans une entreprise pareille, ne l'effraya pas. Gildon ne l'égalait ni en courage ni en artifices, mais il le surpassait encore en cruauté et en scélératesse. Livré à tous les excès de la débauche, quoique dans un âge avancé, enlevant les filles, corrompant les femmes, avare et dissipateur, il mettait en œuvre la calomnie, le fer et le poison pour ôter la vie à ceux dont il voulait ravir les biens ou l'honneur. Sa table même était un piège redoutable;

souvent il y invitait ceux qu'il avait résolu de perdre, et il les faisait égorger au milieu du festin. Après le massacre des maris, il livrait les femmes les plus nobles de Carthage à la brutalité des Maures, des Éthiopiens et des Nègres dont il avait formé sa suite. Toujours accompagné d'un cortège fastueux, il imposait par cet appareil aux Barbares voisins, et leurs rois étaient ses clients. Il ménagea d'abord Honorius et lui donna quelque marque de soumission. Mais bientôt ayant lié correspondance avec Eutrope, il feignit de se donner à Arcadius et de le reconnaître souverain de l'Afrique. Eutrope qui ne cherchait qu'à nourrir la discorde entre les deux frères pour accabler Stilichon, favorisa sa perfidie et fit agréer ses offres. Après la moisson de cette année, Gildon leva l'étendard de la révolte en arrêtant la flotte de Carthage qui portait à Rome le blé de l'Afrique. Des manifestes de la cour de Constantinople se déclarèrent en sa faveur. Mais il avait un frère, qui ne voulut pas s'engager dans sa révolte. Son nom était Mascezil. Se voyant exposé à ses fureurs, il vint se jeter entre les bras des Romains. Gildon, irrité de sa fuite, égorgea ses deux fils et les laissa sans sépulture.

Gildon était païen : Mascezil était chrétien et pieux. Stilichon jeta les yeux sur lui pour soutenir la guerre d'Afrique. Il lui confia cinq mille hommes d'élite. Les deux frères se rencontrèrent à l'extrémité de la Numidie. Gildon avait soixante-dix mille hommes, mais mal disciplinés. A la vue de cette multitude, Mascezil désespéra de sa petite armée et de sa propre vie, ainsi qu'il le raconta lui-même; il voulait décamper et passer un défilé. Mais la nuit saint Ambroise lui apparut, et, frappant trois fois la terre de son bâton, lui dit ces mots : Ici, ici, ici! Il comprit que le saint lui promettait la victoire au même lieu trois jours après. Il s'y arrêta donc; et, le troisième jour, ayant passé la nuit en prières, il marcha vers l'ennemi dont il était enveloppé. Aux premiers qui s'avancèrent, il fit des offres de paix. Mais, voyant un enseigne qui les rejetait avec insolence et excitait les soldats à combattre, il lui porta sur le bras un grand coup d'épée, et le força de baisser le drapeau. Ce mouvement fit croire aux autres corps que la première ligne mettait bas les armes : tous crièrent qu'ils se rendaient : les Barbares prirent la fuite; Gildon, abandonné, gagna les bords de la mer, où, s'étant jeté dans une barque, les vents le poussèrent malgré lui dans un port peu éloigné. Il fut pris, exposé aux insultes du peuple, condamné à mort; et, pour éviter le supplice, il s'étrangla de ses propres mains dans sa prison, avant que son frère sût ce qu'il était devenu. On reçut en même temps à Rome, au commencement d'avril 398, la nouvelle de sa défaite et celle de sa mort. La flotte ramena Mascezil vainqueur avec les moissons de l'Afrique.

La femme et la sœur de Gildon, ainsi que sa fille Salvina, furent des saintes. Salvina, veuve de Nébridius, avait une fille et un fils qui porta le même nom que son père. Elle reçut une lettre de saint Jérôme, touchant la conduite qu'elle devait tenir dans sa viduité, et se distingua dans la suite entre les femmes vertueuses qui demeurèrent attachées à saint Chrysostome injustement persécuté. Rufin laissait pareillement une femme, une fille et une sœur, qui se retirèrent à Jérusalem et y passèrent, dans les pratiques de la piété et des bonnes œuvres, le reste de leurs jours.

Mascezil méritait des récompenses. Revenu à la cour, Stilichon lui fit l'accueil le plus flatteur ; il lui prodiguait les louanges ; il ne semblait embarrassé que de trouver des honneurs qui égalassent son mérite. Un jour il le conduisit hors de Milan, à une de ses maisons de campagne, comme pour lui donner une fête ; mais, comme ils passaient ensemble sur un pont, Stilichon donna un signal : aussitôt ses gardes saisirent Mascezil et le jetèrent dans le fleuve. Il fut englouti en un moment, tandis que Stilichon en riait comme d'une plaisanterie. Action atroce, qui fait bien voir combien l'empire avait besoin qu'un pareil homme fût contenu par un saint Ambroise (Oros., l. 7, c. 36 ; Zos., l. 5, c. 11 ; *Hist. du Bas-Empire*, l. 26).

Le saint évêque de Milan était mort le 4 avril 397. Le 27 septembre suivant mourut Nectaire, évêque de Constantinople, après avoir gouverné cette Église pendant seize ans, avec la douceur indolente d'un particulier, bien plus qu'avec la science, le zèle et la fermeté d'un évêque. On délibéra quelque temps sur le choix d'un successeur. Divers sujets furent proposés. Quelques-uns se présentèrent d'eux-mêmes. C'étaient des prêtres indignes de ce nom, dont les uns fatiguaient la cour, les autres offraient des présents pour capter les suffrages, d'autres enfin se mettaient à genoux devant les populations des quartiers. Le peuple orthodoxe en fut indigné et pressa l'empereur de chercher un homme digne du sacerdoce. L'eunuque Eutrope, qui dans ce moment gouvernait l'empereur et l'empire, avait connu le mérite du prêtre Jean d'Antioche, dans un voyage qu'il avait fait en Orient ; d'ailleurs sa réputation était répandue par tout l'empire. Jean, surnommé Chrysostome, fut donc élu évêque de Constantinople par le consentement unanime du peuple et du clergé, et avec l'approbation de l'empereur. Mais on savait combien il était aimé à Antioche, et combien le peuple de cette ville était facile à émouvoir. Eutrope fit écrire par l'empereur au comte d'Orient de l'envoyer sans bruit ; le comte ayant reçu la lettre, pria saint Chrysostome de venir le trouver, comme pour quelque affaire, dans une église de martyrs hors d'Antioche, près de la porte Romaine. Là, l'ayant fait monter dans sa voiture, il le conduisit en diligence jusqu'à un certain lieu, où il le remit entre les mains des officiers de l'empereur, qui le menèrent à Constantinople.

Afin de rendre son ordination plus solennelle, l'empereur avait convoqué un concile, et y avait appelé Théophile d'Alexandrie, comme l'évêque du premier siège de son empire. Mais Théophile comptait faire évêque de Constantinople un prêtre d'Alexandrie nommé Isidore. C'était le même qui, après avoir pratiqué longtemps la vie monastique dans le désert de Scété, avait accompagné saint Athanase à Rome. Il est compté parmi les saints, et gouvernait alors le grand hôpital d'Alexandrie. Outre son mérite, qui était grand, on prétendait que Théophile lui avait obligation pour s'être bien acquitté d'une commission fort délicate. On dit que dans la guerre du tyran Maxime, Théophile chargea Isidore de lettres et de présents pour les deux rivaux, l'empereur Théodose et Maxime, avec ordre d'aller à Rome, pour y attendre l'issue de la guerre et remettre au vainqueur les lettres et les présents ; qu'Isidore exécuta sa commission, mais que ses lettres lui ayant été dérobées, il fut obligé de s'enfuir à Alexandrie. Outre sa reconnaissance, Théophile espérait encore que, devenu de cette manière évêque de Constantinople, Isidore se montrerait souple à ses volontés ; car, autant que possible, il n'en ordonnait aucun qui lui parût d'un caractère ferme et indépendant. Quand Chrysostome fut arrivé à Constantinople, Théophile, qui était habile à connaître les hommes sur la physionomie, fut surpris de la hardiesse et de la fermeté qui paraissaient à son extérieur ; il en eut encore plus de répugnance à consentir à son ordination. Mais enfin on l'y fit résoudre. Eutrope lui montra plusieurs mémoires présentés aux évêques contre lui, et lui dit de choisir, ou de se défendre contre ces accusations, ou bien de se rendre à l'avis des autres évêques. Il céda, et ordonna Chrysostome, le 26 février 398 (Pallad., *Vita Chrysos.*).

Saint Chrysostome et Théophile ménagèrent, par l'entremise même du prêtre Isidore, une grande réconciliation dans l'Église. Le nouvel évêque de Constantinople devait envoyer une légation à Rome, pour y porter le décret de son élection. Il profita de la conjoncture pour réunir les évêques d'Orient avec ceux d'Égypte et d'Occident, dont ils étaient divisés au sujet de Paulin. Il pria Théophile d'y travailler avec lui, et de réconcilier avec le Pape l'évêque Flavien, qu'il regardait toujours comme son maître et son père spirituel. Théophile en étant convenu, on choisit Acace, évêque de Bérée, et le prêtre Isidore d'Alexandrie, avec quelques-uns de l'Église d'Antioche, pour aller en ambassade à Rome. Ils y portèrent le décret de l'élection de saint Chrysostome (Opp. *Chrysost.*, t. XIII ; Pallad., *Vit.*, p. 16). Ils y négocièrent surtout avec succès l'affaire d'Antioche, et revinrent en Égypte, d'où Acace retourna en Syrie, portant à Flavien des lettres pacifiques des évêques d'Égypte et d'Occident : ce qui acheva de rétablir complètement la communion entre ces Églises.

Dès que le nouvel évêque de Constantinople eut parlé dans son église, il s'établit entre lui et son peuple une affection réciproque. « Je ne vous ai parlé qu'une fois encore, dit-il dans son deuxième discours, et déjà je vous aime comme si j'avais été élevé parmi vous dès l'origine ; déjà je vous suis uni par les liens de la charité, comme s'il m'avait été donné depuis un temps infini de jouir des douceurs de votre commerce. Cela vient, non pas de ce que je suis sensible à l'amitié, mais de ce que vous êtes aimables par-dessus tout le monde. Car qui n'admirerait votre zèle de feu, votre charité sans feinte, votre affection pour ceux qui vous enseignent, votre concorde mutuelle, choses qui suffiraient pour vous concilier une âme de pierre ? C'est pourquoi nous ne vous aimons pas moins que cette Église où nous sommes nés, où nous avons été élevés et instruits. Celle-ci est la sœur de celle-là, et vous prouvez cette parenté par les œuvres. Si l'autre est plus ancienne pour le temps, celle-ci est plus fervente dans la foi ; là, il y a une assemblée plus nombreuse et un théâtre plus célèbre, mais on aperçoit ici plus de constance et de courage. Je vois ici les loups rôder de toutes parts autour des brebis, et cependant le bercail ne diminue pas (S. Chrysost., t. I, p. 541, homil. 11, édit. Bénédic.). » Ces loups étaient les diverses espèces d'hérétiques, anoméens, marcionites, manichéens, auxquels on peut ajouter les Juifs et les païens, qui, encore alors, n'étaient pas en petit nombre à Constantinople.

Les tremblements de terre étaient fréquents dans cette ville. L'an 396, il y en eut qui s'y firent sentir durant plusieurs jours; mais rien n'y causa plus d'effroi qu'un phénomène que saint Augustin décrit ainsi dans un sermon fait à son peuple. On vit au commencement de la nuit, du côté de l'Orient, une nuée enflammée qui croissait à mesure qu'elle approchait de Constantinople, jusqu'à ce qu'enfin elle couvrit toute la ville. Elle exhalait une odeur de soufre. Tous les habitants, consternés, coururent à l'église. Ceux qui n'avaient pas encore reçu le baptême s'empressèrent de le recevoir; on baptisait dans les maisons, dans les rues, dans les places. La nuée s'éclaircit peu à peu, et enfin se dissipa. Le peuple était rassuré, lorsque le bruit se répandit que la perte de la ville n'était que différée, et qu'au samedi suivant, à une certaine heure, elle périrait infailliblement. Cette prophétie renouvela l'épouvante. Le jour funeste étant arrivé, tous fuient en désordre, tous abandonnent leur patrie en poussant des cris lamentables. L'empereur même fuit avec eux. Cette multitude effrayée s'arrête à quelques milles, et, la face tournée vers Constantinople, ils adressent à Dieu leurs prières. On aperçoit tout à coup s'élever une épaisse fumée. A cette vue, les cris redoublent; enfin, l'air redevient serein, et, l'heure prédite étant passée, on envoya examiner l'état de la ville, qui fut trouvée sans aucun dommage. Le peuple y rentra avec la même joie que s'il eût recouvré la vie (Aug., De urb. excid., c. 6, t. VI).

Vers la fin de l'année 398, Constantinople ressentit de nouveau des secousses terribles. On entendit d'abord un mugissement souterrain; un moment après, la terre s'ouvrit en plusieurs endroits, il en sortit des flammes. Le Bosphore étant dans une violente agitation, la mer se répandit sur ses deux rivages et inonda une partie de Constantinople et de Chalcédoine. On voyait un grand nombre de maisons brûler dans les eaux. Les plus riches habitants s'enfuirent sur les montagnes voisines; d'autres demeurèrent au milieu des dangers, mais pour piller les biens des fugitifs. Saint Chrysostome usa de toute son éloquence pour condamner cette cruelle avarice et pour consoler son peuple, en lui montrant une autre patrie, où les trésors ne peuvent être enlevés, et dont les fondements sont inébranlables (S. Chrysost., t. XI).

Trente jours après, toute la ville fut occupée d'une pompe extraordinaire, qui fit oublier ce malheur. On transporta solennellement les reliques de plusieurs martyrs, depuis la grande église de Constantinople jusqu'à celle de saint Thomas, apôtre, au bourg de Drypia, sur le bord de la mer, à la distance de trois lieues. La translation se fit au milieu de la nuit, avec un concours infini de peuples, marchant tous en procession, un flambeau ou un cierge à la main. On y voyait les troupes des solitaires, les chœurs des vierges, la file des prêtres, la multitude des laïques, esclaves, hommes libres, citoyens, étrangers, princes et sujets, s'avançant à pied, pleins d'allégresse. Derrière la châsse des reliques, que couvrait un voile, marchait l'impératrice Eudoxie, vêtue de pourpre et ceinte du diadème, touchant de la main le voile et la châsse. Quand cette immense procession s'avança le long de la mer avec ses innombrables flambeaux, la mer resplendit comme un fleuve de feu. On s'était mis en marche à minuit; on n'arriva qu'après le jour. Saint Chrysostome termina la solennité par un discours qui respire le plus vif enthousiasme, et où il fait un grand éloge de la piété de l'impératrice. Le lendemain, l'empereur Arcade, suivi de son armée, vint à son tour honorer les saintes reliques, après avoir déposé son diadème et les soldats leurs armes (S. Chrys., t. XII, hom. 2 et 3).

L'an 399, le mercredi de la semaine sainte, qui était le 6 avril, il tomba une si grande pluie, que l'on craignit que les campagnes n'en fussent entièrement désolées. Le peuple, consterné, implora le secours du Ciel. Chrysostome indiqua des prières publiques, et alla processionnellement avec son troupeau à l'église des Apôtres, afin d'obtenir la délivrance du fléau par l'intercession de saint Pierre, de saint André, de saint Paul et de saint Timothée. L'orage se calma, mais les frayeurs ne cessèrent point; on passa donc le Bosphore pour visiter l'église de Saint-Pierre et de Saint-Paul, qui était de l'autre côté de la mer. On pouvait croire le peuple converti pour longtemps. Le vendredi saint, il y eut des courses de chevaux; plusieurs oublièrent l'église et la sainteté du jour, assistèrent à ces courses avec si peu de modestie, qu'ils remplirent toute la ville de leurs vociférations. Le lendemain, qui était le samedi saint, ils firent bien pis encore : ils assistèrent aux spectacles impurs que donnèrent publiquement les prostituées de la ville. Retiré dans sa maison, Chrysostome gémissait de ces désordres; le dimanche de Pâques, il s'en plaignit avec amertume et excommunia les coupables. Ils rentrèrent en eux-mêmes, et huit jours après le saint donna des éloges à leur conversion (t. VI et t. XII).

Il y avait dans Constantinople un grand nombre de Goths infectés de l'arianisme; mais il y en avait aussi beaucoup de catholiques. Ceux-ci s'étant trouvés à l'assemblée qui se tenait à l'église de Saint-Paul, pendant la semaine de Pâques, saint Chrysostome, ordonna à quelques-uns de cette nation de lire divers endroits de l'Ecriture, qu'ils avaient traduite en langue gothique, et à un prêtre goth de prêcher. Le saint prit occasion de là de confondre les Juifs et les païens : les Juifs, en leur faisant voir, suivant les oracles des prophètes, les nations converties, humanisées par la foi du Christ, qu'eux avaient rejeté; les païens, en leur montrant que leurs philosophes, avec leur longue barbe, leurs longs cheveux et leur bâton, n'avaient pu convertir personne, tandis que les pêcheurs de Galilée avaient amené à une philosophie toute divine les nations les plus barbares, les Goths, les Scythes, les Sarmates, les Thraces, les Maures (t. XII).

Le grand œuvre de saint Chrysostome était la réforme de son clergé et de son peuple. La facilité de Nectaire avait favorisé bien des désordres, entre autres la cohabitation de bien des clercs avec des filles qui faisaient profession de virginité. Le saint attaqua ce scandale dans deux livres. « Du temps de nos ancêtres, dit-il dans le premier, on ne consait que deux causes pour porter les hommes à demeurer avec des femmes : l'une, plus ancienne et instituée de Dieu, c'est le mariage ; l'autre, plus récente et inventée par le démon, c'est le concubinage. De nos jours il s'est établi une coutume qui n'est fondée sur aucun de ces motifs. L'on voit des hommes qui introduisent et gardent chez eux de jeunes filles, non pour en avoir des enfants, puisqu'ils assurent qu'ils n'ont avec elles aucun commerce ; ni pour être complices de leur débauche, puisqu'ils se disent les gardiens de leur intégrité. Si vous les pressez de dire pour quelles raisons ils les tiennent chez eux, ils disent qu'ils en ont beaucoup, mais ils n'en donnent aucune de bonne. » Le saint fait voir, et par l'Ecriture, et par l'autorité même des philosophes, que ces cohabitations étaient infiniment périlleuses en soi, de mauvais exemple et offensantes pour les fidèles, sujet de railleries pour les autres, et réfute les divers prétextes. C'était par charité, disaient ces clercs scandaleux, et pour servir des personnes pauvres. Pourquoi donc alors ne pas recueillir des hommes et des femmes âgées, infirmes, estropiées, dont les rues de Constantinople étaient pleines ? Mais non, il fallait qu'elles fussent jeunes et belles ; preuve évidente que le principe en était, non pas la charité, mais la passion. Quel scandale de voir des clercs toute la journée au milieu d'une troupe de filles, mangeant et riant à la même table, passant avec elles les nuits, non-seulement sous le même toit, mais dans le même appartement ? Quel ridicule pour la religion, quelle honte pour l'Eglise, de voir des clercs occupés comme des domestiques, des parasites et des eunuques ; courir à la boutique du marchand ou de l'artisan pour demander si le miroir de madame, si les parfums de madame, si les souliers de madame sont prêts ; de les voir, en un mot, quitter sans cesse la croix pour la quenouille ! Dans le second livre il s'élève encore avec plus de force et déplore avec plus de douleur la conduite de certaines filles riches, qui, après avoir fait profession de virginité, vivaient dans le luxe et la mollesse, et logeaient des hommes chez elles, ce qui occasionnait des scandales sans nombre, et faisait murmurer tout le monde (S. Chrysost., t. I).

Saint Chrysostome régla également la conduite des veuves consacrées à Dieu, dans le rang de diaconesses. Il y en avait à Constantinople de très-illustres par leur naissance et leur piété : Pentadie, veuve du consul Timase ; Salvine, fille du comte Gildon et veuve d'un neveu de l'empereur Théodose ; mais surtout sainte Olympiade, veuve d'un préfet de Constantinople et nièce de cette Olympiade qui, après avoir été fiancée à l'empereur Constant, épousa dans la suite Arsace, roi d'Arménie.

Ce que le saint régla surtout, ce fut sa propre maison. Ayant examiné les mémoires de l'économe qui maniait les biens de l'Eglise, il retrancha plusieurs dépenses inutiles, en particulier celles qui étaient pour la personne de l'évêque, et qui allaient très-loin. Il appliqua le superflu, tant à l'hôpital qui était déjà établi pour les malades, qu'à plusieurs autres qu'il fonda, et dont il donna la direction à deux prêtres fort pieux, qui avaient sous eux des médecins et les autres officiers nécessaires, tous hommes de bien et qui n'étaient point engagés dans le mariage. Il exhorta même les habitants de Constantinople d'avoir chacun leur hôpital domestique, c'est-à-dire, en chaque maison, une petite chambre pour les pauvres. Il s'appliqua encore à réprimer l'orgueil des riches et à leur enseigner la modération et l'humilité. « Quel sujet avez-vous, disait-il, de vous estimer si forts, et de croire nous faire grâce quand vous venez ici écouter ce qui sert à votre salut ? Votre richesse, vos habits de soie ? Eh ! ne savez-vous pas que des vers l'ont filée et que des Barbares l'ont mise en œuvre ? que les courtisanes, les voleurs, les sacriléges, les hommes les plus infâmes s'en servent ? Descendez une fois de ce faste, considérez la bassesse de la nature ; vous n'êtes que terre, poussière, cendre, fumée. Vous commandez à plusieurs hommes ; mais vous êtes esclaves de vos passions. C'est comme celui qui, dans sa maison, se laisserait battre par ses valets, et au dehors se vanterait de sa puissance. »

Une nouvelle catastrophe vint confirmer ces prédications de Chrysostome. L'orgueil de l'eunuque Eutrope montait à son comble. Il faisait faire des lois à l'empereur Arcade, qu'il était le premier à violer. Il ruinait les provinces, vendait les charges, tandis qu'il faisait proscrire les concussions et les brigues. Pour s'emparer plus facilement des biens des proscrits, il faisait abolir le droit d'asile dans les églises. Le sénat et le peuple se prosternaient devant lui ; on l'appelait le père de l'empereur, et l'empereur lui conféra le titre de patrice. On lui dressait des statues de tous les métaux, sous toutes les formes, dans toutes les places ; on en voyait une dans la salle du sénat, décorée d'une inscription fastueuse, où l'on relevait son illustre naissance et ses exploits guerriers : il y était nommé le troisième fondateur de Constantinople, après Byzas et Constantin. Cependant il passait les nuits à table et les jours au théâtre. Comme s'il eût pu se jouer de la nature, ainsi qu'il se jouait de l'empereur et de l'empire, il se maria, tout eunuque qu'il était. Les eunuques furent tellement en faveur, que bien des ambitieux se mutilèrent pour suivre cette nouvelle route de fortune. Eutrope aspirait au titre d'empereur ; il prit d'abord celui de consul pour l'an 399. Ce fut le premier et dernier consul eunuque. Il célébrait son avénement au consulat par des fêtes magnifiques, quand on apprit qu'un comte de l'empire, le goth Tribigilde, s'était révolté en Phrygie. Il était parent du comte Gaïnas. Ces deux Goths avaient aidé Eutrope à renverser Rufin. Ne se croyant point assez récompensés, ils entreprirent de renverser Eutrope. S'étant concertés ensemble, Tribigilde se retira pendant les fêtes dans son gouvernement de Phrygie, et leva l'étendard de la révolte. Après quelques incidents, Gaïnas fut envoyé pour le combattre. Mais bientôt il écrit à l'empereur que Tribigilde est invincible, que tout lui réussit, que le seul moyen de l'apaiser est de lui livrer Eutrope. L'empereur hésitait, lorsque l'orgueilleux eunuque eut l'audace de menacer l'impératrice même. Dès lors, il eut ordre de sortir sur-le-champ de la cour, avec défense, sous peine de la vie, de se présenter devant l'empereur.

Frappé de ce coup terrible, et plus effrayé encore du souvenir de ses crimes, Eutrope se réfugie dans une église et va chercher un asile dans ce lieu sacré qu'il avait lui-même dépouillé de ce droit. L'empereur envoie plusieurs de ses gardes pour l'en arracher par force. Saint Chrysostome s'oppose à leur violence; il défend un ennemi dont il s'était, par sa vertu, attiré la haine. On le saisit lui-même, on le conduit comme un rebelle au palais, entouré de soldats armés; il paraît d'un air intrépide devant l'empereur, et obtient qu'Eutrope puisse demeurer en sûreté dans l'enceinte de l'église. Tous les soldats qui se trouvaient alors à Constantinople s'assemblent aussitôt autour du palais; ils poussent de grands cris; ils font retentir leurs armes; ils demandent Eutrope pour en faire justice. L'empereur se présente; ses ordres ne sont pas écoutés; il faut qu'il ait recours aux prières; il les conjure de respecter l'asile sacré, et ce n'est enfin qu'à force de larmes qu'il vient à bout de calmer leur colère.

La nuit se passe dans une extrême agitation. Le lendemain, le peuple se rend en foule à l'église. Tous les yeux sont fixés sur Eutrope; on ne peut se lasser de considérer cet impérieux ministre, honoré la veille de tous les ornements du consulat, applaudi dans le cirque et sur les théâtres, environné de flatteurs empressés, l'idole de la cour et le terreur de l'empire; maintenant abandonné, pâle, tremblant, attaché à une colonne sans autre lien que la frayeur, caché dans le sein de l'église qu'il a méprisée. Jamais le sanctuaire n'avait paru si redoutable que lorsqu'on y voyait ce lion abattu: spectacle terrible, qui mettait en action les sentences de l'Ecriture sur la fragilité des grandeurs humaines. Cette vue n'inspirait que l'effroi: l'éloquence de Chrysostome tira des larmes. Il prononça un discours dans lequel, après une peinture pathétique de l'état où ce misérable était réduit, il excita dans les cœurs une compassion chrétienne. Tout l'auditoire, aussi pâle et aussi tremblant qu'Eutrope, ressentait son infortune, et ce peuple nombreux, qui n'avait apporté à l'église que des sentiments de haine et de vengeance, sortit en gémissant et en implorant la miséricorde de Dieu et la clémence de l'empereur (Chrys., In Eutrop., t. III; Soc., l. 6, c. 5; Soz., l. 8, c. 7; Zos., l. 5, c. 18; Suid., Eutrop.; Tillem.; Lebeau, Hist. du Bas-Empire, l. 26).

Eutrope était en sûreté dans son asile; mais, en étant sorti pendant la nuit pour se sauver ailleurs, il fut arrêté et condamné à un exil perpétuel dans l'île de Chypre. Ce n'était point assez pour Gaïnas: il sollicita sa mort. On accusa Eutrope d'avoir, dans les jeux célébrés pour la solennité de son consulat, employé les chevaux de Cappadoce, dont l'usage était réservé à la seule personne de l'empereur. On le ramena donc près de Chalcédoine, où il eut la tête tranchée.

Gaïnas s'étant réuni à Tribigilde, demanda encore d'autres têtes: Aurélien, consul de l'année même, qui était 400; Saturnin, consul en 383; le comte Jean, confident de l'empereur. Arcade les sacrifia, ou plutôt ils se livrèrent généreusement eux-mêmes pour le salut de l'empire. Saint Chrysostome les accompagna au camp de Gaïnas, qu'il adoucit tellement par son éloquence, qu'après leur avoir fait craindre le dernier supplice, il se contenta de les bannir.

Plus hardi que jamais, Gaïnas demanda à l'empereur une église pour lui et pour ceux de sa suite. Car il était arien, ainsi que la plupart des Goths, et la loi de Théodose défendait aux hérétiques de s'assembler dans les villes. Arcade, qui n'osait plus rien refuser promit de le satisfaire. Ayant donc fait venir l'évêque, il lui exposa la demande de Gaïnas et combien il était dangereux d'irriter un Barbare si redoutable, et qui peut-être aspirait à la dignité impériale. « Prince, répondit Chrysostome, ne faites pas de ces promesses et ne faites pas donner des choses saintes aux chiens. Je ne puis ôter l'église de Dieu à ceux qui prêchent la divinité du Verbe, pour la livrer à ceux qui le blasphèment. Du reste ne craignez point ce Barbare. Faites-nous venir l'un et l'autre en votre présence, et écoutez-nous sans rien dire. Je lui fermerai si bien la bouche, qu'il ne fera plus de demande inconvenante. » L'empereur y consentit avec joie, et les manda tous deux le lendemain. Chrysostome se rendit au palais, accompagné des évêques qui se trouvaient à Constantinople. Gaïnas, avec sa hardiesse ordinaire, somma l'empereur de tenir sa parole. Chrysostome répondit qu'un empereur chrétien ne pouvait rien entreprendre contre les choses divines. L'autre ayant représenté qu'il devait avoir, aussi bien que les autres, un lieu de prières: Toutes les églises vous sont ouvertes, répliqua Chrysostome, personne ne vous empêche d'y prier. Mais, dit Gaïnas, je suis d'une autre communion; je demande une église pour mes coreligionnaires, et je puis bien le demander, après les services que j'ai rendus aux Romains. Mais répondit Chrysostome, vous en avez été récompensé au delà de vos services. Vous êtes général, vous portez l'habit consulaire. Considérez ce que vous étiez autrefois et ce que vous êtes maintenant, quelle était votre pauvreté, quelles sont vos richesses, comme vous étiez vêtu avant de passer le Danube, et comment vous l'êtes aujourd'hui. Voyez combien vos travaux sont peu de chose auprès de la récompense, et ne soyez pas ingrat envers vos bienfaiteurs. Souvenez-vous comment le père de l'empereur vous sauva lorsque vous étiez fugitif de votre patrie. Souvenez-vous des serments que vous avez jurés, de lui être fidèle et à ses enfants, et de maintenir l'empire et ses lois. En disant ces mots, il montra la loi de Théodose, qui défendait les assemblées des hérétiques dans les villes. Puis, se tournant vers l'empereur, il l'exhorta à la soutenir, disant qu'il eût mieux valu quitter l'empire que de livrer la maison de Dieu. Gaïnas n'osa insister davantage, et les ariens n'eurent point d'église dans Constantinople (Soz., l. 8, c. 4; Théodoret, l. 5, c. 30-32).

Quelque temps après, Gaïnas n'ayant pas réussi à surprendre et à piller la capitale, comme il en avait le dessein, se jeta dans la Thrace et se mit à ravager les villes et les campagnes. Personne n'osait aller ni le combattre ni même traiter avec lui. On eut recours à saint Chrysostome, le seul homme intrépide qui fût dans Constantinople. Il accepta cette commission, plus dangereuse pour lui que pour tout autre, après la liberté avec laquelle il avait confondu Gaïnas. On vit alors combien la vertu est puissante. Gaïnas, averti que le saint évêque approchait, alla bien loin au devant de lui, lui prit la main, la mit sur ses yeux et lui présenta ses enfants en les posant à ses genoux. Cette députation n'ayant pas terminé la guerre, Arcade ne trouva de général capable que le goth Fravita, qui fut consul l'année suivante 401. Gaïnas ayant perdu une bataille navale, se retira au delà du Danube, où il fut défait et tué par Uldès, chef des Huns, qui envoya sa tête à Constantinople. Elle y fut reçue le 3 janvier 401. Tel était le triste état de l'empire, qu'attaqué par un Barbare, il ne put être sauvé que par des Barbares (Théodoret, c. 32-33; Soz., l. 8, c. 4).

Ce que saint Chrysostome était à Constantinople, le modèle des pontifes par son éloquence, sa doctrine, ses vertus et ses travaux, saint Augustin l'était en Afrique. Quand on considère tout ce qu'il a écrit, on ne conçoit pas qu'il ait pu faire autre chose; quand on considère ses autres occupations, on ne conçoit pas qu'il ait pu tant écrire. Celle qui lui prenait le plus de temps, était de connaître les différends temporels des chrétiens et de les juger d'après le règlement de saint Paul, qui défend aux chrétiens de se citer l'un l'autre devant les magistrats infidèles, et leur ordonne de prendre pour juge un homme sage de l'Eglise. Bien des fois saint Augustin s'y employait jusqu'au temps de son repas, ce qui, les jours de jeûne, allait jusqu'au soir. Il obtint de son peuple qu'on ne l'importunerait pas durant cinq jours de la semaine; mais cela ne dura pas. Cette occupation lui était extrêmement à charge, il aurait bien voulu s'en exempter; mais il ne le pouvait pas : Parce que, dit-il, l'apôtre nous a condamnés à ces fonctions pénibles, non par sa volonté propre, mais par la volonté de celui qui parlait par lui (Aug., De op. monach., c. 29). Nous n'osons pas dire, se lamente-t-il encore : O homme ! qui m'a constitué juge ou faiseur de partages? Car l'apôtre a constitué les ecclésiastiques pour connaître dans ces causes, quand il a défendu aux chrétiens de plaider dans le for séculier (In psalm. 118, sermo 24). Vers la fin de sa vie, il se déchargea de ces fonctions sur le prêtre Héraclius, désigné pour son successeur. Les empereurs accordaient à ces jugements une force civile.

Saint Augustin prêchait très-fréquemment, souvent jusqu'à deux fois dans un jour. Tout ce qu'il lui restait de temps, il l'employait à méditer ce qu'il devait dire. Mais il lui arrivait quelquefois, dans la chaire même, de se sentir inspiré à parler d'un sujet différent. Ainsi, un jour étant à table avec ses amis, il leur demanda s'ils avaient remarqué que la fin de son sermon ne répondait pas au commencement. Ils lui avouèrent qu'ils en avaient été surpris. « Je crois, dit-il alors, que Dieu, qui dispose de nous et de nos paroles comme il lui plait, a voulu se servir de mon oubli et de mon égarement pour instruire quelqu'un de l'auditoire et le retirer de son erreur. » Sa digression involontaire était une réfutation du manichéisme. Le lendemain, pendant qu'il était assis dans le monastère au milieu de ses amis, un négociant, nommé Firmus, jusque-là manichéen, vint se jeter à ses pieds, fondant en larmes, et le priant d'achever ce qu'il avait commencé; car ce qu'il avait dit contre l'erreur des manichéens la veille, l'avait rendu catholique. Tous admirèrent les voies secrètes de Dieu pour la sanctification des âmes. Firmus embrassa la vie monastique, et fit de si grands progrès dans la vertu, qu'une église d'outre-mer le demanda et l'obtint malgré lui pour son prêtre (Possid., c. 15).

Saint Augustin prêchait en latin. Comme la ville d'Hippone était un port de mer très-commerçant, cette langue y était vulgaire. Mais les habitants de la campagne parlaient généralement le punique ou le phénicien, dialecte de l'hébreu : ce qui nuisait un peu à la prédication de l'Evangile; car il n'était pas facile de trouver des ecclésiastiques qui sussent parler la langue du peuple.

Des prédications de saint Augustin qui devaient retentir dans tous les siècles, ce sont ses écrits. Il en a contre toutes les erreurs et sur tous les tons. Nous l'avons vu, n'étant encore que prêtre, composer des chants populaires pour réfuter l'erreur des donatistes. Devenu évêque, il fit le *Combat chrétien*, qu'on appellerait aujourd'hui *Combat spirituel*. Dans ce livre, écrit exprès d'un style facile et simple, afin qu'il fût à la portée de tout le monde, il exhorte le chrétien à combattre et à vaincre le démon. Nous remportons sur lui la victoire lorsque nous subjuguons nos convoitises et que nous réduisons le corps en servitude. Le corps sera ainsi subjugué, si nous nous soumettons nous-mêmes à Dieu, que sert toute créature, soit volontairement, soit nécessairement. La faiblesse humaine est fortifiée par la foi, et guérie par le Fils de Dieu fait homme. Pour conserver la foi pure, il faut écouter l'Eglise catholique, répandue par toute la terre, et repousser toutes les erreurs qu'elle condamne. Saint Augustin en énumère les principales, sur chaque article du Symbole (*De agon. christ.*).

Il fit un autre petit écrit, *De la croyance aux choses qu'on ne voit pas*, pour montrer que dans la religion chrétienne, ce n'est point par une coupable témérité, mais par une foi louable, que nous croyons des choses que nous ne voyons pas de nos yeux. Notre esprit même, ses pensées, sa détermination à croire ou à ne croire pas, sont des choses invisibles, et cependant, non-seulement nous y croyons, mais c'est là pour nous la base des sciences. L'amitié, l'affection, qui lie les hommes entre eux, est de sa nature invisible et spirituelle : défendre d'y croire, c'est détruire et la famille et la société publique. Mais, dira-t-on, si l'amitié est de soi invisible, du moins elle se manifeste par quelques signes. Oui; mais il en est de même de la religion chrétienne. Vous n'avez pas vu le Christ; mais vous voyez son Eglise. Vous n'avez pas vu sa naissance d'une vierge; mais vous voyez ce qui a été promis à Abraham : *En ta race seront bénies toutes les nations*. Vous n'avez pas vu les miracles du Christ dans la Judée; mais vous voyez l'accomplissement de ce qui lui avait été prédit : *Demande-moi, et je te donnerai les nations pour héritage, et pour ton domaine les confins de la terre*. Vous n'avez pas vu la passion du Christ prédite dans le psaume vingt et un ; mais vous voyez ce que prédit le même psaume : *Toutes les extrémités de la terre se ressouviendront et se convertiront à l'Eternel, et toutes les familles des nations adoreront en sa présence*. Car l'empire est à l'Eternel, et il sera le dominateur des nations. Le présent que vous voyez, vous est un sûr garant du passé et de l'avenir (*De Fide rerum*, etc., t. VI).

Un diacre de Carthage, nommé Déogratias, était occupé à instruire les catéchumènes. Comme on l'en jugeait très-capable, on lui en amenait souvent. C'étaient des personnes de tout âge, de tout sexe, de toute condition. Plus d'une fois il ne savait par où commencer ni par où finir. Quelquefois même il s'ennuyait de répéter toujours les mêmes choses, et de sentir que sa parole ne répondait pas bien à sa pensée. Il consulta là-dessus saint Augustin, et le pria de lui donner une méthode à suivre. Le saint lui répondit par un traité : De la manière de catéchiser les ignorants. Pour le bien faire, il dit qu'outre la doctrine, il faut la charité et la bonne humeur. Il signale les diverses causes d'ennui et en donne les remèdes. Il conseille de faire en sorte que les auditeurs soient assis, comme dans bien des églises d'outre-mer, afin qu'ils écoutent plus volontiers. Quant à la méthode à suivre, il pense que ce doit être en forme de narration historique; en sorte qu'on raconte toute l'histoire de la religion depuis la création jusqu'à Jésus-Christ, et qu'on termine chaque instruction par une conclusion morale qui insinue l'amour de Dieu et du prochain, fin de toute la loi. Enfin il ajoute deux modèles de discours qu'on pouvait faire en ces cas (De catech. rud., t. VI).

Vers l'an 397, il écrivit contre la lettre de Manès, que les manichéens appelaient l'*Epître du fondement*, parce qu'elle renfermait la substance de leur doctrine. Le saint docteur fait voir que cette lettre, au lieu d'une connaissance certaine et évidente qu'elle promettait, ne proposait que des incertitudes et des extravagances. Après avoir marqué avec quelle douceur on doit attaquer ceux qui se trouvent engagés dans cette erreur, il détaille les motifs qui le retiennent dans l'Eglise catholique, en avertissant que ce n'est pas la pénétration de l'intelligence, mais la simplicité de la foi, qui met en sûreté le commun des fidèles.

« Ce qui m'y retient, dit-il, c'est le consentement des peuples et des nations; c'est l'autorité commencée par les miracles, nourrie par l'espérance, accrue par la charité, affermie par l'ancienneté. Ce qui m'y retient, c'est la succession continuelle des pontifes, depuis l'apôtre saint Pierre, à qui le Seigneur, après sa résurrection, a recommandé de paître ses brebis, jusqu'à l'évêque qui en occupe actuellement le siège. Ce qui me retient, c'est le nom même de catholique, que l'Eglise seule a toujours conservé, avec beaucoup de raison, parmi un si grand nombre d'hérésies qui se sont soulevées contre elle; car, encore que les hérétiques affectent de se dire catholiques, toutefois, lorsqu'un étranger demande : Où est l'église des catholiques, aucun d'eux n'a la hardiesse de montrer son temple ou sa maison. C'est par tous ces liens du nom de chrétien, si précieux et si chers, qu'un homme fidèle est justement attaché à l'Eglise catholique, lors même qu'il n'aurait pas une intelligence parfaite de la vérité, soit à cause qu'il n'est pas capab. de l'entendre, ou qu'elle ne se montre pas encore à lui avec une entière clarté. Chez vous, au contraire, il n'y a rien de pareil pour m'inviter ou me retenir; vous promettez la vérité, mais vous ne faites jam que la promettre. Voyons, par exemple, ce qu'enseigne Manès, surtout dans ce livre que vous appelez l'*Epître du fondement*, et qui renferme à peu près tout ce que vous croyez. Lorsqu'on m'en eut fait la lecture, dans le temps que j'avais le malheur d'être parmi vous, vous disiez que dès lors j'étais illuminé. Elle commence en ces termes : *Manichée, apôtre de Jésus-Christ par la providence de Dieu le Père. Voici les paroles de salut, émanées de la fontaine vivante, éternelle*. Mais, de grâce, considérez bien ce que je demande. Je ne crois pas qu'il soit apôtre du Christ. Ne vous fâchez pas, et ne commencez point par des injures; car vous savez que j'ai résolu de ne rien admettre sans preuve, de ce que vous avancez. Je demande donc qui est ce Manichée? Vous répondez : L'apôtre du Christ. Je ne le crois pas; vous n'avez plus que dire ni que faire; vous promettiez la science de la vérité, et vous m'obligez de croire je ne sais quoi! Vous me lirez peut-être l'Evangile, et vous tâcherez d'en adapter quelque parole à la personne de Manichée. Mais si vous trouviez quelqu'un qui ne crût pas encore à l'Evangile, que lui feriez-vous, quand il vous dirait : Je n'y crois pas? Pour moi, je ne croirais point à l'Evangile, si l'autorité de l'Eglise catholique ne me persuadait. Mais si je m'en rapporte à elle, quand elle me dit : Croyez-en l'Evangile, pourquoi ne m'en rapporterais-je pas à elle, quand elle me dit : N'en croyez pas les manichéens? » Le saint docteur montre, avec la même force, que le reste de la lettre n'était qu'ineptie et contradiction.

Il réfuta encore le manichéisme dans les trente-trois livres contre Fauste, ce même évêque manichéen qu'il avait connu en sa jeunesse, et dont il avait tiré si peu de satisfaction. Il était Africain, originaire de Milève; et, ayant été dénoncé au proconsul, avec quelques autres de sa secte, au lieu de la peine qu'il avait encourue selon les lois, il fut seulement relégué dans une île, à la prière des chrétiens, et rappelé peu de temps après. Il composa, contre la foi catholique, un livre d'objections sur les Ecritures, principalement l'Ancien Testament. A la prière des fidèles, saint Augustin le réfuta pied à pied, mettant d'abord le texte de Fauste, et ensuite ses réponses.

Les écrits du saint docteur se répandaient dans toute l'Eglise. Simplicien, évêque de Milan et successeur de saint Ambroise, les lisait avec un plaisir particulier. Comme il avait contribué à la conversion d'Augustin, il lui était uni de l'amitié la plus tendre. Il lui écrivit, vers l'an 397, pour lui témoigner sa joie des dons que Dieu lui avait communiqués; mais, en même temps, il lui proposa quelques difficultés, avec prière de lui en donner l'éclaircissement et de faire pour cela un petit livre. Saint Augustin en fit deux. Dans le second, il éclaircit quelques textes des livres des *Rois*. Dans le premier, sur un texte de saint Paul, il aborda les questions les plus hautes et les plus difficiles : la nature de la loi ancienne, de la concupiscence, de la grâce, de la prédestination. Un examen plus approfondi de ces paroles de l'apôtre : *Qu'avez-vous que vous n'ayez reçu ?* lui fit changer le sentiment où il était auparavant, que la foi venait de l'homme, et, qu'après avoir ouï prêcher la vérité, c'était lui seul qui se déterminait à croire ou à ne croire pas : car, profitant à mesure qu'il écrivait et qu'il étudiait, il reconnut, par la lumière que Dieu lui donna, que le premier commencement de la foi n'est pas moins un don de la grâce que toute la suite des bonnes œuvres.

Il écrivait dans ce même temps ses *Confessions* en treize livres. Comme sa vie et ses écrits lui attiraient l'admiration universelle, il voulut se faire connaître tel qu'il était, afin qu'on ne le prît pas pour un autre. C'est pourquoi, en les envoyant plus tard au comte Darius, qui les lui avait demandées, il lui parle en ces termes : « Regardez-moi dans ce livre et apprenez-y ce que je suis, si vous voulez ne pas me louer au delà de ce que je mérite. C'est à moi-même et à ce que je dis de moi dans cet ouvrage qu'il faut vous en rapporter, et non point à ce qu'en disent les autres. Considérez bien le portrait que vous y verrez de moi, ce que j'étais de moi-même et par moi-même. Que si vous trouvez présentement en moi quelque chose qui vous plaise, louez-en avec moi celui que j'ai prétendu qu'on louât de ce qu'il a fait en moi ; car c'est à sa gloire que j'ai parlé de moi, et non pas à la mienne. C'est lui qui nous a faits ce que nous sommes, et non pas nous, qui n'avions fait que nous perdre et nous défigurer. Lors donc que vous m'aurez connu dans cet ouvrage, tel que je suis, priez pour moi, afin qu'il plaise à Dieu d'achever ce qu'il a commencé en moi, et qu'il ne permette pas que je le défasse (*Epist.* 235). » Si les autres ouvrages de saint Augustin furent bien reçus, ses *Confessions* le furent encore mieux que tous les autres.

Il écrivait à la même époque, contre les ariens, ses quinze livres *De la Trinité*, qu'il n'acheva que plus tard. Et tous ces ouvrages peuvent se compter pour rien, si on les compare à ce qu'il a fait, soit pour combattre les donatistes, soit pour les ramener à l'unité et à la communion de l'Eglise. Voyages, lettres, conférences, écrits, il ne négligeait rien, tâchant surtout de vaincre leur cruauté et leur fureur par un esprit de charité, de douceur et de patience.

Les donatistes se ruinaient eux-mêmes par leurs irrémédiables divisions. Celui d'entre eux qui y contribua le plus, fut un nommé Ticonius. C'était un homme d'esprit, savant et éloquent, qui avait étudié l'Ecriture sainte et composé divers ouvrages, entre autres une explication de l'Apocalypse et des règles pour l'intelligence de l'Ecriture, que nous avons encore et que saint Augustin recommande, pourvu qu'elles soient appliquées avec jugement. Ce Ticonius, en étudiant les livres saints, reconnut que l'Eglise devait être répandue par tout le monde, et qu'aucun péché ne pouvait empêcher l'effet des promesses divines. Il commença à défendre fortement cette vérité, sans toutefois cesser d'être donatiste ni voir la conséquence de son principe : que ceux des chrétiens d'Afrique qui étaient en communion avec tout le reste du monde appartenaient à la véritable Eglise. Parménien, évêque donatiste de Carthage, et tous ceux de la secte, voyaient bien la conséquence, et, pour ne pas l'admettre, ils aimèrent mieux nier le principe, soutenant que l'Eglise était corrompue par la communion des méchants. Parménien écrivit donc une lettre à Ticonius, comme pour le désabuser. Quant au principe même, il n'y opposait que des paroles en l'air ; mais pour la conséquence, il en étranglait, pour ainsi dire, son adversaire, en lui montrant que, si l'Eglise devait être répandue par toute la terre, et que personne n'y fût souillé par le péché des autres, comme Ticonius le prétendait, il avait grand tort de demeurer dans le parti de Donat et de rejeter la communion des catholiques à cause des traditeurs. Ticonius persista dans son inconséquence et fut ensuite condamné par les donatistes dans un de leurs conciles.

Les divisions des donatistes étaient en si grand nombre, surtout dans la Mauritanie et la Numidie, qu'eux-mêmes ne pouvaient dire combien il y en avait, et saint Augustin dit qu'il ne peut pas seulement nommer toutes celles qui étaient dans la Numidie où il vivait. Chaque parti s'estimait d'autant plus pur et plus juste, qu'il se trouvait composé d'un plus petit nombre de sectateurs. Si petits qu'ils fussent, ils prétendaient que chacun avait seul le droit de baptiser, à l'exclusion et des catholiques et du corps même des donatistes. Une division plus considérable éclata vers l'an 392, à Carthage même. Parménien étant mort, eut pour successeur Primien, qui excommunia Maximien, un de ses diacres. Celui-ci, soutenu par une femme riche, fit un parti contre l'évêque, qui bientôt se vit condamné par deux conciles, et Maximien ordonné à sa place. Mais Primien, à son tour, dans un concile de trois cent dix évêques assemblés à Bagale, se fit déclarer lui-même innocent et condamner ses adversaires. De là une guerre violente entre les primianistes et les maximianistes. Les premiers invoquaient contre les seconds les lois des empereurs et la puissance des magistrats ; dans cette vue, ils prenaient dans leur requête le nom des catholiques. Toutefois, lorsque des maximianistes revenaient au parti de Primien, celui-ci les recevait dans leur rang et honneur sans leur imposer aucune pénitence. Enfin, durant la guerre du comte Gildon, un évêque primianiste, appelé Donat et surnommé le Gildonien, à cause qu'il était le favori du rebelle, s'était rendu odieux à tout le monde par ses cruautés et ses violences, n'épargnant pas même ceux de son parti. Et cependant les donatistes continuaient à recevoir la communion de sa main, sans oser même lui adresser une parole de reproche pour des crimes notoires et qu'ils blâmaient eux-mêmes (Tillem., art. *Donat*).

Saint Augustin profita merveilleusement de tous ces faits, dans les ouvrages qu'il composa contre les donatistes, vers l'an 400, savoir, trois livres contre la lettre de Parménien à Ticonius ; sept livres du baptême ; trois livres contre les lettres de Pétilien, évêque donatiste de Cirthe ou Constantine. Il leur fait voir que, par leur conduite, ils se condamnaient eux-mêmes et justifiaient l'Eglise catholique. Enfin, dans une lettre pastorale aux fidèles de son diocèse, sur l'unité de l'Eglise ou plutôt son universalité, il expose la question générale, sans s'embarrasser dans le détail des faits. « La question, dit-il, est de savoir où est l'Eglise, chez nous, ou bien chez les donatistes. Cette Eglise est une, et nos ancêtres l'ont nommée *catholique*, afin de faire voir par son nom même qu'elle est répandue par toute la terre. Cette Eglise catholique est le corps de Jésus-Christ, ainsi que le dit l'apôtre. Celui qui n'est point membre de ce corps, ne peut donc avoir part au salut mérité par le chef, qui est le Christ. Pour savoir où est cette Eglise, il ne faut pas s'embarrasser ni s'assurer si les crimes que les évêques d'Afrique, catholiques et donatistes, s'objectent mutuellement, sont véritables, parce qu'ils n'intéressent point les autres églises du monde. Et de fait, les donatistes ne peuvent disconvenir qu'il y ait des crimes parmi eux qui ne nuisent pas au reste, parce qu'ils sont occultes. Pourquoi donc alors condamner l'univers entier, qui ignore en grande partie s'il y a des donatistes ; qui ignore ce qu'il en est des crimes que les Africains se reprochent les uns aux autres ? Le principal est de chercher dans les livres canoniques de quoi montrer où est cette Eglise. En effet, si l'on pouvait prouver par les divines Ecritures, que l'Eglise est dans l'Afrique seule, ou dans quelques montagnards qui résident à Rome ou dans la maison de Lucile, cette femme qui a donné comme naissance au schisme des donatistes, il faudrait reconnaître qu'eux seuls ont l'Église. Si, au contraire, on montre par l'Écriture qu'elle est placée chez les Maures de la province césarienne, il faudra passer chez les rogatistes. Si on la met dans la Byzacène, nous serons obligés de dire que les maximianistes sont en possession de l'Eglise. Si on la place dans les seules provinces de l'Orient, il faudra la chercher parmi les ariens, les eunomiens, la macédoniens et autres hérétiques de ces cantons. Mais s'il est bien prouvé, par des témoignages certains des Ecritures canoniques, que l'Eglise est répandue dans toutes les nations, on ne pourra se dispenser de convenir que celle-là est la seule Eglise qui s'y trouve effectivement répandue (Aug., t. IX).

Quant au détail des faits, saint Augustin les discuta et les éclaircit bien des fois, non-seulement dans des traités considérables, mais dans des lettres et des conférences. Ainsi, un jour se trouvant à Tuburse avec Glorius et quelques autres donatistes, il eut avec eux une conférence sur la réunion, et leur en adressa le résultat dans une lettre. Passant une autre fois dans la même ville, il alla trouver l'évêque donatiste Fortunius, qui était un vieillard doux et traitable, et qui estimait beaucoup Augustin, dont il avait appris la vie sainte. Il y alla en assez grande compagnie, et le bruit s'étant répandu qu'il y était, il s'y amassa une grande multitude, par simple curiosité, pour la plupart, comme à un spectacle. Aussi faisaient-ils tant de bruit, que la conférence fut peu réglée. Augustin demanda plusieurs fois qu'elle fût rédigée par des écrivains en notes; et à peine put-il obtenir que ceux qui étaient avec lui commençassent à le faire. Encore furent-ils obligés de quitter, à cause du tumulte. Saint Augustin en écrivit depuis la substance à Glorius et aux autres, les priant de communiquer sa lettre à Fortunius, et de lui rappeler ce dont ils étaient convenus ensemble, de se réunir de nouveau dans un lieu plus tranquille, avec dix évêques de chaque côté. Dans cette première conférence, Fortunius produisit un livre où il prétendit montrer que le concile de Sardique avait écrit à des évêques africains de la communion de Donat. Saint Alypius dit à l'oreille de saint Augustin : Nous avons entendu dire que les ariens ont voulu s'attirer les donatistes en Afrique. Saint Augustin prit le livre, et, considérant les décrets de ce concile, il trouva que saint Athanase y était condamné, ainsi que le pape saint Jules : ce qui lui fit connaître que c'était un concile d'ariens (*Epist.* 43 et 44). C'était sans doute celui de Philippopolis, qui prenait le nom de celui de Sardique. Nous verrons que les Africains étaient peu instruits de ce qui regarde le fameux concile de Sardique, complément de celui de Nicée, quoique Gratus, évêque de Carthage, y eût assisté.

Dans le même temps, c'est-à-dire vers la fin du IVe siècle; il se tint plusieurs conciles en Afrique, l'un à Hippone, d'autres à Carthage. Leurs règlements se trouvent réunis sous le nom de *Code des canons de l'Eglise africaine.* Il y en a pour le moins dix touchant les donatistes : qu'il faut user de beaucoup de douceur à leur égard, leur proposer des conférences, les recevoir avec charité quand ils reviennent. Quant à la pénitence, il y a une chose très-remarquable, c'est qu'il n'est question ni de temps ni de manière : le tout est laissé au jugement de l'évêque ou du prêtre qui le remplace (Can. 43; Labbe, t. II; Mansi, t. III). Défense aux évêques de s'approprier le clerc d'un autre diocèse. On en excepte l'évêque de Carthage, qui, pour le bien des Eglises, peut prendre et ordonner évêque le prêtre de tel diocèse qu'il jugera à propos. Il est encore autorisé à souscrire pour ses collègues (*Ibid.*, 55, 85, 93). Les évêques, les prêtres, les diacres et les sous-diacres sont obligés, suivant les anciennes règles, de garder la continence et de s'abstenir de leurs femmes, sous peine de déposition (*Ibid.*, 25). Il faut célébrer le saint sacrifice à jeun. On proscrit deux abus assez étranges : défense de donner le baptême et l'eucharistie aux morts; défense aux prêtres d'ériger d'eux-mêmes leurs paroisses en évêchés (*Ibid.*, 18, 41, 53).

Le plus remarquable de ces conciles est le quatrième de Carthage, tenu le 8 novembre 398, où assistèrent deux cent quatorze évêques, sous la présidence d'Aurélius. On y fit cent quatre canons, la plupart touchant les ordinations cléricales et les devoirs des évêques et des clercs. Ce qu'il dit de l'ordination de l'évêque, du prêtre, du diacre, du sous-diacre, de l'acolyte, de l'exorciste, du lecteur et du portier, est presque en tout conforme au *Pontifical romain.*

Voici comme il règle la conduite des évêques et des clercs. L'évêque doit avoir son petit logis près de l'église ; ses meubles doivent être de vil prix, sa table pauvre; il doit soutenir sa dignité par sa foi et sa bonne vie. Il ne lira pas les livres des païens, et lira ceux des hérétiques, seulement par nécessité. Il ne se chargera ni d'exécution de testaments ni du soin de ses affaires domestiques, et ne plaidera point pour des intérêts temporels. Il ne prendra point par lui-même le soin des veuves, des orphelins et des étrangers; il s'en déchargera sur l'archiprêtre ou l'archidiacre, et s'occupera entièrement de la lecture, de la prière et de la prédication. Il n'ordonnera point de clercs sans le conseil de son clergé et l'assentiment et le témoignage du peuple. Il ne jugera qu'en présence de son clergé, sous peine de nullité. Il exhortera ceux qui sont en différend à s'accommoder plutôt qu'à se faire juger. On examinera, dans les jugements, les mœurs et la foi de l'accusateur et de l'accusé. L'évêque usera du bien de l'Eglise comme dépositaire et non comme propriétaire, et l'aliénation qu'il en aura faite, sans le consentement et la souscription des clercs, sera nulle. L'évêque aura un siége plus élevé dans l'église; mais, dans la maison, il reconnaîtra les prêtres pour ses collègues et ne souffrira point qu'ils soient debout, lui étant assis, en quelque lieu que ce soit. Les évêques et les prêtres qui viennent dans une autre église garderont leur rang et seront invités à prêcher et à consacrer l'oblation. Celui qui sortira quand l'évêque prêche, sera excommunié. L'évêque ne doit empêcher personne, soit païen, soit hérétique, soit juif, d'entrer dans l'église pour entendre la parole de Dieu, jusqu'à la messe des catéchumènes, c'est-à-dire jusqu'à ce qu'on les renvoie. L'évêque ne se dispensera point d'aller au concile sans cause grave, et, en ce cas, il enverra un député. Le concile réconciliera les évêques divisés;

il jugera l'accusation intentée par l'évêque contre un clerc ou contre un laïque. Si les juges prononcent en l'absence de la partie, la sentence sera nulle et ils en rendront compte au concile. La condamnation injuste prononcée par un évêque sera revue dans un concile. Les translations sont défendues, si ce n'est pour l'utilité de l'Église, par l'autorité du concile, pour les évêques, et par l'autorité de l'évêque, pour les prêtres et les autres clercs.

Les prêtres qui gouvernent les paroisses demanderont le chrême, avant Pâques, à leurs propres évêques, en personne ou par le sacristain. Le diacre est le ministre du prêtre comme de l'évêque; il ne s'assiéra que par l'ordre du prêtre; il ne parlera point, dans l'assemblée des prêtres, s'il n'est interrogé; en présence du prêtre, il ne distribuera point au peuple l'eucharistie du corps de Jésus-Christ, si ce n'est par son ordre, en cas de nécessité; il portera l'aube pendant l'oblation ou la lecture. Les clercs ne doivent nourrir ni leurs cheveux ni leur barbe; ils doivent faire paraître leur profession dans leur extérieur, et ne chercher l'ornement ni dans leurs habits ni dans leurs chaussures; ils ne doivent point se promener dans les rues et les places, ni se trouver aux foires, si ce n'est pour acheter, sous peine de déposition. Tous les clercs qui ont la force de travailler doivent apprendre des métiers et gagner leur vie, c'est-à-dire de quoi se nourrir et se vêtir, soit par un métier, soit par l'agriculture, quelque instruits qu'ils soient dans la parole de Dieu, sans préjudice de leurs fonctions. On condamne les clercs envieux, délateurs, flatteurs, médisants, querelleurs, jureurs, bouffons ou trop libres en leurs paroles, ceux qui chantent à table ou qui rompent le jeûne sans nécessité. L'évêque doit réconcilier les clercs divisés, ou les dénoncer au concile. On ne doit jamais ordonner clercs des séditieux, des vindicatifs, des usuriers ni des pénitents, quelque bons qu'ils soient. On avancera dans les ordres les clercs qui s'appliquent à leurs devoirs au milieu des tentations, et on déposera ceux qu'elles rendent négligents.

Celui qui communique ou prie avec un excommunié sera excommunié lui-même. Le prêtre donnera la pénitence à ceux qui la demandent; ceux qui sont plus négligents, y seront reçus plus tard. Si un malade demande la pénitence, et qu'avant que le prêtre soit venu, il perde la parole ou la raison, il recevra la pénitence sur le témoignage de ceux qui l'ont entendu. Si on le croit près de mourir, qu'on le réconcilie par l'imposition des mains, et qu'on fasse couler dans sa bouche l'eucharistie. S'il survit, il sera soumis aux lois de la pénitence, tant que le prêtre jugera à propos. Ceux qui, ayant observé exactement les règles de la pénitence, meurent en voyage ou autrement, sans secours, ne laisseront pas de recevoir la sépulture ecclésiastique et de participer aux prières et aux oblations. Ceux qui doivent être baptisés donneront leur nom, et seront longtemps éprouvés par l'abstinence du vin et de la chair, et par la fréquente imposition des mains. Les néophytes s'abstiendront quelque temps des festins, des spectacles et de leurs femmes. Celui qui, en un jour solennel, va aux spectacles au lieu d'aller à l'office de l'église, sera excommunié; de même, celui qui s'adonne aux augures, aux enchantements ou aux superstitions judaïques. Ceux qui refusent aux églises les oblations des défunts, ou les rendent avec peine, seront excommuniés comme meurtriers des pauvres. On ne recevra point les oblations de ceux qui sont en querelles, ni de ceux qui oppriment les pauvres. Enfin, le concile excommunie le catholique qui en appelle à un juge d'une autre religion (Labbe, t. II).

Deux ans après, le premier concile de Tolède fit des canons semblables, touchant la vie des clercs et de leurs familles, des religieuses et des veuves. Il ne veut pas qu'on reçoive les pénitents dans le clergé, si ce n'est que la nécessité ou l'usage le demande, et seulement comme portiers ou lecteurs; il entend par là ceux qui, après leur baptême, ont reçu la pénitence publique ou le cilice, pour l'homicide ou d'autres crimes et péchés énormes. Si un homme puissant dépouille un clerc, un pauvre quelconque ou un religieux, l'évêque lui en fera des remontrances; s'il les méprise, il en écrira à tous les évêques de la province, même à tous ceux qu'il pourra, afin qu'il soit excommunié jusqu'à ce qu'il obéisse et qu'il rende le bien d'autrui. Selon les lois romaines, toute femme ne pouvait être épouse légitime de tout homme : il fallait que l'un et l'autre fussent citoyens romains, et qu'il y eût proportion entre les conditions. Un sénateur ne pouvait épouser une affranchie; un homme libre ne pouvait épouser une esclave, et les conjonctions des esclaves entre eux n'étaient point nommées mariages. Or, la femme qui ne pouvait être tenue à titre d'épouse, pouvait être concubine ou femme de second rang, et les lois le souffraient, pourvu qu'un homme n'en eût qu'une et ne fût point marié. Les enfants qui en venaient n'étaient ni légitimes ni bâtards, mais enfants naturels, reconnus par les pères et capables de donations. L'Église n'entrait point dans ces distinctions politiques, et, se tenant au droit naturel, approuvait toute conjonction d'un homme et d'une femme, pourvu qu'elle fût unique et perpétuelle. En conséquence, le concile de Tolède porte, dans son dix-septième canon : « Si quelqu'un, avec une épouse fidèle, a une concubine, il est excommunié; mais si la concubine lui tient lieu d'épouse, en sorte qu'il se contente de la compagnie d'une seule femme, à titre d'épouse ou de concubine, à son choix, il ne sera point rejeté de la communion. » C'est ainsi que l'Église rétablissait l'égalité naturelle et préparait l'abolition de l'esclavage (Labbe, t. II).

Dans les canons de l'Église d'Afrique, il y a surtout un point à remarquer : c'est l'autorité du siége de Pierre. Le troisième concile de Carthage dit dans son vingt-huitième canon, quarante-septième du recueil : Nous avons cru devoir consulter nos frères et collègues, Sirice et Simplicien, touchant les enfants baptisés chez les donatistes, afin que l'erreur de leurs parents ne les empêche point, quand ils reviennent à l'Église, d'être promus au ministère des autels. Le Pape, ainsi que l'évêque de Milan, ne furent point de cet avis. C'est pourquoi les Africains, assemblés de nouveau à Carthage, le 18 juin 401, résolurent d'envoyer un d'entre eux pour exposer les besoins extrêmes de l'Église d'Afrique, à leur saint et vénérable frère Anastase, évêque du Siége apostolique, ainsi qu'à leur saint frère Vénérius, évêque de Milan, et pour les prier qu'il leur fût permis d'ordonner les enfants qui avaient été baptisés chez les hérétiques; et cela, disent-ils, parce que ces deux sièges l'avaient défendu (Labbe, t. II). Le Pape ayant donné une réponse favorable, ils en rendirent grâces à Dieu; et, puis demandèrent une seconde dispense. « Nous avons résolu d'écrire à nos frères et coévêques, et surtout au Siége apostolique, où préside notre vénérable frère et collègue Anastase, afin qu'il connaisse l'extrême nécessité de l'Afrique, et qu'il permette de recevoir dans leur rang et honneur les clercs donatistes, dont le retour favoriserait extraordinairement l'unité (Ibid., can. 68; Coustant). » C'est que le concile de Capoue avait ordonné, en général, de les recevoir seulement à la communion laïque, et les évêques africains demandaient une exception pour ceux, par exemple, qui ramèneraient avec eux une partie de leur peuple. Le pape Miltiade avait déjà accordé cette indulgence. Enfin, dans le canon cent six de la collection, il est dit que tous ceux d'Afrique qui voudront aller à la cour impériale, doivent en exposer les motifs à l'évêque de Rome, et en obtenir des lettres formées, sous peine d'excommunication (Labbe, t. II).

L'on voit des choses semblables au concile de Tolède. Plusieurs évêques priscillianistes y abjurèrent leurs erreurs et furent reçus à des conditions dignes d'être remarquées. Ainsi, on permet à Paterne de Brague de demeurer dans son église, et on promet de le recevoir à la communion, après le rescrit du Siége apostolique. On promet aussi de recevoir les autres évêques de Galice, s'ils souscrivent à la formule envoyée par le concile, en attendant, disent les Pères, ce que le Pape qui est à présent, ce que saint Simplicien, évêque de Milan, et les autres évêques en écriront (Ibid., Concil. Hisp., t. III). C'est la première fois qu'on trouve l'évêque de Rome, nommé simplement le Pape, comme par excellence. Si ces conciles parlent aussi de l'évêque de Milan, c'est qu'il était le représentant et comme le nonce du Saint-Siége près de la cour impériale : comme nous le voyons par l'exemple de saint Ambroise, que le pape saint Damase chargeait de poursuivre les affaires de l'Eglise romaine.

Vers l'an 397, il se tint un concile à Turin, à la prière des évêques des Gaules, dont il nous reste une épître synodale contenant huit articles. Le premier regarde Proculus, évêque de Marseille, qui prétendait devoir présider comme métropolitain aux évêques de la seconde Narbonnaise, et y ordonner les évêques, disant que leurs églises avaient été de son diocèse, ou qu'il les avait ordonnés. Les évêques du pays soutenaient, au contraire, qu'un évêque d'une autre province ne devait point les présider; et Marseille était en effet de la province de Vienne. Le concile jugea, pour le bien de la paix, que Proculus devait avoir la primauté qu'il prétendait, non comme un droit de son siège, mais comme un privilége personnel accordé à son âge et à son mérite. Qu'ainsi, sa vie durant, il présiderait les évêques, dont il constaterait que les églises auraient été de son diocèse, ou qu'eux-mêmes auraient été tirés d'entre ses disciples; en sorte qu'eux l'honoreraient comme leur père, et que lui les traiterait comme ses enfants. Proculus est loué par saint Jérôme pour sa vertu et sa doctrine; mais on voit par ce concile qu'il était un peu trop jaloux de son autorité.

Les évêques d'Arles et de Vienne disputaient ensemble de la primauté métropolitaine. Vienne était l'ancienne métropole; mais Arles, depuis le règne de Constantin, qui lui avait donné son nom avec de grands priviléges, était regardée comme la seconde ville des Gaules, dont Trèves était la première. Le concile ordonna que celui des deux évêques qui prouverait que sa ville était métropole, aurait le pouvoir de faire les ordinations, leur laissant toutefois, pour le bien de la paix, la liberté de s'attribuer, chacun dans sa province, les évêques des villes les plus voisines, et de visiter leurs églises comme métropolitains (Labbe).

Félix, évêque de Trèves, ayant été ordonné par les ithaciens, était demeuré attaché à leur communion, que les plus saints évêques rejetaient. Ceux des Gaules, qui communiquaient avec Félix, envoyèrent des députés au concile de Turin. Mais le concile déclara qu'il ne recevrait que ceux qui se sépareraient de la communion de Félix, suivant les lettres de saint Ambroise et du pape saint Sirice, qui furent lues en présence des députés, et que nous n'avons plus.

Les évêques des Gaules consultèrent encore le même Pape, pour apprendre, de l'autorité du Siége apostolique, quelles étaient les vraies règles, touchant la continence des clercs, les ordinations, les vierges. Saint Sirice leur répondit par une décrétale qu'on a retrouvée assez tard, et qu'on lui a restituée plus tard encore. Il y rappelle en général les mêmes règles que dans sa décrétale à Himérius de Tarragone. Les évêques, les prêtres et les diacres sont tenus à la continence. L'Eglise romaine ne recevait dans le clergé que celui qui, ayant été baptisé jeune, avait conservé la pureté de son corps, ou qui, ayant reçu le baptême à un certain âge, était demeuré chaste et n'avait eu qu'une femme. Il ne faut point élever à l'épiscopat des laïques, ni admettre au ministère des autels ceux qui ont rempli les charges du siècle, où le péché est comme inévitable. Un évêque ne doit pas recevoir un clerc excommunié par son collègue : surtout il ne doit point se permettre de faire des ordinations dans le diocèse d'autrui; quiconque s'en rendra coupable à l'avenir, courra risque d'être déposé. Les vierges qui ont pris le voile ou qui se disposaient à le prendre, et qui se sont laissé séduire, feront pénitence pendant plusieurs années. Il n'est pas permis, sous la loi nouvelle, d'épouser sa tante ni la sœur de sa femme. Le langage du pape saint Sirice respire la modestie et l'humilité la plus sincère, quoiqu'il maintienne les anciennes règles avec fermeté. Il mourut le 26 novembre 398, après avoir gouverné l'Eglise près de quatorze ans (Coustant). On élut aussitôt Anastase, qui ne tint le Saint-Siége que trois ans et quelques jours.

Une année ou deux après le pape saint Sirice, mourut saint Martin de Tours, le dimanche 11 novembre, jour auquel l'Eglise honore encore sa mémoire. Il était parvenu à une extrême vieillesse et avait plus de quatre-vingts ans; il savait depuis longtemps que sa mort était proche, et en avait averti ses disciples. Ayant appris qu'il y avait division entre les clercs de l'église de Cande, à l'extrémité de son diocèse, il y alla pour y établir la paix, suivi, à son ordinaire, d'un grand nombre de ses disciples. Saint Martin ayant demeuré quelque temps

LIVRE XXXVII. — MORT DE SAINT MARTIN.

en ce lieu-là, et fait ce qu'il désirait; il songeait à retourner à son monastère, quand tout à coup les forces lui manquèrent. Il appela ses disciples et leur déclara que sa fin était venue. Aussitôt, fondant en larmes, ils s'écrièrent tout d'une voix : « Mon père, pourquoi nous abandonnez-vous? Les loups ravissants se jetteront sur votre troupeau. Nous connaissons le désir que vous avez d'être avec Jésus-Christ; mais votre récompense est assurée : pour être différée, elle sera toujours la même. Soyez touché de nos besoins, et considérez les périls au milieu desquels vous nous abandonnez! » Touché de leurs larmes, il pleura lui-même et dit : « Seigneur, si je suis encore nécessaire à votre peuple, je ne refuse pas le travail : que votre volonté soit faite! »

Malgré la fièvre qui le brûlait, il resta couché sur un cilice couvert de cendres, priant toute la nuit. Ses disciples offrirent de mettre sous lui un peu de paille, mais il le refusa. « Mes enfants, disait-il, il sied mal à un chrétien de mourir autrement que sur la cendre. Malheur à moi, si je vous donnais un autre exemple! » Il avait toujours les yeux et les mains levés vers le ciel, et sa prière était continuelle. Comme les prêtres qui l'entouraient le priaient de se tourner de côté pour le soulager, il dit : « Mes frères, laissez-moi regarder le ciel plutôt que la terre, afin que mon âme prenne sa route pour aller à Dieu. » Puis, voyant le démon près de lui, il s'écria : « Que fais-tu là, bête cruelle? Tu ne trouveras rien en moi qui t'appartienne; j'irai dans le sein d'Abraham. » En disant ces mots, il expira; et les assistants admirèrent l'éclat de son visage, qui leur parut comme déjà glorieux. Les habitants de Poitiers prétendaient enlever ses reliques, à cause du séjour qu'il avait fait chez eux dans son monastère de Ligugé; mais le peuple de Tours l'emporta. Il y eut une multitude incroyable de peuple à ses funérailles. Comme on le rapportait à Tours, toute la ville vint au-devant de lui, tout le peuple de la campagne y accourut et plusieurs des villes voisines; il s'y assembla environ deux mille moines et une grande troupe de vierges. Tous fondaient en larmes, quoique personne ne doutât de sa gloire. On le porta, en chantant des hymnes, jusqu'au lieu de son sépulcre, où fut bâtie depuis une grande église et l'illustre monastère de Saint-Martin de Tours. Il gouverna cette Église pendant vingt-six ans, et eut pour successeur saint Brice, un de ses disciples. Un autre, saint Sulpice Sévère, écrivit sa vie (*Epist.* 3; Greg. Tur., l. 1, *c. ult.*).

Cependant les empereurs Honorius et Arcade faisaient des lois. Jamais prince n'en avait publié autant. Ils renouvelèrent presque toutes les anciennes; ils en établirent une infinité de nouvelles; dans le grand nombre des mêmes sont souvent répétées, quelquefois elles se détruisent mutuellement : on voit ces empereurs avouer eux-mêmes leur faiblesse, en défendant de leur demander des grâces et des priviléges contraires à leurs ordonnances, et d'avoir égard à leurs propres rescrits, lorsqu'ils dérogent au droit établi. L'empire était comme un édifice ébranlé qu'on ne peut soutenir que par de nombreux appuis, qui, eux-mêmes, ont besoin d'être soutenus par d'autres.

Dans ce grand nombre de lois, il y en a plusieurs qui furent utiles à la religion. Par exemple, les païens faisaient courir une prédiction suivant laquelle saint Pierre avait, par magie, accrédité la religion du Christ; mais l'enchantement allait tomber, le terme du christianisme était fixé à la fin du IVe siècle. On y était arrivé, et les païens attendaient ce prodige, lorsque à leur grande confusion, les deux empereurs publièrent des lois qui ruinèrent l'idolâtrie plus que jamais.

De toutes les provinces de l'Occident, l'Afrique était la plus attachée au paganisme. Honorius y avait défendu les sacrifices; il avait ordonné aux magistrats de faire briser les statues qui étaient l'objet d'une vénération sacrilége. Cependant, par une sorte de ménagement, il permit les festins et les divertissements que la coutume avait établis à l'occasion des fêtes païennes, pourvu qu'ils ne fussent marqués d'aucun caractère d'idolâtrie. Il laissa même subsister les temples, mais sans autels, sans sacrifices, sans statues. Deux comtes furent envoyés en Afrique pour exécuter les ordres de l'empereur. Ils tirèrent de plusieurs cavernes de Mauritanie des images monstrueuses de divinités, qu'on y avait cachées, et les réduisirent en poudre. Ils détruisirent à Carthage une idole célèbre. Elle y était révérée sous le nom de *Céleste*. Son temple était spacieux, pavé de mosaïque, orné de colonnes des plus beaux marbres. Alentour, s'élevaient des chapelles consacrées à tous les dieux de l'Afrique. Cette enceinte avait deux mille pas de circuit. L'idole était assise sur un lion, une espèce de tambour à la main, la tête couronnée de tours : ces attributs convenaient à Cybèle; mais l'idole rassemblait encore ceux de plusieurs autres divinités. On y reconnaissait l'Astarté des Sidoniens, la Vénus Uranie des Grecs, celle que l'Écriture sainte nomme la *reine du ciel* et que les Juifs avaient souvent adorée. Ce culte, apporté en Afrique par Didon, s'était répandu par toute la terre; on envoyait de toutes parts des offrandes à Carthage, et Céleste était une des divinités qu'on pouvait, selon les lois romaines, instituer héritière. Le temple était fermé depuis la loi de Théodose en 391, le terrain s'était couvert de ronces et d'épines, où les païens disaient qu'étaient cachés une infinité de serpents et d'aspics, qui gardaient ce lieu et en défendaient l'accès contre les chrétiens sacriléges. Cette menace n'effraya personne. On nettoya la place, on abattit la statue, et Aurélius, évêque de Carthage, fit du temple une église qu'il dédia au Christ. Il y célébra, avec un concours extraordinaire, la solennité de Pâques. Un grand nombre de païens se convertirent.

Cependant la superstition ne tomba point avec la statue; sur la foi d'une prétendue prophétie, les païens débitaient que la déesse triompherait un jour de ses destructeurs. On recommença même à lui offrir des victimes, et, ce qui passe toute imagination, il y eut beaucoup de chrétiens, surtout parmi les plus nobles, qui mêlèrent le culte impie avec le culte du vrai Dieu. Enfin, vingt ans après, lorsque les païens se promettaient de voir l'idole rentrer dans le temple, il fut détruit et changé en cimetière. Cette destruction d'idoles, ordonnée par Honorius, souleva les païens en quelques villes; ils massacrèrent, à Suffète, dans la Byzacène, soixante chrétiens qui avaient brisé une statue d'Hercule. L'Église honore ces martyrs le 30 août. (*Cod. Théod.*; Aug., *De civ.*, l. 18, c. 54).

À Gaze en Palestine, il se passa quelque chose de semblable par les soins de l'évêque saint Porphyre.

Né à Thessalonique de parents nobles et riches, il avait passé en Egypte vers l'an 378, et pris l'habit monastique dans le désert de Scété. Cinq ans après, il se retira à Jérusalem, vendit son patrimoine, le distribua aux pauvres, et apprit à faire des souliers pour vivre de son travail. Tous les jours il visitait les saints lieux. L'évêque de Jérusalem l'ordonna prêtre malgré lui, et lui confia la garde de la sainte croix. Il fut encore ordonné malgré lui évêque de Gaze vers l'an 396; mais il continua de pratiquer la vie monastique, ne mangeant que du pain et des légumes, et après le soleil couché. Sa ville de Gaze était remplie de païens qui avaient jusqu'à huit temples d'idoles; et comme il en convertissait un grand nombre, ils s'élevèrent avec fureur contre lui et contre son troupeau.

Pour se mettre à couvert de leurs insultes, il envoya son diacre Marc à Constantinople, demander à l'empereur la démolition des temples, principalement celui de Marnas. C'était lorsque Eutrope était encore en crédit, et saint Chrysostome déjà évêque, par conséquent en 398. Marc obtint un ordre de fermer les temples; mais les officiers envoyés pour l'exécution se laissèrent corrompre par argent, en sorte qu'après avoir abattu les idoles et fermé les temples, ils permettaient de consulter en secret l'idole de Marnas. Les idolâtres persécutant les chrétiens de plus en plus, saint Porphyre alla trouver son métropolitain, Jean de Césarée, et le pria de le décharger de cette Eglise et de lui permettre de se retirer. Jean le consola et l'exhorta à demeurer. Alors Porphyre le conjura de venir avec lui à Constantinople. Y étant arrivés, ils s'adressèrent à saint Chrysostome, qui les reçut avec joie et reconnut le diacre Marc, qui les accompagnait, et qui a écrit avec beaucoup de fidélité la vie de saint Porphyre. Il les recommanda à l'eunuque Amantius, qui avait beaucoup de crédit auprès de l'impératrice, et était grand serviteur de Dieu.

Amantius les introduisit en effet chez l'impératrice, qu'ils trouvèrent couchée sur un lit d'or. Elle les salua la première, leur demanda leur bénédiction, et leur fit excuse de ce qu'elle ne se levait pas à cause de sa grossesse. Ils lui racontèrent la persécution des idolâtres, qui ne laissaient pas même aux chrétiens la liberté de cultiver leurs terres pour pouvoir payer les tributs à l'empereur. L'impératrice leur dit : « Ne vous inquiétez point, mes pères; j'espère que Dieu me fera la grâce de persuader l'empereur de vous contenter; allez vous reposer, et priez Dieu pour moi. » Ensuite elle se fit apporter de l'argent, et leur en donna environ trois poignées; disant : Prenez toujours ceci pour votre dépense. Ils le prirent, et, en sortant, ils en donnèrent la plus grande partie aux officiers qui tenaient les portes.

L'impératrice proposa la chose à l'empereur qui en fit difficulté, craignant de diminuer ses revenus, s'il traitait mal les habitants de Gaze. Les évêques étant revenus la voir, elle leur en rendit compte, les exhortant toutefois à ne pas se décourager. Alors saint Porphyre se souvint de ce que leur avait dit un saint anachorète, nommé Procope, qu'ils avaient vu en passant à l'île de Rhodes; et, suivant son instruction; il dit à l'impératrice : Travaillez pour Jésus-Christ, et il vous donnera un fils. L'impératrice rougit et tressaillit de joie, et dit : « Priez Dieu, mes pères, que j'aie un fils, comme vous dites, et je vous promets de faire tout ce que vous désirez, et de plus, de bâtir une église au milieu de la ville de Gaze. » Peu de jours après, l'impératrice accoucha de Théodose le jeune, la joie fut grande : l'empereur le déclara dès lors césar. L'impératrice conseilla aux évêques de dresser une requête et de la mettre entre les mains de son fils, lorsqu'il sortirait des fonts de baptême. La cérémonie se fit avec une grande pompe. Les deux évêques ayant présenté leur requête à l'enfant, suivant l'avis de l'impératrice, un des principaux de la cour, qui le tenait entre les bras, lui fit pencher la tête et dit : Sa Majesté accorde la requête. Ce jeu réussit auprès d'Arcade; sollicité en même temps par Eudoxie, il consentit à tout, disant que, pour le premier ordre que donnait son fils, il ne voulait pas le dédire. L'impératrice fit aussitôt expédier la commission. Un chrétien zélé, nommé Cynégius, qui en fut chargé, s'en acquitta avec vigueur, malgré les cris des idolâtres. Les troupes qu'on fit entrer dans la ville les tinrent en respect. Toutes les idoles furent brisées, tous les temples abattus. On brûla celui de Marnas et l'on bâtit sur la place une église, qu'on dit avoir été la plus grande qui fût alors. L'impératrice fournit à la dépense, et fit aussi construire un hôpital pour les voyageurs. Saint Chrysostome envoya des moines dans le reste de la Phénicie, pour y effacer toutes les traces de paganisme. Ces missions ne coûtèrent à l'empereur que son consentement. Le saint prélat engagea des femmes chrétiennes à consacrer à cette pieuse entreprise une partie de leurs richesses. Les missionnaires eurent beaucoup à souffrir de l'opiniâtreté des peuples; mais leur zèle et leur constance triomphèrent de tous les obstacles. Alors furent détruits le fameux temple d'Astarté à Sidon, celui de Vénus à Byblos, et ce pays si renommé dans les annales de l'idolâtrie, et qui se vantait d'être le berceau de tant de divinités, fut entièrement purgé de ses anciennes superstitions (*Vit. S. Porphyr.*, Acta Sanct., 26 feb.).

Depuis près de trente ans, l'Eglise entière, mais surtout la Palestine, admirait deux amis également célèbres par leur piété et leur science : l'un était saint Jérôme, l'autre le prêtre Rufin. Jérôme demeurait habituellement dans le monastère de Bethléhem. Rufin en avait bâti un autre sur la montagne des Oliviers, où il dirigeait un grand nombre de solitaires. L'illustre dame romaine dont il était le père spirituel, Mélanie l'Ancienne, en avait bâti un de filles à Jérusalem, qu'elle conduisit pendant vingt-sept ans. Rufin, non content de donner à ses religieux une règle tirée de saint Basile, les engageait encore à la vertu par ses exhortations. Il était même appelé quelquefois par les pasteurs de l'Eglise pour instruire les peuples. Ses prédications ne furent pas sans fruit. Il convertit un grand nombre de pécheurs, réunit à l'Eglise plus de quatre cents solitaires qui avaient pris part au schisme d'Antioche, et obligea plusieurs ariens et macédoniens de Palestine à renoncer à leurs erreurs. Le séjour de cinq ou six ans qu'il avait fait en Egypte, lui ayant donné la facilité d'apprendre la langue grecque; il s'appliqua à traduire en latin les ouvrages des Grecs qui lui paraissaient les plus intéressants. Il donna d'abord les *Antiquités judaïques* de Josèphe, puis ses sept livres *De la Guerre des Juifs*. Son but était de faire connaître aux chrétiens, qui n'entendaient pas le grec, la liaison qu'il y avait entre l'Ancien et le Nouveau Testament.

Saint Jérôme étant venu à Jérusalem pour y visiter les saints lieux, fut si édifié de la conduite de Rufin et de Mélanie, qu'il crut devoir en laisser un témoignage à la postérité dans la *Chronique* qu'il composa quelque temps après. Il y reconnaît que Rufin s'était rendu très-célèbre dans la vie monastique, et par la sainteté de ses mœurs, et par l'éclat de ses vertus. Ce qu'il y dit de Mélanie n'est pas moins honorable à cette sainte veuve. Rufin n'était pas tellement attaché à la solitude du mont des Oliviers, qu'il ne fit quelques voyages : l'un, en Mésopotamie, où il visita divers solitaires aux environs d'Edesse et de Carres ; l'autre, à Alexandrie, pour y consulter ses anciens maîtres, c'est-à-dire Didyme l'aveugle, et les deux frères Sérapion et Ménite, qui ne cédaient en rien à Didyme pour le mérite de l'érudition. On croit que ce fut par le conseil de ces savants hommes qu'il continua de traduire en latin des auteurs grecs.

Mais il voulut auparavant lire ce qu'il y avait de meilleur parmi eux, et il le fit avec tant d'assiduité et d'application, que, de l'aveu de saint Jérôme, on trouvait peu de personnes qui eussent une plus grande connaissance que Rufin des anciens auteurs, particulièrement des Grecs. Un d'eux avait composé un livre sous le titre de *Sentences de Sixte*. Rufin y trouva de beaux principes de morale, le traduisit en latin, croyant qu'il était de saint Sixte, pape et martyr : en quoi il se trompait. Il traduisit aussi les œuvres d'Evagre, diacre de Constantinople. Rufin et Mélanie l'avaient reçu dans la Palestine, et ce fut par les conseils de cette vertueuse veuve qu'il embrassa la vie monastique sous la conduite des deux Macaire. Ses progrès prodigieux dans la vertu engagèrent Rufin et Mélanie à le venir voir dans sa solitude. C'était en 395. Vers le même temps, Rufin entretenait un commerce de lettres avec Proba Falconia, veuve de Probus, le plus illustre Romain de son temps. Gennade estimait singulièrement ces lettres, soit pour la pureté du style, soit pour la manière dont les choses spirituelles y étaient traitées. A son retour de Rome, saint Jérôme vint faire sa demeure dans le monastère de Rufin, à Jérusalem. Ils passèrent ensemble six ou sept années dans une étroite union, appliqués jour et nuit à l'étude des divines Ecritures et des auteurs ecclésiastiques. Saint Jérôme traduisit, aux instantes prières de Paule et d'Eustochium, les homélies d'Origène sur saint Luc ; et Rufin travailla aussi, de son côté, à traduire quelques autres ouvrages de ce même auteur, trouvant plus de goût à les lire que dans la lecture des poètes et des autres écrivains profanes. Il dédia la plupart de ces traductions à saint Chromace, évêque d'Aquilée, qui, ce semble, l'avait engagé à ce travail (Ceillier, t. X, art. *Rufin*).

Il y avait déjà plus de vingt-cinq ans que Rufin et saint Jérôme étaient liés d'une amitié intime, lorsqu'un accident imprévu jeta entre eux les premières semences d'une division qui dura jusqu'à leur mort. Un nommé Aterbius, que l'on croit avoir été du nombre des moines anthropomorphites ou qui supposaient à Dieu une forme humaine, étant venu à Jérusalem, entra dans l'église lorsque le peuple y était assemblé, et accusa à haute voix l'évêque Jean, saint Jérôme et Rufin, de suivre les hérésies d'Origène. Les anthropomorphites en voulaient particulièrement à Origène, parce qu'il combattait plus directement leur folle imagination. Saint Jérôme, qui ne voulait pas s'exposer à la fureur de ces faux zélés, vint le dimanche suivant à l'église faire sa profession de foi devant le peuple, comme il en avait été requis par Aterbius, et déclara publiquement qu'il condamnait toutes les erreurs d'Origène. Cet aveu satisfit Aterbius et ceux de son parti ; mais il compromit l'évêque de Jérusalem et Rufin, qui ne crurent pas devoir rendre compte de leur foi à la requête d'un simple particulier. Ils se tinrent enfermés chez eux, et menacèrent de réprimer l'insolence d'Aterbius, s'il ne se retirait. La conduite de saint Jérôme les affligea beaucoup, et ils ne purent regarder que comme une faiblesse indigne de lui, d'avoir condamné publiquement un homme dont il avait paru jusque-là le plus zélé défenseur. C'était en 392.

Depuis ce temps, l'affection des deux amis se refroidit sensiblement. Le *Traité des hommes illustres*, que saint Jérôme fit paraître en cette année-là, fit connaître au public son indisposition contre Rufin. Comme il s'y proposait de montrer que les ennemis de l'Eglise avaient tort de nous reprocher que nous n'avions jamais eu de personnes habiles ni capables d'enseigner, et que, pour ce sujet, il entrait dans le détail de tous les écrivains ecclésiastiques, et de ceux-là mêmes qui vivaient encore, on fut surpris de n'y voir pas Rufin, tandis que l'on y voyait Tatien, Bardesanes, Novatien et plusieurs autres hérétiques, des Juifs et même des païens, savoir, Sénèque. Ses livres contre Jovinien, publiés l'année suivante, déplurent encore à Jean de Jérusalem et à Rufin. Ils ne laissaient pas néanmoins de se voir, mais rarement. L'arrivée de saint Epiphane à Jérusalem, en 394, fit éclater leurs brouilleries.

Le saint archevêque de Chypre logeait chez l'évêque de la ville sainte. Ils firent ensemble le pèlerinage de Béthel, où ils célébrèrent la collecte. Mais l'évêque de Jérusalem était prévenu pour Origène, et saint Epiphane contre. Ce dernier prêcha publiquement contre l'origénisme, ce qui déplut extrêmement à l'évêque Jean et à son clergé. On s'aigrit de part et d'autre. Epiphane, mécontent, se retira au monastère de Bethléhem, anima saint Jérôme et les moines contre leur évêque, au point de leur persuader de se séparer de sa communion ; puis il ordonna diacre et prêtre Paulinien, frère de saint Jérôme. L'évêque de Jérusalem se plaignit hautement de cette violation de la juridiction ecclésiastique. Saint Epiphane, dans une longue lettre, s'excuse sur la coutume de l'île de Chypre. Mais l'accord particulier des évêques d'une province ne donnait pas le droit d'enfreindre ailleurs la loi générale. Il rejette l'animosité de Jean, non sur l'ordination de Paulinien, mais sur l'avertissement qu'il lui donna, étant à Jérusalem, de ne point louer Origène, et de s'éloigner de ses erreurs, qu'il réduit à huit chefs. Mais, d'après les doctes explications qu'ont données de la doctrine d'Origène les savants Pères Ceillier et Vincent de la Rue, ainsi que d'autres, ces huit chefs d'erreurs ne reposent la plupart que sur des malentendus. Jean ne répondit à cette lettre que par une apologie qu'il adressa à Théophile d'Alexandrie. A cette époque, Théophile était si chaud partisan d'Origène, qu'il traita saint Epiphane d'hérétique et d'auteur du schisme.

Cette division entre saint Jérôme et l'évêque de Jérusalem, ainsi que Rufin, qui avait embrassé le parti de l'évêque, dura environ trois ans. Elle fut éteinte, l'an 397, par les efforts de Mélanie. Rufin et saint Jérôme se réconcilièrent publiquement après la messe, dans l'église de la Résurrection. Jérôme se réconcilia également avec l'évêque Jean, qui lui confia le gouvernement de la paroisse de Bethléhem. Jean permit encore à Paulinien d'exercer les fonctions du sacerdoce dans le monastère de la ville. L'évêque de Jérusalem et Rufin donnèrent des explications précises, et ne laissèrent aucun doute sur la pureté de leur foi; mais ils ne rétractèrent point d'erreurs, parce qu'ils n'en avaient soutenu aucune.

A la fin de la lettre de saint Epiphane, on lit ces paroles : « De plus, j'ai ouï dire que quelques-uns murmuraient contre moi, de ce que, lorsque nous allions au saint lieu nommé Béthel, pour y célébrer la collecte avec vous, étant arrivé au village d'Anablatha, et ayant vu en passant une lampe allumée, je demandais quel lieu c'était. J'appris que c'était une église, et j'y entrai pour prier. Je trouvai un rideau attaché à la porte de cette église, où était peinte une image, comme de Jésus-Christ ou de quelque saint; car je ne me souviens pas bien de ce qu'elle représentait. Ayant donc vu l'image d'un homme exposée dans l'église de Jésus-Christ, contre l'autorité de l'Ecriture, je déchirai le rideau, et je conseillai à ceux qui gardaient ce lieu d'en envelopper plutôt le corps mort de quelque pauvre pour l'enterrer. Ils murmurèrent, et dirent : S'il voulait déchirer ce rideau, il devait en donner un autre. Ce qu'ayant entendu, je promis d'en donner un. Je l'envoie maintenant, tel que je l'ai pu trouver, et je vous prie d'ordonner aux prêtres du lieu de le recevoir, et de leur défendre d'exposer à l'avenir dans l'église des rideaux de la sorte, qui sont contre notre religion; car il est digne de vous d'ôter ce scandale (*Apud Hier.*, *Epist.* 60). »

Si cette partie de la lettre est véritablement de saint Epiphane (car la lettre même tout entière présente des incohérences), il faut avouer qu'il était en ce point plus scrupuleux que les autres évêques; car l'usage des peintures dans les églises était reçu en Orient et en Occident, comme on le voit par saint Grégoire de Nysse, par Prudence et par saint Paulin, écrivant dans le même temps. Et il est fait mention d'une peinture semblable sur un rideau, dans une église, au livre *Des Miracles* de saint Etienne, composé par ordre d'Evodius, évêque d'Uzale, ami de saint Augustin. D'ailleurs les convenances seules demandaient que, dans le diocèse et en la compagnie d'un autre évêque, on lui laissât le soin de corriger un abus, s'il y en avait. La raison que la lettre donne du procédé, ne vaut pas mieux que le procédé lui-même; car, s'il n'était pas contraire à l'Ecriture que le rideau qui pendait devant l'ancien sanctuaire fût parsemé de chérubins, pourquoi serait-il contraire à l'Ecriture que le rideau d'une église chrétienne portât l'image du Christ ou de quelques saints?

Publicola, fils de Mélanie, étant devenu préteur de Rome, épousa Albine. Il en eut une fille qu'on nomma Mélanie la Jeune. Celle-ci fut mariée de bonne heure à Pinien, dont le père avait été gouverneur d'Italie et d'Afrique. Peu de temps après, elle résolut, du consentement de son mari, de passer le reste de sa vie dans la continence. Mélanie l'Ancienne, pour l'aider à exécuter fidèlement cette résolution, s'embarqua à Césarée avec Rufin, que saint Jérôme conduisit jusqu'au port. Ils abordèrent à Naples en 397, après vingt jours de navigation. Mélanie était alors âgée de quarante-sept ans. De Naples, elle se rendit à Nole, pour voir saint Paulin, qui lui-même vit avec joie, comme il le rapporte, le triomphe de son humilité. Elle était montée sur un petit cheval qui ne valait pas un âne, vêtue d'un méchant habit noir, mais suivie de ses enfants et de ses petits-enfants, qui tenaient à Rome les premières places, et qui étaient venus au devant d'elle jusqu'à Naples avec une suite nombreuse. Ils remplissaient la voie Appienne et la faisaient briller des ornements de leurs chevaux et de leurs chars dorés; la pourpre et la soie qu'ils portaient relevaient la pauvreté de la sainte veuve, dont ils s'estimaient heureux de toucher les haillons.

Saint Paulin les reçut dans son petit logis, où il n'y avait qu'une chambre haute et une galerie qui communiquait avec les cellules des hôtes. Il trouva, toutefois, de quoi loger toute cette compagnie; et, tandis que les jeunes gens et les vierges chantaient les louanges de Dieu dans l'église de Saint-Félix, cette nombreuse suite de séculiers demeurait dans un silence respectueux. Saint Paulin lut à sainte Mélanie la vie de saint Martin, écrite par saint Sulpice Sévère, sachant combien elle était curieuse des histoires de cette nature, et demeura lui-même charmé des vertus de cette sainte veuve. Elle lui fit présent d'une parcelle de la sainte croix, qu'elle avait reçue de Jean, évêque de Jérusalem; et saint Paulin s'en servit un jour pour arrêter le feu qui, ayant pris à une loge pleine de foin, menaçait de consumer toute son habitation. Il donna depuis cette relique à son ami Sulpice Sévère, pour mettre dans une église qu'il faisait bâtir (Pallad., *Laus.*, c. 18).

Sainte Mélanie étant arrivée à Rome, convertit à la foi Apronien, mari d'Avita, sa nièce. Il était du rang des clarissimes, et homme de grande réputation, mais païen. Mélanie ne le rendit pas seulement chrétien, mais encore elle lui persuada de vivre en continence avec sa femme. Elle instruisit aussi dans la foi Albine, sa bru, femme de son fils, et confirma sa petite fille, Mélanie, dans la bonne résolution qu'elle avait prise de garder la continence avec son mari Pinien, qui avait été préfet de Rome, ainsi que son père.

Rufin laissa Mélanie à Rome, et se retira dans un monastère des environs. Il y avait alors dans cette ville un nommé Macaire, homme de distinction, savant, d'une vie exemplaire et plein de zèle pour la vraie religion. Voyant que les superstitions continuaient dans Rome, et surtout parmi la noblesse, il entreprit de les combattre, en faisant voir la vanité du destin et de l'astrologie judiciaire. La matière n'était point aisée pour un homme peu instruit des sciences ecclésiastiques, et Macaire se trouvait embarrassé pour rendre raison de certains effets de la Providence. Il proposa les difficultés à Rufin, et lui demanda en même temps quel était, sur ce sujet, le sentiment d'Origène. Rufin le renvoya à l'apologie que saint Pamphile avaite faite de cet auteur, disant qu'il en tirerait plus d'éclaircissement qu'il ne pouvait lui en donner lui-même. Macaire, qui ne savait pas le grec, pressa Rufin de lui traduire si tôt cette apologie. Celui-ci s'en excusa d'abord ; mais il fallut enfin céder aux instances de Macaire. Rufin accompagna cette traduction d'une lettre, dans laquelle il fait voir que les œuvres d'Origène avaient été falsifiées par les hérétiques. Dans la préface, il dit qu'il s'attend bien qu'en traduisant un livre qui était entièrement en faveur d'Origène, il choquera certaines personnes qui ne peuvent souffrir ceux qui ne se déclarent pas contre ce savant homme. Il le justifie ensuite sur le mystère de la Trinité, et ajoute, en des termes très-précis, ce qu'il croyait lui-même, tant sur ce mystère que sur celui de la résurrection, disant que sa croyance sur ces deux points est celle de l'évêque de Jérusalem, et la même qu'il enseigne à tout son diocèse.

Aussitôt que la traduction de l'apologie de saint Pamphile parut dans Rome, où il y avait, comme ailleurs, des esprits prévenus contre Origène, elle y fit du bruit ; mais Macaire laissa crier les censeurs, et pria Rufin de mettre aussi en latin les livres Des Principes, par le même Origène. Sa persévérance l'emporta ; et quelque délicate que fût l'entreprise, Rufin travailla avec tant d'assiduité, que, dès la fin du carême de l'an 398, les deux premiers livres furent achevés. Il fut plus lent à traduire les autres, parce que Macaire, obligé de s'éloigner de lui, le pressait moins. Il mit à la tête de cette traduction une préface, où, après avoir loué les traductions que saint Jérôme avait faites de deux homélies d'Origène sur le *Cantique*, à la prière de l'évêque Damase, et la préface dans laquelle ce Père relevait si fort les ouvrages d'Origène, qu'il donnait envie à tout le monde de les lire, il ajoute : « Je veux donc suivre, quoique d'un style bien inférieur, ce que Jérôme a commencé et approuvé, et faire connaître cet homme, Origène, qu'il appelle le second docteur de l'Eglise après les apôtres, et dont il a traduit plus de soixante-dix homélies. Je suivrai aussi sa méthode, en éclaircissant les endroits obscurs et retranchant ce qui ne s'accorde pas avec ce qu'il dit ailleurs, touchant la foi catholique. » Rufin dit ensuite que, comme le livre *Des Principes* est un peu obscur, à cause de la précision qu'Origène y a affectée, il en a étendu quelques endroits par d'autres, tirés des ouvrages où cet auteur s'était expliqué avec plus de netteté. Il proteste de la droiture de ses intentions dans la traduction de cet écrit, et finit sa préface en conjurant le copiste de transcrire fidèlement l'ouvrage en la manière qu'il l'avait traduit.

Rufin, après avoir fini cette traduction, se retira à Aquilée avec une lettre de communion du pape saint Sirice, qui mourut la même année 398. Pammaque, ayant eu communication de l'ouvrage de Rufin, en avertit son ami saint Jérôme, et, afin qu'il fût en état de le réfuter, il lui envoya la version et la préface. D'un autre côté, sainte Marcelle, aussi amie de saint Jérôme, cria publiquement contre cette traduction, et plusieurs autres amis s'étant joints à eux, on déféra Rufin au pape Anastase, qu'on venait d'élire en la place de saint Sirice. Ce Pape lui écrivit plusieurs fois de venir à Rome se défendre en personne ; mais il s'en excusa toujours et se contenta de lui écrire une lettre où il dit pour excuse qu'ayant été trente ans sans voir ses parents, il eût été dur de les quitter si tôt, et qu'il était trop fatigué de ses longs voyages. Il ajoute qu'il n'a jamais eu d'autre foi que celle qui se prêche à Rome, à Jérusalem et dans toutes les Eglises catholiques, et que, pour fermer la bouche à ses adversaires, il croyait suffisant de leur envoyer sa profession de foi. « Cette foi, dit-il, est prouvée en ma personne par l'exil, par les prisons et par les tourments que j'ai soufferts à Alexandrie pour la confession du nom de Jésus-Christ. »

Dans la profession de foi qu'il joignit à cette lettre, il s'explique d'une manière très-orthodoxe sur la Trinité, sur l'Incarnation, sur la résurrection des corps, sur le jugement dernier, sur l'éternité des peines, sur l'origine de l'âme. Puis, venant à la traduction d'Origène, il dit qu'il n'est ni son défenseur ni son approbateur, mais seulement son interprète. Si donc, continue-t-il, il y a quelque chose de bon dans ce que j'ai traduit, il n'est pas de moi, et si l'on y trouve quelque chose de mauvais, je n'y ai aucune part. Je dis plus, je me suis étudié à retrancher du livre *Des Principes* ce qui ne me paraissait pas orthodoxe et que je croyais avoir été ajouté par les hérétiques, parce que j'avais lu le contraire dans les autres ouvrages d'Origène. Il dit encore qu'il n'en est pas le premier interprète, et que d'autres avant lui ont traduit les ouvrages de cet auteur ; qu'il n'en a traduit quelques-uns qu'à la prière de ses frères ; que si on lui ordonne de ne plus le faire, il est prêt à obéir ; que si c'est un crime de l'avoir fait sans un ordre exprès de l'Eglise, on doit commencer par punir ceux qui l'ont précédé dans cette faute. Il finit sa confession de foi en protestant qu'il n'en a point d'autre que celle qu'il vient d'exposer, qui est, dit-il, la croyance de l'Eglise de Rome, de celle d'Alexandrie, et de celle d'Aquilée, dont je suis, et que j'ai ouï prêcher à Jérusalem. Je n'en ai point d'autre, je n'en ai point eu d'autre et n'en aurai jamais d'autre. Anathème à qui a d'autres sentiments sur la religion ; mais ceux qui, par un esprit d'envie, scandalisent leurs frères par leurs querelles, leurs divisions et leurs calomnies, en rendront un compte terrible au jugement de Dieu.

Rufin envoya cette apologie au Pape, l'an 400 ou au commencement de l'an 401. Il en répandit, ce semble, plusieurs copies en Italie ; car il témoigne qu'elle y fut approuvée. Mais saint Jérôme n'en jugea pas de même, et il traita la profession de foi que Rufin avait faite, d'équivoque et d'artificieuse, disant qu'il se trompait lui-même en pensant en imposer à la simplicité des lecteurs. Ce qui est vrai, c'est qu'elle ne put effacer les fâcheuses impressions que sa traduction du livre *Des Principes* avait faites sur l'esprit du pape saint Anastase, lequel ne voulut plus entendre parler d'un homme qui, disait-il, avait introduit dans l'Eglise une version aussi dangereuse qu'était celle du livre *Des Principes*. C'est à quoi se réduisit la condamnation de Rufin, comme nous l'apprenons par la lettre de ce Pape à Jean de Jérusalem, écrite en 401.

Cet évêque avait écrit à saint Anastase, pour savoir là vérité des bruits qui couraient contre Rufin; car il soupçonnait certaines personnes de partialité dans cette affaire, et il appréhendait que Rufin ne succombât sous les efforts de ses ennemis. Anastase fit réponse à Jean par une lettre, qui est la seule qui nous reste de ce saint Pape. Il y traite Jean avec beaucoup d'honneur, et lui donne de grands éloges pour répondre à ceux que cet évêque lui avait donnés. Il lui dit que son mérite passe toute louange, et que la gloire de son épiscopat se répand par tout le monde; ce qui montre que les reproches d'origénisme, avancés contre lui par saint Epiphane et par saint Jérôme, n'avaient pas fait grande impression à Rome, ou qu'ils étaient effacés. Anastase parlant ensuite de Rufin : « C'est à lui de voir, dit-il, comment il se justifiera devant Dieu, qui est le juge de sa conscience. Pour Origène, qu'il a traduit en notre langue, je ne savais point auparavant ce qu'il était ni ce qu'il avait dit. Seulement, j'ai remarqué que la lecture d'Origène a fait voir aux peuples de notre ville qu'il a voulu, par des détours artificieux et en jetant des nuages dans les âmes pures, corrompre la foi établie et confirmée par la tradition des Apôtres et de nos Pères. Je voudrais savoir à quel dessein il a fait cette traduction. Je l'approuve, s'il accuse l'auteur de cette doctrine, s'il n'a eu en vue que d'inspirer aux fidèles une juste horreur pour des dogmes aussi exécrables et déjà proscrits; mais s'il approuve ces erreurs, il est condamnable pour avoir voulu détruire cette foi première et unique, qui est passée des apôtres jusqu'à nous. » Le Pape se confie en la Providence divine, que sa conduite sera approuvée par tout le monde, et dit qu'il en a écrit plus amplement à son frère Vénérius, successeur de Simplicien dans le siége de Milan. Il ajoute qu'il fera toujours son possible pour maintenir la foi de l'Eglise parmi ses peuples, qui sont les membres de son corps, et pour les avertir, par ses lettres, dans tous les endroits de la terre, de ne se laisser point tromper par cette traduction profane; qu'enfin il ressentait une grande joie de ce que les empereurs avaient défendu la lecture d'Origène. « Quant à la sollicitude que vous avez, dit-il en finissant, au sujet des plaintes du vulgaire sur Rufin, et qui vous fait soupçonner vaguement certaines personnes, je vous rappellerai cette parole divine : Dieu n'est pas tel que l'homme; car Dieu voit le cœur et l'homme le dehors. C'est pourquoi, bien-aimé frère, examinez Rufin d'après sa propre intention : s'il a traduit Origène en l'approuvant, il est coupable comme celui qui approuve les vices d'un autre. Sachez, au reste, qu'il est tellement éloigné de nous et de nos contrées, que nous désirons ignorer ce qu'il fait et où il est. Enfin, qu'il voie lui-même où il pourra être absous (Coust., col. 723; Ceillier, t. X). »

Plusieurs ont conclu, de ces dernières paroles, que Rufin avait été excommunié par le Pape; mais ils se sont trompés, comme l'ont prouvé Ceillier, Coustant, Fontanini. Il est certain que Rufin fut toujours traité avec estime et regardé comme catholique par saint Chromace d'Aquilée, par saint Vénérius de Milan, par saint Pétrone de Bologne, par saint Gaudence de Bresce, par saint Paulin de Nole, par saint Augustin et d'autres encore. Comment, d'ailleurs, le Pape aurait-il excommunié Rufin, puisque, dans sa lettre même, il déclare qu'il le laisse au jugement de Dieu, quoiqu'il condamne l'ouvrage et qu'il soit fort mécontent de l'auteur?

Rufin, voyant que ses ennemis faisaient tous leurs efforts afin de le faire passer pour hérétique, crut qu'il était de son honneur et de sa conscience de se justifier publiquement. C'est ce qu'il fit par une apologie en deux livres, à qui l'on a donné depuis le nom d'*Invectives*. Il l'adressa à un de ses amis nommé Apronien, qui lui avait envoyé la lettre que saint Jérôme avait écrite contre lui et contre tous les origénistes, à Pammaque, en lui envoyant sa nouvelle traduction du livre *Des Principes*, pour l'opposer à celle de Rufin.

Dans le premier livre de son apologie, Rufin réfute tout ce que saint Jérôme et ceux de son parti disaient pour montrer qu'il était hérétique. Il prend Dieu à témoin qu'il n'y a eu, de sa part, aucune affectation à traduire le livre *Des Principes* préférablement à un autre, et raconte la manière dont il y avait été engagé par Macaire. Il convient que ce livre, en l'état même où il l'avait mis, contenait encore quelques erreurs; mais il fait voir qu'on ne pouvait les lui imputer, parce qu'il n'avait pas dit, comme on le lui objectait, qu'il donnait ce livre exempt de toute erreur, mais seulement qu'il en avait retranché tout ce qu'il y avait trouvé de contraire à ce qu'Origène enseignait ailleurs, n'étant pas possible qu'il fût hérétique dans le livre *Des Principes*, et orthodoxe dans ses autres écrits; qu'enfin, il n'avait pas prétendu en ôter les vrais sentiments d'Origène, quoique erronés. Il ajoute qu'on pouvait encore moins l'accuser d'hérésie pour avoir traduit en latin ce livre, parce qu'on avait corrompu sa traduction, comme il le prouve par l'examen de plusieurs passages.

Dans la seconde partie, il repousse les autres accusations qu'on lui intentait. Il s'arrête beaucoup sur le reproche qu'on lui faisait d'avoir loué Origène sur ses mœurs et sur sa doctrine, et fait voir par un grand nombre de passages, tirés des écrits de saint Jérôme, que personne n'a plus loué Origène sur ces deux articles que saint Jérôme; que personne n'a plus profité que lui des écrits d'Origène; qu'il en a été l'admirateur, et qu'il a même composé un ouvrage pour montrer qu'Origène avait plus écrit qu'aucun auteur. « Mais quelle récompense, y disait ce Père, au rapport de Rufin, Origène en a-t-il reçue? Il a été condamné par l'évêque Démétrius, et il n'y eut que les évêques de Palestine, d'Arabie, de Phénicie et d'Achaïe qui n'entrèrent point dans cette cabale. Rome même assembla contre lui son sénat, non pas, qu'il enseignât de nouveaux dogmes, non qu'il eût des sentiments hérétiques, ce que ceux qui aboient après lui comme des chiens furieux veulent nous persuader, mais parce qu'on ne pouvait supporter l'éclat de son éloquence et de sa science, et que, lorsqu'il parlait, il semblait que tous les autres fussent muets. » Ainsi parlait saint Jérôme d'Origène. Sur quoi Rufin dit : « Voilà cet homme qui n'a jamais loué la foi d'Origène, qui n'a jamais admiré sa doctrine! » A la fin, récapitulant tout ce qu'il avait dit, il demande pardon à saint Jérôme des termes injurieux qui pouvaient lui être échappés dans la chaleur de la dispute, et témoigne qu'il aurait extrêmement souhaité qu'il lui eût été permis de garder tout à fait le silence. Mais cela, ajoute-t-il, n'était pas possible : se taire lorsqu'on est accusé d'hérésie, c'est confesser que l'on est hérétique (Op., *Hier.*, t. V, p. 262 et seqq.).

Bientôt saint Jérôme publia un livre en réponse; Rufin y répliqua par une lettre confidentielle à saint Jérôme lui-même, qui y opposa peu après une autre lettre publique, où il ne fait à peu près que répéter ce qu'il avait déjà dit. Dans tous ces écrits, il y a beaucoup d'aigreur et beaucoup d'exagération. Au fond, ils pensaient tous deux la même chose; car, dans ce temps-là même, saint Jérôme disait : « Convenez qu'Origène se trompe en quelque chose, et je ne dirai plus rien. Que si quelque Judas, envieux de sa gloire, nous vient objecter ses erreurs, qu'il sache que les plus grands hommes font des fautes. N'imitons pas les défauts de celui dont nous ne pouvons suivre les vertus. » Or, Rufin convenait certainement de ce que demande ici saint Jérôme.

Celui-ci avait envoyé à saint Augustin son dernier mémoire, dans la persuasion que Rufin l'avait décrié en Afrique. Le saint évêque lui répondit en des termes qui nous apprennent ce que nous devons penser de cette dispute. Les voici :

« Je ne sais ce que c'est que ces libelles diffamatoires que vous assurez qu'on a répandus contre vous en Afrique. Je n'en ai vu aucun; mais j'ai reçu la réponse que vous y avez faite et que vous avez bien voulu m'envoyer. Je l'ai lue, et avec une grande douleur de voir deux personnes autrefois si unies et dont l'amitié était connue dans presque toutes les Eglises du monde, être présentement à ce point d'inimitié. J'avoue qu'il paraît dans votre écrit que vous tâchez de vous modérer, et que vous ne dites pas tout ce que vous voudriez. Cependant, je n'ai pas laissé, en le lisant, de me sentir le cœur saisi de douleur et de crainte. Que serait-ce donc, si je lisais ce que l'autre a écrit contre vous? Malheur au monde à cause des scandales! Voilà l'accomplissement de ce que la vérité nous a prédit, que l'abondance de l'iniquité refroidirait la charité de plusieurs. Où seront, après cela, les cœurs qui oseront s'ouvrir l'un à l'autre? où ose-t-on l'ami dans le sein duquel on pourra répandre en sûreté ses pensées les plus secrètes, et qu'on ne doive craindre comme un ennemi à venir, puisque nous voyons et que nous pleurons ce malheur arrivé entre Jérôme et Rufin? Oh! misérable condition des hommes! Oh! qu'il y a peu de fondement à faire sur ce que l'on voit dans le cœur de ses plus intimes amis, puisqu'on sait si peu ce qu'il y aura dans la suite! Je ne suis pas peu consolé, lorsque je pense au désir réciproque que nous avons de nous voir, quoiqu'il demeure désir et qu'il n'aille pas jusqu'à l'effet. Mais cette pensée réveille en même temps l'extrême douleur que j'ai en voyant qu'après que vous avez été avec Rufin dans l'état où nous souhaiterions être, après vous être nourris ensemble, durant tant d'années, du miel des saintes Ecritures, on vous trouve présentement pleins de fiel l'un contre l'autre et dans une si grande division. Qui pourrait, après cela, ne pas craindre qu'il ne lui en arrive autant? En quel temps, en quel lieu peut-on être à couvert de ce malheur, puisqu'il a pu vous arriver à l'un et à l'autre dans la maturité de votre âge, à une époque où, ayant renoncé tous les deux depuis tant d'années à tous les embarras du siècle, vous suiviez le Seigneur dans un entier dégagement de cœur. Oh! qu'il est vrai que toute la vie de l'homme sur la terre n'est que tentation! Si je pouvais vous trouver quelque part l'un et l'autre, je me jetterais à vos pieds dans le transport de ma douleur et de ma crainte; je les arroserais de mes larmes, et avec tout ce que j'ai de tendresse et de charité pour vous, je vous conjurerais, et par ce que chacun se doit à lui-même, et par ce que vous vous devez l'un à l'autre, et par ce que vous devez à tous les fidèles, et particulièrement aux faibles pour qui Jésus-Christ est mort, et à qui vous donnez sur le théâtre de cette vie un spectacle si terrible et si pernicieux, je vous conjurerais, dis-je, de ne pas répandre l'un contre l'autre des écrits qu'on ne pourra plus supprimer, et qui, par cela seul, seront un obstacle éternel à votre réunion, ou du moins comme un levain que vous n'oseriez toucher quand vous seriez réunis, et qui serait capable, à la moindre occasion, de vous aigrir tout de nouveau, et de vous remettre en guerre l'un contre l'autre. Je vous avoue franchement que c'est particulièrement cet exemple qui m'a fait frémir, en lisant quelques endroits de votre lettre à moi, où il paraît beaucoup d'émotion (Aug., *Epist.* 73).

Soit qu'une lettre si sage eût fait impression sur l'esprit de saint Jérôme, soit qu'il eût résolu lui-même de s'en tenir à sa dernière réplique, il n'écrivit plus rien dans la suite contre Rufin. Celui-ci était à Aquilée, appliqué à traduire l'*Histoire ecclésiastique* d'Eusèbe de Césarée. Saint Chromace voyant qu'Alaric, roi des Goths, était sur le point de faire une irruption dans l'Italie, crut trouver dans cette histoire une lecture propre à soulager son affliction et celle de son peuple. Rufin, dégoûté de ce genre d'écrire par le mauvais succès de ses autres traductions, s'en défendit tant qu'il put; mais il fallut céder à son évêque. L'ouvrage fut achevé en moins de deux ans. Il y fit quelques changements et quelques additions; il y ajouta même deux livres, depuis le règne de Constantin jusqu'à la mort de Théodose, en 395. Il écrivit encore, par ordre d'un autre évêque, nommé Laurent, une explication du Symbole, qui a toujours été beaucoup estimée, et qui mérite de l'être. On lui doit aussi un grand nombre de *Vies des Pères*. Après la mort du pape Anastase, en 402, il vint à Rome, d'où il entretenait un commerce de lettres avec saint Paulin de Nole, qui le consultait souvent sur certains endroits de l'Ecriture et sur des points d'histoire. Rufin s'occupa ainsi de travaux ecclésiastiques jusqu'à sa mort, qui arriva en Sicile, l'an 410 (Ceillier, t. X).

Après la mort de saint Anastase, arrivée le 27 avril 402, on ordonna, pour lui succéder dans le Siége apostolique, Innocent, du consentement unanime des saints évêques, de tout le clergé et du peuple. Il était fils d'un autre Innocent, et natif de la ville d'Albe. Et pendant sa vie et après sa mort, il a été loué et par les Grecs et par les Latins, comme un pontife accompli. Il ne tarda pas, après son élection, d'en donner avis à saint Anysius de Thessalonique, comme à un excellent serviteur de Dieu, pour lui confier en même temps le soin de toutes les affaires de l'Illyrie orientale, comme avaient fait avant lui Damase, Sirice et Anastase.

L'empereur Honorius étant venu à Rome sur la fin de 403, Innocent le sollicita vivement en faveur de divers ecclésiastiques et même de quelques évêques que l'on voulait obliger d'exercer diverses fonctions civiles dont leur famille était chargée, et qu'ils ne pouvaient exercer sans se trouver à divers spectacles incompatibles avec leur état. Saint Victrice de Rouen, qui était alors à Rome, fut témoin des mouvements et des peines que cette affaire donna au saint Pape.

Cette année fut la dernière où Rome vit couler le sang des gladiateurs, c'est-à-dire de ces hommes qui se tuaient les uns les autres, pour amuser les spectateurs. Constantin avait défendu ces jeux atroces; mais le peuple de Rome, qui n'avait conservé de ses ancêtres que la cruauté, y tenait comme à la vie. L'Eglise en gémissait : le poète Prudence venait de supplier Honorius de les proscrire; mais une prière aussi raisonnable aurait sans doute été inutile, sans un accident singulier. Un saint anachorète, nommé Télémaque, était venu de l'Orient à Rome, exprès pour engager les Romains à renoncer à ces jeux homicides. Un jour de spectacle, il vint au milieu de l'arène, et, se jetant entre les combattants, il s'obstinait à les séparer. Les spectateurs, irrités contre cet inconnu qui venait interrompre leurs plaisirs, le tuèrent à coups de pierres. L'empereur en étant informé, honora Télémaque comme un martyr, et prit occasion de ce meurtre pour abolir à jamais ce cruel divertissement (Théod., l. 5, c. 26).

Victrice de Rouen avait prié le Pape de lui donner des éclaircissements sur divers points de discipline, et de lui marquer en quelle manière ils étaient observés dans l'Eglise romaine. Innocent le loue beaucoup de cette demande, et, avec l'aide de saint Pierre, par qui a commencé l'apostolat et l'épiscopat chrétien, il lui rappelle les règles que tout évêque catholique doit observer, et le charge de les notifier aux évêques des provinces limitrophes. Aucun évêque ne doit être ordonné, ni à l'insu du métropolitain, ni par un seul évêque, conformément à la règle du concile de Nicée. On ne doit point admettre à la cléricature celui qui, après son baptême, aurait embrassé la profession des armes ou continué de l'exercer. Les différends survenus entre les ecclésiastiques seront jugés définitivement par les évêques de la province, sans préjudice néanmoins de l'Eglise romaine, pour laquelle on doit avoir dans toutes les causes de la révérence. Ceux qui voudront faire juger leurs différends dans d'autres provinces, seront dégradés de la cléricature. Les causes majeures seront dévolues au Siége apostolique, ainsi que le concile (de Sardique) l'ordonne, et que la sainte coutume l'exige, après néanmoins que les évêques de la province en auront jugé. Défense d'admettre dans le clergé celui qui aura épousé une veuve et celui qui a eu deux femmes, soit avant, soit après le baptême. Les autres règles, comme la plupart de celles-ci, se trouvent déjà dans les décrétales de saint Sirice; car les Papes ne cherchaient point à en faire de nouvelles, mais à rappeler et à faire observer les anciennes. Cette lettre est du 15 février 404 (Coustant).

Le 20 février de l'année suivante, il en écrivit une semblable à Exupère, évêque de Toulouse, qui l'avait consulté sur plusieurs doutes, et lui avait demandé sa décision sur chacun. Le premier regardait l'incontinence des prêtres et des diacres. Le Pape lui répond qu'il ne faut pas permettre qu'ils usent du mariage, étant tous les jours engagés, ou à offrir le saint sacrifice, ou à administrer le baptême; qu'on peut pardonner le passé à ceux qui n'ont point connu ce que le pape saint Sirice a écrit sur cette matière, et les laisser dans l'ordre où ils sont, sans pouvoir néanmoins passer à un plus élevé; mais que pour ceux qui en ont eu connaissance, ils doivent absolument être déposés. Sur le second, qui regarde la communion et la pénitence, Innocent déclare qu'il faut accorder l'une et l'autre à tous ceux qui les demandent à la mort, même à ceux qui auraient vécu depuis leur baptême dans le dérèglement et dans le crime. Il remarque que l'on était plus sévère autrefois, et que, dans le temps des persécutions, on se contentait d'accorder la pénitence, de peur qu'en accordant aussi la communion, cette facilité ne fût une occasion à ceux qui étaient tombés de ne pas se relever de leur chute; mais qu'à présent l'Eglise étant en paix, elle accordait la communion aux mourants par manière de viatique, et pour ne pas imiter la dureté de Novatien, qui refusait d'accorder le pardon aux pécheurs. Sur le troisième, qui regardait ceux qui avaient exercé des offices de judicature depuis leur baptême, fait donner la question, et même condamné à mort, le Pape répond qu'on n'a rien à leur dire, mais qu'ils rendront compte au jugement de Dieu de leur administration. Sur le quatrième, qui regarde l'adultère, que l'on punissait moins souvent dans l'homme que dans la femme, saint Innocent répond que l'Eglise condamné également l'adultère dans les hommes et dans les femmes; mais qu'elle le punit moins souvent dans les hommes, parce que les femmes accusent plus rarement leurs maris devant les évêques, que les maris n'accusent leurs femmes, et qu'on ne les prive pas aisément de la communion sur des soupçons.

Saint Exupère avait aussi demandé s'il était permis à ceux qui avaient reçu le baptême de demander au prince la mort d'un criminel. Le Pape répond qu'on ne pouvait l'empêcher, d'autant que les princes n'agissent point en ces sortes d'occasions sans connaissance de cause; qu'ils commettent, pour l'examiner, des juges, avec pouvoir d'absoudre ou de punir suivant le mérite de l'accusé, et qu'ils sont exempts de fautes lorsqu'ils ne punissent que les coupables. Cet évêque avait encore consulté sur la manière dont on devait se comporter envers ceux qui, après avoir fait divorce, se remariaient à d'autres. Saint Innocent répond qu'on doit séparer de la communion, comme adultères, les hommes et les femmes qui, après s'être séparés, se remarient à d'autres; il veut qu'on traite de même ceux ou celles qui les épousent; mais il ne croit pas qu'on puisse condamner leurs parents, si l'on ne découvre qu'ils les ont portés à ces alliances illicites. A ces décisions, le Pape joint un catalogue des livres canoniques, pareil à celui que nous avons aujourd'hui, marquant à la fin quelques livres apocryphes, qu'il veut que l'on condamne absolument (Coustant).

Le concile de Tolède, en 400, avait reçu à la communion, sauf la décision ultérieure du Siège apostolique, plusieurs évêques priscillianistes, qui avaient abjuré leurs erreurs. Ce fut l'occasion d'un schisme. L'évêque Hilaire, qui avait assisté au concile, et le prêtre Elpide, vinrent en conséquence à Rome, et se plaignirent au Pape que la paix de l'Eglise était troublée en Espagne, tant par ce schisme qui s'augmentait de jour en jour, que par divers désordres qui se commettaient contre les canons. On les écouta dans l'assemblée des prêtres de l'Eglise romaine, on y examina leur rapport, et l'on dressa des actes de tout ce qui s'y passa. Le schisme venait de ce que les évêques de la province bétique et carthaginoise ne pouvaient se résoudre à pardonner à Symphosius, à Dictinius et à divers autres évêques de Galice, qui, après avoir renoncé à l'hérésie de Priscillien, avaient été reçus au concile de Tolède, et même conservés dans leurs dignités. Ils rompirent même de communion avec ceux qui les avaient reçus, et causèrent par là un scandale très-fâcheux en Espagne. A l'égard des désordres commis contre la discipline, Hilaire se plaignit que Rufin et Minitius, évêques, avaient ordonné des évêques hors de leur province, contre la disposition des canons de Nicée, sans l'agrément du métropolitain, et sans avoir égard à la volonté du peuple. Rufin lui-même avait été ordonné contre les canons, après avoir poursuivi des affaires dans la place publique depuis son baptême, et on faisait le même reproche à Grégoire de Mérida.

Sur ces plaintes, le pape Innocent écrivit aux évêques d'Espagne de s'informer exactement qui étaient ceux qui se séparaient de la communion de leurs frères; de les porter par toute sorte d'instructions à s'unir avec les autres et à communiquer avec Symphosius et les autres évêques de Galice, suivant le décret du concile de Tolède. Il leur cite l'exemple de saint Pierre, qui, après sa pénitence, ne perdit rien de ce qu'il était auparavant. Il ajoute que, s'il y en a qui se refusent à cette union, les évêques d'Espagne les sépareront de la communion de l'Eglise catholique, afin que, s'ils veulent en être les ennemis, on les connaisse du moins pour tels. Quant aux évêques que l'on disait ordonnés contre les canons de Nicée, le Pape veut qu'après avoir examiné la chose mûrement, on les dépose. Mais comme il s'était aussi commis quelque faute dans les ordinations de quelques autres évêques et de quelques ecclésiastiques, il excuse pour le passé, de peur d'augmenter le trouble dont l'Eglise d'Espagne était alors agitée; mais il veut qu'à l'avenir, ceux qui seront ordonnés contre les canons, soient déposés avec les évêques qui les auront ordonnés (Coust., col. 763).

Le concile de Carthage de l'an 404 écrivit de son côté au Pape, et lui recommanda les députés qu'il envoyait à l'empereur, pour le prier de réprimer l'insolence des donatistes. Dans sa réponse, le Pape recommanda au concile de prendre garde à ce que les évêques ne passassent pas si facilement la mer. Le concile de Sardique avait déjà recommandé la même chose. En conséquence, l'année suivante, 405, pour remercier l'empereur de la demande qu'on avait obtenue, on envoya deux clercs de l'Eglise de Carthage, et non plus deux évêques (*Ibid.*, p. 921, n. 7 et 10).

Ce qui occupait surtout le saint Pape, c'étaient les Eglises de l'Orient. Le plus apostolique et le plus éloquent de ses pontifes, saint Chrysostome, se voyait accusé, condamné, persécuté, exilé par ses collègues dans l'épiscopat, et ne trouvait de soutien que dans le successeur de saint Pierre. Le zèle avec lequel Chrysostome travaillait à la réforme de son clergé et de son peuple lui fit des ennemis, et dans son clergé et à la cour; avec le temps, l'impératrice Eudoxie, qui, depuis la chute de l'eunuque Eutrope, gouvernait l'empereur Arcade, se mit à leur tête. La vie austère et active de Chrysostome indisposait contre lui les prélats négligents. La jalousie, les préventions de quelques autres venant s'y joindre, il s'en forma comme une tempête qui ne finit qu'à la mort du saint.

Après le mois de septembre 400, quelques évêques qui se trouvèrent à Constantinople, s'étant assemblés un dimanche pour communiquer ensemble, Eusèbe de Valentinople en Lydie leur présenta une requête contenant sept chefs d'accusation contre Antonin, évêque d'Ephèse, son métropolitain : 1° D'avoir fait fondre les vases sacrés de l'église et d'en avoir détourné l'argent au profit de son fils; 2° d'avoir employé dans ses étuves des marbres du baptistère; 3° d'avoir fait dresser dans sa salle à manger des colonnes de l'église, couchées sur le pavé depuis longtemps; 4° de tenir à son service un valet qui avait commis un meurtre, sans lui en avoir fait aucune correction; 5° d'avoir vendu à son profit les terres que Basiline, mère de l'empereur Julien, avait laissées à l'Eglise; 6° d'avoir repris sa femme, après l'avoir quittée, et d'en avoir eu des enfants; 7° de vendre habituellement l'ordination des évêques, à proportion du revenu des évêchés. Eusèbe ajoutait : Ceux qui ont été ordonnés à prix d'argent, et celui qui a reçu l'argent, sont présents; et j'ai les preuves de tout ce que j'avance. Saint Chrysostome, craignant que ces accusations ne fussent l'effet de quelque inimitié, tâcha d'apaiser Eusèbe, et pria Paul d'Héraclée, ami d'Antonin, de les réconcilier l'un avec l'autre. Après quoi il se leva et entra dans l'église avec les évêques, car c'était le temps du sacrifice; et après avoir salué le peuple, en donnant la paix suivant la coutume, il s'assit avec les évêques qui l'accompagnaient. Mais Eusèbe, entré secrètement, présenta devant tout le peuple et devant tous les évêques une autre requête qui contenait les mêmes chefs d'accusation, demandant instamment justice à saint Chrysostome, et l'en conjurant par les serments les plus terribles. Chrysostome, voyant son emportement, et voulant empêcher que le peuple ne fût troublé, reçut le mémoire; mais après la lecture des saintes Ecritures, il pria Pansophius, évêque de Pisidie, d'offrir le saint sacrifice. Pour lui, il sortit avec les autres évêques; car il ne voulait point sacrifier, l'esprit agité comme il l'avait.

Après que le peuple fut congédié, saint Chrysostome s'assit dans le baptistère avec les autres évêques, et, ayant appelé Eusèbe, il lui dit devant tout le monde : Je vous le dis encore : Souvent on avance par passion des choses que l'on a peine à soutenir; si vous pouvez démontrer clairement votre accusation, nous ne la rejetons pas; sinon, nous ne vous obligeons point à la soutenir. Prenez votre parti avant la lecture du mémoire; car, quand il aura été lu et entendu de tout le monde, et que l'on aura dressé des actes, il ne vous sera plus permis, étant évêque, de vous désister. Eusèbe persista. On fit lire son mémoire, et les anciens évêques dirent à saint Chrysostome : Quoiqu'il n'y ait aucun de ces chefs d'accusation qui ne soit criminel, néanmoins, pour ne pas perdre de temps, attachons-nous au dernier, qui est le plus horrible. Car celui qui aura vendu à prix d'argent la communication du Saint-Esprit, n'aura pas épargné les vases, les marbres ou les terres de l'Eglise. Alors saint Chrysostome commença l'instruction du procès, et dit : Mon frère Antonin, que dites-vous à cela? Il ne manqua pas de nier. On interrogea ceux qui avaient donné l'argent; ils nièrent aussi. On continua l'instruction sur quelques indices, et on travailla avec soin jusqu'à deux heures après midi. Enfin, on en vint aux témoins devant lesquels l'argent avait été donné et reçu; mais ils n'étaient pas présents.

Chrysostome, voyant la nécessité d'entendre ces témoins et la difficulté de les faire venir, résolut d'aller lui-même en Asie achever cette instruction. Mais Antonin, pressé par les remords de sa conscience, s'adressa à une personne puissante dont il était comme l'intendant pour quelques terres qu'elle avait en Asie, et la pria d'empêcher le voyage de Chrysostome, promettant de faire venir les témoins. On fit donc dire au saint de la part de l'empereur : « Il n'est pas à propos que vous, qui êtes notre pasteur, vous nous quittiez à la veille d'un si grand trouble, et que vous alliez en Asie pour des témoins que l'on peut aisément faire venir. » Ce trouble était la révolte de Gaïnas. Quoique le saint évêque remarquât dans tout ce procédé les fuites et les artifices d'Antonin, il suspendit son voyage; et, de l'avis des évêques, il en envoya trois sur les lieux pour entendre les témoins. Mais avant qu'ils fussent arrivés à Hypèpe, ville d'Asie, où les parties et les témoins devaient se rendre, Eusèbe, gagné par argent, s'était raccommodé avec Antonin; il traîna la procédure en longueur, sous divers prétextes, et enfin l'abandonna tout à fait pour aller se cacher à Constantinople; en sorte que les juges le déclarèrent excommunié, ou comme faisant défaut, ou comme calomniateur.

Cependant Antonin mourut, et saint Chrysostome reçut un décret du clergé d'Ephèse et des évêques voisins, qui le priaient, avec des conjurations terribles, de venir réformer cette église, affligée depuis longtemps par les ariens et par les mauvais catholiques; et pour empêcher les brigues de ceux qui s'efforçaient, par argent, d'occuper le siège vacant. Le saint, voyant qu'il s'agissait de rétablir la discipline dans toute la province d'Asie, où elle était tombée, tant par le défaut de pasteurs que par leur ignorance, résolut de faire ce voyage, malgré sa mauvaise santé et la rigueur de l'hiver. Il laissa le soin de l'Eglise de Constantinople à Sévérien, évêque de Gabale en Syrie, qui y était venu prêcher et en qui il avait une entière confiance, et prit pour l'accompagner en son voyage trois évêques, Paul, Syrien et Palladé.

Quand ils furent arrivés à Ephèse, les évêques de Lydie, d'Asie, de Phrygie et de Carie, s'y assemblèrent au nombre de soixante-dix, attirés par la réputation de saint Chrysostome, qu'ils désiraient entendre, principalement les Phrygiens. Ce concile ordonna pour évêque d'Ephèse, Héraclide, natif de Chypre, diacre de saint Chrysostome, qui avait été moine à Scété et disciple du moine Evagre. Ce concile étant assemblé, Eusèbe, accusateur d'Antonin se présenta, persistant dans son accusation contre les six évêques qu'il prétendait en avoir acheté

l'épiscopat. On fit entrer les témoins, qui marquèrent en détail les espèces de présents que ces six évêques avaient donnés. Eux-mêmes, pressés par les remords de leur conscience, avouèrent le crime qu'on leur reprochait, s'excusant sur la coutume et sur ce qu'ils n'avaient eu d'autre intention que de s'affranchir des charges curiales. « Maintenant donc, nous vous prions de nous laisser, s'il se peut, dans le service de l'Eglise; sinon, de nous faire rendre l'or que nous avons donné; car il y en a d'entre nous qui ont donné les ornements de leurs femmes. » Saint Chrysostome dit au concile : « J'espère que l'empereur, à ma prière, les délivrera des charges curiales : ordonnez, de votre part, que les héritiers d'Antonin leur rendent ce qu'ils ont donné. » Le concile ordonna cette restitution et déposa les six évêques simoniaques, leur permettant seulement de communier dans le sanctuaire. Ils acquiescèrent au jugement, et on mit en leur place d'autres évêques de mœurs et de capacité convenables, et qui avaient toujours gardé la continence (Pallad., *Vita Chrys.*).

Saint Chrysostome ôta aussi de Nicomédie l'évêque Géronce. Il avait été diacre de saint Ambroise à Milan, et se vanta d'avoir pris la nuit une *onoscélide*. C'est ainsi que les Grecs nommaient un spectre, qu'ils se figuraient avec des jambes d'âne. Géronce disait donc qu'il avait pris ce monstre, qu'il lui avait rasé la tête et l'avait mis dans un moulin pour tourner la meule : ce qui était le châtiment des esclaves. Soit qu'il le dît par vanité pour se faire admirer, ou par illusion du démon, saint Ambroise trouva ce discours indigne d'un ministre de Dieu, et ordonna à Géronce de demeurer quelque temps chez lui à faire pénitence. Lui, qui était habile médecin, agissant, persuasif et propre à se faire des amis, se moqua de saint Ambroise et s'en alla à Constantinople. En peu de temps il acquit l'amitié de quelques personnes puissantes au palais, qui lui procurèrent l'évêché de Nicomédie. Il fut ordonné par Hellade, évêque de Césarée en Cappadoce, en récompense de ce qu'il avait obtenu à son fils un emploi considérable à la cour. Saint Ambroise l'ayant appris, écrivit à Nectaire, évêque de Constantinople, de déposer Géronce, et de ne pas souffrir l'injure qu'on lui faisait, ainsi qu'à la discipline ecclésiastique. Quelque désir qu'en eût Nectaire, il ne put y réussir par la forte résistance de tout le peuple de Nicomédie. Saint Chrysostome déposa Géronce, et ordonna à sa place Pansophius, qui avait été précepteur de l'impératrice. Il était pieux, de mœurs douces et réglées; mais il n'était point agréable au peuple de Nicomédie. Ce qui attira encore bien des ennemis à saint Chrysostome (Soz., l. 8, c. 6).

Cependant Sévérien de Gabale, à qui le saint avait en partant confié l'Eglise de Constantinople, faisait servir la prédication de l'Evangile à son ambition particulière, et tâchait de gagner les esprits, dans le dessein d'usurper ce siège. Antiochus, évêque de Ptolémaïde en Phénicie, qui parlait avec beaucoup de facilité et d'un beau son de voix, ayant prêché quelque temps à Constantinople, s'en était retourné chez lui avec beaucoup d'argent. Sévérien, excité par cet exemple, composa un grand nombre de sermons; s'en vint à son tour dans la capitale, se fit connaître à la ville et à la cour, sut capter l'amitié de saint Chrysostome, qui le nomma son remplaçant pendant son absence. Sévérien sut habilement profiter de ces avantages. Une circonstance particulière vint encore le favoriser : il eut l'honneur de baptiser Théodose le Jeune, qui naquit dans l'intervalle : ce qui le mit en relation directe avec l'empereur et l'impératrice. Ses cabales s'étendaient de plus en plus. Mais un prêtre de Constantinople, nommé Sérapion, très-fidèle à saint Chrysostome, lui donna avis de ce qui se passait. Le saint évêque sut, par sa présence, dissiper tous les artifices de Sévérien. Aussitôt après son retour, qui fut au mois d'avril 401, après cent jours d'absence, il fit un discours à la louange de son peuple, disant qu'il les trouvait tels qu'il les avait laissés, au lieu que les Israélites avaient commis de grands péchés en l'absence de Moïse, qui n'avait duré que quarante jours. Il les loua de ce qu'ils avaient résisté courageusement aux ariens, et les compara à une femme de probité qui repousse fortement les adultères, et à des chiens fidèles qui gardent le troupeau en l'absence du pasteur. Sévérien sortit de Constantinople et se retira à Chalcédoine. L'impératrice Eudoxie le fit revenir et le réconcilia avec saint Chrysostome. Ce saint parla de cette réconciliation dans un de ses discours qu'il fit exprès pour engager son peuple à l'approuver, et Sévérien monta lui-même en chaire le lendemain, pour déclarer qu'il venait à bras ouverts et avec une grande expansion de cœur, pour offrir des sacrifices au Dieu de paix (Ceillier, t. IX).

Les ariens étaient encore en grand nombre à Constantinople, et comme ils étaient contraints de tenir leurs assemblées hors de la ville, ils s'assemblèrent au dedans sous des galeries publiques, pour sortir ensemble les jours solennels de chaque semaine, c'est-à-dire le samedi et le dimanche. Ils chantaient à deux chœurs des cantiques conformes à leur doctrine; et, après avoir ainsi passé la plus grande partie de la nuit, ils sortaient le matin et traversaient la ville pour se rendre au lieu de leur assemblée. En ces chants, ils affectaient d'irriter les catholiques, en disant : Où sont ceux qui disent que trois choses ne sont qu'une puissance? Saint Chrysostome craignit qu'ils n'ébranlassent quelques-uns des simples, et excita des catholiques à chanter aussi de leur côté pendant la nuit. Le succès n'en fut pas aussi heureux que son intention était bonne. Les prières nocturnes des catholiques se faisaient avec plus d'éclat que celles des ariens; car ils portaient des croix d'argent chargées de flambeaux de cire; l'invention était de saint Chrysostome, et l'impératrice Eudoxie en faisait la dépense. Les ariens, encore fiers de leur puissance passée, ne les purent souffrir; ils se jetèrent une nuit sur les catholiques, en sorte qu'un eunuque de l'impératrice, nommé Brison, qui chantait avec les autres, fut blessé au front d'un coup de pierre, et que quelques particuliers furent tués de part et d'autre. Cela fut cause que l'empereur défendit aux ariens de chanter en public, renouvelant la défense qui leur avait été faite, en 396, de s'assembler dans la ville pour faire des litanies, c'est-à-dire des prières de jour et de nuit. Tout cela augmentait l'affection du peuple pour saint Chrysostome, et lui attirait d'un autre côté des ennemis (Soc., l. 6, c. 8; Soz., l. 8, c. 8). Mais l'ennemi le plus dangereux était celui-là même qui l'avait sacré évêque de Constantinople.

Nous avons vu Théophile d'Alexandrie partisan d'Origène, au point de traiter saint Epiphane d'hérétique. Il changea de langage à l'occasion que voici. Parmi les moines d'Egypte, il y en avait plusieurs de simples et grossiers qui, s'attachant à l'écorce des expressions de l'Ecriture sainte, s'imaginaient que Dieu avait une figure humaine, ce qui les fit nommer en grec anthropomorphites. Les mieux instruits voulant les désabuser, il s'excitait des disputes, et comme Origène, décrié d'ailleurs, était le plus éloigné de cette grossière explication de l'Ecriture, les anthropomorphites traitaient d'origénistes ceux qui voulaient les désabuser, et ceux-ci les traitaient eux-mêmes de blasphémateurs et d'idolâtres.

Théophile soutenait la saine doctrine et enseignait publiquement que Dieu est incorporel. Il s'en expliqua même dans une lettre pascale, où il réfuta fort au long l'erreur contraire. Cette lettre étant portée suivant la coutume dans les monastères, irrita étrangement presque tous les moines d'Egypte. Ils disaient que l'évêque Théophile était tombé dans une dangereuse hérésie, et la plupart de leurs anciens avaient résolu de se séparer de sa communion, parce, disaient-ils, qu'il combattait l'Ecriture sainte en disant que Dieu n'avait point de figure humaine, quoique l'Ecriture témoignât si expressément qu'Adam avait été créé à son image. Les moines de Scété, qui passaient pour les plus parfaits de toute l'Egypte, rejetèrent cette lettre, et, de tous les prêtres qui les gouvernaient, il n'y eut que l'abbé Paphnuce qui la reçut; ceux des trois autres églises ne permirent pas même de la lire dans leurs assemblées.

Parmi ces anthropomorphites, était un vieillard nommé Sérapion, dont l'austérité et la vie exemplaire autorisaient beaucoup l'hérésie. Paphnuce essaya de le désabuser par plusieurs exhortations, mais inutilement, car Sérapion regardait toujours ce qu'on lui disait comme une nouveauté contraire à l'ancienne tradition. Il arriva qu'un diacre fort savant, nommé Photin, vint alors de Cappadoce. Paphnuce le reçut avec grande joie, et, l'ayant fait venir devant les frères, lui demanda comment les Eglises catholiques de tout l'Orient expliquaient ce passage : *Faisons l'homme à notre image et à notre ressemblance*. Photin répondit que tous les évêques l'entendaient, non suivant la bassesse de la lettre, mais spirituellement; et prouva doctement, par un grand discours et par plusieurs passages de l'Ecriture, que Dieu est immense, invisible et incorporel. Sérapion fut persuadé. Paphnuce et les autres qui étaient présents furent ravis que Dieu eût délivré ce saint vieillard de l'erreur où il était tombé par simplicité. Ils se levèrent pour prier tous ensemble, et Sérapion, prosterné en terre, criait en pleurant : Hélas! on m'a ôté mon Dieu, et je ne sais plus ce que j'adore! voulant dire qu'il avait perdu ce fantôme qu'il avait accoutumé de former dans son imagination pour se représenter Dieu dans la prière. Cassien et Germain furent présents à cette conversion, et ce fut l'occasion d'un second entretien qu'ils eurent avec l'abbé Isaac, touchant la prière, où il fit voir que cette erreur était un reste de l'impression qu'avait faite l'idolâtrie dans l'esprit des hommes (Cass., col. 10, c. 2, 3 et 5).

Mais la multitude des moines ne fut pas si tôt désabusée. Ils quittèrent leurs monastères et vinrent en foule à Alexandrie, murmurant contre Théophile, le traitant d'impie et voulant le tuer. En cette extrémité, il usa d'industrie et se présenta devant eux, en disant : En vous voyant, je crois voir le visage de Dieu. Cette parole les apaisa, et ils lui dirent : Si vous dites vrai, et si vous croyez que Dieu a un visage comme le nôtre, anathématisez les livres d'Origène! sinon, attendez-vous à être traité comme un impie et un ennemi de Dieu. Je le ferai, dit Théophile, car moi aussi je suis ennemi des livres d'Origène, et il y a longtemps que j'avais résolu de le condamner. Il renvoya ainsi les moines, et tint un concile où il fut ordonné que quiconque approuverait les livres d'Origène serait chassé de l'Eglise, et il en écrivit une lettre synodale à tous les évêques. Il se déclara encore contre Origène dans les lettres pascales qu'il envoyait tous les ans à toutes les églises, suivant la coutume; car depuis le concile de Nicée, l'évêque d'Alexandrie était chargé d'avertir tous les autres du jour de Pâques. A mesure que ces lettres paraissaient, saint Jérôme les traduisait et les envoyait, en grec et en latin, à ses amis de Rome (Sulp. Sev., *Dial.* 1).

Une animosité particulière excita Théophile à passer encore plus avant. Le prêtre Isidore, qu'il avait voulu faire évêque de Constantinople à la place de saint Chrysostome, encourut bientôt sa haine. Voici à quelle occasion. Une veuve de qualité lui donna mille pièces d'or, et lui fit jurer, par la table sainte, qu'il en achèterait des habits pour les pauvres femmes de la ville, sans en donner connaissance à l'évêque Théophile, de peur qu'il n'employât cet argent à acheter des pierres; car il était passionné pour les bâtiments, et il en faisait de très-inutiles à l'Eglise. Isidore ayant pris l'argent, l'employa pour les pauvres femmes et les veuves. Théophile le sut; car il avait des espions qui l'avertissaient de tout. Il appela Isidore et lui demanda d'un air très-calme ce qu'il en était. Isidore avoua la chose. Théophile en fut irrité au dernier point; mais il dissimula son ressentiment. Sozomène rapporte un second motif de la haine de Théophile contre Isidore, savoir, que ce prêtre n'avait pas voulu attester, contre la vérité, qu'une certaine personne avait fait son héritière la sœur de Théophile. Cet évêque ayant donc, deux mois après, rassemblé les prêtres de son église, produisit en leur présence un mémoire contre Isidore, contenant une accusation de sodomie, disant : Il y a dix-huit ans que j'ai reçu ce mémoire contre vous; mes occupations me l'avaient fait oublier; je viens de le trouver en cherchant d'autres papiers; répondez à la plainte qu'il contient. Isidore répondit : Quand il serait vrai que vous auriez reçu ce mémoire, et qu'il vous aurait échappé, celui qui l'avait donné ne pouvait-il pas le redemander ? Il s'était embarqué, dit Théophile. Mais, répliqua Isidore, n'est-il pas revenu, du moins au bout de deux ou trois ans ? S'il est présent, faites-le venir. Théophile, ainsi pressé, remit l'affaire à un autre jour. Dans cet intervalle, il acheta un témoin pour accuser Isidore, et lui donna quinze pièces d'or pour déposer contre lui. Celui-ci, qui était un jeune homme, les porta à sa mère, qui, craignant qu'Isidore ne la poursuivît devant le gouverneur, alla le trouver, et lui montra l'argent qu'elle dit avoir reçu de la sœur de Théophile. Le jeune homme craignant les lois et la colère de cet évêque, se réfugia dans l'église. Théophile ne laissa pas de condamner Isidore, sous prétexte d'un crime infâme, que la bienséance ne permettait point d'expliquer. Isidore, qui jusque-là était demeuré dans sa maison à prier Dieu, craignit que Théophile n'attentât à sa vie même, et s'enfuit sur la montagne de Nitrie, où il avait passé sa jeunesse (Pallad., *Vit. Chrys.*; Soz., l. 8, c. 12).

Théophile tourna sa colère contre les moines qui habitaient cette montagne, assembla contre eux un concile, où, sans les avoir appelés ni leur avoir donné moyen de se défendre, il en excommunia trois des principaux, Ammon, Dioscore et un autre, sous prétexte de mauvaise doctrine, c'est-à-dire d'origénisme. Il eut même recours à la violence, et obtint du gouverneur, par des voies obliques, des soldats et des ordres pour chasser ces solitaires de toute l'Egypte. En vertu de ces ordres, il alla lui-même, de nuit, attaquer les monastères, accompagné de soldats et de gens prêts à tout, et de ses valets qu'il avait remplis de vin, mit le feu aux cellules, brûla leurs beaux livres de l'Ecriture, et un enfant qui s'y trouva, et les sacrés mystères que les moines conservaient chez eux selon l'ancienne discipline de l'Eglise. Les Grecs honorent le dernier de juin les saints que Théophile fit mourir en cette occasion par le fer et par le feu. Ceux qui échappèrent à sa fureur se retirèrent à Jérusalem, et de là à Scythopolis. Mais Théophile trouva encore moyen de les en chasser. Ils s'embarquèrent et vinrent à Constantinople, dans la vue de faire connaître à l'empereur Arcade l'injustice de la persécution qu'ils souffraient, et de se ménager la protection de saint Chrysostome. C'était en 401. Le saint évêque les reçut avec bonté et se chargea de les réconcilier avec Théophile; mais sa négociation ne fut point heureuse, et, bien loin d'obtenir quelque chose, il attira sur lui-même la colère de cet évêque. Les moines, voyant que saint Chrysostome n'avait pas réussi, s'adressèrent à l'empereur et à l'impératrice, demandant, par leur requête, que Théophile fût cité à Constantinople, pour y être jugé par saint Chrysostome. Leur requête eut son effet, et Théophile fut obligé, suivant l'ordre de l'empereur, de se rendre à Constantinople. Saint Chrysostome, devant qui il devait comparaître, refusa de prendre connaissance de l'affaire, autant par considération pour Théophile que par respect pour les canons, qui défendaient de juger les causes hors de leur province (Ceillier, t. IX, art. *Chrysost.* et *Théoph.*; Pallad., *Vit. Chrys.*; Soz., l. 8, c. 13).

Mais avant d'arriver lui-même à Constantinople, Théophile eut l'adresse d'y faire aller saint Epiphane, qui, oubliant toutes les injures qu'il en avait reçues, dès qu'il lui vit condamner les origénistes, avait assemblé, à sa sollicitation, les évêques de Chypre en concile, où il défendit la lecture des livres d'Origène, mais sans toucher à sa personne. Muni des actes de ce concile, Epiphane étant arrivé dans un faubourg de Constantinople, alla célébrer l'office divin dans l'église de l'Hebdomon, et y ordonna un diacre sans l'agrément de l'évêque diocésain. Saint Chrysostome, que cette contravention aux canons aurait dû offenser, envoya tout son clergé au devant de saint Epiphane, et l'invita à prendre un logement dans les maisons de l'église. Epiphane, au lieu d'accepter l'offre, ne voulut pas même communiquer avec Chrysostome, sous le prétexte que celui-ci demandait un concile avant de condamner ni Origène ni aucun des moines qu'on accusait d'origénisme. Epiphane alla plus loin : il assembla, de son autorité, tous les évêques qui se trouvaient alors à Constantinople, leur communiqua les actes de son concile de Chypre, et s'efforça de leur persuader d'y souscrire. Il y en eut qui le firent; quelques-uns le refusèrent; entre autres Théotime, évêque des Scythes, qui lui répondit avec fermeté qu'il n'était pas permis de faire injure à un homme mort depuis si longtemps, ni de condamner le jugement des anciens ; enfin, qu'il était dangereux, en condamnant les écrits d'Origène, de rejeter, sans y penser, les vérités qu'ils contiennent. Epiphane, voyant que saint Chrysostome ne voulait rien décider touchant les écrits d'Origène avant la définition d'un concile, résolut, d'après les suggestions ennemies, de célébrer la collecte dans l'église des Apôtres, et d'y condamner les livres d'Origène en présence du peuple, d'excommunier Dioscore et les siens, et de taxer saint Chrysostome comme leur adhérent. Déjà il était entré dans cette église; lorsqu'un diacre, envoyé de la part de l'évêque de Constantinople, lui dit qu'il eût à considérer combien de choses il faisait contre les règles ; qu'il avait fait une ordination dans une église dépendante de Constantinople et y avait célébré l'office sans le consentement du diocésain, et que, sans ce même consentement, il allait parler au peuple ; qu'il prît garde qu'une entreprise de cette nature ne causât quelque sédition populaire, qui pourrait le mettre en péril de la vie, comme auteur du désordre. Epiphane, effrayé, sortit de l'église et se retira (Soc., l. 6, c. 12; Soz., l. 8, c. 4; Tillem.; Ceillier, art. *Epiphane, Chrysostome, Théophile*).

Il était encore à Constantinople, lorsque le jeune Théodose tomba malade. Prié par l'impératrice Eudoxie de s'intéresser à la santé de ce prince, il lui promit que l'enfant vivrait, pourvu qu'elle cessât de favoriser Dioscore et les autres Grands-Frères. L'impératrice répondit : Si Dieu veut prendre mon enfant, il est le maître; pour vous, si vous pouviez ressusciter les morts, vous n'auriez pas laissé mourir votre archidiacre Crispion. Cependant Ammonius et les autres moines d'Egypte, de l'aveu de l'impératrice, allèrent trouver saint Epiphane. Comme il ne les connaissait pas, il leur demanda qui ils étaient. Ammonius répondit : Nous sommes les Grands-Frères, et nous serions bien aises d'apprendre de vous si vous avez jamais vu nos disciples ou nos écrits. Epiphane ayant dit que non : Comment donc, reprit Ammonius, nous avez-vous jugés hérétiques sans avoir aucune preuve de nos sentiments. C'est, repartit Epiphane, que je l'ai ouï dire. Ammonius répliqua : Pour nous, nous avons fait tout le contraire ; car nous avons souvent trouvé vos disciples et vos écrits, entre autres l'*Ancora*; et comme plusieurs voulaient le blâmer et l'accuser d'hérésie, nous en avons pris la défense ; et celle de vos intérêts comme d'un père. Vous ne deviez donc pas, sur un ouï-dire, nous condamner sans nous entendre, ni traiter, comme vous faites, ceux qui ne disent que du bien de vous. Saint Epiphane leur parla plus doucement et les renvoya. Il quitta lui-même Constantinople, où ses desseins lui avaient si mal réussi, et s'embarqua pour retourner en Chypre. La mort le saisit en chemin. Ainsi s'accomplit la prédiction que lui avait faite saint Chrysostome dans la chaleur de la dispute, qu'il ne croyait pas qu'il dût retourner dans son évêché. En partant, il dit aux évêques qui le conduisaient jusqu'à la mer : Je vous laisse la ville, le palais et le théâtre; pour moi, je m'en vais, car j'ai hâte, j'ai grande hâte. Il mourut en 403, après trente-six ans d'épiscopat; ses disciples bâtirent une église en Chypre, sous son nom, où ils mirent son image avec beaucoup d'autres. Dieu honora son tombeau par beaucoup de miracles. Sa fête se célèbre, chez les Latins comme chez les Grecs, le 12 mai (Soc., l. 8, c. 5; Pallad.).

Théophile vint enfin à Constantinople, suivant l'ordre de l'empereur; mais quoiqu'il fût mandé seul, il amena un grand nombre d'évêques d'Egypte et même des Indes. Saint Chrysostome lui avait préparé un logement, ainsi qu'à ceux de sa suite; mais il aima mieux loger hors de la ville, dans une des maisons de l'empereur, appelée Placidienne. Il ne voulut pas même voir saint Chrysostome, ni lui donner aucune marque de communion. Comme les Grands-Frères pressaient vivement le jugement de leur affaire, l'empereur ordonna à saint Chrysostome d'aller entendre Théophile sur les violences, les meurtres et autres crimes dont on l'accusait. Comme nous l'avons déjà dit, le saint s'en défendit par considération pour Théophile et par respect pour les canons, qui défendent de juger les causes des évêques hors de leur province. Théophile pensait bien différemment. Pendant trois semaines qu'il logea hors de la ville, il mit tout en œuvre pour chasser saint Chrysostome de Constantinople, et même pour lui faire perdre la vie. A Théophile se joignirent des évêques d'Asie déposés par saint Chrysostome; quelques autres, mécontents de lui, comme Acace de Bérée, Sévérien de Gabale, Antiochus de Ptolémaïde; deux ou trois des plus puissants de la cour gagnés par argent; quelques-uns du clergé de Constantinople qui souffraient avec peine qu'on y rétablit le bon ordre; trois veuves, que le saint évêque avait reprises de leur luxe; enfin l'impératrice Eudoxie, choquée d'un discours qu'il avait fait contre le luxe et le dérèglement des femmes. Avec tous ces secours, Théophile obtint de l'empereur qu'on assemblerait un concile contre saint Chrysostome.

De tous les chefs d'accusation, il n'y en avait qu'un seul qui fût vrai, savoir, qu'il avait conseillé à tout le monde de prendre un peu d'eau ou quelques pastilles après la communion, pour ne pas rejeter avec la salive quelque chose des saintes espèces : ce qu'il pratiquait lui-même. Le lieu du concile fut le bourg du Chêne, près de Chalcédoine. Il s'y trouva trente-six évêques, tous de la province de Théophile. Saint Chrysostome, cité par ordre de l'empereur, consentit à comparaître, pourvu que l'on fit sortir de l'assemblée ses ennemis qu'il nomma, ou du moins qu'il n'y prissent que la qualité d'accusateurs et non celle de juges. Sur cette réponse, il fut cité de nouveau et condamné par contumace. Les évêques du concile voulaient obliger l'empereur à le punir comme criminel de lèse-majesté, parce que, dans un discours, il avait comparé l'impératrice à Jézabel; mais ce prince se contenta de le condamner au bannissement. L'ordre fut exécuté sans délai. Un comte, accompagné de soldats, le chassa de l'église, et un des officiers, nommé Curieux, l'ayant jeté dans un vaisseau, il fut porté en Asie pendant la nuit, et arriva dans une maison de campagne près de Prenète en Bithynie. C'était le troisième jour d'après sa déposition par le conciliabule du Chêne; car il avait refusé les deux premiers jours de se retirer, jusqu'à ce qu'on lui fît violence, croyant devoir cette fermeté à son amour pour son peuple, dont Dieu, et non les hommes, lui avait donné la conduite. Nous avons encore le discours qu'il prononça pendant ce temps de trouble (Chrys., *Ep. ad Inn.*; Pallad., Soc., Zos.).

Son exil ne dura qu'un jour. Le peuple, qui, ayant su l'ordre de l'empereur, s'était soulevé avec une extrême violence, ne diminua rien de son ardeur pour le saint évêque, lorsqu'on l'eut enlevé. Les églises et les places publiques continuèrent à retentir de gémissements et de cris, et la nuit suivante, un tremblement de terre ayant ébranlé la ville et la chambre même de l'empereur, l'impératrice, effrayée, le pria de rappeler saint Chrysostome, à qui elle écrivit elle-même en ces termes : « Que votre sainteté ne croie pas que j'aie su ce qui s'est passé ! Je suis innocente de votre sang ! Des hommes méchants et corrompus ont formé ce complot. Dieu m'est témoin des larmes que je lui offre en sacrifice ! Je me souviens que mes enfants ont été baptisés par vos mains ! » Comme il convenait d'avoir le consentement d'Arcade, elle alla le demander en pleurant, protestant à ce prince qu'il n'y avait que le rappel du saint qui pût sauver l'état du danger qui le menaçait. Elle l'obtint; et dès que le jour fut venu, elle envoya des officiers pour prier saint Chrysostome de revenir à Constantinople. Personne ne sachant le lieu où il s'était retiré, après les premiers officiers, Eudoxie en envoya d'autres, et d'autres encore après ceux-là; en sorte que le détroit était couvert de vaisseaux qui allaient le chercher en Asie.

Brison, eunuque de l'impératrice et notaire de l'empereur, qui faisait hautement profession d'aimer le saint évêque et de le servir en toute occasion, eut l'avantage de le trouver à Prenète et de le ramener. Sitôt que le peuple en fut informé, il courut au devant; l'embouchure du Bosphore se trouva couverte de bâtiments; tous s'embarquèrent, hommes, femmes, la plupart un cierge allumé à la main, en chantant des hymnes composées exprès. Il fut conduit dans cette pompe à l'église des Apôtres, accompagné de plus de trente évêques. On voulut l'obliger de monter aussitôt sur le trône épiscopal, et de souhaiter, suivant la coutume, la paix au peuple; mais il s'en excusa, jusqu'à ce qu'il eût été justifié par un concile plus nombreux. Il n'avait pas même voulu, pour cette raison, rentrer d'abord à Constantinople, et s'était arrêté dans un bourg nommé Marianes. Mais le peuple ne pouvant souffrir ce délai, il céda à cette violence et fit sur-le-champ un petit discours, qui commença par une comparaison de son église avec Sara, et de Théophile avec le roi d'Égypte, qui avait attenté à sa pureté. Il y bénit Dieu de l'avoir rappelé, et n'oublia pas sa reconnaissance de tout ce que l'impératrice avait fait pour procurer son retour. Ce discours attira de si grands applaudissements, que saint Chrysostome ne put l'achever (Pallad.; Théod., l. 5, c. 34; Soc., l. 6, c. 16; Soz., l. 8, c. 18).

Quelques jours après son rétablissement, il pria l'empereur de faire assembler un concile plus nombreux pour examiner celui qui l'avait condamné. Arcade y consentit et écrivit partout qu'on assemblât les évêques. Le bruit d'un concile fit peur à Théophile, qui craignait de s'y voir convaincu des choses que la conscience lui reprochait; et, étant monté la nuit sur une barque sans en donner avis à personne, il se retira en Égypte avec les évêques qu'il en avait emmenés; en sorte qu'il ne resta pas à Constantinople d'autres évêques que ceux qui étaient amis de saint Chrysostome. Quoique la fuite de Théophile fût une entière justification de celui qu'il avait condamné, le saint continua néanmoins de solliciter la convocation d'un concile. L'empereur se rendit à ses instances, et envoya en Égypte pour obliger Théophile et les autres évêques du conciliabule du Chêne, de revenir pour rendre raison de ce qu'ils avaient fait. Théophile s'en excusa; mais les évêques de Syrie qui étaient de sa cabale, savoir, Antiochus et Sévérien, revinrent à Constantinople. Le refus de Théophile n'empêcha point saint Chrysostome de continuer à demander la tenue d'un concile; mais il paraît qu'il ne put l'obtenir, et que tout ce qu'on lui accorda fut qu'un grand nombre d'évêques, qui se trouvaient à Constantinople, signeraient un acte par lequel ils déclareraient que, nonobstant ce qui s'était passé dans le conciliabule du Chêne, ils reconnaissaient Chrysostome pour légitime évêque de Constantinople.

Théophile, qui avait tant persécuté les moines d'Égypte, sous prétexte d'origénisme, s'était réconcilié avec eux avant de s'enfuir de Constantinople; il les reçut à sa communion, sans leur dire un mot ni d'Origène ni de sa doctrine. Lui-même ne fit plus de difficulté d'en lire les livres. Et comme on lui demandait comment il les chérissait tant, après les avoir condamnés, il répondit : Les livres d'Origène sont une prairie dont je cueille les fleurs, sans m'arrêter aux épines (Soc., l. 5, c. 17).

Arrivant en Égypte, Théophile aborda par hasard à une petite ville nommée Gérès, à deux lieues et demie de Péluse. L'évêque en était mort, et les citoyens avaient élu pour son successeur un personnage nommé Nilammon, qui était arrivé à la perfection de la vie monastique. Il demeurait hors de la ville, dans une cellule où il s'était enfermé et dont il avait muré la porte avec des pierres. Comme il refusait l'épiscopat, Théophile vint le trouver et lui conseilla de se rendre et de recevoir l'ordination de sa main. Nilammon s'en excusa plusieurs fois, et, voyant qu'il ne pouvait persuader Théophile, il lui dit : Demain, mon père, vous ferez ce qu'il vous plaira; permettez-moi de disposer aujourd'hui mes affaires. Théophile revint le lendemain, suivant la convention, et lui dit d'ouvrir sa porte. Nilammon répondit : Prions auparavant. — C'est bien dit, répondit Théophile, et il se mit en prière. La journée se passa ainsi. Théophile et ceux qui étaient avec lui hors de la cellule, après avoir attendu longtemps, appelèrent Nilammon à haute voix : il ne répondit point. Enfin ils ôtèrent les pierres, ouvrirent la porte et le trouvèrent mort. On le revêtit d'habits précieux, on l'enterra aux dépens du public, on bâtit une église sur son tombeau et on célébra tous les ans le jour de sa mort avec une grande solennité. L'Eglise en fait encore la mémoire le 6 janvier (Soz., l. 8, c. 19).

L'église de Constantinople ne jouit que deux mois du calme que le rétablissement de son évêque lui avait procuré. On avait dressé en cette ville une statue en l'honneur de l'impératrice Eudoxie. Elle était d'argent, posée sur une colonne de porphyre avec une base élevée, et placée à la porte du sénat et assez près de la grande église de Sainte-Sophie. A la dédicace de cette statue, on fit, selon la coutume, de grandes réjouissances, et on y divertit le peuple par des danses, des farces et d'autres spectacles de ce genre. Chrysostome ne pouvant souffrir des jeux si peu chrétiens à la porte de l'église, s'en plaignit dans un discours avec sa liberté ordinaire, et ajouta même quelques railleries, non-seulement contre ceux qui les faisaient, mais encore contre ceux qui les ordonnaient. Eudoxie, offensée de ce discours, entra dans une grande colère, et résolut d'assembler un nouveau concile contre le saint évêque. Mais il ne rabattit rien de son courage, et parla encore plus ouvertement contre l'impératrice dans un discours dont les premiers mots étaient, si pourtant il faut en croire Socrate (l. 6, c. 18) : « Hérodiade est en furie, elle danse encore, elle veut encore la tête de Jean. »

Il y eut donc une nouvelle conspiration contre saint Chrysostome, et ses ennemis, trouvant la cour favorable à leurs désirs, envoyèrent à Alexandrie prier Théophile de venir conduire leur intrigue, ou du moins de leur marquer comment ils devaient la commencer. Théophile n'osant plus paraître aux yeux du peuple de cette ville, y envoya trois évêques et leur donna des canons faits par les ariens contre saint Athanase. C'étaient ceux du concile tenu à Antioche lors de la dédicace, en 341, qui ordonnaient que si un évêque déposé par un concile se rétablissait de lui-même ou par l'autorité impériale, il serait dès lors déposé pour toujours, sans pouvoir jamais être admis à se justifier. Ces canons n'étaient d'aucune autorité dans l'Eglise, et ils avaient été rejetés par le concile de Sardique, en 347. Ces trois évêques étant arrivés, convoquèrent à Constantinople tous les métropolitains et tous les évêques qu'ils purent, de la Syrie, de la Cappadoce, du Pont, de la Phrygie et des autres provinces voisines.

Tous communiquèrent d'abord avec saint Chrysostome, pour ne pas se rendre récusables comme Théophile; mais cela ne plut point à la cour, déjà entièrement déclarée contre son évêque. Aussi, la fête de Noël étant venue, Arcade, qui avait accoutumé d'aller ce jour-là à l'église, n'y vint point, et fit dire à Chrysostome qu'il ne communiquerait point avec lui jusqu'à ce qu'il se fût justifié. On recommença en effet dans le second concile, composé d'évêques gagnés par les libéralités de la cour, les premières accusations formées contre le saint. Mais sur l'offre qu'il fit hardiment de se justifier, ses accusateurs, qui n'avaient pas la même assurance, laissèrent tous ces prétendus crimes pour en venir à l'expédient de Théophile, et dirent que, suivant le quatrième et le douzième canon d'Antioche, il n'était plus recevable à se justifier, puisqu'il était remonté sur son trône sans l'autorité d'un concile. Il était aisé à saint Chrysostome de répondre aux canons d'Antioche, et Elpide, évêque de Laodicée en Syrie, vieillard respectable par ses vertus et ses cheveux blancs, fit comprendre nettement à l'empereur que Chrysostome n'avait point été déposé juridiquement la première fois, mais seulement chassé par un comte; qu'il n'était point rentré de lui-même dans son siège, mais par ordre d'Arcade lui-même; enfin, que les canons que l'on produisait étaient l'ouvrage des hérétiques. Tout cela n'empêcha pas qu'Antiochus et les autres ennemis du saint ne persuadassent à ce prince, faible et timide, que Jean était convaincu, et qu'il devait le chasser de l'Eglise avant la fête de Pâques.

Arcade manda donc au saint évêque, un peu avant la fête, qu'il eût à sortir de l'église, puisqu'il avait été condamné par deux conciles. J'ai reçu de Dieu cette église, lui répondit saint Chrysostome, pour procurer le salut du peuple, et je ne puis l'abandonner; mais comme la ville est à vous, si vous voulez que je la quitte, chassez-moi de force, afin que j'aie une excuse légitime. Ceci se passait pendant le carême de l'an 404. Le jour du samedi saint, on lui envoya un nouvel ordre de sortir de l'église; à quoi il répondit comme il devait. Arcade, craignant la sainteté du jour et le tumulte du peuple, envoya chercher Acace de Bérée et Antiochus de Ptolémaïde, et leur dit : Que faut-il faire? Prenez garde que vous ne m'ayez donné un mauvais conseil. Ces évêques répondirent en la même manière que les pontifes des Juifs : Seigneur, que la déposition de Jean retombe sur notre tête! Les quarante-deux évêques qui étaient demeurés unis à saint Chrysostome, croyant devoir faire un dernier effort, allèrent trouver l'empereur et l'impératrice dans les églises des Martyrs, et les prièrent avec larmes d'épargner l'Eglise de Jésus-Christ et de lui rendre son pasteur, principalement à cause de la fête de Pâques et de ceux qui étaient prêts à recevoir, ce jour-là, le sacrement de baptême. Mais ils ne furent point écoutés; en sorte qu'un d'eux (c'était Paul de Cartéia), menaçant l'impératrice de la colère de Dieu, lui dit : « Eudoxie, craignez Dieu, ayez pitié de vos enfants et ne profanez pas la fête de Jésus-Christ par l'effusion du sang! » Ensuite ils se retirèrent et allèrent passer la sainte veille, chacun dans son logis, dans la douleur et dans les larmes.

Les prêtres de Constantinople, qui étaient demeurés fidèles à leur patriarche, assemblèrent le peuple dans un bain public et y célébrèrent la veille de Pâques à l'ordinaire, en lisant les saintes Ecritures et baptisant les catéchumènes. Antiochus, Acace et Sévérien l'ayant appris, demandèrent qu'on empêchât cette assemblée. Le maître des offices leur dit : Il est nuit, le peuple est grand, il pourrait arriver du désordre. Acace répondit : Les églises sont désertes; nous craignons que l'empereur, en y venant et ne trouvant personne, ne s'aperçoive de l'affection du peuple pour Jean et ne nous regarde comme des envieux; principalement après que nous lui avons dit que personne ne suit volontiers cet homme, qui n'est point sociable. Le maître des offices, après avoir protesté contre eux de ce qui pourrait arriver, leur donna un nommé Lucius, chef d'une compagnie de gens de guerre, qui passait pour païen, avec ordre d'inviter doucement le peuple à venir dans l'église. Il y alla; mais il ne fut point écouté et revint trouver Acace et les siens, leur représentant l'ardeur et la foule du peuple. Ils le prièrent instamment de retourner, joignant à leurs prières l'or et les promesses; ils lui recommandèrent d'amener le peuple à l'église par la douceur ou de dissiper par la force cette assemblée.

Lucius retourna donc, accompagné de quelques clercs de l'évêque Acace, après neuf heures du soir. Quatre cents nouveaux soldats de Thrace, fort insolents, le suivaient l'épée à la main. Ils fondirent tout d'un coup sur ce peuple, écartant la foule par l'éclat de leurs épées. Leur chef marcha jusque dans les eaux sacrées pour empêcher que l'on n'administrât le baptême, et poussa le diacre si rudement qu'il renversa le saint chrême. Il frappa les prêtres à coups de bâton sur la tête, sans respect pour leur grand âge, et le baptistère fut inondé de sang. Les femmes déjà dépouillées pour le baptême, s'enfuyaient pêle-mêle avec les hommes, de crainte d'être tuées ou déshonorées, sans avoir le temps de se couvrir autant que la bienséance le demandait; plusieurs même furent blessées. On entendait leurs cris et ceux des enfants; les prêtres et les diacres étaient chassés, vêtus encore de leurs ornements. L'autel était investi de gens armés; les soldats, dont la plupart n'étaient point baptisés, entrèrent jusque dans les lieux où reposaient les saints mystères, virent tout ce qu'il y a de plus secret et le profanèrent en y touchant, et le sang précieux de Jésus-Christ fut répandu sur leurs habits. On mit en prison une partie des prêtres et des diacres; on chassa de la ville les laïques constitués en dignités; on afficha plusieurs édits contenant diverses menaces contre ceux qui ne renonceraient point à la communion de Jean. Les prisons furent remplies de différents magistrats; on y chantait des hymnes et on y offrait les saints mystères, en sorte qu'elles devenaient des églises; tandis que l'on entendait dans les églises des fouets, des jurements et des tortures, pour obliger à anathématiser Jean; mais plus ces adversaires faisaient d'efforts, plus les assemblées de ceux qui l'aimaient étaient nombreuses. Elles se tenaient tantôt dans un lieu, tantôt dans un autre, dans les vallons, dans les bois et les campagnes; mais principalement dans un lieu environné d'une clôture de bois par Constantin pour servir de cirque (Pallad., Ceillier, Tillem., Fleury).

Cependant saint Chrysostome était encore dans Constantinople et dans la maison épiscopale. Ne trouvant point de remède aux violences qu'on faisait souffrir à son clergé et à son peuple, il en écrivit au pape Innocent, pour le prier, non de gémir de ces maux, mais de les faire cesser, en lui continuant les marques de sa communion; en déclarant nulles toutes les procédures faites contre lui avec tant d'iniquité; en soumettant aux peines canoniques ceux qui avaient si indignement violé les lois de l'Eglise. Il s'offrait encore à faire preuve de son innocence dans un jugement légitime, si ses adversaires voulaient y soutenir ce qu'ils avaient fait contre lui. Les quarante-deux évêques de la communion de saint Chrysostome écrivirent encore au Pape, de même que le clergé de Constantinople (Pallad.; Coustant, col. 771). Ces trois lettres furent portées par quatre saints évêques, accompagnés de deux diacres.

Mais ils furent prévenus de quelques jours par un lecteur d'Alexandrie, qui en apporta une au Pape de la part de Théophile. Comme cet évêque se contentait d'y marquer qu'il avait déposé Jean de Constantinople, sans dire ni comment, ni avec qui, ni pour quel sujet, le Pape, trouvant ce procédé étrange et insolent, ne fit aucune réponse à la lettre de Théophile. Quelque temps après, de nouveaux députés de Théophile arrivèrent à Rome avec des lettres de sa part et des actes, par lesquels il paraissait que Chrysostome avait été condamné par trente-six évêques, dont vingt-neuf étaient Egyptiens. C'étaient les actes du concile du Chêne. Le pape Innocent les ayant lus, et voyant que les accusations n'étaient point considérables, et que Jean n'avait pas été présent, continua de blâmer Théophile d'avoir prononcé un jugement si sévère contre un absent, et lui répondit en ces termes : « Mon frère Théophile, nous vous tenons dans notre communion, vous et notre frère Jean, comme nous vous avons déjà déclaré dans des lettres précédentes, et nous vous écrirons la même chose toutes les fois que vous nous écrirez. Que si l'on examine légitimement tout ce qui s'est passé par collusion, il est impossible que nous quittions, sans raisons, la communion de Jean. Si donc vous vous confiez à votre jugement, présentez-vous au concile qui se tiendra, Dieu aidant, et expliquez les accusations, suivant les canons de Nicée; car l'Eglise romaine n'en connaît point d'autres (Pallad.; Coustant, c. 787). » C'est-à-dire que l'Eglise romaine n'avait aucun égard à ceux d'Antioche. Le Pape disait qu'il fallait un autre concile, non suspect, d'Occidentaux et d'Orientaux, rejetant d'entre les juges, premièrement les amis, et ensuite les ennemis. Après avoir ainsi renvoyé les députés de Théophile, il fit des prières accompagnées de jeûne, pour demander à Dieu de rétablir l'union dans l'Eglise.

Pendant que ces choses se passaient, on attenta plusieurs fois à la vie de saint Chrysostome, ce qui donna sujet aux plus zélés d'entre le peuple de faire garde nuit et jour à la maison épiscopale, se partageant en diverses bandes qui se succédaient les unes aux autres. Mais leur zèle même fut pour les évêques ennemis du saint un prétexte de le perdre. Cinq jours après la Pentecôte qui, cette année, 404, était le 5 de juin, quatre d'entre eux représentèrent à l'empereur que le peuple ne serait jamais en paix tant que Jean resterait dans la ville; qu'il ne devait pas craindre de blesser l'humanité ni le respect dû à l'Eglise, en suivant ce qu'ils lui conseillaient; qu'ils s'étaient engagés publiquement à prendre sur leurs têtes la déposition de Jean; et qu'ils s'y engageaient encore; enfin, qu'il ne fallait pas les perdre tous pour épargner un seul homme. Arcade, se laissant aller à leurs artifices, envoya donc, le 20 du même mois, le secrétaire Patrice dire au saint qu'il eût à sortir de l'église.

Saint Chrysostome, voyant un ordre si précis, descendit de la maison épiscopale avec les évêques ses amis, et leur dit : « Venez, prions et prenons congé de l'ange de cette église! » En même temps une personne de qualité, et qui craignait Dieu, lui conseilla de sortir secrètement, de peur qu'il n'arrivât quelque malheur, parce qu'il y avait danger que le peuple, qui était fort ému, n'en vînt aux mains avec les soldats. Il prit donc congé de quelques évêques,

LIVRE XXXVII — EXIL DE SAINT CHRYSOSTOME.

et leur donna le baiser avec larmes; car il ne put donner à tous cette marque d'amitié. Il dit aux autres dans le sanctuaire : « Demeurez unis, je vais un peu me reposer. » Puis, étant passé dans la chapelle du baptistère, il fit appeler sainte Olympiade, Pentadie et Procule, toutes trois diaconesses, et leur dit : « Ma fin approche, à ce qu'il me paraît, j'ai achevé ma carrière, et peut-être ne verrez-vous plus mon visage. Ce que je demande de vous, c'est que vous continuiez à servir l'Église avec la même ardeur et le même soin, et que, quand quelqu'un aura été ordonné malgré lui sans l'avoir brigué et du consentement de tous, vous baissiez la tête devant lui comme devant moi; car l'Église ne peut être sans évêque. Et, comme vous voulez que Dieu vous fasse miséricorde, souvenez-vous de moi dans vos prières. Comme ces saintes veuves lui tenaient les pieds, fondant en larmes, il fit signe à un des plus sages de ses prêtres de les emmener hors du baptistère, de peur qu'elles ne troublassent le peuple. S'en étant ainsi débarrassé, il sortit de l'église du côté de l'orient, tandis qu'à l'occident, devant le grand portail de l'église, on tenait son cheval; il l'avait ainsi ordonné pour donner le change au peuple qui l'y attendait. On lui fit passer le détroit sur une barque, et on le conduisit en Bithynie, où il resta à Nicée jusqu'au 4 juillet.

Pendant qu'il se retirait, le peuple, croyant qu'on l'avait enlevé, fit grand bruit. Les uns coururent à la mer, les autres s'enfuirent, dans la crainte d'être maltraités de la cour; ceux qu'on avait enfermés dans l'église, en brisèrent les portes. Les Juifs et les païens s'étant mêlés dans ce tumulte pour insulter à la douleur des chrétiens, il y eut du sang répandu, même dans l'église. Ce trouble durait encore, lorsqu'on vit tout d'un coup le feu prendre au trône épiscopal. L'ayant consumé, il gagna le lambris et toute la couverture, en sorte que l'église fut réduite en cendres avec les bâtiments d'alentour, excepté une petite sacristie où l'on conservait les vases sacrés. De l'église, la flamme, poussée au midi par un grand vent du nord, traversa la place sans faire de mal au peuple ni endommager aucun des édifices qu'elle rencontra en son chemin, et alla s'attacher au palais où s'assemblait le sénat, situé au midi de l'église. Ce palais commença à brûler, non du côté de l'église, mais, au contraire, vers le palais impérial, qui était contigu à celui du sénat, brûla pendant trois heures, depuis sexte jusqu'à none, et fut consumé entièrement. Dans cet incendie, qui arriva le lundi 20 juin, personne ne perdit la vie, il ne périt pas même une bête. Jamais on ne put en découvrir l'auteur; et les catholiques le regardèrent comme un effet de la vengeance divine. La cour, au contraire, voulut en rendre coupables les amis du saint évêque, et le saint lui-même; mais les tortures les plus rigoureuses ne purent jamais rien faire découvrir contre eux. Eutrope, lecteur et chantre, fut un de ceux que l'on mit à la question. On lui appliqua le feu, on lui battit avec des nerfs de bœuf et à coups de bâton ; on lui déchira, avec les ongles de fer, les côtés, les joues, le front et les sourcils; on lui appliqua les torches ardentes sur les deux côtés où on lui avait déchiré la chair, et peu après il expira, sans avoir rien confessé. On fouetta aussi sur le dos le prêtre Tigrius, attaché par les pieds et par les mains, et étendu avec tant de violence sur le chevalet, que ses membres en furent disloqués : après quoi on le relégua en Mésopotamie. Beaucoup d'autres personnes des deux sexes furent traitées avec la même cruauté, et on n'épargna ni moines ni vierges.

Quant à saint Chrysostome, il était retenu prisonnier en Bithynie avec deux évêques, dont l'un était Cyriaque d'Émèse, et l'autre Eulysius de Bostre. Comme on l'accusa de l'embrasement de l'église; il demanda d'être entendu sur ce chef; mais on ne voulut pas l'écouter, et on l'envoya sous bonne garde à Cucuse en Arménie. Il partit de Nicée le 4 juillet 404, sous la garde des soldats prétoriens, et arriva à Césarée de Cappadoce, épuisé des fatigues du voyage; car la chaleur était grande, et il avait été obligé de marcher jour et nuit, et manquait de tous les secours nécessaires. Après avoir un peu respiré à Césarée, Parétius, qui en était évêque, l'obligea d'en sortir à force de mauvais traitements, jaloux de le voir visité tous les jours en cette ville par tout ce qu'il y avait de gens considérables, magistrats et hommes de lettres. Il arriva à Cucuse après soixante-dix jours de marche, pendant lesquels il eut à essuyer beaucoup de dangers et d'inquiétudes, et les accès d'une fièvre violente qui lui dura plus de trente jours. Cucuse était une ville déserte et si peu considérable, qu'on n'y tenait pas même de marché et qu'on n'y trouvait rien à acheter. On la place dans les déserts du mont Taurus. Adelphius, qui en était évêque, reçut saint Chrysostome avec beaucoup de charité et de respect, jusqu'à vouloir lui céder sa chaire. Les ecclésiastiques de la même ville reçurent également, avec beaucoup d'honneur et d'affection, Sabinienne, diaconesse de Constantinople, qui y arriva le même jour que le saint, c'est-à-dire vers la mi-septembre 404, résolue de s'arrêter auprès de lui et de le suivre partout. Il demeura un an à Cucuse, logé chez un homme de qualité nommé Dioscore, qui avait envoyé jusqu'à Césarée un de ses domestiques, le prier d'accepter sa maison. D'un autre côté, ses amis, et en particulier sainte Olympiade, fournissaient abondamment à ses besoins, ce qui lui donnait le moyen de racheter plusieurs captifs et de secourir les pauvres dans la famine qui survint en ce temps. L'hiver, qui, en 404, fut plus rude en Arménie qu'à l'ordinaire, l'incommoda extrêmement, et, quelques moyens qu'il prit, ils furent inutiles pour le garantir du froid. Avec cela, il souffrait des vomissements continuels et des douleurs de tête, et se trouvait sans appétit et sans pouvoir dormir (Pallade, Ceillier, Tillemont).

Au fond de l'Arménie, il lui venait encore des consolations du successeur de saint Pierre. Peu de temps après son expulsion, il arriva à Rome un prêtre de Constantinople nommé Théotecne, qui rendit au Pape des lettres d'un concile d'environ vingt-cinq évêques du parti de saint Chrysostome, où il mandait qu'il avait été chassé de Constantinople à main armée, et envoyé en exil à Cucuse, et l'église brûlée. Le Pape donna à Théotecne des lettres de communion pour Jean et pour ceux de sa communion, l'exhortant avec larmes à prendre patience, parce qu'il ne pouvait le secourir dans le moment, à cause de quelques personnes puissantes qui s'y opposaient. Peu de temps après, vint un petit homme mal fait et artificieux nommé Paterne, qui se disait prêtre de

Constantinople, et paraissait par ses discours, fort animé contre saint Chrysostome. Il rendit des lettres d'Acace, d'Antiochus, de Sévérien et de quelques autres en petit nombre, qui accusaient Jean de l'incendie de l'église de Constantinople. Le clergé de Rome jugea cette accusation fausse, parce que Jean, dans le concile célébré par les évêques de son parti, ne s'en était pas même défendu, et le pape Innocent ne crut pas ces lettres dignes de réponse. Après quelques jours, Cyriaque, évêque de Synnade en Phrygie, arriva à Rome, disant qu'il avait été obligé de fuir, à cause d'un édit qui portait déposition de l'épiscopat et confiscation des biens contre ceux qui ne communiqueraient point avec Théophile, Acace et Porphyre (Pallad.; Soz., l. 8, c. 26).

Acace était l'évêque intrus de Constantinople. Car, sept jours après la sortie de saint Chrysostome, les schismatiques mirent à sa place le prêtre Acace, âgé de quatre-vingts ans, l'un de ses plus grands ennemis. Il était frère de l'évêque Nectaire, et on avait voulu le faire évêque de Tarse, leur patrie; mais il l'avait refusé. Sur quoi Nectaire lui reprocha d'attendre sa mort pour lui succéder, et lui fit jurer de ne souffrir jamais qu'on l'ordonnât évêque; mais il viola son serment. Il n'était capable ni de parler ni d'agir, ce qui le faisait d'autant plus remarquer, qu'il venait après saint Chrysostome (Pall.; Soc., l. 5, c. 19; Soz., l. 8, c. 23). Porphyre avait envahi par fraude et par violence le siège d'Antioche. L'évêque Flavien était mort vers le temps de l'exil de saint Chrysostome, sans avoir jamais consenti à sa condamnation. Pour lui donner un successeur, tout le peuple jetait les yeux sur le prêtre Constantius, qui avait servi cette église depuis sa plus tendre jeunesse, et qui, aux vertus d'un anachorète, joignait les qualités d'un pontife. Mais le prêtre Porphyre, originaire de Constantinople, à la suite et à la table duquel on voyait les cochers du cirque et les danseurs, intrigua si bien, qu'il obtint un ordre de l'empereur pour faire bannir le prêtre Constantius et deux autres également dignes. Ensuite, pendant que le peuple d'Antioche était au faubourg de Daphné à regarder les jeux publics, il entra dans l'église avec les évêques Acace, Sévérien et Antiochus, qu'il avait fait venir sans bruit, et, ayant fermé les portes, il y fut ordonné en cachette et avec tant de précipitation, qu'ils n'achevèrent pas la prière, de peur d'être découverts. Ensuite, Sévérien et ses compagnons se sauvèrent par les montagnes. Quand le peuple apprit une pareille ordination, il voulut mettre le feu à la maison de Porphyre. Mais celui-ci se maintint, et contraignit le peuple à la soumission par la force des armes (Pall.; Soc., l. 7, c. 9; Soz., l. 8, c. 24). Tels étaient les pasteurs en faveur desquels l'empereur Arcade publiait des lois de proscription qui remplissaient l'Orient de troubles, et qui obligeaient les saints évêques à se réfugier à Rome.

Après Cyriaque de Synnade, il y vint Eulysius d'Apamée en Bithynie, qui rendit des lettres de quinze évêques de la communion de Jean et du saint vieillard Anysius de Thessalonique. Les quinze évêques représentaient la désolation de Constantinople. Anysius s'en remettait au jugement de l'Eglise romaine, et le récit d'Eulysius était conforme à celui de Cyriaque. Un mois après, Pallade, évêque d'Hélénople, arriva à Rome sans apporter de lettres, disant qu'il avait aussi cédé à la fureur des magistrats, et montrant un édit du 24 août 404, suivant lequel quiconque recélerait un évêque ou un clerc, ou recevrait dans sa maison quelqu'un qui communiquât avec Jean, sa maison serait confisquée. Après Pallade, vinrent à Rome Germain et Cassien, les mêmes qui avaient passé leur jeunesse dans la vie monastique, et visité ensemble les monastères d'Egypte. Ils s'étaient depuis attachés à saint Chrysostome, qui avait ordonné Germain prêtre, et Cassien diacre; ils décrivaient la violence que souffrait leur église. Ils montrèrent aussi l'état des meubles précieux qu'ils avaient délivrés, en présence des principaux magistrats de Constantinople, pour la justification de Chrysostome (Pallade).

Cependant le pape Innocent écrivit à saint Chrysostome, par le diacre Cyriaque, une lettre de consolation, l'exhortant à souffrir patiemment, sur le témoignage de sa bonne conscience. Il écrivit de même au clergé et au peuple de Constantinople soumis à Jean; car il y en avait une partie qui reconnaissait Arsace. C'est la réponse aux lettres qu'il avait reçues d'eux par Germain et Cassien. « Nous ne sommes pas, leur dit-il, tellement séparés de vous que nous ne prenions part à vos douleurs. Qui pourrait souffrir la conduite si injuste et si criminelle de ceux qui devraient travailler avec ardeur à rétablir la tranquillité de l'Eglise, et remettre les esprits dans la paix et dans l'union? Par un renversement étrange des plus saintes lois, on arrache à de très-innocents prélats le gouvernement de leurs Eglises, et c'est l'injuste traitement qu'on a fait à Jean, votre évêque, le premier de nos frères, qui nous est si étroitement uni par la société du sacerdoce. Comme on ne lui a pas objecté de crime, aussi on ne lui a pas donné la liberté de se défendre, et on l'a condamné sans l'ouïr dans sa justification. » Le Pape se plaint ensuite de ce que l'on avait donné à saint Chrysostome un successeur de son vivant, et dit qu'une ordination illégitime comme celle-là, ne peut point priver un évêque du rang qu'il tient légitimement, et que quiconque s'empare de sa place par injustice et par intrusion, ne peut être considéré comme un véritable évêque. Il ajoute qu'en ces sortes de rencontres, on doit prendre pour règle les canons de Nicée, les seuls que l'Eglise catholique doit observer et reconnaître. Que si l'on en produit de contraires, il est visible qu'ayant été composés par les hérétiques, les évêques catholiques sont obligés de les rejeter, ainsi qu'il fut pratiqué autrefois, dit-il, par les évêques, nos prédécesseurs, dans le concile de Sardique. Sur la fin de sa lettre, il dit qu'il ne connaît point d'autre remède à un si grand mal que la décision d'un concile; mais qu'en attendant sa convocation, il faut abandonner la guérison de nos maux à la volonté de Dieu, et attendre de sa divine miséricorde la fin de ces désordres publics, dont le démon est l'auteur, pour éprouver la vertu et exercer la patience des fidèles (Soz., l. 8, c. 26; Coust., col. 795).

Pendant que le chef de l'Eglise consolait les fidèles catholiques, la Providence donnait aux schismatiques des avertissements d'un autre genre. Il leur arriva plusieurs accidents qui furent regardés comme des punitions divines, pour la persécution excitée contre saint Chrysostome. Le 30 septembre de la même année 404, il tomba, à Constantinople et aux environs, de la grêle grosse comme des noix. Le 6 octobre suivant, l'impératrice Eudoxie mourut en couches d'un enfant mort. Cyrin, évêque de Chalcédoine, qui blâmait toujours saint Chrysostome, mourut de la blessure que lui avait faite saint Maruthas en lui marchant par mégarde sur le pied. Il fallut lui couper la jambe plusieurs fois; le mal gagna l'autre jambe, puis tout le corps, et se trouva sans remède. D'autres moururent de divers genres de mort ou furent affligés de maladies horribles : l'un tomba d'un escalier et se tua; un autre fut tourmenté de la goutte aux pieds; un autre mourut subitement, rendant une odeur insupportable; un autre eut les entrailles brûlées d'une fièvre lente, avec des douleurs de coliques continuelles et une démangeaison insupportable au dehors; un autre eut les pieds enflés d'hydropisie; un autre eut la goutte aux quatre doigts dont il avait souscrit; un autre eut le bas-ventre enflé et la partie voisine corrompue, avec grande infection et production de vers; d'autres s'imaginaient voir la nuit des chiens enragés et des barbares l'épée à la main, avec des cris horribles; un autre, tombant de cheval, se brisa la jambe droite et mourut aussitôt; un autre perdit la parole et fut huit mois sur un lit, sans pouvoir même porter la main à sa bouche; un autre, ayant la langue si enflée qu'elle remplissait la bouche entière, écrivit sa confession sur des tablettes (Pallad.; Soc., l. 6, c. 19; Soz., l. 8, c. 27).

Saint Nil, issu de la première noblesse, et de préfet de Constantinople devenu un illustre solitaire, écrivait à l'empereur Arcade : Comment prétendez-vous voir Constantinople délivrée des fréquents tremblements de terre et du feu du ciel, tandis qu'il s'y commet tant de crimes et que le vice y règne avec tant d'impunité, après que l'on a banni la colonne de l'Eglise, la lumière de la vérité, la trompette de Jésus-Christ, le bienheureux évêque Jean? Comment voulez-vous que j'accorde des prières à cette ville ébranlée par la colère de Dieu, dont elle n'attend que les foudres à tous moments, moi qui suis consumé de tristesse, qui me sens l'esprit agité et le cœur déchiré par l'excès des maux qui se commettent à présent dans Byzance (Nil, *Epist.* 265)?

Du reste, l'exil de saint Chrysostome ne fut point stérile pour la religion. Non-seulement il y donnait à tous les siècles à venir l'exemple d'un homme au-dessus du monde et de lui-même, en un mot l'exemple d'un véritable évêque; non-seulement il y entretenait une correspondance active avec les principaux membres de son clergé et de son peuple pour y maintenir l'ordre, réveiller le zèle, ranimer la charité pour les pauvres, il travaillait encore à la propagation de la foi parmi les infidèles. Il envoya des missionnaires chez les Goths, dans la Perse et la Phénicie, et procura, par le moyen de ces hommes apostoliques, la conversion d'un grand nombre d'idolâtres. Le prêtre Constance, que l'ambitieux Porphyre avait expulsé d'Antioche, saint Chrysostome l'établit supérieur général des missions de la Phénicie et de l'Arabie. Dans une de ses lettres à sainte Olympiade, il lui recommande l'évêque Maruthas, parce qu'il en avait besoin pour la mission de Perse.

Maruthas était évêque de Martyropolis, autrement Tagrite, capitale de la Sophène, ville qui s'appelle aujourd'hui Miafarakin, dans la Mésopotamie. Vers l'an 400, instruit de la persécution que les chrétiens de la Perse éprouvaient de la part du roi Izdegerd Ier, il quitta son diocèse pour aller à Constantinople prier l'empereur Arcade d'intercéder en leur faveur auprès du roi de Perse. Chemin faisant, il assista au concile que Théophile d'Alexandrie avait rassemblé à Chalcédoine contre saint Chrysostome. Maruthas, qui était fort lié avec ce saint personnage, n'eut pas de peine à reconnaître la haine de Théophile et des évêques assemblés, il prit donc hautement son parti; mais saint Chrysostome ayant été condamné, Maruthas fut mis en prison. Sa captivité ne fut pas de longue durée. Saint Chrysostome ayant été rétabli solennellement, obtint bientôt la délivrance de son ami, qui se rendit alors dans la ville impériale, où il parvint à être chargé d'une mission en Perse, pour demander qu'on mît fin à la persécution suscitée contre les chrétiens. Sa mission réussit au delà de toute attente.

Le roi de Perse ayant reconnu sa piété, lui rendit beaucoup d'honneur, et l'écoutait comme un homme véritablement chéri de Dieu. Les mages, qui avaient grand pouvoir auprès du roi, en furent alarmés, et craignirent qu'il ne convertît le roi au christianisme; d'autant plus qu'il l'avait délivré d'un mal de tête qui l'avait incommodé longtemps, et dont eux n'avaient pu le guérir. Ils firent donc cacher un homme sous terre, au lieu où était le feu perpétuel que les Perses adoraient, et, quand le roi vint, suivant la coutume, faire sa prière, ils firent crier par cet homme qu'il fallait mettre le roi dehors, parce qu'il avait commis une impiété en tenant pour ami de Dieu le prêtre des chrétiens. Izdegerd ayant ouï ces paroles, voulut renvoyer Maruthas, nonobstant le respect qu'il lui portait. Mais Maruthas, s'étant mis en prière, apprit par révélation la fourberie des mages, et dit au roi : « Seigneur, ne vous laissez pas jouer; mais, quand vous entendrez cette voix, faites fouiller sous terre, et vous trouverez l'artifice; car ce n'est pas le feu qui parle. » Le roi le crut, et revint au lieu où était le feu perpétuel. Il entendit encore la même voix, et, ayant fait creuser la terre il découvrit l'homme qui parlait. Il en fut en grande colère, et fit décimer tous les mages; puis il dit à Maruthas de bâtir des églises où il voudrait.

Depuis ce temps, le christianisme s'étendit de nouveau chez les Perses. Les mages cherchèrent de nouveau à indisposer le roi contre Maruthas. Ils répandirent par artifice une mauvaise odeur en un endroit par où le roi avait accoutumé de passer, et accusèrent les chrétiens d'en être la cause; mais le roi, à qui les mages étaient déjà suspects, en recherca soigneusement les auteurs, et trouva encore que c'étaient des mages. Il en fit punir plusieurs, rendit plus d'honneur à Maruthas qu'auparavant, favorisa les Romains et embrassa leur amitié. Peu s'en fallut même qu'il ne se fît chrétien, à l'occasion d'un autre miracle. Car son fils étant tourmenté d'un démon, Maruthas et un évêque de Perse, nommé Abda, le délivrèrent par leurs jeûnes et leurs prières.

Maruthas était non-seulement un saint, mais encore un savant évêque. Il a laissé plusieurs ouvrages en syriaque : 1° Une liturgie, qui existe manuscrite à Rome; 2° un *Commentaire sur les Évangiles*;

3° un grand nombre d'hymnes et d'autres pièces de vers, en l'honneur des Syriens qui souffrirent le martyre en Perse, à diverses époques : on les trouve dans tous les missels syriens et maronites ; 4° une *Histoire du concile de Nicée*, avec une traduction syriaque des canons; 5° les canons du concile de Séleucie, en 410, qui furent rédigés par lui : on les trouve dans un manuscrit de la bibliothèque de Florence; 6° une *Histoire des martyrs de Perse*, ouvrage divisé en deux parties : dans la première, on trouve les actes du martyre de tous les chrétiens qui ont souffert pour la foi sous le règne de Sapor II ; dans la seconde, il est question de ceux qui souffrirent sous le règne d'Izdegerd (Soc., l. 7, c. 8; *Hist. du Bas-Empire*, l. 27, n. 38; *Biogr. univers.*, art. *Maruthas*).

A la même époque, deux saints personnages d'Arménie rendaient le plus éminent service à leur nation : c'était le patriarche Sahag et son coadjuteur Mesrob, honorés l'un et l'autre comme saints parmi leurs compatriotes. Sahag, autrement Isaac, dixième patriarche d'Arménie, était fils de saint Nersès, qui lui-même, après avoir perdu sa femme, avait été revêtu de la même dignité pendant trente-quatre ans. Il descendait, à la sixième génération, de saint Grégoire l'Illuminateur, apôtre de l'Arménie. Il appartenait ainsi à la race royale des Arsacides. Il avait épousé une femme de cette dynastie impériale de Chine, qui s'était transplantée en Arménie. Elle mourut peu de temps après, en lui laissant une fille unique, qu'il maria plus tard à un prince de la même famille. Longtemps avant d'être élevé à la dignité patriarcale, Sahag s'était acquis une haute réputation de sagesse et de sainteté. Sa vie austère et la puissance de son éloquence lui avaient attaché un grand nombre de disciples, qui l'accompagnaient et le secondaient dans les prédications qu'il ne cessait de faire dans les principales villes de l'Arménie. Aussi est-ce par l'assentiment général du peuple et du clergé arménien qu'il fut investi de la première dignité sacerdotale de sa patrie, en l'an 390. Au milieu des révolutions auxquelles était exposé son pays, il lui rendit des services sans nombre par le crédit dont il jouissait auprès de ses compatriotes et même auprès du roi de Perse.

Mesrob était distingué par ses connaissances dans les langues grecque, persane et syrienne, ainsi que par la perspicacité de son esprit. Le patriarche Nersès en avait fait son secrétaire. Après la mort de Nersès, en 374, il remplit les mêmes fonctions auprès du roi Varaztad. Plus tard, il embrassa l'état ecclésiastique et se confina dans une retraite pour se livrer avec plus de tranquillité à l'étude des lettres. Quand Sahag fut monté sur le trône patriarcal, il le pressa de venir auprès de lui, et il le fit son coadjuteur. Le premier et le plus ardent de ses soins fut de poursuivre les idolâtres qui restaient encore en Arménie; mesure qu'il regarde comme non moins utile à la religion qu'à l'Etat, parce que ces dissidents, ennemis des rois chrétiens, étaient toujours prêts à soutenir les Persans, ou des révolutions intestines.

Mesrob, considérant de plus que la communauté de l'alphabet en usage en Arménie et en Perse était un grand obstacle à l'adoption universelle de la religion chrétienne, par la facilité qu'on avait de se procurer les livres proscrits, tandis que nos livres saints, écrits dans des langues et des lettres étrangères, n'étaient à la portée de personne, il résolut, de concert avec le patriarche Sahag, de composer un alphabet qui fût particulier aux Arméniens, et de faire faire une traduction complète de l'Ecriture en leur langue. Cet alphabet, composé de trente-six lettres, auxquelles depuis on en ajouta deux, fut tiré de plusieurs signes de l'ancienne écriture du pays, joints à d'autres inventés exprès. Il fut mis en usage en l'an 406, et adopté dans toute l'Arménie, par l'ordre du roi Bahram Sapor. On envoya ensuite un grand nombre de jeunes gens, parmi eux le célèbre historien d'Arménie Moïse de Khoren, étudier la langue grecque dans les écoles d'Antioche, d'Edesse, d'Alexandrie, de Constantinople et d'Athènes. Ils en rapportèrent, au bout de plusieurs années, une collection de livres grecs, traduits ou en original ; et l'Eglise d'Arménie posséda une version complète de la Bible. En 410, Mesrob alla en Ibérie ou Géorgie, et, de concert avec le roi Arzil et l'évêque Moïse ; il y établit l'usage d'un alphabet de trente-huit lettres, semblable à celui d'Arménie. Il en fit autant en Albanie, quelques années après, de concert avec le roi Arsvalé et l'évêque Jérémie. Cet alphabet est perdu maintenant; mais celui d'Ibérie est encore en usage chez les Géorgiens pour les livres d'église. C'est aux savants travaux de ces deux saints personnages qu'on doit la conservation de la langue et de la littérature arméniennes, qui, sans cela, auraient fini par se confondre avec celles des Persans ou des Syriens. C'est elle aussi qui a distingué d'une manière particulière la nation et l'église arméniennes, lui a conservé son indépendance politique, et a perpétué jusqu'à nous son existence (1).

Le canton de l'Arménie où saint Chrysostome était exilé depuis un an, se trouvant infesté par les courses des Isaures, il se fit transférer de Cucuse dans la forteresse d'Arabesse, à vingt lieues plus loin. Comme un grand nombre de personnes s'y étaient réfugiées pareillement, il s'y trouva extrêmement serré; et les incommodités de ce logement, avec la rigueur de l'hiver, qui, en 406, fut insupportable, le firent retomber dans une maladie fâcheuse dont il ne guérit qu'au commencement du printemps. Alors les Isaures ayant été obligés de se renfermer dans leurs montagnes, il retourna à Cucuse.

Cependant ses amis agissaient toujours à Rome. Démétrius, évêque de Pessinonte, y fit un second voyage, après avoir parcouru l'Orient et publié la communion de l'Eglise romaine avec saint Chrysostome, en montrant les lettres du pape saint Innocent. Démétrius rapportait des lettres des évêques de Carie, par lesquelles ils embrassaient la communion de saint Chrysostome, et des prêtres d'Antioche, qui suivaient aussi l'exemple de Rome, et se plaignaient de l'ordination de Porphyre, comme irrégulière. Ensuite arrivèrent à Rome le prêtre Domitien, économe de l'église de Constantinople, et un prêtre de Nisibe, nommé Vallagas, qui représentent les plaintes des églises de Mésopotamie. Ces deux prêtres apportèrent à Rome les actes d'Optat, préfet de Constantinople, par où l'on voyait que des femmes de qualité, de familles consulaires et

---

(1) *Biograp. univers.*, art. SAHAG et MESROB; *Hist. du Bas-Empire*, l. 28, n. 31-35; St-Martin, *Mémoires sur l'Arménie*.

diaconesses de l'église de Constantinople, comme Olympiade et Péntadie, avaient été amenées publiquement devant le préfet, pour les obliger de communiquer avec Acace ou de payer au fisc 200 livres d'or. Il se trouva aussi à Rome des ascètes et des vierges qui montraient leurs côtés déchirés et les marques des coups de fouets sur leurs épaules.

Le pape saint Innocent écrivit à l'empereur Honorius, lui marquant en détail le contenu des lettres qu'il avait reçues. L'empereur ordonna qu'on assemblât un concile d'Occident, et qu'on lui rapportât la résolution qu'on y aurait prise. Les évêques d'Italie s'assemblèrent, et prièrent l'empereur Honorius d'écrire à l'empereur Arcade, son frère, qu'il ordonnât de tenir un concile à Thessalonique, afin que les évêques d'Orient et d'Occident pussent aisément s'y trouver et former un concile parfait, non par le nombre, mais par la qualité des suffrages, et rendre un jugement définitif. Honorius, ayant reçu cet avis, manda au Pape d'envoyer cinq évêques, avec deux prêtres et un diacre de Rome, pour porter à son frère Arcade une lettre qu'il lui écrivait en ces termes :

« C'est la troisième fois que j'écris à Votre Clémence pour la prier de réparer ce qui s'est fait par cabale contre Jean, évêque de Constantinople; mais il me semble que mes lettres ont été sans effet. Je vous écris donc encore par ces évêques et ces prêtres, ayant fort à cœur la paix de l'Eglise, dont dépend celle de notre empire, afin qu'il vous plaise d'ordonner que les évêques d'Orient s'assemblent à Thessalonique; car ceux de notre Occident ont choisi des hommes inébranlables contre la malice et l'imposture, et ont envoyé cinq évêques, deux prêtres et un diacre de la grande Eglise romaine. Recevez-les avec toute sorte d'honneur, afin que si on leur fait voir que l'évêque Jean a été condamné justement, ils me persuadent de renoncer à sa communion, ou qu'ils me détournent de celle des Orientaux, s'ils les convainquent d'avoir agi par malice. Car pour les sentiments des Occidentaux à l'égard de l'évêque Jean, vous les verrez par ces deux lettres que j'ai choisies entre toutes celles qu'ils m'ont écrites, et qui valent toutes les autres, savoir, celles de l'évêque de Rome et de l'évêque d'Aquilée. Mais je vous prie surtout de faire trouver au concile Théophile d'Alexandrie, même malgré lui ; car on l'accuse d'être le principal auteur de tous ces maux. »

Les députés, chargés des lettres de l'empereur Honorius, du pape Innocent, de Chromace d'Aquilée, de Vénérius de Milan et des autres évêques d'Italie, avec une instruction du concile de tout l'Occident, prirent le chemin de Constantinople, par les voitures que fournissait l'empereur. Ils furent accompagnés de quatre évêques orientaux, qui retournèrent avec eux, savoir, Cyriaque, Démétrius, Pallade et Eulysius. L'instruction des députés portait que Jean ne devait point paraître en jugement qu'il n'eût été auparavant rétabli dans son église et dans la communion, afin qu'il n'eût aucun sujet de refuser d'entrer au concile (Pallad.).

Dans l'intervalle, le vieil Acace était mort le 11 novembre 405, après seize mois d'intrusion. Sa place demeura quelque temps vacante, par l'ambition de ceux qui la briguaient. Enfin, vers le 10 mars de l'année suivante 406, on élut évêque de Constantinople le prêtre Atticus. Il était de Sébaste en Arménie; il avait, en sa jeunesse, pratiqué la vie monastique sous la conduite des disciples d'Eustathe de Sébaste, qui étaient de l'hérésie des Macédoniens; mais, arrivé à l'âge d'homme, il revint à l'Eglise catholique. Il était habile dans la conduite des affaires, soit pour engager une intrigue, soit pour s'en démêler. Il s'acquit beaucoup d'amis par ses manières insinuantes; car il était d'agréable conversation, et savait s'accommoder à tout le monde. Ses sermons étaient médiocres, en sorte qu'on ne se souciait pas de les écrire. Quoiqu'il passât pour ignorant, il ne laissait pas, quand il avait le loisir, d'étudier les meilleurs auteurs profanes; et d'en parler si à propos, qu'il étonnait les savants. (Soc., l. 6, c. 20; Soz., l. 8, c. 27).

Atticus avait été le principal auteur de la conspiration contre saint Chrysostome. Comme il vit que ni les évêques d'Orient ni le peuple de Constantinople ne voulaient communiquer avec lui, il obtint, pour les y contraindre, des rescrits de l'empereur. Celui contre les évêques portait : « Si quelqu'un des évêques ne communique pas avec Théophile, Porphyre et Atticus, qu'il soit chassé de l'Eglise et dépouillé de ses biens. » Ceux qui étaient riches et attachés à leurs richesses, communiquèrent malgré eux avec Atticus; ceux qui étaient pauvres et faibles dans la foi, se laissèrent gagner par présents. Mais il y en eut qui méprisèrent généreusement leurs biens, leurs pays et tous les avantages temporels, et s'enfuirent pour éviter la persécution. Les uns allèrent à Rome, les autres se retirèrent dans les montagnes ou dans les monastères. L'édit contre les laïques portait : « Que ceux qui étaient constitués en quelque dignité, la perdraient; les officiers et les gens de guerre seraient cassés; le reste du peuple et les artisans seraient condamnés à une grosse amende et bannis. » Nonobstant ces menaces, le peuple, fidèle à saint Chrysostome, plutôt que de communiquer avec Atticus, tenait ses assemblées religieuses en plein air, au milieu des champs, exposé à toutes les intempéries des saisons.

Cependant les députés du Pape, et des évêques d'Italie étaient en chemin pour Constantinople. Ils voulaient passer à Thessalonique, et ils avaient des lettres à rendre à l'évêque Anysius, qui s'employait avec zèle pour la bonne cause avec les autres évêques de Macédoine, ainsi qu'on le voit par les lettres de saint Chrysostome. Mais comme ils longeaient les côtes de la Grèce pour aborder à Athènes, ils furent arrêtés par un tribun militaire, qui les mit entre les mains d'un centurion, les empêcha d'approcher de Thessalonique et les fit embarquer dans deux vaisseaux. Un grand vent du midi qui s'éleva leur fit passer en trois jours la mer Egée et les détroits de l'Hellespont, sans manger. Le troisième jour, au commencement de la nuit, ils arrivèrent à la vue de Constantinople ; ils furent arrêtés par les gardes du port, et ramenés en arrière, sans savoir par quel ordre, et on les renferma dans une forteresse maritime de Thrace, nommée Athyra. On les y maltraita : on mit les Romains dans une chambre; Cyriaque et les autres Grecs en plusieurs chambres différentes, sans leur laisser même un valet pour les servir.

On leur demanda les lettres dont ils étaient porteurs. Mais ils répondirent : « Comment pouvons-nous, étant ambassadeurs, nous dispenser de rendre en main propre à l'empereur les lettres de l'empereur, son frère, et des évêques? » Ils persistèrent à refuser les lettres, quoiqu'ils en fussent pressés par le notaire Patrice et par quelques autres ensuite. Enfin il vint un tribun nommé Valentinien, natif de Cappadoce, qui arracha les lettres à l'évêque Marien avec tant d'effort, qu'il lui rompit le pouce. C'étaient les lettres de l'empereur toutes cachetées, ainsi que les autres. Le lendemain, des gens envoyés par la cour ou par Atticus, car ils ne purent le savoir, vinrent leur offrir trois mille pièces d'argent, et les prier de communiquer avec Atticus, sans parler de l'affaire de saint Chrysostome. Ils demeurèrent fermes; et se contentèrent de prier Dieu, que, puisqu'ils ne pouvaient rien faire pour la paix, du moins ils retournassent sans péril à leurs églises. Dieu le leur fit connaître par diverses révélations. Le même Valérien vint les tirer promptement du château d'Athyra, et les fit embarquer sur un vaisseau très-mauvais, avec vingt soldats de diverses compagnies; on disait même qu'il avait donné de l'argent au maître du vaisseau pour les faire périr. Après avoir fait plusieurs stades, et étant près de faire naufrage, ils abordèrent à Lampsaque, où ayant changé de bâtiment, ils arrivèrent le vingtième jour à Otrante en Calabre, sans avoir pu apprendre où était saint Chrysostome, ni ce qu'étaient devenus Cyriaque et les autres évêques orientaux qui étaient partis avec eux comme députés.

D'abord le bruit courut que ces autres évêques avaient été jetés à la mer; ensuite on sut qu'ils avaient été bannis en des pays barbares, où des esclaves publics les gardaient. Les soldats prétoriens qui les conduisirent au lieu de leur exil, leur ôtèrent tout l'argent qu'ils avaient pris pour la dépense du voyage, leur faisaient faire des marches forcées, les attaquaient sans cesse par des paroles sales et insolentes, se logeaient exprès ou dans des hôtelleries pleines de femmes perdues, ou dans des synagogues de Juifs et de Samaritains. Comme les évêques en étaient fatigués, un d'entre eux dit : Pourquoi nous affligeons-nous de ces logements? dépend-il de nous de les choisir et d'éviter cette indécence? Ne voyez-vous pas que Dieu est glorifié en tout ceci? Combien de ces malheureuses femmes qui avaient oublié Dieu, ou ne l'avaient jamais connu, ont été excitées à penser à lui et à le craindre? Saint Paul, qui a souffert tout cela, disait : *Nous sommes la bonne odeur de Jésus-Christ, et nous sommes en spectacle aux anges et aux hommes.*

Les évêques de la communion de Théophile, qui se trouvaient sur leur passage, non contents de n'exercer envers eux aucune humanité, faisaient des présents aux soldats pour les chasser au plus vite de leur ville et les maltraiter. Au contraire, les évêques de la seconde Cappadoce témoignèrent leur compassion par leurs larmes. Cette persécution s'étendit à des évêques sans nombre. Sérapion, l'un des plus fidèles disciples de saint Chrysostome, et qu'il avait ordonné évêque d'Héraclée en Thrace, s'était caché longtemps dans un monastère de Goths. Il fut chargé de mille calomnies, amené devant les juges, fouetté et tourmenté jusqu'à lui arracher les dents, et enfin banni en Egypte. Un saint vieillard nommé Hilaire, qui, depuis dix-huit ans, ne mangeait point de pain, fut relégué à l'extrémité du Pont, après avoir été battu, non par ordre du juge, mais par le clergé. Brison, frère de Pallade, quitta volontairement son église, se retira dans une petite terre qu'il avait, et labourait de ses propres mains, lorsque Pallade écrivait le dialogue où il décrit cette persécution. Elpide, évêque de Laodicée en Syrie, s'était enfermé dans une chambre haute avec Pappus, s'occupant à la prière, et il y avait trois ans qu'ils n'avaient descendu l'escalier de la maison. Héraclide, évêque d'Ephèse, était depuis quatre ans prisonnier à Nicomédie; l'évêque Silvain était à Troade, où il vivait de sa pêche; d'autres étaient retirés en divers lieux, et il y en avait dont on ne savait ce qu'ils étaient devenus. Quelques-uns communiquèrent avec Atticus; mais, comme il ne se fiait guère à eux, il les transféra en des églises de Thrace. Les prêtres et bien des laïques furent traités comme les évêques. Enfin, quand on lit ces choses dans Pallade, on croirait lire une persécution de Dioclétien ou de Galère (Pallad., *Vita Chrys.*).

Saint Chrysostome ayant appris dans son exil ce qui se passait en Occident, et combien le Pape et les autres évêques s'intéressaient à son rétablissement, leur écrivit plusieurs lettres pour les en remercier. Il écrivit en particulier à Vénérius de Milan, à Chromace d'Aquilée, à Gaudence de Bresce, à Aurélius de Carthage, à Hésychius de Salone, et en général aux évêques venus d'Occident et aux prêtres de Rome. Il écrivit aussi à trois des plus illustres dames romaines, dont la principale était Proba Falconia. Dans la dernière lettre qu'il écrivit au pape saint Innocent, il le remercie du soin qu'il avait pris de le défendre, et le compare à un pilote dont la vigilance est d'autant plus grande, que la nuit est plus profonde et la mer plus menaçante. « C'est sur vous, ajoute-t-il, que repose le fardeau du monde entier, puisque vous avez à combattre à la fois et pour les églises désolées, et pour les peuples dispersés, et pour les prêtres que les ennemis environnent, et pour les évêques mis en fuite, et pour les constitutions de nos Pères, outrageusement foulées aux pieds (Chrysost., t. III; Coust.).

Les ennemis de saint Chrysostome, apprenant le grand bien qu'il faisait pour la conversion des infidèles du voisinage, et combien ses vertus étaient célèbres à Antioche, résolurent de l'envoyer encore plus loin. C'étaient Sévérien de Gabales, Porphyre d'Antioche et quelques autres évêques de Syrie, qui le craignaient encore, tout exilé qu'il était, tandis qu'eux jouissaient des richesses de l'Eglise et disposaient de la puissance séculière. Ils envoyèrent donc à la cour, et obtinrent de l'empereur Arcade un rescrit plus rigoureux pour le faire transférer, et très-promptement, à Pytionte, lieu désert du pays des Tzanes, sur le bord du Pont-Euxin. Le voyage était long et dura trois mois, quoique les deux soldats du préfet du prétoire qui conduisaient le saint évêque, le pressassent extrêmement, disant que tels étaient leurs ordres. L'un d'eux, moins intéressé, lui témoignait quelque humanité comme à la dérobée; mais l'autre était si brutal, qu'il s'offensait des caresses qu'on lui faisait pour le porter à épargner le saint. Il le faisait sortir par la plus forte pluie, en sorte qu'il fut percé jusqu'à la peau. Il se moquait de la plus grande ardeur du soleil, sachant que le saint, avec la tête chauve, en était incommodé. Il ne lui permettait pas de s'arrêter un moment dans les villes ou les bourgades qui avaient des bains, de peur qu'il ne prît ce soulagement.

Quand ils approchèrent de Comane, ils passèrent outre, sans s'y arrêter, et demeurèrent dehors dans une église qui était à cinq ou six milles, dédiée à saint Basilisque, évêque de Comane, qui avait souffert le martyre à Nicomédie sous Maximin-Daïa, avec saint Lucien d'Antioche. Comme ils étaient logés dans les bâtiments dépendant de cette église, saint Basilisque apparut la nuit à saint Chrysostome, et lui dit : Courage, mon frère Jean, demain nous serons ensemble ! On disait même qu'il l'avait prédit au prêtre qui y demeurait, en disant : Préparez la place à mon frère, car il vient ! Saint Chrysostome, s'assurant sur cette révélation, pria le lendemain ses gardes de demeurer là jusqu'à onze heures du matin ; mais ils ne put l'obtenir. Ils partirent, et marchèrent environ une lieue et demie ; après quoi il fallut revenir à cette église dont ils étaient partis, tant saint Chrysostome se trouvait mal. Etant arrivé, il changea d'habits et se vêtit entièrement de blanc, jusqu'à la chaussure, étant encore à jeun. Il distribua aux assistants le peu qui lui restait, et, ayant reçu l'eucharistie, il fit sa dernière prière devant tout le monde, et ajouta ces mots, qu'il disait ordinairement : *Dieu soit loué de tout !* puis dit le dernier : *Amen !* étendit ses pieds et rendit l'esprit. Il y eut à ses funérailles un si grand concours de vierges et de moines de Syrie, de Cilicie, de Pont et d'Arménie, que l'on croyait qu'ils s'étaient donné rendez-vous. Ce fut une fête comme d'un martyr, et son corps fut enterré auprès du corps de saint Basilisque, dans la même église. Et le successeur de saint Pierre, qui l'avait défendu pendant sa vie, le défendit après sa mort, et n'admit à sa communion les évêques de Constantinople, d'Antioche et d'Alexandrie, que quand ils eurent rétabli sa mémoire et rappelé les évêques exilés pour sa cause (Pallad., Ceillier, Tillemont, etc.).

On vit alors, sous une face nouvelle, la vérité de cette parole : *Tu es Pierre, et sur cette pierre je bâtirai mon Église, et les portes de l'enfer ne prévaudront point contre elle.* Car on vit cette Eglise, de toutes les choses humaines la plus faible, se soutenir et triompher où l'empire romain, de toutes les choses humaines la plus forte, vint à se briser : l'invasion des peuples barbares. L'empire y trouva sa ruine ; l'Eglise y trouva des nations plus propres à former l'humanité nouvelle.

Cette invasion était préparée depuis longtemps. Le vandale Stilichon était beau-père de l'empereur Honorius, et, de fait, plus empereur que l'empereur même : ce qu'il était de fait, il aspirait à l'être de nom, soit lui, soit son fils Eucher. Le goth Alaric, comte de l'empire, s'ennuyait de porter depuis quatre ans, en Illyrie, le titre oisif de commandant des troupes romaines. Une voix lui disait : Va piller Rome. Ses soldats, qui ne recevaient point de l'empereur Arcade la solde promise, le proclamèrent roi des Visigoths, dont jusqu'alors il n'avait été que le capitaine. L'an 400, il entre une première fois en Italie, sans qu'on sache bien le résultat de cette expédition. Il rentre l'an 401 ; toute l'Italie est en alarmes ; Honorius, avec sa cour, veut se sauver dans les Gaules ; Stilichon rappelle les troupes qui en gardent les frontières sur le Rhin, livre à Alaric une bataille sanglante, à la suite de laquelle Alaric se retire ; Honorius, ne se croyant plus en sûreté à Milan, transporte sa cour à Ravenne (*Hist. du Bas-Empire*, l. 27, n. 6, 22-28).

L'Afrique orientale, qui appartenait à l'empire d'Orient, éprouvait également de grands ravages. L'an 405, les Maziques et les Austuriens se jetèrent, d'un côté, dans la Tripolitaine, de l'autre, dans la Libye et dans l'Egypte, dont ils désolèrent la frontière. Céréalis, commandant des troupes dans la Cyrénaïque, était un poltron qui ne savait faire la guerre qu'aux peuples qu'il était chargé de défendre. Il courait la province pour en tirer de l'argent ; il congédiait les soldats pour profiter de leur paie. Les Maziques, méprisant un tel général, vinrent piller et brûler les campagnes : ils avancèrent jusqu'à Cyrène, et y mirent le siège. Aux approches du danger, Céréalis s'était jeté dans un vaisseau et se tenait en mer à quelque distance du rivage. Les soldats, abandonnés de leur chef et tremblants de peur, se cachaient dans les cavernes. Ces Barbares n'étaient cependant rien moins que redoutables. Quelques prêtres des villages voisins ayant pris les armes et assemblé leurs paysans au sortir de la messe, marchèrent à l'ennemi et le battirent. Un diacre, nommé Fauste, se signala par son courage. Sans autres armes qu'une pierre qu'il tenait à la main, il tua un grand nombre de Barbares. Il ne fallut pas d'autres forces pour délivrer Cyrène et la province (Syn., *Epist*. 122, 129, 131, 132).

L'an 405, le vandale Stilichon et le goth Alaric se concertèrent ensemble pour s'emparer de l'empire romain : Alaric devait attaquer celui d'Orient, pour donner plus de facilité à Stilichon d'occuper celui d'Occident. Déjà le Goth était entré dans l'Epire, lorsqu'une alarme imprévue suspendit les desseins du Vandale. Radagaise était entré en Italie cinq ans auparavant avec Alaric, et n'ayant pu prendre Aquilée, il avait repassé les Alpes. En 405, il les passa de nouveau, à la tête de deux cent mille hommes suivant Orose, de quatre cent mille suivant Zosime (Oros., l. 7, c. 37 ; Zos., l. 5, c. 26). Il était goth et païen, fort attaché au culte des idoles, et, selon la coutume des Barbares, il avait voué à ses dieux le sang de tous les Romains. Les païens publiaient à Rome qu'il venait un ennemi vraiment redoutable, que le culte des dieux rendrait puissant contre Rome, où leurs autels étaient méprisés, et ils disaient que les sacrifices de ce roi étaient plus à craindre que ses troupes, quoique innombrables et victorieuses. Les blasphèmes se multipliaient dans toute la ville, dit un historien du temps (Oros., l. 7, c. 37), et le nom de Jésus-Christ était regardé plus que jamais comme la cause de tous les maux. Mais Uldès, roi des Huns, et un capitaine goth, nommé Sarus, étant venus au secours de Stilichon et des Romains, enfermèrent Radagaise entre des montagnes, où son armée périt de faim, de soif et de maladies. Radagaise, désespéré, se déroba secrètement à son armée et voulut se sauver seul ; mais il fut pris, chargé de chaînes et décapité à la vue de ces Barbares. Le spectacle acheva de les abattre ; ils mirent bas les armes. Il en restait encore un si grand nombre qu'on les vendait par bandes, comme des troupeaux, une pièce d'or par tête, c'est-à-dire treize à quatorze francs de notre monnaie. Mais déjà consumés de faim et de maladies, ils périrent tous en peu de temps.

L'Italie étant délivrée d'un si grand péril, Stilichon faisait des préparatifs pour aller rejoindre Alaric et envahir l'empire d'Orient. Mais tout à coup l'on apprit avec terreur que les Vandales, les Suèves et les Alains, suivis des Allemands et des Bourguignons, ayant trouvé le Rhin dégarni de troupes, l'avaient passé près de Mayence, le dernier jour de l'an 406, et se répandaient dans les Gaules. Mayence fut prise et saccagée, plusieurs milliers de chrétiens furent égorgés dans l'église avec Auréus, leur évêque. Worms fut détruite après un long siège. Spire, Strasbourg et d'autres villes moins considérables éprouvèrent la fureur de ces barbares. Ils s'emparèrent de Cologne; Trèves fut pillée; Tournai, Térouanne, Arras, Saint-Quentin ne purent arrêter ce torrent. Laon fut la seule ville de ces cantons qui tint contre leurs attaques; ils se virent obligés d'en lever le siège. Ces barbares, furieux ariens, la plupart même idolâtres, firent dans toute la Gaule grand nombre de martyrs. Nicaise, évêque de Reims, eut la tête tranchée après la prise de sa ville épiscopale. Ils traitèrent de même Didier, évêque de Langres; ils passèrent les habitants au fil de l'épée, et mirent le feu à la ville. Besançon vit massacrer son évêque Antidius. Sion fut prise, Bâle ruinée. Ils s'étendirent jusqu'aux Pyrénées. Les deux Aquitaines et les provinces méridionales, auparavant les plus fortunées de la Gaule, ne furent plus couvertes que de cendres et de ruines. Peu de villes purent résister à cette fureur par l'avantage de leur situation. Ils détruisirent Marseille, mais ils assiégèrent inutilement Toulouse, et l'on attribua le salut de cette ville aux prières de son saint évêque Exupère. La faim dévorait ceux que la guerre avait épargnés. Dans toute l'étendue de la Gaule, auparavant si peuplée, on ne rencontrait plus que des cadavres vivants, qu'on distinguait à peine des morts dont la terre était jonchée. Ces horribles ravages ne cessèrent pas pendant trois ans (Oros., l. 7; *Hist. du Bas-Empire*, l. 28).

La ruine des Gaules effraya les troupes romaines cantonnées dans la Grande-Bretagne. Elles craignirent à la fois ce déluge de nouveaux barbares et les attaques de ceux de l'Ecosse. N'espérant aucun secours de l'empire, elles se donnèrent un empereur. Elles choisirent d'abord un officier nommé Marc, qu'elles tuèrent presque aussitôt pour mettre à sa place Gratien, qu'elles tuèrent au bout de quatre mois. Alors elles revêtirent de la pourpre un simple soldat appelé Constantin. Ce nom parut d'un bon augure. De fait, Constantin se maintint pendant quatre ans, non-seulement dans la Grande-Bretagne, mais encore dans la Gaule, dont il se rendit maître, autant qu'on pouvait l'être au milieu de ces désordres. De plus, son fils Constant, élevé jusque-là dans un monastère, et nommé tout d'un coup césar, se rendit maître de l'Espagne. Enfin, dès la fin de l'année 408, l'empereur Honorius reconnut Constantin pour son collègue.

Stilichon, maître de toutes les troupes, n'avait fait aucun mouvement pour sauver ces malheureuses provinces : ce qui seul démontre qu'il avait de secrets desseins. L'an 408, il maria sa seconde fille à l'empereur Honorius, veuf depuis quatre ans de la première. Honorius n'avait point d'enfant et ne devait pas en avoir. Stilichon avait un fils nommé Eucher, auquel il pensait faire épouser Placidie, fille du grand Théodose, afin de l'approcher toujours plus près du trône. De plus, quoique chrétien lui-même, du moins en apparence, il avait fait élever son fils dans le paganisme, afin de se concilier à la fois les deux grands partis de l'empire, les chrétiens et les païens. Enfin, l'empereur Arcade étant mort le 1er mai 408, il ne lui semblait pas impossible d'envahir le trône de Constantinople sur son fils et successeur de huit ans, Théodose le Jeune. C'est pour ces desseins ambitieux qu'il négociait avec Alaric. Un moment suffit pour les renverser. Ses projets furent dévoilés à Honorius et publiés parmi les troupes, qui, d'indignation, massacrèrent aussitôt ses amis sous les yeux mêmes de l'empereur, à Pavie. Stilichon, retiré à Ravenne, ayant su qu'il y avait un ordre de l'arrêter, se réfugia la nuit dans une église voisine. Le jour venu, plusieurs officiers allèrent le trouver dans cet asile, et lui protestèrent avec serment, en présence de l'évêque, qu'ils n'avaient pas d'ordre de lui ôter la vie, mais seulement de le garder prisonnier. Sur cette assurance, Stilichon se met entre leurs mains. Mais dès qu'il est sorti de l'église, l'officier qui avait apporté le premier ordre en montra un second, par lequel Stilichon fut condamné à mort, comme traître au prince et à la patrie, et il eut la tête tranchée le 23 août. Son fils Eucher eut le même sort; sa fille, à peine impératrice, se vit répudiée; et sa femme Séréna, tante d'Honorius, fut peu après étranglée, par ordre du sénat romain (*Hist. du Bas-Empire*, l. 28).

On avait renversé Stilichon; mais Alaric marchait sur Rome sans trouver d'obstacle. On avait grossi son armée de tous les Goths qui servaient dans les troupes romaines, en égorgeant dans bien des villes leurs femmes et leurs enfants. On dit que, dans cette marche, il rencontra un pieux solitaire qui voulut l'en détourner en lui représentant les maux dont il allait être la cause (Soz., l. 9, c. 6), et qu'Alaric lui répondit : Je n'y vais pas de moi-même, mais quelqu'un me presse et me tourmente tous les jours, en disant : Marche et va saccager Rome ! Cette ville fut bientôt investie de toutes parts et réduite aux dernières extrémités. La peste se joignit à la famine. Toutes les rues étaient jonchées de morts ; et comme on ne pouvait les transporter hors de la ville, dont les ennemis occupaient tous les dehors, Rome n'était plus qu'un vaste cimetière où les morts tuaient les vivants par la vapeur meurtrière qu'ils exhalaient.

Dans cette extrémité, les sénateurs païens, qui formaient encore, à ce qui paraît, le plus grand nombre, crurent nécessaire de sacrifier au Capitole et dans les temples. Car les auspices toscans, appelés par le préfet de Rome, promettaient de chasser les Barbares par des foudres et des tonnerres, se vantant de l'avoir fait à Narni, ville de Toscane, qu'Alaric n'avait pas jugé à propos de prendre en marchant vers Rome. Le païen Zosime dit (l. 5, c. 41 et 42) que, pour plus grande sûreté, on rapporta au pape Innocent le dessein que l'on avait de faire à Rome des sacrifices, et que le Pape, préférant le salut de la ville à son opinion, permit de le faire en secret. Personne n'en a jamais cru là-dessus Zosime perpétuel calomniateur des chrétiens; mais cela montre toujours à quel point l'idolâtrie avait repris à Rome. Ce qu'il ajoute le confirme de plus en plus. Les devins toscans ayant soutenu que ces cérémonies ne serviraient de rien à la ville si on ne les faisait en public, le sénat monta au Capitole et commença à y faire, ainsi que dans les places publiques, ce qu'on avait résolu; mais personne n'osa y prendre part. Tout cela ayant été inutile, on laissa les aruspices toscans, et on songea aux moyens d'apaiser Alaric.

Après de longues contestations, on convint enfin que Rome donnerait cinq mille livres d'or, trente mille d'argent, quatre mille tuniques de soie, trois mille peaux teintes en écarlate, trois mille livres d'épicerie, et qu'elle mettrait en ôtage, entre les mains d'Alaric, les enfants des plus nobles citoyens. A ces conditions, Alaric promettait, non-seulement de vivre en paix avec les Romains; mais encore d'employer ses armes pour la défense de l'empire contre quelque ennemi que ce fût. Les Romains demandèrent quelques jours pour obtenir le consentement de l'empereur. Honorius approuva tout; il ne fut plus question que d'exécuter le traité. Ce n'était pas l'opération la plus facile. Le trésor public était épuisé; il fallait avoir recours aux particuliers. Palladius, un des sénateurs les plus distingués, fut chargé d'imposer sur les habitants une contribution proportionnelle. Il lui fut impossible de remplir l'objet de sa commission : chacun cachait avec soin ce qu'il avait d'or et d'argent. On fut obligé d'enlever les ornements des temples et de fondre les statues, ce qui causa aux païens une douleur très-amère. Ils regrettèrent surtout une statue de la Valeur; et leurs devins prononcèrent que, dans cet instant fatal, la bravoure romaine périssait à jamais. Les chrétiens pensaient, au contraire, qu'on ne perdait la statue de la Valeur que parce que depuis longtemps on en avait perdu la réalité.

Cependant les Alains, les Suèves et les Vandales, après avoir ravagé les Gaules, entrèrent en Espagne. Pendant l'espace d'une année entière, ce pays fut un théâtre sanglant, où se renouvelèrent toutes les scènes de désolation. Sans distinction d'âge, de sexe, de condition, tout était passé au fil de l'épée. Les paysans qui étaient assez heureux pour sauver leur vie, se retiraient dans les places; ils y trouvaient la même barbarie qui dévastait leurs campagnes. Tandis que les Vandales brûlaient les fruits de la terre, les commis des impôts, autre espèce de vandales, dévoraient la substance des villes, et les soldats, moins ardents à les défendre qu'à les piller, enlevaient le reste. La famine et la peste, suites funestes des ravages, y mirent le comble. Les hommes se mangeaient les uns les autres; tout était en guerre; il fallait se défendre et contre les hommes et contre les bêtes : celles-ci, sortant des forêts et dévorant les cadavres dont les campagnes étaient couvertes, s'accoutumaient tellement au sang humain, que, ne goûtant plus d'autre nourriture, elles attaquaient les hommes vivants. Mais ce qui est beaucoup plus horrible, on vit des mères se repaître des enfants qu'elles allaitaient; et l'histoire n'a jamais rien rapporté de plus affreux qu'un fait qui fit alors frémir l'Espagne. Une mère fit rôtir et mangea ses quatre enfants. Dans le massacre des trois premiers, on eut pour elle une compassion mêlée d'horreur, on crut qu'elle les sacrifiait pour la conservation des autres; mais, quand on la vit égorger le seul qui restait encore, le peuple de la ville où se passait cet exécrable forfait se souleva contre ce monstre d'inhumanité et l'assomma à coups de pierres.

Les campagnes étant ruinées, les places, déjà désolées par la famine et par la peste, ne purent se défendre. Les évêques d'Espagne montrèrent alors un courage qui fait honneur à l'Eglise. Ils pouvaient se soustraire par la fuite aux maux qu'ils souffraient et à ceux qu'ils avaient encore à craindre; ils se firent un devoir de mourir avec les déplorables restes de leur troupeau. Enfin l'Espagne étant devenue presque déserte, les Barbares se la partagèrent. On vit alors un changement aussi heureux qu'incroyable. A peine les Barbares eurent-ils quitté l'épée, qu'ils saisirent la charrue; et les campagnes, abreuvées de sang, montrèrent dès l'année suivante de riches moissons et se peuplèrent de troupeaux. Les vainqueurs, moins avides que les princes naturels, traitaient les habitants avec plus d'équité et de douceur. Ils portaient l'humanité jusqu'au point de ne pas contraindre ceux qui voulaient quitter le pays. Ils leur laissaient emporter librement leurs effets; ils leur fournissaient des voitures, et leur donnaient même une escorte pour les défendre; ils se contentaient d'un médiocre salaire pour leur conserver les biens et la vie, qu'ils pouvaient également leur ôter. Rien n'était plus sacré que leur serment, et l'on était tenté de croire que les Romains étaient les vrais Barbares. Leur douceur rappela la plupart de ceux que la terreur avait dispersés, et les villes virent rentrer dans leur sein une partie de leurs habitants. Tels sont les détails que nous donne un historien du temps, Paul Orose, Espagnol de naissance (Orose, l. 7, c. 41, etc.; Salv., l. 7). La province particulière qu'occupèrent les Vandales, l'ancienne Bétique, a été appelée de leur nom *Vandalousie* ou *Andalousie*.

Cependant l'empereur Honorius, incapable de se conduire lui-même, se laissait conduire par ses courtisans, et le principal objet de ses courtisans était de se supplanter les uns les autres. Ainsi Olympius, qui avait renversé Stilichon, fut renversé à son tour et d'une manière plus ignominieuse. Constance, beau-frère d'Honorius, après lui avoir fait couper les oreilles, le fit assommer à coups de bâton. Au milieu de ses intrigues, Honorius manque au traité fait avec Alaric, qui campait encore dans la Toscane. Rome, menacée d'un nouveau siège, envoie des députés à l'empereur. Les courtisans se moquèrent de leurs alarmes; ils ne parlaient que de la puissance romaine et de la majesté de l'empire. On envoya au secours de Rome six mille hommes d'élite. Avant d'arriver, ils furent taillés en pièces par la folle présomption du général. Il y en eut à peine cent qui échappèrent, entre autres Attale, nommé préfet de Rome.

Bientôt Rome se vit bloquée de nouveau. Le sénat députa une seconde fois à l'empereur, pour lui représenter la nécessité de conclure la paix avec Alaric. Celui-ci, étant maître de tous les chemins, fit escorter les députés jusqu'à Ravenne. Le pape saint Innocent se joignit à eux, et ne revint à Rome qu'après qu'elle eut été saccagée. On renoua les négociations avec Alaric. Jovius, préfet du prétoire, y voulut jouer de finesse, et perdit tout par son étourderie. Pour réparer son imprudence, il en fit une seconde. Il jura sur la vie de l'empereur, qu'il ne consentirait jamais à aucun accommodement avec les Goths, et il engagea tous les officiers et l'empereur même à se lier par le même serment. Alaric, de son côté, aurait voulu ne pas saccager Rome. Il engagea donc les évêques des villes par lesquelles il passait à s'employer pour la paix auprès de l'empereur. Il se rabattit même à des conditions très-modérées. Il ne demanda que la Norique ou la Bavière, pays toujours infesté par les courses des Barbares, et dont les Romains ne tiraient presque aucun revenu. Il laissait à l'empereur de décider quelle quantité de blé il serait nécessaire de fournir aux Goths pour subsister dans un terrain pauvre et stérile; à ces conditions, il offrait une alliance inviolable et une ligue défensive contre quiconque attaquerait l'empire. Ces conditions furent trouvées raisonnables; mais les courtisans opposèrent le serment qu'ils avaient fait. S'ils avaient juré par le nom de Dieu, à la bonne heure; mais par la vie de l'empereur, il n'y avait pas moyen d'y revenir sans exposer l'empereur même (Zos., l. 5; Oros., l. 7).

Alaric fit alors une chose à quoi l'on ne s'attendait guère. Après avoir réduit Rome à se soumettre, il s'avisa de faire un nouvel empereur. Il jeta les yeux sur Attale, préfet de la ville. C'était un grec d'Ionie, païen de naissance, athée dans le cœur, qui, dès qu'il vit Alaric maître de Rome, se fit baptiser par un évêque arien qui suivait l'armée des Goths. Ainsi, ce choix ne pouvait manquer de plaire en même temps aux païens, qui ne regardaient son changement que comme un déguisement politique, et aux ariens, qui se flattaient de l'avoir converti. Les uns et les autres comptaient également sur sa faveur, et Zosime dit que les seuls Anicius furent affligés de son élévation. Cette famille, distinguée par sa noblesse et son opulence, l'était encore davantage par un zèle héréditaire pour la foi chrétienne. Le sénat, devenu esclave des volontés d'Alaric, ayant fait dresser un trône, on y plaça le nouvel auguste; on le revêtit de la pourpre; on lui mit la couronne sur la tête, et le cérémonial fut d'autant mieux observé qu'on avait plus peur (Zos., l. 6, c. 1, 6 et 7; Oros., l. 7, c. 42).

Attale se hâta de nommer ses grands officiers. Alaric fut nommé général de l'infanterie; son beau-frère Adolphe fut revêtu du titre de comte des domestiques, c'est-à-dire commandant de la garde impériale. Tertullus fut désigné consul pour l'année suivante. Après cette distribution de rôles, Attale, empereur de théâtre, accompagné de ses gardes, alla prendre possession du palais. Le lendemain il vint au sénat, et, ivre de sa nouvelle grandeur, il y fit un discours rempli d'arrogance, promettant aux Romains la conquête de l'univers, et d'autres événements encore plus merveilleux. Les habitants de Rome, aussi vains que lui, surtout les païens, comptaient beaucoup sur ce glorieux avenir. Ils attendaient les plus grands succès du consulat de Tertullus, connu par son attachement pour l'idolâtrie. Les monnaies qu'Attale fit frapper portent l'empreinte de sa vanité: on n'y voit plus le labarum ni la croix du Christ; c'est la Victoire qui couronne le prince; c'est Rome décorée des épithètes pompeuses d'*éternelle*, d'*invincible*.

Attale, accompagné d'Alaric et de son armée, marcha vers Ravenne. Honorius eut si peur, qu'il envoya ses principaux officiers, entre autres Jovius son préfet du prétoire, offrir à Attale de le reconnaître pour son collègue et de partager avec lui l'empire d'Occident. Attale, d'après la suggestion de Jovius même, consentait seulement à lui laisser la vie et un traitement honorable, mais à condition qu'il serait fait eunuque. Le traître Jovius finit par embrasser ouvertement le parti d'Attale. Il fut remplacé auprès d'Honorius par le grand chambellan Eusèbe, qui, peu de jours après, fut assommé à coups de bâton par Allobich, capitaine des gardes, sous les yeux mêmes de l'empereur, qui n'eut point assez d'autorité pour empêcher cette horrible violence. Bientôt Jovius, dégoûté d'Attale, revint sur sa première trahison, et fut le premier à conseiller au roi des Goths de se défaire de ce fantôme d'empereur, qui n'était propre qu'à l'entraver dans ses opérations. Et de fait, Alaric leva le siège de Ravenne, se retira à Rimini, et renoua les négociations avec Honorius.

Cependant le païen Tertullus, consul éphémère pour Rome en 410, y commença avec faste l'exercice de son consulat. Le sénat s'étant assemblé le 1er de janvier selon la coutume, Tertullus environné de toute la pompe consulaire, lui adressa la parole en ces termes: « Pères conscrits, je vous parle aujourd'hui en qualité de consul et de pontife: je possède déjà la première de ces dignités; j'y vais bientôt réunir l'autre. » Le reste de son discours répondait à ce début emphatique: il s'annonçait comme le vengeur des dieux et le réparateur de leurs autels et de leurs temples. Rome cependant éprouvait une disette encore plus extrême que pendant le siège, parce que l'Afrique, conservée à Honorius, par le gouverneur Héraclien, n'envoyait plus de blé. Enfin, la famine devint si insupportable, que, dans les jeux du cirque, le peuple, désespéré, s'écria d'une voix unanime: Qu'on mette en vente la chair humaine, et qu'on en taxe le prix (*Hist. du Bas-Empire*, l. 29; Oros., Zos.)! Attale, apprenant ces horreurs, partit du camp d'Alaric et revint à Rome. Mais peu de jours après, Alaric le fit revenir à Rimini; et, l'ayant conduit hors de la ville, à la vue de tout le peuple, il lui ôta le diadème, le dépouilla de la pourpre et renvoya tous ces ornements à l'empereur. Il voulut bien toutefois ne pas abandonner ce misérable; ni son fils Ampélius. Entre les conditions de son accommodement avec Honorius, il demandait qu'on leur conservât la vie, et il les retint dans son camp en attendant la conclusion du traité. La chute d'Attale n'affligea que les païens et les ariens de Rome.

Tout semblait disposé à la paix, lorsque Sarus, capitaine goth d'une troupe d'aventuriers, n'ayant pu persuader à Honorius de rompre les conférences, les rompit par son chef en attaquant à l'improviste le camp d'Alaric. Irrité de cette perfidie, Alaric prit sur-le-champ le chemin de Rome. Il rendit le titre d'empereur à Attale, qui servait de jouet à sa politique; et le lui ôta devant Rome, quand il vit que les Romains ne se laissaient plus amuser par

LIVRE XXXVII. — SAC DE ROME PAR ALARIC.

cette comédie et qu'ils refusaient d'ouvrir leurs portes. Au bruit de sa marche, beaucoup de chrétiens se retirèrent de la ville après avoir distribué tous leurs biens aux pauvres. On ignore les circonstances du siège, qui fut assez long. Alaric prit la ville par trahison, le 24 août 410. Il permit à ses soldats de la piller; mais il leur recommanda d'épargner le sang des hommes et l'honneur des femmes; il leur défendit de brûler les édifices consacrés au culte divin. Et comme Romulus, pour peupler Rome, y avait établi un asile, Alaric, en la saccageant, en ouvrit deux pour soustraire à la fureur des soldats les déplorables restes des habitants : il déclara que l'église de Saint-Pierre et celle de Saint-Paul seraient respectées comme un refuge inviolable. Il avait choisi ces deux églises, non-seulement par vénération pour ces deux fondateurs de Rome chrétienne, mais aussi parce qu'étant les plus spacieuses, elles pouvaient sauver un plus grand nombre de malheureux.

Ces ordres mettaient un frein à la cruauté. Mais quels ordres pourraient contenir des vainqueurs féroces dans l'ivresse du pillage? Les Goths, répandus dans Rome, saccagèrent les maisons; ils mirent le feu à celles qu'on tenait fermées, et s'y jetant au milieu des flammes, non contents des richesses qu'ils trouvaient sous leurs mains, ils supposaient qu'on leur en cachait plus qu'il n'en paraissait, et n'épargnaient ni les menaces ni les tourments pour forcer à livrer ce qu'on avait et ce qu'on n'avait pas. La famine avait par avance ravagé la ville; il y avait peu de maisons qui ne fussent en deuil et qui n'offrissent aux yeux du soldat barbare des cadavres ensevelis. Ce spectacle n'attendrissait pas ces cœurs impitoyables : des femmes, des enfants furent égorgés sur le corps de leurs maris et de leurs pères. La brutalité ne respecta que les femmes et les filles qui s'étaient réfugiées dans les églises. Le fracas des maisons qui croulaient dans l'incendie, les insultes, les cris, l'épouvante, la fuite répandaient une affreuse confusion; les flammes qui dévoraient une partie de la ville éclairaient toutes ces horreurs, et, comme si le ciel se fût armé encore pour châtier cette métropole de l'idolâtrie, un furieux orage se joignit aux ravages des Goths; la foudre écrasa plusieurs temples, fondit les lambris d'airain, réduisit en poudre ces statues autrefois adorées, que les empereurs chrétiens avaient conservées pour la décoration de la ville.

Cependant, le respect des Goths pour la sainteté du christianisme épargna beaucoup de sang aux Romains. La fureur des ennemis s'arrêtait aux portes des saints lieux; les Goths eux-mêmes y conduisaient ceux qu'ils voulaient sauver du massacre. Si quelques églises furent embrasées, ce ne fut que par la communication des flammes qui consumaient les maisons voisines, et la religion se soutint glorieuse au milieu de tant de ruines et de larmes.

Un officier goth, des plus considérables, trouva dans la maison d'une église une vierge consacrée à Dieu et avancée en âge; il lui demanda honnêtement son argent. Elle lui dit avec assurance qu'elle en avait beaucoup et qu'elle allait le lui montrer. En effet, elle exposa à ses yeux de si grandes richesses, que le Barbare fut étonné du nombre, du poids et de la beauté de tant de vases dont il ne savait pas même les noms. « Ce sont, dit-elle, les vases de l'apôtre saint Pierre; prenez-les si vous l'osez, vous en répondrez : comme je ne puis les défendre, je n'ose les retenir. » Le Barbare, touché de respect, l'envoya dire à Alaric, qui commanda qu'aussitôt on reportât tous les vases, comme ils étaient, à la basilique de Saint-Pierre; et que l'on y menât aussi, avec escorte, la vierge sacrée et tous les chrétiens qui s'y joindraient. Cette maison était loin de l'église de Saint-Pierre, en sorte qu'il fallait traverser toute la ville; le transport de ces vases sacrés fut ainsi un spectacle et une pompe magnifique. On les portait un à un sur la tête, à découvert, et des deux côtés marchaient des soldats l'épée à la main; Romains et Barbares chantaient ensemble des hymnes à la louange de Dieu. Les chrétiens accouraient de tous côtés; plusieurs païens firent semblant d'être chrétiens en cette occasion, et plus il s'amassait de Romains pour se sauver, plus les Barbares s'empressaient autour pour les défendre (Oros., l. 2, c. 39; August., *De civit. Dei*).

Les femmes chrétiennes semblèrent alors avoir recueilli le courage que les hommes avaient perdu. Sainte Marcelle, illustre par sa vertu et sa noblesse, veuve depuis soixante-dix ans, occupait une maison sur le mont Aventin; elle y vivait dans la prière et dans la méditation des saintes Ecritures, avec une jeune fille fort belle, nommée Principia, qu'elle formait à la piété. Plusieurs soldats étant entrés chez elle, lui demandèrent son or. Elle leur répondit qu'elle l'avait distribué aux pauvres, et qu'elle ne s'était réservé que la tunique dont elle était couverte; Les Barbares, persuadés que ce n'était qu'un déguisement, la chargèrent de coups. Insensible à la douleur, elle leur demanda pour unique grâce de ne pas la séparer de cette jeune fille, que sa beauté exposait à des insultes plus cruelles que la mort. Cette fermeté les toucha : ils les conduisirent toutes deux à la basilique de Saint-Paul (Hier., *Epist.* 16). Ailleurs, une femme catholique, d'une beauté remarquable, tomba entre les mains d'un jeune Goth arien; le barbare n'ayant pu la faire consentir à son mauvais désir, tira son épée pour lui faire peur, lui effleura la peau et lui mit la gorge en sang. Elle présenta hardiment la tête à couper, et le barbare, touché de sa vertu, la mena lui-même à l'église de Saint-Pierre, la recommanda aux gardes et leur donna six pièces d'or, avec ordre de ne la remettre qu'entre les mains de son mari (Soz., l. 9, c. 10).

Après avoir ainsi pillé Rome pendant trois jours, Alaric en sortit sans y laisser un soldat. Il emmenait avec lui grand nombre de prisonniers, entre autres Placidie, sœur d'Honorius, à laquelle il faisait rendre tous les honneurs dus à sa naissance. Il prit et saccagea la ville de Nole; il pilla et brûla la ville de Reggio, et puis, à la vue de la Sicile, où il voulait passer, il mourut en peu de jours et laissa la couronne à son beau-frère. Pour l'enterrer, les Goths détournèrent le cours d'une petite rivière, creusèrent dans son lit une fosse profonde et y déposèrent le corps d'Alaric avec quantité de richesses, comblèrent la fosse, firent reprendre aux eaux leur cours naturel, et enfin, pour s'assurer du secret, égorgèrent les prisonniers qui avaient été employés à ce travail (Oros., l. 7, c. 40; *Hist. du Bas-Empire*, l. 29, n. 12). Telle fut la fin d'Alaric.

LIVRE TRENTE-HUITIÈME.

Dieu brise la ville et l'empire de Rome païenne pour en faire sortir Rome chrétienne, avec des nations et des royaumes chrétiens.

(Du sac de Rome par Alaric [410] à la mort de saint Augustin [430]).

Rome païenne fut la dernière capitale de l'empire idolâtre, comme Babylone en avait été la première. Aussi saint Jean a-t-il prédit la chute de Rome païenne dans les mêmes termes qu'Isaïe et Jérémie avaient prédit la chute de Babylone (Isaïe, 21, 9; Jerem., 51, 8; Apoc., 18). *Elle est tombée, elle est tombée, la grande Babylone! Malheur, malheur! Babylone, grande ville, ville puissante, ta condamnation est venue en un moment!* Quand Jérémie eut achevé d'écrire ses prédictions, il les fit porter à Babylone par un ambassadeur, avec ordre de les lire en public, ensuite de les attacher à une pierre et de les jeter au milieu de l'Euphrate, en disant : *Ainsi sera submergée Babylone! Elle ne se relèvera plus du malheur que je lui amène!* Saint Jean a une image semblable sur Rome païenne. *Alors un ange puissant leva en haut une pierre comme une grande meule et la jeta dans la mer, en disant: Ainsi sera précipitée Babylone, la grande ville, et elle ne se trouvera plus!* Qu'il s'agisse de Rome païenne, saint Jean le dit assez clairement, quand il l'appelle *la grande ville qui règne sur les rois de la terre; la grande prostituée assise sur les grandes eaux, qui sont les peuples, les nations et les langues; la femme assise sur sept montagnes, enivrée du sang des saints et des martyrs de Jésus, et qui a enivré les habitants de la terre du vin de sa prostitution.* Dans le langage de l'Ecriture, *prostitution, fornication,* marque l'idolâtrie d'une nation infidèle qui n'a jamais eu Dieu pour époux; si elle l'avait jamais eu, comme Jérusalem, son infidélité s'appellerait non plus fornication, mais adultère.

Ces paroles : *Sortez de Babylone, mon peuple, de peur que vous n'ayez part à ses péchés et que vous ne soyez enveloppés dans ses plaies,* ont eu leur accomplissement à la prise de Rome. Nous avons vu les chrétiens en sortir littéralement; les uns, par un secret pressentiment de ce qui allait arriver, les autres, dans le sac même de la ville, lorsqu'ils se réfugièrent dans les immenses basiliques de Saint-Pierre et de Saint-Paul, qu'Alaric leur avait assignées pour asile. Il en est de même de ces paroles : *Rendez-lui comme elle vous a rendu; rendez-lui au double selon ses œuvres; faites-la boire deux fois autant dans la coupe où elle vous a donné à boire.* Les Mèdes, les Perses et les autres peuples tyrannisés par Babylone lui firent à leur tour comme elle leur avait fait. Les nations barbares, surtout les Goths, que Rome victorieuse vendait comme des bêtes, au point qu'on en avait des troupeaux entiers pour un écu (Oros., l. 7, n. 37), devaient lui rendre un jour ce qu'elle leur avait fait, et les Goths commencèrent.

La prise de Babylone jeta toute la terre dans l'épouvante : sa décadence successive, sa disparition si complète qu'on n'en retrouve plus même la place, continuent de faire l'étonnement des siècles et des peuples; le principal objet des histoires anciennes est de suivre les développements de cette grande révolution. L'univers ne fut pas moins épouvanté de la prise et de l'incendie de Rome : suivant l'expression de saint Jérôme, il se croyait anéanti par la ruine de cette seule ville; il regardait avec effroi cette maîtresse des nations, devenue à la fois et la mère et le sépulcre de ses peuples, réduite par la famine à manger la chair de ceux qu'elle avait portés dans ses entrailles, et ravagée par la faim avant que de l'être par le glaive, de sorte qu'il ne lui restait qu'un petit nombre de ses citoyens, et que les plus riches, réduits à la mendicité, ne trouvèrent de soulagement que bien loin de leur patrie dans la charité de leurs frères (Hier., *Epist.* 16, *ad Princip.; Proœm. Comm. in Ezech.,* l. 3, 8). Enfin, si le sac de Rome attéra les contemporains, la décadence et la chute de son empire étonnent encore la postérité : on se demande encore comment celle qui avait dompté tous les peuples est devenue successivement la proie de presque tous les peuples, et le grand problème de l'histoire moderne est d'explorer les causes et les suites de cette grande catastrophe.

Saint Jean ajoute, comme Jérémie sur Babylone (Jerem., 51, 48) : *Ciel, réjouissez-vous sur elle, et vous saints apôtres et prophètes, parce que Dieu vous a vengés d'elle! Après quoi j'entendis dans le ciel un bruit comme d'une grande troupe, qui disait: Alleluia! Salut, gloire et puissance à notre Dieu! Parce que ses jugements sont véritables et justes, parce qu'il a condamné la grande prostituée qui a corrompu toute la terre par sa prostitution, et qu'il a vengé le sang de ses serviteurs que ses mains ont répandu. Et ils dirent une seconde fois : Alleluia. Et la fumée de son embrasement s'élève dans les siècles des siècles* (Apoc., 18 et 19). En Jérémie, le ciel et la terre louent Dieu d'avoir puni Babylone du mal qu'elle avait fait à Jérusalem et à Sion, et parce que sa chute annonçait le prochain retour du peuple choisi dans la terre sainte et la reconstruction du temple. Dans saint Jean, le ciel loue Dieu, parce qu'il a vengé sur Rome païenne le sang de ses serviteurs, le sang des prophètes et des saints, et de tous ceux qui ont été tués sur la terre; car c'est de Rome que partaient les édits de proscription et de mort pour toutes les provinces de l'empire. Les saints qui règnent avec Jésus-Christ éclatent en actions de grâces, parce que la prise de Rome par Alaric, en abolit à jamais la fornication, l'idolâtrie, dont elle avait infecté l'univers. Jusquelà, Rome chrétienne était comme captive dans Rome païenne, mais, dès ce moment, elle en sort, elle s'en dégage et s'élève sur les débris des idoles et de leurs temples, comme la cité du Christ triomphant, comme la nouvelle Jérusalem.

Et la fumée de son embrasement s'élève dans les siècles des siècles. Et la punition de Rome idolâtre s'étendra de proche en proche à toutes les nations idolâtres, et elle achèvera de consumer toutes les idoles jusqu'à la fin du monde. Et cette punition de l'idolâtrie dans le temps, n'est qu'une faible image de la punition qui pèse dans les siècles des siècles sur les auteurs mêmes de l'idolâtrie, les anges apostats.

Les païens qui, pour sauver leur vie dans le sac de Rome, s'étaient réfugiés dans les églises chrétiennes, disaient depuis que ce malheur n'était arrivé à Rome et à l'empire, que parce qu'on avait abandonné les idoles pour adorer le Christ. Ces plaintes firent naître en réponse deux ouvrages très-importants. Paul Orose, prêtre espagnol de Tarragone, écrivit, à la prière de saint Augustin, un *Abrégé d'Histoire universelle*, en sept livres, depuis la création du monde jusqu'à son temps. Son but est de faire voir, par tout l'ensemble de l'histoire humaine, que les calamités publiques, principalement les guerres, étaient et plus continues et plus sanglantes avant le christianisme que depuis. Il fait incidemment des observations assez piquantes. Par exemple, les païens avaient tort de se plaindre du dernier désastre de Rome, puisque le peuple romain s'était écrié : Pourvu qu'on nous rende les jeux du cirque, on ne nous a rien fait (Orose, l. 1, c. 6) ! L'empire romain croulait plus de vétusté que des secousses de l'ennemi (*Ibid.*, l. 2, c. 6). Si les païens se plaignaient tant, c'est que l'homme s'impatiente plus d'une piqûre actuelle d'une puce, que de toutes les fièvres qu'il a eues par le passé (l. 4, préface). Au fond, les païens se plaignaient de leur époque, non parce qu'elle était calamiteuse, mais parce qu'elle était chrétienne (l. 4, c. 6). En effet, avant qu'il y eut des chrétiens dans l'empire, ses calamités étaient bien plus fréquentes et plus terribles. De Numa à César-Auguste, période de sept cents ans, le temple de Janus ne fut fermé qu'une seule fois; il n'y eut qu'une seule année de paix, après quatre cent quarante années de guerre, et avant de recommencer une autre guerre de deux cent soixante ans (l. 4, c. 11 et 12). Et quelles guerres ! La guerre des Gaulois, qui prennent Rome, la réduisent en cendre et en revendent les débris aux Romains abattus, qui délibérèrent de l'abandonner pour s'établir dans une autre ville. Les guerres d'Annibal, la bataille de Cannes, après laquelle le sénat délibère s'il n'abandonnerait pas l'Italie, comme il avait délibéré d'abandonner Rome sous les Gaulois. La guerre sociale, la guerre des esclaves, les guerres civiles de Marius et de Sylla, la guerre de Mithridate, les guerres et les proscriptions des triumvirs. D'ailleurs, quand Rome triomphait, Rome n'était pas le monde; elle ne triomphait que du malheur des autres nations (l. 5, c. 1).

Depuis le christianisme, les guerres civiles étaient moins cruelles et moins longues (Orose, l. 7, c. 8 et 35); témoin celles qui eurent lieu sous Théodose. Le christianisme avait déjà rendu les Goths plus humains envers les ennemis, que les Grecs d'autrefois ne l'étaient entre eux (l. 3, c. 23). Dès lors, au milieu des guerres et des révolutions, le chrétien trouvait partout sa religion; ses lois, ses frères, sa patrie; partout les hommes aimaient et craignaient le même Dieu, qui avait établi parmi eux cette merveilleuse unité (l. 5, c. 2).

Cependant saint Augustin, qui avait engagé Orose à composer cet ouvrage, travaillait lui-même depuis plusieurs années à un autre beaucoup plus considérable : c'est son grand ouvrage *De la cité de Dieu*, en vingt-deux livres. Lui-même en fait cette analyse. Les cinq premiers réfutent ceux qui pensent que le culte de plusieurs dieux est nécessaire pour la prospérité des choses humaines, et qu'elles n'étaient si calamiteuses que parce que ce culte était interdit. Les cinq autres sont contre ceux qui, avouant qu'il y a toujours eu et qu'il y aura toujours plus ou moins de calamités temporelles, suivant les lieux, les temps et les personnes, prétendent toutefois que le culte de plusieurs était utile pour la vie future. Ces deux vaines opinions sont donc réfutées dans les dix premiers livres. Mais pour qu'on ne nous reprochât point d'avoir réfuté les idées d'autrui sans établir les nôtres, nous consacrons à ceci la seconde partie de notre ouvrage en douze livres, quoique dans l'une et l'autre partie nous fassions à la fois les deux choses, lorsqu'il en est besoin. De ces douze derniers livres, les quatre premiers exposent l'origine des deux cités, dont l'une est de Dieu et l'autre de ce monde; les quatre suivants en montrent le progrès, et les quatre derniers leurs fins différentes. Ainsi, quoique les vingt-deux livres traitent de l'une et l'autre cité, ils ont pris néanmoins leur titre de la meilleure, et sont appelés : *De la cité de Dieu.*

Dévoiler à fond l'empire satanique des erreurs et des ténèbres; faire connaître et aimer l'empire divin de la vérité et de la lumière; étudier l'un et l'autre dans leur origine, leurs développements et leurs fins dernières; initier ainsi aux mystères de la Providence divine, et donner la clé de l'histoire humaine : tel est l'objet de saint Augustin.

Comme son ouvrage nous a servi de base et de règle pour le nôtre, auquel nous avons tâché de l'incorporer, nous n'en citerons ici que quelques endroits plus saillants.

Les païens, qui blasphémaient le Christ à l'occasion de la prise de Rome, étaient bien ingrats; car c'était par respect pour le Christ que les Goths les avaient épargnés. Chose sans exemple dans une ville prise. Au sac de Troie, le poëte nous montre Priam égorgé sur l'autel de ses dieux, et le temple de Junon choisi par les Grecs, non pour servir d'asile à ceux qui s'y réfugiaient, mais de hangar où l'on entassait les dépouilles des temples et des palais, avec les enfants et les mères captives. Quelle assistance Rome pouvait-elle espérer de ses dieux pénates, eux que le même poète nous montre vaincus à Troie, et sauvés du pillage par la pitié d'un homme? Les Romains se montrèrent quelquefois plus cruels encore que les Grecs. Témoin ce général, qui, dans les guerres de Marius et de Sylla, fit brûler la nouvelle Troie avec tous ses habitants, sans en épargner un seul. Si donc il y eut des calamités à la prise de Rome, c'étaient des accidents ordinaires de la guerre; mais si les Barbares s'y montrèrent plus humains que les Romains et les Grecs, c'est au Christ seul qu'on le doit. D'ailleurs la populace idolâtre de Rome était si dégénérée alors, que pendant que les nations les plus lointaines et les villes principales de l'univers prenaient publiquement le deuil pour en pleurer le désastre, les Romains couraient avec plus de fureur que jamais aux jeux du cirque, et entre autres remplissaient Carthage chaque jour de troubles et de cabales pour des histrions.

Ils prétendaient qu'il ne leur arrivait tant de maux que parce qu'on négligeait le culte de leurs dieux! Et c'étaient ces dieux eux-mêmes qui leur avaient infligé les maux les plus funestes, les maux de l'âme, les vices les plus dégradants. Bien loin de leur enseigner ou de leur commander jamais de bien vivre, ils leur donnaient l'exemple du contraire. Quant aux maximes humaines des philosophes, on aimait toujours mieux suivre les mauvais exemples des dieux que les bonnes paroles des hommes. Ce n'est pas tout. Les jeux sanglants du cirque, les impuretés du théâtre, qui depuis longtemps avaient corrompu les Romains et perdu leur république, suivant le témoignage de Cicéron, c'étaient les dieux qui les avaient exigés comme la partie principale de leur culte. Là-dessus les Grecs raisonnaient ainsi : S'il faut adorer les dieux qui demandent de pareils spectacles, il faut assurément honorer les comédiens qui les représentent. Les Romains répliquaient : Jamais on ne doit honorer de pareilles gens. Donc, concluaient les chrétiens, on ne doit point adorer de pareils dieux. Combien les assemblées chrétiennes étaient différentes! Là les peuples affluaient avec un chaste empressement; les hommes étaient séparés des femmes; tous y apprenaient à bien vivre dans le temps, afin de mériter de vivre heureux dans l'éternité. Quant aux calamités corporelles, surtout les guerres, les Romains, d'après leurs propres histoires, en ont éprouvé de plus fréquentes et de plus terribles, lorsqu'ils adoraient tous leurs dieux, que depuis qu'ils ont commencé d'adorer le Christ. Rome, en particulier, n'a pas tant souffert des Goths que des Romains eux-mêmes pendant les guerres civiles.

Si les dieux de Rome ne pouvaient rendre heureux un individu, comment leur attribuer la grandeur et la durée de l'empire? D'ailleurs la vraie gloire, le vrai bonheur consistent-ils dans la puissance? Sans la justice, que sont les royaumes, si ce n'est de grandes troupes de brigands? et que sont celles-ci, dans leur état ordinaire, sinon de petits royaumes? Car, parmi les brigands, il y a un chef, un pacte social, un partage convenu du butin. Si leur bande réussit à occuper des villes à subjuguer des peuples, elle prend ouvertement le nom de royaume, non pas qu'elle ait cessé ses brigandages, mais parce qu'elle y joint l'impunité. Tel fut l'empire d'Assyrie, fondé par Ninus. Il est tombé, ainsi que celui des Perses, puis celui des Grecs, au milieu de guerres effroyables, et cela pendant qu'on adorait les dieux et avant qu'on eût prêché le nom du Christ (l. 4, c. 4, 5, 6). Ces dieux ne peuvent donc rien sur le sort des empires. A laquelle d'ailleurs de leurs innombrables divinités les Romains attribueraient-ils la conservation du leur. Chacune avait sa besogne particulière. Par exemple, un seul homme suffit pour garder la porte d'une maison, tandis qu'il fallait trois dieux : le dieu Forculus, pour les battants; la déesse Cardéa, pour les gonds; le dieu Limentinus, pour le seuil. Ainsi Forculus ne pouvait pas, avec ses battants, garder encore le seuil et les gonds; combien moins l'empire! Sera-ce Jupiter seul? mais lequel? celui du Capitole n'était qu'une pierre. Celui des poètes ne régnait que dans l'olympe, ou bien ce n'était que l'éther ou le ciel; sa femme Junon, l'air ou la terre; car on n'avait point d'idée constante à cet égard. Selon les uns, Jupiter était à la fois tous les dieux : pourquoi donc alors en adorer plusieurs, puisque tous n'étaient qu'un? Selon d'autres, il était l'âme du monde, et le monde était son corps; en sorte qu'en marchant sur la terre, on lui marchait sur les pieds ou sur quelque autre membre, et qu'en donnant le fouet à un petit garçon, on le donnait à Jupiter. Après tout, quel besoin avait-on de Jupiter même? La déesse Victoire ne suffisait-elle pas toute seule? Celui de tous les Romains qui a le plus approché de la vérité est Varron, quand il dit : « Ceux-là seuls me paraissent avoir aperçu ce qu'est Dieu, qui l'ont cru une âme, un esprit gouvernant l'univers par le mouvement et la raison. C'est de ce Dieu véritable que relèvent les empires; non pas du hasard, ni d'un aveugle destin, ni de l'influence des astres; c'est lui qui, après avoir successivement passé l'empire aux Assyriens, aux Perses, aux Grecs, l'a donné aux Romains, pour récompenser sur la terre leurs vertus terrestres (l. 5, c. 12, 13, etc.). » C'est lui ajouterons-nous, qui, par les calamités mêmes dont il affligeait Rome alors, voulait en faire une Rome toute chrétienne, une Rome digne de recevoir jusqu'à la fin des temps le seul empire vraiment légitime, l'empire de la vérité et de la justice sur l'univers régénéré.

Si les dieux du paganisme ne pouvaient rien pour la vie présente, il était encore plus absurde d'en attendre quelque chose pour la vie future. Ce que saint Augustin prouve au long, en examinant les trois espèces de théogonies distinguées par Varron : la théogonie poétique ou fabuleuse, la théogonie civile ou légale, la théogonie naturelle ou philosophique.

Pour traiter cette dernière, il distingue la philosophie naturelle ou physique de Thalès ou d'Ionie, la philosophie rationnelle de Pythagore ou d'Italie, la philosophie morale de Socrate; et remarque que Platon réunit les trois en une, qui se trouve une espèce de trinité. Mais tout en surpassant les autres philosophes dans chaque branche de la philosophie, tout en ayant des idées plus justes du Dieu véritable et souverain, Platon, et plus encore les platoniciens, ses disciples, ne laissaient pas d'autoriser le culte des démons. En quoi ils n'étaient d'accord ni avec eux-mêmes ni avec le bon sens. Car ils convenaient que les démons étaient livrés à des passions mauvaises, et que, cependant, la sagesse consiste à dompter ces passions. Il était absurde de rendre aux démons un culte religieux, puisque la religion consiste principalement à imiter ce que l'on adore. Par la même raison, il était absurde de prétendre que

LIVRE XXXVIII. — RÉSUMÉ DU LIVRE DE LA CITÉ DE DIEU.

les démons étaient les médiateurs nécessaires entre l'homme et les dieux bons.

Le seul médiateur entre l'homme et le Dieu véritable, c'est le Christ, à la fois Dieu et homme, immortel et mortel. C'est par lui qu'on obtient la vraie pureté de l'âme, non par la théurgie, à quoi se livraient les platoniciens d'alors. C'est par lui que nous offrons à Dieu le sacrifice véritable, qui est lui-même et nous avec lui, comme les membres de son corps. Tel est le sacrifice universel que l'Eglise offre chaque jour dans le sacrement de l'autel, que les fidèles connaissent, et où il lui est rappelé que, dans ce qu'elle offre, elle est offerte elle-même (l. 10, c. 6). Que si les philosophes appellent dieux bons ceux que nous appelons anges, nous ne disputerons pas du mot; car l'Ecriture même leur donne quelquefois ce nom, plus souvent encore à des hommes. Ce qui distingue les anges des démons, c'est que ceux-ci convoitent et mendient les honneurs divins, tandis que ceux-là les réservent à Dieu seul, leur créateur aussi bien que le nôtre. Les démons sont contraints d'avouer ce qu'ils sont et ce qu'ils souffrent, lorsque, aux tombeaux des martyrs, on les chasse du corps des possédés. Cependant, à ces mêmes martyrs, nous ne faisons ni temples, ni prêtres, ni sacrifices, parce qu'ils ne sont pas nos dieux; mais leur Dieu et le nôtre. Il est vrai que nous honorons leur mémoire, les regardant comme des saints et des hommes de Dieu, qui ont combattu jusqu'à la mort pour faire triompher la véritable religion des fausses. Mais qui jamais a entendu un prêtre des chrétiens, debout devant un autel, même posé sur le saint corps d'un martyr, dire dans ses prières : Je vous offre ce sacrifice, à vous, Pierre, ou Paul, ou Cyprien? Nous l'offrons à Dieu, qui les a faits hommes et martyrs, et qui les a honorés dans le ciel de la société des saints anges, pour lui rendre grâces de leurs victoires et nous exciter à les imiter par son secours.

Dans les livres onze, douze, treize et quatorze, saint Augustin expose l'origine des deux cités, cité de Dieu, cité du démon, l'Eglise et le monde, desquelles il caractérise ainsi la différence fondamentale. A ce fondateur de la cité sainte, les citoyens de la cité terrestre préfèrent leurs dieux, ignorant qu'il est le Dieu des dieux, non pas des dieux faux, c'est-à-dire impies et superbes, qui, privés de sa lumière incommutable et commune à tous, et pour cela réduits à une certaine puissance indigente, ambitionnent en quelque manière des pouvoirs privés, et demandent à leurs sujets déçus les honneurs divins; mais des dieux pieux et saints, qui ressentent plus de joie à se soumettre eux-mêmes à un seul que de se soumettre à un grand nombre, à adorer Dieu plutôt qu'à être adorés en sa place (l. 11, c. 1). Ces paroles sont remarquables. Saint Augustin n'est pas le seul qui s'exprime de la sorte. Le pape saint Damase avait déjà dit : Le nom de dieux a été imposé et octroyé par Dieu aux anges et à tous les saints. Mais quant au Père, et au Fils, et à l'Esprit-Saint, à cause de l'unique et égale divinité, ce n'est pas le nom de *dieux* au pluriel qui s'emploie, mais le nom de Dieu au singulier; afin que nous croyions que nous sommes baptisés seulement dans le Père, et le Fils, et le Saint-Esprit, et non pas dans les noms des archanges et des anges, comme font les hérétiques, les juifs et même les gentils insensés (Théodoret, l. 5, c. 11; Labbe, t. II).

Après le parallèle sommaire des deux cités, saint Augustin traite de Dieu, de la Trinité, de la création, de la chute des anges et de l'homme, de l'origine du mal, avec une foule de questions incidentes du plus haut intérêt. Ainsi, expliquant de quelle manière la sagesse de Dieu est à la fois multiple et une, multiple parce qu'elle renferme tout, une en soi, il dit : En elle sont comme certains trésors immenses et infinis des choses intelligibles, en particulier toutes les raisons invisibles et immuables des choses même visibles et muables, qui ont été faites par elle. Car Dieu n'a rien fait sans le savoir; or, si Dieu a tout fait sciemment, il faisait donc ce qu'il connaissait. D'où cette conséquence surprenante, mais cependant vraie : Nous ne pourrions connaître le monde, si le monde n'existait pas; mais le monde n'existerait pas, si Dieu ne l'avait pas conçu (l. 11, c. 10). Ainsi encore, après avoir parlé de la Trinité créatrice, qui a imprimé de ses vestiges dans toutes ses œuvres, il en déduit la trinité radicale de la philosophie : science de la nature ou de l'être, science de la vérité ou de la raison, science du bien ou de la morale; science trine et une, parce que le vrai n'est que l'être en tant qu'objet de l'intelligence, et le bien n'est que l'être en tant qu'objet de la volonté (l. 11, c. 25). Enfin, ce qui a fait les deux cités, ce sont deux amours; dans l'une, l'amour de soi jusqu'au mépris de Dieu; dans l'autre, l'amour de Dieu jusqu'au mépris de soi.

Il suit les développements de ces deux cités, dans les livres quinze, seize, dix-sept et dix-huit, à travers l'histoire des patriarches et des prophètes, jusqu'au Christ, et même jusqu'au temps où il écrivait; faisant voir en particulier que, non-seulement les prophètes étaient plus anciens que les philosophes, mais que leurs prédictions s'accordaient d'une manière d'autant plus admirable, que les divers systèmes des philosophes s'accordaient peu. Quant à la succession des empires, ou plutôt leur unité, il observe que Babylone était comme la première Rome, et Rome comme la seconde Babylone, comme la fille de la première, par laquelle il plut à Dieu de dompter l'univers et de le réduire à une même forme de société (l. 18, c. 2 et 22).

Dans les quatre derniers livres, il traite du souverain bien, de la résurrection générale des corps, de la punition éternelle des méchants et de l'éternelle félicité des bons. Que la résurrection soit possible, il le prouve par celle de Jésus-Christ; et il prouvé la résurrection de Jésus-Christ, parce que le monde entier la croit sur la prédication des apôtres. « Ce sont, dit-il, trois choses incroyables : que Jésus-Christ soit ressuscité et monté au ciel avec sa chair; que le monde ait cru une chose si incroyable; qu'un petit nombre d'hommes méprisables et ignorants l'ait persuadé à tout le monde et aux savants mêmes. Nos adversaires ne veulent pas croire la première de ces choses incroyables; ils sont forcés même de voir la seconde, et ne peuvent dire comment elle est arrivée sans croire la troisième (l. 22, c. 5). »

Dans le temps même que saint Augustin, sous l'image et la dénomination *de la cité de Dieu*, développait aux chrétiens et aux païens l'origine céleste et la durée éternelle de l'Eglise, il continuait d'en défendre l'unité et l'universalité contre les donatistes. Lettres, sermons, conférences, il ne négligeait rien. Ses efforts ne restaient pas sans fruit : non-seulement des hommes du peuple, mais des évêques, étaient rentrés dans l'unité. Cependant parmi les autres, plusieurs n'en devenaient que plus furieux, particulièrement les circoncellions. Pour réprimer leurs violences et leurs meurtres, il y eut plusieurs lois de l'empereur Honorius. Le moyen qui paraissait le plus propre aux évêques catholiques pour faire cesser le schisme et amener la réconciliation, était une conférence générale entre les évêques de l'un et de l'autre parti. Les donatistes s'y refusèrent longtemps. Enfin quelques-uns de leurs évêques étant allés à la cour de Ravenne, témoignèrent eux-mêmes la désirer (*Collat. carth.*, *diei* 3, n. 110 et 124). Aussitôt les évêques catholiques la demandèrent avec plus d'instance que jamais. L'empereur l'accorda par un rescrit du 14 octobre 410, adressé à Marcellin, tribun et notaire, c'est-à-dire général et conseiller d'État, chrétien aussi distingué par ses vertus que par son rang, ami particulier de saint Augustin, qui lui a dédié son grand ouvrage *De la cité de Dieu*, l'ayant entrepris d'après ses instances. Le rescrit ordonnait que les évêques donatistes s'assembleraient à Carthage dans quatre mois, afin que les évêques choisis de part et d'autre pussent conférer ensemble. Que si les donatistes ne s'y trouvaient pas, après avoir été appelés trois fois, ils seraient dépossédés de leurs églises. Marcellin était établi juge de la conférence, pour exécuter cet ordre et les autres lois données en faveur de la religion catholique. Comme la conférence avait été demandée à l'empereur de part et d'autre, et que l'on devait y revoir les procédures juridiques sur l'origine du donatisme, il n'est pas étonnant qu'un officier de l'empereur y présidât.

Arrivé à Carthage, Marcellin indiqua la conférence au premier jour de juin 411. Dès lors il fit cesser toute poursuite à l'égard des donatistes, déclara, quoiqu'il n'en eût pas d'ordre de l'empereur, qu'on rendrait à ceux de leurs évêques qui promettraient de se trouver à la conférence, les églises qui leur avaient été ôtées selon les lois, et leur promit de choisir un autre juge, à leur gré, pour être avec lui l'arbitre de cette dispute. Enfin il leur protesta avec serment qu'il ne leur ferait aucune injustice, qu'ils ne souffriraient aucun mauvais traitement, et retourneraient chacun chez eux en pleine liberté. Sa parole inspirait une telle confiance, que tous les évêques donatistes qui n'étaient point empêchés par la vieillesse ou la maladie, se mirent en route. Le 18 mai ils entrèrent à Carthage, tous à la fois et en procession, comme pour faire parade de leur grand nombre. Les évêques catholiques entrèrent sans pompe et sans bruit.

Quand ils furent arrivés, Marcellin publia une seconde ordonnance, pour régler l'ordre de l'assemblée. On devait choisir de part et d'autre sept évêques pour porter la parole ; sept pour leur servir de conseil ; quatre pour surveiller les écrivains et les sténographes ; de ces derniers il devait y avoir de chaque côté quatre ecclésiastiques, sans compter ceux du président. Pour éviter le tumulte, il n'y aura ainsi à la conférence que trente-six évêques, dont les sept premiers, de part et d'autre, pourront seuls porter la parole. Tous promettront, par écrit, de ratifier ce qui aura été fait par ces sept députés de leur choix. Les évêques recommanderont au peuple, dans leurs sermons, de se tenir en repos et en silence. « Je publierai ma sentence, conclut Marcellin, et l'exposerai au jugement de tout le peuple de Carthage ; je publierai même tous les actes de la conférence, où, pour plus grande sûreté, je souscrirai le premier à tous mes dires ; et tous les commissaires souscriront de même aux leurs, afin que personne ne puisse nier ce qu'il aura dit. »

Les évêques catholiques adhérèrent par écrit à tout ce que Marcellin avait réglé. Ils ajoutèrent ces paroles mémorables : « Si ceux avec qui nous avons affaire peuvent nous démontrer que l'Eglise du Christ, lorsque déjà, d'après les divines promesses, elle remplissait une grande partie de l'univers et continuait à conquérir le reste, a subitement péri par la contagion de je ne sais quels pécheurs qu'ils accusent, et qu'elle n'est demeurée que dans le seul parti de Donat, nous leur céderons l'honneur de l'épiscopat et nous nous rangerons sous leur conduite. Si, au contraire, nous leur montrons que l'Eglise, répandue non-seulement en Afrique, mais par toute la terre, n'a pu périr par les péchés de qui que ce soit ; si enfin nous démontrons, quant à ceux qu'ils accusent, que la question est déjà finie et qu'ils ont été déclarés innocents, nous consentons qu'en se réunissant à nous ils conservent l'honneur de l'épiscopat. Car nous ne détestons pas en eux les sacrements, mais leurs erreurs. Chacun de nous, dans les églises où il aura un collègue, pourra présider à son tour, ayant son collègue auprès de lui comme un évêque étranger. L'un pourra présider dans une église, l'autre dans une autre, et, l'un des deux étant mort, il n'y en aura plus qu'un à la fois, selon l'ancienne coutume. Et ce ne sera pas une nouveauté ; car on en a usé ainsi dès le commencement à l'égard de ceux qui se sont réunis en quittant le schisme. Que si le peuple chrétien ne peut souffrir de voir ensemble deux évêques contre l'ordinaire, retirons-nous les uns et les autres, et que les évêques qui sont seuls dans leurs églises en établissent un seul où il sera nécessaire. Pourquoi hésiterions-nous de faire à notre Rédempteur ce sacrifice ? Il est descendu du ciel pour nous faire devenir ses membres, et nous craindrions de descendre de nos chaires, afin que ses membres cessent de se déchirer par une cruelle division ? Pour nous-mêmes, il nous suffit d'être chrétiens fidèles et obéissants ; mais c'est pour le peuple qu'on nous ordonne évêques. Usons donc de notre épiscopat selon qu'il est utile pour la paix du peuple. Nous vous écrivons ceci, afin que vous le fassiez connaître à tout le monde. (Labbe, t. II ; S. Aug., t. IX). »

Ce langage est remarquable, non-seulement par la magnanimité chrétienne qu'il respire, mais parce qu'il nous fait connaître le véritable esprit de l'Eglise dans la réception de ceux qui reviennent à son unité. Le schisme est certainement un péché considérable. Cependant il n'est pas même question de pénitence. Ce qui renverse de fond en comble deux préjugés de Fleury : qu'un évêque ne pouvait reprendre ses fonctions après avoir péché, et que la cessation des pénitences canoniques a été introduite pour le malheur de l'Eglise, par l'ignorance des docteurs scolastiques du XIIIe siècle.

Comme saint Augustin et quelques-uns de ses confrères s'entretenaient entre eux sur cette pensée : que l'on doit être évêque ou ne l'être pas, selon qu'il est utile pour la paix de Jésus-Christ, ils passaient en revue leurs collègues, et n'en trouvaient guère qu'ils crussent capables de faire à Dieu ce sacrifice. Ils disaient : Celui-ci le peut, celui-là ne le peut pas; un tel en convient, non pas tel autre. Mais quand on vint à publier la chose dans l'assemblée générale, où ils étaient près de trois cents évêques, cette proposition plut si bien à tout le monde et fut reçue avec tant de zèle, que tous se trouvèrent prêts à quitter l'épiscopat pour réunir l'Eglise. Il n'y en eut que deux à qui la proposition déplut : un vieillard fort âgé, qui le dit même assez librement, un autre qui le témoigna seulement par l'air de son visage. Mais le vieillard, accablé par les reproches de tous les autres, changea d'avis et l'autre de visage (S. Aug., *De gestis cum Emerito*).

Les donatistes répondirent également par une lettre, mais dont le langage n'avait rien de pareil. Ils s'y glorifiaient de leur empressement à venir; mais demandaient à être admis tous à la conférence, pour convaincre de fausseté leurs adversaires, qui leur reprochaient leur petit nombre.

Marcellin ayant rendu publiques les deux lettres, les catholiques lui en écrivirent une seconde en réponse à la déclaration des donatistes. Ils y témoignent leur inquiétude sur ce que les donatistes voulaient tous assister à la conférence : si ce n'est, disent-ils, que ce soit pour nous surprendre agréablement et se réunir tous à la fois. Peut-être qu'à l'occasion de cette conférence, ont-ils reconnu, par les innombrables témoignages de l'Ecriture, que l'Eglise doit être répandue partout et qu'elle ne peut jamais périr; que, par conséquent, c'est une erreur de supposer qu'elle ne subsiste qu'en Afrique et dans le parti de Donat. Peut-être ont-ils reconnu qu'il n'y a point de mal à ce que les rois de la terre, fassent des lois pour la paix catholique, contre les partisans de l'hérésie et du schisme, puisque l'Ecriture nous montre, non-seulement les anciens rois des Hébreux, mais encore les princes étrangers, défendant, par les lois les plus menaçantes, de dire un seul mot contre le Dieu d'Israël. Peut-être se sont-ils rappelé que leurs propres ancêtres ont déféré à l'empereur Constantin la cause de Cécilien, et qu'il l'a déclaré innocent. Peut-être ont-ils reconnu dans les Ecritures saintes que l'Eglise, jusqu'au temps de la moisson, sera mêlée de froment et d'ivraie, et qu'un homme pécheur ne peut rien contre elle, puisque Dieu a juré qu'elle ne périrait jamais. Peut-être ont-ils reconnu tout cela par leur propre exemple; car, après avoir condamné les maximianistes, qui avaient condamné Primien de Carthage, ils n'ont pas fait difficulté de recourir aux puissances de la terre pour les chasser des églises, ni de recevoir à leur communion, sans les baptiser de nouveau, ceux qui l'avaient été dans le schisme. Peut-être qu'ayant reconnu toutes ces choses, ils veulent assister tous à la conférence, non pour causer du tumulte, mais pour faire la paix. Car quant à ce qu'ils disent, que c'est pour montrer leur grand nombre et convaincre de mensonge leurs adversaires, si les nôtres ont dit quelquefois qu'ils étaient peu, ils ont pu le dire très-véritablement des lieux où nous sommes beaucoup plus nombreux; et principalement dans la province proconsulaire, quoique même dans les autres provinces d'Afrique, excepté la Numidie proconsulaire, ils soient encore beaucoup moins que nous. Du moins avons-nous raison de dire qu'ils sont en très-petit nombre, en comparaison de toutes les nations qui composent la communion catholique. Que s'ils voulaient maintenant montrer leur grand nombre, ne l'auraient-ils pas fait avec plus d'ordre et de tranquillité par leurs souscriptions? Pourquoi donc vouloir assister tous à la conférence? quel trouble n'apporteront-ils pas en parlant, ou qu'y feront-ils sans parler? Quand on ne crierait point, le seul murmure d'une telle multitude suffira pour empêcher la conférence. Craignant donc qu'ils n'aient dessein de causer du tumulte, nous consentons qu'ils y assistent tous; mais à la condition que, de notre part, il n'y ait que le nombre que vous avez jugé suffisant, afin que, s'il arrive du tumulte, on ne puisse l'imputer qu'à ceux qui auront amené une multitude inutile pour une affaire qui ne peut se traiter qu'entre peu de personnes. Mais si la multitude est nécessaire pour la réunion, nous nous y trouverons tous quand ils voudront.

Cependant les évêques catholiques ne manquèrent par d'exhorter les peuples à demeurer tranquilles, comme Marcellin l'avait demandé, et comme ils l'avaient promis. Saint Augustin fit, entre autres, deux sermons où il semble que c'est la douceur, la charité même qui parle. Dans le premier, il relève les avantages de la paix et la facilité de l'avoir, puisqu'il n'y a qu'à le vouloir, et comment il faut y amener les donatistes par la douceur. Que personne, dit-il, ne prenne querelle, que personne n'entreprenne de défendre même sa foi, de peur de leur donner l'occasion qu'ils cherchent. Si vous entendez dire une injure, souffrez, dissimulez, passez outre. Souvenez-vous que c'est un malade qu'il faut guérir. Mais, direz-vous, je ne puis souffrir qu'il blasphème contre l'Eglise. L'Eglise elle-même vous en prie. Il médit de mon évêque, il le calomnie; puis-je me taire? Laissez dire et taisez-vous; souffrez-le sans l'approuver. C'est rendre service à votre évêque, de ne point prendre actuellement son parti. Que ferai-je donc? Appliquez-vous à la prière; ne parlez point contre celui qui vous querelle, mais parlez à Dieu pour lui. Dites paisiblement à cet ennemi de la paix, à ce querelleur : Quoi que vous disiez, quoique vous me haïssiez, vous êtes mon frère. Parlez-leur ardemment, mais doucement, et priez avec nous le Seigneur dans ces jeûnes solennels que nous célébrons après la Pentecôte (c'étaient les Quatre-Temps), et que nous observerions, quand même nous n'aurions pas cette cause de jeûner. Joignez-y des aumônes abondantes, exerçons l'hospitalité; en voici le temps, les serviteurs de Dieu arrivent.

Dans le second sermon, il déclare que les évêques catholiques sont prêts à recevoir les évêques donatistes dans leurs églises, ou même à leur céder leurs chaires, comme ils l'avaient déjà déclaré dans leurs lettres. Puis il ajoute : « Que personne de vous, mes frères, ne coure au lieu de la conférence. Evitez même absolument s'il se peut, de passer par ce lieu-là, de peur de donner quelque occasion de dispute et de querelle à ceux qui en cherchent. Ceux qui ne craignent pas Dieu et qui font peu de cas de nos avis, doivent au moins craindre la sévérité de la puissance séculière. Vous avez vu l'ordonnance de cet homme illustre, affichée publiquement. Vous me direz : Que devons-nous faire? Nous vous donnons peut-être le partage le plus utile. Nous disputerons pour vous; priez pour nous : soutenez vos prières, comme nous avons déjà dit, par les jeûnes et les aumônes. Peut-être que vous nous serez plus utiles que nous ne le serons pour vous (*Serm.* 357 et 358). »

Le 30 mai, tous les évêques catholiques s'assemblèrent dans l'église de Carthage, et dressèrent une procuration pour leurs députés à la conférence. Ils y traitèrent toute l'affaire sommairement, comme ils avaient déjà fait dans leur seconde lettre. Ils séparèrent la question de droit et la cause de l'Eglise, d'avec la cause de Cécilien et la question de fait, et montrèrent que l'Eglise catholique est répandue par toute la terre, suivant les promesses de Dieu; que les mauvais, tolérés dans l'Eglise parce qu'on ne les connaît pas, ou pour le bien de la paix, ne nuisent point aux bons, qui les souffrent, sans consentir à ce qu'ils font de mal; que Cécilien et Félix d'Aptonge, qui l'avait ordonné, avaient été pleinement justifiés des accusations formées contre eux; enfin que la conduite des donatistes à l'égard des maximianistes, réfutait tout ce qu'ils objectaient aux catholiques, soit touchant le baptême, soit touchant la persécution ou la communication avec les méchants. Les évêques catholiques crurent devoir ainsi expliquer toute la cause dans leur lettre et dans leur procuration, parce que le bruit courait que les donatistes emploieraient des exceptions et des chicanes, pour avoir prétexte, si on les refusait, de rompre la conférence, et les catholiques voulaient qu'il parût dans les actes qui demeureraient, que la cause de l'Eglise avait été traitée au moins sommairement, et que les donatistes n'avaient pas voulu entrer en conférence, de peur qu'elle ne fût entendue. A la fin de la procuration, sont nommés les dix-huit députés. Des sept qui devaient porter la parole, les principaux étaient Aurélius de Carthage, saint Augustin avec ses deux amis, Alypius de Tagaste et Possidius de Calame. Dès le 25 mai, les donatistes avaient donné à leurs commissaires la procuration suivante : « Nous vous commettons la cause de l'Eglise, et nous vous en faisons les défenseurs contre les traditeurs qui nous persécutent, et qui, par leurs requêtes, nous ont traduits en jugement devant le très-illustre Marcellin. Nous agréerons tout ce que vous ferez pour l'état de la sainte Eglise, comme nous le déclarons par nos souscriptions. »

Après tous ces préliminaires, on s'assembla le 1er juin. Marcellin entra d'abord dans le lieu de la séance, avec vingt officiers. Puis on introduisit les évêques donatistes, qui entrèrent tous, tandis que des catholiques il n'y eut que les dix-huit députés. Après la lecture du rescrit impérial et de ses propres ordonnances, Marcellin dit de nouveau que, si les donatistes avaient quelque difficulté par rapport à sa personne, il leur offrait de s'adjoindre un second juge à leur choix. Pétilien, évêque donatiste de Cirthe ou de Constantine, ancien avocat, répondit : « Il ne nous convient pas de choisir un second juge, puisque nous n'avons pas demandé le premier. » Marcellin lui fit observer que, d'après le rescrit même de l'empereur, personne n'avait demandé de juge, mais seulement une conférence; et que l'empereur ayant jugé à propos de le nommer pour en connaître et en porter son jugement, il ne lui restait qu'à obéir, comme eux-mêmes avaient fait en se rendant à Carthage. En général, dans toute cette affaire, Marcellin fait voir un calme, une patience, une impartialité, une politesse achevés. Les donatistes eux-mêmes ne purent s'empêcher de lui faire plus d'une fois compliment.

Le grand point était, pour les donatistes, de ne pas venir au fond de l'affaire, et, pour les catholiques, de les y amener. Ainsi, les premiers, au lieu d'écouter paisiblement la lecture des actes, employèrent la première journée tout entière à élever des difficultés, des chicanes sur le temps, sur les personnes. Quand, après bien des interruptions, on eut lu la procuration des catholiques, souscrite, en la présence même de Marcellin, par deux cent soixante-six évêques, ils demandèrent que les signataires se présentassent en personne : Car, disaient-ils, on a pu tromper le commissaire en faisant paraître devant lui des gens qui n'étaient pas évêques, ou par d'autres artifices. Les catholiques craignaient qu'ils ne voulussent faire du tumulte à la faveur de la foule, et rompre la conférence. Ils finirent cependant par céder. Tous leurs évêques rentrèrent, répondirent à l'appel de leur souscription, se firent reconnaître par les donatistes du même lieu ou du voisinage; après quoi chacun sortait aussitôt, à l'exception des dix-huit députés. Dans le nombre, les donatistes en reconnurent six ou sept qui avaient été des leurs. Une circonstance particulière, que Fleury n'eût pas manqué de relever s'il avait été question d'un concile du XIe siècle, c'est que l'évêque de Zure, qui était présent, ne savait pas écrire, et qu'un autre souscrivit en son nom. Enfin, toutes les souscriptions se trouvèrent en règle, au grand étonnement des donatistes, qui ne s'attendaient pas à voir leurs adversaires arrivés en si grand nombre.

La procuration des donatistes ayant été lue ensuite, les catholiques dirent que la défiance qu'on leur avait montrée leur en inspirait à leur tour, et qu'ils exigeaient pareillement que chaque évêque donatiste vint certifier sa souscription. Cette opération présenta plusieurs incidents. Une douzaine d'évêques venaient de se présenter l'un après l'autre, lorsque saint Alypius de Tagaste demanda qu'on notât sur les actes que tous ceux-là avaient été ordonnés évêques, non dans quelques villes, mais dans des hameaux et dans des fermes. Pétilien, évêque donatiste de Constantine, ne nia pas le fait, mais répliqua que beaucoup de ses adversaires se trouvaient dans le même cas; ce qui nous explique le nombre prodigieux d'évêchés qu'il y avait alors en Afrique. Il était tel, que, dans ce qui actuellement (mois de février 1838) forme l'Algérie occupée par les Français, il y en avait plus de 80. Un autre incident, c'est que, parmi les signataires supposés présents de la procuration, il s'en trouva six ou sept qui n'étaient pas venus à Carthage ou qui étaient morts en route; de plus, un évêque d'outre-mer, leur prétendu évêque de Rome. Ce qui réduisait leur nombre de 279 à 271. Ce n'est pas tout : quand cette opération fut terminée, saint Alypius observa qu'il venait d'arriver vingt évêques catholiques qui n'avaient encore pu souscrire la procuration et qui demandaient à le faire. Ils furent introduits, et donnèrent leur adhésion.

Ce qui portait le nombre des catholiques à 286. Presque toute la journée se consuma dans ces préliminaires. C'est pourquoi, du consentement des parties, la conférence fut remise au surlendemain, afin qu'il y eût un jour d'intervalle pour mettre au net les actes.

On s'assembla donc de nouveau le 3 juin. Mais les copies des actes n'étant pas achevées, les donatistes élevèrent à ce sujet tant de chicanes, qu'on remit la conférence au 8 du même mois. Il y eut encore ceci de particulier. Le tribun Marcellin ayant invité les évêques à s'asseoir, les catholiques s'assirent, mais les donatistes s'y refusèrent obstinément : ce qui fut cause que les catholiques se levèrent aussi, et que Marcellin lui-même fit enlever son siège, ne voulant pas être assis tandis que des évêques restaient debout. La raison que les donatistes alléguaient pour ce singulier refus, était qu'il est écrit : *Je ne me suis point assis dans l'assemblée des impies.* Mais en insultant ainsi leurs adversaires, ils n'étaient pas d'accord avec eux-mêmes ; car ils n'avaient pas laissé d'entrer avec les catholiques, quoique l'Écriture ajoute : *Et je n'entrerai point avec ceux qui commettent l'iniquité*, ainsi que saint Augustin le leur fit remarquer dans la dernière conférence.

Elle se tint au jour indiqué. Les donatistes chicanèrent encore longtemps sur les qualités des parties, prétendant que les catholiques étaient les demandeurs. Ceux-ci convenaient qu'ils avaient demandé la conférence, mais uniquement pour défendre l'Église contre les calomnies des donatistes ; ils avaient d'ailleurs des actes faits par-devant le préfet du prétoire, qui prouvaient que les donatistes eux-mêmes l'avaient demandée dès le 30 janvier 406. A peine en avait-on lu la date, que les donatistes interrompirent la lecture, en disant qu'ils avaient des actes plus anciens, qui devaient être lus auparavant. Les catholiques reprirent que, s'il s'agissait des actes plus anciens, il fallait commencer par ceux qui montraient que les donatistes avaient été les agresseurs, en portant devant l'empereur Constantin leurs accusations contre Cécilien, par le ministère du proconsul Anulin. Les donatistes résistèrent longtemps à cette lecture, rebattant toujours les mêmes chicanes. Il leur échappa même deux fois de se plaindre qu'insensiblement on les faisait entrer dans le fond de l'affaire, comme s'ils avaient dû venir à la conférence pour autre chose. Enfin on lut la relation du proconsul à l'empereur Constantin, et l'on commença ainsi à entrer en matière.

Les donatistes lurent alors une lettre qu'ils avaient composée depuis la première conférence, pour répondre à la procuration des catholiques. Elle traitait la question de l'Église et contenait plusieurs passages de l'Écriture, pour montrer que l'Église est pure, sans mélange de méchants, et que le baptême donné hors de l'Église est nul. Ils finissaient par des reproches de la persécution qu'ils prétendaient souffrir depuis un siècle de la part des catholiques.

Ceux-ci écoutèrent cette lecture patiemment et sans interruption. Après quoi saint Augustin prit la parole pour y répondre. Mais les donatistes l'interrompirent tant de fois et avec tant de bruit, que le tribun Marcellin fut obligé d'interposer son autorité. Saint Augustin montra donc que les passages allégués de part et d'autre, étant d'une autorité égale, devaient être conciliés par quelque distinction, puisque la parole de Dieu ne peut se contredire. Il faut distinguer les deux états de l'Église : celui de la vie présente, où elle est mêlée de bons et de mauvais, et celui de la vie future, où elle sera sans aucun mélange de mal, et où ses enfants ne seront plus sujets au péché et à la mort. Il montra aussi comment on est obligé en ce monde de se séparer des méchants, c'est-à-dire par le cœur, en ne communiquant point à leurs péchés, mais non pas toujours en se séparant d'eux extérieurement.

Après que la question de droit eut été ainsi traitée, le comte Marcellin voulut qu'on traitât la question de fait et la première cause du schisme. Les catholiques demandèrent qu'on fît lecture des pièces qu'ils présentaient ; mais les donatistes s'y opposèrent tant qu'ils purent par diverses chicanes. Enfin l'on traita la cause de Cécilien, et on lut les deux relations d'Anulin à l'empereur Constantin, puis les lettres de Constantin aux évêques, ainsi que le jugement du pape Melchiade et de son concile. Les donatistes interrompirent la lecture de ces derniers actes, pour lire certaines lettres qui ne pouvaient rien. Ensuite ils lurent leur concile de soixante-dix évêques, tenu à Carthage contre Cécilien, où ils le condamnèrent absent, comme ayant été ordonné par des traditeurs. Les catholiques firent voir alors, par les actes du concile de Cirthe, en 305, que plusieurs de ceux qui avaient condamné Cécilien étaient eux-mêmes traditeurs, et de leur propre aveu.

Cependant, comme les donatistes voulaient faire valoir leur concile de Carthage, les catholiques répondirent qu'il ne devait pas faire plus de préjudice à Cécilien que le concile des maximianistes n'en avait fait à Primien, leur évêque, présent à la conférence, qui avait été condamné absent par le parti de Maximien, comme Cécilien avait été autrefois condamné absent par le parti de Majorin. Alors les donatistes, pressés par cet exemple et par la force de la vérité, dirent : Une affaire ou une personne ne font point de préjudice contre une autre affaire ou une autre personne. C'était justement ce que les catholiques avaient accoutumé de leur répondre pour montrer que les crimes de Cécilien, quand ils auraient été prouvés, ne tiraient point à conséquence contre ses successeurs et les autres évêques d'Afrique, beaucoup moins encore contre l'Église universelle.

On acheva la lecture du concile de Rome, où Cécilien avait été absous, et Marcellin pressa les donatistes de dire quelque chose, s'ils pouvaient, contre ce concile. Alors ils s'avisèrent de dire, pour la première fois, que le pape Melchiade, qui l'avait présidé, était lui-même traditeur, et, pour le prouver, ils firent lire des actes très-longs, sans indication de temps ni de lieu, où il n'était pas même question du Pape. On lut alors le jugement de l'empereur Constantin, qui déclarait qu'il avait trouvé Cécilien innocent et les donatistes calomniateurs. Marcellin pressa de nouveau les donatistes de répondre à cette lettre de l'empereur. Ils ne purent rien trouver contre ; mais ils lurent, avec un air de triomphe, un passage de saint Optat, qui toutefois ne prouvait rien. Ce ne fut pas tout : le président ayant fait lire toute la page, on trouva que le saint disait tout le contraire de leur intention, c'est-à-dire que Cécilien avait été déclaré innocent par la sentence de tous ses juges, ce qui fit rire les assistants, qui avaient vu l'empressement des donatistes à demander cette lecture. Ils firent lire encore d'autres pièces, qui tournèrent également contre eux, et une enfin, qui donna occasion de faire lire les actes de la justification de Félix d'Aptonge, consécrateur de Cécilien.

Les donatistes n'ayant rien à opposer à ces actes, rebattirent plusieurs fois les mêmes chicanes. Enfin, le tribun Marcellin leur dit : « Si vous n'avez plus rien à faire lire contre, trouvez bon de sortir, afin qu'on puisse écrire la sentence sur tous les chefs. » Ils se retirèrent de part et d'autre. Marcellin dressa la sentence, et, ayant fait rentrer les parties, il leur en fit la lecture. Il était déjà nuit, et cette séance finit aux flambeaux, quoiqu'elle eût commencé dès le point du jour, et que ce fût le 8 juin.

Cette sentence ne fut affichée en public que le 26 du même mois. Marcellin y déclare que, comme personne ne doit être condamné pour la faute d'autrui, les crimes de Cécilien, quand même ils auraient été prouvés, n'auraient porté aucun préjudice à l'Eglise universelle, de même que récemment la sentence des maximianistes contre Primien absent n'a pu nuire à celui-ci ; qu'il était prouvé que Donat était l'auteur du schisme ; que Cécilien et son consécrateur Félix d'Aptonge avaient été pleinement justifiés. Après cet exposé, il ordonne que les magistrats, les propriétaires et locataires des terres empêcheront les assemblées des donatistes dans les villes et en tous lieux, et que ceux-ci délivreront aux catholiques les églises qu'il leur avait accordées pendant sa commission. Que tous les donatistes qui ne voudront pas se réunir à l'Eglise demeureront sujets à toutes les peines des lois. Toutefois, sa première ordonnance aura son plein effet. Chaque évêque donatiste peut donc s'en retourner en toute sécurité chez lui, afin de s'y réunir à la seule et vraie Eglise, ou bien de satisfaire à ce que les lois décernent. Quant à ceux qui ont des circoncellions dans leurs terres, s'ils n'ont soin d'en réprimer l'insolence, leurs terres seront confisquées.

Les actes de la conférence furent rendus publics, et on les lisait tous les ans tout entiers dans l'église à Carthage, à Tagaste, à Constantine, à Hippone et dans plusieurs autres lieux ; et cela pendant le carême, lorsque le jeûne donnait au peuple plus de loisir d'entendre cette lecture. Toutefois il y avait peu de personnes qui eussent la patience de les lire en particulier, à cause de leur longueur et des chicanes dont les donatistes avaient affecté de les charger. Pour remédier à cet inconvénient, saint Augustin en fit un abrégé, qui en comprend toute la substance, y ajoutant des numéros, afin de pouvoir plus facilement recourir aux actes mêmes. Les donatistes se déclarèrent appelants de la sentence de Marcellin, sous prétexte qu'elle avait été rendue de nuit, et que les catholiques l'avaient corrompu par argent ; ce qu'ils avançaient au hasard, sans aucune preuve. Ils disaient aussi que Marcellin ne leur avait pas permis de dire tout ce qu'ils voulaient, et qu'il les avait tenus enfermés dans le lieu de la conférence comme dans une prison. Saint Augustin réfuta toutes ces calomnies par un traité qu'il adressa aux donatistes laïques, où il releva tous les avantages que l'Eglise catholique avait tirés de la conférence ; les efforts que les donatistes avaient faits pour éviter qu'elle ne se tînt ; les chicanes dont ils avaient usé pour ne point entrer en matière ; les plaintes qu'ils avaient répétées deux fois, qu'on les y faisait entrer malgré eux ; enfin ce mot important qui leur était échappé : Qu'une affaire ni une personne ne font point de préjugé contre une autre (Aug., t. IX, col. 581).

Cependant le tribun Marcellin ayant fait son rapport à l'empereur Honorius de ce qui s'était passé dans la conférence, et les donatistes ayant appelé devant lui, il y eut une loi donnée à Ravenne le 30 janvier 412, qui, cassant tous les rescrits que les donatistes pouvaient avoir obtenus, et confirmant toutes les anciennes lois faites contre eux, les condamne à de grosses amendes, suivant leur condition, depuis les personnes illustres jusqu'au simple peuple, et les esclaves à la punition corporelle ; ordonne que leurs clercs seront bannis, et toutes leurs églises rendues aux catholiques. La conférence fut le coup mortel pour le schisme des donatistes ; depuis ce temps ils vinrent se réunir en foule à l'Eglise, les évêques avec les peuples entiers. En 418, à Césarée, aujourd'hui Cherchell, à peine se trouvait-il quelques donatistes qui ne fussent pas revenus à l'unité. Ce qui est plus étonnant encore : la plus grande partie des circoncellions, de ces forcenés qui ne se plaisaient qu'au meurtre et au brigandage, revinrent au bon sens et à l'Eglise catholique, quittèrent leur vie de vagabonds, s'adonnèrent paisiblement à l'agriculture, pleurant chaque jour leurs excès passés et bénissant Dieu de l'espèce de violence qu'on leur avait faite pour les rendre attentifs à la vérité (*Ibid., Sermo* 359, n. 8 ; *Contra Gaudent.*, l. 1, n. 29 ; *Epist. ad Bonif.*).

Ceux qui s'opiniâtraient dans le schisme récriminaient de diverses façons. Ils se regardaient comme des martyrs, et disaient que la véritable religion est celle qui est persécutée, et non pas celle qui persécute. Saint Augustin leur fit l'observation, que ce qui fait les martyrs, ce n'est pas tant la peine que la cause ; et que le Seigneur ne dit point absolument : *Bienheureux ceux qui souffrent persécution*, mais *ceux qui souffrent persécution pour la justice*. Autrement, il faudrait compter parmi les saints et les martyrs les prophètes de Baal, mis à mort par Elie, non moins que les prophètes du vrai Dieu, mis à mort par Jézabel. Autrement encore, les larrons poursuivis pour leurs crimes seraient des justes, et les juges qui les poursuivent, des criminels. Or, la cause qui attirait aux donatistes les poursuites de la justice temporelle était l'opiniâtreté avec laquelle ils déchiraient l'unité catholique, cette communion divine de toutes les nations ; c'était l'emportement avec lequel, depuis le commencement de leur schisme, un grand nombre d'entre eux se livraient à toutes sortes de violences, d'incendies et de meurtres. Ce furent ces excès continuels qui portèrent les empereurs à proscrire absolument le donatisme, au lieu d'en réprimer simplement les fureurs, comme le demandaient un bon nombre d'évêques, parmi lesquels saint Augustin.

Les réfractaires disaient encore que l'homme étant une créature libre, il valait mieux l'amener au bien par la persuasion que par la contrainte. Sans doute, répondit saint Augustin, que cela vaut mieux. Mais, pour amener à ce mieux un enfant inappliqué et indocile, un père n'emploie-t-il pas la crainte et la douleur? Mais n'enchaîne-t-on pas les frénétiques pour les ramener au bon sens malgré eux? Mais Jésus-Christ ne dit-il pas qu'après avoir fait simplement inviter les premiers convives, le roi du festin, pour remplir la salle, finira par dire à ses serviteurs : Contraignez d'entrer tous ceux que vous trouverez sur les grands chemins et le long des haies? Mais Jésus-Christ, qui appelle ses douze apôtres par le seul attrait de sa parole, ne renverse-t-il pas Saul sur le chemin de Damas, ne lui fait-il pas violence avant de l'instruire, ne le frappe-t-il pas avant de le consoler? Et, chose merveilleuse! l'apôtre amené à l'Evangile par la contrainte, travaille plus pour l'Evangile que tous les autres. Parmi les donatistes, il y en avait de furieux qu'il fallait enchaîner; il y en avait de pusillanimes qu'il fallut rassurer contre la peur des premiers; il y en avait d'indolents, qui étaient plongés dans une léthargie mortelle, il fallait les réveiller. La crainte de l'exil et de la confiscation produisait ces divers effets sur le très-grand nombre. Des villes entières revenaient à l'unité, et bénissaient Dieu de l'espèce de contrainte qu'on leur avait faite.

Mais, reprenaient les autres, on ne lit point dans l'Evangile qu'on ait invoqué les rois de la terre pour l'Eglise contre ses ennemis. Qui dit le contraire, réplique saint Augustin? C'est qu'alors ne s'accomplissait point encore cette prophétie du psaume : *Et maintenant, ô rois! comprenez; instruisez-vous, juges de la terre; servez le Seigneur dans la crainte.* Alors s'accomplissait encore ce même psaume dit en premier lieu : *Pourquoi les nations ont-elles frémi et les peuples ont-ils formé de vains complots? Les rois de la terre se sont levés, et les princes se sont ligués ensemble contre le Seigneur et contre son Christ.* Dans les livres des Prophètes, Nabuchodonosor, impie, jette les trois enfants dans la fournaise; converti, il défend sous les peines les plus sévères de blasphémer le Dieu qu'ils adorent; figure de ce que seraient les césars de Rome, d'abord persécuteurs de l'Eglise, puis ses défenseurs. Et déjà saint Paul ne faisait-il pas plus que de livrer certains méchants au pouvoir de l'homme, lorsqu'il les livrait au pouvoir de Satan, afin qu'ils apprissent à ne point blasphémer? Pour échapper aux embûches des Juifs, n'usait-il pas de son droit de citoyen romain, n'en appelait-il pas à l'empereur même?

Pourquoi, demandaient encore les donatistes, s'il faut nous repentir d'avoir été hors de l'Eglise et contre l'Eglise, nous recevez-vous après cette pénitence dans notre rang de clercs et même d'évêques? Quoique dans la rigueur cela ne dût pas se faire, répond saint Augustin, on le fait néanmoins pour le bien de la paix. Ainsi le régla dès l'origine le concile de Rome, lorsqu'il jugea la cause de Cécilien et de Donat. Avant tout, saint Pierre lui-même, après sa chute et sa pénitence, n'est-il pas demeuré apôtre (August., *Epist.* 93, 105)?

Parmi les donatistes qui demeurèrent opiniâtres, quelques-uns s'emportèrent jusqu'à déclarer qu'ils ne changeraient pas de parti, quand même on leur ferait voir la vérité de la doctrine catholique et la fausseté de la leur. A Hippone même, il y eut de leurs circoncellions et de leurs clercs qui, s'étant mis en embuscade, tuèrent un prêtre catholique nommé Restitut, et enlevèrent de sa maison un autre nommé Innocent, à qui ils arrachèrent un œil et rompirent un doigt à coups de pierres. Ils furent pris par les officiers publics et menés au comte Marcellin, qui leur fit donner la question, non sur le chevalet, comme c'était l'ordinaire, avec des ongles de fer et le feu, mais seulement avec des verges : corrections employées par les professeurs des arts libéraux, par les parents mêmes, et aussi, plus d'une fois, par les évêques dans les procès qu'ils avaient à juger. Les coupables confessèrent leur crime.

Saint Augustin, craignant qu'on ne les punît suivant la rigueur des lois, écrivit au comte Marcellin, pour le conjurer de ne pas les traiter comme ils avaient traité les catholiques. Nous pourrions, dit-il, dissimuler leur mort, puisque nous ne les avons ni accusés ni présentés devant vous; mais nous serions fâchés que les souffrances des serviteurs de Dieu fussent vengées par la loi du talion. Non que nous voulions empêcher que l'on ôte aux méchants la liberté de mal faire; mais nous désirons que, sans leur ôter la vie ni les mutiler, on les fasse passer de leur inquiétude insensée à une tranquillité raisonnable, ou de leurs actions criminelles à quelque travail utile. C'est-à-dire, pour parler le langage de nos jours, il ne voulait pas la peine de mort, mais un système pénitentiaire (August., *Epist.* 133).

Il écrivit aussi au proconsul Apringius, qui devait juger ces criminels, et qui était frère de Marcellin et chrétien comme lui. Saint Augustin lui fit la même prière. « Nous savons, dit-il, ce que l'apôtre a dit de vous, que vous ne portez pas en vain le glaive et que vous êtes les ministres de Dieu pour punir les malfaiteurs. Mais autre est la cause de l'Etat, autre la cause de l'Eglise. L'Etat veut être craint; l'Eglise doit se recommander par la douceur. Si j'avais affaire à un juge qui ne fût pas chrétien, je ne lui parlerais point ainsi; mais je n'abandonnerais pas pour cela la cause de l'Eglise; et, s'il voulait bien m'écouter, je lui représenterais que les souffrances des catholiques doivent être des exemples de patience qu'il ne faut pas ternir par le sang de leurs ennemis, et, s'il ne se rendait point à mes instances, je le soupçonnerais de n'y résister qu'en haine de la religion. Avec vous, la chose est différente; car si, d'un côté, vous êtes revêtu d'une haute puissance, de l'autre, vous êtes un enfant de la piété chrétienne. La cause nous est commune à tous deux; mais vous pouvez ce que je ne puis pas. Consultons ensemble, et venez à mon aide. On a fait en sorte que les ennemis de l'Eglise, qui s'efforcent de séduire les ignorants par la prétendue persécution dont ils se vantent, ont eux-mêmes confessé les crimes horribles qu'ils ont commis contre les clercs catholiques. On fera lire les actes pour guérir ceux qu'ils ont séduits. Voulez-vous que nous n'osions faire lire ces actes jusqu'au bout, s'ils contiennent l'exécution sanglante de ces malheureux, et que l'on soupçonne ceux qui ont souffert, d'avoir voulu rendre le mal pour le mal (*Epist.* 134). »

Comme Marcellin tardait à envoyer à saint Augustin les actes de ce procès, qu'il lui avait promis, il lui écrivit pour l'en presser; car il voulait les faire lire dans l'église d'Hippone et, s'il se pouvait, dans toutes celles de la province, pour faire voir à tout le monde que les donatistes qui s'étaient séparés, sous prétexte de ne point participer aux prétendus crimes de quelques catholiques, conservaient parmi eux une grande multitude de scélérats convaincus juridiquement. Il prie encore Marcellin de conserver la vie à ceux-ci, et à d'autres qui continuaient leurs violences en se faisant ouvrir de force les églises. « Si le proconsul, ajoute-t-il, persiste à vouloir les punir de mort, du moins faites insérer dans les actes les lettres que je vous ai écrites à l'un et à l'autre sur ce sujet. S'il ne le veut pas, qu'il garde du moins les coupables en prison, et nous aurons soin d'obtenir de la clémence des empereurs que les souffrances des serviteurs de Dieu ne soient pas déshonorées par le sang de leurs ennemis. Je sais que l'empereur a facilement accordé la grâce aux païens qui avaient tué les clercs d'Anaune, que l'on honore maintenant comme martyrs (Aug., *Epist.* 139). »

A la fin de sa lettre, saint Augustin dit à son illustre ami qu'il aurait vraiment pitié de lui, s'il savait de combien d'affaires et d'ouvrages il était journellement accablé. Malgré cela, il venait d'expédier deux grandes lettres, l'une à Volusien, l'autre à Marcellin même. Volusien était des plus nobles de Rome, frère d'Albine et oncle de la jeune Mélanie. Il fut plus tard préfet de Rome et proconsul d'Afrique. Il n'était pas encore chrétien, mais très-instruit des lettres humaines et de la philosophie. Il avait une sainte mère, qui pria Marcellin de le voir de temps en temps, pour le disposer peu à peu au christianisme. Dans la même vue, saint Augustin l'avait exhorté à lire les Ecritures saintes, principalement les Apôtres, qui pourraient l'exciter à lire les Prophètes qu'ils citent. Et en même temps il s'offrait à résoudre ses difficultés. Volusien, dans une lettre très-élégante et très-polie, lui proposa, en effet, plusieurs questions sur l'incarnation du Verbe et les miracles de Jésus-Christ, qu'on avait soulevées devant lui dans une réunion de païens lettrés. Il dit, en finissant: « On tolère en quelque sorte l'ignorance dans les autres évêques; mais quand on vient a Augustin, on croit que tout ce qu'il ignore manque à la religion (*Ibid.; Epist.* 135). »

Saint Augustin lui répond avec beaucoup de modestie : « Si vous m'aimez comme je vous aime, croyez-m'en plutôt qu'autrui sur ce qui me regarde, et déposez l'opinion trop bienveillante que vous avez prise de moi. Car telle est la profondeur des lettres chrétiennes, que si je les avais étudiées, et elles seules, depuis la première enfance jusqu'à l'extrême vieillesse, tout à loisir, avec la plus grande application et avec plus d'esprit que je n'ai, j'y ferais encore chaque jour de nouveaux progrès. Non pas qu'il soit aussi difficile d'y découvrir les choses nécessaires au salut; mais plus on y avance avec foi, plus on y rencontre de nouveaux mystères de sagesse, non pas dans les paroles seules, mais dans les choses mêmes; tellement qu'il arrive au plus intelligent et au plus studieux ce que la même Ecriture a dit : *Quand l'homme aura fini, alors il commence* (Eccli., 18, 6). Mais venons au fait. La doctrine chrétienne ne dit pas qu'en se faisant homme, Dieu ait cessé de gouverner l'univers. Le penser, serait d'un homme par trop matériel. Pour concevoir quelque chose de Dieu, que l'esprit humain se considère lui-même. L'âme est unie au corps; elle voit, elle perçoit par les sens corporels; elle voit à une distance infinie le soleil et les astres : sans sortir du corps, elle est comme partout. Et il serait incroyable que le Verbe de Dieu ait pu s'unir à la nature humaine sans perdre sa divinité, sans abandonner le gouvernement du monde, sans quitter le sein de son Père! Voyez encore la parole humaine. Quoique composée de syllabes qui se suivent, elle se communique néanmoins tout entière à tous ceux qui écoutent, et tout entière à chacun. Et il serait incroyable que le Verbe éternel et immuable de Dieu pût être présent tout entier partout! Mais on demande comment Dieu a pu s'unir à l'homme de manière à ne faire qu'une seule personne, le Christ? Qu'on explique comment l'âme s'unit au corps de manière à ne faire qu'une seule personne, l'homme. Le Fils de Dieu s'est incarné dans le temps convenable, pour instruire et aider les hommes à obtenir le salut éternel. Il est venu confirmer par son autorité tout ce qui avait été dit de vrai auparavant, non-seulement par les prophètes, qui n'ont rien dit que de vrai, mais encore par les philosophes et les poètes, qui, parmi des erreurs, ont dit beaucoup de vérités. Il en est surtout une, qu'il a persuadée par l'exemple de son incarnation. La plupart des hommes, désireux d'approcher de la divinité, s'imaginèrent ne pouvoir y parvenir que par l'intermédiaire des puissances célestes, qu'ils prirent pour des dieux : en quoi les démons se substituèrent aux bons anges. Or, ce Dieu que les hommes croyaient si loin d'eux, son Verbe, a fait voir, par son incarnation, qu'il en était assez proche pour se faire homme lui-même. »

Mais, demandait-on, quels miracles ont signalé une si grande majesté? Saint Augustin rappelle en peu de mots ceux qui ont précédé sa venue, et ceux qui l'ont accompagnée, et ceux qui l'ont suivie, et dont le monde est encore témoin. Il conclut en ces termes : « Quels écrits de philosophes, quelles lois politiques sont à comparer à ces deux commandements, où le Christ a dit qu'est renfermée toute la Loi et les Prophètes : *Vous aimerez le Seigneur votre Dieu de tout votre cœur, de toute votre âme, de toute votre intelligence, et votre prochain comme vous-même?* Là se trouve la philosophie naturelle ou physique, parce que les causes de toutes les natures, de tous les êtres, sont toutes dans le Dieu créateur. Là se trouve la philosophie rationnelle ou logique, parce que la vérité et la lumière de l'âme raisonnable n'est autre que Dieu. Là se trouve la philosophie morale, parce que la vie bonne et honnête consiste à aimer ce qu'il faut et comme il le faut, c'est-à-dire Dieu et le prochain. Là encore se trouve le salut d'une république digne de ce nom; car une cité ne se fonde et ne se conserve bien que sur la base de la foi et de la concorde, lorsqu'on aime le vrai bien commun à tous, qui est Dieu; et qu'en lui et pour lui on s'aime sincèrement les uns les autres (Aug., *Epist.* 137). »

Volusien avait encore d'autres difficultés, mais qu'il ne voulut point ajouter à sa lettre, de peur de la rendre trop longue. Marcellin les mit dans la sienne. La première était : Pourquoi Dieu avait remplacé la loi ancienne par la loi nouvelle. Car, disait-on, ce qui est une fois bien, il n'est pas juste de le changer. Saint Augustin fait voir, par plusieurs exemples pris de la nature, que c'est tout le contraire. Dans l'année, les saisons se suivent et ne se ressemblent pas. Dans la journée, la lumière remplace les ténèbres. Dans l'homme, la jeunesse succède à l'enfance, l'âge viril à la jeunesse, et à l'âge viril la vieillesse, qui se termine par la mort. Ainsi Dieu, qui d'un regard embrasse tout l'ensemble, développe chaque chose en son temps. La seconde difficulté consistait à dire que le christianisme, par sa doctrine sur le pardon des injures, était contraire au bien des États.

Saint Augustin fait là-dessus cette remarque : « Parmi toutes les louanges que Cicéron donne à César, la plus grande est qu'il n'avait coutume d'oublier que les injures. A ces paroles, on bat des mains et on s'écrie : Voilà des maximes et des mœurs dignes de donner naissance à une cité qui devait commander à l'univers. Mais quand la même doctrine est enseignée à la multitude des peuples, du haut de la chaire chrétienne, avec une divine autorité, on accuse la religion d'être ennemie de la république! la religion qui, si on l'écoutait comme elle le mérite, constituerait et agrandirait la république beaucoup mieux que ne firent Romulus et Numa. Car qu'est-ce que la chose publique, sinon la chose du peuple? La chose commune, voilà donc la chose de la cité. Or, qu'est-ce que la cité, sinon une multitude d'hommes unis ensemble par le lien de la concorde? Les païens mêmes le disent. Or, quels préceptes de concorde et d'union font-ils lire dans leurs temples? Les malheureux! n'ont-ils pas été contraints de chercher comment, parmi leurs dieux discordants, ils pouvaient honorer l'un sans offenser l'autre? Que s'ils voulaient imiter leurs dieux dans leurs discordes, ainsi qu'ils commencèrent à faire dans les guerres civiles, la cité désunie s'écroulerait bientôt. Quant aux préceptes de mansuétude chrétienne, dont il importe plus de saisir l'esprit que la lettre, si une république terrestre les observait bien, elle ferait la guerre même avec une certaine bienveillance, afin d'amener plus facilement les vaincus à une société paisible de piété et de justice. Quant au reproche vague qu'on fait aux princes chrétiens d'avoir ruiné l'empire, c'est une calomnie. Car Salluste nous apprend que, longtemps avant le christianisme, il a été dit de Rome : O cité vénale et prête à périr, si elle trouve un acheteur! Le même historien indique l'époque où l'avarice, le luxe et la débauche avaient commencé à ruiner la république. Juvénal marque les progrès de ces vices, et combien les Romains s'étaient éloignés de la frugalité et de la pauvreté de leurs ancêtres, qui avaient été le fondement de leur grandeur. Dans quel abîme ce déluge de corruption n'eût-il pas plongé le genre humain, si la croix du Christ n'était venue le sauver du naufrage (Aug., *Epist.* 138)? »

Un seul fait nous fera comprendre quel prodigieux changement le christianisme avait opéré dans les idées publiques, en particulier quant à l'administration de la justice. Sous les empereurs païens, les histoires sont pleines de lamentations sur une irrémédiable calamité, la peste des délateurs. Sous les derniers empereurs chrétiens, il n'en est plus question. Les tribunaux se voient sollicités dans un autre sens et par des personnes d'un tout autre caractère; au lieu de délateurs, ils voient accourir des intercesseurs, qui les supplient d'épargner les coupables, au moins de leur laisser la vie, afin qu'ils puissent réparer leurs premières fautes par une conduite meilleure; et ces intercesseurs sont les évêques catholiques. Leur intention n'était point que les criminels fussent impunis; l'Eglise les mettait en pénitence jusqu'à ce qu'ils se fussent punis eux-mêmes, en redevenant hommes de bien. De nos jours, cette justice maternelle de l'Eglise commence à faire partie de la raison publique et fait souhaiter à bien des esprits de voir remplacer la peine de mort par un système pénitentiaire et correctionnel.

Parmi les intercesseurs, saint Augustin n'était pas des derniers. On le voit par sa correspondance avec Macédonius, vicaire d'Afrique ou lieutenant-général du proconsul. Macédonius était à la fois un chrétien pieux et un magistrat intègre. Il souhaitait lier amitié avec le saint et recevoir de ses lettres. Il lui en écrivit donc lui-même une très-obligeante, où, en lui demandant la raison pourquoi il s'était intéressé pour une personne, il le priait de lui dire, en général, si c'était une chose conforme au devoir du christianisme, que des évêques intercédassent ainsi pour des coupables. Saint Augustin fait voir dans sa réponse que Dieu lui-même nous en donne l'exemple en faisant lever son soleil sur les méchants comme sur les bons, et en n'épargnant pas même son propre Fils pour sauver les hommes coupables; que Jésus-Christ a intercédé à sa manière pour la femme adultère quand il a dit à ses accusateurs : *Que celui d'entre vous qui est sans péché lui jette la première pierre.* Il ne nie pas qu'il ne puisse y avoir de l'inconvénient dans quelques cas particuliers, mais il soutient que la chose en soi est bonne et salutaire. Que si l'Eglise était dans l'usage de n'admettre les pécheurs à la pénitence publique qu'une seule fois, personne ne pensait à dire pour cela qu'il n'y avait plus d'espoir de salut pour ceux qui, après la rechute, se repentaient sincèrement et expiaient leurs fautes par une meilleure vie. Au reste, la lettre est écrite avec tant de modestie, d'aménité et de tendresse, qu'il était impossible de ne pas s'y rendre. Aussi Macédonius lui récrivit-il qu'il se croirait lui-même coupable s'il ne lui accordait pas sa demande. Il le remercie particulièrement des trois premiers livres *De la cité de Dieu,* qu'il lui avait envoyés. « Je les ai lus d'un bout à l'autre, dit-il, car ce ne sont pas de ces ouvrages froids et languissants qu'on peut quitter, quoiqu'on en ait commencé la lecture, et qui laissent en état de songer à autre chose; ils ne m'ont point donné de repos et ils m'ont attaché de manière à me faire oublier toute autre affaire. Aussi puis-je vous protester que je ne sais ce qu'on y doit admirer davantage, ou la sainteté parfaite et vraiment épiscopale qu'on y voit, ou les dogmes philosophiques, ou la profonde connaissance de l'histoire, ou l'agrément de l'éloquence, qui touche de telle sorte les plus ignorants, qu'ils ne peuvent s'empêcher d'aller jusqu'au bout, et que, quand ils ont achevé de les lire, ils voudraient recommencer. » Saint Augustin répondit à ces politesses par une lettre plus belle encore, où il montre que la vie bienheureuse et la vertu véritable ne sont que de Dieu, et où il semble respirer déjà le bonheur du ciel (Aug., *Epist.* 152, 153, 154 et 155).

L'anecdote suivante peut nous faire juger quelle idée on avait de la science, mais surtout de la complaisance de saint Augustin. Il était malade, lorsqu'on lui apporta la lettre d'un certain Dioscore. C'était un jeune homme de naissance, près de retourner en Grèce, qui le priait assez familièrement de lui expliquer un grand nombre de difficultés sur la doctrine des anciens philosophes, sur plusieurs dialogues de Cicéron, en particulier sur ceux *De l'Orateur.* Il le pressait de lui rendre ce service le plus tôt possible, attendu qu'il était sur le point de s'embarquer. La solution de ces difficultés était d'ailleurs pour lui d'une nécessité indispensable, attendu que, s'il retournait dans son pays sans savoir qu'y répondre, on le traiterait d'ignorant et d'imbécile. Saint Augustin ne laissa pas de lui répondre, mais pour lui faire voir que ce qu'il appelait une nécessité indispensable était une pure vanité, à laquelle des évêques ne devaient avoir aucun égard; que cette vanité était même sans fondement, puisque ni à Rome, ni en Afrique, ni ailleurs, personne ne s'amusait plus de pareilles questions; qu'on n'était plus curieux de la doctrine d'Anaximène ou d'Anaxagore; que les sectes des stoïciens et des épicuriens, venus longtemps depuis, étaient tellement éteintes qu'il n'en était presque plus question; que même les erreurs qui voulaient se produire étaient obligées de prendre une enseigne de christianisme sous le nom d'*hérésies.* C'est d'elles que Dioscore devait s'instruire, dans l'intérêt de la religion chrétienne, plutôt que de réveiller par une vaine curiosité d'anciennes disputes de philosophes. A quoi il devait s'attacher, c'était à chercher les moyens d'arriver à la vie bienheureuse, c'est-à-dire à la possession du souverain bien. Platon, qui le plaçait dans la sagesse immuable et dans la vérité permanente et toujours égale à elle-même, est celui de tous les philosophes dont la doctrine approche le plus du christianisme. Aussi les platoniciens ont-ils eu peu de choses à modifier pour s'attacher au Christ. Pour arriver là, mon cher Dioscore, la première condition est l'humilité, la seconde, l'humilité; la troisième est toujours l'humilité, non pas qu'il n'y ait d'autres choses à faire; mais si l'humilité n'y est pas, l'orgueil nous ravira le mérite du bien même que nous ferons (Aug., *Epist.* 117 et 118).

Saint Alypius, l'ami intime d'Augustin et évêque de Tagaste, leur patrie commune, y voyait alors un merveilleux exemple de cette humilité chrétienne : c'étaient Albine, Mélanie la Jeune et Pinien. Albine, sœur de Volusien, avait été mariée à Publicola, fils de sainte Mélanie l'Ancienne, et était restée veuve avec deux enfants, un fils et une fille, sainte Mélanie la Jeune, mariée à Pinien, fils de Sévère, préfet de Rome. Pinien descendait de Valérius Publicola, l'un des premiers et des plus illustres consuls de la république romaine. Quelque temps avant que Rome fût assiégée par Alaric, ces saints personnages, pressentant ce qui allait arriver, en sortirent, vendirent les biens qu'ils avaient en Espagne et dans les Gaules, ne se réservant que ceux qu'ils avaient en Italie, en Sicile et en Afrique. Ils affranchirent aussi huit mille esclaves qui leur appartenaient, et ceux qui ne voulurent point accepter la liberté furent donnés au frère de Mélanie. Ce qu'ils avaient de plus précieux fut destiné au service de l'Eglise et des autels. Ils passèrent d'abord quelque temps à la campagne en Italie, employant tous leurs moments à prier, à lire l'Ecriture, à visiter les pauvres et les malades. Ils se défirent encore des biens qu'ils avaient en Italie pour assister les malheureux. Ils passèrent ensuite en Afrique. Après un petit séjour à Carthage, ils allèrent vivre à Tagaste, sous la conduite de saint Alypius.

Ils désiraient beaucoup voir saint Augustin, qui ne le désirait pas moins. Mais un obstacle l'empêchait d'aller aussitôt à Tagaste, comme il le leur manda dans une lettre. Son peuple d'Hippone, revenu en grande partie d'entre les donatistes, était encore bien faible et bien imparfait; la moindre tribulation le mettait en péril, et, dans ce moment, il en éprouvait une très-considérable, probablement les violences des donatistes opiniâtres, et, tout récemment, il avait été fort scandalisé d'une absence de son évêque (Aug., *Epist.* 124). Quelque temps après, Pinien et Mélanie vinrent eux-mêmes à Hippone, accompagnés de saint Alypius. Un jour que tout le monde était à l'église, le peuple se saisit de Pinien, et demanda à grands cris qu'il fût ordonné prêtre. Mais saint Augustin promit à Pinien que jamais il ne l'ordonnerait contre son gré, et dit à tout le peuple : « Si jamais vous l'avez pour prêtre contre ma parole, vous ne m'aurez plus pour évêque. » Ce mot déconcerta pour un moment la foule. Mais peu à peu elle recommença ses instances, en poussant des clameurs horribles; elle s'emporta jusqu'à dire à saint Alypius des choses très-injurieuses, lui reprochant de retenir Pinien afin de profiter de ses richesses. Mélanie, de son côté, renvoyait le reproche à ceux d'Hippone. Saint Augustin était dans une cruelle perplexité. Il tremblait que de mauvais sujets répandus dans la foule, ne profitassent du tumulte pour se livrer au pillage, à quoi cependant nul ne songeait. Il ne pouvait honorablement se retirer tout seul et laisser Alypius en péril, et il n'osait l'emmener à travers la foule, de peur qu'on ne mît sur lui la main. Après plusieurs incidents, Pinien apaisa la multitude en lui promettant, avec serment, que si jamais il recevait les ordres, il s'attacherait à l'église d'Hippone. Pinien vécut à Tagaste, avec Mélanie et Albine, dans une extrême pauvreté, pendant sept ans. Mélanie s'accoutuma tellement au jeûne, que souvent elle ne mangeait qu'une fois la semaine. Du pain et de l'eau faisaient sa nourriture ordinaire; ce n'était que dans les occasions solennelles qu'elle y ajoutait un peu d'huile. Leur occupation à tous les trois était de lire et de transcrire des livres. Pinien cultivait aussi le jardin. En 417, ils quittèrent l'Afrique et se rendirent à Jérusalem, où ils continuèrent le même genre de vie. Albine mourut en 433, et Pinien deux ans après. Mélanie lui survécut quatre ans. Elle se retira dans un monastère qu'elle avait fait bâtir, et dont elle fut obligée de prendre le gouvernement.

Pendant que l'Eglise s'enrichissait des grandeurs de l'empire romain, cet empire allait croulant de plus en plus. Dans le temps que le goth Alaric assiégea et prit Rome, il y avait un empereur à Ravenne, c'était Honorius; il y en avait un dans les Gaules, c'était Constantin; il y en avait un en Espagne, qui se nommait Maxime; il y en avait un quatrième en disponibilité, c'était Attale. Constantin, reconnu par Honorius, lui promit de le secourir contre Alaric, mais c'était pour le dépouiller lui-même du peu qui lui restait. Il ne réussit pas. Il se vit, au contraire, assiégé dans Arles, par Gérontius, général de Maxime. Gérontius, qui assiégeait Constantin, fut bientôt assiégé lui-même par Constance, général d'Honorius, se vit abandonné de ses troupes et se tua sur le corps de sa femme. Maxime, qui n'avait fait que prêter son nom, fut épargné par mépris et alla mourir inconnu chez les Barbares. Constantin, voyant que la ville où il s'était renfermé ne pouvait plus tenir, quitta la pourpre, se réfugia dans une église et se fit ordonner prêtre. Les habitants demandèrent le pardon pour eux et la vie pour Constantin et pour Julien, son fils, ce que les généraux romains promirent avec serment au nom de l'empereur. Mais Honorius, au mépris de la parole donnée, leur fit couper la tête. Dans le moment même que Constantin déposait la pourpre impériale à Arles, le gaulois Jovinus la prenait à Trèves, et se donna bientôt pour collègue son frère Sébastien. Mais en peu de temps ils furent défaits et tués par Adolphe, neveu d'Alaric, qui, parmi les captifs de Rome, avait la princesse Placidie, sœur d'Honorius et fille du grand Théodose. Quoique sa captive, il la traitait en princesse. A force de soins, il sut même gagner son cœur, et l'épousa au mois de janvier 414, dans la ville de Narbonne. Tous les honneurs furent adressés à Placidie. La salle était parée à la manière des Romains; la princesse portait les ornements impériaux, Adolphe était vêtu à la romaine. Entre autres marques de sa magnificence, il fit présent à sa nouvelle épouse de cinquante pages, qui portaient chacun deux bassins, l'un rempli de monnaies d'or, l'autre de pierreries d'un prix infini : c'étaient les dépouilles de Rome; et ce superbe appareil semblait réunir ensemble les noces d'Adolphe et les funérailles de l'empire d'Occident. Ce qui achève de peindre la fragilité des grandeurs humaines, Attale, empereur déjà deux fois et qui devait l'être une troisième, y chanta l'épithalame (*Hist. du Bas-Empire*, l. 29; Oros., l. 7, c. 40; Jornand., *De reb. gothic.*, c. 31)1.

Adolphe et Placidie établirent leur résidence à Héraclée, actuellement Saint-Gilles en Languedoc. On a retrouvé dans cette ville une inscription où Adolphe est appelé *le très-puissant roi des rois*, le *très-juste vainqueur des vainqueurs*. Il eut de Placidie un fils qui fut nommé Théodose. Ce fut pour lui un motif de plus de désirer la paix avec l'empire romain. Mais Constance, général d'Honorius, s'y opposa de tous ses moyens. Par suite d'arrangements, on lui céda une partie de l'Espagne. Adolphe établit sa cour à Barcelone. Mais bientôt son fils, venant à mourir, le plongea dans la plus amère douleur, lui et sa femme. Pour comble d'infortune, Adolphe fut assassiné peu après par un valet d'écurie. Sa dernière parole fut pour recommander à son frère de remettre Placidie entre les mains d'Honorius, et d'entretenir la paix et la concorde entre les Goths et les Romains. Cela se fit, mais après que le successeur d'Adolphe eut été tué à son tour. Honorius fit épouser à sa sœur, en 417, son général Constance, que, le 8 février 421, il déclara empereur, mais qui mourut sept mois après, laissant de Placidie une fille et un fils, qui fut l'empereur Valentinien III. Pour ce qui est d'Attale, trois fois empereur, Honorius l'ayant eu en sa puissance, le fit marcher devant son char en entrant dans Rome, puis ordonna de lui couper deux doigts de la main droite et de le conduire dans une île pour y passer le reste de ses jours dans une honnête aisance. C'était le traitement qu'Attale avait destiné à Honorius lui-même.

Au milieu de tant de révolutions, l'Afrique eut aussi son empereur. Ce fut le comte Héraclien. Il avait conservé ce pays contre Attale; mais il parut que c'était moins pour Honorius que pour lui-même. Tandis que les Goths pillaient l'Italie, lui dépouillait les fugitifs qui cherchaient un asile en Afrique. Nommé consul en 413, il retint les convois qui devaient approvisionner Rome, et partit lui-même avec une flotte considérable pour surprendre cette ville. Mais il fut battu, et revint avec un seul navire à Carthage, où il fut pris et décapité. Son vainqueur, le comte Marinus, y arriva bientôt après, et poursuivit avec rigueur ses complices vrais ou prétendus. Le tribun Marcellin et son frère Apringius, qui avaient encouru la haine des donatistes et l'inimitié d'un certain Cécilien, ami intime de Marinus, furent arrêtés et jetés dans un cachot. Saint Augustin et d'autres évêques intercédèrent. Marinus leur conseilla d'envoyer à l'empereur l'un d'entre eux, promettant de surseoir à l'instruction du procès jusqu'à son retour. Les évêques suivirent ce conseil. Peu de jours après, Cécilien vint trouver saint Augustin et lui protesta avec serment que Marinus s'était enfin rendu à ses instances, et que, sans aucun délai, il allait élargir les deux accusés. Dès le lendemain, ils furent jugés et exécutés sur-le-champ. Marinus s'excusait sur un ordre exprès qu'il prétendait avoir reçu de la cour. Il en vint un en effet après l'exécution; mais c'était un ordre de de mettre en liberté les deux frères, dont l'empereur avait reconnu l'innocence. Quand Honorius apprit leur supplice, il en fut si indigné qu'il rappela Marinus et le dépouilla de toutes ses charges; et pour que les donatistes ne se prévalussent point de la mort de Marcellin contre les lois publiées sous son administration, il rendit une ordonnance où il parle de lui avec éloge et confirme toutes les lois faites précédemment contre eux. L'Eglise honore la mémoire de Marcellin comme d'un martyr le 6 avril. Saint Augustin, qui en fait un éloge complet, fut encore moins affligé de sa mort que de la cruelle perfidie de Cécilien et de Marinus. Il en eut tant d'horreur, qu'il s'enfuit aussitôt de Carthage (Aug., *Epist.* 151; *Hist. du Bas-Empire*, l. 29 et 30).

Un événement d'un autre genre vint le réjouir vers le même temps, et avec lui toute l'Eglise : ce fut la consécration de la vierge Démétriade. Elle était fille d'Olybrius, consul en 395, et petite-fille de ce Probus, si renommé dans l'empire, que deux seigneurs de Perse firent exprès le voyage de Rome pour le voir. Sa mère Julienne et son aïeule Proba vivaient encore. Proba avait vu ses trois fils consuls : Probinus, Olybrius et Probus. Ses richesses répondaient à tant de grandeur. A la prise de Rome, au milieu des glaives des Barbares, l'aïeule et la mère surent défendre l'honneur de leur fille. Aussitôt après, elles se réfugièrent toutes les trois à Carthage, où elles eurent beaucoup à souffrir de la rapacité et de l'injustice d'Héraclien. Proba et Julienne avaient résolu de marier Démétriade en Afrique, à quelqu'un des illustres Romains qui s'y étaient retirés, quoiqu'elles eussent mieux aimé lui voir embrasser la virginité; mais elles n'osaient attendre d'elle une si grande perfection. Cependant Démétriade prit cette sainte résolution bien en secret. Au milieu de quantité d'eunuques et de filles qui la servaient, au milieu des délices d'une si grande maison, elle se mit à pratiquer des jeûnes, à porter des habits pauvres et rudes et à coucher sur la terre, couverte seulement d'un cilice. Elle le faisait en cachette, et il n'y avait que quelques vierges de la suite de sa mère et de son aïeule qui en eussent connaissance. Elle pria le Sauveur, à genoux et avec larmes, d'accomplir son désir et d'adoucir l'esprit de son aïeule et de sa mère.

Enfin le jour des noces étant proche, comme on préparait déjà la chambre nuptiale, une nuit elle se détermina, encouragée par l'exemple de sainte Agnès, et le lendemain, laissant tous ses ornements et ses pierreries, et couverte d'une pauvre tunique et d'un manteau pareil, elle alla se jeter aux pieds de son aïeule Proba, ne s'expliquant que par ses larmes. Proba et Julienne furent extrêmement surprises et ne savaient qu'en penser, retenues entre la crainte et la joie. Enfin, elles embrassèrent Démétriade à l'envi, et, mêlant leurs larmes avec ses larmes, la relevèrent et la consolèrent, ravies qu'elle eût pris une si sainte résolution. Toute la maison fut remplie d'une joie incroyable : plusieurs de ses esclaves et de ses amies suivirent son exemple et se consacrèrent à Dieu. Toutes les églises d'Afrique se réjouirent de cette nouvelle; elle se répandit dans toutes les îles qui sont entre l'Afrique et l'Italie; Rome même en fut consolée dans son abattement, et la renommée en passa jusqu'en Orient. Bien différentes de certains parents, qui dès lors ne consacraient à Dieu que les filles pour lesquelles ils ne trouvaient pas de maris, et qui souvent alors ne leur accordaient pas même le nécessaire, afin de mieux enrichir celles qu'ils établissaient dans le monde, Proba et Julienne ne diminuèrent rien de la dot de Démétriade, et donnèrent aux pauvres tout ce qu'elles avaient destiné à son époux. Elle reçut le voile de la main de l'évêque, avec les prières et les cérémonies ordinaires. Saint Augustin en eut une joie d'autant plus grande que ses exhortations n'y avaient pas peu contribué; car il avait vu Démétriade pendant le séjour qu'il fit à Carthage, pour la conférence avec les donatistes. De plus, il avait écrit à son aïeule une instruction sur la manière de vivre en véritable veuve, où il traite particulièrement de la prière. Aussi Proba et Julienne ne manquèrent pas de lui écrire la nouvelle de sa profession, en lui envoyant un petit présent, selon la coutume. Elles écrivirent aussi à saint Jérôme, et le prièrent instamment de donner à leur fille une instruction pour sa conduite. Il quitta, pour y satisfaire, le *Commentaire sur Ezéchiel*, qu'il achevait alors, et écrivit à Démétriade une grande lettre, contenant tous les devoirs d'une vierge chrétienne (Hier., *Epist.* 97; Aug., *Epist.* 130 et 188).

Dès 410, le saint docteur avait été obligé d'interrompre ses ouvrages sur l'Ecriture, à la nouvelle de la prise de Rome par Alaric, de la mort de Pammachius, son intime ami, et de plusieurs autres personnes considérables de cette ville. Il ne put voir, sans fondre en larmes, la noblesse de Rome, fugitive de tous côtés, venir lui demander à Bethléhem la vie et le couvert, après avoir possédé des richesses immenses. Il mit tout en œuvre pour les secourir. Mais à peine put-il échapper lui-même aux mains des Barbares, qui, en 411, firent des courses sur les frontières de l'Egypte, de la Palestine et de la Syrie. Ces calamités, surtout la prise de Rome, lui faisaient regarder comme prochaine la fin du monde. En effet, le monde romain, le monde idolâtre, le vieux monde s'en allait pour faire place à un monde nouveau.

Saint Nil qui, de préfet de Constantinople, s'était fait religieux dans le monastère de Sinaï avec son fils Théodule, fut pareillement éprouvé par une grande affliction. Tandis qu'il ne pensait qu'à jouir d'une parfaite tranquillité au milieu de sa retraite, une bande de Sarrasins s'étant répandue dans le désert de Sinaï, en attaqua les solitaires. Ils en tuèrent plusieurs, en emmenèrent d'autres captifs, et donnèrent à quelques-uns des plus vieux la liberté de se retirer. Saint Nil fut du nombre de ces derniers; mais son fils Théodule fut emmené captif. C'était la coutume de ces Barbares de sacrifier à l'étoile de Vénus lorsqu'elle paraissait, et avant le lever du soleil, les jeunes gens les mieux faits et qui étaient dans la vigueur de l'âge. Théodule fut choisi pour victime avec un esclave de la ville de Pharan. Ils devaient être immolés tous les deux le lendemain. L'esclave, averti secrètement, en avertit Théodule et le pressa de se sauver avec lui par une prompte fuite. Théodule craignant d'être repris, aima mieux rester et s'abandonner à la Providence. Saint Nil, retourné à la montagne de Sinaï, était s'entretenir avec les moines et à enterrer ceux qui avaient été tués par les Barbares, quand l'esclave fugitif y arriva tout hors d'haleine, et lui raconta l'extrême péril où il avait laissé son fils. On peut juger de l'inquiétude du père.

Quelque temps après, on lui assura que son fils était vivant et esclave dans la ville d'Eluze. Il partit pour y aller, et apprit en chemin que l'évêque de cette ville avait acheté son fils et l'avait ordonné clerc, et que, dans peu de temps, il s'était acquis une grande estime. Saint Nil, étant arrivé, reconnut son fils le premier et tomba en défaillance. Son fils l'embrassa, et l'ayant fait revenir, lui raconta ainsi son aventure : Quand l'esclave se sauva, tout était prêt pour notre sacrifice : l'autel, le glaive, la coupe, les libations et l'encens. On avait résolu de nous immoler le lendemain à la pointe du jour. J'étais prosterné le visage contre terre, priant tout bas avec l'attention que donnent de grands périls. Seigneur, disais-je, ne permettez pas que mon sang soit offert aux malins esprits ni que mon corps soit la victime du démon de l'impureté. Rendez-moi à mon père, qui espère en vous! Je priais encore quand les Barbares se levèrent, troublés de voir le temps du sacrifice déjà passé; car le soleil était sur l'horizon. Ils me demandèrent ce qu'était devenu l'autre captif; je dis que je n'en savais rien, et ils demeurèrent en repos sans me donner aucun signe d'indignation. Je commençai à prendre courage, et Dieu me donna assez de force pour leur résister, lorsqu'ils voulurent m'obliger à manger des viandes impures et à me jouer avec des femmes. Quand nous fûmes en pays habité, ils m'exposèrent en vente.

Comme on leur offrait trop peu, ils finirent par me mettre à l'entrée d'un bourg, tout nu, une épée suspendue au cou, pour montrer que, si on ne m'achetait, ils allaient me couper la tête. Je tendais les mains à ceux qui se présentaient, et les suppliais de donner aux Barbares ce qu'ils demandaient, promettant de le leur rendre et de les servir encore. Enfin je fis pitié, et on m'acheta.

L'évêque d'Eluze traita le père et le fils avec beaucoup de charité, et les retint auprès de lui quelque temps pour les remettre de leurs fatigues. Il voulut même récompenser la vertu de saint Nil, en l'ordonnant prêtre malgré toute sa résistance; et quand ils se retirèrent, il leur donna de quoi faire leur voyage, qui était long. On a de saint Nil plusieurs traités sur la vie ascétique ou religieuse, et plus de mille lettres adressées à des personnes de tout rang, à des généraux d'armée, à des préfets du prétoire, à des proconsuls, à des empereurs, à des évêques, à des prêtres, à des diacres, à des sous-diacres, à des moines, à des religieuses, à des diaconesses, à des défenseurs de l'Eglise, à des chanceliers, à des référendaires, à des philosophes, à des avocats, à des tribuns, à des Juifs, à des Samaritains, à des païens et à d'autres. Elles sont bien écrites, pleines d'esprit et de feu, et renferment des maximes importantes pour toutes ces sortes de personnes (Ceillier, t. XIII; *Biblioth. Patr.*; *Acta Sanct.*, 14 *jan.*).

Le philosophe et poète Synésius, dont les registres publics faisaient remonter la généalogie par les rois de Sparte jusqu'à Hercule, fut contraint vers le même temps d'accepter l'épiscopat. Sa vie se partageait entre les plaisirs de l'étude et les plaisirs de la chasse, lorsque le peuple de Ptolémaïde, métropole de la Cyrénaïque, le demanda pour évêque à Théophile d'Alexandrie, de qui ces sièges dépendaient aussi bien que ceux de l'Egypte. Synésius n'était pas encore baptisé; mais sa vertu le faisait également admirer des chrétiens et des païens. Alarmé de cette nouvelle, il fit tout ce qui dépendait de lui pour éviter cette charge. Dans une de ses lettres, il prend Dieu à témoin que, lorsqu'il était seul, il s'était souvent jeté à genoux et prosterné contre terre, pour le conjurer de lui donner plutôt la mort que le sacerdoce. « Un évêque, dit-il à son frère Eupotius, doit être un homme divin : tout le monde a les yeux sur lui; et il ne peut guère être utile aux autres s'il n'est sérieux et éloigné de tout plaisir. Il doit être communicatif pour les choses de Dieu, et toujours prêt à instruire. Il doit seul faire autant d'affaires que tous les autres ensemble, s'il ne veut se charger d'une infinité de reproches. Il faut donc une grande âme pour porter un tel fardeau. » Il représente ensuite combien il se sent éloigné de cette perfection et de l'innocence de vie nécessaire à un évêque pour purifier les autres. Il ajoute enfin : « J'ai une femme que j'ai reçue de Dieu et de la main sacrée de Théophile. Or, je déclare que je ne veux ni me séparer d'elle, ni m'en approcher en cachette comme un adultère; mais je souhaite d'avoir des enfants en grand nombre et vertueux. Voilà une des choses que ne doit pas ignorer celui qui a le pouvoir de m'ordonner. » Cette déclaration de Synésius fait voir combien c'était une discipline constante, que les évêques devaient garder la continence, puisqu'il propose sa femme comme premier obstacle à son ordination.

Il en ajouté d'autres sur la doctrine. « Il est difficile, dit-il, pour ne pas dire impossible, d'ébranler les vérités qui sont entrées dans l'esprit par une vraie démonstration : et vous savez que la philosophie en a plusieurs qui ne s'accordent pas avec cette doctrine si fameuse (il veut dire la doctrine chrétienne). En effet, je ne croirai jamais que l'âme soit produite après le corps. Je ne dirai jamais que le monde doive périr, en tout ou en partie. Je crois que la résurrection dont on parle tant est quelque chose de sacré et de mystérieux, et je suis bien éloigné de convenir des opinions du vulgaire. Comment, d'ailleurs, habitué depuis mon enfance aux chevaux et aux armes, pourrai-je voir mes bien-aimés chiens privés de la chasse, et mon arc rongé par les vers? Toutefois, je m'y résignerai si Dieu l'ordonne. » A ce langage demi-poétique de Synésius, on sent qu'il n'était pas impossible de lui faire entendre raison. Car, par exemple, la foi n'enseigne pas que l'univers doive périr absolument, mais que ses éléments seront dissous par le feu, pour former de nouveaux cieux et une nouvelle terre; de même la résurrection a quelque chose de mystérieux, puisque, de corruptible et d'animal, le corps ressuscitera glorieux, incorruptible et spirituel. Aussi Photius nous apprend-il que Synésius embrassa très-facilement la doctrine de l'Eglise à cet égard : on lit même ailleurs qu'il la persuada depuis à un philosophe nommé Evagre, son ami et son compagnon dans les lettres humaines (Phot., cod. 26; Mosch., *In prato sprit.*, c. 165).

Synésius fut sacré vers l'an 410 par Théophile, au jugement duquel il s'en était finalement rapporté. Il mit un intervalle de sept mois entre son ordination et l'exercice des fonctions épiscopales, pour se donner le temps d'en méditer l'importance et de considérer à quoi elles l'engageaient. Résolu ensuite de les remplir autant qu'il serait en lui, il ne se mit plus en peine, ni des honneurs, ni des mépris des hommes, croyant même avoir obligation à ceux qui le persécutaient, et regardant les injures qu'on lui faisait à cause de Dieu comme une espèce de martyre. Outre l'instruction qu'il donnait à son peuple, il prenait encore soin des affaires temporelles de ses diocésains et de celles mêmes qui regardaient le corps de la ville en particulier. Et on a lieu de croire que ce fut là une des causes principales de son élection. Dans la faiblesse générale de l'empire, dans l'éloignement où l'on était de la cour, le peuple ne voyait de refuge et contre les incursions des Barbares, et contre la rapacité des gouverneurs impériaux, que dans la fermeté d'un évêque qui, comme Synésius, joindrait aux avantages de la naissance, les avantages encore plus grands de la vertu et de l'autorité. Et le peuple ne fut pas trompé dans son attente.

Andronic de Bérénice, qui, à force d'argent, était passé de l'état de pêcheur à celui de gouverneur de la Pentapole, s'y étant conduit en tyran et y ayant commis plusieurs crimes contre Dieu et contre les hommes, les populations, affligées, eurent recours à Synésius. Il fit des remontrances à Andronic, mais elles furent sans effet. Il lui fit des reproches, mais ils ne servirent qu'à l'irriter encore davantage. Et Andronic, pour lui témoigner plus de mépris, fit attacher à la porte de l'église une ordonnance par laquelle il défendait à ceux qui étaient poursuivis par ses ordres de se réfugier auprès des autels, et menaçait les prêtres qui les y recevraient des peines les plus cruelles. Il arriva qu'un homme de qualité, qui avait eu avec Andronic quelque différend pour un mariage, tomba depuis dans quelques malheurs. Le tyran en prit prétexte pour se venger, et fit mettre à la torture cet homme en plein midi, afin que la chaleur du soleil empêchât le monde de s'y trouver. Synésius, en étant informé, y accourut. Mais sa présence ne fit qu'irriter davantage Andronic, qui, transporté de fureur, prononça cette impiété, quoique chrétien : C'est en vain que tu espères en l'Eglise ; personne ne te délivrera des mains d'Andronic, quand il embrasserait les pieds de Jésus-Christ même ! Il répéta ce blasphème jusqu'à trois fois.

Synésius, regardant Andronic comme incorrigible, prit le parti de le retrancher de la communion des fidèles. Ayant donc assemblé son clergé de Ptolémaïde, il dressa une sentence d'excommunication en ces termes : « Qu'aucun temple de Dieu ne soit ouvert à Andronic, aux siens et à Thoas (c'était le principal ministre de ses cruautés) ; que tout lieu saint, avec son enceinte, lui soit fermé ; le diable n'a point de part au paradis. Si même il entre en cachette, qu'il soit chassé ! J'exhorte tous les particuliers et les magistrats à ne se trouver ni sous même toit, ni à même table, et particulièrement les prêtres, à ne leur point parler de leur vivant, et à ne point assister à leurs funérailles après leur mort. Que si quelqu'un méprise cette église à cause de sa petitesse, et reçoit les excommuniés, ne croyant pas devoir lui obéir à cause de sa pauvreté, il doit savoir qu'il déchire l'Eglise, qui, selon que le veut Jésus-Christ, doit être une. Et celui-là, soit diacre, soit prêtre, soit évêque, nous le mettons au rang d'Andronic, nous ne lui toucherons point la main et nous ne mangerons point avec lui, tant s'en faut que nous communiquions aux saints mystères avec ceux qui voudront communiquer avec Andronic et Thoas. »

Cet acte d'excommunication était accompagné d'une lettre adressée à tous les évêques au nom de l'église de Ptolémaïde, dans laquelle Synésius marquait les raisons qui l'avaient porté à rendre cette sentence contre Andronic. Il lut aussi cet acte dans l'assemblée de son peuple ; mais, auparavant, il fit un discours où, après avoir marqué la répugnance avec laquelle il s'était chargé de l'épiscopat, les peines qu'il y souffrait et en particulier les crimes d'Andronic, il exhorte son peuple à choisir un autre évêque. L'assemblée se récria à ces mots, et Synésius remit l'affaire de sa démission à une autre fois. Il remarque, dans le même discours, qu'il n'est guère possible de réunir deux gouvernements ensemble, le spirituel et le temporel. « J'ai voulu, dit-il, vous faire voir par expérience que joindre la puissance politique au sacerdoce, c'est filer ensemble deux matières incompatibles. L'antiquité a eu des prêtres qui étaient juges ; les Egyptiens et les Hébreux ont été longtemps gouvernés par les prêtres ; mais, à mon avis, depuis que cette œuvre divine a été traitée humainement, Dieu a séparé ces genres de vie ; il a déclaré l'un sacré, l'autre politique ; il a attaché les uns à la matière, les autres à lui-même : eux doivent s'appliquer aux affaires et nous à la prière. Pourquoi voulez-vous joindre ce que Dieu a séparé, et nous imposer une charge qui ne nous convient pas ? Avez-vous besoin de protection ? Adressez-vous à celui qui est chargé de l'exécution des lois. Avez-vous besoin de Dieu ? Allez à l'évêque. Le vrai sacerdoce a pour but la contemplation, qui ne s'accorde point avec l'action et le mouvement des affaires. Je ne condamne pas, toutefois, les évêques qui s'appliquent aux affaires ; mais, sachant que je puis à peine suffire pour l'un des deux, j'admire ceux qui peuvent l'un et l'autre. »

Ces maximes sont belles et excellentes. Mais que pouvaient-elles pour un pauvre peuple, tyrannisé par ses premiers magistrats, et qui ne voyait de salut que dans l'évêque ? La nécessité et la charité sont encore par-dessus tout. Synésius lui-même en est une preuve.

Andronic, effrayé de l'excommunication, promit de changer de vie. Tout le monde intercéda pour lui ; Synésius était seul d'avis de ne pas le recevoir, persuadé que ce n'était qu'hypocrisie. Il s'attendait bien, il prédisait même qu'à la première occasion il reviendrait à son naturel. Toutefois, il céda à l'avis du plus grand nombre et des évêques plus expérimentés ; car il était encore dans la première année de son ordination. Il différa donc d'envoyer aux évêques la lettre qu'il avait écrite contre lui, et le reçut, à condition qu'il traiterait avec plus d'humanité ses semblables. Andronic ne manqua pas de commettre de plus grands excès qu'auparavant. Alors Synésius, faisant valoir la sentence d'excommunication, qui n'était que suspendue, avertit les évêques de lui interdire l'entrée de l'église, afin que si nous ne pouvons pas, leur dit-il, remédier à ses désordres, nous évitions du moins d'y participer, en fermant les temples aux sacrilèges. Cependant Andronic étant tombé depuis dans la disgrâce des puissances séculières, Synésius suivit, comme il dit, l'esprit de l'Eglise, de relever ceux qui sont abattus et d'abattre ceux qui s'élèvent. Il eut pitié de son malheur, il intercéda pour lui, jusqu'à fatiguer ceux qui avaient l'autorité ; il l'arracha au tribunal funeste qui allait le condamner, et écrivit à Théophile d'Alexandrie pour le prier d'assister ce malheureux dans sa misère (Synes., *Epist*. 57, 58, 72, 73, 77, 79, 89).

Andronic eut pour successeur un nommé Jean, qui ne dut cette place qu'au crédit des eunuques. C'était un fanfaron qui, après plusieurs bravades, se cacha à l'arrivée des Barbares. Lorsqu'il les crut retirés, il revint se mettre à la tête des troupes, et s'enfuit dès qu'il aperçut les ennemis. Son lieutenant était de même un homme sans courage et sans honneur, qui ne devait sa fortune qu'au talent honteux de séduire les femmes et de fournir aux débauches du général. Aussi, dans cette irruption des Austuriens (c'était le nom des Barbares), toutes les villes de la Pentapole se virent à la veille de leur ruine ; Ptolémaïde, la capitale, fut elle-même assiégée. Dans cette extrémité, Synésius prit de nouveau la défense du pays. Il fit forger des armes ; il se mit à la tête des habitants ; il donnait les ordres et distribuait les postes ; il faisait les fonctions de général et montait la garde à son tour. Quand on lui reprochait d'entreprendre un métier si peu conforme au caractère épiscopal, il s'en justifiait par la nécessité. « Quoi, disait-il, on ne nous permet donc que de mourir et de voir égorger notre troupeau ! » Enfin la Pentapole respira sous le commandement d'Anysius. Il était jeune, mais plein de sagesse, de piété et de courage. Il commença par arrêter le pillage des soldats et des officiers. Comptant peu sur des troupes assez nombreuses, mais amollies, il se mit à la tête de quarante braves déterminés, et, avec eux seuls, battit les Barbares et les chassa du pays. Au bout d'une année, il fut remplacé par un vieillard infirme, nommé Innocent, sous lequel les Austuriens revinrent faire d'effroyables ravages et porter la terreur jusque dans Alexandrie. Marcellin, qui lui succéda l'année suivante, défit les Barbares et délivra les villes qu'ils tenaient assiégées. Au sortir de sa charge, il fut accusé; mais Synésius, qui avait sauvé du péril le coupable Andronic, se porta avec beaucoup plus d'ardeur à défendre la probité de Marcellin (*Epist.* 62, 78; *Catastas. et de laud. Anys.*).

Comme évêque, Synésius fut chargé de plusieurs commissions par Théophile d'Alexandrie. Dans les lettres où il lui en rend compte, il se plaint que des évêques en accusaient d'autres d'agir contre les lois, non pour les faire condamner, mais seulement pour procurer des gains injustes aux gouverneurs, devant qui, par conséquent, se faisaient ces poursuites. « Je ne vous les nomme point, dit-il, et je vous prie de ne point les nommer dans votre réponse, pour ne pas me rendre odieux à mes frères. » Il se plaint encore des évêques vagabonds, qui quittaient volontairement l'Église à laquelle ils avaient été destinés, et cherchaient en divers lieux l'honneur de l'épiscopat, s'arrêtant où ils trouvaient le plus à gagner. Synésius est d'avis d'interdire toute fonction ecclésiastique à ces déserteurs, et, jusqu'à ce qu'ils retournent à leur Église, de ne point leur offrir ailleurs la première place, et de ne pas même les recevoir dans le sanctuaire, mais de les laisser mêlés avec le peuple. Peut-être, dit-il, ce traitement les fera-t-il retourner à leurs Églises pour y trouver l'honneur qu'ils cherchent, plutôt que de ne le recevoir nulle part (Syn., *Epist.* 67). Il consulta encore Théophile sur la conduite à tenir envers un évêque qui avait tenu le parti de saint Chrysostome, et, par suite, avait été contraint de quitter son diocèse. « Il faut, dit-il, que nous honorions la mémoire d'un homme mort, et que la mort éteigne toutes les querelles. » On sait que Théophile fut le principal persécuteur du saint. Synésius ne reçut point de réponse, quoiqu'il eût deux lettres à ce sujet (*Ibid., Epist.* 66 et 67); mais dans la première, il parle d'un livre élégant et plein d'érudition que Théophile lui-même avait écrit à Atticus de Constantinople, pour l'engager à recevoir ceux du parti de saint Chrysostome.

Théophile d'Alexandrie mourut le 15 octobre 412, après avoir tenu ce siège vingt-sept ans. On élut à sa place Cyrille, son neveu; mais ce ne fut pas sans difficulté, car plusieurs voulaient élire l'archidiacre Timothée. Abundantius, qui commandait les troupes, était pour lui, et le peuple en vint jusqu'à la sédition. Cyrille l'emporta, et fut intronisé trois jours après la mort de son oncle. La victoire qu'il remporta sur le parti opposé lui donna plus d'autorité que n'en avait eu Théophile même. L'historien Socrate, et après lui Nicéphore, observent qu'il usa de sa dignité avec beaucoup d'empire, et que, depuis qu'il en fut en possession, les évêques d'Alexandrie commencèrent à passer les bornes de la puissance ecclésiastique, pour entrer, du moins en partie, dans le gouvernement des affaires civiles. Les premiers qui se ressentirent de son autorité furent les novatiens. Il ferma les églises qu'ils avaient à Alexandrie, s'empara de tous les vases et de tous les meubles qu'il y trouva, et dépouilla leur évêque de tous ses biens. C'est du moins ce que dit Socrate (l. 7, c. 7).

Quelque temps après, il chassa de cette ville tous les Juifs, à l'occasion que voici. Les Juifs d'Alexandrie étaient aussi portés que les autres habitants à des querelles et à des séditions, qui ne se terminaient presque jamais sans effusion de sang. Cette fois on se prit de querelle pour un danseur. Un jour de sabbat que les Juifs, au lieu de vaquer à des exercices religieux, étaient à regarder avec la foule un danseur de théâtre, tous les spectateurs se divisèrent pour ou contre en deux partis. Il y eut un commencement d'émeute que le gouverneur Oreste réprima pour le moment. Mais l'animosité couvait de part et d'autre. Peu après, Oreste publia au théâtre quelques ordonnances de police. Des chrétiens affectionnés à l'évêque s'y rendirent pour les entendre. Parmi eux se trouvait un maître d'école nommé Hiérax, homme fort assidu aux sermons de l'évêque, et le plus empressé à y provoquer des applaudissements. A peine les Juifs l'eurent-ils aperçu, qu'ils s'écrièrent qu'il n'était là que pour exciter le peuple à la sédition. Depuis longtemps Oreste était choqué de la puissance des évêques, qui diminuait d'autant celle des gouverneurs : il était surtout piqué de ce que Cyrille voulait espionner sa conduite. Il fit donc arrêter Hiérax et le mettre à la torture sur la place même. Cyrille, en ayant été averti, manda les principaux d'entre les Juifs et leur adressa de sévères menaces, s'ils ne cessaient d'exciter des séditions contre les chrétiens. La multitude des Juifs n'en fut que plus animée et chercha tous les moyens d'assouvir sa fureur. Ils résolurent entre autres de massacrer les chrétiens dans une alarme nocturne. Au milieu de la nuit, plusieurs d'entre eux s'en allèrent crier par tous les quartiers de la ville, que le feu était à l'Église d'Alexandrie. Les chrétiens y accourant sans défiance, furent égorgés par les Juifs, qui se tenaient en embuscade. Le lendemain, cette atroce perfidie ayant été découverte, Cyrille, accompagné d'un grand peuple, alla aux synagogues des Juifs, les leur ôta, les chassa eux-mêmes de la ville et abandonna leurs biens au pillage. Oreste le trouva fort mauvais et fit de grandes plaintes de ce qu'on avait dépeuplé la ville d'un si grand nombre d'habitants. Il en écrivit à l'empereur, à qui saint Cyrille représenta aussi les violences dont les Juifs avaient usé envers les chrétiens. Selon toutes les apparences, l'empereur eut égard aux remontrances de l'évêque; car les Juifs ne revinrent plus à Alexandrie, où ils avaient demeuré depuis Alexandre le Grand, fondateur de cette ville.

L'inimitié d'Oreste pour Cyrille était devenue publique; celui-ci, à la prière du peuple, envoya lui parler de se réconcilier, et l'en conjura même par le livre des Évangiles; mais Oreste s'y refusa. Ainsi leur division, continuant toujours, fut suivie de funestes effets, qui, au rapport de Socrate, attirèrent de grands reproches à l'Église d'Alexandrie et à son évêque. Les moines de Nitrie, qui avaient déjà servi avec chaleur dans l'animosité de Théophile contre Dioscore et les Grands-Frères, vinrent dans la ville au nombre de cinq cents. Ils guettèrent le gouverneur

Oreste, comme il sortait en voiture, et, s'approchant de lui, l'appelèrent païen et idolâtre, et lui dirent d'autres injures. Oreste, soupçonnant que Cyrille lui tendait un piége, s'écria qu'il était chrétien et qu'il avait été baptisé par l'évêque Atticus à Constantinople. Mais les moines ne l'écoutaient point, un d'entre eux, nommé Ammonius, le frappa à la tête d'un coup de pierre, qui le mit tout en sang. Ses officiers, épouvantés, se dispersèrent la plupart; mais le peuple accourut à sa défense, et les moines furent mis en fuite. On prit Ammonius et on l'amena au gouverneur, qui lui fit son procès et le fit mourir dans les tourments. Cyrille retira le corps et le mit dans une Eglise, changea le nom du moine, l'appela Thaumase, c'est-à-dire *admirable*, et voulut le faire reconnaître pour martyr; mais les plus sages des chrétiens n'approuvaient pas cette conduite, et, peu de temps après, Cyrille lui-même laissa tomber la chose dans le silence et dans l'oubli.

La populace n'en demeura pas là. Elle prétendit que la célèbre philosophe Hypatia empêchait le préfet Oreste, qui la voyait souvent, de se réconcilier avec l'évêque. En conséquence, une troupe de gens emportés, conduits par un lecteur nommé Pierre, l'attendirent comme elle rentrait chez elle, la tirèrent de sa voiture, la traînèrent à l'église nommée *la Césarée*, la dépouillèrent de ses vêtements, la tuèrent à coups de pots cassés, la mirent en pièces et brûlèrent ses membres au lieu nommé *Cinaron*. Comme nous l'avons vu par les auteurs païens mêmes, le peuple d'Alexandrie était si porté aux émeutes et aux batailles, que le gouvernement n'y faisait guère attention. Il fallait que ce caractère turbulent et sanguinaire fût bien invétéré, puisque le christianisme l'avait corrigé si peu (Soc., l. 7, c. 7, 13, etc.).

Ceci se passait à Alexandrie pendant le carême de 415. En la même année, la ville d'Antioche fut témoin d'un spectacle bien différent. L'évêque Porphyre était mort et avait eu pour successeur Alexandre, qui avait passé sa vie dans les exercices de la profession monastique, pratiquant la pauvreté et toutes les vertus, et exemplait par cet exemple une grande éloquence. Il réunit par ses puissantes exhortations le parti des eustathiens, séparés depuis si longtemps des autres catholiques, sous les évêques Paulin et Evagre, et célébra cette réunion par une fête dont nul mortel n'avait vu de semblable. Car, étant accompagné de tous ceux de sa communion, tant clercs que laïques, il alla au lieu où les eustathiens tenaient leur assemblée, et, les ayant trouvés qui chantaient, il joignit à leurs voix celles des siens, puis ils marchèrent tous ensemble vers la grande église, à travers la place, au bord de l'Oronte. Les Juifs, les ariens et le peu qui restait de païens, gémissaient de cette heureuse réunion. Alexandre reçut dans son clergé tous ceux que Paulin et Evagre avaient ordonnés, les laissant chacun dans son rang.

Ce fut aussi saint Alexandre qui, le premier, rétablit dans les diptyques le nom de saint Jean Chrysostome. Il reconnut aussi pour évêques Elpide de Laodicée et Pappus, qui avaient toujours suivi le parti du saint patriarche, et leur rendit leurs églises sans examen. Ensuite il envoya des députés au pape Innocent, pour lui faire part de ces heureuses nouvelles et lui demander sa communion. Le prêtre Cassien, disciple de saint Chrysostome, se trouvant alors à Rome, sollicita la réponse, et le Pape, ayant examiné les pièces qu'Alexandre lui avait envoyées, et le rapport de ses députés, approuva en tout sa conduite et lui écrivit une lettre qui fut souscrite par vingt évêques d'Italie. Il écrivit aussi en son particulier, à Alexandre, une lettre d'amitié pour lui témoigner combien sa députation lui avait été agréable. Il lui envoya, de son côté, trois députés, un prêtre, un diacre et un sous-diacre, et l'invita à lui écrire souvent pour réparer la perte du passé. Innocent fit part de cette nouvelle au prêtre Boniface, qui résidait de sa part à Constantinople, auprès de l'empereur, et qui fut depuis pape lui-même. Acace, évêque de Béroé, un des chefs du parti contraire à saint Chrysostome, revint aussi en cette occasion et écrivit au Pape, témoignant approuver tout ce qu'Alexandre avait fait, soit en recevant les clercs de Paulin et d'Evagre, soit en rétablissant les évêques Elpide et Pappus. Le pape saint Innocent le renvoya à Alexandre pour examiner la sincérité de sa réunion, que le passé rendait suspecte; consentant de le recevoir à sa communion quand il se serait expliqué de vive voix à Alexandre.

La paix et la communion étant rétablies entre l'Eglise romaine et celle d'Antioche, le Pape écrivit à Alexandre une décrétale sur quelques points de discipline, sur lesquels il l'avait consulté pour remédier aux désordres introduits en Orient par les schismes et l'hérésie. Le premier chef est l'autorité de l'Eglise d'Antioche, qui, suivant le concile de Nicée, s'étendait, non sur une seule province, mais sur tout ce qu'on appelait le diocèse d'Orient. Ce qui lui a été attribué, dit le Pape, non pas tant pour la magnificence de la ville, que parce que c'est le premier siége du premier des apôtres, et elle ne céderait point à Rome, s'il ce n'était qu'elle n'a eu qu'en passant celui que Rome a possédé jusqu'à la fin. Par conséquent, comme vous ordonnez les métropolitains par une autorité singulière, j'estime que vous ne devez point laisser ordonner les évêques sans votre permission. Vous enverrez vos lettres pour autoriser l'ordination de ceux qui sont éloignés, et quant à ceux qui sont proches, vous les ferez venir, si vous le jugez à propos, pour recevoir l'imposition de vos mains. Les évêques de Chypre, qui, pour éviter la tyrannie des ariens, se sont mis en possession de faire leurs ordinations sans consulter personne, doivent revenir à l'observation des canons de Nicée. L'Eglise ne suit pas tous les changements du gouvernement temporel. Ainsi, une province divisée en deux ne doit pas avoir deux métropoles, mais il faut suivre l'ancien usage. Les clercs des ariens ou des autres hérétiques, qui reviennent à l'Eglise, ne doivent être admis à aucune fonction du sacerdoce ou du ministère ecclésiastique; car encore que leur baptême soit valable, il ne leur confère point la grâce. C'est pourquoi leurs laïques ne sont reçus qu'avec l'imposition des mains, pour leur donner le Saint-Esprit. Le Pape ordonne à l'évêque d'Antioche de faire part de ces décisions aux autres évêques, en leur faisant lire sa lettre, et, s'il se peut, dans un concile (Coustant, *Innoc.*, Epist. 20, 21, 22, 23, 24).

Saint Alexandre d'Antioche étant venu à Constantinople, parla hardiment pour la mémoire de saint Chrysostome, et excita le peuple à contraindre l'évêque Atticus de mettre son nom dans les diptyques; mais il n'y réussit pas. Atticus le refusa longtemps, et le pape saint Innocent lui refusait aussi la communion, nonobstant les instances de Maximien, évêque de Macédoine, qui avait été ami de saint Chrysostome. Alexandre ne tint pas longtemps le siége d'Antioche, et eut pour successeur Théodote, homme d'une vie très-réglée et d'une douceur merveilleuse. Il se laissa fléchir pour réunir à l'Eglise ce qui restait d'apollinaristes, dont plusieurs toutefois conservaient assez ouvertement leurs erreurs. Le peuple l'obligea encore à mettre dans les diptyques le nom de saint Chrysostome; mais Théodote, craignant qu'Atticus de Contantinople ne le trouvât mauvais, lui en fit écrire par Acace de Bérée, le priant de lui pardonner ce qu'il avait fait par nécessité. Acace écrivit aussi à saint Cyrille, que l'évêque d'Antioche avait été contraint de recevoir le nom de Jean, qu'il avait du scrupule, et qu'il cherchait à se fortifier contre la violence. Le prêtre qui apporta la lettre de Théodote à Constantinople, répandit dans le peuple le sujet de son voyage et le contenu de la lettre, ce qui pensa causer un grand trouble. Atticus en fut alarmé et alla trouver l'empereur, pour chercher les moyens d'apaiser le peuple et de procurer la paix. L'empereur répondit que, pour un aussi grand bien que la concorde, il n'y avait point d'inconvénient d'écrire le nom d'un homme mort. Atticus céda à cette autorité et à l'inclination du peuple, et fit écrire le nom de saint Jean Chrysostome dans les tables ecclésiastiques.

Il en écrivit aussitôt à saint Cyrille d'Alexandrie, pour justifier sa conduite et l'exhorter à la suivre; mais Cyrille le blâma, comme d'une entreprise contre les canons. En quoi il raisonnait en neveu de son oncle, et non pas en pontife; car rien n'était plus contraire aux canons que la conduite de Théophile envers saint Chrysostome. Peu après, toutefois, pressé par les lettres de saint Isidore de Péluse, il reconnut son erreur, assembla les évêques d'Egypte et rendit à saint Chrysostome l'honneur qui lui était dû. C'était vers l'an 416 (Niceph., l. 14, c. 27 et 28).

Environ quatre ans auparavant, l'unité et l'union s'étaient rétablies d'une manière assez singulière dans l'Église de Synnade en Phrygie. Il y avait dans cette ville un évêque nommé Théodose, qui poursuivait à outrance les hérétiques du pays, notamment les Macédoniens qui s'y trouvaient en grand nombre. Il les chassait non-seulement de la ville, mais de la campagne. Il agissait ainsi non par zèle pour la foi, mais par avarice, et pour s'enrichir aux dépens des hérétiques. Il mettait donc tout en usage contre les Macédoniens; il les poursuivait en justice, il armait ses clercs. Il en voulait principalement à leur évêque, nommé Agapet. Et comme les magistrats de la province ne le punissaient point assez sévèrement à son gré, il se rendit à Constantinople, pour demander un ordre du préfet du prétoire. Ayant obtenu ce qu'il désirait, il revint quelque temps après triomphant, et alla droit à l'église; mais, à sa grande surprise, tout le monde l'en chassa. C'est que, pendant son absence, Agapet avait pris le bon parti. Ayant tenu conseil avec son clergé, il assembla son peuple et leur persuada d'embrasser la foi catholique. Aussitôt il les mena tous à l'église, fit la prière et s'assit dans le siége que Théodose avait coutume d'occuper. Ayant ainsi réuni le peuple de l'une et l'autre communion, il prêcha depuis ce temps la consubstantialité du Verbe, et se mit en possession des églises qui dépendaient de Synnade. Théodose, étrangement désappointé, retourna à Constantinople, alla se plaindre à l'évêque Atticus comme chassé injustement. Mais Atticus, voyant que l'affaire avait bien tourné pour l'utilité de l'Eglise, le consola, l'exhorta à prendre patience, à embrasser la tranquillité d'une vie privée, et à préférer le bien public à son intérêt particulier. Il écrivit à Agapet de conserver l'épiscopat, sans rien craindre du chagrin de Théodose (Soc., l. 7, c. 3).

Constantinople voyait alors un prodige bien rare: une jeune fille de quinze ans, gouvernant avec sagesse l'empire et faisant avec succès l'éducation de l'empereur. C'était la princesse Pulchérie, sœur de l'empereur Théodose le Jeune. Quand leur père, Arcade, mourut, en 408, elle n'avait que neuf ans, et son frère sept. A l'âge de 14 ans, elle fit vœu de demeurer vierge, ainsi que ses jeunes sœurs Arcadie et Marine, pour ne point donner entrée au palais à quelque homme étranger, qui eût pu être une occasion de jalousie et de révolte. Pour rendre sa consécration irrévocable, elle la rendit publique, par un présent qu'elle fit à l'église de Constantinople : c'était une table d'autel d'un ouvrage admirable, enrichie d'or et de pierreries; une inscription gravée sur le bord antérieur, attestait qu'elle l'avait offerte comme un gage de sa virginité et pour la prospérité du règne de son frère. Détachée de tous les amusements de la jeunesse et de la grandeur, elle partageait son temps entre les devoirs de la religion, les œuvres de la charité chrétienne et le soin des affaires de l'empire. Appliquée à la prière, elle chantait avec ses sœurs les louanges de Dieu, le jour et la nuit, à des heures réglées. Sa coutume était de manger avec elles, et de ne sortir qu'en leur compagnie. D'un accès facile, libérale envers les pauvres, pleine de respect pour les évêques, elle fit construire un grand nombre d'églises, d'hôpitaux, de monastères; et jamais ces pieuses fondations ne coûtèrent un gémissement aux peuples. En 414, elle fut associée à l'empire par son frère, à l'âge de quinze ans.

Voici le tableau que fait de son administration un auteur moderne, que sa haine du christianisme ne rend pas suspect de flatterie. « La dévotion n'empêchait point Pulchérie de veiller, avec une attention infatigable, aux affaires du gouvernement, et cette princesse est la seule des descendants du grand Théodose qui semble avoir hérité d'une partie de son courage et de ses talents. Elle avait acquis l'usage familier des langues grecque et latine, dont elle se servait avec grâce dans ses discours et dans ses écrits relatifs aux affaires publiques. La prudence présidait toujours à ses délibérations; son exécution était prompte et décisive. Faisant mouvoir sans bruit et sans ostentation les rouages du gouvernement, elle attribuait discrètement au génie de l'empereur la longue tranquillité de son règne. Dans les dernières années de sa paisible vie, l'Europe souffrit beaucoup de l'invasion d'Attila, mais la paix continua toujours de régner dans les vastes provinces de l'Asie; Théodose le Jeune ne fut jamais réduit à la cruelle nécessité de combattre ou de punir un sujet rebelle; et si nous ne pouvons louer Pulchérie d'une grande vigueur dans son administration, la douceur de cette administration prospère mérite du moins quelques éloges (Gibbon, *Hist. de la décad. de l'emp. rom.*, c. 32, t. VI). »

Voilà ce que dit l'anglais Gibbon. Quant au manque de vigueur qu'il semble reprocher à la princesse, il se réfute lui-même, puisqu'il a commencé par lui reconnaître une exécution prompte et décisive.

Pulchérie veillait avec une égale sollicitude à l'éducation de l'empereur son frère. Un plan d'études et d'exercices judicieusement disposé partageait son temps entre l'équitation, l'art de tirer de l'arc et l'étude de la grammaire, de la rhétorique et de la philosophie. Sa sœur lui procura les plus habiles maîtres de l'Orient; de plus, elle lui donna pour condisciples quelques enfants des premières familles, pour exciter son émulation par l'exemple de jeunes amis. Quant à la religion, aux mœurs et à l'art de gouverner, elle-même prit soin de l'en instruire. Elle lui apprit en particulier à paraître en public avec gravité et dignité, à régler sa démarche et sa contenance, à interroger à propos, à paraître doux ou terrible, selon l'occasion.

Cette éducation réussit en grande partie. Théodose fut des plus habiles dans les exercices militaires; il acquit une connaissance peu commune des lettres, des sciences et des beaux-arts; il fut sincèrement pieux. Il se levait de grand matin pour chanter avec ses sœurs les louanges de Dieu. Il savait par cœur l'Ecriture sainte et en parlait pertinemment avec les évêques. Il avait une bibliothèque des livres sacrés et de tous leurs interprètes. Il jeûnait souvent, principalement les mercredis et les vendredis, souffrait patiemment le froid et le chaud; il ne tenait rien de la mollesse d'un prince né dans la pourpre. Il était surtout bon et humain. Aussi insensible aux aiguillons de la colère qu'aux attraits de la volupté, jamais il n'écouta les conseils de la vengeance. Un de ses courtisans lui ayant demandé pourquoi il n'avait jamais puni de mort une offense qui lui fût personnelle : « Il n'est pas malaisé, dit-il, de faire mourir un homme, mais Dieu seul peut le ressusciter. » Il ne permit jamais d'exécuter à mort un criminel dans la ville où il se trouvait; la grâce arrivait toujours avant que le coupable fût arrivé au lieu du supplice. Il n'approuvait pas les poursuites violentes contre les hérétiques; il aimait mieux que les évêques travaillassent à les gagner, et qu'ils conservassent à l'Eglise la gloire et la douceur qui lui est propre (Soc., l. 7, c. 42). Finalement, pour être un grand prince, il ne lui manquait que le génie et le caractère viril de sa sœur.

Mais c'est précisément ce qui lui manquait. De là, sa piété dégénérait quelquefois en vain scrupule : témoin ce que rapporte Théodoret. Un moine trop hardi lui demanda quelque grâce; ayant été plusieurs fois refusé, il excommunia l'empereur et se retira. L'empereur étant retourné au palais, quand l'heure du repas fut venue et la compagnie assemblée, il dit qu'il ne mangerait point qu'il ne fût absous de cette excommunication, et envoya prier l'évêque d'ordonner à ce moine de l'absoudre. L'évêque lui manda qu'il ne fallait point s'arrêter à l'excommunication du premier venu, et qu'il le déclarait absous de celle-ci. Mais l'empereur ne fut point content, jusqu'à ce qu'on eût cherché le moine avec bien de la peine, et qu'il l'eût rétabli dans sa communion (Theod., l. 5, c. 36 et 37). De là encore sa facilité à se laisser gouverner par des eunuques et à signer de confiance tout ce qu'ils lui présentaient. Plus d'une fois sa sœur lui remontra les inconvénients de cette confiance inconsidérée; lui niait obstinément que cela fût. Pour l'en convaincre sans réplique et le faire rougir de sa dangereuse négligence, elle lui présenta un jour un écrit, qu'il signa, selon sa coutume, sans en faire la lecture. Or, c'était un acte par lequel il lui vendait l'impératrice sa femme comme esclave.

L'avènement même de cette impératrice est des plus romanesques. Théodose ayant vingt ans accomplis en 421, sa sœur lui cherchait dans tout l'empire une épouse digne du trône, lorsqu'une jeune Athénienne, conduite par l'infortune, vint à Constantinople. Elle était fille de Léonce, célèbre sophiste d'Athènes, et son père, trouvant déjà en elle tous les dons de la nature, avait pris le plus grand soin de cultiver son esprit. Il y avait beaucoup mieux réussi que dans l'éducation de ses deux fils, qui n'eurent d'autre mérite que d'être frères d'Athénaïs : c'était le nom de cette fille. Léonce était riche; il mourut, et fit, en mourant, ce testament bizarre : « Je laisse tous mes biens à mes deux fils Valérius et Génésius, à condition qu'ils donneront à leur sœur cent pièces d'or; pour elle, son mérite qui l'élève au-dessus de son sexe, lui sera d'une assez grande ressource. » Les cent pièces d'or ne faisaient guère que deux mille francs. Athénaïs, déshéritée par la raison même qui rend les autres pères plus favorables, conjura d'abord ses deux frères de réparer cette injustice et de lui accorder sa part légitime, les prenant à témoin qu'elle n'avait pas mérité cette disgrâce, et leur représentant que l'indigence de leur sœur serait pour eux, sinon un sujet d'affliction, du moins un reproche continuel. Pour toute réponse, ils la chassèrent de la maison paternelle. Elle se réfugia chez une tante, qui la conduisit à Constantinople pour y solliciter la cassation du testament. Elles s'adressèrent à la princesse Pulchérie.

Athénaïs était d'une beauté extraordinaire; elle exposa le sujet de ses plaintes avec des grâces si touchantes, que la princesse fut aussi charmée de son esprit que de sa beauté. Pulchérie s'informa de ses mœurs, et, ayant appris qu'elles étaient irréprochables, elle crut avoir trouvé dans cette jeune fille ce qu'elle cherchait. Elle fit aussitôt part à son frère de cette heureuse découverte. Théodose ayant vu et entendu Athénaïs, en pensa comme sa sœur. Le mariage fut conclu. Athénaïs, encore païenne, fut instruite et baptisée par l'évêque Atticus, qui lui donna le nom d'Eudoxie. Les noces se célébrèrent le 7 juin 421. L'année suivante, elle mit au monde une fille qui épousa dans la suite l'empereur Valentinien III. Elle reçut le titre d'auguste le 2 janvier 423. Ses frères, apprenant qu'elle était devenue la femme de leur souverain, prirent la fuite et se cachèrent. Plus généreuse que ses frères, Eudoxie les fit venir à Constantinople et les éleva aux premières charges de l'empire. Elle conserva sur le trône le goût des lettres, et traduisit en vers les cinq livres de Moïse,

Josué, les Juges, Ruth, les prophéties de Daniel et de Zacharie. Photius relève, dans ses ouvrages, la beauté de la poésie, jointe à la fidélité de la traduction (Soc., l. 7, c. 21; Evag., l. 1, c. 20; Phot., cod. 80, 183 et 184; *Hist. du Bas-Empire*, l. 30).

Quoique l'empire se ressentît nécessairement du caractère de l'empereur, il se soutint néanmoins avec honneur dans la guerre contre les Perses. Depuis longtemps la bonne harmonie régnait entre les deux empires, au point que d'anciens auteurs racontent que l'empereur Arcade recommanda au roi de Perse Izdegerde Ier la tutelle de son fils Théodose. De tous les rois persans, Izdegerde fut celui qui parut le plus favorable aux chrétiens. Il suivait même quelquefois, dans le gouvernement de son royaume, les conseils de saint Maruthas de Mésopotamie, et d'Abdas, évêque de la ville royale. Mais le zèle indiscret d'Abdas qu'on ne peut justifier, fit changer ce prince sur la fin de son règne. L'évêque brûla un temple du feu. Izdegerde lui ordonna de le rebâtir aux frais des chrétiens. Abdas refusa d'obéir, et on sent qu'il n'aurait pu rebâtir le temple sans concourir positivement à l'idolâtrie. Le roi, irrité de son refus, le condamna à mort, fit abattre les églises chrétiennes et donna le signal de la persécution. Son fils Bahram ou Varanes V lui ayant succédé, la persécution devint beaucoup plus cruelle. Il y avait des chrétiens à qui l'on écorchait les mains, à d'autres le dos, à d'autres le visage, depuis le front jusqu'à la barbe. Les persécuteurs fendaient en deux des roseaux, les appliquaient par le plat en en couvraient tout le corps; puis ils le serraient étroitement avec des cordes depuis les pieds jusqu'à la tête, et arrachaient ensuite de force les roseaux l'un après l'autre, en sorte qu'ils emportaient la peau. Ils creusaient de grandes fosses, et, après les avoir bien enduites, ils y enfermaient quantité de gros rats, puis y jetaient les martyrs pieds et mains liés; en sorte que les rats, pressés de la faim, les rongeaient peu à peu sans qu'ils pussent s'en défendre. Ces cruautés n'empêchaient pas les chrétiens de courir au devant de la mort pour acquérir la vie éternelle. On remarque en particulier cinq martyrs, Maharsapor, Hormisdas, Suenès, Benjamin et Jacques.

Maharsapor était un prince de Perse, que ses vertus et son zèle rendaient encore plus recommandable que son illustre naissance. Il fut arrêté avec Narsès et Sabutaca, dès le commencement de la persécution. Ces deux derniers remportèrent la couronne du martyre, après avoir enduré diverses tortures. Maharsapor subit plusieurs interrogatoires, et fut appliqué à la question. On le laissa languir trois ans dans une prison infecte, où il souffrit toutes les rigueurs de la faim. Ce terme expiré, on le conduisit de nouveau devant le juge, qui, le trouvant inébranlable dans la confession de Jésus-Christ, ordonna de le jeter dans un antre obscur et d'en fermer l'entrée. Quelque temps après, les soldats l'ayant ouvert, y trouvèrent le corps du martyr sans vie, mais environné de lumière et à genoux, comme si le saint eût été en prières.

De même, Hormisdas était de la première noblesse des Perses, de la race des Achéménides, fils d'un gouverneur de province. Bahram ayant appris qu'il était chrétien, le fit venir et lui commanda de renoncer à Jésus-Christ. Hormisdas répondit : Quiconque serait capable de violer la loi suprême du souverain Seigneur de toutes choses, ne resterait pas longtemps fidèle à son prince, qui n'est qu'un homme mortel. Si ce dernier crime mérite la plus cruelle de toutes les morts, à quoi ne doit pas s'attendre celui qui renoncera le Dieu de l'univers? Une réponse aussi sage fit entrer le roi dans une étrange colère. Il dépouilla Hormisdas de tous les biens et honneurs dont il jouissait; il lui fit même ôter ses habits, ne lui laissant qu'un petit morceau de toile qui lui ceignait les reins. Après l'avoir réduit en cet état, il le chassa de sa présence et le condamna à conduire les chameaux de l'armée. Le saint souffrit avec joie ce barbare traitement. Longtemps après, Bahram l'ayant aperçu par une fenêtre de son palais, remarqua qu'il était tout brûlé du soleil et couvert de poussière. Le souvenir de ce qu'il avait été et de ce qu'avait été son père, parut le toucher. Il le fit venir, lui donna une tunique de lin, en lui disant : Maintenant au moins quitte ton opiniâtreté et renonce au Fils du charpentier. Hormisdas mit la tunique en pièces, la jeta au roi et dit : Si vous avez cru pour ce beau présent me faire quitter la religion, gardez-le avec votre impiété. Suenès était maître de mille esclaves. Comme il refusait de renoncer au vrai Dieu, le roi lui demanda quel était le pire de tous ses esclaves, et donna à celui-là tous les autres, avec Suenès lui-même et sa femme, qu'il lui fit épouser; mais Suenès n'en fut point ébranlé, et demeura ferme dans la foi.

Benjamin était diacre, et le roi l'avait fait mettre en prison. Un an après il vint un ambassadeur romain pour d'autres affaires, qui, ayant su l'emprisonnement du diacre, demanda sa liberté. Le roi l'accorda, à condition que Benjamin promettrait de ne parler à aucun mage de la doctrine chrétienne. Mais Benjamin répondit qu'il lui était impossible d'enfouir le talent dont il devait rendre compte; toutefois, comme le roi ne savait pas sa résidence, il le fit délivrer. Benjamin continua de convertir les infidèles. Au bout d'un an, le roi en fut averti : il le fit venir et lui ordonna de renoncer à son Dieu. Comment traiteriez-vous, dit Benjamin, celui qui renoncerait à votre obéissance pour reconnaître un autre roi?—Je le ferais mourir, dit Bahram.—Quel supplice ne mérite donc pas celui qui abandonne le Créateur pour rendre à une créature comme lui les honneurs divins ? Le roi en fureur, fit aiguiser vingt roseaux qu'on lui enfonça sous les ongles des pieds et des mains. Et comme il méprisait ce tourment, il lui fit mettre un roseau pointu dans la partie la plus sensible du corps d'un homme, d'où on le retirait et où on l'enfonçait continuellement; enfin on le fit empaler avec un pieu hérissé de nœuds de tous côtés.

Jacques, d'une naissance distinguée, ayant été chrétien, était retourné à la religion des Perses par complaisance pour le roi Izdegerde; mais ensuite sa mère et sa femme le ramenèrent au christianisme. Bahram en fut tellement irrité, qu'il le fit couper pièce à pièce, à chaque jointure des membres : premièrement les mains, puis les bras, ensuite les pieds et les jambes, en sorte qu'il ne restait que la tête et le tronc: Et, comme il confessait encore Jésus-Christ, on lui coupa enfin la tête (Assemani, *Acta Mart. Orient.*).

Dès le commencement de la persécution, les mages firent donner ordre à tous les chefs de Sarrasins soumis aux Perses, de garder les routes, afin d'arrêter les chrétiens qui s'enfuiraient sur les terres de l'empire. Mais Aspébétès, un de ses chefs, touché de compassion, loin de leur faire obstacle, favorisait leur fuite. Bahram en fut averti. Aspébétès, redoutant sa cruauté, emporta tous ses biens et se réfugia avec sa tribu sur les terres des Romains. Anatolius, préfet d'Orient, lui donna un établissement en Arabie, et le commandement des Sarrasins soumis à l'empire. Quelque temps après, Térébon, le fils d'Aspébétès, ayant été guéri d'une paralysie par les prières de saint Euthymius, fondateur d'un monastère près de Jérusalem, le père se fit chrétien avec sa famille et son peuple, dont il fut dans la suite nommé évêque. Il prit le nom de Pierre, et fut, par sa sainteté, un des prélats les plus célèbres de l'Orient. Maris, frère de sa femme, ne voulut plus quitter saint Euthymius. Il renonça à tout et donna ses biens, qui étaient grands, pour bâtir et augmenter le monastère, où il passa le reste de ses jours et fut un grand serviteur de Dieu (*Vita S. Euthym.*).

Bahram envoya redemander à l'empereur ses sujets fugitifs. Théodose répondit avec courage : Que l'empire était un asile toujours ouvert aux innocents; que le christianisme faisait tout le crime de ceux que le roi poursuivait; que les empereurs n'avaient point de titre plus glorieux que celui de défenseurs de la religion chrétienne, et que, pour traîner en Perse ceux dont Bahram voulait verser le sang, il faudrait qu'il vînt les arracher d'entre ses bras. Sur cette réponse généreuse, le roi de Perse usa de représailles; il refusa de rendre les travailleurs que l'empereur avait prêtés aux Perses pour fouiller les mines d'or de leur pays, et il fit saisir tous les effets des marchands romains qui se trouvaient alors dans ses Etats. Théodose se prépara à la guerre, qui en effet eut lieu. Les Perses furent battus à plusieurs reprises; leur fameux corps de dix mille cavaliers fut anéanti. Enfin la paix se conclut et la bonne intelligence se rétablit entre les deux empires, l'an 422.

Celui qui acquit la gloire la plus pure dans cette guerre, fut Acace, évêque d'Amide, sur les frontières de Perse. Les Romains avaient fait dans une province environ sept mille prisonniers, qu'ils ne voulaient point rendre et qui périssaient de famine. Le roi de Perse en était fort irrité. Alors Acace assembla son clergé, et dit : « Notre Dieu n'a besoin ni de plats ni de coupes, puisqu'il ne boit ni ne mange, attendu qu'il n'a besoin de rien. Comme donc notre église a quantité de vases d'or et d'argent par la libéralité de son peuple, il faut s'en servir pour racheter et nourrir ces soldats captifs. » Il fit en effet fondre les vases, paya aux soldats romains la rançon des Perses; leur donna des vivres et de quoi faire leur voyage, et les renvoya ainsi à leur roi. Bahram fut émerveillé de cette action, et confessa que les Romains savaient vaincre par la générosité comme par les armes. Il désira voir l'évêque Acace, et l'empereur Théodose le permit (Soc., l. 6, c. 18).

L'Arménie eut aussi beaucoup à souffrir de cette guerre. Elle servait souvent de passage et de champ de bataille aux deux armées ennemies. De plus, la portion de l'Arménie qui dépendait des Perses se souleva, chassa les troupes persanes pour recouvrer son indépendance. Le patriarche Sahag, accablé d'années (il avait alors plus de quatre-vingt-dix ans), ne trouvant plus de sûreté dans un pays aussi agité, quitta l'Arménie persane pour se retirer sur le territoire romain. Il y fut suivi par son petit-fils Vartan, prince des Mamigoniens, cette famille impériale de Chine, par Mesrob et par un très-grand nombre de ses disciples. Sahag ne fut pas reçu dans l'Arménie occidentale avec tous les égards dus à sa haute dignité. Il écrivit pour s'en plaindre, au maître de la milice Anatolius, au patriarche de Constantinople Atticus, et enfin à l'empereur lui-même. Vartan et Mesrob furent chargés de porter ses lettres à la cour. Théodose et le patriarche leur firent le plus grand accueil, et répondirent à Sahag dans les termes les plus affectueux. Le titre de général fut conféré à Vartan, et les ordres les plus précis furent adressés à tous les chefs civils et ecclésiastiques de ces cantons, pour que les fugitifs arméniens fussent traités avec la considération qui leur était due. Acace, évêque de Mélitène, Gind, évêque de la Derxène, et Anatolius, n'épargnèrent rien pour satisfaire l'empereur. Sahag et ses disciples mirent à profit leur séjour dans l'Arménie romaine pour y répandre la connaissance du nouvel alphabet que le patriarche avait donné aux Arméniens, et pour y combattre les ennemis de la foi qui y étaient en grand nombre. Bahram, roi de Perse, ayant conclu la paix avec les Romains, envoya également porter des paroles de paix aux seigneurs insurgés de l'Arménie. Ceux-ci communiquèrent ces propositions au patriarche Sahag, et le pressèrent de revenir parmi eux, pour les seconder par ses lumières et par son influence. Il laissa deux de ses petits-fils, frères de Vartan, dans l'Arménie romaine, pour y achever la conversion des hérétiques, particulièrement des *borborites*, secte de gnostiques la plus décriée, et il partit aussitôt pour le pays d'Ararat, où il se hâta de convoquer les princes, pour conférer avec eux sur les affaires générales du royaume. On convint d'envoyer en Perse, pour supplier le monarque persan de leur accorder un roi du sang des Arsacides. Les députés furent bien accueillis par Bahram ; on leur garantit l'entier oubli du passé et le libre exercice de leur religion ; on leur accorda la paix et on leur donna pour roi Ardaschir, fils de Bahram-Sapor, un de leurs derniers rois (*Mos. choren.*, l. 3, c. 57 et 58; *Hist. du Bas-Empire*, l. 30, c. 54-56).

Cependant, il s'était élevé en Occident une nouvelle hérésie, celle de Pélage, nommée de là *pélagianisme*. Pélage était né dans la Grande-Bretagne, de parents peu considérables. Le nom de sa famille était *Morgan*, qui, dans la langue du pays, signifie né sur les bords de la mer ; il le changea en celui de *Pelagius*, qui a le même sens en latin. Il embrassa la profession monastique et resta simple laïque. Etant venu à Rome, il habita longtemps cette ville, où il se fit connaître et estimer. Saint Paulin de Nole et même saint Augustin lui témoignèrent de la considération. Il composa quelques livres utiles, entre autres un *Traité de la Trinité*, et un *Recueil de passages de l'Ecriture sainte sur la morale*. Jusque-là sa croyance avait été pure. Déjà, néanmoins, des erreurs sur la grâce circulaient en Orient ; elles étaient enseignées dans l'école de Théodore de Mopsueste et avaient pris, dit-on, leur source dans

LIVRE XXXVIII. — HÉRÉSIE DE PÉLAGE.

quelques écrits d'Origène. Un Syrien nommé Rufin, qui vint à Rome vers l'an 400, imbu de cette doctrine et n'osant l'enseigner publiquement, en fit part à Pélage, qu'elle séduisit et qui l'embrassa. Bientôt Rufin et Pélage acquirent un nouveau prosélyte dans la personne de Célestius, issu d'une famille noble, et, selon quelques-uns, compatriote de Pélage. Célestius, homme d'un esprit vif et subtil, d'un caractère ardent, d'abord avocat, puis moine, réunissait en lui tout ce qu'il fallait pour devenir un sectaire. Il ne paraît pas que l'erreur fit beaucoup de progrès, tandis que Pélage et lui demeurèrent à Rome. Elle y eut pourtant des partisans secrets, et il est vraisemblable que ce fut dans cette ville que Pélage gagna Julien, depuis évêque d'Eclane, et l'un des principaux soutiens de cette hérésie. Des femmes aussi, même distinguées, touchées par les vertus apparentes de Pélage, y avaient été engagées. Vers l'an 409, Célestius et lui quittèrent Rome; ils visitèrent d'abord la Sicile, et, de là, passèrent en Afrique, répandant autant qu'ils pouvaient le venin de leur doctrine. Ils étaient en 410 à Hippone, et de là se rendirent à Carthage, où se trouvait alors saint Augustin. Pélage s'y embarqua pour la Palestine. Célestius, resté à Carthage, se mit à y enseigner assez ouvertement ses erreurs.

Pour bien saisir les erreurs de Célestius et de Pélage, il faut d'abord bien connaître la vérité catholique. La grâce est un don surnaturel que Dieu nous accorde pour mériter la vie éternelle, qui consiste dans la vision intuitive de Dieu. Or, voir Dieu en lui-même tel qu'il est, c'est une chose naturellement impossible à toute créature, parce que, d'elle à Dieu, il y a une distance infinie. Il lui faut donc, pour qu'elle puisse y parvenir, un secours surnaturel et divin, qui l'élève au-dessus d'elle-même, et c'est ce qu'on appelle la *grâce*. Dans le premier homme, Dieu créa tout à la fois et la nature et la grâce : la nature qui, pour l'homme, consiste à être une intelligence incarnée ; la grâce, qui l'élevait au-dessus de cette nature, le faisait participant de la nature divine, et le mettait dans la possibilité de voir un jour Dieu dans son essence. Par suite de cette *sublimation* divine de l'homme, son âme était parfaitement soumise à Dieu, ses sens parfaitement soumis à l'âme ; son corps même, associé à cet ennoblissement divin, devait ne jamais se séparer de l'âme, ne jamais mourir. Le premier homme, chef naturel de tout le genre humain, devait communiquer à ses descendants cette noblesse surhumaine. Par son péché, il en déchut lui-même avec tout le genre humain qu'il renfermait en lui. En punition de ce péché originel, l'homme naît dans un état de disgrâce et de déchéance, privé de l'adoption surnaturelle et divine, sujet à la mort et au combat de la chair contre l'esprit, réduit à sa nature seule, nature imparfaite, mais telle néanmoins que Dieu aurait pu l'y créer dès l'origine. Remonter à l'état surnaturel d'où il est déchu, c'est de toute impossibilité à l'homme. Il faut que la grâce de Dieu, que lui a méritée Jésus-Christ sur la croix, le régénère à la vie divine dans le baptême, et lui fasse produire des pensées, des affections, des œuvres surnaturelles qui lui méritent de voir éternellement Dieu en lui-même. Telle est, dans son ensemble, la doctrine de l'Eglise sur la nature et la grâce du premier homme, et sur le péché originel (Muzzarelli, *Sur le péché originel*).

Pélage, ignorant cette doctrine ou la comprenant mal, supposait que, dans le premier homme, la grâce divine n'était que la nature humaine ; d'où il concluait que, l'homme n'ayant pas perdu sa nature par le péché, il pouvait après ce qu'il pouvait avant, mériter par ses seules forces naturelles la vision intuitive de Dieu. Ce qui non-seulement combattait la doctrine de l'Eglise, mais était de plus une contradiction dans les termes ; car il est du sens le plus commun qu'il y a une distance infinie entre Dieu et l'homme, par conséquent une infinie impossibilité à l'homme de voir Dieu naturellement en son essence. Or, malgré ses innombrables subtilités, le pélagianisme se réduit à dire que je puis naturellement ce qui naturellement m'est d'une impossibilité infinie : contradiction absurde, s'il en fut jamais.

Célestius, resté à Carthage, se mit à y enseigner assez ouvertement ses erreurs. Accusé près d'Aurélius, évêque de Carthage, par le diacre Paulin, secrétaire de saint Ambroise, il tergiversa dans ses réponses, n'osant ni avouer ni désavouer les propos qu'on lui imputait, et les traitant de questions problématiques. Il fut donc condamné et privé de la communion de l'Eglise dans un concile tenu en 412. Les erreurs qu'on lui reprochait, se réduisent aux points suivants : 1° qu'Adam avait été créé sujet à la mort ; 2° que son péché n'avait nui qu'à lui et ne s'était pas communiqué à sa race, ce qui détruisait la croyance du péché originel ; 3° que les enfants en naissant sont dans le même état où était Adam avant son péché ; 4° que le péché d'Adam n'est pas la cause de la mort de tout le genre humain, non plus que la résurrection de Jésus-Christ la cause de la résurrection de tous les hommes ; 5° que la loi (de Moïse) conduit au royaume des cieux comme l'Evangile ; 6° que même avant la venue de Jésus-Christ, il y avait des hommes impeccables, c'est-à-dire sans péché ; 7° que les enfants morts sans baptême ont la vie éternelle. Condamné par le concile de Carthage, Célestius en appela au pontife romain ; mais, au lieu de poursuivre son appel, il s'en alla à Ephèse, où il se fit ordonner prêtre par surprise.

Saint Augustin n'avait point assisté à ce concile. Ayant appris les efforts que faisait la nouvelle hérésie pour se répandre, il la combattit d'abord dans ses sermons et dans ses conversations particulières, avec beaucoup de ménagement pour les personnes. Il exhortait son peuple à demeurer ferme dans l'ancienne doctrine de l'Eglise. Il insistait particulièrement sur le péché originel et la nécessité du baptême des enfants. Il rappelait volontiers ces paroles que saint Cyprien écrivit de son temps, à un évêque, au nom d'un concile de Carthage qu'il avait présidé : « Si les plus grands pécheurs, venant à la foi, reçoivent la rémission des péchés et le baptême, combien moins doit-on le refuser à un enfant qui vient de naître et qui n'a point péché, si ce n'est en tant qu'il est né d'Adam selon la chair, et que, par sa première naissance, il a contracté la contagion de l'ancienne mort ? Il doit avoir l'accès d'autant plus facile à la rémission des péchés, que ce ne sont pas ses péchés propres, mais ceux d'autrui qui lui sont remis (Cyp., *Epist.* 59, *ad Fidum*). »

Bientôt le saint docteur fut obligé d'écrire. Son ami, le tribun Marcellin, lui ayant envoyé plusieurs questions que soulevaient les partisans de Pélage, il répondit par trois livres : *Du mérite et de la rémission des péchés*, autrement, du baptême des enfants. Dans le premier, il fait voir qu'Adam ne serait pas mort s'il n'eût pas péché; que ses descendants ont été infectés de la tache originelle. Dans le second, il montre, 1° que l'homme peut être sans péché en cette vie, par la grâce de Dieu et son libre arbitre; 2° que personne en cette vie n'est absolument sans péché, puisqu'il n'y a personne qui n'ait besoin de dire : *Pardonnez-nous nos offenses;* 3° que cela vient de ce que personne ne le veut autant qu'il faut. Enfin, qu'aucun homme, excepté Jésus-Christ seul, n'est, n'a été, ni ne sera sans péché. Ailleurs, il en excepte encore expressément la sainte Vierge, dont il ne veut pas qu'on parle aucunement, quand il est question de péchés quelconques (*De nat. et grat.*, n. 42). Dans le troisième livre, il répond à plusieurs arguments que faisait Pélage dans son *Commentaire sur saint Paul*. Dans ces trois écrits, saint Augustin crut devoir taire encore les noms des nouveaux hérétiques, espérant par là les corriger plus facilement; même dans le troisième, étant obligé de nommer Pélage, il lui donna quelques louanges, parce que plusieurs vantaient sa bonne vie. Vers le même temps, il écrivit un traité ou une longue lettre *De la grâce du Nouveau Testament*, à son ami Honorat, qui lui en avait donné occasion par cinq questions sur l'Écriture. Peu après, il fit son livre *De l'esprit et de la lettre*, sur ces paroles de saint Paul : *La lettre tue; c'est l'esprit qui donne la vie*, pour éclaircir certaines observations que Marcellin avait faites sur les trois livres précédents.

Quant à Pélage lui-même, parti pour l'Orient dès l'année précédente 411, il fut bien reçu de l'évêque Jean de Jérusalem. Ce dernier ne fut peut-être pas fâché de l'opposer à saint Jérôme, avec lequel il n'était pas en trop bonne intelligence. En effet, Pélage se mit à critiquer les ouvrages du saint docteur, afin de diminuer sa renommée, qui était très-grande en Palestine. En même temps il disséminait ses erreurs dans des conversations secrètes et sans publier d'écrit. Saint Jérôme, occupé à ses *Commentaires sur Jérémie*, ne tarda pas à élever la voix. Il interrompit son travail pour écrire à un chrétien, nommé Ctésiphon, une longue lettre, où il compare la nouvelle hérésie à l'orgueil de Satan, qui voulut devenir semblable à Dieu. Et de fait, ainsi que saint Thomas le fait voir, le péché de Satan fut la présomption d'arriver à la félicité surnaturelle et souveraine, la vision intuitive de Dieu, par les seules forces de sa nature, à l'égal de Dieu même (S. Th., t. VIII, q. 15, *De dæmonibus*, art. 3). En sorte que Satan fut le premier pélagien. Ce que saint Jérôme avait appris de l'hérésie de Pélage se réduisait à ces deux points : de soutenir avec les stoïciens que, dès cette vie, l'homme peut arriver à être impeccable et impassible, et qu'il peut arriver là par les seules forces naturelles de son libre arbitre. Saint Jérôme le réfute sur l'un et l'autre, mais sans le nommer. Saint Augustin en usait de même. Il continuait de prêcher contre l'erreur, mais sans nommer personne.

Pélage, par ses manœuvres occultes, croyant être devenu un homme de quelque nom, écrivit à saint Augustin une lettre pleine de louanges. Son but était de capter sa bienveillance et de le rendre moins attentif aux progrès de l'erreur. Augustin lui fit cette réponse courte et polie : « Je vous remercie beaucoup de ce que vous avez daigné me réjouir par vos lettres et m'apprendre des nouvelles de votre santé. Que Dieu vous donne en retour les biens par lesquels vous soyez toujours bon et vous viviez avec lui éternellement, bien-aimé seigneur et très-désiré frère ! Pour ce qui me regarde, quoique je ne reconnaisse point en moi les louanges que la lettre de votre bonté contient, je ne puis cependant être ingrat à votre bienveillance envers mon exiguïté; mais en même temps je vous recommande de prier plutôt pour moi; afin que le Seigneur me fasse tel que vous me croyez déjà (Aug., *Epist.* 146). » Dans ce peu de mots, sans lui parler de son erreur, il l'en avertit tacitement, et lui insinue que Dieu seul peut nous rendre vraiment bons et dignes de la vie éternelle. Il l'appelle *très-désiré frère*, pour lui faire entendre qu'il désirait beaucoup le voir, afin de pouvoir s'expliquer plus nettement. C'est saint Augustin lui-même qui nous fait connaître ses vues (*L. de gest. Pelag.*, n. 29).

Dans le même temps, Pélage écrivit une longue lettre à la vierge Démétriade, pour lui tracer une règle de vie. Il y pose comme premier fondement de la perfection, de bien connaître les forces de la nature, la puissance du libre arbitre, afin de s'encourager par l'espérance de réussir. Il suppose que les patriarches et les prophètes sont devenus saints par les seules forces naturelles de leur volonté. Vous avez là, conclut-il par dire à Démétriade, de quoi être justement préférée aux autres. Car la noblesse et la richesse corporelles viennent des vôtres et non pas de vous; mais il n'y a que vous qui puissiez vous donner les richesses spirituelles. C'est donc en cela que vous êtes vraiment louable et digne d'être préférée aux autres, en ce qui ne peut être que de vous et en vous. Il ne parle de la grâce du Christ ou de l'Évangile que comme d'un secours qui facilite à la nature ce qu'elle peut déjà par elle-même (S. Aug., t. II, *Append.*, col. 5 et seq.). Enfin, dans toute sa lettre, on n'aperçoit pas la moindre idée de l'ordre surnaturel de la grâce et de la gloire divines. On croirait lire un commentaire sur cette prière des stoïciens : Que Dieu me donne de la vie et de l'argent; car, pour la vertu, je me la procurerai moi-même.

Saint Augustin ne connut cette lettre de Pélage que quatre ans après. Mais dès 414 on lui en fit passer une autre qu'il réfuta sur-le-champ. C'était un écrit où Pélage exposait à ses disciples les secrets de sa doctrine. Parmi ces disciples étaient Timase et Jacques, deux jeunes hommes de grande naissance et bien instruits des lettres humaines. Ils avaient, par les exhortations de Pélage, abandonné toutes les espérances du monde pour se consacrer à Dieu; mais ils avaient aussi embrassé avec ardeur sa mauvaise doctrine, en sorte qu'ils dogmatisaient même en public, contre la grâce qui nous fait chrétiens. Saint Augustin réussit à les désabuser de leurs erreurs par ses instructions. Alors ils lui communiquèrent l'écrit où Pélage défendait de toutes les forces de son raisonnement la nature contre la grâce, et le

LIVRE XXXVIII. — HÉRÉSIE DE PÉLAGE.

prièrent avec beaucoup d'instances de le réfuter. Saint Augustin le fit par un *Traité de la nature et de la grâce*. Il y observe qu'il ne faut pas louer le Créateur de manière à nier la nécessité du Sauveur. Quant à la nature de l'homme, elle est à louer telle que Dieu la créa dès l'origine, c'est-à-dire nature innocente, élevée par la grâce au-dessus d'elle-même; mais elle a été blessée par le péché d'Adam et a besoin que le même Dieu la guérisse. Ce qu'elle a maintenant de vicié, doit s'attribuer, non pas à l'opération divine, mais à la volonté humaine et à la juste vengeance de Dieu. Il a été en notre pouvoir que cette dégradation n'arrivât point; mais qu'elle se répare, nous ne pouvons l'espérer que de Dieu; il faut le prier, non-seulement qu'il nous pardonne nos péchés passés, mais encore qu'il nous préserve, par sa grâce, de pécher à l'avenir. Excepté la Mère de Dieu, personne n'a été sans péché; le libre arbitre a besoin d'être fortifié par le secours divin. Aucun des anciens Pères cités par Pélage, n'a enseigné le contraire.

Pour bien saisir la controverse du pélagianisme, une remarque nous paraît fort importante. Saint Augustin distingue la nature humaine dans le premier homme, d'avec la nature humaine dans ses descendants : dans celui-là elle était saine, dans ceux-ci elle est blessée et malade. Pélage, au contraire, soutient que la nature humaine est la même dans les descendants que dans le premier ancêtre. Il nous semble qu'il y a dans tout cela un peu d'équivoque. La nature est la même quant à son essence; la nature est la même en tant qu'elle est purement humaine. Elle n'est pas la même en tant que, dans le premier homme, elle était en quelque sorte divinisée par la grâce; car ce que saint Augustin dit des anges est également vrai dans nos premiers parents : que Dieu, tout à la fois, et y créa la nature et répandit la grâce (1); tandis que, par suite du péché, la nature n'a plus en nous que ce qui est strictement de son essence. Elle est déchue, blessée, viciée, corrompue, par comparaison avec la nature innocente et surnaturalisée du premier homme; cependant elle n'est pas viciée au point que Dieu n'eût pu y créer l'homme dès l'origine. Ces distinctions, aperçues et formulées par la précision plus sévère de la théologie scolastique, et justifiées par les décisions de l'Eglise, nous paraissent nécessaires pour ne pas s'égarer dans ce que la controverse du pélagianisme présente quelquefois de vague et d'indécis.

Saint Augustin reçut encore une lettre d'un nommé Hilaire, qui, de Sicile, où il y avait plusieurs pélagiens, notamment à Syracuse, le consultait entre autres sur les trois questions suivantes : 1° L'homme peut-il être sans aucun péché dans cette vie? Il y répond par ces paroles de saint Jean : *Si nous disons que nous n'avons point de péché, nous nous trompons nous-mêmes, et la vérité n'est point en nous* (1. Joan., 1, 8). Il rappelle que le Seigneur lui-même nous apprend à dire chaque jour : *Pardonnez-nous nos offenses, comme nous pardonnons les leurs à ceux qui nous ont offensés.* 2° Le libre arbitre de l'homme suffit-il pour accomplir les commandements de Dieu, sans le secours de la grâce et le don du Saint-Esprit? Il répond que le libre arbitre peut faire de bonnes œuvres, si Dieu lui est en aide; ce qui arrive lorsqu'on le prie humblement et qu'on coopère avec lui. Mais s'il est abandonné du secours divin, au lieu d'une justice véritable, il n'aura que l'enflure de l'orgueil. Ce qu'il prouve, et par cette demande de l'Oraison dominicale : *Ne nous laissez point succomber à la tentation;* et par ces paroles de Salomon : *Comme je savais que personne ne peut être continent, si Dieu ne lui en fait la grâce;* et par ces paroles de l'apôtre : *Qu'avez-vous, que vous n'ayez reçu?* 3° Est-il vrai que les enfants morts sans baptême ne peuvent périr, parce qu'ils naissent sans péché? Il répond qu'il faut plutôt croire saint Paul, qui dit : *Par un seul homme, le péché est entré dans le monde, et par le péché la mort, de manière à passer dans tous les hommes, en ce que tous ont péché* (Rom., 5, 12). Et encore : *Comme tous meurent en Adam, ainsi tous seront vivifiés dans le Christ* (1. Cor., 15, 22; Aug., Epist. 156 et 157). Saint Augustin développe la même doctrine dans sa lettre ou son livre *De la Perfection de la justice de l'Homme*, adressé aux évêques Eutrope et Paul, qui lui avaient remis, avec prière d'y répondre, un papier sous ce titre : *Définitions qu'on dit être de Célestius*.

Dans le même temps se trouvait à Hippone le prêtre Paul Orose. Il était venu du fond de l'Espagne, par le seul désir de voir saint Augustin et de s'instruire auprès de lui des saintes lettres. Il aurait bien voulu lui présenter un mémoire sur les erreurs qui se répandaient parmi ses compatriotes; mais il le voyait si occupé à dicter d'autres ouvrages, qu'il s'était borné à lui en dire un mot de vive voix. Quand il vit les deux évêques, Paul et Eutrope, lui remettre leur mémoire sur quelques hérésies, il profita de l'occasion pour lui en remettre un sur l'état doctrinal de l'Espagne. Les erreurs de Priscillien y avaient fait beaucoup de ravages, lorsqu'on y apporta les écrits de Victorin et d'Origène. Ceux de ce dernier y firent beaucoup de bien, en réfutant les erreurs des priscillianistes, et en donnant des idées saines sur beaucoup d'articles importants; mais aussi donnèrent-ils lieu à des erreurs nouvelles, par les idées singulières qui s'y trouvent éparses. Le saint docteur répondit par un livre fort court contre les priscillianistes et les origénistes. Il renvoie, pour les premiers, à ses écrits contre les manichéens; quant aux seconds, il relève ce qu'il y avait de condamnable dans certaines opinions d'Origène (t. VIII, col. 611).

Orose l'avait encore consulté sur l'origine des âmes. Mais saint Augustin était lui-même fort embarrassé de cette question. Déjà précédemment son ami le comte Marcellin avait consulté à cet égard saint Jérôme, qui répondit que, d'après sa manière de voir, Dieu crée maintenant encore chaque âme pour chaque homme; le renvoyant du reste, pour plus ample instruction, à Augustin, leur ami commun. Orose ayant donc réveillé cette question, saint Augustin, qui ne voyait pas encore au juste qu'en penser, lui conseilla d'aller en Palestine consulter saint Jérôme, et le pria de repasser en Afrique à son retour. Orose se mit en route, avec deux lettres pour l'illustre solitaire de Bethléhem.

Dans la première, Augustin lui expose son embarras touchant l'origine des âmes. Il établit d'abord, ce qu'il regarde comme certain, que l'âme est

---

(1) *Simul in eis et condens naturam, et largiens gratiam* (De civit. Dei, l. 12, c. 9).

immortelle, qu'elle n'est point une portion de la divinité, qu'elle est incorporelle; enfin qu'elle est tombée dans le péché, non par la faute de Dieu, ni par aucune nécessité, mais par la volonté propre, et qu'elle ne peut être relevée de sa chute que par la grâce de Jésus-Christ. Voilà, dit-il, ce que je tiens fermement touchant l'âme. Ce que je demande, c'est où elle a contracté ce péché qui entraîne la condamnation des enfants mêmes que la grâce du baptême n'en a pas délivrés. Dans les livres du *Libre arbitre*, contre les manichéens, j'ai apporté quatre opinions sur l'origine de l'âme : si toutes sont tirées de l'âme du premier homme; s'il s'en fait journellement de nouvelles pour chaque homme; si, étant déjà quelque part, Dieu les envoie dans les corps, où si elles y viennent d'elles-mêmes. Votre opinion est la seconde, que Dieu fait des âmes pour chaque homme qui naît, comme il paraît par votre lettre à Marcellin. Je voudrais que ce fût aussi la mienne; mais j'y trouve de grandes difficultés. Ces difficultés lui venaient du péché originel et des peines que les enfants souffrent, non-seulement en cette vie, mais principalement en l'autre, s'ils meurent sans être baptisés; peines qui ne semblent pas justes, si ce sont des âmes toutes neuves, créées exprès pour chaque corps. On n'y voit aucun péché en cet âge, et Dieu ne peut condamner une âme où il ne voit aucun péché. Car, dit-il, que ces âmes soient condamnées, si elles sortent ainsi du corps, la sainte Écriture et la sainte Église le témoignent. Je veux donc que cette opinion de la création des nouvelles âmes soit aussi la mienne, si elle n'est point contraire à cet article inébranlable de notre foi; si elle y est contraire, qu'elle ne soit pas non plus la vôtre. Aujourd'hui, ces questions difficiles sont un peu plus éclaircies. Quant à l'origine des âmes, le sentiment à peu près unanime des théologiens, c'est que Dieu les crée pour chaque homme. Saint Thomas va même jusqu'à qualifier d'hérétique l'opinion qui les suppose dérivées d'Adam par la génération (Summa, p. 1, q. 118, a. 2 et 3). De plus, l'Église nous apprend que Dieu aurait pu, dès l'origine, créer l'homme tel qu'il naît maintenant, sauf le péché seul. L'Église nous l'apprend, puisqu'elle a condamné le contraire dans Baïus. Enfin, les théologiens enseignent communément, après saint Thomas, que le péché originel consiste proprement dans la privation coupable, ou plutôt la répudiation de la justice originelle, de l'état surnaturel, de la grâce divine; répudiation formellement volontaire dans le premier homme, et moralement volontaire dans ses descendants, en tant que membres du chef et individus de l'espèce, renfermés tous dans le premier comme dans leur source. La punition de ce péché, infligée de la part de Dieu, est la soustraction même de cette grâce originelle répudiée par l'homme, ainsi que de toutes les prérogatives qui y étaient attachées (Muzzarelli, *Sur le péché originel*). Bref, l'homme est actuellement, par sa faute, dans un état où cependant, sans aucune faute de sa part, il aurait pu être créé dès l'origine.

Cependant Orose, arrivé en Palestine, trouva saint Jérôme occupé à réfuter les pélagiens. Il se retira auprès de lui à Bethléhem. Il croyait y être caché comme un pauvre et un inconnu, lorsqu'il fut appelé par les prêtres de Jérusalem pour assister à la conférence qui devait se tenir au sujet de l'hérésie de Pélage, qui faisait beaucoup de bruit en Palestine. La conférence se tint le 28 juillet 415. Jean de Jérusalem, qui y présida, fit asseoir Orose avec les prêtres. Aussitôt tous les assistants prièrent ce dernier de leur raconter, avec simplicité et sincérité, ce qu'il savait de ce qui s'était passé en Afrique touchant les hérésies de Pélage et de Célestius. Orose expliqua en peu de mots comment Célestius avait été dénoncé à plusieurs évêques assemblés à Carthage, et ensuite condamné pour ses erreurs. Il dit aussi que saint Augustin travaillait à répondre pleinement à un livre de Pélage, à la prière des disciples de Pélage même, qui le lui avaient envoyé : c'étaient Jacques et Timase. Il ajouta : J'ai encore entre les mains une lettre du même évêque, qu'il a envoyée depuis peu en Sicile, où il a rapporté plusieurs questions des hérétiques. On lui ordonna de la lire, et il la lut : c'était la lettre à Hilaire.

Alors l'évêque de Jérusalem demanda que l'on fit entrer Pélage. L'assemblée y consentit, tant par respect pour l'évêque que parce qu'on espérait que la réfutation que l'on ferait de ses erreurs en sa présence serait plus forte et plus utile. Lorsque Pélage fut entré, les prêtres lui demandèrent tout d'une voix s'il reconnaissait avoir enseigné la doctrine que l'évêque Augustin avait combattue. Il répondit : Qu'ai-je à faire d'Augustin ? Tous s'élevèrent contre une réponse si injurieuse à un évêque dont Dieu s'était servi pour la réunion de toute l'Afrique et l'extinction du schisme des donatistes. Ils s'écrièrent qu'il fallait le chasser non-seulement de l'assemblée, mais de toute l'Église. L'évêque Jean, au lieu de le chasser, le fit asseoir au milieu des prêtres, lui qui n'était qu'un simple laïque et accusé d'hérésie, et, pour avoir la liberté de pardonner à Pélage l'injure qu'il avait faite à saint Augustin, il dit qu'il la prenait sur lui : Je suis, dit-il, Augustin. Orose lui répondit avec beaucoup d'à-propos : Si vous faites le personnage d'Augustin, suivez donc aussi ses sentiments.

Jean demanda ensuite à toute l'assemblée si ce qu'on venait de lire de la lettre à Hilaire était contre Pélage ou contre d'autres, et ajouta : Si c'est contre Pélage, déclarez ce que vous avez à dire contre lui. Orose, voyant qu'on lui faisait signe de parler, le fit en ces termes : Pélage m'a dit enseigner que l'homme peut être sans péché et garder facilement les commandements, s'il le veut. Pélage répondit : Je ne puis nier que j'aie dit cela et que je le dise encore. — Eh bien! reprit Orose, c'est ce que le concile d'Afrique a détesté dans Célestius; c'est ce que l'évêque Augustin a rejeté avec horreur, comme vous venez de l'entendre; c'est qu'il condamne encore présentement dans la réponse qu'il fait aux écrits de Pélage; c'est ce que le bienheureux Jérôme, si célèbre par ses victoires sur les hérétiques, a condamné aussi depuis peu dans sa lettre à Ctésiphon; c'est qu'il réfute encore maintenant dans les dialogues qu'il compose. L'évêque Jean, sans rien écouter de tout cela, voulait obliger Orose et ceux qui étaient contre Pélage à se déclarer ses accusateurs et à le poursuivre devant lui, comme évêque de Jérusalem. Mais tous répondirent plusieurs fois : Nous ne sommes point les parties de Pélage; nous vous déclarons seulement ce que ceux qui sont nos frères et nos pères ont jugé et ordonné sur cette hérésie qu'un laïque répand partout, de peur que, sans que vous le sachiez, il ne trouble les Eglises, et particulièrement la vôtre. Comme Jean insistait toujours pour qu'ils se déclarassent les accusateurs de Pélage, ils continuèrent de répondre qu'ils étaient enfants de l'Eglise et non pas docteurs des docteurs ni juges des juges; qu'ils ne pouvaient que suivre ceux qui, étaient en vénération dans l'Eglise entière et condamner ce qu'ils avaient condamné.

On disputa longtemps. Orose parlait en latin, et l'évêque Jean en grec. Ils ne s'entendaient que par un interprète, qui souvent rendait les choses de travers, comme il en fut convaincu plusieurs fois. Ce que voyant Orose, il s'écria : L'hérétique est Latin, nous sommes Latins; il faut renvoyer à des juges latins cette hérésie qui est plus connue chez les Latins. L'évêque Jean veut juger sans accusateurs, étant lui-même suspect. Orose fut soutenu par quelques-uns de l'assemblée, qui protestèrent qu'on ne pouvait pas être tout à la fois avocat et juge. Ainsi, après diverses contestations, Jean conclut, suivant la demande d'Orose, que l'on enverrait des députés et des lettres au pape Innocent, et que tous suivraient ce qu'il aurait décidé. Cependant il imposa silence à Pélage, défendant en même temps à ses adversaires de lui insulter, comme s'il était demeuré convaincu. Tous consentirent à cet accord, rendirent solennellement grâces à Dieu, se donnèrent mutuellement la paix, et, pour la confirmer, firent ensemble l'oraison avant de se séparer.

Le 13 septembre de la même année, fête de la dédicace de l'église de Jérusalem, Orose étant venu en cette ville pour accompagner l'évêque Jean à l'autel, selon la coutume, Jean, au lieu de le saluer, lui dit : Pourquoi venez-vous avec moi, vous qui avez blasphémé? — Qu'ai-je dit, répondit Orose, qu'on puisse appeler blasphème? L'évêque reprit : Je vous ai ouï dire que l'homme, même avec le secours de Dieu, ne peut être sans péché. Orose, prenant à témoin les prêtres et les autres personnes qui étaient présentes, protesta qu'un tel discours n'était jamais sorti de sa bouche. Comment, ajouta-t-il, l'évêque qui est Grec et n'entend point le latin, a-t-il pu m'entendre, moi qui ne parle que latin? Il aurait dû m'avertir paternellement dans le moment même qu'il m'a ouï tenir ce discours. Quoique Jean ne fût pas recevable à le lui reprocher au bout de quarante jours que s'était tenue la conférence, Orose crut devoir embrasser l'occasion que la Providence lui offrait pour réprimer l'insolence des hérétiques, qui abusaient de la patience avec laquelle l'Eglise les tolérait. Il écrivit donc une apologie, où, en défendant son innocence contre la calomnie de l'évêque de Jérusalem, il faisait voir l'impiété de l'hérésie de Pélage (*Biblioth. Patr.*, t. VI).

Quelques mois après, le 20 décembre de la même année 415, il se tint un concile de quatorze évêques en Palestine, dans la ville de Diospolis, connue dans l'Ecriture sous le nom de Lydda. Euloge, que l'on croit avoir été évêque de Césarée, métropole, présidait. Deux évêques des Gaules, chassés de leurs sièges, Héros d'Arles et Lazare d'Aix, lui avaient présenté un mémoire contenant les erreurs qu'ils avaient recueillies des livres de Pélage et de Célestius, y ajoutant les articles sur lesquels Célestius avait été ouï et condamné au Concile de Carthage, et ceux qu'Hilaire avait envoyés de Sicile à saint Augustin. Il s'agissait, au concile, d'examiner ce mémoire. Malheureusement ces deux évêques ne purent s'y trouver eux-mêmes au jour marqué, parce que l'un d'eux était grièvement malade. Pélage, au contraire, s'y trouva pour se justifier, ce qui ne lui fut pas difficile, n'ayant point d'accusateurs en tête; car Orose n'y était pas non plus. On soupçonne l'évêque Jean de Jérusalem d'avoir aidé Pélage à prendre si bien son temps. Celui-ci, voulant donner une bonne opinion de lui au concile, se vanta d'être uni d'amitié avec beaucoup de saints évêques, et produisit plusieurs lettres, dont quelques-unes furent lues, entre autres la petite lettre de saint Augustin, qui lui témoignait beaucoup de politesse, mais l'exhortait tacitement à changer de doctrine sur la nécessité de la grâce.

On ne laissa pas de lire le mémoire, où les évêques Héros et Lazare avaient mis les erreurs dont ils l'accusaient. Mais les évêques du concile n'entendaient pas le latin; il leur fallut se faire expliquer ce mémoire par un interprète, tandis que Pélage répondait lui-même en grec. Après plusieurs propositions équivoques ou erronées, qu'il expliqua à sa manière ou même qu'il anathématisa comme n'étant pas de lui, on lui objecta les propositions suivantes, tirées de la doctrine de Célestius, son disciple : qu'Adam a été fait mortel, en sorte qu'il devait mourir, soit qu'il péchât, soit qu'il ne péchât point; que le péché d'Adam n'a nui qu'à lui seul, et non au genre humain; que la loi de Moïse envoie au royaume du ciel comme l'Evangile; qu'avant l'avènement de Jésus-Christ, il y a eu des hommes sans péché; que les enfants nouvellement nés sont au même état où était Adam avant son péché; que tout le genre humain ne meurt point par le péché d'Adam, et ne ressuscite point par la résurrection de Jésus-Christ; que l'homme peut être sans péché s'il veut; que les enfants, sans être baptisés, ont la vie éternelle. Pélage répondit que la doctrine de Célestius ne le regardait pas; qu'à l'égard de ce qu'on lui objectait d'avoir dit qu'avant la venue du Seigneur il y a eu des hommes sans péché, il ne faisait point difficulté de dire qu'en ce temps-là quelques-uns ont vécu saintement et justement, selon que les saintes Ecritures l'enseignent. Il anathématisa toutes les autres erreurs qu'on lui avait dit être de Célestius, avec ceux qui les tenaient ou qui les avaient jamais tenues. Sur quoi le concile dit : Pélage, ici présent a répondu bien et suffisamment à ces articles, anathématisant ce qui n'était pas de lui.

Comme on l'accusa d'avoir enseigné que l'Eglise est ici sans tache et sans ride, il répondit : Je l'ai dit, parce que l'Eglise est purifiée par le baptême, et que le Seigneur veut qu'elle demeure ainsi. Cette réponse fut approuvée du concile. Ensuite on lui objecta quelques propositions de Célestius, dont le sens était, que nous faisons plus qu'il n'est ordonné par la loi et par l'Evangile; que la grâce de Dieu et son secours ne sont pas donnés pour chaque action particulière, mais qu'ils consistent dans le libre arbitre ou dans la loi et la doctrine; que la grâce de Dieu est donnée selon nos mérites, parce que, s'il la donnait aux pécheurs, il semblerait être injuste; d'où il suit que la grâce même dépend de notre volonté, pour en être dignes ou indignes. Sur la première proposition, il dit : Nous l'avons avancée suivant ce que dit saint Paul de la virginité : *Je n'ai point de précepte du Seigneur.* Quant aux autres, il ajouta : Si ce sont là les sentiments de Célestius, c'est à ceux qui le disent à l'examiner; pour moi, je n'ai jamais tenu cette doctrine, et j'anathématise celui qui la tient. Le concile fut satisfait de cette réponse. Mais sur cette autre proposition de Célestius, que chaque homme peut avoir toutes les vertus et toutes les grâces, Pélage répondit : Nous n'ôtons pas la diversité des grâces, mais nous disons que Dieu donne toutes les grâces à celui qui est digne de les recevoir, comme il les donna à saint Paul. Ensuite il désavoua ces autres propositions de Célestius : que l'on ne peut appeler enfants de Dieu, sinon ceux qui sont absolument sans péché; que l'oubli et l'ignorance ne sont point susceptibles de péché, parce qu'ils ne sont pas volontaires, mais nécessaires; qu'il n'y a point de libre arbitre, s'il a besoin du secours de Dieu; parce qu'il dépend de la volonté de chacun de faire ou de ne pas faire; que notre victoire ne vient point du secours de Dieu, mais du libre arbitre; que le pardon n'est point accordé aux pénitents, suivant la grâce et la miséricorde de Dieu, mais selon les mérites et le travail de ceux qui, par la pénitence, se rendent dignes de miséricorde. Il ajouta qu'il croyait en la Trinité d'une seule substance, et tout le reste, selon la doctrine de l'Église, disant : Anathème à quiconque croit autre chose ! Le concile, content de ses déclarations et de ses réponses, le reconnut pour être dans la communion de l'Église catholique. Mais si Pélage y fut absous, parce qu'il sut tromper les évêques, en confessant de bouche ce qu'il condamnait dans le cœur, sa doctrine y fut anathématisée, étant contraint de l'anathématiser lui-même pour éviter sa propre condamnation (Aug., *De gestis Palest.*).

Pendant la tenue du concile il arriva quelque chose de plus consolant pour l'Église. On découvrit les reliques du premier martyr, saint Etienne, à vingt milles de Jérusalem, dans le bourg de Caphargamala. L'église de ce bourg était desservie par un prêtre vénérable nommé Lucien. Le vendredi 3 décembre 415, sur les neuf heures du soir, il dormait dans le baptistère, où il avait coutume de coucher pour garder les vases sacrés de l'église. Etant à demi éveillé, il vit un vieillard vénérable, d'une haute taille et d'une beauté merveilleuse, qui l'appela trois fois par son nom et lui dit : « Je suis Gamaliel, qui instruisis saint Paul dans la loi. En même temps il lui ordonna d'aller à Jérusalem dire à l'évêque Jean de venir ouvrir les tombeaux où étaient ses reliques et celles de quelques autres serviteurs de Jésus-Christ. A l'orient du tombeau, ajouta-t-il, est saint Etienne, que les Juifs lapidèrent hors de la porte occidentale de leur ville. Son corps resta là exposé un jour et une nuit, sans que les oiseaux et les bêtes osassent y toucher. Les fidèles de Jérusalem, que je connaissais, l'enlevèrent de nuit par mon ordre, et le portèrent à ma maison de campagne, où je le mis dans mon propre tombeau, du côté de l'orient, après avoir célébré ses funérailles quarante jours. Nicodème, qui venait voir Jésus de nuit, est là aussi dans un autre cercueil. Lorsque son attachement pour le Sauveur l'eut fait excommunier et chasser de Jérusalem par les Juifs, je le reçus dans ma maison à la campagne et l'y gardai jusqu'à la fin de sa vie. Je l'enterrai honorablement auprès d'Etienne. J'enterrai encore au même endroit mon fils Abibas, qui mourut avant moi, à l'âge de 20 ans. Son corps est dans le troisième cercueil, qui est le plus élevé, et dans lequel on me mit moi-même après ma mort. »

Lucien craignit qu'un excès de crédulité ne le fît passer pour imposteur. Pour s'assurer si cette vision était de Dieu, il en demanda une seconde et une troisième, et, afin de mériter cette grâce, il persista dans le jeûne et la prière. Les deux vendredis suivants, Gamaliel lui apparut sous la même forme, et lui dit d'obéir. Lucien se rendit donc à Jérusalem. L'évêque Jean, auquel il raconta ce qui lui était arrivé, pleura de joie. D'après ses ordres, Lucien fit commencer les fouilles. Survint un moine de sainte vie, nommé Migèce, à qui Gamaliel était également apparu et qui lui avait indiqué l'endroit précis où se trouvaient les corps. En effet, lorsqu'on y eut creusé la terre, on découvrit trois coffres, avec une pierre sur laquelle étaient gravés, en gros caractères, les noms suivants : Cheliel, Nasuam, Gamaliel, Abibas. Les deux premiers sont syriaques; ils reviennent à ceux d'Etienne ou de Couronné, et de Nicodème ou de Victoire du peuple. Lucien informa aussitôt l'évêque Jean de ce qui venait d'arriver. Il était dans ce moment au concile de Diospolis, et partit sur-le-champ avec les évêques de Sébaste et de Jéricho.

Dès qu'on eut ouvert le cercueil d'Etienne, la terre trembla. Il s'exhala en même temps une odeur si agréable, que personne ne se souvenait d'en avoir jamais senti de pareille. Soixante-treize malades, qui se trouvaient dans la foule, se trouvèrent guéris sur-le-champ. On baisa les saintes reliques et on les renferma. Puis, en chantant des psaumes et des hymnes, on porta celles de saint Etienne à l'église de Sion, où il avait été ordonné diacre; mais on en laissa quelques petites parties à Caphargamala. Il tomba aussitôt une pluie abondante, qui rendit à la terre la fertilité dont elle était privée par une longue sécheresse. La cérémonie de cette translation se fit le 26 décembre, jour auquel l'Église a toujours célébré depuis la fête de saint Etienne. L'histoire de cette découverte et de cette translation fut écrite par le prêtre Lucien lui-même. Le prêtre Avit, compatriote d'Orose et qui demeurait à Jérusalem, la traduisit en latin. Ce qu'elle renferme est également attesté par Chrysippe, un des principaux prêtres de l'église de Jérusalem; par Idace et Marcellin dans leurs *Chroniques;* par Basile, évêque de Séleucie; par saint Augustin. Finalement, le récit des mêmes faits se trouve dans la plupart des historiens, et dans les sermons des principaux Pères du siècle.

Vers le printemps de l'année 416, Orose quitta la Palestine, emportant, de la part d'Avit, quelques reliques de saint Etienne, avec la relation de leur découverte, pour Falconius, évêque de Brague en Lusitanie, où Avit était né. Les dévastations des Goths l'empêchant de passer en Espagne, il retourna en Afrique, laissant les reliques du saint à Mahon, principale ville de l'île de Minorque. Sévère, évêque de l'île, s'y rendit dans le dessein de recevoir le dépôt sacré et d'ouvrir des conférences avec les Juifs, qui étaient en fort grand nombre dans cette ville. La vue de ses reliques, jointe au zèle des chrétiens, opéra un prodige étonnant. L'an 418, dans l'espace de huit jours, 540 Juifs, y compris Théodore, leur patriarche, se convertirent et demandèrent le baptême. Il n'y eut que quelques femmes qui montrèrent un peu plus d'opiniâtreté; mais, à la fin, elles se rendirent aussi. Ces Juifs convertis bâtirent une église à leurs frais et de leurs propres mains. Nous avons encore la lettre-circulaire à toute l'Eglise catholique, où l'évêque Sévère a consigné l'histoire de ce merveilleux événement (1).

Le jour même qu'Evode, évêque d'Uzale, lisait à son troupeau la lettre de Sévère, arrivèrent à la chapelle des saints martyrs Félix et Gennade, située près de la ville, quelques esquilles d'ossements de saint Etienne et une fiole où il y avait de son sang. Des moines de Palestine avaient procuré ces reliques. Évode alla les recevoir avec beaucoup de joie. Un homme, qui s'était brisé le pied en faisant une chute et qui gardait le lit depuis plusieurs jours, fut guéri après avoir imploré l'intercession de saint Etienne, et se rendit à la chapelle des Martyrs pour y remercier Dieu. La célébration des saints mystères finie, on alla en procession à la ville. Le peuple, divisé en plusieurs troupes qui tenaient à la main des cierges et des flambeaux, chantait des psaumes et des hymnes. Lorsqu'on fut arrivé à la principale église, on y déposa les reliques sur le trône de l'évêque, que l'on couvrit d'un voile. Une femme aveugle recouvra la vue, en appliquant ce voile sur ses yeux. Ensuite, on plaça les reliques sur un lit que l'on renferma dans une espèce d'armoire, où il y avait une ouverture par laquelle on faisait toucher des linges, qui par là recevaient la vertu de guérir les malades. Les fidèles venaient les visiter de fort loin, et il s'opéra un grand nombre de miracles. Evode en fit écrire la liste par un de ses clercs. On la lisait publiquement à la fête de saint Etienne, et, après la lecture de chaque miracle, on appelait les personnes guéries, que l'on faisait passer successivement au milieu de l'église. Le peuple, en les voyant, pleurait de joie et redoublait ses acclamations. Parmi ceux qu'on fit ainsi passer étaient trois aveugles, qui avaient recouvré la vue, et un homme d'Hippone, qui avait été guéri d'une paralysie. Les assistants paraissaient plutôt voir les miracles qu'en entendre le récit.

L'évêque Evode était ami intime de saint Augustin. Il approuva et publia deux livres *Des miracles de saint Etienne*, qui avaient été écrits par son ordre, et qui sont ordinairement cités sous son nom. Il est dit que, devant l'oratoire où étaient les reliques du saint, à Uzale, était un voile sur lequel on avait représenté le saint portant une croix sur ses épaules. Dans cette *Histoire des miracles d'Uzale*, il est fait mention de quelques morts ressuscités. Saint Augustin parle de l'un d'eux presque dans les mêmes termes. Un enfant, dit-il, encore à la mamelle, mourut sans avoir reçu le baptême. Sa mère, le voyant perdu pour toujours, court à l'oratoire de saint Etienne et fait la prière suivante : « Saint martyr, vous voyez que j'ai perdu mon unique consolation ! rendez-moi mon enfant, afin que je puisse le retrouver dans celui qui

(1) Voir toutes ces pièces, ainsi que les suivantes, dans l'appendice du tome VII de S. Augustin, édit. Bénéd.

vous a couronné ! » Après sa prière, qui fut longue et accompagnée d'un torrent de larmes, l'enfant ressuscita, et on l'entendit crier. On le porta sur-le-champ aux prêtres qui le baptisèrent. Il reçut ensuite la confirmation et l'eucharistie, suivant l'usage d'alors. Dieu l'appela peu après à lui. Sa mère le porta au tombeau avec autant de confiance que si elle eût été le déposer dans le sein même de saint Etienne. Ce sont les propres paroles de saint Augustin.

Il ne s'opéra pas de moindres prodiges à Calame, dont Possidius, autre ami de saint Augustin, était évêque. Il y avait pareillement dans cette ville une chapelle de saint Etienne, avec de ses reliques. Euchaire, prêtre espagnol, était depuis longtemps tourmenté de la pierre; il n'eut pas plutôt touché les saintes reliques qu'il se trouva guéri. Quelque temps après, étant mort d'une autre maladie, et sur le point d'être porté au tombeau, il ressuscita quand on eut jeté sur son corps une tunique qu'on avait apportée de la chapelle du saint. Plusieurs malades, affligés de diverses maladies, recouvrèrent aussi la santé. Saint Augustin, qui écrivait dans ce temps-là, dit qu'il se fit plus de ces sortes de guérisons à Calame qu'à Hippone, où cependant il en avait compté soixante-dix. Entre autres prodiges qui arrivèrent à Calame, il insiste principalement sur la conversion d'un païen nommé Martial. C'était un des principaux de la ville. Il avait une fille chrétienne, dont le mari avait été baptisé cette année-là même. Le voyant malade, ils le priaient avec beaucoup de larmes de se faire chrétien; mais il le refusa absolument et les renvoya avec indignation. Son gendre s'avisa d'aller à la chapelle de saint Etienne, prier pour sa conversion. Il le fit avec grande ferveur, et, en se retirant, il prit de dessus l'autel des fleurs qu'il y rencontra, et les mit près de la tête de son beau-père, comme il était déjà nuit. On se coucha. Avant qu'il fût jour, Martial cria qu'on courût à l'évêque. Il se trouva qu'il était à Hippone, avec saint Augustin. Martial ayant appris qu'il était absent, demanda qu'on fît venir les prêtres. Ils vinrent. Il leur annonça qu'il croyait, et fut baptisé, au grand étonnement de tout le monde. Depuis son baptême jusqu'à sa mort, qui arriva peu de temps après, il eut toujours à la bouche ces paroles : Jésus-Christ, recevez mon esprit ! qui furent les dernières paroles de saint Etienne; mais il ne le savait pas (Aug., *Serm*. 323, 324; *De civit*., l. 12, c. 8).

Saint Augustin, dans son dernier livre *De la cité de Dieu*, rapporte encore un grand nombre d'autres miracles arrivés à cette même époque dans d'autres villes. En 425, l'église d'Hippone reçut elle-même une portion des reliques de saint Etienne. Parmi les miracles qui s'y opérèrent, il y en avait près de soixante-dix dont il y avait une relation authentique. Saint Augustin cite entre autres la résurrection des trois morts. Il fut lui-même témoin oculaire de la plupart de ces miracles, en particulier du suivant.

Il y avait dans une famille considérable de Césarée dix enfants, sept garçons et trois filles. Ayant été maudits de leur mère à cause de leur mauvaise conduite, ils furent saisis, l'un après l'autre, depuis le plus âgé jusqu'au plus jeune, d'un tremblement dans tous leurs membres, qui leur défigurait tout le corps. Dans ce triste état, ils erraient çà et là, en différents pays. Le second de ces enfants fut guéri, en priant dans une chapelle de saint Laurent, à Ravenne. Le sixième et le septième arrivèrent à Hippone en 425. Ils se nommaient, l'un Paul, l'autre Palladie. Ils attirèrent sur eux les regards de tout le monde. Le matin du jour de Pâques, Paul, priant devant les reliques de saint Etienne, se trouva parfaitement guéri. On entendit aussitôt crier de toutes parts dans l'église : *Grâces à Dieu ! Béni soit le Seigneur !* Le jeune homme se jeta aux pieds de saint Augustin, auquel on le présenta. Le saint le fit relever et l'embrassa. Lorsqu'il fut monté en chaire pour prêcher, il le montrait au peuple en disant : Nous avons coutume de lire les relations des miracles que Dieu a opérés par les prières du bienheureux martyr Etienne. Mais aujourd'hui la présence de ce jeune homme nous tient lieu de livre ; il ne nous faut point d'autre écriture que son visage, que vous connaissez tous. Le mardi de Pâques, il fit placer Paul et Palladie sur les degrés de la chaire, afin que le peuple pût les voir. L'un n'avait aucune marque de son mal ; tandis que l'autre tremblait de tous ses membres. Les ayant ensuite fait retirer, il prêcha sur le respect que les enfants doivent à leurs parents, et sur la modération avec laquelle les parents doivent traiter leurs enfants. Son sermon fut interrompu par les acclamations du peuple, qui ne cessait de répéter ces paroles : *Grâces à Dieu !* C'est que Palladie venait d'être guérie à son tour, en priant devant les reliques de saint Etienne. Le sermon qui fut interrompu par ce miracle (*Serm.* 320), est parvenu jusqu'à nous, ainsi que tous ceux que saint Augustin prêcha en cette occasion. Environ un an après, il inséra la relation de ce miracle, ainsi que celle de plusieurs autres, dans son vingt-deuxième livre *De la cité de Dieu*.

Tout après le concile de Diospolis, peut-être même pendant, saint Jérôme publia en trois livres son *Dialogue* entre un catholique qu'il nomme Atticus, et un pélagien qu'il nomme Critobule. Il s'y sert partout, contre la nouvelle hérésie, des mêmes preuves que saint Augustin, et le cite enfin en ces termes : « Le saint et éloquent évêque Augustin a écrit, il y a longtemps, à Marcellin, deux livres du baptême des enfants contre votre hérésie ; et un troisième contre ceux qui disent, comme vous, que l'on peut être sans péché, si on veut ; et, depuis peu, un quatrième à Hilaire. On dit qu'il en compose d'autres contre vous nommément ; mais ils ne sont pas encore venus entre mes mains. C'est pourquoi je suis d'avis de cesser ce travail ; car je redirais inutilement les mêmes choses, ou si je voulais en dire de nouvelles, cet excellent esprit m'a prévenu, en disant les meilleures. »

On vit bientôt le caractère de l'hérésie. Pélage ayant trompé, comme on a vu, le concile de Diospolis, et, se croyant assez fort sous la protection de Jean de Jérusalem, résolut de se venger de ceux qu'il croyait les plus opposés à ses sentiments. Il envoya donc une troupe de gens perdus à Bethléhem, attaquer les serviteurs et les servantes de Dieu, qui y vivaient sous la conduite de saint Jérôme. Les uns furent battus avec une cruauté barbare ; un diacre y fut tué ; les bâtiments du monastère furent réduits en cendres ; et saint Jérôme n'évita les mauvais traitements de ces impies que par le moyen d'une forte tour, où il se vit obligé de se retirer. Les vierges Eustochium et Paule, sa nièce, se sauvèrent à peine du feu et des armes qui les environnaient, et où elles avaient vu battre et tuer ceux qui leur appartenaient. Elles s'en plaignirent, aussi bien que saint Jérôme, au pape saint Innocent, sans toutefois nommer personne. Le Pape écrivit à Jérôme une lettre où il dit : « Excité par le récit de tant de maux, nous nous sommes empressé de saisir l'autorité du Siège apostolique, pour réprimer toute espèce d'attentat. Mais comme nous n'avons vu personne de nommé ni d'accusé dans vos lettres, nous ne savons contre qui nous élever. Nous faisons ce qui est en notre pouvoir, qui est de compatir à vos peines. Mais si vous déposez une accusation précise contre quelques personnes certaines, ou je donnerai des juges compétents, ou, si cela se peut, j'y pourvoirai par un plus prompt remède. Cependant j'ai écrit à mon frère, l'évêque Jean, d'être plus circonspect, afin que pareil désordre n'ait plus lieu dans l'Eglise qui lui est confiée (Coustant, col. 907, *Epist.* 34). »

Cette lettre est remarquable pour faire voir l'autorité du Pape par toute l'Eglise. Il avait droit de donner des juges en Palestine même, et pour une affaire criminelle. Sa lettre à Jean de Jérusalem est extrêmement sévère. Il y parle des plaintes que lui ont adressées les vierges Eustochium et Paule, sans distinguer cependant ni la personne ni la cause. Il lui reproche sa négligence à prévenir un pareil désordre. Par là seul qu'une pareille atrocité se commet dans une église, c'est la condamnation du pontife. Il lui reproche son indifférence après l'événement. « Où sont vos consolations pour celles qui en ont été les victimes ? car elles disent qu'elles craignent encore plus pour l'avenir qu'elles n'ont souffert du passé. Si elles m'avaient communiqué quelque chose de plus précis sur cette affaire, je parlerais plus haut et j'agirais plus sévèrement (Coustant, col. 907, *Epist.* 35). »

L'évêque Jean mourut quelque temps après, le 10 janvier 417. Il avait succédé à saint Cyrille et tenu le siège de Jérusalem plus de trente ans. Son successeur fut Prayle, dont les mœurs étaient conformes au nom, qui signifie *doux*. Il tint le siège environ treize ans. Saint Jérôme lui-même survécut peu d'années à cette persécution. Il mourut le 30 septembre 420, âgé de quatre-vingt-onze ans. Son corps, consumé de travaux, d'austérités, de vieillesse et de maladies, fut enterré à Bethléhem, dans la grotte de son monastère. Malgré son caractère un peu véhément, saint Jérôme est un de ces hommes rares dont le nom seul dit plus que tous les éloges.

Le 19 mars 416, le pape Innocent écrivit encore une décrétale fameuse à Décentius, évêque d'Eugubio dans l'Ombrie, qui l'avait consulté sur plusieurs points de discipline. « Si les évêques du Seigneur, y dit le Pape, voulaient garder dans leur intégrité les institutions ecclésiastiques, telles qu'elles ont été transmises par les bienheureux apôtres, il n'y aurait ni diversité ni variété dans ce qui regarde les ordres et les consécrations. Mais chacun s'imaginant devoir suivre, non pas ce qui est de tradition, mais ses propres idées, il arrive qu'on voit des usages et des cérémonies diverses, suivant les églises et les lieux divers. De là le scandale des peuples qui, ne sachant pas que les traditions anciennes ont été corrompues par la présomption humaine, se persuadent ou que les églises ne sont pas d'accord, ou que cette contrariété a été introduite par les apôtres ou par les hommes apostoliques. Qui ne sait, en effet, ou qui ne voit que ce qui a été transmis par Pierre, le prince des apôtres, à l'Eglise romaine et s'y observe jusqu'à présent, doit être observé par tous, sans qu'on y ajoute rien qui n'ait pas d'autorité ou qui paraisse pris d'ailleurs? D'autant plus qu'il est manifeste que, dans toute l'Italie, dans les Gaules, les Espagnes, l'Afrique et la Sicile, ainsi que les îles adjacentes, personne n'a institué d'Eglises, sinon ceux que l'apôtre saint Pierre ou ses successeurs ont établis évêques. Qu'ils lisent les monuments, ou du moins qu'ils s'informent si jamais on y a lu qu'un autre apôtre ait prêché la foi dans ces provinces. Que s'ils ne lisent rien de semblable, parce qu'en effet rien de semblable ne se trouve nulle part, qu'ils suivent donc, comme ils y sont obligés, les règles de l'Eglise romaine, dont il n'est pas douteux qu'ils ne tirent leur origine; de peur qu'en s'attachant à des assertions étrangères, ils n'aient l'air d'omettre le chef des institutions. Bien des fois, sans aucun doute, vous êtes venu à Rome, vous vous êtes assemblé avec nous dans l'église, et vous avez vu quel usage elle observe, soit dans la consécration des mystères, soit dans les autres actions secrètes : ce qui, soit pour l'instruction de votre Eglise, soit pour la réformation des pratiques différentes introduites par vos prédécesseurs, nous paraîtrait bien suffire, si vous n'aviez jugé à propos de nous consulter sur certains articles. Nous y répondons, non pas que nous vous croyons ignorer quelque chose, mais afin que vous puissiez avec plus d'autorité, soit instruire les vôtres, soit avertir ceux qui s'écartent des institutions de l'Eglise romaine, ou bien nous les faire connaître sans délai, pour que nous puissions savoir qui sont ceux qui introduisent des nouveautés ou qui se permettent de suivre la coutume d'une autre Eglise que celle de Rome. »

Quant aux points particuliers de discipline, le Pape décide : Que la paix ne doit se donner qu'après la consécration des mystères; que l'on ne doit pas nommer avant la célébration des mystères, les personnes qui ont fait des offrandes, mais dans la célébration même de ces mystères, après que le prêtre les a recommandés à Dieu par sa prière; ce que l'on entend du *memento* des vivants. A Rome, on ne célébrait point les mystères le vendredi et le samedi de la semaine sainte, en mémoire de la tristesse dans laquelle les apôtres les passèrent. Pour la même raison, on y jeûnait tous les vendredis et tous les samedis de l'année; ailleurs on ne jeûnait, de tous les samedis, que le samedi saint. Le Pape observe que le diocèse de Rome ne comprenait que la ville. Quant à ce qui est de marquer du sceau les enfants, il est manifeste que ce n'est permis qu'à l'évêque ; car quoique les prêtres aient le second rang du sacerdoce, ils n'ont pas néanmoins la sommité du pontificat. Qu'il appartienne aux seuls évêques de marquer du sceau ou de donner l'Esprit-Paraclet, non-seulement la coutume de l'Eglise le démontre, mais encore l'assertion qu'on lit aux Actes des Apôtres, que Pierre et Jean furent envoyés pour communiquer le Saint-Esprit à ceux qui étaient baptisés. Car aux prêtres, soit qu'ils baptisent en l'absence de l'évêque ou en sa présence, il est permis de faire aux baptisés l'onction du chrême, pourvu qu'il soit consacré par l'évêque; mais il ne leur est pas permis d'en marquer le front : cela est dû aux seuls évêques quand ils donnent l'Esprit-Paraclet. Quant à ceux qui, après leur baptême, ont mérité par quelque péché d'être possédés du démon, les prêtres et les diacres ne doivent leur imposer les mains que lorsque l'évêque l'ordonne ou le permet, parce qu'il serait quelquefois difficile, soit à cause de la longueur du chemin, soit pour quelque nécessité pressante, de mener les énergumènes à l'évêque. Pour ce qui est des pénitents, soit qu'ils fassent pénitence pour des péchés énormes ou pour des péchés légers, la coutume de l'Eglise romaine veut qu'on leur donne l'absolution le jeudi saint, si quelque maladie pressante n'oblige d'en user autrement.

Au reste, ajoute le Pape, c'est le devoir du prêtre de juger de la grandeur et du poids des péchés. Il doit aussi avoir égard à la confession du pénitent, considérer ses gémissements et ses larmes et s'il est soigneux de se corriger, et le renvoyer absous, lorsqu'il voit de sa part une satisfaction convenable. Si toutefois quelqu'un des pénitents tombe malade et qu'on en désespère, il faut lui remettre ses péchés avant Pâques, de peur qu'il ne sorte de cette vie sans communion. Quant à l'onction des malades, qui, suivant l'apôtre saint Jacques, doit être faite par des prêtres, le Pape décide premièrement, que cette onction doit être accordée, non-seulement aux prêtres, comme le croyaient quelques-uns, mais encore à tous les fidèles malades, excepté aux pénitents, parce que c'est un sacrement, et qu'on ne doit leur en accorder aucun. Il décide, en second lieu, que les prêtres ont le droit d'administrer l'extrême-onction, en ce sens que l'évêque le peut aussi, l'administration de ce sacrement n'ayant été particulièrement confiée aux prêtres que parce que les autres occupations des évêques ne leur permettent pas d'aller à tous les malades. Mais il faut, ajoute le Pape, que l'huile de cette onction soit consacrée par l'évêque. Cette décrétale est très-importante, en ce qu'elle rappelle la doctrine de l'Eglise sur plusieurs sacrements, en particulier sur les sacrements de confirmation et d'extrême-onction. Le Pape ajoute à la fin : Quand vous viendrez ici, je pourrai vous dire le reste, qu'il n'était pas permis d'écrire. Il s'était déjà exprimé d'une manière semblable en parlant du saint sacrifice. Il avait également dit, en parlant de la confirmation : Je ne puis dire les paroles, de peur que je ne semble plutôt trahir les mystères que répondre à une consultation. Tel était encore alors le secret inviolable des mystères (Joan., *Epist*. 25).

On a encore plusieurs autres lettres du pape Innocent à des évêques d'Italie et de Macédoine. La plupart décident des cas particuliers d'ordinations. Fleury en cite une sur cette matière à Aurélius de Carthage, mais elle n'est point de ce Pape. Le style de saint Innocent, dans toutes ses lettres, répond à la majesté et à l'autorité de son Siège. Mais où cette autorité et cette majesté paraissent le plus, c'est dans le jugement définitif du pélagianisme.

L'an 416, il vint à Rome un évêque d'Afrique, nommé Jules, apportant les lettres synodales de deux conciles, l'un de Carthage, l'autre de Milève, qui condamnaient les erreurs de Pélage et de Célestius, et demandaient au Pape de confirmer ce jugement par l'autorité du Siége apostolique. La lettre du concile de Carthage commençait en ces termes :

« Au bienheureux et révérendissime seigneur, au saint frère le pape Innocent, Aurélius et les autres qui avons assisté au concile de Carthage. Étant arrivés à l'église de Carthage et y tenant notre synode, suivant la coutume, le prêtre Orose nous donna les lettres de nos saints frères et collègues Héros et Lazare, dont nous joignons ici la copie. Les ayant lues, nous y reconnûmes que Pélage et Célestius étaient convaincus d'être les auteurs d'une erreur très-funeste et que nous devons tous frapper d'anathème. Nous nous sommes fait lire alors ce que l'on a fait à l'égard de Célestius, il y a un peu plus de cinq ans, dans cette même église de Carthage. Comme Votre Sainteté peut le voir par les actes ci-joints, il n'y a point de doute sur le jugement des évêques qui pensaient alors avoir retranché de l'Eglise une si grande plaie. Cependant nous avons jugé, après une commune délibération touchant les auteurs des ces erreurs, que, s'ils ne les anathématisent bien nettement, ils soient eux-mêmes anathématisés, afin que, si on ne peut pas les guérir eux-mêmes, la sentence portée contre eux, étant connue, guérisse au moins ceux qu'ils ont séduits ou peuvent séduire. Les choses ainsi faites, nous avons cru, seigneur frère, devoir les communiquer à votre sainte charité, afin qu'à ce que notre médiocrité a statué, se joigne l'autorité du Siége apostolique, pour la conservation du grand nombre et même pour la correction de quelques-uns qui se sont laissé pervertir. »

Le concile expose ensuite le fond du pélagianisme : d'exalter tellement le libre arbitre, qu'il ne laisse aucune place à la grâce de Dieu, par laquelle nous sommes chrétiens; de ne reconnaître d'autre grâce que la nature ou la loi; de ne vouloir aucunement reconnaître, sans oser néanmoins la combattre ouvertement, la grâce qui nous fait chrétiens, qui nous fait triompher de nos convoitises, et dont l'apôtre a dit : « Je suis par la grâce de Dieu ce que je suis, et la grâce de Dieu n'a pas été inutile en moi; mais j'ai travaillé plus que tous les autres, non pas moi, mais la grâce de Dieu avec moi. » Le concile de Carthage ajoute, concernant le concile de Diospolis, dont on ne connaissait pas encore les actes : « Que si, d'après les actes d'une assemblée épiscopale qu'on dit avoir eu lieu en Orient, Votre Sainteté trouve que Pélage a été justement absous; que l'erreur toutefois et l'impiété, qui a déjà beaucoup de partisans dispersés de côté et d'autre, soit anathématisée par l'autorité même du Siège apostolique. » Les évêques relèvent les conséquences funestes de cette erreur. « Il ne sera plus nécessaire de prier, puisque nous pouvons tout naturellement par nous-mêmes; en niant que le baptême fût nécessaire aux enfants pour obtenir la vie éternelle, c'était les faire mourir éternellement. » Ils concluent en ces termes : « Enfin, quelles que soient les autres choses qu'on peut objecter à Pélage et à Célestius, nous ne doutons point que Votre Sainteté, quand elle aura examiné les actes du concile tenu, dit-on, en Orient, elle ne juge de manière à nous réjouir tous dans le Seigneur. Priez pour nous, seigneur et bienheureux Pape (Coustant, *Epist.* 26) ! »

La lettre du concile de Milève était de la teneur qui suit : « Au seigneur bienheureux et justement vénérable, le pape Innocent, Silvain l'ancien ou le primat, Alypius, Augustin, Possidius, Evodius, etc., du concile de Milève, salut dans le Seigneur ! Puisque le Seigneur, par un don spécial de sa grâce, vous a placé de nos jours sur le Siége apostolique et vous a rendu tel que, si nous taisons auprès de Votre Révérence ce qu'il convient de lui suggérer pour le bien de l'Eglise, ce serait notre négligence qu'il faudrait en accuser et non pas la crainte de vous voir écouter avec dédain ou indifférence; daignez, nous vous en prions, appliquer votre sollicitude pastorale aux grands périls des membres infirmes du Christ. Car il cherche à s'élever une hérésie nouvelle et très-pernicieuse, celle des ennemis de la grâce de Jésus-Christ lesquels, par leurs disputes impies, cherchent à nous enlever jusqu'à la prière du Seigneur. Car le Seigneur nous apprend à dire : *Pardonnez-nous nos offenses, comme nous pardonnons à ceux qui nous ont offensés*. Ceux-ci, au contraire, disent que l'homme peut, dans cette vie, connaissant les commandements de Dieu, parvenir à une telle perfection de justice, sans la grâce du Sauveur, par le seul arbitre de sa libre volonté, qu'il n'a plus besoin de dire : *Pardonnez-nous nos offenses*. Ils disent que la demande suivante : *Ne nous laissez point succomber à la tentation*, ne doit pas être entendue dans ce sens, que nous devions demander le secours de Dieu, pour ne pas tomber dans le péché par la tentation; mais que cela est en notre pouvoir, et que la seule volonté de l'homme suffit pour l'accomplir. Comme si l'apôtre avait dit en vain : *Cela n'est pas de qui veut, ni de qui court, mais de Dieu qui fait miséricorde* ; et encore : *Dieu est fidèle, il ne permettra pas que vous soyez tentés au-dessus de vos forces, mais il donnera à la tentation une telle issue, que vous puissiez l'endurer*. Le Seigneur aurait encore dit en vain à l'apôtre Pierre : *J'ai prié pour toi, afin que ta foi ne défaille point* ; et à tous les siens : *Veillez et priez, afin que vous n'entriez point dans la tentation*, si tout cela est en la puissance de l'homme. Ils soutiennent aussi, par une présomption nullement chrétienne, que les petits enfants, lors même qu'ils ne seraient initiés qu'au sacrement de la grâce chrétienne, auront la vie éternelle, détruisant ainsi ce que dit l'apôtre : *Par un seul homme le péché est entré dans le monde, et par le péché la mort, et ainsi elle a passé dans tous les hommes, en ce que tous ont péché*; et dans un autre endroit : *Comme tous meurent en Adam, de même tous seront vivifiés dans le Christ*. En un mot, sans parler de plusieurs autres choses qu'ils avancent contre les saintes Ecritures, il est deux articles par lesquels ils s'efforcent d'anéantir tout ce qui nous fait chrétiens, savoir, qu'il ne faut pas prier Dieu pour qu'il nous aide à résister au mal et à faire le bien ; ensuite, que le sacrement de la grâce chrétienne ne sert de rien aux petits enfants pour parvenir à la vie éternelle.

» En insinuant ces choses à votre cœur apostolique, nous n'avons pas besoin d'en exagérer l'impiété par des paroles; car il est bien hors de doute que vous en êtes assez touché par vous-même, pour travailler efficacement à les empêcher d'infecter et de perdre un plus grand nombre. Les auteurs de cette très-pernicieuse erreur sont dits être Pélage et Célestius; lesquels encore nous aimons mieux voir guéris dans l'Eglise, que de les en voir retranchés comme incurables, à moins que quelque nécessité n'oblige à le faire. On dit même que l'un d'eux, Célestius, est parvenu à la prêtrise en Asie. Ce que l'on a fait à son sujet il y a peu d'années, Votre Sainteté l'apprendra mieux de l'Eglise de Carthage. Quant à Pélage, les lettres de quelques-uns de nos frères apprennent qu'il est à Jérusalem et qu'il y trompe plusieurs. Mais il y a un bien plus grand nombre, qui, ayant mieux pénétré ses sentiments, combattent contre lui pour la grâce du Christ et la vérité de la foi catholique, principalement votre saint fils, notre frère et collègue dans le sacerdoce, Jérôme. Nous espérons, toutefois, par la miséricorde du Seigneur notre Dieu, qui daigne vous diriger dans vos conseils et vous exaucer dans vos prières, que ceux qui tiennent ces pernicieux sentiments céderont plus facilement à l'autorité de Votre Sainteté fondée elle-même sur l'autorité des saintes Ecritures; en sorte que nous ayons plutôt à nous réjouir de leur correction qu'à nous attrister de leur perte. Mais quelque parti qu'ils prennent, vous le voyez, bienheureux seigneur, il est instant, il est pressant de pourvoir du moins au salut des autres, qu'ils peuvent enlacer dans leurs filets en grand nombre, si on dissimule pour eux. Voilà ce que nous écrivons à Votre Sainteté du concile de Numidie, imitant l'Eglise de Carthage et nos collègues de sa province, que nous apprenons avoir écrit sur la même cause au Siége apostolique, qu'illustre votre Béatitude. Puissiez-vous augmenter en la grâce de Dieu, en vous souvenant de nous, bienheureux seigneur et saint Pape (Coust., *Epist.* 27, *Inn.*) »

Outre ces deux lettres synodales, les cinq principaux évêques, Aurélius de Carthage, saint Augustin et ses amis, Alypius, Evode et Possidius, écrivirent encore au pape Innocent une lettre particulière d'amitié et de confiance, où ils expliquaient plus au long toute l'affaire de Pélage. Ils avaient même entendu dire qu'il avait des partisans à Rome, les uns persuadés de sa doctrine, les autres ne croyant pas qu'elle fût telle que l'on disait, principalement à cause du concile de Diospolis, où l'on prétendait qu'il avait été absous. Les cinq évêques prient donc le Pape de faire venir Pélage à Rome, pour l'interroger exactement, et savoir quelle espèce de grâce il avouait; ou traiter avec lui la même chose par lettre, afin que s'il reconnaissait la grâce que l'Eglise enseigne il fût absous sans difficulté. Ils ajoutent qu'il est nécessaire aussi qu'il anathématise les livres qu'il a écrits contre la grâce, et qu'il désavoue ces livres; ou, s'il prétend que ses ennemis y ont ajouté, qu'il anathématise ce qu'il soutiendra n'être pas de lui. Ce qu'ils disent en particulier du livre de Pélage, que Jacques et Timase avaient mis entre les mains de saint Augustin et qu'ils envoient au Pape avec la réfutation que ce Père en avait faite. Quand ses amis verront ce livre anathématisé, non-seulement par l'autorité des évêques catholiques et surtout par Votre Sainteté, mais encore par lui-même, nous ne croyons pas qu'ils osent encore parler contre la grâce de Dieu. Ils envoyèrent aussi la lettre que saint Augustin écrivait à Pélage sur son apologie, priant le Pape de la lui faire tenir, afin que le respect qu'il aura pour Sa Sainteté l'obligeât à la lire. Ils finissent leur lettre par ces mots :

« La très-douce suavité de votre cœur nous pardonnera d'avoir écrit à Votre Sainteté une lettre plus longue peut-être qu'elle n'aurait voulu. Car nous ne reversons pas notre petit ruisseau dans votre large fontaine, comme pour l'augmenter; mais dans la tentation présente, qui n'est pas médiocre, nous désirons que vous examiniez si notre ruisseau exigu vient de la même source que votre fleuve abondant, et que vous nous consoliez par vos rescrits dans la commune participation de la même grâce (Coust., *Epist.* 28). »

Le 27 janvier 417, le pape saint Innocent répondit aux deux conciles par deux lettres. Elles portent dans l'inscription : « Innocent, à ses bien-aimés frères qui ont assisté aux conciles de Carthage, de Milève, salut dans le Seigneur; » et finissent par ces mots : « Portez-vous bien, mes frères ! » Dans sa réponse au concile de Carthage, le Pape rappelle ainsi les règles anciennes sur l'autorité du Saint-Siége dans toutes les affaires de l'Eglise :

« Lorsque, suivant les règles de la discipline ecclésiastique et les exemples de l'ancienne tradition, vous avez consulté sur des choses si dignes de la sollicitude épiscopale et surtout de l'application d'un concile véritable, légitime et catholique, et que vous avez cru devoir les rapporter à notre jugement sachant ce qui est dû au Siége apostolique, et que tous ceux qui le remplissent n'ont pour but que de suivre les traces de l'apôtre, de qui dérive l'épiscopat même et toute autorité de ce nom, vous n'avez pas moins fait par là pour le maintien et l'affermissement de la religion, que par les décrets que vous aviez déjà prononcés. Car, à l'exemple de ce grand apôtre, nous savons à la fois et condamner le mal et approuver le bien. Vous n'avez pas cru devoir mépriser; vous avez observé au contraire, comme il convenait à des évêques, les institutions de nos pères, en particulier ce qu'ils ont décrété par une décision non pas humaine, mais divine, savoir, que quoi que ce fût qui se traitât dans les provinces les plus reculées, on ne comptât point le finir jusqu'à ce qu'il eût été porté à la connaissance de ce Siége, afin que son autorité totale confirmât tout ce qui aurait été justement prononcé, et que de là, comme de leur source primitive et exempte de corruption, découlassent dans toutes les régions de l'univers, les eaux pures de la vérité, et que de là, les autres églises prissent la règle, pour savoir ce qu'elles auraient à ordonner et qui elles devraient absoudre ou éviter. Je vous félicite donc, très-chers frères, des lettres que vous nous avez adressées par notre frère et collègue Jules, et de ce que vous étendez votre sollicitude pour vos églises à celles de toute la terre, et de ce que vous nous demandez un décret qui puisse leur être utile à toutes, afin que l'Eglise entière, affermie par ce décret dans ses saintes règles, ait de quoi se garder de ces esprits dangereux qui, par leurs fausses subtilités, cherchent à renverser tout l'ensemble de la saine doctrine. »

Puis, venant aux erreurs particulières de Pélage, il fait voir que l'on ne peut nier sans impiété, que nous ayons besoin de la grâce de Dieu, soit pour faire le bien et avancer de plus en plus dans la vertu, soit pour passer de l'iniquité dans la voie de la justice, le libre arbitre que nous avons reçu de Dieu en naissant ne pouvant suffire ni pour l'un ni pour l'autre. Il appuie la doctrine de la nécessité de la grâce, sur le psaume 26, où David prie Dieu d'être son aide, de ne point l'abandonner et de ne point détourner de dessus lui son visage. Il en donne encore pour preuve les remèdes continuels dont l'homme a besoin pour se relever, depuis que par le péché il est tombé dans l'abîme de la misère. Ensuite il condamne tous ceux qui, niant que le secours divin nous soit nécessaire, se déclarent ennemis de la foi catholique et ingrats des bienfaits de Dieu. Il accorde néanmoins aux évêques du concile de Carthage le pouvoir de les admettre à leur communion, au cas qu'ils reviennent à eux, qu'ils reconnaissent avoir besoin de la grâce qu'ils ont combattue, et qu'ils condamnent leur mauvaise doctrine (Coust., *Epist.* 29).

Dans sa seconde lettre, le Pape loue les évêques du concile de Milève de leur fermeté et de leur zèle contre ceux qui répandaient des erreurs, et de la bonté avec laquelle ils se comportaient envers ceux qui revenaient à eux-mêmes et abandonnaient le vice. « Vous ne pouviez, dit-il ensuite, rien faire de mieux ni de plus digne de votre sollicitude pastorale, que de consulter, sur ce qu'on doit faire dans des cas difficiles, les oracles du Siége apostolique; de ce Siége qui, par-dessus ses affaires particulières, étend ses soins à toutes les églises, et en cela vous avez suivi la pratique ancienne que toute la terre a toujours observée, comme vous le savez aussi bien que moi. Mais n'insistons pas là-dessus; car je ne crois pas que votre prudence l'ignore. Comment, en effet, l'auriez-vous confirmé par votre démarche, si vous ne saviez que de cette source apostolique découlent sans cesse des réponses aux consultations qu'on lui fait de toutes les provinces? Surtout quand on agite des matières qui intéressent la foi, je pense que nos frères et coévêques ne doivent en référer qu'à Pierre, c'est-à-dire à l'auteur de leur nom et de leur dignité, ainsi que leur charité vient de le faire, afin que la décision puisse profiter en commun à toutes les églises par tout l'univers; car on se tiendra nécessairement sur ses gardes, lorsqu'on verra les auteurs du mal, sur le rapport de deux conciles, par le décret de notre sentence, retranchés de la communion de l'Église. » Et de fait, le saint Pape, après avoir établi sommairement la doctrine catholique sur la grâce, excommunie nommément Pélage et Célestius, avec leurs fauteurs, jusqu'à ce qu'ils viennent à résipiscence (*Ibid.*, *Epist.* 30).

Le même jour, le pape Innocent écrivit une troisième lettre aux cinq évêques. Il y dit, entre autres, qu'il ne pouvait ni assurer ni nier qu'il y eût des pélagiens à Rome, parce que, s'il y en avait, ils se tenaient cachés, et n'étaient pas aisés à découvrir dans une si grande multitude; mais, quelque part qu'ils fussent, il fallait les condamner et pourvoir à leur salut. Quant à la prétendue justification de Pélage en Palestine, il ajoute : « Nous ne pouvons croire qu'il ait été justifié, quoique quelques laïques nous aient apporté des actes par lesquels il prétend avoir été absous. Mais nous doutons de la vérité de ces actes, parce qu'ils ne nous ont pas été envoyés de la part du concile, et que nous n'avons reçu aucune lettre de ceux qui y ont assisté; car, si Pélage avait eu confiance en sa justification, il n'aurait pas manqué d'obliger ses juges à nous en faire part. D'ailleurs, dans ces actes mêmes, il ne s'est point justifié nettement, et n'a cherché qu'à esquiver ou embrouiller. C'est pourquoi nous ne pouvons ni blâmer ni approuver ses juges. Que si Pélage prétend n'avoir rien à craindre, ce n'est pas à nous de l'appeler, c'est à lui plutôt à se presser de venir se faire absoudre; car s'il est encore dans les mêmes sentiments, quelques lettres qu'il reçoive, il ne s'exposera jamais à notre jugement. Que s'il devait être appelé, ce serait plutôt par ceux qui sont plus proches. Nous avons lu entièrement le livre qu'on dit être de lui, et que vous nous avez envoyé. Nous y avons trouvé beaucoup de propositions contre la grâce de Dieu, beaucoup de blasphèmes, rien qui nous ait plu, et presque rien qui ne nous déplût et qui ne doive être rejeté de tout le monde (Coust., *Epist.* 31). »

Saint Augustin, qui achevait alors ses livres *De la Trinité*, reçut peu après les actes du concile de Diospolis. Il y découvrit ce qu'il avait déjà soupçonné, que Pélage, pour n'être pas condamné lui-même, avait dissimulé ou même condamné ses propres sentiments. Aussitôt il en publia un examen, adressé à l'évêque de Carthage. Il écrivit en même temps, sur toutes ces affaires, à saint Paulin de Nole, à Dardanus, qu'on croit le préfet des Gaules de ce nom, et à Julienne, mère de la vierge Démétriade. Il dit à Paulin, auquel il envoyait toutes les pièces en question : « Les deux conciles de Carthage et de Milève envoyèrent au Siége apostolique des relations de tout ce qui s'était passé sur cette affaire. Nous y ajoutâmes des lettres particulières que nous écrivîmes au bienheureux pape Innocent, et qui traitaient cette matière un peu plus au long, et, à tout, il nous récrivit de la manière que le devait le pontife du Siége apostolique (Aug., *Epist.* 186). »

Vers le même temps, il disait en prêchant à Carthage sur les pélagiens : « Ce qui est dit des Juifs, nous le voyons dans ceux-ci. Ils ont le zèle de Dieu, je leur rends ce témoignage, mais ils ne l'ont pas selon la science. Qu'est-ce à dire? Ignorant la justice de Dieu et voulant établir la leur, ils ne sont point soumis à la justice de Dieu. Mes frères, compatissez avec moi. Lorsque vous en trouverez de tels, ne les cachez pas, n'ayez pas pour eux une miséricorde perverse; encore une fois, quand vous en trouverez, ne les cachez point. Reprenez ceux qui contredisent, amenez-nous ceux qui résistent. Car déjà l'on a récrivu sur cette affaire le résultat de deux conciles au Siége apostolique, des rescrits en sont venus. La cause est finie; puisse enfin l'erreur finir aussi (*Serm.* 131, n. 10) ! »

Voilà ce que saint Augustin pensait des lettres doctrinales du pape Innocent; il les trouvait dignes en tout du Siége apostolique. Voilà ce qu'il pensait de leur autorité; après ces lettres, la cause était, non pas seulement *jugée*, comme Fleury s'est permis de traduire, mais elle était *finie*; il n'était plus question que de s'y soumettre, pour mettre fin à l'erreur.

Le pape saint Innocent mourut le 12 mars 417. Il eut pour successeur Zosime, grec de nation, qui fut inauguré le 18 du même mois, qui était un dimanche. Dès le 22, il écrivit à tous les évêques des Gaules, déclarant que tous les ecclésiastiques qui de ce pays voudraient venir à Rome, seraient obligés de prendre une lettre formée du métropolitain d'Arles; que sans cette lettre, il n'en recevrait aucun, soit évêque, soit prêtre, soit diacre ou autre clerc, et que ceux qui violeraient cette ordonnance

LIVRE XXXVIII. — LETTRE DU PAPE ZOSIME SUR LES AFFAIRES DES GAULES.

seraient séparés de sa communion. Le Pape ajoute qu'il accorde ce privilége à Patrocle, à cause de son mérite personnel. Cet évêque était alors à Rome. Zosime dit ensuite qu'il a ordonné que le métropolitain d'Arles aura seul le droit d'ordonner tous les évêques dans la Viennoise et dans les deux Narbonnaises, déclarant déchus du sacerdoce, et ceux qui auront ordonné, et ceux qui auront été ordonnés dans ces provinces sans la participation du métropolitain d'Arles. Il veut enfin que l'on porte à l'évêque d'Arles tous les différends qui naîtront dans ces contrées, si ce n'est que l'affaire soit d'assez grande importance pour être envoyée à Rome.

Comme il y avait eu plusieurs révolutions politiques dans les Gaules, le gouvernement de l'Eglise s'en ressentait. Lorsque Constantin, depuis reconnu empereur par Honorius, se fut rendu maître de la Gaule méridionale, il fit nommer Lazare évêque d'Aix, et Héros évêque d'Arles, dont l'évêque précédent paraît avoir été tué dans cette révolution. Constantin ayant été défait par Constance, beau-frère d'Honorius et depuis son collègue dans l'empire, Lazare quitta Aix, et Héros fut chassé d'Arles. Patrocle, parent et favori de Constance, fût mis à la place d'Héros. Il est à croire qu'il usa de son crédit pour accroître les prérogatives de son siège et pour décrier un peu les évêques Héros et Lazare, qui pouvaient n'être pas tout à fait exempts de reproches, au milieu de tant de troubles et de bouleversements. De son côté, Proculus de Marseille, quoique lui-même de la province de Vienne, prétendait avoir des droits de métropolitain sur les églises de la seconde Narbonnaise, parce que ces églises avaient été autrefois du diocèse de Marseille et qu'il en avait ordonné les évêques. Un concile de Turin, vers l'an 400, pour le bien de la paix, lui avait reconnu cette espèce de primauté, non comme un droit attaché à son siége, mais comme un privilége accordé à son âge et à son mérite. Proculus en usa, même après la lettre du Pape, en ordonnant deux évêques, Ursus et Tuentius, sans le consentement de l'évêque d'Arles.

Zosime dont le zèle pour la discipline était encore excité par les plaintes de Patrocle, écrivit contre Proculus, le 22 septembre 417, une lettre très-vive à tous les évêques de l'Afrique, des Gaules et de l'Espagne. Il y expose toutes les irrégularités commises par l'évêque de Marseille dans ces ordinations : 1° en ce qu'il avait ordonné des personnes notées pour leur vie et pour leur doctrine; car Tuentius, outre ses mœurs dépravées, avait été accusé de l'hérésie priscillienne devant le Saint-Siége, et Ursus, déféré par ses concitoyens, avait été condamné par Proculus lui-même; 2° en ce qu'il avait fait ces ordinations sans le consentement de l'évêque d'Arles, métropolitain, et sans y appeler les évêques comprovinciaux, excepté Lazare, cet évêque dont nous venons de parler, et qui, après avoir renoncé à l'épiscopat, était revenu dans les Gaules, apparemment pour rentrer dans son siège à la faveur des troubles. Enfin, Zosime dit que, pour que tout fût irrégulier dans ces ordinations, elles n'avaient pas été faites dans un jour légitime, et que ces évêques avaient été établis dans des territoires qui avaient appartenu de tout temps à l'Eglise d'Arles. Le dimanche était le jour où se faisaient dès lors les ordinations des évêques. Zosime finit en avertissant tous les évêques du monde chrétien de ne point recevoir dans la communion de l'Eglise Tuentius et Ursus, qui sont excommuniés; « car on dit, ajoute-t-il, que ce sont des coureurs et des vagabonds, et nous l'avons reconnu par les diverses sentences prononcées contre eux, en différents pays. Il faut retrancher du corps sain les chairs pourries, et ôter ce mauvais levain de la pâte sainte. »

Zosime avait cité Proculus à Rome, pour y rendre compte de sa conduite et soutenir ses prétentions, s'il les croyait légitimes. Il ne s'y rendit point au temps prescrit. C'est pourquoi le Pape écrivit, le 29 du même mois, une lettre aux évêques de la province de Vienne et de la seconde Narbonnaise, où il marque qu'on a reconnu que Proculus a fait des ordinations contre l'ancienne règle; qu'il a fait injure au Saint-Siége en extorquant, par subreption, du concile de Turin, le privilége d'ordonner des évêques dans la seconde Narbonnaise; que Simplice de Vienne a fait le même outrage au Siège apostolique; en demandant au concile le même droit pour la province de Vienne; « ce que, dit-il, l'autorité même du Saint-Siége ne pourrait accorder ou changer contre les canons des Pères et contre le respect dû à saint Trophime, qui a été envoyé de Rome pour être le premier métropolitain d'Arles. Car nous nous tenons inviolablement attachés à l'antiquité que les décrets des Pères rendent vénérable. »

Zosime écrivait pareillement à Hilaire, évêque de Narbonne, auquel il avait ordonné de produire des preuves sur l'ancien usage concernant les ordinations de sa province. Il se plaint qu'il lui a déguisé la vérité dans sa relation, en se contentant de représenter qu'il n'est pas convenable qu'un évêque soit ordonné par un évêque d'une autre province, sans faire mention de l'ancien usage qui y était contraire. C'est pourquoi il révoque les priviléges qu'Hilaire avait obtenus du Saint-Siége par subreption, et fonde encore les droits de l'évêque d'Arles sur la mission de saint Trophime, qui a, dit-il, transmis ses droits à ses successeurs, lesquels les ont toujours exercés jusqu'à ce temps, comme il paraît par les actes que nous en avons et par le témoignage de plusieurs évêques. Il finit par des menaces. « Sachez, mon cher frère, que si vous osez entreprendre quelque chose au préjudice de ce que nous avons statué par le jugement de Dieu, non-seulement ceux que vous aurez ordonnés n'obtiendront pas l'épiscopat, mais vous-même serez séparé de la communion catholique, et vous repentirez trop tard de votre téméraire présomption. »

Le Pape écrivit le même jour une troisième lettre à Patrocle d'Arles. « Vous avez su par vous-même, lui dit-il, lorsque vous étiez présent à l'examen que j'ai fait de l'affaire de Proculus, comme je le crois condamnable; et vous n'ignorez pas les décrets que j'ai envoyés contre lui par toute la terre. C'est pourquoi considérez en vous la dignité de métropolitain, et le rang que vous tenez par l'autorité du Siége apostolique. » Ensuite, après avoir renouvelé ses ordres sur les lettres formées que doit donner l'évêque d'Arles, il lui intime quelques règlements touchant les ordinations faites *per saltum*, c'est-à-dire, ainsi qu'il l'explique, lorsque quelqu'un est promu aux ordres supérieurs sans avoir passé par les inférieurs. Il ne touche point à ces sortes d'ordinations qui auraient déjà été faites, mais il déclare que celles qui se feraient ainsi dans la suite n'auront aucun effet, et il menace de déposition l'évêque qui les ferait. Il charge Patrocle d'intimer ces règlements aux autres évêques. Toutes ces lettres sont du 29 septembre 417 (Coustant, *Epist.* 5, 6 et 7).

Celle que le même Pape écrivit le 21 février 418, à Hésychius, évêque de Salone, métropole de la Dalmatie, est également contre l'ambition de ceux qui voulaient passer tout d'un coup de l'état des laïques ou des moines aux degrés les plus éminents du sacerdoce. Hésychius s'y opposait de tout son pouvoir, mais il souhaitait être autorisé en cela par le Siége apostolique. Zosime lui répond que ses prédécesseurs et lui-même, dans ses lettres aux évêques des Gaules et d'Espagne, où cette présomption était assez commune, avait défendu qu'on élevât à l'épiscopat ceux qui n'y étaient pas montés par les degrés et les interstices ordinaires; il s'étonne que ces décrets ne lui fussent point parvenus. Il lui enjoint de s'opposer à de pareilles ordinations, soutenu qu'il était par l'autorité du Siége apostolique et par les ordonnances des Pères. Il veut que l'on passe premièrement par les degrés de lecteur, d'exorciste, d'acolyte, de sous-diacre et de diacre, en gardant les interstices marqués par les anciens, avant d'être élevé au sacerdoce, et que personne ne soit revêtu de cette dignité, qui n'en ait l'âge et qui n'ait fait preuve de probité dans l'exercice des degrés inférieurs. Il s'élève contre les évêques qui s'imaginaient acquérir de l'estime en étendant leur juridiction, ou en conférant les ordres à des personnes à qui ils n'ont rien autre chose à donner (*Ibid., Epist.* 9).

Proculus continua toujours à exercer les fonctions de métropolitain et à ordonner des évêques. Mais Zosime n'était pas de caractère à souffrir patiemment ce mépris de son autorité. Il écrivit le 5 mars de l'année 418 une nouvelle lettre à Patrocle, pour lui faire des reproches de ce qu'en qualité de métropolitain et de légat du Saint-Siége, il ne réprimait pas ses entreprises. Il fit plus : il écrivit le même jour au clergé et au peuple de Marseille, que puisque Proculus ne cessait de brouiller et d'ordonner des évêques, quoiqu'il ne le fût plus lui-même, il avait commis le soin de cette Eglise au métropolitain Patrocle, et qu'il le chargeait de pourvoir à ce qu'on élût un digne évêque à la place de Proculus (Labbe, t. II; Coustant; Zosime).

Comme le pape Zosime mourut à la fin de la même année 418, l'empereur Constance en 421, et l'empereur Honorius en 423, et que les révolutions politiques ne discontinuèrent pas non plus que les invasions des Barbares, on sent bien que ces règlements de discipline ne furent pas toujours scrupuleusement observés, qu'ils durent même être modifiés quelquefois; mais on sent encore mieux combien l'autorité des Papes était nécessaire pour maintenir l'unité, la régularité et l'harmonie dans le gouvernement de l'Eglise, à une époque où l'empire romain s'en allait en lambeaux de toutes parts.

Le pape saint Innocent avait condamné la doctrine de Pélage et de Célestius; il les avait retranchés eux-mêmes de la communion, jusqu'à ce qu'ils vinssent à résipiscence. La cause de la doctrine était finie, mais non celle des personnes. On les engageait, au contraire, à se justifier ou à se rétracter. Célestius vint en personne à Rome. Précédemment il avait été chassé de Constantinople par l'évêque Atticus, qui en écrivit aux évêques d'Asie, à Thessalonique et à Carthage. Il se présenta au pape Zosime, prétendant poursuivre son appel interjeté cinq ans auparavant, et se justifier des erreurs dont on l'avait accusé devant le Saint-Siége; et faisant bien valoir l'absence de ses accusateurs, c'est-à-dire du diacre Paulin, qui l'avait accusé à Carthage, et des évêques Héros et Lazare, qui l'avaient accusé en Palestine, il présentait une confession de foi, et demandait à être entendu.

Le pape Zosime était alors embarrassé de plusieurs affaires qu'il estimait plus considérables; toutefois, il ne voulut pas remettre à un autre temps la décision de celle-ci, pour ne pas tenir davantage en suspens les évêques d'Afrique, qui savaient que Célestius était à Rome : il marqua le jour et le lieu de ce jugement, et il choisit l'église de Saint-Clément, pour être excité, par l'exemple de ce saint martyr, à y procéder avec plus de religion. Outre le clergé de l'Eglise romaine, il s'y trouva plusieurs évêques de divers pays. Voici le résumé de la procédure, que le Pape lui-même écrivit aux évêques d'Afrique. « Nous avons examiné tout ce qui a été fait précédemment, comme vous l'apprendrez par les actes que nous joignons à notre lettre. Ayant fait entrer Célestius, nous avons fait lire le libelle qu'il nous avait donné. Non content de cela, nous l'avons interrogé plusieurs fois, s'il disait de cœur, et non-seulement du bout des lèvres, les choses qu'il avait écrites; car Dieu seul, qui connaît non-seulement ce qu'on a pensé, mais ce que l'on pensera, peut juger du secret des cœurs. Ses réponses, Votre Sainteté les connaîtra plus facilement par la lecture des actes. »

Malheureusement ces actes sont perdus, ainsi que plusieurs pièces subséquentes; en sorte que cette affaire, qui ne dura pas plus d'un an, présente toutefois aux érudits plus d'un embarras. Quant à la profession de foi de Célestius, voici ce qu'en dit saint Augustin : « Il y parcourait tous les articles du Symbole, depuis la Trinité jusqu'à la résurrection des morts, expliquant en détail sa croyance sur tous les points où on ne lui reprochait rien. Mais lorsqu'il venait à ce dont il était question, il disait : S'il s'est ému quelques disputes sur des questions qui ne sont point de la foi, je n'ai point prétendu les décider comme auteur d'un dogme; mais ce que j'ai tiré de la source des Prophètes et des Apôtres, je le présente à l'examen et au jugement de votre apostolat, afin que si je me suis trompé par ignorance, comme il peut arriver à tout homme, l'erreur soit redressée par votre sentence. Il disait ensuite, sur le péché originel : Nous confessons que l'on doit baptiser les enfants pour la rémission des péchés, suivant la règle de l'Eglise universelle et l'autorité de l'Evangile, parce que le Seigneur a déclaré que le royaume des cieux ne peut être donné qu'aux baptisés, attendu que ce royaume étant au-dessus des forces de la nature, il est nécessaire qu'il soit donné par la libéralité de la grâce. Mais en disant que les enfants doivent être baptisés pour la rémission des péchés, nous ne prétendons pas établir le péché transmis par les parents : ce qui est fort éloigné du sens catholique. Car le péché ne naît pas avec l'homme, qui le commet après; car ce n'est pas un délit de la nature, mais de la volonté. Il est donc juste d'avouer la première chose, pour ne pas admettre plusieurs baptêmes; mais il est nécessaire aussi de prendre cette précaution, de peur qu'à l'occasion du mystère, on ne dise, à l'injure du Créateur, que le mal, avant d'être commis par l'homme, lui est transmis par la nature. » Voilà tout ce qui nous reste de la confession de foi de Célestius (Aug., l. 16; *De pecc. orig.*, c. 5, 6, 7 et 23; lib. *De grat. christi*, c. 33).

Quant à la conduite du Pape dans cette affaire, voici comme nous l'exposent trois personnages du temps. « Le pontife compatissant du Siège apostolique, dit saint Augustin, voyant Célestius emporté par sa présomption comme un furieux, aima mieux, en attendant qu'il vînt à résipiscence, l'interroger et le lier peu à peu par ses réponses, que de le frapper d'une sentence définitive et de le pousser ainsi dans le précipice, vers lequel il paraissait déjà pencher. Je ne dis pas dans lequel il était tombé, mais vers lequel il paraissait pencher, parce qu'il avait commencé par dire en parlant de ces sortes de questions : Que si par hasard il m'est échappé par ignorance quelque erreur, attendu que je suis homme, qu'elle soit redressée par votre sentence. Le vénérable pape Zosime, profitant de cette parole, tâcha d'amener cet homme, qu'enflait le vent d'une fausse doctrine, à condamner les articles que lui avait reprochés le diacre Paulin, et à donner son adhésion aux lettres du Siège apostolique, émanées de son prédécesseur de sainte mémoire. A la vérité, quant aux articles que lui avait reprochés le diacre, il ne voulut pas les condamner; mais il n'osa résister aux lettres du bienheureux pape Innocent; au contraire, il promit de condamner tout ce que ce Siège condamnerait. Ainsi, pour le calmer, on le traita doucement, comme un frénétique; cependant on ne jugea point à propos de le délier des liens de l'excommunication. Mais, en attendant des réponses d'Afrique, on lui donna deux mois pour venir à résipiscence. »

Le diacre Paulin cite en toutes lettres plusieurs interrogations du pape Zosime à Célestius. « Condamnez-vous ainsi tout ce qui est contenu dans le mémoire de Paulin? Connaissez-vous les lettres que le Siège apostolique a écrites à nos frères et coévêques d'Afrique? Condamnez-vous tout ce que nous avons condamné, et tenez-vous tout ce que nous tenons? Condamnez-vous tout ce qu'on a publié sous votre nom? ». Célestius répondit en ces termes, que nous a conservés saint Augustin : *Je le condamne suivant la sentence de votre prédécesseur Innocent, de bienheureuse mémoire* (Epist. Paulin., Coustant; Labbe, t. II). Or, et c'est la remarque de saint Augustin (*Contra duas Epist. Pelag.*, l. 2, c. 6), le pape Innocent avait dit dans sa réponse au concile de Carthage : « L'homme a éprouvé autrefois de quoi le libre arbitre est capable; usant inconsidérément de ses avantages, il tomba dans l'abîme de la prévarication, sans trouver aucun moyen d'en sortir. Déçu par sa propre liberté, il serait demeuré à jamais accablé sous le poids de cette ruine, si l'avénement du Christ ne l'avait relevé par sa grâce; car, par la justification du renouvellement que produit en l'homme la régénération qu'il reçoit au baptême, le Christ efface tout le vice passé, et donne des forces pour s'affermir dans le bien et y marcher (*Ibid.*). » De cette manière, en condamnant tout ce que le pape Innocent avait condamné, Célestius condamnait implicitement ce que lui-même avait avancé contre le péché originel. Et voilà comme le pape Zosime voulait l'amener peu à peu à rétracter toutes ses erreurs.

Un autre personnage du temps, Marius Mercator, résume ainsi cette affaire dans son mémoire contre les pélagiens : « Interrogé juridiquement par l'évêque Zosime, de sainte mémoire, Célestius, effrayé quelque peu par ce juge, fit concevoir de bonnes espérances par le grand nombre de ses réponses et de ses explications, en promettant de condamner les articles dont il avait été accusé à Carthage. Car voilà ce qu'on lui ordonnait avec le plus d'instance, et ce qu'on attendait avec le plus d'impatience qu'il fît; voilà pourquoi encore le saint pontife le crut digne d'une certaine bienveillance, et écrivit à son sujet une lettre pleine de bonté aux évêques d'Afrique (Labbe, t. II; col. 1512). » C'est ainsi que trois personnages contemporains et qui prirent une grande part à ces affaires, ont relaté et jugé la conduite du saint pape Zosime. Lors donc que des critiques modernes disent ou supposent que ce Pape improuva le jugement de son prédécesseur et approuva la doctrine de Célestius, ils ne prouvent que leur ignorance ou leur mauvaise foi.

Nous avons encore la lettre du pape Zosime aux évêques d'Afrique. Comme il leur envoyait les actes tout au long, il insiste moins sur le fond de l'affaire que sur certaines circonstances. Interrogé sur les reproches que lui faisaient Lazare et Héros dans leurs lettres, Célestius avait assuré que jamais il n'avait parlé de ces questions à aucun d'eux, qu'il ne les avait pas même vus avant qu'ils eussent écrit contre lui, qu'il n'a connu Lazare qu'en passant, et qu'Héros lui avait même fait satisfaction d'avoir eu mauvaise opinion de lui. Sur quoi le Pape s'étonne que les évêques d'Afrique aient ajouté foi au témoignage de ces deux hommes, sans s'informer de leur personne; car il est connu, dit-il, que, sans observer les règles des ordinations, malgré le peuple et le clergé, eux, inconnus et étrangers, se sont arrogé des évêchés dans les Gaules, qu'ensuite ils ont abdiqués par leur propre sentence; et nous, suivant leur confession, sans parler des autres motifs, nous les avons privés du sacerdoce et de la communion. Il exhorte donc les évêques à user de beaucoup de maturité dans leurs jugements. C'est la marque d'un excellent esprit, ajoute-t-il, de croire difficilement le mal; car, parmi ceux à la justification desquels on fait difficulté de croire, la plupart se jettent dans le précipice de l'erreur par nécessité, et, parce qu'on a désespéré de leur guérison, leur plaie devient irrémédiable. En conséquence, il cite les adversaires de Célestius à venir l'accuser dans l'espace de deux mois. En attendant, il lui avait rappelé, à lui et aux évêques qui étaient présents, que ces questions captieuses et ces ineptes combats de paroles, qui, au lieu d'édifier détruisent, provenaient de cette curiosité contagieuse par laquelle chacun abuse de son esprit et de son intempérant babil, au mépris des Écritures (Coust., *Epist.* 2).

Quelque temps après, le pape Zosime reçut une lettre de Prayle, évêque de Jérusalem, qui, favorable à la cause de Pélage, la lui recommandait avec de grandes instances. Avec cette lettre, il y en avait une de Pélage même, à laquelle il avait joint sa confession de foi. Le tout était adressé au pape Innocent, dont l'un et l'autre n'avaient pas encore appris la mort. Pélage disait dans sa lettre qu'on voulait le décrier sur deux points : l'un, de refuser le baptême aux enfants et de leur promettre le royaume des cieux sans la rédemption de Jésus-Christ; l'autre, d'avoir tant de confiance au libre arbitre, qu'il refusait le secours de la grâce. Il rejetait la première erreur en disant qu'il n'avait jamais ouï personne la soutenir, et ajoutait : Qui est assez impie pour refuser à un enfant la rédemption commune du genre humain, et pour empêcher de renaître pour une vie certaine celui qui est né pour une incertaine ? Il disait encore qu'il n'y avait personne d'assez étranger dans la lecture de l'Evangile pour oser assurer que les enfants ne participent à la rédemption de Jésus-Christ. Sur le second article il disait : Nous avons le libre arbitre pour pécher et ne pécher pas; mais, dans toutes les bonnes œuvres, il est toujours aidé du secours divin. Nous disons, ajoutait-il, que le libre arbitre est en tous généralement, dans les chrétiens, les Juifs et les gentils; ils l'ont tous par la nature, mais il n'est aidé par la grâce que dans les chrétiens. Dans les autres, ce bien de la création est nu et désarmé ; ils seront jugés et condamnés, parce qu'ayant le libre arbitre par lequel ils pourraient venir à la foi et mériter la grâce de Dieu, ils usent mal de leur liberté. Les chrétiens seront récompensés, parce qu'usant bien de leur libre arbitre, ils méritent la grâce du Seigneur et observent ses commandements.

Enfin Pélage, pour prouver qu'il pensait sainement sur la grâce, renvoyait ses accusateurs aux lettres qu'il avait écrites à l'évêque saint Paulin, à l'évêque Constantius et à la vierge Démétriade, ainsi qu'au livre qu'il avait composé depuis peu sur le libre arbitre, soutenant que dans tous ses écrits il confessait pleinement le libre arbitre et la grâce. Dans sa confession de foi, que nous avons encore, il expliquait, de même que Célestius, tous les articles de foi contenus dans le Symbole, depuis le mystère de la Trinité jusqu'à la résurrection de la chair ; puis il disait en parlant du baptême : Nous tenons un seul baptême, et nous assurons qu'il doit être administré aux enfants avec les mêmes paroles qu'aux adultes. Il ajoutait que l'homme, tombé depuis le baptême, pouvait être sauvé par la pénitence; qu'il recevait tous les livres de l'Ancien et du Nouveau Testament dans le même nombre que les reçoit l'Eglise catholique; qu'il croyait les âmes créées de Dieu, et qu'il disait anathème, soit à ceux qui en faisaient une partie de la substance divine, soit à ceux qui enseignaient qu'elles avaient péché ou demeuré dans le ciel avant que d'être envoyées dans les corps. Ensuite, s'expliquant sur la grâce, il disait : Nous confessons le libre arbitre, mais en disant que nous avons toujours besoin du secours de Dieu, et que ceux-là se trompent également, qui disent avec les manichéens que l'homme ne peut éviter le péché, et qui disent avec Jovinien que l'homme ne peut pécher. Voilà, concluait-il, bienheureux Pape, la foi que nous avons apprise dans l'Eglise catholique, que nous avons toujours tenue et que nous tenons encore. Si elle contient quelque chose qui ne soit pas expliqué avec assez de lumière ou de précaution, nous désirons que vous le corrigiez, vous qui tenez la foi et le siège de Pierre (S. Aug., t. X, *appendice*).

Ces pièces furent lues publiquement, dit le Pape dans la seconde lettre qu'il écrivit sur cette affaire aux évêques d'Afrique : tout se trouva conforme à ce qu'avait dit Célestius. Plût à Dieu, mes bien-aimés frères, que quelqu'un d'entre vous eût pu assister à cette lecture! Quelle ne fut pas la joie des saints personnages qui étaient présents ; quel ne fut pas l'étonnement de chacun ! Quelques-uns pouvaient à peine retenir leurs larmes, de voir calomnier des hommes d'une foi si pure. Y a-t-il un seul endroit où il ne soit parlé de la grâce et du secours de Dieu?» Puis, venant aux accusateurs de Pélage, qui étaient Héros et Lazare : « Est-il possible, disait-il, mes chers frères, que vous n'ayez pas encore appris, mes chers par la renommée, que ces deux hommes sont des perturbateurs de l'Eglise ? Ignorez-vous leur vie et leur condamnation ? Mais, quoique le siège apostolique les ait séparés de toute communion par une sentence particulière, apprenez encore ici sommairement leur conduite. Lazare a depuis longtemps l'habitude de calomnier l'innocence ; en plusieurs conciles, il a été trouvé calomniateur de saint Brice, notre coévêque de Tours. Proculus de Marseille l'a condamné comme tel dans le concile de Turin. Toutefois, le même Proculus a ordonné plusieurs années après évêque d'Aix, pour soutenir le jugement du tyran (Constantin). Il est entré dans le siège épiscopal, presque encore teint du sang innocent, et a soutenu l'ombre du sacerdoce tant que le tyran a gardé une image de l'empire ; mais, après sa mort, il a quitté la place et s'est condamné lui-même. Il en est de même d'Héros, ajoute le Pape : c'est la protection du même tyran, ce sont des meurtres, des séditions, des emprisonnements de prêtres qui lui résistaient ; ce fut la même consternation dans la ville; le même repentir l'a fait renoncer au sacerdoce.» Zosime insiste aussi sur l'absence d'Héros et de Lazare, et en tire une preuve de la faiblesse de leur accusation, disant qu'ils n'ont osé la soutenir. Il en dit autant de celle de Timase et de Jacques. Il exhorte les évêques d'Afrique à être plus circonspects à l'avenir, à ne pas croire facilement les rapports de gens inconnus, à ne juger personne sans l'entendre, suivant l'Ecriture, à imiter la modération que l'on observe dans les tribunaux séculiers, à conserver soigneusement la charité et la concorde, et à se réjouir de ce que Pélage et Célestius n'ont jamais été séparés de la vérité catholique ni de la communion de l'Eglise romaine. Cette lettre, qui est datée du 21 septembre 417, fut envoyée aux évêques d'Afrique avec des copies des écrits de Pélage.

On le voit, ce qui rendait le pape Zosime favorable à la personne de Pélage et de Célestius, c'était leur soumission à l'autorité du Saint-Siège; c'était la promesse de condamner tout ce qu'il condamnerait; c'était, de la part de Célestius, la souscription expresse aux décisions du saint pape Innocent ; c'était, de la part de Pélage, la lettre de recommandation de l'évêque de Jérusalem. Avec cela on pouvait interpréter dans un bon sens ce qu'il y avait d'équivoque, et regarder comme implicitement rétracté ce qu'il y avait de suspect dans leurs écrits. Quant à Héros et Lazare, que le pape Zosime censure avec tant de sé-

LIVRE XXXVIII. — HÉRÉSIE DE PÉLAGE.

vérité, ils sont représentés comme des hommes de bien par saint Augustin. Au milieu des révolutions politiques d'alors, ils ont pu mériter successivement le blâme et la louange. Ils ont pu faire mal dans un temps et dans certaines choses, et faire bien dans d'autres.

Les lettres de saint Zosime produisirent de grands mouvements parmi les Africains, et donnèrent occasion à beaucoup d'écrits envoyés de Rome en Afrique, et d'Afrique à Rome. Comme presque tous ces écrits se sont perdus, il n'y a rien de plus embrouillé dans toute l'histoire du pélagianisme. Voici les principaux faits.

La seconde lettre du Pape est du 21 septembre 417. Elle fut portée en Afrique par un sous-diacre de l'Eglise romaine, qui, le 2 novembre suivant, étant à Carthage, invita de vive voix le diacre Paulin, accusateur de Célestius, à se présenter au siège apostolique. Paulin s'en excusa par une lettre qu'il écrivit au Pape, le 8 du même mois, et qui fut portée, avec les lettres des évêques d'Afrique, par un sous-diacre de l'Eglise de Carthage. Il s'excuse sur deux raisons principales. Le Pape lui-même avait approuvé sa conduite, en demandant à Célestius : Condamnez-vous tout ce qui est contenu dans le mémoire de Paulin? Et encore : Je ne veux pas que vous usiez de détour; condamnez-vous tout ce qui vous a été objecté par Paulin, ou bien tout ce que la renommée vous reproche? D'ailleurs, cette cause n'était plus une affaire particulière entre Paulin et Célestius; elle était devenue la cause de toute l'Eglise, comme le prouvaient les lettres des évêques d'Afrique à Sa Béatitude.

Cependant Aurélius de Carthage et les évêques qui se trouvèrent dans cette ville, ayant reçu les lettres du pape Zosime, lui écrivirent aussitôt, à ce qu'il paraît, pour le prier de laisser les choses en l'état où elles étaient, jusqu'à ce qu'il fût instruit plus à fond de cette matière. S'étant ensuite assemblés en concile, ils lui envoyèrent un mémoire assez volumineux à ce sujet. Le 21 mars 418, le Pape leur répondit la lettre suivante, qui fut reçue à Carthage le 29 avril.

« Zosime à Aurélius et aux autres bien-aimés frères qui ont assisté au concile de Carthage, salut dans le Seigneur. Quoique la tradition des Pères ait attribué au Siége apostolique une autorité si grande que personne n'osait contredire son jugement, et qu'on l'ait toujours observé dans les canons et autres règles, et que la discipline ecclésiastique en vigueur accorde au nom de Pierre, de qui elle tire son origine, le respect qu'elle lui doit; car l'antiquité canonique, d'une voix unanime, d'après la promesse même du Christ, notre Dieu, a voulu que la puissance de cet apôtre fût si grande qu'il déliât ce qui était lié, et liât ce qui était délié; puissance donnée pareille à ceux qui, par sa faveur, mériteraient l'héritage de son siége; Pierre, en effet, qui a soin de toutes les églises, a principalement soin de celle où il a lui-même siégé, et il ne souffre point que quelque chose de son privilége ou de sa sentence vienne à vaciller au souffle de quelque opinion, lui qui a posé la chaire honorée de son nom sur des fondements tels, que jamais aucun effort ne les ébranle et que nul ne saurait jamais les attaquer sans se mettre en péril soi-même; Pierre étant donc le chef d'une si grande autorité, et tous les anciens qui sont venus après lui l'ayant affermie par leur respect, de sorte que les lois humaines, comme les lois divines et toutes les règles, concourent également pour assurer la fermeté de l'Eglise romaine, à la tête de laquelle nous sommes établis, avec la puissance attachée à ce nom, ainsi que vous le savez, très-chers frères, et que vous devez le savoir, en qualité de pontifes; toutefois, bien que notre autorité soit telle que nul ne puisse réformer notre sentence, nous n'avons rien fait dont nous ne vous ayons donné connaissance de notre propre mouvement, et, par un effet de la charité fraternelle, comme pour délibérer en commun, non pas que nous ignorassions ce qu'il fallait faire, ou que nous fissions quelque chose qui pût tourner contre le bien de l'Eglise. Mais nous avons voulu traiter en commun avec vous, de l'homme qui avait été accusé chez vous, et qui est venu à notre Siége, protestant de son innocence, poursuivant son ancien appel, demandant de lui-même ses accusateurs, et condamnant les crimes qu'il disait lui être imputés faussement par le bruit public. Nous pensons vous avoir expliqué toute sa demande dans nos précédentes lettres, et avoir répondu à vos lettres subséquentes. Mais, en parcourant le volumineux mémoire que vous nous avez envoyé par Marcellin, votre sous-diacre, nous avons vu que vous avez compris l'ensemble de nos lettres, comme si nous avions ajouté foi à Célestius en tout, et que nous eussions donné notre assentiment à toutes ses paroles, syllabe par syllabe, sans en discuter aucune. Jamais on ne traite avec une précipitation téméraire ce que l'on se propose de traiter avec du temps et de la maturité, et il ne faut point décider sans une grande délibération ce qui doit être jugé par une sentence souveraine. Votre fraternité saura donc que, depuis nos lettres et les vôtres, nous n'avons rien changé, mais laissé les choses dans le même état où elles étaient, quand nous en écrivîmes à Votre Sainteté, en sorte que la demande que vous nous avez faite se trouve accomplie (Coust., *Epist.* 12; Labbe, t. II, *Epist.* 10). »

Cette lettre du pape saint Zosime, qu'aucun historien français ne fait connaître, est d'une haute importance. On y voit quelle était, d'après la promesse de Jésus-Christ et la tradition des Pères, l'autorité du Pape au commencement du Ve siècle; *ses jugements étaient souverains et irréformables*; s'il prenait quelquefois l'avis des autres, c'était par un mouvement de charité et de bon ordre, et non pas qu'il y fût obligé. Cette lettre, écrite le 21 mars, fut reçue à Carthage le 29 avril suivant.

Dans l'intervalle, l'affaire s'était éclaircie à Rome. Le saint Pape, qui, pour ramener plus facilement Pélage et Célestius, dont le génie pouvait faire beaucoup de bien dans l'Eglise, avait fait plus attention à leur protestation générale de soumission et d'obéissance qu'à certaines propositions de leurs écrits, dut naturellement concevoir quelques soupçons de leurs lettres des évêques d'Afrique. Et de fait, dans sa réponse du 21 mars, il se montre déjà bien refroidi à l'égard de Célestius et de Pélage. Ceux-ci avaient quelques amis à Rome; mais la multitude du peuple fidèle leur était tout opposée, et déployait beaucoup de zèle pour découvrir et faire condamner les vrais sentiments des deux sectaires. Dans le nombre, se distingua particulièrement Constantius, autrefois lieutenant du préfet du prétoire, et alors appliqué dans la retraite à servir Dieu. Il est probable que le Pape reçut encore vers ce temps les lettres de Théodote, évêque d'Antioche, et de Prayle de Jérusalem, qui lui mandaient qu'ils avaient enfin manifestement découvert les erreurs et les fraudes de Pélage, dans un dernier concile où se trouvaient ses accusateurs, et qu'on l'avait chassé de Jérusalem (Mar. Mercat., *Commonit.*)

Les choses étant à Rome en cet état, le pape Zosime résolut d'examiner de nouveau Célestius, et de tirer enfin de sa bouche une réponse précise, afin que l'on ne doutât plus qu'il avait renoncé à ses erreurs, ou qu'il devait passer pour imposteur. Mais Célestius n'osa se présenter à cet examen, et s'enfuit de Rome. Alors le Pape donna sa sentence, par laquelle il confirma les décrets du concile d'Afrique de 417, et, conformément à la décision du pape Innocent, son prédécesseur, il condamna de nouveau Pélage et Célestius, les réduisant au rang de pénitents, s'ils abjuraient leurs erreurs; sinon, les excommuniant tout à fait. Il en écrivit aux évêques d'Afrique en particulier, et en général à tous les évêques, une lettre fort ample, dont il ne nous reste que quelques petits fragments. Il y expliquait les erreurs dont Célestius avait été accusé par Paulin, rapportait plusieurs passages du commentaire de Pélage sur saint Paul, et n'omettait rien de ce qui regardait les deux hérésiarques. Il y établissait le péché originel, et condamnait Pélage de ce qu'il donnait aux enfants morts sans baptême un lieu de repos et de bonheur hors du royaume des cieux. Il y enseignait qu'il n'y a aucun temps où nous n'ayons besoin du secours de Dieu, et que dans toutes nos actions, nos pensées, nos mouvements, nous devons tout attendre de son assistance, et non des forces de la nature. Cette lettre, ou constitution du pape saint Zosime, fut envoyée aux évêques d'Egypte et d'Orient; à Jérusalem, à Constantinople, à Thessalonique; enfin à toutes les Eglises du monde; et tous les évêques catholiques y souscrivirent, suivant l'ordre du Pape, particulièrement ceux d'Italie.

Tout le clergé de Rome suivit ce jugement, même ceux que les pélagiens prétendaient leur être favorables; surtout le prêtre Sixte, dont ils se vantaient comme de leur principal défenseur. Il fut le premier à prononcer anathème contre eux, devant un très-grand peuple, et eut grand soin d'en écrire à ceux auprès desquels les pélagiens se vantaient de son amitié. C'est ce prêtre Sixte qui fut pape quatorze ans après. Il accompagna la lettre du pape Zosime d'une lettre à Aurélius de Carthage, dont il chargea l'acolyte Léon, que l'on croit être le même qui fut pape vingt-deux ans plus tard. Sixte écrivit encore à saint Augustin, par le prêtre Firmus.

Saint Augustin fait entendre que le prêtre Sixte, non content de se déclarer lui-même, commença à presser les hérétiques, par la terreur des lois impériales, de renoncer à leurs erreurs. Il existe, en effet, un rescrit de l'empereur Honorius, donné à Ravenne, le 29 avril 418, sans doute après le jugement et à la demande du Pape. Celui-ci, dans sa constitution, avait rappelé les six erreurs principales des pélagiens; Honorius, dans son rescrit, en marque les deux premières : qu'Adam avait été créé sujet à la mort, et qu'il n'avait point transmis de péché à sa postérité. Puis il ordonne que Célestius et Pélage soient chassés de Rome : ensuite, que quiconque connaîtra leurs sectateurs, les dénonce aux magistrats, et que les coupables soient envoyés en exil. En exécution de ce rescrit, les trois préfets d'Italie, d'Orient et des Gaules rendirent une ordonnance portant que tous ceux qui seront convaincus de cette erreur, seront bannis à perpétuité, avec confiscation de leurs biens (S. Aug., t. X, *append.*).

Pendant que ces choses se passaient à Rome en Italie, les évêques d'Afrique s'assemblèrent à Carthage au nombre de plus de deux cents. Le concile s'ouvrit le premier mai 418. On y décida huit articles de doctrine contre les pélagiens; en ces termes : « Quiconque dira qu'Adam a été fait mortel, en sorte que, soit qu'il péchât ou qu'il ne péchât point, il dût mourir, c'est-à-dire sortir du corps, non par le mérite de son péché, mais par la nécessité de sa nature; qu'il soit anathème! Quiconque dit qu'il ne faut pas baptiser les enfants nouveau-nés; ou que, bien qu'on les baptise pour la rémission des péchés, ils ne tirent d'Adam aucun péché originel qui doive être expié par la régénération, d'où s'ensuit que la forme du baptême pour la rémission des péchés est fausse à leur égard; qu'il soit anathème! Car ce que dit l'apôtre : *Par un homme le péché est entré dans le monde, et par le péché la mort; et ainsi elle a passé dans tous les hommes, en ce que tous ont péché*, cela ne se doit point entendre autrement que l'Eglise catholique répandue partout l'a toujours entendu. »

Quelques exemplaires ajoutent ici un troisième article en ces termes : « Si quelqu'un dit que quand le Seigneur a dit : *Il y a plusieurs demeures dans la maison de mon Père*, il a voulu faire entendre que, dans le royaume des cieux, il y a un lieu mitoyen, ou quelque autre lieu, où vivent heureux les enfants qui sortent de cette vie sans le baptême, sans lequel ils ne peuvent entrer dans le royaume des cieux, qui est la vie éternelle; qu'il soit anathème! Car, puisque le Seigneur a dit : *Quiconque ne renaîtra pas de l'eau et du Saint-Esprit, ne peut entrer dans le royaume des cieux*, quel catholique peut douter que celui qui ne méritera point d'être cohéritier de Jésus-Christ, n'ait sa part avec le diable? Celui qui n'est pas à la droite, sera sans doute à la gauche. »

Les exemplaires qui ont cet article en comptent neuf en tout : les autres mettent pour troisième, celui qui suit : « Quiconque dira que la grâce de Dieu qui nous justifie par Jésus-Christ, ne sert que pour la rémission des péchés déjà commis, et non pour nous aider encore à n'en plus commettre; qu'il soit anathème! Si quelqu'un dit que la même grâce nous aide à ne point pécher, seulement en ce qu'elle nous ouvre l'intelligence des commandements, afin que nous sachions ce que nous devons chercher et ce que nous devons éviter; mais qu'elle ne nous donne pas d'aimer encore et de pouvoir ce que nous connaissons devoir faire; qu'il soit anathème! Car puisque l'apôtre dit que *la science enfle et que la charité édifie*, c'est une grande impiété de croire que nous avons la grâce de Jésus-Christ pour celle qui enfle et non pour celle qui édifie, puisque l'une et l'autre sont un don de Dieu, de savoir ce que nous devons faire et d'aimer à le faire, afin que la science ne puisse enfler, tandis que la charité édifie. Et comme il est

LIVRE XXXVIII. — HÉRÉSIE DE PÉLAGE.

écrit que Dieu enseigne à l'homme la science, il est écrit aussi que la charité vient de Dieu.

» Quiconque dira que la grâce de la justification nous est donnée, afin que nous puissions accomplir plus facilement par la grâce ce qu'il nous est ordonné de faire par le libre arbitre, comme si, sans recevoir la grâce, nous pouvions accomplir les commandements de Dieu, quoique difficilement; qu'il soit anathème! Car le Seigneur parlait des fruits des commandements de Dieu, lorsqu'il dit : *Sans moi vous ne pouvez rien faire;* et non pas : Vous le pouvez plus difficilement. Ce que dit l'apôtre saint Jean : *Si nous disons que nous n'avons point de péché, nous nous trompons nous-mêmes, et la vérité n'est point en nous,* quiconque croit le devoir entendre, comme si par humilité nous ne devions pas dire que nous n'avons point de péché, et non parce qu'il est ainsi véritablement; qu'il soit anathème! Car l'apôtre ajoute : *Mais si nous confessons nos péchés, il est fidèle et juste, pour nous les remettre et nous purifier de toute iniquité :* ce qui montre qu'il ne le dit pas seulement par humilité, mais en vérité. Car il pouvait dire : Si nous disons que nous n'avons point de péché, nous nous élevons, et l'humilité n'est point en nous. Mais en disant : *Nous nous trompons, et la vérité n'est point en nous,* il montre assez que celui qui dit qu'il n'a point de péché, ne dit pas une vérité, mais une fausseté.

» Quiconque dira que les saints, quand ils disent dans l'Oraison dominicale : *Remettez-nous nos dettes,* ne le disent pas pour eux-mêmes, parce que cette demande ne leur est plus nécessaire, mais pour les autres qui sont pécheurs dans leur société, et que par cette raison chacun des saints ne dit pas : Remettez-moi mes dettes; mais : Remettez-nous nos dettes; en sorte que l'on entende que le juste le demande plutôt pour les autres que pour lui; qu'il soit anathème! Car l'apôtre saint Jacques était saint et juste, quand il disait : *Nous manquons tous en beaucoup de choses.* Et pourquoi ajoute-t-il *tous,* si ce n'est pour s'accorder avec le psaume où nous lisons : *N'entrez pas en jugement avec votre serviteur, parce que nul homme vivant ne sera justifié devant vous?* Et dans la prière du sage Salomon : *Il n'y a pas d'homme qui ne pèche;* dans le livre de Job : *Il marque la main de tous les hommes, afin que tout homme sache sa faiblesse.* C'est pourquoi le saint et le juste Daniel, ayant dit au pluriel dans sa prière : *Nous avons péché, nous avons commis l'iniquité,* et le reste, qu'il confesse véritablement et humblement, de peur qu'on ne crût qu'il l'eût dit des péchés de son peuple plutôt que des siens, il dit ensuite : *Comme je priais et je confessais au Seigneur mon Dieu mes péchés et les péchés de mon peuple.* Il n'a pas voulu dire : Nos péchés; mais il a dit : Les péchés de son peuple et les siens, parce que, comme prophète, il prévoyait ceux-ci qui l'entendraient si mal. Ceux qui veulent que ces paroles mêmes de l'Oraison dominicale : *Remettez-nous nos dettes,* soient dites par les saints, seulement par humilité, et non pas avec vérité; qu'ils soient anathème! Car qui peut souffrir celui qui, en priant, ment non point aux hommes, mais à Dieu même; qui dit des lèvres qu'il veut qu'on lui remette, et qui dit du cœur qu'il n'a point de dettes qu'on puisse lui remettre (Labbe, t. II)?

Les évêques du concile envoyèrent ces décrets au pape Zosime, avec une lettre où ils disaient entre autres : Nous avons ordonné que la sentence donnée par le vénérable évêque Innocent contre Pélage et Célestius, subsiste jusqu'à ce qu'ils confessent nettement que la grâce de Jésus-Christ nous aide, non-seulement pour connaître, mais encore pour faire la justice en chaque action ; en sorte que, sans elle, nous ne pouvons rien avoir, penser, dire ou faire qui appartienne à la vraie piété. Ils ajoutaient qu'il ne suffisait point pour les personnes moins éclairées, que Célestius eût dit en général qu'il s'accordait aux lettres d'Innocent, mais qu'il devait anathématiser clairement ce qu'il avait mis de mauvais dans son écrit, de peur que plusieurs ne crussent que le Siége apostolique eût approuvé ses erreurs, plutôt que de croire que lui-même s'en était corrigé.

Ce que demandaient les évêques, le Pape venait de le faire. Ils en apprirent d'abord la nouvelle par la renommée, et bientôt après en reçurent les actes authentiques avec une joie inexprimable. Ils souscrivirent tous à la constitution de Zosime. En Italie, quelques-uns s'y refusèrent. Ils furent déposés par les jugements ecclésiastiques, et chassés du pays, suivant les lois impériales. Plusieurs renoncèrent à l'erreur, vinrent se soumettre au Siége apostolique et rentrèrent dans leurs églises. Il y en eut dix-huit qui demeurèrent obstinés, dont le plus fameux était Julien, évêque d'Eclane. On les somma de condamner avec toute l'Eglise Pélage et Célestius, et de souscrire à la lettre du pape Zosime. Ils le refusèrent, et, pour se justifier, adressèrent au Pape une confession de foi que nous avons encore. Elle est assez semblable à celles de Pélage et de Célestius. Ils y condamnent avec exécration celui qui dit que, sans la grâce ou l'aide de Dieu, les hommes peuvent éviter les péchés; celui qui nie que les enfants aient besoin du baptême, ou qu'il faut le leur administrer avec d'autres paroles qu'aux adultes; celui qui soutient que le genre humain ni ne meurt par Adam ni ne ressuscite par le Christ. Et avec cela ils combattent longuement le péché d'origine, qu'ils appellent péché naturel. Julien écrivit encore au Pape une lettre particulière où il condamne et réfute, par l'Ecriture ou le raisonnement, celui qui dit que le genre humain ne meurt pas par la mort d'Adam et ne ressuscite pas par la résurrection du Christ; celui qui dit que le premier homme n'a nui qu'à lui seul et non pas au genre humain; celui qui dit que les enfants sont dans le même état qu'Adam avant son péché; celui qui soutient qu'Adam avait été fait mortel, en sorte qu'il dût mourir, soit qu'il péchât ou ne péchât point (S. Aug., t. X, append.). Mais à ces paroles Julien donnait un sens que tout le monde. Ainsi, quand il disait que, par son péché, Adam n'avait pas nui à lui seul, mais encore au genre humain, il sous-entendait *par son exemple.* Le pape Zosime n'eut aucun égard à tous ces écrits, et ne laissa pas de condamner Julien avec ses complices.

Julien était fils d'un évêque de grande piété et d'une mère qui n'était pas moins vertueuse. Son père était ami de saint Augustin et de saint Paulin de Nole, avec lequel il avait même quelque liaison de famille. Julien avait été marié, et saint Paulin avait fait son épithalame. Soit que sa femme fût morte ou qu'elle eût embrassé la continence, il était diacre dès 499, comme on le voit par une lettre de saint Augustin à son père, pleine d'amitié pour l'un et pour l'autre. Enfin le pape saint Innocent l'ordonna évêque d'Eclane, ville à présent ruinée, qui était en Campanie, à cinq lieues de Bénévent. Il avait l'esprit vif et subtil, mais trop peu humble pour s'en tenir à la croyance commune, et trop peu profond pour en saisir toute la vérité. Gagné par Pélage, il dissimula pendant la vie du pape Innocent, et se démasqua lorsqu'il fallut souscrire à la constitution du pape Zosime.

Avec le jugement qui condamnait Pélage et Célestius, le pape Zosime avait envoyé en Afrique des lettres par lesquelles il chargeait saint Augustin et quelques autres évêques d'une légation en Mauritanie, pour y traiter quelques affaires pressantes de l'Eglise. Saint Augustin en parle, mais il ne dit pas quelles étaient ces affaires. Il dit seulement, ce qui est peut-être plus digne d'attention, que les lettres du Pape lui avaient imposé, ainsi qu'à ses collègues, une nécessité ecclésiastique de se rendre à Césarée de Mauritanie, qui se nomme aujourd'hui Cherchell. Pendant qu'il était occupé à remplir sa légation, il eut, d'un côté, une conférence publique avec un évêque donatiste, et de l'autre, parvint à abolir, par son éloquence, des combats sanglants que les habitants de la ville se livraient chaque année, plusieurs jours de suite, par manière de jeu. Zosime écrivit encore, le 16 novembre 418, aux évêques de la province d'Afrique nommée Byzacène, qui avaient admis des laïques à juger un évêque, et obligé celui-ci à chercher lui-même son accusateur. Il leur montre vivement combien ce procédé est indigne et contraire aux canons. Et, pour leur faire mieux sentir la gravité de la chose, il leur envoie sa lettre par un évêque. On a du même Pape une instruction à trois de ses légats en Afrique, un évêque et deux prêtres, où il transcrit, comme du concile de Nicée, les canons du concile de Sardique touchant les appels des évêques à Rome, et le jugement des prêtres par les évêques de la province. On voit encore, par une lettre du 3 octobre de la même année 418, qu'il avait à Ravenne de ses prêtres et de ses diacres, sans doute comme ses nonces auprès de la cour impériale.

Le pape saint Zosime mourut la même année, le 27 décembre, jour auquel l'Eglise honore sa mémoire. Il avait tenu le Saint-Siége un an, neuf mois et quelques jours. On l'enterra sur le chemin de Tibur, près du corps de saint Laurent.

Aussitôt après la mort du pape Zosime, Symmaque, préfet de Rome, parla au peuple pour l'avertir de ne point troubler l'élection de son successeur, et de laisser au clergé la liberté de décider tranquillement de toutes choses; il menaça même les corps de métiers et les chefs des quartiers, s'ils troublaient le repos de la ville. Il n'y eut aucun trouble jusqu'aux funérailles du Pape défunt, et il avait été résolu que tout le monde s'assemblerait dans l'église de Théodore, pour procéder à l'élection. Mais avant même que les funérailles fussent achevées, une partie du peuple avec les diacres et quelque peu de prêtres, se saisirent de la basilique de Latran et en fermèrent presque toutes les portes, ayant avec eux l'archidiacre Eulalius, et ils y demeurèrent deux jours, attendant le jour solennel de l'ordination, c'est-à-dire le dimanche suivant, qui, cette année 418, était le 29 décembre, pour ordonner Eulalius pape. Mais la plus grande partie du clergé et du peuple s'assembla, suivant ce qui avait été convenu, dans l'église de Théodore, avec neuf évêques de diverses provinces, et résolut d'élire Boniface, ancien prêtre, très-instruit dans la loi de Dieu qui s'était acquis beaucoup de réputation par ses bonnes mœurs, qui ne voulait point être évêque et qui leur en paraissait d'autant plus digne. Symmaque, qui favorisait Eulalius, en ayant eu connaissance, fit venir tous ces prêtres (ils étaient au nombre d'environ soixante-dix), et les avertit de prendre garde qu'on ne fit rien contre les règles. Les menaces du préfet ne les empêchèrent pas de persister dans leur dessein. Ils envoyèrent eux-mêmes trois prêtres dénoncer par écrit à Eulalius, au nom de tous les autres, de ne rien entreprendre sans le consentement de la plus grande partie du clergé. Mais ces trois prêtres furent maltraités par le parti d'Eulalius, et mis en prison. Ceux qui les avaient envoyés ne laissèrent pas de s'assembler dans l'église de Saint-Marcel, et d'y élire Boniface évêque de Rome, le dimanche 29 décembre. Il fut consacré avec toutes les solennités requises, par les neuf évêques dont nous venons de parler, et les prêtres qui s'étaient assemblés avec eux souscrivirent l'acte qui en fut dressé. On le conduisit ensuite en cérémonie à l'église Saint-Pierre, et le peuple en témoigna sa joie par ses acclamations.

Eulalius, de son côté, se fit ordonner le même jour par quelques évêques, et entre autres par celui d'Ostie, que ceux de son parti avaient fait venir, quoique très-malade, parce que la coutume était que l'évêque d'Ostie ordonnât le Pape.

Cependant le préfet Symmaque adressa le même jour à l'empereur Honorius, à Ravenne, une relation des événements, où il parle d'Eulalius comme d'un saint personnage et du pontife légitime, et traite d'entreprise factieuse l'élection de Boniface. Trompé par ce rapport, Honorius se déclara pour Eulalius, et ordonna que Boniface sortirait de Rome, et qu'il en serait même chassé de force, s'il résistait. Le rescrit d'Honorius était du 3 janvier 419. Symmaque le reçut au jour de la solennité, c'est-à-dire en celle de l'Epiphanie, lorsque Boniface était près d'aller processionnellement à l'église de Saint-Paul faire l'office. Aussitôt le préfet lui envoya dire, par son premier secrétaire, de s'abstenir de cette cérémonie, et de venir le trouver pour apprendre l'ordre de l'empereur. Boniface ne laissa pas de se mettre en chemin, et le peuple battit l'officier que Symmaque avait envoyé. Symmaque, en étant averti, marcha vers Saint-Paul, hors de la ville, et voulut, mais en vain, empêcher Boniface d'y entrer. Pendant ce temps, Eulalius faisait l'office dans l'église de Saint-Pierre, appuyé de l'autorité du préfet. Tout cela se passa sans aucune sédition, et Symmaque en écrivit à Honorius le 8 janvier, faisant un grand éloge d'Eulalius et de son parti, qu'il donnait à peu près pour tout le peuple de Rome.

Mais, dans le même temps, les soixante-dix prêtres qui avaient élu Boniface, adressèrent une requête à l'empereur, où, après avoir exposé comme tout s'était passé réellement, ils le priaient de révoquer son premier édit, et d'obliger Eulalius avec ceux de son parti de se rendre à la cour, promettant, de leur part que Boniface s'y rendrait aussi avec ceux qui l'avaient élu. Cette requête eut son effet. Honorius envoya ordre à Symmaque, le 15 janvier, de suspendre l'exécution de son rescrit, et de signifier à Boniface et à Eulalius qu'ils eussent à se trouver à Ravenne, le 8 février, avec ceux qui les avaient élus, afin que l'on jugeât lequel des deux l'avait été légitimement, ajoutant que celui qui manquerait de se rendre au jour marqué, se jugerait lui-même coupable. L'empereur convoqua en même temps des évêques de diverses provinces. Il leur dit que, pour plus de sûreté, ceux qui avaient assisté ou souscrit aux deux ordinations contestées, ne seraient reçus ni comme juges ni comme témoins; il leur recommande de juger avec grande maturité, comme devant prononcer le jugement de Dieu.

Le concile se réunit plusieurs fois, mais ne put terminer l'affaire; outre qu'il était peu nombreux, il se trouva encore divisé : de plus, la fête de Pâques était proche; elle tombait, en l'année 419, au 30 de mars. Il fut donc résolu d'attendre qu'on pût assembler après Pâques un plus grand nombre d'évêques. Cependant le concile de Ravenne ordonna qu'aucun des deux contendants n'entrerait dans Rome, de peur qu'ils n'y occasionnassent quelque sédition parmi le peuple, déclarant que celui qui le ferait, perdrait par cela seul tout le droit qu'il pouvait prétendre. Honorius autorisa cette sentence, et les parties consentirent même par écrit à l'observer. Mais; comme on ne pouvait se passer d'un évêque qui y célébrât la fête de Pâques, ce prince, de l'avis du concile et du consentement des parties, ordonna que les saints mystères y seraient célébrés par Achille, évêque de Spolète, qui ne s'était déclaré ni pour Boniface ni pour Eulalius. Ce dernier, oubliant sa promesse, vint à Rome le 18 mars, et y entra en plein midi. Dès le soir même, Symmaque reçut des lettres d'Achille, qui lui mandait qu'il était commis pour célébrer à Rome l'office de Pâques, et il arriva en effet trois jours après. A son arrivée, il se fit quelque émotion parmi le peuple. Symmaque, avec les principaux de la ville, s'avança pour l'apaiser; mais le désordre s'augmenta de manière qu'Achille ne pût s'ouvrir aucun passage au travers de la foule. Le préfet, qui ne s'était point opposé à l'entrée d'Eulalius, parce qu'il n'avait point encore reçu les ordres de l'empereur à cet égard, manda à Constantius, beau-frère du prince, ce qui était arrivé, en le priant d'envoyer ses ordres avant Pâques, pour éviter de nouveaux tumultes parmi le peuple. Il y eut le 25 mars un rescrit impérial qui portait : « Puisque Eulalius est entré dans Rome, au mépris des ordres précédents, il doit absolument en sortir, sous peine de perdre non-seulement sa dignité, mais sa liberté. Quiconque d'entre les clercs communiquera avec lui sera puni de même, et les laïques à proportion. L'évêque de Spolète fera l'office pendant les cinq jours de Pâques; c'est pourquoi l'église de Latran ne sera ouverte qu'à lui seul. » Eulalius, à qui Symmaque fit signifier ce rescrit le même jour qu'il l'avait reçu, dit qu'il en délibérerait; mais il ne voulut point sortir de Rome, quoiqu'on l'en priât extrêmement. Le lendemain, on le somma de nouveau de sortir; mais, au lieu de le faire, il s'assembla avec le peuple dans la basilique de Latran. Symmaque, après avoir délibéré, y envoya toute la milice de la ville, qui contraignit Eulalius de sortir de cette église. Ensuite, il la fit garder, afin qu'Achille y pût faire l'office sans aucun trouble. Honorius, informé du refus qu'Eulalius avait fait de sortir de Rome, adressa, le 3 avril, un rescrit à Symmaque, par lequel il déclarait qu'Eulalius s'étant condamné lui-même par sa conduite, selon la sentence du concile et selon sa signature, et étant ainsi déchu de tout le droit qu'il prétendait avoir au pontificat, il fallait recevoir Boniface dans la ville et lui en laisser le gouvernement qu'il avait justement mérité par sa modération. Boniface y arriva deux jours après, et il y fut reçu aux acclamations du sénat et du peuple. Le schisme ainsi terminé, l'empereur contremanda les évêques d'Afrique et des autres pays, qu'il avait invités au concile indiqué à Spolète pour le 13 de juin. Toute cette histoire est tirée des actes mêmes, retrouvés par le cardinal Baronius (*Ad an.* 418 et 419).

Deux mois après son entrée solennelle à Rome, le pape saint Boniface reçut, en date du 31 mai 419, une lettre synodale de 217 évêques d'Afrique. Elle contient le résumé de deux conciles auxquels avaient assisté les légats du pape saint Zosime, savoir, Faustin, évêque de Potentine en Italie; Philippe et Asellus, prêtres de l'Église romaine. Quand ces légats furent arrivés à Carthage, les évêques assemblés avec Aurélius leur demandèrent de quoi le Pape les avait chargés, et, non contents qu'ils expliquassent leur commission de vive voix, ils les prièrent de faire lire l'instruction qu'ils avaient par écrit. On la lut, et on trouva qu'elle contenait quatre chefs : le premier, sur les appels des évêques au Pape; le second, contre les voyages importuns des évêques à la cour; le troisième, de traiter les causes des prêtres et des diacres devant les évêques voisins, en cas que leur évêque les eût excommuniés mal à propos; le quatrième, d'excommunier l'évêque Urbain, ou même de le citer à Rome, s'il ne corrigeait ce qui semblait à corriger.

Cette instruction ayant été lue, il n'y eut point de difficulté sur le second article, attendu que les évêques d'Afrique avaient décrété, dès l'an 407, que nul évêque ni prêtre n'irait à la cour sans une lettre de l'évêque de Rome. Mais il n'en fut pas de même du premier et du troisième, sur les appels des évêques au Pape et sur le jugement des prêtres et des diacres par les évêques. Cependant ces deux articles n'étaient que les canons sept et dix-sept du célèbre concile de Sardique, que le pape Zosime avait transcrits en toutes lettres dans son instruction. Seulement, comme le concile de Sardique était la suite et le complément du concile de Nicée, il les citait, d'après le code des canons de l'Église romaine, comme étant de ce dernier concile. Or, les deux cent dix-sept évêques réunis à Carthage, parmi eux saint Augustin, se trouvèrent ignorer complètement ces canons si fameux. Ce qui a d'autant plus lieu de surprendre, que Gratus, évêque de Carthage, avait assisté en personne au concile de Sardique, l'an 347, et souscrit à ces mêmes canons.

Il y a plus : dans un concile tenu à Carthage l'année suivante, Gratus avait parlé du concile de Sardique avec les plus grands éloges, en l'appelant très-saint; il y avait même développé le canon sur le jugement des prêtres et des diacres, en exigeant trois évêques pour un diacre et six pour un prêtre. Et une soixantaine d'années après, aucun évêque d'Afrique n'a plus aucun souvenir ni aucune connaissance de tout cela! Que dis-je? Dans leur concile de 419, ils citent le canon sur le jugement des prêtres et des diacres comme étant du concile de Sardique et proposé par Osius (Labbe, t. II, can. 6)! et ils n'aperçoivent pas le malentendu? Tout ce qu'ils peuvent prendre sur eux, c'est de dire qu'ils observeront ces canons provisoirement, jusqu'à ce qu'ils se soient assurés qu'on les lit dans les actes authentiques de Nicée et qu'on les observe ailleurs. Ils semblent avoir oublié les appels, si fameux à Rome, de saint Athanase d'Alexandrie, de saint Paul de Constantinople, d'Asclépas de Gaze, de Lucius d'Andrinople, de Marcel d'Ancyre et de beaucoup d'autres évêques de Thrace, de Célésyrie, de Phénicie, de Palestine, comme l'atteste, entre autres, le pape saint Jules, auquel ils avaient appelé (*Ep. ad Orient. ap. Athan., apol.* 2). Ils semblent avoir oublié les exemples mêmes de l'Afrique : Cécilien de Carthage appelant au pape Miltiade et jugé par lui à Rome; Privat, évêque de Lambèse, appelant au pape Fabien; Novat, Félicissime, Fortunat et quatre autres prêtres africains, appelant à d'autres Papes. Ils ne font pas attention à ce que leur rappelle avec beaucoup d'à-propos le légat Faustin, qu'il fallait observer non-seulement les canons de Nicée, mais encore les coutumes établies (Labbe, t. II, can. 2). Or, comme nous l'apprennent des auteurs non suspects, Socrate et Sozomène, ainsi que le pape saint Jules, dès avant le concile de Sardique, c'était une ancienne coutume, une loi ecclésiastique, de ne rien régler dans l'Eglise sans l'aveu du pontife romain.

Ce qui avait originairement donné lieu à ces pénibles débats, c'était un prêtre de Mauritanie, nommé Apiarius. Son évêque, Urbain de Sicque, l'avait excommunié, comme ayant été ordonné contre les règles et comme étant accusé de plusieurs crimes. Mais il paraît que l'évêque manqua lui-même aux formes canoniques; car Apiarius ayant été appelé à Rome, le pape Zosime recommanda comme quatrième article à ses légats, d'excommunier l'évêque Urbain ou même de le citer à Rome, s'il ne corrigeait ce qui semblait à corriger. Voici comme les évêques du concile racontent au pape Boniface l'arrangement de cette affaire : « Le prêtre Apiarius, dont l'ordination et l'excommunication avaient produit tant de scandale dans toute l'Afrique, ayant demandé pardon de toutes ses fautes, a été rétabli dans la communion. Et notre confrère Urbain, évêque de Sicque, a été le premier à corriger ce qui avait besoin de correction. Mais parce qu'il fallait pourvoir à la paix et au repos de l'Eglise, non-seulement pour le présent, mais pour l'avenir, nous avons ordonné que le prêtre Apiarius fût ôté de l'église de Sicque, en gardant l'honneur de son rang, et qu'il reçût une lettre en vertu de laquelle il exercerait les fonctions de la prêtrise partout où il voudrait et où il pourrait.

On voit par la lettre des évêques qu'ils étaient péniblement affectés. Il est possible que le légat Faustin y fût pour quelque chose, en agissant d'une manière peut-être trop impérieuse. Mais la principale faute en était aux évêques d'Afrique eux-mêmes; car, après tout, le Pape ne leur demandait que l'observation de canons très-légitimes qu'ils ne devaient pas ignorer. On explique leur ignorance, parce que les donatistes avaient substitué le faux concile de Sardique à la place du véritable. Mais toujours est-il peu honorable à des évêques d'avoir eu moins de zèle pour conserver les actes du vrai concile, que les sectaires n'en eurent pour lui en substituer un faux.

On a retrouvé une très-courte lettre du pape Boniface aux trois légats en Afrique, pour les féliciter de la bonne intelligence qu'ils y avaient rétablie, et leur demander de plus amples renseignements. D'après cette lettre, qui est du 26 avril 419, on voit que les différends antérieurs avaient été conciliés (Mansi, *Concil.*, t. IV).

Saint Alypius, évêque de Tagaste et ami particulier de saint Augustin, étant allé à Rome, le pape saint Boniface le reçut avec beaucoup d'amitié, le retint chez lui tout le temps de son séjour, et l'entretint avec beaucoup de confiance. Il lui parla beaucoup de saint Augustin : une circonstance particulière y contribuait encore. Des catholiques zélés de Rome venaient de remettre au Pape deux lettres des pélagiens qu'ils venaient de découvrir. L'une était de Julien d'Eclane, lequel y traitait les catholiques de manichéens, afin d'en donner de l'horreur aux ignorants. La seconde était des dix-huit évêques pélagiens, y compris Julien d'Eclane, et adressée à Rufus de Thessalonique, afin de l'attirer, s'ils pouvaient, dans leur parti. Le Pape remit les deux lettres à Alypius pour les porter à Augustin, afin qu'il y répondît lui-même, d'autant plus qu'il y était nommé et calomnié.

Alypius, qui venait de Ravenne, y avait déjà été chargé d'une commission semblable par le comte Valère. C'était un général non moins distingué par ses dignités militaires que par sa vertu, sa piété et son zèle. Ses grandes occupations ne l'empêchaient pas de s'appliquer à la lecture, même aux dépens du sommeil, et il prenait plaisir aux ouvrages de saint Augustin. Pour le gagner à eux, les pélagiens lui envoyèrent un écrit où ils disaient que l'évêque d'Hippone condamnait le mariage en soutenant le péché originel. Valère se moqua de la calomnie et en écrivit au saint, qui lui répondit et le remercia par un livre intitulé : *Du mariage et de la concupiscence.* Mais bientôt Julien d'Eclane attaqua ce livre par quatre autres. Le comte Valère en avait reçu des extraits depuis peu, quand Alypius vint à Ravenne. Il les lui remit pour saint Augustin, qui y répondit par un second livre *Du mariage et de la concupiscence.* Plus tard, ayant eu l'ouvrage entier de Julien, il remarqua que les extraits n'étaient pas tout à fait conformes à l'original. Craignant que Julien ne l'accusât d'imposture, comme en effet il n'y manqua pas, saint Augustin y répondit plus amplement en six livres, dont les deux premiers combattent Julien, en général, par l'autorité des docteurs catholiques; les quatre autres réfutent pied à pied ses quatre livres. Julien, qui avait fait ces quatre pour attaquer le premier de saint Augustin au comte Valère, en composa huit pour attaquer le second. Saint Augustin en ayant eu connaissance, se mit à les réfuter par huit autres. Il venait d'achever le sixième quand il mourut, en 430. Pour ce qui est des deux lettres pélagiennes que lui fit tenir le pape saint Boniface, il y répondit dès 420, par quatre livres adressés au même Pape et que lui porta saint Alypius dans un second voyage.

Tel est l'ensemble des derniers ouvrages du saint évêque d'Hippone contre les pélagiens. Le fond est le même dans tous : établir la doctrine de l'Eglise touchant le péché original, réfuter les erreurs et les objections des hérétiques. La doctrine de l'Eglise, il l'établit par les saintes Ecritures, par la croyance des fidèles, par le sacrement de baptême, par les exorcismes qui le précèdent, par le témoignage des saints Pères, saint Irénée, saint Cyprien, Réticius d'Autun, Olympius d'Espagne, saint Hilaire, saint Grégoire de Nazianze, saint Ambroise, saint Basile, saint Jean Chrysostome et saint Jérôme; enfin par la décision finale du Siége apostolique, comme quand il dit : « Deux conciles ont été envoyés à Rome, de là sont venus des rescrits; la cause est finie, puisse aussi finir l'erreur! »

Les pélagiens reprochaient au pape Zosime et au clergé de Rome, comme une variation coupable, d'avoir condamné Célestius après que le Pape eut dit que son mémoire était catholique. Saint Augustin répond que, si le pape Zosime a parlé de la sorte, c'est que, dans ce mémoire, Célestius professait une entière soumission au Siége apostolique, et que, s'il s'y exprimait mal sur la question du péché original, il la donnait comme une des questions douteuses sur lesquelles il demandait à être instruit; que d'ailleurs, Zosime ayant demandé à Célestius s'il condamnait toutes les choses qui lui étaient imputées, en particulier par le diacre Paulin, et Célestius lui ayant répondu qu'il les condamnait suivant la sentence de son prédécesseur de sainte mémoire, Innocent, le pape Zosime l'avait mis, par cette réponse, dans la salutaire nécessité de convenir que le péché original est remis aux petits enfants dans le baptême, et que le royaume des cieux et la vie éternelle sont une seule et même chose; car la sentence du pape Innocent, à laquelle Célestius protestait se soumettre, décide expressément ces deux points; ainsi finalement, si le pape Zosime a témoigné de l'indulgence pour la personne de Célestius et de Pélage, dans l'espoir de les ramener, jamais il n'approuva leurs erreurs (*Contra duas epist. Pelag.*, l. 2, n. 5-8).

Les pélagiens reprochaient à l'Eglise catholique de tomber dans l'erreur des manichéens. Saint Augustin fait voir qu'elle tient le milieu entre les uns et les autres. Elle enseigne, contre les manichéens, que la nature est bonne, comme étant l'ouvrage de Dieu, qui est bon; contre les pélagiens, qu'elle a besoin du Sauveur, à cause du péché original venu du premier homme; contre les manichéens, que le mariage est bon et institué de Dieu; contre les pélagiens, que la concupiscence, qui y est survenue par le péché, est mauvaise; contre les manichéens, que la loi de Dieu est bonne; contre les pélagiens, qu'elle ne fait que montrer le péché, sans l'ôter; contre les manichéens, que le libre arbitre est naturel à l'homme; contre les pélagiens, qu'il est tellement captif maintenant, qu'il ne peut opérer la vraie justice qu'après avoir été délivré par la grâce; contre les manichéens, que la justice des saints, soit de l'Ancien, soit du Nouveau Testament, a été vraie; contre les pélagiens, que cette justice, quoique vraie, n'a pas été parfaite (*Contra duas epist. Pelag.*, l. 4, n. 3 et 4).

Les pélagiens reprochaient encore aux catholiques de dire que le libre arbitre avait péri par le péché d'Adam. Saint Augustin répond que le libre arbitre n'a point péri, mais qu'il est déchu de l'état où il se trouvait dans le premier homme; qu'en conséquence il ne peut plus faire de bonnes œuvres qui méritent la vie éternelle, mais qu'il peut pécher encore : ce qui est vrai. Mais saint Augustin va plus loin, et conclut que le libre arbitre n'a plus de puissance que pour pécher (*Ibid.*, l. 2, n. 9; *It. Op. imp. cont. Jul.*, l. 3, n. 112, 119) : ce qui est faux, et ce que l'Eglise a justement condamné dans les propositions vingt-sept et vingt-huit de Baïus. Le saint docteur se trompe dans son raisonnement, parce qu'il ne distingue pas d'une manière assez nette et précise entre la nature et la grâce, entre l'ordre naturel et l'ordre surnaturel, entre les biens de l'un et de l'autre ordre. Le premier homme fut créé, non-seulement dans un état de nature parfaite, mais encore dans un état de justice et de sainteté surnaturelles. Par le péché, il est déchu de l'ordre surnaturel, il n'y peut plus faire aucun bien; il a été même lésé dans la perfection de sa nature; en sorte que, de ses seules forces et sans le secours d'une grâce divine, il ne peut plus faire, dans l'ordre naturel, que quelques biens, éviter que quelques péchés, et non pas tous. Voilà des choses que saint Augustin ne démêlait point assez, mais que la théologie scolastique a distinguées avec beaucoup de justice et de justesse, et que l'Eglise a confirmées par ses décisions.

Le saint docteur ne présentait pas, non plus, une idée assez exacte du libre arbitre, nécessaire à la créature pour mériter ou démériter. Dans un endroit il appelle *libre arbitre* le désir invincible et inamissible que nous avons d'être heureux (*Op. imperf. cont. Jul.*, l. 6, n. 26). Ailleurs, à cette observation, que celui-là n'est pas libre qui ne peut vouloir qu'une chose, il répond : « Mais Dieu est libre, quoiqu'il ne puisse vouloir que le bien; mais les anges sont libres, quoique par une heureuse nécessité, ils ne puissent vouloir que ce qui est bon (*Ibid.*, l. 1, n. 100-105) : » et de là il veut conclure que l'homme aussi est libre, quoiqu'il ne puisse vouloir que le mal. En quoi il confond liberté, exemption de contrainte et de violence, avec liberté, exemption de nécessité. Pour mériter ou démériter en voulant une chose, il faut qu'on puisse vouloir autrement; si on ne peut vouloir autrement qu'on ne veut, on ne mérite ni ne démérite. Ainsi nous désirons, nous voulons notre propre bonheur, non par contrainte et malgré nous, mais par une inclination invincible et nécessitante, et sans que nous puissions vouloir autrement. Aussi, en cela, nous ne méritons ni ne déméritons. La théologie scolastique a encore très-bien distingué toutes ces choses; et l'Eglise a condamné avec beaucoup de justice ces propositions de Baïus : « Ce qui se fait volontairement, quoique nécessairement, se fait néanmoins librement : l'homme se rend coupable, même dans ce qu'il fait nécessairement. »

Une méprise non moins grave, et qui est peut-être la source des autres, c'est le sens que saint Augustin suppose à ces paroles de saint Paul : *Tout ce qui n'est pas d'après la foi, est péché* (Rom. 14, 23). L'apôtre, après avoir dit que ceux qui mangeaient des viandes immolées aux idoles contre leur conscience, en croyant que c'était un péché, péchaient réellement, en donne cette raison générale : « Car tout ce qui n'est pas d'après la foi, c'est-à-dire d'après la persuasion intime ou la conscience, est péché. » Or, en vingt endroits de ses ouvrages, saint Augustin suppose aux paroles de l'apôtre, ce sens : « Tout ce qui n'est pas d'après la foi chrétienne, tout ce qui ne l'a pas pour principe, est péché (*Contra Julian.*, l. 4, n. 30-32). » D'où il conclut formellement que toutes les bonnes œuvres des infidèles, comme de faire l'aumône, de garder la fidélité conjugale, sont des péchés, attendu qu'ils n'ont pas la foi. Erreur très-grave, condamnée par l'Eglise, et uniquement fondée sur la fausse interprétation d'un texte de saint Paul.

Il est à regretter qu'il n'y ait pas une édition des œuvres de saint Augustin sur le pélagianisme où l'on signale les inexactitudes et où l'on y appose le correctif nécessaire. Sans cela, pour un homme qui n'a pas une connaissance bien nette et bien ferme de la doctrine de l'Eglise sur la nature et la grâce, la lecture de ces œuvres peut être très-dangereuse, non pas en ce qui regarde les questions principales de la controverse pélagienne, mais en ce qui est des explications et des réponses à des questions accessoires, que lui faisait Julien d'Eclane, quelquefois avec beaucoup de finesse. L'édition des *Bénédictins*, bien loin de corriger par quelques notes les propositions louches ou excessives, semble, au contraire, les recommander par des lettres majuscules, comme des principes fondamentaux. Cependant le correctif est d'autant plus nécessaire, que plusieurs hérésiarques ont abusé de ces inexactitudes échappées au saint évêque d'Hippone, pour soutenir les erreurs les plus monstrueuses et qui détruisent les fondements de toute religion et de toute morale.

Quant à ce qui nous regarde, nous aimons saint Augustin, mais, comme lui, nous aimons plus encore l'Eglise. En signalant ce qu'il y a d'inexact dans ses nombreux ouvrages, nous suivons le précepte et l'exemple que lui-même nous a donnés. « Je n'ai garde de vouloir, disait-il vers la fin de sa vie, qu'on suive mes sentiments en toutes choses, mais là seulement où l'on trouve que je ne me trompe pas. Car si dans ce moment j'écris mes livres des *Rétractations*, c'est pour montrer, par la revue de mes opuscules, que moi-même je ne me suis pas suivi en tout (*De dono persev.*, cap. 21, n. 55). » Il y a plus : dès l'an 420, il avait dit au pape saint Boniface, en lui envoyant ses quatre livres contre les deux lettres des pélagiens : « J'ai cru devoir adresser ces livres principalement à Votre Sainteté, non pas pour lui apprendre quelque chose, mais pour qu'Elle les examine et y corrige ce qui pourrait lui déplaire (*Contra duas Epist. Pelag.*, l. 1, n. 3). » Ce que ne fit pas le pape saint Boniface, ses successeurs l'ont fait. Ainsi donc, partir de leurs décisions doctrinales pour rectifier ce qu'il peut y avoir d'inexact dans les ouvrages de saint Augustin, c'est remplir le vœu de saint Augustin même.

Dès le 13 juin 419, le pape Boniface avait écrit une lettre aux évêques des Gaules et des sept provinces, particulièrement à Patrocle d'Arles et à treize autres qui sont nommés, desquels on ne connaît qu'Hilaire de Narbonne, Léonce de Fréjus, et son frère Castorius d'Apt. L'objet de la lettre était le jugement de Maxime, évêque de Valence. Il était accusé de plusieurs crimes, entre autres d'être manichéen, et on le prouvait par des actes synodaux. On montrait aussi, par des actes de juges séculiers, qu'il avait été mis à la question et condamné pour homicide. Il ne laissait pas de se dire toujours évêque dans les lieux où il se tenait caché, et ne voulait point subir le jugement de ses confrères, quoique les Papes l'y eussent renvoyé bien des fois. Le clergé de l'Eglise de Valence adressa de nouvelles plaintes au pape Boniface, et les évêques des Gaules y joignirent des mémoires. Quoique les fuites de Maxime donnassent assez de droit de le condamner dès lors, le Pape voulut bien encore lui donner un délai, et ordonna qu'il serait jugé par les évêques des Gaules assemblés en concile avant le 1er novembre, et que, présent ou absent, il serait jugé sans aucun autre délai, à la condition, déclarée nécessaire dans la lettre, que le jugement serait confirmé par l'autorité du Pape (Bonif., *Epist.* 3).

Vers le mois d'août de la même année 419, les Corinthiens adressèrent une requête au pape Boniface à cette occasion. Il y avait chez eux un nommé Pérígène, homme de grande réputation de probité, qui était né à Corinthe, qui y avait été baptisé, qui, après avoir passé par tous les degrés de la cléricature, y faisait depuis plusieurs années les fonctions de prêtre avec beaucoup d'édification et d'intégrité. Le siége de Patras en Achaïe étant devenu vacant, l'évêque de Corinthe en ordonna Pérígène évêque ; mais le peuple ne l'ayant pas voulu recevoir, ni permettre qu'il entrât dans la ville, il s'en retourna à Corinthe. Quelque temps après, l'évêque de cette ville étant mort, les Corinthiens demandèrent au pape Boniface qu'il leur donnât Pérígène pour évêque, et qu'il agréât sa translation de l'évêché de Patras à celui de Corinthe. Boniface ne douta point que leur demande ne vînt de l'amour ardent qu'ils avaient pris pour la religion et le bien de leur Eglise ; mais il fut surpris qu'en lui demandant Pérígène pour évêque, ils n'eussent pas joint à leur requête une lettre de Rufus de Thessalonique, vicaire ou légat du Siége apostolique dans l'Achaïe et la Macédoine, selon les décrets des papes Damase, Sirice et Innocent. Il écrivit donc à Rufus, et lui envoya en même temps la requête des Corinthiens.

Comme Rufus, depuis qu'il avait été constitué vicaire du Saint-Siége dans l'Illyrie, avait consulté le pape Boniface sur divers points de discipline, il en reçut aussi une ample réponse avec plusieurs lettres que Boniface écrivait à divers évêques, pour maintenir la discipline dans sa pureté, et fermer la porte aux nouveautés que l'on voulait introduire. Rufus notifia toutes ces lettres à ceux à qui elles étaient adressées, et manda ensuite au Pape que la plupart des évêques, nommément Adelphius et Pérígène, consentaient à observer ce qu'il leur avait écrit ; mais que quelques-uns s'y opposaient, et qu'il y avait des abus à corriger. Nous n'avons ni ces lettres de Rufus ni celles que le Pape lui adressa pour divers évêques, mais nous en avons le sommaire dans d'autres qui nous restent. Boniface, ne recevant rien de l'évêque de Thessalonique sur l'affaire de Corinthe, lui en écrivit une seconde lettre le 19 septembre 418. Il s'y loue beaucoup de sa vigilance, de son zèle et de ses vues pleines de foi. « Vous avez très-bien dit, dans vos lettres, que l'apôtre saint Pierre fixe sur vous ses regards; oui, il regarde comment vous vous acquittez de votre part au gouvernement suprême. Il ne peut point n'être pas près de vous, celui qui a été constitué pasteur perpétuel des brebis du Seigneur; il ne peut point ne pas soigner une église quelconque, celui qui a été posé le fondement de l'Eglise universelle. » Il l'exhorte, en conséquence, à veiller toujours de même sur toutes les églises que le Siége apostolique lui avait confiées. Il lui parle avec beaucoup d'éloge de celle de Corinthe, particulièrement de Périgène qu'elle demandait pour évêque, et auquel, dit le Pape, il ne manque plus, pour la pleine confirmation de son épiscopat, que d'avoir reçu des lettres de notre part. Cependant, pour lui écrire, il attendait une lettre de Rufus, afin de maintenir à la fois et l'autorité de la Chaire apostolique et l'honneur de son légat. Ayant reçu une réponse favorable, tout bien examiné, il établit Périgène évêque de Corinthe, en ordonnant qu'il serait intronisé dans le siége métropolitain de cette ville, et il envoya pour cela une autorisation à Rufus (Bonif., *Epist*. 4, 5 et 15).

Voilà ce que nous apprennent les lettres du pape saint Boniface. L'historien Socrate, qui écrivait dans ce temps-là même, raconte la même chose en ces mots : « Périgène avait été ordonné évêque pour Patras; mais, parce que les habitants de cette ville refusaient de le recevoir, l'évêque de Rome ordonna qu'il fût intronisé dans la métropole de Corinthe, après la mort de l'évêque de cette Eglise. En conséquence, Périgène la gouverna toute sa vie (Soc. l. 7, c. 36). »

Cependant le pape Boniface fut attaqué d'une longue maladie pendant l'été de l'année suivante 420. Tout le clergé et le peuple lui en témoignèrent beaucoup d'alarmes, et le prièrent de pourvoir au repos de son Eglise; car on craignait des brigues pour l'élection de son successeur. Le Pape, à peine convalescent, écrivit à l'empereur Honorius, par des évêques députés en son nom et au nom de toute l'Eglise romaine, le priant que sous son règne l'Eglise eût au moins la liberté qu'elle avait sous les empereurs païens, de maintenir ses anciens règlements. Pour l'y engager, il lui parle des prières que l'Eglise faisait dans la célébration des divins mystères pour la prospérité de son empire. Il relève aussi le zèle que ce prince faisait paraître pour la véritable religion, soit en maintenant la vérité, soit en détruisant le culte des idoles, soit en réprimant l'insolence des hérétiques. Cette lettre est du 1ᵉʳ juillet. L'empereur y répondit par un rescrit dont il chargea les mêmes députés, et dans lequel, après plusieurs choses affectueuses pour le Pape, il dit : « Si, contre nos vœux, il arrivait quelque accident à Votre Sainteté, que tout le monde sache qu'il faut s'abstenir des brigues, et que, si deux personnes sont ordonnées contre les règles, aucune des deux ne sera évêque, mais seulement celui qui sera élu de nouveau du nombre des clercs, par le jugement de Dieu, et d'un consentement unanime (Coust.; Bonif., *Epist*. 7 et 8). »

Atticus, évêque de Constantinople, avait obtenu une loi de Théodose le Jeune, qu'aucune ordination d'évêque n'aurait lieu, dans l'Hellespont et les autres provinces, sans l'aveu de l'évêque de Constantinople (Soc., l. 7, c. 28). L'ambition des évêques de Byzance, auxquels ni l'Evangile ni la tradition n'accordaient aucun privilége, cherchait dès lors à se dédommager par le crédit de la puissance séculière. Atticus, d'ailleurs, n'était pas fort scrupuleux sur les moyens de parvenir. Encore prêtre de Constantinople, il avait contribué plus que tout autre, par ses cabales et ses faux témoignages, à faire chasser saint Chrysostome; il avait persécuté ceux qui lui demeuraient fidèles; il n'avait rétabli son nom dans les diptyques que forcé par le peuple. Il n'y a guère de doute que ce ne fût encore lui, de concert avec quelques évêques d'Illyrie, qui surprit au même Théodose une loi du 14 juillet 421, dans laquelle, sous prétexte d'observer les anciens canons, il est ordonné que, s'il arrive quelque difficulté dans l'Illyrie, elle soit réservée à l'assemblée des évêques, non sans la participation de l'évêque de Constantinople, qui jouit de la prérogative de l'ancienne Rome. En sorte que l'empereur prétendait transférer à l'évêque de Byzance l'inspection sur l'Illyrie, dont l'évêque de Thessalonique était en possession comme légat du Saint-Siége. En vertu de cette loi, l'ambitieux Atticus indiqua un concile à Corinthe, pour examiner l'ordination de Périgène que le Siége apostolique avait solennellement confirmée.

Mais le pape saint Boniface se montra, surtout en cette rencontre, le digne successeur de saint Pierre. Il fit des démarches, il écrivit des lettres d'une sagesse, d'une vigueur, d'une autorité tout apostoliques.

Il s'adressa d'abord à l'empereur d'Occident, Honorius, et lui envoya des députés pour obtenir, à la recommandation de ce prince, que cette loi n'eût pas de suite, et qu'on ne violât point, par de nouvelles constitutions, les priviléges établis par les Pères en faveur de l'Eglise romaine, qui avaient été en vigueur jusqu'alors. Honorius fit ce que le Pape souhaitait. Il écrivit à l'empereur d'Orient Théodose, qui cassa aussitôt ce que des évêques d'Illyrie avaient obtenu par subreption. Ce prince déclare, dans sa réponse à l'empereur Honorius, que, conformément à sa volonté, il a écrit aux officiers des provinces d'Illyrie de rétablir l'ordre ancien et de maintenir les priviléges de l'Eglise romaine, sans aucun égard aux subreptions des évêques. Cette seconde loi de Théodose, ainsi que la première, comme aussi la lettre d'Honorius, s'est conservée dans les archives de l'Eglise romaine (Constant). Les compilations de lois, faites à Constantinople sous Théodose et sous Justinien, ne mettent que la première. C'est qu'il n'y avait que celle-là de favorable aux évêques ambitieux de la capitale.

Le pape saint Boniface écrivit surtout à Rufus de Thessalonique. Il lui rappelle que c'est saint Pierre qui lui a commis une portion de son autorité sur les provinces de l'Illyrie. « Les tentatives récentes pour l'amoindrir ne devaient et ne pouvaient avoir d'effet; car il ne faut point céder aux entreprises de ceux qu'animent l'esprit d'innovation et le désir d'une dignité qui ne leur est pas due; mais il faut combattre de telle sorte, qu'avec le secours de Dieu, qui conque s'élève contre le droit; trouve partout de la résistance. C'est pourquoi, bien-aimé frère, fort de l'autorité que vous avez reçue depuis longtemps, armez-vous comme un vaillant soldat de notre Dieu contre les bataillons ennemis. Vous n'avez point à craindre d'issue incertaine. Le bienheureux apôtre Pierre, assez puissant tout seul, combattra devant vous. Ne vous effrayez point des agitations de la mer. Le pêcheur pour qui vous travaillez ne souffrira point que la prérogative de son Siége périsse. Toute tempête cessera par la protection de qui seul a marché sur la mer. Il se trouvera près de vous et réprimera les violateurs des canons et du droit ecclésiastique, par l'autorité de Dieu, qui toujours se plaît à frustrer les vœux de pareils esprits. » Le Pape ne nomme point Atticus de Constantinople, mais on sent bien que c'est de lui qu'il est question.

« Contre les autres récalcitrants, continue le saint Pape, exercez la puissance qui vous a été donnée. Vous voyez que nous n'oublions rien. A ceux de Thessalie, nous avons envoyé des lettres pleines de menaces et de réprimandes. Au concile qu'on dit qui doit s'assembler illicitement à Corinthe, touchant la cause de notre frère et coévêque Périgène, dont nous avons écrit que l'état ne pouvait être troublé d'aucune manière; à ce concile nous adressons des lettres telles qu'elles feront comprendre à tous les frères, premièrement, qu'ils ne devaient aucunement s'assembler sans votre aveu; ensuite, qu'on ne doit point revenir sur notre jugement. Car *jamais il n'a été permis de traiter de nouveau ce qui a été une fois statué par le Siége apostolique* (Coust.; Bonif., *Epist.* 13). »

Fleury observe que, dans le code des lois, on a bien mis la première loi de Théodose touchant l'Illyrie, comme avantageuse à la ville de Constantinople où ces codes furent compilés, mais qu'on s'est bien gardé d'y mettre la seconde qui révoque la première. Nous observerons à notre tour que Fleury se permet des omissions pareilles. Par exemple, dans les lettres et du pape saint Boniface et de tous les Papes des premiers siècles, il a grand soin d'omettre ce qu'ils disent *sur l'irréformabilité de leurs jugements*, afin de pouvoir dire et répéter plus tard que ce sont les fausses décrétales qui ont introduit dans l'Eglise de pareilles maximes, inconnues à l'antiquité. Ce calcul est plus digne d'un sophiste grec que d'un historien impartial.

Le Pape dit dans sa lettre aux évêques de Thessalie : « L'institution de l'Eglise universelle a commencé, dès sa naissance, par l'honneur du bienheureux Pierre, en qui consiste son gouvernement et son ensemble. C'est de cette source que, avec les progrès de la religion, la discipline ecclésiastique s'est répandue dans toutes les Eglises. Les actes du concile de Nicée l'attestent. Cette assemblée n'a rien osé statuer à son égard; elle voyait qu'on ne pouvait rien lui conférer au-dessus de son mérite; elle savait que tout lui avait été accordé par la parole du Seigneur. Il est donc certain que cette Eglise est, pour toutes les Eglises répandues dans l'univers, ce qu'est la tête pour les autres membres : quiconque s'en sépare devient étranger à la religion chrétienne, parce qu'il n'est plus dans le même ensemble.

» J'apprends que quelques évêques, au mépris du droit de l'apôtre, tentent d'innover contre les préceptes formels du Christ, en cherchant à se séparer de la communion, et, pour dire plus vrai, de la puissance du Siége apostolique, en invoquant le secours de ceux à qui les canons de l'Eglise n'accordent aucune prééminence. On lit les préceptes des ancêtres; on y voit à qui ils ont conféré quelque droit sur les Eglises. Celui-là donc est un violateur de la discipline ecclésiastique, qui en subtilise les lois en s'arrogeant lui-même ce que les Pères lui refusent. Recevez donc notre admonition et notre réprimande, dont nous adressons l'une aux pontifes, l'autre aux récalcitrants. Rendez à votre chef l'honneur qui lui est dû. Que si Rufus avait excédé en quelque chose, il fallait nous en prévenir par une députation, nous qui sommes chargé du soin de toutes les choses; car si le Siége apostolique possède la principauté, c'est pour recevoir les plaintes légitimes de tout le monde. Qu'elle cesse donc, la présomption nouvelle; que personne n'ose espérer ce qui n'est pas permis; que nul n'entreprenne de violer ce qui a été fait par les Pères et observé depuis si longtemps. Quiconque se reconnaît évêque, qu'il obéisse à ce que nous avons réglé. Que nul ne présume ordonner des évêques dans l'Illyrie, sans l'aveu de notre coévêque Rufus. »

Le pape ajoutait ce qu'il avait déjà dit dans la première lettre, qu'il avait chargé Rufus d'examiner l'affaire de l'évêque de Pharsale, qui avait envoyé un mémoire au Saint-Siége, où il se plaignait des tracasseries de ses collègues. Il leur parlait ensuite de trois évêques, qu'il jugeait devoir excommunier, à moins que Rufus n'intercédât pour eux. Quant à un quatrième, qui avait été mal ordonné, il le dépose absolument de l'épiscopat (Bonif., *Epist.* 14).

Boniface écrivit le même jour, 11 mars 422, une troisième lettre à Rufus en particulier, et en général à tous les évêques de Macédoine, d'Achaïe, de Thessalie, d'Epire, de Prévale et de Dacie, au sujet du concile qui devait s'assembler à Corinthe pour examiner l'élection de Périgène. C'est sur le bienheureux apôtre Pierre que, par la sentence du Seigneur, repose la sollicitude de l'Eglise universelle; car, d'après le témoignage de l'Evangile, c'est sur lui qu'elle est fondée. Aussi cet honneur ne peut-il jamais être exempt de soins, étant certain que c'est de sa délibération que dépend l'ensemble et la décision souveraine des choses. De là la vigilance du Pape jusque sur l'Orient; de là sa surprise quand il apprit qu'un concile devait se réunir à Corinthe pour discuter l'élection d'un évêque que le Siége apostolique avait confirmée. Il rapporte en détail toute l'affaire de Périgène, la maturité que le Saint-Siége avait mise à la juger. Il rappelle quel danger c'est de résister au bienheureux Pierre, « lui qui a les clés du ciel, et sans qui on ne saurait ainsi parvenir à Dieu. Et on assemblerait un concile pour faire ce qui ne peut absolument se faire d'après les canons ? Et on mettrait en doute l'honneur de notre frère et coévêque Périgène, lui que notre sentence a placé sur son siége ? Est-il arrivé peut-être quelque nouvel accusateur des contrées lointaines ? Quel est celui des pontifes qui, après avoir lu nos lettres, a commandé que la foule de nos frères s'assemble ? Puisque le lieu le demande, relisez les canons; vous y trouverez quel est, après l'Église romaine, le second Siége, et quel est le troisième. Jamais personne n'a levé une main audacieuse contre la sommité apostolique, sur le jugement de laquelle il n'est pas permis de revenir ; nul n'a été rebelle en ce point, si ce n'est celui qui a voulu être mis lui-même en jugement. Les grandes Eglises dont nous parlons, celle d'Alexandrie et celle d'Antioche, gardent leur rang suivant les canons ; car elles connaissent le droit ecclésiastique. Elles gardent les ordonnances des anciens, nous déférant en toutes choses, et recevant en retour cette grâce, qu'elles connaissent nous devoir dans le Seigneur, qui est notre paix.

» Mais puisque la chose le demande, il faut prouver par les documents, que les plus grandes Eglises de l'Orient ont toujours consulté le Siége de Rome dans les grandes affaires où il était besoin d'une plus grande discussion, et qu'elles en ont imploré l'assistance chaque fois que l'usage ou l'utilité l'exigeait. Athanase, de sainte mémoire, et Pierre, pontifes de l'Eglise d'Alexandrie, ont imploré la protection de ce Siége. Et tout le temps que l'Eglise d'Antioche était en souffrance et qu'il y eut à ce sujet tant de députations de là ici, d'abord sous Mélèce, ensuite sous Flavien, il est bien manifeste qu'on a consulté le Siège apostolique. Et personne ne doute que ce ne fût par l'autorité de ce Siége que Flavien reçut enfin la grâce de la communion, de laquelle il eût été privé à jamais, si des lettres n'avaient émané d'ici à cet égard. De même l'empereur Théodose, persuadé que l'ordination de Nectaire n'avait point de force, à cause que nous ne la connaissions pas, envoya des évêques avec des personnages de sa cour, et demanda, suivant les règles, qu'on lui envoyât du Siége de Rome une lettre formée qui affermît son sacerdoce. Récemment encore, sous mon prédécesseur Innocent, de sainte mémoire, les pontifes des Eglises orientales, affligés de se voir séparés de la communion du bienheureux Pierre (c'était par suite de l'injuste déposition de saint Chrysostome), envoyèrent des députés demander la paix, comme votre charité s'en souvient. Et le Siége apostolique, à l'exemple de l'apôtre, pardonna et accorda tout avec beaucoup d'indulgence. »

D'après ces autorités et ces exemples, le Pape les engage, comme ses frères, s'ils veulent demeurer dans sa communion, à ne point discuter de nouveau la cause de Périgène, dont l'apôtre Pierre, par l'inspiration de l'Esprit-Saint, avait une fois affermi l'épiscopat. Mais si, depuis qu'il a été établi évêque par notre autorité, il a commis quelque faute, notre frère Rufus prendra connaissance avec ceux de nos frères qu'il choisira, et il nous en fera le rapport (Bonif., *Epist.* 15). Le résultat de ces lettres du saint Pape fut, comme déjà nous l'avons appris de Socrate, que Périgène gouverna l'Eglise de Corinthe toute sa vie.

Le pape saint Boniface réprima, cette même année 422, dans les Gaules, une entreprise de Patrocle d'Arles, qui avait ordonné à Lodève, hors de sa province, un évêque qui n'était demandé ni par le clergé ni par le peuple de la ville. Ils s'en plaignirent au Pape, qui écrivit à Hilaire, évêque de Narbonne, métropole de la province, et lui envoya la requête du clergé et du peuple de Lodève, lui ordonnant d'aller sur les lieux, et, si les choses étaient telles qu'on le disait, d'y ordonner un évêque suivant leur désir, tant par son droit de métropolitain, que par l'autorité du Saint-Siège ; le tout conformément au sixième canon de Nicée, qui conserve les droits des métropolitains dans chaque province (*Epist.* 12).

Le pape saint Boniface mourut la même année 422, le 4 septembre ; et le dimanche suivant, le 11 du même mois, on élut sans contestation Célestin, Romain de naissance, qui tint le Saint-Siége près de dix ans.

L'empereur Honorius mourut le 15 août de l'année suivante 423, après en avoir régné vingt-huit, depuis la mort de son père, le grand Théodose. Il eût été un particulier estimable ; il fut un prince nul. Il aimait beaucoup sa sœur Placidie ; il lui avait fait épouser Constance, qu'il déclara empereur au commencement de 421. Constance étant mort huit mois après, il finit par chasser Placidie de Ravenne, où il tenait sa cour, et elle s'était réfugiée à Constantinople avec ses enfants. Avant que la nouvelle de la mort d'Honorius y fût arrivée, Jean, premier secrétaire d'Etat, se fit reconnaître empereur à Ravenne, et y régna sur l'Occident un an et demi, soutenu par Castin, généralissime des troupes. Comme il s'attendait à être attaqué du côté de Constantinople, il envoya le général Aëtius chez les Huns, pour en amener une armée auxiliaire. Il voulut aussi se faire reconnaître en Afrique ; mais le comte Boniface, qui y commandait, lui résista, et soutint fidèlement le parti de la princesse Placidie et de ses enfants. L'empereur Théodose les soutint aussi, et déclara césar le jeune Valentinien, fils de Placidie et de Constance. Théodose envoya des troupes en Italie. Jean fut défait et tué au mois de juillet 425 ; et Valentinien III, qui n'avait pas encore sept ans, fut reconnu empereur d'Occident, le 23 octobre de la même année. Le général Aëtius fit son traité avec Placidie, et, à force d'argent, engagea les Huns à retourner d'où ils étaient venus. On publia dès cette année, sous le nom de Valentinien, plusieurs lois en faveur de l'Eglise, afin de réparer le mal que lui avait fait l'usurpateur.

Atticus de Constantinople mourut aussi le 10 octobre 425. Après bien des disputes sur l'élection d'un successeur, on élut le prêtre Sisinnius, aimé du peuple pour sa piété et pour sa charité envers les pauvres. Il fut ordonné le 28 février 426.

De son côté, saint Augustin avançait fort en âge. Il avait près de 70 ans, lorsqu'il éprouva un chagrin bien sensible. Il y avait, à l'extrémité du diocèse d'Hippone, une petite ville nommée Fussale, dans un canton qui avait très peu de catholiques, au point qu'il n'y en avait pas un dans la ville ; et le reste du pays, quoique fort habité, était plein de donatistes. Tous ces lieux furent réunis à l'Eglise avec de grands travaux et de grands périls ; en sorte que les prêtres que saint Augustin y mit d'abord furent dépouillés, battus, estropiés, aveuglés, ou tués. La ville était distante d'Hippone de plus de treize lieues, et saint Augustin s'en trouvait trop éloigné pour donner l'application nécessaire à gouverner ces nouveaux catholiques, et ramener le peu qui restait de donatistes. Il résolut donc d'y établir un évêque, quoiqu'il n'y en eût jamais eu. Il chercha un sujet qui sût la langue punique ; il avait un prêtre qu'il y destinait. Il écrivit au primat de Numidie, qu'il vînt pour l'ordonner ; mais comme tout le monde était dans l'attente, le prêtre sur lequel

Augustin avait compté lui manqua tout d'un coup, et ne voulut jamais être ordonné évêque.

Il eût été de la prudence de ne rien précipiter dans une affaire aussi grave. Mais Augustin ne put se résoudre à remettre l'ordination et à renvoyer, sans rien faire, le primat, qui était un vieillard vénérable, venu de fort loin et à grand'peine. Il présenta donc pour évêque de Fussale un jeune homme nommé Antoine, qu'il avait élevé dès l'enfance dans son monastère, mais qui n'avait que le degré de lecteur et n'était pas encore assez éprouvé dans le ministère de l'Eglise. Le peuple de Fussale le reçut avec une entière soumission, et il fut ordonné évêque; mais il se conduisit très-mal, et le scandale fut si grand, que son peuple l'accusa, devant saint Augustin et devant un concile d'évêques, d'exercer une domination insupportable ainsi que des pillages et des vexations diverses. Il y avait même des étrangers qui l'accusaient d'impureté; mais ils ne purent le prouver, et les évêques ne le trouvèrent pas assez coupable pour le priver de l'épiscopat. Ils le condamnèrent premièrement à la restitution de tout ce que l'on prouverait qu'il avait pris, et à demeurer privé de la communion jusqu'à ce qu'il eût restitué, ensuite à quitter ce peuple, qui ne pouvait plus le souffrir et serait capable d'en venir à quelque violence : ainsi il demeurait évêque, mais sans Eglise. Antoine acquiesça à la sentence et même consigna la valeur de ce qu'il avait pris, suivant l'estimation qui en fut faite, afin de rentrer dans la communion.

Toutefois, il appela ensuite au Saint-Siège et présenta une requête au pape Boniface, par laquelle, en dissimulant le fait, il demandait à être rétabli dans son siège, soutenant qu'il n'avait pas dû en être privé, ou qu'il fallait aussi le déposer de l'épiscopat. Il fit même écrire au Pape en sa faveur par le primat de Numidie, auquel il avait persuadé son innocence. Le pape Boniface écrivit pour le rétablir, mais avec cette précaution : s'il avait fidèlement exposé l'ordre des choses. Antoine faisait valoir ce jugement du Saint-Siège, et menaçait de le faire exécuter par la puissance séculière et à main armée.

Saint Augustin, extrêmement affligé, en écrivit au pape Célestin, qui venait d'être élu, et qu'il félicita sur la manière paisible dont s'était faite son élection. Il lui envoya en même temps tous les actes du procès d'Antoine, pour l'en instruire à fond. Il s'accuse d'imprudence, d'avoir fait ordonner ce jeune homme sans l'avoir assez éprouvé; mais il soutient qu'on avait bien fait de le priver de son diocèse sans le priver de l'épiscopat, et qu'encore qu'un évêque n'ait pas mérité la déposition, il ne doit pas demeurer impuni. Il y en avait en Afrique des exemples où le Siége apostolique avait ainsi jugé lui-même directement ou confirmé le jugement des autres. Pour ne pas rappeler les plus anciens, il en cite trois de tout récents et d'une seule province. Priscus avait été privé du droit de parvenir à la dignité de primat, demeurant toujours évêque; Victor avait été soumis à la même peine, et, de plus, aucun évêque ne communiquait avec lui que dans son diocèse; Laurent avait été privé de son siège sans cesser d'être évêque, et se trouvait précisément dans le cas d'Antoine.

Saint Augustin conclut en priant le Pape d'avoir pitié du peuple de Fussale, en ne leur renvoyant pas cet évêque si odieux; d'avoir pitié d'Antoine, en ne lui donnant pas occasion de faire plus de mal; enfin d'avoir pitié de lui-même et de sa vieillesse; car, ajoute-t-il, ce péril où je vois les uns et les autres me jette dans une si profonde tristesse, que je pense à abandonner l'épiscopat et à ne plus m'occuper qu'à pleurer ma faute. Le Pape l'écouta sans doute, et Antoine ne rentra plus dans son siège; car nous voyons que saint Augustin gouvernait encore l'Eglise de Fussale sur la fin de sa vie (Aug., *Epist.* 209; Coust., Labbe).

Le 26 septembre de l'année 426, saint Augustin ayant convoqué son peuple dans l'église de la Paix, à Hippone, désigna pour son propre successeur le prêtre Héraclius qui était absent. Le peuple y applaudit par de grandes acclamations, et on dressa l'acte. Plus d'un motif avait déterminé le saint à cette démarche. Il voulait éviter à son Eglise les troubles qui suivaient d'ordinaire la mort des évêques; il voulait trouver le temps pour vaquer aux travaux sur l'Ecriture, dont deux conciles d'Afrique l'avaient chargé, ainsi qu'aux ouvrages sans nombre qu'on lui demandait de toutes parts. Précédemment il était convenu avec son peuple qu'on le laisserait en repos pendant cinq jours de la semaine. Mais, quoiqu'on eût dressé les actes de cette convention, on ne l'observa pas longtemps. Le prêtre Héraclius ayant été désigné son successeur, il se déchargea sur lui du poids des affaires et s'occupa plus entièrement à écrire.

Il avait écrit depuis peu ses réponses aux huit questions qu'un magistrat de la ville de Rome, nommé Dulcitius, lui avait adressées sur l'Ecriture; son *Enchiridion* ou manuel, en faveur de Laurent, frère de Dulcitius, qui l'avait prié de lui composer un livre qu'il pût avoir toujours entre les mains; son opuscule, à saint Paulin de Nole, sur la piété envers les morts; son *Traité contre le mensonge*, à Consentius; contre les priscillianistes. Il écrivait sa conférence avec l'évêque arien Maxime, qui reconnut son erreur et embrassa la foi catholique. Il continuait les deux livres de ses *Rétractations*, ses huit livres contre Julien d'Eclane; il commençait son *Histoire des hérésies*; mais ce qui occupa le plus ses dernières années, ce fut la controverse avec ceux qu'on appela depuis les *semi-pélagiens*.

La question de la grâce et du libre arbitre est en soi très-difficile; jamais, avant saint Augustin, on ne s'était vu dans la nécessité de la traiter à fond : de là, une grande difficulté à distinguer d'une manière nette et précise ce qui est de la nature ou de la grâce, soit dans le premier homme, soit dans l'homme déchu et réparé. Augustin lui-même se vit dans le cas de rectifier quelques-unes de ses premières idées. Dans ses écrits contre les pélagiens, outre certains points obscurs qui ont été éclaircis par les décisions plus récentes de l'Eglise, il y a quelques questions de détail où il se trompait certainement. L'on conçoit, d'après cela, que des catholiques, d'ailleurs très-orthodoxes et très-pieux, tout en approuvant l'ensemble de sa doctrine contre les pélagiens, différassent de lui sur quelques détails. Tels furent, non-seulement quelques particuliers en Afrique, mais, dans les Gaules, les prêtres de Marseille, quelques évêques distingués, notamment saint Hilaire d'Arles, successeur de saint Honorat, qui, lui-même, avait succédé à Patrocle.

Ces catholiques ne niaient pas, comme Pélage, l'existence du péché originel dans tous les hommes, ni ses effets, qui sont la concupiscence, la condamnation à la mort, la privation du droit à la béatitude éternelle, ils n'enseignaient pas, comme cet hérétique, que la nature humaine est encore aussi saine qu'elle l'était dans Adam innocent; que l'homme peut, sans le secours d'une grâce intérieure, faire toute sorte de bonnes œuvres, s'élever au plus haut degré de perfection, et consommer ainsi, par ses forces naturelles, l'ouvrage de son salut. Sur tous ces points, ils étaient d'accord avec saint Augustin et chérissaient ses écrits; mais ils soutenaient que le péché d'origine n'a pas tellement affaibli l'homme qu'il ne puisse désirer naturellement d'avoir la foi, de sortir du péché, de recouvrer la justice; que, quand il est dans ces bonnes dispositions, Dieu les récompense par le don de la grâce : ainsi, selon eux, le commencement du salut venait de l'homme et non pas de Dieu.

Telles sont, entre autres, les idées du célèbre Cassien. Il était venu demeurer à Marseille, où il bâtit deux monastères, l'un pour les hommes, l'autre pour les femmes. Devenu abbé de celui de Saint-Victor, il se fit une grande réputation par sa vertu. En écrivant ses *Conférences spirituelles* pour l'instruction de ses moines, vers l'an 426, il enseigna, dans la treizième, que l'homme peut avoir *de soi-même* un commencement de foi et un désir de se convertir; que le bien que nous faisons ne dépend pas moins de notre libre arbitre que de la grâce de Jésus-Christ; qu'à la vérité cette grâce est gratuite, en ce que nous ne la méritons pas en rigueur; que cependant Dieu la donne, non arbitrairement par sa puissance souveraine, mais selon la mesure de la foi qu'il trouve dans l'homme où qu'il y a mise lui-même (Bergier, *Dict.*, art. *Semi-pélagiens*).

Voici comme s'engagea la controverse. Dans un monastère d'Adrumet, ville maritime d'Afrique, les moines reçurent de l'un d'entre eux, qui était en voyage, la copie d'un des écrits de saint Augustin contre le pélagianisme : c'était sa lettre au prêtre Sixte, depuis Pape. Les moines se divisèrent sur le sens de cet écrit. Cinq ou six prétendirent qu'il détruisait le libre arbitre. La dispute n'ayant pu être terminée par les soins de l'abbé, qui se nommait Valentin, deux des plus jeunes et des plus échauffés s'en allèrent à Hippone consulter saint Augustin lui-même. Il leur expliqua sa lettre à Sixte, leur en donna une pour leur abbé et sa communauté, où il leur expliquait cette question si difficile de la volonté et de la grâce. Il fit plus : leur séjour s'étant prolongé à Hippone, il leur lut, outre sa lettre à Sixte, les lettres du concile de Carthage, du concile de Milève et des cinq évêques au pape Innocent, avec ses réponses; la lettre du concile d'Afrique au pape Zosime, avec sa lettre adressée à tous les évêques du monde; les canons du concile plénier d'Afrique contre les pélagiens. Il leur lut aussi le livre de saint Cyprien sur l'Oraison dominicale, où il recommande merveilleusement la grâce de Dieu. Enfin, il composa exprès un nouvel ouvrage intitulé : *De la grâce et du libre arbitre*, et l'adressa à Valentin et à ses moines.

Il y montre qu'il faut également éviter de nier le libre arbitre pour établir la grâce, ou de nier la grâce pour établir le libre arbitre. Il prouve le libre arbitre par les saintes Ecritures, qui sont pleines de préceptes et de promesses, et il insiste particulièrement sur les passages qui nous exhortent à vouloir. Il prouve aussi la nécessité de la grâce par l'Ecriture, qui dit que les vertus qu'elle commande sont des dons de Dieu, qui joint le précepte et le secours, et nous ordonne de prier. Il montre, contre les pélagiens, que la grâce n'est point donnée selon nos mérites, puisque la première grâce est donnée aux méchants, qui ne méritaient que la peine. Tout le bien que l'Ecriture attribue à l'homme, elle l'attribue ailleurs à la grâce : ainsi la vie éternelle est tout ensemble une récompense et une grâce. La loi n'est point la grâce, puisque la loi seule n'est que la lettre qui tue et la science qui enfle. La nature non plus n'est pas la grâce, puisqu'elle est commune à tous; de sorte que Jésus-Christ serait mort en vain. La grâce ne consiste pas dans la seule rémission des péchés passés, puisque nous disons : *Ne nous induisez point en tentation*. Nous ne pouvons mériter la grâce, ni par nos bonnes œuvres, comme il a été dit, ni par aucune bonne volonté, puisque nous prions Dieu de donner la foi, de changer les volontés et d'amollir les cœurs endurcis. C'est donc lui qui nous a choisis et nous a aimés le premier; c'est lui qui nous donne la bonne volonté, qui l'augmente pour accomplir ses commandements, et nous les rend possibles en nous donnant une plus grande charité que celle qui nous faisait vouloir le bien faiblement. Dieu est tellement maître des cœurs, qu'il les tourne comme il lui plaît, soit en les portant au bien par pure miséricorde, soit en appliquant à ses desseins le mal où ils se portent par leur libre arbitre. Enfin nous voyons un exemple manifeste de la grâce dans les enfants, à qui on ne peut attribuer aucun mérite pour se l'attirer, ni aucun démérite pour en être privés, sinon le péché originel, ni aucune raison de préférence que le jugement caché de Dieu.

Saint Augustin ayant lu ce livre aux moines qui étaient venus le consulter, le leur donna avec toutes les pièces dont il a été parlé, et une seconde lettre à l'abbé Valentin, où il le prie de lui envoyer le moine Florus, celui qui avait transcrit et envoyé au monastère sa lettre à Sixte. Valentin n'y manqua pas, et le chargea d'une lettre pleine d'actions de grâces.

Saint Augustin fut bien aise de trouver Florus dans la vraie foi touchant le libre arbitre et la grâce, et d'apprendre que la paix était rétablie dans le monastère d'Adrumet. Mais, il y apprit aussi qu'il s'y était trouvé quelqu'un qui faisait cette objection : Si c'est Dieu qui opère en nous le vouloir et le parfaire, nos supérieurs doivent se contenter de nous instruire et de prier pour nous, sans nous corriger quand nous ne faisons pas notre devoir. Pour repousser cette fausse conséquence, qui rendait la doctrine de la grâce odieuse, saint Augustin composa un nouvel ouvrage qu'il intitula : *De la correction et de la grâce*, et il l'adressa encore à l'abbé Valentin et à ses moines, sans toutefois les accuser de cette erreur. Après avoir rappelé l'objection de ceux qui disaient : Que nos supérieurs se contentent de nous ordonner ce que nous devons faire, et de prier pour nous, afin que nous le fassions; mais qu'ils ne nous corrigent ni ne nous reprennent pas, si nous manquons à le faire : Au contraire, répond saint Augustin, on doit faire tout cela, puisque les apôtres, qui étaient les docteurs des Eglises; le faisaient. Ils ordonnaient ce qu'on devait faire; ils corrigeaient si on ne le faisait pas; ils priaient afin qu'on le fît. Ainsi l'Apôtre ordonne aux Corinthiens : *Que tout se fasse parmi vous avec charité.* Il les réprimande de ce qu'ils ont des procès parmi eux, et de ce qu'au lieu de supporter l'injustice, ils la commettent. Enfin, il prie pour les Thessaloniciens, que le Seigneur les fasse abonder dans la charité les uns envers les autres et envers tout le monde. Il ordonne qu'on ait la charité; il réprimande de ce qu'on n'a pas la charité; il prie pour que la charité abonde. *O homme! connaissez, dans l'ordre, ce que vous devez avoir; dans la réprimande, que c'est par votre faute que vous ne l'avez pas; dans la prière, d'où vous pouvez l'obtenir.* Saint Augustin avait déjà dit ailleurs cette belle parole : Dieu ne commande pas de choses impossibles; mais, en commandant, il vous avertit de faire ce que vous pouvez, et de lui demander ce que vous ne pouvez pas (*De naturâ et grat. cont. Pelag.*, c. 43, n. 50).

Dans cet ouvrage, saint Augustin traitait encore deux questions fort délicates : le don de la persévérance et la prédestination des saints. Son ouvrage ayant été porté dans les Gaules, les prêtres de Marseille, saint Hilaire d'Arles et les autres qui pensaient comme eux, furent offusqués de ce qu'il disait là-dessus. Ils pensaient, eux, que le commencement de la foi dépendait de l'homme, et par suite la persévérance finale et la prédestination à la gloire. Deux laïques instruits et zélés en informèrent saint Augustin. L'un, qui se nommait Hilaire, était de ses disciples et avait vécu quelque temps chez lui; l'autre, qui était saint Prosper, ne l'avait jamais vu, mais ils se connaissaient déjà par lettres. Quoique le saint évêque d'Hippone fût accablé de ses autres occupations et de son grand âge, il ne laissa pas de composer deux livres intitulés : *De la prédestination des saints*, et adressés à Prosper et à Hilaire.

Dans le premier, il montre que non-seulement l'accroissement de la foi, mais son premier commencement, est un don de Dieu, puisque saint Paul dit : *Il vous a été donné par Jésus-Christ, non-seulement de croire en lui, mais encore de souffrir pour lui.* Et ailleurs : *Nous ne sommes capables de penser de nous-mêmes; or, croire, c'est penser avec consentement.* Il confesse qu'il avait été autrefois d'un autre sentiment, comme dans l'exposition de l'épitre aux Romains, écrite avant son épiscopat; mais il reconnaît qu'il s'était trompé, et dit avoir été désabusé principalement par ce passage : *Qu'avez-vous, que vous n'ayez reçu?* car il montre qu'il faut l'entendre même de la foi, et qu'elle doit être comptée parmi les œuvres qui ne précèdent point la grâce de Dieu, selon cet autre passage : *Non par les œuvres, autrement la grâce n'est plus grâce.* Car Jésus-Christ dit que *l'œuvre de Dieu, c'est de croire en celui qu'il a envoyé.* Donc la foi, et commencée et parfaite, est un don de Dieu, qui n'est pas donné à tous.

La prédestination diffère de la grâce, dont elle n'est que la préparation; et elle diffère de la prescience. Dieu, par la prescience, connaît même ce qu'il ne fera point, comme les péchés; par la prédestination, il prévoit ce qu'il veut faire, comme quand il promit à Abraham que les nations croiraient par son Fils. Car il ne promet que ce qui dépend de lui. Or, sa promesse est ferme; c'est pourquoi l'homme ne doit point craindre de s'y confier, quoiqu'elle soit incertaine à son égard. Il doit bien moins s'appuyer sur sa volonté propre, qui est incertaine en soi.

Enfin la prédestination purement gratuite paraît évidemment dans les enfants et dans Jésus-Christ. Car par quel mérite précédent les enfants qui sont sauvés sont-ils distingués des autres? C'est, disaient les Marseillais, que Dieu prévoit comment ils vivraient, s'ils venaient en âge de raison. Mais, dit saint Augustin, Dieu ne punit ni ne récompense des actions qui ne seront point; et nous paraîtrons tous devant le tribunal de Jésus-Christ, afin que chacun reçoive le bien ou le mal, suivant ce qu'il aura fait dans son corps, non suivant ce qu'il aurait fait s'il eût vécu davantage. Et comme les Marseillais rejetaient le livre *De la Sagesse*, où il est dit : Il a été enlevé, de peur que la malice ne changeât son esprit, saint Augustin le soutient, et par l'autorité de saint Cyprien et par celle de toute l'Eglise. Puis il montre la vérité de cette sentence en elle-même. Car si Dieu avait égard à ce que chacun pourrait faire en vivant plus longtemps, nous ne pourrions être assurés du salut ni de la damnation de personne. Mais le plus illustre exemple de prédestination et de grâce, est Jésus-Christ. Qu'avait fait cet homme, qui n'était pas encore, pour être uni au Verbe divin en unité de personne? par quelle foi, par quelles œuvres avait-il mérité cet honneur suprême? Nous voyons dans notre chef la source de la grâce qui s'est répandue sur tous ses membres. Car saint Paul dit expressément qu'il a été prédestiné, et qu'il est l'auteur et le consommateur de notre foi.

Le second livre de saint Augustin à Prosper et à Hilaire portait le même titre : *De la prédestination des saints*; mais on l'a intitulé depuis : *Du don de la persévérance*, parce qu'il commence par cette question. Il montre donc, premièrement, que la persévérance dont il est dit : *Celui-là sera sauvé, qui persévérera jusqu'à la fin*, n'est pas moins un don de Dieu que le commencement de la foi; et il le prouve principalement par les prières. Car ce serait se moquer de Dieu que de lui demander ce qu'on ne croirait pas qu'il pût donner. Or, nous ne demandons presque autre chose par l'Oraison dominicale, suivant l'explication de saint Cyprien, qui a réfuté les pélagiens avant leur naissance. Nous demandons principalement la persévérance, en demandant de n'être pas exposés à la tentation. Car il est vrai que chacun, abandonnant Dieu par sa volonté, mérite que Dieu l'abandonne; mais c'est pour éviter ce malheur que nous faisons cette prière. Il ne faut point se tourmenter à disputer sur cette matière; il ne faut que faire attention aux prières journalières de l'Eglise. Elle prie que les infidèles croient : donc c'est Dieu qui convertit. Elle prie que les fidèles persévèrent : donc c'est lui qui donne la persévérance. Dieu a prévu qu'il devait le faire; et c'est la prédestination (*De prædest. Sanct.*).

Ce qui embrouillait le plus toute cette controverse, c'est qu'on ne s'était point encore formé une idée complète et bien précise de ce qu'est la grâce en général. On ne l'envisageait que dans l'homme déchu; on ne la considérait point dans son essence.

LIVRE XXXVIII. — FIN DE L'AFFAIRE D'APIARIUS.

Avec la définition que nous donnent aujourd'hui les catéchismes et la théologie : « La grâce est un don surnaturel pour mériter la vie éternelle, qui consiste à voir Dieu en lui-même, tel qu'il est; » avec cette définition, presque toutes les difficultés qui embarrassaient du temps de saint Augustin disparaissent. Car si la grâce est le moyen pour mériter de voir Dieu en son essence, comme il y a une distance infinie entre la créature la plus parfaite et Dieu, la grâce est nécessairement un don surnaturel, non-seulement surnaturel à l'homme déchu, mais à l'homme dans sa nature entière, mais à la créature la plus parfaite possible. La grâce est la même dans l'ange et dans l'homme, une élévation de l'un et de l'autre au-dessus de leur nature. Les mauvais anges sont déchus de cet état surnaturel par leur libre arbitre; les bons anges y ont persévéré par la grâce, qui soutenait leur libre arbitre au-dessus de lui-même. Le premier homme est déchu de cet état surnaturel par son libre arbitre; il aurait pu également y persévérer par la grâce. A l'homme innocent il ne fallait pas moins la grâce qu'à l'homme déchu, mais il la lui fallait pour moins de choses; à l'homme déchu il ne faut pas plus la grâce qu'à l'homme innocent, mais il la lui faut pour plus de choses, savoir, pour guérir des plaies qu'il a reçues dans sa nature même, et ensuite pour remonter au-dessus de sa nature jusqu'à Dieu; tandis qu'il ne fallait que la seconde de ces choses au premier homme. La grâce étant un don surnaturel, il s'ensuit que l'homme ne peut s'y élever de lui-même, ni la mériter par ses seules forces naturelles; qu'enfin elle dépend également de Dieu pour le commencement et pour la persévérance. Il s'ensuit que si Dieu accorde à l'un plus qu'à l'autre, il ne fait de tort à aucun; attendu que la grâce est un don, non-seulement au-dessus de l'individu, mais au-dessus de la nature même. Tellement que, si Dieu avait créé l'homme originellement tel qu'il naît maintenant, si les misères qui sont la peine du péché étaient des suites primordiales de la nature, Dieu ne serait point à blâmer, mais à louer. De savoir pourquoi Dieu, en accordant des grâces suffisantes à tous, en accorde de plus efficaces aux uns qu'à d'autres, c'est le secret de sa miséricorde et de sa justice.

La grâce étant un don au-dessus de la nature, elle suppose nécessairement la nature en dessous. De là, si l'homme déchu de l'ordre surnaturel n'y peut plus aucun bien, il ne s'ensuit pas qu'il n'en puisse plus aucun dans l'ordre naturel, ni que ce bien soit un péché. Que si, comme c'est en effet, sa nature même a été lésée, il s'ensuivra qu'il ne pourra plus faire tous les biens de cet ordre, mais seulement quelques-uns. Que s'il fait tout le bien qu'il lui est possible dans cet ordre inférieur, il ne méritera pas encore le bien de l'ordre surnaturel, la grâce; cependant il s'y disposera de loin, il provoquera la miséricorde divine à la lui accorder. Voilà comme il nous semble qu'on peut concilier ce qu'il y avait de vrai, éclaircir ce qu'il y avait d'obscur de part et d'autre.

Le prêtre Apiarius, qui avait déjà été l'objet d'une discussion entre les évêques d'Afrique et les saints papes Zosime et Boniface, y donna une nouvelle occasion sous le pape saint Célestin. Du diocèse de Sicque, où il s'était fait excommunier, il avait été placé dans le diocèse de Tabraque, où il se conduisit de manière à se faire excommunier encore. Il recourut de nouveau à Rome, persuada de son innocence le pape Célestin, qui le reçut à sa communion, écrivit une lettre en sa faveur aux évêques d'Afrique, et l'y renvoya lui-même avec l'évêque Faustin, qui déjà y avait été comme légat du pape Zosime. A son arrivée, les évêques d'Afrique assemblèrent un concile où présidaient Aurélius de Carthage et Valentin, primat de Numidie. Il y en a treize autres de nommés; mais saint Augustin n'y paraît point, non plus qu'aucun de ses amis. Ce concile ayant examiné l'affaire d'Apiarius, le trouva chargé de tant de crimes par ceux de Tabraque, que Faustin ne put le défendre, quoique, d'après ce que disent les évêques dans leur lettre, il fit plutôt le personnage d'avocat que de juge, et qu'il s'opposât à tout le concile d'une manière injurieuse, sous prétexte de soutenir les privilèges de l'Eglise romaine. Car il voulait qu'Apiarius fût reçu à la communion des évêques d'Afrique, parce que le Pape l'y avait rétabli, croyant qu'il avait appelé; ce que toutefois Faustin ne put point prouver. Enfin, après trois jours de contestation, Apiarius, pressé de sa conscience et touché de Dieu, confessa tout d'un coup tous les crimes dont il était accusé, qui étaient infâmes et incroyables, et attira les gémissements de tout le concile; mais il demeura pour toujours privé du ministère ecclésiastique.

Les évêques écrivirent au pape Célestin une lettre synodale, où ils le conjurent de ne pas si facilement prêter l'oreille à ceux qui venaient d'Afrique, et de ne plus vouloir admettre à sa communion ceux qu'ils auront excommuniés, puisque c'est un point réglé par le concile de Nicée. Car, ajoutent-ils, si cela y est défendu à l'égard des moindres clercs et des laïques, combien plus le concile a-t-il entendu qu'on l'observât à l'égard des évêques? de peur que ceux à qui la communion est interdite dans leurs provinces, n'y paraissent rétablis prématurément et contre les règles par Votre Sainteté. Pareillement, que Votre Sainteté repousse, comme il est digne d'Elle, les recours sans probité des prêtres et des clercs inférieurs; car aucune ordonnance de nos Pères n'a fait ce préjudice à l'Eglise d'Afrique, et les décrets de Nicée ont manifestement soumis aux métropolitains, soit les clercs inférieurs, soit les évêques eux-mêmes. Ils ont ordonné, avec beaucoup de prudence et de justice, que toutes les affaires seraient terminées sur les lieux où elles ont pris naissance, et ils n'ont pas cru que la grâce du Saint-Esprit dût manquer à chaque province, pour y donner aux évêques la lumière et la force nécessaires dans les jugements. Vu principalement que quiconque se croit lésé, pourra appeler au concile de la province, ou même au concile universel. Si ce n'est que l'on croie que Dieu peut inspirer la justice à quelqu'un en particulier, et la refuser à un nombre infini d'évêques assemblés. Et comment le jugement d'outre-mer pourra-t-il être sûr, puisque l'on ne pourra pas y envoyer les témoins nécessaires, soit à cause de la faiblesse du sexe ou de l'âge avancé, soit pour quelque autre empêchement? Car d'envoyer quelqu'un de la part de Votre Sainteté, nous ne trouvons aucun concile qui l'ait ordonné. Pour ce que vous nous avez envoyé par notre confrère Faustin, comme étant du concile de

Nicée, nous n'avons rien trouvé de semblable dans les exemplaires les plus authentiques de ce concile, que nous avons reçus de notre saint coévêque Cyrille d'Alexandrie et du vénérable Atticus de Constantinople, et que nous avons envoyés précédemment à Boniface, votre prédécesseur, de vénérable mémoire. Au reste, qui que ce soit qui vous prie d'envoyer de vos clercs pour exécuter vos ordres, nous vous prions de n'en rien faire, de peur qu'il ne semble que nous introduisions le faste de la domination séculière dans l'Eglise de Jésus-Christ, qui doit montrer à tous l'exemple de la simplicité et de l'humilité. Car pour notre frère Faustin, puisque le malheureux Apiarius est retranché de l'Eglise, nous nous assurons sur votre bonté que, sans altérer la charité fraternelle, l'Afrique ne sera plus obligée de le souffrir (Coustant, Labbe).

On le voit, le fond de cette fameuse lettre consiste, non point à rien définir ni à rien commander, mais à supplier le Pape de ne plus écouter si facilement ceux qui, d'Afrique, venaient à Rome; de ne plus admettre prématurément à la communion ceux qui en étaient exclus; de repousser les recours importuns et téméraires des ecclésiastiques; de ne point, à la demande du premier venu, envoyer des clercs en Afrique pour exécuter ses jugements; en particulier de n'y plus envoyer l'évêque Faustin, qui probablement avait usé de son autorité avec peu de mesure. En tout ceci, il n'y a rien que de légitime. Et c'est d'après ce but général de leur remontrance qu'il faut interpréter les raisonnements des évêques; car, à prendre ces raisonnements à la rigueur de la lettre, il faudrait conclure que ce concile universel d'Afrique méconnaissait les principes, oubliait les faits et raisonnait mal.

Les auteurs de la pièce, si on doit la prendre à la rigueur des mots, supposent qu'un concile seul peut donner au successeur de saint Pierre le droit de recevoir les appels. Ils oublient donc celui qui a dit au même Pierre : *Tu es Pierre, et sur cette pierre je bâtirai mon Eglise; et les portes de l'enfer ne prévaudront point contre elle. Et tout ce que tu lieras sur la terre sera lié dans les cieux, et tout ce que tu délieras sur la terre sera délié dans les cieux* (Matth., 16). Ils oublient donc la doctrine de leurs ancêtres; et cette parole de Tertullien : « Le Seigneur a donné les clés à Pierre, et par lui à l'Eglise (Tert., *Scorp.*, c. 10); » et cette parole de saint Optat : « Saint Pierre a reçu seul les clés du royaume des cieux pour les communiquer aux autres (Optat, l. 7, n. 3); » et cette parole de saint Cyprien : « Notre Seigneur, en établissant l'honneur de l'épiscopat, dit à Pierre dans l'Evangile : *Tu es Pierre*, etc. C'est de là que, par la suite des temps et des successions, découle l'ordination des évêques et la forme de l'Eglise, afin qu'elle soit établie sur les évêques (Cyp., *Epist.* 27, édit. Pamel). » Ils oublient que la coutume seule peut établir des règles et donner des droits dans l'Eglise, et que, pour le droit d'appel Rome, il y avait en Afrique même des exemples et très-récents et très-anciens.

Sur ce que le concile de Nicée défend de recevoir à la communion, dans un diocèse, des clercs excommuniés dans le leur, ils font cet argument : Si cela y est défendu à l'égard des moindres clercs ou des laïques, combien plus le concile a-t-il entendu qu'on l'observera à l'égard des évêques? Cette manière de raisonner est une preuve que saint Augustin n'assistait pas à ce concile. Car voici comme s'exprime ce Père, en parlant de Cécilien de Carthage, condamné par de nombreux conciles d'Afrique : « Cécilien pouvait mépriser la multitude de ses ennemis, se voyant uni par des lettres de communion et avec l'Eglise romaine dans laquelle s'est toujours déployée la principauté de la Chaire apostolique, et avec les autres pays, d'où l'Afrique a reçu l'Evangile, et où il était prêt à plaider sa cause, si ses adversaires avaient tenté de lui aliéner ces églises. Ces paroles ne laissent rien à désirer, non plus que les suivantes : « Il ne s'agissait pas de prêtres, de diacres ou de clercs d'un ordre inférieur, mais d'évêques qui pouvaient réserver leur cause entière au jugement d'autres collègues, principalement à celui des chaires apostoliques, où les sentences rendues contre eux, en leur absence, eussent été sans aucune valeur (Aug., *Epist.* 43, n. 7). » Voilà comme saint Augustin raisonnait contre les donatistes. Les auteurs de la lettre au pape saint Célestin raisonnent d'une manière tout opposée, et comme les donatistes auraient pu faire pour soutenir leur schisme.

Une remarque, qui n'est pas sans importance, se place naturellement ici. Pour ranger les évêques sur le même pied que les clercs inférieurs et les laïques, les auteurs de la lettre ne citent aucun concile qui le dise formellement; ils s'efforcent seulement de le conclure d'un canon de Nicée. Donc, quand on lit dans le vingt-huitième canon du code de l'Eglise d'Afrique, pris du deuxième concile de Milève sous le pape Innocent, que la chose avait déjà été statuée plusieurs fois touchant les évêques mêmes, la conclusion naturelle à tirer, c'est que ces paroles sont une interpolation faite postérieurement. Et de fait, elles ne se trouvent point dans les actes propres du deuxième concile de Milève.

Ils rappellent que les affaires doivent être terminées sur les lieux où elles ont pris naissance. Sans doute, c'est la règle générale; mais comme, d'après eux-mêmes, cela n'empêche pas que quiconque se croit lésé ne puisse appeler au concile de sa province ou même au concile universel d'Afrique, pourquoi cela empêcherait-il que celui qui se croirait lésé dans ces premiers tribunaux ne puisse appeler au tribunal suprême où la principauté de la chaire apostolique a toujours déployé sa vigueur? Mais quand Cécilien de Carthage se vit condamné à Carthage même et par de nombreux conciles, où trouva-t-il justice, si ce n'est outre-mer, si ce n'est à Rome? Et quand tout récemment saint Chrysostome se vit condamner à la fois et par deux conciles et par la puissance impériale, où trouva-t-il justice, si ce n'est encore outre-mer, si ce n'est encore à Rome? Et quand, plus haut, saint Athanase d'Alexandrie, saint Paul de Constantinople et tant d'autres se virent condamnés par d'interminables assemblées d'évêques et exilés par les ordres des empereurs, où trouvèrent-ils justice? n'est-ce pas toujours outre-mer? n'est-ce pas toujours à Rome?

Ils demandent s'il est à croire que Dieu puisse inspirer la justice à quelqu'un en particulier et la refuser à un nombre infini d'évêques assemblés. Ils oublient que saint Cyprien, avec une infinité d'évêques africains, soutinrent l'erreur, et le pape saint

Étienne la vérité; qu'une infinité d'évêques donatistes condamnaient Cécilien, que justifia le pape Miltiade. Ils oublient que deux nombreux conciles venaient de condamner saint Chrysostome, que vengea le pape Innocent. Ils oublient que plusieurs conciles nombreux avaient condamné saint Athanase, que soutint le pape Jules. Ils oublient que Jésus-Christ a fait à saint Pierre et à ses successeurs une promesse qu'il n'a faite à aucun autre en particulier : *Tu es Pierre, et sur cette pierre je bâtirai mon Église, et les portes de l'enfer ne prévaudront point contre elle.*

Quand ils signalent la difficulté d'envoyer les témoins outre-mer, cela prouve seulement qu'il ne faut point, sans nécessité, évoquer et juger les affaires à Rome même, et qu'il est plus utile d'envoyer des légats sur les lieux. Quand ils ajoutent qu'ils n'ont trouvé aucun concile qui ait ordonné cela, la faute n'en était point au Pape, mais à eux. Gratus, évêque de Carthage, avec trente-cinq évêques africains, avait assisté et souscrit au concile de Sardique, où la chose avait été réglée. C'est une faute de plus aux évêques africains d'avoir conservé si mal les actes et le souvenir de ce concile, qui n'était qu'une suite et un complément de celui de Nicée.

Dans le moment même que les évêques d'Afrique écrivaient au pape Célestin une lettre si peu réfléchie, l'Afrique entière était près de sa ruine. Depuis plusieurs années elle était tranquille et heureuse sous le gouvernement du comte Boniface. Ce général faisait trembler les Barbares voisins, qui n'osaient plus sortir de leurs montagnes pour venir insulter la province. Tantôt à la tête d'une armée, tantôt avec une petite troupe, il les avait toujours terrassés. Brave de sa personne, il avait même tué plusieurs de leurs chefs en combat singulier. Aussi fidèle que brave, à la mort d'Honorius et pendant l'usurpation de Jean, il avait conservé l'Afrique à la princesse Placidie et au jeune Valentinien. Aussi pieux que fidèle, il avait résolu après la mort de sa femme, de quitter les armes et même d'embrasser la vie monastique. Mais saint Augustin et saint Alypius l'en détournèrent, croyant qu'en demeurant dans le monde il serait plus utile à l'État et à l'Église. Ce qui achevait le bonheur de l'empire, c'est qu'Aëtius, après Boniface, le plus puissant des capitaines romains, était son ami, son élève, autrement sa créature. On pouvait tout espérer de la bonne intelligence de ces deux généraux. Envoyé en ambassade auprès du roi des Vandales, en Espagne, Boniface s'en acquitta si bien, qu'en récompense de ses services, l'impératrice Placidie le fit nommer capitaine des gardes.

Mais dans ce voyage il était devenu éperdument amoureux d'une fille très-riche et alliée au roi des Vandales; il l'épousa, quoiqu'il eût résolu précédemment de garder la continence. Elle était arienne, se fit catholique par ambition de cette alliance, mais son cœur resta toujours attaché à l'hérésie. Boniface lui-même, oubliant toute sa vertu, se livra par la suite à des concubines. D'un autre côté, ses richesses, ses dignités et cette puissante alliance excitèrent l'envie de ses rivaux. Aëtius, qu'il croyait son ami sincère et dévoué, usa de la plus odieuse fourberie pour le perdre. Il lui manda par une lettre secrète que tout était changé pour lui à la cour; que l'impératrice avait juré sa perte; qu'elle était sur le point de le rappeler, et que, s'il quittait l'Afrique, sa mort était assurée. En même temps, il va trouver Placidie et lui apprend, comme bien malgré lui, que son ami Boniface n'avait si bien défendu l'Afrique que pour s'y rendre indépendant; que déjà il s'en regardait comme souverain, et, pour preuve, il ajouta : Si vous lui donnez ordre de venir en Italie, il refusera. Trompée par ces paroles, l'impératrice fait envoyer l'ordre; trompé de son côté, Boniface refuse de s'y soumettre. Il est déclaré rebelle. On envoie contre lui trois généraux : il les défait. On envoie un quatrième, qui remporte quelques avantages. Alors Boniface députe à Genséric, roi des Vandales, en Espagne, et lui offre de partager l'Afrique entre eux. Genséric accepte et quitte l'Espagne au mois de mai 428, à la tête de quatre-vingt mille hommes, en y comprenant les vieillards, les enfants et les esclaves. Pour augmenter la terreur, il fit courir le bruit que c'étaient quatre-vingt mille combattants (Tillemont, *Valentinien III; Hist. du Bas-Empire,* l. 31).

Cependant saint Augustin écrivit à Boniface une lettre touchante, pour le faire rentrer en lui-même. De son côté, l'impératrice Placidie, ne pouvant comprendre pourquoi, après lui avoir donné tant de preuves de dévouement, il avait fini par la trahir, lui envoya un officier de confiance pour en savoir la cause. Boniface montra alors la lettre perfide d'Aëtius. L'impératrice fut bien indignée d'une si abominable intrigue. Mais que faire? Elle avait besoin d'Aëtius contre les Barbares qui envahissaient les Gaules. Elle fit jurer à Boniface qu'elle lui rendait toute sa bienveillance, et qu'elle ne lui demandait que ses bons offices pour réparer les maux qu'il avait attirés sur l'Afrique. Boniface, touché de repentir, employa tout son crédit auprès des Vandales, pour les engager à retourner en Espagne. Il ne put en obtenir qu'une trêve de quelques mois.

A l'expiration de la trêve, Genséric signifie à Boniface que le traité fait entre eux ne subsiste plus, et se met en marche à la tête de son armée, non pour retourner en Espagne, mais pour subjuguer l'Afrique entière. Jamais invasion ne fit couler tant de sang et ne couvrit la terre de tant de ruines. Les Vandales étaient naturellement cruels; se croyant méprisés, ils furent plus cruels encore : comme ariens, ils joignaient à tout cela leur haine contre les catholiques. Bientôt l'Afrique entière, que, pour son opulence, sa fertilité, la multitude de ses villes, on regardait comme la vie même de l'univers, fut désolée par le fer, par le feu, par la famine. Au risque de périr eux-mêmes, les Vandales n'épargnaient ni les moissons ni les arbres fruitiers, pour faire mourir de faim les malheureux qui s'étaient réfugiés dans les cavernes ou sur les montagnes. Ni le rang, ni la naissance, ni la faiblesse du sexe ou de l'âge ne trouvaient grâce auprès de ces cœurs impitoyables. Ils chargeaient de fardeaux les femmes et les personnes les plus illustres, et les faisaient avancer à coups de fouet. Arrachant les enfants des bras de leurs mères, ils les écrasaient contre les pierres, ou les déchiraient en les écartant par les pieds. Lorsque, après avoir attaqué une forteresse, ils la jugeaient imprenable, ils assemblaient à l'entour une multitude de prisonniers et les égorgeaient, afin que l'infection de leurs cadavres portât la mort chez les assiégés et les forçât à se rendre. Leur fureur pour l'arianisme fit une infinité de martyrs. On ne voyait par toute l'Afrique qu'évêques, prêtres, vierges consacrées à Dieu, familles entières, les uns privés d'une partie de leurs membres, les autres chargés de chaînes et exténués par la faim. Plus de chants dans les églises. Les églises mêmes étaient pour la plupart réduites en cendres : plus de fêtes, plus de célébration du saint sacrifice. Les donatistes espérèrent en vain se mettre à couvert en favorisant les Barbares dans la poursuite des catholiques, ils n'en furent pas mieux traités : on les massacrait sans distinction avec ceux qu'ils trahissaient (Vict. Vit., *Præf.*, et l. 1, art. 1, 3; Aug., *Serm. de temp. barb.*; Salv., l. 7).

On s'étonnera peut-être de voir la Providence punir si sévèrement un pays où il y avait tant d'églises, d'évêques, de conciles, de canons de discipline. Les auteurs chrétiens du temps nous l'expliquent. Tous ils regardent cette désolation comme un châtiment mérité. Les Vandales disaient eux-mêmes que ce n'était pas de leur propre mouvement qu'ils usaient de tant de rigueur, mais qu'ils sentaient une force intérieure qui les y poussait comme malgré eux. En effet, jamais Barbares ne parurent plus sensiblement les ministres de la vengeance divine. Excepté un petit nombre de serviteurs de Dieu, l'Afrique entière était une sentine commune de tous les vices. Parmi les nations barbares, chacune avait son vice particulier; les Africains y surpassaient chacune de ces nations. Mais quant à l'impudicité, ils se surpassaient eux-mêmes. Autant il était rare ailleurs de trouver un homme adultère, autant il était rare en Afrique d'en trouver un qui ne le fût pas. Au milieu des grandes villes, mais surtout à Carthage, sous les yeux mêmes des magistrats, on voyait de jeunes hommes se promener dans les rues avec des coiffures et des parures de femmes pour annoncer qu'ils faisaient profession publique de sodomie. Chaque place, chaque rue était un lieu de prostitution et un piège à la pudeur. Les orphelins et les veuves étaient opprimés; les pauvres, tourmentés et réduits au désespoir, priaient Dieu de livrer la ville aux Barbares. Le blasphème et l'impiété y régnaient. Plusieurs, quoique chrétiens à l'extérieur, étaient païens dans l'âme, adoraient la déesse Céleste, ou l'ancienne Astarté, se dévouaient à elle, et, au sortir des sacrifices païens, allaient à l'église et s'approchaient de la sainte table. C'était principalement les plus grands et les plus puissants qui commettaient ces impiétés. Mais tout le peuple avait un mépris et une aversion extrême pour les moines, quelque saints qu'ils fussent. Dans toutes les villes d'Afrique et particulièrement à Carthage, quand ils voyaient un homme pâle, les cheveux coupés jusqu'à la racine, vêtu d'un manteau monacal, ils ne pouvaient retenir les injures et les malédictions. Si un moine d'Egypte et de Jérusalem venait à Carthage, pour quelque œuvre de piété, sitôt qu'il paraissait en public, on éclatait de rire, on le sifflait, on le chargeait de reproches. La grande passion des Africains était les spectacles. Au siège de Carthage, tandis qu'une partie des habitants se voyaient égorger par l'ennemi au pied des murs, les autres étaient occupés au théâtre à rire et à pousser des cris de joie. Il fallut que les Vandales les réduisissent en esclavage pour réformer leurs mœurs. Ces Barbares étaient chastes lorsqu'ils arrivèrent en Afrique. Ils avaient horreur des crimes qui attaquent la pudeur.

Ils défendirent sous peine de mort la prostitution; ils fermèrent les lieux de débauche, et proscrivirent les courtisanes ou les forcèrent à se marier (Salv., l. 7 et 8).

Genséric avait abandonné la Mauritanie pour se jeter dans la Numidie et dans la Proconsulaire, provinces beaucoup plus riches et plus peuplées. Il s'y empara de toutes les villes, excepté Cirthe, Hippone et Carthage. Boniface, avec des forces trop inférieures, hasarda une bataille : il fut défait et contraint de se renfermer dans Hippone. Le vainqueur vint l'y assiéger à la fin de mai 430 (Procop., *De Vandal.*, l. 1, c. 3).

Dès la première irruption des Vandales, saint Augustin pleurait sans cesse sur les maux présents et futurs de l'Afrique. Cependant son extrême douleur ne diminuait en rien sa foi et sa générosité épiscopale. Consulté par un évêque, s'il était permis aux pasteurs des peuples de les laisser fuir et de se retirer eux-mêmes pour éviter le danger, il répondit que les évêques ne devaient point empêcher ceux du peuple qui voudraient se retirer; mais qu'eux-mêmes ne pouvaient abandonner les églises, ni rompre les liens par lesquels la charité de Jésus-Christ les avait liés à leur ministère; et qu'ainsi, tant que leur présence était nécessaire à leurs peuples, ils ne pouvaient faire autre chose que de se remettre à la volonté de Dieu, avec une pleine confiance en son secours (Aug., *Epist.* 228.).

Son affliction devint encore bien plus grande, quand il vit sa ville d'Hippone assiégée. Cependant il avait la consolation de voir avec lui plusieurs évêques, entre autres, Possidius de Calame, l'un des plus illustres de ses disciples, celui-là même qui nous a laissé sa vie. Ils mêlaient ensemble leur douleur, leurs gémissements et leurs larmes. Saint Augustin demandait à Dieu, en particulier, qu'il lui plût de délivrer Hippone des ennemis qui l'assiégeaient, ou du moins de donner à ses serviteurs la force de supporter les maux dont ils étaient menacés, ou enfin de le retirer du monde et de l'appeler à lui. En effet, il tomba malade de la fièvre le troisième mois du siège, et on vit par là que Dieu n'avait point rejeté la prière de son serviteur.

Pendant sa maladie, il fit écrire et mettre contre la muraille, auprès de son lit, les psaumes de David sur la pénitence; il les lisait en versant continuellement des larmes. Dix jours avant sa mort il pria ses plus intimes amis, et les évêques mêmes, que personne n'entrât dans sa chambre, sinon quand le médecin venait le voir ou qu'on lui apportait de la nourriture : il employait tout ce temps à l'oraison. Enfin, son dernier jour étant arrivé, Possidius et les autres de ses disciples et de ses amis vinrent joindre leurs prières aux siennes, qu'il n'interrompit que quand il s'endormit en paix. Jusque là, il avait conservé l'usage de tous ses membres, et ni son ouïe ni sa vue ne s'étaient affaiblies. Comme il avait embrassé la pauvreté volontaire, il ne fit point de testament : il n'avait rien à laisser à personne; mais il recommanda que l'on conservât avec soin la bibliothèque de l'église et tous les livres qu'il pouvait avoir dans la maison, pour ceux qui viendraient après lui. Possidius raconte que la ville d'Hippone ayant été incendiée quelque temps après, cette bibliothèque fut conservée au milieu des flammes et du pillage des Barbares

(Possidius, *Vita S. Aug.*). On met la mort de saint Augustin au 28 août 430. Il avait vécu soixante-seize ans, et servi l'Eglise près de quarante, en qualité de prêtre ou d'évêque.

Avec saint Augustin mourut en quelque sorte l'Afrique chrétienne et civilisée. Car, depuis cette époque jusqu'à ce qu'elle expira sous le fer des Musulmans, son existence ne fut qu'une longue agonie. Aujourd'hui il semblerait que la Providence veuille la ressusciter, et la ressusciter par la province même que saint Augustin a illustrée par sa vie et par sa mort, le pays d'Alger et de Bone (1).

LIVRE TRENTE-NEUVIÈME.

L'Église catholique maintient sa doctrine de l'Incarnation contre l'hérésie grecque de Nestorius. — Concile d'Éphèse. — Le pape Célestin. — Autorité du Siége apostolique.

(De l'an 430 à l'an 433 de l'ère chrétienne.)

Rome païenne s'en va de plus en plus avec son empire de l'homme; Rome chrétienne s'élève de plus en plus avec son empire de Dieu. Autant les successeurs de César et d'Auguste dégénèrent, autant les successeurs du pêcheur Pierre grandissent en vigueur et en autorité. Les peuples Barbares se succèdent pour renverser l'empire et pour offrir à l'Eglise des peuples nouveaux.

Une intrigue odieuse du général romain Aëtius avait poussé à la révolte le général romain Boniface, son protecteur. Boniface, pour se soutenir, avait ouvert l'Afrique aux Vandales. Les Vandales, entrés en Afrique l'an 428, à la prière de Boniface, refusèrent d'en sortir, à sa prière, en 430. Il voulut les y contraindre par les armes; mais il fut battu et assiégé dans Hippone. Ayant reçu, l'an 431, un secours considérable de troupes de Constantinople, sous le commandement d'Aspar, les deux généraux livrèrent bataille à Genséric; mais ils furent entièrement défaits. Aspar se rembarqua, et Boniface ne put empêcher le vainqueur de retourner à Hippone; que ses habitants avaient abandonné. Les Vandales y mirent le feu, et il ne restait plus à l'empire que Cirthe ou Constantine et Carthage.

Pour perdre Boniface, Aëtius s'était ligué avec Félix, autre général romain et consul en 428. Deux ans plus tard, le soupçonnant de vouloir le perdre à son tour, Aëtius le fit massacrer, ainsi que sa femme, par les troupes de Ravenne. Dans l'intervalle, il battait les Barbares dans les Gaules, sur le Rhin et dans la Germanie. Boniface étant revenu de l'Afrique, l'impératrice Placidie, pour contrebalancer l'ambition impérieuse d'Aëtius, le combla de faveurs et le nomma généralissime des armées de l'empire. Aëtius n'eut pas plus tôt appris cette nouvelle dans les Gaules, qu'il revint en Italie avec ses troupes. Boniface, à la tête de celles qui se trouvaient dans Ravenne, marcha contre lui. Il y eut un combat : Aëtius fut vaincu, mais après avoir blessé Boniface, qui en mourut au bout de trois mois. Placidie, inconsolable de la perte de ce grand capitaine, fit passer tous ses titres et toutes ses charges sur la tête du comte Sébastien, son gendre. C'était un homme également habile pour le conseil et pour l'exécution. Aëtius s'était réfugié chez le roi des Huns, dont un neveu se nommait Attila, et il en revint bientôt à la tête d'une armée de ces Barbares. Placidie ne vit rien de mieux que de traiter avec Aëtius, de lui rendre toutes ses dignités, en y ajoutant celle de patrice, et de sacrifier Sébastien (*Hist. du Bas-Empire*, l. 31).

Trigétius, successeur de Boniface en Afrique, fit en 435 un traité de paix avec le roi des Vandales. Genséric en profita pour établir l'arianisme et ruiner la religion catholique dans les terres de son obéissance. Il persécuta plusieurs évêques, en particulier saint Possidius, l'ami et le biographe de saint Augustin. Il leur ôta les églises et les chassa même des villes, parce qu'ils résistaient à ses menaces avec une constance invincible. Il voulut aussi pervertir quatre Espagnols qui étaient en grand honneur auprès de lui et que leur capacité et leur fidélité lui avaient rendus fort chers. Il leur ordonna d'embrasser l'arianisme. Comme ils s'y refusèrent, il les proscrivit, les exila, et enfin les fit mourir de diverses manières.

Du reste, sa cruauté naturelle ou sa cruelle politique ne lui faisait pas plus épargner ses proches que les catholiques. Il avait succédé dans la royauté à son frère Gondéric, qui laissait une veuve et des

(1) Ces paroles s'écrivaient au mois de mai 1838. La suite de cette histoire nous apprendra dans quelle mesure ces heureux présages se sont accomplis. Disons seulement ici que les reliques de saint Augustin, portées en Sardaigne, vers l'an 508, par saint Fulgence, rachetées des Sarrasins par Luitprand, roi des Lombards, et longtemps conservées dans la vieille basilique de Pavie, ont repris possession d'Hippone et de l'Afrique au mois d'octobre 1842. — E. Q.

enfants. Quand il se vit maître de la Mauritanie, il noya la veuve de son frère dans la rivière de Cirthe, et égorgea ses neveux.

Genséric, voyant les Romains occupés ailleurs, surprit Carthage au milieu de la paix, le 19 octobre 439. En y entrant, il arrêta par des ordres sévères l'avidité des soldats ; il défendit le massacre et le pillage ; mais c'était pour se réserver à lui-même toutes les richesses des habitants. Il leur ordonna par un édit de lui apporter tout ce qu'ils avaient d'or, d'argent, de pierreries, de meubles précieux, et les força par les tourments à déclarer tous leurs trésors. Il conserva les maisons des particuliers ; mais il détruisit les édifices publics, principalement les églises. Il en laissa cependant subsister quelques-unes après les avoir pillées ; il en abandonna une partie aux ariens et changea les autres en casernes.

La ruine de Carthage retentit par toute la terre. Elle avait un sénat célèbre. De tant de personnes illustres, les unes furent réduites en servitude, les autres, dépouillées de toute leur fortune, se virent d'abord reléguées dans des déserts, ensuite bannies de l'Afrique et contraintes de traverser les mers. La plupart portèrent en Italie le spectacle de leur infortune. On fit embarquer, dans des vaisseaux brisés et prêts à faire naufrage, l'évêque de Carthage, *Quod-vult-Deus*, avec un grand nombre d'ecclésiastiques, et on les fit sortir du port sans vivres et même sans habits. La Providence les sauva contre toute espérance ; ils abordèrent heureusement à Naples. Le culte catholique fut proscrit : celui des ariens fut seul permis dans tous les Etats de Genséric. Les Vandales eurent ordre de chasser du pays ou de retenir en esclavage tous les évêques catholiques et toutes les personnes distinguées par leur naissance ou par leurs titres. Plusieurs de ces exilés étant venus un jour trouver Genséric pendant qu'il se promenait au bord de la mer suivant sa coutume, se jetèrent à ses pieds, le suppliant de souffrir qu'après avoir perdu tous leurs biens, ils pussent demeurer dans le pays sous la domination des Vandales, pour essuyer les larmes de leurs compatriotes. Mais Genséric, lançant sur eux des regards menaçants : « J'ai résolu, leur répondit-il, d'exterminer votre nation, et vous êtes assez hardis pour me faire une pareille demande ! » Il allait aussitôt les faire jeter dans la mer, si ses officiers ne l'en eussent détourné à force de prières.

Le comte Sébastien, après diverses aventures, s'était enfin réfugié en Afrique. Genséric ne pouvait se passer de ses conseils, et toutefois il le craignait : en sorte que, voulant le faire mourir, il en cherchait un prétexte dans la religion. Il lui dit donc un jour en présence de ses évêques et de ses courtisans : « Je sais que vous avez juré de vous attacher fidèlement à moi, et vos travaux font voir la sincérité de votre serment ; mais afin que notre amitié soit perpétuelle, je veux que vous embrassiez ma religion. » Sébastien demanda que l'on apportât un pain blanc ; puis, le prenant entre ses mains, il dit : « Pour rendre ce pain digne de la table du roi, on a premièrement séparé le son de la farine, ensuite la pâte a passé par l'eau et par le feu. Ainsi, dans l'Église catholique, j'ai passé par la meule et par le crible, j'ai été arrosé de l'eau du baptême, et perfectionné par le feu du Saint-Esprit. Qu'on rompe ce pain, qu'on le trempe dans l'eau, et qu'on le repétrisse et qu'on le remette au four ; s'il en devient meilleur, je ferai ce que vous voulez. » Il voulait, par cette parabole, montrer l'inutilité d'un second baptême. Genséric l'entendit bien et ne sut qu'y répondre. Il le fit mourir en 449, sous un autre prétexte (Vict. Vit., *De persec. Vand.*, l. 1, c. 6).

En Espagne, les Suèves s'emparaient des pays que les Vandales avaient abandonnés, et battaient les troupes romaines qu'on envoyait contre eux, en attendant que les Visigoths de la Gaule méridionale vinssent les battre eux-mêmes, et former avec eux la nation espagnole.

Les Gaules étaient partagées entre les Romains, les Goths, les Bourguignons et les Alains. Les Goths occupaient l'Aquitaine ; les Bourguignons ou Burgondes, entrés par l'Helvétie, avaient fondé un royaume dans le pays nommé d'eux Bourgogne ; les Alains n'ayant pu être chassés, Aëtius leur abandonna le pays de Valence, sur le Rhône. Dans les contrées qui appartenaient aux Romains, l'avarice des magistrats était telle, que les habitants les plus distingués se réfugiaient chez les Barbares, et que les paysans se soulevèrent plusieurs fois sous le nom de *Bagaudes*, notamment dans l'Armorique.

Mais depuis plusieurs années s'avançait des bords du Rhin le peuple qui devait un jour donner son nom à la Gaule tout entière. C'étaient les Francs. Déjà depuis plus d'un siècle, ils avaient donné leur nom au pays qu'ils habitaient au delà du Rhin. Et aujourd'hui encore, ce pays s'appelle, dans leur ancienne langue, qui est restée la sienne, *Frankenland* ou le pays des Francs : c'est ce que nous appelons *Franconie*. L'orateur Eumène, dans son panégyrique de l'empereur Constantin, donne plus d'une fois le nom de France (*Francia*), à cette patrie originelle des Français. Et saint Jérôme observe qu'un garde-du-corps de l'empereur Constance, qui vint trouver saint Hilarion afin d'être guéri par ses prières, faisait assez connaître par la blancheur de son teint et ses cheveux blonds, qu'il était de la nation des Francs : « Car, dit-il, entre les Saxons et les Allemands, il existe une nation moins étendue que forte, que les historiens nomment Germanie, mais que maintenant on appelle France (S. Hier., *In vita S. Hilarion.*, c. 17). » Le nom de Francs, inconnu à Tacite, était commun, deux siècles plus tard, à plusieurs peuples que le même Tacite appelle Bructères, Chamaves, Chérusques, Hattes, Sugambres ou Sicambres, et d'autres noms (Tacite, *Annal.*, l. 2, c. 26 ; *Germ. passim* ; Sulp. Alex., l. 4, *apud Greg. Turon.*, l. 2, c. 8).

La manière la plus naturelle d'expliquer ce fait, c'est que, dans l'intervalle, ces divers peuples, sous le nom commun de Francs, qui veut dire hommes libres, formèrent une confédération pour défendre leur liberté et leur indépendance. Les Francs étaient par-dessus toutes les nations germaniques, d'une valeur indomptable. Leur fusion avec les Gaulois ou les Celtes, dont la bravoure allait jusqu'à la témérité dès les temps d'Aristote, explique le naturel belliqueux des Francs modernes ou des Français.

Depuis le milieu du IIIe siècle, les Francs ne cessèrent de faire effort pour passer le Rhin et s'établir dans les Gaules. Une des grandes affaires des empereurs et des généraux romains, était de repousser leurs invasions sans cesse renaissantes. Il y avait des Francs au service de l'empire et jusqu'à la cour des empereurs. L'empereur Magnence était Franc de nation. Le franc Méraubaude fut consul en 378 avec l'empereur Gratien; le franc Bauton, en 385 avec l'empereur Arcade, qui épousa sa fille en 395. Ce fut de l'an 430 à 438, que le corps de la nation franque, sous la conduite de Clodion, fils de Pharamond, s'établit dans les Gaules d'une manière permanente. Clodion faisait d'abord sa résidence dans le pays de Tongres. S'avançant de là, il se rendit maître des villes de Cambrai, de Tournai et d'Amiens. Aëtius non-seulement lui offrit la paix, mais contracta avec lui une étroite amitié : il adopta le plus jeune de ses fils, et l'envoya à Ravenne pour obtenir de l'empereur la ratification du traité, et pour lui offrir les services de la nation franque (*Hist. du Bas-Empire*, l. 22).

Mais les Vandales, les Suèves, les Goths, les Alains, les Francs étaient poussés en avant par un autre peuple, dont le nom et les guerres se sont retrouvés jusque dans les annales de la Chine et de l'Arménie : c'étaient les Huns. Venus du fond de la Tartarie, ils campaient dans la Hongrie actuelle, qui paraît avoir pris d'eux son nom. Depuis quelque temps, les Huns s'étaient fait connaître à l'empire de Constantinople à celui de Ravenne. Aëtius, qui avait été en otage chez eux, en ramena, l'an 424, un corps de troupes pour soutenir l'usurpateur Jean. Ces Huns, n'ayant rien trouvé à faire, se jetèrent dans la Thrace en 426, et, ravagèrent tout le pays, marchèrent vers Constantinople, menaçant de la ruiner de fond en comble. Théodose, n'ayant alors point de troupes à leur opposer, eut recours aux prières, et le ciel prit sa défense. Plusieurs de ces Barbares furent tués de la foudre avec Rougas, leur chef; la peste désola le reste de leur armée; et ils furent contraints de regagner le Danube (Soc., l. 7, c. 43; Théod., l. 5, c. 37). En 432, Aëtius, se voyant disgracié par l'impératrice Placidie, alla de nouveau chez les Huns, chercher un corps de troupes pour se faire rétablir. Il s'en servit après, ainsi que d'un corps d'Hérules, de Francs et de Sarmates, à faire la guerre dans les Gaules. La paix s'étant conclue, les Huns congédiés se jetèrent sur le royaume des Bourguignons, et faillirent l'anéantir dans une première bataille; mais ils furent eux-mêmes défaits dans une seconde. Pour éviter la guerre, l'empereur de Constantinople payait une grosse pension au roi des Huns. Ce roi étant mort en 433, il eut pour successeurs les deux fils de Moundzouc, son frère. Ceux-ci se nommaient Bléda et Attila. Ils régnèrent ensemble jusque vers l'an 444, qu'Attila fit assassiner son frère pour régner seul (*Hist. du Bas-Empire*, l. 31 et 32, notes).

Aëtius avait montré aux Huns la route de l'Italie et des Gaules. On vit quelque chose de plus étrange. Non-seulement l'empereur Valentinien III, pour adoucir Attila, lui conféra le titre de général romain, mais sa sœur Honoria, fille, sœur, nièce et cousine-germaine d'empereurs, n'ayant que 16 ans, dépêcha secrètement au roi des Huns un eunuque affidé, pour lui déclarer qu'elle voulait être sa femme, et qu'elle lui transmettait tous les droits que sa naissance lui donnait sur la succession du grand Théodose. En conséquence, elle l'invitait à venir au plus tôt en Italie, et elle lui envoyait un anneau pour gage de la foi conjugale. Comme il tardait à venir, elle s'abandonna à un de ses intendants, et fut chassée du palais. Ce qui la portait à ces extravagances, c'est qu'elle voulait être mariée, et que sa mère, Placidie, croyait politique qu'elle ne le fût pas (*Hist. du Bas-Emp.*, l. 31, n. 52; Jornand., *De rer. succ. apud Muratori*).

Valentinien n'était pas plus retenu que sa sœur, quoique son épouse, l'impératrice Eudoxie, ne laissât rien à désirer. Nous le verrons assassiné par un sénateur dont il avait déshonoré la femme. Nous verrons ce sénateur, devenu empereur, contraindre l'impératrice Eudoxie, la veuve de Valentinien, de l'épouser. Nous verrons Eudoxie, pour se venger de cet affront, appeler en Italie et à Rome le roi des Vandales, le cruel Genséric. Tel était l'empire romain en Occident.

L'Eglise y présentait comme un autre monde, tant son esprit, son gouvernement, ses principaux pasteurs étaient autres. Elle vit plus d'une fois de merveilleux changements.

Germain était duc d'Auxerre, c'est-à-dire général des troupes de la province. Né dans la ville même, d'une illustre famille, il avait étudié les lettres, principalement la jurisprudence, et dans les Gaules et à Rome. Il avait épousé une femme également distinguée par sa naissance et par sa vertu. Son grand divertissement était la chasse : il se plaisait à pendre les têtes des animaux qu'il avait tués à un poirier qui était au milieu de la ville. L'évêque d'Auxerre, Amateur était son nom, l'en reprit souvent, comme d'un reste de superstition païenne. Germain n'y voulut point entendre. Un jour, en son absence, le saint évêque fit couper l'arbre et jeter les dépouilles des bêtes fauves. Le général en fut tellement irrité, qu'il menaça l'évêque de mort, et, pour exécuter sa menace, revint subitement à la ville, avec une troupe de soldats. Amateur, vulgairement Amâtre, répondit à ceux qui l'avertissaient du péril : Je ne suis pas digne de verser mon sang comme les martyrs. Bientôt il connut par révélation que sa fin était proche, et qu'il aurait pour successeur ce même Germain qui menaçait de le faire mourir. Il partit aussitôt pour Autun, où résidait Jules, préfet des Gaules.

Le saint évêque d'Autun, qui se nommait Simplice, ayant su que l'évêque d'Auxerre arrivait, alla au devant de lui avec son clergé : le préfet Jules fit la même chose avec ses officiers. Le lendemain, saint Amateur ayant demandé une audience, le préfet s'avança pour le recevoir, et commença par lui demander sa bénédiction. Le pontife la lui ayant donnée, lui parla en ces termes : « Le Seigneur m'a fait connaître que ma fin n'est pas loin, et que nul ne prendra le gouvernement de la sainte Eglise que l'illustrissime Germain : je demande donc à Votre Altesse la permission de le tonsurer. » C'est ainsi que le rapporte le prêtre Constance, qui écrivit la vie de Germain quarante ans après sa mort : ce qui montre que dès lors les clercs étaient distingués par la coupe des cheveux, et même par un vêtement particulier, comme il se verra plus bas. Le préfet répondit : « Quoique Germain soit très-utile, et même nécessaire à notre république, cependant, puisque Dieu l'a choisi, comme Votre Béatitude l'atteste, je ne puis point aller contre l'ordre de Dieu. »

Amateur, de retour à Auxerre, assembla tout le peuple dans le parvis de sa maison, leur déclara qu'il n'avait plus que peu de temps à vivre, et les pria de lui choisir un successeur. Comme il vit tout le monde garder le silence, il sortit pour se rendre à l'église. Tout le peuple l'y suivit. Germain et plusieurs autres étaient armés, et se disposaient à entrer ainsi dans l'église, selon la coutume des Gaulois, qui portaient partout leurs armes. Mais saint Amateur, les arrêtant à la porte, leur dit : « Mes chers enfants, quittez ces javelots et ces boucliers; car c'est ici une maison de prière, et non un champ-de-mars. » Ils obéirent. Alors l'évêque voyant Germain sans armes, fit fermer les portes, et, entouré d'un cortége de clercs et de nobles, mit sur lui la main, lui coupa les cheveux, lui ôta les ornements du siècle, le revêtit de l'habit de religion, l'avertissant de se rendre digne du sacré ministère, parce que Dieu l'avait choisi pour son successeur. Ensuite, adressant la parole à son peuple : « Mes bien-aimés enfants, leur dit-il, le Seigneur recevra bientôt mon âme; je vous conjure de vous accorder à élire notre frère Germain. » Toute la multitude répondit : *Amen!* non sans verser bien des larmes; car tout le monde était affligé de perdre un tel pasteur. Ce qui les consolait en partie, c'était la pensée que son successeur ne serait pas différent.

Le premier jour de mai de la même année 418, saint Amateur se trouvant plus mal, recueillit ses forces et fit un discours où il tâcha de consoler les assistants de sa mort. En même temps, pour rendre son esprit à Dieu là même où il avait coutume de le bénir nuit et jour, il se fit porter à l'église. Le clergé marchait devant, la foule du peuple à droite et à gauche, les femmes suivaient. A peine l'eut-on placé sur le trône épiscopal qu'il rendit l'esprit. A ses funérailles, un paralytique fut guéri par l'eau dont on avait lavé son corps avant de l'ensevelir.

Aussitôt tout le clergé, toute la noblesse, le peuple de la ville et de la campagne, d'une voix unanime, demandent Germain pour évêque. Il fallut lui faire une espèce de guerre civile. Il s'était concerté avec quelques personnes de confiance pour résister aux vœux de tout le monde. Mais ces personnes s'étant réunies aux autres, il fut obligé d'accepter l'épiscopat malgré lui; un mois après la mort de son prédécesseur. Son ordination eut lieu le 7 juillet, qui, cette année, était un dimanche.

Jamais on ne vit de changement plus prompt et plus entier que dans Germain, de général devenu prêtre et évêque. Il ne regarda plus sa femme que comme sa sœur, et ses biens que comme ceux des pauvres. Depuis le jour qu'il fut ordonné jusqu'à sa mort, il n'usa plus de pain de froment, de chair, de vin, de vinaigre, d'huile, de sel, ni de légumes. Il commençait ses repas par prendre un peu de cendre; puis il mangeait du pain fait avec de l'orge qu'il avait lui-même battue et moulue. Et cette nourriture, pire que le jeûne, il ne la prenait que le soir, quelquefois au milieu de la semaine; le plus souvent il ne la prenait que le septième jour. Ses habits consistaient en un cilice qu'il portait toujours, en une cuculle, et une tunique d'une étoffe simple et grossière, sans que la rigueur de l'hiver lui fît rien ajouter, ni la chaleur de l'été rien ôter. Un carré en planches, rempli de cendres jusqu'au bord, sur lesquelles il étendait un cilice et un sac, était son lit. Il s'y couchait tout habillé et sans chevet, le plus souvent sans ôter ses souliers ni sa ceinture; car il portait toujours une ceinture de cuir, à laquelle était attaché un reliquaire. Il exerçait l'hospitalité envers toutes sortes de personnes, il lavait lui-même les pieds à ses hôtes, et leur donnait à manger sans rompre son jeûne. Pour se faire une solitude au milieu du monde même, et attirer les peuples tout ensemble à la foi catholique et à la vie religieuse, il bâtit un monastère vis-à-vis d'Auxerre, de l'autre côté de la rivière d'Yonne, en l'honneur des saints Cosme et Damien. Il s'y retirait souvent, et y établit pour premier abbé saint Allode, à qui succéda saint Mamertin (*Acta Sanct.*, 31 *julii*).

Etant encore duc d'Auxerre, Germain voyait à sa cour un jeune homme distingué. Loup était son nom. Issu d'une très-noble famille de Toul, il avait étudié dans les écoles des rhéteurs, et acquis une grande réputation d'éloquence. Il épousa Péméniole, sœur de saint Hilaire, évêque d'Arles. La septième année de leur mariage, ils se séparèrent d'un commun consentement, pour mener une vie plus parfaite. Loup quitta sa maison paternelle, et se retira au monastère de Lérins, sous la conduite de saint Honorat, qui en était alors abbé. Après s'y être exercé quelques années dans les jeûnes et les veilles, il fit en 426 un voyage à Mâcon, pour y distribuer aux pauvres ce qui lui restait de bien. Mais, comme il y pensait le moins, on l'enleva pour être évêque de Troyes, et il gouverna cette Eglise cinquante-trois ans (*Acta Sanct.*, 29 *julii*).

Le monastère de Lérins avait été fondé vers l'an 410 par saint Honorat, dont cette île porte aujourd'hui le nom. Il était d'une famille noble, et qui avait même eu l'honneur du consulat. Il se convertit et reçut le baptême étant à la fleur de son âge, malgré l'opposition de son père et de toute sa famille. Dès lors il commença une vie sévère et mortifiée; il se coupa les cheveux, porta des habits grossiers, abattit son visage par le jeûne. Un de ses frères, nommé Vénantius, embrassa le même genre de vie. Ayant distribué leurs biens aux pauvres, ils se mirent sous la direction d'un saint ermite nommé Capraise, qui demeurait dans les îles de Marseille. Ils entreprirent avec lui un voyage et demeurèrent quelque temps en Achaïe. Vénantius mourut à Méthone, et Honorat revint en Provence. La vénération qu'il avait pour Léonce de Fréjus le porta à s'établir dans son diocèse; il choisit la petite île de Lérins, alors déserte et infectée de serpents, et y bâtit un monastère qui fut bientôt habité d'un grand nombre de moines de toutes nations. Quoiqu'il évitât depuis longtemps la cléricature, il fut ordonné prêtre : il avait un talent particulier pour la conduite des âmes. L'Eglise d'Arles l'ayant demandé pour pasteur, il y fut consacré évêque après Patrocle; mais il ne la gouverna que deux ans. Il réunit les esprits divisés, et se rendit principalement recommandable par sa charité, qui lui fit distribuer en peu de temps les trésors que ses prédécesseurs avaient amassés. Il instruisit même dans son lit pendant sa dernière maladie, et avait prêché son peuple le jour de l'Epiphanie, environ huit jours avant sa mort, qui arriva l'an 429 (*Acta Sanct.*, 16 *jan.*).

Il eut pour successeur saint Hilaire, son parent.

Ils étaient nés un et l'autre sur les confins de la Lorraine et de la Bourgogne. Ils étaient peut-être compatriotes de saint Loup, qui avait épousé la sœur d'Hilaire. Celui-ci avait également reçu une éducation conforme à sa naissance; mais il aima d'abord le monde, jusqu'à se mettre en danger d'y périr. Son ami Honorat quitta pour un temps l'île de Lérins, afin de le gagner à Dieu. Il lui représenta, d'un côté, la bassesse et l'instabilité des choses humaines; de l'autre, la certitude et la grandeur des biens à venir. Hilaire en fut convaincu. Mais plus flatté des biens dont il jouissait que de ceux qu'on lui faisait espérer, il continua à jouir des premiers. Saint Honorat eut recours à la prière; il y joignit ses larmes et ses caresses. Mais rien ne put amollir le cœur d'Hilaire. Il le quitta donc, sans toutefois l'abandonner; « car, trois jours après, dit Hilaire lui-même, la miséricorde de Dieu, sollicitée par ses prières, subjugua mon âme rebelle. Le trouble de mes pensées avait banni le sommeil de mes yeux. Je voyais d'un côté le Seigneur qui m'appelait à lui avec bonté; d'un autre, le monde qui me présentait de loin tous ses plaisirs et tous ses charmes. Mon esprit comparait l'un et l'autre parti, et flottait sur le choix de celui qu'il devait suivre. Mais, grâce à votre miséricorde, ô divin Jésus! fléchi par les ferventes prières de votre serviteur Honorat, vous avez rompu mes liens pour m'attacher à vous par les liens de votre amour. Assujéti à cette heureuse captivité, je ne tomberai plus sous la servitude du péché. Je reviens, humilié et soumis, à vous, de qui je m'étais éloigné par mon orgueil. » Dès ce moment, Hilaire se défit de tous ses biens, les vendit à son frère, en distribua le prix aux pauvres, quitta son pays et alla s'enfermer dans le désert de Lérins, et vivre sous la conduite de saint Honorat. Quand ce dernier mourut évêque d'Arles, Hilaire n'avait que vingt-neuf ans. Mais son mérite surpassait son âge. Il s'était sauvé à la nouvelle qu'on pensait à lui pour l'épiscopat. Mais Cassius, commandant les troupes romaines, ayant envoyé des soldats, ils l'atteignirent à quelques lieues d'Arles, et l'y ramenèrent.

Devenu évêque, il continua de pratiquer la pauvreté et la mortification, comme il avait fait étant moine; ne portant qu'une tunique été et hiver, encore était-ce un cilice; marchant toujours nu-pieds et travaillant de ses mains. On mettait devant lui une table avec un livre et des filets : un écrivain en notes, prêt à écrire, était près de lui. Il lisait et dictait de temps en temps, occupant ses mains à nouer ses cordes et à faire ses filets. Il travaillait aussi à la terre au delà de ses forces, ayant été élevé suivant la noblesse de sa race. On lisait toujours pendant son repas, et il en introduisit la coutume dans les villes. Il vivait dans une maison commune avec ses clercs, n'ayant que sa cellule comme un autre. Il aimait tellement les pauvres, que, pour racheter les captifs, il fit vendre tout ce qu'il y avait d'argent dans les églises, jusqu'aux vases sacrés, et se réduisit à des patènes et des calices de verre. Il était fort éloquent, comme on le voit par l'éloge qu'il a fait de saint Honorat, son prédécesseur. Le dimanche il se levait à minuit, faisait à pied quelquefois dix lieues, assistait à l'office, où il prêchait, ce qui durait jusqu'à une heure après midi. Les jours de jeûne, il entretenait le peuple par ses discours, depuis midi jusqu'à quatre heures. S'il n'avait pour auditeurs que des gens rustiques, il s'accommodait à leur portée par un style simple; mais il le relevait, s'il survenait des gens plus instruits, tant il était maître de son discours. Il avait plusieurs fois averti en particulier le préfet de ce temps-là, des injustices qu'il commettait dans ses jugements, sans qu'il se fût corrigé. Un jour il vint à l'Eglise avec ses officiers, pendant que saint Hilaire prêchait. Le saint évêque interrompit son sermon, disant que le préfet n'était pas digne de recevoir la nourriture céleste, après avoir méprisé les avis qu'il lui avait donnés pour son salut. Le préfet se retira plein de confusion, et Hilaire continua de parler. Tel était ce saint évêque. Mais il s'épuisa tellement par ses jeûnes et ses travaux, qu'il mourut à quarante-huit ans. Sa vie a été écrite par Honorat, évêque de Marseille, son disciple, qui témoigne qu'on avait de lui des homélies sur toutes les fêtes de l'année, une exposition du Symbole, et grand nombre de lettres (*Acta Sanct.*, 5 *maii*; *Opera S. Hil.*).

Hilaire d'Arles et les autres saints personnages que nous venons de nommer, n'étaient pas les seules lumières qu'on voyait briller dans les Gaules. Car, à la même époque, saint Prosper écrivait sa *Chronique* et son *Poëme* contre les ennemis de la grâce; Cassien écrivait à Marseille ses *Conférences monastiques* et ses sept livres *De l'Incarnation du Verbe*; Salvien écrivait son ouvrage *De la Providence* et son *Traité de l'Eglise*; saint Vincent de Lérins, frère de saint Loup, se préparait à écrire son admirable *Mémorial*.

Salvien était du pays de Trèves ou de Cologne. Il avait fait de grands progrès dans les sciences divines et humaines. Très-jeune encore, il épousa Palladie, fille aînée d'Hypace et de Quiéta. Hypace était païen; mais il semble que Palladie faisait, comme son époux, profession de la religion chrétienne. Ils eurent de leur mariage une fille nommée Auspiciole. Le désir d'avancer dans la piété et dans la perfection, fit naître à Salvien celui de passer le reste de ses jours dans la continence. Il en fit la proposition à sa femme, qui l'accepta avec joie. La seule peine qu'elle en eut, fut de n'avoir pas elle-même prévenu son mari sur ce point. Elle prévit néanmoins que ce genre de vie ne pourrait que mécontenter son père et sa mère; mais l'amour de Dieu la fit passer sur cette considération. Hypace vit en effet avec douleur le parti que Salvien et Palladie avaient embrassé. Sa conversion au christianisme ne put même faire cesser son mécontentement à cet égard; ce qui les obligea de se retirer dans un pays fort éloigné. Ils furent près de sept ans sans en recevoir de lettres, quoiqu'ils lui en écrivissent assez souvent l'un et l'autre. Nous avons encore celle qu'ils lui écrivirent tous deux ensemble. Ils y joignirent même leur fille Auspiciole, afin de faire un dernier effort sur l'esprit d'Hypace et de sa femme, et employèrent tout ce que la nature a de plus vif et de plus tendre pour les fléchir. Car, y est-il dit, il n'y a rien qu'on ne doive tenter pour se réconcilier avec son père et sa mère. On ne sait point quel fut le succès de cette lettre.

Après avoir habité quelque temps le monastère de Lérins, Salvien s'établit à Marseille, où il fut ordonné prêtre. Ses talents et sa piété l'avaient déjà rendu célèbre en 430, comme on le voit par un passage de l'oraison funèbre de saint Honorat. Consulté par les pontifes les plus illustres des Gaules et honoré de leur confiance, Salvien composa, sur leur demande, une foule d'homélies et d'instructions qui lui valurent le glorieux surnom de *maître des évêques*. Il écrivit, sous le nom de Timothée, quatre livres adressés à l'Eglise catholique, où il parle avec beaucoup de force et d'éloquence contre l'avarice et sur l'obligation de l'aumône, sans épargner ni les moines ni les clercs. Il écrivit plus tard ses livres *Du gouvernement de Dieu*, pour justifier sa providence au sujet des calamités qui accompagnèrent la chute de l'empire romain. Il fait voir à ceux qui en murmuraient, qu'ils les avaient méritées et au delà. A cette occasion, il s'élève avec tant de véhémence contre les dérèglements de ses contemporains, particulièrement de ceux d'Afrique, qu'on l'a surnommé le Jérémie de son siècle (*Opera Salv.*).

Un illustre ami de Salvien, de Vincent et d'Hilaire, était saint Eucher de Lyon. D'après son propre témoignage, il tirait son extraction de la même mère, soit naturelle, soit spirituelle, que les martyrs de Lyon, saint Epipode et saint Alexandre, c'est-à-dire, ou qu'il descendait de la même famille qu'eux, ou qu'il avait été baptisé dans la même église. Il vint au monde avec un esprit subtil et élevé; il acquit une science éminente et une éloquence peu commune. On voit même par ses écrits qu'il connaissait le grec et l'hébreu. Il fut illustre dans le monde; mais il devint encore plus illustre en Jésus-Christ. Il avait un parent nommé Valérien, dont le père et le beau-père étaient élevés aux plus hautes dignités du siècle. On croit que c'est ce même Valérien qui fut préfet des Gaules et qui se trouvait parent de l'empereur Avitus. Eucher épousa une femme nommée Galla, dont il eut deux fils, Salone et Véran, qui, de son vivant même, furent tous deux évêques.

Il était encore à la fleur de l'âge, lorsque, de concert avec sa femme, il renonça à toutes les grandeurs du monde et se retira dans le monastère de Lérins. Il y mit ses deux fils sous la conduite de saint Honorat et de saint Hilaire. Après qu'ils y eurent été formés à la piété, il leur donna Vincent et Salvien pour maîtres dans l'étude des belles-lettres et de l'éloquence.

Le désir d'une plus grande perfection lui avait fait naître le désir de visiter les moines d'Egypte, pour s'édifier de leurs vertus; mais Cassien lui dédia ses *Conférences* pour l'en instruire et lui épargner les dangers d'une si pénible navigation. Il ne perdit cependant pas le goût qu'il avait pour une solitude plus grande que la sienne. Après avoir mené quelques années la vie cénobitique à Lérins, il passa dans une île voisine nommée alors Léro, aujourd'hui Sainte-Marguerite; et là, Dieu devint son unique occupation. Ce fut dans cette retraite qu'il composa deux excellents traités. Le premier, adressé à son ami saint Hilaire, contient un bel éloge de la solitude, et en particulier de celle de saint Lérins. L'autre est sur la vanité du monde, et adressé à son parent Valérien, en 432, pour le détacher des biens périssables. Il profite entre autres des calamités mêmes qui annonçaient la ruine de l'empire romain. A peine, dit-il, le monde a-t-il maintenant de quoi nous tromper. Il a perdu jusqu'à cette image des choses, jusqu'alors assez belle pour faire illusion. Il tâchait auparavant de nous séduire par une apparence véritable; aujourd'hui il ne saurait plus nous tromper, même par une fausse ostentation. Il a, toujours manqué de biens solides, et le voilà qui manque même de biens faux et périssables. A moins que nous ne prenions plaisir à nous tromper nous-mêmes, le monde n'a plus de quoi nous imposer. Ces deux lettres, au jugement des critiques, sont des modèles d'éloquence chrétienne.

Nous avons encore de saint Eucher trois livres sur l'Ecriture sainte, adressés à ses deux fils, déjà évêques; l'histoire du martyre de saint Maurice et de ses compagnons; plusieurs homélies attribuées à saint Eusèbe d'Emèse. Il avait encore fait un abrégé des ouvrages de Cassien, d'où l'on croit qu'il retrancha les erreurs. Il était en commerce de lettres avec saint Honorat. Ce saint évêque lui ayant un jour écrit une lettre sur des tablettes enduites de cire, selon l'usage de ce temps-là, Eucher lui répondit par ce mot ingénieux, que rapporte saint Hilaire : *Vous avez rendu le miel à la cire*, pour marquer la douceur de son style et le plaisir qu'il avait goûté en lisant sa lettre. L'Eglise de Lyon étant venue à vaquer vers l'an 433, elle le choisit pour évêque, et il fut, sans contradiction, le plus célèbre en science et en piété qu'elle ait eu depuis saint Irénée (Ceillier, t. XIII).

Saint Eucher était en relation d'amitié avec saint Paulin de Nole, comme on le voit par une lettre que lui écrivit ce dernier en 413. Paulin mourut l'an 431. Il était évêque depuis environ vingt ans, et, dans cette charge, il n'avait jamais cherché à se faire craindre, mais à se faire aimer de tout le monde. Dans les jugements, il examinait avec rigueur et décidait avec douceur. Quoiqu'il eût autrefois donné si libéralement ses biens, il prenait grand soin de ceux de l'Eglise pour les dispenser fidèlement. Il donnait à tous, il pardonnait, il consolait, il édifiait les uns par ses discours et par ses lettres, les autres par ses exemples. Sa réputation s'étendait non-seulement dans tout l'empire, mais chez les Barbares. Il était âgé, comme l'on croit, de soixante-dix-huit ans, quand il tomba malade d'une douleur de côté, et comme on désespérait de sa vie, deux évêques vinrent le visiter. Leur arrivée lui donna tant de joie, qu'il semblait oublier sa maladie, et, comme étant prêt d'aller à Dieu, il fit apporter devant son lit les vases sacrés, afin d'offrir avec les évêques le sacrifice, pour recommander son âme à Dieu et rendre la paix à ceux qu'il avait séparés du saint ministère, suivant la discipline de l'Eglise. Après avoir tout accompli avec joie, il dit tout d'un coup à haute voix : Où sont mes frères? Un des assistants, persuadé qu'il parlait des évêques qui étaient présents, dit : Les voici ! Saint Paulin reprit : Je parle de mes frères Janvier et Martin, qui viennent de me parler, et m'ont dit qu'ils allaient venir me prendre. Il entendait saint Janvier, évêque de Capoue et martyr, dont les reliques étaient dès lors à Naples, et saint Martin de Tours, qui lui étaient apparus. Ensuite, il étendit les mains au ciel et chanta le psaume : *J'ai levé mes mains aux montagnes*, et finit par une oraison. Alors le prêtre Posthumien l'avertit qu'il était dû quarante sous d'or, pour des habits qu'on avait donnés aux pauvres. Saint Paulin répondit en souriant : Mon fils, n'en soyez point en peine, il se trouvera quelqu'un qui acquittera la dette des pauvres. Peu après entra un prêtre venant de la Lucanie, envoyé par l'évêque Exupérance et son frère Ursace, homme du rang des clarissimes, qui lui apportait cinquante sous d'or en pur don ; saint Paulin les ayant reçus, dit : Je vous rends grâces, Seigneur, de n'avoir point abandonné celui qui espère en vous. Il donna deux sous d'or de sa main au prêtre qui les avait apportés, et ordonna que du reste on payât les marchands qui avaient donné des habits aux pauvres.

La nuit étant venue, il reposa jusqu'à minuit ; puis sa douleur de côté ayant redoublé avec violence, sans compter le mal que lui avaient fait les médecins en lui appliquant le feu plusieurs fois inutilement, il souffrit beaucoup de son oppression de poitrine, jusqu'à une heure avant le jour. A la pointe du jour, il suivit sa coutume, éveilla tout le monde, et dit matines ou plutôt laudes, à l'ordinaire ; le jour venu, il parla aux prêtres, aux diacres et à tout le clergé, et les exhorta à la paix, puis il demeura sans parler jusqu'au soir. Ensuite, comme s'éveillant, il reconnut le temps de l'office des lampes, c'est-à-dire des vêpres, et, étendant les mains, il chanta, quoique lentement : *J'ai préparé une lampe à mon Christ.* Après quelque temps de silence, vers la quatrième heure de la nuit, c'est-à-dire dix heures, tous les assistants étant bien éveillés, sa cellule fut ébranlée d'un si grand tremblement de terre, qu'ils se prosternèrent pour prier, tout épouvantés, sans que ceux qui étaient hors de la chambre s'aperçussent de rien. Alors il rendit l'esprit, et son visage et tout son corps parurent blancs comme la neige. C'était le 22 juin 431, jour auquel l'Eglise honore encore sa mémoire. Les circonstances de sa mort ont été écrites par un prêtre nommé Uranius, qui y avait été présent (*Acta Sanct.*, 22 *junii*).

Outre ces grands personnages, parmi lesquels il faut compter Paulin même, puisqu'il était né à Bordeaux, les Gaules en produisaient encore plusieurs autres. Saint Orient, évêque d'Auch, dont nous avons un poème en vers élégiaques, où il apprend aux hommes la voie qu'il faut tenir et celle qu'il faut éviter pour arriver à la vie éternelle. En 439, à la prière du roi des Goths, Théodoric, qui régnait à Toulouse, il ménagea la paix entre ce prince et le général romain Aëtius, qui venait lui déclarer la guerre. Le prêtre Evagre, disciple de saint Martin, nous a laissé deux excellents dialogues : l'un, entre le chrétien Théophile et le juif Simon, qui finit par la conversion du juif ; l'autre, entre le chrétien Zachée et le philosophe païen Apollonius, qui finit par la conversion du philosophe. Le poète Victor, qui enseignait la rhétorique à Marseille, a fait un poème sur la Genèse pour l'instruction de son fils, et un autre sur les dérèglements et les calamités de son siècle. Le poète Edèse, ami de saint Hilaire, fit l'éloge de ce saint dans un poème dont il ne nous reste que douze vers, mais qui nous font beaucoup regretter les autres. Le poète Prosper, originaire de Bordeaux, fils d'Hespère, proconsul d'Afrique et petit-fils du consul Ausone, nous a laissé un poème plein de foi et d'humilité, sur les malheurs de sa vie et sur sa pénitence (Voir *La France littéraire*, t. II).

La Bretagne, qui commençait à être envahie par les Anglais venus de la Saxe, comme les Gaules par les Francs venus de la Franconie, paraît aussi avoir cultivé les lettres à cette époque. Il nous reste de Fastidius, évêque des Bretons, une instruction écrite avec beaucoup d'élégance et d'humilité, sur la vie chrétienne, et adressée à une pieuse veuve, qui la lui avait demandée. Certains critiques y ont noté deux phrases, qui leur ont paru sentir le pélagianisme (S. Aug., t. VI, *in append.*, 183) ; mais il nous semble qu'en lisant de suite tout le discours, ces deux phrases ne présenteraient à personne le sens que ces critiques y supposent.

Ce qui a rendu ces phrases suspectes, c'est qu'à la même époque un nommé Agricola, fils d'un évêque pélagien, cherchait à répandre son hérésie parmi les Bretons. Ces peuples répugnaient à l'erreur, mais ils n'étaient point assez instruits pour la combattre. Ils eurent recours au Pape et aux évêques des Gaules. Le pape Célestin envoya sur les lieux le diacre Pallade, qui le pressa beaucoup d'y porter secours. D'après ses instances, saint Célestin y envoya comme son légat saint Germain d'Auxerre. Dans le même temps, les évêques des Gaules assemblés en concile priaient ce même saint, avec son ami saint Loup de Troyes, de se charger de cette entreprise. C'était l'an 429.

Les deux pontifes s'étant mis en chemin pour la Grande-Bretagne, arrivèrent au bourg de Nanterre, près de Paris. Les habitants, sur la réputation de leur sainteté, vinrent au devant d'eux en foule. Saint Germain leur fit une exhortation, et regardant ce peuple qui l'environnait, il vit de loin une jeune fille en qui il remarqua quelque chose de céleste. Il la fit approcher, et, au grand étonnement de tout le monde, il lui baisa respectueusement la tête. Il demanda son nom, et qui étaient ses parents. On lui dit qu'elle s'appelait Geneviève. Son père Sévère et sa mère Gérontia se présentèrent en même temps. Saint Germain la félicita d'avoir une telle fille, et prédit qu'elle serait un jour l'exemple même des hommes. Il l'exhorta à lui découvrir les secrets de son cœur, et lui demanda si elle voulait se consacrer à Jésus-Christ comme son épouse. Elle déclara que c'était son dessein, et pria le saint évêque de lui donner la bénédiction solennelle des vierges. Ils entrèrent dans l'église pour la prière de none, ensuite on chanta plusieurs psaumes, et on fit de longues prières, pendant lesquelles le saint évêque tint sa main droite sur la tête de la fille. Il prit ensuite son repas avec elle et ses parents, et leur recommanda de la lui amener le lendemain. Ils n'y manquèrent pas, et saint Germain demanda à Geneviève si elle se souvenait de ce qu'elle avait promis. « Oui, saint père, dit-elle, et j'espère l'observer par le secours de Dieu et par vos prières. » Alors, regardant à terre, il vit une monnaie de cuivre marquée du signe de la croix ; il la ramassa, et la donnant à Geneviève, il lui dit : Gardez-la pour l'amour de moi, portez-la toujours pendue à votre cou pour tout ornement, et laissez l'or et les pierreries à celles qui servent le monde. » Il la recommanda à ses parents, et continua son voyage.

Depuis l'âge de quinze ans jusqu'à cinquante, sainte Geneviève ne mangea que deux fois la semaine, le dimanche et le jeudi ; encore n'était-ce que du pain d'orge et des fèves : elles né but jamais de vin ni rien de ce qui peut enivrer. Quelques jours après le départ de saint Germain, sa mère voulut l'empêcher d'aller à l'église un jour de fête, et ne pouvant la retenir, la frappa sur la joue. Aussitôt elle perdit la vue, et demeura aveugle pendant deux ans. Enfin, se souvenant de la prédiction de saint Germain, elle dit à sa fille de lui apporter de l'eau du puits et de faire le signe de la croix sur elle. Sainte Geneviève lui ayant lavé les yeux, elle commença à voir un peu ; et quand elle l'eut fait deux ou trois fois, elle recouvra la vue entièrement (*Acta Sanct.*, 3 jan.).

Saint Germain et saint Loup s'étant embarqués en hiver, souffrirent une grande tempête, que saint Germain apaisa en jetant quelques gouttes d'huile dans la mer, au nom de la Trinité. Arrivés en Bretagne, ils trouvèrent une grande multitude rassemblée pour les recevoir ; car leur arrivée avait été prédite par les malins esprits, qu'ils chassèrent des possédés, et qui, en sortant, confessèrent qu'ils avaient excité la tempête. Les saints évêques remplirent bientôt la Bretagne de leurs instructions et de leur renommée. Ils prêchaient non-seulement dans les églises, mais dans les chemins et les campagnes, tant la foule qui les suivait était grande ; en sorte qu'ils fortifiaient partout les catholiques et convertissaient les hérétiques. Tout était apostolique en eux : la vertu, la doctrine, les miracles. Les pélagiens se cachaient ; mais enfin, honteux de se condamner par leur silence, ils vinrent à une conférence. Ils se présentèrent bien accompagnés et remarquables par leurs richesses et leurs habits éclatants. Une multitude immense de peuple s'assembla à ce spectacle. Les saints évêques laissèrent parler les hérétiques les premiers, et après qu'ils eurent discouru longtemps, ils leur répondirent avec une grande éloquence soutenue des autorités de l'Ecriture, en sorte qu'ils les réduisirent à ne pouvoir répondre. Le peuple avait peine à retenir ses mains, et témoignait son jugement par ses cris. Alors un homme qui avait la dignité de tribun ou de général, s'avança avec sa femme, présentant aux saints évêques leur fille âgée de dix ans et aveugle. Ils lui dirent de la présenter aux pélagiens ; mais ceux-ci se joignirent aux parents, pour demander aux saints évêques la guérison de la fille. Ils firent une courte prière ; puis saint Germain invoqua la sainte Trinité, et ayant ôté de son cou le reliquaire qu'il portait, il le prit à sa main et l'appliqua devant tout le monde sur les yeux de la fille, qui recouvra la vue aussitôt. Les parents furent ravis, le peuple épouvanté ; et depuis ce jour, tout le monde se rendit à la doctrine des saints évêques.

Ils allèrent ensuite rendre grâces à Dieu au tombeau du martyr saint Alban, le plus fameux de la Bretagne. Saint Germain fit ouvrir le sépulcre, et y mit les reliques de tous les apôtres et de plusieurs martyrs, qu'il avait ramassées de divers pays ; puis il prit sur le lieu même de la poussière encore teinte du sang de saint Alban, l'emporta avec lui, et, à son retour, bâtit une église en son honneur dans la ville d'Auxerre, où il mit ces reliques.

Les Anglais, venus de la Saxe, et les Pictes faisaient la guerre aux Bretons. Les Pictes étaient des Barbares de la partie septentrionale de l'île, ainsi nommés, parce qu'ils se peignaient le corps de diverses couleurs. Les Angles ou Anglais étaient des peuples germaniques venus de la Saxe, et de là nommés Anglo-Saxons, que les Bretons avaient appelés à leur secours contre les Pictes. Mais bientôt ils se joignirent aux Pictes contre les Bretons, afin de s'établir en Bretagne, comme ils firent vingt-cinq ans après. Les Bretons, épouvantés, eurent recours aux saints évêques. C'était le carême ; et, par leurs instructions, plusieurs demandèrent le baptême : en sorte qu'une grande partie de l'armée le reçut à Pâques dans une église de feuillage, que l'on dressa en pleine campagne. Après la fête, ils se préparent à marcher contre les ennemis, animés de la grâce qu'ils venaient de recevoir, et attendant avec grande confiance le secours de Dieu. Saint Germain se mit à leur tête ; et, se souvenant encore du métier qu'il avait fait en sa jeunesse, il envoya des coureurs pour reconnaître le pays, et posta ses gens à couvert dans une vallée, sur le passage des ennemis, qui s'attendaient à les surprendre. Saint Germain avertit les siens de faire tous le même cri qu'ils entendraient faire à lui-même. Il cria trois fois : *Alleluia !* Ce cri, répété à l'instant par toute l'armée et multiplié par les échos des montagnes, fit un bruit si terrible, que les Barbares en furent épouvantés. Ils jetèrent leurs armes, s'enfuirent en confusion, abandonnèrent leur bagage, et plusieurs se noyèrent en passant une rivière. Les saints évêques ayant ainsi délivré la Bretagne des pélagiens et des Anglo-Saxons, repassèrent en Gaule et retournèrent chez eux (*Acta Sanct.*, 24 et 26 *julii*).

Pour assurer encore plus la religion dans cette île, le pape saint Célestin y envoya le diacre Pallade, qu'il avait ordonné évêque pour les Scots ou Ecossais dont une partie avait transmigré de l'Irlande au nord de la Bretagne ; et ce fut le premier évêque de cette nation, qui jusque-là avait été très-barbare. Saint Jérôme témoigne qu'ils n'avaient point de mariages réglés, et qu'ils mangeaient de la chair humaine. Saint Pallade y fut envoyé évêque l'an 431. Il est honoré le 6 juillet (Beda, *Hist.*, l. 1, c. 14 et 15 ; *Acta Sanct.*, 6 *julii* ; Hieron., *Epist.* 83).

Le pape saint Célestin ayant appris qu'il était mort, lui substitua saint Patrice, l'ordonna évêque et l'envoya prêcher la foi en Irlande, d'où les Ecossais étaient originaires. Saint Patrice avait environ cinquante-cinq ans, étant né vers l'an 377, en Ecosse, au territoire de la ville d'Alclud, aujourd'hui nommée Dunbritton. A l'âge de seize ans, il fut emmené captif en Irlande, et y demeura cinq ou six ans, pendant lesquels il apprit la langue et les mœurs du pays. Des pirates l'ayant mené en Gaule vers l'an 400, il s'en alla au monastère de Saint-Martin, c'est-à-dire à Marmoutier, y reçut la tonsure monastique, et y demeura trois ans. Il retourna dans la Grande-Bretagne, puis il passa en Italie, où il employa sept ans à visiter les monastères du pays et des îles voisines. Il fut ordonné prêtre, et demeura trois ans auprès de saint Senieur, que l'on croit avoir été évêque de Pise. Cependant il crut avoir reçu ordre de Dieu, par des révélations, d'aller travailler à la conversion des Irlandais ; il y alla, mais inutilement, et les Barbares ne voulurent point l'écouter. Il revint donc en Gaule, et passa environ sept ans auprès de saint Germain d'Auxerre, puis il se retira dans l'île d'Arles, c'est-à-dire à Lérins, et y demeura neuf ans.

Par le conseil de saint Germain, il fit le voyage de Rome; et ce fut alors que le pape saint Célestin l'ordonna évêque et l'envoya en Irlande l'an 432. Il y prêcha l'Evangile avec un grand succès, son zèle étant soutenu par les miracles, et il est reconnu pour l'apôtre de l'île. Environ un an après, il fonda le monastère de Sabal, vers la ville de Doun, et y mit pour abbé saint Dunnius, son disciple. Il fonda aussi l'Eglise d'Armach, métropolitaine du pays. La vie de saint Patrice était austère; il fit tous ses voyages à pied jusqu'à l'âge de cinquante-cinq ans, c'est-à-dire jusqu'à son épiscopat; depuis, les mauvais chemins d'Irlande l'obligèrent à se servir d'une voiture. Ce fut lui qui introduisit l'usage des lettres chez les Irlandais, qui n'avaient auparavant d'autres monuments publics que des vers rimés, composés par leurs bardes, et contenant leur histoire. Saint Patrice fit encore deux voyages à Rome en 444 et 455, et mourut vers l'an 460, âgé de quatre-vingt-trois ans (Fleury, Baillet, Bolland., 17 mars).

Dans le même temps que le pape saint Célestin envoyait des légats en Bretagne pour réprimer l'hérésie, un premier évêque aux Ecossais, un apôtre à l'Irlande, il nommait saint Cyrille d'Alexandrie son légat en Orient, pour présider en son nom au concile général d'Ephèse, et lui faire exécuter la sentence qu'il avait prononcée à Rome contre Nestorius, évêque de Constantinople; et saint Cyrille d'Alexandrie et le concile général d'Ephèse exécutaient la sentence du Pape.

Sisinnius, évêque de Constantinople, étant mort le 24 décembre 427, ce siège vaqua quelque temps, quoique plusieurs demandassent le prêtre Philippe, et plusieurs Proclus. Mais pour éviter les brigues, la cour résolut de n'y mettre personne de l'Eglise même. On fit donc venir un étranger. Ce fut Nestorius, natif de Germanicie, mais élevé à Antioche, où il avait été baptisé dès l'enfance. Il avait pratiqué la vie monastique dans un monastère aux portes d'Antioche. L'évêque Théodote l'ordonna prêtre et lui donna l'emploi de catéchiste pour expliquer la foi aux catéchumènes, et la défendre contre les hérétiques. En effet, il parut fort zélé contre ceux qui étaient alors les plus odieux en Orient; les ariens, les apollinaristes, les origénistes, et il faisait profession d'avoir admirateur et imitateur de saint Jean Chrysostome. Il avait la voix très-belle et parlait facilement. Mais son éloquence n'était point solide; il ne songeait qu'à plaire, et à s'attirer les applaudissements du peuple, dont il attirait d'ailleurs les regards par la pâleur de son visage, son habit brun, sa démarche lente, évitant la foule et la place publique, et demeurant le plus souvent chez lui occupé sur les livres. Il acquit ainsi une grande réputation de vertu, de doctrine et d'éloquence. Etant donc appelé à Constantinople, il amena avec lui un prêtre nommé Anastase, son confident, et ils visitèrent en passant Théodore de Mopsueste, de qui l'on prétend que Nestorius apprit la mauvaise doctrine qu'il enseigna depuis. Théodore de Mopsueste mourut peu de temps après; et, peu après lui, Théodote, évêque d'Antioche, et c'est à sa mort que Théodoret finit son *Histoire*.

Nestorius arriva à Constantinople trois mois après la mort de Sisinnius, et fut ordonné le 10 avril 428. Les évêques qui se trouvèrent à son sacre, en donnèrent avis au pape saint Célestin, à saint Cyrille et apparemment aux autres évêques des grands siéges, à qui ils rendaient un témoignage très-avantageux de Nestorius. Tous lui récrivirent avec beaucoup de joie; mais cette joie ne fut pas bien longue. Dès le commencement de son épiscopat, il donna des preuves de son zèle, soit pour instruire son peuple, soit pour combattre les ennemis de la vraie foi. Mais aussi, dès son premier sermon, les plus sages découvrirent son caractère. Car, s'adressant à l'empereur en présence de tout le peuple, il lui dit: « Donnez-moi, seigneur, la terre purgée d'hérétiques, et je vous donnerai en récompense le ciel; exterminez avec moi les hérétiques, et j'exterminerai avec vous les Perses. » Ces paroles firent plaisir à quelques-uns de la multitude, tant les hérétiques leur étaient odieux; mais les autres y reconnurent aussitôt un homme léger d'esprit, un homme violent et rempli de vanité. Cinq jours après son ordination, il entreprit de faire abattre l'église où les ariens s'assemblaient en secret. De désespoir; ils y mirent eux-mêmes le feu, qui, s'étant communiqué aux maisons voisines, les réduisit en cendres. Cet embrasement fit donner à Nestorius le nom d'*incendiaire*, non-seulement par les hérétiques, mais par les catholiques mêmes. On attribue à ses sollicitations la loi que Théodose publia le 30 mai de la même année 428, par laquelle il fut défendu aux hérétiques d'ordonner aucun clerc, sous peine d'une amende de dix livres d'or, et d'empêcher qui que ce fût d'embrasser la foi orthodoxe. Cette loi renouvelait aussi toutes les anciennes lois faites contre les hérétiques, particulièrement contre les manichéens, qui étaient regardés comme les plus détestables de tous. Il persécuta vivement les quartodécimains, c'est-à-dire ceux qui faisaient toujours la Pâque le quatorze de la lune, comme les Juifs. Les maux qu'il leur fit souffrir occasionnèrent des séditions du côté de Milet et de Sardes, où plusieurs personnes furent tuées. « En cela, dit l'historien Socrate, il agissait contre l'usage de l'Eglise (Soc., l. 7, c. 31). » Un autre exemple, Antoine, évêque de Germe dans l'Hellespont, l'un des suffragants de Nestorius, fit souffrir de cruelles persécutions aux Macédoniens, sous prétexte qu'il se conformait en cela aux intentions et aux ordres de son patriarche. Mais ces Macédoniens, las des mauvais traitements d'Antoine, le firent assassiner. Nestorius en prit occasion de les persécuter encore avec plus de violence; il obtint de l'empereur qu'ils seraient dépouillés de leurs églises, tant de celles qu'ils avaient à Constantinople qu'à Cyzique et en divers lieux de l'Hellespont.

Il eut, au contraire, trop d'égard pour les Pélagiens, dont on prétend qu'il suivait la doctrine, du moins en ce qui regarde les forces du libre arbitre; car, pour le péché originel, il l'admettait, reconnaissant que les peines que souffrent les hommes et les femmes dans les misères de cette vie, sont un effet de la sentence que Dieu prononça contre Adam et Eve par suite de leur péché. Julien, banni d'Italie avec dix-sept évêques de son parti par un décret de l'empereur Honorius, vint à Constantinople avec quelques-uns de ces évêques, vers l'an 429. Célestius s'y trouva en même temps et, tous ensemble, ils adressèrent leurs plaintes à Théodose et à Nestorius, sur les injustes persécutions qu'on leur faisait souffrir pour la défense de la foi de l'Eglise. Ils demandèrent un concile, où leur affaire fût examinée de nouveau. Nestorius, qui ne pouvait ignorer que leur demande avait déjà été rejetée plusieurs fois, feignait d'ignorer même de quoi il était question. Il écrivit au pape saint Célestin, comme pour recevoir de lui quelque instruction sur ces personnes et sur ce qui avait fait le sujet de leur condamnation. Mais, sans en attendre la réponse, il les reçut à la célébration des mystères et à la communion, leur faisant espérer qu'ils seraient bientôt rétablis. Il en arriva tout autrement; car un simple fidèle, nommé Marius Mercator, ayant fait connaître à l'empereur Théodose les erreurs de Célestius et de Pélage, la manière dont ils avaient été condamnés par les évêques d'Afrique et par les papes Innocent et Zosime, et comment Julien et ses associés avaient été déposés et bannis de l'Italie, ce prince fit chasser de Constantinople Célestius, Julien et les autres évêques de sa faction. Célestius s'en plaignit à Nestorius, qui, sur la fin de l'année 430, lui écrivit pour l'en consoler. Dans cette lettre, il lui donnait le salut avec la qualité de frère et de très-religieux prêtre, ne rougissant pas de comparer les justes peines que l'on faisait souffrir à cet impie aux souffrances de saint Jean-Baptiste, de saint Pierre et de saint Paul, de dire qu'il soutenait la vérité et de lui demander le secours de ses prières. Il porta même Célestius à se rendre dénonciateur contre le prêtre Philippe, qui, ayant été cité, comparut pour se défendre. Mais Célestius, destitué de preuves, aima mieux se tenir caché que de se présenter devant l'assemblée que Nestorius avait convoquée pour le jugement de ce prêtre.

La vraie cause de cette accusation n'était pas difficile à deviner. Le prêtre Philippe était un de ceux qui avaient hautement repris Nestorius lui-même de ses erreurs, et qui ne voulaient plus avoir de communion avec lui. Ces erreurs étaient des plus graves et attaquaient le fond même du christianisme. Nestorius divisait Jésus-Christ en deux personnes : l'une, la personne de l'homme Jésus-Christ; l'autre, la personne de Dieu le Verbe. D'où il suivait que Jésus-Christ n'était pas Dieu, mais un homme uni à Dieu d'une manière plus intime qu'à d'autres; que le Fils de Dieu, le Verbe, ne s'était pas fait homme, mais seulement qu'il s'était uni un homme d'une manière plus intime qu'il ne s'en était uni d'autres; que la sainte Vierge n'était point la mère de Dieu, mais seulement la mère de l'homme, nommé Christ, et auquel Dieu le Verbe s'était uni. Ce qui, avec la maternité divine de la sainte Vierge, détruisait le mystère de l'Incarnation et la divinité de Jésus-Christ. Nestorius voyant qu'il ne pouvait établir cette doctrine qu'en ruinant celle qui était reçue universellement dans l'Eglise, il ne la produisit d'abord que sous des termes obscurs, ambigus et équivoques, tombant quelquefois en contradiction avec lui-même. Il avouait encore que la doctrine qu'il voulait qu'on suivît n'était point celle dont le peuple de Constantinople avait été instruit jusques alors. Son hérésie éclata enfin, et commença à exciter du trouble dans l'Eglise de Constantinople, par la manière insolente dont le prêtre Anastase, qu'il avait amené d'Antioche, la débita. Prêchant un jour dans l'église, il avança ces paroles : Que personne n'appelle Marie, *mère de Dieu*; elle était une femme, et il est impossible que Dieu naisse d'une femme. Le peuple de cette ville, accoutumé à adorer Jésus-Christ comme Dieu, ne put les écouter sans grand trouble. Beaucoup de laïques et d'ecclésiastiques en témoignèrent leur indignation, et accusèrent Anastase de blasphème. Eusèbe, alors avocat et depuis évêque de Dorylée, fut celui qui s'éleva le premier contre cette impiété. L'émotion du peuple et du clergé ne fit point changer de sentiment à Nestorius, et dans plusieurs discours qu'il fit lui-même ensuite, il soutint ce qu'Anastase avait avancé, et combattit toujours le terme de *mère de Dieu*, y ajoutant encore de plus grands blasphèmes. Dans le discours qu'il prononça, comme l'on croit, le jour de Noël, l'an 428, il dit que d'appeler la Vierge, *mère de Dieu* (*Théotocos*), ce serait justifier la folie des païens, qui donnaient des mères à leurs dieux. Ces excès ayant paru incroyables à l'abbé Basile, à Thalasse, lecteur, et à plusieurs autres moines de Constantinople, qui n'en avaient pas été témoins, ils vinrent lui demander à lui-même ce qui en était. Il les fit arrêter et mettre dans les prisons de l'évêché, où ils furent traités avec autant de cruauté que d'ignominie. Cependant, après plusieurs jours de mauvais traitements, il leur protesta qu'il croyait que le Fils du Père éternel était né de la sainte Vierge, mère de Dieu, et les renvoya. La suite fit voir le peu de sincérité de cet aveu.

Saint Proclus, quoique nommé à l'évêché de Cyzique, continuait à instruire le peuple de Constantinople, parce que ceux de Cyzique n'avaient pas voulu le recevoir. Nestorius l'ayant invité à prêcher en un jour de fête de la sainte Vierge, dans la grande église de Constantinople, il en prit occasion d'établir la doctrine catholique sur l'incarnation, en présence même de Nestorius. Dès l'entrée de son discours, que nous avons encore, il donne à la sainte Vierge le titre de *mère de Dieu*, puis il fait voir qu'elle mérite ce titre, et que son Fils est véritablement Dieu et homme, sans aucune confusion des deux natures, et sans que Dieu ait souffert aucun changement ni altération en se faisant homme. Il apporte pour cause de l'incarnation, la condamnation et la mort éternelle où tous les hommes étaient tombés par la prévarication d'Adam; aucun ne pouvant les en délivrer, puisqu'ils étaient tous coupables; aucun ange ne le pouvant non plus, parce qu'ils n'auraient pu trouver de victime propre, il avait été nécessaire que Dieu même se livrât à la mort pour nous racheter. Mais, ajoute-t-il, Dieu demeurant seulement Dieu, ne pouvait mourir. Il fallait donc qu'il se fît homme pour sauver les hommes, et qu'il devînt tout à la fois et notre victime pour nous racheter de la mort, et notre pontife pour s'offrir à son Père en notre faveur. Dire que Jésus-Christ est un pur homme, c'est être Juif; dire qu'il est seulement Dieu et qu'il n'a point la nature humaine, c'est être manichéen; enseigner que le Christ et le Verbe divin sont deux, c'est mériter d'être séparé de Dieu, et établir une quaternité au lieu de la Trinité que nous adorons (Labbe, t. II, col. 9).

Le peuple applaudit à ce discours, qui d'ailleurs est très-élégant. Nestorius en fut d'autant plus choqué, et, prenant aussitôt la parole (car c'était l'usage que quand un prêtre ou un autre évêque avait

LIVRE XXXIX. — HÉRÉSIE DE NESTORIUS.

parlé dans l'église en présence de l'évêque, celui-ci ajoutât aussitôt quelque instruction), il s'efforça de montrer qu'on ne doit pas dire que Dieu ou le Verbe soit né de la Vierge, ni qu'il soit mort, mais seulement qu'il était uni à celui qui est né et qui est mort. Il s'opposa aussi à ce que saint Proclus avait dit que Dieu s'était fait notre pontife. Il y en eut beaucoup d'autres qui s'élevèrent contre cette nouvelle doctrine, et comme Nestorius disait un jour en pleine chaire, que le Verbe n'était pas né de Marie, mais qu'il habitait et était inséparablement uni avec le Fils de Marie, Eusèbe de Dorylée, qui n'était encore que laïque, l'interrompit et dit à haute voix : Que le Verbe né du Père avant tous les siècles, était né une seconde fois de la Vierge selon la chair. Son zèle fut loué du plus grand nombre des assistants, qui étaient les mieux instruits; mais Nestorius le chargea d'injures. Quelque opiniâtre qu'il parût dans son erreur, on avait toujours eu l'espérance à Constantinople qu'il pourrait y renoncer; mais elle cessa, lorsque en sa présence Dorothée, évêque de Marcianople, qui avait épousé tous ses sentiments, dit devant le peuple assemblé dans l'église : Si quelqu'un dit que Marie est mère de Dieu, qu'il soit anathème! A cette parole, tout le peuple jeta un cri et s'enfuit de l'église. Mais Nestorius demeura dans le silence et admit Dorothée à sa communion; ce qui ne laissa aucun lieu de douter qu'il n'eût prononcé cet anathème par ses ordres. Depuis ce temps-là le peuple ne vint plus à l'église; beaucoup de sénateurs s'en absentèrent; divers prêtres se séparèrent ouvertement de la communion de leur évêque, et il fut abandonné des plus saints abbés et de leurs moines. Saint Dalmace surtout signala son zèle dans cette occasion (Ceillier, t. XIII).

Nestorius, pour se venger de ses adversaires, assembla contre eux un concile, où il déposa plusieurs ecclésiastiques comme sectateurs des impiétés des manichéens, en excommunia d'autres, ainsi que divers laïques. L'abbé Basile et ses moines, maltraités comme les autres, s'en plaignirent à l'empereur par une requête, où, après avoir protesté qu'ils croyaient, sur le mystère de l'Incarnation, tout ce que l'Ecriture sainte, les apôtres, les martyrs, les conciles et les saints Pères nous en apprennent, ils lui représentent les violences que Nestorius exerçait continuellement contre les catholiques, appuyé, comme il le disait, de l'autorité de ce prince. Ils priaient Théodose de remédier aux maux de l'Eglise, d'assembler à cet effet un concile général, et, en attendant, d'obliger Nestorius de renvoyer à Antioche les ecclésiastiques qu'il en avait amenés, qui suivaient tous ses dogmes ou ses façons de parler. On afficha contre lui, dans un lieu public de Constantinople, un placard où l'on montrait, par ses propres paroles, qu'il pensait de même que Paul de Samosate sur le mystère de l'Incarnation. Ce placard finissait par un anathème contre ceux qui distinguaient le Fils de Dieu et le Fils de la Vierge. Outre l'hérésie, on blâmait encore dans Nestorius son faste, son orgueil et la hauteur avec laquelle il traitait tout le monde.

Ses homélies ayant été portées en Egypte, elles y excitèrent un grand trouble parmi les solitaires : ce qui engagea saint Cyrille à leur écrire pour en réfuter les erreurs. Après les avoir félicités sur la régularité de leur vie et la pureté de leur foi, il témoigne cependant n'être pas peu inquiet. « Car j'apprends, dit-il, qu'il y a des gens qui s'insinuent parmi vous avec une foule de vaines paroles, demandant si l'on doit appeler ou non la sainte Vierge *mère de Dieu*. Il vaudrait mieux vous abstenir tout à fait de ces questions et ne pas creuser des mystères où les plus habiles voient à peine comme dans un miroir et en énigme; car des spéculations trop subtiles surpassent la portée des simples. Mais puisqu'enfin vous avez entendu de ces discours, j'ai cru à propos de vous en dire quelque chose, non pas pour vous exciter à des disputes de mots, mais afin que, si l'on vous attaque encore, vous opposiez la vérité à leurs vains discours, et que vous préserviez ainsi de l'erreur et vous et les autres. J'admire qu'il puisse y en avoir quelques-uns qui doutent si la sainte Vierge doit être appelée *mère de Dieu*. Si notre Seigneur Jésus-Christ est Dieu, comment la sainte Vierge, qui l'a mis au monde, ne serait-elle pas appelée *mère de Dieu*? C'est la foi que les divins disciples nous ont transmise, quoiqu'ils ne se soient pas servis de ce terme; c'est aussi la doctrine que nous avons apprise des saints Pères. Le célèbre Athanase, qui a illustré le trône d'Alexandrie pendant quarante-six ans, donne çà et là ce titre à la sainte Vierge, particulièrement dans son livre *De la sainte et consubstantielle Trinité.* »

Saint Cyrille prouve ensuite que celui qui est né de la sainte Vierge est Dieu par nature, puisque le Symbole de Nycée dit que le Fils unique de Dieu, engendré de sa substance, est lui-même descendu du ciel et s'est incarné. Il ajoute : « Vous direz peut-être : La Vierge est-elle donc mère de la Divinité? Nous répondons : Il est constant que le Verbe est éternel et de la substance du Père. Mais, dans l'ordre de la nature, encore que les mères n'aient aucune part à la création de l'âme, on ne laisse pas de dire qu'elles sont mères de l'homme entier, et non pas seulement du corps; et ce serait une impertinente subtilité de dire : Elisabeth est mère du corps de Jean, et non pas de son âme. Nous disons de même de la naissance de l'Emmanuel, puisque le Verbe, ayant pris chair, est nommé Fils de l'homme. Quoique l'enfant qu'une femme met au monde soit composé de deux natures différentes, de l'âme et du corps, c'est un même homme dont elle est la mère. Les deux natures, la divine et l'humaine, sont unies de la même manière en Jésus-Christ. » C'est ce que saint Cyrille montre par l'abaissement du Fils de Dieu, qui, comme le dit saint Paul, s'est anéanti pour prendre la forme d'esclave. Où serait son anéantissement, si, d'une nature semblable à la nôtre, il était, comme nous, du nombre des esclaves? Il prouve encore l'unité de personne et la distinction des deux natures en Jésus-Christ par l'adoration que toutes les créatures, même célestes, lui rendent; par les noms de Seigneur et de Dieu que lui donne l'Ecriture; par le grand nombre et l'éclat de ses miracles; par la supériorité que lui donne saint Paul au-dessus de Moïse et de tous les prophètes, parce qu'il nous a rachetés de la mort par l'effusion de son sang, et parce que, s'il n'était pas véritablement Dieu, les Juifs pourraient se justifier de l'avoir mis à mort, et les gentils, nous reprocher avec justice que nous adorons un pur homme (Labbe, t. III. col. 19).

Les homélies de Nestorius ayant aussi été portées

à Rome, le pape saint Célestin et les évêques qui se trouvaient avec lui en furent extrêmement scandalisés. Ils en écrivirent à saint Cyrille, pour lui demander si ces discours étaient réellement de Nestorius ou non.

D'un autre côté, la lettre de saint Cyrille aux solitaires étant passée à diverses personnes de Constantinople, y fut d'une grande utilité; des magistrats mêmes lui en écrivirent pour lui témoigner leur reconnaissance. Nestorius, irrité de ce succès, engagea un nommé Photius, l'un de ses prêtres, à la réfuter. Celui-ci n'eut pas plus tôt achevé cet écrit, qu'il l'envoya à un diacre nommé Martyrius, qui résidait alors à Constantinople pour les affaires de l'Eglise d'Alexandrie.

Cependant saint Cyrille, informé par des gens dignes de foi du chagrin que Nestorius avait contre lui, averti d'ailleurs par les lettres de saint Célestin et de plusieurs évêques qu'on était fort scandalisé des sermons de Nestorius, et que l'on murmurait contre lui dans presque tout l'Orient, eut la pensée d'assembler les évêques d'Egypte et de déclarer à Nestorius, par une lettre synodale, qu'il ne pouvait plus avoir de communion avec lui, s'il ne changeait de langage et de doctrine. Mais ayant fait réflexion que l'on doit tendre la main à ses frères pour les relever quand ils sont tombés, il lui écrivit, espérant que de simples remontrances pourraient le faire rentrer dans la voie de la vérité. Il lui témoigne avoir été extrêmement surpris d'apprendre que sa lettre aux solitaires l'eût offensé, et qu'il la regardât comme la cause des troubles excités à Constantinople et en divers endroits. « Ce tumulte, ajoute-t-il, n'a pas commencé par ma lettre, mais par les écrits qui se sont répandus, qu'ils soient de vous ou de quelque autre, et qui causaient un tel désordre, que je me suis cru obligé d'y remédier. » Il dit ensuite qu'il avait été chargé par le Pape et les évêques de son concile de s'informer s'il en était effectivement l'auteur, et l'exhorte, en ce cas, de faire cesser le scandale qu'ils avaient causé, en donnant à la sainte Vierge le titre de *mère de Dieu*. Au reste, ne doutez pas, conclut-il, que je ne sois préparé à tout souffrir pour la foi de Jésus-Christ, même la prison et la mort. Il se reconnaît pour l'auteur d'un *Traité de la sainte et consubstantielle Trinité*, où il dit qu'il avait établi, dans le temps qu'Atticus gouvernait l'Eglise de Constantinople, la même doctrine touchant l'incarnation du Verbe qu'il soutenait alors; mais qu'il n'en avait donné copie à personne, s'étant contenté de la lire à cet évêque et à quelques autres, soit du clergé, soit du peuple. On met cette lettre de saint Cyrille sur la fin de juillet 429. Elle fut rendue à Nestorius par un prêtre d'Alexandrie, nommé Lampon. Nestorius fut quelque temps sans vouloir y répondre; mais ce prêtre lui fit tant d'instances qu'il ne put s'en dispenser. Sa réponse n'est qu'un compliment affecté sur cette douce violence. L'expérience fera voir, dit-il, quel fruit nous en tirerons; pour moi, je conserve la patience et la charité fraternelle, quoique vous ne l'ayez pas gardée à mon égard, pour ne rien dire de plus fâcheux. Nous saluons, moi et les miens, tous les frères qui sont avec vous (Labbe, p. 313).

Nestorius écrivit alors à Rome, au pape saint Célestin, pour tâcher de le prévenir en sa faveur. Il commence par la cause des pélagiens qui étaient à Constantinople, comme si tel était le principal sujet de sa lettre. « Julien, Florus, Oronce et Fabius, qui se disent évêques d'Occident, se sont souvent adressés à l'empereur, se plaignant d'être persécutés, encore qu'ils soient catholiques; ils ont fait les mêmes plaintes devant nous, et, rejetés plusieurs fois, ils ne cessent de crier. Nous leur avons dit ce que nous pouvions, n'étant pas instruits au juste de leur affaire. Mais de peur qu'ils n'importunent davantage l'empereur et que nous ne nous divisions pour leur défense, faute de les connaître, quoique peut-être vous les ayez condamnés canoniquement, ayez la bonté de nous en informer; car les nouvelles sectes ne méritent aucune protection de la part des vrais pasteurs. »

Ce discours de Nestorius n'était pas sincère, et il ne pouvait ignorer que les pélagiens avaient été condamnés à Constantinople par Atticus, son prédécesseur, huit ou dix ans auparavant. Aussi montre-t-il le vrai sujet de sa lettre, en continuant ainsi :

« De là vient qu'ayant trouvé nous-même en cette ville une altération considérable de l'orthodoxie en quelques-uns, nous employons tous les jours, pour la guérir, la rigueur et la douceur. C'est une maladie qui n'est pas petite, mais qui approche de la pourriture d'Apollinaire et d'Arius. Ils réduisent l'union du Seigneur dans l'homme à une espèce de confusion, soutenant par un blasphème manifeste que le Dieu-Verbe, consubstantiel au Père, a été édifié avec son temple et enseveli avec sa chair, comme s'il avait pris son origine de la Vierge, mère du Christ (*Christotocos*); et ils disent que la même chair n'est pas demeurée après la résurrection, mais qu'elle a passé dans la nature de la divinité. En un mot, ils ramènent la divinité du Fils unique à l'origine de la chair qui lui a été jointe, et ils la font mourir avec cette chair. De plus, par le mot de *déification*, ils enseignent, ce qui est un blasphème, que la chair qui a été jointe à la divinité a passé dans la divinité : ce qui est détruire à la fois l'une et l'autre. Ensuite, ils n'ont pas horreur de nommer la Vierge *mère de Dieu* (*Théotocos*), quoique les Pères de Nicée aient dit seulement que Notre Seigneur Jésus-Christ s'est incarné du Saint-Esprit et de la Vierge Marie, sans parler des Ecritures, qui la nomment partout *mère du Christ* et non du Dieu-Verbe. Je crois que Votre Béatitude aura déjà appris, par la renommée, les combats que nous avons soutenus à ce sujet et qui n'ont pas été inutiles; car, par la grâce du Seigneur, plusieurs se sont corrigés en apprenant de nous que l'enfant doit être consubstantiel à sa mère, et que l'union de l'humanité du Seigneur, jointe à Dieu dans l'homme, est une créature produite de la Vierge par l'Esprit (Coust., 1077 et 1078). Que si quelqu'un emploie le nom de *Théotocos*, à cause de l'humanité jointe à Dieu le Verbe et non à cause de celle qui l'a enfantée, nous disons que ce mot ne lui convient pas; car une vraie mère doit être de la même nature que ce qui est né d'elle. On peut toutefois le supporter à cause que le temple du Verbe, inséparable de lui, est tiré d'elle; non qu'elle soit mère du Verbe de Dieu; car une personne ne peut enfanter celui qui est plus ancien qu'elle. » Avec cette lettre, Nestorius envoya ses autres écrits sur l'incarnation, souscrits de sa main; par tout ce qui nous en reste, il ne nous

LIVRE XXXIX. — HÉRÉSIE DE NESTORIUS.

en reste pas peu, on voit qu'avec beaucoup de présomption il avait des idées bien confuses, et que son langage était aussi confus que ses idées.

Le pape saint Célestin, qui avait d'abord appris les erreurs de Nestorius par les plaintes des fidèles, ensuite par ses homélies qu'on lui envoya d'Orient, ne put plus en douter, quand il eut reçu les lettres de Nestorius, avec ses autres ouvrages souscrits de sa main. Pour procéder avec toute la maturité convenable dans une affaire aussi grave, il fit traduire le tout en latin. Il fit même composer un traité pour soutenir la doctrine catholique contre la nouvelle hérésie; et ce fut sans doute par ses ordres que saint Léon, alors archidiacre de l'Eglise romaine, en chargea Cassien de Marseille, qui était plus propre qu'aucun autre à cet ouvrage, parce qu'il était très-savant dans la théologie, que d'ailleurs il entendait parfaitement le grec, et qu'il avait demeuré longtemps à Constantinople, où il avait été ordonné diacre par saint Chrysostome. Ayant achevé ses *Conférences* depuis peu, il comptait demeurer dans le silence; mais il ne put résister à la prière de saint Léon. Il composa donc un *Traité de l'Incarnation*, divisé en sept livres.

Dans le premier, après avoir comparé l'hérésie à l'hydre de la fable, il rapporte les différentes hérésies qui ont attaqué le mystère de l'Incarnation; les unes en niant la divinité de Jésus-Christ; les autres en soutenant qu'il n'était homme qu'en apparence; d'autres en combattant l'union des deux natures, qui fait qu'il est véritablement Dieu et homme. Ces hérésies sont celles d'Ebion, de Sabellius, d'Arius, d'Eunomius, de Macédonius, de Photin, d'Apollinaire et des Pélagiens. Il dit de cette dernière, qu'elle a tiré son origine de l'hérésie des ébionites, en ce qu'elle niait avec ces hérétiques la divinité de Jésus-Christ, que les pélagiens regardaient comme un pur homme. A la vérité, ni saint Jérôme, ni saint Augustin n'attribuent cette erreur aux pélagiens; mais ils remarquent sur eux leur objectait encore d'autres erreurs, qui étaient comme des conséquences de celle qu'ils enseignaient ouvertement. Or, ce que nous en apprend Cassien, en plus de six endroits de son ouvrage, ne paraît que le développement du pélagianisme. Et il devait bien savoir ce qu'il en était, puisque lui-même a donné ici et là dans quelques idées semi-pélagiennes. Il pose donc en fait que les principes des pélagiens ont donné naissance à l'hérésie de Nestorius. Car, dit-il, croyant que l'homme, par ses propres forces, peut être sans péché, ils jugent de même de Jésus-Christ, qu'il n'était qu'un pur homme, mais qu'il a si bien usé de son libre arbitre, qu'il a évité tout péché; qu'il est venu au monde, non pour racheter le genre humain, mais pour donner l'exemple des bonnes œuvres, afin que les hommes, marchant par les mêmes sentiers de vertu, reçussent les mêmes récompenses que lui; qu'il est devenu Christ après son baptême, et Dieu après sa résurrection; attribuant l'une de ces prérogatives à l'huile mystérieuse dont il a été oint, et l'autre au mérite de sa passion. Cassien prouve tout ceci par la rétractation du pélagien Léporius, devenu depuis sa conversion prêtre d'Hippone (Cass., *De Inc.*, l. 1, c. 2 à 6; l. 5, c. 1 à 4; 6, c. 14, 15). On conçoit dès lors pourquoi Nestorius s'intéressait si vivement à la cause des pélagiens. S'il les contredit en quelque point, ce peut n'être qu'une ruse ou qu'une inconséquence.

Dans le second livre, après avoir observé que l'erreur de Nestorius étant renouvelée d'anciens hérétiques, se trouvait déjà condamnée en eux, il commence à prouver par l'Ecriture, que Jésus-Christ est Dieu et homme, et que Marie doit être appelée *mère de Dieu*, et non-seulement mère du Christ. Il tire surtout une preuve remarquable de la nature même de la grâce divine dont Jésus-Christ est l'auteur. « La grâce est une chose au-dessus de l'homme c'est une espèce de participation à divinité même; il n'y a donc qu'un Dieu qui puisse nous la donner (1). » Cette notion si belle et si vraie de la grâce renverse de fond en comble le pélagianisme et le semi-pélagianisme : aussi, à cet égard, Cassien n'a-t-il pas un mot de répréhensible dans son traité *De l'Incarnation*.

Après avoir continué ses preuves de l'Ecriture dans le troisième livre, il s'attache plus particulièrement dans le quatrième à établir l'unité de personne en Jésus-Christ. Voici entre autres avec quelle justesse il argumente de ces paroles de saint Paul aux Galates : *Quand la plénitude des temps fut venue, Dieu envoya son Fils formé d'une femme*. Ce Fils était donc auparavant. Ainsi, quand Nestorius pose pour principe de son erreur, que personne n'engendre de plus ancien que soi, c'est un principe faux, puisque le Fils de Dieu, qui était avant Marie, a été formé d'elle, suivant l'apôtre. Nestorius faisait ce syllogisme : Personne n'enfante d'antérieur à soi. Or, Dieu est antérieur à Marie : donc Marie n'a point enfanté Dieu. Outre la réponse de Cassien, la théologie y répond encore avec sa précision logique : Personne ne peut enfanter d'antérieur à soi : en tant qu'il est antérieur, je l'accorde; en tant qu'il ne l'est pas, je le nie. Or, Marie enfante le Verbe, non pas en tant qu'il procède éternellement du Père; mais en tant que, procédant éternellement du Père, il s'est fait chair, il s'est fait homme dans le temps. Ainsi, dans l'ordre de la grâce, on peut enfanter tous les jours à la vie surnaturelle un plus âgé que soi dans l'ordre de la nature. Dans le cinquième livre, Cassien continue à montrer que l'unité de personne en Jésus-Christ est réelle et non pas simplement morale, et réfute plusieurs propositions de Nestorius. Dans le sixième, il insiste avec feu et éloquence sur le symbole d'Antioche, suivant lequel Nestorius avait été baptisé. Dans le septième et dernier, il apporte les autorités des Pères grecs et latins, particulièrement saint Chrysostome, son maître, et finit par une exhortation touchante à l'Eglise de Constantinople. Il suppose toujours que Nestorius y préside comme évêque : ce qui fait voir qu'il acheva cet ouvrage avant sa déposition et le concile d'Ephèse.

Cependant il s'était réfugié à Constantinople quelques mauvais sujets d'Alexandrie, que saint Cyrille avait excommuniés pour leurs crimes. Nestorius s'en servit pour calomnier ce saint, et les engagea à présenter des requêtes contre lui à Nestorius même, et à l'empereur Théodose. Informé de ces intrigues, ainsi que de plusieurs autres, comme aussi qu'on

---

(1) Lib. 2, c. 5 et 6 : *Neque nos aliud dicimus quam quod divina gratia cum divinitate descenderit; quia et divina gratia Dei sit et largitio quodammodo ipsius divinitatis.*

parlait de paix et de réconciliation, Cyrille écrivit une seconde lettre à Nestorius au mois de février 430. Il lui dit d'abord qu'il savait les calomnies qu'on répandait contre lui, et qu'il en connaissait les auteurs. L'un avait été condamné pour avoir opprimé des aveugles et des pauvres, l'autre pour avoir tiré l'épée contre sa mère, l'autre pour avoir dérobé de l'or avec une servante, et avoir toujours eu une très-mauvaise réputation. Mais sans s'arrêter à ces gens, dont il désigne quelques-uns par leurs noms, il vient à Nestorius, et l'exhorte, comme son frère, à corriger sa doctrine et à faire cesser le scandale, en s'attachant à la doctrine des Pères, en particulier à ce qui a été déclaré dans le concile de Nicée sur la nature du Verbe et le mystère de l'Incarnation.

Il explique ce mystère en montrant qu'il faut admettre dans le même Jésus-Christ les deux générations : l'éternelle, par laquelle il procède de son Père; la temporelle, selon laquelle il est né de sa Mère, non que sa nature divine ait pris de la sainte Vierge le commencement de son existence, étant coéternel à son Père, mais parce que, pour notre salut, il a voulu naître de la Vierge en s'unissant hypostatiquement dans son sein à la nature humaine. Quand nous disons que Jésus-Christ a souffert et qu'il est ressuscité, nous ne disons pas que le Verbe ait souffert en sa propre nature, qu'il ait été couvert de plaies ou percé de clous, car la divinité est impassible, mais que le corps qu'il s'est approprié par son union avec la nature humaine a souffert; c'est pour cette raison seule que nous disons qu'il a souffert lui-même, comme nous disons aussi qu'il est mort. Nous disons de même qu'il est ressuscité, parce que sa chair est ressuscitée. Nous ne disons pas que nous adorons l'homme avec le Verbe, de crainte que le mot *avec* ne donne quelque idée de division ; mais nous l'adorons comme une seule et même personne, parce que le corps du Verbe ne lui est point étranger, mais propre; d'où vient qu'il est assis avec lui à la droite du Père. Ainsi, il n'y a aucune raison de diviser notre Seigneur Jésus-Christ en deux Fils; cela n'est pas permis, l'Ecriture ne disant pas que le Verbe se soit associé la personne de l'homme, mais qu'il a été fait chair; ce qui ne veut dire autre chose, sinon que s'étant uni à notre nature, il est né de la Vierge, sans cesser d'être Dieu et engendré du Père, l'incarnation n'ayant rien changé dans ce qu'il était auparavant. C'est ainsi que les saints Pères n'ont point fait difficulté de nommer la sainte Vierge *mère de Dieu*, non que la nature du Verbe ou sa divinité ait pris de la sainte Vierge le commencement de son être, mais parce qu'il a tiré d'elle ce sacré corps animé d'une âme raisonnable, auquel le Verbe de Dieu s'est uni selon l'hypostase; c'est ce qui fait dire qu'il est né selon la chair. Saint Cyrille presse Nestorius et le conjure, en présence de Jésus-Christ et de ses saints anges, de croire ainsi et d'enseigner aux autres cette doctrine; pour le bien de la paix des Eglises et pour le maintien indissoluble de la charité et de la concorde entre les évêques (Labbe, t. III).

La réponse que Nestorius fit à saint Cyrille est plus longue que la précédente, mais aussi beaucoup plus aigre. Il l'exhorte à lire avec plus d'attention les écrits des anciens, et l'accuse de leur avoir fait dire que le Verbe divin fût passible, tandis qu'il avait dit tout le contraire. A ce défaut de franchise se joint le défaut de clarté. Il admet une certaine unité en Jésus-Christ; mais ce n'est qu'une union morale, et non pas réelle; c'est une unité de personnage, et non pas de personne ou d'hypostase. Il semble encore admettre l'union des deux natures; mais, en y regardant de près, l'on voit que ce n'est pas d'union qu'il parle, mais seulement de connexion. Il est difficile qu'il se soit bien compris lui-même; car voici ce qu'il dit encore : « Confesser que le corps est le temple de la divinité du Christ, et que ce temple lui est uni par une connexion admirable et divine, de manière que la nature de la divinité s'approprie ce qui est du temple, voilà qui est juste et conforme aux traditions de l'Evangile. Mais, à cause de cette appropriation, lui attribuer encore les propriétés de la chair qui lui est connexe, savoir, la naissance, la souffrance, la mort; voilà qui est d'une intelligence païenne, une folie d'Apollinaire et d'Arius, ou quelque chose de pire encore (Labbe). »

Comment Nestorius, après avoir dit que la divinité du Christ s'appropriait ce qui est du corps, pouvait-il lui refuser les propriétés de la chair? Saint Cyrille, avec les catholiques, ne faisait ni l'un ni l'autre; il n'attribuait point les propriétés du corps ou de la chair à la divinité du Verbe, mais à sa personne, parce que cette personne unit en soi la nature divine et la nature humaine. Nestorius ajoute : « Je vous sais bon gré du soin que vous prenez de ceux qui sont scandalisés chez nous. Mais peut-être êtes-vous trompé par les clercs qui pensent comme vous, par ceux que le saint concile a déposés ici comme manichéens. Car pour ce qui est de notre Eglise, elle profite de jour en jour, le peuple avance dans la connaissance de Dieu, les empereurs sont dans une extrême joie de ce que la vérité est éclaircie, et, pour le dire en un mot, la foi catholique prévaut contre toutes les hérésies. » Le concile dont parle Nestorius paraît avoir été tenu à Constantinople, en 429. Quant à ceux qu'il appelle manichéens, et qu'il dit avoir été condamnés dans ce concile, c'étaient apparemment les catholiques qui s'étaient déclarés contre les pélagiens.

Ce qui le fait croire, c'est non-seulement la communauté de doctrine que nous a révélée Cassien de Marseille, mais encore le grand nombre de lettres que Nestorius écrivit au pape saint Célestin au sujet des pélagiens réfugiés à Constantinople. N'ayant pas eu de réponse à cet égard, il lui en écrivit une dernière, où il le prie avec instance et d'une manière assez insinuante, de lui apprendre ce qu'il en était. A cette occasion il rappelle, comme en passant, qu'il avait lui-même eu à travailler pour purifier l'Eglise de Dieu de l'impiété d'Apollinaire et d'Arius. Car je ne sais comment, dit-il, il y a certains clercs, infectés de la contagion de ces hérétiques, qui osent attribuer les passions du corps à la divinité du Fils unique, supposer que la divinité immuable a passé dans la nature du corps, et confondre les deux natures, que l'on adore l'une et l'autre dans le personnage un du Fils unique, à cause de leur connexion sublime et sans confusion (Coust.). Cette phrase contient la substance de la seconde lettre à saint Cyrille; c'est la même calomnie d'attribuer aux catholiques une impiété qu'ils repoussaient expressément; c'est la même étude à donner le change sur ses propres sentiments, par des paroles équivoques, qui pouvaient faire entendre le contraire de ce qu'il pensait.

Saint Cyrille, voyant par la lettre de Nestorius, outre ce qu'il en pouvait savoir d'ailleurs, qu'il était appuyé de la cour, et que son hérésie faisait des progrès à Constantinople, écrivit à l'empereur Théodose et aux princesses, ses sœurs, de grandes lettres ou plutôt des traités sur la foi. Il y expose et y prouve la doctrine catholique sur l'incarnation, et par les Écritures et par la tradition; il y rapporte les passages de plusieurs Pères, pour montrer qu'ils se sont servis du mot de *Théotocos*, et qu'ils ont reconnu l'unité de Jésus-Christ, savoir, saint Athanase, Atticus de Constantinople, Antiochus de Phénicie, Amphiloque, Ammon d'Andrinople, saint Chrysostome, Sévérien de Gabales, Vital, Théophile d'Alexandrie, auxquels il aurait pu en ajouter beaucoup d'autres. Il écrivit encore sur la même affaire à plusieurs personnages de Constantinople. Il écrivit en particulier au clergé de cette ville, sur les propositions de paix que l'on faisait de la part de Nestorius. « J'ai lu, dit-il, le mémoire que vous m'avez envoyé, où j'ai vu que le prêtre Anastase faisait semblant de chercher la paix, et vous a dit : Notre croyance est conforme à ce qu'il a écrit aux solitaires. Ensuite, allant à son but, il a ajouté : Il a dit lui-même que le concile de Nicée n'a point fait mention de ce mot de *Théotocos*. J'ai écrit que le concile a bien fait de ne pas en faire mention, parce qu'on ne remuait point cette question alors; mais il dit, par le fait, que Marie est mère de Dieu, puisqu'il dit que le même qui est engendré du Père, s'est incarné et a souffert. » Ensuite, parlant d'un écrit de Nestorius : « Il s'efforce, dit-il, de montrer que c'est le corps qui a souffert, et non pas Dieu le Verbe : comme si quelqu'un disait que le Verbe impassible est passible. Il n'y a personne de si insensé. Son corps ayant souffert, on dit qu'il a souffert lui-même : comme on dit que l'âme de l'homme souffre, quand son corps souffre, quoiqu'elle ne souffre point en sa propre nature. Mais leur but est de dire, deux Christs et deux Fils : l'un proprement homme, l'autre proprement Dieu, et de ne faire l'union que des personnes; voilà pourquoi ils chicanent. » Il rapporte ensuite ce que disait Nestorius, qu'il ne trouvait pas son peuple instruit, et que c'était la faute de ses prédécesseurs. « Quoi donc, dit saint Cyrille, est-il plus éloquent que Jean, ou plus habile que le bienheureux Atticus? que n'avoue-t-il plutôt franchement qu'il introduit une doctrine nouvelle? Enfin, s'il désire la paix, qu'il écrive une confession de foi catholique et sincère, et qu'il l'envoie à Alexandrie : j'écrirai, de mon côté, qu'il ne faut point fatiguer nos confrères les évêques, parce que nous savons que ses paroles ont un bon sens. Mais s'il demeure dans sa présomption, il ne nous reste que de nous y opposer de toutes nos forces (Labbe, t. III).

Saint Cyrille écrivit finalement au pape saint Célestin une lettre où il lui rend compte de tout ce qui s'était passé, de sa lettre aux solitaires, de ses deux lettres à Nestorius, et de la nécessité qui l'avait engagé à s'opposer à lui. Voici comme il y expose l'obligation où il était d'en écrire au Pape : « Si l'on pouvait, sans encourir de blâme ni se rendre suspect, garder le silence et ne point informer Votre Piété par écrit, de toutes les choses qu'on agite, surtout dans des choses aussi nécessaires, où la foi est en péril, je me dirais à moi-même : Il vaut mieux se taire et se tenir tranquille. Mais puisque Dieu exige la vigilance de notre part en ces choses, et que la longue coutume des Églises nous engage à les communiquer à Votre Sainteté, je vous écris par une absolue nécessité. » Il déclare qu'il n'a encore écrit de cette affaire à aucun autre évêque, et marque ainsi l'état de Constantinople. « Maintenant les peuples ne s'assemblent point avec lui, c'est-à-dire avec Nestorius, sinon quelque peu des plus légers et de ses flatteurs : presque tous les monastères et leurs archimandrites, et beaucoup de sénateurs, ne vont point aux assemblées, crainte de blesser la foi. Votre Sainteté doit savoir que tous les évêques d'Orient sont d'accord avec nous, que tous sont choqués et affligés, principalement les évêques de Macédoine. Il le sait bien, mais seul il se croit plus sage que tous. Nous n'avons pas voulu rompre ouvertement de communion avec lui, avant d'avoir communiqué ces choses à Votre Sainteté. Daignez donc déclarer votre sentiment pour servir de type (τυπῶσαι τὸ δοκον, déclarer juridiquement), s'il faut encore communiquer avec lui ou lui dénoncer nettement que tout le monde l'abandonnera, s'il persiste dans ces opinions. Mais il faut que la sentence de Votre Sainteté soit déclarée aux évêques de Macédoine et d'Orient. Ce sera leur donner l'occasion qu'ils désirent, de s'affermir dans l'unité de sentiments, et de venir au secours de la foi orthodoxe qu'on attaque. Et afin de mieux instruire Votre Sainteté de ses sentiments et de ceux des Pères, je vous envoie les livres où les passages sont marqués, je les ai fait traduire comme on a pu à Alexandrie. Je vous envoie aussi les lettres que j'ai écrites (Labbe, Coustant). »

Cette lettre au Pape fut portée par le diacre Possidonius, qui fut aussi chargé d'une instruction qui résumait la doctrine de Nestorius en ces termes : La foi ou plutôt la perfidie de Nestorius est telle. Il dit que Dieu le Verbe, ayant connu d'avance que celui qui naîtrait de la sainte Vierge serait saint et grand, le choisit à cause de cela, le fit naître de la Vierge sans le concours de l'homme, lui accorda par grâce d'être appelé de ses noms, et le ressuscita d'entre les morts. Ainsi, quand on dit que le Verbe, Fils unique de Dieu, s'est fait homme; on le dit parce qu'il a toujours été avec cet homme saint né de la Vierge. Comme il a été avec les prophètes, dit-il, ainsi est-il avec celui-ci par une conjonction plus grande. C'est pourquoi il évite partout de dire *union*, mais l'appelle *conjonction*, telle qu'il peut y en avoir entre deux personnes l'une hors de l'autre; comme quand Dieu dit à Josué : *Je serai avec vous comme j'ai été avec Moïse*. Pour cacher son impiété, il dit : 1° Que le Verbe a été avec l'homme dès le sein de sa mère. 2° Aussi ne dit-il pas qu'il soit Dieu véritable, mais appelé de ce nom par la grâce de Dieu. De même, il ne veut qu'il soit appelé *Seigneur* que parce que le Verbe a bien voulu qu'il fût appelé de ce nom. 3° Il ne dit pas non plus avec nous que le Fils de Dieu est mort pour nous et qu'il est ressuscité; mais l'homme, dit-il, est mort et ressuscité, sans aucune participation du Verbe de Dieu. 4° Nous confessons que le Verbe de Dieu est immortel, qu'il est la vie; mais nous croyons en même temps qu'il s'est fait chair, c'est-à-dire que, s'étant uni à la chair avec une âme raisonnable, il a souffert dans la chair suivant les Ecritures, et, parce que son corps a souffert, nous disons qu'il a souffert lui-même, quoiqu'il soit impassible de sa nature; de même, parce que sa chair est ressuscitée, nous disons qu'il est lui-même ressuscité des morts. Mais Nestorius ne pense point ainsi : il dit que la souffrance est de l'homme, que la résurrection est de l'homme, que ce que l'on propose dans les mystères est le corps d'un homme. Nous croyons, au contraire, que la chair du Verbe peut donner la vie, parce que c'est la chair et le sang du Verbe qui donnent la vie à toutes choses (Coustant).

Le pape saint Célestin ayant reçu toutes ces pièces, assembla un concile à Rome, vers le commencement du mois d'août 430, où les écrits de Nestorius furent examinés et comparés à ceux des Pères. Le Pape y rapporta les autorités de saint Ambroise, de saint Hilaire et de saint Damase, après quoi la doctrine de Nestorius fut condamnée, et saint Cyrille chargé de l'exécution. Le Pape lui en écrivit une lettre dans laquelle il loue son zèle et sa vigilance, et lui déclare qu'il est entièrement dans ses sentiments touchant l'incarnation. Que si Nestorius persiste dans son opiniâtreté, il faudra le condamner; mais il faut tenter auparavant tous les moyens de le ramener. En attendant, tous ceux qu'il a séparés de sa communion doivent savoir qu'ils demeurent dans la nôtre; lui-même ne peut avoir désormais de communion avec nous, s'il continue à combattre la doctrine apostolique. C'est pourquoi, par l'autorité de notre Siége et agissant à notre place, vous exécuterez cette sentence avec une sévérité exemplaire; en sorte que si dans l'espace de dix jours, à compter depuis cette admonition, il n'anathématise par une confession écrite sa doctrine impie, et ne promet de confesser à l'avenir, touchant la génération de Jésus-Christ, notre Dieu, la foi qu'enseigne l'Eglise romaine, et votre Eglise, et toute la chrétienté, Votre Sainteté pourvoie aussitôt à cette Eglise, c'est-à-dire à celle de Constantinople, et qu'il sache qu'il sera absolument séparé de notre corps. Nous avons écrit les mêmes choses à nos saints frères et coévêques Jean, Rufus, Juvénal et Flavien, afin que l'on connaisse partout notre sentence à son égard, ou plutôt la divine sentence de Notre Seigneur Jésus-Christ (*Ibid.*; Labbe).

Les quatre évêques dont il parle étaient Jean d'Antioche, Rufus de Thessalonique, Juvénal de Jérusalem, Flavien de Philippes. La lettre qu'il leur adressa contient en substance les mêmes choses que la précédente. Le même jour, 11 août 430, il en adressa une autre au peuple et au clergé de Constantinople, qu'il appelle ses membres. Elle est pleine d'exhortations à demeurer fermes dans la foi catholique, et de consolation pour ceux que Nestorius persécutait. Le Pape y déclare nulles toutes les excommunications prononcées par Nestorius, depuis qu'il a commencé à enseigner ses erreurs. Il ajoute que ne pouvant agir en personne à cause de l'éloignement, il a commis à sa place son saint frère Cyrille. Puis il met la sentence qui termine la lettre précédente.

Le même jour encore, il adresse une lettre à Nestorius même. Il y marque comme il a été trompé dans la bonne opinion qu'il avait conçue de lui sur sa réputation. Il dit qu'il a lu ses lettres et les livres qu'il lui avait envoyés, et qu'il a trouvé ses opinions touchant le Verbe divin peu d'accord avec elles-mêmes, mais surtout contraires à la foi catholique. Il lui rappelle les deux lettres que Cyrille lui avait écrites, et l'avertit qu'elles lui tiendront lieu de première et de seconde monition, et celle qu'il lui écrivait lui-même, de troisième; ajoutant que, s'il ne corrige ce qu'il a enseigné de mauvais, et ne rentre dans la vraie voie, qui est Jésus-Christ, il le séparera de sa communion et de celle de toute l'Eglise. Il lui fait l'application de ces paroles de l'Apôtre : *Je sais qu'après mon départ, il entrera parmi vous des loups ravisseurs qui n'épargneront point le troupeau;* parce qu'en effet, au lieu de veiller à la garde de ses ouailles, il les vexait par ses ravages, en persécutant ceux qui suivaient la foi catholique. Il lui représente que jamais aucun de ceux qui ont attaqué l'Eglise n'est sorti victorieux du combat, et qu'ils ont tous été flétris d'une même censure, c'est-à-dire chassés de l'Eglise. Il en donne pour exemple Paul de Samosate et les pélagiens, « sur lesquels, dit-il, vous nous avez consultés, comme si vous ne saviez pas ce qui s'est passé. Ils ont été condamnés, et justement, et chassés de leurs siéges. Ce qui nous étonne, c'est que vous souffriez des gens qui ont été condamnés pour nier le péché originel, vous qui le croyez si bien, comme nous avons lu dans vos sermons. Les contraires ne s'accordent jamais sans donner du soupçon, et vous les chasseriez encore, s'ils vous déplaisaient comme à ceux qui les ont chassés. Et pourquoi demandez-vous ce qui s'est passé contre eux, puisque c'est d'Atticus, votre prédécesseur, que nous en avons ici les actes? Pourquoi Sisinnius, de sainte mémoire, ne s'en est-il point informé, sinon parce qu'il savait qu'ils avaient été justement condamnés sous Atticus, son prédécesseur.

» Au lieu de vous occuper des autres, médecin, guérissez-vous vous-même. Votre mal exige un prompt remède. Nous avons approuvé et nous approuvons la foi de l'évêque d'Alexandrie. Averti par lui, ayez les mêmes sentiments que nous, si vous voulez être avec nous. Condamnez ce que vous avez pensé jusqu'à présent, et prêchez aussitôt, nous le voulons, ce que vous lui verrez prêcher. Après la condamnation de votre mauvaise doctrine, une preuve complète de votre correction, c'est que vous rappeliez à l'Eglise tous ceux qui en ont été expulsés pour la cause du Christ, et que vous les rappeliez tous. Si on ne fait pas ce que nous disons, on chassera celui qui a chassé d'autant plus que ceux contre lesquels vous avez tenu une conduite pareille, sont dans notre communion. Nous avons aussi écrit au clergé et aux fidèles de Constantinople, ce que la nécessité exige; à savoir que, si vous vous obstinez dans votre perverse doctrine et que vous ne prêchiez pas ce que prêche avec nous notre frère Cyrille, vous êtes retranché du nombre de nos collègues, et que vous ne pouvez avoir de communion avec nous. Sachez donc clairement que, si vous ne prêchez, touchant le Christ notre Dieu, ce que tient l'Eglise de Rome, d'Alexandrie, et toute l'Eglise catholique, ce que la sainte Eglise de Constantinople a tenu jusqu'à vous; et si dans dix jours, à compter depuis notre monition que voici, vous ne condamnez nettement et par écrit cette nouveauté impie qui veut séparer ce que l'Ecriture joint ensemble, vous êtes exclus de la communion de toute l'Eglise catholique. L'acte authentique de ce jugement, ainsi que les autres papiers, nous l'adressons par le diacre Possidonius à notre saint collègue l'évêque d'Alexandrie, afin qu'il agisse à notre place, et que notre décret vous soit connu et à vous et à tous nos frères, car tous doivent savoir ce qui se fait, quand il s'agit de la cause de tous. Que Dieu vous conserve, bien-aimé frère (Const., Labbe). »

Saint Cyrille ayant reçu les lettres du pape saint Célestin, les envoya à ceux à qui elles étaient adressées, et accompagna de ses lettres celles qui étaient pour Jean d'Antioche et pour Juvénal de Jérusalem, qui avait succédé à Prayle depuis trois ou quatre ans. Il exhorte Jean à se déterminer, déclarant que, pour lui, il est résolu à suivre le jugement du Pape et des évêques d'Occident, pour conserver leur communion. Jean avait déjà vu peu auparavant une lettre que saint Cyrille venait d'écrire à l'évêque Acace de Béroé. Quant à Juvénal, il lui dit qu'il faut écrire à l'empereur, afin qu'il prenne l'intérêt de la religion et délivre l'Eglise de ce faux pasteur. Il marque à l'un et à l'autre qu'il a fait son possible pour ramener Nestorius à la raison. Dans ses lettres, il appelle le Pape son Seigneur et qualifie son décret de *formulaire défini* (ὁρισθέντα τύπον. Labbe, t. III).

Jean d'Antioche était ami de Nestorius, qui avait été tiré de son clergé. Il lui envoya copie des pièces qu'il venait de recevoir, avec une lettre pleine d'amitié, pour le porter à la soumission.

« J'ai, dit-il, reçu plusieurs lettres, l'une du très-saint évêque Célestin; les autres, de Cyrille, évêque bien-aimé de Dieu. Je vous en envoie des copies, et je vous prie de tout mon cœur de les lire de telle sorte, qu'il ne s'élève aucun trouble dans votre esprit, puisque c'est de là qu'il arrive des contestations et des séditions très-nuisibles, et aussi de ne mépriser pas la chose, parce que le diable sait pousser si loin par l'orgueil les affaires qui ne sont pas bonnes, qu'il n'y reste plus de remède ; mais de les lire avec douceur, et d'appeler à cette délibération quelques-uns de vos plus fidèles amis, en leur donnant la liberté de vous dire des choses utiles plutôt qu'agréables ; parce qu'en choisissant pour cet examen plusieurs personnes sincères et qui vous parlent sans crainte, elles vous donneront plus facilement leur conseil, et par ce moyen, ce qui est triste et fâcheux, aussitôt deviendra facile. En effet, quoique le terme de dix jours fixé par la lettre de monseigneur le très-saint évêque Célestin soit bien court, vous pouvez faire la chose en un jour, même en peu d'heures. Car il est facile, en parlant de l'incarnation de notre Seigneur, de se servir d'un terme convenable, usité par plusieurs des Pères, et qui exprime véritablement sa naissance de la Vierge. Vous ne devez ni rejeter ce terme comme dangereux, ni penser qu'il ne faut pas vous dédire. Si vous êtes dans les mêmes sentiments que les Pères et les Docteurs de l'Eglise, comme nous avons appris par plusieurs amis communs, quelle peine avez-vous à déclarer votre saine doctrine, principalement dans ce grand trouble qui s'est élevé à votre sujet? Car, sachez que cette question est agitée auprès et au loin ; toute l'Eglise en est émue, et partout les fidèles en sont tous les jours aux mains. Vous les verrez clairement par la chose même. L'Occident, l'Egypte et peut-être la Macédoine ont résolu de rompre l'union que Dieu a accordée à son Eglise par les travaux de tant d'évêques et principalement du grand Acace (J'entend Acace de Béroé, et parle de l'union qui finit le schisme d'Antioche du temps de l'évêque Alexandre et du pape saint Innocent). Que s'il vous faut un exemple, souvenez-vous du bienheureux évêque Paul. Ayant échappé dans la prédication quelque chose qui fut trouvé inexact par les auditeurs, en particulier par nous, peu de jours après, pour le bien de l'Eglise, il se rétracta publiquement et en fut chéri de tout le monde.

Jean exhorte vivement Nestorius de faire de même, d'employer le mot de *mère de Dieu* (*Théotocos*), puisque aucun des docteurs de l'Eglise ne l'a jamais rejeté, et qu'un grand nombre s'en sont servis, sans être repris par ceux qui ne s'en servaient pas. Il montre que l'on ne peut rejeter la signification de ce mot sans tomber dans des erreurs dangereuses, puisqu'il s'ensuivra, contre l'autorité manifeste de l'Ecriture, que ce n'est pas Dieu qui s'est incarné et anéanti en prenant la forme d'esclave. Il ajoute : « Si avant ces lettres le grand nombre agissait si fortement contre nous, que ne feront-ils point maintenant qu'elles leur donnent une si grande autorité? Je vous écris ceci, non pas seul, mais avec plusieurs évêques de vos amis, qui se sont trouvés présents quand on m'a rendu ces malheureuses lettres, savoir, Archélaüs, Apringius, Théodoret, Héliade, Mélèce et Macaire, qui vient d'être ordonné évêque de Laodicée. » Il ne marque le siége que de celui-ci, parce que Nestorius connaissait les autres (Labbe).

« Il y a dans cette affaire deux circonstances fort importantes, dirons-nous avec Bossuet : l'une, que le Pape décidait avec une autorité fort absolue ; car il écrit à saint Cyrille en ces termes : *C'est pourquoi, par l'autorité de notre Siége et agissant à notre place avec puissance, vous exécuterez la sentence avec une sévérité exemplaire*. C'est Célestin qui prononce, c'est Cyrille qui exécute, mais il exécute *avec puissance*, parce qu'il agit *par l'autorité* du Siége de Rome. Ce qu'il écrit à Nestorius n'est pas moins fort, puisqu'il donne son approbation à la foi de saint Cyrille, et, en conséquence, il ordonne à Nestorius de se conformer à ce *qu'il lui verra enseigner*, sous peine de déposition. L'autre circonstance est que tous les évêques de l'Eglise grecque étaient disposés à obéir. Une si grande puissance exercée dans l'Eglise grecque, et encore contre un patriarche de Constantinople, donne sans doute une grande idée de l'autorité du Pape. Il se montrait le supérieur de tous les patriarches : il déposait celui de Constantinople; celui d'Alexandrie tenait à honneur d'exécuter la sentence ; celui d'Antioche, quelque ami qu'il fût de Nestorius, ne songeait pas seulement à y résister ; Juvénal, patriarche de Jérusalem, était dans le même sentiment ; Célestin leur donnait ses ordres et à tous les autres évêques de l'Eglise grecque, et sa sentence allait être exécutée sans opposition. »

Telles sont les observations que Bossuet reproche

à un historien de l'Eglise, Ellies Dupin, de n'avoir pas faites dans son histoire. Il lui reproche une autre omission aussi importante.

« Il était important de remarquer, dit-il, qu'encore que le blasphème de Nestorius contre la personne de Jésus-Christ, renversât le fondement du christianisme, aucun autre évêque que le Pape n'osa prononcer sa déposition, et cela sert à conclure qu'il n'y avait que lui seul qui eût droit sur lui et qui fût son supérieur. M. Dupin n'en dit mot. Saint Cyrille eût bien la pensée, comme il le dit lui-même, de lui déclarer *synodiquement* qu'il ne pouvait plus communiquer avec lui, ce qu'il semble qu'il pouvait faire, puisque le clergé et le peuple de Constantinople avaient déjà refusé de participer à la communion de ce blasphémateur. Saint Cyrille n'osa pourtant pas le faire ; il crut que la séparation d'un patriarche d'avec un autre qui ne lui était pas soumis, était un acte trop juridique pour être entrepris sans l'autorité du Pape. « Je n'ai pas voulu, dit-il dans sa » lettre à Célestin, me retirer de la communion de » Nestorius avec hardiesse et confiance, jusqu'à ce » que j'aie su votre sentiment. Daignez donc décla-» rer votre pensée, et si nous devons communiquer » avec lui ou non. » Le mot grec signifie *déclarer juridiquement*. Τυπος, c'est une règle, c'est une sentence, et τυπῶσαι τὸ δοκὸν, c'est déclarer juridiquement son sentiment. Le Pape seul le pouvait faire : Cyrille ni aucun autre patriarche n'avaient le pouvoir de déposer Nestorius, qui ne leur était pas soumis ; le Pape seul l'a fait, et personne n'y trouve à redire, parce que son autorité s'étendait sur tous (1). »

Cependant saint Cyrille, en exécution de la commission du Pape, assembla les évêques d'Egypte à Alexandrie, au mois de novembre 430. Les deux premières lettres qu'il avait écrites à Nestorius y furent approuvées ; il lui en écrivit une troisième au nom de ce concile et de la part du concile de Rome, présidé par le très-saint évêque Célestin, pour lui servir de troisième et dernière monition, lui déclarant que, si dans le terme fixé par le Pape, c'est-à-dire dans dix jours après la réception de cette lettre, il ne renonce à ses erreurs, ils ne veulent plus avoir de communion avec lui et ne le tiendront plus pour évêque, mais que dès lors ils communiqueront avec les clercs et les laïques qu'il avait déposés ou excommuniés.

Au reste, ajoutent-ils, il ne suffira pas que vous professiez le Symbole de Nicée, car, ou vous ne l'entendez pas, ou vous lui donnez des interprétations violentes. C'est pourquoi il est nécessaire que vous anathématisiez par écrit tous les mauvais sentiments que vous avez eus jusqu'ici, et dont vous avez imbu les autres ; que vous promettiez avec serment de croire et d'enseigner à l'avenir ce que nous croyons tous, nous et tous les évêques d'Occident et d'Orient, et tous ceux qui conduisent les peuples. A l'égard des lettres qui vous ont été écrites par l'Eglise d'Alexandrie, le saint concile de Rome et nous tous sommes convenus qu'elles sont orthodoxes et sans erreur.

Saint Cyrille rapporte ensuite en détail les articles de doctrine que Nestorius devait embrasser et enseigner, et ceux dont il devait s'abstenir. Il propose les premiers par les paroles mêmes du Symbole de Nicée, et, comme les erreurs de Nestorius attaquaient principalement le mystère de l'Incarnation, il en donne une explication très-ample et très-exacte, conforme en tout à ce qu'il en avait déjà dit dans ses lettres précédentes. Il tire, entre autres, cette preuve de l'eucharistie : « Nous annonçons la mort de Jésus-Christ, et nous confessons sa résurrection et son ascension en célébrant dans les églises le sacrifice non sanglant ; ainsi nous nous approchons des eulogies mystiques, et nous sommes sanctifiés en participant à la chair sacrée et au précieux sang de notre Sauveur Jésus-Christ ; nous ne la recevons pas comme une chair commune, à Dieu ne plaise, ni comme la chair d'un homme sanctifié et conjoint au Verbe par une union de dignité ou en qui la divinité ait habité, mais comme vraiment vivifiante et propre au Verbe. Car lui qui est vie de sa nature, comme Dieu, étant devenu un avec sa chair, l'a rendue vivifiante ; autrement, comment cette chair d'un homme serait-elle vivifiante de sa nature ? Encore donc que Jésus-Christ nous dise dans saint Jean : *Si vous ne mangez la chair du Fils de l'Homme et si vous ne buvez son sang, vous n'aurez point la vie en vous*, il ne faut pas croire que cette chair soit une chair commune et de même condition que la nôtre, qui de sa nature n'est point vivifiante, mais que cette chair est véritablement la propre chair de celui qui, à cause de nous, s'est fait et est appelé Fils de l'Homme. »

Il fait voir que les deux natures, quoique différentes, étant unies personnellement en Jésus-Christ, il est un et seul, et non pas deux ; comme l'homme, quoique composé de corps et d'âme, qui sont deux natures différentes, est un. Il rapporte quelques passages de l'Ecriture, qui marquent en Jésus-Christ deux natures différentes, et prouve par d'autres que ces deux natures sont unies en lui selon l'hypostase. La conclusion qu'il en tire est que, la sainte Vierge ayant engendré corporellement le Verbe de Dieu uni personnellement à la chair, elle doit être appelée *mère de Dieu*, non que le Verbe ait tiré de la chair le commencement de son être, puisqu'il est coéternel au Père, mais parce que, s'étant uni hypostatiquement à la nature humaine, il a pris dans le sein de la Vierge une naissance corporelle. C'est là, ajoute-t-il, ce que nous avons appris à croire avec les saints apôtres et évangélistes, comme étant une doctrine établie par toutes les Ecritures divinement inspirées et par le consentement unanime des saints Pères ; c'est à cette doctrine que vous devez souscrire avec nous, dans toute la sincérité et sans aucun détour.

Saint Cyrille lui déclare ensuite, dans douze anathématismes, les erreurs qu'il devait condamner, s'il voulait être tenu pour catholique. Il choisit pour cela quelques-unes des propositions avancées par Nestorius.

« 1° Si quelqu'un ne confesse pas que l'Emmanuel est véritablement Dieu, et par conséquent, la sainte Vierge mère de Dieu, puisqu'elle a engendré selon la chair le Verbe de Dieu fait chair ; qu'il soit anathème ! 2° Si quelqu'un ne confesse pas que le Verbe, qui procède de Dieu le Père, est uni à la

---
(1) Bossuet, *Remarques sur l'histoire des conciles d'Ephèse et de Chalcédoine*, de M. Dupin, t. XXX de ses Œuvres, édit. de Versailles, p. 524.

chair selon l'hypostase, et qu'avec sa chair il fait un seul Christ, qui est Dieu et homme tout ensemble; qu'il soit anathème! 3° Si quelqu'un, après l'union, divise les hypostases du seul Christ, les joignant seulement par une connexion de dignité, d'autorité ou de puissance, et non par une union réelle; qu'il soit anathème! 4° Si quelqu'un attribue à deux personnes ou à deux hypostases, les choses que les apôtres et les évangélistes rapportent comme ayant été dites de Jésus-Christ, par les saints ou par lui-même, et applique les unes à l'homme, considéré séparément du Verbe de Dieu, et les autres, comme dignes de Dieu, au seul Verbe procédant de Dieu le Père; qu'il soit anathème! 5° Si quelqu'un ose dire que Jésus-Christ est un homme qui porte Dieu, au lieu de dire qu'il est Dieu en vérité, comme Fils unique et par nature, en tant que le Verbe a été fait chair et a participé comme nous à la chair et au sang; qu'il soit anathème! 6° Si quelqu'un ose dire que le Verbe, procédant de Dieu le Père, est le Dieu ou le Seigneur de Jésus-Christ, au lieu de confesser que le même est tout ensemble Dieu et homme, en tant que le Verbe a été fait chair, selon les Ecritures; qu'il soit anathème!

»7° Si quelqu'un dit que Jésus, en tant qu'homme, a été possédé du Verbe de Dieu et revêtu de la gloire du Fils unique, comme étant un autre que lui; qu'il soit anathème! 8° Si quelqu'un ose dire que l'homme pris par le Verbe doit être adoré, glorifié et nommé Dieu avec lui, comme étant l'un en l'autre, car, y ajoutant le mot avec, il donne cette pensée, au lieu d'honorer l'Emmanuel par une seule adoration, et de lui rendre une seule glorification, en tant que le Verbe a été fait chair; qu'il soit anathème! 9° Si quelqu'un dit que notre Seigneur Jésus-Christ a été glorifié par le Saint-Esprit, comme ayant reçu de lui une puissance étrangère pour agir contre les esprits immondes et opérer des miracles parmi les hommes, au lieu de dire que l'esprit par lequel il les opérait lui était propre; qu'il soit anathème! 10° L'Ecriture divine dit que Jésus-Christ a été fait le pontife et l'apôtre de notre foi, et qu'il s'est offert pour nous à Dieu le Père, en odeur de suavité. Donc, si quelqu'un dit que notre pontife et notre apôtre n'est pas le Verbe de Dieu lui-même, depuis qu'il s'est fait chair et homme comme nous, mais un homme né d'une femme, comme si c'était un autre que lui, ou si quelqu'un dit qu'il a offert le sacrifice pour lui-même, au lieu de dire que c'est seulement pour nous, car il n'avait pas besoin de sacrifice, lui qui ne connaissait pas le péché; qu'il soit anathème! 11° Si quelqu'un ne confesse pas que la chair du Seigneur est vivifiante et propre au Verbe même qui procède de Dieu le Père, mais l'attribue à un autre qui lui soit conjoint selon la dignité et en qui la divinité habite seulement, au lieu de dire qu'elle est vivifiante, parce qu'elle est propre au Verbe qui a la force de vivifier toutes choses; qu'il soit anathème! 12° Si quelqu'un ne confesse pas que le Verbe de Dieu a souffert selon la chair, qu'il a été crucifié selon la chair, et qu'il a été le premier-né d'entre les morts, en tant qu'il est vie et vivifiant comme Dieu; qu'il soit anathème (Labbe)!

Voilà les douze fameux anathèmes de saint Cyrille contre toutes les propositions hérétiques que Nestorius avait avancées. La lettre synodale qui les contient est datée du 30 novembre, mais, c'est la date du jour où elle fut remise à Nestorius, à Constantinople. Saint Cyrille l'envoya à Constantinople signée de sa propre main. Elle fut accompagnée de deux autres lettres, l'une au clergé et au peuple de Constantinople, l'autre aux abbés des monastères de la même ville, par lesquelles saint Cyrille marque qu'il a attendu à la dernière extrémité pour en venir à ce fâcheux remède de l'excommunication, et les exhorte à demeurer fermes dans la foi et à communiquer librement avec ceux que Nestorius avait excommuniés. Pour porter ces lettres, ainsi que celle du pape saint Célestin à Nestorius, on députa quatre évêques d'Egypte.

Cette grande affaire allait se terminer ainsi d'une manière purement ecclésiastique, par la décision du Pape exécutée par le patriarche d'Alexandrie, sans que celui d'Antioche, ni aucun évêque n'eût à redire; cette voie était trop simple pour la cour de Constantinople. Il fallut à l'empereur Théodose un concile œcuménique, lequel, après bien des longueurs et des dépenses, ne fera que ce qu'on allait faire sans frais : exécuter, et cela nécessairement, ainsi que le dira le concile même, la décision du Pape.

Des moines de Constantinople, maltraités par Nestorius, avaient demandé à l'empereur la convocation d'un concile général. Nestorius lui-même le demanda, espérant y prévaloir par la puissance séculière et l'appui des Orientaux, et y faire condamner saint Cyrille sur les plaintes de ses calomniateurs. D'après cela, Théodose ordonna la convocation du concile pour le jour de la Pentecôte 431, dans la ville d'Ephèse. La lettre est au nom des deux empereurs, Théodose et Valentinien, suivant la forme ordinaire, adressée aux métropolitains de chaque province.

Nestorius était d'une confiance qui ne doutait de rien. Son ami Jean d'Antioche lui avait écrit pour l'engager à se soumettre à la décision du Pape et à se rétracter. Nestorius lui répondit d'une manière honnête, mais demeura opiniâtre dans ses erreurs. « J'aurais cru, dit-il, être exposé à toute autre calomnie, que d'être contre la foi, moi qui ai tant combattu jusqu'à présent contre les hérétiques. Soyez en repos sur cette affaire. Si nous nous voyons dans le concile que nous espérons avoir, nous réglerons toutes choses sans scandale et avec union. Vous devez vous étonner moins que personne de la présomption ordinaire de l'Egyptien, dont vous avez tant d'exemples. Bientôt, s'il plaît à Dieu, on louera notre conduite (Baluz., *Nova collect. Concil.*). » Il écrivait encore au Pape ces mots entre autres : « J'ai appris que le vénérable Cyrille, évêque d'Alexandrie, épouvanté par les plaintes qui nous ont été présentées contre lui, cherche à éviter le saint concile qui doit se tenir à cause de ces accusations, et qu'il s'attache à des paroles, savoir, aux mots de *Théotocos* et de *Christotocos*. Au reste, il a plu au très-pieux empereur d'indiquer un concile général pour y examiner d'autres affaires ecclésiastiques; car, pour cette question de mots, je ne crois pas que la discussion en soit difficile (Coust., *Epist.* 15). On le voit, à une incroyable présomption, Nestorius joignait une incroyable ignorance, puisqu'il traite de question de mots le fond même du christianisme : de savoir si le Christ qui est né de Marie est Dieu ou non; si de l'adorer, c'est un acte de piété ou bien une idolâtrie.

Cependant les quatre évêques députés par le concile d'Alexandrie, étant arrivés à Constantinople, allèrent à la cathédrale un dimanche, pendant que l'on célébrait l'office, où tout le clergé était présent, et presque tous ceux qui portaient le titre d'*illustres*. Ce dimanche était le 30 novembre de la même année 430. Ils rendirent à Nestorius les lettres de saint Cyrille et de saint Célestin. Nestorius les prit, et leur dit de venir le lendemain le trouver en particulier; mais quand ils vinrent, il leur ferma les portes, et ne leur fit point de réponse. Six jours après, il fit dans l'église un sermon, qui est comme l'abrégé de toute sa doctrine. Il s'emporte contre saint Cyrille, sans le nommer; mais il le désigne assez par le nom d'*Egyptien*. Il le défie au combat, et l'accuse de l'attaquer avec des flèches d'or, c'est-à-dire en distribuant de l'argent; ce qui était un des reproches qu'on faisait à Nestorius même. Il signale l'opposition des évêques d'Alexandrie contre ceux d'Antioche, contre Mélèce et Flavien, et contre saint Chrysostome, tirée de la même Eglise, pour faire croire que la dispute présente n'est qu'une suite de la jalousie de ces deux sièges. Il se plaint qu'on lui fait un procès sur le seul mot de *Théotocos*, qu'il feint d'accorder, mais avec des explications malignes. Il se défend des erreurs de Paul de Samosate et de Photin, qu'il rapporte et distingue soigneusement: il propose le mot de *Christotocos*, comme le remède à toutes les erreurs.

Il fit encore un autre sermon le lendemain dimanche, 7 décembre, où il dit nettement que la Vierge est mère de Dieu et mère de l'homme; mais expliquant toujours le mot de *Théotocos* comme dangereux. Par ces sermons, il prétendait répondre aux lettres des deux conciles de Rome et d'Alexandrie, que les députés d'Egypte avaient sans doute publiées. Mais comme les douze anathèmes de saint Cyrille étaient ce qu'il y avait de plus fort contre Nestorius, il entreprit de les combattre par douze anathèmes qu'il proposa de son côté. Malheureusement il ne fit que rendre plus manifestes son ignorance, ses erreurs et sa mauvaise foi. D'une part, il continue d'attribuer à saint Cyrille et aux catholiques tout le contraire de ce qu'ils disaient expressément; comme de confondre les deux natures, et de dire que le Verbe avait été changé en la chair. D'un autre côté, il prononce anathème contre quiconque dirait que celui qui est Emmanuel, est vrai Dieu; ou qu'après l'incarnation le Fils de Dieu est un. (*Apud Mercat., Serm.* 12 et 13; Labbe).

Jean d'Antioche, ayant eu copie de la dernière lettre de saint Cyrille, fut aussi choqué de ses douze anathèmes, et crut qu'en voulant s'opposer à Nestorius, il avait excédé lui-même, et était tombé dans l'erreur d'Apollinaire. Il donna donc ordre aux deux plus savants évêques de sa province, André de Samosate et Théodoret de Cyr, d'y répondre par écrit, comme ils firent. André composa cet écrit au nom des Orientaux, qui l'approuvèrent dans un concile. Théodoret mit son nom à son opuscule, qui était plus aigre que celui d'André. Il le répandit en Phénicie et dans les pays voisins, et l'envoya à Constantinople, d'où Evoptius, évêque de Ptolémaïde, dans la Pentapole, l'envoya à saint Cyrille. André et Théodoret écrivirent tous deux avant le concile d'Ephèse. La suite fit voir que toutes leurs difficultés roulaient sur des malentendus, et qu'au fond, ils étaient d'accord avec celui qu'ils combattaient.

D'autre part, Marius Mercator, qui était à Constantinople, publia une réponse aux douze anathèmes de Nestorius, qui sert de défense à ceux de saint Cyrille. Le titre de sa réponse est: « Les douze articles des blasphèmes de Nestorius, par lesquels il contredit les lettres qui lui ont été envoyées par les saints Célestin, évêque de Rome, et Cyrille d'Alexandrie, et s'efforce par des réponses très-courtes, de réfuter les douze articles de foi qui lui avaient été envoyés. Nous avons mis les premiers ceux de saint Cyrille, que l'Eglise romaine a approuvés par un jugement véritable, et ensuite ceux de Nestorius, les uns et les autres traduits du grec en latin. » Cette version de Mercator a conservé les anathèmes de Nestorius, dont le texte grec ne se trouve plus. Dans cette réponse, Mercator se cache sous le nom général de *catholique*, et rapporte plusieurs passages des sermons de Nestorius, dont il avait fait un recueil contenant les cinq principaux (Ceillier, t. XIII).

Saint Cyrille, de son côté, fit trois ouvrages pour la défense de sa doctrine, qui était celle de l'Eglise catholique. Il écrivit une apologie de ses douze articles, en réponse au traité qu'avait fait André de Samosate, sous le nom des Orientaux. Comme il ne s'était point nommé, saint Cyrille ne nomme point ses adversaires; il répond sur chaque article, mettant d'abord le sien, puis l'objection des Orientaux, enfin sa défense. Le second ouvrage de Cyrille fut son apologie contre Théodoret. Elle porte en tête la lettre à l'évêque Evoptius, qui lui avait envoyé ces objections; et comme Théodoret s'était déclaré, saint Cyrille le combat ouvertement, et l'épargne moins qu'André de Samosate. Aussi ses objections contenaient des erreurs qui furent depuis condamnées au cinquième concile général. Ces deux ouvrages de saint Cyrille furent traduits en latin par Marius Mercator. Le troisième fut sa réponse en cinq livres aux blasphèmes de Nestorius, c'est-à-dire à ses sermons contre Proclus. Cyrille y rapporte les paroles de Nestorius, qu'il réfute à mesure, et y établit principalement la nécessité du mot *Théotocos*, l'unité du Fils de Dieu, ses souffrances et son sacerdoce. Ces trois ouvrages furent composés avant le concile d'Ephèse.

Il arriva cependant un accident funeste à Constantinople. Des Barbares, esclaves d'un homme puissant, traités cruellement par leur maître, se réfugièrent dans l'église, et entrèrent jusque dans le sanctuaire, portant des épées. On les exhorta à se retirer, mais ils n'en voulurent rien faire. Ils empêchaient le service divin, et, pendant plusieurs jours, ils tenaient leurs épées nues, prêts à se défendre contre quiconque approcherait. Ils tuèrent un clerc, en blessèrent un autre, et enfin s'égorgèrent eux-mêmes. Cette profanation de l'église fut regardée comme un mauvais présage. Pour prévenir de pareils accidents, l'empereur Théodose fit une loi qui déclarait lieu de sûreté et d'asile, non-seulement l'église et l'autel, mais tout ce qui était renfermé dans l'enceinte extérieure ou le cloître, défendait d'entrer dans l'église avec des armes, ordonnait d'y obéir aux clercs, sous peine d'être chassé de l'asile et même tiré par force et à main armée, s'il en est besoin (Soc., l. 7, c. 32; Labbe, t. III).

Saint Cyrille avait écrit au pape Célestin pour lui demander ce qu'il faudrait faire en cas que Nestorius condamnât les erreurs qu'il avait enseignées; si le concile indiqué à Ephèse devait l'absoudre, ou s'il fallait s'arrêter à la condamnation prononcée contre lui pour avoir laissé passer les dix jours sans se rétracter. Il témoignait aussi son regret de ce que le Pape lui-même ne se trouverait point à ce concile, et l'avertissait en même temps qu'il y avait des personnes qui ne paraissaient pas fermes dans le parti de la foi. Saint Célestin lui répondit le 7 mai 431, qu'à l'égard de Nestorius, il fallait imiter la miséricorde de Dieu, qui ne veut pas la mort du pécheur, mais qui accepte toujours sa pénitence, quelque tardive qu'elle soit. Il charge Cyrille de comprimer, avec le conseil des frères, toutes les agitations qui s'étaient élevées dans l'Eglise. Pour lui, quoiqu'il ne pût se rendre au concile, il sera néanmoins en esprit par ses soins, par la part qu'il prenait à tout ce qui s'y passerait, et par l'union de la foi. Quant à ceux qui ne paraissaient point assez fermes, le Pape l'assure qu'il ne se laisserait pas surprendre et qu'il répondrait à leurs lettres avec toute la précaution possible. Cette demande de Cyrille et cette réponse de Célestin sont remarquables. On y voit que la convocation du concile d'Ephèse ne suspendait point la sentence du Pape, puisque saint Cyrille demandait comment le concile devra l'exécuter, et s'il pouvait user d'indulgence, au cas que Nestorius vînt à se rétracter (Coustant.).

Outre saint Cyrille, son principal légat dans cette affaire, le Pape nomma encore trois autres légats pour assister en son nom au concile d'Ephèse: c'étaient les évêques Arcade et Project, avec le prêtre Philippe. Il leur donna un mémoire daté du 8 mai, et conçu en ces termes : « Mémoire du pape Célestin aux évêques et aux prêtres qui vont en Orient. Quand, par la grâce de Dieu, comme nous espérons, vous serez arrivés au lieu où vous allez, tournez toutes vos pensées sur notre frère et coévêque Cyrille, et faites tout ce qu'il jugera à propos. Nous vous recommandons aussi de conserver l'autorité du Siége apostolique, puisque les instructions qui vous ont été données portent que vous devez assister au concile, mais que s'il s'élève quelque contestation, vous devez juger de leurs sentiments, sans vous soumettre à des discussions. Que si vous voyez que le concile soit fini et que tous les évêques soient retournés, il faut vous informer comment les choses se sont terminées. Si c'est en faveur de l'ancienne foi catholique, et si vous apprenez que mon saint frère Cyrille soit allé à Constantinople, il faut que vous y alliez et que vous présentiez nos lettres au prince. S'il est arrivé autrement et qu'il y ait de la division, vous jugerez, par l'état des choses, ce que vous devez faire, avec le conseil de notre frère (*Ibid.*). » Cet important mémoire a été publié par le savant Baluze sur divers anciens manuscrits; mais on n'a pas encore rendu publiques les instructions non moins importantes dont il y est fait mention, sur la manière dont les légats devaient se comporter dans le concile.

Ces légats furent chargés d'une lettre du Pape pour le concile même. Elle commence ainsi : « L'assemblée des évêques témoigne la présence du Saint-Esprit. Car le concile est saint par la vénération qui lui est due, comme représentant la nombreuse assemblée des apôtres. Jamais leur maître, qu'ils avaient ordre de prêcher, ne les a abandonnés. C'était lui-même qui enseignait, lui qui leur avait dit ce qu'ils devaient enseigner, et qui avait assuré qu'on l'écoutait en ses apôtres. Cette charge d'enseigner est venue en commun à tous les évêques; nous y sommes tous engagés par un droit héréditaire, nous qui annonçons à leur place le nom du Seigneur en divers pays du monde, suivant ce qui leur a été dit : *Allez, enseignez toutes les nations.* Vous devez remarquer, mes frères, que nous avons reçu un ordre général, et qu'il a voulu que nous l'exécutions tous, en nous chargeant tous en commun de ce devoir. Nous devons tous entrer dans les travaux de ceux à qui nous avons succédé en dignité. Tous doivent donc concourir ensemble à conserver le dépôt de la doctrine apostolique. Cet accord doit être d'autant plus unanime, qu'on attaque la foi commune de tous. On appelle en jugement celui qui juge le monde; on met en discussion celui qui ébranle la terre, on outrage le Rédempteur. Revêtez-vous donc des armes de Dieu.

» Rappelez-vous les paroles de l'apôtre, qui fit venir les évêques du lieu où Votre Sainteté est réunie pour leur dire : *Prenez garde à vous et à tout le troupeau, où le Saint-Esprit vous a posés évêques pour régir l'Eglise de Dieu, qu'il s'est acquise par son sang.* Les Ephésiens ont entendu la doctrine de la foi; qu'ils nous voient aujourd'hui la défendre! Mes bien-aimés frères, demeurez dans cette dilection dont il est parlé dans l'évangile de saint Jean, cet apôtre dont vous honorez les reliques présentes. Priez ensemble comme les apôtres. Ils ont demandé à Dieu d'annoncer sa parole avec confiance. Aujourd'hui, qu'y a-t-il à demander pour votre sainte assemblée? sinon qu'elle publie avec confiance la parole du Seigneur; qu'elle conserve ce qu'il a donné de prêcher; et que, remplis de l'Esprit-Saint, vous annonciez tous la doctrine une qu'il vous enseigne. Nous envoyons, comme représentant de notre sollicitude, nos frères et collègues, hommes éprouvés et de même sentiment que nous, les évêques Arcade et Project, et notre prêtre Philippe, qui assisteront à ce qui se fait, et exécuteront ce que déjà nous avons ordonné. Nous ne doutons point que Votre Sainteté ne s'y accorde, attendu que la chose se voit décrétée pour la paix de l'Eglise universelle (Coust., Labbe). »

Cette lettre au concile est du 7 mai. Les légats en reçurent encore une du 15 pour l'empereur. Le Pape y loue beaucoup Théodose de son zèle pour la foi catholique, et déclare qu'il le secondera autant qu'il est en son pouvoir; qu'à cet effet, il assisterait par ses légats au concile qui s'assemblait par son ordre. Il l'exhorte à réprimer les novateurs, à maintenir la paix des Eglises: travailler pour cela, c'était travailler pour son empire. Il finit par lui recommander ses trois légats.

Le concile était indiqué pour le jour de la Pentecôte, 7 juin 431. Nestorius, étant un des plus proches d'Ephèse, y arriva des premiers, accompagné du comte Irénée qui l'avait suivi par attachement, et du comte Candidien, capitaine des gardes de l'empereur, qui menait des troupes avec lui pour prêter main forte au concile. Saint Cyrille y vint, au contraire, accompagné de cinquante évêques. Juvénal de Jérusalem n'arriva que cinq jours après la Pentecôte, avec les évêques de la Palestine. Memnon, évêque d'Ephèse, y avait appelé environ quarante évêques d'Asie. Il y en vint aussi du Pont et de la Cappadoce, et de l'île de Chypre. Rufus de Thessalonique n'ayant pu venir, parce qu'il était malade, y envoya Flavien de Philippes, pour y tenir sa place et son rang. Périgène, métropolitain de Corinthe, s'y rendit encore avec plusieurs évêques de sa juridiction. On compte dans ce concile près de deux cents évêques, dont la moitié étaient des métropolitains, si habiles et si savants, qu'ils pouvaient presque tous disputer sur les matières de la foi. Tel est l'éloge qu'en fait le docte Vincent de Lérins (*Comm.*, n. 42). Il me semble que, pour les évêques de notre siècle, ce serait un éloge assez médiocre, sinon une injure, de dire qu'ils sont assez érudits et assez savants pour pouvoir raisonner sur les dogmes de la religion.

L'empereur Théodose voulut qu'un de ses officiers assistât de sa part au concile, afin que tout s'y passât dans le bon ordre et la tranquillité, et nomma à cet effet le comte Candidien, le même qui avait accompagné Nestorius. Ce prince ne prétendait pas néanmoins que cet officier entrât dans l'examen qui devait se faire sur les dogmes, sachant que c'était du ressort des évêques seuls; en quoi il suivait l'avis de saint Isidore de Péluse, qui lui avait écrit sur ce sujet. Candidien était chargé d'une lettre pour le concile, qui renfermait les causes de sa députation; l'empereur y avertissait les évêques que si l'on formait quelque action ou pour de l'argent, ou pour une autre affaire civile, contre quelqu'un d'entre eux, il ne voulait pas qu'elle fût jugée à Ephèse, soit par les magistrats, soit par le concile, mais renvoyée à Constantinople. Il y défendait encore au concile de s'arrêter à l'examen des affaires particulières qui n'auraient aucun rapport à celle du dogme, jusqu'à ce que celle-ci eût été entièrement terminée. Enfin, il avait donné ordre à Candidien d'empêcher qu'aucun évêque ne sortît d'Ephèse, et d'en faire sortir, au contraire, les séculiers et les moines qui seraient venus d'autre part (Labbe).

Jean d'Antioche et les autres évêques de l'Orient se firent attendre longtemps, sous prétexte qu'il leur était impossible de se rendre à Ephèse pour le jour marqué, qui était le 7 juin. On attendit aussi les évêques d'Italie et de Sicile. Pendant ce délai, les évêques assemblés à Ephèse examinaient la question de l'Incarnation, et si l'on devait appeler la sainte Vierge *mère de Dieu*. Saint Cyrille s'occupait aussi à extraire des livres de Nestorius les endroits où il débitait ses erreurs. Il prononça entre autres un sermon, où d'abord il donne de grandes louanges aux évêques assemblés, puis il salue avec éloge la ville d'Ephèse, l'apôtre saint Jean dont les reliques et reposaient, et la sainte Vierge dans l'église de laquelle se tenait l'assemblée, et dont il relève toutes les grandeurs, répétant à chaque article le titre de *mère de Dieu*. Il vient ensuite à Nestorius, et dit qu'en vain il se confie aux comtes et aux magistrats qui le protègent, gagnés par ses présents. Il lui reproche ses blasphèmes, pires que ceux des Juifs, des païens et de tous les autres hérétiques, et emploie contre lui les expressions les plus fortes, comme contre un ennemi déclaré de l'Eglise, qui a méprisé les avis salutaires qui lui avaient été donnés. Il en prend à témoin le pape saint Célestin, qu'il qualifie de *père*, de *patriarche* et d'*archevêque de toute la terre*, et conclut que Nestorius doit être déposé du sacerdoce (*Opera S. Cyrill.*, t. V).

Acace de Mélitine travaillait d'un autre côté à faire quitter à ce malheureux ses mauvais sentiments. Celui-ci parut touché des raisons d'Acace, qui était son ami particulier, et témoigna vouloir suivre son conseil. Mais dix ou douze jours après, s'étant trouvé dans un entretien où Acace soutenait la doctrine de l'Eglise, il entreprit de la combattre, et, par une question captieuse, il tâcha de l'obliger à dire, ou que le Fils unique du Père ne s'était pas fait homme, ou que le Père et le Saint-Esprit s'étaient incarnés aussi bien que lui. Un des évêques du parti de Nestorius s'efforça même d'excuser les Juifs, en soutenant que le crime qu'ils avaient commis n'était pas contre Dieu, mais contre un homme. Un autre prit la parole pour dire que le Fils, qui avait souffert, était différent du Verbe de Dieu. Acace, ne pouvant souffrir ce blasphème, quitta la compagnie, en témoignant la douleur qu'il ressentait de l'injure faite à son Créateur. Le même jour, Nestorius, en présence de Théodote d'Ancyre et de plusieurs autres évêques, qui montraient par l'Ecriture que c'est Dieu même qui est né de la sainte Vierge selon la chair, proféra cette parole impie : « Pour moi, je ne saurais me résoudre à dire qu'un enfant de deux ou trois mois soit Dieu, ni à adorer un enfant nourri de lait, ni à donner le nom de Dieu à celui qui s'est enfui en Egypte. » Il traita d'impiété la croyance contraire, et sortit de l'assemblée. Dès ce moment, les évêques qui étaient venus au concile se séparèrent en deux, Nestorius et saint Cyrille s'assemblant chacun à part, avec ceux qui étaient de leur sentiment ou qui paraissaient en être.

Cependant, Jean d'Antioche n'étant plus qu'à cinq ou six journées d'Ephèse, le fit savoir au concile par des officiers du maître des offices, et écrivit à saint Cyrille une lettre pleine de témoignages d'amitié et d'un grand empressement de se rendre auprès de lui. Bientôt arrivèrent deux évêques de sa suite, tous deux métropolitains, Alexandre d'Apamée et Alexandre d'Hiéraple. Comme saint Cyrille et les autres évêques se plaignaient à eux du retardement de Jean, ils dirent plusieurs fois : « Il nous a chargés de vous dire que, s'il tarde, on ne remette pas pour cela le concile, mais que l'on fasse ce qu'il faut faire. »

Il y avait déjà plus de deux cents évêques assemblés à Ephèse de différentes provinces. La lettre de l'empereur pour la convocation du concile, marquait le jour précis auquel ceux qui ne se trouveraient pas seraient sans excuse. Il s'était passé plus de quinze jours au delà. Plusieurs évêques et plusieurs clercs étaient incommodés de la dépense d'un si long séjour; plusieurs étaient malades; il en était mort quelques-uns. Tout le concile criait que Jean d'Antioche ne voulait pas s'y trouver, parce qu'il craignait de voir déposer Nestorius, tiré de son église, dont la confusion retomberait sur lui. Il était déjà arrivé des évêqués qui venaient de plus loin. Si Jean d'Antioche agissait de bonne foi, il n'avait point sujet de se plaindre, puisqu'il avait mandé expressément par les deux Alexandre que l'on pouvait commencer sans lui. Pour toutes ces raisons, saint Cyrille et la plupart des évêques résolurent de tenir le concile le 22 juin, dans la grande église dédiée à la sainte Vierge.

Le concile d'Ephèse s'ouvrit donc le 22 juin 431, dans l'église nommée *Sainte-Marie*. Il y avait 198 évêques, avec le diacre Bessula de Carthage, député pour toute l'Afrique. Ils posèrent l'Evangile au milieu d'eux tous, sur un trône, d'où il semblait leur dire : « Vous êtes les juges entre les vérités de l'Evangile et les paroles impies de Nestorius ; mais soyez des juges éclairés. » Les évêques étaient assis des deux côtés. Saint Cyrille tenait le premier rang, comme occupant la place du pape saint Célestin : c'est l'expression même des actes. Ensuite étaient Juvénal de Jérusalem, Memnon d'Ephèse, Flavien de Philippes, qui tenait encore la place de Rufus de Thessalonique, Théodore d'Ancyre, Firmus de Césarée en Cappadoce. Acace de Mélitine en Arménie, Iconius de Gortine en Crète, Périgène de Corinthe, tous métropolitains, et les autres évêques, au nombre de 198, selon les souscriptions que nous en avons dans les actes de la première session de ce concile (Labbé, t. III).

Cependant Nestorius et son parti avaient fait tout leur possible pour empêcher que le concile ne s'ouvrît. La veille, ils avaient adressé à saint Cyrille et à Juvénal de Jérusalem une protestation, signée de soixante-huit évêques, où ils déclaraient qu'il fallait attendre Jean d'Antioche ; que, du reste, ils s'assembleraient quand le comte Candidien les convoquerait. Ce général, gagné par Nestorius, aussi bien que la cour, secondait ces manœuvres de tout son pouvoir. Il défendait au concile de s'assembler avant l'arrivée des évêques qui étaient en route. Quand il sut que, malgré sa défense, le concile allait s'ouvrir, il vint lui-même à l'église et leur signifia que c'était agir contre les ordres de l'empereur. On lui demanda à voir ces ordres. Il refusa longtemps ; mais enfin il fut obligé de montrer la lettre de l'empereur, qu'il avait tenue secrète jusqu'alors. Elle ne contenait point l'ordre que le général avait dit ; mais, au contraire, la recommandation expresse de régler avant tout la question de la foi. Le concile persista d'autant plus dans sa résolution. Le général, se croyant méprisé, sortit en colère et fit afficher une protestation à Ephèse, dont il envoya copie à l'empereur.

On sera peut-être étonné de voir soixante-huit évêques du côté de Nestorius. Si on y ajoute dix-huit autres qu'amena Jean d'Antioche, ce nombre ira jusqu'à quatre-vingt-neuf. Mais bien avant la fin du concile, ce grand nombre se réduisait à trente-sept (Baluz., *Collect. nova Conc.*). Tous les autres, à mesure qu'ils pénétrèrent dans les blasphèmes de Nestorius et qu'ils furent témoins des violences de son parti, se réunirent au concile et souscrivirent à son jugement. Il est assez singulier que la plupart des historiens aient négligé cette importance observation.

Le concile d'Ephèse s'ouvrit donc très-canoniquement. Saint Cyrille était chargé par le Pape d'agir en son nom, avec le conseil des Pères, pour exécuter la sentence déjà prononcée contre Nestorius, ou bien recevoir sa rétractation. L'on avait attendu déjà seize jours au delà du terme fixé par l'empereur. Pour ce qui est de Jean d'Antioche, il avait adhéré à la sentence du Pape, puisqu'il avait engagé Nestorius à s'y soumettre. Il venait encore d'écrire à saint Cyrille, *comme à un frère et à un collègue dans le sacerdoce*, non-seulement avec estime, mais encore avec tendresse, *se recommandant à ses prières*, et lui témoignant *que le désir de le voir et d'embrasser sa tête sainte et sacrée, le pressait plus que toute autre chose d'arriver bientôt à Ephèse*. On sent d'avance que les fausses démarches que nous verrons faire à l'évêque d'Antioche ne sont que les égarements de son amitié pour la personne de Nestorius.

Tous les évêques étant donc assis dans le concile, Pierre, prêtre d'Alexandrie et primicier des notaires ou sténographes, exposa sommairement de quoi il était question. « Le révérendissime Nestorius ayant été ordonné évêque de la sainte Eglise de Constantinople, on apporta de ses sermons quelques jours après, qui excitèrent un grand tumulte dans l'église. Le très-pieux évêque d'Alexandrie, Cyrille, l'ayant appris, lui écrivit une première et une seconde lettres pleines de conseils et d'avertissements, auxquelles il répondit par un refus et des contestations. De plus, Cyrille ayant appris qu'il avait envoyé à Rome des recueils de ses sermons avec des lettres, il écrivit de son côté au très-pieux évêque de Rome, Célestin, qui, ayant lu et examiné toutes ces pièces, a donné une décision précise. » Pierre présenta au concile tous les papiers qui regardaient cette affaire, et en particulier la circulaire de l'empereur à tous les métropolitains. Juvénal de Jérusalem demanda que cette lettre fût lue et mise à la tête des actes du concile : ce qui fut fait. Firmus de Césarée dit ensuite : « Que le très-saint Memnon, évêque d'Ephèse, nous rende témoignage combien il s'est passé de jours depuis notre arrivée. » Memnon répondit que, depuis le terme marqué dans la lettre du prince, il s'était passé seize jours. Saint Cyrille ajouta : « Le grand et saint concile a attendu avec assez de patience l'arrivée des révérendissimes évêques qui devaient venir ; mais puisque beaucoup d'évêques sont tombés malades, que quelques-uns sont décédés, et qu'il est à propos de satisfaire aux ordres de l'empereur et de traiter la matière de la foi pour l'utilité de tout l'univers, qu'on lise de suite les pièces qui concernent l'affaire, vu principalement que le très-illustre comte Candidien a fait lire au concile un second ordre de l'empereur, qui porte que l'on examine et que l'on règle ce qui regarde la foi sans aucun délai. »

Théodote d'Ancyre observa que la lecture des pièces se ferait en son temps ; mais qu'il était à propos que Nestorius fût présent à ce qu'on allait faire, afin que ce qui regarde la religion fût réglé d'un commun accord. Dès la veille, on avait envoyé à Nestorius quatre évêques pour l'avertir de se trouver au concile. Il leur avait répondu : « Je verrai, et si je dois y aller, j'irai. » Ces quatre évêques ayant fait leur rapport, le concile, sur la proposition de Flavien de Philippes, lui en députa trois autres, auxquels on joignit un lecteur et un notaire, avec une monition par écrit, où il était fait mention de celle du jour précédent. Les députés trouvèrent la maison de Nestorius gardée par des soldats armés de massues. Ayant prié qu'on l'avertît de leur arrivée, les soldats les en empêchèrent, disant : Il est en particulier, il repose, et nous avons ordre de ne laisser entrer personne pour lui parler. Comme les députés insistaient, quelques-uns de ses clercs étant sortis, leur dirent la même chose que les soldats. Sur de nouvelles instances pour avoir une réponse, le tribun Florentius, de la suite du général Candidien, sortit et les fit demeurer comme allant les satisfaire. Etant sorti de nouveau avec les clercs de Nestorius, il leur dit : « Je n'ai pu le voir, mais il m'a chargé de vous dire que, quand tous les évêques seront assemblés, il se trouverait avec vous. » Les députés le prirent à témoin, lui, tous les soldats et les ecclésiastiques, et se retirèrent. Le concile, informé de ce qui était arrivé, jugea à propos, sur l'avis du même Flavien de Philippes, pour ne rien omettre de la procédure ecclésiastique, de le faire citer une troisième fois par quatre autres évêques, avec un notaire et un lecteur. La monition qu'on leur donna par écrit était conçue en ces termes : « Par cette troisième citation, le très-saint concile, obéissant aux canons, appelle Votre Piété, vous accordant ce délai avec patience. Daignez donc venir au moins à présent pour vous défendre des dogmes hérétiques que l'on vous accuse d'avoir proposés publiquement dans l'église, et sachez que, si vous ne vous présentez pas, le saint concile sera obligé de procéder contre vous suivant les canons. » Ces députés furent encore plus maltraités que n'avaient été les premiers. Les soldats les repoussèrent rudement, sans leur permettre de se mettre à l'ombre, et leur déclarèrent, après les avoir fait attendre longtemps, qu'ils avaient ordre de Nestorius de ne laisser entrer personne de la part du concile.

Ces soldats par qui Nestorius se faisait garder, lui avaient été donnés par le général Candidien. Au reste, ces trois monitions n'étaient pas absolument nécessaires. Le pape Célestin avait averti Nestorius que sa lettre lui servirait de troisième monition, les deux de Cyrille lui tenant lieu de première et de seconde. Au fond, il ne s'agissait que d'exécuter la sentence du Pape.

Après le rapport de la troisième députation, Juvénal de Jérusalem dit : « Encore que trois monitions suffisent suivant les lois de l'Eglise, nous sommes prêts à en faire une quatrième au révérendissime Nestorius. Mais puisqu'il a mis autour de sa maison une troupe de soldats, il est clair que c'est le reproche de sa conscience qui l'empêche de venir au concile. Il faut donc passer outre, suivant l'ordre des canons, et pourvoir à la conservation de la foi. On lut donc le Symbole de Nicée, et ensuite la seconde lettre de saint Cyrille, sur laquelle ce Père pria tous les évêques présents de dire leur sentiment. Juvénal et les autres évêques la trouvèrent conforme à la doctrine de Nicée. Pallade d'Amasée demanda qu'on lût la réponse que Nestorius y avait faite. Juvénal de Jérusalem, en ayant ouï la lecture, dit que cette lettre ne s'accordait point du tout avec la foi de Nicée, et anathématisa tous qui croyaient ainsi. Flavien de Philippes et quelques autres, au nombre de trente-quatre, opinèrent successivement dans le même sens; après quoi tous les évêques s'écrièrent ensemble : « Anathème à qui n'anathématise pas Nestorius! La foi orthodoxe l'anathématise; le saint concile l'anathématise. Qui communique à Nestorius, qu'il soit anathème! Nous anathématisons toute la lettre de Nestorius et ses dogmes; nous anathématisons tous l'hérétique Nestorius! Ceux qui communiquent à Nestorius, nous les anathématisons tous! Nous anathématisons toute la foi impie de l'impie Nestorius! Tout l'univers anathématise sa religion impie! Anathème à qui ne l'anathématise pas! »

A la demande des évêques, on lut ensuite la lettre du pape saint Célestin, et celle que saint Cyrille écrivit en conséquence au nom du concile d'Egypte à Nestorius. L'une et l'autre furent insérées dans les actes. Les évêques qui les avaient portées à Constantinople firent ensuite rapport au concile de la manière dont elles avaient été remises en main propre à Nestorius, qui, bien loin d'y satisfaire, prononça dans l'église des discours encore pires que devant, et continuait encore de même. Pour montrer qu'il persistait opiniâtrément dans ses erreurs, on obligea Théodote d'Ancyre et Acace de Mélitine de raconter l'entretien qu'ils avaient eu avec lui trois jours auparavant. Ils ne le firent qu'en répandant des larmes, parce qu'ils aimaient Nestorius. Mais comme ils aimaient encore davantage Jésus-Christ et sa vérité, ils dirent qu'ils étaient prêts à convaincre leur ami des erreurs et des blasphèmes qu'ils avaient ouïs de sa bouche.

Le concile, avant de procéder à une condamnation plus formelle de Nestorius, crut, suivant l'avis de Flavien de Philippes, qu'il était à propos de lire et d'insérer dans les actes quelques passages des Pères, pour faire voir quelle avait été leur doctrine. On lut donc un passage du livre de saint Pierre, évêque d'Alexandrie et martyr, touchant la Divinité; un de saint Athanase contre les ariens, et un de sa lettre à Epictète; un de la lettre du pape saint Jules à Docimus; un de la lettre du pape saint Félix à Maxime et au clergé d'Alexandrie; deux des lettres pascales de Théophile d'Alexandrie; un du *Traité de l'Aumône* de saint Cyprien; deux de saint Ambroise, tirés de son *Traité de la Foi*; un de saint Grégoire de Nazianze à Clédonius, où sont les anathèmes; un de saint Basile; un de saint Grégoire de Nysse; deux d'Atticus de Constantinople et deux de saint Amphiloque. A la demande de Flavien, on lut vingt articles tirés des écrits et des homélies de Nestorius, et le prêtre Pierre avait en main plusieurs autres extraits semblables. Mais les évêques, voyant les blasphèmes horribles que contenaient les vingt premiers articles, ne purent souffrir que leurs oreilles fussent souillées par le récit d'un plus grand nombre de blasphèmes, et ordonnèrent que ces articles seraient insérés aux actes pour la condamnation de Nestorius.

Le prêtre Pierre, qui faisait l'office de promoteur, dit alors : « Le révérendissime métropolitain et évêque de Carthage, Capréolus, a écrit une lettre au saint concile par le diacre Bessula; je la lirai, si vous l'ordonnez, et j'en lirai aussi la traduction. » Elle portait que saint Augustin, appelé nommément au concile, était mort quand la lettre de l'empereur fut apportée, et qu'encore que cette lettre fût principalement adressée à saint Augustin, Capréolus, l'ayant reçue, avait écrit à toutes les provinces d'Afrique, pour assembler un concile national, qui choisirait des députés pour le concile universel. Mais la désolation du pays et les ravages des Vandales empêchè-

LIVRE XXXIX. — HÉRÉSIE DE NESTORIUS.

rent les évêques de s'assembler. Le terme était même trop court. Les lettres de l'empereur n'arrivèrent à Carthage qu'à Pâques, en sorte qu'il ne restait que deux mois jusqu'au concile universel, et ce temps n'était pas suffisant pour assembler le concile d'Afrique, même en pleine paix. Ainsi, ne pouvant envoyer une députation solennelle, Capréolus voulut au moins observer la discipline, et marquer son respect au concile universel, en envoyant un diacre pour porter ses excuses. Il prie donc les évêques de résister courageusement à ceux qui voudraient introduire dans l'Eglise des doctrines nouvelles, et de ne point souffrir que l'on remette en question ce qui a déjà été jugé par le Siége apostolique et par l'accord des pontifes, ni que l'on donne atteinte aux décisions des Pères. Saint Cyrille demanda que cette lettre de Capréolus fût insérée aux actes, comme portant clairement que les anciens dogmes de la foi devaient être maintenus et les nouveautés rejetées. Tous les évêques s'écrièrent : « Nous disons tous de même ! nous le souhaitons ! »

Le concile prononça alors la sentence en ces termes : « Nestorius ayant, entre autres choses, refusé d'obéir à notre citation et de recevoir les évêques envoyés de notre part, nous avons été obligés d'entrer dans l'examen de ses impiétés, et l'ayant convaincu, tant par ses lettres que par ses autres écrits, et par les discours qu'il a tenus depuis peu dans cette ville, prouvés par témoins, de penser et d'enseigner des impiétés : nous, contraints par les saints canons et par la lettre de notre saint Père et coministre Célestin, évêque de l'Eglise romaine, en sommes venus, par nécessité, après avoir bien des fois répandu des larmes, à cette lugubre sentence : Notre Seigneur Jésus-Christ, qu'il a blasphémé, a défini par ce très-saint concile, qu'il est privé de toute dignité épiscopale et retranché de toute assemblée ecclésiastique. »

Cette sentence, l'une des plus solennelles qui aient été prononcées dans l'Eglise, renferme des choses bien importantes. On y voit tous les évêques d'un concile œcuménique, dans l'acte le plus solennel de leur autorité comme concile, appeler le Pape leur Père, et s'avouer contraints par sa lettre, non moins que par les canons, dans cet acte suprême de leur autorité. L'expression du concile, observe Bossuet, reconnaît dans la lettre du Pape la force d'une sentence juridique, qu'on ne pouvait pas ne point confirmer, parce qu'elle était juste dans son fond et valable dans sa forme, comme étant émanée d'une puissance légitime (1). La sentence, ainsi conçue, fut souscrite dans les termes suivants : « Cyrille, évêque d'Alexandrie, j'ai souscrit en jugeant avec le saint concile. Juvénal, évêque de Jérusalem, j'ai souscrit en jugeant avec le concile. » Tous les autres évêques présents souscrivirent de même, au nombre de cent quatre-vingt-dix-huit. Ceux qui arrivèrent au concile après cette première session, y souscrivirent aussi. Il faut y ajouter encore ceux qui abandonnèrent le parti de Nestorius. Car, cinq jours après que la sentence eut été prononcée, il se trouva réduit de soixante-huit à quarante-trois, malgré le renfort que lui avait amené Jean d'Antioche. En sorte que Nestorius fut déposé par bien plus de deux cents évêques.

Cette première session du concile dura depuis le matin jusqu'à la nuit fermée, quoique ce fût aux plus longs jours, c'est-à-dire le 22 juin, et qu'en ce jour le soleil se couche à Ephèse à sept heures onze minutes. Le peuple tout entier de la ville demeura du matin au soir à attendre la décision du concile ; et quand ils apprirent que Nestorius était déposé, ils commencèrent tous, d'une voix unanime, à donner des bénédictions au concile, et à louer Dieu de ce que l'ennemi de la foi était tombé. Quand les évêques sortirent de l'église, ils les conduisirent avec des flambeaux jusqu'à leurs logements, et les femmes portaient devant eux des cassolettes où elles brûlaient du parfum. La ville fut illuminée, et ce fut partout une grande joie.

Le lendemain, qui était le 23 juin, on fit signifier à Nestorius la sentence de sa déposition en ces termes : « Le saint concile assemblé à Ephèse, par la grâce de Dieu, et suivant l'ordonnance de nos très-pieux empereurs, à Nestorius, nouveau Judas. Sache que pour tes dogmes impies et ta désobéissance aux canons, tu as été déposé par le saint concile, suivant les lois de l'Eglise, et déclaré exclus de tout grade ecclésiastique, le vingt-deuxième jour du présent mois de juin (Labbe). » La sentence fut affichée dans les places, et publiée par les crieurs de la ville. Le même jour, le concile écrivit à Eucharius, défenseur de l'Eglise de Constantinople, aux prêtres, aux économes et au reste du clergé, pour leur signifier la déposition de Nestorius, faite le jour précédent, et leur recommander de conserver tous les biens de l'Eglise, afin d'en rendre compte au futur évêque de Constantinople, qui sera ordonné, dit la lettre, suivant la volonté de Dieu et la permission de nos très-pieux empereurs.

En même temps saint Cyrille écrivit à l'abbé Dalmace et à ceux qui étaient de sa part à Constantinople, savoir, les évêques Macaire et Potamon, deux des quatre que le concile d'Egypte avait députés à Nestorius l'année précédente ; car les deux autres, Théopempte et Daniel, étaient à Ephèse. Il y avait aussi à Constantinople deux prêtres de saint Cyrille, Timothée et Euloge. La lettre est donc adressée à ces cinq. L'abbé Dalmace était, de tous les moines de Constantinople, le plus renommé pour sa sainteté. Il avait porté les armes sous Théodose le Grand, et servi dans ses gardes, vivant dès lors dans la piété. Pour mieux servir Dieu, il quitta sa femme et ses enfants, excepté son fils Fauste, avec lequel il alla trouver l'abbé Isaac, et embrassa la vie monastique sous sa conduite. Isaac avait habité le désert dès son enfance et pratiqué toutes sortes de vertus : ce fut lui qui prédit la mort à l'empereur Valens. Sous sa direction, Dalmace vint à un si haut degré de perfection, qu'Isaac, en mourant, l'établit supérieur du monastère, sous le patriarche Atticus. On dit qu'il passa quarante jours sans manger, et qu'il fut le même temps en extase. L'empereur le visitait, et il était en grande vénération au sénat : on lui donna, à lui et à ses successeurs, abbés du même monastère, à perpétuité, le nom d'*Archimandrite*, c'est-à-dire chef de tous les monastères de Constantinople ; et saint Cyrille lui donne ce titre dans sa lettre. L'Eglise grecque honore la mémoire de tous les trois, d'Isaac, de Dalmace et de Fauste, le même jour, savoir le 3 août (Ménologe, 3 août).

---

(1) *Remarques sur l'histoire des Conciles.* Œuvres de Bossuet, XXX, p. 528, édit. de Versailles.

Dans cette lettre, saint Cyrille instruit Dalmace et les autres de tout ce qui s'était passé dans le concile : le retardement affecté de Jean d'Antioche, la contumace de Nestorius et sa déposition ; et conclut ainsi : « Puisque le comte Candidien a envoyé, comme j'ai appris, des relations, veillez et avertissez que les actes de la déposition de Nestorius ne sont pas encore achevés de mettre au net ; c'est pourquoi nous n'avons pu envoyer la relation ; qui doit être présentée à l'empereur ; mais s'il plaît à Dieu, elle accompagnera les actes, pourvu qu'on nous permette d'envoyer quelqu'un pour les porter. Que si les actes et la relation tardent à venir, sachez qu'on ne nous permet pas d'envoyer. »

Quand les actes furent mis au net, on les envoya à l'empereur avec une lettre synodale contenant tout ce qui c'était passé, les raisons de ne pas attendre les Orientaux, la contumace de Nestorius et le reste. Il y est parlé du Pape en ces termes : « Nous avons loué le très-saint évêque de Rome, Célestin, qui avait déjà condamné les dogmes hérétiques de Nestorius, et porté contre lui la sentence avant nous. Nous prions donc Votre Majesté, conclut-elle, d'ordonner que la doctrine de Nestorius soit bannie de toutes les églises ; que ses livres, quelque part qu'on les trouve, soient jetés au feu, et que si quelqu'un méprise ce qui a été ordonné, il encoure votre indignation. » Le concile écrivit aussi au clergé et au peuple de Constantinople, pour leur faire part de la déposition de Nestorius, comme d'une agréable nouvelle. Dans cette lettre, le concile joint ensemble saint Jean et la sainte Vierge, comme honorant également la ville d'Éphèse, par la raison toute simple que les deux principales églises portaient leurs noms. Saint Cyrille écrivit la même nouvelle, de la déposition de Nestorius, à son clergé et à son peuple d'Alexandrie, et aux moines d'Égypte.

Cependant divers évêques prononcèrent des discours sur le mystère de l'Incarnation, où ils ne manquèrent pas de s'élever contre l'hérésie de Nestorius. Nous avons ceux de saint Cyrille, de Rhéginus, évêque de Chypre, et de Théodote d'Ancyre. Ce dernier compare la nécessité où l'Eglise s'était trouvée de déposer le nouvel hérésiarque, à celle d'un chirurgien qui coupe en pleurant un membre pourri, afin de conserver le reste du corps. Rhéginus compare la chute de Nestorius à celle de Lucifer, à celle de Babylone ; son impiété à celle des Juifs ; son crime lui paraît plus grand que celui de Caïn, de Cham et de Sodome. Plusieurs de ces discours furent prononcés dans l'église de Saint-Jean. Saint Cyrille en prononça un dans l'église Sainte-Marie, le jour même que sept évêques du parti de Nestorius vinrent s'y réunir au concile. C'est comme une explosion de joie et de piété. « L'assemblée des saints qui, invités par sainte Marie, mère de Dieu et toujours Vierge, se sont réunis avec empressement, je la vois toute rayonnante. Aussi, quoique je fusse accablé de tristesse, cette vue des saints Pères me transporte de joie. C'est maintenant que s'accomplit en nous cette douce parole de David : *Qu'y a-t-il de bon, qu'y a-t-il de réjouissant, si ce n'est que des frères habitent ensemble?* Nous vous saluons donc, ô sainte et mystérieuse Trinité qui nous avez convoqués tous dans cette église de Marie, mère de Dieu. Ô mère de Dieu ! ô Marie ! nous vous saluons, trésor auguste de l'univers, lampe qui ne saurait s'éteindre, couronne de la virginité, sceptre de l'orthodoxie, temple indissoluble, mère et vierge, par qui est béni dans les saints évangiles celui qui vient au nom du Seigneur. Nous vous saluons, ô vous qui dans votre sein virginal avez renfermé celui qui est immense et incompréhensible ; vous, par qui la sainte Trinité est glorifiée et adorée, la croix célébrée et adorée dans tout l'univers, vous, par qui le ciel triomphe, les anges et les archanges se réjouissent, les démons sont mis en fuite, le tentateur est tombé du ciel ; vous, par qui la créature déchue est élevée au ciel ; vous, par qui la création entière, asservie aux idoles, parvient à la connaissance de la vérité ; vous, par qui le saint baptême et l'onction de l'allégresse sont accordés aux fidèles ; vous, par qui les églises ont été fondées dans tout l'univers, et par qui les nations sont amenées à la pénitence ; en un mot, vous, par qui le Fils unique de Dieu s'est levé la lumière de ceux qui étaient assis dans les ténèbres et à l'ombre de la mort ; vous, par qui les prophètes ont prédit et les apôtres annoncé le salut aux nations ; vous, par qui les morts ressuscitent, et par qui les rois règnent de par la Trinité sainte. Et quel homme serait capable de louer dignement l'incomparable Marie (Labbe, t. III) ! »

Tel fut le concile de l'Eglise à Éphèse. La cour avait été gagnée par Nestorius ; des généraux courtisans, amis particuliers de Nestorius, étaient venus avec des troupes pour soutenir leur ami commun. Et malgré tous les obstacles et toutes les intrigues, le concile, présidé par le Pape en la personne de Cyrille, procède avec calme et fermeté ; trois monitions avaient déjà été faites à Nestorius, le concile lui en fait trois autres ; il rappelle la doctrine ancienne, y compare la nouvelle, enfin, il prononce la sentence, ou plutôt il exécute la sentence déjà prononcée par le Pape : ce jugement est signifié, non plus au révérendissime Nestorius, mais au nouveau Judas. Le Pape lui avait déjà dit dans sa lettre : *Duris dura responsio*, à ceux qui s'endurcissent, il faut une réponse dure. Dès ce moment, le coup de mort est porté à l'hérésie. Nestorius a beau faire avec ses comtes et ses soldats, les évêques l'abandonnent pour se réunir au concile où il n'y a que des évêques.

Nous allons voir une assemblée différente et des procédés différents. Le général Candidien, ayant trouvé l'affiche de la déposition de Nestorius, envoya défendre au concile de rien entreprendre au préjudice des ordres de l'empereur. En même temps, il fit publier un édit où, après s'être plaint de ce qui s'était fait contre ses premières défenses et contre les ordres de ce prince, il déclarait qu'on n'aurait aucun égard à la sentence contre Nestorius. Il ordonnait aussi qu'on ne fît rien de nouveau, jusqu'à l'arrivée des évêques qui accompagnaient Jean d'Antioche.

Il envoya à l'empereur l'affiche de la condamnation de Nestorius, avec une relation qui représentait le concile comme une assemblée tumultueuse, où tout s'était passé contre les règles. Nestorius ne déguisa pas moins les choses dans la relation qu'il adressa de son côté à l'empereur, se plaignant des menaces et des mauvais traitements de Cyrille et de Memnon, qu'il taxait de séditieux. Ensuite il conjurait Théodose d'ordonner que le concile se tînt dans les règles, et qu'il n'y entrât que deux évêques de chaque province, avec le métropolitain, du nombre de ceux qui étaient instruits des questions dont il s'agissait, ou de les renvoyer tous en sûreté dans leur ville épiscopale. « Car, ajoutait-il, on nous menace même de nous faire perdre la vie. » La lettre de Nestorius fut souscrite de douze évêques, lui compris. Ce petit nombre est remarquable, après les soixante-huit que nous avons vus souscrire à la première protestation. Plusieurs s'étaient déjà réunis au concile; d'autres répugnaient sans doute à signer de si grossiers mensonges. Car, tandis que Nestorius se plaignait d'être en butte aux violences de Cyrille et de Memnon, son ami, le général comte Candidien, fatiguait les évêques du concile par ses soldats, empêchaient qu'on ne leur apportât les choses nécessaires à la vie, et donnait liberté de les insulter aux gens que Nestorius entretenait auprès de lui, particulièrement aux paysans des terres de l'Eglise, qui étaient en grand nombre, et qui chargeaient d'injures les évêques du concile.

Cinq jours après la déposition de Nestorius, c'est-à-dire le 27 juin, Jean d'Antioche arriva à Ephèse avec les évêques d'Orient qui l'accompagnaient. Ils étaient en tout quatorze. Sans doute que quelques-uns l'avaient précédé, et que quelques autres le suivirent; car Théophane compte en tout vingt-sept (Théoph., p. 78). Le concile l'ayant appris, envoya au devant de lui des évêques et des clercs, tant par honneur que pour lui faire entendre qu'il ne devait point voir Nestorius déposé par le concile. Les soldats qui accompagnaient Jean d'Antioche, empêchèrent les députés du concile de lui parler dans la route; mais ils ne laissèrent pas de le suivre jusqu'à son logis, et y attendirent plusieurs heures, pendant lesquelles on ne leur permit point de le voir, et on leur fit souffrir plusieurs affronts.

Dans l'intervalle, Jean d'Antioche improvisait un concile à huis-clos, dans l'hôtellerie même où il venait de descendre, encore tout poudreux du voyage. Le promoteur de ce concile d'auberge fut le général comte Candidien, qui était allé à la rencontre de Jean. Il protesta qu'il avait fait tout son possible pour empêcher les évêques de s'assembler avant la venue de Jean d'Antioche et des Orientaux, suivant les ordres de l'empereur, qui cependant n'en disait rien dans la lettre même dont il leur donna lecture, et qu'ils écoutèrent debout, comme si c'eût été l'Evangile. Il ajouta que la procédure contre Nestorius s'était faite contre toutes sortes de règles, et qu'il avait fait connaître tout cela à ses maîtres. Jean ayant ouï son rapport, dit que le concile délibérerait sur ce qu'il y aurait à faire contre de telles entreprises : après quoi Candidien se retira.

Les évêques qui étaient à Ephèse avant l'arrivée de Jean et qui se trouvaient dans cette assemblée, se plaignirent de Memnon comme de l'auteur de beaucoup de violences qu'ils avaient souffertes, particulièrement de ce qu'il leur avait fermé les églises des Martyrs et de saint Jean l'Apôtre, sans leur permettre d'y célébrer, même le jour de la Pentecôte. Ils se plaignirent encore de saint Cyrille à cause de ses anathématismes, qu'ils disaient remplis d'erreurs; ajoutant que ces deux évêques étaient l'un et l'autre les chefs du trouble et du désordre qui régnaient dans les affaires de l'Eglise. Sur ces accusations et quelques autres aussi peu fondées, ils conclurent qu'il fallait prononcer contre Cyrille et Memnon la juste condamnation qu'ils méritaient. Cet avis fut adopté, et, sur ces accusations vagues, sans faire parler aucun témoin particulier, sans examiner aucune pièce, sans ouïr ni même citer les accusés, le prétendu concile déclara Cyrille et Memnon déposés de leur dignité, comme auteurs du trouble et à cause du sens hérétique des anathématismes, et tous les autres évêques du même parti, séparés de la communion, jusqu'à ce qu'ils eussent anathématisé les douze anathèmes, et qu'ils se fussent joints aux Orientaux pour examiner ensemble les questions qui troublaient l'Eglise. Cette sentence fut souscrite par quarante-trois évêques. C'était tout ce qu'il restait de partisans à Nestorius, même avec le renfort de Jean d'Antioche; tandis que le vrai concile était composé de plus de deux cent vingt évêques. Les quarante-trois schismatiques ne publièrent point cette sentence à Ephèse, et les évêques du concile ne surent rien de leur procédure; mais ils l'envoyèrent à Constantinople, avec des lettres à l'empereur, aux princesses, au clergé, au sénat et au peuple, dans lesquelles les mêmes calomnies contre Cyrille et Memnon sont répétées en diverses manières. Ils les accusent de s'être servis, pour leurs prétendues violences, des mariniers égyptiens et des paysans asiatiques, et d'avoir mis des écriteaux aux maisons de ceux qu'ils voulaient attaquer. Jean d'Antioche dit que Cyrille lui avait écrit deux jours avant la tenue de sa session, que tout le concile attendait son arrivée; mais il ne dit pas que lui-même lui avait fait dire par les deux Alexandre, que le concile devait commencer sans se mettre en peine de ses retards (Labbe, t. III; Baluz., *Nova collect.*).

Après ce concile improvisé dans une hôtellerie, Jean d'Antioche se ressouvint que les députés des deux cent vingt ou trente évêques du concile véritable attendaient depuis plusieurs heures pour lui parler. Il les fit chercher par des soldats. Lorsqu'ils lui eurent déclaré ce qu'ils avaient à lui dire, il les abandonna, sans leur faire aucune réponse, au comte Irénée, aux évêques et aux clercs de sa suite, qui les chargèrent de coups jusqu'à mettre leur vie en péril. Le comte Irénée était venu de Constantinople à Ephèse, sans autre titre que d'ami de Nestorius.

La conduite de Jean d'Antioche est difficile à expliquer. A la vérité, il était jeune, ami particulier de Nestorius, et, de plus, circonvenu par le comte Candidien. Mais lui-même avait écrit à Nestorius que sa doctrine était opposée à celle des Pères et qu'il fallait se soumettre à la décision du Pape; mais ce même Cyrille qu'il vient de condamner comme hérétique, il lui avait écrit très-peu de jours auparavant, comme à un frère et à un collègue dans le sacerdoce, se recommandant à ses prières, et lui témoignant que le désir de le voir et d'embrasser sa tête sainte et sacrée le pressait, plus que toute autre chose d'arriver à Ephèse; mais il le condamne sans l'entendre, sans le citer même; mais avec lui, il condamne deux cent vingt ou trente évêques qu'il n'a ni cités ni entendus, et il les condamne sous prétexte qu'ils ont violé les règles, lui qui n'en garde aucune, pas même celles de l'humanité et de la politesse, puisqu'il maltraite leurs députés, et il s'emporte ainsi avec une minorité de quarante évêques contre deux cent vingt ou trente; et il s'emporte ainsi sans aucun sujet, comme il le reconnaîtra plus tard. Car, après avoir divisé l'Eglise pendant deux ans et donné à l'hérésie le temps de s'enraciner dans les contrées orientales, il finira par souscrire à la déposition de Nestorius, par condamner ses erreurs et par se réconcilier avec saint Cyrille.

Les députés du concile, maltraités par Jean d'Antioche, vinrent aussitôt en faire leur rapport, et montrèrent les marques des coups qu'ils avaient reçus. On dressa des actes authentiques, et en présence des saints Evangiles, de ces mauvais traitements. Mais nous n'avons plus cette partie des actes du concile d'Ephèse. Les Pères, pour ne pas laisser impunis des outrages si indignes en eux-mêmes et si injurieux au concile, séparèrent Jean de leur communion et lui notifièrent cette sentence. Ils apprirent presque en même temps qu'on avait affiché dans une rue un placard sans nom d'auteur ni signature, qui contenait le prétendu jugement que Jean avait rendu contre Cyrille et Memnon. Mais bien loin d'y déférer, ils résolurent de célébrer le lendemain le saint sacrifice, ce qu'ils n'avaient point encore fait jusque alors. Jean informé de leur dessein, pria, l'après-midi du samedi, le général Candidien d'aller leur en faire défense. Il y alla, en effet, le soir du même jour, et fit tout ce qu'il put pour engager les deux évêques déposés par Jean de ne point célébrer, et d'attendre les ordres que l'empereur devait envoyer dans peu. Memnon répondit qu'il n'ignorait pas que Jean et son synode l'avaient déposé; mais il savait aussi que Jean, loin de pouvoir quelque chose contre le concile œcuménique, n'avait pas même de pouvoir sur l'évêque d'Ephèse, quand il ne se serait agi que de lui seul. Le général revint encore le dimanche de grand matin faire la même prière à saint Cyrille : elle fut inutile. Les évêques s'en allèrent à l'église, y célébrèrent le saint sacrifice et continuèrent dans la suite à faire la même chose, les uns offrant les mystères, les autres y participant. Le lendemain, Candidien vint rendre compte de sa commission à Jean d'Antioche et aux évêques qu'il avait avec lui. Ils en dressèrent un acte, pour avoir une preuve authentique que les évêques du concile avaient connaissance du jugement rendu contre eux, sans se mettre en peine d'y déférer. Le général déclare dans cet acte, que, pour obvier au schisme, il défend aux deux partis de célébrer le sacrifice. Certes, s'il est une chose grotesque, c'est de voir un général, un courtisan, défendre à deux cent cinquante évêques de dire la messe. Ce seul trait peint tout l'esprit du Bas-Empire. Ce qui n'est pas moins bas, c'est de voir un patriarche d'Antioche solliciter une pareille défense.

Cependant l'empereur Théodose, trompé par les relations infidèles de Candidien, se persuada que les inimitiés particulières avaient eu plus de part à la déposition de Nestorius que l'amour de la foi et de la justice. C'est pourquoi il écrivit au concile pour témoigner son mécontentement, et, déclarant qu'il ne voulait pas qu'on eût aucun égard à ce qui s'était fait jusqu'alors, il ordonna qu'aucun évêque ne sortirait d'Ephèse jusqu'à ce que les dogmes de la religion fussent examinés par tout le concile. Il ajoutait qu'il enverrait un second officier dans cette ville, pour connaître, avec Candidien, ce qui s'était passé, et pour empêcher qu'à l'avenir il ne s'y fît rien contre le bon ordre. Cette lettre, datée du 29 juin, fut apportée par un courrier de l'empereur, nommé Pallade. Le concile se servit de la même voie pour répondre à cette lettre. Leur réponse est du 1er juillet, Pallade ayant extrêmement pressé les évêques de la donner. Ils s'y plaignent que Candidien avait prévenu l'empereur, avant qu'il pût savoir la vérité par la lecture des actes et des lettres que le concile lui envoyait; qu'il empêchait encore de la faire connaître; que Jean d'Antioche n'était arrivé que vingt jours après le terme préfixé du concile; que Nestorius et Jean n'avaient avec eux qu'environ trente-sept évêques, la plupart déposés ou qui craignaient de l'être, au lieu que ceux qui avaient condamné l'hérétique Nestorius étaient plus de deux cents, et qu'ils l'avaient condamné avec le consentement de tout l'Occident et de l'Afrique. Ils prient Théodose de rappeler le comte Candidien et de permettre que cinq évêques aillent l'informer de la vérité des choses et des violences du comte Irénée. Cette lettre ne fut signée que de peu d'évêques, quoique en présence de tous, parce que Pallade ne pouvait attendre la longueur de ces souscriptions. On trouve, après la signature des évêques du concile, une liste de trente-cinq évêques, qualifiés schismatiques, les seuls qui prenaient part aux dogmes impies de Nestorius (Labbe).

Les évêques de ce parti ayant entendu à leur tour la lettre de l'empereur, l'écoutèrent avec mille bénédictions, en voyant que ce prince cassait tout ce que le concile avait fait. Il lui en témoignèrent leur reconnaissance par une lettre dont ils chargèrent Pallade. Elle était pleine d'adulation pour Théodose, et de calomnies contre saint Cyrille et contre le concile. Ils y vantaient aussi leur zèle pour la pureté de la foi, disant qu'ils n'avaient pu souffrir qu'on renouvelât l'hérésie d'Apollinaire en autorisant les anathématismes de Cyrille; ils ne vantaient pas moins leur attachement pour l'empereur, n'ayant pas permis, disaient-ils, qu'on violât ouvertement ses ordres, en entreprenant sur le siège de Constantinople, avant même que l'on eût examiné ce qui regardait la foi. Pour affaiblir l'argument que l'on tirait contre eux de leur petit nombre, en comparaison de celui de leurs adversaires, ils faisaient à Théodose la même demande que Nestorius, d'ordonner que chaque métropolitain ne fût accompagné que de deux évêques de sa province. Ils ajoutaient que la plupart des évêques qui étaient venus avec Cyrille ou qui dépendaient de Memnon, étaient ou hérétiques, ou déposés et excommuniés; enfin que c'était une troupe d'ignorants propres seulement à produire le trouble et la confusion. Ils se plaignaient en particulier de Memnon, qui leur avait fait fermer la porte de l'église de Saint-Jean, et qui les avait fait maltraiter, disaient-ils, par une troupe de voleurs. C'est pourquoi, concluaient-ils, nous vous prions de faire chasser de cette ville, principalement le tyran, que nous avons déposé et qui trouble tout (Labbe, 705).

Ils ne disaient pas la vraie cause de ces prétendues violences de Memnon et des catholiques. Depuis leur sentence de déposition contre l'évêque d'Ephèse, ils ne cessaient de solliciter le sénat et les personnes les plus considérables de la ville, pour les engager à demander un nouvel évêque. L'arrivée de Pallade leur parut une circonstance favorable ; et, persuadés que la lettre de l'empereur, qu'il avait apportée, aurait intimidé tous les esprits, ils s'en allèrent à l'église de Saint-Jean l'Evangéliste, accompagnés de quelques soldats, comme pour rendre grâces à Dieu de cette lettre et prier pour la prospérité de ce prince. Mais leur véritable dessein était d'y ordonner un évêque à la place de Memnon. Ils y furent trompés. Les habitants de la ville, qui étaient tous catholiques et qui soupçonnaient les vues de Jean, s'étaient saisis depuis quelques jours de toutes les églises, et y demeuraient, de peur qu'il n'exécutât ce qu'il avait proposé. Quand il vint donc à l'église de Saint-Jean, le peuple lui résista; et comme il avait amené des soldats en armes, il y eut une sédition, où quelques-uns des pauvres de cette église furent laissés demi-morts.

Un spectacle plus digne de l'Eglise catholique et de ses pontifes, se passait dans le concile. Les trois légats du Saint-Siège venaient d'arriver. Le concile tint sa seconde session le 10 juillet de la même année 431, dans la maison épiscopale de Memnon. Saint Cyrille présidait toujours, comme tenant la place du Pape. Juvénal de Jérusalem, Memnon d'Ephèse, Flavien de Philippes, Théodote d'Ancyre, Firmus de Cappadoce et tous les autres évêques y assistaient, ainsi que le diacre de Carthage, Bessula. On fit entrer et asseoir avec eux les légats qui étaient venus de l'Occident, Arcade et Project, évêques, et Philippe, prêtre du trône apostolique. Philippe parla le premier et dit : « Nous rendons grâces à la sainte et adorable Trinité, de nous avoir fait venir à votre assemblée sainte. Il y a longtemps que notre très-saint pape Célestin, évêque de la chaire apostolique, a défini cette affaire, par ses lettres au saint évêque Cyrille, qui vous ont été montrées. Maintenant il vous en envoie d'autres, que nous vous représentons ; faites-les lire, ainsi qu'il convient, et insérer aux actes ecclésiastiques. » Les deux autres légats demandèrent la même chose, ajoutant que le concile verrait, par ces lettres, quelle sollicitude le Pape avait pour toutes les Eglises.

Saint Cyrille ordonna de lire la lettre de saint Célestin ; et Sirice, notaire de l'Eglise romaine, la lut en latin. Juvénal de Jérusalem demanda qu'elle fût insérée dans les actes. Tous les évêques demandèrent aussi qu'elle fût traduite et lue en grec. Le prêtre Philippe dit : « On a satisfait à la coutume, qui est de lire d'abord en latin les lettres du Siége apostolique ; mais nous avons eu soin de faire traduire celle-ci en grec. » Les évêques légats, Arcade et Project, ajoutèrent la raison, parce que plusieurs des évêques n'entendaient pas le latin. Pierre, prêtre d'Alexandrie, lut donc la traduction grecque de la lettre du pape saint Célestin. Elle était du 8 mai de la même année, et finissait, ainsi que nous l'avons vu, par accréditer les trois légats pour exécuter ce que le Pape avait déjà ordonné. Après cette lecture, tous les évêques s'écrièrent : « Ce jugement est juste ! A Célestin, nouveau Paul ! à Cyrille, nouveau Paul ! à Célestin, conservateur de la foi ! à Célestin d'accord avec le concile ! Tout le concile rend grâces à Célestin ! Un Célestin, un Cyrille ! Une foi du concile, une foi de tout l'univers ! »

Le légat Project dit : « Que Votre Sainteté considère la forme de la lettre du saint pape Célestin ; il ne prétend pas vous instruire comme des ignorants, mais vous rappeler ce que vous savez, afin que ce qu'il a déjà défini et qu'il daigne maintenant vous rappeler à la mémoire, vous le meniez à son dernier terme et à sa parfaite exécution, suivant la règle de la foi commune et pour l'utilité de l'Eglise catholique. »

Firmus, évêque de Césarée en Cappadoce, dit : « Le saint et apostolique trône du très-saint évêque Célestin, par ses lettres aux très-pieux évêques Cyrille d'Alexandrie, Juvénal de Jérusalem, Rufus de Thessalonique, ainsi qu'aux saintes Eglises de Constantinople et d'Antioche, a déjà précédemment donné par sa sentence la forme et la règle à cette affaire. En conséquence, le terme donné à Nestorius pour se corriger étant passé depuis longtemps, et nous-mêmes étant demeurés à Ephèse bien au delà du jour fixé par l'empereur, Nestorius n'ayant pas d'ailleurs obéi à nos citations, nous avons suivi et exécuté cette forme et cette règle, en prononçant contre lui un jugement canonique et apostolique. » Le légat Arcade dit : « La lenteur de la navigation et le temps contraire nous ont empêchés d'arriver aussitôt que nous espérions ; c'est pourquoi nous prions Votre Béatitude de nous instruire de ce qu'elle a ordonné. » Le légat Philippe ajouta : « Nous rendons grâces au saint et vénérable concile, de ce qu'à la lecture des lettres de notre saint et bienheureux Pape, vous vous êtes unis, comme de saints membres, à un saint chef, par vos saintes voix et vos saintes acclamations ; car Votre Béatitude n'ignore pas que le bienheureux apôtre Pierre est le chef de toute la foi, ainsi que des apôtres mêmes. Etant donc arrivés tard, nous vous prions de nous faire connaître ce qui a été fait dans ce saint concile avant notre arrivée, afin que nous le confirmions nous-mêmes, selon la sentence de notre bienheureux Pape et de cette sainte assemblée. » Théodote d'Ancyre répondit : « Que la sentence du concile soit juste, le Dieu de l'univers l'a montré par les lettres du très-pieux évêque Célestin et par la présence de Votre Piété. Vous avez fait voir le zèle du très-saint évêque Célestin pour la foi véritable. Quant à la déposition de Nestorius, vous vous en instruirez pleinement par les actes mêmes, ainsi que vous le demandez. Vous y verrez le zèle du concile et la conformité de sa foi avec celle que publie à haute voix le très-pieux et très-saint évêque Célestin (Labbe). »

Telle fut la seconde session du concile d'Ephèse. On y respire tout le parfum de la sainte antiquité : l'esprit de foi, de piété, de sainte politesse ; l'esprit d'union avec le successeur de Pierre ; l'esprit d'amour et de soumission filiale pour son autorité ; en un mot, l'esprit de l'Eglise catholique.

Le lendemain, 11 juillet, le concile s'assembla de nouveau dans la maison épiscopale de Memnon. Juvénal de Jérusalem demanda aux légats du Pape s'ils avaient pris communication des actes de la déposition de Nestorius, comme le concile l'avait ordonné. Le prêtre Philippe dit : « Nous avons trouvé, par les actes, que l'on a procédé en tout canoniquement et suivant la discipline de l'Eglise. Toutefois, nous prions Votre Couronne, encore que cela soit superflu, qu'on nous les lise en plein concile, afin que, suivant la sentence du très-saint pape Célestin, qui nous en a chargés, ainsi que suivant la vôtre

même, nous puissions confirmer ce qui a été jugé. »
Le légat Arcade fit la même demande. Mennon d'Éphèse dit que rien n'empêchait d'y satisfaire; et Pierre, prêtre d'Alexandrie, lut les actes de la première session, dont on inséra dans cette troisième le commencement et la sentence de déposition contre Nestorius. Après cette lecture, le légat Philippe dit : « Personne ne doute, il est au contraire manifeste à tous les siècles, que le saint et bienheureux Pierre, le prince et le chef des apôtres, la colonne de la foi, le fondement de l'Église catholique, a reçu de Notre Seigneur Jésus-Christ, le Sauveur et le Rédempteur du genre humain, les clés du royaume, et qu'à lui a été donné la puissance de lier et de délier les péchés, et que, jusqu'à présent *et toujours* (1), il vit et juge dans ses successeurs. Notre saint et bienheureux pape Célestin, qui est son successeur et tient sa place, nous a envoyés au saint concile pour suppléer à son absence. Nos très chrétiens empereurs ont ordonné la tenue de ce concile, pour conserver la foi catholique, qu'ils ont reçue de leurs ancêtres. » Il reprend ensuite sommairement la procédure faite contre Nestorius, et ajoute : « Donc, la sentence prononcée contre lui demeure ferme ; suivant le jugement de toutes les Églises, car les pontifes d'Orient et d'Occident ont assisté au concile, soit par eux ou par leurs députés. C'est pourquoi Nestorius doit savoir qu'il est retranché de la communion du sacerdoce de l'Église catholique. »

Le légat Arcade opina ensuite et conclut ainsi : « Suivant la tradition des apôtres et de l'Église catholique, suivant aussi le décret du très-saint pape Célestin qui a daigné nous envoyer pour être les exécuteurs de cette affaire, suivant enfin les décrets du saint concile, nous déclarons à Nestorius qu'il est dépouillé de la dignité épiscopale, et séparé de toute l'Église et de la communion de tous les évêques. » Le légat Project conclut ainsi son opinion : « Moi aussi, par l'autorité de la légation du Siège apostolique, étant avec mes frères exécuteur de la sentence, je déclare que Nestorius, ennemi de la vérité et corrupteur de la foi, est privé de la dignité épiscopale et de la communion de tous les évêques orthodoxes. »

Saint Cyrille conclut alors : « Le concile voit ce qu'ils ont déclaré au nom du Siège apostolique et de tout le concile des saints évêques d'Occident. Puis donc qu'ils ont exécuté la sentence du très-saint évêque Célestin, et approuvé celle que ce saint concile a prononcée contre l'hérétique Nestorius, il faut joindre les actes de ce qui s'est passé hier et aujourd'hui aux actes précédents, afin qu'ils marquent leur consentement par leurs souscriptions. » Les légats répondirent : « D'après les actes de ce saint concile, nous ne pouvons point ne pas en confirmer la doctrine par nos souscriptions. » Le concile ordonna qu'on leur présentât les actes, et ils souscrivirent tous trois à la déposition de Nestorius (Labbe).

La troisième session ainsi terminée, le concile en rendit compte à l'empereur par une lettre synodale, qui porte : « Dieu, favorisant votre zèle, a excité celui des évêques de l'Occident pour venger l'injure de Jésus-Christ ; car, quoique la longueur du chemin les ait empêchés de venir tous vers nous, ils se sont assemblés chez eux en présence du très-saint évêque de Rome, Célestin ; ils ont approuvé nos sentiments sur la foi, et retranché du sacerdoce ceux qui ont d'autres opinions. Avant que ce concile fût assemblé, Célestin avait déjà déclaré la même chose par ses lettres au très-saint évêque Cyrille, qu'il avait commis à sa place. Et maintenant il l'a encore déclaré à ce saint concile d'Éphèse par d'autres lettres qu'il a envoyées par les évêques Arcade et Project, et par le prêtre Philippe, ses vicaires. Étant arrivés, ils nous ont déclaré le sentiment de tout le concile d'Occident, et ont témoigné, même par écrit, qu'ils sont parfaitement d'accord avec nous touchant la foi. C'est pourquoi nous en faisons part à Votre Majesté, afin que vous connaissiez que la sentence que nous venons de prononcer est le jugement commun de toute la terre. Ainsi, puisque le sujet de notre assemblée est heureusement terminé, nous vous supplions de nous permettre de nous retirer ; car, quelques-uns sont pressés de pauvreté, d'autres affligés de maladies, d'autres courbés de vieillesse ; en sorte qu'ils ne peuvent supporter plus longtemps le séjour en pays étranger, et qu'il est déjà mort des évêques et des clercs. Toute la terre est d'accord, hors quelque peu de personnes, qui préfèrent l'amitié de Nestorius à la religion. Il est juste de songer à lui donner un successeur et de nous laisser en repos jouir de la confirmation de la foi et prier tranquillement pour Votre Majesté. » Cette lettre fut souscrite par saint Cyrille et par tous les autres évêques.

Le concile écrivit aussi au clergé et au peuple de Constantinople pour leur déclarer la déposition de Nestorius et les exhorter à demander à Dieu qu'on lui donne un digne successeur. Cette lettre est souscrite premièrement par saint Cyrille, puis par le prêtre Philippe, légat du Pape, qui prend le titre de prêtre de l'Église des Apôtres ; puis par Juvénal de Jérusalem ; par les deux évêques légats, Arcade et Project; par Firmus de Césarée, Flavien de Philippes, Memnon d'Éphèse, Théodote d'Ancyre, Bérinien de Perge. Après quoi il dit : Quoique ceux qui ont déposé Nestorius soient plus de deux cents, nous nous sommes contentés de ces souscriptions.

Le concile ne fit aucune plainte, dans ces lettres, de la sentence que Jean d'Antioche et son conciliabule avaient portée contre saint Cyrille et Memnon, ayant cru jusque-là devoir mépriser une procédure si déraisonnable, si destituée de formalités, et qui ne leur avait pas même été notifiée juridiquement. Mais, ayant appris que cette affaire avait été portée à l'empereur, saint Cyrille et Memnon présentèrent une plainte contre Jean d'Antioche. Ce fut dans la quatrième session, qui se tint cinq jours après la précédente, dans l'église de Sainte-Marie, c'est-à-dire le 16 juillet. Saint Cyrille, qui tenait toujours la place du Pape, y est nommé le premier, puis les trois légats, ensuite Juvénal, Memnon et les autres évêques, au nombre de plus de deux cents. Comme il s'agissait des intérêts de saint Cyrille, ce ne fut point Pierre, prêtre d'Alexandrie, qui fit les fonctions de promoteur, mais Hésychius, diacre de Jérusalem. Quand il eut dit qu'il avait entre les mains la requête dont nous avons parlé, Juvénal de Jérusalem ordonna d'en faire la lecture et de l'insérer aux actes. Elle portait que Jean d'Antioche, en haine de la déposition de Nestorius, avait déposé

---

(1) J'ignore pourquoi Fleury et Ceillier omettent ces mots *et toujours* qui se trouvent cependant en toutes lettres dans les actes.

Cyrille et Memnon, sans qu'il eût aucun pouvoir de les juger, ni par les lois de l'Eglise, ni par l'ordre de l'empereur, ni de rien entreprendre de semblable, principalement contre un plus grand siége. Elle ajoutait qu'au cas même qu'il aurait eu ce pouvoir, il eût fallu observer les canons, avertir les accusés et les appeler avec le reste du concile pour se défendre. La conclusion était que, puisque Jean se trouvait à Ephèse avec ses complices, ils fussent appelés pour rendre compte de leur entreprise.

Acace de Mélitine ne croyait pas qu'il fût nécessaire de citer Jean d'Antioche, attendu que les Orientaux, en se séparant du concile et en se joignant à Nestorius, s'étaient rendus incapables de rien entreprendre contre les présidents du concile œcuménique. Il opina toutefois avec les autres évêques à citer Jean d'Antioche. On lui députa donc trois évêques, pour lui demander raison de son entreprise. Ils trouvèrent la maison de Jean environnée de soldats et d'autres personnes en armes pour en défendre l'entrée, de manière qu'ils ne purent voir Jean ni lui parler. Les députés en ayant fait leur rapport au concile, Juvénal de Jérusalem fut d'avis, qu'afin d'observer les canons, il fallait y envoyer encore des évêques pour le citer une seconde fois. Ils trouvèrent aussi la maison de Jean entourée de soldats avec les épées nues, et quelques ecclésiastiques qu'ils prièrent de les annoncer. La réponse que Jean leur fit, était qu'il n'en avait point à faire à des gens déposés et excommuniés. Saint Cyrille et Memnon demandèrent que la procédure de Jean fût déclarée nulle, et qu'il fût cité une troisième fois. Le concile la déclara nulle, attendu que Jean n'avait osé venir pour la soutenir, et ordonna que l'on ferait un rapport à l'empereur de ce qui s'était passé ce jour-là, et que Jean serait cité une troisième fois.

Jean fit cependant afficher à la muraille du théâtre un écrit par lequel il déclarait publiquement la sentence qu'il avait rendue avec les siens contre Cyrille et Memnon, et où il les accusait d'être les chefs de l'hérésie d'Apollinaire, et de soutenir celle d'Arius et d'Eunomius. Il y déclarait aussi qu'il avait informé l'empereur des crimes dont ces évêques et les autres du concile étaient coupables. Les Orientaux, par un autre acte adressé aux évêques qu'ils avaient excommuniés, les blâmaient d'attendre si longtemps à se séparer de Cyrille et de Memnon, et à venir se faire absoudre de leur excommunication; ajoutant que, s'ils tardaient davantage, ils auraient lieu de s'en repentir lorsqu'il ne serait plus temps.

Les évêques s'étant donc assemblés le 17 de juillet, dans l'église de Sainte-Marie, saint Cyrille leur représenta que le refus que faisaient les Orientaux de venir au concile était une preuve qu'ils ne pouvaient le convaincre de l'hérésie dont ils l'accusaient. Il protesta qu'il ne tenait ni n'avait jamais tenu les erreurs d'Apollinaire, d'Arius ou d'Eunomius; mais qu'il avait appris dès l'enfance les saintes lettres, et qu'il avait été nourri entre les mains des Pères orthodoxes. Il anathématisa Apollinaire, Arius, Eunomius, Macédonius, Sabellius, Photin, Paul de Samosate, les Manichéens, Nestorius et tous les autres hérétiques, nommément ceux qui enseignaient les opinions de Célestius et de Pélage, et se plaignit fortement de l'affiche injurieuse que Jean d'Antioche avait faite contre lui et contre tout le concile.

Il conclut qu'il fût cité une troisième fois, afin qu'en cas de refus de sa part, on ne fît plus difficulté de le condamner comme calomniateur.

Le concile députa pour cette citation trois évêques avec un notaire, et leur donna un écrit contre Jean d'Antioche, portant dès lors interdiction des fonctions épiscopales, et que si, après cette troisième citation, il refusait de venir au concile, on prononcerait contre lui selon les canons. Les députés trouvèrent devant la maison de Jean plusieurs ecclésiastiques qui voulurent les maltraiter; mais ils en furent empêchés par les soldats mêmes et par Asphale, prêtre de l'Eglise d'Antioche, qui faisait à Constantinople les affaires de son clergé. Jean, averti que les députés du concile le demandaient, envoya son archidiacre leur présenter un papier de la part des Orientaux. Les députés refusèrent de s'en charger, sur quoi l'archidiacre refusa aussi de les écouter. Ils se retirèrent donc en signifiant à Asphale et à un autre prêtre ce qui était porté sur l'écrit dont le concile les avait chargés. Leur conduite fut approuvée, et le concile, rempli d'une juste indignation contre Jean d'Antioche, voulait prononcer contre lui et contre les Orientaux la même sentence de déposition qu'il avait rendue contre saint Cyrille et Memnon. Mais ils crurent qu'il valait mieux réserver cela au jugement du Pape, et se contenter pour le présent d'une punition moins sévère. Ainsi, il ordonna, afin qu'ils ne pussent plus abuser du pouvoir de la dignité épiscopale, qu'ils demeureraient retranchés de la communion ecclésiastique jusqu'à ce qu'ils reconnussent et confessassent leur faute et qu'ils vinssent rendre raison de leur conduite au concile; ajoutant que, s'ils tardaient à la faire, ils attireraient sur eux toute la sévérité des canons. Le concile dénomma tous les évêques compris dans cette sentence. Il y en a trente-cinq, du nombre desquels est Théodoret. Il déclara en même temps que la procédure irrégulière des Orientaux contre Cyrille et Memnon, était absolument nulle et insoutenable, et tous les Pères du concile communiquèrent avec eux comme auparavant. Cette sentence fut signée par Juvénal de Jérusalem, par les trois légats du Pape et par tous les autres évêques.

Le concile écrivit ensuite à l'empereur pour l'informer de cette affaire, lui faire voir les défauts de la procédure des Orientaux, et pour se plaindre de ce que trente évêques avaient osé se soulever contre deux cent dix, et former un second concile, contrairement à ses volontés. « Nous avons donc, ajoute-t-il, cassé tout ce qui avait été fait contre Cyrille et Memnon, et excommunié ces rebelles jusqu'à ce qu'ils viennent défendre leur procédure devant le concile. » Il prie ce prince d'ordonner que ce qui a été décidé par le concile universel contre Nestorius pour l'affermissement de la foi, demeure dans sa force. Cette lettre fut signée de Juvénal, des légats et de tous les évêques.

Le concile rendit aussi compte au pape Célestin de tout ce qui s'était fait, tant contre Nestorius que contre Jean d'Antioche. Il dit de ce dernier et de ses complices : « Nous avons pensé prononcer légitimement contre eux la sentence qu'ils ont prononcée illégitimement contre Cyrille et Memnon; mais, pour vaincre la témérité de Jean par la patience, nous avons réservé cette affaire au jugement de

Votre Piété, nous bornant jusque-là à les excommunier et à les interdire, afin qu'ils ne puissent préjudicier à personne par leurs sentences. Quant à nos frères Cyrille et Memnon, nous communiquons avec eux, même depuis cette téméraire entreprise, et nous célébrons avec eux la liturgie et les synaxes; car les ridicules procédures de Jean et des siens ayant été annulées par écrit, il ne restait que la calomnie et l'outrage. En effet, quelle apparence de concile peuvent faire trente hommes, dont les uns sont entachés d'hérésie, les autres rejetés de l'Eglise? quelle autorité peuvent-ils avoir contre un concile assemblé de tout l'univers? car on voyait siéger parmi nous les légats de Votre Sainteté, qui, par leur présence, nous ont gratifié de la vôtre et tenu la place de la Chaire apostolique. Votre Sainteté s'indignera donc justement contre un tel attentat. Car, s'il est permis à qui veut d'insulter aux plus grands siéges, et de lancer des sentences iniques ou plutôt des outrages contre des hommes sur qui l'on n'a aucun pouvoir, qui même ont combattu avec succès pour la foi, les affaires de l'Eglise tomberont dans la dernière confusion. Si, au contraire, on réprime de pareilles entreprises, toute espèce de trouble cessera, et tout le monde aura pour les canons le respect convenable.

» Après qu'on eut lu dans le concile les actes de la déposition des impies pélagiens et célestiens, Célestius, Pélage, Julien, Perside, Florus, Marcellin, Orentius, nous avons trouvé juste que ce que Votre Sainteté a défini par rapport à leur demeure ferme, nous sommes tous du même avis, et les tenons pour déposés (Labbe, Coustant). » D'après ces paroles, il est à croire que si les pélagiens déposés, au lieu de se joindre à Nestorius, avaient reconnu leur erreur, le concile eût intercédé pour eux auprès du Pape. Le concile joignit à cette lettre les actes de tout ce qui s'était passé, avec les signatures des évêques.

Une sixième session eut lieu le 22 juillet dans la maison épiscopale de Memnon. Saint Cyrille y présidait, comme tenant la place du Pape. Les actes grecs mettent ensuite les légats avant les autres évêques, comme dans les sessions précédentes; dans sa traduction latine, Marius Mercator ne les met qu'après; mais, dans les souscriptions de tous les exemplaires, le légat Arcade souscrit après saint Cyrille, le légat Project après Juvénal de Jérusalem, le légat Philippe après Flavien de Philippes en Macédoine. On a lieu de penser que Marius Mercator avait en vue, non pas de marquer les rangs, mais de nommer d'abord tous les Grecs, et de finir par les Latins : ce qui le confirme, c'est qu'il ne place les trois légats du Pape que même après Bessula, diacre de Carthage. Quant à ce que l'ordre où les légats souscrivent n'est pas toujours absolument le même, on peut croire que, les Pères du concile étant bien d'accord, on n'y regardait pas de si près et qu'on signait comme cela se trouvait, ou bien que les copistes se sont quelquefois permis d'intervertir l'ordre dans leurs transcriptions.

La sixième session, hors l'affaire particulière qui semble y avoir donné lieu, n'est qu'une révision authentique de ce que le concile avait fait dans la première. On y relut le Symbole de Nicée, les témoignages des saints Pères, et enfin les extraits impies de Nestorius. Avant la lecture de ces dernières pièces, Charisius, prêtre de Philadelphie en Lydie, dénonça une exposition de foi nestorienne, envoyée de Constantinople, et que l'on avait fait souscrire comme catholique à quelques quarto-décimains qui voulaient rentrer dans l'Eglise. Le concile défendit alors de proposer ou d'écrire aucune autre profession de foi que celle de Nicée, et ordonna que ceux qui en proposeraient quelque autre à ceux qui voudraient se convertir du paganisme, du judaïsme, ou de quelque hérésie que ce soit, seraient déposés s'ils étaient évêques ou clercs, et anathématisés s'ils étaient laïques. Pareillement, si quelque évêque ou clerc est trouvé croyant ou enseignant le contenu de l'exposition de foi dénoncée par le prêtre Charisius, en ce qui regarde l'incarnation du Fils de Dieu, le concile le condamne à la déposition, et les laïques à l'anathème. Cette exposition de foi était de Théodore de Mopsueste, et elle fut ensuite réfutée par Marius Mercator.

La septième et dernière session du concile d'Ephèse fut tenue dans l'église de Sainte-Marie, le dernier août, suivant l'unique texte qu'on ait de ses actes; mais la plupart des critiques pensent qu'il faut lire le dernier de juillet. Il n'y fut question que d'affaires particulières. Les évêques de Chypre se plaignirent que l'évêque d'Antioche voulait s'arroger les ordinations épiscopales de leur île. Comme Jean d'Antioche n'était pas présent pour soutenir les droits qu'il pouvait avoir, le concile se contenta de décider en général : Que si l'évêque d'Antioche n'était point autorisé par la coutume à faire les ordinations en Chypre, comme les évêques de l'île l'avaient déclaré par écrit et de vive voix, ils seraient conservés dans la libre possession de faire par eux-mêmes les ordinations des évêques, suivant les canons et la coutume. La même chose sera observée dans les autres provinces; en sorte qu'aucun évêque n'entreprenne sur une province qui ne lui est pas soumise de tout temps; et si quelqu'un a fait quelque entreprise par violence, qu'il la répare, de peur que, sous prétexte du sacerdoce, il ne s'y introduise le faste de la puissance séculière, et que nous ne perdions insensiblement la liberté que notre Seigneur Jésus-Christ nous a acquise par son sang.

Le concile arrangea ainsi l'affaire d'Eustathe. Il avait été canoniquement ordonné évêque de Side, métropole de Pamphilie. Mais se sentant incapable de remplir les fonctions épiscopales au milieu des difficultés qui survinrent, il avait donné sa démission, et le concile de la province lui avait donné un successeur. En même temps, par la raison que les canons ne permettaient point à un évêque de quitter son église, Eustathe fut privé de la dignité épiscopale et même de la communion. Il vint se plaindre au concile de cette rigueur. Après s'être bien informé de tout, le concile lui rendit non-seulement la communion, mais encore le nom et le rang d'évêque, à la charge néanmoins de ne faire ni ordination ni aucune fonction épiscopale de sa propre autorité. Il permit même au concile de la province de le traiter encore plus favorablement, s'il le trouvait convenable. Il recommanda aussi aux évêques de Pamphilie et de Lycaonie de tenir la main à l'ordonnance du concile de Constantinople sous Sisinnius, contre les messaliens hérétiques qui étaient dans leur pays.

Deux évêques de Thrace, Euprépius de Byze et

Cyrille de Cèle, représentèrent au concile que, suivant une ancienne coutume de leur province, chaque évêque avait deux ou trois évêchés; que l'évêque d'Héraclée avait Héraclée et Panion; l'évêque de Byze avait Byze et Arcadiopolis; l'évêque de Cèle avait Cèle et Gallipolis; que jamais ces villes n'avaient eu d'évêque particulier, en sorte que c'étaient des évêchés perpétuellement unis. Ils ajoutèrent que Fritilas, évêque d'Héraclée, ayant quitté le concile pour s'attacher à Nestorius, ils craignaient que, pour se venger d'eux, il ne prétendît ordonner des évêques dans ces villes, où il n'y en avait point encore eu. Le concile, ayant égard à leur requête, autorisa la coutume particulière de leur province et défendit de rien innover contre les canons et les lois civiles, qui, d'après l'ancienne coutume, avaient force de loi. Dans ce même concile d'Éphèse, Juvénal de Jérusalem prétendit s'attribuer la primauté de la Palestine, au préjudice de l'évêque de Césarée, qui n'y était point, et voulut appuyer ses prétentions sur diverses pièces, qui furent trouvées fausses et supposées. Saint Cyrille s'opposa constamment à cette entreprise, et en écrivit au Pape, en le priant avec instances de ne pas y consentir. Sa lettre fut conservée dans les archives de l'Église romaine, comme nous l'apprend saint Léon vingt-deux ans après. Cependant il n'est pas question de cette affaire dans les actes du concile : ce qui montre que nous n'avons pas ces actes tout entiers.

Enfin le concile d'Éphèse dressa quelques canons, à la tête desquels est une lettre synodale à toutes les Églises, où sont marqués les noms des schismatiques attachés à Jean d'Antioche, au nombre de trente-cinq. La lettre ajoute : « Le saint concile, d'un commun consentement, les a retranchés de toute communion ecclésiastique, et leur a ôté toute fonction sacerdotale. » Ensuite sont les canons pour faire savoir à ceux qui n'avaient pu assister au concile ce qui avait été réglé touchant ces schismatiques. Le premier canon porte que le métropolitain qui aura quitté le concile œcuménique pour s'attacher au conciliabule schismatique, ou qui sera dans les sentiments de Célestius, ne pourra rien faire contre les évêques de la province, étant excommunié et interdit ; au contraire, il sera soumis aux mêmes évêques et aux métropolitains voisins. Les simples prêtres qui ont embrassé le schisme, soit d'abord, soit après avoir souscrit la déposition de Nestorius, sont retranchés du sacerdoce et déposés. Les clercs qui auront été interdits par Nestorius ou par ceux de son parti, à cause qu'ils tenaient les bons sentiments, seront rétablis; et en général, les clercs qui adhèrent au concile œcuménique ne seront soumis en aucune manière aux évêques schismatiques ; mais les clercs qui embrasseront le schisme ou les erreurs de Nestorius, ou celles de Célestius, sont déposés. Tous ceux qui, condamnés pour leurs fautes par le concile ou par leurs évêques, auraient été rétablis par Nestorius ou ses adhérents, demeureront soumis à la sentence prononcée contre eux. Quiconque voudra s'opposer, en quelque manière que ce soit, à ce qui a été ordonné par le saint concile d'Éphèse, sera déposé s'il est évêque ou clerc, ou privé de la communion si c'est un laïque.

Le grand concile d'Éphèse s'était ainsi tenu et terminé d'une manière purement ecclésiastique, sans les comtes et les soldats de l'empereur, au contraire, malgré les comtes et les soldats de l'empereur; il avait déposé Nestorius et interdit Jean d'Antioche, qui avaient pour eux les soldats et les comtes. Les sessions du concile étaient finies, mais les intrigues de cour ne l'étaient pas. Jean d'Antioche et les autres partisans de Nestorius avaient écrit plusieurs lettres, non pas au Pape, mais à l'empereur et à ses courtisans, pour leur apprendre que le saint concile avait déposé Cyrille et Memnon. Ce concile était, non pas les deux cent dix ou vingt évêques assemblés à l'église, mais les quarante schismatiques réunis à l'auberge. Les comtes Candidien et Irénée les secondaient de tout leur pouvoir : ils étaient vivement piqués de ce que les choses n'étaient pas allées à leur gré. Le comte Irénée fit le voyage de Constantinople pour porter les lettres des schismatiques et plaider leur cause. Il avait été prévenu de trois jours par trois évêques députés du concile véritable.

La cour fut partagée. Un ministre des finances, le comte Jean, se flatta de mettre tout le monde d'accord par ce moyen terme : approuver à la fois la déposition de Nestorius, de Cyrille et de Memnon, comme faite par le même concile, et puis obliger les autres évêques à se réunir et à s'entendre sur la doctrine. Il fut chargé de la commission, et vint à Éphèse avec le comte Jacques, capitaine d'une compagnie des gardes. Il ne fit qu'augmenter la confusion qu'avaient causée déjà les comtes Candidien et Irénée. Après de vains efforts pour amener une transaction impossible, il fit arrêter les trois déposés : Nestorius fut confié à la garde de son ami Candidien; Cyrille et Memnon furent gardés par des soldats qui couchaient à la porte de leurs chambres : il était même question de les envoyer en exil. Les catholiques se plaignirent hautement de pareils procédés. Ils disaient aux comtes : « Voilà nos personnes, voilà nos églises, voilà nos villes, vous êtes les maîtres; mais il nous est impossible de communiquer avec les Orientaux, si leur procédure calomnieuse contre nos collègues n'est pas cassée, et s'ils ne confessent la foi catholique. » Ils écrivirent à l'empereur qu'on l'avait indignement trompé, en lui faisant accroire, comme on le voyait par sa lettre, que Cyrille et Memnon avaient été déposés par le concile comme Nestorius. Ils lui représentaient que si la déposition de Nestorius était juste, comme l'empereur le reconnaissait dans sa lettre, celle de Cyrille et de Memnon ne pouvait l'être; car ils n'avaient été attaqués et calomniés par un petit nombre de schismatiques, que pour avoir déposé Nestorius avec le concile. Ils écrivirent encore beaucoup d'autres lettres aux catholiques de Constantinople; mais elles ne produisaient aucun résultat, attendu qu'elles étaient interceptées en route par les manœuvres des comtes et des autres partisans de Nestorius. Les choses en étaient au point à Constantinople, que le comte Irénée eut le crédit de faire publier la déposition de saint Cyrille dans la grande église.

L'arrivée d'un mendiant déjoua toutes ces manœuvres. Les Pères du concile ayant remarqué qu'on interceptait leurs lettres, les confièrent à un mendiant, qui les cacha dans un bâton creux. Étant arrivé heureusement à Constantinople, il les remit aux évêques, au clergé, aux abbés des monastères, particulièrement à saint Dalmace.

Le saint abbé s'étant mis en prière sur ce sujet, une voix descendue du ciel lui ordonna de sortir de son monastère, où il était enfermé depuis quarante-huit ans, sans en avoir voulu sortir, quoique l'empereur l'eût souvent prié d'assister aux processions qui se faisaient à l'occasion des tremblements de terre. Il sortit alors, et avec lui tous les moines de tous les monastères, conduits par leurs abbés. Ils marchèrent vers le palais, chantant à deux chœurs; et un grand peuple de catholiques les suivit. Quand ils furent arrivés, les abbés entrèrent dans le palais, étant appelés par l'empereur : les moines demeurèrent dehors avec le peuple, continuant à chanter des psaumes. Les abbés sortirent après avoir reçu une réponse favorable. Tout le peuple s'écria : Les ordres de l'empereur! Les abbés répondirent : Allons à l'église de Saint-Mocius, et on vous lira la lettre du concile; vous apprendrez aussi la réponse de l'empereur. Ils y allèrent tous, les moines et le peuple. Le chemin était par une des plus grandes rues, et l'église de Saint-Mocius à une extrémité de la ville. Les moines marchaient toujours en chantant et portant des cierges; et ils arrivèrent au bout de la ville en chantant le dernier psaume. Le peuple, les voyant passer, criait contre Nestorius.

Quand ils furent arrivés à l'église de Saint-Mocius, on lut la lettre du concile; et le peuple s'écria tout d'une voix : Anathème à Nestorius! Saint Dalmace monta à la tribune, et dit : « Si vous voulez entendre, faites silence, et soyez bien tranquilles, afin que vous compreniez bien. L'empereur a lu la lettre qui vient de vous être lue, et en a été persuadé. Je lui avais dit, quand il vint me voir, qu'il fallait écrire au saint concile, ce qu'on lui avait dit; mais on ne l'a point écrit. Pour ne pas le chagriner, j'ai laissé le reste, que ceux qui lui ont fait le rapport n'ont pas déclaré. Je lui ai donc dit ce qui convenait, que je ne puis à présent vous dire; car ne croyez pas que je veuille me faire valoir. Le Seigneur brisera les os de ceux qui plaisent aux hommes. L'empereur a entendu par ordre tout ce qui s'est passé; il en a rendu grâce à Dieu, et a approuvé la procédure du concile, comme il était digne de lui. Ce ne sont pas mes paroles qui l'ont persuadé, mais il a suivi la foi de ses pères. Enfin il a reçu la lettre comme il fallait; il l'a lue, et y ajoutant foi, il a dit : S'il en est ainsi, que les évêques viennent. Je lui ai dit : On ne leur permet pas de venir. Personne, m'a-t-il dit, ne les empêche. Je lui ai dit : On les a arrêtés. De l'autre parti, plusieurs vont et viennent librement; mais on ne permet pas de vous rapporter ce que fait le saint concile. Je lui ai dit encore devant tout le monde, pour soutenir le parti de Cyrille : Qui voulez-vous écouter? six mille évêques, ou un seul impie? J'ai dit six mille, en comptant ceux qui dépendent des métropolitains. Cela tendait à avoir un ordre pour faire venir des évêques, les députés du concile, qui expliqueront ce qui s'est passé. L'empereur m'a répondu : « Vous avez bien dit; priez pour moi. » Je sais que l'empereur est attaché à Dieu et au saint concile, et n'écoutera plus ces hommes pervers. Priez donc pour l'empereur et pour nous. Le peuple de Constantinople s'écria tout d'une voix : Anathème à Nestorius (Labbe, t. III)!

Le clergé de Constantinople présenta en même temps à l'empereur une requête non moins ferme que respectueuse. « Nous n'ignorons pas combien votre piété chérit les saintes Eglises de Dieu, ainsi que la foi sainte qu'on y prêche et que vous avez reçue de vos pères, et combien vous avez fait pour elles. Aussi n'hésitons-nous pas à porter à vos oreilles le trouble actuel de l'Eglise. Car, entre autres lois, la religion nous commande d'obéir aux principautés et aux puissances, tant que cette obéissance paraît utile aux âmes. Au delà, les interprètes des lois divines nous avertissent qu'il faut user de hardiesse, même à l'égard de Votre Majesté, d'autant plus qu'elle est rehaussée de la foi orthodoxe; ils nous rappellent à tout moment ces paroles du psaume : *J'ai parlé en présence des rois, et je ne rougissais pas;* et nous exhortent à user de cette liberté dans l'occasion. Comme nous croyons cette occasion venue, en vous présentant notre supplique, nous vous déclarons ouvertement nos sentiments, à savoir : Si Votre Majesté approuve la déposition de Cyrille et de Memnon, faite par les schismatiques, nous sommes prêts à nous exposer tous, avec le courage qui sied à des chrétiens, aux mêmes périls que ces saints personnages, persuadés que c'est leur rendre la récompense convenable de ce qu'ils ont souffert pour la foi. Nous supplions donc votre divinité d'appuyer le jugement de ceux qui font le plus grand nombre, qui ont de leur côté l'autorité des sièges, et qui, après avoir examiné soigneusement la foi orthodoxe, ont été du même avis que ce saint homme, c'est-à-dire saint Cyrille. Et n'exposez pas toute la terre à une confusion générale, sous prétexte de procurer la paix et d'empêcher la séparation d'une petite partie de l'Orient, qui ne se séparerait pas si elle voulait obéir aux canons. Car si le chef du concile œcuménique souffre cette injure, elle s'étend à tous ceux qui sont de son avis, il faudra que tous les évêques du monde soient déposés avec ces saints personnages, et que le nom d'orthodoxe demeure à Arius et à Eunomius. Ne souffrez donc pas que l'Eglise qui vous a nourri soit ainsi déchirée, ni que l'on voie des martyrs de votre temps; mais imitez la piété de vos ancêtres, en obéissant au concile et soutenant ses décrets par vos ordonnances. (Labbe, t. III). »

Les évêques qui étaient à Constantinople, au nombre de sept, répondirent aux Pères du concile par une lettre du 13 août 431, où ils les félicitent de leurs souffrances pour la bonne cause, offrant de les aller trouver, ou de demeurer à Constantinople, selon que le concile ordonnerait. Le clergé de Constantinople, ayant saint Dalmace à la tête, leur écrivit aussi. Nous avons, disent-ils, fait lire publiquement dans l'église vos lettres adressées à l'empereur, touchant la déposition de Nestorius. Tout le peuple y a applaudi comme nous, et a fait plusieurs acclamations à votre louange et à celle des empereurs. Nous vous prions de songer désormais à réorganiser notre Eglise; car c'est la seule chose qui reste à faire, c'est-à-dire d'ordonner un évêque de Constantinople.

L'empereur, de son côté, expédia un ordre aux évêques des deux partis, c'est-à-dire de saint Cyrille et de Jean d'Antioche, d'envoyer d'Ephèse chacun les députés qu'ils jugeraient à propos, pour venir à la cour l'instruire de vive voix. Le concile en nomma huit, savoir : le prêtre Philippe, légat du Pape, et sept évêques : Arcade, un des députés d'Occident, Juvénal de Jérusalem, Flavien de Macédoine, Firmus de Cappadoce, Théodote d'Ancyre, Acace de Mélitine, Evoptius de Ptolémaïde, avec une procuration portant ordre, premièrement, de ne communiquer en aucune manière avec Jean d'Antioche et son conciliabule schismatique. Que si l'empereur, ajoutent les Pères, vous oblige de communiquer avec eux, vous ne lui obéirez qu'à condition qu'ils souscriront à la déposition de Nestorius; qu'ils demanderont pardon au concile, par écrit, de l'injure qu'ils ont faite à nos présidents; qu'ils anathématiseront la doctrine de Nestorius, et qu'ils travailleront avec vous pour nous faire rendre les saints archevêques Cyrille et Memnon. En ce cas, nous vous permettons de leur promettre votre communion et de nous en écrire, afin que quand nous nous serons entendus avec vous, on puisse faire avec eux une paix solide. Mais vous ne leur promettrez point votre communion, que le saint concile n'ait recouvré ses présidents. Sachez, au reste, que si vous négligez quelqu'un de ces ordres, le saint concile n'approuvera point ce que vous aurez fait, et ne vous recevra point à sa communion. Bérinien, évêque de Perge, souscrivit le premier, puis tous les autres évêques (Labbe).

Le concile donna aussi à ses députés des mémoires pour réfuter les prétentions des Orientaux, et une lettre à l'empereur, où ils insistent principalement sur la délivrance de Cyrille et de Memnon, et sur la permission de retourner tous à leurs Eglises. On peut croire qu'ils chargèrent aussi leurs députés des réponses aux sept évêques qui leur avaient écrit de Constantinople, et à saint Dalmace. Le concile les remercie de leur affection, les exhorte à demeurer à Constantinople et à continuer de faire connaître à l'empereur les fraudes des Orientaux. Comme nous pensons, ajoutent-ils, que ce que nous vous avons déjà écrit n'est pas venu à votre connaissance, nous vous en envoyons des copies, et nous vous prions aussi de nous faire savoir si nos mémoires ont été rendus à l'empereur, afin que, s'il ne les a pas reçus, il sache les artifices qu'on a employés contre nous. Dans la lettre à saint Dalmace, le concile reconnaît que c'est à lui seul qu'il a l'obligation d'avoir découvert la vérité à l'empereur, et ajoute : « Nous savons qu'avant que Nestorius vînt à Constantinople, Dieu vous révéla ce qu'il avait dans le cœur, et vous disiez à tous ceux qui venaient à votre cellule : Prenez garde à vous, mes frères, il doit arriver en cette ville une méchante bête, qui nuira à beaucoup de gens par sa doctrine (Baluz., *Concil.*). »

Les Orientaux, de leur côté, députèrent huit évêques : Jean d'Antioche, Jean de Damas, Himérius de Nicomédie, Paul d'Emèse, Macaire de Laodicée, Apringius de Calcide, Théodoret de Cyr et Hellade de Ptolémaïde; de plus, Paul, Macaire, Apringius et Théodoret étaient encore chargés de représenter personnellement Acace de Béroé, Cyrus de Tyr, Alexandre d'Apamée et Alexandre d'Hiéraple. La procuration remise à ces députés est très-générale, et porte un plein pouvoir de faire tout ce qu'ils jugeront à propos, soit devant l'empereur, soit dans le conseil d'Etat, dans le sénat ou dans un concile, avec promesse de ratifier tout ce qu'ils auront fait, et de souscrire leurs conventions, même synodalement. La seule exception est contre les chapitres de saint Cyrille, que l'on défend de recevoir. Avec ce mandat, les députés furent chargés d'une requête à l'empereur, dans laquelle, sans parler des dépositions de Nestorius et des autres, ni des actes du concile, ils témoignent être fort en peine à cause des articles de Cyrille, et conjurent l'empereur par tout ce qu'il y a de plus saint, de veiller à la conservation de la foi, dont ils le font servilement juge, et d'obliger leurs adversaires à en traiter en sa présence par écrit. Ils se plaignent, en passant, des entreprises de Juvénal de Jérusalem sur la Phénicie et l'Arabie, et demandent la liberté de retourner à leurs Eglises, si la question de la foi ne peut être terminée alors.

Après que les députés furent partis, l'empereur envoya ordre à Nestorius de se retirer d'Ephèse, lui permettant d'aller où il voudrait. Il demanda de se retirer au monastère de Saint-Euprépius, près d'Antioche, où il avait été élevé dans sa jeunesse; ce qui lui fut accordé, avec les voitures et les commodités nécessaires pour l'y conduire. Nous avons la lettre qui lui en fut écrite par le préfet du prétoire Antiochus, et sa réponse pleine d'actions de grâces, où il dit que rien ne lui était plus honorable que d'être éloigné pour la religion. Il demanda seulement que les écrits de Cyrille (il veut dire principalement ses douze articles) fussent censurés par des lettres de l'empereur, de peur que les simples ne fussent surpris.

Les députés des deux partis étant arrivés à Chalcédoine sur la fin du mois d'août, reçurent ordre de s'y arrêter, avec défense d'entrer à Constantinople, de peur d'y occasionner quelque mouvement populaire. L'évêque de Chalcédoine, qui était uni aux catholiques, les reçut avec joie et leur accorda la permission d'exercer toutes les fonctions sacerdotales dans les églises de la ville. Il n'en usa pas de même envers les Orientaux, qui, à Chalcédoine comme à Ephèse, furent privés de la célébration et de la participation des saints mystères. Ils ne laissaient pas de s'assembler pour prier. Quelques-uns même faisaient des discours à ceux de Constantinople qui venaient pour les entendre; car Nestorius avait encore des partisans dans cette ville. Le bruit de son exil affligea beaucoup Jean d'Antioche et les autres évêques députés avec lui. Ils en témoignèrent leur chagrin à ceux de leur parti qui étaient restés à Ephèse, par une lettre du 4 septembre, où ils leur marquaient en même temps que ce jour-là ils attendaient l'empereur.

Il vint en effet, et écouta favorablement les uns et les autres. Comme les Orientaux accusaient saint Cyrille, les catholiques demandèrent avec instances qu'on lui permît de venir pour se défendre lui-même. Les Orientaux soutenaient, au contraire, qu'il fallait commencer par régler la foi, comme si elle n'avait pas été réglée par la décision du Pape et du concile. C'était tout remettre en question et proposer un remède pire que le mal. Le moyen le plus simple était ce que demandaient les catholiques : qu'on fît venir saint Cyrille, d'autant plus qu'à la prière du concile même il venait de donner, par écrit, une explication de ses douze anathématismes. D'un autre côté, Jean d'Antioche et ses amis avaient envoyé précédemment à l'empereur, par le comte Jean, une profession de foi que saint Cyrille trouva digne d'éloge, lorsque Jean d'Antioche la lui envoya plus tard. Elle était conçue en ces termes : « Nous confessons donc que Notre Seigneur Jésus-Christ est le Fils unique de Dieu, Dieu parfait, et homme parfait, composé d'une âme raisonnable et d'un corps, engendré du Père avant les siècles selon la divinité, et le même engendré dans les derniers jours, pour notre salut, de la vierge Marie, selon l'humanité, le même consubstantiel au Père selon la divinité, et consubstantiel à nous selon l'humanité. Car les deux natures ont été unies : c'est pourquoi nous confessons un Christ, un Fils, un Seigneur. Suivant l'idée de cette union sans confusion, nous confessons que la sainte Vierge est mère de Dieu, parce que le Verbe-Dieu s'est incarné et fait homme, et par la même conception s'est uni le temple qu'il a pris d'elle (Baluz., *Collect.*, c. 17). » Voilà ce que Jean d'Antioche avait écrit par le comte Jean. Or, saint Cyrille ne disait pas autre chose dans ses douze anathèmes. Si donc ces deux personnages avaient pu se voir et s'expliquer leur pensée, ou bien s'il s'était rencontré un homme capable de leur rendre ce service, ils se seraient trouvés d'accord dès l'an 431, comme ils se trouvèrent deux ans après. Mais dans le moment, les esprits étaient trop échauffés les uns contre les autres.

L'empereur entendit les députés jusqu'à cinq fois. Les Orientaux s'attendaient à une sixième audience, lorsqu'il retourna à Constantinople, les laissant à Chalcédoine, avec ordre aux députés catholiques de venir à Constantinople pour y ordonner un évêque. Les Orientaux lui en écrivirent des plaintes amères, où ils avançaient faussement que toute l'Italie était pour eux. Théodose n'y eut aucun égard, et termina toutes les affaires par une lettre qu'il écrivit au concile en ces termes : Comme nous préférons la paix des Églises à toute autre affaire, nous avons essayé de vous mettre d'accord, non-seulement par nos officiers, mais par nous-même. Puis donc qu'il n'a pas été possible de vous réunir, et que vous n'êtes pas même entrés en discussion sur les matières contestées, nous avons ordonné que les évêques d'Orient s'en retournent chacun chez eux à leurs églises, et que le concile d'Éphèse soit séparé ; que Cyrille aille à Alexandrie et que Memnon demeure à Éphèse. Au reste, nous vous déclarons que, tant que nous vivrons, nous ne pouvons condamner les Orientaux, puisqu'on ne les a convaincus de rien devant nous, et qu'on n'a pas même voulu entrer en dispute avec eux. Si vous cherchez donc la paix de bonne foi, faites-le nous savoir ; sinon, songez à vous retirer incessamment. Il ne tient pas à nous de vous accorder : Dieu sait à qui cela tient (Baluz.).

A ce coup, les députés schismatiques perdirent tout espoir. Ils adressèrent à l'empereur de nouvelles remontrances, plus vives que les précédentes. Ce fut en vain. On procéda à l'élection d'un évêque de Constantinople. Les évêques qui y étaient déjà, avec les légats du Pape et les autres députés du concile d'Éphèse, présidèrent à cette élection. On proposa encore Proclus et Philippe, comme avant l'élection de Nestorius. Proclus l'eût emporté, si quelques-uns des plus puissants ne s'y fussent opposés, sous prétexte qu'il n'y eût pas été reçu. Les suffrages tombèrent donc sur Maximien, prêtre de l'Église de Constantinople et disciple de saint Chrysostome. Élevé dans l'Église romaine, et par là même d'autant plus agréable aux légats, il avait vieilli dans les travaux de la piété et les exercices de la vie monastique. Son élection se fit le 25 octobre, d'un commun consentement de l'empereur, du clergé et du peuple, quatre mois après la déposition de Nestorius. Aussitôt après, les évêques qui s'étaient assemblés en concile pour cette ordination, en donnèrent avis au pape Célestin et à saint Cyrille. L'empereur en écrivit lui-même au Pape, et il est à croire que le clergé et le peuple de Constantinople firent de même. Les lettres au Pape furent portées par le prêtre Jean et le diacre Épictète, qui arrivèrent à Rome vers la fête de Noël.

Le Pape écrivit dans ces temps aux évêques des Gaules pour la défense de saint Augustin, dont quelques prêtres gaulois continuaient d'attaquer la doctrine après sa mort. Prosper et Hilaire, qui en avaient écrit à saint Augustin même, allèrent à Rome, et se plaignirent au pape saint Célestin : ce qui lui donna occasion d'écrire cette lettre. Elle est adressée à Vénérius de Marseille, Léonce de Fréjus, Marin, Auxone, et aux autres évêques des Gaules. Le Pape leur reproche fortement leur négligence à réprimer ce scandale. « Les prêtres, dit-il, ne doivent pas enseigner à votre préjudice ; votre silence en cette occasion est suspect de connivence, et nous serions suspect nous-même, si nous nous taisions. Tous ceux qui enseignent mal doivent savoir qu'il leur convient plutôt d'apprendre. Que faites-vous dans les églises, s'ils ont l'autorité de prêcher ? si ce n'est que quelques évêques ignorent leurs droits, parce qu'ils ont été tirés depuis peu d'entre les laïques. » Venant à saint Augustin, il en parle ainsi : « Augustin, homme de sainte mémoire, a toujours été dans notre communion pour son mérite, et n'a jamais été flétri du moindre bruit d'aucun mauvais soupçon. Sa science était telle, je m'en souviens, que mes prédécesseurs le comptaient entre les principaux docteurs ; il était aimé et honoré de tout le monde. C'est pourquoi vous devez résister à ceux qui osent attaquer sa mémoire, et leur imposer silence. »

A cette lettre du pape saint Célestin, sont joints neuf articles touchant la grâce, cités comme partie de la même lettre, dès le commencement du siècle suivant.

Ces articles sont précédés d'un avertissement qui porte : « Que quelques-uns, qui se glorifient d'être catholiques et qui anathématisent Pélage et Célestius, ne laissent pas de parler contre nos maîtres, comme s'ils avaient excédé les bornes nécessaires, et font profession de n'approuver que ce que le Saint-Siège du bienheureux Apôtre a défini contre les ennemis de la grâce, par le ministère de ses pontifes. C'est pourquoi l'on a cru devoir rechercher ce que les Papes ont déjà défini touchant la grâce, contre les criminels défenseurs du libre arbitre, et y joindre quelques sentences des conciles, que les Papes ont rendues leurs en les approuvant.

» 1° Par le péché d'Adam, tous les hommes ont perdu la possibilité ou la puissance naturelle (c'est-à-dire originelle) et l'innocence, et personne ne peut sortir de l'abîme de cette chute, si la grâce de Dieu ne le relève. 2° Personne n'est bon par lui-même ; il faut que celui qui seul est bon se communique à lui. 3° Personne, fût-il renouvelé par la grâce du baptême, n'est capable de surmonter les attaques du démon et les désirs de la chair, si, par le secours journalier de Dieu, il ne reçoit la persévérance dans la bonne vie. Ces trois articles sont tirés de la lettre du pape saint Innocent au concile de Carthage, écrite en 417. 4° Personne n'use bien du libre arbitre, si ce n'est par le Christ. Tiré de la lettre du même Pape au concile de Milève. 5° Tous les désirs, œuvres et mérites des saints doivent se rapporter à la gloire de Dieu, parce que personne ne lui est agréable que par les dons qu'il a reçus de lui. Tiré de la lettre du pape saint Zosime à tous les évêques du monde, à quoi l'on ajoute la réflexion des évêques d'Afrique. 6° Dieu opère tellement dans les cœurs des hommes, et même dans le libre arbitre, que la sainte pensée, le pieux dessein, tout mouvement de la bonne volonté, vient de Dieu; car si nous pouvons quelque bien, c'est par celui sans lequel nous ne pouvons rien. Tiré de la même lettre du pape saint Zosime, qui est perdue.

» 7° La grâce de Jésus-Christ, par laquelle nous sommes justifiés, ne sert pas seulement pour la rémission des péchés commis, mais pour nous aider à n'en point commettre, non-seulement en nous donnant l'intelligence des commandements pour savoir ce que nous devons désirer ou éviter, mais en nous faisant aimer et pouvoir ce que nous connaissons qu'il faut faire, et non-seulement pour le faire plus facilement, mais absolument pour le faire. Tiré des canons trois, quatre et cinq du concile de Carthage du 1er mai 418. 8° Outre ces inviolables sanctions du Siége apostolique, qui nous enseignent à rejeter la présomption de la nouveauté pestilentielle et à rapporter à la grâce du Christ et les commencements de la bonne volonté, et les accroissements des salutaires désirs, et la persévérance jusqu'à la fin, nous apprenons encore ce que nous devons croire, par les prières établies dans tout le monde par les apôtres, et observées uniformément dans toute l'Eglise catholique, qui demandent que la foi soit donnée aux infidèles, aux idolâtres, aux Juifs, aux hérétiques, la charité aux schismatiques, la pénitence aux pécheurs, la grâce du baptême aux catéchumènes. Ces prières ne sont pas de vaines formules, puisqu'on en voit les effets en plusieurs conversions, dont on rend grâces à Dieu. 9° Les cérémonies des exorcismes et du souffle, que toute l'Eglise observe pour préparer au baptême tant les enfants que les adultes, montrent bien qu'elle les croit tous sous la puissance du démon.

» Il faut donc confesser que la grâce de Dieu prévient les mérites de l'homme; qu'elle n'ôte pas le libre arbitre, mais le délivre, l'éclaire, le redresse et le guérit. Dieu veut, tant il est bon, que ses dons soient nos mérites, et qu'il leur accorde la récompense éternelle. Il fait en nouis que nous voulons et faisons ce qu'il veut, mais ses dons ne sont pas oisifs en nous; nous coopérons à sa grâce, et si nous sentons quelque relâchement, qui vient de notre faiblesse, nous recourons promptement à lui. Quant aux questions plus profondes et plus difficiles, qui ont été traitées amplement par ceux qui ont combattu les hérétiques, nous ne les méprisons pas, mais nous n'avons pas besoin de les traiter; car, quant à ce qui est à confesser touchant la grâce de Dieu, nous croyons que ce que nous enseignent les écrits du Siége apostolique suffit, en sorte que nous ne regardons nullement comme catholique, ce qui serait contraire aux sentences décrétées plus haut (Coustant, *Epist.* 21). »

Cette lettre de saint Célestin, avec son appendice, est extrêmement remarquable. Le Pape y venge la mémoire de saint Augustin; il le place parmi les principaux docteurs de l'Eglise; il témoigne que jamais soupçon fâcheux n'a flétri sa renommée. Mais il n'approuve pas pour cela, en détail, tout ce qu'il a pu dire, même sur la grâce. La règle dernière, à cet égard, ce n'est pas ce que les docteurs ont pu écrire sur ces questions ardues, mais ce que le Siège de Pierre a défini, soit directement par lui-même, soit en approuvant les définitions des conciles. Or, comme il a été dit au concile œcuménique d'Ephèse, saint Pierre, jusqu'à présent et toujours, vit et juge dans ses successeurs. Donc, les définitions qu'il donnera sur la grâce au XVIIe et au XVIIIe siècle, n'auront pas moins d'autorité que celles qu'il donnait au Ve.

Le pape saint Célestin ayant reçu, à Noël de l'an 431, les lettres de Constantinople qui lui donnaient avis de la condamnation de Nestorius et de l'élection de Maximien, les fit lire devant tout le peuple assemblé dans l'église de Saint-Pierre. Cette lecture causa aux assistants une extrême joie, qui fut suivie d'acclamations et de prières pour l'empereur. Le Pape, qui avait dessein de renvoyer Jean et Epictète qui lui avaient apporté ces lettres aussi tôt pour retourner avant la fête de Pâques, se hâta d'expédier les réponses dont il devait les charger. Elles sont au nombre de quatre, toutes datées du 15 mars 432. La première est adressée au concile d'Ephèse, c'est-à-dire aux évêques qui y avaient assisté; car il y avait six mois que le concile était séparé. Le Pape y félicite les Pères de leur victoire sur l'hérésie, de la déposition de Nestorius et de l'ordination de Maximien, dont il fait l'éloge. Il ajoute qu'un homme d'une heureuse simplicité, tel qu'était Maximien, était digne de succéder à Sisinnius de sainte mémoire; voulant que l'on regardât le siège de Constantinople comme ayant été vacant pendant que le sacrilège Nestorius l'occupait. « Nous avons été présent en esprit lorsque les évêques catholiques, en ordonnant Maximien, ont récité sur sa tête les paroles mystiques, c'est-à-dire les oraisons que les évêques récitent lorsqu'on tient le livre des Evangiles sur la tête de celui qui est ordonné. » Le Pape témoigne aussi sa joie, de ce que cette élection s'était faite du consentement unanime de l'empereur et des évêques, et dit qu'il n'ignorait pas par quel chemin Maximien était parvenu au faîte du sacerdoce, c'est-à-dire par le suffrage des pauvres, auquel il avait donné tous ses biens.

Comme saint Célestin avait appris que Nestorius était retourné à Antioche, où il pouvait faire beaucoup de maux, il presse les évêques d'obtenir de l'empereur qu'il en soit chassé et relégué dans quelque solitude, ce que Jean et Epictète jugeaient aussi être fort à propos. Il passe aux complices de Nestorius, et dit qu'il faut agir envers eux avec beaucoup de circonspection, suivant l'exemple que le Siège apostolique avait toujours donné en des cas pareils, notamment à l'égard des pélagiens. C'est que les adhérents, s'ils se convertissent, s'ils se condamnent l'hérésie et son auteur et se déclarent catholiques, sont reçus dans leur rang et dignité, et peuvent reprendre leurs églises, dont jusque-là ils doivent être chassés, quand même, par surprise, l'empereur les y aurait rétablis; tandis que les auteurs de l'hérésie et ceux de leurs complices qui ont été nommément condamnés avec eux par la souscription de tous les frères, ne sont reçus qu'à la pénitence. Le Pape ajoute : Quant à l'évêque d'Antioche, s'il y a espérance de correction, écrivez-lui que, s'il ne partage pas nos sentiments et ne condamne pas par écrit la nouvelle hérésie, l'Eglise ordonnera de lui selon que le commande l'intérêt de notre foi. Il faut espérer cependant de la divine miséricorde que tous rentreront dans la voie de la vérité, si l'on éloigne de ladite ville l'auteur et la cause de ces maux.

La seconde lettre est adressée à l'empereur Théodose; elle loue son zèle pour la foi, et approuve l'ordination de Maximien, que le Pape reconnaît pour membre de l'Eglise romaine; mais il insiste principalement sur la nécessité d'éloigner Nestorius, pour couper la racine de l'hérésie. A la fin de la lettre, il recommande à l'empereur une affaire particulière, savoir, de maintenir la disposition de l'illustre dame Proba, qui avait laissé à quelqu'un des terres en Asie, à la charge d'employer la plus grande partie du revenu à la subsistance des pauvres clercs et des monastères : ce qui était fort mal exécuté. La troisième lettre est à Maximien, pour l'exhorter à réparer les désordres de l'Eglise de Constantinople, en imitant la prédication de Jean, la vigilance d'Atticus, la sainte simplicité de Sisinnius. Il l'exhorte en particulier à s'opposer à l'erreur de Célestius, c'est-à-dire de Pélage, dont les sectateurs faisaient toujours de nouveaux efforts pour se relever. La quatrième lettre est adressée au clergé et au peuple de Constantinople. Le Pape y marque toute la suite de l'affaire; le péril où ils ont été, l'inquiétude qu'il en a ressentie, le zèle de saint Cyrille et ses efforts pour ramener Nestorius, les démarches qu'il a faites lui-même; le concile demandé par Nestorius, et auquel toutefois il n'a osé se présenter; le secours qu'il a cherché dans les pélagiens. Ensuite le Pape exhorte l'Eglise de Constantinople à écouter Maximien, qui ne leur prêchera que l'ancienne doctrine qu'il a prise de l'Eglise romaine, et à demeurer fermes dans la foi, comme ils avaient fait jusqu'alors (Coust., *Célest.*, Epist. 22, 23, 24 et 25).

Le pape saint Célestin mourut vers le 26 juillet de la même année 432. Son successeur fut Sixte, troisième du nom, natif de Rome, qui fut ordonné le dimanche, 31 du même mois, et tint le Saint-Siège environ huit ans. Il était prêtre de l'Eglise romaine, et c'est à lui que saint Augustin avait écrit cette fameuse lettre touchant la grâce. Son ordination se fit du consentement unanime de tout le monde, en présence de deux évêques orientaux, Hermogène de Rhinocorure en Egypte et Lampétius de Cassium, envoyés par les évêques qui avaient assisté au concile d'Ephèse, avec des lettres de recommandation de saint Cyrille.

Le nouveau Pape les chargea de deux lettres en réponse. La première était adressée non-seulement à saint Cyrille, mais en général à tous les évêques du concile d'Ephèse. Il paraît encore que c'est la même qui fut envoyée à Acace de Béroé. Saint Sixte l'écrivit à deux fins. Premièrement, pour faire part à ces évêques de son ordination, à laquelle leurs députés avaient été présents; secondement, pour procurer, autant qu'il était en lui, la réunion des évêques d'Orient. Il y donne de grandes louanges à saint Cyrille, qui, oubliant les injures qu'on lui avait faites, ne songeait qu'aux intérêts de l'Eglise et au rétablissement de la paix. Il déclare qu'il est du même avis; que l'on reçoive dans l'Eglise et que l'on conserve dans leurs dignités tous ceux qui, engagés avec Nestorius, voudraient revenir dans le droit chemin et vivre dans la piété, c'est-à-dire faire profession de la foi orthodoxe. Il témoigne que l'Eglise romaine en avait déjà usé ainsi dans d'autres occasions, et qu'il était prêt à accorder sa communion à tous ces évêques, auxquels il l'avait refusée jusqu'alors, pourvu qu'ils abandonnassent Nestorius et qu'ils condamnassent tout ce qui avait été condamné par le concile d'Ephèse. Que si, au contraire, ils refusent de se réunir et d'entrer dans les sentiments de l'Eglise, on n'abandonnera pas pour cela le soin de leurs peuples; mais on y pourvoira en mettant d'autres pasteurs en leur place. A l'égard de Jean d'Antioche, il veut que l'on observe ce qui avait été prescrit par le pape Célestin, c'est-à-dire qu'il rejette tout ce que le concile a condamné, s'il veut être tenu pour évêque catholique. Nestorius est le seul à qui il ôte toute espérance de rétablissement, comme ayant été déposé après avoir fait naufrage dans la foi. Il prie tous les évêques à qui cette lettre serait adressée nommément, de la faire voir à leurs voisins, afin qu'ils sachent que le Siège apostolique, qui a la sollicitude de toutes les Eglises, ne se néglige en rien, lorsqu'il s'agit du maintien de la foi.

Il écrivit en même temps une lettre particulière à saint Cyrille, qui lui avait envoyé un archidiacre, nommé Thémison, pour le prier d'écrire aux évêques du concile d'Ephèse qu'Hermogène et Lampétius lui désigneraient, ce qu'il était à propos de faire pour la réunion des Orientaux. Il y déclare, comme dans la précédente, que Jean d'Antioche et tous ceux qui avaient avec lui pris le parti de Nestorius, seront reçus dans la communion des autres évêques, pourvu qu'ils abandonnent cet hérésiarque et tout ce qui a été condamné par le concile d'Ephèse, dont les décisions ont été confirmées par le Saint-Siège (Coust., *Xisti, Epist.* 1 et 2).

Cependant la division était grande en Orient. Jean d'Antioche, retournant chez lui après le concile d'Ephèse, écrivit d'Ancyre au préfet du prétoire que ni lui ni ceux de son parti ne tenaient pour évêques Maximien de Constantinople, ni ses ordinateurs, ne ceux qu'ils avaient ordonnés en d'autres églises, le priant de le déclarer à l'empereur et à son conseil d'Etat. A Tarse, Jean et ceux de son parti s'assemblèrent en concile et déposèrent de nouveau saint Cyrille et les sept évêques qui avaient été à Constantinople pour l'ordination de Maximien. Jean, étant de retour à Antioche, assembla encore un concile où les Orientaux confirmèrent de nouveau la déposition de saint Cyrille et tout ce qu'ils avaient fait, et écrivirent à l'empereur pour lui déclarer qu'ils détestaient les articles de Cyrille, et le prier de ne point souffrir qu'ils fussent enseignés dans aucune église.

Toutefois, malgré toutes ces protestations et ces condamnations réitérées, un des métropolitains de l'Orient, Rabula d'Edesse, se déclara hautement pour saint Cyrille et sa doctrine. Rabula, d'abord païen et gouverneur d'une ville, avait été converti par saint Alexandre, fondateur du monastère des acémètes. Après sa conversion, il mit en liberté ses esclaves, donna ses biens aux pauvres et se retira dans la solitude, où il mena la vie d'anachorète : mais il en fut ensuite tiré pour être évêque d'Edesse, métropole de Mésopotamie. Sa femme se consacra à Dieu de son côté, et bâtit un monastère où elle s'enferma avec ses filles et ses servantes, et y finit saintement ses jours. Rabula avait assisté au concile d'Ephèse, où d'abord il avait suivi le parti des Orientaux. Depuis, il avait reconnu la doctrine de saint Cyrille, comme la seule véritable, et avait anathématisé Théodore de Mopsueste, ainsi que ceux qui lisaient ses écrits ; il avait également condamné les écrits d'André de Samosate et de Théodoret contre saint Cyrille. Sur la plainte d'André, Jean d'Antioche et son concile ordonnèrent aux évêques de l'Osroëne de ne point communiquer avec Rabula, jusqu'à ce qu'il eût été rappelé et examiné juridiquement. Théodoret, toujours plein de ses préjugés, écrivit cinq livres de l'Incarnation pour combattre la doctrine de saint Cyrille et du concile d'Ephèse. Il écrivit aussi des lettres de consolation au peuple de Constantinople, dont une certaine partie était toujours attachée à Nestorius. Les catholiques, de leur côté, agissaient vigoureusement pour chasser les évêques schismatiques et en établir d'autres à leur place. De là souvent des collisions parmi le peuple.

Pour remédier à ces désordres, l'empereur Théodose fit venir Maximien et plusieurs autres évêques qui étaient demeurés à Constantinople depuis son ordination, et les consulta sur les moyens de procurer la paix à l'Eglise. Il faut, dirent-ils, commencer par convenir sur la foi : que Jean d'Antioche anathématise la doctrine de Nestorius et approuve sa déposition, et que Cyrille, de son côté, oublie tout ce qui s'est passé à Ephèse. Charmé de cet avis, l'empereur écrivit à Jean d'Antioche et à saint Cyrille de se rendre tous deux à Nicomédie pour se voir et se réconcilier. En attendant, tout devait rester dans le même état. Il écrivit en même temps à Acace de Béroé, comme au plus ancien évêque de Syrie et qui avait le plus de crédit sur l'esprit de Jean d'Antioche. Il écrivit encore à saint Siméon Stylite, pour recommander à ses prières cette pacification des églises, d'autant plus que sa vie miraculeuse lui donnait une grande autorité. Aristolaüs, conseiller d'Etat, fut chargé de ces lettres.

La conférence de Nicomédie n'eut pas lieu, mais la paix se conclut enfin. Jean tint un concile à Antioche, où les Orientaux dressèrent six propositions, dont ils voulaient que saint Cyrille convînt. Il ne nous en reste que la première, qui contenait tout l'essentiel et portait : « Nous nous tenons à la foi de Nicée et à l'explication qu'en a donnée le bienheureux Athanase dans sa lettre à Epictète : mais nous rejetons les nouveaux dogmes avancés dans des lettres ou dans des articles, comme causant du trouble. » Ils entendaient par là les écrits de saint Cyrille, et particulièrement les douze anathématismes (Baluz., Nova collect.). Acace de Béroé écrivit à saint Cyrille pour l'exhorter à la paix, et lui envoya ces six propositions. Aristolaüs s'en chargea lui-même, et porta le tout à Alexandrie, d'où il renvoya la réponse de saint Cyrille à Acace, par un officier nommé Maxime.

Elle porte que les Orientaux demandent l'impossible, en prétendant qu'il condamne tout ce qu'il a écrit avant le concile d'Ephèse. « Je conviens, dit-il, que le Symbole de Nicée est suffisant, mais ce que j'ai écrit n'est que contre les erreurs de Nestorius, et si je le rétracte maintenant, il s'ensuivra qu'il aura eu raison, et que nous aurons eu tort de le condamner et de le déposer. Vous voyez donc que, loin de vouloir la paix, ils nous ramènent à l'origine de la division. Ils devaient plutôt, quand ils vinrent à Ephèse, condamner avec nous Nestorius. Car, s'ils sont venus un peu tard, qui les empêchait de prendre communication des actes et d'approuver ce que tous les autres avaient jugé ? Quand nous aurions eu tort en quelque chose, fallait-il pour cela dédaigner même de nous parler ? Il y avait trois ans que nous souffrions les blasphèmes de Nestorius, et que nous nous efforcions tous, et vous-même, de le ramener à la raison. Enfin, le concile voyant qu'il persistait, même à Ephèse, et qu'il était incurable, opiniâtre et impénitent, l'a privé du sacerdoce, mais en même temps le concile a confirmé la foi de Nicée.

» Pour moi, je veux bien, pour l'amour de Dieu, le respect de l'empereur qui le désire, et l'utilité de l'Eglise, oublier les outrages que j'ai reçus et pardonner tout comme à mes frères ; mais aussi c'est la volonté de Dieu et de l'empereur, qu'ils approuvent la condamnation de Nestorius et qu'ils anathématisent ses blasphèmes. Il ne tient qu'à cela que la paix des Églises ne soit rétablie. Et parce que quelques-uns m'attribuent inconsidérément les erreurs d'Apollinaire, d'Arius ou d'Eunomius, je déclare que, par la grâce du Sauveur, j'ai toujours été orthodoxe ; j'anathématise Apollinaire et tous les autres hérétiques ; je confesse que le corps de Jésus-Christ est animé d'une âme raisonnable, qu'il ne s'est point fait de confusion ; que le Verbe divin est immuable et impassible selon sa nature. Mais je soutiens que le Christ est le Seigneur, Fils unique de Dieu, et le même qui a souffert en sa chair, comme dit saint Pierre. Quant aux douze articles, ils ne regardent que les dogmes de Nestorius. Et lorsque la paix sera rendue aux Églises et que nous pourrons écrire librement et fraternellement, il me sera facile de contenter tout le monde sur ces articles ; car notre doctrine et notre conduite sont approuvées de tous les évêques, par tout l'empire romain, et nous devons avoir soin d'entretenir aussi la paix avec eux. Au reste, le tribun Aristolaüs a tellement adouci les esprits du clergé d'Alexandrie et de tous les évêques d'Egypte, affligés de ce que les Orientaux ont fait contre moi, qu'il m'a fort aplani le chemin de la paix (Baluz.). » Telle fut la réponse de saint Cyrille à Acace de Béroé. Le pape saint Sixte lui écrivit aussi dans le même temps, selon toute apparence pour l'exhorter à travailler à cette réunion.

La lettre de saint Cyrille fut reçue diversement par les Orientaux. Acace de Béroé et Jean d'Antioche en furent contents. Théodoret en approuva la doctrine ; mais sans vouloir condamner Nestorius. Alexandre d'Hiéraple n'y voulut absolument rien entendre. Il écrivait : « Quand j'ai vu ce changement de Jean et d'Acace, j'ai souhaité que la terre m'engloutît, et si la crainte de Dieu ne m'avait retenu, j'aurais tout quitté et me serais enfui au désert. J'arracherais plutôt mon œil droit et je couperais plutôt ma main droite que de consentir à cette impiété. » Il proposait, toutefois, que deux ou trois d'entre les Orientaux allassent en Egypte pour s'assurer mieux des sentiments de saint Cyrille, ou, comme il disait, de l'Egyptien.

Jean d'Antioche croyait que c'était assez que Cyrille condamnât nettement l'erreur d'Apollinaire et la confusion des natures. C'est pourquoi, comme il désirait la paix, il alla à Béroé voir le vieil évêque Acace, âgé de cent dix ans, qu'ils regardaient tous comme leur père, et qui procurait la paix de tout son pouvoir. Après une mûre délibération, ils résolurent de prier Paul, évêque d'Emèse, d'aller en Egypte pour conférer avec saint Cyrille, sachant combien les affaires se traitent mieux de vive voix. Paul était un vieillard habile et homme de confiance, qui avait souscrit pour Acace de Béroé au concile d'Ephèse. Il entreprit le voyage. Et Jean d'Antioche fit part de cette résolution à Alexandre d'Hiéraple, qui s'obstina dans son inflexible dureté. Mais Dorothée de Marcianople et les autres évêques de Mésie approuvèrent la députation de Paul, en recommandant que l'on obligeât Cyrille à reconnaître en Jésus-Christ deux natures sans confusion.

Saint Cyrille était grièvement malade quand Paul d'Emèse vint à Alexandrie. Il fallut attendre qu'il se trouvât mieux. Ils s'entretinrent alors fort au long sur tout ce qu'on avait fait à Ephèse contre lui. Mais voulant tout oublier et venir à quelque chose de plus important, il demanda s'il apportait quelque lettre de Jean d'Antioche. Paul lui en remit une où Jean disait : « J'avais toujours eu pour vous une inclination particulière, même sans vous avoir vu; mais ces articles ont été cause de la division. Nous ne pouvions croire du commencement qu'ils fussent de vous, tant ils nous paraissaient éloignés de la doctrine de l'Eglise. Vous les avez déjà bien corrigés, et vous nous avez donné de grandes espérances par la lettre à Acace, qui a réjoui tous ceux qui aiment la paix de l'Eglise. Quand elle sera faite, on s'éclaircira encore mieux. Mais ce qui nous a le plus réjouis, c'est que vous avez reçu avec beaucoup de plaisir la lettre de notre père commun Athanase, qui suffit pour terminer tous les différends. Jean d'Antioche exhortait ensuite saint Cyrille à concourir à la paix, pour faire cesser les anathèmes et les persécutions réciproques des évêques, la division des peuples et les insultes des Juifs et des païens. Enfin, il lui recommandait Paul d'Emèse, et le priait de lui parler avec autant de confiance qu'à lui-même.

Saint Cyrille ne fut pas content de cette lettre, à cause des reproches qu'elle contenait, plus propres à l'aigrir qu'à l'apaiser. Ainsi, quoique ce fût une lettre de communion, il ne voulut point la recevoir, et dit : « Ceux qui devaient nous demander pardon du passé, veulent-ils nous offenser de nouveau? J'attendais plutôt quelque consolation. » Paul d'Emèse assura avec serment que leur dessein n'avait point été de l'offenser, et que Jean avait écrit ainsi par simplicité et par zèle pour la vraie doctrine. Cyrille reçut charitablement l'excuse; mais avant d'admettre Paul à la communion des prières ecclésiastiques, il l'obligea à donner, par écrit, sa déclaration qu'il renonçait au schisme. Elle était conçue en forme de lettre à saint Cyrille présent. Paul y marque comme, en exécution de la lettre de l'empereur, Jean d'Antioche et Acace de Béroé l'ont envoyé vers saint Cyrille, qu'il a trouvé disposé à la paix, et qui lui a mis entre les mains un écrit contenant la foi catholique dans sa pureté, « ce qui était, ajoute-t-il, le plus important. Et parce qu'il faut aussi régler ce qui regarde Nestorius, je déclare que nous recevons l'ordination du très-saint évêque Maximien; que nous tenons pour déposé Nestorius, ci-devant évêque de Constantinople; que nous anathématisons les impiétés qu'il a enseignées, et que nous embrassons sincèrement votre communion, suivant l'exposition que nous vous avons donnée touchant l'incarnation du Verbe, que vous avez reçue, comme votre propre foi, et dont la copie est insérée à cet écrit. Et par cette communion, nous finissons tous les troubles excités de part et d'autre, et ramenons les Eglises à leur première tranquillité. »

Après cette déclaration, Paul fut admis aux prières ecclésiastiques, et prit place comme évêque dans la grande église d'Alexandrie. Il parla même au peuple en présence de saint Cyrille, le jour de Noël, 25 décembre 432. Il commença par annoncer la paix avec les anges, puis, entrant dans le mystère du jour : « O prodige! dit-il. Une vierge enfante et demeure vierge! Ce prodige a été vu de l'avance par Isaïe, quand il s'écriait : *Voici que la Vierge concevra et enfantera un Fils; et on appellera son nom Emmanuel*, c'est-à-dire, comme nous l'interprète l'évangéliste, *Dieu avec nous*. Marie, mère de Dieu, enfante donc l'Emmanuel. » A ces mots, le peuple s'écria : Oui, c'est la foi même, la voilà, c'est le don de Dieu! Orthodoxe Cyrille, voilà ce que nous voulions entendre! Qui ne dit pas ainsi, qu'il soit anathème! Paul d'Emèse continua : « Qui ne dit pas et ne pense pas ainsi, qu'il soit anathème et rejeté de l'Eglise! Marie, mère de Dieu, nous a donc enfanté l'Emmanuel, c'est-à-dire Dieu fait homme; le même, Dieu parfait et homme parfait. Car le concours des deux natures parfaites, je veux dire de la divinité et de l'humanité, a formé un seul Fils, un seul Christ, un seul Seigneur. » A ces mots, le peuple l'interrompit encore par ses acclamations : Vous êtes le bienvenu, évêque orthodoxe, digne du digne pontife que vous êtes venu voir! C'est un don de Dieu, orthodoxe Cyrille! Je savais bien, très-aimés frères, reprit Paul, que je venais à un père orthodoxe. Nous n'adorons donc pas une quaternité, mais la trinité, Père, Fils et Saint-Esprit. Nous anathématisons ceux qui disent deux Fils, et nous les chassons de l'Eglise. Nous ne disons pas qu'il y ait deux Fils, ni que l'Emmanuel, né de la Vierge, mère de Dieu, soit un pur homme; car la plénitude de la divinité habite en lui corporellement. C'est sur cette foi, sur cette espérance, sur cette pierre, que le Seigneur Dieu a posé les fondements de l'Eglise, suivant la confession de Pierre, le prince des apôtres : *Vous êtes le Christ, Fils du Dieu vivant*. Mais prions le Père que voilà (il entendait saint Cyrille), de nous distribuer lui-même, à son ordinaire, la nourriture spirituelle.

Huit jours après, c'est-à-dire le 1er janvier 433, Paul prêcha de nouveau et dit : « Dernièrement, nous n'avons pu achever notre discours. Ainsi, descendons de nouveau dans l'arène. Que notre généreux père fasse aujourd'hui ce qu'il a fait alors; qu'il soit juge du combat. Alors, par la joie de son visage, par l'épanouissement de son sourire, il témoignait se plaire à la lutte de son enfant; il nous tendait la main pour faire entendre qu'il se déclarait pour nous et désirait nous voir couronné comme son fils. » A ces mots le peuple s'écria : « C'est un don de Dieu, Cyrille! Vous avez rendu tous les autres semblables à vous! C'est un pontife digne de s'unir à un digne pontife! Seigneur, conservez le père des évêques! Vous êtes le bienvenu, évêque orthodoxe, précepteur de l'univers! Qui croit de la sorte, il est chéri! Grand panégyriste d'un grand docteur! « Paul expliqua ensuite très-bien le mystère de l'Incarnation contre les erreurs de Nestorius et d'Apollinaire, et conclut en ces termes: « Nous ne vous avons rappelé que ce que vous saviez déjà. Car c'est la doctrine de votre père; c'est le trésor de vos ancêtres; ce sont les dogmes du bienheureux Athanase; ce sont les enseignements du grand Théophile. » Le peuple lui répondit par de nouvelles acclamations, et saint Cyrille y ajouta quelques mots de louange sur la manière dont Paul avait expliqué le mystère (Labbe).

Paul d'Emèse aurait voulu que la déclaration qu'il avait donnée par écrit servît à Jean d'Antioche et à tous les évêques orientaux, comme étant faite en leur nom, et qu'on ne leur demandât rien davantage. Cyrille crut nécessaire que Jean la donnât également par écrit. Ils la rédigèrent ensemble; elle contenait l'approbation de la déposition de Nestorius et la condamnation de ses dogmes. Cyrille en chargea deux de ses clercs, avec une lettre de communion pour Jean d'Antioche; mais qu'ils ne devaient lui remettre que quand il aurait signé la déclaration. Les deux clercs accompagnèrent le tribun Aristolaüs, qui retourna à Antioche et qui s'ennuyait assez des longueurs de cette négociation. Il promit avec serment, à Cyrille, que le projet de la déclaration ne se perdrait point. Et si l'évêque Jean, ajouta-t-il, ne veut pas la souscrire, je m'en irai droit à Constantinople, et je dirai à l'empereur qu'il ne tient pas à l'Eglise d'Alexandrie que la paix ne se fasse, mais à l'évêque d'Antioche. Saint Cyrille agissait en même temps à Constantinople, afin que les ordres de la cour pressassent Aristolaüs de finir cette négociation, et Jean d'Antioche d'abandonner Nestorius. Il écrivait pour cela des lettres à l'impératrice Pulchérie, à des officiers et à des dames de la cour. Outre ces lettres, il envoyait encore des bénédictions, c'est-à-dire des présents. Et ces présents n'étaient pas peu de chose; car, sans compter tout ce qu'elle avait expédié directement, l'Eglise d'Alexandrie emprunta pour cela quinze cents livres d'or.

Jean d'Antioche se rendit enfin et écrivit une lettre à saint Cyrille, où il dit que, pour le bien de l'Eglise et pour satisfaire à l'ordre de l'empereur, il a donné commission à Paul d'Emèse de faire la paix et de donner en son nom l'exposition de foi qu'il avait dressée de concert avec Acace de Béroé et les autres évêques en ces termes : « Quant à la vierge Marie, mère de Dieu, et la manière de l'incarnation, nous sommes obligés de dire ce que nous en pensons, non pour ajouter quoi que ce soit à la foi de Nicée, ni pour prétendre expliquer des mystères ineffables; mais pour fermer la bouche à ceux qui veulent nous attaquer. Nous confessons donc que Notre Seigneur Jésus-Christ est le Fils unique de Dieu, Dieu parfait et homme parfait, composé d'une âme raisonnable et d'un corps; engendré du Père avant les siècles, selon la divinité, et le même, engendré dans les derniers jours, pour notre salut, de la vierge Marie, selon l'humanité; le même, consubstantiel au Père, selon la divinité, et consubstantiel à nous, selon l'humanité; car les deux natures ont été unies. C'est pourquoi nous confessons un seul Christ, un seul Fils, un seul Seigneur. Suivant l'idée de cette union sans confusion, nous confessons que la sainte Vierge est mère de Dieu, parce que le Verbe-Dieu s'est incarné et fait homme, et par la même conception s'est uni le temple qu'il a pris d'elle. Quant aux expressions des Evangélistes et des Apôtres, touchant Notre Seigneur, nous savons que les théologiens en appliquent les unes en commun, comme à une seule personne, et les autres séparément, comme à deux natures, rapportant à la divinité du Christ celles qui sont dignes de Dieu, et à son humanité les plus basses. Après avoir adopté cette confession de foi, nous sommes convenus, pour procurer la paix universelle aux Eglises et ôter les scandales, de tenir pour déposé Nestorius, jadis évêque de Constantinople, et nous anathématisons ses mauvaises et profanes nouveautés de paroles, parce que nos Eglises conservent la foi orthodoxe et saine, comme fait Votre Sainteté. Nous approuvons aussi l'ordination du très-saint évêque Maximien en l'Eglise de Constantinople, et nous communiquons avec tous les évêques du monde qui gardent et enseignent la foi pure et orthodoxe. Portez-vous bien, et continuez de prier pour nous, seigneur bien-aimé de Dieu et très-saint, et le plus vrai de tous mes frères ! »

La paix étant ainsi faite, saint Cyrille annonça cette heureuse nouvelle à son peuple, le 23 avril 433. Il fit lire dans l'église la lettre de Jean d'Antioche et sa réponse, dont il chargea Paul d'Emèse. Outre les témoignages de joie et d'amitié, elle contenait aussi la déclaration de Jean d'Antioche et quelques éclaircissements de saint Cyrille sur sa doctrine, pour lever tous les scrupules des Orientaux. Il y joignait un exemplaire correct de la lettre de saint Athanase à Epictète, attendu que les exemplaires apportés par Paul d'Emèse, ayant été comparés aux anciens, s'étaient trouvés corrompus.

Jean d'Antioche ayant appris la nouvelle de cet accord, en fit part à Théodoret, lui promettant un plus grand éclaircissement après l'arrivée de Paul d'Emèse, qui était en chemin pour revenir d'Egypte. Il écrivit ensuite à tous les évêques d'Orient, pour leur annoncer la paix. « Nous sommes, dit-il, d'un même sentiment, Cyrille et nous; nous conservons la même foi. Il n'y a plus de différence, ni de sujet d'en douter, après la lettre qu'il m'a écrite; tout y est clair et conforme à nos propositions. Il approuve et loue nos expressions, et expose la tradition des Pères, qui était, pour ainsi dire, en danger de périr d'entre les hommes. Il enseigne clairement la différence des natures, avec l'identité de personne du Fils de Dieu, en sorte qu'il doit satisfaire tous ceux qui sont de bonne volonté, et couvrir de confusion les incrédules qui renouvellent l'erreur d'Apollinaire. Je vous envoie la lettre même de Cyrille, par laquelle il nous a satisfaits, et celle que je lui ai écrite, afin que vous voyiez que, dans cet accord, je n'ai rien fait de déshonorant ni de servile. »

Saint Cyrille et Jean d'Antioche écrivirent surtout au pape saint Sixte, l'heureuse conclusion de la paix. Les lettres de Cyrille arrivèrent les premières à Rome, et y trouvèrent le Pape tenant un concile avec les évêques, qui étaient venus célébrer l'anniversaire de son ordination. Tout le peuple était assemblé dans l'église Saint-Pierre, quand cette heureuse nouvelle y fut publiée.

Le Pape reçut, vers le même temps, une lettre plus remarquable encore, de la part des évêques d'Orient qui blâmaient cette paix. Plusieurs de ceux qui avaient soutenu Nestorius au concile d'Éphèse, trouvèrent mauvais que Jean d'Antioche l'eût abandonné. Les deux plus fameux furent Théodoret et Alexandre d'Hiéraple, son métropolitain. Théodoret convenait de la doctrine, et reconnaissait dès lors saint Cyrille pour catholique; mais il ne pouvait se résoudre à abandonner la personne de Nestorius, qu'il croyait injustement condamné, sans que sa doctrine eût été bien entendue. Il en écrivit ainsi à Nestorius même. Alexandre d'Hiéraple rejetait également toutes les parties de l'accord. D'autres enfin, tel qu'André de Samosate, embrassèrent dès lors la paix. Ceux qui résistèrent écrivirent promptement au Pape, de peur qu'il ne se laissât prévenir par les lettres de Cyrille et de Jean d'Antioche. Nous avons la supplique de deux d'entre eux, Euthérius de Tyane et Hellade de Tarse, qui en envoyèrent copie à Théodoret et à Alexandre d'Hiéraple, pour qu'ils en fissent autant de leur côté. Ils y disent au Pape : « De même que Moïse a vaincu Jannès et Mambrès, et Pierre, Simon le Magicien; ainsi nous espérons que, nouveau Moïse, vous frapperez l'hérétique égyptien (ils entendaient Cyrille) et que vous sauverez l'univers de son erreur. Au milieu des tempêtes et des pirates auxquels nous sommes en butte, c'est à nous de crier vers celui qui tient le gouvernail de la part de Dieu, et de l'instruire du danger; c'est à votre sagesse d'y prendre garde, et d'imposer le remède avec toute la constance que Dieu vous donne. Toujours votre Siège apostolique a suffi pour convaincre le mensonge, réprimer l'impiété, corriger ce qui était nécessaire et sauver le monde, non-seulement sous le bienheureux et saint évêque Damase, mais encore sous plusieurs autres de vos glorieux et admirables prédécesseurs. C'est pourquoi nous osons vous adresser ces supplications, afin que vous veniez au secours de l'univers, et dans la partie qui s'égare, et dans celle qui endure la tyrannie, parce qu'elle ne veut pas recevoir les nouveautés étrangères des articles égyptiens. » Puis, après avoir raconté à leur manière l'histoire du concile d'Éphèse, les prétendues erreurs de saint Cyrille et la réconciliation de Jean d'Antioche, ils ajoutent : « Nous nous prosternons donc à vos pieds, pour vous prier de nous tendre une main secourable, d'empêcher le naufrage de l'univers, d'ordonner une enquête de tout ceci, et d'y apporter un remède au nom du ciel, afin qu'on rappelle les pasteurs exilés, et qu'on rassemble les ouailles dispersées, qui sont en danger de leur salut, ne voulant pas recevoir de la main des hérétiques le baptême ou la communion mystique, qu'on ne leur permet pas de recevoir de la main des orthodoxes. Nous, qui sommes de différentes provinces, c'est-à-dire de l'Euphratésienne, de l'une et l'autre Cilicie, de la seconde Cappadoce, de Bithynie, de Thessalie et de Mésie, nous serions allés, il y a longtemps, à Votre Sainteté, porter nos plaintes avec des torrents de larmes, si nous n'étions retenus par la crainte des loups qui menacent nos troupeaux. Nous envoyons à notre place des clercs et des moines, pour exciter la ferveur de votre zèle à venir promptement à notre secours. Euthérius, évêque de la métropole de Tyane; Hellade, évêque de la métropole de Tarse, j'ai souscrit, et vous supplie de prier pour moi, Père très-saint et très-chéri de Dieu (Coust., *Xisti, Epist.* 4). »

On voit par cette lettre que, jusqu'aux extrémités de l'Orient, les évêques étaient persuadés, non-seulement qu'ils étaient tous en droit de s'adresser au Pape pour se plaindre des vexations de leurs supérieurs et des désordres de l'Église; mais encore que la seule autorité du Pape suffisait à tout, même à casser l'accord des patriarches et les décrets d'un concile œcuménique. Nous ne savons pas quelle réponse le pape saint Sixte fit à ces lettres; mais, outre qu'Hellade de Tarse se réunit depuis à l'Église, on peut en juger par la réponse que le même Pape fit aux lettres de saint Cyrille et de Jean d'Antioche, le 17 septembre 433.

Il félicite l'un et l'autre, avec une grande effusion de joie et d'amitié. Il approuve en tout la conduite de saint Cyrille; il le félicite en particulier de ce qu'il avait eu à souffrir à cette occasion; mais cependant il lui témoigne ne pas croire que Jean d'Antioche eût jamais suivi l'erreur de Nestorius, mais seulement qu'il avait suspendu son jugement. Jean avait témoigné au Pape une grande joie de le voir présider au Siège apostolique pour le bonheur du genre humain, et l'avait appelé un astre brillant et répandant partout sa lumière. Le Pape le remercie de ces expressions de bienveillance, et le félicite lui-même de confesser avec toute l'exactitude désirable que c'est Notre Seigneur Jésus-Christ qui est vraiment né pour le bonheur du genre humain; il ajoute que, dès lors, il était lui-même, ainsi que tous les vrais évêques, de ces astres brillants qui doivent luire partout, tandis que l'orgueilleux Nestorius était tombé comme Lucifer. Mais, conclut-il, jouissons, par la grâce du Seigneur, du bonheur et de la joie d'habiter de nouveau ensemble comme des frères. Ce que vous nous écrivez, nous voulons que Votre Sainteté le prêche. Vous avez expérimenté, par l'issue de la présente affaire, ce que c'est que de penser comme nous. Le bienheureux apôtre Pierre a transmis dans ses successeurs ce qu'il a reçu. Qui voudrait se séparer de la doctrine de celui que le maître lui-même enseigna le premier parmi les apôtres? Pour lui, ce n'est pas un discours entendu par un autre, ou dont il aurait fait la lecture, qui l'a instruit; il l'a été avec les autres par la bouche même du maître. Il ne lui a point fallu interroger l'Écriture ni les écrivains; il a reçu la foi complète et simple, et qui est au-dessus de la controverse. C'est elle que nous devons méditer, c'est en elle que nous devons demeurer toujours (*Xisti, Epist.* 5 et 6).

LIVRE QUARANTIÈME.

L'Église catholique maintient la doctrine de l'Incarnation contre l'hérésie grecque d'Eutychès. — Concile de Chalcédoine. — Le pape saint Léon. — Mort d'Attila.

(De l'an 433 à l'an 453 de l'ère chrétienne.)

Depuis quatre siècles, l'Eglise du Christ maintenait dans sa pureté, contre les hérésies de toute espèce, la doctrine qu'elle avait reçue du Christ. Elle la maintiendra de même jusqu'à la fin des siècles; car il est dit que *les portes de l'enfer ne prévaudront point contre elle*. L'expérience de ces longs combats montrait dès lors aux fidèles les précautions à prendre pour se garantir des embûches de l'erreur et se conserver dans la vraie foi. Après le concile d'Ephèse, le docte saint Vincent de Lérins résuma cette expérience dans un avertissement qui est devenu justement célèbre. Suivant l'opinion la plus probable, Vincent était originaire de Toul et frère de saint Loup de Troyes. Après avoir vécu quelque temps dans les agitations du siècle et de la guerre, il s'était retiré dans le monastère de Lérins, cette illustre école de saints et de savants, où il embrassa la vie monastique et reçut l'ordre de prêtre. Vers l'an 434, il écrivit son *Avertissement contre les hérétiques*, sous le nom de l'Etranger ou du Pèlerin, cherchant moins à se faire connaître qu'à défendre la vérité.

Souvent il avait demandé à de doctes et saints personnages quelle était la règle sûre et générale pour discerner la vérité de la foi catholique d'avec la fausseté pernicieuse de l'hérésie, et toujours on lui avait répondu que cette règle était, avec la grâce de Dieu, de s'en tenir à l'autorité de la loi divine et à la tradition de l'Eglise catholique. Aux Ecritures, il faut joindre l'interprétation de l'Eglise, parce que tous n'entendent pas l'Ecriture sainte de la même manière; il y a presque autant d'interprétations diverses que d'hommes. Car, autrement l'expose Novatien, autrement Photin, autrement Sabellius, autrement Donat, autrement Arius, Eunomius, Macédonius, autrement Apollinaire, Priscillien, autrement Jovinien, Pélage, Célestius, autrement enfin Nestorius. Il est donc grandement nécessaire que l'interprétation des Prophètes et des Apôtres prenne pour règle le sens catholique, le sens de l'Eglise. Dans l'Eglise catholique même, il faut s'en tenir à ce qui a été cru en tout lieu, en tout temps et par tous; car c'est là ce qui est vraiment et proprement catholique, suivant la force du mot, qui signifie *universel*. Nous observerons cette règle, si nous suivons l'universalité, l'antiquité, le consentement. Nous suivrons l'universalité, si nous confessons seule véritable la foi que l'Eglise professe par tout l'univers; nous suivrons l'antiquité, si nous ne nous écartons en rien des sentiments manifestes de nos saints ancêtres et Pères; nous suivrons le consentement, si, dans l'antiquité même, nous nous attachons aux définitions et aux sentences de tous les pontifes et docteurs, ou au moins de presque tous.

Après avoir posé ces principes généraux, Vincent en fait des applications. Que doit donc faire un chrétien catholique, demande-t-il, si une portion de l'Eglise se sépare de la communauté de la foi universelle? que doit-il faire, si ce n'est de préférer à un membre pestilentiel et corrompu, la santé de tout le corps? Mais si une contagion nouvelle s'efforce d'infecter, non plus seulement une petite partie, mais l'Eglise entière? Alors il doit s'attacher à l'antiquité, qui ne peut plus être séduite par les artifices de la nouveauté. Mais si, dans l'antiquité même une erreur se découvre de deux ou trois hommes, ou même d'une ville ou d'une province? Alors, à la témérité ou à l'ignorance d'un petit nombre, il préférera, s'il en existe, les anciens décrets de l'Eglise universelle. Mais, s'il n'en existe pas, que faire? Il aura soin de consulter et de comparer entre eux les sentiments des anciens; mais de ceux-là seuls qui, bien que de temps et de lieux divers, ont persévéré dans la communion et dans la foi de l'Eglise catholique, et y sont regardés comme des docteurs orthodoxes. Ce qui aura été tenu, écrit, enseigné, non par un ou deux seulement, mais par tous ensemble, unanimement, clairement, fréquemment, persévéramment, c'est ce qu'il faudra croire sans aucune hésitation. Tout cela s'éclaircit par l'exemple des donatistes et des ariens. Les premiers, qui formaient une grande partie de l'Afrique, préférèrent la témérité sacrilège d'un seul homme à l'Eglise du Christ. Ceux de ce pays, qui détestèrent ce schisme profane et restèrent unis à toutes les Eglises du monde, purent seuls alors se sauver dans le sanctuaire de la foi catholique. Ils ont montré à la postérité comment, à l'extravagance d'un seul ou de quelque peu, il faut préférer la santé de tous. De même, lorsque le venin de l'arianisme eut entaché, non plus une petite portion, mais presque tout l'univers, et que la plupart des évêques ayant été déçus, soit par violence soit par fraude, on ne voyait presque plus ce qu'il fallait suivre dans cette grande confusion, les vrais adorateurs du Christ se préservèrent de la contagion, en préférant l'antique foi à la perfidie nouvelle. Les troubles affreux de tout l'empire et les violences dont eurent à souffrir tous les Etats, ne montrèrent que trop alors quelle calamité c'est que l'introduction d'une doctrine nouvelle et destructive de l'antiquité.

Mais pourquoi Dieu permet-il souvent que des personnages recommandables dans l'Eglise enseignent des nouveautés aux catholiques. Déjà Moïse, dit-il, a répondu à cette question : S'il s'élève un prophète qui dise : Suivons des dieux étrangers, allégoriquement, de nouvelles erreurs; les Israélites ne devaient pas l'écouter, parce que Dieu les tentait, pour savoir s'ils l'aimaient de tout leur cœur. De même il a été donné à des hommes de talents extraordinaires de tenter les chrétiens : Nestorius en dernier lieu, et, avant lui, Photin et Apollinaire, auxquels trois l'Eglise dit également anathème. Ces exemples font voir aux catholiques qu'ils doivent recevoir les docteurs avec l'Eglise, et non pas abandonner la foi de l'Eglise avec les docteurs. Mais nul ne peut être comparé sous ce rapport avec Origène. Ses talents, ses lumières, ses vertus, ses succès, sa renommée étaient tels, qu'il y avait bien peu de chrétiens qui n'aimassent mieux se tromper avec lui que d'avoir raison avec les autres. Et ce grand personnage, ce grand docteur, ce grand prophète, est devenu une terrible tentation pour un grand nombre; car, en abusant de la grâce de Dieu, en se livrant trop à son esprit, en dédaignant la simplicité antique de la religion chrétienne, en croyant plus savoir que tout le monde, en interprétant certains endroits des Ecritures d'une manière nouvelle, au mépris des traditions de l'Eglise et de la doctrine des anciens, il a mérité qu'il fût dit de lui à l'Eglise de Dieu : *S'il s'élève parmi vous un prophète*, etc., *vous n'écouterez pas les paroles de ce prophète-là, parce que le Seigneur votre Dieu vous tente, si vous l'aimez ou non*. C'était non-seulement une tentation, mais une grande tentation, de faire passer insensiblement de l'ancienne religion à la nouveauté profane, l'Eglise qui n'avait ni soupçon ni crainte, l'Eglise qui se donnait à lui de confiance, et qui dépendait en quelque sorte de lui par l'admiration de son génie, de sa science, de son éloquence, de sa vie, de sa grâce. Quelqu'un dira que les livres d'Origène ont été corrompus. Je ne le conteste pas; j'aime, au contraire, à le croire; car cela est rapporté, non-seulement par quelques catholiques, mais par des hérétiques mêmes. Toujours est-il que, si ce n'est pas lui, du moins les livres publiés sous son nom sont une grande tentation : infectés de bien des blasphèmes, on les lit et on les aime toutefois comme les siens, et non comme ceux d'un autre; en sorte que, si l'esprit d'Origène n'a pas conçu l'erreur, l'autorité d'Origène sert néanmoins à la persuader. Il en est de même de Tertullien, qui est pour les Latins ce que l'autre est pour les Grecs, le prince de tous les docteurs.

D'après cela, celui-là seul est un catholique véritable, qui ne tient et ne croit que ce que l'Eglise catholique a reçu universellement et de toujours, et qui regarde comme une tentation toute nouveauté introduite par quelqu'un, sans ou contre tous les saints. Comme, d'après l'apôtre, pour éprouver les chrétiens, il est nécessaire qu'il y ait des hérésies, rien ne sert mieux contre la perplexité, dans ces temps d'épreuve, que l'attachement à la foi ancienne. Quand on réfléchit à tout cela, on ne saurait s'étonner assez, comment il y a des hommes si emportés, si aveugles, si impies, si portés à l'erreur, que, non contents de la règle de la foi, une fois donnée aux fidèles, et reçue de toute antiquité, ils cherchent tous les jours des nouveautés, et veulent toujours ajouter, changer, ôter quelque chose à la religion, comme si ce n'était pas un dogme céleste, qui, révélé une fois, nous suffit; mais une institution terrestre qu'on ne puisse amener à sa perfection qu'en la réformant, ou, à dire le vrai en y remarquant tous les jours quelques défauts; tandis que les oracles divins nous crient : Ne transportez pas les bornes qu'ont posées vos pères; et que l'apôtre dit de son côté : Gardez le dépôt, fuyant les profanes nouveautés de paroles et les oppositions d'une prétendue science, dont quelques-uns faisant profession, se sont égarés de la foi.

Quelqu'un dira peut-être : Dans l'Eglise du Christ, la religion n'aura-t-elle donc aucun progrès? Elle peut en avoir, et un très-grand; mais il faut que ce soit un progrès véritable et non pas un changement. Il est du progrès, qu'une chose se développe en elle-même; du changement, qu'elle devienne une autre. Il faut donc que l'intelligence, la science, la sagesse, et de chaque fidèle, et de l'Eglise entière, s'augmente avec les âges et les siècles; mais dans son genre, savoir, dans le même dogme, dans le même esprit et dans le même sentiment. Que la religion des âmes imite la condition des corps. Ceux-ci se développent avec l'âge, mais ils restent les mêmes. Ainsi, que le dogme chrétien se consolide avec les années, se dilate avec le temps, s'élève avec l'âge; mais qu'il demeure toujours parfait et sans tache, par la juste proportion de ses parties et les propriétés convenables de ses membres. Nos ancêtres, par exemple, ont semé dans le champ de l'Eglise le froment de la foi; il serait injuste, qu'au lieu de la vérité du froment originel, nous voulussions récolter l'erreur substituée de l'ivraie. Il est permis de limer et de polir, avec le temps, les dogmes antiques de la philosophie du ciel; mais c'est un crime de les changer, un crime de les tronquer ou de les mutiler. Ils peuvent augmenter en clarté et en précision; mais il faut qu'ils conservent leur plénitude et leur nature incorruptible. S'il était permis une fois de les altérer dans quelques parties, on finirait par les rejeter dans leur totalité. Aussi l'Eglise du Christ, fidèle dépositaire de ses dogmes, jamais ne change rien, ne diminue rien, n'ajoute rien, ne perd rien de ce qui lui est propre, et ne reçoit rien de ce qui est étranger. Par les décisions de ses conciles, elle ne fait autre chose que de donner par écrit à la postérité ce que les anciens avaient cru par la seule tradition; que de renfermer en peu de mots le principe et la substance de la foi, et souvent, pour faciliter l'intelligence, d'exprimer par quelque terme nouveau, mais propre et précis, la doctrine qui n'avait jamais été nouvelle; en sorte qu'en disant quelquefois les choses d'une manière nouvelle, on ne dit néanmoins jamais de nouvelles choses.

Paul avertit Timothée de fuir les profanes nouveautés de paroles, c'est-à-dire de dogmes, de choses, de sentiments contraires à l'antiquité. Car si l'on vient à les recevoir, la foi des saints Pères sera nécessairement violée ou en totalité ou en grande partie; il faudra nécessairement conclure que, dans tous les temps, tous les fidèles, tous les saints, tous ceux qui professent la continence, toutes les vierges, tous les clercs, les lévites et les prêtres, tant de milliers de confesseurs, cette foule innombrable de martyrs, cette prodigieuse multitude de cités, de nations, tant d'îles, de provinces, de rois, de royaumes, que l'univers à peu près tout entier, incorporé au Christ, son chef, par la foi catholique, s'est trompé, a blasphémé pendant tant de siècles et n'y a pas su ce qu'il croyait. Les innovations ont toujours été le propre des hérétiques. Quelle hérésie est jamais venue à éclore, si ce n'est sous un nom, dans un lieu et dans un temps certain et connu? Qui jamais institua des hérésies sans se séparer auparavant de l'accord universel et ancien de l'Eglise catholique? Par exemple, qui jamais, avant le profane Pélage, attribua au libre arbitre une si grande vertu, qu'il ne crût pas la grâce de Dieu nécessaire à chaque bonne action? qui, avant son monstrueux disciple Célestius, nia que tout le genre humain fût enveloppé dans la prévarication d'Adam? qui, avant le sacrilège Arius, osa diviser l'unité de la Trinité? qui, avant l'impie Sabellius, osa confondre la Trinité de l'unité? qui, avant le très-cruel Novatien, annonça Dieu cruel, en ce qu'il aimait mieux la mort du mourant que sa conversion et sa vie? qui, avant le magicien Simon, duquel, par une succession occulte, cet abîme de turpitudes a passé jusqu'à Priscillien, osa faire de Dieu l'auteur de tous les maux, c'est-à-dire de nos crimes, de nos impiétés, de nos forfaits?

On demandera peut-être si les hérétiques eux-mêmes ne se servent point des témoignages des divines Ecritures. Sans doute qu'ils s'en servent, et beaucoup, et de tous les livres de la Bible, et en toute occasion. Mais il faut les craindre, d'autant plus qu'ils se cachent à l'ombre de la loi divine. Seules, leurs infections déplairaient; pour les rendre agréables, ils les saupoudrent avec l'aromate de la parole céleste. Sur leurs boîtes de poisons ils écrivent : *Remèdes*. Ce sont des loups ravisseurs qui se couvrent de la peau de brebis; mais on les reconnaît bientôt à leurs fruits : à leur amertume, à leur rage, à leur nouveau venin, au déchirement du dogme catholique; en quoi ils sont semblables à Satan leur maître. Lui aussi, quand il tenta le Sauveur, lui cita l'Ecriture; *car il est écrit*, disait-il. Ainsi, demandez à un hérétique prédicant : Comment prouverez-vous que je doive abandonner la foi universelle et ancienne de l'Eglise catholique? Aussitôt il vous dira, comme Satan : *Car il est écrit*, et il citera mille passages, mille exemples, mille autorités de la loi, des psaumes, des apôtres, des prophètes, qu'il interprétera d'une manière nouvelle et perfide, pour précipiter votre malheureuse âme dans le gouffre de l'hérésie. Mais que feront alors les catholiques pour discerner la vérité d'avec la fausseté? Ils auront soin de faire ce qui a été dit d'abord; ils interpréteront l'Ecriture suivant les traditions de l'Eglise universelle et les règles du dogme catholique. Dans l'Eglise catholique même, ils suivront l'universalité, l'antiquité, le consentement: Ils rejetteront ce qui y est contraire. A la témérité d'un seul ou de quelque peu, ils préféreront avant tout les décrets généraux d'un concile universel; et, s'il n'y en a pas, l'accord des docteurs les plus nombreux et les plus illustres. Ils feront ainsi, non pas pour toutes les petites questions, mais pour la règle de la foi.

A ce premier avertissement ou mémoire, Vincent en joignit un second, mais qui, d'après le récit de Gennade, lui fut volé en grande partie. Il ne nous en reste que la récapitulation. On y voit que, dans ce second mémoire, il faisait l'application des règles établies dans le premier, et montrait, par l'exemple du concile d'Ephèse, comment il fallait employer les autorités des Pères de l'Eglise. Pour qu'aucune nouveauté profane, écrit-il, ne vint se glisser perfidement et sans qu'on s'en aperçût, comme à Rimini, tous les évêques, au nombre de deux cents, furent d'avis que le plus catholique, le plus orthodoxe et le meilleur était de produire les sentiments des saints Pères. C'est ainsi que Nestorius fut jugé, avec raison, contraire à l'antiquité catholique, et le bienheureux Cyrille d'accord avec elle. Ceux dont il y lut les écrits, comme de juges ou de témoins, furent Athanase, Pierre et Théophile, évêques d'Alexandrie; de la Cappadoce, Basile de Césarée et les deux Grégoire de Nazianze et de Nysse; de l'Occident, Félix et Jules, évêques de Rome. Et afin que ce ne fût pas le chef seul de l'univers qui rendît témoignage dans ce jugement, mais encore les à-côté, on prit encore, du Midi, Cyprien de Carthage, et du Septentrion, Ambroise de Milan. C'est d'après la doctrine, le conseil, le témoignage, le jugement de ces dix, que le concile prononça sur les règles de la foi. Il aurait pu en citer en beaucoup plus grand nombre; mais cela n'était pas nécessaire, car personne ne doutait que ces dix n'avaient pas enseigné autre chose que tous leurs autres collègues. Enfin, pour mettre le comble à cette plénitude de preuves, Vincent avait ajouté deux autorités du Siége apostolique : l'une du saint pape Sixte, qui gouvernait alors l'Eglise romaine; l'autre, de son prédécesseur de bienheureuse mémoire, le pape Célestin, et qui tous deux posaient en principe que l'antiquité devait l'emporter sur la nouveauté (*Commonitorium Vincentii Lirinensis*).

Vers le même temps, un poète chrétien justement célèbre, Prudence, terminait pieusement sa carrière. Né l'an 348 à Sarragosse en Espagne, il reçut une éducation soignée, et s'appliqua surtout à la culture des lettres et de la poésie. Dans sa jeunesse, il exerça la profession d'avocat, et fut ensuite nommé juge ou gouverneur de quelques villes. Il quitta la toge pour les armes, et vint à la cour de l'empereur Honorius, qui le revêtit d'une charge considérable, en sorte qu'il était le premier auprès de sa personne. Jeune encore, il mena une vie licencieuse; mais enfin, dégoûté de la cour et du monde, il se retira dans la maison paternelle pour expier ses fautes passées, et n'exercer plus son talent de poète que dans des sujets chrétiens. C'était l'année 405, la 57e de son âge. Il fit plus tard le pèlerinage de Rome pour vénérer les reliques des martyrs, dont il célébra dans ses hymnes les travaux et la gloire. Il partagea le reste de sa vie, qui fut longue, entre la poésie et la piété; la poésie même était pour lui un acte de piété et une prière. On ne sait rien de l'année précise de sa mort. Nous avons de Prudence : 1° un livre *Des Couronnes*, couronnes poétiques, qu'il tresse en l'honneur des principaux martyrs; 2° un livre *De la Divinité*, où il réfute les païens, les Juifs et les principales hérésies; 3° un livre *De l'Origine du péché*, où il combat les marcionites; 4° un livre *Du Combat de l'esprit*, autrement du combat spirituel, où il décrit la lutte incessante entre les vices et les vertus; 5° deux livres *Contre Symmaque*, où il réfute, comme saint Ambroise, son discours pour le rétablissement de l'autel de la Victoire; 6° *Une journée chrétienne*, où il y a des hymnes ou prières poétiques pour toutes les heures de la journée; 7° un *Manuel*, qui est un résumé en vers de tout l'Ancien et du Nouveau Testament.

Au talent d'un vrai poète, Prudence joignait l'humilité d'un vrai chrétien. Voici sa préface du livre *Des Couronnes*. « Celui qui est pieux, fidèle, innocent, pudique, immole à Dieu le Père les dons de la conscience, desquels abonde au dedans de soi une âme bienheureuse. Un autre se retranche une somme d'argent, d'où vivront les nécessiteux. Nous consacrons des ïambes empressés et des trochées arrondis, indigents que nous sommes de sainteté, et impuissants à soulager les pauvres. Cependant Dieu approuve un humble poème, et l'écoute avec bienveillance. Dans la maison du riche, il y a dans tous les coins des ustensiles divers. Là brille une coupe d'or, ici reluit un bassin d'airain. On y voit le pot de terre et le plat d'argent, il y a des meubles d'ivoire, il y en a d'orme ou de chêne. Tout vase est utile, dès qu'il est propre à l'usage du maître. Ils ornent la maison, qu'ils coûtent un grand prix ou qu'ils soient de bois. Dans le vestibule paternel, vaisseau suranné, pour ce qui est de moi, le Christ m'applique à des usages caducs, et me permet de demeurer dans un petit coin. Voilà que, présent d'argile, nous entrons dans le palais du salut; mais toujours est-il utile d'avoir rendu à Dieu, même le plus infime des services. Quoi qu'il en arrive, ce sera un bonheur d'avoir, de sa bouche, chanté le Christ (Galland, *Biblioth. Pat.*, t. VIII). »

On place encore dans la première moitié du V° siècle le poète Sédulius. Il s'appliqua dans sa jeunesse à des études séculières, qui ne lui servaient de rien pour le salut. Encore laïque, il apprit la philosophie en Italie. Mais Dieu l'ayant regardé dans sa miséricorde, il embrassa avec beaucoup d'humilité le joug de Jésus-Christ, et ne s'appliqua plus qu'à l'étude des divines Ecritures. Il fut fait prêtre, et il y en a qui lui donnent la qualité de prélat ou d'évêque. Nous avons de Sédulius un *poème pascal*, ainsi nommé, dit-il, parce que Jésus-Christ, dont il y fait l'histoire, est notre Agneau pascal qui a été immolé pour nous. C'est un résumé poétique des principaux évènements et miracles de l'Ancien et du Nouveau Testament. Il y a de plus un petit poème sur la vie de Jésus-Christ, dont l'Eglise a tiré les hymnes qu'elle chante aux fêtes de Noël et de l'Epiphanie. Le pape Gélase et beaucoup d'autres font un grand éloge de Sédulius (Galland, *Bibl. Pat.*, t. VII; Ceillier, t. X).

Dans le temps même où Vincent de Lérins écrivait son célèbre avertissement, il y avait, parmi les catholiques, des discussions sur les matières de la grâce. Tous étaient d'accord à condamner dans Pélage et Célestius tout ce que le Siége apostolique y condamnait. La difficulté roulait sur des questions encore indécises, particulièrement sur les conséquences qu'on pouvait tirer de certaines paroles de saint Augustin. Ce Père s'étant mépris sur ce texte de l'apôtre : *Omne quod non est ex fide, peccatum est*, en avait conclu que tout ce qui n'avait pas pour principe la foi chrétienne et divine était péché, tandis que saint Paul ne parle que de ce qu'on fait contre sa conscience. De plus, comme ni lui ni ses contemporains ne distinguaient d'une manière aussi formelle et précise que plus tard saint Thomas, la grâce d'avec la nature, le bien surnaturel d'avec le bien purement naturel, et que d'ailleurs ils ne voyaient point de milieu entre le bien et le mal, saint Augustin était amené à conclure que, puisque l'homme déchu ne peut plus aucun bien (surnaturel), il ne pouvait plus que le mal, et que son libre arbitre n'avait plus de force que pour pécher; les autres, convaincus que l'homme déchu peut encore quelque bien (naturel), étaient tentés de conclure qu'il pouvait au moins commencer le bien (surnaturel), et ils avaient bien de la peine à ne pas retomber dans le pélagianisme, que cependant ils condamnaient sincèrement.

Saint Prosper les combat dans son poème *Des Ingrats*, c'est-à-dire des ennemis de la grâce. Il leur montre que leurs raisonnements les ramenaient à Pélage; mais lui-même n'éclaircit point l'embarras par une distinction nette entre les deux ordres de bien. Au contraire, il appuie la conséquence erronée, que toute bonne œuvre, si elle n'a pour principe la vraie foi, est un péché et ne sert qu'à augmenter la peine (1); proposition condamnée depuis plusieurs fois par l'Eglise. De plus, comme les autres soutenaient que Dieu veut le salut de tous les hommes, que sa grâce les appelle et les invite tous, et que s'il y en a qui périssent, c'est qu'ils résistent à la grâce, lui conclut contre eux que Dieu ne veut pas que tous soient sauvés, par la raison que tous ne le sont pas (2). Ce qui suppose qu'on ne peut résister à la grâce, que Dieu ne veut pas le salut de tous les hommes, et que Jésus-Christ n'est mort que pour les élus : toutes propositions condamnées par l'Eglise.

De doctes catholiques reprochaient à ces raisonnements d'Augustin et de Prosper, entre autres conséquences, d'anéantir le libre arbitre de l'homme ou de ne lui en accorder que pour le mal, et de supposer que Dieu prédestine les uns au mal et à la damnation, tout comme il prédestine les autres au bien et à la gloire. Prosper, dans ses réponses aux objections de certain Gaulois, ainsi que dans ses réponses aux objections d'un certain Vincent, rejette cette dernière conséquence avec horreur; il dit que le péché, œuvre de l'homme seul, Dieu ne le prédestine pas, mais seulement qu'il le prévoit et y prédestine la peine, tandis que la grâce et la gloire, il les prévoit tout ensemble et les prédestine, attendu qu'il en est l'auteur. Mais dans sa réponse à la sixième objection de Vincent, il convient que de lui-même le libre arbitre de l'homme ne peut plus que vouloir le mal, proposition condamnée depuis par l'Eglise, et que l'homme déchu ne diffère des démons qu'en ce que l'homme le plus méchant peut encore obtenir son pardon de la miséricorde divine. De pareils aveux expliquent la répugnance de certains catholiques, non pas pour la doctrine de l'Eglise et du

(1) *Omne etenim probitatis opus, nisi semine veræ Exoritur fidei, peccatum est, inque reatum Vertitur, et sterilis cumulat sibi gloria pænam* (Cap. 16).

(2) *Nam si nemo usquam est, quem non velit esse redemptum; Haud dubie impletur quidquid vult summa potestas. Non omnes autem salvantur magnaque pars est Quæ sedet in tenebris mortis, nec vivificantur* (Cap. 13).

Saint-Siége sur la grâce, mais pour certains raisonnements de saint Augustin en cette matière.

De leur nombre était le célèbre Cassien de Marseille. Comme son autorité était grande, Prosper écrivit contre lui, ou plutôt contre la treizième de ses conférences. Il montre qu'après avoir posé en principe la doctrine orthodoxe, il n'était pas toujours d'accord avec lui-même. Cassien établit d'abord que le principe, non-seulement de nos bonnes actions, mais encore de nos bonnes pensées, vient de Dieu; que c'est lui qui nous inspire et les commencements d'une sainte volonté, et la force et l'occasion de faire les choses que nous souhaitons; tout don parfait venant du Père des lumières, qui commence, poursuit et consomme en nous le bien; mais que c'est à nous à suivre avec humilité la grâce de Dieu, qui nous attire chaque jour. Après quoi cependant il soutient que, même indépendamment de la grâce, tout n'est pas dépravé dans l'homme, qu'il ne l'est pas à tel point qu'il ne puisse vouloir que le mal, qu'il porte encore en lui-même des semences de vertus, qu'il peut encore vouloir et commencer quelque bien. Tout cela est vrai, entendu du bien naturel. Mais comme il ne fait pas nettement cette distinction, il semble confondre ce bien naturel avec le bien surnaturel de la grâce, d'où Prosper conclut qu'il retombe dans le pélagianisme. Mais Prosper lui-même, faute de cette distinction importante, répète les opinions excessives qui causaient cet embarras parmi les catholiques; il continue à supposer ou à dire que dans l'homme déchu tout est dépravé, qu'il ne peut plus que le mal, qu'il ne peut ni vouloir ni commencer aucun bien; ce qui, entendu du bien naturel, est faux et a été condamné par l'Eglise. (*Bibl. Patrum*).

Ces conséquences qui répugnaient si fort au grand nombre, furent adoptées par quelques-uns comme des dogmes. C'est l'hérésie des prédestinatiens. Elle consiste à dire que Dieu ne veut sincèrement sauver que les prédestinés, et que Jésus-Christ n'est mort que pour eux; que les grâces efficaces qui leur sont accordées mettent dans la nécessité de faire le bien et d'y persévérer, puisque jamais l'homme ne résiste à la grâce intérieure; que, néanmoins, ils sont libres, parce que, pour l'être, il suffit d'agir volontairement et sans contrainte; que les réprouvés sont dans l'impuissance de faire le bien, parce qu'ils sont ou déterminés positivement au mal par la volonté de Dieu, ou privés des grâces nécessaires pour s'en abstenir; qu'ils sont néanmoins punissables, parce qu'ils ne sont ni contraints ni forcés au mal, mais entraînés invinciblement par leur propre concupiscence.

Ce mystère de fatalisme, bien ou mal induit des disputes sur la grâce par les prédestinatiens du V° siècle, se verra reproduit pour le fond, au IX°, par le moine Gotescalc et ses partisans, au XII° par les albigeois et d'autres sectaires, au XIV° et au XVI°, par les wicléfites et les hussites, au XVI°, par Luther et Calvin, au XVII°, par Jansénius. Ce système de fatalisme désespérant que l'Eglise catholique a toujours condamné, les jansénistes prétendent que c'est la pure doctrine de saint Augustin. Les prédestinatiens de tous les siècles, y compris Luther, ont prétendu la même chose. Cette prétention fût-elle bien fondée, le catholique ne s'en inquiéterait pas. Il dit tous les jours dans son acte de foi : *Je crois la sainte Eglise catholique*, et non pas : Je crois saint Augustin. Il approuve dans ce Père tout ce que l'Eglise catholique y approuve, ni plus ni moins. Mais si dans ses nombreux écrits se trouve certaines choses peu claires ou peu exactes, il ne s'en fait pas plus une règle de foi que de ce qui a échappé de peu clair ou de peu exact à d'autres Pères.

Par suite de leur première prétention, les jansénistes voudraient encore faire accroire que l'hérésie du prédestinatianisme ou du jansénisme au V° siècle, n'est qu'un fantôme. Mais ils sont démentis par les monuments de l'histoire. Dans la *Chronique abrégée*, de Prosper, immédiatement avant le pontificat du pape Sixte, on lit ces mots : « L'hérésie des prédestinatiens, qu'on dit avoir pris son origine des livres mal entendus d'Augustin, a commencé à se répandre vers ces temps (1). » Cette *Chronique* finit à la prise de Rome par Genséric, et par conséquent a été rédigée par un auteur contemporain. Pareillement, à la fin du livre *Des hérésies*, par saint Augustin, on lit ces paroles dans de très-anciens manuscrits : Ici finit l'histoire de l'évêque saint Augustin. Ce qui suit a été ajouté par saint Gennade, prêtre de Marseille. Viennent ensuite quatre hérésies, les prédestinatiens, les nestoriens, les eutychiens, les timothéens; après quoi on lit : *Fin du Livre des hérésies*. De plus, Hincmar de Reims atteste formellement que Gennade ajoute ces quatre hérésies nouvelles. Or, voici ce qu'il dit de la première, qui est la quatre-vingt-dixième de tout le catalogue : « Les prédestinatiens sont ceux qui disent que Dieu n'a pas créé tous les hommes pour les sauver, mais pour en orner le monde. Bref, ils enseignent que Dieu attire les uns au salut, même malgré eux et après bien des crimes, et qu'il rejette les autres après de bonnes œuvres, et les pousse au mal, afin qu'ils périssent éternellement (Sirmond, *Hist. Prædest.*, c. 6). Un auteur du même temps, Arnobe le Jeune, réfute encore nommément les prédestinatiens dans ses Commentaires des psaumes 108, 117 et 147 (*Ibid.*, *Opera*, t. I, p. 461, 577).

Une pièce encore plus importante, c'est la réfutation du prédestinatianisme en trois livres, faite par un auteur du V° siècle, dont on ne sait pas encore le nom, mais qui pourrait bien être le même Arnobe. Voici ce qui donna lieu à cet ouvrage. Les prédestinatiens ayant ramassé dans un petit livre tout le venin de leur hérésie, lui donnèrent tout juste le même titre que Jansénius donna plus tard à son gros livre; ils affichèrent en tête le nom d'Augustin, pour faire entendre que c'était la doctrine de ce Père. Le pape Célestin ayant eu connaissance de ce livre imposteur, l'eut en exécration, et en ordonna la suppression absolue. Mais les hérétiques ne mirent que plus d'activité à le répandre secrètement dans les maisons, comme un mystérieux symbole qu'il ne s'agissait que de croire. L'auteur anonyme entreprit de le réfuter au long. Et comme ces hérétiques accusaient leurs adversaires de pélagianisme ou d'une autre hérésie ancienne, il commence dans le premier livre par énumérer et anathématiser toutes les hérésies, depuis Simon le Magicien jusqu'à Pélage et Nestorius, auxquelles il joint, comme la

(1) Labbe, *Nova Biblioth. manusc.*, t. I, p. 58; Prosp., *Aquit. Chronicon. Pithæanum apud Canisium*, t. I, p. 315; Antverp., 1725.

dernière, celle des prédestinatiens. Dans le second, il met tout entier le faux *Augustinus*, et il le réfute dans le troisième. Le tout a pour titre : *Prædestinatus*, ou hérésie des prédestinatiens et réfutation du livre faussement attribué à saint Augustin (Sirmond, *Opera*, t. I, p. 457 et seqq.).

L'ouvrage le plus remarquable qui parut au milieu de ces disputes sur la grâce, furent deux livres *De la vocation de tous les peuples*, dont l'auteur est encore incertain, mais qui est cité avec éloge par le pape saint Gélase, comme un docteur de l'Église. Il pose en principe que, sur cette question, il est trois vérités certaines auxquelles il faut s'attacher ; la première : Dieu veut que tous les hommes soient sauvés et viennent à reconnaître la vérité ; la seconde : nul n'arrive à la connaissance de la vérité et à la perception du salut par ses mérites, mais par le secours et par l'œuvre de la grâce divine ; la troisième : la profondeur des jugements de Dieu est impénétrable à l'intelligence humaine, et il ne faut pas chercher pourquoi il ne sauve pas tous les hommes, lui qui veut que tous les hommes soient sauvés, mais croire et prêcher tranquillement la première et la seconde vérité (*De vocat. omnium gentium*, l. 2, c. 1; *Inter opera S. Leonis*, édit. Ballerini, t. II). Quant à la première, voici ce qu'il dit de plus digne d'attention.

« La grâce qui s'est répandue partout depuis la résurrection du Christ, cette même grâce n'a pas manqué au monde, même dans les siècles passés. Car, quoique Dieu eût élu le peuple d'Israël pour une indulgence spéciale, et qu'il eût laissé les autres nations marcher dans leurs voies, son éternelle bonté ne s'éloigna pas tellement, qu'elle ne les avertit par aucun signe de le reconnaître et de le craindre. L'abondance de la grâce qui a coulé dans les derniers temps sur toutes les nations, ne détruit pas la grâce spéciale qui tomba comme une rosée sur Israël seul ; de même, la prédilection de Dieu pour les enfants des patriarches ne prouve pas qu'il eût retiré sa miséricorde aux autres hommes. En comparaison de ces élus, ils paraissent rejetés, mais jamais ils n'ont été privés des bienfaits, soit visibles soit occultes (c. 4). L'ordre du monde et de la Providence était pour eux ce qu'était pour Israël la Loi et les Prophètes. La grâce a été pour eux et moindre et plus cachée, mais elle ne leur a été refusée dans aucun siècle ; une dans sa vertu, elle est diverse dans la quantité (c. 5).

» Les premiers hommes, qui furent appelés enfants de Dieu, s'étant pervertis par leurs alliances avec les méchants, le Seigneur dit : Mon esprit ne demeurera point dans les hommes, parce qu'ils sont chair. Cela montre que ce peuple était d'abord spirituel, par cette volonté que présidait l'Esprit-Saint, qui la régissait de manière à ne pas lui ôter la puissance de descendre aux vices ; et que si ce peuple n'avait point usé de cette puissance, ni il n'aurait abandonné Dieu, ni il n'en eût été abandonné (c. 10). La grâce n'a pas même manqué à Caïn. Par les paroles que Dieu lui adresse, on voit qu'il voulait qu'il se repentît de son crime, et qu'il lui donna pour cela les moyens suffisants (c. 13). Toujours il a accordé à tous les hommes une certaine mesure de doctrine céleste, qui, quoique d'une grâce moindre et plus occulte, a suffi néanmoins pour être un remède à quelques-uns et un témoignage à tous (c. 15).

» Il n'y a donc aucune raison de douter que Notre Seigneur Jésus-Christ soit mort pour les impies et les pécheurs. S'il s'en trouve un qui n'ait pas été de ce nombre, alors le Christ ne sera pas mort pour tous (c. 16). Quant aux nations qui n'ont pas encore entendu l'Évangile, nous ne doutons pas qu'elles ne l'entendent et ne le reçoivent un jour. Cependant cette mesure générale de secours, qui a toujours été accordée à tous les hommes, ne leur est point refusée (c. 17). On pourrait en dire autant des enfants qui meurent sans baptême ; savoir, qu'ils appartiennent à cette portion de grâce qui a toujours été accordée à toutes les nations ; de laquelle portion, si leurs parents profitaient, ils les aideraient par elle. Dans tout le premier âge, les enfants dépendent d'autrui et pour la vie du corps et pour la vie de l'âme. Mais, de même que pour les adultes, outre la grâce générale qui frappe à la porte des cœurs avec moins de force et d'une manière plus secrète, il y a une vocation spéciale, plus libérale et plus puissante ; ainsi on voit la même élection pour les petits enfants. A ceux mêmes qui n'ont pas été régénérés, la grâce générale n'a pas manqué dans leurs parents ; mais à ceux qui ont été régénérés, la grâce spéciale est accordée même sans leurs parents ; témoin ceux que leurs parents abandonnent et que des étrangers recueillent et portent au baptême (c. 23).

» Soit donc que nous considérions les derniers siècles, soit les premiers, soit ceux du milieu, il est raisonnable et pieux de croire que Dieu veut et a toujours voulu le salut de tous les hommes. Cela se prouve par les bienfaits que sa providence a départis indistinctement à toutes les générations. A ces dons qui attestaient leur auteur à travers tous les siècles, a été surajoutée une largesse de grâce spéciale. Pourquoi cette largesse est aujourd'hui plus abondante que précédemment, c'est le secret de Dieu (c. 25). Le secours de la grâce, par des voies innombrables, soit occultes, soit manifestes, est présenté à tous ; si beaucoup le repoussent, c'est de leur méchanceté ; si beaucoup le reçoivent, c'est à la fois de la grâce divine et de la volonté humaine. Car le premier objet de la grâce, est de préparer la volonté à recevoir ses dons (c. 26).

» Ce qui n'est refusé à personne, ce qui n'est dû à personne, Dieu l'effectue dans ceux qu'il a promis à son Fils. Car c'est lui qui opère tout en tous, c'est-à-dire, sans aucun doute, tout ce qui est juste et bon. Car toutes les voies du Seigneur sont miséricorde et vérité. Il a su, devant tous les siècles, quelle multitude d'hommes dans tout l'univers, soit pourvue des grâces communes, soit aidée de grâces spéciales, s'écartant néanmoins du chemin de la vérité et de la vie, entrerait dans la voie de l'erreur et de la mort. De même, il a toujours connu d'avance quel nombre d'hommes pieux, par le secours de la grâce et par leur humble obéissance, appartenait à l'éternelle béatitude, en sorte que nul ne manquant à la plénitude de ceux qu'il a promis, il glorifiera, pardessus tous, ceux qu'il a choisis d'entre tous. Car toujours, ainsi que nous l'avons prouvé, la multiple et ineffable bonté de Dieu a pourvu et pourvoit au salut de tous les hommes, de telle sorte qu'aucun de ceux qui périssent ne peut s'excuser sur ce que la lumière de la vérité lui aurait été refusée, et qu'en même temps il n'est libre à personne de se glorifier de sa justice; car c'est leur propre méchanceté qui précipite les uns dans la peine, et c'est la grâce de Dieu qui conduit les autres à la gloire (c. 29).

» Ceux qui s'imaginent qu'il y a de l'esprit à conclure de cette infaillible prescience, qu'il est inutile de prier et de faire de bonnes œuvres, ceux-là n'y entendent rien. Ils ne réfléchissent pas que la science de Dieu, qui embrasse et le passé et le présent et l'avenir, n'est point asservie au temps, et qu'à ses yeux, ce qui doit se faire est aussi présent que ce qui se fait ou s'est fait. Ce calme et éternel regard de tout l'ensemble ne nous impose aucune nécessité de pécher (c. 34). Il est encore vain de dire que, pour les élus, il n'y a aucune raison de faire de bonnes œuvres; car ils sont précisément élus pour qu'ils en opèrent (c. 35). »

Si ces deux livres *De la vocation de tous les peuples* sont de saint Prosper, comme le pensent quelques critiques, il faudra conclure que, par suite de la discussion, il a beaucoup modifié quelques-unes de ses idées, et même quelques-unes de saint Augustin, qui d'ailleurs n'est pas nommé une seule fois dans cet ouvrage.

Pendant que les doctes disputaient de la grâce, la grâce continuait à opérer des prodiges dans les humbles. Sainte Marie Egyptienne venait de mourir, après avoir expié les désordres de sa jeunesse par quarante-sept ans de pénitence au désert. L'Orient admirait un grand nombre d'illustres solitaires, particulièrement dans le diocèse de Cyr, dont l'évêque Théodoret a écrit les *Vies*. Il y en avait surtout trois dont la renommée s'étendait au loin : saint Siméon Stylite, saint Jacques et saint Baradat.

Le plus vieux des trois était saint Jacques, surnommé le Syrien, et disciple de saint Maron. Celui-ci n'avait eu pour demeure qu'une tente de cilices, dressée parmi les ruines d'un temple d'idoles. Son disciple le surpassa encore en austérité. Il demeurait sur une montagne, à une lieue et demie de Cyr, et Théodoret le connaissait particulièrement. Il vivait à découvert, sans avoir ni toit ni clôture, exposé continuellement à toutes les injures de l'air et à la vue de ceux qui venaient le voir; quelquefois il était brûlé du soleil, quelquefois on le trouvait enseveli dans la neige. Par-dessous son habit, il portait de pesantes chaînes de fer et ne se servait point de feu, pas même pour faire cuire sa nourriture, qui ne consistait qu'en des lentilles trempées dans l'eau. Il faisait un grand nombre de miracles, guérissant les fièvres et d'autres maladies, et chassait les démons : l'eau qu'il avait bénite était un remède à plusieurs maux. Il ressuscita un enfant de quatre ans, que Théodoret vit en personne, et dont le père lui raconta le miracle. Quand le saint était malade, les peuples, les soldats même s'assemblaient autour de lui en armes pour se disputer son corps quand il aurait cessé de vivre. On avait bâti une église pour l'y mettre, et Théodoret lui avait préparé un cercueil dans l'église des Apôtres. Mais le saint anachorète lui fit promettre de l'enterrer sur la montagne; et le cercueil y ayant été transporté, il y fit mettre des reliques des prophètes, des apôtres et des martyrs, qu'il avait ramassées de tous côtés, afin que l'on ne

dit pas que c'était son sépulcre. Pour lui, il voulut être placé dans un autre cercueil près de ces saints.

Saint Baradat logeait du commencement dans une cabane où il était enfermé; puis, il monta sur une roche et se mit dans une espèce de cage de bois, si basse et si mal jointe, qu'il y était tout courbé, et de plus, exposé à la pluie et au soleil. Après y avoir demeuré longtemps, il en sortit par le conseil de Théodote, évêque d'Antioche, et demeura en plein air, ayant continuellement les mains étendues au ciel, et tout couvert d'une tunique de peau, en sorte qu'il n'avait de libre que le nez et la bouche pour respirer. Il répondait très-pertinemment aux questions qu'on lui faisait, et raisonnait mieux, dit Théodoret, que ceux qui ont étudié les labyrinthes d'Aristote. Avec cela, il était d'une humilité profonde.

La vie de saint Siméon a été écrite par trois auteurs, non-seulement contemporains, mais de plus témoins oculaires de la plupart des faits : l'évêque Théodoret, qui composa sa relation seize ans avant la mort de Siméon; Antoine, disciple du saint, et le prêtre Cosmas, son ami, qui gouvernait une paroisse des environs et qui, au nom de cette paroisse, lui écrivit une lettre que nous avons encore.

Siméon était né en un bourg de Cilicie, nommé Sisan, sur la frontière de Syrie, et, dès l'âge de treize ans, il garda les brebis de son père. Un jour que le troupeau ne pouvait sortir à cause de la neige, il alla à l'église avec ses parents et y entendit lire l'Evangile, qui dit : *Bienheureux ceux qui pleurent, malheur à ceux qui rient; bienheureux ceux qui ont le cœur pur.* Il demanda à un vieillard comment on pouvait acquérir ce bonheur. L'autre lui dit que c'était par le jeûne, la prière, l'humilité, la pauvreté, la patience, et lui conseilla la vie monastique comme la plus haute philosophie. Ayant reçu dans son cœur cette semence de la parole divine, Siméon entre dans une église de martyrs, se prosterne contre terre et prie Celui qui veut le salut de tous les hommes de le conduire dans les voies de la perfection. Comme il reste assez longtemps dans cette posture, il lui arrive un doux sommeil pendant lequel il a une vision qu'il avait coutume de raconter ainsi : « Il me semblait que je creusais des fondements et que quelqu'un me disait de creuser encore plus avant. Comme je voulais me reposer, m'ordonnait de creuser toujours : ce qu'il fit jusqu'à quatre fois. Enfin il me dit que les fondements étaient assez profonds; et que je pouvais sans crainte élever un édifice de la forme et de la hauteur que je voudrais. » La prédiction, remarque Théodoret, fut vérifiée par l'événement; car les faits surpassent la nature humaine.

Après cet avertissement intérieur, Siméon entra dans un monastère voisin, où il demeura deux ans. Mais le désir d'une vie plus parfaite le fit passer dans un autre, gouverné par un saint homme nommé Héliodore, qui y était entré à l'âge de trois ans et y en passa soixante-deux sans sortir. Ce monastère était composé de quatre-vingts moines. Siméon y demeura dix ans et les surpassa tous en austérité; car, au lieu que les autres mangeaient de deux jours l'un, lui ne mangeait qu'une fois la semaine. Les supérieurs l'en reprenaient comme d'une irrégularité, mais ils ne purent ni le persuader ni ralentir son ardeur pour la pénitence. Un jour il prit une corde tressée de feuilles de palmier, par conséquent très-rude, s'en ceignit le corps depuis les reins jusqu'aux épaules, en sorte qu'elle lui entra dans la chair ; il la porta sous ses habits assez longtemps pour que tout le corps devînt comme un ulcère. On s'en aperçut enfin à l'odeur et au sang qui en découlait. On la lui ôta avec beaucoup de peine : ses vêtements étaient collés à la chair par le sang; il fallut les humecter pendant trois jours pour les détacher ; quant à la corde même, il fallut les incisions des médecins. Cette opération lui causa des douleurs si vives, qu'on le crut mort pendant quelque temps. Lorsqu'il fut guéri, les supérieurs lui dirent de s'en aller, de peur que son exemple ne devînt préjudiciable à de plus faibles qui voudraient l'imiter sans en avoir la force. Il se retira dans le plus désert de la montagne et descendit dans une citerne sèche, où il continuait à louer Dieu. Au bout de cinq jours, les supérieurs, réprimandés par des visions, se repentirent de l'avoir chassé ; ils l'envoyèrent chercher ; on le trouva et on le retira avec une corde. Quelque temps après, il s'en alla à Télanisse, bourgade située au pied d'une montagne près d'Antioche. Il y trouva une petite cabane, où il s'enferma pendant trois ans.

Alors il voulut imiter le jeûne de Moïse et d'Élie, et passer quarante jours sans manger. L'abbé Bassus était supérieur d'un monastère voisin et avait l'inspection des prêtres de la campagne. Siméon le pria de murer sa porte avec de la terre, sans lui laisser rien dans sa cellule. Bassus lui dit que se donner la mort n'était pas une vertu, mais le plus grand de tous les crimes. Mon père, lui répondit Siméon, mettez là dix pains et un vase plein d'eau ; si j'ai besoin de nourriture, j'en prendrai. Ainsi fut fait. Au bout de quarante jours, Bassus revint ; il ôta la terre dont la porte était bouchée, et, étant entré, il trouva tous les pains en leur entier, le vase encore plein d'eau, et Siméon prosterné, sans voix, sans mouvement, sans respiration. Il demanda une éponge, dont il lui humecta la bouche, et lui donna les divins mystères. En étant fortifié, il se leva et prit un peu de nourriture, c'est-à-dire des laitues, de la chicorée et des herbes semblables, qu'il mâchait et avalait peu à peu. Bassus, ravi de joie, retourna à son monastère, composé de plus de deux cents moines, et leur raconta cette merveille. Depuis ce temps, Siméon continua de jeûner ainsi tous les ans, quarante jours de suite, et il avait déjà passé vingt-huit ans de la sorte quand Théodoret l'écrivait. Il demeurait debout les premiers jours, ensuite il s'asseyait, continuant de prier, puis il demeurait étendu et demi-mort.

Après avoir passé trois ans dans cette cellule près de Télanisse, il monta sur le haut de la montagne, et fit faire une enceinte de murailles sans toit, dans laquelle il s'enferma, ayant une chaîne de fer de vingt coudées de long, attachée par un bout à une grosse pierre, et par l'autre à son pied droit, afin que quand il l'eût voulu, il ne pût sortir de cet espace. Là il s'occupait à la méditation des choses célestes. Mélèce, alors chorévêque d'Antioche, lui conseilla d'ôter cette chaîne, lui représentant que la volonté suffisait pour tenir le corps par des liens intellectuels. Siméon se rendit, et fit venir un forgeron qui détacha la chaîne.

La réputation de Siméon se répandant de tous côtés, on venait à lui, non-seulement du voisinage, mais de plusieurs journées de chemin. On lui amenait des paralytiques, on le priait de guérir diverses maladies. Ceux qui avaient reçu ce qu'ils demandaient, s'en retournaient avec joie, et publiaient ses bienfaits : ce qui en attirait encore un plus grand nombre. Toutes sortes de nations y venaient en foule, des Ismaélites, des Perses, des Arméniens, des Ibériens, des Homérites et des Arabes les plus reculés. On y venait des extrémités d'Occident, d'Italie, de Gaule, d'Espagne, de la Grande-Bretagne. Sa réputation s'étendait jusqu'aux Éthiopiens et aux Scythes nomades. A Rome elle était si grande, que les artisans avaient mis de petites images du saint à l'entrée de toutes les boutiques, pour attirer sa protection. Théodoret atteste l'avoir entendu dire.

Siméon se sentait importuné de cette foule innombrable qui s'empressait autour de lui pour le toucher et tirer quelque bénédiction des peaux dont il était vêtu. Il lui paraissait impertinent de souffrir ces honneurs excessifs, et pénible d'être toujours ainsi pressé : c'est ce qui le fit aviser de se tenir debout sur une colonne, en grec *stylé* ou *stylos*, d'où lui vint le nom de *Stylite*. L'an 423, il en fit faire une de six coudées de haut, sur laquelle il vécut quatre ans. Il en fit élever une de douze coudées, puis une troisième de vingt-deux. Il demeura treize ans tant sur l'une que sur l'autre. Les vingt-deux dernières années de sa vie, il les passa sur une quatrième colonne haute de quarante coudées. La colonne se terminait par une balustrade, formant une petite enceinte de trois pieds de diamètre : c'est là que Siméon se tenait debout, nuit et jour, hiver et été, exposé aux vents et à la pluie, à la neige et aux frimas.

Les moines du désert lui envoyèrent demander quelle était cette manière de vie si étrange, lui ordonnant de la quitter et de suivre le chemin battu de leurs pères. Ils avaient dit à leur envoyé : S'il obéit volontiers, laissez-le vivre à sa manière ; s'il résiste et se montre esclave de sa propre volonté, tirez-le de la colonne par force. L'envoyé étant arrivé et ayant déclaré à Siméon l'ordre des Pères, aussitôt il avança un pied pour descendre. L'envoyé lui dit de demeurer et de prendre courage, attendu que son état venait de Dieu. Les moines d'Égypte, scandalisés aussi de cette nouveauté, envoyèrent lui dénoncer l'excommunication. Mais étant mieux informés de son mérite, ils communiquèrent de nouveau avec lui.

On s'étonnait alors, on s'étonne encore maintenant d'un genre de vie si extraordinaire ; on demande à quoi bon, et quelles pouvaient être les vues de la Providence. Les biographes contemporains de Siméon ont montré ces vues dans les résultats pour l'humanité et pour l'Église. Le prêtre Cosme en particulier nous fait connaître la vocation spéciale de Siméon. Deux fois le prophète Élie lui apparut sur un char de feu, et lui recommanda fortement deux choses, le zèle pour l'Église et la défense des pauvres. « Aie soin, lui dit-il, que personne ne méprise le sacerdoce, mais que tout le monde obéisse aux ministres sacrés. Mais surtout aie soin des pauvres ; que les malheureux de toute espèce, les opprimés, les orphelins et les veuves sachent bien que jamais ton assistance ne leur manquera, mais que toujours tu seras leur père et leur défenseur. Prends garde de céder jamais aux menaces des préfets et des rois, ou de paraître ambitionner la faveur des riches. Mais reprends avec la même équité, et en public, le riche et le pauvre. Sois donc ferme et prêt à tout souffrir. Arme-toi de patience et de douceur, afin que jamais rien ne te fasse quitter ton devoir. » Après cet avertissement céleste, Siméon décupla ses austérités. Il souffrit entre autres, pendant neuf mois, d'un horrible ulcère au pied gauche. Tout le monde, et les prêtres, et les évêques, et l'empereur même par ses lettres, le priait de descendre de sa colonne jusqu'à ce qu'il fût guéri. Il y resta, quoique à cette douleur il s'en joignit encore plusieurs autres : et lorsqu'à la fin du carême, qu'il passa comme de coutume sans manger ni boire, on croyait le trouver mort, il se trouva miraculeusement guéri, et reçut la communion pascale des mains de l'évêque d'Antioche, Domnus, neveu et successeur de Jean.

Le saint eut bientôt l'occasion de remplir son nouvel office. Trois cents pauvres ouvriers d'Antioche vinrent au pied de sa colonne, se plaindre du préfet de la ville. Leur corporation devait tous les ans teindre en rouge, pour la ville d'Antioche, un certain nombre de peaux. Le préfet, homme cruel, se mit en tête d'en exiger trois fois plus. Les ouvriers, qui se voyaient ruinés par cet impôt tyrannique, surtout s'il devait devenir perpétuel, envoyèrent trois cents d'entre eux à Siméon, qui, touché de compassion, fit dire au préfet de ne point opprimer ces malheureux, mais de se contenter du tribut ordinaire. Le préfet se moqua du saint, et menaça les ouvriers de les faire pourrir dans les cachots. Il n'en eut pas le temps. Les trois cents députés n'avaient pas encore quitté l'enceinte de Siméon, qu'on vint annoncer que le préfet, saisi d'une hydropisie soudaine, se roulait par terre dans d'effroyables douleurs; bientôt arrivèrent des lettres où il suppliait le serviteur de Dieu d'avoir pitié de lui; enfin, d'après ses instances, tous les prêtres de son gouvernement se rendirent au pied de la colonne pour prier le saint de lui rendre la santé. Siméon répondit qu'il fallait remettre à Dieu cette affaire : en même temps il bénit de l'eau, et dit : Si Dieu prévoit que cet homme, venant à guérir, se conduira mieux, dès qu'il en aura été aspergé, il sentira la grâce de Jésus-Christ; mais si Dieu prévoit le contraire, je vous le prédis, le malade ne verra point cette eau. On dépêcha un exprès, qui fit toute la diligence possible ; mais à peine entré dans la maison, il apprit que le préfet venait d'expirer dans d'horribles convulsions. Cet exemple répandit une terreur salutaire sur les méchants, et ranima l'espérance des opprimés (Assem., *Act. S. Sim. Styl.*).

Une reine d'Arabes avait un ministre qui tyrannisait les veuves et les orphelins ainsi que tout le pays. Les habitants envoyèrent une ambassade à Siméon, qui envoya dire au ministre cruel : « Prends garde à te corriger des crimes dont on t'accuse, de peur qu'en ravissant le bien d'autrui tu ne perdes le tien. » Mais cet homme, bien loin d'acquiescer à cette remontrance, maltraita le messager qui la lui avait transmise. La punition ne tarda pas. Le messager n'était point encore parti, quand le ministre tomba comme pétrifié, et expira en disant : Seigneur Siméon, de grâce, ayez pitié de moi (*Ibid.*) !

Cependant, on rapporta à Siméon que bien des personnes blâmaient ses avertissements et se plaignaient de ses importunes intercessions dans les causes des veuves, des orphelins et des autres malheureux. C'étaient des hommes qui, craignant peu les jugements de Dieu, opprimaient le pauvre peuple. Il résolut alors de n'en plus rien faire, mais d'abandonner le tout à la Providence ; il défendit à ses disciples d'admettre des plaignants dans son enceinte, du moins jusqu'à ce qu'il eût connu d'une manière plus précise la volonté de Dieu. Plusieurs qui survinrent furent donc obligés de s'en retourner avec chagrin. Bientôt il eut une vision, où il fut sévèrement réprimandé de sa faiblesse, et menacé de voir passer à un autre sa vocation et son autorité; afin de réparer sa faute, on lui commanda de faire ce qui était en lui pour la défense des pauvres et des affligés, et d'en laisser le succès à Dieu.

Peu après, deux frères, encore jeunes, arrivèrent d'Antioche pour réclamer sa protection contre le comte d'Orient, homme très cruel, qui les persécutait à cause d'une vieille inimitié contre leur père qui était mort. Siméon, qui avait été lié d'amitié avec le père, admonesta le comte en ces termes : Ne faites point de mal à ces enfants ; car ils sont à moi. Le comte répondit que, bien loin de leur vouloir du mal, il était prêt à lui rendre avec eux les plus humbles services. C'était une moquerie. Le carême approchait, où Siméon n'admettait personne dans son enceinte. Les jeunes gens étant revenus à la ville, le comte les fit arrêter, les menaça de la prison s'ils ne se soumettaient à toutes ces exigences, et en informa dérisoirement le saint par une lettre. Celui-ci lui répondit ces mots : Je vous avertis une seconde fois ; ne faites point de mal à ces enfants, de peur qu'il ne vous en arrive, que vous ne soyez vous-même traîné en justice, et qu'alors vous ne chercherez en vain qui vous défende. Le comte répliqua : J'apprends que pendant ces quarante jours, vous fermez votre enceinte pour les passer en retraite. Vous me ferez donc grand plaisir d'employer tout ce temps à me souhaiter du mal ; car si vous me souhaitez du bien, je ne veux pas qu'il m'arrive. Siméon dit alors : Le malheureux ! il a souhaité la malédiction au lieu de la bénédiction : Dieu l'exaucera plus tôt qu'il ne pense. Le troisième jour de la première semaine du jeûne, deux jours après que Siméon se fût enfermé, le comte traversait sur un char la place publique, lorsque tout d'un coup il est arrêté par cinq officiers du palais, traîné la corde au cou devant le tribunal, où de nombreux accusateurs demandaient vengeance de ses nombreuses iniquités. Le maître de la cavalerie, qui avait reçu les ordres secrets de l'empereur, le condamna à une grosse amende et le fit jeter en prison. Alors il supplia humblement les deux jeunes gens d'intercéder pour lui auprès de Siméon, et de lui en obtenir des lettres pour l'empereur. Ils lui remontrèrent que c'était juste le temps où le saint ne recevait personne ; que, sans cela, il aurait sans doute traité son affaire avec l'empereur et les préfets du prétoire. Abandonné ainsi de tout le monde, le malheureux fut ignominieusement conduit par toutes les villes jusqu'à Constantinople, où l'empereur le priva de tous ses biens et le condamna à l'exil : il n'arriva pas même au lieu de son bannissement, mais périt misérablement en route (Assemani, *Act. S. Siméon. Stylit.*).

Après de pareils événements, le concours des malheureux de toute espèce devint prodigieux. On réclamait l'intercession du saint, non-seulement contre l'injustice des hommes, mais contre toute espèce de calamités. Ainsi le territoire d'Aphson étant ravagé par une multitude de rats qui s'attaquaient aux animaux mêmes, les habitants recoururent à Siméon. Il leur fit sentir d'abord que c'était une punition de leurs péchés, puis leur commanda d'emporter un peu de poussière d'auprès de sa colonne, d'en écrire trois croix dans chaque maison, une aux quatre coins de leur ville, de célébrer les vigiles, avec le saint sacrifice, pendant trois jours, et d'apaiser Dieu par leurs prières. Ils le firent, et, le troisième jour, on ne vit plus un seul de ces innombrables rongeurs.

Au milieu de cette multitude d'hommes qui affluaient de toutes parts, Siméon était un apôtre toujours en chaire, et qui prêchait perpétuellement et les chrétiens et les païens. Aux premiers, il rappelait la perfection de l'Évangile, avec les moyens de se corriger de leurs défauts. Ainsi, pour les déshabituer de jurer par le nom de Dieu, il les engageait à jurer par le sien (Bolland., 5 janv.).

Plus d'une fois, à la suite de ses exhortations, une paroisse, une peuplade entière prenait l'engagement par écrit d'y être fidèle. Nous en avons un exemple dans la lettre que lui écrivit la bourgade de Phanir. Elle est au nom du prêtre Cosme, des diacres, des lecteurs et de tout le peuple, avec ses magistrats. Ils souscrivent tous unanimement aux préceptes qu'il leur a imposés, de sanctifier le dimanche et le vendredi ; de n'avoir pas deux mesures, mais une seule, qui soit juste ; de ne pas outre-passer les limites de leur champ ; de ne pas refuser le salaire aux ouvriers ; de réduire à moitié l'intérêt du prêt ; de rendre leur billet à ceux qui paient ; de juger, suivant l'équité, la cause des petits et des grands ; de n'avoir aucune déférence contre la justice, et de ne recevoir de présents contre qui que ce soit ; de ne calomnier personne ; de n'avoir aucun commerce avec les malfaiteurs et les voleurs ; de réprimer les contempteurs des lois ; de fréquenter assidûment l'église. Que si quelqu'un ose violer ces règlements, ravir le bien d'autrui, opprimer les innocents, suborner les juges, prendre quelque chose aux orphelins, aux veuves, aux pauvres, ou enlever une femme, qu'il soit anathème ! Car tout ce que vous nous avez prescrit, et que nous avons ratifié, nous voulons qu'on l'observe à l'avenir. Et ce que nous avons promis, nous jurons de le faire, nous le jurons par Dieu, et par son Christ, et par l'Esprit vivifiant et sanctificateur, et par la victoire de nos seigneurs les empereurs. Si quelqu'un ose y contrevenir, qu'il soit anathème d'après votre parole ; nous le réprimanderons, nous n'aurons point de communion avec lui, on ne recevra point son offrande à l'église, nous n'assisterons point à la sépulture des siens (Assem., *Act. S. Simeon.*). On voit par ce monument la salutaire influence de Siméon sur ses contemporains. Le prêtre Cosme, qui lui adressa cette lettre signée de tout son peuple, est le même qui a écrit la *Vie* du saint.

Par ses prédications et ses miracles, Siméon convertissait en particulier des milliers et des myriades d'infidèles : Ibériens, Arméniens, Perses, Arabes, spécialement Arabes ismaélites. Ils venaient le voir en grandes troupes de deux ou trois cents, quelquefois de mille, renonçaient à haute voix aux erreurs de leurs ancêtres, particulièrement au culte de Vénus, et brisaient leurs idoles en sa présence ; ils recevaient le baptême et apprenaient de sa bouche les lois suivant lesquelles ils devaient vivre. L'évêque Théodoret assista un jour à la conversion d'une peuplade d'Ismaélites. Il faillit même y être étouffé. Car Siméon leur ayant dit de lui demander la bénédiction épiscopale, ils coururent à lui avec un empressement sauvage ; les uns le tiraient par devant, les autres par derrière, les autres par les côtés ; les plus éloignés, montant sur les autres et allongeant le bras, le prenaient par la barbe ou par les vêtements ; il allait être écrasé, quand Siméon les écarta tous par ses cris (Théod.).

Souvent, au pied de sa colonne, les créanciers remettaient leurs dettes aux pauvres, les maîtres affranchissaient gratuitement leurs esclaves (Assem.). Lorsqu'à la fin du carême on rouvrait les portes de son enceinte, non-seulement la montagne de Télanisse, mais les montagnes des environs fourmillaient de peuple. Le voir de loin suffisait à un grand nombre de pécheurs et de pécheresses pour embrasser la pénitence et se retirer dans des monastères. On l'invoquait absent comme présent. Les nautoniers venaient lui rendre grâce de les avoir secourus dans la tempête et sauvés du naufrage (*Ibid.*). Les chrétiens de Perse lui envoyaient des lettres et une ambassade pour lui rendre grâce d'avoir délivré de prison trois cent cinquante d'entre eux, et d'avoir fait cesser la persécution par la fin tragique du mage qui l'avait excitée (*Ibid.*). Le roi de Perse même conçut pour le saint la plus haute estime. Comme des ambassadeurs lui en parlaient, il s'informait curieusement de sa manière de vie et de ses miracles. La reine son épouse demanda de l'huile qu'il eût bénite et la reçut comme un grand présent. Tous les courtisans, malgré les calomnies des mages, prenaient soin de s'en instruire, et le nommaient un homme divin.

Au milieu de cette gloire, il était si humble qu'il se croyait le dernier des hommes. De facile accès, doux et agréable, il répondait à tout le monde, fût-ce un artisan, un paysan, un mendiant. Il disait à ceux qu'il avait délivrés de leurs maladies : Si quelqu'un vous demande qui vous a guéris, dites que c'est Dieu ; gardez-vous de parler de Siméon, autrement je vous avertis que vous retomberez dans votre mal. Théodoret, qui l'avait vu et entretenu plusieurs fois et qui a écrit de son vivant l'abrégé de sa vie, voyait bien la peine qu'on aurait à croire ces merveilles. C'est pourquoi il en parle ainsi : Encore que j'aie pour témoins, s'il faut ainsi dire, tous les hommes vivants, je crains que mon récit ne paraisse à la postérité une fable entièrement destituée de vérité. Car ce qui se passe ici est au-dessus de l'humanité ; cependant les hommes ont coutume de mesurer ce qu'on leur dit par les forces de la nature, et si quelque chose en passe les bornes, cela paraît un mensonge à ceux qui ne connaissent pas les choses divines (*Ibid.*).

Théodoret lui-même, qui nous a donné la vie de ces saints personnages, leur ressemblait sous plus d'un rapport. Son nom veut dire *donné de Dieu*, et fait allusion au genre de sa naissance. Ce fut à la prière d'un fameux solitaire, nommé Macédonius, que ses parents l'obtinrent; mais, en le lui demandant, ils promirent l'un et l'autre de le consacrer à Dieu, et ils exécutèrent leur promesse en le lui offrant dès le berceau. Théodoret fut nourri dès son enfance dans la doctrine des apôtres, et instruit dans la foi pure du concile de Nicée. Il était encore jeune lorsqu'il lisait au peuple les divines Écritures; ainsi l'on peut croire qu'il avait été mis, étant encore enfant, au rang des lecteurs. Sa demeure ordinaire était Antioche, où il était né vers l'an 387. Ce fut apparemment dans cette ville qu'il s'appliqua à l'étude de l'éloquence et des langues étrangères; car on voit par ses ouvrages, qu'outre le syriaque, qui était la langue commune de son pays, il savait encore le grec et l'hébreu. Il n'était pas fort avancé en âge, lorsqu'il perdit son père et sa mère. Alors, se voyant maître des grands biens qu'ils lui avaient laissés, il les distribua aux pauvres, choisissant pour son partage la pauvreté volontaire. Depuis ce temps, il ne voulut rien posséder en propre, ni maisons, ni terres, n'ayant pour toutes choses que ses habits, qui encore étaient fort médiocres. Il avait accoutumé, étant jeune, d'aller à un monastère situé à près de trente lieues d'Antioche. Après la mort de ses parents, il y fixa sa demeure, et n'en sortit que malgré lui, quand on l'en tira, en 423, pour le faire évêque de Cyr, dans la province de Syrie nommée Euphratésienne.

C'était une ville peu considérable, mais elle comptait huit cents paroisses dans sa dépendance. Il y avait un très-grand nombre d'hérétiques, ariens, macédoniens et marcionites : il travailla efficacement à les convertir, et baptisa plus de dix mille marcionites en huit bourgades. Il y en avait une autre pleine d'eunomiens et d'ariens; il les convertit encore; de sorte qu'en 449, il ne restait pas un seul hérétique dans le diocèse de Cyr. Mais cette moisson lui coûta beaucoup : il ne la recueillit qu'après l'avoir semée avec ses larmes et arrosée de son sang ; car il fut souvent poursuivi à coups de pierres par ceux dont il tâchait d'amollir la dureté. Pour leur procurer la vie de l'âme, il se trouva plus d'une fois en danger de perdre celle du corps. Il reconnaît avoir été beaucoup aidé dans ces conversions par les prières de saints dont il avait des reliques, en particulier par saint Jacques l'anachorète, dont il a écrit la vie. Il combattit, par ses discours et par ses écrits, tous les ennemis de la religion : les païens, les Juifs, les hérétiques, notamment les apollinaristes. Ayant trouvé dans les Églises de son diocèse plus de deux cents exemplaires *De la concorde de l'Évangile*, par Tatien, où étaient supprimés tous les endroits contraires à ses erreurs, il prit toutes ces concordes et mit à la place le texte ordinaire des quatre Évangiles. Quelquefois, à l'occasion des conciles, il sortait de son diocèse pour annoncer la parole de Dieu. On voit par ses lettres qu'il prêcha à Béroé et plus souvent encore à Antioche. Avec cela, il était accablé d'une infinité de soins pour les affaires de la ville et de la campagne, de la police et de la cour, du monde et de l'Église; car en travaillant au bien spirituel de son diocèse, il n'en négligeait pas le bien temporel. Ainsi, il bâtit à Cyr, des revenus de l'Église, des galeries publiques et deux grands ponts, et fit réparer les bains. Il construisit un aqueduc pour distribuer abondamment de l'eau dans la ville, qui n'en avait point d'autre auparavant que de la rivière ; et, pour que cette rivière ne débordât plus comme de coutume, il y fit creuser un canal. Il attira encore des médecins et d'autres personnes de professions nécessaires. Enfin, il s'employa auprès de l'impératrice Pulchérie pour soulager le pays, tellement accablé d'impositions que plusieurs terres étaient entièrement abandonnées (Tillemont, Ceillier, Théodoret).

Il avait une grande amitié pour Nestorius, et ce fut son malheur; car elle l'empêcha longtemps d'en bien reconnaître les erreurs et de rendre justice à saint Cyrille. Habitué d'ailleurs à combattre à toute outrance les apollinaristes, il semblait voir leur hérésie partout, particulièrement dans les douze anathèmes de l'évêque d'Alexandrie. Il se peut encore, car il était homme, que les louanges et les applaudissements dont il était l'objet lui eussent inspiré quelque peu de présomption. Toujours est-il que ses écrits contre saint Cyrille et contre le concile d'Éphèse décèlent des préventions bien passionnées, et qu'ils renferment des propositions que l'Église a justement condamnées et que nous verrons condamner implicitement à lui-même. Lorsque en 433, la réunion se fit entre saint Cyrille et Jean d'Antioche, il y fut un des plus opposés. Après avoir examiné attentivement l'exposition de foi du premier, il la trouvait entièrement catholique, et en écrivit dans ce sens à son métropolitain Alexandre d'Hiéraple et à Nestorius même. Mais il ne pouvait se résoudre à souscrire à la condamnation de celui-ci, qu'il regardait comme injustement condamné, ni à dire anathème à ses dogmes, dont il ne voyait point encore l'impiété. Il protestait même qu'on lui couperait plutôt les deux mains que de l'y faire résoudre. Plus tard, en 452, dans son ouvrage *Des hérésies*, il parlera de Nestorius et de ses erreurs avec la même sévérité que saint Cyrille.

En 434, arriva un ordre itératif de l'empereur contre Hellade de Tarse, Maximin d'Anazarbe, Alexandre d'Hiéraple et Théodoret, portant qu'ils communiqueraient avec Jean d'Antioche ou qu'ils quitteraient leurs églises. Théodoret ne fit que rire de la menace; mais il ne put résister aux instances et aux reproches que lui firent pour la paix les saints anachorètes, en particulier saint Baradat, saint Jacques, saint Siméon Stylite. Il eut donc une entrevue avec Jean d'Antioche, où il convint qu'on ne parlerait point de la déposition de Nestorius, mais seulement de la foi qu'ils étaient d'accord, et rentra ainsi dans sa communion. Maximin d'Anazarbe et les autres évêques de la seconde Cilicie acceptèrent ces conditions, et écrivirent à Jean une lettre commune à tous. Théodoret fit encore entrer dans cette paix Hellade de Tarse et les autres évêques de la seconde Cilicie. Ceux d'Isaurie se rendirent pareillement. Mélèce de Mopsueste étant demeuré seul opiniâtre de toute la Cilicie, Jean d'Antioche le déposa, ordonna un autre à sa place, et obtint un ordre de l'empereur pour l'envoyer en exil à Mélitine en Arménie.

Théodoret fit alors ses derniers efforts pour gagner son métropolitain, Alexandre d'Hiéraple. Ce fut en vain. Alexandre demeura opiniâtre. Il répondit entre autres : Les moines ont pour eux les conciles, les sièges, les royaumes, les juges, et nous avons Dieu et la pureté de la foi. Je ne me mets pas en peine de ce que font les Ciliciens et les Isauriens ; mais quand tous ceux qui sont morts depuis le commencement du monde ressusciteraient et nommeraient piété l'abomination d'Egypte (il entendait la doctrine de saint Cyrille), je ne les croirais pas plus dignes de foi que la science que Dieu m'a donnée (Baluz., c. 146, 167). Certes, si ce vieillard avait quelque vertu, ce n'était pas du moins l'humilité ; car pour se préférer ainsi soi seul à toute l'Eglise, il faut un orgueil de démon. Après quelques autres tentatives infructueuses pour le fléchir, il fut relégué en Egypte.

Nestorius demeurait depuis quatre ans dans le monastère où il avait été élevé pendant sa jeunesse. Mais, en 436, Jean d'Antioche voyant qu'il y répandait ses erreurs, pria l'empereur Théodose de le chasser de tout l'Orient. Il fut donc relégué à Oasis, où l'on bannissait ordinairement les criminels. C'était un lieu exposé aux courses des nomades, du côté de Pane dans la Thébaïde. Il s'occupait dans cet exil à justifier, par ses écrits, sa conduite et sa doctrine. Il y était encore en 439. Mais les nomades ayant rempli tout le pays de feu et de carnage, Nestorius se trouva du nombre de leurs prisonniers. Revenu sur les terres de l'empire, il fut relégué successivement dans trois autres lieux, et mourut enfin, le corps tout pourri et la langue rongée de vers (Evagr., l. 1, c. 7; Theodor., Lector., l. 2).

L'édit de l'empereur contre Nestorius ordonnait que ses sectateurs seraient nommés *simoniens*, comme imitateurs de Simon, le premier hérésiarque, et que ses livres seraient supprimés et brûlés publiquement, avec défense à ses sectateurs de faire aucune assemblée, sous peine de confiscation de tous leurs biens (Labbe, t. III). Cet édit, du 3 août 435, fut envoyé en Orient par le tribun Aristolaüs, pour le faire recevoir de tous les évêques. Nous avons la lettre synodale de ceux de la première Cilicie, c'est-à-dire d'Hellade de Tarse avec quatre autres. Elle est adressée à l'empereur et porte qu'Aristolaüs étant venu chez eux par son ordre, ils ont obéi volontiers. Nous embrassons, disent-ils, la communion du saint concile d'Éphèse; nous tenons pour déposé Nestorius, jadis évêque de Constantinople, et nous l'anathématisons, à cause des impiétés qu'il a enseignées de vive voix ou par écrit ; nous suivons les saints évêques Sixte de Rome, Proclus de Constantinople, Cyrille d'Alexandrie, Jean d'Antioche, ainsi que tous les autres, et nous anathématisons avec eux Nestorius et ceux qui soutiennent les mêmes impiétés (Baluz., c. 192).

Les nestoriens n'osant plus soutenir leur doctrine par les écrits de Nestorius même, s'avisèrent de répandre partout ceux de quelques auteurs plus anciens, qui, en réfutant Eunomius et Apollinaire, s'étaient exprimés d'une manière assez conforme à celle de Nestorius, sur la distinction des deux natures en Jésus-Christ. Ils traduisirent même ces écrits ou ces extraits en arménien, en persan et en syriaque. Les uns étaient de Diodore de Tarse, et les autres de Théodore de Mopsueste ; du moins on les leur attribuait. De plus, Nestorius passait pour le disciple du second, et celui-ci du premier. Ce manège occasionna de nouvelles difficultés, à cause de la grande réputation de science et de piété que ces deux hommes avaient laissée dans la Syrie et les pays environnants. Théodore d'Ancyre, Acace de Mélitine et Rabula d'Edesse, catholiques très-zélés, s'élevèrent contre les livres de Théodore de Mopsueste ; l'évêque d'Edesse l'anathématisa même publiquement dans l'église. De plus, de concert avec celui de Mélitine, il écrivit encore aux évêques d'Arménie de ne pas recevoir les livres de ce Théodore, parce que c'était un hérétique et l'auteur de la doctrine de Nestorius.

Les évêques de Cilicie se plaignirent du procédé de Rabula et d'Acace, prétendant qu'ils n'agissaient que par jalousie et par passion. Mais les évêques de la grande Arménie, de concert avec ceux de Perse, envoyèrent deux prêtres à Proclus de Constantinople (Labbe, t. V; Libérat, c. 10), avec leurs mémoires et un volume de Théodore de Mopsueste, pour savoir si Proclus approuvait la doctrine de Théodore ou celle de Rabula et d'Acace. Après avoir tout examiné avec soin, Proclus adressa aux évêques, aux prêtres et aux archimandrites de l'Arménie une grande lettre qui est devenue justement célèbre dans l'Eglise.

Il y observe que les païens avaient de la vertu une idée assez basse, puisqu'ils la bornaient à la vie présente ; mais que, pour le chrétien, la vertu véritable est celle qui nous élève à Dieu et qui dirige dans l'ordre les choses de la terre. Parmi les différentes vertus, il y en a trois principales : la foi, l'espérance et la charité. La foi gratifie les hommes de ce qui est au-dessus de la nature, en associant dès maintenant aux choses spirituelles celui qui porte encore le vêtement souffreteux de la matière. Car ce que la nature des anges et des autres puissances incorporelles ignore à cause de sa suréminence, la foi en donne la science aux hommes qui rampent à terre ; elle les approche du trône que ne voile aucune figure, elle leur communique une pure illumination de la nature incréée et éternelle, et dissipe par son éclat, non-seulement le brouillard des sens, mais encore ce qu'il peut y avoir de nuageux dans l'esprit : car elle fait voir clairement des choses qu'on voit, en ce qu'on ne saurait y atteindre, et que l'on comprend, en ce qu'elles sont inaccessibles. De cette idée aussi vraie que sublime de la foi, il conclut qu'on ne doit l'altérer par aucun raisonnement humain, par aucune profane nouveauté de paroles, mais la conserver pure dans les bornes de l'Evangile et des apôtres.

Venant à la foi de l'Incarnation, il enseigne avec beaucoup de netteté la distinction des deux natures et l'unité de personne en Jésus-Christ. Il confesse une seule hypostase du Verbe incarné, le même faisant des miracles et endurant des souffrances ; faisant des miracles pour montrer qu'il n'avait pas cessé d'être Dieu, et endurant des souffrances pour montrer qu'il s'était fait homme. Les adversaires opposaient cet argument : La Trinité est impassible ; or, le Verbe est de la Trinité : donc le Verbe est impassible. Proclus dit que c'est là une toile d'araignée ; car nous ne disons pas que le Verbe ait souffert selon la divinité, qui est impassible de sa nature ; mais en confessant que le Verbe-Dieu, l'un de la Trinité, s'est incarné, nous faisons comprendre aux fidèles pourquoi il s'est incarné. Il voulait racheter les hommes par ses souffrances. Or, Dieu seul, il n'aurait pu souffrir ; homme seul, il n'aurait pu racheter. Voilà pourquoi, demeurant Dieu, il s'est fait homme. Cette expression : l'un de la Trinité s'est incarné, occasionna beaucoup de bruit quelques années après. Proclus exhorte les Arméniens à garder avec soin les traditions qu'ils avaient reçues des saints Pères, en particulier des bienheureux Basile et Grégoire, qui, ayant fleuri en Cappadoce, étaient sans doute très-connus en Arménie (Labbe, t. III).

Le trouble de l'Arménie était venu de Syrie, dont les évêques avaient été les plus attachés à Nestorius, et l'étaient encore à Théodore de Mopsueste. Proclus leur envoya donc sa lettre aux Arméniens, avec une lettre synodique, où il priait Jean d'Antioche et son concile de la signer pour marquer leur union dans la même foi. Les Orientaux l'ayant examinée, la souscrivirent et la lui renvoyèrent. Mais Proclus y avait joint un recueil d'articles sans nom d'auteur, pour les faire condamner comme hérétiques. Le diacre qu'il avait chargé de cette pièce, avec ordre de suivre en tout l'avis de Jean d'Antioche, prit sur lui de mettre en tête de ces articles suspects le nom de Théodore de Mopsueste. Cette indiscrétion occasionna d'autres difficultés. Théodore était né à Antioche; il avait été l'ami de saint Chrysostome; il était mort avec une grande réputation de science et de piété. Pour ne pas flétrir sa mémoire, les Syriens refusèrent de condamner les articles mis sous son nom. Ils tinrent même un concile à ce sujet. Proclus, de son côté, désapprouva formellement l'indiscrétion de son diacre. Saint Cyrille était d'avis qu'on avait eu assez de peine pour faire condamner par les Orientaux les erreurs de Nestorius, et qu'il ne fallait pas les contrister de nouveau au sujet d'un homme dont les écrits offraient bien quelques endroits répréhensibles ; mais qui cependant était mort dans la paix de l'Eglise. Les nestoriens abusèrent de ces ménagements pour accréditer et répandre les erreurs de Théodore de Mopsueste. Saint Cyrille se vit obligé alors de les relever et d'en faire voir le venin. Aussitôt Théodoret, avec assez d'aigreur, écrivit contre saint Cyrille; toutefois, pour le moment, ces difficultés n'eurent pas de suites et ne troublèrent point la paix (Ceillier, Tillemont, S. Cyrille, S. Proclus, Théodoret).

Vers la fin de 436 ou au commencement de 437, sainte Mélanie la jeune vint à Constantinople à la prière de son oncle Volusien, qui, étant préfet de Rome, y avait été envoyé en ambassade. C'est le même Volusien, ami du tribun Marcellin, à qui saint Augustin avait autrefois écrit. Il était demeuré païen. Sa sainte nièce l'exhortait à se convertir. Elle lui fit parler par le saint évêque Proclus, dont les discours pleins de sagesse l'engagèrent à reconnaître la vérité. Il reçut le baptême de ses mains, et il disait depuis que ses paroles étaient si persuasives et si efficaces, que, si Rome avait trois personnes comme lui, il n'y resterait plus aucun païen (Surius, ad 30 decemb.).

L'année 437, comme saint Proclus faisait le panégyrique de saint Jean Chrysostome, le jour de sa fête, qui était le 26 septembre, le peuple l'interrompit par des acclamations, demandant qu'on leur rendît l'évêque Jean. Proclus jugea de plus que c'était le moyen de réunir à l'église ceux qui s'étaient séparés à l'occasion du saint et qui tenaient encore à part leurs assemblées. Il en parla donc à l'empereur et lui persuada de faire rapporter le corps du saint évêque de Comane, dans le Pont, où il avait été enterré. La translation eut lieu ; le peuple alla au devant, la mer du Bosphore fut couverte de barques et éclairée de flambeaux, comme quand il fut rappelé de son premier exil. L'empereur appliqua ses yeux et son visage sur la châsse, demandant pardon pour son père et sa mère, qui avaient offensé le saint, ne sachant pas ce qu'ils faisaient. Les reliques furent transférées à Constantinople publiquement, avec grand honneur, et déposées dans l'église des Apôtres le 27 janvier 438, jour où l'Eglise latine fait la fête de saint Chrysostome.

Il paraîtrait que vers ces temps, au plus tard en 437, il se tint à Constantinople un concile où l'on fit quelques règlements touchant la foi, que le Saint-Siège approuva, et certains règlements de discipline que le Saint-Siège n'approuva point, parce qu'ils allaient à étendre la juridiction de l'évêque de Constantinople au delà des canons. Pour avoir consenti à ces règlements synodiques, faits sous Proclus, Théodoret fut accusé plus tard d'avoir trahi les droits des Eglises d'Antioche et d'Alexandrie (Théod., *Epist.* 86, *ad Flav.*) Le 18 décembre 437, le pape saint Sixte écrivit à Proclus une lettre pleine d'estime et de confiance, où, en le louant de sa fidélité à observer les canons, il l'engage à ne pas s'en laisser détourner par surprise; il l'exhorte en particulier à suivre l'exemple de Rome, et à n'admettre aucun évêque d'Illyrie sans une lettre formée de l'évêque de Thessalonique, de qui dépendaient ces provinces. Le Pape lui marque de plus, qu'il a depuis peu confirmé son jugement touchant Idduas. On croit que c'est l'évêque de Smyrne, qui avait assisté au concile d'Ephèse, et que Proclus l'ayant jugé, il en avait appelé au Pape. Le même jour, saint Sixte écrivit à tous les évêques d'Illyrie pour leur rappeler qu'il avait établi Anastase de Thessalonique son vicaire ; que tout ce que feraient les évêques de ces provinces, chacun en particulier, devait lui être rapporté; que c'était à lui d'assembler le concile quand il le jugerait nécessaire, et que, sur sa relation, le Siège apostolique confirmerait ce qui aurait été fait. Ne croyez pas, ajoute-t-il, être obligés à ce qu'un concile oriental a voulu ordonner contre nos préceptes, hors ce qu'il a jugé sur la foi de notre consentement (Coust., *Xisti*, *Epist.* 9 et 10).

Le pape saint Boniface, par l'intermédiaire de son vicaire, Rufus de Thessalonique, avait maintenu sur son siége Périgène de Corinthe. Avec le temps, Périgène oublia quelque peu ce bienfait, et cherchait à se soustraire à la juridiction d'Anastase, successeur de Rufus. Le pape saint Sixte lui écrivit, ainsi qu'à tous les évêques assemblés en concile à Thessalonique, au mois de juillet 435, pour lui reprocher tout doucement son peu de reconnaissance, et leur rappeler à tous qu'il donnait à Anastase la même autorité que les Papes précédents avaient donnée à ses prédécesseurs ; c'est-à-dire que chaque métropolitain fera les ordinations dans sa province, mais du consentement de l'évêque de Thessalonique; qu'il ne s'en fera aucune sans sa participation, et qu'il examinera ceux qui seront appelés à l'épiscopat; que les causes majeures lui seront rapportées; qu'il choisira d'entre les évêques ceux qui jugeront avec lui ou qu'il députera pour juger sans lui (Coust., *Xisti*, *Epist.* 7 et 8).

Le 15 février 438 fut publié le *Code Théodosien*, recueil méthodique, en seize livres, des lois et ordonnances impériales, depuis Constantin le Grand, concernant l'administration civile, militaire et ecclésiastique. Le dernier livre est entièrement consacré aux lois qui regardent la religion. Ce Code est nommé Théodosien, parce qu'il fut entrepris et publié par ordre de Théodose le Jeune, qui, le 26 mars 429, nomma une commission de huit personnes, et, en 445, une nouvelle de seize pour exécuter ce grand travail. Il fut adopté dans l'empire d'Occident, et, tout récemment, on a retrouvé le procès-verbal de son adoption par le sénat de Rome. Son autorité s'étendit jusque chez les peuples barbares; et se conserva longtemps. Il ne subsista que quatre-vingt-dix ans en Orient, où il avait pris naissance : Justinien l'abrogea pour en établir un nouveau ; mais en Occident, il survécut à l'empire. Pour laisser à chaque prince la gloire qui lui était due, on eut soin de marquer à la tête des lois le nom de ceux qui en étaient les auteurs, et celui des magistrats à qui elles étaient adressées ; la souscription exprime le lieu où elles ont été données et la date par les consulats. Tout cela fait que ce Code est encore un des monuments les plus précieux d'histoire (*Hist. du Bas-Empire*, l. 32, édit. St-Martin).

La publication du *Code Théodosien* fut un bienfait public. Jusqu'alors, les lois impériales, toujours plus nombreuses et éparses dans une infinité de volumes, rendaient la science du droit à peu près inaccessible. A peine y avait-il deux ou trois jurisconsultes à la posséder parfaitement. De plus, ces lois, rendues les unes sous le paganisme, les autres sous le christianisme, étaient souvent contradictoires. Le Code de Théodose, en se bornant aux lois des empereurs chrétiens, y mettait plus d'accord et se rapprochait de la législation plus parfaite de l'Eglise. Par exemple, la source première de la société publique est la société conjugale. L'Eglise catholique en rappelle et consacre l'unité et l'indissolubilité primitives, avec d'autant plus de fermeté qu'elle a la conscience d'être elle-même l'épouse unique et indissoluble du Christ. Où cette conscience mystérieuse n'existe pas, le lien conjugal se relâche de plus en plus, et, par suite, tous les autres liens. Sous les empereurs idolâtres, le divorce, la répudiation ne connaissaient aucun frein : le mari changeait de femme et la femme de mari, comme de vêtement. L'empereur Constantin et puis Honorius y mirent quelques restrictions et y attachèrent quelques peines (*Cod. Théod.*, l. 3, tit. 16). Théodose le Jeune, au lieu de faire un pas de plus vers la perfection, rouvrit la porte à la dissolution païenne, en abrogeant ces restrictions comme trop dures, deux ans après la publication de son Code (Theod., *Novell.* 17). l'Eglise seule a, toujours et partout, avec la sainteté inviolable du mariage, protégé l'innocence de l'enfant, avec l'honneur de la femme, et créé en quelque sorte la dignité humaine.

L'empereur Valentinien III était revenu depuis peu en Italie, d'un voyage à Constantinople, où il avait épousé la princesse Eudoxie, fille de Théodose, lorsqu'on apprit la désastreuse nouvelle que, malgré la paix jurée, le vandale Genséric s'était inopinément emparé de Carthage, le 19 octobre 439, en avait pillé les richesses et banni les principaux habitants avec le culte catholique. Dans toutes les provinces qui lui appartenaient, il ordonna aux siens de chasser de leurs églises les évêques après les avoir dépouillés de tout, ou, s'ils refusaient de sortir, de les réduire en servitude perpétuelle : ce qui fut exécuté à l'égard d'un grand nombre d'évêques et de laïques illustres. *Quod-vult-Deus*, évêque de Carthage, et un grand nombre d'ecclésiastiques furent ainsi chassés et embarqués, sans vivres, sur des vaisseaux rompus; toutefois, par la protection de la Providence, ils abordèrent heureusement à Naples.

L'empire d'Occident était hors d'état de punir la perfidie du Vandale. Ses plus belles provinces, l'Espagne, la Gaule, étaient envahies par les Suèves, les Goths, les Alains, les Bourguignons, les Francs. Parmi ses généraux, Litorius, qui était païen, s'étant fié aux promesses des aruspices et aux oracles des démons, se laissait battre par les Goths de Toulouse, qui se confiaient en Dieu, et dont le roi, avant le combat, priait couché sur un cilice. Deux autres, Aëtius et Albinus, mettaient l'empire en péril par leurs dissensions : pour les réconcilier, on ne vit que Léon, diacre de l'Eglise romaine. A Constantinople, l'empereur Théodose, après avoir fait mourir par jalousie son ami d'enfance, Paulin; après avoir ainsi déterminé l'impératrice Eudoxie à se retirer à Jérusalem, où déjà précédemment elle avait fait un voyage de dévotion, était devenu le servile instrument de l'eunuque Chrysaphius, Barbare d'origine. Il arma toutefois une flotte considérable pour combattre Genséric, qui venait encore de ravager la Sicile. Mais Genséric sut l'amuser par des négociations une année entière, au bout de laquelle l'armée romaine se trouva presque détruite par la disette et les maladies, et l'empereur obligé de faire la paix avec le Vandale, en le reconnaissant souverain de tout ce qu'il occupait de l'Afrique. Cette expédition, si mal conduite, fut pour tous les Barbares un signal de guerre. Les Zannes, les Sarrasins, les Isauriens en Asie, les Huns en Europe, dans l'Afrique les Ausuriens, et les autres Barbares voisins de l'Ethiopie et de l'Egypte, voyant toutes les forces romaines tournées contre les Vandales, attaquèrent l'empire de toutes parts. Les Perses menaçaient la Mésopotamie ; mais l'ennemi le plus redoutable était Attila. Après avoir poussé ses conquêtes fort loin chez les Scythes, il revint sur l'empire, mit à feu et à sang l'Illyrie, la Pannonie, la Thrace, réduisit en cendres les villes de Singidon, de Naïsse, de Sardique, et força l'empereur à conclure la paix à tout prix (*Hist. du Bas-Empire*, l. 32).

Au milieu de ces événements mourut le pape saint Sixte, vers le mois d'août 440, après avoir tenu le Saint-Siège environ huit ans. On élut pour lui succéder saint Léon, son archidiacre, originaire de Toscane, mais né à Rome. Il était dans les Gaules, où il venait de réconcilier ensemble les généraux Aëtius et Albinus. Telle était la haute opinion que l'Eglise romaine avait de son mérite, qu'elle aima mieux demeurer plus de quarante jours sans pasteur que d'en nommer un autre ; et ce qu'il y eut d'admirable, c'est que, pendant un si long temps, il ne se forma aucun trouble dans la ville. On lui envoya une députation publique, pour l'inviter à venir prendre le soin de sa patrie et de son église. Il vint, et fut ordonné évêque, le dimanche 29 septembre de la même année. Son élévation lui donna moins de joie, que l'obligation où elle le mettait de servir les autres ne lui donna de sollicitude; il ne se chargea qu'avec crainte d'un ministère si relevé, sachant qu'il peut occasionner de fréquentes chutes. Mais l'affection que son peuple lui témoigna à son entrée, lui donna l'espérance de le conduire facilement et de le porter au bien sans contrainte. Il ne fut pas trompé. Son peuple eut pour lui une grande soumission, et il reconnut par les effets, que ses avis étaient reçus avec joie. Il prêchait souvent, surtout dans les grandes solennités, et au jour où il faisait chaque année la mémoire de son ordination. On ne sait où Sozomène avait appris qu'à Rome, ni le Pape ni aucun autre ne prêchaient jamais dans l'église. Les sermons que nous avons encore de saint Léon sont une preuve du contraire, et il dit lui-même, dans l'éloge de son prédécesseur, le jour de la fête des sept frères Machabées, qu'il avait coutume d'instruire publiquement son peuple. Dans un très-grand nombre de ses discours, il parle de la prédication comme d'un devoir attaché au ministère des papes, de même qu'à celui des autres évêques. Un de ses soins fut d'attirer à Rome les personnes les plus distinguées par leur savoir et l'intégrité de leurs mœurs, pour s'en servir dans le gouvernement de l'Eglise. On met de ce nombre saint Prosper d'Aquitaine, qui lui aida à écrire ses lettres les plus importantes.

L'Eglise et l'empire avaient également besoin d'un homme tel que saint Léon, justement surnommé le Grand. Parmi les peuples qui envahissaient l'empire de toutes parts, il y avait très-peu de catholiques; presque tous étaient ariens ou même idolâtres. Les Vandales ariens saccageaient les églises d'Afrique avec une fureur d'ariens et de Vandales. Les manichéens fugitifs de Carthage affluaient en Italie et menaçaient d'infecter Rome. Les priscillianistes remuaient en Espagne, les pélagiens dans la Vénétie et ailleurs, les nestoriens en Orient; une nouvelle hérésie sortira de Constantinople, qui, par l'ineptie de l'empereur Théodose, bouleversera tout à la fois et l'Eglise et l'empire : Attila marchera sur Rome, Genséric la prendra, et Léon se montrera plus grand que toutes ces calamités.

La Sicile ayant été ravagée par les Vandales, il envoya du secours à Pascasin, évêque de Lilybée, avec des lettres de consolation, et en même temps il le consulta sur le jour de Pâques de l'année suivante 444, comme il avait déjà consulté saint Cyrille d'Alexandrie. Pascasin répondit au Pape : Qu'après avoir bien examiné la question et calculé exactement, il avait trouvé, comme saint Cyrille, que le jour de Pâques de l'année suivante devait être le dimanche 23 avril, de quoi il explique les raisons (Ballerini, *Opera S. Leonis*, *Epist.* 3, t. I).

Le 10 octobre de la même année 443, saint Léon écrivit une décrétale aux évêques de Campanie, du Picénum, de Toscane et de toutes les provinces. Le Picénum est aujourd'hui une grande partie de la marche d'Ancône. Trois évêques furent chargés de porter dans les provinces cette décrétale, où l'on reprend divers abus : Que l'on élevait au plus haut rang du sacerdoce des gens de condition servile ou engagés à des devoirs incompatibles avec le service de l'Eglise, et quelquefois malgré leurs maîtres; que l'on ordonnait des bigames; qu'il y avait des clercs qui prêtaient à usure, soit sous leurs noms, soit sous des noms empruntés, quoique l'usure fût défendue même aux laïques. Le Pape ordonne que tous ces abus soient retranchés, sous peine, aux évêques contrevenants, d'être interdits et privés de sa communion, et il leur recommande d'observer les décrets de saint Innocent et de ses autres prédécesseurs (*Epist.* 4).

Septinius, évêque d'Altinum, dans la Vénétie, avertit saint Léon que dans cette province on avait reçu à la communion catholique des prêtres, des diacres et d'autres clercs de divers ordres, qui avaient été engagés dans l'hérésie de Pélage, sans avoir exigé d'eux la condamnation de leur erreur; et que l'on souffrait même qu'ils passassent en divers lieux pour exercer leurs fonctions, au mépris des canons, qui ordonnaient la stabilité des clercs dans les églises où ils avaient été ordonnés. Sur cet avis, saint Léon écrivit à l'évêque d'Aquilée, métropolitain de la province, lui ordonnant d'assembler son concile, pour y obliger tous ces clercs suspects de pélagianisme, à condamner ouvertement et par écrit cette hérésie, et à recevoir tous les décrets des conciles confirmés par le Saint-Siège, en termes si clairs, qu'il ne leur restât aucun prétexte de les éluder. Le Pape recommande aussi le maintien des canons, pour la stabilité des clercs, sous peine de déposition et d'excommunication, parce que les causes ordinaires de passer d'église en église, ne sont que l'ambition et l'intérêt (*Epist.* 1 et 2).

Anastase, évêque de Thessalonique, envoya demander à saint Léon l'autorité de son vicaire dans l'Illyrie, comme l'avaient eue ses prédécesseurs. Saint Léon la lui accorda volontiers dans sa lettre du 12 janvier 444. Il dit qu'il ne fait que suivre l'exemple de saint Sirice, qui donna le même pouvoir à Anysius; mais qu'il ne doit servir qu'au maintien des canons. Il recommande principalement les ordinations des évêques, où l'on ne doit regarder que le mérite de la personne et le service qu'elle a rendu à l'Eglise, sans aucune vue de faveur ni d'intérêt. « Personne, dit-il, ne doit être ordonné évêque dans ces églises sans vous consulter; car on les choisira avec un jugement plus mûr, quand on craindra votre examen; et nous ne tiendrons point pour évêques ceux que le métropolitain aura ordonnés sans votre participation. Comme les métropolitains ont le droit d'ordonner les évêques de leurs provinces, nous voulons que vous ordonniez les métropolitains, et que vous les choisissiez avec un plus grand soin, comme devant gouverner les autres. Que personne ne manque au concile, quand il y sera appelé. Rien n'est plus utile que les fréquentes assemblées des évêques, pour corriger les fautes et conserver la charité. Vous nous renverrez, suivant l'ancienne tradition, les causes majeures qui ne pourront être terminées sur les lieux, et les appellations. » Saint Léon écrivit le même jour aux métropolitains de l'Illyrie, pour les avertir du pouvoir qu'il avait donné à Anastase de Thessalonique, et les exhorter à s'y soumettre et à observer les canons (*Epist.* 5 et 6).

La Mauritanie césarienne, province d'Alger, appartenait encore à l'empire d'Occident; mais elle avait beaucoup souffert de la guerre des Vandales. Saint Léon, averti par ceux qui en venaient qu'il s'y faisait des ordinations irrégulières, donna commission à l'évêque Poténtius, qui y allait de Rome, de s'en informer, et le chargea d'une lettre aux évêques de la province, que nous n'avons plus. Potentius envoya au Pape une ample relation de l'état de ces églises, ce qui l'obligea d'écrire la lettre que nous avons. Saint Léon y marque d'abord que les troubles du temps ont donné occasion à ces désordres, qu'il explique en particulier. Plusieurs évêques avaient été élus par brigue ou par tumulte populaire. On avait élu des bigames, des laïques, des hérétiques convertis, quoiqu'il soit nécessaire d'éprouver dans les ordres inférieurs ceux qui doivent être évêques, afin de s'assurer non-seulement de leur capacité, mais de leur humilité. Il décide que les bigames doivent être déposés et exclus, non-seulement de l'épiscopat, mais de la prêtrise et du diaconat; et il compte pour bigames ceux qui ont épousé des veuves. A plus forte raison, ajoute-t-il, doit-on déposer celui qui, comme on nous a rapporté, a deux femmes à la fois, ou qui en a épousé une autre, après que la sienne l'a quitté.

Quant à ceux qui ont été ordonnés étant simples laïques, le Pape leur permet de demeurer évêques, sans que cette dispense puisse être tirée à conséquence, au préjudice des décrets du Saint-Siége, et des siens en particulier. A l'avenir, les évêques qui en ordonneraient un contre les règles, perdront leur droit d'ordination, et n'assisteront pas même à la cérémonie. Pour ne point avilir la dignité épiscopale, il défend de mettre des évêques dans de petits endroits, et ordonne, à la demande de l'évêque Restitut, que ceux qu'on avait ainsi multipliés dans son diocèse venant à mourir, les lieux reviendraient à sa juridiction comme devant. Il ordonne d'entendre dans la province la cause de l'évêque Lupicin. Il en avait appelé au jugement du Pape, qui, sur ses instances réitérées, lui avait rendu la communion; car il lui paraissait injuste de l'en priver, l'affaire encore pendante. Le Pape blâme sur la témérité qu'on avait eue d'ordonner un autre à sa place, cela ne pouvant se faire qu'après que Lupicin, présent, étant convaincu ou s'avouant lui-même coupable, eût été justement condamné. Il conserve dans son siége Donat de Salicine, qui s'était converti avec son peuple de l'hérésie des novatiens, et Maxime, donatiste converti, quoiqu'il eût été ordonné laïque; mais à la charge que l'un et l'autre lui enverraient leur profession de foi par écrit. Quant à Aggar et à Tibérien, qui avaient été ordonnés avec des séditions violentes, étant simples laïques, il en laissa le jugement aux évêques des lieux, se réservant toutefois de décider sur leur rapport. Il termine par ces paroles : Que s'il s'élève d'autres causes qui intéressent l'état des églises et la concorde des évêques, nous voulons qu'on les examine sur les lieux dans la crainte du Seigneur, et que de tous les arrangements pris et à prendre, on nous envoie une relation complète, afin que ce qui aura été défini justement et raisonnablement, d'après la coutume de l'Eglise, soit aussi confirmé par ma sentence (Labbe, t. III, *Epist.* 87; Cacciari, *Epist.* 1; Ballerini, *Epist.* 12; Quesnel, *Epist.* 1, *cum notis*).

Cette décrétale est des plus importantes, en ce qu'elle nous montre le droit, l'usage et les effets des appellations à Rome, particulièrement de l'Afrique. Le janséniste Quesnel, que Fleury prend pour guide, voudrait faire accroire que ces passages si importants sont supposés, et qu'il faut s'en tenir à la décrétale abrégée qu'il donne dans son édition de saint Léon. Mais la décrétale se trouve avec ces passages dans toutes les éditions antérieures, dans les meilleurs manuscrits, comme le reconnaissent les meilleurs critiques, tels que Baluze et Coustant, et comme l'ont prouvé les doctes Cacciari et Ballerini dans leurs savantes éditions du grand Pape. Ce qu'on peut conclure, c'est que saint Léon et les évêques du Ve siècle ne pensaient pas comme Fleury et Quesnel sur les appellations à Rome.

Entre ceux que la désolation de l'Afrique et la crainte des Vandales firent passer en Italie, il y eut un grand nombre de manichéens qui se réfugièrent à Rome et s'y cachèrent quelque temps. Mais saint Léon les découvrit et en avertit son peuple en plusieurs de ses sermons, les exhortant à les dénoncer partout à leurs prêtres, autrement à leurs curés. Car, dit-il, c'est une grande piété de dévoiler les retraites des impies et de terrasser en eux le diable qu'ils servent. Il faut s'en donner de garde, de peur qu'ils ne nuisent à quelqu'un; il faut les dénoncer, de peur qu'ils ne s'arrêtent en quelque partie de notre ville. Ce que nous vous ordonnons, ce dont nous vous prions, vous sera utile au tribunal du Seigneur (*Sermo* 4, *De collect.*, c. 4). Il donne ces deux marques pour les connaître : Qu'ils jeûnent le dimanche en l'honneur du Soleil et au mépris de la résurrection de Jésus-Christ, et le lundi en l'honneur de la Lune, et que, recevant la communion avec les fidèles, ils ne prennent que le corps de Notre Seigneur, et non point le sang, parce qu'ils abhorrent le vin.

Mais pour mieux faire connaître au peuple leurs erreurs et leurs infamies, le pape saint Léon en fit une inquisition juridique. Il assembla plusieurs évêques et plusieurs prêtres, avec un grand nombre de citoyens, des personnes illustres et une partie du sénat. En cette assemblée, il fit amener leurs élus, c'est-à-dire ceux et celles d'entre eux qui étaient initiés à leurs mystères les plus secrets. On leur fit découvrir plusieurs choses de leurs dogmes et des cérémonies de leurs fêtes, et on prouva clairement l'infamie de leurs mystères, pour ne laisser rien de douteux aux crédules ni aux calomniateurs. Toutes les personnes qui avaient commis cette abomination étaient présentes : une jeune fille de dix ans, deux femmes qui l'avaient nourrie et préparée au crime, un jeune homme qui l'avait corrompue, et l'évêque manichéen qui avait présidé à la cérémonie. Toutes leurs confessions furent conformes et si détestables, que les oreilles des assistants avaient peine à les souffrir. On en dressa des actes authentiques. Aussitôt après, saint Léon rendit compte à son peuple de cette procédure, dans un sermon des Quatre-Temps de décembre 443, exhortant particulièrement les femmes à fuir ces hérétiques, sans même leur parler, de peur de se laisser surprendre par la curiosité d'entendre leurs fables. Il avertit et conjure tout le monde de les dénoncer et de déclarer où ils logent, où ils enseignent et ceux qu'ils fréquentent; « car, dit-il, c'est peu à quelqu'un de n'en être pas séduit, s'il n'est pas ému de voir séduire les autres. Contre des ennemis communs et pour le commun salut, la vigilance de tous doit être une, de peur que la plaie d'un membre ne corrompe les autres, et que ceux qui s'imaginent ne devoir pas dénoncer de pareilles gens, ne se trouvent au jugement du Christ, coupables de s'être tus, lors même qu'ils ne le seraient point d'y avoir consenti. Dieu nous a dévoilé une partie de ces hommes pernicieux, afin que, le péril étant connu, nos précautions soient plus grandes. Ce qui a été fait ne suffit pas; il faut que l'inquisition continue, afin que, non-seulement les bons persévèrent, mais que ceux qui ont été séduits soient ramenés de l'erreur (*Sermo* 15, *vel.* 5, *de jejun. decim. mens.*). » Il en parla encore le jour de l'Epiphanie, le 6 janvier 444.

Plusieurs s'enfuirent de Rome, principalement des plus coupables, ce qui obligea le Pape d'écrire, le 30 janvier 444, à tous les évêques d'Italie, de peur qu'ils n'en reçussent quelques-uns, sans les connaître, qui infectassent leurs Eglises. Il les instruit donc de ce qui s'était passé, comment on les avait découverts à Rome : les uns ayant abjuré dans l'église, publiquement et par écrit, ont été reçus à pénitence; d'autres, demeurés opiniâtres, ont été condamnés par les juges séculiers au bannissement perpétuel, suivant les lois des empereurs; Enfin, il leur envoie les actes de leur conviction, les exhortant à les rechercher soigneusement et à se tenir sur leurs gardes (*Epist.* 8). Par suite de ces découvertes, l'empereur Valentinien, par un édit du 19 juin 445, renouvela contre les manichéens toutes les lois précédentes, les assimilant aux sacrilèges, les privant de tous les droits de la société civile, ordonnant à tous les magistrats de les poursuivre, et permettant à toute personne de les accuser.

Les priscillianistes, qui ne différaient guère des manichéens, dont ils étaient sortis, se multipliaient de nouveau en Espagne, à la faveur des troubles. Saint Turibius, évêque d'Astorga en Galice, en ayant découvert dans sa ville, les convainquit juridiquement avec l'évêque Idace. Ils dressèrent les actes de cette procédure, et firent un extrait des blasphèmes qu'ils avaient trouvés dans les livres de ces hérétiques. Turibius ayant réduit ces blasphèmes sous 16 chapitres, en fit une réfutation, qu'il envoya au même Idace, ainsi qu'à un autre évêque, avec une lettre où il disait : « J'ai voyagé en beaucoup de provinces, et partout j'ai trouvé la même foi; mais, étant revenu dans mon pays, j'ai revu avec douleur les erreurs que l'Eglise catholique a condamnées, il y a longtemps, et que je croyais abolies, pulluler encore tous les jours, par le malheur de notre temps, qui a fait cesser les conciles. Ainsi, on s'assemble au même autel avec une créance bien différente; car, quand on presse ces hérétiques, ils nient leurs erreurs et les cachent de mauvaise foi. Ils ont plusieurs livres apocryphes, qu'ils préfèrent aux Ecritures canoniques; mais ils enseignent encore des choses qui ne sont point dans ceux que j'ai pu lire, soit qu'ils les en tirent par interprétation, ou qu'elles soient écrites dans d'autres livres plus secrets. » Turibius engageait les évêques à tout examiner et à condamner tout ce qu'ils trouveraient contraire à la foi. Cette lettre était accompagnée d'un mémoire que nous n'avons plus.

Le saint évêque d'Astorga n'ayant pas été secondé par quelques-uns de ses collègues, en écrivit au Pape, et lui envoya toutes les pièces. Saint Léon lui répondit par une longue lettre du 21 juillet 447. Il y représente l'hérésie des priscillianistes comme la sentine de toutes les hérésies antérieures; il insiste particulièrement sur ce qu'ils niaient le libre arbitre de l'homme et attribuaient toutes ses actions à une nécessité fatale, l'influence des astres. C'est donc à bon droit que, dès son origine, nos pères ont mis tout en œuvre et partout pour bannir cette fureur impie de toute l'Eglise; d'autant plus que les princes du siècle eux-mêmes ont eu tant d'horreur pour cette sacrilége démence, qu'ils en ont abattu l'auteur et plusieurs de ses disciples, avec le glaive des lois publiques. Car ils voyaient bien que c'était ruiner tout le zèle pour l'honnêteté, dissoudre toutes les unions conjugales, renverser de fond en comble toutes les lois divines et humaines, que de jamais permettre à de pareilles gens de vivre en professant de pareils principes. Cette sévérité a été longtemps utile à la douceur de l'Eglise; car, encore que l'Eglise, contente du jugement de ses pontifes, évite les exécutions sanglantes, elle ne laisse pas d'être aidée par les lois sévères des princes chrétiens; attendu que, bien des fois, la crainte du supplice corporel fait recourir au remède spirituel. Mais depuis que les incursions des ennemis ont empêché l'exécution des lois et que la difficulté des chemins a rendu les conciles rares, l'erreur cachée a trouvé la liberté au milieu des calamités publiques. On peut juger de la quantité du peuple qui en est infecté, puisque, comme votre dilection l'indique, il y a des évêques qui l'enseignent.

Saint Léon répond ensuite aux seize articles, qui renfermaient les principales erreurs des priscillianistes, opposant à chaque erreur la vérité catholique et l'autorité de l'Ecriture. Il marque la conformité des priscillianistes avec les manichéens, et envoie à saint Turibius les actes de la procédure qu'il avait faite à Rome contre eux. Il conclut en ordonnant que l'on tienne un concile, où l'on examine s'il y a des évêques infectés de cette hérésie, et qu'on les sépare de la communion, s'ils ne la condamnent (*Epist.* 15).

Dans ces procédures, particulièrement dans celle contre les manichéens de Rome, on voit le nom et la forme de ce qu'on appela plus tard le *tribunal de l'inquisition*. Le Pape, qui lui donne le nom d'*inquisition* plus d'une fois, y préside, assisté d'évêques, de prêtres, de sénateurs et d'autres personnages illustres. Il déclare aux fidèles, qu'ils sont obligés en conscience de dénoncer les hérétiques. Il fait amener les personnes suspectes ou convaincues d'hérésie, s'efforce d'en obtenir l'aveu et la rétractation. Ceux qui se reconnaissent, l'Eglise les admet à la pénitence; ceux qui s'opiniâtrent, elle les livre au bras séculier, qui les punit suivant les lois de l'empire, comme renversant, par leurs principes, les bases mêmes de la morale et de la société.

La Gaule se voyait plusieurs saints évêques. Saint Brice, évêque de Tours, mourut en 444, après quarante-sept ans d'épiscopat. Né dans la ville même, il avait été disciple de saint Martin. Jeune encore, il exerça plus d'une fois la patience de son maître, qui lui dit un jour : « Vous me regardez comme un homme en délire. Eh bien ! j'ai obtenu de Dieu que vous me succédiez dans l'épiscopat; mais sachez que vous y aurez beaucoup à souffrir. » Et de fait, saint Martin étant mort, Brice lui succéda. Mais, dès les premières années, il fut traduit de concile en concile par Lazare, depuis évêque d'Aix, qui l'accusait sur ses fautes passées (Zos., *Epist.* 4; Labbe, t. III). Un concile de Turin, présidé par Proculus de Marseille, condamna Lazare comme calomniateur. Mais au bout de trente-trois ans d'épiscopat, Brice fut accusé d'adultère par son peuple même. Il eut beau donner des preuves de son innocence, on le chassa de son siége, et on élut à sa place Justinien, qu'on obligea de se rendre à Rome, où Brice s'était retiré. Ainsi, de part et d'autre, on recourait au Siége apostolique, et on reconnaissait son autorité. Justinien mourut à Verceil, et, sur la nouvelle de sa mort, on lui substitua Armentius. Brice demeura sept ans à Rome, où il fit connaître au Pape tout ce qu'il avait eu à souffrir, mais en confessant avec larmes qu'il l'avait mérité par la manière dont il avait traité saint Martin, et en faisant continuellement pénitence de cette faute. Enfin, le pape Sixte III lui rendit justice, et le renvoya dans son église, qu'il gouverna encore sept ans avec beaucoup d'édification. La septième année, dit Grégoire de Tours, il revint prendre possession de son siége en vertu de l'autorité du Pape. Le jour même qu'il entra dans la ville, on fit les funérailles d'Armentius, qui était mort la veille (Greg. Tur., l. 2, c. 1).

Entre les saints évêques des Gaules, le principal était saint Hilaire d'Arles. Il exerçait une espèce de suprématie sur les églises de ce pays. Il y avait à cela plus d'une cause. Plusieurs Papes, notamment saint Zosime, avaient désigné ses prédécesseurs dans le siége d'Arles, comme leurs vicaires dans les Gaules. De plus, soit amitié pour sa personne ou vénération pour son mérite, des métropolitains lui cédaient leurs droits. Enfin, le patrice Aëtius et le préfet du prétoire, qui l'avaient en particulière affection, lui donnaient une escorte de soldats dans ses voyages, chose qui, plus d'une fois, pouvait être nécessaire dans ces temps de révolutions. Il présida donc en 439 le concile de Riez en Provence, qui se tint à cette occasion. L'évêque d'Embrun étant mort, le siége demeura vacant pendant vingt mois, par la violence de quelques laïques qui empêchèrent l'élection que le clergé désirait. Enfin, deux évêques y étant venus d'eux-mêmes sans avoir l'autorisation du métropolitain ni les lettres des comprovinciaux, ils ordonnèrent un jeune homme nommé Armentarius, qui avait été élevé dans la crainte de Dieu, mais qui céda à cette tentation. Le concile déclara son ordination nulle, et ordonna qu'il serait procédé à une élection canonique. Pour punir les deux évêques qui avaient commis cet attentat, il leur défendit, suivant le concile de Turin, d'assister à aucune ordination ni à aucun concile ordinaire pendant toute leur vie. A l'égard d'Armentarius, on usa d'indulgence, et on permit à celui des évêques à qui la charité l'inspirait, de lui attribuer une église de son diocèse, même avec le titre de chorévêque (Labbe).

Saint Hilaire présida encore en 441 au premier concile d'Orange, où assista saint Eucher de Lyon, et où l'on fit plusieurs règlements ecclésiastiques. Il est à croire qu'il présida pareillement celui de Vaison, en 442, chez l'évêque Auspicius, où l'on fit un canon remarquable sur les enfants trouvés. Pour réprimer la mauvaise coutume qu'avaient les païens d'exposer leurs enfants, Constantin avait ordonné, en 331, qu'ils appartiendraient à ceux qui les auraient nourris et élevés, en qualité de leurs enfants ou de leurs esclaves, à leur choix, sans que les pères ou les maîtres eussent aucun droit de les répéter. Honorius avait ajouté, en 412, que celui qui lèverait l'enfant prendrait, pour sa sûreté, une attestation de témoins, avec la souscription de l'évêque. On ne laissait pas d'inquiéter ceux qui avaient recueilli des enfants exposés; ce qui faisait que personne n'osait s'en charger. C'est pourquoi le concile de Vaison ordonne que ces lois seront observées, et de plus, que, le dimanche, le diacre annoncera à l'autel qu'on a recueilli un enfant exposé, afin que si quelqu'un prétend le reconnaître, il ait le déclarer dans dix jours, autrement, celui qui le réclamera plus tard sera frappé des censures ecclésiastiques comme homicide.

Un autre concile que présida saint Hilaire lui attira du désagrément. Etant arrivé à Besançon, dans le cours de ses visites, on lui dénonça Célidonius, évêque de cette ville, comme ordonné contre les règles, pour avoir été mari d'une veuve et pour avoir condamné à mort pendant qu'il était magistrat. Hilaire ayant assemblé un concile, probablement à Besançon même, l'évêque Célidonius fut déposé comme bigame, et un autre, nommé Importun, ordonné à sa place. Célidonius en appela au Pape et se rendit à Rome. Vers le même temps, Hilaire ayant appris que Project, évêque dans une province autre que celle d'Arles, était malade, s'y rendit inopinément, et ordonna un évêque à sa place, comme si l'église eût été vacante. Project étant revenu en santé, se plaignit également de ce procédé au pape saint Léon.

Hilaire ayant appris, à Besançon, les vertus et les miracles de saint Romain, le fit venir et l'ordonna prêtre. Romain avait quitté le siècle à l'âge de trente-cinq ans, pour aller vivre dans le monastère d'Ainai, au confluent de la Saône et du Rhône. Après y avoir passé quelque temps, il se retira sur le mont Jura, qui sépare la Suisse de la Franche-Comté. Il avait emporté avec lui les *Institutions* et les *Conférences* de Cassien. Il s'arrêta dans un vallon nommé Condat ou Condasticone, parce qu'il y trouva un petit terrain qui pouvait être cultivé, avec une source et des arbres qui lui fournissaient des fruits sauvages. Dans cette solitude, il employait au travail des mains tous les instants qu'il ne donnait point à la prière et à la lecture. Son frère, saint Lupicin, ne tarda pas à se joindre à lui. La réputation de leurs vertus et l'éclat des miracles qu'ils opéraient leur attirèrent bientôt un grand nombre de disciples; ce qui les détermina à bâtir le monastère de Condat, devenu depuis la célèbre abbaye, et enfin la ville épiscopale de Saint-Claude. Voyant ensuite qu'il ne pouvait contenir tous ceux qui venaient se ranger sous leur conduite, ils bâtirent celui de Leucone, qui en était éloigné d'environ une lieue. Ils en firent construire un troisième pour les femmes qui voudraient se consacrer à Dieu, dans un vallon nommé la Baume, et aujourd'hui Saint-Romain-de-la-Roche. On observait dans ce dernier, situé sous la direction de leur sœur, la clôture la plus exacte, et on n'y laissait jamais entrer d'hommes. Saint Romain y choisit le lieu de sa sépulture.

Nos deux saints gouvernaient conjointement leurs monastères, mais avec tant d'union, qu'on ne s'apercevait point qu'il y eût plus d'un supérieur; et cette union était d'autant plus admirable qu'ils avaient des caractères différents : Romain inclinant pour la douceur, et Lupicin pour la sévérité. Le dernier demeurait ordinairement à Leucone, où il avait sous sa conduite cent cinquante religieux. Des personnes pieuses ayant enrichi de leurs libéralités le monastère de Condat, quelques-uns des frères voulurent y introduire le relâchement; ils substituèrent des mets plus délicats à ceux que la règle prescrivait. Lupicin, qui en fut informé de bonne heure, se rendit à Condat pour remédier au désordre, et il y réussit. Il n'ordonna pourtant pas une abstinence aussi rigoureuse que celle qui se pratiquait en Orient, ou même à Lérins, soit parce que les Gaulois étaient naturellement de grands mangeurs, soit parce que la communauté s'occupait de travaux pénibles; mais aussi il interdit l'usage de la viande, et ne permit le lait et les œufs que dans le cas de maladie. Saint Romain ayant été ordonné prêtre, n'en devint que plus humble et plus fervent (*Acta Sanct.*, 28 *febr.*).

Hilaire voyant que Célidonius était allé à Rome, s'y rendit aussi malgré les rigueurs de l'hiver. Saint Léon assembla un concile pour juger cette affaire, et saint Hilaire y prit séance avec les autres évêques. Célidonius produisit des témoins qui le montrèrent innocent de l'irrégularité pour laquelle il avait été condamné, c'est-à-dire d'avoir épousé une veuve. Hilaire ne trouva rien à opposer à leurs témoignages : interrogé, il ne répondit rien de raisonnable, et s'embarrassait lui-même dans ses réponses. Il avança même des choses qu'aucun laïque ne pouvait dire, ni aucun évêque entendre. Enfin, appelé en cause, il s'enfuit honteusement de Rome. Tel est le jugement qu'en portèrent saint Léon et son concile (*Epist.* 10; Baller., *Observ.*, t. II).

De retour à Arles, il s'appliqua tout entier à apaiser le Pape, et écrivit plusieurs lettres sur ce sujet. Il envoya premièrement le prêtre Ravennius, qui fut son successeur, puis deux évêques. Auxiliaris, préfet des Gaules, parla aussi au Pape, comme il témoigne dans une lettre à saint Hilaire, où il ajoute : Les hommes ont peine à souffrir que nous parlions avec la hardiesse qu'inspire une bonne conscience, et les oreilles des Romains sont d'une extrême délicatesse. Si vous vous y accommodiez un peu, vous gagneriez beaucoup sans rien perdre. Accordez-moi cela, et dissipez ces petits nuages par un petit changement.

Célidonius ayant été trouvé innocent d'après les dépositions juridiques des témoins, fut rétabli sur son siége. Le Pape rétablit également sur le sien l'évêque Project, et cassa l'ordination de celui qu'Hilaire lui avait substitué. Enfin, quatre ou cinq mois après le départ précipité d'Hilaire, saint Léon adressa une lettre décrétale aux évêques de la province de Vienne, ou plutôt, comme portent d'anciens manuscrits, à tous les évêques des provinces de Vienne et des Séquaniens, dont Besançon était la capitale. Il la commence par établir l'autorité du Saint-Siége sur les prérogatives accordées à saint Pierre.

« Jésus-Christ, dit-il, a tellement institué l'économie de sa religion pour éclairer par la grâce de Dieu tous les peuples et toutes les nations, qu'il a voulu que la vérité, annoncée auparavant par les prophètes, le fût par les apôtres pour le salut de tout. Mais en voulant que ce ministère appartînt à tous les apôtres, il l'a placé principalement dans saint Pierre, chef de tous les apôtres, et à voulu que ce fût de lui, comme du chef, que ces dons se répandissent sur tout le corps; en sorte que quiconque s'écarte de la solidité de Pierre, doit savoir qu'il n'a plus de part à ce mystère divin. »

Ensuite saint Léon, après avoir parlé de ceux qui, en s'éloignant de l'ancienne tradition, tâchent de donner atteinte à la puissance du Saint-Siége, dit aux évêques : « Que votre fraternité reconnaisse donc avec nous que les évêques de votre province ont consulté le Siége apostolique par une infinité de relations, et que diverses causes lui ayant été portées par appel, selon l'ancienne coutume, il a confirmé ou cassé les jugements qui avaient été rendus. Mais Hilaire, voulant troubler par ses prétentions l'état des églises et la paix de l'épiscopat, s'est écarté de cette route que nos ancêtres ont toujours tenue, et qu'ils ont si sagement ordonné de tenir. Il prétend vous soumettre à sa puissance et se soustraire lui-même à celle de Pierre, s'arrogeant le droit de faire des ordinations dans toutes les églises des Gaules, au préjudice des métropolitains, et blessant, par des paroles pleines de hauteur, le respect dû à saint Pierre, à qui le soin de paître les brebis appartient plus spécialement, parce qu'il a reçu avant les autres le pouvoir de lier et de délier. Quiconque pense devoir lui dénier la principauté, n'en diminuera la dignité en aucune manière, mais, enflé d'orgueil, il se précipitera lui-même dans l'abîme. »

Le Pape déclare qu'il a absous Célidonius sur la déposition des témoins, à qui Hilaire présent n'a su que répondre devant plusieurs évêques assemblés. Il assure qu'il aurait confirmé la sentence portée contre Célidonius, s'il n'avait montré la fausseté des accusations faites contre lui; sur quoi il marque qu'on ne doit pas même admettre aux moindres ordres du clergé ceux qui ont épousé des veuves.

Il fait savoir aux évêques qu'il a maintenu Project dans son siége, et il blâme Hilaire d'avoir donné à un évêque malade le chagrin de lui ordonner un successeur de son vivant, et de l'avoir fait dans une autre province où il n'avait aucun droit, le Saint-Siége ayant révoqué le privilége qu'il avait accordé pour un temps à Patrocle; et enfin d'avoir fait cette ordination sans avoir pris les suffrages du clergé et du peuple.

Il règle la manière dont on doit faire les élections. « Nous avons appris, dit-il, qu'un évêque se fait accompagner d'une troupe de soldats pour se rendre maître des églises dont les évêques sont morts, et leur en imposer qu'elles ne connaissaient pas. Je vous en prie, mes frères, je vous en conjure au nom de Dieu, empêchez ces désordres; retranchez de vos provinces la cause des dissensions. Pour nous, nous avons déchargé notre conscience devant Dieu, en chargeant la vôtre de remédier à ces abus. » Il trace ensuite les règles qu'on doit observer dans les élections des évêques. Il faut avoir le témoignage des principaux citoyens, signé des clercs, avec le consentement du clergé et du peuple, afin que celui qui doit commander à tous soit élu par tous. Il rend, dit-il, aux métropolitains le droit de faire les ordinations avec les plus anciens évêques de la province. Il n'est pas permis à un métropolitain de transférer son privilége à un autre; que si, malgré les décrets apostoliques, il tente de le faire, le droit d'ordination sera dévolu au plus ancien évêque de la province. Enfin, il déclare irrégulières les ordinations qui n'auront pas été faites le samedi ou le dimanche, suivant l'ancienne coutume.

Le Pape ôte à Hilaire le droit de métropolitain et même la juridiction qu'il prétendait sur la province de Vienne; heureux, ajoute-t-il, de conserver son propre siége par l'indulgence du Siége apostolique. Il lui défend d'indiquer des conciles, de faire des ordinations et même d'y assister, parce qu'il avait assez montré qu'il était coupable et qu'il ne méritait pas la communion du Saint-Siége, en déclinant son jugement par une fuite honteuse. Enfin, le Pape recommande aux évêques de ne point excommunier légèrement. Nous avons appris, dit-il, que des personnes ont été excommuniées pour des fautes légères, pour quelques paroles, par exemple, et qu'une âme pour qui Jésus-Christ a versé son sang, blessée ainsi par une peine si atroce, est demeurée en quelque sorte sans armes, exposée aux attaques du démon et dépouillée de tout ce qui pouvait l'en mettre à couvert. Mais doit-on s'étonner qu'il soit tel envers les laïques, celui qui a coutume de se réjouir de la condamnation des évêques?

Telle fut, sur ces affaires, la décrétale du pape saint Léon. En l'envoyant dans les Gaules, il y joignit une constitution de l'empereur Valentinien III, datée du 8 juillet 445. Comme c'est une des pièces les plus importantes de l'histoire, nous la rapporterons en entier (*Epist.* 10, *et Observ.*; Baller., t. II).

« Il est certain qu'il n'y a point pour nous et pour notre empire d'autre appui que la faveur divine, que la foi chrétienne et notre vénérable religion nous aident principalement à mériter. La primauté du Siége apostolique ayant été affermie par le mérite de saint Pierre, prince de l'épiscopat, par la dignité de la ville de Rome et aussi par le sacré concile (de Nicée), que personne n'ose rien attenter contre l'autorité de ce siége; car alors les Églises jouiront enfin d'une paix inaltérable, lorsqu'elles reconnaîtront toutes leur chef. C'est aussi ce qui avait été inviolablement observé jusqu'ici. Mais Hilaire d'Arles, comme nous l'avons appris par la fidèle relation du vénérable Léon, pape de Rome, s'étant obstiné dans ses entreprises illicites, un désordre affreux s'est emparé des églises transalpines. Car Hilaire, qu'on appelle évêque d'Arles, a envahi, sans le consentement du pontife de l'Église romaine, tant les jugements que les ordinations des évêques, sans autre droit que son audace. Dépourvu de toute compétence, il a chassé les uns et ordonné scandaleusement les autres contre le gré des peuples. Et comme ils n'étaient pas facilement reçus par ceux qui ne les avaient pas choisis, rassemblant autour de lui une troupe armée, il entourait leurs murs comme on assiége une ville ennemie, s'en ouvrait l'entrée par violence, et conduisait à un siége de guerre de concorde et de repos, avec l'appareil de la guerre, ceux qui devaient annoncer la paix. Ces attentats contre la majesté de l'empire et contre la révérence due au Siége apostolique ayant été constatés par l'ordre du religieux Pape de Rome, une sentence irréformable a été portée contre Hilaire, à cause de ceux qu'il a illégitimement ordonnés. Cette sentence n'avait pas besoin de notre sanction impériale pour être exécutée dans les Gaules; car, que ne peut pas dans les Églises l'autorité d'un si grand pontife? Cependant nous avons cru devoir porter cette constitution pour empêcher que dans la suite Hilaire, à qui la seule clémence du Pape laisse encore la qualité d'évêque, ou tout autre, n'employât la violence des armes dans les affaires ecclésiastiques, ou ne se montrât réfractaire aux ordonnances du pontife romain; car de pareilles entreprises violent la fidélité et le respect qui nous sont dus. Nous ne prétendons pas seulement arrêter ces excès énormes; mais afin de prévenir les plus légers troubles dans les églises, et pour que la discipline ecclésiastique ne souffre aucune altération, nous ordonnons, par cet édit irrévocable, que les évêques, soit des Gaules, soit des autres provinces, ne puissent rien innover contre l'ancienne coutume sans l'autorité du Pape de Rome; mais que tout ce que l'autorité du Siége apostolique a décerné ou décernera, soit pour tous une loi inviolable; en sorte que si un évêque, ayant été cité par l'évêque de Rome à son tribunal, refuse d'y comparaître, il y soit contraint par le gouverneur de la province. »

Tel était le droit public de l'Église au Ve siècle. Il faut surtout remarquer ces paroles de l'empereur : « Cette sentence (du Pape) n'avait pas besoin de notre sanction impériale pour être exécutée dans les Gaules; car que ne peut pas dans les Églises l'autorité d'un si grand pontife? » Les contemporains pensaient à cet égard comme l'empereur. On le voit par le biographe de saint Romain. Après avoir rapporté que saint Hilaire l'avait fait venir près de Besançon pour l'ordonner prêtre, il ajoute : « Car ledit Hilaire, appuyé de la faveur du patrice et du préfet, et s'arrogeant sur les Gaules une monarchie qui ne lui était pas due, avait, sans aucune raison, déposé du siége de cette ville le vénérable Célidonius. C'est pourquoi, ayant été convaincu, dans l'audience du saint pape Léon, d'avoir mal fait, il a été canoniquement réprimandé par l'autorité apostolique, de sa grande usurpation, et Célidonius rétabli dans son évêché. » Il existe enfin une épître canonique du même Pape aux évêques de la Gaule, avec les procès-verbaux de l'affaire, par où il réprime les prétentions d'Hilaire et rend aux métropolitains leur ancien privilége (*Acta Sanct.*, 28 feb., *Vita S. Rom.*, c. 2). Le biographe même de saint Hilaire, tout en faisant continuellement son éloge, convient, dans le fond, des mêmes faits; car, en parlant de l'affaire de Célidonius, il s'efforce de louer dans l'évêque d'Arles précisément les mêmes choses que le Pape lui reprochait (*Acta Sanct.*, 5 maii, *Vita S. Hilar.*, c. 3). Quant à l'affaire de Project, il la passe entièrement sous silence. Hilaire pécha par un zèle trop peu circonspect, faute où peuvent tomber les saints mêmes. Son exemple, s'il n'eût été réprimé, pouvait avoir des suites fâcheuses. Un de ses successeurs aurait pu en abuser, ainsi que du prétexte que la ville d'Arles était la métropole civile des Gaules par la résidence du préfet, pour s'arroger une domination séculière sur toutes les Églises de ce pays.

Saint Hilaire, comme nous l'apprend son biographe, ne négligea rien pour se réconcilier avec saint

Léon. Il s'appliqua aux fonctions de son ministère avec une ardeur nouvelle, redoublant ses austérités et ses travaux. Il y succomba peu d'années après. Dieu lui fit connaître que sa fin était proche, et que Ravennius serait son successeur : ce qui le remplit de la plus douce consolation. Il assembla sa communauté et lui fit une exhortation pathétique, où il dit, entre autres choses : « Nous approchons, sous la conduite du Seigneur, du port de notre repos. Nous avons combattu contre les princes de ce monde, avec lesquels l'apôtre dit que la guerre doit être continuelle ; et l'on ne peut manquer d'être exposé à bien des combats, quand on veut parvenir à la béatitude avec le secours d'une grâce prévenante et par un travail qui suit la grâce. Préparez-vous aux adversités ; je suis bien trompé, ou un grand malheur menace notre ville. » Il parlait apparemment de la prise d'Arles par les Goths ariens. C'est pourquoi il ajouta : « Conservez inviolablement la foi de la Trinité, approfondissez les saintes Ecritures. » Après avoir donné ces avis à ses chers disciples, il fit réciter l'office du soir ; et aussitôt que la communauté eut pris sa réfection, il rendit son esprit à Dieu, après avoir fait le signe de la croix sur ses yeux et sur sa bouche. Il mourut l'an 449, âgé seulement de quarante-huit ans, dont il en avait passé vingt dans l'épiscopat.

Toute la ville d'Arles le pleura comme son père. On exposa d'abord son corps dans la basilique de Saint-Etienne, et on l'entoura de flambeaux allumés pour empêcher le peuple d'en approcher de trop près ; ensuite, après l'office de la nuit, on le porta devant l'autel de saint Genès, avec le concours, nonseulement du peuple fidèle, mais encore des Juifs. Je me souviens, dit l'auteur de sa vie, de les avoir entendus chanter en hébreu pour honorer ses funérailles, l'excès de la douleur ne permettant pas aux nôtres de s'acquitter de ce devoir.

Saint Hilaire eut pour successeur le prêtre Ravennius, le même que précédemment il avait envoyé à Rome. Les évêques de la province ayant instruit le Pape de son élection, saint Léon les félicita d'un si digne choix. « Nous confirmons par notre jugement, leur écrivit-il, la bonne œuvre que vous avez faite en ordonnant évêque d'Arles, à la place d'Hilaire de sainte mémoire, un homme qui nous est aussi agréable que notre frère Ravennius, et qui a réuni en sa faveur les suffrages unanimes du clergé, des nobles et du peuple. Il écrivit dans le même sens à Ravennius même (*Epist.* 40 et 41, édit. Baller.).

Auspicius, évêque de Vaison, étant mort sur ces entrefaites, Ravennius lui ordonna un successeur. L'évêque de Vienne envoya des députés à Rome pour se plaindre de cette entreprise. D'un autre côté, les évêques de la province d'Arles ayant reçu l'obligeante réponse du Pape, saisirent cette occasion pour le prier de rendre à Ravennius les privilèges qu'il avait ôtés à Hilaire. « On sait, disent-ils, dans toutes les Gaules, et la sainte Eglise romaine ne l'ignore pas, qu'Arles est la première ville des Gaules qui ait reçu pour évêque saint Trophime, envoyé par l'apôtre saint Pierre, que de ce ruisseau de la foi, dérivé de la source apostolique, la religion s'est répandue peu à peu dans les Gaules. Nos prédécesseurs ont toujours honoré l'Eglise d'Arles comme leur mère, et, suivant la tradition, ils se sont toujours adressés à ce siége pour demander des évêques à leurs églises ; on sait que nous et nos prédécesseurs avons été ordonnés par l'évêque d'Arles. Et les prédécesseurs de Votre Béatitude ont souvent confirmé ces privilèges ; ils ont cru conforme à la justice et à la raison que l'Eglise d'Arles, qui a mérité d'avoir pour évêque saint Trophime, envoyé par les apôtres, eût le droit d'ordonner des évêques dans toute l'étendue des Gaules de même que la sainte Eglise romaine a la primauté sur toutes les Eglises, à cause de saint Pierre, prince des apôtres. »

Ils rapportent ensuite les priviléges accordés par les empereurs à la ville d'Arles, et, de cet accord de l'autorité séculière avec l'autorité ecclésiastique, ils tirent cette conclusion : « C'est pourquoi l'évêque d'Arles, en considération de saint Trophime, a toujours regardé comme une partie de sa sollicitude pastorale les ordinations de la province de Vienne, aussi bien que celles des trois provinces (les deux Narbonnaises et les Alpes maritimes), comme en fait foi le témoignage de vos prédécesseurs. Et non-seulement il a gouverné ces provinces par sa propre autorité, mais il a encore, par l'autorité du Saint-Siége, dont il était vicaire, maintenu la discipline selon les canons dans toutes les Gaules. Nous prions donc et nous conjurons la couronne de Votre Sainteté, au nom de Jésus-Christ, Notre Seigneur, et du bienheureux apôtre saint Pierre, que nous croyons voir revivre en vous, de vouloir rendre à l'Eglise d'Arles les priviléges que l'antiquité ou l'autorité du Saint-Siége lui ont donnés. » En finissant, ils assurent le Pape qu'ils seraient allés eux-mêmes à Rome lui faire ces prières, si les infirmités de plusieurs et la disette qui affligeait la Gaule cette année ne les avaient mis hors d'état d'entreprendre ce voyage.

Saint Léon, par sa réponse du 5 mai 450, leur mande que l'évêque de Vienne les avait prévenus en se plaignant que l'évêque d'Arles eût ordonné celui de Vaison ; qu'ayant pesé les raisons alléguées de part et d'autre, en présence des députés des deux parties, il avait trouvé que l'Eglise d'Arles et celle de Vienne l'avaient alternativement emporté l'une sur l'autre par l'étendue des priviléges et que c'est pourquoi il partage le différend, ordonnant que l'évêque de Vienne soit métropolitain de quatre Eglises, savoir, de Valence, de Tarentaise, de Genève et de Grenoble, et que les autres villes de cette province soient soumises à l'Eglise d'Arles. Le pape Symmaque confirma dans la suite ce règlement (*Epist.* 65 et 66).

Saint Germain d'Auxerre, ami particulier de saint Hilaire d'Arles, fut appelé une seconde fois dans la Grande-Bretagne pour secourir l'Eglise contre l'hérésie pélagienne, qui recommençait à s'y étendre en 447. Son zèle lui fit oublier les infirmités d'un âge déjà avancé. Il prit pour compagnon saint Sévère, évêque de Trèves, qui avait été disciple de saint Loup de Troyes, et qui prêchait alors l'Evangile aux peuples de la première Germanie, autrement de Mayence, Strasbourg, Spire et Worms. Les deux prélats prirent leur route par Paris. Les habitants de cette ville ayant appris qu'ils arrivaient, sortirent au devant d'eux et prièrent saint Germain de leur donner sa bénédiction. Il leur demanda des nouvelles de Geneviève, qui de Nanterre était venue demeurer à Paris, où elle s'était solennellement consacrée à Dieu, en recevant le voile des mains de l'évêque. Il comprit par les réponses qu'on lui fit, que sa réputation était violemment attaquée par diverses calomnies. Lui, qui la connaissait parfaitement, alla tout droit chez elle, et la salua si humblement, que tout le peuple en fut surpris. Il parla au peuple pour sa justification, et, pour preuve de sa vertu, fit voir, à l'endroit où elle prenait son repos, la terre toute trempée de ses larmes. Ayant persuadé tout le peuple de son innocence, il continua son voyage et arriva heureusement en Bretagne.

Les démons, qu'il allait combattre, y publièrent malgré eux son arrivée. Elaphius, un des principaux habitants de l'île, sans en avoir eu d'autre nouvelle, s'avança au devant du saint évêque avec une grande multitude de peuple, et lui présenta son fils, perclus de ses membres, que Germain guérit. Les deux évêques eurent la consolation de trouver les peuples constamment attachés à la foi, à l'exception d'un petit nombre de novateurs, que les catholiques leur amenèrent et qui furent chassés de l'île.

Germain était la ressource de tous les malheureux. A son retour à Auxerre, les Armoricains vinrent implorer son intercession. La dureté du gouvernement d'Aëtius les avait portés à la révolte. Pour les punir, il fit marcher contre eux Eocaric, roi des Alains. Ce prince, païen et barbare, entrait déjà dans l'Armorique, pour y porter la désolation et le ravage, lorsque Germain le rencontre à la tête de son armée. Il lui parle par interprète et le supplie humblement d'épargner la province; ses prières ne pouvant rien, il lui fait des reproches, et enfin saisit la bride de son cheval, l'arrête et avec lui toute l'armée. Le Barbare, étonné de sa hardiesse, écouta des propositions de paix, retourna à son poste, et convint de ne point ravager la province, pourvu qu'elle obtînt son pardon d'Aëtius ou de l'empereur.

Germain prit aussitôt la route de l'Italie pour aller trouver Valentinien à Ravenne. Il rendit visite en chemin au prêtre Sénateur, son ami, et guérit, à sa prière, une fille muette âgée d'environ vingt ans. En prenant congé de lui, il l'embrassa tendrement et lui dit : Adieu, mon cher frère, jusqu'à l'éternité ! que le Seigneur nous fasse la grâce de nous voir sans confusion au jour du jugement : nous ne nous reverrons plus sur la terre! En passant par Autun, où il fit aussi quelques miracles, il alla prier sur le tombeau de saint Cassien, évêque de cette ville. Une grande foule de peuple l'accompagnait d'une ville à l'autre, et, comme il s'arrêtait d'espace en espace pour prier avec eux et pour les prêcher, on érigea dans ces endroits des croix ou des oratoires, qu'on voyait encore lorsque l'auteur qui raconte ces faits les écrivait.

En passant les Alpes, Germain se chargea du fardeau d'un pauvre bûcheron, que l'âge et ses infirmités faisaient succomber, et porta lui-même ce vieillard sur ses épaules au passage d'un torrent. Il voulut entrer dans l'église de Milan un jour de fête, sans se faire connaître. Mais un possédé s'écria du milieu du peuple : « Germain, pourquoi viens-tu nous chercher en Italie ? contente-toi de nous avoir chassés des Gaules, et d'avoir vaincu l'Océan avec nous par ta prière. » Le peuple, étonné, demandait qui était ce Germain. Enfin, malgré la pauvreté de son habit, on le reconnut à la majesté de son visage. Il avoua qui il était; les évêques le saluèrent avec respect, et le prièrent de délivrer le possédé. Il obéit, le retira à part dans la sacristie, et le ramena guéri.

En sortant de Milan, il rencontra plusieurs pauvres qui lui demandèrent l'aumône. Touché de compassion, il s'informa de son diacre combien il avait encore d'argent pour la dépense du voyage. Le diacre lui répondit qu'il n'avait plus que trois sous d'or. Le saint lui dit de les donner aux pauvres; mais le diacre, sans rien dire, en réserva un pour les plus pressants besoins, et n'en donna que deux. Germain, continuant sa route, vit venir à lui des cavaliers, qui, s'étant jetés à ses pieds, le conjurèrent de se détourner un peu de sa route pour visiter leur maître Léporius, qui était malade avec presque toute sa famille. Germain leur promit de le faire; et aussitôt ils lui présentèrent deux cents sous d'or. Il dit à son diacre : « Recevez-les, et connaissez le tort que vous avez fait aux pauvres; car si vous aviez donné ce que je vous avais dit, sachez que le Seigneur nous en eût envoyé trois cents. » La santé que le saint évêque rendit à Léporius et aux autres personnes de sa maison, fut la récompense de cette charité.

Quoiqu'il eût affecté d'arriver de nuit à Ravenne, pour éviter les honneurs, son entrée y fut comme un triomphe. Le peuple, la noblesse, le clergé, à la tête duquel était le saint évêque Pierre Chrysologue, lui donnèrent à l'envi des marques de leur vénération. L'impératrice Placidie lui envoya un grand bassin d'argent plein de toutes sortes de rafraîchissements, excepté qu'on n'y avait pas mis de chair, parce qu'on savait qu'il n'en mangeait pas. Le saint distribua les mets à ses serviteurs, et garda le bassin pour les besoins des pauvres. Il renvoya, en présent à l'impératrice, un pain d'orge sur une assiette de bois; et cette princesse reçut ce présent avec tant de respect, qu'elle fit enchâsser l'assiette de bois dans un cercle d'or, et garda le pain pour s'en servir de remède contre les maladies.

Les miracles que saint Germain fit à Ravenne furent si éclatants qu'ils surpassèrent l'attente des peuples, et le firent paraître encore plus grand que sa réputation. Comme il passait un jour devant la prison pleine de criminels, les prisonniers jetèrent un grand cri pour implorer son assistance. Il demanda qu'on lui en ouvrît la porte; mais les geôliers se cachèrent. Il eut recours à ses armes ordinaires, et se mit en prière devant tout le peuple, à la porte de la prison. A l'instant elle s'ouvrit d'elle-même, et les chaînes des prisonniers se brisèrent. Ils accoururent rendre grâces à leur libérateur, qui les conduisit comme en triomphe à l'église, portant en leurs mains les fers que la vertu de sa prière avait rompus.

Le fils de Volusien, secrétaire du patrice Sigisvulte, était malade à l'extrémité; on pria Germain de le venir voir, et on l'en fit prier par les prélats qui l'accompagnaient; car, pendant son séjour à Ravenne, six évêques ne le quittèrent point, pour lui faire honneur. Comme il était en chemin pour aller visiter le malade, on lui envoya dire qu'il était inutile qu'il allât plus loin, que l'enfant venait d'expirer. Il voulait retourner; les évêques l'en empêchèrent, et le pressèrent de demander à Dieu qu'il rendît la vie au mort. Il résista longtemps; mais enfin, il fit sortir tout le monde, et, s'étant prosterné en prière sur le corps mort, il l'arrosa de ses larmes; après avoir prié quelque temps, il le rendit plein de vie et de santé à ses parents.

Il guérit aussi, à la prière de l'impératrice, un jeune domestique de l'eunuque Acholius, préfet de la chambre de l'empereur. Un homme si puissant en œuvres eût facilement obtenu le pardon des peuples de l'Armorique, qu'il était venu solliciter de si loin, s'ils ne l'eussent empêché eux-mêmes par une nouvelle révolte.

Les évêques qui accompagnaient Germain étaient encore plus frappés de l'éclat de ses vertus que de celui de ses miracles. Ils ne pouvaient se lasser de le voir ni de l'entendre, parce qu'ils trouvaient toujours à admirer et à s'édifier. Ils furent bientôt privés de cette consolation. Le saint évêque s'entretenant un jour avec eux des choses de Dieu, après l'office du matin, leur dit : « Mes bien-aimés frères, je vous recommande mon passage. Il m'a semblé voir cette nuit Notre Seigneur qui me donnait un viatique pour quelque grand voyage, et comme je lui en demandais le sujet et le terme : Ne craignez pas, m'a-t-il dit, c'est à votre patrie que je vous appelle. » Et de fait, il tomba malade quelques jours après. Toute la ville de Ravenne en fut alarmée, et sa chambre ne désemplissait point des personnages les plus considérables qui venaient le visiter : l'impératrice y alla elle-même. Le saint évêque la pria de renvoyer son corps à son Eglise, ce qu'elle lui promit à regret. Il mourut le septième jour de sa maladie, le dernier jour de juillet de l'an 448, après trente ans et vingt-cinq jours d'un épiscopat si glorieux à l'Eglise des Gaules.

Dès qu'il eut expiré, on s'empressa de lui rendre des honneurs encore plus grands qu'on ne lui en avait rendu pendant sa vie. Les personnes les plus qualifiées voulurent avoir quelque chose qui lui eût appartenu ; et tout ce qui avait été à son usage, quelque vil qu'il fût d'ailleurs, devint plus précieux que l'or et les pierreries. L'impératrice Placidie demanda le reliquaire qu'il portait à sa ceinture. Saint Pierre Chrysologue prit sa cuculle et son cilice ; et les six évêques qui avaient été nommés pour l'accompagner, partagèrent entre eux ses autres vêtements. Acholius fit embaumer le corps du saint, et l'impératrice le revêtit d'habits précieux. On voit encore aujourd'hui son suaire orné des aigles romaines. L'empereur fit tous les frais du convoi, qui fut magnifique ; et les évêques eurent soin que, pendant un si long voyage, on lui rendît partout les devoirs de la religion. Ils députèrent même des clercs pour accompagner le corps jusque dans les Gaules. Une femme paralytique fut guérie à Plaisance, en se couchant sous le cercueil qu'on avait déposé dans l'église pendant la nuit.

Le prêtre Saturne, disciple de saint Germain, apprit sa mort à Auxerre par révélation, l'annonça au peuple, et alla avec plusieurs autres au devant du corps jusqu'aux Alpes. On ne peut exprimer quels honneurs on rendit partout ce précieux dépôt pendant le voyage. Les uns chantaient des psaumes, les autres portaient des cierges allumés ; on aplanissait les chemins, on réparait les ponts, on s'empressait pour avoir l'honneur de porter le cercueil. Quand on arrivait dans une ville, on le déposait dans l'église, et en même temps on y célébrait l'office divin.

Il y avait à Vienne un saint prêtre nommé Sévère,

venu des Indes dans les Gaules, où il s'était rendu célèbre par sa sainteté et ses miracles. Il venait de faire bâtir une église en l'honneur de saint Etienne, sur les ruines d'un temple qu'il avait abattu, et où les païens honoraient cent dieux. Saint Germain, qui avait vu Sévère en allant en Italie, lui avait promis de se trouver pour la dédicace de cette église ; et son corps y arriva justement le jour qu'elle devait se faire avant que l'office commençât. Enfin il arriva à Auxerre le cinquante-troisième jour après sa mort. Pour contenter la dévotion du peuple, il fallut le laisser dix jours exposé à la vénération publique. Il fut enterré le premier d'octobre dans l'église de Saint-Maurice, qu'il avait fait bâtir, et qui devint plus tard la célèbre abbaye de Saint-Germain d'Auxerre. Sa vie fut écrite peu de temps après sa mort par le prêtre Constance, auteur contemporain, et distingué par sa probité et son éloquence (*Acta Sanct.*, 26 *julii*).

En Orient, Jean d'Antioche était mort dès l'an 440, après avoir rempli ce siège dix-huit ans. Son successeur fut Domnus, son neveu, fils de sa sœur. Il avait été moine sous la conduite de saint Euthymius, et fut ordonné diacre par Juvénal de Jérusalem l'an 428, à la dédicace de la Laure. Après le concile d'Ephèse, ayant appris que son oncle Jean tenait le parti de Nestorius, il en fut affligé, et pria saint Euthymius de le laisser aller à Antioche pour le ramener. Euthymius lui dit : N'y allez pas, mon fils ; il ne vous est pas avantageux. Car, encore que les méchants l'aient entraîné pour un peu de temps, Dieu, qui connaît sa droiture, ne permettra pas qu'il se perde. Pour vous, si vous demeurez au lieu où vous avez été appelé, sans vous livrer aux pensées qui tendent à vous tirer du désert, vous avancerez et serez honoré selon Dieu. Si vous ne m'écoutez pas, vous succéderez à la chaire de votre oncle ; mais vous en serez privé par les méchants, qui vous auront auparavant entraîné malgré vous. Ainsi parla saint Euthymius. Domnus ne le crut pas ; et sans avoir reçu sa bénédiction, il s'en alla à Antioche, où tout lui arriva comme le saint lui avait prédit.

Nous avons deux lettres de saint Cyrille à Domnus. L'une est en faveur d'Athanase, évêque de Perrha, qui fut lue plus tard au concile de Chalcédoine ; l'autre en faveur d'un évêque nommé Pierre, avancé en âge, qui se plaignait d'avoir été condamné sans être ouï, dépouillé de ses biens et chassé de son siège, sous prétexte d'une renonciation extorquée. Le sujet de l'accusation était d'avoir abusé des revenus de son église : sur quoi saint Cyrille dit que Pierre ne devait point en rendre compte, et que tous les évêques du monde sont affligés d'une pareille prétention, parce que, bien qu'ils doivent conserver à l'Eglise ses immeubles et ses meubles précieux ; ils ont la libre administration des revenus. Enfin on ne doit avoir aucun égard aux actes de renonciation donnés par crainte, contre les lois de l'Eglise. Si un évêque est digne du ministère, qu'il y demeure ; s'il en est indigne, qu'il soit déposé juridiquement.

Saint Cyrille lui-même mourut le 9 juin 444, après avoir gouverné trente-deux ans l'Eglise d'Alexandrie. Il laissa un grand nombre d'écrits : des commentaires sur l'Ecriture sainte ; des traités sur la Trinité et sur l'Incarnation ; des homélies ; des lettres ; des traités sur la foi ; cinq livres contre Nestorius ; un livre contre les anthropomorphites ; dix livres contre Julien l'Apostat, adressés à l'empereur Théodose. Julien avait ramassé dans trois livres toutes les objections des païens contre la religion chrétienne : saint Cyrille propose ces objections dans les termes de Julien même, et les réfute pied à pied avec beaucoup de solidité et d'érudition ; mais son style est moins agréable et moins élégant que celui de son adversaire.

Cyrille eut pour successeur dans le siège d'Alexandrie son archidiacre Dioscore. Ce fut un malheur effroyable pour l'Eglise entière, mais en particulier pour l'Egypte. La suite fit voir que, sous des vêtements de brebis, Dioscore était un loup rapace, qui n'était entré dans le bercail que pour perdre et égorger. Il causa dans l'Eglise entière des maux infinis. Depuis les travaux du grand Athanase, l'Egypte était la colonne de la vérité et le modèle de la piété. Dioscore lui ravit à jamais cette gloire, et la plongea dans des ténèbres qui durent encore. L'hérésie qu'il y accrédita, y jeta de si funestes racines, que, ni les saints qui y sont venus depuis, ni la cruauté des Barbares qui se sont emparés du pays, n'ont encore pu l'en arracher depuis bientôt quatorze siècles. Elle a rendu cette province, jusqu'alors la plus unie et la plus paisible de l'Orient, le théâtre des troubles, des schismes et des séditions. Elle a corrompu la piété des solitaires, qui jusqu'alors en avait été le principal ornement. Et au lieu que les saints y accouraient autrefois de toutes parts pour y acquérir la perfection de la vertu, ils se trouvaient ensuite obligés de s'en éloigner, de peur de corrompre leur foi et de se trouver séparés de l'unité de l'Eglise.

Le nouvel évêque d'Alexandrie envoya aussitôt le prêtre Possidonius à Rome pour annoncer au souverain Pontife son ordination. Saint Léon lui répondit le 21 juin 445 : « Vous pourrez juger de l'amour que nous vous portons en Notre Seigneur, par l'empressement que nous mettons à affermir les commencements de votre épiscopat, afin qu'il ne paraisse pas manquer quelque chose à votre perfection, tandis que vous avez en votre faveur le suffrage de vos mérites spirituels, ainsi que nous en sommes assuré. Cette collation, que nous vous faisons comme votre père et comme votre frère, doit être très-agréable à Votre Sainteté, et vous devez la recevoir avec les mêmes sentiments que nous vous l'accordons. » Après avoir ainsi confirmé son épiscopat, il lui rappelle que saint Marc, qui le premier avait gouverné l'Eglise d'Alexandrie, étant disciple de saint Pierre, qui avait reçu du Seigneur la principauté apostolique, et, n'ayant pas un autre esprit que son maître, l'Eglise d'Alexandrie ne devait pas avoir une autre discipline que l'Eglise romaine. Il veut donc que l'on observe à Alexandrie comme à Rome, de ne faire les ordinations des prêtres et des diacres que le dimanche ; que ceux qui donnent l'ordre et ceux qui le reçoivent soient à jeun ; que dans les grandes fêtes, quand le peuple vient à l'église en si grand nombre qu'il ne peut y tenir ensemble, on ne fasse point difficulté de réitérer le sacrifice autant de fois que l'église dans laquelle on doit le faire sera remplie de monde, déclarant que c'est la coutume de l'Eglise romaine (*Epist.* 9). C'est qu'à Rome et à Alexandrie, on n'offrait encore le saint sacrifice que dans une seule église, même aux plus grandes solennités.

Les bouleversements de la nature semblaient annoncer les calamités de l'Eglise et de l'empire. L'an 447, un jour de dimanche, 26 janvier, sur les neuf heures du matin, on entendit à Constantinople un de ces bruits souterrains qui annoncent les tremblements de terre. Tous les habitants prirent aussitôt la fuite ; en un moment les églises et les maisons restèrent abandonnées. On emportait les malades dans leurs lits, les enfants dans leurs berceaux, et tout ce grand peuple, saisi d'épouvante, se réfugia en confusion dans les campagnes les plus voisines, en sorte que dans le désordre qui suivit, personne ne perdit la vie. Bientôt toute la ville retentit d'un horrible fracas ; les murs, bâtis trente-quatre ans auparavant, s'écroulèrent avec cinquante-sept tours ; les statues dont les places étaient ornées, et les édifices de pierre dans la place de Taurus furent renversés. Ce tremblement, le plus terrible qu'on eût jamais vu dans un pays où ces accidents étaient fréquents, fut aussi le plus général. La longue muraille qui fermait la Chersonèse tomba tout entière ; des bourgs et des villes furent abîmés en Bithynie, dans l'Hellespont, dans les deux Phrygies. Ce fléau détruisit une grande partie d'Antioche, et n'épargna pas Alexandrie. La terre changea de face en plusieurs endroits ; on vit des sources tarir ; on en vit sortir avec abondance dans des terrains arides ; des montagnes s'écroulèrent, il s'en éleva d'autres au milieu des plaines. La mer ne fut pas moins agitée ; bouillonnant avec furie, elle engloutit des îles entières, et quelquefois, fuyant du rivage pour se perdre dans ses abîmes, elle laissait les navires à sec au milieu des sables. Les secousses de la terre et de la mer se firent sentir à divers intervalles, pendant six mois, en diminuant toujours de violence. En plusieurs lieux, l'air parut embrasé et répandit des vapeurs pestilentielles, qui firent mourir quantité d'hommes et d'animaux. A Constantinople, le tremblement dura plusieurs jours, pendant lesquels l'empereur, avec tout le peuple, se tint dans les environs, implorant la miséricorde de Dieu par des prières continuelles. Pour rendre grâce à la bonté divine de ce qu'aucun habitant de la ville n'avait péri, il institua une fête qui se célébrait tous les ans le 26 janvier (Tillemont ; Théod., art. 32).

La même année 447, 24 octobre, mourut saint Proclus, après avoir tenu le siège de Constantinople treize ans et trois mois. Son successeur fut saint Flavien, prêtre et trésorier de la même église. L'eunuque Chrysaphius était alors le maître de l'empereur et de l'empire. Cet eunuque avait eu pour parrain Eutychès, prêtre et abbé d'un monastère de trois cents moines. Il aurait bien voulu voir cet Eutychès évêque de Constantinople. Il vit donc avec déplaisir l'ordination de Flavien.

C'était la coutume que l'évêque nouvellement ordonné envoyât à l'empereur des *eulogies* ; on nommait ainsi le pain que le prélat avait bénit. Flavien les ayant envoyées à l'ordinaire, Chrysaphius lui fit dire que l'empereur n'avait pas besoin d'une si chétive bénédiction, et qu'il ferait bien d'envoyer la sienne en or. L'évêque répondit qu'il n'avait d'or entre les mains que les vases sacrés, et que Chrysaphius n'ignorait pas que ces richesses appartenaient à Dieu et aux pauvres. L'eunuque, vivement piqué de ce refus, résolut dès lors de mettre tout en œuvre pour faire déposer le saint pontife.

Théodoret ayant appris l'ordination de Flavien, lui écrivit une lettre de compliment, espérant trouver en lui un protecteur, car il y avait déjà deux ans qu'il avait reçu ordre de l'empereur de se retirer à son diocèse de Cyr, avec défense d'en sortir. Le sujet fut un sermon qu'on l'accusa d'avoir fait à Antioche, après la mort de saint Cyrille, en présence de Domnus, où l'on prétendait qu'il avait dit : On n'oblige plus personne de blasphémer. Où sont ceux qui disent que c'est un Dieu qui a été crucifié? Ce n'est pas Dieu qui a été crucifié; c'est Jésus-Christ homme. Il n'y a plus de dispute; l'Orient et l'Egypte sont unis; l'envie est morte, et l'hérésie ensevelie avec elle. On l'accusait encore d'avoir ordonné évêque de Tyr le comte Irénée, qui avait agi au concile d'Ephèse avec tant de chaleur pour le parti de Nestorius, qui de plus était bigame, et fut, en conséquence, déposé l'an 447. Enfin, on accusait Théodoret de troubler l'Eglise par les conciles qu'il assemblait continuellement à Antioche, et c'est la seule cause que portait la lettre de l'empereur. Il obéit, et sortit d'Antioche sans dire adieu, à cause de ceux qui voulaient l'y retenir. Mais il se plaignait par lettres à divers personnages considérables, d'être ainsi noté et condamné sans connaissance de cause.

On croit que ce fut pendant cette retraite forcée qu'il écrivit son *Eraniste* ou *Polymorphe*, ainsi nommé, parce qu'il prétend que l'erreur qu'il y attaque est un ramas de plusieurs anciennes hérésies. C'était l'opinion de ceux qui prétendaient qu'il n'y avait qu'une nature en Jésus-Christ, un zèle excessif contre les nestoriens les portant dans l'hérésie opposée. Cet ouvrage est divisé en trois dialogues : le premier, intitulé *Immuable*, parce que l'auteur y montre que le Verbe se faisant chair n'a point été changé; le second, *Inconfusible*, où il montre que l'Incarnation s'est faite sans confusion des deux natures; le troisième, *Impassible*. Il cite entre les Pères orthodoxes, Théophile d'Alexandrie et saint Cyrille, et il cite les Pères latins aussi bien que les Grecs. A la fin, il ajoute divers syllogismes, pour démontrer ces trois mêmes vérités : Que le Verbe est immuable, incapable de mélange et impassible.

Quelques moines d'Orient étant venus à Alexandrie, accusèrent Théodoret de diviser Jésus-Christ en deux Fils, dans les discours qu'il faisait à Antioche, et ils attribuaient la même erreur aux évêques de Cilicie. Dioscore d'Alexandrie en écrivit à Domnus d'Antioche, se plaignant en particulier de Théodoret. Celui-ci lui écrivit une longue lettre, où il traite ces accusations de manifestes calomnies, et il en prend à témoin les milliers d'auditeurs qu'il avait eus à Antioche. Il dit entre autres : « Je pense que votre perfection sait bien que Cyrille, de sainte et heureuse mémoire, m'a écrit plusieurs fois. Et quand il envoya à Antioche ses livres contre Julien et son traité *du Bouc émissaire*, il pria le bienheureux Jean d'Antioche de les montrer aux docteurs les plus célèbres d'Orient. Jean me les envoya; je les lus avec admiration; j'en écrivis à Cyrille; il me fit réponse, rendant témoignage à mon exactitude et à mon affection. Je garde ses lettres. » Théodoret finit par cette profession de foi : « Si quelqu'un ne dit pas que la sainte Vierge est mère de Dieu, ou s'il dit que Notre Seigneur Jésus-Christ est un pur homme, ou s'il divise en deux le Fils unique et le premier-né de toute créature; qu'il soit déchu de l'espérance en Jésus-Christ! »

Dioscore n'eut aucun égard à la lettre de Théodoret; au contraire, il souffrit que ses accusateurs prononçassent publiquement anathème contre lui, dans l'église d'Alexandrie, et lui-même se leva de son siége et cria comme eux : *Anathème!* Il fit plus, et il envoya des évêques à Constantinople pour accuser Théodoret et les Orientaux. Théodoret s'en plaignit à saint Flavien de Constantinople. De plus, Domnus d'Antioche, pour défendre Théodoret et tous les évêques orientaux, envoya de son côté à Constantinople une députation d'évêques, comme Dioscore en avait envoyé du sien. C'était à la fin de 447. Théodoret les chargea d'un grand nombre de lettres; car il nous en reste jusqu'à vingt-deux.

Une autre affaire agitait l'Orient : c'était celle d'Ibas, évêque d'Edesse. Il avait succédé à Rabula; mais il était dans des sentiments opposés. Car Rabula fut toujours attaché à saint Cyrille et au concile d'Ephèse; au lieu qu'Ibas fut du parti de Nestorius et des Orientaux, jusqu'à la réunion procurée par Paul d'Emèse. Le clergé d'Edesse était divisé, et plusieurs étaient opposés à Ibas; entre autres quatre prêtres, qui furent encore excités par Uranius, évêque d'Himéric dans l'Osroène, d'intelligence avec Eutychès, abbé de Constantinople, très-zélé contre les nestoriens. Les quatre prêtres accusèrent Ibas, d'abord devant Domnus d'Antioche, puis devant l'empereur à Constantinople, qui les renvoya à Tyr, devant une commission de trois évêques, lesquels ménagèrent une réconciliation. Mais elle ne dura guère. Les quatre prêtres auxquels se joignirent cinq autres clercs, vinrent de nouveau à Constantinople, et s'adressèrent à l'empereur Théodose et à l'évêque Flavien, qui renvoyèrent le jugement aux mêmes trois évêques. On accusait Ibas d'avoir dit dans un discours : Je n'envie point à Jésus-Christ d'être devenu dieu; car je le suis devenu comme lui. Mais Ibas protestait avec serment que jamais il n'avait proféré ce blasphème, et les témoins qu'on produisait contre lui parurent suspects aux juges. On l'accusait encore d'avoir appelé saint Cyrille hérétique, même depuis la réunion avec Jean d'Antioche. Ibas répondit : Tant s'en faut que je l'aie anathématisé depuis qu'il a expliqué ses articles (ses douze anathèmes); qu'au contraire, j'ai reçu des lettres de lui et lui a envoyé des miennes, et nous avons été en communion. Alors les accusateurs demandèrent qu'on lût la lettre qu'Ibas avait écrite à un chrétien de Perse nommé Maris, même après la réunion.

Cette lettre contenait toute l'histoire de la division entre Nestorius et saint Cyrille. Ibas y accusait ce dernier d'être tombé dans l'hérésie d'Apollinaire, et disait que ses douze articles étaient pleins de toute sorte d'impiété. Ensuite il rapportait ce qui s'était passé au concile d'Ephèse, prenant toujours le parti des Orientaux contre saint Cyrille. Il s'emportait contre Rabula, son prédécesseur, quoique sans le nommer, le traitant de tyran et l'accusant d'avoir persécuté, non-seulement les vivants, mais les morts, particulièrement Théodore de Mopsueste, qu'il avait anathématisé publiquement dans l'église. Enfin il rapportait la réconciliation de Jean d'Antioche avec saint Cyrille, par le moyen de Paul d'Emèse, dont il envoyait les actes à Maris. Il ajoutait : La dispute a cessé, il n'y a plus de schisme, l'Eglise est en paix comme auparavant. Vous le verrez par ces actes, et vous pourrez apprendre à tous cette bonne nouvelle. La muraille de division est ôtée; ceux qui attaquaient insolemment les vivants et les morts sont confondus, étant obligés de se défendre eux-mêmes, et d'enseigner le contraire de leur doctrine précédente; car personne n'ose plus dire qu'il n'y a qu'une nature de la divinité et de l'humanité; mais on confesse que le temple et celui qui l'habite est un seul Fils Jésus-Christ. Telle est la fameuse lettre d'Ibas à Maris, qui causera du bruit encore plus tard.

Ibas, de son côté, demanda qu'on fît lire une lettre écrite en sa faveur au nom de tout le clergé d'Edesse, signée de soixante et un ecclésiastiques, et adressée aux juges. Elle marquait le blasphème dont il était accusé, et protestait qu'il n'avait rien entendu dire de semblable, ni à lui ni à aucun autre. Sur cette déclaration, jointe à tout le reste, Ibas fut renvoyé absous de Béryte, où les trois évêques s'étaient assemblés (Labbe, t. IV, p. 637 et seqq.).

En Occident, le pape saint Léon maintenait jusque dans les moindres détails la régularité et l'uniformité de la discipline. Les évêques de Sicile conféraient solennellement le baptême, non-seulement à Pâques et à la Pentecôte, mais encore à l'Epiphanie. Léon, par sa lettre du 21 octobre 447, les exhorte à suivre la discipline du Saint-Siège, d'où ils recevaient la consécration épiscopale, et à ne baptiser qu'aux jours de Pâques et de la Pentecôte ceux qui sont en santé et en liberté. Mais, ajoute-t-il, on peut baptiser en tout temps en cas de nécessité; comme en péril de mort, pendant un siège, dans la persécution, dans la crainte du naufrage. Pour mieux conserver l'uniformité de la discipline, il ordonne que, tous les ans, trois évêques de Sicile se trouvent à Rome le 29 septembre, pour assister à l'un des deux conciles qui doivent se tenir tous les ans suivant les canons. Informé que les évêques de Tadormine et de Palerme avaient dissipé le bien de leurs églises, il écrivit le même jour à tous les évêques de Sicile une seconde lettre, pour leur défendre de rien échanger ou aliéner des biens de leurs églises, que pour l'utilité des églises mêmes et avec le consentement de tout le clergé. Dorus, évêque de Bénévent, avait ordonné prêtre un nommé Epicarpe, et l'avait mis à la tête de tous ses prêtres, quoique, suivant l'ordre de la discipline, il dût tenir le dernier rang. Deux des plus anciens, qui, par une basse complaisance, voulaient avoir Epicarpe au-dessus d'eux, non-seulement avaient consenti à cet arrangement de Dorus, mais l'en avaient prié. Un autre, nommé Paul, en porta ses plaintes au Pape, qui, le 8 mars 448, reprit sévèrement l'évêque d'avoir troublé l'ordre qui devait être entre les prêtres de son église. Il lui ordonne de réparer sa faute et de mettre au dernier rang de tous, même au-dessous d'Epicarpe, les deux qui lui avaient cédé le rang. En quoi le Pape croyait encore leur faire grâce, disant qu'ils méritaient bien d'être déposés. Il commit l'exécution de ses ordres à l'évêque Jules, qu'on croit être Jules de Pouzzoles, qui fut, l'année suivante, son légat au concile d'Ephèse (*Epist.* 16, 17 et 19).

La même année 448, le fameux Eutychès, abbé de Constantinople, écrivit à saint Léon que le nestorianisme reprenait de nouvelles forces. Le Pape lui répondit le 1er juin, avec beaucoup de charité et de prudence, qu'il louait son zèle, et qu'il porterait remède à ce nouveau mal aussitôt qu'il serait plus amplement informé de ceux qui en étaient les auteurs (*Epist.* 20). Dans la réalité, le nouveau mal était la nouvelle hérésie d'Eutychès même. Ignorant et entêté, il ne sut combattre le nestorianisme qu'en se jetant dans un autre excès. Nestorius avait divisé la personne de Jésus-Christ; Eutychès en confondit les deux natures. Déjà l'évêque Domnus d'Antioche en avait averti l'empereur Théodose par une lettre synodale, où il accuse Eutychès de renouveler l'hérésie d'Apollinaire, en disant que la divinité du Fils de Dieu et son humanité ne sont qu'une nature, et attribuant les souffrances à la divinité (Facund., l. 8, c. 5). Mais comme les Orientaux étaient suspects de nestorianisme, il ne fut pas difficile à Eutychès de rendre vaines leurs attaques; et c'est vraisemblablement contre eux qu'il écrivit au pape saint Léon.

Il en fut autrement, lorsqu'il ne put être soupçonné par un ami intime, qu'on ne pouvait pas soupçonner de nestorianisme. Car c'était le même Eusèbe, qui, n'étant encore que laïque et avocat en 429, s'était élevé le premier contre Nestorius et fut un de ses plus zélés adversaires. Depuis il était devenu évêque de Dorylée en Phrygie. La conformité de sentiments l'avait lié d'une étroite amitié avec Eutychès. Mais enfin il reconnut, par ses conversations, qu'il outrait la matière et donnait dans l'hérésie opposée. Il essaya longtemps de le ramener, et, le trouvant opiniâtre, non-seulement il renonça à son amitié, mais il se rendit son accusateur. Il prit occasion d'un concile de trente évêques, qui s'étaient assemblés à Constantinople pour terminer un différend entre Florentius, évêque de Sardes, métropolitain de Lydie, et deux évêques de la même province.

Ce concile étant donc assemblé le 8 novembre 448, Eusèbe de Dorylée se leva, présenta une requête contre Eutychès, et pressa tant, qu'elle fut lue et insérée aux actes par ordre de Flavien, qui présidait. La requête portait qu'Eutychès ne cessait de blasphémer contre Jésus-Christ; qu'il parlait des clercs avec mépris et accusait Eusèbe lui-même d'être hérétique; c'est pourquoi il priait le concile de faire venir Eutychès pour répondre aux chefs d'accusation qu'il formait contre lui, protestant, de son côté, de suivre tous les sentiments du concile d'Ephèse, de saint Cyrille, de saint Athanase, d'Atticus, de saint Proclus et des trois Grégoire : de Néocésarée, de Nazianze et de Nysse. Flavien pria par deux fois Eusèbe de voir et d'entretenir Eutychès, pour s'assurer s'il était dans les sentiments qu'il lui imputait, en lui représentant le danger où le jetait une accusation de cette importance, qui pouvait exciter de nouveaux troubles dans l'Eglise. Eusèbe répondit qu'auparavant l'ami d'Eutychès; il l'avait souvent averti de se corriger des erreurs dans lesquelles il était tombé depuis, et que, ne lui étant pas possible d'entendre davantage ses blasphèmes, il persistait à demander qu'on le fît venir. Le concile ordonna donc qu'Eutychès serait appelé par un prêtre et un diacre, qui lui feraient lecture de la requête présentée contre lui, et l'avertiraient de venir se justifier à la prochaine session.

Elle se tint le 12 novembre, et il s'y trouva dix-huit évêques. A la demande d'Eusèbe, on y lut la seconde lettre de saint Cyrille à Nestorius, ainsi que celle à Jean d'Antioche sur la réunion; après quoi Eusèbe déclara qu'elles contenaient, l'une et l'autre, sa créance sur le mystère de l'Incarnation; que c'était aussi la foi de toutes les Eglises, et que c'était par ces deux lettres qu'il prétendait convaincre ses adversaires. Flavien témoigna qu'il recevait ces lettres comme des paroles du Saint-Esprit, et comme une explication fidèle de la foi de Nicée. Mais voulant expliquer lui-même sa doctrine, il dit que Jésus-Christ est Dieu parfait et homme parfait, composé d'une âme raisonnable et d'un corps; consubstantiel à son Père selon la divinité, et à sa mère selon l'humanité, et que des deux natures unies à une hypostase et une personne, il résulte après l'Incarnation un seul Jésus-Christ. Que si quelqu'un, ajouta-t-il, est dans une doctrine contraire, nous le séparons de l'assemblée sacerdotale et du corps de l'Eglise. Tous les autres évêques opinèrent ensuite, et confirmèrent ce qu'avait dit Flavien, et la foi expliquée dans les lettres de saint Cyrille.

Le prêtre et le diacre, chargés d'aller citer Eutychès, s'étaient acquittés de leur commission, en lui parlant à lui-même dans son monastère. Ils lui avaient aussi déclaré l'accusateur, et dénoncé la citation par devant le concile pour se défendre. Mais Eutychès l'avait refusé, disant que, dès le commencement, il s'était fait une loi de ne point sortir de son monastère, et d'y demeurer comme dans une espèce de sépulcre; que l'on ne devait point avoir d'égard aux accusations d'Eusèbe, qui était son ennemi depuis longtemps; qu'il était prêt à souscrire aux expositions de foi des Pères de Nicée et d'Ephèse; mais que, si ses Pères s'étaient trompés en quelque expression, il ne prétendait point ni la reprendre, ni la recevoir; qu'il n'étudiait que les Ecritures, comme plus sûres que l'exposition des Pères; qu'après l'Incarnation, il adorait une seule nature de Dieu incarné. Puis il ajoutait : « Mais que Notre Seigneur soit fait de deux natures unies selon l'hypostase, je ne l'ai point appris dans les expositions des Pères, et je ne le reçois point, quand même on me lirait quelque chose de semblable, parce que les saintes Ecritures valent mieux que la doctrine des Pères. Cependant je confesse que celui qui est né de la vierge Marie est Dieu parfait et homme parfait ; mais non pas qu'il ait une chair consubstantielle à la nôtre. » Par ces réponses, les évêques comprirent qu'Eutychès était non-seulement dans l'erreur, mais qu'il y persistait. En effet, sans parler du reste, on voit qu'il préférait son interprétation individuelle des Ecritures, à l'interprétation commune des Pères : ce qui est le propre de l'hérétique. On lui fit une seconde citation par deux prêtres, auxquels il prétexta sa maladie et sa vieillesse pour ne pas venir; puis, se mettant à discuter avec eux, il continua à nier les deux natures en Jésus-Christ. Dans l'intervalle, le concile prenait des informations sur les écrits qu'il avait envoyés dans les monastères pour exciter les moines à la révolte. Enfin, on nomma un prêtre et deux diacres pour lui faire la troisième et dernière citation.

Eutychès, sans attendre qu'on la lui fît, pria l'abbé Abraham, qui était prêtre, d'aller déclarer de sa part au concile qu'il acceptait tout ce qui avait été décidé par les Pères de Nicée et d'Ephèse, et tout ce que saint Cyrille avait écrit. Abraham se présenta au concile le 16 novembre, jour auquel se tenait la quatrième session. Ayant eu la permission d'entrer, il dit qu'Eutychès étant malade l'avait envoyé pour faire ses excuses. Il m'a chargé, ajouta-t-il, de quelque autre chose, si vous m'interrogez. Comment se peut-il faire, lui répondit Flavien, qu'un homme étant accusé, un autre parle pour lui? Nous ne le pressons pas. S'il vient ici, il trouvera des pères et des frères. Il ne nous est pas inconnu. Nous conservons encore de l'amitié pour lui. S'il est venu autrefois soutenir la vérité contre Nestorius, combien plutôt doit-il venir la défendre pour lui-même? Nous sommes hommes. Plusieurs grands personnages se sont trompés. Il n'y a point de honte à se repentir, mais à demeurer dans son péché. Qu'il vienne ici, et qu'il confesse sa faute; nous lui pardonnerons le passé; et que, pour l'avenir, il nous assure de se conformer aux expositions des Pères et de ne plus dogmatiser. Flavien ajouta, après qu'on se fut levé : Vous connaissez le zèle de l'accusateur; le feu même lui paraît froid. Dieu sait combien je l'ai prié de se modérer. Je ne l'ai point persuadé. Que puis-je faire? Veux-je votre perte? Dieu m'en garde !

Le lendemain, 17 novembre, session cinquième, le prêtre qui avait été député pour faire la troisième citation, rapporta qu'Eutychès avait demandé un délai de quelques jours, promettant de se présenter au concile le 22 du même mois. Cependant Eusèbe de Dorylée, continuant son instance, fit voir par le témoignage de ceux qu'on avait envoyés pour s'informer des écrits d'Eutychès, que ces écrits avaient été portés, de sa part, dans les monastères pour y être souscrits. Eutychès étant donc convaincu, d'un côté, de troubler l'Eglise, et, de l'autre, d'enseigner des hérésies, on devait le traiter suivant la sévérité des canons, sans aucun égard au délai qu'il avait demandé. Flavien en tomba d'accord ; néanmoins il voulut, pour plus grande sûreté, qu'on attendît jusqu'au 22 novembre, afin de convaincre le coupable en sa présence.

Dans la sixième session, que l'on tint le 20 du même mois, on accorda à Eusèbe que l'on appellerait diverses personnes qu'il croyait nécessaires pour poursuivre son accusation. Ce fut encore à la réquisition d'Eusèbe que le prêtre Théophile, qui avait été envoyé avec le prêtre Mamas pour faire la seconde citation à Eutychès, fut obligé de rapporter certaines choses qu'il avait tues dans son premier rapport, parce qu'il les regardait comme étrangères à sa commission. Interrogé là-dessus, il dit : Eutychès nous demanda, au prêtre Mamas et à moi, en quelle Ecriture on trouvait deux natures, et ensuite qui des Pères a dit que le Verbe ait deux natures? Nous lui répondîmes : Montrez-nous aussi en quelle Ecriture on trouve le consubstantiel. Eutychès répondit : Il n'est pas dans l'Ecriture, mais dans l'exposition des Pères. Mamas répliqua : Il en est de même des deux natures. J'ajoutai, dit Théophile, le Verbe est-il Dieu parfait ou non? Eutychès dit : Il est parfait. J'ajoutai : Etant incarné, est-il homme parfait ou non? Il est parfait. Je repris : Donc si ces deux parfaits, le Dieu parfait et l'homme parfait, composent un seul Fils, qui nous empêche de dire qu'il est de deux natures? Eutychès dit : Dieu me garde de dire que Jésus-Christ est de deux natures, ou de raisonner de la nature de mon Dieu. Qu'ils fassent contre moi ce qu'ils voudront; je veux mourir dans la foi que j'ai reçue. Flavien demanda à Théophile pourquoi il n'avait rien dit de cela la première fois. C'est, répondit Théophile, que, n'ayant été envoyés que pour citer Eutychès, nous avons cru inutile de parler d'autre chose. Mamas, qui était absent lorsque Théophile racontait ces choses, vint; on lui lut la déposition de Théophile; après quoi il dit : Lorsque nous fûmes envoyés à Eutychès, nous ne voulions parler de rien; mais il entra en dispute, parlant de son dogme. Il disait que le Verbe incarné est venu relever la nature qui était tombée. Je repris aussitôt : Quelle nature? Il répéta la nature humaine. Je lui dis : Par quelle nature a-t-elle été relevée? Il dit : Je n'ai point appris dans l'Écriture qu'il y ait deux natures. Je repris : Nous n'avons point non plus appris dans l'Écriture le consubstantiel, mais des Pères qui l'ont bien entendue et fidèlement expliquée. Il dit : Je ne raisonne point sur la nature de la divinité, et je ne dis point deux natures; Dieu m'en garde. Me voici. Si je suis déposé, le monastère sera mon tombeau.

Dans ce dialogue, on voit à nu l'ignorance, les contradictions et l'entêtement d'Eutychès. Il reconnaît que Jésus-Christ est Dieu parfait et homme parfait, et cependant il ne veut pas reconnaître en lui deux natures. Il admet l'expression du consubstantiel, parce qu'elle se trouve dans les Pères, quoiqu'elle ne soit pas dans la Bible, et il ne veut point admettre l'expression de deux natures, parce qu'elle n'est pas dans la Bible, quoiqu'elle se trouve dans les Pères. Il proteste qu'il ne veut pas raisonner sur la nature de la divinité; et il ne fait que raisonner là-dessus, au lieu de suivre la foi commune et ancienne de l'Église.

Le 22 novembre, les évêques s'étant assemblés au nombre d'environ trente, Eutychès, que l'on avait envoyé chercher en plusieurs endroits inutilement, arriva escorté d'une troupe de soldats, de moines et d'officiers du palais. Suivit de près le silentiaire Magnus, qui demanda à entrer comme envoyé de l'empereur. Flavien le lui permit et à Eutychès. Magnus lut un ordre de ce prince, qui portait que le patrice Florentius entrerait aussi, pour la conservation de la paix et de la foi. Quand il fut entré, Flavien fit lire les actes des sessions précédentes, afin que l'on vît ce qu'il y avait à faire dans celle-ci. Comme on lisait la lettre de saint Cyrille aux Orientaux, qui avait déjà été lue dans la seconde session; Eusèbe de Dorylée en interrompit la lecture à l'endroit où ce Père marque la distinction des deux natures, et dit, en parlant d'Eutychès : Celui-ci n'en convient pas, il enseigne le contraire. Florentius, au lieu de laisser achever la lecture des actes, comme Eusèbe le demandait, voulut qu'on interrogeât Eutychès sur cet article. Flavien lui dit donc : Vous avez ouï votre accusateur; dites si vous confessez l'union de deux natures. Eutychès répondit : Oui, de deux natures. Eusèbe dit : Confessez-vous deux natures après l'incarnation, et que Jésus-Christ nous est consubstantiel selon la chair, ou non? Eutychès, au lieu de répondre à Eusèbe, adressa la parole à Flavien et dit : Je ne suis pas venu pour disputer, mais pour déclarer à Votre Sainteté ce que je pense. Il est écrit dans ce papier; faites-le lire. Flavien lui dit de le lire lui-même : ce qu'il refusa. Après quelques contestations sur ce sujet, Eutychès expliqua sa foi en ces termes : « J'adore le Père avec le Fils, et le Fils avec le Père, et le Saint-Esprit avec le Père et le Fils. Je confesse son avènement dans la chair, prise de la chair de la sainte Vierge, et qu'il s'est fait homme parfait pour notre salut. Je le confesse ainsi en présence du Père, et du Fils, et du Saint-Esprit, et de Votre Sainteté. » Flavien, voulant quelque chose de plus précis, lui demanda s'il croyait que Jésus-Christ fût consubstantiel à sa mère et à nous, selon son humanité, et qu'il fût de deux natures. Basile, évêque de Séleucie, le pressa sur la même matière, le patrice Florentius en fit autant. Eutychès répondit que, jusque-là, il n'avait point dit que Jésus-Christ fût consubstantiel aux hommes selon la chair, mais qu'il était prêt à le dire, puisqu'on le jugeait à propos. Flavien reprit : C'est donc par nécessité, et non pas selon votre pensée, que vous confessez la foi? Eutychès dit : C'est ma disposition présente. Jusqu'à cette heure, je craignais de le dire : connaissant que le Seigneur est notre Dieu, je ne me permettais pas de raisonner sur sa nature; mais puisque Votre Sainteté me le permet et me l'enseigne, je le dis. Nous n'innovons pas, lui dit Flavien, nous suivons seulement la foi de nos pères. Le patrice Florentius demanda à Eutychès s'il confessait que Jésus-Christ, notre Sauveur, est de deux natures après l'incarnation. Il répondit : Je confesse qu'il a été de deux natures avant l'union; mais après l'union, je ne confesse qu'une nature. Pressé ensuite par le concile d'anathématiser clairement toute doctrine contraire à celle des lettres de saint Cyrille, il le refusa, disant : Si je prononce cet anathème, malheur à moi; car j'anathématise mes pères. Sur cela, les évêques se levèrent et s'écrièrent en disant : Qu'il soit anathème ! On l'interrogea encore une fois sur les deux natures, à quoi il répondit : J'ai lu dans saint Cyrille et dans saint Athanase, que Jésus-Christ est de deux natures avant l'union; mais après l'union, ils ne disent plus deux natures, mais une. En ne disant pas deux natures après l'union, vous admettez, lui dit Basile de Séleucie, un mélange et une confusion. Le patrice Florentius ajouta : Qui ne dit pas de deux natures et deux natures, ne croit pas bien. Eutychès ne répondit rien. Le concile se leva en s'écriant que la foi ne pouvant être forcée, c'était en vain qu'on exhortait cet obstiné.

Flavien prononça donc contre lui la sentence en ces termes : « Eutychès, jadis prêtre et archimandrite, est pleinement convaincu, et par ses actions passées et par ses déclarations présentes, d'être dans l'erreur de Valentin et d'Apollinaire, et de suivre opiniâtrement leurs blasphèmes, d'autant plus qu'il n'a pas même eu égard à nos avis et à nos instructions, pour recevoir la saine doctrine. C'est pourquoi, pleurant et gémissant sur sa perte totale, nous déclarons, de la part de Jésus-Christ, qu'il a blasphémé, qu'il est privé de tout rang sacerdotal, de notre communion et du gouvernement de son monastère, faisant savoir à tous ceux qui lui parleront ou le fréquenteront ci-après, qu'ils seront eux-mêmes soumis à l'excommunication (Labbe, t. IV). »

Cette sentence fut souscrite par trente-deux évêques. Flavien la fit publier dans les églises de Constantinople, et signer dans les monastères. Vingt trois abbés y souscrivirent, dont dix-huit étaient prêtres, un diacre et quatre laïques. Il envoya en même temps un prêtre et quelques autres clercs ordonner aux moines d'Eutychès de se séparer de leur abbé, menaçant de séparer de la communion des saints mystères ceux qui n'obéiraient point à cet ordre. Tous y résistèrent. En conséquence, Flavien les priva des sacrements pendant près de neuf mois, en sorte qu'on n'offrit point le sacrifice sur l'autel de leur monastère, ni à Noël, ni à l'Epiphanie, ni à Pâques. Quelques-uns d'entre eux moururent pendant cet intervalle dans les liens de l'excommunication.

Saint Flavien rendit compte de l'affaire d'Eutychès au pape saint Léon, dans une lettre où il lui donne le titre de *Père et de collègue très-saint et très-aimé de Dieu.* « Rien ne peut, dit-il, arrêter la malice de Satan : sans cesse il cherche qui dévorer. Aussi l'Ecriture nous recommande-t-elle de veiller et de prier, d'éviter les questions insensées, de suivre les Pères et de ne pas outrepasser les bornes éternelles. Je vous fais donc part de ma douleur et de mes larmes, parce que le loup a ravi un de mes clercs, sans que j'aie pu le sauver, quoique je fusse prêt à donner ma vie pour lui. Comment il s'est laissé prendre, comment il s'est échappé du bercail, comment il a haï la voix de qui le rappelait, couru à qui le perdait, méprisé les monuments des Pères, abhorré leurs sentiments : mon épître va le faire connaître.

» Il y en a qui, vêtus en brebis, sont au dedans des loups rapaces, qui perdent les faibles et les simples. Or, tel s'est montré à nous maintenant Eutychès, autrefois prêtre et archimandrite. Il paraissait penser avec nous et avoir la vraie foi, quand il résistait à l'impiété de Nestorius et qu'il semblait lui faire la guerre. Ensuite il s'est efforcé de détruire la foi de trois cent dix-huit Pères, ainsi que les lettres de saint Cyrille à Nestorius et aux Orientaux, et de renouveler les anciennes erreurs de l'impie Valentin et d'Apollinaire. Se dépouillant enfin de la peau de brebis, il a soutenu ouvertement devant notre saint concile : qu'il ne faut pas confesser qu'après l'Incarnation, Jésus-Christ est de deux natures, dans une hypostase et une personne; que la chair du Seigneur ne nous est point consubstantielle. Mais il disait qu'à la vérité, la Vierge qui l'a enfanté selon la chair; nous est consubstantielle, mais que la chair que le Seigneur a prise d'elle ne nous l'est pas; que le corps du Seigneur, pris de la Vierge, est bien un corps humain, mais non pas un corps d'homme. Ce qui est contraire à toutes les expositions des saints Pères.

» Mais pour ne pas allonger cette lettre, nous avons en même temps envoyé à Votre Sainteté les actes de ce qui a été fait, il y a quelque temps, à son sujet : actes par lesquels, l'ayant convaincu de tout cela, nous l'avons privé du sacerdoce, du gouvernement de son monastère et de notre communion, afin que Votre Sainteté, sachant ce qu'il en est, signale son impiété à tous les évêques qui vous sont soumis, de peur que, ne sachant point ce qu'il pense ni de quoi il a été convaincu, ils ne communiquent avec lui par lettres ou autrement, comme avec un homme de la même créance. Moi et les miens nous saluons affectueusement, dans le Christ, tous les frères qui sont avec Votre Béatitude. Fasse le Seigneur que vous portiez bien et que vous priiez pour nous, Père bien-aimé de Dieu. »

Pour peu de réflexions qu'on y fasse, dirons-nous avec Tillemont et le docte Ballerini, on reconnaîtra aisément que cette lettre a été écrite fort peu après le concile tenu contre Eutychès, et que c'est là première que Flavien écrivit à Rome sur cette affaire, et non pas la dernière, comme prétend le janséniste Quesnel, contrairement à tous les manuscrits et à toutes les éditions, la sienne exceptée. En effet; supposer, avec Quesnel et avec Fleury, son copiste; que cette lettre n'ait été écrite qu'après la convocation d'un nouveau concile général à Éphèse, la conduite de Flavien serait absurde. Il n'était guère temps de prier le Pape de publier la condamnation d'Eutychès, de peur que quelqu'un ne lui écrivît par ignorance, lorsque tout le monde savait qu'on assemblait un concile œcuménique pour juger de son excommunication, ou plutôt pour la casser. Ce qui fait supposer à Quesnel et à Fleury une chose aussi peu raisonnable, c'est la peur de reconnaître, que saint Flavien de Constantinople informa de lui-même le pape saint Léon de ce qu'il venait de faire contre Eutychès, et qu'il n'attendit pas que le Pape lui en fît la demande. Ils auraient voulu en faire, à ce qui paraît, un raide janséniste. Eutychès même et l'empereur Théodose n'avaient pas cette antipathie pour Rome; car l'un et l'autre mirent le plus grand empressement à écrire au Pape (1).

Nous avons vu Eutychès refuser d'abord de venir au concile, parce qu'il était vieux et malade, et que d'ailleurs il avait résolu de ne jamais mettre les pieds hors de son monastère; il se présenta toutefois depuis, mais quand il se vit escorté d'officiers et de soldats, que lui avait donnés son filleul, l'eunuque Chrysaphius, maître de l'empereur et de l'empire. La duplicité, le recours à la force, tel fut dès lors le caractère de son hérésie.

Lorsque, malgré cet appui de la puissance séculière, il se vit condamné, il écrivit au pape saint Léon, et lui adressa entre autres pièces, son acte d'appel. Il se plaint, dans sa lettre, de l'accusation d'Eusèbe de Dorylée. « Je n'ai pas laissé, dit-il, de me présenter au concile, quoique accablé de maladie et de vieillesse, et quoique je n'ignorasse pas la conjuration formée contre moi. J'ai présenté aussitôt une requête, avec des écrits qui contenaient ma profession de foi, mais l'évêque Flavien n'a voulu ni la recevoir ni la faire lire. J'ai déclaré en propres termes que je suivais la foi du concile de Nicée, confirmée à Éphèse. On voulait me faire confesser deux natures et anathématiser ceux qui le nient; pour moi, je craignais la défense du concile, de rien ajouter à la foi de Nicée, sachant que nos saints Pères Jules, Félix, Athanase et Grégoire ont rejeté le mot de deux natures; et je n'osais raisonner sur la nature du Verbe divin, ni anathématiser ces Pères. C'est pourquoi je priais que l'on en fît rapport à Votre Sainteté, protestant de suivre en tout votre jugement. Mais sans m'écouter, le concile étant rompu, on a publié contre moi une sentence de déposition, et ma vie même était en danger, si on ne m'eût délivré à main armée. Alors ils ont contraint

(1) Tillemont, *S. Léon*, note 16; Ballerini, *Opera S. Leon.*, t. I, *epist.* 22, et t. II, col. 1128 et seqq.; Cacciari, t. II, p. 100; t. III, p. 316 et seqq.

les supérieurs des autres monastères de souscrire ma déposition, ce qui ne s'est jamais fait contre les hérétiques déclarés, ni contre Nestorius même; jusque-là que, comme je proposais en public ma confession de foi, pour me justifier devant le peuple, ils m'empêchaient qu'on ne l'écoutât, et en arrachaient les affiches. J'ai donc recours à vous, qui êtes le défenseur de la religion, puisque je n'innove rien contre la foi; mais j'anathématise Apollinaire, Valentin, Manès, Nestorius et ceux qui disent que la chair de Notre Seigneur est descendue du ciel, ainsi que toutes les hérésies, jusqu'à Simon le Magicien. Je vous prie que, sans avoir égard à ce qui a été fait contre moi par cabale, vous prononciez sur la foi ce que vous jugerez à propos, et ne souffriez pas que l'on chasse d'entre les catholiques celui qui a vécu soixante-dix ans dans la continence et les exercices de piété. J'ai joint à cette lettre l'une et l'autre requêtes, et celle que mon accusateur a présentée au concile, et celle que j'y ai portée et qu'on n'a pas voulu recevoir, et ma profession de foi, et ce que nos Pères ont décidé touchant les deux natures.

On voit, par ces paroles, qu'avec sa lettre Eutychès envoya au Pape quatre pièces : un extrait des Pères, sa profession de foi, l'acte d'accusation d'Eusèbe de Dorylée, et enfin son acte d'appel au Pape. Quand il assure l'avoir présenté au concile, c'est un mensonge; comme aussi quand il prétend que les Pères ont rejeté le mot de *deux natures* : à moins que ce ne fût de sa part une simple erreur ou ignorance; car les apollinaristes avaient fabriqué, sous les noms d'anciens Pères, plusieurs pièces fausses pour accréditer leur hérésie. Ainsi Eutychès, dans l'extrait qu'il envoyait au pape saint Léon, citait comme du pape saint Jules une lettre de l'hérésiarque Apollinaire, qui y soutient son impiété sans aucun détour (1).

Dans le même temps qu'Eutychès écrivait au Pape, l'empereur Théodose lui écrivit aussi, mais sans expliquer l'affaire, l'exhortant seulement à remettre la paix dans l'Eglise de Constantinople. On ne peut douter que le novateur n'eût obtenu cette lettre par le crédit de l'eunuque Chrysaphius, son protecteur. Ces deux lettres étant arrivées à Rome avant celle de Flavien, le Pape écrivit à ce dernier en ces termes : « Comme le très-chrétien et très-clément empereur nous a envoyé des écrits touchant le trouble qui s'est élevé chez vous, nous nous étonnons que Votre Fraternité ne nous ait rien écrit de ce scandale, et qu'elle n'ait pas été la première à nous en instruire, afin que nous pussions connaître les faits avec certitude. Car nous avons reçu une requête du prêtre Eutychès, qui se plaint d'avoir été injustement excommunié sur l'accusation de l'évêque Eusèbe : d'autant plus qu'il proteste avoir comparu à la citation; enfin il assure que, dans le jugement même, il a présenté sa requête d'appellation, et qu'elle n'a pas été reçue; ce qui l'a obligé d'afficher à Constantinople des actes de protestation. D'après cela, nous ne voyons pas avec quelle justice il a été séparé de la communion de l'Eglise. Mais considérant la cause même, nous voulons savoir la raison de votre fait, et que tout soit rapporté à notre connaissance; car,

(1) Ballerini, t. I, col. 739 et seqq.; *Ibid.*, 1431; Cacciari, t. II, p. 95; t. III, *de Euty.*, l. 1, c. 5 et 6; Coustant, *Appendix*, col. 57 et seqq.

comme nous voulons de la maturité dans les jugements des évêques, nous ne pouvons rien décider sans connaissance de cause. Que Votre Fraternité nous envoie donc, par une personne capable, une ample relation de ce qui s'est passé, et nous apprenne quelle nouvelle erreur s'est élevée contre la foi; car la lettre du très-pieux empereur nous a donné une grande inquiétude; afin que par notre autorité les dissensions soient retranchées, la foi catholique conservée inviolable, les mal-pensants ramenés de leur erreur, et les bien-pensants affermis dans la foi. Cela ne sera pas difficile, puisque le prêtre Eutychès a déclaré dans sa requête que, s'il se trouve en lui quelque chose de répréhensible, il est prêt à le corriger. Dans ces sortes de causes, nous devons nous attacher surtout à ce que, tout à la fois, et la charité soit gardée et la vérité défendue. » Cette lettre est du 18 février 449. La réponse à l'empereur est du même jour. Le Pape y loue la foi et le zèle de ce prince, et ajoute que, quoique le prêtre Eutychès ait adressé au Siège apostolique sa requête de doléances, il ne sait encore ce qu'il en est de cette affaire. Il se plaint du silence de Flavien, qui aurait dû l'en instruire le premier : il espère qu'il le fera, du moins après l'avertissement du Pape (*Epist.* 23 et 24).

En effet, Flavien ayant reçu la lettre de saint Léon, y répondit en ces termes : « Eutychès veut renouveler les hérésies d'Apollinaire et de Valentin, soutenant qu'avant l'Incarnation de Jésus-Christ il y a deux natures, la divine et l'humaine; mais qu'après l'union, il n'y a qu'une nature, et que son corps, pris de Marie, n'est pas de notre substance, ni consubstantiel à sa mère, quoiqu'il l'appelle un corps humain. Nous l'avons condamné sur l'accusation de l'évêque Eusèbe, et sur les réponses qu'il a faites dans le concile, découvrant son hérésie de sa propre bouche, comme vous apprendrez par les actes que nous vous envoyons avec ces lettres. Il est juste que vous en soyez instruit; car Eutychès, au lieu de faire pénitence, pour apaiser Dieu et nous consoler dans la douleur que nous sentons de sa perte, s'empresse à troubler notre Eglise, en affichant publiquement des libelles remplis d'injures, et présentant à l'empereur des requêtes insolentes. Nous voyons aussi par vos lettres qu'il vous a envoyé des libelles pleins d'impostures, en disant qu'au temps du jugement il nous a donné une requête d'appellation, et qu'il en a appelé à Votre Sainteté : ce qui n'est pas vrai; mais il a prétendu vous surprendre par ce mensonge. Tout cela doit vous exciter, très-saint Père, à déployer ici votre vigueur ordinaire. Faites votre propre cause de la cause commune; autorisez par vos écrits la condamnation prononcée régulièrement, et fortifiez la foi de l'empereur. Il suffira que vous preniez l'affaire en main pour ramener partout la paix; car, par vos saintes lettres, Dieu aidant, et l'hérésie qui s'est élevée, et le trouble qu'elle occasionne cesseront facilement, et vous empêcherez le concile dont on fait courir le bruit, et qui troublerait toutes les Eglises du monde (*Epist.* 26). » Ce concile, dont le bruit courait en Orient, était un concile œcuménique, qui fut en effet convoqué à Ephèse, par un rescrit du 30 mars 449.

Saint Léon ayant trouvé un nommé Rodane qui allait à Constantinople, écrivit, le 21 mai, un billet à Flavien, où il se contente de lui marquer qu'il avait reçu ses lettres, ajoutant qu'il y répondrait plus amplement par celui-là même qui les avait apportées; en attendant, il témoignait être pleinement convaincu de l'hérésie d'Eutychès, et promettait à Flavien qu'il ne souffrirait pas que ses adversaires le troublassent plus longtemps.

Les requêtes d'Eutychès à l'empereur, dont parle Flavien, tendaient à une révision des actes du concile de Constantinople, qu'il prétendait n'avoir pas été fidèlement rédigés : ce que l'empereur lui accorda. En conséquence, le 13 avril, les évêques, au nombre de trente, dont il y en avait quinze du concile précédent, s'assemblèrent dans le baptistère de l'église de Constantinople. Thalassius, évêque de Césarée en Cappadoce, et auparavant préfet du prétoire, présidait l'assemblée; mais le patrice Florentius réglait tout, et Macédonius, conseiller d'État, instruisait la procédure. Eutychès n'y vint pas en personne, mais y envoya deux moines. Eusèbe de Dorylée dit que si l'on permettait à Eutychès de se défendre par procureur, il se retirerait et l'accuserait de même. Un évêque s'opposa également à l'entrée des députés d'Eutychès, d'autant plus que, le concile œcuménique étant ordonné, toutes les affaires devaient lui être réservées. Mais le patrice Florentius ayant fait déclarer par le conseiller d'État Macédonius, que la volonté de l'empereur était qu'ils entrassent, ils entrèrent. Macédonius voulut obliger les évêques de jurer qu'ils diraient la vérité sur les actes en question, disant qu'il y avait ordre du prince d'exiger d'eux ce serment, sur quoi Basile de Séleucie dit : Jusqu'ici nous ne savons point que le serment ait été ordonné aux évêques, et on n'insista point à l'exiger. Flavien représenta les notaires qui avaient rédigé les actes du concile. Ils en produisirent les originaux, et Constantius, l'un des envoyés d'Eutychès, en apporta une copie. Il ne se trouva aucune différence pour les deux premières sessions; mais on chicana beaucoup sur la manière dont les députés du concile avaient rapporté les réponses d'Eutychès, et sur l'anathème prononcé contre lui par les évêques. Constantius prétendit que, lorsqu'on lisait la sentence de déposition, Eutychès en avait appelé aux conciles des évêques de Rome, d'Alexandrie et de Jérusalem, et qu'il avait même donné par écrit un acte de cet appel, qu'on n'avait pas voulu recevoir. Mais Flavien, le patrice Florentius, Basile de Séleucie et tous les autres évêques, déclarèrent qu'ils n'avaient pas ouï un seul mot de cet appel pendant les séances du concile. Seulement le patrice convint qu'Eutychès lui avait dit tout bas à l'oreille, mais après le concile fini, qu'il appelait de la sentence, et Flavien, que le patrice le lui avait apporté, après la fin du concile, lorsqu'il remontait dans sa chambre. Florentius conclut l'assemblée, en déclarant qu'il porterait à l'empereur les actes de tout ce qui s'y était passé. Il y eut encore une séance pareille, le 27 avril, où l'on examina si la sentence contre Eutychès avait été, ou non, écrite d'avance. Flavien, obligé par ordre de l'empereur de donner sa confession de foi, déclara qu'il suivait la doctrine des conciles de Nicée, de Constantinople et d'Éphèse; qu'il reconnaissait en Jésus-Christ deux natures après l'incarnation, en une hypostase et une personne; qu'il ne refusait pas même de dire une nature du Verbe divin, pourvu qu'on ajoutât incarnée et humanisée. Enfin, il anathématisa tous ceux qui divisaient Jésus-Christ, nommément Nestorius (Labbe, t. IV).

Eutychès, en écrivant au pape saint Léon, avait pareillement écrit à saint Pierre Chrysologue, évêque de Ravenne, pour lui recommander sa cause. Le saint évêque lui répondit vers le mois de février 449 : « J'ai lu tristement vos tristes lettres, et parcouru avec affliction vos affligeants écrits. Car, comme la paix des églises, la concorde des prêtres, la tranquillité du peuple nous réjouit d'une joie céleste, ainsi la division de nos frères nous afflige et nous accable, surtout quand elle a de semblables causes. Les lois humaines, par un laps de trente ans, éteignent tous les différends des hommes; et, après tant de siècles, on dispute témérairement sur la génération du Christ, que la loi divine nous propose comme inexplicable. Vous n'ignorez pas dans quels égarements s'est jeté Origène en recherchant les principes et Nestorius en disputant des natures. Les mages ont reconnu Jésus pour Dieu dans son berceau, et des prêtres, par un procédé auquel on ne peut penser sans douleur, demandent aujourd'hui qui est celui qui est né de la Vierge et du Saint-Esprit? Lorsque Jésus faisait entendre le vagissement de l'enfance dans la crèche, l'armée céleste chantait : Gloire à Dieu dans les hauteurs, et maintenant, qu'au nom de Jésus tout genou fléchit, au ciel, sur la terre et dans les enfers, on émeut la question de son origine? Nous, mon frère, nous disons avec l'apôtre : Et si nous avons connu le Christ selon la chair, nous ne le connaissons plus de même. Nous ne pouvons scruter d'une manière injurieuse celui que nous attendons et que nous redoutons comme notre juge. J'ai répondu en peu de mots à vos lettres, mon frère, et je l'eusse fait plus au long si notre frère et coévêque Flavien m'avait écrit sur cette affaire. Car, puisque vous vous plaignez vous-même de n'avoir pas été entendu, comment pouvons-nous juger de ce que nous n'avons ni vu ni entendu de ceux qui étaient présents? Celui-là n'est point un médiateur équitable, qui entend tellement une partie qu'il refuse d'écouter l'autre. Nous vous exhortons sur toutes choses, honorable frère, à vous soumettre à ce qui a été écrit par le bienheureux Pape de Rome; car saint Pierre, qui vit et préside dans son Siège, donne la vérité de la foi à ceux qui la cherchent. Quant à nous, affectionné que nous sommes pour la paix et pour la foi, nous ne pouvons entendre les causes de la foi sans le consentement de l'évêque de Rome (Baller., *Epist.* 25).

Quand saint Pierre Chrysologue exhortait Eutychès à se soumettre en tout aux écrits du Pape, il parlait sans doute de la fameuse lettre de saint Léon, qui expose d'une manière si admirable la doctrine de l'Église sur l'Incarnation du Verbe. Il pouvait la connaître dès lors, étant un des principaux évêques d'Italie, que le Pape était dans la coutume de consulter alors, comme il consulte maintenant son collège ou concile de cardinaux. Cette lettre aurait suffi, comme l'avait dit saint Flavien, pour apaiser les troubles et ramener partout la paix; mais les intrigues d'Eutychès, l'ineptie et la précipitation de l'empereur, dominé par l'eunuque Chrysaphius, perdirent tout, et firent à l'empire et à l'Église des maux irréparables.

L'eunuque écrivit à Dioscore, évêque d'Alexandrie, lui promettant de favoriser tous ses desseins, s'il voulait prendre la défense d'Eutychès et attaquer Flavien et Eusèbe de Dorylée. Il excita pareillement l'impératrice Eudoxie à soutenir le même parti, principalement pour chagriner la princesse Pulchérie. Eutychès, de son côté, pria Dioscore de prendre connaissance de l'affaire, et d'examiner ce qui avait été fait contre lui. Dioscore écrivit donc à l'empereur qu'il fallait assembler un concile universel, et il l'obtint facilement par les sollicitations réunies de l'impératrice et de l'eunuque. Le concile fut donc indiqué à Éphèse pour le 1ᵉʳ août 449, par une lettre du 30 mars de la même année. Cette lettre porte que l'exarque ou patriarche prendra avec lui dix métropolitains de sa dépendance et dix autres évêques, pour se trouver à Éphèse le 1ᵉʳ jour d'août prochain ; qu'à l'égard de Théodoret, il ne lui sera point permis d'y venir, jusqu'à ce que le concile assemblé le juge à propos. L'empereur ordonna aussi à un certain abbé Barsumas, de se rendre à Éphèse, au nom de tous les abbés et archimandrites de l'Orient, pour y prendre séance avec les évêques. On n'avait point encore vu d'abbé prendre le rang de juge dans un concile général. Mais Barsumas étant ami d'Eutychès et de Dioscore, ils lui avaient procuré cet honneur pour exclure du concile les autres abbés qui ne leur étaient pas favorables. Saint Léon fut aussi invité au concile par l'empereur, qui, selon la remarque de ce saint Pape, respectait trop les ordres de Dieu pour entreprendre une chose de cette importance sans y faire intervenir l'autorité du Siége apostolique. Mais la lettre de convocation n'étant arrivée à Rome que le 13 mai, à peine saint Léon eut-il assez de temps pour envoyer des légats au concile. Il choisit pour cette fonction, Jules, évêque de Pouzzoles dans la Campanie, René, prêtre du titre de Saint-Clément, qui mourut en chemin, et Hilaire, diacre, avec Dulcitius, notaire, qui portaient tous en eux-mêmes un esprit de justice pour faire condamner l'erreur, et de douceur pour accorder le pardon au coupable, s'il s'en rendait digne (Labbe, t. IV; Niceph., l. 4, c. 47; Libérat, c. 12).

Les légats étaient porteurs de plusieurs lettres du Pape. La principale était la lettre dogmatique à Flavien, où saint Léon traite avec autant d'étendue que d'exactitude le dogme de l'Incarnation, renversant également les deux erreurs opposées, de Nestorius et d'Eutychès. Il fait voir que, si ce dernier est tombé dans l'erreur, c'est faute d'avoir étudié l'Ecriture et d'avoir même fait attention aux termes du Symbole; que savent non-seulement tous les fidèles, mais encore ceux que l'on prépare au baptême. Ils y disent, en effet, qu'ils croient en Dieu le Père tout-puissant; et en Jésus-Christ son Fils unique, notre Seigneur; qui est né du Saint-Esprit et de la vierge Marie. Trois articles, dit saint Léon, qui suffisent pour ruiner presque toutes les machines des hérétiques; car en croyant que Dieu tout-puissant et éternel est Père, on montre que son Fils lui est coéternel, consubstantiel et entièrement semblable. C'est le même Fils éternel du Père éternel, qui est né du Saint-Esprit et de la vierge Marie. Cette génération temporelle n'a rien ôté ni rien ajouté à la génération éternelle; mais elle a été employée tout entière à la réparation de l'homme, pour vaincre la mort et la démon; car nous n'aurions pu surmonter l'auteur du péché et de la mort, si celui-là n'avait pris notre nature et ne l'avait faite sienne, qui ne pouvait être infecté par le péché ni retenu par la mort. Il a donc été conçu du Saint-Esprit dans le sein de la Vierge sa mère, qui l'a enfanté comme elle l'avait conçu, sans préjudice de sa virginité. Saint Léon appuie cette doctrine de plusieurs passages de l'Écriture, où nous lisons que le Verbe a pris une véritable chair. L'Évangile le nomme fils de David et d'Abraham. Saint Paul dit qu'il a été fait du sang de David selon la chair. Cet apôtre applique à Jésus-Christ la promesse faite à Abraham, de bénir toutes les nations par son fils; c'est aussi de Jésus-Christ que l'on doit entendre les prophéties d'Isaïe touchant l'Emmanuel, fils d'une vierge, et l'enfant qui nous est né. D'où il suit que Jésus-Christ n'a pas eu seulement la forme d'un homme, mais un corps véritable, tiré de sa mère: L'opération du Saint-Esprit n'a pas empêché que la chair du Fils ne fût de même nature que celle de sa mère; elle a seulement donné la fécondité à une vierge.

L'une et l'autre nature, demeurant donc en son entier, a été unie en une personne, afin que le même médiateur pût mourir, demeurant d'ailleurs immortel et impassible. Il a tout ce qui est en nous, tout ce qu'il y a mis en nous créant, et qu'il s'est chargé de réparer; mais il n'a point ce que le trompeur y a mis : il a pris la forme d'esclave sans la souillure du péché, augmentant de la dignité de la nature humaine, sans rien diminuer de ce qui appartient à la nature divine. Une nature n'est point altérée par l'autre; même qui est vrai Dieu est vrai homme; il n'y a point de mensonge dans cette union. Comme Dieu ne change point par la grâce qu'il nous fait, l'homme n'est point consumé par la dignité qu'il reçoit. Le Verbe et la chair gardent les opérations qui leur sont propres : le Verbe opérant ce qui est du Verbe, et la chair exécutant ce qui est de la chair; l'un fait des miracles, l'autre souffre les injures.

C'est ce que saint Léon prouve par un grand nombre de passages, tant des évangiles que des épîtres de saint Paul. Il est Dieu, puisqu'il est dit : *Au commencement était le Verbe, et le Verbe était en Dieu, et le Verbe était Dieu.* Il est homme, puisqu'il est dit : *Le Verbe a été fait chair et a habité avec nous.* Il est Dieu; puisque *toutes choses ont été faites par lui, et que sans lui rien n'a été fait.* Il est homme, étant né d'une femme et soumis à la loi. La naissance de la chair montre la nature humaine; l'enfantement d'une vierge montre la puissance divine. C'est un enfant dans le berceau et le Très-Haut loué par les anges. Hérode veut le tuer; mais les mages se réjouissent de l'adorer. Il vient au baptême de son précurseur, mais en même temps la voix du Père déclare que c'est son Fils bien-aimé, dans lequel a mis toute son affection. Comme homme, il est tenté par le démon ; comme Dieu, il est servi par les anges. La faim, la soif, la lassitude, le sommeil, sont évidemment d'un homme ; mais il est certainement d'un Dieu de rassasier cinq mille hommes de cinq pains, de donner à la Samaritaine l'eau vive, de marcher sur la mer et d'apaiser la tempête. Il n'est pas d'une même nature de pleurer son ami mort et de le ressusciter; d'être attaché à la croix et de changer le jour en nuit, faire trembler les éléments, et où vrir au larron les portes du ciel. Comme Dieu, il dit : *Le Père et moi nous sommes un* ; comme homme : *Le Père est plus grand que moi*. Car encore qu'en Jésus-Christ il n'y ait qu'une personne de Dieu et de l'homme; toutefois, autre est le sujet de la souffrance commune à l'un et à l'autre, et autre le sujet de la gloire commune.

C'est cette unité de personne qui fait dire que le Fils de l'homme est descendu du ciel, et que le Fils de Dieu a pris chair de la vierge ; que le Fils de Dieu a été crucifié et enseveli, comme nous disons dans le Symbole, quoiqu'il ne l'ait été que dans la nature humaine. L'apôtre dit : *S'ils avaient connu le Seigneur de majesté, jamais ils ne l'auraient crucifié*. Jésus-Christ demande à ses apôtres : *Et vous, qui dites-vous que je suis ? moi qui suis le Fils de l'homme et que vous voyez avec une véritable chair*. Saint Pierre répond : *Vous êtes le Christ, Fils du Dieu vivant*, le reconnaissant également Dieu et homme, parce qu'il y avait un égal danger de le croire ou seulement Dieu, ou seulement homme. Après sa résurrection, il montrait son corps sensible et palpable, avec les trous de ses plaies ; il parlait, mangeait et habitait avec ses disciples ; et en même temps, il entrait les portes fermées, leur donnait le Saint-Esprit et l'intelligence des Ecritures, montrant ainsi en lui les deux natures distinctes et unies.

Eutychès, en niant que notre nature est dans le Fils de Dieu, doit craindre ce que dit saint Jean : *Tout esprit qui confesse que Jésus-Christ est venu dans la chair, est de Dieu ; et tout esprit qui divise Jésus-Christ, n'est pas de Dieu, et c'est l'antechrist*. Car qu'est-ce que diviser Jésus-Christ, si ce n'est en séparer la nature humaine et anéantir, par d'impudentes fictions, le mystère par lequel nous sommes sauvés ? L'erreur, touchant la nature du corps de Jésus-Christ, anéantit nécessairement sa passion et l'efficace de son sang. Quand Eutychès vous a répondu : Je confesse que Notre Seigneur était de deux natures avant l'union, mais, après l'union, je ne reconnais qu'une nature, je m'étonne qu'aucun des juges n'ait relevé un si absurde blasphème; car il n'y a pas moins d'impiété à dire que le Fils de Dieu a été de deux natures avant l'incarnation, que de n'en reconnaître qu'une en lui après qu'il s'est fait chair. Ne manquez pas de lui faire rétracter cette erreur, si Dieu lui fait la grâce de se convertir. Mais, en ce cas, vous pourrez user envers lui de toute sorte d'indulgence ; car, lorsque l'erreur est condamnée, même par ses sectateurs, la foi en est plus utilement défendue. Pour exécuter pieusement et fidèlement toute cette affaire, nous avons envoyé à notre place nos frères Jules, évêque, René, prêtre, et Hilaire, diacre, en leur adjoignant Dulcitius, notaire (Baller., *Epist*. 28).

Dans cette lettre fameuse, il y a surtout à remarquer la manière dont le Pape juge la procédure du concile de Constantinople. Il l'approuve quant au fond, mais il y relève une erreur grave qui avait échappé au concile ; enfin, il en modère la sentence et veut qu'on use d'indulgence envers le coupable ; s'il se repent.

Le même jour, 13 juin, il écrivit à l'empereur Théodose une lettre où, après l'avoir félicité de son zèle pour la foi, il dit que, d'après les actes de la procédure épiscopale, Eutychès était convaincu d'erreur et d'ignorance, et qu'il aurait dû revenir de sa condamnable opinion ; toutefois, comme la piété de l'empereur avait indiqué un jugement synodal à Ephèse, afin que la vérité se montrât à cet ignorant et aveugle vieillard, il envoyait trois légats pour y tenir sa place et pour y porter l'esprit de justice et de miséricorde, afin, dit-il, que l'erreur soit condamnée, puisqu'on ne peut douter qu'elle est la foi chrétienne, et que l'on pardonne à Eutychès, s'il se repent, d'après la promesse qu'il a faite ; dans le mémoire qu'il m'a envoyé, de corriger tout ce que notre sentence aurait improuvé de ses mauvais sentiments. Quant à ce que l'Eglise catholique croit et enseigne universellement sur le mystère de l'Incarnation du Seigneur, la lettre ci-jointe, à mon frère et coévêque Flavien, l'expose pleinement (Baller., *Epist*. 29).

Il fait mention de la même lettre dans celle qu'il écrivit à l'impératrice Pulchérie, dont il loue le zèle contre les hérétiques de son temps. Il parle d'Eutychès avec compassion, comme lui croyant plus d'ignorance que de malice, et espérant sa correction. Mais, ajoute-t-il, s'il persiste dans son erreur, personne ne pourra révoquer la sentence que les évêques ont prononcée contre lui. Il marque que, n'ayant reçu la lettre de convocation au concile que le 13 mai, à peine avait-il eu assez de temps pour y envoyer des légats, que, pour lui, il ne pouvait s'y trouver en personne, soit parce qu'aucun de ses prédécesseurs ne s'était trouvé à des conciles tenus hors de Rome, soit parce que l'état des affaires ne lui permettait pas de quitter son Siège et sa patrie sans mettre le peuple au désespoir. On était continuellement en alarmes dans cette décadence de l'empire, et on craignait alors principalement les Huns, qui entrèrent en Italie trois ans après. Il écrivit également aux abbés de Constantinople qui avaient souscrit à la condamnation d'Eutychès, pour les encourager à la défense de la foi, les renvoyant à sa lettre à Flavien, où notre doctrine, dit-il, a été expliquée suffisamment, je pense, afin que vous la receviez par le ministère de votre prélat (*Ibid.; Ep*. 30, 31, 32).

Julien, évêque de l'île de Cos, légat de saint Léon à Constantinople pour les affaires de l'Église romaine, lui avait écrit, touchant l'erreur d'Eutychès, par un diacre nommé Basile. Il en reçut deux réponses. Dans la première, datée du 13 juin, le Pape dit qu'il est inutile à Eutychès d'accuser de nestorianisme les catholiques dont la foi est inébranlable ; car il ne s'écartait pas moins de la vérité que Nestorius. En niant, comme il faisait, la vérité de l'incarnation, il en détruisait toutes les suites et toute l'espérance des chrétiens. Par l'union qui s'est faite de la nature divine avec la nature humaine, en une seule personne, le Verbe ne s'est point changé en chair ni en âme, puisque la divinité est immuable, et la chair ne s'est pas changée au Verbe. Il ne doit pas paraître impossible que le Verbe, avec la chair et l'âme, fasse un seul Jésus-Christ, puisque en chaque homme la chair et l'âme, qui sont de nature si différente, font une seule personne. Quand Eutychès a dit qu'avant l'incarnation il y avait deux natures, il faut qu'il ait cru de l'âme du Sauveur avait demeuré dans le ciel avant que d'être unie au Verbe dans le sein de la Vierge. Ce qui est contre la foi catholique ; car il n'a pas pris une humanité déjà créée, mais il l'a créée en la prenant. Il faut donc punir dans Eutychès, à moins qu'il ne le rétracte, ce qu'on a condamné dans Origène, savoir, que les âmes ont vécu et agi avant d'être mises dans le corps. L'âme de Jésus-Christ n'est pas distinguée des nôtres par la diversité du genre, mais par la sublimité de la vertu. Sa chair ne produisait point de désirs contraires à l'esprit; il n'y avait point en lui de combat, mais seulement des affections soumises à la divinité. Dans la seconde lettre, le Pape témoigne sa douleur des égarements d'Eutychès, et marque à Julien qu'il pourra apprendre par sa lettre à Flavien quelle est la foi de l'Eglise romaine ajoutant que, s'il arrivait qu'Eutychès se corrigeât, il faudrait user envers lui d'indulgence et se relâcher de la sévérité de la sentence portée contre lui. Il dit qu'il a envoyé au concile d'Ephèse, indiqué par l'empereur, des légats *à latere*, c'est-à-dire tirés de l'Eglise romaine ou de celles qui lui étaient immédiatement soumises. Il se sert de la même expression dans sa lettre aux abbés ou archimandrites de Constantinople (Baller., *Epist.* 34 et 35).

Enfin, le Pape écrivit au concile en ces termes : « Léon, évêque, au saint synode qui s'assemble à Ephèse. La religieuse foi du très-clément prince, sachant qu'il est éminemment de sa gloire qu'aucun germe d'erreur ne surgisse dans l'Eglise catholique, a déféré ce respect aux institutions divines, que, pour effectuer une sainte disposition, il a eu recours à l'autorité du Siége apostolique. Il a désiré que le bienheureux Pierre déclarât lui-même en quelque sorte ce qui a été loué dans sa confession. Lorsque le Seigneur demanda : *Qui disent les hommes que je suis, moi, le Fils de l'homme?* les disciples rappelèrent les diverses opinions de divers. Mais quand il leur fut demandé ce qu'ils croyaient eux-mêmes, le prince des apôtres, embrassant la plénitude de la foi en peu de mots, répondit : *Vous êtes le Christ, Fils du Dieu vivant;* c'est-à-dire, vous qui êtes vraiment le Fils de l'homme, vous, le même, vous êtes vraiment le Fils du Dieu vivant; vous, dis-je, véritable dans la divinité, véritable dans la chair, et conservant la propriété d'une double nature, vous êtes un avec l'une et l'autre. Si Eutychès le croyait avec intelligence et vivacité, il ne s'écarterait point du sentier de cette foi. C'est à cause d'elle que le Seigneur répondit : *Tu es heureux, Simon, fils de Jona; car ce n'est pas la chair et le sang qui t'ont révélé cela, mais mon Père qui est au ciel. Et moi aussi je te dis : Tu es Pierre, et sur cette pierre je bâtirai mon Eglise, et les portes de l'enfer ne prévaudront point contre elle.* Celui-là s'éloigne par trop de l'ensemble de cet édifice, qui ne reçoit point la confession du bienheureux Pierre, et qui contredit l'Evangile du Christ, montrant par là que jamais il n'a eu aucun zèle pour connaître la vérité, et que vainement il a paru respectable, lui qui n'a orné les cheveux blancs de la vieillesse par aucune maturité de cœur. Toutefois, comme il ne faut pas négliger la guérison même de pareilles gens, et que le très-chrétien empereur a voulu pieusement qu'il y eût un concile d'évêques, afin que toute l'erreur fût abolie par un jugement plus plein, j'ai envoyé mes frères l'évêque Jules, le prêtre René, le diacre Hilaire et le notaire Dulcitius, pour assister à ma place à l'assemblée de Votre Fraternité, et ordonner, en commun avec vous, ce qui sera agréable au Seigneur, c'est-à-dire pour condamner d'abord cette erreur pestilentielle, et s'occuper ensuite du rétablissement de celui qui s'est imprudemment égaré, si toutefois il embrasse la doctrine de la vérité, et s'il condamne pleinement et nettement, de sa propre bouche et par sa souscription, les sentiments hérétiques dans lesquels son impéritie s'était enlacée; ce qu'il a protesté de faire, dans la requête qu'il nous a envoyée, promettant de suivre en tout notre sentence. Après avoir reçu les lettres de notre frère et coévêque Flavien, nous lui avons récrit plus pleinement sur les affaires dont il nous avait envoyé la relation, afin que, l'erreur naissante se trouvant abolie, il n'y ait par tout le monde, à la louange et à la gloire de Dieu, qu'une seule foi, qu'une seule et même confession, et qu'au nom de Jésus tout genou fléchisse, au ciel, sur la terre et dans les enfers, et que toute langue confesse que le Seigneur Jésus-Christ est dans la gloire de Dieu le Père (Baller., *Epist.* 33). »

Toutes ces lettres sont du 13 juin. Le 20 du même mois, le Pape écrivit encore un petit billet à Flavien, pour lui annoncer qu'il avait reçu ses lettres avec les actes de Constantinople. Il parle sans doute de la seconde lettre et du second envoi des actes. Il ajoute que l'empereur, dans sa sollicitude pour la paix de l'Eglise, ayant voulu qu'on assemblât un concile, quoiqu'il fût évident que l'affaire en question n'avait aucun besoin d'être traitée en concile, il avait déjà fait partir ses légats (*Ibid.*, *Epist.* 36).

Toute cette histoire d'Eutychès peut se résumer en deux mots. Un vieux moine, en combattant une erreur, tombe dans une autre. Son évêque, le trouvant opiniâtre, le condamne. L'un et l'autre, ainsi que l'empereur, en réfèrent au Pape, qui approuve l'évêque, lui explique admirablement la doctrine, et lui recommande l'indulgence pour le moine, s'il se soumet, comme il l'avait promis. Sous un empereur tant soit peu entendu à gouverner, l'affaire était finie : l'Eglise et l'empire demeuraient en repos. Sous le pauvre Théodose, il n'en est pas ainsi; il faut que l'empire et l'Eglise s'ébranlent pour la querelle d'un moine. C'est que Théodose, bon particulier, mais empereur nul, était le docile instrument de l'eunuque Chrysaphius. Or, l'eunuque était l'ami du moine et l'ennemi de l'évêque. Il fallait donc sauver l'un et perdre l'autre. Dioscore d'Alexandrie s'offrit pour exécuteur.

Un fait du même temps peut nous donner une idée de l'empereur et de son ministre. Le terrible Attila avait réduit en cendres plusieurs provinces : sous le nom de *pension*, l'empire lui payait tribut; mais plus on se montrait faible, plus le Hun se montrait exigeant. L'eunuque-ministre de Théodose n'imagina rien de mieux que de le faire assassiner. Il en fait la proposition à un des ambassadeurs du roi barbare. L'ambassadeur ne demande que cinquante livres d'or. Le marché est conclu, avec l'approbation de l'empereur; mais l'ambassadeur révèle tout à son maître. Attila en envoie un autre, qui, d'après ses ordres, se présente à l'empereur, portant à son cou la bourse dans laquelle avait été envoyé le prix du meurtre, demande à l'eunuque s'il la reconnaît, puis dit à l'empereur que Théodose et Attila étaient tous deux de noble race; mais que Théodose avait dérogé à sa noblesse en devenant esclave d'Attila auquel il payait tribut; qu'il se comportait en esclave lâche et perfide, ayant recours à la trahison pour se défaire de son maître, qu'Attila ne lui pardonnerait que quand il aurait envoyé l'eunuque au supplice. Tout ce que sut faire le pauvre Théodose, ce fut d'envoyer une ambassade solennelle, avec les présents les plus magnifiques, pour adoucir Attila et pouvoir conserver son indigne ministre (1). Après que l'empereur et l'empire se sont montrés si bas, rien ne doit plus étonner.

Le concile indiqué à Éphèse se tint le premier jour d'août, dans le même lieu où s'était tenu le premier, c'est-à-dire dans l'église que l'on nommait Marie; mais avec des circonstances bien différentes. Dans le premier, il n'y avait que des évêques et des clercs; dans le second, on vit arriver de la cour deux comtes, avec pouvoir de prendre les archers du proconsul d'Asie, et d'y joindre les milices de l'empire, pour exécuter les ordres que l'empereur donnerait. Dans le premier, saint Cyrille présidait canoniquement au nom du pape saint Célestin, qui l'avait délégué à cet effet; dans le second, l'inepte empereur, ou plutôt ses eunuques et ses courtisans, prétendirent nommer le président ou les présidents, ce qui, suivant la remarque d'un auteur du VI° siècle, était manifestement contre le Siége de Rome (*Rustic., diac.*; Baluz.).

Une lettre accordait la présidence à Dioscore; mais des lettres semblables accordaient la même chose à Juvénal de Jérusalem et à Thalassius de Césarée; en sorte que Dioscore soutiendra dans la suite que Juvénal et Thalassius ayant été établis avec lui les chefs du concile, ils devaient répondre, comme lui, de tout ce qui s'y était passé. Dans le premier, toutes les procédures tendirent à exécuter canoniquement la sentence du Pape concernant Nestorius; dans le second, on ne s'occupera que d'exécuter militairement les ordres de l'empereur ou plutôt de son eunuque. Cependant le passé aurait dû servir de leçon à l'imprudent Théodose. Si, à l'occasion du premier concile d'Éphèse, il y eut des troubles et des divisions dans l'Église et dans l'empire, la faute en avait été à lui seul, par sa manie de vouloir réglementer les conciles et les dogmes de la foi, au lieu de laisser faire l'Église et son chef. Mais non; ses fautes passées ne lui serviront qu'à faire pire encore. Incapable de tenir milieu de la vérité et de la vertu, il avait péché par trop d'affection pour Nestorius; il péchera maintenant par trop d'aversion du nestorianisme et trop d'affection pour Eutychès. Il écrit au concile que son intention est qu'on n'y traite d'aucune accusation personnelle, jusqu'à ce qu'on ait décidé de la foi, et qu'on chasse des églises les fauteurs du nestorianisme : en même temps il accuse saint Flavien de Constantinople de tous les troubles actuels; ce qui était le désigner officiellement à la haine et à la proscription. Ce n'est pas tout. Il lui ôte d'avance le pouvoir de se défendre. Car voici comme il termine sa lettre à Dioscore : « Quant à ceux qui ont entrepris de dire quelque chose de plus ou de moins que ce que les Pères de Nicée, et ensuite ceux d'Éphèse, ont exposé sur la foi catholique, nous ne souffrirons pas qu'ils aient aucune liberté dans le concile, mais nous voulons qu'ils soient entièrement sujets à votre jugement, attendu que c'est pour cela que nous avons ordonné que le concile s'assemble (Labbe, t. IV). »

Il se trouva dans ce concile environ cent trente évêques des provinces de l'Égypte, de l'Orient, de l'Asie, du Pont et de la Thrace. Dioscore s'arrogea la première place; c'est l'expression des *Chroniques* de saint Prosper et de Victor de Tunnon. Après lui, si l'on peut ajouter foi pour ceci aux actes de ce conciliabule, siégeait Jules, évêque de Pouzzoles, légat de saint Léon. Ensuite sont nommés Juvénal de Jérusalem, Domnus d'Antioche, Flavien de Constantinople, qui n'avait ainsi que le cinquième rang. Après les cinq patriarches sont nommés les exarques et les métropolitains, savoir, Étienne d'Éphèse, Thalassius de Césarée en Cappadoce, Eusèbe d'Ancyre en Galatie, Jean de Sébaste en Arménie, Cyrus d'Aphrodisiade en Carie, Érasistrate de Corinthe, Quintillus d'Héraclée à la place d'Anastase de Thessalonique, et les autres qu'on peut voir dans les actes. Après tous les évêques, le premier rang parmi les prêtres fut donné à l'abbé Barsumas, quoiqu'il y eût quatre d'entre eux qui fussent députés d'autant de métropolitains. Au dernier rang de tous, apparemment parce qu'ils s'y étaient placés d'eux-mêmes, étaient Hilaire, diacre, et Dulcitius, notaire de l'Église romaine.

Nous avons dit plus haut : *Si l'on peut ajouter foi pour ceci aux actes de ce conciliabule ;* car voici comme les choses se passèrent. La plupart des évêques avaient des notaires pour écrire ce qui se disait. Dioscore chassa, non-seulement ceux d'Étienne d'Éphèse, mais tous les autres, à la réserve des siens, de ceux de Juvénal et d'Érasistrate, dont il était sans doute assuré. Nous n'avons donc dans ces actes que ce que Dioscore voulut bien faire ou laisser écrire. Or, le diacre Libérat de Carthage, qui, dans le siècle suivant, écrivit une histoire abrégée de l'hérésie d'Eutychès, dit formellement que les légats du pape Léon ne voulurent point siéger avec les autres au concile d'Éphèse, à cause que la préséance n'avait point été donnée au Saint-Siége (Labbe, t. V). De plus, lorsque, dans le concile de Chalcédoine, on lut cet endroit des actes d'Éphèse où il est dit qu'après Dioscore siégeait l'évêque Jules, légat du très-saint évêque de l'Église romaine, Léon, les évêques orientaux et les autres orthodoxes s'écrièrent : On l'a chassé, on n'a point reçu le nom de Léon (*Ibid.*, t. IV)! Dans le même concile de Chalcédoine, le légat Lucentius dit, en parlant de Dioscore : Il doit rendre raison de son jugement; car il a usurpé l'autorité de juge et osé tenir un concile sans l'autorité du Siége apostolique, ce qui ne s'est jamais fait et n'est pas permis (*Ibid.*). La conséquence la plus naturelle de ces témoignages, c'est que, dans le concile d'Éphèse, les légats du pape saint Léon n'ayant pas été admis au premier rang, qui leur appartenait de droit, n'en prirent aucun, et que, sans déployer leur qualité de légats, ils y assistèrent, l'un comme simple évêque, l'autre comme simple diacre.

Dans ce concile, Jean, prêtre et primicier des notaires d'Alexandrie, fit les fonctions de promoteur. Il proposa en peu de mots les raisons que les empereurs avaient eues d'assembler le concile, après quoi il lut la lettre de convocation. Les légats du Pape dirent que saint Léon en avait reçu une de même

(1) *Prisc. excerpt. legat.*, p. 26, t. I; *Hist. Bizant.*, édit. Venet., alias, p. 39.

forme, et qu'il n'aurait pas manqué de se trouver au concile, ainsi que l'empereur l'en avait supplié, s'il y en avait eu quelque exemple; mais vous savez, dit le diacre Hilaire, que le Pape n'a assisté ni au concile de Nicée, ni à celui d'Éphèse, ni à aucun autre semblable; c'est pourquoi il nous a envoyés ici pour le représenter, et nous a chargés de lettres pour vous, que nous vous prions de faire lire. Les légats parlaient en latin, et Florentius, évêque de Lydie ou de Sardes, leur servait d'interprète. Le prêtre Jean, au lieu de lire la lettre du Pape au concile, proposa de lire celle de l'empereur à Dioscore; on la lut par ordre de Juvénal de Jérusalem; elle portait que Barsumas assisterait au concile. Juvénal dit qu'il en avait reçu une pareille, et opina que la volonté de l'empereur fût exécutée. Le comte Elpide lut ensuite la commission de l'empereur pour lui et pour le tribun Euloge, puis la lettre de ce prince au concile, dans laquelle il accusait Flavien d'avoir excité des disputes sur la foi contre Eutychès. Alors Thalassius de Césarée proposa de commencer par la question de la foi : c'était l'intention de l'empereur. Jules de Pouzzoles fut aussi de cet avis, et même le comte Elpide, la foi étant le fondement pour juger des personnes. Mais Dioscore fut d'un sentiment contraire. Il dit que la foi établie par les Pères n'étant pas une chose que l'on dût mettre en question, le concile n'était assemblé que pour examiner si les nouvelles opinions étaient conformes aux décisions anciennes. Voudriez-vous, ajouta-t-il, changer la foi des Pères? Le concile dit : Si quelqu'un la change, qu'il soit anathème! si quelqu'un y ajoute, qu'il soit anathème! gardons la foi de nos Pères. Le but de Dioscore était de faire examiner l'affaire d'Eutychès avant que l'on traitât de la foi. Le comte Elpide, donnant dans ces vues, demanda que l'on fît entrer l'archimandrite Eutychès. A quoi Juvénal de Jérusalem et le reste du concile donnèrent leur assentiment.

Invité par Thalassius de Césarée à expliquer ses défenses, Eutychès dit : Je me recommande au Père, et au Fils, et au Saint-Esprit, et à votre justice. Vous êtes témoins de ma foi, pour laquelle j'ai combattu avec vous dans le premier concile assemblé ici. J'ai entre les mains un libelle de ma créance; faites-le lire. On le lut. Il contenait le Symbole de Nicée, avec une protestation de vivre et mourir suivant cette foi, et d'anathématiser Manès, Valentin, Apollinaire, Nestorius et tous les hérétiques, jusqu'à Simon le Magicien, ainsi que ceux qui disent que la chair de Jésus-Christ est descendue du ciel. Sur ce dernier point, Diogène de Cyzique et Basile de Séleucie lui demandèrent comment donc il croyait que le Verbe-Dieu s'était incarné, et d'où venait sa chair? Mais il refusa de répondre; et les chefs du concile ne l'obligèrent point à s'expliquer sur cet article, qui renfermait cependant tout entière la question capitale : si c'était à tort ou à raison qu'il avait été accusé et condamné comme hérétique. Non-seulement ils ne l'obligèrent point à s'expliquer, mais ils défendirent aux deux interlocuteurs d'insister davantage, et, sans recevoir leur interpellation, ordonnèrent de passer outre et d'achever la lecture du mémoire. Dans cette seconde partie, Eutychès expose comme il lui plaît, et l'accusation d'Eusèbe de Dorylée, et le jugement de saint Flavien, et la sentence prononcée contre lui par ce saint évêque, et publiée par tout le monde, et exécutée avec rigueur, nonobstant son appel aux principaux sièges de la chrétienté, et par conséquent à tous les évêques de cette grande assemblée. Il termine sa requête par demander avec instance que les auteurs de sa persécution et des scandales qui en sont nés soient punis suivant la rigueur des canons, et par exhorter les Pères à extirper toutes les racines du blasphème et de l'impiété.

Après la lecture du libelle, saint Flavien, qui jusque alors avait gardé le silence, dit ces mots : Son accusateur était Eusèbe, ordonnez qu'il entre. Et de fait, rien n'était plus raisonnable ni plus canonique que de le faire entrer, ou pour justifier ses accusations, ou pour être convaincu de calomnie. Cependant le comte Elpide ne put s'empêcher de reprendre saint Flavien de ce peu de paroles, parce que l'empereur, qui, disait-il, est le gardien et l'inventeur des lois, avait ordonné qu'aucun de ceux qui avaient été jugés et qui maintenant devaient être jugés, n'eût la liberté d'ouvrir la bouche sans la permission du concile. Puis, répondant directement à l'instance, il la repoussa en disant : « L'accusateur a rempli sa fonction, il prétend avoir gagné sa cause; ainsi le juge a fait passer en sa personne la qualité d'accusateur, comme il s'observe dans les tribunaux séculiers. Vous êtes assemblés pour juger les juges, non pour recevoir encore l'accusateur et recommencer un nouveau procès. Ordonnez donc, s'il vous plaît, qu'on lise le reste des actes. » Dioscore ne manqua pas d'être de cet avis, et les autres évêques le suivirent. Interrogé après tous les autres, le légat Jules répondit : Oui, nous voulons qu'on lise les actes, mais à condition qu'on lise auparavant les lettres du Pape. D'autant plus, ajouta le diacre Hilaire, que le très-saint évêque de Rome n'a écrit ses lettres qu'après s'être fait lire les actes dont vous demandez la lecture. Mais Eutychès, qui prévoyait, par la conduite du Pape, que ses légats ne lui seraient pas favorables, eut la témérité de dire publiquement : « Les envoyés du très-saint archevêque de Rome, Léon, me sont devenus suspects; car ils logent chez l'évêque Flavien : ils ont dîné chez lui, et il leur a rendu toutes sortes de services. Je vous prie donc que ce qu'ils pourront faire contre moi ne me porte aucun préjudice. » Nous n'avons aucune réponse des évêques à cette insolente protestation. Dioscore conclut qu'il était dans l'ordre de lire d'abord les actes du concile de Constantinople, qu'ensuite on lirait les lettres du très-pieux évêque de Rome : ce qu'il disait pour éluder la lecture de ces lettres, qui, en effet, ne furent point lues dans ce concile, quoique Dioscore l'y promît jusqu'à sept fois avec serment.

On lut donc les actes de celui de Constantinople. Quand on eut lu les deux lettres de saint Cyrille, où il insiste sur la distinction des deux natures, Eustathe de Béryte, pour empêcher qu'on n'en tirât avantage pour saint Flavien, dit que saint Cyrille, en d'autres endroits, enseigne qu'il n'y a qu'une nature du Verbe incarné. Eustathe confessera plus tard avoir failli, attendu que Flavien avait adopté cette même expression dans sa profession de foi adressée à l'empereur (Labbe, t. IV). On ne trouva rien à redire à la manière dont le même Flavien avait expliqué sa créance au concile de Constantinople. Mais quand on vint à l'endroit de la dernière session, où Eusèbe de Dorylée pressait Eutychès de confesser qu'il y a deux natures après l'incarnation, et que Jésus-Christ nous est consubstantiel selon la chair, le conciliabule d'Ephèse s'écria : Otez, brûlez Eusèbe! qu'il soit brûlé vif! qu'il soit mis en deux! Comme il a divisé, qu'on le divise! Dioscore demanda : Pouvez-vous souffrir ce discours, qu'on dise deux natures après l'incarnation? Le concile s'écria : Anathème à qui le soutient! Dioscore insista : J'ai besoin de vos voix et de vos mains; si quelqu'un ne peut crier, qu'il étende la main. Le concile répéta : Si quelqu'un dit deux natures, qu'il soit anathème! Du moins, voilà ce que portent les actes rédigés sous l'influence de Dioscore; car les évêques protesteront plus tard, à Chalcédoine, que personne n'avait dit cela, excepté Dioscore et les Egyptiens (Labbe, t. IV). On lut ensuite la déclaration qu'Eutychès avait faite de sa foi, en présence de saint Flavien. Elle était conçue de manière qu'elle n'exprimait ni la vérité, ni l'hérésie. Néanmoins Dioscore et tous les autres après lui déclarèrent que c'était là leur créance, et qu'ils rejetaient la foi de l'impie Eusèbe. Ils ajoutèrent qu'ils ne croyaient qu'une nature avec Eutychès. Voilà du moins ce que portent les actes, car, à Chalcédoine, les évêques protestèrent que personne ne l'avait dit, excepté Pharaon-Dioscore et les Egyptiens (Ibid.).

Après la lecture de tous les actes de Constantinople, Basile de Séleucie et Séleucus d'Amasée, voyant que Dioscore était résolu à traiter comme hérétiques ceux qui admettaient dans le Christ deux natures, et que les soldats du proconsul, les parabolans ou enterreurs d'Alexandrie et les moines de Barsumas étaient disposés à faire recevoir aux évêques, à coups d'épées et de bâtons, telle décision qu'il lui plairait, ils rétractèrent ce qu'ils avaient dit dans le concile de saint Flavien sur les deux natures, et déclarèrent qu'ils regardaient comme non moins étrangers à la communion de l'Eglise ceux qui distinguaient en Jésus-Christ deux natures, que ceux qui le divisaient en deux personnes (Ibid., t. II). La peur seule leur faisait changer de langage, comme ils le confessèrent humblement à Chalcédoine.

Une pareille prévarication rendait tout possible à Dioscore. Il entreprit donc le rétablissement de l'hérésiarque, et demanda aux évêques de quelle façon on devait le traiter. Les actes ne disent pas un mot des légats du Pape; preuve nouvelle qu'à tout cela ils ne prirent aucune part comme juges, mais simplement comme spectateurs. Le premier qui opina en faveur d'Eutychès, fut Juvénal de Jérusalem; il dit : Eutychès ayant toujours déclaré qu'il suit l'exposition de foi de Nicée et ce qui a été fait au premier concile d'Ephèse, je l'ai trouvé très-orthodoxe, et j'ordonne qu'il demeure dans son monastère et dans son rang. Le concile répondit : Ce jugement est juste. Mais Dioscore voulut que chacun en particulier proférât sa sentence. Le premier à donner aux autres l'exemple de la faiblesse et de la lâcheté, fut Domnus d'Antioche. Il avait eu la gloire d'être le premier à condamner solennellement dans son concile l'hérésie d'Eutychès, et ensuite d'avoir souscrit et publié dans tout l'Orient la condamnation qu'en avait faite saint Flavien dans le concile de Constantinople, et maintenant, tout en rappelant cette dernière circonstance, il approuve le rétablissement de l'hérésiarque, parce qu'il a professé de suivre les décrets de Nicée et d'Ephèse, comme si jamais on l'avait accusé d'en rejeter ouvertement l'autorité, et non pas plutôt d'en corrompre l'intelligence, et de prétendre qu'il n'était pas permis d'en fixer le vrai sens; et de consacrer une expression nouvelle pour l'opposer à la nouvelle hérésie. L'exemple de ces deux patriarches fut suivi d'Etienne d'Ephèse, de Thalassius de Césarée, d'Eusèbe d'Ancyre, et des autres évêques jusqu'au nombre de plus de cent. Parmi ceux qui étaient intervenus au concile de Flavien, encore que, suivant le décret de Théodose, aucun ne devait être admis au nombre des juges, toutefois Basile de Séleucie, Séleucus d'Amasée et Ethéric de Smyrne opinèrent comme les autres pour le rétablissement d'Eutychès. Comme ils avaient rétracté leur premier décret, Dioscore les avait reçus en sa grâce, et il était sûr qu'après avoir trahi la foi, ils ne seraient pas difficiles à absoudre l'auteur de l'hérésie. Les évêques d'Egypte, qui se faisaient un mérite de dépendre servilement de Dioscore et de suivre toutes ses impressions, furent encore les plus audacieux, non-seulement à prôner l'innocence d'Eutychès et la pureté de sa foi, mais à invectiver contre ses prétendus ennemis, et à censurer dans un langage acerbe non moins leur doctrine que l'équité de leur jugement. Barsumas opina après les évêques, et Dioscore, comme président, donna son suffrage le dernier en faveur d'Eutychès.

Ensuite Jean, primicier des notaires, lut une requête présentée par les moines d'Eutychès, où ils se plaignaient au concile d'être injustement persécutés par leur propre évêque, à cause de leur amour pour la vérité, et d'être privés depuis neuf mois de la participation aux divins mystères, en observant toutefois le reste de la vie monastique; ils suppliaient qu'on leur rendît l'usage des sacrements, et concluaient en demandant que Flavien reçût la peine que méritaient ses injustices. Cette requête, signée de plus de trente moines, fut lue au concile, sans que Dioscore demandât à Flavien raison de sa conduite à leur égard; et sur l'aveu banal qu'ils firent de suivre la même foi que les conciles de Nicée et d'Ephèse, Juvénal et les autres évêques les rétablirent dans la communion de l'Eglise et dans les fonctions de leurs ordres. Car il y avait parmi eux un prêtre, dix diacres et trois sous-diacres.

Eutychès et ses moines absous, Dioscore proposa de faire lire ce qui avait été fait sur la foi dans le premier concile d'Ephèse. Domnus d'Antioche parut n'en être pas d'avis; mais les autres évêques ayant approuvé la proposition, on lut la sixième session de ce concile, où se trouvent le Symbole de Nicée, les passages des Pères sur l'Incarnation, la requête de Carisius, la confession de foi attribuée à Théodore de Mopsueste, et les extraits des livres de Nestorius. Mais ce que Dioscore avait le plus à cœur pour l'exécution de ses mauvais desseins, c'était le décret du même concile, par lequel il avait défendu, sous peine de déposition et d'anathème, de composer ou d'employer un autre symbole que celui de Nicée. Ce qui avait donné lieu à ce décret, c'était le téméraire attentat de quelques prêtres nestoriens de faire signer dans l'église de Philadelphie, à ceux qui abjuraient l'hérésie des quarto-décimains, le symbole de Théodore de Mopsueste, d'où l'on peut conjecturer que l'intention du concile n'était que de mettre un frein à la témérité des personnes privées, qui, soit pour insinuer ou répandre leurs erreurs, entreprendraient de divulguer quelque nouvelle formule de foi, ou seulement auraient la vanité de composer de nouveaux symboles pour s'en servir publiquement dans l'Eglise. Mais c'était une chose tout à fait contraire au bon sens, de s'imaginer ou de faire semblant de croire que, quand il serait nécessaire d'exprimer plus clairement le sens de quelque dogme catholique contre les absurdes interprétations de quelque nouvelle hérésie, le concile d'Ephèse eût défendu d'adopter une expression quelconque, autre que celles du Symbole de Nicée. Nul ne pouvait mieux savoir quel était le but ou l'esprit de ce décret que saint Cyrille. Or, non-seulement il n'avait pas rejeté, mais il avait reçu avec grand plaisir et inséré dans une de ses lettres la nouvelle formule de foi que lui avaient envoyée les évêques d'Orient; et lorsque quelques-uns lui eurent objecté que par là il avait contrevenu au décret dont il s'agit, il se moqua de l'objection comme d'une sotte imagination ou d'une manifeste folie. Saint Flavien avait fait beaucoup moins, parce que, sans faire aucun formulaire de foi, il s'était contenté d'exprimer la doctrine de l'Eglise sur l'Incarnation en des termes plus précis que ceux du Symbole de Nicée. Néanmoins, dès que Dioscore eut fait lire ce décret, Onésiphore d'Icône dit aux évêques qui étaient assis près de lui : On ne nous lit ce canon que pour déposer Flavien. Epiphane de Perge, qui l'entendit, répliqua : A Dieu ne plaise ! La chose pourrait bien arriver à l'égard d'Eusèbe de Dorylée, mais personne ne sera assez fou pour aller jusqu'à Flavien. Toutefois, on vit bientôt qu'Onisèphore avait raison.

La lecture achevée, Dioscore, supposant, comme il dit, que tous les évêques de l'assemblée approuvaient également et le Symbole de Nicée et le décret d'Ephèse, de ne publier, ni écrire, ni composer une autre règle de foi, répéta en peu de mots ce décret, mais en altérant les termes : Nous avons entendu, dit-il, leur définition, qui est de la teneur suivante: Sera soumis à la peine de ce canon, quiconque osera dire, ou penser, ou examiner, ou chercher au delà des termes du Symbole de Nicée. Que vous en semble ? Que chacun dise librement son sentiment. Si quelqu'un est allé au delà, n'est-il pas juste qu'il subisse la sentence prononcée par les Pères ? Nul n'eut le courage de réclamer contre une proposition si injurieuse au concile d'Ephèse et à l'Eglise, et qui enveloppait saint Cyrille dans la même condamnation que Dioscore préparait contre saint Flavien et contre Eusèbe de Dorylée. Quelques-uns parurent même approuver en quelque manière, les uns plus, les autres moins ouvertement, cette proposition insensée, tandis que d'autres se contentaient d'exprimer en termes généraux leur respect pour les décisions des deux conciles d'Ephèse et de Nicée. De ce nombre furent les deux légats du Pape, qui attestèrent encore que tel était le sentiment du Siège apostolique; et Hilaire ajouta, que le concile pourrait encore mieux s'en convaincre par les lettres mêmes de ce Siége, s'il voulait en ordonner la lecture. Mais Dioscore fit le sourd à cette proposition, et au lieu de lire la lettre du Pape, il appela subitement les notaires, et sans autre forme de procès, sans interroger ni entendre saint Flavien, ni lui donner lieu de produire ses défenses, il leur fit lire une sentence de déposition contre le saint archevêque et contre Eusèbe de Dorylée, fondée uniquement sur ce qu'ils avaient poussé leurs recherches touchant la foi au delà des termes du Symbole de Nicée, et excité par là beaucoup de troubles et de grands scandales dans les églises. Dioscore prononçait la sentence en son nom; mais aussitôt il requit les évêques d'en dire leur avis, en les avertissant qu'on rendrait de tout un compte détaillé à l'empereur. Alors saint Flavien se tournant vers Dioscore, lui dit : J'appelle de vous. Et en effet il appela de la sentence de Dioscore au Siége apostolique, et donna un acte d'appel aux légats du Pape (Libérat, c. 12). Et le diacre Hilaire, quoiqu'il n'eût point déployé jusqu'alors son caractère de légat et qu'il tint en conséquence le dernier rang, ne voulut pas manquer dans cette occasion à son devoir, et protesta hautement de nullité contre l'inique sentence; il s'écria : *Contradicitur*, c'est-à-dire, on s'y oppose, et ce mot latin fut écrit en caractères grecs et inséré dans les actes.

Outre les légats du Pape, il y eut encore un bon nombre d'évêques qui eurent horreur d'un pareil jugement; et s'ils n'eurent pas le courage d'élever la voix, ils ne purent au moins dissimuler le chagrin et la tristesse qu'ils en éprouvaient. Quelques-uns s'efforcèrent, par les supplications les plus humbles, d'adoucir la fureur de Dioscore. Onésiphore d'Icône, et Marinien de Synnade, et Nunnéchius de Laodicée dans la Phrygie, avec d'autres évêques, s'étant levés de leurs siéges, allèrent se jeter à ses pieds, et, embrassant ses genoux, le conjurèrent de n'en rien faire. Flavien, disaient-ils, n'a rien commis qui lui mérite d'être déposé ; la déposition d'un prêtre ne doit pas être punie par la déposition d'un évêque ; s'il a fait quelque chose de répréhensible, qu'on le reprenne ; mais, disait entre autres Basile de Séleucie, ne veuillez pas condamner l'opinion de tout le monde (Labbe). Cette dernière parole fait voir que presque tout le concile répugnait à condamner saint Flavien.

Toutes les prières furent inutiles. Dioscore protesta qu'on lui couperait plutôt la langue que de lui faire révoquer la sentence. Et comme les évêques ne se levaient pas, qu'ils continuaient à embrasser ses genoux dans l'attitude de suppliants, et que d'autres accouraient pour faire la même chose, il se dressa sur son marchepied, et dit : Comment ? vous prétendez faire une sédition ? où sont les comtes ? Aussitôt les comtes Elpide et Euloge firent entrer le proconsul avec une multitude de soldats, auxquels se joignirent les parabolans de Dioscore et les moines de Barsumas. Les chaînes étaient prêtes, et, dans cette troupe furieuse, les uns étaient armés d'épées, les autres de bâtons. On ne parlait que de déposer et d'exiler quiconque refuserait d'obéir à Dioscore, et toute l'église, telle qu'une place emportée d'assaut, était pleine de confusion, de bruit et de tumulte. Les évêques cherchaient à s'échapper de côté et d'autre ; mais toutes les portes étaient fermées et gardées. Ce qui acheva d'abattre le peu de courage que quelques-uns montraient encore, furent ces paroles du furibond Dioscore : Remarquez bien que quiconque ne veut pas souscrire, il aura affaire à moi. Dès ce moment, nul ne résista plus ; et nous avons leurs sentences, où ils professent adhérer à la déposition de saint Flavien et d'Eusèbe de Dorylée. Juvénal de Jérusalem fut le premier à les déclarer justement déposés, pour avoir transgressé les décrets de Nicée et d'Ephèse. Il fut promptement suivi de Domnus d'Antioche et de Thalassius de Césarée. Eusèbe d'Ancyre, pour avoir hésité quelque peu, se vit en péril d'être déposé lui-même ; toutefois il ne put s'empêcher de dire dans son vote, qu'il aurait mieux aimé la clémence. Uranius d'Himérie prononça, au contraire, que Flavien et Eusèbe, comme ayant violé les canons des deux conciles, non-seulement méritaient d'être déposés de la dignité épiscopale, mais encore qu'ils étaient dignes de mille maux, et même de perdre la tête. Enfin l'impie Barsumas, parlant le dernier, dit aux évêques : Flavien et Eusèbe que vous avez condamnés, je les condamne, sachant que ce que Votre Sainteté a fait, a été fait selon la crainte de Dieu.

Mais il ne suffisait point à la tyrannie de Dioscore d'avoir corrompu la conscience et la langue de ses collègues, il voulut encore souiller leurs mains en leur faisant souscrire la criminelle sentence, afin d'avoir par devers lui une preuve authentique qu'eux-mêmes avaient conspiré à opprimer l'innocence. Comme il eût fallu du temps pour avoir une copie au net, Dioscore assembla plusieurs fois autour de lui ceux de sa faction, pour ce qu'il y avait à faire. On n'écrivit rien, on ne signa rien de tout ce qu'ils dirent entre eux ; on n'en dit pas un mot aux autres évêques. Après ces délibérations mystérieuses, Dioscore et Juvénal, bien accompagnés de gens inconnus, qui, avec de grands cris, jetaient partout le trouble et l'effroi, présentèrent aux évêques un papier blanc, et les obligèrent de le signer le jour même ou plutôt à l'heure même, en y mettant leur nom avec ces mots : *J'ai juré et souscrit.* Ceux qui faisaient quelque difficulté et tardaient de souscrire, étaient menacés de la déposition, de l'exil, et même de la mort, soit comme hérétiques, soit comme fauteurs de l'hérésie nestorienne. Partout retentissaient ces cris : « Mettez en pièces ceux qui divisent deux natures ! chassez, tuez ceux qui disent deux ! qu'ils soient eux-mêmes divisés en deux parts ! » Les soldats insistaient avec des épées et des bâtons à la main. Des menaces, on passait aux coups, aux blessures, et même à répandre le sang. On les tint ainsi renfermés jusqu'au soir, sans permettre, même à ceux qui se trouvaient mal, de sortir et de respirer un peu. Voilà comme les évêques souscrivirent à l'iniquité, au nombre de cent trente, dont deux signèrent par la main des autres, ne sachant pas écrire eux-mêmes.

Comme ils avaient souscrit par force, épouvantés des menaces, et crainte de la mort, ils dirent depuis, dans le concile de Chalcédoine, que ce n'étaient pas eux, mais plutôt les soldats qui avaient déposé saint Flavien. Cette excuse pouvait les rendre en quelque manière dignes de compassion ; mais elle ne pouvait les justifier ni devant Dieu ni devant les hommes. Car jamais un homme de bien, particulièrement le chrétien, le catholique, et surtout l'évêque, ne doit, par la crainte des hommes, condamner l'innocence et la vérité. Aussi le même Dioscore et ses évêques d'Egypte répondirent-ils avec d'amères railleries à leurs plaintes, dans le même concile de Chalcédoine :

« Le chrétien ne craint personne ; le catholique n'a peur de qui que ce soit, fût-il menacé du feu ! c'est une honte à un évêque de signer sans savoir ce qu'il signe : si les martyrs avaient été dominés par la crainte des hommes, ils n'auraient pas été martyrs. » Ce reproche ne pouvait être plus juste. Et Basile de Séleucie prétendit fort maladroitement se défendre par l'exemple des martyrs mêmes, en répliquant que lui aussi, s'il avait eu affaire à des magistrats, eût enduré le martyre ; mais que, se trouvant dans un concile de cent vingt ou trente évêques, il n'avait pu qu'obéir à leurs décrets comme un fils à son père. C'est-à-dire, qu'il aurait condamné saint Athanase avec les conciles de Tyr et d'Antioche, et Jésus-Christ même avec les pontifes de la synagogue. Aussi les autres évêques n'eurent-ils garde d'adopter cette sotte excuse. Ils aimèrent mieux s'écrier publiquement et à plusieurs reprises : Nous avons tous péché, nous demandons tous pardon (Labbe, t. IV).

Il n'y eut donc que les légats du Pape, que nulle violence ne put contraindre à un jugement si inique et si manifestement contraire à la vraie foi. Constamment ils s'opposèrent, dans le concile même, ainsi qu'ils le devaient, non pas tant au jugement qu'à la fureur insensée d'un seul homme ; hautement ils protestèrent que rien de ce que ferait faire la crainte ou la violence ne pourrait préjudicier ni aux droits de l'Eglise ni au Symbole des Apôtres, et que nul outrage ne les séparerait de cette foi, dont ils avaient apporté au concile la très-pleine exposition de la part du Siége du bienheureux apôtre Pierre, et que jamais le même Siége ne confirmerait ni n'approuverait de pareils actes. Tel est l'éloge que saint Léon lui-même fait de leur conduite, dans ses lettres à Théodose et à Pulchérie (Ballerini, *Epist.* 44 et 45). Théodoret écrivait de son côté, que la terre entière admirait et célébrait le zèle ardent et la très-juste liberté avec laquelle les mêmes légats s'étaient opposés à tout ce qu'on avait attenté à Ephèse contre les règles de la justice et contre les canons de l'Eglise, et avec laquelle ils avaient eu le courage de menacer l'iniquité, même sur son trône (Théodoret, *Epist.* 116).

L'appel de saint Flavien irrita tellement Dioscore, que, non content de l'avoir déposé et condamné à l'exil, il porta sur sa personne ses mains sacriléges, et, après avoir violé dans son jugement toutes les lois divines et humaines, il voulut être son bourreau et l'auteur de sa mort. Comme possédé de celui dont il est écrit : qu'il ne persévéra point dans la vérité et qu'il fut homicide dès le commencement, après qu'il eut condamné la vérité et approuvé la fausseté, il n'eut pas horreur de tremper ses mains dans le sang de l'homme juste. C'est ce que dit de lui saint Léon (Ballerini, *Epist. aliàs* 95). Et les historiens ajoutent qu'il donna à saint Flavien des coups de poing dans le visage, des coups de pied dans l'estomac, et que, l'ayant jeté par terre, il lui marcha sur le ventre (Evagre, l. 2, c. 2; Zonar., p. 26; Niceph., l. 14, c. 47; Libérat, c. 12; Tillemont, *S. Léon.*, c. 72). S'il fit cela par lui même, que n'auront pas fait, animés par son exemple, ses signes et sa voix, les soldats du proconsul, les parabolans d'Alexandrie, les moines de Barsumas et les autres ministres de sa fureur ? Aussi, dans les actes du concile de Chalcédoine, la mort de saint

Flavien est-elle attribuée, non-seulement à Dioscore, mais encore à Harpocration et à Pierre, ses diacres; à Pierre Monge, qui, plus tard, fut l'opprobre de la chaire d'Alexandrie; à l'impie Barsumas, à qui l'on reprocha en face qu'il pressait de le tuer; au point que les Pères ne purent s'empêcher de crier : « Chassez l'homicide Barsumas! aux bêtes de l'amphithéâtre, l'homicide! anathème à Barsumas! Barsumas à l'exil! » Cependant saint Flavien ne mourut point dans le lieu même de l'assemblée; il en sortit vivant, mais pour être jeté en prison, et, le lendemain, traîné en exil. Arrivé à Epipe, en Lydie, il y expira le troisième jour, ou par suite des mauvais traitements qu'il avait reçus dans le concile, ou par quelque ordre secret donné à ses gardes. Les évêques du concile de Chalcédoine étaient tellement persuadés de ceci, qu'ils n'hésitèrent point à donner plusieurs fois à Dioscore le titre d'*homicide* et de *nouveau Caïn*, pour avoir fait mourir son frère dans le sacerdoce, comme un autre Abel. Le diacre Hilaire étant devenu pape, fit représenter en mosaïque le martyre de saint Flavien dans un oratoire qu'il construisit à Rome (Baron., an. 449, n. 109).

Eusèbe de Dorylée n'ayant pas été admis dans l'assemblée des impies, échappa aux mêmes traitements. Toutefois, il fut mis en prison à Ephèse, déposé de son siége et envoyé en exil. Mais il eut moyen de se sauver, et, après avoir couru bien des dangers et souffert bien des travaux pour la foi, il trouva le repos dans la ville de Rome, où saint Léon, sans s'arrêter aucunement à la sentence du conciliabule, le reçut à sa communion et le retint auprès de lui jusqu'à ce qu'il dût retourner en Orient pour assister au concile de Chalcédoine.

Pour ce qui est des légats, on ne sait quelles furent les aventures de Jules de Pouzzoles. Quant au diacre Hilaire, outre ce qu'en dit saint Prosper dans sa *Chronique*, nous en avons le récit détaillé dans une lettre que lui-même écrivit à l'impératrice Pulchérie. Il avait eu ordre de saint Léon d'aller jusqu'à Constantinople, pour rendre en main propre quelques lettres à cette princesse ainsi qu'à son frère, l'empereur Théodose. Il crut donc le devoir informer des obstacles qui l'avaient empêché de poursuivre son voyage d'Ephèse à la cour. « Cet obstacle, dit-il, a été ce qui fait gémir les chrétiens et ce qui est l'ennemi de tous les bons, l'évêque d'Alexandrie, cet homme puissant à opprimer les personnes innocentes. Quand il vit que je ne pouvais prendre part à son inique sentence, il s'efforça, et par la terreur et par la ruse, de me faire assister à une seconde session, afin de me faire consentir, par ses séductions, à condamner le très-saint évêque Flavien, ou bien de me retenir de force, si je résistais, en sorte que je n'eusse la liberté ni de venir à Constantinople, ni de retourner à Rome. Mais plein de confiance dans le secours du Christ, notre Dieu, j'abandonnai tout, et pris secrètement la fuite. De cette manière, je me conservai pur et innocent de la condamnation de ce très-saint homme, quoique ni flagellation, ni autre tourment n'eussent jamais pu m'y faire consentir, et, par des chemins inconnus et impraticables, je suis venu à Rome, pour être, auprès du Révérendissime Pape, un témoin fidèle de tout ce qui s'est passé à Ephèse (Baller., *Epist*. 46). » Les dangers que courut Hilaire, et pendant son séjour en cette ville et dans sa fuite, furent si grands, qu'il crut en avoir été délivré plutôt par l'assistance divine que par l'adresse humaine. Il s'en reconnaissait spécialement redevable à saint Jean l'Evangéliste, patron de la ville d'Ephèse. Aussi, devenu pape, il bâtit une chapelle en son honneur avec cette inscription : *A son libérateur le bienheureux Jean Evangéliste, Hilarius, évêque, serviteur du Christ* (Baron., an. 449, n. 100).

Après le départ des légats, Dioscore, qui se voyait plus maître que jamais, fit encore condamner et déposer plusieurs autres évêques, notamment Théodoret, Ibas d'Edesse, Sabinien de Perrhe et Domnus d'Antioche. Sabinien, homme de sainte vie, avait été fait très-canoniquement évêque de Perrhe dans l'Euphratésienne, à la place d'Athanase, homme scandaleux, qui avait renoncé volontairement à cet évêché, et, de plus, avait été déposé par le concile de l'Orient en 445. Cependant Dioscore voulut que l'indigne Athanase fût rétabli, et le vertueux Sabinien dépossédé, sans avoir été ni entendu ni même appelé pour faire connaître son droit. Pour Théodoret, il y avait eu défense expresse de l'empereur de le laisser venir à Ephèse; il était retenu comme prisonnier à trente-cinq journées de là, dans sa ville épiscopale de Cyr. Il n'en fut pas moins condamné et déposé; et les évêques de Syrie, qui le regardaient comme la gloire de leur pays, furent assez lâches pour souscrire à sa condamnation, par la peur de Dioscore. On avait également empêché Ibas de se trouver au concile, en l'arrêtant prisonnier dans Antioche, à quarante journées d'Ephèse. On n'entreprit pas moins de le juger. On l'appela par trois fois. Comme il n'avait garde de répondre, on le condamna par défaut et comme rebelle au concile, parce que Dioscore le voulut ainsi, sans qu'une grande partie des évêques sût seulement ce qu'on avait fait.

Mais la scène la plus singulière fut la déposition de Domnus. Pour adoucir Dioscore, il avait eu la bassesse d'approuver solennellement l'absolution d'Eutychès et la déposition de saint Flavien, ainsi que d'Eusèbe de Dorylée, d'Ibas, de Théodoret et des autres évêques absents, ses amis et ses suffragants d'Antioche; mais on se souvenait toujours qu'il avait été le premier à dénoncer à condamner l'hérésie d'Eutychès. Trois jours donc après la déposition de saint Flavien, Dioscore produisit une lettre que Domnus lui avait écrite, et où il se trouvait quelque blâme des anathématismes de saint Cyrille. Là-dessus il fut condamné et déposé comme suspect de nestorianisme, quoique absent et malade. Ainsi s'accomplissait la prédiction que saint Euthymius lui avait faite lorsqu'il quitta son monastère. Il y retourna, dès qu'il se vit libre, pour y pleurer sa faute le reste de sa vie.

Telle fut l'issue du conciliabule, ou, comme il fut communément appelé, du *brigandage d'Ephèse*. Après la déposition de Domnus, Dioscore partit subitement et se rendit, à ce qu'on croit, à Constantinople, pour y jouir de son triomphe et le rendre encore plus complet et plus sûr, en obtenant sa confirmation de Théodose, et en poussant à l'ordination d'un nouvel évêque à la place de saint Flavien. Théodose rendit une loi digne de Dioscore, d'Eutychès et de Chrysaphius, dont il était le jouet. Il y confirme et y loue en général les décrets du brigandage d'Ephèse, et en particulier les dépositions de saint Flavien, d'Eusèbe de Dorylée, de Domnus et de Théodoret. Il ordonne que les métropolitains feront signer le Symbole de Nicée par tous les évêques de leur province, et l'en assureront par leurs lettres. Il défend d'ôter ou d'ajouter un seul mot à ce Symbole. Mais ce qui montre combien ce malheureux prince s'était laissé aveugler, c'est qu'il dit que Flavien et Eusèbe, en suivant les pernicieuses illusions de Nestorius, ont divisé les Eglises par des schismes, et y ont répandu l'hérésie. Il regarde imbécilement les sentiments de Nestorius, de saint Flavien et des autres évêques déposés, comme le venin d'une même erreur. Il ordonne que tous ceux qui les suivront seront déposés par l'autorité des évêques orthodoxes, et qu'on ne donnera aucune retraite, ni aux docteurs ni aux sectateurs de cette religion, sous peine de confiscation et de bannissement perpétuel. Enfin, il condamne au feu les écrits de Théodoret, comme ceux de Nestorius (Labbe, t. IV).

Successivement dupe de deux hérésiarques, le pauvre Théodose, qui cependant voulait le bien de l'empire et de l'Eglise, fait le malheur de l'Eglise et de l'empire, parce qu'au lieu de s'en tenir à la décision de l'Eglise et de son chef, il voulait *gouvernementer* les dogmes et les conciles avec ses eunuques et ses courtisans, ou plutôt ses courtisans et ses eunuques le lui faisaient vouloir. Par là, il trouble l'Eglise et l'empire, accrédite deux grandes hérésies, qui, avec l'arianisme, divisent de plus en plus l'Orient contre lui-même, et préparent les voies à la grande hérésie de Mahomet, leur enfant naturel dans l'ordre politique et religieux. Dans toutes ces calamités, les défenseurs perpétuels de l'Eglise et de l'humanité entière, sont les Papes. Saint Léon le fut constamment à son époque.

Eutychès, condamné par son archevêque, saint Flavien, en appela au Pape; saint Flavien, condamné par Dioscore et son conciliabule, en appelle au Pape; Théodoret, condamné par le conciliabule de Dioscore, en appelle encore au Pape. Rome, le Pape, est le refuge, comme le chef de tous.

Théodoret apprit en même temps et sa condamnation et le courage avec lequel les légats du Pape s'étaient opposés à la tyrannie de Dioscore. Il prit donc le parti d'envoyer à Rome quelques-uns de ses ecclésiastiques, qu'il chargea de plusieurs lettres.

Dans celle qui est adressée à saint Léon, il reconnaît d'abord que le Saint-Siège tenant le premier rang en tout, c'est de lui que les Eglises blessées doivent recevoir les remèdes nécessaires. Il fait ensuite un grand éloge de la ville de Rome, louant surtout la foi dont on y faisait profession, et déjà célèbre du vivant de saint Paul. Il relève l'avantage que cette ville avait de posséder les tombeaux de saint Pierre et saint Paul, pères et maîtres l'un et l'autre de la vérité. Après quoi il fait l'éloge de saint Léon, dont il relève le zèle contre les manichéens, et la lettre à Flavien, qu'il avait, dit-il, lue et admirée comme le langage du Saint-Esprit. Il se plaint de l'injustice de Dioscore, qui l'avait condamné sans l'appeler et sans l'entendre, absent et éloigné. Venant après cela à sa propre cause, il marque les travaux qu'il avait essuyés pour le service de l'Eglise. « Il y a vingt-six ans, dit-il, que je suis évêque, sans avoir reçu aucun reproche, ni sous Théodote, ni sous les évêques d'Antioche, ses successeurs. J'ai ramené à l'Eglise plus de mille marcionites et quantité d'ariens et d'eunoméens; il ne reste pas un hérétique dans les huit cents paroisses que je gouverne. Dieu sait combien j'ai reçu de coups de pierres, et quels combats j'ai soutenus dans plusieurs villes d'Orient contre les païens, les Juifs et toutes sortes d'erreurs. Après tant de sueurs et de travaux, je suis condamné sans avoir été appelé. J'attends donc le jugement de votre Siége apostolique; je prie et je conjure Votre Sainteté, au juste tribunal de qui j'en appelle, de me prêter son secours et de m'ordonner d'aller lui rendre compte de ma doctrine, et de montrer qu'elle est en tout conforme à celle des apôtres. » Il fait un dénombrement des ouvrages qu'il avait composés depuis vingt ans, et ajoute: « On y peut voir aisément si j'ai gardé la règle constante de la foi, ou si je m'en suis écarté. Ne rejetez pas, je vous supplie, mes très-humbles prières, et ne méprisez pas la vieillesse traitée si indignement après tant de travaux. Avant toutes choses, je désire savoir de vous si je dois acquiescer à cette injuste déposition ou non. J'attends votre décision. Si vous m'ordonnez de m'en tenir à ce qui a été jugé, je le ferai; je n'importunerai plus personne, et j'attendrai le jugement de Dieu. Il m'est témoin que je ne suis pas en peine de mon honneur et de ma gloire, mais du scandale, et de ce que plusieurs d'entre les simples, principalement d'entre les hérétiques convertis peuvent me regarder comme hérétique, voyant l'autorité de ceux qui m'ont condamné, et n'étant pas capables de discerner la doctrine ni de considérer que, depuis tant d'années d'épiscopat, je n'ai acquis ni maisons, ni terres, ni obole, ni même un sépulcre, ayant embrassé la pauvreté volontaire, et distribué mon patrimoine aussitôt après la mort de mes parents, comme tout l'Orient en est témoin. Je vous écris ceci par les prêtres Hypatius et Abraham, chorévêques, et Alypius, exarque des moines qui sont chez nous, ne pouvant aller moi-même vers vous, à cause des ordres de l'empereur, qui me retiennent comme les autres (Theod., *Epist.* 113).

Théodoret écrivit aussi à René, prêtre de l'Eglise romaine, l'un des légats pour le concile d'Ephèse, dont il ne savait pas la mort; au contraire il suppose qu'il y avait assisté au concile. Après avoir exposé ses griefs, il dit : Je prie donc Votre Sainteté de persuader au très-saint archevêque qu'il use de l'autorité apostolique et qu'il me commande d'accourir à votre concile. Car ce très-saint Siége a le gouvernement de toutes les Eglises du monde, et cela par un grand nombre de titres, principalement parce qu'il n'a jamais été infecté d'aucune hérésie, et jamais aucun ne s'y est assis qui n'ait conservé entière la foi et la grâce apostolique. Quoi-que vous jugiez, nous y acquiescerons avec amour, convaincu de votre équité. Nous demandons seulement que le jugement porte sur les écrits; car nous avons écrit plus de vingt livres. Il proteste que, comme il a toujours professé de ne reconnaître qu'un Père et un Saint-Esprit, il n'a reconnu non plus qu'un Fils qui s'est fait chair pour nous, et que c'est le même qui est Fils de Dieu et Fils de l'homme : Fils de Dieu, parce qu'il est engendré Dieu de Dieu, et Fils de l'homme, à cause de la forme d'esclave selon laquelle il est né de la race d'Abraham et de David. Sa lettre à l'archidiacre, qui était le légat Hilaire, est de la même teneur. Supposant ensuite que, selon l'usage du temps, saint Léon examinerait sa cause dans une assemblée d'évêques, soit de ceux qui se trouvaient accidentellement à Rome, soit de ceux qu'il convoquerait d'Italie, Théodoret leur écrivit dans le même sens, notamment à Florentius, l'un d'entre eux, chez qui ses députés devaient passer (Théod., *Epist.* 116-118).

Dans le même temps il écrivit au patrice Anatole une lettre de jubilation, où il triomphe de ce que Dieu avait enfin manifesté la vérité de sa doctrine, et la fausseté de ses calomniateurs. « Car, dit-il, ce que le très-saint archevêque de la grande Rome, le seigneur Léon, a écrit à Flavien, de sainte mémoire, et aux autres qui ont été assemblés à Éphèse, est tout à fait d'accord avec ce que nous avons écrit nous-même et continuellement prêché dans les églises. Aussi, dès que je pus lire ces lettres, je bénis le Dieu de bonté de ce qu'il n'avait pas entièrement abandonné les Églises, mais conservé encore une étincelle de l'orthodoxie. Que dis-je? une étincelle! mais plutôt un flambeau immense, capable d'illuminer tout l'univers. » Théodoret lui envoie la copie d'une de ces lettres, et le prie dans une autre de lui obtenir de l'empereur la liberté d'aller en Occident pour être jugé par les évêques du pays: ajoutant que, si ces évêques trouvaient qu'il se fût écarté tant soit peu de la règle de la foi, il consentait à être jeté au milieu de la mer. Que si l'empereur ne voulait pas lui accorder cette permission, il lui demandait au moins celle de se retirer à son monastère, éloigné de Cyr de cent vingt milles, d'Antioche de soixante, et à trois milles d'Apamée. Il demandait cette grâce sur l'avis qu'on lui avait donné qu'on voulait le chasser de Cyr même (*Ibid.*, 119, 121).

Pendant ce temps, saint Léon était fort en peine de ce qui se passait en Orient, et s'étonnait de ne point en recevoir de nouvelles. C'est pourquoi, trouvant une occasion favorable, il écrivit, le 11 août 449, à saint Flavien, pour lui témoigner sa sollicitude (Baller., *Epist.* 39). Cette inquiétude s'accrut encore beaucoup durant un mois et demi. Ce ne fut que vers la fin de septembre que le diacre Hilaire arriva à Rome et l'instruisit pleinement de tout ce qui s'était passé de déplorable à Éphèse. Il célébrait tout juste, le 1er octobre, pour l'anniversaire de son ordination, un concile plus nombreux qu'à l'ordinaire; en sorte qu'il y avait des évêques de tout l'Occident. Non-seulement il y exposa les maux affreux de l'Église, mais y procura des remèdes efficaces. D'une voix unanime, on y réprouva tout ce qui s'était fait contre les canons à Éphèse. Quant aux résolutions qu'on y prit, on les voit dans un grand nombre de lettres que le Pape écrivit, soit en son nom seul, soit au nom de son concile, à l'empereur Théodose, à l'impératrice Pulchérie, au clergé et au peuple de Constantinople, aux supérieurs des monastères de la même ville, à Anastase de Thessalonique, à Julien de Cos, et à saint Flavien même, dont on ne savait pas encore la mort à Rome.

A l'empereur Théodose il écrivit vers le même temps, 13 octobre, par deux voies différentes, ce semble, deux lettres qui diffèrent peu l'une de l'autre. Il voulait peut-être s'assurer mieux qu'au moins l'une des deux lui parviendrait. Voici en quels termes il commence:

« Les lettres de Votre Clémence, que vous avez précédemment envoyées au Siège du bienheureux apôtre Pierre, nous avaient inspiré une telle confiance de voir la vérité et la paix défendues par vous, que, dans une cause aussi simple et aussi bien protégée, nous ne voyions rien qui pût nuire; d'autant plus que nos légats au concile que vous avez ordonné d'assembler à Éphèse, étaient munis d'instructions telles, que si l'évêque d'Alexandrie avait permis de les lire à ses collègues, elles auraient apaisé toutes les disputes, mis fin aux égarements de l'ignorance, et coupé court aux attentats de la jalousie. Mais en poursuivant des intérêts privés sous le voile de la religion, l'impiété d'un petit nombre a fait des blessures à l'Église universelle. Car nous avons appris, non par des avis incertains, mais par le rapport très-fidèle d'Hilaire, notre diacre, qui, pour ne pas être forcé de souscrire, s'est sauvé d'Éphèse, que tous ceux qui étaient venus au concile n'ont pas assisté au jugement. On a rejeté les uns et introduit les autres, qui ont livré leurs mains captives, pour faire, au gré dudit pontife, ces souscriptions impies, sachant qu'ils perdraient leur dignité s'ils n'obéissaient. Nos légats y ont résisté constamment, parce qu'en effet tout le mystère de la foi chrétienne est détruit, si on n'efface pas ce crime, qui surpasse tous les sacrilèges.

» Mais parce que la malice de Satan trompe ceux qui ne sont pas sur leurs gardes, et leur persuade le mal sous l'apparence du bien, éloignez, de grâce, éloignez de la conscience de Votre Piété le péril de la religion et de la foi; ce que l'équité de vos lois, accorde dans les choses du siècle, accordez-le dans les choses de Dieu; que la présomption de l'homme ne fasse point violence à l'Évangile du Christ. Me voici, très-chrétien et vénérable empereur, me voici avec mes collègues, remplissant envers votre clémence le devoir d'un sincère amour, et désirant que vous soyez en toutes choses agréable à Dieu, que l'Église prie pour vous; nous vous conjurons, de peur que notre silence ne nous rende coupable au tribunal du Christ; nous vous conjurons devant l'inséparable Trinité, souveraine et gardienne de votre empire, et devant les saints anges, d'ordonner que toutes choses demeurent au même état où elles étaient avant tous ces jugements, jusqu'à ce qu'on assemble de tout le monde un plus grand nombre d'évêques. Ne vous chargez pas du péché d'autrui; je crains, à dire vrai, qu'on ne provoque l'indignation de celui dont on dissipe la religion. Considérez la gloire du bienheureux Pierre, les couronnes des apôtres, les palmes des martyrs; ils n'ont souffert que pour confesser la vraie divinité et la vraie humanité dans le Christ. Comme aujourd'hui un petit nombre d'imprudents attaque d'une manière impie ce mystère, toutes les églises de nos quartiers et tous les évêques vous supplient avec larmes, puisque les nôtres ont fidèlement réclamé et que l'évêque Flavien leur a donné un acte d'appel, que vous ordonniez la célébration d'un concile général en Italie, pour ôter tous les doutes sur la foi, et toutes les divisions qui blessent la charité. Que les évêques des provinces orientales y viennent aussi, afin que ceux qui se sont écartés par faiblesse puissent être rétablis, et que les plus coupables mêmes, s'ils acquiescent à des conseils meilleurs, ne soient pas retranchés de l'unité de l'Eglise. Vous verrez par les canons de Nicée (probablement de Sardique) joints à cette lettre, combien notre demande est nécessaire après un appel interjeté. Favorisez les catholiques, à l'exemple de vos ancêtres; laissez aux évêques la liberté de défendre la vraie foi, que du reste aucune terreur du monde ne pourra jamais détruire. Quand nous plaidons la cause de l'Eglise, c'est la cause de votre empire et de votre salut que nous plaidons, afin que vous jouissiez en paix de vos provinces. Défendez la constitution de l'Eglise contre les hérétiques, afin que le Christ aussi défende votre empire (Baller., *Epist.* 44). »

Ce que l'on peut remarquer surtout dans cette lettre de saint Léon, c'est une majesté calme au fort de la tempête, une charité compatissante pour tous ceux qui ont failli, des ménagements pleins de délicatesse pour le pauvre Théodose, prince incapable, il est vrai, mais du reste homme de bien et chrétien sincère. Une autre remarque qu'on pourrait faire encore, c'est que quand saint Léon écrit à l'empereur Théodose, on croirait qu'il écrit à une femme; au lieu que quand il écrit à sa sœur, l'impératrice Pulchérie, on croirait qu'il écrit à un homme sur l'énergie duquel on peut compter. En effet, dans une lettre du même jour, 13 octobre, il commence par lui dire que, si elle avait pu recevoir ses lettres précédentes, elle aurait certainement pu porter remède au mal qui s'était fait; car jamais elle n'avait fait défaut au sacerdoce ni à la foi chrétienne. Il lui en adresse donc une copie nouvelle, ainsi qu'une de la lettre qu'il vient d'écrire à son frère l'empereur, et la prie d'appuyer sa demande d'un concile général en Italie, attendu que tous les évêques d'Occident conservent la communion avec Flavien, et qu'il n'y a aucun moyen d'approuver ce qui s'était fait à Ephèse. Enfin, de la part du bienheureux apôtre Pierre, il la constitue spécialement son légat pour suivre cette affaire auprès de l'empereur (*Ibid.*, *Epist.* 45).

Saint Léon écrivit en particulier à Flavien, pour l'assurer qu'il ferait tout son possible pour le bien de la cause commune, et pour l'encourager à souffrir avec constance, dans la persuasion que les mauvais traitements qu'il endurait de la part de ses ennemis lui serviraient à acquérir la gloire éternelle. Dans sa lettre à Anastase de Thessalonique, il le félicite de ne s'être point trouvé à Ephèse, et l'exhorte à défendre la vérité et à demeurer ferme dans la communion de Flavien, sans avoir aucun égard à tout ce que l'on pourra faire pour l'en détacher. Appuyons-nous, dit-il, dans ce temps d'épreuve, sur le secours du ciel, et disposons-nous à demeurer fermes contre les efforts de nos adversaires. Celui qui est en nous, est plus puissant que celui qui est contre nous. Il témoigne à Julien de Cos combien il était affligé de ce qui était arrivé à Ephèse par la violence d'un seul homme, et la ferme résolution où il était d'apporter à ces maux tous les remèdes qui dépendraient de lui.

Dans sa lettre au clergé, à la noblesse et au peuple de Constantinople, saint Léon les exhorte à combattre pour la défense de la foi, et à ne point se séparer de la communion et de l'obéissance de leur évêque, quelque violence qu'on dût employer pour ébranler leur constance. Car, ajoute-t-il, quiconque osera, du vivant de votre évêque Flavien, envahir son siège, n'aura jamais de part à notre communion, et ne pourra être compté parmi les évêques. Outre cette lettre générale, saint Léon, avec son concile, en écrivit encore une en particulier à Fauste, Martin, Pierre, Magnus, Elie et Emmanuel, prêtres et abbés de Constantinople, pour les prier, par le souvenir de leur profession sainte, qui consiste principalement dans la foi et la charité, de ne pas se séparer de leur saint pasteur ni de l'unité de la foi, quelques persécutions qu'il fallût souffrir pour cela. Il les prie aussi de répandre, autant qu'ils pourront, la lettre qu'il écrivait pour tous ceux de la ville (Baller., *Epist.* 47-51).

Quant à Théodoret, nous n'avons pas les réponses que lui fit saint Léon; mais nous voyons par la suite que sa députation fut bien reçue, et que le Pape le rétablit dans le rang et la dignité d'évêque, sans avoir aucun égard au jugement de Dioscore.

L'an 450, au mois de février, l'empereur Valentinien vint de Ravenne à Rome, accompagné de Placidie, sa mère, et d'Eudoxie, sa femme, fille de l'empereur Théodose. Le sujet de leur voyage était d'offrir à Dieu leurs prières et de visiter les églises de cette ville. Le lendemain de leur arrivée ils allèrent à celle de Saint-Pierre, dont on célébrait la fête ce jour-là. C'était le 18 février, jour où dès lors on fêtait la Chaire de saint Pierre à Antioche. Saint Léon se présenta à l'empereur et aux impératrices, accompagné de plusieurs évêques des provinces d'Italie, qui étaient venus à Rome, ou pour cette solennité, ou pour y tenir un concile. Il leur représenta le danger où se trouvait la foi par les violences commises à Ephèse, et par l'injuste déposition de Flavien, les conjurant avec larmes, par le saint apôtre à qui ils venaient rendre leurs respects, par leur propre salut et par celui de Théodose, d'écrire à ce prince pour l'engager à faire réparer, par son autorité, les désordres que le concile d'Ephèse avait causés, et à assembler un de ces jours les évêques du monde en Italie, où l'évêque de Rome pût examiner avec soin toute cette affaire, et en juger suivant les règles de la foi.

L'empereur et les impératrices ne pouvant se refuser aux instances de saint Léon et des autres évêques, écrivirent séparément à Théodose. Valentinien le pria de conserver inviolable la dignité de saint Pierre, en sorte que l'évêque de Rome, à qui l'antiquité a reconnu la principauté sur tous, ait la liberté de juger de la foi et des évêques. Car c'est pour cela, ajoute-t-il, que, suivant les conciles, l'évêque de Constantinople a appelé à lui. Je vous prie donc, que tous les évêques du monde étant assemblés en Italie, ledit pontife prenne avec eux connaissance de toute la cause, et en porte un jugement conforme à la foi et à la religion. Les deux impératrices écrivirent dans le même sens. Placidie, en particulier, ayant rappelé que Flavien, par les légats de l'évêque de Rome, avait envoyé une requête au Siège apostolique et à tous les évêques de ces quartiers, c'est-à-dire de l'Italie, en tire cette conclusion : « C'est pourquoi veuillez ordonner que, suivant la forme et la définition de la Chaire apostolique, que nous-même vénérons comme les autres à cause de sa prééminence, Flavien conserve en tout son rang d'évèque, et qu'on envoie le jugement au concile de la Chaire apostolique, dans laquelle celui qui a été digne de recevoir les clés du ciel a le premier constitué la principauté de l'épiscopat (Baller., *Epist.* 55, 56 et 57). » On voit par ces paroles, qu'au mois de février 450, on ne savait point encore en Italie la mort de saint Flavien.

En comparant les lettres de saint Léon avec celles du prince et des princesses, on voit les mêmes idées sur l'autorité de saint Pierre et de ses successeurs. Mais quant au langage, il y a une différence frappante. Celui du Pape est noble, poli, respectueux même, mais sans une ombre d'adulation; celui des autres sent l'idolâtrie politique. Les deux princesses s'intitulent, dans l'exemplaire grec, *impératrice éternelle;* elles appellent Théodose *empereur adorable;* et Valentinien finit par lui dire : « Pour que votre divinité sache mieux ce qu'il en est, je lui envoie l'acte des prières et des acclamations qu'on a faites en cette circonstance. » On voit, d'un côté, l'esprit et le langage de l'Église, et, de l'autre, l'esprit et le langage de la cour.

Placidie, mère de Valentinien, écrivit encore à Pulchérie, sœur de Théodose, la priant de s'unir avec elle pour seconder les vues du pontife romain. Mais la pieuse princesse n'avait besoin d'aucune impulsion étrangère. Avant même qu'elle eût reçu la lettre de saint Léon, elle écrivit d'elle-même à ce Pape, comme par inspiration divine, afin de lui témoigner son amour pour la foi catholique et son horreur pour l'hérésie, et afin de l'exhorter à chercher des remèdes aux maux que l'assemblée d'Éphèse venait de faire à l'Église. Le Pape la félicita avec effusion de cœur, par une lettre du 17 mars, la priant d'employer de plus en plus son autorité pour l'extinction de l'hérésie d'Eutychès, qui sapait la foi catholique par ses fondements, quoiqu'il prétendit tenir celle de Nicée, dont il s'éloignait en réalité très-fort (*Ibid.*, *Epist.* 60).

Le Pape avait reçu, vers le même temps, une lettre de Martin et de Fauste, deux des six abbés de Constantinople auxquels il avait lui-même écrit le 15 octobre 449. Ils lui demandaient précisément ce qu'il leur avait envoyé, mais qu'ils n'avaient pas encore reçu, un écrit confirmant la foi de l'Incarnation. Il leur répondit pareillement, le 17 mars 450, en les priant de répandre cet écrit le plus possible, et, dans la crainte qu'il ne leur fût point parvenu, il en joignit une copie à sa lettre (*Ibid.*, *Epist.* 61). Les mêmes abbés, suivant toute apparence, lui avaient aussi envoyé les acclamations du peuple de Constantinople en l'honneur de saint Flavien, ainsi qu'en l'honneur du Pape, auquel il demandait une confirmation de la foi. Saint Léon écrivit donc une seconde lettre au clergé, aux magistrats et au peuple de Constantinople, où il les félicite et les remercie de leurs affectueuses acclamations, et leur dit que la confirmation qu'ils demandent, il la leur avait déjà envoyée de lui-même. En même temps, il prouve assez au long la vérité de la chair de Jésus-Christ, par le mystère de l'Eucharistie, par son exaltation au-dessus de toutes choses, par les actions et les souffrances de son corps, par la nécessité de l'incarnation pour effacer le péché d'Adam, et par les prophéties qui la prédisent. Nous ne disons donc pas que le Christ est seulement Dieu, comme les hérétiques manichéens; ou seulement homme, comme les hérétiques photiniens; où tellement homme, qu'il lui manque quelque chose de la nature humaine, soit l'âme, soit l'esprit raisonnable, soit la chair, trois erreurs qui ont formé trois sectes parmi les hérétiques apollinaristes. Nous ne disons pas non plus que la bienheureuse Vierge Marie a conçu un homme sans la déité, un homme créé par l'Esprit-Saint et ensuite assumé par le Verbe : ce que nous avons justement condamné dans Nestorius; mais nous disons que le même Christ, Fils de Dieu, Dieu véritable, né de Dieu le Père sans aucun commencement de temps, est aussi homme véritable, né d'une mère homme, dans la plénitude des temps, et que son humanité, selon laquelle le Père est plus grand, ne diminue en rien cette nature, selon laquelle il est égal au Père. Le même et seul Christ est l'un et l'autre, lui qui a dit en toute vérité, en tant que Dieu : *Moi et le Père nous sommes une même chose*, et en tant qu'homme : *Le Père est plus grand que moi*. C'est cette foi vraiment chrétienne que le Pape les exhorte à professer avec constance. Il ajoute qu'après avoir imploré le secours de Dieu, ils devaient encore tâcher de gagner la bienveillance des princes catholiques, et solliciter avec humilité et sagesse l'empereur Théodose, pour obtenir de lui un concile général (Baller., *Epist.* 59).

Le pauvre Théodose n'en était pas encore là; il était encore la dupe de l'eunuque Chrysaphius et d'Eutychès. Outre sa grande lettre du 15 octobre, le Pape lui en écrivit encore une petite le 25 décembre de la même année 449, où il l'assure qu'il implore sans cesse pour lui la divine miséricorde, afin qu'elle lui fasse connaître la vérité, et qu'il ne se laisse pas tromper par les intrigues humaines. Que, quant à lui Pape, il adhérait pleinement à la foi de Nicée; mais qu'Eutychès n'était pas moins condamnable que Nestorius; qu'il le priait donc de nouveau de lui accorder la demande d'un concile général en Italie (*Ibid.*, *Epist.* 54).

Théodose lui répondit, et même plusieurs fois, ou plutôt l'eunuque Chrysaphius lui fit répondre, que le concile de Nicée était suffisant, et qu'il n'était pas besoin d'en assembler un autre. Il répondit également à l'empereur Valentinien et aux deux impératrices, que le Pape ne pouvait l'accuser d'avoir abandonné en quoi que ce fût la foi des Pères; que c'était pour la maintenir qu'il avait assemblé un concile à Éphèse; que ceux qui avaient été condamnés méritaient de l'être; que Flavien ayant été convaincu de nouveauté en fait de religion, il avait été justement déposé; que, par sa déposition, la paix avait été rendue à l'Orient, et qu'il ne fallait plus penser à examiner une affaire jugée et terminée par l'autorité de Dieu même. Il ajouta qu'il avait écrit sur cette affaire au révérendissime patriarche Léon, de manière à le satisfaire, et qu'on lui en avait même écrit plusieurs fois.

Dans le même temps que le Pape demandait à Théodose un concile général en Italie, Théodose se vit obligé, à son tour, de demander une grâce au Pape; c'était qu'il voulût bien approuver l'ordination du nouvel évêque de Constantinople, à la place de Flavien qui était mort. Ce nouvel évêque était Anatolius, prêtre d'Alexandrie, ordonné par Dioscore vers la fin de l'an 449. Il écrivit à saint Léon pour lui faire part de son élection et demander la communion du Saint-Siége, qui équivalait alors, pour le nouvel évêque, à une bulle d'institution canonique. Les évêques qui l'avaient ordonné avec Dioscore écrivirent aussi, mais sans faire aucune mention des troubles de l'Orient ni de l'hérésie d'Eutychès qui en avait été l'origine. Il nous reste un fragment de la lettre d'Anatolius. L'empereur Théodose en écrivit une dans le même temps, où il demandait au Pape d'approuver l'ordination du nouvel évêque. Le Pape, à qui cette ordination était suspecte, à cause de ceux qui l'avaient faite, suspendit son jugement à cet égard, et, sans lui accorder ni lui refuser sa communion, il résolut d'attendre qu'Anatolius lui-même lui eût donné des preuves de la pureté de sa foi. Il répondit donc à Théodose, le 16 juillet 450, qu'il fallait qu'Anatolius la déclarât en présence de tout le clergé et du peuple ; qu'il envoyât sa profession de foi au Siège apostolique, pour être publiée dans toutes les églises ; qu'elle fût conforme à la lettre de saint Cyrille à Nestorius, et à celle qu'il avait écrite lui-même à Flavien, et qu'il rejetât de sa communion ceux qui avaient sur l'Incarnation une doctrine différente. Comme cette discussion demandait du temps, le Pape, pour abréger, envoya quatre légats à l'empereur, deux évêques et deux prêtres, avec les instructions nécessaires, c'est-à-dire avec une formule de foi nette et précise de ce qu'il fallait croire, suivant la tradition des Pères, sur le mystère de l'Incarnation, afin que si Anatolius y souscrivait de tout son cœur, on eût lieu de se réjouir de la paix de l'Eglise. Saint Léon demandait, dans la même lettre, qu'au cas que quelques-uns s'éloigneraient de la foi des Pères et de celle de l'Eglise romaine, dont il envoyait la formule, l'empereur voulût bien accorder un concile universel en Italie, comme le synode de Rome l'avait déjà demandé.

Saint Léon n'écrivit point à Anatolius ni à ceux qui l'avaient ordonné, se contentant de s'expliquer avec Théodose sur l'ordination de cet évêque. Il écrivit dans le même sens, et le même jour, à Pulchérie, lui recommandant ses légats et le priant de s'employer pour la tenue d'un concile en Italie, supposé qu'on ne pût pas s'accorder sur la foi en Orient. Le même jour encore, il écrivit à Fauste, à Martin, à Pierre et aux autres abbés de Constantinople, au nombre de seize, qu'il croyait fermes dans la foi, les priant de se joindre à ses légats pour solliciter la profession de foi d'Anatolius, et travailler avec eux à l'établissement de la vérité (Baller., *Epist.* 69, 70 et 71).

En ordonnant un de ses prêtres évêque de la capitale de l'empire, Dioscore pensait avoir assuré pour jamais son triomphe ; d'autant plus que le nouvel évêque de Constantinople lui-même ordonna bientôt après Maxime d'Antioche à la place de Domnus, rentré dans son monastère. Mais quand il vit et Anatolius et Théodose écrire au Pape pour qu'il approuvât l'ordination du premier ; quand il vit le Pape exiger, pour condition indispensable, qu'Anatolius souscrivît une formule de foi qui condamnait la doctrine d'Eutychès, son dépit ne connut plus de bornes. Il était retourné à Alexandrie. Il en sortit bientôt, sans doute pour retourner à la cour. Il emmenait avec lui environ dix évêques d'Egypte ; il n'y en avait pas davantage qui eussent osé l'accompagner, à cause de ce qui s'était passé à Ephèse. Arrivé à Nicée avec ces dix, il leur fit signer, bien malgré eux, un acte par lequel il s'emportait jusqu'à excommunier le pape saint Léon (Labbe, t. IV).

La Providence l'attendait là pour le confondre. Ce qui lui avait inspiré cet excès d'audace, était la faveur de l'empereur Théodose, dont il était assuré par l'eunuque Chrysaphius. Or, le 28 juillet 450, Théodose étant sorti de Constantinople pour une partie de chasse, tomba de cheval, se rompit l'épine du dos, expira la nuit suivante, âgé de cinquante ans, après en avoir régné quarante-deux, depuis la mort de son père Arcade, auprès duquel il fut enterré deux jours après, sous le portique de l'église des Apôtres. Sa sœur Pulchérie, nommée impératrice depuis bien des années, prit aussitôt les rênes de l'empire. Un de ses premiers actes fut de livrer à la justice l'eunuque Chrysaphius, qui fut condamné à mort pour ses crimes, et exécuté par un certain Jordanès, dont il avait fait assassiner le père neuf ans auparavant.

Il y avait alors dans l'armée romaine un vieux général élevé à la dignité de sénateur ; son nom était Marcien. Il était né en Thrace, d'une famille obscure, mais attachée à la religion catholique et à la profession des armes. Le jour même qu'il partit pour s'engager dans le service militaire, il trouva sur sa route le cadavre d'un homme qui venait d'être assassiné. Naturellement bon, il s'arrêta pour rendre à cet infortuné les devoirs de la sépulture. Ceux qui le virent occupé de cette pieuse fonction, le prirent pour l'assassin ; il fut dénoncé aux magistrats, conduit en prison et interrogé. Il protesta de son innocence ; mais les présomptions étaient si fortes contre lui, qu'il allait être condamné, lorsqu'on arrêta le vrai coupable, qui, par l'aveu de son crime, sauva la vie au jeune volontaire. Après plusieurs campagnes, il s'attacha au général Ardabure, qui le donna dans la suite à son fils Aspar en qualité de secrétaire et de capitaine de ses gardes. C'étaient les deux plus célèbres généraux qu'eût alors l'empire d'Orient. Il servit dans la malheureuse expédition d'Aspar contre les Vandales, et y fut pris avec beaucoup d'autres. Mais Genséric le renvoya honorablement, parce que, le regardant un jour qui dormait par terre au soleil, il aperçut dans les airs un aigle qui tenait ses ailes éployées, sans changer de place, pour le mettre ainsi à l'ombre. C'est du moins ce que disent les historiens grecs (Procop., *Vandal.*, l. 1, c. 3 et 4 ; Théophan.). Il continua de se distinguer par sa valeur en même temps que par sa modestie et sa piété. Il parvint, à force de mérite, au rang de sénateur et à la dignité de tribun ou maréchal-de-camp. Il avait perdu sa femme, et n'avait qu'une fille nommée Euphémie, qu'il maria dans la suite à cet Anthémius qui parvint à la dignité impériale en Occident.

Tel était Marcien à l'âge de 58 ans, lorsque, peu de jours après la mort de Théodose, l'impératrice Pulchérie le fit venir en particulier et lui apprit cette nouvelle bien inattendue : qu'en considération de sa vertu, elle l'avait choisi parmi tous les sénateurs pour lui donner l'empire et même devenir son épouse ; mais à la condition qu'il la laisserait demeurer vierge, suivant le vœu qu'elle en avait fait. Marcien le lui ayant promis avec serment, elle manda l'évêque, le sénat, les principaux officiers de la cour et de l'armée, et leur déclara qu'elle choisissait Marcien pour empereur et pour son époux. Son choix fut approuvé de tout l'empire. Valentinien, qu'on n'avait pas eu le temps de consulter, y donna volontiers depuis son assentiment. Le nouvel empereur fut solennellement proclamé le 24 août 450.

Les légats du pape saint Léon étant partis de Rome à la fin du mois de juillet, n'arrivèrent à Constantinople qu'après la mort de l'empereur Théodose, et furent reçus favorablement par Marcien et Pulchérie. Anatolius, évêque de Constantinople, assembla un concile des évêques qui se trouvaient présents, avec les archimandrites, les prêtres et les diacres. Abundius, évêque de Come, l'un des légats, présenta la lettre de saint Léon, à Flavien. Elle fut lue publiquement et trouvée conforme aux autorités des Pères latins et grecs, et à la foi catholique. Ainsi, Anatolius, le premier, y donna son consentement et y souscrivit, disant anathème à Eutychès et à Nestorius, à leur dogme et à leurs sectateurs. Tous les assistants, évêques, prêtres, abbés et diacres, en firent autant. Ensuite les quatre légats, Abundius et Astérius, évêques, Basile et Sénateur, prêtres, rendirent grâces à Dieu de cet accord, et dirent aussi anathème à Eutychès et à tous ceux qui, suivant son erreur, disaient qu'il y a deux natures avant l'incarnation, et une seule nature après. Ils dirent également anathème à Nestorius et à ses sectateurs. On ordonna, dans ce même concile, que les évêques qui auraient souscrit par crainte à la condamnation de Flavien ne communiqueraient qu'avec leurs églises.

L'empereur Marcien fit rapporter à Constantinople le corps de saint Flavien, qui fut enterré avec honneur dans la basilique des Apôtres, avec ses prédécesseurs. Il donna aussi un ordre particulier de faire revenir les évêques qui avaient été exilés pour avoir maintenu la foi catholique avec saint Flavien, entre autres Théodoret, comme il parait par ses lettres de remerciment aux personnes puissantes qui avaient procuré son rappel, les patrices Anatolius et Vincomale. Il les prie de procurer la célébration d'un concile où l'empereur et l'impératrice assistent en personne, pour empêcher le désordre. Il écrit aussi à Abundius, légat du Pape, une lettre où il témoigne qu'il a souscrit à la lettre de saint Léon à Flavien, et qu'Ibas d'Edesse et Aquilin de Byblos en ont fait autant.

L'empereur Marcien, aussitôt après son avènement à l'empire, écrivit au Pape, comme au chef de la religion, pour se recommander à ses prières et lui proposer en général la convocation d'un concile (Baller., *Epist.* 73). L'impératrice Pulchérie lui manda ce qui s'était passé à Constantinople, la souscription d'Anatolius, la translation du corps de saint Flavien et le rappel des exilés, le priant de contribuer de sa part à la convocation d'un concile. Enfin Anatolius lui-même écrivit à saint Léon, pour rendre témoignage de sa foi, et lui envoya trois députés, Castérius, prêtre, Patrice et Asclépiade, diacres, qui apportèrent les actes du concile de Constantinople, la relation des légats du Pape de ce qui s'y était passé, et les lettres de Marcien et de Pulchérie.

Le pape saint Léon renvoya les députés d'Anatolius après la fête de Pâques, qui, en 451, fut le 8 avril, et les chargea des réponses à toutes ces lettres, écrites le même jour, le 13 avril 451. Il rend témoignage à Pulchérie des services qu'elle avait rendus à l'Eglise contre l'hérésie de Nestorius, aussi bien que contre celle d'Eutychès. Il lui recommande Eusèbe de Dorylée, qui était à Rome, et à qui on avait donné un successeur; car étant chassé de son siège, et un autre évêque mis à sa place, il était allé trouver le Pape, et, pour dissiper la calomnie de nestorianisme dont ses ennemis le chargeaient, il fit sa profession de foi en présence des députés de Constantinople, déclarant qu'il recevait les décrets des trois conciles généraux de Nicée, de Constantinople et d'Ephèse. Saint Léon recommande encore à Pulchérie Julien de Cos, qui était toujours à Constantinople, et les clercs de cette ville qui étaient demeurés fidèles à saint Flavien. Il félicite Anatolius de la pureté de sa foi, et de la paix de l'Eglise de Constantinople. Quant aux évêques qui avaient souscrit par faiblesse à la condamnation de saint Flavien, saint Léon approuve ce qui avait été réglé au concile de Constantinople, qu'ils fussent réduits pour le moment à la communion de leurs propres Eglises. Mais, ajoute-t-il, vous ordonnerez, avec la participation de nos légats, que ceux qui condamnent entièrement ce qui a été mal fait, soient reçus à notre communion. Pour ce qui est de ne point réciter à l'autel les noms de Dioscore, de Juvénal et d'Eustathe, vous observerez ce qui ne répugnera point à l'honneur de Flavien, et n'aliénera pas de vous les esprits du peuple. Nous voulons, au reste, que Julien de Cos et les clercs qui sont demeurés fidèles à Flavien vous soient aussi attachés, et qu'ils regardent en vous, comme présent, celui que nous croyons vivre en Dieu par le mérite de sa foi. Il recommande à Anatolius Eusèbe de Dorylée, et le prie de prendre tant de soin de son Eglise qu'elle ne souffre rien de l'absence de son évêque. Enfin il lui ordonne de rendre publique cette lettre, afin qu'elle fût un témoignage de son affection pour lui, et qu'elle lui attirât celle du peuple chrétien (Baller., *Epist.* 78-80).

L'empereur Marcien avait encore écrit au Pape une lettre du 22 novembre 450, par laquelle il lui témoignait avoir reçu favorablement ses légats, et l'invitait à venir en Orient pour y tenir un concile. Que si ce voyage vous paraît à charge, ajoutait-il, faites-le-nous savoir par vos lettres, afin que nous envoyions les nôtres par tout l'Orient, la Thrace et l'Illyrie, pour convoquer tous les évêques en un lieu certain, tel qu'il vous plaira, pour régler ce qui regarde la paix de l'Eglise et la foi catholique, comme vous avez défini, suivant les canons (*Ibid., Epist.* 76). Dans une autre lettre apportée à Rome par Tatien, préfet de Constantinople, pendant l'année 451, il parlait dans le même sens, et insinuait de plus, à ce qui paraît, un nouvel examen de l'hérésie d'Eutychès et de la condamnation de Flavien. Saint Léon répondit le 23 avril. Il prie l'empereur de ne pas permettre qu'on examine le mystère du salut, comme si l'on doutait de ce que l'on doit croire. Il n'est pas permis, dit-il, de s'éloigner par le moindre mot de la doctrine des évangélistes et des apôtres; ni d'entendre autrement les divines Ecritures que nos Pères l'ont appris et enseigné; ni par conséquent de remuer des questions impies, que le Saint-Esprit a autrefois éteintes. Il serait par trop injuste que quelque peu d'insensés fissent révoquer en doute si Eutychès a eu des sentiments impies où si Dioscore a mal jugé. Il n'est point question quelle foi on doit tenir, mais à qui on doit pardonner, de ceux qui reconnaissent leur faute. Il remet à s'expliquer touchant le concile, par les légats qu'il doit envoyer (Baller., *Epist.* 82).

En effet après le retour des premiers légats, il en envoya deux autres à Constantinople, Lucentius, évêque d'Ascoli, et Basile, prêtre, pour travailler avec Anatolius à la réunion de ceux qui témoigneraient un sincère repentir de s'être laissé entraîner à la faction de Dioscore; mais il leur ordonna de bien examiner ceux qui mériteraient indulgence, sans toutefois différer trop longtemps de les recevoir ni user envers eux de trop de rigueur. Il les chargea de trois lettres du 7 juin 451 : la première à l'empereur Marcien, la seconde à Pulchérie, la troisième à Anatolius. Dans la lettre à l'empereur, il dit : Quant au concile, Votre Clémence peut se souvenir que je l'ai demandé moi-même. Mais l'état présent des affaires ne permet en aucune façon d'assembler les évêques de toutes les provinces, parce que celles dont on doit principalement les appeler (il veut dire celles d'Occident), sont tellement troublées par les guerres, qu'ils ne peuvent quitter leurs églises. Remettez-le donc à un temps plus propre, quand, par la miséricorde de Dieu, la sûreté publique sera mieux établie. Il fait voir, dans sa lettre à Pulchérie, qu'il n'y avait pas moins d'impiété dans l'hérésie d'Eutychès que dans celle de Nestorius, l'une et l'autre détruisant également le mystère de l'Incarnation. C'est pourquoi il prie cette princesse de faire reléguer Eutychès loin de Constantinople, et mettre à sa place, dans son monastère, un abbé catholique, qui puisse délivrer les serviteurs de Dieu de l'erreur dont ils pourraient être infectés et les nourrir de la doctrine de la vérité. Il recommande à Anatolius de ne rien décider encore touchant les chefs du parti qui ont présidé au faux concile, quand même ils témoigneraient du repentir, mais de réserver leur cause au Siège apostolique et, en attendant sa décision, de ne point réciter leur nom à l'autel, dans l'église de Constantinople. A l'égard du mémoire qu'Anatolius avait envoyé à Rome par ses députés, le Pape lui dit que ses légats lui diraient de vive voix ce qu'il en pensait (*Ibid.*, *Epist.* 83-85).

Les guerres qui troublaient alors l'empire, et que saint Léon regardait comme un obstacle au concile, étaient causées principalement par l'invasion des Huns. Dès que le roi Attila eut appris l'élection de Marcien, il envoya une double ambassade : l'une à ce prince, pour lui demander le paiement du tribut dont Théodose le jeune était convenu; l'autre à Valentinien, pour lui déclarer que la princesse Honoria étant son épouse, il prétendait qu'on la lui remît entre les mains avec la moitié de l'empire dont elle était légitime héritière. Marcien répondit qu'il ne reconnaissait point la convention de Théodose; que si Attila se tenait en repos on lui ferait des présents; mais que s'il voulait la guerre, on lui opposerait des armes et des hommes, dont on ne manquait point. Valentinien répondit de son côté : Qu'Honoria ne pouvait devenir l'épouse d'Attila, étant déjà l'épouse d'un autre; que, d'ailleurs, elle n'avait aucun droit à l'empire, attendu que l'empire romain était aux hommes et non pas aux femmes. Egalement irrité contre les deux empereurs, Attila balança longtemps qui des deux il attaquerait le premier. Mais aussi rusé que barbare, il finit par se montrer traitable envers l'un et l'autre. Il fit une nouvelle paix avec Valentinien, lui prodigua toutes les assurances d'un attachement inviolable, lui écrivit qu'il allait entrer dans les Gaules non pour attaquer l'empire, mais pour en écraser l'ennemi le plus dangereux, Théodoric, roi des Visigoths. Il mandait en même temps à Théodoric qu'il allait lui prêter la main pour le rendre vraiment roi et le venger des maux que lui avait faits l'empire. Son but était d'empêcher les Romains et les Goths de se réunir contre lui. Il était encore poussé à cette guerre par Genséric, roi des Vandales. Ce barbare avait fait épouser à son fils Hunéric la fille du roi des Visigoths. Puis, sur le simple soupçon qu'elle avait voulu l'empoisonner, il lui fit couper le nez et la renvoya à son père. Comme il s'attendait à ce que Théodoric en tirerait vengeance, il excita contre lui le roi des Huns.

Attila se mit donc en marche à la tête d'une de ces armées que la colère du ciel rassemble quelquefois de toutes parts sous un même chef pour punir la terre. Celle d'Attila était de cinq cent mille hommes, quelques auteurs disent de sept cent mille. Il traînait à sa suite tous les Barbares du Nord : c'étaient, avec les Huns, les Ruges, les Gépides, les Hérules, les Turcilinges, les Bellonotes, les Gélons, les Neures, les Burgondes et les Ostrogoths. Dans la marche, se joignirent à lui les Suèves, les Marcomans, les Quades, les Thuringiens, les Scyres, les Bastarnes et ceux des Francs qui se nommaient Bructères. Chacun de ces peuples avait son roi; mais tous ces princes tremblaient devant Attila, dont ils étaient les vassaux ou plutôt les esclaves. Cette armée formidable occupait tous les pays depuis Mayence jusqu'à Bâle, lorsqu'elle franchit le Rhin pour pénétrer dans les Gaules. Les Huns achevèrent de détruire ce qui avait échappé au ravage des Vandales, des Suèves et des Alains. La ville des Rauraques et celle d'Argentovaria, dont les ruines ont donné naissance à Bâle et à Colmar, furent entièrement renversées. Strasbourg, Spire, Worms ne s'étaient point encore relevées depuis les invasions précédentes. Mayence fut pillée et saccagée; Trèves le fut pour la cinquième fois dans le même siècle. Tongres, Reims, Arras, Cambrai, Besançon, Langres, Auxerre et la capitale du Vermandois éprouvèrent un sort pareil. Dans sa marche, Attila vint assiéger Metz; la force des remparts, qui résistaient à toutes les attaques, ayant rebuté ses troupes, il assiégea et détruisit Scarponne, forteresse dans une île de la Moselle, près de Dieulouard, entre Nancy et Pont-à-Mousson, mais dont il ne reste plus qu'un hameau, qui porte encore le nom de *Scarponne* et de *Charpeigne*. De là il envoya des détachements qui prirent et brûlèrent Toul et Dieuze. Cependant les murs de Metz, qui avaient été ébranlés par les machines, étant tombés d'eux-mêmes, les Huns accoururent, y entrèrent le 7 avril 451, veille de Pâques, égorgèrent un grand nombre d'habitants de tout âge et de tout sexe, emmenèrent les autres avec l'évêque, mirent le feu à la ville, qui fut réduite en cendres à l'exception d'une chapelle de Saint-Etienne (Paul, diacre, *Gesta episcoporum Metensium*; Jornandès, *Histoire du Bas-Empire*, l. 33).

La ville de Troyes en Champagne était menacée

du même sort; les habitants étaient dans la plus grande consternation. Leur évêque, saint Loup, ne cessait de conjurer Dieu par ses prières, ses larmes, ses jeûnes et ses bonnes œuvres. Enfin, rempli d'une confiance surnaturelle, il revêt ses habits pontificaux, marche à la rencontre d'Attila et lui demande : Qui êtes-vous pour vaincre tant de rois et de peuples, ruiner tant de cités et subjuguer l'univers? Attila répondit : Je suis le roi des Huns, le fléau de Dieu. — Si vous êtes le fléau de mon Dieu, répliqua l'évêque, souvenez-vous de ne faire que ce que vous permet la main qui vous meut et vous gouverne. Attila, étonné et radouci, promit d'épargner la ville, et la traversa sans y faire de mal. Voilà du moins une des traditions de l'événement; car, d'accord sur le fond, elles diffèrent sur les circonstances.

A Paris, l'alarme fut si grande, que les habitants songeaient à se retirer dans des places plus fortes, avec leurs femmes et leurs enfants. Mais sainte Geneviève exhorta les femmes à se confier en Dieu et à s'appliquer avec leurs maris aux jeûnes et aux prières. Plusieurs femmes vertueuses crurent son conseil et passèrent quelques jours à veiller et à prier dans le baptistère. La sainte exhortait aussi les maris à ne point transporter leurs biens ailleurs, les assurant que les villes où ils voulaient se réfugier seraient maltraitées, et que Paris n'aurait aucun mal. En effet, les Huns n'en approchèrent pas.

Orléans fut assiégé. Mais saint Agnan, son évêque, avait prévu l'orage et avait fait le voyage d'Arles pour demander du secours au général des Romains, Aëtius. Celui-ci, ayant passé les Alpes, avait déterminé le roi Théodoric à se joindre aux Romains, en lui montrant, par les lettres mêmes d'Attila, qu'il se jouait également des Romains et des Visigoths. Il promit donc à l'évêque de secourir la ville. Cependant les Barbares pressaient le siège. Saint Agnan encourageait son peuple et l'exhortait à mettre en Dieu sa confiance. Tous s'adressèrent au ciel avec de ferventes prières, dans l'attente du secours qui leur avait été promis. Enfin, lorsque tout semblait désespéré, que déjà les Huns, ayant forcé la ville, étaient prêts à la piller, l'armée combinée des Romains et des Goths parut tout à coup, surprit les Huns et les mit en déroute.

Attila réunit son armée dans les plaines de Champagne. Aëtius et Théodoric le suivirent de près. Leur armée, renforcée des peuples de la Gaule, était à peu près aussi nombreuse que la sienne. Du côté des Romains était un prince des Francs, que l'on croit Mérovée, qui commandait un corps de sa nation. Les deux armées, campées en présence l'une de l'autre, réunissaient à peu près un million de combattants. La nuit qui précéda la bataille, deux corps très-nombreux, l'un de Francs, l'autre de Gépides, s'étant rencontrés, se battirent avec tant d'acharnement, qu'il en resta quatre-vingt-dix mille sur la place. Entre les deux camps s'élevait un tertre dont il était avantageux de se saisir. Attila y envoya un détachement de ses troupes. Mais Aëtius et Thorismond, fils de Théodoric, les prévinrent et les repoussèrent avec perte. Enfin la bataille s'engagea, une des plus effroyables que l'on ait vu jamais. Trois cent mille hommes restèrent sur la place; ou, selon Jornandès, cent soixante-deux mille, mais sans compter les quatre-vingt-dix mille qui s'étaient entre-tués la veille. Un ruisseau qui traversait la plaine devint un torrent par le sang des blessés et des tués. Le vieux Théodoric y perdit la vie, après avoir puissamment contribué à la victoire. La bataille ayant duré jusqu'à la nuit, Aëtius et Thorismond coururent les plus grands dangers au milieu des ténèbres. Attila lui-même allait être tué, lorsqu'il s'enfuit avec les siens dans son camp, et quelque temps après repassa le Rhin (Jornandès, *De rebus gothicis*, c. 36-43; *Hist. du Bas-Empire*, l. 33, addit. St-Martin).

Ces irruptions des Huns sur les terres de l'empire, si funestes à tout l'Occident, contribuèrent encore aux malheurs de l'Arménie. Elles empêchèrent les Romains de la soutenir contre le roi de Perse, qui cherchait de plus en plus à lui faire perdre sa nationalité, avec la religion chrétienne. Le patriarche Sahag, qui, pour lui conserver l'une et l'autre, lui avait procuré un alphabet et une écriture propres, mourut vers 441, à l'âge de 110 ans, et après un glorieux pontificat de 51. Sa mort fut un deuil dans toute l'Arménie. Son disciple, saint Mesrob, qui l'avait si puissamment secondé dans toutes ses entreprises, continua de gouverner l'Eglise d'Arménie, mais il ne survécut à son maître que de cinq mois, et désigna pour son successeur le plus illustre de ses disciples, nommé Joseph. Le nouveau patriarche s'efforça de marcher sur les traces de ses prédécesseurs. Il ne put empêcher les malheurs de sa patrie; mais il termina par un glorieux martyre une vie non moins glorieuse (*Hist. du Bas-Empire*, l. 32, c. 51, addit. de St-Martin).

Pendant que l'armée d'Attila ravageait l'Occident, et que les menaces de ce terrible conquérant épouvantaient l'Orient, le roi de Perse, Izdegerd II, soutenait une guerre opiniâtre contre les Arméniens. Cette guerre, entreprise en haine de la religion, fut poussée de part et d'autre avec le plus grand acharnement; mais les Arméniens, réduits à leurs seules forces, abandonnés par l'empereur, trahis par une partie des leurs, succombèrent et scellèrent de leur sang une honorable résistance. Leur vaillant chef, Vartan le Mamigonien et son frère, obtinrent sur le champ de bataille la couronne du martyre, à peu près vers le temps où Théodose le Jeune cessait de vivre.

Ainsi que nous l'avons déjà vu, les Mamigoniens descendaient de Mamgon, prince d'une dynastie impériale de Chine, qui, par suite de révolutions politiques, se retira dans l'Arménie à la fin du IIIe siècle, et y embrassa la religion chrétienne. Ses descendants se rendirent également illustres, et par leur valeur, et par leur piété. La dignité de connétable d'Arménie était comme héréditaire dans leur famille. A tant d'illustrations venait de se joindre une illustration nouvelle. Le patriarche Sahag, qui descendait de saint Grégoire l'Illuminateur, l'apôtre de l'Arménie, lequel était lui-même de la famille royale des Arsacides, avait été marié avant son épiscopat. Sa fille unique épousa le chef des Mamigoniens, et lui donna trois fils, dont le connétable Vartan était l'aîné. Les trois frères joignaient à tout cela les plus belles qualités, les plus éclatantes vertus, un courage à toute épreuve et le plus fort attachement pour la religion chrétienne. Tous les seigneurs et toutes les familles qui s'intéressaient vivement à la gloire de leur pays et au maintien de la religion, étaient unis avec les princes mamigoniens.

Mais les rois de Perse ne cessaient guère de persécuter les chrétiens, surtout dans l'Arménie persane, tantôt ouvertement, tantôt d'une manière plus cachée. Izdegerd II les persécuta plus qu'aucun autre. Ce fut là son occupation constante pendant tout son règne, et, aussitôt après son avénement au trône, il en donna des preuves sanglantes. La nombreuse population syrienne, disséminée dans toutes les provinces de son empire, ne tarda pas à éprouver ses rigueurs. Plusieurs évêques se signalèrent par une mort glorieuse, et obtinrent la couronne du martyre. On distingue parmi eux un certain Phétion, né à Holwan, dans l'Irak. Il était mage, et, en embrassant le christianisme, il se fit moine. Il convertit le gouverneur d'Holwan et sa fille. Ce fut ce qui lui attira la colère du roi et lui procura le martyre. Les fidèles de toutes les classes imitèrent ces exemples, et leur courage lassa les bourreaux. La paix que Izdegerd conclut, en 441, avec l'empereur Théodose, interrompit cette persécution ouverte; mais elle n'en continua pas moins sourdement. Les chrétiens n'eurent plus à appréhender les supplices, mais ils furent en butte à toute sorte de vexations.

Pour dégarnir l'Arménie, Izdegerd ordonna, l'an 444, aux princes et aux guerriers de ce pays, de marcher vers la Perse orientale, contre les Huns. Pendant cette expédition, qui dura plusieurs années, il ne perdit point de vue son projet de contraindre les Arméniens à renoncer à leur religion. Il n'épargna ni les caresses, ni les flatteries, ni les affronts même, pour gagner les seigneurs qui l'avaient suivi à la guerre; mais tout fut inutile, et ils résistèrent avec une égale fermeté aux ordres absolus du monarque, préférant la captivité et la mort même à une lâche apostasie. Il n'en vint point à cette extrémité; il se contenta de retenir prisonniers quelques-uns des princes, tandis que quelques autres se retiraient dans leurs souverainetés. Il prit un autre moyen : il envoya en Arménie un de ses officiers, en apparence pour faire la description du pays et le dénombrement des habitants, afin de répartir les impôts et les tributs avec plus d'équité; mais, en réalité, pour employer tous les moyens de réduire les habitants à la nécessité de quitter leur religion pour se délivrer des vexations et des charges exorbitantes qu'on devait leur imposer. Effectivement, les impôts furent doublés; les églises et les monastères, qui avaient été jusqu'alors exempts de tributs, furent taxés aussi ; les peuples furent exaspérés, et l'Arménie tomba dans la plus complète confusion. Mais cependant les peuples n'osèrent se révolter; ils acquittèrent les exactions qu'on exigeait d'eux, et ils lassèrent la patience du lieutenant du roi, qui ne les croyait pas capables de souffrir si longtemps et avec tant de résignation pour leur religion.

Izdegerd crut alors que la nation, effrayée de sa puissance, n'oserait plus résister à ses ordres, et qu'il lui suffisait de manifester sa dernière volonté, pour lui faire abandonner sa religion et adopter la loi de Zoroastre. Son ministre, ainsi que les principaux mages, le poussaient à cette résolution. Un décret royal fut donc envoyé en Arménie, pour enjoindre à tous les habitants d'adopter la religion et les usages des Perses. Le ministre y ajouta un rescrit, dans lequel on exposait les principaux points de la loi de Zoroastre, et il fut adressé au clergé du pays. Cette pièce se terminait par de violentes invectives contre la religion chrétienne. Les évêques étaient invités à y répondre : on leur offrait une discussion solennelle. On sent combien était dérisoire une telle invitation, en présence des forces considérables que le roi se préparait à envoyer en Arménie, pour y présider à l'exécution de ses ordres tyranniques.

Le clergé arménien ne fut point intimidé par une injonction aussi menaçante. A peine le patriarche Joseph eut-il reçu les lettres du roi et de son ministre, qu'il s'empressa d'en faire part aux autres évêques en les engageant à se réunir à Artaxate, capitale du royaume, pour y répondre de concert aux demandes et aux arguments officiels. Les membres les plus illustres de l'Eglise, presque tous disciples des saints patriarches Sahag et Mesrob, et animés de leur esprit, ne manquèrent pas de déférer aux désirs de leur chef, et ils se préparèrent à confesser généreusement leur religion. Dix-sept évêques, parmi lesquels on remarquait Sormak, celui qui avait autrefois, pendant l'exil de Sahag, usurpé le trône patriarcal, et qu'on s'étonne de retrouver parmi les défenseurs de la foi, furent bientôt réunis; un grand nombre de prêtres et d'ecclésiastiques d'un rang distingué se joignirent à eux. Vartan le Mamigonien et une multitude d'autres seigneurs assistèrent à leurs saintes conférences, et s'empressèrent d'accéder à toutes les décisions qu'ils prirent pour défendre la religion et les usages de leur patrie. D'un consentement unanime, ils adressèrent au roi et à son ministre une lettre qui contenait une longue exposition des préceptes de la religion chrétienne, la démonstration de son excellence, et une réponse catégorique à tous les arguments allégués par les mages. En se défendant avec énergie, les évêques arméniens mirent dans leur écrit une grande modération et une extrême réserve, évitant avec le plus grand soin tout ce qui aurait pu blesser le roi, protestant qu'ils n'avaient pas moins d'attachement pour leur culte national, que de fidélité pour le souverain que Dieu leur avait donné.

Izdegerd fut irrité au dernier point par la réponse du clergé arménien, et il résolut de mettre tout en œuvre pour triompher de sa résistance. Il envoya de nouveaux ordres en Arménie, il commanda à tous les princes de se rendre sans délai à sa cour, menaçant de mettre tout à feu et à sang dans leur pays, s'ils différaient un instant d'obéir à sa volonté. Ils se mirent tristement en route, avec les princes de l'Ibérie et de l'Albanie, qui avaient reçu les mêmes ordres. Mais en partant, ils jurèrent, entre les mains du patriarche, de résister aux menaces et aux séductions du roi, et de persister dans la foi chrétienne, quoi qu'il en pût arriver. Izdegerd leur reprocha une désobéissance et une obstination qui allaient ramener la destruction de leur pays. Séparés de vos femmes et de vos enfants, disait-il, vous serez déportés aux frontières de l'Inde; je ferai égorger vos prêtres, brûler vos églises et les tombeaux de vos martyrs; j'écraserai l'Arménie sous les pieds de mes éléphants, j'enverrai dans le Koujasdan (l'ancienne Susiane), le reste de votre nation, si vous ne voulez point adorer le grand Dieu, créateur du soleil, et si vous ne voulez point révérer le soleil, le feu, l'eau et tous les éléments, et si vous continuez d'enterrer les morts. Les seigneurs arméniens ne furent point effrayés de toutes ces menaces; ils rappelèrent leur fidélité, invoquèrent les promesses et les garanties données par les rois ses prédécesseurs, et renouvelées par lui-même, et protestèrent que rien ne pourrait les décider à renoncer à leur religion, et qu'ils étaient préparés à subir les plus cruels supplices. Le roi renouvela plusieurs fois ses instances et ses menaces; tout fut inutile. Alors, après les avoir accablés d'insultes et d'outrages, il les fit charger de fers et les remit au bourreau, qui les conduisit en prison.

Pendant que les princes s'attendaient aux derniers événements, un eunuque attaché au service de la cour et qui était secrètement chrétien, leur fit entendre qu'ils pourraient se préserver du sort affreux qui les menaçait, eux, leur famille et leurs compatriotes, en feignant d'obéir aux commandements du roi, et qu'en sauvant leur personne, il leur serait possible de sauver leur pays. Plusieurs d'entre eux prêtèrent l'oreille à cet avis. Mais quand ils le proposèrent à Vartan le Mamigonien, il le repoussa avec horreur, préférant les plus cruels supplices à un subterfuge aussi lâche et aussi infâme que l'apostasie elle-même. Ils revinrent plusieurs fois à la charge, et employèrent les séductions de l'amitié. Ceux en qui il avait le plus de confiance s'efforcèrent de lui faire sentir combien il importait d'employer la ruse; que le salut de leur pays, celui même de la religion, l'exigeait, puisque, sans leur assistance, il était évident que l'Arménie ne pourrait résister aux ordres du roi de Perse. Enfin, tous les princes jurèrent sur les Evangiles de faire ensuite tout ce que Vartan exigerait d'eux pour le salut des chrétiens de l'Arménie, de l'Ibérie et de l'Albanie, ne lui demandant pas autre chose que de les aider à les tirer du péril imminent où ils se trouvaient. Vartan ne put résister à tant d'instances, et il se résigna en pleurant à feindre l'apostasie pour sauver les siens.

Bientôt on sut en Arménie que le connétable et les seigneurs avaient apostasié, et qu'ils revenaient avec une suite de sept cents mages pour achever la perversion du pays. Cette triste nouvelle frappa de stupeur tous les évêques qui ne s'étaient pas encore séparés. Néanmoins, ils ne perdirent pas courage, et ils résolurent, sans hésiter, de se dévouer au martyre plutôt que d'obéir aux ordres tyranniques du roi, et que d'imiter la lâche défection des princes, dont ils ignoraient les véritables desseins. Ils se répandirent dans le pays pour inspirer à tous les habitants leur généreuse résolution. Leurs exhortations ne furent pas vaines. Tous, hommes et femmes, nobles et paysans, prêtres et moines, répondirent à leur appel, et on se prépara à repousser par la force les étrangers et les apostats. Les mages ne tardèrent pas à arriver avec les princes; ils entrèrent dans la partie orientale du royaume, s'avancèrent jusque dans le centre de l'Arménie, et campèrent devant une plate forme nommée Angel. Le prêtre Léonce, disciple de saint Mesrob, qui jouissait alors d'une grande considération parmi les siens, y vint pour encourager les habitants et soutenir leur zèle contre les attaques des Perses. Son arrivée fut le signal de l'insurrection; les mages, qui voulaient s'emparer de la principale église, furent chassés par le peuple et contraints de se réfugier dans le camp. Le soulèvement fut bientôt général : les prêtres et les femmes elles-mêmes prirent les armes. Le patriarche Joseph se mit à la tête de cette multitude et se préparait à repousser les étrangers. La plupart des Arméniens qui se trouvaient dans le camp persan allèrent le rejoindre. Vartan expédia un message secret au patriarche pour l'instruire de ses vrais sentiments, et lui donner l'espérance qu'il ne tarderait pas à le rejoindre aussi. Le chef des mages, effrayé de l'orage qui le menaçait, résolu avec les siens de renoncer à la force ouverte, et d'employer les moyens détournés. On apaisa le peuple, en affectant de ne pas vouloir le contraindre d'adopter la loi persane. Mais on dispersa des mages dans tout le pays, pour y semer leur doctrine et la propager par la corruption, les caresses et les présents. Ces artifices pervertirent un grand nombre.

Vartan, qui était rentré dans ses possessions, n'avait pas tardé à instruire des véritables motifs de sa conduite, et à remplir ouvertement les devoirs de la religion chrétienne. Son éclatant et sincère repentir lui avait obtenu le pardon du patriarche. Il déplorait amèrement le triste état de sa patrie. Il n'osait cependant pas encore se déclarer hautement contre les Perses : la disproportion des forces était trop grande. Il résolut de se retirer avec les siens sur le territoire de l'empire. Tous les seigneurs qui étaient restés fidèles à la foi se préparèrent à l'imiter. Mais Vasag, gouverneur de l'Arménie, un des princes qui avaient feint l'apostasie, mais qui, dans le fond de son cœur, était réellement apostat, parvint à les en détourner par des promesses fallacieuses de combattre avec eux le roi de Perse. Il fit avorter de même d'autres résolutions qui pouvaient sauver le pays. Par ces manœuvres perfides, la religion éprouvait tous les jours de nouvelles pertes : les mages faisaient sans cesse des progrès dans le pays; ils se répandaient et s'introduisaient partout. La grande église de la capitale avait été transformée en pyrée : on adorait le feu au lieu même où naguère on adorait le Christ. Il était évident que si on tardait plus longtemps, c'en était fait de la religion chrétienne. Soupçonnant enfin la perfidie de Vasag, Vartan résolut de se déclarer et d'attaquer ouvertement les Perses. Il rassembla tous les seigneurs. Le patriarche Joseph leur donna solennellement l'absolution de leurs péchés, et, en sa présence, ils se lièrent par les plus terribles serments, et jurèrent de vaincre ou de mourir pour la foi de leurs pères. Ils choisirent Vartan pour leur général. Cela se passait au mois de juin 450. Les Perses, informés de ces mouvements, s'étaient hâtés de se montrer dans le pays, et Vasag, qui avait jeté le masque, était allé les rejoindre. Vartan, sans perdre de temps, vient les chercher, et aussitôt les attaque avec impétuosité, les met en déroute, en tue un grand nombre, disperse ou fait prisonnier le reste, et revient avec un immense butin. Vasag lui-même fut fait prisonnier, et l'Arménie se trouva délivrée des Perses. On se répandit dans tout le pays, pour détruire les pyrées et les autels consacrés à l'idolâtrie persane. Tous les déserteurs de la foi chrétienne furent passés au fil de l'épée.

Les Albaniens appelèrent les Arméniens à leur secours, afin de chasser comme eux les Perses, et de récupérer comme eux la liberté de leur patrie et de leur religion. Vartan entra dans leur pays, et en chassa l'armée persane. Mais pendant que ce héros se couvrait de gloire dans l'Albanie et sur les sommets du Caucase, le perfide Vasag, qui avait été assez adroit pour tromper une seconde fois, par ses protestations les seigneurs arméniens, levait une seconde fois le masque. Il ne tarda point à se déclarer ouvertement pour les infidèles et à employer contre le pays les troupes qu'on lui avait confiées pour le défendre. Secondé par ses partisans, il porta le fer et le feu dans les cantons renommés pour leur attachement à la religion chrétienne. Il ravagea surtout le pays d'Ararat, qui était le plus animé contre les Perses. Cette trahison contraignit Vartan d'abandonner l'Albanie pour revenir défendre sa patrie menacée encore une fois des derniers malheurs. Le désir de la vengeance doubla les forces de son armée, et, malgré l'hiver qui se faisait déjà sentir, il revint dans le pays d'Ararat pour y châtier les traîtres. Vasag et les apostats qui le secondaient n'osèrent opposer aucune résistance aux vaillants compagnons de Vartan, qui eurent bientôt reconquis les villes de la province d'Ararat, dont ils relevèrent les églises.

Cependant la défection de Vasag avait mis la division dans l'Arménie. D'un autre côté, l'empereur Marcien, à qui l'on avait envoyé une ambassade, refusa d'envoyer du secours, empêché qu'il était par les menaces des Huns et par l'hérésie d'Eutychès. Enfin le roi de Perse, de concert avec le traître Vasag, se préparait à fondre sur l'Arménie avec une armée formidable. Il ne resta plus à Vartan aucun espoir de pouvoir défendre son pays avec quelque avantage. Il prit alors la résolution de se dévouer au martyre avec tous les siens. Il convoqua dans la ville d'Artaxate, quelques jours avant l'Ascension 451, tous ceux des princes qui étaient demeurés fidèles à leurs serments. Un grand nombre répondirent à cet appel, et les troupes qu'ils amenèrent ne montaient pas à moins de soixante-six mille combattants. Le patriarche Joseph, l'évêque Sahag ou Isaac, le prêtre Léonce et quelques autres ecclésiastiques d'un rang inférieur se trouvèrent à cette réunion, pour exhorter les guerriers qui se dévouaient au martyre et leur distribuer les secours spirituels.

Après avoir mis en déroute un corps d'ennemis assez considérable, on alla camper en face de l'armée persane, le vendredi avant la Pentecôte, dans une grande plaine, au pied du mont Ararat. Un fleuve séparait les deux armées. Après avoir donné du repos à ses soldats, Vartan les fit le lendemain ranger en bataille, et il les harangua pour faire passer dans leur cœur le courage et l'espérance qui étaient dans le sien. Il leur peignit si vivement la gloire immortelle et les récompenses éternelles qui les attendaient, vainqueurs ou vaincus, morts ou triomphants, qu'il porta au comble l'impatience où ils étaient d'en venir aux mains. Tels que d'autres Machabées, ils appelaient à grands cris l'ennemi, et leurs chefs purent à peine les empêcher d'engager le combat avant l'instant marqué. Au lever du soleil, les prêtres parcoururent les rangs et administrèrent le baptême à tous ceux qui le demandaient. On célébra ensuite les saints mystères en rase campagne, en présence, pour ainsi dire, de l'Arménie tout entière, et bientôt on donna l'ordre de marcher aux ennemis. La bataille fut longue et opiniâtre. À la fin, des traîtres ou des hommes timides lâchèrent pied et répandirent le désordre dans l'armée chrétienne. Vartan succomba après des prodiges de valeur. C'était le 2 juin 451. Sa mort et la dispersion de son armée donnèrent au roi de Perse l'empire de l'Arménie : les troupes persanes pénétrèrent dans l'intérieur du pays sans éprouver de résistance ; partout la population s'enfuyait à leur approche, pour se réfugier dans les forteresses ou parmi les rochers les plus sauvages et les plus inaccessibles.

L'apostat Vasag et ses partisans montraient dans cette guerre bien plus d'acharnement contre les Arméniens que les généraux et les soldats persans : ceux-ci n'avaient pas eu de peine à reconnaître combien il était difficile, et même injuste, de vouloir contraindre un peuple tout entier à renoncer à sa religion et à ses usages nationaux. Ils reconnaissaient que les intrigues, la perfidie et l'ambition de Vasag étaient les seules causes d'une guerre aussi désastreuse pour la Perse que pour l'Arménie, puisque le roi était obligé de sacrifier beaucoup de soldats pour dompter des sujets braves et fidèles, que le désespoir seul avait réduits à la nécessité de prendre les armes. Le général en chef fut indigné des horreurs que commettait Vasag, et il écrivit à sa cour pour faire connaître la véritable situation des affaires.

Après quelques autres événements, le patriarche, les princes et les prêtres captifs furent emmenés en Perse pour y être jugés devant un grand conseil de la nation. L'apostat Vasag, qui s'attendait aux plus magnifiques récompenses, y parut parmi les juges dans le costume le plus somptueux ; il était brillant d'or et de pierreries, et une multitude de serviteurs le suivaient. Le roi présidait en personne cette assemblée. Les captifs furent amenés en sa présence, chargés de fer. Izdegerd leur reprocha vivement leur rébellion et les maux qu'elle avait attirés sur l'Arménie, et il les somma de produire les moyens qu'ils pouvaient faire valoir pour se justifier. Alors un d'eux, qui descendait de la famille royale des Arsacides, prit la parole ; il représenta au roi que, quand il avait voulu dans l'origine les contraindre d'abandonner la religion de leurs pères, ordre plus cruel pour eux que la mort, aucun n'avait songé à se révolter ou à résister, les armes à la main, aux volontés du roi, mais qu'ils avaient préféré abandonner leurs femmes et leurs enfants pour fuir sur une terre étrangère. Il appela, en témoignage de la vérité de ses paroles, les plus illustres seigneurs de la Perse qui étaient présents. Prenant ensuite la défense de la mémoire de Vartan, il attesta que jamais ce généreux guerrier n'avait eu d'autre dessein ; qu'il voulait s'enfuir chez les Romains pour y pratiquer librement sa religion ; que Vasag seul l'avait empêché d'accomplir cette résolution ; que c'était lui qui, par ses lettres et ses envoyés, avait arrêté et Vartan et les principaux seigneurs ; que lui-même, qui parlait, avait déféré aux pressantes invitations de Vasag, en décidant Vartan à rester en Arménie ; que Vasag lui avait écrit pour l'assurer qu'il serait soutenu par l'empereur ; que c'était lui qui avait contracté alliance avec les Ibériens, les Albaniens et les Huns, pour faire la guerre au roi ; que les lettres adressées à l'empereur, aux grands de sa cour, au comte d'Orient, étaient écrites en son nom et revêtues de son sceau; que c'était lui qui avait ordonné le massacre des mages, et qu'après avoir entraîné les princes dans l'insurrection, il les avait indignement trahis. Tous les princes captifs confirmèrent par leurs serments les paroles de l'orateur. On produisit les preuves authentiques de la double trahison de Vasag. Le roi, irrité, l'interpella vivement. L'apostat ne sut que répondre. Tout le monde resta convaincu de sa perfidie. Alors on le dépouilla ignominieusement de ses ornements magnifiques, on le chargea de fers et on le chassa de la salle, d'où il fut conduit dans la même prison où l'on détenait ceux qu'il avait trahis. Privé de tous ses biens, condamné à une prison perpétuelle, où il fut laissé dans le plus complet abandon, attaqué d'une maladie horrible, il mourut quelques années après dans les plus cruelles souffrances, bourrelé de remords et de désespoir.

La punition de Vasag n'apporta aucun changement au sort des princes arméniens et des prêtres captifs. On continua de les détenir, exposés à toutes sortes de mauvais traitements, pour les contraindre de renoncer à leur religion. Les rigueurs d'une prison cruelle, les privations, la faim, la soif, la misère, les tourments ne purent triompher de leur constance. Après trois ans de souffrance, le patriarche Joseph, l'évêque Isaac, le prêtre Léonce et leurs compagnons consommèrent leur sacrifice, le 31 juillet 454, après avoir tellement excité l'admiration et la compassion de leurs bourreaux, que l'un des principaux mages, chargés de les persécuter, se convertit à la foi chrétienne et s'associa à leur martyre.

La constance et la glorieuse mort de ces saints pontifes inspirèrent la plus généreuse résignation à tous les captifs; ils préférèrent un esclavage sans terme à la honte d'abandonner leur religion; leurs femmes et leurs enfants, qui les avaient accompagnés, ou qui avaient été livrés au roi par Vasag, subirent sans se plaindre les horreurs de leur destinée. Leur courage, qui excitait une admiration universelle, désarma enfin la cruauté de leurs persécuteurs. Ils furent traités plus humainement. Mais ce ne fut qu'en 464, après une captivité de douze ans, qu'il leur fut permis de venir achever en paix leurs jours au sein de leur patrie. Parmi ces généreux confesseurs de la foi, il y avait plusieurs princes mamigoniens, qui descendaient d'une dynastie impériale de Chine; en outre, plusieurs princes ardzrouniens, qui descendaient de l'ancien roi d'Assyrie, Sennachérib.

Cependant le nouveau gouverneur de l'Arménie, homme doux et modéré, s'était occupé de réparer les maux que la guerre, la perfidie de Vasag et les persécutions du roi avaient causés. Aussitôt après le départ des princes, il avait écrit dans toutes les parties du pays pour rappeler les fugitifs. La tranquillité fut bientôt rétablie, et le pays se trouva dans la plus grande prospérité. S'il n'empêcha point l'introduction de l'idolâtrie persane, il laissa aux habitants le libre exercice de la religion chrétienne, et il traita les prêtres avec toute la considération que leur rang méritait, et même, pour réparer le mal que produisaient l'absence et la captivité du patriarche Joseph, il permit au clergé arménien de s'assembler pour le choix d'un autre pontife. Mélité ou Mélétius, évêque de Manazkerd, l'un de ceux qui avaient défendu la foi par leurs écrits, fut élu d'un consentement unanime, et on envoya demander en Perse l'adhésion du légitime patriarche, qui ne la refusa pas. A Mélétius succéda Moïse, à Moïse Gioud, autre disciple de saint Sahag et de saint Mesrob. Gioud, qui eut pour successeur Christaphor ou Christophe, de la race de Sennachérib, était un homme plein de science et de vertu, et généralement respecté. Il était âgé de soixante-dix ans. Sous son pontificat, l'Eglise d'Arménie savoura la paix profonde dont elle jouissait depuis longtemps, et elle sut se préserver des agitations et des querelles qui fatiguèrent l'empire romain, à la suite de l'hérésie d'Eutychès et du concile de Chalcédoine (*Hist. du Bas-Empire*, l. 33; n. 34-65, addit. de St-Martin).

Le pape saint Léon avait le premier demandé un concile; mais, à l'irruption des Huns, il eût désiré le voir remis à une époque plus calme. L'empereur Marcien, au contraire, croyant qu'il importait au bien de l'Eglise et de l'empire de le convoquer au plus tôt, et de le convoquer en Orient, où les maux plus grands demandaient un plus prompt remède, adressa une lettre, du 17 mai 451, à Anatolius et à tous les métropolitains, où, après leur avoir témoigné sa douleur de voir l'Eglise agitée de divers troubles, il leur déclarait que son intention était qu'ils se rendissent à Nicée en Bithynie, avec autant d'évêques de leur dépendance qu'ils jugeraient à propos, pour le 1er septembre, afin d'y remédier à ces troubles. Ce prince promettait dans la même lettre de se trouver en personne au concile, si les affaires de l'empire le lui permettaient.

Saint Léon, qui ne voyait rien que de louable dans le dessein de Marcien, quoiqu'il lui parût précipité, s'empressa de le seconder de son mieux. C'est pourquoi, outre Lucentius, évêque d'Ascoli, et Basile, prêtre, qu'il avait envoyés depuis peu pour travailler avec Anatolius à la réunion et à la paix, il choisit encore deux autres légats, Pascasin, évêque de Lilybée en Sicile, et Boniface, prêtre de l'Eglise romaine. Il chargea ce dernier d'une instruction qui réglait la manière dont ses légats devaient se conduire dans le concile, et envoya à Pascasin la lettre à Flavien, que tout l'Orient venait de souscrire, avec quelques passages choisis des Pères sur le mystère de l'Incarnation, dont ses premiers légats à Constantinople avaient déjà fait usage. Les lettres de la légation sont datées du 24 et du 26 juin 451. Il y en a deux à l'empereur Marcien, une à Anatolius, une à Julien de Cos, et une cinquième au concile.

Il recommanda à ses légats de se comporter avec tant de sagesse et de prudence, que la paix fût rétablie dans les Eglises d'Orient, toutes les disputes sur la foi assoupies, et les erreurs de Nestorius et d'Eutychès entièrement détruites; d'admettre à la réconciliation tous ceux qui la demanderaient sincèrement; de condamner et de déposer ceux qui s'obstineraient dans l'hérésie; de s'opposer à l'ambition de ceux qui, s'appuyant sur les privilèges de leurs villes, voudraient s'attribuer de nouveaux droits; de demander le rétablissement des évêques chassés de leurs sièges pour la foi catholique, et de ne point souffrir que Dioscore parût dans le concile comme juge, mais seulement comme accusé. Comme Julien de Cos était depuis longtemps en Orient, et qu'il était très-instruit de l'affaire qu'on devait traiter dans le concile, saint Léon le joignit à ses autres légats, afin de les aider de ses conseils. Il veut que ses légats président au concile en son nom, particulièrement Pascasin. Et dans ces lettres, et dans deux autres du 20 juillet, à Marcien et à Pulchérie, il rappelle qu'il ne faut pas disputer sur la foi, qui est certaine. Il dit à l'impératrice qu'il a écrit une lettre au concile, afin que les frères assemblés connussent quelle règle ils devaient suivre dans ces jugements; qu'il est d'avis d'user d'indulgence envers ceux qui reviennent de bonne foi, et qu'il l'a montré par les effets, puisque presque tous ceux qui avaient été entraînés par les chefs, ont déjà récupéré la grâce de la paix apostolique; que les chefs du parti eux-mêmes, quoique notés, sont encore dans leurs sièges jusqu'au jugement du concile. En un mot, dit-il, vous verrez que tout notre but est d'éteindre l'hérésie que nous détestons, et de procurer la conversion des hérétiques (Baller., *Epist.* 88-92).

Voici la lettre qui, suivant l'expression du Pape, devait servir de forme ou de règle au concile universel.

« Léon, évêque, au saint concile réuni à Nicée, à nos bien-aimés frères, salut dans le Seigneur. J'avais souhaité, mes bien-aimés, par la charité qui nous unit ensemble, que tous les prêtres du Seigneur persévérassent dans un même zèle de la foi catholique, et que nul ne se laissât corrompre par la faveur ou la crainte des puissances séculières, de manière à s'écarter du chemin de la vérité. Mais comme il arrive souvent beaucoup de choses dont on a lieu de se repentir, et que la miséricorde de Dieu surpasse les fautes de ceux qui pèchent, qu'enfin la vengeance reste en suspens pour que la correction puisse avoir lieu, il faut embrasser le pieux conseil du très-clément empereur, qui a voulu réunir Votre Fraternité, pour détruire les pièges de Satan et rétablir la paix de l'Eglise. En quoi il a conservé le droit et l'honneur du bienheureux apôtre Pierre, en nous invitant, par ses lettres, à venir en personne à votre vénérable assemblée; ce que ni la nécessité du temps, ni aucune coutume ne pouvaient permettre. Toutefois, dans mes frères Pascasin et Lucentius, évêques, Boniface et Basile, prêtres, qui ont été envoyés par le Siége apostolique, Votre Fraternité doit penser que je préside au concile, et qu'étant présent dans mes vicaires, je ne vous suis point absent, et que depuis longtemps je ne vous manque pas dans la prédication de la foi catholique; car, comme vous ne pouvez ignorer ce que nous croyons d'après la tradition ancienne, vous ne pouvez douter non plus de ce que nous désirons.

» C'est pourquoi, très-chers frères, rejetant absolument l'audace de disputer contre la foi divinement inspirée, que la vaine infidélité des errants se taise; qu'il ne soit pas permis de défendre ce qu'il n'est pas permis de croire; attendu que, d'après les autorités des évangiles, les paroles des prophètes et la doctrine des apôtres, il a été déclaré très-pleinement et très-lumineusement par les lettres que nous avons envoyées à l'évêque Flavien d'heureuse mémoire, qu'elle est la pieuse et sincère confession touchant le mystère de l'Incarnation de Notre Seigneur Jésus-Christ.

» Mais parce que nous n'ignorons pas que, par des rivalités mauvaises, l'état de beaucoup d'Eglises a été troublé, et que bien des évêques, pour n'avoir pas voulu recevoir l'hérésie, ont été chassés de leurs sièges et déportés en exil, et qu'on en a substitué d'autres à la place de ceux qui vivent encore, il faut d'abord appliquer à ces plaies le remède de la justice; en sorte que personne ne soit privé du sien, pour qu'un autre s'en empare. Car si, comme nous le désirons, tous abandonnent l'erreur, nul ne doit perdre sa dignité; mais ceux qui ont souffert pour la foi doivent récupérer leur droit propre avec tout son privilége. Que les décrets du premier concile d'Ephèse, présidé par saint Cyrille, subsistent en leur entier, particulièrement ceux contre Nestorius; que l'impiété, condamnée alors, ne se flatte en rien de ce qu'Eutychès est frappé d'une juste exécration. Car la pureté de la foi et de la doctrine que nous prêchons dans le même esprit que nos saints Pères, condamne et poursuit la corruption nestorienne et eutychienne avec leurs auteurs. Portez-vous bien dans le Seigneur, mes bien-aimés frères (Baller., *Epist.* 93). »

Pendant que les évêques s'assemblaient à Nicée, suivant l'ordre de l'empereur, l'Illyrie se trouva en péril, parce que les Huns voulaient y rentrer, après avoir été chassés des Gaules. Marcien les en empêcha. Cette affaire ne lui ayant pas permis de se trouver à Nicée au temps marqué pour le concile, c'est-à-dire le 1er septembre, il écrivit aux évêques qui étaient déjà arrivés pour les prier de l'attendre. Ce délai leur causa de l'ennui, et il y en eut plusieurs qui tombèrent malades; ils en écrivirent à Marcien, qui leur répondit que les légats du Pape jugeaient sa présence si nécessaire au concile, qu'ils ne voulaient point s'y trouver en son absence; que d'ailleurs la situation des affaires de l'Etat ne lui permettait point de s'éloigner du lieu où il était; mais comme il souhaitait autant que les évêques que le concile se tînt au plus tôt, il les pria de passer à Chalcédoine, disant qu'il lui serait plus facile d'y venir de Constantinople, qui n'en est séparé que par le Bosphore, large en cet endroit d'un mille, et qu'eux-mêmes seraient beaucoup mieux à Chalcédoine qu'à Nicée, ville trop petite pour un si grand nombre d'évêques. Ils eurent peine à se rendre aux raisons de l'empereur; c'est pourquoi ils lui députèrent Aëtius, archidiacre de Constantinople, pour lui représenter que Chalcédoine étant si proche de la capitale, ils craignaient que ce ne fût aux eutychiens ou à d'autres une occasion d'exciter du trouble. Marcien, par une troisième lettre datée d'Héraclée le 22 septembre, leur manda de ne rien craindre et de venir sans délai à Chalcédoine, afin qu'après avoir terminé les affaires de l'Eglise, ils pussent s'en retourner dans leurs villes épiscopales, et lui-même aller où les besoins de l'empire l'appelleraient. Ce prince, pour prévenir tous les troubles, avait donné une loi du 13 juillet, portant défense d'exciter aucun trouble dans les églises par des acclamations ou par un concours affecté, et de faire aucune assemblée ou conventicule à Constantinople, sous peine du dernier supplice, contre les séditieux. L'impératrice Pulchérie avait ordonné aux gouverneurs de Bithynie de chasser de Nicée et des environs les moines, les laïques, et même les ecclésiastiques que rien n'obligeait d'être au concile (Labbe, t. IV).

Les évêques vinrent donc de Nicée à Chalcédoine sur la fin de septembre, et ils s'y trouvèrent en plus grand nombre que dans aucun concile précédent. Selon la lettre du concile à saint Léon, ils étaient cinq cent vingt. Le légat Lucentius dit dans le concile même qu'il y en avait six cents, et saint Léon met le même nombre dans sa lettre aux évêques des Gaules. Tous les évêques du concile étaient de l'empire d'Orient, excepté les légats du Saint-Siège et deux évêques d'Afrique, Aurélius d'Adrumet et Resticien ou Rufin, dont le siége épiscopal n'est pas marqué. Ces deux évêques souscrivirent les derniers dans la première session; elle se tint dans l'église de Sainte-Euphémie, martyre, située hors de la ville de Chalcédoine, à cent cinquante pas du Bosphore, le 8e jour d'octobre 451. Il y avait dix-neuf des premiers officiers de l'empire, savoir, Anatolius, maître de la milice; Pallade, préfet du prétoire; Tatien, préfet de Constantinople; Vincomale, maître des offices; Sporatius, capitaine des gardes, et plusieurs autres qui, après avoir rempli les premières dignités de l'empire, composaient alors le sénat. Les évêques nommés dans les actes de la première session sont au nombre de trois cent soixante, dont les premiers sont les légats du Pape, Pascasin et Lucentius, avec le prêtre Boniface; ensuite Anatolius de Constantinople, Dioscore d'Alexandrie, Maxime d'Antioche et Juvénal de Jérusalem. Voici quel fut l'ordre de la séance. Les officiers de l'empereur placèrent au milieu de l'église, devant la balustrade de l'autel, ayant à leur gauche les légats du Pape, puis Anatolius de Constantinople, Maxime d'Antioche, Thalassius de Césarée, Etienne d'Ephèse, et les autres évêques des provinces de l'Orient, du Pont, de l'Asie et de la Thrace, à la réserve de ceux de la Palestine; à leur droite étaient assis Dioscore d'Alexandrie, Juvénal de Jérusalem, Quintillus d'Héraclée en Macédoine, qui tenait la place d'Anastase de Thessalonique, et les autres évêques de l'Egypte, de la Palestine et de l'Illyrie. On eut égard, dans cette disposition, à la différence des sentiments; le parti de Dioscore, comme suspect d'erreur, eut le côté qui était le moins honorable. Au milieu de l'assemblée était placé le saint Evangile.

Tous les évêques s'étant assis, Pascasin, légat du Pape, se leva, et, s'avançant au milieu avec ses collègues, il dit : Nous avons des ordres du bienheureux évêque de Rome, chef de toutes les Eglises, portant que Dioscore ne doit point s'asseoir dans le concile, et que, s'il l'entreprend, il faut le chasser. Or, ce nous est une nécessité d'observer ces ordres. Donc, s'il plaît à Votre Grandeur, qu'il sorte, ou nous sortons. Pascasin parla ainsi en latin, et son discours fut expliqué en grec par Véronicien, secrétaire d'Etat. Les magistrats et les sénateurs dirent : Quelle accusation particulière y a-t-il contre le révérendissime évêque Dioscore? Lucentius, l'autre évêque légat, dit : Il doit rendre raison de son jugement; car, n'ayant pas l'autorité du juge, il l'a usurpée, et a osé tenir un concile sans l'autorité du Siége apostolique, ce qui ne s'est jamais fait et n'est point permis. Pascasin ajouta : Nous ne pouvons contrevenir aux ordres du Pape, ni aux canons de l'Eglise, ni aux traditions des Pères. Dioscore quitta donc sa place, par ordre des magistrats, et s'assit au milieu en qualité d'accusé.

Alors Eusèbe de Dorylée, s'avançant, demanda qu'on lût la requête qu'il avait présentée à l'empereur contre Dioscore, et que ce prince avait renvoyée au concile. Les magistrats en ordonnèrent la lecture, et firent asseoir Eusèbe au milieu de l'assemblée, avec Dioscore, comme son accusateur. Cette requête chargeait Dioscore d'avoir violé la foi pour établir l'hérésie d'Eutychès, et d'avoir condamné Eusèbe injustement. Celui-ci demanda, pour le prouver, qu'on lût les actes du faux concile d'Ephèse : ce que Dioscore demanda aussi. Mais quand les magistrats en eurent ordonné la lecture, Dioscore s'y opposa, demandant qu'on traitât d'abord la question de la foi. Les magistrats dirent : Il faut auparavant que vous répondiez à l'accusation. Souffrez donc qu'on fasse la lecture des actes, que vous avez demandée vous-même. On la commença par la lettre de l'empereur Théodose pour la convocation du concile. Comme elle portait nommément défense à Théodoret d'y assister, les magistrats dirent : Que le révérendissime évêque Théodoret entre aussi pour avoir part au concile, puisque le très-saint archevêque Léon lui a rendu l'épiscopat, et que le très-pieux empereur a ordonné qu'il assisterait au concile.

Théodoret entra donc. Mais sitôt qu'il parut, les évêques d'Egypte, d'Illyrie et de Palestine s'écrièrent : Miséricorde! la foi est perdue! les canons le chassent! mettez-le dehors! Les évêques d'Orient, du Pont, d'Asie et de Thrace s'écrièrent au contraire : Nous avons souscrit en blanc! on nous a fait souscrire à coups de bâton! chassez les manichéens! chassez les ennemis de Flavien! chassez les ennemis de la foi! Théodoret s'avança au milieu, et dit : J'ai présenté requête à l'empereur; j'ai exposé les cruautés que j'ai souffertes; je demande qu'on l'examine. Les magistrats dirent : L'évêque Théodoret ayant reçu son rang de l'archevêque de Rome, est entré maintenant en qualité d'accusateur. Souffrez donc, pour ne pas faire de confusion, que l'on achève ce qui a été commencé. La présence de Théodoret ne porte préjudice à personne : tous les droits que vous pourriez avoir contre lui, et lui contre vous, seront conservés, vu principalement qu'il se montre orthodoxe, et que l'évêque d'Antioche en rend le témoignage. Ils firent donc asseoir Théodoret au milieu, comme Eusèbe de Dorylée. Les Orientaux s'écrièrent alors : Il en est digne! Il en est digne! Les Egyptiens crièrent : Ne le nommez pas évêque, il ne l'est pas! chassez l'ennemi de Dieu! chassez les Juifs! Les Orientaux reprirent : L'orthodoxe dans le concile! chassez les séditieux! chassez les meurtriers! Ils continuèrent quelque temps à crier ainsi de part et d'autre. Enfin, les magistrats dirent : Ces cris populaires ne conviennent point à des évêques et ne servent de rien aux parties; souffrez donc qu'on fasse la lecture de tout.

Dioscore fit remarquer, sur la lettre de convocation, que le jugement prononcé dans ce concile lui était commun avec Juvénal de Jérusalem et Thalassius de Césarée, à qui l'empereur avait écrit comme à lui; il ajouta que, d'ailleurs, tout le concile l'avait approuvé de vive voix et par écrit. A ces mots, les Orientaux s'écrièrent : Personne n'y a consenti. On nous a forcés, on nous a frappés. Nous avons souscrit un papier blanc. On nous a menacés d'exil; des soldats nous ont pressés avec des bâtons et des épées. Quel concile, avec des épées et des bâtons! Dioscore avait pris exprès des soldats. Chassez le meurtrier! Ce sont les soldats qui ont déposé Flavien. Etienne d'Ephèse ajouta : Quand j'eus reçu à ma communion l'évêque Eusèbe et quelques autres, les comtes Elpide et Euloge vinrent à l'évêché avec des soldats et les moines d'Eutychès, au nombre d'environ trois cents personnes, et voulaient me tuer, en disant : Vous avez reçu les ennemis de l'empereur, vous êtes ennemi de l'empereur vous-même. Ainsi, tout s'est passé par force et par violence. On ne m'a pas laissé sortir de l'église que je n'eusse souscrit à la sentence de Dioscore, de Juvénal, de Thalassius et des autres évêques, à qui les lettres de l'empereur étaient adressées. Théodore de Claudiopolis ajouta que ces mêmes évêques s'étaient concertés entre eux pour l'engager, lui et les autres qui n'étaient point de leur parti, à signer, sans connaissance de cause. Tous les Orientaux ayant dit la même chose qu'Etienne et Théodore, Dioscore et les Egyptiens se raillèrent d'eux, de ce qu'ils avaient ainsi signé par peur et en aveugles. Les Orientaux se plaignirent ensuite qu'on avait chassé du concile Jules de Pouzzoles, légat du Pape; qu'on n'y avait donné à Flavien que la cinquième place; qu'on n'y avait pas lu la lettre de saint Léon au concile, et que Dioscore l'avait retenue sans la faire lire, quoiqu'il l'eût juré sept fois devant tout le monde qu'il en ferait faire la lecture. Les magistrats, après avoir examiné pourquoi on n'avait pas lu les lettres de saint Léon, trouvèrent que Dioscore ne l'avait pas voulu, quoiqu'il l'eût promis plusieurs fois avec serment. A propos de la profession de foi d'Eutychès, Basile de Séleucie rappela la distinction très-juste à laquelle il avait pressé l'hérésiarque de répondre. Les magistrats dirent alors : Après avoir parlé d'une manière si catholique, pourquoi avez-vous souscrit à la condamnation de Flavien, de sainte mémoire. Basile essaya de s'excuser sur la crainte, ainsi que nous avons déjà vu. Mais les évêques orientaux et ceux qui étaient de leur côté s'écrièrent : Nous avons tous failli, nous demandons tous pardon !... Les magistrats reprirent : Mais vous avez dit d'abord que vous aviez été forcés de souscrire sur un papier blanc à la condamnation de Flavien. Les mêmes évêques crièrent une seconde fois : Nous avons tous failli, nous demandons tous pardon! Thalassius de Césarée, Eusèbe d'Ancyre et Eustathe de Béryte dirent une troisième fois : Nous avons tous péché, nous demandons tous pardon!

Eusèbe de Dorylée se plaignit ensuite qu'on ne l'avait point fait entrer au concile d'Ephèse, quoique Flavien l'eût demandé. Les magistrats en demandèrent la raison. Dioscore et Juvénal s'excusèrent sur le comte Elpide, qui l'avait empêché par ordre de l'empereur. Les magistrats dirent : Ce n'est pas là une excuse, quand il s'agit de la foi. Dioscore répliqua : Puisque vous m'accusez d'avoir violé les canons, comment les a-t-on observés moi-même en faisant entrer Théodoret ? Les magistrats répondirent : L'évêque Théodoret est entré comme accusateur; vous l'avez entendu de sa propre bouche. Pourquoi donc, reprit Dioscore, est-il assis au rang d'évêque ? Les magistrats dirent : L'évêque Eusèbe et l'évêque Théodoret sont assis au rang d'accusateurs, comme vous êtes assis au rang d'accusé.

Après la lecture des actes du faux concile d'Ephèse, on lut ceux du concile de Constantinople, qui y étaient insérés. Quand on eut lu la seconde lettre de saint Cyrille à Nestorius, et celle qu'il avait écrite aux Orientaux, tous les évêques en général s'écrièrent : Nous croyons comme Cyrille! anathème à qui ne croit pas ainsi... Théodoret dit en particulier : Anathème à qui reconnaît deux Fils! Nous n'en adorons qu'un, Notre Seigneur Jésus-Christ, le Fils unique... Flavien croyait ainsi! crièrent les Orientaux! c'est ce qu'il a défendu! c'est pour cela qu'il a été déposé! Ainsi croit Léon, ainsi pense Anatolius. Les Egyptiens crièrent : Ainsi croyons-nous tous. Les Orientaux reprirent : Ainsi pense l'empereur, le sénat et tout le monde. Enfin, les magistrats, les sénateurs et tout le concile s'écrièrent ensemble : Ainsi pense l'empereur, ainsi pense l'impératrice, ainsi pensons-nous tous!

On lut ensuite dans les actes la remontrance d'Eustathe, évêque de Béryte, où il disait qu'on ne doit pas croire deux natures en Jésus-Christ, mais une seule nature incarnée. Tout le concile s'écria que c'était ce que disaient Eutychès et Dioscore. Les magistrats demandèrent si cette doctrine était conforme aux lettres de saint Cyrille qu'on avait lues. Eustathe prévint la réponse du concile, en lisant, dans un livre de saint Cyrille, les paroles dont il s'était servi, puis il ajouta : Anathème à qui dit une nature, pour nier que la chair de Jésus-Christ nous soit consubstantielle, et anathème à qui dit deux natures, pour diviser le Fils de Dieu! Moi aussi, je veux parler pour le bienheureux Flavien. Il prit ces paroles toutes seules, et les présenta à l'empereur. Faites lire l'écrit de sa main, afin que le concile voie qu'on a eu raison de le recevoir. Les magistrats dirent : Pourquoi donc avez-vous déposé Flavien? Eustathe répondit : J'ai failli!

On lut la déclaration que Flavien avait faite de sa foi dans le concile de Constantinople. Les magistrats demandèrent aux évêques ce qu'ils en pensaient. Le légat Pascasin dit : Flavien, de sainte mémoire, a exposé la foi purement et entièrement; car son exposition s'accorde avec la lettre du Pape. Anatolius dit ensuite : Le bienheureux Flavien a exposé d'une manière orthodoxe la foi de nos saints Pères. Le légat Lucentius : Puisque la foi du bienheureux Flavien s'accorde avec la Chaire apostolique et la tradition des Pères, il est juste que le concile fasse retomber sur les hérétiques qui l'ont condamné, leur propre sentence. Maxime d'Antioche : L'archevêque Flavien, de sainte mémoire, a exposé la foi d'une manière orthodoxe et qui est d'accord avec le très-saint archevêque Léon, et nous la recevons tous. Thalassius de Césarée, Eusèbe d'Ancyre, Eustathe de Béryte, et généralement tous les Orientaux en dirent autant. Juvénal de Jérusalem ayant opiné de même, quitta le côté où était Dioscore, et passa de l'autre, où étaient les légats du Pape et les Orientaux, qui le reçurent avec de grandes acclamations. Pierre, évêque de Corinthe, avec les évêques de l'Achaïe, de la Macédoine, de l'ancienne Epire et un grand nombre d'autres firent la même chose; en sorte que Dioscore se trouvant seul de son parti, se plaignit qu'on le chassait avec les Pères; il voulait dire saint Athanase, saint Grégoire, saint Cyrille, qui ont, disait-il, enseigné qu'il ne faut pas dire après l'union deux natures, mais une seule nature incarnée du Verbe.

La suite des actes du faux concile d'Ephèse fit voir clairement de quelle violence Dioscore s'était servi pour établir le dogme d'Eutychès et pour déposer saint Flavien. Les magistrats, croyant donc avoir suffisamment vérifié l'innocence de ce saint martyr et celle d'Eusèbe, remirent au lendemain à examiner ce qui regardait la foi, en priant les évêques de mettre chacun leur croyance par écrit, et leur déclarant que l'empereur était résolu de ne jamais se séparer de celle qui est contenuée dans les Symboles de Nicée, de Constantinople et dans les écrits des saints Pères de l'Eglise, Grégoire, Basile, Athanase, Hilaire, Ambroise, Cyrille, ainsi que dans la lettre de Léon à Flavien. Ils ajoutèrent : Mais puisque, par la lecture des actes et la confession de quelques-uns des chefs du concile, il paraît que Flavien de sainte mémoire et le très-pieux évêque Eusèbe ont été injustement condamnés, nous estimons juste, sous le bon plaisir de Dieu et de l'empereur, que l'évêque d'Alexandrie, Juvénal de Jérusalem, Thalassius de Césarée, Eusèbe d'Ancyre, Eustathe de Béryte et Basile de Séleucie, qui présidaient au concile, subissent la même peine et soient privés par le saint concile de la dignité épiscopale selon les canons. Les Orientaux s'écrièrent : Ce jugement est juste! Les Illyriens dirent : Nous avons tous péché, nous demandons tous pardon! Ainsi finit la première session du concile de Chalcédoine.

La seconde se tint le 10 du même mois d'octobre. On ne voit point que Dioscore, Juvénal, Thalassius, Eusèbe d'Ancyre et Basile de Séleucie y aient assisté. Les magistrats, après avoir répété en peu de mots ce qui s'était passé dans la première au sujet de la justification de saint Flavien et d'Eusèbe de Dorylée, proposèrent aux évêques d'établir la vérité de la foi. Les évêques répondirent qu'elle l'était suffisamment par les expositions de foi des Pères de Nicée et de Constantinople ; qu'il fallait s'en tenir à ce qu'eux et les autres Pères en avaient dit ; que, s'il y avait quelque chose à éclaircir au sujet de l'hérésie d'Eutychès, l'archevêque de Rome l'avait fait dans sa lettre à Flavien, à laquelle ils avaient tous souscrit, et qu'il ne leur était plus permis de faire de nouvelles expositions de foi. Cécropius, évêque de Sébastopolis, fut celui qui s'opposa le plus à une nouvelle formule ; mais il demanda qu'on lût le Symbole de Nicée et les écrits des saints Pères Athanase, Cyrille, Célestin, Hilaire, Basile, Grégoire et la lettre de saint Léon. Eunomius, évêque de Nicomédie, lut le Symbole de Nicée ; l'archidiacre Aëtius, celui de Constantinople et les deux lettres de saint Cyrille, l'un à Nestorius, l'autre aux Orientaux. Après la lecture de chacune de ces pièces, les évêques témoignèrent leur assentiment par leurs acclamations : Nous croyons tous ainsi ; c'est dans cette foi que nous avons été baptisés et que nous baptisons ; ainsi croit le pape Léon ; ainsi a cru Cyrille ; ainsi l'a interprété le pape Léon ; ainsi croient Léon et Anatolius ; ainsi pense, croit et a écrit l'archevêque Léon!... Enfin, quand on eut achevé de lire la lettre de saint Léon à Flavien, tous les évêques s'écrièrent : C'est la foi des Pères ! c'est la foi des apôtres ! Nous croyons tous ainsi ; ainsi croient tous les orthodoxes. Anathème à qui ne le croit pas !

Pierre a ainsi parlé par Léon ; les apôtres ont ainsi enseigné. La doctrine de Léon est sainte et vraie ; Cyrille a ainsi enseigné. Mémoire éternelle à Cyrille ! Léon et Cyrille ont enseigné de même. Pourquoi n'a-t-on pas lu cela à Ephèse? Voilà ce que Dioscore a caché.

Toutefois, pendant la lecture, les évêques de Palestine et d'Illyrie eurent des doutes sur trois endroits ; mais l'archidiacre Aëtius et l'évêque Théodoret leur firent voir, dans saint Cyrille, des passages tout semblables. Les magistrats demandèrent : Après cela quelqu'un doute-t-il encore ? Les évêques s'écrièrent : Personne ne doute!... Atticus de Nicopolis demanda quelques jours pour examiner plus tranquillement les passages des Pères, particulièrement la lettre de saint Cyrille, qui contient les douze anathèmes. Tous les évêques appuyèrent cette demande. Les magistrats dirent : L'audience sera différée jusqu'à cinq jours. Cependant vous vous assemblerez chez Anatolius, pour consulter en commun et instruire ceux qui doutent. Tous les évêques s'écrièrent : Nous croyons ainsi ; nous croyons tous comme Léon ; personne ne doute ; nous avons déjà souscrit. Les magistrats dirent : Il n'est pas nécessaire de vous assembler tous ; mais parce qu'il faut éclairer tous ceux qui doutent, l'archevêque Anatolius choisira entre les évêques qui ont souscrit ceux qu'il croira propres à les instruire... Des évêques s'écrièrent : Nous prions pour les Pères au concile ; rendez les Pères au concile, rendez au concile ceux qui sont d'accord avec Léon ; portez nos prières à l'empereur ; nos prières à l'impératrice. Nous avons tous péché ; qu'on pardonne à tous. Les clercs de Constantinople s'écrièrent : Ils sont peu qui crient ; ce n'est pas le concile. Les Orientaux s'écrièrent : Bannissez l'Egyptien. Les Illyriens crièrent : Nous avons tous péché ; qu'on pardonne à tous ! Rendez Dioscore au concile ; rendez-le aux Eglises. Après quelques cris semblables, les magistrats dirent : Ce qui a été prononcé sera exécuté. Ainsi finit la seconde session.

La troisième fut tenue le 13 octobre, trois jours avant le terme indiqué par les magistrats. Aussi n'y assistèrent-ils point, et on ne la tint que pour juger l'affaire de Dioscore. Aëtius, qui y faisait les fonctions de promoteur, remontra qu'Eusèbe de Dorylée avait présenté une requête au concile contre Dioscore. Eusèbe y parlait ainsi pour l'intérêt de la foi catholique, pour la défense de Flavien et pour la sienne propre. Le légat Pascasin rappela au concile que le pape saint Léon avait été prié par l'empereur de vouloir bien s'y trouver en personne ; mais que ni l'usage ni la nécessité des temps ne l'ayant permis, il avait ordonné que lui, son très-humble serviteur, y présidât à sa place ; et qu'en conséquence, il ordonnait de lire la requête d'Eusèbe. Elle tendait à faire casser tout ce qui avait été fait contre lui et contre Flavien dans le faux concile d'Ephèse ; à faire confirmer la véritable doctrine ; à faire anathématiser l'hérésie d'Eutychès, et à faire souffrir à Dioscore la juste punition des crimes dont il avait été convaincu par la lecture des actes de ce conciliabule. Après qu'on eut lu sa requête, Eusèbe demanda que Dioscore fût appelé pour lui répondre en sa présence.

Deux prêtres, chargés de le chercher dans les environs de l'église, déclarèrent qu'ils ne l'avaient pas trouvé. On députa trois évêques à son logis, avec un notaire ou sténographe. Ils avaient un ordre par écrit. Dioscore s'excusa de venir au concile, sur ce qu'il était gardé par les magistriens. Eleusinius, qui était, ce semble, commandant de ces gardes, dit à Dioscore qu'il pouvait aller au concile. Alors il s'en défendit sur ce que les officiers de l'empereur n'assistaient point à la séance, et demanda que la requête d'Eusèbe fût examinée par les magistrats et le sénat. Le notaire dressa un acte de ce qui se passa dans cette première citation, dont il fit lecture dans le concile, au retour des députés. Amphiloque, évêque de Side en Pamphylie, aurait souhaité qu'on différât la seconde citation d'un jour ou deux. Un autre évêque s'y opposa, disant qu'on ne devait pas demeurer à Chalcédoine trois mois pour un seul homme qui avait troublé toute la terre. Ainsi l'on envoya, pour faire la seconde citation, trois autres évêques avec un autre notaire. Dioscore répondit qu'il avait déjà fait déclarer au concile qu'il était retenu dans sa maison par maladie; qu'au surplus il demandait que les magistrats fussent présents à l'audience. Il demanda aux députés si Juvénal et les autres évêques qu'on avait exclus avec lui étaient au concile. On lui dit qu'on n'était point chargé de la part du concile de répondre sur cette question, mais que la requête d'Eusèbe étant contre lui seul, il ne pouvait, sans trahir sa cause et contrevenir aux canons, manquer de comparaître. Le notaire ayant lu dans le concile le procès-verbal qu'il avait fait de cette seconde citation, Eusèbe de Dorylée déclara qu'il ne se plaignait que de Dioscore, et non des autres qui ne lui avaient fait aucun tort, et conclut à ce qu'il fût cité pour une troisième fois.

On en était là, lorsque plusieurs clercs et laïques d'Alexandrie donnèrent des requêtes contre Dioscore, avec cette inscription : « Au très-saint et universel archevêque et patriarche de la grande Rome, Léon, et au très-saint et universel concile assemblé à Chalcédoine. » Dans l'une, Théodore, diacre de l'Eglise d'Alexandrie, se plaignait qu'après l'avoir servie louablement pendant quinze ans, Dioscore l'avait chassé du clergé sans qu'il eût contre lui ni accusation ni plainte, et uniquement pour l'amour qu'il portait à saint Cyrille; et qu'il avait ensuite fait retomber sa haine sur ses parents et ses amis, jusqu'à vouloir attenter à leur vie, comme étant ennemis de sa doctrine. Il disait encore dans sa requête que Dioscore avait commis des homicides, coupé des arbres, brûlé et abattu des maisons, et mené habituellement une vie infâme. Il s'offrait de constater ces faits par cinq témoins, priant qu'on les mît en sûreté.

Ischyrion, diacre de la même Eglise, accusait Dioscore de n'avoir pas permis aux évêques de recevoir le blé que les empereurs fournissaient aux Eglises de Libye, tant pour le sacrifice non-sanglant que pour les étrangers et les pauvres, et de l'avoir acheté pour le revendre bien cher en temps de disette; en sorte que, depuis, on n'avait plus offert le terrible sacrifice ni soulagé les pauvres du pays ni les étrangers; de s'être fait donner et d'avoir distribué à des danseuses et à d'autres gens de théâtre une grande quantité d'or qu'une dame de piété avait laissée par son testament pour être distribuée aux pauvres et aux hôpitaux; d'admettre continuellement dans son évêché et dans son bain des femmes déshonnêtes, nommément Pansophie, surnommée la Montagnarde; de l'avoir, lui, Ischyrion, réduit à la mendicité, en lui faisant brûler ses maisons et ravager ses héritages; de l'avoir ensuite enfermé dans un hôpital d'estropiés, où, par les ordres de Dioscore, on avait attenté à sa vie. Il citait pour témoins de la plupart de ces faits des domestiques de Dioscore même.

La troisième requête était d'Athanase, prêtre d'Alexandrie, neveu de saint Cyrille. Il y disait : Dioscore, dès le commencement de son épiscopat, nous menaça de mort, mon frère et moi, et nous fit quitter Alexandrie pour venir à Constantinople, où nous espérions trouver de la protection; mais il écrivit à Chrysaphius et à Nomus, qui gouvernaient alors toutes les affaires de l'empire, de nous faire périr. On nous mit en prison et on nous maltraita jusqu'à ce que nous eussions donné tous nos meubles; il nous fallut même emprunter de grosses sommes à usure. Mon frère est mort dans ces mauvais traitements, laissant une femme et des enfants chargés de ses dettes; et afin qu'il ne nous restât aucun lieu de retraite, Dioscore a fait convertir nos maisons en églises; il m'a de plus déposé de la prêtrise sans aucun sujet, sans me permettre de demeurer dans aucune église ni aucun monastère, en sorte que je suis réduit à mendier mon pain. Sophronius, laïque, en présenta une quatrième, où il accusait Dioscore de blasphèmes contre la Trinité, d'adultères et d'entreprises contre le service de l'empereur.

Ces quatre requêtes ayant été lues et insérées aux actes, le concile fit citer Dioscore pour la troisième fois, non pas pour répondre à Eusèbe seul, mais encore aux quatre accusateurs qui venaient de se déclarer contre lui. Les députés pour cette dernière citation furent trois évêques avec un diacre. Par le billet dont ils étaient chargés, le concile représentait à Dioscore les variations, les contradictions même de ses excuses, qui ainsi n'étaient point à recevoir; d'ailleurs l'empereur ayant laissé au concile une liberté entière de décider cette affaire, il ne pouvait refuser de venir se défendre sans s'exposer, après cette dernière citation, à être jugé par contumace. Toute la réponse que les députés purent tirer de lui, fut qu'il n'avait rien à ajouter à celles qu'il avait déjà faites.

Sur le rapport que l'on en fit au concile, le légat Pascasin demanda aux évêques, jusqu'à cinq reprises différentes, ce qu'il y avait à faire. Le concile répondit chaque fois que, Dioscore témoignant un si grand mépris pour les canons, il méritait d'en éprouver la rigueur. Alors les trois légats, Pascasin, Lucentius et Boniface, prononcèrent la sentence en ces termes : « Les excès commis contre les canons par Dioscore, ci-devant évêque d'Alexandrie, sont manifestes, tant par la séance précédente que par celle-ci. S'arrogeant la primauté, il a irrégulièrement reçu à la communion Eutychès, régulièrement condamné par son évêque. Il persiste à soutenir ce qu'il a fait à Ephèse, dont il devrait demander pardon comme les autres, à qui le Siège apostolique a fait grâce. Il n'a pas permis de lire la lettre du pape Léon à Flavien, quoiqu'il en eût été requis plusieurs fois et qu'il l'eût promis avec serment; et par là il a causé des scandales et des plaies à la sainte Eglise de Dieu par tout l'univers. Toutefois nous délibérions, après tout cela, si nous n'userions pas de clémence envers lui comme envers les autres qui étaient moins coupables. Mais il a surpassé ces premiers excès par des excès plus grands encore. Il s'est emporté jusqu'à dicter une sentence d'excommunication contre le très-saint archevêque de la grande Rome, Léon. De plus, on a présenté contre lui plusieurs plaintes au concile. Il a été cité jusqu'à trois fois, et n'a pas voulu obéir. Il a donc lui-même provoqué la sentence. C'est pourquoi le très-saint archevêque de la grande et ancienne Rome, Léon, par nous et par le présent concile, conjointement avec l'incomparable et trois fois bienheureux apôtre Pierre, qui est la pierre et la base de l'Eglise catholique et le fondement de la foi orthodoxe, l'a dépouillé de la dignité épiscopale et de tout ministère sacerdotal. Que le concile ordonne donc de lui suivant les canons. »

Anatolius opina le premier et s'exprima ainsi : « D'accord en tout avec le Siége apostolique, je le suis aussi sur la condamnation de Dioscore, qui s'est déposé lui-même pour avoir désobéi à toutes les règles des saints Pères et pour n'avoir pas voulu obtempérer, après avoir été appelé canoniquement trois fois. » Maxime d'Antioche, Etienne d'Ephèse et les autres évêques opinèrent dans le même sens; après quoi on souscrivit au jugement, les trois légats les premiers, puis Anatolius et les autres, au nombre de plus de trois cent cinquante (Baluz.). Il y eut un évêque de Perse qui souscrivit en persan. Le concile fit ensuite un acte, adressé à Dioscore, pour lui signifier sa sentence. Il portait qu'on l'avait déposé pour ses crimes et pour sa désobéissance formelle aux trois citations que le concile lui avait fait faire. On la signifia aussi à l'économe, à l'archidiacre et aux autres clercs d'Alexandrie qui se trouvaient à Chalcédoine, en leur recommandant de conserver les biens de l'Eglise, pour en rendre compte au futur successeur. Afin que le jugement du concile ne fût ignoré de personne, on le publia par une affiche adressée à tout le peuple de Constantinople et de Chalcédoine, où il était dit qu'il ne restait à Dioscore aucune espérance d'être rétabli, comme il en faisait courir le bruit. Il fut relégué à Gangres en Paphlagonie, où il mourut en 454. Le concile écrivit à l'empereur Marcien les raisons qu'on avait eues de déposer Dioscore : c'était, d'abord, qu'il n'avait pas fait lire la lettre de saint Léon à Ephèse; ensuite, qu'il avait rendu la communion et le gouvernement des monastères à Eutychès, après que Léon eut condamné sa doctrine. Il aurait pu néanmoins obtenir sa grâce; mais, mettant le comble à ses crimes, il a aboyé contre le Siége apostolique lui-même, entrepris de faire des lettres d'excommunication contre le très-saint pape Léon, et résisté au concile universel. Le concile écrivit encore à l'impératrice Pulchérie une lettre où, après l'avoir félicité de son zèle pour l'Eglise, il dit que le Christ, qui fait tout servir à l'éclaircissement de la vérité, s'est servi de l'admirable Léon pour le confirmer, comme de saint Pierre pour le manifester.

Les magistrats assistèrent à la quatrième session, le 17 octobre. On la commença par lire la conclusion de la seconde, où ils avaient donné aux évêques un délai de cinq jours pour examiner la question de la foi; ensuite ils prièrent les légats de dire ce que l'on avait résolu sur cette matière dans le concile. Pascasin dit au nom de ses collègues, que le concile suivait le Symbole de Nycée et de Constantinople, avec l'exposition de foi donnée à Ephèse par saint Cyrille, et les écrits de saint Léon contre l'hérésie de Nestorius et d'Eutychès, c'est-à-dire sa lettre à Flavien, sans vouloir en retrancher ni y ajouter quoi que ce fût. La déclaration de Pascasin ayant été expliquée en grec, les évêques s'écrièrent : Nous croyons tous ainsi; c'est ainsi que nous avons été baptisés et que nous baptisons, que nous avons cru et que nous croyons. Les magistrats dirent : En présence des saints Evangiles, nous désirons que chacun de vous déclare si l'exposition des trois cent dix-huit Pères de Nicée, et celle des cent cinquante de Constantinople, s'accorde à la lettre du révérendissime archevêque Léon. Les évêques, qui presque tous avaient déjà souscrit cette lettre, firent l'un après l'autre la déclaration demandée. Ceux d'Illyrie, ainsi que ceux de Palestine, firent une déclaration commune, où, en marquant leur souscription, ils ajoutent que les légats leur avaient expliqué certains endroits où ils avaient trouvé de la difficulté à cause de l'obscurité de la langue: Quand une grande partie des évêques eut opiné, les magistrats dirent : Si tous les autres évêques qui n'ont pas fait leur déclaration particulière sont du même avis, qu'ils le déclarent de leur bouche. Tous les évêques s'écrièrent : Nous y acquiesçons tous; nous croyons tous de même; nous pensons tous la même chose. C'est ainsi que nous pensons et que nous croyons. Rendez les Pères au concile ! rendez au concile ceux qui ont la même foi ! rendez au concile ceux qui ont souscrit ! Longues années aux empereurs ! longues années à l'impératrice ! Les cinq ont souscrit la foi : ils pensent comme Léon. Ces cinq dont ils demandaient le retour, étaient Juvénal de Jérusalem, Thalassius de Césarée, Eusèbe d'Ancyre, Basile de Séleucie et Eustathe de Béryte, qui avaient présidé, avec Dioscore, au faux concile d'Ephèse, et avaient été déclarés comme lui dignes de déposition, à la première séance de Chalcédoine; mais les légats du Pape, dans leur sentence même contre Dioscore, les avaient déclarés dignes d'indulgence et rentrés dans la communion du Siége apostolique.

Sur ces cris des évêques, les magistrats dirent : Nous en avons fait notre rapport à l'empereur, et nous attendons sa réponse. Au reste, vous rendrez compte à Dieu de l'avoir déposé Dioscore à l'insu de l'empereur et de nous : vous rendrez compte de ces cinq que vous demandez maintenant et de tout ce qui s'est passé dans le concile. Tous les évêques s'écrièrent : C'est Dieu qui a déposé Dioscore ! Dioscore a été déposé justement; c'est le Christ qui a déposé Dioscore !... On attendit pendant quelques heures la réponse de l'empereur, puis les magistrats dirent : Notre très-pieux empereur a laissé à votre jugement ce qui regarde les évêques Juvénal, Thalassius, Eusèbe, Basile et Eustathe. Voyez donc ce que vous avez à faire, sachant que vous en rendrez compte à Dieu. Anatolius dit : Nous demandons qu'ils entrent. Tous les évêques s'écrièrent : Nous prions qu'ils entrent. Rendez au concile ceux qui sont de même sentiment, ceux qui ont souscrit la lettre de Léon. Les magistrats dirent : Qu'ils entrent !... Quand les cinq évêques furent entrés et se furent assis, tous les autres s'écrièrent : C'est Dieu qui l'a fait ! Longues années à l'empereur ! longues années aux magistrats !

longues années au sénat! Voilà l'union parfaite, voilà la paix des Eglises!

Ensuite les magistrats firent entrer quelques évêques d'Egypte qui avaient présenté requête à l'empereur. Ils étaient au nombre de treize, et ils s'assirent du consentement de tous. Leur requête était au nom de tous les évêques d'Egypte, et ne contenait autre chose, sinon qu'ils suivaient la foi catholique et condamnaient tous les hérétiques, particulièrement ceux qui disent que la chair de Notre Seigneur est venue du ciel et non de la sainte Vierge Marie. Les évêques s'écrièrent : Pourquoi n'ont-ils pas anathématisé le dogme d'Eutychès? Ils ont donné la requête par surprise. Qu'ils souscrivent la lettre de Léon. Ils veulent se moquer de nous et se retirer. Diogène de Cyzique dit : Le concile est assemblé pour Eutychès, et non pour autre chose. L'archevêque de Rome a écrit à cause de lui. Nous avons tous consenti à sa lettre, qui est conforme aux expositions des Pères; qu'ils y consentent aussi. Les légats dirent par la bouche de Pascasin : Qu'ils disent s'ils consentent à la lettre du Siége apostolique, et s'ils anathématisent Eutychès.

Les évêques égyptiens dirent par la bouche d'Hiérace, le premier d'entre eux : Si quelqu'un a d'autres sentiments que ce qui est porté dans notre requête, soit Eutychès, soit un autre, qu'il soit anathème! Quant à la lettre du très-saint archevêque Léon, tous les évêques savent qu'en toutes choses nous attendons l'avis de notre archevêque. Le concile de Nicée l'a ordonné, que toute l'Egypte suive la conduite de l'archevêque d'Alexandrie, et qu'aucun évêque ne fasse rien sans lui. Eusèbe de Dorylée dit : Ils mentent. Florentius de Sardes ajouta : Qu'ils montrent ce qu'ils disent. Tous les évêques s'écrièrent : Anathématisez nettement le dogme d'Eutychès. Quiconque ne souscrit pas à la lettre que ce concile a approuvée, est hérétique. Anathème à Dioscore et à ceux qui l'aiment! S'ils ne sont pas orthodoxes, comment ordonneront-ils un évêque ?... Les légats dirent : Des évêques de cet âge, qui ont vieilli dans leurs Eglises, ne savent pas encore la créance catholique, et attendent le sentiment d'un autre! Cette parole ayant été traduite en grec, tous les évêques s'écrièrent : Quiconque n'adhère point à la lettre du très-saint archevêque Léon, est hérétique. Quiconque n'anathématise point Eutychès, est hérétique!

Les Egyptiens crièrent enfin : Anathème à Eutychès et à ceux qui le croient! Les évêques crièrent de nouveau : Qu'ils souscrivent à la lettre de Léon; quiconque n'y souscrit pas, est hérétique. Les Egyptiens répondirent : Nous ne pouvons souscrire sans la volonté de notre archevêque. Acace d'Ariathie dit alors : Il est absurde de méconnaître un concile universel, pour ne faire attention qu'au seul individu qui sera évêque d'Alexandrie. Leur intention est de tout brouiller ici comme ils ont fait à Ephèse. Nous demandons qu'ils adhèrent à la lettre ou qu'ils soient excommuniés. Tous les évêques s'écrièrent : Voilà ce que nous disons, voilà ce que nous pensons tous. Hiérace dit au nom des Egyptiens : Les évêques de notre province sont en grand nombre; nous sommes trop peu pour répondre de tous. Nous supplions Votre Grandeur et le saint concile d'avoir pitié de nous; car si nous faisons quelque chose sans notre archevêque, tous les évêques d'Egypte s'élèveront contre nous comme ayant violé les canons. Ayez pitié de notre vieillesse. Alors les treize évêques égyptiens se jetèrent par terre, en disant : Ayez pitié de nous, ayez de l'humanité! Cécropius de Sébastopolis dit : Le concile œcuménique est plus digne de foi que celui d'Egypte; il n'est pas juste d'écouter dix hérétiques au mépris de douze cents évêques. Nous ne leur demandons pas de déclarer leur foi pour d'autres, mais pour eux personnellement. Les Egyptiens s'écrièrent : Nous ne pourrons plus demeurer dans la province; ayez pitié de nous! Eusèbe de Dorylée dit : Ils sont députés de tous les Egyptiens, il faut qu'ils s'accordent avec le concile. Le légat Lucentius dit aux magistrats : Apprenez-leur, s'ils ne le savent, que dix hommes ne peuvent faire un préjugé contre un concile de six cents évêques.

Les Egyptiens s'écrièrent : On nous tuera, ayez pitié de nous! Tous les autres évêques s'écrièrent : Voyez quel témoignage ils rendent à leurs évêques : On nous tuera! Les Egyptiens dirent : On nous fera mourir, ayez pitié de nous! Faites-nous plutôt mourir ici. Que l'on nous donne ici un archevêque, et nous souscrivons, et nous sommes d'accord. Anatolius sait la coutume d'Egypte. Nous ne désobéissons pas au concile; mais on nous tuera dans notre pays, ayez pitié de nous! Tous les évêques s'écrièrent : Ils sont hérétiques! Les Egyptiens reprirent : Vous avez la puissance. Nous aimons mieux mourir ici, par ordre de l'empereur, et de vous, et du concile. Pour Dieu, ayez pitié de ces cheveux blancs; épargnez dix hommes, vous êtes les maîtres de notre vie. On veut nos siéges, qu'on les prenne; nous ne voulons plus être évêques, seulement que nous ne mourions pas! Donnez-nous un archevêque, et si nous résistons, punissez-nous. Choisissez un archevêque; nous attendrons ici jusqu'à ce qu'il soit ordonné. Tous les évêques s'écrièrent : Qu'ils souscrivent à la condamnation de Dioscore. Mais les magistrats et le sénat dirent : Comme les évêques d'Egypte diffèrent de souscrire à la lettre du très-saint archevêque Léon, non par opposition à la foi catholique, mais parce que, suivant la coutume de leur pays, ils ne peuvent rien faire de semblable sans leur archevêque, il nous paraît de la raison et de la clémence qu'ils demeurent en l'état où ils sont à Constantinople, jusqu'à ce qu'on ordonne un évêque d'Alexandrie. Le légat Pascasin dit : Qu'ils donnent donc caution de ne point sortir de cette ville, jusqu'à ce qu'Alexandrie ait un évêque. Les magistrats et le sénat ordonnèrent qu'ils donneraient caution, du moins par leur serment.

Le concile s'occupa ensuite de la requête de quelques moines, ayant parmi eux le fameux Barsumas, qui demandaient le rétablissement de Dioscore. On les entendit eux-mêmes. Ils donnèrent plus d'une preuve d'ignorance et d'opiniâtreté. Toutefois, par pitié, le concile leur donna un délai de trois jours et ensuite d'un mois, pour se reconnaître et faire leur soumission. Ils avaient prétendu que l'empereur leur avait promis de les entendre lui-même en présence des saints Evangiles. Questionné à cet égard, l'empereur leur fit dire : « Si j'avais voulu vous entendre moi-même, je n'aurais pas donné la peine au concile œcuménique de s'assembler ici. Mais les évêques étant assemblés pour cela, je vous ai dit d'aller les trouver, et d'apprendre d'eux ce que vous ignorez ; car, afin que vous le sachiez, tout ce que le concile œcuménique aura décidé et m'aura donné par écrit, je le suis, je l'embrasse et je le crois. Tenez-vous-en là, vous n'aurez point de moi d'autre réponse. »

Le même jour, le concile jugea le différend entre Photius de Tyr et Eustathe de Béryte. Ce dernier, par le crédit qu'il avait sous l'épiscopat de Dioscore, avait obtenu de l'empereur Théodose une loi pour ériger Béryte en métropole; en conséquence, il s'attribuait la juridiction et les ordinations de six diocèses qui appartenaient auparavant à la métropole de Tyr; il avait fait souscrire cet arrangement aux évêques qui se trouvaient par occasion à Constantinople, et avait contraint Photius lui-même d'y souscrire, sous peine de déposition. Photius ayant ensuite voulu faire les ordinations, suivant la coutume, Anatolius lui avait envoyé une excommunication, et il demeura excommunié cent vingt-deux jours. Il se plaignit donc de tous ces procédés. Interrogé par les magistrats, si cette affaire était à juger suivant les canons ou suivant les lois impériales, le concile répondit : Les lois impériales ne peuvent rien contre les canons; les canons des Pères doivent prévaloir. Au reste, l'empereur Marcien lui-même s'était déjà expliqué dans ce sens. Il fut donc décidé qu'une loi impériale ne pouvait point transférer des évêchés d'une métropole à une autre; que, par conséquent, les six églises devaient retourner à la métropole de Tyr, et que l'évêque de Béryte n'aurait rien au-dessus des autres évêques de la province. On rappela avec insistance, contre l'entreprise d'Anatolius, qu'il n'était pas permis de condamner un absent. Enfin, Cécropius de Sébastopolis ayant demandé qu'on posât en principe, que les lois impériales préjudiciables aux canons sont incontestablement nulles, et que les canons doivent sortir leur plein effet, le concile s'écria : Nous disons tous la même chose; toutes les lois impériales cesseront; que les canons tiennent. Et les magistrats dirent que cela serait dans toutes les provinces.

La cinquième session se tint le 22 octobre. On y lut, à la requête des magistrats, une définition de foi dressée par les principaux évêques du concile. Elle avait déjà été lue la veille devant les évêques, qui l'avaient approuvée. Mais, dans le concile, elle souffrit des difficultés, surtout de la part des légats, parce qu'elle disait seulement que Jésus-Christ *est de deux natures*, et non *en deux natures*, comme saint Léon l'avait dit dans sa lettre à Flavien. Les légats demandèrent qu'on s'en tînt à la lettre du Pape, ou qu'on leur fît donner un rescrit pour s'en retourner et pour célébrer le concile en Occident. Il était connu que Dioscore n'avait condamné Flavien que parce que ce saint évêque disait qu'il y a deux natures en Jésus-Christ. C'eût donc été autoriser la condamnation de Flavien, de ne pas se servir de ce terme, d'autant que Dioscore le rejetait, et qu'il admettait, au contraire, celui *de deux natures*. Il s'éleva là-dessus de grands débats, où Anatolius ne fit pas preuve de pénétration et de doctrine. Pour les terminer, les magistrats proposèrent d'assembler six évêques d'Orient, trois d'Asie, trois du Pont, trois d'Illyrie et trois de Thrace, l'archevêque Anatolius et les Romains, dans l'oratoire de l'église, pour convenir d'une définition de foi qui plût à tout le monde.

L'empereur ordonna que la proposition serait exécutée, ou que le concile se tiendrait en Occident. Il y eut encore quelque résistance; on entendit même des Illyriens criant : Que ceux qui ne veulent pas de la définition s'en aillent à Rome. Au moment même, les magistrats firent cette observation : Dioscore disait, j'admets que le Christ est de deux natures, mais non pas qu'il en ait deux. Le très-saint archevêque Léon dit, au contraire, que, dans le même Christ, il y a deux natures unies d'une manière inconfuse, inconvertible et indivisible. Lequel suivez-vous donc? Le très-saint Léon, ou Dioscore? A cette observation si juste, qu'ils auraient dû faire les premiers, les évêques s'écrièrent : Nous croyons comme Léon ; qui croit autrement est un eutychianiste; c'est Léon qui a donné l'exposition orthodoxe. Les magistrats reprirent : Ajoutez donc à la définition, suivant le jugement de notre très-saint père Léon, qu'il y a dans le Christ deux natures unies d'une manière inconvertible, inséparable et inconfuse. Alors tout le monde pria les magistrats d'entrer dans l'oratoire, avec vingt-deux évêques que l'on choisit pour commissaires, y compris les légats du Pape. Cette commission examina le décret de foi proposé, et le mit en la forme que nous l'avons aujourd'hui.

Anatolius nous apprend que ce décret fut ainsi fait, parce qu'il était nécessaire pour l'intelligence de tous les évêques entrât dans le sens de la foi de saint Léon, c'est-à-dire de sa lettre à Flavien, que quelques-uns comprenaient moins bien que les autres (Baller., *Epist.* 101, c. 3). C'est plutôt un discours qu'un symbole. Celui de Nicée et celui de Constantinople y sont rapportés tout au long; puis on ajoute : Ce symbole suffisait pour la connaissance parfaite de la religion. Mais les ennemis de la vérité ont inventé de nouvelles expressions; les uns voulant anéantir le mystère de l'Incarnation, et refusant à la sainte Vierge le titre de *mère de Dieu*; les autres introduisant une confusion et un mélange, et forgeant une opinion insensée et monstrueuse : qu'il n'y a qu'une nature de la chair et de la divinité, et que la nature divine du Fils est passible. C'est pourquoi le saint concile œcuménique, voulant obvier à toutes leurs entreprises et montrer que la doctrine de l'Eglise est toujours inébranlable, a défini, premièrement, que la foi des trois cent dix-huit Pères demeurera inviolable. De plus, il confirme la doctrine que les cent cinquante Pères assemblés à Constantinople ont enseignée touchant la substance du Saint-Esprit, à cause de ceux qui l'attaquaient, non qu'ils crussent que quelque chose manquât à l'exposition précédente. Et à cause de ceux qui veulent détruire le mystère de l'Incarnation, le concile reçoit les lettres synodales du bienheureux Cyrille, tant celle à Nestorius que celle aux Orientaux, comme propres à réfuter l'erreur de Nestorius et à expliquer le sens du Symbole. Le concile y joint avec raison la lettre du très-saint archevêque Léon à Flavien contre l'erreur d'Eutychès, comme conforme à la confession de saint Pierre, et également propre à détruire les erreurs opposées.

Suivant donc les saints Pères, nous déclarons d'une voix unanime que l'on doit confesser un seul et même Jésus-Christ, Notre Seigneur; le même, parfait dans la divinité et parfait dans l'humanité, vraiment Dieu et vraiment homme; le même, composé d'une âme raisonnable et d'un corps, consubstantiel au Père selon la divinité, et consubstantiel à nous selon l'humanité; en tout semblable à nous, hormis le péché; engendré du Père avant les siècles, selon la divinité; dans les derniers temps, né de la Vierge Marie, selon l'humanité, pour nous et pour notre salut; un seul et même Jésus-Christ, Fils unique, Seigneur, en deux natures, sans confusion, sans changement, sans division, sans séparation, sans que l'union ôte la différence des natures; au contraire, la propriété de chacun est conservée et concourt en une seule personne et une seule hypostase; en sorte qu'il n'est pas divisé ou séparé en deux personnes, mais que c'est un seul et même Fils unique, Dieu le Verbe, Notre Seigneur Jésus-Christ (1). Le concile défend à qui que ce soit d'enseigner ou penser autrement, sous peine, aux évêques et aux clercs, d'être déposés; aux moines et aux laïques, d'être anathématisés.

Après la lecture de cette définition de foi, tous les évêques s'écrièrent : C'est la foi des Pères! que les métropolitains souscrivent les premiers; ce qui a été bien défini ne souffre point de délai. C'est la foi des apôtres; nous la suivons tous... Les magistrats dirent : Ce que les Pères ont ordonné, et dont tout le monde est content, sera rapporté à l'empereur. Ainsi finit la cinquième session.

Le 25 octobre, les évêques étant assemblés, l'empereur Marcien vint au concile, avec l'impératrice Pulchérie, accompagné des magistrats qui avaient coutume de s'y trouver, et de plusieurs autres officiers. Il harangua les évêques en latin, qui était la langue de l'empire, puis en grec (Baller., *Epist.* 101, c. 3), pour leur témoigner que son intention, en les convoquant, avait été de conserver la pureté de la foi, altérée depuis quelque temps par l'avarice et l'ambition de quelques personnes. Il ajouta que l'on ne devait pas tenir d'autre doctrine sur le mystère de l'Incarnation que celle que les Pères de Nicée ont enseignée dans leur Symbole, et saint Léon dans sa lettre à Flavien; que s'il avait voulu, à l'exemple de Constantin, assister au concile, ce n'était que pour confirmer la foi, et non pour exercer sa puissance.

Son discours fini, on fit les acclamations ordinaires; après quoi on lut, par ordre de ce prince, la définition de foi faite le jour précédent. Elle fut souscrite par les trois cent cinquante-six évêques, les légats à la tête. Diogène de Cyzique et quatorze autres métropolitains souscrivirent pour ceux de leurs suffragants qui étaient absents, puis on la déposa sur l'autel de sainte Euphémie, afin que la vierge martyre l'offrît elle-même au Christ, son époux (*Ibid., Epist.* 98, c. 3). Marcien demanda si la confession de foi qu'on venait de signer avait été faite d'un consentement unanime. Tous les évêques répondirent qu'ils l'avaient signée, parce qu'ils y reconnaissaient la foi des apôtres. Enfin, à la prière de l'empereur et de l'impératrice, on la leur mit entre les mains (*Ibid., Epist.* 101, c. 3); ce que les évêques accompagnèrent de grands éloges pour l'un et pour l'autre. Marcien dit ensuite : Pour ôter à l'avenir tout prétexte de division, quiconque fera du tumulte en public, en parlant de la foi, sera banni

(1) Évagre, l. 2, c. 4; Labbe, t. V, 1766, 1770; *Analecta græca*, p. 56; Léon de Byzance, t. XI; *Bibl. Patr.* Voir encore Mansi, *Concil.*, t. VII, col. 773-778.

de Constantinople, au cas qu'il soit simple particulier; mais s'il est officier, il sera cassé, et déposé si c'est un clerc. Tout le concile fut de cet avis.

L'empereur déclara qu'il avait quelques articles à proposer, et qu'il souhaitait être réglés par l'autorité de l'Église, plutôt que par la sienne : le premier, que personne ne bâtirait un monastère sans le consentement de l'évêque de la ville et du propriétaire de la terre; que les moines, tant des villes que de la campagne, seraient soumis à l'évêque, qu'ils vivraient en repos, ne s'appliquant qu'au jeûne et à la prière, sans s'embarrasser d'affaires ecclésiastiques ou séculières, s'ils n'en étaient chargés par l'évêque pour quelque nécessité, et qu'ils ne pourraient recevoir des esclaves sans la volonté de leurs maîtres. Le 2e, qu'il serait défendu aux clercs de prendre à ferme des terres, ou de se charger de quelque intendance de recette, si ce n'est des biens de l'Église et par commission de l'évêque, sous peine aux contrevenants d'être dépouillés de leur dignité en cas d'opiniâtreté. Le 3e, que les clercs qui servent une Église ne pourront être envoyés à l'Église d'une autre ville, mais qu'ils se contenteront de celle à laquelle ils ont été premièrement destinés; hormis ceux qui, étant chassés de leur pays, ont passé dans une autre Église par nécessité. Il devait y avoir peine d'excommunication, tant pour le clerc qui passait d'une Église à une autre, que pour celui qui l'y recevait. Ces trois articles ayant été lus par le secrétaire Véronicien, l'empereur les donna à Anatolius, et on en fit ensuite, avec quelques petits changements, les canons 3, 4, 5 et 20, sur les vingt-sept que l'on adopta dans cette séance ou dans la suivante.

Le 1er confirme en général les canons des conciles précédents; le 2e est contre la simonie; le 3e, contre les clercs qui se chargent d'affaires temporelles; le 4e, contre les moines vagabonds et insoumis; le 5e, contre les clercs qui passent de ville en ville; le 6e, contre les ordinations sans titre; le 7e, contre ceux qui quittent le clergé ou le monastère pour la milice séculière; le 8e soumet à l'évêque tous les clercs du monastère et des hôpitaux; le 9e défend aux clercs qui ont des procès ensemble de s'adresser aux tribunaux séculiers; le 10e décide qu'un clerc ne peut appartenir à la fois à deux villes; le 11e veut qu'on ne paye aux pauvres qui voyagent que des lettres de communion et de paix, et non pas de recommandation; le 12e défend aux évêques, sous peine de déposition, de s'adresser aux puissances séculières pour faire ériger deux métropoles dans une même province; le 13e défend aux clercs étrangers et inconnus d'exercer aucune fonction sans lettres de recommandation de leur évêque; le 14e défend aux lecteurs, dans les provinces où il leur était permis de se marier, d'épouser des femmes qui ne fussent pas catholiques; le 15e défend d'ordonner une diaconesse qu'elle n'ait l'âge de quarante ans : si ensuite elle se marie, elle sera frappée d'anathème; le 16e défend le mariage aux religieuses et aux moines, sous peine d'excommunication; le 17e règle les limites des diocèses par une possession paisible de trente ans; le 18e dépose et excommunie les clercs et les moines qui cabalent contre leurs évêques ou leurs confrères; le 19e ordonne de tenir les conciles deux fois par an, suivant les décrets de Nicée; le 20ᵉ excommunie l'évêque qui reçoit le clerc d'un autre évêque; le 21ᵉ défend d'admettre, pour accuser des évêques, toute sorte de personnes; le 22ᵉ dépose les clercs qui pilleraient les biens de leur évêque après sa mort; le 23ᵉ ordonne de chasser de Constantinople les clercs et les moines qui n'y étaient pas envoyés par leur évêque; le 24ᵉ défend de séculariser les monastères; le 25ᵉ commande d'ordonner les évêques dans trois mois; le 26ᵉ établit un économe dans chaque cathédrale; le 27ᵉ anathématise quiconque enlève une femme, même sous prétexte de mariage, avec ses complices et ses fauteurs. Tels sont, d'après les autorités les plus graves, les vingt-sept canons que le concile adopta dans la sixième ou septième séance, par suite de la proposition que l'empereur avait faite (Baller., t. II).

Ce prince ordonna, avec l'approbation du concile, que la ville de Chalcédoine, tant en considération de sainte Euphémie que parce que le concile y avait été assemblé, aurait à l'avenir les priviléges de métropole, mais pour le nom seulement, sauf la dignité de la métropole de Nicomédie. Les évêques le supplièrent de leur permettre de retourner à leurs Eglises; mais Marcien les pria de patienter encore trois ou quatre jours, pour terminer, en présence des magistrats, les affaires dont on leur demandait la décision. C'est ainsi que finit la 6ᵉ session, que quelques-uns ont regardée comme la dernière du concile, parce qu'on y acheva de régler ce qui regardait la foi et les affaires générales de l'Eglise. On remarque que beaucoup d'Eglises n'avaient dans leurs copies que six sessions avec les canons, que le pape Pélage regardait comme faisant partie de la 6ᵉ. Evagre, qui s'étend beaucoup sur les six premières, passe légèrement sur les suivantes. Ce qui n'empêche pas qu'on ne doive regarder les choses qui y furent traitées comme appartenant au concile.

Les 7ᵉ, 8ᵉ et 9ᵉ sessions sont datées du 26 octobre, parce qu'elles furent tenues toutes les trois dans ce jour. Dans la 7ᵉ, les magistrats dirent : « L'empereur, à la prière des évêques Maxime et Juvénal, nous a ordonné de prendre connaissance de leurs différends. Ils se sont assemblés et ont fait quelques conventions de vive voix, qu'ils nous ont communiquées, et qui nous paraissent raisonnables. Nous avons cru nécessaire qu'ils en instruisent le concile, afin que tout soit confirmé par votre consentement. » Maxime d'Antioche dit : « Le révérendissime Juvénal et moi nous sommes convenus, après une longue contestation, que le siège d'Antioche, qui est de saint Pierre, aura les deux Phénicies et l'Arabie, et celui de Jérusalem les trois Palestines, si toutefois cela plaît à notre vénérable Père, l'archevêque de la grande Rome, Léon, qui veut que les canons des saints Pères demeurent inviolables (Baller., S. Léon, t. II, p. 1223). Nous prions que cette convention soit confirmée par écrit, par le décret de Votre Grandeur et du saint concile. » Juvénal de Jérusalem dit : « Je suis aussi d'accord que l'Eglise de la Résurrection ait les trois Palestines, et le siège d'Antioche les deux Phénicies et l'Arabie, et j'en demande la confirmation. » Les légats, Anatolius de Constantinople et sept autres métropolitains opinèrent pour la confirmation de ce concordat; tous les autres évêques y consentent par acclamation, et les magistrats y joignirent leur autorité. Le fondement de cette contestation était l'entreprise de Juvénal au concile d'Ephèse, à laquelle saint Cyrille s'opposa, comme il a été dit. Nous verrons ce que pensera de cet arrangement le pape saint Léon, à la ratification duquel Maxime d'Antioche l'avait réservé.

On traita dans la 8ᵉ séance l'affaire de Théodoret. Il avait déjà été rétabli dans son siège par le pape saint Léon. Il anathématisa, en présence du concile, Nestorius et quiconque ne disait pas que la Vierge est mère Dieu; et quiconque divisait en deux le Fils unique. Il souscrivit à la définition de foi qui y fut dressée; il avait dès auparavant souscrit à la lettre de saint Léon à Flavien. Les magistrats ne trouvant donc aucune difficulté à son rétablissement, ils demandèrent qu'il rentrât dans son siège, comme saint Léon l'avait jugé. Tous les évêques s'écrièrent : Théodoret est digne de son siège ! qu'on le rende à son Eglise ! qu'elle reçoive son pasteur, son docteur orthodoxe ! Vive l'archevêque Léon ! Léon a jugé avec Dieu... Le concile obligea encore trois autres évêques d'anathématiser nommément Nestorius.

Ibas demanda dans la 9ᵉ session, qu'on cassât tout ce qui avait été fait contre lui à Ephèse, en son absence, et qu'on le rendît à son Eglise. On lut d'abord la sentence arbitrale de Photius de Tyr et d'Eustathe de Béryte, rendue à Tyr, le 25 février 448, par laquelle il paraissait qu'Ibas avait déclaré sa foi et pardonné à ses accusateurs : et comme il y avait beaucoup d'autres pièces à lire, on remit l'affaire à la session suivante, qui se tint le lendemain 27 octobre. On y lut les actes du synode tenu à Béryte le 1ᵉʳ septembre 448, où Ibas avait été renvoyé absous. Les magistrats proposèrent ensuite la lecture de ce qui avait été fait contre lui dans le faux concile d'Ephèse. Mais les légats s'y opposèrent, disant que l'évêque de Rome avait rejeté et déclaré nul tout ce qui avait été fait dans ce concile, excepté l'ordination de Maxime d'Antioche, que ce pape avait reçu à sa communion, et qu'il fallait demander une loi à l'empereur, qui défendit même de donner le nom de concile à cette assemblée. Anatolius opina de même contre le concile d'Ephèse, à l'exception de ce qui regardait Maxime, à cause, dit-il, que le très-saint archevêque Léon l'ayant reçu à sa communion, a jugé qu'il devait gouverner l'Eglise d'Antioche (Labbe, t. IV) : jugement que j'ai suivi et approuvé, ainsi que tout le saint concile. C'est que, encore que l'ordination de Maxime eût été faite hors du faux concile d'Ephèse, elle était fondée sur la déposition de Domnus, qui y avait été faite. Et Domnus vivait encore. En quoi la position d'Anatolius était différente; car son ordination avait eu lieu après la mort de saint Flavien. On voit, par cet exemple, quelle était l'autorité du Pape en Orient même, puisque sa seule communion suffit, aux yeux d'un concile œcuménique, pour valider une intronisation aussi irrégulière que celle de Maxime d'Antioche.

Sans faire donc lecture des actes d'Ephèse, Pascasin et les autres légats opinèrent que, suivant les pièces qui avaient été lues, Ibas devait être reconnu pour orthodoxe et recouvrer l'honneur de l'épiscopat et son Eglise, dont il avait été chassé injustement; qu'à l'égard de Nonnus, ordonné évêque d'Edesse à la place d'Ibas, ce serait à l'évêque d'Antioche de statuer ce qu'il jugerait de plus à propos. Son avis fut que Nonnus conserverait les honneurs de l'épiscopat, jusqu'à ce qu'on eût examiné son ordination dans une assemblée des évêques de la province : ce qui fut approuvé du concile et des magistrats ; on demanda seulement qu'Ibas anathématisât Nestorius et Eutychès : ce qu'il fit à l'instant.

Dans la même séance, Maxime d'Antioche demanda aux magistrats et au concile la constitution d'une pension sur les revenus de l'Eglise d'Antioche, au profit de Domnus, son prédécesseur : ce que tout le monde lui accorda volontiers, en laissant à sa discrétion de fixer la quantité de la pension lui-même. Mais dans une séance suivante, sur une nouvelle proposition de sa part, les légats fixèrent la pension à 250 sous d'or par an, avec la communion laïque pour Domnus (Baller., t. II). Tout cela confirme ce qui est rapporté dans la vie de saint Euthymius, qu'après sa déposition, il se retira dans son ancien monastère et y passa le reste de sa vie à faire pénitence.

Les 11e et 12e sessions, quoique tenues en différents jours, l'une le 29 octobre, l'autre le 30, ne traitent que d'une seule affaire, celle de Bassien et d'Etienne, qui se prétendaient tous deux évêques d'Ephèse. Les détails de cette affaire ne font pas beaucoup d'honneur au mode d'élection et d'instruction alors en usage dans l'Orient. Le concile, après avoir tout examiné, conclut que l'un et l'autre seraient déposés et qu'on élirait un autre évêque à leur place ; mais qu'ils garderaient l'un et l'autre la dignité d'évêque, avec une pension de deux cents pièces d'or sur les revenus de l'Eglise d'Ephèse. Dans la 13e séance, on examina les plaintes du métropolitain de Nicomédie contre l'évêque de Nicée, et on régla que, suivant les canons, le premier aurait seul tous les droits de métropolitain, et que le second n'en aurait que le nom et l'honneur. Dans la 14e, on s'occupa de l'église de Perrha en Syrie, à laquelle prétendaient encore deux évêques, et on renvoya la conclusion finale à l'évêque d'Antioche.

Le même jour que fut tenue la 14e session, on tint encore la 15e, où l'on parla de conférer certains priviléges à l'Eglise de Constantinople. Souvent, et trop souvent même, il arrivait que les patriarches de cette ville étaient invités par les évêques des diocèses d'Asie à décider leurs différends, et choisis par eux pour juges. Les principales villes désiraient recevoir de leurs mains des pasteurs, du consentement exprès ou tacite du concile de la province. De cette manière, les patriarches de Constantinople s'étaient mis comme en possession de gouverner les trois provinces de l'Asie, de la Thrace et du Pont. Mais ce droit tel quel, fondé sur une sujétion volontaire, n'était ni solidement établi ni universellement reconnu, et souvent les peuples et les conciles aimaient à faire usage de leur liberté, suivant les anciennes coutumes et les décrets des conciles précédents. Même au concile de Chalcédoine, ce droit incertain avait été attaqué jusqu'à trois fois : dans l'affaire de Photius de Tyr, lorsqu'on mit en question si les évêques qui se trouvaient accidentellement à Constantinople pouvaient former un vrai concile ; dans la session onze, lorsque les évêques d'Asie demandèrent, et que le concile répondit que c'était la règle que l'évêque d'Ephèse fût ordonné, non point à Constantinople, mais dans leur province et par eux ; dans la session treize, lorsque le concile déclara que l'évêque de Basilinope devait être ordonné par celui de Nicomédie, et non par celui de Constantinople. Anatolius voulut profiter de l'occasion pour faire donner à ce droit si précaire force de loi. L'empereur et le sénat le désiraient. Les évêques intéressés à y faire opposition étaient absents ou n'osaient. L'évêque d'Alexandrie venait d'être déposé et n'avait point encore de successeur. Maxime d'Antioche, ordonné par Anatolius, lui avait trop d'obligation. Juvénal de Jérusalem, qui venait d'obtenir les trois Palestines, ne pouvait trouver mauvais que l'évêque de Constantinople obtînt quelque chose de semblable. L'évêque d'Héraclée, métropolitain de Thrace, était absent. Bassien et Etienne d'Ephèse ayant été déposés tous les deux, il n'y avait point de métropolitain d'Asie. Celui du Pont, Thalassius de Césarée, avait été reçu par grâce au nombre des évêques, et n'était pas trop hardi. Anatolius ne pouvait donc trouver de circonstances plus favorables pour réussir dans son entreprise. Aussi ne rencontra-t-il d'opposition formelle que de la part des légats du Pape, comme on le voit par la seizième et dernière session, qui se tint le lendemain, premier de novembre (Orsi, *Hist. eccl.*, l. 33, n. 78 ; Baller., t. II, col. 521, note 2).

Les légats, s'adressant aux magistrats, firent cette remontrance par la bouche de Pascasin : « Les religieux empereurs ont mis tout en œuvre pour rétablir l'unité de foi dans toutes les Eglises ; il n'est pas moins digne de leur sollicitude d'empêcher qu'il ne s'élève aucune division entre les pontifes de Dieu. Or, hier, après que vous vous fûtes retirés ainsi que nous, on dit qu'il se fit quelque chose que nous croyons être contre les canons. Nous vous prions de le faire lire, afin que nos frères voient s'il est juste ou non. » Les magistrats en ordonnèrent la lecture.

Mais auparavant, Aëtius, archidiacre de Constantinople, dit : « On demeure d'accord que ce qui regarde la foi a été terminé : mais c'est la coutume des conciles, après que les matières les plus importantes ont été décidées, d'en examiner et d'en régler aussi d'autres qui sont nécessaires. Nous, c'est-à-dire l'Eglise de Constantinople, avions certaines choses à traiter. Nous avons prié les évêques venus de Rome d'y prendre part ; ils l'ont refusé, disant qu'ils n'en avaient pas reçu d'ordre. Vous, vous avez ordonné au concile d'examiner cette affaire. Après que vous avez été sortis, les évêques se sont levés et ont demandé d'en traiter comme d'une affaire commune. Nous en avons l'acte, qui n'a pas été fait en cachette ni à la dérobée, mais canoniquement et dans l'ordre. » Les magistrats en ordonnèrent la lecture. C'était le 28e canon tout entier en ces termes :

« Les Pères ont eu raison d'accorder au Siége de l'ancienne Rome ses priviléges, parce qu'elle était la ville régnante, et, par le même motif, les cent cinquante évêques ont jugé que la nouvelle Rome, qui est honorée de l'empire et du sénat, doit avoir les mêmes avantages dans l'ordre ecclésiastique, et être la seconde après elle ; en sorte que les métropolitains du Pont, de la Thrace et de l'Asie seulement, et les évêques de ces provinces qui sont chez les Barbares, soient ordonnés par le siége de Constantinople, sur le rapport qui lui sera fait des élections canoniques. Bien entendu que chaque métropolitain de ces provinces ordonnera les évêques de la sienne, avec les évêques comprovinciaux, selon les canons. »

Il y a plus d'une inexactitude dans ces paroles. Il est faux que les Pères aient accordé au Siège de Rome ses priviléges; c'est Jésus-Christ qui les lui a donnés, les Pères n'ont fait que les lui reconnaître. Il est faux que les Pères aient ni accordé ni reconnu au Siège de Rome ses priviléges, parce qu'elle est la ville régnante, mais parce qu'elle est le Siège de saint Pierre, qui les a reçus du Christ, et en qui a commencé l'épiscopat. Il est faux que les cent cinquante Pères de Constantinople aient accordé à cette nouvelle Rome les mêmes priviléges qu'avait l'ancienne, puisqu'ils ne lui avaient accordé, supposé qu'ils le pussent, que le second rang d'honneur et non de juridiction. Enfin, de ce que les cent cinquante Pères avaient accordé à l'Église de Constantinople le second rang d'honneur, il est faux de conclure qu'elle avait ou devait avoir la juridiction sur le Pont, la Thrace et l'Asie Mineure. Tout bien considéré, les rédacteurs de ce canon parlent et raisonnent, non pas en Pères de l'Eglise, en docteurs chrétiens, mais en sophistes grecs; au lieu de s'appuyer sur la parole du Christ, ils arguent de considérations politiques, pour séculariser les Eglises d'Orient et les asservir, dans les siècles futurs, au sultan de la Turquie et au sultan de la Russie. Aussi, de six cents évêques qui assistèrent au concile de Chalcédoine, n'y en eut-il que cent quatre-vingt-quatre qui souscrivirent à ce canon.

La lecture en ayant été faite, le légat Lucentius dit aux magistrats, d'après le texte grec : Que Votre Grandeur examine d'abord si les évêques n'ont pas été forcés de souscrire..... Les évêques s'écrièrent : Personne n'a été contraint. Lucentius reprit : De plus, ils ont laissé les canons des trois cent dix-huit Pères, et n'ont fait mention que de ceux des cent cinquante, qui ne sont point entre les canons des conciles, et sont faits, dit-on, il y a environ quatre-vingts ans. S'ils en ont joui de cet avantage pendant si longtemps, que demandent-ils maintenant? S'ils n'en ont jamais joui, pourquoi le demandent-ils? L'argumentation était pressante; on n'eut garde d'y répondre. Mais l'archidiacre Aëtius dit en parlant des légats : S'ils ont reçu quelque ordre sur cet article, qu'ils le montrent. Le légat Boniface répondit : Le bienheureux et apostolique Pape nous a ordonné entre autres ceci; et il lut aussitôt sur un papier : « Ne souffrez point que l'ordonnance des Pères soit enfreinte ou diminuée par aucune entreprise. Gardez en tout la dignité de notre personne, que vous représentez. Et si quelques-uns, se confiant en la splendeur de leurs villes, veulent s'attribuer quelque chose, repoussez-les avec la fermeté convenable. » L'application de ces belles paroles ne pouvait être faite plus à propos.

Les magistrats dirent : Qu'on propose les canons de part et d'autre. Le légat Pascasin lut le sixième canon de Nicée, en ces termes : « L'Église romaine a toujours eu la primauté. Que les anciennes coutumes soient maintenues en vigueur dans l'Égypte, la Libye et la Pentapole, en sorte que tous y soient soumis à l'évêque d'Alexandrie, parce que telle est la coutume du pontife romain. Qu'il en soit de même pour ce qui concerne l'évêque d'Antioche, et que dans les autres provinces les églises conservent également leurs anciens priviléges. Car il est manifeste que si un évêque est ordonné sans le consentement du métropolitain, le grand concile a défini que celui qui est ainsi ordonné ne doit pas être évêque. » Le légat lut encore de suite le canon septième : « Puisque, suivant la coutume et la tradition anciennes, l'évêque de Jérusalem est en possession d'être honoré, il continuera à jouir de cet honneur, sans préjudice de la dignité du métropolitain. » Ce métropolitain était l'évêque de Césarée, dont il n'avait pas été seulement question dans l'arrangement où Juvénal de Jérusalem s'attribuait les trois Palestines sur le patriarcat d'Antioche. L'archidiacre Aëtius ne fit lire que le sixième canon de Nicée, et encore sans ce préambule : « L'Église romaine a toujours eu la primauté. » Mais il fit lire ensuite le décret du concile de Constantinople, sous Nectaire, qui porte textuellement, en ce qui regarde la question présente : Que les évêques n'aillent point aux Églises qui sont hors de leur province, et qu'ils ne les confondent point entre elles. Mais suivant les canons, l'évêque d'Alexandrie ne doit gouverner que l'Egypte; les évêques d'Orient ne doivent régler que l'Orient, gardant à l'Église d'Antioche les priviléges marqués dans les canons. Les évêques d'Asie ne gouverneront que l'Asie; ceux du Pont, le Pont seulement; ceux de Thrace, la Thrace seule. Cependant l'évêque de Constantinople aura la primauté d'honneur après l'évêque de Rome, à cause que Constantinople est la nouvelle Rome.

Restait à examiner si l'entreprise d'Anatolius était conforme ou contraire aux canons cités de part et d'autre; si l'évêque de Constantinople, n'ayant qu'une primauté d'honneur et non de juridiction, pouvait, à cause de cela, enlever leurs droits aux exarques ou principaux évêques de l'Asie, du Pont et de la Thrace. Les magistrats, au lieu de procéder à cet examen, demandèrent aux évêques d'Asie et du Pont, qui avaient souscrit au canon litigieux, s'ils l'avaient fait de bon gré ou par contrainte. Ils répondirent qu'ils avaient souscrit volontairement. Toutefois, Thalassius, métropolitain du Pont, ne souscrivit point. Eusèbe de Dorylée dit en particulier : J'ai souscrit volontairement, puisque étant à Rome, j'ai lu ce canon au Pape, en présence des clercs de Constantinople, et il l'a reçu. Il parle du canon du concile de Constantinople, qui accorde à l'évêque de cette ville la primauté d'honneur après l'évêque de Rome; comme en effet les légats du pape saint Léon le lui accordèrent dans le concile de Chalcédoine. Mais il était question de savoir si cette primauté d'honneur et de politesse lui donnait droit de dépouiller les autres de leur juridiction.

Les magistrats demandèrent ensuite ce que disaient ceux qui n'avaient pas souscrit. Eusèbe d'Ancyre déclara qu'il ne voulait point se mêler des ordinations, quoiqu'il eût droit d'ordonner les évêques de Galatie; mais il demanda que les villes ne payassent plus pour les ordinations de leurs évêques; car, je le sais d'expérience, on a beaucoup payé pour mon prédécesseur. Philippe, prêtre de Constantinople, dit : Le canon a ôté cet abus, voulant parler du second canon de Chalcédoine. Eusèbe d'Ancyre répondit : Dieu merci, la réputation de l'archevêque Anatolius est sans tache, mais personne n'est immortel.

Les magistrats dirent : De ce qui a été fait et dit,

nous voyons premièrement que la primauté et l'honneur principal sont conservés, selon les canons, à l'archevêque de l'ancienne Rome; mais que celui de Constantinople doit jouir des mêmes avantages, et qu'il a droit d'ordonner les métropolitains dans les provinces d'Asie, du Pont et de Thrace, en cette manière. Dans chaque métropole, les clercs, les possesseurs de terres et les hommes constitués en dignité, avec tous les évêques de la province ou la plus grande partie, feront un décret par lequel ils choisiront celui qu'ils jugeront digne d'être évêque de la métropole. Ils en feront tous le rapport à l'archevêque de Constantinople, et il sera à son choix de faire venir l'élu pour l'ordonner ici, ou de donner permission pour le faire ordonner dans la province. Quant aux évêques des villes particulières, ils seront ordonnés par tous ceux de la province ou par la plus grande partie, de l'autorité du métropolitain, selon les canons, sans que l'archevêque de Constantinople y prenne part. Tel est notre avis; que le concile dise le sien. Les évêques, sans doute ceux qui avaient signé, s'écrièrent : Cet avis est juste; nous disons tous de même; nous en sommes tous d'accord; de grâce, renvoyez-nous. Le légat Lucentius dit alors : Le Siége apostolique ne doit pas être abaissé en notre présence. C'est pourquoi nous prions Votre Grandeur de faire révoquer tout ce qui a été fait hier au préjudice des canons; sinon, que notre opposition soit insérée dans les actes; afin que nous sachions ce que nous devons rapporter au Pape, et qu'il puisse porter son jugement sur le mépris de son siége et le renversement des canons. Les magistrats dirent : Tout le concile a approuvé ce que nous avons dit. Mais nous verrons le concile lui-même reconnaître que tout cela dépendait du Pape. Telle fut la 16e et dernière session (Labbe, t. IV).

Le concile adressa une harangue à l'empereur Marcien, par laquelle les Pères remercient Dieu de son zèle et de celui du Pape, dont ils louent la doctrine et la piété. Ils témoignent que l'on a suivi dans ce concile la marche des précédents, en réfutant les nouvelles erreurs par de nouvelles définitions, sans rien innover dans la foi. Ils expliquent au long le mystère de l'Incarnation. Ils justifient la lettre de saint Léon à Flavien de toute nouveauté, et montrent sa conformité avec l'Ecriture sainte, le Symbole de Nicée et les Pères, dont ils mettent ensuite plusieurs passages choisis.

Le concile écrivit aussi à saint Léon une lettre synodale, où ils le reconnaissent pour l'interprète de saint Pierre, pour leur chef et leur guide, qui leur a donné dans sa lettre la nourriture spirituelle, et qui dans ses légats les a présidés, comme la tête les membres. Ils marquent qu'ils se sont trouvés environ cinq cent vingt, et que personne n'a été retranché de l'Église que Dioscore, dont ils relèvent les crimes et l'impénitence. Puis ils ajoutent : « Nous vous faisons aussi savoir que nous avons ordonné quelques autres choses, pour le bon ordre des affaires et la fermeté des lois ecclésiastiques, persuadés que Votre Sainteté, en étant instruite, voudra bien les approuver et les confirmer. C'est que nous avons autorisé, par sentence synodale, l'ancienne coutume de la sainte Église de Constantinople, pour ordonner les métropolitains d'Asie, du Pont et de Thrace; non tant pour l'avantage du siége de Constantinople, que pour le repos des métropoles, où il est souvent arrivé du tumulte après la mort des évêques, le peuple et le clergé n'ayant point de chef : ce que Votre Sainteté même n'ignore pas, en ayant été souvent importunée, principalement pour l'Eglise d'Ephèse. Nous avons aussi confirmé le canon des cent cinquante Pères assemblés à Constantinople, sous le grand Théodose, qui ordonne que l'évêque de Constantinople aura la prérogative, après votre très-saint et apostolique Siége, persuadés que, comme votre coutume est d'enrichir vos serviteurs par la participation de vos biens, vous continuerez de prendre soin du siége de Constantinople, et d'y étendre la splendeur de votre puissance apostolique. Ce que donc nous avons déterminé pour prévenir les troubles et affermir le bon ordre, daignez, très-saint Père, l'agréer comme votre propre ouvrage. Il est vrai que les légats de Votre Sainteté ont vivement résisté à ce décret; mais ils ont voulu sans doute vous en laisser l'honneur, afin que l'on vous attribue la conservation de la paix comme de la foi. Nous avons déféré en cela au désir de l'empereur, du sénat et de toute la ville impériale, croyant ne faire autre chose qu'achever l'ouvrage même de Votre Sainteté, qui toujours se plaît à y répandre ses faveurs; considérant encore qu'on rapporte aux pères ce qui est fait convenablement par leurs fils. Nous vous prions donc d'honorer notre jugement par vos décrets : comme nous nous sommes conformés au chef pour le bien, que le chef aussi accorde à ses enfants ce qui est convenable. Les empereurs en seront flattés, eux qui ont confirmé le jugement de Votre Sainteté comme une loi, et le siége de Constantinople vous en témoignera une éternelle reconnaissance en toute occasion, par son union et son zèle. Afin que vous connaissiez que nous n'avons rien fait par faveur ni inimitié, nous vous adressons les actes de toute l'affaire pour en obtenir la confirmation et l'approbation. » Tous les évêques souscrivirent la lettre, en ajoutant à leur nom quelqu'une de ces paroles : Priez pour moi, très-saint Père, Père bien-aimé, saint et vénérable Pape, Père bien-aimé de Dieu (Baller., *Epist.* 98; Cacciari, *Epist.* 22).

L'empereur Marcien joignit ses sollicitations à celles du concile, pour obtenir du Pape qu'il approuvât ce qui avait été fait en faveur de l'Eglise de Constantinople. Nous avons donné ordre, dit-il dans une lettre du 18 décembre 451, que tout vous fût communiqué, et nous vous prions d'ordonner qu'on observe à perpétuité ce qu'a statué le saint concile. De son côté, dans une lettre où il dit jusqu'à deux fois que c'était une nécessité indispensable que tous les actes du concile, les derniers comme les premiers, fussent portés à la connaissance de Sa Sainteté, Anatolius écrivit en ces termes au pontife romain : « Le saint concile vous a envoyé son décret, et nous l'avons adressé nous-même pour en obtenir l'approbation et la confirmation, que nous vous supplions de nous accorder, afin que le siége de Constantinople, qui a pour père votre trône apostolique, s'y unissant d'une manière plus étroite et plus excellente, chacun comprenne, par ce nouvel effet de votre sollicitude, qu'il n'a point cessé d'être l'objet de vos soins et de votre bienveillance (Baller., t. II; Cacciari, t. II). »

La lettre d'Anatolius, celle de Marcien, les prières

mêmes du concile ne purent déterminer le Pape à consentir que le siége de Constantinople fût érigé en patriarcat. Il répondit à l'empereur, le 22 mai 452, qu'il ne pouvait voir qu'avec peine, que l'esprit d'ambition voulût continuer le trouble que le concile venait d'apaiser; qu'Anatolius, en voulant accroître illicitement ses priviléges, diminuait son propre mérite. « Que la ville de Constantinople, comme nous le souhaitons, ait sa gloire, et que, par la protection de Dieu, elle jouisse longtemps du règne de Votre Clémence. Mais autre est la nature des choses du siècle, autre la nature des choses de Dieu : et hors de cette pierre, que le Seigneur a posée pour fondement, nulle construction ne sera stable. Qui convoite ce qui ne lui est pas dû, perdra même ce qui est à lui. Qu'il suffise à cet homme, que, par l'intervention de votre piété et l'assentiment de notre faveur, il ait obtenu l'épiscopat d'une si grande ville. Qu'il ne dédaigne pas la cité impériale, parce qu'il n'en peut faire un siége apostolique; qu'il n'espère nullement pouvoir s'agrandir aux dépens des autres. Les priviléges des Eglises, institués par les canons des saints Pères et fixés par les décrets du vénérable concile de Nicée, ne peuvent être ébranlés par aucune improbité, ni changés par aucune nouveauté. C'est à quoi je dois veiller sans cesse; car la dispensation m'en est confiée; et je me rendrais coupable, si les règles des Pères étaient violées par ma connivence, et si la volonté d'un seul frère pouvait plus sur moi que l'utilité commune de toute la maison du Seigneur. » Il prie donc l'empereur, après avoir détruit l'hérésie, de réprimer aussi l'ambition, et de faire en sorte qu'Anatolius obéisse aux Pères, conserve la paix, et ne se croie pas tout permis, pour avoir osé, sans aucun exemple et contre les canons, ordonner l'évêque d'Antioche : entreprise que le Pape a évité de punir, par le désir de rétablir la foi et la paix. Qu'il cesse donc d'outrager les règles ecclésiastiques, de peur qu'il ne se retranche lui-même de l'Eglise universelle (Baller., *Epist.* 104 ; Cacciari, *Epist.* 79).

Le Pape tient le même langage dans sa lettre à l'impératrice Pulchérie. Il y dit à la fin : « Qu'il considère à quel homme il a succédé, et que, repoussant tout esprit d'ambition, il imite la foi de Flavien, sa modestie, son humilité, qui l'ont élevé jusqu'à la gloire de confesseur. S'il veut reproduire l'éclat de ses vertus, il sera louable, il gagnera l'affection de tout le monde. A cette condition, nous lui promettons notre cœur, ainsi que l'inaltérable dilection du Siège apostolique pour l'Eglise de Constantinople. Mais pour les conventions des évêques, contraires aux saints canons de Nicée, de concert avec votre piété, nous les annulons, et, de l'autorité du bienheureux apôtre Pierre, nous les cassons par une définition absolue (Baller., 105 ; Cacc., 80). »

En écrivant à Anatolius même, il loue sa foi, mais condamne son ambition : il le loue de la manière dont il s'était comporté dans les commencements de son épiscopat, disant qu'on avait appréhendé qu'il ne ressemblât à ceux qui l'avaient ordonné contre les canons; mais il lui reproche ensuite d'avoir lui-même violé ces canons, en ordonnant Maxime évêque d'Antioche, et en voulant, contrairement aux décrets de Nicée, s'attribuer les ordinations des métropolitains d'Asie, du Pont et de Thrace :

« Comme si c'eût été à vos yeux une occasion favorable pour faire perdre au siége d'Alexandrie le second rang, à celui d'Antioche le troisième, et de dépouiller de leurs priviléges tous les métropolitains de vos alentours. Attentat inouï, dont vous êtes tellement préoccupé, que le saint concile, uniquement assemblé pour éteindre l'hérésie et confirmer la foi catholique, vous en avez fait l'instrument de votre ambition, et l'avez poussé à être de connivence avec vous, comme si on ne pouvait rejeter ce qu'une multitude a voulu illicitement, et comme si quelqu'un pouvait détruire les règles de Nicée, établies par l'Esprit vraiment Saint. Les envoyés du Siége apostolique, qui présidaient au concile en notre place, ont résisté avec une louable constance à vos entreprises. On ne peut en douter, puisque vous vous en plaignez dans votre lettre : ce qui fait leur éloge et vous accuse. Les saints Pères qui, à Nicée, ont établi les lois qui dureront jusqu'à la fin du monde, vivent chez nous et par tout l'univers dans leurs constitutions : tout ce qu'on attente contre elles est cassé sans délai. Cessez, mon frère, de fatiguer les oreilles des princes chrétiens par des demandes effrontées. Le règlement fait par des évêques, il y a soixante ans, dites-vous, ne favorise en rien votre prétention : car n'ayant point été communiqué par vos prédécesseurs au Siége apostolique, ce règlement a été dès l'origine frappé de nullité, et l'usage que vous voulez en faire est aussi tardif qu'inutile. J'aime tellement tous mes frères, que jamais je n'accorderai à aucun ce qu'il demandera contre lui-même : ainsi, c'est par bienveillance que je m'oppose à vous, afin que vous cessiez de troubler l'Eglise universelle. Que les métropolitains des provinces ne soient point frauduleusement dépouillés de leurs antiques priviléges. Que le siége d'Alexandrie ne perde rien de la dignité qu'il a méritée par saint Marc, disciple du bienheureux Pierre; si Dioscore est déchu par son impiété, les ténèbres d'autrui ne doivent point obscurcir une si grande Eglise. Que l'Eglise d'Antioche, où naquit le nom chrétien par la prédication du même apôtre, demeure dans l'ordre fixé par les règlements de nos Pères, et que, placée au troisième rang, elle ne descende jamais au-dessous d'elle-même. Car autre chose sont les siéges, autre chose ceux qui sont assis dessus. En vous écrivant ceci, mon frère, je vous exhorte, dans le Seigneur, à déposer tout esprit d'ambition, et à vous embraser plutôt de l'esprit de charité ; de cette charité qui est patiente et douce, qui n'est point jalouse, qui n'agit point avec précipitation, qui ne s'enfle point, qui n'est point ambitieuse, qui ne cherche point ce qui est à soi. Or, si la charité ne cherche point ce qui est à soi, combien péchera celui qui convoite ce qui est à autrui. Je veux donc que vous vous absteniez absolument de ces choses, et que vous vous souveniez de cette parole : Gardez ce que vous avez, de peur qu'un autre ne reçoive votre couronne. Car si vous cherchez ce qui ne vous advient pas, vous vous priverez vous-même de la paix de l'Eglise universelle (Baller., *Epist.* 106 ; Cacc., *Epist.* 81). »

Quant à Julien de Cos, son résident à Constantinople, le Pape lui reprocha de s'être chargé de lui écrire touchant l'affaire d'Anatolius, et lui dit : Vous devez aimer l'état de l'Eglise universelle plus qu'aucun homme particulier, et ne pas me demander ce qui nous rendrait tous deux coupables, moi en l'accordant, vous en l'obtenant (Ballerini, *Epist.* 107).

Enfin, la décision du Pape termina tout. On ne connut aucun moyen de suppléer à son approbation. Et malgré le vœu si fortement prononcé d'un concile général, malgré le vif intérêt que l'empereur et l'évêque de Constantinople attachaient à l'agrandissement de ce siége, il fallut céder à l'autorité à qui tous les siéges sont soumis. C'est ce que nous apprenons de saint Léon (*Ibid.*, *Epist.* 135); et saint Gélase, dans sa lettre aux évêques de Dardanie, nous montre Anatolius rejetant sur son clergé cette vaine tentative, dont le succès dépendait entièrement du souverain Pontife (Gélase, *Epist.* 13; Labbe, t. IV). En effet, Anatolius lui-même finit par écrire à saint Léon : « Quant à ce qui a été réglé dans le concile général de Chalcédoine, en faveur de l'Eglise de Constantinople, que Votre Sainteté soit assurée qu'il n'y a point de ma faute, et, qu'au contraire, j'aimai toujours à me tenir dans un état humble, à cause du repos et de la paix que j'ai chéris dès mon jeune âge. C'est le vénérable clergé de l'Eglise de Constantinople qui a conçu ce projet d'élévation; en quoi il a été unanimement secondé par les très-religieux pontifes de ces contrées. Mais la confirmation de ce qui a été fait appartient à Votre Sainteté, et rien ne peut avoir de force que par son autorité (Baller., *Epist.* 132). »

Cependant les partisans d'Eutychès publiaient que saint Léon n'approuvait pas le concile de Chalcédoine, sous prétexte qu'il n'avait pas voulu recevoir le canon fait en faveur de l'évêque de Constantinople. Il est vrai que la lettre de saint Léon à Anatolius aurait pu les désabuser facilement, mais Anatolius n'avait garde de la publier, et on l'accuse même d'avoir répandu cette calomnie. Elle fit tant d'impression, que l'empereur exhorte le Pape à s'en expliquer nettement. Il croyait l'avoir assez fait, avant le concile, par sa lettre à Flavien, et depuis, par celles qu'il avait écrites à l'empereur, à l'impératrice et à Anatolius. Toutefois, pour satisfaire le prince, il écrivit, le 21 mars 453, une lettre adressée à tous les évêques qui avaient assisté au concile de Chalcédoine, par laquelle il déclare qu'il approuve tout ce qui s'y est fait touchant la foi, et que quiconque osera soutenir l'erreur de Nestorius ou d'Eutychès, et de Dioscore, doit être retranché de l'Eglise. Mais il proteste en même temps d'observer inviolablement les canons de Nicée et de résister à l'ambition, quelque concile qu'elle puisse alléguer en sa faveur, comme on le voit par son opposition aux entreprises de l'évêque de Constantinople (Baller., *Epist.* 114).

Dans le même temps que ce grand Pape ramenait en Orient l'unité de la foi et la paix des Eglises, il arrêtait en Occident une nouvelle invasion des Huns. Après leur défaite dans les Gaules, on se croyait en assurance. Tout à coup on apprend que le terrible Attila marche sur l'Italie à travers la Pannonie et la Norique, qu'il met à feu et à sang. On eût dit que c'étaient les Romains qui avaient été vaincus, tant ils étaient consternés. Aëtius, qui aurait dû fermer le passage des Alpes, effrayé lui-même de cette invasion soudaine, songeait à quitter l'Italie pour se sauver en Gaule; il conseillait à l'empereur Valentinien de fuir avec lui. Cependant la honte l'emporta sur la terreur; Valentinien se renferma dans Rome. Cependant Attila, après avoir pris et pillé Augsbourg, assiége et ruine Aquilée, Concordia, Altinum, Padoue, Vicence, Vérone, Brescia et Bergame, pille Milan et Pavie, mais sans y mettre le feu. Valentinien et son conseil ne virent d'autre ressource qu'une ambassade. Elle n'était pas sans péril. Le pape saint Léon s'en chargea. On le fit accompagner de deux hommes consulaires. Ils trouvèrent Attila près de Mantoue, sur les bords du fleuve Mincius. Outre la réputation de ses cruautés, sa figure seule était terrible. Il était de petite taille; mais il avait la démarche fière, la poitrine large, la tête grosse, les yeux petits, vifs et toujours en mouvement, le nez plat, la barbe claire, les cheveux gris, le teint brun, tels que sont encore les Tartares. Comme il hésitait s'il irait à Rome, cette ambassade le détermina. Il eut tant de joie d'avoir vu le Pape, qu'il écouta favorablement ses propositions : il arrêta les actes d'hostilité, et se retira au delà du Danube, avec promesse de faire la paix.

L'année suivante, 453, un matin, Attila fut trouvé mort. Quelques historiens, mais surtout les anciens chants des Scandinaves, qui le célèbrent sous le nom d'*Etzel*, disent qu'il fut égorgé la nuit par une nouvelle épouse qu'il venait de prendre, une jeune Franque, dont il avait fait mourir les deux frères (Jornandès, *De reb. got.*, c. 42; *Hist. du Bas-Empire*, l. 33, addit. de St-Martin). D'autres historiens disent qu'il mourut d'un coup de sang. De ses nombreuses femmes, il laissait comme un peuple d'enfants, qui se firent la guerre les uns aux autres, et dans peu réduisirent à rien la puissance si formidable de leur père.

FIN DU TOME TROISIÈME.

TABLE DES MATIERES DU TOME TROISIÈME.

LIVRE TRENTIÈME.

Dernier combat entre Rome idolâtre et l'Eglise du Christ. Triomphe de l'Eglise.

De l'an 285 à l'an 313 de l'ère chrétienne.

Dioclétien. Il tue Aper, lutte contre Carin, et s'adjoint Maximien. Son avarice, sa fureur de bâtir, sa cruauté. Avarice, cruauté plus grande encore, et luxure de Maximien, 1.
Charité et zèle de Sébastien. Miracles et conversions qu'il opère. Guérison miraculeuse de Tranquillin et de Chromace, 2.
Faveur de Sébastien auprès des empereurs, 4.
Retraite de Chromace en Campanie avec un grand nombre de chrétiens, 4.
Le Pape et les siens dans le palais de l'empereur. Tiburce ressuscite un mort. Martyre de sainte Zoé, de Tranquillin et autres, 5.
Trahison de Torquat et martyre de Tiburce et autres. Confession et martyre de saint Sébastien, 6.
La légion thébaine, 6.
Martyre de saint Victor, 7.
Martyre des saints Donatien et Rogatien à Nantes, 7.
Autres martyrs en Belgique, en Angleterre et en Gaule. Martyre de saint Genès à Arles, 7.
Martyre et vision de saint Victor à Marseille. Baptême et martyre de ses gardes, 8.
Autres martyrs en Asie, 9.
Création de deux césars. Leur caractère, 9.
Liberté des chrétiens. Lettre de saint Théonas à Lucien. Christianisme de Prisca et de Valérie, femme et fille de Dioclétien, 9.
Construction de nouvelles églises. Relâchement des chrétiens, 11.
Persécution de Galérius. Son expédition contre Narsès, et celle de Dioclétien contre Achillée, 11.
Martyre de Maximilien, Marcel, Cassien et quarante soldats, 11.
Explication des réticences d'Eusèbe, 12.
Délibérations et consultations de Dioclétien. Destruction des églises. Intrigues de Galérius, 13.
Etendue et rigueur de la persécution, 13.
Ecrits des deux philosophes contre la religion chrétienne, 14.
Massacre à Antioche, 15.
Martyre de Donat, Procope, Barallah et autres, 15.
Divers genres de supplices employés contre les chrétiens, 15.
Martyre de saint Romain : il parle la langue coupée, 16.
Miracles en faveur des martyrs de Tyr, 16.
Nombreux martyrs en Egypte. Lettre de saint Philéas. Son martyre et celui de Philorome, 16.
Autres martyrs en Syrie et ailleurs, 17.
Détresse des chrétiens en Galatie. Vertus et miracles de Théodote. Il recueille les reliques du martyr Valens et celles de sept vierges. Son martyre. Ses reliques, recueillies par le prêtre Fronton, 18.
Constance renvoie de son palais les apostats, 22.
Martyrs d'Occident. Lâcheté de Paul et de Silvain. Martyre de Félix et de quarante-neuf confesseurs. Réussite de Mensurius. Fourberie de Secundus, 22.
Arnobe. Ses sept livres contre l'idolâtrie, 23.
Martyrs d'Espagne. Sainte Encratide. Martyre et vision de saint Vincent. Conversion de ses gardes. Un corbeau garde son corps. Ses reliques sont recueillies, 24.
Martyre de sainte Eulalie et des deux frères Just et Pasteur, 25.
Martyre d'Euplius à Catane, de sainte Luce à Syracuse, 26.
Martyre de sainte Sotère à Rome, 27.

Sainte Agnès. Elle ressuscite le fils du préfet de Rome. Miracles en sa faveur. Son martyre, 27.
Miracles, conversion et martyre de Pierre, 28.
Autres martyrs d'Italie, 28.
L'évêque Narcisse à Augsbourg. Il baptise la courtisane Afre et sa famille. Son martyre à Girone. Martyre d'Afre et des siens à Augsbourg, 28.
Martyre d'Irénée et autres, à Sirmium. Autres martyrs en Thrace, 29.
Martyre de Taraque, Probus et Andronic en Cilicie. Leurs reliques sont recueillies et leurs actes tirés du greffe public, 30.
Martyre de sainte Julitte et de son enfant à Tarse. Leurs reliques sont recueillies, 37.
Martyre de sainte Théodore à Alexandrie. Stratagème d'un chrétien pour sauver sa pudeur, 37.
Dioclétien se vante, par des inscriptions publiques, d'avoir aboli le christianisme, 37.
Conversion et martyre de Genès, 37.
Maladie de Dioclétien, 38.
Galérius le force à lui céder l'empire. Sévère et Maximin Daïa, césars, 38.
Projets de Galérius. Ses cruautés et ses vexations, 39.
Ses embûches contre Constantin. Mort de Constance. Constantin, empereur, 40.
Dépit de Galérius, 40.
Maxence proclamé empereur à Rome. Les troupes envoyées contre lui passent sous ses étendards. Maximien reprend l'empire. Mort de Sévère. Alliance de Maximin et de Constantin. Galérius est forcé de lever le siège de Rome, 40.
Reglements de saint Pierre d'Alexandrie pour la réconciliation des laps. Canons disciplinaires du concile d'Elvire, 41.
Election du traditeur Silvain par les douze évêques traditeurs du concile de Cirthe, 43.
Aglaé et Boniface. Départ de Boniface à la recherche de reliques. Son martyre. Vision d'Aglaé. Elle renonce au monde. Ses miracles et ceux des reliques de Boniface, 43.
Martyrs de Cappadoce. Martyre de Théodore, 45.
Martyre de Pélagie, de Domnine et de ses deux filles, 46.
Martyrs et confesseurs de Palestine, 47.
Martyre et ouvrage de Pamphile, 47.
Martyre et ouvrage de saint Méthodius, 48.
Tyrannie de Daïa, 49.
Les anachorètes. Retraite de Paul, 50.
Naissance et éducation d'Antoine. Il vend ses biens et s'exerce à la vie ascétique. Tentations qu'il éprouve. Ses austérités. Il s'établit dans un sépulcre. Attaques du démon contre lui. Il s'établit sur une montagne. Ses miracles, ses disciples, ses instructions, 50.
Jalousie de Maximien contre Maxence. Sa fuite. Licinius, césar. Intrigues inutiles de Maximien contre Constantin, qui lui laisse la vie. Ses nouvelles tentatives et sa mort, 52.
Daïa se proclame auguste. Exaction de Galérius. Martyre de saint Quirin et de Sérénus, 53.
Maladie de Galérius. Son édit en faveur des chrétiens, 53.
Victoire de Maxence sur Alexandre. Il rend la liberté aux chrétiens, 55.
Mort de Galérius. Traité entre Daïa et Licinius, 55.
Persécution de Daïa. Calomnies contre Jésus-Christ et les chrétiens, 55.
Martyre d'Apollonius et de Philémon. Conversion et martyre de leurs juges, 56.
Autres martyrs à Alexandrie et en Syrie, 56.
Ouvrages de saint Lucien. Son martyre à Antioche, 57.
Saint Antoine encourage les martyrs, 57.
Les Arméniens défendent leur religion contre Daïa, 57.

La peste et la famine dans l'empire. Charité des chrétiens, 57.
Avarice et débauche de Daïa. Exil de Valérie. Daïa déclare la guerre à Constantin, qui renverse les statues de Maximien et de Dioclétien. Douleur et mort de celui-ci, 58.
Alliance de Daïa et de Maxence, Constantin aux portes de Rome. Apparition de la croix. Le labarum. Tyrannie de Maxence dans Rome. Sa défaite et sa mort. Triomphe de Constantin, 58.
De la prétendue chute du pape saint Marcellin, 58.
Edits de Constantin et de Licinius en faveur des chrétiens, 60.
Vision et victoire de Licinius contre Maximin Daïa, 60.
Maximin Daïa lui-même publie un édit en faveur des chrétiens, 61.
Il s'empoisonne et meurt à Tarse, 61.
Extermination de toute la race des persécuteurs, 61.

LIVRE TRENTE ET UNIÈME.

Après avoir combattu pour l'unité de Dieu, l'Eglise combat pour la divinité du Christ et pour sa propre unité. — Premier concile œcuménique.

De l'an 313 à l'an 326 de l'ère chrétienne.

Lutte et triomphe de l'Eglise, prédits par David, 62.
Joie des chrétiens. Leur faveur auprès de Constantin, 62
Lactance. Ses *Traités de la mort des persécuteurs*, de l'*Ouvrage de Dieu* et de la *Colère de Dieu*. Ses *Institutions divines*, 63.
Mort du césar Crispus, son élève, 65.
Eusèbe et ses ouvrages : La *préparation et la démonstration évangéliques*, 65.
Obscurité de ses idées sur la divinité du Christ, 67.
Supériorité de l'histoire chrétienne sur l'histoire païenne. *Chronique et Histoire ecclésiastique* d'Eusèbe, 67.
Saint Antoine. Il guérit la fille d'un commandant. Il se retire sur une montagne au fond du désert. Il commande aux bêtes sauvages. Sa tentation. Sa visite à ses amis. Il fait jaillir une source et guérit des possédés. Son entretien avec des philosophes païens, 68.
Retraite d'Ammon. Conversion de Pacôme. Son noviciat. Ses disciples, 69.
Hilarion. Sa conversion. Sa retraite près de saint Antoine, puis en Palestine. Ses austérités, 70.
Accomplissement des prophéties d'Isaïe, 70.
Démêlés de Licinius avec Constantin. Ses vexations et sa persécution contre les chrétiens. Les quarante martyrs de Sébaste. Défaite de Licinius par Constantin, 71.
Actes de cruauté de Constantin, 72.
Influence du christianisme dans sa législation, 72.
Sa conduite à l'égard des païens, 73.
Ses proclamations et ses ordonnances en faveur des chrétiens. Sa proclamation aux peuples d'Orient, 74.
Coups qu'il porte à l'idolâtrie en dévoilant l'intérieur des temples païens, ou en les faisant crouler, 74.
Persévérance du paganisme dans les titres donnés aux empereurs, 75.
Schisme de Mélèce à Alexandrie, 75.
Croyance des trois premiers siècles à la divinité du Christ, 75.
Athanase. Son caractère. Son premier genre de vie. Son livre contre les païens, 75.
Caractère et conséquences de l'arianisme, 76.
Arius. Son portrait. Ses variations. Il commence à répandre sa doctrine. Tentatives inutiles de saint Alexandre. Excommunication d'Arius, 76.
Il s'attache Eusèbe de Nicomédie. Indignités de celui-ci. Lettre qu'Arius lui adresse. Impostures qu'elle contient. Lettre des deux hérétiques à saint Alexandre. Arius met sa doctrine en chansons. Equivoques d'Arius, 77.
Lettres-circulaires de saint Alexandre, 79.
Concile des ariens. Division dans toute l'Eglise, 81.
Lettre de Constantin à Alexandre et à Arius. Concile d'Alexandrie. Réconciliation de Collufhe, 81.
Concile de Nicée. Principaux évêques catholiques et ariens qui s'y trouvèrent. Présidence du Pape au concile, 81.
Arius expose ses erreurs. Discussion entre les évêques catholiques et les évêques ariens, 82.
Séance publique. Arrivée de l'empereur, 82.
Confusion et mauvaise foi des ariens. Discussion sur le mot *consubstantiel*, et son adoption, 83.
Symbole de Nicée, 84.
Souscriptions frauduleuses de quelques ariens. Condamnation d'Arius et de ses sectateurs, 84.

Décret pour la célébration de la Pâque, 84.
Assoupissement du schisme de Mélèce, 85.
Lettre du concile à l'Eglise d'Alexandrie, 85.
Lettres de l'empereur à toute l'Eglise, pour la condamnation de l'hérésiarque, à Arius et ses partisans, 86.
Traitement fait aux évêques par Constantin. Il refuse la juridiction sur les évêques, 86.
Promulgation des ordonnances du concile par les principaux Pères, 87.
Confirmation du concile par le pape saint Silvestre, 87.
Déguisement d'Eusèbe de Césarée dans sa lettre à son Eglise, 87.
Déposition d'Eusèbe de Nicomédie et de Théognis. Lettre de l'empereur à l'Eglise de Nicomédie, 87.
Mort de saint Alexandre. Athanase, évêque d'Alexandrie, 88.
Schisme à Carthage. Donat. Concile et lettres des schismatiques. Leur requête à Constantin. Concile de Latran. Condamnation de Donat, 88.
Esprit de l'ancienne discipline, 89.
Promulgation à Carthage de la décision du concile. Donat rentre dans la ville. Nouvelle requête des donatistes à l'empereur, 90.
Leur condamnation par le proconsul d'Afrique et le concile d'Arles. Lettre du concile au Pape. Retour de quelques schismatiques, opiniâtreté des autres. Lettre de Constantin au concile d'Arles, 90.
Condamnation des donatistes par l'empereur, 91.
Exil des plus séditieux. Exil et rappel de Silvain, 92.
Sixième canon du concile de Nicée, 92.
Canons sur le célibat des clercs, 93.
Autres canons disciplinaires des conciles de Nicée, d'Arles, de Néocésarée et d'Ancyre, et explication de quelques-uns d'entre eux. Raisons du silence de ces conciles sur certaines matières. Condamnation d'Eustathe par le concile de Gangres. Douceur relative de la discipline pénitentiaire dans les trois premiers siècles. Mot de Constantin à un évêque novatien. Canons arabiques du concile de Nicée, 96.
Lois de Constantin relatives aux choses ecclésiastiques, 97.
Fondation et dotation d'églises à Rome par le pape saint Silvestre et Constantin, 98.
Conversion des païens dans l'empire, 98.
Conversion des Ibériens par une captive, 98.
Progrès du christianisme chez d'autres peuples, 99.
Conversion des Ethiopiens par les deux frères Edesy et Frumence, 99.
Baptême du patriarche juif Hillel à Tibériade. Endurcissement prolongé et baptême de l'apôtre Joseph. Il bâtit des temples en Judée. La veuve de Maximien en pèlerinage aux lieux saints, 100.
Destruction des idoles et création d'une église à Mambré, 101.
Piété d'Hélène. Son pèlerinage aux saints lieux. Elle fonde l'église du Saint-Sépulcre. Invention de la sainte croix. Fondation de l'église de l'Ascension, 102.

LIVRE TRENTE-DEUXIÈME.

L'Eglise personnifiée dans saint Athanase, n'a pas moins à souffrir de la légèreté et de l'inconstance de Constantin que de la cruauté de Sapor, roi des Perses, et trouve son salut dans la prééminence de l'évêque de Rome, le pape saint Jules.

De l'an 326 à l'an 346 de l'ère chrétienne.

Motifs de Constantin pour quitter Rome. Fondation et destruction de Constantinople, 103.
Origine du revirement de l'empereur. Rappel d'Arius, d'Eusèbe et de Théognis, 104.
Machinations des ariens contre saint Eustathe d'Antioche. Son exil, 105.
Accusations et justifications successives de saint Athanase devant l'empereur, 106.
Saint Antoine vient à Alexandrie et anathématise Arius. Il guérit un possédé, 106.
Affaire du faux prêtre Ischyras et de l'évêque Arsène. Confusion des ennemis de saint Athanase, 107.
Nouvelles intrigues des ariens. Conciliabule de Tyr. Réclamations des orthodoxes. Confusion et fureur des ariens, 108.
Procédure inique contre le prêtre Macaire. Son innocence reconnue. Conduite indigne des évêques commissaires et de leurs soldats. Déposition d'Athanase et lettres mensongères du conciliabule, 109.
Dédicace de l'église du Saint-Sépulcre, 110.
Réconciliation d'Arius par les évêques du conciliabule, 111.
Athanase et ses juges devant l'empereur. Exil d'Athanase, 111.
Saint Maximin de Trèves. Mort de saint Silvestre, 111.

TABLE DES MATIÈRES.

Déposition de Marcel d'Ancyre par les ariens. Livres d'Eusèbe contre lui, et réponse de Marcel, 112.
Fermeté de saint Alexandre de Constantinople contre la réhabilitation d'Arius Menaces des ariens. Prière du saint évêque. Mort funeste d'Arius, 112.
Lettre de l'empereur à saint Antoine et réponse du saint, 113.
Maladie, baptême et mort de Constantin, 113.
Massacre au palais, 114.
Caractère de Constance. L'arianisme à la cour, 114.
Retour de saint Athanase. Nouvelles intrigues des ariens, 114.
Mort tragique de Constantin le jeune, 114.
Mort d'Eusèbe de Césarée, 114.
Ambition d'Eusèbe de Nicomédie. Ses vaines intrigues contre thanase auprès du pape saint Jules, auquel chaque parti apelle, 114.
Déposition d'Athanase au conciliabule d'Antioche. Diverses professions de foi des évêques y assemblés. Leurs canons disciplinaires, 115.
Intrusion de Grégoire à Alexandrie. Douleur des catholiques. Horreurs commises par les ariens. Retraite d'Athanase. Violences de Grégoire, 116.
Lettre-circulaire d'Athanase. Lettre de saint Antoine à Grégoire. Punition de Balacius, 116.
Saint Athanase à Rome. Refus des ariens de venir au concile qu'ils avaient demandé, 117.
Autorité du pontife romain dans toute l'Église, de l'aveu des Grecs. Lettre admirable que leur écrit le pape saint Jules, 118.
De l'aveu des Grecs, rien ne peut se conclure dans l'Église sans l'autorité du pontife romain. Intrusion de Macédonius et troubles à Constantinople. Exil de saint Paul, 121.
Condamnation des ariens par Constant, 121.
Concile de Sardique. Tergiversations et retraite des ariens. Justification des innocents. Condamnation des ariens, 122.
Lettres et canons du concile qui reconnaît et explique le droit d'appellation au Pape, 122.
Assemblée des ariens à Philippopolis. Leurs lettres et leurs violences, 125.
Machinations de l'évêque arien Etienne contre les légats de Sardique, 125.
Rappel des exilés, 126.
Lettres de Constance à Athanase, 126.
Lettre du pape saint Jules à l'Église d'Alexandrie. Autres lettres des évêques de Palestine à la même Église, 126.
Entrevue d'Athanase et de Constance. Circulaire de celui-ci, 127.
Effets du retour d'Athanase à Alexandrie: Rétractation d'Ursace et de Valens. Leur lettre à saint Athanase, 128.
Introduction de la vie monastique en Occident par saint Athanase, 128.
Entrevue de saint Paul et de saint Antoine. Mort de saint Paul. Saint Antoine l'ensevelit dans une fosse creusée par des lions, 129.
Saint Hilarion. Ses nombreux disciples. Ses miracles. Il convertit des Sarrasins, 130.
L'esprit de l'Église et l'esprit des hérétiques, 130.
Fureurs des circoncellions. Présence d'esprit d'un jeune homme. Brutalité de Donat et émeute des donatistes contre Paul et Macaire, 130.
Concile de Carthage pour la réunion des schismatiques, 131.
Église de Perse, 131.
Papas, évêque de Séleucie, frappé de paralysie. Saint Milles. Sa promotion au siége de Suze, 131.
Corruption et pénitence de cette ville. Sa destruction par Sapor, 132.
Saint Milles en Palestine. Ses miracles, 132.
Sapor. Sa persécution contre les chrétiens, 133.
Martyre des deux frères de Beth-Asa, 133.
Saint Siméon, archevêque de Séleucie, 134.
Fin de la persécution, 134.
Sapor est forcé de lever le siège de Nisibe, 135.
Reprise de la persécution. Martyre de Sapor, Isaac, Mahanis, Abraham et Siméon, 135.
Redoublement de la persécution. Lettre de saint Siméon au roi. Menaces du roi et réponses de l'archevêque. Son martyre et celui de Guhsciatazades et de cent autres chrétiens avec Phusikius, 135.
Edit de Sapor contre les chrétiens, 139.
Martyre des trois sœurs de saint Siméon, de saint Milles et de ses deux disciples, de saint Barsabias et de ses moines, et d'un mage converti, 139.
Vision de saint Sadoth. Son martyre et celui des cent vingt-huit personnes de son église, du prêtre Daniel, de la vierge Verda, de cent vingt chrétiens de Séleucie, de saint Barbassemin et de ses compagnons, 140.
Nouvel édit de Sapor. Martyre de saint Jacques et de sa sœur Marie, et de cinq vierges exécutées par leur pasteur devenu apostat, 141.
Caractère doublement satanique de la persécution de Sapor, 142.

LIVRE TRENTE-TROISIÈME.

L'Église persécutée par Constance et par Sapor, enfante ses plus grands docteurs.

De l'an 346 à l'an 361 de l'ère chrétienne.

Révolte de Magnence. Court empire de Népotien. Proclamation et déposition de Vétranion. Victoire de Constance sur Magnence, 143
Démarche de Constance auprès de saint Athanase, 144.
Concile de Sirmium. Déposition et exil de Photin, 144.
Exil et meurtre de saint Paul de Constantinople. Intrusion de Macédonius, 144.
Nouvelles accusations des ariens contre Athanase, 145.
Leurs vaines intrigues auprès du pape Libère, 145.
Concile d'Arles. Chute de Vincent de Capoue. Exil de saint Paulin de Trèves, 145.
Mission de Lucifer et d'Eusèbe de Verceil. Lettre du Pape à l'empereur, 145.
Mort de Gallus, 146.
Concile de Milan. Edit de Constance. Fermeté et persécution des évêques catholiques, 146.
Lettre du Pape aux exilés, 148.
Tentatives des ariens pour le gagner. Son enlèvement. Son interrogatoire. Son exil, 148.
Élection de Félix, 150.
Vénération des contemporains pour Libère, 151.
Tentatives de l'empereur auprès d'Osius. Réponse de celui-ci. Persécution contre les catholiques, 151.
Caractère et maîtres de Julien. Causes de son apostasie, 152.
Il se livre au philosophe Maxime. Son hypocrisie. Il est nommé césar, 153.
Famille de saint Grégoire de Nazianze. Sa vision. Ses premières études, 154.
Saint Cyrille de Jérusalem. Ses ouvrages. Son épiscopat. Miracle à Jérusalem, 154.
L'aveugle Dydime à Alexandrie, 155.
Grégoire à Alexandrie, puis à Athènes. Il essuie en route une tempête, 155.
Sa sainte amitié avec Basile. Famille et premières études de celui-ci, 156.
Leur éloignement de Julien. Leur retour en Cappadoce, 156.
Saint Hilaire de Poitiers. Motifs de sa conversion. Son zèle. Son élection, 157.
Saint Martin. Son intrépidité. Sa charité. Il s'attache à saint Hilaire. Il convertit un voleur et ses parents, 157.
Saint Optat, saint Augustin, saint Ambroise, saint Jérome, saint Jean Chrysostome, saint Jacques de Nisibe et saint Ephrem, 158.
Siége de Nisibe par les Perses. Leur retraite par les prières de saint Jacques, 158.
Ouvrages de saint Ephrem, 159.
Election de saint Nersès en Arménie, 159.
Nouvelles intrigues contre Athanase. Tentative inutile d'enlèvement contre lui. Persécution contre l'Église d'Alexandrie. Retraite d'Athanase. Sa visite aux monastères d'Égypte, 160.
Mort de saint Antoine, 161.
Célébrité de saint Hilarion. Son pèlerinage en Egypte, 162.
Requête de saint Hilaire à Constance. Son exil, 162.
Causes de l'intégrité de la foi parmi le peuple, malgré l'arianisme, 162.
Occupations de l'intrus Georges à Alexandrie. Ses persécutions contre les fidèles, 163.
Violences de Macédonius à Constantinople, 163.
Astuce de Léonce d'Antioche. Zèle de Diodore et de Flavien, 163.
Ecrits d'Athanase à son peuple. Son apologie, 164.
Lettre d'Eusèbe de Verceil aux Églises d'Italie. Ses souffrances dans son exil, 164.
Les douze livres de saint Hilaire sur la Trinité, 165.
Constance à Rome, 165.
Intrusion d'Eudoxe à Antioche, 166.
Députation des dames romaines pour le retour de Libère. Sédition parmi le peuple. Retour triomphal de Libère et expulsion de Félix, 166.
De la prétendue chute du pape Libère, 166.
Chute d'Osius. Quoiqu'elle cause, 166.
Preuves que le pape Libère n'est pas tombé, 167.
Condamnation des anoméens. Destruction de Nicomédie, 167.
Le livre des *Synodes* de saint Hilaire, 168.
Variations de l'empereur sous l'influence des anoméens. Formule de foi de ceux-ci, 169.
Conciles de Rimini et de Séleucie. Irrégularités dans leur convocation, 169.
Le concile de Rimini, tant qu'il est libre, tant qu'il est concile maintient la foi catholique contre les ariens, 170.

TABLE DES MATIÈRES.

Le concile de Séleucie, où assiste saint Hilaire, se montre à peu près de même, 171.
Conséquence sur le nombre respectif des catholiques et des ariens, 171.
Les députés du concile de Rimini à la cour, se laissent séduire et sont désavoués par le concile encore libre, 172.
Les évêques retenus forcément à Rimini et violentés dans leur conduite, obligent néanmoins les ariens à condamner l'arianisme. Indignes équivoques des ariens, 172.
A Constantinople, les anoméens, forcés de condamner leur propre doctrine, parviennent néanmoins à faire exiler ceux qui les avaient condamnés à Séleucie. Bien inattendu qui en résulte, 173.
Requête de saint Hilaire à Constance. Son livre contre lui. Son retour en Gaule, 174.
Livres de Lucifer à Constance. Lettre d'Athanase au même, 175.
Martyre de saint Barhadbesciabas en Perse, 177.
Exil de saint Nersès, 177.
Lettre de saint Athanase aux solitaires. Ses autres lettres et traités contre les ariens, 177.
Le pape Libère casse le concile de Rimini, 178.
Rétractation pacifique des évêques, 178.
Concile d'Antioche. Élection de Mélèce. Son orthodoxie. Son exil, 179.
Election d'Euzoïus. Division de l'Eglise d'Antioche, 180.
Constance marche contre Julien. Sa mort, 180.

LIVRE TRENTE-QUATRIÈME.

Julien l'Apostat. — Preuve expérimentale que le paganisme et la philosophie ne sont qu'inanité, et que le christianisme seul possède la vérité et la vie.

De l'an 361 à l'an 363 de l'ère chrétienne.

Conduite de Julien l'Apostat dans les Gaules, 181.
Constance lui demandant l'élite de ses troupes contre les Perses. Une révolution éclate à Paris qui proclame Julien empereur. Contradiction de Julien sur les causes et les moyens de cette révolution. Ses deux lettres à Constance, 181.
Superstitions et hypocrisie de Julien, 182.
Julien ayant perdu sa femme, reste veuf, avec une chasteté fort équivoque, 182.
Ayant réussi dans sa marche sur Sirmium, il adresse au sénat de Rome et au peuple d'Athènes des manifestes où il déclare son apostasie et déchire Constance, 183.
Sa perplexité, dont il est tiré par la mort de Constance. Son entrée à Constantinople, 183.
Procédure contre les ministres du défunt empereur. Réforme grotesque du palais. Tenue de Julien, 184.
Invitation à Maxime et à Chrysanthe de venir à la cour. Leurs délibérations superstitieuses. Refus et promotion de Chrysanthe au souverain pontificat. Arrivée de Maxime, 184.
Accueil fait par Julien aux philosophes, 185.
Installation des idoles au palais, 185.
Zèle ridicule de Julien pour les cérémonies idolâtriques, 185.
Son discours sur le culte de Cybèle, 186.
Sa crédulité, 186.
Accomplissement en lui d'une prophétie de l'Apocalypse, 186.
Plan d'attaque de Julien contre le christianisme, 187.
Ses efforts pour relever le paganisme, 187.
Il n'y voit autre moyen que de contrefaire le christianisme. Incohérence de ses idées et de ses raisonnements à cet égard, 187.
Ses artifices pour surprendre les chrétiens. Prévarication d'un grand nombre de ceux-ci. Disgrâce de Jovien et de Valentinien, 188.
Vexations et mauvaises plaisanteries de l'empereur contre les chrétiens, 189.
Cruautés exercées sur l'évêque d'Aréthuse et les chrétiens d'Ascalon et de Gaze, 190.
Attention de Julien à attiser les dissensions entre les chrétiens, 191.
Rappel et violences des chefs donatistes, 191.
Défense aux chrétiens d'étudier les lettres humaines. Ridicules sophismes de Julien à ce sujet, 192.
Variations d'Ecébole, 193.
Fermeté de Prohérèse, 193.
Baptême de Victorin. Ses ouvrages, 193.
Ecrits des deux Apollinaire, 193.
Voyage de saint Basile en Syrie et en Egypte. Sa retraite. Sa correspondance à ce sujet avec saint Grégoire, 194.
La philosophie et l'état monastique, 195.

Règle de saint Basile, particulièrement en ce qui regarde l'éducation des enfants, 196.
Césaire quitte la cour, 197.
Ordination des deux amis, 197.
Election d'Eusèbe à Césarée. Fermeté de saint Grégoire le père, 197.
Ambassades adressées à Julien. Son zèle idolâtrique dans son voyage à Antioche, 198.
Martyre du prêtre Basile, 198.
Entrée de Julien à Antioche. Nouveaux témoignages de son ardeur pour le culte des idoles, 198.
Fuite et conversion d'un fils du sacrificateur de Daphné, 199.
Lettre séditieuse de Julien aux habitants de Bostre, 200.
Ses cruautés. Violences de la populace païenne d'Alexandrie. Lettre de Julien aux Alexandrins, 201.
Rentrée d'Athanase. Concile d'Alexandrie. Règlement pour la réconciliation des ariens, 201.
Pacification de l'Eglise d'Antioche, un moment retardée par la précipitation de Lucifer. Schisme des lucifériens. Conservation des reliques de saint Jean-Baptiste, 202.
Requête des païens contre Athanase. Ordre donné contre lui. Supplique des Alexandrins en faveur de leur évêque. Lettre que Julien leur adresse. Fuite de saint Athanase. Son stratagème pour échapper à ceux qui le poursuivaient, 203.
Découverte d'un bœuf apis. Fléaux dans l'empire, 204.
Préparatifs superstitieux à la guerre des Perses, 205.
Translation des reliques de saint Babylas, 205.
Colère de l'empereur. Confession de Théodore et de Publie, 205.
Incendie du temple et de l'idole de Daphné, 205.
Colère et vexations de Julien contre les chrétiens. Profanations et châtiment de trois seigneurs apostats, 206.
Présages funèbres pour Julien, 206.
Ses nouveaux artifices contre les chrétiens. Martyre de deux de ses gardes, 207.
Population de son palais, 207.
Combat satirique entre Julien et le peuple d'Antioche. Le *Misopogon* et les *Césars* de Julien, 207.
Lettres et consultations pour le rétablissement du temple de Jérusalem. Fermeté de saint Cyrille. Prodiges qui s'opposent à la réalisation du projet. Preuves de cet événement, 208.
Logique de Julien. Ses objections, 210.
Preuves contre les hérétiques, 210.
Causes de la confiance de Julien en marchant contre les Perses, 210.
Taxe imposée aux chrétiens, 211.
Inefficacité de l'éloquence impériale à Béroé. Satisfaction de Julien à Batné, 211.
Pronostics sinistres. Sacrifice du prince à Carres. Témérité de Julien. Victoire sur les Perses. Nouveaux pronostics funèbres, 212.
Julien rejette les offres de Sapor, 212.
Réponse satirique des habitants de Ctésiphon, 212.
Julien se laisse séduire par les espions de Sapor, et brûle sa flotte. Embarras de l'armée, 212.
Vision et frayeur de Julien, 213.
Sa blessure. Circonstances de sa mort, 213.
Jugement sur Julien, 213.
Abattement des païens. Joie des chrétiens, 214.
Sacrifices humains faits par Julien, 214.
Révélation faite de sa mort à saint Sabbas et à Didyme, 215.
Babylone, lieu d'exécution de la justice divine, 215.
Mort du paganisme avec Julien l'Apostat, 215.

LIVRE TRENTE-CINQUIÈME.

Les Eglises affligées d'Orient n'attendent leur salut que de l'Occident et de Rome; et les nations barbares commencent à exécuter la justice de Dieu sur le monde païen.

De la mort de Julien l'Apostat, 363, à celle de l'empereur Valens, 378.

Election de Jovien. Son portrait. De l'acte d'idolâtrie qui préluda à son règne, 216.
Détresse de l'armée romaine. Elle veut passer le Tigre. Traité de paix avec les Perses. Nécessité pour Jovien d'en accepter les conditions, 216.
Infamies et captivité d'Arsace, roi d'Arménie. Ravages et cruautés exercées en ce pays par les Perses. Persécution de l'Apostat Mérouján. Exploits de Para et victoires du connétable Mouscheg sur les Perses, 217.
Martyre de deux cent soixante-quinze prisonniers romains, et l'apostasie de vingt-cinq autres, 218.
Sépulture de Julien. Les deux discours de saint Grégoire contre lui, 219.

Tolérance politique proclamée par Jovien. Ses lois en faveur des chrétiens, 219.
Retour de saint Athanase. Lettres que Jovien lui adresse. Importunités inutiles des ariens auprès de l'empereur. Retour hypocrite des anoméens, 220.
Saint Pacôme dans le désert. Visite et retraite de sa sœur. Ses miracles et ses révélations, 221.
Mort de Jovien. Élection de Valentinien. Il s'adjoint Valens. Recherche des magiciens à l'occasion d'une maladie des deux empereurs. Partage de l'empire, 222.
Liberté religieuse accordée par Valentinien. Fourberie d'Auxence. Ecrit de saint Hilaire contre lui. Lois de Valentinien, 223.
Révolte de Procope. Action singulière d'Arinthée. Défaite et mort de Procope, 226.
Exil des semi-ariens par Valens, séduit par les anoméens. Leur retour à l'unité. Lettre que le pape Libère leur adresse. Dogme de la divinité du Saint-Esprit. Rétractation de Germinus de Sirmium, 227.
Mort du pape Libère, 228.
Élection de Damase. Sédition et exil d'Ursin. Magnificence des Papes dès le IVe siècle, 228.
Sévérité excessive et perfidie de Valentinien. Son divorce, 229.
Arianisme de Valens. Exil et rappel de Vétranion. Exil de saint Évagre. Violence des ariens. Martyre de quatre-vingts catholiques, 230.
Fermeté de saint Basile. Ses épreuves et celles de saint Grégoire. Son élection au siège de Césarée, 230.
Retraite et rappel de saint Athanase. Excommunication du gouverneur de Libye. Zèle de saint Basile, 231.
Extinction du schisme d'Ursin. Conciles de Rome. Condamnation de Valens, d'Ursace et d'Auxence. Lettres du Pape et de l'empereur aux Églises d'Illyrie et d'Orient. Lettre de saint Athanase à l'Église d'Afrique, 232.
Nécessité reconnue par saint Basile de recourir à l'Occident. Ses lettres à saint Athanase et à saint Mélèce. Profession de foi de Marcel d'Ancyre adressée à saint Athanase. Lettre de saint Basile au Pape. Réponse de celui-ci. Lettre de saint Basile et des évêques d'Orient à ceux d'Occident, 233.
Fermeté de saint Basile. Ses réponses au préfet Modeste. Vénération de l'empereur dans l'église de Césarée. Son entretien avec saint Basile. Il se voit forcé de le laisser en paix. Brutalité du gouverneur Eusèbe contre saint Basile. Le peuple l'arrache de ses mains, 236.
Exil de saint Mélèce. Vexations contre les catholiques d'Antioche. Réponse du solitaire Aphraate à Valens. Éloquence et austérité du saint. Ses miracles et ceux de saint Julien, 233.
Continuation de la persécution. Fermeté des catholiques d'Édesse. Exil du clergé de la ville. Conversions et miracles opérés par Euloge et Protogène, 239.
Exil de saint Eusèbe de Samosate. Aversion du peuple pour ses successeurs ariens, 240.
Maladie de saint Basile. Causes du peu de zèle des évêques de Cappadoce. Désagréments causés à saint Basile par l'évêque Anthime. Saint Grégoire, évêque de Sasime, 241.
Rupture de l'évêque Eustathe. Lettres de saint Basile aux évêques du Pont et aux principaux de Néocésarée. Réputation du clergé de saint Basile. Répression de la simonie et de l'insouciance des chorévêques. Vagabondage du moine Glicérius. Conduite de saint Basile dans la réconciliation des Macédoniens. Approbation que lui donne saint Athanase, 243.
Erreurs d'Apollinaire. Lettre de saint Athanase et son livre De l'Incarnation de Jésus-Christ. Sa mort. Son éloge, 245.
Ordination de Pierre. Sa fuite à Rome. Violences des païens à Alexandrie. Intrusion de Lucius, 247.
Violences des ariens contre les catholiques et contre les moines. Miracles de ceux-ci. Conversions qu'ils opèrent dans leur exil. Humiliation de Lucius, par le moine Moïse, évêque des Sarrasins, 248.
Sainte Mélanie en Égypte. Sa visite à saint Pambon et à ses disciples. Sa charité envers les confesseurs et les pèlerins, 249.
Amitié primitive de saint Jérôme et de Rufin. Saint Jérôme dans le désert. Ses austérités et ses études, 249.
Visite de saint Éphrem à saint Basile, 250.
Voyage et mort de saint Hilarion. Enlèvement de son corps par saint Hésichius, son disciple, 250.
Saint Épiphane. Son Ancorat, où il enseigne que le Saint-Esprit procède du Père et du Fils. Sa réfutation des hérésies, 251.
Liberté religieuse des hérétiques, des Juifs et des païens, sous Valens. Conspiration tramée par des magiciens. Exécution des complices. Faveur et artifices de Palladius et d'Héliodore, 251.
Valens fait assassiner le roi d'Arménie, 252.
Valentinien fait tuer le roi des Quades. Ses cruautés, 252.
Élection de saint Martin à Tours. Sa manière de vivre dans l'épiscopat. Son monastère. Sa visite à Valentinien. Il fait détruire l'autel d'un faux martyr et plusieurs temples païens. Ses miracles, 253.

Élection de saint Ambroise à Milan. Ses refus inutiles. Son baptême et son ordination. Il donne ses biens aux pauvres et à l'Église. Ses études. Sa liberté épiscopale. Translation des reliques de saint Denys de Milan, 254.
Saint Valérien d'Aquilée. Saint Philastre de Bresse. Son Traité des hérésies. Saint Pacien de Barcelone. Ses ouvrages, 255.
Saint Optat. Ses sept livres contre les donatistes, 256.
Saint Damase, centre de l'Église malgré les efforts des hérétiques, 258.
Affaire de saint Paulin et de saint Mélèce d'Antioche. Le prêtre Vital à Rome. Lettre de Damase à saint Paulin. Vital, évêque apollinariste d'Antioche. Lettres de saint Jérôme au Pape. Concile de Rome. Condamnation d'Apollinaire, 258.
Mort de Valentinien. Caractère de Gratien, 260.
Persécution de Valens contre les moines. Lettres que saint Basile leur adresse, 261.
Invasion des Goths. Fin de la persécution. Retour de Pierre à Alexandrie, 261.
Les Goths. Leur ambassade à Valens. Bible d'Ulfilas, 262.
Conduite atroce des Romains. Soulèvement et ravages des Goths. Générosité de Trajan et de Térence. Prédiction funèbre du moine Isaac. Défaite et mort de Valens, 262.

LIVRE TRENTE-SIXIÈME.

L'empereur Théodose et l'archevêque de Milan, saint Ambroise. Ce que c'est qu'un évêque.

De l'an 378 à l'an 393 de l'ère chrétienne.

Péril où se trouve l'empire. Gratien s'adjoint Théodose et lui donne l'Orient. Rappel des évêques exilés. Réunion de l'Église d'Antioche, 264.
Mort de saint Basile. Ses funérailles. Ses panégyristes, 265.
Charité, humilité et mort de saint Éphrem, 265.
Saint Amphiloque. Son élection à Icone. Ses liaisons avec saint Basile, 265.
Visite de saint Grégoire de Nysse à sainte Macrine. Mort et funérailles de celle-ci, 266.
Martyre de saint Eusèbe de Samosate, 266.
Promotion de saint Grégoire de Nazianze à l'archevêché de Constantinople. Haine et violence des ariens contre lui. Sa manière de vivre. Triomphe de son éloquence, 267.
Saint Ambroise. Son Traité de la foi. Sa renommée. Ses livres Des Vierges et Des Veuves. Son Traité de la virginité. Sa charité envers les captifs, 268.
Voyage de son frère Satyre en Afrique. Son naufrage. Son baptême. Sa mort. Discours de saint Ambroise sur la foi et la résurrection, 269.
Intrigues d'Ursin contre le pape Damase. Concile de Rome. Ses réclamations à l'empereur et rescrit de celui-ci, 269.
Demande de Gratien à saint Ambroise. Les trois derniers livres Du Traité de la foi, 270.
Vaines intrigues des ariens à Sirmium. Châtiment d'une vierge arienne, 271.
Succès, maladie et baptême de Théodose. Saint Aschole. Loi Cunctos populos et autres. Influence du christianisme sur la législation de Théodose, 271.
Impostures et ordination frauduleuse du cynique Maxime. Humilité de saint Grégoire. Fuite de Maxime, 273.
Triomphe de Théodose. Fuite de l'évêque arien de Constantinople, et installation de saint Grégoire à Sainte-Sophie, 274.
Concile de Constantinople. Principaux évêques qui y assistèrent. Indignité de la plupart des autres. Condamnation de Maxime. Élection de saint Grégoire, 275.
Mort et funérailles de saint Mélèce. Élection de Flavien malgré les remontrances de saint Grégoire, 276.
Division des Égyptiens et des Orientaux. Démission de saint Grégoire. Son discours d'adieu, 277.
Élection de Nectaire. Demande en confirmation au pape Damase, 278.
Séparation des Macédoniens, 278.
Symboles et canons disciplinaires du concile de Constantinople, 278.
Lettres synodales à l'empereur Théodose. Loi de celui-ci sur la possession des églises. Translation des reliques de saint Paul de Constantinople, 279.
Lois contre les hérétiques et les apostats. Justice. Douceur et bonne foi de Théodose. Athanaric à la cour de Constantinople, 280.
Concile d'Aquilée. Déposition de Pallade et de Secondien. Lettre contre Ursin, 281.
Les priscillianistes en Espagne. Leur origine. Leurs erreurs. Concile de Sarragosse et édit de Gratien contre eux. Leur mau-

vaise réussite à Rome et à Milan. Succès de leurs artifices en Gaule, 282.
Lettre des évêques d'Italie à l'empereur sur l'ordination de Maxime, de Nectaire et de Flavien, 283.
Concile de Rome. Lettre des évêques du concile de Constantinople, et remarques sur cette lettre, 284.
Eloignement de saint Martin et de saint Grégoire pour les conciles, 285.
Retraite, austérité et poésies de saint Grégoire. Sa lettre contre les apollinaristes. Election d'Eulalius au siège de Nazianze. Lettre de saint Grégoire de Nazianze à saint Grégoire de Nysse à ce sujet, 285.
Résultats du concile de Rome. Lettre du pape Damase aux évêques d'Orient, 286.
Miracles de saint Ambroise à Rome. Insolence et punition de deux chambellans de l'empereur. Requête inutile des sénateurs païens. Grossièreté de Macédonius envers saint Ambroise, qui lui annonce son châtiment. Saint Ambroise obtient la grâce d'un païen, 287.
Travaux de saint Jérôme sur l'Ecriture sainte, à l'instigation du pape Damase et des dames romaines, 288.
Sainte Marcelle, Sainte Paule et ses enfants. Les veuves Léa et Fabiole. La vierge Aselle, 289.
Livre de saint Jérôme contre Helvidius. Sa lettre à Eustochium. Ses réponses à ses détracteurs, 289.
Saint Arsène, précepteur d'Arcade. Essais de réconciliation de Théodose. Adroit stratagème de saint Amphiloque. Loi contre les hérétiques, 291.
Mécontentement excité par Gratien. Révolte de Maxime. Fuite et assassinat de Gratien. Ambassade de saint Ambroise. Partage de l'Occident entre Maxime et Valentinien, 291.
Saint Martin à la table de Maxime et de l'impératrice. Adulation des autres évêques, 292.
Requête d'Ithace à l'empereur contre les priscillianistes. Opposition de saint Martin. Exécution et exil des priscillianistes, 293.
Plaidoyer de Symmaque en faveur du paganisme. Lettre contradictoire et réponse de saint Ambroise, 294.
Symmaque accusé, secouru par saint Damase, 295.
Mort de saint Damase. Ses dons aux églises de Rome, 296.
Election de Sirice. Sa décrétale à l'évêque Himère, 296.
Sa lettre à Maxime et à l'évêque Anysius. Concile de Rome. Lettre du Pape aux évêques, 297.
Persécution de l'impératrice Justine contre saint Ambroise. Loi en faveur des ariens. Fermeté de Bénévole. Punition d'Euthymius. Maléfices inutiles d'Innocentius. Invention des reliques des saints Gervais et Protais. Miracles pendant leur translation. Lettres de saint Ambroise à ce sujet. Humiliation des ariens. Lettre de Maxime à Valentinien pour faire cesser la persécution, 299.
Naissance, études et libertinage d'Augustin. Il devient manichéen. Il vient à Milan et suit le discours de saint Ambroise. Arrivée de sainte Monique. Ses vertus, 304.
Alypius et Nébridius à Milan. Augustin s'applique à l'Ecriture sainte. Sa conversion. Sa retraite, 306.
Ses premiers ouvrages : Contre les académiciens; Traité de la vie heureuse; Traité de l'ordre; Les soliloques; Traité de l'immortalité de l'âme; Traité de la grammaire; de la musique, 307.
Baptême de saint Augustin et d'Adéodat, 308.
Livre de saint Ambroise sur les mystères, 308.
Retour d'Augustin en Afrique. Mort de sainte Monique, 309.
Livres d'Augustin sur la morale et les mœurs de l'Eglise catholique, et celles des manichéens, 309.
Essai et conversion de Constantius, 310.
Dialogue d'Augustin avec Evodius, 310.
Ses livres Du libre arbitre, 311.
Départ de saint Jérôme pour l'Orient. Sa visite à Didyme et aux monastères d'Egypte. Il prend des leçons d'un Juif, 311.
Pèlerinage de sainte Paule en Palestine. Son voyage en Egypte. Sa retraite à Bethléem, 311.
Douceur de Théodose. Vertus de l'impératrice Flaccille, 312.
Emeute à Alexandrie, 312.
Sédition à Antioche. Consternation des coupables. Discours de Jean Chrysostome. Mission de Flavien. Arrivée des commissaires impériaux. Effroi de toute la ville, 312.
Intercession des solitaires et de Macédonius, des prêtres et des évêques. Départ de Césarius, l'un des commissaires, pour Constantinople. Discours de l'évêque Flavien en faveur d'Antioche, 315.
Joie de la ville à la nouvelle du son pardon, 318.
Plaidoyer fictif de Libanius à cette occasion, 318.
Eloquence de Jean Chrysostome. Sa retraite avec ses amis. Ses six livres Du sacerdoce. Il rappelle Théodore à la solitude et embrasse la vie solitaire, 318.
Ses trois livres De la défense de la vie monastique. Sa comparaison d'un roi et d'un moine, 319.
Son retour à Antioche. Il est ordonné prêtre, 320.

Ambassade de saint Ambroise près de Maxime, 321.
Protection accordée par cet empereur aux ithaciens. Saint Martin à Trèves, 321.
Invasion de Maxime en Italie. Valentinien implore le secours de Théodose. Conseils que lui donne celui-ci, 322.
Défaite, interrogatoire et mort de Maxime. Générosité de Théodose. Mouvements des ariens à Constantinople, 323.
Nouvelles tentatives des sénateurs païens auprès de Théodose. Opposition de saint Ambroise. Affaire de l'évêque de Callinique. Opposition de saint Ambroise. Sa liberté épiscopale envers l'empereur, 323.
Théodose à Rome. Son affabilité. Abus qu'il y corrige. Ses lois contre les manichéens. Son discours au sénat pour le retirer de l'idolâtrie, 324.
Infamies de Tyran, prêtre d'idoles. Violences des païens et destruction de leurs temples à Alexandrie. Conversion de plusieurs idolâtres, 325.
Destruction des temples de Canope. Eunape et les philosophes de son temps, 327.
Destruction des temples de Syrie. Martyre de Marcel, 328.
Condamnation d'Ithace. Erreurs et condamnation du Jovinien. Livres de saint Jérôme contre lui, 329.
Massacre de Thessalonique. Lettre de saint Ambroise à Théodose. Il l'arrête à la porte de l'église. Pénitence de l'empereur. Son absolution, 330.
Visite de deux seigneurs persans à saint Ambroise. Sa renommée parmi les Francs, 331.
Partage de l'Arménie entre les deux empires, 332.
Administration de la pénitence par saint Ambroise, 332.
Changement dans la discipline pénitentiaire à Constantinople, 332.
Continuation du schisme d'Antioche. Tentatives inutiles du concile de Capoue. Condamnation de Bonose, 333.
Grandes qualités de Valentinien. Insolence d'Arbogaste. Assassinat et funérailles de l'empereur, 333.
Election d'Eugène. Préparatifs de Théodose, 335.
Nouvelles lois qu'il promulgue. De sa prétendue persécution, 335.
Prédiction de saint Jean d'Egypte, 336.
Superstition d'Eugène. Lettre que lui écrit saint Ambroise, 336.
Miracles de saint Ambroise à Florence, 336.
Marche de Théodose. Sa vision. Défaite et mort d'Eugène et d'Arbogaste, 337.
Clémence de Théodose II partage l'empire entre ses deux fils, sous la protection de Stilichon. Sa mort. Son oraison funèbre par saint Ambroise, 338.

LIVRE TRENTE-SEPTIÈME.

Rome païenne s'en va avec le vieux monde; Rome chrétienne la remplace avec un monde nouveau, qu'éclairent à la fois saint Ambroise et saint Martin, saint Augustin et saint Jérôme, saint Paulin et Synésius, saint Chrysostome et saint Epiphane.

De l'an 393 à l'an 410 de l'ère chrétienne.

Nécessité de la chute de l'empire romain et de la transformation de Rome. Dégénération des Romains de cette époque. Souffrances du petit peuple, 340.
Augustin à Carthage. Guérison miraculeuse d'Innocentius. Augustin à Tagaste. Ses livres De la Genèse, De la Musique, Du Maître, De la vraie religion, 341.
Son ordination à Hippone. Monastère qu'il y fonde. Ses prédications, 342.
Sa lettre à Aurélius de Carthage. Il réprime les abus du culte des martyrs, 342.
Son livre de l'Utilité de croire et Des deux âmes, 343.
Sa conférence avec Fortunat. Son livre contre Adimante, 344.
Terreur qu'il inspire aux évêques donatistes, 345.
Il est ordonné évêque d'Hippone. Son plan de conduite dans l'épiscopat, 345.
Saint Paulin. Lettre qu'il adresse à saint Augustin. Son renoncement au monde, 347.
Retraite et ouvrages de saint Sulpice Sévère. Saint Evre, 347.
Ordination de Paulin. Sa retraite à Nole, 348.
Confession et délivrance miraculeuse de Victrice. Son apostolat, 348.
Poésies de Synésius. Son voyage à Athènes. Sa manière de vivre. Sa légation à Constantinople, 349.
Cassien. Son voyage en Egypte et au désert de Stétis. Ses Instituts et ses Conférences, 351.
Poésies et mort de saint Grégoire de Nazianze. Mort de saint Grégoire de Nysse, 351.

TABLE DES MATIÈRES.

Conversion de la reine Frétigil et translation des reliques des saints Nazaire et Celse par saint Ambroise. Il délivre Crescunius. Ivre un coupable au démon et guérit Nicétius. Sa sévérité pour la réception aux saints ordres. Il fait élire saint Honorat à Verceil. Sa transfiguration. Sa maladie. Sa vision. Sa mort et ses funérailles. Miracles qui suivent sa mort, 351.

Ambition et mort de Rufin. Intrigues d'Eutrope, 353.

Révolte, tyrannie et mort de Gildon, 354.

Assassinat de Mascenil par Stilichon, 355.

Election de saint Jean Chrysostome à Constantinople. Courte opposition de Théophile, 355.

Pacification des Eglises, 355.

Prodiges et consternation à Constantinople. Tremblements de terre, 356.

Translation des reliques, 356.

Légèreté de quelques fidèles. Efforts de saint Chrysostome pour la réforme du clergé de sa ville épiscopale, 357.

Disgrâce d'Eutrope. Son exil. Fermeté de saint Chrysostome à l'égard de Gaïnas, 357.

Travaux de saint Augustin. Conversion de Firmus. Ouvrage de saint Augustin. Ses livres *Du combat chrétien; De la croyance aux choses qu'on ne voit pas; De la manière de catéchiser les ignorants;* contre la lettre de Manès, contre Fauste à Simplicien. Ses *Confessions.* Ses livres *De la Trinité*, 359.

Division des donatistes. Livres de saint Augustin contre Parménien. *Du baptême,* contre Pétilien. Sa *lettre pastorale.* Ses conférences avec les donatistes, 361.

Conciles d'Afrique. Leurs canons, 362.

Canons du concile de Tolède, 363.

Décrétale de saint Sirice aux évêques de Gaule. Sa mort, 364.

Epître synodale du concile de Turin, 364.

Mort de saint Martin, 365.

Lois des deux empereurs. Destruction des idoles, 365.

Travaux, voyages et correspondance de Rufin. Mésintelligence et réconciliation entre lui et saint Jérôme, 366.

De la lettre de saint Epiphane contre les images, 368.

Voyages de sainte Mélanie en Italie, 368.

Traduction de l'apologie d'Origène et de son livre *Des principes,* par Rufin. Ses traverses à cet égard, 369.

Lettre du pape Anastase. Apologie publiée par Rufin, 369.

Ecrits de saint Jérôme contre lui, 371.

Traduction de l'*Histoire ecclésiastique* d'Eusèbe par Rufin, 371.

Election du pape Innocent. Abolition des combats de gladiateurs, 371.

Lettres du Pape à Victrice de Rouen, à Exupère de Toulouse, aux évêques d'Espagne et au concile de Carthage, 372.

Persécution de saint Chrysostome. Accusation d'Eusèbe contre l'archevêque Antonin. Excommunication d'Eusèbe. Concile d'Ephèse. Déposition de six évêques simoniaques et de Géronce de Nicomédie. Artifices et réconciliation de Sévérien. Emeute et punition des ariens à Constantinople, 373.

Moines anthropomorphites d'Egypte. Conversion de Sérapion. Retour de l'évêque Théophile contre Origène. Ses fausses accusations contre Isidore. Son animosité et ses violences contre les moines, 375.

Epiphane à Constantinople. Sa mort, 376.

Intrigues de Théophile à Constantinople. Exil et rappel de saint Chrysostome, 377.

Fuite de Théophile, 378.

Saint Nilammon, 378.

Nouvel orage contre saint Chrysostome. Violences de la soldatesque, 379.

Lettres de saint Chrysostome et de Théophile au Pape. Réponse du Pape à Théophile, 380.

Attentats contre saint Chrysostome. Son exil, 380.

Incendie à Constantinople. Violences contre les amis du saint, 381.

Lettre que lui adresse le Pape, 381.

Intrusion d'Acace à Constantinople et de Porphyre à Antioche, 382.

Lettre du Pape à saint Chrysostome et à son peuple, 382.

Vengeances du ciel sur les schismatiques, 382.

Maruthas. Sa mission. Haine des mages contre lui. Sa fureur auprès d'Izdegerd. Ses ouvrages, 383.

Travaux de Sahag et de Mesrob en Arménie, 384.

Maladie de saint Chrysostome. Plaintes du Pape à Honorius. Ambassade à Arcade, 384.

Intrusion d'Atticus à Constantinople. Traitement fait aux envoyés du Pape et d'Honorius. Leur fermeté. Leur renvoi. Exil de leurs collègues d'Orient, 385.

Persécution contre les amis de saint Chrysostome, 386.

Lettres du saint au Pape, 386.

Sa déportation. Sa mort, 386.

Invasion d'Alaric en Italie, et des Maures en Afrique. Massacre de Rhadagaïse et de ses Barbares. Ravages des Germains dans les Gaules, 387.

Proclamation de Constantin dans la Grande-Bretagne. Intrigues et mort de Stilichon, 387.

Rome se rachète du pillage, 389.

Ravages des Germains en Espagne. Les vainqueurs se partagent ce pays, 389.

Intrigues et insolence des courtisans d'Honorius. Alaric intronise Attale. Siège de Ravenne. Chute d'Attale, 390.

Sac de Rome par Alaric. Respect des Goths pour le christianisme. Fermeté de quelques femmes chrétiennes. Mort d'Alaric, 391.

LIVRE TRENTE-HUITIÈME.

Dieu brise la ville et l'empire de Rome païenne pour en faire sortir Rome chrétienne, avec des nations et des royaumes chrétiens.

Du sac de Rome par Alaric (410) à la mort de saint Augustin (430).

Chute parallèle de Rome païenne et de Babylone, 392.

Les plaintes des païens occasionnent l'*Abrégé d'histoire universelle* d'Orose, 393.

.... Ainsi que le grand ouvrage *De la cité de Dieu*, par saint Augustin, 393.

Conférence des donatistes et des catholiques à Carthage, 396.

Saint Augustin achève par ses écrits les résultats heureux de la conférence, 400.

Sa charité envers les opiniâtres mêmes, 400.

Sa lettre à Volusien, 402.

Prodigieux changement que le christianisme avait opéré dès lors dans les idées publiques, 403.

Lettres de saint Augustin à Macédonius et à Dioscore, 403.

Albine, Mélanie et Pinien à Tagaste et à Hippone, 404.

Empereurs éphémères qui tombent les uns après les autres, 404.

Martyre du tribun saint Marcellin, 405.

La vierge Démétriade embrasse la pauvreté religieuse. Les nobles romains réduits à demander l'aumône, 405.

Saint Nil et son fils, 406.

Synésius, évêque, défend son peuple et contre la tyrannie du gouverneur Andronic, et contre les incursions des Barbares, 407.

Mort de Théophile d'Alexandrie et élection de saint Cyrille, 409.

Emeute des Juifs, qui sont chassés d'Alexandrie, 409.

Réunion de tous les catholiques d'Antioche par saint Alexandre. Il en informe le pape Innocent, qui lui répond par une décrétale, 410.

Le nom de saint Chrysostome remis dans les diptyques à Constantinople et à Alexandrie, 411.

Conversion inattendue des Macédoniens à Synnade, 411.

La princesse sainte Pulchérie, à l'âge de quinze ans, gouverne sagement l'empire et l'empereur, 411.

Avènement romanesque de l'impératrice Eudoxie, 412.

Persécution d'Izdegerd, roi de Perse. Martyre des saints Maharsapor, Hormisda, Suenès, Benjamin et Jacques, 413.

Aspébétès, chef de Sarrasins, devenu chrétien avec toute sa tribu, et enfin évêque, 414.

Réponse généreuse de Théodose le Jeune au roi Bahram, 414.

Noble conduite d'Acace, évêque d'Amide, 414.

Persécution et pacification en Arménie, 414.

Pélage et son hérésie, 414.

Son disciple Célestius condamné au concile de Carthage, 414.

Saint Augustin prêche et écrit contre le pélagianisme, 415.

Pélage, arrivé en Palestine, y est combattu par saint Jérôme, 415.

Pélage écrit à saint Augustin et à la vierge Démétriade, 415.

Saint Augustin, par son traité *De la nature et de la grâce,* réfute un écrit de Pélage, 415.

Remarque importante pour bien saisir la controverse du pélagianisme, 417.

Saint Augustin répond à Hilaire de Sicile, 417.

Orose le consulte sur l'origine des âmes, 417.

Orose et Pélage se trouvent à un concile de Jérusalem, où l'on décide de renvoyer la question au Pontife romain, 418.

Concile de Diospolis, où Pélage déguise ses sentiments et les condamne de bouche, 419.

Invention des reliques de saint Etienne, 420.

Miracles qu'elles opèrent à Mahon, à Uzale, à Calame, à Hippone, 420.

Violences des pélagiens en Palestine, 422.

Mort de saint Jérôme, 422.

Décrétale du pape Innocent à l'évêque Décentius, 422.

Lettres synodales des conciles de Carthage et de Milève, avec une lettre particulière des principaux évêques d'Afrique, au pape Innocent, sur les erreurs du pélagianisme, 423.

Trois lettres en réponse du Pape, que saint Augustin regarde comme définitives, 425.
Le pape Zosime écrit plusieurs lettres sur les affaires des Gaules, que les révolutions politiques avaient compliquées et compliquaient encore, 427.
Le pape Zosime, à cause de la soumission de Pélage et de Célestius à l'autorité du Saint-Siège, se montre favorable, non pas à leur doctrine, mais à leur personne, pour les ramener charitablement, 428.
Par affection pour les évêques d'Afrique, Zosime leur envoie toutes les pièces de cette affaire, et les rassure sur sa condescendance, 429.
Le pape Zosime, ayant reconnu le peu de sincérité de Pélage et de Célestius, les condamne solennellement, 431.
L'empereur Honorius les condamne à des peines civiles, 432.
Concile de Carthage sur le même sujet, 432.
Dix-huit évêques pélagiens sont déposés, entre autres Julien d'Eclane, 433.
Saint Augustin nommé légat du Pape en Mauritanie, 434.
Election de Boniface et schisme d'Eulalius après la mort de Zosime, 434.
Les évêques d'Afrique ignorent les canons du concile de Sardique, cités néanmoins par Gratus, évêque de Carthage, qui y avait assisté, 435.
Saint Augustin écrit contre Julien d'Eclane, son traité *Du mariage et de la concupiscence*, ainsi que d'autres livres. Ce qu'il laisse à désirer, 436.
Lettres du pape Boniface dans les Gaules, 438.
Lettres du même Pape au sujet de Périgène, métropolitain de Corinthe. Leur résultat, suivant le témoignage de Socrate, 438.
Maladie du pape saint Boniface. Affection que son peuple et l'empereur Honorius lui témoignent, 439.
Entreprise ambitieuse d'Atticus de Constantinople, repoussée et réprimée par la vigueur du Pape. Dissimulation semblable dans Fleury et dans les Grecs, 439.
Mort du pape saint Boniface, de l'empereur Honorius. Usurpation et mort de Jean, 441.
Désagrément de saint Augustin au sujet d'Antoine de Fussale, 441.
Saint Augustin désigne son successeur, 441.
Il écrit ou achève plusieurs ouvrages, 442.
Origine et histoire du semi-pélagianisme. Saint Augustin écrit à cette occasion ses livres *De la grâce et du libre arbitre; De la correction et de la grâce; De la prédestination des saints; Du don de la persévérance*, 442.
Ce qui embrouillait le plus cette controverse. Moyens de l'éclaircir, 444.
Fin de l'affaire d'Apiarius. Lettre que les évêques d'Afrique écrivent à ce sujet au pape saint Célestin. Remarques sur cette lettre, 445.
Désolation de l'Afrique par les Vandales, occasionnée par la révolte du comte Boniface, provoquée elle-même par les perfides intrigues d'Aétius, 447.
Jusqu'à quel point l'Afrique méritait ce châtiment, 448.
Hippone assiégée par les Vandales. Dernière maladie et mort de saint Augustin, 448.

LIVRE TRENTE-NEUVIÈME.

L'Eglise catholique maintient sa doctrine de l'incarnation contre l'hérésie grecque de Nestorius. — Concile d'Ephèse. — Le pape Célestin. — Autorité du Siège apostolique.

De l'an 430 à l'an 433 de l'ère chrétienne.

L'empire romain, qui dégénère de plus en plus, se voit démembrer tout vivant par les Vandales, les Suèves, les Goths, les Alains, les Francs et les Huns, 449.
L'Eglise présente en Occident comme un autre monde, 451.
Saint Germain d'Auxerre, 451.
Saint Loup, évêque de Troyes, 452.
Fondation du monastère de Lérins par saint Honorat, 452.
Saint Hilaire d'Arles, 453.
Saint Prosper, saint Vincent de Lérins, Salvien, 453.
Saint Eucher de Lyon, 454.
Mort de saint Paulin de Nole, 454.
Saint Orient d'Auch, etc., 455.
Fastidius, évêque des Bretons. Saint Germain d'Auxerre et saint Loup de Troyes sont envoyés dans la Grande-Bretagne pour y combattre des restes de pélagianisme, 455.
Sainte Geneviève de Nanterre, 455.
Succès de saint Germain et de saint Loup en Bretagne, 456.

Saint Pallade, évêque des Ecossais, saint Patrice, apôtre d'Irlande, envoyés l'un et l'autre par le pape saint Célestin, 456.
Nestorius et son hérésie en Orient, 457.
Saint Proclus, Eusèbe de Dorylée et d'autres la combattent, 458.
Nestorius persécute ses adversaires, qui se plaignent à l'empereur Théodose, 459.
Saint Cyrille d'Alexandrie écrit à Nestorius et contre son erreur, 459.
Nestorius écrit au pape saint Célestin, qui connaissait déjà ses erreurs par les plaintes des fidèles, 460.
Cassien, par l'ordre du Pape, compose son *Traité de l'incarnation*, 461.
Nestorius intrigue contre saint Cyrille d'Alexandrie, qui lui écrit une seconde fois contre ses erreurs et en reçoit une réponse, 461.
Nestorius écrit de nouveau au Pape, 463.
Saint Cyrille écrit à l'empereur Théodose et à ses sœurs, mais surtout au pape Célestin, 463.
Le Pape condamne la doctrine de Nestorius, et charge saint Cyrille de l'exécution. Il en écrit dans ce sens à Nestorius même et aux patriarches de l'Orient, 464.
Jean d'Antioche engage Nestorius à se soumettre, 465.
Deux circonstances importantes dans cette affaire, suivan Bossuet, 465.
Saint Cyrille notifie à Nestorius le jugement du Pape et écrit ses douze anathèmes, 466.
Convocation du concile d'Ephèse, 467.
Présomption de Nestorius, qui persiste dans ses erreurs et écrit douze contre-anathèmes. Marius Mercator les réfute, et saint Cyrille défend les siens, 467.
Loi de Théodose déclarant lieu de sûreté et d'asile l'église, l'autel et l'enceinte extérieure des monastères, 468.
Instruction du Pape à ses légats, qui doivent présider au concile, et dont saint Cyrille est le principal, 469.
Arrivée des évêques à Ephèse. Préliminaire du concile. Retards affectés de Jean d'Antioche, 470.
Ouverture du concile d'Ephèse. Les trois monitions ou citations à Nestorius, 471.
Nestorius est solennellement condamné. Rédaction mémorable de la sentence. Joie du peuple chrétien, 472.
Le concile notifie la sentence à Nestorius même et à tout le clergé de Constantinople, 473.
Le général Candidien, ami de Nestorius, trompe l'empereur Théodose, fait improviser un conciliabule à Jean d'Antioche, et prétend défendre aux Pères du concile de dire la messe, 474.
Seconde session du concile, où se trouvent les trois légats du Pape, 477.
Troisième session du concile, qui en écrit à l'empereur, au clergé et au peuple de Constantinople, 477.
Procédure du concile contre Jean d'Antioche dans la quatrième et la cinquième session, de quoi il écrit encore à l'empereur et au Pape, 479.
Sixième session, 480.
Septième et dernière. Canons du concile, 480.
Intrigues de la cour impériale, déjouées par l'arrivée d'un mendiant. L'empereur, détrompé par saint Dalmace, fait venir les députés des deux partis, se déclare pour les catholiques et condamne Nestorius à l'exil, 481.
Maximien, nouvel évêque de Constantinople, 484.
Le Pape écrit aux évêques des Gaules pour la défense de saint Augustin, 484.
Le pape saint Célestin félicite les évêques du concile d'Ephèse. Ses dernières lettres. Sa mort, 485.
Sixte III, le nouveau pape, écrit dans le même sens à tous les évêques du concile, et leur recommande de ménager la paix avec Jean d'Antioche, 486.
Grande division parmi les évêques d'Orient, mais qui se termine par une réconciliation générale, 488.
Le peu d'opposants recourent eux-mêmes à l'autorité du pape Sixte III, qui félicite avec effusion de cœur saint Cyrille d'Alexandrie et Jean d'Antioche de leur réconciliation sincère, 490.

LIVRE QUARANTIÈME.

L'Eglise maintient la doctrine de l'Incarnation contre l'hérésie grecque d'Eutychès. — Concile de Chalcédoine. — Le pape saint Léon. — Mort d'Attila.

De l'an 433 à l'an 435 de l'ère chrétienne.

Saint Vincent de Lérins. Ses ouvrages, 491.
Les poètes Prudence et Sédulius, 493.
Dispute sur la grâce et la prédestination. Saint Prosper. Cassien,

TABLE DES MATIÈRES.

Les jansénistes anciens et modernes. Opinion de l'antiquité relativement à leurs doctrines. Le livre remarquable *De la vocation de tous les peuples*, 494.
Sainte Marie Egyptienne. Saint Jacques le Syrien. Ses austérités et ses miracles. Austérités de saint Baradat, 497.
Vocation et vision de saint Siméon Stylite. Sa retraite et ses austérités. Sa réputation. Ses miracles en faveur des pauvres. Conversions qu'il opère. Son humilité, 497.
Naissance et éducation de Théodoret. Son élection au siège de Cyr. Ses travaux. Suites de ses liaisons avec Nestorius, 500.
Opiniâtreté d'Alexandre d'Hiéraple, 501.
Exil et mort de Nestorius, 502.
Difficultés suscitées par les nestoriens. Lettre de Proclus de Constantinople aux évêques d'Arménie et de Syrie, 502.
Conversion de Volusien, 503.
Translation des reliques de saint Chrysostome, 503.
Concile de Constantinople. Lettre du Pape à Théodoret et à Périgène, 503.
Le *Code Théodosien*, 504.
Prise de Carthage par Genséric. Impuissances de l'empire. Incursions des Barbares, 504.
Election du pape saint Léon. Ses prédications. Ses lettres et décrétales à plusieurs évêques. Leur authenticité et leur doctrine touchant les appellations, 505.
Précautions qu'il prend contre les manichéens. Procédure contre les priscillianistes d'Espagne, 506.
Persécution de saint Brice de Tours. Suprématie de saint Hilaire d'Arles. Conciles qu'il préside. Retraite et monastères de saint Romain. Son ordination. Condamnation de saint Hilaire à Rome. Lettre du Pape et constitution de l'empereur aux évêques de Gaule. Pénitence, mort et funérailles de saint Hilaire, 507.
Election de Ravennus. Règlement du Pape sur la suprématie des Eglises d'Arles et de Vienne, 511.
Voyage de saint Germain en Angleterre. Il justifie sainte Geneviève. Ses miracles. Son dévouement et sa charité. Son voyage à Ravenne. Sa mort et ses funérailles, 511.
Election de Domnus à Antioche. Mort et ouvrage de saint Cyrile. Election de Dioscore. Lettre que lui adresse le Pape pour confirmer son épiscopat, 513.
Tremblements de terre et bouleversements dans l'empire, 514.
Election de Flavien à Constantinople, 515.
Retraite de Théodoret. Son *Polymorphe*. Poursuites de Dioscore contre lui, 515.
Affaire de l'évêque Ibas, 515.
Lettre du Pape aux évêques de Sicile, 516.
Hérésie d'Eutychès. Concile de Constantinople. Opiniâtreté et condamnation d'Eutychès. Lettre de saint Flavien au Pape. Date de cette lettre, 516.

Lettres d'Eutychès, de l'empereur et de Flavien au Pape, et réponses de celui-ci, 519.
Révision des actes du concile, 521.
Réponse de saint Pierre Chrysologue aux lettres d'Eutychès, 521.
Intrigues des eutychiens et convocation du concile d'Ephèse.
Lettres du Pape à Flavien, au concile et à l'empereur, 522.
Faiblesse de l'empereur. Bassesse de sa conduite vis-à-vis d'Attila, 524.
Conciliabule d'Ephèse; Usurpations et tyrannie du pouvoir impérial. De la véracité des actes de ce concile. Défense d'Eutychès. Machinations de Dioscore et des fauteurs d'Eutychès. Faiblesse des évêques. Absolution d'Eutychès. Déposition de Flavien et d'Eusèbe. Désordres excités par Dioscore. Fermeté des légats. Martyre de Flavien. Exil d'Eusèbe. Dangers courus par le légat Hilaire. Nouveaux actes de tyrannie de Dioscore. Confirmation du brigandage d'Ephèse par l'empereur, 525.
Lettre de Théodoret au Pape, au prêtre René, aux évêques d'Italie et au patrice Anatole, 531.
Condamnation du conciliabule d'Ephèse par le concile de Rome. Lettre du Pape et du concile. Lettre de Valentinien à l'empereur d'Orient. L'esprit de l'Eglise et l'esprit de la cour. Lettre du Pape au peuple de Constantinople, etc., 532.
Ordination d'Anatolius et de Maxime. Leur demande en confirmation au Pape. Dépit de Dioscore, 534.
Mort de Théodose. Gouvernement de Pulchérie. Marcien. Il épouse Pulchérie. Réception des lettres du Pape à Constantinople. Translation des reliques de saint Flavien, 535.
Lettres de l'empereur au Pape et du Pape à l'empereur, 536.
Invasion d'Attila. Délivrance de Troyes, de Paris et d'Orléans. Bataille de Châlons, 537.
Conquête de l'Arménie par les Perses. Les Mamigoniens et les Arsacides. Persécution en Perse. Martyre de Phétion. Machinations d'Izdegerd. Délivrance de l'Arménie et de l'Albanie. Perfidie de Vasag. Défaite et mort de Vartan. Disgrâce de Vasag. Souffrances et renvoi des captifs. Succession des patriarches arméniens, 539.
Convocation d'un concile général. Lettre canonique du Pape. Translation du concile de Chalcédoine. Déposition et exil de Dioscore. Adhésion du concile à la lettre du Pape. Affaire d'Eustathe et de Photius. Symbole de Chalcédoine. Adhésion du concile aux propositions de l'empereur. Affaire de Maxime et de Juvénal. Rétablissement de Théodoret et d'Ibas. Déposition de Bassien et d'Etienne. Délimitation des prérogatives des sièges de Nicomédie et de Nicée. Canons du concile, 542.
Saint Léon approuve ce qu'a fait le concile touchant la doctrine, mais il casse ce qu'il a tenté de faire pour favoriser l'ambition de l'évêque de Constantinople, 555.
Attila s'éloigne de l'Italie à la prière de saint Léon. Sa mort, 557.

FIN DE LA TABLE DES MATIERES DU TOME TROISIÈME.

NOTES RECTIFICATIVES ET COMPLÉMENTAIRES

L'APOCALYPSE ET LES PERSÉCUTIONS (p. 1).

Rohrbacher précise trop le sens de l'Apocalypse de saint Jean, relativement aux persécutions, quand il affirme que Dioclétien était le premier des sept rois figurés par les sept têtes de la bête monstrueuse. saint Jean lui-même explique sa pensée au chapitre XVII°. — « Je vais te faire connaître, lui dit « l'ange, ce que signifie cette femme et la bête qui « la porte et qui a sept têtes et dix cornes...... Les « sept têtes sont sept montagnes sur lesquelles la « femme est assise. Des sept rois, cinq sont déjà « tombés; il y en a un sur le trône et un encore à « venir..... Les dix cornes que tu as vues sont des « rois qui n'ont pas encore paru, et qui recevront « en même temps le pouvoir..... » Il semble, d'après saint Jean, que cette femme c'est Rome, puisque cette ville est bâtie sur sept collines, et qu'elle s'est enivrée du sang des martyrs. Les dix rois qui sont annoncés, pourraient être pris pour les dix persécuteurs, si le prophète ne remarquait pas qu'ils sont tous encore à venir : mais au moment où il écrivait, Néron était déjà mort, et ce n'est pas de lui qu'il s'agissait. Les sept rois indiqués dans le même passage ne sauraient être Dioclétien, Galère et leurs collègues, puisque cinq d'entre ces rois, comme le marque saint Jean, étaient tombés avant que l'apôtre ait eu sa vision. Il faut étendre le point de vue, pour avoir une explication satisfaisante. Le bienheureux Holzhauser, qui a eu sur l'Apocalypse des lumières si hautement appréciées, semble avoir lu spécialement ici dans le secret des destinées de l'Eglise. Voici comment il interprète ce passage.

« *Je vis une bête.* — Cette bête qui s'élève de la
« mer, c'est l'empire de Mahomet ou l'empire des
« Turcs dont parle Daniel, ch. VII, v. 7. — Il est
« dit que cette bête s'élève de la mer parce que son
« royaume a pris naissance entre les mers; car
« Mahomet fut d'abord chef des Arabes. Cette bête
« avait sept têtes ; ce qui signifie la totalité des rois
« qui gouverneront cet empire jusqu'à la consom-
« mation des siècles. Les dix cornes représentent
« l'universalité des royaumes et provinces qui
« sont soumis à cet empire et ceux qui lui seront
« encore soumis au temps de l'Antechrist... Les
« dix rois sont ceux entre lesquels cet empire sera
« un jour divisé, et ils le détruiront pour un temps
« et le livreront à la bête ; c'est pourquoi il est
« dit : Et dix diadèmes sur ses cornes et des
« noms de blasphèmes sur ses têtes..... Ces dix
« diadèmes sont des couronnes royales. — Les
« noms de blasphèmes sont les titres des empe-
« reurs turcs, qui dénotent un orgueil surprenant
« et renferment des blasphèmes contre la majesté,
« l'honneur et la gloire de Dieu...... Les noms de
« blasphèmes sont encore les sectes musulmanes et
« le Coran, soit la loi de Mahomet où sont renfer-
« més des faussetés et des blasphèmes mons-
« trueux (1).....

Au chapitre XVII° il y a d'autres aperçus. « Cette
« bête c'est le démon..... Elle avait sept têtes
« et dix cornes. 1° Ces sept têtes représentent en
« figure la totalité des rois, des princes, des gou-
« vernements, des chefs de sectes..... qui auront
« été les appuis, les grands instigateurs des mé-
« chants. — 2° Ces sept têtes représentent les sept
« principaux ennemis qui auront fait la guerre à
« l'Eglise : les Juifs, les tyrans du paganisme, les
« hérétiques..... les protestants, les faux prophètes,
« l'Antechrist. — 3°. Enfin ces sept têtes figurent à
« la lettre les sept principales dynasties et les sept
« principales époques qu'on distingue dans l'histoire
« du monde impie et corrompu. Car ces sept têtes
« sont sept rois ou chefs, chacun desquels repré-
« sente l'une de ces grandes époques et l'une des
« dynasties principales qui régneront à chacune de
« ces époques. — La première époque depuis Adam
« à Noé,... on y voit Caïn. — La deuxième, de
« Noé à Abraham... on y voit Nemrod. — La troi-
« sième, d'Abraham à Moïse... on y voit les rois de
« Sodome et les Pharaons. — La quatrième, de
« Moïse à la captivité de Babylone, fournit les rois
« impies d'Israël et de Juda. — La cinquième,
« depuis la captivité de Babylone à Jésus-Christ ;
« On y remarque les rois de la Chaldée, de l'Asie et
« de la Syrie. — (Ces cinq puissances étaient tom-
« bées au temps de saint Jean.) — La sixième
« époque présente les empereurs païens, dont les
« terribles persécutions sévissent. — Enfin la
« septième puissance est celle de Mahomet et de
« son immense empire..... Les dix rois existeront
« au temps de l'Antechrist et même avant lui, selon
« saint Jérôme (2). »

---

(1) Le bienheureux Holzhauser, *Interprétation de l'Apocalypse*, — traduit par le chanoine de Wuilleret, t. I, ch. XIII. — Cf. *Bible de Vence*, t. XVI, Dissert. sur les quatre empires ; Mgr Deschamps, *Le Christ et les Antechrists*. Tournai, 1858, pp. 384 et suiv. et 585 et suiv.
(2) *Ibid.*, t. II, ch. XVII, pp. 127 et 214.

LES OCTAVES DES FÊTES (p. 5.)

Rohrbacher dit que Tranquillin, père de saint Sébastien, s'en alla prier au tombeau de saint Paul le jour de l'octave des apôtres.

Ces octaves qui terminaient les fêtes solennelles de Notre Seigneur et des saints, remontent en effet aux premiers siècles de l'Église. Saint Basile de Séleucie signale celui de la solennité de sainte Thècle (*De S. Thecla*, lib. II, cap. XVIII). Les Actes des Martyrs en mentionnent d'autres, tels que ceux de saint Laurent, de sainte Agnès, de sainte Agathe.

LE MARTYRE DE LA LÉGION THÉBAINE (p. 6).

Le martyre de la légion Thébaine est un des plus glorieux souvenirs de l'Église. Trèves, Cologne, mais surtout Agaune s'honorent de posséder les reliques de cette héroïque troupe, qui préféra mourir plutôt que de renier le nom chrétien.

Cependant quelques auteurs, même catholiques, à la suite des protestants et des rationalistes, l'ont révoqué en doute.

L'objection se fonde : 1° sur le silence des historiens ecclésiastiques, Eusèbe, Lactance, Sulpice Sévère, Orose ; 2° sur la coïncidence du martyre d'un autre saint Maurice avec soixante-dix soldats, à Apamée en Syrie ; 3° sur la rédaction tardive des actes de ce martyre.

Défendu notamment par J.-Jac. Nottinger (*Nelvetischer kirchengeschichte erster Theil*, Zurich, 1708, p. 100 et suiv.), par J. de l'Isle (*Défense de la vérité du martyre de la légion Thébéenne*... Nancy, 1737), ce fait a été mis par de Rivaz à un point d'évidence tel, qu'il n'est plus permis de le révoquer en doute (1).

On avait nié même l'existence d'une légion de ce nom. Rivaz prouve qu'il y en eut jusqu'à cinq, parmi lesquelles il distingue nettement celle de nos martyrs qui portait dans les cadres de l'armée le nom de *Secunda Flavia Felix Thebæorum*.

Il établit avec la dernière précision son itinéraire à travers le Valais, marque la série de ses étapes et arrive jusqu'à déterminer la date de la plus glorieuse de toutes, celle du martyre qu'il fixe au 22 septembre de l'année 302. Au reste, le séjour des Thébains à Trèves et à Cologne est constaté par des monuments épigraphiques, comme la station de Maximien dans le Valais et les sévices qu'il y exerça contre les chrétiens.

L'inscription de l'hôtel de ville de Sion, datée de la fin du IVᵉ siècle et qui a été rapportée, bien qu'imparfaitement, par Rivaz et Orelli, établit les pertes subies par l'Église du Valais cinquante ans plus tôt. Plusieurs autres monuments montrent aussi que le Valais obéit à Maximien, puis à Galère qui le céda, ensuite à Licinius.

Ceci posé, Rivaz prouve que les actes de ce martyre ont été composés par saint Eucher, évêque de Lyon (mort vers 450). Le saint auteur écrivit en quelque sorte sur le lieu même du supplice de la légion Thébaine, en présence de ses ossements, dont le culte avait commencé dès 351, alors qu'on les y voyait encore amoncelés, et d'où ils s'étaient répandus par toutes les Gaules avant la fin du IVᵉ siècle, et un peu plus tard en Italie.

Le même culte et la même tradition se retrouvent, en dehors du Valais, à Cologne et à Trèves où se conservent encore des monceaux de ces ossements vénérés (1).

Or il est très-clair que si une confusion avait pu se faire dans l'esprit des fidèles avec le martyre de l'autre saint Maurice d'Apamée qui est rapporté par Theodoret au règne du tyran Maximien, à coup sûr la dévotion des fidèles ne se serait pas, à l'occasion du récit d'un martyre arrivé en Orient, adressée à ces reliques que la tradition locale connaissait parfaitement et dont le culte avait commencé à une époque si rapprochée du martyre, qu'on peut le considérer presque comme contemporain de la persécution. Aucun des ossuaires que les grandes batailles ont laissés dans presque toutes les provinces du monde romain n'a d'ailleurs causé une telle illusion. Il serait plus qu'invraisemblable qu'une telle erreur ait pu s'accréditer simultanément à Agaune, à Cologne et à Trèves et précisément sur le passage de la même légion. Enfin les actes de la tradition mentionnent le nom de *légion Thébaine* que ne portent pas les saints martyrs d'Apamée. Or cette désignation contrôlée par les renseignements que l'on possède sur l'état des légions impériales, est une des plus grandes preuves d'authenticité de ces mêmes actes de la tradition. — Il faut reconnaître que cette triple tradition est corroborée par elle-même. — Une objection cependant est possible. Comment se fait-il que le persécuteur ait semé ses victimes sur plusieurs points et non pas sur un seul ? — On répond que le massacre principal et général eut lieu près d'Agaune. Cologne et Trèves n'eurent que des massacres partiels et par décimation. Ce procédé était familier aux persécuteurs, préoccupés qu'ils étaient d'effrayer les faibles, et d'en obtenir au moins des semblants d'apostasie. Les actes des martyrs fourmillent d'exemples de ce genre.

En présence d'une tradition aussi antique que constante, consignée dans la vieille liturgie gallicane (2), célébrée par Fortunat (3), corroborée par les inscriptions et par des documents militaires, on ne saurait prendre prétexte du silence de Lactance, ni de Sulpice Sévère, lesquels, on le sait, n'ont pas retracé l'histoire des martyrs sous Dioclétien. Quant à Eusèbe et à Orose, leur silence ne saurait davantage, en bonne critique, préjudicier

---

(1) P.-J. de Rivaz, *Éclaircissements sur le martyre de la légion Thébéenne*, Paris, 1779. — Cf. *Acta sanct.*, t. VI, sept. ; Dom Ruinart, *Præfat. in act. SS. Maurit et socior.*, p. 271 et suiv. ; J.-G. Braun, *Zur Geschichte der thebaischen Legion*, Bonn., 1855 ; J. Friedrich, *Kirchengeschichte Deutschlands*, t. I, Bamberg, 1867, pp. 107-141 ; et surtout P. Schmitt, *Die Kirche des Heil. Paulinus bei Trier*, 1853, pp. 12 et suiv., pp. 331 et suiv. Voir aussi Mgr Guérin, *Les Petits Bollandistes*, Paris, 1876, t. XI, 22 sept.

(1) Le culte des martyrs de la légion Thébéenne à Cologne est attesté par saint Grégoire de Tours. (*De Gloria mart.*, t. 1, ch. LXII.) Une inscription du musée de Cologne, que son caractère permet d'attribuer au Vᵉ siècle, fournit un témoignage encore plus ancien. (Voir Garucci, *Civiltà Cattolica*, 1855, p. 479 ; — Le Blant, *Inscriptions chrétiennes de la Gaule*, t. I, p. 470.)
(2) Dom Ruinart, *Act. Sinc. Mart.*, p. 279.
(3) Fortunat, *Carm.*, lib. II, cap. XVI.

à l'affirmation éclatante qui résulte tant des monuments que de la tradition.

Du reste les exécutions en bloc de soldats chrétiens sont loin d'être des faits isolés à cette même époque. Outre le martyre du tribun saint Maurice d'Apamée et de ses soixante-dix soldats, on trouve encore celui de quarante soldats condamnés par Licinius à périr exposés tout nus sur un étang glacé à Sébaste ; les martyres de saint Marcel, de saint Cassien, de saint Victor, de saint Maximilien, de saint Sébastien et de tant d'autres dont les actes indiscutables nous donnent de pareil exemples. Et faut-il donc s'en étonner quand, à une époque où l'acharnement de l'impiété n'avait pas encore déversé sur le monde cette rage satanique, on voit, au dire de Suétone, Octave lui-même, le sage Auguste, immoler aux mânes non apaisés de son père adoptif un immense holocauste de trois cents sénateurs et chevaliers (1) ? D'après cela, le massacre de la légion Thébaine ne fait plus que tenir une place éminente dans un ensemble de faits analogues. L'héroïque phalange disparaît dans toute cette armée des soldats du Christ qui conquit à la foi sa part du monde.

ÉPOQUE DE LA PRÉDICATION DE SAINT DENIS, DE SAINT SATURNIN ET DE SAINT FIRMIN DANS LES GAULES (p. 7).

Est-ce à la fin du 1ᵉʳ siècle ou au milieu du IIIᵉ, comme le dit Rohrbacher, que saint Firmin évangélisa le pays d'Amiens ? On a beaucoup discuté sur ce point, qui tient à la question plus générale des origines des Eglises des Gaules. Tout le monde convient que Firmin fut instruit dans la foi chrétienne par saint Saturnin, évêque de Toulouse ; mais comme on se partage également sur l'époque où celui-ci commença son apostolat, toute la question se rattache à saint Saturnin lui-même.

Divers historiens s'appuient principalement sur saint Grégoire de Tours, pour établir que la plupart des fondateurs des églises de la Gaule ne furent chargés de leur mission que sous le consulat de Dèce et de Gratus, en 250 ; mais on a déjà vu combien l'assertion de notre vieil historien est dénuée de fondement. Ses partisans reprochent à ceux qui font arriver dans les Gaules les premiers disciples des apôtres, et les apôtres eux-mêmes, d'obéir à un enthousiasme aveugle au lieu de s'en tenir aux faits constatés ; mais on oublie que Jésus-Christ avait recommandé aux apôtres d'aller prêcher dans le monde entier (*euntes in mundum universum prædicate.....*) et que saint Marc, après les avoir vus à l'œuvre et avoir été longtemps attaché à la personne de saint Pierre, affirmait qu'ils avaient réellement prêché partout, secondés du secours de Dieu et de l'effet des miracles (*prædicaverunt ubique, Domino cooperante...* — Marc, cap. XVI, v. 20). La Gaule et l'Espagne étaient des provinces trop considérables de l'empire pour n'avoir pas attiré la sollicitude de ces infatigables ouvriers de l'Évangile, qui se sentaient poussés à répandre jusqu'aux extrémités de la terre la semence de la parole sainte. Saint Epiphane assurait, au IVᵉ siècle, que saint Luc et plusieurs autres disciples de saint Paul avaient annoncé l'Evangile dans les Gaules. — « Le minis-« tère de la divine parole, dit-il, ayant été confié à « saint Luc, il l'exerça en passant dans la Dalmatie, « dans la Gaule, dans l'Italie, mais particulière-« ment en Gaule. » — Il prétend même que le texte de saint Paul : « Crescent est allé en Galatie », *Crescens in Galatiam* (1), doit s'entendre de son départ pour la Gaule (*in Galliam*) (2). De graves autorités permettent de constater les travaux des plus célèbres de ces évêques, à l'origine du christianisme. Nous regarderons en particulier ce qui concerne saint Denis et saint Saturnin, avant d'en venir à saint Firmin lui-même.

I.

Tous les anciens documents de l'Eglise romaine et des Eglises des Gaules, martyrologes, bréviaires, vies de saints, sont unanimes à placer au 1ᵉʳ siècle l'arrivée de saint Denis l'Aréopagite dans la province de Paris. On les a contestés plus tard ; mais ils conservent une grande autorité, non seulement parce qu'ils sont les premières sources, les plus voisines des événements, mais encore parce qu'ils retiennent, parmi des erreurs de détail, un fond de vérité solidement établi. On sait le soin qu'avait eu saint Clément de créer des notaires apostoliques après la persécution de Néron, pour rechercher partout et rédiger exactement les Actes des Martyrs. Saint Fabien, qui fut pape de 237 à 250, leur adjoignit sept sous-diacres pour les aider dans leurs fonctions et les préserver de toute erreur. L'Eglise romaine veillait avec une extrême sollicitude sur les relations qu'ils avaient laissées : c'est pour avoir constamment refusé de les livrer aux persécuteurs que saint Antère fut martyrisé en 236.

Avant tout, elles étaient faites en vue de la vérité, sans aucune préoccupation littéraire, et elles fournirent les premières indications des martyrologes, les dates de la mort des martyrs, les notes marquées dans les peintures murales des basiliques de Rome, les inscriptions gravées sur les tombeaux des catacombes. Ce qui resta de leurs données principales fut encore important lorsque la persécution de Dioclétien les eut elles-mêmes jetées pour la plupart dans les flammes. La tradition établie sur les documents de cette époque, qui renferment un débris marquant du travail des notaires apostoliques, est bien difficile à détruire. On a, sans doute, beaucoup falsifié certains Actes des Martyrs ; après les massacres du règne de Dioclétien et même déjà précédemment, on y avait intercalé des légendes, des miracles, de toute sorte inventions de tout genre ; mais il est remarquable qu'au milieu des plus palpables erreurs, ils conservent encore les plus précieux fragments de vérité.

---

(1) La décimation était une peine militaire en usage dans l'armée romaine. Baronius en rapporte plusieurs exemples dans ses notes sur le Martyrologe romain, au 22 septembre.

(1) *II Timoth.*, IV, 10.
(2) Epiph. *Hæres.*, LI, XI : Cf. Baronius, *ad an.* 59, § X. Voir sur cette question : *Archives théologiques*, 7ᵉ année, nouv. série, n° 10, t. II, p. 294 et suiv. ; Amédée Fleury, *Saint Paul et Sénèque*, t. I, p. 195-6.

Déposant donc toute prévention exagérée contre les Actes de saint Denis l'Aréopagite, lequel ne put être oublié à Rome au II° siècle, si l'on interroge le martyrologe romain, déjà commencé avant saint Jérôme, on y trouve une déclaration formelle, qui se résume ainsi : « Saint Denis l'Aréopagite, con« verti par saint Paul et établi évêque d'Athènes, « fut ensuite envoyé dans les Gaules par saint « Clément, évangélisa Paris et y fut martyrisé (1). » C'est là tout ce que l'antiquité chrétienne a transmis de plus ancien et de plus digne de foi sur saint Denis l'Aréopagite. Les documents primitifs de la liturgie sont unanimes à cet égard. Hilduin dont le témoignage, au moins sur ce point, est irrécusable, en fait foi pour ceux de la Gaule. Lorsqu'on songe à l'empressement que l'on avait à Rome pour garder le souvenir de ceux qui étaient morts victimes de leur fidélité à Jésus-Christ, il est bien difficile de renverser complètement les traditions adoptées dans les livres de prières publiques dès le commencement du culte chrétien. Sans doute, on ne saurait affirmer que les Actes de saint Denis aient été composés immédiatement après son trépas, et envoyés à Rome par ses compagnons. Le pape Benoît XIV le prétend, d'après une lettre que le saint aurait écrite à saint Clément avec la relation du martyre de saint Eutrope, et d'après les avis qu'il aurait donnés à ses disciples pour les engager à recueillir le récit de sa passion, son interrogatoire et ses réponses. Une telle lettre et de semblables préoccupations de la part de saint Denis, n'ont pas de caractères suffisants d'authenticité, et semblent supposés d'après le zèle qu'avait mis saint Clément à faire écrire les Actes des Martyrs : on aura jugé convenable d'attribuer à son disciple un zèle encore plus grand. On a de fortes raisons de croire que la Vie de saint Denis ne fut composée que plus tard, peut-être même après les persécutions. Celle qui paraît être la plus ancienne et qui se trouve dans un manuscrit du XI° siècle, à la Bibliothèque nationale de Paris, porte que l'auteur « a beaucoup « plus appris par tradition orale que par les écrits « des anciens (2). » Cela signifie qu'aucun récit n'était encore rédigé, mais que cependant quelques indications avaient été laissées dans les documents de l'époque voisine des contemporains. Or que pouvaient être ces indications, si ce n'est l'abrégé des faits principaux, consignés dans les martyrologes et dans les archives des églises? Ce que l'on veillait à conserver tout d'abord à la postérité chrétienne au sujet des martyrs, c'était l'époque de leur mort, afin que l'anniversaire en fût solennellement célébré. De tout ce qu'on avait inscrit dans les catalogues des saints, à propos d'un évêque aussi éminent que saint Denis l'Aréopagite, l'on n'avait donc rien eu de plus à cœur que de marquer le temps de son martyre : c'est là un point qui attira spécialement l'attention de ceux qui l'avaient connu et qui avaient été convertis par sa prédication. Ses Actes en par-

lèrent comme les martyrologes et comme les leçons de son office. L'accord est unanime jusqu'à saint Grégoire de Tours : c'est déjà un espace de cinq siècles, bien capable de faire autorité.

Saint Fortunat chantait ainsi l'arrivée de saint Denis dans les Gaules sous le pontificat de saint Clément :

Clemente Roma præsule,
Ab urbe missus adfuit,
Verbi superni numinis
Ut fructus esset Galliæ.

Un peu avant ce poète, vers 530, le biographe de sainte Geneviève, dont le texte authentique se trouve dans un manuscrit du XI° siècle, rappelle que saint Denis fut envoyé par saint Clément dans la province de Paris, et qu'il y reçut la palme du martyre (1). Cet auteur n'écrivait guère qu'une vingtaine d'années après la mort de la sainte, car il se souvenait d'avoir vu, dix-huit ans après qu'elle eut fermé les yeux, un vase renfermant de l'huile qui s'était accrue à sa prière; et l'on remarque, entre autres preuves d'authenticité de cette biographie, que l'auteur cite fréquemment l'Ecriture sainte d'après une des versions antérieures à la Vulgate de saint Jérôme. Il précédait ainsi d'un demi-siècle saint Grégoire de Tours, et il était sur les lieux qu'avait évangélisés saint Denis : personne ne pouvait être plus au courant de l'opinion établie par les anciens sur l'époque de ses travaux et de son supplice.

Telle était la tradition antique des Gaules. Saint Grégoire de Tours est le premier à y contredire, mais son témoignage ne saurait infirmer celui des siècles précédents; car, outre qu'il est trop loin des faits pour prendre de vive voix des informations capables de les éclaircir, il s'appuie sur un document dont il force le sens véritable. C'est des Actes de saint Saturnin, évêque de Toulouse, que l'historien des Francs tire une preuve de l'apostolat de saint Denis dans la province de Paris, au milieu du III° siècle. « Sous le règne de l'empereur Dèce, dit-il, sept « évêques furent envoyés dans les Gaules pour y « prêcher, comme le récit du martyre de saint « Saturnin l'affirme. On y lit en effet : « Sous le « consulat de Dèce et de Gratus, comme on en a « gardé un fidèle souvenir, la ville de Toulouse eut « pour premier évêque saint Saturnin. Les autres « qui furent envoyés avec lui étaient : Gatien, évêque « de Tours; Trophime, évêque d'Arles; Paul, évêque « de Narbonne;... Denis, évêque de Paris... etc.« « Martial, évêque de Limoges... (2)

Où saint Grégoire de Tours avait-il lu cette citation? Ce n'était pas dans un texte authentique des Actes de saint Saturnin ; ceux qui nous sont parvenus dans de nombreux manuscrits, portent bien que Toulouse eut saint Saturnin pour premier évêque

---

(1) Dionysius (Areopagita) ab apostolo Paulo baptizatus, primus Atheniensium episcopus est ordinatus, deinde Romam veniens a beato Clemente Romano pontifice in Gallias prædicandi gratia directus est..... gladio animadversus martyrium complevit. (Martyrologium Romanum. — IX Octobris).
(2) Plus fidelium sunt relatione comperta quam prebentur ad nos lectione transmissa. (Bibliot. nation. de Paris. Manuscrits; [Fonds latin, n° 5296, D, fol. 5, Vita S. Dionysii. — XI° siècle.)

(1) Dionysius, ortus Athenis, sacerdosque primum more gentilium Areopagi effectus, deinde abrenuntiatis idolis, conversus ad prædicationem Pauli credidit in Christum... per multa pericula Romam usque tetendit. Ubi statim... a sancto Clemente successore beati Petri.... super hanc provinciam quam nullum veritatis præconem antea habuerat, legationem indeptus est. (Bibliothèque nat. Mss. — XI° siècle, Vita S. Genovefæ. Fonds latin ; n° 5324, fol. 150.)
(2) Hujus tempore (sub Decio) septem viri episcopi ordinati ad prædicandum in Gallias missi sunt, sicut historia passionis sancti martyris Saturnini denarrat. Ait enim : sub Decio et Grato consulibus, sicut fideli recordatione retinetur, primum ac summum Tolosa civitas sanctum Saturninum habere cooperat sacerdotem. Hi ergo missi sunt : Turonicis Gatianus episcopus; Arelatensibus Trophimus episcopus; Narbonæ, Paulus episcopus; Parisiacis Dionysius. (Hist. l. I, cap. XXVIII.)

sous le consulat de Dèce et de Gratus, mais ils gardent le silence sur les autres mentionnés ici comme ses compagnons; si cette omission provient des copistes qui rectifièrent autrefois cette erreur palpable, la relation que saint Grégoire de Tours avait sous les yeux, n'en méritait pas créance, et les modifications qu'on y aurait apportées dans la suite n'en font pas un document de la primitive Eglise. L'auteur lui-même semble indiquer qu'ils furent composés sur des ouï-dire (*sicut fideli recordatione retinetur*). Il se peut ainsi qu'ils ne soient pas l'expression exacte du récit des contemporains, ni peut-être des générations qui les suivirent de près : il ne serait pas étonnant que certaines faussetés y aient trouvé place. On a même les plus graves motifs de le supposer, puisque saint Grégo re de Tours lui-même revenant sur saint Saturnin au livre de *La Gloire des Martyrs*, le donne pour un évêque formé par les disciples des apôtres, ordonné par eux et envoyé dans la ville de Toulouse (1). Il n'avait par conséquent rien puisé de solide sur saint Denis dans les Actes de saint Saturnin. Ce fut après la publication de l'histoire des Francs, c'est-à-dire après le VIe siècle, que se produisit l'opinion de l'apostolat du premier évêque de Paris sous le règne de Dèce. Elle fut soutenue avec persévérance ; on voit à l'époque de Charlemagne la trace des débats passionnés qu'elle soulevait. Charles le Chauve ayant ordonné de rechercher les Actes de saint Denis, Anastase en découvrit une copie qui passait pour être l'œuvre d'Aristarque et pour avoir été refaite par saint Méthodius, évêque de Tyr. martyrisé en 311 ou 312 ; il la traduisit du grec en latin, l'envoya à l'empereur, en lui disant qu'il avait trouvé le texte dans un des monastères de Rome, puis il ajoutait : « Il n'y a donc plus à
« prétendre que saint Denis l'Aréopagite n'est pas
« celui qui repose à Paris et qui a embaumé cette
« ville du parfum de ses vertus, puisque les Grecs
« sont d'accord avec les Latins pour l'attester et le
« soutenir (2). » Cette relation grecque de saint Méthodius pèse beaucoup dans la balance. Il est vrai qu'elle a été récusée par Launoy et d'autres représentants de son école, qui avaient quelque prétexte d'élever des doutes, puisque le manuscrit latin de la plus ancienne Vie de l'apôtre de Paris reconnaît que presque rien n'avait encore été relaté par écrit sur ses vertus, ses travaux et son martyre, et que l'on n'en savait guère autre chose que les détails donnés de vive voix par les vieillards (3). On peut admettre cependant que les Actes composés en grec n'aient pas été fort connus dans la province de Paris, où l'usage de la langue grecque ne s'était pas maintenu comme dans le midi de la Gaule; on aurait pu même les oublier complètement deux ou trois siècles après leur composition, soit qu'ils aient été brûlés dans la persécution de Dioclétien, soit qu'ils aient été très-peu répandus. Hincmard les accepta pour authentiques et en fit ressortir la valeur, en offrant un exemplaire de ceux de saint Sanctin à Charles le Chauve. « J'ai jugé à propos, lui écrivait-
« il, d'offrir à votre piété et à votre dévotion un
« exemplaire des Actes (de saint Sanctin), afin que
« s'il reste encore quelqu'un pour refuser de croire
« que notre seigneur, père et patron, saint Denis,
« est bien l'Aréopagite, baptisé par le bienheureux
« Paul, ordonné évêque d'Athènes et envoyé dans
« les Gaules par saint Clément, il comprenne par
« ce document ce que nous affirment les Grecs de
« même que le Saint-Siège de Rome et la voix des
« peuples de la Gaule, et afin qu'il ouvre les yeux
« à la vérité dite avant nous à cet égard. Celle-ci, en
« effet, après avoir été maintes fois combattue,
« brille d'un plus vif éclat (1). » Quoi qu'il en soit, cet Aristarque rapporte les traditions primitives de l'Église grecque, où le souvenir de saint Denis était resté vivant : c'est un point capital.

Vers le même temps, Usuard, dans son martyrologe, adopta l'opinion intermédiaire de deux saints Denis, l'un honoré le 3 octobre et l'autre, le 9, sans prétendre que saint Denis l'Aréopagite soit venu évangéliser Paris. Les discussions continuèrent durant le moyen âge; l'on retrancha ou l'on maintint, dans les copies de la Vie de sainte Geneviève, le passage relatif à l'arrivée du saint dans les Gaules au Ier siècle, selon que l'on embrassait ou que l'on rejetait ce sentiment : il est conservé dans des manuscrits du XIe siècle et du XIVe (2); il a disparu dans le plus grand nombre dès le Xe : cependant les textes qui le renferment portent les principaux caractères d'antiquité, entre autres des citations fréquentes de l'Ecriture sainte d'après les versions latines antérieures à la *Vulgate*.

La question est toujours pendante entre les historiens ecclésiastiques. Le cardinal Pitra indique une solution qui concilierait les deux écoles contraires. « Que saint Denis, premier évêque de Paris, soit, dit-il, l'aréopagite ou le saint Denys du IIIe siècle, ou que t us deux aient, à des époques diverses, évangélisé la même contrée, ce qui pourra bien être l'avis définitif (3)..... Les traditions constantes de l'Eglise romaine, consignées dans son martyrologe et dans son bréviaire, reproduites en divers documents des six premiers siècles, sans être contestées avant saint Grégoire de Tours, ne peuvent pas être ébranlées par celui-ci, qui se méprend dans la citation même sur laquelle il s'appuie, ni par d'autres historiens d'une valeur secondaire. D'ailleurs fixer au milieu du IIIe siècle l'arrivée de saint Denis dans la ville de Lutèce, c'est reculer sa mort vers la fin des persécutions, puisque l'on rapporte qu'il travailla fort longtemps à Paris

---

(1) Saturninus vero martyr, ut fertur, ab apostolorum discipulis ordinatus, in urbem Tolosatium est directus. (*De Gloria Marty.,*) cap. XLVIII.
(2) Passionem sancti hieromartyr's Dionysii, quondam Areopagytæ, portiqu Athen rum antistitis, quam Romæ legi cum puer issem quamque a Constantinopolitanis legatis audieram, secundùm jussionem vestram dip quæ itam, invento in maximo cœnobiorum, Romæ sitorum, repertam... latino eloquio tradidi.... Cesset ergo opinio quorumdam... (Apud Bolland. *Dissertatio in S. Dionysium.* IX Oct. — fol. 721.)
(3) Bibliothèque nationale. Fonds latin, n° 5296, fol. 5. (*Vita S. Dionysii,* XIe siècle.)

(1) Ex mplar eorum (Actorum S. Sanctini) quod mihi retinui vestro devoto et bono studio offerendum putavi, ut si quæ sunt illorum reliquiæ, qui negabant dominum et patrem nostrum, patronum vestrum, Dionysium esse Areopagytem, a beato Paulo, et Atheniensium ordinatum episcopum et in Gallias a beato Clemente directum, ex his quæ græci testificatio et sanctæ sedis Romanæ attestatio.... quod longe ante nos dictum est, recognoscant. (Apud Bolland. *Dissertatio in S. Dionysium,* IX[a] Octobris fol. 721.)
(2) Bibliothèque nationale. Manuscrits latins, n° 5321, fol. 120. XIe siècle. — Bibliothèque Sainte-Geneviève, Manuscrits latins, H. 1, 10, fol. 82. XIVe siècle. — Les manuscrits qui ne portent pas ce passage, sont, entre autres, à la Biblioth. nat., le n° 17625, fol. 21. Xe siècle, et le n° 3788, XIIe siècle.
(3) *Discours sur les Actes des Saints,* p. 11.

et atteignit les limites extrêmes de la vieillesse. Il serait ainsi l'un des derniers martyrs de la Gaule : ce qui n'est pas conforme à la croyance générale. L'autorité de saint Grégoire de Tours n'est pas inattaquable : on lui reproche plus d'une erreur, et nulle part il n'a plus évidemment qu'ici les sources anciennes de l'histoire contre son sentiment. Tout porte donc à penser que saint Denis, apôtre de Paris, n'est autre que saint Denis l'Aréopagite.

II

Pour sanit Saturnin, on aurait peut-être moins de raisons de croire qu'il fut envoyé à Toulouse dès les premiers temps apostoliques. (1) Une tradition, respectée de saint Grégoire de Tours (2), et adoptée dans l'office du saint, le donne, cependant, pour disciple de saint Pierre. Les anciens bréviaires de Toulouse répondent en cela au martyrologe des saints d'Espagne. De plus, l'Eglise de Lyon, déjà florissante à la mort de saint Pothin, en 177, ainsi que l'atteste la fameuse lettre de ses martyrs, avait de bonne heure exercé son influence dans le midi et dans l'est de la Gaule; saint Irénée, successeur de saint Pothin et disciple de saint Polycarpe, avait chargé saint Ferréol et saint Ferjeux de porter l'Evangile à Besançon, et saint Achillée de le propager à Vienne (en Dauphiné) où il avait déjà pris fortement racine (3). Comment supposer que Toulouse, une des plus importantes cités de la Gaule romaine, ait été oubliée jusqu'en 250 par les ouvriers évangéliques? Cela n'est guère vraisemblable, surtout quand on sait que saint Irénée présida deux conciles, de douze et de treize évêques des Gaules, l'un sur la Pâque et l'autre sur les hérésies de Valentin et de Marcion (4).

Mais les Actes de saint Saturnin, cités par saint Grégoire de Tours, rapportent son martyre à la persécution de Dèce. Quoiqu'ils ne soient probablement pas l'œuvre des contemporains, l'auteur les donne pour l'expression du souvenir fidèle des anciens (*sicut fideli recordatione retinetur*). Ils ont sans doute une certaine autorité; toutefois on peut les récuser. En effet, la citation que saint Grégoire fait, n'est pas conforme aux copies qui nous ont été conservées, et présente faussement l'arrivée du saint à Toulouse sous le règne de Dèce (5) ; car ce prince ayant occupé à peine deux ans le trône, il faut que le saint évêque ait travaillé longtemps auparavant aux conversions qui lui sont attribuées. Aussi les textes publiés de nos jours ne contiennent pas cette erreur ; ils prétendent que sa mission dans les Gaules lui fut confiée par le Pape saint Fabien. Sont-ils l'œuvre d'un copiste qui corrigea le récit invoqué par l'historien des Francs ? ou bien celui-ci avait-il sous les yeux la relation originale, comme on a lieu de le supposer? Dans les deux cas, ainsi qu'on l'a dit précédemment, la passion de saint Saturnin est manifestement inexacte

et interpolée. Elle perd ainsi beaucoup de sa valeur, mais ne la perd pas entièrement : et il est nécessaire d'en tenir compte.

Ses principales indications se fortifient de l'autorité du martyrologe romain, qui la résume et place le supplice au temps de l'empereur Dèce (1). C'est un témoignage dont il est difficile de s'écarter, dit Baronius en examinant cette question. Souvent l'on envoyait à Rome les Actes des saints des provinces ; « on lit dans ceux de saint Virgile, évêque de Trente, « conservés par un docte protestant, Albrecht, de « Strasbourg, qui les transmit à Mabillon, cette « clause, « qu'ils furent envoyés au pontife romain, « le vénérable évêque apostolique, lequel les jugea « dignes d'être conservés, y souscrivit et les fit « insérer dans les sacrés mémoires des martyrs (2) » Probablement ces Actes, portés à Rome dans le principe, y fournirent matière au résumé qu'on lit dans le martyrologe, et qui doit être ainsi fort près de la vérité, quoiqu'il ait contre lui des documents sérieux.

Toutefois, saint Grégoire de Tours a eu évidemment tort de placer l'arrivée de saint Saturnin à Toulouse en 250 ; il faut au moins la reporter plus haut sous le pontificat de saint Fabien, si ce n'est vers la fin du premier siècle (3).

III

L'apostolat de saint Firmin se trouve lié à celui de saint Saturnin ; l'antiquité chrétienne, comme les historiens modernes, reconnaît qu'il s'attacha, dans sa jeunesse au célèbre évêque de Toulouse et qu'il lui avait dû sa conversion au christianisme. Dès lors, pour décider de l'époque où il se rendit dans le pays d'Amiens, il faudrait être sûr du temps où son maître évangélisa Toulouse. Quoique ses Actes soient anciens et remontent, selon les Bollandistes (4), au v°, peut-être au vi° siècle, ils ne sont pas une expression fidèle des récits contemporains ; Tillemont y remarque bien des assertions dénuées de vraisemblance, tout en attribuant au fond des choses une valeur sérieuse. Ils ne précisent d'ailleurs aucune date. Les leçons du bréviaire de Pampelune, ville dont il était originaire, et le martyrologe des saints d'Espagne fixent son martyre au règne de Trajan. Cette croyance des Eglises espagnoles a sa source dans l'antiquité ; Baronius y attachait de l'importance et la mentionnait dans ses annotations au martyrologe romain. « Nous savons, dit-il, qu'Am- « broise Moralès, l'un des plus habiles chroniqueurs « de l'Espagne, fait remonter saint Firmin jusqu'au « temps des apôtres, et que ce n'est pas sous Dio- « clétien, mais sous Trajan qu'il place son martyre. « Toutefois cette question n'est pas de celles qu'on « puisse trancher en passant (4). » Le grand annaliste de l'Eglise ne s'est pas décidé à modifier les indica-

---

(1) Voir Salvan, *Histoire générale de l'Eglise de Toulouse* 1856-1861.
(2) S. Saturninus vero martyr, ut fertur, ab apostolorum discipulis ordinatus, in urbem Tolosatium est directus. (*De gloria Martyrum*, cap. XLVIII.)
(3) Voir les anciens Bréviaires de Besançon, XVI Juin.
(4) Voir Sirmond.
(5) Sub Decio et Grato consulibus, sicut fideli recordatione retinetur, primum ac summum Tolosana civitas Sanctum Saturninum habere cœperat sacerdotem. (*Hist. Francorum* lib. I, cap. XXVIII.)

(1) Tolosæ S. Saturnini episcopi, qui temporibus Decii in Capitolio ejusdem urbis a paganis tentus, atque a summo Capitolii arce per omnes gradus præcipitatus, capite colliso excussoque cerebro, et toto corpore dilaniato. (*Martyrologium Romanum*, cum notis Baronii, 1639, IX° Octobris.)
(2) Bolland. XIII Junii. — Quæ suscepta venerabilis episcopus apostolicus omnia digna memoria subscribens adjudicavit... ut sacris martyrum memorialibus insererentur.
(3) Voir Salvan. *Op. cit.*
(4) Bolland. XXV septemb. Acta S. Firmini ep. et martyr.
(5) *Martyrologium Romanum* cum notis Baronii. XXV sept.

tions fournies par le martyrologe romain, qui fait du saint évêque une victime de la persécution de Dioclétien. M. Salmon, qui a suivi Maceda (*de celeri propagatione Evangelii*), expose avec beaucoup de force les arguments qui militent en faveur de l'apostolicité de la mission de saint Saturnin (1). Au témoignage des livres liturgiques de l'Espagne, il ajoute celui du bréviaire d'Amiens et d'un manuscrit d'Evreux. Dans la bibliothèque du chapitre de cette ville, se voit une copie de la chronique d'Eusèbe, transcrite au XIe siècle, et portant cette note intercalée dans le texte, à l'année 94 : « La divine « Providence envoya Julien au Mans et Firmin aux « populations d'Amiens (2). » Cet accord des offices de Pampelune et d'Amiens n'est pas sans importance; beaucoup de cités conservèrent des souvenirs particuliers des évêques et des prêtres qui leur avaient apporté la foi, ou qui en étaient partis pour annoncer ailleurs l'Evangile. Assurément on mit souvent un peu d'amour-propre national à les représenter instruits par les apôtres ou par les premiers successeurs des apôtres; mais nulle part les traditions et les monuments anciens n'avaient laissé plus de traces qu'aux lieux mêmes qui furent le théâtre de leurs travaux et de leurs souffrances. La grande difficulté qui reste à propos de saint Firmin, c'est de savoir si son maître, saint Saturnin, entreprit la conversion de Toulouse à la fin du Ier siècle ou au milieu du IIIe; on ne saurait le détacher de cet illustre évêque, puisque les documents d'Amiens s'accordent avec ceux de Pampelune pour dire qu'il en avait suivi les leçons.

LE TITRE DE « PAPE » (p. 20, col. 2).

Le nom de pape, *papa*, traduction latine de πάπας, signifie étymologiquement *père*, ou *tenant la place de père*, et exprimait dans la primitive Eglise la paternité spirituelle du sacerdoce. *Papa, paternitatis nomen est*, dit Walafrid Strabon (*De rebus ecclesiasticis*, cap. VII). On le donnait indistinctement à tous les évêques des premiers siècles du christianisme et même aux prêtres. De là l'ancienne formule, dans les lettres qui leur étaient adressées : *Domino papæ salutem* — (S. Aug. *Epist*. XIII, XVIII, CCXXII; S. Hier., *epist.ad Aug*.) Il continua longtemps d'être un titre d'honneur, qui semblait rehausser la dignité épiscopale. Dans le catalogue des évêques de Metz dressé sous Charlemagne, on l'attribue à Chrodegang en ces termes : *Nobilis in cunctis papa Chrodegangus habetur*. En Occident, les évêques ne le prirent jamais eux-mêmes, bien qu'il leur fût généralement donné. Seul le pontife romain se le décernait; il le considérait comme lui appartenant exclusivement à partir de saint Léon le Grand.

Saint Pierre d'Antioche dit dans une lettre à l'Evêque Dominique : « Il y a cinq patriarches dans « l'Eglise; ils l'administrent comme les cinq mem« bres gouvernent le corps humain; l'évêque d'An« tioche est proprement appelé *patriarche*; ceux « de Rome et d'Alexandrie portent le nom de « *papes*; ceux de Constantinople et de Jérusalem « ont celui d'*archevêques*. » Mais il est sûr que même dans l'Eglise d'Orient ce titre de *pape* était commun à tous les évêques : Saint Avit le donne à ceux de Constantinople et de Jérusalem. (Saint Avit, *Epist*. VII et XXIII).

Quelquefois il signifiait la dignité épiscopale. Ainsi saint Grégoire de Tours est appelé le pape de la ville de Tours, *Papa urbis Turonensis*. (Grègor. Turon. lib. IV, cap. XXVI.). — En Orient on alla jusqu'à donner le nom de pape à des martyrs ou à des prêtres.

Dans les derniers siècles du moyen âge, le patriarche d'Alexandrie paraît avoir été seul en Orient à se le décerner. C'est peut-être à cause du fréquent emploi qu'on en faisait partout, qu'on ajouta l'épithète d'*universalis* ou de *coangelicus* au mot *papa*, quand il s'appliquait au pontife de Rome (*universalis Papa dicitur Johannes VIII, in synodo romano, anno* 876 — et *Papa coangelicus in synodo romano, anno* 877). Enfin saint Grégoire VII statua au concile de Rome que le nom de pape serait exclusivement réservé au pontife romain dans tout le monde catholique (1). — Le titre de *Pater patrum*, pères des pères, fut décerné par les évêques d'Afrique au pape Théodore, dans une lettre qui figure parmi les actes du concile de Latran, tenu sous Martin Ier; au pape Hormisdas par les évêques du concile de Constantinople (Baron. anno 520, n° 41); au pape Jean VIII, par le concile de Troyes, en 878. Dans l'Eglise grecque, on le décerna quelquefois à des évêques éminents. Au second concile de Nicée (sess. VI), saint Grégoire de Nysse le reçut par acclamation (πάτηρ πατέρων). — Saint Athanase le donne aussi à Osius de Cordoue (*Epist. ad solitar*.) (2).

LES ACTES DES MARTYRS (p. 35).

Rohrbacher trouve sévère le jugement porté sur l'authenticité d'un grand nombre d'Actes des martyrs. Assurément on les a proscrits en masse avec une rigueur qui pulvériserait la plupart des documents de l'histoire, si elle était aussi inflexible pour tous qu'elle l'a été pour ces vénérables annales de la primitive Eglise. Il ne faut pas leur demander, sur tous les points, une exactitude que ne comportent pas l'ignorance humaine ni la difficulté de transmettre dans leur intégrité les récits copiés depuis tant de siècles. Mais il est juste aussi de constater les affreux ravages qu'ils subirent et de la part des hérétiques acharnés à les corrompre, afin de les invoquer ensuite en faveur de leurs propres doctrines, et de la part des persécuteurs qui les firent partout rechercher, principalement sous Dioclétien, et les livrèrent aux flammes avec ceux qui les

---

(1) Salmon, *Recherches sur l'époque de la prédication de l'Evangile dans les Gaules et sur le temps du martyre de saint Firmin*, Amiens, 1865, in-8.
(2) *Cenomanicis Julianum, Ambianensibus Firminum pietas superna destinavit*.

(1) Du Cange, *Glossarium*, au mot *Papa*, Cf. Martigny: *Dict. des Antiq. eccles*.
(2) Du Cange, *Pater*.

cachaient. Baronius et les Bollandistes, si disposés à les admettre dès qu'ils les trouvaient appuyés sur des fondements solides, sont désolés d'y rencontrer souvent la main des falsificateurs, rendue manifeste par les doctrines erronées; et, quand on n'y remarque pas le venin de l'hérésie, on s'aperçoit souvent qu'ils ont été rétablis d'après les souvenirs seulement de ceux qui avaient lu les originaux livrés aux flammes, ou que la rédaction primitive a été sensiblement altérée. Leur histoire fit sensation à plusieurs reprises dans le temps même des persécutions, et permet d'apprécier à la fois tout le soin qui présida à leur formation, et toute la gravité des atteintes qui leur furent portées.

I

Aussitôt après la première persécution, le pape saint Clément institua sept notaires (1), entre lesquels il partagea les quatorze quartiers de Rome, et les chargea de rechercher avec soin et d'écrire avec fidélité tout ce que l'on savait des martyrs. C'était comme une suite des Actes des apôtres qu'il s'agissait de composer sur des témoignages irrécusables, et de confier à la garde de l'Église romaine, d'où ils seraient ensuite répandus dans toutes les chrétientés. Cela montre déjà combien avaient été nombreux les massacres de Néron et quels traits d'héroïsme avaient signalé dans toute la ville ces morts innocentes. Leurs fonctions devaient prendre bientôt une importance considérable, qui alla croissant pendant plusieurs siècles, au point que le premier des notaires (*primicerius*) était un des hauts dignitaires de l'Église, et qu'il en avait l'administration avec l'archiprêtre et l'archidiacre, à la vacance du Saint-Siége. L'institution était prête pour les persécutions qui allaient se suivre à de courts intervalles et varier de tant de manières les raffinements de cruauté. Ce n'était pas seulement le passé dont il fallait recueillir les souvenirs en interrogeant les témoins les plus dignes de foi ; c'était encore le présent qu'il fallait constater, en recueillant sur les lieux mêmes les événements à mesure qu'ils s'accomplissaient. Les notaires, suivant l'étymologie de leur nom (2), étaient des sténographes dressés à écrire par signes avec tant de rapidité, qu'ils ne perdaient aucun mot des discours prononcés devant eux. Ils allaient sur les places publiques au moment des exécutions, notaient tous les détails et l'appareil des supplices, les paroles des bourreaux et des victimes, pénétraient dans les prisons pour constater le courage des uns, les défaillances des autres, se glissaient au pied des tribunaux, pour consigner dans toute leur vérité les interrogations et les réponses. Pontius, diacre de saint Cyprien, racontant les souffrances et les derniers moments du saint évêque, mentionne ainsi la sollicitude des anciens pour transmettre à la postérité l'histoire des plus humbles catéchumènes, mis à mort pour la foi de Jésus-Christ : « Nos pères ont eu tant de vénération pour « des plébéiens et des catéchumènes livrés au mar-« tyre, qu'ils ont écrit beaucoup de choses sur leurs « souffrances, et qu'ils n'en ont, pour ainsi dire, « omis aucune particularité, afin que nous en ayons « un jour connaissance, nous qui n'étions pas « encore au monde (1). »

C'était un travail d'exactitude et de vérité qu'on leur confiait, et non une œuvre oratoire, qui les eût exposés à la tentation d'embellir, d'ajouter ou de retrancher. Saint Clément comptait sur leur fidélité (*fidelibus notariis*); ils s'en montrèrent dignes : ce fut à eux qu'il appartint de consigner sur les registres les donations faites aux églises, les échanges de biens, les affranchissements d'esclaves, en un mot, tout ce qui se passait de remarquable (2). Comme les païens ne cessaient de diriger contre les fidèles les accusations les plus insensées et les plus mal fondées, et qu'ils voulaient ranger parmi les criminels ceux qu'ils avaient vus expirer dans d'horribles tourments, il importait d'avoir des preuves irréfragables de leur innocence, de leur courage héroïque, de leur mansuétude, et de mettre tant de vertus en regard de la férocité des juges et des bourreaux. C'était d'ailleurs un moyen d'ébranler beaucoup d'esprits timides et irrésolus, qui ne sachant pas d'abord à quoi s'en tenir sur les serviteurs du Christ, ouvraient les yeux à la vue de tant d'injustices supportées de grand cœur ; les conversions en étaient singulièrement favorisées, mais à condition qu'il n'y eût pas de soupçon sur la certitude des faits. De leur côté, les parents des martyrs, pleins de vénération pour leur mémoire, tenaient à savoir les moindres circonstances de leurs derniers moments, les plus simples paroles tombées de leurs lèvres. Leur piété et leur affection les poussaient à s'informer eux-mêmes de la vérité, et pour peu qu'ils l'eussent vue altérée dans les récits qu'on leur permettait de lire, ils auraient réclamé et rectifié les erreurs.

Quand on établissait les fêtes des martyrs, les Actes faisaient foi pour en déterminer le jour (3); on les suivait pour composer les martyrologes et les lectionnaires et pour tracer sur les murs des églises les inscriptions rappelant des dates importantes.

Dans la tourmente des persécutions, il arrivait que les notaires ne pouvant pénétrer dans les prisons, ni sur les places publiques, pour assister aux exécutions, d'autres clercs témoins des particularités du martyre, en adressaient une relation aux Églises, et leur lettre était classée au rang des véritables Actes.

---

(1) Hic fecit septem regiones dividi notariis fidelibus Ecclesiæ, qui gesta martyrum sollicite et curiose unusquisque per regionem suam diligenter perquirerent. (*Liber Pontificalis in Clementem.*)
(2) Ce nom vient des notes, *notæ*, ou signes qu'ils employaient pour écrire rapidement. Martial les caractérise ainsi, lib. XIV, épigr. 208 :

Currant verba licet, manus est velocior illis :
Nondum lingua suum, dextra peregit opus.

S. Augustin, *De Doctrina christiana*, lib. II, cap. XXVI, dit : « Ex eo genere sunt etiam notæ, quas qui didicerunt, proprie jam notarii appellantur. » — S. Jérôme, *in Isaïam*, cap. XIII, in Prolog. : *Dictamus hæc, non scribimus, currente notariorum manu, currit oratio.*

(1) Cùm majores nostri plebeis et catechumenis martyrum consecutis tantum honoris pro martyrii ipsius veneratione detulerint, etc. (*Acta S. Cypriani*, per Pontium, in initio Operum S. Cypriani.)
(2) Hic constitutum fecit ut notitia, quæ omnibus, pro fide ecclesiastica est, per notarios colligeretur et omnia monumenta in Ecclesia per primicerium notariorum celebrarentur. (*Liber Pontificalis, in Julium.*)
(3) S. Cyprien, dans sa lettre au clergé de Carthage (Epist. XXXVI), loue le diacre Tertullus, d'avoir été un notaire très-fidèle : « Denique « ut dies eorum, quibus excedunt, adnotare, ut commemorationes « eorum inter memorias martyrum celebrare possimus; quanquam « Tertullus fidelissimus...... scripserit et scribat et significet mihi dies, « quibus in carcere beati fratres nostri ad immortalitatem gloriosæ « mortis exitu transeunt....)

Eusèbe en donne un exemple dans un fragment de lettre de Philéas, évêque de Thumita (1) (*Thumitarum*), lequel raconte ce qu'il a souffert avec ses compagnons de captivité (2). Saint Denis d'Alexandrie en parle également.

Telle était l'estime des Souverains Pontifes pour ces vénérables titres de noblesse de la primitive Église, que saint Antère, après avoir soigneusement recherché ceux de l'époque précédente et les avoir mis en lieu sûr, aima mieux souffrir la mort que de les livrer (3); du moins c'est pour les avoir gardés qu'il fut condamné au supplice vers 238. Une image retrouvée dans la catacombe de Saint-Calixte, où il fut inhumé, représente un pontife (et l'on pense que c'est lui) ayant à ses côtés un diacre et un sous-diacre, qui fléchissent le genou et lui présentent dans leur dalmatique un grand nombre de volumes, pendant que, d'un signe de la main, ils semblent lui demander où il faut les déposer. C'était durant la persécution de Maximin, que les auteurs profanes appellent un Cyclope et un Phalaris, à cause de sa férocité.

On s'aperçoit ici que les Actes des martyrs étaient déjà depuis quelque temps le point de mire des persécuteurs, persuadés qu'ils étaient de leur influence sur l'esprit des chrétiens pour les animer à combattre l'idolâtrie et à mourir dans les tourments. Il y avait déjà à cette époque des tentatives déplorables de la part des hérétiques et des chrétiens relâchés, pour altérer les anciens récits et pour en imaginer d'autres entièrement faux. C'est pourquoi saint Antère veillait à les mettre sous une garde vigilante, qui les sauvât en même temps de la fureur des païens et de la main corruptrice des falsificateurs. Le mal se révèle avec plus d'étendue sous le pontificat de saint Fabien, qui adjoignit un sous-diacre à chacun des sept notaires, afin de les surveiller et de les aider dans les rédactions. Cette surveillance de l'Église indique combien elle était soucieuse de conserver dans son intégrité le dépôt des siècles précédents, et de le distinguer des productions viciées qui cherchaient à tenir le même rang.

II

La vénération même qui s'attachait aux Actes des martyrs poussa dès l'origine à les interpoler. Tous ceux qui affluaient à Rome pour y prêcher de fausses doctrines et s'y créer un parti puissant, les Ebionites, les Cérinthiens, les Patripassiens, n'avaient rien tant à cœur que de s'autoriser d'un grand nom, du nom d'un martyr célèbre, d'un docteur ou d'un pape rapproché du temps des apôtres, pour dogmatiser en lui attribuant leurs propres rêveries, et, pour cela, ils répandaient de faux Actes du martyr et du pontife, après y avoir glissé leur poison. C'est ainsi qu'ils attribuèrent à saint Clément l'*Itinerarium* (Περίοδος) ou relation des voyages de saint Pierre, et les Actes de saint Paul, tout remplis du levain de leurs erreurs, qu'ils espéraient faire adopter, en les entourant de miracles étranges. Ils défigurèrent pareillement les livres des *Recognitiones* de saint Clément. Les plus singuliers motifs inspiraient parfois les interpolateurs. Sainte Thècle était fort célèbre en Orient. Convertie par saint Paul, elle avait suivi longtemps ses prédications, avait excité l'admiration des peuples par les merveilles que le ciel avait opérées dans les scènes de son martyre. Dès les premiers temps l'on ajouta dans ses Actes le ridicule épisode d'un lion baptisé par saint Paul. Cela fit beaucoup de bruit : le faussaire ayant été découvert, on lui demanda raison d'une pareille extravagance. Il répondit qu'il avait voulu rehausser la gloire de l'apôtre (1).

Dès le pontificat du pape saint Zéphirin, c'est-à-dire au commencement du III° siècle et même auparavant, des partis ardents de sectaires s'efforçaient de placer leurs chefs sur la chaire de Saint-Pierre, et, ne pouvant y parvenir, se vengeaient par des calomnies odieuses contre les pontifes élus par la masse du clergé et du peuple. L'auteur grec des *Philosophumena* raconta la vie du pape saint Calixte sous l'impression de ces haines, qui ne ménageaient ni les accusations ni les injures. Il le représente comme un ambitieux, favorable aux erreurs de Sabellius, et ayant succédé par l'intrigue au vénérable pontife saint Zéphirin, dont il avait su, dit-il, « dominer le faible caractère. » D'un autre côté, il raconte aussi les souffrances de saint Calixte, qui avait été longtemps esclave, et avait ensuite beaucoup travaillé et beaucoup souffert pour l'Église (2).

Les tentatives de Novat et de Novatien pour s'emparer du souverain pontificat au moment où saint Corneille y fut élevé, ne réussirent pas davantage et déchaînèrent alors (254) de nouvelles colères contre les évêques et les fidèles de Rome ; les Donatistes s'adjoignirent eux sur le terrain de la calomnie, et ce fut un déluge d'imputations odieuses et de mensonges, qui tomba sur la mémoire des plus saints pontifes et des docteurs qui avaient été à la brèche pour défendre la vérité. Ils en souillaient des Ates de martyrs, qu'ils produisaient au grand jour comme une autorité. Saint Augustin, vengeant le pape saint Melchiade des reproches dont le chargeaient les Donatistes, dit que pour le montrer coupable d'avoir envoyé le diacre Straton, un traditeur des divines Écritures, prendre possession des lieux sacrés rendus par Maxence, ils lurent des Actes différents de ceux qu'on avait au concile de Carthage, et quand ils virent que ce n'était pas assez pour convaincre les Pères de la culpabilité du pontife, ils soutinrent que dans d'autres Actes plus anciens ils avaient vu que Straton avait livré les Livres saints (3). Ils avaient à leur disposition bien des pièces supposées.

Sous le règne d'Aurélien, vers 272, l'on avait remarqué des Manichéens à Rome, à leur maintien austère et à leurs jeûnes excessifs (Baronius;

---

(1) Il y avait une ville de ce nom en Arabie.
(2) Euseb., *Hist.*, lib. VIII, cap. x.
(3) Hic gesta martyrum diligenter a notariis exquisivit, et in Ecclesia recondidit, propter quod a Maximo præfecto martyrio coronatus est.

(1) Baronius. *Annales Ecclesiastici*, t. I.
(2) *Philosophumena*, lib. IX, x (dans *Patrologie* Migne, ou édit. Miller).
(3) Recitaverunt etiam alia gesta, ubi Melchiadem legebatur misisse diaconos cum litteris Maxentii imperatoris... ut reciperet loca, quæ fuerant a christianis tempore persecutionis ablata. Ubi etiam Melchiadis crimen penitus nullum appareret, dixerunt superioribus traditionis gestis traditorem Stratonem fuisse recitatum. (S. August., in lib. *Post collationem Carthaginiensem*.)

ad an. 272) : ils commençaient à dogmatiser, et le pape saint Melchiade s'effraya de leurs progrès, quand il défendit de jeûner le dimanche et le jeudi, afin de se distinguer des infidèles qui jeûnaient ces jours-là (*Liber Pontificalis, in Melchiadem*). Ce furent eux qui travaillèrent le plus dans l'ombre à empoisonner la doctrine de l'Église et qui persistèrent le plus longtemps à infiltrer leurs principes dans les sources de la théologie catholique et dans les Actes des martyrs. Beaucoup de ceux-ci en sont restés imprégnés.

Il n'y avait pas jusqu'aux chrétiens eux-mêmes qui ne cédassent à la tentation de les altérer, après les orages des persécutions. Ceux qui avaient confessé la foi dans les tourments ou qui avaient été jetés en prison pour la cause Jésus-Christ, avaient le privilège de donner des lettres de recommandation à ceux qui étaient tombés et avaient sacrifié aux idoles, et sur ces recommandations, les évêques et les prêtres abrégeaient le temps de la pénitence qui leur était imposée pour être admis à la participation des saints mystères. Alors on présentait des Actes, où des martyrs et des confesseurs supposés avaient déployé le plus grand courage, et l'on avait des lettres de recommandation de leur part. Saint Cyprien déplore souvent cet abus dans ses lettres, et dans la vingt-unième il désigne les véritables confesseurs, dignes de donner des billets de recommandation. Au concile de Carthage tenu contre les Donatistes (1), on statua qu'il y aurait quatre évêques du côté des catholiques et autant du côté de leurs adversaires pour surveiller attentivement les notaires.

En présence de ces dévastations commises dans le champ le plus précieux de son histoire, l'Église avait toujours ses archives, marquées au coin de la vérité et tenues sous bonne garde : on pouvait en appeler à ces documents authentiques pour discuter la valeur des autres. Les sous-diacres désignés pour collaborer à la rédaction des Actes, ou du moins pour en assurer la véracité, avaient coutume de pénétrer aussi dans les prisons, de porter des secours et des consolations aux martyrs, de les assister de leurs encouragements au milieu des supplices : ils étaient amplement renseignés, et ne laissaient pas altérer la doctrine chrétienne, que les notaires, étant ordinairement simples lecteurs, pouvaient ne pas connaître dans toute la perfection de la science théologique.

Mais ce qui porta un coup terrible à ces riches collections, gardées avec tant de sollicitude, ce fut l'ordre donné par Dioclétien de brûler toutes les Écritures des chrétiens. Il fut exécuté avec fureur à Rome et dans les provinces. Il y eut beaucoup de chrétiens comme Félix, évêque de Tibuire, qui, sommé par le proconsul d'Afrique de livrer les Écritures, répondit : « Je les ai, mais je ne les donnerai pas ! » et se laissa couper la tête. Mais tous n'eurent pas le même courage : les païens livrèrent aux flammes avec les meubles des églises des volumes innombrables. L'histoire de cette persécution est pleine de récits de ce vandalisme : les bûchers se rallumèrent, pendant près de dix ans et par tout l'empire, avec les redoublements de frénésie de Galère. Tout ne fut pas perdu, car on fit des prodiges de dévouement pour ne pas se laisser entièrement dépouiller. Ce qu'il y eut peut-être de plus malheureux, quand la paix fut rendue à l'Église, c'est que les Manichéens profitèrent de la situation pour disséminer dans Rome et en Afrique des Actes mensongers, qu'ils prétendaient avoir sauvés des flammes ou retrouvés, et ils les avaient falsifiés sinon fabriqués entièrement.

III

Cependant, malgré ces désastres, il est une importante remarque à faire sur les actes mêmes de la persécution de Dioclétien. Qu'ils aient été brûlés ou non, il était possible de les rédiger exactement sous le règne de Constantin, et l'on s'en occupa très-activement. Des foules de chrétiens et de clercs avaient vu ce qui s'était passé, on n'avait qu'à les interroger pour recueillir les témoignages les moins contestables. C'était encore l'histoire vivante et consciencieuse qui parlait par leur bouche. Bien des relations dues à ces contemporains n'ont pas été appréciées à leur juste valeur. Il ne faut pas leur demander les interrogations simples et fidèles, que reproduisait la sténographie des notaires. Il ne s'agissait pas de retrouver des expressions, que nul ne pouvait garantir, mais de consigner les faits dans leurs détails saisissants, tels qu'ils étaient gravés dans la mémoire des témoins oculaires. On ne demande pas de garanties plus sérieuses aux documents de l'histoire.

Les Actes des martyrs de la cour de Dioclétien, notamment ceux de saint Sébastien, peignent en réalité le travail de conversion qui s'opérait à Rome à la fin du IIIᵉ siècle. Tel était alors leur nombre dans toutes les classes de la société, que Maxence, y étant maître du pouvoir en 306, trouva bon de suspendre la persécution, dans l'espoir de les gagner à sa cause et de s'en créer un parti contre le jeune Constantin, devenu redoutable par la mort de son père Constance-Chlore (1). Assurément les discours de la mère et des épouses de saint Marc et de saint Marcellin ne respirent pas la simplicité d'un notaire apostolique : c'est de la rhétorique fort apprêtée ; mais il n'y avait pas plus de vingt ou trente ans que ces scènes-là et d'autres semblables avaient eu lieu, quand on se remit à l'œuvre pour les raconter : on y tenait trop et l'Église était trop glorifiée pour qu'on les laissât longtemps dans l'oubli, puisque l'on avait coutume de prendre les informations sur-le-champ et dans les prisons mêmes lorsque c'était possible, afin que les récits fussent entièrement exacts. On remarque en particulier dans la relation du martyre de sainte Agnès qu'elle fut rédigée lorsque les témoins oculaires de son supplice pouvaient encore en parler. Eusèbe, qui atteste combien on veillait à redire toutes les particularités mémorables des derniers moments des martyrs, ajoute « qu'il avait fait un recueil des anciens

---

(1) Les notaires sont appelés hommes d'Église, *ecclesiastici*, au concile de Carthage tenu contre les Donatistes ; on a pensé qu'ils étaient généralement *lecteurs* ; le pape saint Agathon dit qu'il l'était quand on le chargea d'écrire les Actes du sixième concile.

(1) Euseb., *Hist.*, lib. VIII, cap. xiv.

actes (1) »; et ceux-là n'étaient pas imprégnés de l'hérésie des Manichéens : c'étaient ceux que l'Eglise de Rome avait sauvés des dévastations et des incendies, et qu'elle avait composés après les massacres de Galère et de Dioclétien. Eusèbe écrivait avant 340, car il mourut évêque de Constantinople en 342. Ce recueil d'Eusèbe fut assurément copié dans les monastères de l'Asie. Quoique saint Grégoire le Grand l'ait inutilement recherché à Rome, à la prière de saint Euloge d'Alexandrie, il en resta quelques traces en Occident. Jean de Hambourg, chartreux de Prague, dans une lettre de 1408, adressée à Henri Olemann, cite un ouvrage qu'il intitule Des Cinq mille couronnes et qu'il attribue à Eusèbe.

« On assure, dit le cardinal Pitra (2), qu'il existe « une version syriaque du livre d'Eusèbe. Assemani prétend en avoir rapporté au Vatican un « manuscrit qui daterait de 473. On pense que « les manuscrits syriaques du Musée Britannique « renferment des Actes des martyrs d'Eusèbe. » A la suite de ces déclarations, le cardinal Pitra cite une liste d'une soixantaine d'actes, qui seraient pour la plupart tirés de cette traduction.

D'ailleurs, quoique saint Léon le Grand n'ait pas retrouvé à Rome la collection d'Eusèbe, les copies sur lesquelles celui-ci avait travaillé, n'étaient pas perdues; elles étaient distribuées en différents recueils à l'usage des Eglises. Dans sa lettre à Euloge, patriarche d'Alexandrie, saint Grégoire le Grand déclare qu'à Rome on possédait les noms de presque tous les martyrs avec les Actes, dont la lecture est répartie pour chaque jour de l'année (3).

Une autre époque désastreuse pour les Actes des martyrs, ce fut encore la période des invasions barbares, du sac de Rome par Alaric (410) et par les Vandales. Les Manichéens, tant combattus par saint Augustin, n'avaient cessé de se remuer et de faire des prosélytes; le pape saint Léon le Grand, alarmé de leurs progrès, jugea nécessaire de tenir contre eux un concile en 444 (4). C'était dans l'ombre qu'ils poursuivaient leurs menées, s'efforçant avant tout d'infecter de leurs doctrines les documents de l'histoire de l'Eglise et principalement les Actes des martyrs.

Cependant l'Église avait toujours l'œil sur ses propres archives et tenait de précieuses réserves à l'abri de la corruption. Lorsque saint Augustin fut envoyé en Angleterre par saint Grégoire le Grand, il y emporta une collection de vies des saints et des passions des martyrs : tout porte à croire qu'elle n'avait pas été altérée et qu'il en revint de nombreuses pages sur le continent avec les moines que la Gaule eut pour apôtres et pour fondateurs d'abbayes, dès la fin du vi^e siècle. A supposer que ce soit un successeur du moine saint Augustin qui l'ait apportée de Rome, elle datait bien de son époque et fut déposée dans son église (5) du Christ à Cantorbéry, avec sept manuscrits de même origine. Tous étaient conservés dans la bibliothèque de Christ Dhurch, au xive siècle ; trois au moins subsistent et sont reconnus authentiques (1).

Depuis le viie siècle, les textes des Actes des martyrs ne furent guère modifiés. On les regardait comme une sorte de récits sacrés qui devaient être fixés définitivement dans leur rédaction. Quant aux Vies des saints, l'on voit à chaque siècle du moyen âge des auteurs nouveaux qui se proposent de les embellir, et qui recueillent toutes sortes de traditions dont ils se servent pour les étendre et les défigurer; mais les Actes des martyrs appartenaient à une autre époque et étaient traités avec plus de respect : on ne songeait pas à les embellir; on n'y rencontre pas de prologue indiquant les tentatives d'un amplificateur.

Tout considéré, il reste donc d'importants débris des Actes des martyrs dus à la plume des notaires apostoliques. La collection qu'en fit Eusèbe sous le règne de Constantin, celle qu'emportèrent de Rome les apôtres de l'Angleterre sous le pontificat de saint Grégoire le Grand, nous disent qu'un certain nombre avaient échappé au vandalisme des persécuteurs et aux souillures des hérétiques. Ruinart en a publié qui jouissent d'une autorité reconnue et portent les marques de la composition primitive. Il en est qui ne sauraient avoir les mêmes caractères et qui, cependant, sont encore de solides fondements de l'histoire de l'Eglise : ce sont ceux de la persécution de Dioclétien. Rédigés, la plupart, sous le règne de Constantin ou peu de temps après, sur le témoignage des anciens qui avaient vu les événements, ils ont beaucoup plus de valeur qu'on n'a coutume de leur en attribuer, quoique différents détails pèchent çà et là par inexactitude ou par exagération. Ce sont encore les contemporains qui parlent dans ces récits un peu moins simples que ceux de la période précédente.

M. de Rossi, qui les a si souvent examinés en détail et pris pour guides dans ses explorations aux catacombes, n'a cessé de les tenir en haute estime et d'y reconnaître de fidèles indications des lieux et des coutumes de l'époque, même quand ils ne sont plus dans leur pureté primitive. Son abréviateur, M. Northcote, s'inspirant de la même pensée, leur a rendu ce témoignage dans sa *Rome souterraine* :

« Les martyrologes de Bède, d'Adon et d'Usuard méritent d'être consultés; mais ils sont inférieurs en importance aux Actes des martyrs, qui, même lorsqu'ils ne sont pas authentiques, contiennent souvent des très précieux fragments de vérité. Tillemont et d'autres critiques de la même école ont traité avec trop de dédain ces vénérables monuments de l'antiquité chrétienne. Rebutés par les anachronismes flagrants, la diction barbare, l'exagération légendaire, les difficultés historiques qui s'y rencontrent à chaque page, ils ont trouvé plus facile de les rejeter en bloc que de porter dans ces obscurités les lumières de la critique et d'y faire les distinctions nécessaires. Une étude plus exacte et moins défiante réussit souvent, au contraire, à démêler les traces, la trame d'une histoire vraie, d'un récit sérieux. Les Actes de

---

(1) Cujus (S. Pionii) singulas confessiones ac libertatem in dicenda atque coram populis ac præsidibus pro fidei nostræ defensione probaverit.... mortem denique ipsam... si qui volent cognoscere, eos ad epistolam... quam nos in *Opere de priscis martyribus, quorum passiones collegimus, ordine suo inseruimus.*. (Euseb. *Hist.*, lib. IV, cap. xv.)
(2) *Actes des Saints*, par Dom Pitra. — Discours préliminaire.
(3) S. Gregor. Magn. *Epist. VIII*, 29.
(4) S. Leonis Magni *Epist. IX*, ad Turibiam.
(5) *Actes des Saints*, par Dom Pitra. — Discours préliminaire.

(1) Smith, *ad Bedæ Hist. Eccles.* lib. I, cap. xxix, p. 70, note 7.

sainte Cécile, par exemple, si complètement rejetés par Tillemont, qu'il en vint à se demander s'il avait réellement existé à Rome une vierge martyre de ce nom, et si sa légende n'était pas un mythe venu de Sicile, ne sont pas certainement dans la forme où nous les possédons, un document authentique et original : ils ne sont pas contemporains du martyre qu'ils racontent; au contraire, la préface et le corps même de ces Actes trahissent un écrivain du temps de la paix, ayant vécu entre le IVe et le Ve siècle, mais des indices nombreux, certains, incontestables, démontrent en même temps qu'ils durent être composés sur des renseignements très minutieux et très dignes de foi, et un grand nombre des événements qu'ils relatent, ont reçu une confirmation décisive de la découverte, à la fin du XVIe siècle, des reliques de sainte Cécile, qui certainement étaient cachées à tout œil humain au moment où ils furent écrits. De plus, si l'on compare avec soin les différentes leçons des manuscrits encore existants, il est aisé de distinguer les additions, les embellissements, les amplifications, que les copistes ont fait entrer successivement dans le texte primitif. Ces variantes sont en réalité peu nombreuses (1); elles laissent intact le fond, se bornant à donner à la forme quelque chose de plus oratoire, à remplacer par un équivalent vague des expressions dont on avait perdu le sens légal, à mettre dans le récit et le dialogue un certain mouvement dramatique : elles sont telles qu'on l'eût pu prévoir avant même de lire et de comparer les manuscrits; et il est probable que le premier compilateur n'a pas usé d'une liberté plus grande avec les documents originaux que ses successeurs n'ont fait avec son texte. C'est ainsi que, dans leur état actuel, les Actes des martyrs même les moins purs, les plus altérés, se composent de plusieurs dépôts successifs sous lesquels le fond premier se retrouve presque intact, si l'on écarte avec soin les éléments ajoutés, et comme tous, y compris ceux dont l'authenticité est la moins certaine, furent écrits avant que les reliques des saints dont ils parlent aient été retirées de leurs tombeaux des catacombes, ils ont été d'un grand secours pour aider M. de Rossi à reconstruire l'histoire et la géographie de Rome souterraine. On peut en dire autant de quelques renseignements épars dans les anciens recueils liturgiques de l'Église romaine (2). »

LES INSCRIPTIONS D'ESPAGNE SUR LA PERSÉCUTION
(p. 37, col. 2).

Les deux inscriptions citées par Rohrbacher, qui célèbrent l'anéantissement du christianisme en Espagne par Néron et par Dioclétien, ont été tour à tour alléguées, et par les écrivains ecclésiastiques qui y voyaient une preuve de la propagation du christianisme en Espagne dès les temps apostoliques, et par les adversaires de la foi qui ont cherché une justification des persécutions dans l'accusation formulée dans l'une d'elles contre les chrétiens, *qui rem publicam evertebant*.

Soumises à une critique plus rigoureuse, ces deux inscriptions ont été définitivement déclarées apocryphes par les juges les plus compétents (1).

LIBERTÉ DES CIMETIÈRES CHRÉTIENS (p. 55. col. 1).

Ce fut une nouveauté de la persécution de Maximin que la défense faite aux chrétiens de s'assembler, sous aucun prétexte, dans les cimetières. Jusque-là, à la faveur de la loi commune, les chrétiens pouvaient s'y réunir librement pour enterrer leurs morts et y vaquer au culte funéraire. Les grands travaux de M. de Rossi sont venus modifier les idées que l'on avait sur les catacombes. Il est certain aujourd'hui, comme en font foi les milliers d'inscriptions chrétiennes qu'on y a découvertes, que les catacombes ont été creusées successivement par les chrétiens des premiers siècles et pour leur usage exclusif.

Le docteur Northcote, qui a le mieux résumé les travaux de l'illustre épigraphiste, expose très clairement la question dans son dernier ouvrage (2).

Après avoir décrit l'ensemble des catacombes, il ajoute : « Comment au premier et au second siècle, les chrétiens purent-ils mettre à exécution quelque partie de l'œuvre considérable que nous avons indiquée ? Comment purent-ils la commencer et la poursuivre ? Etait-ce une entreprise faite en violation des lois et par conséquent en secret ? Ou bien était-ce, au vu et au su de tous, de telle sorte que les païens avec qui ils vivaient et malgré leur hostilité, ne pussent régulièrement y mettre obstacle ? Si on veut une réponse à ces questions, il faut la demander aux savants ouvrages de législation romaine et aux centaines d'inscriptions latines des païens qui ne peuvent être insérées dans ces pages. Pour atteindre ici notre but, il nous suffira de quelques mots pour résumer ce qu'elles contiennent.

« Il était en usage parmi les personnages romains et les dames de condition, de prévoir dans leur testament les plus petits détails relatifs à leur tombe, ainsi que les rites et les cérémonies particulières qu'ils y voulaient voir accomplir après leur mort. Ordinairement ils réservaient une portion d'un champ ou d'un jardin situé près de la grande route, et ils en déterminaient la dimension exacte tant pour la façade que pour la profondeur; de plus ils ordonnaient qu'au milieu de ce petit terrain, on construisît un monument, souvent une chambre très spacieuse, avec un autel en pierre ou en beau marbre sous lequel seraient déposés leurs osse-

---

(1) M. Northcote, tout en reconnaissant qu'on ne remania pas beaucoup les textes primitifs des *Actes des Martyrs*, parle encore trop des embellissements et des amplifications faites par les copistes. Ou s'en permit à l'époque voisine des persécutions, mais rarement dans le Moyen âge qui regardait ces documents comme quelque chose de sacré.
(2) Northcote, *Rome souterraine*, trad. par P. Allard; Paris, 1877, p. 27.

(1) Voir Orelli, *Inscript. latin. amplis. collectio*, n° 730 (édit. Henzen;) Ed. Leblant, *Journal des savants*, juin 1873, p. 304 ; Hubner, *Inscriptiones Hispaniæ christianæ* dans *Corpus inscript. latin.* (Berolinii), t. II, *Inscript. falsæ*, pp. 25* et 26*, n°s 231*, 233* et 234*.
(2) Spencer Northcote, *Visite aux Catacombes*, traduit de l'anglais par M. l'abbé Le Clerc, Paris, 1878, in 8.

ments et leurs cendres ; on disposait des banquettes de même matière, des coussins et tout ce qui était nécessaire pour les convives invités à l'anniversaire de leur mort et en d'autres circonstances, à venir partager le festin offert en leur mémoire...

« La raison de ces dispositions testamentaires va de soi ; elles étaient faites dans ce vain espoir que, grâce à elles, le nom et le souvenir du défunt échapperaient à l'éternel oubli. En outre, les lois romaines faisaient tout leur possible pour assurer la réalisation d'un vœu si naturel... En principe, la sépulture d'un simple corps (ou le seul dépôt de la petite urne cinéraire si le corps avait été brûlé) suffisait pour imprimer une sorte de caractère religieux au lieu choisi pour la dernière demeure de ces dépouilles ; mais il fallait que la sépulture fût faite avec le consentement du propriétaire du sol. Dès lors cet emplacement n'était plus classé dans la catégorie des propriétés foncières ordinaires, il était assujetti à des lois nouvelles qui le régissaient spécialement..... Mais cette pénalité (contre certains abus de l'héritier) malgré sa rigueur, n'était rien en comparaison de ce que la loi décrétait contre ceux qui profanaient une sépulture. C'était jugé un crime si odieux, que le délinquant, selon sa condition sociale, était condamné au bannissement ou aux travaux forcés à perpétuité dans les mines...

« Tel était le droit commun qui régissait le sol dans la Rome impériale ; et surtout, chose remarquable, c'est que, à l'exception des époques de guerre civile et de grandes commotions sociales, il protégeait les tombes non seulement des riches et des nobles, mais de ceux que la loi méprisait ou qu'elle avait en horreur, à savoir, les esclaves et les criminels. Il y avait même un décret spécial pour les malfaiteurs publics frappés de la main du bourreau ; leurs corps étaient livrés sur la demande de leurs amis, pour être enterrés là où il leur plaisait ; mais cela fait, leur tombe était soumise, ainsi que toute autre tombe à la surveillance des pontifes. Sans doute, en certains cas, il y eut à cet égard une législation exceptionnelle, comme on peut le voir pour quelques martyrs chrétiens, mais ces exceptions étaient rares et motivées par des raisons spéciales ; elles n'infirment en rien la vérité générale de ce qui a été précédemment établi, ni la conclusion qu'on peut légitimement en déduire, à savoir, qu'à l'époque même où les lois romaines étaient le plus rigoureuses à l'égard du christianisme, comme religion, et ne tendaient à rien moins qu'à le détruire, cette même loi couvrait encore de sa protection les cimetières chrétiens qui pouvaient exister. »

M. Northcote montre qu'à la faveur de cette législation, il n'était pas nécessaire aux chrétiens de se cacher pour creuser leurs cimetières, ce que prouve d'ailleurs l'étude des catacombes. La liberté et la publicité dont jouissaient à l'origine les cimetières chrétiens, s'explique encore par d'autres facilités de la loi romaine qui autorisait les collèges funéraires. Même lorsque, à partir des empereurs, les sénatus-consultes commencèrent à apporter des restrictions à l'exercice du droit d'association chez les citoyens, une exception fut toujours faite en faveur des classes indigentes, qui pouvaient tenir des réunions afin de pourvoir par l'association et la cotisation mensuelle aux frais communs de leur sépulture. Il n'est pas douteux que les chrétiens ordinaires, qui n'avaient pas le moyen, comme un Flavius Clemens, une Domitilla ou une Cécile, d'avoir un champ de sépulture à eux, usèrent de ce privilège au second et au troisième siècle de notre ère. Tertullien parle de ces réunions funéraires de chrétiens presque dans les mêmes termes que la loi ; il explique pourquoi les chrétiens, à certains jours du mois, faisaient dans un but de charité des offrandes volontaires, et parmi les œuvres qu'il spécifie, il nomme la sépulture des morts, considérée comme l'une des premières œuvres corporelles de charité.

« Ainsi donc, conclut M. Northcote, on ne saurait mettre en doute que de même que plusieurs catacombes romaines n'ont pu être le fait privé et même rester la propriété particulière des individus ou des familles, ainsi probablement quelques autres, dès le premier, et certainement dès la fin du second siècle, appartenaient collectivement à la communauté chrétienne et étaient régies dans l'intérêt général par des fonctionnaires qui y étaient spécialement préposés. Une des plus anciennes preuves que nous en ayons, quoique aucun témoignage ne soit parvenu jusqu'à nous, est le cimetière de la voie Appia ; le pape Zéphyrin en confia le soin à son archidiacre Calixte qui lui a donné son nom. On peut encore y visiter un monument qui atteste que, cent ans après, ce même cimetière était resté sous la juridiction immédiate du pape et administré par son diacre. »

« Il n'était pas nécessaire, ajoute M. Northcote, que les chrétiens obtinssent quelque permission spéciale pour former un *collegium*, ni eussent recours à quelque demande de privilèges. Les libertés ordinaires octroyées à tout citoyen romain suffisaient à leur but. Il est vrai que la plupart des associations funéraires parmi les païens avaient ou prétendaient avoir un certain caractère religieux ; car elles étaient ordinairement placées sous la protection de l'un ou l'autre de leurs dieux. Mais ce n'était pas là une condition essentielle de leur existence ; il n'y avait donc aucune nécessité que les chrétiens missent en avant quelque étiquette religieuse et même prissent le nom de *collegium*. Ils pouvaient garder leur nom propre de *fratres* qui leur était cher, et pourvu que le but évident de leur association fût bien de pourvoir aux moyens d'ensevelir leurs morts, ils avaient toute liberté pour se réunir et posséder sans crainte leurs propriétés. Ainsi une sorte de *modus vivendi* pratique leur fut accordé, sous le règne des empereurs les plus justes et les plus cléments. On put encore fermer les yeux sur le caractère religieux, quoique bien connu, de leurs assemblées puisqu'elles furent tolérées... Les lois qui interdisaient de professer la religion chrétienne, étaient alors restreintes dans leur application à des cas spéciaux d'accusation dès qu'ils se présentaient, et tels que nous savons du moins que les avait formulés Trajan. Néanmoins ces lois subsistaient encore, et quand vint l'heure de la persécution, la charge de pratiquer une *religio illicita* put bien peser sur eux, et toutes les assemblées chrétiennes furent peut-être interdites. »

Cet état de choses légal fut définitivement aboli par l'édit de Dioclétien qui interdit absolument aux chrétiens toute réunion et l'usage de leurs cimetières.

SAINT MICHEL ET LE LABARUM (page 59, col. 1).

Rohrbacher parle très-peu de la vision de Constantin et du *labarum* qui en fut la conséquence. Plusieurs questions se posent cependant à ce sujet.

1° Par qui l'étendard crucifère fut-il montré à l'empereur païen ? — La tradition répond : par SAINT MICHEL, l'Ange de l'Eglise après avoir été celui de la synagogue, par saint Michel qu'Hermas dépeint, en son *Pasteur*, spécialement au livre IIIe, comme « ayant puissance sur le peuple chrétien, « le gouvernant, gravant la loi dans le cœur de « ceux qui ont cru, » par saint Michel qui travaillait alors à susciter un défenseur aux fidèles persécutés, en même temps qu'à renfermer le diable son ennemi au fond de l'abîme.

C'est Michel, en effet, qui a seul le droit de porter le signe de la rédemption. Voici comment chante le Bréviaire romain dans la fête du chef des milices célestes :

Tibi (Christe) mille densa millium
Ducum corona militat :
Sed *explicat victor Crucem
Michael salutis signifer.*
(*Hymn. ad Vesp.*)

Du reste Constantin savait bien que le *labarum* lui avait été présenté par Michel, puisque Théophane (1) raconte une autre apparition du même esprit qui tient au prince le langage suivant :

« Je suis Michel, l'archistratège du Seigneur « (*Sabaoth*) des vertus, le défenseur de la foi des « Chrétiens. C'est moi qui t'ai fourni les armes « auxiliaires, lorsque, fidèle et cher ministre de « Dieu, tu combattais contre les tyrans impies. »

A la suite de cette nouvelle vision survenue à Byzance, l'empereur fit construire le temple appelé *Michaelium* que Sozomène (Lib. XXI, c. III) regarde comme la plus splendide église élevée par la piété du converti. Et cela ne suffit pas, puisque Nicéphore Calliste (Lib. VII, c. I.) parle d'une seconde basilique en l'honneur de l'archange, probablement située sur l'autre rive du Bosphore. Les successeurs de Constantin augmentèrent ce nombre jusqu'à seize, tandis que leurs monnaies représentaient Michel qui les bénissait ou leur donnait l'investiture par le glaive (2).

A cause du rôle joué par Constantin vis-à-vis du *Saint-Siège* et aussi pour rappeler la vision angélique à laquelle il dut de remporter la victoire contre Maxence, certains auteurs l'ont appelé *le second Michel de l'Eglise catholique* (3).

Plus tard, nous verrons comment l'*apparition du Mont-Gargan* fut une assistance *directe* de saint Michel à l'endroit de la Papauté et enfin comment le même Archange, par la *révélation* faite à saint Aubert sur le *Mont-Tombe*, entre les provinces de Neustrie et d'Armorique, éleva le peuple franc à la dignité de champion de l'Epouse du Christ, laquelle était menacée de périr au milieu des invasions barbares ou sous les coups des Ariens.

2° Le *labarum* mérite une description détaillée. Voici celle qu'en donne Eusèbe, qui l'avait vu plusieurs fois :

« C'était, écrit-il au livr. I, c. XXXI de la *Vie « de Constantin*, une haste allongée plaquée d'or « et traversée d'une barre transversale à l'instar de « la croix. Au-dessus, à la sommité de la haste, « était fixée une couronne d'or et de pierreries au « centre de laquelle brillait le signe du Nom salu- « taire, c'est-à-dire un monogramme désignant ce « Nom sacré par ses deux premières lettres grou- « pées, le P au milieu du X. Ces mêmes lettres, « l'empereur prit alors la coutume de les porter « sur son casque. Or, à l'antenne du *labarum* qui « est obliquement traversée par la haste, était sus- « pendu comme un voile ou tissu de pourpre, « enrichi de gemmes artistement serties qui éblouis- « saient les yeux par leur éclat, et de broderies « d'or d'une beauté indescriptible. Ce voile fixé à « l'antenne était aussi long que large ; à la partie « supérieure l'effigie de l'empereur chéri de Dieu « et celle de ses enfants étaient brodées en or. « Constantin usa toujours de ce salutaire étendard « comme d'un signe protecteur de la puissance « divine contre ses ennemis, et il fit porter dans « toutes ses armées des enseignes faites sur le « même modèle. »

« Ce *labarum*, dit à son tour M. l'abbé Davin (1), « était le gage de la victoire donné, avec l'ordre même « de vaincre, par Dieu à Constantin : ΤΟΥΤΩ ΝΙΚΑ, « *par ceci vaincs*, avait-il lu dans le ciel au-dessus « de l'apparition de l'étendard (2). Assurément la « légende s'appliquait à tout cet étendard et à la « croix qui en formait substantiellement l'ensemble. « Eusèbe dit que l'étendard salutaire était en forme « de croix ; il l'appelle le trophée de la croix, de la « croix qui fait la victoire. Mais il est vrai aussi que « la légende céleste s'appliquait d'une manière « spéciale au monogramme du Christ placé immé- « diatement au-dessous, qu'elle donnait son sens « à un étendard commun en soi ; qu'elle rappelait « le cantique triomphal de Moïse, qu'Eusèbe met « dans la bouche de Constantin et de ses soldats... « qu'elle répondait à cent passages de l'Ecriture. « Il est vrai que c'est le monogramme seul que « Constantin fit graver sur les casques et sur les « boucliers de ses soldats. Il est vrai encore que « c'est toujours au monogramme du Christ que, sur « les monuments du IVe siècle, se rapporte la « victoire de Constantin, devenue le type de toute « victoire pour les chrétiens. C'est sur le mono- « gramme seul qu'une insigne épitaphe du cimetière « de Priscille, celle de Sinfonia et de ses fils, nous « fait lire l'inscription céleste : IN HOC VINCE (3).

« Le nom du Christ était le *cri de guerre* : le « nom du Christ était l'*instrument de victoire* : en « un mot, le monogramme du Christ au sommet du « *labarum* était le *symbole du cri de guerre salu- « taire*, comme dit bien Eusèbe.....

---

(1) V. *Acta SS.*, 29 sept., pag. 50.
(2) V. Sabatier: *Monnaies byzantines*, aux règnes de Michel VI, Michel VIII, Isaac l'Ange, etc., etc.
(3) V. Marangoni, *Grandezze di S. Michele*, pag. 89.

(1) *Rev. de l'Art chrét.* — XXIIIe an., 2e liv., pag. 378-379.
(2) *De Vit. Const.*, l. I, 38. — Un sarcophage du cimetière du Vatican représente notre *labarum*, si on supprime les colombes perchées sur les bras de la croix et qu'on ajoute à ces bras le drapeau. *Aringhi*, t. I, p. 311.
(3) C'est la lecture de Macarius dans son *Hagioglypta*, p. 166.

« Déjà avant Constantin, le *chi*, X, était vulgaire
« comme initiale et équivalent du nom du Christ ;
« le *rho*, P, seconde lettre du mot étant ajouté au
« milieu de la première, il en résulta sur le *labarum*
« de Constantin, un symbole immédiatement clair
« pour les chrétiens, et, dans les circonstances,
« parfaitement précis pour tout le monde. Le cri de
« guerre, ΧΡΙΣΤΟΣ qu'Eusèbe nous fait entrevoir
« disait bien haut ce que signifiait le symbole...
« XP de ce *labarum* remis à l'armée... »

Bien que le monogramme ait pris différentes formes sur les monnaies mêmes de Constantin, le *chi* grec, X oblique, paraît le plus ancien, conformément au texte cité : *littera P in medio sui* DECUSSATA. Le *labarum* varia également quant à la draperie, aux effigies qui le couvraient, etc. Cela dépendait des lieux où les enseignes étaient fabriquées. Mais la description d'Eusèbe n'en conserve pas moins sa valeur et son autorité incontestables.

Les enfants de Constantin gardèrent avec un soin jaloux l'usage de cet étendard sacré. Seul, Julien l'Apostat osa faire disparaître le monogramme du Christ, mais Jovien, son successeur immédiat, le rétablit (1), bien que Baronius eût cru que la restitution se fût accomplie sous Gratien. On trouve dans l'*Apothéose* de Julien (v. 485-502), le récit d'un fait merveilleux arrivé à ce prince redevenu païen et qui montre la vertu du monogramme divin. Il faisait, au milieu de ses gardes, un sacrifice à Hécate, et l'on interrogeait les entrailles des victimes. Pas de signe : le feu languit, le fer manque la victime. Alors le flamine s'écrie :

« Un inconnu des jeunes adorateurs du Christ
« s'est glissé certainement ici... Loin du temple le
« baptisé et l'oint.

« Il dit, et il s'affaisse, comme s'il voyait le Christ
« qui le menace, un foudre à la main. Le prince
« lui-même, saisi d'effroi, dépose son diadème,
« pâlit et regarde parmi ceux qui l'entourent si
« quelque élève du Chrisme signerait ses tempes en
« y dessinant le bois (de la croix).... On en découvre
« un... Il ne nie point, il jette devant les spectateurs
« des javelots dont la hampe est gemmée d'une
« double lame de fer et confesse qu'il porte le signe
« du Christ. Le prince... épouvanté... fuit sans
« escorte le petit sanctuaire... pendant que la
« cohorte tremblante... invoque Jésus. »

Quant au premier *labarum*, il fut, paraît-il, conservé comme une relique. D'après Théophane, cité par Tillemont, il subsistait encore au XIe siècle.

Au temps de Constantin, le *labarum* avait pour gardes cinquante soldats forts, courageux et pleins de foi, nommés *Draconarii*. Cette désignation païenne fut continuée malgré la substitution du monogramme chrétien au dragon ou serpent qui décorait auparavant les enseignes romaines. Eusèbe affirme que ceux qui portaient le *labarum* n'étaient jamais blessés et il cite des faits merveilleux à l'appui de son dire.

Maintenant d'où vient l'étymologie de ce mot *labarum* ? On n'avait proposé jusqu'ici que des conjectures plus ou moins ingénieuses. Certains auteurs ont écrit *laborum* au lieu de *labarum*. Une étymologie plus certaine nous est fournie par une inscription de Babylone. Le mot assyrien qui signifie *victoire*, *succès*, est *labar*. C'est là probablement l'origine du *labarum*, étendard de victoire, de Constantin. Le mot se sera introduit à Rome avec les astrologues chaldéens

---

DES SIGNES DE CHRISTIANISME SUR LES MONNAIES ET LES MONUMENTS DE L'ÉPOQUE DE CONSTANTIN
(Pag. 59, col. 1).

Beaucoup d'érudits se sont occupés de cette question, trouvant, à juste titre, qu'elle méritait qu'on s'y intéressât et qu'il n'était pas indifférent de savoir comment l'empereur converti avait montré ostensiblement sa croyance nouvelle. Voici la liste des auteurs qui l'ont traitée :

FEUARDENT. — *Médailles de Constantin et de ses fils portant des signes de Christianisme.* — Paris, 1856. In-8, 10 pag. avec 1 planche.

MGR CELESTINO CAVEDONI. — *Ricerche critiche intorno alle medaglie di Constantino Magno e de' suoi figliuoli insignite di tipi e di simboli Cristiani.* — Modena, 1858. In-12, 27 pag.

ID. — *Nuove ricerche critiche intorno alle medaglie Constantiniane insignite dell'effigie della Croce.* — Modena, 1858. In-8, 11 pag.

ID. — *Appendice alle ricerche critiche intorno alle medaglie Constantiniane insignite dell'effigie della Croce e d'altri segni Cristiani.* — Modena, 1859. In-8, 20 pag.

R. P. GARRUCCI S. J. — *Numismatica Costantiniana, o sia dei segni di Cristianesimo sulle monete di Costantino, Licinio e loro figli Cesari.* — Roma, 1864. In-8.

N. B. — Ce dernier travail, privé de son introduction et des remarques finales, a paru dans la *Revue Numismatique* (An. 1866, pag. 78-106, 2 plan.) avec ce titre : *Des Signes de Christianisme qui se trouvent sur les monnaies de Constantin et de ses fils, avant et après la mort de Licinius*.

FRÉDÉRIC W. MADDEN. — *Christian emblems of Constantine I the great, his family, and his successors.* — London, 1877-78. In-8, 207 pag. et 8 planches.

Avant ces écrivains modernes, quelques pièces avaient déjà été décrites soit par Mionnet, soit par Banduri, soit par Baronius qui avait cru même devoir en faire graver une pour ses *Annales ecclesiastici*, tant il la trouvait capitale (V. ad ann. 312, p. 510).

Résumons donc les travaux importants que nous venons de signaler, mais en examinant d'abord s'il n'exista pas de signes chrétiens sur certaines monnaies antérieurement à Constantin.

Les numismatistes ont signalé *trois* marques de christianisme sur des médailles remontant à une date plus reculée que celle de la pacification de l'Eglise, savoir : le monogramme du Christ, la représentation du déluge, la formule IN PACE.

1° Un médaillon à l'effigie de Trajan-Dèce, frappé à Mœonia de Lydie, ayant paru offrir, dans sa légende, les lettres APX combinées de façon à former exactement le monogramme du Christ, deux savants fort distingués, MM. de Witte et Charles Lenormant

---

(1) V. Cohen, *Méd. impér.*, t. VI, pl. XIII, 21.

crurent pouvoir affirmer que le monétaire, chrétien sans doute, avait voulu introduire subrepticement le signe encore mystérieux de la foi nouvelle sur la pièce qu'il gravait (1). Cette affirmation a rencontré de tels contradicteurs que l'on ne saurait dire la question jugée. D'ailleurs il faudrait savoir si le chrisme était en usage avant Constantin, ce qui reste encore à prouver d'une manière absolument certaine (2).

2° La représentation du déluge sur quelques médailles d'Apamée de Phrygie, à l'effigie de Septime-Sévère, de Macrin et de Philippe le Père, est un fait incontestable. On y voit le nom de NOE écrit exactement comme dans le grec des Septante. Seulement les savants ne peuvent expliquer la chose (3).

3° Un denier de bronze de l'impératrice Salonine, femme de Gallien, porte au revers : AVGVSTA IN PACE. S'appuyant sur les vertus et le caractère de la princesse, M. de Witte a cru reconnaître qu'elle était chrétienne, et qu'elle mourut *dans la paix* de l'Eglise. L'opinion du docte écrivain n'a pas été contredite que nous sachions (4).

Maintenant, si l'on examine la suite des monnaies de Constantin et de ses fils Césars, on arrivera à ces trois conclusions générales.

Tant que vécurent ses compétiteurs ou adversaires, l'empereur *toléra* sur ses médailles les images des divinités païennes.

Après la mort de Licinius (323), il les *exclut tout à fait*, en substituant des types commémoratifs de ses entreprises civiles ou militaires, et déjà sans doute quelques symboles chrétiens.

Enfin, après la fondation d'une nouvelle métropole, il *plaça librement* sur ses monnaies et sur celles des Césars ses fils, soit le monogramme du Christ, soit d'autres signes chrétiens.

Il serait difficile d'assigner, d'une manière précise, l'époque où les marques chrétiennes apparurent pour la première fois, plus encore de fixer l'ancienneté relative de chaque marque. Chacun des écrivains que nous avons cités a sa méthode. Quant à M. de Rossi, c'est en 323 qu'il met l'apparition du chrisme (5).

Nous lisons dans le docte travail de M. l'abbé Davin (6) : « La découverte faite par sainte Hélène, « vers l'an 327, de la croix du Sauveur sur le Cal- « vaire, les miracles que cette croix opéra, le culte « dont elle fut l'objet dans la.. basilique de la « Résurrection, construite par Constantin, l'émotion « que l'univers reçut de ces événements vinrent « donner au signe de la croix, caché dans le signe « du Christ, un éclat extraordinaire. C'est vers ce « temps qu'apparaît cette transformation du mono- « gramme constantinien du Christ qui s'appellera le « monogramme cruciforme et la croix *monogramma-* « *tique*. Le *rho*, P, au lieu de traverser verticale- « ment le *chi*, X, est traversé horizontalement par « l'*iota*, I. Il en résulte une sorte de figure de la « croix avec le crochet du P attaché à sa branche « supérieure ; et cette figure prime tout dans « l'aspect de la sigle, dont elle caractérise juste- « ment le nom...... Le monogramme cruciforme se « répandit partout au IV° siècle. Il paraît avoir été « particulièrement en usage en Afrique, surtout en « Egypte, étant presque identique... à la croix ansée « des anciens Egyptiens... Saint Ephrem nous le « montre à Edesse flanqué de l'A et Ω. — *Pourquoi* « *voyons-nous*, demande-t-il (*Oper.*, t. III, p. 477), « *l'image de la croix, l'A et l'Ω et en haut le P?* « *Parce que c'est en étendant en signe de croix ses* « *mains soutenues par Aaron et Hor que Moïse mit* « *en fuite Amalec..., et parce qu'il est le Commen-* « *cement et la Fin Celui qui est crucifié sur ce* « *signe. Le P, qui est en haut, comptant pour le* « *nombre cent, désigne le secours.....* On explique « la dérivation du symbole par la suppression du X « dans le monogramme XPI, et par le tracé hori- « zontal du I sous la boucle du P... mais il faut « voir plutôt les deux lettres X et P dans le mono- « gramme cruciforme. Le X y est sous la forme +, « la ligne verticale du + étant identifiée avec celle « du P.·. Dans le monogramme constantinien faites « tourner le X jusqu'à coïncidence d'une de ses « deux branches avec le P, vous avez le mono- « gramme cruciforme......: Cette syncope du mono- « gramme constantinien a dû être inspirée d'abord « par le + qu'on retraçait sur le front à la Confir- « mation... Comme elle offrait une figure plus « frappante de la croix... elle devait être chère aux « chrétiens. Enfin elle rappelait... le *labarum*... « composé de la croix T surmontée du mono- « gramme cruciforme... Ces avantages expliquent « la transformation... et le succès de la transfor- « mation grâce à laquelle le signe du Christ se « perdra à la fin dans le signe de la croix... Avec « cette variante par syncope, le monogramme cons- « tantinien en reçut une autre par addition... « vers 338... où le sigle doit se lire XPI :.... c'est la « forme *trigramme* du monogramme du Christ..... « Toutefois le *chi*, X, seul, ou bien le XP conti- « nuent de se trouver en même temps sur les « monnaies...... D'un autre côté, diverses inscrip- « tions trouvées dans les catacombes avec le mono- « gramme constantinien, prouvent péremptoi- « rement que le signe du Christ, c'est le nom du « Christ, ou pour parler avec M. de Rossi, *notam* « *nominis Christi*..... Plus tard, l'intelligence « poétique et érudite des pieux fidèles amena une « nouvelle transformatiou : le monogramme, par la « suppression de la boucle du P, devint une étoile « affectant cette forme ✹..... »

De tous les systèmes, celui qui nous paraît encore le meilleur, est celui du P. Garrucci. Il range les médailles en diverses séries selon la conformité de la légende des revers, puis, à l'aide des données que fournit l'histoire, il s'efforce de déterminer l âge de chacune d'elles. Un fait digne de remarque et qui à été peu observé jusqu'ici, c'est que plusieurs pièces avec des symboles chrétiens appartiennent aux deux Licinius.

Les principaux emblèmes que l'on voit sur les médailles sont : l'étoile, le *labarum*, le chrisme, parfois même la croix simple.

« L'étoile du Christ, écrit encore M. l'abbé

---

(1) V. Cb. Lenormant. *Signes du Christianisme sur des monuments numismatiques du III° siècle*, dans les *Mélang. d'Archéol.* t. III.
(2) V. De Rossi. *Tit. Carthag.*, p. 83.
(3) V. Eckel. *De Doctrin. num.* T. III, p. 137..
(4) V. *Mémoires sur l'impératrice Salonine*. — Bruxelles, 1852. In-8.
(5) V. *Bollettino* 1863, p. 22.
(6) *La Capella greca*, dans *Rev. de l'Art. chrét.* 1878, pp. 383, 385, 386, 387, 388, 393.

« Davin (1), nous amène à son soleil. Deux mé-
« dailles... de l'empereur Constantin... portent au
« revers l'image païenne et classique du soleil... :
« SOLI INVICTO, dit l'exergue... On s'est demandé
« si sur ces médailles Constantin avait conservé
« imprudemment des restes de son ancien paga-
« nisme, et, à la suite des Césars, à commencer par
« Néron, s'il s'était présenté au monde comme son
« soleil. Qui ne voit, bien au contraire, qu'il
« s'efface devant le soleil du Christ, et que, rappe-
« lant son nom puissant, avec lequel il a vaincu
« Maxence, en attendant Licinius, il le proclame le
« *soleil toujours victorieux*......... Le monogramme
« simple, X, et la croix carrée + qui lui est gra-
« phiquement identique, se trouvent fréquemment
« dans les catacombes au troisième siècle et au se-
« cond, sinon au premier... Quant à la croix vulgaire
« dite *immissa* †, c'est sur le *labarum* de Constantin
« qu'elle apparaît pour la première fois ainsi que le
« Chrisme appelé constantinien, où, dans le mono-
« gramme du Christ, le X est traversé verticalement
« du P... »

Lorsque parut le travail de M. Feuardent, *trois*
monnaies seulement étaient connues et admises
comme authentiques. Dix ans plus tard, le P. Garrucci a pu en décrire *quarante*. M. Madden en
compte aujourd'hui *soixante*. La plus curieuse,
et sans doute aussi la plus rare, est celle qui
montre le *labarum* dont la pointe fixe à terre le
dragon.

Du reste, Eusèbe dit (lib. III, c. III) que Constantin s'était fait peindre, dans le vestibule de son
palais, avec le signe victorieux de la croix sur la
tête et perçant de l'extrémité du *labarum* le dragon
terrassé sous ses pieds.

« Il fit mettre, raconte cet historien, dans le
« vestibule de la maison impériale, un tableau sur
« bois, placé très-haut pour être vu de tous. Il y
« présentait le signe du salut retracé au-dessus de
« sa tête, et il avait mis sous lui la bête ennemie et
« pernicieuse — qui, par la tyrannie des athées,
« avait tourmenté l'Eglise de Dieu — sous la forme
« d'un dragon précipité dans l'abîme. Car, dans les
« livres des prophètes de Dieu, les Saints Oracles
« l'ont appelé dragon et serpent tortueux. C'est
« pourquoi l'empereur montra à tous... ce dragon
« sous ses pieds... traversé d'un trait au milieu du
« ventre et jeté dans les abîmes de la mer, dési-
« gnant ainsi l'ennemi invisible du genre humain,
« et indiquant qu'il avait été englouti dans les
« abîmes de la perdition par la puissance du trophée
« salutaire gravé sur sa tête à lui-même. »

On sait également que des représentations en
marbre du glorieux étendard furent placées dans
plusieurs endroits de Rome, tandis qu'une statue
érigée au Capitole, montrait le prince couronné et
tenant en main le signe de la croix. Au bas de la
statue était cette inscription : — *Hoc salutari
signo vero fortitudinis judicio, civitatem vestram
Tyrannidis jugo liberavi, et S. P. Q. R. in libertatem vindicans, pristinæ amplitudini, et splendori
restitui.* C'est le pape Clément XII qui fit transporter cette statue sous le portique qu'il venait de
faire construire en face de la bibliothèque de Saint-
Jean-de-Latran.

Empruntons une dernière citation à l'auteur déjà
plusieurs fois nommé :

« Je ne saurais finir, dit-il (1), avec les monu-
« ments du signe du Christ sous Constantin, sans
« en rappeler un des principaux, non remarqué
« jusqu'ici, celui placé par Constantin lui-même sur
« le sarcophage des saints Pierre et Paul à la
« basilique vaticane. La moitié, paraît-il, du corps
« de l'un des Apôtres fut déposée avec la moitié du
« corps de l'autre dans un vrai bisôme.. Constantin
« fit mettre dessus *une croix d'or... du poids de
« cent cinquante livres*, IN MENSURAM LOCI. Cette
« croix étendue sur une surface carrée, était donc
« une croix grecque... L'inscription... porte :
« CONSTANTINVS AVGVSTVS ET HELENA
« AVGVSTA HANC DOMVM REGALEM (*sic*) SI-
« MILI FVLGORE CORVSCANTEM AVRO CIRCVM-
« DANT... Cette inscription avec sa longueur,
« démontre bien l'étendue des bras de la croix
« et qu'elle allait d'une extrémité à l'autre du
« sarcophage. Et qui ne voit dès lors que cette
« croix +, est tout d'abord un *chi*, cet antique
« monogramme du Christ...

« En bâtissant à Constantinople la basilique des
« Douze Apôtres, dans le portique de laquelle devait
« reposer, parmi douze monuments érigés à leur
« gloire, son propre sarcophage marqué pour toute
« épitaphe du grand monogramme couronné du
« Christ qu'il avait vu par-dessus le soleil et puis en
« songe, Constantin paraît s'être souvenu du signe
« du Christ déposé par lui sur le bisôme précédent.
« *Cette basilique*, dit M. Lanciani (Bolettino, 1866,
« p. 74) *était cruciforme et peut-être* ÉQUILATÉ-
« RALE. Saint Grégoire de Nazianze affirme que le
« temple était traversé par quatre nefs EN FORME
« DE CROIX... »

N'oublions pas de remarquer que les successeurs
de Constantin continuèrent à mettre les symboles
chrétiens sur leurs monnaies ou médailles, mais
avec des changements, des modifications, des additions. La plus importante de celles-ci, qui paraît
s'être introduite dans l'année même qui suivit la
mort de Constantin, fut l'introduction de A et
de ω aux côtés du chrisme, sur une médaille de
Constance, bien que ce César hérétique refusât
l'éternité au Fils de Dieu en se faisant appeler lui-
même ÉTERNITÉ. Il est vrai qu'il lui était plus
facile d'être hérétique que d'abjurer publiquement
les marques consacrées de l'orthodoxie.

LA CHUTE DU PAPE SAINT MARCELLIN (p. 60, col. 1).

Sur la prétendue chute du pape saint Marcellin,
Rohrbacher dit avec raison que tous les critiques
conviennent aujourd'hui que c'est une fable inventée par les Donatistes (1).

---

(1) *Revue de l'Art chrét.*, 1878, pp. 398, 399.

(1) *Ibid.*, pp. 399, 400.

Saint Augustin avait été le premier à le proclamer. « Qu'ai-je besoin, s'écrie-t-il dans son livre « contre Pétilien, de réfuter les imputations criminelles dont il charge les évêques de l'Eglise « romaine ? Marcellin et ses prêtres Melchiade, « Marcel et Sylvestre, sont accusés d'avoir livré les « saintes Ecritures et d'avoir offert de l'encens aux « dieux. Mais sont-ils pour cela convaincus et la « culpabilité s'appuie-t-elle sur quelque pièce de « conviction irrécusable ? Il les déclare scélérats et « sacrilèges : *moi je réponds qu'ils étaient innocents*. A quoi bon m'efforcer d'établir les preuves « de ma défense, quand il n'établit pas celles de « son accusation (2) ? » L'assurance de ce démenti de saint Augustin a beaucoup de poids. L'évêque d'Hippone connaissait les ruses et les impostures des Donatistes et il n'était pas éloigné du temps où vivaient ces papes; il aurait eu connaissance de ces chutes; elles auraient fait assez de bruit pour parvenir à ses oreilles, si elles avaient été véritables.

Le but des Donatistes était d'établir que le souverain pontificat ayant défailli en la personne de saint Marcellin, ses successeurs n'avaient plus ou presque plus d'autorité pour les frapper eux-mêmes de condamnation, et que par conséquent toutes les sentences du Saint-Siège devaient être non avenues. Le concile tenu contre eux à Carthage et différents témoignages de saint Augustin dans sa polémique contre leurs erreurs, dévoilent les machinations auxquelles ils avaient recours pour faire triompher leur cause. Peut-être allaient-ils jusqu'à s'attribuer l'honneur d'avoir continué par leurs évêques intrus la série des papes légitimes, héritiers de saint Pierre, en la donnant comme interrompue dans l'Eglise qui les foudroyait de ses anathèmes.

Eusèbe, qui était contemporain et mal disposé contre les pontifes romains, en remarquant que Marcellin avait vécu du temps de la persécution, ne mentionne aucune flétrissure qui ait entaché sa mémoire (3). Son silence a presque autant de signification que le désaveu formel de saint Augustin. Théodoret n'en parle pas non plus de la faute de Marcellin ; au contraire, il dit de ce saint pape qu'il s'était couvert de gloire pendant les persécutions (4).

Cependant l'accusation prit beaucoup de consistance au vi⁰ siècle; elle fut insérée dans le *Liber pontificalis* et dans le second catalogue des papes, dit Catalogue Félicien. On faisait circuler, dès cette époque, des actes du martyre de saint Marcellin rédigés dans ce sens, et des actes d'un concile qu'il aurait lui-même tenu à Sinuesse, en Italie, pour y confesser publiquement sa faute. Si l'on en croit même une lettre du pape Nicolas 1er, à l'empereur de Constantinople (vers 860), Marcellin aurait déclaré devant cette nombreuse assemblée d'évêques ce qu'il avait eu le malheur de faire, et, personne n'osant le condamner, tous lui auraient dit : « Soyez « votre juge à vous même, ce n'est point à nous de « vous juger ; le siège qui a la primauté ne peut « être jugé par qui que ce soit. » Les Pères du concile auraient ajouté « que sa faute ressemblait à « celle de Pierre, et que ses larmes l'avaient « effacée (1). »

Quoique le Bréviaire romain ait conservé la mémoire de la chute de saint Marcellin, il n'y a pas lieu d'y ajouter plus de foi qu'aux autres documents. Toute cette histoire repose sur les actes du concile de Sinuesse (aujourd'hui Sessa, ville de Campanie), évidemment supposés, et sur la relation du martyre de saint Marcellin non moins apocryphe.

L'authenticité de ces actes n'est pas soutenable. D'abord, quant au concile lui-même, il est plus que probable qu'il n'a pas eu lieu. Comment, en effet, supposer que le pape ait eu la facilité de réunir 180, ou selon d'autres, près de 300 évêques dans un temps de persécution, quand il fallut tous les bons offices de l'empereur Constantin pour en rassembler 318 à Nicée ? Comme le remarque très-bien dom Ceillier, « le pape saint Fabien ayant été martyrisé sous Dèce, le Saint-Siège demeura sans chef durant plus de seize mois, à cause de la conjoncture fâcheuse des temps; le clergé de cette Eglise, qui ne voulait rien décider sur l'affaire des *tombés* (lapsi), qu'après l'avoir considérée mûrement, put à peine assembler pour cet effet quinze ou seize évêques des églises voisines, que la persécution avait contraints de fuir dans les provinces éloignées. Y eut-il donc moins de liberté de s'assembler sous Dèce que sous Dioclétien, dont la persécution fut la plus violente et la plus générale de toutes? Et s'il y en eut davantage sous Dioclétien, pourquoi est-il dit dans les actes du concile de Sinuesse que tous les évêques n'y assistèrent pas, à cause du danger de la persécution ; et que ceux qui s'y trouvèrent, furent obligés de se cacher dans une grotte, où ils n'entraient que cinquante à chaque fois, parce qu'elle était trop petite (2) ? »

En second lieu, les actes du prétendu concile de Sinuesse portent en eux-mêmes la preuve de leur invention. « L'imposteur, comme l'observe encore dom Ceillier, peu instruit de ce qui se passe ordinairement dans la convocation et la tenue des conciles, n'a pas même marqué qui avait convoqué celui-ci, qui l'avait présidé, de quelle province et de quelle ville étaient les évêques qui s'y rendirent (3). » Ces actes sentent la fable ; la scène entre le pape Marcellin et le grand pontife de Jupiter, qui prennent Dioclétien pour arbitre de leur différend, est la plus absurde des inventions.

Quant à la relation du martyre de saint Marcellin, elle a manifestement subi des altérations graves. Au lieu de lire, par exemple, *que le saint Pontife avait préparé pour lui une chambre sépulcrale aux catacombes pendant qu'il était au rang des pénitents*, il faut lire, *qu'il l'avait préparée pour*

---

(1) Cf. Natal. Alexand. *Hist. Eccles.*, t. VI, p. 652; Pagi. ad ann: 302, n° 16; Tillemont, *Hist. Eccles.*, t. IV, p. 613; Basnag. ad ann. 296, n° 4129; Dupin, *Biblioth. Eccl.*, t. II, p. 766; Bolland., *in Catal. Rom. Pont.*, pars. II, p. 43.
(2) August. *de unico Baptismo contra Petilianum*, cap. XVI.
(3) Euseb. *Hist. Eccles.*, lib. VII, cap. XXXII.
(4) Theodoret, *Hist. Eccles.*, lib. I, cap. II.

(1) Labbe. *Concil.*, t. I, pp. 910 et suiv.
(2) Dom Ceillier, *Hist. génér. des Aut. eccl.*, t. II, p. 618.
(3) Id., *ibid*.

les *pénitents* (*pœnitentibus* et non *pœnitens*). Le *Liber pontificalis*, qu'on doit regarder comme gravement altéré lui-même en plusieurs endroits, si on veut y voir un livre officiel de la cour de Rome, ne saurait être invoqué à l'appui de la prétendue chute du pape Marcellin. Le Bréviaire romain, qui a reproduit la légende en question, n'a pas d'autre autorité que celle des sources auxquelles il a été puisé et qui sont ici manifestement corrompues.

Baronius, après avoir pesé les raisons des deux opinions contraires, incline à croire à des inventions des Donatistes, assez audacieux et assez répandus à Rome et en Afrique pour avoir pu accréditer leurs calomnies. C'est là ce qu'il y a de plus vraisemblable, puisque les auteurs du temps et en particulier Eusèbe, comme on l'a vu, gardent le silence à cet égard et que Théodoret loue saint Marcellin de s'être couvert de gloire dans les combats de la persécution. Enfin, à supposer que le fait reproché au pape Marcellin soit vrai, que les actes du concile de Sinuesse soient authentiques, que le témoignage de l'auteur du *Liber pontificalis* soit recevable, et que celui-ci, qui dit avoir vu encore ouverte la catacombe dans laquelle avait été déposé saint Marcellin, ait touché d'assez près aux événements pour prendre des informations véridiques, la mémoire du pape saint Marcellin reste toujours à l'abri de tout soupçon d'hérésie, la question de l'infaillibilité des Pontifes romains est hors de cause. Si Marcellin céda un instant aux menaces ou à la violence des tourments, et s'il offrit de l'encens aux dieux, il ne faillit pas du moins à la foi, et d'ailleurs il lava ensuite sa faiblesse par un courageux martyre, qui lui a valu d'être compté au nombre des saints.

COMBIEN LES PERSÉCUTIONS FURENT SANGLANTES.
(p. 61).

Dans son *Histoire des persécutions*, M. Aubé a reproduit, en s'efforçant de la rajeunir par les procédés de la critique, l'objection du siècle dernier contre le grand nombre des martyrs (1). Le but de Voltaire, de Burchard et des autres, était à la fois de justifier les empereurs romains et de déprécier le Christianisme. M. Aubé, qui, malgré des qualités d'érudition, se montre le trop fidèle disciple de l'école du doute et du dénigrement, qu'inaugura le XVIIIᵉ siècle, entreprend à leur exemple de démontrer que les persécutions n'ont été ni si cruelles ni si nombreuses que le disent les histoires ecclésiastiques. Son procédé consiste à mettre en doute, ou même à rejeter en bloc, presque tous les actes des martyrs et les récits des anciens hagiographes. Par exemple, il avance que les actes si touchants de sainte Félicité et de ses fils ont dû être l'œuvre de quelque

bel esprit, entreprenant de dresser un pendant au récit de la mère et des sept fils du livre des Macchabées. Il n'hésite pas à présenter ce trait des persécutions comme tout à fait légendaire. Or M. Ed. Le Blant n'a pas eu de peine à lui prouver que le souvenir de sainte Félicité et de ses sept fils est précisément de ceux que les documents antiques et, si l'on peut le dire, officiels, confirment le plus explicitement (1).

Ces allégations, qu'on trouve également dans divers historiens modernes, tels que MM. Naudet et Duruy, apologistes des empereurs, sont passées dans les livres d'un usage courant. On lit, par exemple, dans le *Grand Dictionnaire universel* de Larousse, à l'article *Persécutions* : « que les écrivains ecclésiastiques les ont singulièrement exagérées ; qu'ils en ont inventé le plus grand nombre, et que, pour celles qui sont arrivées, ils ont fait des récits hors de toute vraisemblance. » On y lit encore, que « ces persécutions des Domitien, des Dioclétien, des Julien, dont les victimes encombrent les martyrologes catholiques, n'apparaissent que comme des accidents de peu d'importance. »

Il est aisé de répondre à ces étranges assertions par le témoignage des contemporains eux-mêmes. Même sans les Actes des martyrs ni le Martyrologe, on trouve dans les auteurs anciens qui ont parlé des persécutions, la réfutation des théories antihistoriques renouvelées du siècle dernier.

Sous Néron, Tacite nous l'apprend, c'était une immense multitude qui avait péri par les ordres du tyran (2). Sénèque, qui avait vu ces lamentables scènes et qui les rappelait comme très-connues, dans une de ses lettres, cite parmi les traits de courage les plus extraordinaires, la constance de ces hommes recouverts de matières inflammables et empalés ou dévorés par les bêtes féroces (3). Ceux mêmes qui trouvaient la religion des chrétiens mauvaise et pernicieuse, furent, au rapport de Suétone, émus de compassion à la vue de ce spectacle (4).

Environ vingt ans après, les chrétiens s'étant relevés de ce premier massacre, et possédant des maisons dans Rome, Domitien ordonna de les faire mourir et de confisquer leurs biens au profit du trésor. Cet empereur n'était pas moins avare que sanguinaire. Suétone rapporte qu'il se porta à des violences atroces, principalement contre les Juifs et contre ceux qui vivaient à Rome selon les coutumes judaïques (5), expressions qui désignent bien évidemment les chrétiens. Ayant soupçonné son oncle paternel, Flavius Clemens, d'avoir passé dans leurs rangs, parce qu'il ne le voyait plus assister aux spectacles sanglants du cirque, ni prendre part aux débauches de ses amis, il ordonna de le conduire au supplice (6). Un autre païen, Dion Cassius, rapporte que le consul Glabrion fut accusé d'impiété pour avoir embrassé les superstitions des Juifs, et qu'il fut conduit à l'amphithéâtre d'Albano pour y être dévoré par un lion, lequel ne lui fit aucun mal (7).

---

(1) *Histoire des persécutions de l'Eglise jusqu'à la fin des Antonins*, par B. Aubé, prof. de philos. au Lycée Fontanes. Paris, Didier, 1875. Voir une réfutation partielle de cet ouvrage dans la *Revue des Deux-Mondes*, 15 avril 1876, par M. Gaston Boissier.

(1) *Compte rendu des séances de l'Académie des inscriptions et belles-lettres*, 1875, p. 138.
(2) Tacite, *Annales*, lib. XV, cap. XLIV.
(3) Sénèque. *Epist.* XIV.
(4) Suétone, *in Neroneum*, cap. XVI.
(5) Suétone, *in Domitianum*, cap. XIII.
(6) Id., *ibid.*, cap. XV.
(7) Dion, *in Domitianum*.

Trajan, tout en aspirant à une réputation de clémence et d'humanité, détestait les maximes pures du Christianisme; il détestait encore plus la société nouvelle qui venait se substituer à l'ancienne, et qui était déjà tellement bien assise, qu'il craignait de s'engager dans une lutte ouverte contre elle. Pline, gouverneur de Bithynie, lui ayant écrit « qu'il avait empêché les réunions de chrétiens, conformément à l'arrêté impérial, mais qu'il y avait péril de séduction pour un grand nombre de païens, » Trajan répond : « Il ne faut pas les rechercher ; mais il faut les châtier, quand on les amène et qu'ils sont convaincus (1). » C'était donner à peu près liberté entière aux gouverneurs de province de mettre à mort les accusés comme bon leur semblait.

Une même pensée de haine et de vanité animait Marc-Aurèle contre les chrétiens. En philosophe qui prétendait avoir une doctrine supérieure à celle de Jésus-Christ, et qui affectait du dédain pour le courage des martyrs, il écrivait dans ses maximes « qu'il ne fallait pas aller à la mort sans raison et par entêtement, à l'exemple des chrétiens (2). » Ce qui prouve qu'il avait eu affaire à ces entêtés et qu'il n'avait pu venir à bout de leur opiniâtreté. L'apologie que lui avait adressée saint Méliton de Sardes, montre comment le sang coulait par ses ordres dans les villes de l'Asie (3).

Un instant l'on avait cru avoir un protecteur dans Septime Sévère ; mais il était entouré de philosophes et de légistes, qui, voyant décliner l'influence des institutions romaines, lui soufflèrent la persécution. A la suite d'un incident, les massacres commencèrent. Tertullien écrivit un livre à la louange du soldat qui en avait été cause par son courage téméraire, et il s'emporta à blâmer les évêques plus enclins à conseiller la fuite pour échapper aux tourments. L'auteur des *Philosophumena* entre de même, à ce propos, en de violentes diatribes contre les papes saint Zéphirin et saint Calixte (4). Vainqueur des Perses, l'empereur n'attendit pas même d'être arrivé à Rome pour lancer son édit de mort contre les Chrétiens; c'est son biographe, le païen Spartianus, qui l'affirme (5), et il ajoute qu'ensuite il chargea par un rescrit spécial le préfet de la ville de rechercher leurs assemblées (6). Il s'ensuivit une chasse terrible dans les catacombes.

On respira sous Alexandre Mamès, dont la mère était chrétienne ; toutefois la sécurité ne fut pas complète ni de longue durée. Ce prince déféra plus d'une fois aux conseils d'Ulpien, qui, dans sa haine contre le Christianisme, avait, comme nous l'apprend Lactance, fait un recueil des édits lancés par les persécuteurs, et s'efforçait de prouver par là qu'ils avaient eu raison de proscrire le culte nouveau. Dans la suite, Maximin, l'ayant fait traitreusement assassiner à Mayence, versa beaucoup de sang à Rome et dans les provinces. Sa maxime était « qu'on ne pouvait garder l'empire sans une grande cruauté. » Minutius Félix assure que l'on était persuadé, parmi les païens, que les adorateurs du Christ n'avaient point de temple, tellement, sous la menace continuelle de persécution, ils avaient l'habitude de se retirer dans les souterrains auprès des tombeaux des martyrs.

Saint Grégoire de Nysse, Eusèbe, saint Cyprien nous ont tracé des tableaux inouïs des cruautés de Dèce. Le premier, qui en avait été le témoin dans sa jeunesse, dit qu'on ne tourmentait pas les chrétiens pour les faire mourir, mais que c'était une lutte acharnée des bourreaux pour vaincre leur patience (1). Aussi les lettres de saint Cyprien sont-elles pleines des questions qui s'élevaient de toutes parts, pour réconcilier à l'Église ceux qui avaient succombé à la violence des supplices ou apostasié dans les prisons. Pendant un an que Dèce régna, il eut le temps d'effrayer le monde, au point que l'on croyait être arrivé, dit saint Denis d'Alexandrie, aux calamités qui annonceront le jugement dernier (2).

Valérien, son successeur, s'étant lié avec un célèbre magicien d'Egypte, conçut une haine violente contre les chrétiens ; il s'était tellement dépravé dans les pratiques de la magie, qu'il commandait d'égorger des enfants pour servir à ses abominables mystères (3). Sous l'influence de ses conseillers, il avait donné plein pouvoir aux magistrats de mettre à mort les prêtres et les membres du clergé (4). Ce fut en allant faire la guerre contre les Perses que Valérien, inquiet du succès, ordonna des sacrifices selon les rites égyptiens dans l'univers entier. Le chef des magiciens lui avait promis la victoire à ce prix. Saint Cyprien rapporte qu'on avait publié en Afrique des décrets, au nom de Valérien et de Gallien, prescrivant de faire embrasser par tous la religion des Romains (5). Gallien, ensuite, accorda un moment de paix à l'Eglise (6).

Après lui, l'Eglise avait d'abord éprouvé quelque bienveillance de la part d'Aurélien ; mais, comme il était zélé pour le culte des idoles, sa haine contre les ennemis de l'idolâtrie ne tarda pas à éclater. Il voulut signer un édit cruel de proscription, rédigé contre eux par son commandement ; mais, sa main s'étant desséchée tout à coup, la frayeur le détourna quelque temps de son dessein (7) ; il y revint dans la suite, et beaucoup de massacres eurent lieu à à Rome, en Italie, dans les Gaules et en Orient.

Sous Dioclétien, Maximin Hercule et Galère, la persécution fut à son comble. Bède montre en pleine vigueur dans les Gaules le premier édit des empereurs défendant de vendre, d'acheter, de puiser de l'eau dans les fontaines avant d'avoir sacrifié aux idoles (8). Les persécuteurs, pour se rendre compte du nombre de chrétiens dans les armées, rendirent ensuite une ordonnance qui contraignait les soldats à offrir de l'encens aux dieux (9). Des légions furent décimées. Galère, associé à l'empire,

---

(1) Pline, lib. X, epist. 77 et 98.
(2) Non sine ratione mortem esse oppetendam, non ex pertinacia more Christianorum.
(3) S. Melitonis Sard. *Apologia ad M. Aurelium Imperatorem* (V. *Spicilegium Solesmense*, t. II, p. 38.)
(4) *Philosophumena*, lib. IX, n° 19. Édit. Miller.
(5) Spartianus *in Severum*, cap. XVII. Proposuit edictum ne christiani essent.
(6) *Ibid*. Ut collegia christianorum perquireret.

(1) Mille modis martyres excarnificabant, nos eos occidendi causâ, sed malorum diuturnitate fortissimos vincendi. (S. Greg. Nys., *in Vita Thaumaturgi*.)
(2) Euseb., *Hist.*, lib. VI, cap. XXII.
(3) Id., *ibid.*, lib. VII, cap. IX.
(4) S. Cypr., *Ad Successum*, Epist. 82.
(5) Id., *ibid*.
(6) Euseb., *Hist.*, lib. VII, cap. XIII.
(7) Id., *ibid.*, cap. XXVI.
(8) Beda, *in S. Justinum*.
(9) Euseb., *Hist.*, lib. VIII, c. I.

poussa Dioclétien à étendre à tous les chrétiens les arrêts de mort. Le vieil empereur se contenta d'abord de rendre un édit portant : « qu'ils seraient soumis « à la torture, dégradés de tous leurs honneurs, « hors d'état de demander justice devant les tribu- « naux... et tous leurs temples devaient être abattus « et leurs livres brûlés (1). » Partout l'on se mit à l'œuvre pour détruire les églises, jeter aux flammes les saintes Ecritures et les actes des martyrs. Puis, par suite des excitations de Galère, qui avait accusé les chrétiens de l'incendie du palais de Nicomédie, Dioclétien lança de nouveaux décrets pour faire jeter en prison tous les prêtres du Christ et les forcer par d'effrayants supplices à sacrifier aux dieux. Peu après, il voulut contraindre sa fille, tous les membres de sa famille et toutes les personnes de sa cour d'adorer les idoles (2).

C'étaient les prêtres qu'on recherchait avec le plus d'activité. Le zèle des proconsuls et des magistrats avait été ardemment excité par ces ordres qui se suivaient à de courts intervalles et avec une sévérité croissante. Tous comprenaient que la volonté des empereurs était d'abattre jusqu'au dernier les chefs de la religion du Christ, afin que la multitude des simples fidèles, abandonnée à elle-même ou poursuivie sous divers prétextes, fût hors d'état de persister dans son attachement à la foi. Mais, outre les évêques et les prêtres, c'étaient des foules immenses qui encombraient les cachots et remplissaient les places publiques pour y être torturées, car on avait plein pouvoir pour arrêter ceux qui auraient refusé d'offrir de l'encens aux dieux sur les marchés et auprès des fontaines, et ceux qui étaient soupçonnés d'avoir caché des Livres saints. Le nombre des lâches, qui les avaient livrés, était considérable ; quand le terrible orage fut passé, ils affluaient à l'entrée des églises pour être admis à la pénitence ou réconciliés avec Dieu : on les appelait *traditeurs*.

Après l'abdication de Dioclétien et de Maximien Hercule, Galère donna libre cours à sa cruauté dans tout l'Orient. Les lois romaines défendaient de condamner aux travaux des mines ou au supplice du feu les citoyens élevés en dignité ; mais lui se faisait un jeu de couvrir d'outrages et de torturer, par les inventions les plus affreuses, tout ce qu'il y avait de citoyens recommandables. Il en vint à se donner le passe-temps de contempler des chrétiens mangés par des ours, pendant ses repas ; il riait de la voracité de ces bêtes féroces, qu'il entretenait à grands frais et qu'il appelait par leurs noms. Lactance, qui était venu à Nicomédie sur l'invitation de Dioclétien, pour y professer l'éloquence, raconte ces détails, dont il avait pu être témoin (3).

Le règne de Dioclétien est resté, avec le nom d'ère des martyrs que la tradition lui a donné, comme le souvenir de la plus atroce persécution que l'Eglise ait eu à essuyer. C'est elle qui peupla les solitudes d'Orient et celles de l'Egypte de ces légions de moines qui cherchaient auprès des bêtes du désert un plus sûr abri pour la liberté de leur foi. Le nombre immense des martyrs qui sont inscrits aux martyrologes des Eglises d'Espagne, d'Afrique, d'Angleterre même, des Gaules, de la Thrace, de l'Egypte et de l'extrême Orient, prouve combien elle fut générale et effroyable. Et si, au concile de Nicée, l'Eglise se consola en contemplant assemblés tant d'évêques couverts des cicatrices de leur martyre, elle eut aussi à constater bien des tristes défections, bien des chutes avérées ou soupçonnées. Les règlements sur la réconciliation des *lapsi*, les difficultés auxquelles leur position donna lieu, soit au concile de Rome, soit à celui d'Arles sont des preuves des ravages causés par la persécution.

C'est vraisemblablement à cette époque que le nord de la France fut couvert de sang par le féroce Rictius Varus. On découvrit à Reims, il y a environ deux cents ans, un grand nombre de corps percés au jointures, au tempes et au crâne de clous dont plusieurs semblent avoir été rougis au feu. Tout paraissait faire croire que ces corps étaient ceux de martyrs de cette persécution. La découverte récente d'un corps pareil lors de la construction d'un chemin de fer près d'Attigny dans les Ardennes, sur le passage de l'ancienne voie romaine de Reims à Trèves, confirme absolument cette hypothèse, car cette découverte marque une étape de ce persécuteur qu'on sait avoir passé par ce chemin lors du voyage où il fit brûler sainte Macre à Fismes.

Les incrédules du siècle dernier et ceux d'outre-Rhin ont essayé de contredire cette tradition universelle en s'autorisant d'un texte d'Origène. Mais ce texte a été écrit avant qu'eût éclaté la persécution de Dioclétien. Que si, jusqu'alors et en Orient, où Origène écrivait, il n'y avait eu de martyrs que par *intervalles* et *en petit nombre*, eu égard au nombre des chrétiens, on peut déduire de là qu'il faut attribuer à la persécution de Dioclétien le nombre énorme de victimes dont la tradition de l'Eglise, tant en Orient qu'en Occident, a gardé le souvenir.

A Rome, on respira quelque temps à l'arrivée de Maxence, qui recueillait à main armée la succession de son père Maximien Hercule ; mais, quand il se crut affermi sur le trône, il ne respecta plus aucun sentiment d'humanité. Un jour, il commanda à ses soldats de s'en aller à travers les rues de la ville et de massacrer tous ceux qu'ils rencontreraient, sans distinction d'âge ni de sexe (1).

Les Gaules, l'Espagne, l'Afrique, gouvernées par Constance Chlore, père du grand Constantin, ne furent guère que deux ans sous le coup des édits promulgués par l'ordre de Dioclétien et de Maximien Hercule. Les églises y furent démolies et le sang y coula ; mais le prince suspendit bientôt toutes les rigueurs.

Galère, au contraire, ne cessa d'ensanglanter l'Orient que lorsqu'il sentit visiblement la main de Dieu sur lui, et que les vers le dévorèrent vivant. Alors il publia un édit à Nicomédie en faveur des chrétiens, qu'il égorgeait depuis près de dix ans.

On voit assez par ce résumé si ces guerres implacables du monde païen contre l'Eglise ont été « des accidents sans importance , » et si *les historiens ecclésiastiques ont singulièrement exagéré le nombre des martyrs*. D'ailleurs, en dehors même

(1) Eusèbe *Hist.*, lib. VIII, c. II.
(2) Lactance, *De mortibus persecutorum*, cap. XIV. — Euseb. *Hist.*, lib. VIII., cap. VI.
(3) Lactance. *De mortibus persecutorum*, cap. XXXIII, XXXIV.

(1) Eusèbe, *Hist.*, lib. VIII, cap. XIV.

des Actes des martyrs, des martyrologes et des auteurs, on a dans les catacombes un témoin irrécusable des persécutions. L'immensité de cette ville souterraine creusée dans la ville des Césars, avec ses inscriptions, ses tombeaux des quatre premiers siècles, montre ce qu'était la société qui s'y réfugia, et quelle terrible nécessité la força d'y descendre, d'y célébrer ses cérémonies sacrées, d'y avoir ses temples au milieu de ses sépultures. C'est un éclatant témoignage en faveur de la guerre à outrance qu'elle eut à soutenir et des victimes innombrables qu'elle y laissa.

LE CONCILE DE NICÉE (p. 97).

Les résultats du concile de Nicée avaient d'abord été immenses. C'était l'Église entière qui se trouvait rassemblée pour la première fois dans la personne de ses trois cent dix-huit évêques, protégés, vénérés par l'empereur Constantin, qui accueillit leurs décisions comme les oracles du ciel ; l'accord avait été presque unanime pour frapper Arius d'anathème ; l'unité de croyance paraissait assurée dans toutes les parties du monde chrétien. Mais le revirement ne se fit pas attendre : il fut aussi terrible qu'il était brusque. Arius reprit faveur à la cour, fut admis auprès de l'empereur Constantin, qui avait même forcé l'évêque catholique de Constantinople de le recevoir à sa communion, lorsqu'une mort affreuse vint rompre les intrigues si astucieuses de l'hérésiarque. Ses partisans toutefois n'en relevèrent que plus audacieusement la tête sous Constance, successeur de Constantin ; la protection qu'il leur accordait ouvertement, la haine qu'il partageait avec eux contre les orthodoxes, leur fit espérer un instant d'anéantir l'œuvre de Nicée. C'est là que tendirent tous leurs efforts ; ils firent exiler tous les Pères qui en avaient souscrit le symbole, tous les évêques nouveaux qui l'approuvaient, reléguèrent en Gaule ceux des extrémités de l'Orient et les Gaulois en Égypte, et eux occupèrent tous les sièges. Les actes du concile furent brûlés : outre qu'ils n'avaient pas été copiés à un grand nombre d'exemplaires, ils n'échappaient que difficilement aux investigations, à cause de leur ampleur même et du petit nombre de défenseurs capables de les protéger. Il n'y avait pas jusqu'au symbole qui ne fût détruit ou totalement ignoré dans plusieurs provinces. Saint Hilaire de Poitiers assure, dans son livre des concïles, qu'il n'en a eu connaissance que dans son exil : *Nunquam fidem Nicnam nisi exulaturus audivi*. A peine si l'on avait pu conserver, dans les Églises grecque et latine, le nom des évêques qui siégèrent et les vingt canons émanés de leur autorité : tout le reste y avait péri. Le cardinal Pitra a seulement retrouvé en grec le décret sur la célébration de la Pâque (1). Encore la teneur n'en est elle pas directe, ni donnée au nom du concile, mais comme un souvenir de ce qui s'était décidé.

(1) Actum est autem hoc modo id quod placitum est omnibus in sacro synodo convenientibus sub his diebus religiosi atque magni Constantini, qui non solum coegit suprascriptos episcopos in unum, pacem genti nostræ faciens ... Visum est, qualiter sublata quæstione et contradictione oborta more agendum esse fratribus Orientis quomodo agunt Romani et Alexandrini atque cæteri omnes ut cuncti in una die, unanima mente, sursum emittant preces in illa die sanctæ Paschalis. Et subscripserunt qui ab Oriente erant utpote a cæteris dissentientes. (*Spicilegium Solesmense*, t. IV, p. 541.)

On voit par là avec quel acharnement les Ariens s'étaient jetés sur les documents de Nicée, pour n'en pas laisser trace. Mais une heureuse découverte en a récemment mis au jour une partie très-importante. Un de nos savants orientalistes, M. Révillout, a lu dans un papyrus du Musée de Turin, une traduction copte des actes à peu près complets du concile tenu à Alexandrie, par les soins de saint Athanase, en 362, et dans lesquels sont reproduits ceux de Nicée, au moins pour ce qu'ils renfermaient de plus digne d'être conservé. Il a comparé ce manuscrit avec un autre ayant appartenu au cardinal Borgia, et dont le Danois Zoéga avait traduit et publié divers fragments au commencement de ce siècle. Après le symbole, les noms des évêques et les vingt canons, ce qu'il a remarqué de tout à fait neuf et de complètement oublié par les historiens de l'Église, c'est ce qu'il appelle les *Gnomes* du concile de Nicée, c'est-à-dire une exhortation à la pratique des vertus. Malgré des lacunes, il a pu la reconstituer à peu près intégralement, et elle offre un curieux intérêt pour l'étude des mœurs et de la société chrétienne à cette époque.

Une difficulté se présentait : cette *Exhortation* était-elle l'œuvre officielle du concile de Nicée, ou celle du synode subséquent qui en promulgua les décrets, ou de quelque pieux personnage ? M. Révillout, sans être absolu dans son affirmation, donne des raisons solides de croire qu'elle avait été réellement édictée par le concile.

D'abord Gélase de Cyzique, historien du concile de Nicée, dit avoir étudié dans sa jeunesse les actes complets de ce concile, remplissant un volume considérable ; il avait dû renoncer à les apprendre par cœur ou à les copier entièrement, à cause de leur étendue ; il s'était borné à prendre des notes ; plus tard, il avait recherché le livre et n'avait pu retrouver que des extraits. — Il n'exagère pas : l'œuvre de Nicée fut, sans doute, immense ; car on travailla longtemps, beaucoup plus longtemps qu'à Éphèse et à Chalcédoine, et les actes officiels d'Éphèse et de Chalcédoine ont fourni matière à de vastes publications. Il était difficile de les copier en entier, et les exemplaires, qui n'étaient pas nombreux, tombèrent aisément sous la main des hérésiarques acharnés à les détruire.

D'après le même Gélase, on sait qu'ils se composaient de trois parties : la partie dogmatique, renfermant le symbole, les anathèmes, etc.; la partie disciplinaire, dont vingt canons authentiques nous sont parvenus ; et la partie morale, qui contenait les règles de la vie chrétienne. Ces deux dernières furent faites à la prière de Constantin, lorsqu'on eut défini la foi.

Les fragments retrouvés par Zoéga, dans le musée du cardinal Borgia, et ceux de Turin, établissent implicitement ces trois divisions. Les papyrus de Turin portent même les deux titres : Le Dogme, la Morale. Quant à la discipline, si le titre manque, le texte copte de Zoéga donne les premiers canons tels qu'on les possède en grec et en latin. Quel était primitivement le nombre de ces canons ? Nul ne saurait le dire. Le sixième concile de Carthage le porte à vingt; Rufin, à vingt-deux (lib. I, cap. vi); saint Athanase, dans la lettre à Marc, se plaint de voir brûler par les Ariens les soixante-dix chapitres du saint concile ; d'autres enfin parlent de chapitres encore plus nombreux. D'un autre côté, l'on ne retrouve plus dans ce qui nous reste des actes grecs ou latins de Nicée aucun des passages cités par Eusèbe (*Vit. Const.* lib. III), saint Athanase (*Epist. de Syn. Arinim.*), saint Ambroise (*Epist. ad Vercell.*), saint Jérôme (*Epist.* III); saint Augustin (*Epist. CXIII*), le troisième concile de Carthage (cap. XLVIII), etc.

Qu'on juge par là de tout ce qui a été perdu. Mais pour les *Gnomes* ou *Exhortations pieuses*, contenues dans les versions coptes, qui nous sont rendues, il paraît bien que Gélase les a indiquées sous le nom de *Prescriptions spéciales pour chacune des classes de la société;* car elles se réduisent à des recommandations pour la pratique des vertus, et s'adressent aux différents sexes et aux différents âges. Il fait, comme les *Gnomes*, mention des agapes, dont l'usage antique avait complètement disparu de son temps. De plus, il donne les canons, le symbole, etc., tels qu'ils sont dans les manuscrits de la version copte. Tout porte à croire qu'il avait vu un exemplaire grec, dont celle-ci reproduit fidèlement le sens : les passages que l'on peut comparer ont une exacte ressemblance.

Enfin, ce qui est d'un grand poids dans la question, l'âge du papyrus de Turin ne saurait être de beaucoup postérieur à la tenue du concile de Nicée. En effet, la collection à laquelle il appartient forme une bibliothèque entière, qui paraît remonter aux premières années du pontificat de saint Cyrille d'Alexandrie. Il n'y est presque pas question de cet illustre patriarche, dont les œuvres remplirent tout l'Orient, tandis que son oncle Théophile, ce belliqueux archevêque d'Alexandrie, connu par ses disputes avec saint Jean Chrysostome, y figure fréquemment, et qu'on y a même reproduit plusieurs de ses sermons.

La chronique copte, de l'Église d'Alexandrie (Zoéga, pages 262 et suiv.), rapporte que dans l'effervescence de la persécution de Julien l'Apostat, le tombeau de saint Jean-Baptiste fut sauvé des flammes par les soins des chrétiens, qui achetèrent les reliques à prix d'or et les envoyèrent à saint Athanase. Celui-ci se proposait de faire bâtir dans un jardin un sanctuaire, où elles seraient déposées. Il n'eut pas le temps de réaliser son pieux dessein: l'honneur en revint à son successeur Théophile, qui lui en avait entendu parler. Les jardins d'Athanase devinrent donc l'emplacement d'une nouvelle église et d'un couvent de moines de la Thébaïde. Une vertueuse femme thébaine offrit bientôt après toute une bibliothèque à cette église de Saint-Jean-Baptiste. Or ce sont les papyrus de cette bibliothèque qui sont déposés à Turin, et l'un d'eux porte une date copte de plusieurs années antérieures à la réunion du concile d'Éphèse, qui rendit illustre saint Cyrille. C'est parmi des pièces d'une telle antiquité que se trouvent les *Actes* du concile de Nicée: c'est assez dire qu'ils ont été écrits à la même époque (1).

M. Lenormant, tout en admettant l'ancienneté de ces documents coptes, n'était pas entièrement convaincu qu'ils fussent émanés du concile lui-même et non de quelque docteur tel que saint Athanase. M. Révillout lui a répondu que le doute n'est plus possible, quand on songe que Gélase de Cyzique avait eu entre les mains un exemplaire complet des *Actes* du concile, et qu'il y avait puisé beaucoup de pensées développées dans les Gnomes du manuscrit de Turin. « Les difficultés cessent, dit-il, quand on admet, ce qui est indubitable, que ces *Actes* ont été en partie promulgués de nouveau et en partie rédigés par l'assemblée de 362. » Cette assemblée était le concile d'Alexandrie ou des Confesseurs, provoqué et présidé par saint Athanase. En examinant ce qui s'y passa, l'on comprend comment il était naturel que les *Actes* de Nicée y fussent reproduits. M. Révillout le démontre avec netteté, et fait ressortir les grandes pensées qui animaient le saint patriarche, et l'impulsion vigoureuse que son zèle donna au retour vers la saine doctrine catholique.

Au début de son règne, Julien l'Apostat s'était montré libéral et étranger aux querelles religieuses qui avaient passionné Constance. Il avait permis aux évêques exilés de revenir prendre possession de leurs sièges. En 362, saint Athanase, depuis longtemps caché, avait reparu à la tête de son Église d'Alexandrie, quoique les menaces de l'empereur apostat l'eussent aussitôt signalé au préfet Ecdicius, comme devant être expulsé de la ville et même de toute l'Egypte (1). C'est qu'en effet, l'intrépide défenseur de l'Église n'avait pas perdu un instant; il avait réuni un concile, qu'on appela concile *des Confesseurs*, parce que la plupart des évêques avaient confessé la foi de Jésus-Christ dans l'exil et les persécutions, et il avait promulgué de nouveau les décrets de Nicée, que les Ariens croyaient avoir à jamais anéantis. De toutes parts les adhésions lui arrivaient, les païens abandonnaient les idoles et l'unité chrétienne se redressait en face de Julien.

Il y avait trente-sept ans que s'était tenu le concile de Nicée ; dans l'intervalle on avait proposé symbole sur symbole ; la confusion allait croissant. Les derniers survivants de l'illustre assemblée ne tarderaient pas à être descendus dans la tombe : il fallait se hâter, si l'on voulait reprendre ce courant d'orthodoxie qui avait été un instant si beau, et avait apporté tant d'espérances presque aussitôt déçues. Transporter de nouveau l'Église à ces jours bénis, qui suivirent la clôture de Nicée, tel avait été le vœu ardent d'Athanase, et il avait approché pour un moment de son but. Sozomène nous apprend que l'on se proposait unanimement de confirmer et de rétablir les décisions de Nicée (2). On en promulgua de nouveau le symbole, ainsi que les vingt et un canons authentiques, on releva les listes des Pères qui avaient siégé, et c'est grâce au synode d'Alexandrie qu'elles nous sont parvenues. Aussi Socrate, pour faire connaître leurs noms, renvoie-t-il aux *Actes synodiques* d'Athanase, où

---

(1) Révillout. *Le Concile de Nicée, d'après les textes coptes.* — Paris, 1873. — *Le Concile de Nicée et le Concile d'Alexandrie.* Paris, 1874. — *Journal asiatique,* nos de janvier, mars, avril, mai et juin 1875. — *Rapport sur une Mission, en Italie.* Paris, 1878.

(1) Juliani *Epist.* IX, Ecdicio.
(2) Ἐπὶ βεβαιώσει τῶν ἐν Νικαίᾳ δοξάντων.

ils sont tous écrits (1). Saint Grégoire de Nazianze déclare expressément qu'il y avait un volume des *Actes synodiques*, séparé des lettres de communion adressées aux Eglises catholiques. Or, c'est ce *tome synodique* d'Alexandrie que nous rendent le manuscrit de Turin et le manuscrit Borgia. La fin ou l'exhortation aux vertus chrétiennes, ne saurait provenir des Pères d'Alexandrie, puisque ceux-ci ne se proposaient pas de statuer quelque chose de nouveau, mais seulement de restituer et de remettre en lumière ce qu'on avait fait à Nicée, et qu'ils ne devaient point oublier ce qui concerne la morale.

Saint Athanase exprime cette pensée fondamentale des Pères d'Alexandrie dans son traité *De Synodis*, et il y revient en ces termes au commencement de sa lettre *ad Afros* : « Il suffit de ce qui « a été confessé à Nicée, et, comme nous l'avons « dit antérieurement, il n'y manque rien, tant pour « la destruction de toute hérésie impie, que pour « la défense et la sauvegarde des enseignements « de l'Eglise. »

Un des papyrus, indiqué par Zoéga, porte d'ailleurs pour titre : *Le Concile de Nicée. — Gnomes du saint concile* (2). C'est là qu'est la découverte ; et l'authenticité n'en fût-elle pas démontrée, il resterait toujours que ces pages du IVe siècle sont d'un haut intérêt pour faire connaître ce qui se passait au sein de la société chrétienne de cette époque. Des lacunes, causées par l'altération des manuscrits, ne portent presque pas atteinte à l'idée dominante. A vrai dire, il est possible que ce ne soient que des fragments, car Gélase de Cyzique rapporte que la partie morale contenait les règles de la vie chrétienne, et il n'y a peut-être pas ici un ensemble complet, mais plutôt les points les plus saillants d'une espèce de traité. L'on ne saurait cependant rien affirmer. S'il n'y a que des extraits, ils n'en ont pas moins une haute importance : on peut en juger par ces citations sur la modestie recommandée aux femmes, sur la sainte Vierge, sur la virginité et sur la sainte Eucharistie.

Extraits de la partie morale du concile de Nicée.

Après avoir expliqué quelle est la nature de Dieu, combien elle est élevée, combien grande est sa bonté pour ceux qui lui obéissent, le saint concile exhorte vivement à fréquenter l'église.

... « Celui qui ne se hâte pas vers l'église, néglige son propre salut, car celui qui court aux pieds de Dieu cherche un aide.

« Hâte-toi vers l'église après ton travail, afin que Dieu bénisse l'œuvre de tes mains. Celui qui s'empresse pour son travail, à l'exclusion de la maison de Dieu, son travail sera à infidélité.

« Attache-toi à ce que tu as entendu dans la maison de Dieu, soit que tu travailles, soit que tu marches et tu ne pécheras pas.

« Celui qui porte son calcul à des usures, que veut-il pour lui dans l'église ? Il vaut mieux que lui, celui qui dort dans sa maison !

« On appelle l'église le purificatoire des péchés. Que chacun pleure ses péchés. Petite est notre vie sur la terre.

« L'unique affaire à l'église c'est la prière, la supplication. Celui qui parle dans l'église, surtout quand on fait la lecture, se moque de Dieu. A quoi bon aller à la maison de Dieu, si tu y vas pour l'insulter ? »

Viennent ensuite des recommandations adressées particulièrement aux femmes sur la modestie dans les parures :

« C'est une idolâtre qu'une femme qui se couvre d'or à l'église, surtout avec ostentation. L'or n'est point considéré par le sage, pas plus que le noir des yeux. Celle qui porte des pierreries sur la tête montre son peu de cervelle, et celle dont les cheveux sont dénoués, c'est-à-dire flottants comme des clochettes, appelle à elle les insensés.

« Une femme est aimée de Dieu et des hommes à cause de sa sagesse et de la bonne administration de sa maison ; car la beauté vaine, il y a une vengeance qui la poursuit.

« Orne-toi pour ton mari, par les œuvres de tes mains et par la sagesse de ta bouche. Les saintes appellent leur mari mon seigneur.

« N'aime pas à te parer, ô femme...

« Un homme sage ne s'attachera pas à une femme insensée.

« Mon fils, éloigne-toi d'une femme qui aime la parure, car ce sont signaux d'adultère que les étalages d'anneaux et de clochettes.

« Tu reconnaîtras une femme qui hait le péché à la pureté de son visage ; quant à celle qui met du noir à ses yeux, elle montre par là sa futilité.

« Le soin du corps n'a pas besoin de ces choses. C'est vanité que de les porter. A quoi sert le noir des yeux ? On gâte une belle image avec la fumée des lampes.

« Celui qui se pare à l'église, contre sa nature, fait outrage au Créateur. Couvre ton visage à l'église et dans les places publiques, et ne scandalise pas une âme.

« L'homme qui rase sa barbe veut ressembler aux enfants sans connaissance. Ceux donc qui n'ont pas la connaissance, qu'on ne les connaisse pas (1).

« Que ton vêtement soit pour toi selon les besoins du corps, et ne t'orne pas d'une longue chevelure, car cela appartient aux femmes. Si tu aimes la parure comme une femme insensée, en quoi diffères-tu d'elle ?...

« Si ta fille désire l'état de virginité, tu t'es rendu digne d'une grâce... Le Seigneur s'est souvenu (de toi), car le Seigneur est saint et il aime les saints. »

La sainte Vierge, qui allait bientôt intéresser le

---

(1) Ὧν εἰς πλήρες τὰ ὀνόματα κεῖται ἐν τῷ Συνοδικῷ Ἀθανασίου τοῦ Ἀλεξανδρείας ἐπισκόπου. Lib. I, cap. XIII.

(2) Ce titre se trouve dans le manuscrit de la Propagande, publié par Zoéga, p. 218 de son catalogue.

(1) Saint Clément d'Alexandrie (*Pédag.*, II-3) a un très long morceau relatif à la barbe : « C'est la fleur de la virilité... Dieu y attache tant d'importance qu'il la fait paraître chez l'homme en même temps que la raison (φρόνησις)..... Il est impie de s'en dépouiller.... C'est faire penser qu'on est adultère efféminé... » — Voir aussi les *Constitutions* dites *apostoliques* (II-3).

monde catholique à sa dignité de Mère de Dieu, par suite du retentissement du concile d'Éphèse tenu contre Nestorius, avait déjà beaucoup attiré l'attention des Pères de Nicée. Ils lui consacrèrent une longue page de louanges. On sent que le manuscrit de Turin fut écrit avant que la querelle fût engagée entre Nestorius et saint Cyrille, car le possesseur primitif en a effacé le terme Χριστοτόκος (Mère du Christ), qui n'excitait pas encore les susceptibilités avant que le concile d'Éphèse eût déclaré qu'elle méritait d'être appelée Θεοτόκος (Mère de Dieu), et il y a substitué une expression indifférente, Mère du Seigneur.

« Une vierge sage ressemble à Marie. Qui peut dire la grâce de « la Mère du Seigneur », que Dieu a aimée à cause de ses œuvres ? C'est pour cela qu'il a fait habiter en elle son Fils bien-aimé. On appelle le Père non engendré père du Christ, et il l'est en vérité. On appelle aussi Marie mère du Seigneur; et, en vérité, c'est elle qui a engendré celui qui l'avait créée! Et il n'a pas été amoindri, parce que Marie l'avait engendré; et elle n'a pas perdu sa virginité. Elle a enfanté le Sauveur, mais lui, il se l'est réservée comme un trésor précieux.....

« Le Seigneur regarda dans sa création entière, et il ne vit rien qui ressemblât à Marie. C'est pour cela qu'il la choisit pour être sa mère. Si donc une femme désire qu'on l'appelle vierge, qu'elle ressemble à Marie, Marie qu'on a appelée, en vérité, la Mère du Seigneur.

« ....Si tu ne veux pas te marier, ne te rassasie ni de pain ni de sommeil, de peur qu'on ne trouve ta lampe éteinte.

« Les vierges ne font pas toilette. Elles ne pensent même pas à ... leur figure.

« Leur premier soin, c'est de se lever au matin pour prendre le livre et lire. Si elles travaillent des mains, c'est depuis la deuxième jusqu'à la neuvième heure. (Mais elles consacrent) les deux premières à la prière et à la lecture, ainsi que le soir depuis neuf heures ...

D'autres conseils sur la virginité, la chasteté dans le mariage, l'éducation des enfants, conduisent à la réception de la divine Eucharistie et à la charité, qui est la meilleure préparation pour s'en approcher.

« Un homme qui participe au corps du Christ, il ne faut pas qu'il mente, car Dieu est vérité, et ceux qui aiment Dieu ne mentent pas.

« Étonnante est l'audace de ceux qui vont vers le corps du Christ, pleins d'envie et de haine. Dieu aime l'homme et ceux qui haïssent les hommes n'ont pas honte !...

« Celui qui aime son prochain aime Dieu ; celui qui aime Dieu, Dieu l'aime, et celui que Dieu aime est un enfant de Dieu.

« C'est une honte devant Dieu qu'un homme qui se détourne du corps du Christ sous prétexte (d'indignité). Celui qui ne se rend pas digne du mystère recevra de grands châtiments.

« A quoi bon venir à l'assemblée de la Cène (Synaxis) sans écouter la lecture des Écritures ? Celui qui n'écoute pas la lecture de l'Évangile se moque du mystère. Celui qui ne prête pas son attention à la consécration du corps et du sang du Christ, qu'on ne le laisse pas y participer.

« Celui qui se hâte vers l'église recevra une ample bénédiction. Celui qui tarde sans nécessité arrive trop tard pour être béni.

« Il faut recevoir le sang du Christ à la façon d'un petit enfant qui a soif du lait de sa mère; car celui qui ne le reçoit pas n'a pas la vie. Quant à celui qui le reçoit dans un état de souillure, de haine, d'impureté, de luxure, mieux vaudrait pour lui n'avoir pas la vie...

« Celui qui va vers le corps du Christ comme à un festin, irrite Dieu : et celui qui y participe en s'enivrant perd sa propre âme. Il y a un temps pour manger et boire selon une juste mesure, et il y a un temps pour le mystère. C'est avec une grande circonspection qu'il faut l'aborder.

« Celui qui reçoit avec pureté le corps du Christ, reçoit une nourriture sublime, et il a la puissance suffisante pour ressusciter les morts. Mais il est plus facile de ressusciter les morts que de convaincre les hérétiques. Car les hérétiques ne croient pas à Dieu ni à ses saints, mais à leur propre volonté... »

Les dernières pages décrivent en traits élevés, et quelquefois empruntés aux Psaumes de David, la majesté de Dieu, invitent le chrétien à ne pas recevoir le corps du Seigneur avec une âme souillée et signalent l'alliance, que faisaient certains pécheurs, du jeûne et de la prière avec toutes les iniquités, toutes les pratiques honteuses de la superstition et de la magie. Il faut opposer à tous ces péchés la pénitence et être plein de bonté pour le prochain :

« Ne cause de l'ennui à personne et ne demande pas deux fois à un riche...

« Le pauvre se réjouit si un riche lui parle, espérant recevoir de lui un peu de soulagement. Il faut plutôt que le riche se félicite quand il se trouve avec le pauvre, et qu'il se réjouisse d'être en compagnie d'un homme de Dieu. Le prince sage a comme sienne la richesse du monde. Le pauvre sage a comme sienne la richesse du siècle à venir, le royaume des cieux...

« Pardonnez, on vous pardonnera. Donnez, on vous donnera. Une bonne mesure, serrée, bien tassée, débordante, sera déversée dans votre sein, car dans la mesure où vous aurez mesuré, il sera mesuré pour vous... »

LA DONATION DE CONSTANTIN (p. 98).

Notre auteur énumère les biens donnés par Constantin au pape saint Sylvestre ; il ne s'explique pas sur l'acte de donation attribué au premier empereur chrétien.

C'est là un document qui a eu le privilège de passionner nombre d'écrivains et de soulever beaucoup de discussions.

D'abord que faut-il entendre par la *Donation de Constantin?* — « La donation de Constantin, répond « M. Gosselin, dans son *Pouvoir du Pape au* « *moyen âge*, telle qu'on la voit aujourd'hui dans « les principales collections des Conciles, est un « acte solennel, par lequel ce prince donne pour « toujours au Saint-Siège la *ville de Rome avec*

« *l'Italie et toutes les provinces de l'Empire en*
« *Occident.* »

La donation de Constantin parut d'abord dans les *Fausses Décrétales* (1), attribuées généralement à *Isidore Mercator* et publiées vers les dernières années de Louis le Pieux, ou plus exactement dans des exemplaires relativement récents du *Liber pontificalis*, ce qui donnerait une date antérieure à 850. On en trouve une traduction grecque, tronquée, interpolée dans *Balsamon*, patriarche d'Antioche, à la fin du xii° siècle.

Reste maintenant trois questions à résoudre, savoir :

1° L'authenticité de la donation ;

2° Dans le cas où elle serait fausse, à quelle époque, par qui, et dans quel but a-t-elle été fabriquée ?

3° Quel crédit a-t-elle obtenu, pourquoi et comment ?

PREMIÈRE QUESTION. — Tout le monde aujourd'hui admet la fausseté de la fameuse donation. Aucun historien antérieur au viii° siècle n'en parle, ni Eusèbe, ni Anastase le bibliothécaire, très soigneux pourtant à raconter, l'un les plus petits détails relatifs à Constantin, l'autre les actes du pontife saint Silvestre. La rédaction matérielle du document proteste elle-même contre son authenticité : il porte une date fausse, l'empereur y est désigné sous des appellations qui ne lui ont jamais appartenu, telles que : *fidelis, mansuetus, Alemanicus, Gothicus, Sarmaticus, Germanicus, Britannicus, Hunnicus*, etc. (2).

Dans le titre même de l'édit il y a des phrases étranges, celle-ci notamment : « Nec non et « omnibus reverendissimis episcopis eidem sacro-« sanctæ Romanæ Ecclesiæ *per hanc nostram im-*« *perialem constitutionem* SUBJECTIS in universo « orbe terrarum. » Cela aurait l'air de vouloir dire que c'est Constantin, et non Jésus-Christ, qui a soumis les églises du monde à l'Eglise de Rome, mère et maîtresse.

Le prélude forme une véritable déclamation de rhéteur. Constantin soi-disant y cite des vers ou en fait. Dans la donation il est question de *satrapes*; « utile judicavimus, una cum omnibus nostris « *satrapis*. » Des satrapes chez les Romains sont aussi singuliers que des consuls et des patrices chez les Perses. Il y a une allusion à Constantinople, quoique l'écrit soit daté de Rome. Or, selon l'histoire de Constantin, depuis que l'empereur eut bâti Constantinople, il ne retourna jamais à Rome. Plus loin, le prince a l'air d'accorder au pape le droit de juger des matières de foi et de tout ce qui concerne la religion, préférablement à tous les évêques du monde, comme si le pontife suprême n'avait pas ce droit-là dès qu'il est établi par Jésus-Christ et par saint Pierre, pasteur apostolique et pasteur des pasteurs. Constantin parle aussi de sa *couronne*, tandis qu'il portait un diadème; la couronne des empereurs n'est venue que plus tard. Enfin, il donne non seulement Rome, mais *tous les lieux, cités et provinces de l'Italie entière*

ET DES RÉGIONS OCCIDENTALES au très bienheureux Silvestre, ce qui n'était guère facile, car beaucoup de *ces régions occidentales* ne reconnaissaient en aucune manière l'autorité impériale.

Mais nous en avons dit assez pour prouver surabondamment la fausseté de la donation prétendue.

DEUXIÈME QUESTION. — Ici, les savants sont partagés d'avis. Quelques-uns, le trop fameux docteur Dœllinger en tête, veulent que « la dona-« tion constantinienne ait été *indubitablement* « fabriquée à Rome, par un membre du clergé « romain, peu après le milieu du viii° siècle, pro-« bablement entre 752 et 774, dans le but de favo-« riser l'acquisition, alors méditée par les papes, de « *l'empire temporel de toute l'Italie*, et d'obtenir « de nouveaux honneurs pour le clergé romain, en « en montrant le premier fondement légal dans « l'édit de Constantin. » Pareille opinion avait déjà été émise dans des temps antérieurs, par Pierre de Marca, Bœmer et Gibbon, c'est-à-dire un gallican, un hérétique et un athée.

Les adversaires de cette thèse répondent qu'il est bien vrai que la fabrication du document n'est pas d'origine grecque, mais qu'il ne s'ensuit pas *indubitablement* qu'il ait été fabriqué par Rome, attendu que Rome n'était pas alors la seule puissance importante de l'Occident. « Il est vrai « que Dœllinger a une raison sous-entendue, savoir, « que la cour pontificale était l'auteur de la pièce, « parce qu'elle avait intérêt à la produire, et elle « avait intérêt à la produire, parce que ce docu-« ment reconnaît expressément la primauté du « Saint-Siège et inaugure la souveraineté tempo-« relle du pape (1). »

A cela les écrivains de la *Civiltà cattolica* (2) répondent victorieusement qu'il est faux que Rome ait « nourri au viii° siècle la pensée et, à plus « forte raison, l'espoir de faire de toute l'Italie une « vaste monarchie, placée sous le sceptre des papes « à l'exclusion des Grecs, des Lombards et des « Francs. L'espoir eût été simplement absurde. « Rome manquait des ressources pour exécuter un « pareil dessein, et nul plus que les papes n'était « persuadé de cette incapacité, puisqu'ils ne « cessaient de faire appel à la puissance des Francs « pour refréner l'insolence de leurs ennemis. »

L'histoire vient à l'appui des affirmations de la *Civiltà*. On y voit les pontifes romains, Grégoire II, Grégoire III et Zacharie, de 715 à 741, maintenir, *autant que faire se peut*, l'autorité des empereurs de Byzance dans la péninsule, et les princes orientaux le savent si bien, qu'ils en témoignent leur gratitude par des largesses. Quant au peuple de Rome, ses tentatives pour secouer le joug de Constantinople, s'expliquent par l'abandon où Constantinople le laisse vis-à-vis des Lombards, lesquels menacent impunément la ville et veulent s'en rendre maîtres. Nous savons que l'on a objecté une *lettre* d'Adrien à Charlemagne où il serait fait mention de la fameuse pièce ; mais un examen attentif démontre que la lettre est antérieure au prétendu document

---

(1) V. *Patrol. lat.*, t. CXXX, p. 250.
(2) V. *Analecta juris pontificii*, janv. 1879, pag. 74 et suiv.

(1) V. *Dissertat. sur la donation de Constantin*, par Gabr. de Chaulnes, dans *Annal. de Philos. chrét.*, V° série, t. XVI, p. 261 et suiv.
(2) V. Une série d'articles sur les origines de la donation dans les années 1864 et 1865.

constantinien (1). Du reste, elle ne renferme que des allusions à la puissance *morale et efficace* acquise par les papes.

On doit donc conclure que la fausse charte de donation a été fabriquée soit à la fin du VIIIe siècle, soit au commencement du IXe, probablement en France, peut-être par Benedetto Levita, vrai nom du pseudo-Isidore. En effet, ce sont trois évêques français : Enée de Paris, Hincmar de Reims, Adon de Vienne, qui les premiers en font mention dans leurs écrits rédigés au IXe siècle. Les plus anciens manuscrits connus appartiennent aussi à la France, puisque c'est dans la collection de canons connus sous le nom de *Colbertine* que notre document apparaît d'abord tout entier. Enfin, de 776 à 1053, il est beaucoup plus question de l'écrit indûment attribué à Constantin, en France qu'à Rome.

« Le roi Dagobert, écrit le rédacteur des *Ana-*
« *lecta* (2), la onzième année de son règne, qui
« tombe environ l'an 652, fit une charte publiée en
« 1625 par Dom Doublet, par laquelle, il donnait
« aux religieux de Saint-Denis, la ville, avec toutes
« ses appartenances et lieux adjacents, en la même
« plénitude, autorité et puissance, que Constan-
« tin a donné la ville capitale de l'empire romain à
« saint Pierre et au pape saint Silvestre. Ensuite de
« cette charte, ajoute Dom Doublet, la copie de
« cette donation faite par l'empereur Constantin a
« été trouvée. Et il la rapporte tout entière, telle
« qu'elle est imprimée dans les conciles de Binius,
« et autres. Mais Dom Félibien, dans son histoire
« de la même abbaye de Saint-Denis, imprimée
« l'an 1706, a sagement supprimé cette charte de
« Dagobert. »

TROISIÈME QUESTION. — La fortune du document apocryphe fut diverse. Quoique signalé depuis longtemps par les prélats de France, ce n'est qu'en 1054 que nous le voyons introduit dans un écrit pontifical : *Lettre de Léon IX, à Michel Cérulaire*, patriarche de Constantinople (3). Léon IX est, du reste, le seul pape qui ait livré la fausse charte au public dans ses parties principales et l'ait ainsi soumise formellement à la critique. Saint Grégoire VII n'en a jamais fait usage, bien que saint Pierre Damien, son ami, l'emploie dans ses arguments contre les Allemands, partisans de l'antipape Cadalous. Au XIIe siècle, les *Arnoldistes*, qui voulaient mettre le droit de disposer de la dignité impériale entre les mains d'une poignée de Romains, lui donnèrent les plus singulières interprétations. Dans le décret d'élection de Silvestre II à la papauté, l'empereur Othon accuse de faux la donation de Charles le Chauve, « attendu qu'il n'a pu donner que quelque « bien mal acquis, et qu'il ne pouvait espérer de « conserver. » Il y traite de fable un édit portant le « nom du grand Constantin, et écrit en lettres d'or. » On croit que c'est de la fameuse donation de Constantin qu'il veut parler. Au XIIIe siècle, on l'introduisit dans le décret de Gratien. A la fin de ce même siècle, le dominicain Tolomeo de Lucques, dans sa continuation de l'ouvrage de saint Thomas d'Aquin, *de regimine principum* (1), considéra la donation comme l'acte formel de la déposition en faveur de Silvestre, et il « conclut que toute la « puissance des princes tirait sa force et son effica-
« cité de la puissance ecclésiastique des papes (2). »

Ce fut au XIVe siècle que l'on commença à élever des doutes d'abord sur la valeur légale du document constantinien, puis sur son authenticité. C'était, du reste, l'époque où l'harmonie entre la papauté et l'empire allait disparaître. Néanmoins, jusqu'à la fin du XVe siècle, la charte apocryphe trouva d'ardents défenseurs. Ce furent Reginald Pecok, évêque de Chicester, le cardinal Cusa et Lorenzo Valla (3) qui se chargèrent de prouver historiquement que le fait de la donation et le document lui-même étaient une pure fiction. Enfin le célèbre cardinal Baronius déclara la donation non authentique mais fausse, et alors les derniers défenseurs, encore nombreux pourtant, disparurent, et il se fit autour de la question le plus profond silence.

Maintenant pourquoi la donation a-t-elle joui si longtemps d'une grande autorité ? « La réponse est « bien simple, dit M. de Chaulnes : elle indique « le but de l'auteur de cette fausse charte. Il est « probable qu'on voulut résumer sous une forme « diplomatique les besoins, les aspirations, les espé-
« rances des peuples chrétiens, à cette époque-là.
« C'est ce que donne à entendre la *Civiltà catto-*
« *lica*, et nous sommes de son avis. A cette époque, « la république chrétienne existait de fait, les « peuples acceptaient avec joie son joug ; un homme « du moyen âge, par une fiction, a voulu lui ériger « un titre légal et officiel. C'est l'opinion du comte « de Maistre, elle a sa raison d'être. » Dans ce même ordre d'idées, on vit, pendant le moyen âge, des faits nombreux se produire. En effet, ce fut par un principe religieux que tant de villes épiscopales firent de leurs archevêques et évêques leurs premiers maires, leurs juges, comtes, ducs, princes, puissants seigneurs temporels avec haute et basse justice. Les peuples sentaient qu'ils avaient dans leurs chefs spirituels les meilleurs défenseurs, les plus fermes protecteurs contre l'injustice et l'oppression. Comme conclusion, nous ferons remarquer que, bien que la Charte constantinienne doive être tenue pour apocryphe, elle n'en est pas moins, par sa date, l'attestation d'un fait ancien et notoire, à savoir, que Constantin avait doté l'Eglise romaine d'un domaine temporel.

L'INVENTION DE LA VRAIE CROIX (p. 102).

Le récit de Rohrbacher sur l'Invention de la Vraie Croix ne contient guère autre chose que la tradition générale et constante de l'Eglise à ce sujet. Mais cette vénérable tradition a rencontré bien des oppositions parmi les incrédules.

Les efforts de la négation se sont portés sur deux points : 1° le fait même de la découverte de la Croix ; 2° l'authenticité des reliques que nous en conservons.

---

(1) *Codex Carolinus*, epist. 60.
(2) *Op. cit.*, p. 79.
(3) S. Leon. Opera.—Epist. 100, n. 12, ap. *Patr. lat.*, t. CXLIII, p. 752.

(1) *Opusc. Thom. Aquin.* — Lugd., 1562, p. 232.
(2) *La Donat. de Constantin*, par Mgr Fèvre, ap. Rohrbacher, édit. Vivès, t. IV, p. 70.
(3) Cusa, *Concord. cathol.* — Pecok, *Represe.*, p. 361-367. — Valla, *Memorie*, p. 119.

Le principal argument, c'est le prétendu silence des contemporains et tout particulièrement celui d'Eusèbe. Or, ici, comme toutes les fois qu'il s'agit d'une antiquité si reculée, il importe de faire observer que nous devons avoir perdu la plus grande partie des documents anciens. Le hasard peut-être les fera découvrir un jour, comme il est arrivé récemment pour les actes du Concile de Nicée qu'il a fallu aller retrouver au fond d'une traduction copte. On n'est donc pas en droit de s'appuyer sur le silence apparent de l'antiquité pour contredire une tradition générale et constante.

Au reste, il faut en rabattre de ce prétendu silence. Montfaucon a établi qu'Eusèbe, notamment, avait fait mention de la miraculeuse découverte de la vraie croix, dans son commentaire sur le psaume LXXXVII, où il s'exprime ainsi : Τοῖς καθ'ἡμᾶς ἀμφὶ τὸ μνῆμα καὶ τὸ μαρτύριον τοῦ Σωτῆρος ἡμῶν ἐπιτελεθεῖτο θαυμασέοις.

Ces miracles, arrivés de son temps *auprès du Calvaire et du tombeau* du Sauveur, ne peuvent, en effet, s'entendre que des faits qui ont accompagné l'invention de la croix. Il n'est pas possible de croire que les mots μνῆμα et μαρτύριον signifient autre chose. L'antiquité fournit de nombreux exemples de *memoriæ* dans le sens de tombeaux, et de *martyrium* dans celui de lieu de souffrance. Sozomène, parlant du saint Sépulcre, dit : μεγα μαρτύριον et saint Athanase dans le même sens : μαρτύριον τοῦ Σωτῆρος.

D'ailleurs ce témoignage d'Eusèbe n'est pas isolé. Saint Cyrille de Jérusalem, Rufin, Sozomène, saint Ambroise, dans le panégyrique de Théodose, saint Théophane, parlent du même fait. Saint Cyrille, si compétent dans les choses qui concernent la croix du Seigneur, s'exprime ainsi dans sa 10e catéchèse : « Le bois de la croix trouvé ces jours-ci parmi nous et dont ceux qui en prennent avec soi ont presque rempli tout le monde. » Les 8e et 13e catéchèses contiennent de pareilles affirmations, d'où il ressort que l'invention de la vraie croix était un fait non seulement incontestable à Jérusalem, où parlait le grand évêque, mais encore dans le monde entier. « Nous sommes assemblés, dit-il, en l'honneur de celui qui a été attaché à la croix, et *toute la terre* est remplie de ce bois de cette croix coupée en petits morceaux. » — « Il a donc vraiment souffert ; il a été vraiment crucifié, et, loin de rougir de la croix, nous nous en glorifions, et si je voulais la nier, c'est ce Golgotha sur lequel nous sommes assemblés qui m'accuserait; c'est ce bois de la croix, qui, de ce lieu, a été répandu par *parcelles* dans le monde entier. »

Saint Cyrille va donc plus loin qu'Eusèbe; il constate le culte des reliques de la vraie croix dans tout le monde chrétien. Ce culte, proclamé avec tant d'insistance par celui qui était le dispensateur même de ces précieuses parcelles, fournit un argument capital en faveur de l'authenticité des reliques de la vraie croix.

Jusqu'ici, la grande multiplicité de ces saintes reliques avait pu, de prime abord, sembler prêter aux critiques des ennemis de l'Église. M. Rohault de Fleury a apporté, avec autant d'érudition que de loyauté, une réponse péremptoire à leurs objections, en opposant à l'incrédulité les conclusions qui résultent de l'étude des textes, de l'examen souvent microscopique des reliques elles-mêmes, de leur comparaison entre elles, de leur évaluation mathématique, enfin d'une véritable enquête à laquelle ont été soumises non seulement l'Église occidentale, mais encore les Églises schismatiques d'Orient et les provinces devenues protestantes. En même temps, par un travail en sens inverse, M. Rohault de Fleury déterminait, par de lumineuses déductions tirées des documents iconographiques ou écrits des païens et de l'interprétation raisonnée des textes sacrés, quels devaient être le volume et les proportions d'une croix assez basse pour que le mourant pût se faire entendre d'une femme debout et que les chiens pussent, au dire de Plaute, dévorer les entrailles des suppliciés, enfin assez légère pour qu'un homme affaibli par les tortures de la nuit et par l'affreux supplice de la flagellation pût en supporter le poids. Or, après avoir supputé toutes les reliques connues, actuellement existantes, toutes celles dont on a gardé le souvenir souvent exagéré quant au volume, toutes celles dont on a conservé comme l'empreinte dans les reliquaires dépouillés par la Révolution ou par le vandalisme des hérétiques, on arrive à constater que nous possédons à peine le dixième du volume total d'une croix réduite contre toute vraisemblance aux proportions minimum, et telles que l'exige la rigueur des textes. En effet, « il résulte, dit M. Rohault de Fleury, de ce tableau que le volume total des reliques qui nous sont parvenues, est de cinq millions de millimètres cubes environ, y compris des reliques peut être détruites, comme celles d'Amiens, Donawert, Schira, Gramont, Jaucourt, etc., mais relevées d'après des descriptions qui m'ont paru exactes. Si l'on songe à la petitesse des parcelles qui peuvent se trouver dans des églises et des couvents et chez des particuliers, nous serons bien au delà de la vérité en triplant pour l'inconnu le volume connu. On arrive ainsi à 15 millions de millimètres qui ne font pas le dixième des 180 millions de millimètres que nous trouverons pour le volume de la croix de N. S. Jésus-Christ. »

Les autres reliques de la Passion, dont le souvenir se rattache à sainte Hélène, qui les a réunies à Constantinople et dont le culte s'est perpétué dans l'Église, sont : 1° la sainte Couronne d'épines ; 2° les saints Clous ; 3° le saint Suaire; 4° le titre de la croix (1).

La sainte Couronne d'épines. — Elle eut, dans le supplice du Seigneur, un rôle plus douloureux qu'on ne peut se l'imaginer avec les idées popularisées par une iconographie inexacte. En effet, le bandeau de joncs épineux vénéré à Notre-Dame de Paris, et qui fut acquis par saint Louis en 1239, au prix d'une rançon de 156,900 fr. de notre monnaie, représentant les 13,075 hyperpères d'or que les Vénitiens avaient prêtés sur ce gage auguste, n'est qu'une partie de la sainte couronne. Il enserrait

---

(1) Pour les autres reliques, telles que les véroniques, les saintes robes, les deniers, la *scala santa*, le roseau ou canne, l'éponge, la lance, le *sacro latino*, la table de la cène, voir l'ouvrage de M. Rohault de Fleury : *Mémoire sur les instruments de la Passion de N.-S. J.-C.* Paris, Lesort, 1870, in-f°. Voir aussi : l'abbé de Préville, *Note historique et critique sur « la Sainte-Larme » de l'abbaye de Vendôme.* Blois, Lecesne, 1875, in 8°; *Histoire du « Precieux Sang » de Fécamp*, Rouen, Deshayes (plus. édit.) et dans *Neustria pia*, pp. 259 et suiv.

autour du divin chef une sorte de chapeau formé de branches de rhamnus, telles qu'on en vénère à Pise, à Trèves et à Rome; d'où il résulte que les reliques de la sainte Couronne qui sont répandues dans le monde sont de deux sortes, selon qu'elles viennent de l'une ou de l'autre de ces parties.

L'histoire de la sainte Couronne est trop connue pour qu'on ait essayé d'en nier la transmission authentique. Quant à l'invention de cette précieuse relique, bien qu'on sache universellement qu'elle fut trouvée à la même époque que la croix par sainte Hélène, les documents précis font défaut. Mais il résulte très clairement de la synthèse que M. Rohault de Fleury a donnée des travaux antérieurs de Benoît XIV, du P. Durand, de Diez, Eckius, Bartholin, Baronius, del Rio, Baillet, Gretzer, Lamy, Calmet et Gosselin sur la couronne d'épines, et de l'ingénieuse explication qui met d'accord les textes et l'examen des reliques, une détermination exacte de la nature et de la forme de la sainte Couronne et en quelque sorte le dernier point de certitude sur l'authenticité de ces saintes reliques(1).

Les saints Clous. — On croit généralement que N.-S. a été crucifié à l'aide de quatre clous. Il est possible et probable même qu'on doive admettre un plus grand nombre de saints clous, surtout si l'on compte ceux qui ont dû être employés à la confection de la croix. Cette hypothèse expliquerait plus que n'a osé le faire M. Rohault de Fleury la multiplicité relative des reliques de ce genre. Il est même plus vraisemblable de croire que les clous dont parle l'historien Socrate et qui auraient été retrouvés au moment de l'invention de la vraie Croix, ont dû servir à en former les assemblages, que de supposer des chevilles comme dans un travail délicat et soigné. Quant à ceux qui ont percé les membres sacrés du Seigneur, il est très probable que, détachés au moment de la descente de la croix, ils ont dû être conservés par les saintes femmes, avec la sainte Couronne et le titre. Il est tout naturel de supposer que les disciples ont recueilli et conservé ces glorieux instruments des souffrances du divin maître, si faciles à emporter et à cacher même au temps de la persécution. Le soin pieux qui fut pris de l'ensevelissement du Sauveur contraste en effet avec l'horreur que les Juifs professaient pour le cadavre, surtout pour celui du supplicié, et avec l'impureté légale qui s'attachait à tout ce qui avait servi au supplice, ce dont nous avons une preuve dans l'enfouissement de la croix.

On ne peut expliquer cette extraordinaire infraction à la loi que par un sentiment tout personnel à l'égard du Christ. Le miracle de la Résurrection a dû confirmer les disciples dans le culte de ces reliques de la Passion, et les pousser à en rechercher les moindres souvenirs. C'est ainsi que les suaires et les autres linges de l'ensevelissement ont été conservés avec tant de soin, qu'ils subsistent encore. Les saints Clous des pieds et des mains ont été nécessairement l'objet de ce culte primitif.

On en compte aujourd'hui 32, et non pas 24, comme le dit à tort M. Martigny dans son *Dictionnaire des Antiquités chrétiennes*. Dans ce nombre sont compris les douze clous que Constantin fit fabriquer avec des parcelles des vrais clous. Si on admet les clous des assemblages, on en devra compter au moins deux pour la croisée des deux poutres, deux pour la traverse des pieds, deux pour le titre, d'où il s'ensuivrait qu'en les ajoutant aux quatre des pieds et des mains et aux douze de Constantin, on obtiendrait un total de 22. Il y en aurait donc seulement dix à expliquer par l'usage connu de consacrer des *fac-simile* de clous, ou des chaînes des Apôtres par l'adjonction de parcelles des reliques primitives. « En résumé, dit M. Rohault de Fleury, le mors de Carpentras, désigné par sa singularité à l'attention de l'histoire qui ne l'a pas perdu de vue, le cercle de Monza (couronne de fer) et le clou de Trèves complété par celui de Toul, nous semblent incontestables et, sauf leur forme modifiée, sont bien ceux qui ont servi au crucifiement. On doit admettre que celui de Rome vient de Constantin, mais, d'après sa figure, ce pouvait être un des modèles fabriqués avec des parcelles de vrais clous; celui de Paris pourrait être dans le même cas (1). »

Les saints Suaires. — L'habitude que nous avons de juger avec nos mœurs et nos idées modernes est, en histoire, une des plus grandes causes d'erreur. C'est ainsi que, la légèreté venant en aide à l'impiété, le nombre des saints suaires a servi de prétexte à l'ironie. On conservait, en effet, de véritables suaires dans le sens strict du mot à Besançon, à Cadouin, à Compiègne et à Turin. Beaucoup d'autres consacrés pour l'ensevelissement du Seigneur se conservent aussi. Les recherches de M. Rohault de Fleury et les expériences qu'il relate, notamment celles de l'ouverture de deux momies, l'une à Meroc, en 1823, l'autre à Paris en 1867, en présence du docteur Broca, établissent qu'une grande quantité de linges et d'étoffes était employée pour les embaumements. La momie de Meroc était celle d'un jeune homme mort le 2 juin 116 de notre ère; elle n'avait pas moins de 250 à 300 mètres carrés d'étoffes diverses enroulées autour du corps. Celle de Paris présentait plusieurs suaires alternant avec des enroulements symétriques de bandelettes; le tout représentait également une surface de 250 mètres carrés environ. La quantité de parfums employée était aussi considérable. Or, comme il est constant que les premiers chrétiens ont employé ce mode d'embaumement, dont M. de Rossi a trouvé plusieurs exemples dans les catacombes, principalement dans celle de Calixte, on peut en conclure que les Juifs, de qui seuls ils ont dû recevoir cette tradition, avaient conservé eux-

---

(1) M. E. Miller, membre de l'Institut, a publié dans le cahier de mai 1878 du *Journal des Savants*, un manuscrit du XIII° siècle, inédit, qui donne l'historique détaillé de la translation de la couronne d'épines et des autres reliques insignes provenant du don fait par Beaudoin à saint Louis, translation faite de Constantinople à Paris en 1241. Ce manuscrit rapporte que parmi les glorieux souvenirs recueillis par sainte Hélène et conservés encore à cette époque à Constantinople, il y avait une partie du manteau de la sainte Vierge, *pars quædam de peplo glorissime Virginis*.

Ce manuscrit concorde d'ailleurs, pour la substance des faits, avec la relation faite par Gauthier Cornut, archevêque de Sens, de la susception de la sainte couronne en 1239, document officiel du temps publié plusieurs fois depuis, et entre autres dans le XXII° volume des *Historiens de la France*. Ces insignes reliques, conservées dans la sainte Chapelle de Paris jusqu'à la Révolution, et depuis en grande partie dans l'église métropolitaine de Paris, sont décrites dans le Calendrier historique pour l'année 1797 (p. 41) de la même manière que dans les deux documents du XIII° siècle.

(1) Voir l'abbé Terris, *le Saint Mors*, Carpentras, 1874.

mêmes celle des Égyptiens. Il est dès lors logique d'admettre que l'embaumement du Seigneur fait par de riches disciples tels que l'étaient Joseph, Nicodème et Madeleine, n'a pas dû, quoique à peine commencé, le céder en somptuosité à aucun autre, si on en juge par le chiffre de cent livres environ de parfums relaté dans les livres saints.

On peut apprécier par là quel grand nombre de suaires ont dû être employés et combien on peut en avoir conservé de très authentiques, sans que leur quantité puisse être une objection contre leur authenticité. Les plus célèbres des saints suaires sont celui de Turin où se voient, dit-on, les traces sanglantes de la tête et du corps du Seigneur, celui de Cadouin en France (1). La sainte Coiffe de Cahors, également maculée de sang, a été soumise à l'examen de M. Champollion, qui a déclaré qu'elle remonte au temps du Christ. On a trouvé des spécimens analogues sur des momies égyptiennes de la même époque.

Le Titre de la Croix. — Rohrbacher fait du titre de la Croix une mention spéciale. Il aurait été trouvé avec la croix, mais séparé. C'est plutôt simultanément et séparément qu'il faudrait dire. Rufin et Sozomène l'établissent clairement. Au reste, il eût été peu vraisemblable de supposer qu'une mince planchette de bois de pin, barbouillée de couleur blanche sur une de ses faces, et entamée par les coups de la gouge qui servit à graver l'inscription, ait pu, à moins d'un miracle, résister à un enfouissement trois fois séculaire. Ce point est à noter, car il confirme l'hypothèse de M. Rohault de Fleury sur les clous et la sainte Couronne. Le titre faisant partie des souvenirs de la Passion (il devait avoir 65 c. sur 20 c.) que leurs petites dimensions permettaient de conserver sans danger, a dû être gardé ainsi par les chrétiens de Jérusalem, de qui l'Impératrice Hélène l'aura obtenu.

On conserve à Rome une notable partie de cette relique que sainte Hélène y avait envoyée, où l'on peut ainsi lire encore la moitié des mots de la condamnation du Sauveur. Après avoir été ignorée et perdue pendant de longs siècles dans sa glorieuse cachette de l'arc triomphal de la basilique Sainte-Croix en Jérusalem, à Rome, elle fut découverte par le hasard d'une restauration qui se fit en 1492. Cette découverte semble contredire une assertion de Durand de Mende, qui, dans son *Rational*, affirme avoir vu, au XIIIe siècle, le titre dans la sainte Chapelle. M. Rohault de Fleury, si complet pour le reste, a omis d'élucider cette grave difficulté. Dans son savant recueil des documents épars relatifs aux reliques transportées de Byzance, lors de la quatrième croisade, M. le comte Riant semble rester neutre sur cette question. « Je ferai, dit-il, remarquer seulement que Durand de Mende, qui parle en témoin oculaire de la présence à la sainte Chapelle de la portion latine du titre de la Croix, est le seul témoignage que l'on ait de ce fait (2). »

Cette contradiction apparente peut s'expliquer. Durand de Mende ne dit pas précisément qu'il a vu le titre tout entier ni même la portion latine de l'inscription, comme le lui fait dire le comte Riant, mais seulement, à propos d'une interprétation symbolique qu'il donne de l'inscription qu'on fixait au cierge pascal, il ajoute : *in cereo affigitur tabula seu charta scripta quæ significat tabulam in qua Pilatus scripsit : Jesus Nazarenus rex Judæorum ; quam vidimus Parisiis in capella Regis.* Il n'y a donc dans ce texte aucune mention spéciale que Durand ait vu l'inscription latine *Jesus Nazarenus rex Judæorum*, dont une partie existe à Rome ; il dit seulement avoir vu le titre sur lequel Pilate a écrit ces mots, comme nous disons que nous le voyons actuellement à Rome, bien qu'il n'y soit qu'en l'une de ses parties. Il est donc probable qu'une notable partie était à la sainte Chapelle provenant du trésor de Bucoléon. C'est ce qui explique l'absence de ce qui manque à la relique de Rome, qui n'était elle-même qu'une partie du titre nettement tranchée à arêtes vives, comme avec un instrument tranchant, ainsi qu'on peut le voir à la partie droite du titre de la sainte Croix. Les mots qui subsistent se lisent, pour le grec : NAZAPENOYC P, et pour le latin : *Nazarinus re*. On y trouve des traces du bas de l'inscription hébraïque. La bizarrerie de cette inscription purement latine, répétée en lettres grecques et écrite de droite à gauche selon l'ordre hébraïque, constitue un caractère d'authenticité des plus précieux. L'Évangile dit, en effet, que le titre fut écrit chez Pilate, « cum litteris hebraïcis, græcis et latinis ; » *litteris* et non pas *verbis*. C'est donc un greffier romain qui dut la tracer dans sa langue et sans l'intervention des Juifs, puisqu'il est dit expressément qu'ils se réclamèrent au sujet de l'inscription, sans obtenir gain de cause. Il est à noter encore que l'ordre indiqué au texte sacré, hébreu, latin et grec, est précisément celui de l'inscription conservée à Rome. On peut déduire de toutes ces considérations, qui se prêtent un mutuel appui, que la relique de Rome est réellement une portion du titre de la croix qui fut fixé au-dessus de la tête du Fils de Dieu.

EXEMPLAIRES DES ÉCRITURES ENVOYÉS A CONSTANTINOPLE (p. 104, col. 1).

« La bibliothèque vaticane, dit M. Martigny, possède (no 1209) une Bible grecque, écrite sur trois colonnes et qui a été publiée par le cardinal Mai. Dans une savante dissertation lue à l'Académie pontificale d'archéologie, le 14 juillet 1859, le P. Vercellone, barnabite, a prouvé que le manuscrit est probablement un des cinquante exemplaires qui furent écrits à Alexandrie d'Égypte d'après les ordres de Constantin, par les soins d'Eusèbe, pour le service des églises de Constantinople. Il porte en marge des indications qui achèvent de démontrer sa destination liturgique, telles que ἀρχή, τέλος, λέγε, ὧδε, στῆκε. « Commencement — fin — lisez — ici — arrêtez (1). »

---

(1) Voir le Mandement de Mgr Dabert, évêque de Périgueux, dans l'*Univers* des 1er et 2 septembre 1865 ; l'abbé Sagette, *le saint Suaire de Cadouin*, Périgueux, 1873, in-12 ; Marie-Anaïs Beauregard, *le Guide du Pèlerin au saint Suaire de Cadouin*, Cassand, Périgueux, 1878, 1 vol. in-12 ; le P. Carles, *Histoire du saint Suaire de Notre-Seigneur*, Paris, 1876.

(2) Riant. *Exuviæ sacræ Constantinopolitanæ*. Fasciculus documentorum minorum ad Byzantina lipsana in Occidentem sæculo XIII translata spectantium. Genève, 1877, 2 vol. in-8°.

(1) *Dictionnaire des antiquités chrétiennes*. Livres liturgiques 2e édit. p. 434.—Voir une notice plus complète, avec le discours du P. Vercellone, dans *Annales de philosophie chrétienne*, Ve série, t. II, no 9, pp 165 et suiv. Ce manuscrit, le plus précieux de la Bibliothèque vaticane, est ordinairement appelé *Codex vaticanus*.

CONCILIABULE DE TYR (p. 110).

Le conciliabule de Tyr se sépara sur une lettre de l'empereur qui enjoignait à ses membres de se rendre en diligence à Jérusalem pour y dédier l'église qu'il y avait fait bâtir. Il s'agit de l'église du Saint-Sépulcre, décrite par Eusèbe, qui assista à la dédicace. Cette dédicace, au rapport du même Eusèbe, au IV° livré de la *Vie de Constantin*, chap. XLV, se fit la trentième année de ce prince, c'est-à-dire en 335, le 13 septembre, comme le marque Nicéphore Calixte (1), le Ménologe des Grecs, le Typique de saint Sabas et autres. Mais si les actes de la protestation faite par le clergé de la Maréote, tant aux évêques commissaires envoyés par le concile de Tyr, qu'aux officiers Philagre, Pallade et Antonin, ne sont datés que du 7 septembre (le dixième de Toth, sous le consulat de Jules Constantin, frère de l'empereur et de Rufin Albin), comment ces évêques ont-ils pu revenir de Maréote à Tyr, c'est-à-dire parcourir plus de cent lieues, à leur retour faire leurs rapports et porter avec les autres la sentence de déposition contre Athanase, et se trouver à Jérusalem, qui est éloignée de Tyr de quarante lieues au moins, le 12 du même mois, c'est-à-dire faire tout cela en cinq jours, pour y procéder à la dédicace de l'église le 13 ?

EXIL DE SAINT ATHANASE (pag. 111 et 114).

Après le conciliabule de Tyr, Constantin envoya saint Athanase en exil à Trèves, où l'on dit qu'il arriva au commencement de février 336. Rohrbacher ajoute, d'après Théodoret, qu'après un exil de deux ans et quatre mois, l'empereur Constantin le Jeune le renvoya à son église. Les savants sont fort embarrassés sur l'époque du retour de saint Athanase. De Valois croit que Théodoret se trompe, et qu'Athanase ne fut qu'un an en exil, et qu'ainsi il retourna à Alexandrie en 337, l'année de la mort du grand Constantin. Il en donne pour preuve qu'Athanase lui-même, dans sa deuxième Apologie, dit qu'il a été rétabli par Constantin le Jeune, qui en écrivit au peuple d'Alexandrie. Or la lettre a pour inscription : *Constantinus Cæsar populo catholico Ecclesiæ Alexandrinæ* à la date du 17 juin ; c'est donc de l'an 337, peu après la mort du grand Constantin : car si c'était de 338, il mettrait *Constantinus Augustus*, parce que, quoique, après la mort du père, l'histoire met un interrègne de trois mois, au bout desquels seulement les soldats proclamèrent empereurs les trois enfants, depuis le 9 septembre, selon les Fastes d'Idace, ils furent Augustes. Schelstrate néanmoins et Pagi conviennent que les historiens marquent unanimement l'an 338 pour le retour d'Athanase. Comment donc ce jeune Constantin ne s'appelle-t-il que César, étant empereur et Auguste dès 337 en septembre? Pagi croit que c'est parce qu'Alexandrie n'était pas de son département, mais de celui de son frère Constantin. Schelstrate en apporte une autre raison tout aussi mauvaise que réfute Pagi.

(1) Liv. VIII, ch. xxx.

LE BAPTÊME DE CONSTANTIN (p. 113).

On peut s'étonner que Rohrbacher, plus sévère d'ailleurs qu'il ne convient envers Constantin, ait adopté, contrairement à la tradition, le récit d'Eusèbe sur le baptême du premier empereur chrétien.

Depuis lui, l'opinion accréditée par la critique des Tillemont et des Baillet tend à prévaloir, et des auteurs même catholiques n'hésitent plus à admettre, comme parfaitement démontré, que Constantin a été baptisé à Nicomédie, *in extremis*, par l'évêque arien de cette ville.

« L'époque du baptême de Constantin, dit M. A. de Broglie, ne fait plus question aujourd'hui, et personne ne s'arrête plus au récit apocryphe du bibliothécaire Anastase adopté par Baronius... On conçoit à peine que la difficulté ait été soulevée en présence de témoignages comme le récit détaillé d'Eusèbe et l'affirmation positive de saint Jérôme. » Le même écrivain dit encore, en parlant de l'opinion contraire reçue dans le Bréviaire romain : « Le grave cardinal Baronius ne craint pas de donner l'autorité de son adhésion à ces puérilités historiques, uniquement dans le but d'accréditer par là que le baptême de Constantin a eu lieu à Rome par les mains du pape Silvestre (1). »

Dans la troisième édition de son *Guide* à Rome, M. le chanoine de Bleser dit en note, que « M. de Broglie n'a fait que suivre les critiques les plus sages des temps modernes. Ils s'accordent presque tous, ajoute-t-il, à rejeter l'histoire de la lèpre, du bain de sang et du baptême de Constantin à Rome (2). » M. l'abbé Duchesne, professeur à l'Université catholique de Paris, loue l'esprit de cette note (3).

Tous ces « critiques sages », à l'opinion desquels on se range ici décidément aujourd'hui, n'ont fait que suivre Eusèbe, lequel rapporte ainsi les circonstances du baptême de Constantin : « Après avoir construit à Constantinople une église en mémoire des apôtres et préparé son tombeau dans cet édifice avec une incroyable allégresse de foi, Constantin fit consacrer cette basilique et ne fut pas privé de son espérance. Ayant accompli, en effet, les premiers exercices de la fête pascale et rendu ainsi le joug du Sauveur joyeux pour lui-même et pour les autres, comme ce prince, par le secours de Dieu, s'occupait à toutes ces choses, persévérant dans de pareils soins jusqu'à la fin de sa vie, Dieu daigna le transférer à un meilleur sort (4). » Eusèbe raconte ensuite comment l'empereur fut d'abord indisposé, puis malade, et alla aux eaux chaudes de sa cité d'où on le transporta à Nélénopolis. « Sentant venir sa fin, il jugea qu'il était temps d'expier les péchés de toute sa vie, dans la ferme confiance que toutes ses fautes seraient entièrement effacées par l'efficacité des paroles secrètes et par le bain salutaire. Il se mit à genoux, demanda en suppliant pardon à Dieu, con-

(1) A. de Broglie, *l'Église et l'Empire romain au IV° siècle*, t. II, pp. 370 et 107.
(2) *Rome et ses monuments*. Guide du voyageur catholique, 3° édition. Louvain, 1878, p. 119 (note).
(3) *Revue du monde catholique*, 1878.
(4) Euseb., *Vit. Const.*, IV, 59, 60.

fessa ses péchés dans le temple des martyrs et il médita d'y recevoir l'imposition des mains avec la prière solennelle (1). » Eusèbe ajoute qu'il se fit transporter après cela dans un faubourg de Nicomédie, où ayant convoqué un grand nombre d'évêques, il leur dit : « Voilà le moment que j'attendais depuis longtemps, auquel j'aspirais avec une incroyable ardeur, désirant de tous mes vœux mon salut en Dieu. Il est temps pour nous de recevoir le signe qui donne l'immortalité ; il est temps que nous participions au sceau du salut. Il est vrai que j'avais l'intention de le faire dans le fleuve du Jourdain, où l'on raconte que le Sauveur lui-même, en nous donnant l'exemple, a reçu le baptême. Mais Dieu, qui sait mieux ce qui nous est utile, daigne nous désigner celui-ci. Plus d'hésitation ; car si Dieu, l'arbitre de la vie et de la mort, veut prolonger nos jours sur la terre, je suis définitivement résolu à me mêler au peuple de Dieu et à participer, admis dans l'Eglise, aux prières communes. Je promets de me prescrire une règle de vie qui soit digne de Dieu. » Après ces paroles, dit Eusèbe, « on accomplit les cérémonies divines, selon le rite solennel, et y ajoutant tout ce qui était nécessaire, on le fit participer aux saints mystères (2). » L'empereur mourut quelques jours après.

Du récit d'Eusèbe, il résulterait que Constantin n'était pas même catéchumène à cette époque, ce qui est bien invraisemblable de la part d'un prince si zélé pour la foi et pour l'orthodoxie, et ce qui est contredit d'ailleurs par le même Eusèbe qui rapporte la circulaire de Constantin aux Eglises après le Concile de Nicée, dans laquelle le prince, après avoir longtemps démontré l'obligation de célébrer partout le même jour que Rome la fête de Pâques, dit en terminant : « Afin que vous allant voir, comme je le désire depuis longtemps, *je puisse célébrer cette sainte fête avec vous* et faire monter avec tous des actions de grâces vers le Dieu sauveur et miséricordieux (3). » Comment Constantin aurait-il pu parler ainsi, si, à Nicomédie, au moment de mourir, il en eût été encore, d'après le récit d'Eusèbe, à former le vœu d'être admis dans l'Eglise pour y participer aux prières communes ? Il y a contradiction dans ces deux passages. Constantin lui-même ne s'est-il pas déclaré chrétien participant dans sa lettre particulière aux Alexandrins, à la suite du Concile de Nicée ? « J'avais convoqué le plus grand nombre d'évêques, leur dit-il, et *avec eux, comme l'un de vous*, moi qui fais ma plus grande joie d'être votre coserviteur, j'ai entrepris l'examen de la vérité (4). » D'ailleurs, on ne comprend pas le rôle de Constantin dans le premier Concile œcuménique, sa présence au milieu des Pères de l'auguste assemblée, son intervention dans les questions de doctrine, s'il n'était pas déjà chrétien à cette époque.

Ce sont là des objections sérieuses contre le récit d'Eusèbe, copié par les historiens postérieurs : Socrate, Sozomène et Théodoret. On invoque, il est vrai, à l'appui, le témoignage de saint Jérôme et de saint Ambroise ; mais l'autorité de ces Pères n'a rien ici de décisif. Saint Jérôme dit dans la chronique qui porte son nom : « Constantin à la fin de sa vie ayant été baptisé par l'évêque de Nicomédie, tombe dans la doctrine arienne (1) » On peut douter d'abord que cette chronique, où il y a plusieurs erreurs, si ce ne sont pas des interpolations, soit de saint Jérôme. En tout cas, le témoignage du grand docteur prouverait qu'il a été trompé par Eusèbe. Le récit verbeux, embarrassé de cet historien favorable à la secte arienne, tend manifestement à faire croire que Constantin était mort arien, ayant été baptisé *in extremis* à Nicomédie, dont l'évêque, un autre Eusèbe, était un des champions de l'arianisme. C'est, en effet, la conséquence qu'en a tirée saint Jérôme ou l'auteur de la chronique, mise sous le nom du saint docteur. Quant au texte de saint Ambroise, il dément l'opinion de saint Jérôme sur la conversion de Constantin à l'arianisme et ne prouve pas absolument que l'empereur ait reçu le baptême, la veille de sa mort : « Cui licet, dit-il, baptismatis gratia in *ultimis* constituti omnia peccata dimiserit, tamen quod primus imperatorum credidit et post se *hœreditatem fidei principibus dereliquit*, magni meriti locum reperit. » On peut très bien ne voir dans les paroles de saint Ambroise qu'une allusion au baptême tardif de Constantin, qu'il ne reçut en effet que quinze ans avant sa mort, d'après l'opinion traditionnelle, car *in ultimis* n'a plus le même sens qu'*in extremis*.

S'il était vrai, comme le marque la chronique de saint Jérôme et comme le donne à croire la narration d'Eusèbe, que Constantin eût dévié dans les derniers temps de sa vie à l'arianisme, comment les Pères de Chalcédoine auraient-ils clos leur saint Concile œcuménique en appelant dans leurs acclamations Marcien si zélé pour l'orthodoxie, le « nouveau Constantin » ? Et saint Athanase, le grand adversaire de l'arianisme, qui rappelle si souvent le souvenir de Constantin, n'aurait-il pas signalé la défection du premier empereur chrétien ?

Le récit d'Eusèbe, que l'historien Socrate appelle *langue double* (2), est donc fort suspect ; il soulève de sérieuses objections et ne mérite pas le crédit absolu que lui accordent « les plus sages critiques modernes ». Peut-être la biographie de Constantin publiée seulement après la mort de cet empereur, n'est-elle pas d'Eusèbe, ou a-t-elle été interpolée par les ariens. Gélase de Cyzique, qui a recueilli de nombreux fragments du Concile de Nicée, loue, en effet, la saine doctrine et la véracité d'Eusèbe, et le justifie de toute complicité avec les ariens (3). On voudrait pour l'honneur du premier historien de l'Eglise que cette biographie ne fût pas de lui, et qu'on n'eût à lui reprocher que des liaisons imprudentes avec les hérétiques.

En somme, le baptême de Constantin à Nicomédie n'a d'autre garantie qu'un témoignage manifestement arien, accueilli ou répété par d'autres, et il choque toutes les vraisemblances. Le baptême à Rome, au contraire, s'explique tout naturellement par les violences de l'empereur contre sa famille et

---

(1) *Vit. Const.*, IV, 60.
(2) *Ibid.* 61, 62.
(3) *Ibid.*, III, 20.
(4) Socrat., *Hist. eccl.*, I, 9.

(1) *Chron.* Ad ann. 341.
(2) Socr., I, 25.
(3) Gelas Cyz. Σύνταγμα dans Labbe, *Conc.* II, p. 105, lib. I, 10 ; II, 1, 7.

par son repentir. On a prouvé que Constantin a pu séjourner à Rome pendant au moins huit mois, de mai 324 à février 325. C'est un intervalle plus que suffisant pour les événements tragiques du palais et pour la pénitence, et il y a là un point d'appui historique pour la tradition qui fait du célèbre baptistère de Constantin le monument commémoratif du baptême du grand empereur à Rome. On a cru généralement, en Orient comme en Occident, malgré Eusèbe et ses continuateurs, que Constantin repentant des crimes auxquels l'avait entraîné une aveugle crédulité, avait reçu le baptême à Rome du pape saint Silvestre. Cette tradition est attestée dans l'Eglise latine par le *Liber pontificalis*, le Catalogue Félicien, par saint Grégoire de Tours, le vénérable Bède, le pape Adrien I*er*, Anastase le Bibliothécaire, Hincmar de Reims, etc., et dans l'Eglise grecque, avant le schisme, par Agathange, contemporain de Constantin, par Nestorien le Syrien, saint Jacques de Sarug, Moïse de Chorène, saint Théophane le Chronographe. Elle a pour elle l'autorité des *Actes de saint Silvestre* écrits au v*e* siècle et recommandés dans un Concile de soixante-dix évêques, tenu à Rome en 494, par le pape Gélase, à l'effet de reconnaître et de désigner à l'Eglise les livres authentiques de l'Ecriture sainte, les ouvrages des Pères, les actes des martyrs ; enfin elle est confirmée par l'assentiment général du second Concile de Nicée et par la liturgie romaine (1).

CONCILE DE SARDIQUE (p. 121).

Saint Athanase rapporte, immédiatement après la lettre du pape saint Jules, que les Eusébiens ne laissèrent pas de troubler les églises, ce qui obligea les deux empereurs d'assembler un concile d'Orient et d'Occident, afin de réunir l'Eglise divine et de rétablir Athanase d'Alexandrie et Paul de Constantinople dans leurs sièges. On convint de le tenir à Sardique en Illyrie, aux confins des deux empires. Socrate et Sozomène placent le concile de Sardique sous le consulat de Rufin et d'Eusèbe, c'est-à-dire en 347. Une collection d'Isidore manuscrite porte : *Anno sexto Constantii imperatoris, Leontio et Salustio cons. an. 381, Sardicensis synodus congregata est.* Le consulat tombe en 344 et l'ère en 343. Gratien dans son décret XI, Dist. xvi, dit qu'il s'y trouva 60 évêques. Dans les souscriptions qui sont dans les fragments de saint Hilaire, il n'y en a que 59. Saint Athanase, dans son épître aux solitaires, dit qu'ils étaient 170. Théodoret en met 250. Dans les souscriptions de la lettre synodale à tous les évêques, on en compte 284. Socrate en met près de 300. Nous ajouterons que saint Athanase, dans sa lettre aux Antiochiens, mentionne 284 noms d'évêques qui ont souscrit à sa justification, soit qu'ils aient assisté au concile ou après. Voici comme il parle : *Osius episcopus subscripsit, et sic omnes. Hæc ita scriptis mandata Sardicense concilium ad eos qui interesse non poterant, misit, qui ipsi quoque suis suffragiis decreta synodi approbarunt. Eorum autem, qui in synodo subscripserunt, aliorumque episcoporum, ista sunt, nomina.* Dans la seconde apologie, saint Athanase en compte plus de 300. Plusieurs des noms égyptiens se retrouvent dans les souscriptions de Nicée : Harpocration, Naucratites, Amantius Cynopolites, Athas Schediensis, Tithoës, Taraetonius, Paphnutius, Thebaidis superioris. Il y a aussi des noms, parmi les évêques de la Palestine, qu'on revoit dans les souscriptions de Nicée, savoir : Germanus Neapolitanus, Petrus Jammiensis, Aetius Lyddensis, Silvanus Azotensis, Paulus Maximianopolitanus.

LE « LIBER PONTIFICALIS » (p. 122).

Rohrbacher s'étonne de ne pas voir le nom de Libère au Martyrologe romain. Comme il se trouvait inscrit dans les anciens martyrologes et dans les Ménées des Grecs, il est probable que Baronius l'aura retranché à cause de ce qui dit de la prétendue chute de ce pape le *Liber pontificalis*.

C'est le lieu d'examiner les origines, la date et la valeur du *Liber pontificalis*, qui est l'objet de vives controverses entre érudits (1). M. l'abbé Duchesne qui l'a étudié en dernier lieu, tout en le critiquant sur beaucoup de points, l'appelle cependant le « document le plus important pour l'histoire des « papes et de la ville de Rome pendant le moyen âge. » Nous aurons recours à son travail, bien que nous n'admettions pas absolument ses conclusions (2).

1° ORIGINES. — Le *Liber pontificalis* doit être regardé comme une œuvre anonyme, malgré les auteurs nombreux auxquels divers érudits l'attribuent. Pendant les xv*e* et xvi*e* siècles, on le donnait au pape Damase, à cause des lettres apocryphes de saint Jérôme à Damase et de Damase à saint Jérôme qui servent de préface à la série des notices dans tous les manuscrits connus. Cependant, comme ces notices étaient continuées bien au delà du pontificat de Damase, il fallut trouver les noms des nouveaux rédacteurs. Alors Panvinio proposa un système d'après lequel les diverses parties se divisent entre les auteurs suivants : — *Damase*, de saint Pierre à Libérius ; — *Anastase le Bibliothécaire*, de Damase à Nicolas I*er* ; — *Guillaume le Bibliothécaire*, d'Adrien II à Alexandre II ; — *Pandolphe de Pise*, de Grégoire VII à Honorius II ; — *Martinus Polonus*, d'Innocent II à Honorius IV ; *Dietrich de Niem*, d'Honorius IV à Urbain VI ; — *Un inconnu*, de Boniface IX à Martin V.

Ce sont les deux premières parties qui portent plus généralement le nom de *Liber pontificalis* et qui doivent surtout nous occuper.

Mais, en dehors de cette œuvre, et certainement à une époque plus ancienne que la rédaction du *Liber pontificalis* aujourd'hui admise, existait déjà une autre rédaction, moins étendue, terminée

---

(1) Voir A. Dumont, dans *Annales de philosophie chrétienne*, IV*e* série, t. XV, p. 439 ; t. XVI, pp. 29 et 185 ; dom Guéranger, dans l'*Univers* des n*os* du 19 avril et 3 mai 1857 ; Nève, dans *Revue catholique de Louvain*, juillet 1857.

(1) Les *Analecta juris pontificii* (mars 1879, p. 578 et suiv.), ont enregistré, avec des réserves insuffisantes, un travail d'Hardouin contre le *Liber pontificalis*, inspiré par une critique peu sérieuse.
(2) Etude sur le *Liber pontificalis*. — Paris, 1876, in 8, de 222 pp.

à Félix IV (530) et généralement connue sous le nom de *Catalogue de Félicien*.

Enfin, antérieurement encore à ces deux documents, apparaît le *Catalogue Libérien*, qui s'arrête au pape Libère (354). On nomme aussi cette dernière œuvre *Catalogue Philocalien*, du nom de Furius Dionisius Philocalus qui semble l'avoir rédigé. Voici comment en parle M. l'abbé Duchesne (1) : « On n'y trouve pour chaque pape que « la durée de son pontificat, les dates consulaires « de son avénement et de sa mort, et le synchro-« nisme des empereurs romains. Parfois, cepen-« dant, ce cadre s'élargit et comprend quelques « renseignements historiques.. »

Maintenant reste à savoir quel usage le *Liber pontificalis* a fait de ces sources primitives.

Plusieurs critiques veulent que le *Catalogue Félicien* ait été le premier germe, le noyau, si l'on peut ainsi parler, du *Livre pontifical*. Dans ce cas, on aurait comme deux rédactions distinctes : l'une plus succincte mais plus ancienne, et dès lors plus autorisée; la seconde assez souvent interpolée et relativement récente. Quant au *Catalogue Félicien*, il aurait lui-même fait des emprunts au *Catalogue Libérien*.

M. l'abbé Duchesne soutient, au contraire (2), que le *Liber pontificalis* vient en ligne directe du *Catalogue Philocalien*, et que le *Catalogue Félicien* n'est qu'un abrégé du *Livre pontifical*, abrégé destiné à servir d'introduction aux collections canoniques en tête desquelles on l'a toujours rencontré. Voici les principales raisons qu'il apporte : — (P. 12) « Aucun ordre de faits ou de renseigne-« ments n'est systématiquement absent du *Cata-« logue Félicien*, si l'on excepte les fondations et « les donations... détails étrangers au but que « l'on se proposait en adaptant le *Liber ponti-« ficalis* à la collection canonique. — (P. 19). Il n'y « a pas, dans la partie de la série qui va de saint « Pierre à Félix IV, c'est-à-dire qui est commune « aux deux rédactions, un seul passage qui montre « dans le texte le plus long un remaniement du « VIIe siècle. Tout ce qui manque au texte Félicien a « pu être écrit avant 530. — (P. 34). Le *Liber pon-« tificalis* est tout d'un jet et il n'y a pas trace d'une « rédaction antérieure au VIe siècle. — (*Ibid.*). De-« puis le pontificat de Libère où s'arrête le *Catalo-« gue Philocalien* jusqu'à l'apparition du *Liber « pontificalis*, il ne semble pas que l'on se soit « occupé à Rome de la biographie ni même de la « chronologie des papes. Les plus anciens catalogues « qui se soient conservés s'arrêtent à Hormisdas. « Cette circonstance et l'identité de leur chrono-« logie avec celle du *Livre pontifical* me portent à « croire qu'ils dépendent de ce dernier plutôt qu'il « ne dépend d'eux. Par ailleurs les manuscrits « n'ont rendu un document quelconque de cette « nature qui remonte plus haut qu'Hormisdas, ni les « auteurs contemporains n'en ont conservé aucun « souvenir. Un seul manuscrit fait exception : c'est « la série des portraits des papes qui figurait au-« trefois sur les murs de la basilique de Saint-« Paul.... »

(1) Étude sur le *Liber pontificalis*, pp. 21, 22.
(2) *Ibid.*, pp. 21, 22 et *passim*.

Ces preuves ne suffisent pas à nous faire admettre, avec M. l'abbé Duchesne, ni que le *Catalogue Libérien* soit passé tout entier dans le *Livre pontifical*, ni que le *Catalogue Félicien* procède du *Liber pontificalis* actuellement connu. Dans ce genre, les raisons apportées nous paraissent se retourner contre le docte auteur qui les emploie. Lui-même a eu le soupçon d'une très grave objection qu'on pouvait lui faire lorsqu'il a écrit (P. 33) : — « Est-il supposable qu'un *Liber pontificalis* plus « ancien et puisé à des sources plus pures ait pré-« cédé celui-ci, et qu'on n'ait fait autre chose, en « 514, que de le rééditer avec des remaniements et « des interpolations ? Il y a deux raisons de poser « la question : d'abord la coexistence d'éléments. « authentiques et d'éléments apocryphes dans la « rédaction actuelle ; *il peut se faire que les pre-« miers aient d'abord constitué un* TEXTE PRIMITIF « ET ACTUELLEMENT PERDU, les apocryphes n'étant « venus s'y adjoindre que sous la plume du rédac-« teur de 514. En second lieu, il a existé un autre « *Liber pontificalis* terminé à Symmaque et inspiré « par les sentiments schismatiques du parti Lauren-« tien ; nous en pouvons juger par ses deux der-« nières notices, certainement différentes des *Liber « pontificalis* que nous connaissons.... »

À notre avis, la vérité sur cette question se trouve presque tout entière dans ces lignes écrites cependant par l'auteur sous une forme plus que dubitative. Oui, il a dû exister un *Liber pontificalis* plus ancien que le *Livre pontifical* actuel et différent de celui-ci en beaucoup d'endroits, ou mieux, les premiers siècles, dans leur succession, ont dû former le *Liber pontificalis* connu, moins les interpolations et les erreurs introduites par le fait de copistes maladroits et surtout par la fraude d'hérétiques habiles à glisser partout le venin de leurs doctrines ou à fausser les faits pour s'en faire des arguments.

Dès l'origine du Christianisme, nous voyons l'Église attentive à conserver le souvenir de la confession glorieuse des martyrs ; leurs actes sont écrits par des personnages reconnus capables et probes ; on les lit dans les assemblées comme encouragement. Certes, une pareille conduite de la part de l'Église se conçoit et mérite les plus grands éloges ; toutefois il nous semble inadmissible que le petit troupeau fidèle ait négligé de s'occuper du pasteur que Jésus remontant au ciel avait chargé de le diriger dans les voies de la bonne doctrine. Les chrétiens, pleins de confiance dans les promesses du Christ, savaient que la religion ne pouvait périr, mais ils connaissaient aussi la parole : *Tu es Petrus et super hanc petram ædificabo Ecclesiam meam*. Les gestes de Pierre et de ses successeurs leur importaient donc au premier chef, et nous ne croirons jamais qu'ils aient manqué d'inscrire quelque part, aussi brièvement qu'on le voudra, les dates de la vie et de la mort des pontifes ainsi que le souvenir des principaux événements arrivés pendant que ces pontifes occupaient la chaire apostolique. Le saut des *Actes des Apôtres* à la rédaction d'un livre pontifical datant du VIe siècle serait vraiment trop incroyable. Au contraire, on aura fait sous chaque pape, comme une de ces notices nécrologiques aujourd'hui encore en usage chez les religieux, lesquelles notices, sans doute remaniées, auront été recueillies et réunies plus tard en volume pour former le *Liber pontificalis*.

Mais serrons nos preuves en examinant quelques textes du *Liber pontificalis* soi-disant composé d'un jet au VIe siècle.

Dans la vie de Pius on lit : *Hic constituit hæreticum venientem ex judæorum hæresi suscipi et baptizari et constitutum de ecclesia fecit.*

Dans celle de Lucius : *Hic potestatem dedit omnis ecclesiæ Stephano archidiacono suo, dum ad passionem pergeret.*

Dans la vie d'Eutychien : *Qui hoc constituit ut quicumque fidelium martyrem sepeliret, sine dalmatica aut colobio purpurato nulla ratione sepeliret ; quod tamen ad notitiam sibi divulgaretur.*

Dans la vie de Gaius : *Hic regiones divisit diaconibus.*

Dans la vie de Marcellus : *Hic rogavit quamdam matronam nomine Priscillam et fecit cymitirium via Salaria et XXV titulos in urbe Roma constituit, etc.*

Pour que l'on ne nous accuse pas de donner trop d'importance à ces citations, nous les jugerons en empruntant les paroles de M. l'abbé Duchesne (pp. 15 et 16) :

« Les deux décrets de Pius et d'Eutychien, écrit-
« il, ont un *tel caractère d'antiquité*, que M. Lipsius
« ne croit pas qu'ils aient pu être *inventés à la fin*
« *du VIIe siècle*. On en peut dire autant du fait
« rapporté à propos de Lucius. Quant au décret de
« Caius, il suffit de rappeler la lettre de Cornelius
« à Fabien d'Antioche où l'on voit *dès le IIIe siècle*,
« la hiérarchie des ministres ainsi organisée dans
« l'Église romaine, comme elle est décrite ici....
« Le décret de Marcellus, relatif à des travaux exé-
« cutés dans les hypogées de la voie Salaria et aux
« vingt-cinq titres établis ou plutôt rétablis par ce
« pontife, est confirmé par les découvertes récentes
« de l'archéologie.... »

Un peu plus loin, le même auteur continue : -

« Restent, dit-il, deux textes, l'un de la vie de
« Caius, l'autre de celle de Marcellus, où le *Liber*
« *pontificalis* contient... deux emprunts faits à
« des actes de martyrs... On ne connaît point
« d'actes du pape Caius : ceux de sainte Suzanne,
« assez anciens d'ailleurs, ne mentionnent pas le
« martyre de ce pape. La tradition monumentale
« établit d'ailleurs entre Suzanne et Caius une re-
« lation manifeste. Le *titulus Suzannæ* portait
« aussi le nom de *titulus Caii...* Saint Ambroise
« en parle *en trois cent soixante-dix....* Le passage
« relatif à Marcellus est beaucoup plus long ; compa-
« ré aux actes de ce pontife, il paraît puisé à une
« source *plus ancienne* ET PLUS AUTORISÉE... »

Enfin, à propos des fondations d'églises et de leurs revenus qui se trouvent longuement énumérés à partir du IVe siècle, dans le *Livre pontifical*, M. l'abbé Duchesne avoue (p. 148) « qu'AUCUNE *des attributions, même antérieures à Constantin,* données « par le *Liber pontificalis,* n'est *réfutée* par les « monuments, et que PLUSIEURS d'entre elles ont « reçu des CONFIRMATIONS INATTENDUES. »

Après toutes ces preuves empruntées à dessein au docte auteur qui prétend que le *Livre pontifical* est une œuvre du VIe siècle, il nous semble impossible de ne pas conclure à l'existence bien antérieure des notices papales et à les faire remonter évidemment aux premiers siècles du christianisme avec une continuation successive, jusqu'à ce qu'elles soient réunies dans le volume du *Liber pontificalis* à la date que nous allons étudier.

2° DATE. — En prenant le mot *date* dans le sens restrictif de *réunion* et non de *composition* comme nous croyons l'avoir démontré nécessaire, nous admettons volontiers la chronologie que M. l'abbé Duchesne cherche à établir. « Étant acquis, dit-il
« (p. 24), que le *Liber pontificalis*, dans son état
« actuel, est antérieur à l'an 530, il s'agit de le
« dater d'une manière plus précise, ou au moins de
« circonscrire le plus étroitement possible la période
« d'années où il fit son apparition..... Il est cer-
« tain que dès le commencement du VIe siècle on se
« préoccupait... de réunir en corps d'ouvrage les
« vies des pontifes romains..... Par malheur, il y
« a peu de lumière à espérer du style général et
« des formules · un recueil continué par parties
« comme le *Liber pontificalis* ne peut manquer de
« présenter une certaine uniformité de rédaction.
« L'ordre, les formules, les expressions des parties
« antécédentes s'imposent naturellement au con-
« tinuateur..... Néanmoins on peut affirmer qu'il
« y a quatre pontificats auxquels on peut attribuer..
« le *Liber pontificalis* actuel : Hormisdas (514-
« 523) ; — Jean Ier (523-526) — Félix IV (525-
« 530) ; — Boniface II (530-532). L'incertitude est
« donc réduite à dix-huit ans.

« J'éliminerai les deux derniers parce que à partir
« de Jean Ier, l'épithète d'hérétique est toujours ac-
« colée au nom de Théodoric, tandis que sous les
« papes précédents on ne le voit jamais qualifié de
« cette façon. Ce changement, d'ailleurs, n'est pas
« arbitraire : jusqu'à Jean Ier, qu'il fit mourir en
« prison, Théodoric se montra toujours bienveillant
« pour l'Eglise romaine. Le pape Hormisdas est
« même représenté comme ne pouvant faire une
« démarche grave sans le conseil et l'assentiment
« du roi goth.....

« La date du *Liber pontificalis* est ainsi com-
« prise entre 514 et 524 : il serait presque puéril
« de chercher une précision plus grande. Cepen-
« dant, comme les vies de cette période semblent
« toutes contemporaines des faits qu'elles relatent,
« il est probable qu'elles auront été ajoutées une a
« une à partir de Symmaque (*comme les autres,
« avons-nous prouvé*), ce qui placerait la notice de
« ce pape et la première édition (*collection*) du
« *Liber pontificalis* peu après l'année 514..... »

3° VALEUR. — Bien que M. l'abbé Duchesne pa-
raisse refuser au *Liber pontificalis* un caractère officiel (p. 125), il serait injuste, croyons-nous, d'en nier la grande autorité et la haute portée ; mais il faut distinguer entre les divers éléments qui composent le *Livre pontifical* actuel.

Il est hors de doute que dans sa composition présente il renferme des erreurs graves, des interpolations regrettables ; seulement nous attribuons ces erreurs et ces interpolations aux ennemis de l'Eglise qui avaient tout intérêt à falsifier une œuvre aussi capitale. M. l'abbé Duchesne a bien constaté, d'après le manuscrit de Vérone (p. 25 et 33), l'existence d'un *Liber pontificalis* SYMMACHIEN et d'un *Liber pontificalis* LAURENTIEN à la même époque quoique avec des différences importantes et des tendances très opposées; pourquoi ne pourrait-on pas dire que le *Livre pontifical* romain a été altéré par les hérétiques si habiles dans toutes sortes de fraudes?

A propos de ces fraudes, M. Dumont a écrit (1) quelques lignes qu'il nous semble utile de reproduire:

« Aujourd'hui, dit-il, l'écriture prend un caractère si divers sous les différentes mains, que la plus grande dextérité d'un faussaire n'imite pas aisément un autographe. Il n'en était pas ainsi chez les anciens; leur procédé différait tellement du nôtre qu'il n'y avait pas proprement d'autographes.... Je donnerai quelques faits qui prouvent avec quelle facilité on pratiquait alors les falsifications et suppositions, et combien les Ariens, en particulier, étaient coutumiers de cette industrie...Ils ne se faisaient pas scrupule, par exemple, de prendre le titre d'un concile orthodoxe et de publier leurs propres doctrines sous cette garantie..... En 347, ils composèrent à Philippopolis en Thrace une profession de foi à leur gré avec des anathèmes contre le pape Jules Ier et tous les plus célèbres défenseurs de la foi catholique; leur encyclique, qui existe encore, circula dans l'empire par la protection de Constance, comme l'œuvre du concile de Sardique... Cela leur réussit au point qu'après soixante années, saint Augustin trompé par cette substitution de nom, rejetait encore le concile de Sardique, dont il ne connaissait que les faux actes.... »

Or, que voyons-nous dans le *Liber pontificalis?* Les notices anciennes sont généralement authentiques, comme nous l'avons prouvé. Tout le monde convient que les dernières offrent la plus grande valeur historique. Quelques-unes, au contraire, notamment celles de Libère et d'Anastase, sont interpolées et remplies d'erreurs; c'est que les hérétiques cherchaient à se prévaloir des gestes de ces pontifes en faveur de leurs doctrines pernicieuses. De même durant la période symmachienne, les documents apocryphes abondèrent et le collecteur du *Liber pontificalis* en laisse plusieurs se glisser dans son travail. Mais, nous le répétons, cela n'ôte rien à la valeur intrinsèque du *Livre pontifical*, lequel exerça puissamment son influence sur la littérature historique du moyen âge et eut l'honneur d'entrer dans la composition de l'office divin, lorsque saint Pie V lui emprunta les légendes de tous les anciens papes pour les insérer dans le Bréviaire romain qu'il venait de réformer.

Ce qui nous paraîtrait donc aussi utile que méritoire d'entreprendre aujourd'hui, ce serait une édition sérieuse et critique du texte primitif du *Liber pontificalis*. Nous sommes convaincu que cette œuvre bien conduite tournerait à la gloire de l'Eglise et à l'avantage de ce monument vénérable, contre lequel l'esprit de dénigrement et de partialité s'est plus d'une fois exercé sans justice comme sans critique.

Voici la liste des principaux auteurs qui ont traité jusqu'ici, soit *ex professo*, soit incidemment,

la question du *Liber pontificalis*: Nous la donnons pour ceux qui voudraient l'étudier à leur tour: elle manque à l'ouvrage de M. Duchesne.

1° *Epitome pontificum Romanorum usque ad Paulum IV; auct. Onofrio Panvinio.* — Venise, 1557, in-f°. — La meilleure édition est celle de 1567. C'est Panvinio qui a, le premier, mis en avant le nom d'Anastase le Bibliothécaire comme auteur d'une partie du *Liber pontificalis*.

2° *De Scriptoribus ecclesiasticis, cum brevi chronologia ab orbe condito usque ad annum* 1613; auct. Rob. card. Bellarmin. — Lugduni, 1675, in-8°.

(Voir l'article consacré à Damase. Le cardinal Bellarmin embrasse l'opinion de Panvinio.)

3° *Apparatus sacer*, etc.; auct. Antonio Possevino. — Venise, 1603-1606, 3 vol. in-f°; Cologne, 1607, 2 vol. in-f°. — T. I, page 71.

4° *Antiquitas ecclesiæ dissertationibus, monumentis ac notis illustrata;* auct. Emmanuel Schelstrate. — Rome, 1692-1697, in-f°.

Le travail de Schelstrate forme, dans son ouvrage (pag. 381 et suiv.) une dissertation à part sous le titre: *Dissertatio de antiquis Romanorum pontificum catalogis.* Schelstrate s'est également servi des notes manuscrites de Holste; il les cite à chaque instant.

5° *Examen Libri pontificalis, sive vitarum Romanorum pontificum quæ sub nomine Anastasii bibliothecarii circumferuntur,* etc.; auct. J.-J. Ciampino. — Rome, 1688, in-4°.

Ciampini bornait le rôle d'Anastase à une simple coordination de notices écrites avant lui par divers auteurs. Muratori a réimprimé son *Examen* dans les *Rerum Italicarum scriptores ab anno æræ christianæ quingentesimæ ad millesimum quingentesimum.* — Milan, 1753-1738, 27 vol. in-f°. L'*Examen* se trouve au t. III, part. I.

6° *De primatu papæ*, auct. Claudio Salmasio. — Leyde, 1645, in-4°. Saumaise admet des interpolations dans le *Liber pontificalis* et il les attribue au Bibliothécaire ainsi que la continuation du Recueil.

7° *De la Primauté dans l'Église*, par David Blondel. — S. l., 1641., in-f°. Le protestant Blondel partage l'opinion de Saumaise.

8° *De serie et successione primorum Romæ episcoporum dissertationes duæ;* auct. Pearson. — Londres, 1687.

Pearson place la rédaction du *Liber pontificalis* au VIe siècle. Voir la *Dissertatio I*, cap. XII, pag. 124.

9° *Rom ex ethnica sacra;* auct. Martinelli. — Rome, 1653.

Martinelli attribue la première compilation du *Liber pontificalis* à Damase, divers auteurs l'auraient ensuite continué.

10° *Vitæ Romanorum pontificum a B. Petro Apostolo ad Nicolaum perductæ, cura Anatasii S. R. E. Bibliothecarii*, etc.; auct. Francisco Bianchini. — Rome, 1713-1728, 3 vol. in-f°.

Bianchino était de l'opinion de Schelstrate relativement à l'auteur du *Liber pontificalis*. Voir la préface du t. 1er, n° 6-8.

11° Ouvrage pareil, édité par Vignoli. — Rome. 1724, 3 vol.

---

(1) *Annal. de Philos. chrét.*, 23e ann., IVe série, t. IV, pp. 168, 169.

Vignoli regarde le *Liber pontificalis* comme une œuvre anonyme.

12° *Beschreibung der Stadt Rom*, par Rostell. — Stuttgart et Tübingen, 1830.

13° *Einleitung in die monumentale Theologie*; R. A. par Piper. — Gotha, 1867.

14° *Chronologie der römischen Bischöfen*, par Lipsius. — Kiel, 1869.

On peut aussi consulter la *Roma Sotterranea* de M. de Rossi, t. I, p. 123.

CONCILE DE PHILIPPOPOLIS (p. 125).

Les actes du prétendu concile de Philippopolis se réduisent à une fort longue lettre synodale, que l'on n'a que dans des fragments attribués à saint Hilaire : *Incipit decretum synodi Orientalium apud Sardicum episcoporum, a parte Arianorum, quod miserunt ad Africam*. Ce factum est rempli de mensonges contre saint Augustin, Marcel d'Ancyre et Paul de Constantinople. « Ils ont voulu, y lisons-nous, introduire un nouveau tribunal, et faire que les Occidentaux fussent les juges des Orientaux, et que le jugement de l'Eglise dépendît de gens qui ne les défendent pas tant pour l'amour d'eux que par intérêt personnel... Ils veulent encore une fois introduire une nouveauté contre l'ancienne coutume de l'Eglise, savoir, que les évêques d'Occident retouchent ce que ceux d'Orient auront statué et réciproquement que ceux d'Orient pourront casser ce que les Occidentaux auront réglé. Mais c'est un très pernicieux dessein. Nos ancêtres nous ont appris à approuver tout ce que tout concile aura établi selon les règles. Les Orientaux ont ainsi confirmé ce qui avait été jugé à Rome par le concile contre Novat, Sabellius et Valentin, et tous ont confirmé ce qui avait été ordonné en Orient contre Paul de Samosate. Ayant donc la crainte de Dieu devant les yeux, et sans acception de personnes, le concile a condamné, selon l'ancienne loi, Jules, évêque de Rome, Osius, Protogène, Gaudence et Maximin de Trèves. L'évêque Jules, comme l'auteur du mal, parce qu'il a le premier communiqué avec Athanase et avec les autres condamnés. Osius pour la même raison, » etc. La lettre finit par une profession de foi; le mot *consubstantiel* est omis partout.

URSACE ET VALENS (p. 128).

Grégoire, qui avait été mis à la place d'Athanase à Alexandrie par le concile d'Antioche, mourut. Alors l'empereur Constance rappela saint Athanase : « Je reçus, dit-il, ces lettres de l'empereur à Aquilée. » De là il alla à Rome, et ensuite à Antioche et à Jérusalem, où les évêques s'assemblèrent en concile, et écrivirent une lettre synodale en sa faveur, adressée aux évêques d'Egypte et de Libye. Seize évêques de Syrie et de Palestine assistèrent à ce concile. La lettre synodale est rapportée par Socrate, Sozomène et saint Athanase lui-même dans sa seconde apologie. Ursace et Valens, qui avaient été jusqu'ici ariens, ayant appris que les Orientaux, dans ce concile de Jérusalem, avaient déclaré Athanase innocent, donnèrent au pape Jules à Rome un écrit, par lequel ils embrassaient la communion du même Athanase et demandaient humblement celle du pape Jules et le pardon de tout le passé, ce qui leur fut accordé : sur ce qu'ils renonçaient aussi à l'arianisme, qui enseigne qu'il y a eu un temps où le Fils n'était point, ou que le Fils est créé de rien, ou qu'il n'est pas avant tous les siècles.

LE CONCILE DE SIRMIUM (p. 144).

Les actes de ce concile consistent en un symbole, ou formulaire de foi, avec vingt-sept anathèmes, et une autre exposition de foi, que souscrivirent les évêques Osius et Potamius. Socrate met ce concile après le consulat de Serge et de Nigrinien, c'est-à-dire en 354. Au concile se trouvèrent, dit ce même historien, Marc d'Aréthuse, George d'Alexandrie, Basile d'Ancyre, Pancrace de Péluse, Hypatien d'Héraclée. De l'Occident, Valens de Murse, avec Osius de Cordoue. Dans le livre de saint Hilaire, *de Synodis*, le formulaire de foi porte ce titre : *Exemplar fidei Sirmio ab Orientalibus contra Photinum scriptæ*. Dans un manuscrit, avant les anathèmes qui dans les imprimés sont immédiatement après le formulaire de foi, il y a ce titre : *Definitiones catholicarum propositionum XVI contra Photinum hæreticum et contra omnes opiniones infidelitatis hereticæ*.

Saint Epiphane (1) nomme les évêques qui souscrivirent la formule et les anathèmes : ce sont les mêmes que dans Socrate.

LA PRÉTENDUE CHUTE DU PAPE LIBÈRE (p. 145, col. 1, et p. 166, col. 1.)

La prétendue chute du pape Libère a été largement exploitée par les gallicans en faveur de leurs opinions, et, pour eux, c'était chose avérée jusqu'au Concile du Vatican. Ce point ayant fait objection longtemps, il ne sera pas inutile d'y insister ici. Nous examinerons séparément la conduite du pontife et les preuves de sa persévérance dans la foi ; puis, comme conclusion et confirmation du jugement porté, nous dirons quelque chose du concile de Rimini.

I

Dans sa trop fameuse *Déclaration du Clergé de France en 1682* (2), le cardinal de la Luzerne osa affirmer que, suivant l'opinion commune, le pape Libère avait commis une erreur grave en souscrivant une formule que lui avaient proposée les Ariens, et qu'il y a controverse seulement pour connaître la formule souscrite par le pontife. Puis il ajouta que lui, cardinal, estimait le pape coupable d'hérésie.

(1) *Hæres.*, 73.
(2) III° Part., c. VI.

même quand il aurait souscrit la première formule de Sirmium.

C'était là un jugement bien hardi, si hardi même, que Bossuet raya, au témoignage de son historien et de son secrétaire, dans la *Défense de la déclaration*, tout ce qui regardait le pontife, *comme ne prouvant pas bien ce qu'il voulait établir*. Malgré cela, l'opinion de la Luzerne a été reprise et a encore besoin d'être réfutée.

Le pape Jules était mort en 353, et il avait eu pour successeur Libère, lequel mourut en 366, après avoir gouverné l'Église pendant quatorze ans et quelques mois. Les épîtres que Libère écrivit alors sont rapportées parmi les lettres des souverains pontifes. Certes, pour qui connaît l'histoire du temps, la gestion des intérêts de l'Église apparaît comme chose difficile au plus haut degré. Les Ariens troublaient profondément le monde chrétien, soutenus qu'ils étaient par l'empereur Constance, tandis qu'Athanase, le grand évêque d'Alexandrie, résistait intrépide dans la cause catholique qui semblait devenue sienne. Libère, comprenant parfaitement son rôle, et sans souci du danger, maintint de son côté la vraie foi avec tout le pouvoir dont il disposait, en appuyant en même temps Athanase. Mais Constance inspirait une terreur profonde. Devant ses menaces, à la suite d'artifices incroyables mis en œuvre par les Ariens, le concile d'Arles (354) condamna Athanase, malgré la présence du légat pontifical. Libère conçut une vive douleur à la nouvelle de la faiblesse des évêques, surtout de la conduite de son envoyé. Enfin il réussit à obtenir la convocation d'un nouveau concile à Milan. La même crainte dicta un jugement pareil au premier. Quelle ressource restait à Libère? Celle de protester par ses lettres et de louer les quelques prélats qui n'avaient pas craint de résister au pouvoir impérial injustement exercé.

Outré de cette attitude, Constance crut qu'en appelant Libère en sa présence, il lui imposerait ses volontés (355). A Milan, le pape se montra aussi énergique qu'à Rome. Il ne voulut ni condamner Athanase, ni se mettre en communion avec les Ariens. L'empereur l'exila à Berrée, en Thrace, d'où il ne revint qu'au commencement de l'année 358, sur les instantes réclamations des matrones et du peuple romain.

L'accusation d'erreur s'est produite contre Libère à l'occasion de ce retour, parce que les jansénistes et les protestants ont prétendu qu'il n'avait pu s'effectuer qu'à la suite d'une acceptation par le banni de conditions iniques. Ennemis de l'infaillibilité de la chaire de Pierre, les gallicans ont fait chorus avec ses détracteurs hérétiques. Certains se montrent plus modérés dans leurs appréciations. Pour eux, le pontife n'aurait pas approuvé l'hérésie arienne, mais seulement condamné Athanase, admis à sa communion les Eusébiens et souscrit la première formule de Sirmium où était omis le mot *consubstantiel*, formule propre du dogme catholique.

Voyons ce que disent les auteurs anciens, mieux en mesure d'être renseignés: « Libère, évêque de « la ville de Rome, écrit Sulpice-Sévère (1), et Hi- « laire, évêque de Poitiers, sont envoyés en exil .. « mais Libère est bientôt rendu à la ville, à cause « des séditions romaines. » Socrate dit de son côté: « Du reste, Libère fut, peu après, rappelé de l'exil « et reprit son siège, lorsque le peuple romain se fut « ameuté et eut chassé le pape Félix ; à quoi l'empe- « reur, bien malgré lui, dut se résigner (1). » Théodoret raconte les démarches des dames romaines, puis il ajoute que le peuple hua la lettre impériale qui prétendait faire régner à la fois Félix et Libère : « Tous « s'écrièrent d'une voix unanime: *Un seul Dieu*, « *un seul Christ, un seul évêque*... et ces acclama- « tions du peuple chrétien, aussi pieuses que justes, « procurèrent le retour de l'admirable Libère (2). » Cassiodore (3) concorde avec Théodoret. Il n'y a rien là, évidemment, qui fasse allusion à une faute; au contraire, on y trouve des arguments solides en faveur de l'innocence de Libère, car il serait étrange que ces historiens de valeur et contemporains n'eussent pas rappelé les complaisances coupables du pontife dans le cas où il en aurait montré vis-à-vis de l'empereur. Le docte bollandiste Stilting (4) appuie beaucoup sur cette preuve négative, et il a raison. On ne trouve non plus nulle part de trace de rétractation venant du pape, rétractation nécessaire pourtant s'il y avait eu faiblesse coupable. Quant au concile de Rimini, Libère ne donna en aucune façon son assentiment à ce qui s'y passa, nous en avons la preuve formelle dans la lettre de saint Damase insérée dans l'ouvrage de Théodoret (5). Bien plus, le pontife ne jugea devoir donner aux évêques, tombés à Rimini, remise de leurs fautes, qu'à la condition qu'ils condamneraient la formule de ce concile, professeraient la foi de Nicée et abandonneraient toute communion avec les Ariens (6). Enfin, il est hors de doute que le clergé et le peuple romain ne demandèrent et n'acclamèrent ensuite le retour du pape, qu'à cause de l'attachement de ce même pape à la foi de Nicée et à son vengeur Athanase, puisque nous venons de les voir huer la lettre de l'empereur arien et chasser l'antipape Félix également infecté d'hérésie.

On a cherché dans les ouvrages de saint Jérôme: *Chroniques*, *Des Écrivains ecclésiastiques*, des preuves contre Libère. Le docte Zaccaria a réfuté (7) victorieusement les passages mis en lumière qui sont faussés ou interpolés. D'ailleurs saint Jérôme, qui écrivait en Orient, aurait pu être trompé par de faux bruits.

II

Montrons maintenant que Libère a toujours professé la foi catholique. Ce qui jusqu'ici est hors de doute, c'est qu'à son retour à Rome il n'était pas tombé dans l'hérésie d'Arius. En admettant pour un instant qu'Athanase aurait été condamné par Libère, il ne s'ensuivrait pas que le pontife eût embrassé l'erreur arienne, pas plus qu'entrer en rapport avec les hérétiques ne prouverait chez le

---

(1) *Hist. sacr.*, lib. II, c. XLIX.

(1) *Hist. eccl.*, lib. II, c. XXXVI.
(2) *Ibid.*, II, c. XVII.
(3) *Hist. tripart.*, lib. V, c. XVIII.
(4) *Act. SS.*, 23 sept., § 9, n. 163.
(5) Lib. II, c. XII.
(6) Lib. IV, c. XII.
(7) Ch. VI, § 8.

papé l'admission même de l'hérésie ; enfin en accordant qu'il souscrivit une des formules de Sirmium, il n'en découle pas, comme conséquence, qu'il ait enseigné et propagé les mauvaises doctrines.

Trois formules furent dressées à Sirmium : l'une en 351 contre Photin, la seconde en 357, la dernière en 359. Nous allons prouver que si le papé en souscrivit une, ce ne peut être que la première.

D'après les écrivains ecclésiastiques, le formulaire écrit dans la troisième assemblée de Sirmium était l'œuvre de Marc d'Aréthuse, avec le consentement des semi-ariens. Saint Hilaire dit, au contraire, que la pièce présentée au pape et dite par lui catholique, venait de Démophile (1). Ce ne peut donc être celle que nous examinons présentement. D'ailleurs, si Libère a jamais souscrit une formule, il l'a fait avant son retour à Rome (358). Or cette troisième porte la date de 359. Enfin il n'y a pas lieu, comme le remarque Baronius, de dire ici qu'il aurait favorisé l'hérésie, puisque la formule porte que « le Fils a, tout à fait et en tout, avec le Père, une parfaite similitude. »

La seconde formule ne peut être purgée du crime d'hérésie, mais le pontife ne l'accepta pas. Osius fut le *seul* de ceux qui n'étaient pas Ariens à la recevoir, saint Hilaire le dit formellement. Dans le cas où le pape y aurait adhéré, les Ariens n'auraient pas manqué d'y joindre son nom pour s'en prévaloir ; jamais ils ne l'osèrent. Le texte cité par saint Hilaire appartiendrait à Osius et à Potamon. Au contraire, dans la formule prêtée à Libère, il n'est question ni de Potamon ni d'Osius.

Reste la première formule, à la date de 351. Si Libère l'approuva, on ne peut le taxer d'hérésie. La formule était en effet écrite de façon qu'omettant le mot *consubstantiel*, elle ne paraissait cependant rien contenir de répugnant aux dogmes de la foi catholique, touchant la divinité du Verbe. Ainsi pensait saint Athanase lorsqu'il écrivait, à propos des partisans de cette formule : « ... Nous sommes en tout du même avis ; ... il y a dissidence entre nous seulement sur un mot (2). » Il est vrai que l'omission du mot consubstantiel ne devait pas être tolérée, parce que le concile de Nicée avait décrété ce mot comme le rempart de la foi catholique, le renversement fondamental de la doctrine arienne. Les Pères de l'Église blâmaient donc ceux qui n'employaient pas ce mot, mais ils ne traitaient pas leur créance d'hérétique. Pour établir que Libère approuva la présente formule en un sens hérétique, le cardinal de la Luzerne et autres ont apporté, comme preuves, des lettres du pontife, notamment celle qui commence par ces mots : *Pro Deifico timore*. Stilting déjà cité et M. Édouard Dumont (3) ont prouvé surabondamment que les lettres attribuées à Libère sont apocryphes. Même caractère de fausseté présentent les anathématismes contre le pape, anathématismes que l'on a dit être l'œuvre de saint Hilaire. Conclusion : Libère de retour à Rome se montra l'apologiste de la foi de Nicée ; on ne peut rien lui reprocher qui prouve qu'il avait souscrit, dans un sens hérétique, la première formule de Sirmium.

---

(1) Sixième fragment.
(2) *Des Synodes*, n. 41.
(3) *Annal. de philosophie chrét.*, XXIII° an. (1852), u°ˢ 39 et 33, pag. 137-184.

III

Si Libère eût prévariqué après le concile de Sirmium, les Ariens n'avaient qu'à publier son adhésion, tandis que lui, pour se rétracter, devait demander un nouveau concile. C'est le contraire qui arriva. L'empereur et les semi-ariens réclamèrent une seconde réunion qui devait se tenir à Séleucie pour les évêques d'Orient, à Rimini pour les prélats d'Occident. L'assemblée de Rimini fut la plus nombreuse qu'on eût encore vue. Mais, au lieu d'y produire la prétendue souscription du pape (1), on y reprit les affaires en l'état où les avait laissées le concile de Milan (347). Très habiles, les Ariens donnèrent lecture d'une exposition de foi, orthodoxe en apparence, infectée d'hérésie dans la réalité. Chose étrange ! tous les évêques l'approuvèrent, si bien que, selon l'énergique expression de saint Jérôme, l'univers *s'étonna d'être arien*. Mais aussitôt un homme dissipa cette alarme et cette incertitude : ce fut Libère. Précédemment il avait répondu à Constance : *Quand je serais seul, la cause de la foi n'en serait point affaiblie*. Eh bien ! seul après le concile de Rimini il porta aux Ariens triomphants le coup décisif, en leur donnant le démenti, en cassant leur concile : c'est ce que nous apprennent saint Damase et saint Sirice (2). Sans doute il comptait de son côté les illustres exilés, Athanase, Hilaire, comme aussi ceux qui n'avaient consenti que par surprise ; mais ces derniers avaient besoin d'être avertis qu'on les avait trompés. Aussitôt la colère de l'empereur se déchaîna contre le pontife qui fut banni de Rome pour la seconde fois. Désormais la persécution paraissait résolue à ne rien ménager, mais Dieu étendit sa main sur le prince hérétique dont la mort rendit la paix à l'Église. Presque aussitôt le pape revint à Rome où il commença la construction de *Sainte-Marie-Majeure*, appelée pendant des siècles la *basilique Libérienne*, en témoignage de l'affection que les Romains nourrirent longtemps pour la mémoire de ce saint pontife.

SAINT ÉPHREM (p. 159 et 250).

Après la mort de saint Jacques, Ephrem se dirigea sur la province d'Osroène ; là, dans une paisible solitude, il mena une vie mortifiée, non loin d'Edesse. Il y commença ses écrits, notamment le Commentaire sur le premier livre de Moïse, l'Histoire de la création, dont parle ici Rohrbacher. L'évêque d'Edesse entendit parler de la grande influence qu'exerçaient sur le peuple les discours d'Ephrem, et du grand amour qu'il lui portait à cause de sa douceur et de sa piété. Il résolut donc de mettre ce flambeau, dont la lumière était tout à la fois si douce et si brillante, sur le boisseau de l'Église ; il sacra Ephrem diacre. Ephrem s'était soumis en tremblant et en hésitant à ce commandement de son évêque, mais ce dernier ne put le décider à recevoir la prêtrise. Il resta toute

---

(1) Dissert. de Mgr Fèvre, dans *Hist. eccl.* de Rohrbacher, t. IV p. 180 et suiv.
(2) Dam., *epist.* VI ; — Siric., *epist.* I, ad Himerum.

sa vie l'humble diacre de l'église d'Edesse et en remplit les obligations comme prédicateur de l'Evangile et comme père des pauvres, dans la plus large acception. Saint Ephrem est inépuisable dans les louanges qu'il donne à la Sainte Vierge Marie; jamais poète ne chanta ses louanges avec autant de sentiment et de ferveur. Il puise à pleines mains dans le trésor de l'imagination orientale et convie le ciel et la terre à prodiguer ce qu'ils ont de plus magnifique, de plus gracieux, de plus grand et de plus doux pour en faire un bouquet digne d'elle. Dès le vi^e siècle, même dans les temps les plus reculés de l'Église, retentissaient déjà ces cantiques, ces chants de fêtes, ces prières en l'honneur de Marie, expression confiante et sincère des sentiments de tous, venant de la conviction de chacun, y puisant sa force, et lui en donnant à son tour.

Lorsque ses cantiques étaient impuissants à gagner les hérétiques et les païens, Ephrem devenait missionnaire ardent, il les poursuivait de ses prédications et leur implantait ainsi sa foi et ses convictions. Il en gagna beaucoup au troupeau de Jésus-Christ : les Manichéens qui niaient la divinité du Saint-Esprit, les Ariens qui niaient celle du Fils unique de Dieu, les Novatiens qui rejetaient le pouvoir de la pénitence et qui condamnaient les seconds mariages, les Bardesanes qui ne croyaient pas à la résurrection de la chair. Saint Ephrem resta quelque temps à Césarée auprès de saint Basile, pour se ranimer et se réjouir à ce soleil de l'intelligence. « La vie de saint Basile, dit-il, est réellement une vie de miracle, le sentier des vertueux, le livre des louanges de Dieu. Il marche dans la chair, mais il vit dans l'esprit. Il vit dans la société du reste des mortels, mais il est absorbé dans la contemplation des choses célestes, il est l'archet céleste qui fait vibrer les cordes mystérieuses dont les mélodies enflamment les anges. Il est le boulevard protecteur de la foi et le raisin du cep divin. Il est l'immense champ ensemencé du royaume des cieux, qui donne les fruits précieux de la justice, la vallée bénie ornée de buissons de roses, dont le parfum monte aux cieux. L'étude des saintes Écritures forme son occupation constante et les écrits des apôtres sont sa seule règle ; il vit entre eux, comme entre les fleurs, dont le calice desquelles il tire sa nourriture ; aussi sa parole se répand-elle comme un torrent, et sa justice s'élève-t-elle comme le flux de la mer. »

Vers la fin de sa vie, Ephrem retourna dans sa retraite et bientôt il fut atteint de la maladie qui termina ses jours. Il défendit qu'on le louât après sa mort, ni qu'on l'enterrât avec honneur et encore moins qu'on implorât son intercession, comme on fait pour ceux qui dorment du sommeil des saints du Seigneur. Ce fut en 378 qu'il quitta la terre. Toute la ville d'Edesse le pleura. Mais l'Église ne tint pas compte de ses derniers désirs ; elle regarda sa mémoire comme sainte, et saint Grégoire de Nysse, qui a écrit sa vie, l'invoque en ces termes : « O toi qui te trouves maintenant sur les degrés de l'autel divin devant le Roi de vie, où tu adores avec les anges la Sainte Trinité, souviens-toi de nous et obtiens-nous le pardon de nos péchés (1). »

(1) Greg. Nyss. *De vita Ephrem*.

ENCYCLIQUE DE SAINT ATHANASE AUX MOINES DE L'ARCHIDIOCÈSE D'ALEXANDRIE (p. 177).

L'édition des œuvres de saint Athanase, donnée par les Bénédictins, renferme deux lettres à Lucifer, évêque de Cagliari ; on n'en possède que le texte latin, et il serait difficile de dire si elles furent originairement écrites en cette langue ou si elles furent postérieurement traduites sur un texte grec. Ces deux lettres sont suivies d'une troisième, sorte d'encyclique adressée aux moines de l'archidiocèse d'Alexandrie. On n'en connaît également que le texte latin, au sujet duquel les Bénédictins font cette remarque fort judicieuse et qui s'est trouvée pleinement justifiée : *Hanc vero ad monachos græce primo scriptam fuisse discimus cum ex titulo, tum ex stylo ipso ; tanta quippe religione versa fuit, ut nihil curasse videatur interpres, dum græca verba paribus latinis consequeretur. Exemplar porro græcum, magna licet cura perquisitum, nancisci nequivimus.* Plus heureux que les Bénédictins, nous avons retrouvé un fragment important de la lettre dont il s'agit, gravé sur un fragment de pierre, découvert par Lepsius à Abd-el-Qurna près de Thèbes et transcrit dans son grand ouvrage sur l'Egypte (1).

Nous avons restitué ce texte mutilé à la fin de chaque ligne et nous sommes parvenu à le rétablir comme il suit :

Ἀθανάσιου ἀρχιεπισκόπου / Ἀλεξάνδρειας πρὸς τοὺς μονάζοντας. / Ἀθανάσιος τοῖς ἅπασιν / ὀρθοδόξοις μοναχοῖς τὸν / μονήρη βίον ἀσκοῦσιν καὶ / ἐν τῷ XV ἱδρυμένοις ἀγαπητοῖς / καὶ ποθεινοτάτοις ἀδελφοῖς ἐν / Κυρίῳ χαίρειν· τῷ μὲν Κυρίῳ εὐχα– / ριστῶ κεχαρισμένοις ὑμῖν εἰς αὐ– / τὸν πιστεύειν· ἵνα μετὰ τῶν ἁγίων / ἔχητε ζωὴν αἰώνιαν ὅτι μὲν / τινές εἰσιν οἵ τὰ μοναστήρια / περιερχόμενοι μέν πρὸς οὐ– / δὲν ἕτερον ἢ ἵνα ὡς πρὸς ὑμᾶς ἐρ– / χόμενοι καὶ ἀφ' ἡμῶν ἐπανιόντες / ἔχωσιν ἀπατᾶν τοὺς ἁπλοῦς / τινες δὲ εἰσιν οἳ καταφασιν / μὴ φρονεῖν ἐκεῖνα διαμένουσι / δὲ καὶ συνεύχονται σὺν αὐτοῖς / καὶ ὡς διαγν..... / ἐσπούδασα..... / ῥηθεισα..... / ἀδολον..... / ..... οφ..... / Ὅταν..... / ωρη.....

La traduction latine de ce texte grec est à peu près identique au texte latin de l'édition des Bénédictins.

VICTORIN LE PHILOSOPHE (p. 193).

Dans l'énumération que Rohrbacher fait des écrits de Victorin, il ne mentionne pas son commentaire des épîtres de saint Paul, qui était pourtant déjà connu de son temps. Ce commentaire a été édité par le cardinal Angelo Maï. (*Script. Veter. nov. collect.*, t. III, II pars, p. 86. Romæ, 1828, in-4°). Victorin le philosophe est le plus ancien des commentateurs de saint Paul.

(1) T. XII, Abth. vi, Bl. 76.

LE CONCILE D'ALEXANDRIE DE 362 (p. 201).

On a de ce concile la lettre synodale qui porte ce titre dans les œuvres de saint Athanase : *Ad Antiochenos tomus Athanasis archiepiscopi Alexandriæ*. Dix-sept évêques signèrent : ils convoquèrent Eusèbe de Verceil et Astéré à Antioche, ne pouvant y aller eux-mêmes. « Recevez, disent-ils, tous ceux qui voudront avoir la paix avec nous, principalement ceux qui s'assemblent dans l'Ancienne, ἐν τῇ παλαιᾷ. Attirez aussi ceux qui quittent les Ariens, et les recevez avec une affection paternelle, les unissant à nos chers frères qui suivent Paulin. Recevez-les, sans leur demander autre chose que d'anathématiser l'hérésie et de confesser la foi de Nicée. Qu'ils condamnent aussi ceux qui disent que le Saint-Esprit est créature, et divisé de la substance du Christ. Car pour renoncer sincèrement à l'arianisme, il faut ne pas diviser la Trinité ; et blasphémer ainsi contre le Saint-Esprit, c'est toujours être arien dans le cœur. N'exigez donc rien davantage de ceux qui s'assemblent dans l'Ancienne, et que ceux qui suivent Paulin ne proposent à croire que la foi de Nicée. Empêchez absolument qu'on lise ou qu'on montre l'écrit, que quelques-uns font valoir, comme étant une exposition de la foi du concile de Sardique : car ce concile n'a rien fait de semblable. Il est vrai que quelques-uns demandèrent que l'on écrivit touchant la foi, et entreprirent témérairement de le faire ; mais le saint concile en fut indigné, et ordonna de se contenter de la définition de Nicée. » Suit une longue explication sur les trois hypostases et sur l'incarnation.

« Le Sauveur n'avait point un corps sans âme, sans sentiment ; cela n'est pas possible, puisqu'il ne nous a pas seulement proposé le salut du corps, mais celui de l'âme. Etant vraiment Fils de Dieu, il est devenu Fils de l'homme ; le Fils de Dieu, qui était avant Abraham, n'est pas autre que celui qui est venu après Abraham. Recevez à la paix tous ceux qui donnent les mêmes explications. C'est ce que nous avons examiné et professé, le peu d'évêques qui sommes restés ici à Alexandrie, car la plupart s'en sont retournés dans leurs diocèses. Lisez donc ceci publiquement dans le lieu où vous avez coutume de vous assembler. Moi Athanase. Les autres évêques présents ont aussi souscrit ; deux diacres de Lucifer, évêque de Cagliari, et les deux de Paulin, avec quelques moines envoyés par l'évêque Apollinaire. » Il n'y a que dix-sept signatures, et néanmoins dans le titre il y en a encore trois qui n'ont pas souscrit : George, Lucius et Macaire. Saint Eusèbe de Verceil souscrivit en latin, confirmant dans sa souscription la substance de la lettre. Astérius y mit aussi sa souscription en deux mots. Mais à Antioche, ceux à qui la lettre est adressée, outre Eusèbe et Astère, y souscrivirent, savoir : Lucifer de Cagliari, Cymatius de Palte en Cœlésyrie et Anatolius de Nègrepont. La souscription de Paulin d'Antioche, qui est la dernière, finit par ces mots : *Valere vos opto, ego Carterius*. Saint Athanase, dans l'apologie de sa fuite, cite un évêque d'Antarados, nommé Carterius : on comprend difficilement qu'il vienne ici uniquement pour dire adieu.

LA TENTATIVE DE RECONSTRUCTION DU TEMPLE DE JÉRUSALEM PAR JULIEN (p. 209).

Le fait rapporté par Ammien Marcellin, par saint Grégoire de Nazianze, saint Jean Chrysostome et les autres, et attesté même par le rabbin Gédaliah (*apud Wagenseil, Tela ignita Satanæ*, p. 251), n'a pas été révoqué en doute (1). Ni les Juifs ni Julien n'y virent des causes naturelles, ils crurent avoir à combattre en cette circonstance contre le ciel irrité ; ils avaient trop d'opiniâtreté et disposaient de trop de ressources pour céder devant des difficultés ordinaires. Julien s'avoua vaincu : il dit « qu'il n'avait pu rebâtir le temple de Jérusalem. » Cet aveu coûtait trop à son orgueil pour n'être pas une formelle déclaration d'impuissance.

A supposer qu'il n'y ait eu que des tremblements de terre, c'était déjà un signe de la vengeance divine, car le défi était jeté publiquement à Dieu par son plus audacieux insulteur ; c'était toute une partie de l'empire qui se levait, avec la nation juive, pour faire mentir les prophéties, dont l'accomplissement était cependant si manifeste. La terre en renversant les ouvrages commencés, et en jetant la terreur parmi les ouvriers, eût hautement déclaré que Dieu répondait à ses ennemis. Mais, il y a plus ; c'étaient des torrents de flammes qui s'élançaient des fondements, brûlaient les ouvriers, se répandaient sur les matériaux et consumaient les ustensiles de travail ; on essaya de tout braver et de se remettre à l'œuvre ; le feu jaillit de nouveau et causa les mêmes ravages. Ammien Marcellin parle de la persistance du terrible élément.

Voltaire et Gibbon ont été embarrassés de fournir des explications de cet étrange phénomène. On en a imaginé pourtant ; l'on a dit : « Que des gaz « avaient pu s'enflammer au contact de l'air, comme « des feux follets dans les cimetières et dans les « lieux d'enfouissements humides, et que des corps « de soldats morts dans les combats livrés par « Jules Sévère avaient pu être inhumés en cet « endroit. » — Outre que ce sont des suppositions, ce gaz abandonné à lui-même ne peut subsister deux jours entiers et les matières animales capables de le produire auraient été là depuis deux siècles, en admettant que les cadavres y fussent restés depuis les derniers massacres des Juifs par Jules Sévère. Le mont Moriah n'offre d'ailleurs pas les conditions d'humidité hors desquelles la production du gaz ne saurait avoir lieu (2). — C'est recourir à l'impossible pour trouver des causes naturelles à ces prodiges certains. Ainsi Julien n'aboutit qu'à enlever les derniers débris des fondations du temple, et à confirmer d'une manière plus éclatante la prédiction du Sauveur, annonçant que de toutes ces immenses constructions il ne resterait pas *pierre sur pierre*.

---

(1) Voir Warburton. *Dissertation sur les tremblements de terre et les éruptions de feu qui firent échouer le projet formé par l'empereur Julien de rebâtir le temple de Jérusalem*, etc. Paris, 1754, 2 vol. in-12. ; Ed. Dumont, *Histoire romaine*, t. III, p. 608 et suiv. ; *Analecta juris pontificii*, Janv. 1859, p. 1170 (Le temple de Jérusalem et Julien l'Apostat).

(2) Voir à ce sujet *Les Saints Lieux*, par Mgr. Mislin, t. II, chap. XLVII, p. 503 et suiv., et note q, p. 816.

Qu'est devenu l'emplacement du temple?

Ce temple, que Julien s'était efforcé de rebâtir, avait été refait par Hérode avec une grande magnificence, dix-neuf ans avant l'ère chrétienne. Dix mille ouvriers y avaient travaillé. L'esplanade en avait été bien agrandie, et comme la partie nouvelle présentait dans son prolongement une forte déclivité vers le sud, il fallut construire d'immenses galeries souterraines pour maintenir le niveau du sol. Les piliers qui soutiennent ces voûtes colossales attestent encore aujourd'hui la haute antiquité de leur origine. Huit portes donnaient accès dans l'enceinte sacrée. Une seule s'ouvrait au nord, quatre au couchant; une conduisait par un pont au palais royal; deux autres dans la ville basse, et la quatrième par un escalier souterrain dans la vallée de Tyropéon, puis sur le mont Sion, par un escalier opposé. Les pierres du temple étaient de la plus grande dimension; elles avaient jusqu'à quarante coudées de long. Elles étaient liées ensemble avec du fer et du plomb. Les colonnes qui ornaient les portiques étaient si grandes, qu'à peine trois hommes pouvaient les embrasser; il y en avait cent soixante-deux; il avait fallu quarante-six ans pour achever tous ces travaux, qui furent finis soixante-dix-sept ans avant l'incendie de Titus.

Depuis la tentative de Julien, la plus grande partie de l'emplacement du temple fut abandonnée par les chrétiens au Ve et au VIe siècle; seulement ils édifièrent une magnifique église dans la partie méridionale de la vaste esplanade, en l'honneur de la Présentation de la sainte Vierge. Vers l'an 636, Omar, le deuxième khalife, s'étant emparé de Jérusalem, demanda où était la pierre qui avait servi d'oreiller à Jacob lorsqu'il eut sa vision miraculeuse et sur laquelle David avait fait sa prière: on lui montra l'emplacement du temple. Le khalife trouvant ce lieu plein d'immondices, se hâta de le balayer lui-même; il prit de la terre et des décombres autant que pouvait en contenir le pan de sa robe et les porta au loin: tous les musulmans en firent autant. Lorsque la place eut été ainsi déblayée, Omar y adressa sa prière à Dieu; l'année suivante, il ordonna d'y construire une mosquée sur le modèle de la Kaaba; elle devint le premier sanctuaire de l'Islamisme, après ceux de la Mecque et de Médine. Depuis lors les Arabes donnèrent à Jérusalem le nom de Bet-el-Makdes, *la maison du sanctuaire*. La pierre vénérée par Omar est la roche sacrée à laquelle se rattachent plusieurs traditions bibliques. Pour la rendre plus sainte, on prétendit que Mahomet y avait mis le pied en venant par les airs de la Mecque à Jérusalem, monté sur le cheval que lui avait donné l'ange Gabriel. Ce lieu est si saint pour les Musulmans, qu'ils disent que toute prière y compte comme si elle était faite dans le ciel. La mosquée d'Omar, qui était quadrangulaire, pouvait contenir trois mille personnes; la roche n'était pas au milieu, comme aujourd'hui, mais dans la partie postérieure de la mosquée.

Godefroi de Bouillon, après la prise de Jérusalem, en 1099, purifia la mosquée et la consacra à Dieu. Elle fut desservie par des chanoines de Saint-Augustin. Rien ne fut changé dans la disposition de l'édifice que ce qui était nécessaire pour la célébration du culte. La roche même fut laissée à nu pendant plusieurs années. Des morceaux en furent détachés par les pèlerins et transportés à Constantinople et en Russie. Saladin, qui s'empara de la ville en 1187, défendit aux chrétiens d'entrer dans la mosquée.

Mgr Mislin, qui la visita il y a quelques années, constate combien les Musulmans l'ont en vénération. « Le scheik qui m'accompagnait, dit-il, « eut soin de me faire remarquer que les murs qui « sont sur les bords de la roche ne sont pas néces- « saires et qu'ils n'y ont pas toujours été. Il frappa « du pied au milieu de la grotte et le rocher rendit « un son creux; c'est là ce qui fait croire aux « Musulmans que la grotte est encore suspendue « dans les airs. Elle passait pour avoir servi d'autel « à Melchisédech et à Abraham. Les chrétiens qui « en avaient détaché des fragments, les avaient placés « sur l'autel des églises qu'ils bâtissaient. »

Les Juifs vont pleurer sur de grandes pierres auprès de cet endroit; mais elles appartiennent à des ouvrages extérieurs du temple et ne prouvent pas que la prophétie n'ait pas été entièrement accomplie.

DEGRÉ DE VALEUR HISTORIQUE DES ORACLES SIBYLLINS (p. 211, col. 1).

Les sibylles étaient des prêtresses d'Apollon, chargées de répondre à ceux qui venaient consulter le dieu, et annonçant l'avenir en son nom. Toute l'antiquité est pleine des consultations faites auprès de ces vierges inspirées ou passant pour telles, et des réponses qu'elles donnaient en vers. On n'avait aucun doute sur leur existence personnelle, car comment l'usage se fût-il maintenu, pendant des siècles, d'aller interroger les oracles, s'il n'y avait eu personne pour répondre de la part du dieu? Et comment Plutarque se fût-il plaint du silence presque général de ceux de son temps, si l'on n'y avait pas entendu autrefois une des prêtresses, dont les anciens lui avaient parlé? Elles formèrent comme une succession sacerdotale dans ces lieux ou cavernes célèbres, que l'on croyait remplies de la présence d'Apollon. Les livres que l'on conservait comme écrits sous leur dictée, portaient les noms *d'oracles de la sibylle de...*, telle que la sibylle de Samos ou de Delphes, d'Iliac ou d'Erythrée. Lactance assure que l'on avait apporté à Rome environ mille vers de celle-ci et que le recueil avait gardé son nom. On ne les considérait nullement, avant le christianisme, comme composés d'après des dictons populaires. Diodore de Sicile dit « que « Daphné, fille de Tirésias, n'était pas moins sa- « vante que son père dans l'art de la divination, et « qu'après avoir été transportée à Delphes, elle « écrivit un grand nombre d'oracles. Cette fille, « ajoute-t-il, étant souvent saisie d'une fureur « divine, en rendant ses réponses, on lui donna le « nom de sibylle, » qui répondrait à peu près à notre mot *enthousiaste*.

Les anciens se sont efforcés de découvrir la source du don de prophétie attribué aux sibylles; les platoniciens en ont cherché la cause dans l'union intime que la créature parvenue à un certain degré de perfection peut avoir avec le créateur : d'autres l'attribuaient aux vapeurs émanées des cavernes. L'inspiration du dieu est nettement reconnue dans l'épitaphe de la sibylle d'Erythrée; Pausanias l'avait lue au II° siècle de notre ère, sur une colonne qui surmontait son tombeau, dans un bois sacré de la Troade. Elle est ainsi conçue : « Je suis cette « fameuse sibylle qu'Apollon voulut avoir pour « interprète de ses oracles ; autrefois vierge élo-« quente, maintenant muette sous ce marbre et « condamnée à un silence éternel. Cependant par « la faveur de Dieu, toute morte que je suis, je « jouis de la douce société de Mercure et des Nym-« phes mes compagnes. »

I

Les livres sibyllins ont été l'objet d'attaques et de controverses au temps du paganisme comme dans les siècles chrétiens, parce que leurs prédictions touchent au surnaturel. Tandis que Virgile annonçait avec un respectueux enthousiasme l'arrivée de l'âge nouveau annoncé par la sibylle de Cumes (1), et qu'il était l'écho d'une croyance générale des Romains, Cicéron soutenait la thèse de l'incrédulité, et l'on sent qu'il avait à lutter contre une opinion bien enracinée dans les esprits. Dans son livre de la Divination, il exhorte ses concitoyens « à laisser la sibylle et à la mettre de côté..... de « peur que ses livres n'aient pour effet de faire « perdre la religion romaine (2)..... » — « Ne « croyez pas, dit-il ailleurs, qu'il puisse arriver, « comme dans la Fable, que quelque dieu descendu « du ciel se mêle à la société des hommes, habite « sur la terre et parle avec les mortels (3). »

On le voit, les annonces principales des sibylles étaient fort précises et étaient tombées dans le domaine public au moins un siècle avant l'ère chrétienne ; les plus éminents esprits de Rome se partageaient pour les adopter ou les rejeter. Il ne s'agissait de rien moins que d'une religion nouvelle, qui allait supplanter celle des Romains, et d'un Dieu qui devait descendre du ciel pour converser avec les mortels. Cicéron dépensant son esprit à persuader au peuple que c'étaient là des fadaises, nous montre quelle signification elles avaient auprès d'un grand nombre, et Virgile nous atteste au moins qu'il n'était pas ridicule d'y croire. Selon Tacite et Suétone, c'était une persuasion générale en Orient, sous le règne de Tibère, « que des hommes partis « de la Judée se rendraient maîtres du monde. » Les discussions engagées avaient dû mettre en évidence les passages les plus frappants et en fixer à un certain degré les expressions : ces regards attentifs de part et d'autre prévinrent les falsifications et forcèrent à remonter aux plus anciens textes, à les rechercher et à les invoquer avec empressement.

Rome d'ailleurs avait eu soin de les garder comme une des plus précieuses manifestations de la volonté de ses dieux. Leur mystérieuse origine était regardée comme un point indubitable de l'histoire des Romains. Une vieille femme était venue présenter à Tarquin l'Ancien neuf volumes, dont elle demandait un grand prix ; le roi refusa, et, sous ses yeux, elle en brûla trois et demanda la même somme pour les six autres ; ayant été de nouveau refusée, elle en brûla trois encore, et voulut vendre les trois derniers toujours le même prix. Tarquin, étonné, acheta les livres ; ils parurent singuliers, et ils furent enfermés dans un coffre de pierre sous les fondements du Capitole. On pensait qu'ils avaient été trouvés dans les grottes de la cascade de Tivoli, dominée par le temple de la sibylle (1). Dans les grandes circonstances ils étaient consultés avec une vénération qu'on leur croyait due parce qu'ils prédisaient, au nom des dieux, la destinée et la grandeur future des Romains. Tel était le respect imposé par la coutume pour les consulter, qu'au rapport de Tacite, on ne les ouvrait pas sans avoir les mains couvertes d'un voile. C'étaient d'abord les décemvirs des sacrifices qui avaient cette fonction; plus tard on les fit garder par les décemvirs, et ensuite par les quindécemvirs des jeux séculaires. On les voit subsister ainsi pendant six siècles, jusqu'à l'incendie du Capitole au moment des guerres de Marius et de Sylla : ils y furent dévorés. Alors les Romains envoient de toutes parts, en Afrique, en Asie, en Sicile et dans les colonies, une commission composée de prêtres et de laïques, et chargée de recueillir tous les oracles des sibylles de Samos, d'Iliac, d'Erythrée, et d'apporter à leur choix la plus grande sévérité : Lactance avait retrouvé leurs noms dans les écrits de Varron. Au rapport de Tacite, Concinius Gallus fut blâmé sévèrement par les magistrats pour avoir essayé d'ajouter aux oracles quelque chose qui paraissait apocryphe (aliquid quod illis videbatur spurium) (2). Les copies s'étant multipliées, Auguste craignit les altérations ; il fit reviser, châtier et épurer les textes et plaça l'édition définitive sous la statue d'Apollon Palatin, et porta à quinze, au lieu de dix, le nombre de ses gardiens, parmi lesquels figura Tacite. Par ses ordres on brûla tous les livres sibyllins d'une origine douteuse : Suétone rapporte qu'on en détruisit plus de deux mille (3).

On n'avait plus là les oracles primitifs sur la grandeur des Romains ; c'étaient bien de véritables réponses des sibylles, que ce nouveau recueil d'Auguste ; mais c'était ce qu'elles avaient dit dans les derniers temps de la république, et leurs annonces se ressentaient des événements dans lesquels le monde allait entrer. Étaient-ce les feuilles jetées en désordre dans l'antre de la prêtresse de Cumes, qui avaient principalement trouvé place dans le corps de l'ouvrage ? Étaient-ce les vers de celle d'Erythrée, l'une des plus anciennes, ou ceux

---

(1) Virg., Égl. IV, ad Pollionem. On peut rapprocher de ces vers de Virgile un de ceux qu'on remarque dans les oracles publiés de nos jours :

Εἰς δέ τίς ἔσσεται αὖθις ἀπ' αἰθέρος ἔξοχος ἀνὴρ
Ὃς παλάμας ἥπλωσεν ἐπὶ ξύλου πολυκάρπου
Oracula sibyllina, lib. V, v. 255. Edit. Alexandre.
(2) De Divinatione, lib. II, § 54.
(3) De Aruspicum Responsis. Tome X, n° 28.

(1) Varron, Pline, Aulu-Gelle racontent les traditions anciennes sur les livres sibyllins. — On prétendait avoir une statue de la sibylle dans la grotte de Neptune à Tivoli ; elle était représentée tenant à la main son livre fatidique.
(2) Tacite, Annales, lib. VI, cap. XII, et lib. IV.
(3) Voir M. de Mirville, des Esprits tome V (Manifestations historiques), ch. IV, pp. 173 et suiv.

de la Tiburtine, ou ceux de l'Egyptienne, ou ceux de la Chaldéenne? On ne saurait là-dessus hasarder que des conjectures. Virgile ne parlant que de celle de Cumes, à propos du siècle florissant qui va venir, semble indiquer qu'elle était l'une des plus considérées. L'agitation produite dans le monde romain par les prédictions des sibylles, fut si continuelle et si sensible au commencement de l'ère chrétienne, que Tibère les mutila et en défendit la lecture; mais la curiosité n'en devint que plus vive et le monde païen, accoutumé alors à entendre parler de prodiges, s'attendait plus que jamais à y lire à grands traits les changements qui se préparaient.

II

Les lettrés du paganisme, en embrassant la foi chrétienne, étaient frappés d'avoir vu tant d'oracles des sibylles se réaliser en la personne du Sauveur; ils faisaient part de leur étonnement et se servaient de ces prédictions pour attester la divinité du christianisme. Les Pères trouvaient l'argument capable d'ébranler fortement les esprits. Selon saint Clément d'Alexandrie, saint Paul aurait dit : « Prenez « les livres grecs, informez-vous de la sibylle et « lisez ce qu'elle annonce de l'avenir (1). » Saint Irénée et saint Justin affirment que le pape saint Clément, dans la partie perdue de sa Ire épitre aux Corinthiens, invoquait le témoignage des sibylles, et que saint Barnabé leur faisait allusion dans ce passage : Ὅταν ξύλον κλινθῇ καὶ ἀνάστῃ (lorsque le bois fut couché et qu'il se releva). Saint Justin, qui fut martyr en 168, se rendit en pèlerinage à Cumes, descendit dans l'antre fatidique et écrivit d'intéressantes pages sur ce qu'il avait vu et sur les traditions qu'il avait recueillies de vive voix. Tel était son respect pour les inspirations de la prêtresse, qu'il attribuait à la haine de Satan la peine de mort décrétée à Rome contre ceux qui liraient Histaspe, Hermès, la sibylle et les livres des prophètes : « Ce sont les démons, dit-il, qui ont « fait porter une sentence de mort contre ceux qui « liraient les livres de la sibylle ; pour nous, non « seulement nous vous les présentons sans crainte, « mais comme bons et agréables (2). » Tatien, Athénagore en appellent aussi aux prédictions sibyllines. Leur accomplissement paraissait si frappant, que plusieurs déjà les considéraient comme composées après les événements; mais Lactance, qui avait été prêtre du Capitole et avait examiné avec soin ce dépôt vénérable, s'indignait de cette supposition et y répondait avec sa verve accoutumée : « Quelques-uns d'entre vous, disait-il aux « païens, convaincus par tant de témoignages, ont « coutume de les éluder, en soutenant que ces « vers ne sont plus ceux des sibylles et que c'est « un des nôtres qui les a inventés et composés. « ..... Mais celui-là fera facilement justice de « cette défaite qui prendra la peine de lire Varron, « Cicéron et les auteurs anciens qui ont men- « tionné la sibylle érythréenne et toutes les autres « dont les livres nous ont servi à copier nos exem- « plaires, et qui réfléchira que tous ces auteurs « sont morts avant la naissance du Christ (1)..... « .... Je ne doute pas, ajoute-t-il, que dans les pre- « miers temps ces vers n'aient passé pour des produc- « tions délirantes, personne ne pouvant alors les « comprendre, car ils rapportaient des miracles, « des prodiges, dont la cause, le temps et les auteurs « n'étaient pas indiqués..... » Puis il somme ses adversaires de collationner avec lui les extraits actuels et les livres originaux du Capitole, et lui, qui s'était converti avec d'autres prêtres de Jupiter, après avoir examiné les textes et fait les rapprochements, défie solennellement ses adversaires de prouver la moindre falsification. Origène avait déjà porté le même défi à Celse et personne ne l'avait relevé. Vers le commencement du ve siècle, saint Augustin affirmait avoir lu des passages sibyllins, traduits en mauvais vers latins ; mais plus tard, en Afrique, un des proconsuls les plus distingués lui avait montré un manuscrit grec dans lequel il avait reconnu le fameux acrostiche : « Jésus-Christ, Fils de Dieu et Sauveur (2). » — Il dit à propos de l'églogue de Virgile à Pollion : « Personne ne « peut douter que le chant de Cumes ne soit très « réellement de la sibylle. »

Quelques-uns pourraient douter peut-être que Constantin se soit appuyé sur l'autorité de la sibylle pour démontrer la divinité de Jésus-Christ devant l'assemblée du concile de Nicée; mais on ne niera pas la lettre qu'il écrivit à Arius; elle est publiée à la suite des Actes du concile. Or l'empereur s'efforce d'y convaincre l'hérésiarque, par une citation de la sibylle d'Érythrée, qu'il pense dirigée contre ses erreurs et contre le trouble qu'elles devaient causer dans les esprits (3) ; puis il ajoute : « J'en prends Dieu à témoin, j'ai un très vieil « exemplaire grec des oracles de la sibylle d'Ery- « thrée ; je l'enverrai à Alexandrie, afin que bientôt « c'en soit fait de toi (4). »

Constantin attachant une si haute valeur aux prédictions sibyllines et possédant un très ancien volume de celle d'Erythrée, avait eu soin d'en conserver une copie fidèle, et quand Stilicon brûla entièrement ou en partie (5) les volumes déposés par Auguste sous la statue d'Apollon Palatin, il restait au moins les textes emportés en Orient par le fondateur de Constantinople. Et pourquoi, d'ailleurs, Stilicon s'était-il abandonné à cet acte de vandalisme, sinon pour se rassurer et rassurer la population romaine contre des malheurs prochains annoncés par les oracles sibyllins? Il traitait tout cela de frayeur superstitieuse, et Alaric arriva bientôt et dévasta Rome en 409. C'est une preuve de plus des grands événements qui étaient signalés d'avance et qui ne tardèrent point à s'accomplir. A supposer que Stilicon n'en ait pas laissé une page au Capitole, les extraits que l'on avait pris par les originaux et que Lactance trouvait fort exacts, étaient tombés dans le domaine public et pouvaient être collationnés sur les copies emportées à Constantinople par l'empereur Constantin.

---

(1) S. Clement Alex. Stromat., lib. VI.
(2) S. Justin, Apolog. II (versus finem).

(1) Lactance, De Divinis Instit., lib. IV. cap. XVI.
(2) Ἰησοῦς Χριστὸς, Θεοῦ υἱὸς σωτήρ.
(3) Labbe, Concil., t. II, Concilii Nic., lib. III, Epist. Constantii Ario.
(4) Ibid.
(5) Procope, Bell. goth, lib. I.

Ainsi la Rome païenne des derniers temps présente aux premiers siècles chrétiens les livres sibyllins dans leur intégrité, ceux du moins de la seconde édition ordonnée par Auguste. Ils sont tenus par les plus éminents esprits, pour de graves prédictions qui mettaient en émoi le monde romain vers l'époque de la naissance de Messie, et qui s'imposaient à l'admiration, dès qu'elles se furent réalisées dans sa personne et dans la personne de ses apôtres. Le paganisme à cet égard tend la main au Christianisme avec un accord étonnant.

III

Possédons-nous aujourd'hui les textes purs de toute altération et de tout alliage ? Assurément une partie considérable nous est parvenue ; mais tout n'y est pas authentique. M. Alexandre, tout en s'efforçant d'anéantir l'inspiration prophétique qui les avait souvent dictés, reconnaît : 1° que ceux dont les premiers chrétiens avaient connaissance, étaient presque en tout semblables à ceux que nous possédons aujourd'hui, dans lesquels, ajoute-t-il, on retrouve tous les vers cités par les Pères ; 2° que le livre IVe, le plus ancien de ceux qu'il attribue à des écrivains de la primitive Eglise, avait été composé dès le 1er siècle ; 3° que le livre III l'avait été en Egypte, au moins 208 ans avant l'Incarnation, et que toutes les autres sibylles pouvaient bien se rapporter à la sibylle Erythrée, dont il lui semble difficile de nier l'existence (1). Ces aveux sont précieux dans sa bouche ; mais peut-être a-t-il exagéré la ressemblance des livres sibyllins d'aujourd'hui avec ceux des premiers siècles, et en cela il porterait un grand coup à leur caractère prophétique ; car ceux qu'il a publiés, présentant çà et là des marques d'interpolation, ne peuvent être la reproduction exacte de ceux qu'avait recueillis Auguste, et par conséquent les prédictions positives qu'on y remarque peuvent passer pour des inventions ajoutées après les événements, tandis que les textes invoqués par les Pères, étant très conformes à ceux du Capitole, ainsi que l'affirme Lactance, leurs prédictions avaient été faites réellement plus d'un siècle d'avance, et étaient divines. Des changements et des additions considérables se sont glissés dans les copies actuelles. En effet, les nombreuses citations des Pères s'y retrouvent, il est vrai, mais avec des variantes, et quelquefois des vers y sont supprimés : premier indice de la liberté que se donnèrent certains copistes pour introduire des modifications. De plus, le Ier livre raconte la création d'après les traditions bibliques, avec les noms propres de la Genèse ; Dieu s'y appelle *Celui qui est — Ipse ego sum qui sum* — (vers 137). Le IIe, qui expose les calamités de la fin du monde et le jugement dernier, fait intervenir dans ces scènes lugubres les archanges Michel, Gabriel, Raphaël, puis les patriarches Isaac, Jacob, avec les prophètes Daniel et Elie (2). Il est évident qu'un juif ou un chrétien, versé dans l'étude de la Bible, a seul dessiné ces traits d'un tableau, probablement ébauché autrefois par la sibylle. Cela ne pouvait échapper à Lactance, qui avait examiné scrupuleusement les oracles du temple d'Apollon Palatin, dont il était prêtre, et qui s'était converti au Christianisme avec d'autres rhéteurs, à cause de la réalisation frappante des événements qu'il y avait lus. Il ne se fût point abusé sur des prédictions si empreintes de la pensée juive et chrétienne et attribuées à des prêtresses des faux dieux. Saint Justin, qui avait eu la même admiration un siècle et demi auparavant, n'avait pas apporté moins de discernement à reconnaître la vraie source des vers prophétiques ; il les voulait aussi provenant d'une sibylle et non mélangés de christianisme. Puisque, au rapport de Suétone, Auguste avait détruit environ deux mille exemplaires falsifiés, lorsqu'il revisa l'édition définitive, la main des interpolateurs continua son œuvre d'altération ; puis ces nuées de rhéteurs, de grammairiens, de copistes, qui s'abattirent plus tard sur les Actes des Martyrs pour les amplifier et les remplir de leurs inventions, ne laissèrent pas intacts les livres des sibylles. L'ancien fond y resta : les images saisissantes des souffrances de l'Homme-Dieu, de ses conquêtes sur le monde païen, celles du jugement dernier, étaient toujours ce qu'avaient renfermé les anciens textes : c'était là ce qu'avaient repoussé les esprits forts du paganisme, Cicéron à leur tête, et ce que les premiers chrétiens conservaient avec le plus de soin : on se garda de le supprimer dans les copies du moyen âge.

Peut-être pourrait-on faire un recueil qui, sans être complet, serait réellement la parole de la sibylle ; le moyen serait de réunir les passages cités par les Pères, et ils sont nombreux, et d'en élaguer toutes ces additions qui ne soutiennent pas un examen sérieux. Quelle qu'ait été la persuasion des anciens sur l'antiquité prodigieuse de ces livres, et quoique Diodore de Sicile pense que plusieurs ont été composés au temps des Epigones, 1200 ans avant Jésus-Christ, et qu'il paraisse les avoir lus, on ne saurait prendre que pour des plaisanteries les passages qui annoncent la naissance et les chants d'Homère (1), l'établissement futur de l'empire des Assyriens, la ruine de Babylone et d'autres points de l'histoire des Mèdes et des Perses (2).

On comprend qu'en lisant ces fadaises, la plupart aient ri de l'autorité que pouvaient avoir eue les sibylles ; mais ce n'est point là qu'il faut chercher ce qu'elles ont dit, et en s'en tenant à leurs déclarations consignées dans les écrits des Pères des trois premiers siècles, on n'a pas lieu de douter qu'elles n'aient prédit des circonstances frappantes de la Passion et de la gloire de Jésus-Christ, des triomphes de l'Eglise et du jugement dernier. On a toujours respecté leur témoignage invoqué avec celui de David dans le *Dies iræ*. Saint Thomas, qui professait une grande estime pour ces vierges du paganisme, prétend même qu'elles sont sauvées à cause de leur foi explicite au Messie (3).

---

(1) Alexandre. *Oracula Sibyllina*, t. II, p. 54.
(2) *Oracula Sibyllina*, t. I, lib. III.

(1) *Oracula Sibyllina*, lib. III, v. 418.
(2) *Id.*, lib. IV et V.
(3) Cf. S. August., *De Civitate Dei*, lib. XVIII, cap. XXIII.

IV

Quand les sibylles cessèrent-elles de rendre les oracles? Dieu leur avait donné spécialement les cinq ou six siècles qui précédèrent la venue de son Fils sur la terre : c'était le beau temps de leur gloire ; l'univers prêtait l'oreille pour les entendre, et l'on était dans l'enthousiasme, au sein du monde idolâtrique, en apprenant de leur bouche qu'une divinité nouvelle allait descendre du ciel et y faire régner la paix avec toutes sortes de prospérités. Les prophètes juifs s'étaient tus ; on eût dit que la Providence donnait la parole à ces étranges prophétesses des nations païennes, afin d'attester combien elle aimait ces peuples au milieu desquels le Messie compterait un jour tant d'adorateurs. C'est une raison de s'étonner moins des lumières dont elles furent éclairées pour parler de lui, et du silence qui leur fut imposé dès qu'il prêcha lui-même son Évangile et que ses apôtres allèrent l'annoncer dans l'univers. Leur rôle à elles était fini : c'est là précisément ce que constate l'histoire dans tous les sanctuaires d'oracles fameux. Auguste, désireux de se faire passer pour le fils d'Apollon, en aurait, suivant une ancienne tradition, reçu cette réponse : « L'enfant hébreu, le maître de « tous les dieux, m'ordonne de lui céder la place « et de rentrer au Tartare ; cesse de me tourmenter. » C'est à un vieil autel, dont on montre encore la place à l'*Ara Cœli*, que se rattache ce souvenir. Les sanctuaires des pythies et des sibylles, si nombreux en Grèce et dans tout l'empire des Césars, étaient presque tous abandonnés ou silencieux depuis la prédication des apôtres. Plutarque s'en étonnait à la fin du 1er siècle, et composait un traité sur la cessation des oracles, où il racontait un entretien qu'il avait eu avec ses amis sur cette marque de dépérissement du paganisme, qui leur était cher à tous. Le fait était frappant, aucun d'eux ne le niait (1).

Les sibylles s'étaient maintenues dans quelques-unes de leurs résidences, soit que le démon continuât à les inspirer par intervalles, soit que la fourberie fît tous les frais de leur savoir. Plutarque s'étonnait qu'elles ne donnassent plus leurs réponses en vers ; il avait disserté sur cette grave question (2). La poésie portant avec elle un caractère d'inspiration, était surtout regardée comme la langue des dieux, et, là où elle faisait défaut, il semblait plus ou moins que la divinité s'était retirée. Julien l'Apostat, dans ses efforts pour ressusciter le paganisme, s'était adressé aux oracles avec une foi superstitieuse qu'alimentait son ardente haine contre le Christianisme ; mais ou les pythies lui répondaient avec une amère dérision que leur temps était fini, ou elles le trompaient avec leurs mensonges accoutumés. Son médecin Oribasius nous a conservé une réponse de celle de Delphes, qui ne paraît se rapporter qu'à Julien. « Dites à « votre roi que le parvis magnifique est tombé, « que le bel Apollon n'a plus de temple ni de « laurier fatidique ; la source d'où s'échappait sa « voix est tarie (1). » Théodoret rapporte qu'avant d'entreprendre sa guerre contre les Perses, sur laquelle il comptait pour revenir, puissant et glorieux, porter des coups terribles au Christianisme, il envoya consulter les oracles de Delphes, de Délos et de Dodone, et tous lui promirent la victoire (2).

L'importance des oracles baissait avec les progrès du Christianisme : si le démon y parlait encore, on voit que c'était pour annoncer sa défaite.

Du reste, après la venue de Jésus-Christ, personne, au sein de l'idolâtrie, ne s'imagina plus que les sibylles eussent fait de remarquables prédictions sur l'avenir des sociétés ; nul ne songea qu'on pût en former un recueil semblable aux anciens. On sentait que tout était changé et que c'était dans la période florissante de l'idolâtrie qu'Apollon et ses prêtresses avaient pu annoncer de grandes vérités, et qu'on l'avouât ou non, c'était la puissance de Jésus-Christ qui imposait silence aux dieux (3).

SAINT OPTAT (p. 256).

On a peu de détails sur la vie de saint Optat, évêque de Milève, célèbre par ses luttes contre les Donatistes. Les Bollandistes ne lui donnent qu'une courte biographie (4). Saint Fulgence nous montre combien l'évêque de Milève était considéré, en le nommant à côté de saint Augustin et de saint Ambroise, et en le désignant comme un saint (5). De son côté, saint Augustin l'appelle un pasteur de vénérable mémoire, la gloire de l'Église (6). Celle-ci l'honore le 4 juin. — L'éditeur de l'ouvrage de saint Optat dit que « son style est noble, véhément et serré, mais qu'il n'est ni assez poli ni assez net (7). » Dans le fait, le style du saint évêque de Milève a plus d'analogie avec celui de Tertullien qu'avec celui du saint évêque d'Hippone.

SAINT CYRILLE DE JÉRUSALEM (p. 275).

Saint Cyrille de Jérusalem, qui assista au Concile de Constantinople de 381, mourut peu d'années après, en 385 ou 386. Il a laissé peu d'ouvrages, mais ils sont d'un poids considérable au point de vue du dogme catholique. Son style est simple et naturel, tel qu'il convenait à l'auditoire devant lequel il parlait ; mais la vivacité de ses convictions

---

(1) Plutarque, *de Oraculorum Defectu* (Edit. 1624.), t. II, p. 409.
(2) « Cur nunc Pythia non reddat oracula carmine. » Id., *ibid.*, t. II.

(1) Ces paroles sont dans les actes de saint Artemius, mart. (Baronius, ad an. 362, n° 123.)
(2) Ibimus in Therem (Tigrim), Superi, victoria certa est. Mars ego ductor ero, divum invictissimus armis.
(3) Voir H. Lüken, *Die sibyllinischen Weissagungen, ihr Ursprung, und ihr Zusammenhang mit den after prophetischen Darstellungen christlicher Zeit.* Wursburg, 1875, in-8. — Voir aussi *Univers* des 27 sept. et 24 déc. 1878.
(4) Acta SS., t. I, junii, p. 396.
(5) S. Fulgence. Rusp., lib. II, *Ad Monimum*, c. XIII
(6) S. Aug., lib. 1, *Contra Parmen.*, c. III, et *de Unitate Eccles. contra Petilian.*, c. XIX.
(7) Du Pin, *Nouv. Bibl.* Paris, 1693, t. II, p. 119. Cf. Tillemont, p. 62.

le transportait parfois à la hauteur du sujet qu'il traitait. Ses catéchèses constituent son œuvre capitale ; prêchées devant les *compétents*, immédiatement avant et après le baptême et destinées à compléter l'initiation des catéchumènes, elles forment un des documents les plus précieux de la tradition catholique. La quatrième catéchèse mystagogique surtout, est excessivement importante, en ce qu'elle établit d'une façon irréfragable le dogme eucharistique. Le texte le plus correct des œuvres de saint Cyrille est celui édité à Venise, en 1763, par dom Ant.-Aug. Touttée, bénédictin de la Congrégation de Saint-Maur. La meilleure traduction de la quatrième catéchèse mystagogique est donnée par la revue *Une Lecture par semaine*, Paris, 1856, suppl. p. 38.

CONCILE DE CONSTANTINOPLE DE 381 (p. 275).

Les décisions de ce concile ont pour titre : *Canones sanctorum centum quinquaginta Patrum, qui Constantinopoli convenerunt. Flavio Eucherio et Flavio Evagrio viris clarissimis consulibus, VII idus Julii*. Denys le Petit et Isidore Mercator n'ont mis dans leur version latine que les quatre premiers canons, que Denys a réduits à trois et qu'Isidore a divisés en six. Le sixième décret porte : « Touchant le tome des Occidentaux, nous recevons aussi ceux d'Antioche, qui confessent une seule déité du Père, du Fils et du Saint-Esprit. » Ce tome des Occidentaux, dit Fleury, est quelque écrit envoyé en faveur du parti de Paulin, mais on ne peut dire précisément quel il est. Tillemont (t. IX, p. 494) rapporte plus au long les sentiments des savants sur ce *tome*, et tout ce qu'il en conclut, c'est qu'un endroit aussi obscur donne lieu à beaucoup de conjectures, sans qu'on puisse rien dire de constant. Le sixième canon a pour but d'empêcher la facilité de calomnier les évêques. Il ordonne qu'il ne soit pas permis à toutes sortes de personnes indifféremment de les accuser. S'il s'agit d'un intérêt particulier et d'une plainte personnelle contre l'évêque, on ne regardera ni l'accusateur, ni sa religion ; parce qu'il faut faire justice à tout le monde. Si c'est une affaire ecclésiastique, un évêque ne pourra être accusé ni par un hérétique, ni par un schismatique, ni par un laïque excommunié, ni par un clerc déposé. Celui qui est accusé ne pourra accuser un évêque ou un clerc qu'après s'être purgé lui-même. Ceux qui sont sans reproche intenteront leur accusation devant tous les évêques de la province. Si le concile de la province ne suffit pas, ils s'adresseront à un plus grand concile, c'est-à-dire à celui d'un pays entier où il y a un patriarche ou un exarque.

Dans le concile de Chalcédoine, session 16, on lut les trois premiers canons de celui qui nous occupe et le titre qu'on lut, comme titre original, portait : *Hæc constituerunt episcopi, qui in Constantinopolim Dei gratia convenerunt ex diversis provinciis secundum evocationem Dei amantissimi principis Theodosii, sub Nectario episcopo Constantinopolitano*. Or Nectaire lui-même fut ordonné dans le concile, à ce qu'atteste la lettre synodale, qui est à la fin de ces actes. Dans la lettre du même concile de Chalcédoine à l'empereur Marcien, qui est à la tête de la 3ᵉ partie des actes, les pièces disent que Nectaire et Grégoire de Nazianze présidaient ensemble, dans la section où ils condamnèrent l'erreur d'Apollinaire : ce qui est contredit par tous les autres auteurs que nous avons.

PREMIER CONCILE ŒCUMÉNIQUE DE CONSTANTINOPLE (p. 275, col. 2 ; p. 278, col. 2 ; p. 284, col. 2.)

Rohrbacher parle, en trois endroits différents (pag. 275, 278, 284), du premier concile de Constantinople, et ce qu'il en dit n'est pas très clair. Tantôt il semble le considérer comme une assemblée œcuménique, tantôt il paraît émettre une opinion contraire. La contradiction n'est qu'apparente. Pour comprendre sa pensée, il faut rapprocher les trois passages en question. Quoique l'auteur soit assez complet, nous croyons bon de revenir sur la question, en montrant la valeur que l'on doit attribuer audit concile et quel titre il mérite, et en résumant brièvement ce qu'on y fit au point de vue de la foi.

I

Il est hors de doute que le premier concile de Constantinople ne fut pas œcuménique dans sa convocation. Théodose, qui désirait vivement porter secours à la religion et mettre fin aux troubles qui agitaient surtout les églises de l'empire de Byzance, résolut de réunir à Constantinople les évêques orientaux. Ceux-ci y vinrent, en effet, au nombre d'environ cent cinquante. Mais les prélats de la catholicité tout entière n'y furent pas conviés. Le pape Damase ne l'avait pas indiqué davantage par un décret ; il n'y était même représenté par aucun légat. La présidence du concile fut déléguée successivement à Mélèce, patriarche d'Antioche, puis, après la mort de ce dernier, à Grégoire de Nazianze, confirmé évêque de Constantinople. Grégoire s'étant démis de l'épiscopat, Timothée d'Alexandrie, et enfin Nectaire présidèrent l'assemblée.

II

Par la suite, c'est-à-dire quelques années après la fin de la réunion, le concile prit le caractère d'œcuménicité, parce que le Saint-Siège le confirma et le mit au nombre des conciles œcuméniques. Les doctes frères Ballerini, dans leur traité *des anciennes Collections et Collecteurs de canons avant Gratien* (1) ont surabondamment prouvé ce fait. Ils montrent notamment comment le symbole de Constantinople et la condamnation de l'hérésie furent reçus peu après le pontificat de Gélase. Quant aux canons, les églises d'Occident ne les admirent que beaucoup plus tard. Voici comment parlait saint Grégoire le Grand : « L'Église romaine n'a pas reçu jusqu'à présent et ne reçoit pas les canons et les actes de ce synode ; elle reçoit ce concile seulement pour ce qu'il a défini contre Macédonius (2). » La réception du troisième canon qui décidait que l'évêque de Constantinople devait

---

(1) Part. II, c. 1, p. 2.
(2) *Epist.* XXXIV, l. VII.

avoir, comme patriarche, la seconde place après le Pontife romain, rencontra surtout des résistances en Occident. Lequien a savamment étudié cette question dans son *Oriens christianus* (1). Il dit que ce fut seulement sous Innocent III, au IVe concile de Latran (1215), que la chaire apostolique approuva le canon jusqu'alors discuté.

III

Le concile de Constantinople avait un quadruple but : confirmer le concile de Nicée, — ajouter au symbole quelques explications devenues nécessaires depuis ce concile, — réunir à l'Eglise les Semi-Ariens, — rédiger des canons disciplinaires.

On sait que le concile prit des mesures contre les hérétiques, mais on ignore quelles furent ces mesures.

Le symbole de Nicée fut reproduit complètement dans celui de Constantinople, mais on y fit des additions sur l'incarnation du Fils de Dieu contre les Apollinaristes et Marcel d'Ancyre, sur le Saint-Esprit en vue des Ariens et des Semi-Ariens, sur la doctrine de l'Eglise et du baptême.

C'est le symbole que l'Eglise Catholique, Apostolique, Romaine récite aujourd'hui à la messe. Nous le reproduisons ici en mettant en petites capitales les termes propres à la rédaction de Constantinople, avec les raisons de ces *adjuncta* en regard. Nous devons dire aussi que le symbole latin se distingue par l'addition *Filioque*, par l'omission de la préposition *in* avant l'article concernant l'Eglise, par l'emploi du singulier au lieu du pluriel au commencement du premier article et dans les troisième, quatrième et cinquième membres du troisième article : *credo, confiteor, expecto* (2). Le projet du symbole fut conçu par saint Grégoire de Nazianze et saint Grégoire de Nysse (3), ainsi que nous l'apprennent des écrivains postérieurs ; les auteurs contemporains n'en disent rien.

SYMBOLE DE CONSTANTINOPLE.

« Credo in unum Deum.
« Patrem omnipotentem, factorem cœli et terræ, visibilium omnium et invisibilium.
« Et in unum Dominum Jesum Christum, Filium Dei unigenitum.
« Et ex Patre natum ante omnia secula.
« Deum de Deo, lumen de lumine, Deum verum de Deo vero.
« Genitum, non factum, consubstantialem Patri ;
« per quem omnia facta sunt.
« Qui propter nos homines, et propter nostram salutem, descendit de cœlis.
« Et incarnatus est DE SPIRITU SANCTO EX MARIA VIRGINE : et Homo factus est.

Ces mots sont contre les Apollinaristes qui enseignaient que le Fils de Dieu avait pris une chair dans le ciel, et niaient la vraie incarnation.

« Crucifixus etiam pro nobis sub Pontio Pilato, passus et sepultus est.
« Et resurrexit tertia die, secundum scripturas.
« Et ascendit in cœlum : sedet ad dexteram Patris
« Et iterum venturus est cum gloria judicare vivos et mortuos : CUJUS REGNI NON ERIT FINIS.

Contre Marcel d'Ancyre, lequel prétendait que le royaume du Logos ne finirait jamais, tandis que le Fils cesserait de régner dès qu'il aurait assujetti toutes choses à son Père.

« Et in Spiritum Sanctum DOMINUM ET VIVIFICANTEM : QUI EX PATRE *Filioque* PROCEDIT. QUI CUM PATRE ET FILIO SIMUL ADORATUR, ET CONGLORIFICATUR : QUI LOCUTUS EST PER PROPHETAS.

Contre les Macédoniens qui osèrent nier la vraie divinité du Saint-Esprit.

« Et UNAM SANCTAM CATHOLICAM ET APOSTOLICAM ECCLESIAM.

Contre les partis qui prétendaient tous être l'Eglise véritable. Le Concile répondit qu'il n'y avait qu'*une* Eglise, l'Eglise catholique, laquelle était *sainte et apostolique*.

« CONFITEOR UNUM BAPTISMA IN REMISSIONEM PECCATORUM.

Probablement contre les eunoméens qui baptisaient au nom de celui qui n'est pas engendré et dont le baptême fut déclaré invalide. Les eunoméens enseignaient aussi que la foi suffit pour le salut.

« Et expecto resurrectionem mortuorum, et vitam venturi seculi.

Les termes VIERGE MARIE sont à l'adresse de ceux qui disaient que Marie avait cessé d'être vierge en mettant au monde Jésus-Christ.

VERSION LATINE DE LA BIBLE PAR SAINT JÉRÔME ET LES VERSIONS ANTÉRIEURES (p. 288, col. 2) (1).

Saint Jérôme, après avoir traduit l'Ancien Testament de l'hébreu en latin, s'entendit accuser d'orgueil et de témérité. On criait au novateur qui prétendait mieux faire que les anciens, même que les Septante. Il se défend dans sa lettre à Désiré, insérée en tête de la Vulgate, et l'on sent que les discussions étaient vives. Fort de son droit et convaincu d'avoir atteint une fidélité supérieure à celle de l'ancienne version italique, d'avoir comblé des lacunes et réparé des omissions, il en appelait à l'exemple d'Origène qui avait ajouté la traduction grecque de Théodotion à celle de l'antique édition, et il déclarait nettement que plusieurs passages de l'Ancien Testament ne figuraient pas dans les Bibles

(1) Voir les préfaces de saint Jérôme sur la traduction des différents livres de la Bible ; les Livres ou les Fragments de la *Vetus Itala*, donnés par Dom Sabatier, 3 vol. in 4. Voir aussi le texte du vi^e siècle trouvé à Lyon par M. Delisle, et contenant l'ancienne traduction latine des cinq livres du Pentateuque (Bibliothèque nationale ; Manuscrits, réserve.) Consulter aussi Desjacques, *les Versions latines de la Bible avant saint Jérôme*. (Études religieuses historiques et littéraires, déc. 1878).

(1) Tom. I.
(2) C.-P. Caspari, *Ungedruckte, unbeachtete und wenig beachtete Quellen zur Geschichte des Taufsymbols und der Glaubensregel, herausgegeben und in Abhandlungen erlaeutert.* 1. Christiania, 1866.
(3) Op. ap. Migne, *Patr. Gr.*, t. XLIV-XLVI.

de son temps, en particulier ceux-ci : *J'ai rappelé mon Fils de l'Egypte; Il sera appelé nazaréen; Ils verront celui qu'ils ont transpercé* (1) La raison qu'il donne de ces suppressions est curieuse : c'est que les vénérables traducteurs envoyés à Ptolémée, roi d'Egypte, pour lui donner en grec une copie soignée des livres sacrés des Hébreux, tenaient à faire leur cour à ce prince, qui reconnaissait un seul Dieu, et ils éliminèrent de leur texte ce qui concernait Dieu le Fils. En général, ils modifièrent le sens ou retranchèrent quelque chose, dès qu'il s'agissait du Père, du Fils et du Saint-Esprit, pour être agréable au roi, qui était fort imbu de la philosophie de Platon. Aux Septante il oppose les apôtres eux-mêmes qui ont mis sur la trace de la supercherie en citant des pensées du texte hébreu, entièrement supprimées de la version grecque. Puis, il les excuse de certaines infidélités parce qu'ayant à parler d'événements futurs, ils ne pouvaient y voir clair, ni les caractériser avec netteté comme les interprètes qui viennent après la Passion et la résurrection du Sauveur.

Ces deux griefs articulés contre les Septante ne vont pas jusqu'à invalider leur autorité ; mais ils montrent que saint Jérôme avait raison de repasser après eux. On aurait lieu de se demander s'il était en état de se mesurer avec leur science incontestable, pour pénétrer mieux qu'ils ne l'avaient fait le sens de l'original. Il avait conscience de cette objection : il avait étudié onze ans l'hébreu auprès d'un moine, qui, de juif, s'était fait chrétien ; mais, pour échapper au reproche de témérité, il se hâte de dissiper les bruits légendaires, qui avaient cours sur l'inspiration divine de ces vénérables traducteurs. On racontait qu'ils avaient travaillé à Alexandrie dans soixante-douze cellules séparées, sans communiquer entre eux, et qu'à la fin toutes les versions étaient identiques. « Je ne sais, dit-il, qui a fabriqué ce « mensonge des cellules construites à Alexandrie. « Ni Aristée, attaché à la personne de Ptolémée, ni « Josèphe, qui écrivait longtemps après lui, n'en ont « rien rapporté ; ils les montrent, au contraire, rassemblés dans l'église, conférant entre eux et « n'ayant pas l'esprit prophétique ; car c'est autre « d'être prophète et d'être traducteur.... » (2). Puis il se pose, sans forfanterie, sur le pied d'égalité avec eux. « Nous ne les blâmerons pas, ajoute-« t-il ; mais nous venons à leur suite travailler selon « nos forces dans la maison du Seigneur. »

Il ne s'était pas fait une loi de traduire à nouveau et comme de première main tout le texte hébreu ; il avait aussi sous les yeux les Hexaples d'Origène, c'est-à-dire un ensemble de copies grecques des Septante, et il les suivait souvent quand elles concordaient bien avec les écrivains sacrés ; il tenait compte aussi de la version syriaque, de celles de Théodotion, de Symmaque et d'Aquila. Dans les préfaces adressées au pape saint Damase, à sainte Paule, à sainte Eustochienne et à d'autres, il s'explique sur la même marche qu'il a suivie ; parfois il a traduit mot à mot sur l'hébreu comme sur le livre d'Esther, d'autres fois il a corrigé sur les Septante, comme sur le psautier. Il avait marqué de traits et d'astérisques, dans son travail, ce qu'il trouvait supprimé ou ajouté dans leur rédaction (1). On ne pouvait être plus consciencieux et, avec son ardeur infatigable à l'étude, sa pénétration d'esprit et les lumières que lui communiquaient des docteurs versés dans la connaissance de la langue biblique, encore parlée dans la Palestine à cette époque, l'on comprend quelle exactitude il avait atteinte. Il n'y a que les deux derniers livres des Macchabées, celui de Baruch et de la Sagesse, qu'il n'a point touchés.

Les siècles chrétiens se sont prononcés en sa faveur et le Concile de Trente a déclaré sa version authentique. Ce n'est pas à dire qu'il n'y ait pas encore utilité à la comparer aux autres, surtout à la *Vetus Itala*, si hautement estimée des Pères avant saint Grégoire le Grand. Beaucoup de questions d'exégèse peuvent être élucidées et beaucoup de passages difficiles à comprendre peuvent être éclaircis par des comparaisons de textes latins, surtout quand on sait que les expressions de l'ancienne traduction étaient généralement trouvées justes par les saints et les docteurs de la primitive Eglise ; saint Augustin dit qu'elle rendait mieux *mot à mot* et qu'elle était plus claire que les autres. *Tenacior verborum cum perspicuitate sententiæ.*

Depuis le XVI° siècle, on a beaucoup recherché cette édition latine des Livres saints. Sauf le *Nouveau Testament*, le livre de Job et surtout les *Psaumes* (2), qui étaient restés intacts dans les bibliothèques, on n'avait guère retrouvé que des lambeaux. Récemment cependant, Ranck a publié des fragments considérables du Pentateuque dans ses *Palimpsesta Wurceburgensia*.

Dom Sabatier a eu l'idée de reconstituer toute la Bible à l'aide des citations tirées des premiers Pères, spécialement de saint Augustin, et avec les fragments qu'avait pu recueillir l'érudition *bénédictine*. Il a glané de toutes parts et a redonné par versets, pour ainsi dire, tout ce qui reste de nos Livres Saints dans les auteurs de l'Eglise latine antérieurs à la fin du VI° siècle.

Il y a des lacunes même parfois considérables dans son œuvre ; mais enfin il l'a terminée avec un luxe de variantes, prouvant elles-mêmes qu'il n'a pas ressaisi toujours le texte original.

II

Mais voici que la Version Italique de la Genèse et des autres livres du Pentateuque vient d'être découverte à Lyon, par M. Léopold Delisle, dans un manuscrit du VI° siècle, dont il a fait l'acquisition pour la Bibliothèque nationale de Paris. Dans une

---

(1) *Præfatio in Pentateuchum Moysi ad Desiderium.*
(2) S. Hieronymi *Præfatio in Pentateuchum.*

(1) Il dit dans la préface sur les Psaumes : « Ubicumque viderit « (quisquam) virgulam præcedentem, ab ea usque ad duo puncta quæ « impressimus, sciat in Septuaginta translatoribus plus haberi. Ubi « autem perspexerit, stellæ similitudinem, de hebræis voluminibus « additum noverit æque usque ad duo puncta, juxta Teodotionis « duntaxat editionem, qui simplicitate sermonis à Septuaginta inter« pretibus non discordat. »
(2) Un manuscrit du XIII° siècle, de la Bibliothèque nationale, renferme une triple version latine du psautier (hebraica, romana, gallica). Nouveau fonds latin, n° 8846.

noticé publiée par la *Bibliothèque de l'Ecole des Chartes*(1), il expose les caractères paléographiques de cette importante copie, dont une série de pages, contenant le *Lévitique* et les *Nombres*, avaient été détachées et vendues en 1849 à lord Ashburnham, qui les a fait soigneusement éditer. A l'aide de ce supplément revenu d'Angleterre, le texte des cinq livres du Pentateuque nous est rendu presque tout entier dans une des principales versions usitées en Gaule; il a été apparemment traduit sur le *Codex Alexandrinus* des Septante. Il manque toutefois les quinze premiers chapitres et huit versets du seizième. Le commencement est : *Dixit autem ei angelus : Revertere ad Dominum!...* (Gen. xvi. 9). M. Ulysse Robert prépare une édition de ce précieux document; il met en regard les passages correspondants de la Vulgate et les fragments donnés par dom Sabatier. Il est curieux de comparer ces diverses traductions et de remarquer quelles variantes présentait celle de Lyon. Elles se rapprochent beaucoup de celles qu'avaient suivie saint Cyprien, saint Ambroise et surtout Rufin; mais elle ne leur est pas entièrement semblable. Comme le grec avait été très longtemps en usage à Lyon, à Marseille, à Arles, à Toulouse, on y saisissait dans toute sa force et toutes ses nuances, la rédaction des Septante; aussi n'était-on pas hors d'état de modifier avec plus ou moins de succès la version latine du premier siècle. C'est pourquoi saint Jérôme se plaignait qu'il y eût, pour ainsi dire, autant de textes différents que de volumes (2) : le manuscrit de Lyon confirme de nouveau cette assertion du saint docteur. D'un côté, on constate quelle place importante venait prendre saint Jérôme parmi les docteurs catholiques et comment il était l'homme de la Providence, lui qui parvenait à conquérir l'approbation de toutes les Eglises, à rallier à son sentiment tous les esprits éclairés et à fixer ainsi dans sa forme invariable toute l'Ecriture sainte, destinée à combattre tant d'erreurs, à réunir elle-même dans une parfaite communauté de croyances et de pratiques religieuses les peuples parlant les langues du monde entier. De l'autre côté, les reproches qu'il adressait aux Septante et les raisons qu'il invoquait pour revenir après eux sur le texte hébreu même, peuvent être jugées en connaissance de cause. Il se plaignait des omissions commises en vue de faire disparaître la seconde ou la troisième personne divine de la notion de Dieu, et du vague répandu dans certains passages de l'Ancien Testament concernant le Sauveur et ses institutions, parce qu'il n'était pas possible que les docteurs juifs doués d'une habileté purement humaine, eussent saisi dans les prophètes les événements à venir, aussi bien que ceux qui les avaient vus accomplis. Sur ce point il est remarquable que, même sous le roi Ptolémée, l'on eût chez les Juifs une idée aussi vraie de la mission du Messie que l'avaient eue les traducteurs grecs ; mais il y a une part à faire aux observations de saint Jérôme. Dans le Pentateuque du manuscrit de Lyon, rien de considérable ne paraît avoir été supprimé ; mais on s'aperçoit en plusieurs passages de ce ton vague et indécis qu'il était difficile d'éviter pour caractériser des faits mystérieux et encore cachés dans les secrets de la Divinité. Ainsi, à propos de la prédiction de Jacob à son lit de mort, les paroles adressées à Juda par le vénérable patriarche pour annoncer l'époque du Messie, ne sont pas rendues avec la force et la netteté qu'elles ont dans notre Vulgate. « Juda, y est-il dit, tes frères te loueront; tes mains seront sur le dos de tes ennemis : les fils de ton père t'adoreront. Les princes ne manqueront pas dans la famille de Juda, et il y aura toujours des chefs de son sang, jusqu'à ce que s'accomplisse le sort qui lui est réservé et jusqu'à ce que vienne le désiré des nations (1). » — Saint Jérôme avait terminé ainsi : « Le sceptre ne sortira pas de Juda et il y aura des chefs de son sang, jusqu'à ce que vienne celui qui doit être envoyé et qui sera l'attente des nations. » — Le Messie promis est ici beaucoup plus en vue et mieux caractérisé. La même faiblesse de traduction se remarque dans l'annonce du Rédempteur promis à nos premiers parents après leur désobéissance. Dieu dit au serpent : « Je ferai régner l'inimitié entre toi et la femme, entre sa race et la tienne; elle-même te visera à la tête, et toi tu la viseras au talon. » — Saint Jérôme présente ainsi le trait final : « Elle-même t'écrasera la tête et tu chercheras à la mordre au talon (2). »

On sent quelle utilité peut avoir cette comparaison de textes, pour éclaircir des difficultés et pour pénétrer intimement dans la pensée des auteurs sacrés.

III.

Le texte du manuscrit de Lyon est une des dernières copies que l'on ait prises dans la *Vetus Itala*. Le travail de saint Jérôme se répandit beaucoup dans le courant du vɪe siècle, il devint usuel dans les écoles et dans les monastères avant le commencement du vɪɪe. Il tarda, sans doute, encore à prendre place dans la liturgie et dans les prières canoniques,

---

(1) *Notice sur un manuscrit de Lyon*, renfermant une ancienne version latine inédite de trois livres du Pentateuque, par M. Léopold Delisle. (*Bibliothèque de l'Ecole des Chartes*, année 1879, pp. 421-431.) — M. Delisle prouve que les feuilles enlevées au manuscrit ont été celles qui furent vendues à lord Ashburnham.

(2) *Si enim latinis exemplaribus fides est adhibenda, respondeant quibus : tot enim sunt exemplaria paene quot codices. — Præfatio in Evangelistas ad Damasum.*

(1) Version de Lyon. « Juda, te conlaudant fratres tui, manus tuæ super dorsum inimicorum tuorum. Adorabunt te filii patris tui. Catulus leonis Juda de germine filius meus. Ascendisti, recumbans dormisti sicut leo sicut catulus leonis. Quis suscitavit ? eum Non deficiet princeps ex Juda et ducatus de femoribus ejus donec veniat cui reposita sunt sunt, et ipse erit expectatio gentium. » — (*Codex Lugdunensis*, fol. 22, vo, col. 3.)

(2) *Vetus Itala*, d'après Sabatier. « Inimicitias ponam inter te et inter mulierem et inter semen tuum et semen ejus; ipsa tibi servabit caput et tu servabis ejus calcaneum. » (*Genesis*. Cap. III, v. 15.)

(1) Version Italique de Dom Sabatier : « Juda, te laudabunt fratres tui : manus tuæ super dorsum inimicorum tuorum, te adorabunt filii patris tui. — Non deficiet princeps ex Juda et dux de femoribus ejus, donec veniant quæ reposita sunt ei, et ipse expectatio gentium. » — (*Genesis*. Cap. XLIX, v. 8 et 10.)

(2) *Vulgate de saint Jérôme*. — « Inimicitias ponam inter te et mulierem, et semen tuum et semen illius : ipsa conteret caput tuum et tu insidiaberis calcaneo ejus. (*Genesis*. Cap. III, v. 15.)

(1) Vulgate de saint Jérôme : « Juda, te laudabunt fratres tui : manus tua in cervicibus inimicorum tuorum, adorabunt te filii patris tui. — Non auferetur sceptrum de Juda et dux de femoribus ejus, donec veniat qui mittendus est, et ipse erit expectatio gentium. » — (*Genesis*. Cap. XLIX, v. 8 et 9.)

parce que l'on conservait les anciennes éditions des livres employés dans les églises et parce que le peuple, accoutumé au chant des psaumes, ne pouvait aisément changer les expressions consacrées par l'usage. Pour les psaumes, on continua même pendant tout le moyen âge à les conserver d'après la Version Italique. Des citations fréquentes s'en retrouvent encore aujourd'hui dans les missels et dans les bréviaires. Mais les autres parties de la Bible et le Nouveau Testament entrèrent pleinement dans le domaine public, par la haute approbation des souverains pontifes, des évêques et des docteurs, un peu avant saint Grégoire le Grand, qui fut pape de 590 à 604. Même en Afrique où l'autorité de saint Jérôme était grande et où la vénération que professait pour lui saint Augustin s'était religieusement transmise, on ne le suivait pas encore au commencement du vi⁶ siècle dans les citations de l'Ecriture sainte. Saint Eugène, évêque de Carthage, persécuté à cette époque par le farouche Hunéric, roi des Vandales, écrivait à son église pour la consoler, et les paroles du Nouveau Testament qu'il leur adresse sont de la *Vetus Itala* (1). Dans les Gaules, on tarda plus encore d'abandonner celle-ci que dans les diocèses de l'Orient; non seulement l'auteur de la vie de sainte Geneviève l'invoquait fréquemment, comme on peut le constater dans les manuscrits qui renferment sa rédaction (2); mais saint Grégoire de Tours, environ un demi-siècle plus tard, s'en servait encore dans la composition de ses différents ouvrages (3). C'était vers 550 et 560 qu'il avait étudié la Bible, car il était né en 539 et mourut en 593. En outre, la copie du manuscrit de Lyon fait voir que, dans le cours du vi⁶ siècle, on pensait qu'elle ne devait pas être promptement abandonnée. C'est le pape saint Grégoire le Grand qui annonce le premier qu'elle n'est plus guère en usage et a été remplacée par la nouvelle Vulgate de saint Jérôme. Dès lors le changement s'est accompli même dans les Eglises de l'Occident, qui paraissent avoir été les dernières à s'y conformer. Vers 630, saint Isidore de Séville pouvait affirmer sans restriction que l'on se servait partout de cette édition des Livres saints (4).

Quelques citations comparées de la Vulgate de saint Jérôme et de l'ancienne Version Italique, feront voir combien le saint docteur avait mis de précision et de netteté dans certains passages, outre qu'il avait présenté avec plus de relief lescôtés saillants de l'accomplissement des prophéties (1).

VICISSITUDES DES CATACOMBES APRÈS LES PERSÉCUTIONS (p. 296, col. 1).

Pendant le règne de Constantin, l'attention des fidèles de Rome s'était portée sur les édifices consacrés au vrai Dieu et sur l'éclat dont s'environnait le culte chrétien. A la prière du pape saint Silvestre, l'empereur avait changé le temple d'Apollon en basilique de Saint-Pierre; il y avait déposé le corps de l'apôtre dans un cercueil revêtu d'airain, au milieu d'une chapelle soutenue par des colonnes de porphyre, et d'autres colonnes amenées de la Grèce : il la dota de revenus considérables. Celle qu'il éleva en l'honneur de saint Paul n'eut guère moins de magnificence. Il en construisit une à sainte Agnès, à la prière de sa sœur Constance, qui y fut baptisée avec sa propre fille ; il ordonna d'en bâtir à Ostie, à Albano, à Capoue, à Naples ; il convertit en église le palais Sessorianus, sous le nom d'église de Jérusalem et y fit déposer du bois de la vraie croix.

On n'oubliait pas cependant les catacombes, ni les corps des martyrs ; on descendait dans les cryptes pour y célébrer les anniversaires de la mort des saints, pour y assister aux divins mystères et pour y prier suivant les inspirations de sa piété. Lorsque l'empereur Constantin avait élevé la basilique de Saint-Laurent, sur la voie Tiburtine, au-dessus de

---

(1) Qui semel lotus est, non habet necessitatem iterum lavandi. (Joan., xiii.) — Timete autem eum qui postquam occiderit corpus, habet potestatem et animam et corpus perdere et mittere in gehennam. (*Math.*, x-28.)

(2) Cité par saint Grégoire de Tours. (*Hist.*, lib. II, cap. iii.)

(3) (Saint Grégoire.) Non facies tibi sculptile, neque adorabis omnem similitudinem quæ in cœlo est et quæ versantur in aquis. *Exode*, xx-4.) — (*Hist. Franc.*, lib. I, cap. x.) — Et tu Bethleem Ephrata, non es minima in millibus Juda; ex te enim prodiet rex qui regat populum meum Israel. (*Math.*, ii-6.)
(*De Gloria Martyrum.* Prooemium.)

(4) Cujus editione omnes ecclesiæ usquequaque utuntur. — *De Officiis eccles.*, I.

(1) *Vulgate de saint Jérôme.*
« Qui lotus est, non judicet nisi ut pedes lavet... (Joan., xiii-10.)
« Sed potius timete eum qui potest et animam et corpus perdere in gehennam. (*Math.*, x-28.)

(1) *Vulgate.* — « Non facies « tibi sculptile neque omnem similitudinem, quæ est in cœlo desuper « et quæ in terra deorsum, nec eo- « rum quæ sunt in aquis. » — Et « Bethleem, terra Juda, nequaquam « minima es in principibus Juda ; « ex te enim exiet dux qui regat « populum meum Israel.

GENÈSE. Cap. I.

(1) *Codex Lugdunensis.*	*Vetus Italica* (Dom Sabatier).	*Vulgata Nova* (Saint Jérôme).
Vos cogitastis adversus me in nequia, Deus autem cogitavit de me in bona, quemadmodum fieret sicut hodie quemadmodum pasceretur populus multus.	Quemadmodum fieret in hodierno ut pasceretur populus multus. (Ambr. *In Lucam.*)	20. Vos cogitastis de me malum, sed Deus vertit illud in bonum ut exaltaret me, sicut in præsentiarum cernitis, et salvos faceret multos populos.
Et dixit eis : Nolite timere. Ego vos pascam et domos vestras. Et rogavit eos et locutus est ad præcordia eorum.		21. Nolite timere. Ego pascam vos et parvulos vestros ; consolatusque est eos et blande et leniter est locutus.
Et moratus est Joseph in Ægypto ipse et fratres ipsius et vixit Joseph annis c x et vidit Joseph Efrem filios usque ad tertiam progeniem et filii Machir, qui erat filius Manasses, nati sunt super femora Joseph.	Et habitavit Joseph in Ægypto, ipse et fratres ejus et omnis cohabitatio patris ejus ; et vixit annos centum et decem. Et vidit Joseph filios Ephræm usque in tertiam generationem. Et filii Machir, filii Manasses, nati sunt supra femora Joseph. (August. *De Civitate Dei.*)	22. Habitavit in Ægypto cum omni domo patris sui, vixitque centum decem annis. Et vidit Ephraim filios usque ad tertiam generationem. Filii quoque Machir, filii Manasse, nati sunt in genibus Joseph.

EXODE. Cap. I

Venite et depotentemus (1) eos, nequando increscant, et erit cum forte contigerit nobis bellum et adponentur et hii ad adversarios et expugnantes nos exient de terra.		10. Venite, sapienter opprimamus eum, ne forte multiplicetur, et si ingruerit contra nos bellum, addatur inimicis nostris, expugnatisque nobis, egrediatur de terra.

(1) Ce mot *depotentemus* offre un exemple des termes nouveaux et populaires employés dans la version latine de Lyon. Nous avons donné le texte avec ses incorrections grammaticales.

l'endroit où reposait le martyr, ou avait eu soin d'y pratiquer un escalier pour descendre jusqu'à son tombeau et un autre pour en remonter (1). On reliait le passé à l'avenir, mais les liens allaient s'affaiblissant de jour en jour ; ou sentait que l'édit de Constantin ne ressemblait plus aux édits des empereurs qui avaient accordé la paix dans l'intervalle des persécutions. Il avait embrassé le Christianisme ; on l'embrassait en foule à Rome et dans les provinces. L'Église avait pris un développement nouveau ; tout faisait croire qu'elle ne serait plus obligée de redescendre dans les souterrains pour y chercher un refuge contre la fureur des païens, désormais en minorité. Lorsque mourut l'impératrice sainte Hélène, Constantin fit construire son tombeau dans la basilique récemment élevée par ses soins à saint Marcellin et à saint Pierre, exorciste ; c'est là qu'elle fut déposée dans un sarcophage de porphyre.

Ces divers détails, tirés du *Liber pontificalis* (*in Sylvestrum*), montrent dans quel rang secondaire les catacombes se trouvèrent alors reléguées. Si les plus célèbres furent encore visitées, si les parents et les amis des martyrs continuèrent à s'y rendre avec une pieuse vénération, il y en a qui furent dès lors délaissées, quand la génération qui avait assisté à la persécution de Dioclétien fut entièrement éteinte ou sur le point de l'être. Saint Jérôme étudiant à Rome dans sa jeunesse, un peu avant 350, avait coutume de parcourir les plus remarquables ; mais il en parle comme d'une ruine qui commence. C'était le dimanche qu'il y descendait avec les jeunes gens de son âge, et il n'était saisi d'aucune pensée religieuse ; il ne mentionne aucune assemblée qu'on y aurait tenue ce jour-là, aucune cérémonie, aucun pèlerinage, point de cierge allumé dans les cryptes, rien qui dénote un acte de la piété des fidèles. Assurément son imagination, toute pleine des souvenirs de la poésie virgilienne, s'exaltait à la vue de ces singulières demeures de la mort ; mais, tout en leur appliquant une parole du prophète (2), il n'envisage pas la destination toute chrétienne qui les avait rendues si chères aux martyrs dans le temps de la persécution, et qui les transformait en reliquaires pour les siècles futurs (3).

Ceci se passait un peu avant 350, sous le pontificat de saint Jules, et nous explique pourquoi le pape saint Damase fut touché, vingt ans après, de cet état de délaissement qui était loin d'être général, mais qui devint déjà très sensible. Il s'efforça de rehausser le caractère saint de ces lieux vénérables. Il eut soin d'orner les chapelles souterraines, de placer des tombes sur les corps qui se recommandaient le plus au culte des fidèles, et de faire graver sur la pierre des inscriptions qui attestent son habileté dans la poésie et son désir de perpétuer le souvenir des glorieux combats soutenus pour la cause de Jésus-Christ. Celles qu'a retrouvées M. de Rossi, jointes à celles que l'on connaissait déjà, confirment bien des traits importants des Actes des Martyrs. Il réveilla tellement la piété des Romains envers les catacombes, qu'un grand nombre désirèrent se faire inhumer auprès des cendres des saints. C'était un pieux engouement dans les années 370 et 371. Beaucoup d'inscriptions portent qu'une tombe a été creusée par suite d'un marché conclu avec les fossoyeurs, *fossores*: l'autorisation n'était plus accordée comme autrefois par le pape ou les prêtres. On ne pénétrait pas jusqu'aux endroits réservés anciennement à la sépulture des martyrs ; on se contentait d'en approcher et on laissait intacte la galerie consacrée par la présence de leurs corps. Saint Damase avait désiré lui-même reposer auprès de ces sanctuaires qu'il avait aimés et décorés avec un si pieux respect ; mais une délicate pensée le retint ; il craignit de profaner la sainteté de ces tombeaux. C'est lui qui nous l'apprend par cette inscription :

Hic fateor Damasus volui mea condere membra.
Sed cineres timui sanctos vexare piorum.

« J'avais désiré, je l'avoue, reposer ici ; mais
« j'ai craint de profaner les cendres des saints.
« Damase. »

Il marqua la fin de cette période, où l'on était si désireux d'être inhumé dans les catacombes. Soit que son exemple ait donné le ton, soit qu'une défense positive ait été portée, ou que l'on ait jugé peu praticable, ce mode de sépulture, on y renonça insensiblement dès l'année 373. Entre cette date et 400, les deux tiers des épitaphes appartiennent aux tombeaux extérieurs, un tiers seulement à ceux des catacombes. De 400 à 409, la décadence fut encore plus rapide. Enfin après 410, on trouve à peine un exemple certain d'inhumation souterraine (1). L'administration des cimetières, qui fut laissée aux fossoyeurs pendant quarante ou cinquante ans, avait d'abord favorisé l'indiscrète ferveur des fidèles, qui demandaient de reposer le plus près possible des ossements des saints ; mais aucun vestige de contrat passé pour l'acquisition d'un tombeau, ne porte une date antérieure aux dernières années du IVe siècle, et aucune trace de la corporation des fossoyers n'apparaît plus après les vingt-cinq premières années du Ve.

Saint Jérôme, qui écrivit après 418 son Commentaire sur Ézéchiel, où il retrace les poétiques souvenirs de sa jeunesse à propos des catacombes, ne s'inquiète plus de ce qu'elles sont devenues. Assurément de sa grotte de Bethléem il en eût encore appris quelque chose par les nobles dames romaines sainte Paule, sainte Eustochienne et leurs compagnes, si l'indifférence et un certain oubli ne les eussent enveloppées : il trahit lui-même l'abandon qui s'est accru.

II

L'invasion d'Alaric porta la dévastation dans les catacombes (an 409) ; les Goths ruinèrent les églises et profanèrent affreusement les corps des saints, dit le *Liber pontificalis* (2). « Les cimetières de la *Voie Salaria* furent les plus endommagés, car les Goths attaquèrent principalement Rome de ce côté. Les inscriptions nous apprennent, en effet, les dégâts qu'ils firent aux tombeaux des saints Chrysanthe et Daria, Alexandre, Vital, Martial et Dio-

---

(1) *Liber pontificalis*, in *S. Silvestrum*, n° 43.
(2) *Descendant in infernum viventes.*
(3) *S. Hieronymi in Ezechielem*, cap. 40.

(1) Northcote, *Rome souterraine* (trad. Allard), p. 155. — 2e édition.
(2) *Liber pontificalis*, in *Innocentium*.

gène, situés sur les deux voies Salaria. Aussitôt que la tempête fut passée, le pape Vigile répara des ruines « dont la vue, dit-il lui-même, lui arrachait des gémissements, » et remplaça plusieurs des inscriptions de saint Damase, que les dévastateurs avaient brisées, par des copies souvent fort imparfaites, dont quelques-unes sont venues jusqu'à nous; par exemple, l'inscription en l'honneur d'Eusèbe dans le cimetière Saint-Callixte. D'autres restaurations furent faites par de simples fidèles, quelquefois par des pauvres, *pauperis ex censu* (1).

Des liens régulièrement établis rattachèrent les cryptes souterraines aux églises de Rome; les prêtres de chaque paroisse étaient tenus de célébrer la messe dans celles de leur dépendance, d'y fêter les anniversaires de la mort des martyrs. Plusieurs souverains pontifes s'efforcèrent de maintenir ou de faire revivre cet usage, comme au temps des persécutions, et là piété du peuple répondait à leur zèle. Après les dévastations de Rome par Totila, le pape Jean III restaura les cimetières des martyrs et ordonna que les oblations, les calices, les cierges, fussent fournis chaque dimanche par le trésor du palais de Latran (2), pour que les saints Mystères n'y fussent pas interrompus.

Cette vigilance n'arrêtait pas tous les ravages du temps; bien des galeries étaient obstruées par les décombres; elles s'étaient fermées pour ne plus se rouvrir avant des siècles; les principales étaient fréquentées au détriment des autres, qui tombaient insensiblement dans l'oubli. Au VII° siècle, on s'est déjà bien relâché des anciens usages; les prêtres ne sont plus obligés de dire la messe dans les cimetières de leur circonscription paroissiale, et l'on donne au pape Sergius I cette louange exceptionnelle « que durant les années de son sacerdoce, il célébrait assidûment la messe dans les différents cimetières » (3); ce qu'il n'eût pas fait deux siècles auparavant, car étant titulaire de Sainte-Suzanne, il aurait desservi les catacombes de son titre paroissial.

Soixante ans plus tard, vers 735, Grégoire III, fort zélé pour restaurer et construire des églises, « institua un corps de prêtres chargés de dire des messes dans les cimetières, et ordonna que, dans ceux de la campagne de Rome, les lumières suffisantes pour célébrer les vigiles des fêtes des martyrs et les offrandes pour le sacrifice seraient apportées du palais par *l'oblationaire* (oblationarius), qui désignerait en même temps le prêtre à qui le pontife réservait l'honneur d'officier à la cérémonie. »

Le zèle de ce pape à l'égard des catacombes atteste que la population romaine s'en éloignait de plus en plus, que les paroisses avaient laissé tomber en désuétude les anciens usages et ne se considéraient plus comme obligées d'y entretenir les autels et d'y pourvoir au service divin. Sans doute, celles qui étaient placées dans le voisinage d'une église ou d'un monastère, en furent longtemps encore des annexes ou dépendances, assidûment fréquentées, et tandis que les ruines s'amoncelaient dans les autres et que l'oubli en faisait ignorer le chemin, les plus célèbres restèrent d'importants lieux de pèlerinage, et les

(1) Northcote. *Rome souterraine*, page 157.
(2) Liber Pontificalis, *in Joannem*.
(3) Liber Pontificalis, *in Sergium*.

anniversaires de la mort des martyrs y attirèrent toujours les fidèles. Mais leur nombre alla diminuant de siècle en siècle par suite des dévastations des barbares et des changements survenus dans les paroisses. Dans les relations des XI° et XIII° siècles, on en signale encore quatre ou cinq dont la notoriété est due aux basiliques voisines. Une chronique du XI° siècle rapporte qu'un pèlerin visitant le cimetière de Saint-Valentin sur la voie Flaminienne, y aperçut des lampes qui brûlaient jour et nuit. C'était une exception digne de remarque; à cette époque du moyen âge, l'attention est presque entièrement détournée de ces vénérables sanctuaires, à peine en est-il question deux ou trois fois dans les récits du moyen âge. L'auteur de la vie du pape Nicolas I dit qu'il visitait assidûment les cimetières, qu'il y rétablit la célébration de la messe (vers 860), mais qu'après lui cette pieuse coutume a été depuis longtemps abolie.

III

Cependant les papes différèrent longtemps de suivre l'exemple de saint Ambroise, qui, dès le IV° siècle, avait transporté plusieurs corps saints dans une des églises de Milan. Deux martyrs seulement, les saints Jean et Paul, mis à mort sous Julien, avaient eu leur tombeau dans l'enceinte de Rome. On ne se permettait de toucher aux reliques déposées dans les catacombes, que pour les placer dans les basiliques élevées au-dessus de la galerie où elles reposaient, lorsque celle-ci tombait en ruine. La couronne de martyrs, « qui, selon l'expression de saint Léon, entourait la ville éternelle, » fut ainsi conservée intacte jusqu'à l'invasion des Lombards, en 756. Mais telles furent les dévastations sacrilèges de ces barbares dans Rome et dans les campagnes d'alentour, que Paul I°, élu pape l'année suivante, se décida enfin à ouvrir les sépulcres des martyrs les plus vénérés et les plus illustres, et à rapporter leurs ossements dans les basiliques de Rome pour les soustraire aux profanations. Dans une constitution du 2 juin 761, il déplora l'état de ruine dans lequel étaient tombés la plupart des cimetières....... ruine que les impies Lombards avaient rendue plus complète, en violant les tombeaux et en s'emparant même des corps de plusieurs saints. » Depuis ce moment, dit-il, les fidèles ont cessé par indolence et par oubli, de rendre aux cimetières le culte qui leur est dû, on a laissé les animaux y pénétrer, on les a transformés en étables et en bergeries..... Étant témoin de cette indifférence pour des lieux si saints et la déplorant profondément, j'ai cru bon, avec l'aide de Dieu, d'en retirer les corps des martyrs, des confesseurs et des vierges du Christ, et au milieu des hymnes et des cantiques spirituels, je les ai transportés dans cette cité de Rome; je les ai déposés dans l'église que j'ai récemment construite en l'honneur de saint Étienne et de saint Silvestre. »
— La liste des saints qui furent ainsi transférés, est venue jusqu'à nous : ils étaient plus de cent.

Malgré les immenses travaux d'Adrien I° pour la restauration des basiliques suburbaines et des cimetières, et malgré ceux de son successeur Léon III, qui restaura les basiliques de Saint-Valentin (voie

Flaminienne), de Saint-Agapit (voie Tiburtine), de Saint-Étienne (voie Latine), les catacombes de Saint-Callixte, de Saint-Félix et Adauctus, Pascal Iᵉʳ fut contraint d'enlever un grand nombre de corps saints des cimetières de plus en plus délaissés (1). Une inscription de l'église Sainte-Praxède atteste qu'il transporta dans Rome les corps de plusieurs martyrs, *dirutis in cœmeteriis jacentia*.

Les nombreux pèlerins qui se rendirent à Rome à cette époque et dans les siècles suivants, ne furent pas poussés à enlever des catacombes les ossements sacrés, et à les disputer aux décombres toujours croissantes, pour les emporter dans les églises des provinces. A peine remarque-t-on, dans une chronique du XIᵉ siècle, qu'un étranger étant descendu dans la crypte de Saint-Valentin, sur la voie Flaminienne, reçut du gardien quelques reliques en présent. La plupart des galeries étaient alors fermées et oubliées ; elles conservèrent scellées dans leurs niches les cendres sacrées, que les découvertes modernes devaient exhumer avec tant de précieux souvenirs des origines du Christianisme. Au XIVᵉ siècle, toute cette cité souterraine qui étendait ses ramifications dans tous les sens, au-dessous de la cité vivante de Rome, est à peu près complètement ensevelie dans la nuit : c'est un souvenir. Un seul emplacement de cimetière est encore ouvert au XVᵉ, celui qu'on peut voir sous l'église Saint-Sébastien et que tous les anciens documents appellent *cœmeterium ad catacumbas*.

Le 31 mai 1578, des ouvriers tirant du sable sur la voie Salaria, mirent au jour une catacombe : c'était le commencement d'une ère nouvelle dans l'histoire de Rome souterraine.

INVENTION DES RELIQUES DE SAINT AMBROISE ET DES SAINTS GERVAIS ET PROTAIS (p. 303).

Nous résumons, d'après une lettre de M. César Cantù, le récit de la découverte qui a eu lieu à Milan, le 8 août 1871, du corps de saint Ambroise, inhumé auprès des tombeaux des saints Gervais et Protais.

L'an 386, saint Ambroise avait achevé la basilique ambrosienne, et il regrettait de n'avoir pas de reliques de martyrs pour la consacrer. Non loin de là se trouvait la basilique dédiée aux saints Nabor et Félix (basilique naborienne), située sur l'emplacement où un grand nombre de chrétiens avaient souffert le martyre. Saint Ambroise y fit creuser le sol, et, averti par une révélation, confirmée elle-même par un miracle, il y découvrit les corps des saints Gervais et Protais. Ce fut l'occasion d'une grande fête ; Ambroise plaça ces restes précieux sous l'autel de sa basilique : il les désigna comme ses protecteurs (*tales ambo defensores*) ; et il écrivit à sa sœur Marcelline qu'il voulait être enseveli sous le même autel, à côtés des saints martyrs.

En effet, quand il mourut, l'an 397, on le plaça près de ces deux saints, et bientôt la basilique, qu'on appelait ambrosienne, parce qu'il l'avait

(1) *Liber pontificalis, ad Adrianum, ad Leonem III.*

bâtie, devint l'église Saint-Ambroise. En l'an 835, l'archevêque Angilbert la rebâtit, et y construisit un magnifique autel avec un devant d'or ciselé, qui est un des monuments les plus antiques et les plus curieux de l'orfèvrerie du moyen âge. Cet autel était et est encore couvert par un dais biflorié, soutenu par quatre colonnes de porphyre. Sous l'autel, il plaça aussi dans une urne de porphyre les os de trois saints, qu'il tira d'un autre tombeau en marbre dans lequel ils reposaient. Comme alors on se disputait et on enlevait les reliques, il fit refermer l'urne dans une grosse muraille de briques et de mortier.

Depuis lors, la tradition disait toujours que le corps du saint patron était enseveli sous le maître-autel de cette église, mais on ne l'avait jamais vérifié. On y avait bien quelquefois pensé, mais toujours de bonnes raisons ou un grand respect avaient empêché de le découvrir. Dans le cours du siècle passé, l'archevêque Erba essaya de vérifier l'existence de ces reliques, mais il interrompit son entreprise aussitôt après l'avoir commencée, comme frappé d'une mystérieuse frayeur.

Aussi plusieurs pensaient-ils que le corps de saint Ambroise ne se trouvait pas en réalité dans ce lieu ; on affirmait même qu'il avait été enlevé et transporté en France ; d'autres enfin supposaient qu'il ne s'y trouvait tout au plus que des cendres (1).

En 1857, l'empereur d'Autriche vint visiter ces pays qu'il devait perdre bientôt après. Entre autres largesses, il assigna 25,000 fr. par an à l'église Saint-Ambroise pour les réparations et la manutention. C'est alors qu'on commença à la restaurer et à la rendre à sa forme originelle. Comme les restaurations s'approchaient du maître-autel, on voulut connaître ce qui s'y trouvait en réalité dessous. En effet, on creusa derrière l'autel, entre les deux colonnes de porphyre postérieures, et on découvrit un tombeau de marbre, avec quelques débris d'ossements, des dents, des cendres, mêlés avec quelques pièces de monnaie du Bas-Empire et des rois barbares. On supposa que c'était là qu'avaient été d'abord ensevelis les saints, et que c'était de là que l'archevêque Angilbert les avait retirés pour leur donner une sépulture plus convenable.

En suivant donc, on trouva une grande urne de porphyre, placée droit sous l'autel, entre les quatre colonnes, et enfermée dans une construction de briques. Les personnes présentes inférèrent tout de suite que les corps des trois saints devaient se trouver dans l'intérieur de cette urne.

Dans la soirée du 8 août, Mgr l'archevêque, le clergé de la basilique, la municipalité, une commission artistique et archéologique étaient présents ; on procéda à l'ouverture de l'urne.

On l'avait isolée en démolissant la maçonnerie ancienne. On leva donc le couvercle, et, au milieu du plus grand étonnement, on vit apparaître les trois squelettes encore dans leur intégrité. Les trois crânes étaient rangés du côté nord ; et à leur suite les os étaient disposés d'une manière régulière.

(1) C'était par suite d'une mauvaise interprétation d'un texte de Grégoire de Tours. L'auteur du *de Gloria Martyrum* dit au chap. 47 que les reliques des saints Gervais et Protais qui furent distribuées par saint Ambroise à beaucoup d'églises des Gaules et d'Italie n'étaient pas des ossements de ces saints, mais seulement du sang ou des linges et de la terre trempés de leur sang.

Le tout était couvert d'une nappe d'eau pure et limpide; il est impossible de deviner comment elle a pu pénétrer jusque-là. On recouvrit encore une fois le cercueil, et trois jours après (le 11), on procéda à une reconnaissance. Après avoir puisé l'eau, que l'on conserva, on enleva les os, puis on les composa de manière à reconstituer les trois squelettes. On ne trouva dans l'intérieur ni inscriptions, ni médailles, ni monnaies ou fiole : on ne découvrit que deux boutons ou fermoirs d'or, et des paillettes d'or, provenant sans doute de la chasuble dont on avait couvert les saints (1).

TITUS DE BOSTRA (p. 325).

On ne peut qu'approuver la conduite de Théodose et du clergé catholique à l'égard des Manichéens. L'Eglise employait surtout les voies de la persuasion pour ramener les hérétiques ; c'est ainsi que nous possédons de nombreux ouvrages composés dans ce but, et notamment un traité de Titus de Bostra. M. P. de Lagarde a donné en syriaque, d'après un manuscrit de l'an 412, le texte des quatre livres de cet ouvrage (2), et publié presque en même temps ce qui s'est conservé du texte grec de ce même ouvrage, d'après un manuscrit de Hambourg (3). Titus, évêque de Bostra, a fleuri du temps de Julien ; de tous ses écrits le plus célèbre est le traité en question, cité par saint Jérôme, dans ses *Scriptores ecclesiastici* (4), et par Ebed Jesu, dans son Catalogue des auteurs syriens : « Titus, dit ce dernier, a engagé une controverse contre cet agressif Manès (5); » ce qui fait sans doute allusion à la fameuse controverse de l'hérésiarque avec l'évêque Archélaüs.

SAINT PAULIN (p. 347).

Saint Paulin était chrétien par les croyances avant de le devenir par le baptême, quoique certains auteurs soutiennent le contraire et attribuent à ce fait les invectives que les païens lui lancèrent lorsqu'il se retira du monde. Il était converti depuis cinq ans lorsqu'il disait, dans une pièce de vers dédiée à saint Félix, son patron : « Enfin tu m'as accordé de venir célébrer la naissance dans ton temple ! *Trois* lustres se sont bien lentement écoulés, depuis qu'au milieu de solennités pareilles, prosterné devant toi, je te consacrai et mes vœux et mon cœur. Les travaux qui, depuis ce jour, m'ont entraîné loin de la demeure, à travers les terres et les mers, sur des plages lointaines, tu les connais ; car toujours et partout, dans les fatigues de mes courses et les hasards de ma vie, je t'ai imploré, toi qui te tenais à mes côtés (6). » Bien que baptisé depuis un lustre seulement, il était donc consacré à saint Félix depuis trois lustres, c'est-à-dire qu'il professait la foi chrétienne dix ans au moins avant d'avoir reçu les eaux du baptême. Dans le fait, la foi de Paulin à l'Evangile datait de sa jeune âge. « Le Christ, dit-il, m'a donné pour serviteur à Félix dès mes premières années... Encore enfant, j'arrivai des régions occidentales des Gaules. A peine mon pied tremblant a-t-il touché ton seuil, ô Félix, que je vois entassés devant les portes les témoignages de tes œuvres sacrées... et que de tout mon cœur, je m'abreuve de la foi du nom divin. Joyeux à ta lumière, je m'enflammai d'amour pour le Christ.. (1) » La haine du paganisme ne fut point excitée par le baptême de saint Paulin, mais par sa résolution de vendre tous ses biens qui étaient immenses et de se retirer du monde.

SAINT GRÉGOIRE DE NYSSE (p. 351).

Saint Grégoire de Nysse, dont tous les anciens s'accordent à faire le plus grand éloge à cause de sa foi, de sa vie exemplaire, de son intégrité et de sa sagesse, a laissé un grand nombre d'écrits : nous devons une mention spéciale à sa *Grande Catéchèse*. Cette *Catéchèse*, l'un des ouvrages les plus importants de notre saint, n'est point de la nature de celles de saint Cyrille de Jérusalem. L'évêque de Nysse n'entreprend pas d'y instruire ceux que l'on disposait à recevoir le baptême, mais les catéchistes eux-mêmes, auxquels il enseigne à prouver, par le raisonnement, les mystères de la foi à ceux qui ne défèrent pas à l'autorité des divines écritures. Elle est divisée en quarante chapitres, précédés d'un prologue, et qui sont très importants pour l'enseignement de la foi. C'est une sorte de traité où le saint apprend l'art de convertir les païens, les juifs et les hérétiques. Parmi ses autres ouvrages, nous citerons ses *Dix Syllogismes contre les Manichéens*, ses cinq discours sur l'*Oraison dominicale* et deux autres sur l'aumône ou l'amour des pauvres.

SAINT AMBROISE ET L'HYMNOLOGIE CHRÉTIENNE (pag. 353).

Dans les œuvres de saint Ambroise, il convient de faire une place particulière aux hymnes. On sait, en effet, que beaucoup d'hymnes du Bréviaire romain, et des plus belles, lui sont attribuées. Elles ont été étudiées à un nouveau point de vue par M. l'abbé Pimont (2), dans un ouvrage remarquable, qui s'applique également à Prudence et aux autres poètes chrétiens, et que nous résumerons avec le compte rendu qu'en a donné l'*Univers* (3).

---

(1) Voir *Univers* du 28 août 1871.
(2) Titi Bostreni, *Contra Manichæos*, libri quatuor syriace. Berolini, 1859.
(3) Titi Bostreni, *Quæ ex opere contra Manichæos edito*, in codice Hamburgensi servata sunt græce e recognitione. P. A. de Lagarde. Berlin, 1859.
(4) C. cii.
(5) *Bibliotheca orientalis*, t. III, part. I. p. 41.
(6) Poema XII, seu Carmen II, de S. Fel.

(1) Poema XVI, carm. XIII, in S. Fel., v. 349-378.
(2) *Les Hymnes du Bréviaire romain. — Études critiques, littéraires et mystiques*; par M. l'abbé S.-G. Pimont, second vicaire de Notre-Dame de Plaisance : t. I, *Hymnes dominicales et fériales du Psautier* ; Paris, Poussielgue, 1874, in-8° ; — t. II, *Hymnes du temps*, Paris, Poussielgue, 1878, in-8°.
(3) N° du 17 décembre 1874.

Au début de son étude, M. l'abbé Pimont pose un principe général que la suite démontre : « Les « hymnes du Bréviaire romain, dit-il, sont d'autant « plus belles qu'elles ont été écrites sous le souffle « de l'esprit chrétien, lequel s'est donné à lui-« même sa forme adéquate par le juste et plein « accord de l'idée avec la forme, et a créé ainsi ce « style nouveau qui n'a rien de comparable dans « le classique profane » Cette idée philosophique du style jette tout de suite une lumière nouvelle sur nos hymnes. Il y a donc un latin chrétien, une poésie chrétienne. Les admirateurs exclusifs de l'antiquité n'admettent pas, nous le savons, qu'il y ait un autre latin que le latin de Cicéron, ni une autre poésie que celle d'Horace. Une double réalité historique s'impose pourtant à eux. D'une part, l'avénement du christianisme créa des besoins nouveaux de langage ; de l'autre, le cours naturel des langues apporta à celle de Rome les modifications incessantes du temps. Le latin, enrichi de mots nouveaux, transformé selon le génie du christianisme, modifié par l'usage, n'en resta pas moins le latin et continua d'avoir sa beauté propre. La langue d'Auguste ne pouvait suffire à rendre l'Évangile. Ce n'était ni le vocabulaire philosophique de Rome, ni sa poétique, qui pouvaient fournir des expressions et des images convenables aux doctrines, aux mystères, aux faits nouveaux du christianisme.

« C'était donc une langue à transformer, sinon à créer, c'était toute une littérature, toute une poétique nouvelle à refaire.

« D'ailleurs, à l'époque de l'établissement du christianisme à Rome, le latin d'Auguste était en décadence. La langue du beau siècle entrait dans une nouvelle phase. C'est alors que l'Église la prit pour la faire sienne en la transfigurant. En même temps qu'elle l'enrichissait de mots nouveaux ou transformés, elle faisait passer dans ce latin renouvelé les richesses de l'Orient et de la Grèce. La traduction latine des livres hébraïques et grecs de la Bible lui apporta, avec les qualités originales des deux langues mères de la civilisation, des expressions vives, des images grandioses qu'elle n'avait point. Le génie oriental et le génie grec s'unirent donc au latin pour former l'idiome destiné à devenir la langue universelle de l'Église. Les trois langues de la Croix se fondirent en une seule, qui fut la langue désormais immuable et impérissable de la race de Jésus-Christ. Héritière de l'empire romain, l'Église lui succéda pour la langue comme pour la domination, et il y eut le latin de l'Église, comme il y avait le latin de Rome.

« C'était pour le fond la même langue que l'ancienne, avec des différences de forme. Tout un vocabulaire nouveau était né de la théologie et de la liturgie; pour les mêmes causes, l'ancienne poétique se modifia en plusieurs points. C'est ce qui eut lieu surtout lorsqu'il s'agit de la composition de nos hymnes où, pour se produire à l'aise et avec ce double caractère de grandeur et d'onction qui distingue ces pièces, les idées auraient inutilement fait appel au vocabulaire classique.

« Le génie des premiers chantres chrétiens créa donc une poésie nouvelle dont le style et la versification s'écartèrent bientôt des modèles classiques. Souvent le mot liturgique dut faire violence à la quantité et briser le mètre. De saint Ambroise à Adam de Saint-Victor, l'art poétique eut libre carrière. Nos hymnes eurent leur mesure et leur rythme propres. Le style en était parfaitement approprié à l'objet. Comme les hymnes étaient destinées à être chantées par le peuple, la métrique devait avoir pour première règle le chant. Souvent le poète était lui-même le musicien. On connaît les admirables compositions des saint Ambroise, saint Grégoire le Grand, Prudence, Fortunat, saint Thomas d'Aquin, Jacopone de Todi, Adam de Saint-Victor. Il y a là toute une suite de chefs-d'œuvre originaux.

« Il arriva un temps où les vieilles hymnes liturgiques chantées pendant mille ans, ne parurent plus suffisamment belles à des lettrés qui ne leur trouvaient pas les qualités de l'ode horacienne. On appela ce temps la Renaissance, parce qu'en effet il vit renaître le goût du paganisme. Dans cette réaction vers le passé, les hymnes tombèrent dans le discrédit. Leurs défauts prosodiques, leur pieuse simplicité, les rendirent intolérables. Les raffinés de la cour de Léon X déterminèrent le Pape à substituer aux anciennes hymnes de saint Ambroise et de Prudence des pièces plus dignes de la littérature du temps. Un d'eux, Zacharie Ferreri, fut chargé de la composition d'un nouvel hymnaire à l'usage des Renaissants. D. Guéranger dit que l'œuvre de Ferreri présente « toutes les images et allusions aux croyances et aux usages païens qu'on pourrait rencontrer dans Horace. » Malgré un bref de Clément VII qui approuvait, sans en imposer l'usage, les hymnes de Ferreri, ces élucubrations hymnographiques ne purent prévaloir dans l'Église. Les moines surtout et le peuple continuaient à chanter les vieilles hymnes traditionnelles.

« Aussi, quand la première fougue de la Renaissance fut passée, les esprits revinrent à des appréciations plus modérées. « Si on continua à penser, « écrit M. l'abbé Pimont, que l'hymnaire exigeait « certaines modifications, il ne fut plus admis de « croire qu'on dût le sacrifier tout entier. Donc « une réforme ne pouvait être sagement entreprise, « menée à bonne fin qu'à la condition rigoureuse « qu'on la circonscrirait dans les plus étroites « limites. Elle réclamait, en outre, de la part de « ceux qui devaient s'y appliquer, une connaissance « exacte et complète de la matière, avec une aptitude toute spéciale en l'espèce. »

« Dans la revision générale du Bréviaire entreprise par Urbain VIII, la correction des hymnes fut confiée à une commission de trois doctes jésuites. Ce fut une condescendance de la part du Pape « qui « dit Mgr de Conny, crut pouvoir accorder quelque « chose aux faiblesses littéraires des temps qui ont « suivi la Renaissance. »

« Les commissaires devaient travailler directement sur les hymnes de l'ancien bréviaire pour les régler selon la prosodie classique et les remettre en bon latin. Malgré la sanction du Saint-Siège, une critique déférente ne saurait être privée du droit de juger au point de vue littéraire, l'œuvre des commissaires d'Urbain VIII. On ne peut s'empêcher de reconnaître qu'ils se trompèrent complètement.

« L'état si peu avancé ou si troublé alors de la « critique, à l'endroit du mètre et des habitudes

« propres de la versification chrétienne, dit M. l'abbé
« Pimont, leur laissant ignorer entre autres lois qui
« régissaient la facture du vers, l'influence surtout
« plus ou moins accusée selon les époques, de
« *l'accent tonique*, ils dûrent forcément et presque
« à chaque pas se heurter à de prétendues infrac-
« tions prosodiques, lesquelles en réalité n'exis-
« taient pas, du moins dans le système d'après
« lequel les hymnes avaient été composées. » En
outre, le prétexte d'élégance ou de clarté leur fit
souvent sacrifier à des expressions *classiques* les
mots primitifs, presque toujours si riches de symbolisme et de profondeur mystique.

« La science philologique qui a déterminé de nos
jours les lois de la poésie latine populaire, à laquelle
se rattachent les hymnes de l'Église, ne permet
plus de souscrire à l'approbation que les commissaires se donnèrent à eux-mêmes, dans la préface
de leur travail, pour avoir soi-disant corrigé jusqu'à
952 fautes de prosodie.

« Leur première erreur fut de méconnaître le rôle
de l'accent tonique, tout différent de la quantité
prosodique, dans la versification des anciennes
hymnes. L'accent, d'origine populaire, fut chez les
Latins eux-mêmes le principe d'une versification
rythmique sensiblement différente de la versification métrique, il persista à toutes les époques de
la littérature, et on le trouve fréquemment substitué
à la quantité chez les poètes qui composaient pour
le peuple. Entre l'accent et la quantité, il y a une
différence essentielle qui devait donner à la longue
l'avantage au premier. L'accent est comme la nota-
tion de la parole et c'est de là que lui vient son
nom (*accentus, ad cantum*). On peut dire de l'accent
qu'il est l'âme du mot, tandis que la quantité n'en
est que le corps. Il est comme le signe de la pensée.
Avec le christianisme, l'accent, principe intellectuel
du mot prévalut peu à peu sur la quantité, principe matériel. Dès le quatrième siècle, on le voit apparaître
dans la poésie chrétienne et populaire; avec le
temps, il devint d'un emploi régulier. Dans la nouvelle métrique, l'accent a la propriété, tantôt d'allonger la syllabe prosodiquement brève, tantôt
d'abréger la syllabe longue quand celle-ci est placée
entre deux accentuées.

« D'un autre côté, les doctes commissaires prirent
pour autant de fautes les nombreux hiatus qu'ils
rencontraient dans les hymnes, sans considérer que
cette prétendue infraction à la règle classique avait
sa nécessité dans le chant. L'élision est un principe
tout conventionnel de prosodie, fait pour les yeux
et non pour l'oreille et le plus souvent inapplicable
dans les pièces chantées. N'ayant pas l'habitude du
chœur, à cause de leur règle, ils ne purent se
rendre compte des fâcheux effets de l'élision et pour
le chant et pour le sens.

« Les correcteurs respectèrent généralement la
rime, dans l'impossibilité de la faire disparaître
sans refondre tout l'hymnaire; elle fut néanmoins
supprimée dans maints endroits où la prosodie
l'exigeait. Cependant la rime n'était pas une super-
fétation : comme utilité, elle fournissait un procédé
mnémonique avantageux au clergé et au peuple,
comme beauté, la répétition des mêmes syllabes
sonores offrait un élément musical de rythme.
Nulle pièce ne montre mieux la double beauté de la
rime et pour l'effet poétique et pour l'effet musical,
que le sublime *Dies iræ*. Et pourtant il s'est trouvé
des versificateurs qui se sont avisés de découvrir
des fautes de quantité et de goût dans la grande ode
sur la mort.

A propos de cette entreprise téméraire, ou mieux
au sujet des poésies de saint Grégoire de Nazianze,
M. Villemain a fait une réflexion qui peut s'appliquer
ici : « Ce n'est pas, écrit-il, la poésie d'Homère,
« c'est une autre poésie qui a sa vérité, sa nou-
« veauté, et dès lors sa grandeur. Je la préfère de
« beaucoup aux imitations artificielles où des
« lettrés chrétiens cherchaient à saisir et à trans-
« porter sur des sujets religieux les formes de
« l'ancien idiome des muses. Là, souvent, le travail
« devait être faible et faux (1). »

En effet, selon la remarque de M. l'abbé Pimont,
si, par impossible, nos hymnes avaient été écrites
dans le style d'Horace, comme essayèrent de le faire
Santeuil pour le Bréviaire de Paris, et Bobinet, avec
plus de tact chrétien, pour le Bréviaire de Rouen,
loin d'être *classiques* dans le sens rationnel du mot,
elles ne se rattacheraient à aucune littérature, puisqu'en divorçant avec le nouvel idiome de l'Église
qui seule pouvait leur prêter un langage en juste
harmonie avec la pensée chrétienne, elles n'eussent
été le plus souvent qu'un triste plagiat, ou tout au
plus une imitation froide et stérile de l'art
antique.

« C'est ce que ne comprirent pas les Renaissants
qui eurent la première idée d'une réforme hymnographique. Enthousiastes de classicisme, ils mé-
connurent la littérature chrétienne. Leurs successeurs gardèrent longtemps l'engouement des
premiers jours. Le XVIIe siècle en était là lorsqu'eut
lieu la revision du Bréviaire romain. On connaissait
parfaitement l'antiquité, on ignorait le moyen âge.

« Il en fut de l'hymnodie comme de l'architecture et du plain-chant. Au nom des règles de l'antique, les hommes du meilleur goût, des Fénelon,
des Bossuet, traitaient de barbare l'admirable
architecture du moyen âge. Ce fut à la même
époque en vertu des règles musicales qu'on voulut
réformer également le chant ecclésiastique, dont la
tonalité était trouvée barbare. Alors on introduisit le
dièze dans le chant grégorien, on mutila la phrase
musicale pour l'accommoder à l'accent prosodique
et on altéra les plus beaux morceaux pour satisfaire
au goût nouveau musical. Ce fut une erreur du
même genre que celle des commissaires d'Urbain VIII.
On ne considérait plus que l'hymnographie chrétienne, assujettie à ses lois propres de l'accent, du
syllabisme et de la rime, avait rompu anciennement
avec l'ancienne métrique.

« On ne comprenait pas alors, que l'Église s'était
fait une langue, une poésie, une architecture, un
chant qui avaient leurs principes particuliers, leurs
incomparables beautés ; qu'avec les cœurs, les
chants et les temples avaient été transformés ;
qu'une poésie nouvelle était née avec saint Ambroise
le Grand, une architecture nouvelle avec la basilique.

« Pas plus que la réforme hymnographique de
Ferreri, celle des commissaires d'Urbain VIII ne

(1) *Tableau de l'éloq. chrét. au IVe siècle*, p. 135.

prévalut généralement dans l'Église, tant le Saint-Siège mit peu d'insistance à l'appliquer, tant il semble lui-même avoir donné toute liberté à cet égard. Les hymnes corrigées ne furent pas admises dans la basilique de Saint-Pierre, mais elles s'étendirent dans les autres églises de Rome, de l'Italie, et même de la chrétienté, hormis en France. Ceux de nos diocèses qui suivaient le romain pur préférèrent, en général, garder les anciennes. Il en fut de même des franciscains de France, des ordres et congrégations monastiques, à l'exception de la congrégation de Saint-Maur. Aujourd'hui encore, dans Rome même, les bénédictins du Mont-Cassin, les cisterciens, les chartreux, etc., etc., chantent les anciennes hymnes, elles sont également restées en usage dans le Bréviaire dominicain.

« La liberté laissée aux églises et aux ordres religieux, à Rome même, sous les yeux des souverain Pontifes, montre bien que, dans l'intention du Saint-Siège, la correction d'Urbain VIII, en quelque sorte facultative, ne saurait, au moins pour les hymnes, empêcher le retour à l'ancien texte du Bréviaire de saint Pie V, si un jour le moment lui paraissait opportun. »

SAINT MARUTHAS (p. 383).

Saint Maruthas, dont Rohrbacher cite les divers ouvrages à la page 383 de ce volume, est un auteur historique et liturgique fort important, surtout pour le Sacrement de l'Eucharistie. Les diverses liturgies admises chez les Syriens fournissent des formules très claires en témoignage de leur croyance à la présence réelle ; quoiqu'elles portent les noms de célèbres docteurs grecs, elles ont joui d'une autorité universelle dans leurs Églises. Cette thèse a été soutenue par M. Lamy dans sa *Dissertatio de Syrorum fide et disciplina in re eucharistica* (1) ; il cite à l'appui les passages choisis empruntés à l'ouvrage bien connu de Renaudot sur les *Liturgies orientales* et au tome V du *Codex liturgicus* de Joseph Aloys Assemani. Il a fait suivre ces textes décisifs de déclarations qu'il a relevées dans les *Actes des Martyrs* de l'Orient ; mises dans la bouche des martyrs du IIIe et du IVe siècle, au moment de leur supplice, elles attestent la foi à l'Eucharistie et l'usage de la communion sous les deux espèces. L'auteur n'a pas négligé les témoignages consignés dans les traités des Pères et des écrivains ecclésiastiques de l'Orient. Il a produit tout d'abord ceux des Pères parmi lesquels il comprend les Pères grecs dont certains livres n'existent plus qu'en syriaque. Ainsi saint Athanase, dans ses lettres pastorales (dont la version grecque avec traduction latine a paru au tome VI de la *Nova Patrum Bibliotheca* du cardinal Maï), a-t-il exhorté les fidèles à célébrer la nouvelle Pâque dans laquelle le Verbe du Père communique sa chair et son sang. Viennent ensuite saint Jacques de Nisibe et saint Éphrem, saint Maruthas et saint Isaac le Grand, saint Jacques de Saroug et saint Jean Maro, patriarche d'Antioche. Ce dernier a mis la plus grande vigueur de doctrine dans l'explication des rites et des raisons mystiques de la liturgie du saint sacrifice placés sous le nom de l'apôtre saint Jacques. Passant aux écrits hérétiques de la Syrie, qui, comme on sait, ont professé fermement la vérité, sur tous les points de doctrine qui n'atteignaient pas leur erreur fondamentale, M. Lamy les a consultés avec sagacité relativement à la croyance traditionnelle de leur nation. Les monophysites, par exemple, admettent pour la plupart la présence réelle du Christ dans l'Eucharistie, et leurs écrivains tels que Xenaïas ou Philoxène, évêque de Mabourg, vont même jusqu'à combattre d'autres sectaires qui la mettaient en doute.

Pour en revenir à l'objet de cette note, nous dirons avec M. l'abbé de Lagrange (1) que sous le rapport historique, rien ne peut avoir plus de valeur, comme témoignage, que l'histoire de saint Maruthas. Il a vécu sur les lieux mêmes ; ce qu'il raconte il l'a vu ou appris de la bouche des évêques et des prêtres, témoins oculaires, ou bien il l'a puisé dans des écrits contemporains. La critique la plus sévère ne peut exiger de plus grandes garanties. Ces Actes ont été traduits pour la première fois en français, en 1852. De son côté le cardinal Pitra, après une notice où sont relatés les faits que nous venons de rapporter, ajoute ce qui suit touchant les travaux hagiographiques de saint Maruthas. Placé sur la voie qui mène toujours aux grands travaux d'hagiographie, saint Maruthas aborda cette nouvelle tâche avec l'ardeur qu'il avait eue à courir au martyre (2). Autour de lui vivaient les témoins oculaires, les contemporains, les spectateurs, les martyrs eux-mêmes ; il avait vécu au milieu d'eux ; si plusieurs, si le plus grand nombre s'en était allé à Dieu, il pouvait interroger leurs compagnons survivants ; il écrivit sous la dictée des évêques, des vieux prêtres, des vieillards les plus dignes de foi. La persécution principale avait commencé en 330, et ne s'était arrêtée un moment qu'en 370, à la mort de Sapor. Elle recommença sous Izdegerd et Varane, quoique moins violente, et se prolongea dans le Ve siècle. Maruthas vit la première, ses disciples traversèrent la seconde ; l'un d'eux en écrivit les annales, malheureusement perdues en grande partie. Pour ce saint, il recueillit et rédigea les Actes des martyrs couronnés sous Sapor. Ce volume a été retrouvé et publié par le savant Assemani. Nul n'aura lu quelques pages de cet admirable récit sans éprouver en quelque chose la pieuse émotion du saint martyr persan, Anastase Siraïte « qui ne pouvait lire ces victoires, ces trophées, ces combats des martyrs, sans arroser le livre de ses larmes, sans envier et demander ardemment de souffrir pour le Christ. Il voulait, disait-il, ne vaquer jusqu'à la mort qu'à cette lecture. » Aussi le premier des Assemani ne se consolait pas de n'avoir pu obtenir la seconde partie de cet ouvrage. Il cite de la première un passage qui est l'un des plus beaux textes sur la croyance à la présence réelle dans la sainte Eucharistie : « Maintenant donc, toutes les fois que nous approchons du corps et du sang du Christ, et que nous les recevons sur nos mains, nous croyons certainement que nous embras-

---

(1) Louvain, 1859.

(1) *Les Actes des martyrs d'Orient, traduits pour la première fois en français sur la traduction latine des manuscrits syriaques de Étienne Évode Assemani.* Paris, 1852.
(2) *Études sur la collection des Actes des Saints.* 1850.

sous son corps ou du moins la chair de sa chair et les os de ses os, car le Christ n'a pas appelé cela figure et apparence, mais il a dit : Cela est vraiment mon corps et ceci est mon sang (1). Ce passage, comme on le voit, est bien propre à faire regretter la perte de la seconde partie de l'ouvrage de saint Maruthas. Assemani avait pu l'entrevoir, dans ses savantes pérégrinations à travers les monastères de la Thébaïde. « Certainement, dit-il, j'ai vu au monastère des Syriens, à Scéti, quand je parcourais le désert de Nitrie, les Actes de saint Abdas, évêque, qui fut l'occasion de la persécution d'Izdegerd. Ils se trouvaient dans un magnifique volume, en syriaque, renfermant soixante passions des martyrs de la Syrie orientale et occidentale (2). » On sait que ce savant voyageur eut à lutter contre toutes sortes d'obstacles, et que l'un des plus considérables fut son renom bien connu et son titre de maronite et de député du Saint-Siège. Dom Pitra a recueilli sur la propre relation d'Assemani d'assez longs détails concernant cette intéressante expédition (3). Le savant cardinal est donc parfaitement dans le vrai quand il termine en disant : Un seul homme a donc suffi à l'antique Église chaldéo-syriaque pour qu'elle tînt son rang avec honneur dans l'hagiographie, saint Maruthas, évêque de la ville des Martyrs ou Tagüt (Tagrite), autrement nommée Martyropolis. Il y a lieu de s'étonner que cette église qui commence par les Apôtres et continue par les Martyrs, qui, au IVᵉ siècle, a l'énergique vigueur d'enfanter tant de martyrs et de donner au monde un docteur tel que saint Éphrem, qui eut à Édesse et à Nisibe des écoles florissantes et conserva, depuis le roi Abgar, des archives et des bibliothèques célèbres, n'ait rencontré, ni avant ni après saint Maruthas, aucun historien qui nous ait conservé ses annales, aucun légendaire qui ait enregistré les actes de ses saints.

CROCUS ET LES MARTYRS DE LA PERSÉCUTION DES VANDALES (p. 388, col. 1).

Crocus, roi des Vandales, en dévastant l'est et le midi de la Gaule, fit beaucoup de martyrs. On a reporté son invasion à l'année 257 environ, sous le règne de Gallien et de Valérien. Ceux mêmes qui font arriver alors saint Denis et plusieurs autres évêques dans les provinces qu'ils évangélisèrent, supposent déjà des chrétientés très florissantes, à cette époque, dans les contrées et dans les villes traversées par ce barbare. Mais il est plus probable que ce n'est que vers 407 qu'il arriva sur les bords du Rhin.

En effet la chronique d'Idace, suivie par Frédégaire, suit à grands traits sa marche depuis Mayence jusqu'à Arles, où il fut pris par Marius, enchaîné et promené au milieu des insultes, dans les villes qu'il avait saccagées, et ensuite livré à une mort cruelle. Le chroniqueur ajoute qu'il eut pour successeur Trasemond, lequel fut battu par les Allemands et passa en Espagne avec les Suèves et les Allains. On sait quand Trasemond fut roi des Vandales et quand il les conduisit avec ses alliés se fixer en Espagne : c'était en 409. Idace, qui était Espagnol, n'ignorait pas les circonstances de ces grands événements, dont Orose a parlé dans le même sens que lui, et Frédégaire ne l'a pas suivi sans raison.

Les Actes de saint Antide, qui remontent au-delà du IXᵉ siècle, nomment positivement Crocus comme roi des Vandales qui saccagèrent les bourgs voisins de Besançon et égorgèrent le saint évêque à Ruffey, et ils donnent sur la mort de ce meurtrier des chrétiens les mêmes détails que Frédégaire et Idace, avec d'autres également saisissants. Les catalogues des évêques de Besançon s'accordent à placer l'épiscopat de saint Antide dans les premières années du Vᵉ siècle.

Dans les Actes de saint Valère (1), archidiacre de Langres et dans ceux de saint Désiré (2), évêque de cette ville, c'est Crocus qui est à la tête des Vandales au moment où ces barbares viennent se ruer contre les murs de Langres, massacrent saint Désiré, et poursuivant leurs courses dans la direction de Besançon, atteignent saint Valère près de Port-sur-Saône et l'égorgent à son tour. Si ces relations sur saint Antide et sur saint Valère ont subi des interpolations, elles ont néanmoins de la valeur pour le fond des choses, étant appuyées sur les traditions anciennes des églises. Celle qui fut faite sur saint Désiré est plus respectable encore ; elle avait été envoyée à saint Céraune, évêque de Paris, au commencement du VIIᵉ siècle, et composée par le prêtre Warnachaire, sur le témoignage des vieillards qui avaient pu assister dans leur jeunesse aux dévastations commises dans la ville de Langres : on ne saurait en garantir tous les détails ; mais elle est l'expression des récits contemporains.

Ces divers documents qui répondent si bien aux affirmations des chroniqueurs, et qui les complètent si exactement pour tracer la marche de Crocus entre Mayence et Arles, établissent suffisamment la vérité. C'est par méprise que saint Grégoire de Tours lui fait franchir le Rhin à Mayence, pendant le règne de Gallien et de Valérien. Il n'avait point en vue un Crocus différent du roi des Vandales, vaincu et enchaîné par Marius ; car il le représente poussé par sa mère à ruiner la Gaule et à détruire les églises, et c'est là ce qui est rapporté par Idace et par les Actes de saint Antide, du farouche Crocus qui égorgea une foule de chrétiens et mit tout à feu et à sang sur son passage, vers les années 407 et 408. Si saint Grégoire de Tours l'appelle roi des Allemands, c'est parce qu'il amenait ses hordes des contrées allemandes.

SAINT AUGUSTIN ET LES ANTIPODES (p. 438).

On a accusé saint Augustin d'avoir nié les antipodes ; cette accusation assez singulière ne mériterait guère d'être relevée, si elle ne servait de pré-

---

(1) *Biblioth. orient.*, t. I, p. 180.
(2) *Bibl. orient.*, t. I, p. 181.
(3) *Auxiliaire Catholique*, t. II, p. 235 ; t. III, pp. 81, 220, 272 ; t. IV, pp. 254 et 303.

(1) Bibliothèque nationale, fonds lat., nᵒ 11757, fol. 154 (XIIIᵉ siècle). — *Vita S. Valerii Lingonensis.*
(2) *Ibid.* — Ms nᵒ 18300, fol. 97. — (XIᵉ siècle.)

texte pour lancer le reproche d'ignorance à l'Eglise catholique. Sans entrer dans les détails de cette question qui a été examinée à fond (1), nous dirons que la doctrine primitive concernant les antipodes, telle qu'on l'enseignait du temps de saint Augustin, du temps du pape Zacharie — qui fut plus tard aussi impliqué dans cette affaire — et bien des siècles après, était essentiellement d'une nature bien différente de l'opinion que nous en avons aujourd'hui : le système des anciens supposait la pluralité des races, tandis que le nôtre, établi sur les faits, n'admet rien de semblable. Celui-ci n'a rien d'opposé à nos livres sacrés, tandis que celui-là contredit formellement le récit de la Genèse : *In principio creavit Deus cœlum et terram*, etc. (2), et la doctrine de l'Apôtre : *Fecitque ex uno omne genus hominum inhabitare super universam faciem terræ* (3). Lactance rejeta non seulement les hypothèses auxquelles les antipodes avaient donné lieu, mais le principe même de l'existence des antipodes (4). Son raisonnement était faux, mais il eût cependant pu invoquer l'autorité de Lucrèce (5), de Plutarque (6), et même de Pline l'Ancien qui, tout en admettant la rotondité de la terre, n'osait affirmer qu'elle fût habitable partout. En deux mots, saint Augustin rejetait les antipodes tels que les entendaient les philosophes païens, et admettait les antipodes tels que nous les entendons. L'accusation d'ignorance portée contre le célèbre docteur de l'Eglise, retombe ainsi de tout son poids sur ceux qui en sont les auteurs et qui auraient bien fait de méditer ce passage de Quintilien : *Modeste tamen et circonspecto judicio de tantis viris pronuntiandum est, ne, quod plerisque accidit, damnent quæ non intelligunt.*

SENTENCE CONTRE SAINT HILAIRE (pp. 453 et 507).

L'événement saillant de l'histoire de saint Hilaire, est sa dégradation du titre de métropolitain : sévère, mais juste peine, infligée par saint Léon, dit Gorini. Hilaire avait reçu des citoyens de Besançon des plaintes contre leur évêque Célidoine. Il les jugea graves, et réunit un concile où l'accusé fut déposé; mais celui-ci en appela au Saint-Siège. L'évêque d'Arles se rendit aussi à Rome. Voyant annuler la sentence de son concile, il succomba à son bouillant caractère, prononça des paroles irritées, et prit la fuite, sans attendre l'examen d'une affaire bien plus sérieuse. Voici le fait : En parcourant une des provinces narbonnaises, antérieurement dépendantes de la métropole d'Arles, mais que Boniface Ier en avait détachées, Hilaire trouva l'évêque Projectus dangereusement malade, et lui donna un successeur ; acte triplement anticanonique, puisque l'archevêque visiteur n'avait plus d'autorité sur ce territoire, puisqu'il n'observa pas les règles des élections et que Projectus n'était ni consentant ni convaincu d'aucune faute. Ce peu de respect pour les canons, l'inconvenance de ses discours à Rome, sa fuite, tout cela fut rigoureusement puni ; il cessa d'être métropolitain de la province de Vienne, et n'eut plus que son évêché d'Arles à gouverner. Il s'efforça de rentrer en grâce auprès de Léon et y réussit, mais sans recouvrer les prérogatives de son siège. Arles ne redevint métropole qu'après la mort d'Hilaire, qui expira en 449, épuisé par les mortifications plutôt que par les années.

Ces faits ont donné lieu à diverses accusations de la part d'historiens modernes, accusations que M. l'abbé Gorini a relevées et victorieusement combattues (1). Sans examiner les diverses questions soulevées à ce propos, nous dirons seulement que la conduite d'Hilaire lui fit perdre le titre de métropolitain et le droit d'assister aux ordinations épiscopales. Le gouvernement de son église lui fut expressément conservé (2). Vienne reçut du pape les prérogatives métropolitaines enlevées à la cité d'Arles (3).

Saint Hilaire se soumit ; bien plus, il chercha à regagner l'estime de Léon. Il y parvint et mérita que le pape, dans une lettre aux Gaulois, écrite après la mort de l'évêque d'Arles, le nommât « Hilaire de sainte mémoire. » Il existe de saint Hilaire d'Arles un petit poème sur la Genèse, dédié à saint Léon. Il commence par ces mots : « Nous avons obéi à tes avertissements et suivi le doux commandement que nous donne ta lèvre pieuse, ô pontife du Christ. Ne chanterai-je donc pas les louanges d'un Père si illustre (4) ? » Ces vers se rapportent sans doute à l'époque de la complète adhésion de saint Hilaire aux jugements de saint Léon.

HIÉRARCHIE ÉPISCOPALE CHEZ LES BRETONS INSULAIRES ET CHEZ LES IRLANDAIS (p. 455).

Gorini fait remarquer avec raison qu'au IVe siècle les Bretons insulaires avaient une hiérarchie épiscopale établie avec des sièges épiscopaux déterminés, puisqu'ils envoyèrent, l'an 314, à un concile d'Arles, Eborius, évêque de la ville d'York, Restitutus, évêque de la ville de Londres, et Adelfus, évêque de la ville de Lincoln (5). Plus tard, nous trouvons sur le siège de Guic-Castel, saint Malo, qui passa ensuite dans l'Armorique (6), sur le siège de Landaff, saint Télian (7), saint Oudoceus, et une huitaine d'autres prélats, presque tous occupés à excommunier des princes voleurs, incestueux et assassins (8); sur le siège de Caërleon, saint Dubricius (9); sur celui de Saint-Asaph, le bienheureux Kentigerne, ancien évêque de Glasgow (10). On lit à l'article 39 des *Lois ecclésiastiques* de Hoël, roi de tout le pays de Galles : « Il existe sept maisons épiscopales : Menew, siège principal de la Cambrie;

---

(1) *Mémoires de Trévoux*, An. 1708, janvier, t. XXVIII, pp. 130 à 148; février, pp. 299 à 321.
(2) Genes., lib. I.
(3) *Act.*, XVII, 26.
(4) *Institut.*, lib. III, c. x, XIV.
(5) *De natura rerum*, lib. I
(6) *De facie in orbe Lunæ.*

(1) *Défense de l'Eglise*, t. III, pp. 132 et suiv.
(2) S. Leonis Ep. X.
(3) Ep. X.
(4) *Max. Bibl. vet. Patr.*, t. VII, p. 1229.
(5) Sirmond, *Conc. ant. Gall.*, t. I, p. 9.
(6) Mabillon, *Sæcul. Bened. I, vita S. Mactavii*, n° 8, p. 219.
(7) Bolland., 11 febr., *Vita S. Teliani*, p. 307, n° 20 et 31.
(8) Labbe, *Concil., passim*.
(9) Mabil., *Sæcul. Bened.*, I, p. 169.
(10) *Vita S. Kentigerni*, c. v, n° 25.

l'église d'Ismaïl, l'église de Dégénian, l'église d'Yssil, l'église de Teylave, l'église de Teulidave, l'église de Kenen... Menew est libre et déchargé de tout tribut, l'église de Kenen et l'église d'Yssil sont libres de ce tribut parce qu'elles ne possèdent point de terres. Dès le commencement du VI° siècle, nous voyons David siégeant comme archevêque de Menew. Pour honorer cet éloquent et pieux personnage, le clergé, les grands et le roi transférèrent de la ville de Caërléon à celle de Menew le titre de métropole de toute la Bretagne (1).

La biographie de trois ou quatre saints seulement, nous montre en grand nombre, chez les Irlandais, des sièges épiscopaux fixes et déterminés, par exemple, dans les villes d'Andruma, d'Athrym (2), de Kildare (3), et dans l'île de Man, sur un promontoire (4). Il en existait d'autres encore en divers endroits (5), selon l'opportunité des localités (6), notamment trente dans la Midie et la Lagénie (7), mais dont le vieux légendaire ne transcrit pas les noms, par respect pour les oreilles latines, à ce qu'il dit (8). Vers l'an 550, un roi d'Irlande voulut donner à saint Tigernac, qui refusa, la dignité du saint évêque Machadinus et son siège, c'est-à-dire le monastère nommé *Clochorense* (9). Ces biographies nous parlent encore des archevêques de Ferna (10), d'Imleac (11) et d'Armagh (12). Au midi de l'Écosse, il y avait un siège épiscopal à la Case-Blanche (13), et un autre à Glasgow (14).

LES MÉDAILLES DE DÉVOTION (p. 455).

Le fait, enregistré par l'auteur, de sainte Geneviève recevant de saint Germain d'Auxerre, pour la suspendre à son cou, une pièce de monnaie portant l'empreinte du signe de la croix, a une importance réelle comme acte de dévotion, mais surtout comme détail historique concernant les médailles dans les premiers siècles de l'Église.

L'histoire des médailles de dévotion a particulièrement été étudiée dans ces derniers temps, par M. le chevalier de Rossi, et ses travaux ont été popularisés en France par le *Bulletin d'Archéologie chrétienne* et les *Annales de philosophie chrétienne*. On distingue le groupe de ces médailles, trois époques bien clairement indiquées : celle du symbolisme primitif qui appartient à l'âge des persécutions, à l'âge antérieur à la paix de l'Église ; celle où ce symbolisme cède peu à peu le pas aux signes, aux images, aux compositions qui se placent dans l'ère de la paix rendue à l'Eglise ; celle enfin où apparaissent les débuts de cette période artis-

(1) Labb., ad. ann. 519, *Synodus Britann.* — Bolland, I, mart., p. 40.
(2) Bolland., martii die XVII^a, *Vita S. Patricii*, c. IV, n° 32 ; c. VI, n° 46.
(3) Bolland, februarii die I^a, *Vita S. Brigidæ*, c. III, n° 15.
(4) *Vita S. Patricii*, c. X, n° 79.
(5) C. VI, n° 44.
(6) C. VII, n° 60.
(7) C. X, n°° 79 et 147.
(8) C. X, n° 80.
(9) Bolland., aprilis die V^a, *Vita S. Tigernaci*, p. 402, n° 9.
(10) *Vita S. Brigidæ*, p. 101, n°° 9-11, commentarii prævii.
(11) Bolland., martii die XIII^a, *Vita S. Mochæmoci*, c. V, n° 42.
(12) *Vita S. Patricii*, c. XVI, n° 144 ; *Vita S. Tigernaci*, n° 10.
(13) Bède, *Hist. eccl.*, etc., lib: III, c. IV.
(14) *Vita S. Kentigerni*, c. III, n° 13.

tique qu'on a appelée byzantine. D'autres caractères encore aident à formuler cette classification. Sur les médailles de la première époque ou sur les plus anciennes de la seconde, dont les images se rapprochent des peintures des cimetières, les saints ne sont pas nimbés. Dans celle de la deuxième époque, surtout avancée, et dont les images ressemblent bien plus aux peintures des basiliques qu'à celles des catacombes, et même dans les médailles les plus anciennes de la troisième époque, le Sauveur seul a la tête nimbée. Sur les médailles de la troisième époque, le nimbe n'est plus réservé au Sauveur, il ceint la tête de tous les saints personnages. Nous ajouterons que le monogramme de la croix, sur les médailles de la première époque, est celui dit *decussatum* ; dans la deuxième époque, la croix est le chrisme cruciforme, enfin, dans la troisième, on trouve la croix nue. Ces divers signes distinctifs correspondent aux caractères des autres monuments des époques correspondantes, surtout à Rome, et même dans tout l'Occident. Ainsi les croix, le nimbe et la forme des dessins des images qui ornent les médailles, comparés aux autres monuments du christianisme primitif, offrent des caractères qui aident à assigner à ces curieux petits objets une époque dans ce laps de temps comprenant les six ou sept premiers siècles de l'ère chrétienne.

Première époque. — Sans parler des signes arcanes du symbolisme primitif, comme l'*ancre* et le *poisson*, qui se portaient suspendus au cou, il y a des médailles proprement dites de cette époque ; par exemple : celles qui représentent le Pasteur et son troupeau figurant le *bon Pasteur*, de l'Évangile. M. de Rossi les décrit et en donne le *fac-simile* dans une de ses planches. — Deuxième époque. — La deuxième époque, circonscrite dans les IV° et V° siècles, offre bien des modèles remarquables, par exemple, cette médaille qui montre le *Pasteur* traditionnel et, au revers, le *Sauveur* donnant aux deux princes des apôtres la mission de prêcher l'Évangile. Puis une autre médaille offre l'image des martyrs sainte Félicité et ses fils. Enfin de très-curieuses médailles représentent un *Chrétien* venant apporter une offrande ou s'offrant lui-même au tombeau d'un martyr. — Quelques-unes de ces médailles ont, d'un côté, un portrait (celui sans doute de la personne à laquelle il appartient), et de l'autre, le monogramme du Christ. Quelques autres même n'ont rien autre chose que le monogramme. Sur plusieurs on lit une acclamation, une sorte de souhait de bonheur pour la personne qui doit porter la médaille, tel que *Sucessa*, *vivas*, etc. C'est évidemment à cette époque, qu'appartient la monnaie transformée en médaille par saint Germain d'Auxerre et donnée par lui à sainte Geneviève. — Troisième époque. — Parmi les médailles de la troisième époque classé, c'est-à-dire couvertes d'empreintes de l'art byzantin, plusieurs présentent d'un côté, l'*Adoration des Mages*. Sur le revers d'une de ces médailles, M. de Rossi voit l'image d'un *enfant* offert à J.-C. et aux saints apôtres Pierre et Paul. Le Sauveur apparait dans le nuage, tenant dans chaque main une couronne destinée aux apôtres. Dans un grand nombre de médailles on remarque l'imitation évidente des mosaïques dont les absides de cette époque sont ornées.

LE CONCILE D'ÉPHÈSE (pag. 471).

Dans Denys le Petit, les actes du concile d'Éphèse ne consistent qu'en la lettre qu'écrivit saint Cyrille avant son concile tenu à Alexandrie et qu'il adressa à Nestorius. Isidore Mercator y a ajouté une préface et une grande partie d'une autre lettre du même saint Cyrille, à commencer par ces mots : *Ait igitur magna et sancta synodus*. Après quoi il met : *Explicit concilium Ephesinum*. Dans sa préface, Isidore accuse Nestorius d'admettre deux personnes en Jésus-Christ ; l'une de la chair, l'autre de la déité. Mais la déité n'est pas une personne : c'est le Verbe qui est une personne.

L'ère 468 revient à l'année 430 de Notre-Seigneur. Mais ce ne fut pas l'an 430 que ce concile s'assembla : selon tous les autres monuments ce fut en 431. La lettre de saint Cyrille, qu'Isidore transcrit, ne fut pas, comme il le dit, envoyée à Nestorius par saint Cyrille et le concile d'Éphèse, mais par le même saint Cyrille et le concile tenu à Alexandrie. On divise les actes du concile d'Éphèse en quatre parties. La première contient quelques pièces qui instruisent de ce qui s'est fait de plus important avant la réunion du concile ; la seconde, ce qui s'est passé durant le concile ; la troisième, ce qui s'est passé après le concile, et ce sont des pièces que l'on n'a qu'en latin. La dernière contient quelques pièces qui regardent le concile même et ce qui l'a suivi : elles sont en grec.

La troisième session du concile d'Éphèse a une importance particulière ; voici comme elle est rapportée par les *Analecta Juris pontificii*. « Juvénal de Jérusalem demande aux légats s'ils ont pris communication des actes de la déposition de Nestorius, comme le concile l'avait ordonné. Le prêtre Philippe dit avoir trouvé, par la lecture des actes, qu'on a procédé canoniquement en tout. Toutefois il demande qu'on les lise encore en plein concile, afin de mieux suivre les instructions du très saint pape Célestin et du concile en ratifiant tout ce qui s'était fait. Le légat Arcade fait la même demande. Après cette lecture, Philippe, légat du siège apostolique, dit : « Personne ne doute que saint Pierre, chef des apôtres, colonne de la foi et fondement de l'Église catholique, a reçu de Notre-Seigneur Jésus-Christ les clefs du royaume, et la puissance de lier et de délier les péchés ; et que jusqu'à présent il vit et exerce ce jugement dans ses successeurs. Notre Saint-Père le pape Célestin, qui lui a succédé et qui tient aujourd'hui sa place, nous a envoyés au saint concile pour suppléer à son absence. » Il reprend ensuite sommairement la procédure contre Nestorius, et conclut que le jugement porté contre lui doit subsister, puisque c'est le jugement de toutes les Églises d'Orient et d'Occident. Les deux autres légats Arcade et Project opinent de même ensuite, chacun en particulier. Cyrille prend la parole et dit : « Le concile voit ce que le prêtre légat du siège apostolique et les deux autres évêques légats du concile d'Occident ont déclaré au nom de ceux qui les ont envoyés. Puis donc qu'ils ont exécuté la sentence du très saint évêque Célestin, et approuvé celle que ce saint concile a prononcée contre l'hérétique Nestorius, il faut joindre les actes de ce qui s'est passé hier et aujourd'hui aux actes de la première session, afin qu'ils marquent leur consentement par leurs souscriptions. Ce qui se fait aussitôt. Ainsi finit la 3ᵉ session. Le concile rend compte à l'empereur de cette action par une lettre synodale qui tend à montrer que toute la terre condamne Nestorius. « Le sujet de l'assemblée est terminé, nous vous supplions de nous permettre de nous retirer, nous vous supplions aussi d'arrêter ces lettres de petit cachet qu'on nous menace d'envoyer aux intendants, pour inquiéter les évêques. »

Dans la quatrième partie nous trouvons une pragmatique, πραγματικὸς τύπος, de l'empereur à Isidore, qui lui ordonne d'envoyer Nestorius en exil à perpétuité à Petra, avec confiscation de tous ses biens, au profit de l'Église de Constantinople. Évagre (1) raconte que Nestorius fut envoyé dans le désert d'Oatis, proche de l'Égypte et qu'il y mourut. Les Grecs modernes croient que c'est dans l'île de Thasos, au haut de l'Archipel, que Nestorius a été relégué et qu'il est mort. Les paysans du pays y montrent son tombeau.

SAINT CYRILLE D'ALEXANDRIE (p. 490).

Rohrbacher raconte en détail l'admirable conduite de saint Cyrille d'Alexandrie dans les troubles suscités par Nestorius, la constance et l'habileté avec lesquelles il combattit les erreurs de ce prélat, la victoire enfin qui fut le prix de ses efforts et de ses peines. Cyrille était donc une des grandes figures de l'Église catholique au vᵉ siècle, un de ces hommes qui surent commander le respect pendant leur vie, et qui fut placé au nombre des saints après sa mort, mais qui, comme bien d'autres athlètes de la vérité, ne put échapper aux calomnies de la postérité : elle l'a en effet accusé d'avoir fait massacrer les juifs d'Alexandrie et d'avoir sacrifié une femme à sa jalousie. La première accusation est plus ou moins tirée de Socrate, dans le passage où il rapporte un crime atroce commis par les juifs à Alexandrie (2). D'après cet auteur, Cyrille se serait rendu aux synagogues, aurait livré quelques juifs à la mort, chassé les autres de la ville, et livré leurs biens au pillage. Théophane de Byzance, qui rapporte le même fait, soutient que ce furent les magistrats chrétiens qui bannirent les juifs et firent vendre leurs biens. Enfin Nicéphore ne fait aucune mention du massacre des révoltés par les chrétiens (3). Nous en concluons que les seuls faits, réellement prouvés, sont l'expulsion des juifs et la confiscation de leurs biens, et ces peines n'étaient pas hors de proportion avec le crime d'avoir cruellement et traîtreusement immolé une foule de citoyens. Quant au supplice certainement mérité, auquel Cyrille aurait livré les plus coupables de ces assassins, Socrate, qui seul en parle, nous paraît animé d'une trop grande prévention contre le saint prélat, pour que nous ajoutions foi à sa seule affirmation. Une circonstance étonnante, c'est qu'aucun

---

(1) Liv. I, c. vii.
(2) *Hist.*, lib. VII, c. xiii.
(3) *Hist.*, lib. XIII, c. xiv.

historien ne fait mention des poursuites qu'Oreste, en sa qualité de gouverneur d'Alexandrie, aurait dû intenter contre les criminels ; bien au contraire, Oreste, si nous en croyons Socrate, conçut une grande douleur de ce que cet événement avait privé la ville d'un nombre considérable de citoyens, et en écrivit même à l'empereur. Mais Cyrille, en fait autant de son côté et rien ne prouve que les juifs furent rappelés et conséquemment que la conduite de Cyrille fut blâmée. « On trouve dans cet Oreste le type des politiques de notre temps, pour qui tous les moyens sont bons lorsqu'il s'agit de s'emparer des biens des prêtres et des autres personnes consacrées à Dieu, de violer leurs droits, de renverser leur autorité comme étant contraire à celle des rois ; tandis qu'il est avéré que les rois les plus heureux furent précisément ceux qui favorisèrent le plus l'Église, et que ceux qui se laissèrent dominer par des hommes tels qu'Oreste, n'éprouvèrent que des calamités (1). » Si Oreste fut le modèle de l'homme d'État antireligieux, Cyrille se montra le type du vrai chrétien. Quelques motifs qu'il eût de ne pas approcher du gouverneur, après la conduite injuste et partiale de celui-ci, le saint prélat lui envoya quelques personnes pour remettre tout en paix. Le gouverneur, rempli de cette haine dont il avait déjà donné des preuves en se coalisant avec les ennemis du bien public, repoussa ces avances. Cyrille ne se rebuta pas, il alla lui-même trouver le gouverneur, lui présenta le livre des Évangiles, espérant que le respect dû à la parole de Dieu lui inspirerait de meilleurs sentiments. Mais Oreste persévéra dans son inimitié et fut ainsi la cause d'un autre crime : l'assassinat d'Hypathie, dont on jette encore la responsabilité sur saint Cyrille. Hypathie, dont Rohrbacher parle à la page 349, était fille de Thion, philosophe et mathématicien célèbre du temps de Valens… Elle était sage et fort prudente dans sa conduite. Elle aimait la justice et était chaste jusqu'au scrupule .. Sa vertu, dit Socrate (2), toute élevée qu'elle était, ne se trouva point au-dessus de l'envie. Parce qu'elle était liée particulièrement avec Oreste, elle fut accusée d'empêcher qu'il ne se réconciliât avec Cyrille. Sur cette accusation sans fondement, quelques séditieux, sans rien découvrir de leur dessein, prirent la résolution de la tuer. Ils épièrent le moment où elle sortait en chaise de chez elle, ou qu'elle y rentrerait, afin de l'immoler publiquement à leur fureur. Ils avaient à leur tête, ajoute Socrate, un lecteur nommé Pierre, qui est peut-être le même à qui saint Isidore de Péluse a écrit plusieurs lettres, où il lui parle en effet comme à un homme qui avait besoin des derniers remèdes, pour guérir les plaies profondes de son âme. Ce misérable anime sa troupe rebelle à la vue d'Hypathie. La passion les aveugle. Ils tirent de la chaise cette fille trop illustre, ils la conduisent, ou plutôt ils la traînent insolemment jusqu'à la grande église nommée Césaréon, ou la Césarée ; ils la dépouillent de ses habits et la tuent à coups de pots cassés et de tuiles, avant qu'on ait pu la tirer de leurs mains meurtrières. Leur fureur n'est point encore assouvie par cette brutale action. Ils hachent son corps en pièces, traînent ses membres par toute la ville et les brûlent dans un lieu nommé Cinaron… D'après ce récit, tiré de Socrate, est-il juste de regarder Cyrille comme l'auteur ou même comme le promoteur de la mort d'Hypathie? Socrate n'était pas partisan de Cyrille, on le voit par toute son histoire. Il n'y dissimule point ses défauts, peut-être pourrait-on dire qu'il en parle même avec un peu d'aigreur. Il n'oublie point de dire qu'il avait de la jalousie contre Hypathie, parce que c'était une ombre à sa propre réputation, dont il était assez jaloux. Mais il s'en tient là. S'il eût été auteur de la mort d'Hypathie, qui l'eût empêché de le dire ? Il avoue que ceux qui commirent cette barbare action étaient partisans zélés du patriarche ; mais dit-il qu'ils en étaient avoués ? Est-il raisonnable de mettre sur le compte d'un homme tout le mal que font ses amis, quand même ils auraient eu le dessein de lui plaire en le commettant? Philostorge, historien contemporain d'Hypathie, parle aussi de la mort funeste de cette savante; mais loin de l'attribuer à saint Cyrille, il ne le nomme pas une seule fois (1). Quand Cyrille n'aurait point fait les actions éclatantes de zèle et de vertu qui l'ont fait mettre par l'Église au nombre des saints, il suffirait qu'il fût homme raisonnable et homme public, qui avait à conserver une réputation dont il était d'ailleurs fort jaloux, pour qu'on ne puisse l'accuser d'une témérité aussi aveugle que celle qui l'aurait porté à charger son clergé d'une action qui le déshonorerait pour toujours et qui, bien prouvée, pouvait le réduire lui-même à de fâcheuses extrémités. Enfin, ce qu'il avait fait pour se réconcilier avec Oreste, montre assez qu'il était bien éloigné de couver des desseins inhumains.

On invoque aussi, dans cette affaire, un fragment douteux de Damascius. Or Damascius était païen. Est-il raisonnable d'abandonner l'autorité de Socrate et de Philostorge, historiens contemporains, pour en croire un ennemi de la religion, intéressé conséquemment à condamner le patriarche d'Alexandrie, et qui vivait d'ailleurs plus d'un siècle et demi après le fait qu'il rapporte? Il dit que saint Cyrille fut étonné de ce monde qu'il voyait à la porte d'Hypathie, et par ce qu'il ajoute, il fait entendre qu'il ignorait et la maison et ce qu'était cette philosophe. On pourrait arrêter Damascius à ce passage et lui demander à lui-même s'il était possible que Cyrille fût dans cette ignorance. Quoi ! Hypathie tenait depuis plusieurs années l'école publique d'Alexandrie, sa maison était comme le rendez-vous des magistrats et de tous les savants ; or Cyrille, qui est évêque dans la même ville, s'informe froidement d'un fait dont le moindre d'entre le peuple était pleinement instruit? Qui le croira ? — Suidas, qui parle assez au long d'Hypathie, rapporte plusieurs sentiments sur sa mort ; quelques-uns sont, il est vrai, peu favorables à saint Cyrille, mais Suidas, loin de les adopter, fait entendre qu'elle fut sacrifiée à l'envie que sa sagesse et son habileté dans l'astronomie avaient excitée contre elle. Hesychius n'en dit pas davantage. Ces auteurs valent bien Damascius. — Parmi les auteurs protestants, Jean Alb. Fabricius, dans sa Bibliothèque grecque, ouvrage d'un immense travail, dit qu'Hypathie fut

(1) Act. SS., januarii, t. II, p. 846.
(2) Lib. VII, c. xv.

(1) Hist., lib. VIII, c. ix.

enveloppée dans une sédition populaire qui fut excitée à Alexandrie, et que le peuple ne se souleva contre elle que parce qu'il croyait qu'elle empêchait la réconciliation de Cyrille avec Oreste. Mais il ne dit pas que cet évêque eût trempé dans cette sédition (1). M. Cave va plus loin et lave en effet saint Cyrille de cette tache : 1° parce que Damascius, auteur de cette calomnie, ne mérite pas d'être cru, étant ennemi de la religion chrétienne ; 2° parce que la probité de saint Cyrille était reconnue et que les témoignages en sont si constants, qu'ils ne laissent aucun lieu à cette accusation : *Cyrillo satagente, id evenisse*, dit-il, *spectata Cyrilli probitas credere nequaquam sinit.* 3° Il rejette cette action sur la légèreté et l'inconstance du peuple d'Alexandrie, défauts si notoires, qu'il défie Damascius ou tout autre de lui nier que ce fût là le caractère de ce peuple (2).

Ces récits prouvent surabondamment la fausseté des accusations dont les protestants et les écrivains antireligieux ont voulu ternir la mémoire d'un évêque, que la pureté de sa vie a fait mettre au nombre des saints que l'Église catholique honore (3). Cyrille n'est ici qu'un prétexte pour accuser l'Église elle-même, pour la déconsidérer, pour la ruiner, et élever sur ces ruines religieuses des ruines sociales, telles que le xviii° siècle en a vu.

Une des principales œuvres de saint Cyrille d'Alexandrie est son commentaire sur l'Évangile de saint Luc : il en a été publié une version syriaque en 1859 (4). Dans ses plus anciennes collections, le cardinal Maï avait donné, mais sans traduction, de longs passages ou commentaires de saint Luc ; en 1844 et 1845, il avait inséré tout ce qui lui était connu du même commentaire, aux tomes II et III de la *Nova Patrum Bibliotheca*, où il a fait entrer d'autres ouvrages de saint Cyrille, auparavant regardés comme perdus. Quoiqu'il forme dans ce recueil, avec la traduction, à peu de chose près, un gros volume in-4°, le Commentaire sur l'Évangile de saint Luc n'y est point complet, la version syriaque supplée presque partout aux lacunes du texte grec, de sorte qu'en mettant les deux textes en rapport l'un avec l'autre, on possède presque entier un admirable Commentaire, qui est si souvent cité par les Pères, et qui est une mine vraiment précieuse pour la théologie et l'exégèse.

FAUSSES ACCUSATIONS CONTRE SAINT VINCENT DE LÉRINS (p. 493).

L'analyse détaillée que Rohrbacher donne du *Commonitorium* de saint Vincent de Lérins fait voir que cet auteur s'y est proposé d'établir la règle de la foi orthodoxe et qu'il montre ce qu'est l'autorité : pour lui ce que les chrétiens ont cru tous, toujours et partout, voilà le dogme.

Malgré cette exactitude de pensée et cette préci-

(1) Lib. V. part. 4, pp. 219 et 220.
(2) *Hist. litter.*, p. 251, art. *Cyrillus.*
(3) Voir *Revue du Monde catholique*, t. XV, p. 108 ; XIX, pp. 287 et suiv.
(4) S. Cyrilli Alexandriæ archiepiscopi *Commentarii in Lucæ Evangelium quæ supersunt*, syriace e manuscriptis apud Museum Britannicum. Edidit Robertus Payne Smith. London; Parker; 1859.

sion de principes, saint Vincent a été en même temps accusé d'avoir été semi-pélagien et de n'avoir reconnu aucune suprématie dans l'Église catholique. On l'a soupçonné de semi-pélagianisme parce qu'il sortait du monastère de Lérins. Mais Lérins ne fut jamais une pépinière d'erreurs et saint Césaire, évêque d'Arles, qui avait aussi habité ce monastère, non seulement écrivit contre le semi-pélagianisme, mais lui porta le dernier coup, en 529, à la tête d'un concile tenu à Orange, dont plusieurs membres sans doute étaient sortis également de Lérins pour monter sur leurs sièges. Une preuve décisive que saint Vincent n'était pas semi-pélagien, c'est qu'il cite avec honneur, et comme modèle de zèle catholique, une lettre du pape Célestin contre le semi-pélagianisme. Il dit : « Le saint pape Célestin, dans une lettre adressée aux évêques des Gaules, après les avoir accusés de complicité, parce qu'en se taisant ils laissaient l'antique foi sans défense et empêchaient pas les nouveautés profanes de s'élever, ajoute : Nous sommes grandement responsables si notre silence favorise l'erreur. Qu'on réprimande donc de tels novateurs et qu'il ne leur soit plus permis de parler à leur gré (1). » Or saint Vincent, s'il eût été semi-pélagien, aurait-il ainsi loué l'épître pontificale ? Aurait-il ainsi vénéré la verge qui le frappait ? Jamais saint Vincent n'a pu déclarer plus expressément qu'il ne fut pas semi-pélagien que quand il a dit : « Qui donc, avant ce profane Pélage, osa présumer de la force du libre arbitre jusqu'à croire que la grâce de Dieu ne lui soit pas nécessaire pour l'aider au bien de *chacun* de ses actes ? Qui jamais, avant Célestius, monstrueux disciple de cet hérétique, nia que la race humaine ait été enveloppée dans la prévarication d'Adam (2). » C'est donc pour chacun de nos actes surnaturels que saint Vincent exige le concours de la grâce, aussi bien pour le premier pas dans la carrière de la foi que pour le dernier, qui introduit l'homme au ciel ; il n'en excepte aucun. Il n'était donc pas partisan du semi-pélagianisme, qui niait la nécessité de la grâce pour le commencement de la foi. — La seconde accusation portée contre saint Vincent n'est pas mieux fondée que la première. Voulant prouver par le pape saint Étienne qu'on ne doit pas innover en religion, il s'exprime ainsi : « Pour n'être pas trop long, nous nous bornerons à un seul exemple, et nous l'emprunterons au siège apostolique, afin que tous voient plus clairement que le jour avec quelle force, avec quel zèle, avec quel empressement les bienheureux successeurs des bienheureux apôtres n'ont cessé de défendre l'intégrité de la religion une fois reçue. Or, jadis, Agrippinus, évêque de Carthage, pensait qu'il fallait rebaptiser..... Comme de toutes parts on se récriait contre la nouveauté de la chose, et que tous les évêques s'y opposaient chacun suivant la mesure de son zèle, alors le pape Étienne, de bienheureuse mémoire, pontife du siège apostolique, fit résistance avec ses collègues, mais plus qu'eux-mêmes, jugeant convenable, ce semble, de surpasser tous les autres par le dévouement de sa foi, autant qu'il les surpassait par l'autorité. » — A la fin du *Commonitorium*, saint Vincent

(1) *Commonit.*, c. XXXII.
(2) C. XXIV.

ne Lérins récapitule les preuves que lui ont fournies la Bible et l'usage constant des conciles, puis il ajoute : « Tout cela suffit abondamment et surabondamment, sans doute, à l'extinction totale des profanes nouveautés ; cependant, afin qu'il ne parût rien manquer à la plénitude des preuves, quelque grande qu'elle soit déjà, nous avons rapporté, en terminant, deux autorités du siège apostolique, l'une du saint pape Sixte, qui fait aujourd'hui l'ornement de l'Église romaine, l'autre de son prédécesseur, le pape Célestin, de bienheureuse mémoire, que nous avons jugé nécessaire de reproduire encore ici (1). » C'est ainsi que l'ouvrage du moine de Lérins commence et se termine par deux passages en l'honneur de la papauté, et ce qu'il dit des papes suppose qu'il reconnaissait en eux une prééminence qu'on l'accuse faussement de ne pas avoir admise.

SAINT PROSPER (p. 494).

A part ses travaux contre les ennemis de la grâce, saint Prosper est un auteur précieux à consulter sur l'histoire de la suprématie pontificale. Il dit formellement :

Sedes romana Petri quæ pastoralis honoris
Facta caput mundo, quidquid non possidet armis
Religione tenet...

Il affirmait donc la prééminence de Rome comme un fait positif, incontestable, et ce fait il le répéait en prose, à l'occasion du « pontife Célestin, de vénérable mémoire, à qui le Seigneur prodigua les dons de la grâce pour qu'il *présidât* à l'Église catholique (2)... et que les décisions de son siège fussent inviolables (3). » Saint Prosper voyait au ve siècle la puissance pontificale dans toute sa grandeur, comme elle existait déjà au ive siècle, comme elle avait existé du reste pendant les siècles antérieurs. Ce n'était pas de vaines formalités ou de simples mots de respect, par exemple, que le passage où saint Irénée célèbre la plus puissante primauté de Rome, et la nécessité pour toute église, pour tout fidèle, d'être uni au siège de saint Pierre ; l'épître dans laquelle le même évêque pressait le pape Victor de ne pas retrancher les quatuordécimans de l'Église universelle pour une question non dogmatique ; l'aveu qu'Ammien Marcellin fait de l'autorité de l'évêque de Rome sur les autres évêques, et le soin avec lequel l'arien Constance tâchait d'armer cette autorité contre Athanase ; la règle ecclésiastique qui, d'après deux anciens historiens grecs, défendait qu'on prît d'importantes décisions sans l'aveu de Rome.

LE PAPE SAINT LÉON ET ATTILA (p. 557, col. 2).

Rohrbacher présente la retraite d'Attila des bords du Mincio comme toute naturelle et comme entrant d'elle-même dans les dispositions du Barbare. C'est affaiblir beaucoup trop le rôle que joua saint Léon auprès de lui. C'était un fait connu du monde romain tout entier, que le pape était allé au-devant du Fléau de Dieu, prêt à fondre sur Rome et à la saccager, et qu'il l'avait décidé à rebrousser chemin pour regagner les bords du Danube. On était persuadé que les effets de cette députation tenaient du prodige ; mais que s'était-il passé dans l'entrevue ? Qu'avait dit le pontife ? qu'avait répondu Attila ? Aucun des témoins de cette scène n'en a laissé la relation. Le saint lui-même n'a point eu de biographie, sinon dans les temps modernes. Baronius en avait recueilli les éléments d'après les lettres sorties de sa plume et conservées en grand nombre, et d'après les actes du concile de Chalcédoine et différents auteurs. Le bienheureux Canisius l'a rédigée, telle que l'ont publiée les Bollandistes (1). Les paroles qu'il place dans la bouche de saint Léon, répondent parfaitement à l'habileté, à la sainteté du pontife et à son courage : « Attila, roi des rois, lui dit-il, le sénat et le peuple romain autrefois vainqueurs du monde et maintenant vaincus, sont à tes pieds en suppliants ; ils te demandent grâce ; ils te demandent la vie. Au milieu de tes exploits si glorieux, rien n'a pu te toucher autant, ni rehausser autant ton nom, aujourd'hui et devant la postérité, que de voir ce peuple prosterné devant toi, lui que toutes les nations implorèrent autrefois à genoux... Qu'ils éprouvent maintenant les effets de ta clémence, soit parce qu'ils s'avouent vaincus, soit parce qu'ils sont prêts à exécuter tes ordres... » Quoique Canisius prétende exprimer ici les souvenirs d'une tradition respectable (*ita... affatus dicitur*), on n'a pas de garantie de l'exactitude de ces paroles. Cassiodore, qui avait vécu avec les contemporains, puisqu'il était né vers 468, ne dit qu'un mot, dans sa chronique, de tout ce qui se passa ; le *Liber pontificalis*, plus digne de foi pour cette époque du ve siècle que pour celle des persécutions, rappelle simplement « que Léon se chargea d'une députation au nom des Romains, qu'il se rendit auprès du roi des Huns, et délivra toute l'Italie du danger dont la menaçaient les ennemis (2). » Le discours de saint Léon reste problématique. A-t-on plus de raisons de croire que le Fléau de Dieu fut frappé d'une terreur religieuse à l'aspect de saint Pierre et de saint Paul, qui lui apparurent au-dessus de la tête du pontife ? Oui : la merveille a pour elle toutes les vraisemblances, bien qu'elle ne puisse revendiquer une certitude absolue. Aucun des prêtres qui étaient là ne se vanta de l'avoir vue : l'on n'y rattacha point de ces détails extraordinaires avec lesquels les prodiges inventés vont souvent grossissant, et l'on fit provenir l'aveu d'Attila : ce fut lui seul qui aperçut les deux personnages célestes. Ces circonstances sont assez en harmonie avec la manière dont la Providence a coutume d'intervenir au milieu des hommes. C'était le cœur d'Attila qu'il fallait changer : c'est à lui seul que l'apôtre apparaît ; il n'y a point de scène d'apparat dans le récit : tout y est bref et tend au but marqué par le ciel. Les principaux chefs des Huns s'étonnèrent de ce changement de résolution ; ils durent en demander la cause, et il faut bien qu'elle ait été

---

(1) C. XXXII.
(2) *Contra Collatorem*, n° 58.
(3) Præteritorum sedis apostolicæ auctoritatis de gratia, c. VIII.

(1) *Act. SS.* XI, Aprilis. — *Vita S. Leonis papæ*, cap. II — n° f.
(2) *Liber pontificalis*. In Leonem I.

fort extraordinaire pour briser tout à coup tant d'audace et tant de haine contre les Romains. Attila venait de détruire ou de dévaster Aquilée, Pavie, Milan, Mantoue, Ravenne : quels sentiments pacifiques pouvaient s'emparer de lui, presque aux portes de Rome, qu'il savait désarmée et pleine de richesses? On est forcé de se dire qu'il se passa quelque chose d'extraordinaire, et pourquoi pas ce que raconte le bienheureux Canisius? Dieu avait bien montré en songe le grand prêtre Onias à Alexandre, qui le reconnut au moment où il allait entrer à Jérusalem, et qui s'arrêta devant la majesté de ce vieillard, pontife du Très Haut ; pourquoi Dieu n'en eût-il pas fait autant pour un pontife de la loi nouvelle? On ne voudrait pas que saint Léon, s'il avait connaissance du prodige, en eût parlé dans ses lettres : il ne pouvait que se renfermer dans le silence, pour rester fidèle à sa modestie. Le premier qui paraît en avoir rapporté les détails, est Paul Diacre, au milieu du viiie siècle ; seulement au lieu de deux personnages célestes, tenant des épées au-dessus de la tête de l'évêque de Rome, il n'en mentionne qu'un, apparemment l'apôtre saint Pierre (1). C'est cette relation que le Bréviaire romain a revêtue de son autorité dans les leçons de l'office de saint Léon (2). Il est juste d'en tenir compte.

(1) Paulus Diaconus, lib. XV (Migne).
(2) *Breviarium Rom.*, XI a Aprilis.

FIN DU TOME TROISIÈME

www.ingramcontent.com/pod-product-compliance
Lightning Source LLC
Chambersburg PA
CBHW051317230426
43668CB00010B/1058